**Rechtsanwaltskanzlei
Gerald Munz**
Hummelbergstraße 28
70195 Stuttgart
Tel.: 07 11 / 305 888-3
Fax: 07 11 / 305 888-4
E-Mail: info@ra-munz.de
Internet: www.ra-munz.de

D1676785

Oberheim
Erfolgreiche Taktik im Zivilprozess

Oberheim

Erfolgreiche Taktik im Zivilprozess

von

Dr. Rainer Oberheim
Vorsitzender Richter am Oberlandesgericht, Frankfurt am Main

6., erweiterte und vollständig überarbeitete Auflage

Luchterhand Verlag 2014

Zitiervorschlag: *Oberheim*, Erfolgreiche Taktik im Zivilprozess, Rdn.

Bibliografische Information der Deutschen Nationalbibliothek

Die Deutsche Nationalbibliothek verzeichnet diese Publikation in der Deutschen Nationalbibliografie; detaillierte bibliografische Daten sind im Internet über http://dnb.d-nb.de abrufbar.

ISBN: 978-3-472-08413-6

www.wolterskluwer.de
www.luchterhand-fachverlag.de

Alle Rechte vorbehalten.
© 2013 Wolters Kluwer Deutschland GmbH, Luxemburger Straße 449, 50939 Köln.
Luchterhand– eine Marke von Wolters Kluwer Deutschland GmbH.

Das Werk einschließlich aller seiner Teile ist urheberrechtlich geschützt. Jede Verwertung außerhalb der engen Grenzen des Urheberrechtsgesetzes ist ohne Zustimmung des Verlages unzulässig und strafbar. Das gilt insbesondere für Vervielfältigungen, Übersetzungen, Mikroverfilmungen und die Einspeicherung und Verarbeitung in elektronischen Systemen.

Verlag und Autor übernehmen keine Haftung für inhaltliche oder drucktechnische Fehler.

Umschlagkonzeption: Martina Busch, Grafikdesign, Homburg Kirrberg
Druck und Weiterverarbeitung: Druckerei Skleniarz, Krakau, Polen

Gedruckt auf säurefreiem, alterungsbeständigem und chlorfreiem Papier.

Vorwort

Die vorliegende 6. Auflage ist nun schon die dritte, die ich nach Übernahme des von Dr. Günter Prechtel begründeten Werks zu verantworten habe.

Beibehalten wurde damit die Tradition der Bearbeitung des Handbuchs zur anwaltlichen Taktik durch einen Richter. Hierfür spricht allgemein, dass so die Auswirkungen des prozesstaktischen Verhaltens auf den Adressaten des prozesstaktischen Verhaltens, nämlich das Gericht, einbezogen werden können (E. Schneider MDR 1987, 725). Hinzu kommt in meinem Fall eine langjährige anwaltliche Erfahrung als Justitiar des Oberlandesgerichts Frankfurt am Main und in der Aus- und Fortbildung von Rechtsanwälten.

Neben zahlreichen und umfangreichen durch Gesetzesänderungen und neue Rechtsprechung erforderlich gewordenen Aktualisierungen bringt die Neuauflage unter Beibehaltung der mit der Vorauflage neu gestalteten, an die anwaltliche Vorgehensweise angepassten Gliederung eine inhaltliche Neubearbeitung zahlreicher Abschnitte. Ausgeklammert bleiben die familiengerichtlichen Verfahren und die Angelegenheiten der freiwilligen Gerichtsbarkeit, die zum 01.09.2009 aus der ZPO ausgegliedert wurden.

Zu danken habe ich zahlreichen Kollegen sowohl aus der Anwaltschaft als auch aus der Richterschaft, für fachkundige und interessante Anregungen und Hinweise, die ich gerne aufgegriffen und für die Neuauflage berücksichtigt habe.

Ein Buch zur Taktik im Zivilprozess soll nicht Grundlagenwissen neu vermitteln, sondern die Anwendung des Prozessrechts in der konkreten praktischen Situation darstellen. Der Anwalt muss bestehende Handlungsoptionen erkennen, deren Vor- und Nachteile gegeneinander abwägen und rasch und zuverlässig die optimale Alternative umsetzen. Dabei müssen eigene Fehler nach Möglichkeit vermieden, Fehler des Gegners erkannt und in ihren Auswirkungen auf die eigene prozessuale Situation richtig eingeschätzt werden. So genügt der Anwalt den Anforderungen der Rechtsprechung, nicht nur materiellrechtliche Fragen zu berücksichtigen, sondern auch prozesstaktische Überlegungen anzustellen (BGH MDR 2003, 928). Und so ist der Anwalt mit seinem Mandanten vor Gericht nicht nur »in Gottes Hand«, sondern auch »seines Glückes Schmied«.

Frankfurt am Main im August 2013

Rainer Oberheim

Inhaltsverzeichnis

Vorwort	V
Inhaltsverzeichnis	VII
Verzeichnis der grafischen Darstellungen	XI
Abkürzungsverzeichnis	XIII
Literaturverzeichnis	XIX

1. Kapitel:	**Einführung**		1
A.	Der Zivilprozess		1
	I.	Aufgaben und Funktionen	1
	II.	Prozessphasen	2
	III.	Prozessmaximen	5
B.	Reformen des Zivilprozesses		7
	I.	Das ZPO-Reformgesetz 2002	7
	II.	Weitere Reformen	8
	III.	Zukünftige Reformen	11
C.	Der Anwalt im Zivilprozess		12
	I.	Anwaltliche Tätigkeit im Allgemeinen	12
	II.	Anwaltliche Taktik im Zivilprozess	12
2. Kapitel:	**Prozess vorbereitende Maßnahmen**		24
A.	Mandantengespräch		24
	I.	Die Übernahme des Mandats	25
	II.	Die Feststellung der Ausgangssituation	39
	III.	Die Rechtsprüfung	53
	IV.	Die Beratung des Mandanten	60
B.	Rechtswahrung, Rechtsgestaltung, Rechtsdurchsetzung		65
	I.	Außergerichtliche Maßnahmen	65
	II.	Fristwahrung	69
	III.	Das außergerichtliche Güteverfahren (§ 15a EGZPO)	85
3. Kapitel:	**Rechtssicherung**		88
A.	Eilverfahren: Arrest und einstweilige Verfügung		88
	I.	Allgemeine Grundsätze	88
	II.	Arrest (§§ 916 ff. ZPO)	90
	III.	Einstweilige Verfügung (§§ 935 ff. ZPO)	96
B.	Selbstständiges Beweisverfahren (§§ 485 ff. ZPO)		100
	I.	Allgemeines	100
	II.	Antrag vor Hauptsacheverfahren	105
	III.	Antrag während Hauptsacheverfahren	105
4. Kapitel:	**Rechtstitulierung im allgemeinen Klageverfahren**		106
A.	Grundentscheidungen gerichtlichen Vorgehens		108
	I.	Gericht	108
	II.	Parteien	120
	III.	Streitgegenstand	133
	IV.	Verfahrensart	143
B.	Die Verfahrenseinleitung im allgemeinen Klageverfahren (Klageschrift)		144
	I.	Gericht (§ 253 Abs. 2 Nr. 1 ZPO)	145

Inhaltsverzeichnis

	II.	Parteien (§ 253 Abs. 2 Nr. 1 ZPO)	146
	III.	Antrag (§ 253 Abs. 2 Nr. 2 ZPO)	151
	IV.	Begründung (§ 253 Abs. 2 Nr. 2 ZPO)	179
	V.	Schriftform	218
	VI.	Sonstige formelle Anforderungen	224
C.	Die Verteidigung des Beklagten (Klageerwiderung)	226
	I.	Taktische Überlegungen	226
	II.	Verhalten gegenüber dem Kläger	227
	III.	Einbeziehung Dritter in den Rechtsstreit	262
D.	Das Vorverfahren (Weitere Schriftsätze)	265
	I.	Vorverfahrensart, Kammerbefassung	265
	II.	Weitere Schriftsätze beider Parteien	266
	III.	Die Präklusion verspäteten Vorbringens	266
E.	Die mündliche Verhandlung	288
	I.	Chancen und Risiken	288
	II.	Vorbereitung	292
	III.	Ablauf	302
	IV.	Die Güteverhandlung	303
	V.	Die streitige Verhandlung	307
	VI.	Materielle Prozessleitungspflicht des Gerichts	309
	VII.	Schriftsatznachlass	326
	VIII.	Protokoll	329

5. Kapitel: Beweisaufnahme ... 331

A.	Beweisgrundsätze		332
	I.	Übersicht	332
	II.	Beweisantrag	333
	III.	Beweisverbote	336
	IV.	Beweiserleichterungen	338
	V.	Gegenbeweis, Beweis des Gegenteils und unwiderlegliche Vermutung	359
	VI.	Beweislast	360
	VII.	Beweisverhandlung	366
B.	Beweiserhebung		367
	I.	Zeugen	367
	II.	Sachverständigengutachten	389
	III.	Urkunden	399
	IV.	Parteivernehmung	412
	V.	Augenschein	417
C.	Beweisaufnahme in besonderen Verfahren		420
D.	Wichtige Beweisthemen		421
	I.	Zugang	421
	II.	Stellvertretung	427
	III.	Schenkungseinwand	427
	IV.	Werkvertrag	428
	V.	Mängelanzeige im Reiserecht	429
E.	Beweisrechtliche Verfahrensfehler		430
	I.	Bedeutung für die Berufung	430
	II.	Beispiel	433

6. Kapitel: Rechtstitulierung in besonderen Verfahren ... 435

A.	Mahnverfahren (§§ 688 ff. ZPO)	437

	I.	Allgemeines	437
	II.	Verjährungshemmung	438
	III.	Risiko: Unzureichende Individualisierung	440
	IV.	Weitere Nachteile	442
B.	Urkundenverfahren (§§ 592 ff. ZPO)		443
	I.	Besonderheiten	444
	II.	Voraussetzungen	445
	III.	Reaktionsmöglichkeiten des Beklagten	448
	IV.	Nachverfahren	450
C.	Amtsgerichtliches Verfahren		452
	I.	Das amtsgerichtliche Verfahren im Allgemeinen	452
	II.	Das amtsgerichtliche Bagatellverfahren (§ 495a ZPO)	453
D.	Musterverfahren		458
	I.	Kapitalanleger-Musterverfahren (§§ 1 ff. KapMuG)	458
	II.	Sonstige Musterverfahren	462
E.	Adhäsionsverfahren (§§ 403 ff. StPO)		463
	I.	Voraussetzungen	463
	II.	Rechte des Antragstellers	465
	III.	Entscheidung des Gerichts	466
	IV.	Vorteile für den Geschädigten	468
	V.	Abschluss eines Vergleichs	469
	VI.	Kosten und Gebühren	470

7. Kapitel: Rechtsdurchsetzung im Zwangsvollstreckungsverfahren ... 472

A.	Der Antrag auf Einleitung der Zwangsvollstreckung		474
	I.	Taktische Überlegungen	474
	II.	Vollstreckungsanträge	479
B.	Vollstreckungsschutz		507
	I.	Wahrung der Schuldnerinteressen	507
	II.	Wahrung der Interessen Dritter	508
C.	Rechtsbehelfe		509
	I.	Klauselverfahren	510
	II.	Vollstreckungsverfahren	513
	III.	Weitere Verfahren	524

8. Kapitel: Nachträgliche Änderungen der ursprünglichen Verfahrenskonzeption ... 526

A.	Änderung der Gerichtszuständigkeit		527
	I.	Zuständigkeitsfortdauer	527
	II.	Verweisung	527
B.	Änderung der Prozessbeteiligten		530
	I.	Parteiberichtigung	530
	II.	Parteiwechsel	531
	III.	Parteibeitritt	535
	IV.	Intervention	535
	V.	Die Streitverkündung	537
C.	Änderung des Streitgegenstands		551
	I.	Klageänderung	551
	II.	Erledigung der Hauptsache	558
	III.	Vergleich	570
	IV.	Klagerücknahme und Verzicht	593
D.	Änderung des Verfahrensablaufs		597

Inhaltsverzeichnis

	I.	Schriftliches Verfahren (§ 128 ZPO)	597
	II.	Säumnisverfahren	598
	III.	Verfahrensanträge	602

9. Kapitel: Rechtsbehelfe 604

A.	Allgemeines		606
	I.	Rechtsbehelfsbelehrung durch das Gericht	607
	II.	Voraussetzungen	608
	III.	Anfechtung falsch bezeichneter Entscheidungen	610
B.	Rechtsbehelfe im erstinstanzlichen Verfahren		611
	I.	Befangenheitsablehnung Verfahrensbeteiligter	611
	II.	Dienstaufsichtsbeschwerde	621
	III.	Wiedereinsetzung in den vorigen Stand (§ 233 ZPO)	623
	IV.	Einspruch gegen Versäumnisurteil und Vollstreckungsbescheid (§§ 340, 700 ZPO)	647
	V.	Berichtigungen und Ergänzungen	651
	VI.	Rüge der Verletzung rechtlichen Gehörs (§ 321a ZPO)	659
	VII.	Rechtsbehelfe im Eilverfahren	666
C.	Berufung		668
	I.	Die Anfechtungsentscheidung	668
	II.	Einlegung der Berufung	681
	III.	Begründung der Berufung	701
	IV.	Die Tätigkeit des Anwalts für den Berufungsbeklagten und andere Verfahrensbeteiligte	737
	V.	Verfahren der Berufung	755
	VI.	Beendigung der Berufung	765
D.	Beschwerde		771
	I.	Sofortige Beschwerde	771
	II.	Andere Beschwerden	777
E.	Rechtsbeschwerde und Revision		778
F.	Rechtsbehelfe im Vollstreckungsverfahren		779
G.	Weitere Rechtsbehelfe		779
	I.	Außerordentliche Rechtsmittel	779
	II.	Gegenvorstellung	780
	III.	Verfassungsbeschwerde	780
	IV.	Verzögerungsrüge und Entschädigungsklage	781

Stichwortverzeichnis 785

Verzeichnis der grafischen Darstellungen

	Rdn.
1. Ablauf des Zivilprozessess	10
2. Zivilprozessuale Verfahren	632
3. Inhalt der Kageschrift	639
4. Verhalten des Beklagten	1016
5. Arten der Zwangsvollstreckung	2154
6. Rechtsbehelfe im Zwangsvollstreckungsverfahren	2320
7. Rechtsbehelfe	2789
8. Verfahrensablauf und Entscheidungen in Berufungsverfahren	3411

Abkürzungsverzeichnis

a. A.	anderer Ansicht
ABl.	Amtsblatt des Saarlandes
AcP	Archiv für die civilistische Praxis
a. F.	alte Fassung
AG	Amtsgericht, Aktiengesellschaft
AGB	Allgemeine Geschäftsbedingungen
AGBG	Gesetz zur Regelung der allgemeinen Geschäftsbedingungen
AKB	Allgemeine Bedingungen für die Kraftfahrtversicherung
AktG	Aktiengesetz
AktO	Aktenordnung
Alt.	Alternative
Anh	Anhang
Anm.	Anmerkung
AnwBl	Anwaltsblatt
ArbG	Arbeitsgericht
ArbGG	Arbeitsgerichtsgesetz
Art.	Artikel
Aufl.	Auflage
AusfG	Ausführungsgesetz
AWD	Außenwirtschaftsdienst des Betriebsberaters
BAG	Bundesarbeitsgericht
BAGE	Amtliche Sammlung der Entscheidungen des Bundesarbeitsgerichts
BauR	Baurecht
BayAGGVG	Bayerisches Gesetz zur Ausführung des Gerichtsverfassungsgesetzes
BayGVBl	Bayerisches Gesetz- und Verordnungsblatt
BayObLG	Bayerisches Oberstes Landesgericht
BayObLGZ	Entscheidungen des Bayerischen Obersten Landesgerichts in Zivilsachen
BaySchlG	Bayerisches Schlichtungsgesetz
BayVBl	Bayerische Verwaltungsblätter
BB	Betriebs-Berater
BBG	Bundesbeamtengesetz
Bd.	Band
BetrVG	Betriebsverfassungsgesetz
BFH	Bundesfinanzhof
BGB	Bürgerliches Gesetzbuch
BGBl.	Bundesgesetzblatt
BGH	Bundesgerichtshof
BGHR	BGH-Rechtsprechung, hrsg. von den Richtern des BGH
BGHSt	Entscheidungen des Bundesgerichtshofs in Strafsachen
BGHZ	Entscheidungen des Bundesgerichtshofs in Zivilsachen
Bl.	Blatt
BORA	Berufsordnung der Rechtsanwälte
BörsenG	Börsengesetz
BRAGO	Bundesrechtsanwaltsgebührenordnung
BRAO	Bundesrechtsanwaltsordnung
BRRG	Beamtenrechtsrahmengesetz
BSG	Bundessozialgericht
BSHG	Bundessozialhilfegesetz
BT-Drucks.	Bundestagsdrucksache
BVerfG	Bundesverfassungsgericht
BVerfGE	Entscheidungen des Bundesverfassungsgerichts
BVerwG	Bundesverwaltungsgericht
BVerwGE	Entscheidungen des Bundesverwaltungsgerichts

Abkürzungsverzeichnis

CR	Computer und Recht
DAR	Deutsches Autorecht
DAVorm	Der Amtsvormund
DB	Der Betrieb
ders.	derselbe
DGVZ	Deutsche Gerichtsvollzieher-Zeitung
d. h.	das heißt
Diss.	Dissertation
DNotZ	Deutsche Notar-Zeitschrift
DRiG	Deutsches Richtergesetz
DRiZ	Deutsche Richterzeitung
DStR	Deutsches Steuerrecht
DtZ	Deutsch-Deutsche Rechts-Zeitschrift
DWiR	Deutsche Zeitschrift für Wirtschaftsrecht
EG	Europäische Gemeinschaft
EGBGB	Einführungsgesetz zum Bürgerlichen Gesetzbuch
EGGVG	Einführungsgesetz zum Gerichtsverfassungsgesetz
EGStGB	Einführungsgesetz zum Strafgesetzbuch
EGZPO	Einführungsgesetz zur Zivilprozessordnung
Einf	Einführung
Einl	Einleitung
EMRK	Europäische Menschenrechtskonvention
EStG	Einkommensteuergesetz
EuGH	Europäischer Gerichtshof
EuGHMR	Europäischer Gerichtshof für Menschenrechte
EuGVÜ	Übereinkommen über die gerichtliche Zuständigkeit
EuZW	Europäische Zeitschrift für Wirtschaftsrecht
f., ff.	folgende, fortfolgende
FamFG	Gesetz über das Verfahren in Familiensachen und in den Angelegenheiten der freiwilligen Gerichtsbarkeit
FamRZ	Zeitschrift für das gesamte Familienrecht
FG	Finanzgericht, Freiwillige Gerichtsbarkeit
FGG	Gesetz über die Angelegenheiten der freiwilligen Gerichtsbarkeit
FGO	Finanzgerichtsordnung
Fn.	Fußnote
FS	Festschrift
GBO	Grundbuchordnung
GbR	Gesellschaft bürgerlichen Rechts
GenG	Genossenschaftsgesetz
GG	Grundgesetz für die Bundesrepublik Deutschland
GKG	Gerichtskostengesetz
GmbH	Gesellschaft mit beschränkter Haftung
GmbHG	Gesetz betreffend die Gesellschaften mit beschränkter Haftung
GmbHRdsch	GmbH-Rundschau
GmSOGB	Gemeinsamer Senat der Obersten Gerichtshöfe des Bundes
GNotKG	Gerichts- und Notarkostengesetz
GRUR	Gewerblicher Rechtsschutz und Urheberrecht
GRUR-RR	Gewerblicher Rechtsschutz und Urheberrecht, Rechtsprechungsreport
GVG	Gerichtsverfassungsgesetz
HaftpflG	Haftpflichtgesetz
HausratsVO	Verordnung über die Behandlung der Ehewohnung und des Hausrats
HessGVBl	Gesetz- und Verordnungsblatt für das Land Hessen
HGB	Handelsgesetzbuch

Abkürzungsverzeichnis

h. L.	herrschende Lehre
h. M.	herrschende Meinung
Hrsg.	Herausgeber, herausgegeben
i. S. d.	im Sinne der/des
i. V. m.	in Verbindung mit
InsO	Insolvenzordnung
IPRax	Praxis des Internationalen Privat- und Verfahrensrechts
IPRG	Gesetz zur Neuregelung des internationalen Privatrechts
JA	Juristische Arbeitsblätter
JAÜbBlRef	Juristische Arbeitsblätter – Übungsblätter für Referendare
JMBlNW	Justizministerialblatt für das Land Nordrhein-Westfalen
JR	Juristische Rundschau
Jura	Juristische Ausbildung (Zeitschrift)
JurBüro	Das Juristische Büro
JuS	Juristische Schulung
JW	Juristische Wochenschrift
JZ	Juristenzeitung
KapMuG	Gesetz zur Einführung von Kapitalanleger-Musterverfahren
KfH	Kammer für Handelssachen
KG	Kammergericht, Kommanditgesellschaft
KO	Konkursordnung
KostO	Kostenordnung
KTS	Konkurs-, Treuhand- und Schiedsgerichtswesen
KV	Kostenverzeichnis zum GKG
LAG	Landesarbeitsgericht
lfd.	laufend(e)
LG	Landgericht
LM	Lindenmaier/Möhring, Nachschlagewerk des Bundesgerichtshofs
LuftVG	Luftverkehrsgesetz
m. Anm.	mit Anmerkung
m. w. N.	mit weiteren Nachweisen
MDR	Monatsschrift des Deutschen Rechts
MMR	MultiMedia und Recht
NdsRPfl	Niedersächsische Rechtspflege
n. F.	neue Fassung
NJW	Neue Juristische Wochenschrift
NJWE-FER	NJW-Entscheidungsdienst Familienrecht und Erbrecht
NJW-RR	NJW-Rechtsprechungs-Report Zivilrecht
Nr.	Nummer
NRW	Nordrhein-Westfalen
NVersZ	Neue Zeitschrift für Versicherung und Recht
NVwZ	Neue Zeitschrift für Verwaltungsrecht
NVwZ-RR	Neue Zeitschrift für Verwaltungsrecht, Rechtsprechungsreport
NWGVBl	Gesetz- und Verordnungsblatt für das Land Nordrhein-Westfalen
NZA	Neue Zeitschrift für Arbeitsrecht
NZBau	Neue Zeitschrift für Baurecht
NZG	Neue Zeitschrift für Gesellschaftsrecht
NZI	Neue Zeitschrift für das Recht der Insolvenz und Sanierung
NZM	Neue Zeitschrift für Mietrecht
NZV	Neue Zeitschrift für Verkehrsrecht

Abkürzungsverzeichnis

OHG	Offene Handelsgesellschaft
OLG	Oberlandesgericht
OLG-NL	OLG-Rechtsprechung Neue Länder
OLGZ	Entscheidungen der Oberlandesgerichte in Zivilsachen
OVG	Oberverwaltungsgericht
PflVersG	Pflichtversicherungsgesetz
PFV	Positive Forderungs-Verletzung
PKH	Prozesskostenhilfe
ProdHaftG	Produkthaftungsgesetz
RBerG	Rechtsberatungsgesetz
RdA	Recht der Arbeit
Rdn.	Randnummer (bei internen Verweisen)
RG	Reichsgericht
RGSt	Entscheidungen des Reichsgerichts in Strafsachen
RGZ	Entscheidungen des Reichsgerichts in Zivilsachen
RIW	Recht der internationalen Wirtschaft
Rn.	Randnummer (bei externen Verweisen)
Rpfleger	Der Deutsche Rechtspfleger
RPflG	Rechtspflegergesetz
r+s	Recht und Schaden
Rspr.	Rechtsprechung
RVG	Rechtsanwaltsvergütungsgesetz
S.	Seite
SchlHA	Schleswig-Holsteinische Anzeigen
SGG	Sozialgerichtsgesetz
s. o.	siehe oben
StGB	Strafgesetzbuch
StPO	Strafprozessordnung
str.	streitig
StV	Strafverteidiger
StVG	Straßenverkehrsgesetz
sog.	sogenannte(r)
TranspR	Transportrecht
Üb(ers).	Übersicht
UKlaG	Gesetz über Unterlassungsklagen bei Verbraucherrechts- und anderen Verstößen
UWG	Gesetz gegen den unlauteren Wettbewerb
VBlBW	Verwaltungsblätter für Baden-Württemberg
VersR	Versicherungsrecht
VG	Verwaltungsgericht
VGH	Verwaltungsgerichtshof
vgl.	vergleiche
VIZ	Zeitschrift für Vermögens- und Immobilienrecht
Vorbem.	Vorbemerkung
VV	Vergütungsverzeichnis zum RVG
VVG	Gesetz über den Versicherungsvertrag
VRS	Verkehrsrechtssammlung
VwGO	Verwaltungsgerichtsordnung
WarnRspr	Warneyer, Die Rechtsprechung des Reichsgerichts
WEG	Wohnungseigentumsgesetz
WG	Wechselgesetz

Abkürzungsverzeichnis

WM	Wertpapiermitteilungen
WRP	Wettbewerb in Recht und Praxis
WuM	Wohnungswirtschaft und Mietrecht
ZAP	Zeitschrift für die Anwaltspraxis
z. B.	zum Beispiel
ZfBR	Zeitschrift für deutsches und internationales Baurecht
ZfS	Zentralblatt für Sozialversicherung, Sozialhilfe und Versorgung
ZIP	Zeitschrift für Wirtschaftsrecht
ZMR	Zeitschrift für Miet- und Raumrecht
ZPO	Zivilprozessordnung
ZRP	Zeitschrift für Rechtspolitik
ZSEG	Gesetz über die Entschädigung von Zeugen und Sachverständigen
z. T.	zum Teil
ZVG	Zwangsversteigerungsgesetz
ZZP	Zeitschrift für Zivilprozess

Literaturverzeichnis

Aufsätze

Abrahams	Präklusion und Fluchtwege im Zivilprozeß, AnwBl. 1999, 111, 168.
Abramenko	Kein Rechtsmittel gegen richterliche Feststellung eines Vergleichs gem. § 278 IV ZPO? – Ein übersehenes Problem der Zivilprozessreform, NJW 2003, 1356.
Ahrens	Mediationsgesetz und Güterichter, NJW 2012, 2465.
Alio	Änderungen im deutschen Rechtshilferecht – Beweisaufnahme nach der Europäischen Beweisaufnahmeverordnung, NJW 2004, 2706.
Althammer/Schäuble	Effektiver Rechtsschutz bei überlanger Verfahrensdauer, NJW 2012, 1.
Bacher	Eingang von E-Mail-Sendungen bei Gericht, MDR 2002, 669.
Ball	Die Berufung nach dem ZPO-Reformgesetz, ZGS 2002, 146.
Ball	Rechtsmittel im Mietprozess nach der ZPO-Reform, NZM 2002, 409.
Balzer	Schlanke Entscheidungen im Zivilprozeß, NJW 1995, 2448.
Bamberger	Die Reform der Zivilprozessordnung – Eine Wirkungskontrolle, ZRP 2004, 137.
Barth	Zum Tatsachenstoff im Berufungsverfahren nach der Reform der ZPO – eine Erwiderung, NJW 2002, 1702.
Bauer/Diller	Kündigung durch Einwurf-Einschreiben – ein Kunstfehler!, NJW 1998, 2795.
Baumert	Reformierte Berufungszurückweisung durch Beschluss, MDR 2013, 7.
Baumert	Die Neufassung des § 522 Abs. 2, 3 ZPO - Rechtsmittelfähigkeit und enger Anwendungsbereich der Zurückweisung der Brufung durch Beschluss, MDR 2011, 1145.
Bausch	Haftungsfalle Tatbestandsberichtigung, AnwBl. 2012, 126.
Becker	Die Vollstreckungserinnerung, § 766 ZPO, JuS 2011, 37.
Becker/Kohlmann	Zur Reichweite von § 15a RVG, EWiR 2010, 165.
Benedict	Einschreiben und Zustellungen durch die Post – lauter Kunstfehler?, NVwZ 2000, 167.
Berger	Beweisführung mit elektronischen Dokumenten, NJW 2005, 1016.
Betmann	Das Adhäsionsverfahren im Lichte des Opferrechtsreformgesetzes, Kriminalistik 2004, 573.
Bilda	Zur Bindungswirkung von Urkundenvorbehaltsurteilen, NJW 1983, 142.
Bischoff	Praxisprobleme der Streitverkündung, MDR 1999, 787.
Bischoff	Terminsgebühr durch Besprechung zur Vermeidung oder Beendigung eines gerichtlichen Verfahrens (Nr. 3104 VV RVG), JurBüro 2004, 296.
Bischoff	Tatsachenvortrag im Zivilprozess, JA 2010, 532.
Bitter	Die Crux mit der obligatorischen Streitschlichtung nach § 15a EGZPO – Zulässige und unzulässige Strategien zur Vermeidung eines Schlichtungsverfahrens, NJW 2005, 1235.
Blank	Der Urkundenprozeß in Mietsachen, NZM 2000, 1083.
Bleutge/Uschold	Digital versus analog – Verwendung digitalisierter Fotos in Gutachten, NJW 2002, 2765.

Literaturverzeichnis

Bloching/Kettinger	Verfahrensgrundrechte im Zivilprozess – Nun endlich das Comeback der außerordentlichen Beschwerde? NJW 2005, 860.
Boemke	Das einspruchsverwerfende Versäumnisurteil, ZZP 106 (1993), 371.
Bohlander	Der Richter als Störfaktor, MDR 1996, 1093.
Bonifacio	Klagerücknahme und Erledigungserklärung nach der Zivilprozessreform, MDR 2002, 499.
Bonnen	Terminsgebühr nach dem RVG – Gebührenanspruch auch im außergerichtlichen Verfahren, MDR 2005, 1084.
Borgmann	Der Anwalt und sein Büro: Büroorganisation, BRAK-Mitt. 1998, 16.
Borgmann	Der Umgang mit dem Faxgerät, BRAK-Mitt. 1999, 171.
Borgmann	Zustellung gegen Empfangsbekenntnis, BRAK-Mitt. 1998, 270.
Borgmann	Die Rechtsprechung des BGH zum Anwaltshaftungsrecht in der Zeit von Mitte 1991 bis Mitte 2000, NJW 2000, 2953; von Mitte 2000 bis Mitte 2002, NJW 2002, 2145; von Mitte 2002 bis Ende 2004, NJW 2005, 22-30; von Ende 2005 – Ende 2007, NJW 2008, 412; von Ende 2007 bis April 2010, NJW 2010, 1924.
Born	Die Rechtsprechung des BGH zur Wiedereinsetzung in den vorigen Stand, NJW 2005, 2042; NJW 2007, 2088; NJW 2009, 2179.
Börstinghaus	Die Geltendmachung rückständiger Wohnraummiete im Urkundsverfahren, NZM 1998, 89.
Börstinghaus	Muster einer Mietzinsklage im Urkundsverfahren, NZM 1998, 101.
Börstinghaus	Klageanträge im Zusammenhang mit der Mietminderung, NZM 1998, 656.
Brammsen/Leible	Die Klagerücknahme, JuS 1997, 54.
Braun	Berufung gegen das zweite Versäumnisurteil bei unschlüssiger Klage, JZ 1999, 1157.
Braun	Die Berufung gegen das 2. Versäumnisurteil, ZZP 93 (1980), 443 (471).
Braunschneider	Konfliktverteidigung im Zivilprozess. Warten im Sammeltermin? Die Dienstaufsichtsbeschwerde, ProzRB 2003, 49.
Braunschneider	Zwei Falltüren auf dem Weg in die Berufung, ProzRB 2003, 302.
Braunschneider	Die Berufung in den Zeiten der ZPO-Reform, ProzRB 2003, 366.
Braunschneider	Landgericht, Oberlandesgericht oder Amtsgericht – Wohin mit der Berufung?, ProzRB 2004, 18.
Braunschneider	Berufungsspezifische Wiedereinsetzungsprobleme nach dem JuMoG, ProzRB 2004, 277.
Braunschneider	JuMoG – Fristenregelung zur Wiedereinsetzung bei der Berufungsbegründung, MDR 2004, 1045.
Braunschneider	Wer ersetzt die Kreditkosten auf Vorschüsse?, ProzRB 2005, 212.
Bräuer	Vor Gericht und auf hoher See ..., AnwBl. 1999, 551.
Bräuer	Verjährung nach BGB zum 31.12.2004?, AnwBl. 2004, 720.
Bräuer	Der richtige Antrag im Zivilprozess: Warum er so wichtig ist, AnwBl. 2005, 647.
Bräuer	Nach dem Urteil ist vor der Berufung, AnwBl 2011, 141.
Brehm	Arbeitsteilung zwischen Gericht und Anwalt – eine ungenutzte Chance, AnwBl. 1983, 193.
Breßler	Der Referendar als Terminsvertreter im Zivilprozess, JuS 2004, 307.

Brögelmann	Automatischer Pfändungsschutz durch das P-Konto, NJ 2010, 407.
Brommann	Die Beeinflussung der Verjährung durch sogenannte Musterprozesse, AnwBl. 1985, 5.
Brückner/Neumann	Die Haftung des Sachverständigen nach neuem Delikts- und Werkvertragsrecht, MDR 2003, 906.
Brügge	Telefax und wirksame Fristenkontrolle, NJW 2004, XXVI.
Bruns	Gespräche unter vier Augen im Zivil- und Arbeitsgerichtsprozess, MDR 2010, 417.
Bub	Zurückweisung der Berufung nach § 522 Abs. 2 ZPO bei Klageerweiterung und Widerklage, MDR 2011, 84.
Bühren	Rechtsschutzversicherungen – Fluch oder Segen?, AnwBl. 2001, 97.
Büßer	Die »Flucht« des Beklagten vor der Präklusion seiner Prozessaufrechnung, JuS 2009, 319.
Büttner	Revisionsverfahren – Änderungen durch das Zivilprozessreformgesetz, MDR 2001, 1201.
Bull	Von der Bequemlichkeit, einem Zeugen zu glauben, DRiZ 1972, 20.
Burchard	§ 720a ZPO und die »Waffengleichheit«, NJW 2002, 2219.
Busse	Vorbemerkung aus anwaltlicher Sicht, in Beck'sches Richterhandbuch, 1995 S. XXXI ff.
Chab	Fallen im Reisevertragsrecht, AnwBl. 2000, 446.
Chab	Büroorganisation bei Eintragung der Berufungsbegründungsfrist, BRAKMitt 2002, 25.
Chab	Vor- und Nachteile gerichtlicher Mahnverfahren, AnwBl. 2002, 717.
Chab	Anwalt und Rechtsschutzversicherung, AnwBl. 2003, 652.
Christopoulos/Weimann	Frist zur Sachverständigenablehnung nach Erstattung des Gutachtens, MDR 2006, 1201.
Clasen/Schertz	Zur Wirkungsweise von § 320 und § 273 BGB im Zivilprozess, JA 2011, 289.
Conrad	Erfolgshonorare – Zulässigkeit von Vereinbarungen für rechtsanwaltliche Prozesskostenfinanzierung und Inkassozession, MDR 2006, 848.
Crückeberg	Unstreitige neue Tatsachen in zweiter Instanz, MDR 2003, 10.
Crückeberg	Tatsachenfeststellungen im Urteil der ersten Instanz, MDR 2003, 199.
Cube, von	Berufungsrücknahme per Zwischenruf?, NJW 2002, 40.
Cuypers	Das zuständige Gericht in Zivilsachen, Teil 1: Ausschließliche Gerichtsstände, ZAP Fach 13, S. 827.
Cuypers	Das zuständige Gericht in Zivilsachen, Teil 2: Probleme des allgemeinen Gerichtsstands, ZAP Fach 13, S. 883.
Cuypers	Das zuständige Gericht in Zivilsachen, Teile 3-5: Besondere Gerichtsstände. ZAP Fach 13, S. 1741, 1751, 1795.
Cuypers	Das zuständige Gericht in Zivilsachen, Teil 6: Gerichtsstandsvereinbarung, rügelose Einlassung, ZAP Fach 13, S. 1813.
Cuypers	Das zuständige Gericht in Zivilsachen, Teil 7: Eingangsgericht LG, ZAP Fach 13, S. 1827.
Cuypers	Das zuständige Gericht in Zivilsachen, Teil 8: Eingangsgericht AG, ZAP Fach 13, S. 1843.

Literaturverzeichnis

Cuypers	Das zuständige Gericht in Zivilsachen, Teil 9: Mahnverfahren, ZAP Fach 13, S. 1871.
Cuypers	Die Streitwertbemessung und Zuständigkeit des Gerichts, MDR 2012, 381.
Cziupka	Die Erhebung der Einrede der Verjährung als erledigendes Ereignis, JR 2010, 372.
Deckenbrock	Tätigkeitsverbote des Anwalts: Rechtsfolgen beim Verstoß, AnwBl 2010, 221.
Deckenbrock/Jordan	Novellierung der Ausführungsgesetze zu § 15a EGZPO, MDR 2006, 421.
Deubner	Die Praxis der Zurückweisung verspäteten Vorbringens, NJW 1979, 337.
Deubner	Berufungszwang durch Verfahrensbeschleunigung, NJW 1987, 355.
Deutsch	Gedanken zum Gerichtsstand der unerlaubten Handlung (insb. Bei Persönlichkeits- und Wettbewerbssachen), MDR 1967, 88.
Diercks	Ist eine Teilklage kostengünstig? MDR 1995, 1099.
Dörndorfer	Das neue Pfändungsschutzkonto, JurBüro 2009, 626.
Dötsch	Auslandszeugen im Zivilprozess, MDR 2011, 269.
Dötsch	Besonderheiten im Berufungsverfahren bei Arrest und einstweiliger Verfügung, MDR 2010, 1429.
Dötsch	Besonderheiten im Berufungsverfahren bei Arrest und einstweiliger Verfügung, MDR 2010, 1429.
Dötsch	Statthaftigkeit einer Gegenverfügung, MDR 2012, 623.
Dötsch	Auslandszeugen im Zivilprozess, MDR 2011, 169.
Dombert	Ein Einzelfall? Zur richterlichen Erreichbarkeit nach »Dienstschluss«, NJW 2002, 1627.
Dommer	Die Justiz will online gehen: 160.000 Anwälten gefällt das!?, AnwBl 2012, 815.
Doms	Eine Möglichkeit zur Vereinfachung der Zwangsvollstreckung bei Zug-um-Zug Leistung, NJW 1984, 1340.
Doms	»Es wird alles bestritten«, MDR 1991, 498.
Doms	Die Zinsbescheinigung – eine Regreßfalle? NJW 1999, 2649.
Doms	Neue ZPO – Umsetzung in der anwaltlichen Praxis, NJW 2002, 777.
Dübbers	Das neue »Einwurf-Einschreiben« der Deutschen Post AG und seine juristische Einordnung, NJW 1997, 2503.
Dübbers/Kim	Post Express – Der neue Kurierservice der Post aus juristischer Sicht, NJW 1998, 2265.
Ebel	Die Berufung im Zivilprozeßrechtsreformgesetz, ZRP 2001, 309.
Ebert	Verjährungshemmung durch Mahnverfahren, NJW 2003, 732.
Edenfeld	Anwaltshaftung – Beratungspflichten beim Vergleich, MDR 2001, 972.
Einmahl	Zeugenirrtum und Beweismaß im Zivilprozeß. Eine Fallstudie am Beispiel des Verkehrsunfallprozesses, NJW 2001, 469.
Einsiedler	Die Berichtigung des Tatbestands nach § 320 ZPO, MDR 2011, 1454.
Elser	Die Rechtsprechung zur Berufung gegen das technisch zweite Versäumnisurteil, JuS 1994, 965.
Elzer	Einseitige Erledigterklärung vor Rechtshängigkeit nach dem ZPO-Reformgesetz, NJW 2002, 2006.
Elzer/Köblitz	Das zu begründende Anerkenntnisurteil, JuS 2006, 319.

Enders	Prozesstaktische Möglichkeiten der unselbständigen Feststellungsklage, ZAP Fach 13 S. 405.
Enders	Welche Gebühren für die Güteverhandlung nach dem ZPO-RG? JurBüro 2001, 617.
Enders	Neue Möglichkeiten nach dem ZPO-RG – Anwaltsgebühren, JurBüro 2002, 57.
Enders	Verhandlungsgebühr über § 35 BRAGO auch bei Vergleich nach § 278 Abs. 6 ZPO?, JurBüro 2003, 1.
Enders	Mahnverfahren und nachfolgendes streitiges Verfahren – zweimal Terminsgebühr?, JurBüro 2005, 226.
Enders	Miteinklagen der Geschäftsgebühr im Prozesskostenhilfemandat, JurBüro 2010, 1, 57, 113.
Engels	Prozessrechtliche Sicherung von Ansprüchen gegen die vermögenslose BGB-Gesellschaft, MDR 2003, 1028.
Ernst, Stefan	Beweisprobleme bei E-Mail und anderen Online-Willenserklärungen, MDR 2003, 1091.
Eschelbach	Substanziierungslast des Klägers im Zivilprozess, ZAP Fach 13 S. 1669.
Eschelbach	Substanziierungslast des Beklagten im Zivilprozess, ZAP Fach 13 S. 1689.
Eschelbach/Geipel	Parteianhörung - Die Verwertung im Rahmen der Beweiswürdigung (§ 141 vs. § 86 ZPO), MDR 2012, 198.
Euba	Ein Tipp für Anwälte: Wer schnell umdenkt, für den wird vieles leichter, AnwBl 2013, 23.
Eyinck	Zustellungsrecht und Postreform: Gemeinschaftsbriefkasten bei Ersatzzustellung durch Niederlegung, NJW 1998, 206.
Eyinck	Entwicklung des Zustellungsrechts nach der Zustellungsreform 2002, MDR 2006, 785.
Ferber	Das Opferrechtsreformgesetz, NJW 2004, 2562.
Fellner	ZPO-Reform – Erste Erfahrungen im Berufungsverfahren, MDR 2003, 69.
Fellner	Berücksichtigung eines neuen Sachvortrags mit neuen Angriffs- und Verteidigungsmitteln und die Folgen in der Berufungsinstanz, MDR 2004, 241.
Fellner	Die neuere BGH-Rechtsprechung zum Berufungsrecht MDR 2006, 552.
Fellner	Zulässigkeit der Drittwiderklage und die örtliche Zuständigkeit des Gerichts der Klage für den Drittwiderbeklagten, MDR 2011, 146.
Fey	Ist das Adhäsions-Verfahren endlich tot? AnwBl. 1986, 491.
Fischer, Frank O.	Weiterverweisung bei Wahlrechtsverbrauch?, MDR 1993, 198.
Fischer, Frank O.	Zur Bindungswirkung rechtswidriger Verweisungsbeschlüsse im Zivilprozeß gemäß § 281 Abs. 2 S. 5 ZPO, NJW 1993, 2417.
Fischer, Frank O.	Antragsrücknahmen im Mahnverfahren und ihre Folgen, MDR 1994, 124.
Fischer, Frank O.	§ 495a ZPO – eine Bestandsaufnahme des »Verfahrens nach billigem Ermessen«, MDR 1994, 978.
Fischer, Frank O.	Die Berücksichtigung »nachgereichter Schriftsätze« im Zivilprozeß, NJW 1994, 1315.
Fischer, Frank O.	Gerichtsstandsvereinbarungen in AGB – Gerichtliche Zuständigkeit und Verweisungen, MDR 2000, 682.

Literaturverzeichnis

Fischer, Frank O.	Sofortiges Anerkenntnis – Ausschluss im Streitverfahren nach Widerspruch im Mahnverfahren?, MDR 2001, 1336.
Fischer, Frank O.	Willkürliche Verweisungsbeschlüsse – Aktuelle Rechtsprechung zur Bindungswirkung, MDR 2002, 1401.
Fischer, Frank O.	Grenzüberschreitende Prozesskostenhilfe nach dem EG-Prozesskostenhilgegesetz, ZAP Fach 13 S. 1287.
Fischer, Frank O.	PKH-Prüfungsverfahren – Verweigerung der PKH bei Zurückhaltung von Einwänden, MDR 2006, 661.
Fischer, Frank O.	Parteiwechsel auf Klägerseite, JuS 2009, 38.
Fischer, Gero	Tendenzen der Rechtsprechung des BGH zum Anwaltshaftungsrecht, NJW 1999, 2993.
Fischer, Nikolaj	Die Reform der Sachaufklärung im Lichte der Vollstreckungsmodernisierung, DGVZ 2010, 113.
Fischer, Robert	Parteiwechsel auf Klägerseite, JuS 2009, 38.
Fleischmann	Sachliche Zuständigkeit bei Haupt- und Hilfsantrag, NJW 1993, 506.
Flessner	Deutscher Zivilprozess auf englisch - Der Gesetzentwurf des Bundesrats im Lichte von Staatsrecht, Grundrechten und Europarecht, NJW 2011, 3544.
Flotho	(Die ZPO-Reform) Schneller-besser-billiger? BRAK-Mitt. 2000, 107.
Focken/Marten	Kostengünstige Verfahrensbeendigung bei aussichtsloser Verteidigung, MDR 2005, 850.
Fölsch	ZPO – Änderungen durch das 1. Justizmodernisierungsgesetz 2004, MDR 2004, 1029.
Fölsch	Rechtsmitteleinlegung unter der Bedingung der Bewilligung von Prozesskostenhilfe, NJW 2009, 2796.
Fölsch	Die aktuelle Rechtslage zur Anrechnung der anwaltlichen Geschäftsgebühr, MDR 2009, 1137.
Fölsch	Formulierungshilfen zur Rechtsbehelfsbelehrung im Zivilprozess, NJW 2013, 970
Foerste	Parteiische Zeugen im Zivilprozeß, NJW 2001, 321.
Foerste	Die Güteverhandlung im künftigen Zivilprozess, NJW 2001, 3103.
Frankenberger/Holz	Die Verfallklausel in der Zwangsvollstreckung, RPfleger 1997, 93.
Franzen	Maximen zum Anwaltsberuf, NJW 1984, 2263.
Franzki	Der Sachverständige – Diener oder Herr des Richters?, DRiZ 1991, 314.
Frenz/Wübbenhorst	Rechtsanwaltstätigkeit in anderen EU-Staaten, NJW 2011, 1262.
Führ	Prozent oder Prozentpunkte - Ein gar nicht so kleiner und feiner Unterschied?!, JuS 2005, 1095, 1096.
Friedrich	Der Beweiswert des Einwurfeinschreibens der Deutschen Post AG, VersR 2001, 1090.
Frohn	Substanziierungspflicht der Parteien und richterliche Hinweispflicht nach § 139 ZPO, JuS 1996, 243.
Gärtner	Zur qualifizierten elektronischen Signatur, NJ 2010, 254.
Gaier	Der Prozessstoff des Berufungsverfahrens, NJW 2004, 110.
Gaier	Das neue Berufungsverfahren in der Rechtsprechung des BGH, NJW 2004, 2041.
Garcia-Scholz/Günther	Die Klage gegen eine GbR, ProzRB 2003, 85.

Gehrlein	Erste Erfahrungen mit der reformierten ZPO – Erstinstanzliches Verfahren und Berufung, MDR 2003, 421.
Gehrlein	Neue höchstrichterliche Rechtsprechung zur ZPO – Verfahren des ersten Rechtszuges, MDR 2004, 541.
Geißler	Der Befreiungsanspruch des Bürgen und seine vollstreckungsrechtliche Durchsetzung, JuS 1988, 452.
Geipel	Die Wiederholung einer Beweisaufnahme nach neuem Berufungsrecht, AnwBl. 2005, 346.
Geipel	Die geheimen contra legem Regeln im ordentlichen Prozess, AnwBl. 2005 Heft 10.
Geipel	Sinnlose Rügen im deutschen Recht, ZAP Fach 13, 1699.
Geipel	Die Umkehr der Beweislast, ZAP Fach 13 S. 1641.
Geipel	Das Gesetz über den Rechtsschutz bei überlangen Gerichtsverfahren aus zivilrechtlicher Sicht, ZAP Fach 13 S. 1767.
Geipel/Aalberts/Nill	Indizien- und Anscheinsbeweis in der Prozesspraxis, ZAP Fach 13 S. 1503.
Geipel/Geisler/Nill	Präklusion versus Prozesstaktik, ZAP Fach 13 S. 1407.
Geipel/Nill/Schultz	Die Analyse der Zeugenaussage im ordentlichen Verfahren, ZAP Fach 13 S. 1449.
Geipel/Prechtel	Brennpunkte des Zivilprozesses und Reaktionsmöglichkeiten auf gerichtliche Fehler, MDR 2011, 336.
Gemmer	Die Baumbach´sche Kostenformel im Zivilurteil, JuS 2012, 702.
Gerken	Probleme der Anschlussberufung nach § 524 ZPO, NJW 2002, 1095.
Gerlach, von	Die prozessuale Behandlung von Schmerzensgeldansprüchen, VersR 2000, 525.
Ghassemi-Tabar/Eckner	Streitverkündung - Rechtsprechungsüberblick zu Möglichkeiten, Wirkungen und Kosten, MDR 2012, 1136.
Giers	Die Höhe der Freibeträge nach § 115 I ZPO, FamRZ 2005, 1220.
Giethmann	Die neuen Reformgesetze in der Zwangsvollstreckung, DGVZ 2009, 157.
Gloede	Mißbräuchliche Ablehnungsgesuche im Zivilprozeß, NJW 1972, 2067.
Goebel	Die Erledigung der Hauptsache zwischen Anhängigkeit und Rechtshängigkeit, Prozessrecht aktiv 2004, 8.
Goebel	Bewährt und bald auch besser bezahlt: Der Vergleich im schriftlichen Verfahren, Prozessrecht aktiv, 2004, 55.
Goebel	Richterablehnung: Prüfen – Bewerten – Handeln, Prozessrecht aktiv (PA) 2004, 91.
Gounalakis	Flucht in die Widerklage – Eine wirksame Umgehung der Präklusionsvorschriften? MDR 1997, 216.
Gräve/Salten	Neues Firmenrecht – Die Parteibezeichnung der Einzelkaufleute im Zivilprozess, MDR 2003, 1097.
Grams	Die »Erlaßfalle«, AnwBl. 2000, 620.
Grams	Wiedereinsetzung in den vorigen Stand – Antrag wegen Fristversäumnissen, MDR 2002, 1179.
Greger	Ein Beitrag des Prozessrechts zur Versachlichung der fiktiven Reparaturkostenabrechnung, NJW 2002, 1477.
Greger	Zweifelsfragen und erste Entscheidungen zur neuen ZPO, NJW 2002, 3049.

Literaturverzeichnis

Greger	Tatsachenfeststellung durch das Berufungsgericht – ein Menetekel aus Karlsruhe, NJW 2003, 2882.
Greger	Die ZPO-Reform – 1000 Tage danach, JZ 2004, 805.
Greger	Zur Frage des Unterschriftenerfordernisses trotz qualifizierter elekronischer Signatur, JZ 2010, 681.
Greiner	Urkundenprozeß und Einrede des nichterfüllten Vertrages, NJW 2000, 1314.
Gremmer	Der unsubstanziierte Vortrag - ein Phantomproblem? MDR 2007, 1172.
Gremmer	Wechselhafter und widersprüchlicher Vortrag einer Partei, MDR 2010, 245.
Gross	Grundstrukturen erfolgreicher Schriftsätze, JuS 1999, 171.
Grunewald	Die Entwicklung der Rechtsprechung zum anwaltlichen Berufsrecht in den Jahren 2009–2010, NJW 2010, 3551.
Grunsky	Zum Tatsachenstoff im Berufungsverfahren nach der Reform der ZPO, NJW 2002, 800.
Gruschwitz	Kleine Fristenkunde ZPO – Ein systematischer Überblick zum Fristensystem des Zivilprozessrechts, JuS 2012, 1090.
Gruschwitz	Die Parteiänderung im Zivilprozess, JA 2012, 689.
Günther	Unzulässige Ablehnungsgesuche und ihre Bescheidung, NJW 1986, 281.
Haase	Besondere Klagearten im Zivilprozess, JuS 1967, 405.
Habel	Kostenerstattung bei vorausgegangenem Versäumnisurteil, NJW 1997, 2357.
Hadidi/Mödl	Die elektronische Einreichung zu den Gerichten, NJW 2010, 2097.
Hähnchen	Elektronische Akten bei Gericht – Chancen und Hindernisse, NJW 2005, 2257.
Häublein	Vorläufige Vollstreckbarkeit bei Aufrechterhaltung von Versäumnisurteilen, JA 1999, 53.
Häublein	§ 174 S. 1 BGB – eine (Haftungs-) Falle nicht nur für Rechtsanwälte, NJW 2002, 1398.
Hager	Die Rechtsbehelfsbefugnis des Prozessunfähigen, ZZP 97 (1984), 174.
Hamann/Lennarz	Schiedsverfahren oder staatliche Gerichtsverfahren – Was ist besser?, JA 2012, 801.
Hartmann, Peter	Einspruch gegen Versäumnisurteil: Begründungsfrist = Notfrist, auch bei Verlängerung, NJW 1988, 2660.
Hartmann, Peter	Zivilprozeß 2001/2001: Hundert wichtige Änderungen, NJW 2001, 2577.
Hartmann, Bernd J.	Prozente und Prozentpunkte beim Klageantrag auf Verzugszinsen, NJW 2004, 1358.
Hartmann	Mediationsnovelle und Gericht, MDR 2012, 941.
Hartmann	Die neue Rechtsbehelfsbelehrung im Zivilprozess, MDR 2013, 61.
Hartung	Das neue Rechtsanwaltsvergütungsgesetz, NJW 2004, 1409.
Haunschild	Mit Teilklagen Gebühren sparen, AnwBl. 1998, 509.
Hausherr	Die Erledigung »zwischen den Instanzen«, MDR 2010, 973.
Hansen	Drei Jahre elektronischer Rechtsverkehr - Zwischenbilanz aus Anwendersicht, DRiZ 2010, 128.
Hansen	Die Substantiierungslast, JuS 1991, 588.
Hansens	Partei- und Geschäftsfähigkeit der BGB-Gesellschaft, BRAGOreport 2002, 49.

Literaturverzeichnis

Hansens	Beginn der Höherverzinsung im Kostenfestsetzungsverfahren, BRAGOreport 2002, 62.
Hansens	Die ZPO-Reform, AnwBl. 2002, 125.
Hansens	Rechtsanwaltsvergütungsgesetz – Bürgerliche Rechtsstreitigkeiten, JurBüro 2004, 249.
Hansens	Haftpflichtecke, JuBüro 2004, 456.
Hansens	Der Spuk ist vorbei: Die Neuregelung der Gebührenanrechnung in §§ 15a, 55 RVG, ZfSch 2009, 428.
Hansens	Der Streit um die sofortige Anwendbarkeit des § 15a RVG bei der Anrechnung der Geschäftsgebühr, ZfSch 2010, 522.
Hausherr	Die Erledigung »zwischen den Instanzen«, MDR 2010, 973.
Hartmann	Die neue Rechtsbehelfsbelehrung im Zivilprozess, NJW 2013, 61.
Heiderhoff	Zur Abschaffung der Anschlussberufung, NJW 2002, 1402.
Heine	Überlange Gerichtsverfahren – Die Entschädigungsklage nach § 198 GVG, MDR 2012, 327
Hendel	Strategien des Anwalts beim zivilrechtlichen Vergleich – Empfehlungen eines Richters, AnwBl. 1997, 509.
Henke	Rücksendung unfrankierter Empfangsbekenntnisse und Aktenversendungskostenpauschale, AnwBl. 1996, 403.
Henke	Rücksendung von unfrankierten Empfangsbekenntnissen an das Gericht, AnwBl. 2002, 713.
Henke	Kann die Terminsgebühr schon anfallen, bevor eine Klage anhängig ist? AnwBl. 2004, 511.
Henke	Keine Terminsgebühr bei Anerkenntnis? AnwBl. 2005, 642.
Henke	Anrechnung der Geschäftsgebühr auf Übergangsfälle, AnwBl 2009, 709.
Hennigs/Feige	Der Urkundenbeweis im Zivilprozess, JA 2012, 128.
Henssler	Die Klage auf künftige Leistung im Wohnraummietrecht, NJW 1989, 138.
Henssler/Kilian	Die Neuregelung des Rechts der Vertretung durch Rechtsanwälte vor den Oberlandesgerichten durch das OLG-Vertretungsänderungsgesetz, NJW 2002, 2817.
Henssler/Deckenbrock	Kostenerstattung bei Beauftragung mehrerer Rechtsanwälte, MDR 2005, 1321.
Herr	Partei- und Amtsmaxime, DRiZ 1988, 57.
Hess	»Private law enforcement« und Kollektivklagen, JZ 2011, 66.
Heß	Das (Teil-)Schmerzensgeld, NJW-Spezial 2004 S. 63.
Heß/Burmann	Der Abfindungsvergleich, NJW-Spezial 2004, 207.
Heß/Burmann	Das – ewige – HWS-Trauma, NJW-Spezial 2004, 303.
Heß/Burmann	Das Schmerzensgeld bei schweren Verletzungen, NJW-Spezial 2005, 207.
Hilger	Über das Opferrechtsreformgesetz, GA 2004, 478.
Hinz	ZPO-Reform und Mietprozess, NZM 2001, 601.
Hinz	Zulassungsberufung und Abhilfeverfahren nach der ZPO-Reform, WuM 2002, 3.
Hinz	Zulassungsberufung und Abhilfeverfahren nach der ZPO-Reform, WuM 2002, 3.
Hinz	ZPO-Reform – Die wichtigsten Neuerungen für den Mietprozess, WuM 2002, 352.

Literaturverzeichnis

Hirtz	Reform des Zivilprozesses – Einführung der Beschlussverwerfung, MDR 2001, 1265.
Hirtz	Modernes Zivilverfahrensrecht?, AnwBl. 2004, 503.
Hirtz	Einforderung des Rechtsgesprächs im Zivilprozess ist Anwaltssache, AnwBl 2012, 21.
Hövel	Säumnis nach verfristetem Einspruch, NJW 1997, 2864.
Hosenfeld	Zugangsnachweise für miet- und wohnungseigentumsrechtliche Erklärungen. Segnungen und Fluch des Einwurf-Einschreibens, NZM 2002, 93.
Huber	Anwalts-Haftungsfalle »Vergleich« im »Sachverständigen-Prozess«, NJWEditorial Heft 19/2003.
Huber	Modernisierung der Justiz?, ZRP 2003, 268.
Huber	Die Reform der ZPO – eine Wirkungskontrolle/Verfahrenserneuerungen in der ersten Instanz, in Berichte A zum 65. Deutschen Juristentag, 2004 S. A 5 sowie Beilage zu NJW 27/2004 (Kurzfassungen der Gutachten).
Huber	Aus der Praxis: Selbständiges Beweisverfahren, JuS 2004, 214.
Huber	Erstes Gesetz zur Modernisierung der Justiz – Änderungen der ZPO, JuS 2004, 873.
Huber	Partei- und Prozessfähigkeit, JuS 2010, 201.
Huber	Die Abtretung der eingeklagten Forderung, JuS 2010, 582.
Huber	Früher erster Termin und schriftliches Vorverfahren, JuS 2009, 683.
Huber	Grundwissen Zivilprozessrecht: Sachliche Zuständigkeit und Prorogation, JuS 2012, 974.
Huber	Grundwissen Zivilprozessrecht: Säumnis des Beklagten, JuS 2013, 18.
Hülk/Timme	Kosten der Anschlussberufung bei Zurückweisung der Berufung durch Beschluss, MDR 2004, 14.
Hülsmann	Kein Geständnis während der Parteivernehmung, NJW 1997, 617.
Huff	Neues Recht – Neue Risiken. Haftungsfallen der Reformgesetze, Anwalt 4/2002 S. 6.
Hupka/Kämper	Die Zustellung im Zivilverfahren, JA 2012, 448.
Husmann	Der unbezifferte Klageantrag als Abwehrrecht gegen unbillige Kostenlast und die Kostenvorschrift des § 92 Abs. 2 ZPO, NJW 1989, 3126.
Ismar	Faule Justiz?, MDR 1996, 1097.
Jäckel	Die Rechtsstellung Dritter in der Zwangsvollstreckung, JA 2010, 357.
Jaeger	Sachverständigenhaftung nach Vertrags- und Deliktsrecht, ZAP Fach 2 S. 441.
Jagenburg	Die Entwicklung des privaten Bauvertragsrechts seit 1998: BGB- und Werkvertragsfragen – Teil 2, NJW 2001, 191.
Jaspersen	Wer trägt die Kosten für die Rücksendung des Empfangsbekenntnisses? ProzRB 2002, 83.
Jordans	Das neue Mediationsgesetz - Chancen und Anforderungen für Rechtsanwälte, MDR 2013, 65.
Jorzik	Arzthaftungsprozess – Beweislast und Beweismittel, MDR 2001, 481.
Jungbauer	Einbeziehung der Geschäftsgebühr in einen Vergleich, DAR 2008, 745.
Jungemeyer/Teichmann	Die unterbliebene Kostengrundentscheidung in Fällen einer Nebenintervention, MDR 2011, 1019.

Kahlert	Anordnung des persönlichen Erscheinens im Zivil- und Arbeitsgerichtsprozess, NJW 2003, 3390.
Kahlke	Zur Funktion von Beschwer und Rechtsschutzbedürfnis im Rechtsmittelverfahren, ZZP 94 (1981), 423.
Kaiser	Die zivilrechtliche Anwaltsklausur aus Beklagtensicht, JA 2009, 716.
Kapitzka/Kammer	Zweckmäßigkeitserwägungen bei aussichtsloser Prozesssituation, JuS 2008, 882.
Karwatzki	Der Streitbeitritt durch schlüssiges Verhalten, ZAP Fach 13 S. 1617.
Kauffmann	Reiseprozess – Die Rechtsstellung der Mitreisenden, MDR 2002, 1036.
Kemke	Die Gesellschaft bürgerlichen Rechts im Prozess – Parteibezeichnung und Kostendrittwiderklage gegen die Gesellschafter, NJW 2002, 2218.
Kempf	Zur Problematik des Musterprozesses, ZZP 1960, 342.
Kiethe	Auskunft und sekundäre Behauptungslast – Anspruchsdurchsetzung bei ungeklärten Sachverhalten, MDR 2003, 781.
Kiethe	Verwertung rechtswidrig erlangter Beweismittel im Zivilprozess, MDR 2006, 965.
Kilian	Anwaltliches Risikomanagement durch Haftungsbeschränkungsvereinbarungen, AnwBl 2013, 195.
Kindermann	Die Anrechnung der Geschäftsgebühr, FPR 2010, 351.
Kirchhoff	Der Verkehrsunfall im Zivilprozeß – Hinweise zur Verbesserung der Zeugenvernehmung, MDR 2000, 186.
Kirchhoff	Der Verkehrsunfall im Zivilprozeß – Von der Schwierigkeit, Zeugen zu glauben, MDR 1999, 1473.
Kirchhoff	Richter als Zeugen – Bericht über ein Wahrnehmungsexperiment, MDR 2001, 661.
Kirchhoff	Zur Würdigung von Zeugenaussagen, MDR 2010, 791.
Kirschbaum	Flucht in das Anerkenntnis nach Schluss der mündlichen Verhandlung, NJW 2012, 1329.
Kittner	§ 767 ZPO und § 767 ZPO analog – Tenor im Kollisionsfall, JA 2010, 811.
Klaaßen	Die Schattenrichter, Süddeutsche Zeitung (SZ) vom 12.11.2003.
Klappstein	Die drei verschiedenen Klagearten im Zivilprozess – Systematik, Gemeinsamkeiten und Unterschiede, JA 2012, 606.
Klink	Justizmodernisierung und Datenschutz, DRiZ 2010, 383.
Klose	Anschlussberufung – Aktuelle Entwicklungen zur Kostenpflicht bei Wirkungslosigkeit gem. § 524 Abs. 4 ZPO, MDR 2006, 724.
Klotz	Wiedereinsetzung in den vorigen Stand bei fehlerhafter Telefax-Übermittlung fristgebundener Schriftsätze, MDR 2011, 581.
Kluth/Böckmann	Beweisrecht – Die zivilprozessuale Partei im Zeugenmantel, MDR 2002, 616.
Knauer/Wolf	Zivilprozessuale und strafprozessuale Änderungen durch das Erste Justizmodernisierungsgesetz – Teil 1: Änderungen der ZPO, NJW 2004, 2857.
Knoche	Besorgnis richterlicher Befangenheit wegen der Einleitung strafrechtlicher Schritte, MDR 2000, 371.
Knodel	Anwaltliche Pflichten und Rechte beim Tod des Mandanten, MDR 2006, 121.
Knöringer	Die Erledigung der Hauptsache im Zivilprozess, JuS 2010, 569.
Koch	Wider- und Drittwiderklage, JA 2013, 95.

Literaturverzeichnis

Kohlhaas	Wie der Brief so das Fax, NJW – Die Haftungsseite 28/2005, S. XXVI.
Köhler	Gesetzesauslegung und »gefestigte höchstrichterliche Rechtsprechung«, JR 1984, 45.
Köckerbauer	Die Geltendmachung zivilrechtlicher Ansprüche im Strafverfahren – der Adhäsionsprozess, NJW 1994, 305.
König, Günter	Anerkenntnis statt Säumnis – Nach dem RVG vielfach ein anwaltlicher Kunstfehler, NJW 2005, 1243.
König, Sabine	Die ersten 1 ½ Jahre mit der neuen ZPO, DRiZ 2003, 345.
Koussoulis	Aktuelle Probleme der Hauptintervention, ZZP 100 (1987), 211.
Kramer	ZPO-Reform – Prozesskostenhilfe und Berufungsfristen nach neuem Recht, MDR 2003, 434.
Kranz	Kapitalanleger-Musterverfahrensgesetz – Die Einführung eines Musterverfahrens im Zivilprozess, MDR 2006, 1021.
Krüger/Bütter	»Justitia goes online!« – Elektronischer Rechtsverkehr im Zivilprozess, MDR 2003, 181.
Kruse	Freigabeklage in einem Prätendentenstreit, JuS 2009, 424.
Kunze/Paulus	Die vorläufige Zahlungsanordnung – Eine Totgeburt? ZRP 2005, 44.
Lamprecht	Das Richterbild Außenstehender, DRiZ 1988, 161.
Lamprecht	Karlsruher Lotterie, NJW 2000, 3543.
Laghzaoui/Wirges	Anwaltshaftung bei Verwendung von Internet und Telefax, AnwBl. 1999, 253.
Lange, Günter	Modernisierungs- und Beschleunigungswahn, ZAP-Kolumne 2003, 737.
Lange, Hans Dieter	Der frühe erste Termin als Vorbereitungstermin, NJW 1986, 1728.
Lange, Hans Dieter	Bezugnahme im Schriftsatz, NJW 1989, 438.
Lange, Hans Dieter	Parteianhörung und Parteivernehmung, NJW 2002, 476.
Lange, Hans Dieter	Bestreiten mit Nichtwissen, NJW 1990, 3233.
Längsfeld	Grundfälle zur Berufung in der ZPO, JA 2013, 289 und 362.
Lanz	Zweiklassenrecht durch Gutachterkauf. Zur mangelnden Neutralität vieler gerichtlicher Gutachter, ZRP 1998, 337.
Lappe	Modernes Justizkostenrecht? Kritisches zum neuen Kostenrechtsmodernisierungsgesetz, NJW 2004, 2409.
Lechner	Die Rechtsprechung des BGH zum neuen Berufungsrecht im Lichte der Intentionen des Gesetzgebers, NJW 2004, 3593.
Lenz/Meurer	Der heimliche Zeuge im Zivilprozeß, MDR 2000, 73.
Lepa	Auffälligkeiten des Haftpflichtprozesses in unserer Zeit, VersR 2001, 265.
Lepczyk	Das Urkundenverfahren, JuS 2010, 30.
Leyendecker	Grundfälle zur Vollstreckungsabwehrklage, JA 2010, 631 und 805.
Leyendecker	Grundfälle zur Drittwiderspruchsklage, JA 2010, 725 und 879.
Lilie/Orben	Zur Verfahrenswirklichkeit des Arztstrafrechts, ZRP 2002, 1.
Lindner	Stolpersteine bei Kündigungen im Mietrecht, AnwBl. 2005, 213.
Lipp	Beschwerden wegen »greifbarer Gesetzwidrigkeit« nach der ZPO-Reform 2002, NJW 2002, 1700.
Lorenz	Rechts- und Geschäftsfähigkeit, JuS 2010, 11.
Lorff	Die Widerklage, JuS 1979, 569.

Löw	Reche und Pflichten des angestellten Rechtsanwaltes – Darstellung einiger praxisrelevanter Problemkreise, MDR 2006, 913.
Luckey	Die Widerklage gegen Dritte – Zeugen zum Abschuss freigegeben? MDR 2002, 743.
Luckey	Der Dritte im Bunde (und im Zivilprozess), ProzRB 2004, 247.
Luckey	Dabeisein ist alles? Prozessuale Erscheinungspflichten und was man dagegen tun kann, ProzRB 2005, 44.
Lüke/Kerwer	Eine »neuartige« Klagenhäufung, NJW 1996, 2121.
Lützen	»Schriftlichkeit« und »Schriftform« – der unbekannte Unterschied, NJW 2012, 1627.
Lutter	Gefahren persönlicher Haftung für Gesellschafter und Geschäftsführer einer GmbH, DB 1994, 129.
Madert	Der Gebührenerstattungsanspruch des Berufungsbeklagten bei nur zur Fristwahrung eingelegter Berufung, NJW 2003, 1496.
Mair	Online mahnen. Bald schon gängige Praxis, Anwalt 4/2002 S. 40.
Mankowski	Wie problematisch ist die Identität des Erklärenden bei E-Mails wirklich? NJW 2002, 2822.
Mankowski	Für einen Anscheinsbeweis hinsichtlich der Identität des Erklärenden bei E-Mails, CR 2003, 44.
Mankowski	Zum Nachweis des Zugangs bei elektronischen Willenserklärungen, NJW 2004, 1901.
Mankowski/Höpker	Die Hemmung der Verjährung bei Verhandlungen nach § 203 BGB, MDR 2004, 721.
Markgraf/Kießling	Gesellschaften als Parteien im Zivilprozess, JuS 2010, 312.
Mayer	Sachliche Zuständigkeit des Landgerichts für Widerklagen bis zu DM 6000,–, JuS 1991, 678.
Meier/Falk	Die Höhe des Verzugszinses nach dem Schuldrechtsmodernisierungsgesetz, MDR 2002, 746.
Meiske	Das sofortige Anerkenntnis im schriftlichen Vorverfahren, NJW 1993, 1904.
Meller-Hannich	Die Neufassung von § 522 ZPO - Unbestimmte Rechtsbegriffe, Ermessen und ein neuartiges Rechtsmittel, NJW 2011, 3393.
Mertins	Der dingliche Arrest, JuS 2008, 692.
Mertins	Die einstweilige Verfügung, JuS 2009, 911.
Mertins	Die vorläufige Vollstreckbarkeit aus § 709 S. 2 ZPO, DRiZ 1983, 228.
Meurer	Baumängelprozeß – Verfahrensvorbereitung und Auswahl der richtigen Klageart, MDR 2000, 1041.
Meyer, Dieter	Über die Möglichkeiten eines zivilrechtlichen Vergleichs in der strafrechtlichen Hauptverhandlung, JurBüro 1984, 1122.
Meyer, Susanne	Verjährung von Schadensersatzansprüchen bei bezifferter verdeckter Teilklage, NJW 2002, 3067.
Meyer-Mews	Die »in dubio contra reo« – Rechtsprechungspraxis bei Aussage-gegen-Aussage-Delikten, NJW 2000, 916.
Meyke	Die Funktion der Zeugenaussage im Zivilprozeß, NJW 1989, 2032.
Meyke	Zur Anhörung der Parteien im Zivilprozeß, MDR 1987, 358.
Michel	Der Schriftsatz des Anwalts im Zivilprozess, JuS 1983, 36, 38.

Literaturverzeichnis

Mischke/Girkens	Kostenvorschuss beim selbstständigen Beweisverfahren, ZAP Fach 13, S. 1739.
Mödl/Hadidi	Die elektronische Einreichung zu den Gerichten, NJW 2010, 2097.
Möller	Die Verfahrensgrundsätze des Zivilverfahrens, JA 2010, 47.
Möller	Der gesetzliche Richter im Zivilprozess - Anwaltliche Wahl- und Gestaltungsmöglichkeiten, NJW 2009, 3632 und 3769.
Mroß	Anwälte müssen umlernen: Neue Möglichkeiten in der Zwangsvollstreckung, AnwBl 2013, 16.
Musielak	Reform des Zivilprozesses, NJW 2000, 2769.
Mühlhausen/Prell	Verwendung digitalisierter Fotos in technischen Gutachten, NJW 2002, 99.
Müller, Gerda	Die Rechtsprechung des BGH zur Wiedereinsetzung in den vorigen Stand, NJW 1993, 681; 1995, 3224; 1998, 497; 2000, 322.
Müller, Gerda	Typische Fehler bei der Wiedereinsetzung in den vorigen Stand, NJW 1993, 681.
Müller, Hans-Friedrich	Abhilfemöglichkeiten bei der Verletzung des Anspruchs auf rechtliches Gehör nach der ZPO-Reform, NJW 2002, 2743.
Müller/Heydn	Der sinnlose Schlagabtausch zwischen den Instanzen auf dem Prüfstand: Für eine Abschaffung der Tatbestandsberichtigung, NJW 2005, 1750.
Münzberg	Titel mit Verfallklauseln, RPfleger 1997, 413.
Musielak	Die sog. tatsächliche Vermutung, JA 2010, 561.
Müther	Prozeßtaktik im Zivilprozeß, MDR 1998, 1335.
Nagel	Haftungsquote und Anscheinsbeweis beim Verkehrsunfall mit zwei Kraftfahrzeugen, NJW 2013, 193.
Nasall	Irrwege. Wege. – Die Rechtsmittelzulassung durch den BGH, NJW 2003, 1345.
Nassall	Anhörungsrügengesetz – Nach der Reform ist vor der Reform, ZRP 2004, 164.
Netzer	Neues Rechtsmittelrecht im Zivilprozess – Rechtstatsächliche Erkenntnisse, DRiZ 2005, 173.
Neugebauer	Reform der Sachaufklärung, MDR 2012, 1441.
Neuhaus, Kai-Jochen	Richterliche Hinweis- und Aufklärungspflicht der alten und neuen ZPO: Überblick und Praxishilfen, MDR 2002, 438.
Neuhaus, Ralf	Das Opferrechtsreformgesetz 2004, StV 2004, 620.
Neuhaus/Krause	Die Auswahl des Sachverständigen im Zivilprozess, MDR 2006, 605.
Niebling	Aktuelle Fragen zur Prozesskostenhilfe, JA 2009, 630.
Nicoli	Die Erklärung mit Nichtwissen, JuS 2000, 584.
Nickel	Änderungen im Bereich der Prozesskostenhilfe 2005, MDR 2005, 729.
Nickel	Aktuelle Entwicklungen in der Rechtsprechung zur Prozesskostenhilfe, MDR 2010, 1227
Nickel	Aktuelle Entwicklungen in der Rechtsprechung zur Prozesskostenhilfe, MDR 2011, 1334.
Niebling	Aktuelle Fragen zu Prozesskostenhilfe, JA 2009, 630.
Nieder	Anspruchsverfolgung nach § 717 ZPO gegen Rechtsnachfolger, NJW 1975, 1000.
Nierwetberg	Die Behandlung materiell-rechtlicher Einreden bei Beantragung des Versäumnisurteils gegen den Beklagten, ZZP 98 (1985), 442.

Literaturverzeichnis

Nistle	Die Mediation, JuS 2010, 685.
Nistler	Mahnverfahren oder ordentliches Klageverfahren, JuS 2011, 990.
Nowak	Der elektronische Vertrag – Zustandekommen und Wirksamkeit unter Berücksichtigung des neuen »Formvorschriftenanpassungsgesetzes«, MDR 2001, 841.
Oberheim	ZPO-Reform Update 1 und 2, JA 2002, 408, 493.
Oberheim	Beweiserleichterungen im Zivilprozess, JuS 1996, 636, 729, 918, 111; 1997, 61, 358.
Oehler	Zur Problematik der Sachverständigenauswahl, ZRP 1999, 285.
Orfanides	Probleme des gerichtlichen Geständnisses, NJW 1990, 3174.
Orlich	Die Berufung gegen Versäumnisurteile, NJW 1980, 1782.
Otto/Hollands	Kostenrisiken des Streithelfers im Bauprozeß bei Vergleich durch die Hauptparteien, BauR 2004, 1528.
Pantle	Die Anhörung des Sachverständigen, MDR 1989, 312.
Pape	Kostenrisiko des Anschlussberufungsklägers bei einstimmiger Zurückweisung der Berufung, NJW 2003, 1150.
Pawlowski	Keine Bindung an »Geständnisse« im Zivilprozess, MDR 1997, 7.
Pecher	Über zivilrechtliche Vergleiche im Strafverfahren, NJW 1981, 2170.
Peglau	Säumnis einer Partei und kontradiktorisches Urteil im Verfahren nach § 495a ZPO, NJW 1997, 2222.
Pentz, von	Die Rechtsprechung des BGH zur Wiedereinsetzung in den vorigen Stand, NJW 2003, 858.
Peter	Klage auf künftige Leistung von Miete, JuS 2011, 322..
Peters	Beweislast und Anspruchsgrundlagen im Streit der Forderungsprätendenten, NJW 1996, 1246.
Pfeiffer	Rechtsberühmung oder Schlüssigkeit als Zulässigkeitsvoraussetzung der Hauptintervention, ZZP 111 (1998), 131.
Piekenbrock	Umfang und Bedeutung der richterlichen Hinweispflicht, NJW 1999, 1360.
Pils	Das System der Rechtsbehelfe im Zivilprozess, JA 2011, 451..
Plaßmeier	Brauchen wir ein Kapitalanleger-Musterverfahren?, NZG 2005, 609.
Podlech-Trappmann	Geschäftsgebühr und Terminsgebühr, JurBüro 2004, 351.
Prechtel	Zulässigkeit der Abtretung anwaltlicher Honorarforderungen an Rechtsanwälte angesichts § 49b Abs. 4 BRAO, NJW 1997, 1813.
Prechtel	Gerichtsstand für anwaltliche Honorarforderungen – Der aktuelle Meinungsstand, MDR 2003, 667.
Prechtel	Das Adhäsionsverfahren, ZAP Fach 22 S. 399.
Prechtel	Die Streitverkündung in der Praxis, ZAP Fach 13 S. 1315.
Prechtel	Die Wiedereinsetzung in der Praxis, ZAP Fach 13 S. 1335.
Prechtel	Die Prozessaufrechnung in der Praxis, ZAP Fach 13 S. 1367.
Prechtel	Haftungsfallen beim Prozessvergleich, ZAP Fach 13, S. 1373.
Prechtel	Die Erledigung des Rechtsstreits in der Praxis, ZAP Fach 13, S. 1391.
Prechtel	Unterschriftprobleme im Zivilprozess, ZAP Fach 13 S. 1421.
Prechtel	Präventive Maßnahmen zur Vermeidung der Präklusion wegen Fristversäumnis, ZAP Fach 13, S. 1431.

Literaturverzeichnis

Prechtel	Zustellung gegen Empfangsbekenntnis, ZAP Fach 13, 1445.
Prechtel	Fehlerquellen bei der Parteibezeichnung, ZAP Fach 13, 1479.
Prechtel	Entkräftung eines Sachverständigengutachtens, ZAP Fach 13, 1489.
Prechtel	Anträge auf Schriftsatznachlass, ZAP Fach 13, 1539.
Prechtel	Der Beweisantritt beim Urkundenbeweis, ZAP Fach 13, 1571.
Prechtel	Chancen und Risiken einer Teilklage, ZAP Fach 13, 1621.
Prechtel	Kostenrisiken für den Streithelfer, ZAP Fach 13, 1665.
Prechtel	Anwaltszwang für den Streithelfer?, DRiZ 2008, 84.
Prechtel	Prozesstaktische Pflichten des Anwalts, MDR 2010, 549.
Prütting	Auf dem Weg von der mündlichen Verhandlung zur Videokonferenz, AnwBl 2013, 330.
Quadbeck	Vollstreckung in Bausachen, MDR 2000, 570.
Raeschke-Kessler	Die Rechtsmittelreform im Zivilprozess von 2001 – ein Fortschritt? AnwBl. 2004, 321.
Raeschke-Kessler	Die Alternative zum Prozess, AnwBl 2012, 64.
Redeker	Die Sicherheit von E-Mails, NJW 2002 Heft 44 S. XVIII.
Redeker	Elektronische Kommunikation mit der Justiz – eine Herausforderung für die Anwaltschaft, AnwBl. 2005, 348.
Regenfus	NZM 2010, 226.
Reichert	Der Zugangsnachweis beim Einwurf-Einschreiben, NJW 2001, 2523.
Reinecke	Die Krise der freien Beweiswürdigung im Zivilprozeß oder Über die Schwierigkeit, einem Zeugen nicht zu glauben, MDR 1986, 630.
Reinecke	Der Zeuge N.N. in der zivil- und arbeitsgerichtlichen Praxis, MDR 1990, 767.
Reinelt	Irrationales Recht, ZAP-Sonderheft für Dr. Egon Schneider, 2002, 52.
Reinelt	Praxisprobleme mit der Prozessfähigkeit der GbR, ZAP Fach 13 S. 1387.
Renk	Zur Aufgabe der Rechtsanwälte vor dem Zivilgericht, DRiZ 1996, 102.
Rensen	§ 139 ZPO – Stärkung der ersten Instanz oder alles beim Alten?, AnwBl. 2002, 633.
Rensen	Richterliche Hinweispflicht – Streichung der Dokumentationspflicht und der obligatorischen Schriftsatzfrist?, MDR 2003, 483.
Rensen	Gegnerische Rügen im Anwaltsprozess, MDR 2006, 266.
Rensen	Die Kosten des Prozessfinanzierers als Schaden?, MDR 2010, 182.
Reuß	Anrechnung der Geschäftsgebühr auf die Verfahrensgebühr eines im Rahmen der PKH beigeordneten Rechtsanwalts, EFG 2011, 79.
Reus	E-Mails in der anwaltlichen Praxis, MDR 2012, 882.
Riehm/Bucher	Die Drittwiderklage, ZZP Bd. 123, 34.
Riemer	Die Robe, des Richters liebstes Ding, DRiZ 1995, 481.
Riesenkampff	Beweisbarkeit der form- und fristgemäßen Übermittlung durch Telefaxgeräte, NJW 2004, 3296.
Rimmelspacher	Die Berufungsgründe im reformierten Zivilprozess, NJW 2002, 1897.
Rimmelspacher	Die Rechtsmittel im Zivilprozess nach der Reform, Jura 2002, 11.

Rickert/König	Die Streitverkündung gegenüber dem gerichtlich bestellten Sachverständigen, NJW 2005, 1829.
Rixecker	Die Erledigung im Verfahren der Stufenklage, MDR 1985, 633.
Rixecker	Fehlerquellen am Weg der Fehlerkontrolle – Rechtsprobleme des reformierten Berufungsrechts in Verkehrs und Versicherungssachen, NJW 2004, 705.
Rohlfing	Präklusion des erstmals im Berufungsrechtszug ausgeübten Widerrufsrechts, NJW 2010, 1787.
Römermann	Rechtsdienstleistungsgesetz – Die (un)heimliche Revolution in der Rechtsberatungsbranche, NJW 2006, 3025.
Roßnagel/Pfitzmann	Der Beweiswert von E-Mail, NJW 2003, 1209.
Roth	Wiedereinsetzung bei besetztem Faxanschluss, NJW 2008, 785.
Rottenleuthner	Umbau des Rechtsstaats? – Ergebnisse einer rechtstatsächlichen Untersuchung zur Praxis von § 495a ZPO, NJW 1996, 2473.
Rudkowski	Einführung in das Schiedsverfahrensrecht, JuS 2013, 398.
Rüßmann	Die Zeugenvernehmung im Zivilprozeß, DRiZ 1985, 41.
Salje	Der mißbrauchte Prozeßvergleich – ein Beispiel für kapazitätsgesteuerte Gerechtigkeit? DRiZ 1994, 285.
Salten	Die Bezeichnung der Hauptforderung im Mahnverfahren, MDR 1998, 1144.
Sass	Die Folgen der versäumten Zahlung des Auslagenvorschusses nach § 379 ZPO, MDR 1985, 96.
Schaefer	Was ist denn neu an der neuen Hinweispflicht?, NJW 2002, 849.
Schäfer	Schriftsatznachlass zum Zwecke der Beweiswürdigung?, NJW 2013, 654.
Schäuble/Kaltenbach	Die Zuständigkeit deutscher Gerichte nach den Vorschriften der EuGVO, JuS 2012, 131.
Schapernack	Der Vergleich mit Widerrufsvorbehalt – Fakten und Formulierungshinweise, MDR 1996, 883.
Scharder	Belastung der Justiz durch das Kostenmodernisierungsgesetz?, DRiZ 2004, 154.
Schaumburg	Mündliche Verhandlungen per Videokonferenz – Erste Erfahrungen mit Videoverhandlungen beim Finanzgericht Köln, ZRP 2002, 313.
Schauseil	Die Aktivlegitimation in Verkehrsunfallprozessen, MDR 2012, 446.
Schellenberg	Berufungsverfahren – Der Zurückweisungsbeschluss nach § 522 Abs. 2 ZPO in der gerichtlichen Praxis, MDR 2005, 610.
Schellhammer	Zivilprozessreform und erste Instanz, MDR 2001, 1081.
Schellhammer	Zivilprozessreform und Berufung, MDR 2001, 1141.
Schenkel	Rechtsmittelverfahren – Durchführung im Rahmen der Anwendung des Meistbegünstigungsprinzips, MDR 2003, 136.
Schenkel	Berufungsverfahren – Die erstmalige Erhebung der Verjährungseinrede in zweiter Instanz, MDR 2005, 726.
Schibl	Zug-um-Zug Urteile in der Zwangsvollstreckung, NJW 1984, 1945.
Schirmer	Das Adhäsionsverfahren nach neuem Recht – die Stellung der Unfallbeteiligten und deren Versicherer, DAR 1988, 121.
Schmeel	Die Ermittlung des Streitwerts der Nebenintervention, MDR 2012, 13.
Schmidt	Abhilfeverfahren gemäß § 321a ZPO n. F. – Selbstkorrektur der Gerichte bei Verfahrensverletzungen, MDR 2002, 915.

Literaturverzeichnis

Schmitt-Gaedke	Gegenangriff im einstweiligen Verfügungsverfahren, ZAP Fach 13, S. 1775.
Schmitz	Die Vernehmung des GmbH-Geschäftsführers im Zivilprozeß, GmbHR 2000, 1140.
Schmude/Eichele	Berufungsverfahren nach dem Zivilprozessreformgesetz, BRAK-Mitt. 2001, 255.
Schnabl	Kombination von Anhörungsrüge und Befangenheitsablehnung, ZAP Fach 13 S. 1523.
Schnauder	Berufung und Beschwerde nach dem Zivilprozessreformgesetz (ZPO-RG), JuS 2002, 68, 162.
Schneider, E.	Die Substantiierungslast beim Bestreiten, MDR 1962, 361.
Schneider, E.	Die Beweiswürdigung im Zivilprozeß, MDR 1966, 561.
Schneider, E.	Verhandlung und Entscheidung bei der Stufenklage, MDR 1969, 624.
Schneider, E.	Der Streitwert bei Teilzahlung auf eine verzinsliche Hauptforderung, DRiZ 1979, 310.
Schneider, E.	Der Streitgenosse als Zeuge, MDR 1982, 372.
Schneider, E.	Problemfälle aus der Prozeßpraxis:»Der Zugang wird bestritten«, MDR 1984, 281.
Schneider, E.	Problemfälle aus der Prozesspraxis: »Die eigene Sachkunde des Berufungsgerichts«, MDR 1985, 199.
Schneider, E.	Prozesstaktik, Buchbesprechung, MDR 1987, 725.
Schneider, E.	Das Geständnis im Zivilprozeß, MDR 1991, 279.
Schneider, E.	Beschleunigende Nichtannahmeberufung? NJW 1994, 2267.
Schneider, E.	Entlastung der Gerichte – Eine Sisyphusarbeit, MDR 1996, 865.
Schneider, E.	Die neuere Rechtsprechung zur Befangenheitsablehnung im Zivilprozeß, ZAP Fach 13 S. 447.
Schneider, E.	Erfolglose Richterablehnung im Zivilprozeß, NJW 1996, 2285.
Schneider, E.	50 Jahre MDR, MDR 1997, 305.
Schneider, E.	Ein mißratener Prozeßvergleich, MDR 1997, 1091.
Schneider, E.	Vertrauensbruch durch Rechtsprechung, MDR 1997, 904.
Schneider, E.	Anwalt und irrender Richter, NJW 1998, 3695.
Schneider, E.	Beweisrechtsverstöße in der Praxis, MDR 1998, 997.
Schneider, E.	Individualisierung des Anspruchs im Mahnantrag, MDR 1998, 1333.
Schneider, E.	Prozeßtaktischer Einsatz der Widerklage, MDR 1998, 21.
Schneider, E.	Tendenzen und Kontroversen in der Rechtsprechung, MDR 1998, 69, 251; 1999, 193, 1033; 2000, 189, 747.
Schneider, E.	Versäumnisurteil wegen Verspätung des Anwalts, MDR 1998, 577.
Schneider, E.	Auslegung eines Begründungsverzichts als konkludenter Rechtsmittelverzicht, MDR 2000, 987.
Schneider, E.	Glaubhaftmachung und Beweislast bei der Befangenheitsablehnung, MDR 2000, 1304.
Schneider, E.	Neue Rechtsprechung zur Erlassfalle, MDR 2000, 857.
Schneider, E.	Ausnahmebeschwerde und Ausnahmeberufung, MDR 2001, 845.
Schneider, E.	Die missglückte ZPO-Reform, NJW 2001, 3756.

Literaturverzeichnis

Schneider, E.	Kreative Chancen nutzen. Der Anwalt und das Prozessrecht, Anwalt 12/2001 S. 16.
Schneider, E.	Verhandlung über das Beweisergebnis, MDR 2001, 781.
Schneider, E.	Zivilprozessreform – Das neue zivilprozessuale Ablehnungsrecht, MDR 2001, 1399.
Schneider, E.	Das neue Berufungsverfahren, Leserbrief, NJW 2004 Heft 40 S. XVIII.
Schneider, E.	JuMoG – ZPO-Reform, 2. Akt, AnwBl. 2003, 547.
Schneider, E.	Verfassungswidrigkeit des § 522 Abs. 3 ZPO, AnwBl. 2003, 193.
Schneider, E.	Die neue ZPO – Risiken und Kontroversen.
Schneider, E.	ZPO-Reform – Vergütung im Verfahren über die Zulassung der Sprungrevision nach § 566 ZPO n. F., MDR 2003, 250.
Schneider, E.	Der vorbereitende Einzelrichter im Berufungsverfahren, MDR 2003, 374.
Schneider, E.	Verspätungsrecht im Berufungsverfahren, NJW 2003, 1434.
Schneider, E.	ZPO-Reform 2002 – Ein kritisches Resümee, MDR 2003, 901.
Schneider, E.	Aufklärungs- und Hinweispflicht beim Zinsantrag, Leserbrief, NJW 2004 Heft 24 S. XVI.
Schneider, E.	Fallstricke der neuen ZPO, KammerForum-RAK Köln 2003, 187.
Schneider, E.	Das Vorgehen bei der Richterablehnung, MDR 2005, 671.
Schneider, E.	Kostenrechtliche Betrachtungen zum Verfahren über die Gehörsrüge nach § 321a ZPO, NJW 2002, 1094.
Schneider, E.	Die Gehörsrüge (§ 321a ZPO), AnwBl. 2002, 620.
Schneider, E.	Praxis und Taktik im Zivilprozess, ZAP Fach 13 S. 741.
Schneider, E.	Befangenheitsablehnung wegen Gehörsverletzung, ZAP Fach 13 S. 1093.
Schneider, E.	Die Kostenregelung der Klagerücknahme nach neuem Recht, JurBüro 2002, 509.
Schneider, E.	Präklusionsrecht – Gefahrenstellen und Abwehrstrategien im Überblick, MDR 2002, 684.
Schneider, E.	Anschlußberufung – ein Pannenregister, ZAP Fach 13 S. 1169.
Schneider, E.	Aufklärungs- und Hinweispflicht, ZAP-Kolumne 2002, 857.
Schneider, E.	Die neue ZPO aus der Sicht des Gesetzgebers, ZAP Fach 13 S. 1147.
Schneider, E.	Die Hüter der Vergangenheit, ZAP-Kolumne 2002, 195.
Schneider, E.	Die Mauer, ZAP-Kolumne 2002, 251.
Schneider, E.	Ein Jahr neue ZPO, ZAP-Kolumne 2002, 1385.
Schneider, E.	Kehrtwendung bei Befangenheitsablehnung, ZAP-Kolumne 2002, 665.
Schneider, E.	Korrektur der Anwaltshaftung, ZAP-Kolumne 2002, 1097.
Schneider, E.	Neuere Rechtsprechung zur Befangenheitsablehnung im Zivilprozeß, ZAP Fach 13 S. 749.
Schneider, E.	Rechtsanwendungsprobleme und Kostenfragen der neuen ZPO, ZAP Fach 13 S. 1105.
Schneider, E.	ZPO-Ableger, ZAP-Kolumne 2002, 483.
Schneider, E.	Befangenheitsanträge wegen verweigerter Terminsverlegung, ZAP Fach 13 S. 1179.
Schneider, E.	Richtiges Vorgehen in Ablehnungsverfahren, ZAP Fach 13 S. 1183.

Literaturverzeichnis

Schneider, E.	Gehörsrügen, ZAP Fach 13 S. 1197.
Schneider, E.	Der Verfall des Ablehnungsrechts, ZAP-Kolumne 2004, 281.
Schneider, E.	Die Überprüfung des 2. Versäumnisurteils im Berufungsrechtszug, MDR 1985, 377.
Schneider, E.	Entwertung der Mündlichkeit und Unmittelbarkeit, ZAP-Kolumne 2004, 1.
Schneider, E.	Anforderungen an Anträge auf Fristverlängerung, ZAP Fach 13 S. 991.
Schneider, E.	Richtiges Vorgehen in Ablehnungsverfahren, ZAP Fach 13 S. 1183.
Schneider, E.	Übertragungspflicht und Zulassungsverbot für den Einzelrichter, ZAP Fach 13 S. 1213.
Schneider, E.	Die grundsätzliche Bedeutung, ZAP Fach 13 S, 1225.
Schneider, E.	Über die Grenzen der Einzelrichterzuständigkeit, ZAP Fach 13 S. 1235.
Schneider, E.	Zweifelsfragen zur einstimmigen Zurückweisung der Berufung, ZAP Fach 13 S. 1239.
Schneider, E.	Fehlerhafte Beweisbeschlüsse, ZAP Fach 13 S. 1255.
Schneider, E.	Änderungen in der ZPO durch das 1. Justizmodernisierungsgesetz, ZAP Fach 13 S. 1257.
Schneider, E.	Befangenheitsablehnung bei verweigerter Terminsverlegung, ZAP Fach 13 S. 1267.
Schneider, E.	Glaubhaftmachung im Ablehnungsverfahren, ZAP Fach 13 S. 1273.
Schneider, E.	Die Anhörungsrüge im Zivilprozeß, ZAP Fach 13 S. 1275.
Schneider, E.	Beweisantizipation im PKH-Verfahren, ZAP Fach 13 S. 1305.
Schneider, E.	Die Form des Antrags auf Verlängerung der Berufungsbegründungsfrist, ZAP Fach 13 S. 1307.
Schneider, E.	Rechtsprobleme der Gehörsgewährung, ZAP Fach 13 S. 1309.
Schneider, E.	Anträge auf Terminsverlegung, ZAP Fach 13 S. 1311.
Schneider, E.	Zweitinstanzliches Präklusionsrecht, ZAP Fach 13 S. 1329.
Schneider, E.	Die Gegenvorstellung – ein Verwirrspiel, ZAP Fach 13 S. 1333.
Schneider, E.	Anforderungen an die anwaltliche Unterschrift, ZAP Fach 13 S. 1361.
Schneider, E.	Anfechtbarkeit von Zuständigkeitsentscheidungen im Verhältnis des Einzelrichters zum Kollegium, ZAP Fach 13 S. 1363.
Schneider, E.	Tatsachenbindung in der Berufungsinstanz, ZAP Fach 13 S. 1385.
Schneider, E.	Terminsverlegung und Verstoß gegen die Wartepflicht, ZAP Fach 13 S. 1419.
Schneider, E.	Willkürliche Zurückweisung einer Gehörsrüge nach § 321a ZPO, ZAP Fach 13 S. 1429.
Schneider, E.	Befangenheit wegen ablehnender Äußerungen im Votum, ZAP Fach 13 S. 1443.
Schneider, E.	Hinweise und Schriftsätze zur Stellungnahme ohne Fristsetzung, ZAP Fach 13 S. 1470.
Schneider, E.	Anwaltliches Fragerecht bei der Zeugenvernehmung, ZAP Fach 13 S. 1471.
Schneider, E.	Bindung des Berufungsgerichts an festgestellte Tatsachen, ZAP Fach 13 S. 1474.
Schneider, E.	Haftung für falsche Zeugenaussagen, ZAP Fach 13 S. 1511.

Schneider, E.	Gerichtsstand bei Vertragsanfechtung wegen arglisitger Täuschung, ZAP Fach 13 S. 1512.
Schneider, E.	Kausalität zwischen Mittellosigkeit und Fristversäumung bei der Prozesskostenhilfe, ZAP Fach 13 S. 1521.
Schneider, E.	PKH und Verspätungsrecht, ZAP Fach 13 S. 1530.
Schneider, E.	Verwertung von Fremdgutachten, ZAP Fach 13 S. 1533.
Schneider, E.	Aussetzung wegen selbstständigen Beweisverfahrens, ZAP Fach 13 S. 1534.
Schneider, E.	Später Schriftsatz im Beschwerdeverfahren, ZAP Fach 13 S. 1536.
Schneider, E.	Die Grundrechte im Prozess, ZAP Fach 13 S. 1547.
Schneider, E.	Zuständigkeit bei Teil-PKH, ZAP Fach 13 S, 1580.
Schneider, E.	Verstoß gegen die Bindung an Parteianträge, ZAP Fach 13 S, 1585.
Schneider, E.	Neue Rechtsprechung zur Befangenheitsablehnung, ZAP Fach 13 S, 1603.
Schneider, E.	Ordnungsgeld gegen nicht erschienene Partei, ZAP Fach 13 S, 1603.
Schneider, E.	Tücken beim Versäumnisurteil, ZAP Fach 13 S, 1606.
Schneider, E.	Fallstricke beim Prozessvergleich, ZAP Fach 13 S, 1608.
Schneider, E.	Berufungsrücknahme durch Streitgenossen, ZAP Fach 13 S. 1610.
Schneider, E.	Zustellung an den Prozessbevollmächtigten, ZAP Fach 13 S. 1612.
Schneider, N.	Kostenrechtliche Betrachtungen zum Verfahren über die Gehörsrüge nach § 321a ZPO, NJW 2002, 1094.
Schneider, N.	Säumnis durch Nichtverhandeln, MDR 1992, 827.
Schneider, N.	Erledigung der Hauptsache bei Aufrechnung des Beklagten – Auswirkungen auf die Kostenentscheidung, MDR 2000, 507.
Schneider, N.	Die Anhörung eines Sachverständigen, ProzRB 2003, 276.
Schneider, N.	Die Vergütung nach dem RVG im zivilrechtlichen Berufungsverfahren, MDR 2005, 254.
Schneider, N.	Gebührenanrechnung: Anwendung des neuen § 15a RVG in Altfällen, NJW-Spezial 2010, 667.
Schöler	Die isolierte Drittwiderklage als legitimes Mittel der Prozesstaktik, MDR 2011, 522.
Schönfelder	Die Erlaßfalle – ein unmoralisches Angebot?, NJW 2001, 492.
Schons	Anwalt, kommst Du nach Düsseldorf, lass alle Hoffnung fahren, BRAKMitt 2010, 52.
Schöpflin	Die Parteianhörung als Beweismittel, NJW 1996, 2134.
Schreiber	Possessorischer und petitorischer Besitzschutz, Jura 1993, 440.
Schroeder/Riechert	Nochmals: Anerkenntnis statt Stäumnis? – Systemwidrige Auswirkungen des RVG auf die Prozesstaktik, NJW 2005, 2187.
Schröcker	Prozessaufrechnung als erledigendes Ereignis, NJW 2004, 2203.
Schulte am Hülse/ Welchering	Der Anscheinsbeweis bei missbräuchlicher Bargeldabhebung an Geldautomaten mit Karte und Geheimzahl, NJW 2012, 1262.
Schultz	Berufsrechtliche Pflichtverletzung des Rechtsanwalts, JA 2009, 206.
Schultzky	Videokonferenzen im Zivilprozess, NJW 2003, 313.
Schumann	Die Zivilprozessrechtsklausur, JuS 1974, 644.
Schumann	Die Beweiskraft des Tatbestands im Rechtsmittelverfahren, NJW 1993, 2786.

Literaturverzeichnis

Schwöbbermeyer	Juristisches Denken und Kreativität, ZRP 2001, 571.
Seutemann	Die kostengünstige Beendigung des Zivilprozesses, MDR 1996, 555.
Seutemann	Die Anforderungen an den Sachvortrag der Parteien, MDR 1997, 615.
Sendler	Richter und Sachverständige, NJW 1986, 2997.
Seyfahrt	Rechts und links der Prozessakte, AnwBl 2013, 29.
Siegburg	Einstweilige Verfügung auf Eintragung einer Vormerkung zur Sicherung des Anspruchs aus § 648 Abs. 1 BGB, BauR 1990, 290.
Siegmann	Vorbereitung der Revision in den Tatsacheninstanzen, AnwBl 2009, 249.
Siemon	Der Gerichtsstand für anwaltliche Honorarforderungen, MDR 2002, 366.
Siemon	ZPO-Refom – Erörterungsgebühr beim »Beschlussvergleich« nach § 278 Abs. 6 ZPO, MDR 2003, 61.
Siegel	Das Berufungsverfahren – Gerichtliche Praxis seit der ZPO-Reform, MDR 2003, 481.
Skrobotz	Zur elektronischen Form bestimmter Schriftsätze, MMR 2010, 504.
Skusa	Die isolierte Drittwiderklage gegen Zedenten – Zulässigkeit und anwaltliche Hinweispflichten, NJW 2011, 2697.
Soehring	Anspruch auf Terminsverlegung: Das Schattendasein von § 227 Abs. 3 ZPO, NJW 2001, 3319.
Sommer	Maßnahmen des Strafverteidigers in der Hauptverhandlung, ZAP Fach 22 S. 101.
Spangenberg	Die Kündigung von Wohnraummiete im Prozeß, MDR 1983, 807.
Späth	Anforderungen an die (zeitliche) Sorgfalt bei Ausnutzung einer Notfrist bis zum letzten Tag, NJW 2000, 1621.
Spitzer	Streitverkündung gegenüber einem gerichtlich bestellten Sachverständigen, MDR 2006, 908.
Stackmann	Die Neugestaltung des Berufungs- und Beschwerdeverfahrens in Zivilsachen durch das Zivilprozessreformgesetz, NJW 2002, 781.
Stackmann	Die erfolgversprechende Berufungsschrift in Zivilsachen, NJW 2003, 169.
Stackmann	Anwaltliche Rügepflicht und berufungsgerichtliche Prüfungspflicht, NJW 2004, 1838.
Stackmann	Fehlerkontrolle zu Beweisaufnahme und Beweiswürdigung nach ZPOBerufungsrecht, JuS 2004, 878.
Stackmann	Die Rolle der Partei im Anwaltsprozess, JuS 2008, 509.
Stackmann	Die Zuständigkeit des Einzelrichters, JuS 2008, 129.
Stackmann	Fehlervermeidung im Berufungsverfahren, NJW 2008, 3665.
Stackmann	Stationen der Wertfestsetzung in Zivilsachen, NJW 2009, 1004.
Stackmann	Kein Kindergeburtstag - Fünf Jahre Kapitalanleger-Musterverfahrensgesetz, NJW 2010, 3185.
Stackmann	Fünf Jahre Kapitalanleger-Musterverfahrensgesetz, NJW 2010, 3185.
Stackmann	Was ist gerichtsbekannt?, NJW 2010, 1409.
Stackmann	Selten folgenschwer: verspätetes Vorbringen, JuS 2011, 133.
Stackmann	Die Reform des § 522 ZPO, JuS 2011, 1087.
Stackmann	Schriftsatz- und Schriftsatzfristprobleme im Zivilprozess, NJW 2011, 3537.

Stackmann	Frei oder streng – Erhebung und Verwertung von Parteiangaben, NJW 2012, 1249.
Städing	Anwendung des § 495a ZPO in der Praxis, NJW 1996, 691.
Stadler/Jarsumbek	Das Versäumnisverfahren gem. §§ 300 ff. ZPO, insb. das zweite Versäumnisurteil, JuS 2006, 34, 134.
Staudinger/Steinrötter	Minderjährige im Zivilprozess, JuS 2012, 97.
Staudinger/Steinrötter	Europäisches Internationales Zivilverfahrensrecht: Alles »Brüssel« oder was?, JA 2012, 241.
Steenbuck	Geltendmachung außergerichtlicher Anwaltskosten im Zivilprozess, MDR 2006, 423.
Steinbrück	Zertifizierung von Anwaltskanzleien nach DIN EN ISO 9000 ff. Total Quality Management in der Anwaltskanzlei, NJW 1997, 1266.
Sterzinger-Graf	Prozent und Prozentpunkte in amtlichen Vordrucken, Leserbrief, NJW 2004 Heft 24, XVIII.
Stimpfig	Prüfkriterien für den Aussagewert beim Zeugenbeweis, MDR 1995, 451.
Stimpfig	Richtige Sachverhaltsfeststellung, MDR 1996, 436.
Stöber	Notwendigkeit einer Tatbestandsberichtigung zur Vorbereitung einer Berufung, MDR 2006, 5.
Stoffregen	Hinterlegungsfälle im Assessorexamen – Unterscheidung typischer Verfahrenskonstellationen beim Streit von Forderungsprätendenten, JuS 2009, 421.
Stoffregen	Der zivilprozessuale Kostenerstattungsanspruch und seine Durchsetzung nach den §§ 103 ff. ZPO, JuS 2010, 401.
Strecker	Möglichkeiten und Grenzen der Streitbeilegung durch Vergleich, DRiZ 1983, 97.
Stürner	Grundfragen richterlicher Streitschlichtung, DRiZ 1976, 202.
Tamm	Das Kapitalanleger-Musterverfahrensgesetz, ZHR Bd. 174, 525.
Thole	Aktuelle Entwicklungen bei der negativen Feststellungsklage, NJW 2013, 1192.
Thomas	Zur Doppelnatur von Klageanerkenntnis und Klageverzicht, ZZP 89 (1976).
Timme/Hülk	Zweites Versäumnisurteil und Berufungsmöglichkeit gem. § 513 II ZPO, JABl. 2000, 788.
Tödtmann	Im Feuer der Kritik. Großkanzleien fallen in Ungnade, Anwalt 5/2003 S. 18.
Treber	Neuerungen durch das Anhörungsrügengesetz, NJW 2005, 97.
Uhlmannsiek	Die Widerklage gegen Dritte – zulässig trotz Zeugenausschaltung?, MDR 1996, 114.
Ullrich	Der Rechtsanwalt als Weisungsempfänger bei Schriftsatzentwürfen des eigenen Mandanten, MDR 2009, 1017.
Ultsch	Zugangsprobleme bei elektronischen Willenserklärungen. Dargestellt am Beispiel der Electronic Mail, NJW 1997, 3007.
Vahle	»Aussage gegen Aussage«, Kriminalistik 2004, 54.
Vehslage	Elektronisch übermittelte Willenserklärungen, AnwBl. 2002, 86.
Vester	Für eine analoge Anwendung von § 58 Abs. 2 S. 2 GKG auf vom Gericht vorgeschlagene Vergleiche, NJW 2002, 3225.
Viefhues	Der große Flop der obligatorischen außergerichtlichen Streitschlichtung, ZAP-Aktuell 2002, 1147.

Literaturverzeichnis

Viefhues	Das Gesetz für die Verwendung elektronischer Kommunikationsformen in der Justiz, NJW 2005, 1009.
Viefhues	Das neue Justizkommunikationsgesetz in der anwaltlichen Praxis, ZAP Fach 23 S. 671.
Vogeler	Das anwaltliche Erfolgshonorar, JA 2011, 321.
Vollkommer/Huber	Neues Europäisches Zivilverfahrensrecht in Deutschland - Das Gesetz zur Verbesserung der grenzüberschreitenden Forderungsdurchsetzung und Zustellung, NJW 2009, 1105.
Vorwerk	Der Zugang zur Revision, WuM 2011, 455.
Vossler	Das sofortige Anerkenntnis im Zivilprozess nach In-Kraft-Treten des Ersten Justizmodernisierungsgesetzes, NJW 2006, 1034.
Vossler	Entscheidungszuständigkeit bei Ablehnungsersuchen gegen den Einzelrichter, MDR 2006, 304.
Wagner	Das Zweite Schadensersatzrechtsänderungsgesetz, NJW 2002, 2049.
Wagner	Aktuelle Entwicklungen in der justiziellen Zusammenarbeit in Zivilsachen, NJW 2011, 1404.
Wehrberger	Unzutreffende Parteibezeichnung – Haftungsrisiken und Rettungsmöglichkeiten, AnwBl. 2000, 684.
Wehrberger	Besonderheiten der Streitverkündung aus Sicht des Streitverkünders, AnwBl. 2001, 683.
Wenzel	Das neue zivilprozessuale Revisionszulassungsrecht in der Bewährung, NJW 2002, 3353.
Werres	Die Wirkungen der Streitverkündung und ihre Grenzen, NJW 1984, 208.
Wertenbruch	Die Parteifähigkeit der GbR – die Änderungen für die Gerichts- und Vollstreckungspraxis, NJW 2002, 324.
Wesche	Obligatorische Schlichtung für kleine Streitwerte – Eine kritische Zwischenbilanz aus der Praxis, MDR 2003, 1029.
Westphal	Noch einmal: Gemeinschaftsbriefkasten bei Ersatzzustellung durch Niederlegung, NJW 1998, 2413.
Wetekamp	Obligatorische Streitschlichtung in Bayern und ihre Folgen für den Mietprozeß, NZM 2001, 614.
Wieser	Zivilprozessreform – Rechtliche Probleme der Güteverhandlung nach § 278 ZPO, MDR 2002, 10.
Wieser	Gleichzeitige Klage auf Leistung und auf Schadensersatz aus § 281 BGB, NJW 2003, 2432.
Wieser	Bedingtes Schadensersatzverlangen nach § 281 BGB, NJW 2003, 3458.
Winte	Zivilprozessreform: Die wichtigsten Änderungen für das erstinstanzliche Verfahren und das Gerichtsverfassungsgesetz, BRAK-Mitt. 2001, 246.
Wohlers	Die Zurückweisung eines Adhäsionsantrags wegen Nichteignung des geltend gemachten Anspruchs, MDR 1990, 763.
Woitkewitsch	Ersatzpflicht für außergerichtliche Rechtsanwalts- und Inkassokosten, MDR 2012, 500.
Wolff	Erledigung im Mahnverfahren, NJW 2003, 553.
Würfel	ZPO-Reform – Verspätetes aber unstreitiges Vorbringen in der Berufungsinstanz, MDR 2003, 1212.

Wunsch	Zustellungsreformgesetz – Vereinfachung und Vereinheitlichung des Zustellwesens, JuS 2003, 276.
Zahrnt	Die Rechtsprechung zur Beweislast bei Fehlern in Standardsoftware, NJW 2002, 1531.
Zekoll/Bolt	Die Pflicht zur Vorlage von Urkunden im Zivilprozess – Amerikanische Verhältnisse in Deutschland?, NJW 2002, 3129.
Zierl	Praxisuntauglichkeit der ZPO-Reform!; NJW-Editorial Heft 39/2002.
Zuck	Rechtliches Gehör im Zivilprozess – Die anwaltlichen Sorgfaltspflichten nach dem Inkrafttreten des Anhörungsrügengesetzes, NJW 2005, 1226.
Zuck	Die Zurückweisung der Berufung durch Beschluss, NJW 2010, 1860.
Zuck	Das rechtliche Interesse auf Akteneinsicht im Zivilprozess, NJW 2010, 2913.
Zuck	Praxishinweise zur zivilprozessualen Anhörungsrüge, MDR 2011, 399.
Zuck	Verfassungsrechtliche Rahmenbedingungen der zivilprozessualen Prozesskostenhilfe, NJW 2012, 37.
Zugehör	Das beschränkte Mandat des Rechtsanwalts und des steuerlichen Beraters, DStR 2010, 2595.

Buchliteratur zur anwaltlichen Prozessführung

	Alternativkommentar zur Zivilprozessordnung (zit. AK/Bearbeiter), Neuwied 1987.
Assies/Beule/Heisel/Strube	Handbuch des Fachanwalts Bank- und Kapitalmarktrecht, Köln 2010.
Baumbach/Hopt	HGB-Kommentar, 36. Aufl. München 2014.
Baumbach/Lauterbach/ Albers/Hartmann	ZPO-Kommentar, 71. Aufl. München 2013 (zit. Baumbach/Hartmann).
Baumfalk	Die zivilrechtliche Anwaltsklausur im Assessorexamen, 4. Aufl. 2005 (Alpmann Schmidt).
Baumgärtel/Laumen/ Prütting	Handbuch der Beweislast, Bd. 1-9, 3. Aufl. Köln 2009 ff.
Baur	Studien zum einstweiligen Rechtsschutz, Tübingen 1967.
Bender/Nack/Treuer	Tatsachenfeststellung vor Gericht, 2 Bände, 3. Aufl. München 2007.
Berger	Einstweiliger Rechtsschutz im Zivilrecht, Berlin 2006.
Bischof	Die zivilrechtliche Anwaltsklausur, 2001.
Blank/Börstinghaus	Miete (Kommentar), 4. Aufl. München 2014.
Braun	Die anwaltliche Honorarvereinbarung, 2005.
Braunschneider	Strategien für die Berufung im Zivilprozess, Köln 2007.
Büchting/Heussen	Beck'sches Rechtsanwalts-Handbuch, 10. Aufl. München 2011.
Büßer/Tonner	Das zivilrechtliche Dezernat, 2010.
Büttner	Wiedereinsetzung in den vorigen Stand, 2. Aufl., Bonn 1998.
Commichau	Die anwaltliche Praxis in Zivilsachen, 2. Aufl. 1985.
Crückeberg	Zivilprozeßrecht, 2. Aufl. 2002.
Diercks-Harms	Die erfolgreiche Anwaltsklausur, 2. Aufl. 2007.
Doukoff	Die zivilrechtliche Berufung nach neuem Recht, 4. Aufl. München 2005.

Literaturverzeichnis

Dunkl/Moeller/Baur/ Feldmeier	Handbuch des vorläufigen Rechtsschutzes, 3. Aufl. München 1999.
Eichele/Hirtz/Oberheim	Handbuch der Berufung, 4. Aufl. Köln 2014.
Enders/Börstinghaus	Einstweiliger Rechtsschutz, 2. Aufl. 2010.
Fahrendorf/Mennemeyer/ Terbille	Die Haftung des Rechtsanwalts, 8. Aufl. 2010.
Franzen	Anwaltskunst, 3. Aufl. 2001.
Führich	Reiserecht, 6. Aufl. 2010.
Gaier/Wolf/Göcken	Anwaltliches Berufsrecht, Kommentar, Köln 2010.
Gehrlein	Zivilprozessrecht, 2. Aufl. 2003.
Geigel	Der Haftpflichtprozess, 26. Aufl. 2011.
Geipel	Handbuch der Beweiswürdigung, 2. Aufl. 2013
Gerold/Schmidt/v. Eicken/ Madert	Rechtsanwaltsvergütungsgesetz (zit. Gerold/Schmidt/Bearbeiter), 21. Aufl. München 2013.
Gießler	Zivilprozessrecht, 3. Aufl. München 2000.
Gottwald	Zwangsvollstreckung, Kommentar, 6. Aufl. Freiburg 2009.
Grunsky	Taktik im Zivilprozess, 2. Aufl. Köln 1996.
Halm/Engelbrecht/Krahe	Handbuch des Fachanwalts Versicherungsrecht, 4. Aufl. Köln 2011.
Hannich/Meyer-Seitz	ZPO-Reform 2002 (zit. H/MS), München 2002.
Hartmann	Kostengesetze, 43. Aufl. 2013.
Hartung/Schons/Enders	Rechtsanwaltsvergütungsgesetz, 2. Aufl. München 2013.
Hemmer/Wüst	Die zivilrechtliche Anwaltsklausur, 8. Aufl Würzburg 2009.
Hommerich/Prütting/ Ebers/Lang/Traut	Rechtstatsächliche Untersuchung zu den Auswirkungen der Reform des Zivilprozessrechts auf die gerichtliche Praxis, Evaluation ZPO-Reform, Köln 2006.
Jauernig/Hess	Zivilprozessrecht, 30. Aufl. München 2011.
Kaiser, T./Kaiser, J./ Kaiser, H.	Die Anwaltsklausur Zivilrecht, 4. Aufl., Neuweis 2012.
Kissel/Mayer	GVG, 7. Aufl. München 2013.
Klamaris	Das Rechtsmittel der Anschlussberufung, Tübingen 1975.
Kornexl	Vertragsgestaltung 1.0, 2008.
Löwe/Rosenberg	StPO-Kommentar, 26. Aufl. 2006 ff.
Lüke	Zivilprozessrecht – Erkenntnisverfahren, Zwangsvollstreckungsrecht, 9. Aufl. München 2006.
Mädrich	Das Verhältnis der Rechtsbehelfe des Antragsgegners im einstweiligen Verfügungsverfahren, Köln 1980.
Meyer	GKG-Kommentar, 13. Aufl. 2012.
Meyer-Goßner	Strafprozessordnung, 56. Aufl. 2013.
Meyke	Darlegen und Beweisen im Zivilprozeß, 1998; 2. Aufl. 2001.
Meyke	Die erfolgreiche Berufung im Zivilverfahren, Bonn 2000.
Michell/von der Seipen	Der Schriftsatz des Anwalts im Zivilprozess, 6. Aufl. München 2004.
Mohr	Taktik im Zivilprozeß, 1998.

Literaturverzeichnis

Münchner Kommentar zur Zivilprozessordnung	(zit. MüKo/Bearbeiter), 4. Aufl. München 2012 ff.
Musielak	Zivilprozessordnung (Mu/Bearbeiter), 10. Aufl. München 2013.
Nikisch	Zivilprozeßrecht, Tübingen 1950.
Oberheim	Der Anwalt im Berufungsverfahren, Neuwied 2004.
Oberheim	Die Reform des Zivilprozesses, Neuwied 2002.
Oberheim	Zivilprozessrecht für Referendare, 10. Aufl. Neuwied 2014.
Oelkers/Müller	Anwaltliche Strategien im Zivilprozeß, 4. Aufl. 2001.
Palandt	BGB-Kommentar, 72. Aufl. 2013 (zit. Palandt/Bearbeiter).
Prütting/Gehrlein	ZPO Kommentar, 5. Aufl. 2013 (zit. PG/Bearbeiter).
Prütting/Wegen/Weinreich	BGB Kommentar, 7. Aufl. 2013 (zit. PWW/Bearbeiter).
Rauscher	Die neue Berufung in Zivilsachen, Frankfurt/M u. a. 2002.
Rinsche	Die Haftung des Rechtsanwalts und des Notars, 5. Aufl. 1995.
Rinsche	Prozeßtaktik, 4. Aufl. 1999.
Röhl	Allgemeine Rechtslehre, Heymann, 1995.
Rosenberg/Schwab/ Gottwald	Zivilprozessrecht (zit. R/S/G), 17. Aufl. München 2010.
Rothenbacher/Dörndorfer	Anwaltsstrategien bei der Zwangsvollstreckung, Stuttgart 2007.
Schellhammer	Zivilprozess, 14. Aufl. 2013.
Schilken	Zivilprozessrecht, 6. Aufl. Köln u. a. 2010.
Schmidt-Futterer	Mietrecht (Kommentar), 11. Aufl. 2013.
Schneider, Egon	Praxis der neuen ZPO, 2. Aufl. 2003.
Schneider, Egon	Die Klage im Zivilprozess, 2. Aufl. 2004.
Schneider, Egon	Praxis der neuen ZPO, 2. Aufl. 2003.
Schulte-Bunert/Weinreich	FamFG Kommentar, 4. Aufl. 2013 (zit. SBW/Bearbeiter).
Schumann/Kramer	Die Berufung in Zivilsachen, 7. Aufl. 2007.
Schuschke/Walker	Vollstreckung und Vorläufiger Rechtsschutz, Bd. II, Arrest, Einstweilige Verfügung, §§ 916–945 ZPO, 4. Aufl. Köln u. a. 2008.
Stackmann	Rechtsbehelfe im Zivilprozess, München 2005.
Staehler	Bericht des Präsidenten anlässlich der Kammerversammlung 2003, Mitteilungen der Rechtsanwaltskammer für den OLG-Bezirk München, II/2003 S. 3.
Stein/Jonas	Kommentar zur Zivilprozessordnung, 22. Aufl. 2002 ff. (zit. Stein/Jonas/Bearbeiter).
Steinert/Theede	Zivilprozess, 8. Aufl. 2004.
Sternel	Mietrecht aktuell, 4. Aufl. 2009.
Stuckert	Die Erledigung in der Rechtsmittelinstanz, Berlin 2006.
Tempell/Graßnack/Kosziol/ Seyderhelm	Materielles Recht im Zivilprozeß, 5. Aufl. 2009.
Thomas/Putzo	ZPO-Kommentar, 34. Aufl. 2013 (zit. Thomas/Putzo/Bearbeiter).
Tröndle/Fischer	Strafgesetzbuch (Kommentar), 60. Aufl. München 2013.
Vogt/Zimmermann	Die erfolgreiche Kanzleiorganisation, Köln 2002.

Literaturverzeichnis

Vorwerk/Leitzke	Das Prozessformularbuch, 9. Aufl. München 2010.
Werner/Pastor	Der Bauprozess, 14. Aufl. 2013.
Wieczorek/Rössler/Schütze	Zivilprozessordnung und Nebengesetze, Kommentar, 4. Aufl. Berlin 2013 ff.
Wolf	Kanzleiorganisation, Neuwied 2007.
Zeiss/Schreiber	Zivilprozessrecht, 10. Aufl. Tübingen 2003.
Zimmermann	Zivilprozessordnung (Kommentar), 9. Aufl. 2010.
Zöller	Kommentar zur Zivilprozessordnung (zit. Zöller/Bearbeiter), 30. Aufl. Köln 2013.
Zwanziger/Heitmann	Erfolgreich als Anwalt praktizieren, 2. Aufl. 1998.

1. Kapitel: Einführung

Übersicht

	Rdn.		Rdn.
A. **Der Zivilprozess**	2	a) Taktik	33
I. Aufgaben und Funktionen	2	b) Taktik und Fehlervermeidung	39
II. Prozessphasen	7	c) Taktische Fouls	43
III. Prozessmaximen	17	d) Taktik und Prozessziel	49
B. **Reformen des Zivilprozesses**	24	e) Taktik und Beratung	57
I. Das ZPO-Reformgesetz 2002	25	f) Taktik und Gebot des sichersten Wegs	60
II. Weitere Reformen	28	g) Taktik und anwaltliche Ethik	67
III. Zukünftige Reformen	29	h) Richterliche Taktik	72
C. **Der Anwalt im Zivilprozess**	31	i) Grenzen der Taktik	76
I. Anwaltliche Tätigkeit im Allgemeinen	31	2. Konsequenzen für die vorliegende Darstellung	78
II. Anwaltliche Taktik im Zivilprozess	33		
1. Allgemeines	33		

Anwaltliche Tätigkeit (unten Rdn. 31) ist vielgestaltig. Nur ein Teil davon entfällt auf den Zivilprozess (unten Rdn. 24). Dieser allein ist Gegenstand der vorliegenden Darstellung, die ob der entsprechenden Anwendung zivilprozessualer Normen in anderen Verfahrensordnungen und ob der allgemeinen Bedeutung der besprochenen Fragen Bedeutung aber auch in anderen Rechtsgebieten haben kann. 1

A. Der Zivilprozess

I. Aufgaben und Funktionen

Der Zivilprozess ist das staatlich angeordnete und gesetzlich geregelte Verfahren zur Feststellung und Durchsetzung der privaten Rechte des Einzelnen. 2

Staatlich angeordnet ist der Zivilprozess, um den Rechtsfrieden zu gewährleisten. Wo der Staat für sich ein Gewaltmonopol in Anspruch nimmt und Selbsthilfe grundsätzlich verbietet, muss er dem Einzelnen zur Durchsetzung seiner privaten Rechte diesen Gewaltapparat zur Verfügung stellen. Dies geschieht nach einer Überprüfung des behaupteten Rechts in einem gerichtlichen Verfahren, sodass es einen verfassungsrechtlich verankerten Anspruch des Bürgers gegen den Staat auf Ausübung der Rechtspflege (»*Justizgewährungsanspruch*«) gibt. 3

Geregelt ist das Zivilprozessrecht im Gerichtsverfassungsgesetz (GVG), das festlegt, welche Gerichte es gibt und für was sie zuständig sind, sowie in der Zivilprozessordnung (ZPO), die regelt, wie das Verfahren vor diesen Gerichten abläuft. Verfahrensrecht im weiteren Sinne enthalten daneben zahlreiche Regelungen zum Kostenrecht (vor allem das Gerichtskostengesetz, Rechtsanwaltsvergütungsgesetz) und zum internationalen Prozessrecht (z. B. die Verordnung der Europäischen Gemeinschaft über die gerichtliche Zuständigkeit und die Anerkennung und Vollstreckung von Entscheidungen in Zivil- und Handelssachen). 4

Wie alle Prozesse stellt auch der Zivilprozess ein sich fortlaufend entwickelndes, dynamisches **Verfahren** dar, bei dem nacheinander vollzogene Partei- und Gerichtshandlungen aufeinander aufbauen, den Prozess gestalten und ihn zur Entscheidungsreife führen. 5

> Mit Einreichung der Klage ist der Prozess noch nicht entscheidungsreif, es müssen vorgegebene Verfahrensschritte durchlaufen werden (§ 128 Abs. 1 ZPO), während derer sich Zulässigkeit und Begründetheit ändern können. Erst mit dem Schluss der letzten mündlichen Verhandlung enden die Gestaltungsmöglichkeiten der Parteien (§ 296a ZPO), bezogen auf diesen Zeitpunkt ergeht die gerichtliche Entscheidung. Umstände, die nach diesem Zeitpunkt eintreten, können für die Entscheidung nicht mehr berücksichtigt, allenfalls noch der Vollstreckung entgegengehalten werden (§ 767 Abs. 2 ZPO).

6 Indem der Zivilprozess der **Durchsetzung privater Ansprüche** dient, grenzt er sich von anderen Verfahrensarten ab.

> Dies gilt insbesondere für das arbeitsgerichtliche Verfahren und das Verfahren in Familiensachen und in Angelegenheiten der freiwilligen Gerichtsbarkeit. Beide sind nicht Gegenstand der vorliegenden Darstellung.

II. Prozessphasen

7 Zwei, nach Zweck und Inhalt verschiedene Verfahrensteile sind im Zivilprozess zu unterscheiden. In einem ersten Verfahren muss **festgestellt** werden, ob dem Kläger das behauptete Recht zusteht (»Erkenntnisverfahren«), bevor dieses Recht in einem zweiten Verfahren **durchgesetzt** werden kann (»Vollstreckungsverfahren«).

8 Regelfall des **Erkenntnisverfahrens** ist das Klageverfahren, bei dem ein staatliches Gericht auf Antrag des Klägers über das behauptete Recht mündlich verhandelt und durch streitiges Urteil entscheidet (§§ 253 ff. ZPO).

> Für besondere Fallgestaltungen bietet das Gesetz Alternativen zum Klageverfahren. Unstreitige Ansprüche können ohne mündliche Verhandlung (»Mahnverfahren«, §§ 688 ff. ZPO), urkundlich belegbare Ansprüche in einem vereinfachten Verfahren (»Urkundenverfahren«, §§ 592 ff. ZPO) tituliert werden, eilbedürftige Ansprüche können vorläufig gesichert werden (»Arrest«, »einstweilige Verfügung«, §§ 916 ff. ZPO). Gerichtliche Entscheidungen unterliegen regelmäßig der Überprüfung durch Rechtsbehelfsverfahren (»Rechtsmittelverfahren« §§ 511 ff. ZPO, »Wiederaufnahmeverfahren« §§ 578 ff. ZPO). Anstelle des staatlichen Gerichts kann durch vertragliche Vereinbarung der Parteien ein privates Gericht treten (»Schiedsrichterliches Verfahren«, §§ 1025 ff. ZPO).

9 Die Feststellungen dieses Urteils können dann – auf weiteren Antrag – durch staatliche Organe (Gerichtsvollzieher, Vollstreckungsgericht) im **Vollstreckungsverfahren** (§§ 704 ff. ZPO) zwangsweise durchgesetzt werden. Besteht das Recht in einem Zahlungsanspruch, wird dem Schuldner ein entsprechender Vermögenswert weggenommen und – ggf. nach Verwertung – dem Gläubiger übergeben.

10 Der Zivilprozess lässt sich in mehrere, zeitlich nacheinander ablaufende Abschnitte einteilen.

A. Der Zivilprozess

1. Kapitel

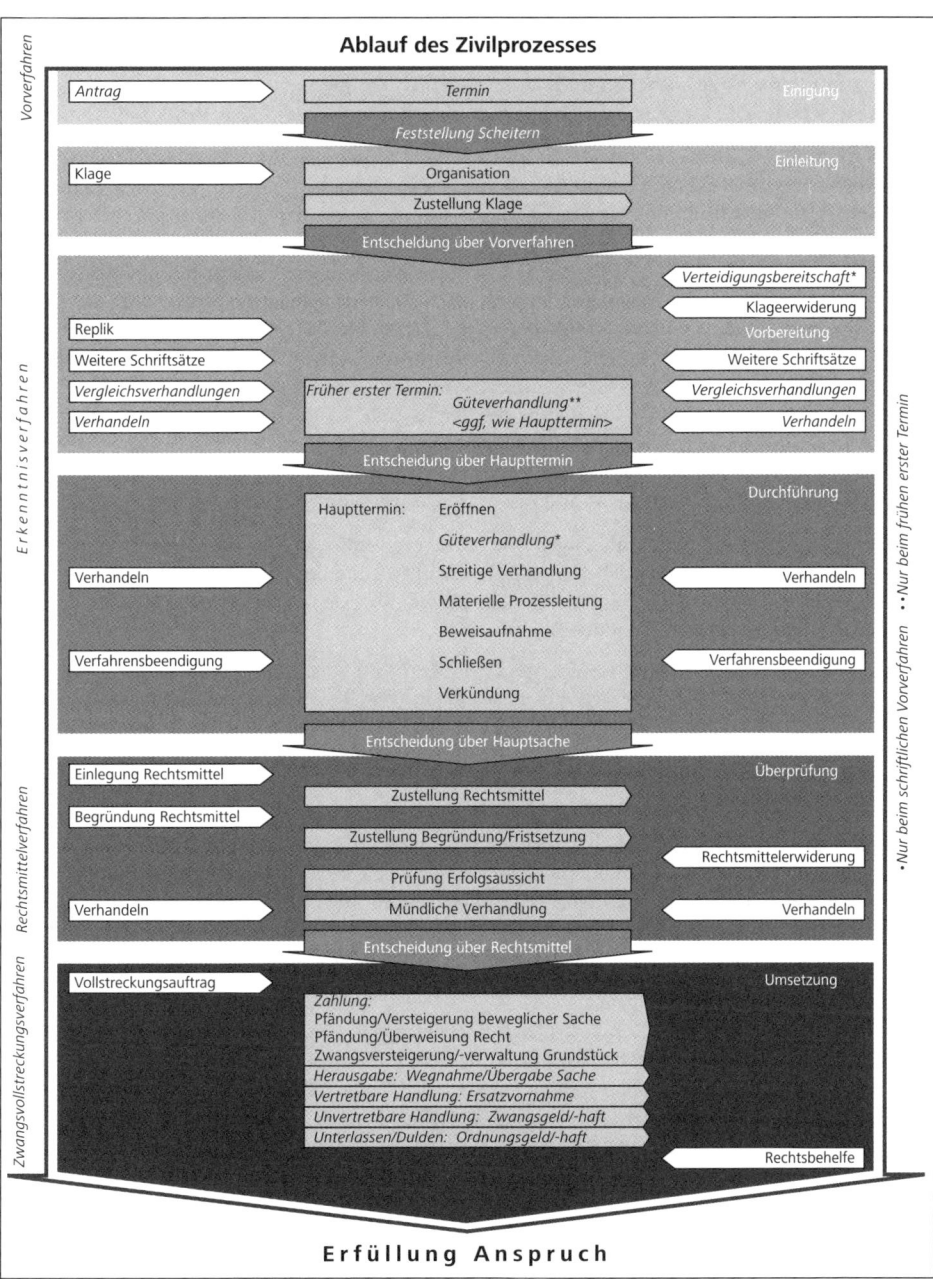

Eine dem gerichtlichen Verfahren vorgeschaltete obligatorische **Einigungsphase**, d.h. den Versuch, durch gütliche Einigung der Parteien ein streitiges Verfahren zu vermeiden, gibt es nur ausnahmsweise (§ 15a EGZPO). Hier muss der Kläger sich an einen Schiedsrichter wenden, der in einem persönlichen Gespräch versucht, die Beteiligten zu vergleichen, sodass ein gerichtliches Verfahren entbehrlich wird. In der Bundesrepublik wird ein solches Vorverfahren derzeit in verschiedenen Modellen in einzelnen Bundesländern erprobt.

11

12 Mit der **Eröffnungsphase** wird der Prozess in Gang gesetzt; hierzu ist ausnahmslos ein Antrag des Klägers (»Klageschrift«) erforderlich. Diese Klageschrift muss Gericht und Parteien bezeichnen, einen bestimmten Antrag enthalten und den Sachverhalt schildern, auf den der Anspruch gestützt wird (§ 253 ZPO). Das Gericht stellt diese Klage dem Beklagten zu (§ 271 Abs. 1 ZPO) und trifft eine Entscheidung über die Art des sich anschließenden Vorverfahrens (§ 272 Abs. 2 ZPO).

13 Die **Vorbereitungsphase** dient der Sammlung aller für die Entscheidung relevanten Tatsachen und Beweismittel, die so vollständig zusammengetragen werden sollen, dass der Prozess in seiner Hauptphase ohne weitere Verzögerungen erledigt werden kann (§ 272 Abs. 1 ZPO). Dazu dient entweder ein früher erster Termin (§ 275 ZPO), bei dem die Parteien sich vor Gericht treffen und über den Streit reden, oder ein schriftliches Vorverfahren (§ 276 ZPO), bei dem der Vortrag der Parteien nur mittels Schriftsätzen dem Gericht gegenüber erfolgt (*Huber* JuS 2009, 683). In beiden Fällen ermittelt das Gericht relevante Tatsachen nicht von Amts wegen, sondern gibt den Parteien lediglich Gelegenheit, diese vorzutragen (»Beibringungsgrundsatz«), sodass das Gericht am Ende – soweit nicht schon im Vorverfahren eine Erledigung des Rechtsstreits möglich ist – eine Entscheidung über Inhalt, Ausgestaltung und ggf. weitere Vorbereitung des Haupttermins treffen kann. Dem Beklagten obliegt es, auf die Klage zu erwidern (§ 277 ZPO), also mitzuteilen, ob er das prozessuale Begehr des Klägers für berechtigt hält oder nicht und wie er sich zu verteidigen beabsichtigt.

14 Kern des Prozesses ist die **Durchführungsphase** mit der mündlichen Verhandlung (»Haupttermin«, § 279 ZPO), in der sich die Prozessbeteiligten (unter Beachtung der Grundsätze von Mündlichkeit, Öffentlichkeit und Unmittelbarkeit) vor Gericht treffen, über den Streit verhandeln und alle erforderlichen Prozesshandlungen vorzunehmen.

In der **mündlichen Verhandlung** versucht das Gericht zunächst erneut, eine gütliche Einigung herbeizuführen (§ 278 Abs. 2 ZPO). Misslingt dies, stellen die Parteien ihre Anträge und begründen diese in tatsächlicher und rechtlicher Beziehung (§ 137 Abs. 1, 2 ZPO), wobei sich dies meist in einer Bezugnahme auf die vorbereitend eingereichten Schriftsätze erschöpft (§ 137 Abs. 3 ZPO). Ist der Vortrag der Partei unzureichend, kann das Gericht verpflichtet sein, die Partei hierauf hinzuweisen, um ein materiell gerechtes Urteil zu ermöglichen (§ 139 ZPO).

Ist eine **Beweisaufnahme** erforderlich, so erfolgt diese in der mündlichen Verhandlung (§ 278 Abs. 2 ZPO). Beweis erhoben wird grundsätzlich mit den von den Parteien angebotenen Beweisen über die zwischen den Parteien streitigen Umstände, auf die es für die Entscheidung ankommt. Das Gericht ist für den Ablauf der Beweisaufnahme verantwortlich und hat die erhobenen Beweise frei, d. h. grundsätzlich ohne gesetzliche Beweisregeln und unabhängig von der Auffassung der Parteien zu würdigen (§ 286 ZPO).

In der Regel endet die Verhandlung mit der **Entscheidung** des Gerichts in der Hauptsache (§ 310 Abs. 1 Satz 1. Alt. 1 ZPO), deren Bekanntmachung (»Verkündung«) zeitlich um bis zu drei Wochen nach dem Termin hinausgeschoben werden kann (§§ 310, 311 ZPO). Die Entscheidung ergeht in Form eines Urteils, das neben der Entscheidung über die Hauptsache und prozessuale Nebenfragen (Kosten des Rechtsstreits, Vollstreckbarkeit vor Eintritt der Rechtskraft, Zulassung von Rechtsmitteln) eine Wiedergabe des von den Parteien vorgetragenen Sachverhalts und der von ihnen erhobenen Angriffs- und Verteidigungsmittel (»Tatbestand«) sowie eine Begründung der getroffenen Entscheidung in tatsächlicher und rechtlicher Hinsicht (»Entscheidungsgründe«) enthält (§ 313 ZPO).

15 Daran anschließen kann sich eine **Überprüfungsphase**, in der im Rahmen von Rechtsmitteln die Entscheidung des Gerichts überprüft wird. Sie bedarf stets des Antrags einer Partei (»Rechtsmitteleinlegung«) und muss begründet werden. Für beides laufen Fristen. Eine erneute mündliche Verhandlung ist die Regel, unterbleibt aber bei erkennbar erfolglosen Rechtsmitteln.

Erstinstanzliche Urteile werden im Rahmen der **Berufung** überprüft, wenn die Partei mit mehr als 600 € beschwert ist oder das erstinstanzliche Gericht die Berufung zugelassen hat (§ 511 ZPO). Sie kann darauf gestützt werden, dass das angefochtene Urteil in rechtlicher oder tatsächlicher Hinsicht fehlerhaft ist (§ 513 Abs. 1 ZPO). Neue Tatsachen können in der Berufung nur ausnahmsweise noch vorgetragen werden (§§ 529 Abs. 1, 531 Abs. 2 ZPO). Berufungen gegen Urteile der Amtsgerichte werden vor den

Landgerichten verhandelt, Berufungen gegen erstinstanzliche Urteile der Landgerichte vor den Oberlandesgerichten.

Eine weitere Überprüfung ist im Rahmen der **Revision** möglich, wenn das Berufungsgericht oder das Revisionsgericht diese zugelassen hat (§ 543 ZPO). Sie kann nur noch auf eine Rechtsverletzung gestützt werden (§ 545 ZPO) und wird allein vor dem Bundesgerichtshof verhandelt.

Die Nichteinlegung oder die Erfolglosigkeit des Rechtsmittels führt zur **Rechtskraft** der Entscheidung. Dabei beschreibt die materielle Rechtskraft, welche Wirkungen aufgrund des Urteils eintreten (Unzulässigkeit erneuter Entscheidung über denselben Streitgegenstand; Vorgreiflichkeit der Entscheidung für andere gerichtliche Verfahren, Präjudizialität), die formelle Rechtskraft, wann diese Wirkungen eintreten (Unanfechtbarkeit des Urteils). Nur in seltenen Ausnahmefällen erfolgt in Durchbrechung der einmal eingetretenen Rechtskraft eine erneute gerichtliche Befassung (Wiederaufnahme des Verfahrens).

Hat eine Partei ihr Rechtsschutzziel nicht bereits durch das Erkenntnisverfahren erreicht (was bei der Klageabweisung oder der Feststellungsklage der Fall ist), muss das Urteil praktisch **umgesetzt** werden. Erforderlich ist dies insbesondere, wenn das Gericht den Beklagten zu einer Leistung verurteilt hat. Wird diese nicht freiwillig erbracht, muss sie unter Einsatz staatlicher Gewalt zwangsweise durchgesetzt werden. Hierzu bedarf es stets eines besonderen Antrags des Gläubigers (»Vollstreckungsauftrag«, § 753 ZPO). 16

Voraussetzung der Zwangsvollstreckung ist grundsätzlich ein rechtskräftiges Urteil (§ 704 ZPO), das mit einer Vollstreckungsklausel versehen ist und dem Schuldner zugestellt wurde (§§ 724, 750 ZPO). Vollstreckt werden kann auch aus anderen Titeln, etwa noch nicht rechtskräftigen Urteilen, Vergleichen oder Urkunden, in denen der Schuldner sich der sofortigen Zwangsvollstreckung unterworfen hat (§ 794 ZPO). Ausnahmsweise kann in Deutschland auch aus ausländischen Titel vollstreckt werden (§ 328 ZPO).

Wegen Geldforderungen wird in das Vermögen des Schuldners vollstreckt. Hierzu kann der Gerichtsvollzieher bewegliche Sachen pfänden, sie öffentlich versteigern und dem Gläubiger den Erlös auszahlen (§§ 808 ff. ZPO). Rechte des Schuldners gegen Dritte können durch das Vollstreckungsgericht gepfändet und dem Gläubiger zur Einziehung überwiesen werden (§§ 829 ff. ZPO). Grundvermögen des Schuldners kann durch das Vollstreckungsgericht im Grundbuch mit einer Sicherungshypothek belastet und im Wege der Zwangsversteigerung oder der Zwangsverwaltung zugunsten des Gläubigers verwertet werden (§§ 867, 869 ZPO). In allen Fällen muss dem Schuldner ein Existenzminimum zur Bestreitung des eigenen Lebensunterhalts verbleiben (Vollstreckungsschutz, §§ 811 ff., 850 ff. ZPO).

Hat der Schuldner eine Sache herauszugeben, so wird ihm diese vom Gerichtsvollzieher weggenommen und dem Gläubiger übergeben (§§ 883 ff. ZPO). Vertretbare Handlungen kann der Gläubiger auf Ermächtigung des Prozessgerichts durch einen Dritten vornehmen lassen und die Kosten vom Schuldner beitreiben (§ 887 ZPO). Zu unvertretbaren Handlungen wird der Schuldner vom Prozessgericht durch Zwangsgeld bzw. Zwangshaft gezwungen (§ 888 ZPO), zum Dulden oder Vornehmen von Handlungen durch Ordnungsgeld bzw. Ordnungshaft (§ 890 ZPO).

Soweit die Rechte des Schuldners im Interesse der Effektivität der Zwangsvollstreckung nicht durch die vorherige Gewährung rechtlichen Gehörs gewahrt werden können, kann der Schuldner sie durch Rechtsbehelfe geltend machen. Gegen Entscheidungen in Zwangsvollstreckungsverfahren, die ohne mündliche Verhandlung ergangen sind, findet die sofortige Beschwerde statt (§ 793 ZPO). Mit der Vollstreckungserinnerung (§ 766 ZPO) wird gerügt, dass Vollstreckungsorgane die gesetzliche vorgeschriebene Art und Weise der Zwangsvollstreckung nicht beachtet haben. Wird durch die Zwangsvollstreckung das materielle Recht eines Dritten betroffen, so kann dieser der Vollstreckung durch die Drittwiderspruchsklage entgegentreten (§ 771 ZPO) oder vorzugsweise Befriedigung verlangen (§ 805 ZPO). Die Vollstreckungsabwehrklage (§ 767 ZPO) ist einschlägig, wenn der Vollstreckungsschuldner Einwendungen und Einreden gegen den titulierten Anspruch hat, die erst nach Schluss der mündlichen Verhandlung entstanden sind.

III. Prozessmaximen

Die konkrete Ausgestaltung der einzelnen Phasen des Zivilprozesses wird durch eine Reihe von Grundsätzen bestimmt, die im Wesentlichen die Prozessverantwortung zwischen Gericht und Parteien regeln (*Möller* JA 2010, 47). 17

18 So wie das materielle Privatrecht vom Gedanken der Privatautonomie beherrscht wird, steht der Zivilprozess unter dem Grundsatz der **Parteiherrschaft**. Können die Beteiligten sich materiellrechtlich beliebig durch – frei gestaltbare – Verträge verpflichten, so steht es ihnen prozessrechtlich ebenso frei, zu entscheiden, ob und wie sie einen Prozess hierüber führen wollen. Die Ziviljustiz stellt somit für die Parteien einen Dienstleistungsapparat dar, den sie grundsätzlich nach Gutdünken zur Beilegung ihres Konflikts in Anspruch nehmen können. Konkrete Ausprägungen des Grundsatzes der Parteiherrschaft finden sich im Rahmen der Dispositions- und der Beibringungsmaxime.

19 Aufgrund der **Dispositionsmaxime** bestimmen die Parteien, nicht das Gericht, ob und worüber ein Verfahren durchgeführt wird, wie es abläuft und wann und wie es enden soll. Konkrete Ausprägungen sind der Antragsgrundsatz (kein gerichtliches Verfahren ohne Antrag einer Partei) und die Bindung des Gerichts an den gestellten Antrag (§ 308 Abs. 1 ZPO).

20 Tatsachen und Beweise werden im Zivilprozess nicht von Amts wegen durch das Gericht beschafft, sondern müssen von den Parteien beigebracht werden (= **Beibringungsmaxime**). Da es allein um private Interessen geht, kann davon ausgegangen werden, dass jede Partei im eigenen Interesse alles beibringt, was eine für sie günstige Entscheidung ermöglicht. Hierauf beruhen zum Beispiel die Verpflichtung der Parteien zum Vortrag von Tatsachen (§ 138 ZPO) und die Bindung des Gerichts an übereinstimmenden Vortrag der Parteien (§ 288 ZPO).

21 Nach der klassischen Konzeption der ZPO war das Gericht nicht für die Aufklärung des Sachverhalts oder die Beschaffung von Beweismitteln zuständig, sondern allein für die Rechtsanwendung, also dafür, dass auf den von den Parteien vorgebrachten und bewiesenen Sachverhalt die einschlägigen Rechtsnormen zutreffend angewendet werden (»iura novit curia«; »da mihi facta, dabo tibi ius«). Dieser dem 19. Jhdt. entstammende konsequent liberale Grundgedanke des Zivilprozesses ist durch zahlreiche Reformen im 20. Jhdt an vielen Stellen aufgelockert worden und hat inzwischen einer weitreichenden **Mitverantwortung** des Gerichts für ein materiell gerechtes Ergebnis Platz gemacht.

> So trifft das Gericht die Pflicht zum ordnungsgemäßen Betrieb des laufenden Prozesses (sog. »formelle Prozessleitungspflicht«, § 136 ZPO). Ist der Vortrag der Parteien unzureichend, ist das Gericht verpflichtet, sie hierauf hinzuweisen und auf die Stellung sachdienlicher Anträge, unzureichenden Sachvortrag oder übersehene rechtliche Gesichtspunkte hinzuweisen (sog. »materielle Prozessleitungspflicht«, § 139 ZPO). Auch für die rechtliche Bewertung des Sachverhalts ist allein das Gericht verantwortlich.

22 Grundsätzlich muss über den Prozessstoff in einem Termin **mündlich verhandelt** werden, nur ausnahmsweise kann hierauf verzichtet werden (§ 128 Abs. 2, 3 ZPO). Für die Verhandlung gelten drei Prozessmaximen:
– Tatsachen und Beweise müssen in der Verhandlung mündlich erörtert werden (§ 128 Abs. 1 ZPO), praktisch indes wird meist nur Bezug genommen auf vorbereitende Schriftsätze (§§ 129, 282 Abs. 2, 137 Abs. 3 ZPO).
– Die mündliche Verhandlung ist regelmäßig öffentlich; dies gilt nicht für Beratungen des Gerichts und einige sensible Verfahrensgegenstände oder -teile (§§ 169, 173, 193 GVG).
– Verhandelt werden muss unmittelbar vor dem erkennenden Gericht, d. h. vor den Richtern, die später auch die Entscheidung treffen (§§ 309, 355 Abs. 1 ZPO; BGH NJW-RR 2012, 508).

23 Zu den grundlegenden Verfahrensprinzipien gehören auch subjektive Rechte der Beteiligten gegenüber dem staatlichen Gericht.
– Der Anspruch auf **rechtliches Gehör** soll sicherstellen, dass die rechtlichen und tatsächlichen Standpunkte der Parteien im Prozess berücksichtigt werden. Das bedeutet nicht nur, dass ihnen Kenntnis vom Vortrag des Gegners gegeben und Gelegenheit geboten werden muss, Anträge zu stellen, Tatsachen zu behaupten und Beweise anzubieten, sondern auch, dass das Gericht das jeweilige Vorbringen zur Kenntnis nehmen und in Erwägung ziehen muss (Art. 103 Abs. 1 GG; Art. 6 EMRK). In der ZPO findet sich eine Reihe konkreter Ausformungen in den §§ 136–139, 141, 275, 278 Abs. 3, 335 Nr. 3 ZPO. Nur ausnahmsweise ist deswegen die Zurückweisung verspäteten Vortrags (§ 296 ZPO) oder die Beschränkung des Rechts zum Tatsachenvortrag und zur Beweisführung möglich.

– Das Recht der Parteien auf den **gesetzlichen Richter** zwingt dazu, vor Entstehen einer Streitigkeit nach abstrakten Kriterien zu bestimmen, welcher Richter hierfür zuständig sein wird, um Beeinflussungen der Entscheidung zu verhindern (Art. 101 Abs. 1 Satz 2 GG).
– Schließlich ist das Gericht verpflichtet, den Parteien ein **faires Verfahren** zu gewährleisten (BVerfG NJW 2013, 446; BGH NJW 2012, 78).

B. Reformen des Zivilprozesses

Durch zahlreiche kleinere und größere Reformen ist das Zivilprozessrecht in den letzten Jahren nicht nur in wichtigen Teilbereichen umgestaltet worden, sondern auch wieder stärker in den Blickpunkt von Praktikern geraten (*Gehrlein* MDR 2004, 541: »Renaissance des Prozessrechts«). 24

I. Das ZPO-Reformgesetz 2002

Die zum 01.01.2002 in Kraft getretene Reform der ZPO (ZPO-Reformgesetz vom 27.07.2001, BGBl. I, S. 1887) hat insbesondere die Bedeutung der ersten Instanz gestärkt und die Rechtsmittel neu gestaltet. 25

> Nur in Ausnahmefällen wird heute noch ein Rückgriff auf die Gesetzgebungsmaterialien (BR-Dr. 397/01; BT-Drs. 14/6036, 14/4722 und 14/163) oder auf Reformdarstellungen (*Oberheim*, ZPO-Reform, m. w. N.) erforderlich sein. Nach anfänglich divergierenden Einschätzungen (*E. Schneider* KammerForum 2003, 187: »Reform gescheitert«; *Greger* JZ 2004, 805: »Kein grundlegender Wandel«; *Bamberger* ZRP 2004, 137: »Gesamteindruck positiv«) haben sich Literatur und Rechtsprechung mit dem neuen Recht arrangiert. Zahllose Entscheidungen von Gerichten aller Instanzen, Monografien und Aufsätze haben inzwischen die von der Reform hervorgebrachten neuen Fragen aufgedeckt und weitgehend auch bereits beantwortet.

> Evaluationen der Praxis des Zivilprozesses (Verhandlungen des 65. Deutschen Juristentages 2004, Bd. I, Gutachten Berichte A – Die Reform der ZPO – eine Wirkungskontrolle; *Hommerich/Prütting/Ebers/Lang/Traut*, Rechtstatsächliche Untersuchung zu den Auswirkungen der Reform des Zivilprozessrechts auf die gerichtliche Praxis, Evaluation ZPO-Reform, Köln 2006) haben dabei wenig überraschend gezeigt, dass sich sowohl die Erwartungen des Gesetzgebers als auch die Befürchtungen der Kritiker nur teilweise bestätigt haben. Bemerkenswert sind die regionalen Unterschiede in der Anwendung der neuen Normen, die zum Teil auf einer unterschiedlichen Akzeptanz, zum Teil aber auch an unterschiedlichen Interpretationen liegen.

Für die anwaltliche Tätigkeit im Zivilprozess hat die ZPO-Reform ganz erhebliche Auswirkungen gehabt. Diese folgen insbesondere aus der neuen Funktionszuweisung an die einzelnen Instanzen. 26

> Einbringung und Klärung des Sach- und Streitstands sind nahezu ausschließlich auf die erste Instanz beschränkt. Die Berufung bringt nicht mehr wie früher eine »zweite Chance« zur Erreichung des Prozessziels, sondern vornehmlich eine Fehlerkontrolle und die Fehlerbeseitigung; die Revisionsinstanz verfolgt der Allgemeinheit dienende Ziele wie Rechtsfortbildung und Rechtsvereinheitlichung, nicht mehr der Herstellung der Einzelfallgerechtigkeit.

Die zentrale Bedeutung der ersten Instanz für den gesamten Prozess erfordert von den Parteien und ihren Anwälten nicht nur »äußerste Sorgfalt« bei der tatsächlichen Aufbereitung des Prozessstoffs (*Ball* NZM 2002, 410), sondern macht eine taktisch geschickte Prozessführung erforderlich. Erstinstanzliche Fehler der Parteien lassen sich später nur noch ausnahmsweise bereinigen. Spätestens seit der ZPO-Reform kann das erstinstanzliche Verfahren nicht mehr lediglich als eine »notwendige und lästige Durchgangsstation auf dem Weg in das Berufungsverfahren« angesehen werden (*Grunsky* NJW 2002, 800). Vielmehr ist dessen sorgfältige Vorbereitung und Durchführung »Grundvoraussetzung eines Erfolg versprechenden Berufungsangriffs« (*Stackmann* NJW 2003, 175). Umgekehrt ist das Berufungsverfahren nicht mehr »zweite Chance« für die Parteien, bei dem die erstinstanzlichen Optionen erneut zur Verfügung stehen, sondern führt zur Abänderung des erstinstanzlichen Urteils nur noch, wenn dieses auf einem gerichtlichen Fehler beruht. Anwaltliche Fehler lassen sich mit Rechtsmitteln kaum mehr beheben. 27

II. Weitere Reformen

28 Die ZPO-Reform von 2002 war nur der Auftakt zu einer ganzen Reihe weiterer, in ihrer Bedeutung recht unterschiedlicher Reformgesetze. Allein im Jahr 2011 traten acht, 2012 vier und 2013 sieben Änderungen in Kraft. Zu den wichtigsten Änderungen seit der ZPO-Reform gehören:

Die Bedeutung des **Gesetzes zur Modernisierung des Schuldrechts** vom 11.10.2001 (BGBl. I, S. 3137) für das Prozessrecht war nur gering. Neben den besonderen Verfahrensfragen des UKlaG hat insbesondere die Verschuldensvermutung bei vertraglichen Schadensersatzansprüchen (§ 280 Abs. 1 Satz 2 BGB) Diskussionen um die Darlegungs- und Beweislast in diesem Bereich ausgelöst.

Im **Gesetz zur Änderung des Rechts der Vertretung durch Rechtsanwälte vor den Oberlandesgerichten** vom 23.07.2002 (BGBl. I, S. 2850) wurde die Singularzulassung zum OLG beseitigt. Daneben enthält das Gesetz eine Vielzahl höchst unterschiedlicher, von der Gesetzesbezeichnung nicht gedeckter Regelungen. Die prozessualen Inhalte sind praktisch nicht sonderlich relevant.

Von großer praktischer Bedeutung für das Zustellungsrecht, nicht indes für die Gestaltung des Verfahrens, war das **Gesetz zur Reform des Verfahrens bei Zustellungen im gerichtlichen Verfahren** vom 25.06.2001 (BGBl. I, S. 1206).

Auch das **Gesetz zur Modernisierung des Kostenrechts** vom 05.05.2004 (BGBl. I, S. 718) hat zahllose praktische Neuregelungen gebracht, die für das vorliegende Thema indes nur am Rande von Bedeutung sind.

Durch das **Erste Gesetz zur Modernisierung der Justiz** vom 24.08.2004 (BGBl. I, S. 2198) strebte der Gesetzgeber eine weitere Beschleunigung und Vereinfachung des Zivilprozesses an. Praktisch wurden vornehmlich handwerkliche Fehler der ZPO-Reform beseitigt und Potenziale zur Kosteneinsparung genutzt. Moderner jedenfalls sei das Zivilverfahren dadurch nicht geworden (*Hirtz* AnwBl. 2004, 503; *E. Schneider* ZAP-Kolumne 2004, 2; *ders.* ZAP 13 S. 1257).

Mit dem **Gesetz zur Durchführung gemeinschaftsrechtlicher Vorschriften über die grenzüberschreitende Beweisaufnahme in Zivil- oder Handelssachen in den Mitgliedsstaaten** (EG-Beweisaufnahmedurchführungsgesetz) vom 24.12.2003 (BGBl. I, S. 2954) fanden die bundesdeutschen Ausführungsvorschriften zur Verordnung (EG) Nr. 1206/2001 des Rates vom 28.05.2001 über die Zusammenarbeit zwischen den Gerichten der Mitgliedsstaaten auf dem Gebiet der Beweisaufnahme in Zivil- oder Handelssachen Eingang in die §§ 1072 ff. ZPO. Damit wurde für Zivilgerichte die Möglichkeit der Durchführung einer Beweisaufnahme in einem anderen Mitgliedsstaat geschaffen.

Im Zusammenhang mit der Hartz-IV-Reform durch das **Gesetz zur Einordnung des Sozialhilferechts in das SGB** vom 27.12.2003 (BGBl. I, S. 3022) wurde auch die auf das alte BSHG abstellende Prozesskostenhilfe neu geregelt. Während die Bestimmungen des BSHG ausnahmslos auf jeden Bezieher von Hilfe zum Lebensunterhalt Anwendung fanden, erhalten nunmehr erwerbsfähige Hilfebedürftige (§ 19 SGB II) Leistungen nach dem SGB II und bilden mit Angehörigen (die Sozialgeld nach § 28 SGB II erhalten) insoweit eine Bedarfsgemeinschaft, während nicht erwerbsfähige Hilfebedürftige eine Hilfe zum Lebensunterhalt nach SGB XII erhalten. Grobe gesetzgeberische Fehler insbesondere bei der Bestimmung der Freibeträge des Antragstellers und seiner Angehörigen, die eine erhebliche Ausweitung des Kreises der Berechtigten zur Folge hatten, sind durch eine weitere (im Justizkommunikationsgesetz versteckte) Reform zum 01.04.2005 beseitigt worden.

Einer Vorgabe des BVerfG entsprach die Ausdehnung der Gehörsrüge in § 321a ZPO auf alle unanfechtbaren gerichtlichen Entscheidungen durch das **Gesetz über die Rechtsbehelfe bei Verletzung des Anspruchs auf rechtliches Gehör** vom 09.12.2004 (BGBl. I, S. 3220).

Außerhalb der ZPO schuf das **Gesetz zur Einführung von Kapitalanleger-Musterverfahren** vom 16.08.2005 (BGBl. I, 2437) ein Modell für die justizielle Bewältigung von Massenverfahren. Der zunächst stark beschränkte tatsächliche Anwendungsbereich soll nach Erprobung (insbesondere in den Frankfurter Telekom-Verfahren) erweitert und ggf. auf alle denkbaren Massenverfahren erweitert werden.

Die Verwendung elektronischer Dokumente durch Gericht und Parteien und damit die Vorbereitung einer elektronischen Akte ermöglicht das **Gesetz über die Verwendung elektronischer Kommunikationsformen in der Justiz** vom 22.03.2005 (BGBl. I, S. 837). Die technischen Voraussetzungen sind Ausführungsbestimmungen der einzelnen Justizverwaltungen vorbehalten. Diese beginnen nur langsam mit der Einführung.

Exemplarisch sei auf die Möglichkeit der E-Mail-Kommunikation mit hessischen Justizbehörden hingewiesen (Verordnung über den elektronischen Rechtsverkehr bei hessischen Gerichten und Staatsanwaltschaften vom 26. Oktober 2007, HessGVBl. S. 699).

Ähnlich wie bereits das Erste ist auch das **Zweite Gesetz zur Modernisierung der Justiz** vom 22.12.2006 (BGBl. I, S. 3416) von Sparzwängen der Justiz diktiert, hat aber für den Zivilprozess nur marginale Änderungen gebracht, etwa – als spontane und unnötige Reaktion des Gesetzgebers auf eine neue anwaltliche Strategie – das Verbot der Streitverkündung gegenüber Sachverständigen und Richtern.

Mit dem **Gesetz zur Neuregelung des Rechtsberatungsrechts** vom 10.11.2007 (BGBl. I, S. 2840) ist das alte Rechtsberatungsgesetz abgelöst und gleichzeitig die gesetzliche Grundlage für eine zeitgemäße Regelung der Rechtsberatung geschaffen worden. Wo die Rechtsberatung im Mittelpunkt der Tätigkeit steht, bleibt das Anwaltsmonopol aufrechterhalten, wo die Rechtsberatung nur begleitende Tätigkeit von untergeordneter Bedeutung ist, ist sie nun auch anderen Berufsgruppen geöffnet. Unterhalb der Anwaltschaft wird keine umfassende Rechtsdienstleistungsbefugnis eingeführt. Neue Tätigkeitsbereiche für Nichtanwälte ergeben sich jedoch durch eine engere Fassung des Anwälten vorbehaltenen Bereichs der Rechtsdienstleistung sowie eine Öffnung für Rechtsdienstleistungen, die als Nebenleistung, unentgeltlich oder für Vereinsmitglieder erbracht werden. Durch die Beschränkung des neuen RDG auf den außergerichtlichen Bereich bedurften die Vorschriften über die Prozessvertretung der Neuregelung. Im Zivilprozess bleiben Erforderlichkeit und Ausgestaltung der Postulationsfähigkeit grundsätzlich unverändert. Änderungen traten im Parteiprozess ein, wo die Sonderregelung für die Vertretung in der Verhandlung (§ 157 ZPO a. F.) entfiel und die Vertretung innerhalb und außerhalb der Verhandlung nunmehr einheitlich in § 79 ZPO geregelt ist. Dort trat an die Stelle der unzulässigen geschäftsmäßigen Vertretung ein Katalog zulässiger Vertreter. Verfahrenshandlungen, die vor Rechtskraft der Zurückweisung eines Vertreters erfolgt sind, bleiben wirksam (§ 79 Abs. 3 Satz 2 ZPO).

Mit dem **Gesetz zur Reform der Sachaufklärung in der Zwangsvollstreckung** vom 29.07.2009 (BGBl. I, S. 2258) sind die Möglichkeiten des Gläubigers zur Informationsbeschaffung in der Zwangsvollstreckung verbessert und das Verfahren auf Abnahme der Vermögensauskunft (bisher: eidesstattliche Versicherung) sowie die Führung des Schuldnerverzeichnisses modernisiert worden. Der Gläubiger kann bereits vor Einleitung von Beitreibungsmaßnahmen durch den Gerichtsvollzieher Informationen über die Vermögensverhältnisse des Schuldners, entweder durch diesen selbst oder durch Fremdauskünfte, erlangen. Die Vermögensauskunft des Schuldners wird vom Gerichtsvollzieher als elektronisches Dokument aufgenommen und in landesweit vernetzten Datenbanken gespeichert, auf die Gerichtsvollzieher und bestimmte staatliche Stellen drei Jahre lang zugreifen können. Frei öffentlich zugänglich ist das Schuldnerverzeichnis, das als landesweites Internet-Register geführt wird und in das Schuldner eingetragen werden, die ihren vollstreckungsrechtlichen Auskunftspflichten nicht nachkommen oder gegen die die Vollstreckung erfolglos geblieben ist. Das Gesetz ist nur teilweise bereits zum 01.08.2009 in Kraft getreten, im Übrigen geschah dies erst zum 01.01.2013.

Das **Gesetz zur Modernisierung von Verfahren im anwaltlichen und notariellen Berufsrecht**, zur Errichtung einer Schlichtungsstelle der Rechtsanwaltschaft sowie zur Änderung sonstiger Vorschriften vom 30.07.2009 (BGBl. I, S. 2449), das zum 05.08.2009 in Kraft trat, beseitigte die vom BGH unglücklich ausgelegte Anrechnungsregelung verschiedener anwaltlicher Gebühren und ließ die Notwendigkeit, Teile der Verfahrensgebühr als außergerichtliche Kosten einzuklagen, entfallen (dazu unten Rdn. 874).

Zum 01.09.2009 in Kraft getreten ist die **Reform des Verfahrens der freiwilligen Gerichtsbarkeit und der familiengerichtlichen Verfahren** (Gesetz vom 17.12.2008, BGBl. I, S. 2586). Diese, vorher in verschiedenen Verfahrensordnungen geregelten (ZPO, FGG, HausVO etc.) Verfahren sind nun im FamFG zusammengefasst. Die Zuständigkeit des Familiengerichts wurde deutliche erweitert (»Großes Familiengericht«, §§ 111, 151, 266 FamFG). Neben den klassischen Bereichen umfasst sie nunmehr auch Vormundschaftssachen, Pflegschaftssachen für Minderjährige, Adoptionssachen, Gewaltschutzsachen und Zivilsachen mit einer besonderen Nähe zu familienrechtlich geregelten Rechtsverhältnissen oder mit einem engen Zusammenhang zur Auflösung eines solchen Rechtsverhältnisses. Das ehemalige Vormundschaftsgericht ist abgeschafft. An seine Stelle getreten ist das Betreuungsgericht beim Amtsgericht (§ 23c GVG). Terminologisch findet kein Prozess, sondern ein Verfahren statt, an dem nicht Parteien, sondern Beteiligte teilnehmen (§ 7 FamFG). Entscheidungen ergehen nicht mehr in Form eines Urteils, sondern als Beschluss und werden mit der (befristeten) Beschwerde und der Rechtsbeschwerde angefochten. Sie werden nicht verkündet, sondern bekannt gegeben (§ 15 FamFG).

Zum 01.07.2010 (teilweise auch erst zum 01.01.2012) in Kraft getreten ist das **Gesetz zur Reform des Kontopfändungsschutzes** vom 07.07.2009 (BGBl. I, S. 1707). Zum Schutz des Vollstreckungsschuldners wird verhindert, dass die Pfändung des Girokontos zur kompletten Blockade jeglicher Verfügungsmöglichkeit führt. Durch die Einführung eines sog »P-Kontos« bleibt dem Schuldner die Möglichkeit, über den unpfändbaren Teil seiner Einkünfte zu verfügen und so weiter am Wirtschaftsleben teilzunehmen und Zahlungsgeschäfte des täglichen Lebens wie die Begleichung von Mieten, Energiekosten oder Versicherungen vorzunehmen. Wird ein Girokonto als P-Konto geführt, besteht ein Pfändungsschutz für Guthaben in Höhe des Grundfreibetrages, der im Einzelfall durch Nachweis der Bank gegenüber erhöht werden kann. In kurzer Folge waren Nachbesserungen dieser Reform erforderlich. Diese finden sich im **Gesetz zur Umsetzung der Dienstleistungsrichtlinie in der Justiz und zur Änderung weiterer Vorschriften** vom 22.12.2010 (BGBl. I, 2248) sowie im **Zweiten Gesetz zur erbrechtlichen Gleichstellung nichtehelicher Kinder, zur Änderung der Zivilprozessordnung und der Abgabenordnung** vom 12.04.2011 (BGBl. I, 614); dabei wurde u. a. das praktisch bedeutsame »Monatsanfangsproblem« durch Einführung des § 835 Abs. 4 ZPO gelöst.

Zum 27.10.2011 in Kraft getreten ist das **Gesetz zur Änderung des § 522 der Zivilprozessordnung** vom 21.10.2011 (BGBl. I, 2082). Damit wurde der vor allem aus Anwaltskreisen geäußerten Kritik an der sehr unterschiedlichen Handhabung der Zurückweisung unbegründeter Berufungen durch einstimmigen Beschluss Rechnung getragen und diese Möglichkeit zum einen von zusätzlichen, restriktiveren Voraussetzungen abhängig gemacht, zum anderen gegen entsprechende Beschlüsse, die zuvor unanfechtbar waren, die Nichtzulassungsbeschwerde eröffnet, soweit diese gegen ein Urteil in dieser Sache gegeben wäre (d. h. ab einer Beschwer von 20.000 €).

Eine Möglichkeit zur Durchsetzung des Anspruchs auf Rechtsgewährung in angemessener Zeit aus Art. 19 IV, 20 III GG; 13 EMRK bieten seit dem 03.12.2011 die durch das **Gesetz über den Rechtsschutz bei überlangen Gerichtsverfahren und strafrechtlichen Ermittlungsverfahren** vom 24.11.2011 (BGBl. I, 2302) eingeführten §§ 198 ff. GVG (*Althammer/Schäuble* NJW 2012, 1; *Heine* MDR 2012, 327). Besteht Anlass zu der Besorgnis, dass das Verfahren nicht in angemessener Zeit abgeschlossen wird, kann jede Partei bei dem Prozessgericht eine Verzögerungsrüge erheben später eine Entschädigungsklage bei dem OLG erheben werden.

Langfristig zu einer spürbaren Änderung der Struktur des Zivilprozesses führen kann das am 26.07.2012 in Kraft getretene **Gesetz zur Förderung der Mediation und anderer Verfahren der außergerichtlichen Konfliktbeilegung** vom 19.10.2012 (BGBl. I, 2182). Es hat nicht die Anforderungen an eine Klageschrift erweitert (Angabe, ob der Klage der Versuch einer Mediation oder eines anderen Verfahrens der außergerichtlichen Konfliktbeilegung vorausgegangen ist, sowie eine Äußerung dazu, ob einem solchen Verfahren Gründe entgegenstehen, § 253 Abs. 3 Nr. 1 ZPO), sondern erlaubt dem Gericht die Verweisung an einen besonderen, nicht entscheidungsbefugten Richter (Güterichter, § 278 Abs. 5 ZPO).

Eine grundlegende Überarbeitung des entsprechenden Verfahrens hat das **Gesetz zur Reform des Kapitalanleger-Musterverfahrensgesetzes und zur Änderung anderer Vorschriften** vom 19.10.2012 (BGBl. I, 2182) mit Wirkung vom 01.11.2012 gebracht. Damit wurden der Anwendungsbereich des KapMuG auf Anlagevermittler- und -berater erweitert, die Voraussetzungen für die Einleitung des Musterverfahrens erleichtert und der Vergleichsabschluss vereinfacht. Zudem gilt das Gesetz nun zeitlich unbefristet. Erst nach längerer Übergangszeit ist zum 01.01.2013 das **Gesetz zur Einführung einer Rechtsbehelfsbelehrung im Zivilprozess und zur Änderung anderer Vorschriften** vom 05.12.2012 (BGBl. I, 2418) in Kraft getreten und verpflichtet die Gerichte grundsätzlich, jede anfechtbare Entscheidung mit einer Rechtsbehelfsbelehrung zu versehen.

Das **Mietrechtsänderungsgesetz** vom 11.02.2013 (BGBl. I, 434) erleichtert seit dem 01.05.2013 die Durchsetzung von Räumungstiteln. Im Rahmen eines Räumungsprozesses wegen Zahlungsverzuges kann das Gericht durch eine sog. »Sicherungsanordnung« anordnen, dass Mieter ihre Miete hinterlegen müssen. Leistet der Mieter dieser Sicherungsanordnung keine Folge, kann die Räumung per einstweiliger Verfügung angeordnet werden.

Eine deutliche Erweiterung der Möglichkeiten zum Einsatz der Videokonferenztechnik für alle Verfahrensbeteiligten bezweckt das **Gesetz zur Intensivierung des Einsatzes von Videokonferenztechnik in gerichtlichen und staatsanwaltschaftlichen Verfahren** vom 25. April 2013 (BGBl. I, 935).

Lange erwartete strukturelle Änderungen im Kostenrecht sowie eine Anhebung der gerichtlichen und in Teilbereichen auch der notariellen und anwaltlichen Gebühren gebracht hat das **Zweite Gesetz zur Modernisierung des Kostenrechts** vom 26.06.2013 (BGBl. I, 2586) zum 01.08.2013.

Nur eingeschränkt verwirklicht wurde die vom Bundesrat nachhaltig erstrebte Entlastung der Justizhaushalte durch das **Gesetz zur Reform der Prozesskostenhilfe** vom 31.08.2013 (BGBl. I, 3533). Ab dem 01.01.2014 haben die Gerichte die persönlichen und wirtschaftlichen Voraussetzungen für die Bewilligung von Prozesskostenhilfe (die Bedürftigkeit) umfassend aufzuklären, um auf diese Weise ungerechtfertigte Prozesskostenhilfebewilligungen zu vermeiden und der missbräuchlichen Inanspruchnahme von Prozesskostenhilfe entgegenzuwirken. Durch die Absenkung von Freibeträgen, die Verlängerung der Ratenzahlungshöchstdauer um zwei Jahre und die Neuberechnung der PKH-Raten können die Prozesskostenhilfeempfänger in stärkerem Maße als bisher an der Finanzierung der Prozesskosten beteiligt werden.

III. Zukünftige Reformen

Absehbar ist, dass der Zivilprozess vor weiteren, zum Teil möglicherweise dramatischen Änderungen steht, wobei deren Realisierungschancen nur schwer prognostizierbar sind. 29

Gescheitert sind in den letzten Jahren gleich mehrere Versuche zur **Erhöhung der Streitwertgrenzen** für das amtsgerichtliche Bagatellverfahren, die sachliche Zuständigkeit oder die Zulässigkeit der Berufung. Wann sich für solche auch zukünftig zu erwartende und auf Dauer natürlich nicht vermeidbare Änderungsvorschläge eine Mehrheit finden wird, ist derzeit nicht absehbar (*Genenge* ZRP 2011, 16).

Das zum 01.01.2009 in Kraft getretene »**Forderungssicherungsgesetz**« vom 28.10.2008 (BGBl. I, 2022), mit dem die wirtschaftliche Lage von Werkunternehmern materiellrechtlich verbessert wurde (*Leinemann* NJW 2008, 3745; *Huber* JuS 2008, 23), enthielt im Gesetzgebungsverfahren umfangreiche Vorschläge zur Änderung auch verfahrensrechtlicher Vorschriften. So sollten Teil- und Vorbehaltsurteile, die bislang im Ermessen des Gerichts stehen, obligatorisch und mit der sog. »vorläufigen Zahlungsanordnung« ein neues Rechtsinstitut geschaffen werden, über das dem Kläger schon vor Eintritt der Entscheidungsreife die Möglichkeit der Zwangsvollstreckung eröffnet wird. Zudem sollte die Zwangsvollstreckung aus einem wegen noch offener Nacherfüllungsansprüche des Schuldners nur Zug um Zug vollstreckbaren Titel erleichtert werden. Diese prozessualen Änderungen wurden wegen dogmatischer Bedenken zunächst zurückgestellt, im Rahmen des Mietrechtsänderungsgesetzes aber auf einem anderen Rechtsgebiet bereits wieder aufgegriffen und dort mit der Sicherungsanordnung nach § 283a ZPO teilweise verwirklicht (oben Rdn. 28).

Zunächst gescheitert ist der auf eine Länderinitiative zurückgehende Versuch der Schaffung **internationaler Kammern für Handelssachen**, vor denen die Verhandlung auch in englischer Sprache geführt werden könnte (*Flessner* NJW 2011, 3544). Wollen die Parteien eine entsprechende Verfahrensgestaltung, sind sie nach wie vor auf das Schiedsgerichtsverfahren verwiesen.

Bei Drucklegung dieses Werks bereits verabschiedet, aber noch nicht verkündet ist das »**Gesetz zur Förderung des elektronischen Rechtsverkehrs mit den Gerichten**«, das weitgehend erst 2018 bis 2022 in Kraft treten soll (BT-Drs. 17/12634 und 17/13948; *Prütting*, AnwBl. 2013, 332; *Weller*, DRiZ 2013, 290). Damit soll diese Form der Kommunikation flächendeckend, umfassend und (für Anwälte) obligatorisch werden und den papierlosen, vollelektronischen Zivilprozess ermöglichen. Wesentliche Eckpunkte dabei sind:
– die Möglichkeit des Verzichts auf eine qualifizierte elektronische Signatur, wenn das Dokument signiert ist und einem sicheren Übermittlungsweg (De-mail, Versand von einem speziellen anwaltlichen Postfach) eingereicht wird (§ 130 a ZPO n. F.);
– die Einrichtung eines obligatorischen elektronischen Anwaltspostfachs durch die Bundesrechtsanwaltskammer, auf das der Anwalt nur mittels ID-Karte und PIN-Code zugreifen kann (§ 31a BRAO n. F.) und über das Zustellungen an den Anwalt möglich sind, deren Empfang er elektronisch bestätigen kann (§ 174 Abs. 3 ZPO n. F.);
– die automatisierte Bestätigung des Empfangs jedes elektronischen Dokuments und seiner Eignung durch das Gericht (§ 130a Abs. 5 ZPO n. F.) sowie die Einführung elektronischer Formulare (z. B. für das Kostenfestsetzungs- und das PKH-Verfahren oder für den Einspruch gegen Versäumnisurteil und Vollstreckungsbescheid; § 130c ZO n. F.).

Bereits ab 2017 soll ein von der Justiz einzuführendes zentrales, länderübergreifendes Schutzschriftenverzeichnis (§ 945a ZPO n. F.) für Rechtsanwälte verpflichtend werden (§ 49c BRAO n. F.); dazu unten Rn. 401.

Abzuwarten bleibt, inwieweit die Justizverwaltungen und die Anwaltschaft in der Lage sein werden, rechtzeitig die erforderlichen technischen Voraussetzungen für die Umsetzung dieser ambitionierten Vorgaben zur Verfügung zu stellen.

Weit über die Reformen der letzten Jahre hinaus gehen die Absichten der Mehrheit der Justizministerkonferenz, die im Rahmen einer sog. »**Großen Justizreform**« neben der Vereinfachung und Vereinheitlichung von Gerichtsverfassungs- und Prozessrecht in allen Gerichtsbarkeitszweigen durch Schaffung eines einheitlichen Gerichtsverfassungs- und Prozessgesetzes eine Übertragung bisheriger Justizaufgaben auf private Organe und eine weitere Verkürzung des Instanzenzugs anstrebt. Zu allen Teilbereichen der Reform sind derzeit Arbeitsgruppen tätig, die der Justizministerkonferenz halbjährlich berichten. Zentraler Teil der großen Justizreform ist der Versuch der Schaffung eines einheitlichen Gerichtsverfassungs- und Prozessgesetzes (GVPG). Dieses soll die bisherige Verfahrensordnung (ZPO, ArbGG, FGG, VwGO, FGO, SGG und ggf. StPO) ablösen und die Verfahrensregeln inhaltlich soweit wie möglich aneinander angleichen. Eine erste Bestandsaufnahme hat insoweit ergeben, dass bislang bereits etwa ein Drittel aller Verfahrensfragen (durch wortgleiche Normen oder durch Verweisungen) inhaltsgleich geregelt ist, ein weiteres Drittel problemlos angeglichen werden kann und nur beim verbleibenden Drittel bestehende Unterschiede auf den ersten Blick gerechtfertigt sind. Eine weitgehende Vereinheitlichung der Verfahrensordnungen ist möglich, weil der Ablauf aller gerichtlichen Verfahren sich grundsätzlich in die gleichen Phasen einteilen lässt und in allen Prozessordnungen damit viele gemeinsame Fragen zu beantworten sind. Unterschiede ergeben sich vor allem aus den unterschiedlichen Prozessmaximen der einzelnen Verfahrensarten. Auf dem Weg zur funktionalen Zweigliedrigkeit werden vor allem ein Wegfall der Wertberufung oder eine deutliche Anhebung der Wertgrenze und ein Ersatz der Zulassungsrevision durch eine Vorlagerevision diskutiert.

30 Aufgrund des in den letzten Jahren vom Gesetzgeber an den Tag gelegten außergewöhnlichen Reformeifers (*Barth* ZAP Fach 1, S. 3: »Gesetzgebung im Schweinsgalopp«) kann nicht ausgeschlossen werden, dass bei Erscheinen dieses Buches manches schon wieder überholt und »modernisiert« ist.

Der Anwalt muss sich diesbezüglich auf dem Laufenden halten und die einschlägigen Gesetze auch aus neuester Zeit kennen (Palandt/*Grüneberg* § 276 Rn. 41). Auch hat er sich aus allgemein zugänglichen Quellen über den näheren Inhalt und den Verfahrensstand von bevorstehenden Gesetzesänderungen zu informieren, die unter Umständen für das konkrete Mandat von Bedeutung sein können (BGH NJW 2004, 3487 – Steuerberater). Dabei sind bei jeder Gesetzesreform gerade die Übergangsvorschriften für den Praktiker von besonderer Bedeutung.

C. Der Anwalt im Zivilprozess

I. Anwaltliche Tätigkeit im Allgemeinen

31 Herkömmlich wird bei der anwaltlichen Tätigkeit zwischen der **außergerichtlichen**, der **vorgerichtlichen** und der **gerichtlichen** unterschieden.

Zur außergerichtlichen Tätigkeit gehören die Beratung des Mandanten und der Entwurf von Vertragserklärungen, die vorgerichtliche Tätigkeit umfasst die Interessenwahrnehmung des Mandaten Dritten gegenüber, die gerichtliche Tätigkeit das Auftreten vor Gericht (*Diercks/Lemke-Küch*, S. 39).

32 Für die vorliegende Darstellung ist eine Beschränkung allein auf die forensische Tätigkeit nicht möglich. Auch die Rechtsdurchsetzung vor Gericht muss mit der Beratung des Mandanten beginnen und – soweit erforderlich – vorgerichtliche Maßnahmen dem Gegner gegenüber umfassen.

II. Anwaltliche Taktik im Zivilprozess

1. Allgemeines

a) Taktik

33 Der aus dem griechischen »taktike« abgeleitete Begriff der »Taktik« bezeichnet ursprünglich die Kunst der Aufstellung des Heeres und findet auch heute noch primär für die Koordination zur Verfügung stehender **militärischer** Mittel in einem Gefecht nach Kraft, Raum und Zeit Verwendung. Jeder Truppenteil soll seinen besonderen Stärken entsprechend eingesetzt, für besondere Aufgaben das optimale Mittel ausgewählt werden. Durch das sinnvoll gesteuerte Zusammenspiel der einzelnen Teile wird eine über die bloße Summe der Einzelteile hinausgehende Stärke erreicht.

C. Der Anwalt im Zivilprozess

1. Kapitel

Taktische Überlegungen werden auch im **Sport** angestellt, wo sie die Aufgaben einzelner Spieler einer Mannschaft zum Zwecke des Spielgewinns festlegen (Fußball) oder Zwischenziele definieren (Schach). 34

Mit der Taktik werden kurzfristige, begrenzte Ziele verfolgt (Gefecht/Spiel). Sie ist insoweit meist eingebunden in die auf längere Zeiträume und umfassendere Ziele ausgerichtete **Strategie**, die im übergeordneten Interesse auch die Hinnahme taktischer Nachteile erlauben kann. 35

Der **Anwalt im Zivilprozess** führt weder Krieg noch betreibt er ein sportliches Spiel. Er hat die rechtlichen Interessen seines Mandanten in einem gerichtlichen Verfahren durchzusetzen. Er muss rechtzeitig alle für einen Prozesserfolg notwendigen Maßnahmen treffen, insbesondere erforderliche Sicherungsmaßnahmen einleiten, die notwendigen Anträge stellen, alle relevanten Angriffs- und Verteidigungsmittel geltend machen und die gebotenen rechtsgestaltenden Prozesserklärungen abgeben. Bei zweifelhafter Rechtslage muss er vorsorglich so handeln, wie es bei einer für seinen Mandanten ungünstigen Entscheidung zur Wahrung der Belange notwendig ist, von mehreren möglichen Handlungsalternativen hat er diejenige zu wählen, die für ihn mit höherer Wahrscheinlichkeit zum Erfolg führt (»Gebot des sichersten Wegs«). Macht der Anwalt dabei einen Fehler, verletzt er die ihm aus dem Mandatsverhältnis obliegenden Pflichten, macht er sich dem Mandanten gegenüber schadensersatzpflichtig (*Fahrendorf*/Mennemeyer/Terbille S. 180 ff.). 36

Auf die Führung eines **Prozesses** übertragen kann der Begriff der Taktik damit verstanden werden als die für die Erreichung des konkreten Verfahrensziels optimale individuelle Gestaltung des Verfahrens, den sachgerechten Einsatz der verschiedenen zur Verfügung stehenden prozessualen Handlungsalternativen, die sinnvolle Koordination erforderlicher Einzelmaßnahmen. Dabei muss eine Abgrenzung zur Strategie nicht erfolgen: Über den konkreten einzelnen Prozess hinaus muss der Anwalt regelmäßig nicht planen, auch die Taktik erlaubt die Hinnahme vorübergehender Nachteile (»Flucht in die Säumnis«). Erforderlich für ein sinnvolles taktisches Vorgehen ist nicht nur die umfassende Kenntnis aller gegebenen Möglichkeiten und die Fähigkeit, deren Vor- und Nachteile für den Einzelfall gegeneinander abzuwägen, sondern auch die Kompetenz, auf unerwarteten, zufällig oder durch ein Verhalten des Gegners eingetretenen Abweichungen vom erwarteten Prozessverlauf spontan und angemessen zu reagieren, eventuelle Fehler des Prozessgegners zu erkennen und hieraus nach Möglichkeit Vorteile zu ziehen. 37

Parteiherrschaft und Dispositionsmaxime weisen die Verantwortung für den Prozesserfolg den Parteien zu, schaffen ihnen aber auch enorme Spiel- und Gestaltungsräume und stellen ihnen damit eine Vielzahl taktischer Mittel zur Verfügung. Dies gilt trotz der längst eingetretenen Abkehr von der ursprünglich streng liberalen Prozessstruktur und einer Entwicklung hin zu einer stärkeren Mitverantwortung des Staates für die Verwirklichung privatrechtlicher Ansprüche auch heute noch (»sozialen Aufgabe des Zivilprozesses«, *Katzenmeier* JZ 2002, 536 f.). Richterliche Befugnisse etwa im Bereich des formellen Amtsbetriebs oder der materiellen Prozessleitungspflicht lassen Parteifreiheit und Parteiverantwortung im Grundsatz unverändert. 38

b) Taktik und Fehlervermeidung

Fehlerhaft handelt der Anwalt, wenn er eine ihm obliegende Pflicht verletzt. In diesem Fall macht er sich dem Mandanten gegenüber schadensersatzpflichtig (§ 280 BGB; Fahrendorf/*Mennemeyer*/ Terbille S. 1 ff.). Unzureichende taktische Überlegungen stellen den Prozesserfolg infrage, können bis hin zu einem Verlust des Prozesses führen, stellen – weil der Anwalt einen Erfolg nicht schuldet – regelmäßig aber keine haftungsauslösende Pflichtverletzung dar. Taktisch richtiges Verhalten ist damit mehr als die bloße Fehlervermeidung, setzt diese aber notwendig voraus. Dass der Anwalt seine Pflichten erfüllt, muss als Minimalanforderung verstanden werden und stellt die Grundlage dafür dar, im Rahmen »richtiger« (fehlerfreier) Prozessführung die beste der richtigen Alternativen zu wählen. Wie im Eislaufsport muss auch hier die Absolvierung der grundlegenden Pflichtaufgaben der Erbringung von Höchstleistungen in der Kür vorangehen. 39

Auch gut gemeinte und im Interesse des Mandanten vorgenommene taktische Maßnahmen können sich als Pflichtverletzung darstellen und eine Schadensersatzpflicht auslösen.

40 ▶ **Beispiel:**

Pflichtwidrig handelt ein Anwalt, der seine Mandantin, eine GmbH, zur Abtretung der Forderung und zur klageweisen Geltendmachung durch die Zessionarin bewegt, um den Geschäftsführer als Zeugen zu gewinnen, obwohl der Vertrag mit dem Schuldner ein Abtretungsverbot enthält (BGH MDR 2003, 929).

Haftungsträchtig sind dabei insbesondere Änderungen des Gesetzes oder der Rechtsprechung, die nicht schnell genug berücksichtigt werden. Der Anwalt ist daher »gut beraten, auch und gerade prozesstaktische Fragen ernst zu nehmen und sich nicht nur im materiellen Recht fortzubilden« (*Braunschneider* ProzRB 2003, 258 – Urteilsanmerkung).

41 Allerdings lassen sich Fehlervermeidung und Taktik nicht immer klar voneinander trennen (*Seyfarth* AnwBl 2013, 29). Ob ein prozessuales Vorgehen alternativlos und damit ohnehin geboten war oder ob weitere Möglichkeiten zum gleichen Ziel hätten führen können, stellt sich bei einer ex-post-Betrachtung im Regressprozess oft anders dar, als zum Zeitpunkt der Vornahme der Handlung. Auch kann ein einmal beschrittener taktischer Weg zusätzliche Pflichten und damit zusätzliche Haftungsrisiken des Anwalts begründen.

42 ▶ **Beispiel:**

Das Nichtstellen eines Antrags in der mündlichen Verhandlung zur Vermeidung einer ansonsten drohenden nachteiligen Sachentscheidung des Gerichts und das bewusste Hinnehmen des dann ergehenden Versäumnisurteils (»Flucht in die Säumnis«, § 333 ZPO) ist eine taktische Maßnahme, deren Nichtnutzung keinen Fehler darstellt. Hat der Rechtsanwalt diese Möglichkeit aber genutzt, stellt es – anders als in anderen Fällen des Versäumnisurteils – eine Pflichtverletzung dar, wenn nachfolgend nicht Einspruch gegen das Versäumnisurteil eingelegt wird (BGH NJW 2002, 290).

c) Taktische Fouls

43 Prozesstaktik hat nichts damit zu tun, »unfaire« Mittel anzuwenden, den Gegner »über den Tisch zu ziehen« oder ihn in irgendeiner Form sonst zu übervorteilen. Das dahin gehende Missverständnis – auch durch handelnde Rechtsanwälte selbst – hat der Taktik einen anrüchigen Beigeschmack verschafft. Ein erkennbar allein taktisch motiviertes Ausnutzen formaler Rechtspositionen kann beim Gegner und beim Gericht Unwillen und Reaktionen auslösen, die die eigene Position eher schwächen (Baumbach/*Hartmann* Einl. III Rn. 30). Ein taktisches Foul führt nicht nur im Sport, sondern auch im Zivilprozess schnell zu Nach- statt zu Vorteilen.

Auch heute noch kann der Ruch des »Winkeladvokaten« die Position des Anwalts entscheidend schwächen (*Rinsche*, Prozeßtaktik S. VI), wobei »ein guter Ruf schnell verscherzt und nur mühsam wiederzuerlangen ist« (*Meyke* Rn. 10).

Mit entsprechenden Vorurteilen mussten Anwälte sich schon früh auseinandersetzen. So wird in der Kabinettsorder des Preußischen Königs vom 15.12.1726 verkündet: »Wir ordnen und befehlen hiermit allen Ernstes, dass die Advocati wollene schwarze Mäntel, welche bis unter das Knie gehen, unserer Verordnung gemäß zu tragen haben, damit man diese Spitzbuben schon von weitem erkennt.« (*Riemer* DRiZ 1995, 482).

44 ▶ **Beispiele:**

Schadensersatzpflichtig macht sich ein Anwalt, der das Schenkungsversprechen seines Mandanten bewusst formunwirksam abfasst, um diesem die Rückforderung vorzubehalten oder um eine Belehrung des Gegners durch einen Notar zu verhindern (BGH VersR 1975, 940).

Der Anwalt, der eine Tatsache ohne Rücksprache mit seinem Mandanten »vorsorglich« bestreitet, wird mit dieser »Behauptung ins Blaue hinein« nicht gehört.

> Die Partei, die dem Gegner eine Beweisführung vereitelt, muss hinnehmen, dass das Gericht die Tatsache auch ohne Beweisaufnahme als erwiesen ansieht.
>
> Den Empfang einer gerichtlichen Mitteilung nicht oder mit einem falschen Datum zu bestätigen, hält sich sicher im Rahmen der tatsächlichen Möglichkeiten eines Rechtsanwalts, desavouiert ihn aber schnell dem Gericht und Kollegen gegenüber und kann zum Wegfall der Privilegierung einer Zustellung gegen Empfangsbekenntnis führen.

Bedacht werden sollten deswegen immer auch die Wirkungen taktischen Handelns auf den eigenen Mandanten, den Gegner, dessen Prozessbevollmächtigten und – vor allem – das Gericht. **45**

> »Es wäre lohnend, wenn das Thema ›Prozesstaktik‹ auch aus richterlicher Sicht dargestellt würde (...). Im Rahmen des prozessual Erlaubten kann sich vermeintliche »Prozesstaktik« auch als ›Schuss nach hinten‹ auswirken. Erfolgreiche Prozesstaktik muss letztlich das Wollen und Handeln des Richters mitberücksichtigen. Sie muss deshalb – vor allem im Interesse des eigenen Mandanten – mit der ›Prozesspsychologie‹ harmonieren. Ihre Reduktion ausschließlich auf die Eigeninteressen kann das Gegenteil dessen bewirken, was erstrebt wird« (*E. Schneider* MDR 1987, 725).

Taktisches Handeln muss sich ausnahmslos in den durch die Rechtsordnung gezogenen **Grenzen** halten. Dazu gehören die prozessuale Wahrheitspflicht (§ 138 Abs. 1 ZPO) genauso, wie die Prozessförderungspflicht (§ 282 BGB) und der Grundsatz von Treu und Glauben (§ 242 BGB). (Nur) In diesem Rahmen ist eine geschickte Handhabung der Prozessordnung und das Ausschöpfen aller Möglichkeiten der ZPO prinzipiell zulässig (BVerfGE 54, 117, 127). **46**

> Auch wenn im Zivilprozess nach verbreiteter Ansicht häufig gelogen wird, weil das Entdeckungsrisiko gering ist und ernsthafte Sanktionen nicht zu befürchten sind, ist der bewusst wahrheitswidrige Vortrag (sowohl die Behauptung als auch das Bestreiten) eine Lüge und läuft Gefahr, als Prozessbetrug gewertet zu werden. Dies gilt indes nur im Anwendungsbereich des § 138 Abs. 1 ZPO. Dieser ist auf Erklärungen über tatsächliche Umstände beschränkt und verlangt nicht den Vortrag objektiv wahrer Tatsachen, sondern verbietet den Vortrag wissentlich unwahrer Tatsachen. Vermutete oder auch nur für möglich gehaltene Tatsachen dürfen genauso behauptet werden, wie (hilfsweise) sich widersprechende Tatsachen. Die Notwendigkeit vollständigen Vortrags beinhaltet nicht die Verpflichtung zum Vortrag von Tatsachen, die eine dem Gegner günstige Rechtsfolge auslösen. Der Anwalt darf sich die Darstellung seines Mandanten auch bei Zweifeln an der Richtigkeit zu eigen machen, sofern er sie nicht als unwahr erkannt hat (Zöller/*Greger* § 138 Rn. 6). Er braucht zur Klärung des Sachverhalts keine eigenen Nachforschungen anzustellen und darf den tatsächlichen Angaben des Mandanten vertrauen, solange er deren Unrichtigkeit nicht kennt oder kennen muss (BGH NJW 1998, 2048). Die Wahrheitspflicht erstreckt auch nicht auf Rechtsfragen. Sie verbietet es dem Anwalt damit nicht, gegen die herrschende Meinung zu argumentieren oder sogar unzutreffende Rechtsauffassungen zu vertreten, sofern er nicht den Inhalt von Urteilen oder Literaturstellen bewusst falsch vorträgt (unten Rdn. 839).

Im Übrigen ist eine geschickte Handhabung der Prozessordnung und das **Ausschöpfen** aller zustehender Rechte nach der ZPO prinzipiell zulässig (LG Köln VersR 1983, 404). **47**

> »Die Prozeßförderungspflicht der Parteien zwingt nicht zum Verzicht auf jegliche Prozeßtaktik; unterbunden werden soll lediglich ein Prozeßverhalten, das vornehmlich der Verzögerung und Verschleppung dient.« (BVerfGE 54, 117, 127).

Weder gesetzwidrig noch unfair ist es auch, die eigenen Absichten nicht vorschnell zu offenbaren, taktisches Handeln erst dann erkennbar werden zu lassen, wenn es prozessual geboten ist. Ob und wie der Gegner hierauf reagieren kann, richtet sich allein nach den (vom Gericht zu beachtenden) Regeln über die Gewährung rechtlichen Gehörs, muss in die eigenen Überlegungen nicht einbezogen werden. Vielfach ist es gerade der **Überraschungseffekt**, der den Erfolg bringt und der deswegen als Teil der eigenen Möglichkeiten bewusst in die taktischen Überlegungen einbezogen werden sollte. **48**

d) Taktik und Prozessziel

49 Taktisches Handeln muss sich an dem Begehr des Mandanten orientieren. Anwaltliche Tätigkeit ist weder Selbstzweck noch objektiv/abstrakt bestimmt, sondern ausgerichtet am subjektiven Interesse des Mandanten. Regelmäßig kann dieses Begehr formell mit dem angestrebten **Prozessziel** gleichgesetzt werden. Die Partei will im Erkenntnisverfahren obsiegen: Der Kläger begehrt die Stattgabe, der Beklagte die Abweisung der Klage.

50 Entscheidend ist dabei der endgültige Erfolg am Ende des Prozesses. Auf dem Weg dahin können vorübergehende Nachteile in Kauf genommen werden. So gesehen, ist auch eine anwaltliche Strategie möglich.

51 ▶ Beispiel:

Die Flucht in die Säumnis bringt zunächst Nachteile, verschafft aber die ansonsten nicht gegebene Möglichkeit zu weiterem Tatsachenvortrag mit dem Einspruch.

52 Manchmal kann das materielle Begehr des Mandanten besser durch einen anderen Prozess erreicht werden. Dann kann es zur Taktik gehören, den anhängigen Rechtsstreit bewusst zu opfern.

53 ▶ Beispiel:

Als zulässige Prozesstaktik ist es anzusehen, wenn eine bereits anhängige Scheidungsklage zurückgenommen und unmittelbar neu eingereicht wird, um mit der neuen Anhängigkeit einen günstigeren Zeitpunkt für die materielle Berechnung de Zugewinnausgleichs zu erhalten (BGH NJW 1979, 2099).

54 Neben dem aus dem Begehr folgenden Hauptziel kann es **Nebenziele** geben. Hierzu gehört es für beide Parteien, im Fall eines Unterliegens zumindest die durch das Verfahren anfallenden Kosten zu minimieren. Dies kann es rechtfertigen, kostenrelevante Prozesshandlungen erst in einem späteren Prozessstadium geltend zu machen (Erweiterung einer Teilklage nach erfolgreicher Beweisaufnahme) oder einem nicht abzuwendenden Unterliegen zuvorzukommen (Klagerücknahme, sofortiges Anerkenntnis). Eventuelles Nebenziel kann auch eine Verbesserung der eigenen Rechtsstellung für die Zwangsvollstreckung oder einen Folgeprozess (Regress) sein.

▶ Beispiel:

So kann es dem Kläger neben der Durchsetzung seines Schadensersatzanspruchs zusätzlich darum gehen, festzustellen, dass dieser auf einer deliktischen Handlung des Beklagten beruht, weil Forderungen aus vorsätzlich unerlaubter Handlung von der Bewilligung einer etwaigen Restschuldbefreiung nicht erfasst werden (§ 302 Nr. 1 InsO) und nach Abschluss des Insolvenzverfahrens für sie das Vollstreckungsprivileg des § 850f Abs. 2 ZPO gilt (BGH NJW 2010, 2210).

55 **Kein** zulässiges Prozessziel sind hingegen eigene Interessen des Rechtsanwalts. Dazu gehören wirtschaftliche Interessen (Gebührenmaximierung) genauso, wie wissenschaftliche oder soziale Interessen (standesrechtliche Rücksichtnahme auf Kollegen oder Gericht).

Dies versteht sich schon aus dem Gedanken heraus von selbst, dass der Prozess der Verwirklichung der Interessen des Mandanten dient, nicht den Interessen des Rechtsanwalts. Im Interesse des Mandanten kann es auch nicht liegen, möglichst hohe Kosten zu verursachen, die im Fall seines Obsiegens vom Gegner zu tragen sind. Erweist sich der Gegner als mittellos oder erscheint eine etwaige Vollstreckung aus sonstigen Gründen aussichtslos, bleibt die obsiegende Partei »auf den Kosten sitzen«. Insoweit kann ein »Gebührenschinden« durch den Anwalt auch zu einer Haftung gegenüber dem eigenen Mandanten führen. Ein ausschließlich auf die Gebührenmaximierung ausgerichtetes Vorgehen wäre damit für den Anwalt wirtschaftlich nur vordergründig vorteilhaft.

Beziehungen des Anwalts zu Kollegen (und zum Gericht) müssen den Interessen des Mandanten untergeordnet werden. Dies gilt für Verhaltensregeln des anwaltlichen Standesrechts und erst recht für die rechtlich nicht geregelte bloße Solidarität mit Kollegen (anders *E. Schneider* ZAP-Kolumne »Einigkeit macht stark!«,

ZAP 2003, 273, der für Solidarität der Anwälte gegenüber dem Gericht insbesondere bei richterlichem Fehlverhalten plädiert). In der Praxis lassen sich solche Konflikte häufig dadurch lösen, dass zu prozessualen, den Gegner betreffenden Fragen – ausdrücklich oder konkludent – keine Stellung genommen und die Konfliktlösung dem Gericht überlassen wird.

Kein eigenständiges Prozessziel sollte es auch sein, den Mandanten zu beeindrucken. 56

Nicht statthaft ist dabei aber nur theatralisches Auftreten um seiner selbst willen, ohne dass damit objektiv tatsächlich Vorteile für den Mandanten verbunden sind. Gelingt es, den Gegner und/oder das Gericht zu beeindrucken und verbessert dies die tatsächliche oder rechtliche Situation der Partei, ist dagegen nichts einzuwenden.

Nicht unzulässig ist es auch, dem Mandanten zu verdeutlichen, wie weit das eigene Engagement für ihn geht, dass man bereit ist, sich über das vertraglich gebotene Maß hinaus für ihn einzusetzen.

Beeindruckt werden kann der Mandant aber nicht nur durch ein besonders forsches, aggressives Vorgehen. Die meisten Mandanten honorieren eine nachhaltige Herstellung sozialen Friedens und die sichere Vermeidung künftiger Konflikte mindestens ebenso. Dazu kann es sinnvoll sein, dem Mandanten deutlich zu machen, dass die Verfolgung seiner Rechte in der gebotenen Form seine Interessen an anderer Stelle beeinträchtigen kann.

Nur ein aufgrund eines gewonnenen Rechtsstreits zufriedener Mandant kann – entgegen der durch eine Handelsblatt-Umfrage im Jahr 2002 bei deutschen Unternehmen festgestellten steigenden Bereitschaft von Mandanten, den Anwalt zu wechseln (*Tödtmann*, Anwalt 5/2003 S. 18) – langfristig an die Kanzlei gebunden werden (*Steinbrück* NJW 1997, 1266), wobei er häufig nicht nur eigene neue Mandate bringt, sondern auch fremde Mandanten. So hat eine Untersuchung des INFAS-Instituts sowie eine ergänzende Auswertung des Instituts für Freie Berufe in Nürnberg ergeben, dass die Hälfte der Mandanten durch Mundpropaganda den Weg zum Anwalt findet (Süddeutsche Zeitung vom 12.01.1999). Trotz erweiterter Werbemöglichkeiten der Anwälte dürfte die Mund-zu-Mund-Propaganda immer noch deren wichtigste Marketingmaßnahme sein.

e) Taktik und Beratung

Die Entscheidung für oder gegen taktische Entscheidungen hat grundsätzlich nicht der Anwalt, sondern der **Mandant** zu treffen. Der Mandant muss dazu über die in Betracht kommenden Möglichkeiten und ihre Vor- und Nachteile so informiert und beraten werden, dass er den für ihn richtigen Weg auswählen kann. 57

»Die Beklagten (Rechtsanwälte) hatten dem Kläger (Mandanten) eine eigene Entscheidung in Kenntnis aller rechtlichen Umstände von Belang zu ermöglichen, nicht jedoch eine solche Entscheidung abzunehmen.« (BGH Beschluss vom 08.10.2009 - IX ZR 235/06).

»In den Grenzen des Mandates hat er (der Rechtsanwalt) dem Mandanten diejenigen Schritte anzuraten, die zu dem erstrebten Ziele zu führen geeignet sind, und Nachteile für den Mandanten zu verhindern, soweit solche voraussehbar und vermeidbar sind. Dazu hat er dem Auftraggeber den sichersten und gefahrlosesten Weg vorzuschlagen und ihn über mögliche Risiken aufzuklären, damit der Mandant zu einer sachgerechten Entscheidung in der Lage ist ... Ziel der anwaltlichen Beratung ist es, dem Mandanten eigenverantwortliche, sachgerechte (Grund-)Entscheidungen (»Weichenstellungen«) in seiner Rechtsangelegenheit zu ermöglichen. Dazu muss sich der Anwalt über die Sach- und Rechtslage klar werden und diese dem Auftraggeber verständlich darstellen. Der Mandant benötigt, insbesondere wenn er juristischer Laie ist, nicht unbedingt eine vollständige rechtliche Analyse, sondern allein die Hinweise, die ihm im Hinblick auf die aktuelle Situation und sein konkretes Anliegen die notwendigen Entscheidungsgrundlagen liefern. Erscheint unter mehreren rechtlichen Alternativen die eine deutlich vorteilhafter als die andere, hat der Anwalt darauf hinzuweisen und eine entsprechende Empfehlung zu erteilen ... Die Erklärungen des rechtlichen Beraters müssen ... dem Mandanten, der verlässlich über bestimmte Rechtsfolgen unterrichtet werden will, um darauf seine Entscheidung gründen zu können, eine annähernd zutreffende Vorstellung von den Handlungsmöglichkeiten und deren Vor- und Nachteilen vermitteln ... Allerdings kann nach Art und Umfang des Mandats eine eingeschränkte Belehrung ausreichend sein, etwa bei besonderer Eilbedürftigkeit oder bei einem Aufwand, der außer Verhältnis zum Streitgegenstand steht. Eine in jeder Hinsicht lückenlose Aufklärung über alle rechtlichen Zusammenhänge und Folgen trägt vor allem bei schwieriger Sach- und Rechtslage die Gefahr in sich, den Mandanten zu überfordern und ihm so den Blick für die Entscheidung wichtiger Gesichtspunkte zu verstellen. Das würde dem Sinn und Zweck der geschuldeten Beratung zuwiderlaufen. Der Rechtsanwalt hat dem Auftraggeber daher nur die Hinweise zu erteilen, die ihm die für seine Entscheidung notwendigen Informationen liefern. Inhalt und Umfang der vom Rechtsanwalt zu leistenden Aufklärung haben sich dabei immer nach den für ihn erkennbaren Interessen des Mandanten zu richten ... (BGH NJW 2008, 2041).

58 Bestehen Handlungsalternativen, »müssen deren jeweilige Rechtsfolgen miteinander und mit den Handlungszielen ... (scil. des Mandanten) verglichen werden«, andernfalls liegt keine pflichtgemäße Beratung vor (BGH a. a. O.). Nur dort, wo das taktische Mittel konkurrenzlos oder eindeutig sicherer als jede andere Alternative ist, darf der Anwalt es souverän und ohne Rücksprache mit dem Mandanten anwenden. Wann eine ansonsten gebotene Beratung und Entscheidung durch den Mandanten unterbleiben kann, weil sie den Mandanten (sei es wegen mangelnder Verständnisfähigkeit des Mandanten, sei es wegen der Komplexität des beabsichtigten Vorgehens) überfordern würde, ist pauschal nicht zu beantworten.

> Hier liegt ein kaum zu vermeidendes Haftungsrisiko des Anwalts. Ist das von ihm gewählte taktische Vorgehen nicht erfolgreich, besteht immer die Gefahr, vom Mandanten hieraus in Regress genommen zu werden. Wie das Gericht im Regressprozess ex post die Beratungsmöglichkeit und -erforderlichkeit beurteilen wird, ist dabei kaum zu prognostizieren. Im eigenen Interesse des Anwalts muss es deswegen liegen, den Mandanten grundsätzlich in taktische Überlegungen einzubeziehen.

59 Eine weitere Ausnahme von der Beratungspflicht des Anwalts sieht der BGH, wenn der »Aufwand, außer Verhältnis zum Streitgegenstand steht«. *Römermann* (NJW 2007, 2490) macht zu Recht darauf aufmerksam, dass bei geringen Streitwerten »trotz des im RVG angelegten Systems der 'Quersubventionierung' der niedrigen gesetzlichen Vergütung insoweit Rechnung zu tragen sein könnte, als von einem Rechtsanwalt kein Aufwand verlangt werden kann, der ganz außer Verhältnis zum Streitgegenstand – und damit regelmäßig auch zur anwaltlichen Vergütung – steht.«

f) Taktik und Gebot des sichersten Wegs

60 Führen mehrere Wege nach Rom (zu dem vom Mandanten erstrebten Rechtsschutzziel), hat der Anwalt nicht den schnellsten oder kostengünstigsten oder sonst wie zweckmäßigsten Weg anzuraten, sondern denjenigen, der die wenigsten rechtlichen Risiken für die erfolgreiche Durchführung des Auftrages aufweist. Dieses Prinzip des »rechtlich sichersten Weges« kann mit taktischen Überlegungen **kollidieren**. Manchmal sind Handlungsalternativen mit zusätzlichen Risiken verbunden. Während früher vereinzelt vertreten wurde, dem Anwalt sei dabei ein erheblicher eigener Entscheidungsspielraum eröffnet,

> »Ein Anwalt darf sich Zweckmäßigkeitserwägungen nicht verschließen und kann oder muss sogar bisweilen Wege beschreiten, die rechtlich nicht abgesichert oder sogar nicht einmal haltbar sind.« (BGH VersR 1975, 540, 541),

geht die neuere Rechtsprechung davon aus, dass es regelmäßig dem Mandanten vorbehalten bleiben muss, Chancen und Risiken verschiedener Vorgehensweisen gegeneinander abzuwägen (dazu oben Rdn. 57 ff.).

> »Ein Rechtsanwalt ist kraft des Anwaltsvertrages verpflichtet, die Interessen seines Auftraggebers in den Grenzen des erteilten Mandats nach jeder Richtung umfassend wahrzunehmen. Er hat, wenn mehrere Maßnahmen in Betracht kommen, diejenige zu treffen, die die sicherste und gefahrloseste ist, und wenn mehrere Wege möglich sind, um den erstrebten Erfolg zu erreichen, den zu wählen, auf dem dieser am sichersten erreichbar ist. Gibt die rechtliche Beurteilung zu begründeten Zweifeln Anlass, so muss er auch die Möglichkeit in Betracht ziehen, dass sich die zur Entscheidung berufene Stelle der seinem Auftraggeber ungünstigeren Beurteilung der Rechtlage anschließt.« (BGH NJW 2006, 3494, 3495).

61 Gibt es nur eine Möglichkeit, das Ziel sicher zu erreichen, so muss diese genutzt werden. In diesen Fällen spricht der BGH vom »**Gebot des sichersten Wegs**«. Praktisch ist dies vor allem, wenn es um die Wahrung von Fristen geht. Bestehen Zweifel über deren Dauer, muss sicherheitshalber die

kürzere Frist gewahrt werden (BGH NJW 2008, 1235; BGH VersR 1967, 704; OLG München VersR 1971, 526).

Häufiger bestehen in der Praxis mehrere Alternativen, bieten sich verschiedene Möglichkeiten des Vorgehens, mit denen das erstrebte Ziel mit einem gewissen Wahrscheinlichkeitsgrad erreicht werden kann. Hier postuliert der BGH das »**Gebot des relativ sichersten Wegs**«. Der relativ sicherste Weg ist dabei derjenige, der die größte Wahrscheinlichkeit dafür bietet, dass die Rechtsverfolgung Erfolg hat (BGH NJW 2009, 2949; BGH NJW 2000, 3560, 3561; *Fahrendorf*/Mennemeyer/Terbille S. 180 ff.). 62

Der rechtlich sicherste Weg wird häufig der aufwendigere, anspruchsvollere, kompliziertere sein! Aus der Sicht des Anwalts ist nicht der schnellste, kostengünstigste (insoweit a. A. *Slobodenjuk* NJW 2006, 116) oder sonst wie zweckmäßigste Weg anzuraten, sondern derjenige, der die wenigsten rechtlichen Risiken für die erfolgreiche Durchführung des Auftrages aufweist (BGH NJW 2000, 730; *Slobodenjuk* NJW 2006, 116; missverständlich sprechen *Wagner/Hansen* 2005, 96 von der »Verpflichtung zum ›einfachsten‹ Weg«). 63

Setzt der Mandant seine **Prioritäten** anders, ist er im Kosten- oder Beschleunigungsinteresse bereit, ein Erfolgsrisiko hinzunehmen, kann er für einen späteren Misserfolg den Anwalt nur dann nicht verantwortlich machen, wenn dieser ihn zuvor auf die verschiedenen Alternativen und das mit ihnen verbundene Risiko hingewiesen und ihm eine autonome Entscheidung überlassen hat. Im eigenen Interesse des Anwalts liegt es, eine solche, auf das Verlassen des sichersten Wegs gerichtete Mandantenweisung eindeutig zu dokumentieren. 64

▶ Beispiel: 65

Praktisch werden solche Zielkonflikte schon im Beratungsstadium, wenn taktische Überlegungen angestellt werden. Ob der Anwalt z. B. dem Mandanten zur Vermeidung von Kosten eine Teilklage anrät oder nicht, damit aber jedenfalls hinsichtlich der Anspruchshöhe nur beschränkte Rechtskraft erzielt, die Verjährung des Restanspruches und zudem eine negative Feststellungswiderklage über den ganzen Anspruch riskiert, ist eine Frage der Bewertung der speziellen Interessen des Mandanten und der konkreten Situation – einschließlich der Einschätzung der wahrscheinlichen Reaktion der Gegenseite – und daher allgemeinen Ratschlägen nicht zugänglich. Dasselbe gilt für die Frage, ob der Anwalt z. B. erst einmal Eilrechtsbehelfe (Arrest, Einstweilige Verfügung) anraten sollte, oder ob er sogleich eine ordentliche Klage vorschlagen sollte. Im Zweifel sollte der Anwalt alle in Betracht kommenden Möglichkeiten vorstellen und den Mandanten in die Entscheidung einbinden.

Entgegen einer in der Literatur vertretenen Auffassung trifft den Anwalt bei der Abwägung der mit einzelnen Handlungsalternativen verbundenen Risiken keine »Garantie-« oder »Gefährdungshaftung« (*Slobodenjuk* NJW 2006, 116, 117). Ist das Rechtsschutzziel auf dem vom Anwalt gewählten Weg nicht erreicht worden, begründet dies eine Anwaltshaftung nur unter den Voraussetzungen des § 276 BGB, d.h bei Verschulden: Maßstab für eine korrekte Anwaltsdienstleistung sind die berufstypischen Anforderungen (»Standards«) an einen durchschnittlich sorgfältig handelnden, erfahrenen deutschen Rechtsanwalt (*Fahrendorf* 2006, 1912; BGH NJW 2002, 1117, 1118). Nur wenn für diesen von Anfang an absehbar war, dass der eingeschlagene Weg nicht der sicherste war, kommt eine Haftung in Betracht. 66

g) Taktik und anwaltliche Ethik

Auch und gerade nach dem Wegfall der anwaltlichen Standesregeln stellt sich der Anwaltschaft die Frage nach ihrem Ethos und damit den Schranken eigener Handlungsmöglichkeiten im Prozess. Ist der Anwalt dem vom Mandanten vorformulierten Ziel schrankenlos verpflichtet (Rechtsanwalts als »Mietmaul« seines Mandanten) oder hat er als **Organ der Rechtspflege** ein hiervon zumindest teilweise unabhängige Aufgabe (Rechtsanwalt als »Richter« seines Mandanten)? 67

68 Für Strafverteidiger sind diese Fragen bereits Gegenstand höchstrichterlicher Rechtsprechung. Hier hat die absolute Verfolgung von Mandanteninteressen in Form der sog. **konfrontativen** Verteidigung zu heftiger Kritik des BGH geführt.

> »Die Möglichkeiten der Strafjustiz müssen aber auf Dauer an ihre Grenzen stoßen, wenn die Verteidigung im Strafverfahren, wie der Senat zunehmend beobachtet, zwar formal korrekt und im Rahmen des Standesrechts geführt wird, sich aber dem traditionellen Stil des Strafprozesses, der Wahrheitsfindung in einem prozessordnungsgemäßen Verfahren, nicht mehr verpflichtet fühlt und die weiten und äußersten Möglichkeiten der Strafprozessordnung in einer Weise nutzt, die mit der Wahrnehmung ihrer Aufgabe, den Angeklagten vor einem materiellen Fehlurteil oder (auch nur) einem prozessordnungswidrigen Verfahren zu schützen, nicht mehr zu erklären ist.« (NStZ 2005, 341 mit Anm. Müller NJW 2009, 3745)

> Die konfrontative Verteidigung führt »zu einer schwerwiegenden Belastung des Strafprozesses insgesamt, zu Forderungen rechtspolitischer Gegenmaßnahmen und zu einer Veränderung der Prozesskultur, welche den Interessen der Beschuldigten nicht nützt, sondern entgegenwirkt.« (BGH NStZ-RR 2009, 207).

69 Der BGH hat es nicht bei der bloß verbalen Kritik entsprechenden anwaltlichen Verhaltens belassen, sondern hieraus auch praktische Konsequenzen gezogen. So wurde die bis zum Jahr 2007 praktizierte Rechtsprechung zur »Rügeverkümmerung« (Keine Berichtigung des Hauptverhandlungsprotokolls mehr, wenn dadurch einer bereits erhobenen Revisionsrüge der Boden entzogen würde) aufgegeben, weil der BGH unterstellte, dass ein Verteidiger einen tatsächlich nicht vorliegenden Verfahrensfehler mit einem bloß formalen Protokollierungsfehler begründen wollte (hier: Nichtprotokollierung der Verlesung der Anklageschrift).

> »Die veränderte Einstellung auf Seiten der Strafverteidiger hat verdeutlicht, dass sich die mit der Rechtsprechung verknüpfte Hoffnung nicht erfüllt hat, auf diese Weise – insbesondere durch den Appell an das Gewissen des die Revision begründenden Verteidigers – bewusst unwahre Verfahrensrügen zu verhindern. ... Die Änderung des anwaltlichen Ethos ist ein weiteres Argument für die Änderung der Rechtsprechung.« BGH NJW 2007, 2419.

70 Ist der Anwalt im Zivilprozess verpflichtet auch der von ihm als sicher unbegründet erkannten Klage zum Erfolg zu verhelfen? Darf der Anwalt die Abweisung einer Klage mit allen Mitteln auch dort anstreben, wo er vom Bestehen des Anspruchs überzeugt ist? Ist Aufgabe des Anwalts die Gewährleistung eines einwandfreien Verfahrens und die Wahrung materieller und prozessualer Rechte des Mandanten oder ist er als Organ der Rechtspflege einem materiell gerechten Ergebnis verpflichtet?

71 Auch solche Fragen steuern taktische Überlegungen, können und sollen aber ob ihrer grundsätzlichen Bedeutung in der vorliegenden, praktisch orientierten Darstellung unerörtert bleiben.

h) Richterliche Taktik

72 Taktisches Verhalten ist im Zivilprozess nicht auf die Anwälte beschränkt, sondern kommt auch aufseiten des Gerichts vor. Dem Richter ist nicht am Obliegen (irgend-) einer Partei gelegen. Seine Prozessziele sind davon unabhängig und unterscheiden sich damit wesentlich von denen des Anwalts.

– Der Richter ist daran interessiert, das Verfahren **prozessordnungsgemäß** zu betreiben und es **zügig** zu einem Ende zu bringen.

> In Anbetracht der Beschleunigungsmaxime des Zivilprozesses liegt hierin kein Widerspruch. Der Richter ist kraft Gesetzes verpflichtet, den Prozess zügig zu betreiben und alsbald einer Entscheidung zuzuführen. § 272 Abs. 1 ZPO verpflichtet das Gericht, den Rechtsstreit in einem umfassend vorbereiteten Termin zur mündlichen Verhandlung zu erledigen. Dieses Gebot zur Verfahrensbeschleunigung wird in zahlreichen weiteren Vorschriften konkretisiert (z. B. §§ 216 II, 271 I, 272 III, 279 I, II, 301 I, 541 ZPO). Sachlich hat das Gericht im Rahmen der von den Parteien gestellten Anträge (§ 308 Abs. 1 ZPO) unter Berücksichtigung des gesamten Inhalts der Verhandlungen und des Ergebnisses einer etwaigen Beweisaufnahme nach freier Überzeugung zu entscheiden (§ 286 Abs. 1 ZPO).

> Das Interesse an einer möglichst raschen Entscheidung ist aber auch ein ureigenes des Richters selbst. Die Gerichtsorganisation weist ihm pro Jahr eine bestimmte Zahl von Fällen zu. Soll das Auflaufen großer Rückstände verhindert werden, muss die Zahl der Erledigungen der der Eingänge entsprechen.

Der Richter wird sich deswegen jeder Verfahrensgestaltung widersetzen, die den Prozess länger dauern lässt. Dies gilt schon für Terminsverlegungen, Fristverlängerungen und Schriftsatznachlässe, erst recht aber für nachträglich vorgetragene Angriffs- und Verteidigungsmittel, Streitgegenstandsänderungen oder -erweiterungen.

– Der Richter ist ferner daran interessiert, das Verfahren **richtig** und materiell **gerecht** zu entscheiden.

Richtig in diesem Sinne ist die Entscheidung, die unter Zugrundelegung des zu berücksichtigenden Parteivortrags und in Anwendung der einschlägigen Rechtsnormen ergeht. Gerecht ist die Entscheidung, wenn sie einen angemessenen, unparteilichen und allgemein akzeptablen Ausgleich der Interessen und der Verteilung von Gütern und Chancen zwischen den Beteiligten erreicht. Lässt das Gesetz einen Handlungs- oder Ermessensspielraum, wird der Richter diesen nutzen, um seine subjektive Gerechtigkeitsvorstellung zu verwirklichen.

Solche Spielräume hat der Richter vor allem im Rahmen der materiellen Prozessleitungspflicht (Hinweispflicht, § 139 ZPO).

Welches der beiden Ziele im **Kollisionsfall** vorrangig ist, ist Frage der individuellen Richterpersönlichkeit und des Einzelfalles. 73

Kein statthaftes richterliches Prozessziel (praktisch aber dennoch immer wieder anzutreffen) ist die Erleichterung der eigenen Arbeit. 74

Eine solche kann erreicht werden durch eine Beschneidung der prozessualen Rechte der Parteien. Dazu werden materielle oder prozessuale Normen bis an die Grenze des Vertretbaren zum Nachteil der Parteien ausgelegt. Beispiele dafür dürften jedem Anwalt aus seiner täglichen Arbeit zur Genüge bekannt sein (*E. Schneider* MDR 1997, 905: »Der Entlastungs-Trend«; ders. zahlreiche Beispiele im ZAP-Justizspiegel; Zöller/*Vollkommer* Einl. Rn. 96). Hierher gehören die unberechtigte Verneinung der eigenen Zuständigkeit und anderer Zulässigkeitsvoraussetzungen oder überhöhte Anforderungen an die Substantiierung des Parteivortrags bzw. die Voraussetzungen streitgegenstandsändernder oder -erweiternder Prozesshandlungen (Widerklage, Aufrechnung).

Eine Erleichterung der richterlichen Arbeit wird häufig auch durch den Wegfall der Notwendigkeit der Abfassung eines Urteils angestrebt. Alternative Verfahrensbeendigungsformen wie Vergleich, Rücknahme oder Anerkenntnis erfordern einen deutlich geringeren Aufwand. Die Grenze zwischen der vom Gesetz geforderten und im Interesse der Parteien liegenden Bemühung um eine gütliche Beilegung des Rechtsstreits und dem unangebrachten Druck auf die Parteien ist fließend und wird nicht immer korrekt gezogen.

Dass es nicht zu den taktischen Zielen des Anwalts gehören darf, sich beim Richter beliebt machen, wurde bereits dargelegt (oben Rdn. 55). 75

Das muss aber nicht zwingend bedeuten, dass die Interessen des Mandanten nur im Konflikt sachgerecht durchgesetzt werden können. Wo dies dessen Prozesszielen nicht zuwiderläuft, schadet es nicht, im Einzelfall auch die richterlichen Ziele in die eigenen Überlegungen einzubeziehen. Dort, wo der Anwalt häufiger mit denselben Richtern zu tun hat (kleinere Gerichte, Sonderzuständigkeiten des Gerichts für Fachanwaltsgebiete), kann der Leumund des Anwalts einen wichtigen Vorteil darstellen. (*Assies/Lang* in Assies/Beule/Heise/Strube S. 1655: Ein Gericht, das aus vielen Verfahren weiß, dass ein bestimmter Anwalt immer seriös und gewissenhaft vorträgt, wird dies bei tatsächlichen Fragen auch »im Hinterkopf« haben).

i) Grenzen der Taktik

Die taktischen Einflussmöglichkeiten im Prozess dürfen nicht überschätzt werden. Auch wenn der Begriff der Prozesstaktik Genialität suggerieren mag (so *Müther* MDR 1998, 1335), schaffen taktische Überlegungen allein weder nicht bestehende materielle Rechte noch ermöglichen sie die Rechtsdurchsetzung über die prozessual gegebenen Möglichkeiten hinaus. Aussichtslose Prozesspositionen lassen sich auch durch die beste Taktik nur bedingt verbessern. Auch sind die vorliegend aufgezeigten taktischen Hinweise weder bei jedem Fall oder jedem Mandaten anwendbar, noch führen sie immer zum Erfolg. 76

Die Gründe dafür sind vielgestaltig. Eigene Fehleinschätzungen, taktische Maßnahmen des Gegners oder des Gerichts oder unvorhergesehene Entwicklungen können dazu führen, dass anfänglich Erfolg versprechende eigene Taktiken sich nachträglich als kontraproduktiv erweisen. Leerlaufen können taktische Maßnahmen auch dann, wenn andere Prozessbeteiligte Fehler begehen und es deswegen nicht zu dem zu erwartenden Verfahrensverlauf kommt. Letztlich muss stets damit gerechnet werden, dass das Gericht den taktisch formell ordnungsgemäß erzielten Vorteil materiellrechtlich für ungerecht hält und ihn deswegen durch die Anwendung von Generalklauseln oder durch die Änderung der bisherigen Rechtsprechung konterkariert.

77 ▶ **Beispiel:**

Die langjährige Praxis von Anwälten, Gläubigern zu einer Abtretung der Forderung zu raten, um mit dem dann nicht mehr prozessbeteiligten Zedenten einen Zeugen zu gewinnen, hat den BGH veranlasst, die bis dahin als unzulässig angesehene isolierte negative Zwischenfeststellungsdrittwiderklage gegen den Zessionar zuzulassen (BGH NJW 2008, 2852; Dräger MDR 2008, 1373; Fellner MDR 2011, 146).

2. Konsequenzen für die vorliegende Darstellung

78 Werden die genannten Grundsätze berücksichtigt, kann anwaltliche Prozesstaktik ein wirksames Mittel zur Förderung der eigenen Prozesschancen sein.

»Wer im taktischen Spiel ›seriös‹ bleibt und Souveränität bewahrt, hat einen nachhaltig angenehmen Vorsprung gegenüber Außenseiter-Kollegen beim Richter, auch bei der verfahrensmäßigen Rücksichtnahme, die das Berufsleben so sehr erleichtert, schließlich – was oft verkannt wird – bei der Gewinnung von Mandanten, die es zu gewinnen lohnt« (*Franzen* NJW 1984, 2263).

79 Neben ausgewählten Fragen aus dem Zivilprozessrecht werden **im Folgenden** die wichtigsten prozessualen Gestaltungsmöglichkeiten und Handlungsalternativen aufgezeigt, die typischen Fehler und Gefahrenquellen bei der Prozessführung benannt und praktische Tipps für eine erfolgreiche Bewältigung verfahrensrechtlicher Probleme gegeben.

Die Ausführungen orientieren sich hauptsächlich an der h. M., der Ansicht des BGH sowie an den praxisrelevanten Standardkommentaren (insbesondere Palandt, Zöller, Thomas/Putzo, Prütting/Gehrlein, Baumbach), wobei aber auch auf abweichende Ansichten und Streitpunkte hingewiesen wird. Die Angabe zahlreicher Fundstellen ermöglicht eine weitere Vertiefung der jeweiligen Thematik.

Wenn manches auch banal oder längst bekannt erscheinen mag, so zeigt die Erfahrung doch, dass auch grundlegende zivilprozessuale Regeln immer wieder missachtet werden. So werden viele Selbstverständlichkeiten im »Eifer des Gefechts« häufig außer Acht gelassen. Die Schwierigkeit liegt oft nur darin, sich die prozessualen Regelungen deutlich zu machen und konsequent anzuwenden.

Es ist nicht möglich, sämtliche denkbaren prozessualen Varianten, die in einem Rechtsstreit auftreten können, darzustellen. Hilfreich bei der Lösung auftretender Schwierigkeiten und dem Erkennen von Gestaltungschancen ist ein Problembewusstsein, juristische Kreativität und ein gewisses prozessuales Geschick, was durch die folgenden Ausführungen gefördert werden möge.

80 Taktisches Vorgehen im Zivilprozess lässt sich nach den vorstehenden Ausführungen in folgende konkrete **Arbeitsschritte** des Rechtsanwalts gliedern:

– Prozess vorbereitend ist zu klären, welches Recht des Mandanten durchgesetzt werden soll. Im Mandantengespräch sind hierzu dessen Begehr und der Sachverhalt festzustellen. Besonderer Beachtung bedarf dabei die Frage nach möglichen Fristen, von denen die Rechtsdurchsetzung abhängt. Über das Ergebnis der rechtlichen Bewertung durch den Anwalt und die sich hieraus ergebenden Möglichkeiten ist der Mandant zu beraten. Gegebenenfalls ist es erforderlich, den Sachverhalt (z. B. durch die Ausübung materieller Gestaltungsrechte) zu vervollständigen oder einen (insbesondere durch Fristablauf) drohenden Rechtsverlust abzuwenden.

C. Der Anwalt im Zivilprozess

Dieser Bereich anwaltlicher Tätigkeit hat seinen Schwerpunkt im materiellen Recht und kann deswegen in der vorliegenden, der Taktik im Zivilprozess gewidmeten Abhandlung nur am Rande gestreift werden; insoweit ist er Gegenstand des **2. Kapitels**.

– Muss das Recht vor der endgültigen Durchsetzung gesichert werden, so kommen hierfür Arrest, einstweilige Verfügung oder selbstständiges Beweisverfahren in Betracht.

Diese Eilverfahren der ZPO werden im **3. Kapitel** behandelt.

– Die Durchsetzung des Rechts beginnt mit dem auf die Erlangung eines Vollstreckungstitels gerichteten Erkenntnisverfahren, für das die ZPO als Regelfall das allgemeine Klageverfahren (§§ 253 ff. ZPO) vorsieht.

Inhalt und Aufbau des **4. Kapitels** orientieren sich dabei am Ablauf dieses allgemeinen Klageverfahrens. Ist eine außergerichtliche Streitbeilegung entbehrlich oder erfolglos, wird das Verfahren durch eine Klageschrift eingeleitet, gegen die der Beklagte sich verteidigen muss. Im sich anschließenden Vorverfahren müssen beide Parteien den Rechtsstreit in tatsächlicher und rechtlicher Hinsicht vollständig vortragen, in der mündlichen Verhandlung haben sie die praktisch oft letzte Möglichkeit, den Prozess zu gestalten.

– In den meisten erstinstanzlichen Verfahren bedarf der Streit der Parteien über Tatsachen einer Klärung durch eine Beweisaufnahme.

Im **5. Kapitel** sind daher neben den Grundlagen des Beweisverfahrens die einzelnen Beweismittel mit ihren Voraussetzungen und Erhebungsformen darzustellen. Hinzu kommen Fälle, in denen die Beweisführung erleichtert ist. Abgerundet wird dieser Abschnitt durch einige praktisch häufig vorkommende Beweisthemen und deren prozessuale Besonderheiten.

– Für besondere Konstellationen stellt die ZPO als Alternative zum allgemeinen Klageverfahren eine Reihe von besonderen Verfahrensarten zur Verfügung, in denen das Recht tituliert werden kann.

Gegenstand des **6. Kapitels** sind die Unterschiede, die sich dem allgemeinen Klageverfahren gegenüber im Mahnverfahren, im Urkundenverfahren, im Verfahren der Stufenklage, im amtsgerichtlichem Bagatellverfahren, im Kapitalmarktrechtlichen Musterverfahren und im Adhäsionsverfahren ergeben.

– Treten zufällig oder aufgrund eines nicht vorhergesehenen Verhaltens des Prozessgegners Änderungen im Ablauf des ursprünglich konzipierten Verfahrens auf, so bedarf das eigene Prozessverhalten der Überprüfung und ggf. der Korrektur.

Solche Änderungen können sich bei den Prozessbeteiligten (Parteiänderung, Streitverkündung, Nebenintervention), beim Streitgegenstand (Klageänderung, Veräußerung der streitbefangenen Sache, Erledigung der Hauptsache, Vergleich) oder beim Verfahrensablauf ergeben (Säumnisverfahren, schriftliches Verfahren). Sie werden im **7. Kapitel** behandelt.

– Liegt ein Titel vor, so bedarf die Rechtsdurchsetzung eines Vollstreckungsverfahrens, das gesondert betrieben werden muss.

Der **8. Kapitel** stellt die für die denkbaren Vollstreckungsobjekte (bewegliches Vermögen, Rechte, unbewegliches Vermögen) unterschiedlichen Vollstreckungsanträge dar; einbezogen sind die Besonderheiten der Vollziehung einer Eilanordnung aus Arrest oder einstweiliger Verfügung.

– Drohen unerwünschte Rechtsfolgen, so kann versucht werden, deren Eintritt durch Rechtsbehelfe abzuwenden.

Solche Rechtsbehelfe können noch in der ersten Instanz anfallen und auf einem Verhalten der Parteien beruhen (Wiedereinsetzung in den vorigen Stand, Einspruch gegen Versäumnisurteil) oder auf einem Verhalten des Gerichts (Befangenheitsablehnung, Berichtigungen von Protokoll, Tatbestand oder Urteil, Gehörsrüge). Sie können allein das Vollstreckungsverfahren betreffen (Erinnerung) oder außerhalb der ZPO geregelt sein (Dienstaufsichtsbeschwerde). Rechtsbehelfe können aber auch eine zweite Instanz eröffnen (Berufung, Beschwerde). Solche Rechtsbehelfe werden im **9. Kapitel** behandelt. Nicht Gegenstand der vorliegenden Darstellung sind die vor dem BGH zu verhandelnden Rechtsmittel, für die es einer besonderen Postulationsfähigkeit des Anwalts bedarf und die deswegen für den im Instanzenzug tätigen Anwalt nicht von Bedeutung sind.

2. Kapitel: Prozess vorbereitende Maßnahmen

Übersicht

	Rdn.
A. Mandantengespräch	83
I. Die Übernahme des Mandats	84
1. Zustandekommen des Anwaltsvertrags	84
2. Umfang der anwaltlichen Pflichten	89
3. Finanzierung des Mandats	102
a) Prozesskostenhilfe	109
b) Rechtsschutzversicherung	131
c) Gewerbliche Prozessfinanzierung	134
II. Die Feststellung der Ausgangssituation	136
1. Tatsächliche Vorgaben der anwaltlichen Tätigkeit	137
a) Umfang der Sachverhaltsfeststellung	138
b) Art und Weise der Sachverhaltsfeststellung	157
2. Zeitliche Vorgaben der anwaltlichen Tätigkeit	160
a) Arten von Fristen	167
aa) Verjährungsfrist	180
bb) Sonstige materielle Fristen	186
cc) Prozessuale Frist	189
b) Beginn der Frist	197
c) Länge der Frist	203
d) Ende der Frist	210
e) Überwachung und Wahrung der Frist	217
III. Die Rechtsprüfung	218
1. Anforderungen an die Rechtsprüfung	219
2. Durchführung der Rechtsprüfung	227
IV. Die Beratung des Mandanten	244
1. Inhalt und Umfang der Beratung	245
a) Orientierung am Rechtsschutzziel des Mandanten	247
b) Mandanten- und mandatsgerechte Beratung	249
c) Ehrliche Beratung	251
d) Taktische Beratung	258
e) Beratung über nichtjuristische Umstände	260
f) Dokumentation der Beratung	265
2. Der Vorschlag zur weiteren Vorgehensweise	267
B. Rechtswahrung, Rechtsgestaltung, Rechtsdurchsetzung	272
I. Außergerichtliche Maßnahmen	273
1. Forderungsgeltendmachung	273
2. Konsensuale Konfliktbereinigung	276
3. Rechts- und Sachverhaltsgestaltung	285
II. Fristwahrung	290
1. Überwachung der Frist	291
2. Verlängerung der Frist	299
3. Ausschöpfen der Frist	318
4. Wahrung der Frist	321
a) Materielle Fristen	322
aa) Verhandlungen	324
bb) Anerkenntnis	326
cc) Weitere Maßnahmen	328
dd) Verfahrenseinleitung	331
b) Prozessuale Fristen	342
III. Das außergerichtliche Güteverfahren (§ 15a EGZPO)	346

81 Taktik beginnt vor dem Prozess (*Assies/Lang* in Assies/Beule/Heise/Strube S. 1654). Stammmandanten, die über einen längeren Zeitraum betreut werden, können unabhängig von einem konkreten Streitfall prophylaktisch in Möglichkeiten der Prozessvermeidung oder die Verbesserung der eigenen Prozesssituation eingewiesen werden. Von der sinnvollen **kautelarjuristischen Betreuung** über die **Schulung von Mandantenmitarbeitern** bis hin zu einem echten juristischen Risikomanagement können Grundlagen schaffen, die einen späteren Prozesserfolg begünstigen. Eine Einbeziehung solcher anwaltlicher Tätigkeiten indes würde den Rahmen der vorliegenden Darstellung sprengen und muss deswegen unterbleiben.

82 Wichtige **Phasen** der eigentlich Prozess vorbereitenden außergerichtlichen Tätigkeit des Anwalts sind das Mandantengespräch, bei dem das Mandat inhaltlich bestimmt und übernommen und der Mandant über die rechtlichen Möglichkeiten, ihre Chancen und Risiken beraten wird (unten Rdn. 83), sowie die Klärung, ob und inwieweit der bislang vorliegende Sachverhalt der Ergänzung oder Umgestaltung bedarf (unten Rdn. 272).

A. Mandantengespräch

83 Schon bei Übernahme des Mandats gilt es, die Interessen des Mandanten und die Pflichten des Anwalts zu konkretisieren. Mit der Mandatsübernahme ist es erforderlich, die Möglichkeiten der Finanzierung der Rechtsdurchsetzung zu erörtern. Die Klärung des Sachverhalts erfolgt im Gespräch mit dem Mandanten, ggf. durch zusätzliche weitere Informationsbeschaffung. Besondere Bedeutung kommt dabei der Frage zu, ob für die Rechtsdurchsetzung (prozessuale oder materielle) Fristen zu beachten sind. Über das Ergebnis der Rechtsprüfung durch den Anwalt ist der Mandant zu belehren, hierbei sind die Möglichkeiten des weiteren Vorgehens abzuwägen.

> Nur ausnahmsweise wird es eines solchen persönlichen Gesprächs nicht bedürfen. In Betracht kommen hier z. B. auf einzelne Handlungen beschränkte Mandate oder Routinesachen im Rahmen von Dauermandaten.
>
> Gestaltung und Inhalt eines solchen Mandantengesprächs hängen maßgeblich von der Fähigkeit des Mandanten zur Konkretisierung und Darstellung seiner Interessen und der zugrunde liegenden tatsächlichen und rechtlichen Zusammenhänge, aber auch von der Erfahrung und dem Geschick des Anwalts ab, dem es obliegt, das Gespräch so zu lenken, dass es gelingt, alle relevanten Umstände offen zu legen.

I. Die Übernahme des Mandats

1. Zustandekommen des Anwaltsvertrags

Der Vertrag zwischen Anwalt und Mandanten ist bekanntlich in aller Regel ein **Geschäftsbesorgungsauftrag**, also eine Unterform des freien Dienstvertrages mit Geschäftsbesorgungscharakter, §§ 611, 675 BGB. Er ist mithin kein Arbeitsvertrag und nur ausnahmsweise ein Werkvertrag (BGH NJW 1996, 661; Werkvertrag ist z. B. der Gutachtenauftrag oder das Erstellen von Vertragsentwürfen; vgl. OLG Düsseldorf, Urt. vom 11.06.1992, 18 U 161/90; BGH NJW 1965, 106; BGH NJW 1967, 719 f.). Ein Anwaltsfehler liegt also nicht schon in der Nichterreichung des Mandantenziels alleine. 84

> Wie in der Regel bei entgeltlichen Geschäftsbesorgungen ist auch der Anwalt grundsätzlich, falls nämlich nicht anders vereinbart, gemäß § 614 BGB vorleistungspflichtig. Jeder Partner des Anwaltsvertrages kann jederzeit frist- und grundlos kündigen, § 627 BGB, jedoch nicht zur Unzeit. Nicht oder verspätet oder schlecht erbrachte Leistung des Anwaltes macht diesen unter den Voraussetzungen des § 280 BGB schadensersatzpflichtig, wobei der Vermögensschaden des Mandanten in der Regel nicht unmittelbar in dem Minderwert der erbrachten Leistung gegenüber der nach dem Anwaltsvertrag geschuldeten Leistung besteht (zutreffend *Borgmann/Jungk/Grams*, S. 190; *Slobodenjuk* NJW 2006, S. 113), sondern sich erst aus den schädlichen Folgen der Schlechtberatung für das vorhandene Vermögen des Klienten ergibt. Diese Schäden kann der Mandant aufrechnungsweise gegen den Honoraranspruch des RA geltend machen (OLG Nürnberg AnwBl 1971, 175), wenn dieser noch nicht erfüllt ist. Demgegenüber kommt eine Minderung des Anwaltshonorars nach Schlechterfüllung des Anwaltsvertrages nicht in Betracht (OLG Hamm, Urt. vom 07.11.1991, 28 U 312/89; *Michael Steenken*, Die Auswirkungen der Schlechterfüllung des Anwaltsvertrages auf den Vergütungsanspruch, Hamburg 2002). Ist der Honoraranspruch bereits erfüllt, kommt eine Schadensersatzklage gegen den Anwalt in Betracht.

Wie jeder Vertrag kommt auch der Vertrag zwischen Mandant und Anwalt durch **Angebot und Annahme** zustande. Diese Willenserklärungen sind weder formbedürftig, noch müssen sie ausdrücklich erklärt werden. Immer wieder kommt es deswegen zum Streit darüber, ob ein Anwaltsvertrag geschlossen wurde oder ob ein bloßes Gefälligkeitsverhältnis vorliegt. Zumindest ein Beratungsvertragsvertrag kann durch jede, ggf. auch nur über Telefon oder das Internet erteilte Auskunft, zustande kommen. 85

> »Die Abgrenzung, ob den Erklärungen der Parteien ein Wille zur rechtlichen Bindung zu entnehmen ist oder die Parteien nur aufgrund einer außerrechtlichen Gefälligkeit handeln, ist an Hand der Umstände des jeweiligen Einzelfalles zu bewerten. Ob bei einer Partei ein Rechtsbindungswille vorhanden ist, ist danach zu beurteilen, ob die andere Partei unter den gegebenen Umständen nach Treu und Glauben mit Rücksicht auf die Verkehrssitte auf einen solchen Willen schließen musste. Dies ist anhand objektiver Kriterien aufgrund der Erklärungen und des Verhaltens der Parteien zu ermitteln, wobei vor allem die wirtschaftliche sowie die rechtliche Bedeutung der Angelegenheit, insbesondere für den Begünstigten, und die Interessenlage der Parteien heranzuziehen sind.
>
> Die wirtschaftliche sowie die rechtliche Bedeutung der Angelegenheit sprechen erkennbar gegen die Ansicht, der Beklagte habe die Auskunft gefälligkeitshalber erteilt. Dem Umstand, dass der Beklagte für sein Tätigwerden keine Vergütung verlangt hat, kommt kein entscheidendes Gewicht zu.

Da sich die Tätigkeit des Beklagten auf eine Auskunft bezog, muss die Frage, ob dies im Rahmen eines Vertragsverhältnisses geschehen ist, nach den hierfür maßgeblichen Gesichtspunkten beurteilt werden.

Nach ständiger Rechtsprechung des Bundesgerichtshofs ist der stillschweigende Abschluss eines Auskunftsvertrages zwischen Geber und Empfänger der Auskunft und damit eine vertragliche Haftung des Auskunftgebers für die Richtigkeit seiner Auskunft regelmäßig dann anzunehmen, wenn die Auskunft für den Empfänger erkennbar von erheblicher Bedeutung ist und er sie zur Grundlage wesentlicher Entschlüsse machen will; dies gilt insbesondere in Fällen, in denen der Auskunftgeber für die Erteilung der Auskunft besonders sachkundig oder ein eigenes wirtschaftliches Interesse bei ihm im Spiel ist. Wie der Bundesgerichtshof mehrfach ausgesprochen hat, ist dieser Rechtsprechung allerdings nicht zu entnehmen, dass für das Zustandekommen eines Auskunftsvertrages ohne Rücksicht auf die Besonderheiten des jeweiligen Falles allein schon die Sachkunde des Auskunftgebers und die Bedeutung der Auskunft für den Empfänger ausreichen. Diese Umstände stellen vielmehr lediglich Indizien dar, die, wenn auch mit erheblichem Gewicht, in die Würdigung der gesamten Gegebenheiten des konkreten Falles einzubeziehen sind.

Für den stillschweigenden Abschluss eines Auskunftsvertrages ist entscheidend darauf abzustellen, ob die Gesamtumstände unter Berücksichtigung der Verkehrsauffassung und des Verkehrsbedürfnisses den Rückschluss zulassen, dass beide Teile nach dem objektiven Inhalt ihrer Erklärungen die Auskunft zum Gegenstand vertraglicher Rechte und Pflichten gemacht haben. So hat der Bundesgerichtshof bei der rechtlichen Beurteilung von Fällen, in denen der konkludente Abschluss eines Auskunftsvertrages angenommen oder in Erwägung gezogen wurde, außer der Sachkunde des Auskunftgebers und der Bedeutung seiner Auskunft für den Empfänger jeweils auch weitere Umstände mitberücksichtigt, die für einen Verpflichtungswillen des Auskunftgebers sprechen können, wie z. B. dessen eigenes wirtschaftliches Interesse an dem Geschäftsabschluss, die Hinzuziehung des Auskunftgebers zu Vertragsverhandlungen auf Verlangen des Auskunftsempfängers oder die Einbeziehung in solche Verhandlungen als unabhängige neutrale Person.« (BGH NJW 2009, 1141).

86 Im Interesse von Mandant und Anwalt gleichermaßen muss es damit liegen, die Frage, ob ein verpflichtender Vertrag zustande gekommen ist, **eindeutig** zu klären und vorsorglich auch **nachweisbar** zu dokumentieren. Da der Anwaltsvertrag regelmäßig mit einer Vertretungsbefugnis verbunden ist, besteht zudem die Notwendigkeit, diese auch Dritten gegenüber nachweisen zu können. Es liegt nahe und ist praktisch üblich, sich bei Mandatsübernahme eine (oder mehrere) schriftliche **Vollmacht**(en) unterschreiben zu lassen.

87 ▶ Praxistipp:

Unabhängig davon, ob und inwieweit die Mandatsübernahme schriftlich dokumentiert wird, sollte bei Übernahme eines Mandats zur Führung eines Zivilprozesses eine nicht auf die Prozessvertretung beschränkte schriftliche Vollmachtsurkunde – ggf. in mehrfacher Ausfertigung – unterzeichnet werden.

Für den Erwerb der Vertretungsmacht ist eine solche Schriftform nicht erforderlich. Auch zum Nachweis der Vertretungsmacht im Prozess bedarf es (entgegen § 80 Abs. 1 ZPO) einer Vollmacht nicht notwendig immer, sondern erst auf Rüge des Gegners hin (§ 88 Abs. 2 ZPO), die praktisch nur ausnahmsweise erfolgt.

Eine solche Rüge kann sich empfehlen, wenn der Mandant seinen Sitz im europäischen Ausland hat. Stellt sich erst nachträglich heraus, dass der Anwalt keine Vertretungsmacht hatte, kann die Entscheidung nach Art. 34 Nr. 2 EuGVVO nicht anerkannt werden (EuGH EuZW 1996, 732; *Heß* JZ 1998, 1029). Zwar ist in diesen Fällen die Vollmacht des ausländischen Beklagten in jedem Fall von Amts wegen zu prüfen (die Vermutung des § 88 Abs. 2 Satz 2 ZPO gilt hier nicht), doch wird dies von vielen Gerichten übersehen.

Zu beobachten ist auch immer wieder, dass die Vollmacht dann bestritten wird, wenn der Gegner (etwa bei im nichteuropäischen Raum ansässigen juristischen Personen) absehbare Schwierigkeiten hat, sie in der Form des § 80 ZPO nachzuweisen. Gelingt ihm das innerhalb der vom Gericht bestimmten Frist (§ 89 Abs. 1 ZPO) nicht, verliert er den Prozess. Die erkennbar schikanöse Rüge kann aber wegen Verstoßes gegen § 242 BGB unbeachtlich sein (Baumbach/*Hartmann* § 88 Rn. 7).

Erforderlich kann eine Vollmachtsurkunde bei der (vorgerichtlichen oder gerichtlichen) Abgabe von einseitigen Willenserklärungen für den Mandanten sein, die der Erklärungsempfänger ohne vorgelegte Vollmacht zurückweisen kann (§ 174 BGB). Die Vollmachtsurkunde sollte deswegen nicht auf die Prozessvertretung beschränkt werden.

Für Nachteile, die der Mandant aus Vollmachtsmängeln erleidet, haftet der Rechtsanwalt auf Schadensersatz, ggf. hat er entstandene Prozesskosten zu tragen (§ 89 Abs. 1 Satz 3 ZPO). Daher empfiehlt sich auch die sorgfältige **Formulierung** der Vollmacht, insbesondere hinsichtlich des Umfangs der erteilten Vertretungsmacht. Insoweit sei auf die einschlägigen Formulare und Formulierungsvorschläge verwiesen. 88

2. Umfang der anwaltlichen Pflichten

> Die Erfüllung gesetzlicher oder vertraglicher Pflichten hat noch nichts mit anwaltlicher Taktik zu tun, stellt vielmehr deren notwendige Voraussetzung dar (oben Rdn. 39). Die Nichterfüllung solcher Pflichten begründet Schadensersatzansprüche, deren Vermeidung liegt nicht nur im Interesse des Mandanten, sondern auch des Anwalts selbst.

Bereits **vorvertraglich** kann der Anwalt Aufklärungspflichten haben, für deren Verletzung er auf Schadensersatz in Anspruch genommen werden kann. 89

▶ Beispiel: 90

> So muss der Anwalt, dessen Sozius regelmäßig den Streitgegner des Mandanten vertritt, den Mandanten bereits vor Abschluss des Anwaltsvertrages darauf hinweisen und ihm klarmachen, dass deswegen eine Vertretung des Mandanten vor Gericht gegen den Gegner nicht in Betracht kommt (BGH NJW 2008, 1307, 1308; kritisch dazu Hensseler/Deckenbrock NJW 2008, 1275). Hierbei kommt es nicht darauf an, ob ein tatsächlicher oder rechtlicher Zusammenhang mit dem neuen Mandat besteht.
>
> Vor Übernahme des Mandats muss der Anwalt seinen Mandanten auch darauf hinweisen, dass sich die Gebühren für seine Inanspruchnahme nach dem Gegenstandswert berechnen (BGH, Urt. vom 11.10.2007, IX ZR 105/06; unten Rdn. 102).

Natürlich gelten für Anwälte auch alle **allgemeinen Rechtspflichten** (Deliktsrecht, GoA, Bereicherung u. a.). Regelmäßig entsprechen diese gesetzlichen Pflichten denen jedes Bürgers, enthalten keine anwaltsspezifischen Besonderheiten und sollen deswegen hier außer Betracht bleiben. 91

Spezifische anwaltliche **Berufspflichten** sind nicht typisch für den Zivilprozess, wenngleich ihre Versäumung auch im Zusammenhang mit solchen Prozessen vorkommen kann. Hierzu zählen z. B. die anwaltlichen Pflichten 92
- zur Verschwiegenheit (§ 43a Abs. 2 BRAO; *Dahns* NJW-Spezial 2008, 158; *Zuck* in Gaier/Wolf/Göcken § 43a BRAO Rn. 43)
- zum Verbot der Wahrnehmung widerstreitender Interessen (§ 43a Abs. 4 BRAO; *Zuck* in Gaier/Wolf/Göcken § 43a BRAO Rn. 91),
- zur Nichtumgehung des Gegenanwaltes (§ 12 BORA; *Zuck* in Gaier/Wolf/Göcken § 12 BORA Rn. 8),
- zur unverzüglichen Unterrichtung des Mandanten über alle für den Fortgang der Sache wesentlichen Vorgänge (§ 11 BORA; *Zuck* in Gaier/Wolf/Göcken § 11 BORA Rn. 7) und
- zur Führung von Handakten (§ 50 BRAO und § 17 BORA; *Tauchert* in Gaier/Wolf/Göcken § 50 BRAO Rn. 3).

Diese und weitere spezifisch berufsrechtliche Pflichten (dazu *Schulz* JA 2009, 206; *Gaier/Wolf/Göcken*) werden hier nicht vertieft behandelt. Generell darf freilich nicht übersehen werden, dass Berufs- und Vertragsrecht eng miteinander verknüpft sind und die öffentlich-rechtlichen Berufspflichten zugleich ein Teil des vertragsrechtlichen »Pflichtenprogramms« sind (vgl. *Henssler/Deckenbrock* NJW 2008, 1275, 1279). 93

Zentrale inhaltliche **Pflichten** des Anwalts ergeben sich **aus dem Anwaltsvertrag** selbst. Zu klären (und ggf. beweisbar zu dokumentieren) ist deswegen nicht nur die Frage, ob einen Anwaltsvertrag 94 zustande gekommen ist, sondern auch, was dieser beinhaltet. Aus der Sicht des Anwalts werden durch den Vertrag seine Haupt- und Nebenleistungspflichten konkretisiert.

Wie alle Verträge begründet auch der Anwaltsvertrag daneben gesetzliche Pflichten (§ 241 Abs. 1 und Abs. 2 BGB),

95 Der Anwalt kann entweder einen nur auf ein bestimmtes Geschäft und bestimmte Maßnahmen beschränkten Auftrag (**eingeschränktes Mandat**) übernehmen. Dann beziehen sich seine Sachverhaltsaufklärungs-, seine Rechtsprüfungs-, Rechtsberatungs- und Interessenvertretungspflichten nur gerade auf diese spezielle Geschäftsbesorgung. Auch bei einem eingeschränkten Mandat hat der Anwalt vor Gefahren zu warnen, die sich bei ordnungsgemäßer Bearbeitung aufdrängen, wenn er Grund zur Annahme hat, dass sein Mandant sich dieser Gefahr nicht bewusst ist, z. B. wenn Ansprüche gegen Dritte zu verjähren drohen (BGH NJW-RR 2008, 1235). Keine Prüfungs- und Beratungspflichten bestehen hinsichtlich solcher Vorgänge, die dem Anwalt nur bei Gelegenheit des Mandats bekannt werden, die aber nicht in einer inneren Beziehung zu dem Mandat stehen (BGH NJW 2002, 1117, 1118).

»Nach der Rechtsprechung des Senats hat der Anwalt den Mandanten auch innerhalb eines eingeschränkten Mandats vor Gefahren zu warnen, die sich bei ordnungsgemäßer Bearbeitung aufdrängen, wenn er Grund zu der Annahme hat, dass sein Auftraggeber sich dieser Gefahr nicht bewusst ist. Eine solche Verpflichtung kommt vor allem in Betracht, wenn Ansprüche gegen Dritte zu verjähren drohen.« (BGH NJW-RR 2008, 1235).

96 Der Anwalt kann aber auch einen nicht beschränkten Auftrag zur Wahrung der Mandanteninteressen aus einem bestimmten Sachverhalt übernehmen (**umfassendes Mandat**). Dann hat er eine umfassende Pflicht zur Wahrung aller rechtlichen Interessen des Mandanten.

»Nach gefestigter Rechtsprechung des BGH ist der um eine Beratung ersuchte Rechtsanwalt zu einer umfassenden und erschöpfenden Belehrung seines Auftraggebers verpflichtet, sofern dieser nicht eindeutig zu erkennen gibt, dass er des Rats nur in einer bestimmten Richtung bedarf.« (BGH NJW 2006, 501, 502).

»Unkundige muss er (der Rechtsanwalt) über die Folgen ihrer Erklärungen belehren und vor Irrtümern bewahren. In den Grenzen des Mandates hat er dem Mandanten diejenigen Schritte anzuraten, die zu dem erstrebten Ziele zu führen geeignet sind, und Nachteile für den Mandanten zu verhindern, soweit solche voraussehbar und vermeidbar sind. Dazu hat er dem Auftraggeber den sichersten und gefahrlosesten Weg vorzuschlagen und ihn über mögliche Risiken aufzuklären, damit der Mandant zu einer sachgerechten Entscheidung in der Lage ist ...« (BGH NJW 2008, 2041).

97 Eine Vermutung besteht weder für ein umfassendes, noch für ein eingeschränktes Mandat (vgl. BGH NJW 2006, 3496). Entscheidend ist das Rechtsschutzziel des Mandanten, das es im Gespräch herauszuarbeiten und zu konkretisieren gilt. Dazu gehört die Bestimmung von Art, Inhalt und Umfang des Rechts, um das es dem Mandanten geht, sowie um die Frage, ob dieses Recht gerichtlich nur festgestellt, zusätzlich tituliert oder umgestaltet werden soll.

Nicht immer kann der Mandant dieses Ziel selbst klar definieren. Wirtschaftliche Ziele sind oft nur vorgeschoben, verdecken dahinter liegende tiefer gehende Konflikte. Oft genug kann der Mandant sein Begehr nur vage formulieren, kennt seine Rechte nicht oder beurteilt diese falsch und weiß um seine Möglichkeiten nicht. Wichtig ist es auch in diesen Fällen, sein Begehr herauszuarbeiten und zu klären, worauf es ihm letztlich ankommt. Deswegen bedarf der Mandant schon hier häufig der anwaltlichen Beratung.

98 ▶ Praxistipp:

Der Umfang der übernommenen Pflichten sollte mit dem Mandanten ausdrücklich vereinbart und nachweisbar dokumentiert werden.

99 (Nur) Im Rahmen des übernommenen Mandats hat der Anwalt die Pflicht zur rechtlichen Beratung und Betreuung des Mandanten, zum Hinweis auf rechtliche Bedenken, Risiken, Schadensgefahren und zur Warnung vor aussichtslosen Maßnahmen (Aufklärungs- und Belehrungspflichten), allgemein zur vernünftigen rechtlichen Wahrung der vorgetragenen, sonst der wohlverstandenen Interessen des Mandanten vor, während und nach der Einleitung von rechtlichen, insbesondere also

gerichtlichen Verfahren; dabei hat er immer den relativ sichersten, von mehreren möglichen Wegen also den sichereren Weg vorzuschlagen (oben Rdn. 62).

»Ein Rechtsanwalt ist kraft des Anwaltsvertrages verpflichtet, die Interessen seines Auftraggebers in den Grenzen des erteilten Mandats nach jeder Richtung umfassend wahrzunehmen. Er hat, wenn mehrere Maßnahmen in Betracht kommen, diejenige zu treffen, die die sicherste und gefahrloseste ist, und wenn mehrere Wege möglich sind, um den erstrebten Erfolg zu erreichen, den zu wählen, auf dem dieser am sichersten erreichbar ist. Gibt die rechtliche Beurteilung zu begründeten Zweifeln Anlass, so muss er auch die Möglichkeit in Betracht ziehen, dass sich die zur Entscheidung berufene Stelle der seinem Auftraggeber ungünstigeren Beurteilung der Rechtslage anschließt. Im Prozess ist er verpflichtet, den Versuch zu unternehmen, das Gericht davon zu überzeugen, dass und warum seine Auffassung richtig ist. [Im Übrigen] ... hat der RA seinen Mandanten vor voraussehbaren Fehlentscheidungen durch Gerichte und Behörden zu bewahren. Welche konkreten Pflichten aus diesen allgemeinen Grundsätzen abzuleiten sind, richtet sich nach dem erteilten Mandat und den Umständen des Falles.« (BGH NJW 2006, 3494, 3495).

Ähnlich BGH NJW 2007, 2485: »Der konkrete Umfang der anwaltlichen Pflichten richtet sich nach dem erteilten Mandat und den Umständen des einzelnen Falles.« (BGH NJW 1996, 2648).

»Nach gefestigter Rechtsprechung des BGH ist der um eine Beratung ersuchte Rechtsanwalt zu einer umfassenden und erschöpfenden Belehrung seines Auftraggebers verpflichtet, sofern dieser nicht eindeutig zu erkennen gibt, dass er des Rats nur in einer bestimmten Richtung bedarf.« (BGH NJW 2006, 501, 502).

Pflichten des Anwalts können sich nicht nur dem Mandanten, sondern auch **Dritten gegenüber** ergeben. 100

Ein echter Anwaltsvertrag, aufgrund dessen der Rechtsanwalt seinem Auftraggeber Rechtsbeistand schuldet, kann zum Inhalt haben, dass der Anwalt auch die Vermögensinteressen eines Dritten wahrzunehmen hat. Dann kann die - notfalls ergänzende - Auslegung des Vertrages ergeben, dass der Dritte in den Schutzbereich der anwaltlichen Pflichten einbezogen ist. Hieraus kann er zwar, falls nicht die Voraussetzungen des § 328 BGB vorliegen, keinen primären Anspruch auf die vertragliche Hauptleistung, wohl aber einen eigenen sekundären Schadensersatzanspruch gegen den Rechtsanwalt haben (*Zugehör* in Zugehör/Fischer/Sieg/Schlee, Handbuch der Anwaltshaftung 2. Aufl. Rn. 1648). Diese Grundsätze gelten insbesondere für Anwaltsverträge mit Schutzwirkung zugunsten von Angehörigen des Mandanten (BGH NJW 1988, 200, 201; BGH NJW 1995, 51, 52; BGH NJW 1995, 2551, 2552). Voraussetzung ist, dass die Rechtsgüter des Dritten nach der objektiven Interessenlage im Einzelfall durch die Anwaltsleistung mit Rücksicht auf den Vertragszweck beeinträchtigt werden können und der Mandant ein berechtigtes Interesse am Schutz des Dritten hat (*Zugehör*, a. a. O. Rn. 1647; *ders.* NJW 2008, 1105). Verjährungsrechtlich hat sich das Institut der Sekundärhaftung durch die Neufassung des § 51b BRAO erledigt (BGH VersR 2009, 651).

Gegenstand berufsrechtlicher Verfahren ist oftmals die Beschwerde von Rechtsschutzversicherern, der Anwalt informiere nicht über den Ablauf des Mandats und nehme keine Abrechnung gegenüber dem Versicherer vor. Entsprechende Pflichten der Rechtsschutzversicherung gegenüber dürften sich nicht unmittelbar aus §§ 11, 23 BORA ergeben, möglicherweise aber aus einem gebührenpflichtigen Auftrag des Mandanten zur Abwicklung des Rechtsschutzversicherungsfalls als Vertrag zugunsten Dritter i. S. d. § 328 BGB, aus einer tatsächlichen gebührenrechtlichen Abwicklung im Geltungsbereich des § 20 Abs. 2 der Allgemeinen Bedingungen für die Rechtsschutz-Versicherung (ARB 75 = § 17 Abs. 8 ARB 94 / ARB2000 / ARB 2008 / ARB 2010) oder des § 31 VVG. Besteht eine Auskunfts- und Abrechnungspflicht, stellt ein Verstoß hiergegen eine berufsrechtliche Pflichtverletzung gem. § 43 i. V. m. § 44 BRAO dar (*Schulz* NJW 2010, 1729).

Einzustehen hat der Anwalt nicht nur für eigene **Pflichtverletzungen**, sondern ggf. auch für solche **Dritter**. Ist ein Partner mit der Bearbeitung eines Auftrags befasst, so kann er sogar für vor seinem Eintritt in die Partnerschaft begangene berufliche Fehler eines anderen mit dem Auftrag befassten Partners haften, selbst wenn er sie nicht mehr korrigieren kann. 101

»Gemäß § 8 Abs. 1 Satz 2 PartGG in Verbindung mit § 130 HGB haftet der in eine Partnerschaft neu eintretende Gesellschafter auch für vor seinem Beitritt begründete Verbindlichkeiten der Partnerschaftsgesellschaft. Diese Erwägung trifft gleichermaßen auch für Verbindlichkeiten zu, die sich aus fehlerhafter Berufsausübung ergeben. Der neu eintretende Partner kann zwar vor seinem Eintritt nicht mit der »Bearbeitung eines Auftrags befasst« gewesen sein, danach aber schon, und dies genügt, um ihn in den Kreis der Haftenden mit einzubeziehen. Der Wortlaut von § 8 Abs. 1 Satz 2 und Abs. 2 PartGG gibt nichts her für eine Auslegung des Inhalts, dass ein Partner, der selbst keinen beruflichen Fehler zu verantworten habe, nicht hafte. Die Haftungskonzentration für berufliche Fehler im Sinne des § 8 Abs. 2 PartGG verfolgt den Zweck, die Risiken unbeteiligter Partner aus fehlerhafter Berufsausübung einzuschränken. Unbeteiligte Partner sind hierbei die Partner, die mit der Bearbeitung des in Rede stehenden Auftrages nicht befasst waren. Die Haftung ist lediglich an das Merkmal der Befassung gebunden, nicht dagegen an die Verletzungshandlung, die zu dem konkreten Berufsausübungsfehler führt. Die Beraterhaftung des § 8 Abs. 2 PartGG kann mithin als verschuldensunabhängige Handelndenhaftung verstanden werden. Sie trifft auch solche an der Bearbeitung beteiligte Partner, die selbst nicht fehlerhaft gehandelt haben. Da der Gesetzgeber eine »einfache und unbürokratische gesetzliche Regelung der Handelndenhaftung« schaffen wollte, darf ein Geschädigter denjenigen Partner in Anspruch nehmen, der sich - für ihn erkennbar - mit seiner Sache befasst hat. Auf eine schadenskausale Beteiligung des Partners am konkreten Bearbeitungsfehler kommt es nicht an.« (BGH DB 2010, 101).

3. Finanzierung des Mandats

102 ▶ **Praxistipp:**

Eine allgemeine Pflicht, jeden Mandanten ungefragt auf die mit der Mandatsübernahme und der gerichtlichen Durchsetzung verbundenen konkreten Kosten hinzuweisen, besteht zwar grundsätzlich nicht, von diesem Grundsatz aber gibt es zahlreiche Ausnahmen.

103 Gesetzliche Verpflichtungen zum Hinweis auf Kostenfolgen der anwaltlichen Vertretung ergeben sich
– aus **§ 12a Abs. 1 S. 2 ArbGG**. Danach muss der Anwalt im erstinstanzlichen Arbeitsgerichtsverfahren die Partei darüber aufklären, dass eine Kostenerstattung nicht erfolgt, die Beauftragung des Anwalts für die Partei deswegen auch im Fall des Obsiegens mit eigenen Kosten verbunden sein wird (BGH, Urt. vom 11.10.2007, XI ZR 105/06).
– aus **§ 49b Abs. 5 BRAO**, der in Zivilsachen verlangt, dass der Rechtsanwalt dann, wenn sich die zu erhebenden Gebühren nach dem Gegenstandswert richten, vor Übernahme des Auftrags hierauf hinweist. Eine Darlegung der konkret entstehenden Kosten ist dabei nicht erforderlich (BGH Urt. v. 11.10.2007 - IX ZR 105/06).

104 Weitergehende Verpflichtungen zur Darlegung drohender Kosten (dazu Madert, Anwaltsgebühren in Zivilsachen, S. 22) nimmt die Rechtsprechung (BGH NJW 1969, 932, 933; BGH NJW 1980, 2128, 2130) an,
– wenn der Mandant ausdrücklich nach den Kosten **fragt** oder er die Mandatserteilung erkennbar von den damit verbundenen Kosten abhängig machen will (BGH NJW 1980, 2128, 2130); hier ist es erforderlich, die voraussichtlich anfallenden Kosten so konkret wie möglich auszurechnen.
– wenn der Mandant die Kosten erkennbar **falsch einschätzt**; hier genügt es regelmäßig, dem Mandanten die Größenordnung der zu erwartenden Kosten klarzumachen.
– wenn die Kosten **außer Verhältnis** zum wirtschaftlichen Interesse des Mandanten stehen (*Diercks/Lemke-Küch*, S. 142); auch hier kann es genügen, dem Mandanten das Missverhältnis zu verdeutlichen, ohne dass es einer konkreten Kostenberechnung bedarf.
– wenn sich Anhaltspunkte dafür ergeben, dass der Mandant die anfallenden Kosten nach seinen persönlichen und wirtschaftlichen Verhältnissen **nicht aufbringen** kann und er deswegen möglicherweise einen Anspruch auf Beratungs- oder Prozesskostenhilfe hat (OLG Düsseldorf AnwBl 1984, 444; OLG Koblenz AnwBl 1990, 164); hier kann es zur Beurteilung der Leistungsfähigkeit des Mandanten erforderlich sein, eine konkrete Kostenbetrachtung anzustellen.
– wenn sich die Kosten im Laufe des Rechtsstreits unerwartet **erhöhen**.

»Der Anwalt muss - abgesehen von der Hinweispflicht des § 49b Abs. 5 BRAO - ungefragt den Mandanten grundsätzlich nicht auf die gesetzliche Vergütungspflicht nach den Bestimmungen der BRAGO hinweisen. Es ist aber anerkannt, dass unter bestimmten Umständen der Anwalt nach Treu und Glauben verpflichtet sein kann, auch ohne Frage des Auftraggebers diesen über die voraussichtliche Höhe der Vergütung aufzuklären. Maßgeblich sind die Umstände des Einzelfalls. Eine Belehrungspflicht ist zwar nicht schon dann anzunehmen, wenn die Gebühren infolge der von der Partei erkannten wirtschaftlichen Bedeutung, die ihr Begehren entweder von Anfang an hat oder im Laufe des Rechtsstreits gewinnt, einen namhaften Betrag erreichen. Eine Aufklärung ist jedoch geboten, wenn - und sei es ungewollt - der Eindruck erweckt worden ist, dass es, ohne Rücksicht auf den wahren wirtschaftlichen Wert des Begehrens, bei dem zu Beginn des Verfahrens unter formalen Gesichtspunkten festgelegten und - nach Klagerweiterung - einem entsprechend fortgeschriebenen, weit geringeren Betrag bleibe.« (BGH Beschl. vom 20.11.2008 - IX ZR 34/06 unter Hinweis auf BGH NJW 1998, 3486, 3487 und BGH WM 2007, 1390, 1391).

Ist eine konkrete Kostenbetrachtung erforderlich, so genügt eine konkrete Berechnung der gesetzlichen Gebühren von Gericht und Rechtsanwälten aus den möglicherweise anfallenden Gebührentatbeständen unter Einbeziehung von pauschalen Auslagen und der Mehrwertsteuer. Auf die dabei bestehenden Unsicherheiten aus der Bestimmung des Streitwerts und den Anfall weiterer, nicht gesetzlich geregelter Kosten ist sinnvollerweise ergänzend hinzuweisen. **105**

▶ Praxistipp: **106**

Wegen der Schwierigkeiten der Feststellung dieser Voraussetzungen im Einzelfall kann es sich anbieten, jeden Mandanten über die voraussichtlichen Kosten der Vertretung zu informieren und dies zu dokumentieren.

Kann oder will die Partei das **Kostenrisiko** nicht selbst tragen, kommt eine **Verlagerung** in Betracht **107**

– durch die Gewährung von Prozesskostenhilfe;

Dazu unten Rdn. 109.

– bei Kostenübernahme durch eine Rechtsschutzversicherung;

Hier sind eventuelle Risikoausschlüsse zu beachten. Zudem muss rechtzeitig eine Deckungszusage eingeholt werden; dazu unten Rdn. 131.

– bei Einschaltung eines Prozessfinanzierers;

Professionelle Prozessfinanzierer sind hierzu in vielen Fällen gegen eine Erfolgsprovision bereit; unten Rdn. 134.

– bei Übertragung der Forderung auf einen Dritten zum Zwecke der gerichtlichen Geltendmachung.

In Betracht kommt dabei die Abtretung der Forderung zum Zwecke des Forderungseinzugs (Inkassozession), bei der der Zessionar Rechtsinhaber wird und im Prozess im eigenen Namen als Partei auftritt. Möglich ist daneben die bloße Ermächtigung des Dritten zur prozessualen Geltendmachung des Anspruchs (Prozessstandschaft), bei dem das Recht beim bisherigen Inhaber verbleibt und der Dritte prozessual in fremdem Namen auftritt. Dazu unten Rdn. 558.

In kostenrechtlicher Hinsicht sind beide Alternativen nicht ohne Risiko. Das gilt schon für die Honorarforderung des Anwalts, die sinnvollerweise (etwa durch Haftungsübernahme des bisherigen Rechtsinhabers) abzusichern ist.

Werden durch Inkassozession oder Prozessstandschaft Gebührenansprüche des Gerichts oder des Gegners infolge der Vermögenslosigkeit des vorgeschobenen Dritten gefährdet, behandelt sie die Praxis häufig als unwirksam. (Thomas/Putzo/*Hüßtege* § 51 Rn. 34; BGH MDR 1989, 536; NJW 1999, 1717: entscheidend ist, ob sich die Ermächtigung zur Prozessführung erkennbar als Missbrauch dieses grundsätzlich anerkannten prozessualen Instituts darstellt; einschränkend ebenso Zöller/*Vollkommer* Vor § 50 Rn. 44: reicht nicht ohne Weiteres aus).

Besondere taktische Überlegungen bieten sich bei der Beratungs- bzw. Prozesskostenhilfe (Rdn. 109), dem Bestehen einer Rechtsschutzversicherung (unten Rdn. 131) und der gewerblichen Prozessfinanzierung (unten Rdn. 134) an. **108**

a) Prozesskostenhilfe

Prozesskostenhilfe kann der Partei gewährt werden, wenn sie die Prozesskosten nach ihren persönlichen und wirtschaftlichen Verhältnissen nicht tragen kann, ihre beabsichtigte Rechtsverfolgung **109** hinreichende Aussicht auf Erfolg bietet und nicht mutwillig erscheint. (§ 114 Abs. 1 ZPO; *Nickel* MDR 2011, 1336; *Niebling* JA 2009, 630). Auf die entsprechende Möglichkeit muss der Anwalt seinen Mandanten hinweisen (OLG Celle Beschl. v. 26.08.2009 - 2 W 240/09).

110 Dabei ist die Feststellung der **wirtschaftlichen Voraussetzungen** durch die Verweisung auf § 82 Abs. 2 SGB XII und zahlreiche Freibeträge in § 115 ZPO sehr schwierig geworden. Selbst spezielle Berechnungsprogramme lösen nicht alle Probleme.

111 ▶ **Praxistipp:**

Kommt eine Bedürftigkeit des Mandanten i. S. d. §§ 114, 115 ZPO in Betracht, kann es sich empfehlen, einen Antrag unter Verwendung des Formulars nach § 117 Abs. 3 ZPO zu stellen und die Berechnung dem Gericht zu überlassen.

Auch wenn der Antrag teilweise oder vollständig zurückgewiesen wird, sind damit Nachteile nicht verbunden. Eine solche Entscheidung steht weder der anderweitig finanzierten Prozessführung noch einem neuen Antrag entgegen.

Keine brauchbare Taktik besteht darin, die Prozesskostenhilfe durch Einschaltung eines Prozessstandschafters oder eines Zessionars zu erschleichen. In diesen Fällen stellt die Rechtsprechung für die Beurteilung der Bedürftigkeit zumindest dann auf diejenige des Rechtsinhabers bzw. Zedenten ab, wenn kein triftiger Grund für die Ermächtigung bzw. Abtretung zu erkennen ist (Thomas/Putzo/*Reichold* § 114 Rn. 7; Zöller/*Philippi* § 114 Rn. 8 f.; str.).

112 **Gegen** einen Antrag auf die Gewährung von Prozesskostenhilfe sprechen verbleibende Kosten- und Erfolgsrisiken, ggf. auch die hierdurch eintretende Verfahrensverzögerung.

113 ▶ **Praxistipp:**

Der Mandant muss darauf hingewiesen werden, dass ihm mit der Gewährung von Prozesskostenhilfe nicht jegliches Prozesskostenrisiko abgenommen ist.

So kann die Prozesskostenhilfe (abhängig vom Einkommen der Partei) nur gegen Zahlung von Raten bewilligt werden. Zudem sind im Fall des Unterliegens die (Anwalts-) Kosten des Gegners davon nicht umfasst (§ 123 ZPO). Außerdem kann keine Prozesskostenhilfe für das Prozesskostenhilfeverfahren selbst bewilligt werden (Zöller/*Philippi* § 114 Rn. 3).

114 **Für** einen Antrag auf die Gewährung von Prozesskostenhilfe (§§ 114 ff. ZPO) spricht nicht nur, dass die Partei von der Verpflichtung zur Tragung der Gerichtskosten befreit werden und der Anwalt von der Landeskasse bezahlt wird (§ 122 ZPO), sondern auch, dass die Partei quasi kostenlos und unverbindlich eine Vorprüfung ihrer Erfolgsaussichten durch das Gericht (und im Rahmen einer sofortigen Beschwerde gem. § 127 Abs. 2 ZPO ggf. auch durch das Berufungsgericht) bekommt.

115 **Erfolgsaussicht** besteht, wenn das Gericht einen Erfolg der antragstellenden Partei aufgrund ihrer Sachdarstellung und aufgrund der vorgelegten Unterlagen zumindest rechtlich für möglich hält (OLG Naumburg OLGR Naumburg 2005, 479 m. w. N.). Erforderlich ist damit eine schlüssige Begründung des eigenen Antrags, an die indes keine überspannten Anforderungen gestellt werden dürfen (BVerfG NJW 2010, 1129).

Diese muss zum Zeitpunkt der Entscheidung vorliegen, grundsätzlich bereits mit der Antragsschrift, spätestens vor Ablauf einer vom Gericht hierfür gesetzten Frist (§ 118 Abs. 3 ZPO).

Der Kläger hat mit dem Antrag auf Bewilligung von Prozesskostenhilfe die Grundlagen der beabsichtigten Rechtsverfolgung darzutun. Diese müssen nicht explizit in der Antragsschrift ausgeführt werden, es genügt die Bezugnahme auf die Klageschrift bzw. deren Entwurf. Da das Gericht lediglich eine summarische Prüfung der Erfolgsaussichten vornimmt, sind die Anforderungen an die Darlegung nicht übermäßig hoch (OLG Saarbrücken Beschl v 08.01.2010 – 6 WF 130/09 m. w. N.). Ist zu erwarten, dass eine Tatsache streitig werden wird, sind die hierfür zu Verfügung stehenden Beweismittel zu bezeichnen. Regelmäßig genügt bereits dies zur Bejahung der Erfolgsaussicht, eine Antizipation des Beweisergebnisses ist weder erforderlich noch im Regelfall zulässig. Eine Ausnahme macht die Rechtsprechung nur, wenn und soweit die

Gesamtwürdigung aller bereits feststehenden Tatsachen und Indizien ein positives Beweisergebnis zugunsten des Bedürftigen als ausgeschlossen erscheinen lässt (BVerfG NJW 1997, 2754; OLG Köln NJW-RR 2008, 240).

Der Beklagte muss dartun, dass die Klage unschlüssig (OLG Karlsruhe FamRZ 1997, 375) oder sein Vorbringen geeignet ist, die Abweisung der Klage zu rechtfertigen.

Mit Einführung des § 114 Abs. 2 ZPO im Jahr 2013 hat der Gesetzgeber die eigenständige Bedeutung des Erfordernisses **fehlender Mutwilligkeit** besonders herausgestellt. Mutwillig ist die Rechtsverfolgung oder Rechtsverteidigung, wenn eine Partei, die keine Prozesskostenhilfe beansprucht, bei verständiger Würdigung aller Umstände von der Rechtsverfolgung oder Rechtsverteidigung absehen würde, obwohl eine hinreichende Aussicht auf Erfolg besteht. Erreicht werden soll damit, dass ein Minderbemittelter nicht besser gestellt wird, als ein Bemittelter, der der seine Prozessaussichten vernünftig abwägt und dabei auch das Kostenrisiko berücksichtigt (BVerfGE 81, 347; BVerfG NJW 2010, 988). Es ist nicht Aufgabe der Prozesskostenhilfe, auf Kosten der Allgemeinheit Rechtsstreitigkeiten zu ermöglichen, die eine Partei, die den Prozess selbst finanzieren müsste, bei besonnener Einschätzung der Prozesschancen und -risiken nicht führen würde. Dies kann es erforderlich machen, in der Antragsschrift das hypothetische Verhalten einer selbstzahlenden Partei, die sich in der Situation des Antragstellers befindet, als Maßstab der Mutwilligkeit darzulegen.

115a

▶ **Beispiel:**
> Wird Prozesskostenhilfe für eine Bagatellforderung beantragt, dürfte es sinnvoll sein, darauf hinzuweisen, dass auch Selbstzahler Prozesse um niedrige Beträge führen, wenn sie die Erfolgsaussichten für ausreichend halten. So hatten in den vergangenen Jahren rund 19 Prozent der Zivilprozesse vor Amtsgerichten einen Streitwert unter 300 Euro, nur in jedem 20. Verfahren davon war zumindest einer Partei Prozesskostenhilfe bewilligt.

Bei gleichzeitiger Einreichung von **Antrags- und Klageschrift** hat der Antragsteller deutlich zu machen, ob er die Klage unbedingt oder (nur) für den Fall der Bewilligung von Prozesskostenhilfe eingereicht (bzw. zugestellt) haben will oder ob (zunächst) nur der Prozesskostenhilfeantrag allein behandelt werden soll.

115b

Die Prozesshandlung ist, sofern sie nicht eindeutig ist, auszulegen (BGH NJW-RR 1987, 376). Hierauf aber sollte es der Anwalt nicht ankommen lassen, sondern eindeutig klarstellen, was er erreichen will.

Zwar kann die Klage als bedingungsfeindliche Prozesshandlung nicht unter der Bedingung der Gewährung von Prozesskostenhilfe erhoben werden, aber es kann ihre Zustellung davon abhängig gemacht werden (was die Partei allerdings schon durch die Nichteinzahlung des Kostenvorschusses erreicht – Zöller/*Greger* § 253 Rn. 2). Auch wenn die Klage trotzdem zugestellt wird, liegt noch keine wirksame Klageerhebung vor (OLG Köln NJW 1994, 3360; Zöller/*Philippi* § 117 Rn. 8).

Für die Rechtsmitteleinlegung ist dieser Weg nicht gangbar. Soll diese von der Gewährung von Prozesskostenhilfe abhängig gemacht werden, muss die Einlegung zunächst unterbleiben, weil eine bedingte Einlegung nicht möglich ist. Stattdessen wird nur der PKH-Antrag gestellt. Wird diesem vor Ablauf der Berufungsfrist stattgegeben, kann die Einlegung noch fristgerecht erfolgen. Ist bei Gewährung der Prozesskostenhilfe die Frist zur Einlegung der Berufung bereits abgelaufen, ist ein Antrag auf Wiedereinsetzung zu stellen, da die Mittellosigkeit vor der Gewährung die Partei an der Wahrung der Frist gehindert hat. Dazu unten Rdn. 3130.

Für den **Regelfall** dürfte sich die so bedingte Klageerhebung empfehlen.

116

Mit der Erklärung, dass die Klageschrift (nur) für den Fall bzw. nach der Bewilligung der Prozesskostenhilfe dem Antragsgegner zugestellt werden bzw. eingereicht sein soll oder dass über den Prozesskostenhilfeantrag »vorab« entschieden werden möge, wird klar und eindeutig zum Ausdruck gebracht, dass sich das Gericht zunächst nur mit dem Prozesskostenhilfegesuch befassen und Prozess fördernde Maßnahmen ansonsten unterlassen soll. Dies gilt auch, wenn die als Anlage beigefügte Klage als »Entwurf« gekennzeichnet oder nicht unterschrieben ist (BGH NJW-RR 2010, 278; Zöller/*Philippi* § 117 Rn. 7).

Wird bei der so bedingten Klageeinreichung Prozesskostenhilfe nicht gewährt, kann der Antragsteller ohne Weiteres von seiner – noch nicht anhängigen (BGH MDR 2003, 1314) – Klage Abstand nehmen, ohne dass ihm Kosten auferlegt werden können (§ 6 GKG; § 118 Abs. 1 Satz 4 ZPO; Zöller/*Philippi* § 118 Rn. 26; u. U. materiellrechtlicher Kostenerstattungsanspruch des Gegners hinsichtlich seiner außergerichtlichen Kosten). Demgegenüber wird bei einer unbedingten Klageerhebung die Klagepartei sofort Kostenschuldner und bei Rücknahme der Klage sind ihr in der Regel auch die Kosten aufzuerlegen (§ 269 Abs. 3 ZPO; BGH FamRZ 2005, 794; NJW-RR 2005, 1015).

Schließlich erspart man sich im Gegensatz zum reinen Prozesskostenhilfeantrag die (nochmalige) Fertigung und Einreichung der Klageschrift.

117 ▶ **Praxistipp:**

Die im Prozesskostenhilfeverfahren gemachten Aussagen des Gerichts über die Erfolgsaussichten der Klage sind nicht zuverlässig.

Streitige tatsächliche Fragen müssen stets offenbleiben, auch im Übrigen erfolgt die **Sach-** und Rechtsprüfung durch das Gericht nur summarisch, zweifelhafte Rechtsfragen werden nicht abschließend entschieden, sondern zugunsten des Antragstellers unterstellt (Zöller/*Philippi* § 114/19/21). Dies führt häufig dazu, dass ein Prozess trotz gewährter Prozesskostenhilfe verloren geht. Denkbar ist aber auch umgekehrt, dass sich im Prozess Möglichkeiten ergeben, die bei Beantragung der Prozesskostenhilfe nicht vorhersehbar waren, sodass eine Klage auch nach Versagung der Prozesskostenhilfe noch Erfolg haben kann.

118 Keiner besonderen Erwähnung sollte bedürfen, dass zusammen mit dem Antrag auf Gewährung von Prozesskostenhilfe die eigene **Beiordnung** zur Vertretung als Anwalt zu beantragen ist (§ 121 ZPO).

Auch ohne einen solchen Antrag wird das Gericht regelmäßig davon ausgehen, dass die Partei sich den antragstellenden Anwalt gewählt hat und dieser zur Vertretung bereits ist, sodass das Prozesskostenhilfegesuch einen stillschweigenden Beiordnungsantrag enthält (Zöller/*Philippi* § 121 Rn. 4, 14; str.).

Beigeordnet werden kann – entgegen dem Wortlaut des § 121 Abs. 1 ZPO – nicht nur ein einzelner Anwalt persönlich, sondern auch eine Rechtsanwaltssozietät (BGH NJW 2009, 440).

119 Wird daraufhin Prozesskostenhilfe bewilligt, darf nicht vergessen werden, die Klage sodann zu erheben bzw. es ist zu überprüfen, ob das Gericht die Zustellung nunmehr vorgenommen hat.

Zu den Besonderheiten der Einlegung eines Rechtsmittels nur für den Fall der Prozesskostenhilfegewährung und der dabei erforderlichen Wiedereinsetzung unten Rdn. 3035).

120 Dass mit der auf die Gewährung der Prozesskostenhilfe bedingten Zustellung die Erhebung der Klage verzögert wird, schafft Probleme bei der Einhaltung von **Fristen** regelmäßig nicht.

121 Die **Verjährung** wird durch die Bekanntgabe des erstmaligen Antrags auf Gewährung von Prozesskostenhilfe gehemmt (§ 204 Abs. 1 Nr. 14 BGB). Erfolgt die Bekanntgabe demnächst nach der Einreichung des Antrags, so tritt die Hemmung der Verjährung bereits mit der Einreichung ein (§ 167 ZPO; unten Rdn. 332, 1995).

Entgegen der bisherigen Rechtsprechung (Zöller/*Philippi* § 117 Rn. 4a) sind weitere Voraussetzungen hierfür nicht mehr erforderlich. So hemmt auch ein unzulässiger, unschlüssiger und unbegründeter Antrag auf Bewilligung von Prozesskostenhilfe die Verjährung (Palandt/*Ellenberger* § 204 Rn. 30). Damit lässt sich dieser Antrag (lediglich) für eine schnelle und einfache Verjährungshemmung einsetzen. Allerdings ist ausgeschlossen, dass der Gläubiger sich durch gestaffelte Prozesskostenhilfeanträge eine mehrfache Verjährungshemmung verschafft.

122 ▶ **Praxistipp:**

Muss der Gläubiger den Lauf der Verjährungsfrist hemmen, muss er beim Gericht eine Zustellung seines Antrags unter Hinweis hierauf ausdrücklich beantragen.

Eine Hemmung der Verjährung ist mit dem Prozesskostenhilfeantrag nur verbunden, wenn dieser dem Beklagten bekannt gegeben wird. Eine verfassungskonforme Auslegung des § 204 Abs. 1 Nr. 14 BGB i. S. e. Verjährungshemmung schon durch den Eingang des Antrags bei Gericht hat der BGH ausdrücklich abgelehnt

(BGH NJW 2008, 1939). Eine Bekanntgabe des Antrags an den Gegner ist prozessrechtlich nicht zwingend, sie kann nach dem Ermessen des Gerichts unterbleiben (§ 118 Abs. 1 Satz 1 ZPO). Allerdings hält der BGH das Gericht zu einer solchen Bekanntgabe für verpflichtet, wenn der Gläubiger auf die Notwendigkeit einer Verjährungshemmung ausdrücklich hinweist und um Bekanntgabe des Antrags ersucht (unten Rdn. 337).

Besonderer Prüfung bedarf die Frage, ob durch den der Klageerhebung vorgeschalteten Prozesskostenhilfeantrag die Wahrung **anderer Fristen** gefährdet wird. 123

Materielle Klagefristen (z. B. § 26, 27 EGGVG oder Fristen im Privatversicherungsrecht) werden durch den bloßen Prozesskostenhilfeantrag nicht gewahrt.

Dem Beklagten kann für seine **Rechtsverteidigung gegen ein bloßes Prozesskostenhilfegesuch** vor Rechtshängigkeit grundsätzlich keine Prozesskostenhilfe bewilligt werden (Zöller/*Philippi* § 114 Rn. 25; a.A. OLG Karlsruhe NJW-RR 2001, 643: sofern der Beklagte ausdrücklich zur Stellungnahme aufgefordert wurde). Der Beklagte erhält Prozesskostenhilfe frühestens nach Erhebung der Klage gegen ihn. 124

Dann besteht hinreichende Erfolgsaussicht für die Rechtsverteidigung bereits, wenn der Beklagte entscheidungserheblichen Vortrag (wirksam) bestritten hat. Insoweit ist es möglich, dass beide Parteien im Prozess Prozesskostenhilfe wegen der »Aussicht« auf Erfolg ihrer Rechtsverfolgung bzw. Rechtsverteidigung erhalten.

Es kann sich für den Beklagtenvertreter empfehlen – damit er letztlich nicht »umsonst« arbeitet – nach einer kurzen Klagerwiderung zunächst die Entscheidung über den Prozesskostenhilfeantrag abzuwarten bzw. auf einer unverzüglichen Entscheidung zu bestehen (Zöller/*Philippi* § 118 Rn. 14a a. E.; Versäumnisurteil im Termin darf nicht ergehen, § 337 ZPO).

Für den Antrag sind die amtlichen **Formulare** zu verwenden und die entsprechenden Unterlagen beizufügen (§ 117 Abs. 3, 4 ZPO i. V. m. PKH-VV vom 17.10.1994; BGBl. I, S. 3001). 125

Sofern die Partei Sozialhilfe bezieht, reicht in der Regel die Vorlage des letzten Bescheides für die Bewilligung von Prozesskostenhilfe ohne Ratenzahlung aus (OLG Hamm JurBüro 1986, 767; OLG Karlsruhe FamRZ 1989, 645).

Über den Antrag hat das Gericht bei Vorliegen der Voraussetzungen alsbald zu **entscheiden**. 126

Insbesondere darf nicht erst nach Verhandlung und Beweiserhebung in der Hauptsache hierüber entschieden werden, sondern noch vor dem Verhandlungstermin (Zöller/*Philippi* § 118 Rn. 13, 14).

▶ Praxistipp: 127

Der Kläger, der die Klage unabhängig von der Gewährung von Prozesskostenhilfe erhoben hat, sollte genauso wie der Beklagte nicht hinnehmen, dass die Entscheidung über seinen Prozesskostenhilfeantrag aufgeschoben wird, sondern sollte auf eine unverzügliche Entscheidung dringen.

Mit dem weiteren Prozessverlauf können sich die Erfolgsaussichten beider Parteien verschlechtern. Einlassungen und Beweisantritte des Gegners, die Vorlage von Urkunden und insbesondere eine Beweisaufnahme können die zu Beginn des Prozesses noch vorhandene Möglichkeit eines Obsiegens geringer werden oder gar entfallen lassen.

Im Extremfall wird der Prozesskostenhilfeantrag zugleich mit dem für den Antragsteller negativ ausgefallenen Urteil (mangels Erfolgsaussicht) abgelehnt. Dass bei der Entscheidung über den Prozesskostenhilfeantrag zu einem späteren Zeitpunkt auf die Sach- und Rechtslage bei Antragstellung abzustellen ist (KG FamRZ 2009, 1505; Prütting/Gehrlein/*Völker/Zempel* § 119 Rn. 22), ist umstritten (a.A. OLG Saarbrücken OLGR 2009, 929; Zöller/*Philippi* § 119 Rn. 44).

Die Beiordnung eines Anwalts muss beim Amtsgericht grundsätzlich beantragt werden (§ 121 Abs. 1, 2 ZPO), wobei das Prozesskostenhilfegesuch einen stillschweigenden Beiordnungsantrag enthält (Zöller/*Philippi* § 121/4/14; str.).

Verzögert das Gericht die Entscheidung, kommen folgende Maßnahmen in Betracht: 128
– In einem ersten Schritt sollte das Gericht selbst zur Entscheidung angehalten werden, wobei es im Ermessen des Anwalts steht, wie er diese Eingabe bezeichnen bzw. formulieren will; in

Betracht kommen eine »Wiederholung« des Antrags, eine »Erinnerung« an diesen, eine »Sachstandsanfrage« oder auch eine »Anmahnung«.
- Wie in allen Fällen der Untätigkeit kann der Richter auch hier zur Einhaltung seiner Dienstpflichten durch eine Dienstaufsichtsbeschwerde angehalten werden. Selbst wenn der Dienstvorgesetzte (Präsident des Gerichts) einen Anlass für dienstaufsichtsrechtliche Maßnahmen nicht sieht, genügt der Antrag häufig, um dem Verfahren Fortgang zu geben.
- Kommt die Verzögerung der Entscheidung einer Ablehnung des Antrags gleich, lässt die h. M. eine sofortige Beschwerde gem. § 127 Abs. 2 Satz 2 ZPO zu (Zöller/*Philippi* § 127 Rn. 11). Problematisch ist dabei die Einhaltung der Beschwerdefrist (§ 127 Abs. 2 Satz 3 ZPO: ein Monat), sodass sich besondere Ausführungen zum Beginn der Frist (Zeitpunkt, bis zu dem die Entscheidung spätestens hätte ergehen müssen) empfehlen.
- Nur ausnahmsweise, praktisch wohl nur bei ungerechtfertigter Verweigerung einer Entscheidung, wird sich die Verzögerung für die Partei als Grund darstellen, der Misstrauen gegen die Unparteilichkeit des Richters und damit einen Befangenheitsantrag (§ 42 Abs. 2 ZPO) rechtfertigt (Zöller/*Vollkommer* § 42 Rn. 24).

129 Der **Gegner** des Antragstellers hat kein Beschwerderecht; für ihn sind weder die Bewilligung der Prozesskostenhilfe noch deren Versagung oder Verzögerung anfechtbar.

Ein Beschwerderecht steht lediglich der Staatskasse zu (§ 127 ZPO). Der vorher grundsätzlich anzuhörende Gegner (§ 118 Abs. 1 ZPO) kann hier zu der »hinreichenden Aussicht auf Erfolg« der Rechtsverfolgung oder Rechtsverteidigung als Voraussetzung für die Bewilligung Stellung nehmen (OLG Frankfurt a. M. ProzRB 2003, 83: auch Gegenvorstellung unstatthaft). Die hilfsbedürftige Partei sollte auf eine Stellungnahme des Gegners unverzüglich reagieren, da sonst das Gericht u. U. (wochen-) lang wartet und sich dadurch das Verfahren unnötig verzögert.

130 Der die Gewährung von Prozesskostenhilfe ablehnende Beschluss erwächst zwar in formeller, nicht aber in materieller Rechtskraft. Deswegen ist im gleichen Verfahren die Stellung eines **neuen Antrags** grundsätzlich möglich. Erforderlich ist indes, dass ein entsprechendes Rechtsschutzbedürfnis gegeben ist (BGH NJW 2009, 857). Dies verneint die Rechtsprechung, wenn mit dem neuen Antrag lediglich das frühere Vorbringen wiederholt wird. Haben sich jedoch die subjektiven oder objektiven Voraussetzungen der Gewährung geändert, kann darauf ein neuer Antrag gestützt werden. Hierzu genügen häufig bereits die Änderung des Antrags, die Darlegung einer anderen Anspruchsbegründung oder der Vortrag neuer Angriffs- und Verteidigungsmittel.

b) Rechtsschutzversicherung

131 Die Kosten der beabsichtigten Rechtsverfolgung oder -verteidigung können auch durch eine Rechtsschutzversicherung abgedeckt sein (*Bühren* AnwBl. 2001, 97).

Ob eine solche besteht, muss der Anwalt erfragen, bevor er einen Antrag auf Gewährung von Prozess- oder Beratungskostenhilfe stellt (§ 115 Abs. 2 ZPO). Ohne einen solchen Antrag besteht eine Pflicht zur Frage nicht, dennoch liegt sie praktisch nahe.

132 Besteht eine Rechtsschutzversicherung, übernimmt der Anwalt mit dem Mandat grundsätzlich auch die den Mandanten seiner Rechtsschutzversicherung gegenüber treffenden vertraglichen **Obliegenheiten**. Diese fallen vor Klageerhebung (z. B. Deckungszusage), während des Prozesses (Informationspflicht) und danach an.

Allgemeine Bedingungen für die Rechtsschutzversicherung (ARB 2010)

GDV-Musterbedingungen

§ 17 Verhalten nach Eintritt des Rechtsschutzfalls

(1) Wird die Wahrnehmung rechtlicher Interessen des Versicherungsnehmers nach Eintritt eines Rechtsschutzfalles erforderlich, hat er
a) dem Versicherer den Rechtsschutzfall unverzüglich – ggf. auch mündlich oder telefonisch – anzuzeigen;

b) den Versicherer vollständig und wahrheitsgemäß über sämtliche Umstände des Rechtsschutzfalles zu unterrichten sowie Beweismittel anzugeben und Unterlagen auf Verlangen zur Verfügung zu stellen;
c) soweit seine Interessen nicht unbillig beeinträchtigt werden,
aa) Kosten auslösende Maßnahmen mit dem Versicherer abzustimmen, insbesondere vor der Erhebung und Abwehr von Klagen sowie vor der Einlegung von Rechtsmitteln die Zustimmung des Versicherers einzuholen;
bb) für die Minderung des Schadens im Sinne des § 82 VVG zu sorgen. Dies bedeutet, dass die Rechtsverfolgungskosten so gering wie möglich gehalten werden sollen. Von mehreren möglichen Vorgehensweisen hat der Versicherungsnehmer die kostengünstigste zu wählen, indem er z. B. (Aufzählung nicht abschließend):
– nicht zwei oder mehr Prozesse führt, wenn das Ziel kostengünstiger mit einem Prozess erreicht werden kann (z. B. Bündelung von Ansprüchen oder Inanspruchnahme von Gesamtschuldnern als Streitgenossen, Erweiterung einer Klage statt gesonderter Klageerhebung),
– auf (zusätzliche) Klageanträge verzichtet, die in der aktuellen Situation nicht oder noch nicht notwendig sind,
– vor Klageerhebung die Rechtskraft eines anderen gerichtlichen Verfahrens abwartet, das tatsächliche oder rechtliche Bedeutung für den beabsichtigten Rechtsstreit haben kann,
– vorab nur einen angemessenen Teil der Ansprüche einklagt und die etwa nötige gerichtliche Geltendmachung der restlichen Ansprüche bis zur Rechtskraft der Entscheidung über die Teilansprüche zurückstellt,
– in allen Angelegenheiten, in denen nur eine kurze Frist zur Erhebung von Klagen oder zur Einlegung von Rechtsbehelfen zur Verfügung steht, dem Rechtsanwalt einen unbedingten Prozessauftrag zu erteilen, der auch vorgerichtliche Tätigkeiten mit umfasst.

Der Versicherungsnehmer hat zur Minderung des Schadens Weisungen des Versicherers einzuholen und zu befolgen. Er hat den Rechtsanwalt entsprechend der Weisung zu beauftragen.

(2) Der Versicherer bestätigt den Umfang des für den Rechtsschutzfall bestehenden Versicherungsschutzes. Ergreift der Versicherungsnehmer Maßnahmen zur Wahrnehmung seiner rechtlichen Interessen, bevor der Versicherer den Umfang des Rechtsschutzes bestätigt und entstehen durch solche Maßnahmen Kosten, trägt der Versicherer nur die Kosten, die er bei einer Rechtsschutzbestätigung vor Einleitung dieser Maßnahmen zu tragen hätte.

(3) Der Versicherungsnehmer kann den zu beauftragenden Rechtsanwalt aus dem Kreis der Rechtsanwälte auswählen, deren Vergütung der Versicherer nach § 5 Absatz 1 a) und b) trägt. Der Versicherer wählt den Rechtsanwalt aus,
a) wenn der Versicherungsnehmer dies verlangt;
b) wenn der Versicherungsnehmer keinen Rechtsanwalt benennt und dem Versicherer die alsbaldige Beauftragung eines Rechtsanwaltes notwendig erscheint.

(4) Wenn der Versicherungsnehmer den Rechtsanwalt nicht bereits selbst beauftragt hat, wird dieser vom Versicherer im Namen des Versicherungsnehmers beauftragt. Für die Tätigkeit des Rechtsanwaltes ist der Versicherer nicht verantwortlich.

(5) Der Versicherungsnehmer hat
a) den mit der Wahrnehmung seiner Interessen beauftragten Rechtsanwalt vollständig und wahrheitsgemäß zu unterrichten, ihm die Beweismittel anzugeben, die möglichen Auskünfte zu erteilen und die notwendigen Unterlagen zu beschaffen;
b) dem Versicherer auf Verlangen Auskunft über den Stand der Angelegenheit zu geben.

(6) Wird eine der in den Absätzen 1 oder 5 genannten Obliegenheiten vorsätzlich verletzt, verliert der Versicherungsnehmer seinen Versicherungsschutz. Bei grob fahrlässiger Verletzung einer Obliegenheit ist der Versicherer berechtigt, seine Leistung in einem der Schwere des Verschuldens des Versicherungsnehmers entsprechenden Verhältnis zu kürzen. Der vollständige oder teilweise Wegfall des Versicherungsschutzes hat bei der Verletzung einer nach Eintritt des Versicherungsfalls bestehenden Auskunfts- oder Aufklärungsobliegenheit zur Voraussetzung, dass der Versicherer den Versicherungsnehmer durch gesonderte Mitteilung in Textform auf diese Rechtsfolge hingewiesen hat. Weist der Versicherungsnehmer nach, dass er die Obliegenheit nicht grob fahrlässig verletzt hat, bleibt der Versicherungsschutz bestehen.

Der Versicherungsschutz bleibt auch bestehen, wenn der Versicherungsnehmer nachweist, dass die Verletzung der Obliegenheit weder für den Eintritt oder die Feststellung des Versicherungsfalls noch für die

Feststellung oder den Umfang der dem Versicherer obliegenden Leistung ursächlich war. Das gilt nicht, wenn der Versicherungsnehmer die Obliegenheit arglistig verletzt hat.

(7) Der Versicherungsnehmer muss sich bei der Erfüllung seiner Obliegenheiten die Kenntnis und das Verhalten des von ihm beauftragten Rechtsanwalts zurechnen lassen, sofern dieser die Abwicklung des Rechtsschutzfalles gegenüber dem Versicherer übernimmt.

(8) Ansprüche auf Rechtsschutzleistungen können nur mit schriftlichem Einverständnis des Versicherers abgetreten werden.

(9) Ansprüche des Versicherungsnehmers gegen andere auf Erstattung von Kosten, die der Versicherer getragen hat, gehen mit ihrer Entstehung auf diesen über. Die für die Geltendmachung der Ansprüche notwendigen Unterlagen hat der Versicherungsnehmer dem Versicherer auszuhändigen und bei dessen Maßnahmen gegen die anderen auf Verlangen mitzuwirken. Dem Versicherungsnehmer bereits erstattete Kosten sind an den Versicherer zurückzuzahlen. Verletzt der Versicherungsnehmer diese Obliegenheit vorsätzlich, ist der Versicherer zur Leistung insoweit nicht verpflichtet, als er infolgedessen keinen Ersatz von dem Dritten erlangen kann. Im Fall einer grob fahrlässigen Verletzung der Obliegenheit ist der Versicherer berechtigt, seine Leistung in einem der Schwere des Verschuldens des Versicherungsnehmers entsprechenden Verhältnis zu kürzen; die Beweislast für das Nichtvorliegen einer groben Fahrlässigkeit trägt der Versicherungsnehmer.

133 Der Anwalt darf sich auf Einschätzungen oder Entscheidungen der Rechtsschutzversicherung nicht verlassen. Erteilt diese eine Deckungszusage nicht rechtzeitig vor Ablauf einer Frist, stellt dies keinen Wiedereinsetzungsgrund dar (VGH München Beschl. vom 11.01.2010 – Az. 12 ZB 09.2756). Verweigert die Rechtsschutzversicherung Deckungsschutz, weil sie die Erfolgsaussichten verneint, muss der Anwalt den Mandanten über seine abweichende Auffassung belehren und diesem die Entscheidung über die Einleitung gerichtlicher Maßnahmen überlassen.

c) Gewerbliche Prozessfinanzierung

134 Seit einigen Jahren wird in Deutschland auch die gewerbliche Prozesskostenfinanzierung angeboten (*Homberg* S. 1 ff.). Der Prozessfinanzierer lässt sich dabei am **Erfolg** des von ihm finanzierten Prozesses beteiligen. Üblich sind Abreden, nach denen der Finanzierer sämtliche Kosten der gerichtlichen Rechtsverfolgung übernimmt, während den Anspruchsinhaber die Verpflichtung trifft, im Fall einer erfolgreichen Rechtsdurchsetzung dem Finanzierer einen Teil des erstrittenen Betrages, häufig 20 bis 30 %, zu überlassen (*Frechen/Kochheim* NJW 2004, 1231 f.; *Conrad* MDR 2006, 848; *Buschbell* AnwBl 2006, 825).

Eine Beteiligung des Anwalts an einer solchen Form der Finanzierung wurde vor dem 01.07.2008 nicht nur als standeswidrig, sondern gem. § 134 BGB in Verbindung mit § 49b Abs. 2 Satz 1 BRAO a. F. als unwirksam angesehen (OLG Köln NJW 2008, 589). Das Bundesverfassungsgericht (BVerfG NJW 2007, 979) hat das Verbot anwaltlicher Erfolgshonorare einschließlich des Verbotes der »quota litis« § 49b Abs. 2 Satz 1 BRAO) für mit Art. 12 Abs. 1 GG insoweit nicht vereinbar erklärt, als es keine Ausnahme für den Fall zulässt, dass der Rechtsanwalt mit der Vereinbarung einer erfolgsbasierten Vergütung besonderen Umständen in der Person des Auftraggebers Rechnung trägt, die diesen sonst davon abhielten, seine Rechte zu verfolgen.

Mit der zum 01.08.2008 in Kraft getretenen Änderung der §§ 3a, 4, 4a RVG (*Kilian* NJW 2008, 1905; *Fölsch* MDR 2008, 728) ist ein Erfolgshonorar künftig nicht nur dann zulässig, wenn seine wirtschaftlichen Verhältnisse dem Rechtsuchenden gar keine Alternative lassen. Es kommt nicht allein auf die wirtschaftlichen Verhältnisse, sondern auch auf das Kostenrisiko und seine Bewertung an. Im Rahmen so genannter »individueller und subjektiver Nutzen-Risiko-Erwägungen« erhalten die Beteiligten den Spielraum für eine Erfolgsvereinbarung. Zum Schutz des Rechtsuchenden wird eine Reihe von Aufklärungs- und Hinweispflichten festgelegt. So ist der Rechtsanwalt unter anderem verpflichtet, in der Honorarvereinbarung die Vergütung anzugeben, die er ohne die Vereinbarung eines Erfolgshonorars verlangen könnte (*Vogeler* JA 2011, 321).

Für Anwälte eröffnet sich damit eine neue Form der Kooperation mit gewerblichen Prozessfinanzierern: Im Fall einer Erfolgsvergütung könnte man künftig zusammenarbeiten (*Birte Meyer* ZAP Fach 24, S. 1179; *Wilde* AnwBl 2008, 706). Erwartet wird eine Entwicklung dahin, dass sich Anwälte und Prozessfinanzierer Risiken teilen und/oder dass Anwälte die besonderen Dienstleistungen der Prozessfinanzierer in Anspruch nehmen. Ein auf Erfolgsbasis arbeitender Anwalt wäre dann – so *Wildes* Fazit – keine Konkurrenz für einen Prozessfinanzierer, sondern sein Kunde.

Auf den Kosten der Prozessfinanzierung bleibt der Mandant endgültig sitzen. Eine **Erstattung** des auf den Finanzierer entfallenden Teils der Hauptforderung kann er unter keinem rechtlichen Gesichtspunkt verlangen (*Rensen* MDR 2010, 182). 135

II. Die Feststellung der Ausgangssituation

Bei Übernahme des Mandats findet der Anwalt eine konkrete tatsächliche und rechtliche Ausgangssituation vor. Diese gilt es festzustellen, weil sich hieraus die alternativlos notwendigen und die taktisch möglichen Handlungen ergeben. 136

> Dabei ist der Anwalt an Weisungen und Vorgaben des Mandanten nur grundsätzlich gebunden. Er behält seine Freiheit und seine Verantwortung und muss den Mandanten im Innenverhältnis auf Nachteile, die mit der Befolgung der Weisung verbunden sind, hinweisen. Im Außenverhältnis - etwa bei der Weiterleitung vom Mandanten gefertigter Schriftsätze - hat er deren Inhalt zu prüfen, den Mandaten vor Risiken zu warnen und (in seltenen Fällen) die Befolgung der Weisung sogar (ggf. unter Kündigung des Mandats) ablehnen (*Ullrich* MDR 2009, 1017).

1. Tatsächliche Vorgaben der anwaltlichen Tätigkeit

Dass nur der Anwalt die Interessen seines Mandanten sachgerecht vertreten kann, der den einschlägigen Sachverhalt **vollständig und richtig** erfasst hat, versteht sich von selbst. Denn der Anwalt muss sich »über die Sachlage klar werden« (BGH NJW 2007, 2485, 2486), er muss den seiner Tätigkeit zugrunde zu legenden Sachverhalt feststellen. 137

a) Umfang der Sachverhaltsfeststellung

Unterschätzt wird häufig, welchen **Aufwand** der Anwalt treiben muss, um sich über diesen Sachverhalt zu informieren. Die tägliche Erfahrung zeigt, dass die Mitteilung des Sachverhaltes durch den Klienten einer der Zeit raubendsten Teile der anwaltlichen Mühewaltung ist. Das mag zu bedauern sein – zu ändern ist es nicht. Weder kann dieser Teil der anwaltlichen Tätigkeit delegiert noch rationalisiert werden. Der Königsweg zum Erfolg führt allein über eine möglichst umfassende und sorgfältige Informationsgewinnung über das Wer? Wann? Wo? Was? und Wie? Durch den Anwalt selbst. 138

> BGH NJW 2002, 1413: »Nach ständiger höchstrichterlicher Rechtsprechung ist es die Aufgabe des Rechtsanwalts, der einen Anspruch klageweise geltend machen soll, die zu Gunsten seiner Partei sprechenden tatsächlichen und rechtlichen Gesichtspunkte so umfassend wie möglich darzustellen, damit sie das Gericht bei seiner Entscheidung berücksichtigen kann. Er darf sich nicht ohne Weiteres mit dem begnügen, was sein Auftraggeber ihm an Informationen liefert, sondern muss um zusätzliche Aufklärung bemüht sein, wenn den Umständen nach für eine zutreffende rechtliche Einordnung die Kenntnis weiterer Tatsachen erforderlich und deren Bedeutung für den Mandanten nicht ohne Weiteres ersichtlich ist (BGH NJW 1996, 2929, 2931 f.; BGH NJW 1998, 2048, 2049 f.; BGH NJW 2000, 730, 731). Kann die Klage auf verschiedene rechtliche Gesichtspunkte gestützt werden, ist der Sachvortrag so zu gestalten, dass alle in Betracht kommenden Gründe im Rahmen der zur Verfügung stehenden Möglichkeiten konkret dargelegt werden (BGH NJW 1996, 2648, 2649 f.).«

Der **Umfang** des festzustellenden Sachverhalts hängt von den gesamten Umständen des Einzelfalls ab, insbesondere dem, was der Mandant begehrt, sowie dem Inhalt des erteilten Mandats (BGH a. a. O.; s. a. WM 1990, 1917, 1918; NJW 1996, 2648, 2649). Der Rechtsanwalt hat sich nur mit den tatsächlichen Angaben zu befassen, die zur pflichtgemäßen Erledigung des ihm übertragenen Auftrags zu beachten sind. Er braucht sich grundsätzlich nicht um die Aufklärung von Vorgängen zu bemühen, die weder nach den vom Auftraggeber erteilten Informationen noch aus Rechtsgründen in einer inneren Beziehung zu dem Sachverhalt stehen, aus dem der Mandant einen Anspruch gegen seinen Vertragspartner herleiten will (vgl. BGH NJW 1995, 958; 1997, 2168, 2169). 139

140 ▶ **Beispiel:**

Ist der Mandant mit der Abwehr unberechtigter Forderungen der Werkstatt aus der Reparatur eines unfallbeschädigten Kfz abzuwehren, braucht er sich nicht mit der Frage zu befassen, ob der Unfall von einem Dritten verursacht wurde, der auf Erstattung der Kosten in Anspruch genommen werden kann.

»Liefert der von dem Mandanten mitgeteilte Sachverhalt dem Rechtsanwalt keine tatsächlichen Anhaltspunkte für rechtshindernde Einwendungen, welche die Rechtslage zu Gunsten des Mandanten beeinflussen könnten, ist der Rechtsanwalt, der erst in der Phase der Vertragsabwicklung beauftragt worden ist, von sich aus zu einer weiteren Erforschung des Sachverhalts insoweit nicht verpflichtet. Ohne entsprechende Anhaltspunkte hat er zum Beispiel keine Suche nach Tatsachen anzustellen, aus denen sich die Geschäftsunfähigkeit eines der Vertragspartner oder die Einordnung des Vertrags als Scheingeschäft ergeben könnte. Er hat auch nicht von sich aus zu forschen, ob der geschlossene Vertrag wegen eines Missverhältnisses zwischen Leistung und Gegenleistung den Wuchertatbestand erfüllt, wenn die von dem Mandanten mitgeteilten tatsächlichen Umstände hierfür keine Anhaltspunkte bieten. Entsprechendes gilt für mögliche Verstöße gegen Verbotsgesetze i. S. d. § 134 BGB.« (BGH NJW 2006, 501, 502).

141 Bei der Aufklärung des Sachverhalts steht zunächst nicht der Anwalt, sondern der **Mandant in der Pflicht** (»Bringschuld«). Grundsätzlich obliegt es diesem, den Anwalt wahrheitsgemäß und vollständig über den Sachverhalt zu informieren. Darauf, dass der Mandant diese Pflicht erfüllt, darf der Anwalt grundsätzlich vertrauen, d. h. er ist zu eigenen Sachverhaltsermittlungen nicht verpflichtet, muss weder investigativ noch verifizierend tätig werden (BGH NJW 1985, 1154; BGH NJW 1994, 2213).

»Grundsätzlich darf der Rechtsanwalt auf die Richtigkeit und die Vollständigkeit der tatsächlichen Angaben seines Auftraggebers vertrauen, ohne eigene Nachforschungen anstellen zu müssen (vgl. BGH NJW 1997, 2168). Dies gilt insbesondere für die Informationserteilung, welche die berufliche Tätigkeit des Auftraggebers betrifft (vgl. BGH NJW 1982, 437). Der Rechtsanwalt muss sich allerdings um zusätzliche Aufklärung bemühen, wenn den Umständen nach für eine zutreffende rechtliche Einordnung die Kenntnis weiterer Tatsachen erforderlich und deren Bedeutung für den Mandanten nicht ohne Weiteres ersichtlich ist (vgl. BGH NJW 1996, 2429; BGH NJW 1998, 2048; BGH NJW 2000, 730; BGH NJW 2002, 1413.).« (BGH NJW 2006, 501, 502).

So ist der Anwalt nicht verpflichtet, mögliche Zeugen zu befragen oder gar auf ihre Zuverlässigkeit abzuklopfen (RG JW 1933, 3701), Verkehrsunfallorte, ggf. auch nur Pläne oder Internet-Luftbilder zu inspizieren (so nützlich das auch gelegentlich sein kann!) oder Privatdetektive zu beauftragen.

142 Dies aber gilt nur im Grundsatz. So muss der **Rechtsanwalt** den Mandanten bereits auf die Notwendigkeit umfassenden Vortrags hinweisen und über die prozessrechtlichen Nachteile bei ungenügendem Vortrag belehren (BGH, Urt. vom 08.10.1981, III ZR 190/97). Mit dem ihm vom Mandanten vorgetragenen Sachverhalt darf der Anwalt sich jedoch nicht immer begnügen. In einer Reihe von Fällen ist er zumindest zur Nachfrage beim Mandanten verpflichtet.

143 (1) Nachfragen muss der Anwalt, wenn dieser erkennbar **unvollständig** ist. Dies ist häufig der Fall im Hinblick auf Tatsachen, deren rechtliche Relevanz der Mandant nicht erkennt. Dabei kann es genügen, dass für die rechtliche Einordnung durch den Anwalt den Umständen nach die Kenntnis weiterer Tatsachen erforderlich ist (BGH NJW 2002, 1413; Palandt/*Grüneberg* § 280 Rn. 77). Fragen muss der Anwalt damit nach allen Umständen, die zu den Voraussetzungen naheliegender Rechtsnormen gehören oder in gleich gelagerten Fällen nicht selten gegeben sind.

144 ▶ **Beispiel:**

Wurden dem Mandanten zur Information über den Sachverhalt Kopien überlassen, so muss er sicherstellen, dass diese den jeweiligen Urkundeninhalt auch vollständig wiedergeben, dass also nicht Seiten (insbesondere Rückseiten!) fehlen. Da es »selbstverständlich« zu den »elementaren Sorgfaltsanforderungen für einen Prozessbevollmächtigten« gehört, dass er die eines ihm mitgeteilten Sachverhalts zugrunde liegenden Allgemeine Geschäftsbedingungen zuzieht und auf ihre Relevanz prüft (LG München I NJW-RR 2003, 284), muss er bemüht sein, diese auch dann zu bekommen, wenn sie ihm nicht unaufgefordert vorgelegt werden. Insbesondere AGB befinden sich häufig auf der – u. U. nicht mitkopierten – Rückseite von Vertragsurkunden.

Auch heikle, peinliche oder unangenehme Tatsachen, offenbart der Mandant nur ungern und oft erst auf Nachfrage. 145

Unvollständig ist der Vortrag des Mandanten regelmäßig auch hinsichtlich erforderlicher Beweismittel. Deren Erforderlichkeit hat der Anwalt zu erkennen. Er muss den Mandanten auf die Notwendigkeit und die Möglichkeiten der Beweisführung hinweisen, muss nach möglichen Beweismitteln fragen, auf die Ergänzung unzureichender Beweismittel drängen und gefährdete Beweise (Vollkommer/*Heinemann*, Rn. 163). 146

▶ Praxistipp: 147

Schriftliche Unterlagen zum Sachverhalt sollte der Anwalt sich stets vollständig vorlegen lassen und selbst durchsehen, sich also nicht auf deren Zusammenfassung durch den Mandanten verlassen.

Nur so lassen sich unangenehme Überraschungen im späteren Prozess vermeiden.

▶ Beispiele: 148

Dies gilt z. B. für Vertragsurkunden, Kündigungsschreiben, Lieferscheine und Rechnungen, Abnahme- und Mängelprotokolle, Stundenlohnzettel sowie den vollständigen vorprozessualen Schriftwechsel.

Nicht entschieden hat der BGH bislang die Frage, inwieweit der Anwalt verpflichtet sein kann, sich durch ein umfangreiches, ungeordnetes Konvolut von Unterlagen zu arbeiten, um den Sachverhalt selbst festzustellen (BGH Beschluss vom 15.10.2009 - IX ZR 232/08). Nimmt der Anwalt eine entsprechende Information durch den Mandanten widerspruchslos hin, dürfte dies aber zu bejahen sein.

(2) Nachfragen muss der Anwalt auch, wenn die vom Mandanten mitgeteilten Tatsachen **unklar** oder **widersprüchlich** sind. Solche Unklarheiten oder Widersprüche können sich aus der Erzählung des Mandanten selbst ergeben, aus einer Diskrepanz zu den von ihm vorgelegten Schriftstücken und Unterlagen, zu im Laufe der Mandatsbearbeitung bekannt werdenden Informationen Dritter oder auch nur zur allgemeinen Lebenserfahrung. 149

▶ Beispiel: 150

Weicht die Sachverhaltsschilderung des Mandaten dem Anwalt gegenüber von den Angaben ab, die er ausweislich der Ermittlungsakte noch an der Unfallstelle der Polizei gegenüber gemacht hat, so muss dieser Widerspruch aufgeklärt werden. Sind widersprüchliche Angaben Dritten (Versicherung, Gericht) gegenüber abgegeben worden oder besteht die Gefahr, dass sie ihnen bekannt werden, sollte der Widerspruch ihnen gegenüber möglichst umgehend aufgedeckt und der Grund hierfür offen gelegt werden, um nicht unnötige Zweifel an der Glaubwürdigkeit des Mandanten aufkommen zu lassen.

(3) Nicht bloß nachfragen, sondern ggf. sogar eigene Nachforschungen anstellen muss der Anwalt, wenn der Mandant über relevante Informationen nicht verfügt, sondern diese von Dritten erst noch **beschafft** werden müssen. 151

▶ Beispiele: 152

Wer aus abgetretenem Recht vorgeht, kennt oft relevante Details nicht.

Werden Ansprüche aus einem viele Jahre zuvor geschlossenen Versicherungsvertrag geltend gemacht, finden sich die Versicherungsbedingungen häufig nicht mehr und müssen bei der Versicherung angefordert werden.

Dem Anwalt vorbehalten ist häufig die Einsichtnahme in behördliche oder gerichtliche Akten.

153 (4) Nachfragen muss der Anwalt schließlich, wenn der Mandant nicht Tatsachen, sondern **Schlussfolgerungen**, Wertungen oder Ansichten vorträgt.

»Dass ein Rechtsanwalt grundsätzlich auf die Richtigkeit von Informationen seines Mandanten vertrauen darf und nicht verpflichtet ist, eigene Ermittlungen und Prüfungen anzustellen, ob diese richtig sind ... betrifft jedoch nur ... Informationen tatsächlicher Art«, (NJW 1985, 1154, 1155).

Behauptet ein Mandant, der Gegner habe »schuldhaft«, »arglistig« oder »treuwidrig« gehandelt, liegt darin eine rechtliche Wertung, die der Anwalt nicht unkritisch übernehmen darf. Hier bedarf es der Nachfrage, auf welchen Umständen die Wertung beruht und der eigenständigen Beurteilung, inwieweit die Schlussfolgerung zutrifft.

154 Insbesondere bei der Verwendung von Rechtsbegriffen muss sorgfältig im Einzelfall geprüft werden, inwieweit der dabei vorausgesetzte Sachverhalt vorliegt.

155 ▶ Beispiel:

Auch einem juristisch nicht vorgebildeten Mandanten wird dahin gefolgt werden können, dass ein entgeltlicher Eigentumsübergang vereinbart wurde, wenn er von »Kauf« redet. Trägt er vor, er habe sich eine Sache »geliehen«, mag eine Gebrauchsüberlassung anzunehmen sein, ob diese wirklich unentgeltlich war (oder ob nicht doch eine Miete vorlag), ist eher zweifelhaft. Im Vortrag von Begriffen wie »Vorfahrt« oder »Mangel« liegen so viele theoretisch denkbare tatsächliche Geschehensabläufe zugrunde, dass von einem brauchbaren Tatsachenvortrag gar nicht die Rede sein kann.

156 In all diesen Fällen muss der Anwalt um zusätzliche Aufklärung bemüht sein. Regelmäßig wird diese sich in einer Nachfrage beim Mandanten erschöpfen können oder der Aufforderung an ihn, sich die erforderlichen Informationen zu beschaffen. Inquisitorisches Insistieren ist dabei nicht erforderlich: Ein Mandantengespräch ist keine Beweisaufnahme!

b) Art und Weise der Sachverhaltsfeststellung

157 Die vollständige Erfragung des relevanten Sachverhaltes durch den Anwalt gehört zu seinen anspruchsvollsten Tätigkeiten. Trotz der berufstypischen Zeitnot ist jede Form von Delegation oder Standardisierung eine typische Ursache erst später offenbar werdender anwaltlicher Fehler.

Praktisch zu beobachten ist, dass die Sachverhaltserfragung nichtjuristischen Mitarbeitern, Referendaren oder Junioranwälten überlassen wird. Der Vorteil einer solchen Vorgehensweise wird darin gesehen, dass die eigene, wertvolle Arbeitskraft anderweitig »sinnvoller« eingesetzt werden kann.

Von Anwalts-Fachverlagen werden für die Sachverhaltsermittlung in typische Konstellationen (Verkehrsunfallsachen, Familiensachen) Hilfsmittel in Form von Frage- und Erfassungsbögen angeboten. Vorteil hier ist, dass alle wichtigen Sachverhaltsdetails vollständig abgefragt und im Einzelfall nicht vergessen werden. Zudem lässt sich damit der Sachverhalt für die weitere Sachbearbeitung (und ggf. auch für einen späteren Anwaltsregress) schriftlich fixieren.

158 Sowohl von der Delegation als auch von der Standardisierung der Sachverhaltsfeststellung kann trotz der damit verbundenen Arbeitsersparnis nur **abgeraten** werden. Juristische Sachverhalte sind nicht in der Form typisiert, wie dies etwa ärztliche Anamnesen sind. Es gehört zu den durch die moderne Methodenlehre gesicherten Erkenntnissen, dass die Fixierung des relevanten Sachverhaltes ein hochkomplexer Vorgang ist, der sich keineswegs als schlichte Bestandsaufnahme von (vermeintlich) feststehenden Fakten darstellt, sondern vielmehr ein Hin- und Herwandern des Blickes vom Sachverhalt auf die infrage kommenden (»relevanten«) rechtlichen Einordnungen (im Zivilrecht: die Anspruchsgrundlagen) verlangt und umgekehrt von den Normen auf die Sachverhaltsdetails. Der Ziviljurist sucht nach Anspruchsgrundlagen oder Einwendungen, die auf den Sachverhalt passen, und umgekehrt nach Sachverhaltselementen, die mögliche Anspruchsgrundlagen oder Gegenrechte ausfüllen (vgl. *Ritter*, Sprachexpertisen im Zivilprozess [Linguistische Arbeiten 249 = FS für Berger, Tübingen 1990] 127, 145 ff.). Von den Milliarden Details, die selbst der schlichteste Sachverhalt ausweist, interessieren nur diejenigen, die Tatbestandselemente in Rechtsnormen ausfüllen können.

Ob bei einem Kreuzungszusammenstoß einer der beteiligten Autofahrer dreimal geschieden ist oder karierte Socken trägt, ist irrelevant. Relevant kann aber sein, ob er statt seiner normalen die Lesebrille aufgesetzt hatte. Der erfahrene Anwalt weiß meist recht schnell, welche Anspruchsgrundlagen angesichts des vom Mandanten geschilderten Sachverhaltes in Betracht kommen können. Er fragt sodann im Blick auf die Anspruchsnormen nach den Details, die der Mandant nicht erwähnte, weil er sie nicht für wichtig hielt (oder weil sie tatsächlich nicht vorliegen). Ganz richtig raten *Wagner/Hansen* 2005, 93 dem Anwalt schon dann, wenn er der Schilderung des Mandanten zuhört, mit der Subsumtion zu beginnen, um an der richtigen Stelle die notwendigen Fragen stellen zu können. Das tut der erfahrene Anwalt intuitiv. Und eine solche Erfahrung erwirbt man nicht durch den Besuch eines Fortbildungsseminars oder das Lesen eines Fachbuchs, sondern nur durch jahrelange tägliche anwaltliche Arbeit. Ist der Sachverhalt unvollständig oder unrichtig festgestellt, sind nahezu alle späteren Arbeitsschritte des Anwalts zum Scheitern verurteilt. Die Sachverhaltsfeststellung ist deswegen mit die wichtigste Tätigkeit für den Mandanten überhaupt.

▶ **Praxistipp:** 159

Die Ermittlung des Sachverhalts (Mandantengespräch, Durcharbeiten schriftlicher Unterlagen) ist stets durch den sachbearbeitenden Anwalt selbst durchzuführen. Frage- oder Erfassungsbögen dürfen dabei nur unterstützend verwendet werden, können eine umfassende Befragung auch über atypische oder unerwartete Einzelumstände des Falles nicht ersetzen.

2. Zeitliche Vorgaben der anwaltlichen Tätigkeit

Zu Beginn des Mandats muss auch der zeitliche Rahmen geklärt werden, der für die anwaltliche Tätigkeit zur Verfügung steht. Fehler im Zusammenhang mit solchen temporalen Vorgaben kommen aufseiten des **Mandanten** genauso vor, wie aufseiten des Anwalts. 160

So hat in der Praxis nach wie vor ein großer Teil der Anwaltshaftungsfälle ein Verjährungsproblem zum Gegenstand (*Bräuer* AnwBl. 2004, 722: das Thema Verjährung bereitet nach wie vor vielen Juristen Kopfschmerzen).

Kommt der Mandant zu spät, sind Termine oder Fristen bereits verstrichen, muss überlegt werden, ob überhaupt noch Möglichkeiten zur Rechtsverwirklichung bestehen. Kommt der Mandant »in letzter Minute«, muss häufig sofort gehandelt werden.

Zu den Zeitfragen gehört nicht nur, bis wann ein Recht geltend gemacht werden kann, sondern auch, ab wann dies der Fall ist (Fälligkeit), auch wenn die Rechtsordnung den, der zu früh kommt, nicht so hart straft, wie den, der zu spät kommt.

Die Berücksichtigung zeitlicher Bedingungen gehört zu grundlegenden anwaltlichen Pflichten. Gegen diese Pflicht wird praktisch häufiger verstoßen, wie gegen jede andere Pflicht. Wenn es »den« **typischen Anwaltsfehler** gibt, dann steht er im Zusammenhang hiermit. 161

▶ **Praxistipp:** 162

Ist eine Prüfung der temporalen Voraussetzungen anwaltlichen Handelns nicht sofort möglich, sollte das Mandat nicht übernommen werden.

Die Prüfung von Zeitfragen bereits bei Mandatsbeginn gehört damit zu den unverzichtbaren Anforderungen an eine sorgfältige Anwaltstätigkeit. Tritt ein Rechtsverlust durch Zeitablauf nach der Übernahme des Mandats ein (etwa, weil eine Befassung mit dem Fall in Form von Mandantengespräch oder Rechtsprüfung wegen Überlastung nicht sofort möglich ist), haftet der Anwalt wegen Pflichtverletzung (OLG Düsseldorf VersR 1985, 347). Das ist eine der Ausprägungen des Prinzips des sichersten Weges (*Borgmann* NJW 2008, 415 m.w.N.).

Zeitliche Anforderungen müssen nicht nur **bei** Übernahme, sondern auch **während** der **Mandatsbearbeitung** ständig bedacht werden. Häufig ergeben sie sich erst aus der eigenen Tätigkeit, sind sie schwer feststellbar oder ändern sich. 163

Zentraler Teil der Organisation des anwaltlichen Büros muss deswegen ein funktionierendes Fristenmanagement sein (Bräuer AnwBl. 2004, 722).

Dazu gehört auch, dass Zeitfragen nur in beschränktem Umfang auf nichtjuristisches Personal delegiert werden dürfen. Die Bedeutung solcher Fragen einerseits und die Schwierigkeit ihrer Bestimmung und Wahrung macht es erforderlich, dass der Anwalt hier selbst tätig wird.

164 Zeitbestimmungen bestehen zum einen in **Terminen**, d. h. Zeitpunkten, zu denen Handlungen vorzunehmen sind.

Termine finden sich oft dort, wo zeitabhängige Rechtsfolgen ohne weiteres Zutun eintreten oder wo mehrere Beteiligte sich zusammenfinden müssen, um Handlungen gemeinsam vorzunehmen (*Gruschewitz*, JuS 2012, 1090). Wichtige Termine sind z. B. der Eintritt der materiellen Fälligkeit oder das Abhalten einer mündlichen Verhandlung vor Gericht (Zur Organisation und Verwaltung anwaltlicher Termine Wolf S. 27).

165 Zum anderen bestehen Zeitbestimmungen aus **Fristen**, d. h. Zeiträumen, in denen die Handlungen vorzunehmen sind. Fristen lassen sich nach weiteren Kriterien unterteilen, so etwa vertragliche und gesetzliche Fristen, materielle und prozessuale Fristen oder absolute Fristen, nach deren Ablauf die Rechtsausübung ausgeschlossen ist, und relative Fristen, nach denen z. B. für den Gegner das Recht besteht, die Leistung zu verweigern.

Fristen spielen in allen Bereichen der Rechtsdurchsetzung eine entscheidende Rolle. Sie sind erforderlich, um Rechtsklarheit und Rechtsfrieden zu gewährleisten. Die Grundsätze der Privatautonomie im Privatrecht und der Dispositionsbefugnis im Prozessrecht stellen es dem Rechtsinhaber regelmäßig frei, von einem Recht Gebrauch zu machen oder nicht. Um diese Frage im Interesse anderer Beteiligter nicht dauerhaft offen zu lassen, ist die Geltendmachung des Rechts häufig nur innerhalb einer besonderen Zeitspanne, einer Frist, möglich.

Fristen werden ob ihrer praktischen Bedeutung auch als »Freund Hein des Juristen« bezeichnet. Zutreffend an dem Vergleich ist, dass Fristversäumungen häufig plötzlich und unerwartet zum Rechtsverlust führen, anders als das natürliche Sterberisiko ist das der Fristversäumung aber beherrschbar.

166 Zur Prüfung der im Zusammenhang mit Fristen auftauchenden Probleme empfehlen sich folgende **Fragen**:

– **Läuft** im Zusammenhang mit der Rechtsdurchsetzung irgendeine Frist?

Das Problem insoweit besteht darin, die Frist überhaupt zu erkennen. Fristen können sich aus Gesetz, gerichtlicher Anordnung oder Parteivereinbarung ergeben (§ 186 BGB). Es kann sich um materielle oder prozessuale Fristen handeln. Dazu unten Rdn. 167 ff.

– Wann hat die Frist zu laufen **begonnen**?

Rechtsfristen werden nicht in ihrer natürlichen Länge nach Stunden und Minuten, sondern immer nur nach vollen Kalendertagen berechnet (»Zivilkomputation«), wobei der Ereignistag nur ausnahmsweise mitgerechnet wird (§ 187 Abs. 1, 2 BGB). Die Frist läuft damit nicht zu einer bestimmten Tageszeit, sondern immer am Ende des Tages ab. Dazu unten Rdn. 197 ff.

– Wie **lange** ist die Frist?

Rechtsfristen werden nach Tagen, Wochen, Monaten oder Jahren berechnet. Ihre Dauer ergibt sich aus dem Gesetz, der gerichtlichen Anordnung oder der Parteivereinbarung. Dazu unten Rdn. 203 ff.

– War der Lauf der Frist irgendwann **unterbrochen oder gehemmt**?

Eine gesetzliche Regelung solcher Friststörungen kennt allein das Verjährungsrecht (§§ 203 ff. BGB). Dazu unten Rdn. 206 ff.

– Wann **läuft** die Frist **ab**?

Fristen enden grundsätzlich mit dem Ablauf ihres letzten Tages (§ 188 BGB), d. h. um 23:59 Uhr, nicht erst um 24:00 Uhr (BGH NJW 2007, 2045). Spezielle Fristberechnungsfragen regeln die §§ 189 ff. BGB. Besondere Bedeutung kommt dabei § 193 BGB zu, der bei Ablauf der Frist an einem Wochenende oder einem Feiertag den nächsten Werktag an die Stelle des letzten Tags der Frist setzt. Dazu unten Rdn. 210 ff.

– Wenn die Frist noch nicht abgelaufen ist: Wodurch kann sie **gewahrt** werden?

Grundsätzlich wird die Frist durch Vornahme der Handlung bzw. Abgabe der Erklärung gewahrt, einzig für die Wahrung der Verjährung normiert § 204 BGB eine Reihe von Alternativen. Gegebenenfalls kommt eine Verlängerung der Frist durch den Gegner oder das Gericht in Betracht. Dazu unten Rdn. 321 ff.

– Wenn die Frist bereits abgelaufen ist: Kann die Fristversäumung noch **geheilt** werden?

Eine solche Heilung ist bei materiellen Fristen grundsätzlich nicht möglich, die Wiedereinsetzung in den vorigen Stand (§§ 233 ff. ZPO, dazu unten Rdn. 2835) ist nur bei bestimmten (nicht bei allen!) prozessualen Fristen möglich.

a) Arten von Fristen

Die rechtliche Überprüfung des Sachverhaltes hat sich zunächst immer der Frage zuzuwenden, **ob** irgendwelche Fristen zu wahren sind und welche dies sind. Fristen können sich aus einem Vertrag oder dem Gesetz ergeben. Sie können materielle oder prozessuale Fragen betreffen. In ihren Wirkungen können sie zu einem absoluten Rechtsverlust führen oder bloß dem Gegner das Recht einräumen, die Leistung zu verweigern. Fristversäumungen können endgültig oder mit Rechtsbehelfen noch heilbar sein. 167

Zur **Systematisierung** der Suche nach möglicherweise zu berücksichtigenden Fristen bietet sich die Differenzierung nach den Quellen der Frist an. Fristen, die der Anwalt zu prüfen hat, können sich unmittelbar aus dem Gesetz, aus einer gerichtlichen Anordnung oder aus einer privatrechtlichen Vereinbarung ergeben. 168

Besondere Probleme bei der Feststellung laufender Fristen ergeben sich, wenn verschiedene Fristen miteinander **konkurrieren** und/oder schwer voneinander abzugrenzen sind. 169

(1) **Vertraglich vereinbarte Fristen** sind anwaltlich besonders schwer feststellbar. Sie bedürfen regelmäßig einer intensiven Aufarbeitung des Sachverhalts. 170

Fristen können **Bestandteil der ursprünglichen Parteiabreden** sein. Hier finden sie sich regelmäßig in Allgemeinen Geschäftsbedingungen. 171

▶ Beispiel: 172

Praktisch wichtiger Anwendungsfall sind die Allgemeinen Versicherungsbedingungen im Privatversicherungsrecht. Diese enthalten auch nach Wegfall der gesetzlichen Klagefrist aus § 12 Abs. 3 VVG a. F. zahlreiche Fristen, die bei der Geltendmachung versicherungsrechtlicher Ansprüche zu beachten sind. So bestimmt etwa Nr. 2.1.1.1. AUB 2000/08, dass eine Invalidität innerhalb von 15 Monaten nach dem Unfall ärztlich festgestellt sein muss. Nach § 4 IIIb ARB 2000/08 kann der Anspruch auf Erstattung von Kosten aus der Rechtsschutzversicherung nur innerhalb von 3 Jahren nach Beendigung des Versicherungsschutzes geltend gemacht werden. § 1 IV BB-BUZ 2008 bestimmt, dass ein Anspruch auf Leistungen aus der Berufsunfähigkeitsversicherung erst ab dem Monat der Schadensanzeige besteht.

Praktisch schwierig kann es dabei nicht nur sein, die ursprünglich vereinbarten Versicherungsbedingungen vom Mandanten zu erhalten, sondern auch, zu prüfen, ob diese aktuell noch gelten oder im Rahmen einer Abänderungsvereinbarung durch spätere Fassungen der AVB ersetzt wurden.

Auf versicherungsvertragliche Ausschlussfristen für die Geltendmachung von Invaliditätsleistungen muss der Rechtsanwalt auch dann hinweisen, wenn er keinerlei Kenntnis vom Vorliegen von Dauerschäden beim Mandanten hat. Die Übersendung eines Merkblatts des Versicherers, das auf die Ausschlussfrist hinweist, entbindet den Rechtsanwalt nicht von seiner Hinweispflicht gegenüber dem Mandanten (OLG Karlsruhe NJW 2010, 1760).

Vertragliche Fristen können sich auf materielle oder auf prozessuale Rechte beziehen. 173

So gehört zu den vertraglich vereinbarten Fristen etwa auch die Frist zum Widerruf eines gerichtlich geschlossenen Vergleichs.

174 Nimmt man zu den vertraglichen Fristen auch diejenigen, die eine Partei der anderen setzen kann bzw. vor Geltendmachung eines Anspruchs setzen muss, so stehen dabei die **Nachfristsetzungen** des kauf- und werkvertraglichen Gewährleistungsrechts (§§ 281, 323 BGB) im Vordergrund.

> Will der Verkäufer bzw. Werkunternehmer seine Verpflichtung aus einem Vertrag durch Erbringung der vereinbarten Leistung erbringen, so muss dies innerhalb der vom Käufer bzw. Besteller gesetzten Frist tun. Nach Ablauf der Frist läuft er Gefahr, dass der Gegner vom Vertrag zurücktritt, den vereinbarten Preis mindert oder Schadensersatz verlangt.
>
> Materiellrechtliche Fristsetzungen durch eine Partei sind darüber hinaus in einer Vielzahl von Fällen erforderlich bzw. möglich z. B. nach §§ 108, 148, 250 BGB.

175 Ist der Mandant vom Gläubiger einer fälligen Forderung bereits gemahnt worden, so ist **Verzug** eingetreten, die Frist für eine Erfüllung der Verbindlichkeit ohne die besonderen zusätzlichen Verzugsfolgen verstrichen.

176 Bei den vertraglichen Fristen handelt es sich grundsätzlich um Ausschlussfristen, ihre Versäumung ist nachträglich nicht mehr zu heilen. Ausnahmsweise können aber auch **Verjährungsfristen** vereinbart werden (§ 202 BGB). Dann richten sich die Rechtsfolgen einer Fristversäumung nach §§ 214 ff. BGB.

> Dabei ist die Befugnis der Parteien, die gesetzlichen Verjährungsregelungen zu verlängern oder zu verkürzen, nur bei extremen Abweichungen beschränkt (§§ 202, 307, 309 Nr. 8b) ee) und ff), 475 Abs. 2 BGB).

177 (2) Einfacher ist häufig das Erkennen **gerichtlicher Fristen**. Diese setzen regelmäßig eine förmliche Zustellung voraus (§ 221 ZPO), die kaum zu übersehen ist.

▶ Beispiel:

> Das Gericht kann Fristen setzen für die Klagebegründung nach Mahnbescheid (§ 697 ZPO), für die Klageerwiderung (§§ 275 ff. ZPO), für die Beibringung von Beweismitteln (§ 356 ZPO) oder für die Abgabe von Erklärungen im Allgemeinen (§ 283 ZPO).

178 (3) **Gesetzliche Fristen** aus dem materiellen Recht betreffen praktisch vor allem die Verjährung von Ansprüchen, kommen aber auch vielfältig aus Ausschlussfristen für die Geltendmachung sonstiger Rechte in Betracht. Gesetzliche Fristen aus dem Prozessrecht beschränken die Geltendmachung von Angriffs- und Verteidigungsmitteln durch die Parteien.

> Echte **Klagefristen** sind selten geworden. Für arbeitsrechtliche Kündigungsschutzklagen ist § 4 Satz 1 KSchG zu beachten (LAG Köln NJW 2006, 1694). Der hier ehemals besonders wichtige § 12 Abs. 3 VVG a. F. (Klagefrist für Versicherungsansprüche) ist ersatzlos abgeschafft, weiterhin Geltung haben zahlreiche Fristen in den Versicherungsbedingungen. Auch die sich früher aus § 847 BGB a. F. ergebende Notwendigkeit, Schmerzensgeldansprüche vor dem Versterben rechtshängig zu machen (zur Anwaltshaftung insoweit noch OLG Schleswig NJW 1988, 569), besteht nicht mehr.

179 Auf die praktisch wichtigsten gesetzlichen Fristen soll nachfolgend besonders eingegangen werden.

aa) Verjährungsfrist

180 Die Verjährung regelt die besonderen Schwierigkeiten, die bei der Geltendmachung von oder der Verteidigung gegen Ansprüche allein durch den Zeitablauf entstehen. Nach Ablauf der Verjährungsfrist kann der Schuldner die Erfüllung eines Anspruchs verweigern (§ 214 BGB).

> Das vorliegende Werk erlaubt keine umfassende Darstellung des Verjährungsrechts. Hingewiesen werden soll allein auf einige wenige, in der Praxis häufig anzutreffende Fehler.

181 Die **regelmäßige Dauer der Verjährung** beträgt drei Jahre (§ 195 BGB) und beginnt mit dem Schluss des Jahres, in dem der Anspruch entstanden (= fällig geworden) ist und der Gläubiger Kenntnis von den anspruchsbegründenden Umständen erlangt hat (§ 199 Abs. 1 BGB).

> Der Regelverjährung unterfallen insbesondere schuldrechtliche Ansprüche, also vertragliche Erfüllungsansprüche, deliktische und vertragliche Schadensersatzansprüche, Bereicherungsansprüche oder Ansprüche

aus Geschäftsführung ohne Auftrag. Der Regelverjährung unterfallen auch Ansprüche aus Nebengesetzen, soweit diese keine Sonderregelung enthalten. Durch das Gesetz zur Anpassung von Verjährungsvorschriften wurden zahlreiche solcher früher existierenden Sonderregelungen abgeschafft (z. B. im § 51b BRAO).

Der sorgfältigen Prüfung bedarf schon die Frage, wann der Anspruch fällig geworden ist (dies ist keineswegs immer sofort der Fall, § 271 BGB). Häufig noch größere praktische Probleme bereitet die Frage, wann Kenntnis des Gläubigers eingetreten ist oder hätte eintreten müssen.

Liegen zwischen Entstehung des Anspruchs und Kenntnis mehr als sieben Jahre, lohnt eine Prüfung der Deckelungsfristen aus § 199 Abs. 2, 3 BGB.

Nicht für alle Ansprüche ist die gesetzliche Dreijahresfrist angemessen. Im allgemeinen Verjährungsrecht selbst vorgesehen sind **besondere Verjährungsfristen** von: **182**
– zehn Jahren für Ansprüche aus Rechten an einem Grundstück (§ 196 BGB);
– dreißig Jahren für Herausgabeansprüche aus dinglichen Rechten sowie für titulierte Ansprüche (§ 197 Abs. 1 BGB).

Die Ausnahmefristen **beginnen** regelmäßig nicht erst mit dem Schluss des Jahres, in dem der Gläubiger Kenntnis von dem Anspruch erlangt hat. Gewährleistungsfristen beginnen regelmäßig mit der Lieferung der Sache bzw. Abnahme des Werks (§§ 438 Abs. 2, 634a Abs. 2 BGB), sonstige Ansprüche mit der Entstehung des Anspruchs (§§ 200, 201 BGB). **183**

Sonderregelungen der Verjährung gelten auch beim Gewährleistungsrecht von Kauf- und Werkvertrag (§§ 438, 634a, 651g Abs. 2 BGB). Außerhalb der §§ 194 ff. BGB finden sich besondere Verjährungsfristen in den §§ 548, 591b, 606, 1057, 1226 (6 Monate), 479, 801 (2 Jahre), 1378, 2332 (3 Jahre), 804 (4 Jahre) und 852 BGB (10 bzw. 30 Jahre).

Sonderfristen enthalten auch zahlreiche Gesetze außerhalb des BGB. Diese wurden durch das Gesetz zur Anpassung von Verjährungsvorschriften Fristen außerhalb des BGB dem neuen System angepasst, enthalten aber immer noch zahlreiche Besonderheiten. Beispiele hierfür finden sich vor allem im Bereich des Handels- und Gesellschaftsrechts.

Von den gesetzlichen abweichenden Fristen können sich aus abweichenden **Vereinbarungen** der Parteien ergeben (dazu oben Rdn. 174). **184**

Besondere Umstände während des Laufs der Verjährungsfrist können dazu führen, dass diese ausgesetzt wird. Nur ausnahmsweise beginnt dabei mit dem Ende des Umstands die Verjährungsfrist **neu** zu laufen (§ 212 BGB), regelmäßig wird der Lauf der Frist nur vorübergehend **gehemmt**, sodass die Frist nach Beendigung der Störung unter Beibehaltung der bereits verstrichenen Frist weiterläuft (§ 209 BGB). **185**

Störungen im Ablauf der Verjährungsfrist bewirken grundsätzlich (nur) eine Hemmung, ein Neubeginn der kompletten Verjährungsfrist tritt nur ganz ausnahmsweise ein. Besondere Bedeutung unter dem Hemmungstatbeständen kommt § 203 BGB zu, nach dem die Verjährungsfrist nicht läuft, solange Verhandlungen zwischen den Parteien geführt werden. Tatsächliche Probleme ergeben sich dabei häufig bezüglich der Frage, welches Verhalten der Parteien als »Verhandlung« anzusehen ist (BGH NJW 2007, 587) und wie lange diese Verhandlungen andauern (OLG Koblenz BB 2006, 629).

Nur in den Fällen des § 212 BGB beginnt die Verjährungsfrist vollkommen neu zu laufen. Praxisrelevant ist hierbei der »Neubeginn der Verjährung« aufgrund Anerkenntnishandlungen des Schuldners gegenüber dem Gläubiger (BGH BB 2007, 1646), wobei es auch hier im Einzelfall sorgfältiger Prüfung bedarf, welche Handlungen als Anerkenntnis zu werten sind (Teilzahlung?).

bb) Sonstige materielle Fristen

Das materielle Recht kennt neben der Verjährung zahlreiche weitere Fristen, von denen die Rechtsausübung abhängig ist. Deren vollständige Darstellung ist im vorliegenden Zusammenhang nicht möglich. Zu den wichtigsten gesetzlichen Fristen aus dem materiellen Recht gehören: **186**
– die Frist zur **Annahme eines Antrags** (§ 147 f. BGB); spezielle Fristen gibt es für die Annahme einer Schenkung (§ 516 BGB);

- die Frist zur **Genehmigung** vormundschaftlicher Rechtsgeschäfte (§ 1829 BGB);
- die Frist zur **Ausübung eines Vorkaufsrechts** (§ 469 BGB);
- die Frist zur **Geltendmachung von Ansprüchen** aus Reisemängeln (§ 651g Abs. 1 BGB: einen Monat ab Reiseende) oder aus Besitzschutzansprüchen wegen verbotener Eigenmacht (§ 864 Abs. 1 BGB: ein Jahr);
- die Frist zum **Widerruf** aufgrund von Verbraucherschutzvorschriften (§§ 350, 355 BGB) oder aus sonstigem Grund (§ 658 BGB);
- die Frist zur **Anfechtung** einer Willenserklärung, die wegen Irrtums unverzüglich, spätestens binnen zehn Jahren, wegen arglistiger Täuschung binnen eines Jahres erfolgen muss (§§ 121, 124 BGB); spezielle Fristen laufen für die Anfechtung familien- (§§ 1600b, 1317 BGB) oder erbrechtlicher Erklärungen (§§ 1954, 2340, 2283, 2082 f. BGB);
- die Frist zur **Kündigung** von Dauerschuldverhältnissen (§§ 314; 573c f., 575a, 576, 580a; 594a; 621 ff. BGB);
- die Frist zur **Ausschlagung** einer Erbschaft (§§ 1943, 1944, 2306 BGB).

187 Sieht das materielle Recht besondere Fristen zur Geltendmachung eines Rechts nicht vor, können sich zeitliche Grenzen dafür allgemein aus allgemeinen Grundsätzen, insbesondere dem Prinzip von Treu und Glauben ergeben (**Verwirkung**).

188 Während Verjährungsfristen nach ihrem Verstreichen nur zu einem Leistungsverweigerungsrecht des Schuldners führen, das dieser nicht ausüben muss, sodass eine Rechtsdurchsetzung auch nach Fristablauf (wenn auch nur in Ausnahmefällen) noch möglich ist, handelt es sich bei den übrigen Fristen des BGB regelmäßig um **Ausschlussfristen**. Mit deren Ablauf geht das Recht unter, die Handlung kann nicht mehr vorgenommen werden.

Eine Möglichkeit zur Heilung der Versäumung einer solchen Frist gibt es nicht. Insbesondere kommt die Wiedereinsetzung in den vorigen Stand nicht (auch nicht analog) in Betracht. Der Rechtsverlust ist endgültig und unwiderruflich.

cc) Prozessuale Frist

189 Gesetzliche Fristen aus dem Prozessrecht beschränken die Geltendmachung von Angriffs- und Verteidigungsmitteln durch die Parteien.

Solche Fristen laufen insbesondere für die Anzeige der Verteidigungsbereitschaft im schriftlichen Vorverfahren (§ 276 ZPO) sowie die Einlegung und Begründung von Rechtsmitteln (§§ 517, 520, 548, 551, 569, 575 ZPO) oder sonstigen Rechtsbehelfen (§§ 339, 233, 320 f. ZPO). Sie sind nicht immer exakt vorgegeben, sondern manchmal auch generalklauselartig allgemein gehalten, so etwa die Frist für den Vortrag in der mündlichen Verhandlung (§ 282 ZPO) oder das Geltendmachen von Angriffs- und Verteidigungsmittel allgemeinen (§ 296 ZPO).

190 Prozessuale Fristen richten sich in der Regel an die Parteien. Insoweit spricht man von den sog. »**eigentlichen Fristen**«, für die die §§ 221 ff. ZPO uneingeschränkt gelten.

»Uneigentliche Fristen«, die für Prozesshandlungen des Gerichts laufen (z. B. in den §§ 234 Abs. 3, 315 Abs. 2 Satz 1, 320 Abs. 2 Satz 3, 586 Abs. 2 Satz 2 ZPO), sind für den Anwalt nur ausnahmsweise von Bedeutung. Für diese gelten die §§ 221 ff. ZPO nicht (mit Ausnahme der Berechnungsvorschrift des § 222 ZPO i. V. m. den §§ 187 ff. BGB).

191 Der **Lauf** prozessualer Fristen kann aus dem Gesetz oder aus richterlicher Anordnung folgen.

Bei den gesetzlichen Fristen sind Beginn und Dauer im Gesetz vorgeschrieben, Abkürzungen oder Verlängerungen solcher Fristen kommen nur in Betracht, wo sie im Gesetz ausdrücklich zugelassen sind (z. B. in § 134 Abs. 2 ZPO). Bei den richterlichen Fristen stehen Beginn und Dauer im freien Ermessen des Gerichts (so bei der Schriftsatznachlassfrist § 283 ZPO oder der Frist zur Behebung eines Beweishindernisses § 356 ZPO); Abkürzungen oder Verlängerungen sind hier nach Maßgabe der §§ 224 Abs. 2, 226 ZPO jederzeit möglich.

192 Sonderregeln enthält die ZPO für sog. **Notfristen**.

Das sind nur diejenigen, die im Gesetz ausdrücklich als solche bezeichnet sind (nur die §§ 104 Abs. 3 Satz 2, 107 Abs. 3, 276 Abs. 1 Satz 1, 339 Abs. 1, 2, 516, 552, 577 Abs. 2 Satz 1, 586 Abs. 1, 958 Abs. 1 Satz 1 ZPO). Diese laufen auch bei Ruhen des Verfahrens weiter, lassen dafür im Gegenzug – anders als die anderen Fristen – bei Versäumung eine Wiedereinsetzung in den vorigen Stand zu (§§ 251, 224 Abs. 1, 187 Satz 2, 233 ZPO).

Die **Berechnung** der Fristen erfolgt nach §§ 222 ZPO, 187 ff. BGB. 193

Fristen beginnen nach § 187 Abs. 1 BGB mit dem im Gesetz bzw. in der richterlichen Anordnung beschriebenen Ereignis (häufig mit Zustellung der Entscheidung bzw. Fristanordnung), wobei dieser Tag für die Fristberechnung nicht mitzuzählen ist. Fristen können abweichend von §§ 186 ff. BGB (insbesondere in Eilverfahren) auch nach Stunden bemessen werden (§ 222 Abs. 3 ZPO).

Abkürzungen oder **Verlängerungen** der Fristen sind möglich durch Vereinbarung der Parteien oder – auf Antrag einer Partei – durch das Gericht (§ 224 ZPO). 194

Dies gilt nur für Notfristen nicht. Im Übrigen dazu unten Rdn. 299.

Gewahrt wird die Frist durch Vornahme der Prozesshandlung, regelmäßig dem Gericht gegenüber. 195

Bei schriftsätzlich vorzunehmenden Prozesshandlungen ist damit der Eingang bei Gericht entscheidend, wofür der Eingangsstempel (widerleglichen) Beweis erbringt. Der Eingang bei einer gemeinsamen Briefeingangsstelle verschiedener Justizbehörden ist nicht Frist wahrend, wenn das Schreiben an die falsche Behörde adressiert ist. Im Übrigen dazu unten Rdn. 321.

Die **Versäumung** von Fristen im Prozess hat unterschiedliche Folgen: 196

– Die Versäumung rechtzeitigen Vortrags von Angriffs- und Verteidigungsmitteln führt unter den Voraussetzungen des § 296 ZPO zur Nichtbeachtung des Vortrags, kann aber durch genügende Entschuldigung oder sonstige Prozessstrategien verhindert werden.

Dazu unten Rdn. 1209 ff.

– Für die Versäumung von prozessualen Fristen sieht das Gesetz in einigen Fällen spezielle Folgen vor, so etwa Kostennachteile nach (§§ 97 Abs. 2, 344 ZPO), die Fiktion ungünstiger (§§ 138 Abs. 3, 267, 269 Abs. 2 Satz 4 ZPO) oder die Schaffung sonst nicht gegebener Prozesslagen (§ 39 ZPO).

– Die Versäumung absoluter prozessualer Fristen – als solche bezeichnet man die in § 233 ZPO genannten Fristen, deren Versäumung zum unmittelbaren Prozessverlust führt (*Schaffti/Schmidt* MDR 2001, 436, 437) – hat zur allgemeinen Folge, dass die Partei mit der entsprechenden Prozesshandlung ausgeschlossen ist (§ 230 ZPO). Warum es zu dieser Fristversäumung gekommen ist und ob diese schuldhaft erfolgte, ist dabei unbeachtlich (§ 231 Abs. 1 ZPO). Um hier unzuträgliche Rechtsfolgen zu vermeiden, sieht das Gesetz als Rechtsbehelf gegen die Versäumung solcher Fristen ein eigenes Institut vor: Ist eine absolute Frist schuldlos versäumt worden, kann die Partei verlangen, wieder so gestellt zu werden, wie sie vor Verstreichen dieser Frist prozessual stand (Wiedereinsetzung in den vorigen Stand: §§ 233 ff. ZPO).

Dazu unten Rdn. 2835.

b) Beginn der Frist

Der Beginn einer Frist hängt regelmäßig von einem **Ereignis** ab. Dies kann der Zugang einer Willenserklärung sein, der Eintritt einer bestimmten Kenntnis oder auch ein sonstiges Geschehen, das zunächst niemandem bekannt wird. Prozessuale Fristen beginnen regelmäßig mit der Zustellung eines Schriftstücks (z. B. einer Entscheidung), bei richterlichen Fristen des Schriftstücks, in dem die Frist festgesetzt wird (§ 221 ZPO). 197

Praktisch wichtig ist es, den Eintritt dieses Ereignisses tatsächlich zweifelsfrei **festzustellen**. Riskant (und damit regressträchtig) ist es, sich dabei auf Dritte zu verlassen. Bloße mündliche Angaben des Mandanten oder eines Korrespondenzanwalts können richtig sein, müssen dies aber nicht. Sicherer ist es stets, solche Angaben nach Möglichkeit zu verifizieren, beim Gericht oder beim Gegner 198 nachzufragen, objektive Erkenntnisquellen (Zustellungsurkunden) zu nutzen oder sich zu vergewissern, welche Beweismöglichkeiten erforderlichenfalls zur Verfügung stehen.

199 Besteht das Frist auslösende Ereignis in einer **Zustellung**, so beginnt die Frist nur, wenn die Zustellung wirksam war. Der Wirksamkeit der Zustellung können zahlreiche Mängel entgegen stehen.

Erforderlich ist dabei grundsätzliche eine förmliche Zustellung; die bloß formlose Übersendung einer Mitteilung der Geschäftsstelle genügt nicht. Zu möglichen Zustellungsmängeln unten Rdn. 2001. Zustellungsmängel können allerdings durch den faktischen Zugang geheilt werden (§ 189 ZPO).

200 Ein klassisches Problem in diesem Zusammenhang betrifft die Frage nach dem **Zeitpunkt** einer Zustellung. Während diese bei Zustellung gegen Zustellungsurkunde mit dem Zeitpunkt der tatsächlichen Übergabe (oder bei der Ersatzzustellung des entsprechenden Surrogats) wirksam wird, ist eine wirksame Zustellung gegen Empfangsbekenntnis nicht schon mit dem Eingang des Schriftstücks in der Kanzlei erfolgt, sondern erst dann, wenn der Anwalt es mit dem Willen, es als zugestellt anzusehen, zur Kenntnis nimmt (BVerfG NJW 2001, 1563). Fehlerhaft ist es deswegen, wenn der Eingangsstempel durch Bedienstete auf dem Empfangsbekenntnis bereits mit dem Posteingang angebracht wird.

Wird eine Zustellung durch ein Versehen des Gerichts mehrfach bewirkt, ändert eine Folgezustellung nichts daran, dass die Frist bereits mit der ersten (wirksamen) Zustellung in Gang gesetzt wurde (BGH NJW 2011, 522).

201 ▶ Praxistipp:

Durch eine geeignete Büroorganisation (*Wolf* S. 25 f.) sollte sichergestellt sein, dass ein Empfangsbekenntnis nicht bereits mit Eingang des zuzustellenden Schriftstücks in die Kanzlei ausgefüllt und zurückgesandt wird, sondern erst, wenn der sachbearbeitende Anwalt es mit dem Willen, es als zugestellt anzusehen, zur Kenntnis genommen hat.

Das Empfangsbekenntnis (§ 174 ZPO) begründet vollen Beweis für die Zustellung und den Zustellungszeitpunkt. Verbreitet wird die Beweiskraft aus der an sich nur für öffentliche Urkunden geltenden § 418 ZPO hergeleitet (BGH NJW 2007, 600, 601; BVerfG NJW 1994, 535). Soll der Inhalt des Empfangsbekenntnisses widerlegt werden, muss der Anwalt den vollen Beweis des Gegenteils führen (BGH MDR 2012, 798; BGH NJW 2006, 1206), an den die Praxis (nicht immer zu Recht: BGH NJW 2009, 855) strenge Anforderungen stellt und der deswegen nur selten gelingt.

Die mit dem Abstellen auf den Kenntnisnahmewillen des Anwalts verbundene Gefahr einer Manipulation des Zustellungszeitpunkts durch unredliche Anwälte (»selbst gewährte Fristverlängerung«) nimmt die h. M. hin. Hat das Gericht (z. B. wegen wiederholter offensichtlich verspäteter Kenntnisnahme) Zweifel an der Redlichkeit des Anwalts, kann es künftige Zustellungen an ihn mit Zustellungsurkunde bewirken und ihm damit die Privilegierungen des § 174 ZPO entziehen.

202 Für den Fristbeginn (auch bei prozessualen Fristen: § 222 ZPO) stellt § 187 BGB nicht auf den genauen Zeitpunkt des Ereignisses ab, sondern rechnet den Tag, in den das Ereignis fällt nicht mit und lässt die Frist erst mit dem nächsten Tag beginnen (sog. »Zivilkomputation«). Die Regelverjährungsfrist beginnt nicht bereits mit dem Ereignis, an das sie anknüpft (Fälligkeit des Anspruchs und Kenntnis des Gläubigers), sondern erst mit dem Schluss des Jahres, in den das Ereignis fällt (»**Ultimoverjährung**«, § 199 BGB).

c) Länge der Frist

203 Praktisch relevante Fristen können Tage, Wochen, Monate oder Jahre dauern. Richterliche Fristen werden zur Vermeidung von Missverständnissen oder Berechnungsproblemen regelmäßig »bis« zu einem benannten Datum gesetzt, auch dann, wenn sich daraus keine vollen Wochen oder Monate ergeben.

204 Typische Fehlerquellen anwaltlicher Tätigkeit ergeben sich hier aus dem Übersehen gesetzlicher Friständerungen, aus der Unkenntnis gesetzlicher Sonderfälle oder der unsorgfältigen Zurkenntnisnahme gerichtlicher Fristsetzungen.

A. Mandantengespräch 2. Kapitel

▶ **Beispiele:** 205

Die mit der Schuldrechtsmodernisierung im Jahr 2002 eingeführte dreißigjährige Verjährungsfrist für familien- und erbrechtliche Ansprüche wurde durch Gesetz vom 24.09.2009 (BGBl. I, S. 3142) mit Wirkung vom 01.01.2010 zugunsten der allgemeinen dreijährigen Verjährungsfrist aufgegeben.

Während für die Einlegung der sofortigen Beschwerde grundsätzlich zwei Wochen zur Verfügung stehen (§ 569 ZPO), beträgt diese Frist bei der sofortigen Beschwerde gegen Prozesskostenhilfebeschlüsse einen Monat (§ 127 Abs. 2 Satz 3 ZPO).

Die zweiwöchige Frist zur Beantragung der Wiedereinsetzung in den vorigen Stand gegen die Versäumung von Fristen ist auf einen Monat verlängert, wenn eine Rechtsmittelbegründungsfrist versäumt wurde (§ 234 Abs. 1 Satz 2 ZPO).

Der **Fristenlauf** kann in vielfacher Form **gestört** sein. Verjährungsfristen können in ihrem Lauf 206
gehemmt sein (§§ 203 ff. BGB) oder nach einer Unterbrechung neu in Gang gesetzt worden sein (§ 212 BGB). Prozessuale Fristen beginnen nicht, wenn das Verfahren unterbrochen (§§ 239 ff. ZPO) oder ausgesetzt (§§ 246 ff. ZPO) ist, eine bereits in Gang gesetzte prozessuale Frist stoppt in diesen Fällen und beginnt nach Beendigung der Unterbrechung oder Aussetzung neu zu laufen (§ 249 Abs. 1 ZPO).

> Rücksicht auf typische Abwesenheitszeiten wie in den Sommermonaten wird bei keiner Frist genommen, die früheren Gerichtsferien (die den Lauf vieler Fristen hinderten) sind abgeschafft.

Bei einer **Fristverlängerung** (sei es durch das Gericht, sei es bei vertraglichen Fristen durch den Geg- 207
ner) wird die neue Frist von dem Ablauf der vorigen Frist an berechnet, sofern nicht etwas anderes vereinbart oder vom Gericht bestimmt wurde (§ 224 Abs. 3 ZPO).

> Erfolgte die Fristverlängerung bis zu einem datumsmäßig genannten Zeitpunkt (»bis zum 15.11.«), erübrigt sich diese Berechnung. Wird die Frist um einen bestimmten Zeitraum verlängert (»um einen Monat«) und fällt der letzte Tag der ursprünglichen Frist auf einen Sonntag, einen allgemeinen Feiertag (an dem Ort, an der Widerruf zu erklären ist, d. h. am Gerichtsstand, nicht am Ort der Kanzlei: BGH MDR 2012, 301) oder einen Sonnabend, so beginnt der verlängerte Teil jedenfalls einer prozessualen Frist erst mit dem Ablauf des nächstfolgenden Werktages (§ 222 Abs. 2, 224 Abs. 3 ZPO; BGHZ 21, 43, 44; BGH NJW 2006, 700; BGH NJW-RR 2010, 211).

> Zu beachten ist, dass prozessuale Notfristen nicht verlängert werden können (§ 224 Abs. 2 ZPO; zum Antrag auf Fristverlängerung unten Rdn. 1247).

Schwierig ist die Bestimmung der Dauer einer Frist auch, wenn sich mehrere **Fristen überlagern**. Ist 208
dies der Fall, weil der Gesetzgeber gesetzliche Fristen verlängert oder verkürzt hat, so ergibt sich die zugrunde zu legende »richtige« Frist aus den Übergangsvorschriften des Änderungsgesetzes. Manchmal laufen gesetzliche Fristen parallel und konkurrieren miteinander.

▶ **Beispiele:** 209

Die nach der Verkürzung der Verjährung von erb- und familienrechtlichen Ansprüchen von dreißig auf drei Jahre zum 1.1.2010 anzuwenden Verjährungsregeln ergeben sich aus Art. 229 § 23 EGBGB.

Unabhängig von der Regelverjährungsfrist mit ihrem subjektiven Fristbeginn (Kenntnis des Gläubigers, § 199 Abs. 1 BGB) laufen »Deckelungsverjährungsfristen« mit einem objektiven Fristbeginn und stellen zugunsten des Schuldners sicher, dass sich der Beginn der Verjährungsfrist nicht endlos lange hinauszieht, nach 10 bzw. 30 Jahren verlässlich Verjährung eingetreten ist (§ 199 Abs. 2, 3 BGB). In diesen Fällen tritt Verjährung mit Ablauf zuerst vollendeten Frist ein (§ 199 Abs. 2 Satz 2 BGB).

d) Ende der Frist

210 Das Ende der Frist regelt § 188 BGB.
– **Tagesfristen** enden mit Ablauf des Ablaufs des letzten Tages der Frist

211 ▶ Beispiel:

Eine dreitägige Ladungsfrist, deren Anordnung der Partei am Montag zugestellt wurde, endet mit Ablauf des Donnerstags.

– **Wochenfristen** enden mit Ablauf des Wochentages, in den das Frist auslösende Ereignis fiel.

212 ▶ Beispiel

Die zweiwöchige Frist zur Einlegung eines Einspruchs gegen ein am Dienstag zugestelltes Versäumnisurteil endet mit Ablauf des Dienstags der übernächsten Woche.

– **Monats- und Jahresfristen** enden mit Ablauf des Monatstages, der dem Datum des Tages entspricht, in den das Ereignis fiel. Fehlt dieser Tag im Endmonat, tritt an seine Stelle der letzte Tag dieses Monats (§ 188 Abs. 3 BGB).

213 ▶ Beispiel:

Wurde das Urteil am 13.01. zugestellt, endet die einmonatige Berufungsfrist mit Ablauf des 13.02.

Wurde das Urteil am 31.01. zugestellt, endet die einmonatige Berufungsfrist mit Ablauf des 28.02.

214 Fällt der letzte Tag der Frist auf einen Samstag, **Sonntag** oder (im Bundesland, in dem die Frist gewahrt werden muss) gesetzlichen Feiertag, so endet die Frist mit Ablauf des nächsten Werktags (§ 193 BGB).

Das gilt auch dann, wenn eine richterliche Frist bis zu einem datumsmäßig bestimmten Tag gesetzt war und dieser auf einen Samstag, Sonntag oder Feiertag fällt (Zöller/*Stöber* § 221 Rn. 1).

215 ▶ Beispiel:

Wurde die Frist bis zum 05.02. gesetzt und fällt dieser Tag auf einen Samstag, so endet die Frist erst mit Ablauf des Montags (07.02.).

Insbesondere die Prüfung des gesetzlichen Feiertags bedarf besonderer Sorgfalt, weil Feiertage in den einzelnen Bundesländern recht unterschiedlich gelten (OLG Frankfurt a. M. NJW 2004, 3795: Fronleichnam). Gesetzlicher Feiertag muss der Tag an dem Ort des Gerichts sein; ob er dies auch am Ort der Anwaltskanzlei ist, spielt keine Rolle (BGH MDR 2012, 301). Keine gesetzlichen Feiertage (und auch nicht als solche behandelt werden) Heiligabend und Sylvester (24. und 31.12.).

Keinen Einfluss auf den Lauf einer Frist hat es, wenn in diese einzelne oder mehrere Wochenenden oder Feiertage fallen, solange nur der letzte Tag der Frist kein solcher Tag ist.

216 Praktisches Fristende ist **23:59 Uhr** des letzten Tages der Frist, nicht 24:00 Uhr, weil die Fristwahrung vor Ablauf der Frist erfolgen muss.

Druckt das Faxgerät des Gerichtes einen Sendebericht aus, in dem als Eingang eines Frist wahrenden Faxes »24:00 Uhr« oder »0.00 Uhr« des Folgetages angegeben ist, so ist die Frist versäumt (BGH NJW 2007, 2045)!

e) Überwachung und Wahrung der Frist

217 Hat der Anwalt den Lauf einer Frist korrekt festgestellt, so muss er seine Tätigkeit danach ausrichten, muss sicherstellen, dass die zur Wahrung der Frist erforderlichen Tätigkeiten rechtzeitig vor Ablauf der Frist vorgenommen werden. Dies ist nicht mehr Teil der Feststellung der Ausgangssituation des Mandats, sondern gehört zu den vom Anwalt zu erbringenden Prozess vorbereitenden Maßnahmen und soll deswegen im Zusammenhang damit (unten Rdn. 290 ff. dargestellt werden.

III. Die Rechtsprüfung

Kern der vorprozessualen anwaltlichen Dienstleistung ist die Pflicht zur »**gewissenhaften Prüfung der Rechtslage**« (RGZ 152, 330, 344), die sich aus dem mithilfe der Mandanteninformationen fixierten Sachverhalt ergibt.

218

»Der Anwalt muss den ihm vorgetragenen Sachverhalt daraufhin prüfen, ob er geeignet ist, den vom Auftraggeber erstrebten Erfolg herbeizuführen.« (BGH NJW 1992, 1159; NJW 1997, 2168; NJW 2006, 501, 502).

1. Anforderungen an die Rechtsprüfung

Die Rechtsprüfung soll nicht die abstrakte wissenschaftliche Qualifikation des Anwalts nachweisen, vielmehr dient sie einem konkreten Zweck: Der Prüfung der Erfolgsaussichten eines ins Auge gefassten Vorgehens. Besteht dieses (möglicherweise) in der Führung eines Prozesses, so muss geprüft werden, ob die im Instanzenzug zuständigen Gerichte dem eigenen Begehr stattgeben werden. Die zwingende Bindung der Gerichte an das Gesetz und die (zwar nicht zwingende, aber sachgerechte) Neigung der Gerichte, obergerichtlichen Auffassungen zu folgen führt dazu, dass der anwaltlichen Rechtsprüfung die **rechtsprechungskonforme Auslegung der in Betracht kommenden Gesetze** zugrunde zu legen hat.

219

Die Kenntnis der einschlägigen **Rechtsnormen** wird dem Anwalt ohne jede Einschränkung abverlangt. Er muss Gesetze auch dann umfassend und vollständig kennen, wenn sie abgelegenen Rechtsgebieten entstammen, neu sind oder ihre Anwendung auf den konkreten Sachverhalt fernliegt.

220

»Rechtsprüfung und Rechtsberatung setzen zwingend die Kenntnis der einschlägigen Rechtsnormen voraus, zu denen auch die auf der Grundlage von Bundesgesetzen erlassenen Rechtsverordnungen gehören. Notfalls muss sich der anwaltliche Berater die mandatsbezogenen Rechtskenntnisse, soweit sie nicht zu seinem präsenten Wissen gehören, ungesäumt verschaffen und sich auch in eine Spezialmaterie einarbeiten.« (BGH NJW 2002, 292; BGH NJW 2004, 3487; BGH NJW 2006, 501, 502).

Es bedarf kaum näherer Darlegung, dass die Ermittlung der einschlägigen Gesetzesnormen überaus schwierig sein kann, wenn es um ein abgelegenes Rechtsgebiet oder um Fallgestaltungen geht, die in der Rechtsprechung neu sind. Wer hat zu Beginn der Klagewelle aus darlehensfinanziertem Immobilienerwerb zu Steuersparzwecken (»Schrottimmobilienfälle«) um die Jahrtausendwende herum schon an Rechtsberatung oder Haustürwiderruf gedacht (*Schwintowski* § 12 Rn. 190; § 13 Rn. 225)? Wer denkt heute bei einem Vertrag über die Herstellung von Einkaufswagenchips daran, dass hier die deutsche Medaillen-VO von 1974 einschlägig sein kann (BGH NJW 2006, 501)?

Kennt sich der Anwalt auf einem abgelegenen Rechtsgebiet nicht aus, muss er sich die Kenntnis dieses Gebietes kurzfristig selbst erarbeiten. Kann oder will er das nicht, so muss er das Mandat ablehnen (vgl. *Borgmann/Jungk/Grams*, S. 113 m.w.N.; *Wagner/Hansen* 2005, 95) bzw. niederlegen. Denn wenn er tätig wird, schuldet er immer eine juristisch in jeder Hinsicht korrekte Beratung.

Bei Auslegung und Anwendung der Gesetze ist grundsätzlich nur die **Auffassung der Rechtsprechung**, nicht die der Literatur zugrunde zu legen. Nur an dieser orientiert sich der Erfolg des gerichtlichen Vorgehens. Lediglich dann, wenn es an einer höchstrichterlichen Rechtsprechung fehlt, weil das Rechtsproblem oder das Gesetz neu ist oder weil es zu dessen Auslegung unterschiedliche Instanzentscheidungen gibt, kann es geboten sein, die Argumente der Instanzrechtsprechung sowie auch die etwa vorhandene« rechtswissenschaftliche Diskussion zu verarbeiten. Dasselbe gilt, wenn der Anwalt im Einverständnis mit seinem Mandanten gegen eine herrschende Rechtsprechung angehen will.

221

Auf die Auslegung der Gesetze aus der Sicht höchstrichterlicher Rechtsprechung ist auch dann abzustellen, wenn eine Befassung dieser Gerichte mit dem konkreten Fall nicht zu erwarten ist, sei es, weil der Instanzenzug nicht so weit führt, sei es, weil Rechtsmittel nicht beabsichtigt sind (*Schnabl* NJW 2007, 3026 m.w.N.).

Höchstrichterliche Rechtsprechung in diesem Sinn ist vor allem, aber nicht nur die des BGH. Dies gilt insbesondere für Rechtsgebiete, in denen sich bewusst Partikularrechte entwickelt haben (Familienrecht, Wettbewerbsrecht, Eilverfahrensrecht).

222 ▶ **Beispiel:**

Streit besteht über den Anwaltszwang für Beschwerden im Eilverfahren (für Anwaltszwang z. B. OLG Hamm MDR 2008, 708; NJW RR 2003, 1075; OLG Frankfurt a. M. MDR 1983, 233; dagegen OLG Karlsruhe NJW RR 1993, 1470).

223 Gesetze und Rechtsprechung müssen in ihrer **aktuellen Fassung** zugrunde gelegt werden. Der Anwalt ist verpflichtet, sich hierüber ständig und zeitnah auf dem Laufenden zu halten. Änderungen müssen unmittelbar zur Kenntnis genommen und berücksichtigt werden.

»Eine Pflicht des Rechtsanwalts, darüber hinaus die veröffentlichte Instanzrechtsprechung und das Schrifttum sowie hierbei insbesondere die Aufsatzliteratur heranzuziehen, besteht zwar grundsätzlich nur in beschränktem Maße; strengere Anforderungen sind jedoch zu stellen, wenn ein Rechtsgebiet ersichtlich in der Entwicklung begriffen und (weitere) höchstrichterliche Rechtsprechung zu erwarten ist (hier: Entwicklung des Immobiliarrechts der ehemaligen DDR nach 1990). Dann muss ein Anwalt, der eine Angelegenheit aus diesem Bereich zu bearbeiten hat, auch Spezialzeitschriften in angemessener Zeit durchsehen (vgl. BGH NJW 1979, 877). Ihm muss dabei freilich insgesamt ein »realistischer Toleranzrahmen« zugebilligt werden (*Vollkommer/Heinemann*, Rn. 149; *Zugehör*, Rn. 576).« (BGH NJW 2001, 675; Einschlägiges war hier in der Zeitschrift »Agrarrecht« zu finden).

Mit dem »realistischen Toleranzrahmen« meint der BGH ersichtlich den »angemessenen« zeitlichen Rahmen, welcher durch die Veröffentlichung der Entscheidung eröffnet wird, also die Frist, innerhalb deren ein Anwalt neue Entscheidungen zur Kenntnis nehmen (oder im Bedarfsfalle auffinden) muss; diese Frist wird von der Literatur auf 3 bis 6 Wochen bemessen (*Schnabl* NJW 2007, 3026 m. w. N.). Die Rechtsprechung vermeidet meist konkrete Fristen und fordert eine »zeitnahe« Kenntnisnahme (BGH NJW 2005, 3358; BGH NJW 2001, 675).

Auf die Fortdauer – auch älterer, in jüngerer Zeit nicht bestätigter – Rechtsprechung darf der Anwalt vertrauen, selbst wenn »vereinzelte Stimmen in der Literatur« sich dagegen wenden. Erst wenn das Gericht selbst zu erkennen gibt, dass es hiervon abweichen wird, muss dies in die Rechtsprüfung einbezogen werden (BGH NJW 2009, 1543). Entsprechendes gilt für Gesetzesänderungen, die für die Beratung erst zu berücksichtigen sind, wenn sie konkret absehbar sind.

224 Keine verbindlichen Vorgaben lassen sich für die Frage aufstellen, aus welchen **Quellen** der Anwalt die zeitnahe Kenntnis von Gesetzen und Rechtsprechung beziehen soll.

Unterstellt werden darf, dass hierbei klassische juristische Informationsmedien (Bücher, Zeitschriften) unverzichtbar sind (BGH NJW 2009, 987). Fortbildungsmaßnahmen, wie sie das Berufsrecht vorschreiben, gehören sicher ebenfalls in diesen Rahmen. So postuliert KG NJW 2006, 1983 zur Pflicht des Rechtsanwaltes zur Kenntnisnahme der in der NJW veröffentlichten Rechtsprechung.

Ob der Anwalt daneben Online-Recherchen in juris, beck-online, Legios, Lexis-Nexis oder anderen juristischen Datenbanken schuldet, ist fraglich. Diese Datenbanken bieten inzwischen teilweise weit mehr an Informationen, als normale anwaltliche Bibliotheken vorzuhalten pflegen (zutreffend *Schnabl* NJW 2007, 3026), und das in unüberbietbarer Aktualität und in unschlagbar kurzer Recherche-Zeit. Ob aus diesen Vorteilen auch die Pflicht des Anwaltes folgt, sich die Recherchevorteile im Interesse des Mandanten zunutze zu machen – mit der Folge, dass eine dies unterlassende rechtliche Fehlberatung nach § 280 Abs. 1 BGB schadensersatzpflichtig machen kann - impliziert die Frage, ob ein gewissenhafter, erfahrener und sorgfältiger Rechtsanwalt heute normalerweise elektronische Recherchemöglichkeiten nutzt oder nicht. Dann müsste diese Arbeitsweise anwaltlicher Standard bei der juristischen Recherche sein. Im Gegensatz zu den Gerichten, wo heute flächendeckend EDV eingesetzt wird und den Richtern in aller Regel der Zugang zumindest zu juris offen steht, kann gegenwärtig wohl noch nicht davon ausgegangen werden, dass alle Anwälte solche Recherchemöglichkeiten haben, zumal der Zugang von ihnen selbst relativ teuer zu erkaufen ist. Diese Kosten werden in Großkanzleien (»law firms«) zwar ohne Weiteres in Kauf genommen, nicht aber – jedenfalls noch nicht – auch in Klein- und Einzelkanzleien. Da der Haftungsmaßstab für Groß- und Kleinkanzleien aber derselbe ist, kann im Augenblick noch nicht von einer sanktionierten Pflicht zur Nutzung elektronischer Datenbanken gesprochen werden (streitig, vgl. die Nachweise bei *Schnabl* NJW 2007, 3029, Fn. 67). Umgekehrt wird man aber mit *Schnabl* sagen können, dass jedenfalls die ergänzende Recherche in Online-Datenbanken das Haftungsrisiko des Rechtsanwaltes reduziert, weil er so schneller und leichter den hohen Anforderungen der Rechtsprechung an seine Berufsausübung entsprechen kann.

Die dem Anwalt damit abverlangte umfassende und lückenlose Rechtskenntnis – gipfelnd in der Formulierung, »grundsätzlich habe der Anwalt jeden Rechtsirrtum zu vertreten« (BGH VersR 1959, 638, 641) – ist praktisch kaum zu erfüllen und stößt deswegen immer wieder auf **Kritik**. 225

> Die Rede ist dabei davon, die Anforderungen seien »weit übersetzt«, ja »irreal« und »menschenunmöglich« (*Borgmann/Jungk/Grams*, S. 121, 112) oder »illusorisch« (*Slobodnjuk* NJW 2006, 114).

Vereinzelt hat diese Kritik auch schon zu **Konsequenzen**, d. h. zu Entscheidungen geführt, die die Anforderungen an die anwaltlichen Kenntnisse weniger weit fassen. 226

> »Die Sorgfaltspflichten ... eines Prozessbevollmächtigten dürfen nicht überspannt werden. Denn es genügt die übliche, von einem Rechtsanwalt zu fordernde Sorgfalt, der sich gewissenhaft und sachgemäß über die Rechtslage unterrichtet hat. ... Deshalb genügt ein Rechtsanwalt seiner Sorgfaltspflicht, wenn er sich in einem gängigen Kommentar zur VwGO zu den Anforderungen an die Revisionsbegründung vergewissert. Er braucht nicht ohne besonderen Anlass eine Aussage in einem weit verbreiteten Kommentar, die ... auf eine nicht veröffentlichte Entscheidung eines obersten Bundesgerichts hinweist, zu hinterfragen.« (BVerwG NJW 2006, 3081).

> Besonders instruktiv für mildere Ansätze in der Rechtsprechung des BGH ist die Entscheidung NJW 2006, 501, 502: »Der anwaltliche Berater wäre überfordert, wenn von ihm allgemein verlangt würde, dass er über eine im Wesentlichen lückenlose Gesetzeskenntnis verfügen und sie in das Beratungsgeschehen einbringen müsste. Erwartet wird von ihm nur eine mandatsbezogene Rechtskenntnis ... Hat der Rechtsanwalt in dem Bereich, der aufgrund des von dem Mandanten mitgeteilten Sachverhalts in rechtlicher Hinsicht zu prüfen ... ist, kein hinreichend präsentes Wissen, hat er sich, wenn er das Mandat weiterführen will, in die Rechtsmaterie in dem Maße einzuarbeiten, das für ihn erkennbar zur Wahrung des Interesses des Auftraggebers notwendig ist. Unterlässt er dies und übersieht er trotz gegebener tatsächlicher Anhaltspunkte Unwirksamkeitsgründe, kann er sich in einem nachfolgenden Regressprozess nicht darauf berufen, dass diese in einer weitgehend unbekannten Rechtsmaterie anzusiedeln seien. Liefert der von dem Mandanten mitgeteilte Sachverhalt dem Rechtsanwalt dagegen keine tatsächlichen Anhaltspunkte für rechtshindernde Einwendungen, welche die Rechtslage zu Gunsten des Mandanten beeinflussen könnten, ist der Rechtsanwalt, ... von sich aus zu einer weiteren Erforschung des Sachverhalts insoweit nicht verpflichtet.«

2. Durchführung der Rechtsprüfung

Zur praktischen Umsetzung vor vorstehend dargestellten allgemeinen Anforderungen an die anwaltliche Rechtsprüfung bietet sich die Abarbeitung folgender fünf **Fragen** an: 227

(1) Ist eine nichtstreitige Beilegung des Konflikts möglich?

Über die klassischen Möglichkeiten hinaus haben Gesetzgebung und Praxis in den letzten Jahren zahlreiche **Möglichkeiten** zur nichtstreitigen Erledigung geschaffen. Hierauf wird in Rdn. 276 ff. einzugehen sein. In diesem frühen Stadium der Mandatsberatung kommen insbesondere in Betracht: 228

– Die einseitige Konfliktbeilegung durch vollständiges Nachgeben, d. h. aufseiten des Gläubigers der Verzicht, aufseiten des Schuldners das Anerkenntnis.

> Obwohl diese auf den ersten Blick nur mit Nachteilen verbunden sind, können damit viele der Vorteile eines Vergleichs ebenfalls erreicht werden. Sache des Mandanten ist es, zu entscheiden, wie er die Vor- und Nachteile gewichtet, ob ihm z. B. der soziale Friede den Verzicht auf einen Anspruch wert ist.

– Der Versuch, den Gegner zur Mitwirkung an einer beidseitigen Konfliktbeilegung zu bewegen. Dieser kann in dem Angebot liegen, ein Schlichtungs- oder Mediationsverfahren einzuleiten oder gleich einen Vergleich zu schließen.

> Über die in Rdn. 276 ff. hinaus aufgestellten Überlegungen ist dabei zu bedenken, ob nicht das frühe Angebot auf Abschluss eines Vergleichs die eigene Position dem Gegner gegenüber schwächt. Eine solche Friedensbekundung kann den Übermut der Gegenseite fördern und sie zum Prozess ermuntern (*Franzen* NJW 1984, 2263). Deshalb muss derjenige, der den Vergleich will, »hart und engagiert und temperamentvoll verhandeln, er muss lästig werden, Willenskraft einsetzen und mit dem Prozess drohen« (*Franzen* a. a. O.:

»Eine Paradoxie«). Etwas anderes kann gelten, wenn personale Bindungen zwischen den Parteien bestehen und das Angebot als deeskalierend verstanden wird.

In diesem Zusammenhang kann auch zu überlegen sein, ob der Anwalt sogleich unter seinem Briefkopf schreiben sollte oder ob er zunächst dem Mandanten hilft, eine eigene Erklärung zu verfassen. Das Auftreten eines Anwalts macht dem Gegner die Ernsthaftigkeit der Angelegenheit bewusst, wird andererseits aber auch oft als konfliktschärfend empfunden. Dies führt dann dazu, dass sich die Gegenpartei nun auch anwaltlicher Hilfe bedient, sich die Positionen verhärten und sich der Streit, etwa durch Gegenforderungen, möglicherweise sogar ausweitet.

Rechtserhebliche Telefonate hingegen sollte allein der Anwalt führen, um erforderlichenfalls hierfür als Zeuge zur Verfügung stehen zu können. Dabei ist § 12 BORA zu beachten, wonach eine unmittelbare Kontaktaufnahme mit einem anwaltlich vertretenen Gegner berufsrechtlich grundsätzlich unzulässig ist.

Erfolgt die Vertretung eines Schuldners, muss zudem darauf geachtet werden, dass nicht durch das Angebot Verhandlungen i. S. d. § 203 BGB aufgenommen werden, die den Eintritt einer ansonsten bevorstehenden Verjährung hemmen (unten Rdn. 321).

(2) Ist das Aktivwerden der eigenen Partei erforderlich?

229 Bedarf ein Konflikt der gerichtlichen Entscheidung, muss das entsprechende Verfahren nicht immer selbst eingeleitet werden. Insbesondere bei gegenseitigen Ansprüchen kann häufig abgewartet werden, ob der Gegner Klage erhebt.

Für die Beklagtenposition im Prozess spricht ein in der Regel günstiger Gerichtsstand (§§ 12, 13 ZPO und § 33 ZPO bei Widerklage) sowie das Nichterforderlichwerden eines Gerichtskostenvorschusses.

Für die Klägerposition im Prozess spricht, dass dieser seine Klage grundsätzlich ohne Fristendruck vorbereiten kann, er sich unter mehreren Gerichtsständen einen heraussuchen kann (§ 25 ZPO), er den Streitgegenstand bestimmt er die Forderung zur Erlangung der eigenen Zeugenstellung vorher abtreten kann.

230 Natürlich muss man darauf achten, dass der eigene Anspruch nicht **verjährt**, wobei eine Aufrechnung und die Geltendmachung des Zurückbehaltungsrechts dann immer noch möglich sind (§ 215 BGB).

231 ▶ Beispiel:

Bevor der Käufer bei angefochtenem Kaufvertrag den Verkäufer auf Rückzahlung der bereits geleisteten Anzahlung an dessen Wohnsitz verklagt, kann er abwarten, bis der Verkäufer den Kaufpreisrest an seinem Wohnsitzgericht einklagt, um dann die Rückzahlung mittels einer Widerklage dort geltend zu machen.

232 Der Gegner kann auch faktisch zur Klage **gezwungen** werden, und zwar mittels negativer Feststellungsklage in Bezug auf dessen vermeintlichen Anspruch. Die Behauptungs- und Beweislast für das Bestehen des Anspruchs liegt dabei beim Gegner, so als wäre er Kläger (Zöller/*Greger* § 256 Rn. 18). Hingegen muss der Kläger nur (substantiiert) vortragen, dass sich der Beklagte eines bestimmten Rechts berühmt, welches ihm jedoch nicht zusteht.

(3) Wurde der Schuldner bereits (beweisbar) zur Leistung aufgefordert?

233 Ist dies nicht geschehen, besteht bei voreiliger Klageerhebung die Gefahr eines »sofortigen Anerkenntnisses« mit Kostentragungspflicht des Klägers gem. § 93 ZPO oder gar einer Klageabweisung (z. B. §§ 281 Abs. 1 Satz 1, 437; 634 BGB). In der Leistungsaufforderung liegt zudem eine Mahnung, sodass Verzug eintritt, sich der Haftungsumfang des Schuldners erweitert (§ 287 BGB), zusätzlich zur Hauptforderung Verzugsschadensersatz (Zinsen) verlangt werden kann (§ 288 BGB) und ggf. weitere Rechtsfolgen eintreten (z. B. Unterhalt für die Vergangenheit gem. § 1613 BGB).

Ist eine Fristsetzung bereits erfolgt, sollte eine weitere Fristsetzung kritisch überdacht werden. Mehrfache, inhaltlich unterschiedliche Fristsetzungen können aufseiten des Schuldners zu u. U. entschuldigenden Unklarheiten führen und damit genau das Gegenteil des Gewollten bewirken.

Einer Leistungsablehnung bedarf es nicht mehr. Auch die Androhung sonstiger Rechtsfolgen oder schlichte Drohungen sollten besser unterbleiben, will man sich nicht der Gefahr einer eigenen Strafbarkeit nach §§ 240, 253 StGB aussetzen. Unbedenklich ist dagegen die Mitteilung, die eigenen Rechte würden nach Ablauf der Frist (zivil- oder straf-)gerichtlich durchgesetzt.

Wird die Leistung aus einem gegenseitigen Vertrag geltend gemacht und ist die eigene Gegenleistung noch nicht erbracht, besteht die Gefahr, dass der Gegner sich auf sein insoweit gegebenes **Zurückbehaltungsrecht** beruft (§ 320 BGB). Im Prozess könnte dann nur eine Zug-um-Zug-Verurteilung erreicht werden (§ 322 BGB). Um die mit der Vollstreckung aus einem dermaßen beschränkten Titel verbundenen erheblichen Nachteile zu vermeiden (§§ 756, 765 ZPO), sollte dem Gegner die ihm gebührende Leistung in einer den Verzug der Annahme begründenden Art und Weise (§§ 294 ff. BGB) angeboten werden. Dann kann im späteren Prozess der Leistungsanspruch mit dem Antrag auf Feststellung des Annahmeverzugs verbunden und im Ergebnis unbedingt vollstreckt werden (unten Rdn. 288). 234

(4) Bietet eine Klage Aussicht auf Erfolg?

Hauptpunkt der Prüfung ist eindeutig die Frage nach den Erfolgsaussichten eines gerichtlichen Vorgehens. Hier ist die in Rdn. 218 ff. dargestellte Rechtsprüfung vorzunehmen. 235

Erfolg haben wird eine Klage, wenn sie **zulässig und begründet** ist. Ökonomische Gesichtspunkte lassen es dabei vorteilhaft erscheinen, wenn die materiellen Voraussetzungen vor den prozessualen geprüft werden. Nur wenn klar ist, dass ein Anspruch tatsächlich besteht, stellt sich die Frage, vor welchem Gericht er geltend gemacht werden kann. 236

Unterschiede zu einer Rechtsprüfung aus der Sicht des Gerichts ergeben sich darüber hinaus aus folgenden Erwägungen: 237

(a) Die Begutachtung durch den Anwalt erfolgt zu einem deutlich früher liegenden **Zeitpunkt**, als die des Gerichts. 238

Gerichtliche Rechtsprüfungen erfolgen »ex-post«, beruhen auf dem Zeitpunkt des Schlusses der letzten mündlichen Verhandlung, einem Zeitpunkt also, zu dem der Lebenssachverhalt längst abgeschlossen ist. Selbst wenn dies noch nicht der Fall sein sollte, dürfen später hinzutretende Tatsachen für die Entscheidung im Erkenntnisverfahren nicht mehr berücksichtigt werden (§§ 296a, 767 Abs. 2 ZPO). Kautelarjuristen arbeiten »ex-ante«, müssen einen möglichen zukünftigen Sachverhalt vorbeugend vertragsgestaltend regeln. Der forensisch tätige Anwalt steht zeitlich dazwischen. Er wird mit dem Sachverhalt befasst, nachdem er im Kern bereits ereignet hat, der Streit bereits entstanden ist. Allerdings ist der Sachverhalt nicht abgeschlossen, bis zum Zeitpunkt, auf den für die Entscheidung abzustellen ist, kann er sich ändern, um weitere Details erweitern. Dies kann ohne eigenes Zutun geschehen oder aber bewusst sachverhaltsgestaltend herbeigeführt werden. Insoweit kann von einer Betrachtung »ex nunc« gesprochen werden.

Solche zukünftigen Ungewissheiten muss der Anwalt insbesondere im Verlauf des Rechtsstreits selbst einkalkulieren. Wie das Gericht streitige Rechtsfragen beantworten wird, weiß der Anwalt nicht. Er kann und muss unter Zugrundelegung der bisherigen höchstrichterlichen Rechtsprechung mit einer gewissen Wahrscheinlichkeit ein Ergebnis vermuten. Dennoch verbleiben in Anbetracht der großen Beurteilungs-, Ermessens- und Handlungsspielräume des Gerichts in jedem Einzelfall große Unwägbarkeiten. Auch viele tatsächliche Fragen lassen sich diesem Zeitpunkt noch gar nicht abschließend beantworten. Sei es, dass Informationen des Mandanten oder von Dritten noch fehlen, sei es, dass das Ergebnis einer Beweisaufnahme noch nicht feststeht. Insoweit müssen an die Stelle verbindlicher Vorgaben bloße Prognosen treten.

Bereits ein einziger, bislang vielleicht noch unbekannter Gegenzeuge kann dabei zum Prozessverlust führen. Auch wenn solche Zeugen nicht ersichtlich sind, kann der Gegner in vielen Fällen zum Gegenbeweis Sachverständigengutachten anbieten. Sofern sich der Gegner nicht bereits außergerichtlich zur Forderung geäußert hat, ist man auch vor Überraschungen niemals ganz gefeit. Zudem ist immer damit zu rechnen, dass der Gegner alles – u. U. auch wahrheitswidrig – bestreitet. Regelmäßig bestritten werden z.B. die Höhe eines Schadens sowie das Vorliegen behaupteter Mängel. Besonders schwierig kann es für den Kläger werden, wenn der Beklagte den Erhalt rechtserheblicher Schreiben bestreitet, was zu einer »Art Standard-Verteidigung« geworden ist (*Neuhaus/Pohlmann* ZAP Fach 5 R, S. 301; unten Rdn. 1918). Auf der anderen Seite muss das Fehlen erheblicher Tatsachen dem eigenen Erfolg nicht endgültig entgegenstehen.

Normvoraussetzungen, die bislang nicht vorliegen, können bis zum Schluss der letzten mündlichen Verhandlung noch nachgeholt werden. Auch wenn der Anwalt bei Prüfung der Sach- und Rechtslage grundsätzlich von dem durch den Mandanten geschilderten Sachverhalt auszugehen hat, muss er überlegen, ob dieser Sachverhalt nicht in irgendeiner Richtung noch entwicklungsfähig ist, weitere tatsächliche Umstände geschaffen werden können, die die Rechtsposition des Mandanten verbessern. In sehr viel größerem Maß als bei Richtern ist deswegen bei Anwälten Fantasie und Kreativität gefragt.

239 ▶ **Beispiel:**

Liegen die tatsächlichen Voraussetzungen eines Gestaltungsrechts (Anfechtung, Kündigung, Rücktritt) vor, kann dieses Recht vom Gericht nicht berücksichtigt werden, wenn eine entsprechende Gestaltungserklärung bislang nicht abgegeben wurde. Aus anwaltlicher Sicht ist selbstverständlich, dass die fehlende Erklärung vor Klageerhebung (jedenfalls vor Schluss der letzten mündlichen Verhandlung) noch nachgeholt wird.

240 **(b)** Während die gerichtliche Rechtsprüfung darauf gerichtet ist, eine aus der Sicht des Richters objektiv richtige, materiell gerechte Entscheidung zu finden, ist das **Ziel** der Rechtsprüfung des Anwalts auf die subjektiven Interessen des Mandanten ausgerichtet.

Der Richter nimmt die Rechtsprüfung nur »für sich« vor, muss, wenn er eine aus seiner Sicht richtige Lösung gefunden hat, weitere Lösungsansätze nicht überprüfen. Er muss seine eigene Entscheidung begründen, nicht sie infrage stellen oder Alternativen dazu aufzeigen. Gibt es mehrere Möglichkeiten der Entscheidung, wählt er davon diejenige aus, die er für richtig hält.

Für den Anwalt dagegen geht es nicht um die Durchsetzung der persönlich für richtig gehaltenen Ergebnisse. Der Anwalt soll dem Rechtsschutzziel des Mandanten zum Erfolg verhelfen. Er wird unter mehreren denkbaren Alternativen deswegen diejenige wählen, die diesem Ziel am sichersten zum Erfolg verhilft, muss versuchen, das Gericht von dieser Alternative zu überzeugen.

Insbesondere ist die vom Gericht vertretene Rechtsansicht nur selten vorab bekannt bzw. sicher vorhersehbar, zumal die Rechtslage aufgrund der in jüngster Zeit vorgenommenen zahlreichen Gesetzesänderungen noch unübersichtlicher geworden ist (kritisch *E. Schneider* NJW 2001, 3756: die Kapazität des »juristischen Verdauungssystems« ist längst überschritten und unser Recht ist weitgehend unberechenbar geworden; *Hendel* JurPC Web-Doc. 68/2002 Abs. 7: »Das Rechtssystem in seiner Ausprägung als Entscheidung im Einzelfall ist nicht mehr zwingend verlässlich ex ante prognostizierbar.«).

Stets muss man damit rechnen, dass sich das Gericht einer absoluten Mindermeinung anschließt, wenn es dadurch den Prozess schneller und einfacher beenden kann. Ebenso liegt beim Kläger das Risiko eines »niemals auszuschließenden Wandels der Rechtsprechung« (BGH ProzRB 2004, 119). Selbst auf klar formulierte gesetzliche Bestimmungen kann man sich nicht immer verlassen, da zuweilen die »voluntative Entscheidung des Richters« an die Stelle der gesetzgeberischen Entscheidung gesetzt wird (*Reinelt* a. a. O.).

Die Auslegung unbestimmter Rechtsbegriffe oder die Anwendung von Generalklauseln (§§ 138, 242 BGB) auf einen Einzelfall ist nur in Ausnahmefällen prognostizierbar. Dies gilt für die Inhaltskontrolle von Vertragsklauseln genauso (§§ 307 ff. BGB), wie für die Auslegung individueller Willenserklärungen.

Auch im Bereich anscheinend eindeutiger Normen und »einhelliger Meinung« kommt es immer wieder vor, dass »Regelungen, die jahre- oder jahrzehntelang als wirksam angesehen wurden, nunmehr nach neuer Erkenntnis von der Rechtsprechung plötzlich als unwirksam angesehen werden« (*Reinelt* ZAP-Sonderheft 2002 S. 54, 58).

241 ▶ **Beispiel:**

Dass die Regeln über Haustürgeschäfte auf Verbraucherkreditverträge keine Anwendung finden können, war bis zum (die Heininger-Entscheidung des EuGH, Urt. vom 13.12.2001 – C-481/99 – umsetzenden) Urteil des BGH vom 09.04.2002 – XI ZR 91/99 – unbestritten, gilt seitdem indes nicht mehr.

Erst seit dem Urteil des BGH vom 28.09.2000 – IX ZR 279/99 – müssen Notare und Banken damit rechnen, dass Vollmachten, die ausschließlich oder hauptsächlich für den Abschluss und die rechtliche Abwicklung eines kreditfinanzierten Wohnungskaufvertrages im Rahmen eines

Bauträgermodells erteilt wurden, ein Tätigwerden in fremden Rechtsangelegenheiten ermöglichen und deswegen nach § 134 BGB i. V.m Art. 1 § 1 Satz 1 RBerG unwirksam sein können.

Zentraler Bestandteil der Erfolgsaussichten einer Klage ist die **Möglichkeit zur Beweisführung**. Dies gilt für die eigene Partei genauso, wie für den Gegner. Auf diese Beweisrisiken hat sich die Rechtsprüfung zu erstrecken, über sie muss der Mandant aufgeklärt werden (Palandt/*Grüneberg* § 280 Rn. 80). 242

> Der Rechtsanwalt sollte zur Vorbereitung des Prozesses die Beweisbarkeit der Klage begründenden Tatsachen prüfen, insbesondere den Mandanten nach Beweismitteln fragen. Es stellt ein nachlässiges Prozessverhalten dar, wenn eine anwaltlich vertretene Partei erst nach Abschluss des erstinstanzlichen Verfahrens Ermittlungen tätigt, die zur Benennung eines geeigneten Zeugen führen (LG Schwerin NJW-RR 2003, 1292).
>
> Für die Erfolgsaussicht der Klage ist nicht nur das bloße Vorhandensein von Beweismitteln entscheidend, sondern auch deren Qualität. Im Rahmen einer Beweisprognose ist deswegen abschätzen, ob die Beweismittel inhaltlich zur Beweisführung ausreichen. Dazu gehört die vorherige Einsichtnahme in Urkunden genauso, wie die Abklärung, was Zeugen aussagen werden.
>
> Hierbei ist es – prozessual und berufsrechtlich – nicht unzulässig, mit möglichen Zeugen in Kontakt zu treten, um zu erfahren, ob und was diese bekunden können. Um deren Aussagen für den späteren Rechtsstreit nicht zu entwerten, sollte dies aber sehr vorsichtig, ohne jegliche Beeinflussungstendenz geschehen. Bei einer schriftlichen Antwort des Zeugen besteht die Gefahr, dass dieser sich damit selbst frühzeitig festlegt und der Anwalt bei der Vernehmung im Prozess nur noch wenig Chancen hat, durch geschickte Fragen eine für seinen Mandanten negative Aussage relativieren zu können (unten Rdn. 1733).
>
> Genauso wie die eigenen Beweise sind auch die absehbaren Beweise des Gegners in eine Gesamtbeweisprognose einzubeziehen. Stehen diesem mehr und überzeugendere Beweise zur Widerlegung der eigenen Behauptung und zum Beweis von Gegenrechten zur Verfügung, kann dies die Erfolgsaussicht für einen Prozess entfallen lassen.
>
> Dabei kann und darf der Anwalt sich nicht mit der derzeit vorhandenen Beweissituation abfinden. Beweise, die bis zur Nutzung im Prozess zu entfallen drohen, müssen gesichert (selbstständiges Beweisverfahren, unten Rdn. 422), (noch) nicht vorhandene Beweise können beschafft werden.
>
> Eine solche Beschaffung von Beweisen kann dem Staat überlassen werden. Ist der Sachverhalt auch strafrechtlich relevant, können über Strafanzeige bzw. Strafantrag Ermittlungen der Staatsanwaltschaft eingeleitet werden, die auch im Zivilprozess relevante Beweise zutage fördern. Dies gilt in Verkehrsunfallsachen, beim Verlust von Kapitalanlagen (OLG Koblenz NJW-RR 2002, 575) oder auch in Arzthaftungssachen (*Lilie/Orben* ZRP 2002, 156). Eine solche Vorgehensweise empfiehlt sich jedoch nicht, wo eine rasche Umsetzung der zivilrechtlichen Ansprüche geboten ist.
>
> Beweismittel können auch privat beschafft werden, etwa indem Forderungen abgetreten werden, um den bisherigen Forderungsinhaber als Partei aus dem Prozess fernzuhalten und ihn so als Zeugen zu gewinnen (dazu unten Rdn. 289).
>
> Zur Beschaffung von Beweismitteln gehört auch, Beweisurkunden vor Klageerhebung zu besorgen. Denn erfahrungsgemäß gelingt deren Heranschaffung während des Rechtsstreits manchmal nicht mehr rechtzeitig (§ 420 ZPO). Dies gilt insbesondere für Handelsregister-, Grundbuch- und Katasterauszüge, bei welchen der Antrag auf Heranziehung der entsprechenden Akten grundsätzlich nicht ausreicht (§ 432 Abs. 2 ZPO).
>
> Sind Beweise nicht (ausreichend) vorhanden, kann die Erfolgsaussicht eines prozessualen Vorgehens sich möglicherweise aus dem Eingreifen von Beweiserleichterungen ergeben (z. B. Vermutungen oder die Umkehr der Beweislast; dazu unten Rdn. 1546).

(5) Besteht eine realistische Aussicht auf Vollstreckung eines etwaigen Leistungstitels?

Andernfalls ist eine Klageerhebung vor allem bei einem Zahlungsanspruch kaum sinnvoll, da der Kläger letztlich auf den Kosten »sitzen bleibt« (Anwalts- und Gerichtskosten, Vollstreckungskosten, Zins-/Liquiditätsverlust durch Sicherheitsleistung für die Vollstreckung – aber § 720a ZPO). 243

> Dies ist vor allem dann anzunehmen, wenn keinerlei Vollstreckungsobjekte vorhanden sind oder eine etwaige Vollstreckung im – vor allem außereuropäischen – Ausland erfolgen müsste (OLG Dresden NJW-RR

2004, 1078: keine ernst zu nehmenden Vollstreckungsaussichten bei einer im Ausland ansässigen Briefkastenfirma, die Gewinnzusagen versandt hat).

Aufschlussreich können diesbezüglich Auskünfte aus dem Schuldnerverzeichnis (§§ 915, 915b ZPO; § 26 InsO), dem Grundbuch sowie aus dem Gewerbe- und Handelsregister sein (§ 31, 32 InsO; eidesstattliche Versicherung abgegeben bzw. Insolvenzantrag mangels Masse abgelehnt?!).

Der nicht vorschusspflichtige Beklagte hingegen kann sich bis zum Abschluss des Verfahrens »entspannt zurücklehnen« und nach verlorener erster Instanz den Abschluss des Verfahrens durch Einlegung der Berufung verzögern (*Burchard* NJW 2002, 2219). Unter Umständen ist deshalb zu erwägen, (zunächst) nur einen unterhalb der Rechtsmittelgrenze bleibenden Teil der Forderung einzuklagen (unten Rdn. 588).

IV. Die Beratung des Mandanten

244   Hat der Anwalt den Sachverhalt in den oben beschriebenen Grenzen aufgeklärt und sich in der zuvor bezeichneten gründlichen Weise ein zuverlässiges Bild von der Rechtslage gemacht, hat er den Mandanten über das Ergebnis seiner Sach- und Rechtsprüfung zu informieren. Diese **Rechtsbelehrung** und, mit ihr verbunden, die **Beratung** über die sich aus der Rechtsprüfung ergebenden Konsequenzen und Handlungsmöglichkeiten und deren **Erfolgsprognose**, also die Einschätzung der Erfolgsaussichten von Prozessen einerseits, die **Belehrung über rechtliche Risiken** andererseits weisen eigene Schwierigkeiten auf.

Zu diesen Schwierigkeiten gehören Fragen der äußeren Form der anwaltlichen Beratung eigentlich nicht. Dennoch ist zu vermerken, dass nach OLG Düsseldorf (Urt. vom 17.07.2007 - 20 U 54/07; dazu *Dahns* NJW-Spezial 2008, 30) die anwaltliche Erstberatung in einem öffentlichen Café unter dem Aspekt der anwaltlichen Verschwiegenheitspflicht (§ 43 a Abs. 2 BRAO) eine Verletzung seiner Fürsorgepflicht gegenüber dem Mandanten darstellt.

1. Inhalt und Umfang der Beratung

245   Ziel der Beratung muss es sein, den Mandanten in die Lage zu versetzen, die wesentlichen Grundentscheidungen des weiteren Vorgehens **autonom und eigenverantwortlich** treffen zu können (BGH NJW-RR 1990, 1243).

»Die Beklagten (Rechtsanwälte) hatten dem Kläger (Mandanten) eine eigene Entscheidung in Kenntnis aller rechtlichen Umstände von Belang zu ermöglichen, nicht jedoch eine solche Entscheidung abzunehmen.« (BGH Beschluss vom 08.10.2009 - IX ZR 235/06).

246   Die Beratung muss **richtig**, **verständlich** und **umfassend** sein.

»Soweit der Mandant nicht eindeutig zu erkennen gibt, dass er des Rates nur in einer bestimmten Richtung bedarf, ist der Anwalt grundsätzlich zur allgemeinen, umfassenden und möglichst erschöpfenden Belehrung des Auftraggebers verpflichtet. Unkundige muss er über die Folgen ihrer Erklärungen belehren und vor Irrtümern bewahren. In den Grenzen des Mandates hat er dem Mandanten diejenigen Schritte anzuraten, die zu dem erstrebten Ziele zu führen geeignet sind, und Nachteile für den Mandanten zu verhindern, soweit solche voraussehbar und vermeidbar sind. Dazu hat er dem Auftraggeber den sichersten und gefahrlosesten Weg vorzuschlagen und ihn über mögliche Risiken aufzuklären, damit der Mandant zu einer sachgerechten Entscheidung in der Lage ist ... Ziel der anwaltlichen Beratung ist es, dem Mandanten eigenverantwortliche, sachgerechte (Grund-)Entscheidungen (»Weichenstellungen«) in seiner Rechtsangelegenheit zu ermöglichen. Dazu muss sich der Anwalt über die Sach- und Rechtslage klar werden und diese dem Auftraggeber verständlich darstellen.« (BGH NJW 2007, 2485; BGH NJW 2008, 2041).

a) Orientierung am Rechtsschutzziel des Mandanten

247   Zu Beginn des Mandats hat der Anwalt das Rechtsschutzziel des Mandanten festzustellen.

Schon in diesem Stadium kann eine anwaltliche Beratung erforderlich werden. Nicht alle Mandanten haben ein klares, vordefiniertes Ziel. Die tägliche Erfahrung zeigt, dass Laien ihre wirklichen (objektiven) Interessen nicht klar genug erkennen, dass sie unrealistische oder völlig überzogene Vorstellungen von diesen haben oder sie diese mit ungeeigneten Mittel zu erreichen versuchen. Oft genug haben Barbara Salesch und Alexander Holt, die Zeitschriften-Rubrik »Dein gutes Recht« oder Berichte aus anderen (insbesondere US-amerikanischen) Rechtskreisen völlig abwegige Vorstellungen geweckt.

Geboten sein kann es, dem Mandanten die Möglichkeiten und Grenzen eines Zivilprozesses aufzuzeigen. Manchen Mandanten muss verdeutlicht werden, dass ein Zivilprozess zur moralischen Besserung des Gegners ebenso wenig geeignet ist, wie »Strebungen des Gefühls« zu befriedigen (*Franzen* NJW 1984, 2263). Etwaigen Verärgerungen und sonstigen Emotionen des Mandanten sollte der Anwalt rationale Überlegungen entgegensetzen.

Das bedeutet nun aber nicht, dass sich das Ziel des Mandanten nur nach den rechtlichen Möglichkeiten richten muss. Emotionale, soziale oder altruistische Motive können auch objektiv irrationale Ziele rechtfertigen.

Auf das **Rechtsschutzziel** hin muss die Beratung des Mandanten ausgerichtet sein. 248

Dass der Mandant nicht »missbraucht« werden darf, um

36 eigene wissenschaftliche oder sonstige Ziele zu verfolgen, versteht sich von selbst. Erfüllt der Mandant einen lange erwarteten Sachverhalt, darf er nicht gegen seine Interessen in eine grundsätzliche Klärung juristischer Streitfragen hineingezogen werden. Nur wenn er einverstanden ist und ggf. das Kostenrisiko von Dritten (Verbraucherschutzorganisation, Mieterschutzverein, Rechtsschutzversicherung) übernommen wird, kann sein Individualinteresse an der Entscheidung zurücktreten.

b) Mandanten- und mandatsgerechte Beratung

Dem Mandanten ist regelmäßig nicht an der Einbeziehung in einen intellektuellen Diskurs über Theorien von Rechtsgelehrten gelegen. Er will eine **Prognose** über den Erfolg seiner Rechtsverfolgung. Die anwaltliche Beratung muss dabei einerseits mandatsgerecht, d.h. spezifisch auf die Sach- und Interessenlage des Mandanten bezogen sein – und insoweit umfassend und erschöpfend – andererseits mandantengerecht, also auf dessen laienhaften Verständnishorizont und dessen (bei komplexen Zusammenhängen evtl. begrenztes) intellektuelles Fassungsvermögen ausgerichtet sein. 249

Insoweit kann eine Parallele zu der Notwendigkeit einer anlage- und anlegergemäßen Beratung durch Banken und andere Finanzdienstleister gezogen werden. Je komplexer die vorgeschlagene Vorgehensweise, desto gründlicher die Beratung. Je erfahrener der Kunde, desto geringer sein Beratungsbedarf.

»Der Mandant benötigt, insbesondere wenn er juristischer Laie ist, nicht unbedingt eine vollständige rechtliche Analyse, sondern allein die Hinweise, die ihm im Hinblick auf die aktuelle Situation und sein konkretes Anliegen die notwendigen Entscheidungsgrundlagen liefern. ... Eine in jeder Hinsicht lückenlose Aufklärung über alle rechtlichen Zusammenhänge und Folgen trägt vor allem bei schwieriger Sach- und Rechtslage die Gefahr in sich, den Mandanten zu überfordern und ihm so den Blick für die Entscheidung wichtigen Gesichtspunkte zu verstellen. Das würde dem Sinn und Zweck der geschuldeten Beratung zuwiderlaufen. Der Rechtsanwalt hat dem Auftraggeber daher nur die Hinweise zu erteilen, die ihm die für seine Entscheidung notwendigen Informationen liefern. Inhalt und Umfang der vom Rechtsanwalt zu leistenden Aufklärung haben sich dabei immer nach den für ihn erkennbaren Interessen des Mandanten zu richten ...« (BGH NJW 2007, 2485; BGH NJW 2008, 2041).

Die damit vorgegebene Antinomie der Beratungsziele führt praktisch in nahezu jedem Fall zu einem kaum lösbaren Konflikt. Wann eine Beratung nicht zu viele und nicht zu wenige Punkte umfasst, wann sie zu einfach oder zu komplex ist, wird häufig erst ex post von einem Gericht im Regressprozess beurteilt werden können.

Einschränkungen der Vollständigkeit und Gründlichkeit sowie der Problematisierungstiefe von Rechtsprüfung und der auf ihr beruhenden Beratung können sich ergeben
– aus der Eilbedürftigkeit der Sache,
– aus der Komplexität der Angelegenheit,
– aus der Unangemessenheit des anwaltlichen Arbeitsaufwandes (damit auch der ihm geschuldeten Vergütung!) zur etwaigen Geringfügigkeit des Streitgegenstandes. 250

c) Ehrliche Beratung

251 Die Aufklärung des Mandanten über die rechtlichen Chancen und Risiken der Sache durch den Anwalt ist so **kritisch** und **objektiv** wie möglich vorzunehmen. In der Rechtsprechung ist vielfach entschieden, dass der Anwalt dem Klienten dienstvertraglich verpflichtet ist, ein **realistisches** Bild von den Prozessaussichten zu entwerfen. Er hat die Zweifel und Bedenken darzulegen und zu erörtern, zu denen die Sachlage Anlass gibt sowie die zur Verfügung stehenden Möglichkeiten zur Sicherung der Interessen seines Auftraggebers mit den ihnen gegebenenfalls anhaftenden Vorteilen und Risiken aufzuzeigen (BGH NJW 1991, 2839; MDR 2003, 928).

252 Zur Ehrlichkeit der Beratung gehört auch die Offenlegung, dass eine sichere Prognose in keinem Fall möglich ist. Auch anscheinend klare und eindeutige Fälle können sich in eine nicht vorhergesehene Richtung entwickeln und letztlich verloren gehen, umgekehrt können auch aussichtslose Fälle gewonnen werden.

253 ▶ **Praxistipp:**

> Belehrt werden muss der Mandant auch über die Risiken unerwarteten Prozessverhaltens des Gegners, abweichende Rechtsansichten des Gerichts oder unvorhergesehene Änderungen der Rechtsprechung.

Eine realistische Belehrung hat den Grad der Wahrscheinlichkeit solcher Entwicklungen offen zu legen. Aufgabe des Anwalts ist es weder »schwarz zu malen« noch unberechtigten Optimismus zu verbreiten. Das »Prinzip Hoffnung« eignet sich als Maßstab genauso wenig, wie professioneller Pessimismus. Geboten ist eine objektive, an den Erfahrungen der Vergangenheit orientierte Prognose, wobei eine »mathematische Genauigkeit« des Grads der Wahrscheinlichkeit nicht erwartet werden kann (OLG Frankfurt a. M. NJW 1988, 3269).

Diese Prognose darf den Einfluss eigenen taktisch geschickten und fehlerfreien Vorgehens einkalkulieren. Eine hundertprozentige Erfolgsgarantie kann daraus nicht abgeleitet werden. Das Gleiche gilt für absehbare Fehler der Gegenpartei oder des Gerichts. So gibt es zum einen eine »beachtliche Zahl krasser richterlicher Fehlurteile«, und zum anderen gehört es auch »zum anwaltlichen Erfahrungsschatz«, dass Rechtspositionen, die ein Gericht, der Gegenanwalt oder man selbst als aussichtslos bezeichnet hat, von einer höheren Instanz als zutreffend übernommen werden (*Busse* S. XXXV). Solche Fehler mögen ein bestimmtes Ergebnis wahrscheinlicher machen, verlassen kann man sich darauf nicht.

Die damit in keinem Fall auszuschließende Ungewissheit über den tatsächlichen Prozesserfolg rechtfertigt aber auch keinen bloß pauschalen Hinweis auf das verbleibende Restrisiko – »vor Gericht und auf hoher See ...« – oder die vermutlich oft verwandten Formulierungen, dass »die Rechtslage problematisch sei« und es »eine hundertprozentige Sicherheit« in einem Rechtsstreit niemals gebe (BGH MDR 2003, 928) gewiss nicht ausreichend.

254 Ist der Prozess mit hoher Wahrscheinlichkeit **aussichtslos**, »muss der Anwalt auf den damit verbundenen Grad der Gefahr eines Prozessverlustes hinweisen« (BGH NJW 2006, 3064, 3065) und so den Mandanten vor unnützen Prozesskosten bewahren (OLG Hamm AnwBl 1987, 331). Ergibt die rechtliche Diagnose des Falles ein völliges Übergewicht der Risikofaktoren, hat der Anwalt klar und eindeutig von der Klage abzuraten (BGH NJW 1988, 3113; BGH NJW 1984, 791; *Borgmann/Jungk/Grams*, 170; *Wagner/Hansen* 2005, 99 f.). Wer einem Mandanten von einer aussichtslosen Klage nicht abrät, kann auf Erstattung von dessen Prozesskosten in Anspruch genommen werden (OLG Düsseldorf VersR 1973, 424).

> »Hat eine Klage erkennbar keine Aussicht auf Erfolg, dann ist es eine Verletzung dienstvertraglicher Pflichten des Rechtsanwaltes, wenn er dem Mandanten mitteilt, die Klage habe überwiegende Erfolgsaussichten ... Eine an Hand des Gesetzes, allgemeiner Rechtssätze sowie der allgemeinen rechtswissenschaftlichen Methoden klar zu bewertende Rechtslage kann dazu führen, dass der Rechtsanwalt die Rechtslage nicht positiv darstellen darf, wenn tatsächlich ein erhebliches Prozessrisiko besteht.« OLG Koblenz NJW-RR 2006, 1358).

A. Mandantengespräch　　　　　　　　　　　　　　　　　　　　　　　　　　　　2. Kapitel

▶ Beispiel: 255

Von einer naheliegenden Erfolglosigkeit einer Klage ist auszugehen, wenn der eigene Anspruch verjährt ist. Auch wenn der Gegner die Einrede der Verjährung bislang noch nicht erhoben hat, liegt diese so nahe, dass eine realistische Chance zum Prozesserfolg nicht besteht (OLG Celle, Urt. vom 09.11.2005, 3 U 63/99; OLG Köln, Urt. vom 25.03.1994, 19 U 136/93).

Das gilt auch dann, wenn der vorgetragene Sachverhalt zwar geeignet ist, den Anspruch zu begründen, die Klage also schlüssig ist, aber keine geeigneten Beweismittel für die beweisbedürftigen Tatsachen zur Verfügung stehen. 256

Besteht der Mandant trotz eindeutigen Abratens auf der Erhebung der Klage oder der Weiterführung eines Verfahrens, sollte der Anwalt sein Abraten und diese Weisung hinreichend dokumentieren. Hält der Anwalt die Klage bzw. das Verfahren für völlig aussichtslos, sollte er das Mandat nicht annehmen bzw. niederlegen (was ihn keinesfalls regresspflichtig macht: OLG Karlsruhe, Urt. vom 06.03.1994, 3 U 45/93, falls es nicht zur Unzeit geschieht).

Ist andererseits die **Prozessprognose positiv**, so kann es ein regressträchtiger Anwaltsfehler sein, wenn der Anwalt vom Prozess abrät, ohne auf das Ausmaß der Prozesschancen hinzuweisen (BGH NJW 1971, 1119). 257

d) Taktische Beratung

Jede Mandantenberatung enthält notwendig bereits taktische Überlegungen. Fälle, in denen es nur einen Weg zum Rechtsschutzziel des Mandanten gibt, sind eher selten. Regelmäßig werden verschiedene Wege und Möglichkeiten offen stehen. Diese zu erkennen, ihre **Vor- und Nachteile** gegeneinander abzuwägen, ist Gegenstand der Beratung. 258

Taktische Entscheidungen zu treffen aber ist **Sache des Mandanten**, nicht des Anwalts. Der Mandant muss in diesem Stadium bereits in die taktischen Überlegungen einbezogen werden. Er muss durch die Beratung in die Lage versetzt werden, die Vor- und Nachteile verschiedener vorprozessualer oder prozessualer Möglichkeiten zu erkennen, die mit den einzelnen Alternativen verbundenen Chancen und Risiken einzuschätzen, gegeneinander abzuwägen und so letztlich eine eigenverantwortliche Entscheidung über das Vorgehen zu treffen. 259

e) Beratung über nichtjuristische Umstände

Der Anwalt ist als Rechtsberater grundsätzlich nicht verpflichtet, die **wirtschaftlichen Interessen** seines Mandanten wahrzunehmen und ihm auf unternehmerischem Gebiet Ratschläge zu erteilen. Entsprechendes gilt für alle nichtjuristischen Fragen. 260

▶ Beispiel: 261

Berät der Anwalt seinen Mandaten bei der Gewährung eines Darlehens an einen Dritten, der zuvor von Banken keinen Kredit erhalten hatte, muss er diesen nicht darauf hinweisen, dass das Risiko einer Nichtrückzahlung besteht (BGH, Urt. vom 19.06.2008 – IX ZR 18/07).

Eine Ausnahme von diesem Grundsatz gilt, wo eine Beratung auch über nichtjuristische Fragen **vertraglich vereinbart** wurde. Dies kann ausdrücklich oder stillschweigend erfolgt sein. 262

Wer am Markt als »Spezialist« auch für wirtschaftliche, steuerliche, medizinische, technische, psychologische oder andere Expertenfragen um Mandanten wirbt (»Spezialkanzlei für Wirtschaftsfragen«; »Steuer- und Rechtsberatung«,»»Arzthaftung«, »Verkehrsunfallfragen«), schuldet mehr als die bloße Rechtsberatung (OLG Düsseldorf, Urt. vom 26.10.2006, Az. 6 U 219/05). Dies gilt häufig für große Kanzleien (»Law Firms«) mit hoch spezialisierten Abteilungen (»M&A«, »due dilligence«).

Keine über den rechtlichen Bereich hinausgehende Beratungspflicht ergibt sich allein aus der Bezeichnung als »Fachanwalt«. Auch Fachanwälte für Steuer- oder Gesellschaftsrecht schulden grundsätzlich nur juristische Fachkompetenz. Sie sind als solche keine Investitionsexperten und auch keine Unternehmensberater, solange sie nicht zusätzlich einen entsprechenden Anschein erwecken (BGH, Urt. vom 08.06.2004, VI ZR 199/03; LG Hamburg, Urt. vom 15.05.2003, 323 O 262/02).

263 Über die bloße juristische Beratung hinaus kann der Anwalt zu nahe liegenden Hinweisen oder **Zweckmäßigkeitsratschlägen** verpflichtet sein, soweit diese sich auf Umstände beziehen, die eng mit dem rechtlichen Mandat verknüpft und als vom rechtlichen Mandat umfasst anzusehen sind.

So hat der BGH (NJW 1994, 1405, 1406) den Anwalt für verpflichtet angesehen, wirtschaftliche Ratschläge zu erteilen bzw. vor wirtschaftlichen Risiken zu warnen, wenn sie »in einem engen inneren Zusammenhang mit seiner rechtsberatenden Tätigkeit stehen und jedenfalls allgemein auch Rechtsfragen aufwerfen können« (s. a. *Slobodenjuk* NJW 2006, 116).

264 Frage des Einzelfalles muss es sein, inwieweit die anwaltliche Beratung sich auf **soziale Aspekte** der Rechtsverfolgung zu erstrecken hat.

Der gute Anwalt macht den Mandanten sicher auch auf naheliegende wirtschaftliche, persönliche und soziale Konsequenzen und Risiken solcher rechtlichen Schritte aufmerksam. Zu diesen Konsequenzen können unverhältnismäßige Rechtsverfolgungskosten gehören, die auf den Mandanten zukommen, vor allem aber auch die möglicherweise nachhaltigen Störungen persönlicher und familiärer Beziehungen bei rechtlichen Schritten gegen Verwandte oder Partner sowie die evtl. irreparablen Erschütterungen wirtschaftlicher Beziehungen zu Kunden, Lieferanten oder anderen Geschäftspartnern – ist erst einmal der rechtliche Rubikon überschritten.

Dass eine Befolgung dieser Grundsätze nicht justiziabel ist, eine Nichtbeachtung sozialer Aspekte in der Beratung keine haftungsauslösende Pflichtverletzung darstellt, bedarf keiner näheren Darlegung. Dennoch kann die mangelnde soziale Kompetenz des Anwalts verantwortlich für den Misserfolg der Klage werden. Erkennt dieser die eigentliche Ursache des Streits oder dessen Umfang nicht, darf er sich über spätere Verteidigungseinwände des Gegners nicht wundern.

f) Dokumentation der Beratung

265 Anders als der Arzt ist der Anwalt zur schriftlichen Dokumentation seiner Tätigkeit **nicht verpflichtet**. Kommt es zu einem Regressprozess, genügt es zur Schlüssigkeit der Klage, dass der Mandant behauptet, eine zureichende Beratung sei nicht erfolgt. Dann obliegt es dem Anwalt im Rahmen der »sekundären Darlegungslast« konkret darzutun, was er zur Erfüllung seiner Vertragspflichten getan hat. Er muss »den Gang der Beratung im Einzelnen schildern, insbesondere konkrete Angaben dazu machen, welche Belehrungen und Ratschläge er erteilt und wie darauf der Mandant reagiert hat« (BGH NJW 2007, 2485, 2486)

266 Im eigenen Interesse (**Regressprävention**) kann dem Anwalt zur Vermeidung von Schwierigkeiten bei der Rekonstruktion und bei dem Beweis des Beratungsumfangs nur dringend angeraten werden, diesen von Anfang an schriftlich zu dokumentieren.

Besser als einseitige, intern gebliebene Aktenvermerke (vgl. Dahns NJW-Spezial 2008, 414) sind dabei Bestätigungsschreiben an den Mandanten: »Sie haben uns damit beauftragt, ... Wir haben Ihnen dargelegt, ... Trotz unseres Vorschlags, ... haben Sie uns angewiesen, ...« (vgl. *Römermann* NJW 2007, 2490)

2. Der Vorschlag zur weiteren Vorgehensweise

267 Die Beratung des Mandanten endet grundsätzlich mit einem konkreten Vorschlag zur weiteren Vorgehensweise.

268 Für die **Form** dieses Vorschlags gibt es dabei keine Vorgaben.

Ist die Beratung des Mandanten bereits schriftlich erfolgt, wird dies den Vorschlag umfassen. Auch bei mündlicher Beratung empfiehlt sich die schriftliche Dokumentation des Vorschlags jedenfalls zur Vermeidung haftungsrechtlicher Zweifelsfragen.

Laufen Fristen für die weitere Rechtsverfolgung, muss hierauf besonders hingewiesen, ggf. dem Mandanten zur Entscheidung über das weitere Vorgehen eine Frist gesetzt werden.

B. Rechtswahrung, Rechtsgestaltung, Rechtsdurchsetzung

Inhaltlich muss der Vorschlag grundsätzlich dem Prinzip des sichersten Wegs entsprechen (dazu oben Rdn. 60 ff.). Dazu gehört selbstverständlich, dass der Vorschlag sich an der jeweils aktuellen höchstrichterlichen Rechtsprechung ausrichtet, auch wenn der Anwalt selbst deren Ansicht nicht teilt (BGH MDR 2003, 928).

Unterschiedliche Auffassungen werden zu der Frage vertreten, wie **nachdrücklich** der eigene Vorschlag dem Mandanten zu unterbreiten ist. 269

> Vertreten wird, dem Mandanten müsse die Sach- und Rechtslage, insbesondere das mit dem weiteren Vorgehen verbundene Risiko »deutlich vor Augen geführt werden« (BGH NJW 1993, 2676; BGH NJW 2000, 725), in klaren Fällen sei ihm »mit Nachdruck« oder »dringend« zu bestimmten Maßnahmen zu raten. Vereinzelt wird sogar gefordert, die Ablehnung der Mandatsübernahme oder die Mandatsniederlegung für den Fall nicht beratungsgemäßer Entscheidung zumindest anzudrohen (*Schlee* AnwBl. 1989, 223; OLG Hamm AnwBl 1987, 331). Letzteres ist sicher überzogen. Im Übrigen kann nur im Einzelfall unter Berücksichtigung der Erfolgsaussichten des Vorgehens einerseits und der Rechtserfahrenheit und Einsichtsfähigkeit der Partei andererseits abgewogen werden, wie deutlich der eigene Rat zu formulieren ist.

Ist die Rechtsdurchsetzung nach Auffassung des Rechtsanwalts **aussichtslos**, so wird er von einer weiteren Rechtsverfolgung abraten. 270

Hat die Rechtsdurchsetzung Aussicht auf **Erfolg**, so kommen je nach Stadium der Rechtsverwirklichung in Betracht: 271

– Außergerichtliche Maßnahmen machen die Inanspruchnahme außergerichtlicher Hilfe entbehrlich.

> In Betracht kommt dabei der Versuch einer außergerichtlichen Konfliktbereinigung, sei es, dass der Gegner zur vollständigen Befriedigung des Begehrs der eigenen Partei aufgefordert wird, sei es, dass ein Vergleich vorgeschlagen wird.

– Vorgerichtliche Maßnahmen bereiten die spätere prozessuale Durchsetzung des Rechts vor.

> Im Vordergrund stehen hier die Möglichkeiten zur rechtlichen (Gestaltungsrechte) oder tatsächlichen (Zeugenerlangung) Gestaltung des Sachverhalts, um so die Erfolgsaussichten eines angestrebten gerichtlichen Verfahrens zu verbessern.

– Unabhängig davon, ob später ein Prozess beabsichtigt ist oder nicht, kann es erforderlich sein, laufende Fristen zu wahren.

> Dazu unten Rdn. 321 ff.

B. Rechtswahrung, Rechtsgestaltung, Rechtsdurchsetzung

Geht die Entscheidung des Mandanten nach der Beratung durch den Anwalt dahin, das Recht durchzusetzen, so können zunächst weitere rechtswahrende Maßnahmen erforderlich sein. Der Anwalt muss dabei alle für einen späteren Prozesserfolg notwendigen Maßnahmen treffen (Palandt/ *Grüneberg* § 280 Rn. 76, 81). Dazu gehören rechtsgestaltende und Frist wahrende Handlungen. 272

I. Außergerichtliche Maßnahmen

1. Forderungsgeltendmachung

Selbstverständlich steht es dem Mandanten frei, sein Recht außergerichtlich geltend zu machen und vom Gegner insoweit vorbehaltlose Unterwerfung zu **verlangen**. 273

> Ist das Bestehen des Rechts zweifelsfrei und stehen dem Gegner Gegenrechte nicht zu, kann erwartet werden, dass dieser sich zur Vermeidung unnötigen Aufwands und unnötiger Kosten dem Begehr beugt. Dabei kommt dem anwaltlichen Forderungsschreiben erhöhte Erfolgsaussicht zu, weil in ihm die Sach- und Rechtslage überzeugender dargestellt werden wird, als in einem Mandantenschreiben und weil dem Gegner durch die Einschaltung des Anwalts die Ernsthaftigkeit der Rechtsverfolgung und die bei Nichterfüllung kaum mehr abwendbare gerichtliche Durchsetzung klargemacht wird.

Vorsicht ist geboten, soweit mit diesen Forderungsschreiben materielle Wahlrechte ausgeübt werden, die eine nachträgliche Änderung nicht mehr zulassen. Zudem muss der Anwalt sich klar, eindeutig und zweifelsfrei ausdrücken (BGH NJW 1996, 2648, 2650: Korrekte Verwendung juristischer Fachausdrücke, hier »Kündigung« statt »Rücktritt«). Er muss sicherstellen, dass der Zugang seiner Erklärung später beweisbar ist und muss – insbesondere bei der Abgabe einseitiger Erklärungen für den Mandanten – seine Vertretungsmacht nachweisen (§ 174 BGB).

Häufig ist eine solche Geltendmachung von Rechten mit der Abgabe rechtsgestaltender Erklärungen (Fristwahrung, Nachfristsetzung, Mahnung o. Ä.) verbunden; dazu unten Rdn. 287.

274 ▶ **Praxistipp:**

Es kann sinnvoll sein, sich als Anwalt schon in diesem Stadium mit der gerichtlichen Durchsetzung beauftragen zu lassen.

275 Im außergerichtlichen Verfahren können neben der **Geschäftsgebühr** auch eine **Terminsgebühr** und eine **Einigungsgebühr** entstehen. Eine Terminsgebühr entsteht nach Teil 3, Vorbemerkung 3, Abs. 3 RVG-VV für die Vertretung nicht nur in einem gerichtlichen Termin, sondern auch bei der Mitwirkung auf die Vermeidung oder Erledigung des Verfahrens gerichteten Besprechung ohne Beteiligung des Gerichts, soweit keine reine Besprechung mit dem Auftraggeber vorliegt. Erforderlich ist indes, dass die Besprechung nicht bloß dem Austausch von Informationen, sondern auf die Prozessvermeidung gerichtet ist und der Rechtsanwalt bereits vorher mit der gerichtlichen Durchsetzung des Anspruchs beauftragt war. Nur dann kann die Besprechung der Vermeidung eines (nicht notwendig bereits rechtshängigen) gerichtlichen Verfahrens dienen (*Hansens* RVG-Report 2004, 122, 125; *Bischoff* JurBüro 2004, 296; *Hartung/Römermann* RVG-VV Teil 3 Rn. 10; *Bonnen* MDR 2005, 1085).

Diese Regelung weicht von der in der alten BRAGO ab. Dort fiel eine Besprechungsgebühr nicht an, wenn ein gerichtlicher Auftrag bereits erteilt und der Gesprächspartner mit einem Einigungsgespräch nicht einverstanden war (OLG Düsseldorf MDR 2001, 1319).

Eine zusätzliche Einigungsgebühr entsteht, wenn in der Besprechung eine Lösung gefunden und ein gerichtliches Verfahren damit tatsächlich vermieden werden kann.

Wegen der bis zum in Kraft treten des § 15a RVG erforderlichen Anrechnung der Geschäftsgebühr auf die spätere Verfahrensgebühr nach Teil 3, Vorbemerkung 3 Abs. 4 RVG-VV unten Rdn. 874.

2. Konsensuale Konfliktbereinigung

276 Außergerichtlich bieten sich verschiedene **Formen** der Streitbeilegung an (*Raeschke-Kessler* AnwBl. 2012, 64).

Auch und insbesondere forensisch tätige Rechtsanwälte sind verpflichtet, Mandanten konfliktvermeidend und streitschlichtend zu begleiten (§ 1 Absatz 3 BORA). Sie sind deswegen gehalten, über das gesamte Spektrum der verfügbaren Konfliktlösungsverfahren im konkreten Einzelfall zu informieren (vgl. Verhandlungen des 67. DJT 2008, Abteilung Mediation, Beschluss A. 4.).

276a Sinnvoll ist der Versuch einer außergerichtlichen Streitbeilegung insbesondere dort, wo hinter dem vordergründigen Leistungsanspruch eine dauerhafte persönliche oder geschäftliche Beziehung der Parteien besteht, die durch den Ablauf des Rechtsstreits oder dessen Ergebnis beeinträchtigt werden kann. Sind gutachterlich zu klärende Tatsachenfragen streitentscheidend, kann allein deren verbindliche Klärung (Schiedsgutachten, selbstständiges Beweisverfahren) ein streitiges Verfahren entbehrlich machen.

276b ▶ **Beispiele:**

Streitigkeiten unter Familienmitgliedern, Miterben, Nachbarn, Gesellschaftern einer Personengesellschaft. Streitigkeiten zwischen Mieter und Vermieter, zwischen Versicherer und Versicherung.

B. Rechtswahrung, Rechtsgestaltung, Rechtsdurchsetzung   2. Kapitel

Klassischerweise treten die Parteien in **Vergleichsverhandlungen** ein und versuchen, unter gegenseitigem Nachgeben, zu einer einvernehmlichen Lösung zu kommen. 277

Der Vergleich bietet einer streitigen Entscheidung gegenüber zahlreiche **Vorteile**. 278

> Kommt der Vergleich vor Klageerhebung zustande, können nicht nur der mit einem Prozess verbundene Arbeits- und Zeitaufwand erspart werden, sondern auch zahlreiche Kosten. Das anwaltliche Gebührenrecht belohnt eine Mitwirkung des Anwalts bei einem Vergleich im prozessualen Vorfeld durch eine erhöhe Einigungsgebühr (1,5-fache Gebühr nach Nr. 1000 VV anstelle der 1,0-fachen Einigungsgebühr nach Nr. 1003 VV bei einem Vergleich in einem anhängigen Verfahren).
>
> Weitere Vorteile liegen im Wegfall des Prozessrisikos, der Schnelligkeit der Erledigung, der Möglichkeit für alle Beteiligten, »das Gesicht zu wahren« und der Chance auf eine weiterhin ungetrübte geschäftliche oder soziale Verbindung, die insbesondere in Dauerschuldverhältnissen (Gesellschaft, Erbengemeinschaft, Nachbarschaft) kaum zu unterschätzen ist.

Nicht zu übersehen sind aber auch mit dem Vergleich verbundene **Nachteile**. 279

> Dazu gehört in erster Linie der im Nachgeben liegende teilweise Rechtsverlust. *Hinz*u kommt, dass die vollständige Aufklärung des Sachverhalts, wie sie in einer gerichtlichen Beweisaufnahme stattfinden kann, unterbleibt. Für den Anwalt ergeben sich nicht unwesentliche Haftungsrisiken, wenn die Rechtsfolgen eines Vergleichs, insbesondere der darin vereinbarten Abgeltungsklausel, nicht vollständig überblickt wurden.

Im Übrigen kann wegen des außergerichtlichen Vergleichs auf die Ausführungen zum Prozessvergleich verwiesen werden (dazu unten Rdn. 1043, 2141, 2647). 280

Gelingt es den Parteien nicht, auf einer rationalen Ebene über Vergleichsmöglichkeiten zu verhandeln, bietet sich ein **Mediationsverfahren** an. 281

> Der Mediator vermittelt im Rahmen des Güteverfahrens aus der Position eines neutralen Dritten zwischen den Parteien, um eine interessengerechte, einvernehmliche und dauerhafte Konfliktlösung zu ermöglichen. Er ist zur Entscheidung des Konflikts nicht befugt, sondern kann den Parteien nur helfen, ihre Probleme zu erkennen, zu strukturieren und selbst zu lösen (*Ahrens*, NJW 2012, 2465; *Nistle* JuS 2010, 685). Unterschieden werden die unabhängig von einem Gerichtsverfahren durchgeführte Mediation (außergerichtliche Mediation), die während eines Gerichtsverfahrens außerhalb des Gerichts durchgeführte Mediation (gerichtsnahe Mediation) und die während eines Gerichtsverfahrens von einem nicht entscheidungsbefugten Richter durchgeführte Mediation (gerichtsinterne Mediation). In Umsetzung der Richtlinie 2008/52/EG des Europäischen Parlaments und des Rates vom 21.5.2008 über bestimmte Aspekte der Mediation in Zivil- und Handelssachen (ABl. L 136 vom 24.5.2008, S. 3) – Mediations-RL – regelt das Mediationsgesetz wesentliche Grundzüge des Verfahrens und Anforderungen an den Mediator.

Die Mitwirkung eines Anwalts am Mediationsverfahren kommt in unterschiedlichen Formen in Betracht. Zahlreiche Anwälte verfügen inzwischen selbst über entsprechende Zusatzqualifikationen und Erfahrungen und können damit diese Funktion – soweit sie nicht in Konflikt mit ihrer Funktion als Parteivertreter geraten (§ 3 MediationsG) – selbst ausüben. 281a

> Zu beachten ist dabei, dass sich auch ein Anwalt als »Mediator« nur bezeichnen darf (§ 7a BORA), wenn er eine Ausbildung nach § 5 Abs. 1 MediationsG nachweisen kann, als »zertifizierter Mediator« nur, wenn er eine Ausbildung nach §§ 5 Abs. 2, 6 MediationsG abgeschlossen hat.

Die Mitwirkung des Anwalts im Mediationsverfahren kann sich aber auch darauf beschränken, dem Mandanten ein solches Verfahren und oder einen geeigneten Mediator vorzuschlagen. Soll die Mediation im Rahmen einer vertraglichen Vereinbarung erfolgen, kann diese vom Anwalt konzipiert werden. 281b

> Mit dieser, der vertragsgestaltenden (kautelarjuristischen) Tätigkeit des Anwalts zuzurechnenden Aufgabe wird das Thema des vorliegenden Buchs verlassen. Hingewiesen sei insoweit auf die knappe Übersicht bei *Jordans* MDR 2013, 65, 69 und die dortigen Nachweise zur weiterführenden Spezialliteratur.

Die Mitwirkung des Anwalts kann auch für die Vollstreckungsfähigkeit einer Mediationsvereinbarung geboten sein. Diese ist nicht unmittelbar vollstreckbar (die im Gesetzgebungsverfahren des Mediationsgesetzes ursprünglich vorgesehene Möglichkeit einer Vollstreckbarerklärung, § 796d 281c

ZPO-E, wurde nicht verwirklicht!). Neben der Protokollierung einer solchen Vereinbarung durch ein Gericht oder der Beurkundung durch einen Notar (§§ 794 Abs. 1 Nr. 5, 797 ZPO) kommt insbesondere ein Anwaltsvergleich nach § 796a ZPO in Betracht.

282 Konsensuale Streitbeilegungen sind auch vor **Schlichtungs- und Gütestellen** möglich, die staatlich oder privat für viele Teilbereiche des täglichen Lebens eingerichtet sind.

> Diese werden z.B. von den Industrie- und Handelskammern, von Unternehmensverbänden oder Interessengruppen eingerichtet, auch als Schieds- oder Clearingstelle bezeichnet bzw. als Ombudsmann organisiert und umfassen auch moderne Sonderformen wie Shuttle-Schlichtung, Adjudikation, Mini Trial oder Early Neutral Evaluation (*Risse/Wagner*, Handbuch Mediation, 2. Aufl., § 23 Rn. 93 ff.). Schnell und preiswert kann hier in einem vorgegebenen, aber stark vereinfachten Verfahren eine Konfliktlösung gefunden werden. Diese kann mangels der Möglichkeit zu einer vollstreckbaren Entscheidung allein in einem Vergleich bestehen. Eine einheitliche Bewertung ist angesichts der Vielzahl der Verfahren nicht möglich. Aus anwaltlicher Sicht muss bei der Wahl einer solchen Form der Streitbeilegung Vorsicht walten. Während zahlreiche etablierte Verfahren, wie etwa die vor den Ärztekammern einen guten Ruf genießen und in Anbetracht der regelmäßigen Akzeptanz dort zustande gekommener Vergleiche durch die Haftpflichtversicherer eine Prozessvermeidung wahrscheinlich machen, werden andere Verfahren, wie etwa das vor dem Ombudsmann der deutschen Versicherungswirtschaft, verbreitet als unbefriedigend empfunden.

283 Nur in einem engen Teilbereich ist die Durchführung eines solch außergerichtlichen **Güteverfahrens** obligatorisch.

> § 15a EGZPO lässt die Einführung eines entsprechenden obligatorischen Güteverfahrens durch Landesgesetz bei Bagatellforderungen (bis 750 €) sowie bei Ansprüchen wegen Nachbar- oder Ehrstreitigkeiten und bei Ansprüchen wegen Verletzung des Allgemeinen Gleichbehandlungsgesetzes zu. Hierzu unten Rdn. 346.

284 Im nationalen wie im internationalen Handels- und Wirtschaftsrecht sehr verbreitet ist auch die Möglichkeit, Streitigkeiten vor einem **Schiedsgericht** zu erledigen.

> Ein Schiedsgerichtsverfahren kommt nur aufgrund einer vertraglichen Abrede zwischen den Beteiligten zustande. Diese Abrede umfasst auch die Verfahrensgestaltung, die Regeln der ZPO gelten nur hilfsweise. Die Schiedsgerichtsabrede kann auch noch nach Entstehen der Streitigkeit getroffen werden, um so ein streitiges gerichtliches Verfahren zu verhindern. Die wirksame Schiedsgerichtsabrede steht der Zulässigkeit einer dennoch erhobenen Klage auf Einrede einer Partei hin entgegen (§ 1032 ZPO).
>
> Schiedsgerichtsverfahren sind regelmäßig schneller und häufig billiger als staatliche Gerichtsverfahren, zudem können die Schiedsrichter nach besonderer Fachkompetenz ausgesucht werden. Schiedssprüche können national nach §§ 1060 ff. ZPO für vollstreckbar erklärt werden, international gilt hierfür das New Yorker Übereinkommen über die Anerkennung und Vollstreckung ausländischer Schiedssprüche.

284a ▶ Praxistipp:

> Bleibt der Versuch einer außergerichtlichen Streitschlichtung erfolglos, kann er zumindest zur Vereinfachung und Beschleunigung des anschließenden streitigen gerichtlichen Verfahrens führen, weil hier dann das persönliche Erscheinen der Parteien zur Güteverhandlung (§ 278 Abs. 2 ZPO) und die Verweisung an den Güterichter regelmäßig unterbleiben wird.
>
> Dazu unten Rdn. 1009a ff.

3. Rechts- und Sachverhaltsgestaltung

285 Fehlen in dem bislang vorliegenden Sachverhalt noch **Tatsachen**, die für eine Erfolg versprechende Durchsetzung des Rechts erforderlich sind, so können diese vielfach noch geschaffen werden.

286 ▶ Beispiel:

> Will der Mandant Gewährleistungsansprüche geltend machen, bedarf es hierzu regelmäßig einer Nachfristsetzung. Ist eine solche Frist bislang nicht (wirksam) gesetzt worden, kann und muss dies nachgeholt werden.

B. Rechtswahrung, Rechtsgestaltung, Rechtsdurchsetzung   2. Kapitel

Will der Mandant Honoraransprüche geltend machen, die er bislang nicht abgerechnet hat, bedarf es der Erstellung einer solchen Abrechnung.

Geschaffen werden können materielle Tatsachen durch die **Abgabe von Willenserklärungen**, häufig durch die Ausübung von Gestaltungs- oder anderen Rechten (Kündigung, Anfechtung, Fristsetzung, Abtretung, Ermächtigung). 287

> Wiederholt sei an dieser Stelle der Hinweis auf die Notwendigkeit des Nachweises der anwaltlichen Vollmacht, um der Gefahr einer Zurückweisung der Erklärung durch den Gegner nach § 174 BGB zu entgehen.

Wichtiger Unterfall dabei ist die (beweisbare) **Aufforderung** des Schuldners zur Leistung. Hiermit wird zum einen der Gefahr eines »sofortigen Anerkenntnisses« mit Kostentragungspflicht des Klägers gem. § 93 ZPO oder gar einer Klageabweisung (z. B. §§ 281 Abs. 1 Satz 1, 437; 634 BGB) entgegen gewirkt. Zum anderen tritt damit Schuldnerverzug ein, der nicht nur für den Zinsanspruch der §§ 280 Abs. 1, 2, 286, 288 BGB erforderlich ist, sondern auch für andere Ansprüche (z. B. § 1613 BGB) – siehe auch die Hinweise in Rdn. 251. 288

Zu den Möglichkeiten der Gestaltung des Sachverhalts gehören auch Maßnahmen zur **Verbesserung der eigenen Beweissituation**. Diese Maßnahmen sollten vorprozessual ergriffen werden, weil hier regelmäßig ausreichend Zeit zur Verfügung steht. Ist das Verfahren erst eingeleitet, laufen Fristen, die nicht immer ausreichen. 289

> Der Rechtsanwalt muss zur Vorbereitung des Prozesses die Beweisbarkeit der Klage begründenden Tatsachen prüfen und den Mandanten nach Beweismitteln fragen (oben Rdn. 136). Genügen die vorhandenen Beweismittel absehbar nicht, so ist zu prüfen, inwieweit weitere Beweise beschafft werden können.
>
> Bei strafrechtlich relevanten Sachverhalten kann zunächst Strafanzeige bzw. Strafantrag gestellt werden, um von Amts wegen Aufklärung sowie Ermittlung von Beweismitteln zu erreichen. Dies kommt bei deliktischen oder auch vertraglichen Schadensersatzansprüchen in Betracht.
>
> Durch eine Abtretung vom bisherigen Rechtsinhaber an einen Dritten kann Ersterer von seiner Parteistellung im Prozess befreit werden, sodass er dort als Zeuge zur Verfügung steht. Zwar geht der Beweiswert der Vernehmung dieses Zeugen regelmäßig nicht über den einer Parteivernehmung hinaus, doch kann so eine Vernehmung unabhängig von der Ermessensausübung des Gerichts nach §§ 447, 448 ZPO erzwungen werden.
>
> Erforderlich kann es auch sein, Informationen Dritter einzuholen oder sonstige Ermittlungen anzustellen. Dies gilt für Handelsregister-, Grundbuch- und Katasterauszüge, bei welchen der Antrag auf Heranziehung der entsprechenden Akten grundsätzlich nicht ausreicht (§ 432 Abs. 2 ZPO), für die Ermittlung von Zeugen bzw. die Erstellung von Zeugenprotokollen, von Foto- und Videodokumentationen, die Erholung eines Privatgutachtens sowie die Aufbewahrung streitgegenständlicher Objekte.

II. Fristwahrung

Hat die Prüfung der Ausgangslage bei Übernahme des Mandats ergeben, dass eine Frist läuft (dazu oben Rdn. 160 ff.), muss diese rechtzeitig und formgerecht gewahrt werden. Dazu ist es zunächst erforderlich, den Fristlauf zu überwachen, organisatorisch sicherzustellen, dass vor Ablauf der Frist gehandelt wird und eventuelle Änderungen im Fristlauf Berücksichtigung finden, insbesondere eine Verlängerung der Frist beantragt wird, wo dies möglich und erforderlich ist und ggf. die neue Frist berücksichtigt wird. Zur Fristenorganisation des Anwalts gehört auch, dass rechtzeitig gehandelt wird und dass die Handlung geeignet ist, die Frist zu wahren. 290

> Gewahrt werden materielle Fristen in diesem Stadium zunächst dadurch, dass der Anwalt seinen Mandanten über die Notwendigkeit aufklärt, dass eine Frist läuft und zur Vermeidung von Rechtsnachteilen vor deren Ablauf Maßnahmen ergriffen werden müssen. Trifft der Mandant die dann erforderliche Entscheidung über das weitere Vorgehen nicht rechtzeitig, ist dem Anwalt ein Schuldvorwurf nicht zu machen, wenn er die Eilbedürftigkeit hinreichend verdeutlicht hat. Dies kann durch den Hinweis geschehen, eine bestimmte Maßnahme sei »sofort«, »umgehend«, »prompt« oder »auf der Stelle« erforderlich (BGH DMDR 2011, 951).

2. Kapitel — Prozess vorbereitende Maßnahmen

1. Überwachung der Frist

291 Ein zuverlässig funktionierendes **Fristenmanagement** (zum intelligenten Fristenmanagement: *B. Borgmann* in Hartung/Römermann, Marketing- und Managementhandbuch für Rechtsanwälte, München 1999, § 34) gehört mit zu den wichtigsten Anforderungen an die Anwaltskanzlei. Hieran stellt die Rechtsprechung (insbesondere bei der Verschuldensprüfung im Rahmen der Wiedereinsetzung) sehr hohe Anforderungen. Zwar sind nach der Rechtsprechung des Bundesgerichtshofs (NJW 2007, 1453 mit Anm. *Römermann*) die Verfahrensgrundrechte des Bürgers (nach Art. 3 Abs. 1, 103 Abs. 1, Art. 2 Abs. 1 GG in Verb. mit dem Rechtsstaatsprinzip) auf rechtliches Gehör, auf wirkungsvollen Rechtsschutz und auf ein objektiv willkürfreies Verfahren »in unzumutbarer, aus Sachgründen nicht zu rechtfertigender Weise erschwert«, wenn die Anforderungen an die anwaltliche Organisation der Fristenkontrolle und damit an die Voraussetzungen der Wiedereinsetzung (und damit wiederum auf Zugang zu den Gerichten) überspannt werden (BGH NJW 2007, 1453 und 1455, 1456). Gleichwohl verfolgt der Bundesgerichtshof in Fristfragen eine strenge Haftungsrechtsprechung (zu den Anforderungen BGH a. a. O. und BGH NJW 2006, 2638 f.).

> Es gehört zu den Aufgaben des Anwalts, »dafür Sorge zu tragen, dass ein fristgebundener Schriftsatz rechtzeitig erstellt wird und innerhalb der Frist bei dem zuständigen Gericht eingeht. Zu diesem Zweck muss der Prozessbevollmächtigte nicht nur sicherstellen, dass ihm die Akten von Verfahren, in denen Rechtsmittel- oder Rechtsmittelbegründungsfristen laufen, rechtzeitig vorgelegt werden. Er muss vielmehr zusätzlich eine Ausgangskontrolle schaffen, durch die zuverlässig gewährleistet wird, dass fristwahrende Schriftsätze auch tatsächlich rechtzeitig hinausgehen. Da für die Ausgangskontrolle in jedem Anwaltsbüro ein Fristenkalender unabdingbar ist, muss der Rechtsanwalt sicherstellen, dass die im Kalender vermerkten Fristen erst gestrichen werden ... wenn die fristwahrende Maßnahme durchgeführt, der Schriftsatz also gefertigt und abgesandt oder zumindest postfertig gemacht, die weitere Beförderung der ausgehenden Post also organisatorisch zuverlässig vorbereitet worden ist.« (BGH NJW 2006, 2638 f.).

292 Der BGH stellt als »oberster Organisationschef der Anwaltschaft« (so *Römermann* a. a. O. S. 1455) strikte Regeln für die Eingangs- und Ausgangskontrolle auf, deren wichtigste im Folgenden zumindest im Ansatz dargestellt werden sollen.

293 Zur Fristenkontrolle muss ein geeigneter **Fristenkalender** geführt werden (*Wolf* S. ff.). Es darf in einer Rechtsanwaltskanzlei – jedenfalls dann, wenn es sich nicht um eine »law firm« mit verschiedenen, selbstständig organisierten Arbeitsgruppen handelt – nur einen (verbindlichen) Fristenkalender für die ganze Kanzlei geben, da ansonsten die Gefahr von Überschneidungen und Übersehen von Fristabläufen besteht.

> In welcher konkreten Form der Kalender geführt wird, bleibt grundsätzlich dem Anwalt überlassen. Papier-Fristenkalender haben gegenüber elektronischen Fristenkalendern den Vorteil, dass sie nicht »abstürzen« können, dass Eintragungen und Löschungen leichter persönlich zugeordnet und nachvollzogen werden können, dass sie nicht so leicht versehentlich durch das Personal gelöscht werden können (vgl. BGH NJW 2006, 1360). Für EDV-Kalender spricht, dass er sich leichter in den ohnehin EDV-gestützten Kanzleibetrieb integrieren lässt. Allerdings dürfen sie in ihrer Sicherheit und Zuverlässigkeit nicht hinter Papierkalendern zurückbleiben. Besondere Gefahren birgt der EDV-Kalender wegen der Möglichkeit von Eingabefehlern, der leichten (durch bloßen Mausklick!) und damit ggf. auch ungewollten Löschung von Einträgen, der mangelnden Rekonstruierbarkeit gelöschter Einträge, der Abhängigkeit von einer funktionierenden Hardware und der damit verbundenen Anfälligkeit für technische Störungen in der Hard- und Software.

> Die Rechtsprechung stellt deswegen an EDV-Kalender besondere, über die Führung von Papierkalendern hinausgehende Anforderungen. Dazu gehört die Notwendigkeit, jede Eingabe (d. h. jede Eintragung, Änderung oder Löschung einer Frist) durch einen Kontrollausdruck (BGH NJW 2010, 1363; BGH NJW RR 2006, 500) oder durch die Überprüfung einer zweiten Person (OLG Frankfurt a. M. NJW 2009, 604) zu überprüfen. Die Erledigung von Fristen darf nicht dazu führen, dass die Sache am Tag des Fristablaufs im Fristenkalender nicht mehr auftaucht und bei einer Endkontrolle nicht erkannt werden kann (BGH NJW 2000, 1957). Generell dürfte erforderlich sein, dass sich nachträglich jede Änderung nachvollziehen lässt. Nicht erforderlich dagegen ist, dass ein kompletter »Backup-Kalender« in Papierform geführt wird.

> »Verwendet ein Rechtsanwalt einen von einer Fachfirma erstellten EDV-gestützten Fristenkalender, ist es nicht erforderlich, dass er als Vorsorge für etwaige Störungen des EDV-gestützten Fristenkalenders zusätzlich

einen schriftlichen Fristenkalender führt. Er genügt den Anforderungen an eine hinreichende Büroorganisation für Störfälle des EDV-gestützten Fristenkalenders aber nur, wenn gewährleistet ist, dass die Servicefirma die Reparatur im Störfall unverzüglich durchführt oder den Versuch unternimmt, vor einer Reparatur dafür zu sorgen, dass die gespeicherten Fristen per Drucker ausgegeben werden.« (BGH NJW 1997, 327). Selbstverständlich ist, dass der EDV-Kalender – wie alle Dateien – regelmäßig elektronisch gesichert wird.

294 In den Fristenkalender sind sämtliche Termine, Fristen und Wiedervorlagen, ebenso Vorfristen für wichtige Fristen zu notieren (BGH NJW 2007, 1453 und dazu Anm. *Römermann* a. a. O.)

Eingetragen werden müssen die Haupt-(Ablauf-)fristen (BGH NJW 2001, 2975; BGH NJW 2002, 443).

Vorfristen sind nicht gesetzlich vorgeschrieben. Sie haben bloße Warnfunktion, sollen lediglich die Einhaltung der Hauptfrist sichern. Wird eine Vorfrist nicht, die Hauptfrist aber wohl beachtet, hat das keine Folgen. In unkomplizierten Fällen reicht eine Vorfrist von einem Tag vor Fristablauf (BGH NJW 2006, 2269, 2270).

Ob die Vorfristen identisch mit den Wiedervorlagefristen sind, oder ob Letztere eine eigene Kategorie im Kalender bilden, ist Frage der individuellen Konzeption. Reine Vorfristen ohne Wiedervorlage der Sache können sinnvoll sein, um die Tätigkeit des Anwalts mittelfristig zu organisieren, ihnen kommt dann nur die Funktion zu, sich Kapazitäten freizuhalten.

Die Vorlage einer Sache an den Anwalt zum Zwecke der Fristwahrung muss mit einem nachvollziehbaren Hinweis auf das Fristende erfolgen. Zwar ist ein doppelter Fristenkalender nicht erforderlich (BGH MDR 2000, 1217), dennoch ist es erforderlich, den Fristablauf auch in (OLG Nürnberg NJW-RR 2005, 1085: »auf«!) der Handakte zu vermerken.

Werden Vor- oder Wiedervorlagefristen verwendet, müssen diese sich im Kalender deutlich von den eigentlichen Ablauffristen unterscheiden. Ein bestimmtes Verfahren ist insoweit aber weder vorgeschrieben noch allgemein üblich (BGH NJW-RR 2005, 215: ausreichend Tageskalender mit zwei Spalten – »Wiedervorlagen« und »Fristablauf« – mit Eintragung dieser Fristen als Rotfristen; NJW 1989, 2393: ausreichend Tageskalender mit Spalten –«Vorfrist in Sachen«, »Fristablauf heute« mit Eintrag solcher Fristen, deren Nichtbeachtung Rechtsnachteile mit sich ziehen können, »Art der Frist«).

295 Fristfragen können nur teilweise auf **Folgepersonal** delegiert werden. Feststellung und Berechnung der Frist sind grundsätzlich Chefsache, dürfen nach der Rechtsprechung also genauso nur vom Anwalt selbst vorgenommen werden (BGH NJW 2003, 1528), wie die Wahrung der Frist auch (Fertigung von Schriftsätzen). Allerdings kann der Anwalt sich dabei auf die Kontrolle der von Angestellten »vorberechneten« Frist beschränken, muss diese Kontrolle aber in jedem Einzelfall vornehmen, darf sich insoweit nicht auf bloße Stichproben beschränken.

Besonderer Sorgfalt bedarf die anwaltliche Kontrolle bei außergewöhnlichen Fristen oder nach einer Gesetzesänderung (OLG Frankfurt/M., Beschl. vom 14.05.2002 – 13 U 15/02: Berufungsbegründungsfrist nach dem Inkrafttreten des ZPO-Reformgesetzes muss der Anwalt selbst berechnen). Dabei können vor allem Übergangsvorschriften immer wieder eine Fehlerquelle bei der Fristenberechnung sein. Die Unkenntnis des Rechtsanwalts von einer solchen Vorschrift entschuldigt die Partei nicht (OLG Stuttgart MDR 2002, 1220: ZPO-Reform).

▶ Praxistipp: **296**

Mit den Schriftstücken in der Eingangspostmappe sollte dem Anwalt ein besonderer Fristenzettel vorgelegt werden, damit er die Art und Berechnung der Frist selbst unmittelbar kontrollieren kann, falls er sie nicht selbst vornimmt (*Römermann* a. a. O.).

297 Dem Folgepersonal überlassen werden darf die Eintragung der anwaltlich berechneten/bestätigten Frist in den Fristenkalender, dessen tägliche Überwachung und die Vorlage an den Anwalt. Der Anwalt genügt seiner eigenen Pflicht durch sorgfältige Auswahl, Ausbildung und (stichprobenartige) Überwachung.

Wegen der besonderen Bedeutung von Fristfragen und der Komplexität der zu ihrer Wahrung erforderlichen Tätigkeiten muss es sich dabei um besonders ausgewählte, ausgebildete und überwachte Personen (Rechtsanwalts-Fachangestellte) handeln. Eine Auszubildende (BGH NJW 2007, 3497, 3498) oder bloße

Schreibkraft reicht genauso wenig, wie ein Mitarbeiter, der wegen Unzuverlässigkeit bereits aufgefallen ist. Insbesondere die ständige Überwachung und Kontrolle muss im Zweifel dargelegt und glaubhaft gemacht werden können.

Wie es nur einen verbindlichen Fristenkalender geben darf, muss auch die Fristenkontrolle in der Hand einer einzigen Person liegen (BGH NJW 2011, 230). Wenn sich dabei wegen Schichtdienstes oder Teilzeit mehrere Fachkräfte abwechseln, muss dies sukzessive und klar definiert geschehen, damit sich nicht bei mehreren gleichzeitig zuständigen Fachkräften eine auf die andere verlässt (kritisch auch hierzu *Römermann* a. a. O.). Es erfordert und genügt eine mündliche (nicht notwendig zu protokollierende) Übergabebesprechung. Entsprechendes gilt eine Krankheit und Urlaub der zuständigen Mitarbeiter.

Werden Aufgaben an Mitarbeiter delegiert, bedarf es einer eindeutigen, funktionsfähigen und nachvollziehbaren Büroorganisation, in der Zuständigkeiten, Arbeitsabläufe und Vertretungsregelungen festgelegt sind (*Wolf* S. 63 f.). Zu regeln ist dabei nicht nur die Tätigkeit des Personals, sondern auch die des Anwalts selbst. Ein Organisationsverschulden kann vorliegen, wenn nicht klar ist, ob neben der Anwaltsgehilfin auch der Anwalt selbst für die Ausgangskontrolle zuständig ist. Solche Kompetenz-Überschneidungen eröffnen nämlich Fehlerquellen, weil auch hier die Gefahr besteht, dass sich einer auf den anderen verlässt (BGH NJW 2011, 230; BGH NJW 2008, 2508, 2509).

Organisationspläne dürfen nicht bloß abstrakte, auf alle Anwaltsbüros anwendbare Anweisungen enthalten, wie dies etwa bei unkritisch von Fremdanbietern übernommene Zertifizierungsvorgaben oder Organisationshandbücher der Fall ist. Sie müssen vielmehr konkret auf das jeweilige Büro zugeschnitten sein, mit dem Hinzukommen oder Wegfallen jeder Funktionsstelle im Büro neu überarbeitet und vor allem in der täglichen Praxis tatsächlich auch im Detail so befolgt werden.

Organisationspläne dürfen auch nicht bloß auf dem Papier vorhanden sein, sie müssen in der alltäglichen Praxis befolgt, »gelebt« werden. Diese Notwendigkeit der Befolgung eigener Regeln gilt nicht nur für das Personal, sondern auch für den Anwalt. Wer selbst »flexibel« mit Vorgaben umgeht, darf deren Einhaltung durch seine Angestellten nicht erwarten und darf nicht hoffen, dass Gerichte Fehler bei der Fristwahrung als unverschuldet ansehen.

Von der allgemeinen Büroorganisation abweichende Einzelweisungen darf der Anwalt stets erteilen, er muss dies sogar, wenn eine Frist sich mit den existierenden allgemeinen Anweisungen erkennbar nicht beherrschen lässt (BGH NJW 2007, 2186, 2187). Der Anwalt darf dann grundsätzlich darauf vertrauen, dass Büroangestellte, die sich bisher als zuverlässig erwiesen haben, solche Anweisungen auch befolgen, ohne dass er die Befolgung im Einzelfall kontrollieren muss (BGH NJW 2010, 2286 und 2287; BGH NJW 2008, 526, 527 und 2589, 2590).

Die Einhaltung der Organisationsvorgaben muss ständig überwacht und kontrolliert werden. Handelt es sich um voll ausgebildetes langjährig beanstandungsfrei tätiges Personal, kann diese Kontrolle auf – ggf. sogar seltene – Stichproben beschränkt werden, sind Auszubildende eingebunden, ist eine Kontrolle jedes einzelnen Falles erforderlich; Stichproben reichen dann nicht (BGH NJW 2007, 3497, 3498).

298 Eindeutiger Regelung bedarf der **Umgang mit dem Fristenkalender**. Organisatorisch klargestellt sein muss, von wem, wann und wie dieser zu kontrollieren ist, was auf einen Eintrag hin zu veranlassen ist und wann Eintragungen geändert, insbesondere Fristen gelöscht werden dürfen.

Der Fristenkalender muss täglich geführt werden (BGH NJW RR 1998, 1604). Eintragungen müssen sofort erfolgen, dürfen nicht verschoben werden. Am Ende des Tages darf keine Frist offenbleiben.

Eingetragen werden darf eine Frist in den Kalender nur und erst, wenn sie vom Anwalt bestätigt wurde. Die bloße Vorberechnung durch Mitarbeiter rechtfertigt eine Eintragung nicht. Sichergestellt sein muss auch, dass jede Frist tatsächlich eingetragen wird, dass nicht eine vom Anwalt bestätigte Frist uneingetragen bleibt. Die Eintragung in den Kalender muss zum frühestmöglichen Zeitpunkt, d. h. unverzüglich nach Eingang des betreffenden Schriftstücks erfolgen (BVerwG NJW 2005, 1001). Auch wenn der Prozessbevollmächtigte die von seiner Angestellten in den Fristenkalender eingetragene Frist überprüft hat, befreit ihn dies nicht davon, im Rahmen seiner Vorbereitung einer Prozesshandlung (bei Vorlage der Handakten) die Einhaltung der für diese vorgeschriebenen Frist (nochmals) nachzuprüfen (BGH MDR 2004, 1014; NJW-RR 2005, 1085).

Die Änderung von Fristen (etwa nach einem Verlängerungsantrag) darf nicht schon mit der Einreichung des Fristverlängerungsantrages, sondern erst nach Bewilligung der Fristverlängerung im Fristenkalender berücksichtigt werden (BGH NJW RR 2006, 1649). Dies gilt auch, wenn mit der Fristverlängerung sicher gerechnet werden darf. Der Verlängerungsantrag stellt keine die Frist wahrende Handlung dar, ist aber für einen eventuell erforderlich werdenden Wiedereinsetzungsantrag zu dokumentieren (BGH NJW 1991, 1150; BGH FamRZ 1992, 297). Ist die beantragte Verlängerung vor Ablauf der ursprünglichen Frist nicht gewährt worden, muss bei Gericht nachgefragt oder die alte Frist gewahrt werden. Hat das Gericht (telefonisch) eine Verlängerung dem Grunde nach zugesagt, liegt die Entscheidung schriftlich vor Ablauf der beantragten Verlängerung aber noch nicht vor, muss zumindest die beantragte Frist eingehalten werden (BGH NJW 1996, 2659); dazu ist der Ablauf der beantragten verlängerten Frist (mit einer entsprechenden Vorfrist) zu notieren und zu überwachen (BGH NJW-RR 1999, 1663).

Bei Streichen von Fristen muss kontrolliert werden, ob die gebotene Handlung auch wirklich bereits ausgeführt wurde. Die Frist ist erst zu streichen, wenn der Schriftsatz nicht nur unterschrieben, sondern auch postfertig gemacht wurde und der Postausgang durch organisatorische Vorkehrungen sichergestellt ist. Erfolgt die Fristwahrung per Fax, darf eine Streichung erst erfolgen, wenn der Sendebericht ausgedruckt und auf Richtigkeit der Adresse) und Vollständigkeit der Übermittlung kontrolliert wurde (BVerfG NJW 2007, 2839; BGH NJW 2007, 3021; BGH NJW-RR 1998, 1361; BAG NJW 2007, 3021; OVG Saarlouis NJW 2008, 456, 457).

Besondere Vorsicht geboten ist bei der Fristenkontrolle von Parallelsachen. Hier müssen getrennte Akten unter getrennten kanzleiinternen Aktenzeichen geführt werden, damit eine Differenzierung auch im Fristenkalender möglich ist. Fristen müssen in jeder einzelnen Sache separat bestimmt und überwacht werden, regelmäßig werden hier besondere Einzelanweisungen des Anwalts erforderlich werden (vgl. BGH NJW 2010, 3585; BGH NJW 2007, 1453).

Fristen sollten auch nicht zu spät gestrichen werden – also etwa erst am Tage nach Absenden des Schriftstückes, oder gar erst beim Eingang einer Empfangsbestätigung des Gerichts. Fristen sollten am Ende eines Arbeitstages nicht im Kalender offenbleiben, das führt zu Missverständnissen. Zu einer wirksamen Ausgangskontrolle gehört eine Anordnung, durch die gewährleistet wird, dass die Erledigung der fristgebundenen Sachen am Abend eines jeden Arbeitstages anhand des Fristenkalenders von der dazu beauftragten Bürokraft überprüft wird (BGH NJW 2006, 2638, 2639).

2. Verlängerung der Frist

Kann eine Frist nicht eingehalten werden, kommt deren Verlängerung in Betracht. Eine solche ist entweder durch Vereinbarung der Parteien möglich oder durch gerichtliche Entscheidung. 299

Durch **Parteivereinbarung** können vertragliche Fristen geändert, insbesondere auch verlängert werden. Zu beachten ist dabei allenfalls, ob eine bestimmte Form einzuhalten ist (qualifizierte Schriftformklausel; § 313b BGB). Ist dies nicht der Fall, ist eine Verlängerung formlos und zu jeder Zeit möglich, also auch dann noch, wenn die Frist bereits abgelaufen war. 300

Parteivereinbarungen können Auswirkungen auch auf gesetzliche Fristen haben. Ausdrücklich geregelt ist dies für Verjährungsfristen (§ 202 BGB) und für prozessuale Fristen, die keine Notfristen sind (§ 221 Abs. 1 ZPO). 301

> Soweit eine Parteivereinbarung die gewollte Fristverlängerung nicht herbeigeführt hat, kann sie zumindest im Rahmen des § 242 BGB beachtlich werden und verhindern, dass der Gegner sich auf den Fristablauf beruft.

Die **gerichtliche Verlängerung** ist nur bei prozessualen Fristen möglich (§ 224 Abs. 2 ZPO) und ist bei wichtigen Fristen gesetzlich besonders geregelt (z. B. für die Frist zur Begründung der Berufung, § 520 Abs. 2 ZPO) und der Revision (§ 511 Abs. 2 ZPO). 302

Erforderlich für die Fristverlängerung ist stets ein **Antrag**, eine Entscheidung von Amts wegen ist nicht möglich. 303

> Der Antrag muss die zu verlängernde Frist eindeutig bezeichnen und erkennen lassen, welche Verlängerung begehrt wird (unten Rdn. 307).
>
> Der Antrag sollte nicht im fortlaufenden Text »versteckt« werden, damit er vom Gericht nicht (so leicht) übersehen oder übergangen wird. Nützlich kann hierbei ein entsprechendes eigenes Schriftsatzformular

sein, wird der Antrag in einem Schriftsatz mit anderen Prozesshandlungen verbunden, sollte er jedenfalls optisch deutlich herausgestellt werden.

304 Außerhalb einer mündlichen Verhandlung muss der Antrag verbreiteter Ansicht zufolge grundsätzlich **schriftlich** gestellt werden (Zöller/*Stöber* § 225 Rn. 1; a. A. Thomas/Putzo/*Hüßtege* § 224 Rn. 4). Die in der Praxis vielfach telefonisch gestellten Gesuche wären hiernach zwar unwirksam; der Formmangel wird aber im Fall einer trotzdem gewährten Fristverlängerung geheilt (BGH NJW 2004, 1460, arg. Vertrauensschutz).

305 Der Antrag muss jedenfalls grundsätzlich **vor Fristablauf** bei Gericht eingegangen sein (Thomas/Putzo/*Hüßtege* § 224 Rn. 6; §§ 224 Abs. 2, 340 Abs. 3 Satz 2 ZPO).

> Geht der Antrag erst nach Ablauf der Frist beim (zuständigen: BGH NJW-RR 2009, 408) Gericht ein, ist er wirkungslos, eine Fristverlängerung kann darauf nicht mehr gewährt werden (BGH FamRZ 1996, 543; BGHZ 116, 377; BGHZ 83, 217 Großer Zivilsenat). Soweit dieses Ergebnis bei den Rechtsmittelbegründungsfristen darauf gestützt wird, dass die angefochtene Entscheidung mit dem Ablauf der Begründungsfrist rechtskräftig geworden ist, steht dies im Widerspruch zu der Auffassung von der Hemmung des Eintritts der formellen Rechtskraft durch Einlegung des Rechtsmittels, die erst durch die Verwerfung des (durch Versäumung der Begründungsfrist unzulässig gewordenen) Rechtsmittels endet, entspricht aber der herrschenden Rechtsprechung (*Eichele/Hirtz/Oberheim* I Rn. 9, II Rn. 61 und V Rn. 222 jeweils m. w. N.).

306 ▶ Praxistipp:

> Ein Fristverlängerungsantrag sollte so frühzeitig vor Fristende gestellt werden, dass bei einer Zurückweisung die Frist notfalls noch gewahrt werden kann. Ist mit einem rechtzeitigen Zugang der gerichtlichen Entscheidung nicht zu rechnen, kann diese telefonisch erfragt werden. Unter Umständen kann es nützlich sein, sich in engem zeitlichem Zusammenhang mit der Antragseinreichung nach der Entscheidung des Gerichts (telefonisch) zu erkundigen, um den Antrag erforderlichenfalls (nachgebessert) wiederholen oder im Fall der Nichtgewährung die ursprüngliche Frist wahren zu können.

> Dann ist es möglich, eventuelle Fehler des Antrags, z. B. eine unzureichende Begründung, noch vor Ablauf der Frist nachzubessern. Wird der Antrag zurückgewiesen, kann die fristabhängige Prozesshandlung noch vor Ablauf der Frist vorgenommen werden.

307 Der Fristverlängerungsantrag muss begründet werden. Dargetan werden muss, warum die bisherige Frist nicht eingehalten werden kann. Das Gesetz (§ 224 Abs. 2 ZPO) verlangt hierfür das Vorliegen »**erheblicher Gründe**«. Trotz der Qualifikation »erheblich« stellt die Rechtsprechung an das Vorliegen solcher Gründe keine allzu hohen Anforderungen.
– Anlass zu Fristverlängerungsanträgen ergibt sich häufig daraus, dass die gerichtlich gesetzte Frist objektiv **zu kurz** war. Auf den Extremfall, dass damit gar keine Frist zu laufen beginnt, kann der Anwalt sich im Einzelfall nicht verlassen. Geboten ist es deswegen, eine Verlängerung zu beantragen und dabei auf die üblichen Arbeitsabläufe in einer Anwaltskanzlei (insbesondere die Rücksprache mit dem Mandanten) hinzuweisen, die eine Reaktion auf gerichtliche Anforderung in wenigen Tagen oder auch in den verbreiteten »zwei Wochen« (*Geipel/Prechtel* MDR 2011, 336, 337) nicht zulassen.
– Die häufig anzutreffende bloße »**Arbeitsüberlastung**« reicht in der Regel (d. h. zumindest beim ersten Verlängerungsantrag) auch dann aus, wenn sie ohne nähere Substantiierung und Glaubhaftmachung lediglich formelhaft vorgetragen wird (BVerfG NJW-RR 2001, 1076; NJW 2000, 1634; NJW 1998, 3703; BGH NJW-RR 1989, 1280; BAG NJW 2005, 173; kritisch Zöller/*Stöber* § 227 Rn. 8: nur nichtssagende Begründung; LG München I NJW 2004, 79: kein ausreichender Grund, wenn Verlängerung bereits bei Fristbeginn beantragt, denn es muss sich um eine nicht vorhersehbare Arbeitsüberlastung handeln).
– Entsprechendes gilt für die **Verhinderung**, unabhängig davon, ob sie durch Urlaub, Krankheit, Schwangerschaft, Fortbildung oder Ähnliches bedingt ist und unabhängig auch davon, ob sie die Partei, den Anwalt selbst oder sein Personal betrifft (BGH NJW 2000, 2512; Thomas/Putzo/*Reichold* § 519 Rn. 12; Zöller/*Heßler* § 519 Rn. 19).

B. Rechtswahrung, Rechtsgestaltung, Rechtsdurchsetzung　　　　　　　　　　　　　　　　　　2. Kapitel

- Besondere tatsächliche oder rechtliche **Schwierigkeiten** der Sache, selbst wenn das Gericht diese Einschätzung nicht teilt.
- Die Notwendigkeit weiterer **Sachaufklärung** durch Rücksprache mit dem Mandaten oder Einholung eines Parteigutachtens. Dabei muss weder dargelegt werden, warum bislang keine Besprechung mit dem Mandanten möglich war oder wer eventuelle Terminschwierigkeiten zu verantworten hat, noch, welche Informationen der Anwalt noch benötigt oder was er mit ihm besprechen wollte (BGH NJW 2001, 3552; BVerfG NJW 2001, 812).
- Vom Gericht noch **nicht beschiedene Anträge** auf Gewährung von Prozesskostenhilfe oder Tatbestandsberichtigung.
- Beabsichtigte oder andauernde **Vergleichsverhandlungen** zwischen den Parteien (BGH NJW 1999, 430; *Müller* NJW 1998, 497; *Stackmann* NJW 2002, 783).

Die Gründe für die Fristverlängerung müssen **glaubhaft** gemacht sein (§ 294 Abs. 2 ZPO).　　308

Eine ausdrückliche anwaltliche Glaubhaftmachung der Gründe schon mit dem Antrag, wie sie in § 224 Abs. 2 ZPO vorgesehen ist, wird generell nicht verlangt (BGH NJW 1999, 430; NJW-RR 1989, 1280; MDR 1994, 942). Die Glaubhaftmachung (§ 294 Abs. 1 ZPO) liegt regelmäßig in der in dem anwaltlichen Schriftsatz zu sehenden stillschweigenden anwaltlichen Versicherung (BayObLG WuM 1994, 296; OLG Köln MDR 1986, 152; OLG Köln NJW 1964, 1039; einschränkend BGH VersR 1974, 1021). Eine weiter gehende Glaubhaftmachung ist nur auf besondere Anforderung des Gerichts erforderlich, die ergeht, wenn Zweifel am Vorliegen des behaupteten Verlängerungsgrunds bestehen (OLG Karlsruhe AnwBl 1998, 109; a. A. MüKoZPO/*Rimmelspacher* § 519 Rn. 14, der eine unaufgeforderte Glaubhaftmachung in der Antragsschrift für erforderlich hält). Eine unaufgeforderte anwaltliche Versicherung kostet nichts und kann insoweit den »sichersten Weg« darstellen.

Steht zu befürchten Bedenken, dass das Gericht die Fristverlängerung ablehnt, weil es das Verfahren nicht verzögern will, kann es nützlich sein darauf hinzuweisen, dass bisherige Verzögerungen vom Gegner oder vom Gericht zu vertreten waren oder dass trotz der verlängerten Frist ein zügiger Verfahrensablauf möglich ist. Sinnvoll sein kann es auch, eine anderweitige Verfahrensbeschleunigung anzubieten, etwa durch Zustellung des zu fertigenden Schriftsatzes unmittelbar von Anwalt zu Anwalt (§ 195 ZPO). Auch ist immer wieder zu beobachten, dass telefonisch vorab erbetene Fristverlängerungen weniger häufig abgelehnt werden, als rein schriftliche Anträge. Hingegen kann eine »extrem späte Antragstellung« dem Gericht Anlass geben, das Vorliegen der Gründe kritisch zu würdigen (Zöller/*Stöber* § 224 Rn. 7).

▶ Praxistipp:　　309

Hängt die Gewährung der Fristverlängerung von der Zustimmung des Gegners ab, sollte diese vorab eingeholt und dem Gericht mitgeteilt werden.

Erforderlich ist dies an sich nicht. Fragt das Gericht nach Antragstellung beim Gegner an, besteht die Gefahr, dass dieser erst nach Ablauf der Frist die Einwilligung verweigert. Dann kann eine Verlängerung nicht erfolgen, die ursprüngliche Frist ist versäumt, eine Wiedereinsetzung kommt – weil auf die Zustimmung des Gegners nicht vertraut werden darf – nicht in Betracht.

Von Vorteil ist hierbei, dass diese Einwilligung nicht der Schriftform bedarf, sondern es ausreicht, wenn diese vom Prozessbevollmächtigten des Berufungsklägers – auch telefonisch – eingeholt und gegenüber dem Gericht anwaltlich versichert wird (BGH NJW 2005, 72; *Alpes* ProzRB 2004, 161 – Urteilsanmerkung: Die Mehrzahl der Gerichte lässt diese verbreitete anwaltliche Praxis ausreichen). Denn eine fernmündliche Einwilligung ist vom Gegner einfacher und schneller zu erlangen, als eine schriftliche Äußerung, zumal für ihn ein eigener Handlungsbedarf nicht gegeben ist (*Kieserling* ProzRB 2005, 150 – Urteilsanmerkung: »Kollegialität fällt leichter, wenn sie nicht formalisiert werden muss«).

Die gegenüber dem Anwalt des Berufungsklägers erklärte Einwilligung muss dann aber auch in dem Verlängerungsantrag erwähnt werden, da ein Vertrauen auf eine Verlängerung sonst nicht gerechtfertigt ist, es sei denn, der Gegner hat die Einwilligung unmittelbar dem Gericht gegenüber erklärt (BGH NJW-RR 2005, 865).

Zu empfehlen ist, eine solche Anfrage nicht dem Personal zu überlassen, sondern persönlich beim gegnerischen Anwalt unmittelbar nachzufragen. Dies erhöht die Chancen auch bei einem möglicherweise schwierigen Gegner erheblich. Auch sollte die Anfrage rechtzeitig erfolgen, um zu vermeiden, dass der Gegner sich unter Druck gesetzt fühlt (*Kieserling* a. a. O.) und dass bei Nichterteilung der Einwilligung die Frist noch eingehalten werden kann.

Dass der gegnerische Anwalt die Einwilligung erteilt, ist keineswegs sicher. Viele Anwälte gehen davon aus, mit der Einwilligung dem Gegner einen Vorteil zu verschaffen und damit die Pflichten ihrem eigenen Mandanten gegenüber zu verletzen. Zwingend ist eine solche Betrachtung nicht. Die Erfahrung lehrt, dass es in der Einwilligungspraxis deutliche regionale Unterschiede gibt. Insbesondere in überschaubaren Gerichtsbezirken hat sich eine Übung auf Gegenseitigkeit etabliert, weil der Angefragte von heute morgen Anfragender ist.

Im Übrigen möge der Anwalt Folgendes beherzigen: Der Erhalt der Einwilligung »sollte nicht zum Anlass genommen werden, die Anfertigung der Begründungsschrift ohne Not hinauszuschieben, weil die Frist alsbald wieder abläuft und die Situation sich dann erneut zuspitzen könnte« (*Kramer* ProzRB 2003, 360 – Urteilsanmerkung).

310 Auch **ohne Darlegung von Gründen** kann die Frist verlängert werden, wenn eine Verzögerung des Rechtsstreits dadurch nicht eintritt. Dies wird der Fall sein, wenn die mündliche Verhandlung bereits auf einen Zeitpunkt bestimmt ist, der ausreichend lange nach Ablauf der verlängerten Frist liegt. Ob dies der Fall ist, bestimmt der Vorsitzende nach freiem Ermessen, verlassen darf sich ein Rechtsanwalt darauf nicht (BGH NJW 1992, 2426).

311 Erforderlich ist, dass eine **konkrete Verlängerung** beantragt wird. Dies kann durch Angabe eines Zeitraums (»um drei Wochen«) oder eines Zeitpunkts (»bis zum 01.03.«) erfolgen.

312 ▶ **Praxistipp:**

Es empfiehlt sich im Antrag auf Fristverlängerung einen festen Zeitraum (z. B. zwei Wochen), besser noch ein konkretes Datum anzugeben.

Denn die Gerichte gewähren eine – in einem angemessenen Rahmen liegende – Fristverlängerung vielfach antragsgemäß. Dadurch kann man eine ausreichend lange Frist (ohne Anhörung des Gegners, § 225 Abs. 2 ZPO) erhalten, während die Wahrscheinlichkeit einer weiteren Fristverlängerung (ohne besondere Gründe und ohne Einverständnis des Gegners) geringer ist.

Die Verlängerungsangabe erfolgt sinnvollerweise bis zu einem zu bestimmenden Endzeitpunkt (»bis zum 12.5.«). Erfolgt sie um einen benannten Zeitraum (»um einen Monat«), beginnt die verlängerte Frist mit dem Ablauf der ursprünglichen Frist (§ 224 Abs. 3 ZPO). War das ursprüngliche Fristende auf den nachfolgenden Werktag verschoben (§ 193 BGB), beginnt die verlängerte Frist erst mit Ablauf dieses Werktags (BGH NJW 2005, 73).

Zwingend erforderlich ist die Angabe einer konkreten Frist nach der ZPO jedoch grundsätzlich nicht. Nur bei einem Antrag auf Verlängerung der Berufungsbegründungsfrist verlangt eine Mindermeinung die Angabe eines Enddatums (Zöller/*Heßler* § 520 Rn. 16) bzw. die Bestimmbarkeit des Endes (OLG Frankfurt a. M. MDR 2003, 471; a. A. BGH MDR 2001, 951; *E. Schneider*, ZAP-Kolumne »Mangel an Fairness« 2003 S. 1035; ZAP-Buch-Report Beilage 1 zu ZAP 6/05 S. 19 unter zutreffendem Hinweis auf den einschränkungslosen Gesetzeswortlaut und kritisch zur Kommentierung in Zöller; Baumbach/*Hartmann* § 520 Rn. 9).

313 Die **Entscheidung** des Gerichts über die Fristverlängerung bedarf keiner besonderen Form und kann den Parteien auch telefonisch bekannt gemacht werden (BGH NJW 1994, 444).

Allerdings ist größte Vorsicht beim Vertrauen auf solche Auskünfte geboten, weil Übermittlungsfehler und Beweisschwierigkeiten regelmäßig zulasten der Partei gehen (BGH NJW-RR 1989, 1279).

Wirksam ist eine Fristverlängerung auch, wenn sie von einem unzuständigen Richter oder über den beantragten Zeitpunkt hinaus gewährt wird (BGHZ 37, 125). Nicht wirksam dagegen ist die Fristverlängerung, die auf einen verspäteten, d. h. nach Ablauf der Frist bei Gericht eingegangenem Verlängerungsantrag beruht.

Weder die dem Verlängerungsantrag stattgebende noch die ihn zurückweisende Entscheidung des Vorsitzenden ist anfechtbar (§§ 567, 225 Abs. 3 ZPO).

Eine Fristverlängerung kommt nur der **Partei** zugute, die sie beantragt hat und der sie gewährt wurde (BGH VersR 1972, 1128). 314

> Dies gilt insbesondere für Streitgenossen (auch notwendige). Für diese laufen jeweils eigene Fristen, deren Verlängerung gesondert beantragt und verlängert werden muss.
>
> Es gilt dagegen nicht für bloße Streithelfer (Nebenintervenienten). Da diese keine eigenständige Partei sind, wirkt eine ihnen gewährte Fristverlängerung auch zugunsten der Partei und umgekehrt (BGH NJW 1982, 2069).

Bürotechnisch darf die Fristverlängerung erst nach ihrer Gewährung berücksichtigt werden (BGH NJW 2011, 151; *Borgmann* AnwBl 1992, 83; oben Rdn. 298). 315

> Selbstverständlich sollte der Anwalt nach Eingang der Verlängerungsverfügung sorgfältig prüfen, ob dem Antrag auch wirklich in vollem Umfange stattgegeben wurde. Denn es kommt immer wieder vor, dass ein Gericht meint, die beantragte Frist kürzen zu müssen (BGH NJW-RR 2004, 785: Halbierung der beantragten maßvollen Verlängerung der Frist von 16 Tagen ohne ersichtlichen sachlichen Grund – es war noch kein Termin bestimmt!).
>
> Solange keine Entscheidung über den Verlängerungsantrag vorliegt, darf die ursprüngliche Frist nicht gestrichen oder in die beantragte Frist geändert werden. Die verlängerte Frist darf allenfalls als besonders kenntlich gemachte vorläufige Frist eingetragen werden und muss vor Ablauf der alten Frist verifiziert werden (BGH NJW 2011, 151). Der Verlängerungsantrag stellt keine die Frist wahrende Handlung dar, ist aber für einen eventuell erforderlich werdenden Wiedereinsetzungsantrag zu dokumentieren (BGH NJW 1991, 1150; BGH FamRZ 1992, 297).
>
> Auf eine telefonische Auskunft des Gerichts, die beantragte Fristverlängerung sei gewährt worden, darf der Anwalt grundsätzlich vertrauen (BGH NJW 1996, 1682). Vorsicht ist indes geboten, wenn lediglich zugesagt wird, die Frist zu verlängern oder gar nur darauf hingewiesen wird, dass entsprechenden Anträgen regelmäßig stattgegeben wird. Vorsicht ist auch geboten, wenn die Zusage nicht vom zuständigen Vorsitzenden (§ 520 Abs. 2 Satz 2 ZPO), sondern lediglich vom Berichterstatter oder gar von der Geschäftsstelle abgegeben wird. Erweist sich eine solche Zusage als unzutreffend und wird die Frist deswegen versäumt, sollte einer Wiedereinsetzung indes nichts entgegen stehen.

Hat das Gericht es **unterlassen**, über einen rechtzeitig gestellten Antrag auf Verlängerung der Frist überhaupt **zu entscheiden**, ist eine Präklusion nicht zulässig (Thomas/Putzo/*Reichold* § 296 Rn. 9: Klageerwiderungsfrist). Hat das Gericht die Fristverlängerung zu Unrecht abgelehnt, ist der Beschluss zwar unanfechtbar (§ 225 Abs. 3 ZPO), jedoch ist die Wiedereinsetzung begründet (BGH BB 1997, 68; BVerwG NJW 1996, 2808; BVerfG NJW 1998, 3703; BayVerfGH MDR 1996, 1974). Soweit durch den Fristablauf nicht bereits Rechtskraft eingetreten ist, kommt auch eine (nachträgliche) Verlängerung der Frist aufgrund eines neuen Antrags oder einer Gegenvorstellung in Betracht. 316

> Trotzdem sollte der Verlängerungsantrag so früh gestellt werden, dass noch eine Nachfrage bei Gericht und ggf. Vornahme der fristabhängigen Prozesshandlung möglich ist (BGH AnwBl 2007, 795). Sonst kann es passieren, dass bei Erhalt des die Verlängerung verweigernden Beschlusses die Frist bereits abgelaufen ist.

Ist eine Frist **nicht verlängert** und deswegen versäumt worden, kommt eine Wiedereinsetzung auch bei den in § 233 ZPO genannten Fristen nur in Betracht, wenn die Fristversäumung schuldlos erfolgte. Dies nimmt die Rechtsprechung vor allem dann an, wenn die Partei auf die Gewährung der beantragten Verlängerung vertrauen durfte (BGH NJW 2004, 1742). In diesen Fällen bedarf es auch keiner fernmündlichen Erkundigung bei Gericht vor Ablauf der Frist. 317

> Auf die Stattgabe seines ordnungsgemäßen Fristverlängerungsantrags darf der Anwalt vertrauen, wenn entsprechenden erstmaligen Anträgen bei hinreichender Begründung bislang stets stattgegeben worden ist. Auch darf der Anwalt darauf vertrauen, dass die Gerichte bei der Entscheidung über Verlängerungsanträge und über die Wiedereinsetzung in den vorigen Stand ein Verhalten nicht als schuldhaft ansehen, das nach der Rechtsprechung eines obersten Bundesgerichts eindeutig nicht zu beanstanden ist. Wenn aber dem betroffenen Rechtsanwalt bekannt sein muss, dass bei dem angerufenen Gericht eine strengere Handhabung von Verfahrensvorschriften zu erwarten ist, kann eine andere Beurteilung gerechtfertigt sein (BVerfG NJW

2000, 1634; BGH NJW 2001, 812; NJW-RR 2001, 1076: Arbeitsüberlastung; LG München I NJW 2004, 79: dreimaliger Hinweis auf eine restriktivere Praxis erfolgt).

Bei der praktisch besonders wichtigen Frist zur Begründung der Berufung (§ 520 Abs. 2 ZPO) darf der Berufungsführer bei Vorliegen vorstehender Voraussetzungen möglicherweise auf die erste Verlängerung um bis zu einem Monat vertrauen (§ 520 Abs. 2 Satz 3 ZPO; BGH NJW 2010, 1610). Ein Vertrauen in weitere Verlängerungen ist jedenfalls ohne die gem. § 520 Abs. 2 Satz 2 ZPO erforderliche Einwilligung des Gegners auf keinen Fall gerechtfertigt (BGH NJW 2004, 1742; zum gerechtfertigten Vertrauen bei Einwilligung des Gegners BGH NJW 2009, 3100).

3. Ausschöpfen der Frist

318 Überlegt werden sollte in jedem Einzelfall, ob es Sinn macht, eine Frist tatsächlich voll auszunutzen und die Prozesshandlung erst »im letzten Augenblick« vorzunehmen. Grundsätzlich gehört zum Recht auf »Gewährung wirkungsvollen Rechtsschutzes« auch das Recht, »eine vom Gesetz eingeräumte Frist bis zu ihrer Grenze auszunutzen« (BGH NJW 2007, 2559; BGH NJW 2006, 601, 602). Praktisch allerdings bringt eine solche Vorgehensweise keine Vorteile, sondern schafft nur weitere **Risiken**.

Die frühere Regelung, nach der die Rechtsmittelbegründungsfrist mit der Rechtsmitteleinlegung begann, legte es nahe, das Rechtsmittel so spät wie möglich einzulegen, um eine möglichst lange Zeit zur Begründung haben und führte zu einer wahren »Fristenakrobatik«. Heute beginnt die Begründungsfrist bereits mit Zustellung des Urteils und ist in ihrer Länge damit unabhängig vom Zeitpunkt der Einlegung. Ein vollständiges Ausschöpfen der Einlegungsfrist macht damit keinen Sinn mehr, begründet lediglich noch die Gefahr, die Frist durch unvorhergesehene Umstände zu versäumen.

319 Eine volle Ausschöpfung der Frist kann **geboten** sein, weil diese zur sachgerechten Vorbereitung und Rücksprache mit dem Mandanten benötigt wird. Sie kann auch sinnvoll sein, wenn für den Gegner die gleiche Frist läuft und er keine Gelegenheit erhalten soll, auf den eigenen Vortrag noch zu reagieren.

320 Wird die Frist voll ausgenutzt und versucht, sie durch eine Handlung »gleichsam in letzter Minute der laufenden Frist« (OVG Lüneburg NJW 2006, 1080) zu wahren, trifft den Anwalt »wegen des damit erfahrungsgemäß verbundenen Risikos« und weil er mit »Fehlern und Verzögerungen bei der Übersendung rechnen muss« eine **erhöhte Sorgfaltspflicht** im Rahmen der Vorbereitung, Durchführung und Kontrolle der Handlung (BGH NJW 2006, 2637).

Die meisten der von den Gerichten entschiedenen Fälle zur Fristversäumnis von Rechtsanwälten betreffen Rechtsmittelschriften, die per Fax übermittelt worden sind. Für die Frage der Haftung ist dabei meist entscheidend, ob die auftretenden Fehler (Verwendung falscher Faxnummern; technische Störungen des Sende- oder Empfangsgerätes oder des Übertragungsvorgangs etc.) letztlich auf die unzureichenden Büroorganisation des Rechtsanwaltes oder dessen individuellem Fehlverhalten beruhen – dann ist der Verschuldensvorwurf gegen den Anwalt nicht ausgeräumt, Folge: Es gibt keine Wiedereinsetzung in den vorigen Stand – oder ob sie sich als »Büroverschulden«, »Gerichtsverschulden« oder als Fall mangelnden Verschuldens (»höhere Gewalt«) darstellen, das dem Anwalt und letztlich dem Mandanten (§ 85 Abs. 2 ZPO) nicht zugerechnet werden darf. Anwalt und Partei dürfen darauf vertrauen, dass die Gerichte und Behörden die organisatorischen Vorkehrungen zur Annahme von Erklärungen auch außerhalb der regulären Dienststunden treffen (Nachtbriefkasten, funktionierendes Faxgerät) und selbst fehlerhafte adressierte Erklärungen sachgerecht weiterleiten.

Keine den Anwalt entlastende technische Störung liegt vor, wenn das Telefaxgerät eines Gerichts zum Übermittlungszeitpunkt gerade belegt ist. Das ist vielmehr »ein gewöhnliches Ereignis, auf das sich ein Rechtssuchender einstellen muss«. In diesem Fall muss die Übermittlung später wiederholt werden. Da nach 18.00 Uhr häufig Blockaden der Empfängergeräte wegen Überlastung eintreten (Ausnutzung von Abendtarifen; drohende Fristabläufe), ist der erste Übermittlungsversuch mit entsprechendem Sicherheitsabstand zum Fristende (24.00 h) zu starten (BVerfG NJW 2007, 2838; hier war eine 160-seitige Verfassungsbeschwerde wegen des zunächst belegten Empfängergerätes verspätet eingegangen. Kritik an dieser Rechtsprechung bei *W. Roth* NJW 2008, 785).

Grundsätzlich kein Verschulden des Anwalts liegt dann vor, wenn der ursprünglich beabsichtigte Übermittlungsweg (Fax) sich unverschuldet als nicht gangbar erweist und ein anderer Weg (Postversand) wegen des Zuwartens bis zur letzten Minute nicht mehr genutzt werden kann. Der Anwalt ist nicht verpflichtet, von Anfang an einen »Plan B« einzukalkulieren.

4. Wahrung der Frist

Ziel anwaltlicher Tätigkeit muss es regelmäßig sein, die Frist zu wahren, den Rechtsverlust durch Zeitablauf zu verhindern. Erforderlich dazu ist die rechtzeitige Vornahme einer Frist wahrenden **Handlung**. Materiellrechtlich ist dazu regelmäßig die Ausübung des Rechts erforderlich, prozessual die Vornahme der gebotenen Prozesshandlung. 321

a) Materielle Fristen

Die Ausübung eines materiellen Rechts erfolgt regelmäßig in Form einer **Willenserklärung**. Häufig – aber nicht immer – ist diese empfangsbedürftig. 322

> Anfechtungs- oder Widerrufserklärungen müssen rechtzeitig abgegeben, Angebote rechtzeitig angenommen, Ansprüche rechtzeitig geltend gemacht werden. Soweit die Ausübung des materiellen Rechts durch eine empfangsbedürftige Willenserklärung erfolgt, richtet sich ihre Rechtzeitigkeit nach §§ 130 ff. BGB.

Deutlich breiter ist die **Optionspalette** bei der Wahrung von Verjährungsfristen. Die hierfür in Betracht kommenden Maßnahmen sind in den §§ 203 ff. BGB aufgelistet. Dabei sollte man sich immer bewusst sein, dass Verjährungsfristen regelmäßig nicht endgültig gewahrt, sondern ihr Ablauf allenfalls vorübergehend gehemmt wird. Nach Ablauf der Hemmungswirkung läuft die Frist also weiter. Zu beachten ist deswegen nicht nur, wodurch eine Hemmung herbeigeführt werden kann, sondern auch, wie lange diese andauert (vgl. § 204 Abs. 2 BGB). In den Fällen des Neubeginns läuft die Verjährungsfrist in voller Länge sofort wieder an (§ 212 BGB). 323

aa) Verhandlungen

Nach § 203 BGB hemmen schwebende **Verhandlungen** zwischen Schuldner und Gläubiger über den Anspruch oder diesen begründende Umstände die Verjährung. 324

> Keine Verhandlungen werden damit durch die Forderung seitens des Gläubigers und die Leistungsverweigerung seitens des Schuldners in Gang gesetzt. Auch die Nichtäußerung auf ein Schreiben des Gegners ist keine Verhandlung. Im Übrigen aber ist dieser Begriff weit zu verstehen: Für ein Verhandeln genügt jeder Meinungsaustausch über den Schadensfall zwischen dem Berechtigten und dem Verpflichteten, sofern nicht sofort und eindeutig jeder Ersatz abgelehnt wird (BGH NJW 2004, 1654: BGH NJW 2007, 587).

> Die Verjährung tritt nach dieser Vorschrift frühestens drei Monate nach dem Ende der Hemmung ein, d. h. nach Verweigerung der Fortsetzung der Verhandlungen durch einen Teil. Damit hat der Gläubiger die Möglichkeit, erforderlichenfalls eine erneute Hemmung durch andere Maßnahmen herbeizuführen. Dies darf jedoch nicht dahin gehend missverstanden werden, dass die Verjährungsfrist erst wieder nach drei Monaten zu laufen beginnt. Vielmehr beginnt der Lauf sofort nach dem Ende der Hemmung.

> Dabei kann im Einzelfall unklar sein, ob die Verhandlung noch »schwebt« oder bereits abgebrochen oder eingeschlafen ist. Beim schlichten »Einschlafen« der Gespräche ohne eindeutige Erklärung eines Beteiligten über das Ende seiner Verhandlungsbereitschaft endet die Hemmung entsprechend dem früheren § 852 Abs. 2 BGB a. F. zu dem Zeitpunkt, zu dem der nächste Schritt nach Treu und Glauben zu erwarten gewesen wäre. Grundsätzlich muss ein Abbruch der Verhandlungen aber durch ein klares und eindeutiges Verhalten zum Ausdruck gebracht werden (BGH NJW 2004, 1654; *Mankowski/Höpker* MDR 2004, 721).

> Der Anwalt des Schuldners muss daher darauf achten, den Eintritt einer unmittelbar bevorstehenden Verjährung nicht durch (unnötige) Stellungnahmen zu vereiteln.

Die Verjährung von Ansprüchen aus einem Versicherungsvertrag wird nach § 15 VVG bereits durch **Anmeldung** beim Versicherer gehemmt. 325

Ob die Rechtsprechung bei der Auslegung des Begriffs »Ansprüche aus dem Versicherungsvertrag« bei ihrer zur Verjährungsregelung des § 12 Abs.1 VVG entwickelten engen Auslegung bleibt, oder für den Hemmungstatbestand nicht eher eine weitere Auslegung vornimmt (*Looschelders/Pohlmann* § 15 VVG Rn. 8), bleibt abzuwarten.

»Angemeldet« wird der Anspruch durch Erhebung einer entsprechenden Forderung, d. h. durch jedes Verhalten, das dem Versicherer klarmacht, dass er aus dem Vertrag in Anspruch genommen werden soll. Eine genaue Bezifferung oder Bezeichnung des Anspruchs ist nicht erforderlich, solange klar ist, aus welchem Versicherungsvertrag und aus welchem Lebenssachverhalt Ansprüche geltend gemacht werden sollen.

Die Hemmung dauert bis zum Zugang der Entscheidung des Versicherers, unabhängig davon, ob damit der Anspruch ganz oder teilweise anerkannt oder abgelehnt wird. Der Anspruchssteller muss erkennen können, dass der Versicherer endgültig und abschließend entscheiden wollte. Ohne eine solche Entscheidung dauert die Hemmung jedenfalls solange fort, wie davon auszugehen ist, dass der Gläubiger an seinem Anspruch festhält.

An die Entscheidung des Versicherers können sich Verhandlungen i.S.d. § 203 BGB anschließen, die zu einer weiteren Hemmung der Verjährung führen (OLG Koblenz VersR 2009, 771).

bb) Anerkenntnis

326 Nicht bloß zu einer Hemmung, sondern zu einem **Neubeginn der Verjährung** führt es, wenn der Schuldner den Anspruch dem Gläubiger gegenüber anerkennt (§ 212 BGB).

Ein solches Anerkenntnis kann ein verbales oder tatsächliches sein, etwa in Form einer Abschlagszahlung, Zinszahlung oder in sonstiger Weise. Es setzt neben einem Verhalten des Schuldners, aus dem sich unzweideutig das Bewusstsein vom Bestehen des Anspruchs ergibt, das begründete Vertrauen des Gläubigers voraus, dass sich der Schuldner nicht alsbald nach Ablauf der Verjährungsfrist auf die Einrede der Verjährung berufen wird (OLG Celle OLGR 2006, 916). Ein Teilanerkenntnis unterbricht die Verjährung nur für den anerkannten Teil (BGH VersR 1960, 949), es sei denn, der Schuldner wollte den Gesamtanspruch anerkennen.

327 ▶ Praxistipp:

Will der Schuldner die Verjährung der Gesamtforderung durch ein Anerkenntnis in Form einer Teilzahlung herbeiführen, muss er darauf achten, dass diese ausdrücklich als solche bezeichnet wird (»Teilzahlung auf die Gesamtforderung in Höhe von ...«).

cc) Weitere Maßnahmen

328 **Außergerichtliche** Maßnahmen, die zur Hemmung der Verjährung führen können sind:
– eine Vereinbarung der Parteien über die Verlängerung der Verjährungsfrist oder die Nichtausübung der Verjährungseinrede (**pactum de non petendo**).
– die Einleitung eines Abnahme ersetzenden **Begutachtungsverfahrens** im Werkvertragsrecht nach § 641a BGB (§ 204 Abs. 1 Nr. 8 BGB);
– die Anmeldung eines Anspruchs im **Insolvenzverfahren** (§ 204 Abs. 1 Nr. 10 BGB);
– der Beginn eines **schiedsrichterlichen Verfahrens** (§ 204 Abs. 1 Nr. 11 BGB).

329 Vorgerichtliche und **gerichtliche** Maßnahmen zur Hemmung der Verjährung sind (neben der Klageerhebung, unten Rdn. 331):
– der Antrag auf Einleitung eines außergerichtlichen **Güteverfahrens** (§ 204 Abs. 1 Nr. 4 BGB);
– die Geltendmachung im Wege einer **Prozessaufrechnung** (§ 204 Abs. 1 Nr. 5 BGB), nicht indes die Geltendmachung eines Zurückbehaltungsrechts;
– die Zustellung einer (wirksamen) **Streitverkündung** (§ 204 Abs. 1 Nr. 6 BGB);
– die Beantragung einer für die Zulässigkeit der Klage erforderlichen **Behördenentscheidung** (§ 204 Abs. 1 Nr. 12 BGB);
– die Beantragung einer gerichtlichen **Zuständigkeitsbestimmung** (§ 204 Abs. 1 Nr. 13 BGB);
– der Antrag auf Gewährung von **Prozesskostenhilfe** (§ 204 Abs. 1 Nr. 14 BGB; oben Rdn 53).

Keine verjährungshemmende Wirkung haben dagegen: 330
- **Strafanzeige** oder Strafantrag (hingegen wird die Verjährung durch die Antragstellung im Adhäsionsverfahren gehemmt (unten Rdn. 2120, 2143); bei Aussetzung der Verhandlung gem. §§ 148, 149 ZPO besteht die Hemmungswirkung aufgrund der Klageerhebung weiter.
- Einholung eines **Privatgutachtens** (anders bei selbstständigen Beweisverfahren!)

dd) Verfahrenseinleitung

Wichtigster Fall der Verjährungshemmung ist die Einleitung eines gerichtlichen Verfahrens, sei es 331
in Form einer **Klageerhebung** (§ 204 Abs. 1 Nr. 1 BGB), sei es in Form der Einleitung eines besonderen Verfahrens (§ 204 Abs. 1 Nr. 2, 3, 7, 9 BGB). Insoweit kann auf die Darstellung der einzelnen verfahrenseinleitenden Prozesshandlungen Bezug genommen werden.

Die Verjährung wird gehemmt bereits mit **Einreichung** der Klageschrift, wenn die Zustellung »demnächst« erfolgt (§ 167 ZPO; hierzu auch oben Rdn. 121, unten Rdn. 1995), ansonsten erst mit der 332
tatsächlichen **Zustellung** der Klage (§§ 204 Abs. 1 Nr. 1 BGB, 253 Abs. 1 ZPO; unten Rdn. 1995).

▶ Praxistipp: 333

Ist für die Hemmung der Verjährung die Zustellung einer Antragsschrift erforderlich, so muss der Antrag die für eine Zustellung erforderlichen Voraussetzungen erfüllen, um in den Genuss der Privilegierung des § 167 ZPO zu kommen.

Nicht »demnächst« i. S. d. § 167 ZPO erfolgt die Zustellung, wenn sie sich durch der Partei zuzurechnende Umstände verzögert, die sie bei gewissenhafter Prozessführung hätte vermeiden können 334
(BGH NJW 2011, 1227; BGH BauR 2000, 1225). Deswegen ist bei der Klageerhebung zu achten auf

- die rechtzeitige und korrekte Einzahlung des (weiteren) **Gerichtskostenvorschusses**.

  § 12 GKG iVm KV-GKG Nr. 1210; nach Anforderung durch das Gericht i. d. R. binnen 2 Wochen einzuzahlen mit Nachfragepflicht nach ca. 3 Wochen, Zöller/*Greger* §§ 270 Rn. 8. Nach ganz h. M. und st. Rspr. des BGH – BGH NJW 2005, 291; BVerfG NJW 2001, 1125; Zöller/*Vollkommer* § 693 Rn. 5a – besteht keine Verpflichtung, den Vorschuss von sich aus einzuzahlen – a. A. ohne Aufforderung, wenn der Anwalt die Höhe bereits selbst berechnet und in der Klageschrift bzw. im Mahnantrag eingetragen hat (*Hartmann*, KostenG § 65 Rn. 10 GKG; Zöller/*Vollkommer* § 693 Rn. 5a) – im Zweifel daher sicherheitshalber ggf. zu viel und sogleich einzahlen – keine Zeitverzögerung bei Bareinzahlung oder durch Kostenmarken/Gebührenstempler – aber richtiges Aktenzeichen angeben!, BGH VersR 1995, 361. Besteht ausnahmsweise nach § 14 GKG keine Vorschusspflicht, sollte der Anwalt unbedingt darauf hinweisen (Thomas/Putzo/*Reichold* § 270 Rn. 12; insbesondere § 14 Nr. 3b GKG bei drohender Verjährung).

- vollständige und richtige **Anschriften** einschließlich richtiger Parteibezeichnungen (Zöller/*Greger* § 270 Rn. 10; BGH NJW 2001, 885; NJW 2002, 2391: Postfachanschrift reicht nicht). Sofern die Klage als unzustellbar zurückkommt, verzögert dies eine (erneute) Zustellung erfahrungsgemäß erheblich.

  Bei unbekanntem Aufenthaltsort des Beklagten ist die öffentliche Zustellung zu beantragen (§ 185 ZPO). Hierfür sind mindestens vorzulegen eine aktuelle Auskunft aus dem Einwohnermelderegister und/oder Gewerberegister sowie eine Postauskunft vom letzten Wohnsitz des Beklagten. Diese Auskünfte dürften meist genügen. Der Richter kann aber auch noch weitere Ermittlungen des Antragstellers verlangen (z. B. Auskünfte vom letzten Vermieter, Nachbarn, Arbeitgeber, Verwandten etc.; BGH MDR 2013, 484; BGH MDR 2012, 1308 und Prütting/Gehrlein/*Kessen* § 185 Rn. 3: grundsätzlich erforderlich; großzügiger Thomas/Putzo/*Hüßtege* § 203 Rn. 6: i. d. R. Einwohnermeldeamts- und Postauskunft).

– die Beifügung der erforderlichen **Abschriften** (§ 133 Abs. 1 ZPO; insbesondere bei Übermittlung per Fax).

Bei Einreichung einer im Ausland zuzustellenden Klage obliegt es dem Kläger weder, eine besondere Art der Zustellung zu beantragen, noch ohne eine Aufforderung durch das Gericht etwaige weitere erforderliche Exemplare der Klageschrift einzureichen (BGH NJW 2003, 2830).

335 Inhaltliche Mängel der Antragsschrift stehen einer alsbaldigen Zustellung und der Herbeiführung der Verjährungshemmung dagegen grundsätzlich nicht entgegen. Deswegen hemmt auch die Zustellung einer unzulässigen, unsubstantiierten und unschlüssigen (aber formell wirksamen) **Klage** die Verjährung. Fehlende oder unzureichende Angaben können dann im Prozess nachgeholt (Palandt/*Ellenberger* § 209 Rn. 5), Mängel durch Rügeverzicht oder weitere Prozesshandlungen geheilt werden (§ 295 ZPO).

Hinsichtlich der unzulässigen Klage wurde dies für die Unterbrechung mit § 212 BGB a. F. begründet, der jedoch entfallen ist. Jetzt ist die Hemmung unabhängig vom Ausgang des Verfahrens, deshalb ist an der bisherigen Auffassung festzuhalten (Palandt/*Ellenberger* § 204 Rn. 5).

Wenn eine Zustellung »demnächst« unsicher ist, kann man sich u. U. zunutze machen, dass bei einer Klage vor dem Verwaltungs-, Sozial-, Finanz-, Arbeits- oder Strafgericht die Streitsache bereits mit ihrer Einreichung rechtshängig wird und bei Verweisung an das Zivilgericht fortwirkt (Zöller/*Greger* § 261 Rn. 3a). Dabei sind diese Gerichte nicht befugt, die Klage wegen etwaigem Rechtsmissbrauch als unzulässig abzuweisen (BVerwG NJW 2001, 1513; § 17a GVG). Allerdings ist ungewiss, ob dann die Wirkungen nicht doch erst ab der erfolgten Zustellung eintreten.

336 Eine Verjährungshemmung tritt **nicht** ein, wenn die Klage dem Gegner überhaupt nicht zugestellt wird. Der Zustellung der Klage können besonders schwere formelle Mängel der Klageschrift entgegen stehen (»Fehlen der wesentlichen Erfordernisse des § 253 Abs. 2 ZPO« BGH NJW-RR 19089, 508). Solche Mängel hat die Rechtsprechung angenommen
– beim Fehlen oder bei der Angabe einer unzutreffenden ladungsfähigen Anschrift des Beklagten;
– bei Nichterkennbarkeit des Willens zu unbedingter Klageerhebung (OLG Köln 1964, 3360);
– bei Nichtunterzeichnung der Klageschrift durch eine postulationsfähige Person (OLG Braunschweig MDR 1957, 425);
– bei unzureichender Individualisierung des Streitgegenstands (die häufig beim Mahnbescheid vorliegt, aber auch bei der Klageschrift vorkommen kann).

336a Eine Verjährungshemmung tritt auch dann nicht ein, wenn die (zugestellte) Klageschrift auf materiell-rechtlichen Fehlern beruht. **Keine** verjährungshemmende Wirkung haben in diesen Fällen:
– die Klage eines Nichtberechtigten (BGH NJW 2011, 2193);

Bei Zweifeln an der Aktivlegitimation kann der Kläger sich die Forderung vorab »vorsorglich« abtreten lassen oder diese in offener Prozessstandschaft geltend machen.

– die Klage gegen einen Nichtverpflichteten (BGHZ 80, 226);

Denkbar ist dies aufgrund fehlerhafter Feststellung der Passivlegitimation, Verkennung eines Forderungsübergangs oder Verwechslung ähnlichnamiger juristischer Personen; in diesen Fällen kommt eine Parteiberichtigung in Betracht.

– die Klage gegen einen Gesamtschuldner;

Durch diese wird die Verjährung einem nicht mitverklagten weiteren Gesamtschuldner gegenüber nicht gehemmt (§ 425 Abs. 2 BGB).

– die Teilklage;

Die Verjährungshemmung tritt nur im Umfang des erhobenen Anspruchs ein, unabhängig davon, ob die Teilgeltendmachung bewusst oder irrtümlich erfolgt. Soll die Klage bewusst auf einen Teil des Anspruchs begrenzt werden, muss die Verjährung für den Rest anderweitig gehemmt werden.

– die isolierte Auskunftsklage für einen etwaigen Leistungsanspruch (anders bei der Stufenklage!);

B. Rechtswahrung, Rechtsgestaltung, Rechtsdurchsetzung 2. Kapitel

– die negative Feststellungsklage (BGH Urt. v. 15.08.2012 - XII ZR 86/11) sowie Verteidigung dagegen (anders bei Leistungswiderklage!).

▶ **Praxistipp:** 337

Ist die Zustellung der Antragsschrift an den Gegner zusätzlich von einem Ermessen des Gerichts abhängig, so muss die Zustellung unter Hinweis auf die Erforderlichkeit einer Verjährungshemmung ausdrücklich beantragt werden. Andernfalls darf müssen zusätzlich weitere verjährungshemmende Maßnahmen ergriffen werden.

Insbesondere den Antrag auf Erlass einer einstweiligen Verfügung und den Prozesskostenhilfeantrag muss das Gericht nicht zwingend zustellen (§ 204 Abs. 1 Nr. 9 und Nr. 14 i. V. m. §§ 922, 118 Abs. 1 Satz 1 ZPO). Eine verfassungskonforme Auslegung des § 204 Abs. 1 BGB i. S. e. Verjährungshemmung schon durch den Eingang des Antrags bei Gericht hat der BGH zumindest für den Prozesskostenhilfeantrag ausdrücklich abgelehnt (BGH NJW 2008, 1939). Allerdings hält der BGH das Gericht zu einer solchen Bekanntgabe für verpflichtet, wenn der Gläubiger auf die Notwendigkeit einer Verjährungshemmung ausdrücklich hinweist und um Bekanntgabe des Antrags ersucht. Dazu oben Rdn. 121 und unten Rdn. 371.

Die durch Einleitung eines gerichtlichen Verfahrens eingetretene Hemmung **dauert** sechs Monate 338
über die Beendigung des Verfahrens hinaus (§ 204 Abs. 2 BGB). Vorsicht ist geboten, wenn diese Beendigung nicht förmlich (Urteil, Rücknahme) endet, sondern durch Nichtbetreiben der Parteien. In diesem Fall beginnt die Sechs-Monats-Frist mit der letzten Prozesshandlung eines Prozessbeteiligten (Gericht, Parteien).

▶ **Praxistipp:** 339

Soll die Hemmungswirkung eines laufenden Verfahrens aufrechterhalten werden, muss spätestens alle sechs Monate eine verfahrensfördernde Maßnahme veranlasst werden.

Im **Adhäsionsverfahren** tritt die Hemmungswirkung ebenfalls bereits mit Eingang des Antrags bei 340
Gericht ein (unten Rdn. 2120) und endet sechs Monate nach Beendigung des Verfahrens (§ 204 Abs. 2 BGB).

Eine **Stufenklage** (§ 254 ZPO) hemmt die Verjährung zwar nur in dem Umfang, in dem der Anspruch später beziffert wird (BGH NJW 1992, 2563), hier aber tritt die Verjährungshemmung 341
schon mit der Klageerhebung ein, während bei getrenntem Auskunfts- und Leistungsprozess die Gefahr besteht, dass während des Auskunftsprozesses der Leistungsanspruch verjährt (Palandt/*Ellenberger* § 209 Rn. 2; Prütting/Gehrlein/*Geisler* § 254 Rn. 4; unten Rdn. 716, 721).

b) Prozessuale Fristen

Prozessuale Fristen werden in der Regel gewahrt durch die Vornahme einer **Prozesshandlung** dem 342
Gericht gegenüber. Im Vordergrund steht dabei neben den in einer mündlichen Verhandlung erforderlichen Handlungen die Einreichung von Schriftsätzen. Eine damit verbundene Frist ist gewahrt, wenn das Schriftstück vor Fristablauf in die Verfügungsgewalt des zuständigen Gerichts kommt (Zöller/*Greger* § 270 Rn. 6, 6a). Weitere Voraussetzungen aufseiten des Gerichts, etwa eine besondere Entgegennahme oder Quittierung, sind nicht erforderlich.

Übermittelt werden kann ein Schriftsatz in Form des klassischen **Briefs**. Zugegangen ist ein solcher, 343
wenn er so in den Herrschaftsbereich des Gerichts gelangt ist, dass die Möglichkeit der Kenntnisnahme besteht und unter gewöhnlichen Umständen mit einer alsbaldigen Kenntnisnahme gerechnet werden darf (BGHZ 67, 275; BGHZ 137, 205, 208; BGH NJW 2004, 1320).

Dies ist der Fall, wenn der Brief persönlich auf der Geschäftsstelle des Gerichts abgegeben oder in den Briefkasten geworfen wird. Regelmäßig nicht ausreichend ist das bloße Einbringen des Schriftsatzes in die Räumlichkeiten des Gerichts (Zurücklassen im Gebäude, Übergabe an Hausmeister oder Putzdienst). Nach h. M. steht es dem Zugang nicht entgegen, dass eine nicht für Fristsachen eingerichtete Zugangsmöglichkeit beim Gericht genutzt wird (normaler Briefkasten neben Fristenkasten).

Wird der Brief der Post zur Beförderung überlassen, ist er erst mit der Übergabe durch die Post an das Gericht zugegangen. Insoweit trägt die Partei nicht nur das Risiko richtiger Adressierung und ausreichender Frankierung, sondern auch das allgemeine Beförderungsrisiko (BGH NJW 2007, 1751).

Frist wahrend wirkt nur der Eingang beim zuständigen Gericht. Zwar ist ein unzuständiges Gericht verpflichtet, einen Schriftsatz an das zuständige Gericht weiterzuleiten, Frist wahrend wirkt aber auch dann nur der Eingang dort (BGH NJW 2006, 3499; BGH NJW 1998, 908). Besteht eine gemeinsame Briefeingangsstelle für mehrere Gerichte, genügt der Eingang dort, wenn er an das richtige Gericht adressiert war (BGH NJW-RR 2005, 75: Berufungsbegründungsschrift in Sammelumschlag in Nachtbriefkasten von AG und LG). Geht der Schriftsatz wegen unrichtiger Adressierung von dort zunächst an ein unzuständiges Gericht und muss an das zuständige Gericht weitergeleitet werden, wo er erst nach Ablauf der Frist eingeht, ist die Frist nicht gewahrt (BGH NJW 1990, 990; BGH NJW-RR 2001, 1730). Frist wahrend wirkt die Einreichung bei einem unzuständigen auswärtigen Spruchkörper des Gerichts (BGH NJW 1967, 107). Kein Eingang bei Gericht liegt vor, wenn ein (versehentlich) an eine Anwaltskanzlei adressiertes Kuvert zwar bei der Posteingangsstelle eingeworfen, vom Gericht aber an die Anwaltskanzlei weitergeleitet wird (BGH NJW 1990, 2822).

Der rechtzeitige Einwurf in den Gerichtsbriefkasten wahrt die Frist auch dann, wenn er außerhalb der üblichen Dienstzeiten (z. B. um 23 Uhr 59) erfolgt und erst nach Fristablauf geleert wird. (Funktionierende!) Fristenbriefkästen lassen am nächsten Tag erkennen, ob ein Brief noch vor oder erst nach Mitternacht eingeworfen wurde.

Dokumentiert wird der Zugangszeitpunkt beim Brief durch einen auf dem Schriftsatz angebrachten Eingangsstempel. Zu dessen Widerlegung ist voller Gegenbeweis nötig (§§ 418 Abs. 2, 445 Abs. 2 ZPO; BGH VersR 1991, 896; BGH VersR 1998, 1439). Hierbei dürfen wegen der Beweisnot der betroffenen Partei die Anforderungen jedoch nicht überspannt werden. Die bloße, nie völlig auszuschließende Möglichkeit, dass ein Nachtbriefkasten aus technischen Gründen nicht richtig funktioniert hat oder bei der Abstempelung Fehler unterlaufen sind, reichen zur Führung des Gegenbeweises zwar nicht aus, zwingen aber das Gericht, die insoweit zur Aufklärung nötigen Maßnahmen zu ergreifen, da der Außenstehende keinen Einblick in die Funktionsweise des gerichtlichen Nachtbriefkastens sowie das Verfahren bei dessen Leerung und damit keinen Anhaltspunkt für etwaige Fehlerquellen hat (BGH NJW 2000, 1872; BGH NJW-RR 2005, 75; BGH NJW-RR 2012, 701).

Zum Bedeutung des Eingangsstempels beim Antrag auf Wiedereinsetzung unten Rdn. 2880.

344 Auch eine Übermittlung des Schriftsatzes per **Fernschreiben** (soweit diese technische Möglichkeit überhaupt noch besteht), **Telegramm, Telefax** ist möglich. Ein elektronisches Dokument (**E-Mail**) wahrt die prozessuale Schriftform nach § 130 ZPO nicht; es unterfällt § 130a ZPO und kann deswegen formwahrend nur wirken, wenn und soweit es für das Gericht zugelassen (§ 130a Abs. 2 ZPO; BGH NJW NJW-RR 2009, 357) und qualifiziert elektronisch signiert ist (§ 130 a Abs. 1 ZPO; BGH MDR 2011, 251; unten Rdn. 999).

Auch hier steht es dem Zugang nicht entgegen, dass eine nicht für Fristsachen eingerichtete Zugangsmöglichkeit beim Gericht genutzt wird (Faxanschluss Nebenstelle).

Zur Fristwahrung muss die Versendung vor Ablauf der Frist abgeschlossen, das heißt als Signal beim Empfangsgerät vollständig eingegangen, allerdings nicht auch schon ausgedruckt sein (BGH NJW 2006, 2263). Hat die Übertragung zu einem Zeitpunkt begonnen, zu dem noch mit einem Abschluss der Übermittlung vor Ablauf der Frist gerechnet werden kann (wobei wegen der möglichen Belegung des Gerichtsanschlusses eine Zeitreserve von nur wenigen Minuten regelmäßig nicht ausreicht: BVerfG NJW 2000, 574) kommt eine Wiedereinsetzung in Betracht. Dies gilt auch, wenn die Übertragung wegen eines Defekts des Empfangsgeräts scheitert.

345 Erforderlich ist, dass der eingereichte Schriftsatz dem richtigen Verfahren zweifelsfrei **zugeordnet** werden kann.

Feste Formvorschriften gibt es dabei nicht. Insbesondere ist es nicht zwingend erforderlich, für Rechtsanwälte aber unverzichtbar, dass Rubrum und Aktenzeichen (richtig) angegeben werden. Fehlende oder irrtümlich falsche Angaben müssen durch Auslegung ggf. auch des Schriftsatzinhalts durch das Gericht ausgelegt werden (BGH NJW 2003, 3418). Lässt sich ein Schriftsatz auch dadurch nicht zuordnen und gerät er deswegen nicht rechtzeitig zur richtigen Akte, kann er die Frist nicht wahren.

B. Rechtswahrung, Rechtsgestaltung, Rechtsdurchsetzung   **2. Kapitel**

III. Das außergerichtliche Güteverfahren (§ 15a EGZPO)

Nach § 15a EGZPO kann durch Landesgesetz bestimmt werden, dass die Erhebung der Klage bei besonderen Streitigkeiten erst zulässig ist, nachdem zuvor ein Schlichtungsverfahren durchgeführt wurde.

346

> Möglich ist eine solches Vorverfahren nur bei vermögensrechtlichen Streitigkeiten bis zu einem Wert von 750 €, bei Nachbar- und bei Ehrstreitigkeiten (§ 15a Abs. 1 EGZPO). Es ist ausgeschlossen, wenn beide Parteien ihren Wohnsitz nicht im selben Bundesland haben (§ 15a Abs. 2 Satz 2 EGZPO) oder sie einen Einigungsversuch bereits vor einer sonstigen Gütestelle unternommen haben (§ 15a Abs. 3 EGZPO). Nicht erforderlich ist das Vorverfahren auch, wenn für den Anspruch eine Klagefrist einzuhalten ist, er in einer familiengerichtlichen Streitigkeit, im Wege der Widerklage oder des Urkundenprozesses geltend gemacht wird oder – und das ist die praktisch wichtigste Ausnahme – ein Mahnverfahren vorangegangen ist (§ 15a Abs. 2 Satz 1 EGZPO).
>
> Nur im Rahmen einer »Erprobungsnorm« wurde das Vorverfahren eingeführt, weil die politischen Mehrheitsverhältnisse eine bundesweit obligatorische Einführung zunächst nicht erlaubten. Das Vorverfahren bildet eine zusätzliche Zulässigkeitsvoraussetzung für Klagen nur, wenn und soweit der jeweilige Landesgesetzgeber von der ihm eingeräumten Ermächtigung des § 15a EGZPO Gebrauch gemacht hat. Da die Länder keine einheitliche Regelung vorgenommen haben, ist insoweit eine bundesweit uneinheitliche und unübersichtliche Situation eingetreten.
>
> Gebrauch gemacht von dieser Ermächtigung haben nur die Länder Baden Württemberg, Bayern, Brandenburg, Hessen, Nordrhein-Westfalen, Sachsen-Anhalt, Schleswig-Holstein und Saarland. Die Ausführungsgesetze (Abdruck z. B. in der Beilage zu NJW Heft 51/2001 und in der Gesetzessammlung Schönfelder Bd. II, Nr. 104 ff.) unterscheiden sich dabei deutlich. Nicht immer wird der Rahmen des § 15a EGZPO voll ausgeschöpft, Gütestellen sind manchmal die Schiedsleute, manchmal Rechtsanwälte und Notare. Die ursprünglichen Ausführungsgesetze waren durchweg bis zum 31.12.2005 befristet und wurden mit der Verlängerung zum 01.01.2006 modifiziert, wodurch die länderspezifischen Unterschiede noch größer wurden (Überblick bei *Deckenbrock/Jordans* MDR 2006, 421).
>
> Exemplarisch dargestellt sei das hessische Verfahren. Hier verweist das Streitschlichtungsgesetz auf das Schiedsamtsgesetz. Danach ist ein Antrag des Klägers erforderlich (§ 14 HessSchAG), mit der der Beklagte zu einer Schlichtungsverhandlung geladen wird (§ 17 HessSchAG). Hier kann der Schiedsmann präsente Zeugen und Sachverständige (§ 23 HessSchAG) hören, die Sache erörtern und einen Vergleichsvorschlag machen (§ 22 HessSchAG). Bleibt der Vergleichsversuch erfolglos, so wird dies in einer Bescheinigung festgehalten (§ 29 HessSchAG).

▶ **Praxistipp:**

347

> Bevor Klage aus einem in § 15a EGZPO genannten Anspruch erhoben wird, muss geprüft werden, ob in dem betreffenden Bundesland die Pflicht zur Durchführung eines außergerichtlichen Güteverfahrens besteht und wie dieses ausgestaltet ist.

Der Versuch einer gütlichen Einigung vor einer Gütestelle ist eine von Amts wegen zu beachtende **Prozessvoraussetzung**. Eine ohne den Einigungsversuch erhobene Klage ist unzulässig. Nachgewiesen wird er mit einer von der Gütestelle ausgestellten Bescheinigung über einen erfolglosen Einigungsversuch (§ 15a Abs. 1 Satz 2, Abs. 3 Satz 3 EGZPO).

348

> Nach Klageeinreichung ist das Schlichtungsverfahren (NJW 2005, 437) nicht nachholbar (*Friedrich* NJW 2003, 3534). Eventuell kann aber durch die Erweiterung einer Zahlungsklage über die relevante Wertgrenze hinaus (§ 264 Nr. 2 ZPO; Prüttig/Gehrlein/*Wegen/Barth* § 15a EGZPO Rn. 10) bzw. durch eine nachträgliche objektive Klagehäufung (§§ 5, 260 ZPO) oder u. U. auch durch Verbindung mit einem nicht schlichtungsbedürftigen Antrag (LG Aachen NJW-RR 2002, 1439) der Klage insgesamt die Schlichtungsbedürftigkeit genommen werden (str.; bejahend LG Kassel NJW 2002, 2256 – u. U. aber rechtsmissbräuchlich, sofern die weiteren Ansprüche offensichtlich jeder Grundlage entbehren; *Bitter* NJW 2005, 1236 mit weiteren Rechtsprechungsnachweisen; zum maßgeblichen Zeitpunkt: Baumbach/*Hartmann* § 15a Rn. 6 EGZPO: Zustellung der Klageschrift; a. A. Thomas/Putzo/*Hüßtege* § 15a Rn. 2 EGZPO: letzte mündliche Verhandlung).
>
> Wegen des Grundsatzes der Einheit des Verfahrens soll nach einer Ansicht das Güteverfahren nicht nachgeholt werden müssen, wenn ein Gericht eines Landes ohne obligatorisches Schlichtungsverfahren an ein Gericht eines Landes verweist, das ein solches eingeführt hat (Zöller/*Gummer* § 15a Rn. 18 EGZPO).

349 Nach § 204 Abs. 1 Nr. 4 BGB wird die **Verjährung gehemmt** durch die Bekanntgabe des Güteantrags. Fraglich ist, ob dies auch dann gilt, wenn der Güteantrag bei einer unzuständigen Gütestelle gestellt wird.

Nach h. M. tritt diese Verjährungshemmung unabhängig davon ein, ob die Gütestelle örtlich und sachlich zuständig ist (BGHZ 123, 337 = NJW-RR 1993, 1495 noch zu § 209 Abs. 2 Nr. 1 lit. a) BGB a. F.). Dafür spricht der Wortlaut der Vorschrift. Da für den Güteantrag indes anders als für die Klageerhebung keine formellen Anforderungen gelten und eine Anwendung des § 281 ZPO auf die dem Landesrecht unterliegenden Gütestellen nicht möglich ist, lässt sich damit eine rechtsmissbräuchliche Nutzung nicht verhindern.

Dass dies keine bloß theoretische Gefahr ist, zeigen mehrere Tausend Güteanträge gegen die Deutsche Telekom AG wegen einer Prospekthaftung nach §§ 44, 45 BörsenG aus möglicherweise falschen Angaben von Immobilienwerten, die zur Wahrung der Verjährungsfrist bei der (unzuständigen) Öffentlichen Rechtsauskunft- und Vergleichsstelle der Freien- und Hansestadt Hamburg (ÖRA) eingereicht wurden und wegen Überlastung zum Teil erst nach einem halben Jahr zugestellt werden konnten und erst dann weiter bearbeitet werden, wenn das KapMuG-Verfahren vor dem LG Frankfurt a. M. beendet ist.

350 Die meisten Ausführungsgesetze haben die **Ausschlusstatbestände** des § 15a Abs. 2 EGZPO übernommen. Danach ist ein Güteverfahren auch in den Fällen des Abs. 1 nicht erforderlich, wenn beide Parteien ihren Wohnsitz nicht im selben Bundesland haben, für den Anspruch eine Klagefrist einzuhalten ist, er in einer familiengerichtlichen Streitigkeit, im Wege der Widerklage oder des Urkundenprozesses geltend gemacht wird oder – und das ist die praktisch wichtigste Ausnahme – ein Mahnverfahren vorangegangen ist (§ 15a Abs. 2 Satz 1 EGZPO).

351 ▶ Praxistipp:

Die Notwendigkeit eines außergerichtlichen Güteverfahrens kann bei Zahlungsansprüchen durch eine »Flucht in das Mahnverfahren« umgangen werden.

352 Ein Schlichtungsverfahren ist nicht erforderlich, wenn der Anspruch im **Mahnverfahren** geltend gemacht worden ist (§ 15a Abs. 2 Satz 1 Nr. 5 EGZPO).

Hierzu ist lediglich erforderlich, dass das gerichtliche Verfahren nicht mit einer Klageschrift, sondern mit einem Mahnantrag eingeleitet wird.

Dies kann sich wegen der Kostennachteile, des Zeitverlusts und der Unübersichtlichkeit des Verfahrens nach § 15a EGZPO durchaus empfehlen (*Bitter* NJW 2005, 1235: Schlichtungsverfahren wird oft als lästig empfunden). So verzögert das Schlichtungsverfahren in der Regel den Fortgang bis zu drei Monaten (Abs. 1 Satz 3) und kostet zusätzliche Gebühren. Dabei gehören sowohl die Kosten der Gütestelle (Abs. 4) als auch die außergerichtlichen Kosten der Parteien zu den Kosten des (nachfolgenden) Rechtsstreits i. S. d. § 91 ZPO (Baumbach/*Hartmann* § 91 Rn. 106: Vorbereitungskosten). Sie sind damit von der unterlegenen Partei zu erstatten, wobei im Einzelfall hinsichtlich der entstandenen Anwaltskosten zu prüfen ist, ob die Inanspruchnahme eines Rechtsanwalts erforderlich war (BayObLG NJW-RR 2005, 724). Bei einer erfolgreichen Schlichtung sollte die Frage der Kostenverteilung im Vergleich geregelt werden (zur Höhe der Anwaltsgebühren Zöller/*Gummer* § 15a EGZPO).

Vor allem wenn es um die (rasche) Titulierung eines Zahlungsanspruchs geht, wird der Anwalt den Gläubiger in aller Regel zum Mahnverfahren raten müssen (*Wesche* MDR 2003, 1032: Schlichtung nicht als attraktive Alternative). Dies gilt besonders dann, wenn die Nichtzahlung erkennbar lediglich auf mangelnde Zahlungsfähigkeit oder Unwilligkeit beruht.

Allerdings ist dann in einem nachfolgenden Streitverfahren grundsätzlich eine Güteverhandlung erforderlich, während sie bei durchgeführtem Schlichtungsverfahren entfällt (§ 278 Abs. 2 Satz 1 ZPO).

Nach Ansicht des AG Rosenheim (NJW 2001, 2030) soll nur ein zulässiger Antrag i. S. v. § 688 ZPO auf Erlass eines Mahnbescheids die Streitschlichtung entbehrlich machen, selbst wenn der (unzulässige) Mahnbescheid (z. B. kein Zahlungsanspruch oder Gegenleistung noch nicht erbracht) erlassen worden ist. Nach Erlass eines (zulässigen) Mahnbescheides kann die Klage dann grundsätzlich erweitert werden, ohne dass ein Schlichtungsverfahren hinsichtlich der Erweiterung vorgeschaltet werden muss (AG Halle NJW 2001, 2099).

B. Rechtswahrung, Rechtsgestaltung, Rechtsdurchsetzung   2. Kapitel

Auch wenn die Parteien **nicht in demselben Bundesland** wohnen oder ihren Sitz oder eine Niederlassung dort haben, ist ein Schlichtungsverfahren nicht erforderlich (§ 15a Abs. 2 Satz 2 EGZPO). 353

Dies ist z. B. regelmäßig bei Verkehrsunfallprozessen mit der Haftpflichtversicherung oder in Reisevertragssachen der Fall. Nach Ansicht des LG Traunstein NJW-RR 2004, 1222 soll dies dann auch für den mitverklagten Fahrer und Versicherungsnehmer gelten, da dieser aufgrund der Versicherungsbedingungen keine eigenen Erklärungen verbindlich abgeben kann und somit die Durchführung eines Schlichtungsverfahrens ohne Einbeziehung der Haftpflichtversicherung eine »pure Förmelei« wäre.

Die landesgesetzlichen Regelungen können diesbezüglich noch weitere Einschränkungen enthalten. Nach dem Bayerischen Schlichtungsgesetz (Art. 2) z. B. ist ein Schlichtungsversuch nur erforderlich, wenn die Parteien ihren Wohnsitz, ihren Sitz oder ihre Niederlassung in demselben Landgerichtsbezirk haben. Nach dem Schlichtungsgesetz von Baden-Württemberg (§ 1 Abs. 3) hingegen besteht dieses Erfordernis auch dann, wenn alle Parteien ihren Wohnsitz in demselben oder in benachbarten Landgerichtsbezirken haben.

Sofern das landesrechtliche Schlichtungsgesetz keine Möglichkeit einer öffentlichen Zustellung bei unbekanntem Aufenthalt des Beklagten vorsieht, ist das Schlichtungsverfahren entbehrlich (BGH MDR 2004, 1310).

Nachdem eine **Evaluation** der Erfahrungen aus den einzelnen Bundesländern im Jahr 2007 (trotz der bis dahin meist kritischen Stimmen in der Literatur: *Fischer* MDR 2002, 1403; *Viefhues* ZAP Fach 13, S. 1147) überwiegend positive Ergebnisse gebracht hat, ist mittelfristig mit einer Übernahme in die ZPO und damit mit einer bundesweit einheitlichen Regelung zu rechnen. 354

Dies gilt wohl nicht für die vermögensrechtlichen Bagatellansprüche. Wegen der praktisch regelmäßig praktizierten Flucht in das Mahnverfahren (dazu vorstehend) läuft diese Alternative meist schon heute leer.

3. Kapitel: Rechtssicherung

Übersicht

		Rdn.			Rdn.
A.	**Eilverfahren: Arrest und einstweilige Verfügung**	358		3. Leistungsverfügung.............	416
I.	Allgemeine Grundsätze...........	358	B.	**Selbstständiges Beweisverfahren (§§ 485 ff. ZPO)**..................	422
II.	Arrest (§§ 916 ff. ZPO)............	368	I.	Allgemeines	422
	1. Taktische Überlegungen	368		1. Taktische Überlegungen	423
	2. Voraussetzungen	373		2. Antrag........................	430
	3. Verfahren	395		3. Verfahren	434
	4. Schutzschrift und Abschlusserklärung	401		4. Wirkungen	441
III.	Einstweilige Verfügung (§§ 935 ff. ZPO)	404	II.	Antrag vor Hauptsacheverfahren.......	446
	1. Sicherungsverfügung............	409	III.	Antrag während Hauptsacheverfahren ..	448
	2. Regelungsverfügung	411			

355 Ist die beabsichtigte Rechtsdurchsetzung bedroht, weil zu besorgen ist, dass sie innerhalb der zur Durchsetzung in einem allgemeinen Verfahren erforderlichen Zeitspanne vereitelt oder wesentlich erschwert wird, kann es erforderlich sein, rechtssichernde Maßnahmen zu ergreifen.

356 Droht der Nachteil allein aus dem Ablauf einer **Frist**, kommen Frist wahrende Maßnahmen in Betracht; insoweit kann auf die unter Rdn. 290–342 gemachten Ausführungen verwiesen werden.

357 **Anderen Gefahren** kann begegnet werden:

– durch eine auf die **Sicherung des Anspruchs** und seiner Durchsetzbarkeit gerichteten Eilanordnung des Gerichts (unten Rdn. 358);

> Dabei unterscheidet die ZPO zwischen dem auf die Sicherung eines Geldzahlungsanspruchs gerichteten Arrest (§§ 916 ff. ZPO) und der auf die Sicherung anderer, nicht auf Zahlung gerichteter Ansprüche gerichteten einstweiligen Verfügung (§§ 935 ff. ZPO).

– durch eine auf die **Sicherung von Beweismitteln** gerichteten Vorwegnahme der Beweisaufnahme (unten Rdn. 422).

> Das heutige selbstständige Beweisverfahren der §§ 485 ff. ZPO umfasst neben diesem Zweck auch die Vermeidung unnötiger Hauptsacheverfahren. Streiten die Parteien nur um Tatsachen, nicht auch um Rechtsfragen, so genügt es häufig, diese Tatsachen im Rahmen einer gerichtlich betriebenen Beweisaufnahme zu klären, ohne dass es der übrigen Teile eines allgemeinen Klageverfahrens (mündliche Verhandlung, Urteil) bedarf.

A. Eilverfahren: Arrest und einstweilige Verfügung

I. Allgemeine Grundsätze

358 Arrest und einstweilige Verfügung gehören (wie auch das Mahn- und das Urkundenverfahren) zu den sog. »**summarischen Verfahren**« der ZPO. Diese sind den allgemeinen Verfahren gegenüber schneller und häufig auch billiger. Diese Verfahrensvereinfachung bedarf einer besonderen Rechtfertigung, sie wird durch einen zumindest teilweisen Verzicht auf wesentliche Grundsätze des allgemeinen Verfahrens (rechtliches Gehör, mündliche Verhandlung, umfassende Sach- und Rechtsprüfung) erreicht und durch andere Besonderheiten kompensiert.

> Bei den Eilverfahren rechtfertigt sich die Verfahrensvereinfachung aus der Schutzbedürftigkeit der bedrohten Ansprüche und besteht in einem (fakultativen) Verzicht auf rechtliches Gehör, mündliche Verhandlung und vollständige Sachprüfung. Ausgeglichen wird dies durch die nur beschränkte Vollstreckungsmöglichkeit eines so erlangten Titels und die Nachholung der unterlassenen Verfahrensteile auf Widerspruch des Gegners hin.

Für den Gläubiger bieten die Eilverfahren eine Möglichkeit zur raschen **Vollstreckung**. Er kann damit verhindern, dass der Schuldner die Zeit bis zur Erlangung eines Hauptsachetitels nutzt, um die Vollstreckung zu verhindern oder zu erschweren.

359

> Wichtige Anwendungsbereiche der Eilverfahren finden sich im Wettbewerbsrecht, im Bereich des Ehrenschutzes sowie in Bausachen. In Familiensachen und Angelegenheiten der freiwilligen Gerichtsbarkeit sind spezielle Regelungen vorhanden (§§ 49 ff. FamFG i. V. m. §§ 119, 157, 214, 226, 242, 246 ff., 300 ff., 331 ff., 427 FamFG; zur Abgrenzung zur einstweiligen Verfügung Thomas/Putzo/*Hüßtege* §§ 620 Rn. 6, 644 Rn. 2). Einstweilige Anordnungen in Bezug auf die Zwangsvollstreckung können nach § 769 ZPO ergehen.

Arrest und einstweilige Verfügung **unterscheiden** sich hinsichtlich des zu sichernden Anspruchs: Ist dieser auf Geldzahlung gerichtet oder kann er in eine solche übergehen, ergeht ein Arrest, ist der Anspruch auf eine andere Leistung (z. B. Herausgabe oder Vornahme einer Handlung) gerichtet, ergeht eine einstweilige Verfügung. Praktisch besteht indes meist ein Wahlrecht des Gläubigers, da – zumindest über die Unmöglichkeitsregeln – nahezu alle Ansprüche »in einen Zahlungsanspruch übergehen« können.

360

▶ Beispiel:

361

> Befürchtet der Käufer, dass der Verkäufer die Sache einem Dritten übereignet, so kann er seinen Herausgabeanspruch aus § 433 BGB durch eine einstweilige Verfügung sichern.
>
> Erwirbt der Dritte gutgläubig Eigentum, so wird dem Verkäufer die Übergabe an den Käufer unmöglich, sodass dieser statt der Herausgabe Zahlung von Schadensersatz verlangen kann (§§ 280, 283 BGB).

Bei der Wahl des Sicherungsinstituts wird deswegen sinnvollerweise nicht auf den Anspruchsinhalt, sondern auf das **Interesse des Gläubigers** abgestellt.

362

▶ Praxistipp:

363

> Zur Sicherung eines nicht auf Zahlung gerichteten Anspruchs dient die einstweilige Verfügung, wenn es dem Gläubiger um die Sicherung seines (primären) Erfüllungsinteresses geht. Genügt dem Gläubiger die Sicherung seines (sekundären) Schadensersatzinteresses, ist ein Arrest zu beantragen.

Streitgegenstand des Eilverfahrens ist nicht der materiellrechtliche Anspruch, sondern dessen Sicherung (Stein/Jonas/*Grunsky* vor § 935 Rn. 9). Dies hat eine Reihe von prozessualen Konsequenzen.

364

> Eil- und Hauptsacheverfahren können ohne Probleme hinsichtlich der Rechtshängigkeit oder der Rechtskraft unabhängig voneinander gleichzeitig oder nacheinander ablaufen. Mehrere Eilanträge können zulässig sein bei Verschiedenheit des Sicherungsgrunds oder des Rechtsschutzziels oder nach Ablauf der Vollstreckungsfrist (OLG Düsseldorf NJW 1982, 2435). Rechtshängigkeit des Eilverfahrens tritt nicht erst mit der Zustellung an den Beklagten, sondern bereits mit dem Eingang bei Gericht ein, eine Hemmung der Verjährung des zu sichernden Anspruchs tritt ohne die (ggf. nachträgliche) Zustellung indes nicht ein (§ 204 Abs. 1 Nr. 9 BGB).
>
> Für eine Eilanordnung kann das Rechtsschutzbedürfnis fehlen, wenn eine hinreichende Sicherung bereits anderweitig gewährleistet ist. Besonderer Prüfung im Einzelfall bedarf dies beim Vorhandensein vollziehbarer Sicherungstitel, Hauptsachetitel und ggf. auch dinglicher Sicherungsrechte (Pfandrecht; *Kannowski* JuS 2001, 482 m. w. N.).

Im Übrigen handelt es sich um ein reguläres Verfahren der ZPO, auf das die allgemeinen **Verfahrensgrundsätze** durchweg Anwendung finden.

365

> Uneingeschränkt anwendbar sind die Vorschriften über Prozesskostenhilfe (§§ 114 ff. ZPO), Antragsänderung (§§ 263 ff. ZPO), Antragsrücknahme (§ 269 ZPO), Erledigung (§ 91a ZPO), Anerkenntnis und Verzicht (§§ 306 f. ZPO) und Vergleich (§ 794 Abs. 1 Nr. 1 ZPO). Die materielle Prozessleitungspflicht des Gerichts gilt ebenfalls uneingeschränkt, doch kommt eine Frist zur Stellungnahme für die Parteien

grundsätzlich nicht in Betracht (§ 139 Abs. 5 ZPO). Es bleibt auch bei den allgemeinen Regeln über die Darlegungs- und Substantiierungslast, sodass insoweit Erleichterungen für den Antragsteller nicht greifen. Dies gilt auch für das Erfordernis der Abfassung von Entscheidungen (Urteile, Beschlüsse) durch das Gericht; über die allgemeinen Vorschriften hinausreichende Möglichkeiten zur Vereinfachung oder gar zum Verzicht auf eine Begründung kennen die Eilverfahren nicht. Diese allgemeinen Regelungen lassen es zu, dass Beschlüsse, mit denen einem Eilantrag stattgegeben wird, einer Begründung nicht zwingend bedürfen (OLG Nürnberg WRP 1991, 827, 828; *Walker* Rn. 367).

366 Im Wege einstweiligen Rechtsschutzes kann grundsätzlich nur eine **Sicherung** des Anspruchs erreicht werden, eine Befriedigung kommt nur ausnahmsweise in Betracht, wenn die Erbringung der Leistung durch den Schuldner erforderlich ist, um wesentliche Nachteile vom Gläubiger abzuwenden und andere Maßnahmen hierzu nicht ausreichen.

Das Prinzip der bloßen Sicherung, nicht der Erfüllung des Anspruchs im Eilverfahren zeigt sich auch bei der Durchsetzung der Eilanordnung. Ihre Sicherungswirkung entfaltet die Eilanordnung mit ihrer Vollziehung, die nach den Regeln der Zwangsvollstreckung erfolgt (§§ 928, 936 ZPO), wobei Verfahrensbeschleunigung und Gegnerüberraschung abweichende Regelungen für die Vollstreckungsklausel (§ 929 Abs. 1 PO), die Vollziehungsfrist (§ 929 Abs. 2 ZPO), den Beginn der Vollziehung (§ 929 Abs. 3 ZPO), die Pfändung beweglicher Sachen und Forderungen (§ 930 ZPO) sowie von Schiffen (§ 931 ZPO), die Vollziehung in das unbewegliche Vermögen (§ 932 ZPO), die Vollziehung des persönlichen Arrests (§ 933 ZPO) und für die Aufhebung der Arrestvollziehung (§ 934 ZPO) bedingen. Wichtige Ausnahmen von der grundsätzlichen Unzulässigkeit der Vorwegnahme der Hauptsache durch die Eilanordnung gelten im Bereich der Leistungsverfügung, wo der Gläubiger bereits aufgrund der im Eilverfahren angeordneten Maßnahme sein endgültiges Rechtsschutzziel erreicht. Eilanordnungen – egal, ob sie in Form eines Urteils oder eines Beschlusses ergehen – sind auch ohne besonderen Ausspruch stets sofort vollstreckbar (Prütting/Gehrlein/*Fischer* § 929 Rn. 2). Die Parteien können auf Rechtsbehelfe und sogar auf ein Hauptsacheverfahren verzichten und so die Entscheidung als endgültige akzeptieren (sog. »Abschlusserklärung«).

367 Die besonderen Verfahrensmaximen des Eilverfahrens führen zu Besonderheiten auch im Bereich der **Rechtsbehelfe** (dazu unten Rdn. 3016).

II. Arrest (§§ 916 ff. ZPO)

1. Taktische Überlegungen

368 Der Arrest ist die passende Eilverfahrensart, wenn der Gläubiger ein Geldzahlungsinteresse sichern will.

369 Die Besonderheiten des Arrestverfahrens ermöglichen eine **Überraschung** des Gegners, womit verhindert werden kann, dass dieser die Rechtsdurchsetzung vereitelt oder erschwert. Durch den Verzicht auf eine gründliche Sachprüfung ist die Chance des Gläubigers auf Erlangung eines Titels größer als im Hauptsacheverfahren. Für spätere Vergleichsverhandlungen kann damit die eigene Position deutlich verbessert werden.

Vor allem die einstweilige Verfügung auf Eintragung einer Vormerkung für eine Bauunternehmersicherungshypothek soll meist nur den Zweck verfolgen, den Bauherrn und/oder die vorrangigen Grundpfandrechtsgläubiger »nervös« zu machen und/oder den Bauherrn bei seinen Verkaufsbemühungen zu stören und mit ihm »ins Gespräch zu kommen«, um auf diese Weise unter Umständen eine außergerichtliche Einigung über die umstrittene Bauforderung zu erzielen (*Siegburg* BauR 1990, 290).

370 Ob durch den Antrag auf Erlass einer einstweiligen Verfügung die **Verjährung** gehemmt werden kann, liegt nicht allein in der Macht des Gläubigers. Voraussetzung für den Eintritt der Hemmungswirkung ist die Zustellung des Eilantrags durch das Gericht oder die Zustellung der Eilanordnung durch den Antragsteller (§ 204 Abs. 1 Nr. 9 BGB).

Hält das Gericht den Antrag für unzulässig oder unbegründet und weist ihn deswegen ohne Zustellung an den Antragsgegner zurück, tritt eine Verjährungshemmung nicht ein (Palandt/*Ellenberger* § 204 Rn. 24). In diesem Fall muss daher die Hemmung erforderlichenfalls anderweitig herbeigeführt werden (§ 204 BGB).

A. Eilverfahren: Arrest und einstweilige Verfügung 3. Kapitel

▶ **Praxistipp:** 371

Soll die Verjährungsfrist gewahrt werden, muss das Gericht entweder auf die Notwendigkeit einer Zustellung besonders hingewiesen werden (oben Rdn. 337) oder es müssen (zusätzlich) andere Möglichkeiten der Hemmung genutzt werden.

Die durch den Arrest erzielbaren Vorteile sind nur **vorläufig**. 372

So ist schon die Vollziehung nicht auf die Befriedigung des Gläubigers, sondern nur auf die Sicherung des Anspruchs gerichtet. Zudem stehen dem Gegner über die allgemeinen Rechtsmittel hinaus (sofortige Beschwerde, Berufung) weitere Rechtsbehelfe zu, mit denen er die Eilanordnung angreifen (§§ 924, 926, 927 ZPO) – dazu unten Rdn. 3016 – oder gar Schadensersatz fordern kann (§ 945 ZPO). Die Rechtskraft einer Entscheidung ist beschränkt auf den durchgesetzten Sicherungszweck und erfasst die Hauptsache nicht.

2. Voraussetzungen

Voraussetzungen für den Erlass eines Arrests sind: 373

(1) Die Stellung eines **Arrestgesuchs** durch den Gläubiger. 374

Über die allgemeinen formellen Voraussetzungen des § 253 Abs. 2 ZPO hinaus bedarf dieser Antrag gem. § 920 ZPO der Bezeichnung und der Glaubhaftmachung des Anspruchs und des Arrestgrunds. 375

Gestellt werden muss auch ein bestimmter Antrag. Dieser sollte auf Anordnung des dinglichen oder des persönlichen Arrests lauten. Konkrete Gegenstände, in die der Arrest vollzogen werden soll, sind nicht anzugeben. Ausreichend ist der Antrag auf Anordnung des Arrests »in das Vermögen des Schuldners«. Beabsichtigt der Gläubiger die Vollziehung in eine Forderung, sollte zugleich der Antrag auf Erlass eines Pfändungsbeschlusses gestellt werden (§ 829 ZPO), wofür das Arrestgericht als Vollstreckungsgericht zuständig ist (§ 930 Abs. 1 Satz 3 ZPO). 376

Ein Gerichtskostenvorschuss (§ 12 GKG) ist nicht erforderlich, der Antrag kann auch beim Landgericht ohne Anwalt gestellt werden (§§ 920 Abs. 3, 78 Abs. 5 ZPO). 377

Zuständig ist sowohl das Gericht der Hauptsache als auch des Amtsgerichts der belegenen Sache bei Grundbucheintragungen sowie bei dinglichem Arrest, sonst nur bei Dringlichkeit (§§ 35, 919, 937, 942 ZPO). Bei der Auswahl des Gerichts kann gerade hier eine (bekannte) zügige Arbeitsweise ausschlaggebend sein, weshalb viele Antragsteller (erfahrungsgemäß) z. B. das Amtsgericht dem Landgericht vorziehen. Vorsicht geboten ist allerdings vor einem Wechsel des Gerichts (»Forum-Shopping«); wird ein bereits gestellter Antrag zurückgenommen, und vor einem anderen, aussichtsreicher erscheinenden Gericht erneut geltend gemacht, wird häufig eine Selbstwiderlegung der Dringlichkeitsvermutung oder ein Fehlen des besonderen Rechtsschutzbedürfnisses angenommen (OLG Hamburg NJW-RR 2007, 763). 378

(2) **Arrestanspruch** kann nur ein Anspruch sein, der auf Geldzahlung gerichtet ist oder in einen solchen übergehen kann. 379

Er ist zu beziffern, nach seinem Rechtsgrund so konkret wie möglich zu bezeichnen und schlüssig vorzutragen. Neben dem Hauptanspruch kommen – ggf. pauschalierte – Ansprüche auf Ersatz von Kosten, Auslagen und Zinsen in Betracht. 380

(3) Je nach Art der späteren Arrestvollziehung sind unterschiedliche Anforderungen an den **Arrestgrund** zu stellen. 381

Ein **dinglicher Arrest** (§ 917 ZPO) führt zur Sicherungsvollstreckung in das Vermögen des Schuldners (§§ 928 ff. ZPO) und ist statthaft, wenn zu besorgen ist, dass ohne seine Verhängung die spätere Hauptsachevollstreckung vereitelt oder wesentlich erschwert werden würde (§ 917 ZPO). Hier müssen Umstände oder Verhaltensweisen des Schuldners vorliegen, aus denen der Schluss gezogen werden kann, er wolle sein Vermögen dem Zugriff der Gläubiger entziehen (*Mertins* JuS 2009, 911). 382

383 ▶ **Praxistipp:**

Mit dem dinglichen Arrest kann der Gläubiger die vom Schuldner herbeigeführte drohende Verschlechterung seiner Situation verhindern, nicht aber seine Position anderen Gläubigern gegenüber verbessern.

384 Arrestgründe können z. B. sein (Thomas/Putzo/*Reichold* § 917 Rn. 2):
- die beabsichtige oder begonnene Verschwendung, Verschleuderung, Veräußerung oder ungewöhnliche Belastung des Vermögens, jedenfalls dann, wenn kein gleichwertiges Äquivalent erlangt wird oder die Form des erworbenen Vermögens die Vollstreckung bedroht (Bargeld anstelle von Immobilien; str.),
- ein häufiger Wechsel des Wohnsitzes, ggf. ohne Ummeldung,
- die Verlagerung des eigenen Wohnsitzes oder wesentlicher Teile des Vermögens ins Ausland (§ 917 Abs. 2 ZPO).

Diese schlagwortartige Aufzählung ist nur ein gewisser Anhaltspunkt. Denn letztlich kommt es entscheidend auf die Würdigung der Umstände des Einzelfalles an, wobei häufig mehrere Umstände zusammenkommen (z. B. OLG Koblenz NJW-RR 2002, 575).

385 Kein Arrestgrund ist dagegen
- die bloße Vertragsverletzung (z. B. unpünktliche Zahlung) des Schuldners.
- die (unverändert) schlechte Vermögenslage des Gläubigers oder
- die bloße (drohende) Konkurrenz mit anderen Gläubigern,

In Zweifelsfällen kann es dennoch sinnvoll sein, solche Umstände zusätzlich zu dem eigentlichen Arrestgrund vorzutragen, weil dies die Bereitschaft des Gerichts zum Erlass der beantragten Eilanordnung oft fördert.

386 Der Arrestgrund (oder das Rechtsschutzbedürfnis) kann auch dann fehlen, wenn dem Gläubiger anderweitig ausreichend Sicherheiten eingeräumt sind oder wenn er bereits im Besitz eines rechtskräftigen bzw. ohne Sicherheitsleistung vorläufig vollstreckbaren Titels ist.

387 ▶ **Beispiel:**

Hat sich der Schuldner wirksam der sofortigen Zwangsvollstreckung unterworfen (§ 794 Abs. 1 Nr. 5 ZPO) oder hat der Gläubiger bereits ein (vorläufig) vollstreckbares Urteil erwirkt (§ 704 ZPO), so bedarf es eines weiteren Titels nicht.

Frage des Einzelfalles muss es sein, inwieweit Sicherungsrechte (Eigentumsvorbehalt) den Eilgrund entfallen lassen können.

388 Der **persönliche Arrest** (§ 918 ZPO) sichert die Zwangsvollstreckung durch eine Behinderung der persönlichen Freiheit des Schuldners, ggf. sogar durch dessen Inhaftierung. Er ist wegen des Grundsatzes der Verhältnismäßigkeit dem dinglichen Arrest gegenüber nur subsidiär und kommt praktisch so gut wie nicht vor. Er muss erforderlich sein, um die gefährdete Zwangsvollstreckung zu sichern und soll verhindern, dass der Schuldner glaubhaft vorhandene und pfändbare Vermögensgegenstände beiseiteschafft. Der Zweck besteht nicht darin, den Schuldner zur Beschaffung von Vermögensstücken zu zwingen.

In Betracht kommt er z. B., um zu verhindern, dass sich der Schuldner durch Flucht ins Ausland der Abgabe der eidesstattlichen Versicherung entzieht oder wenn er Angaben über den Verbleib wesentlichen Vermögens verweigert (Thomas/Putzo/*Reichold* § 918 Rn. 2). Eine klare (dogmatische) Abgrenzung zum dinglichen Arrest ist kaum möglich.

389 (4) Die **Glaubhaftmachung** von Arrestanspruch und Arrestgrund richtet sich nach § 294 ZPO.

Zur Glaubhaftmachung unten Rdn. 1556.

Die Glaubhaftmachung erspart dem Gläubiger den Vollbeweis der Arrestvoraussetzungen. Das Gericht muss von der Wahrheit der Gläubigerbehauptungen nicht restlos überzeugt werden (Vollbeweis), es genügt, wenn hierfür eine gewisse Wahrscheinlichkeit spricht. Herbeigeführt werden kann diese nicht nur durch die regulären Beweismittel der ZPO, sondern zusätzlich auch durch eine eidesstattliche Versicherung. Allerdings muss die Glaubhaftmachung »sofort« erfolgen. Berücksichtigt werden können damit nur präsente Beweismittel, eine Vertragung zum Zwecke der Beschaffung oder Erhebung der Beweise ist nicht möglich.

Wichtigste Form der Glaubhaftmachung ist die Abgabe einer (eigenen) eidesstattlichen Versicherung. 390

Die eidesstattliche Versicherung kann von einem Dritten, der Partei oder auch ihrem Anwalt herrühren. Sie hat grundsätzlich schriftlich zu erfolgen (auch per Telefax, Zöller/*Greger* § 294 Rn. 4) und eine eigene Darstellung der versicherten Tatsachen (keine bloße Bezugnahme auf den Antragsschriftsatz!) sowie die Versicherung der Richtigkeit dieser Tatsachen »an Eides statt« (§ 156 StGB) zu enthalten. Bei Anwälten kann die »anwaltliche Versicherung« genügen, wenn es um Vorgänge geht, die sie im Rahmen ihrer Berufstätigkeit wahrgenommen haben (§ 102 Abs. 2 ZPO; Prütting/Gehrlein/*Laumen* § 294 Rn. 3).

▶ **Praxistipp:** 391

Es ist darauf zu achten, dass die eidesstattliche Versicherung auf alle Voraussetzungen des Arrests erstreckt.

Verbreitet wird die bloße Bezugnahme auf den Schriftsatz des Anwalts nicht ausreichen lassen, eine eigenständige Schilderung der zu versichernden Tatsachen gefordert (unten Rdn. 1558). Dann besteht die Gefahr, dass die eidesstattliche Versicherung nicht alle erforderlichen Tatsachen umfasst (»unschlüssig« ist).

▶ **Praxistipp:** 392

Die Voraussetzungen eines Arrests sollten stets mit einer eidesstattlichen Versicherung glaubhaft gemacht werden. Nach Möglichkeit sollte sich die Glaubhaftmachung darauf aber nicht beschränken.

Die Besonderheiten der Glaubhaftmachung gelten nicht nur für den Gläubiger, sondern auch für den Gegner, soweit dieser sich verteidigt. Erfolgt die Glaubhaftmachung des Antragstellers allein durch eine eigene eidesstattliche Versicherung, kann der Antragsgegner sie durch eine eigene eidesstattliche Versicherung widerlegen; mangels überwiegender Wahrscheinlichkeit der Antragsvoraussetzungen muss der Antrag dann abgewiesen werden. Für die Verteilung der Darlegungs- und Beweislast gelten die allgemeinen Grundsätze.

▶ **Beispiel:** 393

Will ein Bauunternehmer seine Werklohnforderung durch Eintragung der Vormerkung einer Bauunternehmersicherungshypothek sichern, kann er deren Höhe durch Vorlage der prüffähigen Schlussrechnung mit den dazugehörigen Vertrags- und Abrechnungsunterlagen sowie einer eidesstattlichen Versicherung ihrer Richtigkeit glaubhaft machen (Palandt/Sprau § 648 Rn. 5). Die erforderliche Identität zwischen Besteller (Schuldner der Werklohnforderung) und Grundstückseigentümer kann durch Vorlage eines Grundbuchauszuges glaubhaft gemacht werden (§ 648 Abs. 1 BGB). Verteidigt sich der Bauherr dagegen mit Mängeln des Bauwerks, so genügt es, dass er deren Vorliegen behauptet und die Höhe der Mängelbeseitigungskosten durch eine eigene eidesstattliche Versicherung glaubhaft macht. Da der Unternehmer bis zur Abnahme für die Mängelfreiheit beweispflichtig ist, muss er diese Mängelfreiheit darlegen und glaubhaft machen (BGHZ 68, 180).

Gelingt die Glaubhaftmachung nicht, kann das Gericht die Maßnahme in Ausnahmefällen trotzdem anordnen, aber nur mit Sicherheitsleistung (§ 921 Abs. 2 Satz 1 ZPO). Diese kann man hierzu bei Mängeln in der Glaubhaftmachung auch (hilfsweise) ausdrücklich anbieten. 394

3. Verfahren

Über das Vollstreckungsgesuch entscheidet das Gericht zunächst stets durch einen Beschluss. 395

396 Lautet dieser Beschluss auf **Zurückweisung** des Antrags, erhält der Gegner hiervon keine Nachricht, um dem Gläubiger die Möglichkeit einer Überraschung zu erhalten, wenn er die Eilanordnung im Rechtsmittelverfahren (sofortige Beschwerde gegen die Zurückweisung, § 567 ZO) erwirkt.

> Eine Mindermeinung vertritt die Auffassung, das Arrestgesuch könne nur nach mündlicher Verhandlung (und dann in der Form eines Urteils, § 921 ZPO; *Schäfer* MDR 1986, 979 m. w. N.) zurückgewiesen werden. Will der Gläubiger dies aus den dargestellten Gründen nicht, sollte er dem Gericht gegenüber seine Einwilligung in eine Zurückweisung durch Beschluss ausdrücklich klarstellen.

397 Dieser Beschluss kann auf **Anordnung** des Arrests lauten.

> Hierdurch erreicht der Antragsteller sein Ziel am sichersten und schnellsten. Die Entscheidung ergeht dann ohne mündliche Verhandlung und in der Regel sogar ohne vorherige Anhörung des Antraggegners. Weil damit die Rechte des Schuldners zunächst völlig unberücksichtigt bleiben, kommt eine solche Vorgehensweise an sich nur dort in Betracht, wo sie zur Erreichung des Sicherungszwecks erforderlich ist. Tatsächlich aber wird in einer großen Zahl von Fällen so verfahren. Dafür spricht schon die für den Richter damit verbundene Arbeitserleichterung: Für ihn entfällt (zunächst) sowohl die Durchführung einer mündlichen Verhandlung als auch die Notwendigkeit einer Begründung der Entscheidung (Zöller/*Vollkommer* § 922 Rn. 10), mit Ausnahme der Begründung der besonderen Dringlichkeit (Prütting/Gehrlein/*Fischer* § 937 Rn. 3), die in der Praxis häufig nur formelhaft oder gar nicht erfolgt.

398 ▶ **Praxistipp:**

Will der Antragsteller eine Entscheidung ohne vorherige Anhörung des Schuldners und ohne mündliche Verhandlung erreichen, muss er auf die besondere Dringlichkeit oder die Notwendigkeit, dem Schuldner keine Möglichkeit zur weiteren Vermögensverschleierung zu lassen, besonders hinweisen.

> Eine Entscheidung ohne mündliche Verhandlung kann der Anwalt fördern, indem er eine Entscheidung ohne mündliche Verhandlung als solche ausdrücklich beantragt und eine (etwaige) besondere Dringlichkeit, welche über den Verfügungsgrund an sich hinausgeht, vorträgt (z. B. Gefahr der Vereitelung). Wenn dann noch etwaige Bedenken des Richters telefonisch geklärt werden können (besonders anbieten!), der Antrag wörtlich für die Tenorierung des Beschlusses übernommen werden kann und keine Lücken bei der Glaubhaftmachung vorhanden sind, ist in vielen Fällen ein sofortiger Erlass der einstweiligen Verfügung zu erwarten.

> Die Gefahr einer Vermögensverschleierung lässt sich gut begründen, wenn schon der zu sichernde Anspruch aus Arglist oder einem vorsätzlichen Vermögensdelikt herrührt oder wenn der Arrestgrund in der bereits begonnenen Vermögensverschiebung besteht.

> Soll auf die besondere Dringlichkeit abgestellt werden, muss zusätzlich zu den diese objektiv begründenden Umständen deutlich werden, dass auch der Antragsteller selbst so schnell wie möglich tätig geworden ist. Daran kann es fehlen, wenn der Antragsteller in Kenntnis der maßgeblichen Umstände lange Zeit untätig geblieben ist (Thomas/Putzo/*Reichold* § 940 Rn. 5). Die Rechtsprechung nimmt eine »Selbstwiderlegung« der Dringlichkeit an, wenn eine erkennbar große Zeitspanne zwischen dem Diktat (Schriftsatzdatum) und dem Eingang des Antrags bei Gericht liegt, manchmal sogar schon dann, wenn der Schriftsatz »nur« durch normale Post an das Gericht versandt wurde.

> Dabei ist es sicherlich hilfreich, wenn man zur Glaubhaftmachung nicht nur die eidesstattliche Versicherung des Antragstellers vorlegen kann, sondern auch eine solche von Zeugen oder Urkunden. Außerdem können gerade hier etwaige Rechtsausführungen einen schnellen Erlass durch den erfahrungsgemäß oft unter Zeitdruck stehenden Richter sehr begünstigen. Denn zum einen ist der Umfang der rechtlichen Prüfung nach h. M. gegenüber dem Hauptsacheverfahren nicht eingeschränkt (Zöller/*Vollkommer* § 922 Rn. 6), und zum anderen nehmen manche Gerichte im Beschluss zur Begründung einfach auf die Antragsschrift Bezug, vor allem wenn in dieser sämtliche Voraussetzungen nebst Angabe der einschlägigen Vorschriften überzeugend dargestellt werden. Hat der Richter hingegen Zweifel, könnte er statt der Anberaumung eines Verhandlungstermins eher geneigt sein, den Antrag – und zwar ohne mündliche Verhandlung – zurückzuweisen (§ 937 Abs. 2 ZPO).

> Benötigt man den Beschluss noch am Tag der Antragstellung, muss der Antrag unbedingt während der üblichen Dienststunden, am besten bis spätestens mittags, gestellt sein. Denn richterliche Bereitschaftsdienste

A. Eilverfahren: Arrest und einstweilige Verfügung

bestehen nur an dienstfreien Tagen und dort in der Regel nur zu bestimmten Zeiten (*Dombert* NJW 2002, 1628). Bis wann der Beschluss gegebenenfalls persönlich abgeholt werden kann, ist am besten mit der Geschäftsstelle des Richters abzustimmen.

Bei Beschlussentscheidung ohne rechtliches Gehör wird vertreten, dass der Antragsteller, falls sich aus seinem Vortrag Hinweise ergeben, dass dem Antragsgegner möglicherweise eine Einwendung zusteht (z.B. Verjährung oder Mängeleinrede), diese glaubhaft zu widerlegen hat (Thomas/Putzo/*Reichold* Vorbem. § 916 Rn. 9). Erscheint das als nicht machbar, kann es ratsam sein, etwaige Einwendungen besser gar nicht zu erwähnen und auch entsprechende Anlagen (z.B. Schriftverkehr mit dem Antragsgegner) nicht vorzulegen.

Die bei dieser Vorgehensweise unberücksichtigt bleibenden Rechte des Antragsgegners werden auf dessen »Antrag« hin nachgeholt: Legt der Gegner Widerspruch (§ 924 ZPO) ein, findet eine mündliche Verhandlung statt, an deren Ende über die Aufrechterhaltung oder Aufhebung des durch Beschluss erlassenen Arrests durch Urteil entschieden wird (zum Widerspruch unten Rdn. 3020).

Hält der Richter eine Entscheidung ohne vorherige Anhörung des Gegners und ohne mündliche Verhandlung für untunlich, so kann er durch Beschluss Termin bestimmen. 399

Der Ablauf des Verfahrens entspricht dann formal dem des allgemeinen Klageverfahrens. Das Gericht kann eine Frist zur Klageerwiderung setzen, muss die Ladungsfrist (§ 217 ZPO, Abkürzung auf Antrag möglich, § 226 ZPO), nicht aber die Einlassungsfrist (§ 274 ZPO) beachten. Im Termin kann eine Beweisaufnahme durchgeführt werden, allerdings nur mit präsenten Beweismitteln (§ 294 Abs. 2 ZPO), für den Inhalt des Termins gelten die allgemeinen Regeln (Güteversuch, Erörterung, Vergleich, Erledigung, Rücknahme, Säumnis usw.). Ausgeschlossen ist jedoch die Widerklage, auch in Form eines Wider-Arrestantrags. Vor dem Landgericht besteht Anwaltszwang.

Bei Gewährung rechtlichen Gehörs vor der Entscheidung entspricht die Behauptungs- und Beweislast nach h.M. grundsätzlich den allgemeinen Regeln (Prütting/Gehrlein/*Fischer* § 920 Rn. 2). Für die Parteien bedeutet dies, dass sie genauso sorgfältig vortragen und bestreiten sollten, wie in einem Hauptsacheverfahren. So sind insbesondere unstreitige Tatsachen nicht glaubhaft zu machen (§ 138 Abs. 3 ZPO).

Der Streit um die Anwendbarkeit der Verspätungsvorschriften §§ 282, 296 ZPO (dagegen Zöller/*Vollkommer* § 922 Rn. 15; dafür Zöller/*Greger* § 296 Rn. 7) sollte für den Anwalt keine Rolle spielen, da er ohnehin gehalten ist, vollständig und rechtzeitig vorzutragen.

▶ **Praxistipp:** 400

Wird eine mündliche Verhandlung anberaumt, empfiehlt es sich alle in Betracht kommenden Beweismittel zu stellen, insbesondere Zeugen unmittelbar mitzubringen. Empfehlen kann sich auch das persönliche Erscheinen der Partei, um erforderliche Ergänzungen des Sachvortrags sofort vornehmen zu können.

4. Schutzschrift und Abschlusserklärung

Um den Erlass ohne mündliche Verhandlung zu verhindern, kann der Gegner bei den für das Verfahren zuständigen Gerichten eine sog. **Schutzschrift** als vorbeugendes Verteidigungsmittel einreichen, wenn er mit einem solchen Antrag rechnet (Thomas/Putzo/*Reichold* § 935 Rn. 9; Zöller/*Vollkommer* § 937 Rn. 4; OLG Hamburg NJW-RR 1995, 444; *Deutsch* GRUR 1990, 327). Verbreitet ist dies insbesondere bei Bau- und Wettbewerbsstreitigkeiten. 401

Während es früher erforderlich war, eine Schutzschrift bei jedem Gericht zu hinterlegen, bei dem mit einem Antrag des Gläubigers gerechnet werden musste (was teilweise einen enormen Aufwand bedeutete), genügt heute meist eine Hinterlegung bei dem Schutzschriftenregister im Internet (www.schutzschriftenregister.de). Gegen eine Gebühr von 45,- € darf bei derzeit rund 50 Landgerichte bundesweit davon ausgegangen werden, dass vor Erlass eines Arrests oder einer einstweiligen Verfügung eine dort abrufbare Schutzschrift Berücksichtigung findet. Die übrigen Landgerichte dürften in absehbarer Zeit folgen.

Ab 2017 führen die Justizverwaltungen im Internet ein zentrales, länderübergreifendes elektronisches Register für Schutzschriften (§ 945a ZPO n.F.). Der Rechtsanwalt ist dann verpflichtet, Schutzschriften ausschließlich dort einzureichen (§ 49c BRAO n.F.). Damit gelten sie als bei allen ordentlichen Gerichten eingereicht und werden für sechs Monate vorgehalten. Mit der Schutzschrift kann man aber auch versuchen, die Zurückweisung des gegnerischen Antrages (wegen Unzulässigkeit oder Unbegründetheit) zu erreichen, was ohne mündliche Verhandlung ohne Weiteres zulässig ist (§ 937 Abs. 2 ZPO). Sofern die Schutzschrift jedoch keine oder nur unerhebliche Einwendungen enthält, kann durch sie u. U. sogar das Gegenteil bewirkt werden, da die Entscheidung dann nicht völlig ohne rechtliches Gehör erlassen wird (Zöller/ *Vollkommer* § 921 Rn. 1). Allerdings signalisiert man damit dem Richter auch, dass mit einem Widerspruch zu rechnen ist und er daher sowieso noch eine mündliche Verhandlung durchführen muss.

Zu beachten ist, dass die Zustellung einer einstweiligen Verfügung an den Prozessbevollmächtigten des Schuldners zu richten ist, selbst wenn sich dieser nur in einer Schutzschrift bestellt hat und der Gläubiger davon Kenntnis erlangt hat (§ 172 ZPO; Zöller/*Vollkommer* § 929 Rn. 12, 13). Zur gebührenrechtlichen Behandlung der Schutzschrift Prütting/Gehrlein/*Schneider* § 916 Rn. 24.

402 Bei der **Abschlusserklärung** handelt es sich um einen Vertrag der Parteien mit dem Ziel, weiteren Streit zu vermeiden. Ausdrücklich oder stillschweigend wird damit auf mögliche Rechtsbehelfe gegen die Eilanordnung verzichtet (OLG Hamm WRP 1981, 475). Verzichtet werden kann dabei auf einzelne Rechtsbehelfe (möglicherweise sogar nur gegen die Kostenentscheidung), auf alle Rechtsbehelfe oder sogar auf das mögliche Hauptsacheverfahren (KG NJW-RR 1995, 907; *Ahrens* WRP 1997, 907).

Praktisch kommt ein solcher Vertrag meist durch ein Angebot (die Aufforderung, die Entscheidung über die einstweilige Verfügung als endgültige Entscheidung des Streits anzuerkennen, der damit abgeschlossen ist) zustande. Durch die Abschlusserklärung des Schuldners wird aus der einstweiligen Regelung eine endgültige (*Walker* Rn. 374). Die Eilanordnung entfaltet dann die Wirkungen eines rechtskräftigen Titels in der Hauptsache, der Durchführung des Hauptsacheverfahrens bedarf es nicht mehr. Für den Gläubiger ist dieses Vorgehen nur sinnvoll, wenn er durch die Eilanordnung bereits in vollem Umfang befriedigt ist, was den Anwendungsbereich der Abschlusserklärung meist auf Befriedigungsverfügungen beschränkt. Praktisch wichtigster Fall ist die Unterlassungsverfügung im Wettbewerbsrecht. Der Schuldner ist zur Abgabe einer solchen Erklärung nicht verpflichtet, kann hierdurch aber weitere Kosten verhindern.

Der Umfang des Schuldnerverzichts auf Rechtsbehelfe ist durch Auslegung zu bestimmen. Regelmäßig umfasst er einen Verzicht auf die Erhebung eines Widerspruchs und das Recht aus § 926 Abs. 1 ZPO, nach einer Urteilsentscheidung des erstinstanzlichen Gerichts liegt es nahe, auch einen Verzicht auf die Berufung anzunehmen. Der Verzicht ist im Wege der Einrede einem dennoch eingelegten Rechtsmittel entgegenzusetzen, steht aber einem Anschlussrechtsmittel nicht entgegen (§ 524 Abs. 2 ZPO). Er kann durch Parteivereinbarung beseitigt werden, ausnahmsweise auch bei Arglist oder Vorliegen eines Restitutionsgrunds (Zöller/*Hessler* § 515 Rn. 15). Ein wirksamer Verzicht macht einen dennoch eingelegten Rechtsbehelf jedenfalls ab dem Zeitpunkt, zu dem der Gegner sich darauf beruft, unzulässig (BGHZ 27, 60). Der Verzicht ist als Prozesshandlung grundsätzlich unwiderruflich und unanfechtbar. Ausnahmen lässt die Rechtsprechung allein in den Fällen zu, in denen auch gegen ein rechtskräftiges Urteil noch vorgegangen werden könnte (§§ 580, 581 ZPO).

Praktisch verbreitet ist die Abschlusserklärung im Wettbewerbsprozess, wo die im Eilverfahren obsiegende Partei den Gegner oft nur zur Abgabe einer Abschlusserklärung auffordert. Zur gebührenrechtlichen Bedeutung der Abschlusserklärung Prütting/Gehrlein/*Schneider* § 916 Rn. 27.

403 ▶ Praxistipp:

Bloße Abschlusserklärungen bringen oft Auslegungsprobleme hinsichtlich des Umfangs des gewollten Verzichts. Besser ist es deswegen, ausdrücklich klarzustellen, worauf der Verzicht sich erstrecken soll.

III. Einstweilige Verfügung (§§ 935 ff. ZPO)

404 Die einstweilige Verfügung (*Mertins* JuS 2009, 911) dient der (vorläufigen) Sicherung von Individualansprüchen mit Ausnahme von Geldforderungen (Sicherungsverfügung, § 935 ZPO; unten Rdn. 409), sowie der einstweiligen Regelung streitiger Rechtsverhältnisse (Regelungsverfügung, § 940 ZPO; unten Rdn. 411). Über diese beiden gesetzlich geregelten **Fälle** hinaus hat die Rechtsprechung die Leistungsverfügung entwickelt (unten Rdn. 416).

A. Eilverfahren: Arrest und einstweilige Verfügung

Auf all diese Formen der einstweiligen Verfügung finden die Arrestvorschriften entsprechende Anwendung (§ 936 ZPO), sodass auf die vorstehenden Ausführungen Bezug genommen werden kann.

Ein – in der Praxis nicht sonderlich ernst genommener – Unterschied besteht hinsichtlich der Notwendigkeit einer mündlichen Verhandlung. Auf eine solche kann bei der einstweiligen Verfügung nur »in dringenden Fällen« verzichtet werden (§§ 937 Abs. 2, 942 Abs. 4 ZPO). Diese besondere Dringlichkeit ist nur gegeben, »wenn nach dem Ermessen des Gerichts die Anordnung der mündlichen Verhandlung den Zweck der einstweiligen Verfügung gefährden würde, weil der Antragsteller nur durch einen möglichst rasch erwirkten Titel zur Sicherung seines Anspruchs kommen kann« (Thomas/Putzo/*Reichold* § 937 Rn. 2) und »selbst eine innerhalb kürzester Frist terminierte mündliche Verhandlung nicht abgewartet werden kann« (Zöller/*Vollkommer* § 937 Rn. 2).

405 Ein wichtiger Unterschied zwischen Arrest und einstweiliger Verfügung besteht bei der Bindung des Gerichts an den **Antrag** des Gläubigers. Während diese Bindung für den Arrest allgemeinen Grundsätzen (§ 308 Abs. 1 ZPO) folgend uneingeschränkt besteht, ist sie für die einstweilige Verfügung aufgehoben. Das Gericht bestimmt die zur Erreichung des Zwecks erforderlichen Anordnungen nach freiem Ermessen (§ 938 ZPO).

Damit genügt es an sich, dass der Verfügungsgläubiger nur das Rechtsschutzziel angibt, ohne es in Form eines Antrags zu konkretisieren (Zöller/*Vollkommer* §§ 935 Rn. 4, 938 Rn. 2: Ausnahme bei Unterlassungsverfügung). In der Regel jedoch sind die Richter geneigt, den Antrag (»das Gesuch«) des Gläubigers soweit wie möglich wörtlich zu übernehmen. Daher sollte der Anwalt ihn besonders sorgfältig formulieren, zumal er dann einen etwaigen Entscheidungsspielraum zu seinen Gunsten nutzen kann.

Dabei dürfen die beantragten/angeordneten Maßnahmen grundsätzlich nicht zur Befriedigung des Gläubigers führen. Auch die einstweilige Verfügung dient nur der Sicherung, nicht der Befriedigung des Anspruchs. Als sichernde Maßnahmen kommen neben der Sequestration (§ 938 Abs. 2 ZPO) insbesondere Gebote und Verbote (z. B. § 136 BGB) in Betracht (Zöller/*Vollkommer* § 938 Rn. 5 ff.). Dingliche Ansprüche lassen sich häufig durch Eintragung einer Vormerkung oder eines Widerspruchs sichern. In diesen Fällen ist es zweckmäßig, das Gericht schon im Antrag zu bitten, das Grundbuchamt um die Eintragung zu ersuchen (§ 941 ZPO). Zur Vermeidung von Eintragungsproblemen sollte auf die korrekte Grundbuchbezeichnung geachtet werden.

406 ▶ Beispiel:

Bei Herausgabeansprüchen kann nicht Herausgabe an den Gläubiger verlangt werden, sondern allenfalls Herausgabe an einen Sequester.

Räumung einer Wohnung darf nur unter den Voraussetzungen des § 940a ZPO angeordnet werden (dazu auch unten Rdn. 781a).

Die gemeinschaftliche Nutzung von Sachen kann durch räumliche oder zeitliche Abgrenzungen geregelt werden.

407 Ist eine Sicherung ohne gleichzeitige (teilweise) Erfüllung nicht möglich, kommt allenfalls eine Leistungsverfügung in Betracht. Ist auch diese ausgeschlossen, muss hingenommen werden, dass nicht alle Ansprüche prozessual gesichert werden können.

Praktisch ohne Bedeutung ist der Streit, ob **Unterlassungsverfügungen** einen Unterfall der Sicherungs- oder der Leistungsverfügung darstellen. Zwar beinhaltet jede Form der Unterlassungsanordnung eine zumindest zeit- oder teilweise Erfüllung der Hauptsache, doch ist die Eilanordnung wegen des abwehrenden Charakters der Unterlassungsansprüche als »vorbeugend negatorischer Rechtsschutz« allgemein anerkannt ist (Zöller/*Vollkommer* § 940 Rn. 1 ZPO).

Nur gering sein dürfte auch das praktische Bedürfnis für **Feststellungsverfügungen**, mit der nicht Ansprüche, sondern Rechtsverhältnisse vorläufig gesichert werden. Die Rechtsprechung bejaht dies zum Teil bei der Feststellung von Aufsichtsratsbeschlüssen oder der Verpflichtung zum Schadensersatz bei Wettbewerbsverstößen, die Lehre hat sich damit bislang kaum befasst (*Vogg* NJW 1993, 1357). Im Übrigen siehe die Ausführungen zur Regelungsverfügung unten Rdn. 411 ff.

Im Übrigen müssen die Anordnungen einen vollstreckungsfähigen Inhalt haben, wobei es zweckmäßig ist, bei einem Unterlassungsanspruch sogleich die Ordnungsmittelandrohung zu beantragen (§ 890 Abs. 2 ZPO).

408 ▶ **Praxistipp:**

Nach der Antragstellung sollte der Anwalt (telefonisch) erreichbar sein und hierauf in der Antragsschrift besonders hinweisen.

Denn häufig hat der Richter noch ergänzende Fragen bzw. weist auf einzelne fehlende Voraussetzungen hin, die meistens leicht beigebracht werden können. Manchmal lassen sich im Gespräch etwaige Missverständnisse oder Unklarheiten beseitigen. Es kann deshalb nützlich sein, kurz nach Einreichung des Antrages selbst telefonisch beim Richter über die Erfolgsaussichten nachzufragen. Ebenso nützlich kann es sein, wenn der Mandant an diesem Tag telefonisch erreichbar ist, damit z. B. eine mangelhafte eidesstattliche Versicherung schnell nachgebessert werden kann.

Wenn dann etwaige Bedenken des Gerichts gegen den Erlass nicht beseitigt werden können, sind eine Rücknahme und eine erneute Antragstellung vor einem anderen Richter (bei einem anderen Gericht, zu einem späteren Zeitpunkt oder bei einem Bereitschaftsrichter am Wochenende) zu erwägen. Dadurch erhält man die Chance, dass vielleicht der andere Richter die Rechtslage im Sinne des Antragstellers beurteilt oder die Voraussetzungen einfach nicht ganz so genau prüft. Hingegen kann ein zurückgewiesener Antrag nicht wiederholt werden (OLG Frankfurt a. M. NJW 2005, 3222).

1. Sicherungsverfügung

409 Bei der Sicherungsverfügung (§ 935 ZPO) tritt an die Stelle des Arrestanspruchs der Verfügungsanspruch, an die Stelle des Arrestgrunds der Verfügungsgrund.

Leistungsanspruch kann dabei jeder nicht auf Zahlung gerichtete Anspruch sein.

410 ▶ **Beispiel:**

Ansprüche auf Herausgabe und Unterlassung (speziell im Wettbewerbs-, Presse- und Mietrecht sowie auf dem Gebiet des Ehrenschutzes bei Persönlichkeitsverletzungen; §§ 12, 823, 824, 862, 1004 BGB; § 938 Abs. 2 ZPO), Ansprüche auf Auflassung, Grundbuchberichtigung (§ 894 BGB) und Werklohnforderungen des Bauunternehmers (Bauunternehmer- bzw. Bauhandwerkersicherungshypothek gem. § 648 BGB); Sicherung durch Eintragung einer Vormerkung (§§ 883, 885 BGB) bzw. eines Widerspruchs (§ 899 BGB); Anordnungen nach dem Gewaltschutzgesetz (weitere Beispiele bei Zöller/Vollkommer § 940 Rn. 8).

Ein **Verfügungsgrund** besteht, wenn zu besorgen ist, dass durch eine Veränderung des bestehenden Zustands die Verwirklichung des Rechts vereitelt oder wesentlich erschwert werden könnte. Insoweit entsprechen die Voraussetzungen denen des dinglichen Arrests.

2. Regelungsverfügung

411 Die Regelungsverfügung (§ 940 ZPO) dient nicht der Sicherung eines Anspruchs, sondern der vorläufigen Regelung eines **Rechtsverhältnisses**.

In Betracht kommen dabei vor allem Dauerschuldverhältnisse (Miete, Pacht, Gesellschaft, Gemeinschaft, Nachbarschaft u.ä.).

412 ▶ **Beispiel:**

Soll dem Gesellschafter einer Personenhandelsgesellschaft nachträglich die Geschäftsführungs- oder Vertretungsbefugnis entzogen werden (was in der Hauptsache eine Gestaltungsklage nach §§ 117, 127 HGB erfordert), kann die Befugnis zur Vertretung bzw. Geschäftsführung der Gesellschaft vorläufig nach § 940 ZPO geregelt werden (»Dem Antragsgegner wird die Befugnis zur Vertretung der OHG bis zum Abschluss des Hauptsacheverfahrens einstweilen entzogen«.).

Ein Eilgrund liegt nur vor, wenn die einstweilige Regelung **notwendig**, d.h. eilbedürftig, ist i.S.d. §§ 935, 940 ZPO (sog. Dringlichkeit). Es müssen Umstände bestehen, die nach dem objektiven Urteil eines vernünftigen Menschen befürchten lassen, dass die Verwirklichung des Individualanspruchs durch bevorstehende (und durch die einstweilige Verfügung abzuwendende) Veränderung des bestehenden Zustandes gefährdet ist, d.h. vereitelt oder erheblich erschwert werden würde. 413

▶ Beispiele 414

Bejaht werden kann die Dringlichkeit bei drohender Veräußerung, Wegschaffung, Belastung, Verarbeitung, Zerstörung oder bevorstehendem Eingriff in Rechte (Thomas/Putzo/Reichold § 935 Rn. 6). Hingegen ist die Dringlichkeit zu verneinen, wenn für den Gläubiger gegenüber dem Fall der Durchführung eines Hauptsacheverfahrens keine Nachteile ersichtlich sind.

Dabei darf der Verfügungsgrund nicht mit der materiellrechtlichen Wiederholungsgefahr verwechselt werden. So widerlegt z. B. die Abgabe einer strafbewehrten Unterlassungserklärung im Wettbewerbsrecht nur die Wiederholungsgefahr, der Verfügungsgrund wird dagegen ohnedies gesetzlich vermutet (§ 12 Abs. 2 UWG; OLG Dresden NJW 2005, 1871).

Die Rechtsprechung nimmt eine »Selbstwiderlegung« der Dringlichkeit an, wenn der Antragsteller in Kenntnis der maßgeblichen Umstände lange Zeit untätig geblieben ist (Thomas/Putzo/*Reichold* § 940 Rn. 5) oder eine erkennbar große Zeitspanne zwischen dem Diktat (Schriftsatzdatum) und dem Eingang des Antrags bei Gericht liegt, manchmal sogar schon dann, wenn der Schriftsatz »nur« durch normale Post an das Gericht versandt wurde.

In Ausnahmefällen ist die Eilbedürftigkeit nicht erforderlich bzw. wird gesetzlich vermutet: 415
- **Verbotene Eigenmacht** (arg. § 863 BGB; Palandt/*Bassenge* § 861 Rn. 11),
- Eintragung einer **Vormerkung** (§ 885 Abs. 1 Satz 2 BGB) bzw. eines Widerspruchs ins Grundbuch (§ 899 BGB),
- **Unterhaltszahlung** (§ 1615o BGB),
- Wettbewerbsrechtliche **Unterlassungsansprüche** (§§ 12 Abs. 2, 25 UWG).

3. Leistungsverfügung

Ist die Sicherung eines Rechts ohne gleichzeitige Erfüllung nicht möglich, scheidet eine Eilanordnung an sich aus. Ergibt indes eine Abwägung, dass die Interessen des Schuldners an einem Schutz vor ungerechtfertigter endgültiger Inanspruchnahme hinter den Interessen des Gläubigers an einem Schutz des Rechts zurücktreten müssen, so kommt eine Leistungsverfügung in Betracht. Im Gesetz nicht vorgesehen hat die Rechtsprechung diese Form des einstweiligen Rechtsschutzes analog §§ 935, 940 ZPO in Ausnahmefällen zugelassen (OLG Jena NJW-RR 2012, 862). 416

Ein **Verfügungsgrund** besteht insoweit nur, wenn der Antragsteller auf die sofortige Erfüllung so dringend angewiesen ist, dass er ein ordentliches Verfahren nicht abwarten kann, ohne einen unverhältnismäßig großen, gar irreparablen Schaden zu erleiden droht (Thomas/Putzo/*Reichold* § 940 Rn. 6). Demgegenüber darf dem Antragsgegner allenfalls drohen, die angeordnete Leistung nicht rückabwickeln zu können. 417

Erforderlich ist deswegen insoweit eine Interessenabwägung im Einzelfall.

Für den **Verfügungsanspruch** kann auf die von der Rechtsprechung hierzu entwickelten Fallgruppen zurückgegriffen werden. Dazu gehören beispielsweise: 418
- Ansprüche auf **Zahlung** von Geld (soweit diese nicht, vor allem im Familienrecht [§§ 49 ff. FamFG i. V. m. §§ 119, 157, 214, 226, 242, 246 ff., 300 ff., 331 ff., 427 FamFG], besonders geregelt sind), wenn diese der Behebung einer existenziellen Notlage bzw. zur Abdeckung des Existenzminimums erforderlich sind;

419 ▶ **Beispiel:**

Abschlagszahlungen auf laufende Unterhalts- oder Lohnansprüche; Lieferung von Gas, Wasser und Strom.

– Ansprüche auf **Herausgabe** von Gegenständen, soweit diese zur Bestreitung des eigenen Lebensunterhalts unverzichtbar sind;

420 ▶ **Beispiel:**

Herausgabe der Arbeitspapiere oder sonstiger unentbehrlicher persönlicher Gegenstände.

– Ansprüche auf **Weiterbeschäftigung** des gekündigten Arbeitnehmers für die Dauer des Kündigungsschutzprozesses;
– Ansprüche auf **Wiederherstellung** des durch verbotene Eigenmacht entzogenen Besitzes;

421 ▶ **Beispiel:**

Hat der Vermieter dem Mieter den Besitz an der Wohnung durch verbotene Eigenmacht entzogen, könnte der Mieter sich den Zutritt zur Wohnung im Wege der Selbsthilfe wieder verschaffen (§§ 859, 861 BGB). Nimmt er gerichtliche Hilfe in Anspruch, müssen die Befugnisse des Gerichts zumindest soweit gehen, wie die der Partei selbst (arg. § 940a ZPO; Zöller/Vollkommer § 940 Rn. 8; 940a).

– Ansprüche auf **Gegendarstellung** im Presserecht nach den Sonderregelungen in den meisten Landespressegesetzen.

B. Selbstständiges Beweisverfahren (§§ 485 ff. ZPO)

I. Allgemeines

422 Mit dem selbstständigen Beweisverfahren wird nicht die Vollstreckung eines Anspruchs gesichert, sondern die Beweisbarkeit seiner Voraussetzungen (OLG Nürnberg NJW-RR 2011, 1216).

1. Taktische Überlegungen

423 Das selbstständige Beweisverfahren kommt aus zwei unterschiedlichen Überlegungen heraus in Betracht:

– Streiten die Parteien nur um Tatsachen, nicht auch um Rechtsfragen, so genügt es häufig, diese Tatsachen im Rahmen einer gerichtlich betriebenen Beweisaufnahme zu klären, ohne dass es der übrigen Teile eines allgemeinen Klageverfahrens (mündliche Verhandlung, Urteil) bedarf (»**isolierte Beweisaufnahme**«).

Insoweit stellt sich das selbstständige Beweisverfahren als Alternative zur Erhebung einer allgemeinen Klage dar.

– Droht ein Beweismittel verloren zu gehen oder seine Benutzung erschwert zu werden, kann die Beweisaufnahme vorgezogen werden (»**vorweggenommene Beweisaufnahme**«).

Insoweit ist das selbstständige Beweisverfahren Eilverfahren zur Sicherung eigener Prozessrechte und damit Gegenstand der vorliegenden Betrachtung. Dieser Funktion trug die frühere Bezeichnung dieser Verfahrensform »Beweissicherungsverfahren« Rechnung.

424 **Sinn** macht ein solches Beweissicherungsverfahren nicht nur, wenn zu befürchten ist, dass Feststellungen später nicht mehr nachgeholt werden, Beweismittel verloren gehen oder in Zukunft nur noch schwer zugänglich sein können. Erbringt die Beweisaufnahme im selbstständigen Beweisverfahren den erforderlichen Beweis nicht, kann eine nutzlose und teure Klage erspart werden. Ein ganz oder teilweise positives Beweisergebnis kann Grundlage für fundierte Vergleichsgespräche der Parteien sein, die vom Gericht (§ 492 Abs. 3 ZPO) oder privat initiiert werden können.

B. Selbstständiges Beweisverfahren (§§ 485 ff. ZPO)

Praktisch folgen der überwiegenden Zahl selbstständiger Beweisverfahren denn auch keine streitigen Verfahren mehr (*Huber* JuS 2004, 215).

Für das selbstständige Beweissicherungsverfahren ist es grundsätzlich unerheblich, ob das **Klageverfahren** bereits anhängig ist oder nicht. In beiden Fällen kann ein Interesse daran bestehen, mit der Durchführung der Beweisaufnahme nicht abzuwarten, bis diese durch das Prozessgericht angeordnet wird. Unerheblich ist generell auch der Grund für die drohende Beweisverschlechterung. 425

Beruht die drohende Verschlechterung der eigenen Beweissituation indes auf einem Verhalten des Gegners, kann an die Stelle der Beweissicherung aus den Grundsätzen der Beweisvereitelung eine Beweiserleichterung treten (dazu unten Rdn. 1645).

Mit dem Antrag auf Einleitung eines selbstständigen Beweisverfahren wird die **Verjährung** unterbrochen (§§ 204 Abs. 1 Nr. 7 BGB, 167 ZPO). 426

Da nach § 270 Abs. 2 ZPO eine (förmliche) Zustellung von Amts wegen nicht ohne Weiteres erforderlich ist, empfiehlt es sich, diese ausdrücklich zu beantragen (dazu oben Rdn. 337). Will der Bevollmächtigte des Antragstellers jedes Haftungsrisiko vermeiden, so sollte er sich die Zustellung in geeigneter Form bestätigen lassen (*Nierwetberg* Editorial NJW 28/2005).

Zu beachten ist, dass die Hemmungswirkung sechs Monate nach Beendigung des Verfahrens endet (§ 204 Abs. 2 BGB; Thomas/Putzo/*Reichold* § 492 Rn. 3) und man sich deshalb gegebenenfalls um eine erneute Hemmung kümmern muss.

▶ Praxistipp: 427

Für ein Beweissicherungsverfahren kann auch sprechen, dass hier ein günstiger Beweis leichter zu erlangen ist als in einem streitigen Verfahren.

So sind die Voraussetzungen für die Anordnung eines Sachverständigengutachtens relativ gering (§ 485 ZPO); das »rechtliche Interesse« in § 485 Abs. 2 ZPO ist weit auszulegen (Thomas/Putzo/*Reichold* § 485 Rn. 7) und das Gericht darf im Übrigen nicht zu hohe Anforderungen stellen (Zöller/*Herget* § 487 Rn. 4). Unerheblich ist die Frage, ob das Beweismittel für einen etwaigen späteren Hauptsacheprozess relevant ist sowie dessen Erfolgsaussicht (Thomas/Putzo/*Reichold* § 485 Rn. 4). Mittels der Begutachtung kann daher eine gewisse Ausforschung betrieben werden, insbesondere kann der Antragsteller ermitteln lassen, wer z. B. für einen bestimmten Baumangel verantwortlich ist (§§ 485 Abs. 2, 494 ZPO).

Eine weitere Erleichterung kann daraus resultieren, dass das Gericht den Voraussetzungen eines selbstständigen Beweisverfahrens weniger Sorgfalt widmet, als der Beweiserhebung in einem streitigen Verfahren. So werden die vorgegebenen Fragen vom Gericht häufig unverändert und ohne genauere Prüfung im Anordnungsbeschluss übernommen.

Auch der Gegner wird sich in einem selbstständigen Beweisverfahren häufig nicht so aufwendig verteidigen, wie gegen ein streitiges Verfahren. Im selbstständigen Beweisverfahren werden namentliche Vorschläge des Antragstellers in Bezug auf die Person des Sachverständigen erfahrungsgemäß eher akzeptiert als im Urteilsverfahren, obgleich diese (im Gegensatz zu früher) für das Gericht nach h. M. nicht bindend sind (§§ 492 Abs. 1, 404 Abs. 1 Satz 1 ZPO; Thomas/Putzo/*Reichold* § 487 Rn. 399; a. A. Baumbach/*Hartmann* § 487 Rn. 5; Ausnahme: Einigung der Parteien auf einen bestimmten Sachverständigen § 404 Abs. 4 ZPO). Einwendungen des Antraggegners hinsichtlich des Beweisthemas und des erstellten Gutachtens erfolgen ebenso selten wie Anträge auf persönliche Anhörung des Sachverständigen.

Selbst wenn der Gegner sich verteidigen will, sind seine Möglichkeiten beschränkt. Da der Beweisbeschluss nicht anfechtbar ist, kann der Gegner dessen Änderung, insbesondere eine Einschränkung durch das erlassende Gericht nur durch eine Anregung bzw. Erhebung von Einwendungen erreichen (§ 490 Abs. 2 Satz 2 ZPO; KG MDR 1999, 564).

Der **Beweiswert** solchermaßen erhobener Beweise geht über den einer privaten Beweissicherung deutlich hinaus. 428

Dieses Verfahren hat die Wirkung einer vorweggenommenen gerichtlichen Beweisaufnahme, es macht in einem späteren Verfahren die erneute Beweisaufnahme entbehrlich, tritt an deren Stelle (§ 493 Abs. 1 ZPO).

So ist ein eingeholtes Sachverständigengutachten im nachfolgenden Streitverfahren grundsätzlich nicht bloß als Parteigutachten, sondern als vollwertiges gerichtliches Gutachten zu behandeln.

Hierin liegt aber auch ein gewisses Risiko, weil der Antragsteller auch an ein negatives Beweisergebnis gebunden ist.

429 Das mit dem selbstständigen Beweisverfahren verbundene **Kostenrisiko** hält sich in Grenzen.

Während bei einem vorprozessual eingeholten Privatgutachten die Kosten nur ausnahmsweise in bestimmten Fällen als Verfahrenskosten nach § 91 Abs. 1 ZPO vom unterlegenen Gegner zu erstatten sind, gelten die Kosten eines selbstständigen Beweisverfahrens generell als gerichtliche Kosten des nachfolgenden Hauptsacheverfahrens (Thomas/Putzo/*Hüßtege* §§ 91 Rn. 49; 494a Rn. 5; BGHReport 2004, 1529). Dabei kommt es nur darauf an, dass Parteien und Streitgegenstand des Beweisverfahrens wie des Hauptprozesses identisch sind und ob der Kläger das selbstständige Beweisverfahren – objektiv betrachtet – zur Zeit der Einleitung für notwendig halten durfte, auch wenn das Beweisergebnis später nicht verwertet worden ist.

2. Antrag

430 Die über die Mindestanforderungen des § 253 Abs. 2 ZPO hinausgehenden besonderen Inhalte des Antrags (für den kein Anwaltszwang besteht, §§ 486 Abs. 4, 78 Abs. 5 ZPO) sind in §§ 487, 485 ZPO geregelt.

431 (1) Bezeichnet werden müssen die **Parteien**, insbesondere der Gegner, die **Tatsachen**, über die Beweis erhoben werden soll, und die zu erhebenden **Beweise**.

Ersteres folgt daraus, dass der Antrag außerhalb eines anhängigen Prozesses die Klageschrift ersetzen muss, Letzteres daraus, dass es sich um einen Beweisantrag handelt. Anders als bei einem normalen Beweisantrag im Erkenntnisverfahren wird im selbstständigen Beweisverfahren die **Beweiserheblichkeit** der behaupteten Tatsache nicht geprüft; ob es auf die Tatsache ankommt oder nicht, kann erst im Hauptprozess untersucht werden, weil erst dort der Streitgegenstand bestimmt wird. Der Antrag muss deswegen weder eine Sachverhaltsdarstellung noch die schlüssige Darlegung eines Anspruchs oder eine sonstige materielle Begründung für den Beweisantrag enthalten. Etwas anderes kann allenfalls gelten, wenn evident ist, dass der behauptete Anspruch keinesfalls bestehen kann (BGH NJW 2004, 3488).

Auch das selbstständige Beweisverfahren muss indes auf konkrete Tatsachenbehauptungen gestützt werden und darf nicht zum Ausforschungsbeweis werden.

Hat es bereits eine selbstständige Beweiserhebung über die gleiche Tatsache gegeben, so kommt ein weiterer Antrag kommt nur unter den Voraussetzungen in Betracht, unter denen in einem laufenden Prozess die Beweisaufnahme wiederholt werden kann (§§ 398, 412 ZPO).

432 Das selbstständige Beweisverfahren kann gerichtet werden auf die Einnahme eines **Augenscheins**, die Vernehmung von **Zeugen** oder die Einholung eines **Sachverständigengutachtens**.

Parteivernehmung und **Urkundenbeweis** können damit nicht selbstständig durchgeführt werden.

Zu **benennen** sind vom Antragsteller nur die zu vernehmenden Zeugen. Der früher bestehende Streit, ob der Sachverständige vom Antragsteller zu benennen sei, ist durch die Neufassung des § 487 ZPO entfallen; aus dem Wortlaut folgt nun eindeutig, dass der Sachverständige im selbstständigen Beweisverfahren wie im normalen Verfahren auch (§ 404 ZPO) vom Gericht ausgesucht wird.

433 (2) Angegeben werden müssen darüber hinaus Tatsachen, aus denen sich die Zulässigkeit des selbstständigen Beweisverfahrens ergibt. Hierfür ist danach zu differenzieren, ob die Beweissicherung während oder außerhalb eines Hauptsacheverfahrens beantragt wird.

Während eines bereits anhängigen Hauptverfahrens ist das selbstständige Beweisverfahren zulässig mit Zustimmung des Gegners oder wenn die Erschwerung bzw. der Verlust des Beweismittels droht (§ 485 Abs. 1 ZPO). Die Zustimmung des Gegners ist praktisch recht häufig, weil oft beide Parteien an der Klärung interessiert sind und dann eine außergerichtliche Regelung möglich wird. Ansonsten kann das selbstständige Beweisverfahren angezeigt sein, wenn ein Zeuge infolge Alters, Krankheit oder wegen bevorstehender Auswanderung zum Haupttermin nicht mehr ohne Weiteres zur Verfügung stehen wird.

B. Selbstständiges Beweisverfahren (§§ 485 ff. ZPO) 3. Kapitel

Ist ein Rechtsstreit noch nicht anhängig, kann eine Partei gem. § 485 Abs. 2 ZPO die schriftliche Begutachtung durch einen Sachverständigen beantragen, wenn sie der Zustand einer Person oder Sache, die Ursache eines Schadens oder Mangels oder der Aufwand für die Beseitigung eines Schadens oder Mangels festgestellt werden soll und der Vermeidung eines Rechtsstreits dienen kann. Dabei genügt es, wenn die Möglichkeit (nicht Wahrscheinlichkeit) besteht, dass ein Rechtsstreit vermieden wird.

3. Verfahren

Eine **mündliche Verhandlung** ist dem Gericht grundsätzlich freigestellt (§ 490 Abs. 1 ZPO). Geprüft werden allein die prozessualen Voraussetzungen des selbstständigen Beweisverfahrens, eine Sachprüfung findet nicht statt. Die Entscheidung ergeht immer in Form eines **Beschlusses** (§ 490 Abs. 2 ZPO), der inhaltlich einem normalen Beweisbeschluss entspricht. 434

Wird der Beschluss erlassen, so gibt es dagegen kein **Rechtsmittel** (§ 490 Abs. 2 Satz 2 ZPO); wird der Erlass des Beschlusses abgelehnt, so steht dem Antragsteller hiergegen die sofortige Beschwerde zu (§ 567 Abs. 1 Nr. 2 ZPO).

Gegenbeweisanträge des Gegners sind grundsätzlich möglich. 435

Der Gegner kann die Beweisfrage erweitern, ein weiteres Beweismittel benennen, oder den Gegenbeweis antreten (Zöller/*Herget* § 485 Rn. 3; § 487 Rn. 4; Thomas/Putzo/*Reichold* § 485 Rn. 1). Nur vereinzelt wird dies noch von einschränkenden Voraussetzungen abhängig gemacht (OLG Nürnberg MDR 2001, 51: »wenn keine Verzögerung eintritt und derselbe Sachverständige beauftragt werden kann«; OLG Düsseldorf BauR 1995, 430: »jedenfalls dann, wenn der Beweisantrag präzisiert wird«; OLG Hamburg: »wenn der Antragsteller Herr des Verfahrens bleibt«) oder gar gänzlich abgelehnt (Baumbach/*Hartmann* § 487 Rn. 6).

Auch eine **Streitverkündung** und eine **Nebenintervention** werden heute ganz überwiegend für zulässig gehalten (BGH NJW 1997, 857). 436

Unbestritten ist dies nicht. Die Gegenauffassung lehnt dies unter Hinweis darauf ab, beim selbstständigen Beweisverfahren handele es sich nicht um einen anhängigen Rechtsstreit i. S. d. §§ 66, 72 ZPO, die herrschende Meinung wendet die §§ 66 ff. ZPO auf das selbstständige Beweisverfahren insoweit analog an. Der Streit kann umgangen werden, wenn der Dritte als weiterer Antragsgegner bezeichnet wird.

▶ Praxistipp: 437

Kommt die Verwertung des im selbstständigen Beweisverfahren gewonnenen Ergebnisses einem Dritten gegenüber in Betracht, so ist es für den Antragsteller sinnvoll, diesem nicht bloß den Streit zu verkünden, sondern ihn im Wege der stets möglichen Parteimehrheit zum weiteren Antragsgegner zu machen.

Besteht Anlass, an der Unparteilichkeit des Sachverständigen zu zweifeln, so kann (und muss) dieser bereits im selbstständigen Beweisverfahren wegen Befangenheit **abgelehnt** werden (§ 406 ZPO; unten Rdn. 1809 und Rdn. 2826). 438

Will eine der Parteien den vom Gericht bestimmten Sachverständigen wegen Befangenheit ablehnen, so ist streitig, ob sie dies schon im selbstständigen Beweisverfahren tun kann und muss oder erst im Hauptverfahren. Anwaltliche Sorgfalt gebietet es, einen entsprechenden Abtrag nach Bekanntwerden des Ablehnungsgrunds sofort zu stellen.

Das Verfahren **endet** mit dem Abschluss der Beweisaufnahme automatisch, ohne dass eine besondere Entscheidung des Gerichts ergeht. Im Interesse der Parteien kann es liegen, dennoch einen Termin zu beantragen. 439

Eine solcher kann sinnvoll sein, wenn der Sachverständige sein schriftlich erstelltes Gutachten erläutern soll (§ 411 Abs. 3 ZPO), oder wenn Vergleichsmöglichkeiten mit dem Gegner erörtert werden sollen (§ 492 Abs. 3 ZPO).

Nicht abschließend geklärt ist, ob ein Antrag nach § 411 ZPO für das Hauptsacheverfahren vorbehalten werden kann. Dies dürfte jedenfalls dann nicht möglich sein, wenn das Gericht hierfür eine Frist nach § 411 Abs. 4 ZPO bereits im Beweissicherungsverfahren gesetzt hat.

Unterbleibt der Antrag ohne Fristsetzung, muss zumindest damit gerechnet werden, dass das Gericht den Antrag im Hauptverfahren als verspätet zurückweist (§§ 282, 296 ZPO; unklar Zöller/*Herget* §§ 492 Rn. 1, 493 Rn. 2; OLG Hamm BauR 2000, 1372: jedenfalls unter den Voraussetzungen der §§ 398, 412 ZPO zulässig; OLG Düsseldorf BB 1988, 721: Partei trifft beim Unterlassen einer möglichen und zumutbaren Einwendung die volle Beweislast dafür, dass das im Beweissicherungsverfahren erzielte Beweisergebnis unzutreffend ist).

Die Dauer des Zeitraums, welcher noch als angemessen angesehen werden kann, richtet sich allgemein nach dem Umfang und dem Schwierigkeitsgrad des Gutachtens. Jedenfalls sind regelmäßig 6 Monate ab Übersendung des schriftlichen Gutachtens an die Parteien zu lang (OLG Köln BauR 1998, 591; OLG Frankfurt a. M. BauR 1994, 139: auch bei sehr umfangreichem Gutachten) und 4 Monate dürften im Normalfall die Obergrenze darstellen (z. B. OLG München BauR 2001, 837: auch bei einem fachlich komplexen und umfangreichen Gutachten; OLG Köln NJW-RR 1998, 210: 4 Monate bei einfach gelagertem Sachverhalt zu lang; LG Dortmund NJW-RR 2001, 714: 1 Monat).

Da in der Praxis das Ende des selbstständigen Beweisverfahrens häufig vorverlegt wird, um Anhörungsanträgen nicht stattgeben zu müssen (ZAP Fach 1, S. 196), sollten die dargestellten Grenzen möglichst nicht voll ausgenutzt werden.

440 Die durch das selbstständige Beweisverfahren entstandenen **Gebühren** (Nr. 1610 KV-GKG) und Auslagen des Gerichts müssen durch Vorschüsse des Antragstellers nach §§ 12, 17 GKG abgedeckt werden. Ein Kostenausgleich unter den Parteien findet grundsätzlich erst im Hauptverfahren statt, wo die **Kosten** des selbstständigen Beweisverfahrens zu den Kosten des Rechtsstreits nach § 91 ZPO zählen. Kommt es später zu einem solchen Hauptprozess nicht, kann der Antragsgegner dem Antragsteller durch das Gericht eine Frist zur Klageerhebung setzen lassen (§ 494a Abs. 1 ZPO) und nach deren fruchtlosem Verstreichen einen Kostenbeschluss des Gerichts herbeiführen (§ 494a Abs. 2 ZPO; zur dabei einzuhaltenden ist BGH NJW 2010, 1460).

Während die überwiegende Meinung für das Beweissicherungsverfahren als **Streitwert** früher nur einen Bruchteil der Hauptsache annahm, wird nun mehrheitlich der volle Streitwert der Hauptsache zugrunde gelegt.

4. Wirkungen

441 Die Zustellung des Antrags auf Durchführung eines selbstständigen Beweisverfahrens hemmt die **Verjährung** (BGH NJW 2011, 594).

442 Kommt es später zu einem **Hauptverfahren**, so stehen dort die im selbstständigen Beweisverfahren erhobenen **Beweise** den in diesem Erkenntnisverfahren erhobenen Beweisen gleich. Sie werden nicht bloß auf besonderen Antrag einer Partei hin, sondern von Amts wegen berücksichtigt, wenn die Tatsache, über die Beweis erhoben wurde, beweiserheblich und beweisbedürftig wird (§ 493 Abs. 1 ZPO; OLG Düsseldorf NVwZ-RR 1993, 339).

443 ▶ Beispiel:

Hat ein im selbstständigen Beweissicherungsverfahren eingeholtes Sachverständigengutachten ergeben, dass ein Schaden von beiden Parteien zum Teil verursacht wurde, und ist über die Verursachung im Hauptprozess Beweis zu erheben, so kann ein neues Gutachten auch dann nicht eingeholt werden, wenn beide Parteien dies wünschen, da der Beweis bereits eingeholt ist.

444 Eine solche umfassende Verwertung des Beweisergebnisses ist nicht möglich, wenn den Parteien im selbstständigen Beweisverfahren kein hinreichendes **rechtliches Gehör** gewährt wurde.

Praktisch lohnt es deswegen häufig, anhand der Akte des Beweissicherungsverfahrens z. B. nachzuvollziehen, ob dem Gegner alle Schriftsätze zugeleitet wurden und ob die Parteien von allen Beweiserhebungsakten, insbesondere den Ortsterminen des Sachverständigen, benachrichtigt wurden (§ 493 Abs. 2 ZPO, BGH NJW 1970, 1919, 1921).

445 Zum praktisch besonders wichtigen Sachverständigengutachten und dessen Bedeutung im Folgeprozess siehe unten Rdn. 1822.

II. Antrag vor Hauptsacheverfahren

Vor Anhängigwerden des Hauptverfahrens kann ein selbstständiges Beweisverfahren beantragt werden, wenn ein rechtliches **Interesse** an der Feststellung des Werts bzw. des Zustands einer Sache oder einer Person besteht, die Ursache eines Schadens bzw. Mangels oder der zur Beseitigung erforderliche Aufwand festgestellt werden soll (§ 485 Abs. 2 ZPO). 446

> Ein solches **rechtliches Interesse** ist großzügig zu beurteilen: Es liegt immer schon dann vor, wenn die Möglichkeit (nicht Wahrscheinlichkeit) besteht, dass ein Rechtsstreit vermieden wird. Es fehlt nicht schon deshalb, weil der Gegner in einer Stellungnahme erklärt, er lehne jegliche gütliche Einigung ab (Zöller/*Herget* § 485 Rn. 7a, str.).

Zuständig ist grundsätzlich das Gericht, bei dem die Hauptsache anhängig zu machen wäre (§ 486 Abs. 2 ZPO), in Fällen dringender Gefahr auch das Amtsgericht, in dessen Bezirk sich das Beweismittel befindet (§ 486 Abs. 3 ZPO). 447

III. Antrag während Hauptsacheverfahren

Während eines bereits anhängigen Hauptverfahrens ist das selbstständige Beweisverfahren zulässig mit Zustimmung des Gegners oder wenn die Erschwerung bzw. der Verlust des Beweismittels droht (§ 485 Abs. 1 ZPO). 448

> Die Zustimmung des Gegners ist **praktisch** recht häufig, weil oft beide Parteien an der Klärung interessiert sind und dann eine außergerichtliche Regelung möglich wird. Ansonsten kann das selbstständige Beweisverfahren angezeigt sein, wenn ein Zeuge infolge Alters, Krankheit oder wegen bevorstehender Auswanderung zum Haupttermin nicht mehr ohne Weiteres zur Verfügung stehen wird.

Zuständig ist dann das Gericht, bei dem die Hauptsache schon anhängig ist (§ 486 Abs. 1 ZPO); in Fällen dringender Gefahr kann die Beweisaufnahme auch durch das Amtsgericht durchgeführt werden, in dessen Bezirk sich das Beweismittel befindet (§ 486 Abs. 3 ZPO). 449

4. Kapitel: Rechtstitulierung im allgemeinen Klageverfahren

Übersicht

		Rdn.
A.	**Grundentscheidungen gerichtlichen Vorgehens**	452
I.	Gericht	453
	1. Zuständigkeiten im Allgemeinen	454
	2. Der Gerichtsstand	464
	a) Gesetzliche Zuständigkeiten	464
	b) Parteibegründete Zuständigkeiten	470
	aa) Gerichtsstandsvereinbarungen	471
	bb) Rügelose Einlassung des Beklagten	485
	cc) Gerichtliche Zuständigkeitsbestimmung	495
	c) Wahl des Gerichtsstands	497
	aa) Wahlrecht	498
	bb) Gesichtspunkte für die Wahl	504
	3. Die Kammer für Handelssachen	511
II.	Parteien	515
	1. Verfahrensbeteiligte	515
	2. Auswahlkriterien	528
	3. Besondere Interessenlagen	546
	a) Erlangung von Zeugen	547
	aa) Forderungsabtretung	553
	bb) Gewillkürte Prozessstandschaft	558
	cc) Auswechseln des vertretungsberechtigten Organs	565
	dd) Abwehrmaßnahmen des Beklagten	568
	b) Ausschaltung von Zeugen	575
	aa) Mitverklagen	575
	bb) Besonderheiten	582
	c) Kostenersparnis	586
III.	Streitgegenstand	587
	1. Teilklage	588
	a) Chancen und Risiken	590
	b) Teilklage mit bedingter Klageerweiterung	603
	c) Abwehrmaßnahmen des Gegners	606
	d) Schmerzensgeldansprüche	611
	2. Objektive Klagehäufung	616
IV.	Verfahrensart	632
B.	**Die Verfahrenseinleitung im allgemeinen Klageverfahren (Klageschrift)**	639
I.	Gericht (§ 253 Abs. 2 Nr. 1 ZPO)	640
II.	Parteien (§ 253 Abs. 2 Nr. 1 ZPO)	645
	1. Allgemeine Bedeutung	645
	2. Praxisrelevante Beispiele	657
	a) Firmen	657
	b) Parteien kraft Amtes	664
III.	Antrag (§ 253 Abs. 2 Nr. 2 ZPO)	665
	1. Allgemeines	665
	2. Sachanträge	673
	a) Leistungsanträge	674
	aa) Zahlung	677
	bb) Unterlassung	682
	cc) Sonstige Leistungen	690
	dd) Klage auf künftige Leistung	702
	ee) Kombination von Leistung, Fristsetzung und Schadensersatz	707
	ff) Stufenklage	713
	gg) Unbezifferter Antrag	725
	hh) Zug-um-Zug-Vorbehalt	742
	ii) Antrag »abzüglich am ... gezahlter ...«	747
	jj) Sonstige	748
	kk) Nebenansprüche: Zinsen, Kosten	751
	b) Gestaltungsanträge	757
	aa) Allgemeines	757
	bb) Abänderungsklage	761
	c) Feststellungsanträge	763
	aa) Voraussetzungen	764
	bb) Besonderheiten der negativen Feststellungsklage	773
	cc) Haftpflichtprozess	775
	3. Sicherungsanträge	781a
	4. Prozessanträge	782
	a) Kosten	782
	b) Vorläufige Vollstreckbarkeit	786
	c) Kammerzuständigkeit beim Landgericht	792
	d) Kammer für Handelssachen	798
	e) Weitere Verfahrensanträge	799
IV.	Begründung (§ 253 Abs. 2 Nr. 2 ZPO)	803
	1. Formelle Anforderungen (§ 253 Abs. 2 ZPO)	804
	a) Inhalt und Gestaltung	804
	b) Bezugnahmen und Anlagen	827
	aa) Zulässigkeit	828
	bb) Form	833
	2. Inhaltliche Anforderungen	839
	a) Wahrheitspflicht (§ 138 Abs. 1 ZPO)	839
	b) Sachausführungen	842
	aa) Beibringung	842
	bb) Darlegungslast	847
	cc) Individualisierung des Anspruchs	854
	dd) Schlüssigkeit	857
	ee) Substantiierung	877
	ff) Rechtstatsachen	904
	gg) Hilfsvorbringen	913
	c) Beweisantritte	924
	aa) Inhaltliche Anforderungen	925
	bb) Beweisführungslast	933

	cc) Ausforschungsbeweis und »Behauptung ins Blaue hinein«	939
	dd) Beweiserleichterungen	942
	ee) Taktische Hinweise	954
d)	Rechtsausführungen	962
	aa) Grundsatz	962
	bb) Pflicht zum Vortrag von Rechtsansichten	964
	cc) Taktische Überlegung zum Vortrag von Rechtsansichten	972
	dd) Inhaltliche Anforderungen an den Vortrag von Rechtsansichten	978

V. Schriftform 984
 1. Unterschrift 985
 2. Telefax 991
 3. Elektronische Form 999
 4. Materiellrechtliche Erklärungen . . . 1003
VI. Sonstige formelle Anforderungen 1008a
 1. Angaben zur konsensualen Streitbeilegung 1008b
 2. Streitwertangabe 1008f
 3. Einzelrichtererklärung 1008g
 4. Allgemeine prozessvorbereitende Angaben 1009
 5. Anlagen 1009a
 6. Kostenvorschuss 1010
 7. Streitgegenstandsangabe 1014
C. **Die Verteidigung des Beklagten (Klageerwiderung)** 1015
I. Taktische Überlegungen 1016
II. Verhalten gegenüber dem Kläger 1019
 1. Verhalten bei aussichtsloser Verteidigung 1020
  a) Versäumnisurteil 1024
  b) Erfüllung 1025
  c) Anerkenntnis 1031
  d) Vergleich 1043
 2. Verhalten bei aussichtsreicher Verteidigung 1044
  a) Klageerwiderung 1044
  b) Anträge 1052
   aa) Klageabweisung 1052
   bb) Sonstige 1054
  c) Verfahrensrügen 1058
  d) Bestreiten 1062
   aa) Formen des Bestreitens 1063
   bb) Fehlervermeidung 1074
   cc) Substantiiertes Bestreiten . . . 1092
   dd) Sekundäre Darlegungslast . . 1097
   ee) Erklärung mit Nichtwissen . . 1104
   ff) Ausgewählte Einzelfälle . . . 1117
  e) Gegenbeweisantritte 1125
  f) Gegenforderungen 1130
   aa) Widerklage (§ 33 ZPO) 1131
    aaa) Zulässigkeit der Widerklage 1133
    bbb) Sonderfälle der Widerklage 1144
   bb) Aufrechnung (§ 322 Abs. 2 ZPO) 1157
   cc) Hilfswiderklage und Hilfsaufrechnung 1168
   dd) Taktische Überlegungen zur Abgrenzung 1173
  g) Gegenrechte 1180
   aa) Einwendungen und Einreden 1181
   bb) Zurückbehaltungsrecht (§§ 320, 273 BGB) 1182
  h) Rechtsausführungen 1185
III. Einbeziehung Dritter in den Rechtsstreit 1187
 1. Streitverkündung 1188
 2. Drittwiderklage 1194
D. **Das Vorverfahren (Weitere Schriftsätze)** 1201
I. Vorverfahrensart, Kammerbefassung . . . 1203
II. Weitere Schriftsätze beider Parteien . . . 1206
III. Die Präklusion verspäteten Vorbringens . 1209
 1. Vorbringen nach Schluss der mündlichen Verhandlung: § 296a ZPO . . . 1215
 2. Zurückweisung verspäteten Vorbringens: § 296 ZPO 1219
  a) Allgemeines 1221
  b) Wirksame Fristsetzung 1229
  c) Verzögerung des Rechtsstreits . . . 1236
  d) Früher erster Termin 1238
  e) Nichtzahlung des Auslagenvorschusses 1241
 3. Vorbeugende Vermeidung der Präklusion 1246
  a) Antrag auf Fristverlängerung . . . 1247
  b) Antrag auf Terminsverlegung . . . 1250
  c) Antrag auf vorbereitende Maßnahmen 1252
  d) Verspätung entschuldigen 1256
  e) Zeugen stellen 1257
 4. Nachträgliche Vermeidung der Präklusion 1260
  a) Flucht in die Säumnis 1262
  b) Flucht in die Berufung 1270
   aa) Zurückgewiesener Vortrag . . 1271
   bb) Neues Vorbringen 1274
   cc) Taktische Hinweise 1278
  c) Flucht in den neuen Angriff 1286
  d) Sonstige Möglichkeiten 1298
E. **Die mündliche Verhandlung** 1309
I. Chancen und Risiken 1311
 1. Chancen 1312
 2. Risiken 1313
II. Vorbereitung 1324
 1. Teilnahme des Mandanten 1325
  a) Zweckmäßigkeit der Teilnahme . . 1326
   aa) Nachteile 1329
   bb) Vorteile 1334
  b) Anordnung des persönlichen Erscheinens 1342

		c) Parteianhörung 1346		c) Hinweispflicht auf Zulässigkeits-
	2.	Sonstige Terminsvorbereitung 1352		bedenken (§ 139 Abs. 3 ZPO) ... 1425
	3.	Antrag auf Terminsverlegung....... 1356	3.	Erfüllung...................... 1426
		a) Vermeidung eines Versäumnis-		a) Konkretisierung.............. 1426
		urteils...................... 1357		b) Zeitpunkt, Form und Dokumen-
		b) Erhebliche Gründe............ 1363		tation...................... 1428
III.	Ablauf........................... 1369			c) Bitte um Hinweis............. 1436
IV.	Die Güteverhandlung................ 1379		4.	Rechtsfolgen 1443
	1.	Voraussetzungen der Güteverhand-		a) Erteilter Hinweis 1443
		lung.......................... 1381		aa) An gegnerische Partei 1443
	2.	Ablauf des Gütetermins............ 1383		bb) An eigene Partei 1446
	3.	Taktische Hinweise 1396		b) Nicht erteilter Hinweis......... 1454
V.	Die streitige Verhandlung............ 1401		5.	Einzelfälle 1458
VI.	Materielle Prozessleitungspflicht des Ge-			a) Anwaltlich vertretene Partei..... 1458
	richts 1406			b) Hinweis durch Gegner......... 1466
	1.	Bedeutung...................... 1408		c) Substanzloses Vorbringen....... 1473
	2.	Umfang........................ 1413		d) Offenkundigkeit des Mangels.... 1474
		a) Allgemeine Erörterungspflicht des		e) Praxisrelevante Beispiele........ 1477
		Gerichts (§ 139 Abs. 1 ZPO) 1417	VII.	Schriftsatznachlass 1480
		aa) Sachgerechte Anträge....... 1418		1. Voraussetzungen und Folgen....... 1481
		bb) Tatsachenergänzung 1419		2. Verhältnis zu § 296 ZPO.......... 1488
		cc) Beweismittelbezeichnung ... 1421	VIII.	Protokoll......................... 1493
		b) Hinweispflicht auf entscheidungs-		
		erhebliche Umstände (§ 139		
		Abs. 2 ZPO).................. 1422		

450 Soweit zur Durchsetzung des Rechts gerichtliche Hilfe in Anspruch zu nehmen ist, geschieht dies ganz überwiegend durch Erhebung einer **Leistungsklage**. Diese ist auf die Erlangung eines Titels gerichtet, der im Wege der Zwangsvollstreckung durchgesetzt werden kann.

Mitbehandelt werden sollen in diesem Zusammenhang – auch wenn dies von der Überschrift nicht abgedeckt wird – die gerichtliche Inanspruchnahme zur bloßen Feststellung von Rechten (**Feststellungsklagen**) oder Ausübung von Gestaltungsrechten (**Gestaltungsklagen**).

451 Im Rahmen der Rechtsdurchsetzung im allgemeinen Klageverfahren lassen sich unterscheiden
– die schon vor Klageerhebung anzustellenden Vorüberlegungen (unten Rdn. 443).
– die Klageerhebung (unten Rdn. 639),
– die Verteidigung des Beklagten (unten Rdn. 1015),
– das gerichtliche Verfahren (unten Rdn. 1203) und
– die mündliche Verhandlung vor Gericht (unten Rdn. 1309).

A. Grundentscheidungen gerichtlichen Vorgehens

452 Vor der Klageerhebung muss eine Reihe von Fragen geklärt werden. Dazu gehören die Bestimmung des zuständigen Gerichts, vor dem Klage erhoben werden soll (unten Rdn. 454), der Verfahrensbeteiligten (unten Rdn. 515), des Streitgegenstands (unten Rdn. 587) und der Verfahrensart (unten Rdn. 632). Für den Prozess sollten »wie beim Schachspiel« die wichtigsten Züge vorab geplant werden (*Franzen* NJW 1984, 2263).

I. Gericht

453 Ausprägung des Grundsatzes des gesetzlichen Richters (Art. 101 GG) ist eine bis ins Detail hinein fein ausdifferenzierte **Zuständigkeitsordnung**. Diese macht es erforderlich zu prüfen, vor welchem Gericht Klage erhoben werden kann und soll.

1. Zuständigkeiten im Allgemeinen

Die Ermittlung des zuständigen Gerichts erfolgt dabei in verschiedenen Stufen: 454

(1) Nicht von der **rechtsprechenden Gewalt** zu erlangen sind exekutive Maßnahmen. Dabei kann die Abgrenzung insbesondere im Bereich der Justizverwaltung schwierig sein. 455

> So ist die Gewährung von Akteneinsicht für eine Partei Aufgabe der Justiz, die Gewährung von Akteneinsicht für Dritte Aufgabe der Justizverwaltung (§ 299 Abs. 1, 2 ZPO; OLG Celle MDR 2012, 184; OLG Hamm MDR 2012, 52). Die Dienstaufsichtsbeschwerde richtet sich an die Justizverwaltung, der eine Einflussnahme auf die Rechtsprechung nach dem Grundsatz der Gewaltenteilung versagt ist. Justiz und Justizverwaltung agieren in unterschiedlichen Formen (Urteil/Verwaltungsakt), die unterschiedlich anzufechten sind (Rechtsmittel/Anfechtung §§ 23 EGGVG).

(2) Der **deutschen Gerichtsbarkeit** unterliegen grundsätzlich alle Personen und Sachverhalte auf dem Territorium der Bundesrepublik. 456

> Ausgenommen sind aus völkerrechtlichen Gründen sog. »gerichtsfreie Personen« (Mitglieder diplomatischer oder konsularischer Vertretung u.ä., §§ 18 ff. GVG). Problematisch kann dies für ausländische Staatsunternehmen sein. Sind diese (nach den Vorschriften ihres Heimatlandes) rechtlich selbstständig organisiert oder handeln sie nicht hoheitlich, so können sie Immunität nicht beanspruchen; ausschließlich der Gerichtsbarkeit ihres Heimatlandes unterfallen solche Unternehmen also nur, wenn sie rechtlich unselbstständig sind und hoheitlich tätig waren (*Geimer*, Internationales Zivilprozessrecht, Rn. 155, 166).

(3) Die **internationale Zuständigkeit** der deutschen Gerichte bedarf der Prüfung in allen Fällen mit Auslandsbezug. 457

> Praktisch vorrangig ist das europäische Gemeinschaftsrecht, für den Zivilprozess insbesondere die Verordnung (EG) Nr. 44/2001 des Rates vom 22.12.2000 über die gerichtliche Zuständigkeit und die Anerkennung und Vollstreckung von Entscheidungen in Zivil- und Handelssachen (EuGVVO). Wegen weiterer Regelungen und Grundsätze Zöller/*Geimer* IZPR Rn. 36a ff.

(4) Innerhalb der bundesdeutschen Justiz ist der **Rechtsweg** zu den ordentlichen Gerichten nach § 13 GVG für bürgerliche Rechtsstreitigkeiten zulässig, für die nicht entweder die Zuständigkeit von Verwaltungsbehörden oder besonderen Gerichten begründet ist. 458

> Ob die ordentlichen Gerichte zuständig sind, kann damit nur durch Ausschluss der Zuständigkeit anderer Gerichtsbarkeiten festgestellt werden. Klassische Abgrenzungsprobleme ergeben sich dabei zu den Verwaltungs- und insbesondere zu den Arbeitsgerichten.

(5) Die Zuständigkeit der innerhalb der ordentlichen Gerichtsbarkeit vorhandenen vier verschiedenen Gerichtsarten (Amtsgerichte, Landgerichte, Oberlandesgerichte und Bundesgerichtshof) wird **sachlich** voneinander abgegrenzt (*Huber* JuS 2012, 974). 459

> Während der Bundesgerichtshof sachlich ausschließlich für Revisions-, die Oberlandesgerichte ausschließlich für Berufungssachen zuständig sind, kann erstinstanzlich Zuständigkeit des Amts- oder Landgerichts gegeben sein. Dies ist insbesondere in den §§ 23, 23a, 23b, 71 GVG geregelt. Zu differenzieren sind dabei verschiedene Zuständigkeitsregelungen:
>
> Bestimmte Streitigkeiten sind entweder den Amts- (so in den §§ 23, 23a GVG) oder den Landgerichten (so in den §§ 71 Abs. 2 Nr. 2 GVG, 6 Abs. 1 UKlaG, 957 Abs. 2 ZPO) speziell zugewiesen.
>
> Die Zuständigkeit entweder des Amts- oder des Landgerichts kann sich auch aus einem Sachzusammenhang mit anderen Prozessen ergeben, sodass der Folgeprozess dort zu verhandeln ist, wo schon der Vorprozess geführt wurde (so in den §§ 33, 34 ZPO).
>
> Ist keine dieser speziellen Regelungen einschlägig, erfolgt die Abgrenzung über den Streitwert (§§ 23 Nr. 1, 71 Abs. 1 GVG), wobei bis zu einem Wert von 5 000 € die Amtsgerichte, bei höheren Werten die Landgerichte zuständig sind.
>
> Zu beachten ist dabei, dass der Zuständigkeitsstreitwert sich ausschließlich aus den §§ 2 ff. ZPO bestimmt und nicht (immer) identisch mit dem Kostenstreitwert der §§ 39 ff. GKG ist (*Cuypers* MDR 2012, 381). Während für den Zuständigkeitsstreit bei der Widerklage allein der höhere Einzelwert von Klage oder

4. Kapitel — Rechtstitulierung im allgemeinen Klageverfahren

Widerklage zugrunde gelegt wird (§ 5 ZPO), findet für den Kostenstreitwert eine Addition beider Werte statt (§ 45 Abs. 1 ZPO). Entsprechendes gilt für Haupt- und Hilfsantrag und die Hilfsaufrechnung, soweit über sie entschieden wird (§ 45 GKG; BGH NJW 2009, 231).

460 (6) Die **örtliche** Zuständigkeit grenzt den Aufgabenbereich von Gerichten der gleichen Art räumlich voneinander ab.

Die Gerichtsorganisationsgesetze der einzelnen Länder weisen jedem Gericht einen Bezirk zu, für den es zuständig ist. In den §§ 12–35a ZPO, aber auch an anderen Stellen (z. B. §§ 64, 603, 764 ZPO; § 61 Abs. 3 GmbHG, § 215 VVG; Art. 5, 18 EuGVVO) ist unter der Bezeichnung »Gerichtsstand« geregelt, welche Anknüpfungstatsache in diesem Bezirk erfüllt sein muss. Dabei sind verschiedene Arten örtlicher Zuständigkeit zu unterscheiden.

Von ausschließlichen Gerichtsständen spricht man, wenn das Gesetz einen bestimmten Gerichtsstand für die Parteien zwingend vorgibt, diese also keine Möglichkeit haben, andere Gerichtsstände zu wählen oder zu begründen (unten Rdn. 465).

Sehr viel häufiger stellt das Gesetz den Beteiligten einen oder mehrere besondere Gerichtsstände zur *Wahl*. Hier hat der Kläger die Wahl, ob er von diesem Angebot Gebrauch machen oder es beim allgemeinen Gerichtsstand belassen will (§ 35 ZPO; unten Rdn. 466).

Als Auffangtatbestände dienen in allen Fällen die allgemeinen Gerichtsstände, da jeder potenzielle Beklagte irgendwo verklagt werden können muss, unabhängig davon, ob ausschließliche oder besondere Gerichtsstände vorliegen (unten Rdn. 469). Das Gesetz stellt insoweit für natürliche Personen auf deren *Wohnsitz* (§ 13 ZPO), hilfsweise auf deren Aufenthaltsort (§§ 20, 16 ZPO), bei juristischen Personen auf deren Haupt- oder Niederlassungssitz ab (§§ 17, 18, 21 ZPO).

Neben diesen gesetzlichen Zuständigkeiten gibt es als Ausfluss der Dispositionsmaxime zahlreiche Möglichkeiten für die Parteien, andere Zuständigkeiten zu schaffen.

Zu den damit für die Parteien gegeben Möglichkeiten der Gerichtsstandswahl unten Rdn. 470.

461 (7) Innerhalb des sachlich und örtlich zuständigen Gerichts muss noch geklärt werden, welches konkrete Organ für die Vornahme einer bestimmten Handlung zuständig ist. Diese **funktionelle** Zuständigkeit ist grundsätzlich ausschließlich geregelt, kann also von den Parteien nicht beeinflusst werden und muss stets von Amts wegen beachtet werden.

Dabei stellt die Abgrenzung der Zuständigkeiten von Richter, Rechtspfleger und Hilfsorganen (Sachverständige, Dolmetscher, Urkundsbeamte) im Erkenntnisverfahren praktisch kein Problem dar. Schwieriger ist die Zuständigkeitsbestimmung im Vollstreckungsverfahren, wo mehrere Vollstreckungsorgane miteinander konkurrieren.

462 (8) Letzte Frage im Rahmen der Prüfung gerichtlicher Kompetenzzuweisung muss die Frage danach sein, welcher Spruchkörper (= Gericht im prozessualen Sinn) innerhalb eines zuständigen Gerichts (= im organisatorischen Sinn) zur Entscheidung berufen ist. Dies wird durch die **gerichtsinterne Geschäftsverteilung** geregelt, einen im Rahmen gerichtlicher Selbstverwaltung (§§ 21a ff. GVG) aufgestellten Plan, der für die Zukunft die Besetzung der einzelnen Spruchkörper und die Verteilung der zu bearbeitenden Verfahren auf diese Spruchkörper vornimmt. Um dem Gebot des gesetzlichen Richters (Art. 101 Abs. 1 Satz 2 GG) zu entsprechen, muss diese Zuweisung im Voraus nach abstrakten Kriterien erfolgen (so z. B. nach Sachgebieten, Wohnorten oder Namen der Parteien, Reihenfolge des Eingangs der Sachen).

Innerhalb der einzelnen Spruchkörper werden die Geschäfte durch Beschluss aller zugehörigen Berufsrichter verteilt (§ 21g GVG); danach bestimmt sich, wer als Berichterstatter, Einzelrichter, Beisitzer in der mündlichen Verhandlung oder als Vertreter tätig wird. Besondere Anforderungen sind dabei an die Geschäftsverteilung in überbesetzten Spruchkörpern zu stellen (BGH NJW-RR 2009, 1220).

A. Grundentscheidungen gerichtlichen Vorgehens   4. Kapitel

▶ **Praxistipp:** 463

Auf die Geschäftsverteilung haben die Parteien keinen unmittelbaren Einfluss. Sie brauchen sich hierum nicht zu kümmern. Wollen die Parteien innerhalb eines Gerichts indes zu einem bestimmten Richter, ist eine mittelbare Einflussmöglichkeit nicht in jedem Fall ausgeschlossen.

Ist die Zuständigkeit der Spruchkörper vom Namen des Beklagten abhängig, kann die Zuständigkeit durch Mitverklagen einer in diese Zuständigkeit fallenden Person erreicht werden. Existieren Sonderzuständigkeiten nach einzelnen Rechtsgebieten, kann versucht werden, den Sachverhalt so zu gestalten oder darzustellen, dass eine entsprechende Rechtsfrage als möglich erscheint. Bei einer von der Reihenfolge des Eingangs der Sachen abhängigen Zuständigkeit kann (bei persönlicher Abgabe der Sache auf der Geschäftsstelle) der richtige Zeitpunkt abgewartet werden.

Zu den kraft Gesetzes zur Disposition der Parteien gestellten Möglichkeiten gehört die Frage der Befassung der Kammer für Handelssachen beim Landgericht. Dazu unten Rdn. 511.

2. Der Gerichtsstand

a) Gesetzliche Zuständigkeiten

Schon das Gesetz stellt dem Kläger eine Vielzahl verschiedener Gerichtsstände zur Verfügung. Diese 464
finden sich nicht nur in der ZPO, sondern auch in zahlreichen Nebengesetzen. Bei der Auswahl müssen vorrangig die verschiedenen Arten von gesetzlichen Gerichtsständen unterschieden werden.

(1) Von **ausschließlichen Gerichtsständen** spricht man, wenn das Gesetz einen bestimmten Gerichtsstand für die Parteien zwingend vorgibt, diese also keine Möglichkeit haben, andere Gerichtsstände zu wählen oder zu begründen. 465

Ausschließlich in diesem Sinn sind nicht nur die hier besprochenen örtlichen Zuständigkeiten, sondern auch (grundsätzlich) die funktionelle und (ausnahmsweise) die sachliche Zuständigkeit.

Das Gesetz ordnet solche ausschließlichen örtlichen Zuständigkeiten beispielsweise zum Vorteil bestimmter Personengruppen (§ 29a ZPO: Klagen aus Wohnraummietverhältnissen am Ort der Wohnung = Schutz der Mieter; § 32a ZPO: Klagen aus Umwelthaftungsgesetz am Ort der schädigenden Anlage = regelmäßig Wohnort des Klägers; § 689 Abs. 2 ZPO: Mahngericht = Wohnsitz des Antragstellers) oder wegen besonderer Sachnähe des Gerichts zu bestimmten Fragen an (§§ 132, 246 AktG, 61 Abs. 3 Satz 1 GmbHG: Klagen aus Gesellschaftsverhältnis am Sitz der Gesellschaft; § 24 ZPO: Klagen aus dinglichen Rechten am Ort der Sache). Zu beachten ist auch, dass alle Gerichtsstände des 8. Buchs (Zwangsvollstreckung) ausschließlich sind: § 802 ZPO. Generell sind ausschließliche Gerichtsstände die Ausnahme.

(2) Sehr viel häufiger stellt das Gesetz den Beteiligten einen oder mehrere **besondere Gerichtsstände** 466
zur Wahl. Hier hat der Kläger die Wahl, ob er von diesem Angebot Gebrauch machen oder es beim allgemeinen Gerichtsstand belassen will (§ 35 ZPO; KG NJW-RR 2001, 62; OLG Zweibrücken NJW-RR 2000, 590).

Besondere Gerichtsstände gibt es in großer Zahl insbesondere in den §§ 20–35a ZPO.

▶ **Beispiel:** 467

§ 29 ZPO: Klagen aus Verträgen am Erfüllungsort [Erfüllung, Positive Forderungsverletzung (§ 280 BGB), culpa in contrahendo (§§ 311 Abs. 2, 3, 241 Abs. 2, 280 BGB), Gewährleistung, nicht jedoch Bereicherungsansprüche usw.].

§ 32 ZPO: Klagen aus deliktischen Handlungen am Begehungsort.

Weitere besondere Gerichtsstände finden sich an vielen anderen Stellen der Rechtsordnung innerhalb (z. B. § 603 Abs. 3 ZPO) und außerhalb der ZPO (z. B. §§ 20 StVG, 56 LuftVG, 14 HaftpflG).

Während die früher h. M. davon ausging, dass das in einem besonderen Gerichtsstand angerufene 468
Gericht nur diejenigen materiellrechtlichen Anspruchsgrundlagen prüfen kann, auf die sich der entsprechende Gerichtsstand erstreckt (deliktische Ansprüche im Gerichtsstand nach § 32 ZPO,

vertragliche Ansprüche im Gerichtsstand des § 29 ZPO, sog. »Trennungsprinzip«; *Peglau* JA 1999, 140), gilt dies nach der Neufassung des § 17 Abs. 2 GVG nicht mehr. Wenn schon das Gericht eines anderen Gerichtsbarkeitszweigs verpflichtet ist, den Rechtsstreit unter allen in Betracht kommenden rechtlichen Gesichtspunkten zu prüfen, muss erst recht ein im besonderen Gerichtsstand angerufenes Zivilgericht zur Prüfung aller zivilrechtlichen Anspruchsgrundlagen befugt sein (BGH NJW 2003, 828 mit Anm. *Winter* JA 2003, 617).

469 (3) Als Auffangtatbestände dienen in allen Fällen die **allgemeinen Gerichtsstände**, da jeder potenzielle Beklagte irgendwo verklagt werden können muss, unabhängig davon, ob ausschließliche oder besondere Gerichtsstände vorliegen. Das Gesetz stellt insoweit für natürliche Personen auf deren *Wohnsitz* (§ 13 ZPO), hilfsweise auf deren Aufenthaltsort (§§ 20, 16 ZPO), bei juristischen Personen auf deren Haupt- oder Niederlassungssitz ab (§§ 17, 18, 21 ZPO; BGH NJW 2003, 1461).

b) Parteibegründete Zuständigkeiten

470 Die bei den Parteien liegende Verfahrensherrschaft erlaubt es diesen in weitem Umfang, Zuständigkeiten zu begründen, die das Gesetz nicht vorsieht. Die wichtigsten Möglichkeiten hierzu stellen die Gerichtsstandsvereinbarung, die rügelose Einlassung und der Antrag auf gerichtliche Bestimmung eines zuständigen Gerichts dar.

aa) Gerichtsstandsvereinbarungen

471 Die ursprünglich nahezu unbeschränkte Freiheit der Parteien, die Zuständigkeit eines Gerichts zu vereinbaren, ist (insbesondere im Zusammenhang mit der Einführung der AGB-Regelungen) erheblich eingeschränkt worden, um dem Missbrauch wirtschaftlicher Macht zu begegnen (*Fischer* MDR 2000, 682). Zuständigkeitsvereinbarungen sind heute grundsätzlich unzulässig und nur ausnahmsweise noch statthaft.

472 ▶ Praxistipp:

Besteht Einigkeit zwischen den Parteien über das mit dem Rechtsstreit zu befassende Gericht, so ist die (dem Gericht gegenüber nicht offen zu legende) Absprache einer rügelosen Einlassung dort einfacher, als eine Gerichtsstandsvereinbarung.

Der Streit, ob es sich bei der Gerichtsstandsvereinbarung um einen materiellrechtlichen (so die h. M.: BGH NJW 1986, 1439) oder um einen Prozessvertrag handelt (so *Vollkommer* NJW 1974, 196 m. w. N.), spielt praktisch keine Rolle (Thomas/Putzo/*Hüßtege* Vorbem § 38 Rn. 2).

Dies gilt auch für die Vereinbarung von Erfüllungsorten, sodass eine Umgehung über § 29 ZPO nicht möglich ist (§ 29 Abs. 2 ZPO; Baumbach/*Hartmann* § 29 Rn. 36).

Vereinbart werden kann neben der sachlichen und der örtlichen insbesondere auch die internationale Zuständigkeit eines Gerichts (BGH NJW 1997, 2885), sodass die Bezeichnung »Gerichtsstandsvereinbarung« an sich zu kurz greift. Nicht vereinbart werden kann dagegen die gesetzliche, gerichts- oder spruchkörperinterne Geschäftsverteilung.

473 **Voraussetzung** für eine wirksame Gerichtsstandsvereinbarung ist:

– dass die Vereinbarung sich auf ein bestimmtes Rechtsverhältnis bezieht (§ 40 Abs. 1 ZPO),

Unzulässig sind damit Vereinbarungen über die Zuständigkeit eines Gerichts für »alle künftigen Klagen« oder »für alle Klagen aus dem gesamten Geschäftsverkehr der Parteien«; zulässig sind Vereinbarungen über »alle Klagen aus demselben Rechtsverhältnis« (Baumbach/*Hartmann* § 40 Rn. 1).

– dass sie eine vermögensrechtliche oder eine in die Zuständigkeit der Amtsgerichte fallende nichtvermögensrechtliche Streitigkeit betrifft (§ 40 Abs. 2 ZPO).

– dass keine ausschließliche Zuständigkeit begründet ist (§ 40 Abs. 2 ZPO).

A. Grundentscheidungen gerichtlichen Vorgehens

Immer ausschließlich sind die Zulässigkeit des Rechtswegs und die funktionelle Zuständigkeit, zum Teil ausschließlich sind die sachliche und örtliche Zuständigkeit; dazu oben Rdn. 465.

Liegen diese allgemeinen Voraussetzungen vor, so muss zusätzlich geprüft werden, ob die Vereinbarung die Interessen der Beteiligten angemessen berücksichtigt. Das Gesetz differenziert hier (§ 38 ZPO) zum einen nach dem Zeitpunkt der Vereinbarung, zum anderen nach den Vertragspartnern: 474

– Wurde die Vereinbarung **vor Entstehen der Streitigkeit** geschlossen, so ist sie für die Beteiligten gefährlich, weil sie zu diesem Zeitpunkt noch nicht wissen, auf was sie sich einlassen; wurde sie nach Entstehen **der Streitigkeit** geschlossen, so bestehen besondere Bedenken an der Wirksamkeit nicht.

– Wurde die Vereinbarung **zwischen Privatpersonen** geschlossen, so sind diese in der Regel schutzbedürftig, weil sie häufig die Folgen einer Zuständigkeitsvereinbarung nicht klar übersehen und weil bei ihnen der Bedarf an einer solchen Vereinbarung nicht sehr groß ist; **Kaufleute** dagegen haben in der Regel ein großes Interesse an Zuständigkeitsvereinbarungen und können die damit verbundenen Gefahren weit besser abschätzen, sind generell also weniger schutzbedürftig.

Den Kaufleuten gleichgestellt sind die juristischen Personen des öffentlichen Rechts (z. B. Gebietskörperschaften oder öffentlich-rechtliche Rundfunkanstalten) und die öffentlich-rechtlichen Sondervermögen (Bundespost, Bundesbahn).

Nicht prorogationsbefugt sind Angehörige freier Berufe (z. B. Rechtsanwälte, Steuerberater, Ärzte, Architekten) aber u. U. kommt ein günstiger besonderer Gerichtsstand für Gebührenforderungen am Ort der Dienstleistung/Kanzlei/Praxis gem. § 29 ZPO in Betracht (anders bei Rechtsanwaltsgesellschaften, § 6 HGB – Formkaufmann).

Die Behauptungs- und **Beweislast** für das Vorliegen einer (wirksamen) Gerichtsstandsvereinbarung hat regelmäßig der Kläger. 475

Falls bestritten, muss der Kläger darlegen und u. U. beweisen, wann, durch wen und mit welchem Inhalt und in welcher Form sie zustande gekommen ist. Dies gilt ebenso für die Tatsachen, welche die Kaufmannseigenschaft (§ 1 Abs. 1 HGB: Betreiben eines Handelsgewerbes) begründen.

▶ Praxistipp: 476

Bei (eingetragenen) Kaufleuten kann ein Nachweis der Kaufmannseigenschaft problemlos durch einen Handelsregisterauszug erfolgen, der rechtzeitig vor dem Termin zur mündlichen Verhandlung eingeholt werden sollte (auch § 331 Abs. 1 Satz 2 ZPO).

Denn der Kläger kann sich auf die gesetzlichen Fiktionen stützen, wonach ins Handelsregister eingetragene Firmen (§§ 2, 5 HGB) und Handelsgesellschaften (Formkaufmann, § 6 HGB) in jedem Fall als Kaufmann gelten (nicht aber deren Vertreter, z. B. Geschäftsführer einer GmbH oder Gesellschafter von juristischen Personen). 477

Diese Art des Nachweises ist jedoch nicht zwingend (Thomas/Putzo/*Reichold* § 331 Rn. 3). So kann er das Vorliegen eines Gewerbebetriebes auch anderweitig beweisen.

Hierbei kommt ihm – auch bei kaufmännisch auftretenden Nichtkaufleuten – die gesetzliche Vermutung bzw. Beweislastregel des § 1 Abs. 2 HGB im Sinne eines Anscheinsbeweises zugute (Zöller/*Vollkommer* § 38 Rn. 18, 45), die der Gegner zu widerlegen bzw. zu erschüttern hat. Dies gelingt in zahlreichen Grenzfällen erfahrungsgemäß nicht, sofern der Kläger überhaupt etwas zur gewerblichen Tätigkeit des Beklagten vorgetragen hat. Keinesfalls ausreichend hierfür ist die bloße Rechtsbehauptung der Gegenpartei, sie sei Minderkaufmann. Vielmehr müssen konkrete Tatsachen dafür vorgetragen und – sofern (mit Nichtwissen) bestritten – bewiesen werden, dass »das Unternehmen nach Art oder Umfang einen in kaufmännischer Weise eingerichteten Geschäftsbetrieb nicht erfordert« (§ 1 Abs. 2 HGB; die zahlreichen Beurteilungskriterien bei Baumbach/*Hopt* § 1 Rn. 23).

Zum Nachweis kann auch eine etwaige Firmenführung ausreichen (Zöller/*Vollkommer* § 38 Rn. 45) sowie ein auf dem von der Partei verwendeten Geschäftspapier befindlicher Hinweis auf die Eintragung im Handelsregister (OLG Karlsruhe MDR 2002, 1269).

478 Gerichtsstandsvereinbarungen finden sich praktisch häufig in Allgemeinen Geschäftsbedingungen. Mit der Klausel, Gerichtsstand sei der Wohnsitz des Verwenders, will dieser sich die Prozessführung erleichtern.

Die AGB sind dabei von den Parteien vorzulegen. Es ist nicht Aufgabe des Gerichts, von sich aus zu prüfen, ob AGB vereinbart worden sind, die eine Zuständigkeitsregelung enthalten (BGH NJW-RR 1995, 702).

479 Nach überwiegender Ansicht sind Gerichtsstandsklauseln unter (Voll) **Kaufleuten** in allgemeinen Geschäftsbedingungen grundsätzlich wirksam (Palandt/*Grüneberg* § 307 Rn. 107; OLG Hamburg MDR 2000, 170; Ausnahmen Prütting/Gehrlein/*Lange* § 38 Rn. 7).

Dies gilt auch für die im Handelsverkehr gebräuchlichen AGB-Gerichtsstände am Sitz des Verwenders bzw. Verkäufers. Hingegen versagt die Rechtsprechung die Anerkennung von solchen Klauseln bei Fehlen jeglicher Beziehung zum Prorogationsort.

480 Problematisch ist oft, ob die allgemeinen Geschäftsbedingungen überhaupt **Vertragsbestandteil** geworden sind.

Hierzu muss entsprechend vorgetragen werden. Nicht ausreichend ist es, nur (als Rechtsbehauptung) zu schreiben, dass die AGB dem Vertrag zugrunde liegen.

481 Eine Einbeziehung in den Vertrag ist möglich durch

482 (1) **Einbeziehungsvereinbarung (§ 310 BGB)**

Eine solche kann durch schlüssiges Verhalten erfolgen, indem der Verwender erkennbar auf seine AGB verweist und der Vertragspartner ihrer Geltung nicht widerspricht (Palandt/*Grüneberg* § 305 Rn. 24; Zöller/*Vollkommer* § 38 Rn. 21).

Nicht ausreichend ist hierfür grundsätzlich der häufig anzutreffende Hinweis auf die Geltung der eigenen Geschäftsbedingungen nach Vertragsabschluss (insbesondere auf Lieferscheinen/Empfangsbestätigungen/Quittungen/Rechnungen) oder deren bloße Beifügung oder Abdruck auf der Rückseite dieser Schriftstücke (Palandt/*Grüneberg* § 305 Rn. 29: Ausnahmen bei ständiger, auf Dauer angelegter kaufmännischer Geschäftsverbindung, was jedoch nach der Rechtsprechung des BGH einer sorgfältigen Prüfung im Einzelfall bedarf; BGH NJW 1978, 2243, verneinend für Lieferscheine; zweifelnd OLG Karlsruhe NJW-RR 1993, 567; zur Einbeziehung branchenüblicher AGB Palandt/*Grüneberg* § 305 Rn. 57 f.).

Es genügt aber die Möglichkeit der Kenntnisnahme; die ABG brauchen dem für den Vertragsschluss maßgeblichen Schreiben nicht beigefügt oder sonst dem Empfänger in den Einzelheiten bekannt sein; der Hinweis, dass diese auf Wunsch übersandt werden, reicht aus (Palandt/*Grüneberg* § 305 Rn. 54).

483 (2) **Auftragsbestätigungen**

Bloßes Schweigen des Empfängers einer Auftragsbestätigung ist in der Regel keine Zustimmung. Jedoch können die darin erstmals in Bezug genommenen AGB des Absenders im kaufmännischen Verkehr – sofern der andere Teil keine Abwehrklausel verwendet – durch widerspruchslose Entgegennahme der Leistung Vertragsinhalt werden (stillschweigende Zustimmung durch schlüssiges Verhalten; Palandt/*Grüneberg* § 305 Rn. 53, Baumbach/*Hopt* § 346 Rn. 34; BGH NJW 1963, 1248; auch § 150 Abs. 2 BGB).

484 (3) **Kaufmännische Bestätigungsschreiben**

Im Gegensatz hierzu muss derjenige, der ein Bestätigungsschreiben widerspruchslos hinnimmt, dessen Inhalt, insbesondere auch die Verweisung auf die AGB, grundsätzlich als richtig gegen sich gelten lassen (Palandt/*Grüneberg* § 305 Rn. 53; Baumach/*Hopt* § 346 Rn. 17; BGH NJW 1982, 1751, BGHZ 18, 216). Bei verschiedenen Gerichtsstandsklauseln in sog. kreuzenden Bestätigungsschreiben gilt hinsichtlich der örtlichen Zuständigkeit die gesetzliche Regelung (§ 306 BGB; Palandt/*Grüneberg* § 305 Rn. 53).

Dabei besteht der Unterschied zur Auftragsbestätigung darin, dass ein Bestätigungsschreiben den Inhalt eines nach Ansicht des Absenders bereits geschlossenen Vertrages wiedergibt, während die Auftragsbestätigung die schriftliche Annahme eines Vertragsangebotes darstellt.

A. Grundentscheidungen gerichtlichen Vorgehens 4. Kapitel

bb) Rügelose Einlassung des Beklagten

Um die örtliche, sachliche oder internationale (BGH NJW 1993, 1270; BGH NJW 1993, 1073) Zuständigkeit eines an sich unzuständigen Gerichts zu begründen, bedarf es nicht unbedingt einer ausdrücklichen Vereinbarung der Parteien. Nach § 39 ZPO reicht es aus, wenn der Kläger die Klage vor einem unzuständigen Gericht erhebt und der Beklagte, ohne die Unzuständigkeit geltend zu machen, zur Hauptsache verhandelt. 485

Praktisch können über die Möglichkeit die schwierigen Voraussetzungen einer Prorogation umgangen werden: Sind die Parteien sich einig, kann der Kläger bewusst Klage vor einem unzuständigen Gericht erheben, wenn er sich zuvor mit dem Beklagten darauf verständigt hat, dass dieser die Unzuständigkeit nicht rügen wird. 486

Auch ohne eine solche Absprache kann der Kläger vielfach abwarten, ob nicht eine rügelose Einlassung des Beklagten erfolgen wird. 487

> Nicht selten hat der Beklagte kein zwingendes Interesse an einer Verweisung und unterlässt die Rüge deswegen.

▶ Praxistipp: 488

> Falls die Klage (versehentlich) vor dem unzuständigen (aber akzeptablen) Gericht erhoben wurde, sollte der Kläger den Verweisungsantrag nicht zu früh stellen.
>
> Damit erhöht sich die Chance einer zuständigkeitsbegründenden Einlassung des Beklagten, insbesondere wenn (auch) vom Gericht noch kein entsprechender Hinweis erfolgt ist. Man sollte daher erst die Rüge des Beklagten abwarten. Jedoch kann eine schriftsätzlich erfolgte Zuständigkeitsrüge ohne Weiteres zurückgenommen werden und steht einer rügelosen Einlassung im Termin nicht entgegen. Vor allem, wenn sich ein ortsansässiger Anwalt für den Beklagten bestellt hat, besteht häufig Einverständnis mit dem örtlich unzuständigen Gericht.
>
> Ohne mündliche Verhandlung kann das unzuständige Gericht die Klage auch im Wege eines (unechten) Versäumnisurteils nicht abweisen. § 331 Abs. 3 Satz 3 ZPO lässt dies ausdrücklich (nur) in Bezug auf eine Nebenforderung zu.

Unter »**Verhandeln zur Hauptsache**« ist jede Sacherörterung mit den Parteien zu verstehen. 489

> »Mündlich« verhandelt werden kann grundsätzlich nur in einem Termin zur mündlichen Verhandlung. Das schriftliche Vorverfahren, die Güteverhandlung oder eine bloße Anhörung der Parteien reicht nicht aus (Prütting/Gehrlein/*Wern* § 39 Rn. 5).
>
> Dies ist jedenfalls mit der Antragstellung (§ 137 ZPO) erfüllt, kann aber auch schon vorher der Fall sein (unten Rdn. 490). Im schriftlichen Verfahren genügt die Einreichung eines Schriftsatzes zur Sache, bei Säumnis des Klägers der Antrag auf Erlass eines Versäumnisurteils.
>
> Aus anwaltlicher Sorgfalt sollte die Rüge deswegen die erste Prozesshandlung des Beklagten sein und ausdrücklich vor jeglicher Erörterung der Sach- und Rechtslage erfolgen. Sowohl die Darlegung der eigenen Verteidigungsmittel als auch eine Auseinandersetzung mit dem Vorbringen des Gegners sollte erst danach erfolgen.
>
> Im Übrigen kann der Beklagte die örtliche Zuständigkeit im Termin auch dann noch rügen, wenn er die Klageerwiderungsfrist versäumt hat (§§ 282 Abs. 3; 296 Abs. 3 ZPO gelten nicht – § 39 ZPO ist lex specialis, Thomas/Putzo/*Reichold* § 296 Rn. 41; Zöller/*Vollkommer* §§ 39 Rn. 5; 296 Rn. 8a; auch BGH MDR 1997, 288; str.).

▶ Praxistipp: 490

> Das Bestreiten des neuen Sachvortrags und der Antrag auf Klageabweisung aus sachlichen Gründen stellen bereits ein Verhandeln dar (Zöller/*Vollkommer* §§ 39 Rn. 7, 333 Rn. 2).

491 Es dürfte möglich sein, eine Verweisung unter der (innerprozessualen) **Bedingung** zu beantragen, dass der Beklagte die Unzuständigkeit rügt bzw. sich in der mündlichen Verhandlung nicht rügelos einlässt.

> Damit kann man verhindern, dass bereits vor der mündlichen Verhandlung ein Verweisungsbeschluss ergeht (§ 281 Abs. 2 Satz 2 ZPO) und dem Kläger dadurch die Möglichkeit einer rügelosen Einlassung des Beklagten genommen wird (Zöller/*Vollkommer* § 39 Rn. 8).
>
> Hingegen ist eine Rüge unter der Bedingung der Begründetheit der Klage bzw. Bejahung der Sachlegitimation unzulässig (Zöller/*Vollkommer* § 39 Rn. 5).

492 **Nachgewiesen** werden kann eine erfolgte Rüge nur durch das Sitzungsprotokoll (§ 165 ZPO) oder den Tatbestand (§ 314 ZPO; unten Rdn. 2974).

493 Soll das **Amtsgericht** für eine Klage zuständig werden, die nach der gesetzlichen Regelung vor das Landgericht oder ein anderes Amtsgericht gehört hätte, so tritt die zuständigkeitsbegründende Wirkung der rügelosen Einlassung erst ein, wenn der Amtsrichter den Beklagten hierüber besonders belehrt hat (§§ 39 Satz 2, 504 ZPO).

494 Eine rügelose Einlassung ist nicht möglich, wenn das Gesetz eine **ausschließliche** Zuständigkeit vorschreibt (§ 40 Abs. 2 ZPO).

cc) Gerichtliche Zuständigkeitsbestimmung

495 Gibt es für die beabsichtigte Klage gegen mehrere Personen keinen gemeinsamen Gerichtsstand oder haben sich verschiedene Gerichte bereits für unzuständig erklärt, so kann auf Antrag (BGH NJW-RR 1996, 254) ein zuständiges Gericht bestimmt werden (§§ 36, 37 ZPO).

496 ▶ Beispiel:

> Hat der Kläger eine Sache verliehen und ist diese vom Entleiher an einen Dritten weitergegeben worden, so kann der Kläger von beiden Herausgabe verlangen (§§ 604, 985 BGB); wohnen beide an verschiedenen Orten, so existiert ein gemeinsamer Gerichtsstand nicht. Um dennoch gegen beide in nur einem Prozess vorgehen zu können, kann der Kläger sich hier vom OLG des erstbefassten Gerichts das zuständige Gericht bestimmen lassen (§ 36 Nr. 3 ZPO).
>
> Zu den Grenzen der Zuständigkeitsbestimmung nach § 36 ZPO BGH NJW-RR 2011, 929; OLG München NJW-RR 2011, 1002).

c) Wahl des Gerichtsstands

497 Bestehen mehrere, nicht ausschließliche Gerichtsstände, so kann der Kläger sich einen davon aussuchen (§ 35 ZPO; OLG Hamm MDR 2012, 307; *Cuypers* ZAP Fach 13, 827 ff.; *Möller* NJW 2009, 3632 und 3769).

aa) Wahlrecht

498 Ob das Wahlrecht nur zwischen mehreren gesetzlichen oder auch im Verhältnis zu einem **vereinbarten** Gerichtsstand besteht, hängt davon ob, ob ein ausschließlicher oder ein besonderer Gerichtsstand vereinbart wurde. Dies ist Auslegungsfrage im Einzelfall. Für Zweifelsfälle für überwiegend eine Ausschließlichkeit der Vereinbarung angenommen (Thomas/Putzo/*Hüßtege* § 38 Rn. 32).

499 **Ausgeübt** wird das Wahlrecht durch die Erhebung der Klage bei einem der zuständigen Gerichte. Damit erlischt es endgültig und unwiderruflich.

500 ▶ Praxistipp:

> Das Wahlrecht wird bereits durch Benennung des für das streitige Verfahren zuständigen Gerichts im Mahnantrag ausgeübt (§ 690 Abs. 1 Nr. 5 ZPO).

A. Grundentscheidungen gerichtlichen Vorgehens

Eine Korrektur ist dann nur noch möglich durch übereinstimmendes rechtzeitiges Verlangen beider Parteien (§ 696 Abs. 1 Satz 1 ZPO; Thomas/Putzo/*Hüßtege* §§ 35 Rn. 2, 696 Rn. 24; Zöller/*Vollkommer* §§ 35 Rn. 2, 690 Rn. 16, 696 Rn. 9; BGH MDR 1993, 576).

Trotzdem versuchen Kläger häufig, einseitig eine Verweisung an einen anderen Wahlgerichtsstand zu erreichen. Einer solchen fehlerhaften Verweisung kommt allerdings keine Bindungswirkung zu, sodass das Empfangsgericht den Rechtsstreit wieder zurück überweisen kann (Zöller/*Vollkommer* §§ 281 Rn. 19; 696 Rn. 9a).

Lediglich eine Mindermeinung bejaht bei Gesamtschuldnern bzw. wenn dadurch erreicht werden soll, dass gegen mehrere Streitgenossen einheitlich in einem Prozess verhandelt werden kann, die Möglichkeit der Verweisung an einen gemeinsamen Gerichtsstand trotz bereits ausgeübten Wahlrechts (*Fischer* MDR 1993, 198; *ders.* MDR 2002, 1403; auch KG MDR 2000, 413).

Bevor das Wohnsitzgericht des Beklagten (als allgemeiner Gerichtsstand) angegeben wird, sollte daher geprüft werden, ob nicht vielleicht ein **günstigerer Gerichtsstand** besteht (Gerichtsstandsvereinbarung? Besonderer Gerichtsstand? §§ 20 ff. ZPO). 501

In der Praxis wird dies vor allem beim Mahnantrag nicht bedacht.

Sofern man nachträglich noch eine Gerichtsstandsvereinbarung in den AGB entdeckt, kann das sonst eigentlich zuständige Wohnsitzgericht nur verweisen (§ 696 Abs. 5 ZPO), wenn die Vereinbarung ausschließlich ist (Thomas/Putzo/*Hüßtege* § 39 Rn. 32: im Zweifel ausschließlich; a. A. Zöller/*Vollkommer* § 38 Rn. 14). Auch bei übereinstimmendem Antrag der Parteien wäre eine Verweisung des (zuständigen) Streitgerichts nach Abgabe an dieses objektiv willkürlich und nicht bindend (Thomas/Putzo/*Hüßtege* § 696 Rn. 26; OLG Schleswig NJW-RR 2001, 646).

Gefahrloser ist es daher, bei Zweifeln oder auch einfach generell im Mahnbescheidsantrag zunächst den Kanzleiort bzw. den Wohnsitz des Gläubigers als Gerichtsstand für das streitige Verfahren anzugeben und, soweit erforderlich, später – in der Anspruchsbegründung oder im weiteren Verlauf des Verfahrens – Verweisung zu beantragen (§ 696 Abs. 5 ZPO; Nachteil: § 281 Abs. 3 Satz 2 ZPO – Mehrkosten!).

Eine Vielzahl von örtlich zuständigen Gerichten ist häufig bei unerlaubten Handlungen mittels Druckerzeugnissen, Fernsehsendungen und im Internet gegeben (§§ 32 ZPO, 24 UWG, sog. **fliegender Gerichtsstand**). 502

Denn Tatort ist der Erscheinungsort und jeder Ort, an dem sie bestimmungsgemäß verbreitet wurden (Thomas/Putzo/*Hüßtege* § 32 Rn. 7). Insbesondere bei (rechtswidrigen) Handlungen im Internet befindet sich dieser dort, wo das Medium bestimmungsgemäß abrufbar ist. Aufgrund der unbegrenzten Verbreitung ist ein Gerichtsstand daher praktisch überall gegeben (LG Paderborn MMR 2000, 490; Zöller/*Vollkommer* § 32 Rn. 17: Internet – bei Verletzung von Marken-, Firmen- und Namensrechten – einschränkend bei Werbung bzw. Wettbewerbsverstößen im Internet, OLG Bremen CR 2000, 770; str.).

Eine Wahlmöglichkeit besteht häufig auch bei Verkehrsunfällen (§§ 12, 13, 32 ZPO, § 20 StVG) sowie bei Klagen gegen einen Versicherer (§§ 17 Abs. 1, 21 Abs. 1 ZPO; § 215 VVG).

In Bezug auf die **sachliche Zuständigkeit** indes besteht kein Wahlrecht. 503

Diese hat nicht nur Bedeutung für die Frage des Erstgerichts, sondern vor allem auch, ob das Land- oder Oberlandesgericht für eine etwaige Berufung zuständig ist.

Hier kann man versuchen, die amtsgerichtliche Zuständigkeit für die gesamte Forderung mittels Teilklagen zu erlangen, wobei diese bei gleichzeitiger Einklagung des in mehrere Teile zerlegten Anspruchs unzulässig sind (Thomas/Putzo/*Hüßtege* § 23 GVG Rn. 5; Zöller/*Vollkommer* § 1 Rn. 23: Erschleichung der Zuständigkeit).

Umgekehrt kann man den Zuständigkeitsstreitwert für das Landgericht erreichen, indem man z.B. bei Gesamtschuldnern die aufgelaufenen Zinsen ausrechnet und getrennt von der Hauptsache nur gegenüber einem Schuldner geltend macht (§ 5 ZPO, sonst § 4 Abs. 1 ZPO). Bei nachträglicher Klageerweiterung (Hauptsache gegen alle Gesamtschuldner nebst Zinsen) verringert sich der Streitwert, aber die sachliche Zuständigkeit bleibt bestehen (§ 261 Abs. 3 Nr. 2 ZPO; Thomas/Putzo/*Hüßtege* § 4 Rn. 2; Zöller/*Greger* § 262 Rn. 12).

Bei Geltendmachung von immateriellen Schadensersatzansprüchen kann der Kläger den Streitwert über die Angabe des Mindestbetrages beeinflussen, sodass eine – möglicherweise nur geringe – Anhebung oder Absenkung des angegebenen Mindestbetrages in machen Fällen Auswirkungen auf die sachliche Zuständigkeit des Gerichts haben kann (i. Ü. unten Rdn. 2401).

Für den Beklagten bietet sich diesbezüglich eine Einflussmöglichkeit allenfalls durch die Erhebung einer Widerklage mit einem Anspruch, der zur Zuständigkeit der Landgerichte gehört. Sofern die Klage beim Amtsgericht anhängig ist, hat dieses dann den Rechtsstreit auf Antrag ans Landgericht zu verweisen (§ 506 ZPO).

Sonst kann eine an sich nicht gegebene Zuständigkeit nur durch rügelose Einlassung des Beklagten begründet werden (§ 39 ZPO; oben Rdn. 485).

bb) Gesichtspunkte für die Wahl

504 Hierbei braucht der Kläger die Belange des Schuldners nicht zu berücksichtigen und darf in erster Linie **seine Interessen** durchsetzen.

505 (1) Vorteilhaft für die Prozessführung ist ein in **örtlicher Nähe** zum Wohnsitz des Klägers gelegenes Gericht (eingehend hierzu LG Karlsruhe JZ 1989, 690, 692).

Nicht nur, dass man dann kurze Wege zum Gerichtsgebäude hat, sondern nützlich kann auch die Kenntnis der örtlichen Rechtsprechung sowie der jeweiligen Gepflogenheiten sein. Auch wenn man beim Richter als seriöser Anwalt bekannt ist, kann dies in manchen Fällen sicherlich hilfreich sein.

Es ist daher zu prüfen, ob entgegen dem allgemeinen Gerichtsstand (Wohnsitz des Beklagten, §§ 12, 13 ZPO) ein Klägergerichtsstand in Betracht kommt, z. B. in besonderen Fällen der Gerichtsstand des Erfüllungsortes gem. § 29 ZPO (insbesondere bei Bau- und Anwaltsverträgen am Ort des Bauwerks oder Sitz der Anwaltskanzlei für die Werklohn- bzw. Honorarforderung).

Diese Frage des Bestehens eines gemeinsamen Erfüllungsortes für die beiderseitigen Vertragspflichten an dem Ort, wo die vertragscharakteristische Leistung zu erbringen ist, ist sehr umstritten (Palandt/*Grüneberg* § 269 Rn. 13; Zöller/*Vollkommer* § 29 Rn. 24). Nunmehr hat der BGH (NJW 2004, 54) diese Frage für den Anwaltsvertrag geklärt und einen solchen (am Sitz der Kanzlei) verneint (ebenso bereits *Prechtel* NJW 1999, 3617; ders. MDR 2001, 591; ders. 2003, 667; ders. BGH-Report 2004, 183 – Anm. zu BGH). Der sicherste Weg für die anwaltliche Honorarklage ist daher die Klageerhebung beim allgemeinen Gerichtsstand des Beklagten.

Dabei wird in der Praxis oft übersehen, dass nach § 269 Abs. 1 BGB der Wohnsitz des Schuldners zur Zeit der Entstehung des Schuldverhältnisses für § 29 ZPO maßgebend ist (*Fischer* MDR 2000, 302). Dies bedeutet, dass sich bei einem Wohnortwechsel des Beklagten der einmal begründete Gerichtsstand des Erfüllungsortes nicht verändert. In vielen Fällen liegt dieser in räumlicher Nähe zum Wohnsitz des Klägers.

Auch bei Klagen aus unerlaubten Handlungen ist der Wohnsitz des Klägers als Verletzter regelmäßig der Ort, an dem der Verletzungserfolg eingetreten ist und damit der Gerichtsstand nach § 32 ZPO (Thomas/Putzo/*Hüßtege* § 32 Rn. 7).

506 (2) **Anspruchskonkurrenz**

Beim Zusammentreffen deliktischer und vertraglicher Ansprüche darf das nach § 32 ZPO zuständige Gericht nach der neuesten Rechtsprechung des BGH auch vertragliche Ansprüche bei der Entscheidung berücksichtigen. Denn es muss den Rechtsstreit unter sämtlichen rechtlichen Gesichtspunkten, die im Rahmen des einheitlichen prozessualen Anspruchs in Betracht kommen, entscheiden (BGH NJW 2003, 828 unter Aufgabe seiner bisherigen ablehnenden Rspr. und entgegen der bisherigen h. M., Problematik der sog. gespaltenen Zuständigkeit, Thomas/Putzo/*Hüßtege* Vorbem. § 12 Rn. 8; Zöller/*Vollkommer* §§ 12 Rn. 21, 32 Rn. 20).

Diese Ansicht hat einerseits zur Folge, dass sich der Kläger einen für ihn u. U. günstigen Gerichtsstand für die nicht deliktischen Ansprüche verschaffen kann, indem er nur schlüssige Tatsachen für eine unerlaubte Handlung behauptet (Thomas/Putzo/*Hüßtege* §§ 29 Rn. 7, 32 Rn. 8).

Andererseits besteht für den Kläger bei einer auf Delikt gestützten erfolglosen Klage keine zweite Chance mehr dadurch, dass er den schuldrechtlichen Anspruch – ggf. bei einem anderen örtlich zuständigen Gericht – gesondert einklagt.

Dabei begründet aber insbesondere die bloße (grundlose) Nichtzahlung einer Forderung allein noch keinen Betrugsverdacht. Denn dieser erfordert, dass bereits bei Vertragsabschluss entweder keine Zahlungsfähigkeit oder keine Zahlungswilligkeit bestand, deren Vorliegen stillschweigend bei Abschluss eines Vertrages erklärt wird (praktisch häufigster Fall konkludenter Täuschung! § 263 StGB). Ebenso wenig liegt – entgegen gelegentlich angenommener Ansicht – im Abschluss eines Zahlungsvergleiches durch eine mittellose Person ein Betrug, da der Verlust einer nicht realisierbaren Forderung keinen Vermögensschaden darstellt.

(3) Gerichtstypische Besonderheiten 507

Beispielsweise Arbeitsweise des Gerichts – besonders zügig/sorgfältig – und vor allem dessen etwaige besonders günstige Rechtsprechungspraxis (vor allem in rechtlichen Spezialgebieten) und u. U. die technische Ausstattung für eine Videoverhandlung (§ 128a ZPO).

(4) Landesrechtliche Besonderheiten 508

Dies betrifft die Frage, ob bei bestimmten Streitigkeiten ein Schlichtungsverfahren vor Klageerhebung durchzuführen ist und u. U. vermieden werden soll (oben Rdn. 346).

(5) Neutrale Gutachter 509

Es ist nicht auszuschließen, dass eine gewisse Verflechtung zwischen potenziellen Sachverständigen und dem, an deren Sitz verklagten (großen) Unternehmen besteht (*Lanz* ZRP 1998, 337, Fn. 45: »vielfach ist die Creme einer Stadt eng verbunden«). Sofern rechtlich möglich, kann es sich als vorteilhaft erweisen, das Unternehmen woanders zu verklagen (z. B. § 215 VVG – Gerichtsstand der Agentur bei Versicherungen; § 21 ZPO – Gerichtsstand der Niederlassung).

(6) Bei einer Mehrheit von Beklagten ist es grundsätzlich zweckmäßig, **mehrere Beklagte** möglichst zusammen am selben Gericht zu verklagen. 510

Dadurch wird eine Zersplitterung der Verfahren verhindert, die Entstehung von Mehrkosten wird vermieden und dem Kläger kommt vor allem der Effekt der Zeugenausschaltung zugute. Hierzu muss allerdings ein gemeinsamer Gerichtsstand bestehen oder durch Antrag nach § 37 ZPO bestimmt werden (oben Rdn. 495).

3. Die Kammer für Handelssachen

Zu den Wahlmöglichkeiten des Klägers im Rahmen der Zuständigkeit des anzurufenden Gerichts gehört auch die Kammer für Handelssachen, die beim Landgericht anstelle der Zivilkammer zuständig sein kann (§ 100 GVG). 511

Die Kammer für Handelssachen ist anders als die Zivilkammer nicht mit drei Berufsrichtern, sondern nur mit einem Berufsrichter (als Vorsitzenden) und zwei ehrenamtlichen Handelsrichtern besetzt (§§ 105, 109 GVG). Dabei handelt es sich um Kaufleute, die aufgrund ihrer besonderen Sachkunde für Handelssachen an der Rechtsfindung beteiligt werden. Handelskammern sind nicht bei allen Landgerichten eingerichtet. § 93 Abs. 1 GVG räumt den Landesjustizverwaltungen insoweit ein Ermessen ein. Soweit es bei den anderen Gerichten (Amtsgerichten, Oberlandesgerichten, Bundesgerichtshof) nach der Geschäftsverteilung besondere Zuständigkeiten für Handelssachen gibt, sind damit Besonderheiten der Gerichtsbesetzung nicht verbunden.

Die Abgrenzung der Zuständigkeiten von Zivilkammer und Kammer für Handelssachen ist Frage der **gesetzlichen Geschäftsverteilung**. 512

Sie gehört damit nicht zu den Zulässigkeitsvoraussetzungen (weil bei Nichtzuständigkeit keine Abweisung der Klage in Betracht kommt, sondern lediglich eine Verweisung an die zuständige Zivilkammer) und ist von Amts wegen vor der sachlichen und örtlichen Zuständigkeit zu prüfen, weil nur die nach der Geschäftsverteilung zuständige Kammer das Vorliegen der Zulässigkeitsvoraussetzungen zu beurteilen hat (Zöller/*Gummer* § 94 GVG Rn. 6).

4. Kapitel — Rechtstitulierung im allgemeinen Klageverfahren

513 Grundsätzlich ist für alle erstinstanzlichen Klagen beim Landgericht die Zivilkammer zuständig. Ausnahmsweise kann die Kammer für Handelssachen zuständig werden, wenn eine **Handelssache** vorliegt und eine Partei einen **Antrag** auf Verhandlung vor der Kammer für Handelssachen gestellt hat.

Handelssachen sind die in § 95 GVG genannten Rechtsstreitigkeiten. Wichtigster Fall ist die Klage gegen einen im Handelsregister eingetragenen Kaufmann aus einem beiderseitigen Handelsgeschäft.

Den Antrag auf Verhandlung vor der Kammer für Handelssachen kann der Kläger nur in Klageschrift stellen (§ 96 Abs. 1 GVG). Er muss nicht ausformuliert werden, die Adressierung der Klage an die Kammer für Handelssachen reicht aus (OLG Brandenburg MDR 2000, 1029). Fehlt ein solcher Antrag, gelangt die Berufung zunächst in die Zuständigkeit der Zivilkammer. Vor dieser kann nur der Beklagte noch die Verweisung an die Kammer für Handelssachen beantragen (§ 98 Abs. 1 GVG). Dieser Antrag muss in der Klageerwiderung gestellt werden, wenn hierfür eine Frist gesetzt war (§ 101 GVG). Liegt nach Auffassung der Zivilkammer eine Handelssache vor, so erfolgt eine Verweisung an die Kammer für Handelssachen.

Hat der Kläger einen Antrag auf Verhandlung vor der Kammer für Handelssachen gestellt, so wird die Sache dort anhängig. Ist die Kammer für Handelssachen dann der Auffassung, es liege keine Handelssache vor, verweist sie den Rechtsstreit (auf Antrag des Beklagten oder von Amts wegen, § 97 GVG) an die Zivilkammer. Der Kläger bleibt dagegen an seinen anfänglichen Antrag gebunden.

514 Ob ein Antrag auf Verhandlung vor der KfH **sinnvoll** ist, richtet sich nach den Interessen des Mandanten im Einzelfall.

Dafür wird die regelmäßig größere Sachkunde der Kammer für die Handelssachen sprechen, dagegen eventuell die Beteiligung von Mitbewerbern auf der Richterbank.

II. Parteien

1. Verfahrensbeteiligte

515 Besonderer Überlegung bedarf auch die Frage nach den richtigen Prozessbeteiligten.

516 Prozessbeteiligt sind zunächst die **Parteien**, der Kläger und der Beklagte.

517 Kläger und Beklagter wird, wer in der Klageschrift entsprechend bezeichnet und am Zustellungsverhältnis der Klage (als Veranlasser oder Empfänger) beteiligt ist (sog. »**formeller Parteibegriff**«).

518 Dabei geht die ZPO als Regelfall von Einzelparteien aus, einem Kläger und einem Beklagten. Mehrere Personen können gemeinsam klagen oder verklagt werden. Sie handeln dann als **Streitgenossen**, ohne dass es hierfür besonderes strenger Anforderungen bedarf (§§ 59, 60 ZPO; OLG Düsseldorf NJW-RR 2011, 572). Im Regelfall führt die (einfache) Streitgenossenschaft nur zu einer organisatorischen Verbindung mehrerer ansonsten getrennt zu behandelnden und zu entscheidender Prozessrechtsverhältnisse, nur selten handelt es sich um eine notwendige Streitgenossenschaft, bei der die Entscheidung aus prozessualen oder materiellen Gründen zwingend einheitlich ergehen muss. Für die Klageerhebung ist dabei darauf zu achten, dass materiellrechtlich notwendige Streitgenossen nur gemeinsam klagen können, Einzelklagen unzulässig sind.

519 Ein Dritter kann auf eigenen Antrag (§ 70 ZPO) einer Partei eines bereits anhängigen Prozesses als **Nebenintervenient** (Streithelfer) beitreten, um diese bei der Prozessführung zu unterstützen, wenn er hieran ein rechtlich geschütztes Interesse hat (§ 66 ZPO). Der Nebenintervenient kann dann alle Prozesshandlungen selbst im gleichen Umfang wirksam vornehmen, wie die Partei dies auch könnte; beschränkt sind seine Befugnisse nur durch die vorrangigen Kompetenzen der Hauptpartei: Besteht ein Widerspruch zwischen Prozesshandlungen des Nebenintervenienten und der Partei, so gehen die der Partei immer vor (§ 67 Halbsatz 2 ZPO). Als Folge seines Beitritts wird er an die Prozessergebnisse gebunden (§ 68 ZPO).

520 Tritt der Dritte nicht bei, ist seine Bindung an die Prozessergebnisse aber für einen möglichen Folgeprozess aus der Sicht einer Partei sinnvoll, so kann sie den Dritten zum Beitritt förmlich auffordern, ihm

den **Streit verkünden** (§§ 72, 73 ZPO). Tritt der Dritte daraufhin bei, so wird er Nebenintervenient, tritt er nicht bei, wird er dennoch an die Prozessergebnisse gebunden (§ 74 ZPO; unten Rdn. 2460).

Andere Formen der Beteiligung Dritter am Rechtsstreit kommen in der Praxis nur sehr selten vor (*Stoffregen* JuS 2009, 421; *Kruse* JuS 2009, 424). 521

(1) Von einer **Hauptintervention** (§ 64 ZPO) spricht man bei der Klage eines Dritten gegen beide Parteien eines anhängigen Verfahrens mit dem Vortrag, die Sache bzw. das Recht, um das dort gestritten wird, werde für sich selbst in Anspruch genommen (unten Rdn. 2457). 522

▶ Beispiel: 523

Verlangt der Kläger vom Beklagten Herausgabe einer Sache, von der ein Dritter meint, sie gehöre ihm, so kann er im Wege der Hauptintervention gegen beide Parteien vorgehen.

(2) Im Wege des **Prätendentenstreits** (§ 75 ZPO) streiten zwei Kläger um die Gläubigerstellung eines materiellrechtlichen Anspruchs (unten Rdn. 1188, 2431). 524

▶ Beispiel: 525

Ist in obigem Beispiel dem Beklagten klar, dass er die Sache herausgeben muss, weiß er nur nicht, ob an den Kläger oder an den Dritten, so kann er die Sache hinterlegen und dem Dritten den Streit verkünden. Tritt dieser ein, so wird der Beklagte aus dem Rechtsstreit entlassen, der Prozess zwischen dem Kläger und dem Dritten fortgesetzt.

(3) Bei der **Urheberbenennung** (§§ 76, 77 ZPO) handelt es sich um den Streit zweier Beklagter um ein dem Kläger entgegenzusetzendes Recht (unten Rdn. 1188, 2431). 526

▶ Beispiel: 527

Leitet der auf Herausgabe in Anspruch genommene Beklagte ein Recht zum Besitz von einem Dritten ab (der die Sache z. B. vom Kläger geliehen und an den Beklagten weiter verliehen hat), so kann er diesem Dritten den Streit verkünden. Tritt der Dritte in den Prozess ein, so wird der Prozess zwischen ihm und dem Kläger fortgesetzt (§ 76 Abs. 3, 4 ZPO); tritt er nicht ein, so kann der Beklagte an den Kläger herausgeben, ohne hieraus dem Dritten zu haften (§ 76 Abs. 2 ZPO).

2. Auswahlkriterien

Bei der zweckmäßigen Auswahl der Verfahrensbeteiligten sind folgende **Gesichtspunkte** zu berücksichtigen: 528

(1) Die Parteien müssen **sachlegitimiert**, der Kläger aktiv-, der Beklagte passiv legitimiert sein. 529

Aktiv- und Passivlegitimation betreffen die materielle Berechtigung bzw. Verpflichtung, sind damit Teil der Begründetheit der Klage. Sie dürfen nicht verwechselt werden mit der prozessualen Berechtigung bzw. Verpflichtung, der Prozessführungsbefugnis, die Teil der Zulässigkeit der Klage ist.

In der Praxis wird häufig gedankenlos der Mandant als Kläger, der von ihm als Schuldner bezeichnete als Beklagter behandelt. Dabei birgt das materielle Recht eine unüberschaubare Vielzahl von Problemen, die Einfluss auf die Frage haben, wer etwas von wem verlangen kann.

Ob der vertraglich Handelnde im eigenen oder im fremden Namen handelte, er sich selbst oder einen Dritten verpflichtete, ob Ansprüche aus dem Vertrag der Vertragspartei oder einem Dritten zustehen, wer sachenrechtlich als Störer anzusehen ist, ob Besitz- oder Eigentumsschutzansprüche geltend gemacht werden sollen, wer zu Liquidierung eines Schadens berechtigt ist, liegt häufig nicht auf der Hand, sondern bedarf der gründlichen Vorprüfung.

Wo eine **Mehrheit von Berechtigten und Verpflichteten** besteht, bestehen besondere Probleme. Diese liegen nicht nur in der Notwendigkeit, das materielle Innenverhältnis (Mit- oder Gesamtgläubiger/Mit- oder Gesamtschuldner), sondern auch in der Klärung, ob von/gegen alle Beteiligten dieselben Ansprüche geltend gemacht werden können. 530

Auch wenn nunmehr (anders als früher) Schmerzensgeldansprüche gegen sämtliche Beteiligte eines Verkehrsunfalls (Fahrer, Halter, Versicherer) geltend gemacht werden können (§§ 11 StVG, 6 HaftpflG, 253 Abs. 2 BGB), ist dessen Höhe dem Halter und dem Fahrer gegenüber (wegen des bei der Bemessung zu berücksichtigenden individuellen Haftungsmaßstabs [Verschulden oder Gefährdungshaftung]) nicht notwendig identisch (*Wagner* NJW 2002, 2054).

531 Wegen der Einzelwirkung bestimmter Tatsachen gem. § 425 BGB muss die Klage nicht gegen alle Gesamtschuldner erfolgreich sein (entsprechende Kostentragungspflicht bei Teilunterliegen). Wird hingegen die zunächst nur gegen einen Schuldner gerichtete Klage abgewiesen, so besteht für den Kläger die Möglichkeit, anschließend den anderen zu verklagen.

Es gibt keine Verpflichtung, Gesamtschuldner gemeinsam zu verklagen (Zöller/*Vollkommer* § 62 Rn. 10, 17). Die Rechtskraft bindet auch grundsätzlich nur die Parteien des ersten Prozesses (§ 325 Abs. 1 ZPO; Ausnahme: Rechtskraft der Klageabweisung gegen Hauptschuldner für Bürgen, Thomas/Putzo/*Reichold* § 325 Rn. 5; auch § 767 BGB). Damit erhält der Kläger praktisch eine zweite Chance (evtl. anderer Richter/neue Beweismittel/Fehler der ersten Klage vermeidbar). Zu beachten ist aber, dass die Verjährung nur gegenüber dem verklagten Gesamtschuldner gehemmt wird.

Nicht zulässig ist es, zunächst nur einen Gesamtschuldner zu verklagen und die Klageerhebung gegen den anderen vom Erfolg der (ersten) Klage abhängig zu machen (Zöller/*Vollkommer* § 60 Rn. 10: unzulässige außerprozessuale Bedingung, da selbstständige Prozesse).

Werden nicht alle Gesamtschuldner verklagt, ist es regelmäßig zumindest sinnvoll, ihnen den Streit zu verkünden (unten Rdn. 2460).

Zu Alternativschuldnern, bei denen nicht klar ist, wer von mehreren in Betracht kommenden Personen passiv legitimiert ist, unten Rdn. 539 f.

532 (2) Die Parteien müssen **prozessual legitimiert**, d. h. **prozessführungsbefugt** sein.

Dies ist, wer ein eigenes Recht im eigenen Namen geltend macht bzw. wer aus einer eigenen Verpflichtung in Anspruch genommen wird. Grundsätzlich ist nur der materielle Rechtsinhaber zur prozessualen Geltendmachung seiner Forderung berechtigt, vermieden wird damit, dass ein Dritter sich in die Befugnisse des Rechtsinhabers drängt. Soll das Recht ausnahmsweise nicht durch den Inhaber, sondern einen Dritten geltend gemacht werden, muss entweder eine materielle Rechtsübertragung (»Inkassozession«) oder eine Ermächtigung zur prozessualen Geltendmachung erfolgen (»gewillkürte Prozessstandschaft«; dazu unten Rdn. 558).

Schwierig ist die Bestimmung der Prozessführungsbefugnis bei unter Betreuung oder Pflegschaft stehenden Personen (*Borck* MDR 1991, 97). Grundsätzlich bleibt der Betreute bzw. Pflegebefohlene voll geschäfts- und damit auch prozessfähig. Er kann deswegen – solange kein Einwilligungsvorbehalt (§ 1903 BGB) angeordnet ist – selbstständig klagen oder verklagt werden. Der Betreuer/Pfleger hat als gesetzlicher Vertreter konkurrierend hierzu ebenfalls Handlungsvollmacht, d. h., der Prozess kann auch von bzw. gegen ihn geführt werden. Im materiellen Recht wird diese Zuständigkeitskonkurrenz durch den Vorrang des Willens des Betreuten (§ 1901 Abs. 2 BGB) geregelt, im Prozessrecht verhindert § 53 ZPO die simultane und ggf. divergierende Prozessführung durch Betreuer und Betreuten, indem es ein Prozessführungsmonopol begründet: Wird der Betreute im Prozess durch seinen Betreuer bzw. Pfleger vertreten, so steht er einer nicht prozessfähigen Person gleich; der Betreute/Pflegebefohlene ist Partei und behält aufgrund der fortbestehenden Geschäftsfähigkeit die materiellrechtliche Verfügungsbefugnis, prozessführungsbefugt ist jedoch allein der gesetzliche Vertreter (BGH NJW 1988, 51). Streitig ist, ob der Betreuer gegen den Willen des Betreuten in den Prozess eintreten kann; dies dürfte abzulehnen sein, weil der Wille des Betreuten grundsätzlich vorgeht (§ 1901 Abs. 2 BGB; Baumbach/*Hartmann* § 53 Rn. 3).

533 ▶ Praxistipp:

Die Sicherungsabtretung einer Forderung muss im Prozess nicht offen gelegt werden.

Praktisch häufig wird der Umstand, dass der Kläger nach einer Sicherungsabtretung nicht mehr Rechtsinhaber ist, schlicht verschwiegen (euphemistisch auch »verdeckte Abtretung« genannt). Solange das Gericht die Abtretung nicht kennt, wird es sie nicht berücksichtigen, der frühere Rechtsinhaber erhält einen Titel. Trägt der Beklagte die Abtretung vor, kann der Kläger – wenn keine Rückabtretung der Forderung erfolgt – die (schwierigen) Voraussetzungen einer gewillkürten Prozessstandschaft immer noch vorgetragen.

(3) Alle Verfahrensbeteiligten müssen parteifähig sein, Prozessfähigkeit und Postulationsfähigkeit 534
müssen in eigener Person oder durch Vertreter erfüllt werden.

Parteifähig ist, wer rechtsfähig ist. 535

Dazu gehören alle natürlichen Personen zwischen Geburt und Tod (in Ausnahmefällen auch davor bzw. danach: §§ 1594 Abs. 4, 1595 Abs. 3, 1615o Abs. 1, 1912 Abs. 1, 1923 Abs. 2, 2108, 2178 BGB; OLG Schleswig MDR 2000, 397 mit Anm. *Born*). Dazu gehören auch alle juristischen Personen des öffentlichen wie des privaten Rechts sowie die (Außen-) Gesellschaft bürgerlichen Rechts; sie kann daher den Prozess im eigenen Namen führen; möglich bleibt daneben auch die Geltendmachung durch oder gegen die gesamthänderisch verbundenen Gesellschafter (BGH NJW 2001, 1056). Bei Handelsgesellschaften beginnt die Rechtsfähigkeit mit der Eintragung im Handelsregister (§§ 21 BGB, 41 AktG, 11 GmbHG) und endet mit deren Löschung (*Lorenz* JuS 2010, 11; *Huber* JuS 2010, 201).

Die Vorgesellschaft, d. h. die GmbH oder die AG zwischen dem Abschluss des Gesellschaftsvertrages und der Eintragung im Handelsregister, stellt eine notwendige Vorstufe zur juristischen Person dar, auf die weitgehend die für die spätere Rechtsform geltenden Regeln anzuwenden sind (BGH NJW 1998, 1080; *Markgraf/Kießling* JuS 2010, 312).

Nach der *Löschung* im Handelsregister ist die *juristische Person* grundsätzlich nicht mehr rechts- und damit auch nicht mehr parteifähig. Sie existiert jedoch fort, solange sie noch Vermögen hat oder sonstiger Abwicklungsbedarf besteht. Ist die juristische Person im Prozess Kläger, so behauptet sie eigene (Leistungs- oder Kosten-) Ansprüche gegen den Beklagten, deren Bestehen erst im Rahmen der Begründetheit der Klage geprüft und für die Zulässigkeit unterstellt wird (sog. »doppelrelevante Tatsache«, ständige Rechtsprechung seit RGZ 29, 371, 373 f. und RGZ 158, 1, 2; BGH MDR 2011, 56), sodass der Prozess fortgesetzt wird. Steht die juristische Person auf Beklagtenseite, so ist streitig, ob die Unklarheit über den Kostenerstattungsanspruch zum Fortbestand der Parteifähigkeit führt oder ob diese erlischt und der Rechtsstreit (durch Erledigungserklärung des Gegners oder durch Prozessurteil) endet. In jedem Fall ist zu beachten, dass sich bereits mit der Liquidation die Vertretungsverhältnisse ändern (z. B. §§ 66 ff. GmbHG, 146 ff. HGB; BGH NZM 1999, 428).

Probleme wirft die Rechts- und Parteifähigkeit von ausländischen Gesellschaften auf. Zu deren Begründung kann entweder auf den Ort der Gründung der Gesellschaft oder auf den Ort ihres Verwaltungssitzes abgestellt werden. Nach der Rechtsprechung des EuGH zur Niederlassungsfreiheit sind Gesellschaften mit Sitz in einem Mitgliedstaat der Europäischen Union oder des Europäischen Wirtschaftsraums berechtigt, ihren Verwaltungssitz in einen anderen Mitgliedstaat zu verlegen, ohne deshalb nach dem Recht des Sitzstaates beurteilt zu werden. Wer in seinem Gründungsstaat rechtsfähig war, bleibt es damit auch im Staat seines Verwaltungssitzes (»Gründungstheorie«). Die Rechtsfähigkeit von Gesellschaften, die in einem »Drittstaat« gegründet worden sind, der weder der Europäischen Union angehört noch aufgrund von Verträgen hinsichtlich der Niederlassung gleichgestellt ist, hat die Rechtsprechung dagegen weiter nach der Sitztheorie beurteilt, wonach für die Rechtsfähigkeit einer Gesellschaft das Recht des Sitzstaates maßgeblich ist (»Sitztheorie«). Die Rechtsfähigkeit einer in einem »Drittstaat« gegründeten Gesellschaft ist also nach dem Recht des Ortes zu beurteilen, an dem sie ihren Verwaltungssitz hat. Eine im Ausland gegründete Aktiengesellschaft ist also als solche nur dann in Deutschland rechtsfähig, wenn sie im deutschen Handelsregister eingetragen ist, was eine Neugründung voraussetzt. Sie kann aber in anderer Rechtsform rechtsfähig sein, insbesondere als offene Handelsgesellschaft oder Gesellschaft bürgerlichen Rechts, die keiner Eintragung in ein deutsches Register bedürfen. In diesem Fall bestimmt sich auch die Vertretung der Gesellschaft nach den entsprechenden deutschen Vorschriften (BGH NJW 2009, 289).

Prozessfähig ist, wer geschäftsfähig ist § 52 ZPO. 536

Nicht prozessfähige Personen (zu denen nach h. M. Baumbach/*Hartmann* § 52 Rn. 16 f.) auch juristische Personen gehören, müssen vertreten werden (Minderjährige durch ihre Eltern, juristische Personen durch ihre Organe). Eine dem § 106 BGB entsprechende beschränkte Prozessfähigkeit gibt es nicht: Wer in der Geschäftsfähigkeit beschränkt ist, ist grundsätzlich prozessunfähig. Soweit Minderjährige unbeschränkt geschäftsfähig sind (z. B. nach §§ 112 f. BGB), sind sie in diesem Umfang auch prozessfähig (*Staudinger/Steinrötter* JuS 2012, 97; *Lorenz* JuS 2010, 11; *Huber* JuS 2010, 201). Besteht Streit über die Prozessfähigkeit einer Person, so kann diese im Prozess zumindest bis zu dessen Klärung wirksam selbst auftreten (sog. »Zulassungsstreit«).

537 Rechtsanwälte sind in allen Verfahren **postulationsfähig**, für sie stellen sich die Probleme der §§ 78, 79 ZPO nicht.

> Durch die mit dem RDG erfolgte Änderung der Vorschriften über die Prozessvertretung (die den anderen Verfahrensordnungen angeglichen wurden) sind Erforderlichkeit und Ausgestaltung der Postulationsfähigkeit unverändert geblieben. Änderungen eingetreten sind im Parteiprozess, wo die Sonderregelung für die Vertretung in der Verhandlung (§ 157 ZPO a. F.) entfallen und die Vertretung innerhalb und außerhalb der Verhandlung nunmehr einheitlich in § 79 ZPO geregelt ist. Dort ist an die Stelle der unzulässigen geschäftsmäßigen Vertretung ein Katalog zulässiger Vertreter getreten. Vom Gericht zurückgewiesen werden können nur nicht-anwaltliche Prozessvertreter (§ 79 Abs. 3 ZPO). Die Terminsvertretung kann Stationsreferendaren beim Amtsgericht alleine überlassen werden, beim Landgericht darf der Referendar nur in Anwesenheit eines Anwalts auftreten (§ 157 ZPO).

538 (4) Die Auswahl der Parteien kann Bedeutung haben für die **Erfolgsaussichten** im **Erkenntnisverfahren**.

> Wer Partei ist, kann nicht Zeuge sein. Zeugen sind regelmäßig nicht austauschbar, Parteien dagegen schon. Werden auf der eigenen Parteiseite Zeugen benötigt, dürfen die in Betracht kommenden Personen nicht als Partei »verbraucht« werden. Sollen auf der Gegenseite mögliche Zeugen »ausgeschaltet« werden, können diese verklagt werden. Dazu unten Rdn. 575.

539 Bei mehreren potenziellen Schuldnern kann die Beweislast davon abhängen, welche Personen oder in welcher Reihenfolge sie in Anspruch genommen werden.

540 ▶ Beispiel:

> Nimmt der Geschädigte z. B. den Verrichtungsgehilfen selbst in Anspruch (§ 823 BGB), hat er auch dessen Verschulden zu beweisen (Palandt/Sprau § 823 Rn. 167). Demgegenüber hat der in Anspruch genommene Geschäftsherr sich zu entlasten und nachzuweisen, dass ihn kein Verschulden trifft. Wenn also der objektive Tatbestand einer unerlaubten Handlung vorliegt, wird vom Gesetz ein Verschulden des Geschäftsherrn vermutet (§ 831 BGB).
>
> Ist nicht sicher, ob ein auf der Gegenseite tätig gewordener Vertreter Vertretungsmacht hatte oder nicht, so muss der Gläubiger bei Inanspruchnahme des Vertretenen beweisen, dass die Vollmacht wirksam war. Nimmt er den Vertreter aus § 179 BGB in Anspruch, muss dieser seine Vertretungsmacht beweisen.

541 Voraussetzung für den prozessualen Erfolg gegen einen möglichen Beklagten ist auch, dass dieser in das Verfahren einbezogen werden kann. Hierzu ist es entweder erforderlich, dass seine **Anschrift** bekannt oder jedenfalls ermittelbar ist, hilfsweise, dass die Voraussetzungen einer öffentlichen Zustellung gegen ihn vorliegen.

> Klage vorbereitend kann es dabei erforderlich sein, eine Auskunft aus dem Einwohnermelderegister einzuholen, beim letzten bekannten Vermieter oder Arbeitgeber nachzufragen oder sonstige Nachforschungen anzustellen. Ergeben diese eine ladungsfähige Anschrift, kann sie in der Klageschrift angegeben werden; lässt sich eine Anschrift nicht feststellen, können damit zumindest die Voraussetzungen der öffentlichen Zustellung nach § 185 ZPO dargelegt werden.

542 (5) Auch für die **Erfolgsaussichten** der späteren **Zwangsvollstreckung** kann die Parteiauswahl wichtig sein.

> Von mehreren möglichen Schuldnern wird sinnvollerweise der solventere in Anspruch genommen, von mehreren gleich solventen derjenige, bei dem eher eine freiwillige Zahlung zu erwarten ist oder bei dem die Vollstreckung praktisch einfacher erscheint. Ein Titel gegen mehrere Schuldner verspricht größeren Vollstreckungserfolg als der Titel nur gegen einen Schuldner.
>
> Deshalb empfiehlt sich bei Schadensersatzansprüchen aus einem Verkehrsunfall (auch) die Haftpflichtversicherung des gegnerischen Fahrzeughalters (mit) zu verklagen (§ 3 PflVersG).
>
> Auch erleichtert grundsätzlich z. B. bei Miteigentum ein Titel gegen sämtliche Miteigentümer die Vollstreckung.

Bei einem Herausgabeanspruch muss der Titel generell gegen jeden Gewahrsaminhaber gerichtet sein. Dies gilt insbesondere auch für einen Räumungstitel (BGH MDR 2004, 53: Untermieter; NJW 2004, 3041: Ehegatte des Mieters, bislang str.; Thomas/Putzo/*Hüßtege* § 885 Rn. 4a; Zöller/*Stöber* § 885 Rn. 5 ff.; OLG Koblenz BRAK-Mitt. 2003, 122: Grundsatz des sichersten Weges!). Denn die Zwangsvollstreckung kann nur gegen eine Person begonnen werden, die im Titel und in der Vollstreckungsklausel als Vollstreckungsschuldner bezeichnet ist (§ 750 Abs. 1 ZPO). Eine Klauselumschreibung auf den im Titel nicht aufgeführten weiteren Besitzer kann nach § 727 ZPO allenfalls nur dann in Betracht kommen, wenn dieser den Mitbesitz erst nach der Rechtshängigkeit der Räumungsklage erworben hat (Baumbach/*Hartmann* § 727 Rn. 30). Da dies juristischen Laien – angesichts fehlender vertraglicher Beziehung zu dem Dritten – nicht ohne Weiteres bewusst ist, muss der Anwalt vor Klageerhebung unbedingt beim Mandanten entsprechend nachfragen.

Um bei einer OHG und KG (auch) in das womöglich allein noch vorhandene Privatvermögen des (persönlich haftenden) **Gesellschafters** (u. U. noch vor anderen Gläubigern) vollstrecken zu können, ist es erforderlich, (auch) ihn selbst zu verklagen (§ 128 HGB). Umgekehrt genügt ein Titel gegen den persönlich haftenden Gesellschafter nicht, um in das Vermögen der Gesellschaft vollstrecken zu können (§§ 124 Abs. 2, 161 Abs. 2 HGB). 543

Bei der vom BGH als rechts- und parteifähig anerkannten BGB-(Außen) Gesellschaft kann bei einem Titel gegen die **Gesellschaft** selbst nur in das Gesamthandsvermögen vollstreckt werden (NJW 2001, 1056; *Wertenbruch* NJW 2002, 324 zu weiteren Auswirkungen für die Gerichts- und Vollstreckungspraxis). Da für die Vollstreckung in das Gesellschaftsvermögen ein gegen die einzelnen Gesellschafter gerichteter Titel weiterhin ausreicht (§ 736 ZPO), können auch nur diese verklagt werden. Die Gesellschaft selbst hingegen muss – mit dem Risiko ihrer Nichtexistenz – nicht verklagt werden. Dies ist auch geboten, wenn eine eindeutige Bezeichnung der Gesellschaft als solcher nicht möglich ist. 544

▶ Praxistipp: 545

Wenn unklar ist, ob wirklich eine Außengesellschaft mit Gesamthandsvermögen existiert, empfiehlt es sich, neben der Gesellschaft auch die Gesellschafter persönlich mit zu verklagen.

Deren Haftung entspricht derjenigen der OHG-Gesellschafter. Die Gesellschafter schulden also (und haften nicht bloß) mit ihrem ganzem Vermögen (nicht bloß begrenzt) unmittelbar (nicht bloß mittelbar), primär (nicht bloß subsidiär) und gesamtschuldnerisch (nicht bloß anteilig). Ihre Inanspruchnahme ist deswegen »praktisch immer ratsam« (BGH NJW 2001, 1056, 1060).

Stellt sich nämlich während des Prozesses heraus, dass nur einzelne Gesellschafter als Gesamtschuldner haften (§ 427 BGB) und nicht alle als Gesamthandsgemeinschaft, wird nur die Klage gegen die Gesellschaft abgewiesen. Zudem werden dadurch auch die Gesellschafter als Zeugen ausgeschaltet (unten Rdn. 575).

Stellt sich bei einem Urteil gegen die Gesellschaft erst während der Zwangsvollstreckung heraus, dass überhaupt kein Gesellschaftsvermögen vorhanden ist, bleiben dem Gläubiger noch die Titel gegen die einzelnen Gesellschafter. Dabei kann die persönliche Haftung der Gesellschafter nicht allein durch den Zusatz »GbRmbH« beschränkt werden, sondern nur durch eine individualvertragliche Vereinbarung (BGH NJW 1999, 3483). Schließlich kann man bei einem Titel gegen die Gesellschafter auch etwaige Schwierigkeiten bei der Vollstreckung in ein Grundstück der Gesellschaft vermeiden (*Garcia-Scholz/Günther* ProzRB 2003, 89).

Tritt hingegen eine BGB-Gesellschaft als Kläger auf, so kann sich der obsiegende Beklagte wegen seines Kostenerstattungsanspruchs auch nur an das Gesellschafts-Vermögen der Klägerin halten. Er kann sich aber u. U. einen Vollstreckungszugriff auf das Vermögen der einzelnen Gesellschafter mittels einer Drittwiderklage hinsichtlich der Kosten verschaffen (*Engels* MDR 2003, 1028).

Ebenso wenig kann der Rechtsanwalt seine Gebühren nach § 11 RVG gegen einen Gesellschafter festsetzen lassen, der nicht selbst – neben der Gesellschaft – Auftraggeber des Anwalts ist (BGH NJW 2005, 156).

3. Besondere Interessenlagen

546 Neben den dargestellten allgemeinen Überlegungen für die Auswahl der Verfahrensbeteiligten können besondere Interesselagen von Bedeutung sein.

a) Erlangung von Zeugen

547 Die Beweisbarkeit ist für den **Prozessausgang** in den meisten Fällen wichtiger als materiellrechtliche Fragen. Denn erfahrungsgemäß werden die jeweiligen Behauptungen regelmäßig gegenseitig bestritten. Dabei ist häufig prozessentscheidend, dass eine bestimmte Person als Zeuge aussagen kann bzw. dass man überhaupt einen Zeugen hat.

548 Im Zivilprozess kann eine Person nur dann **Zeuge** sein, wenn sie im konkreten Verfahren nicht als Partei vernommen werden darf, insbesondere die prozessunfähige Partei (Thomas/Putzo/*Reichold* Vorbem. § 373 Rn. 6f.; Zöller/*Greger* § 373 Rn. 4).

549 ▶ Praxistipp:

Minderjährige Kläger können Zeugen sein, während deren gesetzliche Vertreter als Partei zu vernehmen sind.

(§ 455 ZPO: bis 16 Jahre; bereits ein 7-jähriges Kind, Baumbach/*Hartmann* vor § 373 Rn. 5). An diese Möglichkeit wird in der Praxis oft nicht gedacht, mit der Folge, dass auch der entsprechende Beweisantrag nicht gestellt wird. Da hierbei der Zeitpunkt der Vernehmung maßgebend ist (Zöller/*Greger* § 373 Rn. 4), kann der Gegner durch deren Verzögerung dem minderjährigen Kläger gegebenenfalls die Zeugenstellung nehmen. Umgekehrt bleibt aber die Aussage nach Änderung der Eigenschaft als Zeugenaussage wirksam (Zöller/*Greger* § 373 Rn. 6a).

550 Da sich die Parteirolle rein formal danach bestimmt, wer in der Klageschrift als Kläger und Beklagter bezeichnet ist (»**formeller Parteibegriff**«, oben Rdn. 517, unten Rdn. 645), sind für den Kläger gewisse Einflussmöglichkeiten zur Verbesserung der eigenen und Verschlechterung der gegnerischen Beweislage gegeben (BGH NJW-RR 1988, 127: durchaus legitim; LG Köln VersR 1983, 403: rechtlich zulässig).

Auch wenn, wie *E. Schneider* (MDR 1992, 640; MDR 1998, 24) es formuliert hat, »Zeugenabschießen« sicherlich nicht die »feine Art der Prozessführung« ist, so kann sie jedenfalls sehr wirksam sein. Für die Partei bemisst sich die Qualität der Prozessführung letztlich wohl nur nach ihrem Ergebnis. Ferner können durch beweistaktische Maßnahmen in bestimmten Fällen strukturelle Benachteiligungen ausgeglichen werden. So ist z. B. der Privatmann bzw. Verbraucher im Beweisrecht tendenziell schlechtergestellt als ein Unternehmer, der in der Regel arbeitsteilig durch seine Mitarbeiter handelt, welche ihm dann als Zeugen zur Verfügung stehen (*Lange* NJW 2002, 476).

551 Besonders vorteilhaft ist es, wenn der **Anspruchsberechtigte** selbst als Zeuge aussagen kann, um sein Wissen in der Funktion eines Beweises in den Prozess einbringen zu können.

Demgegenüber stellt die bloße Parteianhörung kein Beweismittel dar (unten Rdn. 1346). Eine Parteivernehmung kommt nur unter ganz engen Voraussetzungen in Betracht. Dabei kann diese im Gegensatz zu einer Zeugenvernehmung nicht erzwungen werden. Zudem zählt im Vergleich zur Aussage einer Partei in der Praxis diejenige eines Zeugen erfahrungsgemäß mehr. Sofern das Gericht eine Partei (versehentlich) als Zeuge vernehmen will, muss dies vom Gegner rechtzeitig gerügt werden, da dieser Verfahrensfehler ansonsten gem. § 295 ZPO geheilt ist (Thomas/Putzo/*Reichold* § 295 Rn. 2).

552 Taktische Maßnahmen zur Verbesserung der Beweissituation sind **nicht verwerflich**. Der BGH (NJW-RR 1988, 126) hat hierzu allgemein Folgendes festgestellt:

»Das Bestreben, eine bestimmte Person als Zeugen zur Verfügung zu haben, bestimmt häufig die Art und Weise der Prozessführung und das Handeln der interessierten Personen, ohne dass dies allein deswegen als missbräuchlich oder für die Gegenpartei als unzumutbar zu beanstanden wäre.«

A. Grundentscheidungen gerichtlichen Vorgehens 4. Kapitel

aa) Forderungsabtretung

Bei Abtretung der Forderung an einen Dritten kann der ursprüngliche Rechtsinhaber – insbesondere über Inhalt und Entstehung der Forderung – als Zeuge vernommen werden und der Dritte diese im eigenen Namen als nunmehriger Rechtsinhaber und Partei einklagen. 553

> Als Dritte kommen hierbei vor allem der Ehegatte, sonstige Verwandte oder Freunde in Betracht. Denn immerhin erhält der Zessionar mit der Abtretung sämtliche Rechte an der Forderung, während der Zedent diese verliert. Deshalb sollte vor allem bei weniger guten Bekannten der spätere Ausgleich im Innenverhältnis – vor der Abtretung – klar geregelt werden (insbesondere bzgl. Prozesskosten/Hauptforderung).

In der Praxis führt diese weitverbreitete Taktik erfahrungsgemäß häufig zum **Erfolg** (a. A. Zöller/*Greger* § 373 Rn. 5: »meist untauglich«), nicht zuletzt auch deshalb, weil der Anwalt der benachteiligten Partei »die konstruierte Beweisschieflage als Prozesstaktik« allzu oft bedenkenlos hinnimmt (*Kluth/Böckmann* MDR 2002, 616) und von der Möglichkeit einer Drittwiderklage keinen Gebrauch macht (BGH NJW 2008, 2852; *Fellner* MDR 2011, 146; unten Rdn. 1194). 554

> Zwar kann dessen ehemalige Gläubigerstellung bzw. dessen starkes Eigeninteresse bei der Würdigung seiner Aussage mit berücksichtigt werden (§ 286 ZPO). Seiner Aussage kann jedoch nicht per se ein geringerer Beweiswert zugemessen werden (BGH NJW 1988, 566: Aufgabe der sog. Beifahrerrechtsprechung, unten Rdn. 1711). Jedenfalls ist die Nichtberücksichtigung bei einer widerspruchsfreien und im Übrigen glaubhaften Aussage für das Gericht kaum zu begründen.

> Zumindest hat man die Chance, durch ein (weiteres) Beweismittel den Anspruch beweisen zu können, ohne dass die besonderen, engen Voraussetzungen für eine Parteivernehmung vorliegen müssen. Denn bei Beweiserheblichkeit muss das Gericht einen angebotenen Zeugen vernehmen.

> Jedoch kann diese Maßnahme nur uneingeschränkt empfohlen werden, soweit der beweisbelastete Kläger sonst überhaupt keine oder nur schwache Beweismittel zur Verfügung hat. Denn es besteht die Gefahr, dass der Beweiswert des gegnerischen Vortrages dadurch erhöht wird, indem das Gericht den Gegner als Partei vernimmt oder anhört.

Die Forderungsabtretung ist 555

– **grundsätzlich zulässig** und wirksam – selbst wenn sie in der Absicht des Rollentausches vorgenommen wird.

> (BGH WM 1976, 424: keine Nichtigkeit gem. §§ 134, 138 BGB; OLG Frankfurt VersR 1978, 259; OLG Köln NJW-RR 1999, 140: keine Bedenken; a. A. AG Bad Homburg NJW-RR 1998, 1530: gem. § 242 BGB unzulässig);

– ausnahmsweise **unzulässig**, wenn ein **Abtretungsverbot** (ausdrücklich oder konkludent) vereinbart ist?

> Ein solches findet sich häufig in AGB. Dabei ist zu prüfen, ob diese wirksam einbezogen wurden (oben Rdn. 482). Inhaltlich ist eine entsprechende Klausel grundsätzlich zulässig (Palandt/*Grüneberg* § 399 Rn. 10; BGH MDR 2003, 928), kann indes bei beiderseitigen Handelsgeschäften gegen § 354a HGB verstoßen.

– ausnahmsweise aus sonstigen Gründen unwirksam.

> Während normalerweise der Schuldner nicht zustimmen muss, ist insbesondere die Abtretung einer ärztlichen Honorarforderung, etwa an eine gewerbliche Verrechnungsstelle lediglich mit Zustimmung des Patienten wirksam (§§ 134 BGB, 203 Nr. 1 StGB; BGH NJW 1991, 2955; BGH NJW 1996, 775 st. Rspr.; OLG Karlsruhe NJW 1998, 831). Eine solche – unwiderrufliche – Zustimmung findet sich bei Ärzten häufig vorgedruckt in Anmeldeformularen (§ 130 Abs. 1 BGB; aber u. U. als AGB-Klausel unwirksam!?).

> Bei einer anwaltlichen Honorarforderung ist nach h. M. eine Abtretung an einen anderen Anwalt hingegen auch ohne Zustimmung des Mandanten zulässig (Palandt/*Ellenberger* § 134 Rn. 21, 22; arg. § 49b Abs. 4 BRAO; a. A. *Prechtel* NJW 1997, 1813; LG Karlsruhe NJW-RR 2002, 706). Bei einer beauftragten Sozietät, die meistens eine BGB-Gesellschaft darstellt, kommen weitere Möglichkeiten der Schaffung von Zeugen in Betracht (nachfolgend Ziff. (2) u. (3)). Trotzdem sollte der Anwalt immer auf die Schaffung von Beweismitteln (z. B. schriftliche Vollmacht unter Bezeichnung des Gegenstandes des Auftrages,

gemeinsames Besprechungsprotokoll) bedacht sein (zum Beweiswert von Zeitnotizen des Rechtsanwaltes unten Rdn. 1860).

556 ▶ **Praxistipp:**

Die Forderungsabtretung muss vor Klageerhebung erfolgt sein, da sonst der Zedent grundsätzlich Partei bleibt (§ 265 Abs. 2 Satz 1 ZPO: vor Rechtshängigkeit – Klagezustellung oder Zustellung des Mahnbescheids, sofern die Abgabe gem. § 696 Abs. 3 ZPO erfolgt).

557 ▶ **Praxistipp**

Bei Einklagung einer durch Abtretung erworbenen Forderung ist in der Klageschrift der Klagegrund ebenso schlüssig und substantiiert anzugeben, wie bei einer originären Forderung (BGH WM 1982, 1327; Thomas/Putzo/*Reichold* § 253 Rn. 10). Völlig unzureichend ist es, lediglich vorzutragen, die Klage werde auf eine durch Abtretung erlangte Forderung gestützt (Forderungsabtretung ist keine Anspruchsgrundlage!).

bb) Gewillkürte Prozessstandschaft

558 Als Prozessstandschaft bezeichnet man das Recht, eine fremde Forderung prozessual im eigenen Namen geltend zu machen. Ein solches Rechts kann sich aus **Gesetz** ergeben (§ 1367 BGB, 265 Abs. 2 Satz 1 ZPO) oder aus einer **Vereinbarung** zwischen Rechtsinhaber und Prozessstandschafter. Letztere ist in Form einer Ermächtigung (§ 185 BGB) möglich, wenn der Prozessstandschafter ein eigenes Interesse an der prozessualen Durchsetzung hat (dazu nachstehend).

Zur praktisch seltenen Prozessstandschaft auf Beklagtenseite LG Nürnberg-Fürth NJW 2009, 3442.

559 Im Gegensatz zur **Abtretung** verbleibt hier der Anspruch materiell beim bisherigen Rechtsinhaber (Thomas/Putzo/*Hüßtege* § 51 Rn. 35b). Es wird lediglich die Prozessführungsbefugnis durch Rechtsgeschäft vom Rechtsträger auf einen Dritten (Prozessstandschafter) übertragen, welcher das (für ihn fremde) Recht im eigenen Namen klageweise geltend macht.

Somit muss man sein Recht nicht »aus den Händen geben«, um in die Zeugenstellung zu gelangen. So muss der Klageantrag auch grundsätzlich auf Leistung an den Rechtsträger lauten.

560 Der Prozessstandschafter auf Klägerseite hat grundsätzlich auf **Leistung an den Rechtsinhaber** zu klagen.

Nur dann wird durch die Klageerhebung die Verjährung der Forderung mit Wirkung für den Rechtsinhaber gehemmt (Zöller/*Vollkommer* Vor § 50 Rn. 55).

Der Kläger kann Leistung an sich nur dann beantragen, wenn der Rechtsinhaber hierzu seine Einwilligung erteilt hat (§§ 362 Abs. 2; 185 BGB; z. B. bei einer Einziehungsermächtigung; Thomas/Putzo/*Hüßtege* § 51 Rn. 39; Zöller/*Vollkommer* Vor § 50 Rn. 53).

Nach OLG Naumburg (NJW-RR 2003, 212) kann der Prozessstandschafter (nach den Regeln über den Parteiwechsel) auch erst während des laufenden Prozesses in diesen eintreten. Der bisherige Kläger scheidet dann aus dem Prozess aus (unten Rdn. 2424).

561 Da nur der Prozessstandschafter Partei ist, kann der materiell Berechtigte als **Zeuge** aussagen (Thomas/Putzo/*Hüßtege* § 51 Rn. 40).

562 Will der Gegner dies nicht widerspruchslos hinnehmen, so kann er (wie bei der Aufrechnung, dazu unten Rdn. 1157):
- das Vorgehen als allein prozesstaktisch motiviert herausstellen und auf den geringen Beweiswert der so erlangten Zeugenaussage hinweisen (BGH NJW 1988, 1587; Thomas/Putzo/*Hüßtege* § 51 Rn. 40).
- sich mit einer Drittwiderklage gegen den Rechtsinhaber wehren; dies wird aber nur in Ausnahmefällen möglich sein (*Fellner* MDR 2011, 146; Thomas/Putzo/*Hüßtege* § 51 Rn. 43).

Voraussetzungen für eine wirksame gewillkürte Prozessstandschaft sind: 563

– die Abtretbarkeit des Rechts oder seiner Ausübung,

– eine Ermächtigung analog § 185 Abs. 1 BGB,

– ein eigenes schutzwürdiges Interesse.

> Hierfür ist allgemein erforderlich, dass die Entscheidung Einfluss auf die eigene Rechtslage des Prozessführungsbefugten hat, wobei u. U. auch ein wirtschaftliches Interesse genügen kann. Zudem darf dadurch die Gegenpartei nicht unbillig benachteiligt werden (Zöller/*Vollkommer* Vor § 50 Rn. 44).
>
> Bejaht wurde dieses Interesse insbesondere bei einem Gesellschafter einer BGB-Gesellschaft, der im Einverständnis mit den anderen Gesellschaftern einen Gesellschaftsanspruch geltend macht (BGH NJW 1988, 1586; NJW-RR 1992, 782; eingehend zur Einklagung anwaltlicher Gebührenforderungen bei einer Anwaltssozietät BGH NJW 1996, 2860; Palandt/*Sprau* § 709 Rn. 2; weitere Beispiele bei Thomas/Putzo/*Hüßtege* § 51 Rn. 34; Zöller/*Vollkommer* Vor § 50 Rn. 49).
>
> Gegen die Zulässigkeit sprechen aber nicht allein die dadurch erreichte Zeugenstellung des Rechtsträgers und die Verschlechterung der Beweislage des Gegners (BGH NJW 1988, 1585; NJW-RR 1988, 126; Zöller/*Vollkommer* Vor § 50 Rn. 44 a. E.). Hingegen wird die Tatsache, dass der eigentliche Anspruchsinhaber als Zeuge im Prozess auftreten soll, für das schutzwürdige Interesse nicht ausreichen (*Müther* MDR 1998, 1335).

– die Offenlegung im Prozess.

> Zur nicht offen gelegten »verdeckten Abtretung« oben Rdn. 533.

Obwohl die Rechtsprechung die Zulässigkeit der gewillkürten Prozessstandschaft eher großzügig bejaht, besteht die Gefahr, dass das Vorliegen dieser Voraussetzungen im Einzelfall **verneint** wird. 564

> In diesem Fall wird die Klage durch Prozessurteil als unzulässig abgewiesen. Diesem Risiko kann man nicht dadurch entgehen, dass man für diesen Fall einen bedingten Parteiwechsel vom Prozessstandschafter auf den Rechtsinhaber erklärt. Denn eine solche Bedingung wäre unzulässig (BGH NJW-RR 2004, 640). Die erforderliche Prozessführungsbefugnis kann der Kläger – ohne Parteiwechsel – dann nur noch durch eine Abtretung der Klageforderung vom Rechtsinhaber an ihn erlangen (auch oben Rdn. 553).

cc) Auswechseln des vertretungsberechtigten Organs

Bei **juristischen Personen** (AG/GmbH) sind lediglich die vertretungsberechtigten Organe (Vorstand/Geschäftsführer) als Partei zu vernehmen. Den übrigen Mitgliedern bzw. Gesellschaftern kommt die Zeugenstellung zu (Thomas/Putzo/*Reichold* Vorbem. § 373 Rn. 7). 565

> Dies gilt ebenso für die OHG und KG (obwohl Gesamthandsgemeinschaften) und nunmehr auch für die BGB-Gesellschaft (da nach BGH NJW 2001, 1056 rechtsfähig; *Wertenbruch* NJW 2002, 326). Dort können somit die von der Vertretung ausgeschlossenen Gesellschafter Zeugen sein.
>
> Bei der KG kommen daher die Kommanditisten als Zeugen in Betracht. Die persönlich haftenden Gesellschafter hingegen können nur als Partei vernommen werden, während dies bei der OHG und der BGB-Gesellschaft nur für die vertretungsberechtigten Gesellschafter gilt (§§ 709, 714 BGB).

Durch **Auswechseln** des Vertreters kann dieser daher zeugnisfähig gemacht werden. 566

> Erst vor Kurzem hat der BGH diese Möglichkeit bei einer GmbH als sachgerecht angesehen (MDR 2003, 928). Dort wurde nämlich der Anwalt, der seinen Mandanten nicht auf diese – wesentlich aussichtsreichere – Alternative hingewiesen hat, sondern trotz (formularmäßigem) Abtretungsverbots eine (unwirksame) Abtretung zum Zwecke der Erlangung der Zeugenstellung des Geschäftsführers vorgenommen hatte, haftbar gemacht (Klage des Zessionars wurde mangels Aktivlegitimation abgewiesen!).
>
> In der Literatur wird diese Variante kritischer beurteilt (Zöller/*Greger* § 373 Rn. 5: keine Vernehmung als Zeuge, wenn Aufgabe der Vertretungsmacht zum Zwecke der Erschleichung der Zeugenstellung erfolgte; § 373 Rn. 6a: gewillkürter Wechsel im Prozess ist gem. § 286 ZPO zu würdigen; *Schmitz* GmbHR 2000, 1140: rechtsmissbräuchlich bei GmbH-Geschäftsführer – mit anschaulichem Beispiel aus der Prozesspraxis).

567 Da es hierbei auf den Zeitpunkt der Beweiserhebung ankommt, besteht diese Möglichkeit noch **während des Prozesses**.

> Die Handelsregistereintragung (z. B. § 39 GmbHG) hat keine konstitutive Wirkung, sondern lediglich deklaratorische Bedeutung.
>
> In der Praxis wird diese Taktik, wahrscheinlich wegen des damit verbundenen Aufwandes, nur selten angewandt, am ehesten noch bei kleineren (Familien-) Gesellschaften.

dd) Abwehrmaßnahmen des Beklagten

568 Dem Beklagten steht gegen die prozesstaktische Zeugenschaffung des Klägers eine Reihe von Abwehrmaßnahmen zur Verfügung. Keinesfalls sollte er dies einfach widerspruchslos hinnehmen, wie es in der Praxis aber meistens erfolgt.

569 (1) Der Beklagte kann die tatsächlichen Voraussetzungen der vom Kläger gewählten Taktik **bestreiten**.

> So können – mit Nichtwissen – bestritten werden die behauptete Forderungsabtretung, die Einwilligung des Rechtsinhabers in die Prozessführung des Klägers und die gesellschaftsrechtlich ordnungsgemäße Auswechselung des Geschäftsführers.
>
> Obwohl zum Beweis der (formfreien) Abtretung gerade der Zedent als Zeuge in Betracht kommen würde, ist das Bestreiten in der Praxis trotzdem manchmal erfolgreich. Bei Vorlage einer schriftlichen Abtretungserklärung könnte allenfalls die Echtheit der Unterschrift bestritten werden (unten Rdn. 1832). Dabei ist es unschädlich, wenn die Abtretungsurkunde nur vom Zedenten unterschrieben ist, da die (konkludente) Annahme des entsprechenden Angebotes durch den Zessionar in dessen Klageerhebung gesehen werden kann (Palandt/*Ellenberger* § 151 Rn. 2, 4; BGH NJW 1999, 2179; § 398 BGB: »durch Vertrag«!).

570 (2) Der Beklagte kann mittels Antragstellung versuchen, seine **Vernehmung als Partei** zu erreichen (BGH WM 1980, 1073; Thomas/Putzo/*Reichold* § 448 Rn. 4; unten Rdn. 1885).

> Eine solche Parteivernehmung kommt nach freiem Ermessen des Gerichts auch ohne Einverständnis des Klägers zustande, wenn das bisherige Beweisergebnis nicht ausreicht; das Ermessen des Gerichts kann zur Wahrung der Waffengleichheit im Prozess sogar auf Null reduziert sein (dazu unten Rdn. 1894).
>
> Zumindest kann er sich persönlich im Termin zum Beweisthema äußern (§§ 137 Abs. 4; 141; 278 Abs. 1 ZPO; unten Rdn. 1346). Seine Erklärungen sind der Aussage des Zedenten gegenüber als gleichwertig anzusehen (BGH NJW-RR 1990, 1061).

571 (3) Der Beklagte kann eine **Drittwiderklage** gegen den Kläger und den Zeugen erheben (*Fellner* MDR 2011, 146; unten Rdn. 1152, 1194). In Betracht kommt dabei eine negative Zwischenfeststellungsklage.

> Diese kann z. B. mit dem Antrag erhoben werden, festzustellen, dass dem Zedenten gegenüber dem Beklagten kein Anspruch zugestanden hat bzw. jetzt nicht mehr zusteht. Das hierfür erforderliche und oft zweifelhafte Rechtsschutzinteresse (§ 256 ZPO) liegt vor allem dann vor, wenn sich der Zedent weiterhin der Forderung berühmt (Zöller/*Greger* § 256 Rn. 14a, Thomas/Putzo/*Reichold* § 256 Rn. 15). Dies kann z. B. in der Tatsache einer Teilabtretung sowie Einklagung der abgetretenen Teilforderung gesehen werden.
>
> Darüber hinaus ist denkbar, dass der Beklagte gegen den Zedenten Gewährleistungsansprüche oder Ansprüche aus Vertragsverletzung (§ 280 Abs. 1 BGB) geltend macht (z. B. wegen arglistiger Täuschung), zugleich die Abtretung bestreitet und hinsichtlich der Wirksamkeit der Abtretung bzw. des Nichtbestehens der Forderung zusätzlich (Zwischen-) Feststellungswiderklage gegen den Zessionar erhebt (§ 256 Abs. 2 ZPO; Thomas/Putzo/*Reichold* § 256 Rn. 28, 29; BGHZ 69, 37). Denn eine Abtretung beseitigt nicht das gesamte Rechtsverhältnis zwischen den alten Parteien.
>
> Eine solche Gegenklage kommt auch bei der gewillkürten Prozessstandschaft (oben Rdn. 558) in Betracht (Zöller/*Vollkommer* § 33 Rn. 24).

572 Eine sog. **isolierte** Drittwiderklage ausschließlich gegen einen am Prozess bislang nicht beteiligten Dritten ist grundsätzlich unzulässig (*Riehm/Bucher* ZZP 123, 34).

A. Grundentscheidungen gerichtlichen Vorgehens

In besonders gelagerten Fällen kann jedoch eine Ausnahme von diesem Grundsatz geboten sein. So hat in einem Fall der BGH (NJW 2001, 2094) eine isolierte Dritt-Widerklage gegen einen Zedenten (Architekt) auf Schadensersatzanspruch (wegen mangelhafter Planungsleistungen) zugelassen, wobei der beklagte Auftraggeber dieselbe Forderung gegen die Klage des Zessionars (Verrechnungsstelle) im Wege der Aufrechnung geltend gemacht hat (zustimmend *Skusa* NJW 2011, 2697; *Schöler* MDR 2011, 522).

Offen gelassen hat der BGH die Frage, ob dies auch sonst bei Abtretungsfällen zulässig ist (OLG Celle OLGReport 2005, 268: bejahend bei Teilabtretung gegen die Restforderung des Zedenten). Er hat jedoch Folgendes betont:

»Der Drittwiderbeklagte ist nur deshalb nicht selbst Kläger, weil er die Forderung abgetreten hat. Hätte er selbst die Klage erhoben, wäre die Widerklage zulässig gewesen. In diesem Fall wären den Beklagten die Vorteile der Widerklage der §§ 261 Abs. 2 ZPO, 12 Abs. 2 Nr. 1 GKG ebenfalls zugute gekommen. Entsprechendes gilt auch für den Umstand, dass der Drittwiderbeklagte mit Erhebung der Widerklage als Zeuge ausscheidet. In die Stellung als Zeuge ist er erst durch die Abtretung gelangt« (*Luckey* MDR 2002, 745: der BGH scheint erstmals Sympathie für das Hinausschießen von Zeugen zu entwickeln!).

In jedem Fall aber muss auch für eine solche Klage ein Gerichtsstand des Drittwiderbeklagten beim Klagegericht bestehen. Eine solche kann sich bei Konnexität zwischen Klage und Widerklageforderung auch aus § 33 ZPO ergeben (BGH MDR 2010, 1483; *Fellner* MDR 2011, 146). Hierbei muss der Drittwiderbeklagte darauf achten, dass nicht die (fehlende) Zuständigkeit aufgrund rügeloser Einlassung begründet wird (§ 39 ZPO). Eine gerichtliche Zuständigkeitsbestimmung nach § 36 Abs. 1 Nr. 3 ZPO kommt bei der isolierten Drittwiderklage hingegen nicht in Betracht (BGH NJW 1992, 982).

Hiergegen wiederum könnte der Kläger mittels Antragstellung versuchen, ein **Teilurteil** über die Drittwiderklage zu erhalten (§ 302 ZPO), damit der Drittbeklagte danach wieder als Zeuge auftreten kann.

573

(OLG Karlsruhe BB 1992, 97; OLG Celle OLGReport 1996, 45; LG Koblenz MDR 1999, 1020 halten dies für sinnvoll und geboten, unzulässig aber bei Gefahr widersprechender Entscheidungen, wenn die streitige Frage gegenüber allen (klägerischen) Streitgenossen gleichermaßen von Bedeutung ist, wobei die Möglichkeit einer abweichenden Entscheidung im Instanzenzug beachtet werden muss – sei es wegen einer möglichen Beweisaufnahme oder wegen einer möglichen späteren anderen rechtlichen Beurteilung, OLG Brandenburg NJW-RR 1998, 499; LG Köln MDR 2001, 232 – mit Anm. E. *Schneider*; Zöller/*Vollkommer* § 301 Rn. 7; dann auch keine Verfahrenstrennung, § 145 Abs. 2 ZPO).

(4) Schließlich kann der Beklagte das Gericht deutlich auf die Tatsache der mehr »formalen« Zeugenstellung des »geschaffenen« Zeugen und dessen Interesse am Ausgang des Rechtsstreits hinweisen, damit dies bei der **Beweiswürdigung** berücksichtigt wird (BGH WM 1976, 424: »muss berücksichtigt werden«; NJW-RR 1988, 126; BGH NJW-RR 1990, 1061).

574

Möglicherweise hilft bei manchen Richtern auch ein gewisser »Gerechtigkeitsappell«, indem der Anwalt vorträgt, dass es nicht sein darf, dass sozusagen nur ein rein taktisches Manöver über den Ausgang des Rechtsstreits entscheidet. So ist das Hauptziel der Rechtsidee »Gerechtigkeit« (Baumbach/*Hartmann* § 296 Rn. 2 – nach *Max Frisch* eine »Utopie«). Dabei darf das Verfahrensrecht nie Selbstzweck werden (Baumbach/*Hartmann* Einl. III Rn. 38). Es ist nur Hilfsmittel für die Verwirklichung oder Wahrung von Rechten. Die Durchsetzung des materiellen Rechts soll dabei so wenig wie möglich an Verfahrensfragen scheitern (Zöller/*Vollkommer* Einl. Rn. 99).

b) Ausschaltung von Zeugen

aa) Mitverklagen

Ein dem Beklagten zur Verfügung stehender Zeuge kann »ausgeschaltet« werden, indem er als Partei in den Rechtsstreit **einbezogen** wird.

575

Die bloße Einbeziehung im Wege einer Streitverkündung genügt hierfür nicht (Thomas/Putzo/*Hüßtege* §§ 67 Rn. 1; 69 Rn. 1). Etwas anders kann nur bei der (praktisch sehr seltenen) streitgenössischen Nebenintervention gelten (§ 69 ZPO).

576 Die **Einbeziehung** einer Person als Partei in den Rechtsstreit ist möglich
- **von Anfang an** durch Benennung in der Klageschrift oder
- **nachträglich** durch Parteierweiterung (Thomas/Putzo/*Hüßtege* Vorbem. § 50 Rn. 25; unten Rdn. 2444).

577 In beiden Fällen wird der Einbezogene neben dem eigentlichen Beklagten Partei, sodass eine **Streitgenossenschaft** vorliegt. Die erforderlichen Voraussetzungen gem. §§ 59, 60 ZPO werden von der Praxis extensiv ausgelegt und bereits dann angenommen, wenn eine gemeinsame Verhandlung und Entscheidung zweckmäßig ist (Thomas/Putzo/*Hüßtege* § 60 Rn. 1).

Dabei muss gegen alle Beklagten die örtliche Zuständigkeit desselben Gerichts bestehen, wobei es einen Gerichtsstand der Streitgenossenschaft in der ZPO nicht gibt. Sofern die Beklagten ihren Wohnsitz in verschiedenen Gerichtsbezirken haben, kein gemeinschaftlicher besonderer Gerichtsstand besteht und auch keine rügelose Einlassung gegeben ist (§ 39 ZPO), kann die Bestimmung des zuständigen Gerichts durch das im Rechtszug höhere Gericht in Betracht kommen (§ 36 Abs. 1 Nr. 3 ZPO).

Unter Umständen kann ein gemeinsamer besonderer Gerichtsstand durch die schlüssige Behauptung einer unerlaubten Handlung erlangt werden (§ 32 ZPO):

578 ▶ **Beispiel:**

Bei Behauptung einer verabredeten arglistigen Täuschung durch den Vertreter anlässlich des Abschlusses eines Kaufvertrags (meistens bei Gebrauchtfahrzeugen) würde eine Anspruchsgrundlage sowohl gegen den Verkäufer als auch dessen Zeugen dem Vertreter vorliegen (§ 823 Abs. 1 BGB i. V. m. § 263 StGB; KG NJW-RR 2001, 62: Zweck der Zeugenausschaltung führt noch nicht zur Unzulässigkeit der Parteierweiterung auf Beklagtenseite). Dabei besteht ein gemeinsamer besonderer Gerichtsstand am Ort der unerlaubten Handlung (hier: Ort des Vertragsschlusses) auch für die kaufvertraglichen Gewährleistungsansprüche (oben Rdn. 466 f., Anspruchskonkurrenz).

579 Diese taktische Maßnahme kann vor allem bei **Gesamtschuldnern** eingesetzt werden. Denn bei ihnen besteht eine Anspruchsgrundlage gegen alle Beklagten (§ 421 BGB).

Vorzugsweise bei Verkehrsunfall-Haftpflichtprozessen besteht die Möglichkeit, sowohl den Kfz-Halter (§ 7 StVG) als auch den mithaftenden Fahrer (§§ 823 BGB, 18 StVG) sowie die Versicherung (§ 3 PflVersG, Thomas/Putzo/*Hüßtege* § 32 Rn. 2) im Gerichtsstand der unerlaubten Handlung gem. §§ 32 ZPO, 20 StVG zu verklagen. Indessen muss man damit rechnen, dass der Beklagte als Gegenschlag eine (Dritt-)Widerklage gegen den Fahrer des klagenden Halters erhebt (LG Köln VersR 1983, 403: nicht rechtsmissbräuchlich; OLG Frankfurt a. M. VersR 1978, 259: nicht unwirksam, aber bei der Beweiswürdigung zu berücksichtigen). Letztlich wären dann beide Fahrer der beteiligten Fahrzeuge als Zeugen ausgeschaltet. Dies gilt in gleicher Weise für etwaige Beifahrer, die u. U. mit der Behauptung mitverklagt werden, den Unfall mitverursacht zu haben (z. B. durch Ablenkung des Fahrers, Griff ins Lenkrad).

Auch z. B. bei einer BGB-Gesellschaft kann man durch eine gemeinsame Klage gegen die Gesellschaft und deren einzelnen Gesellschaftern diese als Zeugen ausschalten (oben Rdn. 575).

580 Der Gegner kann dieses **Risiko der Zeugenausschaltung vermindern**, indem er
- insoweit gefährdete Zeugen nicht schriftsätzlich benennt und im Termin stellt (Gefahr gem. § 296 ZPO!),
- Zeugen nur über die Partei laden lässt, sodass keine Zustellung der Widerklage möglich ist (»Zeuge Hans Meier, zu laden über den Kläger/Beklagten«),
- statt des Zeugenbeweises die Verwertung etwaiger vorhandener Vernehmungsprotokolle (insbesondere aus einem Strafverfahren) im Wege des Urkundenbeweises beantragt (unten Rdn. 1832).

581 In der Praxis soll auch Folgendes vorkommen:
- Angabe falscher Zeugenanschriften (Widerklage kann nicht zugestellt werden) oder
- Angabe falscher Zeugen und die richtigen werden zum Termin mitgebracht (§ 360 Satz 2 ZPO). Eine etwaige Widerklage muss vom Beklagten mit entsprechender Kostenbelastung zurückgenommen werden.

A. Grundentscheidungen gerichtlichen Vorgehens   4. Kapitel

bb) Besonderheiten

Folgendes ist zu bedenken: 582

(1) Ein nicht notwendiger Streitgenosse kann **Zeuge** sein, soweit er als Partei nicht selbst betroffen ist. 583

> Ist eine Tatsache nur im Prozessrechtsverhältnis eines Streitgenossen streitig, so kann der andere Streitgenosse darüber als Zeuge vernommen werden. Eine Vernehmung ist nur über Tatsachen ausgeschlossen, die (auch) im Verhältnis der jeweiligen Beweisperson von Bedeutung sind (Zöller/*Greger* § 373 Rn. 5a; auch Thomas/Putzo/*Hüßtege* § 61 Rn. 7; Zöller/*Vollkommer* § 61 Rn. 4 Anspruchshäufung, *E. Schneider* MDR 1982, 372, BAG JZ 1973, 58 f.: arg. Verhinderung von Manipulationen durch Ausschaltung von unbequemen Zeugen durch Mitverklagen; BGH MDR 1984, 47: »in der höchstrichterlichen Rspr. anerkannt« – unter Abkehr von der strengeren Auffassung des RGZ. 29, 370; RGZ 91, 37). Hieran wird in der Praxis oft nicht gedacht. Dies hat zur Folge, dass entsprechende Beweisanträge unterlassen werden.

(2) Da ein Streitgenosse vor allem bei einem rechtskräftigen **Teilurteil** aus dem seine Stellung als Partei begründenden Prozess ausscheidet, kann dieser dann grundsätzlich wieder Zeuge sein (Thomas/Putzo/*Hüßtege* Vorbem. §§ 59 Rn. 6, 61 Rn. 7: Streitgenossenschaft beendet; OLG Köln NJW-RR 1999, 140). 584

> Hiernach ist die Zeugenausschaltung solange wirksam, bis das Teilurteil in Rechtskraft erwächst. Der Kläger kann daher durch Rechtsmittel die Wiedererlangung der Zeugenstellung des einen Streitgenossen hinauszögern. Dabei kann das Gericht diese Taktik nicht damit durchkreuzen, dass es den verbliebenen Rest bis zur rechtskräftigen Entscheidung gem. § 148 ZPO (zwecks Herbeiführung der Zeugenstellung) aussetzt (OLG Köln NJW-RR 1999, 140).

> Umstritten ist, ob für die »Betroffenheit«, also Zeugenunfähigkeit (bei einem rechtskräftigen Teilurteil), eine noch ausstehende Kostenentscheidung (im Schlussurteil) ausreicht (verneinend Zöller/*Greger* § 373 Rn. 5a).

> Selbst nach der anderen Ansicht kommt eine Betroffenheit nur in Betracht, wenn noch eine belastende Kostenentscheidung im Schlussurteil überhaupt denkbar ist. Wird die Klage gegen den einen Streitgenossen voll (rechtskräftig) abgewiesen, hat dieser in jedem Fall keine Kosten zu tragen, was auch im Rechtsmittelverfahren gegen den anderen Streitgenossen nicht anders entschieden werden kann.

(3) Schließlich hat die Ausschaltung eines Zeugen der Gegenseite nur dann einen Sinn, wenn man entweder etwaige eigene beweispflichtige Tatsachen auch beweisen kann oder aber der Gegner beweispflichtig ist. Auch sollte man auf eine Einbeziehung von Dritten in den Prozess verzichten, wenn man von diesen als Zeugen eine für die eigene Position günstige Aussage erwartet. 585

c) Kostenersparnis

Bedeutung bei der Auswahl der Verfahrensbeteiligten kann auch kostenrechtlichen Überlegungen zu kommen. 586

> So kann eine Mehrheit von Gläubigern oder Schuldnern zusätzliche Kosten jedenfalls dann verursachen, wenn sie von verschiedenen Anwälten vertreten werden (§ 6 RVG), was für die Beschränkung der Zahl von Parteien sprechen kann. Bei einer Vielzahl gleich gelagerter Fälle bietet sich die Durchführung eines Musterverfahrens an (dazu unten Rdn. 2094).

> Muss damit gerechnet werden, dass das Gericht das persönliche Erscheinen der Parteien anordnet, können Fahrtkosten und Verdienstausfall minimiert werden, wenn von mehreren möglichen Parteien die jeweils ortsnächsten gewählt werden.

III. Streitgegenstand

Zu den vor einer Klageerhebung abzuklärenden Fragen gehört auch die nach dem geltend zu machenden Streitgegenstand. 587

> Dabei bedarf an dieser Stelle der Streit um die Bestimmung des Streitgegenstands keiner näheren Darlegung. Nach einhelliger Auffassung wird der Streitgegenstand durch den Antrag bestimmt, ob zusätzlich auch der zur Begründung vorgetragene Lebenssachverhalt heranzuziehen ist (»zweigliedriger Streitgegenstandsbegriff«), ist umstritten. Der BGH legt sich insoweit nicht fest, folgt vielmehr abhängig von der

jeweiligen Prozesssituation und den Umständen des Falles mal der einen, mal der anderen Auffassung (»relativer Streitgegenstandsbegriff«).

Zur Formulierung des Antrags unten Rdn. 665.

In taktischer Hinsicht der Überlegung bedarf, ob der Streitgegenstand ganz oder nur teilweise (unten Rdn. 588) oder zusammen mit einem anderen Streitgegenstand (unten Rdn. 616) geltend gemacht werden soll.

1. Teilklage

588 Der Streitgegenstand wird zu Beginn des Prozesses allein durch den Kläger bestimmt (»Dispositionsmaxime«). Dem Kläger steht es deswegen frei, seinen materiellen Anspruch in vollem Umfang (»Vollklage«) oder nur teilweise (»Teilklage«) geltend zu machen.

Erst nach Rechtshängigkeit wird diese Freiheit durch die nun ebenfalls zu berücksichtigenden Interessen des Beklagten beschränkt. Eine (teilweise) Klagerücknahme oder Klageänderung bedürfen dann grundsätzlich dessen Zustimmung (§§ 269, 263 ZPO).

589 Die bloß teilweise Geltendmachung eines Rechts setzt dessen **Teilbarkeit** voraus.

Unproblematisch ist dies nur bei Zahlungsansprüchen. Hier ist eine quantitative Abgrenzung und eindeutige Bezeichnung einzelner Teile regelmäßig möglich. Eine Ausnahme gilt indes für Schmerzensgeldansprüche (dazu unten Rdn. 611). Bei anderen Rechten kommt eine Teilung nach Schuldnern in Betracht, soweit das Recht nicht allen Schuldnern gegenüber einheitlich besteht. Nur schwer vorstellbar ist eine zeitliche Teilung von Rechten.

a) Chancen und Risiken

590 Eine Teilklage bietet sich an zur **Begrenzung des Kostenrisikos** bei unklaren Erfolgsaussichten, bei hohem Streitwert und bei zweifelhafter Vollstreckungsmöglichkeit.

Der Kostenstreitwert einer Teilklage bemisst sich allein aus dem geltend gemachten Teilanspruch (§ 36 Abs. 1 GKG; zum Ganzen *Haunschild* AnwBl. 1998, 509; *Diercks* MDR 1995, 1099). Allerdings sind die Kosten wegen der Degression der Gebührentabellen bei einer Aufteilung in mehrere Prozesse insgesamt höher als bei einer Gesamtklage. Dabei hat der Kläger die gesamten Kosten nicht nur im Fall des Prozessverlustes zu tragen (§ 91 ZPO), sondern er haftet als sekundärer Kostenschuldner auch für die Gerichtskosten, wenn diese vom unterlegenen Beklagten nicht erlangt werden können (§§ 22, 29, 31 GKG).

In der Rechtsschutzversicherung kann die Erhebung lediglich einer Teilklage sogar eine Obliegenheit sein (§ 15 Abs. 1d) aa) ARB 75, anders jedoch § 15 ARB 94; OLG Karlsruhe VersR 2003, 58: nur, wenn die rechtskräftige Entscheidung über die Teilklage eine endgültige Klärung der streitigen Tat- und Rechtsfragen erwarten lässt).

Andererseits muss bedacht werden, dass bei späterer Geltendmachung auch der Restforderung durch die Aufspaltung der Gesamtforderung in mehrere Teilprozesse die Kosten insgesamt höher sind, als sie bei Geltendmachung in nur einem Verfahren gewesen wären und dass diese Mehrkosten auch im Fall des Obsiegens vom Gegner möglicherweise nicht erstattet verlangt werden können. Der BGH (Beschl. v. 11.09.2012 - VI ZB 59/11) hat Rechtsmissbräuchlichkeit des Kostenerstattungsverlangens in diesen Fällen aber nur angenommen, wenn die Aufteilung der Klageforderung »ohne sachlichen« Grund erfolgte. Ist vor der ersten gerichtlichen Geltendmachung aber noch unklar, ob die Klage Erfolg haben wird, dürfte ein sachlicher Grund für eine Teilklage bestehen.

591 Bei Zahlungsklagen kann mittels einer Teilklage sowohl der **Anspruchsgrund** als auch die **Anspruchshöhe** gewissermaßen als »Versuchsballon« abgeklärt werden.

Soweit der eingeklagte Betrag Teil eines einheitlichen Anspruchs ist und es um die Frage geht, ob die Klageforderung überhaupt besteht, ist eine Teilklage unproblematisch.

Setzt sich der Anspruch aus mehreren unselbstständigen Positionen zusammen (z. B. bei Schadensersatzanspruch aus Verkehrsunfall), so ist es zweckmäßig, von allen Positionen jeweils einen Teilbetrag anzusetzen (aber Thomas/Putzo/*Reichold* § 308 Rn. 3).

A. Grundentscheidungen gerichtlichen Vorgehens   4. Kapitel

Wenn Gegenrechte vom Beklagten zu erwarten sind (z. B. Mitverschulden oder Minderung), muss der eingeklagte Betrag die Differenz von Gesamtforderung und Haftungsquote übersteigen. Denn sonst kann das Gericht eine konkrete Entscheidung darüber dahingestellt sein lassen. Bei mehreren unselbstständigen Positionen wäre es in diesem Fall unzweckmäßig, den Teilbetrag auf sämtliche Posten zu stützen. Um z. B. die genaue Mitverschuldensquote zu erhalten, muss eine – möglichst unproblematische – Position voll angesetzt werden.

▶ **Beispiel:** 592

Bei einer Mitverschuldensquote von 30 % und einer Teilklage in Höhe von 50 % der Gesamtforderung kann die Klage zugesprochen werden mit der Begründung, dass der Mitverschuldensanteil jedenfalls geringer ist als der eingeklagte Teil bzw. höchstens 50 % beträgt. Entscheidungserheblich ist die Frage des Mitverschuldens jedoch bei einer eingeklagten Forderung in Höhe von z. B. 80 %, da dem Kläger maximal 70 % zustehen.

In der Klageschrift muss erkennbar sein, welcher Teil des Gesamtanspruchs Gegenstand der Klage ist. Setzt sich der Anspruch aus mehreren selbstständigen Forderungen zusammen, muss die **Aufteilung** genau angegeben werden (§ 253 Abs. 2 Nr. 2 ZPO). 593

Hierbei muss erkennbar sein, wie sich die Klagesumme ziffernmäßig auf die verschiedenen Einzelforderungen verteilt; andernfalls ist die Klage mangels Individualisierung des Streitgegenstandes unzulässig (»unabgegrenzte Teilklage«, BGHZ 11, 192, Thomas/Putzo/*Reichold* § 253 Rn. 9). Die Abgrenzung kann aber auch noch nachträglich rückwirkend vorgenommen werden (Zöller/*Greger* § 253 Rn. 15).

Eine solche Aufteilung ist nicht erforderlich, wenn es sich nur um unselbstständige Rechnungsposten handelt, wie insbesondere bei den einzelnen Positionen einer Schlussrechnung (BGH NJW-RR 2003, 1075).

Möglich ist auch eine »Saldoklage«, mit der der Kläger die Rückstände aus mehreren Monatsraten nur insgesamt beziffert, ohne aufzuschlüsseln, welcher Betrag für jeden einzelnen Monat jeweils geltend gemacht wird (BGH MDR 2013, 262).

Zudem ist es möglich, einen Anspruch voll und die anderen Ansprüche hilfsweise in bestimmter Reihenfolge geltend zu machen (Baumbach/*Hartmann* § 253 Rn. 43). Falsch wäre es daher, lediglich vorzutragen, dass dem Kläger die Forderung in jedem Fall zusteht.

▶ **Beispiel:** 594

Beträgt der Gesamtschaden eines Verkehrsunfalls 10 000 €, der sich aus 3 000 € Sachschaden am Pkw, 5 000 € Heilungskosten, 1 000 € Schmerzensgeld und 1 000 € Verdienstausfall zusammensetzt, so ist anzugeben, aus welchen Positionen sich in welcher Höhe die eingeklagten 5 000 € zusammensetzen.

Bei günstigem Prozessverlauf, etwa nach einer Beweisaufnahme, kann die Klage auf den bislang nicht eingeklagten Teil (u. U. sukzessive) **erweitert** werden (§ 264 Nr. 2 ZPO). 595

Die Klageerweiterung kann dabei im Termin zwar grundsätzlich mündlich zu Protokoll erklärt werden, aber nur mit Zustimmung des Vorsitzenden (§ 297 ZPO). Andernfalls muss der Antrag – nach einer kurzen Unterbrechung – auf Papier gebracht und das Schriftstück als Protokollanlage vorgelegt werden (§§ 297, 160 Abs. 5 ZPO, auch § 496 ZPO). Es ist daher sicherer, den Klageerweiterungsantrag bereits vorsorglich schriftlich vorzubereiten. Zu beachten ist auch, dass das Gericht die Antragstellung gem. § 12 GKG von der Einzahlung eines weiteren Kostenvorschusses abhängig machen kann und hierfür Vorsorge zu treffen ist (z. B. durch das Mitführen von Justizkostenmarken – die gibt es zwar nicht mehr in allen Bundesländern, werden aber noch bundesweit als Zahlungsmittel für Gerichtskosten anerkannt!).

Allerdings ist bei einer Klageerweiterung vor dem Amtsgericht zu beachten, dass bei einer dadurch eintretenden Überschreitung seiner wertmäßigen Zuständigkeitsgrenze das Amtsgericht sachlich unzuständig wird (§ 261 Abs. 3 Nr. 2 ZPO gilt hierfür nicht) und (auch) der Beklagte die Sache an das Landgericht bringen kann (§ 506 ZPO; durchgeführte Beweisaufnahmen haben aber weiter Gültigkeit – Ausnahme: § 161 Abs. 1 Nr. 1 ZPO).

596 Kein Hindernis für eine solche Erweiterung ist die **Präklusionsvorschrift** des § 296 ZPO, da die Klageerweiterung als Angriff selbst kein Angriffs- und Verteidigungsmittel im Sinne dieser Bestimmung ist (Thomas/Putzo/*Reichold* § 146 Rn. 2). Zu beachten ist lediglich § 296a ZPO.

597 Die **Rechtskraft** eines auf die Teilklage ergangenen Urteils erfasst lediglich den eingeklagten Teil und steht einer späteren Einklagung von Mehr- oder Nachforderungen aus demselben Sachverhalt grundsätzlich nicht entgegen (§ 322 ZPO).

> Dies gilt nach der neueren Rechtsprechung des BGH auch für eine sog. verdeckte Teilklage, bei der es weder für den Beklagten noch für das Gericht erkennbar ist, dass die bezifferte Forderung nicht den Gesamtschaden abdeckt (Zöller/*Vollkommer* vor § 322 Rn. 48; Thomas/Putzo/*Reichold* § 322 Rn. 22 ff.; arg. § 308 ZPO).

> Diese klaren Grundsätze sollen angeblich von der Instanzrechtsprechung immer wieder unterlaufen werden, um mithilfe einer Rechtskrafterstreckung im nachfolgenden Rechtsstreit »kurzen Prozess« machen zu können (*E. Schneider* MDR 1998, 253). Sicherer ist daher bei einem bloßen (etwaigen) Teilanspruch die Klage eindeutig als Teilklage zu bezeichnen oder sich zumindest erkennbar eine Nachforderung vorzubehalten, allerdings mit dem dann erhöhten Risiko einer negativen Feststellungsklage des Gegners hinsichtlich des restlichen Anspruchs.

598 ▶ Praxistipp:

> Werden Schmerzensgeldansprüche oder wiederkehrenden Leistungen nur teilweise geltend gemacht, müssen Mehr- oder Nachforderungen ausdrücklich vorbehalten werden.

> Bei Schmerzensgeldansprüchen ohne bezifferten Klageantrag sind Nachforderungen nur unter bestimmten Voraussetzungen möglich (unten Rdn. 611). Bei der Einklagung wiederkehrender Leistungen, insbesondere bei Unterhaltsklagen, spricht die Vermutung gegen eine Teilklage, sodass der Kläger entweder ausdrücklich einen Teilanspruch geltend machen oder sich eine Nachforderung erkennbar vorbehalten muss (Zöller/*Vollkommer* vor § 322 Rn. 49 f.).

599 Das über den Rest entscheidende Gericht ist daher auch nicht an das Ersturteil **gebunden**.

> Selbst wenn dieses Gericht in der Regel geneigt sein dürfte, dem »Vorurteil« zu folgen, bietet das weitere Verfahren über den Rest für den Kläger bei verlorenem erstem Prozess eine weitere Chance. So lassen sich etwaige bisherige Fehler vermeiden und vielleicht stehen der Partei dann auch neue Beweismittel zur Verfügung. Bei einer Wahlmöglichkeit kann die zweite Klage vor einem anderen Gericht erhoben werden, welches u. U. einer anderen Rechtsansicht folgt als das Erstgericht.

> War die Teilklage hingegen erfolgreich, dürfte sich oftmals ein zweiter Prozess ganz erübrigen, weil entweder der Beklagte unter dem Eindruck des Ersturteils freiwillig den weiteren Anspruch erfüllt oder ein (außergerichtlicher) Gesamtvergleich geschlossen werden kann. Natürlich können die Parteien auch von vornherein vereinbaren, dass der Ausgang der Teilklage für den gesamten Betrag verbindlich sein soll.

> Ein gewisses Risiko einer Teilklage besteht u. U. bei späterer Vermögenslosigkeit des Beklagten. Jedoch hat der Beklagte auch bei einer Gesamtklage Möglichkeiten, den Prozess zu verzögern, falls vor dessen Beendigung noch Vermögensgegenstände beiseitegeschafft werden sollen. Hier sollte man die Erwirkung eines Arrestes in Betracht ziehen (oben Rdn. 368).

> In den Fällen, in welchen keine bewusste Manipulation vorliegt, dürfte meistens bereits zu Beginn des Prozesses die Vollstreckung des Gesamtanspruchs zweifelhaft sein.

> Wegen der degressiven Gebührenstaffelung ist die Aufspaltung des Gesamtbetrages in Teilklagen kostenmäßig teurer. Nicht zuletzt auch deshalb ist der Mandant über die Vorteile und Risiken vorher aufzuklären.

600 ▶ Praxistipp:

> Die **Verjährung** wird durch die Teilklage nur in Höhe des eingeklagten Betrages nach § 204 Abs. 1 Nr. 1 BGB gehemmt (Palandt/*Ellenberger* § 204 Rn. 16; BGH NJW 2002, 2167).

601 Es ist daher rechtzeitig eine **Verjährungshemmung** für die Gesamtforderung herbeizuführen.

A. Grundentscheidungen gerichtlichen Vorgehens   4. Kapitel

Dabei muss der Anwalt frühzeitig, möglichst schon bei Erhebung einer Teilklage, Vorkehrungen treffen, damit es nicht zur Verjährung des Restanspruchs kommt. Endet das Mandat vor der Verjährung, muss er den Mandanten auf den drohenden Eintritt der Verjährung und die Notwendigkeit verjährungshemmender Maßnahmen jedenfalls jetzt deutlich hinweisen (BGH NJW 1993, 1779; OLG Schleswig, Urt. vom 11.03.2004, OLGR 2004, 268).

Dies kann kostengünstig geschehen mittels einer entsprechenden Vereinbarung mit dem Gegner (oben Rdn. 327) oder durch Erwirkung eines Mahnbescheides (unten Rdn. 1985) und zeitweise Verzögerung der Überleitung ins streitige Verfahren nach einem etwaigen Widerspruch (§ 204 Abs. 2 BGB).

Ist ein möglicher weiterer Anspruch noch nicht bezifferbar, kommt diesbezüglich eine Feststellungsklage in Betracht (unten Rdn. 763). Damit kann dem Risiko der Verjährung von Mehrforderungen vorgebeugt werden, dass bei einer bezifferten Leistungsklage die gegebene Situation zunächst falsch eingeschätzt und der Schaden zu gering bemessen wird. So sieht der BGH darin nämlich eine verdeckte Teilklage mit entsprechend eingeschränkter Verjährungshemmung (BGH NJW 2002, 2167; NJW 2002, 3769: Angabe einer Obergrenze bei Schmerzensgeldklage; *Meyer* NJW 2002, 3067).

Allerdings setzt man sich durch verjährungshemmende Maßnahmen wegen des damit regelmäßig verbundenen »Sich-Berühmens« leicht der Gefahr einer negativen Feststellungswiderklage aus (unten Rdn. 773).

Da diese **Risiken** (Verjährung, Rechtskraft, negative Feststellungswiderklage) größtenteils **beherrschbar** sind, ist es nicht gerechtfertigt, generell von einer Teilklage abzuraten (z. B. *Lepa* VersR 2001, 266).   602

b) Teilklage mit bedingter Klageerweiterung

Nach h. M. zulässig ist die Erhebung einer Teilklage mit bedingter Klageerweiterung, d. h. gleichzeitige Geltendmachung des restlichen Teils unter der Bedingung der Begründetheit des Hauptantrages – sog. uneigentlicher Hilfsantrag (Zöller/*Greger* Vor § 128 Rn. 20; §§ 253 Rn. 1; 260 Rn. 4; Thomas/Putzo/*Reichold* Einl. III Rn. 14; § 260 Rn. 8; BAG NJW 1965, 1042 LS; BGH NJW 1996, 2306, 2308; zulässige innerprozessuale Bedingung; a. A. *Lüke/Kerwer* NJW 1996, 2121: unzulässige Bedingung »pfiffiger« Anwälte).   603

Dies bietet eine Reihe von **Vorteilen**:   604
– Verjährungshemmung bezüglich der gesamten Forderung (Palandt/*Ellenberger* § 209 Rn. 3; Eventualantrag wird – auflösend bedingt – rechtshängig!; bei Abweisung des Hauptantrages gilt § 204 Abs. 2 BGB!, Palandt/*Ellenberger* §§ 209 Rn. 3; 212 Rn. 3; Zöller/*Greger* § 260 Rn. 4).
– Bei Begründetheit des Hauptantrages wird dem Kläger sogleich über den Teilbetrag hinaus die gesamte Forderung zugesprochen, ohne dass er selbst den vermutlichen Prozessausgang prognostizieren muss. Dies ist bei dieser Konstruktion allein Aufgabe des Gerichts. Im anderen Fall wird nur der Hauptantrag abgewiesen und dem Kläger verbleibt noch die restliche Forderung.
– Für den Zuständigkeitsstreitwert ist der höhere Wert maßgebend (Thomas/Putzo/*Hüßtege* § 5 Rn. 6, Baumbach/*Hartmann* § 5 Rn. 6; a. A. *Fleischmann* NJW 1993, 506). Danach müsste auch ein Betrag unter 600 € beim Landgericht einklagbar sein. Jedenfalls besteht die Chance einer zuständigkeitsbegründenden rügelosen Einlassung gem. § 39 ZPO.
– Dementsprechend dürfte sich der Kostenvorschuss ebenfalls nach dem höheren Wert richten (arg. Gericht darf über beide Anträge verhandeln; Baumbach/*Hartmann* § 5 Rn. 6; a. A. arg. § 45 Abs. 1 Satz 2 GKG).

  Eine bedingte Klageerweiterung im Termin könnte daher auf Schwierigkeiten stoßen, sofern keine Vorsorge für den Kostenvorschuss getroffen wurde. Gibt man allerdings in der Klageschrift den geringeren Wert des Hauptantrages als Streitwert an, ist die Chance erfahrungsgemäß groß, dass das Gericht bzw. die Geschäftsstelle diesen für die Anforderung des Vorschusses unkritisch übernimmt.
– Der Gebührenstreitwert bemisst sich indes nur dann nach dem Gesamtbetrag, wenn das Gericht über beide Anträge entschieden hat (§ 45 Abs. 1 Satz 2 GKG, § 32 RVG). In diesem Fall hat der Kläger insgesamt gewonnen und die Kosten trägt die Beklagtenpartei. Wird hingegen (nur) der Hauptantrag abgewiesen, ist über den Hilfsantrag nicht mehr zu entscheiden und es verbleibt bei dessen geringem Streitwert. Damit lässt sich das Kostenrisiko des Klägers minimieren.

605 **Nachteilig** kann sein, dass man sich dadurch einer negativen Feststellungswiderklage des Gegners aussetzt (unten Rdn. 606). Denn aufgrund des Hilfsantrags liegt das Feststellungsinteresse auf der Hand.

c) Abwehrmaßnahmen des Gegners

606 Als prozesstaktische Reaktionsmöglichkeit des Beklagten kommt die Erhebung einer negativen **Zwischen-Feststellungswiderklage** (§ 256 ZPO) in Betracht (*Vossler* ProzRB 2003, 308: für den Beklagten fast zwingend geboten).

607 Der **Antrag** geht dahin festzustellen, dass dem Kläger über den eingeklagten Betrag hinaus keinerlei weitere Forderungen mehr aus dem streitgegenständlichen Rechtsverhältnis zustehen (Zöller/*Vollkommer* § 33 Rn. 7 a. E.: auch hinsichtlich der ganzen Forderung zulässig; BGHZ 69, 37, 41: ein typischer Anwendungsfall der Zwischenfeststellungsklage; oben Rdn. 571, unten Rdn. 771, 1145).

> Damit erhöht sich der Streitwert auf die Gesamtsumme. Für den Kläger ungewollt steigt das Kostenrisiko, für den Beklagten eröffnet sich die Chance auf einen günstigen Vergleich, in Einzelfällen auch auf eine Klagerücknahme oder einen Teilverzicht.
>
> Wird die Widerklage allerdings abgewiesen, steht positiv und bindend fest, dass dem Kläger die weiteren Ansprüche zustehen (Thomas/Putzo/*Reichold* § 256 Rn. 23). Einer nachfolgend erhobenen Leistungsklage müsste deshalb ohne Weiteres stattgegeben werden. Im umgekehrten Fall hingegen würde einer solchen Klage die Rechtskraft des Urteils entgegenstehen.
>
> In der Praxis soll diese Prozesstaktik vor allem von Versicherern angewandt werden, wobei die Teilklage speziell im Haftpflichtprozess nur noch selten vorkommt (*Lepa* VersR 2001, 265).
>
> Sind die Erfolgschancen der Widerklage eher gering, kann es sich für den Beklagten empfehlen, eine Hilfswiderklage – auf negative Feststellung des Restanspruchs – mit der Bedingung zu erheben, dass die Teilklage unbegründet ist (Zöller/*Vollkommer* § 33 Rn. 26). Dann ist bei Eintritt der Bedingung die Widerklage begründet und der Kläger hat nunmehr die gesamte Forderung verloren.

608 Um eine Zwischenfeststellungswiderklage zu **verhindern**, sollte der Kläger

– bei beabsichtigter Teilklage sich nicht (insbesondere im vorprozessualen Schriftverkehr) weiter gehender Ansprüche berühmen, sondern lediglich mitteilen, dass unter bestimmten Voraussetzungen geprüft werde, ob weiter gehende Ansprüche bestehen (BGH MDR 1992, 297; Prütting/Gehrlein/*Geisler* § 256 Rn. 10; sonst: Feststellungsinteresse i. S. d. § 256 ZPO, BGH NJW 2009, 751). Problematisch können diesbezüglich verjährungshemmende und in Verzug setzende Maßnahmen sein. Schafft der Kläger dagegen durch die teilweise Nichtgeltendmachung seiner Forderung einen gewissen Vertrauenstatbestand, kann die Gefahr der Verwirkung bestehen.

> Hingegen genügt für eine Zwischenfeststellungswiderklage die bloße Möglichkeit, dass aus dem streitigen, für die Entscheidung vorgreiflichen Rechtsverhältnis weitere Ansprüche zwischen den Parteien erwachsen (Zöller/*Greger* § 256 Rn. 26).

– lediglich eine verdeckte Teilklage erheben.

> Der Beklagte könnte dann den Kläger auffordern, zu erklären, ob er für sich noch weitere Ansprüche reklamiert. Verneint der Kläger dies, soll er sich nach einer Ansicht dadurch zu einer Gesamtklage bekennen, was zugleich den Verzicht auf etwaige weitere Ansprüche beinhaltet. In einer Weigerung der Beantwortung dieser Frage soll hingegen ein »Sich Berühmen« liegen, wodurch der Beklagte dann ein schutzwürdiges Interesse an einer negativen Feststellungswiderklage haben soll (*E. Schneider* MDR 1998, 254).
>
> Auch wenn bei einer Teilklage das Feststellungsinteresse generell bejaht wird (Zöller/*Greger* § 256 Rn. 14a – ohne Rspr.-Nachw.), besteht bei einer verdeckten Teilklage zumindest eher die Chance, dass die Beklagtenpartei nicht an diese Abwehrmaßnahme denkt bzw. nicht mit weiteren Ansprüchen rechnet. Hingegen kann die Ankündigung oder Drohung mit einer möglichen Klageerweiterung eine negative Feststellungsklage geradezu herausfordern.

A. Grundentscheidungen gerichtlichen Vorgehens **4. Kapitel**

Kommt es dennoch zur Erhebung einer Zwischenfeststellungswiderklage, empfiehlt es sich für den **609**
Kläger, seine **Klage** auf den Gesamtanspruch zu **erweitern**.

> Im Gegensatz zu einer erfolglosen negativen Feststellungswiderklage erlangt der Kläger bei einer erfolgreichen Leistungsklage sogleich einen vollstreckbaren Titel. Dabei liegt die Behauptungs- und Beweislast (für das Bestehen des Anspruchs) auch bei einer negativen Feststellungsklage bei ihm, so als habe er den Antrag gestellt (Zöller/*Greger* § 256 Rn. 18). Auch der Streitwert entspricht dem einer bezifferten Leistungsklage. Zudem unterbricht bzw. hemmt die Verteidigung gegen eine negative Feststellungsklage die Verjährung nicht (Palandt/*Ellenberger* § 204 Rn. 3; Zöller/*Greger* § 262 Rn. 3).

> Die einseitige Erklärung des Klägers, er werde keine weiter gehenden Ansprüche geltend machen, wenn er mit der von ihm erhobenen Teilklage rechtskräftig unterliegt, würde das Rechtsschutzbedürfnis für die negative Feststellungsklage nicht entfallen lassen (BGH NJW 1993, 2609). Der Beklagte ist nicht verpflichtet, auf ein darin liegendes Angebot auf Abschluss eines bedingten Erlassvertrages einzugehen.

> Da im Fall einer Klageerhöhung das rechtliche Interesse an der negativen Feststellungswiderklage in aller Regel entfällt, muss der Beklagte diese zur Vermeidung einer (kostenpflichtigen) Abweisung dann für erledigt erklären (Zöller/*Greger* § 256 Rn. 7d).

Der Kläger kann auch in Erwägung ziehen, die restliche Forderung vor Klageerhebung **abzutreten**. **610**
Dann liegt überhaupt keine Teilklage vor.

> Allerdings könnte in diesem Fall der Beklagte gegen den Kläger u. U. trotzdem eine negative Zwischenfeststellungswiderklage erheben. Der BGH hat in einem solchen Fall das erforderliche Rechtsschutzbedürfnis in der (im Streitfall nach der Lebenserfahrung mindestens nicht fernliegenden) Möglichkeit der Rückabtretung gesehen (BGHZ 69, 37, 42). Des Weiteren könnte der Beklagte gegen den Zessionar eine Drittfeststellungswiderklage erheben, auch wenn sich dieser der Forderung nicht berühmt. Denn selbst ein rein wörtliches Anerkenntnis des Nichtbestehens der Forderung genügt nach Ansicht des BGH nicht, wenn der Beklagte ernstlich damit rechnen muss, dass der Zessionar den (angeblichen) Anspruch geltend macht, dem Kläger (Zedenten) zurückgibt oder einem Dritten weiterzediert. In dem vom BGH entschiedenen Fall hat der Zessionar jegliche Stellungnahme zur Berechtigung des Anspruchs verweigert.

d) Schmerzensgeldansprüche

Besondere Vorsicht ist bei Schmerzensgeldklagen geboten – einer der »schwierigsten und für den **611**
Anwalt regressträchtigen Problematik« (*Heß* NJW-Spezial 2004 S. 63).

Hierbei drohen Gefahren seitens der Rechtskraft und der Verjährung.

So sind bei (uneingeschränkt) geltend gemachten Schmerzensgeldansprüchen **Nachforderungen** **612**
grundsätzlich nicht möglich.

> Denn einer Nachforderung steht hierbei die Rechtskraft des Urteils entgegen, da der zugesprochene Betrag die angemessene Entschädigung für den erlittenen Gesamtschaden darstellt (Zöller/*Vollkommer* Vor § 322 Rn. 49: Einheitlichkeit des Anspruchs). Dies ist vor allem bei unbestimmter, aber im Zweifel auch bei bestimmter Antragstellung der Fall. Wird ein angegebener Mindestbetrag vom Gericht in vollem Umfange zugesprochen, fehlt zudem die Beschwer für eine etwaige Berufung der Kläger (unten Rdn. 3038).

Dies gilt aber nicht für solche Verletzungsfolgen, die bei der ursprünglichen Bemessung noch nicht **613**
eingetreten und nicht objektiv vorhersehbar waren, d. h. mit deren Eintritt nicht oder nicht ernstlich zu rechnen war (z. B. BGH NJW 2001, 3414).

> In diesen Fällen konnten die weiteren Verletzungsfolgen bei der Entscheidung nicht berücksichtigt werden. Daher stellt sich das bereits früher zuerkannte Schmerzensgeld gegenüber einer durch die spätere Entwicklung bedingten weiteren Schmerzensgeldforderung als Teilschmerzensgeld dar (BGH MDR 2004, 701).

Da jedoch vor allem bei schweren Verletzungen das Eintreten weiterer Folgen zumindest (nach **614**
Kenntnis der medizinischen Fachkreise, BGH NJW 2000, 861) als möglich vorhersehbar ist, besteht für den Geschädigten das Risiko, dass auch erhebliche Spätfolgen von der Rechtskraft des ersten Schmerzensgeldurteils erfasst sind.

615 Zu dessen **Vermeidung** kommen folgende Möglichkeiten in Betracht:
- **Offene Teilklage**
  Bei einer solchen Teilklage macht der Kläger erkennbar nur einen Teilbetrag geltend und verlangt bei der Bemessung der Anspruchshöhe nur die Berücksichtigung der Verletzungsfolgen, die bereits im Zeitpunkt der letzten mündlichen Verhandlung eingetreten sind (BGH MDR 2004, 701: keine rechtliche Bedenken gegen die Zulässigkeit). So ist der Anspruch nämlich trotz seiner Einheitlichkeit teilbar.
  Etwaige Nachforderungen sind dann zwar durch die Rechtskraft nicht ausgeschlossen, jedoch wird die Verjährung nur teilweise gehemmt (oben Rdn. 600).
- **Verdeckte Teilklage**
  Sofern man statt einer Größenordnung oder eines Mindestbetrages eine Obergrenze angibt, kann darin bei einer unbezifferten Schmerzensgeldklage eine – verdeckte – Teilklage gesehen werden (unten Rdn. 597). Sicherer ist es freilich, die Teilklage für das Gericht klar erkennbar zu machen.
- **Feststellungsklage**
  Der Kläger kann aber auch durch einen Antrag auf Feststellung der Ersatzpflicht des Beklagten für zukünftige immaterielle Schäden seine Ansprüche sichern. Dadurch wird zugleich auch deren Verjährung unterbrochen (unten Rdn. 763; *Heß* NJW-Spezial 2004 S. 63: vordringliche Aufgabe des Anwalts des Geschädigten).

2. Objektive Klagehäufung

616 Stehen dem Kläger mehrere materielle Ansprüche zu, so kann er diese im selben Prozess geltend machen (»objektive Klagehäufung«, § 260 ZPO).

617 Mit einer solchen Klagehäufung kann der Kläger den **Streitwert steigern**.

Dies kann von Bedeutung sein, um dem Anwendungsbereich von Vorschriften über Bagatellverfahren zu entgehen (§ 15a Abs. 1 Nr. 1 EGZPO; § 495a ZPO; § 708 Nr. 11 ZPO), die Möglichkeit einer Wertberufung zu erhalten (§ 511 Abs. 2 Nr. 1 ZPO), sachlich in die Zuständigkeit des Landgerichts zu gelangen (§ 23 Abs. 1 Nr. 1 GVG) oder einfach nur das Risiko des Beklagten zu erhöhen (§ 308 Abs. 1 ZPO).

Preis dafür ist die Erhöhung des Streitwerts und damit der Kostenvorschusspflicht (§ 12 Abs. 1 Satz 2 GKG) und des Kostenrisikos für den Kläger (§ 91 Abs. 1 Satz 1 ZPO).

618 § 260 ZPO stellt hierfür keine besonders hohen **Anforderungen**. Diese sind
- die Identität der Parteien.

  Nur wenn sich alle Ansprüche desselben Gläubigers gegen denselben Schuldner richten, liegt eine objektive Klagehäufung vor. Sind Gläubiger und/oder Schuldner verschieden, handelt es sich um eine subjektive Klagehäufung (»Streitgenossenschaft«, oben Rdn. 518).

- die gleiche Prozessart,

  wobei dies nicht mit der Klageart verwechselt werden darf. Im Wege objektiver Klagehäufig dürfen Leistungs- und Feststellungsklage gehäuft werden, es kann nur nicht gleichzeitig als allgemeines Klageverfahren, Urkundenverfahren oder Eilverfahren verhandelt werden.

- das Fehlen ausdrücklicher Verbindungsverbote,

  Die sind in der ZPO überaus selten und spielen praktisch keine Rolle (§ 578 Abs. 2 ZPO).

- das Vorliegen der allgemeinen Prozessvoraussetzungen für jeden Anspruch.

  Der Kläger muss deswegen für die prozessuale Geltendmachung aller geltend gemachten Ansprüche prozessführungsbefugt, das angerufene Gericht für die Entscheidung hierüber zuständig sein. Dabei wird der Wert der verschiedenen Ansprüche für die Zuständigkeit addiert (§ 5 ZPO).

619 Praktisch bedeutsam ist das **Verhältnis**, in dem der Kläger die verschiedenen Ansprüche zueinander geltend macht.

A. Grundentscheidungen gerichtlichen Vorgehens — 4. Kapitel

(1) Bei der **kumulativen Klagehäufung** will der Kläger alle Ansprüche gleichermaßen unbedingt nebeneinander, er will sowohl das eine als auch das andere. — 620

> Diese Form der Klagehäufung ist praktisch nahezu problemlos. Die Häufung erfolgt rein prozessökonomisch, prozessuale Probleme sind damit nicht verbunden.

▶ Beispiel: — 621

> Hauptanwendungsfall in der Praxis sind die sog. Punktesachen, z. B. Bauprozesse, in denen um eine Vielzahl von Mängeln gestritten wird oder Prozesse nach Beendigung eines Mietverhältnisses, wo rückständige Miete und Nebenkosten, Räumung und Herausgabe, Schadensersatz und Kautionsrückzahlung gleichzeitig begehrt werden.

(2) Bei der **eventuellen Klagehäufung** will der Kläger zunächst nur den einen Anspruch. Wird ihm dieser zugesprochen, so braucht über den anderen Anspruch nicht entschieden zu werden. — 622

> Während der Hauptantrag unbedingt geltend gemacht wird, steht der Hilfsantrag damit unter der Bedingung der Erfolglosigkeit (»eigentlicher Hilfsantrag«), ausnahmsweise auch des Erfolgs (»uneigentlicher Hilfsantrag«) des Hauptantrags.

▶ Praxistipp: — 623

> Ohne nähere Darlegung der Bedingung geht die Rechtsprechung davon aus, dass über den Hilfsantrag nur bei vollständiger Erfolglosigkeit des Hauptantrags zu entscheiden ist. Soll über den Hilfsantrag bereits bei bloß teilweiser Erfolglosigkeit entschieden werden, bedarf dies der ausdrücklichen Darlegung (BGH NJW 1996, 3147).

Hilfsanträge können **offen** gestellt werden, indem der Hilfsantrag ausformuliert und mit »hilfsweise«, besser aber mit einer ausformulierten Bedingung (»für den Fall, dass der Hauptantrag ganz oder teilweise erfolglos bleibt«) eingeleitet wird. Lauten Haupt- und Hilfsantrag auf dieselbe Rechtsfolge, unterbleibt dies oft – dass es sich um zwei verschiedene Anträge handelt, ergibt sich dann nur aus der Begründung (sog. »**verdeckter** Hilfsantrag«). — 624

▶ Beispiel: — 625

> Macht der Kläger Zahlung von 6 000 € aus einem Kaufvertrag, hilfsweise denselben Betrag aus einem Werkvertrag, geltend, enthält die Klageschrift meist nur einen Antrag (»Zahlung von 6 000 €«), während die Bedingung sich nur in den Gründen findet (»hilfsweise wird die Klage auf den Werkvertrag gestützt«).

▶ Praxistipp: — 626

> Der verdeckte Hilfsantrag wird vom Gericht oft übersehen und mit der bloßen Hilfsbegründung verwechselt. Dies muss für den Kläger kein Nachteil sein.
>
> Der Kläger wird dann in den Fällen des Misserfolgs nur mit den Kosten aus dem Hilfsantrag nicht – wie beim Hilfsantrag erforderlich – auch mit den Kosten des erfolglos gebliebenen Hauptantrags belastet.
>
> Da es sich bei der Bedingung, unter der der Hilfsantrag steht, um eine auflösende handelt, wird auch der Hilfsantrag sofort rechtshängig. Auch der Hilfsantrag hemmt deswegen die Verjährung des Anspruchs und erlaubt dem Gericht eine Verhandlung bereits vor der Entscheidung über den Hauptantrag.

▶ Praxistipp: — 627

> Wird über den Hilfsantrag (wegen Erfolgs des Hauptantrags) nicht entschieden, endet seine verjährungshemmende Wirkung sechs Monate nach Ende des Prozesses (§ 204 Abs. 2 BGB).
>
> Es kann deswegen erforderlich sein, den Hilfsantrag binnen dieser Frist erneut rechtshängig zu machen oder andere verjährungswahrende Maßnahmen einzuleiten.

628 Anders als bei der kumulativen Klagehäufung findet eine **Addition der Werte** von Haupt- und Hilfsantrag nicht in jedem Fall statt. Für den Zuständigkeitsstreitwert ist allein auf den höheren Einzelwert abzustellen, für den Kostenstreitwert wird addiert, wenn und soweit eine Entscheidung über den Hilfsantrag ergeht.

> Besteht für den Hilfsantrag – anders als für den Hauptantrag – eine ausschließliche Zuständigkeit, muss das Gericht den Rechtsstreit nach Entscheidung über den Hauptantrag abgeben. Bei unterschiedlichen, aber nicht ausschließlichen Zuständigkeiten tritt praktisch regelmäßig eine Zuständigkeitsbegründung durch rügelose Einlassung ein (§ 39 ZPO; oben Rdn. 485).

629 (3) Auch bei der **alternativen Klagehäufung** will der Kläger sich mit einem der geltend gemachten Ansprüche begnügen, gibt aber eine zwingende Prüfungsreihenfolge nicht vor, sondern überlässt diese dem Gericht oder dem Beklagten.

> Regelmäßig ist eine solche Klage mangels Bestimmtheit des Antrags nach § 253 Abs. 2 ZPO unzulässig (BGH NJW-RR 1990, 122). Die Bestimmung des Streitgegenstands gehört zwingend zu den Aufgaben des Klägers und kann weder auf das Gericht noch auf den Beklagten übertragen werden.
>
> Eine Ausnahme gilt für die Wahlschuld (§ 262 BGB), bei der nicht der Kläger, sondern der Beklagte aufgrund materiellrechtlicher Regelung die Leistung bestimmt; nur eine unechte Ausnahme stellen die Fälle dar, in denen der Schuldner eine Ersetzungs- und Abwendungsbefugnis kraft Gesetzes (§§ 251 Abs. 2, 257 Satz 2, 528 Abs. 1 Satz 2, 775 Abs. 2, 1992 Satz 2 BGB) oder Parteivereinbarung hat, weil hier nur ein prozessualer Anspruch geltend gemacht wird.
>
> In neuerer Zeit haben Rechtsprechung und Lehre eine Ausnahme auch in den Fällen zugelassen, in denen der Kläger Zahlung eines Betrages zwar nur einmal, aber aus verschiedenen, selbstständigen Klagegründen verlangen kann (BGH NJW-1997, 1374; MüKoBGB/*Lüke* § 260 Rn. 24 f.). Weil diese Ansprüche trotz der Unterschiedlichkeit der Streitgegenstände das gleiche prozessuale Ziel verfolgen und nicht miteinander konkurrieren, gehen die h.L. und ein Teil der Rechtsprechung davon aus, dass das Rechtsschutzziel des Klägers nur dahin verstanden werden könne, das Gericht solle seine Klage alternativ unter beiden Gesichtspunkten prüfen.

630 ▶ Beispiel:

Schadensersatzansprüche wegen Vertiefung des Nachbargrundstücks können dem Kläger (verschuldensabhängig) aus dem Deliktsrecht und (verschuldensunabhängig) aus dem nachbarrechtlichen Gemeinschaftsverhältnis zustehen. Beide Ansprüche stellen unterschiedliche Streitgegenstände dar und können alternativ mit einer Klage geltend gemacht werden. Entsprechendes gilt für den Anspruch aus dem kausalen Grundgeschäft neben dem aus einem Wechsel.

631 ▶ Praxistipp:

Anwaltlicher Sorgfalt entspricht es, die alternative Klagehäufung zu vermeiden und auch in den Fällen, in denen Leistung nur einmal, aber aus verschiedenen, selbstständigen Klagegründen verlangt wird, diese in Form von (ggf. verdecktem) Haupt- und Hilfsantrag zu stellen.

IV. Verfahrensart

Die Vorüberlegungen des Klägers sollten sich auch auf die zu wählende Verfahrensart erstrecken. 632

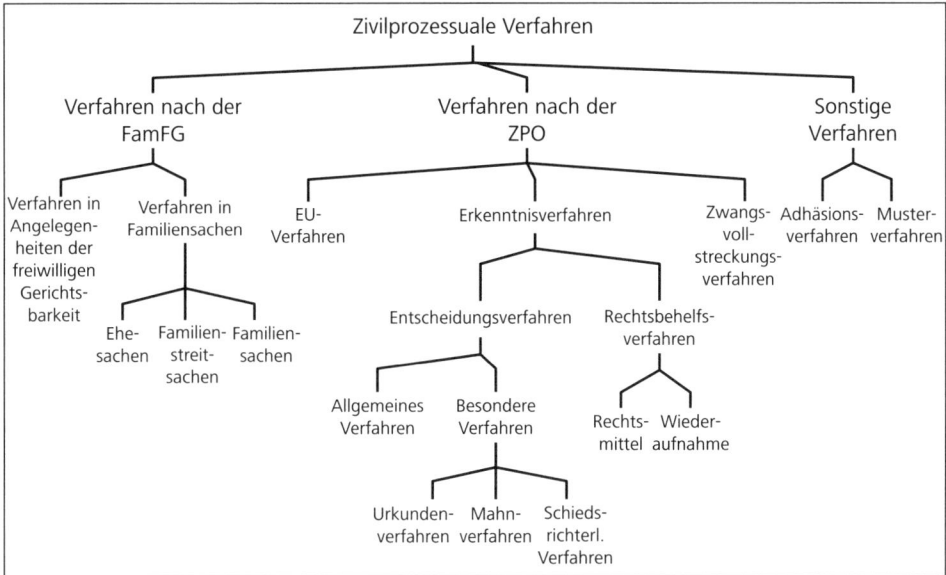

Möglichkeiten zur Durchsetzung privatrechtlicher Ansprüche ergeben sich vornehmlich aus der ZPO. Hier können die auf die Erlangung eines zur Zwangsvollstreckung legitimierenden Titels (§§ 704, 794 ZPO) dienenden Erkenntnisverfahren in erst- (»Entscheidungsverfahren«) und folgeinstanzliche (»Rechtsbehelfsverfahren«) unterteilt werden. Regelfall des erstinstanzlichen Verfahrens ist das **allgemeine Verfahren** (§§ 253–5190b ZPO), daneben tragen besondere Verfahrensarten speziellen Interessenlagen der Beteiligten Rechnung. So können unstreitige Ansprüche vereinfacht im **Mahnverfahren** (§§ 688–703d ZPO) durchgesetzt werden, evidente, leicht nachweisbare Ansprüche im **Urkundenverfahren** (§§ 592–605a ZPO). Dabei hat der Kläger bei Vorliegen der entsprechenden Voraussetzungen grundsätzlich die freie Wahl zwischen einer (normalen) Klageerhebung oder diesen besonderen Verfahrensarten. 633

> Beide Verfahrensarten sollen als Alternative zum allgemeinen Klageverfahren gesondert dargestellt werden (dazu unten Rdn. 1980 und Rdn. 2016).

Soweit die ZPO daneben weitere besondere Verfahrensarten vorsieht, stellen diese regelmäßig keine echte Alternative zum allgemeinen Klageverfahren dar. 634

> Die **familiengerichtlichen Verfahren** leiten ihre Besonderheiten aus dem (nur ausnahmsweise vermögensrechtlichen) Streitgegenstand her. Sie sind ausschließlich im FamFG geregelt und nicht Gegenstand der vorliegenden Betrachtung.
>
> Bei den **Aufgebotsverfahren** handelt es sich um eine öffentliche gerichtliche Aufforderung zur Anmeldung von Ansprüchen oder Rechten. Es dient üblicherweise dazu, Urkunden ungültig erklären zu lassen oder Rechte entfallen zu lassen, wenn in der Aufgebotsfrist (üblicherweise 6 Wochen) keine Anmeldung eines Anspruchs oder eines Rechts erfolgt. Früher Gegenstand des 9. Buchs der ZPO (§§ 946ff. ZPO a. F.), wird das Aufgebotsverfahren nunmehr als Angelegenheit der freiwilligen Gerichtsbarkeit in den §§ 433ff. FamFG geregelt. Im vorliegenden Buch ist es nicht behandelt.
>
> Das **schiedsrichterliche Verfahren** (10. Buch der ZPO, §§ 1025ff. ZPO) lässt es zu, dass die Parteien die Zuständigkeit der staatlichen Gerichte ausschließen und ihren Rechtsstreit durch private Schiedsrichter entscheiden lassen. Schnittstellen zum Zivilprozess finden sich allenfalls bei der Frage nach der Wirksamkeit der Schiedsgerichtsabrede und der Vollstreckbarkeit des Schiedsspruchs. Auch dieses Verfahren wird hier nicht behandelt.

Die **EU-Verfahren** (11. Buch der ZPO, §§ 1067 ff. ZPO) stellen lediglich Ausführungsvorschriften zu Verordnungen und Richtlinien der Europäischen Union dar, die die grenzüberschreitende justizielle Zusammenarbeit bei Zustellungen, Beweisaufnahmen und Prozesskostenhilfegewährung regeln. Zu den europäischen Mahnverfahren und zu den europäischen Bagatellverfahren unten Rdn. 1984.

635 Auch außerhalb der ZPO existieren gerichtliche Verfahren zur Titulierung privatrechtlicher Ansprüche. So kann der durch eine Straftat Verletzte seine Entschädigungsansprüche bereits im Strafverfahren geltend machen, sodass ein nachfolgender Zivilprozess entbehrlich wird. Das **Adhäsionsverfahren** (§§ 403–406c StPO) bietet damit eine Möglichkeit, einfach und kostengünstig an einen vollstreckbaren Titel zu kommen. Für rechtlich und tatsächlich weitgehend gleich gelagerte Ansprüche kommt ein **Musterverfahren**, insbesondere (aber nicht nur) nach dem KapMuG, in Betracht.

Zu diesen Verfahrensarten unten Rdn. 2094 und 2116.

636 Bei Beantwortung der Frage, ob ein Verfahren im Allgemeinen oder in einem besonderen Verfahren anzustrengen ist, kann eine ganze Reihe von Umständen erheblich sein.

637 **Für** ein besonderes Verfahren kann sprechen,

– dass es manchmal billiger ist;
– dass es mit weniger Arbeitsaufwand verbunden ist;

So kann der Mahnbescheidsantrag regelmäßig Kanzleiangestellten überlassen werden, während eine Klageschrift stets des Tätigwerdens eines Anwalts bedarf.

– dass die Verteidigungsmöglichkeiten des Gegners beschränkt sind;

So kann der Beklagte im Urkundprozess keine Widerklage erheben und sich erfolgreich nur mit den Einwendungen verteidigen, die er urkundlich beweisen kann (§§ 595, 598 ZPO).

– dass eine Sach- und Rechtsprüfung durch das Gericht nicht stattfindet;

So kann ggf. im Mahnverfahren ein Titel auch für materiell nicht begründete Forderungen erlangt werden.

– dass es schneller zu einem Titel führt.

638 **Gegen** ein besonderes Verfahren kann sprechen,

– dass der Anwendungsbereich dieser Verfahren beschränkt und von besonderen Voraussetzungen abhängig ist;

Ein Urkundsverfahren ist dem Kläger nur möglich, wenn er alle anspruchsbegründenden Tatsachen mit Urkunden beweisen kann. Im Adhäsionsverfahren können nur Verschuldensansprüche geltend gemacht werden, die aus der Straftat entstanden sind.

– dass die Verfahrensvereinfachung und -verkürzung regelmäßig auch eine Rechtsverkürzung für beide Parteien mit sich bringt, die Entscheidungen deswegen nur in geringerem Umfang materiell richtig sind und häufiger der Anfechtung unterliegen;

– dass (insbesondere beim Scheitern des besonderen Verfahrens) ein allgemeines Verfahren nachgeschoben werden muss und so die Rechtsdurchsetzung insgesamt teuer wird, mehr Arbeit macht und länger dauert.

Legt der Schuldner gegen einen Mahnbescheid Einspruch ein, hat das Mahnverfahren nur eine verzögernde Wirkung. Der Aufwand für Vor- und Nachverfahren im Urkundprozess übersteigt den nur eines allgemeinen Verfahrens.

B. Die Verfahrenseinleitung im allgemeinen Klageverfahren (Klageschrift)

639 Eingeleitet wird das allgemeine Klageverfahren durch eine Klageschrift. Für diese stellt § 253 ZPO eine Reihe von formalen Voraussetzungen auf. Deren Einhaltung wird vom Gericht im Rahmen der Zulässigkeit unter dem Stichwort »Ordnungsmäßigkeit der Klageerhebung« geprüft. Von

B. Die Verfahrenseinleitung im allgemeinen Klageverfahren (Klageschrift)

besonderer Bedeutung für die Parteien sind dabei die Formulierung des Antrags und der Umfang der Begründung.

Inhalt der Klageschrift

Inhalt der Klageschrift	
Konrad Bauer Rechtsanwalt	
An das Landgericht Hanau 63450 Hanau	**Bezeichnung Gericht** § 253 Abs. 2 Nr. 1 ZPO § 130 Nr. 1 ZPO
Ort, Datum **Klage**	
Namens des Herrn Anton Schneider, Schneeberger Straße 32, 63457 Hanau, - Klägers -	**Bezeichnung Parteien** § 253 Abs. 2 Nr. 1 ZPO § 130 Nr. 1 ZPO
erhebe ich Klage gegen	
die Frau Cornelia Burger, Vereinsstraße 35, 63459 Hanau, - Beklagte -	§ 253 Abs. 2 Nr. 1 ZPO § 130 Nr. 1 ZPO
wegen Erfüllung eines Kaufvertrages.	§ 130 Nr. 1 ZPO

Im Termin zur mündlichen Verhandlung werde ich beantragen,
     die Beklagte zu verurteilen, dem Kläger das Grundstück
     Grundbuch von Hanau-Wolfgang, Bd. 7, Blatt 3456,
     aufzulassen.
	Antrag
	§ 253 Abs. 2 Nr. 2 ZPO
	§ 130 Nr. 2 ZPO

Der Wert des Streitgegenstandes beträgt 120 000,- €.	**Angabe Streitwert** § 253 Abs. 3 S. 1 ZPO
Begründung ...	**Gegenstand und Grund** § 253 Abs. 2 S. 2 ZPO § 130 Nr. 3, 5 ZPO
Einer Entscheidung des Rechtsstreits durch den Einzelrichter stehen Gründe nicht entgegen.	**Einzelrichtererklärung** § 253 Abs. 3 S. 2 ZPO
Eine beglaubigte und eine einfache Abschrift der Klageschrift sind beigefügt.	**Abschriften** § 253 Abs. 5 ZPO § 130 Nr. 1 ZPO
Gerichtsgebühren in Höhe von 3465,- € sind eingezahlt.	**Gerichtskostenvorschuss** § 12 Abs. 1 GKG
Bauer . Rechtsanwalt	§ 130 Nr. 6 ZPO

I. Gericht (§ 253 Abs. 2 Nr. 1 ZPO)

640 Erforderlich ist eine Angabe des Gerichts, an das die Klage gerichtet wird. Dieses Gericht hat die Zulässigkeit – und wenn es diese bejaht – die Begründetheit der Klage zu prüfen.

641 Ausreichend ist dabei die Bezeichnung des Gerichts im **organisatorischen** Sinn (»Amtsgericht München«, »Landgericht Frankfurt am Main«). Damit muss weder der zuständige Spruchkörper noch gar ein konkreter Richter angegeben werden.

642 **Empfehlenswert** ist die Angabe einer eventuellen speziellen funktionellen oder inhaltlichen Zuständigkeit (Mietsachen, Banksachen), um eine richtige Behandlung der Klage im Geschäftsgang zu erreichen.

643 Erforderlich ist die Angabe, dass vor der **Kammer für Handelssachen** verhandelt werden soll (§ 96 Abs. 1 GVG).

644 ▶ Praxistipp:

> Soll die Klage vor der Kammer für Handelssachen verhandelt werden, ist es sinnvoll, dies bereits in die Anschrift des Gerichts aufzunehmen.
>
> Anträge an anderen Stellen der Klageschrift (»beantrage ich, den Beklagten im Urkundenverfahren zu verurteilen«) sind zwar möglich, werden vom Gericht aber oft übersehen.

II. Parteien (§ 253 Abs. 2 Nr. 1 ZPO)

1. Allgemeine Bedeutung

645 Die Klageschrift muss die Bezeichnung der Parteien enthalten. Danach bestimmt sich, wer Partei wird (»**formeller Parteibegriff**«), also auch an wen die Klage als Beklagten zuzustellen ist (§ 253 Abs. 1 ZPO).

646 Wie die Parteien zu bezeichnen sind, bestimmt § 130 Nr. 1 ZPO. Verlangt wird hier neben dem Namen zwar die Angabe von Stand und Gewerbe, nicht aber die von Straße und Hausnummer. Der ratio des § 130 Nr. 1 ZPO entsprechend ist indes eine Bezeichnung der Parteien zu verlangen und ausreichen zu lassen, die eine Abgrenzung zu anderen Personen (Individualisierbarkeit) und eine Zustellung der Klage (**ladungsfähige Anschrift**) erlaubt (BGH NJW 2001, 885; OLG Bremen NJW-RR 1995, 1023; Prütting/Gehrlein/*Geisler* § 253 Rn. 9). Deswegen kann auf die Angabe des Berufs verzichtet werden, nicht aber auf die vollständige Anschrift.

> Zu Beispielen unten Rdn. 657.

646a An sich keiner Erwähnung sollte bedürfen, dass der Anwalt die Klage **im Namen der Partei** erhebt. Dennoch gibt es bis heute Gerichte (OLG Braunschweig Urt. v. 29.08.2008 - 2 U 81/05), die aus der Einleitungsfloskel »erhebe *ich* Klage« Zweifel herleiten und ein Handeln im eigenen Namen in Betracht ziehen. Dass diese nicht gerechtfertigt sind, hat der BGH ausdrücklich klargestellt (BGH NJW 2010, 3779), dennoch dürfte der klassische Zusatz »namens und im Auftrag des Klägers« hier Probleme von Anfang an vermeiden.

647 Zweifelhaft ist, ob es der Angabe eines **Prozessbevollmächtigten des Beklagten** bedarf.

> Ist dieser aus einer vorprozessualen Korrespondenz bekannt und wird er in der Klageschrift angegeben, muss das Gericht die Klage ggf. (ob insoweit bereits eine Bindung nach § 172 Abs. 1 ZPO besteht, ist streitig: Zöller/*Stöber* § 176 Rn. 6) an den Anwalt zustellen. Teilt der Anwalt danach mit, er sei noch nicht oder nicht mehr zustellungsbevollmächtigt, ist die Klage nicht rechtshängig geworden. Bei der erneuten Zustellung an die Partei können dann Fristen bereits abgelaufen sein (BGH NJW-RR 2011, 997; BGH NJW 2000, 1957; BVerfG NJW 2007, 3486).

648 ▶ Praxistipp:

> Ein Prozessbevollmächtigter des Beklagten sollte in der Klage nur angegeben werden, wenn dieser sich dem Kläger gegenüber ausdrücklich als für eine Klage zustellungsbevollmächtigt legitimiert hat. In allen anderen Fällen obliegt es dem Beklagtenvertreter, seine Vertretung im Prozess anzuzeigen.

649 Sind einzelne für die Parteibezeichnung erforderliche Angaben **unbekannt**, so müssen diese vom Kläger grundsätzlich vorprozessual ermittelt werden. Dem Kläger obliegt es, die für die Zustellung der Klage an den Beklagten erforderlichen Angaben zu beschaffen.

Manchmal genügt es für den Rechtsanwalt, beim Mandanten nachzufragen. Verfügt auch dieser nicht über die entsprechenden Informationen, sind manchmal aufwendige Ermittlungen erforderlich (oben Rdn. 136). Die Anschrift des Beklagten kann durch eine Einwohnermeldeamtsanfrage oder sonstige Ermittlungen festzustellen sein. Der Name einer juristischen Person ist nicht immer identisch mit der Abkürzung, unter der sie im Rechtsverkehr auftritt und bedarf deswegen der Klärung durch einen Handelsregisterauszug. Zum Namen einer natürlicher Personen gehört auch der Vorname, wobei die Abkürzung durch den bloßen Anfangsbuchstaben regelmäßig nicht genügt (LG Hamburg RPfl. 1957, 257: nicht vollstreckbar). Wohnen namensgleiche Personen unter derselben Anschrift, bedarf es weiterer Konkretisierungen – z. B. »junior« oder »senior«.

Natürlich sollten die Vertragsunterlagen auf die Identität und genaue Bezeichnung des Vertragspartners hin untersucht werden. Unklarheiten gibt es z. B. immer wieder, wenn sich bei der Unterschrift ein vom Briefkopf oder von der Angabe des Vertragspartners abweichender Stempelaufdruck befindet. Oftmals sind auch die Briefbögen von verschiedenen, in einem Konzern miteinander verbundenen Gesellschaften verwirrend (OLG Hamm VersR 1978, 633: Versicherungskonzern – Parteiberichtigung zugelassen).

Vor allem im Reiseprozess ist genau zu prüfen, wer eigentlich Veranstalter der Reise und damit passiv legitimiert ist (651a BGB). So werden z. B. Reisen häufig unter einer Dienstleistungsmarke eines Konzerns angeboten, welcher seinerseits aus mehreren rechtlich selbstständigen Reiseunternehmen besteht (AG Bad Homburg NJW-RR 1996, 821: »Terramar-Reisen«). Probleme gibt es in der Praxis regelmäßig bei der Frage, wer von mehreren Mitreisenden Vertragspartner des Reiseveranstalters geworden ist, wenn nur einer von ihnen die Reise gebucht hat (*Kauffmann* MDR 2002, 1036).

Bleiben Pflichtangaben trotzdem unbekannt, kann zumindest in begründeten Ausnahmefällen darauf verzichtet werden. Auf die Anschrift des Beklagten kann verzichtet werden, wenn eine öffentliche Zustellung bewilligt wurde (§ 185 ZPO). Der Name des Beklagten ist entbehrlich, wenn die erforderliche Individualisierung anderweitig möglich ist (Hausbesetzer, Dauerdemonstranten; OLG Oldenburg NJW-RR 1995, 1164; *Christmann* DGVZ 1996, 81). Die Anschrift oder sogar der Namen des Klägers muss zwar auch dem Gericht gegenüber offen gelegt, dem Beklagten aber nicht mitgeteilt werden, wenn es hierfür ein zwingendes Bedürfnis gibt und die Rechtsverteidigung des Beklagten dadurch nicht eingeschränkt wird (Klage eines Polizeibeamten gegen Demonstranten; BVerfG NJW 1996, 1272; BGH NJW 1988, 2095; KG OLGZ 1991, 465; *Nierwetberg* NJW 1988, 2114).

Unvollständige oder ungenaue Parteibezeichnungen führen nicht ohne Weiteres zu einer Abweisung der Klage als unzulässig. Das Gericht ist gehalten, auf die Behebung des Mangels hinzuwirken. Hierzu kann das Gericht die Partei zunächst auf den Mangel hinweisen und sie zur **Berichtigung** der Angaben auffordern (§ 139 Abs. 3 ZPO). 650

Eine ungenaue oder unrichtige Parteibezeichnung kann jederzeit formlos berichtigt werden. Eine solche Berichtigung darf indes nicht dazu führen, dass eine andere Partei an die Stelle der bisherigen tritt. Dies ist allein unter den Voraussetzungen der Parteiänderung statthaft (Thomas/Putzo/*Hüßtege* Vorbem. § 50 Rn. 4; Thomas/Putzo/*Reichold* § 253 Rn. 7; BGH MDR 2002, 1240; zur Parteiänderung und zur Abgrenzung von der bloßen Parteiberichtigung unten Rdn. 2423). Eine solche Berichtigung ist nicht nur beim Beklagten möglich, sondern auch, wenn sich die klagende Partei selbst fehlerhaft bezeichnet hat (BGH NZM 2003, 235).

Wird der Mangel der Parteibezeichnung nicht berichtigt, muss im Wege der **Auslegung** versucht werden, die »richtige« Partei festzustellen. 651

BGH NJW 1981, 1454: »Die Bezeichnung der Partei allein ist für die Parteistellung nicht ausschlaggebend. Vielmehr kommt es darauf an, welcher Sinn der von der klagenden Partei in der Klageschrift gewählten Parteibezeichnung bei objektiver Würdigung des Erklärungsinhalts beizulegen ist. Bei unrichtiger äußerer Bezeichnung ist grundsätzlich die Person als Partei anzusprechen, die erkennbar durch die Parteibezeichnung betroffen werden soll.«

Entscheidend für diese Auslegung ist, ob der Zustellungsempfänger sich bei verständiger Würdigung der Klage insgesamt als Partei ansehen durfte. Dabei ist nicht nur auf die formelle Bezeichnung im Rubrum abzustellen, sondern auch auf die Begründung und damit auf den der Klage zugrunde gelegten **Sachverhalt** und dessen **rechtliche Bewertung** (BGH NJW 1988, 1587; OLG Stuttgart NJW-RR 1999, 216; *Schreiber* Jura 1990, 162). 652

Eine solche Auslegung kommt sogar bei verschiedenen eigenständigen (juristischen) Personen in Betracht (z. B. OLG Hamm NJW-RR 1991, 188: »ARAG Rechtsschutz AG« anstatt »ARAG Sachversicherung AG«; *Wehrberger* AnwBl. 2000, 684 m. w. N.). Eine bloße Parteiberichtigung kann auch genügen, wenn erkennbar der Rechtsnachfolger der bezeichneten Beklagtenpartei verklagt werden sollte (BGH NJW 2004, 232: Klage gegen die durch Verschmelzung mit der R-Cigarettenfabriken GmbH erloschenen H-Reemtsma GmbH). Etwas anderes muss gelten, wenn dem Kläger das Erlöschen des Beklagten gar nicht bekannt war und daher deren Rechtsnachfolger nicht gemeint haben konnte (BGH NJW 2002, 3110). Ebenso wenig kann angenommen werden, dass eine gegen eine verstorbene natürliche Person erhobene Klage in der Regel als gegen die Erben gerichtet auszulegen ist (BGH WM 2000, 260; Zöller/*Vollkommer* Vor § 50 Rn. 12).

653 ▶ **Praxistipp:**

Da sich die Frage, ob der Zustellungsempfänger Partei geworden ist, auch daraus beantworten kann, ob dieser sich inhaltlich auf die Klage eingelassen hat, sollte der Beklagte bei unklaren Parteibezeichnungen zunächst die fehlende Passivlegitimation rügen und sein weiteres Verteidigungsvorbringen nur hilfsweise vortragen.

654 Probleme im Zusammenhang mit der Bezeichnung der Parteien dürfen nicht verwechselt werden mit der (eindeutigen) Bezeichnung einer **falschen**, d. h. materiell nicht berechtigten oder verpflichteten **Partei**. Nicht verwechselt werden dürfen sie auch mit der Frage, ob die Personen, die Partei geworden sind, zur prozessualen Geltendmachung des Rechts berechtigt sind.

Die aus der Bezeichnung in der Klageschrift zu beurteilende formelle Parteistellung regelt nur, wer am Prozess als Partei teilnimmt. Zwischen diesen Parteien ist dann im Rahmen der Zulässigkeitsprüfung zu klären, ob sie zur prozessualen Geltendmachung berechtigt sind (aktive und passive Prozessführungsbefugnis«). Wird dies bejaht, erstreckt sich die Begründetheitsprüfung auch auf die Frage der materiellen Berechtigung bzw. Verpflichtung (Aktiv- und Passivlegitimation).

655 ▶ **Beispiel:**

Die Eheleute Müller verhandeln gemeinsam über den Vertragsschluss, die Rechnung ist ausgestellt auf »Müller«. In diesem Fall kann zweifelhaft sein, ob Herr oder Frau Müller allein oder zusammen Vertragspartner wurden.

Kläger wird, wer in der Klageschrift als solcher bezeichnet wird. Prozessführungsbefugt ist dieser Kläger, solange er behauptet, selbst Vertragspartner geworden zu sein und damit ein eigenes Recht geltend zu machen. Begründet ist die Klage, wenn er tatsächlich Vertragspartner wurde.

Praktisch empfiehlt sich in diesen Fällen nicht, beide Ehegatten als Kläger auftreten zu lassen, weil dabei die Gefahr einer kostenpflichtigen Teilabweisung der Klage besteht. Besser ist es, dem klagenden Ehegatten vorsorglich etwaige Ansprüche des anderen Ehegatten abtreten zu lassen.

656 ▶ **Praxistipp:**

Bei einer Klage gegen den falschen Schuldner wird die Verjährung gegenüber dem wahren Rechtsträger nicht gehemmt (Palandt/*Ellenberger* § 209 Rn. 12).

Vor allem, wenn die Mandantenangaben ungenau sind, kann bereits die Zustellung scheitern und insbesondere bei Klageeinreichung nahe am Ende der Verjährungsfrist zum Prozessverlust führen.

Im Fall einer Parteiberichtigung kann eine etwaige fehlende Zustellung an die richtige Partei u. U. in Einzelfällen noch gem. § 189 ZPO geheilt werden, z. B. wenn der Anwalt sowohl für die beklagte als auch die passiv legitimierte Partei zustellungsbevollmächtigt war (BGH NJW 1983, 2446) oder wenn die Klage weitergeleitet wurde (OLG Hamm VersR 1978, 633).

Sofern jedoch der Schuldner die fehlerhafte Klage durch falsche Informationen, z. B. auf dem bei der vorprozessualen Korrespondenz verwendeten Briefbogen, veranlasst hat oder der Kläger aufgrund sonstiger Umstände auf den Fortbestand der bisherigen Verhältnisse bei einer Rechtsänderung auf Beklagtenseite vertrauen durfte, kann u. U. die Berufung auf die Einrede der Verjährung rechtsmissbräuchlich sein (§ 242 BGB; Palandt/*Ellenberger* § 209 Rn. 12; BGH NJW 2002, 3110: Verschmelzung).

2. Praxisrelevante Beispiele

a) Firmen

Probleme gibt es in der Praxis häufig bei Firmenbezeichnungen und Gesellschaften. Wird eine beklagte Partei unter ihrer Firma bezeichnet (§ 17 HGB), so ist Partei nicht die Firma, sondern allein derjenige, der zur Zeit der Rechtshängigkeit **Inhaber** ist (Thomas/Putzo/*Hüßtege* Vorbem. § 50 Rn. 7). 657

> Daher ist bei einer abgeleiteten Firma (§§ 22 ff. HGB) der Inhaber mit anzugeben, damit die Zwangsvollstreckung ohne Schwierigkeiten auch in das Privatvermögen des Inhabers erfolgen kann (§ 750 ZPO). Dies ist ratsam, um bei einem Inhaberwechsel die Zwangsvollstreckung problemlos durchführen zu können. Wird demgegenüber in einer Klageschrift als Inhaber einer einzelkaufmännischen Firma eine Person genannt, wird diese auch dann Partei des Verfahrens, wenn dieser Person in Wahrheit die Firma nicht gehört (BGH NJW 1999, 1871).
>
> Werden aufgrund des gleichen Sachverhalts zwei Klagen erhoben – eine gegen eine einzelkaufmännische Firma, die andere gegen deren Inhaber – so ist die zweite Klage wegen anderweitiger Rechtshängigkeit unzulässig, da jeweils dieselbe natürliche Person in Anspruch genommen wird (§ 261 Abs. 3 Nr. 1 ZPO).
>
> Da ein Einzelkaufmann nunmehr jedoch sowohl eine Personen- als auch eine Sach- oder Fantasiefirma führen kann (§ 18 Abs. 1 HGB), ist es nicht ohne Weiteres erkennbar, wer hinter der Firma steht und für die Verbindlichkeiten des Unternehmens letztendlich persönlich haftet.
>
> Nicht eingetragene Gewerbetreibende müssen im Zivilprozess hingegen mit ihren bürgerlichen Namen bezeichnet werden. Hierfür kann insbesondere eine Gewerberegisterauskunft aufschlussreich sein.

Eine **Einzelfirma** kann nur mit dem Zusatz »eingetragener Kaufmann bzw. Kauffrau« oder eine entsprechende Abkürzung (e.K./e.Kfm./e.Kfr.) firmieren (§ 19 Abs. 1 Nr. 1 HGB), sodass eine Abgrenzung zu den Geschäfts- oder Etablissementsbezeichnungen von Nicht-Kaufleuten unproblematisch möglich ist. 658

Indem der BGH die Rechts- und Parteifähigkeit der **BGB-Gesellschaft** bejaht hat, kann diese selbst unter der Bezeichnung, mit welcher die Gesellschaft im Verkehr auftritt, klagen und verklagt werden (BGH NJW 2001, 1056; Prütting/Gehrlein/*Gehrlein* § 50 Rn. 21). Die BGB-Gesellschaft ist somit im Zivilprozess aktiv und passiv parteifähig. 659

> Der Ansicht des BGH haben sich mittlerweile angeschlossen: BVerfG NJW 2002, 3533; BFH NJW 2004, 2773; BAG NJW 2005, 1004.
>
> Dabei muss der Vertreter angegeben werden, wobei im Zweifel alle Gesellschafter gesetzliche Vertreter sind (§§ 709, 714 BGB) und (letztlich doch wieder) sämtlich im Rubrum der Klageschrift zu benennen sind. Die bloße Nennung eines Namens der Gesellschafter ohne den vorhergehenden Zusatz »vertreten durch (den geschäftsführenden Gesellschafter)...« genügt nicht, es sei denn, die Vertretereigenschaft wird in der Klagebegründung mitgeteilt.
>
> Da der Gläubiger die Namen der einzelnen und u. U. häufig wechselnden Gesellschafter meist gar nicht kennt, stellt die jetzige Möglichkeit der Parteibezeichnung eine erhebliche Erleichterung für ihn dar. Zudem genügt bereits die Zustellung an einen von mehreren Geschäftsführern § 170 Abs. 2 ZPO BGH MDR 2006, 1254).
>
> Hierbei stellt die Umstellung einer Klage von den Gesellschaftern auf die Gesellschaft keine Parteiänderung, sondern lediglich eine Parteiberichtigung dar (BGH NJW 2003, 1043).

Gerade bei **Handelsgesellschaften** sollte sorgfältig die Passivlegitimation und die richtige bzw. aktuelle Firmierung ermittelt werden. 660

> Denn häufig gibt es mehrere Unternehmen mit ähnlicher Bezeichnung, wobei manchmal zusätzlich die gesetzlichen Vertreter identisch sind. Wird hier versehentlich die falsche Gesellschaft verklagt, kommt eine Berichtigung in der Regel nicht in Betracht. Anders jedoch, wenn die verklagte Partei zu keinem Zeitpunkt existiert hat (BGH NJW-RR 2004, 501).

Im Gegensatz zum Einzelkaufmann kommt der Nennung des Namens der Gesellschaft ausschlaggebende Bedeutung zu. Der irrige Zusatz eines Inhabernamens tritt demgegenüber zurück (BGH NJW 1999, 1871).

Unklar ist die Identität des Beklagten bzw. die Aktivlegitimation z. B. jedoch, wenn das Beklagtenrubrum eine natürliche Person bezeichnet und dann vorgetragen wird, diese sei Inhaber einer GmbH, auf welche auch die – zum Beweis des Vertragsschlusses vorgelegte – Rechnung ausgestellt ist.

Unklar ist auch die Bezeichnung »Firma X, gesetzlich vertreten durch Herrn Y« (Einzelfirma?).

Verschiedene Identitäten liegen z. B. vor bei Fa. Meier und Fa. Meier GmbH, es sei denn, es steht aufgrund Auslegung der Klageschrift eindeutig fest, wer verklagt werden sollte (Thomas/Putzo/*Hüßtege* Vorbem. § 50 Rn. 6: Bezeichnungsirrtum – eine für alle Beteiligten erkennbare Falschbezeichnung; ebenso BGH NJW-RR 2004, 501: K-Wohnbau GmbH, Firma K. Wohnbau und K-Bau, Inhaber K).

661 Die aktuelle und richtige Firmierung, die Person des Inhabers sowie ein etwaiges Erlöschen der Firma und deren Rechtsnachfolger erfährt man am sichersten durch Einsichtnahme ins **Handelsregister**, was in den meisten Bundesländern schon »online« möglich ist.

Aus der vorgerichtlichen Korrespondenz oder aus Rechnungen geht dies häufig nicht klar hervor, obwohl auf allen Geschäftsbriefen des Kaufmanns vor allem seine Firma, Ort seiner Handelsniederlassung sowie das Registergericht und die dortige Eintragungsnummer angegeben sein müssen (§ 37a HGB). Insbesondere werden oftmals nur bloße Geschäftsbezeichnungen oder unvollständige Firmenbezeichnungen verwendet oder aber auch Briefpapier von Tochtergesellschaften oder bereits aufgelösten Unternehmen.

Verklagt man eine nicht (mehr) existente Gesellschaft, so ist die Klage unzulässig bzw. unwirksam.

Die Kosten trägt dann in der Regel der Kläger (Zöller/*Vollkommer* Vor § 50 Rn. 12). Außerdem wird dadurch die Verjährung gegen den wahren Rechtsträger, etwa einen etwaigen Rechtsnachfolger, nicht gehemmt (BGH MDR 2002, 1240: durch Eintragung der Verschmelzung ins Handelsregister erloschen). Allerdings endet die Parteifähigkeit einer Gesellschaft nicht schon mit deren Auflösung und Löschung im Handelsregister, sondern erst mit der Vollbeendigung nach Abwicklung (Zöller/*Vollkommer* § 50 Rn. 4, 4b). Sofern noch Vermögen vorhanden ist, besteht die Parteifähigkeit weiterhin.

Eine Firma erlischt insbesondere durch Verschmelzung mit einem anderen Unternehmen, im Gegensatz zu einer identitätswahrenden Umwandlung, bei welcher lediglich eine Parteiberichtigung angezeigt ist (z. B. GmbH in eine KG; BGB-Gesellschaft in OHG; Zöller/*Vollkommer* Vor § 50 Rn. 11; 50 Rn. 4b).

662 Außerdem ist zu unterscheiden zwischen dem (gesetzlichen oder bevollmächtigten) **Vertreter** und der vertretenen Gesellschaft als juristische Person. Verklagt man fälschlicherweise die handelnde natürliche – nicht passiv legitimierte – Person, dürfte eine Parteiberichtigung nicht in Betracht kommen. Dabei haftet der Vertreter, z. B. der Geschäftsführer einer GmbH, persönlich nur in Ausnahmefällen (hierzu *Lutter*, DB 1994, 129).

Die Zustellung an die Gesellschaft hat jedoch an ihren gesetzlichen Vertreter zu erfolgen (§§ 170 – es sei denn 172 ZPO; §§ 171, 176 ZPO a. F.) Zustellungsverzögerungen ließen sich in der Praxis häufig dadurch vermeiden, indem man den aktuellen Vertreter dem Handelsregister entnimmt.

663 Bei einer »**GmbH und Co KG**« handelt es sich um eine KG. Diese wird vertreten durch ihre Komplementärin (persönliche haftende Gesellschafterin, §§ 124 Abs. 1, 161 Abs. 2 HGB), die GmbH, die ihrerseits wieder vertreten wird durch ihren Geschäftsführer (§ 35 GmbHG).

Wenn man hier etwa fälschlicherweise die Kommanditgesellschaft statt der GmbH verklagt hat, kommt eine Berichtigung der Parteibezeichnung wohl nicht in Betracht. Demgegenüber haftet die A-GmbH (als persönlich haftende Gesellschafterin) ebenso wie die KG (§§ 161 Abs. 2, 128 HGB). Bei Unsicherheiten bezüglich der Frage, wer von beiden Gesellschaften der Schuldner ist, sollte daher zunächst die GmbH verklagt werden, wobei die Klage nachträglich auf die KG erweitert werden kann. Denn in das Gesellschaftsvermögen der KG kann nur aus einem gegen sie ergangenen Titel vollstreckt werden (§ 124 Abs. 2 HGB).

b) Parteien kraft Amtes

664 Eine Sonderstellung aufseiten der Parteien nehmen die Personen ein, die zwar selbst Partei werden, aber kraft ihres besonderen Amtes im fremden Interesse für ein fremdes Vermögen handeln. Zu

diesen gehören der **Insolvenzverwalter** (§§ 6, 7 InsO), der **Nachlassverwalter** (§ 1984 BGB), der **Testamentsvollstrecker** (§§ 2212, 2213 BGB) und der **Zwangsverwalter** (§ 152 ZVG).

> In all diesen Fällen haben die materiellen Rechtsinhaber die Verfügungsbefugnis über eine Vermögensmasse verloren, an ihre Stelle tritt die Partei kraft Amtes, die im eigenen Namen handelt (so die herrschende Amtstheorie: BGHZ 51, 128). Im Rubrum ist dabei stets der Amtsträger, nie der Rechtsinhaber als Partei aufzuführen: »Klage des Rechtsanwalts X als Insolvenzverwalter über das Vermögen des Kaufmanns Y«.

III. Antrag (§ 253 Abs. 2 Nr. 2 ZPO)

1. Allgemeines

Mit einem Antrag **begehrt** eine Partei ein bestimmtes Verhalten des Gerichts. Auf den Antrag hin muss das Gericht tätig werden, über den Antrag entscheiden, sei es durch Verwerfung, Zurückweisung oder Stattgabe. Hierauf hat die Partei einen Anspruch. Insoweit unterscheidet sich der Antrag von der bloßen Anregung, auf die hin ein Tätigwerden im Ermessen des Gerichts steht. 665

> Terminologisch bezeichnet die ZPO den Antrag häufig auch als »Gesuch«, ohne dass damit ein inhaltlicher Unterschied verbunden ist.

> Über die Anträge bestimmen die Parteien im Rahmen der Dispositionsmaxime den Zivilprozess, Sie sind der »Dreh- und Angelpunkt« jedes zivilrechtlichen Verfahrens. Auf ihre Ausformulierung sollte daher »größtmögliche Sorgfalt« verwandt werden (*Bräuer* AnwBl. 2005, 647). Sind die Anträge dennoch nicht geeignet, das erkennbare Prozessziel der Partei zu erreichen, hat das Gericht hierauf hinzuweisen und auf die Stellung »sachdienlicher Anträge« hinzuwirken.

Als **Sachanträge** bezeichnet man diejenigen Anträge, die Inhalt, Gegenstand und Wirkung der erstrebten Endentscheidung betreffen. Damit bezeichnet der Kläger sein Begehren, formuliert sein Prozessziel. 666

> Ein solcher Sachantrag muss in der Klageschrift enthalten sein (§ 253 Abs. 2 Nr. 2 ZPO). Keine praktische Bedeutung kommt dabei dem Umstand zu, dass die Anträge hier nur anzukündigen (»werde ich beantragen«, so der auf die §§ 128 Abs. 1, 137 Abs. 1 ZPO abstellende Wortlaut des § 130 Nr. 2 ZPO) und erst in der mündlichen Verhandlung durch Verlesung oder Bezugnahme zu stellen sind (§ 297 ZPO). Praktisch verbreitet und prozessual unbedenklich ist es, den Antrag sprachlich bereits in der Klageschrift als gestellt zu formulieren (»beantrage ich«). Über diesen Antrag darf das Gericht nicht hinausgehen (§ 308 Abs. 1 ZPO).

Prozessanträge sind demgegenüber diejenigen Anträge, die allein das Verfahren betreffen. 667

> Hierzu gehören z. B. die Anträge auf Aussetzung des Verfahrens, Ruhen des Verfahrens, Verweisung des Rechtsstreits oder Erlass eines Versäumnisurteils.

Anträge gehören zu den sog. »**Erwirkungshandlungen**«, können deswegen zurückgenommen oder abgeändert werden, solange die darauf gerichtete Handlung des Gerichts nicht erfolgt ist. Nach Rechtshängigkeit bedarf dies bei Sachanträgen regelmäßig der Zustimmung des Gegners (§§ 263, 269 ZPO). 668

Anträge können auch unter eine innerprozessuale Bedingung, insbesondere den Erfolg oder Nichterfolg eines anderen Antrags gestellt werden (»**Hilfsanträge**«). Bei dieser Bedingung handelt es sich um eine auflösende Bedingung, sodass der Hilfsantrag sofort rechtshängig wird, er die Verjährung hemmt und über ihn verhandelt werden kann, bevor über den Hauptantrag entschieden ist. Zum Hilfsantrag näher oben Rdn. 622. 669

> Mit Hilfsanträgen kann insbesondere für den Fall vorgesorgt werden, dass das Gericht eine andere Rechtsauffassung als die Partei vertritt, der Hauptantrag der Partei deswegen erfolglos bleibt (BGH NJW 1998, 2048, 2050). Ist die Rechtsauffassung de Gerichts unbekannt, kann insoweit konkret nachgefragt werden (§ 139 Abs. 1 Satz 2 ZPO). Auch auf Einwendungen des Beklagten im laufenden Prozess kann mit Hilfsanträgen reagiert werden (§§ 263, 264 ZPO). Nicht erforderlich ist dies, wenn der Hilfsantrag bereits als ein weniger im Hauptantrag mit enthalten ist (§ 308 ZPO).

670 ▶ **Beispiel:**

Hält der Kläger das angerufene Gericht für zuständig, muss aber damit rechnen, dass das Gericht dies anders beurteilt, kann er an seiner Auffassung festhalten und hauptsächlich eine Sachentscheidung, hilfsweise indes eine Verweisung an das nach Auffassung des Gerichts zuständige Gericht beantragen.

671 Anträge müssen grundsätzlich ausdrücklich gestellt und ausformuliert werden. Hierauf ist im eigenen Interesse große Sorgfalt zu verwenden. Umstritten ist, ob an die Stelle des ausformulierten Antrags die Verweisung auf einen anderweitig bereits formulierten Antrag genügt (sog. »**unvollständiger Antrag**«; Zöller/*Vollkommer* § 697 Rn. 2: zulässig; a. A. Thomas/Putzo/*Hüßtege* § 697 Rn. 2; Baumbach/*Hartmann* §§ 253 Rn. 40; 697 Rn. 4: »Laxheit der Praxis«).

Praktisch häufig geschieht dies insbesondere, wenn nach vorangegangenem Mahnverfahren im nachfolgenden streitigen Verfahren nur der »Antrag aus dem Mahnbescheid« gestellt wird. Die Praxis lässt dies regelmäßig genügen (ähnlich, wie im Termin zur mündlichen Verhandlung vom Gericht auch nur die Stellung des »Antrags aus der Klageschrift« protokolliert wird).

672 Allgemein empfiehlt es sich, Anträge zusammenzufassen und sie optisch hervorzuheben.

Für den Tatbestand des Gerichts wird dies in § 313 Abs. 2 ZPO ausdrücklich verlangt. Für Schriftsätze der Parteien ist es zumindest sehr zu empfehlen. Eine Hervorhebung der Anträge erfolgt üblicherweise, indem diese zusammengefasst (und nicht über den Schriftsatz verstreut an mehreren Stellen erscheinen) und nach Möglichkeit am Beginn der Schriftsatzes durch Einrücken vom linken Rand optisch hervorgehoben werden. Anträge, die zusätzlich an anderen Stellen des Schriftsatzes erscheinen oder im Fließtext optisch »untergehen« werden praktisch oft übersehen.

2. Sachanträge

673 Worauf der Sachantrag lautet, hängt primär von der Klageart ab.

Diese unterscheiden sich nach Klagegegenstand und Klageziel (*Klappstein*, JA 2012, 606. Gegenstand der Feststellungsklage sind gegenwärtige Rechtsverhältnisse, ihr Ziel ist die Feststellung des Bestehens oder Nichtbestehens diese Rechtsverhältnisse (§ 256 ZPO). Bei der Leistungsklage geht es um Rechtsverhältnisse, aufgrund derer der Gläubiger ein Tun oder Unterlassen verlangen kann (Ansprüche, § 194 BGB), diese sollen nicht nur festgestellt, sondern tituliert, d. h. zusätzlich mit einem staatlichen Leistungsbefehl versehen werden. Bei den praktisch sehr seltenen Gestaltungsklagen geht es um die Möglichkeit, ein Rechtsverhältnis umzugestalten.

a) Leistungsanträge

674 Damit der Tenor eines stattgebenden Urteils einen zur Vollstreckung geeigneten Titel bilden kann, muss der Klageantrag bei der Leistungsklage **bestimmt** und eindeutig formuliert werden (§ 253 Abs. 2 Nr. 2 ZPO: »bestimmter Antrag«).

675 ▶ **Beispiel:**

Ein Zahlungsantrag ist grundsätzlich zu beziffern. Bei Herausgabe- und Lieferungsansprüchen muss die vom Gerichtsvollzieher gem. § 883 ZPO wegzunehmende Sache eindeutig feststehen: z. B. bei einem Kfz: Typ, Baujahr, Farbe, Kennzeichen, Fahrgestell-Nr.; bei einem Räumungstitel genaue Lage der Wohnung (z. B. Straße, Ort, 1. Stock, zweite Wohnung von links vom Aufzug aus gesehen). Bei einem vertraglichen Erfüllungsanspruch aus Kaufvertrag auf Lieferung einer Sache muss noch der Antrag auf Übereignung hinzukommen (§§ 433 Abs. 1 BGB, 894 ZPO).

676 Die Formulierung eines Leistungsantrags richtet sich einerseits nach dem zugrunde liegenden Anspruch im materiellen Recht, anderseits nach der Form der Durchsetzung im Vollstreckungsrecht.

Der Antrag ist Teil einer viergliedrigen »Kette«, deren erstes Glied der materielle Anspruch ist. Dieser wird durch den Klageantrag zum Gegenstand des gerichtlichen Verfahrens. An diesen Antrag ist das Gericht bei Schaffung des Titels gebunden (§ 308 Abs. 1 ZPO), der seinerseits Grundlage der Zwangsvollstreckung

B. Die Verfahrenseinleitung im allgemeinen Klageverfahren (Klageschrift)   4. Kapitel

wird. Schließen die einzelnen Glieder nahtlos aneinander an, so ist gewährleistet, dass im Rahmen der Zwangsvollstreckung das materielle Recht des Gläubigers realisiert wird.

Der Antrag muss deswegen den materiellen Anspruch umfassen und eine Zwangsvollstreckung zulassen.

Inhalt und Formulierung von Leistungsanträgen sind deswegen genauso vielgestaltig, wie die Ansprüche des BGB. Praktisch bedeutsam sind insbesondere Zahlungsansprüche, besondere Schwierigkeiten machen Unterlassungsansprüche, andere Ansprüche sind nur am Rande von Bedeutung.

aa) Zahlung

Ist der Anspruch auf Zahlung von Geld gerichtet, bereitet seine Formulierung in der Regel keine besonderen Probleme. 677

Benannt werden muss grundsätzlich ein konkreter **Betrag**. 678

▶ Beispiel: 679

»...den Beklagten zu verurteilen, an den Kläger ... € zu zahlen.«

Nicht ausreichend ist eine bloße Berechnungsformel oder die Bezugnahme auf Bemessungsgrundlage (»die Miete für den Monat Mai zu zahlen«; »Regelunterhalt nach der Regelunterhaltsverordnung abzüglich Kindergeld zu zahlen«: OLG Düsseldorf VersR 1993, 883). Unzulässig ist der Antrag auf Zahlung »abzüglich des Schrottwerts« (BGH NJW 1994, 2349), auf Zahlung »nebst Auslagen und Gebühren« (BGHZ 45, 287), auf Zahlung »des Nettogehalts« (LG Berlin RPfl 1974, 29). Ist die Berechnung des konkreten Betrags aufwendig, muss der Kläger sie dennoch leisten, ist er hierzu auf die Mitwirkung Dritter oder des Beklagten angewiesen, kommt eine Auskunfts- oder Stufenklage in Betracht. Will oder kann der Kläger die Bezifferung nicht leisten, kann er sich auf eine Klage zur Feststellung des Rechtsverhältnisses beschränken.

Nur ausnahmsweise ist eine (teilweise) **unbezifferte** Formulierung des Zahlungsantrags möglich. In Betracht kommt sie bei allgemein kundigen Daten (§ 291 ZPO). 680

Hierunter fällt bereits der Antrag von Zinsen »in Höhe von fünf Prozentpunkten über dem Basiszinssatz« (§§ 288, 247 BGB, dazu unten Rdn. 740). Zugelassen hat die Rechtsprechung auch den Antrag auf Zahlung eines bezifferten Betrags »zuzüglich Mehrwertsteuer« (OLG Düsseldorf NJW 1971, 436, 437).

Entscheidend ist, dass der Gerichtsvollzieher allein anhand der vollstreckbaren Ausfertigung des Urteils (ohne Tatbestand und Entscheidungsgründe) in der Lage ist, den zu vollstreckenden Betrag zu bestimmen. Im Zweifel sollte eine Bezifferung vorgenommen werden.

Zur Fallgruppe des unbezifferten Zahlungsantrags unten Rdn. 725.

Nicht ohne Weiteres möglich ist die Umrechnung **fremder Währungen** in Euro. 681

Soweit diese Währungen Wechselkursschwankungen unterliegen, trägt diese bis zum Zeitpunkt der Erfüllung Gläubiger. Erst mit der Vollstreckung kann deswegen eine Umrechnung erfolgen. Bis dahin müssen Antrag und Urteil auf die fremde Währung lauten.

Etwas anderes gilt für Umstellung von DM auf Euro. Hier ist eine Umrechnung nicht nur möglich, sondern sogar geboten (*Wax* NJW 2000, 488).

bb) Unterlassung

Besondere Schwierigkeiten bereitet die Formulierung von Unterlassungsanträgen. Er muss so **konkret** gefasst sein, dass für die Verteidigung des Beklagten und für die Vollstreckung klar ist, worauf sich das Verbot erstrecken soll (BGH NJW 2000, 1792, 1794). 682

Unterlassungsklagen haben praktische Bedeutung insbesondere im Bereich des gewerblichen Rechtsschutzes, im Wettbewerbs- und Presserecht, zum Schutz des allgemeinen Persönlichkeitsrechts sowie zur Abwehr von Beeinträchtigungen sonstiger geschützter Rechtsgüter (Nachbarrecht, Immissionsschutz). In diesen Fällen besteht häufig Anlass zur Erwirkung einer einstweiligen Verfügung (unten Rdn. 404).

683 Die vollstreckungsrechtlichen Besonderheiten der Unterlassungsklage legen deswegen zwei Empfehlungen nahe.

684 (1) Das zu unterlassende **Verhalten** so genau wie möglich zu bezeichnen und sämtliche möglichen **Verletzungsformen** mit einzubeziehen.

> Sonst kann bei einer zu engen Spezifizierung unter Umständen der Schuldner eine im Ergebnis gleichwertige Handlung ungestraft vornehmen und somit den Vollstreckungstitel praktisch wirkungslos machen. Folglich wäre eine zweite Klage erforderlich, oder es stünde womöglich die Rechtskraft der ersten Entscheidung entgegen.
>
> Darauf, ob das Verhalten negativ oder positiv formuliert ist, kommt es nicht an (Zöller/*Stöber* § 890 Rn. 2). Zur Vermeidung von späteren Schwierigkeiten sollte aber eine negative Formulierung bevorzugt werden.
>
> Im Zweifel sollte der Unterlassungsantrag eher zu weit als zu eng gefasst werden, da ein Hinausgehen über den Antrag nicht möglich ist (§ 308 Abs. 1 ZPO), einem zu weitgehenden Antrag aber zumindest teilweise stattgegeben werden kann (BGH NJW 1999, 1332 und 2193).
>
> Bei der immissionsrechtlichen Unterlassungsklage, bei welcher es an jeder Möglichkeit einer Quantifizierung fehlt, sind an den Gesetzeswortlaut angelehnte Anträge mit dem Gebot, allgemein (wesentliche) Störungen bestimmter Art zu unterlassen, zulässig. Dies gilt insbesondere für die Fälle von Geruchs- und Geräuschbelästigungen, trotz der Gefahr, dass sich die Auseinandersetzung der Parteien mangels konkreter Orientierungswerte in das Vollstreckungsverfahren verlagert und dort zu prüfen ist, ob die konkrete Handlung des Schuldners von dem Unterlassungsgebot erfasst wird (§ 890 ZPO; BGH NJW 1999, 356: Schweinemästerei, Zöller/*Greger* § 253 Rn. 13b).
>
> Im Wettbewerbsrecht häufig sind Bezugnahmen auf beigefügte Beispiele in Wort oder Bild (BGH WRP 2000, 205), wobei diese nicht mit Formulierungen wie »ähnlich wie die Anlage« unbestimmt werden dürfen. Als zulässig angesehen werden dagegen Bezugnahmen mit »insbesondere wie aus der Anlage ersichtlich« oder »wenn dies geschieht wie aus der Anlage ersichtlich«. Stärker als in anderen Bereichen ist die Partei hier auf Hinweise des Gerichts bei der sachdienlichen Formulierung des Antrags angewiesen, wobei die Hinweispflicht bis hin zu konkreten Formulierungsvorschlägen gehen kann.

685 ▶ Beispiel:

> »...wird beantragt, den Beklagten zu verurteilen, die wörtlich oder sinngemäß aufgestellte Behauptung zu unterlassen, der Kläger sei vorbestraft.«
>
> »... wird beantragt, den Beklagten zu verurteilen, es zu unterlassen, in der an den Endverbraucher gerichteten Werbung wie nachstehend wiedergegeben zu werben: (Es folgt eine bildliche Darstellung der beanstandeten Anzeige), wobei die Worte »Tod« und »Leben« im Zusammenhang mit dem Produktnahmen verwendet werden.«

686 Die Verwendung **unbestimmter Rechtsbegriffe** lässt sich dabei nicht immer vermeiden und ist nicht immer unzulässig.

687 ▶ Beispiel:

> Als hinreichend bestimmt hat die Rechtsprechung dabei Formulierungen zugelassen wie »im Rahmen künstlerischer Auseinandersetzung«.

688 Die **Androhung** von Ordnungsmitteln sollte sogleich mit beantragt werden (§ 890 Abs. 2 ZPO).

> Denn sonst müsste ein entsprechender Beschluss gesondert beantragt werden, der dem Gegner zugestellt werden muss, was zu einer mehr oder weniger langen Verzögerung führen kann.
>
> Ein Vergleich kann zwar eine wirksame Androhung nicht enthalten (Zöller/*Stöber* § 890 Rn. 12a), aber Grundlage für einen gerichtlichen Androhungsbeschluss sein. Trotzdem kann es sich empfehlen, im Vergleich auch eine Vertragsstrafe zu vereinbaren.
>
> Daneben muss für einen schlüssigen Klageantrag die Wiederholungsgefahr dargelegt werden.

Hierfür besteht in der Regel eine tatsächliche Vermutung, wenn bereits ein rechtswidriger Eingriff stattgefunden hat, außer wenn das Verhalten des Beklagten eine sichere Gewähr gegen weitere Eingriffe bietet oder die tatsächliche Entwicklung einen neuen Eingriff unwahrscheinlich macht (Palandt/*Sprau* Einf. vor § 823 Rn. 24). Somit hängt die Feststellung der Wiederholungsgefahr überwiegend vom Einzelfall ab. Eine sichere Prognose hinsichtlich der gerichtlichen Entscheidung ist deshalb kaum möglich. Jedoch kann durch eine vor Klageerhebung erfolgte vergebliche Abmahnung die Wiederholungsgefahr deutlich werden und zudem die Gefahr eines sofortigen Anerkenntnisses (§ 93 ZPO) beseitigen (unten Rdn. 1031).

Bei einer vorbeugenden Unterlassungsklage zur Abwehr eines künftigen rechtswidrigen Eingriffs muss die Erstbegehungsgefahr dargelegt werden. An deren Beseitigung sind dabei grundsätzlich weniger strenge Anforderungen zu stellen als an den Fortfall der durch eine Verletzungshandlung begründeten Gefahr der Wiederholung des Verhaltens in der Zukunft (BGH NJW 2002, 66).

▶ Beispiel: 689

»Für jeden Fall der Zuwiderhandlung wird dem Beklagten die Verhängung eines Ordnungsgelds bis zu einer Höhe von 250 000 € oder, auch für den Fall, dass das Ordnungsgeld nicht beigetrieben werden kann, Ordnungshaft bis zu sechs Monaten angedroht.«

cc) Sonstige Leistungen

Materiellrechtliche Ansprüche können auch auf andere Leistungen gerichtet sein. Auch hier ist es erforderlich, den Antrag so zu fassen, dass er später vollstreckt werden kann. Wichtig ist es deswegen, sich bei der Antragsformulierung klarzumachen, wie die Zwangsvollstreckung ablaufen wird. 690

(1) Der Anspruch auf **Herausgabe** einer Sache wird vollstreckt, indem der Gerichtsvollzieher dem Schuldner diese Sache wegnimmt und sie dem Gläubiger aushändigt (§§ 883, 885, 887 ZPO). Erforderlich ist es deswegen, die herauszugebende Sache so genau bezeichnen, dass sie im Rahmen einer Zwangsvollstreckung von allen anderen Sachen unterschieden werden kann (BGH NJW 2003, 668). 691

Neben der Art der Sache ist deren Größe, Farbe, Form oder sonstige Beschaffenheit anzugeben. Technische Geräte sind nach Hersteller und Typbezeichnung, ggf. auch mit der individuellen Identifikationsnummer zu bezeichnen. Eine Bezugnahme auf Verzeichnisse oder Listen ist nur zulässig, wenn alle dort verzeichneten Sachen herausgegeben werden sollen.

▶ Beispiel: 692

»... wird beantragt, den Beklagten zu verurteilen, an den Kläger den PKY Typ Mercedes A 200, Baujahr 2007, Farbe schwarzmetallic, amtliches Kennzeichen ..., Fahrzeugidentnummer ..., herauszugeben.«

(2) Der Anspruch auf Vornahme einer **vertretbaren Handlung** wird durch Ersatzvornahme und Beitreibung der Kosten nach § 887 ZPO vollstreckt. 693

Generell ist die Abgrenzung der vertretbaren von den nicht vertretbaren Handlungen problematisch. Dass neben dem Schuldner ein Dritter mitwirken muss, macht eine Handlung regelmäßig bereits unvertretbar (BayObLG NJW-RR 1989, 462). Nicht zu den Handlungen i. S. d. §§ 887, 888 ZPO gehören diejenigen, die vollstreckungsrechtlich gesondert erfasst sind (Zahlung, Herausgabe, Duldung).

Der Antrag muss in jedem Fall erkennen lassen, welche Handlung verlangt wird.

Muss der Schuldner den Gläubiger von der Forderung eines Dritten **freistellen** (§ 257 BGB), liegt darin regelmäßig eine vertretbare Handlung. Dabei müssen Grund, Höhe und Gläubiger des Anspruchs, von dem freigestellt werden soll, bezeichnet werden (BGH NJW 1996, 2725).

▶ Beispiel: 694

»... wird beantragt, den Beklagten zu verurteilen, den Kläger von dem sich auf 15 000 € zuzüglich fünf Prozentpunkte über dem Basiszinssatz belaufenden Zahlungsanspruch des Herrn ... aus dem zwischen diesem und den Parteien geschlossenen Darlehensvertrag über 10 000 € freizustellen.«

Auch **Beseitigungsansprüche** sind auf die Vornahme einer Handlung des Schuldners gerichtet. Ob es sich dabei um eine vertretbare oder nicht vertretbare Handlung handelt, ist Frage des Einzelfalles. Verlangt werden kann insbesondere die Beseitigung einer Störung zur Abwehr gegenwärtiger Beeinträchtigungen (insbesondere §§ 823, 1004 BGB) oder die Beseitigung eines Mangels im Gewährleistungsrecht (§§ 634, 535 BGB). Hier kann und darf der Klageantrag nicht die vorzunehmende Handlung beschreiben, sondern nur das erstrebte Ergebnis angeben. Die Wahl der Maßnahmen ist Recht und Pflicht des Beklagten. Der Kläger kann eine Konkretisierung der vorzunehmenden Handlung erst in der Zwangsvollstreckung vornehmen. (Palandt/*Bassenge* § 1004 Rn. 26). Eine Ausnahme gilt, wenn der geschuldete Erfolg nur durch eine einzige Handlung erreicht werden kann oder wenn die Wahl der konkreten Maßnahme dem Gläubiger obliegt (so bei der kaufrechtlichen Nacherfüllung, § 439 Abs. 1 BGB).

695 (3) Der Anspruch auf Vornahme einer **nicht vertretbaren Handlung** wird vollstreckt durch die Verhängung von Zwangsgeld oder Zwangshaft (§ 888 ZPO).

Wichtiger Anwendungsfall ist die Erteilung einer **Auskunft** (§ 259 BGB). Bedarf diese der Mitwirkung des Schuldners, handelt es sich um eine unvertretbare Handlung. Erforderlich ist die Angabe, worüber, für welchen Zeitraum und in welcher Form (schriftlich, mündlich; geordnete Aufstellung; Belege) abzurechnen ist.

696 ▶ Beispiel (nach § 402 BGB):

»wird beantragt, den Beklagten zu verurteilen, dem Kläger Auskunft darüber zu erteilen,

ob er Handlungen vorgenommen hat, die geeignet waren, die Verjährung des an den Kläger abgetretenen, gegen den Schuldner ... gerichteten Anspruchs auf Zahlung von ... € aus der Forderung ... zu hemmen,

ob er seit ... gegenüber dem Schuldner ... erfolglos die Durchsetzung von Zahlungsansprüchen versucht hat,

wo der Schuldner ... zur Zeit seinen Wohnsitz hat.«

697 (4) Der Anspruch auf **Unterlassung** einer Handlung oder **Duldung** einer Handlung führt im Fall einer jeden Zuwiderhandlung zur Verhängung von Ordnungsgeld bis zu 250 000 € oder Ordnungshaft bis zu sechs Monaten (§ 890 ZPO).

Dazu oben Rdn. 688.

Bei Duldung der Zwangsvollstreckung (§§ 1147, 1297 Abs. 1 BGB) sind Forderung und Titel zu bezeichnen.

698 ▶ Beispiel:

»wird beantragt, den Beklagten zu verurteilen, wegen eines Betrags von ... € nebst ... Zinsen seit dem ... aus der Grundschuld über ... €, eingetragen im Grundbuch von ..., Abteilung III, laufende Nr. ..., die Zwangsvollstreckung in das Hausgrundstück ... in ... zu dulden.«

699 (5) Der Anspruch auf Abgabe einer **Willenserklärung** bedarf keiner gesonderten Vollstreckung. Die Willenserklärung gilt als mit der Rechtskraft des Urteils als abgegeben (§ 894 ZPO).

Dennoch muss auch hier Inhalt und Umfang der Erklärung eindeutig formuliert sein. Verbleibende Zweifel müssen infolge des Rechtsstreits durch Auslegung der Erklärung nach 133 BGB beseitigt werden.

700 ▶ Beispiel:

»wird beantragt, den Beklagten zu verurteilen, nachstehender Grundbuchberichtigung zuzustimmen:

Bei dem im Grundbuch von ..., eingetragenen Grundstück ... ist anstelle des Beklagten der Kläger als Eigentümer einzutragen.«

Hierher gehören die Klagen auf Abgabe rechtsgeschäftlicher Erklärungen (Einigung, Auflassung, Abtretung, Zustimmung, Genehmigung) unabhängig davon, ob sie höchstpersönlich, empfangsbedürftig oder formbedürftig sind. Nicht hierher gehören Erklärungen tatsächlichen Inhalts (Abgabe der eidesstattlichen Versicherung), wobei eine Ausnahme für die Klage auf Erteilung einer Quittung gemacht wird (§ 368 BGB; RGZ 48, 398).

▶ **Beispiel:** 701

»wird beantragt, den Beklagten zu verurteilen, dem Kläger über die am ... erfolgte Zahlung in Höhe von ... € auf die Forderung ... eine Quittung zu erteilen.«.

Wird als Rechtsfolge eines Wegfalls der Geschäftsgrundlage die Anpassung eines Vertrags an veränderte Umstände verlangt, kann auf Zustimmung des Beklagten zu einem konkret ausformulierten geänderten Vertrag geklagt werden; dann erfolgt die Vollstreckung nach § 894 ZPO). Möglich ist aber auch eine Klage auf die geänderte Leistung.

dd) Klage auf künftige Leistung

Grundsätzlich können Forderungen erst eingeklagt werden, wenn sie materiellrechtlich fällig sind. 702
Um es dem Gläubiger zu ersparen, bei absehbar erforderlicher Klage bis zur **Fälligkeit** abwarten oder bei wiederkehrenden Leistungen jede Rate neu einklagen zu müssen, wurde mit den §§ 257–259 ZPO die Möglichkeit geschaffen, im Wege einer Klage auf künftige Leistung auch Forderungen einzuklagen, die erst nach Schluss der mündlichen Verhandlung fällig werden, sei es, zu einem Termin, sei es, zu mehreren Terminen.

§ 257 ZPO ist anwendbar auf Ansprüche, die entweder auf (einmalige) Zahlung von Geld bzw. auf Duldung der Zwangsvollstreckung oder auf Räumung von Grundstücken bzw. Räumen (nicht von Wohnraum!) gerichtet sind (BGH NZM 2003, 231 m. Anm. *Löhning* JA 2003, 447).

§ 258 ZPO betrifft Ansprüche aller Art, soweit sie auf wiederkehrende Leistungen gerichtet und ihrer Höhe nach bestimmt oder bestimmbar sind; alle diese Ansprüche dürfen nicht (mehr) von einer Gegenleistung oder einer Bedingung abhängig sein. Eine Klage auf künftige Leistung ist hier möglich, wenn die Leistung kalendermäßig bestimmt oder bestimmbar ist. Praktisch wichtigster Anwendungsfall sind Unterhaltsansprüche.

§ 259 ZPO stellt einen Auffangtatbestand dar, der auf Leistungen aller Art angewandt werden kann, soweit der Anspruch zumindest dem Grunde nach schon entstanden ist, selbst wenn eine Gegenleistung noch aussteht oder eine Bedingung noch unklar ist. Eine Klage auf künftige Leistung ist möglich, wenn zu besorgen ist, dass der Schuldner im Zeitpunkt der Fälligkeit nicht wird bezahlen wollen; steht zu befürchten, dass der Schuldner nicht wird bezahlen können (Besorgnis mangelnder Leistungs-/Vollstreckungsfähigkeit), so kommt eine Eilanordnung (Arrest, einstweilige Verfügung) in Betracht. Die Besorgnis mangelnder Leistungsbereitschaft ist regelmäßig schon dann erfüllt, wenn der Schuldner den Anspruch (im Prozess oder vorher) ernstlich bestreitet (Thomas/Putzo/*Reichold* § 259 Rn. 2, Zöller/*Greger* § 259 Rn. 3).

▶ **Beispiel:** 703

Bestreitet der Mieter die Wirksamkeit einer Kündigung und erklärt, er werde nicht ausziehen, könnte der Vermieter auf Feststellung der Beendigung des Mietverhältnisses (nicht: Wirksamkeit der Kündigung, Zöller/Greger § 256 Rn. 3a; BGH NJW 2000, 354, 356) klagen. Räumt der Mieter die Wohnung dann aber nicht, müsste in einem weiteren Prozess auf Räumung geklagt werden. Effizienter ist es daher, bereits vor Ablauf des Mietverhältnisses eine Leistungsklage auf künftige Räumung gem. § 259 ZPO zu erheben, um damit einen vollstreckbaren Titel zu erhalten (Palandt/Weidenkaff § 556a Rn. 25; Zöller/Greger § 259 Rn. 2). Zugleich kann auch das künftige Nutzungsentgelt bei einer fristlosen Kündigung wegen Zahlungsverzugs bis zur Herausgabe der Wohnung mit eingeklagt werden (BGH NJW 2003, 1395; Henssler NJW 1989, 138).

Die Klage auf künftige Leistung **konkurriert** dabei mit der Feststellungsklage (Thomas/Putzo/*Reichold* § 259 Rn. 6) und mit der erst nach Eintritt der Fälligkeit erhobenen Leistungsklage, bei Mietklagen ggf. auch mit der Sicherheitsleistung nach § 283a ZPO. 704

Die Klage auf Feststellung des Bestehens einer Leistungspflicht wird nur dann von der Leistungsklage verdrängt, wenn Letztere zu einer sofortigen Vollstreckungsmöglichkeit führt, was bei der Klage auf künftige

Leistung nicht der Fall ist. Dennoch ist die Klage auf künftige Leistung zweckmäßiger, da die künftige Vollstreckungsmöglichkeit ist immer noch mehr bringt, als die bloße Feststellung.

Grundsätzlich gilt dies auch für das Abwarten der Fälligkeit. Nur die Klage auf künftige Leistung erlaubt eine Vollstreckung unmittelbar nach Eintritt der Fälligkeit. Kaum zu verstehen ist deswegen, warum die Klage auf künftige Leistung in der Rechtspraxis ein »Schattendasein« führt (*Henssler* NJW 1989, 138).

Zur Sicherheitsleistung nach § 283a ZPO unten Rdn. 781a.

705 Vorgezogen kann bei der Klage auf künftige Leistung nur die Entscheidung, nicht indes die Leistung. In Antrag und Tenor muss deswegen der Leistungszeitpunkt angegeben werden. Dadurch wird die **Zwangsvollstreckung** entsprechend beschränkt.

706 ▶ Beispiel:

»Der Beklagte wird verurteilt, an den Kläger am … …€ zu zahlen«.

Die erst zukünftig eintretende Fälligkeit ist auch materiellrechtlich beim Zinsbeginn zu berücksichtigen.

ee) Kombination von Leistung, Fristsetzung und Schadensersatz

707 Ist der Kläger materiellrechtlich befugt, dem Beklagten eine Frist zur Erfüllung des Hauptanspruchs setzen (so z. B. nach den §§ 250, 281, 323 BGB), so kann er nach § 255 ZPO diese Fristsetzung und – unter den zusätzlichen Voraussetzungen der Klage auf künftige Leistung nach § 259 ZPO – sogar Zahlung der bei ergebnislosem Verstreichen der Frist zu zahlenden Entschädigung vorsorglich bereits im Hauptprozess mit verlangen.

Hierdurch soll ein ansonsten erforderlicher Folgeprozess vermieden werden. § 255 ZPO erlaubt nicht nur das Geltendmachen mehrerer Anträge nebeneinander und damit einen Fall der Klagehäufung, sondern sogar die bedingte Verurteilung des Beklagten (BGH NJW 1999, 954; OLG Köln NJW-RR 1998, 1682). Diese hängt von der Nichterfüllung der Hauptleistung und damit nicht bloß von einer prozessualen, sondern einer materiellen Bedingung ab und stellt ggf. einen Fall der Klage auf künftige Leistung dar (Zöller/*Greger* §§ 259 Rn. 1; 255 Rn. 3; BGH NJW 1999, 954; *Wieser* NJW 2003, 2432, 3458).

708 ▶ Beispiel:

Hat der Beklagte eine mangelhafte Werkleistung erbracht und die Leistung von Schadensersatz bereits ernstlich verweigert, so kann der Kläger nach §§ 634 Nr. 4, 280 ff. BGB; 255 ZPO beantragen,
1. den Beklagten zur Beseitigung des Mangels (Nacherfüllung) zu verurteilen,
2. ihm hierfür eine Frist zu setzen und
3. ihn für den Fall der Nichterfüllung zur Zahlung eines bestimmten Schadensersatzbetrages verurteilen.

709 Dabei ist der **erste Antrag** auf Leistung selbstverständlich den Umständen des Falles entsprechend zu konkretisieren.

710 Nicht ratsam ist es dagegen, mit dem **zweiten Antrag** eine konkrete Frist zu beantragen (Thomas/Putzo/*Reichold* § 255 Rn. 5: Dauer nach Ermessen des Gerichts).

Denn wenn das Gericht eine längere Frist für nötig hält als beantragt, wird die Klage teilweise mit entsprechender Kostenbelastung des Klägers abgewiesen (Zöller/*Greger* § 255 Rn. 5).

Hat der Gläubiger allerdings vor allem ein Interesse an der Erlangung der Leistung selbst, speziell an der herauszugebenden Sache, sollte die Frist hingegen großzügig bemessen werden, damit er ausreichend Zeit hat, mithilfe des Gerichtsvollziehers danach zu forschen (§§ 758, 883 ZPO). Denn nach Ablauf der Frist ist die Erfüllung des Primäranspruchs ausgeschlossen (§ 281 Abs. 4 BGB). Der Gläubiger könnte sich jedoch auch die Wahl zwischen Erfüllung und Schadensersatz vorbehalten und beantragen, dass der Beklagte für den Fall des fruchtlosen Fristablaufs und eines Schadensersatzverlangens seitens des Gläubigers zum Schadensersatz verurteilt wird (*Wieser* NJW 2003, 3459).

Zwar könnte sich der Kläger auch die Fristbestimmung vorbehalten, jedoch kann die Angemessenheit bei einer gerichtlichen Bestimmung weniger leicht angezweifelt werden (*Wieser* NJW 2003, 2433, 2434 Fn. 21).

Bei Zweifeln über die Unmöglichkeit kann der Gläubiger auch nur auf Leistung klagen oder nach § 281 BGB vorgehen. Stellt sich während des Rechtsstreits die Unmöglichkeit heraus, muss der Kläger den Antrag auf Schadensersatz umstellen (§ 283 BGB; § 264 Nr. 3 ZPO; Palandt/*Grüneberg* §§ 280 Rn. 6, 283 Rn. 1), sofern er diesen nicht bereits von vornherein hilfsweise gestellt hat. Will der Gläubiger hingegen §§ 255, 259 ZPO miteinander verbinden, wäre ein hilfsweiser Zahlungsantrag verfehlt.

Nach altem Recht konnte der Gläubiger meist ohne Beweisaufnahme über die Unmöglichkeit ein Leistungsurteil erwirken, sofern feststand, dass der Schuldner eine solche zu vertreten hat (§§ 275, 282 ZPO a. F.). Nach § 275 Abs. 1 BGB jedoch entfällt die primäre Leistungspflicht bei jeder Unmöglichkeit, unabhängig vom Verschulden, sodass jetzt bei der Behauptung des Schuldners von der Unmöglichkeit die dafür angebotenen Beweise zu erheben sind (Palandt/*Grüneberg* § 275 Rn. 34).

Eine Konkretisierung des mit dem **dritten Antrag** geforderten Schadensersatzbetrages ist bei einer Klage vor dem Landgericht nach § 255 ZPO erforderlich, bei einer Klage vor dem Amtsgericht nach § 510b ZPO zumindest zu empfehlen. 711

Im amtsgerichtlichen Verfahren lässt § 510b ZPO den Antrag auf Zahlung einer Entschädigung abweichend von § 259 ZPO auch ohne Besorgnis der Nichterfüllung zu. Allerdings hat das Amtsgericht die Höhe der Entschädigung nach freiem Ermessen festzusetzen. Damit besteht das Risiko, dass ein Betrag zugesprochen wird, der hinter den Vorstellungen des Klägers zurückbleibt. Deshalb ist zu empfehlen, einen bestimmten Betrag zu beantragen und hierzu Ausführungen zu machen. Bleibt das Gericht dann hinter der Betragsvorstellung zurück, stellt eine etwaige (Teil-) Abweisung des Entschädigungsanspruchs kein kostenrelevantes Teilunterliegen i. S. d. § 92 ZPO dar (Zöller/*Herget* § 510b Rn. 9).

Etwaige **Einwendungen** gegen die Zwangsvollstreckung aus dem Schadensersatzurteil muss der Beklagte durch eine Vollstreckungsabwehrklage (§ 767 ZPO) geltend machen. 712

Hierfür kommen folgende Einwendungen in Betracht (*Wieser* NJW 2003, 3459): Fristgerechte Erfüllung; kein Vertretenmüssen der Pflichtverletzung (§ 280 Abs. 1 Satz 2 BGB); Unerheblichkeit der Pflichtverletzung (§ 281 Abs. 1 Satz 3 BGB); bestehendes Interesse des Gläubigers an einer fristgerecht bewirkten Teilleistung (§ 281 Abs. 1 Satz 2 BGB).

ff) Stufenklage

Die Stufenklage (§ 254 ZPO) bietet sich an, wenn der Kläger die Höhe seiner etwaigen Forderung nicht beziffern kann, weil ihm hierzu erforderliche Informationen vom Beklagten fehlen. Praktische Bedeutung hat die Stufenklage vor allem im Familien- und Erbrecht, bei welchen die »spannungsgeladene Nähe der familiären oder sozialen Beziehungen« dazu zu führen scheint, dass Auskunft erst erteilt, Rechnung erst gelegt wird, wenn dem Verpflichteten eine entsprechende Klage zugestellt worden ist (*Schäuble* JuS 2011, 506; *Rixecker* MDR 1985, 633). 713

Um es dem Gläubiger hier zu ersparen, mehrere Prozesse nacheinander gegen denselben Schuldner führen zu müssen, lässt die ZPO die Verbindung von Auskunfts- und Leistungsklage auch dann, wenn der Leistungsanspruch bei Klageerhebung noch nicht bezifferbar ist. Für das Gericht ist es dabei erforderlich, über die einzelnen Anträge sukzessive zu verhandeln und zu entscheiden. Über den Leistungsantrag kann erst verhandelt und entscheidenden werden, wenn zuvor der Auskunftsanspruch tituliert und vollstreckt wurde.

▶ Beispiel: 714

Der Pflichtteilsberechtigte beantragt, den Erben zu verurteilen
1. ihm Auskunft über den Bestand des Nachlasses der am ... in ... verstorbenen Frau ... zu erteilen (§ 2314 BGB);
2. an Eides statt zu versichern, dass er nach bestem Wissen den Bestand so vollständig angegeben habe, als er dazu imstande ist (§ 260 Abs. 2 BGB);
3. an ihn 1/4 des Werts des sich aus der nach Ziff. 1 des Antrags zu erteilenden Auskunft ergebenden Nachlasses zu zahlen (§ 2303 BGB).

Weitere typische Fälle der Stufenklage sind der Unterhaltsanspruch, der Zugewinnausgleichsanspruch bei Ehescheidung, der Gewinnanspruch eines Gesellschafters, der Provisionsanspruch des Handelsvertreters.

715 Die Stufenklage nach § 254 ZPO erlaubt es, den Auskunftsanspruch mit einem unbezifferten Zahlungsanspruch oder unbestimmten Herausgabeanspruch zu verbinden und gleichzeitig einzuklagen. Kann der Kläger bereits einen Teil des Anspruches beziffern, sollte er diesen zulässigerweise mit der Stufenklage verbinden (Thomas/Putzo/*Reichold* § 254 Rn. 4).

Die Stufenklage ist jedoch nur zulässig, wenn die Auskunft der Bestimmbarkeit des Leistungsanspruch dienen soll und nicht um sich damit sonstige Informationen für die Rechtsverfolgung zu verschaffen (BGH NJW 2004, 232: Antrag auf Auskunft über den Zusatz suchtfördernder Stoffe im Zigarettentabak).

716 Der **Vorteil** der Stufenklage besteht

– in der Vermeidung von bis zu drei Einzelprozessen;

Die Stufenklage führt deswegen nicht nur schneller zur Beendigung der Angelegenheit, sondern – wegen der Degression der Gebührentabelle (Prütting/Gehrlein/*Geisler* § 254 Rn. 34) und trotz des der isolierten Auskunftsklage gegenüber erhöhten Streitwerts (Thomas/Putzo/*Hüßtege* § 3 Rn. 141) – auch billiger.

– in der sofortigen Rechtshängigkeit aller Einzelansprüche.

Damit kann der Kläger insbesondere die Verjährung des noch unbestimmten Leistungsanspruches hemmen (Palandt/*Ellenberger* § 204 Rn. 2).

717 Die Stufenklage besteht stets aus zwei, manchmal aus drei verschiedenen Anträgen (»Stufen«). Für jede Stufe bedarf es eines gesonderten materiellrechtlichen Anspruchs.

718 (1) **Erste Stufe:** Klage auf Auskunft und Rechnungslegung

Eine allgemeine Auskunftspflicht kennt das BGB nicht. Als mögliche Anspruchsgrundlagen kommen z. B. in Betracht § 1379 BGB (Bestand des Endvermögens für den Zugewinnausgleich), § 1605 BGB (Auskunft über Einkünfte und Vermögen zur Feststellung eines Unterhaltsanspruchs), §§ 2314 (Bestand des Nachlasses), 2027 BGB (Bestand der Erbschaft und Verbleib der Erbschaftsgegenstände), § 666 BGB bei Auftragsverhältnissen und Geschäftsbesorgungsverträgen sowie § 84a ArzneimittelG (Auskunft bei Schaden durch ein Arzneimittel); 87c HGB (Anspruch des Handelsvertreters auf Abrechnung und Buchauszug). Sofern kein spezieller Anspruch vorhanden ist, kann u. U. auf den allgemeinen, subsidiären Auskunftsanspruch nach § 242 BGB zurückgegriffen werden (Palandt/*Grüneberg* § 261 Rn. 8).

Dabei stellen die §§ 259 ff. BGB keine Anspruchsgrundlage dar, sondern regeln lediglich den Umfang sowie die Art und Weise einer sich aus anderen Vorschriften ergebenden Auskunfts- und Rechnungslegungspflicht.

Üblicherweise erteilte Belege und Urkunden, die der Auskunftspflichtige nach § 259 Abs. 1 BGB vorzulegen hat, müssen im Klageantrag (ebenso der Hauptantrag selbst) genau bezeichnet werden, um vor allem später eine etwaige Vollstreckung problemlos zu ermöglichen (BGH NJW 1983, 1056; auch § 142 ZPO!).

Anträge auf Vorlegung von Belegen »soweit vorhanden« oder »aus denen die Richtigkeit des Zahlenmaterials entnommen werden kann« (OLG Köln MDR 1993, 83) sind nicht hinreichend bestimmt und daher unzulässig. Denn es kann nicht dem Gerichtsvollzieher überlassen bleiben, aus einer Vielzahl von im Gewahrsam des Schuldners befindlichen Schriftstücken diejenigen herauszusuchen, die unter einen im Vollstreckungstitel verwendeten unklaren Sammelbegriff fallen können.

Nur ausnahmsweise kann eine allgemeine Fassung ausreichend sein, sofern der Anspruch durch Auslegung mindestens bestimmbar ist (BGH NJW-RR 2001, 1504: Antrag auf Vorlage der vollständigen Kontounterlagen samt zugehörigen Buchungsunterlagen und Rechnungen zur Einsichtnahme – nicht Herausgabe!).

Häufig kann der Kläger nämlich auch gar nicht wissen, welche Buchungsunterlagen (Überweisungsträger, Einzahlungs- und Auszahlungsformulardurchschriften, Lastschriftbelege u.ä.) und Rechnungen einerseits und die einzelnen in den Kontoauszügen enthaltenen Buchungen andererseits zusammengehören und welchen Inhalt die jeweiligen Belege haben. Das ergibt sich erst anhand der vorzulegenden Kontoauszüge.

B. Die Verfahrenseinleitung im allgemeinen Klageverfahren (Klageschrift) — 4. Kapitel

(2) Zweite Stufe: Antrag auf Versicherung der Richtigkeit der Auskunft an Eides statt 719

Ein Anspruch hierauf kann sich ergeben aus den §§ 259–261 BGB, aber nur unter der Voraussetzung, dass Grund zu der Annahme besteht, dass die Angaben nicht mit der erforderlichen Sorgfalt gemacht wurden. Deshalb kann es ratsam sein, diesen Antrag erforderlichenfalls erst nach Erteilung der Auskunft zu stellen bzw. zunächst nur anzukündigen.

(3) Dritte Stufe: Antrag auf Zahlung oder Herausgabe. 720

Hier liegt das eigentliche Begehr des Klägers.

§ 254 ZPO erlaubt es ausdrücklich, die nach § 253 Abs. 2 Nr. 2 ZPO erforderliche bestimmte Angabe der Leistungen, die der Kläger verlangt, vorzuhalten, bis die Auskunft erteilt worden ist. Es handelt sich daher um einen gesetzlich zulässigen Fall des unbezifferten Klageantrags, für den die Besonderheiten des allgemeinen Instituts (unten Rdn. 725) indes nur bedingt gelten, weil bei der Stufenklage der Leistungsantrag vor der Entscheidung noch beziffert wird (BGH NJW 2003, 2478).

Eine Betragsvorstellung ist zumindest erforderlich zur Bestimmung der sachlichen Zuständigkeit des angerufenen Gerichts; nur teilweise lassen sich Kostenstreitwert, Höchstbetrag der Verurteilung, Ausmaß des Teilunterliegens und Wert der Beschwer durch Abstellen auf den vor Schluss der mündlichen Verhandlung formulierten konkreten Antrag ermitteln. Nicht erforderlich ist dagegen die Angabe präziser Schätzungstatsachen, da hier die Anspruchshöhe nicht vom Ermessen des Gerichts abhängt.

Die Stufenklage setzt nicht zwingend voraus, dass der Kläger seinen Leistungsanspruch erst nach Entscheidung der übrigen Anträge präzisiert; der Kläger kann bereits bei Klageerhebung einen bestimmten Betrag fordern (BGH WPM 1972, 1121) und diesen – nach den Grundsätzen der Klageänderung – im Laufe des Verfahrens an die Ergebnisse der anderen Stufen anpassen.

Der – im Gesetz nicht näher geregelte – **Verfahrensablauf** ergibt sich aus der Natur der Sache. 721

Sämtliche Ansprüche werden mit der Klagezustellung rechtshängig. Über jede Stufe ist gesondert zu verhandeln und mittels Teil- bzw. Teilendurteil zu entscheiden. Dementsprechend darf der Anwalt in der mündlichen Verhandlung nicht alle Anträge gebündelt stellen (»Antrag aus der Klageschrift«), was eine schuldhafte schadensersatzpflichtige Verletzung des Mandatsvertrages wäre (*E. Schneider* MDR 1969, 624: dies kann man geradezu als die – fehlerhafte – Regel ansehen). Über die Kosten wird erst in der letzten Stufe durch Schlussurteil entschieden (str.). Ist jedoch die Stufenklage unzulässig oder unbegründet, kann der Richter sogleich durch Endurteil insgesamt entscheiden. Jedes Teilurteil kann bei Vorliegen der übrigen Voraussetzungen mit der Berufung angefochten werden.

Ein Termin zur Verhandlung über die jeweils nächste Stufe wird erst auf Antrag einer Partei anberaumt, der nur sinnvoll ist, wenn die Auskunft erteilt wurde (u. U. gem. § 888 ZPO). Der Antrag kann erst nach formeller Rechtskraft des selbstständig anfechtbaren Teilurteils gestellt werden (Zöller/*Greger* § 254 Rn. 11, str.). Im Übrigen sollte er dann aber möglichst bald gestellt werden, da die Hemmung der Verjährung sechs Monate nach Erledigung der vorangegangenen Stufe endet, sofern das Verfahren nicht weiter betrieben wird (§ 204 Abs. 2 BGB; Palandt/*Ellenberger* § 204 Rn. 47; BGH NJW 1992, 2563).

Der Wechsel von der Auskunfts- zur Leistungsstufe ist stets zulässig, selbst wenn der Kläger z. B. anderweitig die Auskunft erhalten hat (§ 264 Nr. 2 ZPO). Den Antrag in der zweiten Stufe kann der Kläger ohne Rücknahme fallen lassen und sofort den Zahlungsantrag stellen (Thomas/Putzo/*Reichold* § 254 Rn. 6).

Wird der ersten Stufe stattgegeben, so schafft dies keine Rechtskraft für den Grund des Leistungsanspruchs. Der Beklagte kann sich also weiterhin verteidigen. Wird der Auskunftsantrag hingegen abgewiesen mit der Begründung, dass kein Leistungsanspruch besteht, steht die Rechtskraft dieses die Stufenklage insgesamt abweisenden Urteils einem bezifferten Leistungsantrag entgegen (Zöller/*Vollkommer* § 322 Rn. 13).

Die **Kostenentscheidung** richtet sich nach dem Obsiegen/Unterliegen der Parteien auf allen Stufen. 722
Wird der Klage auf allen Stufen voll stattgegeben, hat der Beklagte die gesamten Kosten des Rechtsstreits zu tragen. Problematisch ist die Kostenfolge bei den folgenden Varianten:

(1) Wird die eingeklagte **Auskunft erteilt** ist statt einer einseitigen Erklärung der Erledigung des 723
Auskunftsanspruches auf die (bezifferte) Leistungsklage überzugehen (Zöller/*Vollkommer* § 91a Rn. 58: Stufenklage; § 254 Rn. 12; str.).

Andernfalls hat das Gericht den Antrag auf Feststellung der Erledigung der ersten Stufe durch Urteil als unzulässig abzuweisen. Denn dem Auskunftsanspruch kommt im Rahmen einer Stufenklage keine selbstständige Bedeutung zu und für eine Feststellungsklage fehlt das Rechtsschutzbedürfnis. Etwas anderes gilt für die übereinstimmende Erledigungserklärung beider Parteien, bei der es auf ein erledigendes Ereignis nicht ankommt (OLG Düsseldorf MDR 2012, 1492).

724 (2) Ergibt die Auskunft, dass dem Kläger **kein Leistungsanspruch** zusteht, sind die Kosten bei Klageabweisung oder Rücknahme des Leistungsantrages quotenmäßig zu teilen (Thomas/Putzo/*Reichold* § 254 Rn. 11; Zöller/*Greger* § 254 Rn. 5; str.).

Sofern der Kläger nicht die Verjährung unterbrechen muss, sollte er daher bei Zweifeln über das Bestehen eines Leistungsanspruches vor der Auskunftserteilung den unbezifferten Antrag noch nicht stellen.

Umstritten ist, ob bei einer solchen »stecken gebliebenen« Stufenklage eine Erledigung der Hauptsache vorliegt. Verneint man dies, so muss nach einer Ansicht die einseitige Erledigungserklärung abgewiesen werden und der Kläger trägt die Kosten (Zöller/*Greger* § 254 Rn. 15: Leistungsantrag bereits vor Rechtshängigkeit unbegründet; Thomas/Putzo/*Reichold* § 254 Rn. 6; a.A. Zöller/*Vollkommer* § 91a Rn. 58: Stufenklage – »prozessuale Erledigung des Leistungsanspruchs«; a.A. Quotelung).

Nach Ansicht des BGH (NJW 1994, 2895) liegt zwar keine Erledigung vor, der (unbegründete) Antrag, die Erledigung der Hauptsache festzustellen und dem Beklagten die Kosten aufzuerlegen ist jedoch auszulegen als das Begehren, die Ersatzpflicht des Beklagten hinsichtlich der nutzlos aufgewendeten Kosten für die (unbegründete) Klage – sogleich in dem anhängigen Rechtsstreit – festzustellen. Ein solcher materiellrechtlicher Schadensersatzanspruch kann dem Kläger insbesondere aus dem Gesichtspunkt des Verzuges in Bezug auf die Auskunftserteilung zustehen (§ 93d ZPO a.F. für Unterhaltsklagen). Für die Begründetheit einer derartigen Feststellungsklage bedarf es nur der Prüfung, ob der Gläubiger erst durch die verspätete Auskunftserteilung Klarheit über das Nichtbestehen eines Leistungsanspruchs hatte und der Schuldner schuldhaft seiner Auskunftsverpflichtung nicht oder nicht rechtzeitig nachgekommen ist.

Bei einer übereinstimmenden Erledigungserklärung geht die Kostenentscheidung bei begründetem Auskunftsanspruch meistens zulasten des Beklagten (Baumbach/*Hartmann* § 254 Rn. 9; Zöller/*Vollkommer* § 91a Rn. 58: Stufenklage; OLG Brandenburg MDR 2003, 893).

gg) Unbezifferter Antrag

725 Die Zulassung eines unbezifferten Klageantrages in den Ausnahmefällen, in welchen dem Kläger die Ermittlung der Höhe seines Anspruchs unmöglich oder – aus Gründen des Kostenrisikos – unzumutbar ist, stellt seit Langem gefestigte Rechtsprechungspraxis dar (Thomas/Putzo/*Reichold* § 253 Rn. 12; Palandt/*Sprau* § 847 Rn. 14; st. Rspr. seit RGZ 21, 386; BGHZ 45, 91 m. w. N.).

In diesen Fällen kann der Kläger sich darauf beschränken, die begehrte Rechtsfolge nur dem Grunde nach zu beantragen und die konkrete Bezifferung dem Gericht überlassen.

726 ▶ Beispiel:

»... den Beklagten zu verurteilen, an den Kläger ein Schmerzensgeld zu zahlen, dessen Höhe in das Ermessen des Gerichts gestellt wird.«

Durch einen unbezifferten Zahlungsantrag soll der Kläger das sonst bestehende Risiko einer Abweisung des zu viel Geforderten mit entsprechender Kostenbelastung (§ 92 ZPO) oder der Beantragung einer zu geringen Forderung, über die das Gericht nicht hinausgehen dürfte (§ 308 ZPO), vermeiden können.

Nicht zulässig ist hingegen ein unbezifferter Klageantrag zum Auffangen des Kostenrisikos i.S.d. § 254 BGB (Mitverschulden/Mitverursachung), insbesondere nach einer späteren Beweisaufnahme (Thomas/Putzo/*Reichold* § 253 Rn. 12; BGH NJW 1967, 1420).

727 Die langjährige, heute bereits gewohnheitsrechtlich begründbare grundsätzliche Akzeptanz des unbezifferten Klageantrags verstellt häufig den Blick darauf, dass die Rechtsprechung hieran zum Teil restriktiv gehandhabte **Zulässigkeitsvoraussetzungen** stellt.

B. Die Verfahrenseinleitung im allgemeinen Klageverfahren (Klageschrift) — 4. Kapitel

(1) Erforderlich ist zunächst, dass dem Kläger eine Bezifferung seines Anspruchs **nicht möglich** oder **nicht zumutbar** ist. Dies ist dort der Fall, wo die Höhe eines Anspruchs nicht objektive bestimmbar, sondern vom Gericht nach freiem Ermessen festzusetzen ist. — 728

> Hauptanwendungsfall sind Klagen auf Schmerzensgeld, das aus § 253 Abs. 2 BGB in Form einer »billigen Entschädigung in Geld« verlangt werden kann.
>
> Als weitere Fälle kommen z. B. in Betracht der Entschädigungsanspruch wegen nutzlos aufgewendeter Urlaubszeit gem. § 651 f Abs. 2 BGB (LG Hannover NJW 1989, 1936, str.) und der Minderungsanspruch im Mietrecht gem. § 536 Abs. 1 Satz 2 BGB (»angemessen herabgesetzte Miete«; *Börstinghaus* NZM 1998, 657).
>
> Zulässig soll der unbezifferte Antrag ferner sein, wenn die Bezifferung durch Schätzung des Gerichts nach § 287 ZPO erfolgt (BGH NJW 1970, 281; *Oberheim* JuS 1996, 636 (923); kritisch *Dunz* NJW 1984, 1734; ablehnend Zöller/*Greger* § 253 Rn. 14a).
>
> Nicht statthaft ist der unbezifferte Antrag dagegen, wenn die Bezifferung bloß aufwendig wäre.
>
> So zum Beispiel, wenn die Höhe der Klageforderung in einem vertraglich vorgesehenen Taxwertverfahren festzustellen ist (BGH NJW 1993, 324).
>
> Sofern der Anwalt einen unzulässigen unbezifferten Leistungsantrag gestellt hat, sollte er prüfen, ob ein Wechsel in einen zulässigen Feststellungsantrag nach § 264 Nr. 2 ZPO in Betracht kommt, was auch durch das Gericht im Wege der Umdeutung möglich ist (Zöller/*Greger* § 256 Rn. 15c).

(2) Soll das Gericht einen angemessenen Betrag festsetzen, so muss es alle für die Bemessung relevanten Tatsachen kennen. Für die Parteien führt dies zu einer erhöhten **Darlegungslast**. — 729

▶ Beispiel: — 730

> So müssen bei der Schmerzensgeldklage Art und Schwere der Verletzungen, Dauer und Intensität von Schmerzen, Inhalt und Umfang ärztlicher Maßnahmen, bisheriger und voraussichtlicher weiterer Heilungsverlauf, Wahrscheinlichkeit von Spätfolgen, Dauerschäden usw. angegeben werden.

> Werden die zur Feststellung des Betrages erforderlichen tatsächlichen Grundlagen nicht vorgetragen, ist die Klage unzulässig (BGH VersR 1984, 538, 739); sie können auch weder durch den Antrag auf Ermittlung durch einen Sachverständigen ersetzt noch im Laufe des Prozesses nachgeholt werden (BGH MDR 1975, 741).

(3) Zweifelhaft ist, inwieweit die Angabe einer **Betragsvorstellung** erforderlich oder sinnvoll ist. — 731

> Ein Teil der neueren Literatur (Thomas/Putzo/*Reichold* § 253 Rn. 12; Palandt/*Sprau* § 847 Rn. 14; v. *Gerlach* VersR 2000, 525) geht davon aus, Angaben zur Höhe des Anspruchs seien nicht erforderlich.
>
> Die h. M. indes hält eine Betragsvorstellung für erforderlich zur Abgrenzung der sachlichen Zuständigkeit genauso wie zur Bestimmung des erforderlichen Kostenvorschusses (Zuständigkeits- und des Kostenstreitwerts). Von dieser Betragsvorstellung hängt auch ab, ob der dem Kläger zugesprochene Betrag ihn einerseits zur anteiligen Tragung der Kosten verpflichtet, ihm andererseits aber auch den Weg in ein Rechtsmittel eröffnet (Wert der Beschwer).
>
> Solange die Rechtsprechung dieses Erfordernis noch nicht ausdrücklich aufgegeben hat, ist die Angabe einer Betragsvorstellung dringend zu empfehlen.

Für den Kläger ist die Angabe der Betragsvorstellung indes mit **Chancen und Risiken** verbunden. — 732

> Hierfür ist nach der Art der Betragsvorstellung zu unterscheiden. Praktisch kommt diese als Mindestbetrag oder als Cirkabetrag vor.
>
> Beim Mindestbetrag will der Kläger »mindestens« den genannten Betrag, will bei jeder dahinter zurückbleibenden Summe sofort beschwert sein. Beim Cirkabetrag will er sich dagegen auch mit einer leicht hinter dem genannten Betrag zurückbleibenden Summe zufriedengeben. Fehlt eine Betragsvorstellung, kann sie im Wege der Auslegung vom Gericht unterstellt werden (Anrufung von Amts- oder Landgericht, Höhe des

eingezahlten Kostenvorschusses; Thomas/Putzo/*Reichold* § 253 Rn. 12; BGH MDR 1982, 312); hierauf sollte es der Anwalt nicht ankommen lassen.

733 ▶ **Praxistipp:**

Der Kläger sollte beim unbezifferten Antrag in jedem Fall einen Betrag nennen, den er sich als angemessen vorstellt und dabei deutlich machen, ob er diesen »mindestens« oder »cirka« begehrt.

Mit der Angabe der Betragsvorstellung besteht die Chance, dass sich das Prozessgericht an dieser jeweiligen Vorgabe – sofern einigermaßen realistisch – orientiert, anstatt einen viel zu geringen Betrag zuzusprechen. Außerdem sind diese Angaben zur Erhaltung einer Rechtsmittelmöglichkeit erforderlich (nachfolgend).

734 Die Angabe der (ungefähren) Größenordnung (»Circabetrag«) oder eines Mindestbetrags schränkt das Ermessen und die Entscheidungsbefugnis des Gerichts – vor allem nach oben hin – nicht ein (Thomas/Putzo/*Reichold* § 253 Rn. 12, Zöller/*Greger* § 253 Rn. 14, BGHZ 132, 341; BGH MDR 1986, 886 Anm. *Jaeger*).

Etwas anders gilt hingegen, falls der Kläger eine Obergrenze angibt (z. B. »von nicht mehr als ...«). Dann kann die unbezifferte Schmerzensgeldklage in erster Instanz auch als eine (verdeckte) Teilklage angesehen werden. Dies hätte zur – möglicherweise nachteiligen – Folge, dass zwar eine nachträgliche Mehrforderung nicht ausgeschlossen ist, diese verjährungsrechtlich aber selbstständig zu beurteilen wäre und durch die (ursprüngliche) Klageerhebung nicht gehemmt wird (BGH NJW 2002, 3769; oben Rdn. 598).

735 Wird jedoch ein angegebener Mindestbetrag nicht erreicht, trägt der Kläger entsprechend seines Unterliegens die Kosten gem. § 92 Abs. 1 ZPO (Zöller/*Herget* § 3 Rn. 16, Baumbach/*Hartmann* § 92 Rn. 21; Stein/Jonas/*Leipold* § 92 Rn. 6a).

736 Ein Teil der Rechtsprechung berücksichtigt die angegebene Größenordnung als Maßstab für eine Quotelung der Prozesskosten und bejaht ein entsprechendes Unterliegen bei einer Abweichung nach unten (BGH NJW 1984, 1807, 1810, a. A. zu Recht kritisch Zöller/*Herget* § 3 Rn. 16: »unbezifferte Klageanträge«).

Die dadurch eintretende erhebliche (sinnwidrige) Einschränkung des beabsichtigten Kostenvorteils eines unbezifferten Klageantrages könnte dadurch gemildert werden, dass das Gericht zugunsten des Klägers § 92 Abs. 2 Alt. 2 ZPO anwendet (Thomas/Putzo/*Hüßtege* § 92 Rn. 9: es darf i. d. R. nicht mehr als 20 % vom Antrag abgewichen werden). Der klägerische Anwalt sollte zum Nutzen seines Mandanten das Gericht auf diese nicht immer geläufigen Gesichtspunkte unbedingt deutlich hinweisen. So zeigt nämlich die Verfahrenspraxis, dass die Vorschrift des § 92 Abs. 2 ZPO »so gut wie keine Anwendung findet und ein Schattendasein führt« (*Husmann* NJW 1989, 3126, der auch darauf hinweist, dass eigentlich § 91 ZPO zulasten des Beklagten Anwendung finden müsste).

Man könnte zur Lösung dieser Ungereimtheit aber auch als Gebührenstreitwert und damit als Basis für die Kostenentscheidung den Betrag zugrunde legen, den das Gericht – unabhängig vom tatsächlichen Prozessausgang – bei Unterstellung des klägerischen Tatsachenvortrags als wahr für angemessen hält (Zöller/*Herget* § 3 Rn. 16: unbezifferte Klageanträge; Stein/Jonas/*Leipold* § 2 Rn. 98; Thomas/Putzo/*Hüßtege* § 3 Rn. 63; OLG München NJW 1968, 1937; a. A. OLG München NJW 1961, 1122: Streitwert richtet sich nach dem zuerkannten Betrag).

737 Entscheidende Bedeutung hat die Betragsvorstellung für die Berufung.

Denn wenn der zugesprochene Betrag unter den Vorstellungen des Klägers liegt, ist jedenfalls eine Beschwer als allgemeines Rechtsschutzbedürfnis für die Berufung gegeben. Hingegen ist der Kläger durch das Urteil nicht beschwert, wenn der angegebene Mindestbetrag zugesprochen wird bzw. sich der zuerkannte Betrag im Rahmen der angegebenen Größenordnung bzw. Betragsvorstellung hält (BGH NJW 1999, 1339; MDR 1986, 886; NJW-RR 2004, 863; Thomas/Putzo/*Reichold* Vorbem. § 511 Rn. 23).

In der Regel fehlt die Beschwer vor allem dann, wenn der Kläger überhaupt keine Angaben zur Höhe gemacht hat, selbst wenn er den zugesprochenen Betrag als zu gering und nicht der Billigkeit entsprechend erachtet (Thomas/Putzo/*Reichold* Vorbem. § 511 Rn. 23; zur Zulässigkeit oben). Will sich der Kläger die Möglichkeit eines Rechtsmittels offen halten, so muss er den Betrag nennen, den er auf jeden Fall zugesprochen haben will und bei dessen Unterschreitung er sich als nicht befriedigt ansehen würde.

Ist die Beschwer gegeben, muss für die Zulässigkeit der Berufung neben den sonstigen Voraussetzungen insbesondere noch die Berufungssumme erreicht sein (§ 511 ZPO).

Bei der Angabe eines Mindestbetrages kann der Kläger seinen Antrag in der Berufungsinstanz auch problemlos erhöhen. So ist dies – im Gegensatz zur Angabe einer Obergrenze – in der Berufungsinstanz nicht als eine Änderung des Streitgegenstandes und somit nicht als eine Klageänderung i. S. d. § 533 ZPO anzusehen. Denn bereits der erstinstanzlich gestellte Antrag bot die rechtliche Möglichkeit, dem Kläger ein höhere Schmerzensgeld zuzusprechen (BGH MDR 2003, 26: Größenordnung im Klageantrag 15 000 DM, zugesprochen in erster Instanz: 10 000 DM, Berufungsantrag: mindestens 60 000 DM).

Diese Umstände bergen für den Kläger ein gewisses Dilemma. **738**

Nennt der Kläger keinen oder einen zu geringen Mindestbetrag, nimmt er sich die Möglichkeit der Berufung, wenn ihm der zugesprochene Betrag zu niedrig erscheint. Bei einem zu hohen Mindestbetrag hingegen besteht das Kostenrisiko bei einem Teilunterliegen. Der klägerische Anwalt darf sich daher wegen der Möglichkeit eines unbezifferten Klageantrages nicht dazu verleiten lassen, ohne konkrete Absprache mit dem Mandanten keinen oder einen beliebigen Betrag zu nennen.

Prozesstaktisch spricht erstinstanzlich einiges für die Angabe eines eher etwas **höheren Circa- Betrages**. Dies eröffnet die größten Chancen auf einen möglichst hohen zugesprochenen Betrag, ein geringes Kostenrisiko und meist ausreichend Rechtsmittelmöglichkeiten. **739**

So übernehmen die Gerichte bei einem Versäumnisurteil in der Regel vor allem den angegebenen Mindestbetrag im Urteil, sofern er im noch angemessenen Rahmen liegt. Bei einem zusprechenden Urteil bleiben die Gerichte erfahrungsgemäß meist (etwas) darunter. Hingegen dürfte ein Überschreiten eher seltener vorkommen, ohne freilich im Einzelfall ausgeschlossen zu sein (BGH MDR 1996, 886: dort hat das OLG statt des Mindestbetrages von 25 000 DM ein Schmerzensgeld in doppelter Höhe zugesprochen).

Schließlich kann dies für etwaige Vergleichsverhandlungen hilfreich sein (unten Rdn. 774). Zu beachten ist bei einer bestehenden Rechtsschutzversicherung, dass es bei der Einklagung deutlich überhöhter Beträge Probleme mit der Kostenerstattung geben kann (§ 5 Abs. 3b ARB 94: Kostenentscheidung muss dem Verhältnis des angestrebten zum erzielten Ergebnis entsprechen).

Dabei muss der Kläger alle objektiv erkennbaren oder vorhersehbaren Verletzungsfolgen mit berücksichtigen, weil sonst etwaige spätere Nachforderungen wegen der Rechtskraft des Ersturteils nicht mehr möglich sind (auch oben Rdn. 598). Für noch nicht vorhersehbare Spätschäden bzw. Komplikationen kommt die Feststellungsklage in Betracht (unten Rdn. 763, zur Teilklage oben Rdn. 588).

Letztlich rechtfertigt ein auf Zahlung einer Rente neben einem Kapitalbetrag gestellter Antrag insgesamt kein höheres Schmerzensgeld, obgleich dies häufig das Motiv für diese Antragstellung sein dürfte (*Heß/Burmann* NJW-Spezial 2005, 208). Abgesehen davon, kommt eine Schmerzensgeldrente in der Regel nur bei schwersten Dauerschäden, unter denen der Verletzte immer wieder neu leidet, in Betracht (BGH NJW 1994, 1592; Palandt/*Sprau* § 847 Rn. 12).

Obgleich es auf alle maßgeblichen Umstände des jeweiligen Falles ankommt, kann ein **Hinweis auf die bei vergleichbaren Sachverhalten** bereits durch die Rechtsprechung zuerkannten Beträge für den Kläger durchaus nützlich sein. **740**

Gerade weil das Gesetz für die Bemessung der Höhe der »billigen Entschädigung« (§ 253 Abs. 2 BGB) beim Schmerzensgeld keinerlei Kriterien aufweist, bietet sich für den Richter die Orientierung an Präjudizien an (auch Zöller/*Gummer* § 550 Rn. 14: je mehr das Gericht von Schmerzensgeld-Regelwerten abweicht, umso ausführlicher muss es begründen).

Für den Anwalt können dabei die bekannten Schmerzensgeldtabellen eine gute Hilfe darstellen. Zu berücksichtigen ist, dass die seit früheren Entscheidungen eingetretene Geldentwertung ebenso in Rechnung zu stellen ist wie die in der Rechtsprechung zu beobachtende Tendenz, bei der Bemessung des Schmerzensgeldes nach gravierenden Verletzungen großzügiger zu verfahren als früher (*Heß/Burmann* NJW-Spezial 2005, 207; OLG Köln MDR 1992, 646: Geldentwertung rechtfertigt von vornherein einen gewissen Zuschlag). Etwaige Besonderheiten des Einzelfalls, welche einen höheren Betrag rechtfertigen können, sind vom Anwalt deutlich herauszustellen.

741 Allgemein als zulässig wird es auch angesehen, dass der Kläger ohne Angabe einer Betragsvorstellung Klage erhebt und das Gericht bittet, für die Einzahlung des Kostenvorschusses den **Streitwert vorläufig festzusetzen.**

> Dabei läuft der Kläger allerdings Gefahr, dass das Gericht den Wert recht niedrig ansetzt und im weiteren Verlauf dann darüber nicht mehr hinausgeht.

hh) Zug-um-Zug-Vorbehalt

742 Steht dem Beklagten ein **Zurückbehaltungsrecht** zu, sollte dem bei der Antragstellung gleich Rechnung getragen und die Leistung Zug um Zug gegen Erbringung der Gegenleistung verlangt werden (§§ 273, 274 BGB, 320, 322 ZPO).

> Ist die Klage dann begründet, obsiegt der Kläger in voller Höhe und der Beklagte hat die gesamten Kosten zu tragen (§ 91 ZPO). Erfolgt jedoch eine Verurteilung des Beklagten Zug um Zug erst aufgrund der Geltendmachung seines Zurückbehaltungsrechts oder eines insoweit eingeschränkten Anerkenntnisses (Thomas/Putzo/*Reichold* § 307 Rn. 3), unterliegt der Kläger teilweise mit entsprechender Kostenbelastung (§ 92 Abs. 1 ZPO; Verurteilung Zug um Zug ist ein minus gegenüber der unbeschränkten Verurteilung und kein aliud, Palandt/*Grüneberg* § 274 Rn. 2).

> Freilich kann der Kläger zunächst abwarten, ob der Beklagte diese Einrede überhaupt geltend macht und erst daraufhin die Klage entsprechend ändern. Darin dürfte jedoch eine teilweise Klagerücknahme zu sehen sein, mit entsprechender Kostenbelastung für den Kläger und Zustimmungspflicht des Beklagten nach Beginn der mündlichen Verhandlung (§§ 264 Nr. 2, 269 ZPO).

743 Bei einem Antrag auf Verurteilung Zug um Zug muss die **Gegenleistung** so genau bezeichnet sein, dass sie ihrerseits zum Gegenstand einer Leistungsklage gemacht werden könnte (BGHZ 45, 287; Thomas/Putzo/*Reichold* § 253 Rn. 11). Sonst kann das Urteil u. U. nicht vollstreckbar sein (§ 756 ZPO).

744 ▶ Beispiel:

> »... wird beantragt, den Beklagten zu verurteilen, Zug um Zug gegen Lieferung eines Kühlschranks Marke ..., Typ ..., Farbe weiß, an den Kläger 500 € zu zahlen.

> Nicht hinreichend bestimmt ist die Gegenleistung: »Herstellung eines lotrechten Mauerwerks in dem Gebäude ...« (OLG Düsseldorf NJW-RR 1999, 793 »welche Wände in welchen Bereichen«?).

745 ▶ Praxistipp:

> Befindet sich der Beklagte in **Annahmeverzug** (§§ 293 ff., 298 BGB), sollte der Kläger noch einen Antrag auf Feststellung des Annahmeverzugs stellen (§ 256 ZPO, wobei der Annahmeverzug nicht Gegenstand einer isolierten Feststellungsklage sein kann BGH NJW 2000, 2663).

> Denn eine entsprechende gerichtliche Entscheidung erleichtert die Zwangsvollstreckung erheblich (*Doms* NJW 1984, 1340, *Schibl* NJW 1984, 1945). Während so der Kläger sofort mit der Zwangsvollstreckung beginnen kann (§§ 726 Abs. 2 ZPO; 274 Abs. 2; 322 Abs. 2 BGB), darf er andernfalls erst beginnen, wenn dem Schuldner gleichzeitig die Gegenleistung tatsächlich angeboten wird (§§ 274 Abs. 2, 322 Abs. 2 BGB; 726 Abs. 2, 756, 765 ZPO). Dies kann zu praktischen Schwierigkeiten führen, wie etwa bei einer unhandlichen Sache oder bei großer räumlicher Entfernung zwischen den Parteien.

> Ein wörtliches Angebot ist bereits ausreichend, wenn der Schuldner daraufhin erklärt, dass er die Leistung nicht annehmen werde (§ 756 Abs. 2 ZPO).

746 ▶ Beispiel:

> »Es wird festgestellt, dass der Beklagte sich mit der Annahme des Kühlschranks Marke ..., Typ, Farbe weiß, in Verzug befindet.«

ii) Antrag »abzüglich am ... gezahlter ...«

Hat der Beklagte vorprozessual, möglicherweise sogar mehrfach, Teilzahlungen erbracht, die nach § 366 Abs. 2 BGB zunächst die auf Nebenforderungen zu verrechnen sind, kann die Berechnung der verbliebenen Forderung schwierig sein. Diese Berechnung erspart sich der Kläger, wenn er die ursprüngliche Forderung »abzüglich am ... gezahlter ...« einklagt (unten Rdn. 2628). 747

> An sich sollte dieses Berechnungsproblem mit dem Einzug von Forderungsberechnungssoftware entfallen sein. Wo es fortbesteht, wird der Antrag praktisch meist zugelassen. Der Grund hierfür dürfte darin liegen, dass auch der Richter eine entsprechende Berechnung nicht durchführen will oder kann. Letztlich wird die Berechnung damit auf den Gerichtsvollzieher verlagert, der die Höhe der noch offenen Forderung für die Zwangsvollstreckung bestimmen muss.
>
> Ergänzt der Kläger den ursprünglich betragsmäßig konkretisierten Antrag im Laufe des Prozess um den Zusatz »abzüglich am ... gezahlter ...«, so liegt hierin regelmäßig eine teilweise Erledigungserklärung (OLG Koblenz AnwBl 1990, 172; Baumbach/*Hartmann* § 91a Rn. 201). Ob der Beklagte dieser zustimmt oder nicht, kann nicht allein aus seinem (wegen des streitig bleibenden Teils erforderlichen) Klageabweisungsantrag beurteilt werden, sondern bedarf im Zweifel der konkreten Rückfrage nach § 139 ZPO (OLG Koblenz JurBüro 1990, 392).

jj) Sonstige

Besonderheiten können sich auch aus weiteren Anträgen ergeben. 748

– **Teilantrag**

> Wird ein Anspruch nur teilweise geltend gemacht, muss der Antrag erkennen lassen, um welchen Teil es sich handelt. Erfolgt die Teilung betragsmäßig, genügt hierfür die Bezifferung. Dazu oben Rdn. 593.

– **Antrag auf Schadensersatz aus vorsätzlicher unerlaubter Handlung**

> Die verschärfte Haftung des aus vorsätzlicher unerlaubter Handlung verurteilten Schuldners (§§ 850 f. Abs. 2, 317 Abs. 2 Satz 2, 750 Abs. 1 Satz 2 ZPO) macht es sinnvoll, hier ausnahmsweise den Haftungsgrund in den Antrag aufzunehmen (Zöller/*Stöber* § 850 f Rn. 9; zur Unzulässigkeit eines entsprechenden Zusatzes beim Vollstreckungsbescheid BGH NJW 2005, 1663).

▶ Beispiel: 749

»wird beantragt, den Beklagten zu verurteilen, an den Kläger wegen vorsätzlicher unerlaubter Handlung ... € zu zahlen.«

– **(Antrags-/) Klagehäufung**

> Werden in einer Klage mehrere Forderungen nebeneinander geltend gemacht (objektive Klagehäufung), ist jede von ihnen den allgemeinen Grundsätzen folgend zu bezeichnen (BGH NJW 1984, 2346).
>
> Stehen mehrere Personen auf einer Parteiseite (subjektive Klagehäufung, Streitgenossenschaft), muss der Antrag das Innenverhältnis bezeichnen, (Mit-/Gesamtgläubiger; Mit-/Gesamtschuldner).

– **Bürgenhaftung**

> Wegen der Akzessorietät der Bürgenhaftung (§ 767 Abs. 1 BGB) kann der Gläubiger Leistung nur vom Schuldner oder vom Bürgen, nicht indes von beiden erlangen. Ein Gesamtschuldverhältnis zwischen beiden indes besteht nicht. Unterschiedlich beantwortet wird die Frage, ob der Akzessorietät im Antrag Rechnung zu tragen ist.
>
> Vertreten wird, einer solchen Einschränkung bedürfe es nicht. Schuldner und Bürge seien – unabhängig davon, ob sie in getrennten oder im gleichen Prozess in Anspruch genommen würden – uneingeschränkt zur Leistung zu verurteilen. Nach Befriedigung des Gläubigers durch einen Schuldner stehe dem anderen die Vollstreckungsgegenklage zu.
>
> Häufiger findet sich die Ansicht, die Haftungsbeschränkung sei in Antrag und Tenor herauszustellen. Dabei sind verschiedene Formulierungen denkbar.

750 ▶ **Beispiel:**

»wird beantragt, den Beklagten als Bürgen zu verurteilen, an den Kläger ... zu zahlen.« Zöller/Vollkommer § 313 Rn. 8).

»wird beantragt, beide Beklagte wie Gesamtschuldner zu verurteilen, ...« (OLG München RPfl 1998, 262).

kk) Nebenansprüche: Zinsen, Kosten

751 Nicht vergessen werden dürfen im Rahmen der Sachanträge die Ansprüche auf Zahlung von Nebenforderungen, insbesondere Zinsen und – soweit angefallen – vorgerichtliche Kosten.

752 Für den **Zinsanspruch** gelten die zum Zahlungsanspruch gemachten Ausführungen: Die begehrte Leistung muss so bestimmt sein, dass sie Grundlage einer Zwangsvollstreckung werden kann. Für die Zinsen bedeutet dies Angabe des Zinssatzes, des Betrages, aus dem Zinsen begehrt werden und des Zeitraums, für den Zinsen begehrt werden.

Die Kapitalisierung rückständiger Zinsen (Berechnung und Geltendmachung in Form eines konkreten Geldbetrags) wird nur von einer Mindermeinung für erforderlich gehalten (MüKoBGB/*Lüke* § 253 Rn. 132), möglich indes ist sie selbstverständlich. Dabei indes besteht die Gefahr, dass das Gericht die Zinsen nicht mehr als bloße Nebenforderung ansieht, sodass sie streitwertrelevant und beim Teilunterliegen für die Kostenquotelung berücksichtigt werden.

Für die Zinshöhe genügen Formulierungen wie »Zahlung der gesetzlichen Zinsen zu verurteilen« (OLG München IPRax 1988, 291, 293) oder »Zahlung von Zinsen nach dem Dreimonats-Libor-Satz« (OLG Frankfurt a. M. NJW-RR 1992, 684) nicht. Dagegen bestehen keine Bedenken gegen den Antrag auf Zahlung von Zinsen in Höhe von »fünf Prozentpunkten über dem Basiszinssatz«, weil es sich dabei um die gesetzliche Formulierung handelt und die Höhe des Basiszinssatzes als allgemein bekannt vorausgesetzt wird (§§ 288, 247 BGB). Den (Schwankungen unterliegenden, § 247 Abs. 1 Satz 2 BGB) Basiszinssatz zu konkretisieren ist nicht erforderlich, im Bedarfsfall ist er im Internet unter www.bundesbank.de auch für vergangene Zeiträume abrufbar.

Dass nach der Schuldrechtsmodernisierung als gesetzlicher Zinssatz bei Verbrauchergeschäften vereinzelt nur »fünf Prozent über dem Basiszinssatz« statt der korrekten »fünf Prozentpunkte« (§ 288 Abs. 1 BGB) gefordert wurden (*Bernd J. Hartmann* NJW 2004, 1358; *E. Schneider* NJW 24/2004 S: Hinweispflicht des Gerichts. XVI; *Hassold* ebd. S. XVIII), kommt inzwischen kaum mehr vor. Wo doch, wird der Fehler regelmäßig durch Auslegung seitens der Gerichte berichtigt (BGH MDR 2013, 549; OLG Hamm NJW 2005, 2238: eine andere Auslegung kann grundsätzlich nicht ernsthaft infrage kommen; *Führ*, JuS 2005, 1095, 1096), und kann zur Vermeidung von Schwierigkeiten vor der Vollstreckung sicherheitshalber berichtigt werden (§ 319 ZPO). Nach § 288 Abs. 2 BGB beträgt der gesetzliche Verzugszinssatz bei Rechtsgeschäften, an denen ein Verbraucher nicht beteiligt ist, nunmehr sogar acht Prozentpunkte über dem Basiszinssatz (zu den Übergangsvorschriften bei Altforderungen *Meier/Falk* MDR 2002, 746). Ein weiter gehender Zinsschaden kann nach § 288 Abs. 3 und 4 BGB ersetzt werden, bedarf dann aber konkreter Darlegung (unten Rdn. 872).

Der Betrag, aus dem Zinsen begehrt werden, ist regelmäßig die Hauptforderung. Hat sich diese vorprozessual geändert, kann es erforderlich sein, die einzelnen Bezugsgrößen gesondert zu benennen.

753 ▶ **Beispiel:**

»... wird beantragt, den Beklagten zu verurteilen, an den Kläger 10 000 € zuzüglich Zinsen in Höhe von fünf Prozentpunkten über dem Basiszinssatz aus jeweils 5 000 € seit dem 01.01.2008 und 01.03.2008 zu zahlen.«

Der Zeitpunkt, ab dem Zinsen begehrt werden, ist grundsätzlich datumsmäßig anzugeben (»ab dem 01.01.2008«). Werden Zinsen ab Rechtshängigkeit begehrt, so kann der Kläger diesen Zeitpunkt bei Klageerhebung noch nicht kennen; zulässig ist es deswegen, Zinsen »seit Rechtshängigkeit« zu beantragen. Der Angabe eines Endzeitpunkts für die Zinszahlung bedarf es nur, wenn der Verzug zum Zeitpunkt der Klageerhebung bereits beendet ist oder für bestimmte Zeiträume jeweils eigenständige Zinsansprüche gestaffelt werden.

B. Die Verfahrenseinleitung im allgemeinen Klageverfahren (Klageschrift) 4. Kapitel

▶ Beispiel: 754

»... wird beantragt, den Beklagten zu verurteilen, an den Kläger 10 000 € zuzüglich Zinsen in Höhe von 5 % vom 01.01.2008 bis zum 29.02.2008, 6 % für die Zeit vom 01.03.2008 bis zum 30.06.2008 und 5,5 % seit dem 01.07.2008 zu zahlen.«

Als Verzugsschaden können neben den Zinsen auch die vorgerichtliche **Kosten** geltend gemacht 755
werden. Die wichtigsten Fallgruppen dabei bilden die Kosten außergerichtlicher anwaltlicher Tätigkeit sowie die Inkassokosten.

> Wegen der dabei bestehenden materiellrechtlichen Probleme und den zur Begründung eines solchen Anspruchs erforderlichen Ausführungen unten Rdn. 873).

> Für die Formulierung eines entsprechenden Antrags gibt es keine Besonderheiten. Dieser Verzugsschaden ist betragsmäßig zu beziffern, sodass auf die Ausführungen zum Zahlungsantrag verwiesen werden kann.

▶ Beispiel: 756

»... wird beantragt, den Beklagten zu verurteilen, an den Kläger 10 000 € zuzüglich außergerichtliche Kosten in Höhe von 75 € zu zahlen.«

b) Gestaltungsanträge

aa) Allgemeines

Gegenstand der Gestaltungsklage ist eine zukünftige Rechtsänderung, die durch Rechtsgeschäft 757
nicht herbeigeführt werden kann.

> Insoweit scheiden also die Gestaltungsrechte des BGB (Anfechtung, Kündigung, Rücktritt usw.) aus, die keiner Klage bedürfen, sondern mit Willenserklärungen ausgeübt werden (§ 143 BGB).

Gestaltungsklagen sind nur dort statthaft, wo sie das **Gesetz** ausdrücklich vorschreibt (numerus 758
clausus). Dies ist der Fall z. B.:
- im Handelsrecht bei der Auflösung von OHG oder KG (§§ 131 Abs. 1 Nr. 4, 133, 161 Abs. 2 HGB) oder der Entziehung der Geschäftsführungsbefugnis bzw. Vertretungsmacht eines Gesellschafters (§§ 117, 127 HGB);
- im Zivilprozessrecht bei der Abänderungsklage (§ 323 ZPO), der Vollstreckungsgegenklage (§§ 767, 785 ZPO), der Klage gegen die Vollstreckungsklausel (§ 768 ZPO) oder der Drittwiderspruchsklage (§ 771 ZPO).

> Zur Abänderungsklage unten Rdn. 2331, zu den vollstreckungsrechtlichen Gestaltungsklagen aus §§ 767, 768, 771 ZPO unten Rdn. 2349, 2373.

Die konkrete Formulierung des **Antrags** kann und muss hier dem jeweiligen gesetzlichen Gestal- 759
tungsrecht entnommen werden.

▶ Beispiel: 760

»die am... in... geschlossene Ehe der Parteien zu scheiden«;

»dem Beklagten die Befugnis zur Vertretung der ...-OHG zu entziehen«;

»die Zwangsvollstreckung aus ... für unzulässig zu erklären«.

bb) Abänderungsklage

Ist der Beklagte zu einer künftig fällig werdenden Leistung verurteilt worden, so konnten hierfür 761
zukünftige Entwicklungen nur bedingt berücksichtigt werden. Unvorhergesehene Änderungen der entscheidungserheblichen Tatsachen können und müssen von den Parteien im Wege der Abänderungsklage nach § 323 ZPO geltend gemacht werden.

Die Abänderungsklage ist eine prozessuale Gestaltungsklage, weil sie die Vollstreckbarkeit des früheren Urteils umgestaltet. Sie steht dabei in Konkurrenz zu anderen Rechtsbehelfen, so
- zu der Berufung (Wahlrecht: BGHZ 96, 207), die möglich ist, solange das Urteil auf zukünftige Leistung noch nicht rechtskräftig ist,
- zur Vollstreckungsgegenklage (str. Zöller/*Vollkommer* § 323 Rn. 15; a. A. Baumbach/*Hartmann* § 323 Rn. 3; offen BGH NJW-RR 1989, 322), die bei nachträglich entstandenen materiellen Einwendungen gegeben ist,
- zu familienrechtlichen Rechtsbehelfen (§§ 620b, 654 ZPO) und
- zu allgemeinen Nachforderungsmöglichkeiten (§ 258 ZPO; §§ 812, 826 BGB).

Die Abgrenzungen sind schwierig und weitgehend streitig.

Die Abänderungsklage kann nur zwischen den Parteien stattfinden, die an dem Verfahren auf Verurteilung zu künftiger Leistung beteiligt waren, steht insoweit aber sowohl dem damaligen Kläger als auch dem damaligen Beklagten zu.

Der Kläger muss eine wesentliche Veränderung der der Verurteilung für den Grund, den Betrag oder die Dauer der Leistung zugrunde gelegten Tatsachen vortragen (und im Zweifel beweisen). Berücksichtigt werden dabei nur Änderungen, die nach dem Schluss der mündlichen Verhandlung im Vorverfahren entstanden sind (§ 323 Abs. 2 ZPO).

762 ▶ **Beispiel:**

»wird beantragt, das Urteil des Amtsgerichts ... vom ... – Az. ... – mit Wirkung ab Zustellung der vorliegenden Klage wie folgt abzuändern:

Der Beklagte hat anstelle einer monatlichen Rente in Höhe von derzeit 250 € nur noch 200 € zu zahlen.«

c) Feststellungsanträge

763 Mit der **positiven** Feststellungsklage kann das Bestehen eines gegenwärtigen Rechtsverhältnisses zwischen den Parteien festgestellt werden, mit der **negativen** Feststellungsklage das Fehlen eines solchen.

Im Zivilrecht spielt die Feststellungsklage – anders als etwa im Arbeitsrecht (Zöller/*Greger* § 256 Rn. 11a) – nur eine untergeordnete Rolle. Praktisch ist sie im Wesentlichen erforderlich zur Feststellung des Annahmeverzugs (oben Rdn. 251, 288, 745) sowie zur Hemmung der Verjährung in den Fällen, in denen eine Leistungsklage (noch) nicht möglich ist (Zukunftsschäden).

aa) Voraussetzungen

764 Gemäß § 256 ZPO ist **Gegenstand** der Feststellungsklage ein gegenwärtiges Rechtsverhältnis. Um ein solches geht es, wenn die rechtlich geregelte Beziehung zwischen einer Person und einer anderen Person oder einer Sache infrage steht.

Eine Feststellungsklage kann nicht auf die Feststellung abstrakter Rechtsfragen oder der Wirksamkeit bzw. Unwirksamkeit von Willenserklärungen oder sonstigen Rechtsverhältnissen gerichtet werden (BGH NJW-RR 1992, 252). Daher ist z. B. nicht auf Feststellung der Wirksamkeit einer Kündigung zu klagen, sondern dahin gehend, dass das Rechtsverhältnis beendet ist. Auch Tatsachen, Vorfragen oder Elemente können nicht zum Gegenstand einer Feststellungsklage gemacht werden (BGH NJW 2000, 2280; LG Berlin NJW-RR 1997, 204).

765 **Ziel** der Feststellungsklage ist ein Urteil, mit dem lediglich das (Nicht-) Bestehen des Rechtsverhältnisses festgestellt wird. Hinsichtlich dieses deklaratorischen Teils stimmen Leistungs- und Feststellungsurteil überein, sodass die Feststellungsklage der Leistungsklage gegenüber ein minus darstellt, das mangels staatlichen Leistungsbefehls (in der Hauptsache) nicht vollstreckbar ist. Dass es für eine solche Klage dennoch ein Bedürfnis gibt, muss anders als bei der Leistungsklage in jedem Fall besonders zu prüfen.

766 Ein solches **Rechtsschutzbedürfnis** ist zu bejahen, wenn der Kläger ein rechtliches Interesse an der alsbaldigen Feststellung geltend machen kann.

B. Die Verfahrenseinleitung im allgemeinen Klageverfahren (Klageschrift) 4. Kapitel

Ausreichend ist dabei immer die Besorgnis der Gefährdung des geltend gemachten Rechts, z. B. durch drohende Verjährung oder Auswirkungen auf andere rechtliche Möglichkeiten des Klägers, wenn diese durch das angestrebte Urteil beseitigt werden kann (BGH NJW 1992, 436, 437 m.w.N.; zur Abgrenzung BGH NJW 1993, 648).

Eine (unbezifferte) Feststellungsklage hemmt zunächst die Verjährung für den streitigen Anspruch im Ganzen (§ 204 Nr. 1 BGB; Zöller/*Greger* § 256 Rn. 8a, 17). Nur wenn die Feststellung ausdrücklich auf einen Teil des Anspruchs beschränkt wird, schließt sie die Verjährung des Restanspruchs nicht aus. Eine spätere Klageerweiterung auf das Ganze kann dann eine Verjährung des Restanspruchs nicht mehr ausräumen (BGH NJW 1988, 1380). Ist dann in dem Urteil die Leistungspflicht des Beklagten im Grunde rechtskräftig festgestellt, verjährt dieser Anspruch allenfalls in 30 Jahren (§ 197 Abs. 1 Nr. 3 BGB). Für festgestellte Ansprüche auf regelmäßig wiederkehrende Leistungen (z. B. Verdienstausfall, Haushaltsführungsschaden), die nach dem Eintritt der formellen Rechtskraft fällig geworden sind, gilt jedoch (weiterhin) nur die kurze regelmäßige Verjährungsfrist von drei Jahren (§§ 195, 197 Abs. 2 BGB). Eine Feststellungsklage sichert somit nur das Stammrecht umfassend vor der Verjährung.

Das **Rechtsschutzbedürfnis** fehlt dagegen, wenn dem Kläger eine **Leistungsklage** gleichermaßen **möglich** wäre, da er hierdurch mit gleichem Aufwand zu einem weiter reichenden Ziel gelangen könnte (BGH NJW 1997, 870). 767

Dies gilt auch dann, wenn der der Kläger eine Leistungsklage nur deswegen nicht erheben kann, weil ihm Informationen zur Bezifferung seines Antrags fehlen; insoweit wäre ihm zumindest die Stufenklage möglich.

Ausnahmsweise lässt die Rechtsprechung **trotz der Möglichkeit** einer **Leistungsklage** eine Feststellungsklage zu, 768

– wenn die Leistungsklage nicht den vollen Anspruch umfassen würde (z. B., weil nur ein Teil der Forderung bislang bezifferbar ist; BGH NJW-RR 1988, 445);

Wenn der Kläger seinen Anspruch bislang aber nur teilweise beziffern kann, ist insgesamt eine Feststellungsklage zulässig (Thomas/Putzo/*Reichold* § 256 Rn. 14). Er kann aber auch hinsichtlich des bezifferbaren Teils Leistungsklage und im Übrigen eine darüber hinausgehende Feststellungsklage erheben. Dies wird bei der Einklagung von Schadensersatzansprüchen empfohlen, um sich gegen das Risiko abzusichern, dass eine spätere Mehrforderung inzwischen verjährt ist, nachdem sich der Schaden aufgrund eines gerichtlichen Sachverständigengutachtens höher darstellt als ursprünglich angenommen wurde (*Meyer* NJW 2002, 3067; oben Rdn. 598).

– wenn mit der Feststellungsklage ein über den eigentlichen Streitgegenstand hinausgehender Konflikt beigelegt werden kann (z. B. im Rahmen von Dauerschuldverhältnissen);

– wenn vom Beklagten allein aufgrund der Feststellung freiwillige Erfüllung erwartet werden kann (z. B. bei juristischen Personen des öffentlichen Rechts; OLG Braunschweig NJW-RR 1994, 1447; zur Abgrenzung OLG Düsseldorf r+s 1995, 40).

Das **Rechtsschutzbedürfnis** ist während des Prozesses immer neu zu prüfen; es reicht nicht aus, dass es bei Klageerhebung vorlag, sondern es muss während des gesamten Prozesses gegeben sein, da es nachträglich entfallen kann (BGH NJW-RR 1993, 391). Dann kann der Kläger zur Vermeidung einer Klageabweisung 769
– die Hauptsache für erledigt erklären (z. B. wenn der Beklagte bei einer negativen Feststellungsklage Widerklage auf Leistung erhebt; Zöller/*Greger* § 256 Rn. 7d) oder
– zur bezifferten Leistungsklage übergehen (§ 264 Nr. 2 ZPO), wenn diese jetzt möglich geworden ist. Dies ist zwar nicht unbedingt erforderlich, aber zweckmäßig (Zöller/*Greger* § 256 Rn. 7c).

▶ Beispiel: 770

Macht der Beklagte einer negativen Feststellungsklage den Anspruch im Wege einer Wider-Leistungsklage geltend, entfällt das zunächst gegebene Rechtsschutzbedürfnis für die Feststellungsklage, sobald die Leistungsklage nicht mehr einseitig zurückgenommen werden kann (d. h., nachdem die Parteien hierüber verhandelt haben: § 269 Abs. 1 ZPO); die Feststellungsklage muss für erledigt erklärt werden, will der Kläger eine Abweisung als unzulässig vermeiden. Dies gilt nur, wenn das Ziel der Feststellungsklage von der Leistungsklage erreicht wird. Soll mit der Klage festgestellt werden, dass der Kläger Eigentümer einer Sache ist, so entfällt die Zulässigkeit nicht durch die auf Herausgabe gerichtete Widerklage, da Letztere nicht zwingend auf das Eigentum des Klägers gestützt werden muss BGH NJW-RR 1990, 1532; Macke NJW 1990, 1651).

771 Eine privilegierte Form der Feststellungsklage stellt die sog. (positive oder negative) **Zwischenfeststellungsklage** nach § 256 Abs. 2 ZPO dar. Diese kann nicht isoliert, sondern nur zusätzlich in Form einer Klagehäufung oder einer Widerklage erhoben werden. Ein rechtliches Interesse an der Feststellung braucht nicht vorzuliegen; anstelle dessen muss das festzustellende Rechtsverhältnis vorgreiflich für die spätere Entscheidung in der Hauptsache sein (BGHZ 83, 251, 255; BGHZ 69, 37, 42). Hierdurch kann eine Ausdehnung der Rechtskraft auch auf sonst nicht erfasste entscheidungserhebliche Vorfragen erreicht werden.

772 ▶ Beispiel:

Macht der Kläger im Wege der Leistungsklage nur einen Teil des ihm zustehenden Anspruchs geltend, so erfasst die Rechtskraft des Urteils den nicht eingeklagten Betrag nicht; einen neuen Rechtsstreit kann der Beklagte vermeiden, wenn er widerklagend Feststellung begehrt, der Anspruch bestehe insgesamt nicht.

bb) Besonderheiten der negativen Feststellungsklage

773 Bei der negativen Feststellungsklage ist das »normale« Parteiverhältnis umgekehrt: Der Gläubiger ist nicht Kläger, sondern Beklagter. Hieraus resultieren einige **Besonderheiten**.

- Das auch hier erforderliche besondere **Rechtsschutzbedürfnis** liegt vor, wenn sich der Gegner vor allem eines Anspruchs gegenüber dem Kläger berühmt (Prütting/Gehrlein/*Geisler* § 256 Rn. 9).

- Das Rechtsverhältnis, das negiert wird, muss so genau wie möglich umschrieben sein (§ 253 Abs. 2 Nr. 2 ZPO).

  Der bloße Antrag, »festzustellen, dass der Beklagte dem Kläger nichts schulde«, ist immer unzulässig. Es bedarf vielmehr der Angabe des konkreten Schuldgrundes und Schuldgegenstandes bzw. eines bestimmten Rechtsverhältnisses (BGH NJW 1984, 1556).

- Eine **Verjährungshemmung** zugunsten des verklagten Gläubigers nach § 204 Abs. 1 Nr. 1 BGB findet nicht statt.

  Hingegen hemmt die negative Feststellungsklage ebenso wie auch die Verteidigung gegen diese die Verjährung nicht. Deshalb steht einer positiven Feststellungs(wider)klage durch den Beklagten die Rechtshängigkeit nicht entgegen (Zöller/*Greger* § 256 Rn. 17).

- Anders als bei der positiven Feststellungsklage ist für den **Streitwert** ein Abschlag vom Wert der Leistung nicht zu machen; einzusetzen ist der volle Wert der Leistung.

- Die **Darlegungs- und Beweislast** kehrt sich durch den Wechsel der Parteistellung nicht um, sondern bleibt wie bei der Leistungs- oder der positiven Feststellungsklage (BGH NJW 1993, 1716; BGH NJW 1992, 1101).

774 ▶ Beispiel:

Wird auf das Nichtbestehen eines vertraglichen Erfüllungsanspruchs geklagt, so müssen die Voraussetzungen dieses vertraglichen Anspruchs (insbesondere das wirksame Bestehen eines Vertrages) vom Gläubiger bewiesen werden, auch wenn dieser hier Beklagter ist; er – der Beklagte – will aus dem Bestehen des Anspruchs für sich materiell günstige Rechtsfolgen herleiten.

Damit kann der Kläger den Beklagten mit relativ geringem Aufwand zwingen, Grund und Höhe des berühmten Anspruchs substantiiert vorzutragen und zu beweisen. Gelingt ihm das nicht oder steht das

Nichtbestehen fest, ist die negative Feststellungsklage begründet und der Anspruch rechtskraftfähig verneint (Zöller/*Greger* §§ 256 Rn. 18; 322 Rn. 12). Eine nachfolgende Leistungsklage mit gleichem Streitgegenstand wäre damit unzulässig, ebenso wie im Fall einer abgewiesenen Leistungsklage oder positiven Feststellungsklage.

– In **Rechtskraft** erwächst bei Klagestattgabe das Nichtbestehen des Rechtsverhältnisses, bei Klageabweisung dessen Bestehen (BGH NJW 1995, 1757; BGH NJW 1986, 2508; Thomas/Putzo/*Reichold* § 256 Rn. 23 f.; zum Teil a. A. *Tiedtke* NJW 1990, 1697).

Denn grundsätzlich hat ein Urteil, das eine negative Feststellungsklage aus sachlichen Gründen abweist, dieselbe Rechtskraftwirkung wie ein Urteil, das das Gegenteil dessen, was mit der negativen Feststellungsklage begehrt wird, positiv feststellt (BGH NJW 1986, 2508). Einer nachfolgend erhobenen Leistungsklage wäre deshalb ohne nochmalige sachliche Prüfung stattzugeben.

Auch die negative Feststellungsklage kann teilweise begründet, teilweise unbegründet sein (BGHZ 31, 358, 362).

cc) Haftpflichtprozess

Die Feststellungsklage ist insbesondere im Haftpflichtprozess (insbesondere nach Verkehrsunfällen) ein »fast ständiger Begleiter, der nicht von allen Tatrichtern gern gesehen« und entgegen der Rechtsprechung des BGH relativ restriktiv angewandt wird (*Lepa* VersR 2001, 266 mit Darstellung der BGH-Rechtsprechung; zum Schmerzensgeld oben Rdn. 725). 775

Neben der **Hemmung der Verjährung** können dadurch auch etwaige weitere Schmerzensgeldansprüche bei Zukunftsschäden gesichert werden. 776

Dabei kommen neben dem Schmerzensgeld als mögliche weitere Schadenspositionen in Betracht:

Bei Personenschäden ein Erwerbsschaden (§§ 842, 843 BGB) und die Heilbehandlungskosten (z. B. Arzt- und Krankenhauskosten); bei einem tödlichen Unfall u. U. Ersatzansprüche wegen entgangenem Unterhalt (§ 844 Abs. 2 BGB; § 10 StVG) und entgangener Dienste (§ 845 BGB) sowie die Beerdigungskosten (§ 844 Abs. 1 BGB). Der materielle Schaden kann bestehen aus Reparaturkosten, Sachverständigenkosten, Mietwagenkosten und Nutzungsausfall, sowie Wertminderung nebst Zinsschaden (§ 849 BGB).

Der Anwalt sollte daher den **Antrag** unmissverständlich formulieren. Ebenso sollte er die Feststellung der Verpflichtung des Schädigers beantragen, dem Kläger alle künftigen Schäden aus dem (bestimmt zu bezeichnenden) Schadensereignis zu ersetzen, sofern diese nicht auf Sozialversicherungsträger übergegangen sind (insoweit fehlt die Aktivlegitimation). Auch wenn dabei immaterielle Schäden mit umfasst sind, sollte man dies sicherheitshalber im Antrag mit aufnehmen (»Verpflichtung des Beklagten zum Ersatz aller weiteren materiellen und immateriellen Schäden«). 777

Im Feststellungsantrag ist auch die vermutliche Haftungsquote des Beklagten anzugeben, um eine teilweise Klageabweisung mit entsprechender Kostenbelastung zu vermeiden. Vor allem bei Verkehrsunfällen kommt eine volle Haftung des Unfallgegners nur sehr selten in Betracht.

Es ist zulässig und sinnvoll, den Feststellungsantrag neben dem bezifferten Antrag auf Schadensersatz zu stellen. Trotzdem wird selbst bei schweren Unfällen dieser Feststellungsantrag nicht immer gestellt (*Rinsche* Rn. 78). 778

Dabei besteht nach der Rechtsprechung des BGH das für die **Zulässigkeit** des Antrags erforderliche Feststellungsinteresse schon dann, wenn künftige Schadensfolgen – sei es auch nur entfernt – möglich, ihre Art, ihr Umfang und ihr Eintritt aber noch ungewiss sind. Bei schweren Unfallverletzungen kann diese Voraussetzung nur verneint werden, wenn aus der Sicht des Geschädigten bei verständiger Beurteilung kein Grund bestehen kann, mit Spätfolgen immerhin zu rechnen. Auf die Wahrscheinlichkeit weiterer Schäden kommt es nicht an (Prütting/Gehrlein/*Geisler* § 256 Rn. 5; BGH NJW 2004, 224). 779

Trotz möglicher Leistungsklage wird ein Feststellungsinteresse ausnahmsweise bejaht, wenn die Abwicklung eines Versicherungsfalles voraussichtlich vereinfacht und beschleunigt wird oder wenn die Stellung und Reputation des Beklagten erwarten lassen, dass er sich an eine rechtskräftige Feststellung halten wird (insbesondere bei den großen Versicherungsunternehmen und öffentlich-rechtlichen Körperschaften und Anstalten; Zöller/*Greger* § 256 Rn. 8).

780 Für die **Begründetheit** der Feststellungsklage ist – neben der Haftung dem Grunde nach – lediglich Voraussetzung, dass mit einer gewissen Wahrscheinlichkeit aus dem festzustellenden Rechtsverhältnis noch Ansprüche entstehen können (BGH NJW 1993, 2382).

> Bei schweren Unfallverletzungen kann es genügen, dass eine nicht nur entfernt liegende Möglichkeit künftiger Verwirklichung der Schadensersatzpflicht durch das Auftreten weiterer unfallbedingter Leiden besteht.

781 Wird der Klage stattgegeben, so steht die Ersatzpflicht materiell **rechtskräftig** fest, sodass das Gericht im Nachfolgeprozess daran gebunden ist. Dort ist dann nur noch über die Höhe des Anspruches bzw. bei Spätschäden auch über deren Vorliegen und Verursachung durch den zugrunde liegenden Vorfall zu befinden.

3. Sicherungsanträge

781a Ist zu besorgen, dass das prozessual geltend gemachte Recht nach dem rechtskräftigen Abschluss des Verfahrens nicht mehr oder nur erschwert durchzusetzen sein wird, kann in manchen Fällen zusammen mit dem Hauptsacheantrag auch ein auf den vorläufigen Schutz des Rechts gerichteter Schutzantrag gestellt werden. In Betracht kommen dabei:

- ein Antrag auf Anordnung einer **Sicherheitsleistung** nach § 283a ZPO. Damit kann der auf Räumung und Zahlung rückständiger Zinsen klagende Vermieter erreichen, dass der beklagte Mieter Sicherheit für die zwischen Rechtshängigkeit der Klage und Erlass der Sicherungsanordnung fällig gewordenen Geldforderungen (weitere Mietzinsraten) vorab Sicherheit leisten muss.
  Voraussetzungen sind eine »hohe Erfolgswahrscheinlichkeit« der Klage und ein Überwiegen der Interessen des Vermieters. Ersteres erfordert eine Prognose des Gerichts über ausstehende Beweisergebnisse und eine kursorische Prüfung der vom Mieter geltend gemachten Gegenrechte. Letzteres setzt den Vortrag (und ggf. die Glaubhaftmachung) ihrer Interessen durch beide Parteien und deren Abwägung durch das Gericht voraus. Der Kläger muss dartun, welche besonderen, über den bloßen Ausfall der Forderung hinausgehenden Nachteile er zu befürchten hat, der Beklagte muss dartun, ob und ggf, welche Nachteile ihm durch die Hinterlegung erwachsen können. Eine unberechtigt veranlasste Sicherheitsleistung verpflichtet den Kläger zu Schadensersatz (§§ 283a Abs. 4, 717 ZPO), eine nicht geleistete Sicherheit berechtigt ihn, Räumung im Rahmen einer (gesondert zu beantragenden) einstweiligen Verfügung zu verlangen (§ 940a Abs. 4 ZPO).
  Zur Klage auf künftige Leistung von Miete *Peter*, JuS 2011, 322.
- ein Antrag auf Einstellung einer bereits laufenden Zwangsvollstreckung (§ 769 ZPO). Damit können der materielle Einwendungen geltend machende Vollstreckungsschuldner (Vollstreckungsgegenklage, § 767 ZPO) und der von einer Zwangsvollstreckungsmaßnahme betroffene Dritte (Drittwiderspruchsklage, § 771 ZPO) eine **Einstellung der Zwangsvollstreckung** bis zum Urteil über ihre Klage erreichen.
- ein Antrag auf **Hinterlegung des Erlöses** aus einer Zwangsvollstreckung (§ 805 Abs. 3 ZPO). Damit kann ein auf vorzugsweise Befriedigung klagender bevorrechtigter Gläubiger verhindern, dass der Versteigerungserlös vor Abschluss seines Verfahrens an einen anderen Gläubiger ausgezahlt wird.

781b **Nicht** mit der Hauptsacheklage verbunden werden können dagegen Eilanordnungen, die in einer gesonderten Verfahrensart zu verhandeln sind. Sie stellen einen eigenen Streitgegenstand dar, der wegen der besonderen Verfahrensgestaltung nicht mit der Hauptsache verbunden werden kann (§ 260 ZPO). Dazu gehören:

– ein Antrag auf Erlass eines Arrests zur Sicherung der Zwangsvollstreckung in das bewegliche oder unbewegliche Vermögen wegen einer Geldforderung oder wegen einer Forderung, die in eine Geldforderung übergehen kann (§ 916 ZPO; dazu oben Rdn. 368 ff.);
– ein Antrag auf Erlass einer einstweiligen Verfügung zur Sicherung eines nicht in einer Geldforderung bestehenden Anspruchs (§ 935 ZPO; dazu oben Rdn. 409 ff.)
– ein Antrag auf Erlass einer einstweiligen Verfügung zum Zwecke der Regelung eines einstweiligen Zustands in Bezug auf ein streitiges Rechtsverhältnis (§ 940 ZPO; dazu oben Rdn. 411 ff.);
– ein Antrag auf Erlass einer einstweiligen Verfügung zur Vorabenfüllung eines Anspruchs, wenn bei dessen Nichterfüllung dem Gläubiger ein nicht zu ersetzender Schaden droht, während der Schuldner keine über die bloße Nichtdurchsetzbarkeit eines vermögensrechtlichen Rückforderungsanspruchs hinausgehenden Nachteile zu gegenwärtigen hat (Leistungsverfügung; dazu oben Rdn. 416 ff.).

Werden solche Anträge in der Klageschrift gestellt, sind sie nicht unzulässig, sondern werden gemäß § 145 Abs. 1 ZPO abgetrennt und als gesondertes Verfahren geführt. Besondere Nachteile entstehen dadurch nicht.

4. Prozessanträge

a) Kosten

Über die Kosten des Verfahrens ist stets **von Amts wegen** zu entscheiden, Anträge hierzu sind grundsätzlich nicht erforderlich (§ 308 Abs. 2 ZPO). Werden sie dennoch gestellt, sind sie überflüssig und werden zum Beispiel im Tatbestand eines Urteils nicht wiedergegeben.

782

> Dies gilt nicht nur für den isolierten ausdrücklichen Kostenantrag, sondern auch für den adjektivierten Antrag (»wird beantragt, den Beklagten kostenpflichtig zu verurteilen, ...«).

▶ Praxistipp:

783

> Überflüssige Kostenanträge werden von vielen Richtern als Beleg für mangelnde Erfahrung des Anwalts im Prozess angesehen und schwächen dessen Ansehen.

Erforderlich ist ein Kostenantrag allein, wenn nach Rücknahme der Klage durch den Gegner eine (deklaratorische) Kostengrundentscheidung des Gerichts ergehen soll (§ 269 Abs. 4 ZPO). Diese ist grundsätzlich Voraussetzung für eine beabsichtigte Kostenfestsetzung.

784

Zwar nicht erforderlich, im Einzelfall aber **sinnvoll** sein können Kostenanträge, wenn nur noch über die Kosten gestritten wird oder die Kosten durch das Gericht zu verteilen sind und hierauf Einfluss genommen werden soll.

785

> Nur noch über die Kosten zu entscheiden ist in Form eines Schlussurteils, wenn die Hauptsache durch vorangegangene Teilurteile (§§ 301, 128 Abs. 3 ZPO) oder ein Anerkenntnis (§§ 307, 99 Abs. 2 ZPO) erschöpft wurde. In Form eines Beschlusses ergeht die Entscheidung, wenn beide Parteien den Rechtsstreit in der Hauptsache für erledigt haben (§ 91a ZPO), praktisch häufig, weil insoweit ein Vergleich ohne Einigung über die Kosten geschlossen wurde.
>
> Reine Ermessensentscheidungen des Gerichts über die Kosten fallen bei der Klagerücknahme wegen Erledigung vor Rechtshängigkeit (§ 269 Abs. 3 Satz 3 ZPO) und bei übereinstimmender Erledigungserklärung der Parteien an (§ 91a ZPO). In zahlreichen weiteren Fällen kann es sinnvoll sein, zu den tatsächlichen Voraussetzungen der (gebundenen) Kostenentscheidung des Gerichts vorzutragen, so etwa bei der Kostenentscheidung nach sofortigem Anerkenntnis (§ 93 ZPO), bei gemischten Kostenentscheidungen (z. B. Teilklagerücknahme mit Anerkenntnis) oder schlicht bei der Kostenverteilung bei teilweisem Unterliegen (§ 92 ZPO). Hier ist zu beachten, dass Kostenaufhebung bei einer anwaltlich nicht vertretenen Gegenpartei für die anwaltlich vertretene Partei ungünstiger ist als Kostenteilung (§ 92 Abs. 1 Satz 2 ZPO).

b) Vorläufige Vollstreckbarkeit

786 Von Amts wegen und grundsätzlich unabhängig von Anträgen der Parteien ergeht auch die Entscheidung über die vorläufige Vollstreckbarkeit, sodass auch insoweit Anträge überflüssig sind und deswegen nicht gestellt werden sollten.

> Insoweit sei auf die Ausführungen zum Kostenantrag, insbesondere in adjektivierter Form (oben Rdn. 782; (»den Beklagten vorläufig vollstreckbar zu verurteilen, ...«) verwiesen.

787 Keines Antrags bedarf auch der **Vollstreckungsschutz**. Soweit dieser – wie regelmäßig – nur aus § 711 ZPO hergeleitet werden soll, ergeht die Entscheidung ohne Antrag.

> Die abweichende Praxis und der vielfach anzutreffende Zusatz, »hilfsweise Vollstreckungsschutz zu gewähren« stammt aus der Zeit vor 1975, als solche Anträge noch erforderlich waren.

788 Eines Antrags bedürfen heute nur noch die »echten« **Vollstreckungsschutzanträge nach § 714 ZPO**.

> Der Vollstreckungsschuldner kann Anträge nach § 712 Abs. 1 Satz 1 oder Satz 2 ZPO stellen. Voraussetzung ist, dass die Vollstreckung ihm einen nicht zu ersetzenden Nachteil brächte, sein Interesse am Unterbleiben der Vollstreckung das des Gläubigers an einer Durchführung überwiegt (§ 712 Abs. 2 ZPO) und die Voraussetzungen, unter denen ein Rechtsmittel stattfindet, nicht unzweifelhaft fehlen (§ 713 ZPO). Ist der Vollstreckungsschuldner dann zur Leistung einer Sicherheit in der Lage, so wird ihm eine unbedingte Abwendungsbefugnis zugebilligt, d. h., er kann jede Vollstreckung des Gläubigers (auch die nach Sicherheitsleistung!) durch eigene Sicherheitsleistung abwenden (§ 712 Abs. 1 Satz 1 ZPO). Kann der Schuldner eine Sicherheit nicht leisten, so wird die Zwangsvollstreckung entweder nach Maßgabe des § 720a ZPO auf sichernde Maßnahmen beschränkt oder auf die Anordnung einer vorläufigen Vollstreckbarkeit völlig verzichtet.
>
> Der **Vollstreckungsgläubiger** kann auf Antrag eine unbedingte vorläufige Vollstreckung ohne Sicherheitsleistung erreichen (§§ 711 Satz 3, 710 ZPO). Voraussetzung ist, dass er die ihm auferlegte Sicherheit nicht oder nur unter erheblichen Schwierigkeiten leisten kann und ihm eine Aussetzung der Vollstreckung bis zur Rechtskraft der Entscheidung einen nur schwer zu ersetzenden Nachteil brächte oder für ihn unbillig wäre.

789 In beiden Fällen erforderlich ist hierauf gerichteter ausdrücklicher **Antrag** einer Partei. Er ist bis zum Schluss der mündlichen Verhandlung möglich, gehört in den Tatbestand und muss die vorgebrachten Tatsachen glaubhaft machen.

790 ▶ **Praxistipp:**

> Vollstreckungsschutzanträge ohne besondere tatsächliche Begründung und Glaubhaftmachung werden vom Gericht häufig als überflüssige Anträge nach § 711 ZPO behandelt und bleiben deswegen folgenlos.

791 Nicht erforderlich sind Anträge auch zur **Sicherheitsleistung**.

> Art und Höhe richten sich nach § 108 ZPO i. V. m. §§ 232 ff. BGB. Die praktisch häufigste Sicherheit in Form einer Bankbürgschaft (§ 234 Abs. 1 und 3 BGB), die bis zur ZPO-Reform 2002 nur auf Antrag gestattet werden konnte, ist heute gesetzlicher Regelfall, bedarf damit keines Antrags mehr.

c) Kammerzuständigkeit beim Landgericht

792 Zwar sollen sowohl der Kläger (§ 253 Abs. 3 ZPO) als auch der Beklagte (§ 277 Abs. 1 Satz 2 ZPO) sich dazu äußern, ob einer Entscheidung der Sache durch den Einzelrichter Gründe entgegenstehen. Einfluss auf die Besetzung des Gerichts haben sie damit indes nur bedingt.

793 § 348 Abs. 1 Satz 1 ZPO postuliert die **grundsätzliche Zuständigkeit des Einzelrichters** (»originärer Einzelrichter«; *Stackmann* JuS 2008, 129). Eine Ausnahme gilt nur in den Fällen des § 348 Abs. 1 Satz 2 ZPO; ob eine solche Ausnahme vorliegt, kann in der Klage bzw. Klageerwiderung angegeben werden und führt dann zu einer anfänglichen Zuständigkeit der Kammer. Diese hat dann zu prüfen, ob nicht doch eine Übertragung auf den Einzelrichter in Betracht kommt (§ 348a ZPO). Zu den für diese gerichtliche Entscheidung relevanten Voraussetzungen (ebenso wie für die einer Vorlage des

B. Die Verfahrenseinleitung im allgemeinen Klageverfahren (Klageschrift)   4. Kapitel

Rechtsstreits an die Kammer durch den Einzelrichter nach § 348a Abs. 3 ZPO) können die Parteien wenig beitragen. Ob die Sache besondere Schwierigkeiten tatsächlicher oder rechtlicher Art aufweist, entscheidet die Kammer eigenständig. Vortrag kann sich empfehlen zu einer möglichen grundsätzlichen Bedeutung. Ob die Entscheidung für eine Vielzahl ähnlich gelagerter Fälle von Bedeutung sein kann, können die Parteien manchmal besser beurteilen, als das Gericht, in diesem Fall empfiehlt sich eine entsprechende Darlegung, wenn die Zuständigkeit der Kammer herbeigeführt werden soll.

Durch übereinstimmenden **Antrag** können die Parteien allenfalls die Vorlage an die Kammer durch den Einzelrichter erreichen, nicht indes, dass diese auch zuständig wird (§§ 348 Abs. 3 Nr. 3, 348a Abs. 2 Nr. 2 ZPO).   794

> Anlass dafür kann die aus dem »Sechs-Augen-Prinzip« und der gegenseitigen Kontrolle der Richter untereinander folgenden generell höheren Qualität der Rechtsgewähr beim Spruchkörper sein, oder das Bedürfnis, einem unerfahrenen oder sonst unerwünschten Einzelrichter zu entgehen.
>
> Nach dem Wortlaut der §§ 348 Abs. 3, 348a Abs. 2 ZPO führt auch ein übereinstimmender (nicht unbedingt gleichzeitiger) Antrag der Parteien auf Befassung der Kammer nur dazu, dass der Einzelrichter der Kammer die Sache vorlegen muss. Ob eine Übernahme erfolgt, entscheidet die Kammer nach freiem Ermessen (*Schellhammer* MDR 2001, 1083; *Winte* BRAK-Mitt. 2001 S. 246).
>
> Eine Mindermeinung in der Literatur vertritt indes die Auffassung, das Fehlen der Nr. 3 in § 348 Abs. 3 Satz 2 und der Nr. 2 in § 348a Abs. 2 Satz 2 ZPO stelle ein Redaktionsversehen des Gesetzgebers dar (*Hartmann* NJW 2001, 2584; Baumbach/*Hartmann* §§ 348 Rn. 42 ff.; 348a Rn. 18). Dann wäre die Kammer aufgrund eines übereinstimmenden Antrags zur (endgültigen) Übernahme verpflichtet.
>
> Ein Antrag zur Kammerzuständigkeit empfiehlt sich im Bedarfsfall, auch wenn praktisch nur selten ein gleichgerichteter Antrag des Gegners oder ein der Mindermeinung folgendes Gericht anzutreffen sein wird (*Bamberger* ZRP 2004, 139).

Gegebenenfalls kann die Zuständigkeit eines Spruchkörpers herbeigeführt werden, indem eine Verhandlung des Rechtsstreits vor der Kammer für Handelssachen beantragt wird (§ 96 GVG). Bei dieser besteht die Zuständigkeit der Kammer grundsätzlich, eine Entscheidung durch den Vorsitzenden alleine kommt nur ausnahmsweise (unter den Voraussetzungen des § 349 Abs. 2 ZPO) in Betracht.   795

Eine Möglichkeit, die Zuständigkeit des **Einzelrichters** herbeizuführen, haben die Parteien nicht.   796

> In diesem Fall ist allenfalls zu empfehlen, nach Möglichkeit nicht die tatsächlichen Voraussetzungen der Kammerzuständigkeiten (§§ 348 Abs. 1 Nr. 2, Abs. 3, 348a Abs. 3 ZPO), sondern die der Einzelrichterzuständigkeit (§ 348a Abs. 1 ZPO) vorzutragen. Will der Beklagte das Verfahren verzögern, kann er sich einer Übertragung auf die Kammer widersetzen und auf ein mögliches »Zuständigkeits-Hickhack« spekulieren.

Wenn statt des Einzelrichters die Kammer fehlerhaft entschieden hat oder umgekehrt, kann hierauf ein **Rechtsmittel** grundsätzlich nicht gestützt werden (ausdrücklich die §§ 348 Abs. 4, 348a Abs. 3 ZPO).   797

> Für den Fall der Beschwerde hat der BGH indes festgestellt, dass bei einer unterbliebenen Übertragung des Verfahrens an die Zivilkammer trotz grundsätzlicher Bedeutung der Rechtssache eine Verletzung des Verfassungsgebots des gesetzlichen Richters (Art. 101 Abs. 1 Satz 2 GG) vorliegt und die Entscheidung des Einzelrichters objektiv willkürlich ist. Dieser Verstoß sei vom Beschwerdegericht von Amts wegen zu berücksichtigen und das Verfahren unter Aufhebung der angefochtenen Entscheidung an den Einzelrichter zurückzuverweisen (BGH NJW 2003, 1254; BGH NJW 2004, 223, 448; BGH NJW 2003, 3112; NJW-RR 2004, 1714 – trotz § 568 Satz 3 ZPO n.F!, der verfassungskonform auszulegen sei; OLG Frankfurt a. M. MDR 2003, 1375).
>
> Welche Folgerungen hieraus im Hinblick auf eine fehlerhaft unterlassene Vorlage oder Übernahme gem. §§ 348 Abs. 3; 348a Abs. 1 ZPO gezogen werden können, ist noch völlig ungeklärt (auch Baumbach/*Hartmann* § 321a Rn. 32: Gehörsverletzung; Zöller/*Greger* § 348 Rn. 23, 24: kann mit der Berufung angefochten werden, da es sich um die falsche Besetzung des Gerichts handelt und nicht um einen Zuständigkeitsmangel i. S. d. § 513 Abs. 2 ZPO handelt; *E. Schneider* ZAP Fach 13, S. 1237: Aufhebung und Zurückverweisung ohne Antrag!; Begr. RegE. S. 909 spricht hingegen bei §§ 348, 348a ZPO nur von einer »Ordnungsvorschrift«, auf deren Verletzung später kein Rechtsmittel gestützt werden kann).

In der Praxis erfolgt eine Vorlage des Einzelrichters wegen »besonderer Schwierigkeiten tatsächlicher oder rechtlicher Art« eher selten (Eingeständnis eigener Überforderung!; Zöller/*Greger* § 348 Rn. 20; *Greger* JZ 2004, 815: es gibt wohl »psychologische Barrieren« – »ein alarmierender Befund«). Im Übrigen ist ein Verstoß gegen die Vorlagepflicht nach § 348 Abs. 3 Nr. 2 ZPO bei »grundsätzlicher Bedeutung« der Rechtssache vor allem dann offensichtlich, wenn der Einzelrichter im Urteil die Berufung gerade aus diesem Grunde zugelassen hat (§ 511 Abs. 4 Nr. 1 ZPO).

Möchten sich die Parteien die Möglichkeit einer Berufungszulassung insoweit erhalten, kann sich auch deshalb ein gemeinsamer Antrag – wie eingangs erwähnt – empfehlen. Denn sonst unterlässt der Einzelrichter möglicherweise die Berufungszulassung nur deshalb, um sich nicht selbst in Widerspruch zu setzen und die fehlerhafte Nichtübertragung nicht offenkundig werden zu lassen.

d) Kammer für Handelssachen

798   Der nach § 96 GVG erforderliche **Antrag** auf Verhandlung des Rechtsstreits vor der Kammer für Handelssachen kann in unterschiedlichen Formen gestellt werden. Der Kläger kann
– die Klage bereits an die Kammer für Handelssachen adressieren (oben Rdn. 643):
– die Klage in der Überschrift als »Klage vor der Kammer für Handelssachen« bezeichnen;
– beantragen, den Beklagten »vor der Kammer für Handelssachen zu verurteilen«;
– einen ausdrücklichen Prozessantrag dahin zu formulieren, den Rechtsstreit vor der Kammer für Handelssachen zu verhandeln.

Rechtlich möglich sind alle diese Alternativen, praktisch muss sichergestellt werden, dass das Gericht den Antrag nicht übersieht.

e) Weitere Verfahrensanträge

799   Anderer Verfahrensanträge bedarf es bei der Klageerhebung in der Regel nicht.

Mit dem Sachantrag hat der Kläger sein Prozessziel offen gelegt, die Ausgestaltung des Verfahrens auf dem Weg dorthin ist gesetzlich geregelt oder liegt in der Verantwortung des Gerichts (»Amtsbetrieb«). So ist etwa die manchmal anzutreffende Floskel »Um antragsgemäße Entscheidung wird gebeten«, absolut überflüssig.

800   Keines Antrags bedarf das **Vorverfahren**. Die Auswahl zwischen dem frühen ersten Termin (§ 275 ZPO) und dem schriftlichen Vorverfahren (§ 276 ZPO) obliegt dem Vorsitzenden nach freiem Ermessen (§ 272 Abs. 2 ZPO). Die Parteien haben insoweit weder ein Antrags- noch ein Beschwerderecht.

Praktisch nur selten Sinn macht auch eine Anregung. Viele Richter entscheiden über die Wahl der Vorverfahrensart aufgrund fest etablierter Kriterien, von denen sie kaum abzubringen sind. Etwas anderes kann gelten, wenn Umstände vorgetragen werden können, die dem Gericht nicht bekannt sind und die Entscheidung beeinflussen können. Hat der Beklagte weder außergerichtlich noch im Widerspruch gegen einen Mahnbescheid Einwendungen gegen die Klageforderung erhoben und sind auch keine zu erwarten, kann man dies dem Gericht in der Klageschrift mitteilen, und darauf hinweisen, dass eine Güteverhandlung aussichtslos erscheint. Dann ist die Wahrscheinlichkeit größer, dass das Gericht keinen frühen ersten Termin ansetzt, sondern ein schriftliches Vorverfahren verfügt.

801   Unterschiedlich wird die Frage beantwortet, ob es Sinn macht, bereits in der Klageschrift den Antrag auf **Erlass eines Versäumnisurteils** für den Fall einer Säumnis des Beklagten im schriftlichen Vorverfahren (§ 331 Abs. 3 ZPO) zu stellen.

Dafür spricht, dass die Notwendigkeit eines solchen Antrags rasch eintreten kann. Ordnet das Gericht das schriftliche Vorverfahren an und unterlässt der Beklagte eine Verteidigungsanzeige, kann bereits nach rund drei Wochen der Säumnisfall vorliegen. Dabei handelt es sich um die einfachste und schnellste Möglichkeit für den Kläger, einen Titel zu erlangen und – falls der Beklagte keinen Einspruch einlegt – den gesamten Prozess zu gewinnen.

Dagegen spricht zum einen die allgemeine Überlegung, auch Prozessanträge nicht »auf Vorrat«, sondern erst zustellen, wenn ihre Voraussetzungen tatsächlich vorliegen. Zum anderen kann der Antrag auf Erlass eines Versäumnisurteils gegen den Beklagten auch zu einer Entscheidung gegen den Kläger führen. Ist die

Klage nämlich unzulässig oder unschlüssig, kann sie im Wege eines »unechten Versäumnisurteils« abgewiesen werden (Thomas/Putzo/*Reichold* § 331 Rn. 6; a. A. Zöller/*Herget* § 331 Rn. 13.).

Hat der Kläger einen Antrag auf Erlass eines Versäumnisurteils gestellt, muss er deswegen besonders sorgfältig und besonders schnell auf etwaige diesbezügliche Hinweise des Gerichts reagieren (z. B. hilfsweise Verweisung beantragen) und notfalls den Antrag auf Versäumnisurteil zurücknehmen.

Da ein Antrag auf Erlass eines Versäumnisurteils auch als schon im Sachantrag enthalten gesehen werden kann (Thomas/Putzo/*Reichold* § 331 Rn. 2), ist es ratsam, bei Zweifeln dem Gericht gegenüber rechtzeitig klarzustellen, dass ein Antrag i. S. d. § 331 Abs. 3 ZPO nicht oder ausdrücklich nur unter der (innerprozessualen) Bedingung des Erfolgs der Klage gestellt werden soll. Dann besteht die Chance, die Klage noch bis zum bzw. im Haupttermin (§ 272 ZPO) »retten« zu können.

Regelmäßig erst im weiteren Verlauf des Prozesses stellt sich die Notwendigkeit **weiterer Verfahrensentscheidungen** durch das Gericht heraus. Hierbei kommen in Betracht: 802
– die Änderung (Verlegung oder Vertagung) eines Termins (§ 227 ZPO),
– die Änderung (Verkürzung oder Verlängerung) einer Frist (§ 224 ZPO),
– die Prozesstrennung (§ 145 ZPO),
– die vorläufigen Beschränkung der Verhandlung (§ 146 ZPO), insbesondere
  – auf die Zulässigkeit der Klage (§ 280 Abs. 1 ZPO) oder
  – auf einen Vorabstreit (§ 280 Abs. 1 ZPO),
– die Prozessverbindung (§ 147 ZPO),
– die Prozessaussetzung (§§ 148, 149, 152–154 ZPO),
– die Wiedereröffnung der mündlichen Verhandlung (§ 156 ZPO),
– die Anordnung des Ruhens des Verfahrens (§ 251 ZPO),
– die Verweisung des Rechtsstreits an das sachlich und örtlich zuständige Gericht (§ 281 ZPO).

Unabhängig davon, ob es sich hierbei um echte Anträge oder bloße Anregungen handelt, macht eine Geltendmachung bereits in der Klageschrift meist keinen Sinn. Diese Optionen sollen deswegen im Zusammenhang mit den nachträglichen Änderungen der ursprünglichen Verfahrenskonzeption behandelt werden.

IV. Begründung (§ 253 Abs. 2 Nr. 2 ZPO)

Bereits 1983 hat *Brehm* (AnwBl. 1983, 196) Folgendes festgestellt: 803

»Eine Abkehr vom traditionellen Arbeitsstil ist (...) bei Anwälten zu beobachten. Sie neigen vielfach dazu, den Sachverhalt als »durchlaufenden Vorgang« zu betrachten. Ob zur Begründung des Anspruchs schlüssige Einzeltatsachen vorgetragen sind, erscheint nicht so wichtig. Entscheidend ist der Gesamteindruck des Schriftsatzes. Aus ihm muss hervorgehen, dass der Beklagte in böswilliger Absicht bisher jegliche Zahlung verweigert hat und der Kläger in seinem Rechtsgefühl tief gekränkt ist, auch wenn eine genaue Darlegung der Anspruchsvoraussetzungen fehlt. Rein vorsorglich bittet man das Gericht um einen Hinweis nach § 139, um dem Missverständnis vorzubeugen, man habe sich um störende Einzelheiten gekümmert.«

Auch heute noch sind Schriftsätze dieser Art zu finden und »manchmal erkennt man an den Schriftsätzen unschwer, dass bei dem Mandantengespräch das Tonband mitgelaufen ist« (*Bohlander* MDR 1996, 1095). Obgleich die überwiegende Zahl der Rechtsanwälte nicht nach diesem Schema arbeitet, muss gerade aufgrund der durch die ZPO-Reform erheblich eingeschränkten Möglichkeit eines neuen Sachvortrags in der Berufungsinstanz immer darauf geachtet werden, den Sachverhalt bereits in der ersten Instanz sorgfältig aufzubereiten.

1. Formelle Anforderungen (§ 253 Abs. 2 ZPO)

a) Inhalt und Gestaltung

Allgemein ist es **Aufgabe des Rechtsanwalts**, der einen Anspruch klageweise geltend machen soll, die zugunsten seiner Partei sprechenden tatsächlichen und rechtlichen Gesichtspunkte so umfassend wie möglich darzustellen, damit sie das Gericht bei seiner Entscheidung berücksichtigen kann (BGH NJW 2002, 1413). 804

Im Folgenden werden einige allgemeine Empfehlungen für Aufbau und Gestaltung einer Klagebegründung gegeben (auch *Gross* JuS 1999, 171). In der Praxis können gewisse Äußerlichkeiten durchaus eine entscheidende Rolle spielen. Dies gilt besonders in Zweifelsfällen.

(1) **Fallbezogenheit** der Begründung.

805 Dass die Begründung individuell auf den Fall zugeschnitten werden muss und nicht in allgemeinen, lehrbuchartigen Ausführungen bestehen darf, sollte keiner besonderen Erwähnung bedürfen. Dennoch finden sich immer wieder Klageschriften, die aus Versatzstücken anderer Schriftstücke bestehen, aus vorformulierten Textbausteinen zusammengesetzt sind.

> Es scheint, dass hierfür insbesondere solche Fallgruppen anfällig sind, bei denen rechtlich schwierig zu begründende Ansprüche aus weitgehend typischen Lebenssachverhalten innerhalb kurzer Zeit und in großer Zahl geltend gemacht werden. In den letzten Jahrzehnten war dies für die Klagen gegen Titel aus sittenwidrigen Ratenkrediten, für Klagen auf Schadensersatz aus dem Verkauf von Kindertees (»nurse-bottle-Syndrom«), für Klagen auf Nachzahlung aus der Abrechnung zurückgekaufter Lebensversicherungen und derzeit vor allem bei der Haftung von Banken aus der Finanzierung von Kapitalanlagen (»Schottimmobilien«, Fondsbeteiligungen).

> Vorteil einer solchen, dem Einzelfall lediglich in den individuellen Details angepassten Musterklage ist unbestreitbar die enorme Einsparung eigener Arbeitskraft. Dadurch kann – insbesondere in rechtlicher Hinsicht – deutlich mehr geleistet werden, als in der individuell erarbeiteten Einzelklage. Der Umfang solcher Klagen beeindruckt zumindest die Partei, schüchtert möglicherweise sogar den Gegner ein.

> Dem stehen indes deutliche Nachteile entgegen, die nicht unterschätzt werden sollten. So wird – insbesondere in rechtlicher Hinsicht – der Bogen oft überspannt, weit mehr vorgetragen, als erforderlich oder sinnvoll ist. Die Klageschrift ist nicht der Ort für monografische juristische Abhandlungen. Im Zeitalter juristischer Informationssystem ist es technisch problemlos möglich, große Passagen aus der wissenschaftlichen Literatur oder aus obergerichtlichen Entscheidungen zu kopieren und in den eigenen Schriftsatz einzufügen. Sachlich sinnvoll ist das nicht. Manchmal erreicht man damit sogar das Gegenteil des Beabsichtigten: Dem Gegner werden Ansatzpunkte für die Verteidigung gleich mitgeliefert. Nicht selten überfordert sich der Anwalt damit auch selbst, wenn nämlich nur noch stereotyp vorgetragen wird und es nicht gelingt, die erforderlichen individuellen Besonderheiten zutreffend einzuarbeiten.

> Gerichte schätzen solche Textbausteinklagen überhaupt nicht. Die Notwendigkeit sich in einer Vielzahl von Fällen durch die immer gleichen langatmigen und vielfach im konkreten Fall unzutreffenden Passagen kämpfen zu müssen, die Schwierigkeit, in der Masse von Überflüssigem die paar wenigen individuellen Details zu finden erschweren die richterlichen Aufgaben nicht unerheblich. *Assies/Lang* in Assies/Beule/Heise/Strube S. 1654: »Die Wahrscheinlichkeit, dass gut geschriebene zehn Seiten auf ein Gericht positiv wirken, ist höher als bei sich zäh lesenden vierzig Seiten.«).

(2) **Verständlichkeit** der Begründung.

806 Der Richter wird nur den Sachverhalt seiner Entscheidung zugrunde legen, den er auch verstanden hat. Es muss deswegen darum gehen, insbesondere komplexe, umfangreiche und schwierige Sachverhalte so aufzubereiten, dass sie vom Richter nachvollzogen und verstanden werden können.

> Auch wenn sich das Gericht der Mühe zu unterziehen hat, den Vortrag der Beteiligten auch dann zur Kenntnis zu nehmen, wenn dies infolge sich aus der Natur der Sache ergebenden Schwierigkeiten einen besonderen Aufwand an Zeit und Geduld erfordert (dort: mehrjährige Nebenkostenabrechnung), hat der Richter hat grundsätzlich nicht die Aufgabe, die geltend gemachte Forderung nach Grund und Höhe aus den eingereichten Schriftsätzen nebst Anlagen selbst herauszusuchen (BVerfG NJW 1994, 2683).

> Das in der Klagebegründung liegende Risiko trägt stets der Kläger. Versteht der Richter die Begründung nicht, wird die Klage abgewiesen. Nicht immer wird der Richter dies offen legen und die Klage als »unsubstantiiert« abweisen, häufig bleiben Teile des Sachvortrags unberücksichtigt, werden falsch interpretiert oder mit nicht vorgetragenen Tatsachen ergänzt. Manchmal sucht das Gericht auch einen, ansonsten vielleicht nicht vertretenen rechtlichen Lösungsweg, der den Sachvortrag unerheblich macht.

> Ein solches Verhalten beruht nicht immer nur auf bloßer Bequemlichkeit. Vor allem ist der Einzelrichter bei komplexen Sachen mit »multikausalen Verschränkungen« wie z. B. Bau-, Arzthaftungs- oder

gesellschaftsrechtlichen Streitigkeiten häufig »erkenntnistheoretisch überfordert« (*Flotho* BRAK-Mitt. 2000, 107).

Es sollte daher versucht werden, komplizierte Sachverhalte möglichst einfach und übersichtlich darzustellen. Je schwieriger der Sachverhalt, umso mehr Aufwand muss in dessen Aufbereitung investiert werden. 807

> Schwierig kann ein Sachverhalt auch dadurch werden, dass der Gegner ihn bewusst verkompliziert. Für den Beklagten kann es eine Erfolg versprechende Taktik sein, so viel Unklarheiten in den Sachverhalt zu bringen, dass das Gericht ihn nicht mehr nachvollziehen kann und die Klage deswegen abweist. Dem muss der Kläger entgegentreten und das »Odium unübersichtlicher oder gar verworrener Verhältnisse« soweit möglich dem Vortrag der anderen Partei anzuheften (*Franzen* NJW 1984, 2263).

▶ **Beispiel:** 808

> Ein Kontokorrentsaldo ist detailliert darzulegen, sodass dem Gericht eine vollständige rechnerische und rechtliche Überprüfung möglich ist (BGH NJW 1983, 2879).
>
> Sollen wechselseitige Leistungen über einen längeren Zeitraum abgerechnet werden, muss der Gang der Abrechnung in der Klage nachvollziehbar und prüfungsfähig dargelegt werden (BGH NJW 1984, 311).
>
> Dies gilt auch für sonstige Berechnungen.

(3) **Widerspruchsfreiheit** der Begründung. 809

Vermieden werden sollten Widersprüche, insbesondere in der Klagebegründung selbst, aber auch mit dem vorprozessualen Vortrag, soweit dieser dem Gericht im Laufe des Rechtsstreits bekannt wird. 810

> Lassen sich Widersprüche nicht vermeiden (etwa, weil die Partei vor der Beauftragung des Anwalts eines andere tatsächliche oder rechtliche Taktik verfolgt hat), müssen diese offen gelegt und erklärt werden. Bleiben sie unangesprochen und werden vom Gericht entdeckt, wirkt dies fast immer zum Nachteil der Partei.

▶ **Beispiel:** 811

> Hat der Kläger vorprozessual nicht den Beklagten, sondern einen Dritten in Anspruch genommen, muss dargelegt werden, aufgrund welcher tatsächlichen oder rechtlichen Umstände der Dritte nun nicht mehr als Vertragspartner angesehen wird.

(4) **Vollständigkeit** der Begründung. 812

Die Klagebegründung sollte nach Möglichkeit bereits alle im Rechtsstreit vorzutragenden Tatsachen enthalten. 813

> Dies gilt im Zweifel auch für auch vermeintliche Selbstverständlichkeiten und Nebensächlichkeiten, da diese oft nur für den (sachkundigen) Kläger, nicht dagegen für das Gericht selbstverständlich sind. Die Problematik des konkreten Falles kann klarer werden, indem man zunächst den üblichen, normalen Ablauf darstellt.
>
> Bezüglich der anspruchsbegründenden Umstände ergibt sich das Gebot der Vollständigkeit bereits aus Notwendigkeit schlüssigen Vortrags. Im Übrigen ist eine Partei zwar nicht gehindert, ihr Vorbringen im Laufe des Rechtsstreits zu ändern, insbesondere zu präzisieren, zu ergänzen oder zu berichtigen. Praktisch aber ist dies regelmäßig mit Gefahren und Nachteilen verbunden.
>
> Zum einen wird der Vortrag dadurch, dass er über mehrere Schriftsätze verteilt in den Prozess eingeführt wird, leicht unübersichtlich, zum anderen entstehen insbesondere mit wechselnden Vortrag Widersprüche zum früheren Vorbringen. In jedem Fall weckt es das Misstrauen des Gerichts in die Wahrheit, wenn wesentliche Umstände erst im Laufe des Verfahrens nachgeschoben werden. Dies schlägt sich dann in der Beweiswürdigung nieder (BGH NJW-RR 2000, 208; NJW 2002, 1276).

Nachträglich hilfsweise vorgetragene Argumente, seien sie tatsächlicher oder rechtlicher Art, zeigen nur, dass die Partei von der Überzeugungskraft des bisherigen Vortrags selbst nicht mehr ausgeht und schwächen damit die eigene Position oft mehr, als sie stärken. Dies gilt umso mehr, wenn Hilfsargumente an sich schon nur schwach sind. Sie sollten deswegen besser weggelassen werden (*Franzen* NJW 1984, 2263).

814 **(5) Strukturiertheit** der Begründung.

815 Kaum zu trennen vom Gebot der Verständlichkeit des Vortrags ist das der Strukturiertheit. Der Vortrag muss nachvollziehbar, verständlich und überschaubar gegliedert sein.

Dies setzt nicht notwendig die Verwendung einer Gliederung voraus – auch wenn eine solche in keinem Fall schadet –, wohl aber einen mit Bedacht gewählten und sinnvollen Aufbau der Darstellung voraus.

Will man dem Gericht eine Vorgabe für das spätere Urteil machen, ist zunächst eine klare Trennung zwischen Sachvortrag und rechtlicher Bewertung geboten. Beim Sachvortrag empfiehlt sich eine kurze Einführung in den Prozessstoff, unter Umständen verbunden mit einer Hervorhebung der wesentlichen Streitpunkte. Dabei muss der Richter an den Sachverhalt gedanklich herangeführt werden. Denn im Gegensatz zum Rechtsanwalt fehlen ihm die u. U. eingehenden Mandantengespräche.

Der Aufbau sollte daher (chrono-)logisch sein und sich in der Regel an der Anspruchsnorm orientieren. Es sind z. B. zuerst Ausführungen zum Anspruchsgrund und danach zur Anspruchshöhe zu bringen. Hier sollte die Darstellung im Zweifel eher ausführlicher als zu knapp sein, da gerade bei komplexen Sachverhalten und schwierigen Rechtsfragen nicht selten offen ist, welche Rechtsauffassung das Gericht haben wird und welchen Sachvortrag es hiernach für erforderlich erachtet.

Eine kurze Zusammenfassung, insbesondere eine (tabellarische) Aufstellung der verschiedenen Positionen am Ende eines längeren Schriftsatzes kann die Verständlichkeit erheblich erhöhen. Gerade bei einer Vielzahl von Schriftsätzen kann eine Zusammenfassung der wesentlichen Punkte vor Schluss der mündlichen Verhandlung verhindern, dass der Richter entscheidungserhebliches Vorbringen übersieht.

Eine solche Struktur der Begründung fördert im Übrigen nicht nur bloß die Verständlichkeit für den Richter, sondern dient auch der Selbstkontrolle des Anwalts, stellt sicher, dass alle wesentlichen Punkte abgearbeitet und überflüssige Punkte weggelassen werden.

816 **(6) Übersichtlichkeit** der Begründung.

817 Sieht man von einer expliziten Gliederung mit Überschriften in der Klagebegründung ab, muss deren Struktur anderweitig nachvollziehbar gemacht werden. Hierzu dienen eine sinnvolle Absatzbildung, Einrückungen, Textauszeichnungen (fett, kursiv) und Einleitungsfloskeln bzw. Obersätze.

Formal mühsam zu lesen sind engzeilig und doppelseitig beschriebene Seiten sowie solche, bei den der Innenrand zu klein ist und beim Abheften in einer Akte dazu führt, dass Teile des Textes nicht mehr zu sehen sind.

Grammatikalisch sind klare und knappe Hauptsätze aneinandergereihten Schachtelsätzen grundsätzlich vorzuziehen. Die Klagebegründung ist nicht der Ort, an dem prosaische Fähigkeiten unter Beweis zu stellen wären.

Im Übrigen sollte versucht werden, mit möglichst wenigen Schriftsätzen auszukommen. Denn das »weithin übliche, nicht selten in Polemik abgleitende Hin- und Herschreiben zwischen den Parteivertretern weitet den Konflikt unnötig aus und schadet der Übersichtlichkeit des Prozessstoffs« (Zöller/*Greger* § 129 Rn. 1). Knappheit und Bestimmtheit beeindrucken (*Franzen* NJW 1984, 2263).

818 **(7) Sachlichkeit** der Begründung.

819 Stets sollte versucht werden, den eigenen Vortrag möglichst sachlich zu gestalten und auf eine bloße »Stimmungsmache« zu verzichten.

Der Vortrag von (unerheblichen) Nebensachverhalten zielt häufig dahin, das Gericht gefühlsmäßig für die vertretene Partei einzunehmen. Dabei dürften unsachliche Äußerungen zuweilen auch dem Wunsch und Bedürfnis des Mandanten entspringen.

So sind »Schriftsatz-Schlachten, in denen Rechtsargumente bisweilen nurmehr als Beiwerk ausufernder Ehrverletzungen erscheinen namentlich in Zivilrechtsstreiten nicht ganz selten« (Tröndle/*Fischer* § 193 Rn. 14).

Zwar ist den Parteien grundsätzlich erlaubt, alles vorzutragen, was sie zur Wahrung ihrer Rechte für erforderlich halten, auch wenn dadurch die Ehre eines anderen berührt wird. In Rechtsprechung und Literatur ist anerkannt, dass der hierdurch Betroffene weder Widerruf noch Unterlassung fordern kann (Palandt/*Sprau* Einf. vor § 823 Rn. 21; BGH NJW 2005, 279). Deshalb sind eine entsprechende einstweilige Verfügung oder Widerklage nicht zulässig (Zöller/*Vollkommer* §§ 33 Rn. 27a; 940 Rn. 8: Prozessführung).

Polemische oder herabsetzende Äußerungen sind jedoch regelmäßig absolut überflüssig und können gegen die anwaltlichen Grundpflichten gem. § 43a Abs. 3 BRAO (Pflicht zu sachlichem Verhalten) verstoßen, obgleich es dem Anwalt grundsätzlich erlaubt ist, zur Wahrnehmung seiner Aufgaben »nicht immer schonend mit den Verfahrensbeteiligten umzugehen« (BVerfG NJW 2003, 3263: Art. 5 Abs. 1, 12 Abs. 1 GG).

Die Wirkung einer Stimmungsmache auf das Gericht ist zudem völlig unkalkulierbar und kann auch nachteilig für den eigenen Mandanten sein. Grundsätzlich gehen Richter emotionslos an einen Fall heran und lassen sich durch die erkennbar gewordenen Gefühle der Parteien nicht beeinflussen. Letztere können Grundlage für den Versuch einer konsensualen Streitbeilegung werden oder auch im Rahmen von Beweiswürdigungen später eine Rolle spielen, die Erfolgsaussichten einer Partei verbessern sie so gut wie nie. Gewinnt der Richter den Eindruck, dass die Partei sich nur aufgrund ihrer (aus seiner Sicht unangebrachten) unsachlichen Erwägungen zur Klage hat verleiten lassen, ist der Prozesserfolg in Gefahr.

Solche Äußerungen sollten daher vermieden werden, auch wenn sie vielleicht »teilweise sinnvolle Funktionen erfüllen, indem sie das private Aggressionsbedürfnis kanalisieren und die Unpersönlichkeit der bürokratischen Behandlung von Konflikten mildern« (Tröndle/*Fischer* § 193 Rn. 14).

Dies gilt nicht nur für eigene Wertungen, sondern auch dann, wenn der Anspruch auf strafrechtliche relevantes oder sonst auch vom Gesetz missbilligtes Verhalten (z. B. eine vorsätzliche sittenwidrige Handlung) gestützt werden soll. Auch ein etwaiges außerordentlich verwerfliches Verhalten der Gegenpartei kann man mit sachlichen Worten beschreiben, obgleich durch Ironie manches besonders deutlich dargestellt werden kann. Hierbei ist zudem zu bedenken, dass durch die Verwendung zu »starker Worte« zum einen die Vergleichsbereitschaft der Gegenseite eher sinken dürfte, zum anderen damit die Latte für (meist bei der eigenen Partei liegenden) Beweislast sehr hoch gelegt wird.

(8) **Angemessenheit** der Begründung. 820

Hierunter soll vorliegend insbesondere der angemessene Umfang der Begründung verstanden werden. Diese muss nach Möglichkeit auf die für den geltend gemachten Anspruch erheblichen Punkte beschränkt werden. 821

Eine Vorgeschichte bzw. die Darlegung der Hintergründe kann für das Verständnis und die Einordnung des Streitfalles durchaus förderlich sein. Sofern es im Rechtsstreit auf die Auslegung einer vertraglichen Vereinbarung ankommt, kann u. U. deren Entstehungsgeschichte, insbesondere etwaige Vorbesprechungen den Sinngehalt erhellen (BGH NJW 2003, 2235).

Allerdings kann eine zu umfangreiche Schilderung in allen Einzelheiten dazu führen, dass erhebliches Vorbringen übersehen bzw. nur oberflächlich gelesen wird. Jedenfalls sollten diese Ausführungen deutlich vom letztlich maßgeblichen Sachverhalt getrennt werden.

Eine solche Darstellung ist freilich nur möglich, wenn man die vom Mandanten erhaltenen Informationen sortiert und nicht ungeprüft in den Schriftsätzen übernimmt bzw. nur die vorgerichtliche Korrespondenz abschreibt. Die hierfür erforderliche Zeit und Mühe lohnt sich. Sonst schleichen sich oftmals erhebliche Widersprüche und Unklarheiten im Vorbringen ein, was man später nur sehr schwer glaubwürdig beseitigen kann, vorausgesetzt, man bemerkt diese überhaupt noch rechtzeitig. Der Anwalt kann und muss hier zeigen, dass er seine Aufgabe, im Parteivortrag Wesentliches von Unwesentlichem zu trennen, gerecht geworden ist.

Ebenso kann es bei bestimmten Sachen hilfreich sein, wenn sich der Anwalt das Streitobjekt selbst ansieht, z. B. bei schwierigen Baumängeln oder bei nachbarlichen Grenzstreitigkeiten. Erfahrungsgemäß führt dies zu einem viel genaueren, anschaulicheren und vor allem überzeugenderen mündlichen Sachvortrag. Außerdem kann man dadurch vor nachteiligen Überraschungen im Prozess geschützt werden, da die vom Mandanten erlangten Informationen nicht immer ganz wahrheitsgemäß sein dürften.

822 (9) **Beschränkung** der Begründung.

823 In der Klage soll der erhobene Anspruch begründet werden. Keine Veranlassung besteht hier, bereits zu möglichen Einwendungen/Einreden des Beklagten (z. B. Anfechtung, Verjährung, Gegenforderungen etc.) vortragen. Dies gilt auch dann, wenn diese (etwa aufgrund der vorprozessualen Korrespondenz zu erwarten sind).

> Dieses Vorbringen sollte besser dem Beklagten überlassen werden, da die Chance besteht, dass der Beklagte diese Einwendungen bzw. Einreden überhaupt nicht, nur unvollständig oder verspätet vorträgt. Eine Erwiderungsmöglichkeit hat man dann allemal noch (*Assies/Lang* in Assies/Beule/Heise/Strube S. 1655). Dazu verpflichtet, sich auf bloß mögliches Vorbringen vorsorglich einzulassen, ist keine Partei (BVerfGE 67, 39). Es kann sich aber empfehlen, weiteren Vortrag anzukündigen.
>
> Insbesondere kann die Gefahr bestehen, dass dadurch der eigene Sachvortrag unklar und unschlüssig wird; z. B. Vortrag der außergerichtlichen Berufung auf die Verjährung ist vom Gericht ohne Geltendmachung dieser Einrede zu berücksichtigen (Palandt/*Ellenberger* § 222 Rn. 2 zitiert jedoch falsch: richtig OLG Düsseldorf NJW 1991, 2089; Thomas/Putzo/*Reichold* § 331 Rn. 5; BGH NJW 1999, 2120, 2123).
>
> Allerdings ist es der Argumentation und der eigenen Taktik sicher förderlich, wenn man sich gedanklich in die Situation des Gegners versetzt und vorausschauend dessen mögliche Verteidigungsmaßnahmen erwägt. Dabei sollte man auch selbstkritisch prüfen, wo die eigenen rechtlichen oder tatsächlichen Schwachstellen in dem Fall liegen, um nicht durch Verteidigungsvorbringen des Gegners überrascht zu werden. Wesentliche Voraussetzung hierfür ist natürlich, dass der Anwalt vom Mandanten vollständig und richtig informiert wird.

824 (10) **Originalität** der Begründung.

825 Originalität heißt dabei zunächst nur, dem Richter die Besonderheiten des konkreten Einzelfalles klarzumachen und damit zu verhindern, dass dieser den Fall vorschnell in eine »Schublade« einsortiert, ihn als typischen Massenfall abarbeitet.

826 ▶ Beispiel:

> Macht der Kläger Schadensersatzansprüche aus einem Verkehrsunfall geltend, obwohl er auf den Vordermann aufgefahren ist, muss dem Gericht von Anfang an klargemacht werden, warum es sich nicht um einen klassischen Fall mit Anscheinsbeweis handelt, etwa, weil der Beklagte unmittelbar vor dem Auffahren unter Missachtung des Sicherheitsabstands zum Kläger die Spur gewechselt hat.

Etwas anderes kann gelten, wenn der Kläger daran interessiert sein muss, seinen Fall als typischen Massenfall darzustellen und Besonderheiten, die zu seinem Nachteil wirken könnten, zu verschleiern.

Nicht schaden kann es vielfach auch, das Interesse des Richters für den Fall zu wecken. In der Regel umfasst das Dezernat eines Richters deutlich mehr Fälle, als das eines Anwalts. Soll der Richter veranlasst werden, auf den vorliegenden Fall mehr Aufmerksamkeit (und ggf. mehr Zeit) zu verwenden, als auf andere Fälle, muss ihm der Fall als rechtlich oder tatsächlich interessant dargestellt werden.

b) Bezugnahmen und Anlagen

827 Muss ein Antrag im Prozess begründet werden, ist diese Begründung individuell gefertigt und formuliert werden, vollständig und in sich geschlossen sein. Dies verbietet regelmäßig eine Bezugnahme auf andere Erklärungen oder Unterlagen, unabhängig davon, ob diese im Verfahren bereits vorliegen, als Anlage beigefügt werden oder nachgereicht werden sollen. Andererseits wäre es bloße Förmelei, umfangreiche Urkunden, deren Inhalt für die Begründung vorzutragen ist, schlicht abzuschreiben. Insoweit muss eine Bezugnahme zumindest ausnahmsweise möglich sein (*Fischer* JuS 1995, 535, 623; *Lange* NJW 1989, 438). Wo genau die Grenze zwischen zulässiger und unzulässiger Bezugnahme verläuft, ist nicht eindeutig bestimmbar.

> Praktiker beklagen häufig, dass Gerichte versuchen, »kurzen Prozess« zu machen, indem eine von der Partei vorgenommene Bezugnahme auf eine Schriftsatzanlage als ungenügend erachtet wird (*Geipel/Prechtel*

MDR 2011, 336, 337). Dies entspricht den Vorgaben der ober- und verfassungsgerichtlichen Rechtsprechung nicht.

aa) Zulässigkeit

Stets muss der Kern des eigenen Vorbringens in der Klageschrift selbst erkennbar sein, eine Verweisung auf andere Unterlagen kann diesen ergänzen, aber **nicht** vollständig **ersetzen** (BVerfG NJW-RR 2002, 135). 828

> Dies gilt selbst dann, wenn es im Rechtsstreit nur um einen einfachen, typischen Sachverhalt oder eine einzelne Rechtsfrage geht (BGH NJW-RR 1997, 866). Die Klagebegründung kann deswegen nicht auf die Verweisung auf einen als Anlage beigefügten vorprozessualen Schriftsatz beschränkt werden (BGH NJW 1993, 1735). Nicht möglich ist es auch, die Klageschrift auf ein bloßes Inhaltsverzeichnis der beigefügten Anlagen zu beschränken (*Lange* NJW 1989, 438).

> Von dem grundsätzlichen Verbot ersetzender Bezugnahmen lässt die Rechtsprechung nur im Einzelfall Ausnahmen zu. Akzeptiert wurde die Verweisung auf die im selben Prozess bereits vorliegende Begründung eines Streitgenossen (BGH NJW 1993, 3333), eines vorab gestellten Antrags auf Gewährung von Prozesskostenhilfe oder auf Einstellung der Zwangsvollstreckung.

Möglich ist damit allenfalls eine nicht ersetzende, sondern bloß **ergänzende Bezugnahme**. Eine solche (z. B. auf Rechnungen, vorprozessualen Schriftverkehr, Mängellisten, Forderungsaufstellungen etc.) erleichtert zweifellos die Schreibarbeit des Rechtsanwaltes. Solche Bezugnahmen sind daher in den meisten Schriftsätzen zu finden. 829

Der **Unterschied** zwischen (unzulässiger) ersetzender und (zulässiger) ergänzender Bezugnahme bewirkt praktisch einen Unterschied zwischen den Bezugnahmen in der Klageschrift und Bezugnahmen in anderen Prozessschriftsätzen. 830

(1) In der **Klageschrift** ist eine Bezugnahme nur eingeschränkt zulässig. 831

Der zwingende Inhalt eines bestimmenden Schriftsatzes kann durch eine Bezugnahme grundsätzlich nicht ersetzt, allenfalls erläutert oder belegt werden (Zöller/*Greger* §§ 130 Rn. 2; 253 Rn. 12a). Dabei ist das Bestimmtheitsgebot des § 253 Abs. 2 Nr. 2 ZPO eine Prozessvoraussetzung.

> Hinsichtlich der Ordnungsmäßigkeit und damit Zulässigkeit der Klage schreibt der BGH (NJW-RR 2004, 639) jedoch:
>
> »Es kommt nicht darauf an, ob der maßgebende Lebenssachverhalt bereits in der Klageschrift vollständig beschrieben oder der Klageanspruch schlüssig oder substantiiert dargelegt worden ist. Vielmehr ist es – entsprechend dem Zweck der Klageerhebung, dem Schuldner den Willen des Gläubigers zur Durchsetzung seiner Forderungen zu verdeutlichen – im Allgemeinen ausreichend, wenn der Anspruch als solcher identifizierbar ist. Die gebotene Individualisierung der Klagegründe kann grundsätzlich auch durch eine konkrete Bezugnahme auf andere Schriftstücke erfolgen. (...) Die Anlage K 1 besteht lediglich aus einem Blatt. Sie ist aus sich heraus verständlich und verlangt dem Tatrichter keine unzumutbare Sucharbeit ab.«

> Die Praxis verfährt im Allgemeinen diesbezüglich auch relativ großzügig, insbesondere wenn ein Vortrag nur im Abschreiben der Anlagen bestehen würde (BGH a. a. O. »eine durch nichts zu rechtfertigende Förmelei«). Dies gilt vor allem dann, wenn die Anlagen übersichtlich und (leicht) verständlich sind. Denn »die Gerichte sind nicht verpflichtet, umfangreiche ungeordnete Anlagenkonvolute von sich aus durchzuarbeiten, um so die erhobenen Ansprüche zu konkretisieren« (BGH a. a. O.).

> Weitgehend unproblematisch ist in diesem Rahmen die Bezugnahme auf Schriftstücke, die zum Zwecke der Einreichung bei Gericht vom Prozessbevollmächtigten erstellt wurden (Begründung eines vorangegangenen Prozesskostenhilfeantrag). Die Bezugnahme auf ein in einem selbstständigen Beweisverfahren erstattetes Gutachten kann als Parteivortrag ausreichen. Das Gleiche gilt, wenn die Partei auf ihre in diesem Verfahren eingereichten Schriftsätze verweist, sofern diese den Anforderungen an eine geordnete Darstellung des Parteivorbringens genügen (OLG Köln OLGR 2004, 390: Benennung von Mängeln im Werklohnprozess; auch § 493 ZPO).

Unproblematisch ist auch eine Bezugnahme auf Tatbestandsurkunden, d. h. Urkunden, deren Inhalt im Vorliegenden Verfahren anspruchsbegründende Voraussetzungen ausfüllt (Vertragsurkunde, Mahnung).

Schwieriger ist die Bezugnahme auf Erklärungen, die anderen Zwecken diente (z. B. außergerichtliche Korrespondenz). Eine solche ist nur zulässig, soweit damit ein bereits wirksam vorgetragener Sachverhalt nur ergänzend erläutert wird (LG Frankfurt a. M. NJW-RR 2001, 389 – auch wenn die Bezugnahme relativ leicht erkennen lässt, welcher Sachverhalt mit ihr vorgetragen werden soll; § 130 Nr. 3 ZPO).

Auch wenn nach h. M. Mängel im notwendigen Inhalt der Klageschrift nicht gem. § 295 ZPO durch rügelose Einlassung geheilt werden können (Thomas/Putzo/*Reichold* § 253 Rn. 20; a. A. BGHZ 22, 257), empfiehlt sich für den Beklagten, dies zu rügen und das Gericht darauf aufmerksam zu machen. Unter Umständen wendet das Gericht dann einen strengeren Maßstab an, wenn sich dadurch die Möglichkeit einer einfachen (Klage abweisenden) Entscheidung (aus formellen Gründen) ergibt. Deshalb sollte der Kläger dann sofort nachbessern oder die Ansicht des Gerichts hierzu erfragen.

Im Mahnbescheidsantrag ist eine Bezugnahme auf beigefügte Anlagen grundsätzlich nicht möglich (BGH NJW 2008, 2498; AG Hagen NJW-RR 2010, 71).

832 (2) In **sonstigen vorbereitenden Schriftsätzen** ist eine Bezugnahme möglich, wenn das Gericht sie ausreichen lässt und der Gegner nicht widerspricht (§ 137 Abs. 3 ZPO).

Da in der heutigen forensischen Realität schriftlicher Sachvortrag und (stillschweigende) Bezugnahmen hierauf – mittels Antragstellung – absolut üblich sind, kommen Widersprüche des Gegners nur äußerst selten vor. Dann wird in aller Regel der gesamte, bis zum Termin angefallene Akteninhalt einschließlich der in Bezug genommenen und vorgelegten Schriftstücke Gegenstand der Verhandlung und ist vom Gericht zu verwerten (Thomas/Putzo/*Reichold* § 137 Rn. 3; 333 Rn. 2; Zöller/*Greger* § 137 Rn. 1). Sofern der Gegner indes erstmals in der mündlichen Verhandlung einen umfangreichen Schriftsatz vorlegt, könnte es ausnahmsweise ratsam sein, der Bezugnahme zu widersprechen. Dann muss der Inhalt frei vorgetragen werden, eine Verlesung des Schriftsatzes ist unzulässig (§ 137 Abs. 2 u. 3 Satz 2 ZPO).

Hält das Gericht die Bezugnahme für nicht ausreichend, bedarf es eines Hinweises mach § 139 ZPO, sodass die Partei die Möglichkeit hat, ihren Vortrag insoweit zu konkretisieren.

bb) Form

833 Praktisch sollte kritisch geprüft werden, ob und in welchem Umfang es der Vorlage solcher Urkunden wirklich bedarf.

Vielen Klagen sind Anlagen beigefügt, auf die es für die Entscheidung unter keinem rechtlichen Gesichtspunkt ankommen kann. Dass der Anwalt den Mandaten auffordert, alle im Zusammenhang mit der Klage vorhandene Unterlagen vorzulegen, bedeutet nicht, dass diese auch alle zur Gerichtsakte einzureichen sind. Ob ein Schriftstück überhaupt vorgelegt werden sollte und ob es in diesem Fall möglicherweise einer besonderen Erläuterung bedarf, ist vom Rechtsanwalt für jedes einzelne Schriftstück unbedingt gesondert zu prüfen.

Nicht eingereicht werden dürfen Schriftstücke, die den eigenen Vortrag unschlüssig, widersprüchlich bzw. unklar machen oder aus denen der Gegner seinerseits Nutzen ziehen kann. Dies gilt auch für das bloße Erwähnen von Urkunden im Schriftsatz. Denn dann kann nämlich das Gericht deren Vorlage anordnen (unten Rdn. 1840).

Schriftstücke, die aus sich selbst heraus nicht verständlich sind, bedürfen der Erläuterung im Schriftsatz. Dies gilt auch für Schriftstücke, die über den Teil hinaus, wegen des die Vorlage erfolgt, für die Partei ungünstige Teile enthalten. Grundsätzlich nicht zu empfehlen ist die nur auszugsweise Vorlage von Unterlagen, weil hierdurch schnell der Eindruck entsteht, die Partei habe »etwas zu verbergen« und in aller Regel die Aufforderung des Gerichts nach sich zieht, die Urkunde vollständig vorzulegen.

Erklärungsbedarf kann schon dann entstehen, wenn die vorgelegte Abschrift eines außergerichtlichen Schreibens grafisch anders aussieht oder ein anderes Datum trägt, als – angeblich – das (nicht mehr vorhandene) Original, was bei einem Dateiausdruck des gespeicherten Schriftstücks aufgrund der Datums-Auto-Funktion leicht passieren kann.

B. Die Verfahrenseinleitung im allgemeinen Klageverfahren (Klageschrift)

Erfolgt eine Bezugnahme auf nicht als Anlage beigefügte Unterlagen, werden diese Entscheidungsgrundlage für das Gericht nur, wenn ihr Inhalt hinreichend **substantiiert** dargelegt ist (BGH NJW 1995, 1841). 834

Werden die Urkunden als Anlage beigefügt, sollten einige **formelle Anforderungen** erfüllt werden. Die Bezugnahme sollte ausdrücklich erfolgen. Unabdingbar ist dies nicht. So hat der BGH in der Berufungsinstanz eine konkludente Bezugnahme auf erstinstanzlichen Parteivortrag angenommen, weil im Allgemeinen keine Partei die mit einer Versäumung der Begründungsfrist verbundenen Nachteile in Kauf nehmen will (BGH NJW 2008, 1740). Erstinstanzlich bedarf es für eine konkludente Bezugnahme stets konkreter Umstände, aus denen auf Bezugnahme geschlossen werden kann, bloßes Untätigbleiben alleine genügt nicht. 835

> Von der Vorlage von Originalurkunden ist grundsätzlich abzuraten. Die postalische Versendung und die Aufbewahrung in der Gerichtsakte birgt zahlreiche Gefahren für nicht ersetzbare Originale. Etwas anderes ergibt sich nicht aus § 420 ZPO, der für einen wirksamen Urkundsbeweisantritt die Vorlage der Originalurkunde erfordert. Die Vorlage als Anlage zur Klageschrift erfolgt zunächst nicht zu Beweiszwecken, sondern zur Substantiierung des eigenen Vortrags. Wird ein Urkundsbeweis erforderlich, kann die Originalurkunde nachgereicht werden, darauf, dass dies erforderlich wird, muss das Gericht nach § 139 ZPO hinweisen.
>
> Es sollte auf deren Lesbarkeit und Vollständigkeit geachtet werden. So kommt es z. B. regelmäßig vor, dass vergessen wird, die Rückseite eines Schriftstücks (insbesondere die AGBs) zu kopieren. Zur Vollständigkeit der Vorlage gehört, dass auch diejenigen Schreiben bzw. Urkunden, auf welche in den vorgelegten Schriftstücken ihrerseits Bezug genommen wird, ebenfalls mit vorgelegt werden. Vor allem bei Schriftsatzeinreichung per Telefax besteht die Gefahr, dass die Anlagen nicht mit übermittelt werden (z. B. BVerfG NJW 2001, 1567 und 3534), sondern u. U. erst verspätet im Termin vorgelegt werden. Sofern diese mit normaler Post nachgereicht werden sollen, kann es sich – zur Information des Gerichts und etwaiger Nachforschungen bei deren Ausbleiben – empfehlen, darauf hinzuweisen (z. B. »vorab per Telefax ohne Anlagen«).
>
> Auch sollten die notwendigen Abschriften für die Gegenpartei mit beigefügt werden (§ 133 ZPO). Damit erspart man sich zum einen zusätzlichen (Kanzlei) Aufwand für deren Nachreichung und verhindert zum anderen eine etwaige Verzögerung des Verfahrens durch Vertagung (u. U. Kostennachteile gem. §§ 95 ZPO, 38 GKG) oder die Einräumung einer Schriftsatzfrist für die Gegenpartei. Eine Präklusionsfolge gem. § 296 ZPO kann indes nicht eintreten (Zöller/*Greger* § 133 Rn. 3).
>
> Die vorstehend dargestellten formellen Gebote für eine Abfassung der Klagebegründung müssen auch für in Bezug genommene Anlagen gelten. Nicht aus sich heraus verständliche Unterlagen (EDV-Listen, Buchhaltungslisten, interne Aufstellungen) müssen erläutert werden, umfangreiche Unterlagen müssen strukturiert, die wesentlichen Teile besonders kenntlich gemacht werden (gelbe Markierung einzelner Positionen; so auch BVerfG NJW 1994, 2683 für eine 60-seitige mehrjährige Nebenkostenabrechnung). Werden mehrere Unterlagen eingereicht, sollten diese so beschriftet werden, dass sie zweifelsfrei identifizierbar sind (fortlaufende Nummerierung (z. B. mit K 1, K 2, etc. für Anlagen des Klägers und B 1, B 2, etc. für solche des Beklagten). Auch wenn das Gericht eine bestimmte Kennzeichnung der Anlagen (als Voraussetzung ihrer Berücksichtigung) von den Parteien nicht verlangen kann (so aber AG Fürstenfeldbruck – hierzu *E. Schneider* ZAP-Justizspiegel 2002, 325: »völliger Unfug«), liegt eine Nachvollziehbarkeit grundsätzlich im eigenen Interesse der Parteien.

Eine Bezugnahme muss **konkret** erfolgen, d. h. es muss klar sein, wegen welcher Tatsache auf welchen Teil welcher Urkunde Bezug genommen werden soll. 836

> Es muss erkennbar sein, dass der Vortragende den Inhalt der anderen Unterlagen kennt, billigt, sie in seinen Vortrag einbeziehen und damit auch mitverantworten will. Die ausdrückliche Verweisung auf die entsprechenden Unterlagen ist anzuraten, obwohl im Einzelfall auch konkludente Inbezugnahmen zulässig sein können (BGH NJW-RR 1989, 184; BGH NJW 1995, 2112). Nicht ausreichend ist eine pauschale Bezugnahme auf vorgelegte (umfangreiche, ungeordnete) Urkunden, Blattsammlungen (z. B. Buchhaltungsunterlagen, Korrespondenz), Listen oder Druckschriften, aus denen das Gericht sich selbst die erheblichen Tatsachen zusammensuchen müsste. Dies gilt besonders, wenn Anlagen völlig kommentarlos eingereicht werden und auch nicht aus sich heraus verständlich sind.

(Thomas/Putzo/*Reichold* § 137 Rn. 3; Zöller/*Greger* § 130 Rn. 1a: dem Gericht nicht zumutbar; ders. § 253 Rn. 13c; *Zimmermann* § 139 Rn. 6: nicht Aufgabe des Gerichts, dem Anwalt seine Arbeit abzunehmen; BGH NJW-RR 2004, 639: Anlagenkonvolute; OLG Köln OLGR 2003, 124: Vielzahl von Summen-, Leistungsblättern und sonstige Unterlagen; BVerfG NJW 1994, 2683: anders bei durchnummerierten Anlagen, auf die im Einzelnen Bezug genommen wird; OLG Hamm NJW-RR 2005, 893: »Das Gericht würde damit die Aufgabe einer Hilfskraft des Anwalts übernehmen und dessen Schriftsätze überflüssig machen«).

Auch wenn eine ergänzende Pauschalverweisung regelmäßig unwirksam ist und der Anwalt sich auf sie nie verlassen darf, kann sie zumindest nicht schaden, im Einzelfall vielleicht sogar zu einer wirksamen Einbeziehung führen, sodass die am Ende der Begründung eingefügte Standardfloskel »Im Übrigen wird auf die beigefügten Anlagen verwiesen« für Rechtsanwälte zu Recht immer wieder angeraten wird (*Fischer* JuS 1995, 623; *Doukoff* Rn. 148). Entsprechendes gilt für die Bitte um einen Hinweis für den Fall, dass das Gericht die Bezugnahmen als nicht ausreichend ansehen sollte.

837 Letztlich ist bei dem Verzicht auf konkreten Vortrag zugunsten von Verweisungen grundsätzlich Vorsicht und **Zurückhaltung** anzuraten. Das Gebot des sichersten Wegs sollte den Anwalt veranlassen, auch in den Fällen, in denen dies erhöhten Arbeitsaufwand mit sich bringt, möglichst viel in den Schriftsatz und möglichst wenig in die Verweisung zu bringen.

Technisch lässt sich der Aufwand dabei reduzieren, indem die Anlagen in den Schriftsatz kopiert oder eingescannt werden. Häufig stehen die entsprechenden Urkunden beim Anwalt oder beim Mandaten – von dem sie in dieser Form angefordert werden müssen – bereits als elektronische Datei zur Verfügung.

838 Von der vorliegenden Problematik zu unterscheiden sind Urkunden als Beweismittel, die auf jeden Fall spätestens in der mündlichen Verhandlung vorgelegt werden müssen, ohne dass das Gericht dem widersprechen könnte (§§ 420, 595 Abs. 3 ZPO). Diese unterliegen nur den Beweisregeln.

Die vorgelegten Unterlagen dienen dabei meistens sowohl der Ergänzung und Verdeutlichung (z. B. Pläne, Zeichnungen, Fotos) des Sachvortrags als auch der Beweisführung. Sonst muss darauf geachtet werden, dass auch Beweisangebote für die Tatsachenbehauptungen, die sich aus den in Bezug genommenen Schriftstücken ergeben sollen, gemacht werden.

838a Von selbst verstehen sollte sich, dass die in Bezug genommenen Anlagen dem Schriftsatz auch **beigefügt** werden müssen. Dies gilt für das an das Gericht gerichtete Original des Schriftsatzes ausnahmslos. Für die an die Gegenpartei weiterzuleitenden Abschriften kann theoretisch auf eine Beifügung verzichtet werden, wenn kein Zweifel daran besteht, dass diese die Unterlagen hat, und nicht zu erwarten ist, dass diese den Besitz oder den Inhalt der Unterlagen bestreiten wird.

Bedacht werden sollte, dass zumindest der Gegenanwalt die Unterlagen regelmäßig nicht hat. Ob, wann und wie er diese von der Partei bekommt, ist nicht sicher.

Fehlen die in Bezug genommenen Anlagen bei den Abschriften für den Gegner, macht dies die Zustellung des Schriftsatzes nicht unwirksam (BGH NJW 2013, 387).

2. Inhaltliche Anforderungen

a) Wahrheitspflicht (§ 138 Abs. 1 ZPO)

839 Eine wichtige, wenn auch von vielen Parteien immer wieder missachtete Vorgabe für den Inhalt der Klagebegründung und den weiteren Vortrag beider Parteien im Prozess ergibt sich aus **§ 138 Abs. 1 ZPO**. Danach haben die Parteien ihre Erklärungen über tatsächliche Umstände vollständig und der Wahrheit gemäß abzugeben.

Wahrheit bedeutet hier subjektive Wahrhaftigkeit. Die Partei darf keine Erklärung abgeben, von der sie weiß, dass sie unrichtig ist. Verboten ist die bewusste Lüge. Nicht verboten ist der Vortrag von Tatsachen, an deren Wahrheit die Partei glaubt, ohne dass sie verpflichtet wäre, dies vorab objektiv abzuklären.

Das Gebot der Vollständigkeit verpflichtet die Partei grundsätzlich, auch ihr nachteilige Umstände vorzutragen, sofern sie zu den von ihr darzulegenden Sachverhalten gehören. Nicht erfasst werden Gegenrechte, deren tatsächliche Voraussetzungen vom Gegner vorzutragen sind und Umstände, die die Partei für möglich hält, ohne ihr Vorliegen positiv zu kennen.

Der Rechtsanwalt verletzt die Wahrheitspflicht nicht, wenn er durch Offenbarung der Wahrheit seine eigene Partei der bewussten Unwahrheit und damit des Prozessbetrugs bezichtigen würde (BGH NJW 1952, 1148). Er darf seiner Partei aber weder zur Lüge raten noch sich eine von ihm als unwahr erkannte Behauptung seiner Partei zu eigen machen (Thomas/Putzo/*Reichold* § 138 Rn. 8).

Grund für die praktisch häufige Verletzung der prozessualen Wahrheitspflicht ist das Fehlen einer wirksamen **Sanktion**. 840

Dass ein Vortrag bewusst unwahr erfolgt ist, steht frühestens nach einer Beweisaufnahme fest. Die Entscheidung beruht in diesem Fall auf dem der Partei nachteiligen Beweisergebnis, nicht auf der anfänglichen Lüge. Ein Strafverfahren wegen Prozessbetrugs hat nur selten Aussicht auf Erfolg.

Obsiegt die Partei aufgrund einer Lüge und kann dies nachträglich bewiesen werden, rechtfertigt ggf. eine Restitutionsklage (§ 580 Nr. 4 ZPO). Erst nach Beseitigung der Rechtskraft kann der durch die unwahre Behauptung geschädigte Gegner Schadensersatz verlangen (§§ 823 Abs. 2, 826, 280 BGB).

Der bewusst lügende Anwalt kann – unabhängig von der Rechtskraft des Urteils, die ihn nicht erfasst – ehrengerichtlich und strafrechtlich verantwortlich sein und persönlich auf Schadensersatz haften.

Nach h. M. (BGH JR 1958, 106) erstreckt sich die prozessuale Wahrheitspflicht nur auf den Vortrag von Tatsachen, nicht auch auf den Vortrag von Rechtsansichten, doch wird eine Einbeziehung von Rechtsausführungen zumindest dann vertreten, wenn diese durch einen Rechtsanwalt erfolgen. 841

Praktisch relevant ist dieser Streit nicht. Eine gegen die Wahrheitspflicht verstoßende Rechtsauffassung ist kaum vorstellbar. Dem Anwalt muss es möglich bleiben, eine Rechtsansicht auch dann zu vertreten, wenn diese (bislang) von niemandem geteilt wird.

b) Sachausführungen

aa) Beibringung

Zur Beurteilung der Voraussetzungen einer für den Rechtsstreit erheblichen Rechtsnorm darf das Gericht im Zivilprozess nur die von den Parteien vorgetragenen Tatsachen berücksichtigen, vorausgesetzt, diese sind entweder unstreitig oder (mit ebenfalls von den Parteien angebotenen Mitteln) bewiesen (Beibringungsgrundsatz).

Zur Begründung seiner Klage muss der Kläger »Gegenstand und Grund des erhobenen Anspruchs« (§ 253 Abs. 2 Nr. 2 ZPO) bzw. die zur Begründung der Anträge dienenden tatsächlichen Verhältnisse angeben und dabei diejenigen Beweismittel bezeichnen, deren er sich zum Nachweis seiner Behauptungen bedienen will (§§ 253 Abs. 4, 130 Nr. 3 und 5 ZPO). 842

Dem Anwalt kommt dabei die Aufgabe zu, den Sachverhalt mit dem Mandanten zu klären und (nur) die erheblichen Tatsachen vollständig vorzutragen. Hierfür steht ihm grundsätzlich nur die erste Instanz zur Verfügung.

(1) Die Beibringung der klägerischen **Tatsachen** dient zum einen der im Rahmen der Zulässigkeit der Klage zu prüfenden Identifizierung und Individualisierung des geltend gemachten Anspruchs (§ 253 Abs. 2 ZPO), zum anderen der im Rahmen der Begründetheit zu prüfenden Schlüssigkeit der Klage (§ 331 Abs. 1 ZPO). 843

An den Vortrag dieser Tatsachen sind verschiedene prozessuale Anforderungen zu stellen, die praktisch häufig verwechselt oder nicht sauber getrennt werden. 844
– Die Parteien sind zum sachgerechten und ausreichenden Tatsachenvortrag nicht verpflichtet, sie tragen aber das mit einem unzureichenden Vortrag verbundene prozessuale Risiko. Das Risiko, dass eine erhebliche Tatsache nicht vorgetragen wurde (**Darlegungslast**), trägt die Partei, zu deren (materiellen) Gunsten die Rechtsfolge einer Norm wirkt, zu deren Voraussetzungen diese Tatsache gehört (dazu unten Rdn. 847).
– Eine hinreichende **Individualisierbarkeit** erlaubt der Vortrag, wenn der geltend gemachte Anspruch (im prozessualen Sinne) von allen anderen denkbaren Ansprüchen abgegrenzt werden

kann und es dem Schuldner möglich ist, zu erkennen, welcher Anspruch gegen ihn geltend gemacht werden soll (dazu unten Rdn. 854).
- **Schlüssig** ist der Vortrag, wenn er geeignet ist, die begehrte Rechtsfolge herbeizuführen. Aufseiten des Klägers müssen dabei alle gesetzlichen Voraussetzungen einer Anspruchsgrundlage ausgefüllt sein (dazu unten Rdn. 857).
- **Substantiiert** ist der Vortrag, wenn Tatsachen so vorgetragen werden, dass sie in Verbindung mit einem Rechtssatz geeignet sind, das geltend gemachte Recht als entstanden erscheinen zu lassen. Die Frage, wie detailreich eine Tatsache vorgetragen werden muss, hängt von der prozessualen Situation im Einzelfall, insbesondere von der Substantiierung der Einlassung des Gegners ab und kann sich im Laufe des Rechtsstreits ändern (dazu unten Rdn. 877).

845 (2) Mit der Beibringung von Beweisen schafft die Partei die Grundlage für die dem Gericht obliegende Sachklärung im Rahmen einer Beweisaufnahme.

846 Analog zum Risiko des Nichtvortrags von Tatsachen verteilt ist das Risiko, dass ein erforderlicher Beweis nicht angetreten wurde (**formelle Beweislast**) oder nicht zur erforderlichen Überzeugung des Gerichts führt (**materielle Beweislast**; dazu unten Rdn. 1664).

Auch im Rahmen der Beweisführungslast (formellen Beweislast) kann die Substantiierung zum Problem werden. Hier muss die Partei regelmäßig konkrete, dem Beweis zugängliche Behauptungen unter Beweis stellen. Hat die Partei keinen Einblick in die Geschehensabläufe und ist ihr die Beweisführung deshalb erschwert, kann sie auch nur vermutete Tatsachen unter Beweis stellen. Zu einem unzulässigen Ausforschungsbeweis wird ihr Beweisantrag unter solchen Umständen erst dann, wenn die Partei ohne greifbare Anhaltspunkte für das Vorliegen eines bestimmten Sachverhalts willkürlich und rechtsmissbräuchlich Behauptungen »auf Geratewohl« oder »ins Blaue hinein« aufstellt (Baumgärtel/*Laumen*/Prütting § 3 Rn. 32).

bb) Darlegungslast

847 Da das Gericht für die Entscheidung nur die von den Parteien vorgetragenen Tatsachen berücksichtigen darf, kann es vorkommen, dass eine Tatsache, die an sich vorliegt, nicht vorgetragen wird und deswegen unberücksichtigt bleiben muss. Die Darlegungslast regelt dann, zu wessen **Nachteil** sich dies auswirkt.

Entgegen einem weitverbreiteten Missverständnis regelt die Darlegungslast nicht, welche Partei eine Tatsache vortragen muss. Eine Pflicht zum Tatsachenvortrag besteht im Prozess nicht, allenfalls eine Last, weil der Nichtvortrag für eine Partei nachteilig sein kann und es deswegen in ihrem Interesse liegen muss, die Tatsache vorzutragen.

Zu den seltenen Ausnahmefällen, in denen trotz Nichtvortrags einer Tatsache prozessual von deren Vorliegen auszugehen ist (»Positivfiktion«) unten Rdn. 1504, 1675.

848 Die Darlegungslast trägt jede Partei für die Tatsachen, aus denen sie eine für sich (materiell) **günstige** Rechtsfolge herleiten will.

Die Darlegungslast ergibt sich damit aus dem materiellen Recht (»Normentheorie«).

849 ▶ Beispiel:

Hat der Beklagte die klägerische Forderung bereits beglichen, so wird die Klage abgewiesen, wenn dies im Prozess vorgetragen wird, unabhängig davon, ob dies durch den Kläger oder den Beklagten geschieht.

Trägt keine Partei die Erfüllung vor, wird der Beklagte zur Leistung verurteilt, obwohl die Forderung materiellrechtlich bereits erloschen ist. Dies wirkt sich zu seinem Nachteil aus, weil er durch Vortrag der Erfüllung eine ihm günstigere Rechtsfolge hätte herbeiführen können.

850 Insoweit ist die Darlegungslast identisch mit der **Beweislast** (unten Rdn. 1664 mit zahlreichen weiteren Beispielen). Wer zunächst die Nachteile aus dem Nichtvortrag einer Tatsache trägt, trägt später auch das Risiko, dass die Tatsache, wenn sie streitig geworden ist, nicht bewiesen werden kann, weil

es an einem Beweisantritt fehlt (formelle Beweislast) oder weil die Beweisaufnahme ein non liquet ergibt (materielle Beweislast).

Nicht immer lässt sich die materielle Günstigkeit ohne Weiteres feststellen. Für zahlreiche Tatsachen ist deswegen umstritten, ob sie zu den (vom Kläger vorzutragenden) Anspruchsvoraussetzungen oder zu den (vom Beklagten darzulegenden) Gegenrechten gehört. 851

▶ Beispiel: 852

Verteidigt der Beklagte sich mit der Behauptung, der Vertrag, aus dem Kläger Leistung begehrt, sei unter einer **Bedingung** zustande gekommen, so
– muss der Kläger darlegen und beweisen, dass der Vertrag ohne aufschiebende Bedingung zustande gekommen ist;
– muss der Beklagte darlegen und beweisen, dass eine aufschiebende Bedingung nachträglich vereinbart wurde;
– muss der Beklagte darlegen und beweisen, dass eine auflösende Bedingung vereinbart wurde;
– muss der Kläger darlegen beweisen, dass eine aufschiebende Bedingung nicht eingetreten ist;
– muss der Beklagte darlegen beweisen, dass eine auflösende Bedingung eingetreten ist.

Verteidigt der Beklagte sich mit der Behauptung, der Kläger habe ihm die Forderung **gestundet**, so
– muss der Kläger darlegen und beweisen, dass die Forderung fällig ist, weil der Vertrag ohne anfängliche Stundungsabrede zustande gekommen ist;
– muss der Beklagte darlegen und beweisen, dass die Fälligkeit der Forderung hinausgeschoben wurde, weil nachträglich eine Stundungsabrede getroffen wurde.

Beruft der Beklagte sich auf die Nichteinhaltung einer **Schriftform**, so
– muss der Beklagte darlegen und beweisen, dass eine Schriftform vereinbart wurde;
– muss der Kläger darlegen und beweisen, dass eine vereinbarte Schriftform eingehalten wurde.

Beruft der Beklagte sich darauf, er oder der Kläger habe bloß als **Vertreter** gehandelt, so muss der Beklagte in beiden Fällen darlegen und beweisen, dass in fremden Namen gehandelt wurde.

▶ Praxistipp: 853

Die Vielzahl schwieriger und häufig streitiger Fälle der Zuordnung von Darlegungs- und Beweislast macht es sinnvoll, entweder Spezialliteratur zurate zu ziehen oder dem Gericht deutlich zu machen, wie die Darlegungs- und Beweislast gesehen wird, um so einen Hinweis für den Fall zu erhalten, dass das Gericht diese anders beurteilt.

Eine umfassende Darstellung aller mit der Beweislast verbundenen allgemeinen Probleme und eine Darlegung der besonderen Beweislastfragen für einzelne Normen des BGB finden sich bei *Baumgärtel/Laumen/Prütting*, einem neunbändigen Handbuch der Beweislast.

cc) Individualisierung des Anspruchs

Den Anforderungen an eine nach § 253 Abs. 2 ZPO ordnungsgemäß erhobene Klage genügt der Kläger nur, wenn die Begründung den geltend gemachten Sachverhalt hinreichend **konkretisiert**. 854

Nach einhelliger Auffassung wird der Streitgegenstand durch den Antrag bestimmt. Ob zusätzlich auch auf den zur Begründung der Klage vorgetragenen Lebenssachverhalt abzustellen ist (so die »zweigliedrigen Streitgegenstandsbegriffe«) oder nicht (so die »eingliedrigen Streitgegenstandsbegriffe«) ist umstritten. Überzeugender ist die Auffassung, dass sich kein für alle Fallgestaltungen einheitlicher Streitgegenstandsbegriff definieren lässt, es vielmehr einer Betrachtung des Einzelfalles bedarf und vom Ergebnis her zu beantworten ist, ob es einer Berücksichtigung des Sachverhalts bedarf oder nicht (sog, »relative Streitgegenstandsbegriffe«).

Unabhängig von diesem Streit ist zur Zulässigkeit der Klage erforderlich, dass der Kläger einen Lebenssachverhalt beschreibt, aus dem erkennbar wird, welches Recht verfolgt werden soll.

855 Hinreichend konkretisiert ist dieser Lebenssachverhalt, wenn er sich von allen anderen denkbaren Lebenssachverhalten **abgrenzen** lässt.

Erforderlich ist deswegen die Angabe von Daten, Beträgen, Zeitpunkten und sonstigen Details (BGH MDR 2004, 824). Nicht grundsätzlich unzulässig, praktisch aber nicht zu empfehlen ist die Individualisierung durch Bezugnahme auf andere Schriftstücke (BGHReport 2003, 1438). Tatsachen von solch grundlegender Bedeutung sollten regelmäßig individuell vorgetragen werden. Dies gilt in besonderem Maß für den Anwaltsprozess (Zöller/*Greger* § 253 Rn. 12).

Nicht erforderlich ist, dass die vorgetragenen Umstände einen Anspruch als entstanden erscheinen lassen, nachvollziehbar oder gar bewiesen sind. All dies ist Frage der Begründetheit der Klage und hat mit der zur Zulässigkeit gehörenden Individualisierung des Anspruchs nichts zu tun. Nicht erforderlich ist auch die (gar zutreffende) rechtliche Qualifizierung des Anspruchs.

856 Lässt der Vortrag des Klägers die gebotene Individualisierung nicht zu, wird die Klage als **unzulässig** abgewiesen.

dd) Schlüssigkeit

857 Schlüssig ist der Vortrag, wenn er geeignet ist, die begehrte **Rechtsfolge** herbeizuführen (BGH NJW 1984, 2889). Erforderlich und ausreichend ist hierzu, dass der Kläger Tatsachen vorträgt, die – ihre Wahrheit unterstellt – die gesetzlichen Voraussetzungen zumindest einer Anspruchsgrundlage ausfüllen können.

Der Kläger muss somit die abstrakten Tatbestandsmerkmale einer anspruchsbegründenden Norm durch den Vortrag von Tatsachen ausfüllen. Unerheblich ist dabei, wie wahrscheinlich die Darstellung ist oder dass es sich um einen unüblichen oder ungewöhnlichen Sachverhalt handelt (BGH NJW 2002, 2862; BGH NJW 1984, 2888). Ebenso wenig ist eine lückenlose Dokumentation der den geltend gemachten Anspruch rechtfertigenden Fakten erforderlich, sodass auch mithilfe von Indizien die Haupttatsachen dargelegt werden können (BGH NJW-RR 2001, 887).

Insoweit kommt es nicht auf Einzelheiten im Vortrag des Klägers an. Ob die Einlassung des Gegners den Vortrag des Klägers ergänzungs- oder beweisbedürftig macht, ist genauso unerheblich wie die Frage, ob die vorgetragenen Tatsachen zutreffen oder nicht.

858 ▶ Beispiel:

Trägt der die Rückzahlung eines Darlehens verlangende Kläger vor, er habe dem Beklagten ein Darlehen gegeben, ist die Klage unschlüssig, solange nichts zu der zum Rückzahlungsanspruch gehörenden Fälligkeit dargelegt ist (§ 488 Abs. 1 Satz 2, Abs. 3 BGB).

Macht der Kläger einen Herausgabeanspruch geltend, ist die Klage schlüssig, wenn er vorträgt, er sei Eigentümer und der Beklagte sei Besitzer (§ 985 BGB). Trägt der Kläger zusätzlich vor, er habe dem Beklagten die Sache für einen zwischenzeitlich abgelaufenen Zeitraum geliehen, ist die Klage zusätzlich aus § 604 BGB schlüssig.

859 Schlüssig ist die Klage, wenn sie **Tatsachenvortrag zu allen Voraussetzungen** wenigstens einer Anspruchsgrundlage enthält, die auf die begehrte Rechtsfolge gerichtet ist.

Sie ist Voraussetzung für den Erlass eines Versäumnisurteils (§ 331 Abs. 2 1.HS ZPO) und für die Stattgabe der Klage durch streitiges Urteil, wenn der Beklagte das klägerische Vorbringen nicht bestreitet (§ 138 Abs. 3 ZPO).

Diese Minimalbegründung ist im Normalfall zunächst auch für die Klageschrift zu empfehlen. Denn bei zu umfangreichen Schriftsätzen können sich zum einen leichter Widersprüche einschleichen und zum anderen erhält der Gegner unter Umständen mehr Angriffspunkte.

Beim Verfahren nach § 495a ZPO (sog. Bagatellverfahren) hingegen sollte bereits von Anfang an vollständig vortragen werden, da bei schriftlicher Durchführung praktisch jederzeit ein Endurteil ohne gesonderten Verkündungstermin ergehen kann (oben Rdn. 2067).

Dabei ist darauf zu achten, 860
- dass keine **Tatbestandsmerkmale** einer Anspruchsnorm weggelassen werden;
- dass die **Sachbefugnis** dargelegt wird;
- dass auch zur **Höhe** einer Geldforderung vorgetragen wird;
- dass der Kläger nicht zugleich **anspruchsfeindliche Tatsachen** vorträgt. Etwa wenn er nicht nur Tatsachen behauptet, die eine Anfechtung begründen, sondern auch deren Ausübung durch den Beklagten vorträgt.

> Diese ergibt sich normalerweise aus dem streitgegenständlichen Rechtsverhältnis. Weicht jedoch die Person der Klagepartei vom ursprünglichen Rechtsinhaber ab, muss die Erlangung der Sachbefugnis nachvollziehbar dargelegt werden. Hierzu muss zumindest eine Rechtsnachfolge bzw. ein Rechtserwerb behauptet werden, da die Klage (»eigenes Recht im eigenen Namen«) sonst mangels Aktivlegitimation unschlüssig ist.

> Wird ein Anspruch hingegen in gewillkürter Prozessstandschaft (»fremdes Recht im eigenen Namen«) geltend gemacht, müssen auch hierzu die Voraussetzungen dargetan werden (oben Rdn. 558).

▶ Praxistipp: 861

Für einen schlüssigen und erfolgreichen Sachvortrag ist es notwendig, sich Gedanken über das angestrebte Ziel und die hierfür infrage kommenden Anspruchsnormen zu machen.

> Ist die Zieldefinition fehlerhaft oder unklar, kann der gesamte Schriftsatz wertlos sein. Hierzu ist vorab die Rechtslage zu untersuchen und natürlich mit dem Mandanten zu besprechen. Der Sachvortrag sollte dann – am besten aus der Richterperspektive – unter die entsprechenden (Tatbestands-) Voraussetzungen subsumiert und auf Vollständigkeit hin kontrolliert werden. Dies unterbleibt jedoch in der Praxis offensichtlich immer wieder.

> So sind oft unterschiedliche, sich gegenseitig ausschließende Ansprüche mit unterschiedlichen Voraussetzungen gegeben, vor allem bei Gewährleistungsfällen (z. B. Nacherfüllung bzw. Mängelbeseitigung, Kostenerstattung, Minderung, Schadensersatz, Aufwendungsersatz, Rückabwicklung gem. §§ 280 ff., 437, 634 BGB).

> Da es sich hierbei in der Regel prozessual um selbstständige Streitgegenstände handelt, ist der Übergang von dem einen auf den anderen Anspruch eine Klageänderung i. S. d. § 263 ZPO (OLG Dresden NJW-RR 2000, 1337 m. w. N.; Palandt/*Sprau* § 634 Rn. 11; zum Baumängelprozess *Meurer* MDR 2000, 1041). Will der Kläger sicherstellen, dass sein Begehren erforderlichenfalls auf mehrere Ansprüche hin geprüft wird, so kann er diese in Form eines Haupt- und Hilfsantrages unter Angabe einer Reihenfolge geltend machen.

Kann die Klage auf **verschiedene rechtliche Gesichtspunkte** gestützt werden, ist der Sachvortrag so 862
zu gestalten, dass alle in Betracht kommenden Ansprüche schlüssig dargelegt werden (BGH NJW 2002, 1413).

> Sofern die Rechtslage nicht völlig einfach und eindeutig ist, kann sich ein Blick in das Gesetz (und/oder Kommentar) empfehlen. Nicht selten scheitert nämlich eine Klage in der Praxis daran, dass offensichtlich der Sachvortrag mehr oder weniger ohne eigene gedankliche Verarbeitung erfolgt. Dies geschieht vermutlich in der Meinung bzw. Hoffnung, dass der Anspruch schon irgendwie rechtlich begründet ist und sich das Gericht das Passende aus den Schriftsätzen hierzu heraussuchen wird. Oftmals gelingt es dann nicht mehr, die fehlenden Voraussetzungen im Laufe des Rechtsstreits noch (rechtzeitig und vollständig) nachzutragen. Außerdem dürfte dies für den Rechtsanwalt mehr Zeit in Anspruch nehmen, als wenn die Klage bereits von vornherein alles Erforderliche enthält.

Zudem sollten die beigefügten **Anlagen** sorgfältig geprüft werden, um zu vermeiden, dass diese 863
dem Sachvortrag widersprechen oder diesen unklar werden lassen und dadurch die Schlüssigkeit der Klage gefährden.

Ist die Klage **unschlüssig**, so muss sie – als unbegründet – abgewiesen werden. Dies gilt nicht nur für 864
den Fall einer streitigen Entscheidung, sondern auch bei Säumnis des Klägers (»unechtes Versäumnisurteil«, § 331 Abs. 2 ZPO). Zuvor indes muss ein Hinweis nach § 139 ZPO erfolgen.

865 **Typische Problembereiche** der Schlüssigkeit sind:

866 (1) Bei einer Klage auf **Werklohn** muss nicht nur die Ausführung der Arbeiten vorgetragen werden, sondern auch die Beauftragung hierzu (§ 631 BGB/Vertrag!).

> Weiter muss ersichtlich sein, ob sich die Höhe der geforderter Vergütung aus einer Vereinbarung ergibt oder ob die übliche Vergütung verlangt wird (§ 632 BGB). Eine Abrechnung nach geleisteter Zeit muss vereinbart sein, ebenso ein Pauschalpreis (Palandt/*Sprau* § 632 Rn. 4 ff. zu den verschiedenen Vergütungsarten). Hilfsweise sollten Ausführungen zur üblichen Vergütung mit entsprechenden Beweisangeboten (meist Sachverständigengutachten) gemacht werden.
>
> Als Fälligkeitsvoraussetzung ist die Abnahme bzw. Abnahmereife (ordnungsgemäße Ausführung/keine wesentlichen Mängel) vorzutragen (Palandt/*Sprau* Erg §§ 640 Rn. 8; 641 Rn. 4).
>
> Will der Besteller Rechte aus einer verspäteten oder mangelhaften Leistung des Unternehmers herleiten, muss er insbesondere den Inhalt der Leistungspflicht darlegen (BGH NJW 1998, 1128).

867 ▶ Beispiel:

> Zur Geltendmachung von Mängelansprüchen reicht es aber aus, die Mangelerscheinungen hinreichend genau zu bezeichnen. Ob die Ursachen dieser Symptome tatsächlich in einer vertragswidrigen Beschaffenheit der Leistung des Auftragnehmers zu suchen sind, ist Gegenstand des Beweises und nicht Erfordernis des Sachvortrages (BGH NJW 2003, 3568: Eindringen von Wasser in Keller nach Bauarbeiten; Palandt/Sprau §§ 634 Rn. 12; 635 Rn. 3; sog. Symptom-Rechtsprechung). Ebenso wenig ist der Kläger befugt, dem Auftragnehmer vorzuschreiben, wie er die Nachbesserung auszuführen hat. Er hat die Wahl zwischen allen geeigneten Maßnahmen. Deshalb hat im Klageantrag die Beifügung von Anordnungen, wie die Beseitigung technisch vorzunehmen ist – ebenso wie im Urteil – in der Regel zu unterbleiben.

868 Falls sich kein Vertragsschluss nachweisen lässt, kommt oftmals ein Anspruch aus **ungerechtfertigter Bereicherung** (§§ 812, 818 BGB) in Betracht, wozu dann hilfsweise Ausführungen gemacht werden sollten.

> Der Empfänger der Leistungen ist in vielen Fällen deshalb (noch) bereichert, weil er Aufwendungen erspart hat (Palandt/*Sprau* § 812 Rn. 28). So kann z. B. bei einer Leistung aufgrund eines unwirksamen Werkvertrags der Umfang der Bereicherung in Höhe der entsprechenden vertraglichen Vergütung bestehen, wenn der Leistungsempfänger diese Arbeiten ohnehin in Auftrag hätte geben müssen (OLG Hamm MDR 1975, 488: bei verkaufsmäßiger Fertigstellung von Gebäuden). Bei empfangenen Dienstleistungen bemisst sich der Wertersatz nach der üblichen, hilfsweise nach der angemessenen Vergütung (Palandt/*Sprau* § 818 Rn. 22). Bejaht das Gericht einen solchen Anspruch dem Grunde nach, ohne dass dieser schlechthin entfällt, so muss es zur Höhe entweder (weitere) Feststellungen treffen und gegebenenfalls auf eine entsprechende Ergänzung des Sachvortrags hinwirken (BGH NJW 1997, 2954; § 139 ZPO) oder die Mindesthöhe der Bereicherung nach § 287 ZPO schätzen (BGH NJW 2002, 3317).

869 (2) Bei der **Irrtumsanfechtung** muss vorgetragen werden, dass der Irrtum kausal für die Abgabe der Willenserklärung war (§ 119 BGB) und dass die Anfechtung rechtzeitig erfolgt ist (§§ 121, 124 BGB).

> Im Übrigen ist zu erwägen, eine bislang unterlassene Anfechtung jetzt noch nachzuholen.
>
> Dies ist vor allem dann erforderlich und wohl noch unverzüglich, sobald aufgrund der Einlassung des Gegners zu befürchten ist, dass ein nicht beabsichtigter Vertragsinhalt mittels Auslegung rechtlichen Bestand haben bzw. ein (schlüssiges) Verhalten als (stillschweigende) vertragsbegründende Willenserklärung ausgelegt werden könnte (Palandt/*Ellenberger* vor § 116 Rn. 17; 119 Rn. 22: bei fehlendem Erklärungsbewusstsein Anfechtungsrecht analog § 119 Abs. 1 2.Alt. BGB; Beispiel: »Trierer Weinversteigerung« – Handaufheben, um einem Bekannten zuzuwinken als Abgabe eines Gebots). Auf der anderen Seite sollte in einem solchem Fall der Gegner möglichst konkret die Umstände vortragen, aufgrund derer er von einer konkludenten Willenserklärung ausgegangen ist. Denn eine solche sicher festzustellen zu können, ist naturgemäß oftmals schwierig.

(3) Bei einem (behaupteten) Vertragsschluss durch einen **Vertreter** ist dessen Vertretungsmacht sowie sein Handeln im Namen der Partei vorzutragen (§ 164 BGB). 870

> Es müssten hierzu (wohl; streng genommen) die Tatsachen dargelegt werden, aus denen sich die rechtliche Schlussfolgerung des Auftretens »als Vertreter« (oder »als Vertragspartner«) ergeben soll (KG NJW-RR 2000, 1690 – dort aber widersprüchlicher Sachvortrag). Allerdings dürfte in der Praxis für die Schlüssigkeit regelmäßig der Vortrag ausreichen, dass eine bestimmte Person als Bevollmächtigter für eine andere bestimmte Person aufgetreten ist.

▶ Beispiel: 871

> Während sich z. B. bei einem Geschäftsführer einer GmbH die Vertretungsmacht aus dem Gesetz ergibt, ist ein Kommanditist zur Vertretung der Kommanditgesellschaft nicht berechtigt (§§ 35 GmbHG, 170 HGB; BGH NJW-Spezial 2005, 172). Deshalb muss im letzteren Fall bei einer behaupteten Stellvertretung zur Vertretungsmacht speziell vorgetragen werden.

> Im Übrigen ist bei Vertretungsverhältnissen und allgemein bei Personenmehrheiten konkret vorzutragen, wer in welcher Weise gehandelt hat, und nicht nur pauschal und unpersönlich in der dritten Person (z. B. »es wurde ...« oder »man hat ...«).

> Hierbei ist besonders darauf zu achten, dass Verwechslungen und ein widersprüchlicher Sachvortrag vermieden wird (KG NJW-RR 2000, 1690: der Kläger trägt einerseits vor, der Beklagte sei »als Vertragspartner« aufgetreten, andererseits wird behauptet, er sei »als bevollmächtigter Vertreter« aufgetreten).

(4) Beschränkt der Kläger seinen **Verzugsschaden** nicht auf den gesetzlichen Zinssatz (§ 288 Abs. 2 BGB), so bedarf es – neben dem Vortrag zu den gesetzlichen Verzugsvoraussetzungen (§ 286 BGB) – erweiterter Darlegungen zur Schadenshöhe. 872

> Für die Fortdauer vertraglich vereinbarter Zinsen (§ 288 Abs. 3 BGB) genügt die Darlegung, dass und in welcher Höhe solche Zinsen für die Hauptforderung vereinbart waren.

> Höhere Kreditzinsen (§ 288 Abs. 4 BGB) kann der Kläger entweder als konkreten Refinanzierungsschaden oder als entgangenen Anlagegewinn (§ 252 BGB) geltend machen. Für die erste Alternative genügt der Vortrag, er habe einen mit dem geforderten Zinssatz verzinslichen Bankkredit mindestens in Höhe der Klageforderung und mindestens seit dem verlangten Zinsbeginn in Anspruch genommen (Palandt/*Grüneberg* § 288 Rn. 7). Eine konkrete Darlegung ist erst erforderlich, wenn der Schuldner den Zinsschaden bestreitet. Für die zweite Alternative genügt eine abstrakte Schadensdarlegung nur ausnahmsweise (BGHZ 104, 347: Banken), grundsätzlich muss eine konkrete Darlegung erfolgen, welcher Betrag wo zu welchen Konditionen hätte angelegt werden sollen. In Anbetracht der hohen gesetzlichen Zinsen kommt ein solcher Schaden kaum in Betracht.

> Nicht erforderlich ist die hilfsweise Geltendmachung des gesetzlichen Zinssatzes; dieser ist als minus im weiter gehenden Verzugsschaden enthalten.

(5) Als Verzugsschaden geltend gemacht werden können auch die **Kosten** der Versuche vorprozessualer Anspruchsdurchsetzung (§§ 280 Abs. 1 und 2, 286 BGB). Allerdings müssen diese sachdienlich, d. h. Erfolg versprechend gewesen sein. 873

> Hierunter fallen die Kosten von Mahnschreiben nach Eintritt des Verzugs (weswegen die Kosten der ersten, verzugsbegründenden Mahnung nicht erstattungsfähig sind: BGH NJW 1985, 324), die konkret darzulegen sind; eine Pauschalierung ist nicht möglich.

> Die Kosten eines Inkassobüros können bis zur Höhe der Kosten einer Anspruchsdurchsetzung durch einen Rechtsanwalts (RVG-Sätze) verlangt werden (Palandt/*Grüneberg* § 286 Rn. 49).

> Weitere Aufwendungen oder Schäden sind praktisch eher selten.

Nicht mehr erforderlich (wohl aber möglich: *Enders* JurBüro 2010, 1, 57, 113) ist es für den Kläger, die Kosten **außergerichtlicher Tätigkeit seines Prozessbevollmächtigten** als Verzugsschaden im Prozess geltend zu machen. 874

Eine entsprechende Notwendigkeit hatte sich aus der RVG-Reform 2004 und einer unglücklichen Auslegung der neuen Vorschriften durch den BGH ergeben.

Hatte der Kläger seinen Anwalt zunächst nur mit der außergerichtlichen Tätigkeit beauftragt, schuldete er diesem nach Nr. 2400 RVG-VV eine 0,5 bis 2,5-fache Geschäftsgebühr, die gemäß Vorbem. 3 Abs. 4 RVG-VV nur zur Hälfte, höchstens jedoch bis 0,75 auf die gerichtliche Verfahrensgebühr angerechnet wurde. Der BGH (BGH NJW 2007, 2049; BGH NJW 2007, 2050; BGH NJW 2007, 3500; BGH NJW 2008, 1323; BGH NJW-RR 2008, 1095; BGH NJW 2008, 1888; BGH NJW 2008, 3641; *Junglas* NJW 2008, 2377) hatte aus dieser Regelung zwei Folgerungen abgeleitet: Zum einen könne eine vorprozessual angefallene Geschäftsgebühr nicht Gegenstand einer Kostenfestsetzung nach §§ 103 ff. ZPO sein; zum anderen führe die Anrechnung der Geschäftsgebühr auf die Verfahrensgebühr dazu, dass Erstere in voller, Letztere nur in verminderter Höhe anfalle (und nicht umgekehrt!), weil die in Vorbemerkung 3 Abs. 4 RVG-VV vorgeschriebene Anrechnung auch den im Rahmen der Kostenfestsetzung zu berücksichtigenden Gebührenanspruch mindere. Der der Partei durch die vorgerichtliche anwaltliche Vertretung entstandene Schaden belief sich damit nicht bloß auf eine halbe, sondern auf die volle Geschäftsgebühr, weil die Verfahrensgebühr später im Rahmen der Kostenfestsetzung entsprechend herabgesetzt wurde. Diesen Schaden konnte (und musste) der Kläger als materiellen Schadensersatzanspruch neben der Hauptforderung mit der Klage geltend machen.

Voraussetzung für den entsprechenden materiellen Verzugsschadensersatzanspruch des Klägers war, dass die vorprozessuale Beauftragung des Rechtsanwalts zu einem Zeitpunkt erfolgt war, zu dem der Beklagte sich bereits in Verzug befand, dass der Schuldner die Erfüllung nicht bereits ernsthaft und endgültig verweigert hatte, dass es sich nicht um einen einfachen Fall handelte, zu dessen Durchsetzung es anwaltlicher Hilfe nicht bedurfte, und dass dem Kläger aufgrund seiner Kenntnisse, Fähigkeiten und Ausstattung (Jurist, eigene Rechtsabteilung) nicht die eigene Durchsetzung möglich war. Hatte der Mandant die Rechnung des Anwalts über die außergerichtliche Geschäftsgebühr (zuzüglich Auslagenpauschale und Mehrwertsteuer) bereits beglichen, konnte er vom Gegner Zahlung verlangen; war die Rechnung noch offen, ging sein Anspruch auf Freistellung.

Diese Rechtslage wurde von Anfang an allgemein als unbefriedigend empfunden. Die regelmäßige zusätzliche Forderung von außergerichtlichen Kosten komplizierte das Klageverfahren unnötig, im Kostenfestsetzungsverfahren musste festgestellt werden, ob und in welcher Höhe eine Geschäftsgebühr angefallen war. Im Mahnverfahren war eine maschinelle Berechnung der Kosten nicht mehr möglich, im Rahmen der Prozesskostenhilfe zu erstattende Gebühren mussten ggf. gekürzt werden.

All dies hat den Gesetzgeber zu einer Änderung des RVG veranlasst. Mit Art. 7 Abs. 4 Nr. 3 des Gesetzes zur Modernisierung von Verfahren im anwaltlichen und notariellen Berufsrecht, zur Errichtung einer Schlichtungsstelle der Rechtsanwaltschaft sowie zur Änderung sonstiger Vorschriften vom 30.07.2009, das zum 05.08.2009 in Kraft trat, führte er § 15a RVG ein. Nach § 15a Abs. 1 RVG kann der Anwalt nunmehr in allen Fällen der Anrechnung von Gebühren (also auch im Fall der Vorbem. 3 Abs. 4 RVG-VV) jede Einzelgebühr in voller Höhe verlangen, solange er dabei den durch die Anrechnung begrenzten Gesamtbetrag nicht überschreitet. Damit ist der Auslegung des BGH, die Verfahrensgebühr entstehe nur in gekürzter Höhe, die Grundlage entzogen. Dies haben nahezu alle Senate des BGH zwischenzeitlich auch so entschieden (Nw. bei BGH RVGreport 2011, 2011, 27). Damit ist es wieder möglich, die Verfahrensgebühr auch in den Fällen ungeschmälert im Kostenfestsetzungsverfahren am Ende des Zivilprozesses geltend zu machen, in denen zuvor eine Geschäftsgebühr angefallen ist (zur Berechnung der dann reduzierten Geschäftsgebühr *Hansens* AnwBl 2009, 535, 537; *Fölsch* MDR 2009, 1137, 1138).

Problematisch blieb nach der Gesetzesänderung, welche Auswirkungen sie auf Altfälle hat, d. h. auf noch nicht entschiedene Fälle, in denen die Verfahrensgebühr anteilig als Nebenforderung geltend gemacht wurde. Die überwiegende Ansicht geht davon aus, § 15a RVG stelle nur eine Klarstellung der schon vor seinem Inkrafttreten geltenden Rechtslage dar, sodass auch in Altfällen eine (auch nachträgliche: BGH MDR 2011, 136) Festsetzung der Verfahrensgebühr in voller Höhe möglich sei (BGH RVGreport 2011, 27, BGH NJW 2008, 1323; BGH NJW 2009, 3101; BGH FamRZ 2010, 456; BGH AGS 2010, 159, 263, 473 und 475; *Schneider* NJW-Spezial 2010, 667). Die gegenteilige Auffassung verneint dies unter Hinweis auf die in der Schaffung des § 15a RVG zu sehenden Neuregelung (*Becker/Kohlmann* EWiR 2010, 165; *Hansens* ZfSch 2010, 522, beide m. w. N.). Zum Zeitpunkt der Drucklegung dieses Werks standen einige BGH-Entscheidungen noch aus, war die Anrufung des Großen Senats nicht ausgeschlossen und damit noch offen, wie Altfälle letztlich zu behandeln sind. Letztlich wird sich diese Problematik durch Zeitablauf erledigen.

Problematisch ist die Anwendung des § 15a RVG in Prozesskostenhilfesachen. Auch im Verhältnis zur Staatskasse gilt die neue Anrechnungsregel, fraglich ist allerdings, ob die Staatskasse als »Dritter« i.S.d. Abs. 2 anzusehen ist und sich auf eine Anrechnung nur berufen kann, wenn der Auftraggeber die außergerichtliche Geschäftsgebühr gezahlt hat (hierzu *Fölsch* MDR 2009, 1137, 1140; *Schneider* DAR 2009, 353, 356; *ders.* AGS 2009, 361, 364; *Enders* JurBüro 2009, 393, 398; *Hansens* AnwBl 2009, 535; *Müller-Rabe* NJW 2009, 2913, 2916).

Zwar weitgehend ungebräuchlich, aber nicht ausgeschlossen ist es, etwaige **Kreditkosten** bezüglich der verauslagten und fremdfinanzierten Vorschüsse (insbesondere für das Tätigwerden des eigenen Anwalts, für die Klagezustellung, für die Erholung von Sachverständigengutachten etc.) geltend zu machen (*Braunschneider* ProzRB 2005, 212; AG Wedding, Urt. vom 11.04.2002, 22a C 325/01; LG Berlin, Urt. vom 01.06.2001, 102 O 210/00: seit Einzahlung bis Beantragung der Kostenfestsetzung Feststellungsantrag zusammen mit der Zahlungsklage, dann § 104 ZPO). 875

(6) Bei auf **Eigentum** gestützten Klagen ist auch die Eigentümerstellung des Klägers vorzutragen. 876

Ungenügend, zumindest aber unklar ist es z. B., nur davon zu sprechen, dass der Kläger Halter des geschädigten Fahrzeugs ist oder es sich um »die Wohnung der Klägerin« handelt.

ee) Substantiierung

Substantiiert ist der Vortrag, wenn Tatsachen so vorgetragen werden, dass sie in Verbindung mit einem Rechtssatz geeignet sind, das geltend gemachte Recht als entstanden erscheinen zu lassen. Die Substantiierung regelt dabei die **Einzelheiten**, aus denen sich die zur Schlüssigkeit erforderlichen Tatsachen ergeben. Die Frage, wie detailreich eine Tatsache dabei vorgetragen werden muss, hängt von der prozessualen Situation im Einzelfall, insbesondere von der Substantiierung der Einlassung des Gegners ab und kann sich im Laufe des Rechtsstreits ändern (*Eschelbach/Geipel* ZAP Fach 13, S. 1669, 1681). 877

Wie bei der Darlegungslast gibt es auch hier keine Pflicht der Partei zur Substantiierung ihres Vortrags. Vielmehr führt eine mangelnde Substantiierung allein dazu, dass die Tatsache als nicht vorgetragen anzusehen ist und deswegen für die Entscheidung unberücksichtigt bleiben muss.

Hinreichend substantiiert ist der Vortrag, wenn er ein Tatbestandsmerkmal ausfüllt. Unsubstantiiert ist er, wenn er einen sicheren Rückschluss darauf nicht zulässt. 878

▶ Beispiel: 879

Nicht geeignet, einen Reisemangel zu substantiieren, sind Behauptungen wie: »das Essen war teilweise schlecht und eintönig«, »der Service ließ zu wünschen übrig«, »das Hotel war unsauber«, »das Zimmer war laut«. Richtig wäre es, die Mängel nicht nur ihrer Art nach, sondern auch nach ihrer Intensität, Häufigkeit und Dauer sowie mit den damit verbundenen Beeinträchtigungen genau zu beschreiben.

Sofern dies nicht direkt möglich ist, sind die Umstände vorzutragen, aufgrund derer sich das Gericht eine Vorstellung davon machen kann. So erfordert z. B. der in der Praxis häufige Minderungsgrund »Baulärm« Angaben zu Lage und Art der Baustelle, eingesetzten Baugeräten, Beginn und Ende der Arbeiten, Arbeiten in der Nacht, an Sonn- und Feiertagen (Führich Rn. 283, 285, 512 Fn. 226: LG Stuttgart RRa 1996, 195: Hinweis Großbaustelle reicht nicht).

Darüber hinaus gibt es für die Substantiierungslast keinen in allen Fällen gleich hoch anzusetzenden, allgemeingültigen Maßstab. Das Maß der erforderlichen Substantiierung variiert, es ergibt sich nur aus den Umständen des Einzelfalles, insbesondere aus den **Einlassungen des Gegners** und kann sich im Lauf des Rechtsstreits ändern (»Wechselspiel von Vortrag und Gegenvortrag«, BGH NJW 1999, 1859). 880

Der Kläger darf sich bei der Klageerhebung zunächst darauf beschränken, eine Tatsache sehr grob und pauschal darzulegen. Bleibt die Tatsache unbestritten, bedarf sie keiner weiteren Konkretisierung, sondern kann so der Entscheidung zugrunde gelegt werden. Wird die Tatsache dagegen bestritten (wobei der Beklagte sich zunächst auf ein pauschales Bestreiten beschränken kann, muss der Kläger die Tatsache mit Details ausfüllen. Dem Beklagten obliegt es dann, sein Bestreiten im Hinblick auf diese Einzelheiten zu konkretisieren, anzugeben, welche dieser Details bestritten werden sollen.

Eine solche wechselseitige Steigerung der Substantiierungslast kann im Prozess mehrfach erfolgen.

881 ▶ **Beispiel:**

Macht der Kläger Gewährleistungsansprüche aus einem Kaufvertrag geltend, so kann er die Voraussetzungen des § 434 BGB dartun, indem er vorträgt,
– der gekaufte Schrank sei »mangelhaft«;
– der Schrank entspreche nicht der vereinbarten Beschaffenheit;
– vereinbart worden sei eine »Echtholzoberfläche«, geliefert worden sei eine »Kunststoffoberfläche«;
– bei den Kaufverhandlungen habe er dem Verkäufer gesagt, für ihn kämen nur Möbel aus echtem Holz in Betracht, worauf der Verkäufer geantwortet habe, andere Möbel führe er gar nicht.

Bleibt die Mangelhaftigkeit unstreitig, genügt eine Substantiierung auf den ersten beiden Stufen, muss Beweis erhoben werden, geht dies nur über die Einzelheiten der beiden letzten Stufen.

882 Die Substantiierung stellt ein alltägliches Problem der Gerichtspraxis dar. Für den Kläger stellt sich schon **bei Abfassung der Klagebegründung** die Frage, wie viele Einzelheiten er sinnvollerweise vorträgt. Danach muss er **während des gesamten Prozesses** ständig kontrollieren, ob sein bisheriger Vortrag aufgrund der Einlassungen des Gegners, möglicherweise aber auch aufgrund von Hinweisen des Gerichts der weiteren Konkretisierung bedarf.

883 Nach ständiger Rechtsprechung des BGH (z. B. BGH NJW 1968, 1233; BGH NJW 1984, 2888; BGH NJW 1991, 2709; BGH NJW 2001, 1502; BGH NJW 2003, 3564; OLG München MDR 2000, 1096) sind die näheren Einzelheiten bestimmter Ereignisse nur insoweit darzulegen, als diese für die gesetzlichen Voraussetzungen der begehrten Rechtsfolge von Bedeutung sind, oder wenn der Tatsachenvortrag infolge der Einlassung des Gegners **unklar wird** und nicht mehr den Schluss auf die Entstehung des geltend gemachten Rechts zulässt, was letztlich vom Einzelfall abhängt.

884 ▶ **Beispiel:**

So muss, wenn z. B. das Zustandekommen bestimmter Abreden behauptet wird, nicht unbedingt zu Einzelheiten der Umstände dieser Abreden vorgetragen werden (BGH NJW 2000, 3286). Vor allem muss der genaue Zeitpunkt nur dann vorgetragen werden, wenn es auch darauf ankommt, z. B. wegen der Einhaltung bestimmter Fristen, nicht aber schon allein deshalb, weil der Gegner bestreitet.

Es ist Sache des Tatrichters, bei der Beweisaufnahme die Zeugen nach allen Einzelheiten zu fragen, die ihm für die Beurteilung der Zuverlässigkeit der Bekundungen erforderlich erscheinen, insbesondere auch nach Ort, Zeit und Umständen der behaupteten Abreden (OLG Köln NJW-RR 1999, 1155; BGH NJW-RR 1998, 1409; NJW 2000, 3287).

885 An die Substantiierungslast dürfen keine überzogenen **Anforderungen** gestellt werden (Prütting/Gehrlein/*Prütting* § 138 Rn. 10; st. Rspr. BGH, z. B. NJW-RR 2002, 1433, 1435). Sie findet ihre Grenze in dem subjektiven Wissen der Partei und der Zumutbarkeit weiterer Ausführungen (BGH NJW-RR 2005, 75).

So dürfen z. B. im Arzthaftungsprozess an die Substantiierungspflichten grundsätzlich nur »maßvolle und verständig geringe Anforderungen« gestellt werden und Lücken im Vortrag betreffend den medizinischen Sachverhalt nicht dem Kläger angelastet werden (BGH NJW-RR 1999, 1153). Die Partei darf sich auf einen solchen Vortrag beschränken, der die Vermutung eines fehlerhaften Verhaltens des Arztes aufgrund der Folgen für den Patienten gestattet (BGH NJW 2004, 2825).

Im Verkehrsunfallprozess reicht z. B. die Behauptung aus, die geschilderten Beschwerden seien auf den Verkehrsunfall zurückzuführen und hätten z. B. zu den Heilbehandlungsmaßnahmen geführt, deren Bezahlung mit der Klage geltend gemacht wird (OLG Celle NJW-RR 2004, 1367: die Auffassung des LG überspannt die Anforderungen).

Defiziten im Vortrag, die sich aus mangelnder Sachkunde ergeben, hat das Gericht durch eine gewisse Großzügigkeit selbst gegenüber pauschalierten Beweisangeboten zu begegnen (LG München I NVersZ 2000, 568: Prozess eines medizinischen Laien gegen seine Krankenversicherung). Es kann z. B. auch nicht erwartet werden, dass die Parteien Jahre zurückliegende Vorgänge noch datieren und hinsichtlich der jeweiligen Umstände ins Einzelne gehend schildern können (BGH NJW 2002, 1488).

Auch ist der Gläubiger z. B. nicht verpflichtet, vorprozessual die Schadenhöhe (durch ein Privatgutachten oder Einholung von Kostenvoranschlägen) zu ermitteln. Es genügt, wenn er die Kosten schätzt und für den Fall, dass der Schuldner die Kosten bestreitet, ein Sachverständigengutachten als Beweismittel anbietet (BGH MDR 2003, 327: Kosten für die Sanierung eines Bauwerks). Allerdings trägt der Kläger bei einer überhöhten Betragsangabe das Kostenrisiko (§ 92 ZPO).

Dabei ist die Wahrscheinlichkeit der Darstellung eine Frage der Beweiswürdigung, nicht der hinreichenden Substantiierung (BGH NJW-RR 2005, 75).

Widersprüchliche, in sich unstimmige Darlegungen genügen den Anforderungen nicht (BGH NJW-RR 1992, 848).

Trotzdem muss man in der Praxis mit einer strengeren Handhabung und **überzogenen Anforderungen** rechnen. 886

So soll die Aktenarbeit bei manchen Richtern darauf reduziert sein, einen (vermeintlichen) Substantiierungsmangel zu entdecken, um die Klage ohne an sich erforderliche Beweisaufnahme abweisen zu können (*Geipel/Prechtel* MDR 2011, 336; *E. Schneider* MDR 1987, 725; *Rensen* AnwBl. 2002, 635: die Substantiierungslast wird oftmals missbraucht; *Laumen* in Baumgärtel/Laumen/Prütting, Bd. 1 Grundlagen, § 3 Rn. 64). Erforderliche Hinweise sollen verbreitet entweder ganz unterbleiben oder Anforderungen aufstellen, die nicht eingehalten werden können (*Gremmer* MDR 2007, 1172). Die große Zahl der Klagen in der Literatur lässt befürchten, dass entsprechende Verhaltensweisen bei Richtern nicht selten sind.

Vielfach machen sich Anwälte diese richterliche Fehlhaltung zu eigen und rügen die (an sich nicht gegebene) mangelnde Substantiierung des gegnerischen Vortrags in der Hoffnung, der Richter werde dem folgen (*Gremmer* MDR 2007, 1172: »Es gibt kaum einen Prozess, in dem nicht auf Kläger- oder Beklagtenseite oder von beiden Parteien die fehlende Substanz des jeweils gegnerischen Vortrags gerügt wird.«)

▶ Praxistipp: 887

Auch unbegründete Kritik des Gerichts oder des Gegners an der Substantiierung des eigenen Vortrags sollte niemals unbeantwortet bleiben.

Ansonsten besteht die Gefahr, dass das Gericht seine Entscheidung auf die angebliche mangelnde Substantiierung stützt. Dann kann die berechtigte Kritik erst mit der Berufung geltend gemacht werden, die erste Instanz ist verloren. Ob dem Einwand mangelnder Substantiierung mit Rechtsausführungen zum Umfang der Substantiierungspflicht entgegen getreten wird oder ob man (wider besseres Wissen) den eigenen Sachvortrag substantiiert, ist Frage des Einzelfalles.

Zu Unrecht immer wieder gefordert wird der Vortrag bloßer **Modalitäten**, d. h. von Tatsachen, die nicht zu den Voraussetzungen entscheidungserheblicher Rechtsnormen gehören, sondern den Sachverhalt lediglich abrunden. 888

Prägnant und exemplarisch insoweit OLG Köln NJW-RR 1999, 1154, 1155: »Die Auffassung einzelner Kammern des LG, der Klagevortrag sei unsubstantiiert, weil der Kläger nicht angegeben habe, wer-wann-wo-mit wem- warum usw. etwas getan oder unterlassen habe, ist falsch und war immer falsch, findet in der Rechtsprechung des BGH keine Stütze, ist aber bisher nicht auszurotten.«

Zu warnen ist hier indes vor **Verallgemeinerungen**. Auf die Frage, zwischen wem ein Vertrag geschlossen wurde, kommt es fast immer an. Wann ein Vertrag geschlossen wurde, kann für Fristen (Verjährung) von Bedeutung sein, wo der Vertrag geschlossen wurde, kann für das anzuwendende 889 internationale Recht oder die Zuständigkeit eine Rolle spielen. Die Abgrenzung zwischen entscheidungserheblichen, zur Substantiierung erforderlichen Details und unerheblichen bloßen Modalitäten ist nur im Einzelfall möglich.

890 Diese Gefahr besteht vor allem bei Streit über zahlreiche einzelne Mängel (sog. **Punktesachen**, insbesondere Bau- und Reisevertragsprozessen) oder in sonstigen langwierigen und komplizierten Verfahren.

z. B. OLG Koblenz NJW-RR 2001, 65: das LG hat die Darlegungen zu diversen Baumängeln knapp als unsubstantiiert abgetan; OLG München NJW-RR 2001, 66: 48 Rechnungen mit einer Vielzahl von Positionen – LG hat wegen nicht hinreichender Substantiierung keine Beweisaufnahme durchgeführt; Tempel/*Seyderhelm* S. 554: In Reiseprozessen sind gelegentlich übertriebene Anforderungen zu beobachten, welche »teilweise sogar die Grenze zur Unerfüllbarkeit überschreiten«.

Es bleibt dabei leicht ein »schaler Nachgeschmack im Mandantenverhältnis« zurück, wenn das Gericht seine Entscheidung mit dem »schillernden« Begriff (Zöller/*Greger* Vor § 253 Rn. 24) der fehlenden Substantiierung begründet (*Seutemann* MDR 1997, 616).

891 Hierbei kann man sich auf die Einhaltung der richterlichen **Hinweispflicht** gem. § 139 ZPO nicht immer verlassen. Bei Verstößen gegen die Hinweispflicht stehen der Partei jedoch eine Reihe von Rechtsschutzmöglichkeiten zu (unten Rdn. 1406).

So muss man insbesondere damit rechnen, dass sich manche Gerichte auf die Entscheidung des BGH NJW 1984, 310 stützen, wonach bei anwaltlich vertretenen Parteien das Gericht nicht verpflichtet ist, den Kläger auf mangelnde Substantiierung und Schlüssigkeit hinzuweisen, obwohl diese Entscheidung vom Schrifttum fast einhellig abgelehnt und auch vom BGH inzwischen revidiert wurde. Auch unabhängig davon wird die Hinweispflicht in der Praxis allgemein eher restriktiv gehandhabt.

892 Es empfiehlt sich daher, **im Zweifel eher mehr als zu wenig vorzutragen** (*E. Schneider* MDR 1987, 726: »präventive Vielschreiberei«; BGH NJW-RR 1990, 1243: Haftung des Rechtsanwaltes bei unzureichendem Sachvortrag) und auch Anlagen (z. B. Rechnungen, Vertragsurkunden etc.) mit vorzulegen, welche bei der Entscheidung über die Frage einer ausreichenden Substantiierung mit zu berücksichtigen sind (OLG München NJW-RR 2001, 66).

Dies nicht auch zuletzt deshalb, weil dadurch der Gegner zu möglichst konkretem Bestreiten gezwungen wird (oben Rdn. 880) und »auf diese Weise die Räume für ein Bestreiten in der Grauzone zur Wahrheitspflichtverletzung eng gemacht werden« (*Braunschneider* ProzRB 2005, 94 – Urteilsanmerkung).

Im Übrigen bedeutet das aber nicht, jeden Schriftsatz der Gegenseite mit einem Schriftsatz beantworten zu müssen, selbst wenn es in der Sache nichts mehr zu sagen gibt, was allerdings unter den Anwälten weit verbreitet ist (*Hasselmann* NJW 2002 Heft 45 XIV: »Grundübel«). Hingegen kann es zur Klarstellung in umfangreichen Verfahren manchmal durchaus sinnvoll sein, auf frühere eigene Schriftsätze nebst dortigen Beweisangeboten hinzuweisen.

893 ▶ Praxistipp:

Übersteigerte Anforderungen an die Substantiierung sind ein Verfahrensfehler und können auch den Anspruch auf rechtliches Gehör verletzen. Wenn dadurch die Erhebung von relevanten angebotenen Beweisen unterbleibt, liegt ein weiterer Fehler vor.

z. B. BVerfGE 84, 190; OLG Celle NJW-RR 1996, 343; OLG München NJW-RR 1997, 944; MDR 2000, 1096; OLG Köln VersR 1977, 1425.

894 **Unsubstantiierter** Vortrag bleibt für die Sachentscheidung unberücksichtigt. Zuvor bedarf es eines Hinweise des Gerichts nach § 139 ZPO, sodass die Partei Gelegenheit hat, den Mangel im Vortrag zu beheben.

895 Hält das Gericht Vortrag **zu Unrecht** für unsubstantiiert, kann die Partei:
– Wiedereintritt der schon geschlossenen mündlichen Verhandlung verlangen, solange des Urteils nicht verkündet ist (§ 159 ZPO);

- eine Fortführung des Verfahrens beantragen, wenn ein Rechtsbehelf gegen die bereits verkündete Entscheidung nicht gegeben ist (§ 321a ZPO);
- den zu Unrecht unberücksichtigt gebliebenen Vortrag nach Einlegung der Berufung (soweit diese im Übrigen zulässig ist) in zweiter Instanz vortragen, wo er dann zu berücksichtigen ist (§§ 529 Abs. 1, 531 Abs. 2 ZPO);

Die unberechtigte Zurückweisung des Vorbringens mit der Revision (§ 545 ZPO) oder der Rechtsbeschwerde (§ 576 ZPO) rügen.

Von wesentlicher Bedeutung für die Anforderungen an die Substantiierung des eigenen Vortrags ist die **Einlassung des Gegners**. Je konkreter dessen Vortrag ist, umso genauer muss auch das eigene Vorbringen sein.

▶ Beispiel:

Der Vortrag, eine GmbH habe einen Vertrag abgeschlossen, genügt nur, solange der Vertragsschluss nicht in Abrede gestellt wird. Ansonsten bedarf es der Darlegung, welches Organ für die juristische Person aufgetreten ist. Fehlt es an der konkreten Benennung einzelner Personen und Vertretungsberechtigungen, ist der Vortrag unsubstantiiert, eine Beweisaufnahme (die dann einen unzulässigen Ausforschungsbeweis darstellen würde) findet nicht statt.

Wird der behauptete Vertragsabschluss bestritten, muss zusätzlich vorgetragen werden, welche Personen (nur ausnahmsweise auch zu welchem Zeitpunkt) was konkret vereinbart haben. Denn die bloße (zunächst ausreichende) Behauptung, ein Vertrag sei mit dem Beklagten abgeschlossen worden, ist nach dem Bestreiten des Beklagten nicht mehr genügend, stellt eine der Beweisaufnahme nicht zugängliche bloße Rechtsbehauptung (OLG Nürnberg JurBüro 1999, 486) dar.

Ist streitig, ob überhaupt rechtsverbindliche Willenserklärungen vorliegen, sind die relevanten Äußerungen möglichst detailliert (nach Möglichkeit im Wortlaut und unter Darlegung der äußeren Umstände) anzugeben. Ob und mit welchem Inhalt rechtlich eine Vereinbarung zustande gekommen ist, ergibt hier erst die (u. U. normative) Auslegung der beiderseitigen Erklärungen (§§ 133, 157 BGB; OLG Nürnberg JurBüro 1999, 486).

Bei konkludentem Verhalten eines Vertragsteils darf nicht lediglich das ihm zugeschriebene Erklärungsergebnis behauptet werden, sondern das tatsächliche Verhalten selbst muss so deutlich sein, dass es auf den ihm zugeschriebenen rechtlichen Erklärungsgehalt hin aus der Sicht des Empfängers unter Berücksichtigung der §§ 133, 157 BGB gewürdigt werden kann. Hierzu müssen wörtliche Erklärungen, Handlungen oder andere Umstände vorgetragen werden, mit denen ein entsprechender Vertragswille nach außen hervorgetreten ist (BGH NJW 2003, 3564).

Bei einer abgeleiteten Sachbefugnis ist die Erlangung der Rechtsinhaberschaft konkret darzulegen. Hierzu muss substantiiert vorgetragen werden, auf welche Weise der Kläger Inhaber der eingeklagten, ursprünglich einem anderen Gläubiger zustehenden Forderung geworden ist (etwa durch Abtretung oder durch gesetzlichen Forderungs- oder Vermögensübergang, z. B. gem. § 566 BGB bei Veräußerung vermieteten Wohnraums oder bei Gesellschaften durch formwechselnde Umwandlung unter Wahrung der Identität, BGH NJW-RR 2002, 1436: BGB-Gesellschaft wird zur OHG).

Ist die Klageforderung Ergebnis einer **Berechnung**, genügt in der Klageschrift zunächst die Mitteilung des Ergebnisses. Bestreitet der Beklagte die Höhe der Forderung, muss diese nachvollziehbar und verständlich konkretisiert werden.

▶ Beispiel:

Bestand zwischen den Parteien ein Kontokorrentverhältnis gem. § 355 HGB, kann sich der Kläger zunächst darauf beschränken, den letzten vom Beklagten bestätigten Saldo und die danach noch eingetretenen Änderungen mitzuteilen. Wird der Saldo bestritten wird, muss der Kläger alle ins Kontokorrent eingestellten Forderungen im Einzelnen so detailliert darzulegen, dass dem Gericht eine vollständige rechnerische und rechtliche Überprüfung möglich ist (BGH NJW 1983, 2879).

Wird Werklohn aus einem BGB-Werkvertrag eingeklagt, ist die Klage unter Angabe des Rechnungsendbetrags schlüssig. Einer Konkretisierung in Form einer nachvollziehbaren bzw. prüfbaren Schlussrechnung bedarf die Klage erst nach Bestreiten der Forderungshöhe durch den Beklagten (Jagenburg NJW 2001, 191; OLG Hamm BauR 1997, 656; Werner/Pastor Rn. 1376 ff. zur umstr. Frage, ob diese beim BGB-Bauvertrag eine Fälligkeitsvoraussetzung für den Werklohn darstellt, verneinend Palandt/Sprau § 641 Rn. 3).

Bei einem geltend gemachten Schadensersatz sind Art und Umfang der Schäden darzustellen. Die in der Praxis nicht selten verwendete Formulierung, die Sache sei »erheblich beschädigt« worden, ist ohne die Angabe weiterer Einzelheiten völlig unsubstantiiert (OLG Hamm NJW 2003, 2543). Zur Höhe genügt zunächst die Angabe des Gesamtbetrags. Einer detaillierten Einzelaufstellung der einzelnen Schadenspositionen, wie sie etwa ein vorprozessual eingeholtes Privatgutachten leistet, ist erst erforderlich, wenn es zu einer Beweisaufnahme über die Schadenshöhe kommt.

899a   Müssen Sachverhalte vorgetragen werden, die sich über einen längeren Zeitraum erstrecken, ist es Frage des Einzelfalles, ob eine Beschreibung genügt, aus der sich ergibt, um welche Art von Geschehnissen es geht, in welcher Frequenz, zu welchen Tageszeiten und mit welcher Dauer sie auftreten, oder es des Vortrags einer Vielzahl von konkreten Einzeltatsachen bedarf. Letzteres erfolgt häufig in Form sog. »Protokolle«.

▶ Beispiel:

Für die Lärmbelästigung in einem Mietverhältnis hat der BGH eine pauschale Darlegung genügen lassen (BGH Urt. v. 29.02.2012 - VIII ZR 155/11). Für die Bemessung von Schmerzensgeld verlangen Gerichte oft ein »Schmerzprotokoll«.

900   Konkretisieren kann die Partei ihren Vortrag nur, wenn sie die entsprechenden Details auch kennt. Deswegen kann das Maß der erforderlichen Substantiierung auch davon abhängig sein, ob sich die maßgeblichen Vorgänge im **Wahrnehmungs- und Einflussbereich der Partei** abgespielt haben (z. B. BGH NJW-RR 2001, 1295).

Dabei darf die sich regelmäßig nicht auf die Behauptung beschränken, weitere Einzelheiten seien ihr nicht bekannt. Soweit ihr das möglich und zumutbar ist, ist sie regelmäßig verpflichtet, sich die entsprechenden Kenntnisse zu verschaffen.

Da das Gericht kaum beurteilen kann, über welche Kenntnisse eine Partei verfügt oder was sie sich beschaffen kann, sollte für den Fall, dass die eigenen Erkenntnismöglichkeiten ausgeschöpft sind, hierauf ausdrücklich hingewiesen werden.

901   Ist dem Gegner eine weitere Konkretisierung möglich und zumutbar, kann dieser anstelle der eigenen Partei zur Substantiierung gehalten sein (**sekundäre Darlegungslast**, unten Rdn. 1097). Auch hierauf sollte der Anwalt im Bedarfsfall ausdrücklich hinweisen.

902   Ist eine Konkretisierung durch keine Partei zu erwarten, kann das Gericht verpflichtet sein, sie durch **von Amts wegen** einzuholende Gutachten vorzunehmen.

903   ▶ Beispiel:

Macht der Kläger durch Holzschutzmittel verursachte Körperschäden geltend, bedarf es nicht der Angabe medizinischer Details (BGH NJW 1995, 1160).

Bei Arztfehlern ist dem Kläger mangels Sachkunde eine weitere Darlegung der Umstände, aus denen der Kunstfehler folgt, nicht zuzumuten. Diese Aufklärung kann durch Sachverständigengutachten

B. Die Verfahrenseinleitung im allgemeinen Klageverfahren (Klageschrift) **4. Kapitel**

erfolgen (OLG Oldenburg NJW-RR 1999, 1153: nur maßvolle und geringe Anforderungen), die durch das Gericht einzuholen sind.

Bei einer behaupteten Innenvollmacht aufseiten des Beklagten braucht nicht vorgetragen zu werden, wann und bei welcher Gelegenheit (und von wem, falls mehrere in Betracht kommen) die Vollmacht erteilt wurde (BGH NJW-RR 1999, 361).

ff) Rechtstatsachen

Zum Vortrag von Tatsachen nicht ausreichen können reine **Rechtsbegriffe**. 904

▶ Beispiel: 905

Wird ein Verhalten als »sittenwidrig« oder »deliktisch« bezeichnet, kann dies die Voraussetzungen von Rechtsnormen nicht ausfüllen.

Dies gilt auch für Wertungen (z. B. »arglistig«, »grob fahrlässig«, »treuwidrig«).

Vielfach indes lassen sich Rechtsansichten und Tatsachen nicht völlig voneinander trennen. In sog. 906
»**Rechtstatsachen**« fallen Tatsachen und deren rechtliche Bewertung zusammen.

▶ Beispiel: 907

Behauptet der Kläger, er habe eine Sache »gekauft«, liegt darin nicht nur die rechtliche Qualifikation eines Vertragstyps. Umgangssprachlich wird mit dem Begriff »Kauf« auch ein bestimmter Lebenssachverhalt zusammengefasst (Einigung über einen entgeltlichen Eigentumsübergang).

Rechtstatsachen (besser: deren **tatsächlicher Kern**) können als substantiierter Vortrag – auf einem 908
niedrigen Niveau – ausreichen.

Voraussetzung dafür ist: 909
– dass es sich bei dem verwendeten Begriff um einen umgangssprachlich gebräuchlichen handelt oder zumindest in Anbetracht des Verwenders kein Zweifel daran besteht, dass der Begriff so gemeint war, wie er von den übrigen Prozessbeteiligten verstanden wird;

▶ Beispiel: 910

Keine Bedenken dürften bei der Verwendung von Begriffen wie »Eigentum«, »Kauf«, »Miete«, »Schenkung«, »Darlehen« oder »Bürgschaft« bestehen. Den Begriff der »Leihe« indes kann ein juristischer Laie nur selten eindeutig von dem »Miete« unterscheiden, wird der Begriff von einem Anwalt verwendet, bestehen Zweifel nicht.

– dass der Begriff einen klar definierbaren tatsächlichen Kern hat.

▶ Beispiel: 911

Dies fehlt zum Beispiel beim Begriff »Vorfahrt«, dem eine »rechts-vor-links-Situation«, ein Vorfahrtsschild, ein Stoppschild, eine Ampelanlage, Weisungen eines Polizeibeamten o. Ä. zugrunde liegen kann.

Bleiben die so vorgetragenen Sachverhalte unstreitig, kann dies für die Prozessführung genügen 912
(Prütting/Gehrlein/*Prütting* § 138 Rn. 10; OLG Köln, OLG Report Köln 2003, 90). Werden die Tatsachen bestritten, müssen sie soweit konkretisiert werden, dass sie zum Gegenstand einer Beweisaufnahme gemacht werden können (unten Rdn. 927; 646–648).

gg) Hilfsvorbringen

Keine Partei muss sich im Prozess darauf beschränken, nur einen Sachverhalt vorzutragen. Für den 913
Fall, dass der Hauptvortrag den erstrebten Prozesserfolg nicht rechtfertigt, kann hilfsweise ein **anderer Sachverhalt** vorgetragen werden.

Solange die Partei nicht von der Unwahrheit einer der vorgetragenen Alternativen überzeugt ist, liegt darin kein Verstoß gegen die prozessuale Wahrheitspflicht. Dies gilt selbst dann, wenn die verschiedenen Begründungen sich widersprechen oder sich gegenseitig ausschließen (BGHZ 19, 387; *Schröer* JA 1990, 231, 233).

914 ▶ **Beispiel:**

Macht der Kläger primär einen Werklohnanspruch geltend, kann er die Klage hilfsweise darauf stützen, dass der Beklagte ohne Rechtsgrund um die Werkleistung bereichert ist und den gleichen Betrag als Wertersatz schuldet.

915 Abgegrenzt werden muss das bloße Hilfsvorbringen vom **Hilfsantrag**. Während ein zusätzlicher Antrag stets eine Klagehäufung begründet (»offene Klagehäufung«), ist bei zusätzlich vorgetragenen Tatsachen zweifelhaft, ob sie lediglich der Substantiierung des bereits vorliegenden Lebenssachverhalts dienen, oder ob sie einen neuen Streitgegenstand ausfüllen. Nur im letzten Fall liegt eine (verdeckte) Klagehäufung vor.

916 Ein weiterer Streitgegenstand (und damit ein Hilfsantrag) liegt vor, wenn die hierzu vorgetragenen Tatsachen für sich allein und ohne Rückgriff auf Tatsachen des anderen Lebenssachverhalts einen eigenen materiellen Anspruch ergeben. Ein bloßes Hilfsvorbringen ist anzunehmen, wenn es sich lediglich um Ergänzungen oder teilweise Alternativen zum vorliegenden Sachverhalt handelt, ein Anspruch sich also nur unter Zuhilfenahme von Tatsachen auch aus dem schon vorliegenden Vortrag ergibt.

Einer Abgrenzung bedarf es, weil sich Hilfsantrag und Hilfsvorbringen in mehrfacher Hinsicht unterscheiden: Da beim Hilfsvorbringen nur ein einziger Streitgegenstand vorliegt, kann die Partei dem Gericht eine bestimmte Prüfungsreihenfolge nicht zwingend vorgeben, das Gericht ist frei, über welches Vorbringen es verhandeln, Beweis erheben oder entscheiden will. Etwas anderes gilt, wenn aus dem Hilfsvorbringen weniger zugesprochen werden kann als aus dem Hauptvorbringen, dann muss Letzteres vorab geklärt werden. Ein Teilurteil über das Hauptvorbringen ist nicht möglich, eine Klageabweisung im Übrigen bei Klagestattgabe aus dem Hilfsvorbringen nicht nötig (*Schröer* JA 1990, 231, 235). Das nachträgliche Geltendmachen oder Ändern von Hilfsvorbringen stellt keine Klageänderung i. S. d. §§ 263 ff. ZPO dar, unterliegt jedoch (anders als der Hilfsantrag) den Präklusionsmöglichkeiten des § 296 ZPO.

917 In den Prozess eingebracht werden kann das Hilfsvorbringen entweder schon in der Klageschrift (wenn der Kläger sich hier mit vermuteten Einwendungen des Beklagten auseinandersetzt) oder nachträglich während des Verfahrens (wenn der Kläger auf Verteidigungsvorbringen des Beklagten oder auf eine seinen bisherigen Vortrag nicht bestätigende Beweisaufnahme reagiert). Unproblematisch ist es, wenn der Kläger diese neuen Tatsachen ausdrücklich vorträgt. Tut er dies dagegen nicht, ist fraglich, inwieweit im Wege der Auslegung davon ausgegangen werden kann, dass er sich vom Beklagten vorgetragene oder in einer Beweisaufnahme aufgetauchte Tatsachen **hilfsweise zu eigen gemacht** hat:

918 (1) Nach einhelliger Ansicht ist ein solches hilfsweises Zu-eigen-machen immer dann anzunehmen, wenn im Vorbringen des Klägers hierfür **konkrete Anhaltspunkte** zu finden sind.

919 ▶ **Beispiel:**

Der Kläger trägt Rechtsansichten zu diesen Tatsachen vor, oder er macht sie stillschweigend zur Grundlage seines weiteren Vortrags.

920 (2) Streitig ist, ob von einem hilfsweisen Zu-eigen-machen aller dem Kläger **günstigen** Tatsachen auch dann auszugehen ist, wenn solche konkreten Anhaltspunkte in seinem Vortrag fehlen.

Unter Zugrundelegung des Beibringungsgrundsatzes muss man dies an sich ablehnen, weil die für die Entscheidung zu beachtenden Tatsachen von den Parteien vorzutragen sind und es nicht genügt, dass sie der Berücksichtigung ihnen günstiger Tatsachen nur nicht widersprochen haben (BGH NJW 2001, 2177; BGH NJW 2000, 1641; BGH NJW-RR 1990, 507; Schröer JA 1990, 231, 233 f.; a. A. BGH NJW 2001, 2177; BGH NJW-RR 1995, 684).

Der BGH indes vertritt die Auffassung, dass sich eine Partei die bei einer Beweisaufnahme zutage tretenden ihr günstigen Umstände regelmäßig ohne Weiteres zumindest hilfsweise zu eigen macht (BGH NJW-RR 2010, 495). 921

▶ Beispiel: 922

> Die Klägerin nahm den Beklagten, ihrem Zahnarzt, wegen eines Behandlungsfehlers in Anspruch. Dieser bestritt einen Fehler, Einwendungen gegen die Höhe des geforderten Schadensersatzes erhob er nicht. Der vom LG bestellte Gutachter führte u. a. aus, die im Kostenvoranschlag der Klägerin enthaltenen Arbeiten zur Sanierung des Gebisses seien teilweise nicht erforderlich. Das OLG ist davon ausgegangen, die Höhe des Schadens sei unstreitig. Dies hat der BGH beanstandet. Das Berufungsgericht habe verkannt, dass sich eine Partei die bei einer Beweisaufnahme zutage tretenden ihr günstigen Umstände regelmäßig zumindest hilfsweise zu eigen macht. Dafür, dass der Beklagte dies nicht wollte, ist nichts ersichtlich. Das Berufungsgericht durfte dieses Beweisergebnis bei seiner Entscheidungsfindung deshalb nicht als unerheblich bewerten. Die Nichtberücksichtigung des für den Beklagten günstigen Beweisergebnisses bedeutet, dass das Berufungsgericht erhebliches Vorbringen des Beklagten übergangen und damit dessen verfassungsrechtlich gewährleisteten Anspruch auf rechtliches Gehör (Art. 103 Absatz 1 GG) verletzt hat (BGH NJW-RR 2010, 495).

▶ Praxistipp: 923

> Will der Kläger sich hilfsweise Bekundungen eines Zeugen oder Vorbringen des Beklagten zu eigen machen, sollte er dies ausdrücklich tun und nicht darauf vertrauen, dass das Gericht hiervon im Wege der Auslegung ausgeht.

c) Beweisantritte

Die Klageschrift hat grundsätzlich auch bereits diejenigen Beweismittel zu bezeichnen, deren sich die Partei zum Nachweis tatsächlicher Behauptungen bedienen will. Solche Beweisanträge sind Voraussetzung für eine spätere Beweisaufnahme. 924

> Nur ausnahmsweise kommt eine Beweisaufnahme auch ohne Beweisantritt von Amts wegen in Betracht (§§ 142 ff., 273 ZPO). Hierauf darf der Anwalt nicht vertrauen. Zum einen stehen dem Gericht nicht alle Beweismittel zur Verfügung (Zeugen dürfen ohne Antrag nie vernommen werden), zum anderen fehlt dem Gericht regelmäßig die Kenntnis, welches Beweismittel für eine klärungsbedürftige Tatsache zur Verfügung steht. Als Ausnahme von dem den Zivilprozess beherrschende Beibringungsmaxime kommt eine solche Beweisaufnahme von Amts wegen praktisch so gut wie nie vor.

aa) Inhaltliche Anforderungen

Ein wirksamer Beweisantrag setzt neben der Benennung des Beweismittels die Bezeichnung der Tatsache voraus, die durch die Erhebung dieses Beweises bewiesen werden soll. 925

Die Beweisbenennung erfolgt: 926

- beim **Augenschein** durch die Bezeichnung des Gegenstands des Augenscheins (§ 371 ZPO);
- beim **Zeugen** durch Benennung des Zeugen;

> Dabei ist dieser mit vollem Namen und ladungsfähiger Anschrift zu benennen. Fehlt es an einem dieser Erfordernisse, kann der Partei eine Frist zum Nachbringen gesetzt werden (§ 356 ZPO). Überwiegend erfolgt dies nur, wenn absehbar ist, dass das Hindernis beseitigt werden kann. Ist als Zeuge lediglich »N.N.« benannt, ist Voraussetzung für eine Fristsetzung, dass erkennbar ist, wer als Zeuge benannt werden soll (»Sachbearbeiter der kreditgebenden Bank«); ist der Zeuge erkennbar ins Blaue hinein benannt, liegt kein wirksamer Beweisantritt vor; dazu unten Rdn. 939–941.

- beim **Sachverständigen** durch Bezeichnung der zu begutachtenden Punkte (§ 404 ZPO);

  Einer Benennung des Sachverständigen bedarf es dabei nicht. Dieser wird vom Gericht ausgewählt (§ 404 ZPO). Das schließt nicht aus, dass die Partei insoweit einen Vorschlag macht. Sind die Parteien sich über die Person des Sachverständigen einig, ist das Gericht hieran gebunden.

- bei **Urkunden** durch Vorlegung der Urkunde (§ 420 ZPO) oder den Antrag, dem Besitzer der Urkunde die Vorlegung aufzugeben (§ 421 ZPO) bzw. ihm hierzu eine Frist zu setzen (§ 428 ZPO)

  Erforderlich dabei ist grundsätzlich die Vorlage der Originalurkunde. Die Vorlage einer Ablichtung genügt genauso wenig, wie die bloße Ankündigung der Vorlage »im Bestreitensfall«. Letzteres ist dennoch zu empfehlen, will man die Originalurkunde nicht unnötig gefährden. Auf die Ankündigung hin ist das Gericht verpflichtet, auf die Notwendigkeit einer Vorlage hinzuweisen, wenn eine Beweisaufnahme erforderlich wird.

- bei der **Parteivernehmung** durch den Antrag, den Gegner der beweispflichtigen Partei (§ 445 ZPO) oder diese selbst (§ 447 ZPO) zu vernehmen.

927 Die unter Beweis gestellte Tatsachenbehauptung muss so **konkret** sein, dass sie dem Beweis zugänglich ist.

> Dies ist nicht der Fall, wenn die Tatsache nur durch einen Rechtsbegriff vorgetragen wurde. Dies kann für die Substantiierung der Klage genügen, bedarf indes der Konkretisierung, wenn die Tatsache vom Gegner bestritten wird. Der Beweisaufnahme muss in diesen deswegen stets eine Konkretisierung vorangehen.

928 ▶ Beispiel:

> Hat der Kläger unter Beweisantritt vorgetragen, eine Sache sei »gekauft« worden und bedarf dies nach Bestreiten durch den Beklagten des Beweises, so liegt kein wirksamer Beweisantritt vor.
>
> Vielmehr muss der Kläger im Rahmen der aufgrund des Bestreitens erforderlich gewordenen Substantiierung seines Vortrags diejenigen Tatsachen konkret darlegen, aus denen sich der Vertragsschluss ergibt. Hierzu muss ersichtlich sein, ob insoweit bereits ein gemeinsamer, übereinstimmender Wille der Vertragsparteien bestand, der jeder weiteren Auslegung vorginge oder ob sich eine derartige Rechtsfolge erst aufgrund einer normativen Auslegung der beiderseitigen Erklärungen ergeben soll (OLG Nürnberg JurBüro 1999, 486).

929 Die Bezeichnung der Tatsache, über die der Beweis zu erheben ist, muss dem Beweismittel **zugeordnet** werden können. Unbeachtlich ist deswegen die zusammenfassende Benennung aller Beweismittel für das eigene Vorbringen am Ende des Schriftsatzes (»Dies alles können beweisen...«).

930 Nicht erforderlich ist, dass die Partei das **Beweisergebnis** im Sinne einer vorweggenommenen Beweiswürdigung wahrscheinlich macht (Prütting/Gehrlein/*Laumen* § 284 Rn. 34; Thomas/Putzo/*Reichold* § 284 Rn. 7).

> Unklar ist, ob der Beweisführer darlegen muss, aufgrund welcher Umstände der Zeuge Kenntnis von der behaupteten Tatsache haben soll bzw. welche Anhaltspunkte er für die Richtigkeit der in das Wissen eines Zeugen gestellten Behauptung hat. Dies ist jedenfalls für eine unter Beweis gestellte, in der Person eines Dritten bestehende innere Tatsachen erforderlich (unten Rdn. 958). Im Übrigen hat der BGH festgestellt, dass »grundsätzlich keine Angabe darüber verlangt werden kann, wie der Zeuge die Tatsache erfahren hat, die in sein Wissen gestellt wird« (BGH NJW 1983, 2034). Allerdings verlangt die BGH-Rechtsprechung zu § 244 StPO eine Konnexität zwischen Beweismittel und Beweisbehauptung, die im Fall des Zeugenbeweises bedeutet, dass der Antrag erkennen lassen muss, weshalb der Zeuge überhaupt etwas zu dem Beweisthema bekunden können soll. Dieser Zusammenhang zwischen Beweistatsache und Beweismittel werde sich aber nach Ansicht des BGH in vielen Fällen von selbst verstehen (BGH NJW 1998, 1723).

931 ▶ Beispiel:

> Der Vortrag, dass ein Zeuge zum Beispiel zu einer bestimmten Zeit an einem bestimmten Ort war und deshalb zu einer beweiserheblichen Tatsache möglicherweise etwas bekunden kann,

ersetzt nicht die Mitteilung dessen, was an dem Ort geschehen sein und was der Zeuge aufgrund eigener Wahrnehmung dazu bekunden soll.

Beweisanträge, die in einem **Schriftsatz** angekündigt waren, brauchen in der mündlichen Verhandlung nicht ausdrücklich wiederholt zu werden (OLG Hamm NJW-RR 1997, 764). 932

bb) Beweisführungslast

Der Beweisantritt obliegt der Partei, die aus der zu beweisenden Tatsache eine für sich **günstige** materielle Rechtsfolge herleiten will. 933

> Diese, auch »formelle« oder »subjektive« Beweislast genannte Beweisführungslast entspricht damit der Darlegungslast und führt praktisch dazu, dass jede Partei die Tatsachen, die sie zur Ausfüllung ihrer prozessual geltend gemachten Rechte vorträgt, auch unter Beweis zu stellen hat (Baumgärtel/*Laumen*/Prütting § 3 Rn. 32).

Fehlt ein Beweisantrag der beweisbelasteten Partei – und kommt es zu keiner Beweisaufnahme von Amts wegen – bleibt die Partei **beweisfällig** und erleidet deswegen Rechtsnachteile im Prozess bis hin zum Prozessverlust. 934

Dies gilt auch, wenn die andere Partei einen **Gegenbeweis** angeboten hat. Dieser wird grundsätzlich nur im Zusammenhang mit der von der beweisbelasteten Partei erhoben, ohne Hauptbeweis bleibt der Gegenbeweis unerhoben. Hat das Gericht indes unter Verkennung der Beweislast den Gegenbeweis erhoben, so wird dessen Ergebnis der Entscheidung zugrunde gelegt. 935

> Für die nicht beweisbelastete Partei ist es stets sicherer, wenn die gegnerische Position nicht zum Gegenstand einer Beweisaufnahme wird. Die Beweisfälligkeit des Gegners ist immer vorteilhaft. Dagegen kann die Erhebung eines Gegenbeweises auch ein unerwünschtes Ergebnis zum eigenen Nachteil bringen.

▶ Praxistipp: 936

> Es empfiehlt sich deswegen, Gegenbeweise erst anzubieten, wenn der Gegner den Hauptbeweis angetreten hat.

Dies kann nicht für diejenigen Fälle gelten, in denen die **Beweisführungslast zweifelhaft** ist. Vorsorglich sollten für entscheidungserhebliche (bestrittene) Punkte, bei welchen die Beweislast unklar ist, Beweise angeboten werden (BGH NJW 1995, 521, 522: Rechtsanwalt muss im Zweifel die Beweislast seines eigenen Mandanten in Rechnung stellen), nicht zuletzt wegen der eingeschränkten Möglichkeit, diese noch in der Berufungsinstanz nachzureichen. Abgesehen davon können die Beweise erforderlichenfalls auch für den Gegenbeweis herangezogen werden. 937

> Vor allem wenn der ausnahmsweise nicht beweisbelastete Kläger Beweismittel anbietet, sollte z. B. mit dem üblichen Zusatz »unter Verwahrung gegen die Beweislast« deutlich gemacht werden, dass die Beweislast beim Gegner liegt. Vor allem wenn der Beklagte überhaupt keine Beweismittel angegeben hat, kann es passieren, dass das Gericht fälschlicherweise den Kläger für beweisbelastet hält und hierauf sein Urteil stützt. Wenn indes der Gegner zahlreiche Beweise angeboten hat, darf der Anwalt sich nicht dazu verleiten lassen, ohne Weiteres von dessen Beweislast auszugehen und eigene Beweisanträge unterlassen.
>
> Wie das Gericht die Beweislastverteilung und Beweisbedürftigkeit beurteilt, ist normalerweise aus dem Beweisbeschluss zu erkennen. Dies bietet die Chance, bislang unterlassene Beweisanträge (insbesondere zum Gegenbeweis) nachzutragen und auf eine etwaige Unrichtigkeit der gerichtlichen Beweislastverteilung hinzuweisen.
>
> In der Praxis indes wird der Beweisbeschluss von den Anwälten erfahrungsgemäß relativ selten überprüft. Wird dann erst in oder nach der Verhandlung reagiert, ist es in der Regel für weitere Beweisanträge zu spät (§§ 296, 296a ZPO). Möglicherweise kann auch der Gegner Nutzen aus einer eigentlich unzulässigen Beweisaufnahme ziehen und sich z. B. dessen Ergebnis zu eigen machen (unten Rdn. 917).

Wird ein Beweis erst angeboten, nachdem bereits Termin bestimmt ist, empfiehlt es sich, deren Berücksichtigung sicherzustellen. Hierzu kann beim Gericht besonders nachgefragt oder – besser – das Beweismittel zum Termin gestellt werden. Urkunden, Augenscheinsobjekte, die zu vernehmende 938

cc) Ausforschungsbeweis und »Behauptung ins Blaue hinein«

939 Wird die zu beweisende Tatsache nicht hinreichend bestimmt vorgetragen, ist die Beweisaufnahme grundsätzlich unzulässig (Prütting/Gehrlein/*Laumen* § 284 Rn. 39; Thomas/Putzo/*Reichold* § 284 Rn. 3). Dies gilt insbesondere, wenn die vorzutragende Tatsache durch die Beweisaufnahme erst ermittelt werden oder eine Erkenntnisquelle erschlossen werden soll (»**Beweisermittlungsantrag**« oder »**Ausforschungsbeweis**«).

> Ein solcher kann auch dann als gegeben angesehen werden, wenn dem Beweisantrag ein widersprüchlicher Sachvortrag zugrunde liegt (LG Köln NJW-RR 2000, 132). Besonders dann, wenn Negativtatsachen in das Wissen eines Zeugen gestellt werden, liegt die Annahme eines Beweisermittlungsantrages nahe (BGH NStZ-RR 2005, 78).

940 Eine Zurückweisung kann in vielen Fällen durch bloße Änderung der **Formulierung des Beweisantrages** vermieden werden, z. B. »dass« etwas, und nicht »ob« etwas geschehen ist. Beweisthemen sind somit als Behauptungen zu formulieren und nicht als Fragen. Zulässig ist es, eine tatsächliche Aufklärung auch hinsichtlich solcher Punkte zu verlangen, über welche die Partei kein zuverlässiges Wissen besitzt und auch nicht erlangen kann.

> Es ist deshalb – ohne Verletzung der Wahrheitspflicht – zulässig, auch eine nur vermutete Tatsache, welche man für wahrscheinlich hält, zu behaupten und unter Beweis zu stellen (BGH NJW-RR 1988, 1529; NJW-RR 1999, 361; einschränkend Zöller/*Greger* Vor § 284 Rn. 5), insbesondere wenn die Kenntnis von Einzeltatsachen nur bei einem Sachkundigen vorhanden ist (BGH NJW 2000, 2814; BGH NJW 2003, 1400 – vor allem bei medizinischen Fragen).

941 Unzulässig ist ein Beweisantritt auch, wenn er sich zwar auf eine bestimmt formulierte Behauptung bezieht, diese aber von der Partei erkennbar willkürlich und ohne konkreten Anhaltspunkt aufgestellte wurde. Eine solche »**Behauptung ins Blaue hinein**« ist regelmäßig unbeachtlich (BGH NJW 1995, 2111; BGH NJW-RR 1995, 722; OLG Köln MDR 1992, 79).

> Dennoch muss es einer Partei möglich sein, Aufklärung über auch über Tatsachen zu erreichen, die ihr nicht sicher bekannt sind. Während ein Teil der Literatur hierzu das Verbot des Ausforschungsbeweises einschränkt und diesen für zulässig erachtet, wenn er sich auf Tatsachen bezieht, die der Partei nicht bekannt sein können, schränkt die h. M. den Anwendungsbereich der Behauptung ins Blaue hinein ein und legt die genannten Voraussetzungen restriktiv aus (BGH NJW 1988, 2100, 2101; BGH NJW 1988, 60; OLG Köln NJW-RR 1992, 572; zur Kritik hieran Baumgärtel MDR 1995, 987). Erforderlich ist es danach, die unbekannte Tatsache in die Form einer positiven Behauptung zu kleiden.
>
> Unzulässig ist die »Behauptung ins Blaue hinein« damit nur in den Fällen, wo sie »aufs Geratewohl gemacht«, »erkennbar aus der Luft gegriffen« ist, »die Partei selbst nicht an deren Wahrheit glaubt« und sich die Behauptung deshalb offensichtlich als »Willkür« und »Rechtsmissbrauch« darstellt (z. B. Ungereimtheiten und Auffälligkeiten des gegnerischen Vortrags; Thomas/Putzo/*Reichold* § 284 Rn. 3, BGH NJW-RR 1996, 1212; BGH NJW-RR 2000, 208; BGH NJW-RR 2002, 1433; OLG Köln NJW-RR 1999, 1154: unbeachtlich bei rein spekulativen Vorbringen bzw. Fantasien der Parteien).
>
> Bei der Annahme von (offensichtlicher) Willkür oder Rechtsmissbrauch in diesem Sinne ist jedoch Zurückhaltung geboten; in der Regel wird nur das Fehlen jeglicher tatsächlicher Anhaltspunkte für das Vorliegen des behaupteten Sachverhalts diese rechtfertigen können (BGH NJW-RR 1999, 361; OLG München MDR 2000, 1096). Nur in Zweifelsfällen hat die Partei die Anhaltspunkte oder ihre Erkenntnisquelle darzulegen (BGH NJW-RR 2002, 1433, 1435).
>
> Ein Rechtsmissbrauch liegt nicht vor, wenn der Beweisführer plausible Anhaltspunkte für seine (vermutete) Darstellung bringt. Solche gilt es deswegen vorzutragen, wenn (etwa weil der Beklagte diese Auffassung vertreten hat) die Gefahr besteht, dass das Gericht den eigenen Vortrag als Behauptung ins Blaue hinein behandelt.

B. Die Verfahrenseinleitung im allgemeinen Klageverfahren (Klageschrift)   4. Kapitel

dd) Beweiserleichterungen

Besonderheiten können sich ergeben, wenn die Partei ihren Vortrag nicht im regulären Strengbeweisverfahren beweisen, sondern eine Beweiserleichterung für sich in Anspruch nehmen will (dazu unten Rdn. 1546; *Baumgärtel/Laumen/Prütting* Bd. 1, §§ 7 ff.). 942

(1) Eine **offenkundige Tatsache** (§ 291 ZPO) bedarf des Beweises nicht, in diesem Fall braucht weder Beweis angetreten noch etwas zu den Umständen der Offenkundigkeit vorgetragen zu werden. 943

> Nicht immer sollte indes darauf vertraut werden, dass das Gericht die Tatsache als offenkundig behandelt. Teilt das Gericht die Auffassung des Klägers von der Allgemeinkundigkeit nicht, will Erkenntnisse aus anderen Verfahren für das vorliegende nicht als gerichtskundig behandeln oder vertritt eine andere Auffassung zu registerkundigen Tatsachen, läuft der Kläger rasch Gefahr, als beweisfällig behandelt zu werden. Zu empfehlen ist es deswegen, die eigene Annahme der Offenkundigkeit darzulegen oder hilfsweise Beweis anzubieten.

(2) Bei **Beweisverlagerungen** müssen in jedem Fall die Umstände angegeben werden, aus denen auf die Haupttatsache geschlossen werden soll. Darüber hinaus empfiehlt es sich, die beabsichtigte Beweiserleichterung zu bezeichnen, ggf. zu deren Voraussetzungen vorzutragen. Dabei müssen unterschieden werden: 944

– Wird eine Tatsache **gesetzlich vermutet**, braucht sie zwar nicht vorgetragen zu werden, weil die Vermutung auch die Darlegung ersetzt. Da der Vortrag der Haupttatsache jedoch nicht ausgeschlossen ist, sollte dies sicherheitshalber geschehen. Vorgetragen werden muss der Vermutungstatbestand. Dieser muss, um die Vermutung tragen zu können, unstreitig bleiben oder seinerseits bewiesen werden, sodass es insoweit eines Beweisantritts bedürfen kann. 945

> Die Vermutung ist widerleglich. Für den Gegner besteht deswegen die Möglichkeit, das Nichtvorliegen der vermuteten Tatsache unter Beweis zu stellen (§ 292 ZPO).

– Beim **Indizienbeweis** sind sowohl die Haupttatsache als auch die Hilfstatsachen vorzutragen. Da die in Betracht kommende Schlussfolgerung oft nicht ohne Weiteres ersichtlich ist, sollte erläutert werden, was die Partei aufgrund der Indizien für erwiesen hält (auch Zöller/*Greger* § 286 Rn. 9a: der Zusammenhang muss beim Beweisantritt schlüssig dargelegt werden). Wird der Schluss von den Hilfstatsachen auf die Haupttatsache auf Erfahrungssätze oder logische Prinzipien gestützt, kann es helfen, diese offen zu legen. 946

> Der Vortrag der Hilfstatsachen muss dabei so umfassend und detailreich wie möglich sein, da jede weitere Hilfstatsache die Wahrscheinlichkeit für die Überzeugung des Gerichts von der Haupttatsache erhöht. Auch müssen die Hilfstatsachen – soweit sie nicht unstreitig bleiben – bewiesen werden.

> Da beim Indizienbeweis (anders als bei den gesetzlichen Vermutungen) nicht der Beweis des Gegenteils erforderlich ist, sondern der bloße Gegenbeweis ausreicht, kann es für den Gegner bereits genügen, einzelne Indizien zu widerlegen oder weitere, gegen die Schlussfolgerung auf die Haupttatsache sprechende Indizien vorzutragen.

– Der **Anscheinsbeweis** gelingt nur bei »typischen« Sachverhalten, also solchen, die in einer Vielzahl von Fällen regelmäßig, gewöhnlich und üblich ablaufen. Um den vorzutragenden Sachverhalt als solch typischen darzustellen, bedarf es einer Darlegung seiner typischen Bestandteile, nicht jedoch zusätzlicher Besonderheiten. Jedes individuelle Detail des Falles birgt die Gefahr, dass der Fall seine Typizität verliert und als Einzelfall wahrgenommen wird. Deswegen gilt es, möglichst wenig Einzelheiten darzustellen. 947

> Praktisch zu empfehlen ist der Vortrag der Haupttatsache und ihre Begründung durch den Erfahrungssatz, auf den der Anscheinsbeweis gestützt wird. Für den Gegner genügt es bereits, die Vermutung zu erschüttern, indem die Typizität des Falles widerlegt wird.

948 ▶ **Praxistipp:**

> Der grundsätzliche Unterschied in der tatsächlichen Begründung zwischen Indizien- und Anscheinsbeweis macht es erforderlich, sich schon bei der Klageerhebung für eine dieser beiden Beweisformen zu entscheiden.

949 (3) Für das **Freibeweisverfahren** sollte es besonderer Darlegung nicht bedürfen. Dies gilt auch für die **Glaubhaftmachung**.

> In beiden Fällen ist die Führung des Beweises mit einem der regulären Beweismittel möglich. Dann erfolgt ein normaler Beweisantritt. Soll eine eidesstattliche Versicherung herangezogen werden, muss diese abgegeben bzw. vorgelegt werden, auf andere Erkenntnismöglichkeiten im Freibeweis ist hinzuweisen.
>
> Kann bei der Glaubhaftmachung die volle Überzeugung des Gerichts nicht herbeigeführt werden, bietet es sich an, besonders darauf hinzuweisen, dass hier die bloß überwiegende Wahrscheinlichkeit bereits genügt.

950 (4) Soll das Gericht die Höhe eines Schadens **schätzen** (§ 287 ZPO), bedarf es des Vortrags sog. »Schätzungstatsachen«, d. h. von Tatsachen, deren es zur Schätzung bedarf.

> Geht es, wie meist, um eine Schätzung der Schadenshöhe, können dem Gericht Anhaltspunkte für die Bemessung geliefert werden (Vergleichsgrößen, Berechnungsmethoden). Sinnvoll sein kann ein Hinweis darauf, ob die Einholung eines Sachverständigengutachtens oder die Vernehmung des Beweisführers konkrete Anhaltspunkte für eine Schätzung ergeben kann (§ 287 Abs. 1 Satz 2, 3 ZPO). Für Schätzungen bei sonstigen vermögensrechtlichen Ansprüchen kann es erforderlich sein, zusätzlich auf die mit einer vollständigen Aufklärung verbundenen Schwierigkeiten hinzuweisen.

951 (5) Im Fall der **Beweisvereitelung** muss die Vereitelung durch den Gegner dargelegt werden. Dabei sollten besonders die auf das Verschulden hindeutenden Umstände (einfache oder grobe Fahrlässigkeit, bedingter oder direkter Vorsatz) herausgestellt werden, da diese für die daraus herleitbaren Beweiserleichterungen von Bedeutung sind.

> Da das Gericht bei der anzuwendenden Beweiserleichterung ein Ermessen hat, sollte dargetan werden, wie die Partei den Beweis dennoch führen könnte (Glaubhaftmachung, eigene Parteivernehmung), um auch in den Fällen, in denen es nicht zu einer Umkehr der Beweislast kommt, beweisrechtlich zu profitieren.

952 (6) Eine echte **Umkehr der Beweislast** kommt praktisch nur sehr selten vor. Wenig Erfolg verspricht es, eine solche Umkehr für den vorliegenden Einzelfall zu postulieren, besser ist es, aufzuzeigen, dass er einer Fallgruppe zugehört, für die Rechtsprechung eines solche Beweiserleichterung bereits zugelassen hat.

953 (7) Im Fall **gewillkürter Beweiserleichterungen** müssen Umstände und Inhalt der Beweisvereinbarung dargelegt werden.

> Gewillkürte Beweiserleichterungen werden nicht von Amts wegen, sondern nur auf Einrede hin berücksichtigt. Dazu indes genügt (im Wege der Auslegung) die Darstellung der Vereinbarung, einer förmlichen Rüge oder Einrede bedarf es nicht, schaden kann eine solche jedoch nicht.

ee) Taktische Hinweise

954 Der Beweisantrag sollte **im Schriftsatz** gleich mit der Tatsachenbehauptung verbunden und hervorgehoben werden.

> Für jedes Beweisthema sollte zweckmäßigerweise ein gesonderter Absatz verwendet werden.
>
> Bei einer übertriebenen Verwendung von Absätzen indes besteht die Gefahr, dass das Gericht den Beweisantrag als nur auf den letzten Absatz bezogen ansieht. Hierbei ist es sicherer, den Beweisantrag mehrmals zu wiederholen. Zur Vermeidung von Unklarheiten sollte das Beweisangebot immer unterhalb der streitigen Behauptung bzw. des jeweiligen Absatzes stehen. Dabei ist gegen die übliche, abkürzende Bezeichnung »Beweis: Zeuge X, b.b.« bei wiederholten Beweisanträgen grundsätzlich nichts einzuwenden, sofern dann auch tatsächlich der Zeuge mit ladungsfähiger Anschrift vorher »bereits benannt« wurde. Bei umfangreicheren oder weiteren Schriftsätzen empfiehlt sich zur Vermeidung von Unklarheiten allerdings, das Beweismittel jeweils vollständig anzugeben. Dies gilt besonders bei der Formulierung »Beweis a. a. O.« oder »Beweis, wie

vor« (OLG Celle NJW-RR 1992, 703: ist ausreichend, wenn diese Angabe sich auf einen vorher ausformulierten Beweisantritt bezieht.).

Mit dem Beweisantrag kann man eigentlich **abwarten**, bis der Gegner bestreitet. Dieser braucht seinerseits den Gegenbeweis erst dann anzutreten, wenn die andere Partei Beweis für ihre Behauptungen angeboten hat (Baumbach/*Hartmann* § 282 Rn. 7; kein Verstoß gegen §§ 282, 296 Abs. 2 ZPO). 955

> Zum einen erspart man sich damit viel unnötige Arbeit, zum anderen läuft man nicht Gefahr, eigene Beweisantritte auf für die Beweisaufnahme noch nicht hinreichend substantiierte Tatsachenbehauptungen zu beziehen.
>
> Gegen eine solche Vorgehensweise kann sprechen, dass eine Klageschrift ohne Beweisantritte beim Gericht und möglicherweise auch beim Gegner den Eindruck einer »schwachen« Prozessposition vermittelt. In manchen Fällen kann der vorweggenommene Beweisantritt auch dazu führen, dass der Gegner diesen Punkt gar nicht (mehr) bestreitet. Zudem besteht die Gefahr, dass ein nachgeschobener Beweisantritt vom Gericht als verspätet angesehen und präkludiert wird.
>
> Deshalb sollten zumindest diejenigen Tatsachen, deren Bestreiten zu erwarten ist, sicherheitshalber gleich (in der Klageschrift bzw. in der Klageerwiderung) unter Beweis gestellt werden. Die Notwendigkeit eines Beweises kann sich aus der Vorkorrespondenz oder aus der allgemeinen Prozesserfahrung ergeben (regelmäßig bestritten wird z. B. die Schadenshöhe oder die Ortsüblichkeit des Werklohns). Gegenbeweis sollte am besten sogleich mit dem jeweiligen Erwiderungsschriftsatz angeboten werden.

Regelmäßig ist es sinnvoll, **keine überflüssigen Beweisanträge** zu stellen. Deswegen sollte man vermeiden, mehr oder weniger für alles, auch für absolut unstreitiges oder unerhebliches Vorbringen, Beweisanträge zu stellen. 956

> Zu viele überflüssigen Beweisanträge können dazu führen, dass die Beweisanträge vom Gericht insgesamt mit weniger Sorgfalt gelesen und relevante Beweisanträge übersehen werden.
>
> Umgekehrt können möglichst viele Beweisanträge bereits in der Klageschrift den Gegner beeindrucken und von unnötigem Bestreiten abhalten. Sie vereinfachen und beschleunigen dann das Verfahren.

Sinnvoll kann es sein, **nur den stärksten Beweis**, den »sichersten« Zeugen zu benennen. 957

> Sofern man zu viele Zeugen angibt, besteht die Gefahr von Widersprüchen in deren Aussagen und der Erzeugung eines gewissen Unmuts beim Richter, insbesondere wenn einige der Zeugen zum Beweisthema überhaupt nichts aussagen können. Zudem kann das Gericht geneigt sein, zu versuchen – z. B. mittels erhöhter Anforderungen an den Substantiierungsgrad des unter Beweis gestellten Tatsachenvortrags –, den Rechtsstreit möglichst ohne deren Vernehmung beenden zu können. Denn sonst müsste es u. U. sämtliche angebotenen Zeugen vernehmen (Grundsatz der Erschöpfung der Beweismittel!).
>
> Auch bemisst sich der Beweiswert von Zeugenaussagen grundsätzlich weniger nach der Zahl der vernommenen Zeugen, als nach ihrer persönlichen und sachlichen Verlässlichkeit (BGH MDR 1961, 249 Nr. 117).
>
> Wenn sich allerdings die Aussagen der Zeugen als wenig ergiebig erweisen und man erst dann die Vernehmung weiterer Zeugen beantragt, kann man mit diesen ausgeschlossen sein (LG Schwerin NJW-RR 2003, 1292; §§ 282, 296 Abs. 2 ZPO).
>
> Keinesfalls darf man einzelne Beweismittel für das Berufungsverfahren aufsparen (§ 531 Abs. 2 ZPO; *Stackmann* 2002, 781: gelegentlich zu beobachtende Prozesstaktik).

Auch sollte die **Beweisergiebigkeit** deutlich gemacht, also mitgeteilt werden, warum der angebotene Zeuge überhaupt etwas zu dem Beweisthema bekunden und den Sachvortrag bestätigen können soll (z. B. Anwesenheit am Unfallort oder beim Vertragsabschluss). 958

> Denn wenn der Beweisantrag nicht erkennen lässt, weshalb der Zeuge überhaupt etwas zu dem Beweisthema bekunden können soll, besteht die Gefahr, dass dieser Antrag vom Gericht abgelehnt wird (insbesondere wegen sog. fehlender Konnexität; Beweisantizipation, Annahme von Willkür oder weil der Beweisantrag als bloßer Ausforschungsbeweis angesehen wird; oben Rdn. 939).

959 **Gegenbeweise** sollten erst angeboten werden, wenn der Hauptbeweis durch den Gegner bereits angetreten wurde. Bestehen Zweifel über die Beweisführungslast, muss als sicherster Weg Beweis angetreten werden (oben Rdn. 937).

960 Im Einzelfall kann es sich empfehlen, Beweisanträge zu **wiederholen**.

> Insbesondere in länger andauernden oder umfangreichen Prozessen ist nicht auszuschließen, dass das Gericht einen Beweisantrag übersieht oder »vergisst«. Eines wiederholenden Hinweises bedarf es spätestens, wenn der Beweisantritt in einem Beweisbeschluss oder einer terminsvorbereitenden Verfügung unberücksichtigt geblieben ist.
>
> Ein solcher Hinweis kann auch dazu führen, dass das Gericht auf den Grund der Nichterhebung des Beweises hinweist. Im Regelfall nämlich begründet das Gericht die Ablehnung von Beweisanträgen nicht, erst aus dem Urteil ist dann erkennbar, woran die Beweiserhebung gescheitert ist. In erkennbar zweifelhaften Fällen kann es sich empfehlen, das Gericht konkret zu fragen, ob etwaige rechtliche Bedenken gegen den Beweisantrag bestehen. Ergibt sich so ein Mangel im Beweisantritt, hat die Partei meist noch die Möglichkeit, den Antrag nachzubessern.
>
> Sofern das Gericht einen relevanten Beweisantrag nicht beachtet, kann der Zeuge noch im Termin mitgebracht werden. Dies bietet die Chance, dass er dann doch noch vernommen wird.

961 Wegen der drohenden Zurückweisung als verspätet praktisch nur selten erfolgreich wird die im Strafprozess geübte Praxis sein, nach der Beweisaufnahme weitere **Hilfsbeweisanträge** (»affirmative Beweisanträge«) für den Fall zu stellen, dass das Gericht nicht bereits aufgrund der bisherigen Beweisaufnahme von einem bestimmten Ergebnis ausgeht.

> Hierzu stellt die Partei für sie günstige Sachverhalte durch bislang noch nicht herangezogene Beweismittel unter Beweis, die nach ihrer Auffassung bereits feststehen. Lehnt das Gericht den Beweisantrag dann als bereits bewiesen ab oder unterstellt es die behaupteten Tatsachen als wahr, so kann es diese im Urteil praktisch nicht mehr übergehen.

d) Rechtsausführungen

aa) Grundsatz

962 Rechtsausführungen sind für die Klagebegründung nicht vorgeschrieben, denn »die Kenntnis des allgemein gültigen, in Deutschland geltenden deutschen Rechts wird vom deutschen Richter bedingungslos gefordert« (Prütting/Gehrlein/*Laumen* § 293 Rn. 1). Der dies umschreibende historische Ausspruch »jura novit curia« (»Die Kurie [das Gericht] kennt ihr/das Recht«) mag zwar für das 19. Jahrhundert mit noch relativ überschaubarer Gesetzeslage und Rechtsprechungsstand noch zutreffend gewesen sein, kann aber im gegenwärtigen Zeitalter keine unbedingte Geltung mehr beanspruchen.

> Auch wenn die Gerichte über den Streitgegenstand unter allen in Betracht kommenden rechtlichen Gesichtspunkten von Amts wegen zu entscheiden haben, kann man nicht in jedem, insbesondere rechtlich kompliziert gelagerten und etwa zivilrechtliche Nebengebiete betreffenden Fall davon ausgehen, dass das Gericht das Recht (umfassend) kennt und auch zutreffend anwendet. Wird ein für eine große Vielzahl von Fällen zuständiger Richter an einem kleinen, sachlich schlecht ausgestatteten Gericht mit rechtlichen Spezialfragen aus selten vorkommenden Nebengebieten (etwa dem Versicherungs-, Transport- oder Baurecht) konfrontiert, fehlt ihm hierzu nicht nur die erforderliche Erfahrung, sondern auch die Zeit und die Möglichkeit, sich hier ausreichend einzuarbeiten. Zumindest in diesen Fällen kann der Anwalt davon ausgehen, dass der Richter Rechtsausführungen nicht als anmaßende Belehrung ansieht, sondern vielmehr als willkommene Hilfe begrüßt.

963 ▶ **Praxistipp:**

> Der Vortrag von Rechtsausführungen kann ein wirksames Mittel darstellen, den Ausgang des Rechtsstreits entscheidungserheblich zu beeinflussen.

Freilich darf man die Bedeutung von Rechtsfragen nicht überschätzen. Häufig ist es in der Praxis wichtiger, die tatsächlichen Besonderheiten des einzelnen Falles deutlich herauszustellen. »Eine Flut von Zitaten und Fundstellen« ist erst in Verbindung mit dem konkreten Fall interessant (Baumbach/*Hartmann* § 321a Rn. 26; *Doms* NJW 2002, 778: 90 % der anwaltlichen Arbeit entfallen [oder sollten zumindest] auf die Ermittlung und Darstellung des Sachverhalts und nur 10 % auf die Erörterung von Rechtsfragen).

bb) Pflicht zum Vortrag von Rechtsansichten

Der alte römisch-rechtliche Grundsatz »**da mihi facta, dabo tibi ius**« (»Du gibst mir die Tatsachen, ich gebe dir das Recht«) gilt heute nur noch insoweit, als das Gericht an die von den Parteien vorgetragenen Rechtsansichten nicht gebunden ist. Dass die Parteien zum Vortrag von Rechtsansichten nicht verpflichtet oder gar nicht berechtigt wären, kann daraus nicht (mehr) abgeleitet werden. 964

Der **Anwalt** schuldet seinem Mandanten nicht bloß die formal fehlerfreie Vornahme erforderlicher Prozesshandlungen. Er ist vielmehr **verpflichtet**, zu versuchen, das Gericht zu einer für seinen Mandanten günstigen Entscheidung zu bewegen. Dazu ist es erforderlich, sowohl die tatsächlichen und als auch die rechtlichen Grundlagen so umfassend wie möglich vorzutragen und dafür zu sorgen, dass sie vom Gericht berücksichtigt werden (BGH NJW 2009, 987). Darüber hinaus ist der Anwalt verpflichtet, das Gericht von seiner Rechtsansicht zu überzeugen (BGH WuM 2008, 602). 965

»Ein Rechtsanwalt ist kraft des Anwaltsvertrages verpflichtet, die Interessen seines Auftraggebers in den Grenzen des erteilten Mandats nach jeder Richtung umfassend wahrzunehmen. Er hat, wenn mehrere Maßnahmen in Betracht kommen, diejenige zu treffen, die die sicherste und gefahrloseste ist, und wenn mehrere Wege möglich sind, um den erstrebten Erfolg zu erreichen, den zu wählen, auf dem dieser am sichersten erreichbar ist. Gibt die rechtliche Beurteilung zu begründeten Zweifeln Anlass, so muss er auch die Möglichkeit in Betracht ziehen, dass sich die zur Entscheidung berufene Stelle der seinem Auftraggeber ungünstigeren Beurteilung der Rechtlage anschließt. Im Prozess ist er verpflichtet, den Versuch zu unternehmen, das Gericht davon zu überzeugen, dass und warum seine Auffassung richtig ist. [Im Übrigen] ... hat der RA seinen Mandanten vor voraussehbaren Fehlentscheidungen durch Gerichte und Behörden zu bewahren. Welche konkreten Pflichten aus diesen allgemeinen Grundsätzen abzuleiten sind, richtet sich nach dem erteilten Mandat und den Umständen des Falles.« (BGH NJW 2006, 3494, 3495).

Die Verpflichtung zum Vortrag von Rechtsansichten umfasst damit grundsätzlich die **Darlegung der rechtlichen Erwägungen**, aus denen heraus der Anwalt die seinen Antrag für gerechtfertigt hält. 966

Der Klägervertreter muss eine Anspruchsgrundlage benennen und dartun, warum deren Voraussetzungen vorliegen. Der Beklagtenvertreter ist zu Rechtsansichten nur verpflichtet, wenn seine Verteidigung über das bloße Bestreiten hinausgeht, wenn als Gegenrechte (Einwendungen, Einreden) geltend gemacht werden.

Die Verpflichtung zum Vortrag von Rechtsansichten umfasst zudem die Pflicht, einen absehbaren **Fehler des Gerichts nach Möglichkeit abzuwenden**. Absehbar werden kann der drohende Fehler durch Hinweise, Rechtsausführungen des Gerichts in der mündlichen Verhandlung oder durch Zwischenentscheidungen. 967

Dazu muss das Gericht auf seinen Fehler hingewiesen werden. Übersehene Rechtsnormen, fehlende Normvoraussetzungen, die Auslegung gesetzlicher Vorgaben durch die höchstrichterliche Rechtsprechung sind aufzuzeigen.

Hieran kann die Entsprechung zu der richterlichen Hinweispflicht aus § 139 ZPO gesehen werden: Das Gericht hat den Anwalt auf erkennbar übersehene rechtliche Gesichtspunkte hinzuweisen, hat darauf hinzuwirken, dass ein sachdienlicher Antrag gestellt und dazu ausreichend vorgetragen wird. Gericht und Anwalt sind gehalten, nicht nur einen formal einwandfreien Ablauf des Verfahrens zu gewährleisten, sondern nach Möglichkeit eine richtige, »gerechte« Entscheidung herbeizuführen.

Dabei ergibt sich die Pflicht des Anwalts nicht aus seiner Stellung als Organ der Rechtspflege, sondern aus seinem Vertrag mit dem Mandanten, aus dem er verpflichtet ist, »alles« zu tun, was erforderlich ist, um das Prozessziel zu erreichen. Sind Rechtsausführungen dazu erforderlich, werden sie auch geschuldet.

Genügt der bloße Vortrag von Tatsachen, um das Prozessziel zu erreichen, besteht eine Notwendigkeit zum Vortrag von Rechtsansichten nicht. Grundsätzlich wird der Anwalt darauf vertrauen 968 dürfen, dass das Gericht das einschlägige Recht allein finden und richtig auf den Fall anwenden wird. Ist ein Fehler nicht absehbar, stellt das Unterlassen von Rechtsausführungen damit keine Pflichtverletzung dar.

> Bereits in der Klageschrift/Klageerwiderung dürfte eine entsprechende Verpflichtung nur hinsichtlich entlegener und mit Standardhilfsmitteln (gebräuchliche Kommentare und verbreitete Fachzeitschriften) nicht zu ermittelnde Rechtsfragen bestehen.

> Werden Fehler des Gerichts absehbar, muss der Anwalt eine Gelegenheit zur Darlegung des eigenen Rechtsstandpunktes einfordern (Antrag auf Verfahrensunterbrechung, Terminsvertagung oder Schriftsatznachlass; BGH a. a. O.) und durch eigene Rechtsausführungen, Hinweise auf einschlägige Normen oder Rechtsprechung versuchen, das Gericht hiervon abzubringen.

969 Gelegentlich wird diese Verpflichtung des Anwalts unzutreffend als »**Haftung des Anwalts für Fehler des Gerichts**« bezeichnet.

> Behauptet wird, der Anwalt müsse nicht nur juristisch allwissend, sondern auch klüger als das Gericht sein und diesem notfalls Rechtsbelehrung erteilen (kritisch *E. Schneider* MDR 1998, 69, 72; *ders.* NJW 1998, 3695), erforderlich sei gewissermaßen ein »juristischer Supermann« (*Rinsche*, Haftung Rn. I 72).

> Selbst das Bundesverfassungsgericht hat sich dieser Kritik zunächst nicht verschlossen: »Verfassungsrechtlich bedenklich ist allerdings die Auffassung des BGH (NJW 2002, 1048), dass rechtsfehlerhaftes Unterlassen eines Gerichts, das die Folgen eines anwaltlichen Fehlers perpetuiert, obwohl ihr Eintritt durch prozessordnungsgemäße Beweisaufnahme hätte verhindert werden können, haftungsrechtlich unbeachtlich ist. ... Vorliegend hätte sich dem BGH die Frage aufdrängen müssen, ob in die Berufsausübungsfreiheit eines Rechtsanwaltes eingegriffen wird, wenn er für eine missverständliche Formulierung haftbar gemacht wird, obwohl sie bei fehlerfreiem Verhalten des Gerichts nicht zum Schadenseintritt geführt hätte. Auch wenn eine Amtshaftung wegen des Richterprivilegs regelmäßig ausscheidet, legitimiert dies nicht die Haftungsverschiebung zulasten der Rechtsanwälte, ohne in Rechnung zu stellen, dass hierbei deren Grundrechte berührt werden. Auch als »Organe der Rechtspflege« (§ 1 BRAO) haften die Rechtsanwälte nicht ersatzweise für Fehler der Rechtsprechung, nur weil sie haftpflichtversichert sind. ... Rechtskenntnis und -anwendung sind vornehmlich Aufgabe der Gerichte. Fehler der Richter sind – soweit möglich – im Instanzenzug zu korrigieren. Soweit dies aus Gründen des Prozessrechts ausscheidet, greift grundsätzlich nicht im Sinne eines Auffangtatbestandes die Anwaltshaftung ein. Kein Rechtsanwalt könnte einem Mandanten mehr zur Anrufung der Gerichte raten, wenn er deren Fehler zu verantworten hätte. Nach der ZPO treffen die Gerichte Hinweis- und Belehrungspflichten. Die Parteien und ihre Anwälte ... tragen im Wesentlichen Verantwortung hinsichtlich des ... Sachverhaltes und der Antragstellung ... Die Gerichte sind verfassungsrechtlich nicht legitimiert, den Rechtsanwälten auf dem Umweg über den Haftungsprozess auch die Verantwortung für die richtige Rechtsanwendung zu überbürden.« (BVerfG NJW 2002, 2937, 2938).

970 Dabei wird nach Auffassung des BGH verkannt, dass der Anwalt nicht für einen Fehler des Gerichts, sondern für einen **eigenen Fehler** haftet. Dass daneben auch ein Fehler des Gerichts vorliegt, ändert an der Pflichtverletzung des Anwalts seinem Mandanten gegenüber nichts. Unbefriedigend – wenn auch sowohl gesetzlich (BGH NJW 2010, 73 mit Anm. Römermann NJW 2010, 21; BGH NJW 2009, 987) als auch verfassungsrechtlich (BVerfG NJW 2009, 2945) legitim – mag es sein, dass die an sich nebeneinanderstehende Haftung von Anwalt und Gericht wegen des Haftungsprivilegs aus § 839 Abs. 2 BGB praktisch nur den Anwalt (bzw. seine Haftpflichtversicherung) alleine trifft.

971 Der Anwalt muss damit nicht »klüger sein als der Richter«, ggf. sogar als ein Kollegialgericht. An die Rechtskenntnis von Richtern und Anwälten werden grundsätzlich die gleichen Anforderungen gestellt.

> »Unterlässt es der Berufungsanwalt, auf ein die Rechtsauffassung seines Mandanten stützendes Urteil des Bundesgerichtshofs hinzuweisen, und verliert der Mandant deshalb den Prozess, wird der Zurechnungszusammenhang zwischen dem Anwaltsfehler und dem dadurch entstandenen Schaden nicht deshalb unterbrochen, weil auch das Gericht die Entscheidung des Bundesgerichtshofs übersehen hat.

> Nach gefestigter Rechtsprechung des Bundesgerichtshofs ist der mit der Prozessführung betraute Rechtsanwalt seinem Mandanten gegenüber verpflichtet, dafür einzutreten, dass die zugunsten des Mandanten sprechenden tatsächlichen und rechtlichen Gesichtspunkte so umfassend wie möglich ermittelt und bei der

Entscheidung des Gerichts berücksichtigt werden (BGH NJW 1988, 3013, 3016; NJW 1996, 2648, 2650; WM 2007, 1425, 1426 f Rn. 14; ZMR 2008, 602; Zugehör NJW 2003, 3225, 3226 unter 2a). Zwar weist die Zivilprozessordnung die Entscheidung und damit die rechtliche Beurteilung des Streitfalles dem Gericht zu; dieses trägt für sein Urteil die volle Verantwortung. Es widerspräche jedoch der rechtlichen und tatsächlichen Stellung der Prozessbevollmächtigten in den Tatsacheninstanzen, würde man ihre Aufgabe allein in der Beibringung des Tatsachenmaterials sehen. Der Möglichkeit, auf die rechtliche Beurteilung des Gerichts Einfluss zu nehmen, entspricht im Verhältnis zum Mandanten die Pflicht, diese Möglichkeit zu nutzen. Mit Rücksicht auf das auch bei Richtern nur unvollkommene menschliche Erkenntnisvermögen und die niemals auszuschließende Möglichkeit eines Irrtums ist es Pflicht des Rechtsanwalts, nach Kräften dem Aufkommen von Irrtümern und Versehen des Gerichts entgegenzuwirken (BGHZ 174, 205, 210 Rn. 15; BGH NJW 1974, 1865, 1866). Dies entspricht auch dem Selbstverständnis der Anwaltschaft (§ 1 Abs. 3 BORA).

Entgegen der Ansicht der Beklagten ist eine Kausalität zwischen der Pflichtverletzung des Anwalts und dem Schaden nicht deshalb ausgeschlossen, weil das Gericht »eigenverantwortlich« und »autonom« entschieden hat. Von einem fehlenden Kausalzusammenhang könnte man ausgehen, wenn das Gericht die Rechtsprechung des Bundesgerichtshofs gesehen, aber bewusst unberücksichtigt gelassen hätte oder bewusst von ihm abgewichen wäre.« (BGH NJW 2009, 987).

cc) Taktische Überlegung zum Vortrag von Rechtsansichten

Sind **Rechtsausführungen** nicht zwingend erforderlich, ist also insbesondere ein Fehler des Gerichts nicht absehbar, stellt das Unterlassen von Rechtsausführungen damit keine Pflichtverletzung dar. Dennoch kann sie aus taktischen Gründen **sinnvoll** sein. Für den Vortrag von Rechtsausführungen in jedem Fall sprechen folgende Gesichtspunkte: 972

(1) Die Notwendigkeit, den eigenen Standpunkt auch rechtlich zu begründen, führt zu einer **Selbstkontrolle** des Anwalts. 973

Er wird damit gezwungen, sich selbst klar zu werden über die nach seiner Ansicht einschlägigen Rechtsnormen, deren Auslegung und Voraussetzungen. Häufig wird erst bei der notwendigen schriftlichen Ausformulierung deutlich, wo Probleme des gegebenen Falles liegen und wie sie – ggf. durch den Vortrag weiterer, bislang für unerheblich gehaltener Tatsachen – behoben oder umgangen werden können.

(2) Nur anhand von der Partei gemachter Rechtsausführungen kann das Gericht beurteilen, ob diese einen rechtlichen Gesichtspunkt übersehen bzw. die Rechtslage falsch beurteilt haben. Es muss die Parteien dann auch darauf **hinweisen** (§ 139 Abs. 2 ZPO; z. B. BGH NJW-RR 1997, 441; unten Rdn. 1406). 974

Anders als die bloße »Bitte um einen Hinweis«, die rechtlich unbeachtlich ist und praktisch so gut wie nie zu einem Hinweis führt, zwingt die Offenlegung des eigenen Rechtsstandpunkts die das Gericht zu einem Hinweis oder schafft – bei einer Verletzung der Hinweispflicht durch das erstinstanzliche Gericht – die Voraussetzungen für einen erfolgreichen Berufungsangriff (§§ 513 Abs. 1, 1. Alt., 520 Abs. 3 Nr. 2 und 4, 531 Abs. 2 Nr. 2 ZPO).

(3) Rechtsausführungen der Parteien können einem Fehler des Gerichts **vorbeugen**, dazu führen, dass das Gericht, das die Rechtslage bisher falsch beurteilt hat, 975

Werden die Rechtsansichten, die nach dem Erkennbarwerden eines gerichtlichen Fehlers notwendig vorzutragen sind, präventiv schon vorher vorgetragen, kann der – psychologisch immer schwierige – nachträgliche Hinweis des Gerichts auf den Fehler vermieden werden.

(4) Wenn die eigene Ansicht überzeugend und gut begründet vorgetragen wird, ist es für das Gericht auch einfacher, sich dieser Meinung **anzuschließen**, als Argumente dagegen zu finden. 976

Das Gericht ist unter dem Gesichtspunkt des rechtlichen Gehörs grundsätzlich verpflichtet, sich (in den Urteilsgründen) mit Rechtsansichten der Parteien auseinanderzusetzen (BVerfG NJW-RR 1993, 383). Sind die vorgetragenen Argumente stark, ist es schwer, sie zu widerlegen.

Dadurch können die Prozesschancen u. U. erhöht werden, da fast immer verschiedene Ansichten vertreten werden können. Es kann dabei keineswegs vorausgesetzt werden, dass jedem Richter die konkrete Streitfrage bekannt ist und er zu jeder Rechtsfrage immer auch eine eigene, bereits festgelegte Ansicht hat.

Gerade, wenn dem Richter damit ein Weg aufgezeigt wird, den Rechtsstreit ohne großen (weiteren) Aufwand, insbesondere ohne Beweisaufnahme, in rechtlich (noch) vertretbarerweise zu entscheiden, besteht gewisse Aussicht, dass das Gericht dieser Ansicht folgt (z. B. *Chab* AnwBl. 2000, 448: streng-formale, dogmatisch kaum zu begründende Betrachtungsweise entspringt vermutlich zumindest auch dem Wunsch, lästige Ansprüche im Reiseprozess abzuwehren). Dazu kommt noch, dass Justiz und Öffentlichkeit vom Richter rasches Arbeiten erwarten und die Statistik erledigter Fälle nur allzu oft Leistungskontrolle richterlicher Tätigkeit ist (*Stürner* DRiZ 1976, 205).

Sofern möglich, sollten Streitfragen mit ungewissem Ausgang am besten überhaupt vermieden und der »sicherste Weg« beschritten werden. Statt ausführlich sämtliche vertretenen Meinungen darzustellen und abzuwägen, kann es sich entsprechend der Parteirolle empfehlen, zunächst nur den eigenen Standpunkt klar herauszustellen. Jedenfalls dann, wenn die anderen Rechtsansichten vom Gericht oder Gegner angesprochen werden, muss dem argumentativ entgegengetreten werden.

Dabei stellen die immer wieder in den Schriftsätzen zu findenden Begriffe wie »zweifellos«, »offensichtlich« etc. keine Begründung dar, sondern erzeugen allenfalls den Eindruck eines Argumentationsdefizits. Steigernde Floskeln und Superlative schwächen ab, »selbstverständlich« ist nichts (*Franzen* NJW 1984, 2263). Ebenso wenig sollten gute Argumente durch den Vortrag zahlreicher schwächerer »verwässert« werden.

977 **(5)** Sind **Rechtsausführungen durch den Gegner** erfolgt oder zu erwarten, sind eigene Rechtsausführungen häufig zwingend. Nur so kann verhindert werden, dass das Gericht sich dieser Auffassung unkritisch anschließt.

Nicht immer ist alles, was vom Gegner vorgetragen wird, dummes Zeug. Dass substanziellen Rechtsausführungen des Gegners eine eigene Stellungnahme entgegenzusetzen ist, versteht sich von selbst. Aber auch dann, wenn diese Ausführungen unzutreffend sind (oder bloß dafürgehalten werden), dürfen sie nicht unwidersprochen bleiben.

Stets besteht die Gefahr, dass das Gericht sich auch objektiv falschen Ausführungen anschließt. Dies gilt insbesondere, wenn es eigene Rechtsausführungen bislang nicht gegeben hat und die Ausführungen des Gegners damit die einzigen Rechtsausführungen darstellen. Zumindest aber werden die eigenen Ausführungen relativiert, in ihrer Überzeugungskraft gemindert, sodass es sinnvoll ist, insoweit noch einmal »nachzulegen«.

Zudem kann mit dem Vortrag einer eigenen, der des Gegners widersprechenden Rechtsauffassung möglicherweise verhindert werden, dass das Gericht dem Gegner einen Hinweis nach § 139 ZPO erteilt.

dd) Inhaltliche Anforderungen an den Vortrag von Rechtsansichten

978 Werden Rechtsausführungen gemacht, ist dabei insbesondere Folgendes zu bedenken:

979 **(1)** Die Rechtsausführungen haben wesentlich mehr Gewicht, wenn sich diese auf **Entscheidungen** anderer Gerichte und auf **Kommentarmeinungen** stützen können.

Denn das sorgfältig ausgewählte Präjudiz beherrscht die Rechtspraxis weit mehr als das wissenschaftliche System (*E. Schneider* MDR 1997, 305).

Bei der gegenwärtigen Veröffentlichungsflut ist es sehr wahrscheinlich, eine – mehr oder weniger – passende Entscheidung zu finden. Hierzu bieten die modernen elektronischen Medien dem Anwalt »nahezu unbegrenzte Recherchemöglichkeiten« (OLG Stuttgart NJW-RR 1999, 437: Kosten hierfür i. d. R. nicht erstattungsfähig).

Ein »blindes« Zitieren einer Gerichtsentscheidung aus dem Kommentar ist nicht ohne Risiko. Denn zuweilen passt diese nicht auf den konkreten Fall oder kann sogar für gegensätzliche Auffassungen herangezogen werden. Aufgrund des Telegrammstils vieler Kommentare werden selbst etwaige wichtige Einschränkungen oder Vorbehalte nicht erkennbar.

Der Gegner sollte daher die angegebenen Fundstellen möglichst nachlesen. Weil die »judikative Überproduktion« uns etwas die Sicht für die Tatsache verstellt hat, dass es keine identischen Fälle (bzw. nur selten) gibt (*E. Schneider* MDR 1997, 305), sollte er sein Augenmerk vor allem auch auf die Unterschiede und Besonderheiten des konkreten Falles richten.

Ungefährlicher ist es deshalb, nur die Fundstelle im Kommentar anzugeben. Dabei empfiehlt es sich, vorwiegend die gängigen Kommentare zu zitieren, welche der Richter griffbereit auf seinem Schreibtisch stehen hat (insbesondere Palandt, Thomas/Putzo, Zöller, Baumbach/*Hartmann*). Den Gerichten genügen in der Tat oft »Belege ohne Begründungen, wobei manchmal eine halbe Zeile im »Palandt« ausreicht« (*E. Schneider* Beilage 4 zu ZAP 13/1999; Beilage 1 zu ZAP 6/05 S. 12: »Was darin steht, das gilt bei den Gerichten«).

Dabei vertreten Kommentare häufig auch eigene Meinungen. Deren besondere Bedeutung beruht darauf, dass die Gerichte dahin tendieren, das Denken den Kommentatoren zu überlassen und deren Erläuterungen ungeprüft als Prämissen zu übernehmen (*E. Schneider* MDR 1998, 1115). Deshalb wird dem Urteil vermutlich in vielen Fällen die Ansicht des bei dem jeweiligen Gericht zu der streitgegenständlichen Problematik gerade vorhandenen Kommentars zugrunde liegen.

Werden Gerichtsentscheidungen angeführt – insbesondere unveröffentlichte – oder wird aus einem Spezialkommentar zitiert, sollten dem Schriftsatz unbedingt Kopien davon beigelegt werden bzw. die entscheidenden Stellen oder der Leitsatz der Entscheidung in den Schriftsatz wörtlich eingefügt werden.

Damit erhöht sich die Chance erheblich, dass dies gelesen und die darin vertretene Ansicht berücksichtigt wird.

Zu bedenken ist, dass die in der Praxis verwendeten Standardkommentare den Meinungsstand oft sehr verkürzt und zuweilen auch missverständlich wiedergeben. Sofern darin die eigene Ansicht nicht unterstützt wird, sollte – vor allem auch der gegnerische – Anwalt unbedingt noch einmal in einem umfangreicheren oder in einem spezielleren Kommentar nachschauen. Dort ist zuweilen festzustellen, dass sich hinter dem bloßen »umstr.« eine große Streitfrage verbirgt oder dass der andere Kommentar eine absolute Mindermeinung vertritt.

(2) Die Gerichte neigen allgemein dazu, sich der **herrschenden Meinung** und der **Rechtsprechung des BGH** kritiklos anzuschließen.   980

Dies hat in Teilbereichen, insbesondere bei dem kasuistisch ausdifferenzierten ABG-Recht bereits zu faktisch bindenden Präjudizien geführt. Dieser schon in der juristischen Ausbildung gepflegte »Präjudizienkult«, der eigentlich nicht unserem Rechtssystem entspricht, wird durch die »digitale Revolution« in der Rechtspraxis voraussichtlich noch gefördert werden (*Heldrich* ZRP 2000, 499) und verstärkt dazu beitragen, dass Irrtümer und Fehlentscheidungen perpetuiert werden.

So befolgt »so gut wie jedes deutsche Gericht mehr oder weniger kritiklos« eine einschlägige BGH-Entscheidung. Solche Entscheidungen sollen sogar zielstrebig gesucht werden, um sich das eigene Nachdenken zu ersparen« (kritisch *E. Schneider* ZAP Fach 13, S. 1224; ZAP-Kolumne 2000, 195: »Subsumtion per CD-Rom«) und eine mögliche Aufhebung in der höheren Instanz zu vermeiden (*Köhler* JR 1984, 45). Die h. M. und die BGH-Rechtsprechung dienen dabei als eigenständiges Argument.

Es ist natürlich nicht ausgeschlossen, dass ein Gericht einer Mindermeinung folgt, vor allem dann, wenn dadurch ein komplizierter Rechtsstreit schnell und einfach, ohne Beweisaufnahme entschieden werden kann. Dann aber riskiert es einen Willkürvorwurf, insbesondere wenn das Gericht sich mit der h. M. nicht auseinandersetzt (kritisch Baumbach/*Hartmann* Einl. III) oder auf das beabsichtigte Abweichen nicht hinweist (unten Rdn. 1422; auch VG Stuttgart JZ 1976, 277: Abweichen allein kein Befangenheitsgrund).

Jedenfalls empfiehlt sich für den Anwalt in diesem Fall zu argumentieren, während sonst der Hinweis auf die h. M. bzw. auf BGH-Rechtsprechung – am besten mit Angabe einer vom Richter überprüfbaren Fundstelle in einem Standardkommentar – meistens ausreicht.

▶ Praxistipp: 981

Bei Abweichen von der höchstrichterlichen Rechtsprechung können Rechtsmittel unter dem Gesichtspunkt der »Sicherung einer einheitlichen Rechtsprechung« in Betracht kommen.

Zulassungsberufung (§ 511 ZPO; unten Rdn. 3057); keine Beschlusszurückweisung der Berufung (§ 522 Abs. 2 Nr. 3 ZPO; unten Rdn. 3428); Rechtsbeschwerde (§ 574 ZPO); Revision (§§ 543, 566 ZPO; die frühere Divergenzrevision gem. § 546 Abs. 1 Nr. 2 ZPO a. F.).

Als Gegner sollte man die Behauptung von der h. M. oder ständigen Rechtsprechung eines Gerichts genau überprüfen bzw. ihr widersprechen, vor allem, wenn keine Fundstellen angegeben sind. Denn häufig erfolgt dies nur »ins Blaue hinein« oder sogar bewusst wahrheitswidrig (OLG Koblenz NJW 2001, 1364:

kein versuchter Prozessbetrug). Etwaige angeführte Literatur- oder Rechtsprechungsnachweise sind natürlich meistens einseitig ausgewählt und geben praktisch niemals das gesamte Spektrum der vorhandenen Ansichten wieder.

982 (3) Oft wenig Erfolg versprechend ist eine Berufung auf **Generalklauseln**.

Dass ein Rechtsgeschäft »sittenwidrig« sei (§ 138 BGB), ein Sachverhalt »gegen Treu und Glauben« verstoße (§ 242 BGB), eine Klausel in Allgemeinen Geschäftsbedingungen den Vertragspartner »unangemessen benachteilige« (§ 307 BGB) ist meist nicht mehr als Ersatz für fehlende Argumente. Die meisten Gerichte sind zu einem Nachdenken über solche Argumente erst bereit, wenn die Ansicht (etwa durch Herausarbeiten einer konkreten Fallgruppe oder durch das Zitieren entsprechender Rechtsprechung) konkretisiert wird.

983 (4) Dabei bleibt es den Parteien grundsätzlich unbenommen, ihre Rechtsansichten im Rechtsstreit zu **ändern** und auch von einer Rechtsansicht, die sie bei vorausgegangenen Vertragsverhandlungen eingenommen hat, nach Einleitung des Rechtsstreits abzurücken (BAG NJW 2003, 1548, 1550; BGH NJW 2005, 1354, 1356) – und damit erforderlichenfalls dem Prozessverlauf anzupassen.

V. Schriftform

984 Die Klage bedarf der Schriftform.

Dies folgt schon aus der Terminologie Klage«schrift«, aber auch aus der Verweisung des § 253 Abs. 4 ZPO auf § 130 Nr. 6 ZPO. Zur Abgrenzung der »Schriftlichkeit« von der »Schriftform« *Lützen*, NJW 2012, 1627.

1. Unterschrift

985 Das gesetzliche Schriftformerfordernis macht es erforderlich, dass der Schriftsatz von dem Aussteller eigenhändig durch **Namensunterschrift** unterzeichnet ist (§ 126 Abs. 1 BGB). Aussteller muss dabei beim Landgericht ein Rechtsanwalt sein (§ 78 ZPO).

Die Unterschrift unterscheidet den bloßen Entwurf von der rechtsverbindlichen Erklärung, mit ihr bringt der Unterzeichner äußerlich erkennbar zum Ausdruck, dass er den Inhalt des Schriftstücks geprüft hat, dieser von seinem Willen gedeckt ist und er die volle Verantwortung dafür übernimmt (BGH NJW 2003, 2028; BGH MDR 2012, 1114).

Trotz der in der jüngeren Literatur geübten Kritik (entscheidend sei die Erreichung des Formzwecks, nicht die Einhaltung der Form alleine; Nw. bei Thomas/Putzo/*Reichold* § 129 Rn. 6) hält die h. M. am formalen Unterschriftserfordernis fest.

986 Unterschrift ist ein **Schriftzug mit individuellem Charakter**. Dabei hat die Rechtsprechung vernünftigerweise den früher erkennbaren übersteigerten Formalismus zugunsten einer flexibleren und praktikablen Betrachtungsweise aufgegeben.

BGH NJW 1997, 3380 (st. Rspr.): »Eine Unterschrift setzt einen individuellen Schriftzug voraus, der sich – ohne lesbar sein zu müssen – als Wiedergabe eines Namens darstellt und die Absicht einer vollen Unterschriftsleistung erkennen lässt. Ein Schriftzug, der als bewusste und gewollte Namenskürzung erscheint (Handzeichen, Paraphe) stellt demgegenüber keine formgültige Unterschrift dar.«

Es reicht aus, wenn das handschriftliche Gebilde von individuellem Gepräge ist und charakteristische Merkmale hat, welche die Identität dessen, von dem es stammt, ausreichend kennzeichnet. Es muss sich um ein erkennbar aus Buchstaben bestehendes Gebilde handeln, wobei Lesbarkeit genauso wenig verlangt wird wie Deutlichkeit. Wenn zumindest zwei Buchstaben als solche zu erkennen und durch einen Strich miteinander verbunden sind, sind diese als Ausdruck einer in Teilen verstümmelten Schrift, nicht aber eines Handzeichens zu verstehen (BAG NJW 2001, 316).

Die Angabe des Vornamens ist nicht erforderlich, bei einem Doppelnamen reicht ein Namensbestandteil. Die Unterzeichnung allein mit dem Vornamen (OLG Karlsruhe NJW-RR 2000, 948; BGH VersR 1983, 33: mit vollem Namen) oder gar nur mit dem großgeschriebenen Anfangsbuchstaben des Namens (LAG Berlin NJW 2002, 989) genügt nicht.

Akademische oder sonstige Titel sind nicht erforderlich, auch wenn sie Namensbestandteil sind (so der Doktortitel). Unverzichtbar sollen dagegen die zum Namensbestandteil gewordenen früheren Adelstitel sein (Baumbach/*Hartmann* § 129 Rn. 13, 46).

In keinem Fall reicht eine bloße Namensabkürzung (Handzeichen, Paraphe) sein.

Keine Unterschrift stellen bloße Striche, Kreise, Haken, »gekrümmte Linien«, »Schlangenlinien«, »Kritzel-Kratzel-Version« dar (BVerfG NJW 1998, 1853; BGH NJW 1999, 60; *E. Schneider* NJW 1998, 1842). Beanstandet wurde »ein handgeschriebenes Gebilde, das – einem leicht gegen den Uhrzeigersinn gedrehten griechischen »Alpha« in Minuskel-Form oder einem in lateinischer Schreibschrift gehaltenen Großbuchstaben »L« ohne obere Schleife ähnlich – auch einer aufliegenden Schleife mit zwei leicht gebogenen Ästen besteht, von denen der kürzere mit einer Neigung von ca. 45 Grad nach rechts oben steigt, während der etwas längere eher waagrecht nach rechts ausläuft« (OLG Karlsruhe NJW-RR 2000, 948). Ausreichend ist es, wenn die Unterschrift sich einem auf dem Briefkopf befindlichen Namen zuordnen lässt (BGH NJW-RR 2010, 358).

Wird die Unterschrift eines Rechtsanwalts vom Gericht zurückgewiesen, die vorher jahrelang unbeanstandet geblieben ist, stellt dies einen Wiedereinsetzungsgrund dar (BGH NJW 1999, 60; BVerfG NJW 1998, 1853). Die Schwere der drohenden Folgen bei Zurückweisung einer Unterschrift sollte einen Anwalt zu besonderer Sorgfalt, im Zweifel zum Verzicht auf Originalität und zur Verfertigung einer besonderen, den Anforderungen der Rechtsprechung genügenden »Prozessunterschrift« veranlassen.

Im Übrigen ist jedenfalls in Anbetracht der Variationsbreite, die selbst Unterschriften ein und derselben Person aufweisen, insoweit ein großzügiger Maßstab anzulegen, wenn die Autorenschaft gesichert ist (BGH NJW 1997, 3380; VersR 2002, 589; BVerfG NJW 1988, 2787). Unter Umständen kann daher ein Namensstempel oder die maschinenschriftliche Beifügung des Namens die Unwirksamkeit noch abwenden. Es muss sich aber in jedem Fall um einen Schriftzug handeln, der vom äußeren Erscheinungsbild erkennen lässt, dass der Unterzeichner seinen vollen Namen und nicht nur eine Abkürzung hat niederschreiben wollen (BGH NJW 1999, 60).

BGH MDR 2012, 797: »Ein aus unleserlichen Zeichen bestehender Schriftzug am Ende einer Berufungsschrift stellt jedenfalls dann eine Unterschrift i. S. d. § 130 Nr. 6 ZPO dar, wenn seine individuellen, charakteristischen Merkmale die Wiedergabe eines Namens erkennen lassen und aufgrund einer Gesamtwürdigung aller dem Berufungsgericht bei Ablauf der Berufungsfrist zur Verfügung stehenden Umstände die Identifizierung des Ausstellers ermöglichen.«

Die Unterschrift muss **eigenhändig** und **dokumententauglich** sein. 987

Deswegen reicht weder eine bloße Fotokopie noch der Abdruck eines Faksimilestempels aus. Die Benutzung eines Bleistifts genügt ebenfalls nicht, erforderlich ist ein dauerhaftes Medium wie Tinte oder Kugelschreiber (Baumbach/*Hartmann* § 129 Rn. 17; a. A. Zöller/*Greger* § 130 Rn. 15).

Die Unterschrift muss sich grundsätzlich **auf der Klageschrift** befinden und – wegen der der Unterschrift zukommenden Abschlussfunktion – den Inhalt der Erklärung räumlich decken, d. h. hinter oder unter dem Text stehen (BGH NJW-RR 2004, 1364; Prütting/Gehrlein/*Geisler* § 253 Rn. 6). 988

Nach der Rechtsprechung aller Bundesgerichte (BGH, BVerwG, BSG, BAG) kann das Fehlen einer Unterschrift bei Vorliegen besonderer Umstände ausnahmsweise unschädlich sein, wenn sich aus anderen Anhaltspunkten eine der Unterschrift vergleichbare Gewähr für die Urheberschaft und den Willen ergibt, das Schreiben in den Rechtsverkehr zu bringen und es sich somit nicht nur um einen Entwurf handelt. Dabei sind nur spätestens bis zum Ablauf der Frist dem Gericht bekannt gewordene Umstände berücksichtigungsfähig (BGH NJW 2005, 2086 m. w. N.; Zöller/*Greger* § 130 Rn. 19).

Ist das Original der Klageschrift nicht unterzeichnet, wohl aber eine beigefügte Abschrift, so genügt dies jedenfalls dann, wenn das unterschriebene Exemplar bei den Akten verbleibt (BGH NJW-RR 2004, 1364). Ausreichend kann es auch sein, dass eine bloße Anlage zum Schriftsatz unterschrieben ist, wenn diese fest mit der Antragsschrift verbunden ist (BGH NJW 2010, 3661). Die lose Beifügung eines anderen unterschriebenen Schriftstücks reicht nicht aus, genauso wenig die ausdrückliche oder (etwa durch persönliche Abgabe bei Gericht) konkludente Erklärung des Anwalts, das Schriftstück solle als unterzeichnet gelten. Auf der Klageschrift selbst kann die fehlende Unterschrift nachgeholt werden (BGHZ 65, 46).

Keine wirksam unterschriebene Klage liegt vor, wenn der Name des Rechtsanwalts maschinenschriftlich wiedergegeben ist. Ob etwas anderes mit dem Zusatz »Dieser Brief wurde maschinell erstellt, wird nicht eigenhändig unterschrieben« gilt, ist zumindest zweifelhaft (BGH a. a. O.: Offengelassen für das Computerfax; BVerfG NJW 2002, 3534: Einspruch gegen Strafbefehl – bei Computerfax ausreichend, zumal wenn darin Daten genannt werden, die in der Regel allein dem Betroffenen bekannt sind; ebenso LG Köln NJW 2005, 79: Einspruch gegen Versäumnisurteil durch Telefax; zum Computerfax unten Rdn. 991).

989 Die fehlende Unterschrift kann – auf der Originalklageschrift – **nachgeholt** werden.

Erhoben ist die Klage dann aber erst mit der Nachholung. Dies kann für die Einhaltung von Fristen von Bedeutung sein (Thomas/Putzo/*Reichold* § 129 Rn. 14).

Diesbezüglich sagt auch allein der Zeitpunkt der Übermittlung eines nicht unterzeichneten Schriftsatzes für sich genommen nichts aus (BGH NJW 2005, 2086: am letzten Tag des Fristablaufs).

990 Erfolgt die Unterzeichnung durch einen **Vertreter**, kann dieser mit seinem eigenen Namen unterzeichnen oder mit dem Namen des Vertretenen (BGH VersR 1976, 689).

Die Unterschrift eines Mitarbeiters reicht grundsätzlich nur dann aus, wenn dieser seinerseits Anwalt ist. Eine solche Vertretung kommt insbesondere durch den allgemein bestellten Vertreter (§ 53 BRAO) oder durch den Kanzleiabwickler (§ 55 Abs. 2 Satz 3 BRAO) in Betracht. Die Angabe des Zusatzes »i. V.« ist dabei möglich, nicht jedoch »i. A.«, da damit eine Verantwortung für den Inhalt nicht übernommen wird (BGH MDR 2003, 896; anders KG BB 2002, 2151).

Wirksam ist die Erklärung des Vertreters, wenn die Vertretungsmacht im Zeitpunkt der Abgabe der Erklärung vorlag, auf den Zeitpunkt des Eingangs der Erklärung beim Gericht kann nicht abgestellt werden (BGH VersR 1990, 65).

2. Telefax

991 Die Schriftform der Klage kann auch durch die Übermittlung eines Telegramms, eines Fernschreibens oder einer Telekopie (Telefax) gewahrt werden.

992 (1) Zur Wahrung der erforderlichen Schriftform durch **Telefax** muss die Vorlage von der Partei bzw. einem postulationsfähigen Rechtsanwalt eigenhändig unterzeichnet und auf der bei dem Gericht eingegangenen Kopie wiedergegeben sein (Thomas/Putzo/*Reichold* § 129 Rn. 13; § 130 Nr. 6 ZPO).

Keine Rolle spielt, von welchem Anschluss die Versendung des Fax erfolgt, die Nutzung des Anschlusses eines zugelassenen Rechtsanwalts ist nicht erforderlich, die Zwischenschaltung eines privaten Übermittlers unschädlich (Thomas/Putzo/*Reichold* § 129 Rn. 13).

Dabei ist darauf zu achten, dass auch das unterschriebene Original und nicht ein Doppel ohne Unterschrift als Faxvorlage verwendet wird.

Nicht ausreichend ist ein Telefax nach h. M. indes zum Nachweis der Prozessvollmacht nach § 80 ZPO (Thomas/Putzo/*Hüßtege* § 80 Rn. 8; Zöller/*Vollkommer* § 80 Rn. 8). Erforderlich ist die Vorlage der Urkunde im Original. Es ist ratsam, sich die Vollmacht bereits bei Annahme des Mandats unterschreiben zu lassen und zu den Terminen mitzunehmen (§§ 88, 89 ZPO).

993 ▶ Praxistipp:

Das Telefax muss die Unterschrift grafisch wiedergeben, nicht bloß den Namen.

994 Dabei reicht es aus, wenn diese ohne körperliches Original ausschließlich elektronisch beigefügt wurde. Deswegen ist die Übermittlung eines im Computer generierten mit einer als Grafikdatei eingescannten Unterschrift versehenen Fax per Modem (sog. »**Computerfax**«) zulässig, obwohl es hier zu keinem Zeitpunkt ein körperliches Original gibt (GmS-OGB NJW 2000, 2340, ebenso nunmehr BGH NJW 2001, 831).

In den Gründen wird u. a. ausgeführt: »Entspricht ein bestimmter Schriftsatz inhaltlich den prozessualen Anforderungen, so ist die Person des Erklärenden in der Regel dadurch eindeutig bestimmt, dass seine

B. Die Verfahrenseinleitung im allgemeinen Klageverfahren (Klageschrift)   4. Kapitel

Unterschrift eingescannt oder der Hinweis angebracht ist, dass der benannte Urheber wegen der gewählten Übertragungsform nicht unterzeichnen kann«.

Dieser Hinweis kann z. B. lauten: »Dieser Schriftsatz wurde maschinell erstellt und trägt deshalb keine Unterschrift.« Nicht ausreichend dürfte danach die bloße Angabe »Computerfax« sein.

Angesichts der Neufassung des § 130 Nr. 6 Halbs. 2 ZPO (»Wiedergabe der Unterschrift«) durch das Formvorschriftenanpassungsgesetz vom 14.12.2000 dürfte diese vom GmS-OGB für zulässig gehaltene Ersetzung der Unterschrift jetzt nicht mehr als zulässig angesehen werden können (BGH NJW 2005, 2086: dagegen spricht der eindeutige Gesetzestext; Zöller/*Greger* § 130 Rn. 18).

Nicht ausreichend ist jedenfalls die Wiedergabe des Namens in Druckbuchstaben bzw. in der gleichen Computerschrift wie der gesamte Schriftsatz. Der Anwalt sollte daher entweder seine Unterschrift einscannen oder notfalls zumindest in einer schreibschriftähnlichen Computerschrift beifügen (nach OLG Braunschweig NJW 2004, 2024; NJW 2005, 2112; FG Hamburg NJW 2001, 992 ist dies ausreichend).

Hierbei muss der Anwalt bzw. dessen Personal besondere Sorgfalt walten lassen. Denn fehlt die eingescannte Unterschrift, so kann bei einer versäumten Frist Wiedereinsetzung grundsätzlich nur gewährt werden, wenn glaubhaft gemacht wird, dass ein Bedienungsfehler des Anwalts als Ursache ausscheidet. Unerheblich ist dabei, dass Bedienungsfehler am Computer unbemerkt bleiben können (BGH NJW 2005, 2086).

Eine **Frist** ist per Telefax nur gewahrt, wenn die gesendeten Signale noch vor Ablauf der Frist vom Telefaxgerät des Gerichts vollständig **empfangen** (gespeichert) worden sind (BGH NJW 2006, 2263). 995

Damit verlangt die Rechtsprechung nicht mehr, dass das Fax vor Ablauf der Frist beim Empfänger vollständig ausgedruckt wurde. Seine entsprechende frühere Rechtsprechung (BGH NJW 1994, 2097) hat der BGH ausdrücklich aufgegeben.

Hat die Übertragung zu einem Zeitpunkt begonnen, zu dem noch mit einem Abschluss der Übermittlung vor Ablauf der Frist gerechnet werden kann (wobei wegen der möglichen Belegung des Gerichtsanschlusses eine Zeitreserve von nur wenigen Minuten regelmäßig nicht ausreicht: BVerfG NJW 2000, 574) kommt eine Wiedereinsetzung in Betracht. Scheitert die Übertragung an einem technischen Defekt, schadet dies der Fristwahrung nicht, wenn der Defekt im Verantwortungsbereich des Gerichts liegt oder der übermittelte Inhalt zweifelsfrei rekonstruierbar ist (BGH NJW 2001, 1581; *Pape/Notthoff* NJW 1996, 417; *Peter* JA 1995, 516).

Ist ein Schriftsatz per Telefax übermittelt worden, bedarf es einer Bestätigung auf konventionellem Postweg durch **Nachreichung des Originals** bei Gericht nicht. 996

(BGH JurBüro 2004, 456; BGH NJW 1993, 3141; Zöller/*Greger* §§ 130 Rn. 10 f., 270 Rn. 6d; kritisch § 518 Rn. 18a ff.).

In Einzelfällen kann die Nachsendung des Originals Bedeutung für eine etwaige erforderliche Wiedereinsetzung haben (unten Rdn. 2835). So kann bei Empfangsstörungen seitens des Gerichts und bloßem Signalzugang dadurch der Gesamtinhalt des Schriftsatzes nachgewiesen (BGH NJW 2001, 1581) oder glaubhaft gemacht werden, dass der Anwalt das Original zwar durchaus unterschrieben hat, aber (entgegen seiner Anweisung) ein nicht unterschriebenes Doppel per Fax abgesandt worden ist (BVerfG NJW 2004, 2583).

Nachgesandt werden kann auch die erforderliche Abschrift für den Gegner (§ 133 ZPO), sofern nicht sogleich das Doppel mitgefaxt wird (Beglaubigung erfolgt durch Geschäftsstelle gem. § 199 Abs. 2 ZPO). Hierbei empfiehlt sich bereits im Telefax-Schriftsatz darauf hinzuweisen, dass die erforderlichen Abschriften noch nachgereicht werden (sonst u. U. Kostentragungspflicht gem. § 28 GKG – Dokumentenpauschale, VGH Kassel NJW 1991, 316).

Im Übrigen kann es sich bei mehreren Seiten empfehlen, in der Fußzeile jeder Seite die Parteien bzw. das Aktenzeichen anzugeben. Dadurch kann der Gefahr vorgebeugt werden, dass einzelne Seiten beim Gericht nicht zugeordnet werden können (BGH NJW 2004, 2228).

(2) Ein **Telegramm** reicht auch dann aus, wenn es fernmündlich aufgegeben wurde (und damit eine Unterschrift nie geleistet wurde, BGHZ 24, 300), selbst wenn zu diesem Zeitpunkt eine Übersendung mit normaler Post noch möglich gewesen wäre (BAG NJW 1971, 2190). 997

998 (3) Abgesehen von diesen Ausnahmen halten der Gemeinsame Senat sowie der BGH jedoch im Grundsatz am Erfordernis der eigenhändigen Unterschrift fest. **Mündlich** kann eine Klage nur ausnahmsweise, **telefonisch** nie erhoben werden.

> (BGH NJW-RR 2005, 435; NJW 2005, 2086; aber BVerfG NJW 2002, 3534, wonach diese Entscheidung weitere Ausnahmen nicht ausschließt; kritisch Zöller/*Greger* § 130 Rn. 21, 22).
>
> Die mündliche Klageerhebung ist nur beim Amtsgericht und beim Landgericht dort möglich, wo ein Prozessrechtsverhältnis zwischen den Beteiligten bereits besteht, so etwa die Widerklage oder die Klageänderung (§§ 496, 261 Abs. 2, 297).
>
> Die telefonische Übermittlung reicht auch dann nicht, wenn beim Gericht hierüber ein schriftlicher Vermerk aufgenommen wird (BGH NJW-RR 2009, 852; BGH NJW 1981, 1627).

3. Elektronische Form

999 § 130a ZPO eröffnet den Justizverwaltungen die grundsätzliche Möglichkeit, die Einreichung von Schriftsätzen – und damit auch bestimmenden Schriftsätzen wie die Klageschrift – in elektronischer Form, das heißt per **E-Mail** zuzulassen (*Reus* MDR 2012, 882; *Hadidi/Mödl* NJW 2010, 2097; oben Rdn. 345).

> § 130a ZPO ist Konsequenz der Änderung der materiellen Formvorschriften durch das Formanpassungsgesetz vom 13.07.2001 (BGBl. I, S. 1542). Neben die bis dahin existierenden Formen (öffentliche Beglaubigung, § 129 BGB, notarielle Beurkundung, § 128 BGB, und Schriftform, § 126 f. BGB) trat die (prozessual bedeutungslose) Textform (§ 126b BGB). Die elektronische Form ist keine zusätzliche Formvorschrift, sondern mit ihr kann die ansonsten erforderliche Schriftform gewahrt werden (§ 126a BGB). Die elektronische Form ist erfüllt, wenn der Aussteller dem Dokument seinen Namen hinzufügt und das Dokument dann mit einer qualifizierten elektronischen Signatur nach dem Signaturgesetz versieht. Dazu ist regelmäßig eine spezielle Hard- (PC mit Magnetkartenlesegerät) und Software (Ver- und Entschlüsselungsprogramm) sowie ein von einem zertifizierten Anbieter zugeteilter Signaturschlüssel (Magnetkarte) erforderlich.

1000 Erforderlich dazu ist jedoch eine **Rechtsverordnung** (§ 130a Abs. 2 ZPO; BGH NJW NJW-RR 2009, 357), die nur in wenigen Bundesländern flächendeckend existiert (z. B. in Hessen: Verordnung über den elektronischen Rechtsverkehr bei hessischen Gerichten und Staatsanwaltschaften vom 26. Oktober 2007, HessGVBl. S. 699). Vorhanden sind in allen Bundesländern regional oder sachlich beschränkte Modellversuche (*Hansen* DRiZ 2010, 128; *Klink* DRiZ 2010, 383).

> Beim Bundesgerichtshof sind entsprechende Möglichkeiten seit einigen Jahren rechtlich (Verordnung über den elektronischen Rechtsverkehr beim Bundesgerichtshof vom 26.11.2001, BGBl. I, S. 3225) und tatsächlich geschaffen, in Zivilsachen wegen der dort noch bestehenden Singularzulassung aber auf wenige Rechtsanwälte beschränkt.

1001 Erforderlich ist ferner die Wahrung der in der Zulassungsverordnung vorgegebenen **technischen Standards** und einer qualifizierten elektronischen Signatur (§ 130 a Abs. 1 ZPO; BGH MDR 2011, 251; BGH WM 2010, 1000 mit Anm. *Gärtner* NJ 2010, 254, *Greger* JZ 2010, 681 und *Skrobotz* MMR 2010, 504).

> Auf Länderebene sind detaillierte organisatorisch-technische Leitlinien für den elektronischen Rechtsverkehr mit den Gerichten entwickelt worden, technische Standards und Formate sollen folgen. Mit der Eröffnung eines entsprechenden Kommunikationswegs werden erhebliche Investitionen für die entsprechende Hard- und Software nicht nur aufseiten der Justizverwaltungen, sondern auch aufseiten der Rechtsanwälte entstehen, die durch Einsparungen bei Papier- und Portokosten kaum auszugleichen sein dürften.

1002 **Vor** der Umsetzung der Voraussetzungen des § 130a ZPO kann durch ein elektronisches Dokument (E-Mail) die prozessuale Schriftform nicht gewahrt werden.

> Soweit viele Gerichte bereits über E-Mail-Anschriften oder eine Homepage im Internet verfügen, können auf diesem Weg wirksam Prozesserklärungen regelmäßig nicht eingereicht werden. Nur soweit einige unbedeutende Anfragen und Benachrichtigungen prozessual formfrei möglich sind, können diese rechtlich schon heute per E-Mail versandt werden (vgl. die Auflistung bei *Krüger/Büttner* MDR 2003, 181), praktisch ist davon abzuraten, solange nicht gewährleistet ist, dass beim Empfänger die organisatorischen

B. Die Verfahrenseinleitung im allgemeinen Klageverfahren (Klageschrift) 4. Kapitel

Vorkehrungen für eine regelmäßige Inempfangnahme und Weiterleitung solcher Nachrichten an die zuständigen Stellen getroffen sind. Dies gilt auch für die Korrespondenz mit anderen Rechtsanwälten (OLG Düsseldorf NJW 2003, 833).

4. Materiellrechtliche Erklärungen

Prozesshandlungen bzw. prozessuale Schriftsätze können zugleich materiellrechtliche Willenserklärungen enthalten (»**Doppelnatur**«; Prütting/Gehrlein/*Prütting* § 145 Rn. 10). Es muss dann aber für den Gegner eindeutig erkennbar sein, dass daneben noch eine solche Erklärung abgegeben wird (Palandt/*Weidenkaff* § 568 Rn. 6). 1003

So empfiehlt sich z. B. bei einer Kündigung eines Mietverhältnisses eine ausdrückliche Erklärung, da diese nach h. M. nicht in der Erhebung der Räumungsklage zu sehen ist (*Spangenberg* MDR 1983, 807). Sofern die Vermieter- oder Mieterseite aus mehreren Personen besteht, muss die Kündigung auch von und gegenüber allen Vertragspartnern ausgesprochen werden (Palandt/*Weidenkaff* § 535 Rn. 8; BGH NJW 2005, 1715).

Die schriftsätzliche Erklärung wird erst mit dem Zugang an den Gegner wirksam (§ 130 Abs. 1 BGB). Dessen Zeitpunkt lässt sich durch die Zustellungsurkunde leicht nachweisen. Deshalb kann es sich empfehlen, eine außergerichtlich mit einfacher Post erfolgte Kündigung sicherheitshalber nochmals in der Klageschrift zu wiederholen, zumindest aber, wenn neue Kündigungsgründe bekannt geworden sind.

Hierbei kann es zweifelhaft sein, ob die Prozessvollmacht des (gegnerischen) Rechtsanwalts eine Empfangsvollmacht beinhaltet. Jedenfalls schließt die einem Anwalt zur Abwehr einer Räumungsklage erteilte Prozessvollmacht regelmäßig die Befugnis zum Empfang einer im Zusammenhang mit dem Rechtsstreit abgegebenen (neuen) Kündigungserklärung mit ein (BGH NJW-RR 2000, 745; MDR 1980, 572; str., Zöller/*Vollkommer* § 81 Rn. 10). Eine Beschränkung im Innenverhältnis wirkt im Außenverhältnis mangels Offenlegung nicht. Für den Umfang der Außenvollmacht kommt es nur darauf an, wie der Erklärungsgegner das Verhalten des Vollmachtgebers verstehen musste und durfte.

Es ist aber zu bedenken, dass die Zustellung und damit der Zugang letztlich vom Geschäftsbetrieb des Gerichtes und der Deutschen Post AG abhängen und deshalb u. U. Fristen versäumt werden können.

Bei der Klageschrift ist darauf zu achten, dass auch die **Abschrift** der Klage, welche dem Gegner zugestellt wird, **unterschrieben** ist, sofern nicht die Textform ausreicht oder überhaupt keine besondere Form erforderlich ist (§§ 126, 126b, 127 BGB). Dabei genügt nach wohl h. M. zur Wahrung einer gesetzlich vorgeschriebenen Schriftform der unterzeichnete **Beglaubigungsvermerk** des Anwalts. 1004

Palandt/*Weidenkaff* § 568 Rn. 6; Zöller/*Greger* § 133 Rn. 1; z. B. OLG Zweibrücken MDR 1981, 585 – RE vom 17.02.1981, 3 W 191/80; RE vom 23.11.1981, 4 Re Miet 8/81; BayObLG NJW 1981, 2197; BGH NJW-RR 1987, 395: nur dann, wenn der Prozessbevollmächtigte selbst die Kündigung ausgesprochen hat.

Während nach einer anderen Ansicht die Zustellung stets dem Formerfordernis genügt, wird teilweise auch eine separate Unterschrift verlangt (z. B. Nachw. bei OLG Hamm NJW 1982, 452; *Spangenberg* MDR 1983, 807).

Sicherheitshalber sollte man daher das für den Gegner bestimmte Doppel nochmals eigenhändig neben oder statt der Unterschrift unter dem Beglaubigungsvermerk unterschreiben. Denn die Nichteinhaltung der Form hat die Nichtigkeit der Willenserklärung zur Folge (§ 125 BGB).

▶ Praxistipp: 1005

Bei Schriftsätzen, die eine einseitige materiellrechtliche Willenserklärung enthalten (z. B. Kündigung, Anfechtung), empfiehlt sich die Einreichung der Originalvollmacht (Zöller/*Greger* § 129 Rn. 6: wird oft versäumt).

Sonst besteht die Gefahr, dass der Beklagte das Rechtsgeschäft gem. § 174 BGB unverzüglich **zurückweist**, was insbesondere bei fristgebundenen Gestaltungsrechten zu erheblichen Nachteilen für die Partei und zur entsprechenden Haftung des Anwalts führen kann (BGH NJW 1994, 1472: pflichtwidrig – durch zurückgewiesene Kündigung Schaden i. H. v. 21 000 DM; zum Umfang der Prozessvollmacht Prütting/Gehrlein/*Burgermeister* § 81 Rn. 2 ff.). 1006

Die Vorlage eines Telefax (Kopie!) oder einer beglaubigten Abschrift genügt nicht (Palandt/*Ellenberger* § 174 Rn. 2; BGH NJW 2001, 289). Da es nicht ausreicht, dass sich die Vollmachtsurkunde in den Gerichtsakten befindet, sondern dem Empfänger vorgelegt werden muss, sollte man das Gericht bitten, diese zusammen mit der Klageschrift dem Beklagten zuzustellen (a. A. Zöller/*Vollkommer* § 81 Rn. 10). Hierzu kann diese auch gleich an die Abschrift angeheftet werden. § 174 BGB findet jedoch auf eine von einem Rechtsanwalt im Rahmen seiner Prozessvollmacht abgegebenen Erklärung keine Anwendung (BGH NJW 2003, 963 – Mieterhöhungsverlangen).

Da aber zweifelhaft sein kann, ob die Prozessvollmacht auch die Abgabe materiellrechtlicher Erklärungen deckt, ist es ratsam, eine speziell auf die Willenserklärung gerichtete Vollmacht vorzulegen.

1007   Bei einer namens einer BGB-Gesellschaft abgegebenen Willenserklärung ist zu beachten, dass entweder eine **Vollmacht** sämtlicher Gesellschafter vorzulegen oder die vom Geschäftsführer aus dem Gesellschaftsvertrag in Anspruch genommene Vertretungsmacht durch dessen Vorlage (wohl ebenfalls im Original) zu belegen ist (BGH NJW 2002, 1194: trotz etwaiger Teil-Rechtsfähigkeit).

Hieraus ergeben sich Haftungsrisiken, wenn die (von allen Gesellschaftern des Mandanten unterschriebene) Vollmacht nur auf »die Anwaltssozietät« lautet. Wenn in der Vollmacht nicht (auch) die zur Sozietät als BGB-Gesellschaft gehörenden Anwälte genannt und bevollmächtigt werden, droht eine Zurückweisung. In der Anwaltsvollmacht sollten daher diejenigen Anwälte genannt werden, die möglicherweise mit der Bearbeitung des Mandats befasst werden. Ob es ausreicht, dass der handelnde Anwalt zu den auf dem Briefbogen genannten Sozien gehört, ist sehr fraglich (bejahend *Häublein* NJW 2002, 1398).

1008   ▶ Praxistipp:

Ein Telefax reicht zur Wahrung der gesetzlich vorgeschriebenen schriftlichen Form nicht aus (§ 126 BGB).

Deshalb kann insbesondere eine arbeitsrechtliche oder mietrechtliche Kündigung mittels Telefax nicht wirksam erklärt werden (§§ 125, 126, 623, 568 Abs. 1 BGB).

Hingegen erfüllt ein Telefax die rechtsgeschäftliche bestimmte schriftliche Form sowie die Textform (§§ 126b, 127 BGB; Palandt/*Ellenberger* §§ 126 Rn. 11, 126b Rn. 3; 127 Rn. 2). Eine E-Mail oder ein Onlineformular gelten mangels Unterschrift hingegen nicht als »schriftlich« (§ 126a BGB: elektronische Form).

VI. Sonstige formelle Anforderungen

1008a   Über die notwendigen Inhalte des Abs. 2 hinaus enthalten die Absätze 3 und 4 weitere formelle Anforderungen an die Klageschrift.

1. Angaben zur konsensualen Streitbeilegung

1008b   Nach § 253 Abs. 3 Nr. 1 ZPO soll die Klageschrift Angaben darüber enthalten, ob der Klageerhebung der Versuch einer Mediation oder eines anderen Verfahrens der außergerichtlichen Streitbeilegung vorausgegangen ist.

Zu diesen Möglichkeiten oben Rdn. 276, 281 f. Spätestens beim Abfassen der Klageschrift sollen sich die Parteien und deren Rechtsanwältinnen und Rechtsanwälte mit der Frage auseinandersetzen, ob und wie sie den der beabsichtigten Klageerhebung zugrunde liegenden Konflikt außergerichtlich beilegen können und wollen. Insoweit hat die Formvorschrift Appellcharakter. Gleichzeitig dient die Angabe dem Gericht als Nachweis entsprechender Überlegungen.

1008c   Hat es den Versuch einer außergerichtlichen Streitbeilegung noch nicht gegeben, ist das Gericht zur Durchführung einer Güteverhandlung nach § 278 Abs. 2 ZPO verpflichtet. Dazu wird regelmäßig das persönliche Erscheinen der Parteien angeordnet. Möglich ist auch, dass das Gericht die Parteien für die Güteverhandlung vor einen hierfür bestimmten und nicht entscheidungsbefugten Richter (Güterichter) verweist (§ 278 Abs. 5 ZPO). Dies kann zu einer erheblichen Verfahrensverzögerung führen.

B. Die Verfahrenseinleitung im allgemeinen Klageverfahren (Klageschrift) 4. Kapitel

▶ **Praxistipp:** 1008d

Soll die Verpflichtung der Partei zum persönlichen Erscheinen im Termin zur mündlichen Verhandlung oder die mit der Befassung des Güterichters verbundene längere Verfahrensdauer vermieden werden, kann es sinnvoll sein, ein vorprozessuales Streitschlichtungsverfahren zu durchlaufen.

Durch die Wahl einer geeigneten Verfahrensart können beide Nachteile zumindest minimiert, allerdings nicht völlig vermieden werden, da das Gericht das persönliche Erscheinen oder die Befassung des Güterichters auch nach der außergerichtlichen Streitschlichtung anordnen kann.

Das Verfahren vor dem Güterichter nach § 278 Abs. 5 ZPO ist nicht identisch mit dem in einzelnen Ländern eingeführten Güterichtermodell nach § 278a ZPO. 1008e

Die Parteien können ein Mediationsverfahren noch nach Klageerhebung vereinbaren, als Mediator eine Richterin oder einen Richter bestimmen und Vorgaben zum Verfahren machen. Dieser unterliegt allein den Vorschriften des MediationsG, nicht denen der ZPO (»**gerichtsnahe Mediation**«). Manche Gerichte bieten den Parteien diese Möglichkeit im Rahmen eines institutionalisierten Modells (»**gerichtsinterne Mediation**«) In beiden Fällen ist das Ruhen des streitigen Verfahrens anzuordnen. Rechtsgrundlage für beide Mediationsformen ist § 278a ZPO. Schließen die Parteien eine Vereinbarung, kann diese gemäß § 796d ZPO für vollstreckbar erklärt oder dem Gericht des streitigen Verfahrens zur Feststellung nach § 278 Absatz 6 ZPO vorgelegt werden.

Im Unterschied dazu bedarf die Verweisung an den Güterichter (»**gerichtliche Mediation**«) nach § 278 Abs. 5 ZPO nicht der Zustimmung der Parteien, sondern steht allein im Ermessen des Gerichts. Der Güterichter kann von den Parteien nicht frei gewählt werden, er muss dem Gericht des streitigen Verfahrens angehören, wird von der Geschäftsverteilung bestimmt und ist gesetzlicher Richter im Sinne von § 16 Satz 2 GVG. Das Verfahren vor ihm ist Teil des gerichtlichen Verfahrens und unterliegt deswegen den Vorschriften der ZPO. Der Güterichter darf die Prozessakten auch ohne Zustimmung der Parteien einsehen, er bestimmt Termin zur Güteverhandlung gemäß den §§ 272, 216 ZPO, kann einen Vergleich protokollieren und den Streitwert festsetzen. Die durch das MediationsG geschützte Vertraulichkeit gilt nicht.

2. Streitwertangabe

§ 253 Abs. 3 Nr. 2 ZPO verlangt die Angabe des Werts des Streitgegenstands nur, wenn hiervon die Zuständigkeit des Gerichts abhängt und der Streitgegenstand nicht in einer bestimmten Geldsumme besteht. 1008f

Nicht erforderlich ist die Angabe damit bei allen bezifferten Zahlungsklagen. Bei anderen Klagen bedarf es einer Angabe nur, wenn nicht auch ohne ihn eindeutig ist, ob die sachliche Zuständigkeit des Amts- oder des Landgerichts gegeben ist. Ist eine Angabe erforderlich, reicht es diese auf die Erklärung »über 5 000 €« oder »unter 5 000 €« zu beschränken.

3. Einzelrichtererklärung

§ 253 Abs. 3 Nr. 3 ZPO verlangt eine Äußerung zu einer eventuellen Entscheidung des Rechtsstreits durch den Einzelrichter (§§ 348, 348a ZPO). 1008g

Zwar sollen sowohl der Kläger (§ 253 Abs. 3 ZPO) als auch der Beklagte (§ 277 Abs. 1 Satz 2 ZPO) sich dazu äußern, ob einer Entscheidung der Sache durch den Einzelrichter Gründe entgegenstehen. Einfluss auf die Besetzung des Gerichts haben sie damit nur bedingt. Selbst durch übereinstimmenden Antrag können die Parteien allenfalls die Vorlage an die Kammer durch den Einzelrichter erreichen, nicht indes, dass diese auch zuständig wird (§§ 348 Abs. 3 Nr. 3, 348a Abs. 2 Nr. 2 ZPO). Dazu näher oben Rdn. 792.

4. Allgemeine prozessvorbereitende Angaben

Da die Klageschrift gleichzeitig normaler Schriftsatz ist, finden auf sie auch die Vorschriften hierüber Anwendung (§ 253 Abs. 4 i. V. m. §§ 130 ff. ZPO), sodass in ihr – soweit möglich – auch Erklärungen über die tatsächlichen Behauptungen des Gegners (§ 130 Nr. 4 ZPO) enthalten und 1009

Beweismittel bezeichnet (§ 130 Nr. 5 ZPO), insbesondere Urkunden sofort beigefügt werden sollen (§ 131 ZPO).

> Möglich ist dies allenfalls aufgrund vorprozessualer Verhandlungen der Parteien. Zwingend ist es auch dann nicht, da stets abgewartet werden kann, ob der Beklagte im Prozess an seinem bisherigen Vorbringen festhält.

5. Anlagen

1009a Nach § 253 Abs. 5 ZPO sind der Klage die für die Zustellung an den Gegner erforderlichen Abschriften beizufügen.

> Fehlen diese, so kann das Gericht auf Kosten des Klägers Abschriften herstellen (Baumbach/*Hartmann* § 253 Rn. 105). Auswirkungen auf die Zulässigkeit der Klage hat dies nicht. Allerdings kann der Kläger auch hiermit die Fristwahrung nach § 167 ZPO aufs Spiel setzen (Zöller/*Greger* § 253 Rn. 25).

6. Kostenvorschuss

1010 Nach § 12 **Abs. 1 GKG** soll das Gericht erst tätig werden, insbesondere die Klage erst zustellen, nachdem die Gebühr für das Verfahren im Allgemeinen (Kostenverzeichnis Nr. 1210) bezahlt ist.

> Dies ist regelmäßig mit Einreichung der Klage nachzuweisen. Ist die Höhe des Streitwerts unklar, kann der Kläger die vorläufige Festsetzung durch das Gericht abwarten.
>
> Nicht zu empfehlen ist diese Vorgehensweise, wenn mit der Klage eine Frist gewahrt werden soll. Vor der Vorschusszahlung erfolgt keine Zustellung, sodass Rechtshängigkeit nicht eintreten kann. Eine Rückwirkung der nach Einzahlung des Vorschusses erfolgenden Zustellung auf den Zeitpunkt der Anhängigkeit (§ 167 ZPO) kommt nur in Betracht, wenn sich die Zustellung durch die Nichteinzahlung des Vorschusses um nicht mehr als einen Monat verzögert (BGHZ 150, 221).

1011-1013 (entfallen)

7. Streitgegenstandsangabe

1014 Eine Bezeichnung des Streitgegenstands (»wegen ...«) ist nach § 253 Abs. 4 i.V.m § 130 Nr. 1 ZPO möglich, zwingend ist sie nicht.

> Sinn macht die »schlagwortartige Einordnung« des Falles (Prütting/Gehrlein/*Prütting* § 130 Rn. 3) nur, wenn sie über die bloß floskelhafte Beschreibung (»wegen Zahlung«, »wegen Forderung«) hinausgeht.

C. Die Verteidigung des Beklagten (Klageerwiderung)

1015 Wird nicht der Kläger, sondern der Beklagte vertreten, stellen sich die taktischen Überlegungen anders dar.

I. Taktische Überlegungen

1016 Der Beklagte wird **gegen seinen Willen** in den Rechtsstreit einbezogen. Wird ihm die Klage zugestellt, muss er – oft sehr schnell und manchmal sogar überraschend – entscheiden, wie er sich im Prozess verhalten soll. Stets muss er dabei überlegen, wie er sich dem Kläger gegenüber verhalten soll, und ob es Sinn macht, weitere Personen in den Prozess einzubeziehen.

C. Die Verteidigung des Beklagten (Klageerwiderung) — 4. Kapitel

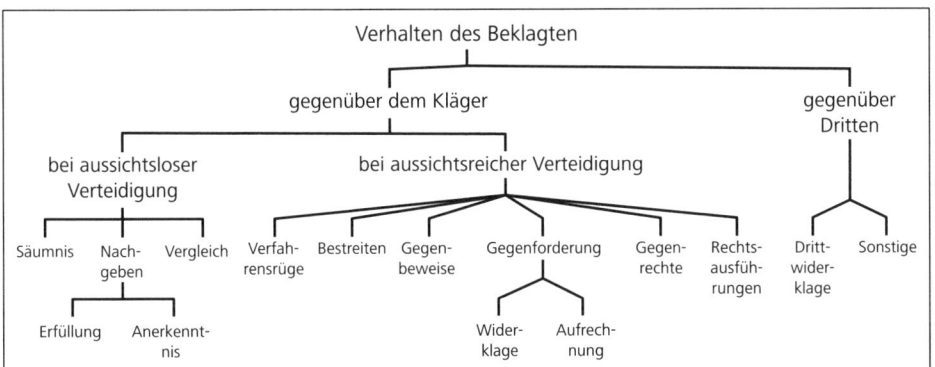

Das Verhalten dem Kläger gegenüber hängt davon ab, welches **Prozessziel** erreichbar scheint. Ist es aussichtslos, eine Klageabweisung zu erreichen, kann als subsidiäres Prozessziel wenigstens noch eine Kostenminimierung angestrebt werden. 1017

Die **Einbeziehung Dritter** in den Rechtsstreit kann sinnvoll sein, um diese als Zeugen im vorliegenden Rechtsstreit auszuschalten oder um sich ihnen gegenüber bestehende (Regress-) Ansprüche zu sichern. 1018

II. Verhalten gegenüber dem Kläger

Auch beim Beklagten hängt die Wahl der Vorgehensweise vom Ergebnis der vorab durchzuführenden Prüfung der **Erfolgsaussichten** ab. 1019

1. Verhalten bei aussichtsloser Verteidigung

Eine aussichtslos erscheinende Prozesslage ist nicht immer auch tatsächlich **aussichtslos**. Wenn der Beklagte sich geschickt verteidigt, kann es für den Kläger sehr schwierig sein, seinen Anspruch gerichtlich durchzusetzen. 1020

> Trotz vermeintlich aussichtsloser Prozesslage kann der Beklagte seine Erfolgsaussichten vor allem dadurch beträchtlich erhöhen, dass er den klägerischen Sachvortrag möglichst lückenlos – soweit zulässig – bestreitet.
>
> Denn für eine Klageabweisung reicht bereits eine einzige nicht bewiesene entscheidungserhebliche Tatsache aus. Dabei haben vor allem Indizienketten häufig Schwachstellen und Lücken.
>
> Außerdem sollte natürlich die Schlüssigkeit der Klage genau geprüft werden, welche allerdings im Verlaufe des Prozesses (vor allem auf entsprechende Hinweise) ebenso nachgebessert werden kann wie die Beweisangebote.
>
> Es kann sich auch lohnen, bei den Verjährungsfristen nachzurechnen. Denn es ist nicht ausgeschlossen, dass sich der Kläger diesbezüglich getäuscht hat oder einfach darauf spekuliert, dass die eingetretene Verjährung vom Beklagten übersehen wird. So bereitet das Thema Verjährung »nach wie vor vielen Juristen Kopfschmerzen, Richtern gleichermaßen wie Anwälten« (*Bräuer* AnwBl. 2004, 720). Dabei muss die Verjährungseinrede unbedingt bereits in der ersten Instanz erhoben werden, da sie sonst in der Berufung gem. § 531 Abs. 2 ZPO als neues Verteidigungsmittel ausgeschlossen ist (OLG Frankfurt a. M. OLGR 2004, 249).
>
> Des Weiteren sollte man sich nicht unbedingt von zahlreichen Beweisangeboten beeindrucken lassen. Gerade unter angebotenen Zeugen finden sich erfahrungsgemäß immer wieder solche Personen, welche keinerlei Angaben zum Beweisthema machen können. Schließlich bestehen auch noch während der Zeugenvernehmung gewisse Einflussmöglichkeiten auf den Inhalt der Aussage (unten Rdn. 1725).

Steht die Aussichtslosigkeit der eigenen Prozessposition fest, kann entweder versucht werden, den Gegner zu einem **Vergleich** zu bewegen (dazu unten Rdn. 2647) oder zumindest die anfallenden **Kosten** so gering wie möglich zu halten (*Kapitzka/Kammer* JuS 2008, 882). 1021

> So fallen bei einem Endurteil die vollen 3,0 Gerichtsgebühren an (Nr. 1210 KV-GKG), sowie für jeden Anwalt eine 1,3 Verfahrensgebühr (Nr. 3100 VV-RVG) sowie eine 1,2 Terminsgebühr (Nr. 3104 VV-RVG).

Bei vorausgehender außergerichtlicher Tätigkeit kommt noch eine (teilweise anzurechnende) Geschäftsgebühr hinzu (Nr. 2400 i. V. m. Vorb. 3 (4) VV-RVG; zu den Vergleichsgebühren unten Rdn. 2700).

Zur Kostenminimierung kann der Partei zum Stillhalten geraten werden, sodass der Prozess durch Versäumnisurteil gegen die Partei endet. Denkbar ist auch, dass die Partei sich dem klägerischen Begehr unterwirft, sei es, indem der geltend gemachte materielle Anspruch erfüllt wird, sei es, indem der prozessuale Anspruch anerkannt wird. Im ersten Fall werden die Voraussetzungen für eine Rücknahme oder eine Erledigungserklärung des Klägers geschaffen, im zweiten Fall ergeht ein Titel in Form eines Anerkenntnisurteils.

1022 Unter rein kostenrechtlichen Gesichtspunkten gilt dabei Folgendes (hierzu *Focken/Marten* MDR 2005, 850 mit konkreten Rechenbeispielen):
– Für den zur Kostentragung verpflichteten Beklagten am günstigsten ist es, vor der mündlichen Verhandlung eine **Erledigungserklärung des Klägers** herbeizuführen, dieser dem Gericht gegenüber zuzustimmen und gleichzeitig die Kostentragungspflicht anzuerkennen.
– Ist dieser Weg nicht gangbar (weil der Beklagte die Hauptforderung mangels Leistungsfähigkeit nicht erfüllen kann), so kommt es darauf an, ob der Beklagte im Prozess anwaltlich vertreten ist (praktisch damit häufig auf die Frage, ob der Anwalt des Beklagten bereit ist, auf einen Teil der ihm zustehenden Gebühren zu verzichten). Meldet sich für den Beklagten kein Anwalt, ist für ihn bis zu einem Streitwert von 4 000 € das **Anerkenntnisurteil** die billigste Lösung, darüber das (allerdings nur geringfügig) das **Versäumnisurteil**. Sind beide Seiten anwaltlich vertreten, ist stets das Versäumnisurteil am kostengünstigsten.

1023 Manchmal spielen für die zu wählende Taktik auch andere Umstände eine Rolle.

a) Versäumnisurteil

1024 Ein Versäumnisurteil führt zur Verurteilung entsprechend dem schlüssigen Klageantrag (§ 331 ZPO).

Der Vorteil besteht darin, dass dem Beklagten noch eine 2-wöchige Überlegungsfrist bleibt (Einspruch!; §§ 338, 339 ZPO) und die unterliegende Stellung nicht so deutlich wird.

Der Kläger erhält dann in der Regel die meistens beweislos zu hoch angesetzten Verzugszinsen und vorgerichtlichen Mahn- und Inkassokosten.

Es ist daher zu prüfen, ob diese (überhöhten) Kosten die Ersparnis an Gebühren übersteigen (werden) und sich hinsichtlich der Nebenforderungen ein teilweise Klage abweisendes Endurteil lohnt, zumal sich bei einem Versäumnisurteil die Gerichtsgebühren nicht ermäßigen (unten Rdn. 1032, 1269).

Im Übrigen erfordert der Erlass eines Versäumnisurteils einen entsprechenden Antrag des Klägers, der nicht routinemäßig gestellt werden sollte. Denn sofern in dem Rechtsstreit schon einmal mündlich verhandelt wurde, kann der Kläger auch eine Entscheidung nach Lage der Akten beantragen (§ 331a ZPO). Dies hat den Vorteil, dass mit Erlass der Sachentscheidung die Instanz abgeschlossen ist, da der Beklagte hiergegen keinen Einspruch einlegen kann, sondern bei Verurteilung ein Rechtsmittel einlegen muss. Während im Fall des Einspruchs weiterer Sachvortrag nämlich grundsätzlich unbeschränkt möglich ist (§ 342 ZPO; unten Rdn. 2764, 2936), ist ihm ein solcher in der Berufungsinstanz weitgehend abgeschnitten (§ 531 Abs. 2 ZPO). Allerdings prüft der Richter bei Erlass eines Versäumnisurteils lediglich die Zulässigkeit und Schlüssigkeit, und dies auch nur mehr oder weniger gründlich.

b) Erfüllung

1025 Kostengünstig ist eine **Klaglosstellung** des Klägers durch sofortige Erfüllung vor Klageerwiderung und (außergerichtlicher) Übernahme der Kosten (§ 29 Nr. 2 GKG) unter Verzicht auf die Stellung eines Kostenantrages, wenn der Kläger daraufhin die Klage zurücknimmt oder beide Parteien den Rechtsstreit für erledigt erklären.

An Gebühren fallen dann nämlich nur an: In der Regel keine Terminsgebühr; 1,3 Kläger-Verfahrensgebühr; 0,8 Beklagten-Verfahrensgebühr gem. Nr. 3101 Nr. 1 VV-RVG; 1,0 Gerichtsgebühr gem. Nr. 1211 Nr. 1 u. 4 KV-GVG.

C. Die Verteidigung des Beklagten (Klageerwiderung)

Sofern (zunächst) nur die Hauptforderung beglichen wird, besteht für den Schuldner die Chance, dass manche Gläubiger auf die **Zinsen** verzichten, um weiteren Aufwand zu vermeiden. 1026

Unter Umständen kann es jedoch vorteilhafter sein, die **Kosten** nicht (freiwillig) zu übernehmen. 1027

Sofern der Kläger daraufhin die Klage für erledigt erklärt (unten Rdn. 2583), sollte der Beklagte dem unbedingt zustimmen, zuvor aber den Sachvortrag des Klägers – soweit unter Beachtung der Wahrheitspflicht möglich – bestreiten und etwaige Gegenbeweise anbieten.

Damit hat der Beklagte nämlich die Chance, dass das Gericht nach § 91a ZPO Kostenaufhebung beschließt und somit der Beklagte nur seine eigenen Kosten voll und die Gerichtskosten zur Hälfte zu tragen hat (§ 92 Abs. 1 ZPO). Denn bei der Kostenentscheidung nach § 91a ZPO ist auf den voraussichtlichen Ausgang des Rechtsstreits abzustellen, ohne dass noch eine Beweisaufnahme (zugunsten des Klägers) stattfindet. Allerdings kann hierbei das Angebot von Zeugen gewürdigt werden (Thomas/Putzo/*Hüßtege* § 91a Rn. 46). Bei ungewissem Prozessausgang werden in der Regel die Kosten gegeneinander aufgehoben (Thomas/Putzo/*Hüßtege* § 91a Rn. 48; *E. Schneider* JurBüro 2002, 510: Neigung nicht weniger Gerichte). Dies gilt umso mehr, wenn die Sach- und/oder Rechtslage sehr kompliziert ist.

▶ Praxistipp: 1028

Der Beklagte trägt grundsätzlich dann voll die Kosten, wenn er die Klageforderung vorbehalts- und kommentarlos erfüllt hat.

(OLG Frankfurt a. M. MDR 1996, 426; Thomas/Putzo/*Hüßtege* § 91a Rn. 47 a. E.: »so ist grundsätzlich bei freiwilliger Erfüllung zu verfahren«; aber auch Thomas/Putzo/*Hüßtege* § 91a Rn. 35: die vorbehaltlose Erfüllung des Klageanspruchs erübrigt (bei einseitiger Erledigterklärung) nicht die Prüfung der Begründetheit der Klage).

Im Übrigen aber ist ein allgemeiner Grundsatz, wonach die Kosten stets der Partei aufzuerlegen seien, die sich freiwillig in die Rolle des Unterlegenen begibt, nicht anzuerkennen (Zöller/*Vollkommer* § 91a Rn. 25), es sei denn, der Beklagte hat noch erklärt, die Kosten übernehmen zu wollen (BGH RVG-B 2004, 20).

Um diese nachteilige Folge zu vermeiden, muss der Beklagte (deshalb) verständliche Gründe dafür vorbringen, weshalb seine Leistung **keine Anerkennung** der Klageforderung habe bedeuten sollen. 1029

Als solche Gründe werden vom OLG Frankfurt a. M. (a. a. O.) genannt: Vermeidung weiterer Kosten, Ersparnis weiteren Zeitaufwandes und Ärgers.

Da allerdings im Rahmen der Kostenentscheidung nach § 91a ZPO auch der Grundgedanke des § 93 ZPO (reziprok) zugunsten des Klägers angewendet wird (Zöller/*Vollkommer* §§ 91a Rn. 25; 93 Rn. 2), ist es wichtig, dass der Beklagte die Veranlassung zur Klageerhebung ebenso bestreitet wie das Bestehen eines zu berücksichtigenden materiellen Kostenerstattungsanspruchs (z. B. wegen Verzugs, pVV bzw. § 280 BGB, Zöller/*Herget* vor § 91 Rn. 12; *N. Schneider* NJW 2008, 3317).

Zur Risikovermeidung kommt für den Kläger – statt einer Erledigterklärung – eine Klageänderung auf Erstattung des Verzugsschadens in Betracht (unten Rdn. 2600). 1030

c) Anerkenntnis

Die Beendigung des Rechtsstreits durch ein Anerkenntnisurteil (§ 307 ZPO) ist für den Beklagten – der im Normalfall die Kosten zu tragen hat (§ 91 ZPO) – kostengünstiger als durch ein streitiges Urteil (Ermäßigung um 2 Gerichtsgebühren; Nr. 1211 Nr. 2 KV-GKG). 1031

Bei einer Entscheidung vor streitiger Verhandlung (§ 307 ZPO) tritt eine Reduzierung der Anwaltsgebühren (im Gegensatz zur bisherigen BRAGO) nicht mehr ein. So fallen jeweils eine 1,3 Verfahrensgebühr (Nr. 3100 VV-RVG) sowie eine 1,2 Terminsgebühr (Nr. 3104 VV-RVG) an (zur Problematik der Terminsgebühr bei Anerkenntnis ohne mündliche Verhandlung *Henke* AnwBl. 2005, 642).

Die Gerichtsgebühren ermäßigen sich in dieser Höhe auch im Fall eines Rechtsmittelverzichts bei einem Urteil, welches sogleich im Verhandlungstermin verkündet wird (sog. Stuhlurteil; § 313a Abs. 2 ZPO, Nr. 1211 Nr. 2 V-GKG). Hierzu kann das Gericht insbesondere durch den Rechtsmittelverzicht bereits vor der Verkündung des Urteils (§ 313a Abs. 3 ZPO) bewogen werden. Diese Möglichkeit bietet sich an, wenn der Beklagte zwar eine Verurteilung durch das Gericht akzeptiert, aber aus bestimmten Gründen nicht anerkennen will.

1032 Im Vergleich zu einem Versäumnisurteil hingegen ist ein Anerkenntnisurteil in bestimmten Fällen **teurer.**

Erscheint nur der Kläger im Termin oder ergeht das Versäumnisurteil im schriftlichen Vorverfahren bei fehlender Verteidigungsanzeige (§ 331 Abs. 3 ZPO), so entsteht lediglich auf Klägerseite (neben der 1,3 Verfahrensgebühr) eine 0,5 Terminsgebühr (Nr. 3105 VV-RVG) und der Beklagtenvertreter erhält nur eine reduzierte 0,8 Verfahrensgebühr (Nr. 3101 Nr. 1 VV-RVG). Dabei werden die Mehrkosten im Fall eines Anerkenntnisurteils durch die geringeren Gerichtskosten (1,0 statt 3,0 Gebühren beim Versäumnisurteil, Nr. 1211 Nr. 2 KV-GKG) nicht aufgefangen, da die Anwaltskosten bei gleichem Streitwert immer höher sind als die Gerichtsgebühren (*König* NJW 2005, 1243: Anerkenntnis nach dem RVG vielfach ein anwaltlicher Kunstfehler; *Schroeder/Riechert* NJW 2005, 2187).

Ein Anerkenntnis ist für den Beklagten jedoch dann günstiger, wenn sich die Aussichtslosigkeit der Verteidigung erst im Termin ergibt. Sind nämlich beide Anwälte im Termin erschienen, so entsteht in jedem Fall (zwar) jeweils eine 1,2 Terminsgebühr (Teil 3 Vorb. 3 (3) i. V. m. Nr. 3104; 3105 Abs. 3 VV-RVG), jedoch fällt nur die ermäßigte Gerichtsgebühr an. Aber auch dann, wenn begründete Aussicht besteht, dass die Kosten dem Kläger nach § 93 ZPO auferlegt werden, sollte der Anwalt zu einem Anerkenntnis raten.

1033 Sofern der Beklagte durch sein Verhalten zur Klageerhebung **keine Veranlassung** gegeben hat, sollte er bei unzweifelhaft begründeter Klage den Klageanspruch sofort anerkennen. Denn dann muss die Kostenentscheidung zulasten des Klägers ergehen (§ 93 ZPO; **sofortiges Anerkenntnis**).

Sofern umgekehrt die Klage mit großer Wahrscheinlichkeit abgewiesen werden wird, kann man in geeigneten Fällen durch Anerkenntnis eines Teilbetrages dem Kläger die Möglichkeit der Streitwertberufung nehmen. Der Kläger könnte daraufhin die Klage entsprechend erhöhen oder versuchen, die Zulassung der Berufung zu erlangen.

Ob allerdings die Gerichtskostenermäßigung auch bei einer Kostenentscheidung nach § 93 ZPO eintritt, ist umstritten (bejahend h. M., z. B. OLG Naumburg JurBüro 2004, 324; verneinend LG Magdeburg JurBüro 2004, 325: arg. Nr. 1211 Ziff. 4 KV-GKG).

1034 ▶ Praxistipp:

Falls § 93 ZPO in Betracht kommt, empfiehlt es sich, das Gericht (rechtzeitig und deutlich) darauf hinzuweisen. Die übliche Formulierung »unter Verwahrung gegen die Kosten« kann zu ungenau bzw. auslegungsbedürftig sein (Zöller/*Herget* § 93 Rn. 6).

Ausführungen hierzu sind sogleich in dem anerkennenden Schriftsatz erforderlich, da sonst der Beklagte ohne mündliche Verhandlung und ohne (klägerischen) Antrag gem. § 91 ZPO regelmäßig zur Kostentragung verurteilt werden wird. So ist der Erlass eines Anerkenntnisurteils nach § 307 ZPO jederzeit möglich. Noch ungeklärt ist, ob auf Antrag einer Partei eine mündliche Verhandlung erfolgen muss (*Knauer/Wolf* NJW 2004, 2861: arg. Art. 6 Abs. 1 EMRK). Sofern man im Einzelfall hierauf Wert legt, etwa um möglicherweise noch richterliche Hinweise zu erhalten, sollte man daher das Anerkenntnis dann auch erst dort abgeben.

1035 Außerdem trägt der Beklagte hinsichtlich der Voraussetzungen des Ausnahmetatbestands des § 93 ZPO die **Darlegungs- und Beweislast** (Thomas/Putzo/*Hüßtege* § 93 Rn. 4).

Das hat zur Folge, dass der Beklagte z. B. auch beweisen muss, dass er keine Rechnung erhalten hat, wenn er sich auf mangelnde Kenntnis von der Verpflichtung beruft (Zöller/*Herget* § 93 Rn. 6 »Beweislast«; OLG Naumburg NJW-RR 2000, 1666: Verlust von vier einfachen Schreiben, während zwei Schreiben förmlich zugestellt werden konnten). Hierzu muss der Beklagte wenigstens einen Sachverhalt darlegen, der den Verlust der mit gewöhnlicher Post versandten Rechnung plausibel macht (negative Tatsache!), was der Kläger daraufhin qualifiziert bestreiten muss. Selbst wenn der Beklagte auf mehrere außerprozessuale Mahnungen überhaupt nicht reagiert und nicht um Zusendung der fehlenden Rechnung bittet, darf der Kläger davon ausgehen, dass der Beklagte die Rechnung erhalten hat und es nur darauf anlegt, weiter Zeit zu gewinnen (LG München I, Beschl. vom 17.07.2002, 23 T 8174/02: § 12 GOÄ).

Ob dies auch dann gilt, wenn der Zugang der Rechnung Fälligkeitsvoraussetzung ist, für die eigentlich der Kläger darlegungs- und beweispflichtig ist, ist umstritten (z. B. OLG Frankfurt a. M. NJW-RR 1996, 62: § 16 Nr. 3 Abs. 1 VOB/B – arg. Ausnahmecharakter des § 93 ZPO). Da es nach bejahender Ansicht nicht auf die materielle Rechtslage ankommt, kann es u. U. in Bezug auf die Kostenfolge insgesamt günstiger sein, die Forderung zu bezahlen und einer Erledigungserklärung des Klägers zuzustimmen (nicht anerkennen!). Auch wenn bei der Kostenentscheidung nach § 91a ZPO der Grundgedanke des § 93 ZPO anwendbar ist, trägt grundsätzlich derjenige die Kosten, der voraussichtlich unterlegen wäre (Thomas/Putzo/*Hüßtege* § 91a Rn. 48; hier der Kläger mangels Fälligkeit der Forderung! – was letztlich naheliegender und dem Richter leichter zu vermitteln ist).

Sofort bedeutet jedenfalls vor Stellung eines Klageabweisungsantrags. Je nach Art des Vorverfahrens heißt dies konkret: 1036

– Ist ein früher erster Termin angeordnet, geht diesem regelmäßig die Aufforderung zur Klageerwiderung voraus. Das Anerkenntnis muss dann zum einen in dieser Klageerwiderung enthalten sein, zum anderen muss diese innerhalb der vom Gericht hierfür gesetzten Frist eingehen (MüKoZPO/*Giebel* § 93 Rn. 10; *Vossler* NJW 2006, 1034)

▶ Praxistipp: 1037

Reicht die vom Gericht zur Klageerwiderung gesetzte Frist zur Abklärung eines eventuellen Anerkenntnisses nicht aus, sollte in jedem Fall eine Fristverlängerung beantragt werden, auch wenn eine Zurückweisung nach Ablauf der Frist eingehenden Verteidigungsvorbringens nach § 296 ZPO wegen ausreichendem Abstand zur mündlichen Verhandlung nicht zu erwarten ist.

– Im schriftlichen Vorverfahren steht entgegen der früher von der h. M. vertretenen Auffassung eine vorbehaltlose Anzeige der Verteidigungsbereitschaft der Sofortigkeit eines in der nachfolgenden Klageerwiderung erklärten Anerkenntnisses jedenfalls dann nicht entgegen, wenn mit der Anzeige der Verteidigungsbereitschaft noch kein Klageabweisungsantrag verbunden war (BGH NJW 2006, 2490).

▶ Praxistipp: 1038

Steht bei Anzeige der Verteidigungsbereitschaft noch nicht fest, ob die Klageforderung anerkannt werden soll, darf in dem Anzeigeschriftsatz ein Klageabweisungsantrag noch nicht gestellt werden.

Dies gebietet die anwaltliche Vorsorge, obwohl der BGH bislang noch nicht entschieden hat, ob eine Anerkenntnis auch nach einem (nicht begründeten) Klageabweisungsantrag noch sofortig sein kann.

Unschädlich ist es, wenn der Beklagte die zunächst unschlüssige Klage erst im weiteren Verlauf des Rechtsstreits nach entsprechend ergänztem Sachvortrag anerkennt (BGH NJW-RR 2004, 999: fehlende Angaben zur Fälligkeit; OLG Bremen NJW 2005, 228: zunächst unzulässige Klage). Die Partei kann daher mit dem Anerkenntnis zuwarten, ob es der Klagepartei gelingt, etwaige Entscheidungshindernisse zu beseitigen.

Hingegen geht ein Irrtum des Beklagten über das Vorliegen von Klage begründenden Tatsachen und deren Bestreiten zu seinen Lasten, wenn die Zweifel später (insbesondere durch Beweisaufnahme) ausgeräumt werden (Zöller/*Herget* § 93 Rn. 6 – Unschlüssige Klage). Auf ein Verschulden des Beklagten kommt es dabei nicht an, sodass ein Anerkenntnis dann verspätet ist.

Veranlassung zur Klageerhebung hat der Beklagte allgemein dann gegeben, wenn durch sein Verhalten vor Prozessbeginn der Kläger annehmen musste, er werde ohne Klage nicht zu seinem Recht kommen. Dies ist vor allem der Fall, wenn der Beklagte in Verzug gesetzt war (Prütting/Gehrlein/*Schneider* § 93 Rn. 4), den Anspruch bestritten oder die Leistung verweigert hat. 1039

Besonders praxisrelevant sind im Einzelnen u. a. die folgenden Beispiele (i. Ü. die Auflistungen bei Baumbach/*Hartmann* § 93 Rn. 8 ff. und Zöller/*Herget* § 93 Rn. 6 ff.): 1040

– Das bloße **Überschreiten des Fälligkeitstermins** ohne eine Aufforderung des Gläubigers zur Zahlung begründet für sich allein nicht ohne Weiteres den Anlass zur Klage (Thomas/Putzo/*Hüßtege*

§ 93 Rn. 5, 6; OLG Frankfurt a. M. NJW-RR 1993, 1472; OLG Naumburg JurBüro 1999, 597). Dies muss vor allem dann gelten, wenn dem Schuldner die Höhe nicht bekannt ist.
- Insbesondere bietet der nicht zahlende, berechtigterweise eine **Rechnung** fordernde Schuldner mangels Verzug keinen Anlass zur Klageerhebung (§§ 273, 286 BGB). Legt der Kläger die (ordnungsgemäße) Rechnung erst im Prozess vor, hat er die Kosten gem. § 93 ZPO zu tragen, wenn der Beklagte daraufhin sofort die Klageforderung anerkennt (BGH NJW-RR 2005, 1005).

Sofern der Kläger im Klageantrag das Zurückbehaltungsrecht jedoch mit berücksichtigt hat (»Zahlung von x Euro, Zug um Zug gegen Erteilung einer Rechung«), ist der Beklagte gehalten, den Klageanspruch sofort anzuerkennen, um ein »sofortiges Anerkenntnis« i. S. d. § 93 ZPO erwirken zu können.

- Bei Kfz-Haftpflichtfällen billigt die Rechtsprechung der in Anspruch genommenen **Haftpflichtversicherung** eine Prüfungszeit von 3–4 Wochen je nach den Umständen des Einzelfalles zu (Zöller/*Herget* § 93 Rn. 6 »Haftpflichtversicherung; *Goebel* PA 2004, 11 – in der Praxis wird diese häufig nicht abgewartet).
- Bei einer **Räumungsklage** ist umstritten, ob der Mieter bereits dann Anlass hierzu gegeben hat, wenn er dem Vermieter nach einer Kündigung trotz Aufforderung keinen bestimmten Auszugstermin mitgeteilt und zugesichert hat (Baumbach/*Hartmann* § 93 Rn. 52). Im Übrigen besteht nach Fälligkeit nur dann kein Klageanlass, wenn der Beklagte vor Klageerhebung räumt, da er andernfalls die Leistung verweigert (Thomas/Putzo/*Hüßtege* § 93 Rn. 6a; auch § 93b ZPO).
- Im **Wettbewerbsrecht** muss vor gerichtlicher Geltendmachung von Unterlassungsansprüchen grundsätzlich eine Abmahnung erfolgt sein. Erkennt der Beklagte einen Anspruch ohne vorherige Abmahnung an, so hat er keinen Anlass zur Klageerhebung gegeben (Thomas/Putzo/*Hüßtege* § 93 Rn. 6, 7, Zöller/*Herget* § 93 Rn. 6 »Wettbewerbsstreitigkeiten«). Dabei setzt nach der überwiegenden Meinung in der Rechtsprechung die Wirksamkeit der Abmahnung nicht den Nachweis des Zugangs beim Adressaten (Verletzter) voraus (z. B. OLG Braunschweig NJW 2005, 372 m. w. N.; a. A. Zöller/*Herget* a. a. O.).
- Im **Mahnverfahren** schließt die Einlegung eines Widerspruchs ein sofortiges Anerkenntnis zwar nicht notwendig aus, jedoch kann darin ein Indiz zum Anlass zur Klageerhebung gesehen werden, sofern der Widerspruch nicht auf die Kosten beschränkt wird (Thomas/Putzo/*Hüßtege* §§ 93 Rn. 7b, 11; 694 Rn. 5, str.). Insbesondere wenn die Berechtigung des Anspruchs in der Widerspruchsbegründung bestritten wird, kommt ein sofortiges Anerkenntnis nicht mehr in Betracht (Zöller/*Herget* § 93 Rn. 6: Mahnverfahren; *Fischer* MDR 2001, 1336).

1041 Ob neben der Anerkenntniserklärung auch die alsbaldige Erfüllung der Geldschuld Voraussetzung des § 93 ZPO ist (nicht bloß verbales, sondern **tatsächliches Anerkenntnis**), ist streitig. Während der BGH eine solche sofortige Zahlung bislang nicht verlangt (OLG München MDR 2003, 1134; Thomas/Putzo/*Hüßtege* § 93 Rn. 13, BGH NJW 1979, 2041, OLG München MDR 2003, 1134) finden sich gegenteilige Auffassung zunehmend in der neueren Literatur und Rechtsprechung (Zöller/*Herget* § 93 Rn. 6 »Geldschulden«; Baumbach/*Hartmann* § 93 Rn. 92, jeweils m. w. N.).

1042 ▶ Praxistipp:

Soll die Kostenprivilegierung des § 93 ZPO für den Mandanten erhalten werden, sollte dem wörtlichen (schriftsätzlichen) Anerkenntnis zeitnah entweder die tatsächliche Erfüllung der Forderung folgen oder diese zumindest zusätzlich ausdrücklich angeboten werden.

Nur darin liegt der vom Anwalt geschuldete sicherste Weg.

In der bloßen Erfüllung ohne ausdrückliche Anerkenntniserklärung sieht die Rechtsprechung jedenfalls dann ein konkludentes Anerkenntnis, wenn beide Parteien den Rechtsstreit übereinstimmend für erledigt erklären (OLG Stuttgart JurBüro 2011, 542).

d) Vergleich

1043 Oft führt schon die bloße Kundgabe der »Kampfbereitschaft« dazu, dass der Kläger, um eine aufwendige und mit Risiken behaftete streitige Entscheidung zu vermeiden, bereits ist, sich zu vergleichen.

C. Die Verteidigung des Beklagten (Klageerwiderung)   4. Kapitel

Auch wenn dieser Vergleich nicht auf »Halbe/Halbe« lautet, ist er für den Beklagten günstiger, als ein vollständiges Unterliegen. Das kann dafür sprechen, die Aussichtslosigkeit der eigenen Verteidigung nicht erkennen zu lassen, vielmehr den **Eindruck siegesgewisser Stärke** zu erwecken.

> Möglicherweise ist dem Kläger die ungünstige Beweislage des Beklagten nicht bewusst, vor allem dann, wenn der Beklagte eine Reihe von Gegen-Zeugen angeboten hat. Zudem könnte es sonst dem Gericht psychologisch leichter fallen, die Klage zuzusprechen, ohne (eigenen) restlichen Zweifeln oder Unklarheiten nachzugehen.
>
> Frage des Einzelfalles sollte es sein, wann und wie man die Vergleichsmöglichkeit in den Prozess einbringt. Einen entsprechenden Vorschlag bereits in der Klageerwiderung zu machen, wird vom Kläger oft »durchschaut«, ihn erst in der mündlichen Verhandlung zu machen, bedeutet, zusätzlich auch die Terminsgebühren der beteiligten Anwälte (zumindest anteilig) tragen zu müssen. Andererseits kann dann das Gericht veranlasst werden, einen Vergleichsvorschlag zu machen. Dieser hat beim Gegner regelmäßig deutlich größere Akzeptanzchancen als ein eigener Vorschlag.
>
> Sofern es dem Beklagten nur um eine Ratenzahlung geht, ist ein Vergleich kostenmäßig am ungünstigsten. Häufig ist der Kläger im Termin bereit, eine entsprechende Bereitschaft zu Protokoll zu erklären, sofern der Beklagte den Anspruch anerkennt. Selbst wenn der Kläger später dann (treuwidrig?!) doch keine Ratenzahlungen akzeptieren sollte, kann der Beklagte solche in der Regel während der Zwangsvollstreckung vom Vollstreckungsorgan eingeräumt bekommen.

2. Verhalten bei aussichtsreicher Verteidigung

a) Klageerwiderung

Der Beklagte hat seine Verteidigungsmittel vor allem in der **Klageerwiderung** vorzubringen (§§ 275, 276, 277 Abs. 1 ZPO). Zur Vermeidung eines Versäumnisurteils im schriftlichen Vorverfahren muss der Beklagte rechtzeitig seine Verteidigungsabsicht anzeigen (§§ 276, 331 Abs. 3 ZPO). 1044

> Dies sollte auch dann geschehen, wenn der Kläger in der Klageschrift kein Versäumnisurteil beantragt hat. Denn zum einen kann er den Antrag nachholen, ohne dass der Beklagte davon in Kenntnis gesetzt werden müsste (str.), und zum anderen könnte das Gericht einen solchen Antrag auch als stillschweigend gestellt ansehen (Thomas/Putzo/*Reichold* § 331 Rn. 2). Dabei ersetzt ein Widerspruch im vorausgegangenem Mahnverfahren die Anzeige nicht (Zöller/*Greger* §§ 276 Rn. 8, 331 Rn. 12).
>
> Allerdings kann diese Anzeige in manchen Fällen auch nachteilig sein, ebenso wie die routinemäßige Beantragung von Klageabweisung oder ein (vorsorgliches) pauschales Bestreiten des Klagevortrags (oben Rdn. 1036, unten Rdn. 1078).

Der Klageerwiderungsschriftsatz sollte – wie jeder Schriftsatz – **strukturiert** sein. Zu mehr Übersichtlichkeit und Verständlichkeit führt es, wenn der Beklagte die unstreitigen und akzeptierten Tatsachen zunächst am Anfang zusammenfasst und in einem Einleitungssatz in groben Zügen mitteilt, womit er sich verteidigt. 1045

> Es empfiehlt sich eine in der Klageschrift befindliche Reihenfolge, insbesondere bei Punktesachen, zu übernehmen. Dies bietet dem Anwalt eine gewisse Kontrolle der Vollständigkeit seiner Ausführungen. Fehlt eine (sachlogische) Gliederung, kann der Beklagte durch eine eigene Gliederung (z. B. chronologisch) seine Position vor allem bei umfangreicherem Sachverhalt klarer darstellen. Bei komplexen Geschehnissen (z. B. Verkehrsunfall) kann eine vollständige und in sich geschlossene Schilderung aus eigener Sicht verständlicher sein, als nur einzelne Punkte herauszugreifen.
>
> Da nicht vorhersehbar ist, ob und inwieweit das Gericht durch den klägerischen Vortrag von eigentlich unwesentlichen Nebentatsachen und unsachlichen Äußerungen beeinflusst wird, sollte der Gegner solches nicht unwidersprochen lassen.
>
> Zuweilen versuchen manche Beklagtenvertreter durch »Nebelschießen, mit komplizierten und scharfsinnigen, aber irreführenden Gedankenfolgen, mit Halbwahrheiten, mit schiefen Analogien, mit zeitraubend lesbaren und fernab liegenden Präjudizien« (*Franzen* NJW 1984, 2263: ultima ratio des Anwalts – standesrechtlich dubios!) einen klaren Klagevortrag zu torpedieren und das Gericht zu verwirren. Auch wenn davon im Normalfall abzuraten ist, bleibt diese Methode nicht immer ganz erfolglos.

1046 ▶ **Praxistipp:**

> Es ist zu vermeiden, dass die Klage (erst) durch den Beklagtenvortrag verständlich, schlüssig bzw. begründet wird, indem z. B. (nur) der Beklagte (substantiiert) den Vertragsabschluss oder den Eintritt bestimmter Bedingungen vorträgt.
>
> Denn bei unschlüssigem (bzw. unbegründetem) Klagevortrag kann die gerichtliche Entscheidung hilfsweise auf den Beklagtenvortrag (und eine andere Rechtsgrundlage) gestützt werden, wenn sich der Kläger diesen wenigstens hilfsweise zu eigen gemacht hat (sog. Gleichwertigkeit des Parteivorbringens; BGH NJW-RR 1994, 1405, Thomas/Putzo/*Reichold* § 138 Rn. 6; *Schneider*, Beil. zu ZAP 5/2001 S. 11: »wird erfahrungsgemäß vielfach von Anwälten übersehen«). Dann kann bei nachteiligem Parteivortrag sogar Geständniswirkung eintreten (Zöller/*Greger* § 288 Rn. 3a; sog. vorweggenommenes Geständnis). Für den Kläger bedeutet dies, dass er zum Verteidigungsvorbringen des Beklagten ebenfalls eine Schlüssigkeitsprüfung anstellen und sich dieses gegebenenfalls ausdrücklich zu eigen machen sollte.

1047 Etwaige **Rügen zur Zulässigkeit** der Klage (§ 282 Abs. 3 ZPO) sollten vor sämtlichen anderen Einwendungen gebracht werden, zumal der Richter diese dort normalerweise erwartet und zuerst prüft.

> Vorher sollte der Anwalt abklären, ob nicht insbesondere die Klageerhebung bei einem unzuständigen Gericht für den Beklagten sogar möglicherweise günstig wäre (oben Rdn. 485).

1048 Da man sich auf den Erfolg eines bestimmten Verteidigungsmittels nicht verlassen kann, ist es riskant, weitere Verteidigungsmittel (zunächst) **zurückzuhalten** (z. B. wegen Präklusion oder Vergessen!).

1049 Deshalb sollte insbesondere nach erhobener Rüge der örtlichen Zuständigkeit immer auch vorsorglich zum sachlich-rechtlichen Klagevorbringen Stellung genommen sowie zur Sache verhandelt werden. Bei Einwendungen gegen den Haftungsgrund darf nicht von einer Verteidigung gegen die Forderungshöhe abgesehen werden, auch nicht im Vertrauen darauf, einen Hinweis des Gerichts zu erhalten (BGH NJW-RR 1990, 1241).

1050 Im Übrigen muss sich das Verhalten des Beklagten nach Art und Weise des klägerischen Angriffs sowie nach der Sach- und Rechtslage richten.

> Das Ziel der Verteidigung ist im Regelfall die Abweisung der Klage, hilfsweise die Minimierung der vom Beklagten im Fall des Prozessverlusts zu tragenden Kosten.
>
> Manchmal wird aber – in Kenntnis der Berechtigung des Klageanspruchs – seitens des Beklagten auch nur versucht, den Rechtsstreit möglichst in die Länge zu ziehen. Sofern er hierbei nur verfahrensrechtlich zulässige Mittel einsetzt, kann dagegen grundsätzlich nichts eingewandt werden. Denn regelmäßig wird der Kläger durch das gerichtliche Verfahren nach Maßgabe seiner gesetzlichen Ausgestaltung geschützt. Erreicht der Beklagte dies aber mithilfe unlauterer Mittel, insbesondere durch Aufstellung bewusst unwahrer Behauptungen, kann er dem Kläger gegenüber nach § 826 BGB schadensersatzpflichtig sein (BGH NJW 2004, 446: Verzögerung bis zum Eintritt der bereits drohenden Insolvenz des Schuldners). Zudem ist bei verschuldeter Verzögerung die Auferlegung einer Verzögerungsgebühr möglich (§ 38 GKG).

1051 Ansonsten gelten die **allgemeinen Empfehlungen** für die Anforderungen an den Sachvortrag bei einer Klageschrift (oben Rdn. 803) in entsprechender Weise auch für die Klageerwiderungsschrift. Die Besonderheiten für die Beklagtenseite werden nachfolgend dargestellt.

b) Anträge

aa) Klageabweisung

1052 Anders als der Sachantrag des Klägers ist ein Antrag des Beklagten **nicht** in jedem Fall **erforderlich**.

> Ist die Klage (unheilbar) unzulässig oder unschlüssig, muss sie von Amts wegen unabhängig vom Verhalten des Beklagten abgewiesen werden. Auch in diesen Fällen indes ist ein Antrag des Beklagten zumindest möglich und sollte deswegen vorsorglich stets gestellt werden.

C. Die Verteidigung des Beklagten (Klageerwiderung) — 4. Kapitel

Der Antrag des Beklagten ist darauf gerichtet, die Klage abzuweisen.   **1053**

> Diese Formulierung gilt für alle Fälle der Erfolglosigkeit. Unabhängig davon, ob die Klage als unzulässig oder als unbegründet abgewiesen werden soll, unabhängig davon, ob die Unbegründetheit aus rechtlichen oder tatsächlichen Gründen erfolgt. Insoweit besteht ein Unterschied zu den Rechtsbehelfen, die bei Unzulässigkeit verworfen, bei Unbegründetheit zurückgewiesen werden.
>
> Grundsätzlich bedarf der Antrag auch keiner Ergänzung um begründende Elemente. Die Frage, ob die Unzulässigkeit der Klage in den Urteilstenor aufgenommen werden sollte (»Die Klage wird als unzulässig abgewiesen«), stellt sich für den Beklagten nicht. Vertreten wird dies, um deutlich zu machen, dass der Klageabweisung keine materielle Rechtskraft zukommt. Hieran kann der Beklagte kein Interesse haben. Dies gilt auch für die gesetzlich vorgesehene Ergänzung bei der unzulässigen Klage im Urkundenprozess (§ 597 Abs. 2 Satz 2 ZPO: »Die Klage wird als in der gewählten Prozessart unstatthaft abgewiesen«) In allen Fällen reicht für den Beklagten der schlichte Klageabweisungsantrag, hält das Gericht einen Zusatz für erforderlich, mag es ihn hinzufügen, ohne dass damit ein kostenrelevantes Teilunterliegen des Beklagten verbunden wäre.

bb) Sonstige

Auch für den Beklagten kann es erforderlich oder zumindest sinnvoll sein, neben dem Hauptantrag weitere **Verfahrensanträge** zu stellen.   **1054**

Hat der Kläger die Klage vor der Zivilkammer anhängig gemacht, kann auch der Beklagte (bei Vorliegen der Zuständigkeitsvoraussetzungen im Übrigen) die Zuständigkeit der **Kammer für Handelssachen** herbeiführen, indem er einen darauf gerichteten Antrag stellt (§ 98 GVG).   **1055**

Prozessgestaltungen, die der Kläger bei der Klageerhebung vorgenommen hat, können vom Gericht geändert werden. Dies gilt auch für bereits vom Gericht getroffene Anordnungen. Vielfach bedürfen solche Anordnungen des Gerichts keines besonderen Antrags des Beklagten, sondern sind von Amts wegen möglich, können aber von den Parteien zumindest »angeregt« werden. Dabei empfiehlt es sich, einen entsprechenden »Antrag« zu begründen, dem Gericht Tatsachen mitzuteilen, anhand derer die Voraussetzungen oder die Sinnhaftigkeit einer entsprechenden Anordnung beurteilt werden kann. In Betracht kommen dabei folgende Fälle: **1056**
– Hat der Kläger etwa mehrere Ansprüche in der Klage zusammengefasst (objektive Klagehäufung, § 260 ZPO), kann das Gericht anordnen, dass die Ansprüche in **getrennten** Prozessen verhandelt werden (§ 145 ZPO).
– Hat der Kläger mehrere Parallelprozesse vor demselben Gericht anhängig gemacht, kann das Gericht diese zur gemeinsamen Verhandlung und Entscheidung **verbinden** (§ 147 ZPO).
– Will der Beklagte die Entscheidung einer Behörde bzw. eines anderen Gerichts oder eines Strafverfahrens abwarten, kann er die **Aussetzung** des Verfahrens anregen (§§ 148, 149 ZPO).
– Hat das Gericht dem Beklagten eine Frist zur Klageerwiderung gesetzt, kann der Beklagte eine **Fristverlängerung** beantragen (§ 224 ZPO); nicht möglich ist dies für die Notfrist zur Anzeige der Verteidigungsbereitschaft.
– Hat das Gericht einen Termin bestimmt, zu dem der Beklagte oder sein Vertreter verhindert ist, kann eine **Verlegung** beantragt werden (§ 227 ZPO).
– Will der Beklagte Vergleichsverhandlungen mit dem Kläger führen, kommt ein **Ruhen** des Verfahrens in Betracht; hierzu ist die Zustimmung des Klägers erforderlich (§ 251 ZPO).

Der Antrag auf **Erlass eines Versäumnisurteils** ist regelmäßig unsinnig. Im schriftlichen Vorverfahren kann ein solches gegen den Kläger nicht ergehen, ist der Kläger im Termin zur mündlichen Verhandlung säumig, kann der Antrag noch dort gestellt werden.   **1057**

c) Verfahrensrügen

Mängel von Prozesshandlungen des Gerichts darf jede Partei, Mängel von Prozesshandlungen einer Partei nur der jeweilige Gegner rügen.   **1058**

1059 ▶ Praxistipp:

Vielfach ist eine solche Rüge Voraussetzung für die Beachtlichkeit des Verfahrensfehlers, ohne ausdrückliche Rüge wird der Fehler geheilt und spielt weder für die Entscheidung noch für ein Rechtsmittel (§§ 534, 556 ZPO) eine Rolle.

> Wichtigster Fall einer solchen Heilung ist § 295 ZPO. Danach kann die Verletzung einer das Verfahren und insbesondere die Form einer Prozesshandlung betreffenden Vorschrift nicht mehr gerügt werden, wenn rügelos verhandelt wurde. Ausgenommen sind nach § 295 Abs. 2 ZPO Vorschriften, auf deren Befolgung eine Partei nicht wirksam verzichten kann. Zu diesen gehören z. B. alle Vorschriften, die nicht nur dem Interesse einer Partei, sondern auch dem öffentlichen Interesse dienen. Keiner Rüge bedürfen damit die Vorschriften über die Besetzung des Gerichts, die Öffentlichkeit der Verhandlung die Ausschließung vom Richteramt, die Zulässigkeitsvoraussetzungen und die Bindung an den Antrag. Auch in diesen Fällen indes ist eine Rüge möglich und praktisch zu empfehlen. Zum einen besteht bei zahlreichen Vorschriften Streit über die Frage, ob sie § 295 Abs. 1 oder § 295 Abs. 2 ZPO unterfallen, zum anderen kann nur über eine Rüge sichergestellt werden, dass das Gericht den Verstoß nicht übersieht.

1060 Einer Rüge bedürfen insbesondere:
- Mängel der sachlichen und örtlichen **Zuständigkeit** (§ 39 ZPO). Folge einer rügelosen Einlassung (in der mündlichen Verhandlung) ist hier die Begründung einer ansonsten nicht bestehenden Zuständigkeit;
- Mängel der **Ladung** und **Zustellung**, soweit nicht Notfristen betroffen sind;
- das Fehlen der Voraussetzungen einer Nebenintervention (§ 71 Abs. 1 ZPO);
- Fehler bei der **Beweisaufnahme**;
- das Vorliegen von **Zulässigkeitshindernissen**, die nur auf Einrede hin berücksichtigt werden, so die Einrede der Schiedsgerichtsabrede (§ 1032 ZPO), die Einrede der mangelnden Kostensicherheit (§§ 110, ff, 269 Abs. 4 ZPO) und gewillkürte, zwischen den Parteien vereinbarte Zulässigkeitsvoraussetzungen. Diese Rügen sind im Interesse der Prozessbeschleunigung vor der Verhandlung zur Hauptsache (im Termin) anzubringen (§§ 282 Abs. 3, 296 Abs. 3 ZPO).

1061 Auch wenn solche Rügen prozessual erst in der mündlichen Verhandlung geboten sind, sollten sie in der Klageerwiderung bereits angekündigt werden.

d) Bestreiten

1062 Mangels Amtsaufklärung im Zivilprozess ist das Gericht darauf angewiesen, dass die Parteien sich über die Wahrheit oder Unwahrheit der vom Gegner vorgetragenen Tatsachen erklären. Es obliegt deswegen dem Beklagten, sich zu den vom Kläger vorgetragenen Tatsachen zu erklären (§ 138 Abs. 2 ZPO). Wird eine Tatsache zugestanden (§ 288 ZPO), gilt sie als prozessuale wahr und wird der Entscheidung zugrunde gelegt. Ist eine vom Gegner vorgetragene Tatsache unwahr, muss sie bestritten werden. Der so entstehende Streit über die Tatsache führt dazu, dass das Gericht sie einer Entscheidung erst zugrunde legen kann, wenn es sie nach einer Beweisaufnahme für wahr hält.

aa) Formen des Bestreitens

1063 Bestreiten kommt in unterschiedlichen **Formen** vor:

1064 (1) Unter Beachtung der prozessualen Wahrheitspflicht (§ 138 Abs. 1 ZPO) können nur Tatsachen bestritten werden, von denen man positiv weiß, dass sie unwahr sind (»**Bestreiten mit Besserwissen**«).

> Die Wahrheitspflicht gilt auch für den Beklagten. Unzulässig ist es danach, Vortrag des Klägers wider besseres Wissen nur deshalb zu bestreiten, um ihn zum Beweis zu zwingen und darauf zu hoffen, dass dieser nicht gelingt.

1065 (2) Dabei reicht es aus, die vom Gegner vorgetragenen Tatsachen schlicht zu leugnen, zu behaupten, sie träfen nicht zu (sog. »**schlichtes Bestreiten**« oder »Klageleugnen«).

> Für den Beklagten liegt hierin eine privilegierte Form der Verteidigung. Anders als der Kläger muss er nicht schlüssig und substantiiert vortragen, sondern kann sich auf das einfache Leugnen der klägerischen

C. Die Verteidigung des Beklagten (Klageerwiderung) — 4. Kapitel

Tatsachen beschränken. Nur ausnahmsweise trifft auch den Beklagten eine besondere Pflicht zur Substantiierung seines Vortrags (dazu unten Rdn. 1072).

(3) Generell unzulässig sind dabei jedoch die (in der Praxis recht häufigen) Fälle des sog. »**pauschalen Bestreitens**«, in denen der Beklagte mit einer »salvatorischen Klausel« versucht, alle nicht unmittelbar angesprochenen Tatsachen streitig zu stellen. 1066

(Zöller/*Greger* § 138 Rn. 10a; *E. Schneider* MDR 1962, 362: ein »nullum«, woraus bei Wiederholung im Schriftsatz aus dem nullum nulla werden; *Doms* MDR 1991, 498: stereotype, schon seit Juristengenerationen überkommene Formulierung, die in nahezu jedem Zivilprozess früher oder später vorgetragen wird). Zwar ist im Einzelnen zweifelhaft, ob diese Form des Bestreitens unzulässig oder unsubstantiiert ist, doch kann dies dahinstehen, da Einigkeit darüber besteht, dass solche Formulierungen im Ergebnis unbeachtlich sind (BGHZ 12, 49 (50); *Doms* MDR 1991, 498).

▶ Beispiel: 1067

Unwirksam sind Floskeln wie

»Der gegnerische Vortrag wird bestritten, soweit er nicht ausdrücklich zugestanden ist.«

»Es wird alles bestritten.«

»Der klägerische Vortrag entbehrt jeglicher tatsächlichen Grundlage.«

(4) Neben dem **ausdrücklichen Bestreiten**, bei dem der Vortrag des Gegners expressis verbis erfolgt (»wird bestritten«, »trifft nicht zu«), ist auch ein bloß **konkludentes Bestreiten** möglich. § 138 Abs. 3 ZPO lässt es ausreichen, dass die Absicht, eine Tatsache bestreiten zu wollen, aus den übrigen Erklärungen der Partei hervorgeht. 1068

Allerdings kann dem schlichten Klageabweisungsantrag nicht entnommen werden, dass alle Behauptungen des Klägers bestritten werden sollen. Hinzukommen müssen vielmehr weitere Umstände, die es nahe legen, dass ein bestimmter Teil des klägerischen Vorbringens nicht ohne weiteres zugestanden werden soll. Regelmäßig wird das bloß konkludente Bestreiten Anlass für eine aufklärende Rückfrage bei der Partei nach § 139 ZPO sein.

(5) Ein Bestreiten liegt auch dann vor, wenn den vom Gegner vorgetragenen Tatsachen eigene, widersprüchliche Tatsachen entgegengesetzt werden (sog. »**qualifiziertes Bestreiten**«). 1069

Praktisch besteht die Gefahr bei dieser Form des Bestreitens darin, dass der Beklagte sich auf die Schilderung des Geschehens aus seiner Sicht beschränkt, ohne sich hinreichend mit den vom Kläger vorgetragenen Tatsachen auseinanderzusetzen und dabei möglicherweise relevanten Tatsachenvortrag unbestritten lässt.

(6) Ausnahmsweise können auch Tatsachen bestritten werden, von denen man gar nicht weiß, ob sie zutreffen oder nicht. Will man diese Tatsachen im Prozess nicht ohne Weiteres gegen sich gelten lassen, den Gegner also zwingen, sie zu beweisen, müssen sie bestritten werden (sog. »**Bestreiten mit Nichtwissen**«). Wegen der prozessualen Wahrheitspflicht ist dies nur bei Tatsachen möglich, die man nicht kennt und auch nicht kennen muss (§ 138 Abs. 4 ZPO; BGH NJW 1999, 53; OLG Düsseldorf NJW-RR 1993, 1128; *Ambs*, Bestreiten mit Nichtwissen, 1997; *Lange* NJW 1990, 3223; *Nicoli* JuS 2000, 584). 1070

Hierzu unten Rdn. 1104.

(7) Tatsachen, die der Gegner noch nicht behauptet hat, können vorsorglich bestritten werden (sog. »**vorweggenommenes Bestreiten**«; BVerfG NJW 1992, 679; BGH NJW-RR 2001, 1294). 1071

Sinn macht dies, wo aus der vorprozessualen Korrespondenz absehbar ist, dass ein bestimmter Vortrag des Gegners kommen wird. Zu empfehlen ist es nicht. Zum einen sollte im Prozess grundsätzlich auf Maßnahmen des Gegners erst reagiert werden, wenn sie vorgenommen wurden, zum anderen birgt das vorweggenommene Bestreiten die Gefahr, dass es vom Gericht übersehen wird.

(8) Nicht möglich ist das »**Bestreiten von Negativbehauptungen**«. Das Fehlen oder Nichtvorliegen bestimmter tatsächlicher Umstände kann grundsätzlich nicht schlicht bestritten werden. Da 1072

die darlegungspflichtige Partei über die bloße Behauptung, die Tatsache liege nicht vor, hinaus zunächst nichts weiter vortragen kann, obliegt es dem Gegner im Rahmen qualifizierten Bestreitens, mögliche positive Tatsachen darzutun (*Hansen* JuS 1991, 588 (590) m.w.N.; BGH NJW 2001, 64; BGH NJW 1999, 2887).

1073 ▶ **Beispiel:**

Macht der Kläger einen Bereicherungsanspruch aus § 812 BGB geltend, so reicht es aus, wenn er zum Fehlen des rechtlichen Grundes entweder überhaupt nicht oder nur die pauschale Behauptung vorträgt, ein solcher Rechtsgrund existiere nicht. Dem Beklagten obliegt es dann, den in diesem Fall denkbaren Rechtsgrund zu behaupten. Hierdurch wird die Beweislast nicht berührt: Lässt sich nicht klären, ob der – vom Beklagten vorgetragene – Rechtsgrund vorliegt oder nicht, wird die Klage wegen Beweisfälligkeit des Klägers abgewiesen (Musielak, Grundlagen der Beweislast im Zivilprozess, 1975, 144 f.; Palandt/Sprau § 812 Rn. 107).

bb) Fehlervermeidung

1074 Beim Bestreiten sollten Fehler möglichst vermieden werden. In erster Instanz können sie nur beschränkt, in den Folgeinstanzen so gut wie nie behoben werden.

So ist das Bestreiten als Verteidigungsmittel vor allem nach § 531 Abs. 2 Nr. 3 ZPO nur zuzulassen, wenn es im ersten Rechtszug nicht erfolgt ist, ohne dass dies auf einer Nachlässigkeit der Partei beruht. Maßstab ist hierbei bereits die einfache Fahrlässigkeit (Begr. RegE.S. 102).

Auch wenn häufig das bloße Bestreiten ausreicht, um den Prozess zu gewinnen, soll man deshalb nicht vergessen, trotzdem (sicherheitshalber) etwaige Gegenbeweise anzubieten.

1075 Typische – und praktisch häufig vorkommende – Fehler des Bestreitens liegen zum einen darin, dass »**zu wenig**« getan wird, das Gericht nicht von einem wirksamen Bestreiten ausgeht und so klägerischer Vortrag unkritisch der Entscheidung zugrunde gelegt wird. Zum anderen tut der Beklagte manchmal zu viel, sodass sein Verhalten als Geständnis gewertet wird.

1076 Auch wenn die Anforderungen an ein wirksames Bestreiten nicht hoch sind, müssen gewisse Mindeststandards eingehalten werden. Gelingt dies nicht, bleibt die Tatsache unstreitig und wird der Entscheidung ohne Weiteres zugrunde gelegt.

1077 (1) Vermieden werden muss, dass das Gericht das Bestreiten als zu »**pauschal**« unberücksichtigt lässt.

Dies nehmen Gerichte nicht nur bei floskelhaften Formulierungen (oben Rdn. 1066), sondern häufig schon dann an, wenn eine konkrete Zuordnung des Bestreitens zu einzelnen klägerischen Behauptungen nicht nachvollziehbar ist.

Prozessual unbeachtlich ist deshalb auch die gebräuchliche Formulierung, wonach eine spezifizierte Forderung »dem Grunde und der Höhe nach« bestritten wird (*E. Schneider* MDR 1962, 363: »gedankenlose Redensart«).

Eine widerspruchsvolle, in sich unstimmige Darlegung genügt ebenfalls nicht den Anforderungen, die an einen substantiierten Vortrag zu stellen sind (BGH NJW-RR 1992, 848).

1078 (2) Prozessual unbeachtlich ist (ähnliche wie die »Behauptung ins Blaue hinein« durch den Kläger) auch ein (vorsorgliches) Bestreiten »**ins Blaue hinein**«.

Praktisch kommt dies vor, wenn der Prozessbevollmächtigte des Beklagten neuen, überraschenden Vortrag des Klägers in der mündlichen Verhandlung ohne vorherige Rücksprache mit seiner Partei bestreitet. Ein solches, erkennbar ohne konkrete tatsächliche Grundlage »aus der Luft gegriffenen«, »aufs Geratewohl« erfolgendes Bestreiten ist prozessual unbeachtlich (OLG Köln NJW-RR 1992, 572, Thomas/Putzo/*Reichold* § 138 Rn. 8). Dies gilt auch, wenn das Bestreiten »mit Nichtwissen« erfolgt, da sich der Anwalt die fehlenden Informationen vom Mandanten beschaffen muss (§ 138 Abs. 4 ZPO; Zöller/*Greger* § 138 Rn. 13; Ausweg: § 283 ZPO oder § 227 ZPO).

1079 (3) Sichergestellt werden muss, dass das Gericht das Bestreiten als solches **erkennt**.

C. Die Verteidigung des Beklagten (Klageerwiderung) — 4. Kapitel

Dies ist nicht der Fall, wenn das Bestreiten konkludent erfolgt und das Gericht die Umstände, aus denen sich das Bestreiten ergibt, anders würdigt. Beim vorweggenommenen Bestreiten übersieht das Gericht das Bestreiten häufig.

Nicht zu erkennen ist das Bestreiten auch dann, wenn Formulierungen verwendet werden, die offen lassen, ob bestritten werden soll.

▶ **Beispiel:** 1080

Kein eindeutig als Bestreiten zu erkennendes Verhalten liegt in Formulierungen wie:

»Der Kläger hat noch nicht nachgewiesen, dass...«

»Dies möge der Kläger erst noch unter Beweis stellen.«

»Der Kläger hat hierzu keine Beweismittel angeboten.«

»Der Kläger soll angeblich...«

»Das vom Kläger vorgetragene Geschehen ist dem Beklagten unbekannt.«

»Der Vortrag des Klägers ist nicht nachvollziehbar.«

(4) Es ist darauf zu achten, dass **vollständig** bestritten wird. 1081

Bezieht sich das Bestreiten nur auf einzelne Teilaspekt des klägerischen Vorbringens, bleibt der Rest unbestritten. Diese Gefahr liegt nahe, wenn der Beklagte sich nicht konsequent mit dem gegnerischen Vortrag auseinandersetzt, sondern sich darauf beschränkt, den Sachverhalt aus seiner Sicht darzustellen. Dort, wo dieser Sachverhalt den des Klägers ausschließt, wird er »qualifiziert« bestritten, im Übrigen aber bleibt der Vortrag des Gegners dann unbestritten.

Bei genauer Prüfung lässt sich oft viel mehr bestreiten (u. U. auch mit Nichtwissen), als man zunächst annimmt. Je mehr bestritten wird, umso größer ist die Chance, damit letztlich auch Erfolg zu haben und etwaige – u. U. von der Klagepartei bewusst in Kauf genommene – Beweisbarkeitslücken aufdecken zu können.

Insbesondere muss jeder neue Schriftsatz des Gegners auf neues Vorbringen durchgesehen und – soweit möglich – entsprechend bestritten werden. Sicherheitshalber sollte man auch auf Behauptungen des Gegners, die man für unerheblich hält, eingehen. Bei sich länger hinziehenden Prozessen mit umfangreichem Schriftsatzwechsel wird neuer entscheidungserheblicher Sachvortrag oftmals nicht mehr bestritten. Vor allem in Abrechnungs- und Punktesachen muss bis zur letzten Position »durchgehalten« werden. Um vollständig bestreiten zu können, sind auch die auf Beklagtenseite in Betracht kommenden Anspruchsgrundlagen genau zu prüfen.

Vergessen wird in der Praxis immer wieder, geltend gemachte, über dem gesetzlichen Verzugszinssatz hinausgehende Zinsen und sonstige Nebenforderungen – insbesondere Inkassokosten – (mit Nichtwissen) zu bestreiten. Dies sollte generell erfolgen, und zwar – wie üblich – am Ende der Klageerwiderung, um vom Gericht nicht übersehen zu werden.

Zur Vermeidung dieser Gefahren sollte das Bestreiten stets konkret, ausdrücklich, vollständig und nach Aufstellen der Behauptung durch den Gegner erfolgen. 1082

Dazu ist es erforderlich, die vom Kläger behaupteten Tatsachen so aufzugreifen, wie sie vorgetragen wurden, dessen Gliederung beizubehalten, die gleichen Formulierungen zu verwenden und auf der gleichen Substantiierungsebene zu bleiben. Auch auf die Gefahr redundanten, ermüdenden Vortrags hin ist jeder dieser Behauptungen gesondert und ausdrücklich »zu bestreiten«. Dazu sollte der gesamte Vortrag einschließlich der Nebenforderungen und der für unerheblich gehaltenen Tatsachen abgearbeitet werden. Diese Arbeitsweise ist nicht nur in der Klageerwiderung, sondern in der Erwiderung auf jeden weiteren Schriftsatz des Gegners mit neuem Vortrag erforderlich.

Ist eine Behauptung bereits vorab bestritten worden, muss das Bestreiten wiederholt werden (BGH NJW-RR 2001, 1294: konkludentes Bestreiten nachfolgender Behauptungen in einem vorangegangenen widersprechenden Vortrag).

1083 Vermieden werden sollte nach Möglichkeit auch ein **Geständnis**. Dies gilt schon für den Fall, dass eine Tatsache als zutreffend akzeptiert wird und erst recht für den Fall, dass sie bestritten werden soll.

1084 ▶ Praxistipp:

Ein Geständnis entfaltet ausschließlich nachteilige Folgen und bringt keine Vorteile.

Zur Bindungswirkung des Geständnisses BGH NJW 2011, 2794.

1085 Soll eine vom Kläger vorgetragene Tatsache eingeräumt werden, ist es regelmäßig besser, sie sie bloß **unbestritten** zu lassen (§ 138 Abs. 3 ZPO) und sie nicht ausdrücklich zuzugestehen (§ 288 ZPO).

1086 Mit dem Geständnis wird die Wahrheit einer vom Gegner behaupteten Tatsache ausdrücklich **zugestanden**. Damit wird die zugestandene Tatsache unstreitig, sie bedarf keines Beweises mehr und muss der Entscheidung durch das Gericht zugrunde gelegt werden.

Ein Geständnis entfaltet Bindungswirkung und kann allein unter den engen Voraussetzungen des § 290 ZPO widerrufen werden. Dazu ist es erforderlich, dass die gestehende Partei nachträglich dartut, das Geständnis sei nicht nur falsch, sondern auch durch einen Irrtum veranlasst worden (BGH NJW 1992, 2818; *Pawlowski* MDR 1997, 7; *Orfanides* NJW 1990, 3174; *Schneider* MDR 1991, 297). Das bewusst wahrheitswidrige Geständnis ist damit in jedem Fall unwiderruflich, nach einem irrtümlichen Geständnis kehrt sich die Beweislast praktisch um, weil nicht die darlegungspflichtige Partei die Richtigkeit ihrer Behauptung, sondern die gestehende Partei die Unrichtigkeit ihres Geständnisses beweisen muss. Die Bindung wirkt im Berufungsverfahren fort (§ 535 ZPO). Allerdings ist dort nachprüfbar, ob überhaupt ein Geständnis (in erster Instanz) vorliegt.

Das Geständnis unterliegt bestimmten Formerfordernissen: es muss in mündlicher Verhandlung erklärt werden (§ 288 Abs. 1 ZPO), nach § 160 Abs. 3 Nr. 3 ZPO ist es als wesentliche Förmlichkeit zu protokollieren, den Parteien vorzulesen und von ihnen zu genehmigen (§ 162 Abs. 1 ZPO). Keines dieser Formerfordernisse ist Wirksamkeitsvoraussetzung des Geständnisses: Allein die in der Antragstellung in mündlicher Verhandlung zu sehende Bezugnahme auf den bisherigen schriftsätzlichen Vortrag kann zur Wirksamkeit des bis dahin nur angekündigten Geständnisses führen, Protokollierungsfehler berühren die Beweisbarkeit des Geständnisses (§ 165 ZPO), nicht seine Wirksamkeit (BGH NJW-RR 1990, 1150; BGH NJW 1990, 392). Nach überwiegender Ansicht unterliegt das Geständnis nicht dem Anwaltszwang, sodass die Partei selbst im Anwaltsprozess wirksam ein Geständnis abgeben kann (BGHZ 8, 235). Auch bedarf das Geständnis keiner bestimmten Formulierung, kann vielmehr im Rahmen einer Parteivernehmung oder ausnahmsweise sogar stillschweigend (konkludent), grundsätzlich jedoch nicht bei einer Parteivernehmung erklärt werden (BGH NJW-RR 1996, 699; BGH NJW 1995, 1432; OLG Hamm NJW-RR 1997, 405; vgl. aber auch BGH NJW 1991, 1683; OLG Hamm WM 1996, 669; *Hülsmann* NJW 1997, 617).

1087 Abzugrenzen ist das Geständnis vom **Anerkenntnis**. Während ersteres nur einzelne Tatsachenbehauptungen erfasst und dazu führt, dass diese unstreitig werden (= Ausfluss der Beibringungsmaxime), unterwirft sich der Beklagte mit dem Anerkenntnis dem Klagebegehren, akzeptiert die beantragte Rechtsfolge, sodass auf der Grundlage der sich jetzt deckenden Begehren ein Anerkenntnisurteil ergehen kann (= Ausfluss der Dispositionsmaxime).

1088 Gemäß § 138 Abs. 3 ZPO gelten die **nicht bestrittenen** Tatsachen als zugestanden, sodass hier die Rechtsfolgen des Geständnisses greifen: Die Tatsache wird als unstreitig behandelt, eine Beweisaufnahme ist nicht erforderlich. Anders als beim echten Geständnis kann hier eine Bindung der Partei nicht eintreten: das unterlassene Bestreiten kann – in den Grenzen der Verspätungsvorschriften – jederzeit nachgeholt werden (Thomas/Putzo/*Reichold* § 138 Rn. 18; BVerfG NJW 2001, 1565; a. A. OLG München MDR 1984, 321: arg. § 138 Abs. 3 ZPO).

Voraussetzung einer Anwendung des § 138 Abs. 3 ZPO ist, dass die Partei einerseits die Möglichkeit zum Bestreiten hatte, ihr also rechtliches Gehör und ausreichend Zeit zur Erwiderung gewährt wurde, und sie andererseits den Vortrag des Gegners weder ausdrücklich noch konkludent bestritten hat. Insbesondere die Frage, ob eine (konkludente) Bestreitensabsicht aus den Erklärungen der Partei zu entnehmen ist, verlangt in der Regel eine Ausübung des richterlichen Fragerechts (§ 139 ZPO) und eine Auslegung des Gesamtvorbringens (BGH NJW-RR 1997, 984; Thomas/Putzo/*Reichold* § 138 Rn. 17).

C. Die Verteidigung des Beklagten (Klageerwiderung) — 4. Kapitel

Soll eine vom Kläger vorgetragene Tatsache bestritten werden, muss eine Formulierung gewählt werden, die dies zweifelsfrei zum Ausdruck bringt und nicht als Geständnis missverstanden werden kann. Die **Abgrenzung** zwischen beiden ist häufig nicht einfach. 1089

> Ein Geständnis in Bezug auf den Abschluss eines streitigen Vertrages hat der BGH auch darin gesehen, indem der Beklagte u. a. vorgetragen hat, »er sei voll und ganz seinen Zahlungsverpflichtungen aus dem Vertrag nachgekommen« (BGH NJW-RR 2003, 1578). Hierbei betont der BGH, dass Gegenstand eines Geständnisses nicht nur Tatsachen, sondern auch »juristisch eingekleidete Tatsachen« sein können, wozu auch der Vortrag zu rechnen ist, wer Vertragspartei geworden sei.
>
> Auch die ausdrückliche Aufgabe früheren Bestreitens oder die ausdrückliche Beschränkung des Bestreitens auf die Höhe der Klageforderung kann genügen (Zöller/*Greger* § 288 Rn. 5). Hingegen reicht Stillschweigen auf gegnerische Erklärungen nach ständiger Rechtsprechung des BGH nicht aus (BGH NJW 2000, 276).
>
> Kein Geständnis können enthalten Erklärungen einer Partei bei der Parteivernehmung oder bei ihrer Anhörung (str.; unten Rdn. 1346) sowie in der Güteverhandlung (unten Rdn. 1379, 1885).
>
> Ein Geständnis in einem Strafverfahren entfaltet in einem Zivilprozess nicht die Wirkungen der §§ 288, 290 ZPO (BGH NJW-RR 2004, 1001: nur Indiz für die Wahrheit der zugestandenen Tatsache).

▶ Beispiel: 1090

Abgrenzungsprobleme zwischen Nichtbestreiten und Geständnis lassen folgende Formulierung zu:

»... soll nicht bestritten werden ...«

»... bedarf keiner weiteren Stellungnahme ...«

»... kann dahinstehen ...«

»... wird eingeräumt ...«

»... ist nicht unzutreffend ...«

»... mag so gewesen sein ...«

»... wird außer Streit gestellt ...«

> Zweifelhafte Formulierungen können nur im Wege der Auslegung des gesamten Parteivorbringens im Einzelfall dem einen oder anderen Institut zugeordnet werden. Verbleiben Unklarheiten, bedarf es einer Rückfrage durch das Gericht bei der Partei nach § 139 ZPO. In Grenzfällen dürfte stets nur einfaches Nichtbestreiten vorliegen, da die Bindungswirkung des förmlichen Geständnisses nur bei eindeutigen Erklärungen der Partei gerechtfertigt ist (BGH NJW 2000, 276; BGH NJW 2000, 1999).

Hierauf darf es der Anwalt nicht ankommen lassen und muss deshalb eine Formulierung verwenden, die Zweifel erst gar nicht zulässt. Empfehlenswert ist deswegen entweder die Verwendung der gesetzlichen Termini oder im Fall des Nichtbestreitens ein vollständiges Unerwähntbleiben in der Erwiderung. 1091

cc) Substantiiertes Bestreiten

Ob der Beklagte sich mit »schlichtem Bestreiten« begnügen darf oder ob er eigene Tatsachen entgegensetzen muss (»qualifiziertes Bestreiten«) und wenn ja, in welchem Umfang, ist Frage der **Substantiierungslast**. 1092

> Diese trifft den Beklagten in grundsätzlichem gleichem Maß wie den Kläger (dazu oben Rdn. 877).
>
> Der Vortrag einer Partei ist ausreichend substantiiert, wenn sie Tatsachen vorträgt, die in Verbindung mit einer Rechtsnorm geeignet sind, das geltend gemachte Recht als entstanden erscheinen zu lassen; unsubstantiiert ist ein Vorbringen nur, wenn das Gericht aufgrund dieser Darstellung nicht beurteilen kann, ob die gesetzlichen Voraussetzungen der an die Behauptung geknüpften Rechtsfolge erfüllt sind (ständige

Rechtsprechung, zuletzt BGH NJW 2002, 1488; BGH NJW 1999, 579; OLG Koblenz NJW-RR 2001, 65; *Frohn* JuS 1996, 243; *Meyke*, S. 13).

Die Instanzgerichte tendieren dazu, an die Substantiierungslast zu hohe Anforderungen zu stellen; zu Unrecht verlangt wird häufig die Angabe der Modalitäten eines Geschehens, also wann, wo und wie sich ein Vorgang zugetragen hat.

1093 Je detaillierter der Vortrag des Behauptenden, umso detaillierter muss auch das Bestreiten ausfallen. Im Rahmen dieses **Wechselspiels** zwischen Behaupten und Bestreiten kann sich das Maß der Substantiierungslast im Laufe des Prozesses durch weiteren Vortrag des Gegners verändern, sodass es ständig neuer Prüfung bedarf, inwieweit der Vortrag beider Parteien ausreichend substantiiert ist (BGH NJW-RR 1992, 258; OLG Hamburg NJW-RR 1990, 63; *Frohn* JuS 1996, 243; *Hansen* JuS 1991, 588, 589; Thomas/Putzo/*Reichold* § 138 Rn. 16).

Einfaches Bestreiten genügt insbesondere nur gegenüber einem Klagevortrag, der ohne nähere Einzelheiten mitzuteilen, ausschließlich allgemeine Begriffe verwendet sowie dann, wenn es um einfache Vorgänge geht, bei denen es nur ein Entweder-Oder gibt.

1094 ▶ Beispiel:

Zunächst sind die Anforderungen an die Substantiierung der Klage gering: hier reicht ein pauschaler Vortrag, ggf. sogar die Verkürzung des Tatsachenvortrages in einem Rechtsbegriff (»Kaufvertrag«, »Eigentum«, »Schenkung«; OLG Koblenz NJW-RR 1993, 571). Wird dieser Vortrag vom Beklagten bestritten – was zunächst ebenfalls recht pauschal in Form schlichten Bestreitens erfolgen kann –, obliegt es dem Kläger, seinen Vortrag zu präzisieren, Details nachzuliefern. Will der Beklagte diese neuen Tatsachen nicht unstreitig werden lassen, muss er nun auch sein Bestreiten näher substantiieren, insbesondere zu den vom Kläger vorgetragenen Details Stellung nehmen, ggf. indem er diese nun qualifiziert bestreitet (BGH NJW 1991, 2908; BGH NJW 1991, 2707).

Beruft sich der aus einem Bauvertrag klagende Kläger für den Umfang des Auftrags auf eine nicht vorgelegte Leistungsbeschreibung, so genügt aufseiten des Beklagten schlichtes Klageleugnen, ggf. das Bestreiten (mit Nichtwissen) der Durchführung und Notwendigkeit der Arbeiten sowie der Angemessenheit der in Rechnung gestellten Positionen. Nachdem der Kläger das Leistungsverzeichnis vorgelegt hat, obliegt es dem Beklagten, einzelne Punkte hieraus aufzugreifen und konkrete Gegentatsachen darzutun. Das Gleiche gilt für Klagen aus anderen Abrechnungen: Je detaillierter die einzelnen Rechnungsposten dargestellt sind, umso detaillierter ist auf jeden einzelnen Posten einzugehen, u. U. kann es erforderlich sein, eine substantiierte Gegenrechnung aufzumachen (Thomas/Putzo/Reichold § 138 Rn. 16; BGH NJW 1961, 828; OLG Hamm NJW 1998, 3358).

Behauptet der Kläger in der Klage den Abschluss eines anspruchsbegründenden Vertrages, so reicht es zunächst aus, dass der Beklagte den Abschluss einfach bestreitet. Daraufhin hat der Kläger die konkreten Umstände darzulegen, die nach seiner Ansicht zu einem Vertragsschluss geführt haben. Er hat genaue Angaben zu den handelnden Personen (insbesondere bei einer Gesellschaft) sowie über Zeit, Ort, Form und Inhalt der entsprechenden Willenserklärungen zu machen. Der Beklagte hat nun konkrete vorgetragene Behauptungen im Einzelnen zu bestreiten und gegebenenfalls darzulegen, warum bei einer z. B. unstreitigen Besprechung keine Einigung erzielt wurde. Ein bloßes »stimmt nicht« ist jetzt nicht mehr ausreichend. Auch reicht es seitens des Beklagten nicht aus, etwa nur das Handeln im eigenen Namen zu bestreiten. Er muss vielmehr diejenige Person nennen, in dessen Namen er gehandelt haben will.

1095 ▶ Praxistipp:

Je genauer der Kläger seine Behauptungen im Verlauf des Prozesses vorträgt, umso substantiierter muss auch der Beklagte bestreiten. Die Anforderungen an das Vorbringen des Beklagten steigen daher während des Prozesses meistens.

C. Die Verteidigung des Beklagten (Klageerwiderung) 4. Kapitel

Folge eines nicht hinreichend substantiierten Vorbringens ist in der Regel ein richterlicher Hinweis nach § 139 ZPO (OLG Düsseldorf NJW 1993, 2543). Erst wenn auch daraufhin eine weitere Substantiierung unterbleibt, kann bei der Entscheidung davon ausgegangen werden, dass die Tatsache nicht vorgetragen wurde.

1096

> Ein unsubstantiiertes Vorbringen des Klägers hat dann die Unbegründetheit (nicht die Unzulässigkeit) der Klage zur Folge, ein unsubstantiiertes Bestreiten des Beklagten führt dazu, dass das Vorbringen des Klägers unbestritten bleibt.

dd) Sekundäre Darlegungslast

Ihre Grenzen findet die Substantiierungslast in der Darlegungslast: Eine über die Pflicht zum substantiierten Bestreiten hinausgehende allgemeine Aufklärungspflicht besteht für die nicht darlegungspflichtige Partei nicht (BGH ZZP 104 (1991), 203 m. Anm. *Stürner* und *Schreiber* in JR 1991, 415; *Arens*, Zur Aufklärungspflicht der nicht beweisbelasteten Partei im Zivilprozess, ZZP 96 (1983), 1; *Stürner*, Parteipflichten bei der Sachverhaltsaufklärung im Zivilprozess, ZZP 98 (1985), 237).

1097

Die über das bloße Bestreiten hinausgehende Darlegung von Tatsachen durch den Beklagten ist nach der Rechtsprechung jedoch dort erforderlich, wo die (primär) darlegungspflichtige Partei außerhalb des von ihr darzulegenden Geschehensablaufs steht und **keine nähere Kenntnis** der maßgebenden Tatsachen hat, während (nur) der Prozessgegner sie hat (oder leicht erlangen kann) und ihm nähere Angaben zumutbar sind (sog. »sekundäre Darlegungslast«).

1098

> (Zöller/*Greger* § 138 Rn. 8b, vor § 284 Rn. 34, 34d: »ausufernde und unberechenbare Rspr.«; BGH st. Rspr., z.B. NJW 2003, 1449: gilt auch für den Beklagten als Erben; sekundäre Darlegungslast, deren Behandlung von den Instanzgerichten nicht sicher beherrscht wird – so *Kiethe* MDR 2003, 781; arg. § 138 Abs. 2 u. 4 ZPO).

Allein der Umstand, dass die Darlegung im Einzelfall der beweisbelasteten Partei wesentlich schwerer fällt als ihrem Gegner, genügt hierfür aber nicht (BGH NJW 1997, 129). So besteht für die nicht darlegungs- und beweispflichtige Partei keine allgemeine prozessuale Aufklärungspflicht (BGH NJW 1990, 3151).

Bei **Nichterfüllung** der sekundären Behauptungslast gilt die Behauptung des primär Darlegungspflichtigen trotz mangelnder Substantiierung als zugestanden (§ 138 Abs. 3 ZPO).

1099

> Dies führt somit letztlich für den Kläger zu einer (zunächst) günstigen beweisrechtlichen Situation. Auf deren Dauerhaftigkeit während des Prozessverlaufs kann er sich jedoch nicht verlassen. So kann der Gegner den Kläger regelrecht in eine »zivilprozessuale Falle« (*Kiethe* MDR 2003, 782) laufen lassen, wenn er nicht rechtzeitig die notwendigen Auskünfte und Informationen eingeholt hat und der Beklagte (überraschend) bislang unbekannten substantiierten Gegenvortrag bringt. Denn dann obliegt dem Kläger wieder die volle Beweislast.

▶ Beispiel:

1100

> Eine solche sekundäre Behauptungslast wurde angenommen für einen gem. § 3 UWG auf Unterlassung verklagten Pressedienst, der mit der großen Anzahl und dem Rang seiner Korrespondenten geworben hatte und diese dementsprechend im Prozess zwar nicht namentlich, aber wenigstens der Zahl nach hätte mitteilen müssen (BGH NJW 1961, 826).
>
> Im Fall überhöhter Telefonrechnungen mit dem Telefonkunden erteilten Einzelgesprächsnachweisen und berechtigter Löschung der Verbindungsdaten durch den Anbieter) hat der auf die Gebühren verklagte Kunde eine sekundäre Behauptungslast (Angabe der Rufnummer der jeweils bestrittenen Verbindung, den Tag und die Uhrzeit ihres Beginns sowie ihrer Dauer; BGH NJW 2004, 3183; LG Kiel NJW-RR 1998, 1366; auch unten Rdn. 1625). Abgesehen davon ist es in jedem Fall ungenügend, einfach pauschal zu behaupten, die Telefonrechnung sei unrichtig.
>
> Im Übrigen ist die vom LG München I (NJW-RR 1996, 893) vertretene Auffassung, die berechtigte Löschung der Daten entbinde den Anbieter nicht vom substantiierten Vortrag hinsichtlich der einzelnen berechneten Verbindungen, jedenfalls mit Inkrafttreten von § 16 Abs. 2

Satz 1 TKV (Telekommunikations-Kundenschutzverordnung vom 14.04.1999, BGBl. I, S. 705) überholt (BGH NJW 2004, 3183, 3185).

Zur Verteidigung des Bestellers gegenüber einer Klage auf Werklohn reicht es nicht aus, wenn er allgemein die Mangelfreiheit als Fälligkeitsvoraussetzung bestreitet (unten Rdn. 1961). Vielmehr muss der Beklagte die (wesentlichen) Mängel bzw. die Mangelerscheinungen (Symptome) konkret bezeichnen, wobei er sich zu deren Ursachen nicht zu äußern braucht (Palandt/Sprau §§ 634 Rn. 12; 635 Rn. 3).

Beim Kauf einer komplizierten technischen Sache genügt (aber für den Laien-Käufer) nicht die Behauptung, diese »funktioniere nicht«, »versage den Dienst« oder »führe nicht zu dem gewünschten Erfolg«. Vielmehr ist ein konkretes »Fehlerbild« vorzutragen, das es dem Verkäufer ermöglicht, nachzuvollziehen, ob ein Bedienungsfehler oder ein Sachmangel vorliegt und worin dieser seine Ursache haben kann. Bei EDV-Anlagen sind konkrete Angaben darüber erforderlich, bei welchen Arbeitsschritten und Programmfunktionen Störungen aufgetreten sind und in welcher Weise sich diese, z. B. durch bestimmte Fehlermeldungen bemerkbar gemacht haben (OLG Düsseldorf NJW-RR 1999, 563; aber Zahrnt NJW 2002, 1531: manche Gerichte sind in diesem Punkt sehr nachsichtig z. B. OLG Hamm CR 1990, 715: »unkontrollierte Programmausfälle«, »temporäre Betriebsunfähigkeit«).

Bei missbräuchlicher Verwendung der EC-Karte mit der persönlichen Geheimzahl hat das kartenausgebende Kreditinstitut hinsichtlich der von ihm im Rahmen des Zumutbaren und gegebenenfalls in verallgemeinernder Weise die Sicherheitsvorkehrungen darzulegen. Dadurch wird der Karteninhaber in die Lage versetzt, Beweis für von ihm vermuteten Sicherheitsmängel antreten zu können (BGH NJW 2004, 3626).

1101 Die sekundäre Behauptungslast besteht vor allem bei sog. **negativen Tatsachen**. Diese darf der Beklagte nicht einfach bestreiten, sondern muss gem. § 138 Abs. 2 ZPO positive Gegenbehauptungen aufstellen (Prütting/Gehrlein/*Prütting* § 138 Rn. 11; BGH NJW-RR 1999, 1152) bzw. im Einzelnen darlegen, dass die von ihm bestrittene Behauptung unrichtig ist (BGH NJW 1981, 577).

Solche Tatsachen sind dann gegeben, wenn das materielle Recht ihr Nichtvorliegen zur Anspruchsvoraussetzung erhebt oder sonst das Nichtvorliegen eines Umstandes bewiesen werden muss (z. B. fehlende Kenntnis bei § 932 Abs. 2 BGB; unterlassene Mängelrüge bei § 377 HGB).

1102 Dadurch erfolgt indessen keine grundsätzliche Umkehr der **Behauptungs- und Beweislast**. Sondern diese wird für den – primär darlegungspflichtigen – Kläger aber insoweit erleichtert, als er nur die konkreten Gegenbehauptungen des Beklagten widerlegen, nicht aber alle theoretisch denkbaren gegenteiligen Möglichkeiten ausschließen muss. Dabei dürfen an die widerlegende Beweisführung keine zu strengen Anforderungen gestellt werden (BGH NJW 1983, 1782).

1103 ▶ Beispiel:

Bei einer Klage des Unternehmers auf den üblichen **Werklohn** gem. §§ 631 Abs. 1, 632 Abs. 2 BGB mit der Behauptung, eine Preisvereinbarung sei nicht getroffen worden, muss der Besteller die Vereinbarung einer bestimmten Vergütung nach Ort, Zeit und Höhe der Vergütung substantiiert darlegen (BGH NJW-RR 1992, 848; unten Rdn. 1961).

Dadurch ist es auch dem Schuldner erschwert, leichtfertig oder gar wahrheitswidrig bestimmte Vergütungsabreden zu behaupten.

Bei einer Klage aus ungerechtfertigter Bereicherung nach § 812 BGB muss der Beklagte konkrete Tatsachen für einen bestimmten Rechtsgrund dartun. Eine bloß pauschale Behauptung ist nicht ausreichend (zum Schenkungseinwand unten Rdn. 1958).

In beiden Fällen muss der primär darlegungspflichtige Kläger dann (lediglich) die Unrichtigkeit der Behauptung des beklagten Schuldners beweisen (Palandt/Sprau §§ 632 Rn. 11; 812 Rn. 106; BGH NJW 2003, 1039).

C. Die Verteidigung des Beklagten (Klageerwiderung) 4. Kapitel

ee) Erklärung mit Nichtwissen

Ein substantiiertes Bestreiten ist nicht erforderlich, wenn es sich um Tatsachen handelt, die weder eigene Handlungen der Partei, noch Gegenstand ihrer eigenen Wahrnehmung gewesen sind. In diesen Fällen steht eine Erklärung mit Nichtwissen dem (schlichten) Bestreiten gleich, ohne Verpflichtung zu näherer Substantiierung, auch wenn der Gegner substantiiert vorträgt (§ 138 Abs. 4 ZPO). Als Folge davon muss der Kläger die betreffenden Tatsachen beweisen. 1104

Bevor ein Bestreiten mit Nichtwissen erfolgt sollte indes sorgfältig geprüft werden, ob nicht ein **schlichtes Bestreiten** möglich ist. 1105

> Ein Verstoß gegen die Wahrheitspflicht liegt bei beiden Bestreitensformen nur vor, wenn eine Tatsache »wider besseres Wissen« bestritten wird, die bestreitende Partei also positiv um das Vorliegen der Tatsache weiß. Beim Bestreiten mit Nichtwissen offenbart der Beklagte, die bestrittene Tatsache nicht zu kennen, nicht zu wissen, ob sie wahr oder unwahr ist. Für das schlichte Bestreiten ist nicht das sichere, eindeutige, zweifelsfreie Wissen um die Unwahrheit der Tatsache erforderlich, es genügt vielmehr die subjektive Überzeugung von der Unwahrheit. Ob diese vorliegt, ist von Dritten (und damit auch vom Gericht) nicht überprüfbar.
>
> Schlichtes Bestreiten ist stets prozessual zulässig, Bestreiten mit Nichtwissen kann vom Gericht beim Fehlen der Voraussetzungen des § 138 Abs. 4 ZPO als unzulässig behandelt werden. Allerdings bedarf das schlichte Bestreiten mit Nichtwissen ggf. der Substantiierung, was beim Bestreiten mit Nichtwissen nicht gefordert werden kann.

▶ Praxistipp: 1106

> Das unnötige Bestreiten »mit Nichtwissen« anstelle des schlichten Bestreitens ist häufig ein anwaltlicher Kunstfehler. Sinn macht es nur, wenn zu befürchten ist, dass eine Substantiierung erforderlichen werden wird, die nicht geleistet werden kann.

Wegen der fehlenden Substantiierungslast kommt dem Bestreiten mit Nichtwissen eine große **praktische Bedeutung** zu. Hierdurch erweitert sich der Umfang dessen, was bestritten werden kann, in vielen Fällen erheblich. 1107

> So können z. B. die Kausalität und die behauptete Höhe eines Schadens oder die Ortsüblichkeit des eingeklagten Werklohns bzw. die Zahl der berechneten Arbeitsstunden in der Regel mit Nichtwissen bestritten werden.

Das Bestreiten mit Nichtwissen sollte ausdrücklich als solches **bezeichnet** werden, um es von dem schlichten Bestreiten abzugrenzen. 1108

> Ein konkludentes Bestreiten mit Nichtwissen kann bereits darin liegen, dass der klägerische Sachvortrag als »angeblich« bezeichnet wird. Sicherer ist es, unbekannte Geschehnisse ausdrücklich mit Nichtwissen zu bestreiten. Auch ohne eine solche Bezeichnung muss das Gericht erkennen, ob es sich aus der Sicht der Partei um ein Bestreiten mit Nichtwissen handelt und dann auf die erforderliche Substantiierung verzichten.

▶ Beispiel: 1109

> Trägt der Beklagte den Sachverhalt aus seiner Sicht vor, bleibt dies aber lückenhaft und beruhen diese Lücken erkennbar auf mangelnder Kenntnis von Einzelheiten oder auf fehlendem Fachwissen, so darf dieses Vorbringen deshalb nicht als unsubstantiiert zurückgewiesen werden (BGH NJW-RR 1989, 42, 43).

Voraussetzung für das Bestreiten mit Nichtwissen ist, dass die Partei die Tatsache nicht kennt und nicht kennen kann. 1110

> Dabei hindert die Kenntnis eines rechtsgeschäftlichen Vertreters nicht das Bestreiten mit Nichtwissen. Eine Zurechnung fremden Wissens findet nur bei gesetzlicher Vertretung (Zöller/*Greger* § 138 Rn. 15) sowie bei Erfüllungs- und Verrichtungsgehilfen nach §§ 278, 831 BGB (Baumbach/*Hartmann* § 138 Rn. 50) statt.

Dabei hat die Partei, bevor sie sich erklärt, eine – jedoch nicht hoch angesetzte – **Informationspflicht**, sich das Wissen über Geschehnisse im Bereich ihrer eigenen Wahrnehmungsmöglichkeit zu 1111 beschaffen (Thomas/Putzo/*Reichold* § 138 Rn. 20, BGH NJW 1990, 453). Erst im Fall des (glaubhaften) Misslingens der Informationseinholung ist ein Bestreiten mit Nichtwissen zulässig.

Diese Informationspflicht trifft auch Streitgenossen und Streithelfer der Partei.

Für den Gegner der bestreitenden Partei kann es sich empfehlen, das Gericht auf diese Grundsätze hinzuweisen und auf deren Einhaltung zu bestehen. Damit kann der Gefahr entgegen getreten werden, dass das Gericht das Bestreiten mit Nichtwissen allzu leicht akzeptiert.

1112 Eine **Informationspflicht** besteht z. B.:
– bei Vorhandensein von Unterlagen (z. B. bei Banken),

  Ein substantiierter Vortrag ist nur dann unzumutbar, soweit die Partei glaubhaft macht, die Schriftstücke tatsächlich nicht mehr in ihren Händen zu haben, insbesondere weil diese nach Ablauf der Aufbewahrungsfrist vernichtet wurden (BGH NJW 1995, 131).

– bei unter Aufsicht und Verantwortung oder Anleitung der Partei tätig gewesenen Personen (BGH NJW 1986, 3199; BGH NJW 1990, 453),
– bei Unternehmern über Vorgänge im eigenen Geschäfts- oder Verantwortungsbereich (Thomas/Putzo/*Reichold* § 138 Rn. 20, Zöller/*Greger* § 138 Rn. 16),

  So ist z. B. bei einem substantiierten Vortrag des Reisenden betreffend des Vorliegens von Reisemängeln der Reiseveranstalter gehalten, nach Einholung von Informationen bei der örtlichen Reiseleitung ebenfalls substantiiert hierzu Stellung zu nehmen. Sein Vortrag, er bestreite den Klagevortrag vorsorglich mit Nichtwissen, da er keine Kenntnis von Reisemängeln habe, ist unbeachtlich (LG Frankfurt a. M. NJW-RR 1991, 378; *Führich* Rn. 514).

– bei Forderungsabtretung und Prozessstandschaft bei dem (ursprünglichen) Rechtsinhaber (Zöller/*Greger* § 138 Rn. 16 a. E.; OLG Düsseldorf MDR 2002, 1148; § 402 BGB),
– bei Kreditkartengeschäften muss sich der Kunde bei den einzelnen Geschäftspartnern erkundigen (OLG Hamm 1998, 3358).

1113 Auch eigene Handlungen und Wahrnehmungen der Partei können ausnahmsweise mit Nichtwissen bestritten werden, wenn die Partei sich nach der Lebenserfahrung glaubhaft **nicht (mehr) erinnert** und die vom Gegner behauptete Tatsache nicht gegen sich gelten lassen will (Thomas/Putzo/*Reichold* § 138 Rn. 21). Die bloße Behauptung, sich nicht zu erinnern, reicht indessen nicht aus (BGH NJW 1995, 131).

1114 Ein »Sich-Nicht-Mehr-Erinnern« ist z. B. glaubhaft:
– bei zeitlich lange zurückliegenden Vorgängen (ohne vorhandene Unterlagen),
– bei alters- oder krankheitsbedingten Erinnerungslücken,
– bei täglicher Beschäftigung mit einer Vielzahl von ähnlichen Vorfällen – z. B. Vertragsabschlüsse im kaufmännischen Geschäftsverkehr – ohne dass der streitgegenständliche Vorfall besonders aufgefallen sein müsste,
– bei für die Partei unbedeutenden Tatsachen.

1115 ▶ Beispiel:

Als nicht glaubhaft wurde ein behaupteter Erinnerungsverlust bei einem Kreditkartengeschäft angesehen mit folgendem Text auf dem Kontoauszug: »4.4. China Palast Dresden 84,70 DM« (OLG Hamm NJW 1998, 3358).

1116 ▶ Praxistipp:

Soll eine Tatsache mit Nichtwissen bestritten werden, bei der die Möglichkeit besteht, dass das Gericht davon ausgeht, sie falle unter die eigenen Handlungen oder Wahrnehmungen, muss zusätzlich zum Bestreiten vorgetragen, werden, warum eine eigene Kenntnis nicht (mehr) vorliegt oder beschafft werden kann.

C. Die Verteidigung des Beklagten (Klageerwiderung)

ff) Ausgewählte Einzelfälle

(1) **Zugang.** Der Beklagte sollte unbedingt prüfen, ob die vom Kläger angeführten rechtlich relevanten Schreiben (z. B. Kündigung, Anfechtung, Mahnschreiben, Mängelrügen etc.) ihm auch tatsächlich zugegangen sind. Falls nicht, muss er dies bestreiten, wobei auch die Erklärung mit Nicht(mehr)wissen (§ 138 Abs. 4 ZPO) möglich sein kann, falls die Schreiben weder auffindbar noch erinnerlich sind (OLG Hamm VersR 1982, 1045). 1117

> Da der Kläger einen Zugang bei Versendung mit einfacher Post, per Fax oder per E-Mail in der Regel nicht beweisen kann (unten Rdn. 1918), erfolgt ein solches Bestreiten in der Praxis nicht selten bewusst unwahr – unter klarem Verstoß gegen die Wahrheitspflicht nach §§ 138 Abs. 1 ZPO, 263 StGB.

(2) **Echtheit von Privaturkunden.** Entscheidend für die Beweiskraft von zu Beweiszwecken vorgelegten Urkunden ist ihre Echtheit (unten Rdn. 1832). 1118

Will man die Beweiswirkung nicht gelten lassen, so muss man die Echtheit der **Unterschrift** bestreiten. Wird nämlich die Echtheit nicht bestritten, so wird die Urkunde als anerkannt angesehen, während sonst der Beweisführer die Echtheit zu beweisen hat (§§ 439 Abs. 3, 440 ZPO, aber § 510 ZPO, der in der Praxis meist übersehen wird). 1119

> Allerdings wird die Partei die Echtheit nur in seltenen Fällen (einer Urkundenfälschung oder bei Urkunden ohne eigene Beteiligung) bestreiten können, ohne gegen die Wahrheitspflicht zu verstoßen. Da es sich meistens um Urkunden handelt, welche die Partei selbst unterschrieben hat (z. B. Kaufvertrag, Mietvertrag, Darlehensvertrag etc.), ist auch ein Bestreiten mit Nichtwissen kaum möglich.

(3) **Aktivlegitimation.** Manchmal werden Prozesse dadurch gewonnen, dass der Beklagte einfach die Aktivlegitimation (mit Nichtwissen) bestreitet. Zuweilen gelingt es dem Kläger nämlich nicht, diese zu beweisen. 1120

> So werden z. B. – falls überhaupt – Grundbuchauszüge vorgelegt, bei welchen eine Zuordnung der Partei zu einem konkreten – nämlich des streitgegenständlichen – Grundstück nicht möglich ist. Bei beweistauglichen Grundbuchauszügen – welche aber meistens einige Wochen alt sind – wird nur selten deren Aktualität angezweifelt. In diesen Fällen sollte der Beweisführer eine Parteivernehmung von Amts wegen anregen, da dann eine gewisse Wahrscheinlichkeit für die Eigentümerstellung besteht (§ 448 ZPO).

> Auch die Eigentümerstellung hinsichtlich eines Kraftfahrzeugs (*Schauseil* MDR 2012, 446) muss bei Bestreiten bewiesen werden, wobei die Eintragung im Kfz-Brief lediglich die Haltereigenschaft dokumentiert und für die Frage des Eigentums (allenfalls) ein (mehr oder weniger starkes) Indiz sein kann (§ 286 ZPO!).

> Manchmal stellt sich auch heraus, dass tatsächlich die falsche Partei geklagt hat.

> Dann könnte der Kläger die Klage noch retten, wenn er die Forderung vom richtigen Rechtsträger durch Abtretung erlangen oder diese in gewillkürter Prozessstandschaft geltend machen kann. Des Weiteren besteht die Möglichkeit einer Parteiänderung auf Klägerseite.

> Vor allem wenn der Beklagte die Aktivlegitimation erst in der mündlichen Verhandlung bestreitet, erfolgt darauf oftmals keinerlei Reaktion des gegnerischen Anwalts. Der Prozess ist dann in den meisten Fällen – nach dem ZPO-Reformgesetz in der Regel endgültig – vom Beklagten gewonnen, sofern der Kläger nicht bereits in erster Instanz hierzu (vorsorglich) substantiiert vorgetragen und Beweis angeboten hat.

> Dabei darf der Beklagte es nicht versäumen, vorsorglich die anderen (unzutreffenden) Punkte zu bestreiten und auch weiteren Sachvortrag zu bringen, beziehungsweise diesen zumindest anzukündigen, sofern dies das Gericht für erforderlich erachtet (OLG Düsseldorf NJW-RR 1993, 1341: Hinweispflicht!). Dies gilt auch für den Fall, dass die Passivlegitimation bestritten wird.

(4) **Vertragsschluss durch Vertreter.** Bei behauptetem Vertragsschluss durch einen Vertreter kann die **Vertretungsmacht** (mit Nichtwissen) bestritten werden. Häufig wird vom Kläger weder eine Vollmachtserteilung bzw. ein **Handeln im fremden Namen** (schlüssig) vorgetragen, noch kann er diese Behauptungen beweisen (unten Rdn. 1954). 1121

> Dies trifft vor allem bei beteiligten Gesellschaften zu, sofern die handelnde Person nicht ersichtlich der vertretungsberechtigte Geschäftsführer ist.

Besonders schwierig ist ein Beweis, wenn dem Kläger die Identität der aufseiten des Beklagten handelnden Person nicht bekannt ist. Selbst wenn der Vertreter des Klägers als Zeuge angeboten werden könnte, erfolgt dies nicht in allen Fällen. Eine schriftliche Vollmacht wird in der Praxis nur selten vorgelegt. Hinsichtlich einer etwaigen Anscheins- und Duldungsvollmacht (Palandt/*Ellenberger* § 173 Rn. 9), worauf sich die Parteien dann oftmals berufen, sind deren tatsächlichen Voraussetzungen im Einzelnen vorzutragen und können vom Gegner meist (mit Nichtwissen) bestritten werden. Ein Nachweis dieser Ausnahmetatbestände gelingt dabei eher selten.

1122 **(5) Erlöschenseinwand.** Nicht ausreichend ist es, das Fortbestehen einer Forderung lediglich zu bestreiten. Bei Berufen auf Erlöschen einer Forderung ist anzugeben, auf welche Weise – z. B. gem. §§ 362, 365, 387, 397 BGB – diese erloschen sein soll, da es keinen einheitlichen Erlöschenstatbestand gibt.

Dazu sind regelmäßig bestimmte Tatsachen zu behaupten, die wenigstens einen einzelnen Lebensvorgang erkennen lassen, dem aus Rechtsgründen ein Erlöschen der geltend gemachten Forderung zu entnehmen ist (BGH NJW 1997, 129).

Trotz Gutschrift auf dem Klägerkonto kann eine Erfüllungswirkung ausnahmsweise ausgeblieben sein, nämlich wenn die Buchung mangels näherer oder unrichtiger Angaben (insbesondere Rechnungs- und Kundennummer) wegen der Vielzahl der beim Gläubiger laufenden Geschäftsvorgänge (z. B. Versandhandel, Telefonrechnungen) nicht der schuldrechtlichen Verpflichtung des Beklagten zugeordnet werden konnte (LG Karlsruhe MDR 2002, 570; AG Hannover MDR 2002, 814; AG Frankfurt MDR 2003, 320; Palandt/*Grüneberg* § 362 Rn. 9). Sofern die Zuordnung erst nach Rechtshängigkeit möglich geworden und somit auch erst dann die Erfüllung eingetreten ist, sind die Kosten aufgrund der dadurch eingetretenen Erledigung der bis dorthin begründeten Klage dem Beklagten aufzuerlegen (unten Rdn. 2583).

Bei Abrechnungsstreitigkeiten mit mehreren Forderungen muss der Gläubiger, der die (unstreitige) Zahlung auf eine andere Forderung anrechnen will, diese darlegen und beweisen, während der Schuldner dartun muss, warum die Leistung (gerade) auf die eingeklagte Forderung anzurechnen ist (§§ 366, 367 BGB; Palandt/*Grüneberg* § 366 Rn. 11).

Bei einem behaupteten Verzicht des Gläubigers ist zwar ein entsprechender Vertragsabschluss vorzutragen (§ 397 BGB). Für die Annahme des lediglich vorteilhaften Angebots reicht es jedoch gewöhnlich aus, dass dieses zugeht und nicht durch eine nach außen erkennbare Willensäußerung des Begünstigten abgelehnt wird (BGH NJW 2000, 276; BGH NJW 1999, 2179: arg. §§ 151, 516 Abs. 2 BGB; Palandt/*Ellenberger* §§ 151 Rn. 4; 397 Rn. 6: i. d. R. genügt bloßes Schweigen). Mehr ist zur schlüssigen Darlegung durch den Beklagten nicht erforderlich.

1123 ▶ Praxistipp:

In der (widerspruchslosen) Einlösung eines, mit dem Vorschlag eines Teilerlasses versandten Schecks über eine die Forderung des Gläubigers mehr oder minder unterschreitende Summe (üblich bei Reiseveranstaltern als Reaktion auf die Anspruchsanmeldung wegen Reisemängeln) kann eine konkludente Annahme des entsprechenden (Vergleichs-) Angebots gesehen werden **(Erlass-/Vergleichs-/Scheckfalle)**.

(Palandt/*Ellenberger* § 151 Rn. 2; *Grams* AnwBl. 2000, 620; *Schönfelder* NJW 2001, 492; *E. Schneider* MDR 2000, 857, BVerfG NJW 2001, 1200: ein solcher Schluss ist regelmäßig gerechtfertigt, es sei denn, vor der Scheckeinlösung erfolgt eine Ablehnung des Vergleichsangebots – z. B. dass der Scheck nur als Anzahlung angesehen wird; BGH NJW 2001, 2324: nicht bei krassem Missverhältnis.

1124 **(6) Rechnungserteilung.** Häufig wird vom Zahlungspflichtigen auch die Erteilung bzw. der Zugang einer Rechnung bestritten. Dabei kommt dem unterschiedliche Bedeutung zu:

– Die Erteilung einer Rechnung ist grundsätzlich **keine Fälligkeitsvoraussetzung** (Palandt/*Grüneberg* §§ 271 Rn. 7; 284 Rn. 28; 433 Rn. 23).

Ausnahmen: §§ 16 Nr. 3 VOB/B, 8 HOA, 12 Nr. 2 GOÄ; § 8 Abs. 1 RVG, 7 StBGebV; § 29 ADSp oder rechtsgeschäftliche Vereinbarung. Wird keine Rechnung oder keine den gesetzlichen Anforderungen entsprechende Rechnung erteilt, ist die jeweilige Forderung unverjährbar (§ 199 BGB; Palandt/*Ellenberger* § 199 Rn. 6). Sonst aber ist die Rechnungsstellung keine Voraussetzung für die Verjährung.

C. Die Verteidigung des Beklagten (Klageerwiderung)

Bei Nichterteilung einer Rechnung kann aber ein Schuldnerverzug ausgeschlossen sein (unten Rdn. 1182 – Zurückbehaltungsrecht) und dem Schuldner im Fall der Vorlage einer Rechnung erst nach Klageerhebung ein sofortiges Anerkenntnis ermöglichen (oben Rdn. 1036).

– Nach § 286 Abs. 1 und 3 BGB kommt der Schuldner einer Entgeltforderung grundsätzlich entweder durch Mahnung oder spätestens 30 Tage nach Fälligkeit und Zugang einer Rechnung oder gleichwertigen Zahlungsaufforderung in **Verzug**.

Letzteres gilt jedoch gegenüber einem Schuldner der Verbraucher ist, nur dann, wenn auf diese Folgen in der Rechnung oder Forderungsaufstellung besonders hingewiesen wurde. Dabei werden in der Praxis Rechnungen im Gegensatz zu Mahnungen noch viel seltener in beweisbarer Form versandt, sodass ein (unredlicher) Schuldner die zweite Alternative leicht unterlaufen kann.

Sofern der Verzugszinsanspruch über die Rechnungsstellung herbeigeführt wird, beginnt auch dessen Verjährung erst nach Ablauf von 30 Tagen ab Zugang der Rechnung zu laufen (§ 199 Abs. 1 Nr. 1 BGB).

– Im Übrigen kann das für den Verzug notwendige **Verschulden** hinsichtlich der Nichtzahlung (§ 286 Abs. 4 BGB; Beweislast: Schuldner) fehlen, soweit ohne Rechnung Unklarheit über die Höhe der Schuld besteht.

Dies kann auch Bedeutung haben für die Frage, ob ein im Prozess abgegebenes Anerkenntnis des Beklagten ein »sofortiges« i. S. d. § 93 ZPO darstellt (oben Rdn. 1036).

– Schließlich kann eine Rechnung unter den Voraussetzungen der **§§ 315, 316 BGB** auch dazu dienen, das geschuldete Entgelt verbindlich festzulegen.

Abgesehen davon, kommt einer Rechnung allein jedoch keinerlei Beweiswert hinsichtlich des Anspruchsgrundes und der Höhe des Anspruchs zu (aber unten Rdn. 1834).

e) Gegenbeweisantritte

Der Beklagte muss sich nicht darauf beschränken, die vom Kläger vorgetragenen Tatsachen zu bestreiten und dann abzuwarten, ob und inwieweit der Kläger seine Tatsachen beweisen kann. Verteidigen kann der Beklagte sich auch, indem er aktiv in diese Beweisführung des Klägers eingreift und seinerseits beweist, dass die vom Kläger vorgetragenen Tatsachen unzutreffend sind. Dabei müssen der Gegenbeweis und der Beweis des Gegenteils unterschieden werden. **1125**

Gegenstand des **Hauptbeweises** sind die Tatbestandsmerkmale der anzuwendenden Rechtsnorm (Anspruch oder Gegenrecht). Geführt ist dieser Beweis, wenn die volle Überzeugung des Gerichts von der Wahrheit der zu beweisenden Tatsache herbeigeführt ist. **1126**

Ein solcher Beweis wird regelmäßig durch eine Beweisaufnahme nach den §§ 355 ff. ZPO geführt. Die Überzeugung des Gerichts kann aber auch durch eine Beweiserleichterung herbeigeführt werden (dazu unten Rdn. 1546).

In dieser Form hat der Kläger seine anspruchsbegründenden Tatsachen zu beweisen, der Beklagte seine Gegenrechte.

Der **Gegenbeweis** soll die Unrichtigkeit dieser Tatsachen dartun. Hierzu reicht es aus, dass die Überzeugung des Gerichts erschüttert wird, dass Zweifel des Gerichts an der im Rahmen des Hauptbeweises gewonnenen Überzeugung vom Vorliegen der Haupttatsache begründet werden. Ist dies der Fall, kann im Rahmen der für den Hauptbeweis vorzunehmenden Beweiswürdigung die volle, zweifelsfreie Überzeugung des Gerichts nicht mehr eintreten. **1127**

Dieser Gegenbeweis ist die Regelform der Beweiswiderlegung. Sie gilt für alle Fälle, in denen der Kläger seine Tatsache in Form einer regulären Beweisaufnahme nachgewiesen hat und für die meisten der Beweiserleichterungen.

Soll ein Anscheinsbeweis widerlegt werden, müssen konkrete Tatsachen feststehen, aus denen sich die ernsthafte Möglichkeit eines vom gewöhnlichen abweichenden Geschehensverlaufs ergibt (BGH NJW 1993, 3259; OLG Düsseldorf NZV 1993, 393). Erschüttert ist die Vermutung, wenn ein vom gewöhnlichen (typischen) Verlauf abweichender Gang des Geschehens feststeht. Ist die Erschütterung des Anscheinsbeweises gelungen, tritt die »beweisrechtliche Normalsituation« wieder ein, d. h., der Beweisführer muss die Haupttatsache mit den regulären Beweismitteln beweisen (BGH NJW 1998, 79).

1128 Beim **Beweis des Gegenteils** muss das kontradiktorische Gegenteil des Hauptbeweises bewiesen werden. Die Anforderungen hieran entsprechen denen des Hauptbeweises, d. h., geführt ist der Beweis des Gegenteils erst, wenn das Gericht von der Unwahrheit der Haupttatsache überzeugt ist. Der Gegner muss nach den allgemeinen Grundsätzen zur vollen Überzeugung des Gerichts beweisen, dass die Tatsache oder das Recht in Wirklichkeit nicht besteht. Eine bloße »Erschütterung«, die Darlegung einer anderen Möglichkeit des Geschehensablaufs oder auch der Nachweis, dass die vermutete Tatsache unwahrscheinlich ist, genügt nicht (BGHZ 16, 217; Baumbach/*Hartmann* § 292 Rn. 7; Rosenberg/Schwab/*Gottwald*, § 117 Abs. 1 Satz 4; Thomas/Putzo/*Reichold* § 292 Rn. 4; a. A. Zöller/*Geimer* § 292 Rn. 2 m. w. N., wonach überwiegende Wahrscheinlichkeit für das Gegenteil der gesetzlichen Vermutung ausreichen soll).

> Ein solcher Beweis des Gegenteils ist erforderlich zur Widerlegung gesetzlicher Vermutungen (§ 292 ZPO). Wird etwa das Eigentum des Klägers nach § 1006 BGB vermutet, so muss der Beklagte beweisen, dass der Kläger nicht Eigentümer ist. Bleiben Zweifel am Bestehen der vermuteten Tatsache oder des vermuteten Rechts, so gehen diese zulasten des Gegners, die gesetzliche Vermutung bleibt bestehen, bis ihre Unrichtigkeit eindeutig nachgewiesen ist.
>
> Unwiderleglich sind nur die Vermutungen aus §§ 551 ZPO und 1566 BGB sowie die gesetzlichen Fiktionen (BGH NJW 1965, 584).

1129 Der Beklagte hat in der Klageerwiderung seine Verteidigungsmittel vorzubringen (§ 277 Abs. 1 ZPO) und dabei die Beweismittel zu bezeichnen, deren er sich zum Nachweis seiner oder zur Widerlegung der klägerischen Behauptungen bedienen will (§ 130 Nr. 5 ZPO). Für diese Beweisantritte kann auf die zur Klageschrift gemachten Ausführungen Bezug genommen werden (oben Rdn. 924).

Für die Verteidigung des Beklagten macht es dabei formal keinen Unterschied, ob er eigene Gegenrechte unter Beweis stellen oder Behauptungen des Klägers widerlegen will.

Inhaltlich allerdings sollte der Anwalt sich klar werden darüber, welche Funktion der Beweis erfüllen soll und welchen Anforderungen er dabei genügen muss.

f) Gegenforderungen

1130 Steht dem Beklagten gegen den Kläger eine Gegenforderung zu, so kann er diese im Prozess verwenden. Er kann sie entweder bloß verteidigungsweise im Wege der Aufrechnung oder als Gegenangriff im Wege der Widerklage einsetzen und die entweder unbedingt oder nur für den Fall tun, dass die Klage überhaupt Erfolg hat (Hilfsaufrechnung, Hilfswiderklage).

aa) Widerklage (§ 33 ZPO)

1131 ▶ **Praxistipp:**

Die Widerklage ist kein Verteidigungsmittel, sondern ein selbstständiger Gegenangriff.

1132 Deswegen kann sie noch in der letzten mündlichen Verhandlung erhoben werden, ohne dass die Gefahr einer Zurückweisung wegen Verspätung gem. §§ 282, 296 ZPO bestehen würde (Thomas/Putzo/*Reichold* § 146 Rn. 2).

aaa) Zulässigkeit der Widerklage

1133 Die Widerklage begründet zwischen den bereits am Prozess beteiligten Parteien ein weiteres Prozessrechtsverhältnis, das in seinen Voraussetzungen, seinem Bestand und seinen Folgen von dem der Klage unabhängig ist.

1134 Deswegen müssen für die Widerklage – unabhängig von der Klage – die **allgemeinen Zulässigkeitsvoraussetzungen** vorliegen. Dabei gelten indes einige Besonderheiten:

C. Die Verteidigung des Beklagten (Klageerwiderung) 4. Kapitel

(1) Eine ordnungsgemäße **Klageerhebung** kann nicht nur durch Zustellung eines Schriftsatzes nach § 261 Abs. 2 2. Alt. ZPO i. V. m. § 253 Abs. 2 Satz 2 ZPO erfolgen, sondern auch in mündlicher Verhandlung durch Verlesung des Antrags aus einem vorbereitenden Schriftsatz (§§ 261 Abs. 2 1. Alt., 297 ZPO). 1135

> Ein Kostenvorschuss ist für die Zustellung nicht erforderlich (§§ 12 Abs. 2 Nr. 1, 17 GKG i. V. m. Nr. 9002 KV-GKG). Auch wenn die Partei vom Gericht trotzdem zur Einzahlung aufgefordert werden sollte (so aufgrund einer hausinternen Anordnung z. B. durch das AG München Mitt. Münchener Anwaltverein 3/2004 S. 6), dürfte dies die Zustellung (eigentlich) nicht hindern (*Lorff* JuS 1979, 569, 570). Auch eines Vorverfahrens nach § 15a EGZPO bedarf es nicht.

(2) Die **örtliche Zuständigkeit** kann sich – neben den allgemeinen Vorschriften – auch aus dem besonderen Gerichtsstand des § 33 ZPO ergeben. 1136

> So zumindest die heute herrschende Meinung. Voraussetzung ist zum einen das Bestehen eines rechtlichen Zusammenhangs zwischen Klage- und Widerklageforderung, zum anderen darf für die Widerklage keine ausschließliche Zuständigkeit begründet sein (§§ 33 Abs. 2, 40 Abs. 2 ZPO). Fehlt die Konnexität zwischen Klage und Widerklage, muss die örtliche Zuständigkeit sich aus anderen Regelungen ergeben.

(3) Für die **sachliche Zuständigkeit** enthält § 33 ZPO keine Regelung. Diese ist ausschließlich nach allgemeinen Grundsätzen zu beurteilen; eine *Addition* von Klage und Widerklage findet *nicht* statt (§ 5 Satz 2 ZPO). 1137

▶ Beispiel: 1138

> Wird vor dem Amtsgericht Widerklage mit einer Forderung erhoben, die in die Zuständigkeit des Landgerichts gehört, so müssen die Parteien belehrt werden; auf ihren Antrag hin erfolgt Verweisung des gesamten Rechtsstreits (Klage und Widerklage) an das Landgericht (§ 506 ZPO), ohne Verweisungsantrag liegt möglicherweise eine zuständigkeitsbegründende rügelose Einlassung nach § 39 ZPO vor.
>
> Wird vor dem Landgericht Widerklage mit einer Forderung erhoben, die in die Zuständigkeit des Amtsgerichts fällt, so ist das Landgericht für die Widerklage auch dann zuständig, wenn der Widerbeklagte sich hierauf nicht rügelos eingelassen hat (arg. § 10 ZPO a. F.; herrschende Meinung: Zöller/Vollkommer § 33 Rn. 12; a. A. Mayer JuS 1991, 678).
>
> Jedoch kann sich der Gebührenstreitwert durch die Widerklage erhöhen (§§ 45 GKG, 23 RVG), wobei die Gebühren aber nur einmal anfallen. Einer gesonderten Geltendmachung der Widerklageforderung gegenüber ist die Widerklage dennoch regelmäßig billiger (degressive Gebührenstaffelung).

(4) **Funktionell zuständig** ist unbeschränkt die Zivilkammer, unabhängig davon, ob eine oder gar beide Klagen Handelssachen sind; die Kammer für Handelssachen ist nur zuständig, wenn beide Klagen Handelssachen sind. 1139

▶ Beispiel: 1140

> Wird vor der Kammer für Handelssachen Widerklage mit einer Nicht-Handelssache erhoben, ist der Rechtsstreit insgesamt an die Zivilkammer zu verweisen (§ 99 GVG). Die vor einer Zivilkammer erhobene Widerklage mit einer Handelssache ändert an der Zuständigkeit nichts.

(5) Die für die Klage erteilte **Prozessvollmacht** erstreckt sich auch auf die Widerklage (§ 81 ZPO). 1141

Zusätzlich zu den allgemeinen Prozessvoraussetzungen müssen einige **besondere Prozessvoraussetzungen** vorliegen. Dazu gehört, dass die Klage (schon und noch) rechtshängig ist, sie und die Widerklage in der gleichen Prozessart ablaufen und die Parteien von Klage und Widerklage identisch sind. 1142

> § 33 ZPO (Zusammenhang mit dem Klageanspruch) begründet nach heute h. M. keine besondere Prozessvoraussetzung, sondern schafft nur einen zusätzlichen Gerichtsstand (Thomas/Putzo/*Hüßtege* § 33 Rn. 1; a. A. z. B. BGH NJW 1975, 1228: auch besondere Prozessvoraussetzung, aber Heilung gem. § 295 ZPO möglich).

1143 Ist die Widerklage rechtshängig geworden, ist sie in ihrem (Fort-) Bestand von der Klage unabhängig, kann also nicht etwa durch Rücknahme der Klage beseitigt werden kann.

bbb) Sonderfälle der Widerklage

1144 Zu beachten ist eine Reihe von **Sonderfällen** der Widerklage:

1145 (1) Praktisch häufig kommt die Widerklage in Form einer **Feststellungswiderklage** vor. Hierbei bedarf – wie bei jeder Feststellungsklage – das Rechtsschutzbedürfnis und die Selbstständigkeit des Streitgegenstands der Klage gegenüber besonderer Prüfung, es sei denn, es handelt sich um eine **Zwischenfeststellungswiderklage** (§ 256 Abs. ZPO). Dies ist der Fall, wenn die Feststellung sich auf ein für die Klage vorgreifliches Rechtsverhältnis bezieht (OLG Nürnberg MDR 1985, 417).

Bei der Feststellungswiderklage besonders zu beachten ist, dass mit ihr ein Streitgegenstand geltend zu machen ist, der nicht bereits (mit der Klage) rechtshängig ist (§ 261 Abs. 3 Nr. 1 ZPO). Die Widerklage muss deswegen über die Klage hinausgehen.

1146 ▶ Beispiel:

Bei einer Klage auf Feststellung des Bestehens des Eigentums ist eine Widerklage auf Feststellung, dass der Kläger nicht Eigentümer sei, unzulässig (derselbe Streitgegenstand mit entgegengesetztem Antrag). Zulässig wäre hingegen der Widerklageantrag, der Beklagte sei Eigentümer.

Die Zwischenfeststellungswiderklage kommt gem. § 256 Abs. 2 ZPO in Betracht, wenn im Laufe des Prozesses ein entscheidungserhebliches Rechtsverhältnis streitig geworden ist. Dadurch erreicht man eine Ausdehnung der Rechtskraftwirkung auf dieses Rechtsverhältnis, während sonst das Gericht darüber lediglich inzidenter ohne Rechtskraftwirkung entscheidet. Das Rechtsschutzbedürfnis für die Zwischenfeststellungsklage liegt regelmäßig in der Vorgreiflichkeit. So reicht hierfür die Möglichkeit aus, dass das inzidenter zu klärende Rechtsverhältnis zwischen den Parteien noch über den Streitgegenstand hinaus Bedeutung gewinnen kann (Thomas/Putzo/*Reichold* § 256 Rn. 28).

Eine negative Feststellungswiderklage kommt vor allem als Antwort auf eine Teilklage des Klägers in Betracht (oben Rdn. 773). Während der Beklagte nur vorzutragen braucht, welcher Ansprüche sich der Kläger berühmt, hat der Kläger diese substantiiert darzulegen und zu beweisen (Zöller/*Greger* § 256 Rn. 18). Wenn unklar bleibt, ob die streitigen Ansprüche bestehen, ist die negative Feststellungsklage ebenso begründet, als wenn das Nichtbestehen feststeht. Es kann aber auch nur für den Fall der Abweisung der Teilklage Hilfswiderklage auf negative Feststellung des Restanspruchs erhoben werden (Zöller/*Vollkommer* § 33 Rn. 26).

Das Rechtsschutzbedürfnis (§ 256 Abs. 1 ZPO) entfällt jedoch bei entsprechender Klageerweiterung seitens des Klägers. Da sich damit die Feststellungswiderklage erledigt, muss der Beklagte diese zur Vermeidung einer Abweisung für erledigt erklären.

1147 (2) Die Widerklage kann von einer (innerprozessualen) Bedingung abhängig gemacht werden (sog. »**Hilfswiderklage**«).

Dazu unten Rdn. 1168.

1148 (3) In der **Berufungsinstanz** kann eine Widerklage nur noch erhoben werden, der Gegner einwilligt oder das Gericht dies für sachdienlich hält und sie zusätzlich auf Tatsachen gestützt werden kann, die das Berufungsgericht seiner Verhandlung und Entscheidung über die Berufung ohnehin nach § 529 zugrunde zu legen hat.

Diese Voraussetzungen liegen nur ausnahmsweise vor. Eine Zustimmung des Gegner wird kaum zu erlangen sein, die Sachdienlichkeit wird von den Gerichten überaus restriktiv beurteilt (Zöller/*Heßler* § 533 Rn. 10). Dass alle zur Begründung der Widerklage erforderlichen Tatsachen bereits erstinstanzlich vorgetragen waren, ist kaum zu erwarten, neue Tatsachen indes dürfen zur Begründung nur verwendet werden, wenn sie unstreitig bleiben (§§ 529 Abs. 1 Nr. 2; 531 Abs. 2 Nr. 3 ZPO; BGH NJW-RR 2005, 437).

1149 (4) Eine besondere **Privilegierung** sieht das Gesetz für Widerklagen vor, die gerichtet sind auf:
– Schadensersatz wegen unzutreffenden Vorbehaltsurteils (§§ 302 Abs. 4, 600 Abs. 2 ZPO),

C. Die Verteidigung des Beklagten (Klageerwiderung) 4. Kapitel

– Schadensersatz wegen unberechtigter vorläufiger Vollstreckung (§§ 717 Abs. 2, 1042c Abs. 2 ZPO) oder
– Herausgabe einer durch unberechtigte vorläufige Vollstreckung erzielten Bereicherung (§§ 717 Abs. 3, 1042c Abs. 2 ZPO).

> Zum einen wird die Rechtshängigkeit bereits auf den Zeitpunkt der Zahlung bzw. Leistung vordatiert (wichtig u. a. für die Prozesszinsen), zum anderen ist eine solche Widerklage entgegen § 595 Abs. 1 ZPO auch im Urkundenprozess sowie entgegen §§ 533, 559 ZPO auch im höheren Rechtszug zulässig (*Nieder* NJW 1975, 1000; Rosenberg/Schwab/*Gottwald* § 99 II 1; Thomas/Putzo/*Hüßtege* § 717 Rn. 15).

(5) Wird gegen eine auf Besitzschutz gestützte Klage eine auf das Eigentumsrecht gestützte Widerklage erhoben (sog. »**petitorische Widerklage**«), muss prozessual der materielle Vorrang der Besitzschutzansprüche vor den Eigentumsschutzansprüchen beachtet werden (§ 863 BGB). 1150

> Danach kann der aus § 861 BGB in Anspruch genommene Beklagte sein aus Eigentum herrührendes Recht zum Besitz nicht als Einwendung geltend machen. Die Erhebung einer Widerklage indes ist damit nicht ausgeschlossen, weil diese Norm die klageweise Geltendmachung des Besitzrechts nicht verbietet. Wenn – wie in der Regel – die possessorische Klage wegen der einfacheren Voraussetzungen vor der Widerklage entscheidungsreif ist, kann hierüber ein Teilurteil ergehen; zu einer Kollision mit § 863 BGB kommt es dann nicht, weil der possessorische Anspruch schnell durchgesetzt und die Entscheidung über die Besitzberechtigung zurückgestellt wird. Sind dagegen ausnahmsweise beide Klagen gleichzeitig entscheidungsreif, ist in analoger Anwendung des § 864 Abs. 2 BGB die Entscheidung nur nach der materiellen Besitzlage zu treffen, der Anspruch aus Besitz ist dann erloschen (BGH NJW 1979, 1358; BGH NJW 1970, 707; *Schreiber* Jura 1993, 440).

(6) Als **Wider-Widerklage** und nicht als Klageänderung behandelt die Rechtsprechung eine Erweiterung des Streitgegenstands durch den Kläger als Reaktion auf eine Widerklage des Beklagten. 1151

> Dies hat für den Kläger den Vorteil, dass hierfür die Voraussetzungen des § 263 ZPO (Einwilligung des Gegners oder Bejahung der Sachdienlichkeit durch das Gericht) nicht vorliegen müssen.

> Die Wider-Widerklage ist nicht mehr möglich, wenn über die Widerklage bereits rechtskräftig entschieden worden ist (BGH NJW 2009, 148).

(7) Richtet sich die Klage (auch) gegen eine Person, die bislang am Rechtsstreit nicht beteiligt war (sog. »parteierweiternde« oder »**Drittwiderklage**«), so werden diese neu in den Rechtsstreit einbezogen. Die Widerklage erschöpft sich in diesen Fällen nicht in der Änderung eines bereits bestehenden Prozessrechtsverhältnisses, sondern begründet diese zu den Dritten neu (*Riehm/Bucher* ZZP 123. 34). 1152

Die grundsätzliche Zulässigkeit einer solchen Drittwiderklage und deren prozessuale Voraussetzungen sind streitig (zu den in der Literaturauffassungen (*Oberheim*, Zivilprozessrecht für Referendare, § 24 Rn. 17). Nach Auffassung der Rechtsprechung kann die Drittwiderklage nicht nur gegen einen Dritten oder nur von einem Dritten erhoben werden. Auf beiden Parteiseiten der Widerklage müssen auch die bisherigen Parteien der Klage beteiligt sein (BGH NJW 1996, 196 m. Anm. Maihold, JA 1996, 444; BGH NJW 1998, 196 m. Anm. *Luckey* in JuS 1998, 499; OLG Dresden NJW-RR 2000, 901; zu Ausnahmen BGH NJW 2007, 1753; BGH NJW 2001, 2891 m. Anm. *Timme/Hülk* JA 2002, 14; *Luckey* MDR 2002, 743). 1153

▶ Beispiel: 1154

Widerklage kann damit erhoben werden
– vom Beklagten gegen den Kläger und einen Dritten oder
– vom Beklagten und einem Dritten gegen den Kläger.

Nicht möglich ist die Widerklage
– nur eines Dritten gegen den Kläger
– des Beklagten nur gegen einen Dritten.

1155 Die zulässigen Fälle der Drittwiderklage sind nicht nur den Voraussetzungen der **Widerklage**, sondern auch denen der **Streitgenossenschaft** (§§ 59, 60 ZPO) und des **Parteibeitritts** (unten Rdn. 2444) zu unterwerfen, weil hier aufseiten des Klägers bzw. des Beklagten nachträglich eine weitere Person als Streitgenosse hinzutritt. Insbesondere prüft die Rechtsprechung, die den Parteibeitritt als Fall der **Klageänderung** nach § 263 ZPO ansieht, die Drittwiderklage deswegen unter dem Gesichtspunkt der Sachdienlichkeit; damit können dann auch unbillige Beeinträchtigungen des Dritten durch Bindung an die bereits erreichten Prozessergebnisse vermieden werden (BGH NJW 1996, 196 m. Anm. *Teubner* JuS 1996, 241).

1156 Wegen der Einbeziehung neuer Prozessbeteiligter können nicht alle Privilegierungen der Widerklage gelten (*Uhlmannsiek* JA 1996, 253; *Riehm/Bucher* ZZP 123, 34):

- Grundsätzlich nicht anwendbar ist **§ 261 Abs. 2 ZPO**: Die Widerklageerhebung gegen oder durch einen Dritten bedarf grundsätzlich der Form des § 253 Abs. 2 ZPO und kann nicht mündlich erfolgen.

- Während **§ 12 Abs. 2 Nr. 1 GKG** eine auch auf die Drittwiderklage anwendbare gesetzliche Regelung enthält, sodass es eines Vorschusses auf die Gerichtsgebühr in keinem Fall bedarf, stellt **§ 110 Abs. 2 Nr. 3 ZPO** auf die Identität der Parteien ab und ist daher auf die von einem Ausländer (egal ob dieser Beklagter oder Dritter ist) erhobene Drittwiderklage nicht anwendbar.

- Anwendbar ist auch **§ 506 Abs. 1 ZPO**: Auf Antrag ist der gesamte Rechtsstreit an das Landgericht zu verweisen, auch wenn (nur) mit der Drittwiderklage ein in die Zuständigkeit des Landgerichts fallender Anspruch geltend gemacht wird.

- Für die Anwendbarkeit des **§ 533 ZPO** auf die in zweiter Instanz erstmals erhobenen Drittwiderklagen ist zu differenzieren: Während die Widerklage eines Dritten dem widerbeklagten Kläger eine Instanz entzieht und deswegen von dessen Zustimmung oder der Bejahung der Sachdienlichkeit durch das Gericht abhängt, ist die Widerklage gegen einen Dritten nur mit dessen Zustimmung möglich, eine Sachdienlichkeitsprüfung des Gerichts ist ausgeschlossen (BGH NJW-RR 1990, 1265, 1267).

- Seine bisherige Ansicht (BGH MDR 1993, 1121), für die Widerklage gegen einen bislang am Prozess nicht Beteiligten könne **§ 33 ZPO** keinen besonderen Gerichtsstand abgeben, hat der BGH nunmehr zumindest für den Zedenten aufgegeben (BGH MDR 2010, 1483 mit Anm. *Fellner* MDR 2011, 146).

  Grund für die bisherige Ablehnung einer Anwendung des § 33 ZPO war, dass der Dritte, anders als der Kläger, der bereits einen Prozess vor dem Gericht führt und den die zusätzliche Verhandlung auch der Widerklage dort nicht unzumutbar belastet, keinen Anlass zu der gegen ihn gerichteten Klage gegeben hat und eine Gerichtsstandsbenachteiligung nicht hinnehmen muss; Gründe der Prozessökonomie müssten demgegenüber zurückstehen (BGH NJW 2000, 1871; BayObLG NJW-RR 2000, 1375; KG NJW-RR 2000, 1374).

  Nunmehr stellt der BGH die Verfahrenskonzentration in den Vordergrund, sieht in der Zusammenfassung der Verfahren über einen einheitlichen Lebenssachverhalt auch eine Vermeidung der Gefahr widersprüchlicher Entscheidungen und geht davon aus, dass der Zedent mit der Zession die Ausübung des Wahlrechts nach § 35 ZPO durch den Zessionar bei einer Klage gegen den Schuldner der abgetretenen Forderung bewusst in Kauf genommen habe.

bb) Aufrechnung (§ 322 Abs. 2 ZPO)

1157 Der Beklagte kann gegen die Klageforderung mit einer gleichartigen Gegenforderung aufrechnen und sich auf seiner Verteidigung im Prozess darauf berufen (Thomas/Putzo/*Reichold* § 145 Rn. 14).

1158 Zu unterscheiden sind hierbei je nach **Zeitpunkt der Aufrechnungserklärung** folgende zwei Varianten:

C. Die Verteidigung des Beklagten (Klageerwiderung) 4. Kapitel

– Der Beklagte trägt im Prozess vor, dass er bereits **vorprozessual** die Aufrechnung erklärt hat.

Hier hat der Beklagte vorprozessual ein materielles Gestaltungsrecht ausgeübt, dessen Voraussetzungen und Folgen sich ausschließlich aus den §§ 387 ff. BGB ergeben. Prozessual wird die materiell eingetretene Erfüllung als Verteidigungsmittel vorgetragen, was zur Unbegründetheit der Klage und zur Klageabweisung führt (Zöller/*Greger* § 145 Rn. 11). Die Kosten trägt der Kläger (§ 91 ZPO).

– Der Beklagte erklärt die Aufrechnung erstmals **im Prozess**.

Auch diese Aufrechnung führt zum Erlöschen beider Forderungen (§ 389 BGB) und damit zur Unbegründetheit der Klage. Allerdings fallen die Ausübung des materiellen Gestaltungsrechts und die prozessuale Geltendmachung zusammen. Es handelt sich deswegen bei der Prozessaufrechnung um einen Doppeltatbestand, dessen Voraussetzungen und Folgen sich gleichermaßen aus den §§ 387 ff. BGB wie aus § 322 Abs. 2 ZPO (Rechtskrafterstreckung auf die zur Aufrechnung gestellte Gegenforderung) ergeben.

Mängel nur in einem Teilbereich führen zur Unwirksamkeit der Prozessaufrechnung insgesamt, da davon auszugehen ist, dass die Partei diese nur insgesamt oder gar nicht will (§ 139 BGB analog).

▶ Beispiel: 1159

Wird prozessual wirksam aber unter Verstoß gegen das materielle Aufrechnungsverbot aus § 393 BGB gegen eine deliktische Forderung aufgerechnet, darf das Gericht die Aufrechnungserklärung für die Entscheidung nicht berücksichtigen.

Die prozessual unsubstantiierte Bezeichnung der zur Aufrechnung gestellten Gegenforderung führt auch materiell nicht zum Erlöschen der beiden Forderungen.

Voraussetzung für eine wirksame Prozessaufrechnung ist, dass die Aufrechnung (ausdrücklich) **erklärt** wird. Nicht ausreichend ist der bloße Hinweis auf etwaige Gegenforderungen (Prütting/Gehrlein/*Prütting* § 145 Rn. 15; Vor 128 Rn. 19; 530 Rn. 16; aber Thomas/Putzo/*Reichold* Einl. III Rn. 11). Im Zweifel muss das Gericht jedoch fragen (§ 139 ZPO). 1160

Die Prozessaufrechnung kann als Prozesshandlung nach überwiegender Ansicht zurückgenommen werden. In diesem Fall wird auch die materielle Aufrechnung unwirksam. Die Aufrechnungserklärung kann auch bedingt erklärt werden, solange es sich um eine »innerprozessuale Bedingung« handelt, z. B. also für den Fall des Widerrufs eines Vergleichs: (OLG Schleswig NJW-RR 2010, 216).

Zudem muss die Gegenforderung so exakt **bezeichnet** werden, dass über sie eine der Rechtskraft fähige Entscheidung (§ 322 Abs. 2 ZPO) ergehen kann. Erforderlich ist deshalb eine Individualisierung der Gegenforderung, die der Individualisierung der Klageforderung nach § 253 Abs. 2 ZPO entspricht (dazu oben Rdn. 854–856). 1161

▶ Praxistipp: 1162

Die Gegenforderung muss nach Grund und Höhe schlüssig und substantiiert dargelegt werden.

Nicht ausreichend und sogar schädlich ist die oftmals am Ende von Schriftsätzen zu findende **Floskel**, wonach zudem mit einer Gegenforderung hilfsweise aufgerechnet werde, die die Klageforderung weit übersteige bzw. zumindest die Klageforderung erreiche. 1163

Erachtet das Gericht diese Aufrechnung wegen ungenügender Substantiierung für sachlich unbegründet, besteht die Gefahr, dass der Beklagte wegen der Rechtskraftwirkung des § 322 Abs. 2 ZPO seine (tatsächlich bestehende) Forderung (bis zur Höhe der Klageforderung) verliert (BGH VersR 1994, 1003; Thomas/Putzo/*Reichold* §§ 145 Rn. 18, 322 Rn. 46; Zöller/*Greger* § 145 Rn. 16, 16a). Handelt es sich um eine bloß hilfsweise zu berücksichtigende Aufrechnung (dazu unten Rdn. 1168–1172), haben sich aufgrund der Verdoppelung des Streitwertes zudem die Kosten erhöht.

Wird die Gegenforderung später mit der Berufung konkretisiert, ist die Aufrechnung – im Gegensatz zu einer unbestimmten, nicht individualisierten und deshalb vom Erstgericht nicht berücksichtigten Aufrechnung – nicht »neu« i. S. v. §§ 531 Abs. 2, 533 ZPO (Zöller/*Heßler* §§ 531 Rn. 23; 533 Rn. 25, Baumbach/*Hartmann* § 533 Rn. 6; *E. Schneider* MDR 1975, 1008 Urteilsanmerkung, str.), jedoch dürfte die Nachholung der Substantiierung gem. §§ 533 Nr. 2, 529, 531 Abs. 2 ZPO in der Regel unzulässig sein.

Im Übrigen unterliegt das der Aufrechnung als Verteidigungsmittel zugrunde liegende tatsächliche Vorbringen samt Beweismitteln den Präklusionsvorschriften, sodass die Gefahr des endgültigen Verlusts der Gegenforderung besteht (Thomas/Putzo/*Reichold* § 322 Rn. 48; §§ 296, 282, 531 Abs. 1 ZPO).

Einer drohenden Abweisung einer solchen Aufrechnung kann man dadurch entgehen, indem diese noch vor Schluss der Verhandlung wieder zurückgenommen bzw. als Verteidigungsmittel fallen gelassen wird (OLG Zweibrücken NJW-RR 2004, 651: allgemeine Auffassung; BGH NJW-RR 1991, 156; NJW 1998, 2977; Zöller/*Greger* Vor § 128 Rn. 18; §§ 145 Rn. 11; 282 Rn. 2; a. A. Baumbach/*Hartmann* § 145 Rn. 12; Grdz 128 Rn. 58). Der Zustimmung des Klägers bedarf es hier nicht.

Ebenso schädlich kann es sein, wenn man sich (weiterer) Ansprüche berühmt und mitteilt, dass man sich deren Geltendmachung vorbehält. Damit riskiert man eine negative Feststellungsklage des Gegners. In diesem Fall wäre der Beklagte gezwungen – unerwartet und unvorbereitet – den Anspruch so darzulegen und zu beweisen, als wäre er Kläger (Zöller/*Greger* § 256 Rn. 18).

1164 Unerheblich ist, dass die Gegenforderung unter Umständen schon in einem anderen Verfahren eingeklagt oder bereits dort zur Aufrechnung gestellt ist (**Doppelaufrechnung**).

Denn die Geltendmachung der Aufrechnung begründet nach ständiger Rechtsprechung des BGH keine Rechtshängigkeit der Gegenforderung (Thomas/Putzo/*Reichold* § 145 Rn. 20; z. B. BGH NJW 1999, 1179; NJW-RR 2004, 1000: zweckmäßig, den zweiten Prozess gem. § 148 ZPO bis zur Erledigung des anderen Verfahrens auszusetzen; ebenso Zöller/*Greger* § 145 Rn. 18a).

Die Forderung ist erst dann verbraucht, sobald über sie rechtskräftig entschieden ist (§§ 389 BGB, 322 Abs. 2 ZPO). Ob die Gegenforderung (noch) besteht, hat das mit der Zweitaufrechnung befasste Gericht selbst zu prüfen.

1165 Bei mehreren, die Klageforderung insgesamt betragsmäßig übersteigenden Gegenansprüchen ist wegen der Rechtskraftwirkung des § 322 Abs. 2 ZPO die **Reihenfolge** anzugeben, in der die Gegenansprüche zur Aufrechnung gestellt werden.

1166 ▶ Praxistipp:

Es empfiehlt sich, zunächst die aussichtsreichsten Gegenforderungen zur Aufrechnung zu verwenden.

Sonst besteht die Gefahr, dass bei einer (eventuellen) Aufrechnung mit mehreren Forderungen der Beklagte im Fall einer Klageabweisung (nur) wegen der zuletzt geltend gemachten Gegenforderung zum überwiegenden Teil die Kosten zu tragen hat (§ 92 ZPO; Zöller/*Herget* §§ 92 Rn. 3; Thomas/Putzo/*Hüßtege* §§ 3 Rn. 19, 92 Rn. 4). So erhöht sich der Streitwert, wenn und soweit über die hilfsweise aufgerechnete Gegenforderung rechtskraftfähig entschieden wird (§ 45 Abs. 3 GKG).

1167 Die **Verjährung** der (gleichartigen) Gegenforderungen hingegen wird (im Unterschied zum Zurückbehaltungsrecht) durch eine Aufrechnung unabhängig davon, in welcher Reihenfolge diese zur Aufrechnung gestellt wurden, gehemmt (§ 201 BGB).

Dadurch ist es möglich, die Verjährung kostenfrei zu hemmen, wenn die Klage ohne Berücksichtigung der Aufrechnung abgewiesen wird (§ 45 Abs. 3 GKG). Dies kann besonders bei umfangreichen Vertragsbeziehungen zwischen den Parteien nützlich sein. Da die Hemmung erst sechs Monate nach Erledigung des Verfahrens endet (§ 204 Abs. 2 BGB – bisher §§ 209 Abs. 2 Nr. 3; 215 BGB) verbleibt dem Gläubiger noch Zeit, andere verjährungshemmende Maßnahmen einzuleiten.

Im Übrigen besteht ein Vorteil der Aufrechnung darin, dass diese unter bestimmten Voraussetzungen auch bei einer bereits verjährten Forderung noch möglich ist (§ 215 BGB – bisher § 390 Satz 2 BGB; BGH NJW 1974, 1864: Haftung des Anwalts, weil er bei möglicher Verjährung der Mängelansprüche nicht wenigstens hilfsweise gegenüber der Klageforderung aufgerechnet hat).

cc) Hilfswiderklage und Hilfsaufrechnung

1168 Sowohl die Widerklage als auch die Aufrechnung können von einer innerprozessualen Bedingung, insbesondere dem Erfolg weiteren Verteidigungsvorbringens abhängig gemacht werden.

C. Die Verteidigung des Beklagten (Klageerwiderung) 4. Kapitel

(1) Bei der Aufrechnung ist dies die Regel, sie kommt praktisch nahezu ausschließlich als **Hilfsaufrechnung** vor. Verteidigt sich der Beklagte gegen die Klageforderung durch das Bestreiten anspruchsbegründender Voraussetzungen, das Geltendmachen anderer Gegenrechte oder auch nur durch Rechtsausführungen, so wird er den zur Aufrechnung gestellten Gegenanspruch nur für den Fall verlieren wollen, dass diese Verteidigung erfolglos bleibt. Die Aufrechnung erfolgt damit nur hilfsweise (Thomas/Putzo/*Reichold* § 145 Rn. 15; Palandt/*Grüneberg* § 388 Rn. 3). 1169

> Im Gegensatz dazu ist die Primäraufrechnung die einzige Verteidigung des Beklagten. Die Klageforderung bleibt unbestritten, der Rechtsstreit dreht sich ausschließlich um die Aufrechnungsforderung. Dies ist praktisch überaus selten.

▶ Praxistipp: 1170

> Zur Vermeidung von Missverständnissen sollte die nur hilfsweise geltend gemachte Aufrechnung nicht nur als solche bezeichnet, sondern besser noch die Bedingung, unter die die Aufrechnung gestellt werden soll, ausformuliert werden.

> Ansonsten nämlich läuft der Beklagte Gefahr, dass das Gericht auf die Aufrechnung nur eingeht, wenn die Hauptverteidigung vollständig erfolglos bleibt. Sinnvollerweise erklärt man die Aufrechnung deswegen für den Fall, »dass und soweit« die Hauptverteidigung erfolglos bleiben sollte.

Praktisch macht sich der **Unterschied** zwischen der **Haupt-** und der **Hilfsaufrechnung** bei der Kostenentscheidung bemerkbar. Bei einer erfolgreichen Primäraufrechnung – d. h. ohne Bestreiten der Klageforderung – trägt die Kosten voll der Kläger, während bei einer hilfsweisen Aufrechnung – für den Fall des Bestehens der Klageforderung – die Kosten geteilt werden (Prütting/Gehrlein/*Schneider* § 92 Rn. 22 ff.). 1171

> Sofern die Aufrechnungsforderung streitig ist, geht das Interesse des Klägers dahin, die Unbegründetheit der Gegenforderung festzustellen und damit eine Verurteilung mit voller Kostentragungspflicht des Beklagten zu erreichen.

> Ist diese Forderung hingegen unstreitig oder anderweitig bereits rechtskräftig festgestellt, kann der Kläger bei begründeter Klageforderung einer eigenen Kostenbelastung nur durch eine Erledigungserklärung entgehen (Zöller/*Greger* § 145 Rn. 22).

> Eine hilfsweise Erledigungserklärung des Klägers – für den Fall, dass die Gegenforderung besteht – bei aufrechterhaltenen Klageantrag wäre indes unzulässig (Zöller/*Greger* § 145 Rn. 22, str.).

> Die Kostenverteilung erfolgt bei Zustimmung des Beklagten zur Erledigungserklärung gem. § 91a ZPO nach billigem Ermessen. Danach trägt die Kosten diejenige Partei, der es billigerweise zuzumuten war, die Aufrechnung bereits vorgerichtlich zu erklären (BGH NJW 2003, 3134). Dies ist in der Regel (insbesondere bei unstreitiger Klageforderung) der Beklagte, sofern ihm der Kläger vorprozessual hierzu auch – mittels Zahlungsaufforderung – Gelegenheit gegeben hat (sonst § 93 ZPO; auch *N. Schneider* MDR 2000, 507; *ders.* BGHReport 2003, 1304 – Urteilsanmerkung).

> Wenn hingegen der Beklagte nicht zustimmt, ist die nunmehrige Feststellungsklage begründet und die Kosten muss nach § 91 ZPO der Beklagte tragen. Denn die – vorausgesetzt ursprünglich zulässige und begründete – Klage ist durch die Aufrechnung nach Rechtshängigkeit unbegründet geworden (BGH NJW 2003, 3134: Erledigendes Ereignis ist erst die Aufrechnungserklärung! str.). Bei einer Klagerücknahme hingegen müsste die Kosten gem. § 269 Abs. 3 Satz 2 ZPO der Kläger tragen (§ 269 Abs. 3 Satz 3 ZPO kommt nicht in Betracht, BGH NJW 2004, 223; *Schröcker* NJW 2004, 2204).

> Fazit: Für den Beklagten ist es bei unstreitiger Klageforderung und Gegenforderung kostenmäßig am besten, bereits vorprozessual die Aufrechnung zu erklären. Der Kläger kann, auch wenn er mögliche Gegenforderungen zu erwarten hat, grundsätzlich ohne Kostenrisiko klagen. Übersteigt die Forderung des Klägers eine etwaige unstreitige Gegenforderung, kann es für den Kläger am sichersten sein, diese vom Gesamtanspruch bereits im Klageantrag abzusetzen.

(2) Bei der **Widerklage** besteht das Bedürfnis nach einer Bedingung nur ausnahmsweise (Thomas/Putzo/*Hüßtege* § 33 Rn. 14; Prütting/Gehrlein/*Wern* § 33 Rn. 23). 1172

Denkbar ist, dass der Beklagte zur Vermeidung unnötigen Streits das zusätzliche Prozessrechtsverhältnis nur für den Fall seines Unterliegens in der Klage entschieden haben will. Bei einer Klage auf Restansprüche aus einem Vertrag ist es sinnvoll, hilfsweise Widerklage auf Rückzahlung des bereits vom Beklagten Geleisteten zu erheben, falls Nichtigkeit (vor allem aufgrund Anfechtung) oder ein wirksamer Rücktritt in Betracht kommt (§§ 812 ff. 142, 346 BGB).

Häufiger (und häufig recht geschickt) ist eine Kombination von (Hilfs-) Aufrechnung und (Hilfs-) Widerklage: Primär bestreitet der Beklagte die Klageforderung, hilfsweise (= für den Fall, dass die Klageforderung doch besteht) rechnet er mit einer Gegenforderung auf. Hilfsweise (= für den Fall, dass die Klageforderung nicht besteht und seine Gegenforderung für die Aufrechnung nicht benötigt wird) macht er dieselbe Gegenforderung im Wege der Widerklage geltend. Das Gericht muss dann zunächst das Bestehen der Klageforderung prüfen; besteht diese, folgt eine Prüfung der Aufrechnung, besteht sie nicht, wird die Widerklage entschieden *Haase* JuS 1967, 405 (406); *Lorff*, JuS 1979, 569 (572); *Schumann* JuS 1974, 644 (646) FN 26).

dd) Taktische Überlegungen zur Abgrenzung

1173 Die Frage, ob die Gegenforderung besser im Wege der Widerklage oder im Wege der Aufrechnung geltend zu machen ist, kann nur im Einzelfall nach dem Interesse des Beklagten beantwortet werden. Zwischen beiden Instituten gibt es eine Reihe von **Unterschieden und Gemeinsamkeiten**.

- Bei der Aufrechnung handelt es sich um eine bloße **Verteidigung** im bisherigen Prozessrechtsverhältnis, mit der Widerklage dagegen wird ein **eigenständiger Angriff** in einem neuen Prozessrechtsverhältnis geführt. Dieser Unterschied bewirkt z. B., dass die Aufrechnung wegen Verspätung nach § 296 ZPO zurückgewiesen werden kann, nicht dagegen die Widerklage (*Büßer* JuS 2009, 319).

- Eine **Rechtshängigkeit** des Gegenanspruchs begründet nur die Widerklage, nicht die Aufrechnung. Eine bereits anderweitige rechtshängige Forderung kann deswegen zwar zur Aufrechnung gestellt, nicht aber zum Gegenstand einer Widerklage gemacht werden.

- Eine für den Gegenanspruch laufende **Verjährung** wird sowohl durch die Aufrechnung (§ 204 Abs. 1 Nr. 5 BGB) als auch durch die Widerklage (§ 204 Abs. 1 Nr. 1 BGB) gehemmt.

- Innerprozessuale **Bedingungen** können sowohl mit der Aufrechnung als auch mit der Widerklage verbunden werden.

- Die allgemeinen **Zulässigkeitsvoraussetzungen** müssen für eine Widerklage, nicht indes für eine bloße Aufrechnung vorliegen.

- Der **Zuständigkeitsstreitwert** wird weder durch eine Aufrechnung noch durch eine Widerklage erhöht (§ 5 ZPO), der Kostenstreitwert steigt bei Hilfsaufrechnung und Hilfswiderklage nur wenn und soweit darüber entschieden wird, bei der unbedingten Widerklage stets, bei der Primäraufrechnung nicht (§ 45 GKG; BGH NJW 2009, 231).

  Wird vor dem Amtsgericht ein in die sachliche Zuständigkeit des Landgerichts fallender Anspruch hilfsweise geltend gemacht, wird dieser sofort (wenn auch auflösend bedingt) rechtshängig, sodass auf Antrag eine Verweisung an das Landgericht zu erfolgen hat (§ 506 ZPO; zweifelnd OLG Celle NJW-RR 2009, 1512); andernfalls wird die Zuständigkeit des Amtsgerichts auch für den Widerklageanspruch durch rügelose Einlassung begründet (§ 39 ZPO).

- Eine der **Rechtskraft** fähige Entscheidung ergeht über die Aufrechnungsforderung bis zur Höhe der Klageforderung (§ 322 Abs. 2 ZPO), bei der Widerklage in jedem Fall in voller Höhe.

- Eine eigene **Vollstreckungsmöglichkeit** erhält der Beklagte nur bei der Widerklage, nicht bei der Aufrechnung.

1174 Für eine **Widerklage** können damit sprechen:

- Erlangung der Gegenleistung bei besonderem Interesse an deren Durchsetzung (z. B. Mängelbeseitigungsanspruch bei undichtem Hausdach).

C. Die Verteidigung des Beklagten (Klageerwiderung) 4. Kapitel

Denn ein Zug um Zug Urteil berechtigt, verpflichtet aber nicht den Kläger, dieses gegen den Beklagten zu vollstrecken bei gleichzeitigem Anerbieten der Gegenleistung gem. § 756 ZPO. Der Beklagte ist hier nicht in der Lage, die Abwicklung durchzusetzen, da er selbst keinen Titel auf die Gegenleistung hat.

– Ausschaltung von Zeugen des Klägers mittels Drittwiderklage (unten Rdn. 1194).
– Erlangung eines vorteilhaften Gerichtsstands bei gegenseitigen Ansprüchen.

Nach § 33 ZPO ist das vom Kläger angerufene Gericht in der Regel für die Widerklage örtlich zuständig. Dies ist im Normalfall das Wohnsitzgericht des Beklagten, während er sonst die isolierte Klage am Gerichtsstand des Klägers erheben müsste (§§ 12, 13 ZPO).

Zudem muss das Amtsgericht auf Antrag des Widerklägers den Rechtsstreit an das Landgericht verweisen, wenn die Widerklage den Zuständigkeitsstreitwert des Amtsgerichts übersteigt (§, 506 ZPO). Dadurch kann man zunächst einem u. U. für die eigene rechtliche Position »ungünstigen« Richter entfliehen oder später ein »günstiges« Berufungsgericht (OLG statt LG) erlangen. Zudem benötigt der sich vor dem Amtsgericht (i.d.R. aus Kostengründen) selbst vertretende Kläger beim Landgericht nunmehr einen Rechtsanwalt.

– Verhinderung des Verfahrens nach § 495a ZPO und somit der prozessualen Ausgestaltung nach dem Ermessen des Richters (unten Rdn. 2067).

– Ein weiterer Vorteil der Widerklage besteht darin, dass bei drohender Zurückweisung einer Aufrechnung wegen Verspätung gem. §§ 282, 296 ZPO, die zur Aufrechnung gestellte Forderung durch eine (Eventual-) Widerklage trotzdem noch bei Gericht (vor Schluss der mündlichen Verhandlung, § 296a ZPO!) eingeführt werden kann. Eine Präklusion ist dann nicht möglich (unten Rdn. 1286).

– Ein eventuelles (vertragliches oder gesetzliches) Aufrechnungsverbot kann mittels der Widerklage umgangen werden.

Dabei sind vertragliche Aufrechnungsverbote grundsätzlich wirksam, sofern keine gesetzlichen Vorschriften entgegenstehen. Im kaufmännischen Geschäftsverkehr sind Aufrechnungsausschlüsse oft in bestimmten Klauseln enthalten (Palandt/*Grüneberg* § 387 Rn. 14).

Bei Aufrechnungsverboten in Allgemeinen Geschäftsbedingungen beurteilt sich deren Wirksamkeit nach § 309 Nr. 3 BGB. Hierbei ist das Regelwerk der Klageforderung und nicht das der zur Aufrechnung gestellten Gegenforderung maßgebend (Palandt/*Grüneberg* § 387 Rn. 14).

Sofern die Zulässigkeit der geltend gemachten Aufrechnung zweifelhaft ist, sollte Widerklage auf Zahlung der Gegenforderung hilfsweise – für den Fall der Unzulässigkeit – erhoben werden (Zöller/*Vollkommer* §§ 33 Rn. 26; 145 Rn. 18; BGH NJW 1961, 1862; BGH NJW 1999, 1179).

– Mit der Widerklage können weitere, die Klageforderung betreffende Verteidigungsmittel vorgebracht werden, ohne Gefahr zu laufen, insoweit als verspätet präkludiert zu werden (»Flucht in die Widerklage«; unten Rdn. 1286).

– Die Widerklage schafft eine günstigere Basis für Vergleichsverhandlungen.

Durch den Gegenangriff wird dem Kläger möglicherweise die Ernsthaftigkeit und Entschlossenheit des Beklagten eher bewusst als bei einer Aufrechnung oder einem Zurückbehaltungsrecht, wo die ihm drohende »Gefahr« durch die Gegenforderung nicht so deutlich wird. Zudem erhält man dadurch eine größere Verfügungsmasse für eine vergleichsweise Regelung (»Vergrößerung des Kuchens, bevor man ihn teilt«).

Für eine **Aufrechnung** können sprechen: 1175
– Die Aufrechnung ist einfacher geltend zu machen und rechtfertigt die Klageabweisung. Praktisch genügt sie damit meist den Bedürfnissen des Beklagten.
– Die Aufrechnung begründet keine Probleme beim Gerichtsstand.
– Mit der Aufrechnung können prozessuale Widerklageverbote manchmal umgangen werden, etwa im Urkundenprozess, wo zwar eine Widerklage nicht aber eine Aufrechnung untersagt ist (§ 595 Abs. 1 ZPO, aber §§ 595 Abs. 2, 598 ZPO bei bestrittener Aufrechnungsforderung).

1176 Entscheidend für die Auswahl können auch **prozessuale Konstellationen** sein:

1177 (1) Die Klageforderung ist begründet.

Hier ist zu empfehlen, die Aufrechnung aus Kostengründen (ausdrücklich) unbedingt zu erklären.

Denn eine Hilfsaufrechnung oder Widerklage erhöhen den Streitwert (§ 45 GKG). Die Kosten der Klageabweisung bei einer erfolgreichen Hauptaufrechnung trägt außerdem der Kläger (§ 91 ZPO; Zöller/*Greger* § 145 Rn. 27), sofern er nicht die Hauptsache für erledigt erklärt (Thomas/Putzo/*Reichold* § 145 Rn. 26). Eine nur hilfsweise Erledigungserklärung des Klägers ist nicht möglich (Zöller/*Greger* § 145 Rn. 22; str.).

1178 (2) Die Klageforderung ist zweifelhaft.

Hier kann der Beklagte die Aufrechnung hilfsweise für den Fall des Bestehens der Klageforderung erklären, verbunden mit der Eventualwiderklage für den umgekehrten Fall.

Dadurch bleibt der für die Aufrechnungsforderung eingeführte gesamte Sachvortrag verwertbar. Zudem erspart sich der Beklagte die Einleitung eines neuen Rechtsstreits, sofern er auf jeden Fall eine gerichtliche Entscheidung über die Gegenforderung erreichen will. Andernfalls wird die Klage abgewiesen, ohne dass noch über diese entschieden werden müsste.

1179 (3) Die Gegenforderung übersteigt die Klageforderung.

Da die Aufrechnung nur in Höhe der Klageforderung zum Tragen kommt, erhält der Beklagte nur mit der Widerklage eine Entscheidung über den darüber hinausgehenden Betrag.

Hierbei empfiehlt es sich, die Widerklage hinsichtlich des Überschusses unter der Bedingung zu erheben, dass die Klage wegen der – hilfsweise geltend gemachten – Aufrechnungsforderung abgewiesen wird (BGH NJW 2002, 2183: zulässige innerprozessuale Bedingung). Für den Fall des Nichtbestehens der Klageforderung kann auch die Erweiterung der Widerklage auf die gesamte Gegenforderung erklärt werden. Durch diese Eventualwiderklage wird die Verjährung insgesamt gehemmt (Palandt/*Ellenberger* § 209 Rn. 3; Zöller/*Greger* § 260 Rn. 4). Hingegen hemmt die Geltendmachung der Aufrechnung die Verjährung nur bis zur Höhe der Klageforderung und erfasst nicht den darüber hinausgehenden Betrag (§ 204 Abs. 1 Nr. 5 BGB – bisher § 209 Abs. 2 Nr. 3 BGB).

g) Gegenrechte

1180 Gegenrechte können materiell die Entstehung eines Anspruchs verhindern, einen bereits entstandenen Anspruch wieder vernichten oder die Durchsetzbarkeit des Anspruchs (dauernd oder vorübergehend) hemmen, prozessual können sie zur endgültigen oder nur vorübergehenden, zur vollständigen oder nur teilweisen Abweisung der Klage führen.

So führt die erfolgreiche Einrede der Verjährung zur endgültigen und vollständigen Abweisung der Klage, die Einrede der Vorausklage nur zur Abweisung als »derzeit« unbegründet, die Einrede des nicht erfüllten gegenseitigen Vertrags nur zur Zug um Zug-Verurteilung und zur Abweisung der Klage im Übrigen.

aa) Einwendungen und Einreden

1181 Die **Begriffe** »Einwendungen« und »Einreden« werden im Prozessrecht anders verstanden als im materiellen Recht. Die Gesamtheit des Verteidigungsvorbringens bezeichnet man als Einwendungen, die tatsächlichen Voraussetzungen einer Gegennorm sind Einreden (*Rosenberg/Schwab/Gottwald* § 105 I.). Das ändert indes nichts daran, dass die im Prozess geltend zu machenden Gegennormen dem materiellen Recht zu entnehmen sind.

Die materielle Unterscheidung zwischen den von Amts wegen zu berücksichtigenden Einwendungen und den nur auf Geltendmachung hin zu berücksichtigenden Einreden ist praktisch nur bedingt von Bedeutung: Auch zur Geltendmachung von Einwendungen bedarf es des Vortrags der entsprechenden Voraussetzungen durch die Parteien, allein im Vortrag der tatsächlichen Voraussetzungen eines Gegenrechts kann im Wege der Auslegung bereits dessen Geltendmachung gesehen werden.

Die rechtshindernden Einreden hindern von Anfang an das Wirksamwerden eines Rechts. Hierzu gehören die Geschäftsunfähigkeit des Erklärenden, der Verstoß gegen ein gesetzliches Verbot, die Sittenwidrigkeit oder der Nichteintritt einer aufschiebenden Bedingung.

Rechtsvernichtende Einreden beseitigen nachträglich die Wirksamkeit des Rechts. Beispiele dafür sind die Erfüllung und ihre Surrogate, insbesondere die Aufrechnung, und der Eintritt einer auflösenden Bedingung.

Rechtshemmende Einreden bestehen in einem Gestaltungsrecht, durch dessen Ausübung die Geltendmachung des Rechts ausgeschlossen werden kann. Dies ist der Fall bei der Verjährung, der Stundung oder dem Zurückbehaltungsrecht (dazu unten Rdn. 1182).

Entsprechend der Klägerseite muss sich auch der Beklagte darüber klar sein, welche Rechte er konkret geltend machen will. So kommen z. B. bei einer mangelhaften Werkleistung des Klägers, der den Werklohn einklagt, eine Reihe von Alternativen in Betracht (Einwand fehlender Fälligkeit, Minderung, Rücktritt, Schadensersatz, Nachbesserung, Mangelbeseitigungskosten, Kostenvorschuss).

In vielen Fällen kann dem Beklagten auch ein »Mitverschulden« seitens des Klägers zugutekommen (§ 254 BGB). Dabei kann dessen Mitverantwortlichkeit sogar bis zu 100 % betragen und den Klageanspruch damit gänzlich zu Fall bringen (Palandt/*Grüneberg* § 254 Rn. 52).

Prozessual können die Gegenrechte zur endgültigen oder nur vorübergehenden, zur vollständigen oder nur teilweisen Abweisung der Klage führen. 1181a

▸ Beispiel:

So führt die erfolgreiche Einrede der Verjährung zur endgültigen und vollständigen Abweisung der Klage, die Einrede der Vorausklage nur zur Abweisung als »derzeit unbegründet« (BGH Urt. v. 28.07.2011 - VII ZR 180/10), die Einrede des nicht erfüllten gegenseitigen Vertrags nur zur Zug um Zug-Verurteilung und zur Abweisung der Klage im Übrigen.

bb) Zurückbehaltungsrecht (§§ 320, 273 BGB)

Das Zurückbehaltungsrecht eignet sich zur Verteidigung gegen Ansprüche aller Art (§ 273 BGB). Allgemeine Voraussetzung ist ein fälliger Gegenanspruch aus demselben rechtlichen Verhältnis, wofür ein natürlicher und wirtschaftlicher **Zusammenhang** zwischen beiden Ansprüchen ausreicht. 1182

Dabei kann ein Gegenanspruch auch in einem Anspruch des Zahlungspflichtigen auf Erteilung einer Rechnung bestehen; ein solcher ist vor allem immer im kaufmännischen Verkehr gegeben (wegen § 14 Abs. 1 Satz 1 UStG; OLG München NJW 1988, 270; BGH NJW-RR 2005, 1005). Sonst besteht ein solcher Anspruch nur dann, wenn es geschäftsüblich ist und der Preis vom Schuldner nicht ohne Weiteres errechnet werden kann (Palandt/*Grüneberg* §§ 271 Rn. 7, 433 Rn. 23). Sofern das Zurückbehaltungsrecht auch (ausdrücklich oder stillschweigend) ausgeübt wurde bzw. wird, konnte bzw. kann der Schuldner nicht nach § 286 Abs. 3 BGB in Verzug kommen, was auch den Anspruch auf Prozesszinsen ausschließt (Palandt/*Grüneberg* §§ 273 Rn. 20; 284 Rn. 28, 39).

Bei **gegenseitigen Verträgen** kommt als besonderes Leistungsverweigerungsrecht die Einrede des nicht erfüllten Vertrages in Betracht (§ 320 BGB). 1183

Allerdings ist wegen vereinbarter Vorleistungspflicht diese Einrede oftmals ausgeschlossen (§ 320 Abs. 1 Satz 1 BGB). Auch das Gesetz geht bei einigen Vertragstypen von der Vorleistungspflicht eines Vertragspartners aus (z. B. Vermieter, § 551; Dienstpflichtiger, § 614; Werkunternehmer, § 641 BGB).

Das Zurückbehaltungs- bzw. Leistungsverweigerungsrecht kann nur im kaufmännischen Verkehr mittels Allgemeiner Geschäftsbedingungen ausgeschlossen werden (§§ 309, 310 BGB). Vorleistungsklauseln hingegen beurteilen sich nach § 307 BGB und sind zulässig, wenn für sie ein sachlich berechtigter Grund gegeben ist und keine überwiegenden Belange des Kunden entgegenstehen (Palandt/*Grüneberg* § 309 Rn. 13; z. B. Eintrittskarten, Nachnahmeversendungen, Ehemäklervertrag).

Materiellrechtlich führt eine Mahnung zur Erfüllung einer im Gegenseitigkeitsverhältnis stehenden Forderung nicht zum Verzug des Schuldners, wenn dieser gem. § 320 BGB zur Zurückbehaltung berechtigt ist.

Der Geltendmachung des Zurückbehaltungsrechts bedarf es hierzu (im Gegensatz zu § 273 ZPO) nicht (BGH NJW-RR 2003, 1318).

1184 Das Zurückbehaltungsrecht und die Einrede des nicht erfüllten Vertrages werden im Rechtsstreit nicht von Amts wegen berücksichtigt, sondern müssen vom Beklagten durch Einrede geltend gemacht werden. Dies erübrigt sich dann, wenn der Kläger dem Bestehen des Zurückbehaltungsrechts von sich aus Rechnung trägt und Leistung nur Zug um Zug verlangt.

Die Geltendmachung führt allerdings nicht zur Klageabweisung, sondern zur Verurteilung Zug um Zug (§§ 274, 322 BGB; i. d. R. Kostenteilung bei Klage auf unbeschränkte Verurteilung gem. § 92 Abs. 1 ZPO). Auch erlangt der Beklagte keinen Titel, um die ihm vom Kläger geschuldete Leistung seinerseits beitreiben zu können. Sofern der Kläger das Urteil nicht weiter verfolgt, hat der Beklagte keine Möglichkeit, seinen Gegenanspruch zu erzwingen. Allerdings ist die Geltendmachung des Zurückbehaltungsrechts u. U. auch noch mit einem verjährten Anspruch möglich (§ 215 BGB). Zur materiellen und prozessualen Wirkungsweise der §§ 273, 320 BGB *Clasen/Scherz* JA 2011, 289.

h) Rechtsausführungen

1185 Rechtsausführungen sind für den Beklagten genauso wenig erforderlich, wie für den Kläger, ebenso wie für diesen aber sehr wohl **zu empfehlen**. Insoweit kann auf die zur Klageschrift gemachten Ausführungen Bezug genommen werden (oben Rdn. 962).

1186 Rechtsausführungen des Beklagten können sich auf die vom Kläger vorgetragenen Rechtsansichten beziehen oder auf eigene Verteidigungsrechte.

III. Einbeziehung Dritter in den Rechtsstreit

1187 Für den Beklagten kann sich von Anfang an die Notwendigkeit ergeben, Dritte in den Rechtsstreit einzubeziehen.

Dies ist der Fall, wenn er davon ausgehen darf, (Regress-) Ansprüche gegen Dritte zu haben, er Rechte, die er dem Kläger entgegensetzen kann, von einem Dritten herleitet oder er befürchten muss, aus dem gleichen Rechtsverhältnis auch von Dritten in Anspruch genommen zu werden.

1. Streitverkündung

1188 Will der Beklagte verhindern, dass tatsächliche oder rechtliche Fragen in einem Regressprozess, den er gegen Dritte zu führen beabsichtigt, anders entschieden werden und ihm dadurch ein Nachteil entsteht, so kann er den Dritten in den bereits laufenden Prozess einbeziehen und sicherstellen, dass dieser in einem Folgeprozess an die Ergebnisse des Erstprozesses gebunden wird. Diese Einbeziehung erfolgt im Wege der Streitverkündung.

Insoweit entsprechen die Möglichkeiten des Beklagten denen des Klägers, sodass auf die Ausführungen zur Streitverkündung im Allgemeinen Bezug genommen werden kann (unten Rdn. 2460). Darüber hinaus existieren für den Beklagten zwei besondere Formen der Streitverkündung, der Gläubiger-(Prätendenten-)streit (§ 75 ZPO) und die Urheberbenennung (§§ 76, 77 ZPO).

1189 (1) Kann der Beklagte davon ausgehen, für den Fall des Prozessverlusts einen Anspruch auf Gewährleistung oder Schadloshaltung gegen einen Dritten geltend machen zu können, oder muss er davon ausgehen, einem solchen Anspruch eines Dritten ausgesetzt zu sein, so kann er diesem allgemein den **Streit verkünden** (§ 72 ZPO).

Tritt der Dritte daraufhin dem Beklagten bei, so wird er dessen Streithelfer, sodass gemeinsam versucht werden kann, den Prozess zu gewinnen. Unabhängig davon, ob ein solcher Beitritt erfolgt oder nicht, wird der Dritte im Verhältnis zum Beklagten an die Entscheidung des Gerichts gebunden (Interventionswirkung, §§ 74, 68 ZPO).

C. Die Verteidigung des Beklagten (Klageerwiderung) 4. Kapitel

▶ Beispiel: 1189a

Geht der auf Herausgabe einer Sache gemäß § 985 BGB in Anspruch genommene Beklagte davon aus, er habe die Sache wirksam gutgläubig erworben, so kann er - falls er doch zur Herausgabe verurteilt wird - Regress von demjenigen verlangen, von dem er die Sache erworben hat. Um zu vermeiden, dass der gutgläubige Erwerb im Folgeprozess anders entschieden wird, als im Erstprozess, kann der Beklagten dem Dritten den Streit verkünden.

(2) Ist dem Beklagten klar, dass er zu der Leistung, auf die er in Anspruch genommen ist, erbringen muss, weiß er aber nicht an wen, weil sich ihm gegenüber mehrere Gläubiger der Forderung berühmt haben, so kann der von einem Gläubiger verklagte Schuldner dem anderen potenziellen Gläubiger den Streit verkünden und den Betrag der Forderung zugunsten der **streitenden Gläubiger** unter Verzicht auf das Recht der Rücknahme hinterlegen (§ 75 ZPO). 1190

▶ Beispiel: 1191

Haben vorprozessual mehrere Gläubiger vom Beklagten Herausgabe einer Sache aus § 985 BGB verlangt und weiß der Beklagte nur, dass nicht er, nicht aber, wer Eigentümer ist, so muss er befürchten, bei Herausgabe der Sache an einen klagenden Gläubiger in einem Folgeprozess vom Dritten auf Schadensersatz in Anspruch genommen wird. Da er nicht weiß, ob der Kläger oder ein Dritter Eigentümer ist, kann er den Dritten durch die Streitverkündung in den Prozess einbeziehen und selbst nach Hinterlegung der Sache aus dem Prozess ausscheiden, sodass Kläger und Dritter in dem Prozess unter sich austragen können, wer zur Herausgabe berechtigt ist.

Tritt der weitere Gläubiger in den Rechtsstreit ein, so wird der bisherige Beklagte auf seinen Antrag aus dem Prozess entlassen. In diesem Fall hat er nur diejenigen Kosten zu tragen, die durch seinen unbegründeten Widerspruch entstanden sind. Das Verfahren wird dann zwischen den streitenden Gläubigern alleine fortgesetzt (BGH NJW 1996, 1673; *Peters* NJW 1996, 1246).

Tritt der Streitverkündungsempfänger nicht in den Rechtsstreit ein, tritt zu seinen Lasten die Interventionswirkung ein (§§ 74, 68 ZPO).

(3) Ist der Beklagte als Besitzer einer Sache (d.h. aus § 985 oder § 1007 Abs. 2 BGB) auf Herausgabe verklagt, und leitet er sein Besitzrecht von einem Dritten ab, der seinerseits mittelbarer Besitzer ist (§ 868 BGB), so kann er diesen als **Urheber** seines Besitzrechts **benennen** und ihm den Streit verkünden (§ 77 ZPO). 1192

▶ Beispiel: 1193

Leitet der auf Herausgabe in Anspruch genommene Beklagte ein Recht zum Besitz von einem Dritten ab (der die Sache z.B. vom Kläger geliehen und an den Beklagten weiter verliehen hat), so kann er diesem Dritten den Streit verkünden. Tritt der Dritte in den Prozess ein, so wird der Prozess zwischen ihm und dem Kläger fortgesetzt (§ 76 Abs. 3, 4 ZPO); tritt er nicht ein, so kann der Beklagte an den Kläger herausgeben, ohne hieraus dem Dritten zu haften (§ 76 Abs. 2 ZPO).

Übernimmt der mittelbare Besitzer anstelle des bisherigen Beklagten den Rechtsstreit, so wird Letzterer aus dem Prozess entlassen und der Prozess zwischen dem Kläger und dem mittelbaren Besitzer fortgesetzt. Erklärt der mittelbare Besitzer sich dagegen nicht, so wird der Beklagte ihm gegenüber dadurch, dass er die Sache an den Kläger herausgibt, von jeder Haftung frei.

Entsprechendes gilt, wenn der Beklagte als Störer aus § 1004 BGB in Anspruch genommen wird und er sein Besitzrecht von einem mittelbaren Besitzer herleitet (§ 77 ZPO).

2. Drittwiderklage

Hängt das Bestehen eines Anspruchs des Beklagten nicht vom Ausgang des vorliegenden Rechtsstreits ab, so kann er seinen Anspruch gegen den Dritten bereits im vorliegenden Verfahren durch eine gegen den Dritten gerichtete Widerklage rechtshängig machen. 1194

Für den Beklagten sind die taktischen Gestaltungsmöglichkeiten hinsichtlich der Erlangung von Zeugen geringer als für den Kläger. Vor allem scheidet die Herbeiführung der Zeugenstellung des Schuldners praktisch aus, da eine Schuldübernahme ohne Zustimmung des Gläubigers nicht möglich ist (§ 415 BGB).

1195 Prozesstaktisch kann der Beklagte die Drittwiderklage insbesondere einsetzen, um den Dritten als **Zeugen auszuschalten** und so die Beweissituation des Klägers zu schwächen.

Besondere Bedeutung hat dies, um dem Versuch des Klägers zu begegnen, einen Dritten Partei werden zu lassen und so den Forderungsinhaber als Zeugen zu gewinnen (oben Rdn. 553–555). Mit seinem Eintritt als Drittwiderbeklagter in den Prozess verliert der Forderungsinhaber seine Zeugeneigenschaft (*Uhlmannsiek* MDR 1996, 114; *Luckey* MDR 2002, 743). Der BGH hat dies nunmehr ausdrücklich für zulässig erklärt (BGH NJW 2008, 2852). Zwar richte sich die Drittwiderklage in diesem Fall nur gegen einen Dritten und nicht auch gegen die gegnerische Partei, dies sei aber ausnahmsweise möglich, weil die geltend gemachten Ansprüche auf einem Vertragsverhältnis beruhen, an dem der Kläger und der Widerbeklagte in gleicher Weise beteiligt gewesen seien. Die bei der Sachentscheidung zu berücksichtigenden tatsächlichen und rechtlichen Verhältnisse seien damit in Bezug auf die geltend gemachten Ansprüche dieselben. Die Aufspaltung in zwei Prozesse wäre prozessökonomisch unsinnig und trüge das Risiko sich widersprechender Sachentscheidungen. Ein Feststellungsinteresse gegen den Dritten ergebe sich nicht aus § 256 Abs. 2 ZPO, der nur für die bisherigen Parteien gelte, wohl aber daraus, dass die Beklagte nur bei wirksamer Abtretung vor einer neuen Klage des Dritten geschützt sei, der dann nach § 325 Abs. 1 Satz 1 ZPO an die Rechtskraft des Urteils gebunden sei. Stelle sich die Abtretung dagegen als unwirksam heraus, sei dem Dritten eine eigene Klage möglich, gegen die die Beklagte sich mit der negativen Feststellungswiderklage schützen könne.

Die Drittwiderklage kann auch gegen einen Zeugen erhoben werden, der zuvor nicht Forderungsinhaber war. Inwieweit in diesem Fall die vorstehenden Erleichterungen ebenfalls greifen, ist bislang offen und im Zweifel wohl nicht zu begründen.

1196 ▶ Praxistipp:

Die Dritt-Widerklage muss noch vor Vernehmung des Zeugen erfolgen. Denn eine vor der Widerklage erfolgte Aussage des Zeugen als solche bleibt wirksam (Zöller/*Greger* § 373 Rn. 6a).

1197 Nach der Rechtsprechung müssen folgende **Voraussetzungen** für deren Zulässigkeit vorliegen:

– Die Widerklage muss sich auch gegen den Kläger richten.

Zur möglichen Ausnahme einer isolierten Drittwiderklage vorstehend BGH NJW 2008, 2852; *Fellner* MDR 2011, 146 und oben Rdn. 572.

– Es müssen die Voraussetzungen der nachträglichen Parteierweiterung vorliegen, analog §§ 263 ff. ZPO, also Einwilligung des Dritten oder Sachdienlichkeit (a. A. Thomas/Putzo/*Hüßtege* § 33 Rn. 12: § 263 ZPO unanwendbar, sondern §§ 59, 60 ZPO. Da mit der Drittwiderklage in der Regel kein neuer Streitstoff in den Prozess eingeführt wird, dürfte sie meist auch sachdienlich sein (Thomas/Putzo/*Reichold* § 263 Rn. 8).

– Seine bisherige Ansicht (BGH MDR 1993, 1121), für die Widerklage gegen einen bislang am Prozess nicht Beteiligten könne § 33 ZPO keinen besonderen Gerichtsstand abgeben, hat der BGH nunmehr zumindest für den Zedenten aufgegeben (BGH MDR 2010, 1483 mit Anm. *Fellner* MDR 2011, 146).

1198 ▶ Beispiel:

Häufig erfolgen Drittwiderklagen bei Schadensersatzklagen nach Verkehrsunfällen. Diese werden nicht nur gegen den Haftpflichtversicherer und klagenden Halter erhoben, sondern es wird der Fahrer mit einbezogen, um ihn als Zeugen für die Beweisführung der Klägerseite über den Unfallhergang auszuschalten. Sachdienlichkeit kann hier wegen der Gesamtschuldnerschaft bejaht werden (§§ 7, 18 StVG; § 3 Nr. 1, 2 PflVG; § 840 BGB; u. U. gemeinsamer Gerichtsstand gem. § 32 ZPO).

Dass dem Dritten die Möglichkeit genommen wird, als Zeuge auszusagen, steht der Drittwiderklage nicht entgegen.

1199

> (BGH NJW 1987, 3138; NJW 2001, 2094 – bei Abtretung; ebenso LG Köln VersR 1983, 403; kritisch OLG Frankfurt a. M. VersR 1978, 259 »es ist nicht vertretbar, überflüssigerweise auch den Fahrer mitzuverklagen«; a. A. Rechtsmissbrauch: OLG Frankfurt VersR 1969, 546; AG Köln VersR 1980, 272).

Auch die wirksame Drittwiderklage kann die Vernehmung des Dritten zu Beweiszwecken nicht in jedem Fall verhindern. Es besteht die Möglichkeit, dass das Gericht

1200

– durch Teilurteil vorab über die Widerklage entscheidet. Dies hat zur Folge, dass eine Vernehmung als Zeuge wieder in Betracht kommt (str., OLG Karlsruhe BB 1992, 97 hält ein solches Vorgehen für angemessen; Zöller/*Vollkommer* § 33 Rn. 27a: ist vorab durch Teilurteil zu entscheiden);
– zur Herstellung der »Waffengleichheit« eine Parteivernehmung oder gem. § 141 ZPO eine bloße Anhörung des Drittwiderbeklagten durchführt (str., Thomas/Putzo/*Reichold* § 448 Rn. 4; Zöller/*Vollkommer* § 33 Rn. 27a). Schließlich bleibt u. U. noch die Verwertung einer protokollierten Aussage des Drittwiderbeklagten in einem anderen Verfahren (insbesondere Strafverfahren).

D. Das Vorverfahren (Weitere Schriftsätze)

Nachdem der Kläger in der Klageschrift Gegenstand und Grund des erhobenen Anspruchs bezeichnet und der Beklagte in der Klageerwiderung seine Verteidigungsmittel bezeichnet hat, geht es der **Beibringungsmaxime** folgend im weiteren Vorverfahren darum, den entscheidungserheblichen Sachverhalt in den Rechtsstreit einzubringen. Zudem soll die mündliche Verhandlung (Haupttermin) so weit vorbereitet werden, dass es möglich ist, in diesem einen Termin den Rechtsstreit zu erledigen (§ 272 Abs. 1).

1201

> Auch wenn insoweit im Rahmen des Amtsbetriebs in erster Linie der Richter zu vorbereitenden Maßnahmen angehalten ist (§ 273 Abs. 1 ZPO), kann das Ziel nur erreicht werden, wenn die Parteien dabei aktiv mitwirken. Der Sachverhalt wird nicht von Amts wegen ermittelt, Beweise werden nur ganz ausnahmsweise von Amts wegen erhoben.

Aufgabe der Parteien im Vorverfahren muss es deswegen sein, den eigenen Vortrag zu vervollständigen und sich mit dem Vorbringen des Gegners auseinanderzusetzen. Die Chancen und Möglichkeiten dazu hängen von der vom Gericht gewählten Art des Vorverfahrens ab (unten Rdn. 1201) und werden regelmäßig durch die Einreichung weiterer Schriftsätze wahrgenommen (dazu unten Rdn. 1206). Größte Gefahr dabei ist die Verspätung des Parteivorbringens (dazu unten Rdn. 1209).

1202

I. Vorverfahrensart, Kammerbefassung

▶ Praxistipp:

1203

Die Ausgestaltung des Verfahrens obliegt weitgehend dem Gericht. Diesbezüglich müssen die Parteien nichts veranlassen, haben aber auch kaum Gestaltungsmöglichkeiten.

> Dies folgt aus dem Grundsatz des Amtsbetriebs, der den früheren Parteibetrieb insoweit abgelöst hat.

Auf die Wahl der **Vorverfahrensart** (§ 272 Abs. 2 ZPO) haben die Parteien keinen Einfluss. Ob die Hauptverhandlung durch einen frühen ersten Termin (§ 275 ZPO) oder durch ein schriftliches Vorverfahren (§ 276 ZPO) vorbereitet wird, liegt im freien Ermessen des Vorsitzenden. Die Parteien haben insoweit weder ein Antrags- noch ein Beschwerderecht.

1204

> Praktisch wenig Sinn macht auch eine Anregung, selbst wenn zu deren Begründung begründende Umstände vorgetragen werden. Viele Richter entscheiden über die Wahl der Vorverfahrensart aufgrund fest etablierter Kriterien, von denen sie kaum abzubringen sind.

Entsprechendes gilt beim Landgericht auch für die Frage, ob der Rechtsstreit vor dem Einzelrichter oder vor dem **Spruchkörper** verhandelt wird.

1205

Zwar sollen sowohl der Kläger (§ 253 Abs. 3 ZPO) als auch der Beklagte (§ 277 Abs. 1 Satz 2 ZPO) sich dazu äußern, ob einer Entscheidung der Sache durch den Einzelrichter Gründe entgegenstehen. Einfluss auf die Besetzung des Gerichts haben sie damit nur bedingt. Selbst durch übereinstimmenden Antrag können die Parteien allenfalls die Vorlage an die Kammer durch den Einzelrichter erreichen, nicht indes, dass diese auch zuständig wird (§§ 348 Abs. 3 Nr. 3, 348a Abs. 2 Nr. 2 ZPO; oben Rdn. 791).

II. Weitere Schriftsätze beider Parteien

1206 Die Parteien sind im Zivilprozess gehalten, ihre Angriffs- und Verteidigungsmittel so **früh** und so **vollständig** wie möglich vorzubringen. Nicht erforderlich ist der Vortrag »in eventum«, vorsorglich bereits für den Fall, dass er relevant werden könnte, ohne dass er dies jetzt bereits wäre. Jede Partei muss die Prozesslage, insbesondere den Vortrag des Gegners und die Maßnahmen des Gerichts (Hinweise!) ständig beobachten und laufend neu entscheiden, inwieweit es hierauf einer angemessenen Reaktion, insbesondere der Geltendmachung weiterer Angriffs- und Verteidigungsmittel bedarf.

1207 Den Parteien obliegt insoweit eine **Prozessförderungspflicht**. Für die mündliche Verhandlung ergibt sich diese aus § 282 ZPO. Das Gebot der schriftlichen Vorbereitung der mündlichen Verhandlung im Haupttermin zwingt dazu, diese laufende Prozessgestaltung über weitere Schriftsätze während des Vorverfahrens vorzunehmen.

Für Form und Inhalt dieser Schriftsätze gibt es weder besondere prozessuale Vorgaben noch lassen sich dafür allgemeine Regeln aufstellen.

Formell haben die Schriftsätze lediglich die allgemeinen Vorgaben des § 130 ZPO zu erfüllen.

Vorzubringen sind Angriffs- und Verteidigungsmittel. Dazu gehören alle zur Begründung des Klageantrags oder zur Verteidigung gegen diesen möglichen tatsächlichen und rechtlichen Umstände. In tatsächlicher Hinsicht umfasst werden vor allem das Behaupten, Bestreiten oder Beweisen von Tatsachen, in rechtlicher Hinsicht Einwendungen, Einreden oder anspruchserhaltende Institute.

Nicht zu den bloßen Mitteln von Angriff und Verteidigung gehören der Angriff und die Verteidigung selbst. Zum Angriff gehören der Sachantrag von Klage oder Widerklage sowie seine Änderungen. Diese Unterscheidung ist vor allem für die Möglichkeit einer Zurückweisung wegen Verspätung von Bedeutung (dazu unten Rdn. 1209).

Erweist sich das Vorbringen von Angriffs- und Verteidigungsmitteln nach der Prozessförderungspflicht als geboten, so hat es unverzüglich und vollständig zu erfolgen. Nicht möglich ist der nur »häppchenweise«, sukzessive Vortrag von Tatsachen.

1208 Nicht dem Gebot des rechtzeitigen Vortrags unterfallen bloße **Rechtsausführungen**. Da diese seitens der Parteien überhaupt nicht erforderlich sind, können sie jederzeit vorgebracht werden.

III. Die Präklusion verspäteten Vorbringens

1209 Ein rationeller Verfahrensablauf und eine zeitnahe Sachentscheidung sind nur möglich, wenn die Parteien ihre Angriffs- und Verteidigungsmittel so früh wie möglich vorbringen. Das Gericht kann den Parteien hierfür Fristen setzen, wo dies nicht der Fall ist, kann sich die Notwendigkeit zu alsbaldigem Vortrag aus der allgemeinen Prozessförderungspflicht (§ 282 ZPO) oder aus dem Verfahrensablauf (etwa der Prüfung der Zulässigkeit vor der Begründetheit der Klage) ergeben. Genügen die Parteien diesen Anforderungen nicht, wird der Prozess ohne Rücksicht auf das mögliche, aber unterlassene Vorbringen fortgesetzt. Wird das Vorbringen dann später nachgeholt, so kann dies nur ausnahmsweise noch berücksichtigt werden.

1210 § 296 ZPO lässt es deswegen zu, verspäteten Vortrag der Parteien zurückzuweisen, verspäteten Vortrag für die Entscheidung unberücksichtigt zu lassen (**Präklusion**).

Praktisch kann eine solche Präklusion dazu führen, dass das Gericht davon ausgehen muss, dass die – tatsächlich gegebenen – Voraussetzungen einer Rechtsnorm, aus der eine Partei für sich günstige Rechtsfolgen herleiten konnte und wollte, nicht vorliegen oder – unwahrer – Vortrag des Gegners mangels rechtzeitigen Bestreitens zugestanden und damit wahr (§ 288 ZPO) ist.

D. Das Vorverfahren (Weitere Schriftsätze) 4. Kapitel

Die Nichtberücksichtigung (auch verspäteten) Parteivortrags ist ein Verstoß gegen das aus dem Grundsatz der Gewährung rechtlichen Gehörs folgende Gebot der Berücksichtigung des Parteivortrags dar und stellt damit die materielle Richtigkeit (Gerechtigkeit) der gerichtlichen Entscheidung infrage.

Daraus folgt, dass die Präklusion nur in engen, verfassungsrechtlich vorgegebenen Grenzen möglich ist. Diese Grenzen folgen nur bedingt aus dem Wortlaut des § 296 ZPO. Umfangreiche, zum Teil auch unübersichtliche Rechtsprechung hierzu führt in der Praxis häufig dazu, dass viele Instanzrichter die Präklusionsmöglichkeiten völlig ignorieren und jegliche Fristversäumnisse tolerieren.

Daher sind richterliche Fristsetzungen oft nur »Scheingeschäfte« in dem Bestreben, den Prozessablauf zu straffen, während aber eigene notwendige vorbereitende Maßnahmen gem. §§ 358a, 273 ZPO hierzu unterbleiben. Nicht selten erfolgen Fristsetzungen routinemäßig und gedankenlos.

Trotzdem muss auch in solchen Fällen immer damit gerechnet werden, dass verspätetes Vorbringen zurückgewiesen wird. Dies gilt insbesondere dann, wenn der Richter sich damit eine Verlängerung und Verkomplizierung des Prozesses ersparen und sich auf diese Weise eines lästigen Sachvortrags im Interesse einer »ökonomischen Arbeitsweise« entledigen kann. Zudem betrachten manche Richter die Verspätungsvorschriften als »**Strafnormen**« gegen nachlässige Anwälte, was sie jedoch unzweifelhaft nicht sind (z. B. BGH NJW 1999, 585). Dabei kann ein Rechtsstreit allein aufgrund verspäteten Vorbringens verloren werden. 1211

So hat die Zurückweisung beispielsweise einer Klageerwiderung zur Folge, dass nur noch das Vorbringen des Klägers als unbestritten übrig bleibt und das Gericht nur die Zulässigkeit und Schlüssigkeit der Klage zu prüfen hat. Die Zurückweisung eines Beweisantrages kann dazu führen, dass ein bestrittenes und entscheidungsrelevantes Vorbringen gänzlich unberücksichtigt bleiben muss.

Der **Anwalt** ist deswegen **verpflichtet**, zur Vermeidung von Nachteilen für seinen Mandanten, auf die Einhaltung gesetzlicher und richterlicher Fristen zu achten und u. U. Fluchtmaßnahmen zu ergreifen (OLG Düsseldorf VersR 1989, 287). 1212

Schon wegen der haftungsrechtlichen Folgen (Zöller/*Heßler* § 528 Rn. 42) besteht daher ein vitales Interesse eines jeden Anwaltes, eine Zurückweisung wegen Verspätung zu vermeiden.

Die Zurückweisungsgefahr wird indes dadurch gemindert, dass das Gericht gem. § 139 ZPO verpflichtet ist, auf eine beabsichtigte Zurückweisung **hinzuweisen** (Thomas/Putzo/*Reichold* § 296 Rn. 42), sodass der Anwalt die Chance hat, diese durch taktische Maßnahmen (unten Rdn. 1246, 1260) noch zu verhindern. 1213

Dabei wird die Hinweispflicht des Gerichts, welche sich auf die Frage des Verschuldens und auf den Aspekt der Verfahrensverzögerung zu erstrecken hat, nicht etwa dadurch entbehrlich, dass der Gegner die Verspätung rügt (OLG Hamm NJW-RR 2003, 1651; Zöller/*Greger* § 296 Rn. 32: u. U. entbehrlich, wenn der Gegner die Verzögerung geltend macht).

Nach *Deubner* (NJW 1978, 357) soll zudem die Signalisierung der Entschlossenheit dem Gericht erster Instanz gegenüber, das Vorbringen notfalls auf dem Weg über die Berufung in den Prozess einzuführen (§ 531 Abs. 2 Nr. 2 ZPO), »gar nicht selten« dazu führen, dass eine Zurückweisung unterbleibt.

Die Voraussetzungen und Folgen von verspäteten Angriffs- und Verteidigungsmitteln sind in den §§ 296, 296a ZPO gesetzlich geregelt. Sie können von den Parteien nicht modifiziert werden. Daher ist die gelegentlich anzutreffende **Floskel** »Weiterer Sachvortrag bleibt ausdrücklich vorbehalten« zumindest in präklusionsrechtlicher Hinsicht völlig wirkungslos und überflüssig. 1214

1. Vorbringen nach Schluss der mündlichen Verhandlung: § 296a ZPO

Nach § 296a ZPO können Angriffs- und Verteidigungsmittel nach Schluss der mündlichen Verhandlung nicht mehr vorgebracht werden. Dies sollte indes den Rechtsanwalt nicht davon abhalten, auch nach Schluss der mündlichen Verhandlung entscheidungserheblichen, bislang unterlassenen Sachvortrag noch schriftsätzlich vorzutragen. 1215

Als bewusstes Mittel der Prozesstaktik sollten verspätete Prozesshandlungen indes nur im Einzelfall und nach gründlicher Überlegung eingesetzt werden (*Stackmann* NJW 2011, 3537).

1216 (1) Zum einen könnte der neue Vortrag das Gericht zur **Wiedereröffnung** der Verhandlung veranlassen (§§ 156 Abs. 1, 296a Satz 2 ZPO; unten Rdn. 2835).

So darf das Gericht einen nicht nachgelassenen Schriftsatz (§ 283 ZPO) nicht nur nicht zurückgeben (Aktenbestandteil!), sondern muss ihn sogar dann noch zur Kenntnis nehmen und eine Wiedereröffnung der mündlichen Verhandlung prüfen, wenn ein Urteil bereits gefällt, aber noch nicht verkündet ist (BGH NJW 2002, 1426; Zöller/*Greger* § 132 Rn. 4; *Fischer* NJW 1994, 1319; teilw. str.).

Da aber die Bereitschaft hierzu in der Praxis relativ gering sein dürfte, sollte der Schriftsatz möglichst bald eingereicht werden und nicht etwa – was immer wieder vorkommt – erst einen Tag vor dem Verkündungstermin. Unter Umständen kann die rechtzeitige Ankündigung weiteren Vortrages binnen einer bestimmten Frist den Richter dazu veranlassen, diesen Schriftsatz vor Ausarbeitung des Urteils noch abzuwarten. Dies gilt besonders für angekündigte Rechtsausführungen, von denen sich der Richter vielleicht eine Erleichterung für seine Entscheidung erwartet.

Im Übrigen ist eine Verwertung ohne wiedereröffnete Verhandlung zwar fehlerhaft, in der Praxis erfolgt dies zuweilen aber trotzdem (z. B. OLG Zweibrücken ProzRB 2004, 320: nachgereichte Original-Urkunde). Deshalb sollte der Gegner – sofern noch möglich – das Gericht auf die Unzulässigkeit der Verwertung hinweisen und zu diesem Vorbringen inhaltlich Stellung nehmen.

1217 (2) Zum anderen kann dieser Sachvortrag dann u. U. noch in der **Berufungsinstanz** Berücksichtigung finden.

So kommt ein völliger Ausschluss nach § 531 Abs. 1 ZPO nicht in Betracht, da es an einer Zurückweisung fehlt (Thomas/Putzo/*Reichold* § 528 Rn. 14).

Allerdings sind nach § 531 Abs. 2 Nr. 3 ZPO neue Angriffs- und Verteidigungsmittel in der Berufungsinstanz nur dann zuzulassen, wenn sie im ersten Rechtszug nicht aus Nachlässigkeit der Partei nicht geltend gemacht worden sind (unten Rdn. 3277). Von dieser Regelung wird auch das verspätete Vorbringen i. S. § 296a ZPO erfasst (OLG Düsseldorf ProzRB 2004, 300; Zöller/*Heßler* § 531 Rn. 22).

Obsiegt die Partei aufgrund des neuen Vorbringens, trägt sie jedoch ganz oder teilweise die Kosten der Berufung (§ 97 Abs. 2 ZPO). Von daher sollte der verspätet vortragende Anwalt in jedem Fall zunächst versuchen, noch die vorteilhaftere Wiedereröffnung und Fortsetzung der erstinstanzlichen Verhandlung zu erreichen.

1218 (3) Letztlich können **Rechtsausführungen** immer vorgetragen werden, da diese nicht unter die Angriffs- und Verteidigungsmittel fallen (Thomas/Putzo/*Reichold* § 146 Rn. 2).

Eine Verwertung könnte bei neuen rechtlichen Gesichtspunkten zwar erst nach rechtlichem Gehör der anderen Partei erfolgen (Zöller/*Greger* § 296a Rn. 2b, auch Thomas/Putzo/*Reichold* § 283 Rn. 2: § 283 ZPO anwendbar; *E. Schneider* ZAP Fach 13, S. 1093). In der Praxis wird dies aber nicht immer beachtet. Abgesehen davon, dass manche Richter dies gar nicht wissen, hätte dies für ihn doch die (für ihn unangenehme) Konsequenz, den sonst entscheidungsreifen Rechtsstreit noch nicht abschließen zu können.

2. Zurückweisung verspäteten Vorbringens: § 296 ZPO

1219 Im Prozess, d. h. vor Schluss der mündlichen Verhandlung vorgetragene Angriffs- und Verteidigungsmittel bleiben für die Entscheidung unberücksichtigt, wenn sie als verspätet zurückgewiesen wurden. Nach § 296 ZPO ist dies möglich,
- wenn der Vortrag erst nach Ablauf einer vom Gericht hierfür gesetzten Frist (§ 296 Abs. 1) erfolgte, oder
- wenn der Vortrag später erfolgte, als der Grundsatz der Prozessförderungspflicht (§ 282 ZPO) dies erforderte (§ 296 Abs. 2), oder
- wenn Zulässigkeitsrügen nicht vor Beginn der mündlichen Verhandlung erhoben wurden (§ 296 Abs. 3 ZPO).

D. Das Vorverfahren (Weitere Schriftsätze) 4. Kapitel

Eine Zurückweisung verspäteten Vorbringens in erster Instanz				1220
nach	§ 296 Abs. 3 ZPO	§ 296 Abs. 1 ZPO	§ 296 Abs. 2 ZPO	
ist	zwingend		nach dem Ermessen des Gerichts möglich	
bezüglich	verzichtbarer **Zulässigkeitsrügen**	streitiger **Angriffs- und Verteidigungsmittel**		
wenn es verspätet erfolgt ist, weil	die **Rüge** nicht vor Beginn bzw. Fortsetzung der mündlichen Verhandlung erhoben wurde,	eine vom Gericht ordnungsgemäß gesetzte **Frist** nach §§ 273, 275, 276, 277 ZPO oder §§ 340, 697, 700 ZPO nicht eingehalten wurde,	gegen die allgemeine **Prozessförderungspflicht** aus § 282 Abs. 1 ZPO verstoßen wurde,	
dies von der Partei zu vertreten ist	was zunächst widerleglich **vermutet wird**, bis die Partei die Verspätung nachträglich genügend entschuldigt,		was in Form grob nachlässiges Verhaltens **positiv festgestellt** werden muss, wobei eine nachträgliche Entschuldigung unbeachtlich ist,	
und seine Zulassung zu einer Verzögerung der Erledigung des Rechtsstreits führen würde	Unbeachtlich.	– nach dem **realen Verzögerungsbegriff** (h. M.), weil der Prozess bei Zulassung des verspäteten Vorbringens länger dauern würde als bei dessen Zurückweisung (= Vergleich Prozessdauer bei Zulassung und Zurückweisung); – nach dem **hypothetischen Verzögerungsbegriff** (a. A.), weil der Prozess bei rechtzeitigem Vorbringen schneller abgelaufen wäre (= Vergleich hypothetisches rechtzeitiges und tatsächliches verspätetes Vorbringen); ohne dass die Verspätung durch zumutbare Maßnahmen des Gerichts **kompensiert** werden kann.		

a) Allgemeines

Während eine Präklusion nach § 296 Abs. 1 ZPO nur bei den im Gesetz ausdrücklich geregelten Fällen möglich und **zwingend** ist (analoge Anwendung ist nicht zulässig, Thomas/Putzo/*Reichold* § 296 Rn. 11, 21), entscheidet das Gericht über das Vorliegen der Voraussetzungen des § 296 Abs. 2 ZPO und über die Zurückweisung nach freier Überzeugung bzw. nach seinem **Ermessen** (Thomas/Putzo/*Reichold* § 296 Rn. 37; Prütting/Gehrlein/*Deppenkemper* § 296 Rn. 48). 1221

> Dabei findet § 282 Abs. 1 ZPO nur dann Anwendung, wenn innerhalb der Instanz mehrere Verhandlungstermine stattgefunden haben und das Vorbringen nicht bereits im ersten Termin erfolgt ist. Vorbringen im ersten Termin kann dagegen nie nach § 282 Abs. 1 ZPO verspätet sein. Im Fall des § 282 Abs. 2 ZPO muss bzw. sollte sich der Beklagte darauf berufen, dass er nicht in der Lage war, wegen der verspäteten Einreichung des gegnerischen Schriftsatzes noch die erforderlichen Erkundigungen einzuziehen (BGH NJW-RR 2005, 1007).

Nicht um neue Angriffs- und Verteidigungsmittel im Sinne des § 296 Abs. 2 ZPO handelt es sich, wenn eine Partei im Laufe des Verfahrens die materiellrechtlichen Voraussetzungen für den Anspruch erst schafft und alsdann in den Prozess einführt (BGH NJW-RR 2004, 167: Vorlage einer neuen Schlussrechnung), sog. »nova producta« im Gegensatz zu den »nova reperta«. 1222

Als **präklusionsgefährdete Fristen** kommen zahlreiche, in § 296 Abs. 1 ZPO abschließend genannte Fristen in Betracht. Dabei handelt es sich um 1223
– die Klageerwiderungsfrist für den Beklagten (§§ 275 Abs. 1 Satz 1, Abs. 3, 276 Abs. 1 Satz 2 ZPO);
– Frist zur Stellungnahme auf die Klageerwiderung für den Kläger (§§ 275 Abs. 4, 276 Abs. 3, 277 ZPO);

- Frist zur Ergänzung oder Erläuterung des schriftlichen Sachvortrags für beide Parteien (§ 273 Abs. 2 Nr. 1 ZPO);
- Frist zur Vorlage von Unterlagen für beide Parteien (§§ 142, 273 Abs. 2 Nr. 5 ZPO; unten Rdn. 1840);
- die Frist zur Begründung des Einspruchs gegen ein Versäumnisurteil (§ 340 Abs. 3 ZPO).

1224 Da die Verspätung im Fall des § 296 Abs. 2 ZPO auf einer **groben Nachlässigkeit** in Bezug auf die Prozessförderungspflicht beruhen muss, erfolgt eine Zurückweisung nach dieser Variante in der Praxis zwar seltener, jedoch ist sie schwieriger kalkulierbar.

So liegt grobe Nachlässigkeit nur dann vor, wenn die Partei ihre Prozessförderungspflicht in besonders hohem Maße vernachlässigt, was jeder Partei nach dem Stand des Verfahrens als notwendig hätte einleuchten müssen (Thomas/Putzo/*Reichold* § 296 Rn. 37). Dabei besteht nur unter besonderen Umständen eine Verpflichtung der Partei, Ermittlungen zur Feststellung ihr nicht bekannter tatsächlicher Umstände anzustellen (BGH NJW 2003, 200).

Die bloße Nichteinhaltung der mit § 282 Abs. 2 ZPO korrespondierenden Schriftsatzfrist des § 132 Abs. 1 ZPO kann eine Zurückweisung jedoch nicht rechtfertigen (BGH NJW 1997, 2244), wobei beim Amtsgericht die mündliche Verhandlung erst bei einer entsprechenden richterlichen Anordnung durch Schriftsätze vorbereitet werden muss (§§ 78, 129, 273 Abs. 1 ZPO; Zöller/*Greger* § 282 Rn. 4). § 282 Abs. 1 ZPO ist nur einschlägig, wenn innerhalb einer Instanz mehrere Verhandlungstermine stattfinden; ein Vorbringen im ersten Termin zur mündlichen Verhandlung kann nach dieser Vorschrift niemals verspätet sein (BGH NJW-RR 2005, 1007; BGH MDR 2012, 1366).

1225 Die Prozessförderungspflicht zwingt die Parteien nicht zum Verzicht auf jegliche **Prozesstaktik** (so ausdrücklich BVerfGE 54, 117, 127; Zöller/*Greger* §§ 282 Rn. 3; 528 Rn. 26).

Sofern keine Fristen gesetzt sind, kann man daher in geeigneten Fällen durchaus erst einmal das Vorbringen der Gegenseite abwarten, »bis die fortschreitende Entwicklung des Prozesses oder eine Aufforderung des Gerichts« die Einführung bestimmter Gesichtspunkte »unumgänglich machen«. Denn unterbunden werden soll lediglich ein Prozessverhalten, dass vornehmlich der Verzögerung und Verschleppung dient (BVerfGE 54, 117, 127).

Zu bedenken ist aber, dass die Einführung einer wichtigen Tatsache, deren Bedeutung für die Klage auf der Hand liegt, bei großer Verzögerung Misstrauen gegen die Richtigkeit dieser neuen Behauptung wecken kann und deswegen seinen Niederschlag in der gerichtlichen Beweiswürdigung finden kann und muss (BGH NJW-RR 1999, 573).

Dabei ist zu beachten, dass für eine Prozesstaktik in der Form des sukzessiven Vorbringens (nur) insofern Raum bleibt, als ein zunächst zurückgehaltenes Vorbringen nach der Prozesslage, also in erster Linie maßgeblich nach dem gegnerischen Vorbringen, noch nicht veranlasst sein darf (Zöller/*Greger* § 282 Rn. 3; BGH MDR 2003, 408: Vorbringen soll grundsätzlich nicht aus prozesstaktischen Erwägungen zurückgehalten werden). Unzulässig ist daher eine »tröpfchenweise« Information des Gerichts und des Gegners, nur um Zeit zu gewinnen oder den Gegner zu zermürben, auch wenn die Praxis oft großzügig verfährt (Baumbach/*Hartmann* § 282 Rn. 7, 9; BVerfG NJW 2005, 1768).

Hingegen ist anerkannt, dass eine Erklärungspflicht zu vor- bzw. außerprozessualem Vorbringen des Gegners nicht besteht. Des Weiteren ist es möglich, Tatsachen oder Beweismittel für bestimmte Prozesslagen zunächst anzukündigen. Wenn das Gericht diese Tatsachen dann für erforderlich hält, muss es die Partei darauf hinweisen (MüKoZPO/*Prütting* § 282 Rn. 21 ff.: sonst unzulässige Überraschungsentscheidung).

1226 Im **Mahnverfahren** kommt § 296 ZPO bei Versäumung der gesetzlichen Frist von 2 Wochen zur Anspruchsbegründung nach Widerspruch und nachfolgender Abgabe an das Streitgericht mangels Verweisungsnorm nicht in Betracht (Frist gem. § 697 Abs. 1 ZPO; Zöller/*Vollkommer* § 697 Rn. 4; keine analoge Anwendung des § 296 ZPO auf im Gesetz nicht ausdrücklich genannte Fälle, Thomas/Putzo/*Reichold* § 296 Rn. 11; OLG Nürnberg MDR 1999, 1151).

Präklusion droht erst bei Terminsbestimmung auf Antrag des Gegners mit gesetzter Frist zur Begründung des Anspruchs gem. § 697 Abs. 3 ZPO und deren Versäumung. Es ist jedoch auf den Ablauf der Verjährungsfrist zu achten.

D. Das Vorverfahren (Weitere Schriftsätze) 4. Kapitel

Bei Einspruch gegen einen Vollstreckungsbescheid droht Präklusion ebenfalls erst bei Fristsetzung durch das Gericht gem. § 700 Abs. 5 ZPO.

▶ **Praxistipp:** 1227

Abweichend von § 276 Abs. 1 Satz 2 ZPO können im **schriftlichen Vorverfahren** bei Eingang einer Anspruchsbegründung nach Überleitung des Mahnverfahrens in das Streitverfahren die Fristen für die Verteidigungsanzeige und die Klageerwiderung zusammenfallen und insgesamt nur zwei Wochen betragen (§ 697 Abs. 2 ZPO; Prütting/Gehrlein/*Sommer* § 697 Rn. 7).

Auch wenn über die Frage der Präklusion ohne **Antrag** von Amts wegen zu entscheiden ist, kann es sich für die andere Partei empfehlen, das Gericht durch die Verspätungsrüge darauf aufmerksam zu machen. 1228

Denn zum einen kann dadurch verhindert werden, dass das Gericht das Vorliegen der Voraussetzungen für eine Präklusion (bewusst oder unbewusst) übersieht, zum anderen kann ein solcher Antrag den Richter u. U. psychologisch und argumentativ bei der Zurückweisung unterstützen. Auch kann der Richter dann möglicherweise nicht auf den Gedanken kommen, die Gegenpartei sei mit der Zulassung des verspäteten Sachvortrags einverstanden. Dies könnte zwar nur bei der Ermessensentscheidung nach § 296 Abs. 2 ZPO eine Rolle spielen (Zöller/*Vollkommer* § 296 Rn. 8b), jedoch kann eine (verfahrenswidrige) Zulassung verspäteten Vorbringens ein Rechtsmittel des Gegners nie rechtfertigen (Zöller/*Vollkommer* § 296 Rn. 35: da es der Wahrheitsfindung dient!).

b) Wirksame Fristsetzung

Die Wirksamkeit der Fristsetzung setzt nach der Rechtsprechung des BGH die Wahrung zahlreicher **Förmlichkeiten** voraus (Prütting/Gehrlein/*Deppenkemper* § 96 Rn. 11; BGHZ 76, 236 = NJW 1980, 1167): 1229

(1) Die richterliche Verfügung muss ordnungsgemäß **unterschrieben** sein – die in der Praxis häufig anzutreffende bloße sog. Paraphe genügt nicht (§§ 329 Abs. 1 Satz 2; 317 Abs. 2 Satz 1 ZPO; BGH VersR 1983, 33; OLG Karlsruhe NJW-RR 2004, 1507; zur Unterschrift oben Rdn. 985). 1230

Da die Partei normalerweise lediglich ein Formblattschreiben von der Geschäftsstelle erhält (»im richterlichen Auftrag wird mitgeteilt«), kann eine Heilung nach § 295 ZPO wegen fehlender Kenntnis der Partei von dem Mangel praktisch nicht eintreten. Manchmal sind richterliche Verfügungen sogar überhaupt nicht unterschrieben. Um dies alles zu erfahren, ist Akteneinsicht notwendig, aber auch OLG Frankfurt a. M. (NJW 1983, 2395): nur die Ausfertigung des Urteils sei allein für die Frage der rechtswirksamen Zustellung und die Auslösung des Fristlaufs maßgebend, denn nur sie tritt nach außen in Erscheinung, wobei ein Mangel der Unterschrift des Richters jederzeit nach § 319 ZPO berichtigt werden könne.

(2) Die Frist zur schriftlichen Stellungnahme des Klägers auf die Klageerwiderung (§ 275 Abs. 4 ZPO) ist durch das **Gericht** zu setzen, nicht durch den Vorsitzenden oder den Berichterstatter allein (h. M. OLG Köln NJW-RR 2000, 1086, Thomas/Putzo/*Reichold* § 275 Rn. 8). 1231

Nach § 275 Abs. 4 ZPO kann (außerhalb der mündlichen Verhandlung) der Vorsitzende die Frist setzen.

(3) Die Verfügung muss der Partei, an die sie sich richtet, in beglaubigter Abschrift förmlich **zugestellt** werden (§§ 170 Abs. 1; 329 Abs. 2 ZPO). Eine formlose Übersendung einer Mitteilung der Geschäftsstelle genügt nicht. Zustellungsmängel können nicht nach § 295 ZPO, möglicherweise aber nach § 189 ZPO geheilt werden (Prütting/Gehrlein/*Deppenkemper* § 296 Rn. 11). 1232

Zu den einen Fristbeginn infrage stellenden Zustellungsmängeln unten Rdn. 2001. Für Rechtsanwälte bestehen dabei die Versuchung, das Empfangsbekenntnis überhaupt nicht, verzögert oder mit falschem Datum zurückzuschicken.

Der Umstand, dass die Zustellung an einen Rechtsanwalt erst wirksam wird, wenn dieser das zuzustellende Schriftstück in der Absicht zur Kenntnis nimmt, es als zugestellt anzusehen, und die fehlende Möglichkeit des Gerichts, einen vom Anwalt angegebenen Zustellungszeitpunkt zu widerlegen (§§ 174, 418 ZPO; BVerfG NJW 2001, 1563), legt es nahe, den Fristbeginn insoweit zu manipulieren und auf dem

Empfangsbekenntnis erst ein späteres als das tatsächliche Datum einzutragen (»selbst gewährte Fristverlängerung«). Wird das Empfangsbekenntnis überhaupt nicht zurückgeschickt, kann eine spätere Fristversäumung vom Gericht überhaupt nicht begründet werden. Die Beweiswirkung eines anwaltlichen Empfangsbekenntnisses entfällt, wenn sein Inhalt vollständig entkräftet und jede Möglichkeit ausgeschlossen ist, dass die Angaben richtig sein können; der Gegenbeweis ist nicht etwa schon dann geführt, wenn lediglich die Möglichkeit der Unrichtigkeit besteht, die Richtigkeit der Angaben also nur erschüttert ist (BGH Beschl. v. 19.04.2012 - IX ZB 303/11). Während der Anwalt zur Rücksendung früher (wohl) nicht verpflichtet war (*Henke* AnwBl. 1996, 403: keine berufsrechtliche Verpflichtung, wenn nicht vorfrankiert; Baumbach/*Hartmann* § 212a Rn. 9: Rücksendung ist keine prozessuale Pflicht; a. A. *Meyer*, GKG, vor KV-GKG 9000 Rn. 10: Empfangnahme (nur) standesrechtliche Pflicht), lässt sich eine Verpflichtung dem § 174 Abs. 1 Satz 2 ZPO entnehmen. Sanktionen bei einem Verstoß gegen die Rücksendepflicht sieht die ZPO zwar nicht vor, doch muss ein Anwalt damit rechnen, dass ihm das Gericht zukünftig nur noch gegen Zustellungsurkunde zustellt. Über die Frage der Kostenlast für die Frankierung indes ist eine bundesweite Kontroverse zwischen Anwaltschaft und Justizverwaltung entstanden (*Henke* AnwBl. 2002, 713; Jaspersen ProzRB 2002, 83; Zöller/*Stöber* § 174 Rn. 16: Kosten trägt der Adressat), wobei die Rücksendung – wesentlich günstiger als durch die Post – ebenso per Telefax möglich ist (§ 174 Abs. 2 Satz 3 ZPO).

1233 (4) Die Fristen für die Klageerwiderung und Replik müssen eine **Belehrung** über die Folgen der Fristversäumung enthalten (§§ 277 Abs. 2, 4 ZPO; Thomas/Putzo/*Reichold* § 296 Rn. 31).

1234 (5) Die Fristen zur Replik des Klägers (§ 276 Abs. 3 ZPO) dürfen nicht in einer einzigen Verfügung zusammen mit der Klageerwiderungsfrist gesetzt werden, sondern **erst nach Eingang der Klageerwiderung** mit deren Zustellung (Thomas/Putzo/*Reichold* § 276 Rn. 13).

1235 Ein Ausschluss von (Verteidigungs-) Vorbringen gem. § 296 Abs. 1 ZPO ist auch dann nicht möglich, wenn die gesetzte Frist **unangemessen kurz** war, trotz der Möglichkeit einer Verlängerung der Frist gem. § 224 Abs. 2 ZPO (Thomas/Putzo/*Reichold* § 275 Rn. 7).

Von den Gerichten wird dabei insbesondere die Situation des Beklagten häufig nicht gebührend berücksichtigt (*Lange* NJW 1986, 1728: Regelfall sollte nicht unter drei bis vier Wochen liegen). Thomas/Putzo/*Reichold* § 275 Rn. 6: Mindestfrist von 2 Wochen für Klageerwiderung ist im RA-Prozess i. d. R. zu kurz und richtet sich nach dem Einzelfall, z. B. Umfang der Sache und der noch fehlenden Aufklärung, Schwierigkeit bei der Beschaffung nötiger Unterlagen, Wohnort des Beklagten, Suche nach einem geeignet erscheinenden Rechtsanwalt, Terminsvereinbarung und Besprechung mit dem Rechtsanwalt, u. U. Korrespondenz mit Versicherung, Umsetzung im Schriftsatz, dessen Absetzung im Kanzleibetrieb; ebenso z. B. OLG Dresden NJW-RR 1999, 214; OLG Brandenburg NJW-RR 2001, 63).

Freilich sollte und kann man sich darauf nicht verlassen, sondern sicherheitshalber bei zu kurzer Frist deren Verlängerung beantragen (unten Rdn. 1247).

c) Verzögerung des Rechtsstreits

1236 Eine Zurückweisung kommt vor allem nicht infrage, wenn nach der freien Überzeugung des Gerichts die Zulassung des verspäteten Vorbringens die Erledigung des Rechtsstreits nicht (nach Zöller/*Vollkommer* § 296 Rn. 18; 528 Rn. 15: nicht unerheblich; str.) verzögert.

1237 Eine **Verzögerung** liegt vor, wenn die Fristversäumung den Prozessablauf verlängert.

Nach Einführung des § 296 ZPO wurden hierzu zwei verschiedene Auffassungen vertreten. Nach dem sog. »hypothetischen Verzögerungsbegriff« ist hierfür ein Vergleich zwischen einem hypothetisch rechtzeitigen und dem tatsächlich verspäteten Vorbringen anzustellen. Verspätet ist ein Vorbringen dabei, wenn der Prozess bei rechtzeitigem Vorbringen schneller abgelaufen wäre als er es bei Berücksichtigung des nun bei verspätetem Vorbringen tut. Dies führt in fast allen Fällen der objektiven Verspätung auch zu einer Verzögerung des Rechtsstreits. Die heute h. M. sieht hierin eine verfassungsrechtlich nicht zulässige »Überbeschleunigung« des Verfahrens und stellt für die Verzögerung deswegen auf einen Vergleich zwischen der Prozessdauer bei Zulassung und bei Zurückweisung des (verspäteten) Vorbringens ab. Dieser sog. »reale Verzögerungsbegriff« kommt zu einer Verzögerung nur, wenn der Prozess bei Zulassung des verspäteten Vorbringens länger dauern würde als bei dessen Zurückweisung.

D. Das Vorverfahren (Weitere Schriftsätze)   4. Kapitel

Verspätet ist Parteivortrag, wenn bei entscheidungsreifem Rechtsstreit ein verspäteter Sachvortrag oder die Vernehmung verspätet genannter Zeugen eine (weitere; gegenbeweisliche) Beweisaufnahme in einem weiteren Termin erforderlich machen (Thomas/Putzo/*Reichold* § 296 Rn. 12 ff.; Zöller/*Vollkommer* § 296 Rn. 11, 19 ff.). Wenn hingegen das Verfahren auf der Grundlage des bisherigen Vorbringens sowieso weitergeführt und z. B. ohnehin ein weiterer Beweis erhoben werden muss, kann sich verspätetes Vorbringen nicht verzögernd auswirken (z. B. BGH NJW-RR 1999, 787: noch einzuholendes Sachverständigengutachten). Die Beweisbedürftigkeit kann hierbei durch Bestreiten des verspäteten Sachvortrags herbeigeführt werden.

Bei einer vorgelegten Urkunde als präsentes Beweismittel kann allenfalls das Bestreiten der Echtheit zur Verzögerung führen, da die erforderliche Einholung eines Schriftgutachtens den Prozessablauf verlängert. Bei angekündigten Urkunden indes kann eine Präklusion ausscheiden, wenn das Gericht es – wie häufig – unterlassen hat, eine zeitlich frühere Vorlage und eine Erklärung des Gegners hinsichtlich der Echtheit gem. § 273 Abs. 2 Nr. 1 ZPO anzuordnen.

Rechtsausführungen sind weder Angriffs- und Verteidigungsmittel, noch verzögern diese – da sofort verwertbar – den Rechtsstreit (Zöller/*Vollkommer* § 296 Rn. 4). Eine etwaige Verzögerung durch Gewährung einer Schriftsatzfrist gem. § 283 ZPO wäre zum einem nicht der Partei anzulasten (Zöller/*Greger* § 282 Rn. 2b), und zum anderen ist dies eine gesetzliche Folge, die keine Zurückweisung rechtfertigen kann.

d) Früher erster Termin

In einem frühen ersten Termin scheidet eine Zurückweisung wegen Verletzung der allgemeinen Prozessförderungspflicht, d. h. ohne Fristsetzung gem. §§ 296 Abs. 2, 282 ZPO nach h. M. im Allgemeinen aus (Thomas/Putzo/*Reichold* § 282 Rn. 1). 1238

Möglich ist dagegen eine Zurückweisung gem. § 296 Abs. 1 ZPO bei Versäumung einer Frist.

Dies kommt nur dann in Betracht, wenn der frühe erste Termin als Haupttermin konzipiert und nicht (eindeutig erkennbar) bloß ein sog. Durchlaufermin zur Vorbereitung des Haupttermins ist (Thomas/Putzo/*Reichold* §§ 282 Rn. 1, 296 Rn. 8, 17, Zöller/*Greger* § 296 Rn. 5, 22; 217 Rn. 19; sonst Überbeschleunigung).

Ein Durchlaufermin kann i. d. R. bei sog. Sammelterminen angenommen werden (BVerfG NJW 1985, 1149: 50 Sachen zur selben Zeit anberaumt, wenn das Gericht erkennbar keine, für eine Streitentscheidung erforderlichen Verfahrensvorbereitungen (§ 273 ZPO) getroffen hat; wenn bei umfangreicher und/ oder komplizierter Sach- und Rechtslage des Streitfalles der frühe erste Termin offensichtlich für eine abschließende streitige Verhandlung, einschließlich Beweisaufnahme, ausscheidet (OLG Frankfurt a. M. NJW 1987, 506: 15 Minuten sind zu kurz; BGH NJW-RR 2005, 1296), wenn die Zeitspanne zwischen Ende der Klageerwiderungsfrist und Termin zu kurz ist, um dem Gegner noch eine Stellungnahme zu ermöglichen und Zeugen laden zu können (Zöller/*Greger* § 296 Rn. 5; BGH NJW 1983, 575, 577: z. B. ein oder zwei Tage vor der mündlichen Verhandlung).

▶ Praxistipp: 1239

Findet der frühe erste Termin in Form eines Sammeltermins statt, ist die Gefahr einer Präklusion sehr gering, kann aber dennoch nicht völlig ausgeschlossen werden (BayVerfGH NJW 1990, 1653; BVerfG NJW 1987, 2733).

Die Verspätungsvorschriften können daher hauptsächlich bei Fristen, die im schriftlichen Vorverfahren (Klageerwiderung und Replik) und vor dem Haupttermin (§ 273 Abs. 2 Satz 1 ZPO) gesetzt wurden, zur Anwendung kommen.

Davon ist zu unterscheiden, dass bei **Entscheidungsreife** der frühe erste Termin der letzte Termin (ohne nachfolgenden Haupttermin) sein kann (Prütting/Gehrlein/*Geisler* § 275 Rn. 6; BGH NJW 1983, 574, 576: ein vollwertiger Termin; § 275 Abs. 2 ZPO), mit der Folge, dass § 296a ZPO Anwendung findet. 1240

e) Nichtzahlung des Auslagenvorschusses

1241 Die Ladung eines Zeugen oder die antragsgemäße Beweiserhebung mittels Sachverständiger wird in der Regel von der Zahlung eines Auslagenvorschusses binnen einer (vom Gericht) bestimmten Frist abhängig gemacht (§§ 402, 379 ZPO).

> Davon nicht gedeckt ist die Anordnung einer Frist, innerhalb derer die Einzahlung dem Gericht gegenüber nachzuweisen ist (*Bräuer* AnwBl. 1999, 552). Da es oft relativ lange dauert, bis das Gericht Nachricht von der Einzahlung erhält, empfiehlt es sich, diese sogleich (u. U. unter Vorlage des Einzahlungsbeleges/Kontoauszugs) mitzuteilen bzw. dass sich der Anwalt im Übrigen für die Kostenhaftung verbürgt (Zöller/*Greger* § 379 Rn. 2; § 29 Nr. 2 GKG).

1242 Bei Nichteinhaltung dieser Frist ist das Beweismittel **nicht** (allein deshalb) **präkludiert**. Es ist damit noch keine Ausschlusswirkung verbunden, sondern die Versäumung führt lediglich zum Unterbleiben der Ladung, ohne dass es einer Androhung dieser Folge bedürfte (§ 231 Abs. 1 ZPO). Die Partei ist aber nicht gehindert, den Zeugen im Termin zu stellen oder den Antrag auf Zeugenvernehmung aufrechtzuerhalten. Auch wenn der Zeuge trotz fehlenden Vorschusses geladen wird, ist er bei Erscheinen zu vernehmen.

> Dabei beseitigt eine Gebührenverzichtserklärung des Zeugen die Vorschusspflicht, auch wenn eine Vorschussleistung bereits angeordnet ist (Zöller/*Greger* § 379 Rn. 3). Keine Vorschusspflicht besteht auch soweit Prozesskostenhilfe bewilligt ist (§ 122 ZPO), was in der Praxis zuweilen übersehen wird. Bei unangemessener Höhe kommt nur Gegenvorstellung oder Anfechtung des Urteils in Betracht (Zöller/*Greger* § 379 Rn. 6).

1243 Zum Ausschluss des Beweismittels kann dies nur unter den (weiteren) Voraussetzungen des **§ 296 Abs. 2 ZPO** (Verstoß gegen die Prozessförderungspflicht) – ohne weitere Fristsetzung – führen. Da das Beweismittel selbst ja rechtzeitig vorgebracht worden ist, ist es fehlerhaft, wenn der Ausschluss auf § 296 Abs. 1 ZPO gestützt wird (Thomas/Putzo/*Reichold* § 379 Rn. 6; OLG Hamm NJW-RR 1995, 1151, BVerfG NJW-RR 2004, 1150; zum Ganzen *Sass* MDR 1985, 96; bei überhöhter Vorschussanordnung Zöller/*Greger* § 379 Rn. 6). Daneben kann aber u. U. noch einer Zurückweisung nach **§§ 230, 356 ZPO** in Betracht kommen, ohne dass es einer zweiten Fristsetzung bedarf (Prütting/Gehrlein/*Lindner* § 356 Rn. 8; a. A. Thomas/Putzo/*Reichold* § 356 Rn. 3).

1244 Notwendige Voraussetzung einer Anwendung sowohl von § 379 ZPO als auch von § 356 ZPO ist die Anordnung der Vorschusszahlung unter **Fristsetzung**.

> Dieses Erfordernis sollte vom Anwalt genau geprüft werden, da nicht ausgeschlossen werden kann, dass die (handschriftliche) Anordnung der Zeugenladung samt Vorschussanforderung mit Fristsetzung des Richters in der für die Partei bestimmten Ausfertigung nicht vollständig wiedergegeben ist (BVerfG NJW 2004, 1150). Zudem muss die Anordnung mit Fristsetzung zugestellt sein (§ 329 Abs. 2 Satz 2 ZPO).

1245 Berücksichtigt das Gericht das Beweisangebot nicht, ohne dass ein wirksamer Ausschluss nach den vorstehenden Ausführungen erfolgt ist, liegt ein Verstoß gegen den Grundsatz der Berücksichtigung erheblicher Beweisanträge bzw. gegen den Anspruch der Partei auf rechtliches Gehör vor (Art. 103 Abs. 1 GG; unten Rdn. 1508).

3. Vorbeugende Vermeidung der Präklusion

1246 Bevor man etwaige sog. »Fluchtwege« ergreift, sollte man prüfen, ob nicht einfachere Ausweichmaßnahmen möglich sind.

In Betracht kommen folgende Maßnahmen:

a) Antrag auf Fristverlängerung

1247 Zu den Voraussetzungen einer Fristverlängerung, insbesondere des Antrags auf Fristverlängerung an das Gericht oben Rdn. 327 ff.

Erforderlich ist der schriftliche (BGHZ 93, 300) Antrag, aus dem sich ergeben muss, welche Frist aus welchem Grund verlängert werden soll. Die in § 224 Abs. 2 ZPO vorgesehene Glaubhaftmachung (§ 294 Abs. 1 ZPO) liegt regelmäßig in der in dem anwaltlichen Schriftsatz zu sehenden stillschweigenden anwaltlichen Versicherung (BayObLG WuM 1994, 296; OLG Koln MDR 1986, 152; OLG Koln NJW 1964, 1039; einschränkend BGH VersR 1974, 1021). Eine weiter gehende Glaubhaftmachung ist nur auf besondere Anforderung des Gerichts erforderlich, die ergeht, wenn Zweifel am Vorliegen des behaupteten Verlängerungsgrunds bestehen (OLG Karlsruhe AnwBl 1998, 109; a.A. MüKoZPO/*Rimmelspacher* § 519 Rn. 14, der eine unaufgeforderte Glaubhaftmachung in der Antragsschrift für erforderlich hält.) Der Verlängerungsantrag muss vor Ablauf der Frist beim Gericht eingehen. Geht er erst nach Ablauf der Frist bei Gericht ein, ist er wirkungslos, eine Fristverlängerung kann darauf nicht mehr gewährt werden (BGH FamRZ 1996, 543; BGHZ 116, 377; BGHZ 83, 217 Großer Zivilsenat).

Soweit die Fristverlängerung von weiteren Voraussetzungen abhängig ist (z.B. nach § 520 Abs. 2 Satz 2 ZPO von der Einwilligung des Gegners), muss diese vor Ablauf der Frist vorliegen, im Zweifel durch den Antragsteller herbeigeführt und dem Gericht mitgeteilt werden.

Eine Wiedereinsetzung in die Versäumung der Antragsfrist ist nicht möglich (BGH VersR 1987, 308), eine Wiedereinsetzung in die versäumte Frist scheitert regelmäßig an der Schuldhaftigkeit der Fristversäumung. Etwas anderes gilt nur, wenn der Anwalt darauf vertrauen durfte, dass seinem Antrag auf erstmalige Verlängerung der Frist stattgegeben wird (BGH NJW 2010, 1610). Trotzdem sollte der Verlängerungsantrag so früh gestellt werden, dass noch eine Nachfrage bei Gericht und ggf. Vornahme der fristabhängigen Prozesshandlung möglich ist (BGH AnwBl 2007, 795).

Im Fristenkalender darf die alte Frist erst nach Bewilligung der Fristverlängerung gestrichen werden (BGH NJW RR 2006, 1649; oben Rdn. 298).

Hat das Gericht es **unterlassen**, über einen rechtzeitig gestellten Antrag auf Verlängerung der Frist überhaupt **zu entscheiden**, ist eine Präklusion nicht zulässig (Thomas/Putzo/*Reichold* § 296 Rn. 9: Klageerwiderungsfrist). Hat das Gericht die Fristverlängerung zu Unrecht abgelehnt, ist der Beschluss zwar unanfechtbar (§ 225 Abs. 3 ZPO), jedoch ist die Wiedereinsetzung begründet (BGH BB 1997, 68; BVerwG NJW 1996, 2808; BVerfG NJW 1998, 3703; BayVerfGH MDR 1996, 1974). 1248

Trotzdem sollte der Verlängerungsantrag so früh gestellt werden, dass noch eine Nachfrage bei Gericht und ggf. Vornahme der fristabhängigen Prozesshandlung möglich ist (BGH AnwBl 2007, 795). Sonst kann es passieren, dass bei Erhalt des die Verlängerung verweigernden Beschlusses die Frist bereits abgelaufen ist.

Eine Wiedereinsetzung in die Versäumung der Frist zur Stellung des Verlängerungsantrags ist nicht möglich (BGH VersR 1987, 308), eine Wiedereinsetzung in die versäumte Frist für die Prozesshandlung scheitert regelmäßig an der Schuldhaftigkeit der Fristversäumung. Etwas anderes gilt nur, wenn der Anwalt darauf vertrauen durfte, dass seinem Antrag auf erstmalige Verlängerung der Frist stattgegeben wird (BGH NJW 2010, 1610). Es besteht deswegen keine Notwendigkeit für eine fernmündliche Erkundigung bei Gericht vor Ablauf der Frist. Sofern der ablehnende Beschluss erst nach Ablauf der Frist zugeht, kommt eine Wiedereinsetzung in Betracht. 1249

Auf die Stattgabe seines ordnungsgemäßen Fristverlängerungsantrags darf der Anwalt vertrauen, wenn entsprechenden erstmaligen Anträgen bei hinreichender Begründung bislang stets stattgegeben worden ist (BGH NJW 2010, 1610). Vertrauen darf der Anwalt auch auf eine zweite Verlängerung der Berufungsbegründungsfrist, wenn die Einwilligung des Gegners hierzu vorliegt; des Vorliegens »erheblicher« Gründe hierfür bedarf es nach § 520 Abs. 2 Satz 2 ZPO nicht (BGH NJW 2009, 3100). Auch darf der Anwalt darauf vertrauen, dass die Gerichte bei der Entscheidung über Verlängerungsanträge und über die Wiedereinsetzung in den vorigen Stand ein Verhalten nicht als schuldhaft ansehen, das nach der Rechtsprechung eines obersten Bundesgerichts eindeutig nicht zu beanstanden ist. Wenn aber dem betroffenen Rechtsanwalt bekannt sein muss, dass bei dem angerufenen Gericht eine strengere Handhabung von Verfahrensvorschriften zu erwarten ist, kann eine andere Beurteilung gerechtfertigt sein (BVerfG NJW 2000, 1634; BGH NJW 2001, 812; BGH NJW-RR 2001, 1076: Arbeitsüberlastung; LG München I NJW 2004, 79: dreimaliger Hinweis auf eine restriktivere Praxis erfolgt).

b) Antrag auf Terminsverlegung

1250 Durch eine Verlegung des Termins gewinnt man nur dann Zeit zum (weiteren) Vortrag, wenn dieser auf einen (späteren) Zeitpunkt verlegt wird. Hierfür sind »erhebliche Gründe« notwendig (§ 227 ZPO).

> Eine Verlegung kann man vor allem bei Antragstellung knapp vor dem Termin erreichen (telefonischer Antrag kann genügen, Zöller/*Stöber* § 227 Rn. 24, sonst auch per Fax möglich), sowie dann, wenn als Grund z. B. noch andauernde bzw. beabsichtigte außergerichtliche Vergleichsverhandlungen angegeben wird. Das »Einvernehmen der Parteien allein« ist zwar kein ausreichender Grund (§ 227 Abs. 1 Satz 3 ZPO), kann aber die Bereitschaft des Richters zur Verlegung erhöhen.

> Bei kurzfristigen Anträgen bleibt zudem kaum Zeit, womöglich noch die (in der Praxis indes unübliche; BGH NJW 1999, 430; NJW-RR 1989, 1280; MDR 1994, 942 zu § 224 Abs. 2 ZPO) Glaubhaftmachung zu verlangen (§ 227 Abs. 2 ZPO) oder dem Gegner vorher rechtliches Gehör zu gewähren (Thomas/Putzo/*Hüßtege* § 227 Rn. 33). So könnte sich dieser allenfalls einer Terminsverlegung widersetzen.

1251 Die Entscheidung steht im **Ermessen** des Gerichts und ist grundsätzlich unanfechtbar (§ 227 Abs. 4 Satz 2 ZPO).

> Das (pflichtgemäße) Ermessen kann sich jedoch zu einer Rechtspflicht zur Vornahme einer Terminsänderung verdichten, sofern die Gewährleistung des rechtlichen Gehörs dies erfordert (z. B. OLG Hamm NJW-RR 1992, 121). Teilweise wird sogar angenommen, dass bei (unzweifelhaftem) Vorliegen eines erheblichen Grundes generell ein Anspruch auf die beantragte Terminsänderung besteht (MüKoZPO/*Gehrlein* § 227 Rn. 5; Zöller/*Stöber* § 227 Rn. 8a; a. A. Stein/Jonas/*Leipold* § 227 Fn. 8: entspricht nicht der gesetzlichen Konzeption; BayOblG NJW-RR 2004, 804: Verfahrensfehler).

> In Ausnahmefällen kann auch ein Befangenheitsantrag in Betracht kommen (unten Rdn. 2801). Eine Anfechtungsmöglichkeit (insbesondere für den Kläger) besteht allenfalls bei einer unangemessen weit hinausgeschobenen Terminsbestimmung (Zöller/*Greger* § 252 Rn. 1; Thomas/Putzo/*Hüßtege* § 227 Rn. 35; § 227 Abs. 4 ZPO).

> Dabei muss ein Antrag auf Terminsverlegung (oder Fristverlängerung) kurz vor dem Termin (oder des Fristablaufs) auch verbeschieden werden. Unzulässig ist es, von den Parteien zu verlangen, diese Anträge »unverzüglich« bzw. »sofort« oder bis zum einem bestimmten Zeitpunkt vor dem Termin (oder Ablauf der Frist) einzureichen (*E. Schneider* ZAP Fach 13, S. 991, ZAP-Report Justizspiegel S. 1006). Ebenso wenig sieht die ZPO vor, dass der Antragsteller dem Gericht Ausweichtermine vorschlagen muss, auch wenn dies zur Vermeidung eigener Terminskollisionen natürlich sinnvoll sein kann.

c) Antrag auf vorbereitende Maßnahmen

1252 Das **Gericht** hat bei verspätetem Vorbringen die Pflicht, durch zumutbare und geeignete Maßnahmen (§§ 273, 358a ZPO) eine drohende Verzögerung abzuwenden.

> Sofern dies noch möglich ist, darf weder eine Präklusion erfolgen (Thomas/Putzo/*Reichold* §§ 273 Rn. 4; 296 Rn. 9; BGH NJW 1999, 585; NJW 2001, 151; NJW-RR 2002, 646; BVerfG NJW-RR 1999, 1079) noch eine Verzögerungsgebühr nach § 38 GKG verhängt werden (OLG München NJW-RR 2001, 71). Eine Fristüberschreitung ist dann relativ risikolos.

> Dabei dürfte ein nicht mehr rechtzeitig einzuholender Kostenvorschuss in der Regel kein Hindernis sein, einen verspätet benannten Zeugen noch zum Termin zu laden (Thomas/Putzo/*Reichold* § 379 Rn. 1; § 379 ZPO: »kann« = Vorschussanforderung im Ermessen des Gerichts). Vielfach wird von den Gerichten anstelle des Vorschusses auch die Erklärung des Rechtsanwalts akzeptiert, wonach er die »Kostenhaftung« für die Auslagen des Zeugen übernimmt (Zöller/*Greger* § 379 Rn. 2).

> Zumutbar ist insbesondere die Vernehmung von vier bis sechs statt eines Zeugen (BVerfG NJW 1990, 2373; BGH NJW 1991, 1181; BGH NJW 1999, 3272: Ladung von acht Zeugen unzumutbar; BVerfG NJW-RR 1999, 1079: sechs Zeugen zumutbar).

D. Das Vorverfahren (Weitere Schriftsätze) 4. Kapitel

▶ Praxistipp: 1253

Um dem Gericht den Einwand zu verwehren, vorbereitende Maßnahmen seien wegen des Umfangs und des damit verbundenen Zeitaufwandes nicht möglich, empfiehlt es sich, möglichst wenig Zeugen, am besten nur den wichtigsten zu benennen.

(Zöller/*Heßler* § 527 Rn. 18: »prozessualer Kunstfehler« wahllos zahlreiche Zeugenbeweisantritte nachzuschieben/höchstens drei Zeugen!).

Da in der Praxis solche vorbereitenden Maßnahmen (von Amts wegen) oft nicht erfolgen, empfiehlt sich ein entsprechender **Antrag**, der die in Betracht kommenden Maßnahmen (vorwiegend Zeugenladung) konkret bezeichnet. Dies gilt insbesondere dann, wenn ein (neuer) Beweisantrag nach Terminierung, aber noch rechtzeitig vor dem Termin gestellt wird. 1254

Wenn dann ein verspätet angebotener – aber noch rechtzeitig geladener – Zeuge zum Termin nicht erscheint, kommt mangels Ursächlichkeit der Verzögerung nach Ansicht des BGH keine Zurückweisung in Betracht (Thomas/Putzo/*Reichold* § 296 Rn. 12; kritisch Zöller/*Greger* §§ 296 Rn. 14, 25; 527 Rn. 18 letzter Absatz) und es muss vertagt werden.

Die sich hieraus ergebende Chance zu weiterem Sachvortrag bzw. der Berücksichtigung bereits verspäteten Vorbringens würde man freilich auch bei Benennung eines untauglichen und/oder zum bereits anberaumten Termin verhinderten Zeugen erhalten. Ob dies allerdings noch lauterer Prozessführung entspricht, muss bezweifelt werden.

Dagegen dürfte es nicht möglich sein, z. B. durch »versehentliche« Angabe einer falschen Hausnummer eine kausale Verzögerung zu vermeiden (arg. § 356 ZPO; auch BGH NJW 1989, 719: Präklusion möglich, wenn die auf den verspäteten Beweisantritt erfolgte Ladung den Zeugen nicht mehr erreicht).

Der **Gegner** kann die vorbereitende Ladung von Zeugen vereiteln, indem er umfangreiche Gegenbeweisangebote macht, da das Gericht zur Ladung zahlreicher Zeugen nicht verpflichtet ist (Zöller/*Heßler* § 527 Rn. 18). 1255

Dies gilt auch, wenn die Gegenzeugen nicht mehr rechtzeitig zum Termin geladen werden können und eine Vertagung erforderlich wäre. Die Verzögerung kann in der Regel nicht bei Beantragung eines Sachverständigengutachtens aufgefangen werden (BGH NJW 1983, 1495), es sei denn, eine Gutachtenserstattung im Termin ist (bei einfachen Fragen) ausreichend und der Sachverständige kann noch rechtzeitig geladen werden.

d) Verspätung entschuldigen

Wenn man verspäteten Sachvortrag (spätestens im Termin) entschuldigt bzw. sich die Entschuldigung ohne Weiteres aus den Umständen ergibt, kann man u. U. einer Präklusion entgehen (§ 296 Abs. 1, 2 ZPO). 1256

In Betracht kommt hierfür z. B., dass die gesetzte Frist aus nachträglicher Sicht im Hinblick auf den Umfang oder Schwierigkeit des Stoffes nicht angemessen war (Thomas/Putzo/*Reichold* § 296 Rn. 28; OLG Brandenburg NJW-RR 2001, 63) oder etwaige Informationsschwierigkeiten des Anwalts (Zöller/*Greger* § 296 Rn. 23).

Da umstritten ist, ob (nicht vorhersehbare) zeitliche Arbeitsüberlastung des Anwalts entschuldigt, sollte die Verspätung damit besser nicht entschuldigt werden.

Eine Erwiderung auf neues Vorbringen des Gegners nach Fristablauf ist entweder überhaupt nicht verspätet oder nicht verschuldet. So bleiben die Parteien befugt, ihr Vorbringen auf das nach der Prozesslage Notwendige zu beschränken (§ 277 Abs. 1 ZPO), welches insbesondere durch das gegnerische Vorbringen bestimmt wird (Zöller/*Greger* §§ 277 Rn. 1, 282 Rn. 3, 296 Rn. 23). Eine klare Unterscheidung zwischen völlig neuem Vorbringen und bloßen Ergänzungen ist dabei häufig nur schwer möglich.

e) Zeugen stellen

1257 Wenn man Zeugen zum Termin mitbringt (Zöller/*Greger* § 296 Rn. 13; Hinweispflicht des Gerichts – Thomas/Putzo/*Reichold* § 296 Rn. 9, BGH NJW 1980, 1849), wird grundsätzlich ein neuer Termin überflüssig und eine Verzögerung kann vermieden werden.

> Die Zeugen sind trotz fehlenden Kostenvorschusses (§ 379 ZPO) zu vernehmen (Thomas/Putzo/*Reichold* § 379 Rn. 6). Hierbei kann der etwaige Zeitdruck des Gerichts durch die nicht vorgesehene Beweiserhebung dem Beweisführer grundsätzlich nicht als dessen Verschulden angelastet werden, wenn die Beweiserhebung nicht außergewöhnlich zeitaufwendig ist (Zöller/*Greger* § 296 Rn. 13; Baumbach/*Hartmann* § 296 Rn. 21: es kommt auf die nach der Terminsplanung verfügbare zusätzliche Zeit an).

1258 ▶ Praxistipp:

Der Gegner kann als Abwehrmaßnahme (sofort) Gegenbeweismittel anbieten oder der Vernehmung widersprechen.

1259 Denn eine Verzögerung tritt dann ein, wenn die Vernehmung des mitgebrachten Zeugen bei einer günstigen Aussage z. B. weitere Vernehmungen nicht präsenter Gegenzeugen oder gar ein Sachverständigengutachten erforderlich machen würde oder andere unter Beweis gestellte Behauptungen entscheidungserheblich werden würden und deshalb hierfür ein neuer Termin notwendig wäre (Thomas/Putzo/*Reichold* § 296 Rn. 18; BGH NJW 1986, 2257).

> Ob die Gegenzeugen auch tatsächlich etwas zum Beweisthema hätten aussagen können, oder ob der Gegner nur »blufft«, lässt sich im Fall der Zurückweisung der mitgebrachten Zeugen nicht feststellen. Zudem kann er deren Vernehmung sowie die Erholung eines etwaigen angebotenen Sachverständigengutachtens in der Regel mittels Nichtzahlung des Auslagenvorschusses verhindern. Ein neuer Termin wäre auch dann erforderlich, wenn der Gegner der Vernehmung nicht angekündigter, aber anwesender Zeugen widerspricht und ankündigt, nach Einholung weiterer Informationen dem Zeugen Vorhaltungen zu machen (OLG Hamm MDR 1986, 766, bestätigt von BGH NJW 1986, 2257). Denn aufgrund der Gesichtspunkte der Gewährung rechtlichen Gehörs sowie der Parteiöffentlichkeit (§§ 357 Abs. 1; 397 Abs. 2 ZPO) kommt eine sofortige Vernehmung des Zeugen in diesem Fall nicht in Betracht (Zöller/*Greger* §§ 278 Rn. 3; 296 Rn. 13).

4. Nachträgliche Vermeidung der Präklusion

1260 Wurden präventive Maßnahmen versäumt, stehen dem Anwalt noch eine Reihe von sog. **Fluchtmöglichkeiten** zur Verfügung (z. B. *Abrahams* AnwBl. 1999, 111, 168; *E. Schneider* MDR 2002, 684).

> Während sich durch das ZPO-Reformgesetz bei der »Flucht in die Berufung« erhebliche Einschränkungen ergeben haben, ist die in der Praxis am weitesten verbreitete »Flucht in die Säumnis«, trotz der schon seit Langem dagegen vorhandenen kritischen Stimmen in der Literatur, unverändert geblieben (z. B. *Bohlander* MDR 1996, 1094: »Missbrauch prozessualer Befugnisse«).

1261 Selbst wenn zu deren Ergreifung für den Beklagten meistens Veranlassung besteht, kann diese grundsätzlich auch der Kläger nutzen. Folgende Maßnahmen können zur Vermeidung der Präklusion eingesetzt werden:
– Für beide Parteien: Flucht in die Säumnis, Flucht in die Berufung, Befangenheitsantrag, Widerrufsvergleich, Ruhen des Verfahrens, Rüge der Zulässigkeit des Rechtsweges.
– Für den Kläger: Klage-/Parteiänderung, Klagerücknahme.
– Für den Beklagten: Widerklage.

a) Flucht in die Säumnis

1262 Hierzu lässt die Partei (meistens der Beklagte), die eine Zurückweisung ihres (neuen) Vorbringens befürchten muss oder bereits etwas verspätet vorgetragen hat, gegen sich ein Versäumnisurteil ergehen und legt sodann gem. § 338 ZPO Einspruch ein. Bei zulässigem Einspruch folgt daraufhin ein mündlicher Verhandlungstermin über die Hauptsache (§ 341a ZPO), aufgrund dessen das Gericht neu entscheidet (§§ 342, 343 ZPO).

D. Das Vorverfahren (Weitere Schriftsätze)   4. Kapitel

▶ **Praxistipp:**   1263

Die Flucht in die Säumnis ist nicht im Einspruchstermin möglich.

> Ein Einspruch ist nur gegen ein sog. erstes Versäumnisurteil statthaft (§§ 345, 514 Abs. 2 ZPO) und nicht bei einem sog. zweiten Versäumnisurteil, welches im Termin nach einem Einspruch – gegen ein Versäumnisurteil oder einen Vollstreckungsbescheid – ergangen ist (§§ 341a, 700 ZPO).

Nach einer »Flucht in die Säumnis« ist der Anwalt grundsätzlich verpflichtet, auch ohne ausdrückliche Weisung des Mandanten, den Einspruch einzulegen (BGH NJW 2002, 290).   1264

> Sofern der Anwalt nach eingehender Prüfung der Erfolgsaussichten eine Fortsetzung des Verfahrens für aussichtslos erachtet, hat er rechtzeitig vor Fristablauf mit dem Mandanten Rücksprache zu halten und dessen Entscheidung einzuholen.

Es ist dabei zu unterscheiden: 1265
– Ein bislang unterbliebener Vortrag kann mit der Einspruchsbegründung nachgeholt werden (§ 340 Abs. 3 ZPO). Bei Einhaltung der Einspruchsbegründungsfrist (2 Wochen; Verlängerung möglich: § 340 Abs. 3 ZPO) liegt keine Verspätung vor.
– Bereits verspätetes Vorbringen bleibt zwar weiterhin verspätet (arg. § 342 ZPO). Die Frage der Verzögerung bemisst sich – ebenso wie bei Versäumung der Einspruchsbegründungsfrist mit neuem Vorbringen – jedoch danach, ob der Rechtsstreit in dem Einspruchstermin erledigt werden kann (Thomas/Putzo/*Reichold* § 340 Rn. 9).

Während verspätete Zeugenangebote im Einspruchstermin regelmäßig noch berücksichtigt werden können, dürfte dies bei Sachverständigengutachten meist ausscheiden. So ist nach Ansicht des BGH eine Beweisaufnahme sogar mit bis zu sechs Zeugen stets zumutbar, sofern es sich um einfache und klar abgrenzbare Streitpunkte handelt, die ohne unangemessenen Zeitaufwand geklärt werden können (BGH NJW 2002, 290).   1266

> Die säumige Partei verschafft sich daher nicht nur eine »Gnadenfrist« bis zum Einspruchstermin. Durch die für eine ordnungsgemäße Ladung rechtzeitige Benennung der Zeugen kann sich die säumige Partei vielmehr die volle Absolution für ihre bisherigen Verzögerungssünden verschaffen (*Deubner* Anm. zu BGH NJW 1982, 2559).

▶ **Praxistipp:**   1267

Wenn bereits zu Beginn des Termins die Anträge (vorbehaltlos) gestellt wurden, ist dieser Weg nicht mehr möglich (Antragsfalle!).

Denn dann liegt keine Säumnis mehr vor, da bereits i. S. v. §§ 330, 331, 333 ZPO verhandelt wurde (Thomas/Putzo/*Reichold* § 333 Rn. 2). Eine Rücknahme der Anträge ist nicht möglich (Zöller/*Greger* § 137 Rn. 1, 3; Prütting/Gehrlein/*Czub* § 333 Rn. 7; Thomas/Putzo/*Reichold* § 333 Rn. 1), auch nicht durch die Erklärung des Anwalts, dass er nicht mehr auftrete (Termin als Einheit!, OLG Hamm NJW 1974, 1097).   1268

> So soll ein Anwalt in der Praxis durchaus damit rechnen müssen, dass ein Gericht eine Partei bewusst in diese Antragsfalle laufen lässt (*E. Schneider* ZAP-Kolumne, 02.11.2000, S. 1269).

> Bei drohender Präklusion empfiehlt es sich daher, vor Antragstellung diese Frage zunächst mit dem Richter zu erörtern und ihn bei der – oftmals selbstständigen und raschen – Protokollierung der Anträge u. U. sofort zu unterbrechen (§ 278 Abs. 1 ZPO; Zöller/*Greger* § 137 Rn. 1; Baumbach/*Hartmann* § 279 Rn. 7; aber BVerfG, Beschl. vom 13.06.1990, 2 BvR 407/90: Der Richter ist nicht gehalten, vor Antragstellung die Partei auf eine mögliche Verspätung bei einem erstmals im Termin offenbarten Vortrag hinzuweisen). Allerdings muss man damit rechnen, dass mancher Richter dies unter Hinweis auf § 137 Abs. 1 ZPO verweigert.

> Erwogen wird teilweise eine Antragstellung unter der Bedingung, dass keine Zurückweisung wegen Verspätung erfolgt, zu erwägen; dies dürfte indes unzulässig sein, da es für den Fall der Zurückweisung an einem (unbedingten) Antrag fehlt; a. A. noch 3. Aufl.; Thomas/Putzo/*Hüßtege* Einl. III Rn. 14; 253 Rn. 1; Zöller/*Greger* Vor § 128 Rn. 20; 253 Rn. 1).

Dabei gehen Rechtsprechung und Literatur überwiegend davon aus, dass ein ausdrücklicher Klageabweisungsantrag (im Gegensatz zum Klageantrag in der ersten mündlichen Verhandlung, Thomas/Putzo/*Reichold* § 297 Rn. 2; 137 Rn. 1; Zöller/*Greger* §§ 297 Rn. 2; 333 Rn. 1; OLG Frankfurt a. M. NJW-RR 1998, 280; BAG NJW 2003, 1548; BGH MDR 2004, 1298 – zu § 269 Abs. 1 ZPO; § 137 Abs. 1 ZPO) allerdings nicht gestellt werden braucht. Ein »Verhandeln« i. S. d. § 333 ZPO kann beim Beklagten daher bereits allein in der Erörterung der Sach- und Rechtslage angenommen werden, sodass eine »Flucht in die Säumnis« durch bloße Nicht-Antragstellung dann ebenso wenig mehr möglich wäre (einschränkend Zöller/*Greger* § 297 Rn. 2) wie auch eine Rücknahme des Verhandelns (Thomas/Putzo/*Reichold* § 333 Rn. 1 a. E.; OLG Frankfurt a. M. MDR 1982, 153). Es kann daher u. U. ratsam sein, vor einer Einlassung erst abzuklären, ob das Gericht darin bereits eine Verhandlung zur Hauptsache sieht.

Unter Umständen kann es sich empfehlen, zum Termin gar nicht erst zu erscheinen, da bei anwaltlich vertretener Partei (aus standesrechtlichen Gründen bzw. aufgrund ständiger Übung) häufig kein Versäumnisurteil beantragt und erlassen, sondern vertagt wird (Thomas/Putzo/*Hüßtege* §§ 227 Rn. 8; 337 Rn. 3, Zöller/*Herget* vor § 330 Rn. 12, BGH NJW 1999, 2120: kann Verschulden ausschließen, es sei denn, den Interessen des vertretenen Mandanten gebührt der Vorrang; § 13 BerufsO vom 29.11.1996 – diese Vorschrift wurde allerdings vom BVerfG für nichtig erklärt). In einem Folgetermin ist ein Versäumnisurteil auch nur noch bei einem gänzlichen Nichterscheinen möglich (Einheit der mündlichen Verhandlung!).

Allerdings besteht bei Nichterscheinen die Gefahr einer Entscheidung nach Lage der Akten, sofern in einem früheren Termin bereits einmal mündlich verhandelt wurde (§§ 331a, 251a ZPO). Gegen diese Sachentscheidung wäre dann kein Einspruch möglich.

1269 Die Flucht in die Säumnis hat folgende **Nachteile**:

– die säumige Partei trägt selbst bei späterem Obsiegen die Säumniskosten (§ 344 ZPO; sowie u. U. Verzögerungsgebühr gem. § 38 GKG).

Sofern der Prozessbevollmächtigte im Termin erschienen ist, entsteht in jedem Fall die volle 1,2 Terminsgebühr (Nr. 3104, 3105 Nr. 3 VV-RVG; OLG Koblenz NJW 2005, 1955). Da die Antragstellung nach dem RVG nicht mehr von Belang ist, kann sein Nichtverhandeln oder Nicht-mehr-Auftreten zu keiner Gebührenermäßigung führen. Der Anwalt, welcher in die Säumnis fliehen will, sollte bzw. darf daher auch aus diesem Grunde zum Termin nicht erscheinen.

Bei einem Einspruchstermin fällt jedoch keine zusätzliche Anwaltsgebühr an, welche nach § 344 ZPO sonst die säumige Partei tragen müsste. Als »Säumniskosten« kommen daher z. B. insbesondere die Kosten nochmaliger Ladung von Zeugen/Sachverständigen oder die Kosten der Wahrnehmung des weiteren Termins durch die Gegenpartei in Betracht, wobei diese Vorschrift in der Praxis nicht ganz selten übersehen wird (Baumbach/*Hartmann* § 344 Rn. 2).

Endet das Verfahren durch das Versäumnisurteil, ohne dass Einspruch eingelegt wird, tritt eine Ermäßigung der gerichtlichen Verfahrensgebühr nach h. M. nicht ein. Die Nichterwähnung des Versäumnisurteils in Nr. 1211 KV-GKG ist bewusste gesetzgeberische Entscheidung, keine durch Analogie zu schließende Lücke (*Hartmann*, GKG, Nr. 1211 KV-GKG Rn. 9; a. A. für das Klage abweisende Versäumnisurteil (Flucht des Klägers!) *N. Schneider* RVG-B 2005, 84 – Urteilsanmerkung: Ist den Kostenbeamten weitgehend unbekannt).

– das Versäumnisurteil ist ohne Sicherheitsleistung vorläufig vollstreckbar (§ 708 Nr. 2 ZPO; Abwehrmaßnahme: Antrag auf einstweilige Einstellung der Zwangsvollstreckung gem. §§ 719, 707 ZPO)

– Risiko, das wegen kurzfristiger Terminierung (Ladungsfrist: § 217 ZPO) eine volle Berücksichtigung der (bereits) verspätet angebotenen Beweismittel scheitert (Thomas/Putzo/*Reichold* § 341a Rn. 2).

Das wird von einigen wenigen Rechtsanwälten (offenbar) unterlaufen, indem sie das Empfangsbekenntnis von der Ladung nicht oder erst verzögert zurücksenden (§§ 174; 217; 227; 335 Abs. 1 Nr. 2 ZPO).

Im Übrigen obliegt es auch hier dem Gericht, im Rahmen einer umfassenden Terminsvorbereitung nach § 273 ZPO alles Zumutbare zu unternehmen, um die Folgen der Fristversäumung auszugleichen (st. Rspr. BGH NJW 2002, 290; OLG Düsseldorf MDR 2005, 1189).

D. Das Vorverfahren (Weitere Schriftsätze)

b) Flucht in die Berufung

Diese früher beliebte Fluchtmöglichkeit wurde durch das ZPO-Reformgesetz erheblich eingeschränkt. Dem Vortrag neuer Tatsachen in zweiter Instanz steht heute § 531 mit seinen Abs. 1 und 2 ZPO entgegen. **1270**

> Die Verschärfung der Präklusionsvorschrift für die Berufungsinstanz ist erklärtes Ziel des Reformgesetzgebers. Es soll damit der Wertungswiderspruch beseitigt werden, wonach bislang diejenige Partei besser da stand, welche in erster Instanz Vorbringen völlig unterlassen hat, als eine Partei, die, wenn auch verspätet, noch in erster Instanz vorgetragen hat (Begr. RegE S. 60).

aa) Zurückgewiesener Vortrag

Wird in der 1. Instanz ein verspäteter Vortrag »zu Recht« gem. § 296 ZPO zurückgewiesen, so bleibt dieser auch in der Berufungsinstanz gem. **§ 531 Abs. 1 ZPO** ausgeschlossen (wie bisher gem. § 528 Abs. 3 ZPO). Umgekehrt bedeutet dies, dass rechtsfehlerhaft zurückgewiesenes Vorbringen in der Berufungsinstanz vom Gericht ohne Weiteres zu berücksichtigen ist. **1271**

Dabei sind Rechtsfehler bei Anwendung der Präklusionsvorschriften in der Praxis nicht selten. Daher kann es sich empfehlen, die Gerichtsakten (§ 299 ZPO) und speziell das Urteil daraufhin genau durchzusehen (*Oberheim*, Anwalt im Berufungsverfahren, Rn. 22 ff.). **1272**

Mögliche Rechtsfehler: **1273**

– Fehlerhafte Fristsetzung in der 1. Instanz.

– Fristversäumnis war nicht kausal für Verzögerung bzw. Überbeschleunigung bzw. es wurde zu Unrecht eine Verzögerung angenommen.

– Gericht hat Hinweispflicht verletzt (Thomas/Putzo/*Reichold* § 296 Rn. 42).

– Gericht hat es unterlassen, die Verzögerung durch vorbereitende Maßnahmen abzuwenden.

> Es ist zwar verfahrensfehlerhaft, wird aber trotzdem von den Richtern häufig praktiziert, nämlich »Schriftsätze lediglich an den jeweiligen Gegner weiterzuleiten, den Termin mechanisch anzusetzen und bis zum Verhandlungstermin den Dingen ihren Lauf zu lassen« (Zöller/*Greger* § 273 Rn. 1; auch *E. Schneider* MDR 1998, 137: »Unsitte«; ders. ZAP Fach 13, S. 773: »Verletzung der Mitwirkungspflichten der Gerichte ist ein Dauerthema der Alltagspraxis«).

– Gericht hat seine Entscheidung auf eine falsche Norm gestützt (z. B. auf § 296 Abs. 1 ZPO statt Abs. 2 ZPO) bzw. nur pauschal § 296 ZPO angegeben (BGH NJW 1990, 1302; OLG Oldenburg Nds. Rpfl. 1996, 120).

– Gericht hat das Vorbringen nur pauschal zurückgewiesen, ohne konkret die verspäteten Angriffs- und Verteidigungsmittel bzw. die Tatsachen, die gesetzlichen Voraussetzungen für die Zurückweisung ausfüllen, anzugeben (Thomas/Putzo/*Reichold* § 296 Rn. 43; BGH FamRZ 1996, 1076).

– Partei hat die Verspätung in erster Instanz genügend entschuldigt (BGH NJW 1980, 1102, 1104; a. A. Thomas/Putzo/*Reichold* § 528 Rn. 10).

> Eine Nachholung der Entschuldigung in der zweiten Instanz ist nicht mehr möglich. Neue Entschuldigungsgründe sind (allenfalls) zu berücksichtigen, wenn die Partei diese trotz rechtlichen Gehörs in erster Instanz (schuldlos) nicht vorbringen konnte (z. B. gehindert durch Unfall/Krankenhausaufenthalt; Zöller/*Heßler* § 528 Rn. 16, 33). Die erstinstanzliche Annahme grober Nachlässigkeit i. S. d. § 296 Abs. 2 ZPO kann die Partei noch in zweiter Instanz ausräumen.

bb) Neues Vorbringen

Neu sind Angriffs- und Verteidigungsmittel, soweit sie erstmals in der Berufungsinstanz vorgebracht werden. **1274**

Hierunter fällt auch verspätetes erstinstanzliches Vorbringen nach Schluss der mündlichen Verhandlung (§ 296a ZPO). Dies gilt jedoch nicht für Tatsachen, die erst danach entstanden oder durch einen neuen Vortrag des Gegners veranlasst worden sind.

Hingegen fallen bloße Rechtsausführungen nicht darunter (Baumbach/*Hartmann* § 531 Rn. 11; Zöller/ *Greger* § 282 Rn. 2b; auch §§ 513; 531 Abs. 2 Nr. 1 ZPO).

Dabei kann ein neues Angriffsmittel i. S. d. § 531 Abs. 2 ZPO auch ein neuer Tatsachenvortrag sein, der das Gericht nötigt, eine neue Anspruchsgrundlage zu prüfen, sofern sich der Anspruch nicht bereits aus dem erstinstanzlichen Vortrag ergibt und der Vortrag in der Berufungsinstanz diesen Umstand nur verdeutlicht oder erläutert (BGH NJW-RR 2003, 1321).

Wird ein sehr allgemein gehaltenes Vorbringen der ersten Instanz konkretisiert oder erstmals substantiiert, ist es neu, nicht aber dann, wenn ein bereits schlüssiges Vorbringen aus der ersten Instanz durch weitere Tatsachenbehauptungen zusätzlich konkretisiert, verdeutlicht oder erläutert wird (BGH NJW 2004, 2825).

1275 Nach der Neuregelung des **§ 531 Abs. 2 ZPO** sind solche neuen Angriffs- und Verteidigungsmittel in der Berufungsinstanz nur noch zuzulassen (dazu unten Rdn. 3277), wenn sie
– einen Gesichtspunkt betreffen, der vom Gericht des ersten Rechtszuges erkennbar übersehen oder für unerheblich gehalten worden ist (z. B. statt vertraglicher Anspruchsgrundlage ist ein Bereicherungsanspruch gegeben),
– infolge eines Verfahrensmangels im ersten Rechtszug nicht geltend gemacht wurden (BGH NJW 2005, 2624: Verletzung der Hinweispflicht) oder
– im ersten Rechtszug nicht geltend gemacht worden sind, ohne dass dies auf einer Nachlässigkeit der Partei beruht.

1276 Allerdings ist ein Vortrag stets zu berücksichtigen, wenn er **unstreitig** ist. Dies gilt nach Ansicht des BGH in der Berufung auch dann, wenn dadurch eine Beweisaufnahme erforderlich wird

(BGH NJW 2005, 291; a. A. OLG Oldenburg MDR 2003, 48; OLG Nürnberg MDR 2003, 113: nur wenn seine Berücksichtigung eine Sachentscheidung ohne weitere Beweisaufnahme ermöglicht; OLG Hamm MDR 2003, 650: jedenfalls bei evident ungerechten Entscheidungen).

Ebenso wenig sind im Berufungsrechtszug unstreitig gewordene Tatsachen, die in erster Instanz bestritten und zu Recht als verspätet zurückgewiesen worden waren, nach § 531 Abs. 1 ZPO ausgeschlossen (Zöller/*Heßler* § 531 Rn. 10).

1277 ▶ Praxistipp:

Unberührt davon bleibt – wie bisher – dass die neuen Angriffs- und Verteidigungsmittel in der Berufungsinstanz selbst präkludiert sein können, wenn sie dort nicht rechtzeitig (vollständig) vorgebracht werden (§§ 530 ZPO i. V. m. §§ 296 Abs. 1, 520 Abs. 2 ZPO).

cc) Taktische Hinweise

1278 Die Neuregelung stellt insgesamt eine Verschärfung dar, weil bislang neues Vorbringen nur dann zurückgewiesen werden konnte, wenn es die Erledigung des Rechtsstreits verzögert hat (§ 528 Abs. 1 u. 2 ZPO). Aufgrund der Vorbereitungspflicht des Gerichts kam eine Zurückweisung bislang nur selten in Betracht, sodass auch Fehler des Anwalts noch korrigiert werden konnten.

1279 Da die Frage der Verzögerung nach § 531 Abs. 2 ZPO keine Rolle mehr spielt, ist neuer Vortrag zwar einerseits bei einer noch so langen Verzögerung unter den genannten Voraussetzungen zuzulassen, andererseits aber bleibt vor allem fahrlässig verspätetes Vorbringen auch dann ausgeschlossen, wenn es die Entscheidung des Rechtsstreits nicht verzögern würde.

1280 ▶ Praxistipp:

Aufgrund dieser Neuregelung kann es u. U. besser sein, eine Zurückweisung des verspäteten Vortrages in erster Instanz zu riskieren und auf etwaige Verfahrensfehler des Ausgangsgerichts zu spekulieren.

D. Das Vorverfahren (Weitere Schriftsätze) 4. Kapitel

Der »sichere Weg« ist jetzt freilich ein rechtzeitiger und vollständiger Sachvortrag samt Beweisangeboten in erster Instanz.

Die frühere Taktik, zurückweisungsgefährdetes Vorbringen in der ersten Instanz ganz zurückzuhalten oder wieder fallen zu lassen und erst in der Berufungsinstanz (»**Flucht in die Berufung**«; Thomas/Putzo/*Reichold* § 528 Rn. 9; BGH NJW 1998, 2977; grundlegend BGH NJW 1980, 945; a. A. Zöller/*Greger* § 296 Rn. 42; Begr. RegE. S. 60: »Wertungswiderspruch«) oder nur bedingt vorzutragen (umstr. ob zulässig: bejahend z. B. *Deubner* NJW 1978, 356; *ders.* NJW 1979, 343; dagegen Zöller/*Greger* § 296 Rn. 42) ist jetzt nur noch in seltenen Ausnahmefällen Erfolg versprechend. Denn das nachträgliche Vorbringen wird im Regelfall als nachlässig i. S. d. § 531 Abs. 2 Nr. 3 ZPO beurteilt werden müssen. 1281

> Trotzdem sollte sich die Partei nicht davon abhalten lassen, in der Berufung noch neuen Sachvortrag vorzubringen. Denn es besteht die Chance, dass dieser nicht bestritten wird und damit vom Gericht zu berücksichtigen ist.
>
> Der Gegner muss daher prüfen, ob der neue Sachvortrag zu bestreiten ist und darf sich nicht nur darauf beschränken, die Verspätung zu rügen. Auch hierbei ist freilich die Wahrheitspflicht zu beachten, auch wenn das Risiko, im Berufungsverfahren der Wahrheitswidrigkeit überführt zu werden, gering ist, da der Vortrag ja insgesamt unberücksichtigt bleibt (*Braunschneider* ProzRB 2005, 94 – Urteilsanmerkung: gleichwohl strafrechtlich Prozessbetrug!).

Des Weiteren ist es nur sehr begrenzt möglich, diese Einschränkungen mittels einer Klageänderung, Widerklage oder Aufrechnungserklärung zu umgehen. 1282

> Denn in zweiter Instanz ist hierfür insbesondere erforderlich, dass diese Maßnahmen auf Tatsachen gestützt werden können, die das Berufungsgericht ohnehin nach § 529 ZPO zugrunde zu legen hat (§ 533 ZPO). Damit soll gerade verhindert werden, dass das Berufungsgericht auch über eine »Flucht in die Klageänderung/Widerklage/Prozessaufrechnung« nicht mit Tatsachenstoff konfrontiert werden kann, der nach der Neuregelung in §§ 529, 531 ZPO ausgeschlossen ist (Begr. RegE. S. 102). Allerdings sieht der BGH Änderungen des Klageantrags nach § 264 Nr. 2 und 3 ZPO auch in der Berufungsinstanz nicht als Klageänderung an (BGH NJW 2004, 2152: Umstellung des Klageantrages auf Leistung an den Abtretungsempfänger; zur Widerklage allgemein oben Rdn. 1131, zur Widerklage in der Berufungsinstanz unten Rdn. 3321).

▶ Praxistipp: 1283

> Ein bloßer Klageabweisungsantrag des Beklagten ohne jeglichen Sachvortrag in der ersten Instanz führt in der Regel zu einem völligen Ausschluss von weiteren Verteidigungsmitteln in der Berufungsinstanz und damit zum endgültigen Prozessverlust.

Man kann bzw. muss auch versuchen 1284

– Verfahrensfehler zu finden bzw. eigene Anwaltsfehler als Fehler des Richters darzustellen (z. B. Ungenügende Erfassung des Parteivortrags, Mängel der Beweisaufnahme und Beweiswürdigung samt Kausalität für das Unterlassen des Sachvortrags; insbesondere unterbliebene notwendige Hinweise, die zu entsprechendem Vorbringen in erster Instanz Anlass gegeben hätten – BGH NJW 2004, 2152),

– das Gericht von fehlender Nachlässigkeit zu überzeugen, was weitaus schwieriger ist.

> Dabei ist jede Partei grundsätzlich gehalten, schon im ersten Rechtszug die Angriffs- und Verteidigungsmittel vorzubringen, deren Relevanz für den Rechtsstreit ihr bekannt ist oder bei Aufwendung der gebotenen Sorgfalt hätte bekannt sein müssen und zu deren Geltendmachung sie dort imstande ist. Sorgfaltsmaßstab ist dabei die einfache Fahrlässigkeit (BGH NJW 2004, 2815; bisher grobe Nachlässigkeit gem. § 528 Abs. 2 ZPO a. F.). Hierbei können prozesstaktische Gesichtspunkte nicht generell entlasten (Zöller/*Heßler* § 531 Rn. 32).
>
> Die Zulassung neuen Vorbringens in der Berufungsinstanz setzt daher voraus, dass die Partei darlegt, warum sie gehindert war, diesen Vortrag bereits in der ersten Instanz einzubringen. Dies wäre insbesondere

dann der Fall, wenn das neu vorgebrachte Beweismittel erst nach Schluss der erstinstanzlichen mündlichen Verhandlung bekannt geworden bzw. das neue Angriffs- oder Verteidigungsmittel danach entstanden ist.

Stellt der Anwalt erst nach Abschluss des erstinstanzlichen Verfahrens Ermittlungen an, die zur Benennung eines geeigneten Zeugen führen, ist die Partei mit diesem neuen Beweismittel nach § 531 Abs. 2 Nr. 3 ZPO ausgeschlossen (LG Schwerin NJW-RR 2003, 1292: nachlässiges Prozessverhalten). Er muss vielmehr darlegen, warum der nunmehr benannte Zeuge nicht vorher hätte ermittelt werden können (BVerfG NJW 2005, 1768).

Letztlich ist die Partei aber weitgehend vom »guten Willen ihres Richters« abhängig, wobei dieser Wille erfahrungsgemäß häufig dahin gehen soll, zulasten der Partei zu entscheiden, um »kurzen Prozess« machen zu können (*E. Schneider* NJW 2003, 1435; Haftungsgefahr für den Anwalt!). Im Übrigen kann das Berufungsgericht auch die Glaubhaftmachung verlangen (§ 531 Abs. 2 ZPO).

— das neue Vorbringen als eine bloße Verdeutlichung oder Erläuterung des Vorbringens erster Instanz darzustellen.

— das Gericht davon zu überzeugen, dass die Berücksichtigung aufgrund der Gerechtigkeit und Wahrheit will erfolgen sollte.

Möglicherweise wird das verspätete Vorbringen dann deswegen noch berücksichtigt. Dabei kann ein Hinweis darauf, dass eine gesetzeswidrige (erweiternde) Zulassung des neuen Vortrags nicht mit der Revision angegriffen werden kann (BGH NJW 2004, 1458), »dem Gerechtigkeitsempfinden des Berufungsgerichts helfen« (*Braunschneider* ProzRB 2004, 125 – Urteilsanmerkung). Damit liegt die Anwendung des § 531 ZPO praktisch in seinem Ermessen. Beim Ausschluss der Revisibilität hat der BGH vor allem das Bemühen um eine materiell-richtige Entscheidung und die Feststellung des wahren Sachverhalts als maßgebend angesehen (auch BGH NJW 2004, 275: Maßstab für das Berufungsgericht soll die richtige, d. h. die sachgerechte Entscheidung des Einzelfalls sein). Letztlich wird dadurch den Berufungsgerichten im Zweifel eine Tendenz zur Zulassung neuen Vorbringens nahe gelegt (*Lechner* NJW 2004, 3598; *Gaier* NJW 2004, 2044: aber kein »Freibrief« für das Berufungsgericht – Grenze Willkür!).

1285 Die Flucht in die Berufung hat folgende **Nachteile**:
— Erhebliches Risiko, dass das (neue) Vorbringen nicht zugelassen wird,
— Klagepartei erhält in der 1. Instanz ein vorläufig vollstreckbares Urteil,
— Kosten der Berufung hat die Partei gem. § 97 Abs. 2 ZPO ganz oder teilweise zu tragen, wenn sie aufgrund des (neuen) Vorbringens obsiegt.

c) Flucht in den neuen Angriff

1286 § 296 ZPO lässt allein die Zurückweisung verspäteter Angriffs- und Verteidigungsmittel zu. Selbstständige Angriffe werden hier nicht erfasst (Thomas/Putzo/*Reichold* § 146 Rn. 2).

1287 Ein solcher selbstständiger Angriff liegt:

1288 (1) auf Klägerseite in einer **Klageänderung** in Form eines Klagewechsels einer Klageerweiterung (BGH NJW 1986, 2258; LM § 264 ZPO a. F. Nr. 6); als Klageänderung behandelt die Rechtsprechung auch die subjektive Klageänderung (Parteiwechsel bzw. Parteierweiterung; Prütting/Gehrlein/*Geisler* § 263 Rn. 6; dazu unten Rdn. 2424).

Gegenüber der allgemeinen objektiven Klageänderung (§ 263, 267 ZPO) ist eine Klageerweiterung nicht von besonderen Zulässigkeitsvoraussetzungen abhängig (§ 264 Nr. 2 ZPO). Dabei spielt eine etwaige Verzögerung des Rechtsstreits für die Frage der Sachdienlichkeit i. S. d. § 263 ZPO keine Rolle (Thomas/Putzo/*Reichold* § 263 Rn. 8). Für eine Klageerweiterung kommt etwa in Betracht die Geltendmachung eines weiteren Teilbetrags bei einer Teilklage oder weiterer Zinsen oder anderer Nebenforderungen, z. B. Kosten vorgerichtlicher Mahnschreiben. Im Übrigen lässt sich eine lediglich quantitative Erhöhung ohne Weiteres mit einem Rechenfehler erklären. Insoweit kommt auch die Geltendmachung einer von vornherein aussichtslosen Forderung in Betracht, soweit darin nicht erkennbar ein Rechtsmissbrauch liegt: Zöller/*Heßler* § 528 Rn. 13).

1289 (2) auf Beklagtenseite in der **Widerklage**.

D. Das Vorverfahren (Weitere Schriftsätze) 4. Kapitel

Sie kann notfalls erst im Termin erhoben werden (§§ 261 Abs. 2, 297 ZPO; § 12 Abs. 2 Nr. 1 GKG: grundsätzlich kein Kostenvorschuss!) und ist bis zum Schluss der mündlichen Verhandlung, auf die das Urteil ergeht, zulässig (Thomas/Putzo/*Reichold* § 296a Rn. l). Bei einer mündlichen Erhebung ohne (vorbereitenden) Schriftsatz könnte jedoch die Begründung problematisch werden (§ 160 Abs. 4 ZPO).

Gegenansprüche (u. U. auch unbegründete, vorstehend) zu finden, dürfte in vielen Fällen gelingen. In Betracht kommen z. B. eine (negative) Widerklage auf Feststellung, dass dem Kläger keine weiteren, über die Klageforderung hinausgehenden Ansprüche zustehen/bei Einklagung des restlichen Kaufpreises/Werklohn kann mit der Widerklage die geleistete Anzahlung zurückverlangt werden mit der Behauptung, dass der Vertrag unwirksam bzw. nichtig sei oder Schadensersatz wegen Nichterfüllung verlangt werden/bei Aufrechnung Geltendmachung des der Klageforderung überschießenden Betrages/Gegenforderung in Verkehrsunfallsachen bei Mitverschulden/Mitursächlichkeit des Klägers.

Zur Widerklage unten Rdn. 1131.

In all diesen Fällen muss ein bestimmter Schriftsatz zugestellt werden (§§ 270, 261 ZPO). Bleiben die Verfahrensbeteiligten unverändert, kann dies durch Übergabe in der mündlichen Verhandlung geschehen. Ansonsten ist ein neuer Termin erforderlich. 1290

Wenn über den neuen Angriff nicht im bereits anberaumten Termin entschieden werden kann, verhindert diese eine Zurückweisung von bisherigem verspätetem Vortrag. 1291

Eine solche Entscheidung ist insbesondere dann regelmäßig nicht möglich, wenn der Angriff neue, unter Beweis gestellte Tatsachenbehauptungen enthält. Es sollte deswegen darauf geachtet werden, dass der neue Angriff entsprechendes Vorbringen enthält.

Durch den neuen Angriff wird dem Rechtsstreit insgesamt die Entscheidungsreife genommen. Auch die den früher bereits rechtshängig gemachten Teil des Streitgegenstands betreffenden Angriffs- und Verteidigungsmittel dürfen jetzt nicht mehr zurückgewiesen werden. 1292

Nach der Rechtsprechung des BGH kommt eine Verzögerung nur in Betracht, wenn der Rechtsstreit ohne das verspätete Vorbringen im Ganzen entscheidungsreif ist (BGH NJW-RR 1999, 787). Eine Zurückweisung durch Vorabentscheidung über den Teil der Klage, welcher das verspätete Vorbringen betrifft, kommt gerade nicht in Betracht (Zöller/*Greger* §§ 296 Rn. 12, 43; 528 Rn. 13; einschränkend BGH NJW 1986, 2258 für den Fall eines Rechtsmissbrauchs; a. A. LG Berlin MDR 1983, 63; *Gounalakis* MDR 1997, 216).

Dies gilt »erst recht« (BGH NJW 1985, 3080), wenn der Beklagte die Widerklage mit verspätetem Verteidigungsvorbringen gegen die Klage stützt (sog. doppelrelevantes Vorbringen).

Bei einer Klageerweiterung dürfte ein Teilurteil ohnehin ausscheiden, da weder ein Fall der subjektiven noch objektiven Klagehäufung vorliegt. Ursprünglicher und erweiterter Klageantrag bilden einen einheitlichen, unteilbaren Streitgegenstand (§ 301 ZPO; Zöller/*Vollkommer* § 301 Rn. 3).

▶ Praxistipp: 1293

Der Gegner kann die »Flucht in den neuen Angriff« verhindern, wenn er den neuen Anspruch nicht bestreitet oder sofort anerkennt.

Dann ist (auch) der neue Angriff (ohne Beweisaufnahme) entscheidungsreif und das verspätete Vorbringen kann zurückgewiesen werden.

Im letzteren Fall muss dann insoweit ein Anerkenntnisurteil ergehen (Thomas/Putzo/*Reichold* § 307 Rn. 11) und u. U. sogar mit der günstigen Kostenfolge des § 93 ZPO.

So wird die Partei vorgehen, wenn sie entweder die Widerklage für begründet erachtet oder diese nur mit einem geringen Streitwert erhoben wurde.

▶ Praxistipp: 1294

Das Gericht kann die »Flucht in den neuen Angriff« unter den Voraussetzungen des § 145 ZPO verhindern, indem es den neuen Anspruch abtrennt.

1295 Eine solche Trennung ist nach § 145 Abs. 2 ZPO möglich, wenn kein rechtlicher Zusammenhang zwischen dem alten und dem neuen Angriff besteht.

> Ein solcher Zusammenhang besteht stets bei einer sog. Zwischenfeststellungswiderklage gem. § 256 Abs. 2 ZPO und bei einer Eventualwiderklage für den Fall, dass die Klage begründet ist (Thomas/Putzo/*Reichold* § 145 Rn. 5). Eine solche Trennungsentscheidung ist unanfechtbar (allenfalls im Rahmen der Berufung gegen das Endurteil geltend zu machen).

1296 Bei der Geltendmachung des neuen Angriffs sollte beachtet werden, dass sich dadurch u. U. der Gebührenstreitwert erhöht (§ 45 Abs. 1 GKG). Der neue Anspruch sollte deswegen nur mit einem möglichst geringen Streitwert erhoben werden, der allerdings wiederum nicht so niedrig sein darf, dass der Gegner sofort anerkennt und damit die Entscheidungsreife der Widerklage herbeiführt.

1297 Ggf. kann der neue Anspruch auch nur bedingt (hilfsweise für den Fall der (präklusionsbedingten) Erfolglosigkeit des bisherigen Antrags) erhoben werden; für den Gebührenstreitwert gilt dann § 45 Abs. 1 Satz 2 GKG.

d) Sonstige Möglichkeiten

1298 Nur bedingt tauglich oder gar gänzlich untauglich zur Abwehr einer drohenden Präklusion sind folgende Maßnahmen.

(1) **Befangenheitsantrag**

1299 Ein Befangenheitsantrag in der mündlichen Verhandlung ist – anders als früher – kein taugliches Mittel mehr zur Vermeidung der Präklusion.

1300 Nach § 47 Abs. 2 ZPO kann der Termin unter Mitwirkung des abgelehnten Richters fortgesetzt werden, wenn die Entscheidung über die Ablehnung eine Vertagung der Verhandlung erfordern würde. Von dieser Möglichkeit (Ermessen!) machen Richter in aller Regel Gebrauch, es sei denn, sie sehen darin (im Einzelfall) eine (willkommene) Gelegenheit, eine aufwendige Beweisaufnahme zunächst nicht durchführen zu müssen.

> Weiterhin möglich ist es jedoch, eine Verlegung des Termins bei einem Ablehnungsgesuch (knapp) vor der mündlichen Verhandlung zu erreichen. Denn für diesen Fall gilt wie bisher die Wartepflicht des § 47 Abs. 1 ZPO, welche lediglich bei (offenkundig) rechtsmissbräuchlichen Ablehnungsgesuchen nicht besteht (Zöller/*Vollkommer* § 47 Rn. 3).
>
> Zur Befangenheitsablehnung unten Rdn. 2800.

(2) **Widerrufsvergleich**

1301 Der Abschluss eines widerruflichen Vergleichs mit der Absicht, diesen zu widerrufen, ist nur ein begrenzt tauglicher Fluchtweg. Abgesehen davon, dass die Gegenpartei mitwirken muss, wird der Prozess nach Widerruf des Vergleichs normal fortgesetzt.

> Sofern der Rechtsstreit entscheidungsreif ist, beurteilt sich daher verspätetes Vorbringen vor Vergleichsabschluss weiterhin nach § 296 ZPO. Sachvortrag und sonstige Angriffs- und Verteidigungsmittel nach Vergleichsabschluss sind gem. § 296a ZPO grundsätzlich ausgeschlossen, sofern das Gericht – wie üblich – im Vergleichstermin sogleich einen Termin zur Verkündung einer Entscheidung bestimmt hat und die nachträgliche Erklärung nicht von einem Schriftsatznachlass gedeckt ist (§§ 139 Abs. 5, 283 ZPO – Antrag!).
>
> Lediglich wenn der Vergleichstermin noch nicht den Schluss der mündlichen Verhandlung darstellt, kann man zusammen mit dem Widerruf des Vergleichs grundsätzlich weiter vortragen, was man jedoch in der Regel auch ohne Widerrufsvergleich hätte machen können (u. U. aber §§ 282, 296 Abs. 2 ZPO!).
>
> Allerdings gewinnt man aufgrund der Widerrufsfrist hierfür Zeit. Unter Umständen veranlasst der ergänzende Sachvortrag das Gericht zur Wiedereröffnung einer bereits geschlossenen Verhandlung. Damit findet der verspätete Sachvortrag dann doch Berücksichtigung; wenn nicht sogar (verfahrensfehlerhaft) ohne Wiedereröffnung. Zudem wird in der Praxis im Fall des Vergleichswiderrufs – um einen weiteren

D. Das Vorverfahren (Weitere Schriftsätze)

Verhandlungstermin entbehrlich zu machen – auch gerne in das schriftliche Verfahren übergegangen, ohne dessen Notwendigkeit immer genau geprüft zu haben (sogleich unten).

(3) Ruhen des Verfahrens

Das Ruhen des Verfahrens ist nur insofern bedingt taktisch einsetzbar, als dies beide Parteien beantragen müssen und zudem dem Gericht diese Anordnung wegen Schweben von Vergleichsverhandlungen oder aus sonstigen wichtigen Gründen zweckmäßig erscheinen muss (§ 251 ZPO). Wenn der Gegner erkennt, dass Vergleichsbereitschaft nur zwecks Vermeidung der Präklusion signalisiert wird, dürfte er kaum einem Ruhen des Verfahrens zustimmen.

> Einer Präklusion lässt sich dadurch entgehen, dass zum einen richterliche Fristen nicht weiterlaufen (Thomas/Putzo/*Hüßtege* § 251 Rn. 1; § 249 ZPO; hins. Verjährung § 204 Abs. 2 BGB) und zum anderen nach dem Ende des Ruhens das Verfahren – meist mit einem neuen Verhandlungstermin mit entsprechenden Vorbereitungsmöglichkeiten – nach § 273 ZPO weitergeführt werden muss.

> Dabei kann das Verfahren nach dem § 251 ZPO jederzeit wieder aufgenommen werden. Die frühere dreimonatige Sperrfrist gilt nicht mehr. Es ist deshalb nicht mehr nötig, das Ruhen »unter Terminsvorbehalt« zu beantragen.

(4) Klagerücknahme

Mit der Klagerücknahme endet die Rechtshängigkeit und damit die Befugnis des Gerichts über die Verspätung zu entscheiden. Mangels Fehlen einer rechtskraftfähigen Entscheidung, kann grundsätzlich jederzeit erneut geklagt werden, mit dann umfassendem und rechtzeitigem Sachvortrag. Zu beachten ist, dass der Beklagte nach Beginn der mündlichen Verhandlung in die Rücknahme einwilligen muss (§ 269 Abs. 1 ZPO).

> Eine Klagerücknahme enthält jedoch eine Reihe von Risiken und Nachteilen (unten Rdn. 2860).

(5) Rüge der Zulässigkeit des Rechtsweges

Wenn eine Partei die Zulässigkeit des Rechtsweges gem. § 17a Abs. 3 GVG rügt, muss das Gericht darüber vorab entscheiden. Die hiergegen eingelegte sofortige Beschwerde (§ 17a Abs. 4 GVG) hindert bis zur Entscheidung hierüber den Fortgang des Verfahrens. Auch hier muss der Vorwurf erkennbaren Rechtsmissbrauchs vermieden werden.

(6) Übergang ins schriftliche Verfahren

Folge des Übergangs ins schriftliche Verfahren gem. § 128 ZPO ist, dass der Schluss der Verhandlung mittels Gewährung einer Schriftsatzfrist für beide Parteien hinausgeschoben wird. Damit erhalten die Parteien noch Gelegenheit zu weiterem Sachvortrag.

Zweifelhaft ist, ob dann auch ein bereits verspäteter Sachvortrag wieder zu berücksichtigen ist. Jedenfalls entfällt die Kausalität, wenn – nach Ablauf der Schriftsatzfrist – ein etwaiger weiterer (Beweisaufnahme-) Termin (auch) aufgrund neuer, fristgerecht eingereichter Schriftsätze erforderlich wird.

Voraussetzung für dieses Verfahren ist allerdings, dass beide Parteien zustimmen.

> Dies sollte der Gegner bedenken, wenn ein solcher Übergang in der mündlichen Verhandlung ins Gespräch kommt und daher seine Zustimmung besser nicht erteilen.

> In der Praxis indes wird erfahrungsgemäß oft völlig unüberlegt zugestimmt und seitens des Gerichts zuweilen auch nicht bedacht, dass ein solcher Übergang (eigentlich) nicht zulässig ist, wenn der Rechtsstreit aufgrund der mündlichen Verhandlung bereits entscheidungsreif ist. Sofern das Urteil auf diesem Fehler beruht – was bei Berücksichtigung entscheidungserheblichen neuen oder verspäteten Vorbringens in der Regel der Fall sein dürfte, ist es auf Rechtsmittel hin sogar aufzuheben (BGH NJW 1992, 2146: »schwerer Verfahrensmangel«; Zöller/*Greger* § 128 Rn. 3).

Soll einer Partei eine Erwiderung auf das verspätete Vorbringen ermöglicht werden, so ist in der Regel auch nicht nach § 128 ZPO zu verfahren, sondern gem. § 283 ZPO Schriftsatzfrist zu gewähren (unten Rdn. 1480).

(7) Streitverkündung

1308 Die Streitverkündung hat auf den Fortgang des Prozesses keinen Einfluss (§ 74 ZPO). Mit ihr kann damit eine sofortige Entscheidung unter Zurückweisung des verspäteten Vortrags nicht verhindert werden.

E. Die mündliche Verhandlung

1309 Das persönliche Zusammentreffen der Verfahrensbeteiligten zum Zwecke der Erörterung des Streitstoffs gehört zu den grundlegenden Prinzipien des deutschen Verfahrensrechts. Die ZPO sieht dies als Regelfall vor (§ 128 Abs. 1 ZPO).

Die Mündlichkeit der Verhandlung ist erforderlich, um den bis dahin nur in vorbereitenden Schriftsätze angekündigten Sachvortrag zum Prozessstoff zu machen (Verhandlungsmaxime), die Öffentlichkeit dieser Verhandlung ermöglicht die Kontrolle der rechtsprechenden Staatsgewalt, die Unmittelbarkeit der Verhandlung begründet die persönliche Verantwortung der beteiligten Richter.

Nur ausnahmsweise kann von einer solchen mündlichen Verhandlung ganz oder teilweise abgesehen werden.
- Im schriftlichen Verfahren (dazu unten Rdn. 2757) kann entschieden werden
  - mit Zustimmung der Parteien (§ 128 Abs. 2 ZPO);
  - über die Kosten des Rechtsstreits (§ 128 Abs. 3 ZPO);
  - wenn die Entscheidung nicht in Form eines Urteils ergeht (§ 128 Abs. 4 ZPO);
  - wenn der Streitwert vor dem Amtsgericht 600,- € nicht übersteigt (§ 495a ZPO).
- Im Wege der Videokonferenz kann auf Antrag verhandelt werden (§ 128a Abs. 1 ZPO).
  In diesem Fall befinden sich die Verfahrensbeteiligten an verschiedenen Orten, zwischen denen zeitgleich eine Bild- und Tonübertragung ohne Aufzeichnung stattfindet. Praktische Bedeutung hat diese Form der Verhandlung derzeit nur bei der Vernehmung von Zeugen oder Sachverständigen (dazu unten Rdn 1727, 1780).

1309a Die mündliche Verhandlung der Parteien vor dem erkennenden Gericht erfolgt regelmäßig als Haupttermin i. S. d. §§ 272 Abs. 1, 278 ZPO. Zu deren Vorbereitung kann alternativ zu einem schriftlichen Vorverfahren ein früher erster Termin abgehalten werden (§§ 272 Abs. 2, 275 ZPO).

Kein eigenständiger Termin ist der Gütetermin, der der ersten mündlichen Verhandlung vorauszugehen hat und damit entweder Teil des frühen ersten Termin oder Teil des Haupttermins ist (§ 278 Abs. 2 ZPO). Eine erneute mündliche Verhandlung hat auch nach Abschluss der Beweisaufnahme zu erfolgen (§ 285 ZPO; unten Rdn. 1699).

1310 Ablauf und Inhalt von frühem erstem Termin und Haupttermin unterscheiden sich nicht wesentlich.

I. Chancen und Risiken

1311 Sobald es zur mündlichen Verhandlung im Rechtsstreit kommt, entsteht eine zusätzliche Verantwortung für den Anwalt. Die Verhandlung ist das **Kernstück des Zivilprozesses**. Sie kann ein erhebliches Tempo erreichen und rasche Reaktionen erfordern. Sie setzt die volle Beherrschung des Tatsachenstoffes und der Rechtslage voraus. Sie kann durch prozessuale, unerwartete Maßnahmen erschwert werden. Sie hat die Unwägbarkeiten des Streitgesprächs zum Gegenstand (so wörtlich und zutreffend *Hartmann*, Kostengesetze, zu Nr. 3104 RVG-VV; auch *Zuck*, ZAP-Kolumne 2000, S. 766: »faktisch hohes Überraschungspotential«; *Breßler* JuS 2004, 311: »kann voller Tücken stecken«; OLG Celle NJW 2003, 2994: »Mittelpunkt des Rechtsstreits«).

Der Anwalt darf sich in der mündlichen Verhandlung nicht mit dem vom Gericht dargebotenen Inhalt beschränken. Die Verhandlung dient der Durchsetzung der Interessen der Parteien. Sie - und damit ihre Prozessbevollmächtigten - sind im eigenen Interesse gehalten, darauf zu achten, der der Prozessstoff vollständig und richtig vom Gericht berücksichtigt wird, dass alle Unklarheiten beseitigt werden und dass alle Rechtsfragen erschöpfend behandelt werden. Insbesondere letztere bleiben im Termin oft im Vagen, auch weil das Gericht hier unzureichend vorbereitet und/oder noch unentschlossen ist. Diese Chance zu nutzen ist Aufgabe des Anwalts. Zu Recht weist *Hirtz* (AnwBl 2012, 21) deswegen darauf hin »Einforderung des Rechtsgesprächs im Zivilprozess ist Anwaltssache«.

Gerade in der mündlichen Verhandlung reagieren Rechtsanwälte auf neue Prozesssituationen oft überhaupt nicht, ungeschickt oder falsch. Dies passiert überwiegend bei Unterbevollmächtigten, da sie mit dem Akteninhalt häufig nicht ausreichend vertraut sind (OLG Düsseldorf NJW 1982, 1888: Anwaltskartell: keine ordnungsgemäße Prozessführung und grob nachlässig; aber OLG München NJW-RR 2001, 66: bei Unmöglichkeit einer sofortigen Stellungnahme einer auswärtigen, durch einen Korrespondenzanwalt vertretenen Partei zu in der Verhandlung erteilten Hinweisen muss nach § 278 Abs. 4 ZPO a. F. vertagt werden – jetzt aber § 139 Abs. 5 ZPO). Dabei können nicht nur gerichtliche Hinweise, sondern vor allem auch der mündliche Vortrag der Gegenpartei eine bisher übersehene Einzelheit aufdecken, welche dem Verfahren eine völlige Wendung geben kann (Baumbach/*Hartmann* § 137 Rn. 22).

Da man auch mit Verfahrensfehlern des Gerichts rechnen muss, hat der Anwalt in der mündlichen Verhandlung »hellwach und misstrauisch« zu sein (*E. Schneider* ZAP-Kolumne 2000, S. 1269), und die Partei bzw. ihr Prozessbevollmächtigter müssen »das ihre dazu beitragen, dass ihre Rechte am Prozess nicht verkürzt werden« (BGH NJW 1988, 2302).

Ferner darf der Anwalt nie dem Gericht zuliebe auf ein Recht des Mandanten verzichten oder eine günstige prozessuale Position aufgeben, wenn kein Vorteil für ihn damit verbunden ist (*E. Schneider*, Anwalt 12/2001 S. 17; MDR 1991, 299).

Für ein sicheres Auftreten in der Verhandlung, insbesondere für Vergleichsgespräche dienlich ist es, wenn man etwaige mögliche Entwicklungen des Termins versucht vorherzusehen und Vergleichsoptionen mit dem Mandanten vorab bespricht.

1. Chancen

Vor allem die mündliche Verhandlung bietet die **Gelegenheit**, 1312

– einen für die Partei günstigen Aspekt besonders herausstellen zu können, der sonst womöglich in den zahlreichen Schriftsätzen untergegangen wäre,

– den Sachverhalt durch die Partei persönlich überzeugend darzustellen und bei dem Richter Interesse für den Fall zu wecken sowie Verständnis für den eigenen Standpunkt zu erlangen,

– Fehlinterpretationen und falsche Schlüsse des Gerichts zu vermeiden helfen und bisher unerkannte Missverständnisse zu klären sowie neue entscheidungserhebliche Umstände aufzudecken.

Manchmal wird erst durch die mündliche Erörterung beim Gericht das notwendige Problembewusstsein für den Streitfall erzeugt. Zudem fördert die direkte Kommunikation der Beteiligten die richtige Erfassung der Komplexität des Geschehens.

So vermag ein Gericht gerade »im offenen Schlagabtausch« in einer mündlichen Verhandlung mit den Parteien seine vorgefasste Meinung korrigieren und akzeptiert dort auch Hinweise auf bislang Übersehenes (*Nassall* ZRP 2004, 167). Durch das Rechtsgespräch lässt sich ein unterschiedliches Verständnis oft leichter herauskristallisieren und alsdann gemeinsam weiterentwickeln, als wenn der Anwalt sich lediglich einseitig äußert und deshalb nicht auf Reaktionen erwidern kann (*Schmude/Eichele* BRAK-Mitt. 2001, 255).

Dabei kann Rechtsanwälten der weitere Vortrag nicht generell untersagt werden (§ 157 Abs. 2 ZPO). Gegen Ablesen und bei zu weitschweifigen Erklärungen hingegen kann das Gericht einschreiten (§§ 136 Abs. 2, 137 ZPO), wobei aber grundsätzlich ein Recht der Partei selbst auf den (freien) mündlichen Vortrag in der Verhandlung besteht (§§ 136 Abs. 3, 137 Abs. 2 u. 4, 138, 139 Abs. 1, 278, 285 ZPO; Art. 103 Abs. 1 GG). Das Gericht »muss selbstverständlich« (»sollte«, d. Verf.) jeder Ausführung einer Partei im tatsächlichen und rechtlichen Bereich mitdenkend folgen und durch Rückfragen usw. reagieren (Baumbach/*Hartmann* § 137 Rn. 23).

– die Ansicht des Gerichts zur Sach- und Rechtslage zu erfahren, rechtliche Hinweise einzufordern und zu erhalten und u. U. sofort darauf zu erwidern,

– etwaige bisherige eigene Fehler zu korrigieren, noch weitere Angriffs- und Verteidigungsmittel vorzubringen sowie die Klage zu ändern.

Dies alles ist nur bis zum Schluss der mündlichen Verhandlung in der ersten Instanz möglich (§ 296a ZPO; oben Rdn. 1215). In der Berufungsinstanz hingegen braucht nach der ZPO-Reform sowohl neuer Tatsachenvortrag als auch eine Klageänderung nur noch sehr selten berücksichtigt werden (§§ 518 Abs. 1; 529 Abs. 1 Nr. 1; 531 Abs. 2, 533 ZPO).

– die Einigungsbereitschaft der Gegenpartei zu erhöhen, einen Prozessvergleich auszuhandeln und abzuschließen.

2. Risiken

1313 Die mündliche Verhandlung schafft aber auch Risiken und Fehlerquellen.

1314 (1) Vorsicht geboten ist, wenn Tatsachen **eingeräumt** werden.

1315 Denn darin kann ein konkludentes Geständnis mit Bindungswirkung gem. § 290 ZPO gesehen werden (oben Rdn. 1083).

Von einem schriftsätzlich angekündigten Geständnis kann man in der mündlichen Verhandlung wieder abrücken. Prozessual wirksam wird ein Vorbringen nämlich grundsätzlich erst mit Vortrag in der mündlichen Verhandlung (Thomas/Putzo/*Reichold* § 129 Rn. 1; Zöller/*Greger* § 288 Rn. 5; Ausnahme: schriftliches Verfahren).

Daher sollte man den Gegner bzw. das Gericht nicht unbedingt voreilig darauf aufmerksam machen. Dies ist aber bereits dann gefahrlos möglich, nachdem die Gegenpartei im Termin den Antrag vorbehaltlos gestellt hat, wodurch ein in den Schriftsätzen enthaltenes Geständnis nunmehr wirksam erklärt ist.

1316 (2) Vorsicht geboten ist auch, wenn auf etwas **verzichtet** werden soll.

1317 Denn ein Verzicht ist grundsätzlich unwiderruflich. Um zu verhindern, dass insbesondere bei einem Schweigen oder Einverständnis mit einer bestimmten prozessualen Vorgehensweise ein konkludenter Verzicht unterstellt werden kann, ist es zweckmäßig, sich ausdrücklich die bisherigen bzw. etwaigen weiteren Rechte vorzubehalten, wenn eine solche Annahme auch nur entfernt denkbar erscheint.

So wird z. B. von manchen Gerichten ein anwaltlich vorbehaltlos erklärter Verzicht auf die Begründung einer gerichtlichen Entscheidung – auch vor deren Verkündung – als stillschweigend erklärter Rechtsmittelverzicht ausgelegt (OLG Köln MDR 2000, 472; OLG Köln MDR 2002, 109: § 91a Beschluss; Zöller/*Gummer* § 567 Rn. 15, Thomas/Putzo/*Reichold* § 514 Rn. 8). Das wesentliche Argument der Kritiker (*E. Schneider* MDR 2000, 987), nämlich der § 514 ZPO a. F., woraus gefolgert wurde, dass ein Verzicht vor Urteilserlass nicht möglich ist, dürfte nunmehr mit den §§ 515, 313a Abs. 3 ZPO entfallen sein.

Zur Vermeidung speziell dieses Risikos sollte der Anwalt daher sicherheitshalber einem nicht zugleich als Rechtsmittelverzicht gewollten Begründungsverzicht den Zusatz »ohne Verzicht auf Rechtsmittel« hinzufügen (OLG Köln MDR 2002, 109: »kann von anwaltlich vertretenen Parteien erwartet werden«; auf Protokollierung achten, § 165 ZPO – Wirksamkeit eines Verzichts davon aber unabhängig, Zöller/*Stöber* § 162 Rn. 6; im Fall eines Rechtsmittel- und Begründungsverzichts aber Ersparnis von zwei Gerichtsgebühren, Nr. 1211 Ziff. 2 KV-GKG i. V. m. § 313a Abs. 2 ZPO).

Vorsicht ist auch geboten bei Verzicht auf einen Zeugen (unten Rdn. 1718).

1318 (3) Sorgfältiger Überlegung bedarf, zu welchem Zeitpunkt, insbesondere in welcher Reihenfolge Prozesshandlungen vorgenommen werden. Die Vornahme bestimmter Prozesshandlungen kann andere Prozesshandlungen ausschließen. Insbesondere stellt das »Verhandeln«, also das Stellen der Anträge eine Zäsur dar, das die eigenen taktischen Gestaltungsmöglichkeiten einschränkt.

1319 ▶ Beispiele:

Will der Kläger sich die Möglichkeit erhalten, die Klage ohne Einwilligung des Beklagten zurückzunehmen, darf er zunächst keinen Antrag stellen.

E. Die mündliche Verhandlung — 4. Kapitel

Mit der Stellung des Antrags verliert der Kläger die Möglichkeit, eine Flucht in die Säumnis anzutreten.

Werden verzichtbare Verfahrensfehler nicht vor der nächsten Antragstellung gerügt, tritt eine Heilung ein (§§ 39, 295 ZPO). 1320

> Die rügelose Stellung der Anträge begründet eine bis dahin nicht gegebene sachliche und/oder örtliche Zuständigkeit des angerufenen Gerichts, der Beklagte kann die Unzuständigkeit danach nicht mehr rügen (§ 39 ZPO).
>
> Verzichtbar i. S. d. § 295 ZPO sind Verfahrensrügen, die den äußeren Prozessablauf betreffen.

▶ **Beispiele:** 1321

Rügen zum Inhalt des Protokolls (§§ 159, 160 ZPO).

Rügen zur Wirksamkeit der Zustellung (§§ 166 ff., 271 ZPO) oder der Ladung (§ 274 ZPO).

Rügen zum Ablauf der Beweisaufnahme (§§ 355 ff. ZPO).

> Von Bedeutung ist der Verlust des Rechts zur Rüge von Verfahrensfehlern vor allem für die Berufung, wo neue Angriffs- und Verteidigungsmittel hauptsächlich auf Verfahrensfehler gestützt werden können (unten Rdn. 3285). Der Verlust des Rügerechts in der ersten Instanz wirkt in der Berufungsinstanz fort (§ 534 ZPO).

(4) Verhindert werden muss zudem, beim Gericht einen schlechten **persönlichen Eindruck** zu hinterlassen. 1322

Denn der Anwalt und auch die Partei selbst sollten es vermeiden, in der mündlichen Verhandlung (besonders) »negativ« aufzufallen und sich provozieren zu lassen. Auf »Privatfehden« mit dem Richter sollte tunlichst verzichtet werden. Unsachlichen Äußerungen – sei es vom Gegner oder vom Gericht – sollte man am besten ruhig aber bestimmt entgegentreten. 1323

> Es kann nicht ausgeschlossen werden, dass sonst – zumindest unbewusst – (nachteilige) Voreingenommenheiten und gewisse Antipathien beim Richter entstehen. Dabei personifiziert sich gewissermaßen die nicht persönlich anwesende Partei für den Richter vornehmlich in der Person ihres Prozessbevollmächtigten, wobei manche Richter Rechtsanwälten gegenüber von vornherein eher kritisch eingestellt sind. Durch persönliche Angriffe gegen den Richter bzw. dessen fachlicher Kompetenz, unterschwellige vermeintliche Drohungen, unsachliche Äußerungen gegenüber der anderen Seite oder auch nur durch ein unangebracht überhebliches, forsches Auftreten riskiert man eine für die Partei nachteilige innere Einstellung auch eines zunächst wohlgesinnten Richters.
>
> Auch wenn die lautstarke Selbstdarstellung des Anwalts den anwesenden Mandanten möglicherweise zunächst beeindruckt, kann dadurch die Enttäuschung über einen verlorenen Prozess sicherlich nicht ausgeglichen werden. Erfolgreiche Prozesstaktik muss – vor allem im Interesse des eigenen Mandanten – mit der »Prozesspsychologie« harmonieren. Ihre Reduktion ausschließlich auf die Eigeninteressen kann das Gegenteil dessen bewirken, was erstrebt wird (zutreffend *E. Schneider* MDR 1987, 725).
>
> Dabei ist zu bedenken, dass viele Ergebnisse wertende Entscheidungen sind, die von ganz individuellen, kaum verifizierbaren Tendenzen subjektiv geprägt sind. Es gibt häufig eben nicht nur die »richtige« Rechtsanwendung für den zu entscheidenden Einzelfall, sondern mehrere sich widersprechende, aber trotzdem allesamt vertretbare Lösungsmöglichkeiten. Außerdem ist die für die Entscheidung notwendige »persönliche Gewissheit« allein des Tatrichters von der Wahrheit einer Behauptung naturgemäß personengebunden und kaum nachprüfbar (BGHZ 53, 245, 256: nur hierauf kommt es an, auch wenn andere zweifeln oder eine andere Auffassung erlangt haben würden).
>
> So kann derjenige, der sein »Handwerk versteht, nahezu jede Entscheidung begründen oder zumindest wasserdicht machen« und damit die »Willens-Bestandteile« seines Urteils kaschieren (*Lamprecht* DRiZ 1988, 162). Auch wird behauptet, dass die Praxis die juristischen Methoden der Rechtsfindung dazu benutzen würde, um »die nach dem eigenen Vorverständnis des jeweiligen Juristen angemessenste Entscheidung nach außen lege artis zu begründen, d. h. scheinzubegründen« (*Esser*, Vorverständnis und Methodenwahl in der

Rechtsfindung, 2. Aufl. 1972, S. 7 – zit. *Schwöbbermeyer* ZRP 2001, 571; *Reinelt* ZAP-Sonderheft S. 63: es gibt irrationale Tendenzen im Recht).

Ebenso hat der Richter prozessual einen weiten Handlungsspielraum (Baumbach/*Hartmann* § 139 Rn. 13), nicht zuletzt aufgrund von unbestimmten, kaum definierbaren Rechtsbegriffen und »Kann«-Bestimmungen.

So schreibt *Rinsche* (Rn. 169) treffend: »Man täusche sich nicht: In Fällen, die auf des Messers Schneide stehen, kann die Verärgerung eines Richters (ohne dass es diesem bewusst wird) durchaus prozessentscheidend sein.«

Etwas anders gilt allerdings, wenn der Anwalt in ruhiger und sachlicher Form selbstbewusst auf der Wahrung seiner Verfahrensrechte besteht. Hierbei ist die verbreitete Sorge, dass man dann mit Repressalien rechnen muss, unangebracht. Weit eher ist davon auszugehen, dass ein Richter diesen Anwalt respektiert (*E. Schneider*, www.beck.de, 2004).

II. Vorbereitung

1324 Auch wenn das Gebot umfassender Vorbereitung der mündlichen Verhandlung (§§ 272 Abs. 1, 273 ZPO) unmittelbar nur für das Gericht gilt, muss auch der Anwalt entsprechend tätig werden.

1. Teilnahme des Mandanten

1325 Eine wichtige vorbereitende Überlegung betrifft die Frage, ob es erforderlich oder sinnvoll ist, den eigenen Mandanten zur mündlichen Verhandlung mitzunehmen.

a) Zweckmäßigkeit der Teilnahme

1326 Die Parteien dürfen natürlich an der mündlichen Verhandlung und der Beweisaufnahme teilnehmen.

1327 ▶ Praxistipp:

Für die Teilnahme der Partei an der mündlichen Verhandlung gibt es keine pauschale Lösung: Ihre Zweckmäßigkeit ist im Einzelfall abzuwägen.

1328 Die Frage, ob es zweckmäßig ist, dem Mandanten die Teilnahme zu empfehlen, muss der Anwalt im jeweiligen Einzelfall entscheiden. Die zuweilen zu lesende Bemerkung, wonach diejenige Partei, welche persönlich erscheint, regelmäßig »der Dumme« ist, ist in dieser Allgemeinheit keinesfalls zutreffend (*Lange* NJW 2002, 480 Fn. 50: »Wer seine Partei lieb hat, lässt sie zu Hause«).

Dabei sind die Reisekosten der Partei zur Teilnahme an der mündlichen Verhandlung grundsätzlich auch dann gem. § 91 Abs. 1 ZPO erstattungsfähig, wenn sie anwaltlich vertreten ist und das Gericht das persönliche Erscheinen nicht angeordnet hat (Zöller/*Herget* § 91 Rn. 13 – Reisekosten; OLG Celle NJW 2003, 2994: arg. Ausweitung des Stellenwertes der mündlichen Verhandlung durch das ZPO-Reformgesetz 2002). Anders gilt nur dann, wenn sich die persönliche Anwesenheit im Einzelfall als missbräuchlich darstellt (OLG Celle a. a. O.: z. B. bei groben Missverhältnis der Reisekosten zum Wert des Streitgegenstands; OLG Düsseldorf NJW-RR 1996, 1342: wenn offenkundig nur ein sog. Durchlauftermin ansteht).

aa) Nachteile

1329 Nachteilig auswirken kann sich die Anwesenheit der Partei aus folgenden Gründen:

1330 (1) Er kann insbesondere Fragen des Gerichts und des Gegners ausgesetzt sein, ohne deren Bedeutung für den Rechtsstreit zu erkennen und sich deshalb **ungeschickt einlässt**.

Auch wird das Gericht bei Anwesenheit der Partei auf tatsächliche Fragen sofort eine Antwort erwarten, während sonst eine Vertagung oder Schriftsatzfrist die Möglichkeit einer gründlichen Überlegung und einer Rücksprache mit dem Prozessvertreter eröffnet (z. B. Thomas/Putzo/*Reichold* § 370 Rn. 1: bei nicht voraussehbarem überraschendem Ergebnis der Beweisaufnahme oder bei Fragen, die der Anwalt nicht ohne

Rücksprache mit seinem Mandanten beantworten kann). Durch die Äußerungen der Partei kann möglicherweise die gesamte Strategie des Anwalts zunichtegemacht werden.

(2) Erteilt das Gericht in der mündlichen Verhandlung einen Hinweis, ist es der anwesenden Partei meist möglich, sich hierzu sofort zu erklären. Da eine Schriftsatzfrist gem. § 139 Abs. 5 ZPO somit regelmäßig nicht in Betracht kommt (OLG Hamm NJW 2003, 2543; unten Rdn. 1480), verbleibt der Partei **kaum Zeit zum Nachdenken** und Besprechen mit ihrem Prozessbevollmächtigten.

(3) Bei gerichtlichen Vergleichsvorschlägen besteht die Gefahr, dass das Gericht **Druck auf die anwesende Partei** – über den (ablehnenden) Anwalt hinweg – ausübt und der Vergleichsabschluss später reut.

(4) Die Äußerungen einer sehr **emotional auftretenden Partei** können zu gewissen Spannungen führen, den Gegner provozieren und das Gericht negativ beeinflussen. Unter Umständen ist der Gegner dann zu einem – für die Partei günstigen – Vergleichsabschluss nicht mehr bereit.

> Somit kann nach »alter forensischer Erfahrung« die persönliche Anwesenheit der Parteien auch Prozess erschwerend sein (*Kahlert* NJW 2003, 3391). Die Hoffnung, dass durch die Anwesenheit von Parteien die Vergleichsbereitschaft erhöht wird, soll auch »meist ein Trugschluss« sein (*Zierl* NJW-Editorial Heft 39/2002; a. A. MüKoZPO/*Prütting* § 279 Rn. 16: wichtige Voraussetzung erfolgreicher Vergleichsbemühungen ist die persönliche Anwesenheit der Parteien). So lässt sich einerseits ohne die Parteien in der Tat häufig ein sachlicheres und offeneres Gespräch über die Probleme des Falles führen, wobei andererseits zuweilen auch erst durch die persönliche Anhörung der Parteien offenkundig wird, was der eigentliche Streitpunkt ist.
>
> Der Umgang mit den Parteien wirft in der mündlichen Verhandlung für Gericht und Anwälte zusätzliche soziale, kommunikationstheoretische und psychologische Probleme auf (*Stackmann* JuS 2008, 509).
>
> Ferner kann durch die Art des Auftretens der Partei die gegnerische Darstellung des Sachverhalts u. U. für das Gericht plausibel und glaubwürdig werden (z. B. wenn ein sehr aggressiv und kräftig wirkender Beklagter die behauptete Körperverletzung des Klägers bestreitet (z. B. auch OLG Hamburg MDR 2000, 115: dafür »dass insbesondere die Telefonate [des, sein Zeithonorar einklagenden Rechtsanwaltes] mit der Beklagten selbst oft zeitraubend gewesen sein können, [...] hat sie in der Verhandlung mit ihren mündlichen Ausführungen ein Beispiel gegeben«).

bb) Vorteile

Die Anwesenheit der Partei kann aber auch vorteilhaft sein:

(1) Der (sachkundige) Mandant kann komplizierte Sachverhalte dem Gericht **verständlich machen** sowie entscheidungserhebliche Punkte sogleich klären. Der Anwalt wird hierzu häufig ebenso wenig in der Lage sein, wie Äußerungen der Gegenpartei sofort zu erwidern.

> Der Prozessvertreter ist dann nicht auf die Gewährung einer Schriftsatzfrist bzw. Vertagung angewiesen und erspart sich eine – vielfach mühsame – außergerichtliche Rückfrage beim Mandanten und weiteren Schriftverkehr. Auch können etwaige Unklarheiten, Auslassungen und Widersprüche infolge mangelhafter Information vermieden werden, wobei insbesondere mündliche Ausführungen der Gegenpartei oder Hinweise des Gerichts die Erörterungen in eine vorher nicht zu bedenkende Richtung lenken können. Im Übrigen belegt die gerichtliche Praxis vielfältig, dass ein nach Aktenlage als feststehend erscheinender Sachverhalt sich erst im Gespräch mit den Parteien als unvollständig oder missverstanden erweisen kann (OLG Düsseldorf NJW-RR 1996, 1342).

(2) Unter Umständen sieht sich das Gericht veranlasst, der persönlich anwesenden Partei **mehr Hinweise** zu erteilen als einem Rechtsanwalt. Insbesondere wenn die Partei »zur Aufklärung des Sachverhalts« persönlich geladen wurde, ist das Gericht verpflichtet, ihr Gelegenheit zu geben, einen etwaigen unzureichenden Tatsachenvortrag zu vervollständigen (BGH NJW-RR 1999, 605).

(3) In manchen Fällen kann nicht ausgeschlossen werden, dass die unmittelbare Schilderung der Ereignisse durch die Partei das Gericht vor allem in Zweifelsfällen oder bei noch ungeklärten Restfragen **überzeugt** (§ 286 ZPO; z. B. OLG Frankfurt a. M. MDR 1979, 762: überzeugendes Auftreten

des Beklagten) oder zur Parteivernehmung von Amts wegen führt (OLG Celle VersR 1982, 500: der in der Verhandlung von der Persönlichkeit beider Parteien gewonnene Eindruck).

1338 (4) Wenn es z. B. um Schmerzensgeld wegen Körperverletzung geht, kann der unmittelbare Anblick der **sichtbaren Folgen** beim Kläger einen günstigen Einfluss auf die Höhe des Schmerzensgeldes haben (z. B. bei Gesichtsverletzung entstellende Narben!).

> Hierbei sollte der Kläger darauf achten, dass das Gericht die Verletzungen als Inhalt der Augenscheinseinnahme besonders genau protokolliert (tatsächliche Beschreibung und nicht nur das würdigende Ergebnis – insbesondere Grad der Auffälligkeit von Narben). Andernfalls besteht die Gefahr, dass das Berufungsgericht einen Verstoß gegen § 160 Abs. 3 Nr. 5 ZPO annimmt und eigene Feststellungen tritt, während es sonst an die Feststellungen des Erstgerichts grundsätzlich gebunden ist (§ 529 Abs. 1 Nr. 1 ZPO; OLG Hamm NJW-RR 2003, 1006: Halbierung des Schmerzensgeldes in der Berufungsinstanz, weil die Narben inzwischen verheilt waren).

1339 (5) Vorteilhaft kann die Teilnahme auch bei der Beweisaufnahme oder Anhörung des Gegners sein, um **ergänzende Fragen stellen** zu können.

> Denn oft kann nur die Partei vor allem bei einer Zeugenaussage die entscheidend falsche oder widersprüchliche Stelle sogleich erkennen und zur Sprache bringen (Baumbach/*Hartmann* § 137 Rn. 40). Da erfahrungsgemäß viele Parteien nicht in der Lage sind, (konkrete) Fragen zu stellen und ihren Einwand zielgerichtet artikulieren zu können, sollte dies am besten der Anwalt – nach kurzer Rücksprache mit dem Mandanten – übernehmen.

1340 (6) Für den Anwalt besteht ein Vorteil darin, dass ein etwaiger **Vergleich unwiderruflich** abgeschlossen werden kann.

> Damit kann er sich Erklärungs- und Überzeugungsarbeit beim Mandanten ersparen. Denn es ist in der Regel davon auszugehen, dass das Gericht zum Zwecke eines Vergleichsabschlusses entsprechende Ausführungen im Termin macht. Besonders bei »uneinsichtigen« Mandanten kann dies für den Anwalt hilfreich sein.

1341 In jedem Fall empfiehlt es sich, den persönlich teilnehmenden Mandanten **vorher** über den Ablauf einer mündlichen Verhandlung samt etwaigen Unwägbarkeiten zu informieren und mit ihm die Vorgehensweise **abzusprechen**.

> Zur Vermeidung von Überraschungen sollte der Anwalt den Mandanten vor dem Termin auch nach etwaigen Umständen fragen, die ihm zwar möglicherweise unangenehm sind, welche jedoch im Termin zur Sprache kommen könnten.

b) Anordnung des persönlichen Erscheinens

1342 Das Gericht soll nach § 141 ZPO das persönliche Erscheinen beider Parteien anordnen, wenn dies zur Aufklärung des Sachverhalts **geboten** erscheint. Eine solche Anordnung erfolgt in der Praxis regelmäßig für die Güteverhandlung (§ 273 Abs. 3 ZPO).

> Trotz des ungebrochenen Interesses an einschlägigen Gerichtsshows deutscher Privatsender hält sich die Begeisterung von Mandanten, in ihren eigenen Prozessen vor Gericht zu erscheinen, oftmals in Grenzen. Der Anwalt kann sicher sein, Fragen wie »Muss ich da wirklich hin?« beantworten zu müssen, umso eher, wenn es um geringe Streitwerte und absehbar einseitige Rechtsstreitigkeiten geht. Gerade Selbstständige wie Ärzte oder Steuerberater sehen es – vielfach zu Recht – als unnötig an, einen Gerichtstermin »nur« dafür wahrzunehmen, dass sie dem Erlass eines Versäumnisurteils beiwohnen (*Luckey* ProzRB 2005, 44).

1343 Obgleich auch hier eine Äußerungspflicht der Partei nicht besteht (Thomas/Putzo/*Reichold* § 141 Rn. 4; Prütting/Gehrlein/*Prütting* § 141 Rn. 10 – es gilt jedoch §§ 138, 286 ZPO!), kann trotzdem bei unentschuldigtem Ausbleiben einer Partei ein **Ordnungsgeld** verhängt werden (§ 141 Abs. 3 ZPO).

> Auch wenn viele Richter davon nur zurückhaltend Gebrauch machen dürften (Ermessen!), muss immer damit gerechnet werden.

E. Die mündliche Verhandlung — 4. Kapitel

Bei verhängtem Ordnungsgeld kann die Partei entweder gem. § 380 Abs. 3 ZPO sofortige Beschwerde einlegen (Notfrist von zwei Wochen!) oder auch versuchen, eine Aufhebung des Ordnungsgeldbeschlusses durch nachträgliche Entschuldigung zu erreichen (§ 381 ZPO). Insbesondere wenn der Prozess inzwischen bereits abgeschlossen ist oder (sowieso) ein neuer Termin wegen fehlender Zeugen erforderlich geworden war, dürften nicht wenige Richter geneigt sein, den Beschluss dann – ohne eingehende Prüfung der vorgetragenen Gründe – aufzuheben.

Dabei kann der Anwalt darauf hinweisen, dass die Anordnung des persönlichen Erscheinens der Förderung des Verfahrens und der Sachverhaltsaufklärung dient (Zöller/*Greger* § 141 Rn. 12; Thomas/Putzo/*Reichold* § 141 Rn. 5) und die Verhängung von Ordnungsgeld (zumindest nicht vorrangig) keine Ungehorsamsstrafe für die Missachtung des Gerichts und des Gesetzes darstellt (Zöller/*Greger* § 141 Rn. 12; LAG Frankfurt a. M. NJW 1965, 1042: kein allgemeiner Autoritätsschutz der Gerichte schlechthin; LAG Niedersachsen MDR 2002, 1333: keine Sanktion für das Scheitern von Vergleichsverhandlungen; a. A. z. B. OLG München NJW-RR 1992, 827) und dass davon nur zurückhaltend Gebrauch gemacht werden sollte (Baumbach/*Hartmann* § 141 Rn. 30). Dabei kann das Nichterscheinen als Verweigerung einer Erklärung gesehen werden (Thomas/Putzo/*Reichold* § 141 Rn. 5).

Voraussetzungen sind insbesondere, 1344

– dass das Ausbleiben nicht entschuldigt ist (z. B. wegen großer Entfernung, Krankheit, sonstiger dringender Geschäfte; Prütting/Gehrlein/*Prütting* § 141 Rn. 11; Thomas/Putzo/*Reichold* § 141 Rn. 5);

Ob die falsche Auskunft des Anwalts, nicht erscheinen zu müssen, die Partei entlasten kann, ist umstritten (verneinend Baumbach/*Hartmann* § 141 Rn. 40; Zöller/*Greger* § 141 Rn. 13 – arg. § 85 Abs. 2 ZPO; bejahend Thomas/Putzo/*Reichold* § 141 Rn. 6; verneinend OLG Schleswig ProzRB 2003, 290 – persönliches Parteiverschulden erforderlich). Es ist aber gut vorstellbar, dass die meisten Richter dies als ausreichende Entschuldigung gelten lassen.

Die Partei ist vor allem aber dann entschuldigt, wenn sie die – meist formlose (§ 141 Abs. 2 Satz 2 ZPO) – Ladung überhaupt nicht erhalten hat (*Luckey* ProzRB 2005, 49: »Wird mithin der Zugang der Ladung bestritten, ist das Gericht regelmäßig hilflos«).

– dass die Anordnung einen Hinweis auf die Folgen des Ausbleibens enthält und als Zweckangabe »zur Aufklärung des Sachverhalts« angefügt ist, was in der Praxis häufig nicht erfolgt (Thomas/Putzo/*Reichold* § 141 Rn. 6; Zöller/*Greger* § 141 Rn. 10; einschränkender OLG München MDR 1987, 147: Gericht muss zu erkennen geben, welche Ergänzungen oder Erläuterungen es im Termin erwartet; Terminsladung genau lesen!);

– dass Aufklärung auch tatsächlich noch erforderlich (OLG Brandenburg MDR 2001, 411) bzw. die Sache aufgrund des Ausbleibens nicht entscheidungsreif ist (OLG Brandenburg NJW-RR 2001, 1649; str.) oder die Sache sich nicht bereits erledigt hat (z. B. durch Vergleich, Klagerücknahme, Versäumnisurteil, Endurteil; Prütting/Gehrlein/*Prütting* § 141 Rn. 11; LAG Niedersachsen MDR 2002, 1333);

Der Anwalt kann deshalb auch versuchen, dem drohenden Ordnungsgeldbeschluss durch Abschluss eines Widerrufsvergleichs zu entgehen (Zöller/*Greger* § 141 Rn. 12, 18; *Luckey* ProzRB 2005 Fn. 39: »Der Charme der »Widerrufslösung« liegt natürlich auf der Hand«; a. A. Baumbach/*Hartmann* § 141 Rn. 50).

– dass kein Vertreter oder Prozessbevollmächtigter erscheint, der zur Abgabe der gebotenen Erklärungen, insbesondere zu einem Vergleichsabschluss, ermächtigt, und zur Aufklärung des Tatbestandes in der Lage ist (§ 141 Abs. 3 ZPO).

Dabei hängt es vom jeweiligen Richter ab, welchen Anforderungen diese Vollmacht entsprechen muss. Während manchen Richtern die mündliche anwaltliche Versicherung ausreicht, bestehen andere auf die Vorlage einer diesbezüglichen (besonderen) Vollmacht. Deshalb sollte der Anwalt eine solche im Original sicherheitshalber immer in der Verhandlung dabei haben, welche Anerkenntnis und Verzicht mit einschließen muss (Zöller/*Greger* § 141 Rn. 18; OLG München NJW-RR 1992, 827: Vollmacht gem. § 81 ZPO genügt nicht). Nach einer Ansicht (Baumbach/*Hartmann* § 141 Rn. 50; AG Königstein NJW-RR 2003, 136) muss der Vertreter bereit und ermächtigt sein, einen etwaigen Prozessvergleich unbedingt abzuschließen. Im

Übrigen kommt der Anwalt als Vertreter in diesem Sinne nicht in Betracht, wenn es auf höchstpersönliche Kenntnisse der Partei ankommt (Baumbach/*Hartmann* § 141 Rn. 48), weil der Wissensstand des Vertreters dem der Partei entsprechen muss (Zöller/*Greger* § 141 Rn. 17).

1345 ▶ Praxistipp:

Für den (Prozess-) Bevollmächtigten selbst besteht ebenfalls keine Pflicht, sich zur Sache einzulassen. Weigert sich der Vertreter daher, eine Erklärung abzugeben, kann kein Ordnungsgeld verhängt werden (Zöller/*Greger* § 141 Rn. 19).

Am sichersten indes vermeidet man das Risiko eines Ordnungsgeldes durch die Aufhebung der gerichtlichen Anordnung. Angesichts der vorhandenen Unwägbarkeiten sollte der Anwalt versuchen, zunächst dies zu erreichen und mit dem Gericht in Kontakt treten.

Denn das Gericht kann sich insbesondere dann zu einer Aufhebung veranlasst sehen, wenn der Anwalt vor dem Termin mitteilt, dass sein Mandant zu keiner Erklärung bereit oder fähig (weil mit der Sache nicht befasst) ist und auch ein Vergleich nicht in Betracht kommt bzw. der Prozessbevollmächtigte zu einem Vergleichsabschluss ermächtigt ist. Denn die Anordnung erfolgt in der Praxis häufig nur routinemäßig und gedankenlos – ohne Rücksicht auf die berufliche oder sonstige Belastung der Parteien oder deren persönlicher Informationsfähigkeit – und mit der Absicht, unmittelbar auf die Parteien zur Herbeiführung eines Vergleichsabschlusses einzuwirken (*Kahlert* NJW 2003, 3390).

So kommt nach einer Ansicht die Verhängung eines Ordnungsgelds gegen die ausbleibende Partei nicht in Betracht, wenn diese zur Sachaufklärung nichts beizutragen vermag (OLG Stuttgart MDR 2004, 1020; LG Berlin RuS 2003, 404: Vorstandesvorsitzender einer Versicherungsgesellschaft).

Im Übrigen ist nach § 141 Abs. 1 Satz 2 ZPO von der Anordnung des persönlichen Erscheinens abzusehen, wenn einer Partei wegen großer Entfernung oder aus sonstigem wichtigen Grund die persönliche Wahrnehmung des Termins nicht zuzumuten ist.

Nicht sicher kann die Anordnung des persönlichen Erscheinens mit dem Hinweis auf eine (z. B. beruflich oder urlaubsbedingte) terminliche Verhinderung der Partei beseitigt werden. Möglich ist hier eine bloße Terminsverlegung durch das Gericht, was dem Mandanten unter Umständen »Steine statt Brot« bringt (*Luckey* ProzRB 2005 Fn. 20: Vorsicht!).

Erfolgt eine solche Anordnung trotzdem, sollte man das Gericht auf solche Umstände hinweisen (z. B. berufliche Termine, Urlaub, erheblicher Fahrt- und Zeitaufwand) und um Aufhebung bitten, wobei die Ankündigung der Vorlage einer Vollmacht nach § 141 Abs. 3 ZPO noch unterstützend wirken kann. Manche Richter akzeptieren eine telefonische Erreichbarkeit der Partei (per Mobiltelefon) während der Sitzung.

Das OLG Celle (NJW-RR 2002, 72) hat sogar einen Befangenheitsantrag für begründet erachtet, weil der Richter ohne erkennbaren Grund auf der Anordnung des persönlichen Erscheinens einer über 300 km vom Gerichtsort wohnenden Partei beharrt hat, obwohl sie mitgeteilt hat, dass sie sich in ihrem Jahresurlaub befinden werde (§ 141 Abs. 1 Satz 2 ZPO). In diesem Fall war zudem nicht abzusehen, welcher Aufklärungsbedarf nach der angekündigten anwaltlichen Klageerwiderung überhaupt noch bestehen würde und warum er gegebenenfalls allein durch die Partei persönlich befriedigt werden sollte.

c) Parteianhörung

1346 Mit der (**informatorischen**) Anhörung der Partei dürfen nach h. M. lediglich Unklarheiten und Lücken im Parteivortrag beseitigt und geklärt werden (Thomas/Putzo/*Reichold* Vorbem. § 445 Rn. 2; BGH MDR 1967, 834). Sie kann deshalb nicht zum Gegenstand der Beweiswürdigung gemacht werden. Trotzdem bedient sich eine weit verbreitete Praxis der Zivilgerichte dieser zur direkten Wahrheitsermittlung (*Meyke* MDR 1987, 358) und verwendet sie faktisch als Beweismittel (*Schöpflin* NJW 1996, 2134).

Bei dieser Handhabung kann vor allem eine etwaige »drohende« aufwendige Beweisaufnahme vermieden werden, wenn das Gericht bereits durch die Äußerungen der beweisbelasteten Partei vom Vorliegen der streitigen Tatsache überzeugt ist.

So hat auch der BGH in einer Entscheidung aus dem Jahr 1952 festgestellt, dass das Gericht seine Überzeugung allein auf das Vorbringen einer Partei stützen darf (BGH LM § 286 ZPO Nr. 4), ohne dass der

E. Die mündliche Verhandlung

hierzu angebotene Beweis noch erhoben werden müsste (§ 286 ZPO; BGH NJW 1982, 940 Anm. *Deubner*). Nach einer jüngeren Entscheidung indes sollen bestrittene, erhebliche Tatsachenbehauptungen in der Regel mit den in der ZPO vorgesehenen Beweismitteln bewiesen werden müssen (BGH NJW 1997, 1988). Die Frage, ob der Tatrichter seine Entscheidung auf eine Anhörung stützen kann, soll sich grundsätzlich nur stellen, wenn sich die Partei in Beweisnot befindet, d.h. ihr keine Beweismittel zur Verfügung stehen oder diese nicht ausreichen.

Deshalb ist darauf zu achten, dass die Anhörung des Gegners nicht in einer **Parteivernehmung** ausartet, welche nur unter bestimmten engen Voraussetzungen zulässig ist (Prütting/Gehrlein/*Müller-Christmann* § 445 Rn. 6; unten Rdn. 1885 – dort auch zur Parteianhörung beim sog. Vier-Augen-Gespräche). **1347**

> Die Verwertung der Aussagen einer Partei als Beweismittel, ohne ausdrücklich als Partei vernommen zu sein, ist allerdings ein Verfahrensfehler. Die Parteiäußerungen können aber einen Anfangsbeweis als Voraussetzung für eine Parteivernehmung schaffen (§ 448 ZPO).

In jedem Fall darf die Parteianhörung im Rahmen der (freien) Beweiswürdigung als Inhalt der Verhandlungen (§ 286 Abs. 1 ZPO) berücksichtigt werden (*Stackmann* JA 2012, 128; einschränkend *Eschelbach/Geipel* MDR 2012, 198: »Es ist nach den Regeln des Strengbeweisverfahrens nicht möglich, aufgrund freier Beweiswürdigung bei widersprechenden Parteiangaben allein aufgrund der Angaben einer Partei in deren Anhörung zu einem der gesetzlichen Beweislastverteilung widersprechenden Ergebnis zu gelangen, indem den Angaben der beweisbelasteten Partei gefolgt wird. Es muss mindestens eine förmliche Parteivernehmung nach dem Maßstab der §§ 445 ff. ZPO zugrunde liegen. Lässt sich nur eine Partei im Rahmen einer Anhörung nach § 141 ZPO zur Sache ein, so kann aus der Nichteinlassung der anderen Partei alleine ebenfalls noch nicht der Schluss gezogen werden, den Angaben der sich der Anhörung stellenden Partei sei zu folgen. Angaben zur Aufklärung und Angaben zur Beweisführung sind streng zu trennen.«). **1348**

> So darf das Gericht einer Parteierklärung, auch wenn sie außerhalb einer förmlichen Parteivernehmung erfolgt ist, sogar den Vorzug vor den Bekundungen eines Zeugen geben (BGH NJW 1999, 364); zumindest kann diese als gleichwertig angesehen werden (BGH NJW-RR 1990, 1061: bei Interessenverflechtung des Zeugen). Von daher wird das oben angesprochene Verbot, die Anhörung zu Beweiszwecken zu verwenden, freilich erheblich relativiert. Eine Abgrenzung von zulässiger und unzulässiger Anhörung ist letztlich kaum möglich.
>
> Für die Beurteilung der Glaubwürdigkeit etwaiger noch zu vernehmender Zeugen dürfte es im Allgemeinen günstiger sein, wenn die Parteianhörung in deren Abwesenheit stattfindet (Zöller/*Greger* § 278 Rn. 2), obgleich diese nicht von der öffentlichen Verhandlung ausgeschlossen werden können (§§ 394 ZPO, 169 GVG). Hierauf ist seitens des Prozessbevollmächtigten besonders bei mitgebrachten Zeugen zu achten.
>
> Freilich sollte hierbei »Anlass zur Skepsis und Zurückhaltung« bestehen, die Feststellung von streitigen Tatsachen ohne unterstützende Anhaltspunkte allein auf die eigene Aussage einer Partei als der am Verfahren am meisten Interessierten zu stützen (*Lange* NJW 2002, 481). In der Praxis haben Aussagen von Zeugen grundsätzlich erheblich mehr Gewicht als die Äußerungen von Parteien.

Dabei kann das Gericht die Partei zwar auch gegen den Willen des Prozessbevollmächtigten direkt befragen (§§ 137 Abs. 4; 278 Abs. 2 Satz 3 ZPO). Eine **Einlassungspflicht** besteht aber nicht, sodass die Partei auch Tatsachenvortrag zurückhalten darf (Prütting/Gehrlein/*Prütting* § 141 Rn. 10). **1349**

Sofern die **Gegenseite** sehr gesprächsbereit ist, sollte der Anwalt diese Gelegenheit nutzen und selbst Fragen stellen, um z.B. etwaige Widersprüche aufzuzeigen oder in den Schriftsätzen enthaltene Übertreibungen aufzudecken. So weichen manchmal tatsächlich die mündlichen Äußerungen der Partei von der Darstellung in den Schriftsätzen ab. Denn es fällt leichter, dem Anwalt eine einseitig gefärbte Version zu geben, als sie vor Gericht unter den Augen und Ohren des Prozessgegners, der den Sachverhalt ebenso genau kennt, wiederzugeben (*Lange* NJW 2002, 478; auch *Würfel* MDR 2003, 1213: nach den Erfahrungen seines Senats am OLG Celle wird in etwa der Hälfte aller Fälle nach der persönlichen Anhörung der Parteien ein Sachverhalt festgestellt, der mit dem schriftlich Vorgebrachten nur teilweise oder überhaupt nicht übereinstimmt). **1350**

Zur Vermeidung ungünstiger Äußerungen des Mandanten kann es daher im Einzelfall ratsam sein, dass dieser nur über seinen Anwalt antwortet. So ist der Rechtsanwalt allgemein verpflichtet, den Mandanten vor unüberlegten Erklärungen zu warnen (BGH NJW 2000, 1944). Wenn sich der Vortrag der Partei und ihres Anwaltes widersprechen, ist bei der Würdigung nach § 286 ZPO regelmäßig der Parteierklärung der Vorzug zu geben (Thomas/Putzo/*Hüßtege* § 78 Rn. 7). Bei überraschenden Fragen sollte der Anwalt daher am besten um eine kurze Unterbrechung bitten, um sich mit dem Mandanten besprechen zu können.

Zwar kann das Gericht auch die Verweigerung einer Auskunft nach § 286 ZPO würdigen. Es ist jedoch »nur schwer vorstellbar«, wie ein Gericht daraus für die Partei nachteilige Schlüsse ziehen will (*Meyke* MDR 1987, 360; im Gegensatz zu § 446 ZPO).

Die Partei braucht ihre Weigerung nicht zu begründen, allerdings kann die Angabe eines plausiblen Grundes verhindern, dass insgeheim doch vermutet wird, sie habe etwas zu verbergen. Dies gilt insbesondere dann, wenn die Partei vorgibt, nichts zu wissen, der Gegner aber darlegt, worauf das Wissen der Partei beruhen kann (Zöller/*Greger* § 446 Rn. 1). Auch soll unrichtiger – und auch bewusst unwahrer – Vortrag häufig daran zu erkennen sein, dass eine Partei entgegen ihrer in § 138 Abs. 1 ZPO geregelten Verpflichtung zum vollständigen Vortrag beharrlich nur erläutert, wie sich die Sache nicht zugetragen habe (*Würfel* MDR 2003, 1214).

Der Anwalt kann aber – vor allem bei einer zu umfangreichen Anhörung – z. B. auf die Bestimmungen der §§ 445 ff. ZPO verweisen oder darauf, dass die ebenfalls persönlich geladene Gegenpartei sich der Anhörung durch ihr Fernbleiben entzogen hat.

1351 **Vorsicht** ist auch hier in Bezug auf ein gerichtliches Geständnis geboten (oben Rdn. 1092).

Zwar können die Erklärungen einer Partei bei ihrer Anhörung oder Einlassung nach § 137 Abs. 4 ZPO nach wohl überwiegender Ansicht nicht als Geständnis angesehen werden (Thomas/Putzo/*Reichold* § 288 Rn. 4; Zöller/*Greger* § 288 Rn. 3c), was aber nicht unbestritten ist (a. A. LG Arnsberg MDR 2003, 1198). Außerdem lassen sich Sachvortrag und die Erklärung eines Geständnisses nicht immer klar voneinander trennen (§ 289 ZPO), wobei auch im Anwaltsprozess die Partei selbst ein wirksames Geständnis abgeben kann (BGHZ 8, 235; a. A. Zöller/*Greger* § 288 Rn. 3c).

2. Sonstige Terminsvorbereitung

1352 Die **Konzentrationsmaxime** verpflichtet das Gericht, einen möglichst effizienten Verlauf der mündlichen Verhandlung sicherzustellen (§ 273 ZPO). Hierzu ist der Termin soweit vorzubereiten, dass die Erledigung des Rechtsstreits möglich ist.

Das Gericht hat insoweit die Möglichkeit (und die Pflicht!: Thomas/Putzo/*Reichold* 273 Rn. 1), an der Sammlung des Prozessstoffs mitzuwirken, sicherzustellen, dass der entscheidungserhebliche Sachverhalt soweit in das Verfahren eingeführt wird, dass eine materiell gerechte Entscheidung ergehen kann.

Die Pflicht des Gerichts erstreckt sich dabei nicht darauf, Verspätungen der Parteien durch Eilanordnungen auszugleichen (BGH NJW 1980, 1102).

Die dem Gericht nach § 273 Abs. 2 ZPO eingeräumten Möglichkeiten reichen dabei von der Veranlassung der Parteien zum Vortrag von Tatsachen (Nr. 1) über die organisatorische Vorbereitung der Sachaufklärung (Nr. 2, 3) bis hin zu eigenen Nachforschungen (Nr. 2, 4).

1353 Die terminsvorbereitenden Anordnungen des Gerichts ergehen **von Amts wegen**, ohne dass es hierzu besonderer Anregungen oder Anträge der Parteien bedürfte. Denkbar ist allerdings, die teilweise über die Möglichkeiten der Parteien hinausgehenden Befugnisse des Gerichts zur Aufklärung zu nutzen.

1354 Nach § 273 Abs. 2 Nr. 2 ZPO kann das Gericht Behörden oder Träger eines öffentlichen Amtes um Mitteilung von Urkunden oder um Erteilung amtlicher Auskünfte **ersuchen**. Diese Amtsauskunft ist zulässiges Beweismittel (BGH BB 1976, 480) und kann andere Beweise (etwa Zeugenaussagen oder Sachverständigengutachten) ersetzen (BGH MDR 1964, 223). Nach § 273 Abs. 2 Nr. 5 i. V. m. §§ 142, 144 ZPO kann das Gericht anordnen, dass eine Partei oder ein Dritter Urkunden, sonstige Unterlagen oder Augenscheinsobjekte vorlegt.

1355 Über solche Ersuchen können Tatsachen in den Prozess eingeführt werden, die den Parteien anders nicht zugänglich sind. Dass das Gericht auch im Rahmen des § 273 ZPO nicht zu Amtsermittlungen befugt ist (BGH NJW 2004, 1324, 1325), hindert die Parteien nicht, sich auf entsprechende Unterlagen zu beziehen und deren Beiziehung durch das Gericht **anzuregen**.

> Erforderlich hierzu ist der hinreichend substantiierte Vortrag entscheidungserheblicher Tatsachen, die durch die Bezugnahme auf die im Besitz des Gegners oder eines Dritten befindliche Unterlagen unter Beweis gestellt werden. Auch diese Bezugnahme muss dabei hinreichend substantiiert sein, darf sich also nicht bloß in der pauschalen Verweisung auf »Unterlagen« oder »Urkunden« erschöpfen, sondern muss das vorzulegende Objekt möglichst genau bezeichnen. Um den Vorwurf einer bloßen »Behauptung ins Blaue« (oben Rdn. 939) hinein zu begegnen, kann es zusätzlich sinnvoll sein, darzustellen, woher die Partei um die Existenz der Urkunde und ihres Inhalts weiß.
>
> Die Bereitschaft der Gerichte, entsprechende Maßnahmen von Amts wegen vorzunehmen, ist nur gering. Eine Möglichkeit für die Parteien, sie zu erzwingen, besteht nicht. Deswegen kommt dieser Weg allenfalls ergänzend in Betracht, eine verlässliche Prozesstaktik kann darauf alleine nicht gestützt werden. Zumindest hilfsweise ist es erforderlich, andere Beweise für die eigenen Behauptungen anzubieten.

3. Antrag auf Terminsverlegung

1356 In der anwaltlichen Praxis sind Anträge auf Terminsverlegung häufig erforderlich. Die **Gerichte** jedoch sind ihnen »spinnefeind«, weil sie ihre Terminsplanung durchkreuzen (*E. Schneider* ZAP Fach 13, S. 1163: ein Dauerproblem der forensischen Praxis). Dementsprechend sind die Reaktionen der Gerichte darauf oft geradezu ein Ärgernis (*E. Schneider* ZAP-Buch Report, Beilage 1 zu ZAP 6/05 S. 16). Will der Anwalt dennoch eine Verlegung erreichen, muss er mehr tun, als bloß einen Antrag zustellen.

> Die Terminsverlegung kann auch zur Vermeidung einer etwaigen Präklusion eingesetzt erden (oben Rdn. 1250).
>
> Da die Termine von den Gerichten im Zivilverfahren in der Regel einseitig, ohne Absprache mit den Anwälten anberaumt werden, empfiehlt es sich, bereits bekannte Verhinderungen (z. B. gebuchten Urlaub) dem Gericht rechtzeitig und deutlich anzuzeigen mit der Bitte um Berücksichtigung.

a) Vermeidung eines Versäumnisurteils

1357 Ist eine Verlegung nicht erfolgt, droht der Erlass eines – ohne Sicherheitsleistung vorläufig vollstreckbaren – Versäumnisurteils (§§ 330, 331, 708 Nr. 2 ZPO), auch in Folgeterminen (§ 332 ZPO), wenn man zu der Verhandlung nicht erscheint.

1358 Lediglich wenn das Gericht davon ausgeht, dass die Einlassungs- oder Ladungsfrist zu kurz bemessen oder die Partei ohne ihr Verschulden am Erscheinen verhindert ist, muss die Verhandlung vertagt werden (§ 337 ZPO) – d. h. ein Versäumnisurteil ist dann nicht zulässig.

▶ **Praxistipp:** 1359

> Um ein Versäumnisurteil zu vermeiden, sollte entweder Terminsverlegung beantragt oder etwaige unverschuldete Hinderungsgründe dem Gericht unverzüglich, spätestens zum Termin mitgeteilt werden.
>
> Ergeht dann trotzdem ein Versäumnisurteil oder erfolgt die Mitteilung nicht mehr rechtzeitig, kann dagegen innerhalb von 2 Wochen Einspruch eingelegt werden mit der Folge, dass der Prozess in derselben Instanz weitergeführt wird (§§ 338, 342, 343 ZPO). Ein sog. zweites Versäumnisurteil indes kann lediglich mit der Berufung angefochten werden und auch nur insoweit, als diese auf ein fehlendes Verschulden bezüglich der Fristversäumung gestützt wird (§§ 345, 514 Abs. 2 ZPO).
>
> Dabei wird in der Rechtsprechung für die Beurteilung des Verschuldens das objektive Vorliegen eines Vertagungsgrundes unabhängig von der Kenntnis des Gerichts als ausreichend angesehen (a. A. Zöller/*Heßler* § 514 Rn. 9: unverschuldete Säumnis nur dann, wenn die Partei den ihr bekannten Hinderungsgrund dem Gericht rechtzeitig mitgeteilt hat und dadurch die Vertagung mindestens ermöglicht hat, es sei denn, eine

4. Kapitel — Rechtstitulierung im allgemeinen Klageverfahren

solche Mitteilung war der Partei nicht – mehr rechtzeitig – möglich oder zumutbar; OLG Celle NJW 2004, 2534: bei Funkloch muss der Anwalt (auf der Autobahn) eine Raststätte oder Tankstelle aufsuchen, um die Benachrichtigung über das Festnetz zu veranlassen).

1360 Bei angezeigten unvorhergesehenen kurzfristigen Verhinderungen (z. B. Verkehrsstau) muss das Gericht mit dem Erlass eines Versäumnisurteils angemessen warten, andernfalls ist das Nichterscheinen unverschuldet.

Thomas/Putzo/*Reichold* § 337 Rn. 3; Zöller/*Herget* Vor § 330 Rn. 12; BerlVerfGH NJW-RR 2000, 1451; BGH NJW 2004, 1158: auch in einer Großstadt muss man sich – nach der BGH-Rspr. (z. B. BGH MDR 1999, 178: OLG hätte (nur) 10 Minuten – wie vom Anwalt telefonisch angekündigt – warten müssen!) – auf unvorhersehbare Verkehrsunfälle und damit verbundene Staus nicht einstellen und keine Zeitreserve einplanen.

Von daher ist es für den Anwalt wichtig, sowohl immer ein Mobiltelefon als auch die entsprechenden Telefonnummern (Richter, Geschäftsstelle, Sitzungssaal) bei sich zu führen.

Die in der Praxis übliche Wartezeit liegt vor Erlass eines Versäumnisurteils bei 15 Minuten (Zöller/*Herget* Vor §§ 330 Rn. 12; 515 Rn. 10; *E. Schneider* MDR 1999, 1034; *ders.* MDR 1998, 577: absolute Mindestwartepflicht; MüKoZPO/*Prütting* § 337 Rn. 21: gewohnheitsrechtlich verfestigt – bewusste Nichtbeachtung verstößt gegen Art. 103 Abs. 1 GG, BVerfG NJW 1987, 2067).

Bestehen Zweifel an der Richtigkeit der angegebenen Gründe, kann das Gericht zunächst trotzdem verhandeln und einen Verkündungstermin anberaumen. Geht innerhalb einer bestimmten Frist keine (glaubhafte) Entschuldigung ein, so kann das Gericht durch Versäumnisurteil entscheiden, andernfalls beraumt es einen neuen Verhandlungstermin an (Baumbach/*Hartmann* § 337 Rn. 5). Hierauf sollte die erschienene Partei hinwirken, um etwaige vom Gegner beabsichtigte Verzögerungen zu vermeiden, sofern nicht eine Entscheidung nach Lage der Akten in Betracht kommt (§ 331a ZPO).

1361 Ist hingegen der Anwalt zur angesetzten Terminsstunde rechtzeitig erschienen, dürfte er als entschuldigt anzusehen sein, wenn sich der Aufruf **verzögert**, ihm weiteres Zuwarten nicht mehr zumutbar war (insbesondere wegen anderer Terminspflichten) und er dies dem Gericht mitgeteilt hat (Zöller/*Stöber* § 220 Rn. 3; Baumbach/*Hartmann* § 220 Rn. 5: Wartepflicht von einer Stunde grundsätzlich zumutbar).

Zuvor freilich sollte der Anwalt versuchen, eine förmliche Terminsverlegung zu erreichen. Unter Umständen führt die Mitteilung von der eigenen Terminskollision zu einer vorgezogenen Verhandlung.

Da auch ein etwaiger gegnerischer Anwalt ebenso wenig unbegrenzt Zeit zur Verfügung haben dürfte, kann man versuchen, sich mit diesem zu verständigen und gemeinsam den Termin nicht mehr wahrnehmen. Dabei kann ein Urteil (nach Lage der Akten) nur ergehen, wenn in einem früheren Termin bereits mündlich verhandelt wurde. Sonst muss das Gericht vertagen oder das Ruhen des Verfahrens anordnen (§ 251a ZPO). Entgegen früherer Regelung (§ 251 Abs. 2 ZPO a. F.) kann ein ruhendes Verfahren jederzeit (ohne Zustimmung des Gegners) wieder aufgenommen werden.

1362 Im Übrigen aber ist ein Versäumnisurteil grundsätzlich auch gegen eine anwaltlich vertretene säumige Partei auf Antrag des erschienenen Gegenanwalts zulässig. Das Gericht hat dann auch ein solches Urteil bei Vorliegen der sonstigen Voraussetzungen zu erlassen, sofern es nicht möglicherweise nach § 227 ZPO vertagt.

Zöller/*Herget* vor §§ 330 Rn. 12; 514 Rn. 10; § 13 BerufsO vom 29.11.1996 wurde vom BVerfG NJW 2000, 347 für nichtig erklärt; auch BGH NJW 1999, 2120; a. A. wohl Thomas/Putzo/*Reichold* § 337 Rn. 3 bzgl. § 337 ZPO allerdings unter Hinweis auf § 13 BerufsO. Aber auch nach § 13 BerufsO war dies – ohne vorherige Ankündigung – zulässig gewesen, »wenn es die Interessen des Mandanten erfordern«. Da der Mandant durch ein Versäumnisurteil immerhin einen (vorläufig) vollstreckbaren Titel erhält, dürfte die Antragstellung im Regelfall in seinem Interesse sein. Dabei ist auch zu bedenken, dass die Mandanten »für ihr Geld entschlossenes Auftreten statt falsch verstandener kollegialer Rücksichtnahme auf die gegnerischen Anwälte, Behörden und Gerichte erwarten« (*Tödtmann* Anwalt 3/2003 S. 20).

E. Die mündliche Verhandlung

Sofern dem erschienenen Anwalt bekannt ist, dass der gegnerische Anwalt mit einem Versäumnisurteil einverstanden ist, sollte er dies – wie in der Praxis üblich – dem Gericht in der Verhandlung zur Vermeidung einer etwaigen Vertagung mitteilen.

b) Erhebliche Gründe

Da nach § 227 Abs. 1 ZPO ein Termin lediglich aus »erheblichen Gründen« verlegt werden kann, sollten solche Gründe vorgetragen werden.

1363

> Hingegen ist ein in dem Zeitraum 1. Juli bis 31. August (frühere Gerichtsferien vom 15.7. bis 15.9.) fallender Termin auf Antrag zwingend zu verlegen (§ 227 Abs. 3 ZPO; mit Ausnahmen). Der Antrag muss nicht begründet werden. Allerdings muss der Verlegungsantrag innerhalb einer Woche nach Zugang der Ladung oder Terminsbestimmung erfolgen (Ausschluss-Frist!, § 224 Abs. 2 ZPO).
>
> Da dies manchen Gerichten noch nicht bekannt zu sein scheint (*Soehring* NJW 2001, 3319: stößt man nicht selten auf völlige Unkenntnis oder Überraschung), kann es sich empfehlen, bei der Antragstellung ausdrücklich auf § 227 Abs. 3 ZPO hinzuweisen, nicht zuletzt deshalb, weil der ablehnende Beschluss unanfechtbar ist (§ 227 Abs. 4 Satz 3 ZPO).

Zu beachten ist, dass nach § 227 Abs. 2 ZPO als »erheblicher Grund« insbesondere die **mangelnde Vorbereitung** einer Partei sowie die **Ankündigung**, nicht zu erscheinen ausscheidet, es sei denn, die Partei entschuldigt dies genügend. Als genügende Entschuldigung ist nicht anzusehen eine zu **späte Mandatierung** des Prozessbevollmächtigten (Thomas/Putzo/*Hüßtege* § 227 Rn. 10).

1364

Das »**Einvernehmen der Parteien**« allein ist (eigentlich) ebenfalls kein erheblicher Grund.

1365

> Dies wird in der Praxis zuweilen durch behauptete außergerichtliche Vergleichsverhandlungen umgangen (Zöller/*Stöber* § 227 Rn. 7). Kaum ein Richter wird in Erwartung einer für ihn mühelosen Erledigung des Rechtsstreits die begehrte Terminsverlegung nicht vornehmen. Dies erfolgt in gleicher Weise bei der übereinstimmenden Ankündigung der Parteien, zur Verhandlung nicht zu erscheinen. Denn in diesem Fall müsste – nach der Anordnung des Ruhens des Verfahrens (auf Antrag) ohnehin ein neuer Termin stattfinden, es sei denn, die Voraussetzungen für eine Entscheidung nach Lage der Akten liegen vor (§ 251a ZPO; frühere 3-monatige Sperrfrist nach § 251 Abs. 2 ZPO a. F. ist aufgehoben!).

Am sichersten erreicht man eine Terminsverlegung, wenn die Partei bzw. deren Prozessbevollmächtigter **ohne Verschulden** am Erscheinen verhindert ist (§ 227 Abs. 2 Nr. 1 ZPO).

1366

Die diesbezüglich am häufigsten vorgetragenen und von den Gerichten in der Regel **akzeptierten Gründe** sind:

1367

- Terminskollision (u. U. Abwägung erforderlich, welcher Termin leichter zu verlegen ist; Beweistermin hat grundsätzlich Vorrang vor bloßem Verhandlungstermin; Prütting/Gehrlein/*Milger* § 227 Rn. 3).
- eine langfristig geplante Auslandsreise (Zöller/*Stöber* § 227 Rn. 6 f.) oder der bevorstehende (Jahres) Urlaub (Thomas/Putzo/*Hüßtege* § 227 Rn. 6 ff.; Zöller/*Stöber* § 227 Rn. 6: regelmäßig nur bei langfristig geplanter Auslandsreise erheblich);
- unvorhergesehene Erkrankung des sachbearbeitenden Anwalts.

> Hierbei darf nach (wohl) überwiegender Meinung – ebenso wie bei einer Terminskollision – der Antrag grundsätzlich nicht mit der Begründung abgelehnt werden, ein anderes Mitglied der Sozietät könne und müsse den Termin wahrnehmen und sich in die Sache einarbeiten (Zöller/*Stöber* § 227 Rn. 6; Thomas/Putzo/*Hüßtege* § 227 Rn. 6; a. A. LG Lübeck MDR 1999, 57 mit abl. Anm. E. *Schneider*; BVerwG NJW 1995, 1231 bei Terminskollision; Baumbach/*Hartmann* § 227 Rn. 23). Dies muss natürlich erst recht bei einem Einzelanwalt gelten (*E. Schneider* ZAP-Buch-Report, Beilage 1 zu ZAP 6/05 S. 16 unter Hinweis auf die durch eine Unterbevollmächtigung entstehenden Mehrkosten).
>
> In der Praxis werden Verlegungsanträge immer wieder mit dieser Begründung abgewiesen und stoßen immer häufiger auf immer weniger Entgegenkommen und Verständnis (*E. Schneider* ZAP 2004 Fach 13, S. 1267). Um einer Diskussion mit dem Gericht von vornherein aus dem Weg zu gehen, empfiehlt es sich

für den Anwalt, im Verlegungsantrag gleich auf etwaige Verhinderungen der Sozietätskollegen sowie auf das besondere Vertrauensverhältnis zwischen ihm und dem Mandanten hinzuweisen.

Ob im Übrigen allein ein ärztliches Attest ausreicht, in welchem lediglich »Arbeitsunfähigkeit« bescheinigt wird, hängt vom jeweiligen Richter ab. Allerdings muss man immer mit einer strengeren Handhabung rechnen. So verlangt z. B. das OLG Köln eine schlüssige Darlegung der nicht vorhersehbaren Verhinderung, wobei eine ärztliche Bescheinigung so substantiiert sein muss, dass das Gericht aufgrund der darin enthaltenen Angaben in der Lage ist, die Frage der Reise- und/oder Verhandlungsfähigkeit selbst zu beurteilen. Werde ein Antrag auf Terminsverlegung wegen Krankheit »in letzter Minute« gestellt, so sind solche Angaben ohne gesonderte gerichtliche Aufforderung beizulegen. (OLG Köln OLGReport 2004, 404: unzureichend: »Frau M ist vom 15.06.2004 bis 16.06.2004 akut erkrankt und ist nicht reisefähig«).

1368 Der Antrag auf Terminsverlegung muss förmlich **beschieden** und kurz **begründet** werden (§ 227 Abs. 2 ZPO).

In der Praxis wird dies häufig nicht eingehalten werden. In einer Entscheidung des OLG Karlsruhe (MDR 1991, 1195: lediglich konkludente Ablehnung durch Schweigen des Gerichts ist nicht zulässig, wenn der Antrag erstmals und so rechtzeitig gestellt ist, dass eine förmliche Entscheidung und deren Mitteilung an die Parteien vor dem Termin noch möglich ist) führte dies dazu, dass eine Richterablehnung als begründet erachtet wurde (dort: Gericht hat Antrag, den Termin zur mündlichen Verhandlung aufzuheben und im schriftlichen Verfahren zu entscheiden, nicht beschieden.). Aber auch bei ungerechtfertigter Weigerung, einen Termin zu verlegen, kann ein Befangenheitsgesuch begründet sein (unten Rdn. 2819 – Verfahrensverstöße).

III. Ablauf

1369 Die ZPO enthält keine zusammenfassende Regelung des Inhalts und des Ablaufs eines Termins zur mündlichen Verhandlung. Vielmehr existiert eine Vielzahl von Normen, aus denen sich einzelne für die mündliche Verhandlung relevante Punkte ergeben. Für die dem Vorsitzenden (§ 137 Abs. 1 ZPO) obliegende Gestaltung der mündlichen Verhandlung ergeben sich damit erhebliche Gestaltungsspielräume.

1370 Wesentliche im Termin zur mündlichen Verhandlung vorzunehmende Prozesshandlungen sind:

1371 (1) Die Feststellung, ob die mündliche Verhandlung **öffentlich** oder nicht öffentlich und ob dies gewährleistet ist (§§ 169 ff. GVG);

Für die Partei kann sich eine Kontrolle insoweit im Hinblick auf spätere Rechtsmittel lohnen. Die Verletzung der Öffentlichkeitsvorschriften stellt einen absoluten Revisionsgrund dar, d. h. die Kausalität eines solchen Verfahrensverstoßes für das Urteil wird unwiderlegbar vermutet. Zu weiteren Einzelfragen des Protokolls unten Rdn. 1493.

1372 (2) Der **Aufruf** der Sache (§ 220 Abs. 1 ZPO) und die **Eröffnung** der mündlichen Verhandlung durch den Vorsitzenden (§ 136 Abs. 1 ZPO);

Bei Anwesenheit aller Beteiligten im Sitzungssaal genügt hierfür der erkennbare Beginn der Verhandlung, fehlt ein Beteiligter, ist ein förmlicher Aufruf – ggf. sogar vor dem Sitzungssaal (BVerfG NJW 1977, 1443) – erforderlich. Vor der festgesetzten Zeit darf ein Aufruf nur mit Zustimmung der Parteien erfolgen (KG NJW 1987, 1338). Für die Parteien ist die Wirksamkeit des Aufrufs von Bedeutung, wenn sie als säumig angesehen werden (§ 220 Abs. 2 ZPO).

1373 (3) Die Feststellung der **Präsenz** der erschienenen Prozessbeteiligten ins Protokoll (§ 160 Abs. 1 Nr. 4 ZPO).

Eine den Erfordernissen des § 313 Abs. 1 Nr. 1 ZPO genügende Bezeichnung der Parteien (»volles Rubrum«) ist dabei nur erforderlich, wenn das Protokoll einen Vollstreckungstitel, insbesondere einen Vergleich, enthält (§§ 794, 750 Abs. 1, 795 ZPO). Im Übrigen ist die Bedeutung dieses Punkts für die Parteien nur gering.

1374 (4) Der streitigen Verhandlung hat eine **Güteverhandlung** vorauszugehen.

Dazu unten Rdn. 1379.

(5) Die eigentliche **streitige Verhandlung** der Parteien besteht im Stellen der Anträge (§ 137 Abs. 1 ZPO). Danach begründen die Parteien (vertreten durch ihre Prozessbevollmächtigten) ihre Anträge, indem sie die tatsächlichen und rechtlichen Aspekte des Streitverhältnisses aus ihrer Sicht mündlich vortragen (§ 137 Abs. 2 ZPO). Praktisch wird dazu häufig auf die bisher gewechselten Schriftsätze Bezug genommen (§ 137 Abs. 3 ZPO). Soweit die Parteien dies wünschen, muss ihnen auch persönlich Gelegenheit zur Äußerung gegeben werden (§ 137 Abs. 4 ZPO). 1375

Dazu unten Rdn. 1401.

(6) Das Gericht soll im offenen Gespräch mit den Parteien die entscheidungserheblichen rechtlichen oder tatsächlichen Gesichtspunkte erörtern und auf eine allseits sachdienliche Verfahrensführung hinwirken (**materielle Prozessleitung**, § 139 ZPO). Dies gilt in jeder Lage des Verfahrens. 1376

Dazu unten Rdn. 1406.

(7) Hat der Vortrag der Parteien ergeben, dass diese über Tatsachen streiten, so erfolgt die dann notwendige **Beweisaufnahme** im Rahmen der mündlichen Verhandlung. Im Anschluss an die Beweisaufnahme ist der Sach- und Streitstand erneut mit den Parteien zu erörtern (§ 279 Abs. 2 ZPO), die Parteien haben erneut streitig zu verhandeln (§ 285 Abs. 1 ZPO). 1377

Dazu unten Rdn. 1496.

(8) Die mündliche Verhandlung wird – wenn nicht eine weitere mündliche Verhandlung erforderlich ist – vom Vorsitzenden **geschlossen** (§ 136 Abs. 4 ZPO). 1378

Auf diesen Zeitpunkt des Schlusses der letzten mündlichen Verhandlung ist die Sach- und Rechtsprüfung für die Entscheidung zu beziehen, nach diesem Zeitpunkt können die Parteien – soweit ihnen nicht ein Schriftsatznachlass eingeräumt ist (§ 283 ZPO; dazu unten Rdn. 1480) – keine weiteren Angriffs- und Verteidigungsmittel mehr geltend machen (§ 296a ZPO). Es erfolgt nur noch die Verkündung der Entscheidung des Gerichts, sei es im Termin bzw. an dessen Ende, sei es in einem besonders hierzu anberaumten Termin (§ 310 Abs. 1 Satz 1 ZPO).

Vor der Verkündung kann die mündliche Verhandlung wiedereröffnet werden (§ 156 ZPO). Hierzu ist das Gericht verpflichtet, wenn sich nachträglich herausstellt, dass es einen Verfahrensfehler begangen hat, insbesondere einen Hinweis nach § 139 ZPO oder die Gewährung rechtlichen Gehörs unterlassen hat. Die Geltendmachung neuer Angriffs- und Verteidigungsmittel durch eine Partei rechtfertigt die Wiedereröffnung regelmäßig nicht (vgl. §§ 283, 296a ZPO), es sei denn, hieraus ergibt sich ein Grund zur Wiederaufnahme des Verfahrens (§§ 579, 580 ZPO).

IV. Die Güteverhandlung

Mit Einführung der Güteverhandlung wurde der Schlichtungsgedanke im Zivilprozess **institutionalisiert**. Damit kann zum einen die hohe Belastung der Zivilgerichtsbarkeit abgebaut und zum anderen eine gütliche Streitbeilegung in einem möglichst frühen Prozessstadium erreicht werden. Denn eine gütliche Einigung dient dem Rechtsfrieden nachhaltiger als eine Streitentscheidung durch Urteil. Leitbild hierbei ist der Gütetermin im arbeitsgerichtlichen Verfahren. 1379

Ob diese Ziele wirklich erreicht werden, wurde in der Literatur von Anfang an stark bezweifelt, die Güteverhandlung überwiegend kritisiert. Beispielhaft sei hier nur die prägnante Äußerung *Schellhammer*s erwähnt: »Der Versuch, den Richter auf eine kleinlich-bürokratische Manier zu zwingen, jeder mündlichen Verhandlung eine Güteverhandlung vorauszuschicken, um so die Zahl der Vergleiche zu erhöhen und die Berufung überflüssig zu machen, wird fehlschlagen, da er jeglicher praktischen Vernunft ermangelt« (MDR 2001, 1082). Zudem ist die Anlehnung an das arbeitsgerichtliche Güteverfahren wegen der dort meist völlig anderen Interessenlage als in den zivilrechtlichen Streitigkeiten verfehlt (*Hansens* AnwBl. 2002, 125; *Greger* JZ 2004, 806).

Nachdem die Praxis die Güteverhandlung auch zunächst weitgehend leer laufen ließ, hat sie diese zwischenzeitlich zunehmend akzeptiert. Nur vereinzelt finden sich noch frühe erste Termine ohne Güteverhandlung (*Luckey* ProzRB 2005 Fn. 7; *Greger* JZ 2004, 806, 816). In der Umsetzung finden sich indes noch immer gravierende Unterschiede (*Bamberger* ZRP 2004, 137), die vom bloß formelhaften Abfragen von Vergleichsmöglichkeiten bis hin zu intensiven Vergleichsbemühungen des Gerichts reichen.

Eine gesonderte Gebühr für die (Mehr-) Tätigkeit des Anwalts in der Güteverhandlung existiert nicht, Die Güteverhandlung gehört gebührenrechtlich zum Rechtszug und ist damit mit der Terminsgebühr abgegolten.

1380 Die Güteverhandlung ist **eigenständiger** Teil des Prozesses und gehört nicht zur mündlichen Verhandlung. Dies gilt auch dann, wenn beide Prozessteile in einem Termin zeitlich nacheinander stattfinden (§ 279 Abs. 2 ZPO).

Dies ist von Bedeutung für alle Prozesshandlungen, die »in mündlicher Verhandlung« vorgenommen werden müssen. Die im Rahmen einer persönlichen Anhörung gemachten Angaben sind kein Geständnis i. S. d. § 288 ZPO, eine Säumnis bei der Güteverhandlung führt nicht unmittelbar zum Versäumnisurteil (§§ 330, 331 ZPO), doch ist ein solches möglich, wenn der Güteverhandlung die mündliche Verhandlung unmittelbar folgt und die Säumnis hier fortdauert (§ 279 Abs. 2 ZPO).

1. Voraussetzungen der Güteverhandlung

1381 Nach §§ 278, 279 ZPO hat der mündlichen Verhandlung grundsätzlich eine Güteverhandlung vorauszugehen, es sei denn

– es hat bereits ein Einigungsversuch vor einer außergerichtlichen Gütestelle stattgefunden (z. B. ein Schlichtungsverfahren nach § 15a EGZPO)

– oder die Güteverhandlung erscheint erkennbar aussichtslos (hierzu *Foerste* NJW 2001, 3103).

Eine gütliche Streitbeilegung im Rahmen der Güteverhandlung bietet sich insbesondere an bei Konflikten, die aus einer dauerhaften Beziehung erwachsen, wie dies etwa der Fall sei bei Mietrechtsstreitigkeiten und sonstigen Dauerschuldverhältnissen, aber auch bei Nachbarschaftsstreitigkeiten und sonstigen, aus einer persönlichen Beziehung resultierenden Streitigkeiten.

1382 Die Güteverhandlung findet – anders als in arbeitsgerichtlichen Verfahren – regelmäßig nicht in einem besonderen **Termin** statt, sondern geht dem ersten Termin zur mündlichen Verhandlung unmittelbar voraus.

Eine gesonderte Güteverhandlung kommt dabei z. B. dann in Betracht, wenn der Durchführung der mündlichen Verhandlung noch Hindernisse entgegenstehen, wenn etwa im Hinblick auf eine zunächst günstig eingeschätzte Vergleichschance eine weitere Verfahrens- und/oder Terminsvorbereitung, insbesondere etwa die Ladung von Zeugen, unterblieben ist oder wenn die Güteverhandlung nur teilweise erfolgreich war und mit einem bedingten oder widerruflichen Vergleich endete (Begr. RegE.S. 84; *Hinz* NZM 2001, 603).

Hat das Gericht einen frühen ersten Termin zur Vorbereitung der Hauptverhandlung bestimmt, so erfolgt die Güteverhandlung in diesem frühen ersten Termin, nach einem schriftlichen Vorverfahren geht sie der mündlichen Verhandlung im Haupttermin voraus. Ist im schriftlichen Vorverfahren ein Versäumnisurteil ergangen, so ist die Güteverhandlung im Einspruchstermin durchzuführen (*Foerste* NJW 2001, 3104 a. A. arg. § 341a ZPO als Sonderregelung). Im Verfahren nach § 495a ZPO hingegen kann das Gericht nach seinem Ermessen von einer Güteverhandlung absehen, sofern überhaupt eine mündliche Verhandlung stattfindet (unten Rdn. 2067).

Die Ladung muss den Zweck des Termins (Güteverhandlung, früher erster Termin, mündliche Verhandlung, ggf. über den Einspruch) zweifelsfrei erkennen lassen, soweit nicht die Parteien darauf (und insbesondere auch auf die damit verbundenen Einlassungs- und Ladungsfristen) verzichten (Zöller/*Greger* § 278 Rn. 17). Fehlt eine Ladung zur mündlichen Verhandlung, kommt ein Versäumnisurteil nach § 335 Nr. 2 ZPO nicht in Betracht. Dabei ist indes zu beachten, dass der frühe erste Termin ein solcher zur mündlichen Verhandlung ist (§ 275 Abs. 1 ZPO), der Termin zur Durchführung einer Beweisaufnahme zugleich zur Fortsetzung der zur mündlichen Verhandlung bestimmt ist (§ 370 Abs. 1 ZPO).

Die Anordnung oder Nicht-Anordnung eines (u. U. auch gesonderten) Gütetermins dürfte nicht (separat, § 534 ZPO) anfechtbar sein (Zöller/*Greger* §§ 273 Rn. 5d: kein Recht auf Entscheidung; 567 Rn. 35). Zweifelhaft ist, ob bei Zurückweisung eines entsprechenden Gesuchs die sofortige Beschwerde statthaft ist

E. Die mündliche Verhandlung

(§ 567 Abs. 1 Nr. 2 ZPO; *Hartmann* NJW 2001, 2581; *Foerste* NJW 2001, 3104; Thomas/Putzo/*Reichold* § 567 Rn. 14).

2. Ablauf des Gütetermins

In der Güteverhandlung hat das Gericht den Sach- und Streitstand mit den Parteien unter freier Würdigung aller Umstände zu **erörtern** und, soweit erforderlich, Fragen zu stellen (§ 278 Abs. 2 ZPO). Die erschienenen Parteien sollen persönlich gehört werden (§ 278 Abs. 3 ZPO). 1383

> Auch wenn die hier gemachten Äußerungen nicht als bindendes Geständnis i. S. d. §§ 288, 290 ZPO gewertet werden können, weil die Güteverhandlung nicht Teil der mündlichen Verhandlung ist, bleibt im Hinblick auf die dem Gericht mögliche Verwertung des gesamten Prozessstoffs nach § 286 ZPO Vorsicht geboten.

Ob eine **Antragstellung** im Gütetermin zulässig ist, erscheint zweifelhaft. Erforderlich jedenfalls ist sie nicht. Umstritten ist, ob eine Urteilsverkündung im Gütetermin möglich ist (*Wieser* MDR 2002, 11: bejahend für Verzichts- und Anerkenntnisurteile sowie für die Antragstellung). Ein Versäumnisurteil kann im Gütetermin selbst jedenfalls nicht ergehen (arg. § 279 Abs. 1 ZPO). 1384

Die (eigentliche) **mündliche Verhandlung** soll sich im Regelfall bei Erfolglosigkeit der Güteverhandlung dieser unmittelbar anschließen (§ 279 Abs. 1 Satz 1 ZPO). In der Praxis erfolgt dieser Übergang meistens ohne merkliche Zäsur. Dabei kann bereits in einem sich anschließenden frühen ersten Termin – als ein vollwertiger Termin – eine Sachentscheidung getroffen werden (§ 275 Abs. 2 ZPO; OLG Hamm NJW 2003, 2543). 1385

Die **Beweisaufnahme** ist nach § 279 Abs. 2 ZPO für den Haupttermin nach der streitigen Verhandlung vorgesehen und deshalb im Gütetermin unzulässig (ebenso i. E. *Foerste* NJW 2001, 3104). 1386

> Für zulässig gehalten wird überwiegend eine bloß informelle oder informatorische Befragung anwesender Zeugen. Auch hierzu indes ist das Gericht in diesem Prozessstadium nicht verpflichtet (Begr. RegE S. 83).

Nehmen nicht alle Verfahrensbeteiligten am Gütetermin teil, so sind folgende Alternativen zu unterscheiden: 1387

(1) Die **nicht erschienene Partei ist** (durch ihren Anwalt) **vertreten**. 1388

Dann kann das Gericht gleichwohl eine Güteverhandlung durchführen. Jedoch kann auch vertagt werden, wenn es die persönliche Anhörung der Parteien als wichtig ansieht und nicht ein wiederholtes Fernbleiben anzeigt, dass eine solche Verhandlung aussichtslos ist (*Foerste* NJW 2001, 3104). Das hat freilich für die persönlich erschienene Partei samt deren Prozessbevollmächtigten die nachteilige Konsequenz, zu einem zweiten Termin nochmals erscheinen und u. U. von weit entfernt anreisen zu müssen. 1389

Wegen der Nichtbefolgung der persönlichen Ladung kann Ordnungsgeld entsprechend § 141 ZPO verhängt werden. 1390

> Dabei wird einerseits vertreten, dass die Festsetzung eines Ordnungsgeldes unzulässig ist, wenn sich eine Partei gegen einen Gütetermin ausgesprochen hat (*Wieser* MDR 2002, 11). Andererseits aber wird befürwortet, diese Sanktion vermehrt und unabhängig davon einzusetzen, ob das Ausbleiben zu einer Verzögerung des Rechtsstreits geführt hat oder nicht (Zöller/*Greger* § 141 Rn. 12; a. A. LAG Niedersachsen MDR 2002, 1333).

(2) Eine **Partei ist säumig** i. S. v. §§ 330, 331 ZPO, d. h. weder persönlich erschienen noch wirksam vertreten (§ 78 ZPO gilt auch hier!). 1391

Eine Güteverhandlung ist in diesem Fall nicht möglich. Die Säumnis in der Güteverhandlung ist prozessual nicht unmittelbar mit einer Rechtsfolge verknüpft, sondern führt nach § 279 Abs. 2 ZPO dazu, dass sich die mündliche Verhandlung unmittelbar anschließt. Dauert die Säumnis hier fort, liegen die Voraussetzungen eines Versäumnisurteils (§§ 330, 331 ZPO) vor. Im amtsgerichtlichen Bagatellverfahren kommt eine Endentscheidung nach § 495a ZPO in Betracht. 1392

1393 ▶ **Praxistipp:**

Bei Säumnis im Gütetermin droht ein Prozessverlust.

Die ein Versäumnisurteil rechtfertigende ordnungsgemäße Ladung (§ 335 Abs. 1 Nr. 2 ZPO) setzt dabei entweder voraus, dass die Ladung bereits »zur Güteverhandlung und zur mündlichen Verhandlung« erfolgte, oder sie – im Fall einer Ladung nur »zur Güteverhandlung« – den Hinweis enthält, dass sich (der erfolglosen Güteverhandlung) die mündliche Verhandlung anschließt (Zöller/*Greger* § 278 Rn. 20; Baumbach/*Hartmann* § 279 Rn. 4).

1394 **(3) Beide Parteien sind säumig.**

1395 In diesem Fall ist zwingend das Ruhen des Verfahrens anzuordnen (§ 278 Abs. 4 ZPO). Dann muss aber bei Fortsetzung des Prozesses, was jederzeit auf (Termins-) Antrag einer Partei möglich ist, die Güteverhandlung grundsätzlich nachgeholt werden. Bei »sinnlos wiederholtem Ausbleiben« indes sollte das Gericht wie nach einer gescheiterten Güteverhandlung verfahren (Baumbach/*Hartmann* § 278 Rn. 34).

3. Taktische Hinweise

1396 Bei Verhandlungen vor einem unbekannten Gericht ist nicht vorhersehbar, wie dieses dem gesetzlichen Gebot einer Güteverhandlung entspricht. Während einige Gerichte hierin eine bloße **Formalität** sehen, der durch eine floskelhafte Frage nach Vergleichsmöglichkeiten entsprochen werden kann, nutzen andere Gerichte diesen Verfahrensteil zu **extensiven Vergleichsverhandlungen** bis hin zur Ausübung unangemessenen Drucks auf die Parteien.

Die floskelhafte Beschränkung der Güteverhandlung erinnert an den früher nach altem Scheidungsrecht erforderlichen Sühneversuch gemäß § 608 ZPO a. F.: Waren die Parteien mit ihrem Scheidungsbegehren bis vor den Richter gelangt, war die Zerrüttung der Ehe in nahezu allen Fällen endgültig, eine Einigung praktisch ausgeschlossen. Auch heute vertreten viele Gerichte die Ansicht, eine vergleichsweise Einigung sei zu Beginn des Prozesses in den meisten Fällen aussichtslos, wenn die vorprozessualen Bemühungen gescheitert seien und man sich zum Prozess entschlossen habe. Solche Richter beschränken die Güteverhandlung häufig auf die Frage nach Vergleichsmöglichkeiten und stellen auf das bloße Kopfschütteln hin oder gar ohne eine Antwort abzuwarten bereits zur streitigen Verhandlung über (E. *Schneider* NJW 2001, 3757; *Breßler* JuS 2004, 309; *Zierl* NJW-Editorial Heft 39/2002).

Auch der Versuch, jeden Fall ohne Rücksicht auf die Besonderheiten der Parteiinteressen zu vergleichen, hat Vorläufer im alten Recht. Mit dem Vergleich kann das Gericht ein langdauerndes Verfahren abkürzen und sich eine eventuell erforderliche aufwendige Beweisaufnahme genauso ersparen, wie ein arbeitsintensives Urteil. Hier wird die Güteverhandlung nicht durch das Interesse der Parteien an einer konsensualen Streitbeilegung motiviert, sondern durch richterliche Faulheit.

1397 Taktisch kann das **Interesse der Partei** auf die Durchführung oder Nichtdurchführung einer Güteverhandlung gerichtet sein. Versucht werden kann deswegen, das Gericht dazu zu bewegen, die Güteverhandlung den eigenen Vorstellungen entsprechend zu gestalten.

Besser als das Gericht können die Parteien mögliche Erfolgschancen von Vergleichsgesprächen abschätzen. Solche verbieten sich nicht allein schon deshalb, weil eigene vorprozessuale Vergleichsbemühungen gescheitert sind. Häufig hat ein Vergleichsvorschlag des – wegen seiner Entscheidungskompetenz naturgemäß mit größerer Autorität ausgestatteten – Gerichts auch dann eine Chance, wenn er inhaltsgleich mit eigenen Vorüberlegungen ist.

1398 Hält die Partei die Güteverhandlung für **aussichtslos**, so kann der damit verbundene Aufwand – unabhängig davon, ob der Gütetermin separat oder im Zusammenhang mit der mündlichen Verhandlung stattfinden soll – vermieden werden, indem dem Gericht rechtzeitig mitgeteilt wird, dass außergerichtliche Vergleichsverhandlungen gescheitert sind bzw. eine gütliche Beilegung des Rechtsstreits in keinem Fall in Betracht kommt.

Dann kann das Gericht von der Aussichtslosigkeit einer Güteverhandlung ausgehen (*Wieser* MDR 2002, 10: Dann in der Regel aussichtslos, *Foerste* NJW 2001, 3104: Persönlicher Widerspruch beider Parteien

E. Die mündliche Verhandlung

dürfte eine Güteverhandlung unzulässig machen). Das verbietet es natürlich nicht, in der mündlichen Verhandlung trotzdem einen Vergleich zu schließen.

Der Verzicht auf eine Güteverhandlung führt häufig auch zu einem Wegfall der Anordnung des persönlichen Erscheinens der Parteien.

Wird die Güteverhandlung vom Gericht dennoch angesetzt, darf auf ein Erscheinen im Termin nicht verzichtet werden (oben Rdn. 1325). Erfolgt die Ansetzung indes durch Formblatt, und ist zu vermuten, dass das Gericht sich mit den vorgetragenen, gegen eine Güteverhandlung sprechenden Umständen nicht auseinandergesetzt hat, kann es sich empfehlen, ausdrücklich nachzufragen, ob es trotz diesen Vortrags bei der Güteverhandlung bzw. dem persönlichen Erscheinen der Parteien bleiben soll.

Will die Partei eine Güteverhandlung vermeiden, kann sie sich darauf berufen, es handele sich eine einmalige, rein wirtschaftliche Streitigkeit zwischen (anonymen) Unternehmen (*Foerste* NJW 2001, 3104: bei Großunternehmen, die grundsätzlich oder in Streitigkeiten dieser Art nie vergleichsbereit sind) oder um einen Inkassoprozess über ersichtlich unstreitige Forderungen. Zumindest dürfte in diesen Fällen das persönliche Erscheinen der (gesetzlichen) Unternehmensvertreter entbehrlich sein.

Einen Gütetermin ersparen sich Klagepartei und Anwalt – vorläufig oder endgültig – auch bei Erlass eines Versäumnisurteils im schriftlichen Vorverfahren (oben Rdn. 1201, 2768). Hat der Beklagte weder außergerichtlich, noch im Widerspruch gegen einen Mahnbescheid Einwendungen gegen die Klageforderung erhoben hat und sind solche auch im Prozess nicht zu erwarten, sollte man dies dem Gericht in der Klageschrift deutlich mitteilen, verbunden mit dem Antrag auf Einleitung eines schriftlichen Vorverfahrens.

Liegt die Durchführung eines Gütetermins umgekehrt im Interesse der Partei, hält sie diese für **aussichtsreich**, kann sie dies ausdrücklich anregen bzw. beantragen. Dann muss das Gericht einen Einigungsversuch durchführen und wird dies in der Regel auch tun. 1399

Da viele Rechtsstreitigkeiten ihren Ursprung in einer fehlgeschlagenen bzw. missverstandenen Kommunikation haben, kann eine Güteverhandlung in Anwesenheit der Parteien in geeigneten Fällen durchaus auch eine Chance für eine (verfahrensverkürzende) einvernehmliche Lösung des Konflikts bieten. Eine sorgfältig vorbereitete und erfolgreich durchgeführte Güteverhandlung erspart dann dem Anwalt sogar viel (weitere) Zeit und Arbeit.

Kommt es nicht zu der von der Partei gewünschten **Form** der Güteverhandlung, muss dies hingenommen werden. 1400

Weder das Absehen von noch die Anberaumung der Güteverhandlung ist mit der sofortigen Beschwerde anfechtbar, selbst wenn dies gegen den ausdrücklichen Willen der Parteien geschieht (*Wieser* MDR 2002, 10).

V. Die streitige Verhandlung

Nach § 137 Abs. 1 ZPO wird die mündliche Verhandlung durch die Antragstellung eingeleitet. 1401

Diese Bestimmung wird häufig dahin missverstanden, die Stellung der Anträge gehöre an den Beginn des Termins zur mündlichen Verhandlung, habe vor anderen Prozesshandlungen zu erfolgen. Tatsächlich aber besteht insoweit Gestaltungsermessen des Vorsitzenden. § 137 Abs. 1 ZPO stellt nur klar, dass »Verhandelt« im Sinne der ZPO frühestens durch die Stellung der Anträge wird.

Demnach kann vor der Antragstellung noch nicht von einer Verhandlung gesprochen werden, selbst wenn der Sach- und Streitstand bereits erörtert worden ist (BAG NJW 2003, 1548; OLG Dresden NJW 1997, 765; OLG Frankfurt a. M. NJW-RR 1998, 280; Thomas/Putzo/*Reichold* § 137 Rn. 1, einschränkend § 333 Rn. 1, str.). Daher erfordert »**mündliches Verhandeln**« i. S. d. § 128 Abs. 1 ZPO beides. 1402

Die bloße Stellung der Sachanträge ist jedoch dann ein Verhandeln, wenn – regelmäßig – darin zugleich stillschweigende Bezugnahme auf das vorbereitende schriftsätzliche Vorbringen liegt (§ 137 Abs. 3 ZPO; Thomas/Putzo/*Reichold* § 333 Rn. 2; zum Klageabweisungsantrag oben Rdn. 1052).

Dann wird in aller Regel der gesamte, bis zum Termin angefallene Akteninhalt, einschließlich der in Bezug genommenen und vorgelegten Schriftstücke Gegenstand der Verhandlung und ist vom Gericht zu verwerten (Thomas/Putzo/*Reichold* § 137 Rn. 3; Zöller/*Greger* §§ 137 Rn. 1, 333 Rn. 1).

Die Anträge sind nach § 297 Abs. 1 ZPO zwar grundsätzlich aus den vorbereitenden Schriftsätzen zu verlesen. Üblich ist jedoch die Bezugnahme auf die Schriftsätze, welche die Anträge enthalten (§ 297 Abs. 2 ZPO).

Dies muss ausdrücklich erfolgen und sich auf bestimmte schriftliche Anträge beziehen (»Antrag aus dem Schriftsatz vom ...«). Denn das Gericht ist nicht befugt, sich zusammenzusuchen, welcher Sachvortrag zu welchem schriftsätzlichen Antrag passt (BAG NJW 2003, 1548).

Mit Zustimmung des Vorsitzenden (§ 297 Abs. 1 ZPO) können die Anträge im Termin auch mündlich zu Protokoll erklärt werden. Normalerweise wird dies gestattet.

Andernfalls muss der Antrag – u. U. nach einer kurzen Unterbrechung – auf Papier gebracht und das Schriftstück als Protokollanlage vorgelegt und verlesen werden (§§ 297, 160 Abs. 5 ZPO, auch § 496 ZPO). Dies ist relevant, wenn unvorbereitet im Termin die Klage erweitert bzw. Widerklage erhoben werden soll – vor allem zum Zwecke der Vermeidung der Präklusion. Der Gegner kann dies nicht verhindern, insbesondere nicht durch Verweigerung der Annahme des Schriftstückes oder der Genehmigung des Protokolls (§§ 160 Abs. 3 Nr. 2, 162 Abs. 1, 261 Abs. 2 ZPO; Thomas/Putzo/*Reichold* § 162 Rn. 2).

Aufgrund der Einheit der mündlichen Verhandlung müssen Klageanträge grundsätzlich nur einmal und nicht in jedem Termin oder nochmals nach einer Beweisaufnahme wiederholt werden (zu den Besonderheiten der Beweisverhandlung nach § 285 ZPO unten Rdn. 1699). Bei deren Unterbleiben darf daher kein Versäumnisurteil gegen die erschienene Partei ergehen (Zöller/*Greger* §§ 297 Rn. 8; 332 Rn. 2; Thomas/Putzo/*Reichold* § 285 Rn. 1; 332 Rn. 2), auch wenn es in der Praxis weitgehend üblich sein soll, prozessual eine Säumnislage anzunehmen, wenn ein Anwalt nach der Beweisaufnahme nicht mehr auftritt (*E. Schneider* MDR 1992, 827).

1403 Bei Stellung der **Sachanträge** ist darauf zu achten, dass nicht ein Antrag übersehen oder ein bereits überholter Antrag gestellt wird. Es empfiehlt sich, den aktuellen Antrag zusammenzufassen (Terminzettel!), wenn die Anträge im Laufe des Verfahrens mehrfach geändert wurden und darauf zu achten, welchen Antrag der Richter – oftmals selbstständig – ins Protokoll diktiert.

So werden z. B. Widerklagen und Hilfsanträge leicht übersehen. Stellt der Kläger einen anderen Antrag als schriftsätzlich angekündigt, muss der Beklagte widersprechen, wenn er eine rügelose Einlassung in die Klageänderung verhindern will (§ 267 ZPO).

Entscheidet das Gericht über die Klage, obwohl überhaupt kein Antrag gestellt wurde, rechtfertigt dies wegen eines Verstoßes gegen §§ 137, 308 ZPO im Berufungsverfahren die Aufhebung des erstinstanzlichen Urteils (OLG Koblenz MDR 2002, 415). Gibt das Sitzungsprotokoll die gestellten Anträge nicht oder nur unvollständig wieder, sollte dessen Berichtigung beantragt werden (unten Rdn. 2963).

1404 An die **Antragstellung** und den Beginn der mündlichen Verhandlung knüpft sich eine Reihe von Rechtsfolgen:

– Klagerücknahme erfordert Einwilligung des Beklagten, nachdem er zur Hauptsache mündlich verhandelt hat (§ 269 Abs. 1 ZPO).

   Hierbei ist zu beachten, dass für eine solche Verhandlung ein konkreter (Klageabweisungs-)Antrag nicht erforderlich ist (oben Rdn. 1052).

   Im Übrigen gilt nach § 269 Abs. 2 ZPO gilt die Einwilligung bereits als erteilt, wenn der Beklagte der Zurücknahme nicht innerhalb einer Notfrist (Wiedereinsetzung möglich!) von zwei Wochen seit der Zustellung des Schriftsatzes widerspricht und er zuvor auf diese Folge hingewiesen worden ist.

– Zuständigkeitsbegründung (§ 39 ZPO) und anzunehmende Einwilligung in eine Klage- (und Partei-)änderung (§ 267 ZPO) durch rügelose bzw. widerspruchslose Einlassung.

– Heilung von Verfahrensmängeln gem. § 295 ZPO, welche damit nicht über die Instanz hinaus weiterwirken (§ 534 ZPO).

– Verlust des Ablehnungsrechts wegen Besorgnis der Befangenheit (§ 43 ZPO).

– Eintritt der Geständniswirkung (§ 288 ZPO; OLG Saarbrücken MDR 2002, 109).

E. Die mündliche Verhandlung   4. Kapitel

– Begründung der Rechtshängigkeit der im Laufe des Prozesses erhobenen Ansprüche (§ 261 Abs. 2 ZPO).
– Präklusionswirkung (§§ 296, 296a ZPO).

> Der Antragstellung selbst kommt keine Präklusionswirkung zu. Jedoch muss zur Vermeidung einer drohenden Präklusion in der mündlichen Verhandlung sachgerecht reagiert werden. Dies gilt auch für den Gegner für etwaige Abwehrmaßnahmen. Durch eine voreilige Antragstellung kann man sich auch Fluchtmöglichkeiten, insbesondere die Flucht in die Säumnis verbauen (oben Rdn. 1262).

Keine Bedeutung hat die Antragstellung und Erörterung zur Sache mehr für die **Anwaltsgebühren**. 1405

> Im Gegensatz zu der früheren Regelung in der BRAGO (Verhandlungs-/Erörterungsgebühr) reicht es für das Entstehen der Terminsgebühr jetzt aus, dass der Rechtsanwalt zu einem Termin erschienen ist, unabhängig von dessen weiterer Teilnahme und Verlauf (Teil 3 Vorbem. 3 (3) VV-RVG). Es kommt allenfalls für deren Höhe darauf an, welche weitere Tätigkeit der Anwalt entfaltet.
>
> Damit hat sich vor allem das »frühere leidige Gezerre« (*Meyke* Rn. 6) zwischen Anwälten und Gericht darum, ob vor einem Vergleichsabschluss zunächst noch die Anträge gestellt werden bzw. wurden, nunmehr endgültig erledigt.

VI. Materielle Prozessleitungspflicht des Gerichts

Wie in kaum einem anderen Bereich des Zivilprozessrechts finden sich im Verständnis der materiellen Prozessleitungspflicht Unterschiede zwischen anwaltlicher und richterlicher Tätigkeit. Extrem formuliert will der Anwalt sich darauf verlassen dürfen, dass das Gericht ihm vorgibt, was er zur Erreichung des Prozessziels tun soll, und er so mit minimiertem eigenen Aufwand in den Prozess gehen kann. Richter dagegen weigern sich, die Arbeit des Anwalts zu erledigen, dessen Fehler zu kompensieren. Wie so oft liegt auch hier die richtige Lösung zwischen den Extrempositionen. 1406

▶ Praxistipp: 1407

> Richterliche Hinweise werden nicht in dem Umfang erteilt, in dem sie von anwaltlicher Seite oft erhofft werden. Sie sind nicht dafür gedacht, dem Anwalt Arbeit zu ersparen oder ihm die Verantwortung für hinreichenden Sachvortrag und eigenverantwortliche Rechtsbewertung abzunehmen.

1. Bedeutung

Die richterliche Hinweispflicht als die »Magna Charta des Zivilprozesses« (Baumbach/*Hartmann* § 139 Rn. 1) bildet schon seit jeher einen »Dauerbrenner« (*Gehrlein* MDR 2004, 542) des Prozessrechts, welcher eine erhebliche Bedeutung zukommt. 1408

Deren besondere Problematik liegt im **Spannungsverhältnis** zwischen dem Gerechtigkeitspostulat, der Parteimaxime, der Chancengleichheit und der Neutralitätspflicht des Gerichts. So verändert jeder richterliche Hinweis zwar einerseits zwangsläufig die Prozesschancen, kann andererseits aber unter Umständen eine gerechte Entscheidung erst ermöglichen. Mit jedem Hinweis verlässt der Richter seine Position als neutraler Dritter, der zu beiden Parteien die gleiche Distanz wahrt. Er verhilft einer Partei zum Prozesserfolg, den sie ohne den Hinweis nicht erreichen würde. Damit läuft er Gefahr, sich befangen zu machen und deswegen abgelehnt zu werden. 1409

> Die bei Inkrafttreten der ZPO im Jahr 1879 dominierenden liberalen Prinzipien der Vertragsfreiheit, der Parteiherrschaft und der Beibringungsmaxime (dazu oben Rdn. 17), die letztlich dazu führten, »dass jeder selbst seines Glückes Schmied« und der Staat nicht verpflichtet ist, die »Schlafenden« vor selbst verschuldeten Rechtsnachteilen zu beschützen (*Herr* DRiZ 1988, 57), sind seither in Gesetzgebung, Rechtsprechung und Literatur zunehmend durch ein soziales Gerechtigkeitspostulat zurückgedrängt worden. Die Verantwortung des staatlichen Gerichts erschöpft sich nicht mehr in der Gewährleistung eines formell einwandfrei ablaufenden Verfahrens (§ 137 ZPO), sondern erstreckt sich auf das materielle Ergebnis, das nach Möglichkeit richtig und gerecht sein soll. Auch wenn damit noch keine Amtsermittlung stattfindet

und weiterhin »die Partei als mündiger Bürger« ihren Prozess selbst führen muss (Thomas/Putzo/*Reichold* § 139 Rn. 10), schafft § 139 ZPO nicht bloß eine Möglichkeit, sondern eine Pflicht des Gerichts zur Mitwirkung bei der Verwirklichung materieller Rechtslagen, deren Missachtung den Bestand des Urteils gefährdet (Zöller/*Greger* § 139 Rn. 1).

1410 Solange der Richter sich im Rahmen der ihm durch § 139 ZPO eingeräumten Möglichkeiten hält, ist er weder befangen (§ 42 Abs. 2 ZPO) noch verletzt er andere ihm obliegende Pflichten (Prütting/Gehrlein/*Mannebeck* § 42 Rn. 42; OLG Oldenburg NJW 2004, 3194).

1411 Die früher in den §§ 139, 278 Abs. 3 ZPO a. F. geregelten und durch die Rechtsprechung (auch des BVerfG konkretisierte) Aufklärungs- und Hinweispflichten des Gerichts wurden mit der **ZPO-Reform 2002** zur materiellen Prozessleitungspflicht des Gerichts umgestaltet und sind nunmehr ausschließlich in § 139 ZPO geregelt. Die dabei eingetretenen inhaltlichen Änderungen sind bloß marginaler Natur. Durch die Reform wurde nicht Inhalt oder Umfang der Hinweispflicht umgestaltet, sondern die Bedeutung einer Verletzung dieser Pflicht (*Rensen* AnwBl. 2002, 639; *Schaefer* NJW 2002, 852).

Eine Verletzung der materiellen Prozessleitungspflicht kann alle denkbaren Berufungsgründe ausfüllen. Sie kann eine Rechtsverletzung i. S. d. §§ 520 Abs. 3 Nr. 2, 513 Abs. 1 1.Alt., 546 darstellen, konkrete Anhaltspunkte für Zweifel an der Richtigkeit oder Vollständigkeit der erstinstanzlichen Tatsachenfeststellungen begründen (und damit Anlass für eine erneute oder erstmalige Beweisaufnahme in zweiter Instanz sein), §§ 520 Abs. 3 Nr. 3, 513 Abs. 1 2.Alt., 529 Abs. 1 Nr. 1 oder nach §§ 520 Abs. 3 Nr. 4, 513 Abs. 1 2.Alt., 529 Abs. 1 Nr. 2, 531 Abs. 2 Nr. 2 Grund für die Zulassung neuer Angriffs- und Verteidigungsmittel in zweiter Instanz sein.

1412 Nach der ZPO-Reform haben sich deswegen Zahl und Umfang gerichtlicher Hinweise deutlich **erhöht** (*Neuhaus* MDR 2002, 438). Viele Gerichte tendieren, um ihre Urteile »rechtsmittelfest« zu machen, dazu, möglichst viele und umfassende Hinweise zu erteilen. Dies birgt die Gefahr, dass tatsächlich relevante Punkte in der Masse der Hinweise untergehen und von den Parteien nicht ernst genommen werden. Nach wie vor aber finden sich zahlreiche Fälle unterlassener oder unwirksamer Hinweise.

Rechtstatsächliche Untersuchungen führen insoweit zu sehr unterschiedlichen Ergebnissen. *E. Schneider* (ZAP-Kolumne 2002, 857) findet die Befürchtung bestätigt, dass sich an der »Verweigerungshaltung« der meisten Richter nichts geändert hat und die Instanzpraxis »in den neuen Schuhen des Gesetzgebers« den alten Trott fortsetzt. Während die von *Greger* (JZ 2004, 809) durchgeführten Befragungen dies zu bestätigen scheinen, meint *Bamberger* (ZRP 2004, 138), dass die Hinweis- und Fragepflicht jetzt ernster genommen wird und im Zweifel mehr Hinweise gegeben werden. Erklärbar dürften diese unterschiedlichen Erhebungsergebnisse durch die regional, instanziell und vor allem individuell sehr unterschiedliche Handhabung des § 139 ZPO in der Praxis sein.

Die Gründe hierfür liegen manchmal in der mangelnden oder fehlenden Vorbereitung des Termins (sei es als Gütetermin mit oder ohne anschließendem frühen ersten Termin), der nur durchgeführt wird, um erst einmal die Vergleichsmöglichkeiten auszuloten (*van Bühren* AnwBl. 2003, 619). Häufiger resultiert die mangelnde Hinweiserteilung aus »der oft zu beobachtenden (verfehlten) richterlichen Praxis, sich erst kurz vor der mündlichen Verhandlung eingehend mit einer Sache zu befassen« (*Deubner* JuS 2004, 205) oder aus dem Bestreben, möglichst keine Beweisaufnahme durchführen zu müssen, um den Rechtsstreit schnell und problemlos erledigen zu können. Alle diese Gründe dürften im Wesentlichen auf der großen Arbeitsbelastung der erstinstanzlichen Gerichte beruhen (*Rensen* AnwBl. 2002, 640; *E. Schneider* MDR 1996, 866: »Die Amtsrichter sind die Prügelknaben der Entlastungsgesetzgeber. Sie laufen Gefahr, den Belastungsdruck weiter nach unten an die Parteien und deren Prozessbevollmächtigte abzugeben«).

Dass Hinweise auch bewusst (überraschend) erst in der mündlichen Verhandlung gegeben werden in der Hoffnung, dass eine Erwiderung ausbleibt (*Bohlander* MDR 1996, 1095: »perfide Richter, welche die ahnungslosen Anwälte in der mündlichen Verhandlung in das unter der Robe verborgene Messer des unsubstantiierten Vortrags laufen lassen«), kommt (hoffentlich!) nicht vor.

2. Umfang

§ 139 ZPO macht für den Inhalt der zu erteilenden Hinweise **keine konkreten Vorgaben**, enthält vielmehr in Abs. 1 die allgemeine Erörterungspflicht des Gerichts und in den Abs. 2 und 3 besondere Hinweispflichten. 1413

Der in § 139 ZPO geregelten Pflicht des Gerichts zur Erwirkung einer sachgerechten Entscheidung steht die **Pflicht zur Unparteilichkeit** entgegen. In dieser findet die **Hinweispflicht** ihre Grenze. Hinweise an die eine Partei dürfen nicht zur Benachteiligung der anderen Partei führen. Verhilft der Richter durch die Hinweise einer Partei zum Prozesserfolg, so verlässt er seine Position als neutraler Dritter, verhilft einer Partei zum Prozesserfolg, den sie ohne den Hinweis nicht hätte. Verfahrensfehlerhaft sind damit sowohl zu weitreichende, überschießende Hinweise, als auch zu dürftige, fehlende Hinweise. 1414

> Diese Pflichtenantinomie lässt sich mit zivilprozessualen Überlegungen alleine nicht lösen. Beide Pflichten resultieren aus verfassungsrechtlichen Grundprinzipien, sodass letztlich die Pflicht zur Unparteilichkeit des Richters mit dem materiellen Gerechtigkeitsgebot kollidiert (BVerfG NJW 1976, 1391). Umfang und Grenzen der Hinweispflicht lassen sich deswegen häufig nur durch eine Güterabwägung unter Berücksichtigung aller Umstände des Einzelfalles bestimmen.
>
> Es ist aber weiterhin nicht Aufgabe des Gerichts, durch Hinweise neue Anspruchsgrundlagen, Einreden oder Anträge einzuführen. Damit fehlt es grundsätzlich an der Befugnis des Gerichts, auf mögliche, bislang aber nicht ausgeübte Rechte hinzuweisen. Dies gilt für weitere Klagegründe genauso wie für die Möglichkeit der Erhebung einer Einrede (Zurückbehaltungsrecht) oder der Ausübung eines Gestaltungsrechts (Begr. RegE S. 77; Baumbach/*Hartmann* § 139 Rn. 67; BGH NJW 2004, 164).

Die Rechtsprechung versucht diese Antinomie der sich widersprechenden Ziele (materielle Gerechtigkeit versus Befangenheit) durch eine Floskel **aufzulösen**: 1415
– **Geboten** ist ein Hinweis auf Umstände, die im bisherigen Vortrag der Partei bereits angelegt sind, die lediglich fortentwickelt werden.
– **Verboten** ist ein Hinweis auf Umstände, die im bisherigen Parteivortrag keine Grundlage haben, die die Partei auf einen völlig neuen rechtlichen Weg bringen würde.

▶ Beispiel:

> Der Kläger verlangt vom Beklagten Zahlung aus einem jahrzehntelang zurückliegenden Sachverhalt.
>
> Verteidigt sich der Beklagte damit, er könne zum Sachverhalt wenig sagen, er könne sich daran nicht mehr erinnern, Unterlagen darüber habe er nicht mehr, dann stellt der Hinweis des Gerichts auf die Möglichkeit einer Verjährungseinrede lediglich die rechtliche Konkretisierung dieser Verteidigung dar, mit der geltend gemacht wird, was Grund für das Institut der Verjährung ist: »die verdunkelnde Kraft der Zeit« nämlich.
>
> Verteidigt sich der Beklagte dagegen mit der Behauptung, das Vorbringen des Klägers sei unzutreffend, schildert er einen abweichenden Geschehensablauf und behauptet er Erfüllung, dann ist der Hinweis auf eine mögliche Verjährungseinrede unstatthaft.
>
> Nur selten aber wird in der Praxis eine Abgrenzung nach dieser Floskel sauber möglich sein.

Während die Literatur in **Zweifelsfällen** einen Hinweis für erforderlich hält (Baumbach/*Hartmann* § 139 Rn. 40), folgt dem die Praxis nicht immer. Für die Partei, an die Hinweis ergehen muss, ist die Erteilung die bessere Lösung, weil sie so noch in der ersten Instanz reagieren und den Prozess gewinnen kann. Aus der Sicht der durch den Hinweis benachteiligten Partei dagegen ist die Nichterteilung des Hinweises vorteilhafter. 1416

> Dies folgt aus den unterschiedlichen Folgen eines zu Unrecht erteilten und eines zu Unrecht nicht erteilten Hinweises. Im erstgenannten Fall stehen der durch den Hinweis an den Gegner benachteiligten Partei allein die Ablehnung des Richters (§ 43 ZPO) und ggf. die sofortige Beschwerde (§ 46 ZPO). Erfolgt die

Ablehnung nicht sofort, das heißt noch in erster Instanz vor der nächsten eigenen Einlassung, sondern wird bis zur Sachentscheidung zugewartet, kann mit der Berufung weder der Hinweisfehler des Gerichts noch die Ablehnungsentscheidung gerügt werden. Der nicht oder nicht ausreichend erteilte Hinweis auf die später zum Unterliegen führenden Umstände stellen dagegen einen Verfahrensfehler dar, auf den die Berufung gestützt werden kann.

a) Allgemeine Erörterungspflicht des Gerichts (§ 139 Abs. 1 ZPO)

1417 Generell besteht eine Hinweispflicht in den Fällen, in denen die Erforderlichkeit ergänzenden Vortrags von der **Bewertung des Gerichts** im Einzelfall abhängt (BGH NJW 1999, 1264), speziell bei nicht zu erwartenden Anforderungen an den Sachvortrag (BVerfG NJW 1991, 2823; BGH NJW-RR 1993, 569). Bei erkennbar mehrdeutigem Sachvortrag muss das Gericht sein Fragerecht ausüben, damit der Partei eine Klarstellung ihres Vorbringens ermöglicht wird (BGH NJW-RR 2002, 1071).

Keinen Hinweis braucht das Gericht jedenfalls zu erteilen, sofern nur eine Nebenforderung betroffen ist (§ 139 Abs. 2 Satz 1 ZPO). Hierunter fallen insbesondere Zinsen, aber auch einzelne Teile aus einer Vielzahl von Schadenspositionen (Zöller/*Greger* § 139 Rn. 8; Baumbach/*Hartmann* § 139 Rn. 43: auch ein geringfügiger Teil der Hauptforderung bleibt Hauptforderung).

aa) Sachgerechte Anträge

1418 Ein Antrag ist dann nicht sachdienlich, wenn er nach Auffassung des Gerichts das im Prozess erkennbar gewordene Rechtsschutzziel nicht erreichen lässt.

Hinweisen muss das Gericht auf die Unzulässigkeit eines Antrags (zum Beispiel wegen Unbestimmtheit oder fehlendem Rechtsschutzbedürfnis) oder auch auf Bedenken an der Durchsetzbarkeit des Antrags in der Zwangsvollstreckung. Zur Hinweispflicht kann auch die Pflicht gehören, bei der Klarstellung oder Präzisierung des Antrags helfen. Dies gilt insbesondere für praktisch schwer zu fassende Unterlassungsanträge (BGH NJW 2000, 1794). Ist ein angekündigter Antrag erkennbar versehentlich nicht gestellt oder zurückgenommen worden, muss das Gericht seine Stellung anregen. Das Gebot, auf die Stellung sachdienlicher Anträge hinzuwirken, erstreckt sich auch auf Verfahrensanträge, zum Beispiel die Anregung einer Erledigungserklärung oder das Verhältnis von Haupt- und Hilfsanträgen, nicht jedoch auf die Möglichkeit einer Flucht in die Säumnis (OLG München NJW 1994, 60) oder die Möglichkeit einer Wiedereinsetzung in den vorigen Stand (BGH VersR 1965, 981, 982).

bb) Tatsachenergänzung

1419 Tatsachenvortrag ist unzureichend, wenn sich aus ihm der erstrebte Prozesserfolg nicht begründen lässt. Im Vordergrund steht dabei die mangelnde **Schlüssigkeit** des Klägervortrags, die mangelnde **Erheblichkeit** des Beklagtenvortrags oder die unzureichende **Substantiierung** von Tatsachenbehauptungen.

Der Hinweis kann hier dahin erforderlich sein, zu allgemein gehaltenen Tatsachenvortrag zu konkretisieren, Rechtsbegriffe (»Kaufvertrag«; »Vorfahrt«) in Einzeltatsachen aufzulösen oder fehlende Anspruchsvoraussetzungen (Fälligkeit des Darlehensrückzahlungsanspruchs) nachzutragen. Nimmt eine Partei erkennbar ein Recht für sich in Anspruch (Anspruchsgrundlage, Einwand/Einrede) und reichen die vorgetragenen Tatsachen zur Ausfüllung der dafür erforderlichen Voraussetzungen nicht aus, bedarf es eines richterlichen Hinweises.

1420 ▶ Praxistipp:

Die Abweisung eines Rechts mangels Schlüssigkeit oder Substantiierung ohne vorherigen Hinweis stellt regelmäßig eine Verletzung des § 139 ZPO dar.

Der Hinweis auf die Geltendmachung von Gegenrechten (Einrede der Verjährung, Zurückbehaltungsrecht, Entlastungsbeweis) ist nur ausnahmsweise möglich, wenn im Vortrag der Partei nicht nur die Voraussetzungen des Rechts, sondern auch die Absicht, sich hierauf berufen zu wollen, zumindest ansatzweise bereits erkennbar sind (BGH NJW 1969, 691, 693; OLG Hamburg NJW 1984, 2710; BGH LM § 13 StVO Nr. 6).

E. Die mündliche Verhandlung 4. Kapitel

cc) Beweismittelbezeichnung

Auf die Notwendigkeit der Benennung von Beweismitteln für **streitiges, entscheidungserhebliches** Vorbringen ist hinzuweisen, wenn sich aus dem übrigen Vorbringen der Partei ergibt, dass das Fehlen des Beweisantritts auf einem Versehen (BGH NJW 1998, 155, 156) oder auf einem Fehler bei der rechtlichen Bewertung, insbesondere bei der Beweislast beruht (BGH MDR 1991, 223, 224). 1421

> Nicht verpflichtet ist das Gericht dagegen, auf das Erfordernis weiterer, zusätzlicher Beweise hinzuweisen, wenn die bisherige Beweisaufnahme nicht zu dem gewünschten Ergebnis geführt hat (*Piekenbrock* NJW 1999, 1360, 1362).

b) Hinweispflicht auf entscheidungserhebliche Umstände (§ 139 Abs. 2 ZPO)

§ 139 Abs. 2 ZPO erstreckt die Hinweispflicht über die Anträge und die Angriffs- und Verteidigungsmittel hinaus auch auf die **rechtliche Beurteilung** des Rechtsstreits durch die Parteien und verbietet **Überraschungsentscheidungen** (BGH NJW-RR 2011, 487). 1422

> Regelmäßig wird jede Partei davon ausgehen, aufgrund ihres Vortrags den Prozess zu gewinnen und wird von einem ihr ungünstigen Ausgang des Rechtsstreits überrascht. Sie muss, auch wenn die Rechtslage umstritten oder problematisch ist, grundsätzlich alle vertretbaren rechtlichen Gesichtspunkte von sich aus in Betracht ziehen und ihren Vortrag darauf einstellen. § 139 Abs. 2 ZPO ist dabei nur dann verletzt, wenn die Partei diejenigen rechtlichen Erwägungen, auf die das Gericht seine Entscheidung stützt, vorher überhaupt nicht ernstlich in Betracht gezogen, das darin liegende Risiko nicht gesehen oder falsch eingeschätzt hat und deswegen in ihrer Prozessführung hierauf auch nicht ausreichend eingegangen ist. Eine unzulässige Überraschungsentscheidung liegt dann vor, wenn auch ein gewissenhafter und kundiger Prozessbeteiligter selbst unter Berücksichtigung der Vielfalt vertretbarer Rechtsauffassungen mit dieser rechtlichen Bewertung nicht zu rechnen brauchte.

▶ Beispiel: 1423

> Eine unzulässige Überraschungsentscheidung liegt vor, wenn die Parteien um das Bestehen eines vertraglichen Schuldverhältnisses streiten und auch nur hierzu vortragen, das Gericht diese Frage dann dahin stehen lässt und seine Entscheidung auf Bereicherung stützt.

> Nicht verpflichtet ist das Gericht nach Ansicht des BVerfG (NJW 1996, 3202; NJW-RR 2002, 69) allerdings, die beabsichtigte Entscheidung vorab bekannt zu geben oder zu begründen, auf seine Rechtsauffassung hinzuweisen oder ein Rechtsgespräch zu führen. Erwarten darf die Partei allein, dass das Gericht auf die Möglichkeit einer bestimmten Rechtsanwendung hinweist, ohne dass daraus zu folgern wäre, dass eine entsprechende Bewertung tatsächlich beabsichtigt ist.

Dass eine Hinweispflicht des Gerichts auch dann besteht, wenn **beide Parteien** einen Gesichtspunkt übersehen haben oder falsch beurteilen, ist eine Selbstverständlichkeit, die in § 139 Abs. 2 Satz 2 ZPO ausdrücklich wiederholt wird. 1424

c) Hinweispflicht auf Zulässigkeitsbedenken (§ 139 Abs. 3 ZPO)

Hinzuweisen hat das Gericht auch auf Bedenken hinsichtlich der von Amts wegen zu berücksichtigenden Punkte. Dies sind Sachentscheidungs- und Prozessfortsetzungsvoraussetzungen, d.h. die **Zulässigkeitsvoraussetzungen** von Klage und Rechtsmittel (z. B. §§ 56 Abs. 1, 522 Abs. 1 ZPO). 1425

> Auch insoweit hat das Gericht nicht die Befugnis (oder gar Pflicht) zur Amtsermittlung, kann also keine eigenen Nachforschungen anstellen, sondern allein ergänzenden Parteivortrag veranlassen (BGH NJW 1989, 2064, 2065).

> Erforderlich ist ein Hinweis, wo ohne ihn eine Überraschungsentscheidung droht, so also die Partei erkennbar von der Zulässigkeit der Klage ausgeht und einen insoweit gegebenen Mangel nicht erkannt hat.

3. Erfüllung

a) Konkretisierung

1426 Die gesetzlich beabsichtigte Wirkung kann ein Hinweis nur haben, wenn er von der Partei **verstanden** wird und ihr Gelegenheit gibt, den Mangel im Vortrag zu beseitigen (BGH NJW-RR 2011, 1556). Unzureichend sind deswegen Hinweise, die den vom Gericht beanstandeten Punkt nur allgemein, pauschal oder floskelhaft bezeichnen.

> Hinweise wie »Die Sach- und Rechtslage wurde mit den Parteien erörtert«, »Die Frage ist in Rechtsprechung und Lehre streitig«, »Es bestehen Bedenken gegen die Zulässigkeit/Begründetheit/Schlüssigkeit/Substantiierung der Klage« oder »Der Vertrag dürfte unwirksam sein« sind ebenso nichts sagend wie die Frage an die Parteien, ob noch etwas vorgetragen werden soll (OLG Hamm MDR 1977, 940).

> Vielmehr muss das Gericht auf den inkriminierten Punkt unmissverständlich hinweisen. Der Hinweis muss »zielgerichtet, inhaltlich klar und eindeutig« sein (OLGR Schles7ig 2005, 146). Ggf. kann das Gericht sogar verpflichtet sein, die Partei zur Ergänzung des mangelnden tatsächlichen Vorbringens aufzufordern (BGH NJW 1986, 776; OLG Brandenburg NJW-RR 2002, 1215: bloße Erörterung in der mündlichen Verhandlung genügt nicht).

1427 Erkennt das Gericht, dass die Partei einen Hinweis falsch aufgenommen hat, so muss es den Hinweis **wiederholen** und präzisieren (BGH NJW 1999, 1264). Dies gilt insbesondere, wenn eine Reaktion der Partei auf den Hinweis den Mangel nach Auffassung des Gerichts nicht behebt (OLG München NJW-RR 1997, 1425). Da man sich darauf in der Praxis nicht immer verlassen kann, sollte der Anwalt sicherheitshalber bei Gericht anfragen, ob die Bedenken durch den ergänzenden Vortrag nunmehr ausgeräumt sind.

> Dies gilt bei einem Hinweis im Termin umso mehr, wenn dort für die Partei (nur) ein (amtlich bestellter) Vertreter seines Prozessbevollmächtigten auftritt (BGH NJW 1999, 2123).

> Das Gericht darf auch nicht ohne vorherigen Hinweis von einer geäußerten Auffassung bzw. eines bei einer Partei von ihm erweckten Eindrucks, ausreichend vorgetragen zu haben, später abweichen (BGH NJW 2002, 3317, 3320). Dies ist z.B. der Fall, wenn das Gericht zunächst zum Haftungsgrund Beweis erhebt und ohne entsprechenden Hinweis die Schadensersatzklage dann wegen mangelnder Schlüssigkeit bzw. Substantiierung zurückweist (OLG Saarbrücken NZBau 2002, 98; MDR 2003, 1372).

> Eine Wiederholung des Hinweises kommt nicht in Betracht, wenn der ursprüngliche Hinweis eindeutig und unmissverständlich war, hier könnte sich ein weiterer Hinweis lediglich auf die Wiederholung des ursprünglichen Hinweises beschränken, was der Partei nicht weiterhelfen würde (BGH NJW 2008, 2036). Es liegt nahe, dass das Gericht seine Hinweise stets für klar hält, sodass es einer Rüge der Partei bedarf, wenn dies aus deren Sicht nicht der Fall ist.

> Es kann deshalb nützlich sein, das eigene Verständnis eines Hinweises dem Gericht mitzuteilen. Damit kann auch der Gefahr vorgebeugt werden, dass das Berufungsgericht einen Verfahrensmangel mit der Begründung verneint, der Hinweis sei doch unmissverständlich gewesen und neuen Sachvortrag nicht zulässt (§ 531 Abs. 2 Nr. 3 ZPO).

> Abgesehen davon sind Hinweise nach § 139 Abs. 4 ZPO »so früh wie möglich« zu erteilen und daher in der mündlichen Verhandlung in der Regel (eigentlich) zu spät (*Greger* JZ 2004, 809: »richterlicher Kunstfehler«). Allerdings akzeptiert die Rechtsprechung solche Hinweise unter Hinweis darauf, die gesetzlich geforderte Frühzeitigkeit beziehe sich nicht auf das Interesse der Parteien, sondern auf die sachgerechte Bearbeitung durch das Gericht. Nur so lässt sich vermeiden, dass das Gericht beim Eingang eines jeden Schriftsatzes erneut zur sofortigen Prüfung der Relevanz verpflichtet ist.

b) Zeitpunkt, Form und Dokumentation

1428 Die Hinweispflicht besteht während des gesamten Prozesses, auch noch in höheren Instanzen. Sinn macht ihre Erfüllung aber nur zu Beginn des Prozesses, weil nur hier eine Steuerung des Prozessstoffs möglich ist. Hinweise sind deswegen nach § 139 Abs. 4 Satz 1 1.HS ZPO **so früh wie möglich** zu erteilen.

E. Die mündliche Verhandlung

Dies kann nicht bedeuten, dass das Gericht verpflichtet wäre, im Prozess laufend zu prüfen, inwieweit neuer Parteivortrag ergänzungsbedürftig ist. Das Gericht bleibt auch nach Einführung dieser zeitlichen Voraussetzung befugt, seine Rechtsprüfung auf die Terminsvorbereitung zu beschränken. Dass erst in der mündlichen Verhandlung erteilte Hinweise einen Anspruch der Partei auf Gewährung eines Schriftsatznachlasses begründen, muss dann hingenommen werden (dazu unten Rdn. 1915-1967).

Für die Erfüllung der materiellen Prozessleitungspflicht ist eine bestimmte **Form** nicht vorgeschrieben. Regelmäßig wird sie in Form eines Hinweises erfolgen (»Die Partei wird darauf hingewiesen, dass ...«) möglich ist aber auch die sprachliche Fassung als bloße Feststellung eines Mangels (»Die klagende Erbengemeinschaft ist nicht parteifähig«) oder als Frage (»Womit soll der behauptete Vertragsschluss unter Beweis gestellt werden?«). 1429

Hinweise müssen **aktenkundig** sein (§ 139 Abs. 4 Satz 2 ZPO), welche Hinweise erteilt wurden, kann sich deswegen nur aus der Akte selbst ergeben. 1430

> Das Gebot der Aktenkundigkeit soll einen Streit der Parteien in zweiter Instanz darüber ausschließen, ob und mit welchem Inhalt Hinweise in der Vorinstanz erteilt wurden.

Aktenkundig im Sinne dieser Vorschrift sind Hinweise dann, wenn sie schriftlich in der Akte fixiert sind. Dies kann erfüllt werden z. B. 1431

- durch einen Aktenvermerk über ein Telefonat mit der Partei,
- durch eine in die Akte aufgenommene Abschrift einer Hinweisverfügung oder den Ausdruck einer Hinweis E-Mail,
- durch einen schriftlichen, den Parteien mitgeteilten Hinweisbeschluss,
- durch die Protokollierung eines mündlichen Hinweises im Termin.

> Der Hinweis ist »wesentlicher Vorgang der Verhandlung« und als solcher nach § 160 Abs. 2 ZPO zu protokollieren (Zöller/*Stöber* §§ 160 Rn. 3, 278 Rn. 9). Insoweit kommt § 139 Abs. 4 Satz 1 ZPO nur eine klarstellende Funktion zu (Begr. RegE. S. 78).
>
> Eine Protokollberichtigung kommt in Betracht, wenn ein Hinweis im Protokoll falsch wiedergegeben ist, nicht dagegen, wenn ein Hinweis unprotokolliert geblieben ist, weil dessen Aktenkundigkeit anders herbeigeführt werden kann.

- durch die Aufnahme der Aufnahme des Hinweises (nur) in den Tatbestand der Entscheidung selbst.

> Selbstverständlich kann der Hinweis in dieser Form nicht erteilt werden. Ist er – insbesondere in einer mündlichen Verhandlung – erteilt, aber versehentlich nicht protokolliert worden, so kann er noch im Tatbestand der Entscheidung aktenkundig gemacht werden (OLG Frankfurt a. M. MDR 2005, 647). Zu beachten ist dabei, dass »Tatbestand« in diesem Sinn alle tatsächlichen Feststellungen in der Entscheidung sind (BGH NJW-RR 2003, 1006; BGH NJW 1987, 1200) und Hinweise deswegen auch in den Entscheidungsgründen dokumentiert werden können (»Im Termin zur mündlichen Verhandlung ist dieser Umstand mit den Parteien erörtert worden«).
>
> Nicht zu verkennen ist die damit bestehende Gefahr, dass das Gericht die Notwendigkeit eines Hinweises erst bei Abfassung des Urteils erkennt und seine Erteilung als erfolgt darstellt. Ist dies der Fall, ist eine Tatbestandsberichtigung erforderlich.

- Fraglich ist, ob die Aktenkundigkeit auch durch einen anwaltlichen Schriftsatz erfüllt werden kann.

> Hat das Gericht in der mündlichen Verhandlung einen Hinweis erteilt, diesen aber (versehentlich) nicht ins Protokoll aufgenommen, kann ein Anwalt den erteilten Hinweis in einem nachfolgenden Schriftsatz bestätigen.

Die Aktenkundigkeit setzt den Nachweis eines Zugangs an die Parteien nicht voraus, doch können aus der Akte ersichtliche Umstände den Nichtzugang des Hinweises belegen und damit die Vermutung für die Erteilung des Hinweises entfallen lassen (BVerfG NJW 1995, 2095). 1432

Eine förmliche Zustellung außerhalb der mündlichen Verhandlung erteilter Hinweise ist deswegen genauso wenig erforderlich wie die Verkündung von Hinweisbeschlüssen in der mündlichen Verhandlung. Dass ein Hinweis die Partei erreicht hat, kann sich auch aus deren Reaktion ergeben.

1433 Gegen den Inhalt der Akten ist nur der Nachweis der Fälschung möglich.

1434 ▶ **Praxistipp:**

Wenn sich die Erteilung des Hinweises nicht aus den Akten ergibt, gilt der Hinweis als nicht erteilt.

Auch wenn die Partei vorträgt, der Hinweis sei gleichwohl erteilt, kann hierzu in der Berufung keine Beweisaufnahme stattfinden (OLG Frankfurt a. M. NJW-RR 2004, 428).

Die (obsiegende) Partei hat daher jetzt stärker darauf zu achten, dass in der mündlichen Verhandlung erteilte Hinweise an den Gegner im Protokoll (oder im Tatbestand) festgehalten sind, um ihm keinen Anfechtungsgrund zu liefern. Außerdem könnte der Gegner sonst unter Hinweis auf fehlende erforderliche Hinweise (Verfahrensmangel!) neue Tatsachen in das Berufungsverfahren einführen (§ 531 Abs. 2 Nr. 2 ZPO).

Bei Hinweisen gegenüber der eigenen Partei gilt dies nur dann, wenn sie unrichtig sind, um in der Berufung vortragen zu können, darauf entsprechend falsch reagiert zu haben.

Vor allem während eines allseitigen Rechtsgesprächs in der Verhandlung kann es leicht vergessen werden, beiläufig gegebene gerichtliche Hinweise zu Protokoll zu nehmen.

Hierbei muss man aber darauf achten, dass man sich damit nicht selbst eines etwaigen Berufungsgrundes begibt. Wurde z. B. die Klage abgewiesen und ein der Klagepartei erteilter erforderlicher Hinweis nicht dokumentiert, so kann hierauf die Berufung gestützt werden (unten Rdn. 3285).

1435 Über das Gebot der Aktenkundigkeit hinaus ist eine bestimmte Form oder ein bestimmter Inhalt des Hinweises nicht vorgeschrieben.

Nicht erforderlich ist die Dokumentation des vollen Wortlauts, die bloß stichwortartige Zusammenfassung genügt jedenfalls dann, wenn für das Rechtsmittelgericht der Inhalt des Hinweises nachvollziehbar ist.

Unberührt hiervon bleibt die notwendige Konkretisierung des Hinweises (dazu oben Rdn. 1426).

Wurde der Hinweis erfüllt, bedarf es dessen Aufnahme in die Akte nicht mehr.

c) Bitte um Hinweis

1436 Differenziert muss die Frage nach der Sinnhaftigkeit der Bitte an das Gericht um Erteilung eines Hinweises beantwortet werden.

1437 Die häufig am Ende von Anwaltsschriftsätzen stereotyp zu lesende **floskelhafte** Bitte um einen richterlichen Hinweis, »falls das Gericht weiteren Sach- oder Rechtsvortrag für erforderlich halten sollte«, ist völlig nutzlos und daher überflüssig (Zöller/*Greger* § 139 Rn. 13: »Diese Floskel hat keinerlei Rechtswirkung«; BGH NJW-RR 1990, 1241, 1243: »verpflichtet für sich allein das Gericht nicht dazu«; *Bohlander* MDR 1996, 1093: »Beschwörungsformel«).

Besteht eine Hinweispflicht nach § 139 ZPO nicht, so kann diese durch eine solche Bitte nicht begründet werden. Ob die Voraussetzungen des § 139 Abs. 2 ZPO (»erkennbar übersehen oder für unerheblich gehalten«) bestehen, kann der pauschalen Bitte nicht entnommen werden.

Dass solch salvatorische Klauseln des Anwalts die Hilfsbereitschaft des Richters aktivieren und dieser psychologisch motiviert werde, sein besseres Wissen (vor dem Urteil) kundzutun (so aber *E. Schneider*, Anwalt 12/2001 S. 16), muss genauso bezweifelt werden wie die Vermutung, der Richter werde die Bitte zum Anlass nehmen, über das Bestehen einer Hinweispflicht nachzudenken, was ohne die Bitte möglicherweise nicht der Fall sei.

1438 Sinn kann die Bitte um einen Hinweis nur machen, wenn sie **konkret** auf einen bestimmten Punkt bezogen und erkennbar individuell formuliert, nicht allgemein verwendeter Textbaustein ist.

E. Die mündliche Verhandlung

Zwar begründet auch eine konkrete Bitte für sich allein keine Hinweispflicht, doch kann sie deutlich machen, dass die Partei einen Gesichtspunkt für unerheblich gehalten oder falsch beurteilt hat. Damit kann das Bestehen einer Hinweispflicht dem Vortrag entnommen werden.

Ein Gericht, dem der Anwalt aus regelmäßigem Auftreten bekannt ist, kann eher beurteilen, ob es sich um eine stereotype Floskel oder eine aus konkretem Bedürfnis heraus formulierte Bitte handelt. Hinzu kommt, dass hier das persönliche Verhältnis zwischen Gericht und Anwalt ein kollegiales Zusammenwirken leichter möglich macht, als bei anonymen.

Vermieden werden sollte die Bitte um einen Hinweis auf Banalitäten. Diese wird vom Gericht regelmäßig nicht ernst genommen und kann die eigene Position schwächen (OLG Karlsruhe, Urt. vom 19.12.2002, 12 U 164/02: Erbitten eines Hinweises auf die Notwendigkeit der Bezifferung eines Zahlungsanspruchs).

▶ Praxistipp: 1439

Falls man sich hinsichtlich eines Punktes unsicher ist, sollte man dies bezüglich konkret um einen Hinweis unter Bezugnahme auf § 139 ZPO bitten, u. U. mit der Ankündigung, auf den Verstoß gegen die Hinweispflicht gegebenenfalls die Berufung zu stützen. Bei unklarem Hinweis sollte eine Präzisierung verlangt werden.

Zur Verbesserung der eigenen Position in einer sich möglicherweise anschließenden Berufungsinstanz kann die Bitte um Erteilung eines Hinweises regelmäßig nicht dienen. 1440

Ein zum Vortrag neuer Tatsachen in zweiter Instanz berechtigender Verfahrensverstoß des erstinstanzlichen Gerichts (§ 531 Abs. 2 Nr. 2 ZPO) liegt nur vor, wenn das Gericht einen gebotenen Hinweis nicht erteilt hat. Ob ein Hinweis erforderlich war, beurteilt das Berufungsgericht ex ante (BGH NJW-RR 2005, 213). Das Bestehen einer Hinweispflicht kann durch die Bitte nicht beeinflusst werden.

Abzuraten sein dürfte von dem Versuch, einen Hinweis durch ein **Gespräch mit dem Richter** außerhalb der mündlichen Verhandlung zu erhalten. 1441

Unvorbereitet persönlich oder telefonisch angesprochen können viele Richter Auskunft zu einem konkreten Fall in Anbetracht der Vielzahl parallel laufender Verfahren oft gar nicht geben. Auch wo ihnen dies möglich ist, besteht häufig keine Bereitschaft dazu, weil hierdurch für den Prozessgegner schnell die Unvoreingenommenheit infrage gestellt wird. Zahlreiche Richter empfinden eine solche Anfrage als unangenehm oder gar unangemessen und entziehen sich ihr bewusst. Dies kann – in sicher überzogener Form – sogar dazu führen, dass generell keine Telefongespräche mit Anwälten geführt werden. Ein Anspruch auf telefonische Erreichbarkeit des Richters besteht jedenfalls nach der ZPO nicht (LAG Sachsen MDR 2001, 516: generelle Anweisung an die Geschäftsstelle, keine Telefonanrufe der Prozessbeteiligten durchzustellen, ist kein Befangenheitsgrund).

Generell darf der Anwalt sich **nie darauf verlassen**, einen Hinweis zu erhalten. Zum einen kann das Gericht die Erforderlichkeit anders beurteilen als der Anwalt, zum anderen kann das Gericht eine bestehende Hinweispflicht verletzen. Der gebotene sichere Weg setzt deswegen stets die umfassende eigene Überprüfung der Sach- und Rechtslage und im Zweifel Vortrag und Beweisantritte zu allen Punkten voraus, auf die es für die Entscheidung ankommen kann. 1442

Der Rechtsanwalt darf einen Sachvortrag nicht im Vertrauen darauf zurückhalten, noch einen, für den Fall der Erforderlichkeit erbetenen gerichtlichen Hinweis zu erhalten (BGH NJW-RR 1990, 1241). Daran hat sich durch die ZPO-Reform nichts geändert. Die materielle Prozessleitungspflicht des Gerichts ist kein »Freibrief für schlampigen, unsubstantiierten oder unvollständigen Sachvortrag« (*Zierl* NJW-Editorial Heft 39/2002). Wer seinen Sachvortrag auf wenige Worte beschränkt, kann nicht erwarten, dass er vom Gericht ausführliche und fundierte Hinweise erhält (*Doms* NJW 2002, 778). Dass das Gericht von seiner Hinweispflicht Gebrauch machen kann und muss, hat der Anwalt durch hinreichenden eigenen Vortrag zu bewirken.

4. Rechtsfolgen

a) Erteilter Hinweis

aa) An gegnerische Partei

1443 Grundsätzlich hat jede Partei ein Interesse daran, dass dem Gegner keine Hinweise erteilt werden, die diesem den Prozesserfolg erleichtern. Eine Möglichkeit solche Hinweise zu verhindern besteht nicht.

Versucht werden kann indes, auf einen Mangel im Vortrag des Gegners **selbst hinzuweisen**. Nach überwiegender Ansicht entfällt eine Hinweispflicht des Gerichts, wenn eine Partei auf Mängel in ihrem Vortrag bereits durch den Gegner hingewiesen wurde (unten Rdn. 1466). Praktisch werden solche Hinweise oft nicht so ernst genommen, wie solche des Gerichts, sodass die Chance besteht, dass der Gegner den Mangel nicht behebt.

1444 ▶ Praxistipp:

Es kann sinnvoll sein, den Gegner auf Mängel in seinem Vortrag hinzuweisen, damit das Gericht dies nicht tut.

1445 Einen **Rechtsbehelf** gegen vom Gericht erteilte Hinweise gibt es nicht. Grundsätzlich hat auch ein Befangenheitsantrag gegen den hinweisenden Richter wenig Aussicht auf Erfolg.

Hat der Richter sich dabei im Rahmen der Möglichkeiten des § 139 ZPO gehalten, begründet dies die Besorgnis der Befangenheit auch dann nicht, wenn sich dadurch die Prozesschancen verschieben (BVerfG NJW 1976, 1391; *Peters* FamRZ 1990, 1007 m.w.N.) oder wenn das Gericht dabei von einer unzutreffenden Rechtsansicht ausgegangen ist (BGH NJW 1998, 612). Das gilt nicht bloß für Hinweise, sondern auch für Anregungen, Hinweise, Belehrungen, Ratschläge oder Empfehlungen, insbesondere zu den zu stellenden Anträgen. Sehr streitig ist, inwieweit eine Ablehnung dort in Betracht kommt, wo der Richter über die Grenzen des § 139 ZPO hinausgegangen ist, er etwa auf die Möglichkeit zur Geltendmachung von Einreden und Gegenrechten (Verjährung, Aufrechnung, Zurückbehaltung) hingewiesen hat. Die h.M. bejaht dies (BGH NJW 2004, 164, 165; a.A. *Zöller/Vollkommer* § 42 Rn. 27 m.w.N.).

In diesem Fall ist es wichtig, die Ablehnung unverzüglich geltend zu machen, da das Ablehnungsrecht mit der nächsten rügelosen Einlassung verloren wird. Deswegen ist es meist nicht möglich, die Auswirkungen des Hinweises auf den weiteren Prozessverlauf (Reaktion des Gegners, Entscheidung des Gerichts) abzuwarten.

bb) An eigene Partei

1446 Hinweise des Gerichts an die eigene Partei müssen **ernst genommen** werden. Der Versuch, den inkriminierten Mangel als Reaktion darauf zu beseitigen, ist schon aus haftungsrechtlichen Gründen unverzichtbar.

Warum dennoch in der Praxis zahlreiche Hinweise reaktionslos hingenommen werden, ist kaum nachzuvollziehen. Vertretbar scheint ein solches Verhalten nur, wenn der Mangel sich nicht beheben lässt und eine alternative Verfahrensbeendigung (Klagerücknahme, Anerkenntnis) entweder nicht zu einer Kosteneinsparung führt oder aus anderen Gründen nicht opportun ist.

1447 Eine **Reaktion** ist auch dann erforderlich, wenn er auf einem Rechtsfehler des Gerichts beruht.

Ob der Hinweis richtig ist oder nicht, muss der Anwalt aufgrund eigenverantwortlicher Sach- und Rechtsprüfung feststellen. Die kritiklose Hinnahme eines gerichtlichen Fehlers befreit ihn weder von seinen Anwaltspflichten noch entbindet sie ihn von seinem Haftungsrisiko. Falsche richterliche Hinweise schützen, wenn der Anwalt ihnen folgt, nicht vor einem Regress (*Deubner* JuS 2004, 776). Zu beachten ist aber auch der allgemeine Grundsatz, dass einer Partei aus Fehlern des Gerichts keine Nachteile erwachsen dürfen (BGH NJW 2004, 1598: zu schützendes Vertrauen der Partei in einen falschen gerichtlichen Hinweis in Bezug auf ein nicht statthaftes Rechtsmittel). Dies gilt vor allem dann, wenn der Hinweis einer ständigen BGH-Rechtsprechung widerspricht (BGH NJW-RR 2004, 501: Klagerücknahme aufgrund fehlerhaften

E. Die mündliche Verhandlung   4. Kapitel

Hinweises) bzw. die Rechtslage klar ist, obgleich das Gericht aus eigenen oder ihm zurechenbaren Fehlern, Unklarheiten oder Versäumnissen grundsätzlich keine Verfahrensnachteile ableiten darf (BVerfG NJW 2004, 2887).

Eine solche Reaktion muss das Gericht der Partei nach dem Hinweis ermöglichen. Es darf seine Entscheidung auf einen Gesichtspunkt, der Gegenstand eines Hinweises war, nur dann stützen, wenn es den Parteien noch Gelegenheit zur Äußerung dazu gegeben hat (§ 139 Abs. 2, 5 ZPO Art. 103 GG).   1448

Sofern das Gericht hierzu keine Frist gesetzt hat, ist die Erklärung der Partei in angemessener Frist einzureichen, in der Regel innerhalb von 2 Wochen (Zöller/*Greger* vor § 128 Rn. 6).

Ist der Hinweis erst in der mündlichen Verhandlung erteilt worden, wird die Reaktion darauf nur ausnahmsweise **sofort** möglich sein.   1449

Dies gilt jedenfalls dann, wenn weiterer Tatsachenvortrag erforderlich ist. Dieser ist dem Anwalt ohne Rücksprache mit dem Mandanten oder weitere Sachverhaltsermittlungen regelmäßig nicht möglich.

Auch wenn der Mandant anwesend ist, ist eine sofortige Einlassung nicht immer möglich oder zumutbar. Jede Partei hat ein Recht darauf, ihr Prozessverhalten sorgfältig zu überdenken, mit dem Anwalt zu beraten und Alternativen abzuwägen. Es sollte deswegen eine Selbstverständlichkeit für das Gericht sein, auch die anwesende Partei nicht zu einer spontanen Einlassung zu zwingen (Baumbach/*Hartmann* § 139 Rn. 44). Praktisch indes lehnen viele Richter die Gewährung einer Schriftsatzfrist ab (z. B. OLG Hamm NJW 2003, 2543). In diesen Fällen kann nur versucht werden, den Richter von der Notwendigkeit einer Schriftsatzfrist zu überzeugen, wozu häufig schon genügt, die geforderte Erklärung schlicht abzugeben (*Huber* JuS 2002, 485), oder jedenfalls den Antrag auf Gewährung einer Schriftsatzfrist aktenkundig zu machen (dazu unten Rdn. 1483) um zumindest für das Berufungsverfahren die Möglichkeit zu neuem Vorbringen zu behalten. Notfalls bleibt die Flucht in die Säumnis.

Zu den Fällen, in denen eine sofortige Stellungnahme sinnvoll sein kann, unten Rdn. 1486.

▶ Praxistipp: 1450

Wird der Hinweis vom Gericht erst in der mündlichen Verhandlung gegeben, sollte der Anwalt hierauf sogleich Schriftsatzfrist beantragen und (erforderlichenfalls) darlegen, dass eine sofortige Erklärung nicht möglich ist.

Grundsätzlich soll das Gericht nach § 139 Abs. 5 ZPO auf Antrag einer Partei eine Frist bestimmen, in der diese »die Erklärung« in einem Schriftsatz **nachbringen** kann, sofern ihr eine sofortige Erklärung zu einem gerichtlichen Hinweis nicht möglich ist. Der Vorteil einer solchen Schriftsatzfrist liegt dabei auf der Hand.   1451

Die Schriftsatzfrist wird also nicht von Amts wegen, sondern nur auf Antrag gewährt (OLG Hamm NJW 2003, 2543: zumindest bei einer anwaltlich vertretenen Partei). Ein solcher Antrag muss vom Anwalt gestellt werden, auf die Notwendigkeit des Antrags wird er nicht gesondert hingewiesen (OLG Rostock OLGR 2004, 382).

Die fristgerecht nachgebrachte Erklärung ist vom Gericht (auch nach dem Schluss der mündlichen Verhandlung) zu berücksichtigen (§ 296a Satz 2 ZPO). Aber auch eine sofortige Erklärung im Termin kann selbstverständlich nicht als verspätet zurückgewiesen werden (BVerfG NJW 1992, 678).

Dabei erschöpft sich diese Gelegenheit zur Äußerung nicht in der Möglichkeit, Rechtsausführungen zu dem Hinweis vorzutragen, sondern schließt – je nach Sachlage und dem Inhalt des Hinweises – auch die Nachbesserung bisher lückenhaften oder unvollständigen Vorbringens und damit den Vortrag neuer Tatsachen oder Beweisantritte ein (BGH NJW-RR 2004, 1653).

Der Anwalt muss darauf achten, dass die gewährte Frist nicht zu kurz ist, vor allem wenn der Richter umfangreiche Hinweise ins Sitzungsprotokoll diktiert hat. Denn häufig benötigt es geraume Zeit, bis die Anwälte das Protokoll zugesandt erhalten. Notfalls muss Fristverlängerung beantragt werden (§ 224 Abs. 2 ZPO).

Kein Schriftsatznachlass wird dort gewährt, wo der entsprechende Antrag erkennbar der Prozessverschleppung dient. Wird dies vom Gericht erkennbar in Betracht gezogen, kann es sich empfehlen darzulegen, wozu die Schriftsatzfrist genutzt werden soll (Rücksprache mit dem Mandanten, Sachverhaltsermittlungen bei Dritten, eigene Sach- und Rechtsprüfung).

1452 Ohne Schriftsatznachlass kann das erforderliche rechtliche Gehör auch durch Vertagung (§§ 156, 227 ZPO) oder durch Anordnung des schriftlichen Verfahrens (§ 128 Abs. 2 ZPO) gewährt werden (Thomas/Putzo/*Reichold* § 278 Rn. 9; OLG Köln NJW-RR 1998, 1076; OLG München NJW-RR 2001, 66).

In Betracht kommt dies insbesondere, wenn beide Parteien Gelegenheit zum weiteren Vortrag erhalten sollen, sei es, weil beiden ein Hinweis erteilt wurde, sei es, weil der Gegner sich die Möglichkeit einer Erwiderung auf die Reaktion erhalten will (dazu sogleich).

1453 Für den Gegner kann es sich empfehlen, im Termin seinen Anspruch auf rechtliches Gehör **einzufordern**.

Die Gewährung einer Schriftsatzfrist auf die gegebenenfalls eingehende Erklärung der Gegenpartei sieht die ZPO zwar nicht ausdrücklich vor, sie lässt sich aber mit einer entsprechenden Anwendung des § 283 ZPO rechtfertigen. Die Reaktion der einen Partei auf den ihr erteilten Hinweis ist stellt keine bloße Erklärung auf verspäteten Vortrag des Gegners dar, sodass es diesem möglich bleiben muss, seinerseits zu replizieren.

Ist eine Stellungnahme zu neuem Vorbringen des Gegners mit dem vom Gericht vorgesehenen Instrumenten nicht (z. B. weil die Einlassung der Partei erst mit dem Schluss des schriftlichen Verfahrens eingeht), bleibt die Möglichkeit, die Wiedereröffnung der Verhandlung beantragen (§ 156 Abs. 2 Nr. 1 ZPO).

Für die Partei, an die der Hinweis ergangen ist, kann es angesichts dieser Erwiderungsmöglichkeiten der Gegenpartei u. U. geschickter sein, soweit möglich, in der mündlichen Verhandlung sofort auf den gerichtlichen Hinweis zu erwidern und auf eine Nachbringfrist zu verzichten. Denn manchmal vergessen die gegnerischen Anwälte daraufhin Schriftsatzfrist nach § 283 ZPO zu beantragen, womit der Partei dann doch das »letzte Wort« verbleibt.

Im Übrigen sollte sich der Anwalt der Gewährung einer Schriftsatzfrist widersetzen, sofern der anderen Partei eine sofortige Äußerung zumutbar ist (z. B. bei nur ergänzenden Tatsachen, die ihr geläufig sein müssten) oder ersichtlich ist, dass die Partei ihr Recht auf Äußerung als »Vorwand für Denkfaulheit oder Verzögerungstaktik« missbraucht (Baumbach/*Hartmann* § 139 Rn. 45).

b) Nicht erteilter Hinweis

1454 War ein Hinweis nach § 139 ZPO erforderlich, ist aber nicht erteilt worden, so stellt dies einen **Verfahrensfehler** des Gerichts dar.

Neben der Verletzung der Vorschriften der ZPO kann auch ein Verstoß gegen den verfassungsrechtlichen Anspruch auf »rechtliches Gehör« vorliegen (Art. 103 Abs. 1 GG; BVerfG NJW 2003, 2524).

Das Gleiche gilt, wenn einer Partei keine Möglichkeit eingeräumt wird, auf einen gerichtlichen Hinweis zu reagieren und daraus Konsequenzen zu ziehen (§ 139 Abs. 5 ZPO; Zöller/*Greger* § 139 Rn. 14).

1455 Wichtigste Konsequenz eines solchen Fehlers ist, dass das Recht der Partei zur Behebung dieses Mangels nicht beschränkt werden kann.

Dies gilt zum einen für die erstinstanzliche Präklusion. Angriffs- und Verteidigungsmittel, die einen Mangel beheben, auf den das Gericht hätte hinweisen müssen, können auch dann nicht nach § 296 ZPO zurückgewiesen werden, wenn sie verspätet sind (Thomas/Putzo/*Reichold* § 296 Rn. 9).

Erhalten bleibt auch die Möglichkeit zum Vortrag in zweiter Instanz. Hier können Mängel behebende Angriffs- und Verteidigungsmittel ausnahmsweise nach §§ 529 Abs. 1 Nr. 2, 531 Abs. 2 Nr. 2 ZPO neu vorgetragen werden.

1456 Erkennt der Anwalt die Notwendigkeit eines bislang nicht erteilten Hinweises, so kann er das Gericht vor Schluss der mündlichen Verhandlung hierauf formlos hinweisen und abwarten, ob der Hinweis noch erteilt wird. Ist die mündliche Verhandlung bereits geschlossen, bleiben ihm als Reaktionsmöglichkeiten:

E. Die mündliche Verhandlung 4. Kapitel

– der Antrag auf **Wiedereröffnung** der Verhandlung.

Nach § 156 Abs. 2 ZPO muss das Gericht die Wiedereröffnung einer geschlossenen (mündlichen) Verhandlung anordnen, wenn es einen entscheidungserheblichen und rügbaren Verfahrensfehler (§ 295 ZPO), insbesondere eine Verletzung der Hinweis- und Aufklärungspflicht (§ 139 ZPO) oder eine Verletzung des Anspruchs auf rechtliches Gehör, feststellt (so auch die bisherige Rechtsprechung, BGH NJW 2000, 143; Thomas/Putzo/*Reichold* § 156 Rn. 2). Dies kann sich anlässlich der Entscheidungsfindung oder auch aus neuem Vorbringen einer Partei in einem nachgereichten Schriftsatz ergeben (BGH NJW-RR 2003, 742).

▶ Praxistipp: 1457

Obgleich das Gericht die Wiedereröffnung von Amts wegen anordnen muss, empfiehlt sich u. U. ein entsprechender Antrag (mit Begründung), wenn der Anwalt nachträglich einen Verfahrensfehler erkennt.

Dabei lässt sich ein (erneuter) Verhandlungstermin u. U. vermeiden, wenn beide Parteien dem schriftlichen Verfahren zustimmen (§ 128 Abs. 2 ZPO). In Verfahren mit geringem Streitwert wird in der Regel sowieso ohne mündliche Verhandlung entschieden (§ 495a Satz 2 ZPO).

Nicht verkannt werden sollte, dass die Bereitschaft der Gerichte zur Wiedereröffnung nur sehr gering ist. Ein entsprechender Antrag kann sich dennoch empfehlen, um den späteren Vorwurf zu begegnen, die Partei habe auf ihr Rechts zum Vortrag verzichtet (§ 295 Abs. 1 ZPO). Ein Antrag empfiehlt sich allerdings nicht, wenn eine erhöhte Wahrscheinlichkeit erkennbar ist, den Rechtsstreit zu gewinnen. Denn durch eine Wiedereröffnung erhält auch der Gegner Gelegenheit weiter vorzutragen (§ 296a ZPO).

– die **Berufung**.

Ist eine Entscheidung bereits ergangen, scheidet eine Wiedereröffnung der mündlichen Verhandlung aus. Für die Rechtsdurchsetzung bleibt damit nur die Chance der zweiten Instanz (unten Rdn. 3026).

– die **Gehörsrüge**.

Sofern das Urteil mit der Berufung nicht anfechtbar ist (§ 511 Abs. 2 ZPO), kommt bei Verletzung des Anspruchs auf rechtliches Gehör als Rechtsbehelf das Abhilfeverfahren gem. § 321a ZPO in Betracht (unten Rdn. 2992).

– die **Verfassungsbeschwerde**.

In Einzelfällen kann – nach Erschöpfung des Rechtsweges, insbesondere auch nach der Gehörsrüge des § 321a ZPO – auch eine Verfassungsbeschwerde zu erwägen sein (unten Rdn. 3539). So wurde bisher die weit überwiegende Zahl aller Verfassungsbeschwerden mit einer Verletzung des Anspruchs auf Gewährung rechtlichen Gehörs begründet, wobei die Erfolgsquote aber minimal ist.

5. Einzelfälle

a) Anwaltlich vertretene Partei

Nach der **h. M.** besteht die Hinweispflicht grundsätzlich auch gegenüber einer anwaltlich vertretenen Partei (BGH NJW-RR 1991, 256). 1458

Zöller/*Greger* § 139 Rn. 13; BVerfG NJW 1987, 2733, 2736; BVerfG NJW 1995, 3173: »Risikosphäre der Partei«; BVerfG WuM 2002, 23: keine Hinweispflicht bei fehlender Aktivlegitimation und entsprechender substantiierter Darlegungen, da der Anwalt dies »bei Anwendung der gebotenen Sorgfalt und unter Berücksichtigung der in gängigen Kommentaren bzw. Handbüchern vertretenen Auffassungen« hätte erkennen können; *Zimmermann* § 139 Rn. 6: »sonst könnte man den Anwaltszwang abschaffen und Schreibbüros einschalten«; kritisch auch *Renk* DRiZ 1996, 102.

Die sehr umstrittene **gegenteilige Auffassung** des VIII. Zivilsenats des BGH in einer Entscheidung aus dem Jahr 1983 (Urt. vom 09.11.1983 – NJW 1984, 310) wonach eine Hinweispflicht auf die Unschlüssigkeit einer Klage bei einer anwaltlich vertretenen Partei gänzlich verneint wurde, wird von der Rechtsprechung allgemein abgelehnt. 1459

Z. B. OLG Köln NJW-RR 2001, 1724; OLG Schleswig NJW 1986, 3146, OLG Frankfurt a. M. NJW 1989, 722, OLG Düsseldorf NJW 1989, 1489, OLG Köln ZIP 1989, 604, OLG Hamm AnwBl. 1984, 93; unklar ob a. A. OLG Nürnberg MDR 2000, 227.

1460 Auch der BGH selbst ist davon inzwischen wieder abgerückt (z. B. NJW-RR 1997, 441; OLG Köln NJW-RR 2001, 1724; zur Entwicklung dieser BGH-Rspr. *Schaefer* NJW 2002, 850):

»Auf Bedenken gegen die Zulässigkeit (oder Schlüssigkeit) der Klage muss das Gericht gem. § 139 ZPO grundsätzlich auch eine anwaltlich vertretene Partei hinweisen. Dies gilt insbesondere dann, wenn der Anwalt die Rechtslage falsch beurteilt oder ersichtlich darauf vertraut, sein schriftsätzliches Vorbringen sei ausreichend« (BGH NJW-RR 2002, 1436; BGH NJW 2002, 3317; BGH NJW 1999, 1264: »jedenfalls dann«; BGH NJW 2001, 2548, 2549: »insbesondere dann«; MDR 1993, 469: Hinweispflicht auf mangelnde Substantiierung auch im Anwaltsprozess).

Auch der Gesetzgeber des ZPO-Reformgesetzes hat – sicherlich in Kenntnis dieser Problematik – bei der Neufassung der Hinweisvorschrift des § 139 ZPO keine diesbezügliche Einschränkung gemacht, zumal auch beim Amtsgericht die Parteien im Regelfall anwaltlich vertreten sind.

1461 Trotzdem ist in der Praxis immer noch **damit zu rechnen**, dass sich manche Gerichte sich noch auf die überholte Entscheidung des BGH stützen.

Neuhaus MDR 2002, 441: »auch heute noch ab und an«; so z. B. AG München, Urt. vom 28.01.1998, 122 C 25949/97; LG Zweibrücken – OLG Zweibrücken, Urt. vom 17.03.1999 – 1 U 89/98, ZAP 1999, Fach 1, S. 92; auch OLG Köln NJW-RR 2001, 1724: Unterlassen eines Hinweises angesichts dieses BGH-Urteils kein eindeutiger und offenkundiger Verstoß gegen Verfahrensrecht in Bezug auf § 21 Abs. 1 GKG; BVerfGE 52, 131, 161: »Das Fachgericht ist (...) grundsätzlich nicht gehalten, den Parteivortrag zum Nachteil des Gegners schlüssig zu machen (...)«, vor allem dort nicht »wo die für den Rechtsstreit wesentlichen Sach- und Rechtsprobleme den anwaltschaftlich vertretenen Parteien bekannt« sind (ähnlich *Zierl* NJW-Editorial Heft 39/2002).

1462 Ein Hinweis ist damit nicht nur erforderlich zur Vermeidung von Überraschungsentscheidungen, sondern **in allen Fällen des § 139 ZPO** (oben Rdn. 1417 ff.).

1463 Diese grundsätzliche Hinweispflicht wird praktisch allerdings in **geringerem Umfang** wahrgenommen als gegenüber einer sog. Naturalpartei. Stellt sich dem Gericht die Frage, ob etwas übersehen oder bewusst nicht vorgetragen wurde, wird es beim Anwalt regelmäßig vom bewussten Nichtvortrag ausgehen.

Bei einem Anwalt muss unterstellt werden, dass er die Sach- und Rechtslage vollständig und richtig erkannt hat, gestellte Anträge auch so gewollt sind und nicht vorgetragene Umstände auch nicht vorliegen. Seltener als bei Nichtanwälten wird das Gericht deswegen die (an sich gleichen) Voraussetzungen für einen Hinweis bejahen (vgl. unten Rdn. 1476).

1464 Natürlich steckt hinter dieser restriktiven Handhabung des § 139 ZPO Anwälten gegenüber manchmal auch der **Ärger der Richter** über Anwälte, die sich die Arbeit dadurch erleichtern, dass sie im Vertrauen auf einen Hinweis anfänglich unvollständig vortragen und die »Feinarbeit« an ihrem Vorbringen dem Gericht überlassen wollen.

Anwälte sollten sich deswegen bemühen, diesen Eindruck zu vermeiden. Geht das Gericht davon aus, der Anwalt habe sich redlich um eine schlüssige und substantiierten Vortrag bemüht, wird es, wenn es selbst zu einem Punkt eine andere Auffassung vertritt, eher bereit sein, den Anwalt darauf hinzuweisen.

1465 Der Unterschied in der Handhabung der Hinweispflicht zwischen anwaltlich vertretenen und nicht anwaltlich vertretenen Parteien beruht nicht selten auch auf einer **Übersteigerung der gerichtlichen Fürsorgepflicht** für die nicht vertretene Partei. Die Hinweispflicht ist kein Instrument zur Gewährleistung prozessualer Waffengleichheit.

Deswegen kann es für den Anwalt geboten sein, Hinweise an die nicht vertretene Gegenpartei kritisch zu prüfen und das Gericht ggf. auf die Grenzen der Hinweispflicht hinzuweisen.

E. Die mündliche Verhandlung

b) Hinweis durch Gegner

Das Gericht braucht nach h. M. – zumindest gegenüber einer anwaltlich vertretenen Partei – Hinweise grundsätzlich nicht zu wiederholen, die bereits der Gegner gegeben hat. 1466

> Jeder Rechtsanwalt muss sich inhaltlich auch mit dem Vorbringen des Gegners auseinandersetzen und darf dies nicht per se als bedeutungslos unbeachtet lassen. Ist ein Mangel im Vortrag vom Gegner deutlich aufgezeigt worden, wäre die Wiederholung durch das Gericht bloße Förmelei (Baumbach/*Hartmann* § 139 Rn. 46, 55, 83: sei es auch in einem im Übrigen verspäteten Vortrag; RGZ 150, 161, BGH NJW 1980, 224; BGH NJW 1984, 310; BVerfGE 52, 161; BayVerfGH NJW 1992, 1094 (einhellige Rechtsauffassung); OLG Nürnberg MDR 2000, 227; OLG Oldenburg NJW-RR 2000, 949, a. A. E. *Schneider* MDR 2000, 752: »verstößt gegen das Gesetz«; OLGR Schleswig 2005, 146: »Die Erörterungspflicht des § 139 Abs. 1 ZPO richtet sich gerade an das Gericht, sie kann nicht ersatzweise durch den Prozessgegner erfüllt werden«.).

Voraussetzung ist allerdings, dass die gegnerische Rüge den Mangel im Vortrag so exakt darlegt, wie dies auch ein Hinweis tun müsste. Allgemein gehaltene Rügen, wie z. B. das Klagevorbringen sei nicht hinreichend substantiiert, reichen deswegen nicht (OLG Köln NJW-RR 2001, 1724). 1467

Außerdem ist ein gerichtlicher Hinweis bzw. eine Rückfrage geboten, wenn für das Gericht offensichtlich ist, dass der Prozessbevollmächtigte einer Partei die vom dem Prozessgegner erhobenen Bedenken **falsch aufgenommen** hat (BGH NJW 2001, 2548; NJW-RR 2004, 1247: Bedenken gegen die Fassung des Klageantrags oder die Schlüssigkeit der Klage). 1468

> Dies ist nach Ansicht des OLG Hamm bereits schon dann erforderlich, wenn die Partei auf den Hinweis des Gegners nicht reagiert (NJW-RR 2003, 1651).

In § 139 Abs. 2 ZPO ist nunmehr ausdrücklich geregelt, dass das Gericht auf einen Gesichtspunkt hinweisen muss, den das Gericht anders beurteilt als **beide Parteien**. 1469

> Hieraus ergibt sich m. E. (im Umkehrschluss), dass die bisherige h. M. zur vorliegenden Problematik weiterhin bzw. erst recht vertretbar erscheint.

Ob der Anwalt auf unschlüssigen oder unsubstantiierten Sachvortrag des Gegners hinweisen sollte, erscheint prozesstaktisch zweifelhaft. 1470

> Nach einer Ansicht soll er hierzu haftungsrechtlich sogar verpflichtet sein (OLG Köln AnwBl. 1984, 92; Baumbach/*Hartmann* § 139 Rn. 55).

Denn dadurch ist erfahrungsgemäß meistens der Gegner veranlasst, noch ergänzend vorzutragen und damit den Mangel zu beseitigen. 1471

> Dem kann man auch nicht sicher dadurch entgehen, dass man den Hinweis erst in der (letzten) mündlichen Verhandlung gibt. Denn dann müsste der Gegner noch (ausreichend) Gelegenheit zum ergänzenden Sachvortrag erhalten (Vertagung oder Schriftsatzfrist). Freilich dürfte manchen Richtern die Möglichkeit zur unmittelbaren Stellungnahme im Termin, ggf. nach kurzer Unterbrechung der Verhandlung diesbezüglich als ausreichend erscheinen.

Allerdings gibt es regelmäßig Fälle, in welchen der Gegner die (schriftsätzlichen) Hinweise der anderen Partei nicht ernst nimmt oder übersieht. Da dann möglicherweise ein Hinweis des Gerichts im Hinblick auf die h. M. unterbleibt, kann es sich in geeigneten Fällen durchaus empfehlen, zusätzlich zum sonstigen Sachvortrag das gegnerische Vorbringen als unsubstantiiert zu bezeichnen (z. B. bei Sach-/Reisemängeln). 1472

Sofern der Hinweis sich bereits in einem Schriftsatz befindet und der Gegner hierauf noch nicht reagiert hat, ist es taktisch unklug, diesen nochmals in der mündlichen Verhandlung zu wiederholen. Spätestens dann reagieren die meisten Anwälte sofort und versuchen den mangelhaften Sachvortrag zu heilen. Dem gegenüber ist die Wahrscheinlichkeit eher größer, dass das Gericht einen solchen anwaltlichen Hinweis nicht übersieht und seine Entscheidung darauf stützt.

c) Substanzloses Vorbringen

1473 Eine Hinweispflicht wird zuweilen verneint bei **nicht nur ergänzungsbedürftigem**, sondern »substanzlosem« Vorbringen

(BGH NJW 1982, 1708, 1710 a. E.: unzulängliche Substantiierung – ablehnend Anm. *Deubner* unter Hinweis darauf, dass die Hinweispflicht nach dem Gesetz auch bei grober Nachlässigkeit besteht; OLG Düsseldorf NJW-RR 1995, 636; OLG Nürnberg JurBüro 1999, 486; sogar BVerfG NJW 1999, 1856 verwendet diesen Begriff; Baumbach/*Hartmann* § 139 Rn. 83, 87: Gericht darf die von Anfang an völlig unschlüssige Klage nicht durch seine Hinweise erst erfolgreich machen).

So wurde z. B. die Behauptung, an einem Kraftfahrzeug seien Lackschäden vorhanden als substanzlos angesehen, da nicht mitgeteilt worden sei, wo genau sich die Lackschäden befunden hätten (OLG Rostock ZfSch 1997, 215 – zit. *Piekenbrock* NJW 1999, Fn. 48).

Dem kann man nur durch einen möglichst detaillierten und umfassenden Sachvortrag vorbeugen.

Da der ZPO-Reformgesetzgeber davon absehen wollte, den Gerichten inhaltlich engere Vorgaben als das bisherige Recht zu machen (Begr. RegE.S. 77), lässt sich diese Ansicht wohl auch zukünftig (in Ausnahmefällen) noch vertreten (§ 139 Abs. 1 Satz 2: »ungenügende Angaben... ergänzen«; a. A. *Rensen* AnwBl. 2002, 635: der richterlichen Willkür sei dadurch Tür und Tor geöffnet).

d) Offenkundigkeit des Mangels

1474 Eine Hinweispflicht besteht auch dann nicht, wenn

– der Mangel oder die zu entscheidende Rechtsfrage sozusagen klar »auf der Hand« liegt;

(Zöller/*Greger* § 356 Rn. 4; BGH NJW 1993, 2441; NJW-RR 2002, 501).

– sich die Antwort bei einer anwaltlich vertretenen Partei schon aus den »Grundprinzipien des Prozessrechts« ergibt;

(OLG Karlsruhe, Urt. vom 19.12.2002, 12 U 164/02: aufgerechneter Zahlungsanspruch muss beziffert werden; OLG Celle, Urt. vom 24.09.2003, 9 U 114/03; BGH NJW 1984, 310) bzw. es sich um eine »gesetzlich normierte prozessuale Möglichkeit« handelt (OLG Rostock OLGR 2004, 382; § 139 Abs. 5 ZPO);

– eine Partei die ihr eröffnete Gelegenheit zur Äußerung (aus prozesstaktischen Gründen) bewusst nicht nutzt;

(BGH NJW-RR 1990, 1241, 1243: bewusstes Zurückstellen von Vortrag zur Schadenshöhe bei angestrebter abgesonderter Verhandlung über die Zuständigkeit und den Haftungsgrund; NJW 2002, 2180: Partei vermeidet es, die entscheidenden Punkte anzusprechen; OLG Saarbrücken MDR 2003, 1372: Zweck der Regelung des § 139 ZPO ist es, die Parteien vor einem bloßen Versehen zu schützen; die Partei soll nicht überrumpelt werden).

– eine Partei den Mangel den Mangel selbst erkannt, aber nicht behoben hat;

– eine Partei den Mangel erkennbar nicht beseitigen kann.

1475 In diesen Fällen kann es nützlich sein, dem Gericht die eigene rechtliche Beurteilung des Falles mitzuteilen, um sich den prozessualen Anspruch auf etwaige Hinweise offen zu halten.

1476 Im Übrigen spricht die **Vermutung** für das Nichterkennen eines nicht ausdrücklich angesprochenen Gesichtspunkts, da sich niemand selbst benachteiligen will (Zöller/*Greger* § 139 Rn. 6), wobei aber eine rechtskundig vertretene Partei weniger übersehen mag (Baumbach/*Hartmann* § 139 Rn. 40: freilich sind auch hier Fehler denkbar, wobei im Zweifel ein Hinweis erforderlich ist). Auf ein Verschulden – Erkennenkönnen – kommt es dabei jedoch nicht an (vgl. oben Rdn. 1463).

BGH NJW 1993, 667: »Davon, dass ein rechtlicher Gesichtspunkt übersehen wurde, ist in der Regel auszugehen, wenn keine Partei auf ihn eingegangen ist.«

E. Die mündliche Verhandlung   4. Kapitel

e) Praxisrelevante Beispiele

Aus der Fülle der hierzu vorhandenen Rechtsprechung werden hier nur einige praxisrelevante Bei- 1477
spiele aufgezählt. Im Übrigen sei auf die Darstellung in den ZPO-Kommentaren verwiesen. Bei der
Suche nach Verfahrensfehlern dürfte man dort häufig fündig werden, um entsprechende Rechtsmittel und Rechtsbehelfe darauf stützen zu können.

In den folgenden ausgewählten Fällen muss das Gericht einen Hinweis erteilen: 1478

▶ Beispiel: 1479

Fehlende Zulässigkeit der Klage (§ 139 Abs. 2 ZPO; Thomas/Putzo/Reichold § 139 Rn. 11).

Unrichtige juristische Bezeichnung des Beklagten (OLG Hamm MDR 1977, 940: nicht rechtsfähige Schule statt deren Träger; m. E. übertragbar auf Geschäftsbezeichnungen).

Klarstellung unklarer oder Änderung fehlerhafter Anträge/Bezifferung geltend gemachter Teilbeträge/Anpassung des Antrags an veränderte Prozesssituationen (z. B. bei Erledigung oder Rechtsnachfolge auf der Klägerseite (Thomas/Putzo/Reichold § 139 Rn. 10).

Fehlende bzw. zweifelhafte Schlüssigkeit, einschließlich fehlender Aktivlegitimation (z. B. OLGR Schleswig 2005, 146.

Mangelnde Substantiierung (Thomas/Putzo/Reichold § 139 Rn. 10, BGH NJW-RR 1993, 570; OLG Frankfurt a. M. NJW 1989, 722).

Unvollständigkeit des Vortrags zur Höhe einer (nur) dem Grunde nach ausreichend dargelegten Schadensersatzforderung (BGH NJW 2001, 75; BGH NJW 2002, 3317), insbesondere wenn die, »zur Aufklärung des Sachverhalts« geladene Partei persönlich anwesend ist (BGH NJW-RR 1999, 605).

Unsubstantiiertes Bestreiten (str., Baumbach/Hartmann § 139 Rn. 58; Zöller/Greger § 138 Rn. 10: im Zweifelsfall muss das Gericht aufklären, ob Bestreiten durch schlüssiges Verhalten vorliegt).

Ungenügende pauschale Bezugnahme auf Anlagen oder Beiakten (Baumbach/Hartmann § 139 Rn. 60).

Antragsrecht nach § 283 ZPO auf Gewährung eines Schriftsatznachlasses (Thomas/Putzo/Reichold § 283 Rn. 1; wohl nur bei verspätetem Vorbringen des Gegners und nicht allgemein, BGH NJW 1985, 1539).

Von den Parteien erkennbar falsch beurteilte Beweislast (Thomas/Putzo/Reichold § 278 Rn. 10; Zöller/Greger vor § 284 Rn. 16).

Fehlender Beweisantrag/Beweismittel, vor allem bei möglicher Unklarheit über die Beweislast (Thomas/Putzo/Reichold § 139 Rn. 8) oder wenn dies offensichtlich vergessen wurde (Zöller/Greger § 139 Rn. 10; OLG Köln NJW 1995, 2116).

Ungenügende Bestimmtheit des Beweismittels (Zeuge N.N.) oder des Beweisthemas (Thomas/Putzo/Reichold § 139 Rn. 8; a.A. hinsichtlich N.N. Zöller/Greger § 356 Rn. 4; BGH NJW 1987, 3077, 3080 – bei anwaltlich vertretener Partei).

Fehlende, im Schriftsatz genannte Urkunden (BGH NJW 1991, 2081; OLG Köln CR 1992, 546).

Widersprüche zwischen dem schriftsätzlichen Vortrag und den dazu eingereichten Unterlagen (BGHNJW-RR 2003, 742) oder auch sonst bei widersprüchlichem Parteivortrag (BGH ProzRB 2004, 35; Zöller/Greger § 139 Rn. 17).

Das Gericht will ein für notwendig erachtetes Sachverständigengutachten nicht von Amts wegen gem. § 144 ZPO erholen. Wenn der Hinweis erfolglos bleibt, ist das Gericht nicht verpflichtet, dieses von Amts wegen anzuordnen (Thomas/Putzo/Reichold § 144 Rn. 1).

Ein Zeuge, der nicht mehr rechtzeitig geladen werden kann, kann noch gestellt werden (BGH NJW 1980, 1848).

Das Gericht beabsichtigt von der höchstrichterlichen Rechtsprechung (BVerfG NJW 1998, 1853: strengere Handhabung von Verfahrensvorschriften; BAG BB 1988, 487) oder von einer bei den Zivilgerichten üblichen Verfahrensgestaltung (BVerfGE 84, 188, 191) abzuweichen.

Das Gericht will von einer allgemein vertretenen Rechtsauffassung abweichen (BVerfG NJW-RR 2002, 69; BayObLGZ 86, 285; LG Hamburg NJW 1988, 215).

VII. Schriftsatznachlass

1480 Einen Schriftsatznachlass kann die Partei vor allem in folgenden **Fällen** erhalten:
- Nach § 139 Abs. 5 ZPO bei richterlichem Hinweis in mündlicher Verhandlung (oben Rdn. 1451).
- Bei überraschendem Beweisergebnis (unten Rdn. 1757).
- Gemäß § 283 ZPO bei nicht rechtzeitig mitgeteiltem Vorbringen des Gegners in der mündlichen Verhandlung (nachfolgend).

1. Voraussetzungen und Folgen

1481 Es gehört zum gerichtlichen Alltag, dass Schriftsätze kurz vor oder erst im Verhandlungstermin übergeben werden. Ferner kommt es häufig vor, dass sich eine Partei erst in der mündlichen Verhandlung, etwa nach einem Hinweis des Gerichtes zu bestimmten Punkten erklärt. In beiden Fällen müsste spontan vor Schluss der mündlichen Verhandlung (§ 296a ZPO) erwidert werden. Das Prozessrecht indes gewährleistet es, dass vor einer solchen Stellungnahme **ausreichend Zeit zur Überlegung** des eigenen Verhaltens verbleibt (§ 132 ZPO: mindestens eine Woche).

1482 Deswegen kann der Gegner:
- einer Bezugnahme gem. **§ 137 Abs. 3 ZPO** auf diesen Schriftsatz widersprechen und so u. U. erreichen, dass das Gericht diese als unangemessen ausschließt (Zöller/*Greger* § 132 Rn. 3a: Gerichte sollten dies stärker beachten; auch § 129 ZPO). Der Inhalt kann dann nur noch mündlich eingeführt werden, verlesen ist grundsätzlich unzulässig (§§ 137 Abs. 2, 3, 157 Abs. 2 ZPO).

  Es ist aber sehr unwahrscheinlich, dass sich das Gericht auf eine solche Verfahrensweise einlässt, auch wenn es immer wieder formularmäßige Hinweise der Gerichte gibt, »dass die ZPO es nicht vorsieht, Schriftsätze in der mündlichen Verhandlung zu überreichen und entgegenzunehmen« (E. Schneider ZAP-Report: Justizspiegel 2004 S. 518: einzelne Kammern des LG Bonn). Dabei sprechen gegen eine Nichtberücksichtigung des neuen Vorbringens Art. 103 Abs. 1 GG (rechtliches Gehör) sowie § 296a ZPO (auch oben Rdn. 1215). Die Nichteinhaltung der Frist des § 132 ZPO führt zur Nichtberücksichtigung nur unter den Voraussetzungen des § 296 ZPO und sofern keine Abhilfe nach § 283 ZPO möglich ist (Zöller/*Greger* § 132 Rn. 3).

- gem. **§ 283 ZPO** eine Schriftsatzfrist erhalten, wenn der Schriftsatz neues Vorbringen enthält und die Partei sich hierzu wegen der nicht rechtzeitigen Mitteilung nicht erklären kann.

  Hierzu rechnen neben Tatsachenbehauptungen, Anträgen, Beweismitteln, Einwendungen, auch bloße Rechtsausführungen

  (h. M.; Thomas/Putzo/*Reichold* § 283 Rn. 2; unklar Zöller/*Greger* § 283 Rn. 2a und widersprüchlich Thomas/Putzo/*Reichold* § 132 Rn. 2; differenzierend Baumbach/*Hartmann* § 283 Rn. 4). Dies gilt daher auch für die Vorlage von kopierten Urteilen oder Rechtsliteratur erstmals im Termin (OLG München, Beschl. vom 12.07.2002 – 23 W 1775/01 – Anm. E. *Schneider* ZAP Fach 13, S. 1093).

  Dabei schiebt ein solcher Schriftsatznachlass den Schluss der mündlichen Verhandlung – jedenfalls teilweise – für die begünstigte Partei bis zum Fristende hinaus (§ 296a ZPO). Unzulässig ist es, beiden Parteien (auf den gleichen verspäteten Schriftsatz) Schriftsatznachlass zu gewähren, es sei denn, das Gericht geht – mit Zustimmung beider Parteien – ins schriftliche Verfahren gem. § 128 Abs. 2 ZPO über (Zöller/*Greger* §§ 128 Rn. 3; 283 Rn. 3).

E. Die mündliche Verhandlung 4. Kapitel

Nicht rechtzeitig ist ein schriftsätzliches neues Vorbringen, wenn es unter Abkürzung der Wochenfrist des § 132 Abs. 1 ZPO erfolgt. Da § 132 ZPO lediglich eine Mindestfrist ist, kann die Rechtzeitigkeit je nach Art und Umfang des späten Vorbringens unter gebotener Berücksichtigung der für den Gegner zumutbaren Erwiderungsmöglichkeit auch eine längere Frist erfordern (Zöller/*Greger* § 283 Rn. 2b; a. A. wohl Thomas/Putzo/*Reichold* § 283 Rn. 2).

Unabhängig davon muss der Beklagte im frühen ersten Termin eine Frist zur schriftlichen Klageerwiderung erhalten, wenn er auf die Klage noch nicht oder nicht ausreichend erwidert hat und ihm hierzu ausnahmsweise noch keine Frist gesetzt war (§ 275 Abs. 3 ZPO).

▶ **Praxistipp:** 1483

Für die Gewährung einer Schriftsatzfrist ist ein Antrag erforderlich, wobei darauf geachtet werden sollte, dass der Antrag (zwingend) ins Protokoll aufgenommen wird (§ 160 Abs. 3 Nr. 2 ZPO; für die Verfahrensrüge in der 2. Instanz bei Nichtgewährung).

In der Praxis wird dieser Antrag aber häufig vergessen, insbesondere in folgenden Situationen: Zustellung des Schriftsatzes knapp vor dem Termin, insbesondere bei Zustellung von Anwalt zu Anwalt; von (vom Hauptbevollmächtigten nicht oder schlecht informierten) Unterbevollmächtigten; bei Abschluss eines Widerrufsvergleichs für den Fall des Widerrufs.

Eine Schriftsatzfrist sollte in jedem Fall **zumindest vorsorglich beantragt** werden. Auch wenn davon auszugehen ist, dass der Vortrag des Gegners zu einer (weiteren) Beweisaufnahme mit neuem Verhandlungstermin (§ 370 ZPO) führt und damit im weiteren Prozessverlauf an sich genug Zeit zur Stellungnahme verbleibt, muss Vorsorge für den Fall getroffen werden, dass das Gericht den Rechtsstreit für sofort entscheidungsreif hält. Dann nämlich ergeht ein Urteil unter Verwertung des nicht rechtzeitigen und unter Umständen unbestrittenen Vorbringens des Gegners (§ 138 Abs. 3 ZPO). 1484

Dabei ist unbeachtlich ein sofortiges Bestreiten »ins Blaue hinein« oder mit Nichtwissen, wenn dem Rechtsanwalt (im Termin) mangels Information nicht sogleich eine Erklärung auf den gegnerischen Vortrag möglich ist (oben Rdn. 939). Allerdings ist dies einem bloßen Bestreiten kaum anzusehen, sofern es nicht ausdrücklich nur »vorsorglich« erfolgt.

Ferner stellt es kein konkludentes Bestreiten i. S. d. § 138 Abs. 3 ZPO dar, wenn der Beklagtenvertreter im Termin nur Klageabweisung beantragt und erklärt, er habe keine Information (Thomas/Putzo/*Reichold* § 138 Rn. 17).

Ergibt eine sorgfältige Prüfung nach Schluss der mündlichen Verhandlung muss von der Möglichkeit eines weiteren Schriftsatzes ja nicht notwendig Gebrauch gemacht werden. Mit unnötigem Aufwand ist der Antrag damit nicht verbunden.

Die mit dem Schriftsatznachlass verbundene Chance auf das »**letzte Wort**« im Prozess ist meistens ein Vorteil. 1485

Dies gilt vor allem für Rechtsansichten. Außerdem kann die Partei (bei Entscheidungsreife im Übrigen) nur durch Bestreiten im nachgelassenen Schriftsatz (noch) verhindern, dass neues Vorbringen im verspäteten Schriftsatz der Gegenseite als zugestanden behandelt wird.

Diese Chancen sollte der Anwalt seiner Partei in jedem Fall offen halten und daher auch dann Schriftsatzfrist beantragen, wenn er nicht sicher ist, ob der verspätete Schriftsatz überhaupt noch einer Erwiderung bedarf oder ob er von seiner Partei noch weitere Informationen hierzu erlangen kann.

Bei drohender Überschreitung der gewährten Schriftsatzfrist kann ein Verlängerungsantrag gem. § 224 Abs. 2 ZPO und u. U. zugleich ein Antrag auf Verlegung des Verkündungstermins (§ 227 ZPO) gestellt werden.

Wegen § 296a Satz 1 ZPO hat die verspätet vortragende Partei kein Recht, auf den nachgelassenen Schriftsatz nochmals zu erwidern, sofern nicht das Gericht die Verhandlung gem. § 156 ZPO wieder eröffnet. Hierzu kann allerdings auch ein nicht zu berücksichtigender Erwiderungsschriftsatz Veranlassung geben (Thomas/Putzo/*Reichold* § 283 Rn. 7; § 156 Rn. 7; daher u. U. Schriftsatzfrist voll ausschöpfen).

1486 ▶ **Praxistipp:**

Deshalb kann es in (erkennbar) entscheidungsreifen Fällen manchmal besser sein, auf eine Schriftsatzfrist zu verzichten und u. U. direkt auf das neue Vorbringen zu erwidern.

Es ist außerdem möglich, die Schriftsatzfrist (sicherheitshalber) nur hilfsweise (vorsorglich) für den Fall (bedingt) zu beantragen, dass das neue Vorbringen entscheidungserheblich ist bzw. die Entscheidung zulasten der Partei ausfällt. Dies ermöglicht dem Gericht in jedem Fall eine sofortige Entscheidung, während es sonst auch ohne Entscheidungserheblichkeit des neuen Vorbringens zunächst die Schriftsatzfrist gewähren muss (Thomas/Putzo/*Reichold* § 283 Rn. 2; a. A. Zöller/*Greger* § 283 Rn. 2a; m. E. keine Ausschlussgefahr in der Berufung gem. § 531 Abs. 2 Nr. 3 ZPO).

1487 An sich darf in dem nachgelassenen Schriftsatz nur auf das nicht rechtzeitige Vorbringen des Gegners erwidert werden. Der Vortrag neuer eigener Tatsachen ist unzulässig. In der Praxis allerdings wird diese Beschränkung nicht sonderlich streng gehandhabt. Will das Gericht auch den neuen Vortrag berücksichtigen, muss es an sich die mündliche Verhandlung wiedereröffnen (BGH NJW-RR 2011, 1558). Immer wieder kommt es indes vor, dass einer Verwertung auch ohne Wiedereröffnung erfolgt (OLG Koblenz NJW-RR 2001, 65: wesentlicher Verfahrensmangel i. S. d. § 539 ZPO), nicht zuletzt deshalb, weil eine klare Trennung zwischen Erwiderung und neuem Vortrag oft nicht möglich ist.

Es ist daher jeweils zu überlegen, ob ein Schriftsatz knapp vor oder im Termin überhaupt noch eingereicht bzw. übergeben werden soll. Erfahrungsgemäß wiederholen viele Schriftsätze oft nur das bereits Vorgetragene mit dem Risiko, dass der Gegner dennoch Schriftsatzfrist erhält, insbesondere wenn vielleicht auch nur eine kurze Passage ein neues, womöglich noch unerhebliches Vorbringen enthält. Zu berücksichtigen ist ferner, dass sich in der Regel durch eine Zustellung von Anwalt zu Anwalt (§ 195 ZPO) ein schnellerer Zugang des Schriftsatzes beim Gegner erreichen lässt, als durch den Umweg über das Gericht.

Auf jeden Fall muss entscheidungserhebliches Vorbringen (spätestens) in diesem letzten Schriftsatz unter Beweis gestellt werden. Denn sonst bleibt dies bei Bestreiten im nachgelassenen Schriftsatz des Gegners beweislos.

Ist der Beklagte im Termin säumig, kann sich der Kläger durch die späte Übergabe eines Schriftsatzes die Möglichkeit der Erlangung eines Versäumnisurteils verbauen (§ 335 Abs. 1 Nr. 3 ZPO). Im Termin sollte der Anwalt daher einen mitgebrachten Schriftsatz erst vorlegen, wenn der Gegner anwesend ist.

2. Verhältnis zu § 296 ZPO

1488 Während sich die Frage der Rechtzeitigkeit i. S. d. § 283 ZPO (im Anwaltsprozess) nach § 132 ZPO beurteilt, richtet sich die Frage der **Verspätung** allein nach den §§ 296, 282 ZPO.

Daher kann ein Vorbringen bei bloßer Nichteinhaltung der Fristen des § 132 ZPO nicht wegen Verspätung gem. § 296 ZPO zurückgewiesen werden (BGH NJW 1997, 2244). Allerdings dürfte ein Vorbringen eine Woche vor oder sogar erst im Termin in der Regel tatsächlich verspätet sein. Beim Amtsgericht kommt ein Verstoß gegen § 282 Abs. 2 ZPO nur in Betracht, wenn eine Anordnung nach § 129 Abs. 2 ZPO getroffen wurde, was in der Praxis aber relativ selten ist.

1489 Damit findet § 283 ZPO auch bei verspätetem Vorbringen i. S. d. § 296 ZPO Anwendung. Hieraus ergibt sich:

1490 (1) Die gegnerische Partei hat wegen ihrer Erklärungspflicht nach § 138 Abs. 2 ZPO kein Recht, die Einlassung ganz zu verweigern und das Gericht (damit) zur Zurückweisung des Vorbringens zu zwingen (Thomas/Putzo/*Reichold* § 283 Rn. 1; aber § 335 Abs. 1 Nr. 3 ZPO: kein Versäumnisurteil gegen den Beklagten zulässig).

Erklärt sie sich nicht, so ist das nicht rechtzeitige Vorbringen gem. § 138 Abs. 3 ZPO als zugestanden anzusehen. Wenn dem Prozessbevollmächtigten Informationen seiner Mandantschaft fehlen, ist eine Erklärung mit Nichtwissen nicht möglich (§ 138 Abs. 4 ZPO). Auf das Antragsrecht nach § 283 ZPO hat das Gericht in diesem Fall hinzuweisen (Thomas/Putzo/*Reichold* § 283 Rn. 1).

1491 (2) Die allein durch die Einräumung einer Schriftsatzfrist nach § 283 ZPO herbeigeführte Verzögerung rechtfertigt keine Zurückweisung eines unentschuldigt verspäteten Vorbringens. Nur wenn aufgrund der Ausführungen im nachgelassenen Schriftsatz entscheidungserhebliche, unter Beweis gestellte Fragen streitig werden und daher einer Beweisaufnahme und/oder eines neuen Verhandlungstermins bedürfen, kommt eine Verzögerung des Rechtsstreits in Betracht. Die Frage der Verzögerung kann daher erst nach der Erwiderung des Gegners beurteilt werden (Thomas/Putzo/*Reichold* § 283 Rn. 1; Prütting/Gehrlein/*Deppenkemper* § 296 Rn. 20).

▶ Praxistipp:

1492

Verspätetes (entscheidungserhebliches) Vorbringen des Gegners muss somit spätestens im nachgelassenen Schriftsatz soweit unter Beachtung der Wahrheitspflicht möglich unbedingt bestritten werden.

Im Termin mündlich – verspätet – vom Gegner Vorgetragenes könnte zwar sofort bestritten werden, sofern es nicht »ins Blaue hinein geschieht« (oben Rdn. 939). Allerdings kann dies den Gegner dazu veranlassen, hierfür gleich Beweismittel anzubieten und z. B. auch sofort eine präsente Urkunde vorzulegen, was er sonst vielleicht vergessen hätte. Falls die Beweislast dann auch noch bei ihm liegt, kommt bei fehlendem Beweisangebot zwar keine Präklusion, aber eine Beweislastentscheidung zu seinen Lasten in Betracht.

VIII. Protokoll

Über den Inhalt der mündlichen Verhandlung und der Beweisaufnahme ist eine Niederschrift zu fertigen (§ 159 ZPO). Den **Inhalt** dieses Protokoll bestimmt allein der Richter, es hat die wesentlichen Förmlichkeiten der Verhandlung wiederzugeben (§ 160 Abs. 2 ZPO), deren Einhaltung kann nur durch das Protokoll bewiesen werden (§ 165 ZPO). Wegen dieser **Beweiskraft** des Protokolls sollte die Partei darauf achten, dass die aus ihrer Sicht bedeutsamen Umstände darin aufgenommen werden.

1493

Eine Pflicht zur Protokollierung von Parteierklärungen oder Beweisanträgen besteht nicht. § 160 Abs. 3 Nr. 2 ZPO betrifft nur Sach- nicht Prozessanträge; § 160 Abs. 3 Nr. 4 ZPO gilt nicht für Parteierklärungen. Deshalb kann es z. B. Probleme geben bei einer Klageänderung oder Widerklage, insbesondere wenn diese auf einen neuen Sachverhalt gestützt werden.

Ein (mündliches) Geständnis ist im Protokoll festzustellen (§§ 160 Abs. 3 Nr. 3, 510a ZPO). Zwar ist die Protokollierung kein Wirksamkeitserfordernis, jedoch sollte der Anwalt wegen der Beweiskraft des Protokolls unbedingt auf der Protokollierung gegnerischer Geständnisse bestehen. Die Gefahr, dass der Gegner dann erst auf die drohende Bindungswirkung aufmerksam gemacht wird und daraufhin ein »Rückzugsgefecht« über den Inhalt der Erklärung beginnt (*E. Schneider* MDR 1991, 297, der deshalb davon abrät), muss dabei als das »geringere Übel« in Kauf genommen werden.

Die Aufnahme von Prozessanträgen und sonstigen Erklärungen ist gem. § 160 Abs. 2 ZPO nur erforderlich, wenn es sich nach dem Ermessen des Richters um einen »wesentlichen Vorgang« handelt (OLG Köln NJW-RR 1999, 288: weiter Ermessensspielraum, Zöller/*Stöber* § 160 Rn. 6: aber zweckmäßig; auch § 510a ZPO). Hierzu gehört soll z. B. auch die Erwiderung der Parteien auf Hinweise des Gerichts gehören (Zöller/*Stöber* § 160 Rn. 3).

Protokolliert das Gericht nicht bereits von sich aus das aus der Sicht der Partei Erforderliche, kann die Partei – bis zum Schluss der mündlichen Verhandlung – die Aufnahme des Umstands ins Protokoll **beantragen** (§ 160 Abs. 4 ZPO).

1494

Der in der Praxis immer wieder zu beobachtende »Kampf ums Protokoll« (*Geipel/Prechtel* MDR 2011, 336, 339) macht indes meist wenig Sinn, ist regelmäßig nur eine Machtfrage ohne inhaltliche Bedeutung. So wie erfahrene Richter zu Recht dazu raten, einem Protokollierungsantrag des Antrags schlicht zu entsprechen, auch wenn die Voraussetzungen des § 160 Abs. 2 ZPO nicht vorliegen, kann Anwälten nur geraten werden, die Nichtprotokollierung gleichmütig hinzunehmen. Rechtsnachteile entstehen daraus regelmäßig nicht.

Wird ein förmlicher Protokollierungsantrag gestellt, so muss dessen Inhalt d nicht ins Protokoll aufgenommen werden (Thomas/Putzo/*Reichold* § 160 Rn. 13; Zöller/*Stöber* § 160 Rn. 14).

Über den Antrag entscheidet das Gericht nach freiem Ermessen. Bei Spruchkörperverhandlungen genügt damit die bloße Entscheidung des Vorsitzenden alleine nicht, erforderlich ist eine Beratung und

Entscheidung des Spruchkörpers. Unabhängig davon, ob Einzelrichter oder Spruchkörper entschieden haben, muss die Entscheidung selbst ins Protokoll (§ 160 Abs. 3 Nr. 6 ZPO). Häufig ist damit dem Anliegen der Partei schon Rechnung getragen, die Grundlage für die Rüge einer Rechtsverletzung für die Folgeinstanz gelegt.

Die Entscheidung ergeht durch Beschluss, der grundsätzlich unanfechtbar ist. In der Literatur wird für Ausnahmefälle eine Beschwerde gegen einen die Protokollberichtigung ablehnenden Beschluss nach § 567 ZPO für möglich gehalten (Baumbach/*Hartmann* § 160 Rn. 21), denkbar ist auch ein Antrag auf Protokollberichtigung gem. § 164 Abs. 1 ZPO (dazu unten Rdn. 2963).

Wegen der nur geringen Chancen solcher Rechtsbehelfe und der erheblichen Bedeutung des Protokollinhalts sollte man sich nicht so schnell mit der Weigerung des Gerichts oder der üblichen Floskel – »Die Sach- und Rechtslage wurde mit den Parteien erörtert« – zufriedengeben, sondern unbedingt auf einer Protokollierung bestehen. So führt in der Praxis eine gewisse Hartnäckigkeit manchmal zum Erfolg. Das Risiko, das hierunter das Verhandlungsklima leidet, kann durch sachliches, ruhiges und höfliches Auftreten minimiert werden.

1495 Ist der **Protokollierungsantrag endgültig abgelehnt**, bleibt die Möglichkeit, die Erklärungen oder Vorgänge selbst schriftlich in das Verfahren einzuführen (Zöller/*Stöber* § 160 Rn. 14).

Werden Inhalt und Ablauf in einem Parteischriftsatz anders dargestellt als im Protokoll, so kann dies Anhaltspunkte für eine unvollständige oder unrichtige Tatsachenfeststellung begründen, die eine erneute Tatsachenfeststellung durch das Berufungsgericht ermöglichen (§ 529 Abs. 1 Nr. 1 ZPO).

Falls die Einreichung eines Schriftstücks nicht sofort in der mündlichen Verhandlung gelingt, kann man versuchen, den Schluss der mündlichen Verhandlung hinausgeschoben zu bekommen, z. B. mittels Anträgen auf Schriftsatzfrist oder Vertagung, notfalls durch Fluchtmaßnahmen (oben Rdn. 1260). Wenn auch dies keinen Erfolg hat, sollte man trotz § 296a ZPO noch einen entsprechenden Schriftsatz einreichen.

Als Notmaßnahme kann man auch einen Befangenheitsantrag in Betracht ziehen (z. B. OLG Köln NJW-RR 1999, 288: begründet, wenn der Richter ohne triftige Gründe »Anträge« der einen Partei in das Protokoll aufnimmt, »Anträge« der anderen aber nicht; LG Bochum AnwBl. 1978, 101: Weigerung allein noch kein Befangenheitsgrund).

Dies gilt auch bei einer verfahrenswidrigen Weigerung, Schriftsätze im Termin entgegenzunehmen (KG MDR 2001, 1435; *E. Schneider* ZAP-Justizspiegel 2002 S. 675: Gehörsverletzung – Anwalt sollte Schriftsatz einfach auf den Richtertisch legen, wodurch dieser in die Verfügungsgewalt des Gerichts gerät; ders. ZAP-Kolumne vom 19.01.2005 S. 50: »So wird seit einhundert Jahren in der ZPO-Praxis verfahren«; Zöller/*Greger* § 270 Rn. 6, 6a: eine Mitwirkung des Gerichts in der Form der Entgegennahme ist nicht erforderlich), wobei möglicherweise bereits dessen bloße Ankündigung die Verweigerungshaltung des Richters beseitigen kann. Im Übrigen sollte eine Ablehnung durch den Vorsitzenden beanstandet und eine Kammerentscheidung beantragt werden (§§ 140, 295 ZPO).

5. Kapitel: Beweisaufnahme

Übersicht

	Rdn.
A. **Beweisgrundsätze**	1497
I. Übersicht	1498
II. Beweisantrag	1506
1. Ablehnung von Beweisanträgen	1508
2. Beweisantrag des Gegners	1525
III. Beweisverbote	1532
1. Beweiserhebungsverbote	1534
2. Beweisverwertungsverbote	1540
IV. Beweiserleichterungen	1546
1. Beweisformen	1547
a) Strengbeweis und Freibeweis	1547
b) Glaubhaftmachung	1556
2. Offenkundige Tatsachen	1565
3. Gesetzliche Vermutungen	1579
4. Indizienbeweis	1584
5. Anscheinsbeweis	1602
a) Abgrenzung vom Indizienbeweis	1604
b) Voraussetzungen	1609
c) Anwendungsbereiche	1620
6. Schätzung	1629
a) Anwendungsbereich	1630
b) Folgen	1636
7. Beweisvereitelung	1645
V. Gegenbeweis, Beweis des Gegenteils und unwiderlegliche Vermutung	1659
VI. Beweislast	1664
1. Grundregel	1666
2. Umkehr der Beweislast	1673
VII. Beweisverhandlung	1699
B. **Beweiserhebung**	1705
I. Zeugen	1706
1. Tauglichkeit von Zeugen	1708
2. Die Benennung der Zeugen	1713
a) Normalfall	1713
b) Zeuge »N.N.«	1714
c) Verzicht auf Zeugen	1718
3. Schriftliche Aussagen	1719
4. Die Zeugenvernehmung	1725
a) Video-Vernehmung	1726
b) Ausübung des Fragerechts	1730
c) Unzulässige Fragen	1746
d) Verhalten nach der Beweisaufnahme	1752
5. Protokollierung der Zeugenaussage	1760
6. Verwertungsverbot bei Mithörzeugen	1764
7. Zeugen im Ausland	1772
a) Ladung vor das Prozessgericht	1776
b) Eigene Anhörung im Ausland	1777
c) Vernehmung im Ausland	1781
d) Taktik	1782
8. Der Beweiswert von Zeugen	1785
II. Sachverständigengutachten	1796
1. Bedeutung in der Praxis	1797
2. Entkräftung eines Gutachtens	1803
a) Prozessuale Möglichkeiten	1804
b) Bedeutung eines Privatgutachtens	1815
c) Beweissicherungsgutachten	1822
3. Verfahrensfremde Gutachten	1829
III. Urkunden	1832
1. Beweisantritt	1837
a) Urkunde beim Beweisführer	1837
b) Urkunde beim Gegner	1839
c) Urkunde bei Dritten	1843
d) Urkunden in anderen Akten	1846
2. Beweiswirkung	1852
3. Einzelfälle	1861
a) Vorprozessualer Schriftwechsel	1861
b) Stundenlohnzettel	1862
c) Privates Protokoll	1867
d) Schuldbekenntnis an der Unfallstelle	1872
e) Übergabeprotokoll	1874
f) Elektronische Dokumente	1882
IV. Parteivernehmung	1885
1. Vernehmung des Beweisführers auf Antrag	1887
2. Vernehmung (auch) des Beweisführers von Amts wegen	1889
3. Sonderfall: Vier-Augen-Gespräch	1894
V. Augenschein	1899
1. Bedeutung	1900
2. Vorlage von Lichtbildern	1904
a) Beweiswirkung	1904
b) Verwertungsverbote	1909
C. **Beweisaufnahme in besonderen Verfahren**	1915
D. **Wichtige Beweisthemen**	1917
I. Zugang	1918
1. Schreiben mit einfacher Post	1923
2. Einschreiben	1928
a) Übergabe-Einschreiben	1929
b) Einwurf-Einschreiben	1938
3. Telefax	1941
4. E-Mail	1944
5. Förmliche Zustellung	1950
II. Stellvertretung	1954
III. Schenkungseinwand	1958
IV. Werkvertrag	1961
V. Mängelanzeige im Reiserecht	1965
E. **Beweisrechtliche Verfahrensfehler**	1968
I. Bedeutung für die Berufung	1969
1. Berufungsgrund	1972
2. Notwendigkeit erneuter Tatsachenfeststellung	1973
II. Beispiel	1978

1496 Häufiger als rechtliche sind tatsächliche Fragen entscheidend für den Erfolg eines Zivilprozesses. Die Möglichkeit, Vortrag des Gegners zu bestreiten, wird in der Praxis überwiegend genutzt und führt dazu, dass es in den meisten Fällen einer Beweisaufnahme bedarf.

»Das Beweisrecht ist die Schnittstelle zwischen Prozessrecht und materiellem Recht und die Bewährungsstelle für die forensische Kunst des Anwalts und des Richters« (*Michel/von der Seipen*, Der Schriftsatz, S. 162).

A. Beweisgrundsätze

1497 Zahlreiche Fragen der Beweisaufnahme gelten unabhängig von dem konkreten Beweismittel.

I. Übersicht

1498 Grundsätzlich werden nur die von den Parteien angebotenen Beweise erhoben. Insoweit bedarf es eines Beweisantritts (unten Rdn. 1506).

Von den Ausnahmemöglichkeiten der §§ 142–144, 273 Abs. 2 ZPO machen Gerichte so gut wie nie Gebrauch.

1499 Beweis erhoben wird nur über **beweisbedürftige** Tatsachen.

Des Beweises bedürfen Tatsachen, die streitig und erheblich sind. Letzteres ist der Fall, wenn sie den Voraussetzungen einer für die Entscheidung einschlägigen Rechtsnorm gehören. Keines Beweises bedürfen Tatsachen, die prozessual nicht berücksichtigt werden können. Dies kann der Fall sein, weil sie präkludiert (§ 296 ZPO) oder unter Verletzung der Wahrheitspflicht (§ 138 Abs. 1 ZPO) bewusst unwahr vorgetragen sind. Schließlich müssen auch solche Tatsachen nicht bewiesen werden, deren Wahrheit bereits feststeht, sei es, weil sie bereits bewiesen sind, sei es, weil ihre Wahrheit aufgrund von Beweiserleichterungen feststeht (unten Rdn. 1546).

1500 Der Beweisaufnahme oder zumindest der Verwertung bereits erhobener Beweise können in seltenen Fällen **Verbote** entgegenstehen (unten Rdn. 1532).

1501 Die Beweiserhebung beginnt mit einer entsprechenden **Anordnung** des Gerichts, die förmlich als Beweisbeschluss (§ 358 ff. ZPO) oder formlos durch schlichte Erhebung des Beweises ergehen kann.

1502 Die Beweisaufnahme ist grundsätzlich **öffentlich** (§ 357 ZPO) und erfolgt **unmittelbar** vor dem Prozessgericht (§ 355 ZPO). Der den Zivilprozess im Übrigen beherrschende Grundsatz der Dispositionsmaxime gilt hier nicht. Ob und wie Beweis zu erheben und wie ein Beweisergebnis zu würdigen ist, steht nicht zur Disposition der Parteien, sondern ist zwingend und unabänderlich im Gesetz geregelt und dem Gericht zugewiesen (»**Strengbeweis**«).

Der Grundsatz des Strengbeweises führt zunächst zu einem numerus clausus der zur Verfügung stehenden Beweismittel. Beweis kann nur mit einem der gesetzlich vorgesehenen Beweismittel (Zeuge, Parteivernehmung, Sachverständiger, Augenschein, Urkunde).

Jede dieser Beweisarten wird in dem im Gesetz vorgegebenen Verfahren erhoben.

1503 Über das Ergebnis der Beweisaufnahme wird verhandelt, den Parteien wird insoweit rechtliches Gehör gewährt. Bewiesen ist eine Tatsache indes nur, wenn sie für das Gericht aufgrund einer freien Würdigung der erhobenen Beweise **zweifelsfrei** feststeht.

Hierzu muss das Gericht von der Wahrheit der zu beweisenden Tatsache vollständig überzeugt sein. Die Tatsache muss mit an Sicherheit grenzender Wahrscheinlichkeit feststehen, vernünftige Zweifel dürfen nicht mehr bestehen.

1504 Eine Tatsache, die bewiesen wurde, steht für die Entscheidung fest, eine Tatsache, die nicht bewiesen werden konnte, wird prozessual als nicht vorliegend behandelt (sog. »**Negativfiktion**«). Dies wirkt zulasten der Partei, die aus der Tatsache eine für sich günstige Rechtsfolge herleiten wollte (»**Beweislast**«).

1505 Auf nahezu allen diesen Ebenen haben die Parteien erhebliche Gestaltungsmöglichkeiten.

A. Beweisgrundsätze   5. Kapitel

II. Beweisantrag

Anträge auf Erhebung eines Beweises (= Beweisantritte) sind Teil der vorbereitenden Schriftsätze im Prozess (§ 130 Nr. 5 ZPO). 1506

> In der Klageschrift, der Klageerwiderung und den weiteren Schriftsätzen sind die Beweismittel zu bezeichnen, deren sich die Partei zum Nachweis oder zur Widerlegung tatsächlicher Behauptungen bedienen will.
>
> Wegen der dafür geltenden formellen und inhaltlichen Anforderungen sowie einigen taktischen Hinweisen siehe oben Rdn. 924).

Taktische Fragen stellen sich für den Anwalt, wenn das Gericht zum Nachteil der eigenen Partei über einen solchen Beweisantrag entscheidet. Dies kann der Fall sein, indem ein eigener Beweisantrag abgelehnt (unten Rdn. 1508) oder einem Beweisantrag des Gegners entsprochen wird (unten Rdn. 1525). 1507

1. Ablehnung von Beweisanträgen

Folge von Beibringungsgrundsatz und Parteiherrschaft im Zivilprozess ist die grundsätzliche Pflicht des Gerichts zur Erschöpfung der Beweismittel, d.h. das Gericht muss grundsätzlich alle angebotenen Beweise erheben. 1508

Nur ausnahmsweise kommt eine **Ablehnung von Beweisanträgen** in Betracht. Die Gründe hierfür sind in der ZPO nicht ausdrücklich normiert, sie ergeben sich allein aus allgemeinen Überlegungen und einer teilweisen analogen Anwendung des § 244 Abs. 3 StPO (BVerfG NJW 1993, 254; BGHZ 53, 245, 259 = NJW 1970, 946; OLG Saarbrücken NJW-RR 1998, 1685; Thomas/Putzo/*Reichold* § 284 Rn. 2, 6; Prütting/Gehrlein/*Laumen* § 284 Rn. 36; *Musielak/Stadler*, Grundfragen des Beweisrechts, 1984, Rn. 35 ff., alle m.w.N.; *Störmer* JuS 1994, 238 (241); 334). 1509

Möglich ist die Ablehnung eines Beweisantrags, 1510

(1) wenn die **Beweisvoraussetzungen** nicht vorliegen,

▶ Beispiel: 1511

> Beweis für eine unerheblich oder unstreitige Tatsache; unwirksamer oder verspäteter Beweisantritt, Nichteinzahlung eines angeforderten Auslagenvorschusses BGH NJW 1991, 2707; Burkhard Schmidt MDR 1992, 637; zur konkludenten Rücknahme des Beweisantrags BGH NJW-RR 1997, 342.

(2) wenn der Beweisaufnahme gesetzliche Hinderungsgründe entgegenstehen, also ein **Beweiserhebungsverbot** besteht. 1512

▶ Beispiel: 1513

> Antrag auf Vernehmung eines Zeugen im Urkundenverfahren (§ 595 Abs. 2 ZPO). Antrag auf Vernehmung eines Beamten, dem eine Aussagegenehmigung endgültig verweigert wurde (§ 376 ZPO i.V.m. §§ 61 BBG, 39 BRRG). Antrag auf »peinliche Befragung« eines Zeugen.

(3) wenn der angebotene Beweis erkennbar völlig **ungeeignet** ist. 1514

> Eine solche kann ausnahmsweise nur dann in Betracht kommen, wenn Umstände vorhanden sind, welche die zweifellose Wertlosigkeit des Beweismittels ergeben (Thomas/Putzo/*Reichold* § 284 Rn. 7). So muss der »völlige Unwert eines Beweismittels« vorab feststehen, um es ablehnen zu dürfen (BVerfG NJW 1993, 254). Nur ausnahmsweise kann dies der Fall sein, wenn beispielsweise nach dem Ergebnis der durchgeführten Beweisaufnahme jede Möglichkeit ausgeschlossen ist, dass der übergangene Beweisantrag Sachdienliches ergeben und die vom Gericht bereits gewonnene gegenteilige Überzeugung erschüttern könnte.

1515 ▶ Beispiel:

Möglich ist die Zurückweisung eines Antrags auf Vernehmung eines Polizeibeamten, der unstreitig erst nach dem Unfall herbeigerufen wurde, zum Ablauf des Unfalls. Dies gilt auch für einen Antrag auf Einholung eines Sachverständigengutachtens zu einer Rechtsfrage.

Vorsicht ist bei dieser Fallgruppe geboten, weil eine antizipierte Beweiswürdigung in jedem Fall unzulässig ist. Beweisanträge können daher nicht schon dann abgelehnt werden, wenn das Beweisthema bloß unwahrscheinlich oder das Beweismittel nur bedingt überzeugungskräftig ist BVerfG NJW 1993, 254; BGH NJW 1999, 143 und 922; OLG Düsseldorf VersR 1993, 1167. Nicht ungeeignet sind Beweise auch dann, wenn sie bereits in einem anderen Verfahren (z. B. einem vorhergehenden Strafverfahren) erhoben wurden, und Gegenbeweise, wenn das Gericht bereits von der Haupttatsache überzeugt ist.

1516 ▶ Beispiel:

Nicht möglich ist die Zurückweisung des Antrags auf Vernehmung des Ehegatten einer Partei mit der Begründung, dieser habe ein so großes Eigeninteresse, dass seiner Aussage kein Beweiswert zukomme. Dies gilt auch für die Ablehnung eines Zeugen mit der Begründung, bei diesem handele es sich amtsbekannt um einen Lügenbold, dem man nicht glauben könne.

1517
(4) wenn die zu beweisende Tatsache **als wahr unterstellt** werden kann (BGHZ 53, 260). Meist wird hier schon die Beweisvoraussetzung »Erheblichkeit« fehlen, sodass diesem Ablehnungsgrund kaum eigenständige Bedeutung zukommt.

Eine solche Wahrunterstellung wird im Zivilprozess – anders als im Strafprozess, von wo diese Fallgruppe in analoger Anwendung des § 244 StPO hergeleitet wird – kaum in Betracht kommen, weil mit jeder Unterstellung zugunsten einer Partei eine Benachteiligung der anderen Partei verbunden ist (BGH NJW 1970, 946, 950; Thomas/Putzo/*Reichold* § 284 Rn. 4). Soweit die Praxis diese Fallgruppe zu Ablehnung von Beweisantritten bemüht, liegt meist ein Fall des Fehlens von Beweisvoraussetzungen vor, weil nur unerhebliche Tatsachen als wahr unterstellt werden können.

1518
(5) wenn das Gericht die erforderliche **Sachkunde** selbst besitzt und deswegen auf die Einholung eines Sachverständigengutachtens verzichtet. In diesem Fall muss im Urteil die Sachkunde dargelegt werden BGH NJW-RR 1997, 1108.

1519 ▶ Beispiel:

Erfahrene Mietrichter können die Ortsüblichkeit einer Miete auch ohne Mietspiegel oder aufwendiges Sachverständigengutachten bestimmen.

1520
(6) wenn die zu beweisende Tatsache **bereits bewiesen** ist.

1521 ▶ Beispiel:

Hat eine Partei ihre Behauptung mit fünf Zeugen unter Beweis gestellt, kann das Gericht die Vernehmung der restlichen Zeugen unterlassen, wenn es bereits nach der Vernehmung von zwei Zeugen überzeugt ist, die Behauptung der Partei sei wahr.

Dies gilt nicht, wenn die noch nicht vernommenen Zeugen (auch) zum Beweis des Gegenteils benannt waren, der Gegner sich auf sie ebenfalls berufen hat, um zu beweisen, dass die gegnerische Behauptung nicht wahr ist (Thomas/Putzo/*Reichold* § 284 Rn. 6; BGH NJW-RR 2002, 1073).

1522
Liegt keiner dieser Ausnahmetatbestände vor, ist die Nichtberücksichtigung erheblicher Beweisanträge ist **verfahrensfehlerhaft** (§ 286 ZPO) und verstößt gegen Art. 103 Abs. 1 GG (BVerfG NJW-RR 2004, 1150; BGH NJW-RR 2010, 1217). Eine solche unrechtmäßige Ablehnung kann deswegen mit Rechtsmitteln (Berufung, Revision) genauso gerügt werden, wie mit der Verfassungsbeschwerde.

1523
Dennoch kommen solche Fehler in der **Praxis** immer wieder vor. Die Beweisaufnahme verzögert die Entscheidungsreife und macht dem Gericht viel Arbeit, sodass manche Richter bemüht sind, »mit

allen möglichen prozessualen Ausflüchten und Tricks um Beweisaufnahmen herumzukommen« (*E. Schneider* MDR 2000, 189), die Sache ohne größere eigene Arbeit zunächst einmal »weg vom Tisch« zu haben (Zöller/*Greger* Vor § 284 Rn. 8). Grund für solche »Kardinalfehler des Gerichts« ist oft auch eine mangelhafte Bearbeitung der Akte und die unzureichende Herausarbeitung der entscheidungserheblichen Tatsachen.

▶ Beispiel: 1524

Das Gericht ist nicht befugt, eine Auswahl unter den benannten Zeugen zu treffen (BVerfGE 60, 250).

Kein Ablehnungsgrund ist der in der Praxis immer wieder anzutreffende Hinweis darauf, dass die Beweiserhebung (insbesondere Sachverständigengutachten) unökonomisch sei (BVerfG NJW 1979, 413), was bei zahlreichen angebotenen Zeugen manchmal auch nur zum Zwecke der Einsparung richterlicher Arbeitsbelastung als Grund vorgeschoben wird (Zöller/*Herget* Einl. 96).

2. Beweisantrag des Gegners

Nachteilig für die eigene Partei kann es auch sein, wenn das Gericht einem Beweisantrag des Gegners stattgibt und darauf einen Beweisbeschluss erlässt. 1525

Dabei besteht der Nachteil nicht (nur) darin, dass der Anwalt – im Gegensatz zur früheren BRAGO – für die bei einer Beweisaufnahme anfallenden weiteren Tätigkeiten keine zusätzliche Beweis-Gebühr mehr erhält (im RVG ist der mit der Beweisaufnahme zusammenhängende Aufwand durch die erhöhte (allgemeine) Terminsgebühr abgegolten; Teil 3 Vorb. 3 (3); Nr. 3105 VV-RVG).

▶ Beispiel: 1526

Ist der entscheidungserhebliche Vortrag des Gegners unschlüssig oder unsubstantiiert, so ist die Klage zum dessen Nachteil entscheidungsreif. Ordnet das Gericht dennoch eine Beweisaufnahme an, besteht die Gefahr, dass das Gericht bei positivem Beweisergebnis eine Entscheidung zu seinen Gunsten erlässt.

Mangelt es an einer konkreten, unter Beweis gestellten Tatsachenbehauptung des Gegners, so besteht die Gefahr, dass die erheblichen Tatsachen erst durch die Beweisaufnahme ausgeforscht werden und der Gegner erst hierdurch Aussicht auf Erfolg in der Hauptsache hat.

Ein erlassener Beweisbeschluss ist **nicht gesondert anfechtbar** (§ 355 Abs. 2 ZPO). Dies gilt auch dann, wenn er verfahrensfehlerhaft ergangen ist. 1527

▶ Praxistipp: 1528

Trotz der Unanfechtbarkeit von Beweisbeschlüssen sollte deren Fehlerhaftigkeit dem Gericht gegenüber sofort gerügt werden.

Zum einen ist eine richterliche Selbstkorrektur jederzeit möglich (Gegenvorstellung; Zöller/*Greger* § 360 Rn. 1), wenn auch praktisch nicht allzu häufig. Zum anderen ist auf der Grundlage einer solchen Rüge die spätere Darlegung der Verfahrensfehlerhaftigkeit des Beschlusses (im Berufungs- oder Revisionsverfahren) deutlich leichter.

Fehlerhafte Beweisbeschlüsse werden im Berufungsverfahren zusammen mit dem ergangenen Endurteil überprüft (§ 512 ZPO). 1529

Erforderlich ist es deswegen, den Ausgang der ersten Instanz abzuwarten. Endet diese für die Partei nachteilig, kann die Berufung gegen das Endurteil auch mit der Fehlerhaftigkeit des Beweisbeschlusses begründet werden.

War die fehlerhafte, überflüssige Beweisaufnahme mit erheblichen **Kosten** verbunden (so insbesondere bei teuren Sachverständigengutachten), sollte ein Antrag nach § 21 GKG gestellt werden. 1530

Danach werden Kosten (Gebühren und Auslagen), die bei richtiger Behandlung der Sache nicht entstanden wären, nicht erhoben.

Der Antrag ist erforderlich, weil die an sich von Amts wegen mögliche Kostenniederschlagung nur selten erfolgt.

1531 ▶ **Beispiel:**

Hierzu gehören Beweiserhebungen über nicht (mehr) streitige Tatsachen sowie über erkennbar nicht beweiserhebliche Umstände (OLG München NJW-RR 2003, 1294; MDR 1998, 1437: dort hat zudem die Partei in fünf Schriftsätzen auf die fehlende Beweisbedürftigkeit hingewiesen) oder aufgrund eines Ausforschungsbeweises (OLG Naumburg, Beschl. vom 27.06.02 – 14 WF 83/02: Kosten eines trotzdem erholten Sachverständigengutachtens sind daher nicht zu erheben).

III. Beweisverbote

1532 Eine Beweisaufnahme ist grundsätzlich zulässig, es sei denn, ihr steht ausnahmsweise ein Beweisverbot entgegen. Solche Verbote können entweder die Beweiserhebung oder die Beweisverwertung betreffen (Zum Ganzen *Störmer* JuS 1994, 238; 334).

1533 ▶ **Praxistipp:**

Der Verstoß des Gerichts gegen ein Beweisverbot bedarf der unverzüglichen Rüge durch die Partei.

Verstöße gegen Beweiserhebungs- oder Beweisverwertungsverbote können nach § 295 Abs. 1 ZPO geheilt werden, indem beide Parteien ohne ausdrückliche Rüge des Verstoßes streitig zur Hauptsache verhandeln (*Musielak/Stadler*, Grundfragen des Beweisrechts, 1984, Rn. 58 m.w. N.). Ist die Rüge erstinstanzlich unterblieben, kann sie grundsätzlich auch mit der Berufung nicht mehr erhoben werden (§ 534 ZPO).

1. Beweiserhebungsverbote

1534 Ausdrückliche gesetzliche Beweiserhebungsverbote kennt die ZPO insbesondere für **besondere Verfahrensarten**.

1535 ▶ **Beispiel:**

So dürfen im Urkundenverfahren anspruchsbegründende Tatsachen nur mit Urkunden, andere Tatsachen nur mit Urkunden oder Parteivernehmung bewiesen werden (§ 595 Abs. 2 ZPO). Im Wiederaufnahmeverfahren dürfen die Restitutionsgründe nicht mit Parteivernehmung bewiesen werden (§ 581 Abs. 2 ZPO).

1536 In **allen Verfahrensarten** – und damit insbesondere auch im allgemeinen Klageverfahren nach §§ 253 ff. ZPO – ist die Beweisaufnahme unzulässig:

– über bestimmte **Beweisthemen**.

1537 ▶ **Beispiel:**

Wird ein Beamter als Zeuge vernommen und hat er nur eine eingeschränkte Aussagegenehmigung (§§ 61 BBG, 39 BRRG), so darf er über diese hinaus nicht befragt werden (§ 376 Abs. 1 ZPO), insoweit besteht ein unverzichtbares Vernehmungshindernis (Zöller/Stephan, § 376 Rn. 10; ähnlich § 383 Abs. 3 ZPO und OLG Köln NJW-RR 1993, 1073).

– durch bestimmte **Beweismittel**.

Nach dem Grundsatz des Strengbeweises kann Beweis nur mit einem der in der ZPO vorgesehenen Beweismittel (Zeuge, Parteivernehmung, Sachverständiger, Augenschein, Urkunde) erbracht werden.

▶ **Beispiel:** 1538

Eine Partei kann nicht als Zeuge vernommen werden (RGZ 29, 343). Im Wege der Parteivernehmung wird grundsätzlich der Gegner (§ 445 ZPO), nur ausnahmsweise der Beweisführer selbst (§§ 447, 448 ZPO), bei prozessunfähigen Parteien deren gesetzlicher Vertreter (§ 455 ZPO) vernommen.

— mittels bestimmter **Beweismethoden**.

Grenzen der Beweiserhebung können sich dabei aus der ZPO selbst, aus Verfassungsrecht oder aus sonstigen Bereichen der Rechtsordnung ergeben. Der zivilprozessuale Grundsatz des Strengbeweises regelt den Ablauf der Erhebung der einzelnen Beweise verbindlich, eine Abweichung hiervon ist unzulässig. Aus dem Verfassungsrecht folgt das Gebot, Menschenwürde und Persönlichkeitsrechte (Art. 1, 2 GG) der Beteiligten, aber auch ihr Vermögen (Art. 14 GG) zu schützen.

▶ **Beispiel:** 1539

Zeugen sind vor ihrer Vernehmung über ihr Zeugnisverweigerungsrecht zu belehren (§ 383 Abs. 2 ZPO). Ein Verstoß hiergegen kann der Verwertung der Aussage entgegenstehen.

Eine Vernehmung von Zeugen unter Folter ist gar nicht, unter Hypnose oder mittels Lügendetektor nur in sehr engen Grenzen zulässig (Art. 1, 2 GG; BGH MDR 2003, 1127; OLG Düsseldorf NJW-RR 2001, 959).

Beweismittel dürfen nicht gestohlen (§ 242 StGB), Zeugen nicht genötigt werden (§ 240 StGB; Kiethe MDR 2006, 965). Die Beweisaufnahme darf auch nicht den Lebens- und Geheimbereich (§§ 201 ff. StGB) verletzen. Dies ist z. B. der Fall, wenn eine heimlich aufgenommene Tonbandaufnahme abgespielt werden soll, weil bereits die Abspielung selbst gegen § 201 StGB verstößt.

2. Beweisverwertungsverbote

Streitig ist, inwieweit für bereits erhobene Beweise ein Verwertungsverbot besteht. In Betracht kommt ein solches für Beweise, die entweder rechtswidrig erlangt oder rechtswidrig erhoben wurden. 1540

(1) Nur eine Mindermeinung (»**Verbotstheorie**«) nimmt ein prozessuales Verwertungsverbot ausnahmslos für alle rechtswidrig erlangten Beweismittel an, weil nach dem Grundsatz der Einheit der Rechtsordnung im Prozessrecht nicht zulässig sein könne, was nach materiellem Recht rechtswidrig sei. Um die rechtswidrige Beschaffung von Beweisen zu verhindern, sei das Beweisverwertungsverbot schon aus generalpräventiven Gründen erforderlich (LG Kassel NJW-RR 1990, 62).

(2) Nach der Gegenauffassung (»**Verwertungstheorie**«) existieren im Zivilprozess Beweisverwertungsverbote nicht, sodass alle erhobenen Beweise einschränkungslos zur Entscheidungsfindung verwendet werden dürfen. Der Schutz der Parteien vor einer Rechtsbeeinträchtigung bei der Beweisbeschaffung bzw. Beweiserhebung werde ausschließlich durch das materielle Recht gewährleistet (*Dauster/Braun* NJW 2000, 313).

▶ **Beispiel:** 1541

Eine Partei kann nicht als Zeuge vernommen werden (RGZ 29, 343). Im Wege der Parteivernehmung wird grundsätzlich der Gegner (§ 445 ZPO), nur ausnahmsweise der Beweisführer selbst (§§ 447, 448 ZPO), bei prozessunfähigen Parteien deren gesetzlicher Vertreter (§ 455 ZPO) vernommen.

(3) Die herrschende Meinung vertritt eine **vermittelnde Auffassung**, nach der ein Verwertungsverbot besteht, wenn das Beweismittel unter Verletzung verfassungsrechtlich geschützter Rechtspositionen erlangt wurde und dem Beweisführer ein Rechtfertigungsgrund nicht zusteht. Erforderlich ist hier eine Interessenabwägung im Einzelfall.

BVerfG JA 2003, 274 m. Anm. *Jenal*; BVerfG NJW 1973, 891; BGH JA 2003, 625 m. Anm. *Lemmers*; BGH NJW 1991, 1180 m.Anm. *Helle*, JZ 1991, 929; BGH JZ 1988, 304; OLG Karlsruhe NJW 2002, 2799; *Balthasar* JuS 2008, 35; *Bartl* WRP 1996, 386; *Gamp* DRiZ 1981, 41; *Habscheid* ZZP 96 (1983), 306; *Heinemann* MDR 2001, 137.

1542 ▶ Beispiel:

Unter Verletzung verfassungsrechtlicher Rechtspositionen erlangt sein können heimlich erlangtes DNA-Material oder heimlich gefertigte Bilder (Art. 2 GG), gestohlene Urkunden (Art. 14 GG) oder sog. »Lauschzeugen«, die auf Veranlassung des Beweisführers – sei es unter Benutzung eines Abhörgeräts, sei es unmittelbar, aber verborgen – ein Gespräch ohne Wissen der Gegenpartei belauscht haben (Art. 2 GG).

BVerfG NJW 2007, 753 m. Bespr. *Wellenhofer* in JuS 2007, 472; BGH NJW 2003, 1727; BGH NJW 1970, 1848; Anm. *Arzt* JZ 1971, 382; Anm. *Bökelmann* JR 1971, 65; OLG Karlsruhe NJW 2000, 1577; OLG Düsseldorf NJW 2000, 1578; OLG Hamm NJW-RR 1996, 735; BAG NJW 1983, 1691 (»Bürosprechanlagen-Urteil«); LAG Bremen MDR 1994, 597; LAG Köln NZW 1994, 48; *Helle* JR 2000, 353; *Lenz* MDR 2000, 73.

1543 ▶ Beispiel:

Nicht bei der Beschaffung, möglicherweise jedoch bei der Verwertung kann ein Verfassungsverstoß vorliegen, wenn höchstpersönliche Aufzeichnungen (Tagebuch) in öffentlicher Sitzung verlesen werden Zur Grundrechtsverletzung beim Einsatz von Lügendetektoren.

BVerfG NJW 1998, 1988; BVerfG NJW 1982, 375; BGH JR 1999, 379; zu arbeitsrechtlichen Grundrechtsverstößen *Altenburg/Leister* NJW 2006, 469.

1544 ▶ Beispiel:

Ein Rechtfertigungsgrund für die Verwertung rechtswidrig erlangter Beweismittel kann in Notwehr oder in der Wahrung überwiegender eigener Interessen liegen.

BGH NJW 1982, 1397 und 277; OLG Düsseldorf NJW-RR 1998, 241; OLG Köln VersR 1994, 213; zu Widersprüchlichkeiten mit der strafrechtlichen V-Mann-Rechtsprechung zur Grundrechtsverletzung beim Einsatz von Lügendetektoren BVerfG NJW 1998, 1988; NJW 1982, 375; BGH JR 1999, 379.

1545 ▶ Beispiel:

Bei der Wahrung überwiegender Interessen ist eine Abwägung der Interessen beider Parteien erforderlich. So kann z. B. in den Tonband- und Lauschzeugenfällen gegen eine Verwertung sprechen, dass ausdrücklich oder stillschweigend Vertraulichkeit des Gesprächs vereinbart war und das Aufzeichnen oder der Einsatz technischer Geräte einen schwereren Eingriff in die Persönlichkeitssphäre darstellt als das bloße Mithören. Für eine Verwertung kann angeführt werden, dass auf andere Weise ein Angriff auf eigene Rechte nur schwer oder gar nicht abzuwehren ist oder das Gespräch in der Öffentlichkeit und nicht in der durch Wohn- oder Geschäftsräume vermittelten Atmosphäre der Abgeschlossenheit und Intimität geführt wurde.

BGH NJW 1994, 2289 (2292 f.) m. Anm. *Baumgärtel* MDR 1994, 766; LAG Bremen MDR 1994, 597.

IV. Beweiserleichterungen

1546 Nicht immer ermöglichen es die allgemeinen Beweisgrundsätze (Beweisbedürftigkeit, Strengbeweis, Vollbeweis, Negativfiktion; oben Rdn. 1504), im Prozess zu einem richtigen, gerechten Ergebnis zu kommen. Liegen Umstände vor, die es dem Beweisführer unmöglich oder unzumutbar machen, den Beweis so zu führen, droht er den Prozess zu verlieren. Um dabei unbillige Ergebnisse zu vermeiden, lassen Gesetz und Rechtsprechung Ausnahmen von den Beweisgrundsätzen zu. Diese bezeichnet man als Beweiserleichterungen.

A. Beweisgrundsätze   5. Kapitel

1. Beweisformen

a) Strengbeweis und Freibeweis

Als **Strengbeweis** bezeichnet man den Grundsatz, dass die gesetzlichen Beweisvorschriften nicht zur Disposition der Parteien stehen, unabänderlich sind. 1547

> Daraus folgt, dass Beweis nur mit den in der ZPO vorgesehenen Beweismitteln und nur in den im Gesetz vorgesehenen Formen erhoben werden kann. Diese Form der Beweisaufnahme ist Gegenstand der Darstellung unter B. (unten Rdn. 1556).

Ausnahmsweise kann die Beweisaufnahme frei von diesen Bindungen erfolgen. 1548

Eine solche Ausnahme stellt der **Freibeweis** dar, das seinen Namen von der Befreiung der regulären Beweisvorschriften herleitet. Wo der Freibeweis möglich ist, ist das Gericht weder an Beweisantritte der Parteien noch an die Beweismittel und Beweisverfahren der ZPO gebunden. Es kann vielmehr Umfang und Form der Tatsachenfeststellung nach freiem Ermessen bestimmen. 1549

▶ Beispiel: 1550

> Eigene Recherchen, formlose Auskünfte, dienstliche Erklärungen, eidesstattliche Versicherungen der Parteien oder Dritter (BGH NJW 1992, 627). Befragung von Zeugen und Sachverständige telefonisch oder per E-Mail.

Möglich ist das Freibeweisverfahren 1551

– in den **gesetzlich** ausdrücklich zugelassenen Fällen;

> Im amtsgerichtlichen Bagatellverfahren erlaubt § 495a ZPO dem Gericht, das (Beweis-) Verfahren nach billigem Ermessen zu gestalten, in den Verfahren der freiwilligen Gerichtsbarkeit gestattet § 29 FamFG, die geeignet erscheinenden Beweise zu erheben (*Pohlmann* ZZP 106 (1993), 181; *Wütz*, Der Freibeweis in der freiwilligen Gerichtsbarkeit, 1970).

– bei der Klärung derjenigen Tatsachen, die nicht für die Entscheidung der materiellrechtlichen Streitfragen zwischen den Parteien von Bedeutung sind, sondern allein das **Verfahren** selbst betreffen (BGH NJW-RR 2012, 509; 539; BGH NJW 1997, 3319; BGH NJW 1996, 2038; Baumbach/*Hartmann*, Einf. § 284 Rn. 9; *Koch/Steinmetz* MDR 1980, 901; *Oberheim* JuS 1996, 1111; Stein/Jonas/*Leipold*, vor § 355 Anm. III 1; kritisch *Peters* JA 1981, 65, 67 ff.).

> So ist der Freibeweis zum Beispiel möglich im Prozesskostenhilfeverfahren (§ 118 Abs. 2 ZPO), zur Feststellung ausländischen Rechts (§ 293 Satz 2 ZPO; *Geissler* ZZP 91 (1982), 176; *Sommerlad/Schrey* NJW 1991, 1377), der Zulässigkeitsvoraussetzungen oder der Frage, ob eine prozessuale Frist eingehalten wurde (BGH NJW 2000, 2280; BGH NJW 2000, 814; BGH 1996, 2038).

– mit **Zustimmung** der Parteien. Hier ermöglicht § 284 Satz 2 ZPO den Freibeweis im gesamten Zivilprozess.

> Erforderlich ist das Einverständnis beider Parteien. Dieses kann pauschal für die gesamte Beweisaufnahme oder für einzelne Beweiserhebungen erteilt werden und muss bei Beginn der Beweiserhebung vorliegen; bis dahin kann es nur bei wesentlicher Änderung der Prozesslage, danach gar nicht mehr widerrufen werden.

Auch im Freibeweisverfahren muss das **rechtliche Gehör** der Beteiligten gewahrt werden. Inwieweit andere Beweis- und Verfahrensgrundsätze (Unmittelbarkeit, Mündlichkeit und Parteiöffentlichkeit) verzichtbar sind, ist bislang nicht abschließend geklärt. 1552

> So hat bereits der Deutsche Anwaltverein in seiner Stellungnahme zur Änderung des § 284 ZPO (Nr. 35/2003 S. 17) Fragen aufgeworfen, die bis heute unbeantwortet sind: Ist der Richter nicht mehr an die Beweisanträge der Parteien mit entsprechenden Beweismitteln gebunden? Bestimmt das Gericht, welche Beweismittel herangezogen werden? Kann es Beweisanträge der Partei unberücksichtigt lassen? Wer bestimmt, wann eine wesentliche Änderung der Prozesslage eingetreten ist? Wenn der Freibeweis für den Beweisführer nicht zum Ergebnis führt, besteht dann Anspruch auf eine weitere Beweisaufnahme?

Unklar ist auch, ob eine Wiederholung im Strengbeweis erfolgen muss bzw. kann (verneinend Bericht des Rechtsausschusses, BT-Drs. 15/3482 S. 46; bejahend *Huber* ZRP 2003, 270 im Hinblick auf das Fragerecht der Parteien gem. §§ 397, 402, 411 Abs. 4 Satz 1 ZPO; *Knauer/Wolf* NJW 2004, 2862: legitimes Anliegen der Partei).

Dadurch macht der Freibeweis die Beweisführung unkalkulierbar. Er wird deswegen in der Anwaltsliteratur durchgehend abgelehnt (*Hirtz* AnwBl. 2004, 503: »dringende Empfehlung an die Praxis, ein Einverständnis zum Freibeweis nicht zu erteilen«; *E. Schneider* AnwBl. 2003, 549: »Kein Anwalt, der seine fünf Sinne beieinander hat, wird seine Partei durch Zustimmung dieser Prozedur ausliefern«; *ders.* ZAP-Kolumne 2004, 2: »Attentat auf das Beweisrecht«; *Huber* JuS 2004, 876: »Anwälte werden auf ihr Anwesenheitsrecht (und Fragerecht! d. Verf.) bei der Befragung von Zeugen oder Sachverständigen oder in Augenscheinterminen schon aus Haftungsgründen nicht verzichten (können)«; *ders.* ZRP 2003, 269: »viel zu kompliziert«; *Knauer/Wolf* NJW 2004, 2862: »wird es in der Praxis in der Regel nicht zur Einwilligung in den Freibeweis kommen«).

Relativ unproblematisch erscheint eine solche Vorgehensweise allenfalls bei Zeugen, die ihre Kenntnis nur schriftlichen Unterlagen entnehmen, bei ergänzenden technischen Angaben eines Sachverständigen oder wenn geklärt werden soll, ob der Zeuge überhaupt etwas zum Beweisthema aussagen kann.

1553 ▶ **Praxistipp:**

Bei Unzufriedenheit der Partei mit dem Verlauf einer solchen Beweiserhebung ist ein Widerruf des Einverständnisses nicht mehr möglich.

1554 **Ergebnis** des Freibeweises muss wie im normalen Beweisverfahren die volle Überzeugung des Gerichts von der Wahrheit der zu beweisenden Tatsache sein, bloße Wahrscheinlichkeit reicht nicht aus (= keine Ausnahme vom Vollbeweis; BGH MDR 2000, 290). Der vollen Überzeugung des Gerichts kann bereits der von einer Partei erbrachte Gegenbeweis entgegenstehen.

1555 Streitig ist der **Beweiswert** von im Freibeweisverfahren erhobenen Beweisen gegenüber den im Strengbeweis erhobenen Beweisen. So will OLG Frankfurt a. M. AnwBl. 1978, 310 den Beweiswert einer eidesstattlichen Versicherung angesichts der Strafbarkeit einer falschen Abgabe (§ 156 StGB) mit dem einer Zeugenaussage gleichsetzen, während BGH NJW 2003, 2460 dies unter Hinweis auf den Beweiswert einer bloßen Glaubhaftmachung (§ 294 ZPO) ablehnt.

b) Glaubhaftmachung

1556 Eine **Ausnahme vom Strengbeweis**, gleichzeitig aber auch vom Grundsatz des **Vollbeweises** stellt die Glaubhaftmachung dar (§ 294 ZPO).

Nach dem Grundsatz des Vollbeweises ist ein Beweis erst geführt, wenn das Gericht von der Wahrheit der zu beweisenden Tatsache vollständig überzeugt ist. Diese hohen Anforderungen an die richterliche Überzeugung mindert das Institut der Glaubhaftmachung, das einen deutlich geringeren Grad an Wahrscheinlichkeit ausreichen lässt; um diesen herbeizuführen, kann die Glaubhaftmachung auch mit anderen als den üblichen Beweismitteln erfolgen (§ 294 ZPO).

1557 Als Ausnahme vom Strengbeweis ist der Katalog der zur Verfügung stehenden **Beweismittel** modifiziert. Eine Glaubhaftmachung kann zunächst mit den regulären Beweismitteln der ZPO erfolgen.

Von besonderer Bedeutung sind dabei Urkunden. Speziell bei einem Antrag auf Eintragung der Vormerkung einer Bauunternehmersicherungshypothek kann die Höhe der Werklohnforderung glaubhaft gemacht werden durch Vorlage der prüffähigen Schlussrechnung mit den dazugehörigen Vertrags- und Abrechnungsunterlagen sowie einer eidesstattlichen Versicherung ihrer Richtigkeit (Palandt/*Sprau* § 648 Rn. 5). Hiergegen kann der Bauherr Mängel geltend machen sowie eine Gegenrechnung ebenfalls unter eidesstattlicher Versicherung der Richtigkeit vorlegen. Da der Unternehmer bis zur Abnahme für die Mängelfreiheit beweispflichtig ist, muss er diese Mängelfreiheit darlegen und glaubhaft machen (BGHZ 68, 180). Die erforderliche Identität zwischen Besteller (Schuldner der Werklohnforderung) und Grundstückseigentümer kann durch Vorlage eines Grundbuchauszuges glaubhaft gemacht werden (§ 648 Abs. 1 BGB).

1558 Daneben steht zur Glaubhaftmachung zusätzlich die **eidesstattliche Versicherung** zur Verfügung.

A. Beweisgrundsätze

Bei den regulären Beweismitteln besteht eine Bindung an die strengen Formvorschriften der ZPO nicht. Möglich sind damit zum Beispiel uneidliche Parteibefragungen, schriftliche Zeugenanhörungen über die Voraussetzungen des § 377 Abs. 4 ZPO hinaus, die Bezugnahme auf dem Gericht zugängliche Akten oder die Vorlage unbeglaubigter Kopien von Urkunden (OLG Köln FamRZ 1983, 709; Thomas/Putzo/*Reichold*, § 294 Rn. 3; Zöller/*Stephan*, § 294 Rn. 5; zur Beweiswürdigung in diesen Fällen OLG Köln MDR 1981, 765).

Die eidesstattliche Versicherung kann von dritten Personen oder vom Beweisführer selbst herrühren. Sie hat grundsätzlich schriftlich zu erfolgen und eine eigene Darstellung der glaubhaft zu machenden Tatsachen zu enthalten (BGH NJW 1988, 2045; OLG Köln MDR 1986, 152). Vielfach lässt die Praxis auch die bloße Bezugnahme auf den Vortrag in einem gesonderten Schriftsatz zu, anwaltliche Sorgfalt sollte sich insbesondere in Eilfällen darauf jedoch nicht verlassen. Möglich ist auch die Abgabe der Versicherung per Telefax (Zöller/*Greger* § 294 Rn. 4). Enthalten sein muss in der Erklärung in jedem Fall die Versicherung ihrer Richtigkeit an Eides statt (§ 156 StGB). Bei einem Rechtsanwalt kommt, da er Organ der Rechtspflege ist, anstelle der Versicherung an Eides statt eine sog. »anwaltliche Versicherung« in Betracht, wenn es um Vorgänge geht, die er im Rahmen seiner Berufstätigkeit wahrgenommen hat (vgl. § 104 Abs. 2 ZPO; BayObLG WuM 1994, 296; OLG Köln und Koblenz GRUR 1986, 196; einschränkend BGH VersR 1974, 1021).

Nicht möglich ist die eidesstattliche Versicherung dort, wo sie ausdrücklich für unzulässig erklärt ist, wie z. B. in den §§ 44, 511 Abs. 3 ZPO.

▶ **Praxistipp:** 1559

Die eidesstattliche Versicherung muss sich auf alle glaubhaft zu machenden Tatsachen erstrecken (»Schlüssigkeitsprüfung«). Sie sollte diese nicht bloß in Bezug nehmen (Verweis auf den anwaltlichen Schriftsatz), sondern sie ausdrücklich wiederholen.

In der Praxis erfolgt die Glaubhaftmachung häufig nur unvollständig. Der Gegner hat daher gute Chancen, etwaige diesbezügliche Lücken aufzuspüren.

Die Glaubhaftmachung setzt nach § 294 Abs. 2 ZPO voraus, dass die Beweisaufnahme **sofort** erfolgen kann, alle Beweismittel müssen in der mündlichen Verhandlung präsent, d. h. von den Parteien gestellt oder vom Gericht terminsvorbereitend bereitgestellt sein (LAG Köln NZA 1998, 280). Ein neuer Termin zur Durchführung einer Beweisaufnahme wird nicht bestimmt. 1560

Diese Einschränkung gilt nicht, wo das Gesetz die Glaubhaftmachung nicht erfordert, sondern nur genügen lässt (z. B. in den §§ 104 Abs. 2, 605 Abs. 2 ZPO): Da hier nur eine Erleichterung, jedoch keine Erschwerung für die Partei eintreten soll, ist auch die nicht sofort mögliche Beweisaufnahme statthaft Thomas/Putzo/*Reichold*, § 294 Rn. 3; Zöller/*Stephan*, § 294 Rn. 2, 3).

Wichtiger noch als die Erweiterungen der Beweismittel ist die Erleichterung bezüglich des **Beweismaßes**: Eine Tatsache ist bereits dann glaubhaft gemacht, wenn für ihr Vorliegen eine bloß »überwiegende Wahrscheinlichkeit« spricht (BGH NJW 2002, 1429), eine »an Sicherheit grenzende Wahrscheinlichkeit« ist nicht erforderlich. 1561

Selbst wenn das Gericht vom Vorliegen der Tatsachen nicht überzeugt ist und hieran mehr als nur unerhebliche Zweifel hegt, steht das einer Zugrundelegung dieser Tatsachen für die Entscheidung nicht im Wege, solange das Vorliegen der Tatsache wahrscheinlicher ist als ihr Nichtvorliegen.

Die Glaubhaftmachung ist eine nicht nur für den Beweisführer, sondern auch für den Gegner geltende Beweiserleichterung, sodass dieser den **Gegenbeweis** in gleicher Form führen kann Thomas/Putzo/*Reichold* § 294 Rn. 3; Prütting/Gehrlein/*Laumen* § 284 Rn. 13; zum Gegenbeweis oben Rdn. 1659). 1562

▶ **Praxistipp:** 1563

Zur Glaubhaftmachung sollten so viele Mittel wie möglich herangezogen werden.

Erfolgt die Glaubhaftmachung ausschließlich durch eine eigene eidesstattliche Versicherung, ist diese durch eine eigene eidesstattliche Versicherung des Gegners bereits erschüttert. Eine erhöhte Wahrscheinlichkeit für die Richtigkeit des eigenen Vortrags kann sich auch in den Fällen sich gegenseitig neutralisierender eidesstattlicher Versicherungen aus zusätzlichen Beweismitteln (z. B. Urkunden) ergeben.

1564 Statthaft ist die Glaubhaftmachung anstelle der regulären Beweisaufnahme nur, wo das **Gesetz** sie entweder erfordert oder zumindest genügen lässt.

Dies ist insbesondere der Fall in den Eilverfahren (§§ 920 Abs. 2, 936 ZPO), daneben im Prozesskostenhilfeverfahren (§ 118 Abs. 2 Satz 1 ZPO), bei der Richterablehnung (§ 44 ZPO), der Wiedereinsetzung (§ 236 Abs. 2 ZPO) oder der Entschuldigung der Säumnis (§ 251a Abs. 2 Satz 4 ZPO). Weitere Fälle bei *Peters* JA 1981, 65, 67. Eine entsprechende Anwendung auf andere Fälle ist wegen des Ausnahmecharakters grundsätzlich nicht möglich (Thomas/Putzo/*Reichold*, § 294 Rn. 3).

2. Offenkundige Tatsachen

1565 Liegt die Wahrheit einer Tatsache offen zutage, wäre die Durchführung einer Beweisaufnahme bloße Förmelei. Gemäß § 291 ZPO **bedürfen** offenkundige Tatsachen daher **keines Beweises**.

1566 ▶ Beispiel:

Die Beklagte verpflichtete sich der Klägerin gegenüber vertraglich, deren Liebhaber, der sie verlassen hat, mit parapsychologischen Mitteln zur Rückkehr zu bewegen. Als dies nicht gelang, verlangte die Klägerin ihr Geld mit der Begründung zurück, die Leistung sei von Anfang an unmöglich gewesen (§§ 311a, 283, 281 BGB); die Beklagte behauptete dagegen, die geschuldete Leistung sei grundsätzlich möglich, sie selbst habe sogar schon Menschen totgehext. Hier bedarf es einer Beweiserhebung nicht: Sie könnte nur ergeben, was jeder vernünftige Mensch ohnehin schon weiß, nämlich dass es magische Kräfte nicht gibt. Hiervon kann auch ohne Beweisaufnahme ausgegangen werden (LG Aachen MDR 1989, 63; LG Kassel NJW 1985, 1642).

1567 **Voraussetzung** des § 291 ZPO ist die **Offenkundigkeit** der Tatsache. Dazu gehören:

– die **allgemeinkundigen** Tatsachen.

Dies sind Tatsachen, die einer beliebig großen Personenzahl bekannt oder aus allgemein zugänglichen Quellen ermittelbar sind. Um nicht verbreiteten Vorurteilen oder Fehlvorstellungen Eingang in den ohne Beweisaufnahme feststehenden Bereich zu verschaffen, wird auf die Kenntnis »verständiger«, »vernünftiger« oder »besonnener« Kreise abgestellt (BGH MDR 1989, 63; BVerwG NJW 1987, 1433; OLG Saarbrücken VersR 1989, 955; Baumbach/*Hartmann*, § 291 Rn. 1).

1568 ▶ Beispiel:

Geografische, geschichtliche und naturwissenschaftliche Fakten oder in den Medien widerspruchslos veröffentlichte, auch einem Besonnenen glaubhafte Mitteilungen, Gewohnheiten und Bräuche (BGH NJW 1992, 2088).

– die **gerichtskundigen** Tatsachen.

Das sind Tatsachen, die dem Gericht in seiner bisherigen amtlichen Tätigkeit bekannt geworden sind (BGH NJW-RR 1990, 1376; BVerwG NVwZ 1990, 571; VGH Mannheim VBlBW 1990, 180; *Stackmann* NJW 2010, 1409).

1569 ▶ Beispiel:

Das Ergebnis der Beweisaufnahme eines früheren Verfahrens, insbesondere eines Sachverständigengutachtens, einer dienstlichen Erklärungen oder einer amtlichen Auskunft.

1570 **Nicht** offenkundig sind dagegen

– **aktenkundige** Tatsachen.

Hierzu rechnet man die Tatsachen, die das Gericht ohne Weiteres aus anderen Akten desselben Gerichts feststellen kann oder die sich aus Eintragungen in bei diesem Gericht geführten Register (Handelsregister, Grundbuch usw.) ergeben (OLG Hamburg FamRZ 1982, 426; OLG Frankfurt a. M. NJW 1977, 768;

Baumbach/*Hartmann*, § 291 Rn. 4; Stein/Jonas/*Leipold*, § 291 Rn. 5; Zöller/*Stephan*, § 291 Rn. 1; a. A. BGHSt 6, 292; OLG Nürnberg JurBüro 1978, 762; Musielak/*Stadler*, Grundfragen des Beweisrechts, 1984, Rn. 25; Rosenberg/Schwab/*Gottwald*, § 117 I 3b; Thomas/Putzo/*Reichold*, § 291 Rn. 2).

– »**formlos bewiesene**« Tatsachen.

▶ Beispiel: 1571

Der Richter sieht sich außerhalb einer mündlichen Verhandlung und in Abwesenheit der Parteien eine Unfallstelle an und lehnt deswegen eine förmliche Augenscheinseinnahme ab.

Eine Tatsache, die das Gericht nicht bereits kennt, sondern erst feststellen muss, ist auch dann nicht offenkundig, wenn die Feststellung ohne große Schwierigkeiten möglich ist. Zudem werden bei der »formlosen« Feststellung zwingende Beweisverfahrensregeln umgangen

– die bloß **privatkundigen** Tatsachen.

Tatsachen, die dem Richter nicht im Rahmen seiner beruflichen Tätigkeit sondern als Privatperson bekannt geworden sind, rechtfertigen ein Absehen von der förmlichen Beweisaufnahme nicht (BSG NJW 1970, 1814; BGH MDR 1967, 745; Zöller/*Stephan*, § 291 Rn. 1). Gegebenenfalls kommt der Richter hierbei als Zeuge in Betracht; wird er vernommen, so ist er nach § 41 Nr. 5 ZPO kraft Gesetzes von der weiteren Ausübung des Richteramtes in diesem Fall ausgeschlossen.

Streitig ist, ob auch offenkundige Tatsachen dem **Beibringungsgrundsatz** unterliegen, d. h. ob sie auch ohne Vortrag durch eine der Parteien berücksichtigt werden dürfen: 1572

(1) Eine Auffassung (Rosenberg/Schwab/*Gottwald*, § 117 I 3; *Schlosser* Rn. 169) folgt aus dem den Parteien obliegenden Gebot, Tatsachen vollständig und der Wahrheit gemäß vorzutragen (§ 138 Abs. 1 ZPO), der Pflicht des Gerichts, an der Wahrheitsfindung mitzuwirken (§ 139 ZPO), und der Unsinnigkeit, ein den tatsächlichen Gegebenheiten zuwider laufendes Urteil zu erlassen, die Berücksichtigung offenkundiger Tatsachen auch ohne entsprechenden Parteivortrag. 1573

(2) Zu Recht stellt die Gegenansicht (BGH NJW-RR 1993, 1122; Baumbach/*Hartmann*, § 291 Rn. 6 m. w. N.; Musielak/*Stadler*, Grundfragen des Beweisrechts, 1984, Rn. 26) darauf ab, dass es den Parteien freisteht, Tatsachen in den Prozess einzuführen oder nicht, sie so die Entscheidungsgrundlage des Gerichts beschränken können (vgl. §§ 138 Abs. 3, 288 ZPO), und § 291 ZPO nur eine Ausnahme von der Beweisbedürftigkeit, nicht vom Beibringungsgrundsatz beinhaltet. Das hindert das Gericht nicht, die Tatsache schon vorher zum Gegenstand der mündlichen Verhandlung zu machen, damit eine der Parteien sie sich ggf. zu eigen machen kann. 1574

Der Grundsatz der Gewährung **rechtlichen Gehörs** (Art. 103 Abs. 1 GG) zwingt das Gericht regelmäßig, darauf hinzuweisen, dass und welche Tatsachen als offenkundig behandelt werden sollen (BGH NZA 1988, 261; MüKoZPO/*Prütting* § 292 Rn. 14; Musielak/*Stadler*, Grundfragen des Beweisrechts, 1984, Rn. 26; *Schellhammer*, Arbeitsmethode, Rn. 236; Thomas/Putzo/*Reichold*, § 291 Rn. 1, 2). Ausnahmsweise kann dies bei allgemeinkundigen Tatsachen, die allen Beteiligten mit Sicherheit gegenwärtig sind und von denen sie wissen, dass sie für die Entscheidung erheblich sind, entbehrlich sein (BGH JR 1993, 1229; BGHZ 31, 45; LG Aachen MDR 1989, 63). 1575

▶ Praxistipp: 1576

Ist absehbar, dass das Gericht seiner Entscheidung Umstände als »offenkundig«, »gerichts-« oder »amtsbekannt« zugrunde legen will, empfiehlt es sich, zuvor darauf zu dringen, dass diese Tatsache offen gelegt und eine Möglichkeit zur Stellungnahme hierzu eingeräumt wird.

Nur so kann verhindert werden, dass das Gericht zum Nachteil der Partei bestimmte Umstände ohne förmliche Beweisaufnahme annimmt und diesen erst in der Berufung entgegen getreten werden kann. Immer wieder kommt es zudem vor, dass das Gericht eigene Vorurteile als offenkundige Tatsache behandelt (*Stackmann* NJW 2010, 1409).

1577 **Folge** des § 291 ZPO ist, dass die Tatsache auch ohne Beweisaufnahme feststeht und einer Entscheidung zugrunde zu legen ist. Ob die Tatsache vom Gegner bestritten oder zugestanden wird, ist dabei unbeachtlich. Das Gericht ist indes nicht gehindert, angebotene Beweise zu erheben.

1578 Hält der Gegner die Tatsache trotz ihrer Offenkundigkeit für unwahr, steht ihm der **Gegenbeweis** offen. Hierbei reicht es aus, die im Rahmen des Hauptbeweises gewonnene Überzeugung des Gerichts von der Wahrheit der Tatsache ins Wanken zu bringen, da Zweifel an der Wahrheit der Tatsache bereits dazu führen, dass diese als nicht bewiesen und damit als nicht vorliegend zu behandeln ist (BGH NJW-RR 1990, 1376; BGH NJW 1983, 1740; Thomas/Putzo/*Reichold* Vor § 284 Rn. 8).

3. Gesetzliche Vermutungen

1579 An verschiedenen Stellen trägt bereits das Gesetz dem Umstand Rechnung, dass bestimmte, schwer zu beweisende Tatsachen **typischerweise** mit anderen Umständen verknüpft sind und dass deswegen aufgrund dieser Umstände das Vorhandensein der Tatsachen vermutet werden kann (*Baumgärtel* FS für Schwab, 1990, 43 ff.; *Holzhammer* FS für Kralik, 1986, 205 ff.; *Musielak*, Grundkurs, 60 ff.; *Oberheim* JuS 1996, 732).

1580 ▶ Beispiel:

Gemäß § 938 BGB wird vermutet, dass jemand, der zu zwei Zeitpunkten Eigenbesitz an einer Sache hatte, auch in dem dazwischen liegenden Zeitraum Eigenbesitzer war; andere Fälle von Tatsachenvermutungen enthalten die §§ 1117 Abs. 2, 1377 Abs. 1, 3, 2009 BGB, 437 Abs. 1 ZPO.

Wer Besitzer einer beweglichen Sache ist, zu dessen Gunsten wird sein Eigentumsrecht vermutet (§ 1006 BGB); weitere Rechtsvermutungen enthalten die §§ 891, 1362, 2365 BGB.

1581 **Folge** einer solchen Vermutung ist einerseits, dass die vermutete (Haupt-) Tatsache keines Beweises bedarf, ihr Vorliegen im Wege einer Positivfiktion aufgrund des Vorliegens der Vermutungstatsache unterstellt wird. Voraussetzung ist allerdings, dass diese Vermutungstatsache feststeht, d. h. unstreitig oder bewiesen ist.

1582 ▶ Praxistipp:

Soll eine gesetzliche Vermutung in Anspruch genommen werden, müssen deren tatsächliche Voraussetzungen dargelegt und erforderlichenfalls bewiesen werden. Zudem sollte das Gericht auf den Vermutungstatbestand hingewiesen werden.

1583 Gesetzliche Vermutungen sind grundsätzlich **widerleglich**. Der anderen Partei steht es frei, zu beweisen, dass die vermutete Tatsache im konkreten Fall nicht vorliegt (§ 292 ZPO).

Hierzu allerdings genügt es nicht bloß, die Vermutung zu erschüttern, erforderlich ist der volle Beweis des Gegenteils (BGHZ 16, 217; Baumbach/*Hartmann*, § 292 Rn. 7; Thomas/Putzo/*Reichold*, § 292 Rn. 4; unten Rdn. 1659–1662; dort auch zu den ausnahmsweise unwiderleglichen Vermutungen.

4. Indizienbeweis

1584 Kann oder soll das Vorliegen einer Tatsache nicht unmittelbar bewiesen werden, kommt eine mittelbare (**indirekte**) **Beweisführung** in Betracht. Dabei wird aus dem Vorliegen anderer, nicht zu den Normvoraussetzungen gehörender Hilfstatsachen (Indizien) auf das Vorliegen der erforderlichen Haupttatsachen geschlossen. Möglich ist eine solche **Schlussfolgerung**, wenn die Hilfstatsachen in ihrer Gesamtheit bei vernünftiger Betrachtung nur den Schluss zulassen, dass die Haupttatsache vorliegen muss BGH NJW 1991, 1894; *Hansen* JuS 1992, 327; *Nack* MDR 1986, 198; *Oberheim* JuS 1996, 729; Thomas/Putzo/*Reichold* Vorbem. § 284 Rn. 11).

A. Beweisgrundsätze 5. Kapitel

▶ Beispiel: 1585

Der Kläger ist bei einer Wirtshausschlägerei vom Beklagten mit einem Bierglas niedergeschlagen worden und verlangt Schadensersatz. Auf die Täterschaft kann, wenn Zeugen für den Schlag nicht existieren, aufgrund von Fingerabdrücken auf der Tatwaffe geschlossen werden. Steht fest, dass der Beklagte mehrfach gezielt zugeschlagen hat, kann aufgrund dieses Verhaltens vom Vorsatz ausgegangen werden.

Der Indizienbeweis spielt in der Praxis eine große Rolle. **Innere Tatsachen** sind dem unmittelbaren Beweis nie zugänglich, können immer nur mittels Indizien belegt werden (BGH MDR 2004, 497; BGH NJW 1993, 1649; Zöller/*Greger* Vor § 284 Rn. 10a). 1586

▶ Beispiel: 1587

Kenntnisse (Gut- bzw. Bösgläubigkeit), Absichten, Vorsatz.

Aber auch für objektive, **äußere Tatsachen** ist der Indizienbeweis unverzichtbar. 1588

▶ Beispiel: 1589

Um Ansprüche aus dem Versicherungsvertrag geltend machen zu können, muss der Versicherungsnehmer den Eintritt des Versicherungsfalles nachweisen. In der Kraftfahrt-, Hausrat- und Reisegepäckversicherung besteht dieser häufig in einer Entwendung der versicherten Sache. Dies zu beweisen muss dem Versicherungsnehmer naturgemäß schwerfallen, weil er weder Täter noch Tathergang kennt und häufig nicht mehr weiß, als dass die versicherte Sache weg ist. Hiermit allein kann sich die Versicherung nicht zufriedengeben, muss sie sich doch vor gerade in diesem Bereich nicht seltenen Versicherungsbetrügereien schützen. Die Rechtsprechung (BGH NJW-RR 1997, 152; OLG Köln NVersZ 2001, 34; Bach VersR 1989, 982; Hoegen VersR 1987, 221; Knoche MDR 1992, 101; Kollhosser NJW 1997, 969; Römer R+S 2001, 45; ders. NJW 1996, 2329; Zopfs VersR 1993, 140) trägt dieser Interessenlage durch eine Auslegung des Versicherungsvertrages im Sinne einer von den Parteien gewollten, materiellrechtlichen Verschiebung des Beweisrisikos Rechnung und leitet hieraus ein dreistufiges Beweismodell ab, das auf allen Ebenen mit Indizien operiert (Vereinzelt wird hier auch bereits eine »typische« Fallgestaltung und damit ein Anscheinsbeweis angenommen: OLG München VersR 1986, 1065; zur Abgrenzung unten Rdn. 1604):
– Zum Nachweis des Versicherungsfalles reicht es zunächst aus, dass der Versicherungsnehmer einen Sachverhalt nachweist, der nach der Lebenserfahrung mit hinreichender Wahrscheinlichkeit den Schluss auf die Entwendung zulässt bzw. das äußere Bild eines solchen erkennen lässt. Dies ist z. B. der Fall, wenn der Versicherungsnehmer den Wagen an einer bestimmten Stelle abgestellt, verschlossen und dort bei seiner Rückkehr nicht mehr vorgefunden hat. Zusätzlich erforderlich sind Anzeichen dafür, dass das Verschwinden gegen seinen Willen erfolgte; hierfür reicht die bloße Anzeige des Diebstahls bei der Polizei nicht (BGH NJW 1996, 1348; BGH NJW 1993, 719; OLG Karlsruhe VersR 1989, 619; OLG Karlsruhe VersR 1989, 619).
– Hat der Versicherungsnehmer diesen Beweis erbracht, muss der Versicherer nun Tatsachen beweisen, die eine erhebliche Wahrscheinlichkeit dafür begründen, dass die naheliegende Möglichkeit der Vortäuschung des Versicherungsfalles besteht. Hierauf kann z. B. geschlossen werden, wenn der Versicherungsnehmer falsche Angaben über den Verbleib der Originalfahrzeugschlüssel und die Anfertigung von Nachschlüsseln macht; nicht ausreichend sind allein falsche Angaben des Versicherungsnehmers über die Schadenshöhe oder die gehäufte Verwicklung des Versicherungsnehmers in frühere Versicherungsfälle (BGH NJW 1996, 993 und 1348; BGH NJW 1995, 2169; BGH NJW-RR 1993, 719; OLG Saarbrücken NJW-RR 1996, 409; OLG Frankfurt a. M. VersR 1994, 976; OLG Karlsruhe VersR 1993, 1096; OLG Hamm VersR 1993, 694).

– Ist auch dies gelungen, so tritt die beweisrechtliche Normalsituation ein, d. h., der Versicherungsnehmer muss nach allgemeinen Regeln den vollen Beweis des Versicherungsfalles erbringen, wobei auch dies mittels Indizien möglich ist (OLG Düsseldorf NVZ 1994, 196).

Umgekehrt ist die Situation, wenn der Versicherer in der Haftpflichtversicherung davon ausgeht, dass es sich um einen betrügerisch gestellten Anspruch handelt und er seine Leistungspflicht wegen vorsätzlicher oder grobfahrlässiger Herbeiführung des Versicherungsfalles (§ 81 VVG) oder wegen einer vorsätzlichen Obliegenheitsverletzung (§ 28 Abs. 2 S. 1 VVG) verweigern will. Für die Voraussetzungen beider Normen trifft ihn die Beweislast (BGH VersR 1986, 53; BGH VersR 1984, 30; BGH VersR 1981, 450; Pienitz/Flöter, AKB, § 7 Anm. II 3). Auch hier hat die Rechtsprechung eine Reihe von Beweiserleichterungen geschaffen, insbesondere einen Katalog von Indizien, die den Schluss auf eine Vortäuschung des Versicherungsfalles zulassen (BGH NJW-RR 1993, 719, 720; BGH NJW-RR 1990, 92; OLG Frankfurt a. M. ZfS 1997, 6; OLG Hamm NJW-RR 1995, 224; OLG Köln DAR 1993, 349; Birkner ZfS 1994, 113; Goerke VersR 1990, 707; Hoegen VersR 1987, 221; Kääb NZV 1990, 5; Römer NJW 1996, 2329; Verheyen ZfS 1994, 313; zu Tendenzen, hierauf den weiter gehenden Anscheinsbeweis anzuwenden: Knoche MDR 1992, 919 m. w. N.; Zopfs VersR 1993, 140).

So sprechen z. B. für einen vorgetäuschten Verkehrsunfall:
– verdächtige Umstände hinsichtlich des Unfallgeschehens (abgelegener Unfallort, ungewöhnliche Unfallzeit [nachts], keine Zeugen),
– verdächtige Umstände hinsichtlich der unfallbeteiligten Fahrzeuge (geschädigt wurde ein schon älterer Wagen der gehobenen Preisklasse, der vor Abschluss des Verfahrens veräußert oder verschrottet wurde; verursacht wurde der Unfall von einem geringwertigen oder [ohne nachvollziehbaren Grund] gemieteten Fahrzeug, häufig einem LKW),
– verdächtige Umstände hinsichtlich der unfallbeteiligten Personen, die häufig schon mehrfach einschlägig in Erscheinung getreten und miteinander bekannt sind (ohne dies zuzugeben) und die über Unfallhergang und Schadenshöhe unzutreffende Angaben machen.

1590 Einen praktisch wichtigen Anwendungsfall stellt der »**Zeuge vom Hörensagen**« dar. Dieser soll eine Tatsache beweisen, die ein Dritter wahrgenommen und dem Zeugen davon erzählt hat (BGH NJW 1984, 2039; NJW-RR 1990, 1276: fremdes Gespräch mit angehört).

Entgegen manchen anwaltlichen Vorstellungen in der Praxis ist ein solcher Beweisantrag grundsätzlich zulässig (BGH NJW-RR 2002, 1433; BGH NJW 1992, 2489 und Zöller/*Greger* Vor § 284 Rn. 10a: auch bezüglich innerer Tatsachen einer bestimmten Person).

Wie jedem nur mittelbaren Beweis kommt auch dem Zeugen vom Hörensagen ein geringerer Beweiswert zu, als mittelbaren Beweisen. Dies ist bei der Beweiswürdigung zu berücksichtigen. Bei einem solchen Zeugen besteht ganz allgemein eine erhöhte Gefahr der Entstellung oder Unvollständigkeit in der Wiedergabe der ihm von Dritten übermittelten Tatsachen. Dabei ist der Beweiswert umso geringer, je größer die Zahl der Zwischenglieder ist (BGH NJW 2000, 3505: »Schon dieser Gesichtspunkt mahnt zur Vorsicht«). So dürfen im Strafprozess nach ständiger Rechtsprechung aller Strafsenate des BGH Feststellungen auf ein solches Beweismittel regelmäßig nur dann gestützt werden, wenn der Beweisgehalt dieses Beweismittels durch andere wichtige Beweisanzeichen bestätigt worden ist (BGH NJW 2000, 1123, 1128), mit einem Zeugen vom Hörensagen allein kann ein Beweis nicht geführt werden.

Besondere Vorsicht ist angebracht, wenn der Zeuge nur ihm gegenüber bekundete Äußerungen seitens der Partei wiedergibt, obgleich diese nicht völlig ohne Beweiswert sind (§ 286 ZPO!; z. B. Schilderung des Vorfalls gegenüber dem behandelnden Arzt unmittelbar nach einer Körperverletzung). Sie können glaubwürdig sein, wenn sie vorprozessual zu einem Zeitpunkt und in einer Situation erfolgt sind, bei welcher für die Partei (noch) keinerlei Veranlassung zu unrichtigen Angaben bestand. Gegebenenfalls kann dadurch auch die für eine Parteivernehmung von Amts wegen erforderliche »Anfangswahrscheinlichkeit« begründet werden (unten Rdn. 1889).

1591 Der Indizienbeweis ist nicht auf die Fälle beschränkt, in denen ein unmittelbarer Beweis nicht möglich wäre. Vielmehr hat der Beweisführer ein Wahlrecht, ob er den **unmittelbaren oder** den **mittelbaren Beweis** anbietet (OLG Frankfurt a. M. NJW 2005, 3148).

Ein Indizienbeweisantrag kann zwar nicht als an sich unzulässig abgelehnt werden, wohl aber wegen Wahrunterstellung (oben Rdn. 1517), weil die behaupteten Indizien – ihre Richtigkeit unterstellt – ihn von der Wahrheit der Haupttatsache nicht überzeugen würden (BGH NJW 1970, 946, 950; Thomas/Putzo/*Reichold* Vorbem. § 284 Rn. 11). Der Beweisantrag ist danach unerheblich, wenn das Indiz für sich allein oder im Zusammenhang mit den weiteren Indizien sowie den sonstigen Sachverhalt für den Richter nach seiner Lebenserfahrung nicht den ausreichend sicheren Schluss auf die beweisbedürftige Haupttatsache zulässt. Das Absehen von der Beweiserhebung ist hierbei keine verbotene vorweggenommene Beweiswürdigung.

Wer einen Indizienbeweis führen will, muss aber nicht nur die von ihm zu beweisende **Haupttatsache** (Beweisziel), sondern auch die **Hilfstatsachen**, aus denen sich die Haupttatsache ergeben soll, konkret bezeichnen (BGH NJW-RR 1988, 1529). 1592

Der Beweisantrag, einen Zeugen zu einer nicht in seiner Person eingetretenen inneren Tatsache zu vernehmen, ist im Allgemeinen nur erheblich, wenn schlüssig dargelegt wird, aufgrund welcher Umstände der Zeuge von der inneren Tatsache Kenntnis erlangt hat. Dies gilt ausnahmsweise nicht, wenn es nach der Lebenserfahrung nahe liegt, dass eine Person regelmäßig Kenntnis von den bei einer anderen Person eingetretenen inneren Tatsachen hat – etwa im Verhältnis von Ehegatten (BGH NJW 1983, 2034; NJW-RR 2002, 1433; Zöller/*Greger* Vor § 284 Rn. 5a). Aber gerade hier darf der Beweisführer auch nur von ihm vermutete innere Tatsachen unter Beweis stellen (BGH NJW 1993, 1649).

Für die Prüfung, ob aus den Indizien auf die Haupttatsache geschlossen werden kann, dürfen nur solche **Indizien** herangezogen werden, die feststehen, sei es, weil sie unstreitig, sei es, weil sie erwiesen sind. 1593

Die Hilfstatsachen können daher Gegenstand einer nach allgemeinen Grundsätzen durchgeführten Beweisaufnahme sein; von ihrem Vorliegen darf das Gericht erst ausgehen, wenn es hiervon voll überzeugt ist. Insoweit liegen Ausnahmen von den Grundsätzen des Streng- und Vollbeweises oder der Beweislastverteilung nicht vor.

Allerdings wird über Indizien erst dann Beweis erhoben, wenn diese schlüssig sind, wenn sie in ihrer Gesamtheit – ihre Wahrheit unterstellt – den Schluss auf die Haupttatsache zulassen (BGH NJW-RR 2001, 887; BGH NJW-RR 1993, 443).

Der Kern des Indizienbeweises liegt in der sich an die Feststellung der Indizien anschließenden **Schlussfolgerung**. Ein Indizienbeweis ist überzeugungskräftig, wenn andere Schlüsse aus den Indiztatsachen ernstlich nicht in Betracht kommen. Hierbei darf aber nicht jedes Indiz und Beweisanzeichen für sich gewertet werden, sondern vielmehr ist eine Gesamtschau und Gesamtwürdigung nötig. So kann das auffallende Zusammentreffen mehrerer für sich allein unergiebiger oder unscheinbarer Indizien eine andere Schlussfolgerung ergeben oder ermöglichen (BGH NJW 1970, 946, 949; NJW 1993, 935). Ob die Haupttatsache aufgrund einer Gesamtwürdigung aller Indizien und unter Berücksichtigung sämtlicher Umstände des Einzelfalles feststeht, ist unter Zuhilfenahme von Erfahrungssätzen zu beantworten. Je sicherer dieser Erfahrungssatz, desto sicherer ist auch der Indizienbeweis (*Döhring*, Erforschung des Sachverhalts, S. 335, 339 f.). 1594

▶ Beispiel: 1595

Wird die Vaterschaft des Ehemanns der Kindesmutter aufgrund eines Blutgruppengutachtens (§ 372a ZPO) ausgeschlossen, so handelt es sich hierbei bloß um ein Indiz, da die Übereinstimmung von Blutmerkmalen nicht identisch ist mit der zu beweisenden Abstammung. Der diesem Indizienbeweis zugrunde liegende Erfahrungssatz beruht auf naturwissenschaftlich gesicherten erbbiologischen Erkenntnissen, die den Schluss auf die Abstammung ohne Zweifel erlauben, sodass hier von »absolutem Beweiswert« gesprochen werden kann (Thomas/Putzo/Reichold § 372a Rn. 6).

Manchmal können auch **logische Grundsätze** weiterhelfen. Zu diesen gehört die Unterscheidung zwischen abhängigen und unabhängigen Indizien. Erstere lassen einen Schluss auf die Haupttatsache nur gemeinsam zu, die Überzeugungskraft kann insgesamt nur so groß sein wie beim schwächsten Indiz allein; Letztere lassen jedes für sich allein den Schluss auf die Haupttatsache zu, die Überzeugungskraft wächst mit jedem weiteren Indiz (*Hansen*, Der Indizienbeweis, JuS 1992, 327, 329). 1596

1597 ▶ **Beispiel:**

> Ist der Kläger während einer Wirtshausschlägerei von hinten niedergeschlagen worden, kann auf die Täterschaft des Beklagten geschlossen werden, wenn feststeht,
> 1a) dass der Kläger mit einem Bierglas niedergeschlagen wurde und
> b) der Beklagte nach der Schlägerei ein zerbrochenes Glas in der Hand hielt;
> 2a) der Kläger dem Schläger im Fallen einen Knopf von der Jacke riss und
> b) ein ebensolcher Knopf an der Jacke des Beklagten fehlt.
>
> Hier stellen die Indizien 1) und 2) voneinander unabhängige Hilfstatsachen dar, während innerhalb derselben die Indizien a) und b) voneinander abhängig sind, nur zusammengenommen einen Rückschluss erlauben.

1598 Der Schluss auf die Haupttatsache ist nur möglich, wenn sämtliche berücksichtigungsfähigen Umstände einbezogen wurden und alle anderen denkbaren Schlussfolgerungen ausgeschlossen werden können. Der Schluss wird umso leichter, je mehr Indizien darauf hindeuten.

1599 ▶ **Beispiel:**

> Stehen im vorgenannten Beispiel nur die Indizien 1a) und 1b) fest, so kann dies nicht nur darauf beruhen, dass der Beklagte den Kläger niedergeschlagen hat, sondern auch darauf, dass er den Krug in zerbrochenem Zustand vom Boden aufgehoben hat. Stellt sich heraus, dass neben dem Beklagten auch andere Gäste einen zerbrochenen Krug in der Hand hielten, sind Rückschlüsse auf die Täterschaft des Beklagten kaum mehr möglich.

1600 Ist der Indizienbeweis gelungen, konnte also aus feststehenden Hilfstatsachen geschlossen werden, dass auch die Haupttatsache vorliegt, so wird Letztere der Entscheidung zugrunde gelegt.

1601 Weil der Schluss von den Indizien auf die Haupttatsache im Rahmen einer regulären Beweiswürdigung vorgenommen wird, sind hierbei auch die vom Gegner zur Widerlegung der Schlussfolgerung vorgebrachten Umstände zu berücksichtigen. Will der Gegner einen bereits geführten Indizienbeweis beseitigen, so muss er – wie zur Beseitigung eines regulär geführten Hauptbeweises auch – **Gegenbeweis** führen (BGH NJW-RR 1997, 238; unten Rdn. 1659), wofür es genügt, die Überzeugung des Gerichts vom Vorliegen der Haupttatsache zu erschüttern.

5. Anscheinsbeweis

1602 Das Vorliegen der Haupttatsache kann auch dann vermutet werden, wenn sie nach der Lebenserfahrung innerhalb eines **typischen Lebenssachverhalts** grundsätzlich gegeben ist.

> Die Anscheinsvermutung erleichtert nicht nur die Beweisführung, sondern auch die Darlegung. Es genügt, dass der Anknüpfungssachverhalt vorgetragen wird, des zusätzlichen Vortrags auch der Haupttatsache bedarf es nicht (BGH NJW 2005, 2454).
>
> Nunmehr enthält § 371a Abs. 1 Satz 2 ZPO (§ 292a ZPO a. F.) einen gesetzlich geregelten Anscheinsbeweis hinsichtlich der Echtheit einer in elektronischer Form vorliegenden und mit einer qualifizierten elektronischen Signatur versehenen Erklärung.

1603 ▶ **Beispiel:**

> Der Beklagte ist auf den vor ihm fahrenden Wagen des Klägers aufgefahren. Will der Kläger Schadensersatz, so muss er ein Verschulden des Beklagten beweisen. Hierauf kann allein aus dem objektiven Geschehensablauf geschlossen werden: Nach allgemeiner Lebenserfahrung ist es zu dem Unfall deshalb gekommen, weil der Beklagte einen zu geringen Sicherheitsabstand hatte oder unaufmerksam war; in jedem Fall hat er fahrlässig gehandelt. Andere Unfallursachen (z. B. ein Bremsversagen) sind nicht ausgeschlossen, aber so unwahrscheinlich, dass sie zunächst einmal außer Acht bleiben können.

a) Abgrenzung vom Indizienbeweis

Schwierig ist die Abgrenzung des Anscheinsbeweises vom Indizienbeweis und von den gesetzlichen Vermutungen: In allen Fällen zieht das Gericht aus dem Vorliegen einer Tatsache anhand von Erfahrungssätzen eine **Schlussfolgerung** auf das Vorliegen einer anderen, für die Entscheidung erforderlichen (Haupt-) Tatsache. Bei den gesetzlichen Vermutungen hat der Gesetzgeber die Schlussfolgerung in den geregelten Fällen vorgegeben, beim Anscheins- und beim Indizienbeweis beruht sie auf Erfahrungssätzen der allgemeinen **Lebenserfahrung**. 1604

> Ein Teil des neueren Schrifttums verneint einen Unterschied zwischen Anscheins- und Indizienbeweis (*Gottwald*, Schadenszurechnung und Schadensschätzung, 1979, S. 202, 244; *Walter*, Freie Beweiswürdigung, S. 214, 258; *Huber*, Das Beweismaß im Zivilprozess, 1983, S. 135; *Musielak/Stadler*, Grundfragen des Beweisrechts, 1984, Rn. 159, 182).

Die h. M. dagegen sieht einen Unterschied hinsichtlich des Regel-/Ausnahmeverhältnisses. Das Vorliegen von Indiztatsachen begründet den Schluss auf andere Tatsachen nur ausnahmsweise, nämlich dann, wenn im Einzelfall eine möglichst große Zahl schlüssiger Indizien vorliegt. Beim Anscheinsbeweis dagegen ist der Zusammenhang der feststehenden und der vermuteten Tatsache so typisch, dass sich der daraus abzuleitende Schluss gleichsam aufdrängt, von seinem Vorliegen grundsätzlich ausgegangen werden kann (BGH NJW-RR 1993, 720; *Hansen* JuS 1992, 327, 330, 417). 1605

Damit bedarf der **Indizienbeweis** des Vortrags möglichst vieler Einzelheiten, aus deren Gesamtheit der Schluss auf die Haupttatsache gezogen werden kann. Der Sachvortrag muss deswegen so umfassend wie möglich erfolgen. 1606

Im Gegensatz dazu bedarf der **Anscheinsbeweis** eines typischen Sachverhalt. Jedes Detail aber kann den Fall von der Vielzahl typischer Fälle abgrenzen ihn als individuell und atypisch erscheinen lassen. Deswegen muss der Sachvortrag hier spärlich bleiben und sich auf einen möglichst grob und mit wenigen Tatsachen umschriebenen Sachverhalt beschränken (*Lepa* NZV 1992, 129, 131; *Hansen* JuS 1992, 327, 330). 1607

▶ Praxistipp: 1608

> Anscheins- und Indizienbeweis schließen sich regelmäßig gegenseitig aus. Soll eine Beweiserleichterung in Anspruch genomen werden, muss von Anfang an klar sein, ob diese im Indizien- oder im Anscheinsbeweis liegen soll.
>
> Bei Indizienbeweis müssen möglichst viele Hilfstatsachen und Details des Einzelfalles vorgetragen werden. Beim Anscheinsbeweis dagegen muss der Sachvortrag auf die typischen Elemente beschränkt werden.

b) Voraussetzungen

Voraussetzung für einen Anscheinsbeweis ist das Vorliegen eines typischen Geschehensablaufs. 1609

Typisch ist ein Vorgang, wenn er regelmäßig, üblich, gewöhnlich und häufig so abläuft (BGH NJW 2001, 1140; BGH NZV 1990, 386, 387; BGHZ 100, 214, 216), wenn es sich um einen häufig wiederkehrenden und nicht steuerbaren Geschehensablauf handelt, bei dem bestimmte Tatsachen erfahrungsgemäß mit anderen Tatsachen verknüpft sind (Grundlegend RGZ 21, 104, 110; RGZ 130, 357, 359; RGZ 134, 237, 242; BGH NJW-RR 1988, 789; BGHZ 100, 214; BGH LM § 286 C Nr. 26; *Greger* VersR 1980, 1091; *Lepa* NZV 1992, 129; *Musielak/Stadler*, Grundfragen des Beweisrechts, 1984, § 11; *Oberheim* JuS 1996, 918). 1610

▶ Praxistipp: 1611

> Da die in Betracht kommenden typischen Geschehensabläufe nicht abschließend festliegen, ist vor allem bei Beweisnot zu prüfen, ob nicht ein solcher Beweis in Betracht kommt.

Anders als zum Beispiel bei der Beweislastumkehr gibt es hier keinen abschließenden Katalog von Fallgruppen. Vielmehr kann im Einzelfall versucht werden, das Gericht von dessen Typizität zu überzeugen. Bei entsprechender Argumentation lässt sich (noch) eine Reihe von solchen Geschehensabläufen finden. Ob ein Fall zu einer typischen Kategorie gehört, entscheidet der Richter letztlich nach seiner Lebenserfahrung. Mit argumentativem Geschick gelingt es immer wieder, Gerichte vom Vorliegen eines Anscheinsbeweises auch dort zu überzeugen, wo ein solcher an sich nicht gegeben ist, weil bloße Wahrscheinlichkeit mit Typizität verwechselt wird.

1612 Die Typizität muss auch bei Berücksichtigung aller Umstände des Einzelfalles noch gegeben sein (BGH VersR 1986, 343; *Lepa* NZV 1992, 129, 130 f.).

1613 ▶ Beispiel:

Ist das vorausfahrende Fahrzeug erst unmittelbar vor dem Auffahrunfall aus einer Parklücke ausgeschert, so kommt als Unfallursache auch ein Verschulden des Vordermannes in Betracht, auf ein Verschulden des Auffahrenden kann im Wege des Anscheinsbeweises nicht geschlossen werden (BGH NJW 1996, 1828; LG Gießen ZfS 1995, 409; LG Frankfurt a. M. ZfS 1993, 259 m. Anm. Diehl). Je mehr Details des Falles bekannt sind, um so eher wird die Typizität des Geschehens entfallen; dann scheidet der Anscheinsbeweis aus, möglich bleibt der Indizienbeweis.

1614 Liegt ein typischer Sachverhalt vor und ist er unstreitig oder bewiesen, so steht damit auch die vermutete **Haupttatsache** zunächst fest.

1615 Die Vermutung ist **widerleglich**. Dem Gegner steht es frei zu beweisen, dass die Vermutung im vorliegenden Fall ausnahmsweise nicht zutrifft. Feststehen müssen konkrete Tatsachen, aus denen sich die ernsthafte Möglichkeit eines vom gewöhnlichen abweichenden Geschehensverlaufs ergibt (BGH NJW 1993, 3259; OLG Düsseldorf NZV 1993, 393). Nicht erforderlich ist, dass das Gericht das Nichtvorliegen der vermuteten Tatsache positiv feststellt. Anders als bei der gesetzlichen Vermutung, die positiv widerlegt werden muss (= Beweis des Gegenteils), indem voller Beweis für die Unrichtigkeit der Vermutung erbracht wird, reicht bei den Anscheinsvermutungen der Gegenbeweis, d. h. eine bloße »**Erschütterung**« der Vermutung aus, die bereits dann vorliegt, wenn ein vom gewöhnlichen (typischen) Verlauf abweichender Gang des Geschehens feststeht.

1616 Ist die Erschütterung des Anscheinsbeweises gelungen, tritt die »beweisrechtliche Normalsituation« wieder ein, d. h., der Beweisführer muss die Haupttatsache mit den regulären Beweismitteln beweisen (BGH NJW 1998, 79).

1617 ▶ Beispiel:

Trägt der Auffahrende vor, seine Bremse habe versagt und wird dies unstreitig, so entfällt der Anscheinsbeweis des Verschuldens. Der beweispflichtige Kläger muss das Verschulden des Beklagten nach den allgemeinen Grundsätzen beweisen. Bestreitet der Kläger das Bremsversagen, so reicht die bloße Behauptung eines möglichen anderen Geschehensablaufs zur Erschütterung des Anscheinsbeweises nicht aus; hier muss der Beklagte seinen Vortrag beweisen, um der gegen ihn gerichteten prima-facie-Vermutung zu entgehen.

1618 Der Anscheinsbeweis ändert nicht die **Beweislast**. Wer nach allgemeinen Grundsätzen für eine Tatsache beweispflichtig ist, muss diese entweder im Wege des Anscheinsbeweises oder mit den allgemeinen Beweismitteln beweisen; gelingt ihm dies nicht, hat er die hieraus resultierenden prozessualen Nachteile zu tragen.

Auch wenn ein Anscheinsbeweis (noch) nicht in Betracht kommt, kann die allgemeine Lebenserfahrung im Rahmen der (freien) Beweiswürdigung gem. § 286 ZPO Bedeutung erlangen. Manchmal genügt der Umstand, der einen typischen Sachverhalt nicht ausfüllen konnte, als Indiz (BGH NJW 1998, 79, 81; Thomas/Putzo/*Reichold* Vorbem. § 284 Rn. 15).

Da die Gerichte oftmals viel zu starr im herkömmlichen Beweismittelsystem denken, empfiehlt es sich für die beweisbelastete Partei, in geeigneten Fällen entsprechend vorzutragen. Wahrscheinlichkeiten können helfen, etwaige Zweifel zu überwinden (*Meyke* NJW 1989, 2036; BGH NJW 1984, 2888: wie wahrscheinlich die Darstellung ist, kann sich auf die Beweisführung und Beweiswürdigung auswirken; BGH NJW 1993, 3259; BGH NJW 1994, 3295: »aus der Sicht eines vernünftig urteilenden Menschen«; zum sog. Immerso-Beweis unten Rdn. 1744). Auch aus der konkreten Interessenlage können Rückschlüsse gezogen werden (z. B. BGH NJW 1994, 3295; BGH NJW 1998, 531; BGH NJW 2002, 2873; BGH NJW-RR 1988, 962).

▶ Beispiel: 1619

Bei Ladenkäufen besteht nach der Lebenserfahrung die Vermutung, dass Zahlung erfolgt ist, wenn die Ware übergeben wurde (z. B. beim Brötchenkauf oder beim Erwerb von Elektroartikeln in einem Fachmarkt). Behauptet der Verkäufer, die Ware sei nicht bezahlt worden, ist die Erfüllung durch den Käufer bereits beweisen, sodass es dem Verkäufer obliegt, den Gegenbeweis zu führen (LG Coburg, Urt. vom 06.12.2002, 32 S 121/02; LG Aurich NJW-RR 1999, 1225: für Nachnahmesendungen).

Die widerspruchslose Hinnahme von Rechnungen bzw. deren vorbehaltslose Begleichung ist zwar in der Regel kein Anerkenntnis, kann jedoch unter bestimmten Umständen ein Indiz für die Berechtigung der Forderung sein (Palandt/Sprau §781 Rn. 8 f.; Werner/Pastor Rn. 2041 mit Rechtsprechungsübersicht; bei Saldoausgleich, Bitte um Stundung oder Ratenzahlung u. U. (negatives) deklaratorisches Schuldanerkenntnis, OLG Köln NJW-RR 1998, 1133).

Es ist nach allgemeiner Lebenserfahrung äußerst ungewöhnlich, dass ein wichtiger Vorfall gegenüber den am Unfallort erschienenen Polizeibeamten nicht erwähnt wird (OLG Hamm NJW-RR 2004, 1264: nachträglich behaupteter Wildunfall gegenüber der Kfz-Versicherung trotz gegenteiliger Zeugenaussage nicht bewiesen).

c) Anwendungsbereiche

Häufigste Anwendungsbereiche für solche Anscheinsvermutungen sind das Verschulden in Form einfacher **Fahrlässigkeit** und die **Kausalität** bei Schadensersatzansprüchen (zum Anscheinsbeweis im Straßenverkehrsrecht *Metz* NJW 2008, 2806). 1620

Dabei wird von einem feststehenden Erfolg auf eine bestimmte Ursache oder von einer feststehenden Ursache auf einen bestimmten Erfolg geschlossen.

▶ Beispiel: 1621

Fährt ein Autofahrer auf seinen Vordermann auf, so kann unterstellt werden, dass er schuldhaft gehandelt hat. Verursacht ein infolge Alkoholgenusses absolut verkehrsuntüchtiger Autofahrer einen Verkehrsunfall, so wird vermutet, dass der Unfall kausal auf der Trunkenheit beruhte (BGH NJW-RR 1986, 323; OLG Düsseldorf BauR 1993, 233; Hoffmann NZV 1997, 57; Stück JuS 1996, 153; Weber, Der Kausalitätsbeweis im Zivilprozess, 1997.

Ungeeignet für einen solchen Beweis sind individuelle Verhaltensweisen bzw. Willensentschließungen, z. B. die Ursächlichkeit einer arglistigen Täuschung oder das Vorliegen von Vorsatz. Der Anscheinsbeweis des Verschuldens geht daher immer nur auf einfache Fahrlässigkeit, nie auf grobe Fahrlässigkeit oder gar auf Vorsatz (BGH NJW 1988, 2040; BGH WM 1983, 1009; OLG Karlsruhe TranspR 1995, 439; OLG Celle NZV 1993, 187).

▶ Beispiele: 1622

Wird bei einem von A verursachten Auffahrunfall ein mitfahrender Arbeitskollege verletzt und will der Sozialversicherungsträger für dessen Schaden Regress von A, so muss die dafür erforderliche grobe Fahrlässigkeit nach allgemeinen Regeln bewiesen werden, der Anscheinsbeweis greift hier nicht, möglicherweise aber der Indizienbeweis.

Das Abkommen eines Pkws von der Straße bei gerader und übersichtlicher Fahrbahn spricht nach allgemeiner Lebenserfahrung für einen schuldhaften Fahrfehler des betreffenden Kraftfahrers (überhöhte Geschwindigkeit oder Unaufmerksamkeit: BGH NJW 1996, 1828: nicht aber, wenn der Pkw unmittelbar zuvor bei Gegenverkehr überholt worden ist). Bei einem alkoholbedingt absolut fahruntüchtigen Fahrer spricht ein Anscheinsbeweis dafür, dass die Alkoholisierung unfallursächlich war, falls ein nüchterner Fahrer die Verkehrslage hätte meistern können (Baumbach/Hartmann Anh. § 286 Rn. 106).

Stürzt ein Fußgänger in unmittelbarer Nähe einer Gefahrenstelle (hier: Loch in der Pflasterung des Gehweges und lose darum herumliegende Pflastersteine), so liegt nach den Grundsätzen des Anscheinsbeweises der Schluss nahe, dass die Gefahrenstelle Ursache des Sturzes war (BGH NJW 2005, 2454).

Bei Glatteisunfällen spricht ein Anschein dafür, dass der Unfall bei Beachtung der Streupflicht vermieden worden wäre, wenn der Unfall innerhalb der zeitlichen Grenzen der Streupflicht stattgefunden hat. Dafür ist es notwendig und ausreichend, dass ein Glättezustand im Verantwortungsbereich des Streupflichtigen nachgewiesen wird (OLG Celle NJW-RR 2004, 1251: aber keine Pflichtverletzung bei gefrierendem Regen, wofür der Streupflichtige beweispflichtig ist; BGH NJW 1994, 945; BGH NJW 1984, 432). Im Übrigen kommt bei Glatteisunfällen häufig ein Mitverschulden des verletzten Fußgängers in Betracht.

Bei der Schadensersatzklage aus einer Verletzung von Beratungs-, Hinweis- oder Aufklärungspflichten wird zugunsten des Geschädigten vermutet, dass er sich beratungsgemäß verhalten hätte, die Pflichtverletzung also kausal war (BGH NJW 1998, 749).

Der Beweis des ersten Anscheins kommt auch bei der Feststellung von Brandursachen in Betracht. Dabei genügt es, dass der Geschädigte den typischerweise schadensauslösenden Geschehensablauf (hier: Hantieren mit einem feuergefährlichen Gegenstand in einer extrem brandgefährdeten Umgebung) dartut. Entsteht in unmittelbarem zeitlichen Zusammenhang damit ein Feuer und fehlen konkrete Anhaltspunkte für eine andere Brandursache, obliegt es dem In Anspruch Genommenen, den Anschein zu entkräften (BGH NJW 2010, 1072).

1623 Für einige andere Verkehrsereignisse hingegen hat der BGH einen Anscheinsbeweis bzw. die Geltung einer Beweisregel **verneint**:

1624 ▶ Beispiele:

So lehnt der BGH bei den für Verkehrsunfällen typischen HWS-Verletzungen die von manchen Gerichten vertretene schematische Annahme einer sog. Harmlosigkeitsgrenze ab (BGH NJW 2003, 1116). Allein der Umstand, dass sich ein Heckunfall mit einer geringen kollisionsbedingten Geschwindigkeitsänderung ereignet hat, schließt hiernach die tatrichterliche Überzeugungsbildung nach § 286 ZPO von der Ursächlichkeit für eine HWS-Verletzung nicht aus. Es gibt auch keinen Grundsatz, nach dem das Nichtbeachten des Rotlichts einer Verkehrsampel stets als grob fahrlässig (i. S. d. § 28 Abs. 2 Satz 2 VVG) anzusehen ist (BGH NJW 2003, 1118 – jedoch in aller Regel, wobei die bloße Berufung des Kraftfahrers auf ein »Augenblicksversagen« kein ausreichender Grund ist, grobe Fahrlässigkeit zu verneinen).

Trotz immer wieder zu findender abweichender Entscheidungen von Untergerichten kann aus der ordnungsgemäßen Absendung eines Briefes durch die Post auf dessen (für das Wirksamwerden der Willenserklärung nach § 130 BGB entscheidenden) Zugang beim Empfänger nicht geschlossen. Zwar geht nur ein verschwindend geringer Teil aufgelieferter Sendungen auf dem Postweg verloren, sodass von einem typischen Vorgang durchaus gesprochen werden kann, doch ergibt sich zum einen aus der Wertung des § 130 BGB ausdrücklich, dass der Zugang und nicht bloß die Absendung bewiesen werden muss, zum anderen kann der Absender (zum Beispiel durch Versendung als Einschreiben mit Rückschein) den Zugang beweisen, während dem Empfänger der Gegenbeweis unmöglich wäre (BGHZ 24, 308, 312 ff.); OLG Hamm NJW-RR 1995, 363; OLG Dresden NJW-RR 1994, 1485; OLG Köln MDR 1987, 405; AG Düsseldorf NJW-RR 1999, 1510; Drescher NVwZ 1987, 771; Huber JR 1985, 177; Laumen in: Baumgärtel/Laumen/Prütting § 130 BGB Rn. 2 ff. m. w. N. auch zu Besonderheiten bei Fernschreiben und Telefax; a. A. AG Offenburg MDR 1989, 992).

A. Beweisgrundsätze   5. Kapitel

In vielen anderen Bereichen ist die Frage eines Anscheinsbeweises **in Bewegung**.   1625

▶ Beispiel: 1626

Wird eine EC-Karte unter Verwendung der PIN (Geheimnummer) von einem Dritten missbräuchlich benutzt, so wurde bis Mitte der 90-er Jahre überwiegend ein Verschulden des Karteninhabers vermutet, weil nur dieser die Nummer kennt und sie entweder vorsätzlich (arglistiges Zusammenwirken mit dem Dritten) oder fahrlässig (Verlust der schriftlich notierten Zahl zusammen mit der Karte) herausgegeben haben muss (BGH NJW 2004, 3623: bei zeitnaher Verwendung nach dem Diebstahl sowie sekundäre Darlegungslast des kartenausgebenden Kreditinstituts hinsichtlich der Sicherheitsvorkehrungen; Palandt/Sprau § 675 f Rn. 24; OLG Stuttgart NJW-RR 2002, 1274 mit gelungener Entkräftung des Anscheinsbeweises).

Seither wird ein Anscheinsbeweis zunehmend abgelehnt, weil sowohl ein Ausspähen der PIN an den Geldautomaten (z. B. mithilfe einer Minikamera und einem Kartenlesegerät) als auch deren Errechnen aus der Karte möglich sei (z. B. LG Osnabrück BKR 2003, 509 m.Anm. Metz; OLG Hamm 1997, 1711; AG Essen, BKR 2003, 514; AG Frankfurt a. M. BKR 2003, 514; AG München NJW-RR 2001, 1056; AG Frankfurt a. M. NJW 1998, 687; AG Osnabrück NJW 1998, 688; LG Dortmund u. AG Duisburg NJW-CoR 1999, 498 (LS): sogar neueste Verschlüsselungsmechanismen sind entschlüsselbar; AG München NJW-RR 2001, 1057: die theoretischen Möglichkeiten, die PIN-Nummer zu erhalten, reichen zur Erschütterung eines Anscheinsbeweises aus; BGH NJW 2004, 3623: die Möglichkeit eines Ausspähens und damit die Erschütterung des Anscheinsbeweises kommt nur dann in Betracht, wenn die EC-Karte in einem näheren zeitlichen Zusammenhang mit der Eingabe der PIN durch den Karteninhaber an einem Geldausgabeautomat oder einem POS-Terminal entwendet worden ist).

Kein Anscheinsbeweis für ein Mitwirken des Karteninhabers kann angenommen werden, wenn die Daten ohne Entwendung der Original EC-Karte auf Blanko-Karten übertragen wurden (BGH MDR 2012, 239).

▶ Beispiel: 1627

Eine automatische Aufzeichnung von Gebühreneinheiten beim Telefon, wenn eine Zählerüberprüfung keine Fehlfunktion ergeben hat bzw. hierfür keine Anhaltspunkte bestehen, begründet einen Anscheinsbeweis dafür, dass die Gebühreneinheiten in dieser Höhe bzw. Anzahl vom betreffenden Telefonanschluss ausgelöst wurden (Kausalität; Überwiegende bisherige Rspr.; z. B. LG Saarbrücken NJW-RR 1996, 894: »funktioniert monatlich millionenfach, ohne dass es Probleme gäbe«; OLG Celle NJW-RR 1997, 568: bezieht sich aber nur auf die Aufzeichnung über Einzelgespräche, nicht auf die (pauschale) Gesamt-Rechnung selbst.). Streitig ist, wodurch dieser Anscheinsbeweis widerlegt werden kann, ob hierzu die deutliche Abweichung von den bisher verbrauchten Gebühren ausreicht oder ob es weiterer Umstände (z. B. der Möglichkeit der Anzapfung des Anschlusses durch Dritte) bedarf. Eine Erschütterung des Anscheinsbeweises kann bei Vervielfachung bisheriger durchschnittlicher Telefonrechnungen (Gebührensprung) oder bei sehr hohen Gesprächskosten in Betracht kommen (LG Berlin NJW-RR 1996, 895: 18 000 DM innerhalb von 4 Tagen; auch AG Bonn NJW-RR 2002, 1426: hierfür ausreichend, dass zumindest ein berechnetes Telefongespräch nicht geführt worden sein kann; OLG Stuttgart MMR 2000, 97; OLG Köln NJW-RR 1998, 1363; OLG Celle NJW-RR 1997, 568; LG Bielefeld MMR 2000, 112; LG Oldenburg NJW-RR 1998, 1365; LG Saarbrücken NJW 1998, 1367; div. LG NJW-RR 1996, 893 ff.).

Nach Auffassung des BGH (NJW 2004, 3183) trägt die Darlegung- und Beweislast dafür, dass der Kunde die Leistung des Telefonnetzbetreibers die Herstellung einer Verbindung in Anspruch genommen hat, grundsätzlich Letzterer (allg. Meinung). Die Beweislast für Einwendungen des Kunden gegen die Höhe der berechneten Verbindungsentgelte richtet sich nach § 16 TKV (Telekommunikations-Kundenschutzverordnung vom 11.12.1997, BGBl. I, S. 2910); § 7 Abs. 3

TDSV 2000 (Telekommunikationsdienstunternehmen-Datenschutzverordnung). Der häufig in den AGB der Anbieter zu findende Einwendungsausschluss »unterlassene Erhebung von Einwendungen gegen die Höhe der Verbindungspreise nach Ablauf einer bestimmten Frist gilt als Genehmigung der Rechnung« ist unwirksam (a. A. z. B. OLG Köln MDR 1998, 106).

Im Übrigen muss der Netzbetreiber weiterhin nachweisen, dass er seine Leistung bis zur Schnittstelle, an der der allgemeine Netzzugang dem Kunden bereitgestellt wird, technisch einwandfrei erbracht und richtig berechnet hat. Er gibt die technische Prüfung Mängel, die die beanstandete Entgeltermittlung beeinflusst haben könnten, wird widerleglich vermutet, dass die Verbindungsentgelte unrichtig ermittelt sind. Hinsichtlich der weiteren Einzelheiten sei auf die eingehenden Ausführungen in der Entscheidung verwiesen.

1628 ▶ Beispiel:

Wird einem Patienten, der zu keiner HIV-gefährdeten Risikogruppe gehört und durch die Art seiner Lebensführung keiner gesteigerten HIV-Infektionsgefahr ausgesetzt ist, Blut eines Spenders übertragen, der an Aids erkrankt ist, und wird bei ihm und bei anderen Empfängern dieses Blutes später eine Aids-Infektion festgestellt, so spricht ein Anscheinsbeweis dafür, dass er vor der Bluttransfusion noch nicht HIV-infiziert war, und ihm das HIV erst mit der Transfusion übertragen wurde. Erkrankt auch der Ehegatte des Blutempfängers an Aids, so spricht ein Anscheinsbeweis ferner dafür, dass er von dem Blutempfänger angesteckt wurde (BGH NJW 1991, 1948; Kausalität).

6. Schätzung

1629 Steht zwar fest, dass dem Kläger ein Anspruch gegen den Beklagten zusteht, kann er dessen Höhe aber nicht beweisen, so hilft § 287 ZPO die an sich fällige Klageabweisung zu vermeiden, indem er die Anforderungen an den Beweis für einen Teil der Anspruchsvoraussetzungen lockert (*Lepa* NZW 1992, 129 (132 ff.); *Oberheim* JuS 1996, 921; zu den historischen Grundlagen MüKoZPO/*Prütting* § 287 Rn. 2 m. w. N.).

Die Schätzung stellt eine Ausnahme sowohl vom Grundsatz des Strengbeweises (weil sie ohne förmliche Beweisaufnahme erfolgt (BGH NJW 1991, 1412) als auch vom Grundsatz des Vollbeweises dar (weil die Tatsache auch dann zugrunde gelegt wird, wenn das Gericht nicht völlig von der Richtigkeit der Schätzung überzeugt ist, sondern sie nur für wahrscheinlich hält (BGH NJW-RR 1987, 339; BGH NJW 1976, 1145; MüKoZPO/*Prütting* § 287 Rn. 3; a. A. AK-ZPO/*Rüßmann* § 287 Rn. 5). Dagegen bleibt die grundsätzliche Beweislastverteilung unverändert, eine Umkehr der Beweislast findet nicht statt (BGH NJW 1970, 1970).

a) Anwendungsbereich

1630 § 287 ZPO lässt eine Schätzung lediglich für **haftungsausfüllende**, nicht für haftungsbegründende Tatsachen zu. Die zum Grund der Haftung gehörenden Fragen sind nach den allgemeinen Grundsätzen voll zu beweisen, erst wenn sie feststehen, kommt eine Schätzung in drei Bereichen in Betracht (BGH NJW 1968, 985; KG NJW 2000, 877; OLG Düsseldorf r+s 1996, 288):

1631 (1) Stehen die haftungsbegründenden Voraussetzungen eines (gesetzlichen oder vertraglichen) Schadensersatzanspruchs fest, so kann nach § 287 Abs. 1 ZPO geschätzt werden, **ob** ein Schaden entstanden sei, **wie hoch** er sich belaufe und ob der Schaden kausal auf dem Haftungsgrund beruht (haftungsausfüllende Kausalität).

1632 (2) Da § 287 ZPO in Fällen der Beweisnot des Klägers eine unangemessene Entlastung des Beklagten vermeiden, nicht dagegen eine Sachaufklärung verhindern soll (BVerfG JZ 1979, 23; RG JW 1901, 398 Nr. 11; OLG Köln JurBüro 1969, 645) setzt Absatz 1 als ungeschriebene Voraussetzung – ähnlich wie in Absatz 2 ausdrücklich formuliert – die **Schwierigkeit der regulären Beweisführung** voraus. Erforderlich ist ferner, dass der Kläger Tatsachen angibt, aufgrund derer dem Gericht eine Schätzung möglich ist.

A. Beweisgrundsätze   5. Kapitel

▶ **Beispiel:** 1633

Verlangt die Ehefrau eines bei einem Verkehrsunfall getöteten Mannes Ersatz ihres Unterhaltsschadens (§ 844 Abs. 2 BGB) vom Schädiger, so muss sie zunächst nach allgemeinen Grundsätzen beweisen, dass dieser den Unfall verschuldet hat. Geschätzt werden kann dann, ob, in welcher Höhe und wie lange die Ehefrau von ihrem Mann unterhalten worden wäre, sowie, ob der erst sechs Monate nach dem Unfall eingetretene Tod des Verletzten auf dem Unfall beruht. Eine Schätzung zur Höhe ist dem Gericht nur möglich, wenn die Partei Angaben zum bisherigen Einkommen gemacht hat Zur Berechnung des Unterhaltsschadens BGH NJW-RR 1990, 221; OLG Frankfurt a. M. NJW-RR 1990, 1440; Palandt/Sprau § 844 Rn. 8).

(3) Nach § 287 Abs. 2 ZPO ist eine Schätzung im haftungsausfüllenden Bereich auch bei **sonstigen** 1634
vermögensrechtlichen Ansprüchen möglich. Voraussetzung ist das Feststehen aller haftungsbegründenden Voraussetzungen sowie die Schwierigkeit vollständiger Sachaufklärung.

▶ **Beispiel:** 1635

Lässt sich die Höhe eines dem Grunde nach feststehenden Minderungsanspruchs nur mittels einer umfangreichen, zur Höhe des Anspruchs außer Verhältnis stehenden Beweisaufnahme feststellen, so kann sie geschätzt werden.

b) Folgen

Liegen die Voraussetzungen des § 287 ZPO vor, so steht die Anwendung dieser Norm nicht im Ermessen des Gerichts, sondern ist **zwingend** geboten (BGH NJW 1996, 1077; BGH NJW 1994, 663, 664 f.; BGH NJW 1992, 2753). Unterbleiben darf die Schätzung nur, wenn ihre Voraussetzungen nicht vorliegen, sie insbesondere mangels hinreichender konkreter tatsächlicher Anhaltspunkte völlig in der Luft hinge und deshalb willkürlich wäre (BGH WM 1992, 36). 1636

Die Möglichkeit einer Schadensschätzung führt in vielen Fällen ohne weiteres unmittelbar zur Entscheidungsreife und erlaubt unter Absehen von bloßen Beweislastentscheidungen sachlich gerechte Urteile. Das Nichtausschöpfen der durch § 287 ZPO eingeräumten Freiheiten ist ein häufiger und typischer Fehler des Beweisverfahrens.

▶ **Praxistipp:** 1637

Eine Schätzung bedarf tatsächlicher Anhaltspunkte durch das Gericht. An die Stelle der konkreten Schadensdarlegung muss deswegen die Darlegung sog. »Schätzungstatsachen« treten. Der bloße Hinweis, das Gericht möge den Schaden schätzen, genügt regelmäßig nicht.

Bei der eigentlichen Schätzung entscheidet das Gericht (wie im Rahmen des § 286 ZPO auch) 1638
»unter Würdigung aller Umstände nach freier Überzeugung«. Trotz des im Ansatz ähnlichen Wortlauts wie in § 286 ZPO besteht dieser Norm und damit dem regulären Beweisverfahren gegenüber eine Reihe von Unterschieden:

(1) Das Gericht **muss** angebotene **Beweise nicht erheben**, sondern kann sich mit einer Bewertung 1639
der vorliegenden tatsächlichen Umstände begnügen (BGH NJW 1991, 1412). Wichtig ist hierbei, dass alle Umstände berücksichtigt werden und die Schätzung nicht bloß auf einzelne, »genehme« Tatsachen gestützt wird, während andere, nicht zum Ergebnis passende Tatsachen unberücksichtigt bleiben.

(2) Wo im Anwendungsbereich des § 287 ZPO eine Beweisaufnahme stattfindet, ist diese an die 1640
strengen Formanforderungen der ZPO nicht gebunden (BGH NJW 1991, 1412). Eine wichtige Erweiterung der Beweismöglichkeiten stellt die sog. »**Schätzungsvernehmung**« nach § 287 Abs. 1 Satz 3 ZPO dar, bei der das Gericht im Rahmen der (ggf. sogar eidlichen: § 452 ZPO) Parteivernehmung nicht, wie nach § 445 ZPO üblich, den Gegner, sondern den Beweisführer selbst vernimmt und zwar sowohl zur Feststellung der einzelnen Merkmale, aus denen sich die Schadenshöhe ableiten lässt, als auch zur Abgabe einer Schadensschätzung durch die betroffene Partei selbst

(MüKoZPO/*Prütting* § 287 Rn. 25). Diese Möglichkeit besteht ausschließlich für die Schadensersatzansprüche nach Absatz 1 und dort nur über die Höhe des Schadens.

1641 (3) Für die richterliche Überzeugungsbildung ist die persönliche Gewissheit des Vollbeweises nicht erforderlich; vielmehr reicht eine bloß **erhebliche Wahrscheinlichkeit** der Tatsache aus, soweit das Wahrscheinlichkeitsurteil auf einer gesicherten Grundlage beruht (BGH JZ 1991, 262; OLG Koblenz NVersZ 2001, 269; OLG Brandenburg NJW-RR 2000, 467). Wo anhand der vorgetragenen Tatsachen konkrete Berechnungen möglich sind, ist eine Rundung oder Pauschalierung nach § 287 ZPO nicht statthaft. Wo geschätzt wird, muss sie unter Ausnutzung aller verwertbaren Erkenntnismöglichkeiten möglichst nahe an die materielle Wahrheit heranführen.

1642 (4) Dagegen bleibt die grundsätzliche **Beweislastverteilung** unverändert, eine allgemeine Umkehr der Beweislast ergibt sich aus § 287 ZPO nicht (BGH NJW 1970, 1970). Kann der Kläger die Voraussetzungen seines Anspruchs nicht beweisen und können diese auch nicht geschätzt werden, so wird die Klage abgewiesen.

1643 ▶ Praxistipp:

Eine Schätzung bleibt häufig hinter den tatsächlichen Beträgen zurück.

Geschätzt wird oft nur ein »Mindestbetrag«, sodass es für die Partei sinnvoller sein kann, eine konkrete Schadensberechnung anzustreben, auch wenn dabei nicht alle Positionen Berücksichtigung finden können.

1644 Wurde eine Schätzung vorgenommen, so werden die geschätzten Tatsachen der Entscheidung als feststehend zugrunde gelegt und stehen insoweit den regulär bewiesenen Tatsachen gleich.

7. Beweisvereitelung

1645 Muss eine Partei eine Tatsache beweisen und wird ihr dies aufgrund eines Verhaltens des Prozessgegners unmöglich gemacht, so wäre es **unbillig**, hier eine von den Ursachen der Beweisfälligkeit losgelöste reine Beweislastentscheidung zu treffen.

Grundsätzlich ist »keine Partei verpflichtet, dem Gegner das Material für den Prozesssieg zu verschaffen, über das er nicht schon von sich aus verfügt«, wobei jedoch besondere Umstände eine andere Beurteilung rechtfertigen können (BGH NJW 1997, 128; Baumbach/*Hartmann* § 282 Rn. 8: »Keine Partei braucht sich selbst ans Messer zu liefern«; Zöller/*Greger* Vor § 284 Rn. 5: es besteht weder eine generelle Aufklärungspflicht der Parteien noch ein Menschenrecht auf Zugang zu den Informationsquellen des Prozessgegners). Eine solche Ausnahme stellt nicht nur teilweise die Lehre von der Beweisvereitelung dar, sondern z. B. auch die sog. sekundäre Darlegungslast des Gegners.

1646 Beweisvereitelung liegt nach der Rechtsprechung vor, wenn eine Partei »dem beweisbelasteten Gegner die Beweisführung schuldhaft bzw. ohne triftigen Grund unmöglich macht oder erschwert, indem sie vorhandene Beweismittel vernichtet, vorenthält oder ihre Benutzung erschwert« (Thomas/Putzo/*Reichold* § 286 Rn. 17).

»Dies kann vorprozessual oder während des Prozesses durch gezielte oder fahrlässige Handlungen geschehen, mit denen bereits vorhandene Beweismittel vernichtet oder vorenthalten werden. Eine Beweisvereitelung kann aber auch in einem fahrlässigen Unterlassen einer Aufklärung bei bereits eingetretenem Schadensereignis liegen, wenn damit die Schaffung von Beweismitteln verhindert wird, obwohl die spätere Notwendigkeit einer Beweisführung dem Aufklärungspflichtigen bereits erkennbar sein musste« (BGH NJW 1989, 79, 81).

Ist während eines anhängigen Rechtsstreits für die Partei absehbar, dass eine sachverständige Begutachtung der streitgegenständlichen Sache erforderlich werden könnte, muss sie ihre Absicht, diese zu verändern oder zu veräußern, so rechtzeitig ankündigen, dass die Gegenpartei zumindest beweissichernde Maßnahmen ergreifen kann. Andernfalls ist die dadurch bedingte Beweisnot als von der Partei schuldhaft verursacht anzusehen (BGH NJW-RR 1996, 883). Dabei verlangt der subjektive Tatbestand der Beweisvereitelung einen doppelten Schuldvorwurf. Das Verschulden muss sich sowohl auf die Zerstörung bzw. Entziehung des Beweisobjekts als auch auf die Beseitigung seiner Beweisfunktion beziehen, also darauf, die Beweislage des Gegners in einem gegenwärtigen oder künftigen Prozess nachteilig zu beeinflussen (BGH NJW 2004, 222).

A. Beweisgrundsätze

▶ Beispiel:

Der Kl. macht restlichen Werklohn für Bauarbeiten geltend. Die Beklagte hat wegen Mängeln die Aufrechnung erklärt. Die Mängel hatte sie unmittelbar nach Erbringung der Arbeiten gerügt und Nachbesserung verlangt, der Kl. hatte eine Verantwortung für die gerügten Mängel abgelehnt. Die Beklagte entzog der Schuldnerin den Auftrag hinsichtlich der Mängelbeseitigung und ließ die gerügten Mängel durch einen Dritten beseitigen. Im Prozess konnte die ursprüngliche Mangelhaftigkeit wegen der Nachbesserung nicht mehr bewiesen werden.

Die Klage hatte in allen Instanzen Erfolg. Zwar Der trägt der Auftragnehmer vor Abnahme seiner Werkleistung die Beweislast für deren Mangelfreiheit. Die Beweislast kehrt sich nicht allein deshalb um, weil der Auftraggeber die Mängel der Werkleistung im Wege der Ersatzvornahme hat beseitigen lassen. In einer fehlenden oder unzureichenden Dokumentation der durch Ersatzvornahme beseitigten angeblichen Mängel kann aber eine Beweisvereitelung liegen, wenn das Vorliegen von Mängeln erst im Laufe der Mängelbeseitigungsarbeiten überprüft werden kann und der Auftraggeber dem Auftragnehmer keine dahin gehenden Feststellungen ermöglicht. Beruht die Beweisvereitelung auf einer Verletzung der Kooperationspflicht des Auftraggebers, kann hieraus eine Umkehr der Beweislast für das Vorliegen der Mängel zu seinen Lasten folgen. (BGH NJW 2009, 360).

Allerdings vermag nach der Ansicht des BGH »nur ein vorwerfbares, missbilligenswertes Verhalten den mit beweisrechtlichen Nachteilen verbundenen Vorwurf der Beweisvereitelung zu tragen« (BGH NJW-RR 1996, 1534). 1647

Davon kann z. B. keine Rede sein, wenn die die Aussagegenehmigung verweigernde Partei Anlass zur Besorgnis hat, dass der Zeuge aufgrund der mandantschaftlichen Verbundenheit bzw. unter dem Eindruck einer drohenden Schadensersatzpflicht dazu neigen könnte, einseitig den Rechtsstandpunkt zu untermauern. Im Übrigen reicht nach Ansicht des BGH nicht jede »prozesstaktische« Überlegung der die Aussagegenehmigung verweigernden Partei als triftiger Grund in diesem Sinne aus.

Als unzumutbar kann es auch angesehen werden, wenn ein für ein Sachverständigengutachten erforderlicher Eingriff in den Beweisgegenstand dazu führt, dass der ursprüngliche Zustand nicht wieder hergestellt werden kann oder der Beweisführer keine Sicherheit für die damit verbundenen finanziellen Risiken leistet. Dies gilt insbesondere im Bauprozess, wo häufig zerstörende Eingriffe in das Bauwerk oder die Freilegung von Bauteilen erforderlich sind (OLG Braunschweig NZBau 2004, 550: Freilegung des Regenwassertanks).

▶ Beispiele: 1648

Beseitigung von Beweismitteln (BGH VersR 1968, 58: Beseitigung von Reifen bei Verkehrsunfall; BGH VersR 1958, 785 f.: Wegwerfen eines bei einer Voroperation in der Operationswunde zurückgelassenen Tupfers nach der Folgeoperation durch den Arzt);

Nichtzugänglichmachen von Beweismitteln für Gericht oder Sachverständige durch Ausübung Hausrecht (BGH NJW 1994, 2773);

Unzulässige Beeinflussung von Zeugen (OLG Dresden OLG-NL 2001, 97);

Nichtvorlage von Handakten durch Rechtsanwalt im Prozess seines Mandanten gegen ihn (OLG Köln MDR 1968, 674);

Nichtvorlage von Röntgenaufnahmen durch beklagten Arzt (BGH NJW 1963, 389);

Nichtangabe der Adressen von Unfallzeugen (BGH NJW 1960, 821);

Verweigerung der Entbindung des Arztes als Zeuge von der Schweigepflicht (BGH NJW-RR 1996, 1534; OLG München NJW-RR 1987, 1021);

Nichterhebung oder -sicherung medizinisch zweifelsfrei gebotene Befunde (BGHZ 99, 391);

Vernichtung der Originale nach Mikroverfilmung durch einen Versicherer (BGH NJW-RR 2000, 1471: Beweislastumkehr für die Fälschung der Unterschrift auch ohne Pflichtverstoß gem. § 242 BGB);

Verweigerung der Mitwirkung bei einem vertraglich vereinbarten gemeinsamen Aufmaß (OLG Celle NJW-RR 2002, 1675);

Unterschriftsgestaltung bewusst in einer großen Vielfalt und Variationsbreite, um der Unterschrift ihren Beweiswert zu nehmen (BGH NJW 2004, 222).

1649 Fließend sind die Grenzen zwischen der Beweisvereitelung und dem auch im Zivilprozess geltenden Grundsatz von **Treu und Glauben**.

1650 ▶ Beispiel:

Erweckt ein Telefonkunde zunächst den Eindruck, er wolle die Höhe der Rechnung nicht bestreiten und tut dies nach Löschung der Verbindungsdaten dann dennoch, verhält er sich treuwidrig (venire contra factum proprium). Ob hier das Bestreiten über § 242 BGB als unzulässig angesehen oder eine Beweiserleichterung aus den Grundsätzen der Beweisvereitelung angenommen wird, ist Frage des Einzelfalles.

(Fall OLG Celle NJW-RR 1997, 568; zur Abgrenzung der Beweisvereitelung von § 242 BGB BGH NJW-RR 2000, 1471)

1651 Damit führt nicht jede **Beweisschwierigkeit** zur Beweisvereitelung.

1652 ▶ Beispiel:

Keine Beweisvereitelung liegt vor, wenn der Beweisführer es unterlassen hat, den Beweis rechtzeitig sichern zu lassen (BSG NJW 1994, 1303).

Keine Beweisvereitelung, sondern Beweisfälligkeit liegt vor, wenn die beweisführende Partei selbst die Beweiserhebung verhindert (OLG Düsseldorf NJW-RR 1993, 1433).

1653 Die **Folgen** der Beweisvereitelung sind für einzelne Fälle gesetzlich geregelt.

1654 ▶ Beispiel:

Wird eine im Besitz des Gegners befindliche Urkunde nicht vorgelegt, kann eine Abschrift als richtig angesehen werden (§ 427 ZPO).

Werden Vergleichsunterschriften durch den Gegner nicht beschafft, kann die Urkunde als echt angesehen werden (§ 441 Abs. 3 ZPO).

Wird eine Urkunde vom Gegner beseitigt oder zur Benutzung untauglich gemacht, so können die Behauptungen des Beweisführers über Beschaffenheit und Inhalt der Urkunden als bewiesen angesehen werden (§ 444 ZPO).

Weigert sich eine Partei, sich vernehmen zu lassen oder erscheint hierzu nicht, kann die Tatsache als bewiesen angesehen werden (§§ 446, 453 Abs. 2, 454 Abs. 1 ZPO).

Vereitelt eine Partei die ihr zumutbare Einnahme des Augenscheins, können die Behauptungen des Gegners als bewiesen angesehen werden (§ 371 Abs. 3 ZPO).

1655 Hieraus und aus dem auch im Prozessrecht geltenden Grundsatz von Treu und Glauben (§ 242 BGB) hat sich über die gesetzlich geregelten Fälle hinaus ein allgemeines Institut der Beweisvereitelung herausgebildet.

BGH NJW-RR 2000, 1471; BGH NJW 1986, 59; BGH NJW 1987, 1482; OLG Stuttgart, NZV 1993, 73; *Gerhardt* AcP 169, 289; *Lepa* NZV 1992, 129 (135 f.); *Michalski* NJW 1991, 2069; *Musielak/Stadler*, Grundfragen des Beweisrechts, 1984, § 12.

Die Beweisvereitelung ermöglicht je nach dem Grad des Verschuldens verschiedene **Rechtsfolgen**: 1656

(1) Hat die den Beweis vereitelnde Partei **vorsätzlich** gehandelt, so kann die zu beweisende Tatsache auch ohne den Beweis als wahr behandelt werden. Hierbei handelt es sich um eine echte Umkehr der Beweislast, weil damit der Gegner die Nachteile aus der Unerweislichkeit der Tatsache trägt. 1657

(2) Erfolgte die Beweisvereitelung nur **fahrlässig**, so können – je nach dem Grad der Fahrlässigkeit und den Umständen des Einzelfalles – zugunsten des Beweisführers Beweiserleichterungen von der Möglichkeit der eigenen Parteivernehmung über die Zulassung bloßer Glaubhaftmachung bis hin zur vollständigen Beweislastumkehr eintreten (BGH NJW 2006, 434; BGH NJW 1986, 2365; OLG München NJW-RR 1987, 1021; OLG Frankfurt a. M. NJW 1980, 2758). 1658

V. Gegenbeweis, Beweis des Gegenteils und unwiderlegliche Vermutung

Bedarf eine Tatsache des Beweises, weil sie streitig ist, so ist sie bewiesen, wenn das Gericht nach dem Ergebnis der Beweisaufnahme von der Wahrheit der Tatsache zweifelsfrei überzeugt ist. Zu dieser Überzeugung gelangt das Gericht durch eine freie Würdigung aller erhobenen Beweise. Die Beweisaufnahme ist nicht beschränkt auf die von der formell beweisbelasteten Partei angebotenen Beweise. Dem Gegner steht es frei, Beweis dafür anzubieten, dass die Tatsache nicht vorliegt. Ein solcher **Gegenbeweis** ist grundsätzlich immer möglich. 1659

> Ein solcher Gegenbeweis muss nicht zur Überzeugung des Gerichts vom Nichtvorliegen der zu beweisenden Tatsache führen. Der Gegenbeweis wird zusammen mit dem Hauptbeweis im Rahmen der einheitlichen Beweiswürdigung berücksichtigt. Erfolg hat er bereits, wenn es gelingt, durch ihn Zweifel beim Gericht am Vorliegen der Tatsache zu wecken, die Überzeugung des Gerichts »zu erschüttern«. Dann kann das Vorliegen der Tatsache nicht festgestellt werden, sodass als Folge des non liquet eine Entscheidung zum Nachteil der (formell und materiell) beweisbelasteten Partei ergeht.
>
> Für den Gegenbeweis kann bereits ein einziges Beweismittel ausreichen, auch wenn der anderen Partei zahlenmäßig mehr Beweismittel zur Verfügung stehen (BGHZ 53, 245, 260). In der Praxis führt die Vernehmung eines einzigen Gegenzeugen meist schon zu Zweifeln des Gerichts und damit zu einem non liquet (*Einmahl* NJW 2001, 473), weil die Gerichte es in vielen Fällen vorziehen, nach der Beweislast zu entscheiden, anstatt diffizile Beweiswürdigungen vorzunehmen.

Nicht frei widerlegbar sind gesetzliche Vermutungen. Ist kraft Gesetzes vom Vorliegen einer Tatsache auszugehen, so genügt es nicht, dass die Partei, zu deren Nachteil diese Vermutung wirkt, Zweifel an der Tatsache weckt. Erforderlich ist hier vielmehr der vollumfängliche Beweis, dass die (vermutete) Tatsache nicht vorliegt. Gelingt ihr dieser **Beweis des Gegenteils** nicht zur zweifelsfreien Überzeugung des Gerichts, verbleibt es bei der gesetzlichen Vermutung (BGHZ 16, 217; Baumbach/*Hartmann*, § 292 Rn. 7; Thomas/Putzo/*Reichold*, § 292 Rn. 4). 1660

> Zu den Fällen der gesetzlichen Vermutungen unten Rdn. 1579.
>
> Erforderlich für das Eingreifen einer solchen gesetzlichen Vermutung ist regelmäßig, dass eine Partei deren Voraussetzungen dargetan, d. h. vorgetragen und – soweit diese Vermutungsvoraussetzungen streitig geworden sind – bewiesen hat.

▶ Beispiel: 1661

> Macht der Kläger einen Herausgabeanspruch aus § 985 BGB geltend, so wird das – grundsätzlich von ihm zu beweisende – Eigentum zu seinen Gunsten aus § 1006 BGB erst dann vermutet, wenn er vorgetragen und erforderlichenfalls auch bewiesen hat, dass er im Besitz der Sache war.
>
> Greift die Vermutung dann, kann der Beklagte sie widerlegen, indem er beweist, dass der Kläger trotz des Besitzes nicht Eigentümer war.

Nicht einmal der Beweis des Gegenteils genügt, wenn die gesetzliche Vermutung **unwiderleglich** ist. In diesen (seltenen) Fällen handelt es sich nicht um Beweiserleichterungen, d. h. um eine 1662

Modifizierung des Verfahrens zur Feststellung von Normvoraussetzungen, sondern um eine Änderung der Normvoraussetzungen (BGH NJW 1965, 584; Zöller/*Greger* § 292 Rn. 2).

1663 ▶ **Beispiel:**

Unwiderleglich ist die Vermutung des § 267 ZPO, nach der die Einwilligung des Beklagten in eine Änderung der Klage zu vermuten ist, wenn er dieser nicht widersprochen hat. Damit soll praktisch nicht der Beweis der Einwilligung erleichtert, sondern das Erfordernis der Zustimmung aufgegeben werden.

Andere unwiderlegliche Vermutungen ergeben sich aus §§ 39, 547, 755 ZPO, 892, 893, 1138, 1155, 1566 BGB.

VI. Beweislast

1664 Die Beweislast regelt, wer die Nachteile daraus zu tragen hat, dass eine Tatsache, die des Beweises bedarf, weil sie streitig und erheblich ist, nicht bewiesen werden kann, nicht bewiesen werden konnte.

Dabei betrifft die formelle Beweislast (auch »Beweisführungslast« genannt) die Fälle, in denen die Tatsache nicht bewiesen werden konnte, weil es an einem Beweisantritt der beweisbelasteten Partei fehlt.

Die materielle Beweislast betrifft die Fälle, in denen die Tatsache in einer durchgeführten Beweisaufnahme nicht bewiesen werden konnte, weil ihre Wahrheit nicht mit der erforderlichen Gewissheit feststeht (»non liquet«).

An sich kommt es auf die Beweislast damit erst an, wenn feststeht, dass eine Sachklärung nicht möglich war.

1665 ▶ **Beispiel:**

Hat das Gericht unter Verkennung der formellen Beweislast eine Beweisaufnahme durchgeführt, und hat diese zu einem überzeugenden Ergebnis geführt, so wird die Entscheidung hierauf – und nicht auf die Beweislast – gestützt.

Dennoch ist es praktisch häufig geboten, über die Beweislast schon in früheren Stadien des Prozesses nachzudenken. Die Beweislast bestimmt:
- welche Partei streitige Tatsachen unter Beweis zu stellen hat,
- wer einen etwaigen Auslagenvorschuss zahlen muss
- insgesamt die Erfolgsaussichten im Prozess.

Zur Vermeidung fehlerhafter und unnötiger Beweisbeschlüsse kann es sich in komplizierteren Fällen empfehlen, Ausführungen zur Beweislastverteilung zu machen, vor allem wenn die Gegenpartei die Beweislast trägt. Hierzu finden sich Ausführungen in Standardkommentaren zum materiellen Recht (Palandt), zudem kann es hilfreich sein, Speziallitertur (z. B. *Baumgärtel/Laumen/Prütting*, Handbuch der Beweislast) beizuziehen.

1. Grundregel

1666 Für die Beweislast gilt als Grundregel, dass jede Partei die tatsächlichen Voraussetzungen einer ihr **günstigen** Rechtsnorm behaupten und beweisen muss (Prütting/Gehrlein/*Laumen* § 286 Rn. 51).

Dies folgt aus dem materiellen Recht, wo der Gesetzgeber entscheidungsrelevante Tatsachen entweder anspruchsbegründenden oder anspruchshemmenden bzw. -vernichtenden Normen als Voraussetzung zuwiesen hat (»Normentheorie«).

1667 ▶ **Beispiel:**

Ein Herausgabeanspruch soll materiellrechtlich nur bestehen, wenn der Kläger Eigentümer und der Beklagte Besitzer ist, aber kein Recht zum Besitz hat. Hätte der Gesetzgeber dies so in die Anspruchsnorm § 985 BGB aufgenommen, läge die Beweislast für alle drei Voraussetzungen beim Kläger. Durch die Abspaltung des Besitzrechts in eine separate Norm (§ 986 BGB) stellt dessen Fehlen ein vom Beklagten zu beweisendes Gegenrecht dar.

A. Beweisgrundsätze

Die Verteilung der Beweislast regelt das materielle Recht nicht nur über die Aufteilung auf verschiedene Normen. Möglich ist auch, dass durch sprachliche Wendungen wie »es sei denn« oder »wenn nicht« klargestellt wird, welche Voraussetzungen für den Eintritt der Rechtsfolge erforderlich sein sollen und unter welchen Voraussetzungen diese Rechtsfolge nicht eintreten soll (»**Satzbaulehre**«).

1668

Schließlich regelt das materielle Recht die Beweislast verschiedentlich aus **ausdrücklich** (z. B. §§ 179 Abs. 1; 355 Abs. 2 Satz 4; 363 BGB) oder durch Vermutungen (z. B. §§ 280 Abs. 1 Satz 2; 476 BGB; 1006 BGB).

1669

> Eine für die Praxis wichtige gesetzliche Vermutung findet sich für den Verbrauchsgüterkauf in § 476 BGB. Danach wird vermutet, dass die Sache bereits bei Gefahrübergang mangelhaft war, wenn sich der Sachmangel innerhalb von sechs Monaten seit Gefahrübergang zeigt. Es muss daher der Verkäufer (im Regelfall) nachweisen, dass dieser Sachmangel nicht bereits schon bei Gefahrübergang vorhanden war (§ 292 ZPO: »Beweis des Gegenteils«). Der Käufer, der Ansprüche aus einem Sachmangel geltend macht (§§ 434, 437 BGB), braucht daher entgegen der Grundregel nur das Auftreten des Mangels während der genannten Frist darlegen und beweisen.

Vortragen und ggf. beweisen müssen damit
– der **Kläger** die abstrakten Tatbestandsmerkmale einer anspruchsbegründenden oder anspruchserhaltenden Norm,
– der **Beklagte** die Tatbestandsmerkmale von Normen, die den Eintritt der dem Kläger günstigen Rechtswirkung hindern bzw. diese Wirkung vernichten oder hemmen.

1670

Die Verteilung der Beweislast entspricht grundsätzlich der der **Darlegungslast** (oben Rdn. 847 mit zahlreichen weiteren Beispielen). Ausnahmsweise können Darlegungs- und Beweislast auseinanderfallen. Dies gilt insbesondere für die negativ formulierten Normvoraussetzungen.

1671

▶ Beispiel:

1672

> Wird der vollmachtslose Vertreter in Anspruch genommen, so muss der Kläger vortragen, dass dieser keine Vertretungsmacht hatte, während die Beweislast für das Vorliegen einer Vollmacht hingegen dem Vertreter obliegt (§ 179 BGB).
>
> Macht der Kläger einen Bereicherungsanspruch geltend, so muss der Beklagte den möglichen Rechtsgrund darlegen, die Beweislast für das Nichtvorliegen des Grunds bleibt beim Kläger.

2. Umkehr der Beweislast

Mit dem Grundsatz, dass Rechtsfolgen zugunsten einer Partei (sei es der Anspruch für den Kläger, sei es ein Gegenrecht für den Beklagten) nur dann eintreten, wenn die Partei die tatsächlichen Voraussetzungen dieser Norm zweifelsfrei bewiesen hat, werden alle Beteiligten vor vorschnellen, ungerechtfertigten Entscheidungen geschützt. Die Beweislastverteilung dient damit der Findung »gerechter«, den Wertungen des materiellen Rechts entsprechenden Entscheidungen für den Fall einer Unaufklärbarkeit des Sachverhalts.

1673

Eine Umkehr der Beweislast kann daher **nur ganz ausnahmsweise** dort in Betracht kommen, wo die Normalverteilung zu evident »ungerechten«, sozial unerträglichen Ergebnissen führen würde. Bloße Billigkeits- oder Bequemlichkeitserwägungen, wem ein Beweis eher möglich oder zumutbar ist, reichen hierbei nicht aus (BGH NJW 1997, 892; *Reinhardt* NJW 1994, 93, 97; *Huster* NJW 1995, 112).

1674

Mit der Umkehr der Beweislast wird im Ergebnis das Vorliegen einer Tatsache für die Entscheidung unterstellt. Während im Regelfall bei Unerweislichkeit einer Tatsache von deren Nichtvorliegen ausgegangen wird, wird die Tatsache nach einer Umkehr der Beweislast im Wege einer **Positivfiktion** als gegeben angesehen wird, solange der Gegner nicht deren Nichtvorliegen beweist.

1675

Weil damit nicht nur eine Wertungsentscheidung des materiellen Gesetzgebers missachtet, sondern auch ein grundsätzliches Gerechtigkeitsprinzip aufgegeben wird, ist die Rechtsprechung mit einer

1676

solchen Beweiserleichterung überaus zurückhaltend (*Belling/Riesenhuber* ZZP 108 (1995), 453; *Gottwald* Jura 1980, 225; *Oberheim* JuS 1997, 358; *Reinhardt* NJW 1994, 93; Thomas/Putzo/*Reichold* Vorbem. § 284 Rn. 26 ff., Palandt/*Grüneberg* § 282 Rn. 6 ff., Palandt/*Sprau* § 823 Rn. 169).

1677 ▶ **Praxistipp:**

Wenig Sinn macht es, im Prozess die Umkehr der Beweislast lediglich zu fordern oder mit Billigkeitserwägungen zu begründen. Erforderlich ist die Darlegung, dass der gegebene Sachverhalt einer Fallgruppe zugehört, für die die Rechtsprechung eine Beweislastumkehr bereits zugelassen hat.

In diesen Fällen ist ein Hinweis geboten, um zu verhindern, dass das Gericht routinemäßig von der normalen Beweislastverteilung ausgeht.

1678 Den wichtigsten Fall einer **gesetzlichen Beweislastumkehr** enthält § 280 Abs. 1 Satz 2 BGB.

Für das zu den Voraussetzungen eines vertraglichen Schadensersatzanspruchs gehörende Verschulden ist die Beweislast zugunsten des Gläubigers umgekehrt, sodass der Schuldner sich entlasten muss und das Risiko einer Unerweislichkeit des Vertretenmüssens trägt. Grund hierfür ist, dass der Gläubiger die Vorgänge, die zur Pflichtverletzung geführt haben, gar nicht kennen kann, wohl aber der Schuldner, in dessen Sphäre sie sich ereignet und ausgewirkt haben und der mit der Schuld vertraglich auch das Leistungsrisiko übernommen hat (BGH NJW 1965, 1583 (1584); *Soergel/Wiedemann*, § 282 Rn. 3 m.w.N.; *Wahrendorf*, Die Prinzipien der Beweislast, 1976, S. 100).

1679 Rechtsprechung und Lehre leiten aus § 280 Abs. 1 Satz 2 BGB und aus ähnlichen Normen (z.B. §§ 548, 694 BGB) einen **allgemeinen Rechtsgedanken** her. Wo indes eine Abweichung von den allgemeinen Beweislastgrundsätzen geboten ist, ist bis heute nicht zweifelsfrei geklärt. Die vorhandenen Einzelfallentscheidungen werden in kaum verallgemeinerbarer Form mit »besonderen Interessenlagen«, »Zumutbarkeiten bei der Beweisführung«, »schutzwürdigen Interessen« oder allgemein mit »Billigkeitserwägungen« begründet und sind damit nur schwer fassbar; zudem sind die Grenzen zu anderen Beweiserleichterungen fließend. Traditionell wird die Beweislastumkehr in Fallgruppen gefasst (Ständige Rechtsprechung seit BGHZ 8, 241; BGHZ 48, 312; BGH VersR 1970, 179; Thomas/Putzo/*Reichold* § 284 Vorbem. Rn. 25; *Stoll* AcP 176 (1976), 145 (146); Nachweise bei *Reinhardt* NJW 1994, 93).

1680 **(1) Produkthaftung.** Ist ein Industrieerzeugnis fehlerhaft hergestellt und kommt es bei dessen bestimmungsgemäßer Nutzung zu einem Schaden, so muss der Hersteller beweisen, dass ihn an dem Fehler kein Verschulden trifft.

Dieses ursprünglich von der Rechtsprechung (BGH NJW 1996, 2507; BGHZ 80, 186, 196 ff.); OLG Koblenz NJW-RR 1999, 1624; *Kullmann* NJW 1999, 96) für den Bereich der deliktischen Haftung herausgearbeitete Ergebnis hat inzwischen durch die Einführung einer Gefährdungshaftung Eingang ins Produkthaftungsgesetz (§ 1 ProdHaftG) gefunden und sich damit praktisch weitgehend erledigt (OLG Koblenz NJW-RR 1999, 1624; *Schroer* JA ÜbBlRef 1992, 102).

1681 **(2) Umwelthaftung.** Kommt es durch eine Schadstoff emittierende Anlage zu einem Schaden, so trägt deren Betreiber die Beweislast dafür, dass die Emissionen sich im Rahmen der ortsüblichen Grundstücksbenutzung halten und dass er die wirtschaftlich zumutbaren Vorkehrungen zur Eindämmung der Umweltbelastung getroffen hat (BGHZ 92, 143 (150 f.); BGHZ 90, 255; *Hager* NJW 1991, 134, 137).

Auch hier hat der Gesetzgeber die Erwägungen der Rechtsprechung inzwischen übernommen (vgl. § 6 Umwelthaftungsgesetz).

1682 **(3) Arzthaftung.** Die heute wichtigsten Fälle der Beweislastumkehr liegen im Bereich der Arzthaftung (*Giesen* JR 1991, 485; *Jorzig* MDR 2001, 481; *Müller* NJW 1997, 3049; *Scholz* ZfS 1997, 1, 41; *Seidl* AnwBl. 2000, 107).

Weil der Arzt keinen Erfolg versprechen kann, er nur sachgerechte Behandlung schuldet, trägt nicht er, sondern der Patient das Erfolgsrisiko der Behandlung. Dieser Grundsatz darf mit der Beweislastverteilung nicht umgekehrt werden, sodass der Patient trotz unverkennbarer praktischer Beweisschwierigkeiten (Narkose, Nichtnachvollziehbarkeit ärztlicher Maßnahmen) grundsätzlich ein Fehlverhalten des Arztes (»Kunstfehler«) nachweisen muss (BGH NJW 1988, 2949).

Eine Umkehr der Beweislast ist deswegen nicht generell, sondern nur in Teilbereichen möglich: 1683

(a) Wenn dem Arzt ein **grober Behandlungsfehler** nachgewiesen ist, muss er dessen fehlende Kausalität nachweisen, d. h. dartun, dass der Schaden auch ohne den Fehler eingetreten wäre. Grob ist ein Behandlungsfehler nach der Rechtsprechung des BGH, wenn es sich um ein Fehlverhalten handelt, »das zwar nicht notwendig aus subjektiven, in der Person des Arztes liegenden Gründen, aber aus objektiver ärztlicher Sicht bei Anlegung des für einen Arzt geltenden Ausbildungs- und Wissensmaßstabes nicht mehr verständlich und verantwortbar erscheint, weil ein solcher Fehler dem behandelnden Arzt aus dieser Sicht schlechterdings nicht unterlaufen darf« (BGH NJW 1994, 801 BGH NJW 1995, 408 m. Anm. *Baumgärtel* JZ 1995, 408; BGH NJW-RR 2007, 744 m. Anm. *Hager* JA 2007, 459). 1684

▶ Beispiel: 1685

Stirbt eine Patientin an Nierenversagen, nachdem der Arzt einen »hochpathologischen Harnbefund« nicht beachtet hat, und lässt sich nicht mehr feststellen, ob die Frau bei sofortigem Eingreifen überhaupt noch hätte gerettet werden können, so wird der Schadensersatzklage der Angehörigen stattgegeben (BGH NJW 1978, 2337 (2339); BGHZ 72, 132, 136).

Stehen der grobe Behandlungsfehler und der Schaden (beides muss der Patient im Zweifel nach den allgemeinen Grundsätzen zunächst voll beweisen) fest, so rechtfertigt die privilegierte Situation des Arztes (er verfügt über ein überlegenes Fachwissen, kennt den Behandlungsvorgang und hat diesen beherrscht, während der Patient keine Einsicht in die vorgenommenen Maßnahmen, ihre Angemessenheit und ihre Auswirkungen hat) eine Umkehr der Beweislast zumindest für die haftungsbegründende Kausalität, d. h. den Ursachenzusammenhang zwischen dem Behandlungsfehler und dem Schaden.

(b) Wenn der Schaden auf dem Einsatz eines fehlerhaft funktionierenden **technischen Geräts** beruht, muss der Arzt (bzw. der Krankenhausträger) beweisen, dass ihn (und seine Erfüllungsgehilfen) hieran kein Verschulden trifft (BGH NJW 1978, 584; BGH NJW 1975, 2245). 1686

▶ Beispiel: 1687

Der Kläger wurde während einer Operation durch ein Gerät narkotisiert, mit dem ihm über einen Gummitubus mit Ballon ein Sauerstoff-Lachgasgemisch unmittelbar in die Luftröhre eingeführt wurde. Während der Operation kam es zu einer Unterversorgung mit Sauerstoff, die erst bemerkt wurde, nachdem es bereits zu einem Hirnschaden des Klägers gekommen war. Im Schadensersatzprozess gegen den Krankenhausträger kommt ein Sachverständiger zu dem Ergebnis, unfallursächlich sei entweder zu starker Druck, was an der Aufblähung des Ballons hätte erkannt werden können, oder eine Altersbrüchigkeit des Tubus, was möglicherweise nicht zu erkennen war. Damit steht zwar ein Behandlungsfehler und dessen Ursächlichkeit für den Schaden fest, nicht aber ein Verschulden der Beklagten.

Die Rechtsprechung geht hier vom Vorliegen eines Verschuldens aus, solange nicht sicher bewiesen ist, dass die Ursache nur in einem nicht vorhersehbaren Versagen des Geräts liegen kann. Anders als bei der »normalen« ärztlichen Behandlung, bei der ein Erfolg selbst bei Anwendung höchstmöglicher Sorgfalt nie sicher vorausgesagt werden kann, weil auch der Arzt selbst den Heilungsverlauf nicht beherrscht und viele Risiken nicht zuverlässig ausschließen kann, ist der Einsatz technischer Geräte auch in der Heilbehandlung durchaus beherrschbar. Regelmäßige Wartung und Kontrolle kann ein ordnungsgemäßes Funktionieren sicherstellen, altersbedingtem Verschleiß unterliegende Teile müssen rechtzeitig ausgetauscht werden. Dass alle diese möglichen Vorsorgemaßnahmen eingehalten wurden, kann der Patient nicht nachvollziehen, insoweit obliegt es dem Arzt bzw. dem Krankenhausträger, zu beweisen, dass ihn oder die mit der Wartung betrauten Erfüllungsgehilfen kein Verschulden trifft. Der Arzt kann keine verschuldensunabhängige Garantie für das fehlerfreie Funktionieren des Geräts übernehmen: Für nicht erkennbare Konstruktionsmängel z. B. haftet allein der Hersteller. (*Baumgärtel/Wittmann* JA 1979, 114 (118) m. w. N.).

1688 (c) Wenn ein **Organisationsmangel** vorliegt, so obliegt es dem Arzt (bzw. dem Krankenhausträger) nachzuweisen, dass dieser für den Schaden nicht ursächlich war BGH NJW 1994, 1594; BGH NJW 1978, 1681; OLG Düsseldorf NJW 1995, 1620).

1689 ▶ Beispiel:

Der zuständige Oberarzt überlässt eine schwierige Operation einem in der Ausbildung befindlichen Assistenzarzt, der mit derartigen Eingriffen bisher nur geringe Erfahrungen hat, ohne ihn dabei zu beaufsichtigen. Der Assistent verletzt einen Nerv, sodass der Kläger dauerhafte Lähmungen erleidet. Der in Anspruch genommene Krankenhausträger trägt vor, auch ein erfahrener Oberarzt habe die Verletzung nicht verhindern können; beweisen lässt sich das nicht.

Der Einsatz unerfahrenen Personals ist – wie der Einsatz technischen Geräts – ein erkennbares und beherrschbares Risiko: Dass solche Personen möglicherweise nicht über die Kenntnisse und Fertigkeiten eines vollausgebildeten Mitarbeiters verfügen, liegt auf der Hand und muss bei der Arbeitsorganisation berücksichtigt werden. Auf die Organisation und die Auswahl des eingesetzten Personals hat der Patient keinen Einfluss. Der Rechtsgedanke des § 831 BGB lässt es daher auch hier zu, die Beweislast zum Nachteil des Arztes bzw. Krankenhausträgers umzukehren und bis zum Beweis des Gegenteils von der Schadensursächlichkeit auszugehen.

1690 (d) Wenn der Arzt wesentliche Fakten unrichtig oder unvollständig **dokumentiert** hat, muss er beweisen, dass diese Tatsachen (z. B. Befunde oder Therapiemaßnahmen) dennoch vorlagen BGH NJW 1996, 779; OLG Karlsruhe r+s 1997, 61; *Strohmaier* VersR 1998, 416).

1691 ▶ Beispiel:

Bei der Klägerin ist es nach einem Routineeingriff zu schweren Lähmungserscheinungen gekommen. Im Schadensersatzprozess behauptet der Arzt, die Schäden seien psychogen und nicht auf einen Behandlungsfehler zurückzuführen. Der vom Gericht beauftragte Sachverständige kann dies nicht aufklären, da sich herausstellt, dass die Krankenunterlagen der Klägerin lediglich aus einer Fieberkurve und einem Verzeichnis der verabreichten Medikamente bestehen; ein Operationsbericht ist genauso wenig vorhanden wie Aufzeichnungen über die Nachbehandlung (BGH NJW 1983, 332).

Die Geschädigte kann den ihr obliegenden Beweis eines Behandlungsfehlers nur anhand von schriftlichen Unterlagen führen, die über Behandlungsinhalt und -verlauf erstellt wurden. Die Verpflichtung zur Erstellung entsprechender Unterlagen ergibt sich für den Arzt nicht nur aus der ärztlichen Berufsordnung, sondern auch als Nebenpflicht aus dem Behandlungsvertrag (BGH NJW 1978, 2337; *Musielak/Stadler*, Grundfragen des Beweisrechts, 1984, Rn. 264). Verletzt der Arzt diese Pflicht, macht er dem Patienten die Beweisführung in der Regel unmöglich. Wann hierin (nur) ein im Rahmen der Beweiswürdigung frei zu berücksichtigender Fall der Beweisvereitelung und wann ein dem Arzt das Risiko der Nichtaufklärbarkeit des Behandlungsfehlers stets zuzurechnender Fall der Beweislastumkehr vorliegt, ist von Rechtsprechung und Lehre nicht hinreichend klar abgegrenzt (*Gottwald* Jura 1980, 303 (309); *Taupitz* ZZP 100 (1987), 287).

Der BGH spricht regelmäßig von »Beweiserleichterungen zugunsten des geschädigten Patienten, die bis hin zur Umkehr der Beweislast führen können« (BGH NJW 1996, 1589; BGH NJW 1983, 332; *Gerhardt* AcP 169, 289, 293 f. m. w. N.), in der Literatur wird die der Vielfalt möglicher Sachverhalte Rechnung tragende »Offenheit« der Fallgruppe mangelnder Dokumentation hervorgehoben (*Baumgärtel/Wittmann* JA 1979, 114, 119). In allen Fällen der Verletzung von Dokumentationspflichten eine Beweislastumkehr für den Behandlungsfehler selbst zu sehen, geht sicher zu weit (BGH NJW 1983, 332), insoweit bietet das Institut der Beweisvereitelung die flexibleren und angemesseneren Möglichkeiten, soweit die Pflichtverletzung schuldhaft erfolgte. Damit dem Arzt nicht doch eine Erfolgshaftung bei einem Behandlungsmisserfolg aufgebürdet wird, kommt eine Beweislastumkehr nur bei einem erheblichen Verdacht eines Behandlungsfehlers und einer wesentlichen Missachtung der Dokumentationspflicht in Betracht. Hierzu bedarf es des substantiierten Vortrags von Einzeltatsachen (z. B. Befunde, Therapiemaßnahmen oder Behandlungsfehler) durch den Patienten (BGH NJW 1994, 802; Baumbach/*Hartmann*, Anh § 286 Rn. 59; *Gottwald* Jura 1980, 303 (309); *Stürner* NJW 1979, 1225, 1228).

A. Beweisgrundsätze   5. Kapitel

(e) Die sich aus einer Verletzung der **Aufklärungspflicht** (KG VersR 1979, 260, 261; *Stodolkowitz*   1692
VersR 1994, 11) ergebende Haftung beruht nicht auf einer Beweislastumkehr, weil der Arzt schon
nach allgemeinen Grundsätzen beweisen muss, dass die Voraussetzungen einer rechtfertigenden
Einwilligung bestehen.

▶ Beispiel: 1693

Der Kläger leidet an einer Afterfistel. Diese kann auf herkömmliche Weise beseitigt werden, wobei die Gefahr einer dauerhaften Stuhlinkontinenz besteht; eine neuere Behandlungsmethode ist
aufwendiger, mit einem entsprechenden Risiko aber nicht verbunden. Nach dem auf herkömmliche Weise durchgeführten Eingriff leidet der Kläger an Stuhlinkontinenz und verlangt deshalb
vom Arzt Schadensersatz. Der Arzt behauptet, den Kläger über alle Alternativen und Risiken
vollständig aufgeklärt zu haben. Da sich dies nicht sicher feststellen lässt, trägt der Arzt hilfsweise
vor, der Kläger hätte auch bei ausreichender Aufklärung dem weniger aufwendigen herkömmlichen Eingriff zugestimmt.

Da auch der ärztliche Heileingriff nach h. M. eine tatbestandsmäßige Körperverletzung i. S. d. § 823 Abs. 1
BGB darstellt, muss dessen (zunächst indizierte) Rechtswidrigkeit durch die Einwilligung des Patienten
ausgeschlossen werden. Die Beweislast für das Vorliegen eines solchen Rechtfertigungsgrundes trägt der
Schädiger (BGH NJW 1981, 2002; BGH VersR 1978, 551; Palandt/*Sprau* § 823 Rn. 33, 50), der in diesem Zusammenhang auch dartun muss, dass die Einwilligung wirksam war. Letzteres ist nur dann der Fall,
wenn der Patient weiß, in was er einwilligt, und er darum vorher über alle mit dem Eingriff verbundenen
Risiken hinreichend aufgeklärt wurde. Lässt sich eine wirksame Aufklärung nicht beweisen, bleibt der Eingriff rechtswidrig. Das Gleiche gilt für die Behauptung des Arztes, der Patient hätte auch bei ausreichender
Aufklärung dem Eingriff zugestimmt (BGH NJW 1976, 363 u. 563).

(4) **Grobe Verletzung von Berufspflichten.** Nicht nur beim Arzt können Berufspflichten, die zum   1694
Schutz des Körpers oder der Gesundheit anderer bestehen, in grober Weise verletzt werden. Auch
bei anderen Berufsgruppen hat der Schädiger dann zu beweisen, dass sein Verhalten nicht kausal für
den eingetretenen Schaden war. Angenommen hat dies die Rechtsprechung etwa bei Bademeistern,
Krankenhauspersonal oder Hebammen (BGH NJW 1971, 241; OLG Köln r+s 1996, 353; OLG
Braunschweig VersR 1987, 76).

Eine grobe Verletzung von Berufspflichten nimmt die Rechtsprechung auch schon bei der Verletzung von
DIN-Normen an (OLG Hamm NJW-RR 1995, 17; OLG München NJW-RR 1992, 1523).

(5) **Verletzung vertraglicher Aufklärungs- und Beratungspflichten.** Werden Aufklärungs- oder Be-   1695
ratungspflichten aus einem Vertrag verletzt, so muss der Verletzte beweisen, dass der Schaden auch
bei pflichtgemäßem Verhalten eingetreten wäre (BGH NJW-RR 1997, 144; BGH NJW-RR 1989,
1102; OLG Bamberg AnwBl 1987, 331; zur Kritik hieran *Heinemann* NJW 1990, 2345, 2348
m. w. N.; *Stodolkowitz* VersR 1994, 11).

Aus vielen Vertragstypen ergibt sich die Pflicht, den Vertragspartner über bestimmte Umstände und Risiken
aufzuklären bzw. ihn über komplexe Sachverhalte und Zusammenhänge zu beraten. Für eine ganze Reihe
von Berufsgruppen ist eine solche Verpflichtung geradezu typisch. Dazu gehören nicht nur Ärzte, sondern
z. B auch Rechtsanwälte (BGH NJW 1987, 1322; *Heinemann* NJW 1990, 2345; *Fischer* NJW 1999, 2996;
Borgmann NJW 2000, 2953; *ders.* NJW 2002, 2145), Steuerberater, Wirtschaftsprüfer, Architekten oder
Banken (BGH NJW 1993, 2433; BGH NJW 1992, 1694; *Weyer* BauR 1987, 131). Wird aus der Verletzung einer solchen Pflicht geklagt, so trägt der Kläger nach allgemeinen Grundsätzen die Beweislast für die
Pflichtverletzung. Der durch die Statuierung der Aufklärungspflicht bezweckte Schutz des Vertragspartners
würde gefährdet, beließe man ihm auch die Beweislast für die Kausalität. Deswegen wird hier verbreitet eine
Beweislastumkehr angenommen: Dass die Schlechterfüllung der Beratungspflicht für den entstandenen
Schaden ursächlich war, braucht der Kläger nicht zu beweisen, hiervon wird vielmehr ausgegangen, wenn
nicht der Schädiger beweist, dass der Klient sich auch bei ordnungsgemäßer Beratung über jeden Rat und
Hinweis hinweggesetzt und genauso gehandelt hätte.

(6) **Sportunfälle.** Wird jemand bei Ausübung eines Sports von einem Mitspieler verletzt, so muss   1696
er nach allgemeinen Beweislastregeln für seinen deliktischen Anspruch die Verletzungshandlung,

365

seinen Schaden und den Ursachenzusammenhang zwischen beiden beweisen. Handelt es sich um eine kämpferische, d. h. »gegen-«, nicht »miteinander« ausgeübte Sportart (z. B. Fußball, Handball oder Squash, nicht jedoch Tanzen, Golf oder Leichtathletik), so muss er darüber hinaus auch die Rechtswidrigkeit beweisen, da hier, anders als bei normalen deliktischen Ansprüchen, der Tatbestandsmäßigkeit der Handlung keine Indizwirkung dafür zukommen kann: Beweisen muss der Geschädigte die Regelverletzung, nicht der Schädiger die Rechtmäßigkeit seines Spielverhaltens (BGH VersR 1976, 591; BGH VersR 1975, 155, 156; BGHZ 63, 140; *Baumgärtel/Laumen/Prütting* § 823 BGB Anh C I, Rn. 4 m. w. N.).

1697 ▶ **Beispiel:**

Bei einem Fußballspiel prallen Kläger und Beklagter zusammen, der Kläger erleidet einen Bänderriss und verlangt Schadensersatz mit der Begründung, der Beklagte habe ihn gefoult. Der Beklagte trägt vor, ein Foul liege nicht vor, er habe den Ball gespielt, der Kläger sei in ihn hinein gelaufen.

Bringt eine Beweisausnahme insoweit keine Klarheit, so muss die Klage abgewiesen werden, da der Geschädigte die Beweislast für die Regelverletzung trägt.

Steht der Regelverstoß fest, so kann auf das Verschulden im Wege eines Anscheinsbeweises nicht geschlossen werden, da es in aller Regel an der hierfür erforderlichen Typizität des Geschehens fehlt (BGH NJW 1982, 2555; OLG Hamm NJW-RR 1988, 1245). Daher wird in der Literatur eine Beweislastumkehr vertreten, sodass der Schädiger, dessen Regelverstoß feststeht, nachweisen muss, dass ihn hieran kein Verschulden trifft (MüKoBGB/*Mertens* § 823 Rn. 329 ff., 348; *Deutsch* VersR 1974, 1045, 1050, beide m. w. N.; *Fritzweiler* DAR 1997, 137; *Pardey* ZfS 1995, 281).

Die Rechtsprechung hält zutreffend an der sich aus allgemeinen Grundsätzen ergebenden Beweislast des Geschädigten fest, da eine Umkehr die von den Spielern gewollte Risikoentlastung der Mitspieler praktisch unwirksam machen würde (BGHZ 63, 140, 149; OLG Hamm MDR 1997, 553; *Scheffen* NJW 1990, 2658). Nicht jeder geringfügige Regelverstoß stellt ein schuldhaftes (fahrlässiges) Verhalten dar, abzustellen ist auf die Besonderheiten der Sportart, der Spielsituation, der beteiligten Spieler und des konkreten Fouls (BGH NJW 1976, 2161, 2162; OLG Hamm VersR 1985, 296; LG Marburg NJW-RR 1988, 1243, 1244; *Baumgärtel/Laumen/Prütting* § 823 Anh C I, Rn. 5, 8 ff. m. w. N. zu einzelnen Sportarten).

1698 **(7) Sonstige.** Zu einer Umkehr der Beweislast kann es auch in einigen Fällen der Beweisvereitelung (dazu oben Rdn. 1645–1658) und in weiteren, hier nicht dargestellten Fallgruppen kommen.

Solche weiteren Fallgruppen finden sich z. B. im Baurecht (*Baumgärtel* ZfBR 1989, 231), im Wohnungsmietrecht (*Lammel* ZMR 1990, 41) im Privatversicherungsrecht (*Bach* VersR 1989, 982; *Kääb* NZV 1990, 5; *Looschelders/Pohlmann* § 81 VVG Rn. 81 ff.; *Krahe/Prütting* in Halm/Engelbrecht/Krahe S. 286) oder im Bank- und Kapitalmarktrecht (*Assies/Lang* in Assies/Beule/Heise/Strube S. 1649 ff.; *Schwintowski* § 11 Rn. 18 f.).

VII. Beweisverhandlung

1699 Im Anschluss an die Durchführung der Beweisaufnahme haben die Parteien durch Stellen der Anträge erneut streitig zu verhandeln (**§§ 279 Abs. 3, 285 ZPO**). Damit erhalten die Parteien rechtliches Gehör zum Ergebnis der Beweisaufnahme.

Das Gericht kann eine schriftliche Stellungnahme zum Ergebnis der Beweisaufnahme gestatten, ein Anspruch darauf besteht indes nur, wenn eine sofortige Verhandlung unzumutbar ist (BGH NJW 1991, 1547; BGH MDR 1988, 953; *Schäfer*, NJW 2013, 654).

1700 ▶ **Beispiel:**

Hat der Sachverständige in seiner mündlichen Anhörung neue Ausführungen gemacht, muss die Partei Gelegenheit erhalten, sich vor der Stellungnahme hierzu sachkundig beraten zu lassen (BGH NJW 2009, 2604).

Zur Beweiswürdigung können die Parteien entweder Tatsachen oder eigene Wertungen vortragen. Möglich (und insbesondere nicht verspätet!) sind aber auch neue Beweisanträge, wenn diese sich aus dem nunmehr vorliegenden Beweisergebnis ergeben (BGH MDR 2013, 487). 1701

Neue, für die Beweiswürdigung relevante Tatsachen (»**Beweiseinreden**«) kommen praktisch nur selten vor (BGH NJW 2001, 830; *Schneider* MDR 2001, 781; zu Hilfstatsachen BGH NJW 1993, 1391). 1702

▶ Beispiel: 1703

> Hat der Beklagte etwa Kenntnis davon, dass ein vom Kläger benannter Zeuge von diesem bestochen worden ist, so ist dies für die Beweiswürdigung selbstverständlich von Interesse. Trägt er es vor und bestreitet der Kläger dies, so ist hierüber gegebenenfalls Beweis zu erheben.

Häufiger nutzen die Parteien in diesem Rahmen die Gelegenheit, die erhobenen Beweise aus ihrer Sicht zu würdigen. Auf diese Chance sollte insbesondere in Grenzfällen nicht verzichtet werden. Nur so kann sichergestellt werden, dass das Gericht die eigene Position auch sieht und zumindest in Erwägung zieht. Praktisch nicht selten ist auch, dass das Gericht sich die Mühe einer eigenen **Beweiswürdigung** erspart und die von einer Partei vorformulierte Würdigung mehr oder weniger übernimmt. Auch wenn dies nicht geschieht, muss das Gericht sich mit den vorgetragenen Argumenten zumindest auseinandersetzen. 1704

B. Beweiserhebung

Beweis kann nach dem Grundsatz des Strengbeweises nur mit einem der in der ZPO vorgesehenen Beweismittel geführt werden. Dabei kommen in Betracht 1705
– die **Vernehmung einer natürlichen Person**, die je nach ihrer prozessualen Beteiligung Partei (unten Rdn. 1885), Sachverständiger (unten Rdn. 1796) oder Zeuge (unten Rdn. 1706) ist,
– die Berücksichtigung **schriftlich verkörperter Gedankenerklärungen** (Urkunden; unten Rdn. 1832) oder
– die **eigene sinnliche Wahrnehmung** von Umständen durch das Gericht (Augenschein; unten Rdn. 1899).

I. Zeugen

Zeugen sind in der Gerichtspraxis die wichtigsten bzw. häufigsten, aber zugleich auch die problematischsten Beweismittel. Kein anderes Beweismittel ist so anfällig gegen Verfälschung wie der Zeugenbeweis (Prütting/Gehrlein/*Trautwein* § 373 Rn. 19), die Fehlerquellen hierbei sind zahlreich (z. B. Baumbach/*Hartmann* Übers. § 373 Rn. 6). Man ist aber vielfach auf die Zeugenaussage angewiesen, besonders im Verkehrsunfallprozess. 1706

> Dabei wird die Leistungsfähigkeit des Gedächtnisses allgemein überschätzt. Die Zeugen überschätzen sich selbst und die Richter wiederum überschätzen die Zeugen (*E. Schneider* MDR 1966, 561).
>
> Die (unbewusste) Fehlerhaftigkeit einer Aussage kann beruhen sowohl auf einer mangelhaften Wahrnehmung als auch auf einer mangelhaften Wiedergabe des Wahrgenommenen.

Für den Anwalt bieten sich bei geschicktem Vorgehen, vor allem bei der Vernehmung der Zeugen durchaus gewisse Einflussmöglichkeiten auf das Beweisergebnis. 1707

1. Tauglichkeit von Zeugen

Zeuge kann jede **natürliche Person** sein, die eigene Wahrnehmungen vergangener Tatsachen bekunden soll und nicht als Partei zu vernehmen ist (*Musielak/Stadler*, Grundfragen des Beweisrechts, 1984, Rn. 59 ff.; Thomas/Putzo/*Reichold* Vorbem § 373 Rn. 1). 1708

Jede (natürliche) Person ist grundsätzlich als Zeuge tauglich, ebenso Kinder ab etwa vier bis fünf Jahren (Prütting/Gehrlein/*Trautwein* § 373 Rn. 17; vor § 284 Rn. 10a; BGH NJW 2000, 3720). 1709

Ein Zeuge ist lediglich in Ausnahmefällen ein ungeeignetes Beweismittel, z. B. ein Kleinstkind, ein Blinder hinsichtlich optischer Wahrnehmungen, ein geisteskranker Zeuge oder auch ein Zeuge, der sich auf sein Zeugnisverweigerungsrecht berufen hat (§ 386 Abs. 3 ZPO). Die Frage der Neutralität des Zeugen ist hierbei völlig unerheblich, und kann nur bei der Beweiswürdigung berücksichtigt werden.

1710 Auch der prozessbevollmächtigte Anwalt kann Zeuge sein (Zöller/*Greger* § 373 Rn. 3, 5). Während seiner Vernehmung ist die Partei nicht säumig, da die Verhandlung erst nach Erledigung der Beweisaufnahme beginnt (§§ 367, 370 ZPO).

1711 Der Zeugentauglichkeit nicht entgegen stehen Ehe, Verwandtschaft oder Freundschaft mit einer Partei, die gesellschaftsrechtliche Beteiligung an einer Partei, mögliche eigene wirtschaftliche Interessen am Ausgang des Rechtsstreits oder eigene Regressansprüche bzw. Regresspflichten einer Partei gegenüber.

(Thomas/Putzo/*Reichold* § 284 Rn. 7; BGH NJW 1984, 2039: jedoch Indiz, dem nicht in jedem Fall von vornherein jede Bedeutung für die Beweiswürdigung abgesprochen werden kann; NJW 1988, 566 – Aufgabe der sog. Beifahrerrechtsprechung; ebenso bereits BGH MDR 1975, 39 – bzgl. Aussagen von Besatzungsmitgliedern unfallbeteiligter Schiffe; Thomas/Putzo/*Reichold* § 286 Rn. 2; Zöller/*Greger* § 286 Rn. 13; ebenso OLG Köln VersR 1972, 1176 (LS) bzgl. Verwandten als Zeugen; BVerfG NJW-RR 1995, 441 hins. eines am Ausgang des Rechtsstreits interessierten Zeugen).

Da nach weitverbreiteter Ansicht in der Bevölkerung Angehörige, insbesondere Ehefrauen nicht als gerichtstaugliche Zeugen angesehen werden, ist es geschickter, den Mandanten nicht nach etwaigen Zeugen zu fragen, sondern danach, wer alles beim relevanten Geschehen anwesend war.

Hierzu schreibt der Bundesgerichtshof: »Es gibt keinen Erfahrungssatz des Inhalts, dass die Aussagen der Insassen unfallbeteiligter Kraftfahrzeuge stets von einem »Solidarisierungseffekt« beeinflusst und deshalb grundsätzlich unbrauchbar sind. Ebenso wenig können Aussagen von Unfallzeugen, die mit einem Unfallbeteiligten verwandt oder verschwägert sind, als von vornherein parteiisch und unzuverlässig gelten. Zwar sind bei der Würdigung der Zeugenaussagen die verwandtschaftliche oder freundschaftliche Verbundenheit mit einem Beteiligten jeweils gebührend zu berücksichtigen. Es geht (...) nicht an, einer Zeugenaussage aus solchen Gründen ohne weitere Würdigung von vornherein jeglichen Beweiswert abzusprechen, wenn ihre Richtigkeit nicht durch sonstige Umstände bestätigt wird« (BGH NJW 1988, 566).

Trotzdem dürfte vermutlich mancher Richter bei den Instanzgerichten noch genauso denken, wie es einmal das AG München (NJW 1987, 1425) in einem Urteil pointiert formuliert hatte: »Das Gericht war in seiner bisherigen Praxis schon mit ca. 2000 Straßenverkehrsunfällen beschäftigt und hat es noch niemals erlebt, dass jemals einer der beteiligten Fahrer schuld gewesen wäre. Es war vielmehr immer so, dass jeweils natürlich der andere schuld gewesen ist. Das Gericht hat es auch noch nie erlebt, dass jemals ein Fahrer, der als Zeuge oder Partei vernommen wurde, eigenes Fehlverhalten eingeräumt oder zugestanden hätte. Wenn dies einmal tatsächlich passieren sollte, dann müsste man schlicht und einfach von einem Wunder sprechen (...). Aus dem vorstehend Gesagten vermag nun der unbefangene Leser des Urteils schon unschwer zu erkennen, was die Zeugenaussage eines Fahrers eines unfallbeteiligten Fahrzeuges vor Gericht wert ist: nämlich gar nichts.«

1712 **Ungeeignet** ist ein Zeuge, wenn er die in sein Wissen gestellten Tatsachen unzweifelhaft nicht kennen kann. Ob dies auf einen Zeugen zutrifft, der für länger zurückliegende Vorgänge benannt worden ist, weil auszuschließen ist, dass er die in sein Wissen gestellten Wahrnehmungen gemacht und zuverlässig in seinem Gedächtnis behalten hat, ist anhand allgemeiner Lebenserfahrung unter Berücksichtigung aller Umstände zu beurteilen.

Maßgeblich hierfür ist insbesondere, ob der Vorgang, zu dem der Zeuge aussagen soll, für ihn bedeutsam gewesen ist, sein Interesse geweckt hat und ob sich der Zeuge auf Erinnerungshilfen stützen kann. Insofern ist eine Vorwegnahme der Beweiswürdigung in Grenzen zulässig, wobei jedoch feststehen muss, dass eine verwertbare Aussage keinesfalls zu erwarten ist. Jedenfalls gibt es keinen allgemeinen Erfahrungssatz, dass ein Zeuge nach Ablauf von vielen Jahren den Wortlaut einer Äußerung nicht mehr zuverlässig wiedergeben kann (BGH NStZ-RR 2005, 78).

B. Beweiserhebung

2. Die Benennung der Zeugen

a) Normalfall

Die Zeugen sind im Beweisantrag ausreichend konkretisiert mit Namen und ladungsfähiger Anschrift anzugeben (§ 373 ZPO; BVerwG NJW 1999, 2608: nicht Postfach). Überwiegend akzeptieren die Gerichte hierbei wohl die gebräuchliche Formulierung »zu laden über den Kläger/Beklagten« (a. A. LG Hagen MDR 1984, 1034; Baumbach/*Hartmann* § 373 Rn. 4). | 1713

b) Zeuge »N.N.«

> N.N. ist die Abkürzung des lateinischen »Nomen Nominandum« (»der Name ist [noch] zu nennen«). Verwendet wird sie dort, wo ein an sich anzugebender Name nicht angegeben wird, sei es aus arbeitsökonomischen Gründen, sei es, weil er nicht näher bekannt ist. Sie bezeichnet in Beweisangeboten einen Zeugen, zu dem die Angaben des § 373 ZPO (noch) nicht gemacht werden können.
>
> Ob der etymologische Ursprung der Abkürzung alternativ in den lateinischen Begriffen »nihil (nullum) nomen« (»kein(e) Name(nsangabe)«) bzw. »nomen nescio« (»den Namen kenne ich nicht«) liegt, oder ob die juristische Verwendung der Abkürzung aus dem römischen Formularprozess stammt, in dem das Blankett für die beklagte Partei traditionell »Numerius Negidius« lautete (das für die klagende Partei »Aulus Agerius«), dürfte allenfalls für akademische Kamingespräche von Interesse sein.

Das regelmäßig anzutreffende Beweisangebot »Zeugnis N.N.« ist **grundsätzlich unbeachtlich** und kann bei der Terminsladung übergangen werden, auch wenn dieser Zeuge »viel gehört, gesehen und alles mitbekommen hat« und daher »alltäglich durch anwaltliche Schriftsätze geistert« (*Gottschalk* NJW 2004, 2939). | 1714

▶ Praxistipp: | 1715

> Können oder sollen die erforderlichen Angaben über einen Zeugen in einem Schriftsatz noch nicht gemacht werden, muss dem Gericht gegenüber klargestellt werden, dass deren Nachreichung möglich und beabsichtigt ist, wenn es auf den Zeugen ankommt.
>
> Dies entspricht – entgegen manchen anderslautenden Bekundungen in der Literatur – auch der Rechtsprechung des BGH. Danach ist eine Fristsetzung zur Beibringung des Namens nur dann erforderlich, wenn der mit »N.N.« bezeichnete Zeuge hinreichend individualisierbar ist (BGH NJW 1998, 2368: der mit N.N. bezeichnete Mitarbeiter der Klägerin des zuständigen Referats »IV a 4«, der die betreffenden Zahlen ermittelt hat). Sonst genügt dies für einen Beweisantritt grundsätzlich nicht (BGH NJW 1983, 1905, 1908; BGH NJW 1987, 3077: kein Hinweis bei anwaltlich vertretener Partei erforderlich; NJW-RR 1989, 1323; offen gelassen in NJW 1989, 227, 1998, 981: fraglich, ob überhaupt beachtlich oder von vornherein unbeachtlich; zum Ganzen *Reinecke* MDR 1990, 767; *Gottschalk* NJW 2004, 2939).
>
> Ob ein entsprechender richterlicher Hinweis erforderlich ist, ist streitig (verneinend Zöller/*Greger* § 356 Rn. 4, »da dieser Mangel auch für den Beweisführer klar auf der Hand liegt«, sowie BGH NJW 1987, 3077, 3080 bei anwaltlich vertretener Partei; a. A. Thomas/Putzo/*Reichold* § 139 Rn. 8; *E. Schneider* MDR 1987, 725; *ders.* MDR 1998, 1115: zwar »prozessuales Nichts«, aber Hinweispflicht).
>
> Die Nachreichung der erforderlichen Angaben in der Berufungsinstanz ist ein neuer Beweisantrag (Zöller/*Heßler* § 530 Rn. 12) und daher nur noch eingeschränkt möglich (insbesondere bei Bejahung der erstinstanzlichen Hinweispflicht gem. §§ 530, 531 Abs. 2 Nr. 2 ZPO).

Ausnahmsweise **beachtlich** ist der Zeuge N.N., wenn aus der Sicht des Gerichts eine realistische Chance besteht, eine damit gemeinte konkrete Person auszumachen. Dass dies der Fall ist, muss die Partei in Ergänzung ihres Beweisantritts klarstellen. | 1716

> Man kann z. B. angeben »Der Sachbearbeiter der Versicherung X, der für den Buchstaben Y zuständig ist« oder »Zeuge Hans Müller, ladungsfähige Anschrift wird nachgereicht« oder »der sachkundige Bankangestellte N.N.« (insbesondere zum Beweis des Zinsschadens; Zöller/*Greger* § 356 Rn. 4), derjenige Mitarbeiter des zuständigen Referats der Partei, der die betreffenden Zahlen ermittelt hat (BGH MDR 1998, 855).

Denn dann darf das Gericht nicht von dessen Vernehmung absehen, ohne dem Beweisführer zuvor eine Frist zur Beibringung der fehlenden Daten gem. § 356 ZPO gesetzt zu haben (BGH NJW 1998, 2368; Thomas/Putzo/*Reichold* § 356 Rn. 3; Ausschlussfrist!, Verlängerung gem. § 224 Abs. 2 ZPO möglich; wirksam nur bei förmlicher Zustellung – § 329 Abs. 2 Satz 2 ZPO, BGH NJW 1989, 227; § 296 ZPO nicht anwendbar – Thomas/Putzo/*Reichold* § 296 Rn. 26; BGH NJW 1993, 1926). Der Zeuge kann unabhängig davon (notfalls) auch zur mündlichen Verhandlung mitgebracht werden, welchen das Gericht dann trotz Fristablauf vernehmen muss. Es soll vorkommen, dass zunächst ein Zeuge mit erfundener Anschrift und/ oder Namen bzw. ungeeignete Zeugen angegeben werden. Damit gewinnt man Zeit, den richtigen Zeugen namentlich ausfindig zu machen (§ 360 ZPO). Die richtigen Zeugen werden erst dann in Auswechselung der bisherigen vor dem Beweistermin benannt.

1717 Eine solche Konkretisierung muss nicht notwendig durch den Beweisführer erfolgen. Denkbar ist sie auch durch den **Gegner**. Ist anzunehmen, dass der Gegner die Personalien des Zeugen kennt (z. B. dessen Arbeitnehmer oder Familienangehöriger), sollte er zugleich aufgefordert werden, diese zu nennen.

Falls die nicht beweisbelastete Partei einen nur ihr bekannten Zeugen grundlos nicht nennt, kann dies im Rahmen der Beweiswürdigung zu ihren Lasten als Beweisvereitelung berücksichtigt und der verhinderte Beweis als geführt angesehen werden (BGH NJW 1960, 821; Thomas/Putzo/*Reichold* § 286 Rn. 19).

Allerdings ist es nicht ohne Risiko, Zeugen zu nennen, die im »Lager« der Gegenpartei stehen.

c) Verzicht auf Zeugen

1718 Bei Verzicht auf einen benannten Zeugen (§ 399 ZPO) ist Vorsicht geboten. Verbunden ist damit eine Verschlechterung der eigenen Beweissituation, die häufig nicht so **begrenzt** werden kann, wie dies von der Partei beabsichtigt wird.

Der Verzicht ist regelmäßig endgültig, kann nicht zurückgenommen werden.

Es ist umstritten, ob ein Verzicht nur für die jeweilige Instanz wirkt (Zöller/*Greger* § 399 Rn. 3; a. A. Thomas/Putzo/*Reichold* § 399 Rn. 1: grundsätzlich auch für den 2. Rechtszug). Anders könnte es zwar sein, wenn ausdrücklich nur für die jeweilige Instanz verzichtet wird; das Risiko mit dem Zeugen für den gesamten Rechtszug ausgeschlossen zu sein besteht dennoch (BGH MDR 2002, 1267: Berufungsgericht muss im Zweifel nachfragen, ob der Verzicht auch für die zweite Instanz gelten soll; OLG Saarbrücken ProzRB 2003, 321: gem. § 531 Abs. 2 Nr. 3 ZPO ausgeschlossen).

3. Schriftliche Aussagen

1719 Die Verwertung einer, von einer Partei eingeholten **schriftlichen Aussage** des Zeugen als Urkundenbeweis ohne vorherige gerichtliche Anordnung ist nur möglich, wenn beide Parteien einverstanden sind (§§ 295; 284 Satz 2 ZPO, BGH NJW-RR 2011, 568; Prütting/Gehrlein/*Trautwein* § 373 Rn. 18). Auch kann eine Vernehmung nicht durch die Beibringung einer **eidesstattlicher Versicherungen** des Zeugen ersetzt werden (nur Mittel zur Glaubhaftmachung gem. § 294 ZPO; u. U. aber dadurch Anfangswahrscheinlichkeit für § 448 ZPO!; aber unten Rdn. 1549) – Freibeweis).

Davon zu unterscheiden sind Aussagen von Zeugen, die z. B. im Ermittlungs- oder Strafverfahren protokolliert wurden.

Nicht zulässig ist es, eine ohne gerichtliche Anordnung eingereichte schriftliche Erklärung des Zeugen nachträglich zu einer Aussage i. S. dieser Vorschrift zu machen (Zöller/*Greger* § 378 Rn. 11).

1720 Eine **schriftliche Befragung** ohne Zustimmung der Parteien ist durch das Gericht gem. § 377 Abs. 3 ZPO zwar möglich (Thomas/Putzo/*Reichold* 377 Rn. 3), führt jedoch in der Praxis ein »Schattendasein« (*Huber* ZRP 2003, 270).

Dabei ist der Zeuge nicht verpflichtet, eine schriftliche Auskunft zu geben (Zöller/*Greger* § 378 Rn. 10).

1721 Es sollte auf jeden Fall vor der Durchführung der schriftlichen Vernehmung auf eine klare und vollständige Formulierung der Beweisfrage geachtet und eine entsprechende Ergänzung beantragt werden (§ 360 ZPO).

B. Beweiserhebung 5. Kapitel

Da eine solche trotzdem oft mangelhaft ist (z. B. die Beweisfragen werden nur mit »ja« oder »nein« beantwortet), stellt sich die Frage, ob der Kläger eine mündliche Vernehmung erzwingen kann.

1722

> So ordnet nach § 377 Abs. 3 ZPO das Gericht die Ladung des Zeugen (von Amts wegen oder auf Antrag) nach seinem Ermessen an, wenn es dies zur weiteren Klärung der Beweisfrage für notwendig erachtet. Soweit es um die Glaubwürdigkeit eines Zeugen geht, muss das erkennende Gericht einen persönlichen Eindruck von dem Zeugen gewonnen haben oder auf eine aktenkundige und der Stellungnahme durch die Parteien zugängliche Beurteilung zurückgreifen können (BGH NJW 1997, 1586).
>
> Das Gericht muss jedoch den Zeugen laden, wenn eine Partei dies beantragt, um ihm Fragen zu stellen. Dabei müssen weder die Fragen vorher mitgeteilt werden noch ist darzulegen, warum eine mündliche Befragung für notwendig erachtet wird (§ 397 ZPO; Zöller/*Greger* § 377 Rn. 10a; 397 Rn. 2; 398 Rn. 2; LG Berlin NJW-RR 1997, 1289; a. A. Baumbach/*Hartmann* § 397 Rn. 5; BVerfG NZV 1993, 185: Art. 103 Abs. 1 GG umfasst nicht die Garantie, dass eine Zeugenvernehmung unmittelbar in der mündlichen Verhandlung erfolgt). Abgesehen davon, kann bereits bei Bekanntwerden der beabsichtigten schriftlichen Vernehmung auf eine mündliche Vernehmung, notfalls durch einen ersuchten Richter (§ 375 ZPO) hingewirkt werden.

▶ **Praxistipp:**

1723

> Wurde ein Zeuge von Amts wegen schriftlich befragt, ist dessen Ladung und persönliche Vernehmung grundsätzlich zu empfehlen.
>
> Hierzu hat *E. Schneider* (MDR 1998, 1133) treffend festgestellt: »Was ein Zeuge weiß, was er sagen will und gerne verschweigen möchte, das lässt sich nur Auge in Auge, durch Frage, Antwort und Beobachtung herausfinden – wenn überhaupt. Ein schriftlicher Bericht ist dazu jedenfalls untauglich.«
>
> Dies dürfte besonders bei Zeugen gelten, die in näherer Verbindung zu einer Partei stehen (z. B. Angehörige, Freunde, Mitarbeiter; Zöller/*Greger* § 378 Rn. 8: schriftliche Befragung wird i. d. R. ausscheiden).
>
> Vor allem wenn die schriftliche Aussage das Vorbringen des Gegners stützt, kann man den Wahrheitsgehalt der Aussage allenfalls durch eine persönliche Vernehmung hinterfragen und gegebenenfalls erschüttern. Außerdem kann man sich dadurch einen Berufungsgrund schaffen, wenn das Gericht einen entsprechenden Antrag (fehlerhaft; aus Bequemlichkeit!?) ablehnt.

Auch bei einer **kommissarischen Vernehmung** durch einen beauftragten oder ersuchten Richter nach § 375 ZPO liegt letztlich nur eine (protokollierte) schriftliche Aussage vor.

1724

> Eine solche ist – neben weiteren Voraussetzungen – jedoch nur zulässig, wenn es nicht auf den persönlichen Eindruck des Prozessgerichts vom Zeugen ankommt. Dies ist vor allem dann der Fall, wenn es voraussichtlich zu einander widersprechenden Aussagen mehrerer Zeugen in entscheidenden Punkten kommen wird (Zöller/*Greger* § 375 Rn. 1). Erweist sich die Prognose unrichtig, so ist die Vernehmung vor dem Prozessgericht zu wiederholen (§ 398 ZPO).
>
> Bei einer Beweiserhebung in Abweichung von § 375 ZPO liegt ein – durch Rügeverzicht gem. § 295 ZPO heilbarer – Verfahrensfehler vor. Sofern kein Widerspruch erfolgt, kann dann auch ein Vermerk des vernehmenden Richters über seinen persönlichen Eindruck von der Glaubwürdigkeit der Zeugenaussage verwertet werden.
>
> Andererseits würde es angesichts dieser Möglichkeit eine unzulässige vorweggenommene Beweiswürdigung darstellen, wenn die kommissarische Vernehmung – etwa eines nur im Ausland zur Verfügung stehenden Zeugen – abgelehnt würde unter Hinweis auf die Bedeutung des persönlichen Eindrucks für die Beurteilung seiner Glaubwürdigkeit (*Stackmann* JuS 2004, 878).

4. Die Zeugenvernehmung

Jeder Zeuge ist einzeln und in Abwesenheit der später anzuhörenden Zeugen zu vernehmen (§ 394 Abs. 1 ZPO). Die Öffentlichkeit der Verhandlung erlaubt es Zeugen jedoch, vor dem Beginn der Vernehmung des ersten von ihnen im Sitzungssaal zu verbleiben. Personen, die als Zeugen in Betracht kommen könnten (»mitgebrachte Zeugen«), dürfen ebenso während der Zeugenvernehmung anwesend sein, wie bereits entlassene Zeugen (Baumbach/*Hartmann* § 394 Rn. 4; Zöller/*Vollkommer* GVG § 169 Rn. 13; § 169 GVG).

1725

Das Gericht kann daher diesen Personen die Anwesenheit im Sitzungssaal nicht verbieten, sondern diese allenfalls darum bitten, während der Zeugenvernehmung einstweilen vor dem Saal (freiwillig) zu warten (BGH MDR 1988, 791). Der Anwalt des Beweisführers sollte hierauf bedacht sein, um etwaige Angriffspunkte gegen deren Glaubwürdigkeit auszuschließen. Dabei kann eine sog. informatorische Anhörung eine Entscheidungshilfe dafür bieten, ob diese auch tatsächlich als Zeugen benötigt werden; deren förmliche Vernehmung indes kann dadurch nicht ersetzt werden (BGH NJW-RR 1998, 1601).

Ebenso ist es in manchen Fällen sinnvoll, der Entlassung eines bereits vernommenen Zeugen zu widersprechen. Dadurch erhält man sich die Möglichkeit, diesem Zeugen etwaige Vorhalte aus der widersprechenden Aussage anschließend vernommener Zeugen zu machen (§§ 394 Abs. 2, 398 ZPO).

a) Video-Vernehmung

1726 Die Zeugenvernehmung findet grundsätzlich an der Gerichtsstelle (Gerichtsgebäude) statt (§ 219 ZPO). Ist ein Zeuge am Erscheinen verhindert oder befindet sich der Wohnsitz weit entfernt, erfolgt die Vernehmung in der Regel durch den ersuchten Richter (§ 375 ZPO) oder im Wege der schriftlichen Beantwortung der Beweisfrage (§ 377 Abs. 3 ZPO).

1727 Nach **§ 128a Abs. 2 ZPO** können Zeugen, Sachverständige und Parteien auch im Wege der Bild- und Tonübertragung an einem anderen Ort vernommen (sowie belehrt und vereidigt) werden (auch §§ 375, 479 ZPO; Videovernehmung). Die Verhandlung wird dazu zeitgleich in Bild und Ton an den Ort, an dem sich die Parteien, Bevollmächtigten und Beistände aufhalten und in das Sitzungszimmer übertragen. Eine Aufzeichnung der Übertragung ist nicht statthaft (Abs. 3 Satz 1).

Die Videokonferenz ist Teil der seit Jahren gesetzgeberisch verfolgten Konzeption des papierlosen, elektronischen Zivilprozesses. Die ZPO lässt heute bereits die Einreichung der Klageschrift und anderer Schriftsätze (§ 130a ZPO), die Zustellung (§ 174 Abs. 3 ZPO), die Akten- (§ 298a ZPO) und Protokollführung (§ 160a ZPO) und die Urteilsausfertigung (§ 317 Abs. 3 ZPO) in elektronischer Form zu, die Beweisaufnahme kann sich auf elektronische Dokumente erstrecken (§ 371a ZPO). Im Jahr 2012 hat der Gesetzgeber dazu angesetzt, diese Einzelregelungen zu komplettieren und den elektronischen Prozess binnen zehn Jahren zum (für Rechtsanwälte obligatorischen) Regelfall zu machen (oben Rdn. ; *Prütting*, AnwBl 2013, 330; *Dommer* AnwBl 2012, 815).

1727a Regelmäßig erfolgt die Videokonferenz auf Antrag, der nach dem Wortlaut der Norm nicht nur von den Parteien, sondern auch von dem Zeugen oder Sachverständigen gestellt werden kann. Nicht (mehr) erforderlich ist das Einverständnis beider Parteien. Vielmehr kann das Gericht sogar ohne Antrag von Amts wegen eine solche Form der Verfahrensgestaltung anordnen.

Damit dürfte auch der früher vertretenen Auffassung von der Notwendigkeit eines Einverständnisses des Zeugen bzw. Sachverständigen in dieser Form der Vernehmung (Baumbach/*Hartmann* § 128a Rn. 3, 4: arg. Art. 1, 2 GG; a. A. *Schultzky* NJW 2003, 316) der Boden entzogen sein.

1727b Weder ergibt sich aus § 128a ZPO ein Anspruch der Parteien auf Ausstattung des Gerichts mit den für eine Videokonferenz erforderlichen technischen Einrichtungen noch ein Anspruch auf Nutzung einer vorhandenen Anlage. Das Abhalten einer Videokonferenz steht allein im Ermessen des Gerichts, dessen Entscheidung über die Anordnung oder Versagung ist nicht anfechtbar (§ 128a Abs. 3 S. 2 ZPO).

1727c In der gerichtlichen Praxis ist die Videokonferenz nach wie vor spektakulärer Einzelfall. Die mangelnde Nutzung dieser technischen Möglichkeit beruht zum einen auf der meist fehlenden technischen Ausstattung der Gerichte, Justizbehörden und Anwaltskanzleien, zum anderen aber auch an grundsätzlichen Bedenken, die an dem fehlenden unmittelbaren persönlichen Kontakt der Verfahrensbeteiligten und an möglichen technischen Problemen festmachen.

Die Einrichtung der eigenen Kanzlei mit entsprechender Technik (um z. B. auch die Möglichkeit der Verhandlung vom eigenen Büro aus [§ 128a Abs. 1 ZPO] zu nutzen,) ist mit ganz erheblichen Kosten verbunden, deren Amortisation derzeit ungewiss ist. Mit einer flächendeckenden Ausstattung der Gerichte in Anbetracht klammer Justizhaushalte auf absehbare Zeit nicht zu rechnen. Ob und wann sich Richter und Rechtsanwälte in ausreichend großer Zahl bereit finden, auf den Grundsatz der Unmittelbarkeit in weiten Bereichen zu verzichten, insbesondere den für eine Beweiswürdigung unabdingbaren persönlichen Eindruck und die nonverbalen Umstände der Aussage auf die elektronisch übermittelten Informationen zu beschränken, ist fraglich und wird in der Literatur sehr unterschiedlich beantwortet (*Hartmann* NJW 2001, 2583; *Schultzky* NJW 2003, 318). Störungen in der Übertragung von oder zu einem Verfahrensbeteiligten müssen sich am Grundsatz der Gewährung rechtlichen Gehörs messen lassen (Baumbach/*Hartmann* § 128a Rn. 7) und begründen so (weil sie weder beherrschbar noch für die übrigen Beteiligten ohne weiteres erkennbar sind) ein nicht unerhebliches Prozessrisiko.

Dennoch bietet die Videokonferenz gerade für den Anwalt auch große Vorteile, sodass die Möglichkeit eines Antrags nach § 128a ZPO häufiger überdacht werden sollte. | 1728

Evident im Vordergrund stehen dabei die möglichen Einsparungen an (Reise-)Kosten, Zeit und Aufwand. Auch den in der Praxis nicht seltenen Alternativen zur Ladung des Zeugen vor das Prozessgericht gegenüber bietet die Videovernehmung Vorteile. Anders als bei der schriftlichen Beantwortung der Beweisfrage durch den Zeugen (§ 377 Abs. 3 ZPO) können unmittelbar Nachfragen gestellt und Vorhalte gemacht werden. Hier - wie auch bei der Vernehmung im Wege der Rechtshilfe - entsteht wenigstens ein beschränkter persönlicher Eindruck. Ausländische Zeugen, die nicht in der Lage oder nicht willens sind, in die Bundesrepublik zu reisen, sind möglicherweise zu einer Videovernehmung bereit und bleiben so für das Verfahren nicht unerreichbar (Zöller/*Greger* § 128a Rn. 7; auch § 375 Abs. 1 Nr. 2, 3 ZPO).

Fragen der technischen Realsierbarkeit beantworten sich häufig aus dem Internetportal der Justiz (www.justiz.de), in dem sich ein Verzeichnis aller gerichtlichen Videokonferenzanlagen in Deutschland mit den jeweiligen Ansprechpartnern und deren Kontaktdaten findet.

Besondere Bedenken sind angebracht, wenn ein Dolmetscher nicht im Sitzungssaal anwesend sein, sondern sich im Wege der Videokonferenz beteiligen soll (§ 185 Abs. 1a GVG). | 1729

Gegenüber dem persönlichen Erscheinen bietet die Videokonferenz kaum Vorteile. Demgegenüber scheiden in einem solchen Fall (nicht verfahrensöffentliche) Übersetzungen zwischen Partei und Prozessbevollmächtigtem genauso aus, wie die Übersetzung von schriftlichen Aktenbestandteilen.

b) Ausübung des Fragerechts

Die Zeugen werden grundsätzlich zunächst vom Gericht vernommen. | 1730

Hierbei ist zunächst ein vorhergehender zusammenhängender **Bericht des Zeugen** nicht nur gesetzlich vorgeschrieben (§ 396 ZPO), sondern auch »vernehmungspsychologisch sinnvoll«, weil dieser mehr oder weniger spontan ist und nicht durch Fragen bzw. bestimmten Erwartungshaltungen beeinflusst und verfälscht wird (*Rüßmann* DRiZ 1985, 45). | 1731

Ein Verstoß hiergegen ist ein Verfahrensfehler und macht die Aussage unverwertbar, sofern dieser von den Parteien gerügt wurde (§ 295 ZPO; Zöller/*Greger* § 396 Rn. 1).

In der Praxis dürfte es viele ungeduldige Richter geben, die bei einer kurzen Sprechpause des Zeugen oder bei Äußerungen, die nicht (sofort) den Kern des Beweisthemas treffen, sogleich mit konkreten Einzelfragen die Vernehmung weiterführen. Dies hat zur Folge, dass der Zeuge nur noch auf Fragen wartet und antwortet, sodass z. B. wichtige Randbeobachtungen untergehen und spontane Erinnerungen ausbleiben. Ebenso schädlich sind (ständige) Zwischenrufe der Parteien, die das Gericht oder der gegnerische Anwalt sofort beanstanden sollte.

Es gilt der Grundsatz: »Wer viel redet, erfährt wenig« (*Kirchhoff* MDR 2000, 187).

Nach § 397 Abs. 2 ZPO hat der Vorsitzende den Rechtsanwälten zu gestatten, an den Zeugen unmittelbar **Fragen** zu richten. | 1732

▶ Praxistipp: | 1733

Von seinem Recht, dem Zeugen Fragen zu stellen, sollte der Anwalt unbedingt Gebrauch machen.

1734 Denn manchmal geben sich die Gerichte bereits mit einer kurzen Beantwortung des Beweisthemas zufrieden (entgegen § 396 Abs. 2 ZPO) und übernehmen die Aussage unkritisch, insbesondere wenn der Zeuge die Behauptungen des Beweisführers bestätigt.

> Dies gilt vor allem bei der Vernehmung durch einen ersuchten Richter (§ 375 ZPO). Wenn in dem Vernehmungstermin – wie so oft – nur eine Partei anwaltlich vertreten ist, kann die Gegenpartei durch die Einseitigkeit der Fragen benachteiligt werden. Bei beabsichtigter Teilnahme kann es ratsam sein, sich sicherheitshalber selbst nach dem Termin zu erkundigen, da eine Zustellung der Terminsbestimmung des anderen Gerichts an die Parteien nicht erforderlich ist und bestimmte Postlaufzeiten fingiert werden (§ 357 Abs. 2 ZPO). Der Hauptbevollmächtigte muss einen etwaigen unterbevollmächtigten Anwalt selbst informieren, da die Terminsnachricht nur an ihn geht (Baumbach/*Hartmann* § 357 Rn. 6; Zöller/*Stöber* §§ 217 Rn. 1; 375 Rn. 6: Ladungsfrist gem. § 217 ZPO gilt entsprechend).
>
> Dabei werden ohne – vor oder während der Vernehmung gefertigte – Notizen wichtige Fragen im Termin allzu leicht vergessen. Hilfreich ist es sicher, die Akte und etwaige andere Vernehmungsprotokolle vorher gründlich studiert zu haben.
>
> Dass dem Tatrichter zur Beurteilung der Richtigkeit einer Zeugenaussage die umfangreichen Erkenntnisse der Vernehmungspsychologie zur Verfügung stehen (Zöller/*Greger* § 373 Rn. 10; *Einmahl* NJW 2001, 469) und die »erforderliche Sachkunde auf dem Gebiet des Aussagepsychologie« haben muss (Meyer/*Goßner* § 261 Rn. 4) mag theoretisch richtig sein, ist jedoch völlig praxisfern (*E. Schneider* MDR 1984, 1055: »Es fehlt am aussagepsychologischen Problembewusstsein«). So wäre zum Erlernen einer professionellen Vernehmungstechnik eine intensive praktische Schulung erforderlich, welche durch die Justizverwaltung nicht angeboten wird (*Kirchhoff* MDR 2000, 189: ob dies auch nicht finanzierbar ist, wie *Kirchhoff* meint, sei dahingestellt).
>
> Auch wenn der Richter bei einer Befragung durch den Anwalt ungeduldig wird, sollte man sich dadurch nicht beeinflussen lassen. Nützlich kann es sein, den Sinn der Frage dem Gericht zu erläutern.
>
> Unter Umständen kann auch hier eine gewisse Hartnäckigkeit sowie das Bestehen auf einen förmlichen Beschluss (§ 397 Abs. 3 ZPO) dem Anwalt einen gewissen Freiraum für seine weiteren Fragen verschaffen (*Geipel/Prechtel* MDR 2011, 336, 33). Die Protokollierung einer abgelehnten Frage kann in der Berufungsinstanz nützlich sein (§§ 513, 529 Abs. 1 Nr. 1 ZPO). In manchen Fällen kann es freilich psychologisch geschickter sein, auf eine nicht besonders wichtige Frage zu verzichten, statt eine negative Beeinflussung der Verhandlungsatmosphäre zu riskieren.

1735 Bei der **Fragestellung** ist besonders Folgendes zu beachten (*Bender/Röder* S. 63 ff.):
– Eine (gute) Frage sollte deutlich, eindeutig und konkret sowie subjektiv auf den Zeugen gefasst sein.
– Es sollte niemals mehr als eine Frage gleichzeitig gestellt werden.
– Dabei sollten einfache und kurze Formulierungen gewählt und verschnörkelnde Einleitungen vermieden werden. Negative Fragen, insbesondere doppelte Verneinungen werden häufig sowohl akustisch als auch inhaltlich nicht verstanden und verwirren den Zeugen.
– Eine provozierende Wortwahl ruft bei ansonsten auskunftsbereiten Personen Abwehr hervor, während diese bei abgemilderter Wortwahl den Sachverhalt zugeben würden.
– Ein – auch versteckt – in der Frage liegender Vorwurf reizt zum Widerspruch und kann zur Verfälschung der Aussage führen.
– In die Frage sollten möglichst keine Worte einfließen, die positive oder negative Assoziationen wecken und dadurch die Antwort verfälschen können.
– Eine negative Ansprache kann die Auskunftsbereitschaft lähmen.

1736 Ist die Beweisfrage durch den Zeugen im Rahmen der gerichtlichen Befragung bereits beantwortet, muss es in der ergänzenden Befragung durch den Anwalt darum gehen, die **Glaubhaftigkeit** der Aussage und die **Glaubwürdigkeit** des Zeugen abzuklären.

1737 (1) Zu klären ist, ob der Zeuge tatsächlich **eigene Wahrnehmungen unverfälscht** bekundet.

> Erfahrungsgemäß geben viele Zeugen nur das wieder, was sie von Dritten erfahren haben bzw. vermengen dies mit eigenen Wahrnehmungen, ohne dies von sich aus kenntlich zu machen (»Zeuge vom Hörensagen«).

Durch die vorherige mehrfache Erörterung des Geschehens mit Anderen kann es ebenso zu verfälschenden Beeinflussungen kommen wie auch durch anderweitige Vernehmungen (z. B. in einem etwaigen staatsanwaltschaftlichen Ermittlungsverfahren). Die Erinnerung hieran ist dann häufig stärker, als an den Vorgang selbst. Hierbei können auch Vorurteile eine Rolle spielen.

Insbesondere wird die Wahrnehmung sehr oft um den selbst nicht wahrgenommenen oder vergessenen, sondern lediglich vermuteten Ursachenzusammenhang ergänzt, ohne dies kenntlich zu machen.

So beantworten z. B. nach einer Untersuchung 35 % der (am Unfallort) befragten Zeugen, die nach eigenen Angaben die »Pre-Crash-Phase« bei einem Verkehrsunfall nicht mitbekommen hatten (sog. Knallzeugen), dennoch die Frage, woher das Fahrzeug kam und zwar überwiegend falsch (zur Irrtumsanfälligkeit der Aussage von Unfallzeugen ausführlich *Einmahl* NJW 2001, 469). Ähnliche Fehlerquellen finden sich auch bei Aussagen zum Inhalt eines Gespräches zwischen Dritten, das der Zeuge selbst aber nur teilweise mit angehört hat.

Anlass zu Zweifeln, ob der Zeuge den Sachverhalt selbst (sinnlich) wahrgenommen hat, geben Antwortformulierungen mit »man« oder »wir«. Hierbei ermöglichen konkrete Fragen die Prüfung, der Realitätstreue einer Aussage (*Stimpfig* MDR 1996, 438). Bereits die einfache Frage, ob der Zeuge den eben geschilderten Vorfall eigentlich auch selbst gesehen hat, reicht oft schon aus, um zu erfahren, dass dies gerade nicht der Fall ist.

Im Übrigen sollten die Fragen behutsam erfolgen. So behaupten in der Praxis viele Anwälte sicher zu wissen, dass der (gegnerische) Zeuge das wiedergegebene Geschehen – aus welchen Gründen auch immer – überhaupt nicht (richtig) hat wahrnehmen können. Sofern aber der Zeuge die Wahrnehmung tatsächlich gemacht haben sollte, fühlt er sich umso mehr veranlasst, sich zu rechtfertigen, je eindringlicher der Anwalt versucht, ihm die Glaubwürdigkeit diesbezüglich abzusprechen. Dies kann im Ergebnis dazu führen, dass durch die Angabe weiterer Einzelheiten und der Umstände seiner Wahrnehmung die (belastenden) Angaben des Zeugen dann sogar noch wesentlich glaubwürdiger erscheinen.

(2) Zu klären ist ferner, ob **Unsicherheiten oder Widersprüche** in der Aussage des Zeugen vorhanden sind. 1738

Wenn man Zeugen eindringlich fragt, ob sie wirklich hundertprozentig sicher sind, werden manche Zeugen unsicher und die anfangs klar die Beweisfrage bestätigende Aussage wird nicht mehr aufrechterhalten oder stark eingeschränkt. Oft stellt sich dann heraus, dass der Zeuge keineswegs bei den gesamten Vertragsverhandlungen anwesend war oder den Hergang des Tatgeschehens doch nicht vollständig mitbekommen hat, sodass seiner Aussage weit weniger Gewicht beizumessen ist. Hierbei empfehlen sich einzelne, klare Fragen. Sonst könnten der Zeuge und die Gegenpartei etwaige Widersprüche leicht mit Verständnisschwierigkeiten erklären.

Auch Vorhalte von Aussagen des Zeugen, die dieser in anderen Verfahren, insbesondere in einem Ermittlungs- bzw. Strafverfahren gemacht hat, führen oft zu Unsicherheiten und Widersprüchen in seiner jetzigen Aussage.

Um Widersprüche zu entdecken, ist es bei längeren Vernehmungen hilfreich, sich die wesentlichen Punkte der Aussage, u. U. auch wörtlich zu notieren. Denn häufig wird dann von der Gegenseite behauptet, dass der Zeuge dies aber vorher so nicht gesagt habe.

Bei vorhandenen Widersprüchen oder Unwahrscheinlichkeiten sollte man den (gegnerischen) Zeugen nicht nach einer Erklärung fragen. Sonst kann es ihm u. U. gelingen, seine Aussage noch stimmig zu machen.

(3) Letztlich kommt es drauf an, ob der Zeuge die **Unwahrheit** gesagt hat. 1739

Zwar ist der Irrtum häufiger als die bewusst falsche Zeugenaussage, Letztere ist aber leichter aufzudecken (*Einmahl* NJW 2001, 469). So soll es gar nicht so leicht sein, die Wahrheit zu verbergen, wenn Gericht und Partei sich konzentriert um eine Aufklärung bemühen. Hierzu sollte vermieden werden, dem Zeugen vorzeitig Informationen darüber zu vermitteln, was der Fragende bereits von der Sache weiß.

Dabei hat eine Aussage, die »allen Vorhalten uneingeschränkt standhält, die sich weder durch Fangfragen noch durch falsche Fährten beeinflussen lässt« eine hohe Vermutung der Wahrheit für sich (*Meyke* NJW 1989, 2035; auch sehr anschaulich zu Wahrheits- und Lügensignalen *Bender/Nack*, Tatsachenfeststellung vor Gericht Bd. I, 2. Aufl. 1995). Hierfür spricht in der Regel auch, wenn ein Zeuge sich selbst belastet (*E. Schneider* MDR 1966, 564).

Allerdings muss es stutzig machen, wenn sich der Zeuge (angeblich) noch genau daran erinnert, was er vor Jahren an einem bestimmten Tag zu einer bestimmten Stunde getan oder wahrgenommen hat (*E. Schneider* MDR 1966, 561: »Das kann im Regelfall einfach niemand beantworten«).

Auch durch Fragen in schneller Reihenfolge kreuz und quer durch den Sachverhalt kann man erfundene Lügen entlarven (*Bender/Röder* S. 80 – »Zick-Zack-Verhör«). Jedoch lässt eine Lüge nicht ohne weiteres auf allgemeine Unglaubwürdigkeit schließen (»Wer einmal lügt, dem glaubt man nicht«; *Bender/Röder* S. 69: ein weitverbreiteter Irrtum).

Ob der Richter jedoch durch den Eindruck, der Zeuge sage die Unwahrheit, in jedem Fall veranlasst wird, weiter nachzufragen, um die Wahrheit herauszufinden (*Meyke* NJW 1989, 2032), darf bezweifelt werden. Zuweilen geht der Richter nämlich bereits mit einer gewissen, durch das Aktenstudium geprägten Überzeugung in die Beweisaufnahme, wodurch die Bereitschaft, eine bestätigende Zeugenaussage kritisch zu hinterfragen, aus psychologischen Gründen herabgesetzt sein dürfte (*Geipel* AnwBl. 10/2005: die das Vorurteil stützenden Informationen werden überbewertet).

1740 ▶ **Praxistipp:**

Eine zu hartnäckige, aggressive und spitzfindige Befragung eines glaubwürdig erscheinenden Zeugen ist nicht ohne Risiko.

1741 Dadurch kann womöglich eine (unbewusste) Solidarisierung des Gerichts mit ihm und letztlich mit der gegnerischen Partei eintreten. Ebenso kann es passieren, dass der (zweifelnde oder parteiische) Zeuge, der bislang nur ausweichend und ungenau geantwortet hat, »den Konflikt zwischen wahrheitsgemäßer Aussage und Begünstigung der ihm verbundenen Partei, dem er durch seine ausweichende Antwort aus dem Wege gehen wollte, durch eine Falschaussage löst« (*Meyke* Rn. 327), und zwar zugunsten der ihm nahestehenden Partei.

Rinsche (Prozesstaktik Rn. 162): »Es zeugt nicht von anwaltlichem Können, wenn ein Prozessbevollmächtigter die von der Gegenseite benannten Zeugen mit großer Lautstärke anbrüllt und sie dadurch zu verunsichern sucht. Nicht selten führt das nur zu einer »Verhärtung« der Sachdarstellung des angegriffenen Zeugen.«

Wenn der Anwalt sich bei seinen Fragen allzu sehr nur auf vorhandene Unsicherheiten konzentriert, könnte der Zeuge bestrebt sein, die Hauptpunkte erst recht zu bestätigen. Denn damit kann er sich selbst als brauchbaren Zeugen noch retten und die an ihn vom Beweisführer und u. U. (aus seiner Sicht) auch vom Gericht gestellten Erwartungen erfüllen.

Um eine »Verwässerung« einer für die Partei günstigen Aussage zu verhindern, kann der Beweisführer nach der gegnerischen Befragung den Zeugen bitten, abschließend nochmals kurz die Richtigkeit seiner Aussage zum entscheidungsrelevanten Geschehen zu bestätigen und das Gericht auf die Unerheblichkeit des Randgeschehens hinweisen.

1742 Bei alledem ist zu bedenken, dass die Erinnerung nicht auf Knopfdruck reproduziert werden kann, sondern auch die Wiedergabe ein dynamischer Prozess ist, zu dessen Optimierung es auf Assoziationen und auch auf Entspanntheit ankommt. Dabei haben die meisten Zeugen mehr Erinnerungen, als sie in der Vernehmungssituation abrufen können (*Kirchhoff* MDR 2000, 188 – mit Ratschlägen zur Vernehmungstechnik).

Besonders schwierig ist für die Zeugen eine datumsmäßige Einordnung von Geschehnissen. Erfahrungsgemäß unterlaufen hier selbst Zeugen, die sich sorgfältig um exakte Aussagen bemühen, gravierende Fehler (OLG Schleswig NJW 1991, 304). Dies gilt erfahrungsgemäß ebenso für Zeitangaben, Geschwindigkeits-, Entfernungs- und Mengenschätzungen.

Die Irrtumsanfälligkeit ist vor allem beim Verkehrsunfall (Aussagen zum Unfallhergang/Geschwindigkeit der beteiligten Fahrzeuge) besonders hoch (hierzu ausführlich *Einmahl* NJW 2001, 469). Hierbei kann es hilfreich sein, wenn der Zeuge seine Wahrnehmungen anhand einer selbst gefertigten Skizze erläutert.

Häufig kann man die Erinnerung des Zeugen dadurch wecken, indem parallele Ereignisse desselben Tages in Erinnerung gerufen werden. So erinnert sich z. B. der Zeuge deshalb daran, dass er den streitgegenständlichen Vorfall im August gegen 18 Uhr beobachtet hat, weil er um 18 Uhr 30 zu einer Grillfeier bei

Freunden eingeladen war und bereits dorthin aufbrechen wollte (zur Verbesserung der Erinnerungsleistung durch das »kognitive Interview«, *Kirchhoff* MDR 2000, 188).

So soll bei alltäglichen Einzelheiten die Frage nach dem Grund der Erinnerung eine (geringe) Chance bieten, Glaubwürdigkeitskriterien zu gewinnen, da diese nur behalten werden, wenn irgendein Umstand emotional erregt oder Interesse weckt (*Kichhoff* MDR 2001, 666). Im Übrigen ist die Chance, dass eine Information im Gehirn fest verankert wird, umso größer, je mehr Assoziationen dafür im Gedächtnis vorhanden sind (*Bender/Röder* S. 62).

Eine Hilfestellung für den Zeugen können auch Skizzen (z. B. bei einem Verkehrsunfall), Pläne, Fotos von den tatsächlichen Gegebenheiten und vor allem ein örtlicher Augenschein sein. Dadurch versetzt man ihn gedanklich und/oder gefühlsmäßig in die damalige Lage zurück.

Wenn relevante Aufzeichnungen oder sonstige Unterlagen beim Zeugen vorhanden sein können, sollte bei Gericht rechtzeitig vor dem Termin angeregt werden, ihm aufzugeben, diese zur Vernehmung mitzubringen (§ 378 ZPO).

Der Beweisgegner sollte darauf achten, ob der Zeuge nur den »Normalfall« darstellt, aber zum konkreten Geschehensablauf letztlich keine Angaben machen kann. **1743**

Viele Zeugen machen bei ihrer Aussage diesbezüglich keinen Unterschied, sodass auch hier konkretes Nachfragen den Nutzen der Aussage für die beweisbelastete Partei sehr stark einschränken kann.

Unter Umständen kann es trotzdem zur Beweisführung ausreichen, wenn – was häufig der Fall ist – der Zeuge sich zwar nicht mehr konkret erinnert, jedoch ganz sicher ist, dass die übliche, von ihm geschilderte Vorgehensweise immer eingehalten wurde. **1744**

So reicht dies nach einer verbreiteten Rechtsprechung zum Beweis des ärztlichen Aufklärungsgesprächs – sofern nicht wichtige Gründe im Einzelfall dagegen sprechen – regelmäßig aus (OLG Karlsruhe NJW 1998, 1800; OLG Hamm VersR 1995, 661: unerheblich ist, dass der Arzt das Gespräch nicht dokumentiert hat; *Jorzig* MDR 2001, 481: sog. Immer-so-Beweis speziell durch Arzthelferinnen als Zeugen; BGH NJW 1986, 2885: wichtiges Indiz auch im Einzelfall).

Wenn der Zeuge sich nicht mehr erinnert oder zulasten der Partei ausgesagt hat, versuchen viele Anwälte mit der Frage »können Sie es ausschließen, dass ...« trotzdem noch Nutzen aus der Aussage für ihren Mandanten zu ziehen. Diese Frage wird von vielen Zeugen erfahrungsgemäß verneint. Der Erkenntniswert dieser Antwort kann sehr unterschiedlich sein. **1745**

Weiß der Zeuge nichts (mehr), kann er natürlich kaum etwas mit Sicherheit ausschließen, zumal viele Geschehnisse schon längere Zeit zurückliegen. Außerdem ist es vor allem bei komplexen Sachverhalten oft auch kaum möglich, sämtliche theoretisch denkbaren Alternativen auszuschließen. Eine bejahende Antwort ist daher besonders auf ihre Glaubwürdigkeit zu hinterfragen. Dann ergibt sich nämlich häufig, dass diese Antwort vorschnell und unüberlegt gegeben wurde, nicht zuletzt auch deshalb, weil manche Zeugen diese Frage zunächst auch gar nicht richtig verstanden oder lediglich eine bloße Vermutung wiedergegeben haben. Im Übrigen steht bei einer verneinenden Antwort das Positivum noch keineswegs fest.

Eine solche Frage kann aber auch dazu beitragen, den Beweiswert einer Zeugenaussage zu relativieren, sofern der Zeuge nicht völlig fernliegende Alternativen nicht (sicher) ausschließen kann, womit zumindest Zweifel an der Richtigkeit der bekundeten Tatsachen verbleiben.

c) Unzulässige Fragen

Unzulässige Fragen des Gerichts oder des Gegners sollten vom Anwalt sofort **beanstandet** werden (§§ 140, 397 Abs. 3 ZPO). Über deren Zulässigkeit entscheidet sodann das Gericht (§ 397 Abs. 1 ZPO). **1746**

Zwar ist der daraufhin ergehende Beschluss des Gerichts selbst unanfechtbar, jedoch kann eine rechtsirrige Ablehnung oder Zulassung einer Frage Rechtsmittel gegen das Urteil begründen. Ohne Herbeiführung eines Gerichtsbeschlusses indessen kann das Rechtsmittel hierauf nicht gestützt werden (Thomas/Putzo/*Reichold* § 140 Rn. 5; 397 Rn. 2). Hierzu sollte die nicht zugelassene Frage zweckmäßigerweise am besten wörtlich ins Protokoll aufgenommen werden, wenngleich eine diesbezügliche Pflicht des Gerichts nicht besteht.

Dabei lässt sich oft durch eine Umformulierung die Zulassung einer beanstandeten Frage erreichen.

1747 Selbst solche Fragen zu stellen, ist nicht verboten und kann, wenn sie weder vom Gegner noch vom Gericht beanstandet werden, durchaus Vorteile bringen. (Zöller/*Greger* vor § 284 Rn. 5, 5a; §§ 397 Rn. 4; 398 Rn. 4):

1748 (1) Unzulässig sind Fragen, die mit dem **Beweisthema** nichts zu tun haben oder Werturteile und nicht tatsächliche Wahrnehmungen zum Gegenstand haben (Zöller/*Greger* § 373 Rn. 1: Wertung ist dem Zeugen verwehrt).

Äußert ein absolut glaubwürdiger Zeuge seine Einschätzung vom Geschehensablauf, ist es nicht ausgeschlossen, dass das Gericht in seiner Entscheidungsbildung dadurch beeinflusst wird. Dabei ist allerdings eine Tatsachenbekundung ohne jede Wertung oft nicht möglich (Zöller/*Greger* § 373 Rn. 1).

Jedoch sind solche Fragen zulässig, die für die Beurteilung der Zuverlässigkeit der Bekundungen erforderlich erscheinen, insbesondere nach Ort, Zeit und Umständen der behaupteten Tatsachen (§ 396 Abs. 2 ZPO; OLG Köln NJW-RR 1999, 1155; BGH NJW-RR 1998, 1409; NJW 2000, 3287).

Dass sich die Fragen im engsten Raum des Beweisbeschlusses halten müssten, ist ein verbreiteter und schädlicher juristischer Aberglaube (Baumbach/*Hartmann* § 396 Rn. 5: Prozesswirtschaftlichkeit und Wahrheitsermittlung verlangen weitherzige Fragestellung; Thomas/Putzo/*Reichold* § 396 Rn. 2: nicht engherzig). Erforderlichenfalls ist einem Widerspruch des Gerichts im Termin sofort mit einem entsprechenden Beweisantrag zu begegnen.

1749 (2) Unzulässig sind Fragen zur **Ausforschung** von Tatsachen, der Erschließung von Erkenntnisquellen, die es vielleicht ermöglichen, bestimmte Tatsachen zu behaupten und sodann unter Beweis zu stellen. Die Grenzen sind hierbei freilich fließend.

Davon zu unterscheiden sind Fragen nach Einzelheiten, insbesondere auch nach Ort, Zeit und Umständen behaupteter Abreden, zur Beurteilung der Zuverlässigkeit und Glaubwürdigkeit der Bekundungen, die im Einzelfall sorgfältig zu ermitteln sind (§ 395 Abs. 2 Satz 2 ZPO; BGH NJW 1984, 2888). Denn (unbewusste) Beeinflussungen und persönliche Beziehungen, spielen bei Zeugen erfahrungsgemäß eine große Rolle (Baumbach/*Hartmann* § 395 Rn. 4). Da die Gerichte diesbezüglich manchmal relativ gutgläubig bzw. blauäugig sind, sollte darauf der Anwalt ein besonders Augenmerk legen. Gegen die Glaubwürdigkeit kann z. B. sprechen, wenn der Zeuge mit Entschiedenheit die Behauptung einer Partei – obwohl lange Zeit zurückliegend – im Detail bestätigt, im Übrigen aber hinsichtlich des Randgeschehens keinerlei Erinnerung zu haben scheint.

1750 (3) Unzulässig sind **Suggestivfragen**, welche die Antwort bereits beinhalten bzw. nahe legen. Streng genommen fallen darunter schon Fragen, die nur mit »ja« oder »nein« zu beantworten sind.

Hierbei besteht die Gefahr, dass der Zeuge seine eigenen Erinnerungsbedenken zurückstellt zugunsten einer klaren Aussage, um weiteren Nachfragen aus dem Weg zu gehen (*Rüßmann* DRiZ 1985, 46; Zöller/*Greger* §§ 396 Rn. 1; 397 Rn. 4; Baumbach/*Hartmann* § 396 Rn. 3: ein sehr verbreiteter und abträglicher Unfug). Außerdem suggerieren vor allem Auswahlfragen, dass eine Möglichkeit die richtige sein muss und es keine weiteren Alternativen gibt (*Kirchhoff* MDR 2000, 187; *Stimpfig* MDR 1996, 436). Speziell wenn der Zeuge vermutet, der fragende Anwalt oder das Gericht werde schon wissen, welche Alternativen es gibt, besteht die Gefahr, dass er seine Sachverhaltsschilderung der Auswahlfrage anpasst.

Sobald der Anwalt erkennt, dass der (gegnerische) Zeuge bei der Beantwortung einer Frage unsicher ist und der Gegenanwalt versucht, den Zeugen auf diese Aussage festzulegen, kann es sich empfehlen, den Zeugen darauf hinzuweisen, dass er nicht jede Frage beantworten können muss.

Der Idealfall wären offene Fragen – statt: »Trug Herr X einen schwarzen Hut?« wäre es besser zu fragen »Hatte Herr X eine Kopfbedeckung oder/und welche Farbe hatte diese?«, die auch stufenweise erfolgen können – statt: »Ist es richtig, dass Herr Y den Herrn X mehrmals geschlagen hat?« zunächst: »Wurde Herr X geschlagen?« – »Von wem?« – »Wie oft?« Denn sonst wird dem Zeugen suggeriert, es sei bereits geklärt, dass Herr X überhaupt einen Hut getragen hat bzw. von Herrn Y geschlagen worden war.

In der Praxis indes lassen sich geschlossene Fragen in der Form von Auswahlfragen nicht vermeiden. Sie sind auch deshalb so beliebt, weil die Antworten eindeutig und schnell erfasst werden können. Jedenfalls sollte zunächst eine möglichst offene Frage gestellt werden. Wenn der Zeuge den Inhalt der Frage jedoch nicht (richtig) verstanden hat oder den fraglichen Punkt nicht anspricht, kann und muss die Frage konkretisiert werden.

Die Beeinflussungsgefahr des Zeugen besteht freilich auch dann, wenn eine solche Frage nicht zugelassen wird, da er diese ja zuvor vernommen hat.

Hierbei kann auch die Wortwahl einen gewissen Einfluss haben. So wurde z. B. Versuchspersonen eine Filmaufnahme eines Verkehrsunfalls vorgeführt. Anschließend wurden sie zur Geschwindigkeit befragt. Bei der Frage »Mit welcher Geschwindigkeit haben die Fahrzeuge sich berührt?« lag der Mittelwert bei 45 km/h, bei der Frage »Mit welcher Geschwindigkeit krachten die Fahrzeuge aufeinander?« hingegen bei 60 km/h (*Einmahl* NJW 2001, 472 Fn. 36).

Wenn die Art der Fragestellung beim Zeugen den Eindruck erweckt, dass er die Antwort eigentlich wissen muss, kann dies dazu führen, dass der Zeuge sich veranlasst sieht, mehr zu sagen, als er weiß (*Bender/Röder* S. 63 ff.; »Wissen Sie nicht, dass ...?«). Vor allem – auch versteckte – vorwurfsvolle Fragen reizen zum Widerspruch und können die Aussage bis zu direktem Lügen verfälschen. Beeinflussend kann es schließlich auch sein, wenn mit der Frage dem Zeugen vorzeitige Informationen darüber vermittelt werden, welche Antworten der Fragende erwartet.

Dabei lässt sich die Beeinflussbarkeit eines Zeugen durch Testfragen überprüfen, indem man ihm eine unzutreffende Behauptung suggeriert (*Bender/Röder* S. 81).

(4) Unzulässig sind schließlich Fragen, die **bereits beantwortet** sind (Thomas/Putzo/*Reichold* § 397 Rn. 2).

1751

Hier besteht die Gefahr, dass der Zeuge eine für die Partei günstige Aussage einschränkt bzw. sich dann nicht mehr so genau erinnert. Erfahrungsgemäß werden Zeugen immer unsicherer, je öfter man sie dasselbe fragt. Dann sollte auf jeden Fall die vorangegangene Aussage ebenfalls protokolliert werden, damit das Gericht beide Aussagen würdigen kann und muss. Auch bei einer Diskussion mit dem Zeugen kann es zu einer Veränderung seiner bisherigen Aussage kommen. Dabei kann man unter Umständen auch an der Reaktion des Richters bzw. an dessen Minenspiel erkennen, ob er den Beweis bereits als geführt ansieht und sich deshalb weitere (Nach-) Fragen erübrigen.

An den selbst benannten Zeugen sollten daher möglichst kurze und präzise Fragen gestellt werden. Sofern der Gegenzeuge sich nicht erinnert, ist eine (bestätigende) Nachfrage zu vermeiden. Positive Randbemerkungen sollte man hingegen aufgreifen.

Allerdings muss es dem Anwalt erlaubt sein, bei Zweifeln an der Richtigkeit der – für die eigene Partei nachteiligen – Aussage nochmals nachzufragen.

d) Verhalten nach der Beweisaufnahme

Im Anschluss an die Beweisaufnahme hat das Gericht gem. § 279 Abs. 3 ZPO erneut den Sach- und Streitstand und – soweit bereits möglich – das Ergebnis der Beweisaufnahme mit den Parteien zu erörtern (sog. **Schlusserörterung**).

1752

Der Umfang dieser Regelung im Einzelnen ist umstritten und noch nicht höchstrichterlich geklärt (*Greger* JZ 2004, 810). Zumindest muss – auch bei komplexen Erkenntnisprozessen – den Parteien Gelegenheit zur Beweiserörterung gegeben werden (§ 285 ZPO). Dies bietet die Chance, der »Fixierung einer ungünstigen Zeugenaussage in den Köpfen der Richter durch sofortiges Aufzeigen von Widersprüchen und Merkwürdigkeiten entgegenzutreten« (*Sommer* ZAP 1994 Fach 22, S. 102).

Bei Unzumutbarkeit sofortiger Äußerung, insbesondere bei mündlicher Gutachtenserstattung im Termin zu schwierigen Fragen, muss der nicht sachkundigen Partei nach Vorliegen des Protokolls noch Gelegenheit zur Stellungnahme gegeben werden (Zöller/*Greger* § 285 Rn. 2). Dabei sind auch Ausführungen in einem nicht nachgelassenen Schriftsatz vom Gericht zur Kenntnis zu nehmen (BGH NJW 1988, 3202).

Zudem hat das Gericht grundsätzlich darzulegen, ob es die unter Beweis gestellte Behauptung als bewiesen erachtet, zumindest muss es die wesentlichen Aspekte der Beweiswürdigung zur Diskussion stellen (Zöller/*Greger* § 279 Rn. 5). Hieraus kann – insbesondere für die beweisbelastete Partei – erkennbar sein, dass es noch weiterer Beweismittel bedarf.

5. Kapitel — Beweisaufnahme

1753 Ein **Verfahrensfehler** seitens des Gerichts, der zur Unverwertbarkeit des Beweisergebnisses führt, liegt nicht schon dann vor, wenn die Anträge nicht protokolliert sind, sondern nur, wenn das Gericht den Parteien die von diesen begehrte Verhandlung verweigert (Zöller/*Greger* §§ 279 Rn. 6; 285 Rn. 1; Thomas/Putzo/*Reichold* § 285 Rn. 1). Lässt das Gericht eine Erörterung des Beweisergebnisses und eine erneute Antragstellung nicht zu, sollte dies unverzüglich gerügt werden, sei es zu Protokoll, sei es in einem nachgereichten Schriftsatz.

1754 Durch **rügeloses Verhandeln** (nicht durch bloßes Schweigen: Prütting/Gehrlein/*Geisler* § 279 Rn. 5) können die Parteien auf ihr Erörterungsrecht – nicht auf die Erfüllung der vorgenannten Informationspflicht – verzichten oder sich mit einer nachzureichenden schriftlichen Stellungnahme begnügen (§ 295 Abs. 1 ZPO; Zöller/*Greger* § 279 Rn. 7).

> Die erfolgte Erörterung muss aus dem Protokoll ersichtlich sein. Fehlt ein entsprechender Vermerk, so gilt die Verhandlung wegen der formellen Beweiskraft des Protokolls als unterblieben (BGH MDR 2001, 830 – Anm. E. *Schneider* MDR 2001, 781). Aus der Nichtprotokollierung ist nach § 165 ZPO zu schließen, dass die Parteien keine Gelegenheit zur abschließenden Stellungnahme hatten (BGH NJW 1990, 121). Einem formelhaften und unrichtigen Vermerk, dass eine solche Erörterung erfolgt ist, sollte man sich daher widersetzen, sofern man sich dadurch eine etwaige Berufungsmöglichkeit erhalten möchte.

1755 Nach der Beweisaufnahme kann sich die Notwendigkeit **weiteren Sachvortrags** ergeben.

> Sofern z. B. ein Zeuge einen der Partei günstigen Sachverhalt mitteilt, der bisher von keiner Partei vorgetragen wurde, muss (bzw. sollte) sich die Partei diesen Vortrag zu Eigen machen, damit er vom Gericht berücksichtigt werden kann (BGH NJW-RR 1990, 507: arg. Parteimaxime; aber auch BGH NJW 2001, 2177: Partei macht sich die bei einer Beweisaufnahme zutage tretenden Umstände jedenfalls hilfsweise zu eigen, soweit sie ihre Rechtsposition zu stützen geeignet sind).
>
> Der Gegner muss daher damit rechnen, dass dadurch ein bislang ungenügendes Parteivorbringen nunmehr – ohne weiteres Dazutun der Partei – schlüssig oder substantiiert sein kann (BGHReport 2004, 173). Um hierauf noch erwidern zu können, muss er eine Schriftsatzfrist nach § 283 ZPO beantragen.

1756 Falls man nicht sofort im Termin (§ 370 Abs. 1 ZPO) hierzu vortragen kann, gibt es eine Reihe von Möglichkeiten einer Präklusion nach §§ 296a, 531 ZPO zu entgehen:

1757 (1) Bei überraschendem Ergebnis der Beweisaufnahme und Notwendigkeit der Rücksprache mit der Partei ist zu vertagen oder **Schriftsatzfrist** zu gewähren (Thomas/Putzo/*Reichold* § 370 Rn. 1; Zöller/*Greger* § 370 Rn. 1; Antrag stellen!).

1758 (2) Die bekannten »**Fluchtmöglichkeiten**«, wobei eine Säumnislage auch dann vorliegt, wenn der Rechtsanwalt nach Erledigung der Beweisaufnahme in einem gesonderten Beweistermin nicht mehr auftritt oder nicht verhandelt (§§ 285, 332, 367, 370 ZPO; Thomas/Putzo/*Reichold* § 332 Rn. 2; 333 Rn. 1).

> Allerdings kann in diesem Fall auf Antrag des Gegners Entscheidung nach Aktenlage ergehen (§ 331a ZPO). Hingegen ergeht bei einer Beweisaufnahme (Vernehmung von Prozess leitend geladenen Zeugen) nach vorheriger Verhandlung im gleichen Termin (§ 278 Abs. 2 ZPO) ein streitiges Urteil (OLG Hamm MDR 1974, 407).

1759 (3) Ein lediglich **beweiswürdigender Schriftsatz** bzw. Rechtsausführungen sind jederzeit zulässig (Prütting/Gehrlein/*Deppenkemper* § 296a Rn. 2, Thomas/Putzo/*Reichold* § 146 Rn. 2).

> Der Anwalt kann z. B. versuchen, etwaige Widersprüche oder Unsicherheiten in der Zeugenaussage dem Gericht bewusst zu machen. Hilfreich kann sein, darauf hinzuweisen, dass die Abweichungen in den Zeugenaussagen nicht unbedingt auf einer (bewussten) Falschaussage (der gegnerischen Zeugen) beruhen, sondern überwiegend auf Wahrnehmungs- und Erinnerungsfehlern. Ist das Gericht noch unentschlossen, können solche Ausführungen die Entscheidung im Einzelfall durchaus beeinflussen. Insbesondere könnte es dem Richter leichter fallen, einer Zeugenaussage den Vorzug zu geben, da er die Zeugen (der Gegenseite) nicht der Falschaussage bezichtigen bräuchte. Die anwaltliche Beweiswürdigung verliert allerdings an Überzeugungskraft, wenn nur die Aussagen der eigenen Zeugen herausgestellt und diejenigen der Gegenzeugen übergangen oder pauschal als unrichtig bezeichnet werden.

B. Beweiserhebung · 5. Kapitel

Bei einem Indizienbeweis sollte die davon begünstigte Partei (nochmals) die zu ziehenden Schlussfolgerungen deutlich machen, um zu vermeiden, dass das Gericht die »Flucht in die Beweislastentscheidung« (*Meyke* Rn. 262) vorzieht. In der Praxis geschieht dies – trotz starker Indizien – nämlich oft in dem Bemühen, »um jedem Preis nachweisbare Fehler zu vermeiden« (*Meyke* a. a. O.) oder auch nur deshalb, weil dies einfacher ist, statt unter Umständen komplizierte Überlegungen anstellen zu müssen.

Sofern eine Entscheidung am Ende der Sitzung ergeht, sollte der Schriftsatz möglichst schnell gefaxt oder – besser noch – per Boten zum zuständigen Richter gebracht werden. Abgesehen davon kann bzw. sollte auch mündlich über das Beweisergebnis unmittelbar nach der Beweisaufnahme verhandelt werden (§§ 279 Abs. 3 ZPO, 285 Abs. 1 ZPO).

Es erscheint dabei nicht unproblematisch, dass in der Praxis die Gegenpartei oft keine Gelegenheit erhält, hierzu Stellung zu nehmen bzw. ihr dieser Schriftsatz schon gar nicht mehr zugeleitet wird (arg. rechtliches Gehör sowie § 283 ZPO anwendbar!).

5. Protokollierung der Zeugenaussage

▶ **Praxistipp:** 1760

Wichtiger als die Aussage des Zeugen selbst ist für die Entscheidung die Protokollierung der Aussage.

Es sollte auf die Protokollierung der Zeugenaussage durch das Gericht (§ 160 Abs. 3 Nr. 4 ZPO) **geachtet** werden, da es vielfach auf Ungenauigkeiten, Widersprüche und Nuancen in der Aussage ankommt und sich selbst ein Richter nicht immer gewissen Voreingenommenheiten über den Ausgang einer Beweisaufnahme mit Blick auf das bereits gedanklich entworfene spätere Urteil entziehen kann. 1761

So wird davon gesprochen, dass »der Richter selten etwas ins Protokoll diktiert, das der Zeuge nicht gesagt hat, oft aber, was er so nicht gesagt hat. Die feinen, aber immer deutlichen Nuancen lassen erkennen, wie dieser Satz des Zeugen später im Urteil auftauchen wird: Er wird passen« (*Senfft*, Richter und andere Bürger, 1988 S. 53, zit. *Kirchhoff* MDR 2000, 187 Fn. 8). Nach *Rüssmann* (DRiZ 1985, 47) droht die größte Verfälschungsgefahr aus dem Glattschleifen der Aussage auf das rechtsrelevante Kerngeschehen im »anwendungsgerechten Juristenjargon«.

Es ist z. B. ein großer Unterschied, ob der Zeuge über die Frage des Vertragsabschlusses nichts (mehr) weiß oder ob er (positiv) weiß, dass ein Vertrag nicht geschlossen wurde. Bei der Formulierung, »dass ein Vertrag geschlossen wurde, kann ich nicht bestätigen«, oder »kann ich nicht sagen« bleibt dies unklar. Auch ist es z. B. für die spätere Beweiswürdigung von Bedeutung, wenn der Zeuge zwar erklärt, dass eine Zahlung geleistet oder ein Vertrag abgeschlossen wurde, ohne jedoch konkret angeben zu können wann und auf welche Weise.

So wird z. B. der Gewissheitsgrad einer Aussage völlig verfälscht, wenn sich statt »Ich glaube, das Fahrzeug kam von rechts« im Protokoll »Das Fahrzeug kam von rechts« wieder findet.

Es wäre daher am besten, wenn die entscheidenden Äußerungen des Zeugen möglichst in direkter Rede – **wortgetreu** – in dessen Diktion protokolliert wird, ebenso wie die ihm gemachten Vorhalte. 1762

Gegen die Formulierung können die Beteiligten Einwendungen erheben, die zu protokollieren sind (§ 162 Abs. 1 Satz 3 ZPO). Über den Wert der Einwendungen hat später das Gericht frei zu befinden. Eine ungenaue Formulierung sollte der Anwalt keinesfalls ohne weiteres hinnehmen, »auch wenn die Folge eventuell heftige Debatten sind« (*Bode/Trompetter* ProzRB 2003, 187).

Dabei ist zu bedenken, dass das Vernehmungsprotokoll nicht nur für die Entscheidungsbildung des erstinstanzlichen Richters, sondern erhebliche Bedeutung vor allem für das **Berufungsverfahren** hat. 1763

Denn das Berufungsgericht ist nach § 529 ZPO an das Ergebnis der Beweisaufnahme grundsätzlich gebunden, sofern dieses rechtsfehlerfrei zustande gekommen ist. Dabei kann gerade auch eine begründete protokollierte Verweigerung der Genehmigung des Protokolls ein konkreter Anhaltspunkt für »Zweifel der Richtigkeit oder Vollständigkeit der entscheidungserheblichen Feststellungen« (§ 529 Abs. 1 Nr. 1 ZPO) begründen.

6. Verwertungsverbot bei Mithörzeugen

1764 Häufig sind in der Praxis Zeugen, die über eine Mithörschaltung das Telefongespräch zwischen den Parteien – ohne Wissen (und Einwilligung) der anderen Partei – mit angehört haben, die einzigen Beweismittel.

1765 Wie für alle Verwertungsverbote (oben Rdn. 1540) wurden bzw. werden auch hierzu unterschiedliche Auffassungen vertreten (*Lenz/Meurer* MDR 2000, 73).

> Verwertbar z. B. BAG NJW 1983, 1691; BGH NJW 1982, 1397: Telefongespräch mit geschäftlichen Inhalt auch bei einem privaten Telefonanschluss; OLG Düsseldorf NJW 2000, 1578; Thomas/Putzo/*Reichold* § 286 Rn. 8.
>
> Unverwertbar: z. B. BAG NJW 1998, 1331: auch bei einem geschäftlichen Gespräch, OLG Karlsruhe MDR 2000, 847: entsprechender Sachvortrag auch dann unverwertbar, wenn unbestritten; arg. Verletzung des Persönlichkeitsrechts).
>
> Differenzierend Zöller/*Greger* § 286 Rn. 15b: nur bei Gesprächen erkennbar persönlichen Inhalts, nicht bei geschäftlichen Gesprächen.

1766 Dass die Verwertung der Aussage von Mithörzeugen unzulässig sein kann, haben sowohl das BVerfG (NJW 2002, 3619) als auch der BGH (NJW 2003, 1727) inzwischen festgestellt.

> Das BVerfG betont dabei, dass die Gewährleistung des allgemeinen Persönlichkeitsrechts insbesondere vor dem Hintergrund neuartiger Gefährdungen der Persönlichkeitsentfaltung geboten ist, die in Begleitung des wissenschaftlich technischen Fortschritts auftreten. Der Schutz des Rechts am gesprochenen Wort hänge weder davon ab, ob es sich bei den ausgetauschten Informationen um personale Kommunikationsinhalte oder gar besonders persönlichkeitssensible Daten handelt, noch komme es auf die Vereinbarung einer besonderen Vertraulichkeit der Gespräche an. Auf dieses Recht könne sich auch eine juristische Person des Privatrechts berufen. Der Schutz der Vertraulichkeit könne durch Einwilligung aufgehoben werden. Das bloße faktische Verbreitetsein von Mithöreinrichtungen bzw. die Üblichkeit des heimlichen Mithörens in bestimmten Bereichen (z. B. im Geschäftsverkehr) könne eine fehlende Einwilligung nicht ersetzen. Dabei könne die Einwilligung auch konkludent erteilt werden. Kann etwa der andere Teilnehmer an der Geräuschkulisse (z. B. öffentliche Telefonzelle oder Gespräch mit Mobiltelefon jeweils ohne räumliche Abtrennung) oder anderweitig erkennen, dass sein Partner nicht in einem abgeschlossenen Raum telefoniert, vermag er selbst zu entscheiden, ob er das Gespräch fortsetzen oder sich inhaltlich auf die Mithörmöglichkeit Dritter einstellen will.

1767 ▶ **Praxistipp:**

> Verwertbar ist die Vernehmung eines Lauschzeugen, wenn er das Gespräch nicht heimlich, sondern offen und mit Zustimmung der Beteiligten angehört hat.
>
> Eine solche Einwilligung kann ausdrücklich, aber auch konkludent erteilt worden sein. Eine stillschweigende Einwilligung des Gesprächspartners kann angenommen werden, wenn trotz Kenntnis von einem Mithören der andere Gesprächsteilnehmer widerspruchslos weiter kommuniziert (BVerfG NJW 2003, 2375: Hinweis darauf, dass der Lautsprecher eingeschaltet wird und sich in der Wohnung noch eine andere Person befindet). Über eine zu Beginn des Telefonats behauptete Offenbarung vom Mithören eines Dritten kann im Bestreitensfalle dieser als Zeuge angeboten werden.
>
> Eine konkludente Einwilligung kann sich auch aus den Umständen des Gesprächs ergeben, etwa, wenn dies im öffentlichen Raum geführt wurde, wo jederzeit mit dem – absichtlichen oder zufälligen – Mithören Dritten zu rechnen war (Straßencafe).

1768 ▶ **Praxistipp:**

> Die Vernehmung eines Lauschzeugen ist verwertbar, wenn dieser sein Wissen nur aus dem Mithören des anwesenden Gesprächspartners gewonnen hat.
>
> Damit können zumindest die Tatsache, dass zu einem bestimmten Zeitpunkt überhaupt ein Telefongespräch stattfand, sowie die Wortbeiträge der einen Partei bewiesen werden. In Bezug auf die zu beweisende Haupttatsache stellen diese Aussagen – lediglich, aber immerhin – Indizien dar (oben Rdn. 1584).

Zweifelhaft ist hingegen, ob eine Aussage über den Gesprächsinhalt verwertbar ist, welcher dem Zeugen von einer Partei nach dem Telefonat mitgeteilt wurde (Indiz!).

Denn das BVerfG (a. a. O.) hat weiter ausdrücklich festgestellt, dass der Sprecher im privaten Bereich gerade wegen des Inhalts des Gesprächs ein schutzwürdiges Interesse daran hat, dass Dritte hiervon keine Kenntnis erhalten (»Schutz der Privatsphäre«). Entsprechende Äußerungen seien unabhängig davon geschützt, wie der Inhalt an einen Dritten gerät, also auch dann, wenn der Gesprächspartner entgegen einer Vertraulichkeitserwartung des Sprechers einem Dritten von dem Gesprächsinhalt berichtet. Auch der BGH (NJW 2003, 1727) weist darauf hin, dass der »Kommunikationsinhalt« selbst von Art. 2 Abs. 1 i. V. m. Art. 1 Abs. 1 GG geschützt wird.

▶ **Praxistipp:** 1769

Verwertbar ist die Vernehmung eines Lauschzeugen auch dann, wenn das Interesse des Beweisführers das des Belauschten überwiegt.

Da bei den Beweisverboten das (verfassungsrechtlich abgesicherte) Recht auf Beweisführung mit dem (ebenfalls grundrechtlich abgesicherten) Recht am eigenen Wort kollidiert, ist – wie bei allen Grundrechtskollisionen – eine Güterabwägung erforderlich (BGH NJW 2003, 1727).

Ein Überwiegen der Interessen des Beweisführers kann etwa in Fällen angenommen werden, in denen sich der Beweisführer in einer Notwehrsituation oder einer notwehrähnlichen Lage befindet (z. B. BGH NJW 1988, 1016 – Aufnahmen zur Dokumentation erpresserischer Drohungen oder ähnlicher strafbarer Handlungen; NJW 1982, 277 – zur Feststellung der Identität eines anonymen verleumdenden Anrufers).

Nicht ausreichend ist allein das allgemeine private Interesse, sich über den Inhalt eines Gesprächs ein Beweismittel zu verschaffen, um dieses dann in einem etwaigen Prozess zur Durchsetzung zivilrechtlicher Ansprüche zu verwenden (BGH NJW 2003, 1727; BVerfG a. a. O.).

▶ **Praxistipp:** 1770

Ist die Aussage eines Lauschzeugen unverwertbar, kann sich aus ihr zumindest der Anlass für eine Vernehmung (auch) des Beweisführers als Partei ergeben.

Eine solche Vernehmung (Anhörung oder eine Parteivernehmung beider Gesprächspartner) hält die Rechtsprechung immer dann nicht nur für möglich, sondern sogar für geboten, »wenn andere Beweismittel nicht zur Verfügung stehen« (BVerfG a. a. O.).

Engere Grenzen als dem bloßen Mithören sind dem heimlichen Mitschneiden von (Telefon) Gesprächen gesetzt. Dies gilt auch für Besprechungen in geschäftlichen Angelegenheiten (Thomas/Putzo/*Reichold* § 286 Rn. 8, vor 371 Rn. 6; Prütting/Gehrlein/*Laumen* § 284 Rn. 27). 1771

7. Zeugen im Ausland

Befindet sich der zu vernehmende Zeuge im Ausland, ist dessen Vernehmung mit erheblichen zusätzlichen **Problemen** verbunden. Die Vernehmungen ist organisatorisch aufwendig, verursacht zusätzliche Kosten (Übersetzungskosten, Kosten für einen Vertrauensanwalt der Botschaft, etc., § 379 ZPO) und erhöht die Verfahrensdauer. Praktisch indes lässt sich all dies häufig nicht vermeiden, hängt der Prozesserfolg von der Vernehmung ab, muss diese durchgesetzt werden. 1772

Mangelnde Erfahrung, der zusätzliche Arbeitsaufwand und die drohende Verfahrensverzögerung machen eine Auslandsbeweisaufnahme bei Gerichten »ungefähr genauso beliebt wie beim Teufel das Weihwasser« (Dötsch MDR 2011, 269). Ist die Partei zur Durchsetzung ihrer Rechte auf einen ausländischen Zeugen angewiesen, muss sie regelmäßig erheblich auf das Gericht einwirken, um die Beweisaufnahme sicherzustellen (unten Rdn. 1776).

Auslandszeugen werden vor allem im Reiseprozess von Reiseveranstaltern häufig als Gegenzeugen für das Nichtvorliegen von Mängeln angeboten, die durch Mitreisende bewiesen wurden. Handelt es sich dabei um Reiseleiter oder saisonales Hotelpersonal, kommt oft zusätzlich erschwerend hinzu, dass deren Aufenthaltsort ständig wechselt.

1773 Dabei hat das Gericht nach § 286 ZPO (verfassungsrechtlich aus dem Anspruch auf effektiven Rechtsschutz, dem Recht auf Beweis und dem Anspruch auf rechtliches Gehör: BVerfG NJW 2003, 1655, 1656; BVerfG NJW-RR 2001, 1006, 1007) eine **Pflicht** zur möglichst vollständigen Aufklärung des Sachverhalts (BGH NJW 1992, 1768), insbesondere zur Erhebung angetretener Beweise (Prütting/Gehrlein/*Laumen* § 284 Rn. 36).

> Unklar ist, ob gegebenenfalls auf die Vorschrift des § 244 Abs. 5 StPO zurückgegriffen werden kann, wonach das (Straf-) Gericht einen Beweisantrag auf Vernehmung eines im Ausland zu ladenden Zeugen dann ablehnen darf, wenn der Beweis nach pflichtgemäßem Ermessen des Gerichts zur Erforschung der Wahrheit nicht erforderlich ist (Beweisantizipation!).

1774 Viele Gerichte nehmen eine **Unerreichbarkeit** des Zeugen an, wenn dessen Aussage nicht (in absehbarer Zeit) beigebracht werden kann. Dann fällt diese Beweismöglichkeit ersatzlos weg. Gangbar ist dieser aber erst, wenn sich das Gericht zuvor ernstlich um eine Vernehmung bemüht hat (Thomas/Putzo/*Reichold* § 284 Rn. 7; Prütting/Gehrlein/*Laumen* § 284 Rn. 42).

1775 **Möglich** ist eine Vernehmung ausländischer Zeugen

– durch das deutsche Gericht im Inland;

> Hierzu wird der Zeuge vor das deutsche Gericht gebeten. Dazu unten Rdn. 1776.

– durch das deutsche Gericht im Ausland;

> Hoheitliche Tätigkeiten deutscher Gerichte dürfen im Ausland nur ganz ausnahmsweise durchgeführt werden. Die Voraussetzungen hierfür sind so eng, dass diese Form der Vernehmung von Auslandszeugen praktisch nicht vorkommt. Dazu unten Rdn. 1777.

– durch ein ausländisches Gericht im Ausland.

> Bleibt etwa eine versuchte Ladung vor das Prozessgericht erfolglos, so hat das Gericht die Beweiserhebung im Ausland zu veranlassen (*Leipold* ZZP 105 (1992), 507 – Anm. zu BGH NJW 1992, 1768; Thomas/Putzo/*Reichold* § 355 Rn. 4).

a) Ladung vor das Prozessgericht

1776 Dies erfolgt nur sehr selten. Denn die Ladung ist kompliziert und das Erscheinen ist nicht nach § 380 ZPO erzwingbar. Da zudem die Anreise mit hohen Kosten verbunden ist, ist eine Ladung selten zweckmäßig (Zöller/*Greger* § 377 Rn. 1a).

> In der Praxis überlässt das Gericht die formlose Bitte an die Zeugen, (freiwillig) zu erscheinen, meist der beweispflichtigen Partei (Zöller/*Geimer* § 363 Rn. 5: völkerrechtskonform). Ein Anspruch der Parteien auf Ladung durch das Gericht besteht im Übrigen grundsätzlich nicht (arg. § 363 ZPO; Thomas/Putzo/*Reichold* § 355 Rn. 4: Ausnahme vom Unmittelbarkeitsgrundsatz).

> Hängt die Beurteilung der Glaubwürdigkeit des im Ausland vernommenen Zeugen wesentlich von dessen persönlichen Eindruck ab und ist das Vernehmungsprotokoll diesbezüglich – wie meist – unergiebig, kann es geboten sein, die Wiederholung seiner Vernehmung gem. § 398 Abs. 1 ZPO vor dem Prozessgericht zumindest zu versuchen und ihn andernfalls im Wege der Rechtshilfe erneut zu vernehmen (BGH NJW 1990, 398: beide Parteien hatten die Vernehmung beantragt und der Zeuge soll nach Angaben des Klägers bereit gewesen sein, vor einem deutschen Gericht zu erscheinen und auszusagen).

b) Eigene Anhörung im Ausland

1777 Deutsche Gerichte dürfen auf dem Gebiet fremder Staaten nur mit deren Zustimmung sowie mit Zustimmung der Bundesregierung, die über die Landesjustizverwaltung einzuholen ist, tätig werden (Zöller/*Geimer* § 363 Rn. 1, 6). Das Abhalten eines Termins und die förmliche **Vernehmung** eines Zeugen ohne Erlaubnis sind damit unzulässig.

> Wird ein Beweis unter Verstoß gegen Völkerrecht oder gegen deutsches Recht beschafft, steht seiner Verwertung im Prozess ein gesetzliches Verbot entgegen (Zöller/*Geimer* § 363 Rn. 5b).

Eine erleichterte Möglichkeit der Teilnahme des deutschen Gerichts an der Vernehmung im Wege der Rechtshilfe besteht nunmehr aufgrund der EU-Beweisaufnahmeverordnung i.V. m. § 1072 ZPO (unten Rdn. 1781).

Unzulässig ist bereits jede Art der **Befragung** des Zeugen, unabhängig davon ob diese gem. § 377 Abs. 3 ZPO schriftlich (auch per Telefax) oder gem. § 495a ZPO telefonisch erfolgt. (Thomas/Putzo/*Reichold* § 363 Rn. 5; BGH NJW 1984, 2039; a. A. Zöller/*Geimer* § 363 Rn. 5, 8:; *Tempel* S. 475: davon wird zunehmend Gebrauch gemacht). 1778

Möglich ist allenfalls die formlose Befragung auf freiwilliger Basis, die (mit Zustimmung der Parteien) im **Freibeweisverfahren** durchgeführt und später im Prozess nach § 284 Satz 2 ZPO verwertet werden kann. Dann kann die Befragung auch telefonisch oder per E-Mail erfolgen (Thomas/Putzo/*Reichold* § 377 Rn. 2; oben Rdn. 1549). 1779

> In der Praxis wird nicht selten der beweispflichtigen Partei gestattet, selbst eine schriftliche Erklärung des Zeugen im Ausland einzuholen (Zöller/*Geimer* § 363 Rn. 5a). Deren Verwertung als Urkundenbeweis erfordert aber ebenfalls das Einverständnis beider Parteien.

Eine sinnvolle Alternative bietet – auf Antrag – die **Videovernehmung** nach § 128a Abs. 2 ZPO, bei der der Zeuge in seinem Herkunftsland vernommen und dies im Wege der zeitgleichen Bild- und Tonübertragung in das Sitzungszimmer des deutschen Gerichts übertragen wird (Prütting/Gehrlein/*Trautwein* § 375 Rn. 3). 1780

> Zu den dabei zu bedenkenden Umständen oben Rdn. 1726. Bei einer Auslandsberührung werden die Vorteile die Nachteile häufig überwiegen. Inwieweit die dabei auftretenden praktischen und technischen Probleme (geeignete Videoanlagen im Sende- und im Empfangsland) zu bewältigen sind, kann nur im Einzelfall geklärt werden. Hierbei können die im Internetportal der Justiz (www.justiz.de) mit ihren Kontaktdaten verzeichneten Ansprechpartner für die Videoeinrichtungen der einzelnen Gerichte eine große Hilfe darstellen, da diese auch über Erfahrungen mit dem Auslandseinsatz verfügen und ggf. Hinweise auf andere Videoeinrichtungen (Botschaften, internationale Organisationen und Firmen, Polizei) geben können, die um Hilfe gebeten werden können.

c) Vernehmung im Ausland

Praktisch bleibt meist nur die Vernehmung im Ausland über ein förmliches internationales **Rechtshilfeersuchen** oder durch einen Bundeskonsul (§§ 183, 363 ZPO; Prütting/Gehrlein/*Lindner* § 363 Rn. 1). 1781

> Auch dieses Verfahren ist aufwendig (§ 363 ZPO). Inwieweit ein Rechtshilfeersuchen zum Erfolg führt, hängt vor allem vom jeweiligen Land und dessen Kooperationsbereitschaft ab, in welchem die Vernehmung durchgeführt werden soll.
>
> Sofern die Beweisaufnahme in einem EU-Mitgliedsstaat erfolgen soll, kann das deutsche Gericht nunmehr nach § 1072 Nr. 1 ZPO unmittelbar das zuständige Gericht in dem anderen Mitgliedsstaat um Vernehmung ersuchen (§ 1072 Nr. 1 ZPO; Zöller/*Geimer* § 363 Rn. 47; 1072 Rn. 6). Die unmittelbare Vernehmung durch das deutsche Gericht auf dem Territorium eines Mitgliedsstaates (§ 1072 Nr. 2 ZPO) wird in der Praxis wegen des erheblichen Aufwandes nur in ganz seltenen Ausnahmefällen in Betracht kommen, wobei die Vernehmung nur auf freiwilliger Grundlage erfolgen kann (Art. 17 Abs. 2 EG-VO Nr. 1206/2001; *Alio* NJW 2004, 2706).
>
> Das Gericht kann in Ausnahmefällen die Beweiserhebung der beweisführenden Partei selbst überlassen (§ 364 ZPO), z. B. wenn die ausländischen Behörden untätig bleiben bzw. die eingeleitete ausländische Zeugenvernehmung über ein Jahr lang auf sich warten lässt und kaum Aussicht auf ihre Durchführung besteht oder wenn mit dem ausländischen Staat keine diplomatischen Beziehungen bestehen (Thomas/Putzo/*Reichold* § 364 Rn. 1; BGH MDR 1989, 233; *Tempel* S. 475: bei mehrfachem Wechsel des Aufenthaltsorts des Zeugen). Nach fruchtlosem Ablauf einer gesetzten Frist (§ 364 Abs. 2 ZPO) bleibt das Beweismittel dann praktisch in der jeweiligen Instanz ausgeschlossen. Dieses Verfahren wird jedoch selten praktiziert (Zöller/*Geimer* § 364 Rn. 2).

d) Taktik

1782 Der **Beklagten** kann mit der Benennung eines im Ausland befindlichen Zeugen zumindest eine Verfahrensverzögerung, möglicherweise sogar eine Klageabweisung erreichen.

Erhebt das Gericht den angebotenen Beweis, verzögert sich die Entscheidungsreife durch das aufwendige Beweisverfahren zumindest um einige Monate.

Scheut das Gericht den mit der Beweisaufnahme verbundenen Aufwand, wird es möglicherweise einen Lösungsweg suchen, der es erlaubt, von der Beweisaufnahme abzusehen. Dabei bietet es sich an, die Klage für unbegründet (unschlüssig, unsubstantiiert) zu halten, sodass es auf die Verteidigungseinwände des Beklagten nicht ankommt, die unter Beweis gestellte Gegentatsache nicht geklärt werden muss. Zu Recht wird sogar von richterlicher Seite gerügt, dass sich die Zivilgerichte in der Vergangenheit oft als kreativ darin erwiesen haben, Beweisantritten mit Auslandszeugen nicht nachzukommen (*Fölsch* MDR 2011, 269).

Nachteilig für den Beklagten können die mit einer Auslandsbeweisaufnahme verbundenen zusätzlichen Kosten sein, die ggf. als Vorschuss von ihm eingefordert werden, jedenfalls aber im Fall eines Unterliegens zu tragen sind.

1783 Benennt der **Kläger** ausländische Zeugen, ist er zur Durchsetzung seines Rechts auf die Vernehmung meist angewiesen. Er hat dabei häufig nicht nur den Beklagten, sondern auch das Gericht gegen sich.

1784 ▶ Praxistipp:

Soll der ausländische Zeuge unbedingt vernommen werden, darf der Beweisführer sich nicht auf dessen bloße Benennung beschränken. Er muss den praktisch regelmäßig zu befürchtenden Vermeidungsstatiken des Gerichts nach Möglichkeit entgegen wirken.

Möglich ist dies etwa durch Hinweis auf die dem Gericht obliegenden Pflichten, die wegen der damit verbundenen Schwierigkeiten nicht entfallen. Untermauert werden kann dieser durch Zitatstellen aus der neueren Literatur und Rechtsprechung, die die früher h. M., das Gericht sei zu einem Tätigwerden im Ausland nicht verpflichtet, unter Hinweis auf den verfassungsrechtlichen Anspruch auf Beweis ablehnt (umfassende Nachweise bei *Fölsch* MDR 2011, 269).

So hat das OLG Stuttgart in einer aktuellen Entscheidung (Urt. vom 24.03.2010 – 3 U 214/09) ausdrücklich klargestellt, dass auch aufwendige Auslandsbeweisaufnahmen grundsätzlich durchgeführt werden müssen, und nicht mit der Begründung unterlassen werden darf, durch eine Rechtshilfevernehmung sei ohnehin kein persönlicher Eindruck von der Glaubwürdigkeit des Zeugen zu gewinnen.

»In rechtlicher Hinsicht nicht haltbar ist allerdings die Begründung des Landgerichts, eine Beweisaufnahme im Ausland könne unterbleiben, wenn es auf die Beurteilung der Glaubwürdigkeit der Beweisperson durch das erkennende deutsche Gericht ankomme. Abgesehen davon, dass in den seltensten Fällen schon vor Kenntnis des Inhalts der Zeugenaussage beurteilt werden kann, ob es maßgeblich auf dessen Glaubwürdigkeit ankommt, bestand jedenfalls im vorliegenden Fall die Möglichkeit für die Einzelrichterin, an der Beweisaufnahme durch das ersuchte italienische Gericht teilzunehmen, um sich ein eigenes Bild von der Glaubwürdigkeit der Zeugen zu machen (§§ 363 Abs. 3 Satz 2, 1073 ZPO). Im Übrigen würde die Argumentation des Landgerichts dazu führen, dass die Gerichte mehr oder weniger willkürlich jede Vernehmung von Auslandszeugen ablehnen könnten (so im Ergebnis auch Zöller/*Geimer* § 363 Rn. 6).« (OLG Stuttgart, Urt. vom 24.03.2010 – 3 U 214/09).

Möglich ist eine Förderung der Bereitschaft des Gerichts zur Durchführung der Beweisaufnahme auch, indem der damit verbundene Aufwand reduziert wird. So kann eine schriftliche Erklärung des Zeugen die Beweiserheblichkeit seiner Aussage dokumentieren, ggf. sogar als Urkundsbeweis dienen (selbstständig schriftliche Erklärungen des Zeugen – ggf. unter Versicherung an Eides statt – können eine verwertbare Zeugnisurkunde darstellen: BGH MDR 1970, 135; NJW 1984, 2039). Nach einer Voranfrage beim Zeugen kann mitgeteilt werden, dieser sei bereit, freiwillig vor dem deutschen Gericht zu erscheinen. Manchmal genügt schon ein Hinweis auf die (praktisch nicht immer bekannten) Rechtsgrundlagen einer Auslandsvernehmung oder deren praktischen Ablauf.

Hilft alles nichts, kann immer noch der Zeuge privat geladen und als präsenter Zeuge gestellt werden.

8. Der Beweiswert von Zeugen

Keine Vorgaben enthält die ZPO zu der Frage, ob einem Zeugen grundsätzlich zu glauben ist und dies nur dort nicht möglich ist, wo Anhaltspunkte für eine Falschaussage vorliegen, oder ob umgekehrt einem Zeugen grundsätzlich nicht zu glauben ist und es besonderer Anhaltspunkte für eine richtige Aussage bedarf.

1785

Die höchstrichterliche **Rechtsprechung** (BVerfG NJW 2003, 2444; BGH NStZ 2009, 106; BGH NStZ 2003, 245; BGH NJW 1999, 2746) verlangt – zumindest für den Strafprozess – beides:
– Ausgehend von der Annahme, die Aussage sei unwahr, muss zunächst überprüft werden, was gegen diese Hypothese spricht;
– danach ist zu prüfen, welche Umstände gegen die Annahme sprechen, die Aussage sei wahr.

1786

Beide Hypothesen müssen verifiziert oder falsifiziert werden; ist dies nicht möglich, liegt ein non liquet vor. Im Ergebnis führt dies dazu, dass einem Zeugen grundsätzlich weder zu glauben noch grundsätzlich nicht zu glauben ist, es vielmehr der positiven Feststellung eines bestätigenden oder verneinenden Beweisergebnisses in jedem Einzelfall bedarf.

1787

Die **Praxis** der Tatgerichte geht diesen aufwendigen Weg im Zivilprozess nicht. Hier wird regelmäßig nur eine Hypothese zugrunde gelegt und überprüft. Welche dies ist, entscheidet regelmäßig das allgemeine Menschenbild des Richters. Praktisch dominiert dabei die Beweisregel: »Dem Zeugen ist zu glauben, wenn nicht ganz gewichtige Anhaltspunkte dagegen sprechen, die sich auch in die Entscheidungsgründe schreiben lassen.«

1788

(*Foerste* NJW 2001, 321; *Reinecke* MDR 1986, 630 – Die Krise der freien Beweiswürdigung im Zivilprozess oder Über die Schwierigkeit, einem Zeugen nicht zu glauben; *Geipel* AnwBl. 10/2005: »Die contra legem Beweisregel«; *Einmahl* NJW 2001, 470: nach einer Untersuchung wurde in Fällen, in denen nur eine Partei einen Zeugen aufzubieten hatte, diesen Zeugen in ca. 97 % aller Fälle geglaubt; *E. Schneider* NJW 2001, 3757 u. *Kirchhoff* MDR 1999, 1474; *ders.* MDR 2010, 791: von etwa 1400 untersuchten Zeugenvernehmungen wurden lediglich etwa 65 Zeugen nicht geglaubt).

Die gerichtliche **Beweiswürdigung** reduziert sich dann auf die Frage, welche Umstände gegen die Glaubhaftigkeit der Aussage und/oder die Glaubwürdigkeit des Zeugen sprechen. Finden sich hier nicht genügend gewichtige Argumente, gilt die Aussage als wahr, das Beweisthema als erwiesen.

1789

Praktisch führt dies dazu, dass sich in einem Urteil faktisch keine Begründung von Glaubhaftigkeit und Glaubwürdigkeit finden. Selbst bei erkennbarem Unbehagen des Gerichts am eigenen Ergebnis fehlt es oft an einer nachvollziehbaren Artikulation der Bedenken (*Meyke* MDR 1987, 360). Dies kann insbesondere deswegen nicht befriedigen, weil der Zeuge unbestritten ein denkbar schlechtes Beweismittel ist. Zeugen können lügen, sich irren oder missverstanden werden; die möglichen Fehlerquellen sind zahlreich (*Kirchhoff* MDR 2001, 666). Dass eine solche Fehlerquelle nicht vorliegt, kann kaum einfach unterstellt werden.

1790

Zu Recht kritisiert *Bull* (DRiZ 1972, 205), dass auch die sich in den Entscheidungsgründen häufig zu findende floskelhafte Formulierung »aufgrund der glaubhaften Aussage des Zeugen X« keine Begründung darstellt, sondern der Bequemlichkeit des Gerichts dient.

Vielfach arbeiten Gerichte bei der Beurteilung von Zeugenaussagen regelmäßig mit bloßen »Alltagstheorien« (instruktiv zu Beurteilungskriterien *Kirchhoff* MDR 1999, 1474; *Stimpfig* MDR 1995, 451) und bei der Begründung mit nichtssagenden Leer- und Beschwörformeln (z.B. OLG Düsseldorf NJW-RR 1996, 631: »Die Angaben des Zeugen sind einleuchtend, plastisch und glaubhaft, er hat in plausibler Weise erläutert ...«).

Noch über diese allgemeine Grundeinstellung hinaus verstärkt geglaubt wird bestimmten Zeugengruppen (*Meyer-Mews* NJW 2000, 916: »Vor Gericht privilegierte Tatzeugen«). Dazu gehören z.B. Polizeibeamte, körperlich geschädigten Opfern von Straftaten oder Verkehrsunfällen.

Nicht verkannt werden darf dabei indes, dass die schriftlich fixierte Beweiswürdigung die **wirklichen Gründe** des Gerichts nur bedingt widerspiegeln. Zu der für das Beweisergebnis entscheidenden

1791

Überzeugung gelangt das Gericht in der Regel aus einer mehr intuitiven Bewertung des persönlichen Eindrucks von Verhandlung und Beweisaufnahme. Diese lässt sich nur bedingt verbalisieren. Die nach § 286 Abs. 1 Satz 2 ZPO erforderliche Angabe der Gründe, die für die Überzeugung leitend gewesen sind, erfolgt ergebnisorientiert und besteht überwiegend aus floskelhaften Standardargumenten.

1792 Für den Anwalt eröffnen sich damit oft **nur bedingte Einflussmöglichkeiten** auf die Beweiswürdigung des Gerichts. Kaum ein Richter wird sich von schriftlich vorgebrachten Argumenten für oder gegen ein bestimmtes Beweisergebnis von der bereits gewonnenen persönlichen Überzeugung abbringen lassen.

> Dies bedeutet nicht, dass der Anwalt auf eine eigene Beweiswürdigung verzichten sollte. Hat das Gericht sich noch keine abschließende Meinung zum Beweisergebnis gebildet oder geht es von einem »Grenzfall« aus, können die besseren Argumente der Parteien den Ausschlag geben. Auch sichere Beweisergebnisse können mit starken Argumenten dagegen zumindest erschüttert, das Gericht zu einem nochmaligen Überdenken veranlasst werden. Trifft die Beweislast den Gegner, genügt es ja, die Gewissheit des Gerichts soweit zu erschüttern, dass es im Zweifel von einem non liquet ausgeht.

1793 **Argumente**, die für oder gegen den Beweiswert einer Zeugenaussage sprechen, können sich spontan ergeben, aber auch durch Fragenkataloge erarbeitet werden.

> Ein solcher Fragenkatalog kann sich etwa ergeben aus den Anforderungen, die an einen Zeugen gestellt werden (er muss etwas wahrgenommen, in Erinnerung behalten und wiedergeben haben) und deren Erfüllung (Möglichkeit, Fähigkeit und Bereitschaft hierzu).

▶ **Beispiel:**

> Die Möglichkeit zur Wahrnehmung hatte der Zeuge nicht, wenn die Lichtverhältnisse eine Beobachtung nicht zuließen. Die Möglichkeit zur Erinnerung kann in den Fällen einer Amnesie fehlen, die Möglichkeit zur Wiedergabe setzt eine störungsfreie Vernehmung voraus.
>
> Die Fähigkeit zur Wahrnehmung in fremder Sprache geführter Gespräche setzt entsprechende Sprachkenntnisse voraus, die Fähigkeit zur Erinnerung kann bei Kindern, Senioren oder Kranken anders entwickelt sein, als bei gesunden Erwachsenen. Die Fähigkeit zur Wiedergabe komplexer Sachverhalte hängt von den sprachlichen Fähigkeiten des Zeugen ab.
>
> Die Bereitschaft zur Wahrnehmung fehlt bei sog »Knallzeugen«, die von einem Unfall nur den Knall gehört und sich den Hergang danach zusammengereimt haben. Die Bereitschaft zur Erinnerung hängt davon ab, ob es sich um ein alltägliches oder um ein besonderes Ereignis gehandelt hat. Zur Wiedergabe nicht bereit sind unwillige Zeugen, die lieber nicht aussagen wollen.
>
> Hilfreich ist es oft auch, wenn man sich die möglichen Fehlerquellen vor Augen hält (hierzu Baumbach/ *Hartmann* Übers § 373 Rn. 5).
>
> Wenig Erfolg versprechend ist es dagegen, wenn Unrichtigkeiten lediglich in Nebenpunkten gefunden werden, die Aussage im Kerngeschehen jedoch unangreifbar bleibt. So sind Erinnerungslücken im Randbereich völlig normal (*Kirchhoff* MDR 1999, 1474; aber *Geipel* AnwBl. 2005, 347 Fn. 38: ein bewusst falsch aussagender Zeuge kann – wenn überhaupt – regelmäßig nur durch Fragen zum Randgeschehen überführt werden).
>
> Andererseits kann es genügen, um der Aussage des Zeugen auch zum Kerngeschehen glauben zu können, dass die Aussage von einem anderen Zeugen auch nur in Randbereichen bestätigt wird (BGH NStZ-RR 2003, 268). Überhaupt erhöht sich die Glaubwürdigkeit, wenn Zeugen unabhängig voneinander Übereinstimmendes bekunden (BGH MDR 1961, 249 Nr. 117).

1794 Beweiswürdigungsargumente können sich auch aus Umständen ergeben, die dem **Gericht nicht bekannt** und bei der Beweisaufnahme nicht zur Sprache gekommen sind.

▶ **Beispiel:**

> Der Zeuge steht zu der Partei in einer besonderen geschäftlichen oder persönlichen Beziehung.

Zwischen dem Zeugen und dem Gegner hat es vor oder nach der Beweisaufnahme ungewöhnliche Kontakte gegeben.

> Hierzu schreibt der Bundesgerichtshof: »Es verstößt gegen den Grundsatz der freien Beweiswürdigung, wenn der Tatrichter die Glaubwürdigkeit eines Zeugen allein deshalb verneint, weil der Zeuge einer der Prozessparteien nahe steht oder am Abschluss des dem Prozess zugrunde liegenden Vertrages beteiligt war und bei seiner Vernehmung keine Umstände zutage getreten sind, die die von vornherein angenommenen Bedenken gegen die Glaubwürdigkeit des Zeugen zerstreut hätten (LS). Es gibt keinen Erfahrungssatz des Inhalts, dass Zeugen, die einer Prozesspartei nahe stehen und/oder am Abschluss des dem Prozess zugrunde liegenden Vertrages beteiligt waren, von vornherein als parteiisch und unzuverlässig zu gelten haben und ihr Aussagen unbrauchbar sind« (BGH NJW 1995, 955).
>
> Allerdings können diese Umstände sowohl unbewusst die Erinnerung zugunsten der ihnen nahestehenden Partei beeinflussen als auch zu einer bewussten Falschaussage führen. So wird auch nicht selten im Kreis der Familie oder Freunde über die bevorstehende Aussage ausführlich gesprochen, bis sich eine gemeinsame Auffassung über das Geschehen gebildet hat, geprägt von dem am besten Informierten und am meisten Interessierten, der Prozesspartei. Bei Unternehmen ist der sachkundige Mitarbeiter auch der Informant des Prozessbevollmächtigten, der ohnedies meist über den Gang der Verhandlung unterrichtet wird (*Lange* NJW 2002, 476).
>
> Zieht der Tatrichter den Umstand des Näheverhältnisses des Zeugen zur Partei überhaupt nicht in seine Beweiswürdigung mit ein, kann ein berufungsrelevanter Verstoß gegen § 286 ZPO vorliegen, insbesondere, wenn eine Partei entsprechende Bedenken geäußert hat (*Stackmann* JuS 2004, 881).

Letztlich wird sich der Anwalt damit abfinden müssen, dass die Beweiswürdigung selbst kein naturwissenschaftlich exakter Vorgang ist, der in allen Fällen den gleichen Kriterien folgt und logisch nachvollziehbar ist. Ob ein Richter einem Zeugen glaubt, eine Tatsache für erwiesen hält, ist Teil seiner subjektiven Einschätzung und beruht damit auf seinen Kenntnissen und Fähigkeiten, seiner Lebenserfahrung und Persönlichkeit, seiner Menschenkenntnis und seiner Einschätzung der Gesamtumstände. Dass mit gleich guten Argumenten auch ein anderes Ergebnis begründbar gewesen wäre, macht die Beweiswürdigung nicht falsch, nicht einmal mit der Berufung anfechtbar, sondern muss hingenommen werden, weil die Beweiswürdigung letztlich dem Gericht (und nicht den Parteien oder ihren Anwälten) zugewiesen ist. 1795

> Bewusst hat das Gesetz sich deswegen grundsätzlich gegen feste Beweisregeln (»Nur dreier Zeugen Mund tut volle Wahrheit kund«) ausgesprochen (§ 286 Abs. 2 ZPO) und dem Richter bei der Beweiswürdigung weitgehend freie Hand gelassen (§ 286 Abs. 1 ZPO). Aussagepsychologische Beweiswürdigungsmodelle und Kriterienkataloge für die Glaubwürdigkeitsbeurteilung können in der Praxis deswegen nicht zur Beantwortung der Frage herangezogen werden, ob einem Zeugen zu glauben ist oder nicht. Sie taugen allenfalls für die nach § 284 Abs. 1 Satz 2 ZPO erforderliche rationale Begründung des richterlichen Ergebnisses.

II. Sachverständigengutachten

Bedarf die Beantwortung einer Beweisfrage besonderer Sachkunde, über die das Gericht nicht selbst verfügt, kann es sich hierbei der Mithilfe eines entsprechend sachkundigen Dritten bedienen. Dieser beantwortet die ihm vorgelegte Frage in Form eines Gutachtens. 1796

1. Bedeutung in der Praxis

Wenn hinsichtlich einer entscheidungserheblichen Frage ein gerichtlich angeordnetes Sachverständigengutachten vorliegt, entscheidet sich fast ausnahmslos danach der Prozess. Dem Gutachten kommt damit regelmäßig **prozessentscheidende** Bedeutung zu. 1797

> Denn die Gerichte schließen sich in aller Regel (mit stereotypen Leerformeln) den »überzeugenden und widerspruchsfreien Ausführungen des Sachverständigen« an (nach einer empirischen Untersuchung erfolgt dies in 95 % der Fälle, *Sendler* NJW 1986, 2909: ärztliche Sachverständige als »Richter im weißen Kittel«; *Klaaßen* SZ 12.11.2003: Baugutachter – »Die Schattenrichter« – oft fällt ihr Votum das Urteil).
>
> Wollte das Gericht davon abweichen, so müsste es nach der Rechtsprechung des BGH seine abweichende Überzeugung begründen und dabei erkennen lassen, dass die Beurteilung nicht von einem Mangel an

Sachkunde geprägt ist (Thomas/Putzo/*Reichold* § 286 Rn. 3). Hierzu sind die Gerichte in der Regel jedoch z. B. in schwierigen bautechnischen oder medizinischen Fragen oder bei Messungen und Berechnungen im Bereich des Immissionsschutzrechts nicht in der Lage.

Diese strengen Anforderungen an den Tatrichter begründen gleichsam die »beweisrechtliche Vermutung der Richtigkeit eines Gutachtens« (*E. Schneider* MDR 1985, 199). Es ist deshalb für ihn einfacher, die Entscheidung auf den vom Sachverständigen festgelegten Wahrscheinlichkeitsgrad zu stützen, statt sich selbst eine eigene persönliche Überzeugung zu bilden (Zöller/*Greger* § 286 Rn. 19).

Speziell im Arzthaftungsprozess darf das Gericht einen groben Behandlungsfehler entgegen den medizinischen Ausführungen des Sachverständigen nicht aus eigener Wertung bejahen (BGH NJW 2002, 2944).

1798 Dabei kann die »prozessentscheidende Weichenstellung« schon in der **Auswahl** des Sachverständigen liegen, vor allem im medizinischen Bereich (*Oehler* ZRP 1999, 285; *Franzki* DRiZ 1991, 317).

Hierbei können auch etwaige finanzielle oder persönliche Beziehungen des Gutachters zur Partei eine Rolle spielen. Die Justiz indes ist häufig »blind gegenüber den Verflechtungen ihrer Gutachter« (*Lanz* ZRP 1998, 337; OLG Celle NJW-RR 2003, 135: Tätigkeit als Privatgutachter für die Versicherungswirtschaft kein Ablehnungsgrund), zumal dem Sachverständigen insoweit bislang auch keine Anzeigepflicht zukommt.

Die Sachverständigen werden vom Gericht ausgewählt, wobei viele Richter einfach irgendeinen Gutachter beauftragen, ohne sich irgendwelche Gedanken zu machen (*Lanz* ZRP 1998, 339). Es kann daher in besonderen Fällen sinnvoll sein, wenn sich die Parteien auf eine bestimmte – kompetente und wirklich neutrale – Person einigen (§ 404 ZPO). Da von einer Partei einseitig vorgeschlagene Sachverständige vom Gegner regelmäßig abgelehnt werden und das Gericht bei vorhandenen Alternativen meistens von deren Bestellung absieht, besteht eine gewisse Chance, auf diese Weise unliebsame Sachverständige zu verhindern. Es bleibt aber die Möglichkeit, vom bevorzugten Sachverständigen ein Privatgutachten anfertigen zu lassen (sogleich unten Rdn. 1815).

1799 Da die Gerichte erfahrungsgemäß von der möglichen Beweiserhebung von Amts wegen (§ 144 ZPO) sehr zurückhaltend Gebrauch machen, empfiehlt sich in der Regel ein entsprechender **Antrag**.

Damit das Gericht den Antrag nicht ohne Weiteres übersehen bzw. ausweichen kann, sollte hierauf sicherheitshalber in der mündlichen Verhandlung nochmals hingewiesen bzw. der Antrag wiederholt werden. Zum Beweisantritt gem. § 403 ZPO genügt zwar die summarische Bezeichnung der zu begutachtenden Frage (Thomas/Putzo/*Reichold* § 403 Rn. 1). Trotzdem empfiehlt sich eine möglichst genaue Darlegung der Gegebenheiten zur Vermeidung des Risikos, dass das Gericht den Beweisantritt als Ausforschungsbeweis oder mangels ausreichend bestimmter Anknüpfungstatsachen ablehnt (OLG München MDR 2000, 393).

Bei strafrechtlich relevanten Sachverhalten wird häufig Strafanzeige erstattet, um die Klärung der Sachverständigenfrage auf Staatskosten zu erreichen (*Lilie/Orben* ZRP 2002, 156: in Arzthaftungsprozessen, wobei der Nutzen wegen der erheblichen Dauer der Ermittlungen und der mit dem Zeitablauf einhergehenden Beweisführungsschwierigkeiten für den Zivilprozess eher gering sei).

1800 ▶ Praxistipp:

Bei einem Sachverständigenbeweis von Amts wegen darf das Gericht dessen Einholung nicht von einem Vorschuss nach §§ 379, 402 ZPO abhängig machen.

(BGH NJW 2000, 743 – OLG Naumburg: 15 000 DM; Thomas/Putzo/*Reichold* § 144 Rn. 1; Zöller/*Greger* §§ 379 Rn. 3; 144 Rn. 1), was manchmal trotzdem geschehen soll, um Druck auszuüben, damit die Partei vor der hohen Entschädigung für den Sachverständigen zurückschreckt (*E. Schneider* MDR 2000, 751; jedoch kann Vorschuss gem. § 17 Abs. 3 GKG angefordert werden, Thomas/Putzo/*Reichold* § 144 Rn. 1; i. Ü. zur Frage der Präklusion bei Nichtzahlung eines angeordneten Vorschusses oben Rdn. 1510). Ebenso wenig besteht eine Vorschusspflicht bei bewilligter Prozesskostenhilfe (§ 122 ZPO).

Im Übrigen aber ist eine – überhöhte – Vorschussanordnung nicht selbstständig anfechtbar. Ihre Rechtmäßigkeit kann erst bei einem Rechtsmittel gegen die Entscheidung in der Hauptsache überprüft werden. Im Ausgangsverfahren bleibt nur die Gegenvorstellung (Zöller/*Greger* § 379 Rn. 6).

1801 Hierbei ist immer abzuklären, ob der Mandant bei kleinen Streitwerten bzw. bei nur noch geringem streitigem Restbetrag oder bei einer durchaus im üblichen Rahmen liegenden Höhe des

Klageanspruchs das durch ein Sachverständigengutachten wesentlich erhöhte **Kostenrisiko** in Kauf nehmen will.

> Manchmal kann sich ein Gutachten aufgrund der Möglichkeiten nach § 287 ZPO (Schadensschätzung und Vernehmung des Beweisführers) erübrigen (auch §§ 441 Abs. 3 Satz 2, 633 Abs. 3 Satz 2 BGB). Hierauf sollte man das Gericht in geeigneten Fällen durchaus hinweisen, weil von dieser Vorschrift in der Praxis »zu wenig und zu ängstlich« (*Meyke* Rn. 220) Gebrauch gemacht wird.
>
> Ferner ist zu prüfen, ob für ein Erfolg versprechendes Gutachten überhaupt ausreichende Anknüpfungstatsachen oder vielleicht andere (kostengünstigere) Beweismittel vorhanden sind. So ist aufgrund zwischenzeitlicher Veränderungen oft auch nur noch der gegenwärtige – und nicht mehr der entscheidungserhebliche frühere – Zustand der streitgegenständlichen Sache feststellbar.
>
> Ein (trotzdem) beantragtes und erholtes Gutachten würde hier nur unnötige Kosten verursachen, sofern nicht entsprechende Rückschlüsse möglich sind. Hat man neben einem Sachverständigengutachten noch Zeugen angeboten, muss man damit rechnen, dass das Gericht zunächst oder ausschließlich das Gutachten erholt.
>
> Dies lässt sich nicht dadurch vermeiden, indem man das Sachverständigengutachten nur unter der Bedingung beantragt, dass das Ergebnis der Zeugenvernehmung zum Beweis der behaupteten Tatsachen dem Gericht nicht ausreicht (Zöller/*Greger* Vor § 128 Rn. 20 a. E.).
>
> Sofern es um die Anspruchshöhe geht, bleibt dann nur die Möglichkeit, das insofern häufig nur routinemäßig erfolgte Bestreiten nicht weiter aufrechtzuerhalten.
>
> Um zu vermeiden, dass nach Erholung eines teureren Gutachtens die Klage bereits dem Grunde nach in der Berufung abgewiesen wird, kann es sich empfehlen, hierüber zunächst eine rechtskräftige Entscheidung im Wege eines Grundurteils zu erlangen (§ 304 ZPO). Obgleich dessen Erlass im Ermessen des Gerichts liegt, erscheint ein Antrag einer oder beider Parteien unter Darlegung der Zweckmäßigkeit eines Grundurteils sehr förderlich. Denn solche Urteile ergehen in der Praxis relativ selten. Man muss man sich hierbei aber bewusst sein, dass ein Grundurteil von den Gerichten dann wiederum oft vorschnell erlassen wird (Zöller/*Vollkommer* § 304 Rn. 1).

Die **Haftung** des gerichtlichen Sachverständigen auf Ersatz des Schadens, der einer Partei durch eine gerichtliche Entscheidung (nicht bei Prozessvergleich!) entsteht, die auf einem unrichtigen Gutachten beruht, ist in § 839a Abs. 1 BGB geregelt. 1802

> Voraussetzung ist der – nur schwierig zu erbringende – Nachweis von Vorsatz oder grober Fahrlässigkeit, wobei zudem die »Grenze zwischen abwegiger Mindermeinung und schlicht falschen Gutachten« zu ziehen ist (*Brückner/Neumann* MDR 2003, 906).
>
> Außerdem tritt die Ersatzpflicht nicht ein, wenn der Verletzte es zumindest fahrlässig unterlassen hat, den Schaden durch Gebrauch eines Rechtsmittels abzuwenden (§§ 839a Abs. 2 BGB, 839 Abs. 3 BGB).
>
> Der Anwalt muss zumindest jedes Sachverständigengutachten auf seine Schlüssigkeit prüfen. Sofern das Gutachten auch nur im Geringsten unklar oder unvollständig ist, soll er auf Ergänzung drängen und sich nicht auf das Gericht verlassen. Außerdem sollte der Anwalt seiner Partei raten, das Gutachten von einem Fachmann überprüfen zu lassen, wenn er (oder die Partei) außerstande ist, es inhaltlich selbst zu überprüfen (*Jaeger* ZAP Fach 2, S. 454) bzw. Anhaltspunkte für ein unrichtiges Gutachten vorhanden sind (*Huber* NJW-Editorial 19/2003).

2. Entkräftung eines Gutachtens

Ein Sachverständigengutachten zu Fall zu bringen ist nur **sehr schwer** erreichbar. Dies aber erscheint meist als einzige Chance, einer Verurteilung unter Zugrundelegung des Gutachtens zu entgehen. 1803

a) Prozessuale Möglichkeiten

Das Prozessrecht bietet eine Reihe von Möglichkeiten, das Ergebnis eines gerichtlichen Gutachtens infrage zu stellen. 1804

1805 (1) Zunächst können die Parteien **Einwendungen gegen das Gutachten** vorbringen und den Sachverständigen befragen, wenn das Gericht das Erscheinen des Sachverständigen zum Termin (zur Erläuterung des schriftlichen Gutachtens) angeordnet hat.

Hierbei bietet sich die Herbeiführung einer ergänzenden schriftlichen Stellungnahme des Sachverständigen an, was von den Gerichten überwiegend so gehandhabt wird. Dies wird in vielen Fällen die Zweifelspunkte ausreichend klären.

Das Gericht muss aber den Sachverständigen laden, wenn eine Partei die Ladung beantragt, auch wenn dem Gericht das schriftliche Gutachten vollständig und überzeugungsfähig erscheint und eine Erläuterung nicht für erforderlich hält. Unerheblich ist auch, ob zu erwarten ist, dass der Gutachter seine Auffassung ändert (Thomas/Putzo/*Reichold* § 411 Rn. 5; Zöller/*Greger* § 411 Rn. 5a; BVerfG NJW-RR 1996, 183; BGH NJW 1986, 2886; zum Ganzen *Pantle* MDR 1989, 312; arg. Fragerecht gem. §§ 402, 397 Abs. 1 – unabhängig von § 411 Abs. 3 ZPO).

Beschränkungen des Antragsrechts ergeben sich nur aus den Gesichtspunkten des Rechtsmissbrauchs und der Prozessverschleppung. Ein beabsichtigter Rechtsmissbrauch lässt sich nicht daraus herleiten, dass nicht mitgeteilt wird, welche Fragen dem Sachverständigen gestellt werden sollten. Es kann von der Partei, die einen Antrag auf Ladung des Sachverständigen stellt, nicht verlangt werden, dass sie die Fragen, die sie an den Sachverständigen zu richten beabsichtigt, im Voraus konkret formuliert. Es genügt, wenn sie allgemein angibt, in welcher Richtung sie durch ihre Fragen eine weitere Aufklärung herbeizuführen wünscht (BGH MDR 2003, 168 – st. Rspr.).

Hingegen soll ein solcher Antrag – als rechtsmissbräuchlich – abgelehnt werden können, wenn bei einem vollständigen und überzeugungsfähigen Gutachten die Notwendigkeit einer Erörterung überhaupt nicht begründet wird, wenn die an den Sachverständigen zu richtenden Fragen nicht genau genannt werden oder nur beweisunerhebliche Fragen angekündigt werden (BVerfG NJW-RR 1996, 183, Zöller/*Greger* § 411 Rn. 5a) bzw. die Fragen eindeutig beantwortet sind, ohne dass insoweit ein Erläuterungsbedarf besteht oder zumindest nachvollziehbar geltend gemacht wird (OLG Oldenburg NJW 1999, 178).

Da hiernach die Abgrenzungskriterien der Rechtsprechung nicht völlig klar und einheitlich erscheinen und die Gerichte »es nicht schätzen, wenn der Gutachter auf Antrag einer Partei noch zur mündlichen Verhandlung geladen werden soll, weil dessen Anhörung zeitaufwändig ist« (*E. Schneider* ProzRB 2003, 276), empfiehlt sich zur Vermeidung einer Ablehnung, zumindest eine konkrete, beweiserhebliche Frage zusammen mit dem Antrag anzukündigen. Dabei dürfte gerade bei einem Antrag vonseiten der Klagepartei die Annahme von Rechtsmissbrauch eher seltener in Betracht kommen, da diese naturgemäß auf die Förderung des Verfahrens bedacht ist.

Allerdings dürfen bei nur geringer Sachkunde einer Partei an ihre Einwendungen keine hohen Anforderungen gestellt werden. Speziell im Arzthaftungsprozess ist die Partei nicht verpflichtet, ihre Einwendungen gegen das Gerichtsgutachten auf die Beifügung eines Privatgutachtens oder auf sachverständigen Rat zu stützen oder selbst oder durch Dritte in medizinischen Bibliotheken Recherchen anzustellen, um Einwendungen gegen ein gerichtliches Sachverständigengutachten zu formulieren (BGH NJW 2003, 1400).

Auch nach einem Ergänzungsgutachten hat die Partei ein Recht darauf, den Sachverständigen hierzu mündlich zu befragen, sofern neue und ernst zu nehmende Bedenken gegen Teile des Gutachtens erhoben werden (BGH NJW 1986, 2886).

Die Einwendungen und der Antrag auf Ladung müssen rechtzeitig, insbesondere innerhalb einer vom Gericht gesetzten Frist mitgeteilt werden (§ 411 Abs. 4 ZPO). Denn bei Verspätung droht eine Zurückweisung nach §§ 282, 296 ZPO (MüKoZPO/*Zimmermann* § 411 Rn. 17, 18).

Der Antrag ist spätestens in dem – nächsten – Verhandlungstermin zu stellen, in dem das Gutachten von den Parteien vorgetragen wird (BGH NJW 1961, 2308; NJW-RR 1997, 1487). Danach kann die Partei die Anhörung nicht mehr erzwingen, vielmehr entscheidet das Gericht darüber nach Ermessen (§§ 402, 398 Abs. 1 ZPO). Insbesondere lebt der in erster Instanz durch Nichtausübung verlorene prozessuale Anspruch der Partei in der Berufungsinstanz nicht wieder auf.

Unabhängig davon ist jedoch die Ladung von Amts wegen geboten, wenn das Gutachten zur Behebung von Zweifeln oder zur Beseitigung von Unklarheiten und Widersprüchen der mündlichen Erläuterung bedarf (Zöller/*Greger* § 411 Rn. 5). Hierbei kann ein verspäteter Antrag freilich immer eine entsprechende Anregung sein.

Dabei steht das unmittelbare Fragerecht jedenfalls dem Anwalt und nach Ermessen des Gerichts auch den Parteien zu (§§ 402, 397 ZPO).

Dritte Personen, z. B. Privatsachverständige haben kein Fragerecht und müssen dies durch den Anwalt ausüben. Da dies zeitintensiv ist, kann man versuchen zu erreichen, dass das Gericht eine unmittelbare Befragung (ausnahmsweise) gestattet. Im Übrigen kann das Fragerecht durch den Anwalt natürlich wesentlich effektiver wahrgenommen werden, wenn er sich zuvor mit einem anderen (Privat-) Sachverständigen hinsichtlich der kritischen Punkte besprochen hat.

▶ Praxistipp: 1806

Inhaltlich führt die Anhörung eines Sachverständigen regelmäßig nur dann zu einem vom schriftlichen Gutachten abweichenden Ergebnis, wenn es gelingt, den Sachverständigen zur Einräumung eines Fehlers zu bewegen.

Dies ist schon aus psychologischen Gründen nicht einfach. Der Sachverständige wird stets versuchen, sein Gutachten zu verteidigen, ist grundsätzlich nicht bereit sich von einem – von ihm für inkompetent gehaltenen – Anwalt einen Fehler nachweisen zu lassen. Manchmal ist es deswegen sinnvoll, den eigenen Privatgutachter zur Befragung mitzubringen. Vermieden werden dann indes, dass die beiden Sachverständigen anfangen, über ihre bessere Kompetenz zu streiten. Erfolg versprechender ist es, die Befragungsatmosphäre so zu gestalten, dass alle Beteiligten das Gefühl haben, gemeinsam die richtige Lösung der Beweisfrage zu suchen.

Bei der Befragung ist zu bedenken: »Unterstatement bringt den Sachverständigen eher ins Wanken. Der Mut zu naiven Fragen des aufgeschlossenen Laien lässt den Sachverständigen sehr viel argloser den Routinepfad der unangreifbaren Standards verlassen. Nicht zuletzt die Eitelkeit veranlasst ihn, dem wissbegierigen, aber vorgeblich unwissenden Fragesteller auf das von diesem vorbereitete Terrain zu folgen (...). Das dauernde Lamento des Rechtsanwalts, er habe die Schlussfolgerungen des Sachverständigen nicht verstanden, lässt unter Umständen auch den entnervten Richter erklärend eingreifen, wodurch er ungewollt Blößen im eigenen Verständnis der Materie offenbart« (*Sommer* ZAP 1994 Fach 22, S. 113).

Trotz alledem solle der Anwalt gut vorbereitet sein, um das Fragerecht auch aktiv wahrnehmen zu können. So wird sich der Richter bei einem durch Antrag erzwungenen Anhörungstermin vermutlich mit der eigenen Befragung des Sachverständigen eher zurückhalten.

Enthalten die mündlichen Ausführungen des Sachverständigen gegenüber dem früheren schriftlichen Gutachten neue und ausführlichere Beurteilungen, muss der Partei unter Umständen Gelegenheit gegeben werden, nochmals Stellung nehmen zu können, nachdem sie sich etwa selbst anderweitig sachverständig beraten hat. Ein solcher Wunsch sollte im Anschluss an die Beweisaufnahme unbedingt kundgetan werden, da die Partei sonst dieses Recht verlieren kann (BGH NJW 1988, 2302: Arzthaftungsprozess).

(2) Der Anwalt sollte genau prüfen, ob der Sachverständige von den richtigen **Anknüpfungstatsachen** ausgegangen ist und nicht etwa einen unbewiesenen, widerlegten oder irrelevanten Sachverhalt zugrunde gelegt hat. 1807

Es empfiehlt sich daher, bei einem Augenscheintermin des Sachverständigen zu erscheinen, um zu verhindern, dass der Gegner dem Sachverständigen einen abweichenden Sachverhalt unterbreitet.

(3) Ebenso wichtig ist es, dass der Sachverständige aus den richtigen Tatsachen auch richtige, insbesondere nachvollziehbare logische **Schlussfolgerungen** gezogen hat. 1808

Da manche Richter zuweilen nur die »Zusammenfassung« am Ende des Gutachtens lesen, sollte auch geprüft werden, ob diese den Inhalt, einschließlich etwaiger Einschränkungen oder besondere Voraussetzungen zutreffend wiedergibt.

(4) Ein (gerichtlich bestellter) Sachverständiger kann wegen Besorgnis der **Befangenheit** abgelehnt werden (§ 406 ZPO). 1809

Eine solche Ablehnung hat in der Praxis erfahrungsgemäß nur selten Erfolg. Da Sachverständige als Naturwissenschaftler aber häufig mit den zivilprozessualen Regeln und Denkweisen nicht vertraut sind, können Ablehnungsgründe häufiger gefunden werden als beim Richter.

Voraussetzung hierfür ist allgemein, dass die Partei aus ihrer Sicht mit einer plausiblen, gedanklich nachvollziehbaren Erklärung Zweifel an der Unbefangenheit des Sachverständigen haben kann. Maßgebend ist dafür die Sicht einer einigermaßen verständigen Partei, nicht Querulantentum oder übersteigertes Misstrauen (Zöller/*Vollkommer* § 42 Rn. 9).

Dabei obliegt dem Sachverständigen als Richtergehilfen die Verpflichtung zur Objektivität und strengen Sachlichkeit. Dazu gehört insbesondere, dass er auf Kritik, die ihm entgegengebracht wird, sachlich reagiert (OLG Zweibrücken VersR 1998, 1438). Mangel als Sachkunde, Unzulänglichkeiten oder Fehlerhaftigkeit des Gutachtens mögen das Gutachten entwerten, rechtfertigen aber für sich allein nicht die Ablehnung des Sachverständigen wegen Befangenheit (BGH NJW 2005, 1869).

Sofern der Sachverständige seine Ablehnung mindestens grob fahrlässig verschuldet hat, kann dessen Vergütungsanspruch und somit auch die entsprechende Kostenbelastung der unterliegenden Partei entfallen (*Hartmann*, Kostengesetze, § 8, 9 ff. JVEG; OLG Hamburg MDR 2004, 906).

1810 Besonders praxisrelevant sind die folgenden möglichen **Befangenheitsgründe** (Prütting/Gehrlein/*Katzenmeier* § 406 Rn. 10 ff.):

— Sachverständiger hat zum Ortstermin nur eine Partei zugezogen (*Jaeger* ZAP Fach 2, S. 1043: »Todsünde«) oder bei einer Partei Informationen eingeholt.

— Sachverständiger hat mit überzogener Ausdrucksweise Kritik an einem von der Partei vorgelegten Privatgutachten geübt (OLG Oldenburg NJW-RR 2000, 1166: Privatgutachter habe »keine Ahnung«; OLG Zweibrücken VersR 1998, 1438: angekündigtes Privatgutachten sei ein Gefälligkeitsgutachten).

— Einseitige negative Bewertung der Partei und deren Anwalt (OLG Köln MDR 2002, 53: Sachverständiger bezeichnete die Äußerungen des Anwalts – »ein außerordentlich oberflächlich und lapidares Gutachten, welches mit schneller Hand geschrieben wurde« – als »flegelhaft« und »rüpelhaft«).

— Der Sachverständige lässt sich außergerichtlich in eine Sachdiskussion mit einer Partei über die Richtigkeit seiner gutachterlichen Ausführungen ein und deutet in diesem Zusammenhang an, dass noch weitere – bislang nicht gerügte – Mängel oder Mängelursachen vorhanden sein könnten (OLG München, Beschl. vom 06.05.1999, 28 W 1494/99: Befangenheitsgrund, weil allein die »Optik« maßgebend ist, auch wenn er Sachverständige sich dem Anruf der Partei grundsätzlich nicht entziehen konnte und sich subjektiv in einer Verteidigungsstellung sah und möglicherweise eine prompte Antwort auch als ein Gebot der Höflichkeit ansah).

— Eigenmächtige Feststellungen über den erteilten Gutachtensauftrag hinaus, ohne zuvor auf eine Ergänzung der Beweisfragen hingewirkt zu haben (OLG Celle NJW-RR 2003, 135).

— Umformulierung des Beweisthemas und gänzliche Nichtberücksichtigung von substantiiertem Vortrag einer Partei.

— Sachverständiger erweckt den Eindruck, eine streitige Behauptung zulasten einer Partei für erwiesen zu halten oder den Angaben des Gegners mehr Glauben zu schenken (OLG Hamburg MDR 2004, 906: »die Klage sei berechtigt«).

Im Übrigen ist besonders auf die Frist für den Ablehnungsantrag nach § 406 Abs. 2 ZPO zu achten.

Nach § 406 Abs. 2 Satz 1 ZPO ist der Ablehnungsantrag grundsätzlich binnen zwei Wochen nach der Zustellung des Beschlusses über die Ernennung des Sachverständigen zu stellen. Man darf also nicht erst abwarten, ob das Gutachten für die Partei ungünstig ausfällt.

Ergeben sich die Ablehnungsgründe aus dem Inhalt des Gutachtens, ist die Frist des § 406 Abs. 2 Satz 2 ZPO maßgebend. In diesem Fall ist der Antrag nach der Rechtsprechung grundsätzlich unverzüglich nach dessen Kenntnis – so früh wie möglich – zu stellen. Dabei ist es aber noch rechtzeitig, wenn der Befangenheitsantrag innerhalb einer zur Stellungnahme nach § 411 Abs. 4 ZPO vom Gericht gesetzten – u. U. auch verlängerten – Frist eingereicht wird, sofern sich die Besorgnis der Befangenheit erst aus einer inhaltlichen Auseinandersetzung mit dem schriftlichen Gutachten ergibt (BGH NJW 2005, 1869; str.). Aber auch sonst steht der Partei eine angemessene Prüfungs- und Überlegungsfrist zu (Zöller/*Greger* § 406 Rn. 11;

OLG Brandenburg NJW-RR 2001, 1433: in aller Regel Zwei-Wochen-Frist – einmonatige Überlegungsfrist ist zu lang).

Bei begründeter Ablehnung ist das Gutachten für das Urteil nicht mehr verwertbar, wodurch die ablehnende Partei die Chance auf ein neues, für sie günstigeres Gutachten erhält.

Allerdings kann der Beweisführer den wirksam abgelehnten Sachverständigen als sachverständigen Zeugen benennen bezüglich seiner Wahrnehmungen bei einer Augenscheinseinnahme (§ 414 ZPO; Zöller/*Greger* § 414 Rn. 2 a. E.). Als Zeuge kann er nämlich nicht abgelehnt werden und ist zwingend zu vernehmen. Ferner kann die Partei bei dem abgelehnten Sachverständigen selbst ein Privatgutachten in Auftrag geben und dieses vorlegen. Dadurch können u. U. für den Beweisführer günstige Feststellungen des Sachverständigen noch gerettet werden.

Dabei kommt der Aussage eines sachverständigen Zeugen ein dem Sachverständigengutachten angenähertes Gewicht zu. Denn will das Gericht von dessen Aussage über sachkundig getroffene Feststellungen abweichen, muss es seine bessere Sachkunde darlegen (BGH MDR 2003, 348).

Auch die erfolgreiche Ablehnung eines Sachverständigen steht der **Verwertbarkeit** seiner vor der Ablehnung erstatteten **Gutachten** allerdings nicht notwendig entgegen (BGH MDR 2007, 1213). 1811

Für möglich hat der BGH die Verwertung gehalten, wenn die Partei, die sich auf die Befangenheit des Sachverständigen beruft, den Ablehnungsgrund durch eine unzulässige Streitverkündung an den Sachverständigen in rechtsmissbräuchlicher Weise provoziert hat und kein Anlass zu der Besorgnis besteht, dass die Unvoreingenommenheit des Sachverständigen schon bei Erstellung seiner bisherigen Gutachten beeinträchtigt war. Abzuwarten bleibt, ob der BGH eine Verwertung auch ohne vorangegangene Streitverkündung (dazu unten Rdn. 1812) bejaht.

(5) Selten ist in der Praxis zu beobachten, dass Sachverständige mit der **Drohung**, sie wegen des angeblich falschen Gutachtens auf Schadensersatz aus § 839a BGB in Anspruch zu nehmen (*Rickert/ König* NJW 2005, 1829). 1812

Kurzfristig wurde diese Drohung in den Jahren 2005/2006 auch durch eine Streitverkündung an den Sachverständigen verstärkt. Trat er daraufhin dem Rechtsstreit bei, erweckte er den Anschein, auf der Seite der von ihm unterstützten Partei zu stehen und damit nicht mehr neutral zu sein. Dies rechtfertigte in der Regel meist seine Ablehnung wegen Besorgnis der Befangenheit, nach a. A. war er sogar von Amts wegen entsprechend § 41 ZPO ausgeschlossen. Sehr schnell und nahezu zeitgleich haben Rechtsprechung und Gesetzgeber dieser Vorgehensweise einen Riegel vorgeschoben: Zum einen ist der Sachverständige ist nicht »Dritter« i. S. d. § 72 Abs. 1 ZPO (BGH NJW 2006, 3214), zum anderen regelt § 72 Abs. 2 ZPO ausdrücklich, dass Sachverständigen der Streit nicht verkündet werden kann.

Geblieben ist die Möglichkeit der »Drohung« mit einer Schadensersatzklage ohne Streitverkündung. 1813

Ob es damit gelingt, den Sachverständigen zu einer der Partei günstigeren Begutachtung zu veranlassen, darf für die weitaus überwiegende Zahl der Fälle zumindest bezweifelt werden.

(6) Erfolg versprechender ist die Erholung eines weiteren Gutachtens eines anderen Sachverständigen (»**Obergutachten**«), welches allerdings nur ausnahmsweise möglich ist. 1814

Allgemeine Voraussetzung ist nach § 412 ZPO, dass das Gericht das Gutachten für ungenügend erachtet. Dabei darf – im Gegensatz zu Zeugenaussagen – die Einschaltung eines zweiten Gutachters aber auch dann abgelehnt werden, wenn das erste Gutachten bereits das Gegenteil der behaupteten Tatsache bewiesen hat (BGHZ 53, 245, 258). Nach der Rechtsprechung kommt ein zweites Gutachten vor allem in Betracht bei substantiierten Einwendungen gegen das erste schriftliche Gutachten, wenn diese nicht von vornherein widerlegbar sind (BGH VersR 1985, 188, Thomas/Putzo/*Reichold* § 412 Rn. 1) oder es sich um einen schwierigen Fall handelt (BGH NJW 1986, 1930), grobe Mängel besitzt oder die Sachkunde des ersten Gutachters zweifelhaft ist bzw. der neue Gutachter über überlegene Forschungsmittel verfügt oder wenn es in anderer Weise nicht aufklärbare Widersprüche enthält (Thomas/Putzo/*Reichold* § 412 Rn. 1).

Obgleich das Gericht diese Voraussetzungen gem. § 286 ZPO selbstständig prüfen müsste, empfiehlt sich ein ausdrücklicher und begründeter Antrag seitens der vom Gutachten nachteilig betroffenen Partei.

Falls die beiden Gutachten zu unterschiedlichen Ergebnissen kommen, kann insbesondere bei besonders schwierigen Fragen ausnahmsweise noch die Erholung eines sog. Obergutachtens infrage kommen, wenn der Richter ohne einleuchtende, logisch nachvollziehbare Begründung nicht einem den Vorzug geben kann (Thomas/Putzo/*Reichold* § 412 Rn. 3).

Dabei kennt die ZPO weder diesen Begriff, noch normiert sie eine irgendwie geartete Reihenfolge unter verschiedenen Gutachten. Als Obergutachter wird in der Praxis ein Sachverständiger verstanden, der aufgrund überragender Sachkunde oder besonderer Autorität die durch gegensätzliche Auffassung mehrerer Sachverständiger entstandenen Zweifel zu klären hat (Baumbach/*Hartmann* § 412 Rn. 4; Thomas/Putzo/*Reichold* § 412 Rn. 3).

b) Bedeutung eines Privatgutachtens

1815 Gerade ein Privatgutachten einer Partei kann dazu führen, dass **Einwendungen** vom Gericht ernst genommen werden (BGH NJW 1986, 1930; Thomas/Putzo/*Reichold* Vorbem. § 402 Rn. 5; problematisch kann allerdings die Kostenerstattung sein! – BGH NJW 2003, 1398; Thomas/Putzo/*Hüßtege* § 91 Rn. 48 ff.). So haben Anträge auf Erholung eines zweiten (gerichtlichen) Gutachtens in der Regel nur dann Aussicht auf Erfolg, wenn die Einwendungen durch ein Privatgutachten gestützt werden.

Denn das Gericht hat sich damit ebenso sorgfältig auseinanderzusetzen und auf eine weitere Aufklärung des Sachverhalts hinzuwirken, als wenn es sich um die abweichende Stellungnahme eines von ihm bestellten weiteren Gutachters handeln würde (BGH VersR 1980, 533; NJW 1998, 2735: Arzthaftungsprozess; OLG Saarbrücken NJW-RR 1999, 719; BGH NJW 1992, 1459: schriftliche Ergänzung des Gutachtens/ Ladung des Sachverständigen/weiteres Gutachten gem. § 412 ZPO).

Dabei sind gerade in Arzthaftungsprozessen die Äußerungen medizinischer Sachverständiger kritisch auf ihre Vollständigkeit und Widerspruchsfreiheit zu prüfen, vor allem bei Widersprüchen aufgrund von Privatgutachten (BGH NJW 1996, 1597), gerade weil manche Sachverständige Behandlungsfehler nur sehr zurückhaltend ansprechen (BGH NJW 1999, 3410).

Es ist verfahrensfehlerhaft, wenn nicht dargelegt wird, warum das Gericht der Ansicht des gerichtlichen Sachverständigen den Vorzug gibt bzw. warum es dessen Ausführungen für »überzeugend« hält (OLG Zweibrücken NJW-RR 1999, 1156).

Die unkritische Übernahme z. B. von Bewertungsansätzen im Gutachten und Ergänzungsgutachten eines gerichtlichen Sachverständigen verletzt das Gebot rechtlichen Gehörs, wenn ein Privatgutachten zu deutlich anderen Bewertungsergebnissen gelangt (BVerfG NJW 1997, 122: zur Ermittlung des Wertes eines Unternehmens im Rahmen des Zugewinnausgleichs).

Zur Erfüllung all dieser Voraussetzungen dürfte dem Gericht meist die erforderliche Sachkunde fehlen, sodass die Einholung eines zweiten Gutachtens häufig unumgänglich sein wird, sofern die noch offenen Fragen nicht bereits durch die Anhörung des Sachverständigen geklärt werden konnten.

1816 Sonst kann ein Privatgutachten als Sachverständigengutachten im Prozess nur mit Zustimmung beider Parteien **verwertet** werden (Prütting/Gehrlein/*Katzenmeier* vor § 402 Rn. 8; a. A. Zöller/*Greger* § 402 Rn. 2).

1817 ▶ **Praxistipp:**

Die Zustimmung zur Verwertung eines vom Gegner vorgelegten Privatgutachtens als gerichtliches muss nicht immer nachteilig sein. Bestehen an der Unvoreingenommenheit und Qualifikation des Sachverständigen keine Zweifel, können damit erhebliche Kosten für ein weiteres Gutachten erspart werden.

1818 Sofern das Gericht dieses Gutachten zur Beantwortung der Beweisfrage für ausreichend hält, ist die Einholung eines gerichtlichen Gutachtens entbehrlich (BGH VersR 1989, 587).

Soweit die Ausführungen im Privatgutachten nicht ausreichen, um die von einer Partei zum Beweisthema angestellten Überlegungen und die von ihr in ihrem Vortrag angesprochenen aufklärungsbedürftigen Fragen zu beantworten, muss der Richter auf Antrag der Partei einen Sachverständigen hinzuziehen und eine schriftliche oder mündliche Begutachtung anordnen. Dabei kommt es nicht darauf an, ob die Behauptung der Partei in der anderen Begutachtung eine Stütze findet oder nicht (BGH NJW 2002, 2324, st. Rspr.).

Im Übrigen ist ein Privatgutachten urkundlich belegter (qualifizierter) substantiierter **Parteivortrag**. 1819

(BGH NJW-RR 1994, 255, st. Rspr.; Thomas/Putzo/*Reichold* Vorbem. § 402 Rn. 5), den das Gericht im Rahmen freier Beweiswürdigung – ohne Einholung eines weiteren Gutachtens – auch bei Widerspruch einer Partei (ausnahmsweise, meist bei besonders einfacher Sachlage, sonst nur Beweis dafür, welche Erklärungen vom Privatgutachter abgegeben worden sind, nicht aber für die inhaltliche Richtigkeit, OLG Oldenburg NJW-RR 2000, 949) für zuverlässig und ausreichend halten kann (Zöller/*Greger* § 402 Rn. 2: urkundenbeweisliche Verwertung). Es ist dann Sache des Gegners der vorlegenden Partei, den Gegenbeweis anzubieten, am besten durch Antrag auf Einholung eines (gerichtlichen) Sachverständigengutachtens.

Dadurch ist die Gegenpartei gezwungen, zumindest – soweit möglich (§ 138 Abs. 4 ZPO!) – entsprechend substantiiert zu bestreiten (*Müther* MDR 1998, 1336), was in der Praxis häufig nicht erfolgt. Es verbleibt meistens beim bloßen Widerspruch gegen die Verwertung des Privatgutachtens als solches. 1820

Der Privatgutachter kann allerdings auch als (**sachverständiger**) **Zeuge** über seine Feststellungen bei der Besichtigung des Streitobjekts vernommen werden (§ 414 ZPO). 1821

Das Übergehen eines entsprechenden (erforderlichen und spezifizierten) Beweisantrages stellt einen Verfahrensfehler dar (BGH NJW-RR 2004, 1361: Zustand eines Baggers nach einem Unfallereignis).

Damit kann das Privatgutachten beweisrechtlich letztlich doch wieder Berücksichtigung finden, wenngleich dieser Zeuge (streng genommen) nur zu einem Beweisthema gehört werden kann, das zulässiger Gegenstand eines Zeugenbeweises ist. Die Abgrenzung ist im Einzelfall schwierig.

Vernimmt das Gericht den Privatgutachter zu Sachverständigenfragen, so hat es ihn damit zum gerichtlichen Sachverständigen bestellt, über dessen Aussage sich das Gericht daher nicht mehr »einfach hinwegsetzen« kann (BGH BauR 1994, 524).

Im Übrigen handelt die beweispflichtige Partei grob nachlässig, wenn sie lediglich ein Privatgutachten vorlegt und keinen Beweisantrag auf Einholung eines gerichtlichen Gutachtens stellt (OLG Oldenburg NJW-RR 2000, 949; §§ 528 Abs. 2, 282 Abs. 1 ZPO).

c) Beweissicherungsgutachten

Häufig ist vorprozessual zum Zwecke der Beweissicherung ein Gutachten im selbstständigen Beweisverfahren nach **§§ 485 ff. ZPO** eingeholt worden (dazu oben Rdn. 422). 1822

Praktische Bedeutung hat die schriftliche Begutachtung durch einen Sachverständigen im selbstständigen Beweisverfahren nach § 485 ZPO neben Arzthaftungs- und Straßenverkehrsverfahren vor allem in Bauprozessen, wo es meist darum geht, Mängel an einem Bauvorhaben sowie den hierfür jeweils Verantwortlichen von mehreren Beteiligten festzustellen. Zudem wird durch die Zustellung des Antrages die Verjährung gehemmt (§ 204 Abs. 1 Nr. 7 BGB).

▶ Praxistipp: 1823

Der Anwalt sollte den Beweiserhebungen im selbstständigen Beweisverfahren dieselbe kritische Aufmerksamkeit widmen wie im Hauptsacheprozess.

Denn eine solche Begutachtung, welche regelmäßig außerhalb eines Streitverfahrens erfolgt, hat nach § 493 Abs. 1 ZPO dieselbe Bedeutung wie ein erst im Prozess eingeholtes Gutachten. So folgt auch die Beweisaufnahme den hierfür geltenden allgemeinen Vorschriften (§ 492 ZPO). Dazu im Übrigen oben Rdn. 422.

Besonderheiten des vorangegangenen Beweissicherungsverfahrens sind: 1824

— der Gegner einen eigenen Gegenantrag stellen (z. B. Erweiterung der Beweisfrage) und Gegenbeweis antreten kann (Prütting/Gehrlein/*Ulrich* § 487 Rn. 8 ff. und § 493 Rn. 5; Thomas/Putzo/ *Reichold* § 485 Rn. 1, zu den Zulässigkeitsvoraussetzungen OLG Jena MDR 1997, 1160, str.),

— eine Streitverkündung zulässig ist (oben Rdn. 436),

– eine Ablehnung des Sachverständigen wegen der Besorgnis der Befangenheit bereits im selbstständigen Beweisverfahren möglich und geboten ist (§ 406 ZPO), im Hauptsacheprozess hingegen nur noch in Ausnahmefällen (Thomas/Putzo/*Reichold* § 487 Rn. 6),

– Einwendungen, die Begutachtung betreffende Anträge und Ergänzungsfragen rechtzeitig mitzuteilen sind.

> Dies hat entweder innerhalb einer vom Gericht hierfür gesetzten Frist oder innerhalb eines angemessenen Zeitraums (nach Erledigung der Beweisaufnahme) zu erfolgen (§ 411 Abs. 4 ZPO). Ob damit bis zum Hauptsacheverfahren zugewartet werden kann, ist sehr zweifelhaft (oben Rdn. 438). Dies gilt auch für die Frage, ob im Hauptsacheverfahren ein »Obergutachten« i. S. d. § 412 ZPO eingeholt werden kann, wenn die Voraussetzungen dafür bereits im Beweissicherungsverfahren vorlagen (BGH MDR 2010, 767).

– im Hauptsacheprozess eine erneute Begutachtung nur ausnahmsweise unter den – in der Praxis nur selten vorliegenden – engen Voraussetzungen des § 412 ZPO zulässig ist (Zöller/*Herget* § 493 Rn. 2; auch § 485 Abs. 3 ZPO).

1825 Für die Frage der **Verwertung** des Gutachtens im Streitverfahren gilt Folgendes:

1826 (1) Von Amts wegen, wenn sich eine Partei – ohne besondere Antragstellung – auf die darin festgestellten Tatsachen beruft (§§ 493 Abs. 1; 285 Abs. 2 ZPO). Im Gegensatz zum Privatgutachten ist hierfür die Zustimmung des Gegners nicht erforderlich.

> Da dem Streitgericht das Vorhandensein eines solchen Gutachtens erfahrungsgemäß nicht immer ohne Weiteres bekannt ist (anders Zöller/*Herget* § 493 Rn. 1), sollte der Antragsteller ein nachteiliges Gutachten tunlichst nicht erwähnen, wenn er angesichts dessen trotzdem noch Klage erhoben hat. Ein vorteilhaftes Gutachten hingegen sollte nicht nur erwähnt, sondern am besten mit vorgelegt werden, um die Kenntnisnahme durch das Streitgericht sicherzustellen.

1827 (2) Die Zulässigkeit des selbstständigen Beweisverfahrens ist keine Voraussetzung der späteren Verwertung der Beweise (Thomas/Putzo/*Reichold* § 493 Rn. 1).

> Vor allem nur dann, wenn eine Partei von einem Ortstermin nicht (nachweisbar) benachrichtigt war, ist das Gutachten nicht verwertbar (Thomas/Putzo/*Reichold* § 493 Rn. 2; Zöller/*Herget* § 493 Rn. 4). Hierbei ist darauf zu achten, der Verwertung rechtzeitig zu widersprechen, um den Eintritt der Heilungswirkung des § 295 ZPO zu verhindern.

1828 (3) Es muss Identität der Parteien gegeben sein.

> Es ist daher zu empfehlen, möglichst alle in Betracht kommenden Schuldner als Antragsgegner zu nennen oder ihnen (kostenrechtlich günstiger) den Streit zu verkünden (z. B. bei einem Bauvorhaben den Bauunternehmer, Handwerker, Subunternehmer, Architekten; oben Rdn. 436; unten Rdn. 2460).

3. Verfahrensfremde Gutachten

1829 Eine besondere Regelung besteht für die Verwertbarkeit von schriftlichen gerichtlichen Sachverständigengutachten aus anderen Verfahren. So kann nach § 411a ZPO die schriftliche Begutachtung durch die Verwertung (als Sachverständigenbeweis!) eines gerichtlichen Sachverständigengutachtens aus einem anderen Verfahren ersetzt werden.

> Die Verwertung ist auf Antrag einer Partei aber auch von Amts wegen möglich, entweder auf einen Beweisantrag einer Partei, ein Sachverständigengutachten einzuholen oder nach § 144 Abs. 1 ZPO (Begr. RegE. S. 20). Vor Erlass eines entsprechenden Beweisbeschlusses ist den Parteien rechtliches Gehör zu gewähren (*Huber* JuS 2004, 876).
>
> Als solche Gutachten kommen z. B. in Betracht verkehrsanalytische Gutachten, Gutachten bei ärztlichen »Kunstfehler«-Prozessen, Insolvenzgutachten, Gutachten aus Sozialgerichtsverfahren sowie Schrift vergleichende Gutachten.

1830 Die Verwertung des verfahrensfremden Gutachtens liegt im pflichtgemäßen Ermessen des Richters.

B. Beweiserhebung 5. Kapitel

Daher sollte die Partei bei einem für sie ungünstigen Gutachten versuchen, den Richter durch begründete Einwendungen zur Erholung eines (weiteren) originären Gutachtens zu bewegen. Dies kann dann veranlasst sein, wenn das Gericht auf seine entsprechende Absicht hinweist oder der Gegner die Verwertung beantragt; spätestens bei Anordnung der Beweiserhebung (Thomas/Putzo/*Reichold* § 358 Rn. 1).

Anknüpfungspunkte hierfür könnten u. U. die unterschiedlichen Beweismaßstäbe in dem anderen Verfahrensarten bieten. So werden z. B. Gutachten im Strafverfahren in der Regel unter anderen rechtlichen Gesichtspunkten erstattet als im Zivilverfahren (BGH NJW 1983, 121). Während im Strafverfahren aufgrund der dort geltenden Beweisgrundsätze (»in dubio pro reo«!) zweifelhafte Tatsachen zugunsten des Angeklagten zugrunde gelegt werden müssen, ist im Zivilprozess die davon regelmäßig abweichende – oft komplexe – Darlegungs- und Beweislast maßgebend. Auch gilt im Strafverfahren ein anderer Fahrlässigkeitsmaßstab als im Zivilrecht. Dies wird häufig eine Ergänzung des Gutachtens erfordern.

Unterschiede in den Kausalitäts- und Beweisanforderungen bestehen z. B. auch im Zivil- und Sozialrecht (OLG Köln VersR 1998, 1249: LG hat es versäumt, dem medizinischen Sachverständigen die für die haftungsrechtliche Beurteilung maßgeblichen Kriterien als Grundlage für die Gutachtenserstattung vorzugeben; BGH NJW-RR 2005, 897).

Des Weiteren ist zu prüfen, ob die Beweisthemen auch deckungsgleich sind. Vorhandene Unterschiede zum Zivilverfahren sollte der Anwalt herausarbeiten und gegenüber dem Gericht deutlich machen. Dann dürfte sicherlich mancher Richter dem Verlangen der Partei nach einem eigenständigen Gutachten nachgehen, nicht zuletzt auch deshalb, um etwaige spätere Auseinandersetzungen zu vermeiden.

Die Mitwirkungs- und **Beteiligungsrechte der Parteien** nach den Vorschriften über den Beweis durch Sachverständige gem. §§ 402 ff. ZPO bleiben hierbei unberührt. 1831

Das bedeutet insbesondere, dass die Parteien das Recht haben, eine Ergänzung des Gutachtens und eine mündliche Anhörung zu beantragen (§ 411 Abs. 3, 4 ZPO; oben Rdn. 1805; *E. Schneider* AnwBl. 2003, 550: »Rettungsmaßnahme« für den Anwalt). Auch kann ein weiteres Gutachten erholt werden, wenn das Gericht das anderweitige gerichtliche Gutachten für ungenügend erachtet (§ 412 Abs. 1 ZPO). Für die Parteien besteht auch die Möglichkeit, den »fremden« Sachverständigen wegen Besorgnis der Befangenheit abzulehnen (§ 406 ZPO). Deshalb sind die praktischen Auswirkungen der Neuregelung eher gering.

Schließlich kommt hierbei auch eine etwaige Haftung des Sachverständigen nach § 839a BGB (bei Vorliegen der sonstigen Voraussetzungen) in Betracht, während dies bei einer bloß urkundlichen Verwertung sehr zweifelhaft ist (verneinend *Huber* ZRP 2003, 270).

III. Urkunden

Urkunden gelten zu Recht als gute Beweismittel und spielen in der Praxis eine große Rolle. 1832

Es ist immer vorteilhaft, wenn sich eine Partei auf Schriftstücke als objektive Beweismittel berufen kann. Sofern dieses dann noch vom Gegner stammt, ist dieser jedenfalls zunächst erklärungspflichtig dafür, wie dieses Schriftstück zu seinem abweichenden Vortrag passt.

Allerdings führt nicht jede im Prozess vorgelegte Urkunde zu einer Urkundsbeweisaufnahme nach §§ 425 ff. ZPO. 1833

Zunächst einmal erfolgt die Vorlage von Urkunden zur **Substantiierung** des eigenen Parteivortrags. Der Inhalt umfangreicher Urkunden muss nicht schriftsätzlich wiedergegeben werden, durch Vorlage der Urkunde (im Original oder in Ablichtung) wird der Inhalt der Urkunde vorgetragen. 1834

Besonderer Beachtung bedarf dabei, ob die Bezugnahme auf die Urkunde den eigenen Sachvortrag ersetzen kann und ob die Urkunde einen ausreichend substantiierten Vortrag enthält.

▶ Beispiel: 1835

Durch die Vorlage von Lieferscheinen oder Rechnungen wird weder der Vortrag eines Vertragsschlusses noch der einer Erbringung der geschuldeten Leistung ersetzt.

Erst wenn die mit der Urkunde vorgetragene Tatsache streitig wird, stellt sich die Frage nach einem **Beweis**. Regelmäßig ist die vorgelegte Urkunde dann auch als Beweisantritt anzusehen. 1836

Hierzu kommt es in der Praxis eher selten. Meist genügt die Vorlage der Urkunde, um ihren Inhalt unstreitig werden zu lassen, sodass es einer förmlichen Beweisaufnahme nicht bedarf.

Dies gilt insbesondere, weil die gesetzliche Beweiskraft insbesondere von Privaturkunden nur gering ist, insbesondere nur die Abgabe der Erklärung, nicht ihre Wirksamkeit oder Wahrheit bewiesen wird (§ 419 ZPO).

1. Beweisantritt

a) Urkunde beim Beweisführer

1837 Befindet sich die Urkunde in Händen des Beweisführers, wird der Urkundenbeweis gem. §§ 420, 595 Abs. 3 ZPO angetreten durch die **Vorlage** der Urkunde.

Nicht ausreichend ist das bloße Anerbieten der Vorlage – wie es in der Praxis ständig geschieht (Thomas/Putzo/*Reichold* § 420 Rn. 2; Baumbach/*Hartmann* § 420 Rn. 2, 4). Grundsätzlich sind etwaige Grundbuch- und Handelsregisterauszüge vorzulegen.

Jedoch hat das Gericht die Partei in der mündlichen Verhandlung bei angekündigten Urkunden zur Vorlage und damit zum Beweisantritt aufzufordern (Zöller/*Geimer* § 420 Rn. 3; BGH NJW 1986, 428, OLG Frankfurt a. M. NJW-RR 1987, 656). Das Gericht kann eine Partei ohne entsprechenden Hinweis keinesfalls als beweisfällig behandeln, wenn diese erkennbar davon ausgeht, dass sich die Urkunde bereits bei den Akten befindet (§ 139 ZPO; auch § 356 ZPO; BGH NJW 1986, 428).

Häufig wird in anwaltlichen Schriftsätzen die Vorlage der entsprechenden Urkunde für den Bestreitensfall angekündigt. Erfahrungsgemäß wird dies dann jedoch oft vergessen, sodass es sich empfiehlt, die Urkunden dem Schriftsatz sicherheitshalber – in Kopie – gleich beizulegen, was in der Praxis meist auch ausreicht.

1838 Als Auswege bei vergessenen Urkunden kommen in der mündlichen Verhandlung im Prinzip dieselben Fluchtmöglichkeiten wie bei einer drohenden Präklusion in Betracht oder (falls nicht präkludiert) ein Beweisantrag auf Zeugenvernehmung (jeweils neuer Termin erforderlich; sonst ausgeschlossen nach § 296a ZPO)

(auch BGH FamRZ 1996, 1067: Pflicht zur Wiedereröffnung der Verhandlung bei nachträglicher Einreichung von Belegen, deren Beibringung in der mündlichen Verhandlung zugesagt war, § 156 ZPO).

Sonst kann ohne entsprechende Reaktion des Anwalts aufgrund Beweisfälligkeit der Prozessverlust drohen.

b) Urkunde beim Gegner

1839 Befindet sich die Urkunde beim Gegner (z. B. die Original-Vertragsurkunde; Krankenunterlagen im Arzthaftungsprozess), so wird der Beweis angetreten durch den **Antrag**, dem Gegner die **Vorlage** der Urkunde aufzugeben (§ 421 ZPO).

Eine Verpflichtung des Gegners zur Vorlage besteht aber nur, wenn er selbst auf die Urkunde im Prozess Bezug genommen hat (§§ 134, 423 ZPO) oder dem Beweisführer gegen ihn ein materiellrechtlicher Anspruch auf Herausgabe oder Vorlage zusteht (§ 422 ZPO).

Die Vorlage kann nicht erzwungen werden. Wenn der Gegner die Urkunde auf gerichtliche Anordnung hin nicht vorlegt, können die Behauptungen des Beweisführers über den Inhalt der Urkunde als bewiesen angenommen oder eine vom Beweisführer vorgelegte Abschrift als richtig angesehen werden. Dies gilt allerdings dann nicht, wenn das Gericht – nach Vernehmung des Gegners – davon überzeugt ist, dass er die Urkunde nicht mehr besitzt und nach ihr sorgfältig geforscht hat (§§ 425 ff. ZPO).

1840 Daneben kann das Gericht nach §§ 142 Abs. 1, 273 Abs. 2 Nr. 5 ZPO – unabhängig von einem Beweisantritt – **von Amts wegen** anordnen, dass eine Partei die in ihrem Besitz befindlichen Urkunden vorlegt, auf die sich eine Partei bezogen hat.

Entgegen der bisherigen Regelung des § 142 ZPO a. F. sowie entgegen § 423 ZPO gilt dies für beide Parteien, somit auch für solche Urkunden, auf die sich nur die Gegenpartei bezogen hat, selbst wenn diese nicht darlegungs- und beweispflichtig ist oder die Unterlagen ihr ungünstig sind. Sofern die Voraussetzungen für einen Beweisantritt nach § 421 ff. ZPO nicht vorliegen, kann eine solche Anordnung vom Anwalt angeregt werden.

▶ Beispiel: 1841

Der beklagte Ersatzpflichtige kann die Vorlage der Rechnung einer durchgeführten Reparatur anregen, wenn sich der klagende Geschädigte zum Nachweis des (fiktiven) Verkehrsunfall-Schadens auf ein Schätzgutachten beruft. Die tatsächlichen Reparaturkosten stellen gegenüber einem Schätzgutachten ein aussagekräftiges Indiz für die Höhe der erforderlichen Kosten dar (Greger NJW 2002, 1477).

Zwar ist auch diese Anordnung (Ermessensentscheidung) weder anfechtbar (allenfalls Gegenvorstellung) noch erzwingbar. An deren Nichtvorlage können sich aber beweisrechtliche Folgen knüpfen (§§ 286, 427 ZPO), sodass Urkunden einer Partei auch gegen deren Willen im Prozess Bedeutung erlangen können. Hierbei ist zu berücksichtigen, dass diese Vorschriften nicht die Befugnis verleihen, »schutzwürdige Geheimbereiche« von Verfahrensbeteiligten auszuforschen.

Der Anwalt muss darauf achten, welche Urkunden er in seinen Schriftsätzen erwähnt. Dabei kann die Existenz von weiteren Urkunden auch aus eingereichten Unterlagen hervorgehen, welche daher zuvor entsprechend durchgesehen werden sollten.

Die Partei, welche sich auf die Urkunde bezieht, wird dadurch aber nicht von ihrer Darlegungs- und Substantiierungslast befreit. 1842

Denn mit der Regelung des § 142 ZPO ist nicht eine unzulässige Ausforschung bezweckt. Diese gibt dem Gericht keine Befugnis, unabhängig von einem schlüssigen Vortrag zum Zwecke der Informationsgewinnung Urkunden anzufordern.

c) Urkunde bei Dritten

Befindet sich die Urkunde bei einem Dritten, so wird der Beweis angetreten durch den **Antrag**, zur **Herbeischaffung** der Urkunde (der beweisführenden Partei) eine Frist zu bestimmen oder die Vorlegung (dem Dritten gegenüber) anzuordnen (§ 428 ZPO). Der weitere Inhalt des Antrags ergibt sich aus den §§ 430, 424 ZPO. 1843

Eine Fristsetzung für die Vorlage ist nur Erfolg versprechend, wenn der Beweisführer einen materiellrechtlichen Anspruch gegen den Dritten auf Vorlage bzw. Herausgabe hat. 1844

Während er dann aber wie bislang – notfalls im Wege der Klage (§ 429 ZPO) – die Urkunde selbst herbeizuschaffen muss, ist die gerichtliche Vorlageanordnung unmittelbar an den Dritten gerichtet.

Nach § 142 **Abs. 2 ZPO** sind Dritte nunmehr prozessual zur Vorlegung verpflichtet, soweit ihnen dies zumutbar ist und ihnen kein Zeugnisverweigerungsrecht (§§ 383, 384 ZPO) zusteht (bisher: § 429 ZPO). 1845

Die Vorlageanordnung, welche aufgrund eines Beweisantrages gegen den – nicht am Prozess beteiligten – Dritten ergeht, steht grundsätzlich nicht im Ermessen des Gerichts, allerdings müssen die sonstigen Voraussetzungen für einen wirksamen Beweisantrag vorliegen (Erheblichkeit der zu beweisenden Tatsache und Geeignetheit der Urkunde zum Beweis hierzu).

Wegen seiner Verschwiegenheitspflicht kann insbesondere der gegnerische Anwalt nicht zur Herausgabe der Handakten, insbesondere des Schriftwechsels mit seiner Partei aufgefordert werden (§ 383 Abs. 1 Nr. 6 ZPO). Sofern der Antrag die Rechtsschutzversicherung betrifft, dürfte die entscheidende Frage sein, ob ihr die Herausgabe z. B. der Korrespondenz mit dem Anwalt zumutbar ist. Auch Ärzten steht ein Zeugnisverweigerungsrecht zu, sofern sie nicht von der Verpflichtung zur Verschwiegenheit entbunden sind (§ 385 Abs. 2 ZPO; LG Saarbrücken VersR 2003, 234 – Klage des Versicherungsnehmers gegenüber seiner Krankenversicherung).

Gegenüber Behörden gilt nur § 432 ZPO (Zöller/*Greger* § 143 Rn. 3).

Die Begründung des Regierungsentwurfs (Begr. RegE S. 92), wonach das Gericht dem Gesuch auf Anordnung der Urkundenvorlegung (nur) dann zu entsprechen hat, wenn es davon überzeugt ist, dass die

Urkunde sich im Besitz des Dritten befindet, hat im Gesetzeswortlaut indes keinen Niederschlag gefunden. So ist bei einem Antrag nach § 428 ZPO lediglich glaubhaft zu machen, dass sich die (existierende) Urkunde in den Händen des Dritten befindet. Für die Anordnung von Amts wegen nach § 142 ZPO ist nichts dergleichen ausdrücklich im Gesetz vorgesehen (*Greger* NJW 2002, 3050: Anordnung der Vorlage einer Urkunde möglich, wenn nach allgemeiner Erfahrung mit dem Vorhandensein einer solchen zu rechnen ist).

Die Neuregelung kann zum Zwecke der Prozessverschleppung auch missbraucht werden. Denn es ist zu erwarten (*Zekoll/Bolt* NJW 2002, 3133), dass die am Prozess unbeteiligten Personen sich häufig durch zwei Instanzen gegen die Vorlageanordnung wehren werden (§§ 142 Abs. 2 Satz 2, 387 ZPO). So wird es vor allem auch Streit geben über die äußerst unklare Voraussetzung der »Zumutbarkeit« (Begr. RegE. S. 79: Berücksichtigung berechtigter Interessen des Dritten). Ferner kann gegen die möglichen Ordnungsmittel bei Nichtbefolgung sofortige Beschwerde eingelegt werden (§ 390 ZPO).

d) Urkunden in anderen Akten

1846 Nicht selten sind in anderen Akten für das anhängige Zivilverfahren relevante Schriftstücke enthalten. Diese können als Urkundenbeweis im Zivilprozess auch gegen den Widerspruch einer Partei verwertet werden (§ 286 ZPO; § 14 Abs. 2 Ziff. 1 EGZPO; Zöller/*Heßler* § 526 Rn. 3).

1847 ▶ Beispiel:

Vernehmungsniederschriften, Urteile, polizeiliche Ermittlungsvermerke, Strafakten, Insolvenzakten, Parallelverfahren.

Einem solchen Beweismittel kommt allerdings grundsätzlich ein geringerer Beweiswert zu als einer unmittelbaren Vernehmung (BGH VersR 1970, 322; NJW 1995, 2856) und auch eine verfahrensrechtlich zulässige Beurteilung der Glaubwürdigkeit des Zeugen ist nicht möglich (BGH NJW 2000, 1420; BVerfG NZV 1993, 185: kein Verstoß gegen Art. 103 Abs. 1 GG).

Hierbei darf aber nicht unbeachtet bleiben, dass eine polizeiliche Zeugenvernehmung in einem strafrechtlichen Ermittlungsverfahren oder nach einem Verkehrsunfall in der Regel zeitnah zum Geschehen erfolgt und die Zeugen meist bereitwillig Auskunft geben. Deshalb ist dort die Erinnerung der Zeugen erheblich besser, als bei einer wesentlich späteren Vernehmung im Zivilverfahren. Allerdings sind hierbei erfahrungsgemäß den Inhalt verfälschende Protokollierungsfehler nicht ausgeschlossen.

Eine solche Aussage ist jedoch nur dann verwertbar, wenn dort eine erforderliche Belehrung des Zeugen erfolgt ist (Thomas/Putzo/*Reichold* § 383 Rn. 10; Zöller/*Greger* § 373 Rn. 9; 383 Rn. 21; BGH NJW 2003, 1123 – differenzierend bei unterbliebener strafprozessualer Belehrung der Partei als Beschuldigter; § 295 ZPO beachten!).

Besonders geregelt ist die Verwertung gerichtlich eingeholter Sachverständigengutachten aus anderen Verfahren (oben Rdn. 1829).

1848 Auch ein (rechtskräftiges) **Strafurteil** stellt eine Beweisurkunde dar, auf die der Tatrichter seine Überzeugung stützen kann (BGH NJW-RR 1988, 1527: u. U. anders bei einem Strafurteil, das in abgekürzter Form und daher ohne Beweiswürdigung ergangen ist).

Eine bindende Wirkung für den Zivilrichter besteht jedoch nicht (§ 14 Abs. 2 Nr. 1 EGZPO); als öffentliche Urkunde kommt einem Urteil nur eine formelle Beweiskraft zu (§§ 415, 417 ZPO), sodass hinsichtlich der inhaltlichen Richtigkeit § 286 ZPO gilt. Zumindest aber wird dadurch die prozessuale Stellung einer Partei mehr oder weniger stark verbessert.

Deshalb sollte die davon voraussichtlich bevorzugte Partei bei Verdacht einer Straftat, die mit dem Klageanspruch in Zusammenhang steht, auch eine Antragstellung auf Aussetzung des Zivilverfahrens gem. § 149 ZPO erwägen. Dieser Anregung kommen die Gerichte vor allem in komplizierten Fällen in der Regel gerne nach. Ein Strafverfahren kann dem Gläubiger jedoch auch unmittelbar zugutekommen, wenn er seinen Anspruch dort im Wege des sog. Adhäsionsverfahrens geltend macht (oben Rdn. 2116).

Insoweit ist ein im Strafverfahren abgelegtes Geständnis auch nur als (ein wichtiges) Indiz für die Wahrheit der zugestandenen Tatsache zu berücksichtigen, ohne die Wirkungen der §§ 288, 290 ZPO zu entfalten. In diesem Rahmen kann das Geständnis aber auch dann zur richterlichen Überzeugungsbildung ausreichen, wenn es widerrufen worden ist, wobei zuvor erst alle angetretenen Beweise für dessen Unrichtigkeit erholt sein müssen (BGH NJW-RR 2004, 1001). Faktisch führt ein solches Geständnis damit zu einer Beweislastumkehr.

Zu beachten ist dabei aber, dass dem Geschädigten im Strafverfahren die (in der Praxis generell glaubwürdigere) Zeugenstellung zukommt und Strafurteile häufig (auch) auf dessen Aussage beruhen. In diesem Fall sollte der (verurteilte) Beklagte das Gericht durchaus darauf hinweisen, dass der Beweiswert eines solchen Urteils (wohl) eher gering ist. Dies gilt erst recht für bloße (rechtskräftige) Strafbefehle, da diese gänzlich ohne mündliche Verhandlung ergehen. Dabei dürfte eine Einspruchsrücknahme in der Regel gegen den Beklagten sprechen, sofern er hierfür nicht plausible Gründe überzeugend darlegt (z. B. schlechte oder fehlende anwaltliche Beratung, Ausübung von Druck seitens des Strafrichters oder der Staatsanwaltschaft). Hingegen kann bei einem Freispruch der geschädigte Kläger darauf hinweisen, dass im Strafrecht der Grundsatz »in dubio pro reo« gilt.

Nicht Gesetz geworden sind die Vorschläge des Regierungsentwurfs zum Justizmodernisierungsgesetz dahin gehend, dass rechtskräftige Urteile über Straftaten und Ordnungswidrigkeiten grundsätzlich vollen Beweis der darin für erwiesen erachteten Tatsachen begründen (§ 415a JuMoG-RegE) und die Vernehmung eines Zeugen durch die Verwertung der Niederschrift über seine richterliche Vernehmung in einem anderen Verfahren (ohne Einverständnis der Parteien) ersetzt werden kann (§ 374 JuMoG-RegE). Das geplante rechtsstaatlich bedenkliche »Attentat auf das Beweisrecht« (*E. Schneider* ZAP-Kolumne vom 07.01.2004) konnte aufgrund der zahlreichen ablehnenden Stellungnahmen im Gesetzgebungsverfahren somit im Wesentlichen noch abgewendet werden.

▶ Praxistipp: 1849

Als Beweisantritt reicht es nicht aus, nur pauschal die Beiziehung der Akten anzubieten bzw. zu beantragen, sondern es sind die einzelnen Schriftstücke darin zu benennen (sonst unzulässige Beweisermittlung; § 432 ZPO).

Denn nach dem im Zivilprozess geltenden Beibringungsgrundsatz ist es nicht Aufgabe des Gerichts, Akten anderer Behörden daraufhin zu überprüfen, ob sie Tatsachen enthalten, die einer beweisbelasteten Partei günstig sind.

So ist deshalb z. B. anzugeben, welche konkreten Vernehmungsniederschriften beigezogen werden sollen (OLG München OLGR 2007, 440). Freilich ist deren Berücksichtigung am sichersten gewährleistet, wenngleich Kopien der entsprechenden Aktenstücke vorgelegt werden, insbesondere auch bereits ergangene Urteile in einem etwaigen Strafverfahren.

Der Inhalt gleichwohl beigezogener Akten, auf den sich keine Partei substantiiert bezogen hat, gehört selbst dann nicht zum Prozessstoff, wenn die Akte ausweislich des Sitzungsprotokolls zum Gegenstand der mündlichen Verhandlung gemacht wurde (OLG Hamm NJW-RR 2002, 504; BGH NJW 1994, 3295).

Im Übrigen besteht nach der ZPO kein allgemeines Recht auf Beiziehung von Verfahrensakten eines anderen Prozesses. Der Anwalt kann zwar eine Beiziehung oder eine Amtsauskunft (als zulässiges Beweismittel) nach § 273 Abs. 2 Nr. 2 ZPO anregen, es besteht aber weder ein Recht auf Entscheidung hierüber noch ist die Unterlassung einer Beschwerde zugänglich (Zöller/*Greger* §§ 273 Rn. 5, 567 Rn. 33). Die erfolgten Maßnahmen sind den Parteien jedenfalls mitzuteilen (§ 273 Abs. 4 Satz 1 ZPO), andernfalls verstößt deren Verwertung gegen den Grundsatz des rechtlichen Gehörs (Thomas/Putzo/*Reichold* § 273 Rn. 14; BVerfG NJW 1994, 1210).

▶ Praxistipp: 1850

Urkunden, welche sich der Beweisführer selbst beschaffen kann, müssen hingegen von ihm zum Beweis vorgelegt werden (§§ 420, 432 Abs. 2 ZPO)

Dies gilt z. B. für Grundbuch- und Handelsregisterauszüge sowie für Strafakten (OLG Hamm NJW-RR 2002, 504; Zöller/*Geimer* § 432 Rn. 5). So haben der Verletzte sowie sonstige Dritte bei Darlegung eines »berechtigten Interesses« bei Strafakten ebenso ein Akteneinsichtsrecht wie sonst der Verteidiger des Beschuldigten auch (§§ 147, 406e, 475, 477 StPO). Ebenso muss für die Akteneinsicht in die Prozessakte eines anderen Zivilverfahrens ein »rechtliches Interesse« vorliegen (§ 299 Abs. 2 ZPO). Sofern Kopien einzelner Aktenbestandteile als Beweismittel in einem Zivilprozess benötigt werden, dürfte wohl jeweils das geforderte Interesse vorliegen.

1851 Allerdings muss eine beantragte Zeugenvernehmung trotz Verwertung anderer Akten, insbesondere darin enthaltender **Vernehmungsniederschriften**, durchgeführt werden. Es ist dann nicht zulässig, anstelle der Vernehmung die protokollierte Aussage zu verwerten (BGH NJW-RR 1988, 1527; Thomas/Putzo/*Reichold* § 286 Rn. 11; primärer Beweisantrag und nicht Wiederholung der Beweisaufnahme nach Ermessen des Gerichts i. S. d. § 398 ZPO).

> Nach wohl h. M. ist ein ausdrücklicher Antrag erforderlich (Zöller/*Greger* § 373 Rn. 9; BGH VersR 1970, 322; BGH NJW-RR 1992, 1214). Nach Thomas/Putzo/*Reichold* soll im Widerspruch des Gegners hinsichtlich einer Verwertung von Vernehmungsniederschriften ein konkludenter Antrag auf Vernehmung des Zeugen liegen (Thomas/Putzo/*Reichold* § 286 Rn. 11). Selbst wenn die Einverständniserklärung mit der beweismäßigen Verwertung nicht ohne Weiteres den Verzicht auf eine beantragte Vernehmung bedeutet (OLG Hamm NJW-RR 2002, 1653), ist es ratsam, dies sicherheitshalber ausdrücklich klarzustellen.
>
> Ein solcher Antrag ist bei einer ungünstigen Aussage regelmäßig zu empfehlen, da man nur so die Chance hat, von dieser »wegzukommen«. Zeugenaussagen in einem Strafverfahren sind zudem von der dortigen Beweislastsituation geprägt und erfahrungsgemäß auch nicht immer fehlerfrei protokolliert, insbesondere bei Vernehmungen von ausländischen Zeugen (Beteiligung Dolmetscher?).
>
> Natürlich kann auch die beweisbelastete Partei bei Zweifeln an der Überzeugungskraft der urkundlichen Aussage diesen Antrag stellen. Bei der Vernehmung können dem Zeugen dann – bei Widersprüchen oder Erinnerungslücken – Vorhalte aus der anderen Aussage gemacht werden. Da sich manche Richter dabei aber auf die Frage beschränken, ob die protokollierte Aussage richtig ist und sich mit der bejahenden Antwort des Zeugen zufriedengeben, muss der Anwalt unbedingt entsprechend nachfragen.

2. Beweiswirkung

1852 Unterzeichnete **Privaturkunden** begründen vollen Beweis dafür, dass die in ihnen enthaltenen Erklärungen von dem Aussteller abgegeben sind (§ 416 ZPO).

> Diese formelle Beweiskraft gilt nur für den Text, der über der Unterschrift steht (§§ 416, 440 Abs. 2 ZPO; Thomas/Putzo/*Reichold* §§ 416 Rn. 2; 440 Rn. 2).

1853 Davon nicht mit erfasst wird die materielle Beweiskraft der Urkunde, also Zugang, inhaltliche Richtigkeit (speziell auch hinsichtlich des angegebenen Datums), Vollständigkeit und rechtliche Wirksamkeit der Erklärung (Thomas/Putzo/*Reichold* § 416 Rn. 3, 5). Dies unterliegt sämtlich der richterlichen Beweiswürdigung (§ 286 ZPO).

1854 Die Rechtsprechung bedient sich hierbei (widerlegbarer) tatsächlicher **Vermutungen** (*Musielak* JA 2010, 561):

- So enthält z. B. eine **Quittung** ein außergerichtliches Geständnis hinsichtlich des Leistungsempfangs und als solches ein Indiz für die Wahrheit der zugestandenen Tatsache; denn erfahrungsgemäß pflegt niemand ohne Not eine ihm ungünstige Tatsache zuzugeben, der nicht von ihrer Wahrheit überzeugt ist (OLG Saarbrücken MDR 1997, 1107; OLG Köln NJW 1993, 3079 u. BGH NJW-RR 1988, 8881: Beweiswert einer Bankquittung ist sehr hoch und kann nur in Ausnahmefällen erschüttert werden; BAG NJW 2004, 2848: kein Beweiswert der quittierten Lieferscheine, wenn diese erst nach unkontrollierter Verteilung der Lieferung unterzeichnet wurden; Palandt/*Grüneberg* § 368 Rn. 4; §§ 368, 363 BGB).

- Speziell der **Schuldschein** über ein Darlehen beweist nach § 416 ZPO, dass der Schuldner eine entsprechende Erklärung abgegeben, nicht jedoch auch, dass er die Darlehenssumme erhalten hat. Hierfür spricht nach der Lebenserfahrung eine tatsächliche Vermutung (RGZ 72, 279), welche durch jeden Gegenbeweis entkräftet werden kann (BGH NJW 2001, 2096, 2099; oben Rdn. 1659).

- Insbesondere spricht eine tatsächliche Vermutung dafür, dass eine von beiden Vertragspartnern unterschriebene Urkunde (insbesondere ein **Vertrag**) über ein Rechtsgeschäft die Willenserklärungen der Parteien richtig und vollständig wiedergibt (Thomas/Putzo/*Reichold* § 416 Rn. 3; Palandt/*Ellenberger* § 125 Rn. 15; st. Rspr. des BGH).

Speziell diese Vermutung wird praktisch wie eine Beweisregel gehandhabt, ohne dass noch eine Beweiswürdigung im Einzelfall stattfindet. Dies kann durch die in Allgemeinen Geschäftsbedingungen zulässige und übliche Klausel »Mündliche Nebenabreden sind nicht getroffen« möglicherweise noch verstärkt werden (BGH NJW 1985, 2329; BGH NJW 2000, 207).

– Ein **ärztliches Attest** hat die tatsächliche Vermutung der Richtigkeit für sich (BAG MDR 1997, 581; LAG Hamm NZA-RR 2004, 292: Arbeitsunfähigkeitsbescheinigung; a. A. LAG München NJW 1989, 998 unter Hinweis darauf, dass Ärzte keine »Übermenschen« seien, denen in größerem Maße als anderen die Fähigkeit gegeben wäre, unwahre Angaben ihrer Patienten zu durchschauen).

Für den Beweiswert ist daher entscheidend, ob die attestierte Krankheit bzw. Verletzung objektiv verifizierbar ist oder der Arzt nur subjektive Bekundungen und Empfindungen des Patienten wiedergibt und ob das Attest zeitnah zum ursächlichen Geschehen ausgestellt wurde (OLG Köln VersR 1998, 1249: einer zeitnahen ärztlichen Untersuchung und Beurteilung ist besonderes Gewicht beizumessen; *Heß/Burmann* NJW-Spezial 2004, 303: häufig handelt es sich (bei HWS-Schleudertrauma) mangels objektivierbarer Feststellungen um »Verdachtsdiagnosen«, die der Arzt aus der Sicht des Therapeuten stellt, wobei der Beweiswert noch weiter dadurch geschmälert wird, wenn die Diagnose nur Alltagsbeschwerden wiedergibt (z. B. Verspannungen).

Im Übrigen gilt der Inhalt einer Urkunde (als Parteivortrag) als unstreitig, wenn der Gegner die Richtigkeit nicht **bestreitet** (§ 138 Abs. 3 ZPO). 1855

Die Beweislast für außerhalb der Urkunde liegende Umstände trifft dann die Partei, die sich darauf beruft (BGH NJW 1999, 1702; BGH NJW 2002, 3164). 1856

An den Beweis der Unrichtigkeit, Unvollständigkeit oder eines vom Urkundentext abweichendes Auslegungsergebnis sind dabei strenge Anforderungen zu stellen, insbesondere wenn der Verwender eines Formulars geltend macht, zu seinen Gunsten sei eine mündliche Nebenabrede getroffen worden. Der Widerlegbarkeit stehen dabei Schriftformklauseln nicht entgegen, da diese jederzeit formlos und stillschweigend aufgehoben werden können (Palandt/*Ellenberger* § 125 Rn. 14 BGB).

Aufgrund der lediglich formellen Beweiskraft ist auch noch eine Irrtumsanfechtung gem. § 119 Abs. 1 BGB möglich mit der Begründung, das Unterschriebene nicht (vollständig) gelesen oder verstanden zu haben. Im Übrigen ist ein solcher Einwand jedoch unerheblich. Denn wer vorbehaltlos unterschreibt, ohne vom Inhalt der Urkunde Kenntnis zu nehmen, unterwirft sich damit ohne Weiteres der in der Urkunde enthaltenen Verpflichtung (Zöller/*Geimer* § 416 Rn. 11).

Für die Anwendung dieser Grundsätze ist indes kein Raum, wenn die Vertragsurkunde – wie so oft in der Praxis – **unklar** oder mehrdeutig ist (BGH NJW 2002, 1500). 1857

Die Aufklärung des Inhalts der Urkunde muss nach den allgemeinen Beweislastregeln erfolgen. Dabei hat die Auslegung von Vertragserklärungen in Zweifelsfällen den mit dem Rechtsgeschäft verfolgten Zweck und die beiderseitige Interessenlage zu berücksichtigen und grundsätzlich davon auszugehen, dass beide Parteien mit der vereinbarten Regelung ihre Interessen wahren wollen. Dabei kann für die Ermittlung des tatsächlichen Vertragswillens der Beteiligten auch deren nachträgliches Verhalten durchaus Bedeutung haben (BGH MDR 1997, 331). Im Übrigen können zur Auslegung insbesondere herangezogen werden die Begleitumstände des Vertragsabschlusses, dessen Entstehungsgeschichte sowie Äußerungen der Parteien außerhalb der Urkunde (BGH NJW 2002, 3164).

Die oben genannte Beweisregel gilt dabei nur für »echte« Urkunden in der Urschrift. 1858

Vorzulegen ist daher grundsätzlich das Original (Thomas/Putzo/*Reichold* § 416 Rn. 1). Dabei muss der Inhalt vom angeblichen Aussteller herrühren. Bei Privaturkunden, deren Unterschrift echt ist, wird dies für den übrigen Inhalt vermutet (§ 440 Abs. 2 ZPO).

Wird die Echtheit nicht bestritten, so wird die Urkunde als anerkannt angesehen, während sonst der Beweisführer die Echtheit zu beweisen hat (§§ 439 Abs. 3, 440 Abs. 1 ZPO). Beim Amtsgericht allerdings muss die Partei zuvor zur Erklärung über die Echtheit aufgefordert worden sein (§ 510 ZPO). Erkennt diese die Echtheit an, so hat dies die Folge eines Geständnisses (§ 288 ZPO; OLG Saarbrücken MDR 2002, 109).

Den Einwand, der Text sei verfälscht oder vereinbarungswidrig nach der Unterzeichnung eingesetzt worden, muss bei Echtheit der Unterschrift der Unterzeichner beweisen (§ 292 ZPO, Thomas/Putzo/*Reichold* § 440 Rn. 2; Zöller/*Geimer* §§ 440 Rn. 3, 416 Rn. 5: BGH NJW 1986, 3086: gilt auch bei Blankounterschriften und Blankettmissbrauch). Dabei kann bei Auffälligkeiten im Schriftbild die Beweiskraft aufgehoben sein (§ 419 ZPO). Im Übrigen kann der Beweis auch durch den Antrag auf Parteivernehmung des Gegners geführt werden (§ 292 Satz 2 ZPO; BGH NJW 1988, 2741).

Zum Beweis der Echtheit bleibt – neben dem Zeugenbeweis und in Ausnahmefällen – bei ganz offensichtlichen Abweichungen im Schriftbild – mittels Augenschein durch das Gericht selbst – meistens nur die (nicht ganz billige) Schriftvergleichung, die erfahrungsgemäß jedoch eher selten zu einem sicheren Nachweis führt (Beweisantrag § 441 Abs. 2 ZPO).

Denn ob und inwieweit eine gutachterliche Aussage möglich ist, hängt nicht zuletzt von der Ergiebigkeit der fraglichen Schreibleistung (materielle Beschaffenheit, Umfang und Eigenprägung) und der Güte des Vergleichsschriftmaterials ab. Vor allem bei einer kurzen, paraphenförmigen Schreibweise und einer geringen grafischen Komplexität sind hochwertige Urheberschaftsaussagen nicht zu erwarten. Häufig verhindern Unzulänglichkeiten im Schriftmaterial eine schlüssige Wahrscheinlichkeitsaussage gänzlich, vor allem bei Vernichtung der Originale nach Mikroverfilmung (BGH NJW-RR 2000, 1471: in diesem Fall aber Beweislastumkehr für die Fälschung der Unterschrift).

Die Frage, ob aus prozesstaktischen Gründen die Echtheit vom Gegner vorgelegter Dritturkunden grundsätzlich (mit Nichtwissen) bestritten werden soll, kann nicht allgemein beantwortet werden. So ist in Anbetracht der regelmäßig hohen Sachverständigenkosten nicht nur die Beweislast des Gegners mit in die Überlegungen einzubeziehen, sondern auch zu bedenken, dass Urkunden mit gefälschter Unterschrift als Beweismittel im gewöhnlichen Zivilprozess nur sehr selten vorgelegt werden (*E. Schneider* MDR 1987, 725: Bestreiten in aller Regel nur ein Pyrrhussieg).

1859 Eine **Abschrift** unterliegt freier Beweiswürdigung, selbst wenn es sich um eine beglaubigte Abschrift handelt (Thomas/Putzo/*Reichold* §§ 416 Rn. 1, 420 Rn. 2; Prütting/Gehrlein/*Preuß* § 420 Rn. 5; BGH NJW 1980, 1047; differenzierend Thomas/Putzo/*Reichold* § 435 Rn. 1; a. A. Zöller/*Greger* §§ 592 Rn. 15, 597 Rn. 5; auch § 427 ZPO).

Falls der Gegner den Inhalt vorgelegter Abschriften nicht bestreitet, insbesondere sich zum Inhalt rügelos einlässt, wird dadurch der Beweis für die Echtheit und Existenz des Originals sowie die Übereinstimmung der Abschriften mit ihm bzw. die Beglaubigung bei öffentlichen Urkunden (§ 435 ZPO) entbehrlich (§ 138 Abs. 3 ZPO; Zöller/*Geimer* §§ 435 Rn. 1, 439 Rn. 2; OLG Köln DB 1983, 105). Auch wenn in der Praxis in der Regel eine Abschrift ausreicht, sollte die Originalurkunde in der Verhandlung immer vorgelegt werden können.

1860 Dies gilt auch für sonstige (insbesondere nicht unterschriebene) Urkunden.

Deren Beweiswert hat das Gericht ebenfalls nach § 286 ZPO frei zu würdigen. Sie sind folglich durchaus zum Beweis geeignet und in der Praxis nicht selten (z. B. Rechnungen, Quittungen, Kontoauszüge, Notizen etc.).

In Bezug auf Zeitnotizen des Rechtsanwalts (bei vereinbartem Zeithonorar) hat z. B. das OLG Hamburg (MDR 2000, 115) festgestellt, dass ihnen ein erheblicher Beweiswert zukommt. Den Aufzeichnungen darüber, welche Zeit der Anwalt für welche Angelegenheit aufgewandt hat, sei zu folgen. Der Beweiswert sei nur dann anders zu bewerten, wenn Anhaltspunkte dafür vorhanden wären, dass es sich um gefälschte Aufzeichnungen handelt. Beweispflicht sei insoweit der Beklagte. Dabei ergäben sich solche Anhaltspunkte nicht bereits aus der Verwendung verschiedenfarbiger Kugelschreiber. Diese Entscheidung lässt sich sicherlich auch auf andere Berufsgruppen übertragen, wenn die berechneten Arbeitsstunden bestritten sind (z. B. Steuerberater, Architekten etc.).

3. Einzelfälle

a) Vorprozessualer Schriftwechsel

1861 Besondere Bedeutung kann dem meistens vorhandenen vorprozessualen Schriftwechsel der Parteien zukommen.

- So kann es etwa als **Indiz** angesehen werden, wenn der Beklagte in der außergerichtlichen Korrespondenz die Bezahlung einer nunmehr bestrittenen Forderung zugesagt hat.

  Nach der Rechtsprechung des BGH können Bestätigungserklärungen eines Schuldners – wie etwa die durch eine Zahlungszusage zum Ausdruck gebrachte Erfüllungsbereitschaft – als »Zeugnis« des Erklärenden »gegen sich selbst« gewertet werden, das jedenfalls den Schluss auf die Richtigkeit des Vorbringens des Gläubigers zulässt und darüber hinaus sogar zu einer Umkehr der Beweislast führen kann (Palandt/*Sprau* § 781 Rn. 6; BGH NJW 1976, 1259; NJW-RR 1991, 1214; NJW 2001, 2096: kann durch jeden Gegenbeweis entkräftet werden). Urkundlichen Beweiswert für die Richtigkeit ihres Inhalts haben die Schreiben als Privaturkunden nicht.

- Das Schreiben einer Partei kann auch ein außergerichtliches **Geständnis** enthalten.

  Eine Geständniswirkung nach § 288 Abs. 1 ZPO kann es jedoch nur dann begründen, wenn es vom Gestehenden – und nicht vom Gegner – in den Prozess eingeführt wird (BGH NJW-RR 2005, 1297, Zöller/*Greger* § 288 Rn. 4).

- Bei Hinzutreten weiterer Umstände kann eine darin enthaltene Behauptung eine Wahrscheinlichkeit für deren Richtigkeit begründen und damit Anlass zu einer **Parteivernehmung** nach § 448 ZPO sein (BGH NJW 1989, 3222).

- Abgesehen davon, dass Schreiben selbst Willenserklärungen enthalten bzw. als kaufmännische Bestätigungsschreiben Rechtswirkungen erzeugen können, ist es zuweilen möglich, aus dem Schriftwechsel gewisse **Rückschlüsse** zu ziehen.

  So können sich dadurch der Wille der Parteien in Bezug auf eine vorhergehende und nunmehr streitige Vereinbarung ermitteln oder sonstige Auslegungsfragen klären lassen (BGH MDR 1997, 331: Berufungsgericht hat den Schriftwechsel zu Unrecht unberücksichtigt gelassen; MDR 2002, 1240; MDR 1987, 117, 1988, 22; Brandenburgisches OLG MDR 1999, 1501). Ebenso lässt sich z. B. das Bestreiten des Zugangs eines bestimmten Schreibens oder die Verneinung der Identität des Absenders einer E-Mail leicht als unwahr aufdecken, wenn diese Sendungen im nachfolgenden Schriftverkehr vom Empfänger bzw. Absender mehr oder weniger direkt angesprochen bzw. darauf Bezug genommen wird. Dies gilt auch für die Behauptung, etwas nicht zu wissen bzw. gewusst zu haben.

  Im Übrigen dürften die Äußerungen der noch nicht anwaltlich vertretenen Parteien in der Vorkorrespondenz, wenn noch nicht mit einem Rechtsstreit gerechnet wird, häufig unverfälschter sein, als während eines Prozesses.

- Hat der Erklärungsempfänger den Zugang eines Schreibens nicht ausdrücklich bestritten, obwohl der Absender das Schreiben in der vorprozessualen Korrespondenz angesprochen hatte, kann der Beweis des **Zugangs** als geführt angesehen werden, wenn der Adressat den Zugang erst viel später im Prozess bestreitet (LG Hamburg VersR 1992, 85 mit Anm. *Laumen*; BGHZ 24, 308, 315 – jeweils Mahnschreiben; unten Rdn. 1918).

- Auch enthalten die Schreiben der Gegenseite oftmals wichtige **Informationen** in Bezug auf deren Identität vor allem bei Gesellschaften, worauf man sich aber nicht immer verlassen kann (oben Rdn. 657), oder auch im Hinblick auf mögliche Zeugen.

- Die Verwendung des unternehmenseigenen Briefpapiers kann für eine **Anscheins- oder Duldungsvollmacht** der unterzeichnenden Person sprechen, ebenso wenn der Name eines bereits aus der Gesellschaft ausgeschiedenen Mitgliedes noch im Briefkopf aufgeführt ist (Palandt/*Ellenberger* § 173 Rn. 15).

- Aus der vorprozessualen Korrespondenz kann sich die Existenz von (**weiteren**) **Urkunden** ergeben, welche für die Partei als (weitere) Beweismittel dienen können.

b) Stundenlohnzettel

1862 Bei Bauwerksarbeiten und vereinbarter Zeitvergütung führen vom Besteller – oft (leichtfertig) ohne nähere Überprüfung und Kontrollmöglichkeit – unterschriebene Stundenlohnzettel zu einer **Umkehr der Beweislast**.

> Der Auftraggeber kann und muss die Unrichtigkeit der darin nach Art und Umfang als erbracht bezeichneten Arbeiten sowie seine Unkenntnis hiervon bei der Unterzeichnung beweisen (z. B. OLG Bamberg BauR 2004, 1623; KG KGReport Berlin 2002, 361: deklaratorisches Schuldanerkenntnis; *Werner/Pastor* Rn. 2026, 2027), während hierfür sonst der Unternehmer darlegungs- und beweispflichtig ist (Palandt/ *Sprau* § 632 Rn. 11; für den VOB-Werkvertrag § 15 VOB/B).

1863 Für die **Erforderlichkeit** der ausgeführten Arbeiten bzw. des Stundenaufwands sowie für die Vereinbarung einer Vergütung nach geleisteter Zeit erbringt der Stundenlohnzettel hingegen weder einen Beweis noch eine endgültige und bindende Bestätigung

> (BGH NJW-RR 1995, 80; OLG Frankfurt a. M. NJW-RR 2000, 1470; *Werner/Pastor* Rn. 1215 a. E.; a. A. OLG Hamburg BauR 2000, 1491: Anerkenntnis auch hinsichtlich der grundlegenden Abrede einer Abrechnung nach Arbeitsstunden).

1864 Jedoch wird hinsichtlich der Erforderlichkeit ebenfalls eine Beweislastumkehr angenommen (OLG Celle NJW-RR 2003, 1243: beim VOB- und BGB-Werkvertrag).

> So muss der Auftraggeber substantiiert darlegen und gegebenenfalls beweisen, dass die von ihm bestätigten Stunden tatsächlich nicht erforderlich waren. Hierzu genügt es nicht, dass er der bescheinigten Gesamtstundenzahl eine andere Zahl gegenüberstellt. Vielmehr muss er darlegen, aus welchen Gründen und in welchem Umfang die einzelnen abgerechneten Stunden nicht erforderlich waren (z. B. mittels Aufmaß über den Umfang der geleisteten Arbeiten oder durch ein Sachverständigengutachten; auch KG KG-Report Berlin 2002, 361: Stundenlohnzettel würden sonst ihren Sinn verlieren; OLG Karlsruhe, Urt. vom 15.10.02 – 17 U 96/01).

1865 Bloße **Zeiterfassungsbögen** indes, aus denen sich lediglich entnehmen lässt, welcher Arbeiter an welchem Tag wie viele Stunden auf welchem Bauvorhaben geleistet haben soll, reichen dafür nicht aus.

> Erforderlich sind vielmehr die Angabe der jeweils geleisteten Arbeitsstunden, der eingesetzten Personen nebst ihrer Funktion, die Art des Einsatzes und die konkret ausgeführten Arbeiten (KG NJW-RR 2000, 1690).

1866 Zwar führt allein die Tatsache, dass die Arbeiten in den Listen nicht ausgewiesen sind, noch nicht dazu, dass der Anspruch von vornherein unbegründet ist. Der Auftragnehmer muss in solchen Fällen aber jedenfalls im Prozess darlegen, welche Arbeiten in den jeweils abgerechneten Stunden ausgeführt worden sein sollen.

c) Privates Protokoll

1867 Kommt es auf den aktuellen **Zustand einer Sache** an, wird dieser von den Beteiligten häufig in Form eines Protokolls festgehalten.

> Praktisch verbreitet sind Übergabe-/Übernahmeprotokolle beim Gefahrübergang im Rahmen von Kaufverträgen, Mietverträgen oder Leasingverträgen (OLG Brandenburg Urt. vom 29.02.2009 – 5 U 54/08). In Abnahmeprotokollen werden verbliebene Mängel im Rahmen der Abnahme einer Werkleistung (§ 640 BGB) insbesondere im Baugewerbe dokumentiert. Hält der Reisende Leistungen des Reiseveranstalters für mangelhaft, kann er noch am Urlaubsort ein Mängelprotokoll erstellen (§§ 651e, 651 f BGB).

1868 Beweiskraft kann dem Protokoll zukommen, wenn es nicht nur vom Beweisführer, sondern auch vom Prozessgegner oder zumindest von Dritten **unterschrieben** wurde. Prozessual kommt ihm dann die Eigenschaft als Privaturkunde zu.

1869 Bewiesen werden können regelmäßig nur Umstände zum **Zeitpunkt** der Protokollerrichtung.

So behaupten Reisende oft, sie hätten die protokollierten und weitere Mängel bereits vor Protokollerrichtung mündlich gerügt. Das Protokoll sei erst am Ende der Reise errichtet und nur auf einen Teil der Mängel worden.

> Hierzu hat das LG Frankfurt a. M. (NJW-RR 1986, 540) festgestellt: »Das Gericht lehnt es im Hinblick auf die Funktion des Mängelprotokolls und die aus einer Vielzahl von Verfahren gewonnene gerichtsbekannte Tatsache, dass es üblicherweise erst zum Schluss der Reise angefertigt wird, obwohl mündliche Mängelrügen vorher erfolgt sind, ab, den Zeitpunkt der Protokollerrichtung im Rahmen der Beweiswürdigung über die früher erfolgte mündliche Rüge zu berücksichtigen. Dies würde nicht gelten, wenn im Protokoll – von der Unterschrift des Reisenden gedeckt – ein Vermerk über den Zeitpunkt der erstmals erfolgten Rüge enthalten wäre.«

Mit dem Protokoll wird im Prozess später sowohl versucht, das **Vorliegen** der dokumentierten Umstände (Mängel) als auch das **Nichtvorliegen** der nicht dokumentierten Umstände zu beweisen. Feste Regeln für die Beweiskraft gibt es dabei nicht, Gerichte entscheiden hier nach den Umständen des Einzelfalles. — 1870

Zu den möglichen **Beweiswirkungen** werden folgende Ansichten vertreten: — 1871
- Als Minimalbeweiswert wird verbreitet lediglich angenommen, das Protokoll beweise, dass der Mangel **gerügt** bzw. angezeigt worden sei. Dass er auch tatsächlich vorgelegen habe, ergebe sich aus dem Protokoll nicht (MüKoBGB/*Tonner* § 651d Rn. 4; LG Hannover NJW-RR 1988, 1454; LG Berlin NJW-RR 1989, 1213).
- Nach h. M. stellt das Protokoll ein Indiz auch für das **Vorliegen** der festgehaltenen Umstände (*Baumgärtel/Laumen/Prütting* § 651c Rn. 2); ein Indiz für das Nichtvorliegen nicht festgestellter Umstände wird dagegen überwiegend verneint (*Baumgärtel/Laumen/Prütting* § 651d Rn. 5).
- In Betracht kommt auch eine **Beweislastumkehr** zulasten desjenigen, der die Mängel ausdrücklich bestätigt hat (*Führich* Rn. 265d Fn. 19).
- Die Annahme einer deklaratorischen **Anerkenntnis** der Mängel mit der Folge, dass diese nicht mehr bestritten werden können, bedarf über die bloße Protokollierung hinaus weiterer Umstände oder Erklärungen der Beteiligten.

> Soll ein Anerkenntnis sicher vermieden werden, empfehlen sich entsprechende Vorbehalte bzw. Einschränkungen im Protokoll, etwa: »zur Kenntnis genommen« oder »Empfang bestätigt« (LG Frankfurt a. M. NJW-RR 1989, 309); »Die Erstellung der Niederschrift bedeutet keine Anerkennung der Beanstandung« oder »unter Vorbehalt einer späteren Überprüfung«: (*Führich* Rn. 256).

d) Schuldbekenntnis an der Unfallstelle

Ein Schuldbekenntnis nach einem Verkehrsunfall stellt in aller Regel weder ein konstitutives noch ein deklaratorisches **Schuldanerkenntnis** nach § 781 BGB dar. — 1872

> Im Normalfall fehlt einer solchen Erklärung der rechtsgeschäftliche Charakter. Es handelt sich vielmehr um eine Äußerung, mit der der Erklärende unter Verwendung eines (einfachen) Rechtsbegriffs zusammenfassend zum Unfallhergang Stellung nimmt (BGH NJW 1984, 799; Palandt/*Sprau* § 781 Rn. 10). Dies gilt erst recht bei nur mündlichen Erklärungen (*Baumgärtel/Laumen/Prütting* § 781 Rn. 32 m. w. N.).

> Im Einzelfall kann jedoch eine andere Wertung möglich sein, wenn die Parteien unter den konkreten Umständen dazu Anlass gehabt haben, ihre Beziehungen – ganz oder teilweise – dem Streit oder der Ungewissheit über den Unfallhergang zu entziehen und sie insoweit auf eine das Haftpflichtverhältnis verstärkende vertragliche Grundlage zu stellen (BGH NJW 1984, 799: z. B. wenn der Erklärung ein Gespräch der Beteiligten über Haftpflichtansprüche vorausgegangen ist). Eine abstrakte Vermutung für einen Anerkenntnisvertrag gibt es nicht (BGH NJW 1982, 996).

> Dabei würde der Vorteil eines rechtsgeschäftlichen Schuldanerkenntnisses für den Erklärungsempfänger im mehr oder weniger umfassenden Ausschluss von Einwendungen bestehen (Palandt/*Sprau* §§ 780 Rn. 9, 781 Rn. 4).

1873 Jedoch verbessert ein solches Bekenntnis die Beweislage des Erklärungsempfängers. So muss er die, einen Schadensersatzanspruch begründenden Behauptungen erst dann beweisen, wenn dem Erklärenden der Nachweis der **Unrichtigkeit des Anerkannten** gelungen ist.

> Dabei hat es der BGH dahingestellt sein lassen, ob dies auf einer Umkehr der Beweislast beruht oder ob in der Erklärung nur ein »Zeugnis gegen sich selbst« mit entsprechender Indizwirkung zu sehen ist (BGH NJW 1984, 799; BGH NJW 1982, 996: starkes Indiz). Vor allem wenn der Erklärungsempfänger dadurch abgehalten wurde, auf einer polizeilichen Unfallaufnahme und damit auf einer Beweissicherung zu bestehen, wird die Annahme einer Beweislastumkehr vertreten (*Baumgärtel/Laumen/Prütting* § 781 Rn. 33; a. A. *Tempel* S. 587: deklaratorisches Anerkenntnis – auch bei mündlichen Erklärungen).

e) Übergabeprotokoll

1874 Bei der Übergabe und Rückgabe einer Miet- oder Leasingsache (insbesondere Mietwohnung und Kfz-Leasing) wird üblicherweise ein Protokoll erstellt, was in der Regel von beiden Vertragsparteien unterschrieben wird.

1875 Dieses kann unterschiedliche rechtliche Bedeutung haben, was letztlich nur im Einzelfall durch Auslegung zu ermitteln ist.

(1) Beweissicherung

1876 Der Zweck eines solchen Protokolls besteht in erster Linie darin, dass der Erhalt der Mietsache (Schlüsselübergabe!) sowie deren tatsächlicher Zustand beweissicher festgehalten werden (Beweismittelschaffung).

Es erleichtert zumindest den Beweis und kann gegebenenfalls zu einer Umkehr der Beweislast führen (§ 286 ZPO; §§ 363, 368 BGB; BGH NJW 1988, 204; LG Aachen WuM 1981, 163: »typisches Übergabeprotokoll«; KG Grundeigentum 2003, 524).

Zweifelhaft erscheint die Auffassung, dass der Mieter tatsächliche Feststellungen dann nicht mehr soll bestreiten können (so aber *Blank/Börstinghaus* § 548 BGB Rn. 6; *Schmitt Rn. Futterer* § 556 BGB Rn. 82).

(2) Schuldanerkenntnis

1877 Wenn der Mieter darüber hinaus Erklärungen abgibt, z. B. dass er die Kosten für die Renovierung oder Schadensbeseitigung übernimmt, kann darin ein deklaratorisches Schuldanerkenntnis liegen. Dies hat zur Folge, dass der Mieter Einwendungen tatsächlicher und rechtlicher Art ausgeschlossen ist, die er bei Abgabe kannte oder mit denen er gerechnet hat (Palandt/*Sprau* § 781 Rn. 4).

> Ein konstitutives Schuldanerkenntnis, wodurch neben der Verpflichtung aus dem Mietvertrag eine neue, rechtlich selbstständige Verpflichtung begründet wird, kann hingegen nur in Ausnahmefällen angenommen werden (*Schmitt Rn. Futterer* a. a. O. Rn. 84; LG Aachen WuM 1981, 163: so außergewöhnlich, dass es insoweit einer eindeutigen Formulierung bedarf; §§ 780, 781 BGB).

(3) Negatives Schuldanerkenntnis

1878 Ein solches Protokoll soll ferner dazu dienen, Streit der Parteien über den Zustand des Mietobjekts und das Vorhandensein von Schäden zu vermeiden und spätere Einwendungen der Parteien auszuschließen.

1879 Sofern der Vermieter darin (vorbehaltlos) bestätigt, dass die Mietsache im vertragsgemäßen bzw. mangelfreien Zustand zurückgegeben wurde, liegt hierin ein negatives Schuldanerkenntnis bzw. ein Verzicht zugunsten des Mieters, das etwaige Ansprüche des Vermieters zum Erlöschen bringt (§ 397 Abs. 2 BGB).

1880 Der Mieter kann nur für diejenigen Schäden verantwortlich gemacht werden, die im Übergabeprotokoll vermerkt sind, nicht aber für weitere bekannte oder erkennbare Schäden (*Sternel* IV Rn. 612; Palandt/*Grüneberg* § 397 Rn. 9; LG Hamburg ZMR 1999, 405; AG Köln WuM 2001,

154: Wohnung »ordnungsgemäß« übergeben; BGH NJW 1983, 446, 448; OLG Celle MDR 1998, 149: Kfz-Leasingvertrag).

Ohne eine ausdrückliche Regelung im Protokoll besteht keine Vermutung für die eine oder andere Auslegungsvariante (*Schmid* ZMR 1999, 407 – Anm. zu LG Hamburg). 1881

> So sind an die Feststellung eines gewollten Verzichts allgemein strenge Anforderungen zu stellen, wobei es ein Erfahrungssatz ist, dass ein Erlass nicht zu vermuten ist (Palandt/*Grüneberg* § 397 Rn. 4). Insbesondere wenn der tatsächliche (schlechte) Zustand der Wohnung bei Rückgabe offenkundig ist, kann man dem Vermieter nicht ohne Weiteres einen Verzichtswillen hinsichtlich seiner (offensichtlichen) Ansprüche unterstellen.
>
> Im Übrigen muss diejenige Partei, die sich auf eine (weiter gehende) rechtsgeschäftliche Bedeutung beruft, das Zustandekommen der entsprechenden Vereinbarung darlegen und beweisen (Einwendung!).

f) Elektronische Dokumente

Elektronische Dokumente und deren Ausdruck gelten nach der ZPO nicht als Urkunden, da dadurch keine originäre menschliche Gedankenäußerung bekundet wird, sondern nur die Tatsache der Eingabe und Programmierung von Daten (Prütting/Gehrlein/*Trautwein* § 371a Rn. 1). 1882

> Allerdings sollen Ausdrucke elektronischer Dateien taugliche Beweismittel im Urkundenprozess sein (Zöller/*Greger* § 592 Rn. 15).
>
> Unter einem elektronischen Dokument versteht man dabei allgemein eine Datei, die auf Datenträgern aufgezeichnet werden kann, ohne inhaltliche Beschränkung auf Schriftstücke (Zöller/*Greger* §§ 130a Rn. 2; 371 Rn. 1; *Berger* NJW 2005, 1017; zur E-Mail oben Rdn. 345, 999, 1117, 1861; unten Rdn. 1944).

Die ZPO behandelt den Beweis mittels eines elektronischen Dokuments nach § 371 Abs. 1 Satz 2 ZPO als **Augenscheinsbeweis**, welcher damit der freien Beweiswürdigung durch das Gericht unterliegt (§ 286 ZPO). 1883

> Dieser wird angetreten durch Vorlage des Speichermediums (Diskette, CD-ROM etc.) oder Übermittlung der Datei (gem. § 130a ZPO). Hierbei ist die Vorlage der Originaldatei nicht erforderlich. Jedoch kann der Beweisgegner bestreiten, dass die vorgelegte bzw. übermittelte Datei mit der Ausgangsdatei identisch ist. Diese Frage ist dann mittels Sachverständigengutachten zu klären (*Berger* NJW 2005, 1020).
>
> Befindet sich die Datei nicht im Besitz des Beweisführers erfolgt der Beweisantritt im Wesentlichen wie beim Urkundenbeweis (§§ 144; 371 Abs. 2, 422 ff. ZPO). Hierbei dürfte häufig die – wohl kaum zu widerlegende – Einlassung erfolgen, die Datei sei (versehentlich oder absichtlich) gelöscht worden (§§ 371 Abs. 3, 426 ZPO).

Allerdings finden für die Beweiskraft von elektronischen Dokumenten, die mit einer qualifizierten elektronischen Signatur versehen sind, die Vorschriften über die Beweiskraft privater bzw. öffentlicher **Urkunden** gem. § 371a ZPO entsprechende Anwendung. 1884

> Die Echtheit der Signatur hat zwar der Beweisführer zu beweisen. Jedoch ergibt sich der Nachweis grundsätzlich schon bei Vorliegen der Voraussetzungen nach dem Signaturgesetz. Bei Signierung mit dem auf der Signaturchipkarte gespeicherten geheimen Schlüssel des Inhabers wird dessen Identität bestätigt (RegE-JKomG S. 79). Dieser »Anschein der Echtheit« kann dann nur durch Tatsachen erschüttert werden, die ernstliche Zweifel daran begründen, dass die Erklärung vom Signaturschlüsselinhaber abgegeben worden ist (§ 371a Abs. 1 Satz 2 ZPO; § 292a ZPO a. F.).
>
> Damit geht die Beweiskraft über derjenigen bei Schrifturkunden noch hinaus, da dort eine entsprechende Beweiserleichterung nicht eintritt, sondern der Erklärungsempfänger den vollen Beweis der Echtheit einer vom Beweisgegner nicht anerkannten Unterschrift erbringen muss.
>
> Derzeit ist der Verbreitungsgrad der elektronischen Signatur aber noch sehr gering (*Hähnchen* NJW 2005, 2258: »Problematisch sind vor allem die auf den ersten Blick verwirrenden rechtlichen und technischen Voraussetzungen der Signaturverfahren, deren Voraussetzungen der technische Laie nur schwer durchschaut«). Die hierfür erforderlichen Signaturkarten werden neben gewerblichen Anbietern (z. B. Signtrust,

T-Systems) auch von den Rechtsanwaltskammern angeboten, wobei diese dann zugleich Rechtsanwaltsausweise sind (*Hähnchen* a. a. O. Fn. 20).

Gewöhnungsbedürftig ist auch die Nachvollziehbarkeit der technischen Einzelheiten (Signaturen, Daten, Anschlusskennungen) anhand eines Ausdrucks des elektronischen Dokuments.

Weitere Regelungen hinsichtlich elektronischer Dokumente finden sich in den § 126a BGB, §§ 130a, 292a, 299 Abs. 3, 299a ZPO (auch 174 Abs. 3 ZPO; aufgrund Formanpassungsgesetz vom 13.07.2001; BGBl. I, S. 1542). Deren Bedeutung im Gerichtsalltag ist bislang indes noch relativ gering.

IV. Parteivernehmung

1885   Wenn die Partei den ihr obliegenden Beweis noch nicht vollständig geführt hat oder andere Beweismittel nicht vorhanden sind, bleibt als letzte Möglichkeit (**Subsidiarität** der Parteivernehmung), sich selbst oder den Gegner als Beweismittel im Wege der Parteieinvernahme heranzuziehen. Nicht zulässig ist die Parteivernehmung jedoch zur Führung des Gegenbeweises (§ 445 Abs. 2 ZPO).

1886   Für den Beweisantritt reicht der in den Schriftsätzen häufig anzutreffende stereotypische Antrag auf »Parteivernehmung« (eigentlich) nicht aus und ist streng genommen unbeachtlich (Zöller/*Greger* § 446 Rn. 5). Es muss angegeben werden, welche Partei vernommen werden soll. Denn die Voraussetzungen sind verschieden. Zu unterscheiden sind:

– die **Anhörung** des Beweisführers oder des Gegners (§ 139 Abs. 1 ZPO);

   Hierbei handelt es sich um die vom Gericht formlos vorgenommene Anhörung einer oder beider Parteien zur Herbeiführung einer vollständigen Erklärung über die erheblichen Tatsachen (§ 139 Abs. 1 ZPO; oben Rdn. 1346–1351). Die Anhörung ist keine Form der Beweisaufnahme und kann von den Parteien nicht beantragt werden, ohne Befragung durch das Gericht kann die Partei lediglich Erklärungen in der mündlichen Verhandlung nach § 137 Abs. 4 ZPO abgeben.

– die **Vernehmung der Gegenpartei** auf Antrag (§ 445 ZPO);

   Diese stellt den Regelfall der Parteivernehmung dar. Allerdings besteht hieran regelmäßig kein Interesse. Für den Gegner besteht regelmäßig keine Veranlassung, seinen bisherigen Parteivortrag im Rahmen der Parteivernehmung aufzugeben. Weil Voraussetzung für die Parteivernehmung das Nichtvorhandensein anderer Beweismöglichkeiten ist, kann auch eine eventuelle Falschaussage nicht bewiesen werden.

– die **Vernehmung des Beweisführers** auf Antrag (§ 447 ZPO);

   Dazu unten Rdn. 1887.

– die **Vernehmung** des Beweisführers oder des Gegners **von Amts wegen** (§§ 287, 448 ZPO).

   Dazu unten Rdn. 1889.

1. Vernehmung des Beweisführers auf Antrag

1887   Die Voraussetzungen einer Vernehmung des Beweisführers auf Antrag nach § 447 ZPO liegen nur selten vor, da jeweils der **Gegner einverstanden** sein muss.

   Am einfachsten ist die Vernehmung der Gegenpartei zu erreichen, da das Gericht bei Weigerung, sich vernehmen zu lassen nach freier Überzeugung die behauptete Tatsache als erwiesen ansehen kann (§§ 446, 453, 454 ZPO).

   Dies vor allem dann, wenn die Ablehnung ohne überzeugende triftige Gründe erfolgt oder der Wahrung anderer Interessen der Vorrang eingeräumt wird (Thomas/Putzo/*Reichold* § 446 Rn. 1). Erklärt der Gegner, nichts zu wissen, so können nachteilige Schlüsse daraus nur gezogen werden, wenn der Antragsteller darlegt, worauf das Wissen beruhen kann (Zöller/*Greger* § 446 Rn. 1). Im Übrigen sollte die Gegenpartei den Beweisbeschluss genau prüfen, ob es sich nicht um einen unzulässigen Ausforschungsbeweis handelt, an welchen er mitzuwirken nicht verpflichtet ist (*E. Schneider* ZAP 2004 Fach 13, S. 1256: »Manche Gerichte gehen solchen Beweisanträgen auf den Leim«; Zöller/*Greger* §§ 445 Rn. 3a; 446 Rn. 1: »Bei der Parteivernehmung liegt ein Missbrauch zu Ausforschungszwecken besonders nahe«).

Allerdings hat die Vernehmung des Gegners naturgemäß nur geringe Erfolgsaussichten und die Aussage wird fast immer seinem Sachvortrag entsprechen. Weil diese dadurch aber Beweiswert erlangt, sollte man die Parteivernehmung nur ausnahmsweise beantragen.

Trotzdem ist sie nicht generell als völlig untauglich anzusehen, da bei einer beeideten Falschaussage (§ 452 ZPO) eine Strafbarkeit wegen Meineides droht. In der Praxis ist der Parteieid im Zivilprozess zwar nahezu »ausgestorben« (*E. Schneider* MDR 1987, 726). Jedoch wird der zu vernehmenden Partei durch den »symbolischen Akt des Platzwechsels« und die Belehrung »die Verbindlichkeit der Aussage und die mit ihrer Aussage verbundene Verantwortung für die Entscheidung stärker vor Augen geführt als bei einer formlosen Anhörung« (*Lange* NJW 2002, 483; Zöller/*Greger* § 141 Rn. 1: »psychologischer Unterschied«). So sind die Parteien bei einer förmlichen Vernehmung erfahrungsgemäß meist auch aussagebereiter, was der Anwalt durch intensives und geschicktes Fragen und Konfrontation der Partei mit etwaigen Ungereimtheiten oder anderweitigen Beweisergebnissen nutzen sollte. Daher ist es gerade bei der Parteivernehmung wichtig, die Akten genau zu kennen.

Hingegen dürfen aus der Verweigerung des Einverständnisses zur Vernehmung des Beweisführers, keine nachteiligen Schlüsse gezogen werden (Zöller/*Greger* § 447 Rn. 4). Wird der Beweisführer trotzdem vernommen, ohne dass die Voraussetzungen des § 448 ZPO vorliegen, darf die Aussage bei Rüge der Gegenpartei nicht verwertet werden (§ 295 ZPO; Zöller/*Greger* § 447 Rn. 4).

Keinesfalls darf man voreilig sein Einverständnis erteilen, da dieses unwiderruflich ist (Zöller/*Greger* § 447 Rn. 3). Bei Unsicherheiten über die Beweislast kann man folgende zulässige Erklärung abgeben: »Beweis: Vernehmung des Gegners, falls ich beweispflichtig bin« oder »mit der Vernehmung des Gegners bin ich einverstanden, falls ich beweispflichtig bin« (Baumbach/*Hartmann* § 447 Rn. 6). Dadurch vermeidet man die Gefahr, dass das Einverständnis dem beweispflichtigen Gegner zu seiner Vernehmung verhilft. Im Übrigen kann sich die Partei sicherheitshalber schon vorsorglich der Vernehmung des Gegners widersetzen, insbesondere wenn dieser keine (sonstigen) Beweismittel angeboten hat bzw. ersichtlich sind.

Der Gläubiger sollte sich daher bei einem Mangel an sonstigen Beweismitteln rechtzeitig überlegen, ob nicht eine Abtretung der Klageforderung in Betracht kommt, damit er als Zeuge vernommen werden kann (oben Rdn. 553).

Sofern die Partei bereits in einem anderen Verfahren ausgesagt hat (z. B. im Ermittlungsverfahren), ist zu erwägen, ob nicht die urkundliche Verwertung der Aussage in Betracht kommt, was nach § 286 ZPO grundsätzlich möglich sein müsste, sowie bei Zeugenaussagen auch.

Möchte das Gericht eine Partei (versehentlich oder rechtsirrig) als Zeuge vernehmen, muss dies vom Gegner rechtzeitig gerügt werden, da dieser Verfahrensfehler sonst gem. § 295 ZPO geheilt werden kann (Thomas/Putzo/*Reichold* §§ 295 Rn. 2, 448 Rn. 5). Gerade wenn der gesetzliche Vertreter einer juristischen Person als Zeuge benannt wird, ist die Unzulässigkeit einer solchen Vernehmung nicht immer sofort ersichtlich.

Das Gericht hat die Aussage der Partei nach § 286 ZPO frei zu **würdigen** (§ 453 ZPO). 1888

Für den Beweiswert kann es günstiger sein, wenn die Partei bei Einvernahme von Zeugen nicht anwesend ist (Zöller/*Greger* § 453 Rn. 1; grundsätzlich darf die Partei aber anwesend sein, §§ 451, 394 ZPO).

Dabei spricht nach der Lebenserfahrung für den Wahrheitsgehalt einer Aussage, wenn eine Partei für sich ungünstig aussagt. Denn normalerweise wird nämlich niemand lügen, um sich selbst zu schaden (*E. Schneider* MDR 1966, 565). Allerdings hat eine solche Aussage in der Praxis absoluten Seltenheitswert.

2. Vernehmung (auch) des Beweisführers von Amts wegen

Eine solche Vernehmung – einer oder beider Parteien – kommt nach § 448 ZPO in Betracht, wenn die Ergebnisse der Verhandlung und einer etwaigen Beweisaufnahme nicht ausreichen, um zur Wahrheitsfindung zu gelangen. Diese Vorschrift verschafft dem Gericht »unter Durchbrechung des Beibringungsgrundsatzes ein Mittel zur Gewinnung letzter Klarheit« (BGH NJW 2002, 2247). 1889

Hierbei besteht rechtlich kein Aussagezwang (wohl aber faktisch, wegen §§ 446, 453 Abs. 2, 454 ZPO wenn nachvollziehbare Gründe fehlen), worüber aber nicht belehrt werden muss (Baumbach/*Hartmann* § 451 Rn. 3).

1890 Voraussetzung ist, dass alle angebotenen, zulässigen und erheblichen Beweise erhoben sind und noch kein voller Beweis geführt ist, jedoch eine gewisse Wahrscheinlichkeit für die Richtigkeit der zu beweisenden Tatsache spricht (BGH NJW 1999, 363 – st. Rspr.). Ein solcher **Anfangsbeweis** kann sich ergeben
- aufgrund einer vorausgegangenen Beweisaufnahme,
- auch ohne Beweisaufnahme aufgrund der Lebenserfahrung (Thomas/Putzo/*Reichold* § 448 Rn. 2),
- aufgrund des sonstigen Verhandlungsinhalts (z. B. positiver Eindruck aus einer vorangegangenen Parteianhörung, Prütting/Gehrlein/*Müller-Christmann* § 448 Rn. 4),
- aufgrund vorprozessualer Behauptung (insbesondere in der Korrespondenz), sofern weitere Umstände hinzutreten (BGH NJW 1989, 3222).

1891 § 448 ZPO kommt hingegen nicht zur Anwendung, wenn sich widersprechende Parteibehauptungen gänzlich **beweislos** gegenüberstehen – ungeachtet etwa der Vorlage von vorprozessualen Schreiben, in denen die streitige Tatsache lediglich behauptet wird (Prütting/Gehrlein/*Müller-Christmann* § 448 Rn. 4).

> Die Beweisnot einer Partei allein führt nicht dazu, dass an ihre Behauptungen ein geringerer Wahrscheinlichkeitsmaßstab anzulegen ist. Verneint der Richter in diesem Fall die Wahrscheinlichkeit, ist an die Begründung aber eine erhöhte Anforderung zu stellen; es muss erkennbar sein, dass er die Beweisnot der Partei in Erwägung gezogen hat. Auch ein unverschuldeter Mangel an Beweismitteln rechtfertigt keine Vergünstigung gegenüber der anderen Partei (BGH MDR 1990, 705; kritisch Zöller/*Greger* § 448 Rn. 4a).
>
> Hingegen entfällt bei § 287 Abs. 2 Satz 3 ZPO (Entstehung und Höhe eines Schadens, nicht jedoch haftungsbegründende Kausalität) das Erfordernis einer »gewissen Wahrscheinlichkeit« des Schadenseintritts und die Subsidiarität gegenüber anderen Beweismitteln (Zöller/*Greger* § 287 Rn. 6). Diese Schätzungsvernehmung kommt auch in Betracht, wenn der Schaden nicht genau substantiiert ist (Thomas/Putzo/*Reichold* § 287 Rn. 12).

1892 **Welche Partei** bzw. ob beide Parteien zu vernehmen sind, steht im pflichtgemäßen Ermessen des Gerichts. Dieses richtet sich – ohne Rücksicht auf die Beweislast – vor allem nach der Wahrscheinlichkeit der Behauptungen, dem bisherigen Verhandlungsergebnis, dem bisherigen Verhalten der Parteien im Prozess, der vermutlich besseren Kenntnis der Tatsachen bzw. welche Partei zum Beweisthema eigene Wahrnehmungen bekunden kann, insgesamt nach der größeren Vertrauens- und Glaubwürdigkeit (Thomas/Putzo/*Reichold* § 448 Rn. 4; Zöller Rn. *Greger* § 448 Rn. 5).

> Zöller/*Greger* § 448 Rn. 5: Vernehmung beider Parteien ist oft angezeigt; Thomas/Putzo/*Reichold* § 448 Rn. 4: von der Vernehmung nur der beweispflichtigen Partei ist zurückhaltend Gebrauch zu machen; LG Mönchengladbach NJW-RR 1998, 501: nur die (beweisbelastete) Partei, für deren Vortrag eine überwiegende Wahrscheinlichkeit spricht; BGH NJW 1999, 363: bestimmt sich allein danach, welche Partei zum Beweisthema eigene Wahrnehmungen machen kann – dies kann ohne Weiteres auch der Prozessgegner des Beweisführers sein.

1893 ▶ Praxistipp:

> Da die Neigung der Gerichte sehr gering ist, eine Parteivernehmung von Amts wegen durchzuführen, sollte eine solche in geeigneten Fällen – zusätzlich zu etwaigen Beweisanträgen – unbedingt angeregt werden, um das Gericht zur Prüfung zu veranlassen. Hierbei kann es hilfreich sein, die für die Richtigkeit des eigenen Vortrages sprechenden Umstände aufzuzeigen und insbesondere im Fall der Beweisnot den Gesichtspunkt der Waffengleichheit zu betonen.
>
> So muss nach Ansicht des BGH das Gericht in nachprüfbarer Weise darlegen, weshalb sie von einer Parteivernehmung von Amts wegen abgesehen hat, wenn sich eine Partei in Beweisnot befindet, sie Parteivernehmung beantragt hat und für die Richtigkeit ihres Vortrags eine gewisse Wahrscheinlichkeit spricht (BGH NJW 1990, 1721; kritisch Zöller/*Greger* § 448 Rn. 4a). Etwaige Bedenken gegen den Beweiswert einer Parteivernehmung können allenfalls in die Beweiswürdigung einfließen (BVerfG NJW 2001, 2531).

3. Sonderfall: Vier-Augen-Gespräch

Nach inzwischen h. M. gebietet der Grundsatz der **Waffengleichheit** eine Parteivernehmung – ohne Ermessensspielraum des Gerichts und ohne einschränkende Voraussetzungen unabhängig vom sonstigen Beweisergebnis – dann, wenn der Inhalt eines Vier-Augen-Gesprächs vom Gegner durch einen Zeugen bewiesen werden konnte.

1894

> In bürgerlichrechtlichen Streitigkeiten muss jeder Partei eine vernünftige Möglichkeit eingeräumt werden, ihren Fall – einschließlich ihrer Aussage – vor Gericht unter Bedingungen zu präsentieren, die für diese Partei keinen wesentlichen Nachteil gegenüber ihrem Gegner darstellen. Der Umstand, dass von den beiden Teilnehmern eines Vier-Augen-Gesprächs der eine Prozesspartei wird, während der andere die spätere Prozesspartei nur vertreten hat, rechtfertigt es nicht, die Möglichkeit der Beweisführung auf sie zu beschränken.
>
> Grundlegend: EuGHMR NJW 1995, 1413; BVerfG NJW 2001, 2531; BVerfG NJW 2004, 3407; BGH NJW 2002, 2247; BGH NJW-RR 2003, 1003; *Bruns* MDR 2010, 417; Thomas/Putzo/*Reichold* § 448 Rn. 4; zur Waffengleichheit Zöller/*Vollkommer* Einl. 102
>
> a. A. noch OLG München NJW-RR 1996, 958: auch dann keine Parteivernehmung, wenn es sich bei dem einzigen vorhandenen Zeugen etwa um den Ehepartner, sonstige Verwandte, einen Geschäftspartner oder eine sonstige befreundete Person handelt; LAG Köln MDR 2001, 712: Entscheidung des EuGHMR ist auf die deutsche Rechtslage nicht übertragbar.
>
> Zu weit geht allerdings die Rechtsprechung des BAG (NJW 2007, 2427), das eine Pflicht zur Parteianhörung oder -vernehmung über ein Vier-Augen-Gespräch bereits dann angenommen hat, wenn hieraus dem Gegner kein Beweisvorteil erwachsen ist. Zu Recht kritisiert *Noethen* (NJW 2008, 334), dass hierdurch die gesetzlichen Voraussetzungen für eine Parteivernehmung (§§ 447, 448 ZPO) ausgehebelt werden. Die Entscheidung des BAG ist deswegen abzulehnen.

Die neuere obergerichtliche **Rechtsprechung** schränkt die Notwendigkeit einer Parteivernehmung indes wieder ein.

1895

> So soll eine Parteivernehmung nicht erforderlich sein, wenn sich eine Partei durch Forderungsabtretung die Zeugenstellung verschafft hat (Thomas/Putzo/*Reichold* § 448 Rn. 4; *Kluth/Böckmann* MDR 2002, 616; BGH WM 1980, 1073: Parteivernehmung sei vom Tatrichter zu erwägen; in BGH NJW 1999, 364: offen gelassen ob zwingend; a. A. LG Mönchengladbach NJW-RR 1998, 501).
>
> Nicht erforderlich ist eine Parteivernehmung auch dann, wenn der Zeuge als neutraler Vermittler zwischen den Parteien oder gar »im Lager« der beweisfälligen Partei steht (BGH, Urt. vom 30.09.3004 – III ZR 369/03).

Einer förmlichen Parteivernehmung bedarf es insbesondere dann nicht, wenn die beweisfällige Partei **anderweitig** genügend Gelegenheit hatte, ihre Darstellung des Sachverhalts in den Rechtsstreit einzubringen. Hierzu kann es genügen, dass die Partei formlos informatorisch angehört wurde oder sie in der mündlichen Verhandlung persönlich anwesend war oder anwesend hätte sein können und dem Gericht ihren Standpunkt vortragen konnte (BGH NJW 1999, 363; ebenso BVerfG NJW 2001, 2531; Prütting/Gehrlein/*Müller-Christmann* § 448 Rn. 10; Thomas/Putzo/*Reichold* § 286 Rn. 2; OLG Zweibrücken NJW 1998, 167: vor allem, wenn die Aussage eines Zeugen gewürdigt werden soll, bei dem eine Interessenverflechtung und eine mehr »formale« Zeugenstellung zu gewärtigen ist).

1896

> BVerfG NJW 2008, 2170: »Deshalb besteht von Verfassungs wegen keine Notwendigkeit zu einer Parteivernehmung oder einer Anhörung nach § 141 ZPO von Amts wegen, wenn der Partei das Ergebnis der Vernehmung der vom Prozessgegner benannten Zeugen bekannt ist und sie aufgrund ihrer Anwesenheit bei der Beweisaufnahme oder in einem nachfolgenden Termin in der Lage war, ihre Darstellung vom Verlauf eines Vier-Augen-Gesprächs durch eine Wortmeldung nach § 137 Abs. 4 ZPO persönlich vorzutragen.«
>
> BGH NJW 2002, 2247: Die Parteivernehmung nach § 448 ZPO »kann im Fall der Beweisnot einer Partei aus dem Gesichtspunkt der prozessualen Waffengleichheit notwendig sein. Die Voraussetzungen dafür lagen hier jedoch nicht vor. Es geht nämlich nicht um den Inhalt eines Vier-Augen-Gesprächs zwischen einer Partei und dem Vertreter der anderen Partei (dazu EGMR NJW 1995, 1413), sondern um das Gespräch zwischen einer Prozesspartei und einem außenstehenden Dritten. In einem solchen Fall lässt sich eine vom

sonstigen Beweisergebnis unabhängige Pflicht zur Parteivernehmung nicht allein aus dem Grundsatz der Waffengleichheit herleiten«. (...) So darf das Gericht von § 448 ZPO »nur dann Gebrauch machen, wenn es aufgrund der Gesamtwürdigung von bisheriger Verhandlung und Beweisaufnahme weder von der Wahrheit noch von der Unwahrheit der zu beweisenden Behauptung überzeugt ist, also eine echte non-liquet-Situation besteht.«

BGH NJW 1999, 363: Im Rahmen der Ermessensentscheidung nach § 448 ZPO kann auch der Umstand berücksichtigt werden, dass es um die Aufklärung eines sog. Vieraugengesprächs geht, das die zu vernehmende Partei mit einem als Zeugen vernommenen Mitarbeiter der Gegenseite geführt hat; BGH NJW-RR 2003, 1003: Diese Frage stellt sich dann nicht, wenn das Gericht seine Überzeugung nicht allein auf die Bekundungen eines Zeugen der einen Seite stützt.

1897 Eine gegenläufige – und mit den zivilprozessualen Vorschriften nicht mehr vereinbare – Tendenz ist in der Rechtsprechung des **BAG** zu beobachten. Hier wird eine Vernehmung der beweisbelasteten Partei in allen Fällen des Vier-Augen-Gesprächs auch dann zugelassen, wenn dem Gegner kein Beweis zur Verfügung steht.

BAG (NJW 2007, 2427): »Art. 103 Abs. 1 GG sichert – i. V. m. Art. 2 Abs. 1 GG und dem in Art. 20 Abs. 3 GG gewährleisteten Rechtsstaatsprinzip – den Anspruch auf rechtliches Gehör vor Gericht und das mit ihm im Zusammenhang stehende Recht auf Gewährleistung eines wirkungsvollen Rechtsschutzes. Er gebietet ein Ausmaß an rechtlichem Gehör, das sachangemessen ist, um den in bürgerlich-rechtlichen Streitigkeiten – wie hier eine vorliegt – aus dem Rechtsstaatsprinzip folgenden Erfordernissen eines wirkungsvollen Rechtsschutzes gerecht zu werden. Insbesondere müssen die Beteiligten einer bürgerlichen Rechtsstreitigkeit die Möglichkeit haben, sich im Prozess mit tatsächlichen und rechtlichen Argumenten zu behaupten. Auch gehört es zu den für einen fairen Prozess und einen wirkungsvollen Rechtsschutz in bürgerlichen Rechtsstreitigkeiten unerlässlichen Verfahrensregeln, dass das Gericht über die Richtigkeit bestrittener Tatsachenbehauptungen nicht ohne hinreichende Prüfung entscheidet. Ohne eine solche Prüfung fehlt es an einer dem Rechtsstaatsprinzip genügenden Entscheidungsgrundlage. Um sie zu gewährleisten, bedarf es eines Mindestmaßes an rechtlichem Gehör (vgl. BVerfG 21.02.2001 – 2 BvR 140/00 – NJW 2001, 2531, zu III 1a der Gründe).

Die aus der Verfassung folgende Pflicht zur Prüfung verbietet es, einer Partei, die – wie hier – ihre Behauptung über den Inhalt eines Gesprächs allein durch ihre eigene Vernehmung führen kann, dieses Beweismittel zu verwehren. Damit würde die Partei in ihrer Beweisnot belassen. Bei einer derartigen Fallgestaltung ist es geboten, die Partei entweder selber im Wege der Parteivernehmung nach § 448 ZPO, soweit dessen Voraussetzungen vorliegen, oder im Wege der Parteianhörung nach § 141 ZPO persönlich zu hören. Ein Beweisantrag auf Heranziehung der Partei als Beweismittel ist dann nicht unzulässig (*Eschelbach/Geipel* MDR 2012, 198).

Dies ist für die Fallgestaltung, dass in einem Zivilprozess eine Seite auf einen ihr nahestehenden Zeugen zurückgreifen kann, während die andere Seite an einem »Vieraugengespräch« lediglich allein beteiligt war, in der Rechtsprechung anerkannt (BVerfG 21.02.2001 – 2 BvR 140/00 – NJW 2001, 2531, zu III 1b der Gründe; BAG 06.12.2001 – 2 AZR 396/00 – BAGE 100, 52, zu B III 2b bb der Gründe; zu Unrecht skeptisch: Sächsisches LAG 15.09.1999 – 2 Sa 519/99 – NZA-RR 2000, 497). Für diese Konstellation ist auch anerkannt, dass bei einer anderen Handhabung ein Verstoß gegen Art. 6 Abs. 1 der Europäischen Menschenrechtskonvention vorliegt (EGMR 27.10.1993 – 37/1992/382/460 – NJW 1995, 1413). Die Grundsätze sind darüber hinaus auch auf eine Fallgestaltung, wie sie hier vorliegt, zu übertragen, dass ein Gespräch allein zwischen den Parteien stattgefunden hat und deshalb kein Zeuge, auch kein »gegnerischer« Zeuge, zugegen ist. Auch in diesem Fall stünde die Partei vor einer nicht behebbaren Beweisnot, würde ihr nicht Gelegenheit gegeben, den notwendigen Beweis überhaupt zu führen (vgl. BAG 16.09.1999 – 2 AZR 712/98 – AP GrO kath. Kirche Art. 4 Nr. 1 = EzA BGB § 611 Kirchliche Arbeitnehmer Nr. 45, zu II 2 f dd der Gründe; im Ergebnis wie hier *Zwanziger* DB 1997, 776, 778).«

1898 Auch in den Fällen eines Vier-Augen-Gesprächs ist ein **Beweisantrag** auf (eigene) Anhörung oder Parteivernehmung unverzichtbar.

BVerfG NJW 2008, 2170: »Der Zivilprozess wird durch das Prinzip der Parteifreiheit und der Parteiverantwortung beherrscht. Dies kommt in dem Verhandlungs- oder Beibringungsgrundsatz zum Ausdruck, der den Zivilprozess prägt und nach dem allein die Parteien den Streitstoff in den Prozess einführen, über seine Feststellungsbedürftigkeit entscheiden und grundsätzlich auch seine Feststellung ermöglichen. (...)

Verfahrensrechtlich ist damit die Vernehmung der Zeugen der Klägerin davon abhängig gewesen, dass diese entsprechende Beweisanträge gestellt hatte. (...) Eine verfahrensrechtliche Gleichstellung der Parteien eines Zivilprozesses verlangt daher nicht, dass die über keine Zeugen verfügende Partei von Amts wegen angehört oder vernommen wird, sondern nur, dass ihre diesbezüglichen Anträge nicht abgelehnt werden. Solche Fälle liegen auch – soweit ersichtlich – der bisherigen Rechtsprechung und Literatur zugrunde. Durch eine zwingende und von Amts wegen durchzuführende Anhörung oder Vernehmung der sich in Beweisnot befindenden Partei, würde diese gegenüber ihrem Gegner mit Blick auf dessen Obliegenheit zur Stellung eines Beweisantrages begünstigt.«

Dieser Antrag sollte bereits vor Vernehmung des gegnerischen Zeugen gestellt werden. Denn wenn bereits ein Zeuge zu einem strittigen Punkt vernommen wurde und diesen bestätigt hat, haben die Gerichte in der Regel wenig Neigung, dann noch die (Gegen-) Partei zu vernehmen oder anzuhören (*Freyberger* ProzRB 2004, 6 – Urteilsanmerkung: »Viele Richter weigern sich, die Partei anzuhören«). Trotzdem sollte der Anwalt seinen Mandanten zum Termin mitbringen und auf dessen mündliches Äußerungsrecht nach § 137 Abs. 4 ZPO bestehen.

V. Augenschein

Kann das Gericht eine streitige tatsächliche Frage durch eigene sinnliche Wahrnehmung (sehen, hören, riechen, schmecken, fühlen) klären, so wird diese durch den/die entscheidenden Richter selbst vorgenommen.

1899

1. Bedeutung

Als unmittelbarer Beweis aufgrund der größeren Informationsnähe geht die Einnahme eines Augenscheins durch das Gericht als sachliches Beweismittel der Zeugenvernehmung vor (BGH MDR 1961, 249 Nr. 117; KG NJW 1980, 894: im Gegensatz zu einer Zeugenaussage ein wesentlich offensichtlicherer Beweis). Während Zeugenaussagen dem Richter nur einen Gedankeninhalt vermitteln, kann er sich beim Augenschein selbst »ein Bild machen«, sodass die Fehlerquellen dementsprechend gering sind.

1900

> Es erscheint ratsam, dass sich der Anwalt vor Beantragung eines Augenscheins das Objekt selbst ansieht, um entscheiden zu können, ob die Augenscheinseinnahme zugunsten seines Mandanten förderlich sein kann. Auch kann es u. U. nützlich sein, wenn die Partei zum Augenscheinstermin einen Privatgutachter mit hinzuzieht, was zulässig ist (Thomas/Putzo/*Reichold* § 372 Rn. 4).

> Insbesondere sollte man prüfen, ob sich womöglich die örtlichen Verhältnisse oder die Beschaffenheit des Gegenstandes seit dem für den Rechtsstreit maßgeblichen Zeitpunkt geändert haben.

Allerdings machen die Richter davon angesichts des in der Regel nicht unerheblichen Aufwandes sehr **zurückhaltend** Gebrauch.

1901

> Deshalb erscheint auch trotz § 144 ZPO ein entsprechender Beweisantrag (§ 371 ZPO) empfehlenswert.

> Allerdings kann ein solcher Antrag abgelehnt werden, wenn ein Augenschein nach gerichtlichem Ermessen zur Wahrheitserforschung nicht erforderlich ist (Zöller Rn. *Greger* § 371 Rn. 3; BGH; auch §§ 219, 144 ZPO), insbesondere wenn der Richter sich durch andere Beweismittel einen sicheren Eindruck von den entsprechenden Örtlichkeiten machen kann (Thomas/Putzo/*Reichold* §§ 371 Rn. 2, 284 Rn. 6), etwa durch Zeugen oder Sachverständigengutachten.

> Das Unterlassen eines Augenscheins kann lediglich in Grenzfällen, wenn der persönliche Eindruck unerlässlich ist, verfahrensfehlerhaft sein (Zöller/*Greger* § 144 Rn. 2; aber auch Thomas/Putzo/*Reichold* § 284 Rn. 2: die angebotenen Beweise sind zu erschöpfen). Das ist z. B. der Fall, wenn es auf das eigene Empfinden des Tatrichters ankommt, wie etwa bei der Frage der Lästigkeit eines Geräusches (BGH NJW 1992, 2019: die Grenze kann nur aufgrund einer wertenden Beurteilung festgelegt werden).

> Vor allem bei Gegebenheiten im Ausland, insbesondere bei Reisevertragssachen, scheidet eine Ortsbesichtigung praktisch aus. Möglicherweise kann sich das Gericht zukünftig durch einen »Tele-Augenschein« ein »Bild machen« (§ 128a ZPO; *Schultzky* NJW 2003, 314, 316).

Schließlich ist ein Augenschein nicht erzwingbar (Ausnahme: § 371a ZPO). Wird ein solcher von den Parteien verweigert, hat dies unterschiedliche prozessuale Auswirkungen (Thomas/Putzo/*Reichold* vor § 371 Rn. 3; § 357 Rn. 1).

1902 Nach § 144 Abs. 1 ZPO kann das Gericht einer Partei eine **Frist** zur Vorlage eines in ihrem Besitz befindlichen Gegenstandes setzen. Bei Fristversäumnis kommt Präklusion gem. § 296 Abs. 1 ZPO in Betracht.

Vereitelt eine Partei die ihr zumutbare Einnahme des Augenscheins, können die Behauptungen des Gegners über die Beschaffenheit des Gegenstandes als bewiesen angesehen werden (§ 371 Abs. 3 ZPO).

Eine Vereitelung liegt vor, wenn die Gegenpartei die Herausgabe des Anscheinsobjekts verweigert, es zerstört oder beiseiteschafft oder zur Duldung eines ihr zumutbaren Augenscheins nicht bereit ist (Begr. RegE S. 91).

1903 Nach § 144 Abs. 2 ZPO sind nunmehr auch **Dritte** zur Vorlegung oder Duldung verpflichtet, soweit nicht eine Wohnung betroffen ist, ihnen dies zumutbar ist und sie kein Zeugnisverweigerungsrecht besitzen.

Der Beweisantritt ist in § 371 Abs. 2 ZPO geregelt. Bei unberechtigter Nichtbefolgung der gerichtlichen Anordnung können Ordnungs- und Zwangsmittel verhängt werden (§§ 386 bis 390 ZPO).

2. Vorlage von Lichtbildern

a) Beweiswirkung

1904 Der Vorlage von Fotografien oder Videoaufnahmen kommt besondere Bedeutung zu (insbesondere bei Mängeln im Gewährleistungsprozess, Straßenführung im Verkehrsunfallprozess, Grundstückslage in einer Nachbarstreitigkeit, äußere Verletzung bei Schmerzensgeldklagen). Denn diese sind naturgemäß dazu geeignet, umfangreichen Sachvortrag zu ersetzen oder erst verständlich und anschaulich zu machen.

1905 ▶ **Praxistipp:**

Zum Beweisantritt sind die Fotos bzw. das Filmmaterial entsprechend § 420 ZPO vorzulegen, spätestens in der mündlichen Verhandlung.

Nicht ausreichend ist das bloße Anerbieten der Vorlage – wie es in der Praxis oft geschieht (Thomas/Putzo/*Reichold* § 420 Rn. 2; Zöller/*Geimer* § 420 Rn. 1). Dabei ist Entscheidungsgrundlage nur, was Gegenstand der mündlichen Verhandlung war (Thomas/Putzo/*Reichold* § 128 Rn. 6) bzw. im schriftlichen Verfahren zu den Akten gelangt ist.

Bei Filmaufnahmen kann es die Beweisaufnahme erleichtern, wenn die Gegenpartei und das Gericht jeweils eine Kopie erhalten, um sich die Aufnahmen außerhalb der Verhandlung selbst anzusehen. Sind beide Parteien damit einverstanden, dürften dem keine verfahrensrechtlichen Hindernisse entgegenstehen (§ 295 ZPO). Aber auch bei den Gerichten dürfte nunmehr wohl die entsprechende technische Ausrüstung vorhanden sein, um die Aufnahmen in der mündlichen Verhandlung anzuschauen zu können. Dabei kann es sich empfehlen, dass die Partei sicherheitshalber vor dem Termin das Gericht ausdrücklich darum bittet, die Gerätschaften zum Termin bereitzustellen.

Es handelt sich hierbei richtigerweise um eine Augenscheinseinnahme (Zöller/*Geimer* Vor § 415 Rn. 2). Es sollten aussagekräftige Fotos, am besten von unterschiedlichen Perspektiven aufgenommen, vorgelegt werden. Wenig hilfreich sind schlechte Schwarz-Weiß Fotokopien von Lichtbildern, die in der Regel überwiegend dunkel bzw. kontrastarm sind und kaum Einzelheiten erkennen lassen. Nützlich ist es auch, die Fotos zu beschriften bzw. zu nummerieren, sodass sich diese dem vorgetragenen Sachverhalt klar zuordnen lassen.

Aus nahe liegenden Gründen sollte man sie nicht nur lose dem Schriftsatz beilegen. Es bieten sich hierzu z. B. spezielle Klarsichthüllen zum Einstecken der Fotos an. Im Gegensatz zu Fotografien, welche in verschlossenen Kuverts »versteckt« sind, geraten diese und z. B. auch (Farb-) Kopien davon beim Durchblättern der Akte zwangsläufig ins Blickfeld des Richters (Kostenanspruch hierfür gem. § 91 Abs. 1 ZPO oder als Schadensersatz). Bei eventuellem Verlust der Fotos kann es zur kurzfristigen Ersatzbeschaffung nützlich sein, die Negative in der Handakte zu haben.

Wenn der Gegner deren Authentizität bzw. Identität des Augenscheinsobjekts (Zeitpunkt/Ort der Aufnahme) nicht **bestreitet**, kann das Gericht die Fotos verwerten und von einer weiteren Beweisaufnahme, insbesondere von einem gegenständlichen Augenschein absehen (Zöller/*Greger* vor § 284 Rn. 12; § 371 Rn. 3). 1906

> Sofern die Beweisfrage allein durch den unmittelbaren optischen Eindruck entschieden werden kann, brauchen m. E. etwaige Gegenzeugen nicht mehr vernommen zu werden. Denn dessen Aussagekraft ist einer Zeugenaussage absolut überlegen.
>
> Deshalb sollte sich der Gegner auch immer die Originalfotos – entweder im Termin oder mittels Akteneinsicht – anschauen und sich nicht mit undeutlichen Kopien zufriedengeben.

Wird die Unzulänglichkeit der Fotos als Beweismittel jedoch konkret bestritten, muss Beweis angeboten werden durch Vernehmung des Fotografen. 1907

> In der Praxis erfolgen seitens der Prozessbevollmächtigten häufig keinerlei Äußerungen zu den vom Gegner vorgelegten Fotos, obgleich manches zumindest mit Nichtwissen bestritten werden könnte.
>
> Bei digitalen Fotos ist zu bedenken, dass diese – zumindest von Laien – nachträglich leichter manipuliert werden können, als herkömmliche analoge Bilder, bei welchen zudem Veränderungen anhand des Originalnegativstreifens unschwer nachzuweisen sind (*Mühlhausen/Prell* NJW 2002, 99; dagegen *Bleutge/Uschold* NJW 2002, 2766: kein Unterschied zu analogen Bildern, wobei falsche Digitalbilder durch Spezialisten sogar eher zu detektieren seien). In der Praxis indes dürften solche Fälle bewusster Manipulationen die große Ausnahme sein, sodass insoweit den inzwischen allgemein verbreiteten Digitalfotos nicht generell ein geringerer Beweiswert zukommt als den herkömmlichen Bildaufnahmen.

Dabei besteht die größte **Verfälschungsgefahr** durch die Wahl des Sichtwinkels und Bildausschnitts. Ebenfalls die Vorlage zahlreicher Fotos, etwa zur Dokumentation von Mängeln, die jeweils dasselbe Objekt aus unterschiedlichen Perspektiven zeigen, kann das Ausmaß der Mängel erheblich größer als in Wirklichkeit erscheinen lassen. 1908

b) Verwertungsverbote

Bei der Vorlage von Fotos wird in der Praxis die Frage der Verwertbarkeit nur sehr selten geprüft bzw. von der Gegenpartei gerügt. Dabei gibt es auch hier (von der Verfassung abgeleitete) Verwertungsverbote (allgemein Prütting/Gehrlein/*Laumen* § 284 Rn. 25; OLG Karlsruhe MDR 2000, 847; zu den verschiedenen Ansichten, Thomas Rn. Putzo/*Reichold* § 286 Rn. 7). 1909

> Zu den Verwertungsverboten im Allgemeinen oben Rdn. 1540–1542.
>
> Eine besondere praktische Bedeutung erhält diese Problematik aufgrund der vorhandenen technischen Möglichkeiten. So lassen sich z. B. Videokameras im Mikro-Format leicht in alltäglichen Gegenständen verstecken.

Unzulässig ist ein Eingriff in den absolut geschützten Kernbereich der privaten Lebensgestaltung, die **Intimsphäre**, z. B. die Aufzeichnung von geschlechtsbezogenen Handlungen, selbst wenn diese im Freien ausgeübt werden (BGH NJW 1998, 763 Nr. 3/III). 1910

> Nach der neuen Vorschrift des § 201a StGB (36.StrÄndG vom 30.07.2004) ist die unbefugte Herstellung von Bildaufnahmen von einer anderen Person, die sich in einer Wohnung oder einem gegen Einblick besonders geschützten Raum befindet, strafbar und somit grundsätzlich unverwertbar, wenn dadurch deren höchstpersönlicher Lebensbereich verletzt wird.
>
> Bei unverwertbaren Lichtbildern dürfen die Aussagen von Zeugen über deren Inhalt nicht verwertet werden. Andernfalls könnte das auf einem Beweiserhebungsverbot beruhende Beweisverwertungsverbot unschwer umgangen werden (OLG Karlsruhe NJW 2002, 2799: verdeckte Videoüberwachung).

Soweit die Aufnahmen in der **Öffentlichkeit**, im sozialen Außenbereich erfolgen und weder in die Intim- noch Privatsphäre eingegriffen wird, ist das (abzuwägende) Gewicht des Eingriffs in das 1911 allgemeine Persönlichkeitsrecht gering. Da das Interesse an der Wahrheitsfindung und Durchsetzung berechtigter Ansprüche in diesem Fall überwiegt, wird eine Aufnahme zu Beweiszwecken meist als zulässig erachtet.

> KG NJW 1980, 894: spielendes Kind; OLG Schleswig NJW 1980, 352: Diebstahl; OLG Düsseldorf NJW-RR 1998, 241: Körperverletzung, die in Ermangelung anderer zuverlässiger Beweismittel sonst nicht nachgewiesen werden kann; a. A. OLG Hamm JZ 1987, 308 mit abl. Anm. *Helle*; zur (gezielten) Videoüberwachung LG Braunschweig NJW 1998, 2457; BGH NJW 1995, 1955: verneinend; offen gelassen, wenn damit die Erlangung von Beweismitteln bezweckt wird; auch LG Itzehoe NJW-RR 1999, 1394: maßgeblich Abwägung im Einzelfall; BayObLG NJW 2002, 2893: Videoüberwachung im Kaufhaus.

1912 Obgleich der **Arbeitsplatz** nicht schon als solcher zu dem Bereich privater Lebensgestaltung zählt, sind auch im Arbeitsverhältnis die allgemeinen Persönlichkeitsrechte, speziell das Recht am gesprochenen Wort und am eigenen Bild zu beachten.

> Die Frage, wann das heimliche Herstellen einer Bildaufnahme rechtswidrig ist, kann nicht generell-abstrakt, sondern nur anhand aller Umstände des konkreten Einzelfalles beantwortet werden (OLG Schleswig NJW 1980, 352: im Zählraum eines Spielcasinos zulässig).

> So ist etwa eine heimliche Videoüberwachung eines Arbeitnehmers zulässig, wenn der konkrete Verdacht einer strafbaren Handlung oder einer anderen schweren Verfehlung zulasten des Arbeitgebers besteht, weniger einschneidende Mittel zur Aufklärung des Verdachts erschöpft sind, die verdeckte Video-Überwachung praktisch das einzig verbleibende Mittel darstellt und insgesamt nicht unverhältnismäßig ist (BAG NJW 2003, 3436: Videokameras über der Kasse und im Gang eines Getränkemarktes). Die insoweit gefertigten Videoaufnahmen unterliegen daher keinem Beweisverwertungsverbot.

1913 Im Übrigen führt die Vorlage der Aufnahmen in einer Gerichtsverhandlung nicht zu einer (unzulässigen) Veröffentlichung, da dort nur ein begrenzter Personenkreis zugegen ist (KG NJW 1980, 894) bzw. dies darf zum Zwecke der Rechtspflege geschehen (§ 24 KunstUrhG; OLG Schleswig NJW 1980, 352).

1914 Schließlich sei noch darauf hingewiesen, dass im Strafprozess weit weniger kritisch mit heimlich gefertigten Aufnahmen umgegangen wird als im Zivilprozess. Auch deshalb kann sich bei Ansprüchen, die aus einer Straftat resultieren, empfehlen, (zunächst) Strafanzeige zu erstatten bzw. im Adhäsionsverfahren vorzugehen (unten Rdn. 2116).

C. Beweisaufnahme in besonderen Verfahren

1915 Die vorstehenden Ausführungen gelten für die Beweisaufnahme im allgemeinen Klageverfahren (§§ 253 ff. ZPO).

1916 In besonderen Verfahrensarten (unten Rdn. 1980) können Besonderheiten auch für die Beweisaufnahme gelten.
- Im **Mahnverfahren** findet eine Beweisaufnahme nicht statt. Wird der geltend gemachte Anspruch durch die Erhebung eines Widerspruchs oder Einspruchs bestritten, endet das Mahnverfahren und wird ins allgemeine Verfahren übergeleitet (§§ 696, 700 Abs. 3 ZPO).
- Im **Urkundenverfahren** sind grundsätzlich nur Urkunden als Beweismittel zulässig. Die Echtheit oder Unechtheit einer Urkunde sowie andere als anspruchsbegründende Tatsachen können zusätzlich auch im Wege der Parteivernehmung bewiesen werden (§ 595 Abs. 2 ZPO).
- Für das **amtsgerichtliche Verfahren** gelten grundsätzlich keine Besonderheiten (§ 495 ZPO). Im amtsgerichtlichen Bagatellverfahren (Streitwert bis 600 €) kann das Gericht das Verfahren und damit auch die Beweisaufnahme nach billigem Ermessen gestalten, sodass hier das Freibeweisverfahren Anwendung findet (dazu Rdn. 1547).
- Im **Musterverfahren** gelten Besonderheiten bei der Beweisaufnahme nicht. Diese erfolgt nach den allgemeinen Vorschriften (§ 9 Abs. 1 Satz 1 KapMuG).
- Im **Adhäsionsverfahren** folgt die Beweisaufnahme nicht zivilprozessualen, sondern strafprozessualen Grundsätzen (§ 244 StPO).

D. Wichtige Beweisthemen

Bestimmte Beweisthemen tauchen in Prozessen immer wieder auf und schaffen dabei typische Probleme. 1917

I. Zugang

Auf den Zugang einer Willenserklärung kommt es in vielen Fällen an (z. B. bei Kündigungen, Mahnungen bzw. Rechnungen für Verzug; Mängelrügen; Fristsetzungen; Palandt/*Ellenberger* § 130 Rn. 5). 1918

Die **Beweislast** für den – bestrittenen – Zugang eines Schreibens hat derjenige, der sich darauf beruft, in der Regel der Erklärende. 1919

▶ Praxistipp: 1920

Es ist immer damit zu rechnen, dass der Empfänger u. U. auch wahrheitswidrig den behaupteten Zugang im Prozess bestreitet und dadurch den Erklärenden in Beweisnot bringt.

So gelingt in der Praxis dieser Beweis mangels entsprechender **Vorsorge** häufig nicht. 1921

In diesen Fällen kann und muss die Willenserklärung – in beweisbarer Form – nachgeholt werden, unter Umständen mit und in der Klageschrift selbst und notfalls auch noch während des Prozesses. Es ist auch zu prüfen, ob vielleicht ein Sonderfall vorliegt, der den Zugang entbehrlich macht. So entspricht es z. B. allgemeinen Rechtsgrundsätzen, dass eine an sich erforderliche Fristsetzung entbehrlich ist, wenn sie reine Förmelei wäre, insbesondere wenn der Schuldner seine Leistungsverpflichtung endgültig verweigert (§ 281 Abs. 2 BGB; BGH NJW-RR 2005, 1321).

Ob der Absender im Prozess überhaupt eine Chance hat, den Zugang beweisen zu können, hängt dabei auch wesentlich von der Art der Übermittlung ab. In Betracht kommen die folgenden Möglichkeiten: 1922

1. Schreiben mit einfacher Post

Im Normalfall werden Schreiben mit einfacher Post versandt. 1923

Es besteht für diese Versendungsart nach der Rechtsprechung **kein Anscheinsbeweis**, dass eine zur Post gegebene Sendung den Empfänger erreicht, da Postsendungen (sogar Einschreibesendungen) verloren gehen können (Palandt/*Ellenberger* § 130 Rn. 21, BVerfG NJW 1991, 2757). 1924

Aufgrund der hohen Wahrscheinlichkeit eines Zugangs (*Schneider*, Die Klage im Zivilprozess S. 28: Auskunft der Deutschen Post AG: Verlustquote für 1999: 0,0008 %, d. h. von 125 000 Briefsendungen geht statistisch gesehen nur eine Sendung verloren, ders. MDR 1984, 281) liegen zwar die Voraussetzungen für eine Parteivernehmung des Empfängers vor (§§ 445, 448 ZPO; BGHZ 24, 308, 314), die aber wenig Aussicht auf Erfolg verspricht.

Mit dem häufig in der Praxis angebotenen Nachweis für die Absendung kann somit kein Beweis für den Zugang erbracht werden, sofern nicht aus dem vorprozessualen Verhalten, vor allem aus der Korrespondenz auf den Zugang rückgeschlossen werden kann (*Baumgärtel/Laumen/Prütting* § 130 Rn. 6).

So kann es beweisrechtlich insbesondere von Bedeutung sein, wenn der Erklärungsempfänger den Zugang eines Schreibens, welches der Absender in der vorprozessualen Korrespondenz angesprochen hat, nicht sogleich bestreitet (LG Hamburg VersR. 1992, 85 mit Anm. *Laumen*: Umkehr der Beweislast bzw. Anscheinsbeweis).

Aber vor allem kann es sich empfehlen, einem späteren Bestreiten des Empfängers vorsorglich dadurch zu begegnen, indem man ihn zu einer Äußerung über den Zugang veranlasst (BGHZ 24, 308, 313: Empfänger kann nach Treu und Glauben nicht nachträglich nach Ablauf der Frist und Vernichtung der Belege noch mit dem Vorbringen gehört werden, er habe das Schriftstück nicht erhalten).

Teilweise wird jedoch ein **Anscheinsbeweis** bei mehreren, mit einfacher Post abgesandten Schreiben, die sämtlich nicht zum Absender zurückgelangt sind, bejaht. 1925

LG München I Beschl. vom 21.09.98, 13 T 16124/98: bereits bei zwei Schreiben; ebenso LG Hamburg VersR 1992, 85 bei einer Reihe von Schreiben in engem zeitlichen Zusammenhang abgesandt; AG Grevenbroich MDR 1990, 437: Vier Briefe im Abstand von jeweils einigen Wochen; OLG Naumburg JurBüro 1999, 597: es obliegt dem Empfänger, wenigstens einen Sachverhalt darzustellen, der eine gewisse Plausibilität für den Verlust der vier Schreiben ermöglicht.

Damit kann freilich nicht auf den Zugang eines bestimmten Schreibens geschlossen werden. Für die Bestimmung des Verzugsbeginns muss als Zugangszeitpunkt das letzte Mahnschreiben angenommen werden.

1926 Sofern man hierbei einen Anscheinsbeweis bejaht, kann der Empfänger freilich zusätzlich den Inhalt, die ordnungsgemäße Adressierung und Frankierung (sämtlich mit Nichtwissen) bestreiten, wobei kaum ein Erklärender bei der Absendung daran denkt, dafür Beweisvorsorge zu treffen.

1927 Soweit es auf die Rechtzeitigkeit ankommt, muss auch der **Zeitpunkt** des Zugehens bewiesen werden (Palandt/*Ellenberger* § 130 Rn. 21). Auch hierfür gibt es nach der überwiegenden Meinung keinen Anscheinsbeweis.

Sofern allerdings der Zugang unstreitig oder bewiesen ist und nur Unklarheit über den Zeitpunkt besteht, hat der Gegner einen konkreten (anderen) Zugangszeitpunkt als von der beweisbelasteten Partei behauptet, substantiiert darzulegen. Dabei gilt die gesetzliche Vermutung des § 270 Abs. 2 Satz 2 ZPO (LG Frankfurt a.M. NJW-RR 1987, 569).

2. Einschreiben

1928 Sicherer ist das Einschreiben. Die Deutsche Post AG bietet hierfür zwei Formen an.

a) Übergabe-Einschreiben

1929 Bei dieser herkömmlichen Form des Einschreibens muss die Übergabe vom Empfänger **quittiert** werden. Wenn der Adressat oder ein sonstiger Empfangsberechtigter vom Postzusteller nicht angetroffen wird, ist eine Einschreibesendung auch dann nicht zugegangen, wenn daraufhin ein Benachrichtigungszettel über die Hinterlegung bei der Post hinterlassen wird (Palandt/*Ellenberger* § 130 Rn. 7, BGH NJW 1998, 976; OLG Brandenburg NJW 2005, 1585).

1930 Da die Sendung erst mit der **Abholung** von der Post zugeht (z.B. BAG NJW 1997, 146), können durch eine verspätete Abholung vom Absender einzuhaltende Fristen vereitelt werden. Probleme kann es auch geben, wenn keine brauchbare Empfangseinrichtung vorhanden ist oder wenn die Echtheit der Unterschrift bestritten wird.

1931 Dabei ist es unerheblich, ob das Einschreiben mit oder ohne **Rückschein** versandt wurde. Der vom Empfänger unterschriebene und an den Absender zurückgelangte Original-Rückschein kann jedoch den Beweis des Zugangs erleichtern.

1932 ▶ Praxistipp:

Der Inhalt des dem Empfänger übersandten Schreibens muss indes gesondert bewiesen werden (AG Köln, ZMR 1977, 278).

1933 Allerdings dürfte der Empfänger substantiiert darzulegen haben, was **Inhalt** der Sendung gewesen sein soll, wenn er den vom Absender behaupteten Inhalt bestreitet (sonst § 138 Abs. 3 ZPO).

OLG München NJW 1994, 527 für erhaltenes Telefax; *Looschelders/Pohlmann* § 38 VVG Rn. 9: Vermutung spricht dafür, dass der Brief, die bei dem Versicherer übliche Mahnung enthielt, soweit keine Anhaltspunkte dafür vorliegen, welche andere wichtige Mitteilung der Versicherer hätte machen können. Dabei soll ein Erfahrungssatz dafür sprechen, dass regelmäßig nur Erklärungen von einer gewissen Bedeutung per Einschreiben versandt werden (*Baumgärtel/Laumen/Prütting* § 130 Rn. 10).

1934 Falls er – nach seinem Vorbringen – nur ein leeres Blatt (bei Telefax) erhalten oder der Briefumschlag überhaupt nichts enthalten oder eine Seite (natürlich die maßgebende) gefehlt hat, können vom Empfänger natürlich keine weiteren Angaben verlangt werden.

Dem Einwand eines leeren Kuverts soll durch Verwendung von Fensterbriefumschlägen vorgebeugt werden können (*Benedict*, NVwZ 2000, 168 Fn. 13: kann gänzlich ausgeschlossen werden).

Wird jedoch die beim Postamt hinterlegte Sendung vom Adressaten **nicht abgeholt**, ist diese nicht zugegangen. 1935

Allenfalls wenn der Absender daraufhin unverzüglich einen zweiten Zustellungsversuch unternimmt, kann der Empfänger sich nach einer Ansicht gem. § 242 BGB nicht auf einen fehlenden Zugang berufen und ein Zugang durch den ersten Zustellversuch wird fingiert (BGH NJW 1998, 977; a. A. wohl die h. M. – Rückwirkungslösung – BGH LM § 130 Nr. 1: Empfänger kann sich u. U. gem. § 242 BGB bei ihm zurechenbaren Zugangshindernissen lediglich nicht auf die Verspätung berufen).

Unklar ist, ob der zweite Zustellungsversuch ohne Weiteres dem ersten entsprechen darf. Nach Ansicht des BGH (NJW 1998, 977) hängt die Art dieses zweiten Versuchs von den konkreten Umständen, wie den örtlichen Verhältnissen, dem bisherigen Verhalten des Adressaten, den Möglichkeiten des Erklärenden und von der Bedeutung der abgegebenen Erklärung ab. Freilich wird ein juristischer Laie kaum auf den Gedanken kommen, dass er durch einen zweiten Zustellversuch nach Fristablauf die Frist noch wahren kann.

Bei grundloser **Annahmeverweigerung**, obwohl der Adressat mit dem Eingang rechtserheblicher Mitteilungen seines Vertrags- oder Verhandlungspartners rechnen musste, oder bei arglistiger Zugangsvereitelung oder Verzögerung ist ein erneuter Zustellversuch nicht erforderlich. Der Zugang wird dann ebenfalls fingiert (BGH NJW 1998, 976). 1936

Im Übrigen aber existiert eine allgemeine Obliegenheit, Willenserklärungen zu empfangen und deshalb auf Benachrichtigung hin Briefe von der jeweils zuständigen Poststelle abzuholen, nicht (OLG Brandenburg NJW 2005, 1585).

Bei alledem trägt der Erklärende die **Beweislast**. Sofern bestritten, muss er bei einer nicht abgeholten Sendung beweisen, dass er den Benachrichtigungszettel tatsächlich erhalten bzw. gewusst hat, wer der Absender ist. Dabei ist dieser aus dem Niederlegungsschein nicht erkennbar. 1937

b) Einwurf-Einschreiben

Bei dem »Einschreiben Einwurf« wird die Sendung mit der Tagespost in den Hausbriefkasten oder das Postfach des Empfängers **eingeworfen**. Dieser Einwurf wird vom Briefzusteller mit Datums- und Zeitangabe sowie der Unterschrift des Briefzustellers auf einem Auslieferungsbeleg bestätigt. Einer Unterschriftsleistung des Empfängers bedarf es nicht. Das Einwurfeinschreiben geht dem Empfänger zu, sobald mit der Leerung des Hausbriefkastens zu rechnen ist. Dem Empfänger ist es daher nicht möglich, den Zugang zu vereiteln. 1938

Eine Kombination aus Übergabe- und Einwurfeinschreiben stellt der »Post Express« dar. Scheitert die Übergabe, wird die Sendung in den Briefkasten geworfen (*Dübbers/Kim* NJW 1998, 2265).

Die **Dokumentation** des Einwurfs durch den Postzusteller (in Verbindung mit dem Einlieferungsbeleg) könnte den Beweis des Einwurfs erbringen. Allerdings wird der Auslieferungsbeleg – ebenso wie beim Übergabe-Einschreiben – nach dem Einscannen zentral für ganz Deutschland im Beleglesezentrum in Mannheim der Deutschen Post AG vernichtet. Die Daten bleiben dort drei Jahre lang elektronisch gespeichert. Auf Wunsch erhält der Absender davon gegen Zahlung einer Gebühr einen schriftlichen Auszug mit dem Einwurf-Datum (zum Ganzen instruktiv *Reichert* NJW 2001, 2523). 1939

Damit scheidet ein Urkundenbeweis nach § 416 ZPO aus, wobei damit auch nicht die Richtigkeit des Inhalts bewiesen werden könnte. Wegen der privaten Rechtsnatur der Deutschen Post AG würde auch keine öffentliche Urkunde mit der (vollen) Beweiswirkung des § 418 ZPO vorliegen. Ebenso wenig Erfolg versprechend erscheint es, den Briefzusteller als Zeugen zu benennen. Zwar wird er vermutlich bestätigen, den Auslieferungsbeleg grundsätzlich immer richtig auszufüllen; an den konkreten Brief indes wird er sich nicht mehr erinnern können (LG Potsdam NJW 2000, 3722).

Die Frage des Beweises bleibt daher letztlich der freien richterlichen **Beweiswürdigung** überlassen (§§ 371, 286 ZPO), was bekanntlich unsicher ist. 1940

In der Literatur wird die Praxistauglichkeit dieser Zustellungsform überwiegend eher skeptisch beurteilt (z. B. *Hosenfeld* NZM 2002, 96: Lotteriespiel, ob der Nachweis des Zugangs gelingen wird oder nicht; *Bauer/Diller* NJW 1998, 2795: Kunstfehler, diese Form der Zustellung, welche in der arbeitsrechtlichen Literatur empfohlen wird, zu wählen; *Friedrich* VersR 2001, 1092: kein Anscheinsbeweis; *Reichert* NJW 2001, 2524: in Zweifelsfällen Übergabe-Einschreiben mit Rückschein verwenden; a. A. *Benedict*, NVwZ 2000, 167: ein starkes zusätzliches Indiz für den Zugang; Palandt/*Ellenberger* § 130 Rn. 21: Anscheinsbeweis, wenn der Einwurf ordnungsgemäß dokumentiert wurde).

In der Rechtsprechung hingegen wird dem Einwurf-Einschreiben zunehmend ein erhöhter Beweiswert zugemessen (AG Paderborn NJW 2000, 3722: Anscheinsbeweis – Entkräftung möglich durch Beweis, dass bei Leerung des Briefkastens das Schreiben nicht vorgefunden wurde; AG Hannover VersR. 2004, 317: keine Entkräftung, wenn die übrige Post den Empfänger erreicht hat; LAG Hamm, Urt. vom 22.05.02 – 3 Sa 847/01: Zugang durch Aussage des Zustellers als Zeugen bewiesen; LG Berlin Grundeigentum 2001, 770: bei Zustellung mittels Einwurfeinschreibens schlichtes Bestreiten des Zugangs nicht ausreichend; a. A. LG Potsdam NJW 2000, 3722: keine tatsächliche Vermutung für Zugang, da Fehlleitungen nicht ausgeschlossen werden können – dort wurde zudem der Beleg noch vor dem Einwurf in den Briefkasten in der Postfiliale vom Zusteller abgenommen und ausgefüllt; auch AG Bonn NJW 2003, 1130: Auslieferungsbeleg war fehlerhaft datiert – Deutsche Post AG ist verpflichtet, eine ladungsfähige Anschrift des Zustellers bekannt zu geben).

Der Einlieferungsbeleg allein jedoch kann ebenso wenig wie beim Übergabeeinschreiben den Zugang der Postsendung beweisen (z. B. OLG Düsseldorf RuS 2002, 274).

3. Telefax

1941 Nach überwiegender Auffassung geht ein an eine Privatperson gerichtetes Telefax (bereits bzw. erst) mit Beendigung des ordnungsgemäßen Ausdrucks beim Empfänger zu. Bei Geschäftsleuten erfolgt der Zugang (erst) während der (üblichen) Geschäftszeiten (Palandt/*Ellenberger* § 130 Rn. 7; LG Hamburg RRa 1999, 141; kritisch *Ultsch* NJW 1997, 3008 Fn. 16).

Abzuwarten bleibt, ob die Rechtsprechung des BGH, der einen Zugang bei Gericht bereits mit dem Eingang der Signale beim Empfangsgerät annimmt (BGH NJW 2006, 2263) hierauf übertragen wird (so OLG Karlsruhe VersR 2009, 245).

1942 ▶ Praxistipp:

Wenn der Empfänger den Ausdruck bestreitet und/oder das Vorliegen eines Defekts an seinem Empfangsgerät behauptet, kann ein Zugang im Normalfall nicht bewiesen werden.

Denn nach (bislang noch) überwiegender Meinung vermag (auch) der Sendebericht mit dem »OK«-Vermerk keinen Anscheinsbeweis für den Zugang begründen. Durch ihn wird nur die Herstellung der Verbindung zwischen dem Sende- und dem Empfangsgerät angezeigt, allenfalls noch für die geglückte Übermittlung der Daten. Für einen Ausdruck beim Empfangsgerät besitzt das Sendeprotokoll hingegen keinerlei Aussagewert. Denkbare Fehlerquellen sind etwaige technische Störungen und Bedienungsfehler (z. B. Senden der leeren Rückseite, gleichzeitiger Ein- oder Durchzug mehrerer Blätter; aufgebrauchter Toner beim Empfangsgerät). Zudem bestünden Manipulationsmöglichkeiten des Sendeberichts.

z. B. BAG MDR 2003, 91; BGH NJW 1995, 665: »OK«-Vermerk allenfalls ein Indiz; OLG Dresden NJW-RR 1994, 1485: obwohl grundsätzlich hohe Wahrscheinlichkeit für Zugang; LArbG Düsseldorf Jur-Büro 2004, 388; Zöller/*Heßler* § 518 Rn. 18e; *E. Schneider* MDR 1999, 193: aber Indizien-Zugangsbeweis nicht ausgeschlossen.

A. A. z. B. OLG München NJW 1994, 527; MDR 1999, 286: weil die Übertragungssicherheit sehr hoch ist und Hinweis auf die Möglichkeit des Empfängers, einen abweichenden Geschehensablauf durch Vorlage der Empfangsaufzeichnungen nachzuweisen, aus denen sich Übertragungsfehler ersehen lassen. Die Einschätzung des BGH aus dem Jahr 1994 vermag der Senat in Anbetracht der rasanten Entwicklung der Telekommunikation und ihrer Technik jetzt nicht mehr zu teilen; ebenso LG Osnabrück NJW-RR 1994, 1487; AG Rudolfstadt NJW-RR 2004, 1151. AG Hagen, Urt. vom 02.07.2008 – 16 C 68/08.

D. Wichtige Beweisthemen

Nunmehr soll allerdings die Tendenz dahin gehen, einen Anscheinsbeweis anzunehmen, sofern eine Manipulation des Sendeberichts ausschließbar ist, z. B. durch Zeugen (*Kieserling* ProzRB 2005, 102 – Urteilsanmerkung).

Bejaht man einen Anscheinsbeweis, so kommt als Beweismittel neben dem Sendebericht und möglichen Zeugen auch ein etwaiger Einzelverbindungsnachweis des Telefonnetzbetreibers in Betracht. Der Inhalt des Fax muss freilich – sofern bestritten – gesondert bewiesen werden. Der Empfänger kann den Anscheinsbeweis dann insbesondere durch Vorlage eines Empfangsjournals widerlegen.

Zum Ganzen *Riesenkampff* NJW 2004, 3296.

Vor allem bei Schreiben zur Wahrung von Fristen ist daher eine Übermittlung per Telefax mit gewissen **Risiken** verbunden (zur Wiedereinsetzung unten Rdn. 2835). Diese kann man dadurch vermindern, in dem man sich (unmittelbar) nach Versendung (telefonisch) vom Empfänger den vollständigen Erhalt durch einen Zeugen bestätigen lässt, was freilich auch vom Rechtsanwalt selbst erfolgen kann. Zum Beweis des Zugangs geeignet ist auch ein vom Empfänger zurückgefaxtes Empfangsbekenntnis. Schließlich kann man durch eine wiederholte Versendung zu verschiedenen, auseinanderliegenden Zeiten zumindest die Indizwirkung erhöhen; die Begründung eines Anscheinsbeweises erscheint hingegen fraglich. 1943

4. E-Mail

Inzwischen ist – neben der Übersendung per Telekopie – auch die elektronische Übermittlung von Nachrichten und Willenserklärungen per E-Mail bzw. Internet eine alltägliche Selbstverständlichkeit. Große Teile des kommerziellen wie des anwaltlichen Rechtsverkehrs werden auf diese Weise abgewickelt (*Mankowski* NJW 2002, 2822). 1944

Zu den rechtlichen und tatsächlichen Voraussetzungen der Wirksamkeit von E-Mails im Prozess (§ 130a ZPO) oben Rdn. 345 und 999.

Allerdings bereitet der dem Erklärenden obliegende (OLG Düsseldorf MDR 2009, 974) Beweis des **Zugangs** große Schwierigkeiten, wobei Erklärungen per E-Mail mit Eingang im elektronischen Briefkasten des Providers zugehen, spätestens mit der tatsächlichen Kenntnisnahme. 1945

zum Zugang: Palandt/*Ellenberger* § 130 Rn. 7a: bei Eingang zur Unzeit am folgenden Tag; *Nowak* MDR 2001, 841; *Bacher* MDR 2002, 669; *Ultsch* NJW 1997, 3007; *Vehslage* AnwBl. 2002, 86; LG Nürnberg-Fürth NJW-RR 2002, 1721 (§§ 130, 147 BGB; 130a Abs. 3 ZPO).

Hierbei scheidet die Möglichkeit eines Anscheinsbeweises für den Zugang allein anhand der nachgewiesenen Absendung weitgehend aus. So lässt sich eine erhöhte Zugangssicherheit im Vergleich zu einfachen Postsendungen oder Übermittlungen per Telefax (bislang) nicht feststellen. Im Übrigen sagen ausbleibende Fehlermeldungen nichts über den Zugang beim Empfänger aus (*Jaspersen* ProzRB 2003, 151 – Urteilsanmerkung).

Beruft sich der Empfänger auf die Wirksamkeit einer E-Mail, trägt er die volle Beweislast dafür, dass die E-Mail wirklich vom angegebenen **Absender** stammt. 1946

Während die Zurechnung einer Mail-Adresse zu einer Person in der Praxis meist nicht bestritten wird, sondern vielmehr die Tatsache, dass eine bestimmte Mail mit einem bestimmten Inhalt vom Mail-Adressen-Inhaber verschickt worden ist (*Ernst* MDR 2003, 1091).

Weil dieser Beweis in der Regel aufgrund der »virulenten Unsicherheit elektronischer Erklärungen« (*Ernst* MDR 2003, 1091) nicht gelingt, mehren sich die instanzgerichtlichen Entscheidungen, in welchen Vertragsschlüsse verneint werden, sogar bei Verwendung eines Passworts innerhalb eines bestimmten Systems (*Mankowski* NJW 2002, 2822; ders., CR 2003, 44 – bejaht Anscheinsbeweis). 1947

So hat z. B. das AG Erfurt (MMR 2002, 127 = JurPC 71/2002 – Internetauktion – Anm. *Winter* JurPC 109/2002) entschieden, dass der E-Mail Ausdruck auch in Verbindung mit dem richtigen Passwort kein ausreichendes Indiz für die Identität des Absenders ist – im Gegensatz zu der Verwendung von sog. TAN-Nummern im Rahmen des Internetzahlungsverkehrs mit den Banken (ebenso OLG Köln, CR 2003, 55: weder Anscheinsbeweis noch Beweislastumkehr; LG Bonn CR 2002, 293; LG Konstanz CR 2002, 609;

AG Bonn NJW-RR 2002, 1363: E-Mail Ausdruck hat keinerlei Beweiswert aufgrund Manipulationsmöglichkeiten – auch diejenige durch den Empfänger selbst; OLG Naumburg OLG-NL 2005, 51: keine Beweislastumkehr *Redeker* NJW 2002 Heft 44 S. XVIII: »relativ simpel«; *Roßnagel/Pfitzmann* NJW 2003, 1209: kein Anscheinsbeweis – eine E-Mail entspreche allenfalls einer in Druckbuchstaben mit Bleistift geschriebenen unterschriftslosen Postkarte).

Da eine E-Mail keine Urkunde dargestellt, kann sich der Empfänger auch nicht auf die Vermutungen der §§ 416, 440 Abs. 2 ZPO berufen (Zöller/*Greger* § 292a Rn. 2; §§ 286, 371 Abs. 1 Satz 2: frei vom Gericht zu würdigender Augenscheinsbeweis – mit allerdings sehr geringem Beweiswert). Auch Zeugen dürften meist nicht vorhanden bzw. der beweisbelasteten Partei nicht bekannt sein.

Am ehesten kann der Beweis der Identität und Integrität gelingen, wenn sich der Absender auf seine Erklärung im nachfolgenden außergerichtlichen Schriftverkehr berufen hat oder die gesamten Umstände (erforderliche Sachkenntnis/Vorgeschichte) für die Urheberschaft des angegebenen Absenders sprechen (i. E. so wohl auch LG Hannover WuM 2000, 412). Ansonsten beruht die Annahme der Identität lediglich auf der Behauptung des Absenders. Eine Überprüfung, wer den Rechner zur Datenübertragung genutzt hat, ist kaum möglich.

Zwar enthält § 371a Abs. 1 Satz 2 ZPO-JKomG eine Beweiserleichterung für den Empfänger einer elektronischen Willenserklärung, die eine Signatur nach dem Signaturgesetz aufweist (oben Rdn. 999, 1602, 1884). Jedoch tendiert deren Verbreitungsgrad derzeit gegen Null. Die Prognosen für die Durchsetzung der elektronischen Signatur in der Zukunft waren bislang zwar düster (*Mankoswki* NJW 2002, 2827: »ist und bleibt voraussichtlich eine Totgeburt«). Aufgrund des nunmehr geltenden Justizkommunikationsgesetzes mag sich dies womöglich mehr oder weniger schnell ändern.

1948 Als Absender einer rechtserheblichen E-Mail sollte man daher auf eine umgehende **Bestätigung** des vollständigen Empfangs bestehen, was später den Beweis des Zugangs erleichtert, sofern dieser dann überhaupt bestritten wird.

Hierzu kommt insbesondere eine mittels vom Empfänger automatisch erstellte elektronische Eingangs- und Lesebestätigung in Betracht (direkter Beweis oder zumindest Indiz; *Mankowski* NJW 2004, 1901), welche sich aber nicht vom Absender aus steuern lässt. Er kann eine solche allenfalls anfordern.

Als Beweismittel könnten zwar auch die sog. log-files (Datenprotokolle) des Servers beim Provider dienen, allerdings werden diese aus datenschutzrechtlichen Gründen bereits nach kurzer Zeit gelöscht.

1949 Damit sind derzeit bei unsignierten E-Mails »**Schutzbehauptungen** unwillig gewordener Gegenparteien« die Erklärung sei nicht zugegangen oder »stamme doch gar nicht von ihnen, Tor und Tür geöffnet« (*Mankowski* NJW 2002, 2822).

5. Förmliche Zustellung

1950 Die sicherste Zustellungsart ist weiterhin – neben der Zustellung durch einen Boten, der den Inhalt des Briefes kennt bzw. persönliche Übergabe unter Zeugen – die förmliche Zustellung. Dies kann geschehen durch Vermittlung des **Gerichtsvollziehers** (§ 132 Abs. 1 BGB, § 192 ZPO). Auf besonderen Antrag hat er selbst zuzustellen (§ 193 ZPO; §§ 19, 21 GVGA – Geschäftsanweisung für Gerichtsvollzieher).

Der Rechtsanwalt verletzt daher seine Sorgfaltspflicht und kann sich schadensersatzpflichtig machen, wenn er diesen sichersten Weg nicht geht (OLG Nürnberg NJW-RR 1991, 414: Empfänger hat Zugang einer fristgebundenen mit einfachem Brief versandten arbeitsrechtlichen Kündigung bestritten). Dies gilt besonders bei einer zu erwartenden Zugangsvereitelung.

Dabei ist er auch verpflichtet, den Zugang zu überwachen und das relevante Schreiben notfalls erneut zu versenden (LG Bonn, Urt. vom 14.05.2004, 15 O 569/03 – zit. *Lindner* AnwBl. 2005, 215: da RA vor Fristablauf keine Zustellnachricht erhalten hat, hätte er sich über den Verbleib des Kündigungsschreibens erkundigen müssen).

1951 Wer den Kosten-Aufwand scheut, sollte den Brief am Besten **mehrfach**, d. h. z. B. sowohl per (Einwurf-) Einschreiben als auch mit einfacher Post und per Fax versenden. Denn das Bestreiten des Zugangs durch den Empfänger wäre dann wenig glaubwürdig.

Man kann auch in der **Klageschrift** eine materiellrechtliche Willenserklärung mit abgeben, was in der Praxis häufig bei Kündigungen von Wohnraummietverhältnissen erfolgt. 1952

> Dadurch kann sowohl der Inhalt des zugestellten Schriftstücks als auch der Zeitpunkt des Zugangs bewiesen werden (§§ 192 ff. ZPO, 418 ZPO). Zudem ist eine Zustellungsvereitelung wegen der Möglichkeiten einer Ersatzzustellung praktisch ausgeschlossen (außerdem: Urkundsprozess möglich!).

Sofern der Adressat anwaltlich vertreten ist, kann eine Zustellung von **Anwalt** zu Anwalt gem. § 195 ZPO (§ 212a ZPO a. F.) in Betracht kommen. 1953

II. Stellvertretung

Wird der **Vertretene** in Anspruch genommen, trägt der Kläger die Darlegungs- und Beweislast für das Handeln in fremdem Namen und das Bestehen einer Vertretungsmacht (§ 164 BGB). 1954

Wird hingegen der **Vertreter** in Anspruch genommen, so trägt dieser die Beweislast für seine Vertretungsmacht sowie dafür, dass er nicht im eigenen Namen aufgetreten ist (§§ 164 Abs. 2, 179 Abs. 1 BGB; Palandt/*Ellenberger* § 164 Rn. 18). Wenn ihm der Beweis nicht gelingt, haftet er selbst. Dies gilt entsprechend bei einem Handeln für eine nicht bestimmte oder nicht existente Person (BGH MDR 2005, 1394). 1955

> Obwohl bei Bestreiten der Vertretungsmacht der Vertreter bzw. der Vertretene als Zeuge in Betracht kommen, gelingt in der Praxis der Beweis der Vertretungsmacht zuweilen nicht. Dabei fehlt es meistens bereits an einem schlüssigen Sachvortrag.

▶ Praxistipp: 1956

> Bei zweifelhaften Vertretungsverhältnissen ist es taktisch am geschicktesten, (zunächst) den (beweispflichtigen) Vertreter zu verklagen und dem (potenziell) Vertretenen den Streit zu verkünden (oben Rdn. 539).

Hierbei ist an die zahlreichen **Sonderfälle** zu denken, welche im Alltag bzw. Geschäftsleben eine große Rolle spielen. Diesbezüglich muss aber ausreichend vorgetragen sein. 1957

> So dürfte z. B. häufig Anscheins- oder Duldungsvollmacht vorliegen. Bei (erkennbar) unternehmensbezogenen Geschäften wird in der Regel von einem Handeln für den Betriebsinhaber ausgegangen (z. B. Reparaturauftrag für einen Lieferwagen oder Werbeanzeige; Palandt/*Ellenberger* § 164 Rn. 2, 18: tatsächliche Vermutung). Bei Bargeschäften des täglichen Lebens kommt der Vertrag ohne Weiteres mit dem zustande, den es angeht (Palandt/*Ellenberger* § 164 Rn. 9). auch die Sonderfälle des § 1357 BGB bei Ehegatten sowie § 1629 BGB bei Minderjährigen.
>
> Eine Vollmacht kann auch durch schlüssiges Verhalten erteilt werden. So muss z. B. derjenige, der einem anderen Aufgaben überträgt, deren ordnungsgemäße Erfüllung nach der Verkehrsauffassung eine bestimmte Vollmacht voraussetzt, diesen als bevollmächtigt gelten lassen, auch wenn er tatsächlich keine oder eine zu geringe Vollmacht erteilt hat (Palandt/*Ellenberger* §§ 167 Rn. 1, 173 Rn. 21; insbesondere §§ 54; 56 HGB: Ladenangestellte; Vertretungsmacht aufgrund besonderer Stellung bzw. Funktion).

III. Schenkungseinwand

Gegenüber der Klage auf Rückzahlung eines bestimmten Geldbetrages wird in der Praxis häufig Schenkung eingewandt. Da der Kläger (Gläubiger) grundsätzlich die Behauptungs- und Beweislast für die anspruchsbegründenden Tatsachen trägt, muss er beweisen, dass die Hingabe des Geldes als Darlehen oder ohne Rechtsgrund erfolgt ist (Palandt/*Weidenkaff* §§ 516 Rn. 19, 607 Rn. 22; keine echte Einwendung sondern Klageleugnen). 1958

> Selbst wenn die Parteien zunächst offen gelassen haben, ob eine hingegebene Geldsumme als Schenkung oder als Darlehen gelten soll, muss der Geldgeber die Behauptung des Empfängers widerlegen, man habe sich später auf Schenkung geeinigt (OLG Schleswig MDR 1982, 317).
>
> Hingegen trifft den Beklagten die Beweislast für die Behauptung, der Kläger habe ihm die Darlehnsschuld nachträglich im Wege der Schenkung erlassen.

> Beruft sich der Kläger für seine Rückforderung auf § 812 BGB, hat er das Fehlen des behaupteten Rechtsgrundes, also die Nichtschenkung zu beweisen (Palandt/*Sprau* § 812 Rn. 106).

1959 Der Beweis könnte vor allem durch etwaige Zeugen oder einen vorhandenen Schuldschein geführt werden. Dabei kann ein Schuldschein unterschiedliche beweisrechtliche Bedeutung haben, was von der Auslegung der in ihm enthaltenen Erklärungen abhängt (*Baumgärtel/Laumen/Prütting* § 607 Rn. 18 ff.; Palandt/*Grüneberg* §§ 371 Rn. 2, 607 Rn. 22; BGH NJW 2001, 2096, 2099; BGH NJW 1986, 2571; BGH JR 1978, 413).

> Die in einem Schuldschein enthaltene Bestätigung, ein Darlehen empfangen zu haben, kann entweder ein abstraktes oder kausales Schuldanerkenntnis oder eine bloße Wissenserklärung als sog. Zeugnis gegen sich selbst (ähnlich einer schlichten Quittung) darstellen.
>
> In den ersten beiden Fällen führt die Vorlage eines Schuldscheins zu einer Beweislastumkehr, d. h. der Schuldner muss beweisen, dass die Verpflichtung nicht entstanden ist. In der Regel dient ein Schuldschein jedoch dazu, eine bereits bestehende Darlehensverbindlichkeit zur Beweissicherung und Beweiserleichterung zu bestätigen. In diesem Fall kann der in der Regel durch den Schuldschein erbrachte Hauptbeweis schon durch einen Gegenbeweis entkräftet werden.

1960 Unter Umständen kommen dem Gläubiger Beweiserleichterungen zugute. Hierbei kann nur im Einzelfall entschieden werden, ob insbesondere bei engen persönlichen oder verwandtschaftlichen Beziehungen zwischen den Beteiligten ein Darlehen oder eine Schenkung anzunehmen ist (*Baumgärtel* § 607 Rn. 6 ff.).

> So spricht z. B. nach OLG Koblenz (MDR 1998, 540) eine tatsächliche Vermutung für eine Darlehensgewährung, wenn bei einer noch jungen Liebesbeziehung ein Partner das nicht unerheblich überzogene Bankkonto des anderen ausgleicht. Bei Verlobten soll auch die Begleichung persönlicher Verbindlichkeiten, die mit der beabsichtigten Eheschließung nicht in Zusammenhang stehen, als stillschweigende Darlehensgewährung anzusehen sein. Hingegen kann bei nicht schenkungsteuerpflichtigen Zuwendungen unter Ehegatten in der Regel von einer Schenkung ausgegangen werden, nicht aber bei Tilgung von Geschäftsschulden. Während bei Zuwendungen zwischen Partnern nichtehelicher Lebensgemeinschaften eine tatsächliche Vermutung gegen das Vorliegen eines Darlehensvertrages spricht, wird man bei einer Geldhingabe unter nicht näher bekannten Personen im Zweifel von einem Darlehen ausgehen dürfen.

IV. Werkvertrag

1961 Die in der Praxis beim Werkvertrag relevanten Streitpunkte betreffen im Wesentlichen die Frage etwaiger Mängel des Werkes, die Erforderlichkeit der Arbeiten sowie die Höhe der Vergütung. Hierbei gibt es vielfältige Beweislastvarianten, die in der Praxis häufig Schwierigkeiten bereiten.

> Sonderregelungen enthält die VOB/B, welche als Allgemeine Geschäftsbedingungen nur bei wirksamer Einbeziehung Vertragsbestandteil wird (§ 305 BGB).

1962 Wendet der Besteller gegenüber der eingeklagten Vergütung Mängelrechte ein, kommt der »Abnahme« für die Beweislast entscheidende Bedeutung zu.

> Denn mit der Abnahme (§ 640 BGB) kehrt sich die Beweislast um. So hat bis zur Abnahme der Unternehmer die Mangelfreiheit und Vollständigkeit seiner Werkleistung darzulegen und erforderlichenfalls zu beweisen. Nach der Abnahme trägt die Beweislast der Besteller (Zöller/*Greger* Vor § 284 Rn. 19; Palandt/*Sprau* §§ 634 Rn. 12; 641 Rn. 14).
>
> Dabei wird die Vergütung erst mit Abnahme »des vertragsmäßig hergestellten Werkes« fällig (§§ 640, 641 BGB). Ihre berechtigte Verweigerung wegen vorhandener Mängel hindert die Fälligkeit (Palandt/*Sprau* §§ 640 Rn. 8: fehlende Abnahmereife; 641 Rn. 4) und die Vergütungsklage ist als zurzeit unbegründet abzuweisen (Palandt/*Sprau* § 641 Rn. 2).
>
> Aufgrund der jetzigen Möglichkeit des Unternehmers, durch Fristsetzung die Fälligkeit herbeizuführen (§ 640 Abs. 1 Satz 3 BGB) ist zweifelhaft, ob er vor einer Vergütungsklage diese Möglichkeit nutzen muss oder ob er – wie bisher – unmittelbar auf Zahlung klagen kann (Palandt/*Sprau* § 641 Rn. 4).

D. Wichtige Beweisthemen   5. Kapitel

Für die Erforderlichkeit des dem Vergütungsanspruch zugrunde gelegten Leistungsumfangs sowie   1963
für diesen selbst, trifft die Darlegungs- und Beweislast regelmäßig den Unternehmer. Ist die Höhe
des Werklohns nicht speziell vereinbart, so gilt die übliche Vergütung als vereinbart (§ 632 Abs. 2
BGB).

> Verlangt der Unternehmer die vereinbarte Vergütung, muss er die (bestrittene) Vereinbarung beweisen.
> Verlangt der Unternehmer die übliche Vergütung, muss er beweisen, dass die vom Besteller behauptete
> bestimmte Vergütung nicht vereinbart ist (Palandt/*Sprau* § 632 Rn. 11). Mit diesem Einwand der Festgeldabrede wird in der Praxis häufig versucht, den Anspruch des Unternehmers auf die (höhere) übliche
> Vergütung zu Fall zu bringen. Denn gelingt ihm der Beweis nicht, steht ihm nur der (geringere) Werklohn
> zu, der sich aus der behaupteten Preisvereinbarung ergibt, wobei an diese Beweisführung keine strengen
> Anforderungen zu stellen sind (BGH NJW-RR 1992, 848).

> Dabei ist die Entgeltlichkeit einer Werkleistung der Regelfall. Zwar muss grundsätzlich der Unternehmer
> die »Umstände« i. S. d. § 632 Abs. 1 BGB beweisen, jedoch dürften ihm hierbei meist Erfahrungssätze zu
> Hilfe kommen (z. B. BGH NJW 1987, 2742: Erfahrungssatz, dass Architekten üblicherweise nur entgeltlich tätig werden; Palandt/*Weidenkaff* §§ 612 Rn. 4, 632 Rn. 4: i. d. R. Entgeltlichkeit, wenn die Leistung in
> den Rahmen des ausgeübten Hauptberufs gehört; auch §§ 611 Abs. 1; 653 Abs. 1 BGB). Den Ausnahmefall
> muss dann der Besteller beweisen (z. B. Werkleistung für Verwandte oder Freunde).

Insbesondere muss eine Zeitvergütung vereinbart sein.   1964

> Der Unternehmer muss daher eine solche (bestrittene) Vereinbarung substantiiert vortragen und beweisen
> (sog. Stundenlohnvertrag bzw. Arbeiten auf Regiebasis).

> In der Regel wird diese Vereinbarung vor Ausführung der betreffenden Arbeiten getroffen. Insbesondere
> kann in der bloßen Abzeichnung von Stundenlohnzetteln in der Regel nicht eine entsprechende nachträgliche stillschweigende Vereinbarung gesehen werden (BGH NJW-RR 1995, 80).

> Beim BGB-Bauvertrag kann eine Abrechnung nach Stundenlöhnen (nebst verbrauchtem Material) bei kleineren Leistungen auch als die übliche Vergütung anzusehen sein (*Werner/Pastor* Rn. 1210).

> Außerdem trägt er die Darlegungs- und Beweislast für die von ihm aufgewandten Stunden (zur Bedeutung
> von Stundenlohnzetteln oben Rdn. 1862). Bei einem Bauwerkvertrag ist hierzu detailliert darzulegen, welcher Arbeiter auf welcher Baustelle an welchen Tagen wie viel Stunden welche Arbeiten ausgeführt hat (*Werner/Pastor* Rn. 1215; OLG Hamm NJW-RR 2005, 893), wobei der Stundenlohnvertrag in der Baupraxis
> aber die Ausnahme ist. Dabei reicht es zum Nachweis der erbrachten Stunden nicht aus, sich allein auf das
> Zeugnis von Mitarbeitern zu berufen, ohne schriftsätzliche Erläuterung von vorgelegten Stundenlohnzetteln oder entsprechenden substantiierten Vortrag. Bei einer vereinbarten zeitabhängigen Vergütung muss
> der Besteller – (entgegen der Grundregel) nicht der Auftragnehmer die Angemessenheit – darlegen und beweisen, dass der geltend gemachte Zeitaufwand überhöht ist (BGH NJW 2000, 1107; a. A. *Werner/Pastor*
> Rn. 1211; OLG Celle NJW-RR 2003, 1243). Dabei ist diese Vergütung, anders als es beim Dienstvertrag
> der Fall sein mag, grundsätzlich von Quantität und Qualität der Leistung nicht unabhängig. Vielmehr ist
> der Unternehmer zu einer wirtschaftlichen Betriebsführung verpflichtet (§ 242 BGB). Da der Besteller im
> Allgemeinen keine konkreten Kenntnisse darüber haben kann, was sich in der Sphäre des Unternehmers
> zugetragen hat, können an die Substantiierung seines Vorbringens indes keine hohen Anforderungen gestellt werden (BGH NJW 2000, 1107).

V. Mängelanzeige im Reiserecht

Im Reisemängelprozess berufen sich die beklagten Reiseveranstalter häufig auf die fehlende bzw.   1965
verspätete Mängelanzeige. Denn nach § 651d Abs. 2 BGB tritt die Minderung nicht ein, »soweit es
der Reisende schuldhaft unterlässt, den Mangel anzuzeigen«.

Die dogmatische Einordnung einer solche Anzeige und entsprechend auch die Darlegungs- und Be-   1966
weislast sind **umstritten** (zur Bedeutung von Mängelprotokollen oben Rdn. 1867, 1874).

> Für das tatsächliche Vorliegen eines Mangels jedoch trägt die Darlegungs- und Beweislast unzweifelhaft der
> Reisende (Palandt/*Sprau* § 651d Rn. 6).

1967 Es werden folgende Auffassungen vertreten:

- Der Reisende ist beweispflichtig für die Mängelanzeige, da (formelle) Anspruchsvoraussetzung, es sei denn, er kann die Unterlassung entschuldigen oder die Nutzlosigkeit eines Abhilfeverlangens dartun (BGH NJW 1985, 132; LG Hannover NJW-RR 1990, 1020).
- Der Reiseveranstalter ist beweispflichtig dafür, dass die Anzeige schuldhaft unterlassen wurde, weil § 651d Abs. 2 BGB Ausschlusstatbestand bzw. Einwendung (Palandt/*Sprau* § 651d Rn. 6; LG Frankfurt a. M. NJW-RR 1988, 1451).
- Vermittelnde Meinung (wohl h. M., Palandt/*Sprau* § 651d Rn. 7; Tempel S. 428, 473; MüKoBGB/*Tonner* § 651d Rn. 15; *Baumgärtel* § 651d Rn. 3; grundlegend und ausführlich LG Frankfurt a. M. NJW-RR 1986, 540).

Einwendungstatbestand, sodass sich der Reiseveranstalter zunächst auf den Ausschlusstatbestand berufen muss. Falls der Reisende dem widerspricht, hat der Reiseveranstalter darzulegen und gegebenenfalls zu beweisen, dass eine Möglichkeit der Mängelanzeige bestand (z. B. Erreichbarkeit des örtlichen Reiseleiters, Person, Ort und Sprechstunde der Reiseleitung).

Sodann hat der Reisende substantiiert darzulegen, dass und wann er den Mangel bei der angegebenen Stelle bzw. wem gegenüber gerügt hat. Dabei wäre z. B. auch die Behauptung ungenügend, er habe die Reiseleiterin nicht angetroffen, wenn nicht vorgetragen wird, an welchem Tag er um welche Uhrzeit vergeblich versucht hat, bei ihr vorzusprechen (LG Kleve NJW-RR 1997, 1207).

Gelingt dem Reiseveranstalter im Einzelfall nachzuweisen, dass speziell die behauptete Mängelanzeige tatsächlich nicht stattgefunden hat, hat er zugleich bewiesen, dass eine Anzeige auch sonst nicht erfolgt ist (arg. unterbliebene Mängelanzeige als sog. Negativtatsache, die grundsätzlich von niemanden bewiesen werden kann, sondern nur ein entsprechender substantiierter Sachvortrag, LG Kleve NJW-RR 1997, 1207; auch Zöller/*Greger* vor § 284 Rn. 24).

Ein im Fall einer Beweisaufnahme über die behauptete Mängelanzeige – meist – (*Führich* Rn. 271; Mitreisende als gegenbeweisliche Zeugen!) eintretendes »non-liquet« geht dann zulasten des Reiseveranstalters, d. h. es verbleibt bei dem Normaltatbestand des § 651d Abs. 1 BGB, der Minderung des Reisepreises.

Dass das Unterlassen der (rechtzeitigen) Anzeige ausnahmsweise nicht schuldhaft war, hat der Reisende ebenso darzulegen und zu beweisen (§§ 282, 285 BGB a. F. analog) wie die Tatsachen, aus denen sich ausnahmsweise eine Entbehrlichkeit der Mängelanzeige herleiten lässt. Hingegen trägt der Reiseveranstalter zuletzt die Beweislast dafür, dass er bei (rechtzeitiger) Anzeige zur Abhilfe bereit und in der Lage gewesen wäre.

Auch *Führich* vertritt diese differenzierende Meinung. Allerdings hat danach der Reisende zuerst substantiiert die Mängelanzeige vorzutragen, wobei der Name der Reiseleitung nicht genannt werden braucht (str.). Erst danach müsse sich der Veranstalter auf den Ausschlusstatbestand des § 651d Abs. 2 BGB berufen.

E. Beweisrechtliche Verfahrensfehler

1968 In Anbetracht der Komplexität der Beweisaufnahme kommen Fehler praktisch immer wieder vor. Meist wird ein solcher erst in der Folgeinstanz von Bedeutung.

I. Bedeutung für die Berufung

1969 Wenn das Gericht gegen beweisrechtliche Vorschriften verstoßen hat, liegt ein Verfahrensfehler und damit auch eine Rechtsverletzung vor (§§ 286, 546 ZPO; Art. 103 Abs. 1 GG).

Dies kann sowohl bei der Feststellung des Sachverhalts im Wege der Beweisaufnahme als auch bei der Beweiswürdigung der Fall sein.

1970 ▶ Praxistipp:

Wegen etwaiger Heilungsmöglichkeit nach §§ 295, 534 ZPO sind Verfahrensfehler bei Bekanntwerden rechtzeitig zu rügen.

E. Beweisrechtliche Verfahrensfehler

Aufgrund der erheblichen Bedeutung von Verfahrensfehlern für die **Berufung** muss der Anwalt künftig in der Beweisstation der ersten Instanz verstärkt nach Rechtsfehlern suchen. 1971

> Dabei kann sich die Partei auch sonst durch entsprechende Mitwirkung im erstinstanzlichen Verfahren die Berufungsmöglichkeit erhalten.
>
> Wird z. B. ein Sachverständigengutachten mehr oder weniger widerspruchslos hingenommen, so macht es kaum Sinn, dem Gericht in der Berufungsbegründung vorzuwerfen, sich nicht bis in alle Einzelheiten mit dem Gutachten auseinandergesetzt zu haben. Denn dann ist gegen die übliche Floskel »nach den überzeugenden Feststellungen des Sachverständigen...« kaum etwas einzuwenden (*Stackmann* JuS 2004, 881).
>
> Des Weiteren kann die Partei durch Stellung von beweisrechtlichen Anträgen (z. B. auf Ladung und Vernehmung von lediglich schriftlich vernommen Zeugen oder Sachverständigen) Verfahrensfehler provozieren (*Flotho* BRAK-Mitt. 2000, 108: »alle denkbaren Fußangeln in Form von Beweis- und sonstigen Anträgen auslegen«). Damit kann man auch verhindern, dass vom Berufungsgericht entweder ein konkludenter Verzicht seitens der Partei angenommen oder ein (gerügtes) Unterlassen des Erstgerichts mit dem Bemerken gerechtfertigt wird, angesichts der eindeutigen Situation sei ein entsprechendes, im Ermessen des Gerichts liegendes Handeln nicht erforderlich gewesen. Neben der Verletzung der Hinweispflicht sind beweisrechtliche Verstöße (insbesondere übergangener Sachvortrag bzw. Beweisangebote) in der Praxis die häufigsten Verfahrensmängel in erster Instanz.

1. Berufungsgrund

Auf die Rechtsverletzung kann die Berufung gestützt werden (§ 513 Abs. 1 ZPO; unten Rdn. 3251). 1972

> Zweifelhaft ist, ob ein Nachschieben von weiteren Rechtsverletzungen nach Ablauf der Berufungsbegründungsfrist möglich ist (verneinend *Schellhammer* MDR 2001, 1143 f.; BGH NJW 2004, 1878: Das Berufungsgericht prüft einen Mangel des Verfahrens nur dann, wenn er in der Berufungsbegründung gerügt worden ist; aber: § 529 Abs. 2 Nr. 1 ZPO verweist nicht auf § 520 Abs. 2 ZPO). Für von Amts wegen zu berücksichtigende Mängel gilt die Frist jedenfalls nicht, sofern nur überhaupt eine zulässige Berufung bzw. Rüge vorliegt.

2. Notwendigkeit erneuter Tatsachenfeststellung

Aufgrund einer fehlerhaften Beweisaufnahme oder Beweiswürdigung können »konkrete Anhaltspunkte Zweifel an der Richtigkeit oder Vollständigkeit der entscheidungserheblichen Feststellungen begründen und deshalb eine erneute Feststellung gebieten« (§ 529 Abs. 1 Nr. 1 ZPO). In diesem Fall erhält man die Chance, in der zweiten Instanz durch eine erneute Tatsachenfeststellung zu einem günstigeren Urteil zu kommen (unten Rdn. 3260). 1973

> Ausreichend sind bereits vernünftige Zweifel, d. h. wenn aus der Sicht des Berufungsgerichts eine gewisse – nicht notwendig überwiegende – Wahrscheinlichkeit dafür besteht, dass im Fall der Beweiserhebung die erstinstanzliche Feststellung keinen Bestand haben wird (BGH NJW 2003, 3480; BGH NJW 2004, 2828: vernünftige Zweifel sowie die konkrete Möglichkeit eines anderen Beweisergebnisses genügen).
>
> Insbesondere sollen solche Zweifel an der Richtigkeit einer Gerichtsentscheidung schon dann begründet sein, wenn ein tragendes Element der erstinstanzlichen Beweiswürdigung in seiner Aussagekraft geschmälert wird (BGH NJW 2004, 1876).
>
> Häufig findet sich in erstinstanzlichen Urteilen sogar überhaupt keine (ernsthafte) Beweiswürdigung, sondern lediglich nichtssagende Leerformeln, aufgrund dessen sich ebenfalls konkrete Anhaltspunkte gegen die Richtigkeit des erstinstanzlichen Ergebnisses ergeben können (*Geipel* AnwBl. 2005, 346).
>
> Daneben können sich Zweifel auch aus neuen Beweisangeboten ergeben, wenn diese nach § 531 Abs. 2 ZPO in der Berufungsinstanz zu berücksichtigen sind (BGH NJW 2004, 2152).
>
> Bei einem Sachverständigengutachten können sich solche Zweifel aus dem Gutachten oder der Person des Gutachters ergeben, insbesondere wenn das Gutachten in sich widersprüchlich oder unvollständig ist, wenn der Sachverständige erkennbar nicht sachkundig war, sich die Tatsachengrundlage durch zulässigen neuen Sachvortrag geändert hat oder wenn es neue wissenschaftliche Erkenntnismöglichkeiten zur Beantwortung der Sachverständigenfrage gibt (BGH NJW 2003, 3480).

Weitergehend sollen sich nach Ansicht des BVerfG (Beschl. vom 12.06.2003; NJW 2003, 2524) solche Zweifel für das Berufungsgericht schon aus der »Möglichkeit einer unterschiedlichen Wertung« bzw. einer vom Gericht der Vorinstanz abweichenden Beweiswürdigung ergeben können.

Diese Interpretation der Voraussetzungen für eine anderweitige Tatsachenfeststellung würde fast in jedem Prozess mit einer Beweisaufnahme deren Wiederholung erfordern und damit vom Urteil des ersten Rechtszugs abweichende Feststellungen ermöglichen (*Deubner* JuS 2004, 34 Fn. 20; kritisch auch *Greger* NJW 2003, 2882: die Möglichkeit unterschiedlicher Beweiswürdigung besteht so gut wie immer).

1974 Sofern diese Voraussetzungen vorliegen, muss nach § 538 Abs. 1 ZPO das Berufungsgericht grundsätzlich selbst die notwendigen Beweise erheben und sodann in der Sache entscheiden (BVerfG NJW 2003, 2524).

Dabei setzt eine erneute Tatsachenfeststellung eine darauf bezogene Berufungsrüge nicht voraus, auch wenn sich dies freilich empfiehlt. Vielmehr hat das Berufungsgericht von Amts wegen den gesamten Prozessstoff der ersten Instanz – unter Einbeziehung des Ergebnisses einer Beweisaufnahme – auf Zweifel an der Richtigkeit und Vollständigkeit der Tatsachenfeststellung zu prüfen (BGH BB 2005, 1077).

1975 Die Frage, ob und inwieweit das Berufungsgericht zu einer **Wiederholung der erstinstanzlichen Beweisaufnahme** verpflichtet ist, beurteilt sich nach Ansicht des BGH nach denselben Grundsätzen wie aus der Zeit vor Geltung des Zivilprozessreformgesetzes.

Insbesondere muss es einen bereits in erster Instanz vernommenen Zeugen nochmals vernehmen, wenn es dessen Glaubwürdigkeit abweichend vom Erstrichter beurteilen will (BVerfG NJW 2005, 1487; BGH NJW 2004, 1876; NJW 2004, 2828: ist immer geboten, wenn die konkrete Möglichkeit eines anderen Beweisergebnisses besteht), aber auch dann, wenn es seinen Bekundungen eine andere Tragweite oder ein anderes Gewicht beilegen will, als das erstinstanzliche Gericht (BGH MDR 1998, 793).

Dies gilt aber auch bei einer völlig ungenügenden erstinstanzlichen Beweiswürdigung.

So genügt es nach der Rechtsprechung des BGH z. B. nicht, nur durch formelhafte Wendungen zum Ausdruck zu bringen, das Gericht sei von der Wahrheit einer Tatsache überzeugt oder nicht überzeugt. Vielmehr müssen die wesentlichen Grundlagen dafür mit Bezug zu den konkreten Fallumständen nachvollziehbar dargelegt werden (BGH MDR 2000, 323) bzw. es bedarf einer konkreten tatrichterlichen Würdigung der Zeugenaussagen nach ihrer objektiven Stimmigkeit und der persönlichen Glaubwürdigkeit der Zeugen. Dabei gilt es, nach Wahrhaftigkeits- und Unwahrhaftigkeitskriterien im Aussageverhalten und in dem Inhalt sowie der Struktur der Aussage selbst zu suchen (BGH NJW 1988, 566).

Die nochmalige Vernehmung eines Zeugen kann allenfalls dann unterbleiben, wenn sich das Berufungsgericht für seine von der Vorinstanz abweichende Würdigung der Aussage auf solche Umstände stützt, die weder die Urteilsfähigkeit, das Erinnerungsvermögen oder die Wahrheitsliebe des Zeugen noch die Vollständigkeit oder Widerspruchsfreiheit seiner Aussage betreffen.

Noch weiter gehend hat das BVerfG festgestellt, dass bei Zweifeln i. S. d. § 529 Abs. 1 Nr. 1 ZPO nach der gesetzlichen Neuregelung eine erneute Beweisaufnahme zwingend geboten ist (BVerfG NJW 2003, 2524).

1976 Es kann aber auch unter Aufhebung des Urteils das Verfahren an das erstinstanzliche Gericht **zurückverweisen**, wenn aufgrund eines wesentlichen Mangels eine umfangreiche oder aufwendige Beweisaufnahme notwendig ist (§ 538 Abs. 2 Nr. 1).

Weitere Voraussetzung hierfür ist der Antrag einer Partei.

Als Gesichtspunkte für eine solche Antragstellung kommen in Betracht die Erlangung von Zeitgewinn sowie die Frage, von welchem Gericht die sorgfältigere Beweisaufnahme zu erwarten ist. Vor allem lebt dadurch die Befugnis der Parteien zum Vortrag neuer Angriffs- und Verteidigungsmittel – unabhängig von den Beschränkungen des § 531 ZPO – wieder auf und auch das Verschlechterungsverbot (sog. reformatio in peius) zugunsten des Berufungsklägers gilt nicht (Zöller/*Heßler* § 538 Rn. 61). Außerdem erlangt man dadurch erneut die Berufungsmöglichkeit – der Gegner allerdings auch!

Dabei könnte das Berufungsgericht zu einer Aufhebung vor allem deshalb geneigt sein, um die Sache wenigstens – zunächst einmal – wieder loszuhaben und nicht selbst eine u. U. aufwendige Beweisaufnahme durchführen zu müssen, was in der Tat »verhältnismäßig bequem« ist (Hartmann NJW 2001, 2591; *Geipel* AnBl. 2005, 346: »große Unlust der Gerichte in der Berufungsinstanz«).

E. Beweisrechtliche Verfahrensfehler 5. Kapitel

Allerdings hat nunmehr der BGH den Grundsatz der eigenen Beweiserhebung betont und festgestellt, dass die Zurückverweisung auf wenige Ausnahmefälle beschränkt sein wird und das Berufungsgericht grundsätzlich auch ein notwendiges Sachverständigengutachten einzuholen hat (BGH BauR 2005, 590).

Im Übrigen aber hat das Berufungsgericht nach § 529 Abs. 1 Nr. 1 ZPO seiner Verhandlung und Entscheidung die vom Gericht **festgestellten Tatsachen** zugrunde zu legen, d. h. es ist an die erstinstanzliche Beweisaufnahme und Würdigung gebunden (keine vollwertige zweite Tatsacheninstanz mehr!). 1977

Festgestellt sind dabei nicht nur solche Tatsachen, hinsichtlich derer das erstinstanzliche Gericht aufgrund einer freien Beweiswürdigung gem. § 286 Abs. 1 ZPO die Entscheidung getroffen hat, dass sie wahr oder nicht wahr sind. Vielmehr hat das Berufungsgericht auch solche Tatsachen zu berücksichtigen, die auch das erstinstanzliche Gericht seiner Entscheidung ohne Prüfung der Wahrheit zugrunde gelegt hat, sei es, weil sie offenkundig oder gerichtsbekannt (§ 291 ZPO), ausdrücklich zugestanden (§ 288 ZPO) oder unstreitig (§ 138 Abs. 3 ZPO) waren, oder weil sie sich aus gesetzlichen Vermutungen oder Beweis- und Auslegungsregeln ergeben haben (BGH NJW 2004, 2152).

II. Beispiel

Als beweisrechtliche Verfahrensfehler kommen in Betracht: 1978

▶ Beispiel: 1979

Verkennen der Beweislast (Baumbach/Hartmann § 529 Rn. 3).

Übergehen wirksamer und erheblicher Beweisantritte ohne zulässigen Ablehnungsgrund (BVerfG NJW-RR 2004, 1150; KG MDR 2005, 1071 – Gegenzeugen; Zöller/Greger vor § 284 Rn. 8a; es ist daher darauf zu bestehen, dass mündlich gestellte Beweisanträge protokolliert werden).

Dies erfolgt häufig wegen (angeblich) unzureichender Substantiierung oder mit der (meist fehlerhaften) Begründung, der Beweisantrag sei nur »ins Blaue hinein« gestellt worden bzw. diene nur der »Ausforschung« (E. Schneider ZAP Fach 13, S. 1129: »untaugliche Leerformeln«; zur Bedeutung der Nichtzahlung eines angeordneten Auslagenvorschusses oben Rdn. 1510).

Verneinung der Beweiserheblichkeit wegen vermeintlich unzureichender Substantiierung (Zöller/Heßler § 539 Rn. 16; OLG München NJW-RR 2001, 66; insgesamt E. Schneider MDR 1998, 997).

Beweisaufnahme bei unzulässigem Ausforschungsbeweis (Zöller/Greger vor § 284 Rn. 5, 11; OLG Köln VersR 1977, 577: über offensichtlich unsubstantiierte Forderungen).

Beweisantizipation (vorweggenommene Beweiswürdigung), insbesondere bei Ablehnung einer Beweisaufnahme mit der Begründung, das Gegenteil sei (u. U. aufgrund von Indizien) bereits bewiesen (BGH MDR 2002, 963; Zöller/Greger vor § 284 Rn. 10, 12) oder unterlassener Vernehmung einen Zeugen wegen (vermuteter) Unglaubwürdigkeit (Zöller/Greger vor § 284 Rn. 10a) oder weil der Aussage von vornherein kein Beweiswert zukomme (BGH BGHReport 2005, 194).

Verstoß gegen Beweiserhebungs- und Verwertungsverbote (oben Rdn. 1540).

Verstoß gegen die Aufklärungspflicht (§ 396 Abs. 2 ZPO; BGH NJW 1992, 1768; u. U. auch unklare und lückenhafte Vernehmungsprotokolle).

Verstoß gegen § 286 ZPO bei unzureichender Beweiserhebung oder wenn die Beweiswürdigung z. B. unvollständig oder in sich widersprüchlich ist, oder wenn sie gegen Erfahrungssätze oder Denkgesetze verstößt, z. B. wenn Umständen Indizwirkungen zuerkannt werden, die sie nicht haben können, oder wenn die Ambivalenz von Indiztatsachen nicht erkannt wird (BGH NJW 2004, 1876).

Missachtung des § 279 Abs. 3 ZPO (Schlusserörterung; Thomas/Putzo/Reichold § 285 Rn. 1: Unverwertbarkeit der Beweisaufnahme im Urteil; Zöller/Greger §§ 279 Rn. 6, 285 Rn. 1: kann im Berufungsverfahren zur Aufhebung des Urteils führen).

Übersehen einer Urkunde, die im Widerspruch zu einer erheblichen Zeugenaussage steht, oder eines persönlichen Umstandes, der die Glaubwürdigkeit eines Zeugen erschüttert.

Verwechselung von Personen (Baumbach/Hartmann § 520 Rn. 34).

Unauflösbare Widersprüche zwischen dem Protokoll der Vernehmung und den daraus gezogenen Schlüssen.

Nichtstattgabe eines Antrags auf Anhörung eines Sachverständigen gem. §§ 402, 397 ZPO (BGH NJW 2004, 2828).

6. Kapitel: Rechtstitulierung in besonderen Verfahren

Übersicht	Rdn.
A. **Mahnverfahren (§§ 688 ff. ZPO)**	1985
I. Allgemeines	1986
II. Verjährungshemmung	1994
III. Risiko: Unzureichende Individualisierung	2005
IV. Weitere Nachteile	2013
B. **Urkundenverfahren (§§ 592 ff. ZPO)**	2016
I. Besonderheiten	2019
II. Voraussetzungen	2030
1. Zulässigkeit	2030
2. Urkunden	2037
III. Reaktionsmöglichkeiten des Beklagten	2043
IV. Nachverfahren	2055
C. **Amtsgerichtliches Verfahren**	2065
I. Das amtsgerichtliche Verfahren im Allgemeinen	2066
II. Das amtsgerichtliche Bagatellverfahren (§ 495a ZPO)	2067
1. Voraussetzungen und Gefahren	2068
2. Beispiele abweichender Verfahrensgestaltung	2076
3. Antrag auf mündliche Verhandlung	2089
D. **Musterverfahren**	2094
I. Kapitalanleger-Musterverfahren (§§ 1 ff. KapMuG)	2096
II. Sonstige Musterverfahren	2107
E. **Adhäsionsverfahren (§§ 403 ff. StPO)**	2116
I. Voraussetzungen	2117
II. Rechte des Antragstellers	2124
III. Entscheidung des Gerichts	2125
1. Absehen von einer Entscheidung	2126
2. Stattgabe des Anspruchs	2132
3. Rechtsmittel	2135
IV. Vorteile für den Geschädigten	2138
V. Abschluss eines Vergleichs	2141
VI. Kosten und Gebühren	2145

Für besonders gelagerte Fälle stellt das Gesetz zur Erlangung eines vollstreckungsfähigen Titels Alternativen zu dem bislang als Regelfall dargestellten allgemeinen Klageverfahren (§§ 253 ff. ZPO) zur Verfügung (Übersicht oben Rdn. 632).   **1980**

In sog. »**summarische Verfahren**« wird unter Verkürzung von Parteirechten »kurzer Prozess« gemacht, mit geringerem Aufwand, kostengünstig und rasch kann hier ein die Zwangsvollstreckung legitimierender Titel erlangt werden. Zu diesen summarischen Verfahren gehören (neben dem bereits dargestellten Eilverfahren, oben Rdn. 358) insbesondere   **1981**

– das **Mahnverfahren** (§§ 688 ff. ZPO), mit dem unstreitige Zahlungsansprüche ohne großen Aufwand, rasch und kostengünstig tituliert werden können.

> Bei den Mahnverfahren rechtfertigt sich die Verfahrensvereinfachung aus dem Unstreitigbleiben des vom Kläger behaupteten Anspruchs und besteht in einem Verzicht nicht nur auf die mündliche Verhandlung, sondern auf jegliche Sachprüfung. Ausgeglichen wird dies durch eine Beschränkung der so titulierbaren Ansprüche und besondere, vereinfachte Rechtsbehelfe des Schuldners.

– das **Urkundenverfahren** mit dem evidente, urkundlich belegbare Ansprüche (§§ 592 ff. ZPO) ohne großen Aufwand, rasch und kostengünstig tituliert werden können.

> Bei den Urkundenverfahren rechtfertigt sich die Verfahrensvereinfachung aus der Offenkundigkeit bzw. leichten Beweisbarkeit des vom Kläger behaupteten Anspruchs und besteht in einem Verzicht auf eine umfassende Sachprüfung durch eine Beschränkung der Beweismöglichkeiten für beide Parteien. Ausgeglichen wird dies – soweit erforderlich – durch ein zweites, zeitlich nachfolgendes Verfahren und die dort bestehende Möglichkeit, den Titel wieder zu beseitigen.

Abweichungen von den allgemeinen Verfahrensvorschriften sieht die ZPO vor für: **1982**

– das **Verfahren vor dem Amtsgericht** (§§ 495 ff. ZPO), das nicht in vollem Umfang den für das landgerichtliche Verfahren geltenden Vorschriften der §§ 253 ff. ZPO folgt.

> Die Verfahrensbesonderheiten rechtfertigen sich hier aus dem grundsätzlich geringeren Streitwert und bestehen in Erleichterungen für die Parteien und das Gericht.

Außerhalb der ZPO geregelt sind weitere Sonderformen des Verfahrens auf Durchsetzung privater Ansprüche. Dazu gehören   **1983**

6. Kapitel — Rechtstitulierung in besonderen Verfahren

- das **Musterverfahren** (§§ 1 KapMuG), das die praktische Bewältigung der Geltendmachung im Wesentlichen gleichgelagerter Ansprüche durch eine große Vielzahl von Klägern erleichtern soll.

  Diese Form des Massenverfahrens ist bislang ausschließlich für Schadensersatzansprüche aus öffentlichen Kapitalmarktinformationen gegeben, eine allgemeine Regelung steht noch aus.

- das **Adhäsionsverfahren**, in dem der Geschädigte einer Straftat bereits im Strafverfahren eine Entschädigung erlangen kann.

  Dadurch kann ein dem Strafverfahren nachfolgender Zivilprozess vermieden werden.

1984 Nicht Gegenstand der vorliegenden Darstellung sind die Verfahren nach dem **FamFG**. Auch die – praktisch derzeit (noch) nicht relevanten **EU-Verfahren** bleiben unerörtert.

Das **Europäische Mahnverfahren** nach der Verordnung (EG) Nr. 1896/2006 bietet einem Gläubiger die Möglichkeit, schnell und kostengünstig einen Titel zu bekommen, wenn der Schuldner die Forderung voraussichtlich nicht bestreiten wird. Anwendbar ist die Verordnung bei Geldforderungen. Es muss außerdem ein grenzüberschreitender Fall vorliegen, d. h. die Parteien müssen grundsätzlich in verschiedenen Mitgliedstaaten der EU ansässig sein. Das Formular des Europäischen Mahnverfahrens ist durch Ankreuzfelder anwenderfreundlich gestaltet. Es ist in der Sprache oder einer der Sprachen auszufüllen, die das zu befassende Gericht anerkennt. Das Formblatt ist in allen Amtssprachen der EU erhältlich, sodass es auch ohne Sprachkenntnisse in der verlangten Sprache ausgefüllt werden kann.

Ist der Antrag nicht offensichtlich unbegründet, erlässt das Gericht den Zahlungsbefehl. Zuständig ist grundsätzlich das Gericht, in dessen Bezirk der Antragsgegner seinen Aufenthalt hat. Diesen Zahlungstitel stellt das Gericht dem Antragsgegner zu. Er hat dann die Möglichkeit, den Zahlungsbefehl entweder zu akzeptieren oder Einspruch einzulegen. Legt der Antragsgegner innerhalb von 30 Tagen keinen Einspruch ein, erklärt das Gericht den Zahlungsbefehl automatisch für vollstreckbar. Der Zahlungstitel ist dann in jedem EU-Mitgliedstaat zwangsweise durchsetzbar. Im Fall eines Einspruchs des Antragsgegners beginnt ein gewöhnlicher Zivilprozess nach dem Recht des Staates, in dem dieser seinen Aufenthalt hat.

Das Gesetz zur Verbesserung der grenzüberschreitenden Forderungsdurchsetzung und Zustellung vom 30.10.2008 (BGBl. I, S. 2122) enthält die erforderlichen nationalen Durchführungsvorschriften für die vorgenannte EG-Verordnung und trat am 12.12.2008 in Kraft. Hiernach ist in Deutschland für die Bearbeitung von Anträgen im Europäischen Mahnverfahren allein das Amtsgericht Berlin-Wedding zuständig, soweit es nicht um arbeitsrechtliche Ansprüche geht. Anträge sollen im Europäischen Mahnverfahren weitgehend automatisiert bearbeitet werden, soweit es sich nicht um arbeitsrechtliche Ansprüche handelt. Das Land Berlin schafft derzeit die dafür erforderlichen technischen Voraussetzungen. Die verbindliche Einführung der maschinellen Bearbeitung wird durch eine Verordnung des Landes Berlin erfolgen.

Einen weiteren Schritt zu einer einheitlichen europäischen Zivilprozessordnung stellt die Einführung eines **europäischen Verfahrens zur grenzüberschreitenden Beitreibung von Forderungen bis 2 000 €** dar. Die Verordnung (EG) Nr. 861/2007 schafft ein einheitliches europäisches Zivilverfahren, das vor den Gerichten der Mitgliedstaaten der EU – mit Ausnahme Dänemarks – Anwendung findet. Forderungen bis 2 000 € können damit leichter durchgesetzt werden. Die Verordnung gilt – wie das Europäische Mahnverfahren – nur für grenzüberschreitende Fälle. Das Europäische Verfahren für geringfügige Forderungen ist einfach, effizient und kostengünstig. Für die Verfahrenseinleitung durch den Kläger und die Erwiderung des Beklagten stehen standardisierte Formulare mit Ausfüllhinweisen zur Verfügung. Die Vertretung durch einen Rechtsanwalt ist nicht vorgeschrieben. Das Verfahren wird grundsätzlich schriftlich geführt. Eine mündliche Verhandlung findet nur statt, wenn das Gericht sie für notwendig erachtet.

Das Gesetz zur Verbesserung der grenzüberschreitenden Forderungsdurchsetzung und Zustellung vom 30.10.2008 (BGBl. I, S. 2122) enthält die erforderlichen nationalen Durchführungsvorschriften für die vorgenannte EG-Verordnung und trat am 12.12.2008 in Kraft. Zum Europäischen Verfahren für geringfügige Forderungen enthält das nationale Gesetz nur einige Anpassungen und Klarstellungen sowohl für das Verfahren bis zum Urteil als auch für die Zwangsvollstreckung. Sie betreffen insbesondere die Regelungen über die Beweisaufnahme und zum Gang des Verfahrens. Zugleich wird die Geltendmachung grenzüberschreitender Forderungen bis 2 000 € nach dem europäischen Verfahren in den deutschen Zivilprozess eingebettet.

Der Text der zitierten EG-Verordnungen ist über das Portal »EUR-Lex« (http://eur-lex.europa.eu/de/index.htm) abrufbar.

A. Mahnverfahren (§§ 688 ff. ZPO)

Ist zu erwarten, dass der Beklagte sich gegen den geltend gemachten Anspruch nicht verteidigen wird, stellt das Mahnverfahren für den Kläger eine einfache, schnelle und billige Alternative zum Klageverfahren dar (*Nistler* JuS 2011, 990). 1985

I. Allgemeines

Das Mahnverfahren ist ein **vereinfachtes** Verfahren zur Durchsetzung unstreitiger Geldforderungen (§§ 688 ff. ZPO). 1986

> Das Mahnverfahren hat eine enorme praktische Bedeutung: So kamen im Jahr 2009 auf rund 300 000 neue Verfahren vor den Landgerichten und rund 1 400 000 neue Verfahren vor den Amtsgerichten mehr als 8 500 000 Mahnverfahren.
>
> Inzwischen haben alle Bundesländer die automatisierte Bearbeitung der Mahnverfahren bei zentralen Mahngerichten eingeführt, was die Verwendung spezieller Formulare (z. B. www.online-mahnantrag.de) voraussetzt. Seit dem 01.12.2008 können Rechtsanwälte Anträge auf Erlass eines Mahnbescheids nur noch in einer maschinell lesbaren Form stellen (§ 690 Abs. 3 ZPO). Neben spezieller Mahnsoftware (z. B. www.profimahn.de), die bei Übermittlung des Antrags über das Internet zusätzlich einer qualifizierten elektronischen Signatur bedarf (dazu oben Rdn. 999, 1602, 1884, 1947), bietet sich hierfür insbesondere das Barcodeverfahren an, bei dem der Antrag auf der Website des zentralen Mahngerichts (www.mahngerichte.de) ausgefüllt, in Form eines Barcodes ausgedruckt und dieser dann postalisch an das Mahngericht geschickt wird. Verbreitet ist auch das »OptiMahn-Verfahren«, das als »Online-Mahnantrag« unter www.online-mahnantrag.de verfügbar ist.

An **Vorteilen** bietet das Mahnverfahren gegenüber einer Klageerhebung vor allem die Einfachheit seiner Einleitung (nur Vordruck ausfüllen!) und der (zunächst) geringere Gerichtskostenvorschuss. Außerdem erfolgt beim Mahnverfahren grundsätzlich keine Schlüssigkeitsprüfung, es sei denn, der Anspruch ist offensichtlich unbegründet oder gerichtlich undurchsetzbar (Prütting/Gehrlein/*Sommer* § 691 Rn. 3). 1987

> Der Vorteil des Klägergerichtsstands nach § 689 Abs. 2 ZPO ist durch die in den meisten Bundesländern erfolgte Zuweisung des Mahnverfahrens an bestimmte Amtsgerichte (zentrale Mahngerichte) weitgehend entfallen (§ 689 Abs. 3 ZPO; *Chab* AnwBl. 2002, 718; Zöller/*Vollkommer* Vor § 688 Rn. 6, § 689 Rn. 4).

Vom Gericht **geprüft** wird nur die formelle Richtigkeit des gestellten Antrags, eine inhaltliche Prüfung des geltend gemachten Anspruchs findet nicht statt. 1988

> Wenn allerdings die Wahl des Mahnverfahrens durch den Gläubiger eine missbräuchliche Umgehung der im Klageverfahren stattfindenden Schlüssigkeitsprüfung darstellt, kann sich der Schuldner gegen die Vollstreckung des Vollstreckungsbescheids mittels § 826 BGB wehren (z. B. exorbitant hohe Kreditzinsen; Zöller/*Vollkommer* § 700 Rn. 16).

▶ Praxistipp: 1989

> Im Mahnverfahren können auch Ansprüche tituliert werden, die einer Sach- und Rechtsprüfung durch ein Gericht nicht standhalten.
>
> Nur im Bereich des sittenwidrigen Ratenkredits, in dem diese Möglichkeit in größerem Rahmen ausgenutzt worden war, hat der Gesetzgeber hier Sicherungen eingebaut (§§ 688 Abs. 2 Nr. 1, 690 Abs. 1 Nr. 3 ZPO). Ansonsten findet eine Schlüssigkeitsprüfung durch das Gericht nicht statt.

Ein Mahnbescheid hat dieselben **Wirkungen** wie eine normale Klageerhebung. Der auf der Grundlage des Mahnbescheids ergehende Vollstreckungsbescheid ist ebenso wie ein Urteil ein Vollstreckungstitel (§ 794 Abs. 1 Nr. 4 ZPO). 1990

> Zu einem solchen rechtskräftigen Titel in Form eines Vollstreckungsbescheids (§ 794 Abs. 1 Nr. 4 ZPO) führt das Mahnverfahren nur, wenn der Schuldner gegen den Mahnbescheid keinen Widerspruch und gegen den Vollstreckungsbescheid keinen Einspruch eingelegt hat (§ 699 Abs. 1 ZPO). Hat der Schuldner von einer dieser Möglichkeiten Gebrauch gemacht, wird das Verfahren regelmäßig als allgemeines

Klageverfahren vor dem Streitgericht fortgesetzt. Auch wenn in diesem Fall besondere Kosten durch das vorgeschaltete Mahnverfahren nicht entstehen, hat das Mahnverfahren zumindest verzögernd gewirkt.

1991 ▶ **Praxistipp:**

Das Mahnverfahren ist dem allgemeinen Klageverfahren vorzuziehen, wenn zu erwarten ist, dass der Schuldner sich nicht verteidigen wird.

Deshalb kann Bewilligung von Prozesskostenhilfe für eine Klage wegen Mutwilligkeit (§ 114 ZPO) versagt werden, wenn das Mahnverfahren genügt, z. B. bei unbestrittener Forderung bzw. fehlender erkennbarer Einwendungen gegen den Anspruch (LG Lüneburg NJW-RR 2002, 647; Thomas/Putzo/*Reichold* § 114 Rn. 7).

Im Mahnverfahren selbst ist die Beiordnung eines Verfahrensbevollmächtigten bei der Gewährung von Prozesskostenhilfe in der Regel selbst dann nicht geboten, wenn der Gegner anwaltlich vertreten ist (BGH MDR 2010, 585).

1992 Ist die Zulässigkeit einer Klage aufgrund des § 15a EGZPO von der Durchführung eines außergerichtlichen **Güteverfahrens** abhängig (dazu oben Rdn. 346), kann dieses durch die Einleitung eines Mahnverfahrens umgangen werden.

1993 ▶ **Praxistipp:**

Das Mahnverfahren ist dem allgemeinen Klageverfahren auch dann vorzuziehen, wenn dadurch ein obligatorisches außergerichtliches Güteverfahren zu vermeiden ist.

II. Verjährungshemmung

1994 Regelmäßig kann mit dem Mahnbescheid die Verjährung der Forderung genauso gehemmt werden, wie mit der Klage. Häufig aber als bei der Klage treten beim Mahnverfahren Verzögerungen bei der Zustellung oder beim Weiterbetrieb des Verfahrens auf. Dann ist die Berechnung der Fristen nicht einfach.

Keinesfalls sollte der Kläger sich deswegen von einer Verjährungseinrede des Beklagten oder auch einem vagen Hinweis des Gerichts auf eine »möglicherweise eingetretene Verjährung« zu einer vorschnellen Klagerücknahme verleiten lassen (*Bräuer* AnwBl. 2004, 722; auch *Ebert* NJW 2003, 732).

1995 Die Verjährung wird grundsätzlich mit **Zustellung** des Mahnbescheids (§ 204 Abs. 1 Nr. 3 BGB) gehemmt, ausnahmsweise bereits mit **Einreichung** des Mahnbescheids, wenn dessen Zustellung »demnächst« erfolgt (§ 167 ZPO).

BGH NJW 1999, 3125: »Eine Zustellung »demnächst« nach Einreichung des Antrages bedeutet eine Zustellung innerhalb einer nach den Umständen angemessenen, selbst längeren Frist, sofern die Partei alles ihr Zumutbare für eine alsbaldige Zustellung getan hat und schutzwürdige Belange der Gegenpartei nicht entgegenstehen. Demgegenüber sind der Partei Verzögerungen zuzurechnen, die sie bei gewissenhafter Prozessführung hätte vermeiden können.«

1996 Unterschieden werden müssen für die Frage der Zustellung »**demnächst**« drei Phasen:

1997 (1) Nur geringfügige Verzögerungen der Zustellung sind unbeachtlich, unabhängig davon, worauf sie beruhen. Das gilt auch dann, wenn der Gläubiger die Verzögerung (insbesondere durch ungenügende Angaben im Mahnantrag) verschuldet. Während dieser Zeitraum bislang auf 14 Tage beschränkt war (Thomas/Putzo/*Reichold* § 270 Rn. 9; BGH NJW 2005, 291 – gemessen vom Tag des Ablaufs der Verjährungsfrist; schädlich daher eine Zeitspanne von 18 Tagen, BGH NJW 1999, 3125), akzeptiert der BGH nunmehr eine Frist von **bis zu einem Monat** (BGH NJW 2002, 2794: arg. § 691 Abs. 2 ZPO; Prütting/Gehrlein/*Kessen* § 167 Rn. 11).

1998 (2) Verzögerungen, die **darüber hinaus** gehen, können nur dann noch als »demnächst« erfolgt angesehen werden, wenn sie nicht vom Gläubiger verursacht wurden, sondern allein vom gerichtlichen Geschäftsbetrieb verursacht wurden. Aus solchen Fehlern des Gerichts dürfen der Partei keine Nachteile erwachsen (Thomas/Putzo/*Reichold* § 270 Rn. 9; BGH NJW 1999, 1022; BGH NJW 2000,

A. Mahnverfahren (§§ 688 ff. ZPO) 6. Kapitel

2282; BGH NJW 2001, 885; BGH NJW 2003, 2830: keine absolute zeitliche Obergrenze). Beruht die über einen Monat hinausgehende Zustellungsverzögerung auf einem Verhalten des Gläubigers, ist sie nicht mehr »demnächst« erfolgt.

(3) Schutzwürdige Belange des Gegners lassen es nicht zu, eine Zustellung noch als »demnächst« anzusehen, wenn sie zeitlich erst sehr lange nach Ablauf der Verjährungsfrist erfolgt. Ist eine Zustellung auch **mehrere Monate** nach Einreichung des Antrags noch nicht erfolgt, kann vom Gläubiger erwartet werden, dass er nachfragt, an die Zustellung erinnert, ggf. Untätigkeitsbeschwerde erhebt. Wann genau diese Phase beginnt, wird sehr unterschiedlich beantwortet (OLG Hamm NJW-RR 1998, 1104: Zuwarten mit Rückfrage weit über vier Wochen hinaus (hier: 5 Monate); Zöller/*Greger* § 270 Rn. 8: ca. 3 Wochen bei unterbliebener Anforderung des Gerichtskostenvorschusses).

1999

▶ Praxistipp:

2000

Um eine Verjährungsfrist bereits mit Einreichung des Mahnantrags zu wahren, muss der Kläger mit dem Antrag die Zustellungsvoraussetzungen erfüllen, hilfsweise auf Anforderungen des Gerichts unverzüglich reagieren und spätestens nach einem Monat nachfragen, warum eine Zustellung bislang nicht erfolgt ist.

Folgende **Beanstandungen**, welche die Zustellung verzögern können, kommen in der Praxis häufig vor (Beispiele entnommen aus Rechtspfleger-Formblättern):

2001

– Es muss der richtige Vordruck im Original verwendet und sorgfältig ausgefüllt werden.

Im automatisierten Mahnverfahren führen bereits kleinste Fehler oder Unregelmäßigkeiten zu Beanstandungen (z. B. ein Zahlendreher bei der Postleitzahl; *Chab* AnwBl. 2002, 718; § 703c ZPO; Zöller/*Vollkommer* § 703c Rn. 8). Nach dem 01.12.2008 können Rechtsanwälte Anträge auf Erlass eines Mahnbescheids nur noch in einer maschinell lesbaren Form stellen (§ 690 Abs. 3 ZPO). Wird das Barcodeverfahren genutzt, können schwache Druckerpatronen zur Unlesbarkeit führen.

– Besonderer Sorgfalt bedarf die Bezeichnung der gegnerischen Partei. Da das Mahnverfahren – im Gegensatz zum normalen Klageverfahren – meist ohne aktive Beteiligung des Antragsgegners stattfindet, fallen Fehler oft erst bei der – erfolglosen – Vollstreckung auf und sind nach Abschluss des Verfahrens nur schwer oder gar nicht mehr zu korrigieren (*Gräve/Salten* MDR 2003, 1097).

Es muss ersichtlich sein, ob es sich um eine Einzelfirma oder um eine juristische Person handelt. Bei einer Einzelfirma ist der Inhaber grundsätzlich mit ausgeschriebenen Vor- und Zunamen und mit dem Zusatz »eingetragener Kaufmann/Kauffrau« oder einer allgemein verständlichen Abkürzung diese Bezeichnung (§ 19 Abs. 1 HGB) anzugeben.

Bei einer Gesellschaft ist die Rechtsform anzugeben (z. B. OLG Oldenburg, NVersZ 2000, 150: Verzögerung wegen fehlendem Rechtsformzusatzes) mit namentlicher Bezeichnung (Vor- und Familienname, aber anders Zöller/*Vollkommer* § 690 Rn. 11: Angabe der Organstellung genügt) des gesetzlichen Vertreters unter Angabe des Vertretungsverhältnisses (z. B. Geschäftsführer, Komplementär, persönlich haftender Gesellschafter, Vorstand etc.; Handelsregisterauszug!; unklar z. B. Fa. XY, vertreten durch Herrn XY – Einzelfirma oder GmbH?).

– Der Anspruch ist nach Rechtsgrund, Art, Entstehungszeitpunkt und Fälligkeit vollständig zu bezeichnen. Unzureichend ist allein die Angabe: »Rechnung vom ...«.

Vollständig bezeichnet werden müssen auch die geltend gemachten Nebenforderungen. Ein Zinsanspruch ist nach Zinssatz, Grundbetrag und Zinsbeginn zu konkretisieren, außergerichtliche Kosten sind zu benennen und ggf. vorzurechnen.

Ist die Nachbesserung eines mangelhaften Mahnantrags ohne erhebliche Zustellungsverzögerungen nicht mehr möglich, kann eine **Klageeinreichung** innerhalb eines Monats ab der Zustellung der Zurückweisung rückwirkend auf den Zeitpunkt der Einreichung des Mahnbescheidsantrags die verjährungshemmende Wirkung des Mahnbescheids noch retten (§ 691 Abs. 2 ZPO). Dann muss aber die Zustellung der Klage »demnächst« erfolgen (unten Rdn. 1996).

2002

2003 Hinsichtlich der **Dauer der Hemmung** gilt nach § 204 Abs. 2 BGB Folgendes:
- Die Hemmung nach Absatz 1 endet sechs Monate nach der rechtskräftigen Entscheidung oder anderweitigen Erledigung des eingeleiteten Verfahrens.
- Gerät das Verfahren infolge einer Vereinbarung oder dadurch in Stillstand, dass es nicht betrieben wird, so tritt an die Stelle der Erledigung des Verfahrens die letzte Verfahrenshandlung der Parteien, des Gerichts oder der sonst mit dem Verfahren befassten Stelle.
- Die Hemmung beginnt erneut, wenn eine der Parteien das Verfahren weiter betreibt (z. B. mittels Antrag auf Durchführung des streitigen Verfahrens gem. § 696 ZPO, Einzahlung der weiteren Gerichtskosten oder Begründung des Anspruchs gem. § 697 ZPO).

2004 Entgegen früherer Regelung entfällt die verjährungshemmende Wirkung nicht, wenn nach Erlass des Mahnbescheids weder Widerspruch eingelegt noch ein Vollstreckungsbescheid beantragt wird.

Zwar fällt nach einer Frist von sechs Monaten seit Zustellung des Mahnbescheids gem. § 701 ZPO dessen Wirkung weg. Die Verjährungshemmung beurteilt sich indes allein nach § 204 Abs. 2 BGB (Palandt/*Ellenberger* § 204 Rn. 36).

III. Risiko: Unzureichende Individualisierung

2005 Verjährungshemmend kann der Mahnbescheid nach ständiger Rechtsprechung des BGH nur wirken, wenn die Forderung darin ausreichend individualisiert ist (z. B. BGH NZM 2008, 404; eingehend BGH NJW 2000, 1420).

2006 Es ist keine Substantiierung notwendig, sondern lediglich die Bezeichnung des Anspruchs unter bestimmter Angabe der verlangten Leistung. Zur erforderlichen Individualisierung gehören neben Gegenstand und Daten des Vorgangs in der Regel die Angabe des Rechtsgrundes in Form einer typischen Anspruchsbegründung, z. B. »Restkaufpreis für VW-Golf, Vertrag vom 02.05.2011« (Thomas/Putzo/*Hüßtege* § 690 Rn. 9; a. A. Zöller/*Vollkommer* § 690 Rn. 14: Angabe des Rechtsgrundes/nähere Angaben zum Anspruchsgrund i. d. R. nicht erforderlich).

BGH NJW 2001, 305, 306 (st. Rspr.): »Der geltend gemachte Anspruch muss durch seine Kennzeichnung von anderen Ansprüchen so unterschieden und abgegrenzt werden, dass er Grundlage eines der materiellen Rechtskraft fähigen Vollstreckungstitels sein kann und der Schuldner erkennen kann, welcher Anspruch oder welche Ansprüche gegen ihn geltend gemacht werden, damit er beurteilen kann, ob und in welchem Umfang er sich zur Wehr setzen will. Bei einer Mehrzahl von Einzelforderungen muss deren Bezeichnung im Mahnbescheid dem Beklagten ermöglichen, die Zusammensetzung des verlangten Gesamtbetrags aus für ihn unterscheidbaren Ansprüchen zu erkennen«.

2007 Wann diesen Anforderungen Genüge getan ist, kann nicht allgemein und abstrakt festgelegt werden; vielmehr hängen Art und Umfang der erforderlichen Angaben im Einzelfall von dem zwischen den Parteien bestehenden Rechtsverhältnis und der Art des Anspruchs ab. Eine knappe oder pauschale Bezeichnung kann ausreichen, wenn sonst keine weiteren Rechtsbeziehungen bestehen und somit keine Zweifel für den Beklagten bestehen, um welche Forderung es sich handelt (BGH NJW 2002, 520: »Werkvertrag/Werklieferungsvertrag gemäß Rechnung vom 23.09.1996« als Bezeichnung daher auch ohne nachweisbaren Zugang der Rechnung ausreichend; *E. Schneider* MDR 1998, 1333: tatsächliche Vermutung für nur einen Auftrag bei privaten Kunden, insbesondere von Handwerkern). Jedenfalls dürfen die Ansprüche nicht verwechselt werden (z. B. Schadensersatzanspruch wegen Nichterfüllung und Werklohnanspruch, BGH NJW 1992, 1111).

2008 ▶ Beispiele:

Als nicht ausreichend individualisiert wurden z. B. folgende Angaben in Mahnbescheiden angesehen:

»Forderung aus Kaufvertrag«.

»Schadensersatz wegen nicht vertragsgemäßer Rückgabe der Wohnung X-Straße 190, 42115 Wuppertal«.

A. Mahnverfahren (§§ 688 ff. ZPO)

»Mietnebenkosten – auch Renovierungskosten für die Wohnung in Köln gemäß Vertrag – 050.018 vom 14.05.2011«.

»Schadensersatz aus beendetem Pachtverhältnis gem. Schreiben vom 24.06.2011 mit Fristsetzung zum 28.06.2011 (Gaststätte A. in B.)«.

»Werkvertrag/Werklieferungsvertrag gem. Rechnung 85031–85466 vom 01.02.2011 bis 23.01.2011« (Salten MDR 1998, 1144).

Angabe bei Scheck-Mahnbescheid: »Scheck/Wechsel gem. Schecks vom 16.06.2011 bis 19.06.2011 – 2 827 609,90 €«.

Erforderlich ist nach BGH (NJW 2001, 305), dass die streitigen Schecks einzeln nach Nummer oder Betrag gekennzeichnet sind (§ 703 a Abs. 2 Nr. 1 ZPO). Eine Nachholung in der Klagebegründung ist rückwirkend nicht möglich.

Andererseits lässt der BGH (BGH NJW-RR 1996, 885; BGH NJW 2000, 1420; BGH NJW 2002, 520) es für die Verjährungsunterbrechung bei einer im Mahnbescheid nicht näher aufgegliederten Geldforderung ausreichen, dass im Laufe des Rechtsstreits erst dargelegt wird, aus welchen Teilbeträgen von Forderungen sich die gesamte Klagesumme zusammensetzt.

▶ Praxistipp:

Es besteht das Risiko (Haftungsfalle!), dass das Gericht einen Mahnbescheid als nicht ausreichend individualisiert ansieht, während der Rechtspfleger ihn erlassen hat.

In der Praxis werden von Rechtspflegern immer wieder Mahnbescheide erlassen, die den geltend gemachten Anspruch nicht hinreichend individualisieren und die deshalb letztlich unwirksam sind (Zöller/*Vollkommer* § 690 Rn. 14; *Ebert* NJW 2003, 732: »Danaergeschenk« für den Antragsteller). Richter, die später die Frage der Wirksamkeit des Mahnbescheids prüfen, sind an die Entscheidung des Rechtspflegers nicht gebunden, können und müssen die Frage der ausreichenden Individualisierung selbstständig prüfen. Die Erfahrung lehrt, dass die Anforderungen von Richtern höher sind, als die von Rechtspflegern. Meist ist die Individualisierung beim Rechtspfleger noch gar nicht als Problem erkannt und erst vor dem Richter wird um diese Frage gestritten. Verneint dieser die Individualisierung, ist die Forderung im Streitverfahren mangels Verjährungsunterbrechung bzw. Hemmung bereits verjährt. Die Klage muss dann auf Einrede des Beklagten abgewiesen werden (h. Rspr.; a. A. Zöller/*Vollkommer* § 693 Rn. 3b).

Riskant ist es generell, die Forderung unter **Bezugnahme** auf andere Urkunden zu bezeichnen (»Rechnung vom ...«, »Schreiben vom ...«). Zum einen begründet dies das Risiko mangelnder Individualisierung der Forderung, zum anderen wird der (vorgerichtliche) Zugang dieser Urkunden oft bestritten. Der Beklagte kann dann vortragen, dass es für ihn nicht ersichtlich war, um welche Angelegenheit es sich handelt.

Zur Vermeidung dieses Risikos sollte man:
– den Anspruch im Mahnantrag so genau wie möglich bezeichnen (*Salten* MDR 1998, 1144),
– vorhandene Schriftstücke (Verträge, Rechnungen, Forderungsaufstellungen etc.) als Anlagen beifügen (BGH NJW 2008, 3498; Zöller/*Vollkommer* § 690 Rn. 14).

Voraussetzung für eine wirksame Zustellung des Mahnbescheids ist dann, dass die eingereichten Anlagen zugestellt werden. Mit dem Mahnbescheid ist eine Zustellung regelmäßig nicht möglich. Selbst wenn eine solche erreicht wurde, kann sie – wenn der Gegner später bestreitet, die Anlagen erhalten zu haben – häufig auch anhand der Zustellungsurkunde nicht nachgewiesen werden, da die Gerichte die Bezeichnung des zuzustellenden Schriftstücks aus der Zustellungsurkunde ungenau und unvollständig ausfüllen (OLG Düsseldorf VersR 1997, 721). In jedem Fall bedarf es dazu später der Akteneinsicht durch den Rechtsanwalt.

Auch wenn sich die wirksame Zustellung nicht beweisen lässt, kann dieser Verstoß Frist wahrend geheilt werden. Denn eine baldige Zustellung der Anspruchsbegründung nach Einleitung des streitigen Verfahrens wirkt im Rahmen des § 693 Abs. 2 ZPO wie die Zustellung des Mahnbescheids, sodass die Verjährung letztlich dann doch (rückwirkend) unterbrochen bzw. gehemmt ist, wenn der Kläger alles ihm Zumutbare für eine alsbaldige Zustellung des Mahnbescheides getan hat (eingehend BGH NJW 1995, 2230).

Allerdings ist sehr zweifelhaft, ob dem Mahnbescheidantrag überhaupt Anlagen beigefügt werden können. Zumindest in den voll automatisierten Verfahren wird dies – auch unter Hinweis auf den Formularzwang aus § 703c ZPO: Prütting/Gehrlein/*Sommer* § 690 Rn. 18) - verneint (AG Hagen NJW-RR 2010, 71).

2012 Speziell bei komplexen Forderungen ist zu erwägen, ob nicht besser gleich **Klage** erhoben werden sollte. Dafür spricht,

- dass auch dabei bereits die Einreichung Frist wahrend wirkt und viele Probleme der Verjährungshemmung dort erst gar nicht auftreten.

  Dies gilt für die einer »demnächst« erfolgenden Zustellung entgegenstehenden Probleme (oben Rdn. 1996) genauso wie für die in der unterschiedlichen Beurteilung der erforderlichen Anspruchsindividualisierung durch Rechtspfleger und Richter.

- dass es beim automatisierten Mahnverfahren in der Praxis häufig Probleme beim individuellen Ausfüllen der Vordrucke und dem Beifügen von Anlagen gibt.

  Trotzdem ist die Gefahr, zu wenig oder zu ungenau zu schreiben, beim Mahnbescheidsverfahren angesichts des im Formular hierfür vorgegebenen relativ kleinen Feldes wesentlich größer als bei einer Klageschrift. Zudem wird die Problematik der unzureichenden Individualisierung bei einer Klageschrift in der Praxis überhaupt nicht thematisiert.

- dass vor allem bei Verträgen mit gemischter Struktur die zutreffende Wahl des Anspruchsgrundes aus dem vorgegebenen Katalog Schwierigkeiten bereiten kann (*Chab* AnwBl. 2002, 718).

  Ob und inwieweit die durch ergänzende Angaben kompensiert werden, ist bei dem heutigen Automatisierungsgrad des Mahnverfahrens sehr zweifelhaft. Die Einreichung von Unterlagen führt hierbei in der Praxis zu längeren Erledigungszeiten, und außerdem erfolgt deren Beifügung zum Mahnbescheid regelmäßig nicht (*Salten* MDR 1998, 1147, der deshalb davon abrät). Ist, wie inzwischen weitgehend der Fall, das maschinelle Mahnverfahren eingeführt, so wird durch einen nicht in maschinenlesbarer Form eingereichten Mahnantrag die Verjährungsfrist nicht gewahrt (Zöller/*Vollkommer* § 703c Rn. 8).

- dass die Klage – im Gegensatz zum Mahnbescheidsantrag (§§ 702 Abs. 1 Satz 2, 703c Abs. 2 ZPO) – auch per Tele- bzw. Computerfax übermittelt werden kann, was insbesondere in eilbedürftigen Fällen wichtig ist. Zudem ist das für die Klage zuständige erstinstanzliche Gericht in der Regel auch persönlich leichter zu erreichen (Einwurf in den Nachtbriefkasten!) als ein entfernt liegendes zentrales Mahngericht.

  Diese- Erwägung verkehrt sich bei Verfügbarkeit des Online-Mahnverfahrens (oben Rdn. 1986) allerdings in ihr Gegenteil.

IV. Weitere Nachteile

2013 Nicht immer ist das Mahnverfahren so **schnell**, wie der Gläubiger das erwartet.

Teilweise dauert die Bearbeitung von Mahnanträgen infolge einer Überlastung der gerichtlichen Mahnabteilungen sehr lange. Dies gilt für die zentralen Mahngerichte und beim automatisierten Mahnverfahren indes kaum mehr.

Legt der Schuldner Widerspruch oder Einspruch ein, wird das Mahnverfahren ins allgemeine Klageverfahren übergeleitet und der Kläger zur Klagebegründung aufgefordert, steht er dort, wo er beim Verzicht auf das Mahnverfahren gleich hätte stehen können. Das Mahnverfahren hat sich dann als unnötige zeitliche Verzögerung erwiesen. Durch Zustellung, Widerspruchseinlegung, Anforderung und Einzahlung des weiteren Gerichtskostenvorschusses und Abgabe an das zuständige Gericht für das streitige Verfahren können Monate bis zur eigentlichen streitigen Auseinandersetzung vergehen.

2014 Werden **mehrere Schuldner** in Anspruch genommen, kann es nach Widerspruchseinlegung beim Übergang ins streitige Verfahren Probleme geben mit der Zusammenführung der einzelnen Verfahren.

Dies ist vor allem dann der Fall, wenn der Kläger als Abgabegericht – mehr oder weniger routinemäßig – jeweils die Wohnsitzgerichte der Beklagten (allgemeiner Gerichtsstand) bezeichnet hat, statt einen etwaigen

B. Urkundenverfahren (§§ 592 ff. ZPO)   6. Kapitel

gemeinsamen (besonderen) Gerichtsstand anzugeben (z. B. bei einem Verkehrsunfall mit unterschiedlichen Wohnsitzen des verklagten Fahrers, Halters sowie der Haftpflichtversicherung; *Fischer* MDR 1993, 198: Einleitung des Mahnverfahrens sollte in solchen Fällen tunlichst unterlassen werden). Aber auch innerhalb desselben Gerichts verursacht die Zusammenführung zuweilen gewisse Schwierigkeiten. Anders bei der gemeinsamen Klageerhebung gegen alle Streitgenossen hat der Kläger nach vorangegangenem Mahnverfahren nur noch bedingt Einfluss auf die Verbindung der Verfahren.

Es kann sich auch das **Kostenrisiko** erhöhen. Der Gläubiger kann bei einem Obsiegen nicht sicher sein, dass er seine außergerichtlichen Kosten in vollem Umfang erstattet bekommt. 2015

– Wenn von vornherein erkennbar war, dass ein nicht allein aus Zeitgewinn motivierter Widerspruch zu erwarten ist, sind die Kosten von zwei nacheinander beauftragten Rechtsanwälten (unterschiedliche örtliche Zuständigkeiten: §§ 689 Abs. 2 Satz 1, 690 Abs. 1 Nr. 5 ZPO) bzw. die Gebühren des Mahnanwalts, der dann als Prozessbevollmächtigter den Rechtsstreit weiterführt, grundsätzlich nicht erstattungsfähig (Thomas/Putzo/*Hüßtege* § 91 Rn. 37 f.; differenzierend Zöller/*Herget* § 91 Rn. 13 »Mahnverfahren«).

– Nach einer Entscheidung des OLG Nürnberg (8. Zivilsenat, MDR 1997, 1068) sollen die Kosten eines lediglich für das Mahnverfahren hinzugezogenen Anwalts sogar regelmäßig nicht notwendig i. S. d. § 91 ZPO und daher überhaupt nicht erstattungsfähig sein (a. A. allerdings OLG Nürnberg, 5. Zivilsenat, NJW 1999, 656, KG AnwBl 1999, 416: beide mit überzeugender Begründung; ablehnend auch Zöller/*Herget* § 91 Rn. 13: »Mahnverfahren«).

– Kann der (erlassene) Mahnbescheid wegen unbekanntem Aufenthalt des Beklagten nicht zugestellt werden, muss (noch) Klage erhoben werden. Mit den für das (unzulässige) Mahnverfahren nutzlos aufgewendeten Kosten wird der Antragsteller belastet.

Denn weder ist eine öffentliche Zustellung des Mahnbescheids – im Gegensatz zu einer Klage – zulässig (§ 688 Abs. 2 Nr. 3 ZPO), noch kommt in diesem Fall eine Überleitung – entsprechend § 696 ZPO – ins streitige Verfahren in Betracht (BGH MDR 2004, 1310; Thomas/Putzo/*Hüßtege* § 688 Rn. 5; a. A. Zöller/*Vollkommer* § 688 Rn. 8). Da auch § 691 Abs. 2 ZPO nicht anwendbar ist, besteht zudem die Gefahr, dass die Verjährung nicht rechtzeitig gehemmt wird. Daher ist es unerlässlich, vor Einleitung des Mahnverfahrens die zustellungsfähige Anschrift des Antragsgegners abzuklären (BGH a. a. O.: »Dazu wird er regelmäßig in der Lage sein«).

B. Urkundenverfahren (§§ 592 ff. ZPO)

Das Urkundenverfahren ist ein vereinfachtes Verfahren zur Titulierung **evidenter** Geldforderungen (§§ 592 ff. ZPO; *Lepzcyk* JuS 2010, 30). 2016

Aufgrund einer nur beschränkten Sach- und Rechtsprüfung kann hier rasch ein Titel erlangt werden. Grund für die Wahl dieser Verfahrensart kann sein, dass der Kläger so schneller in die Zwangsvollstreckung kommt, wenn er seinen Anspruch in der gegeben Form beweisen kann. Das Urkundsverfahren kann aber auch sinnvoll sein, wenn dem Beklagten Einwendungen (zunächst) abgeschnitten werden sollen (§§ 595, 598 ZPO).

Wegen des für den Kläger unvermeidbaren Nachverfahrens ist der durch das Vorbehaltsurteil erzielbare Vorteil aber nur kurzfristig. Die Vollstreckung aus einem im Urkundenprozess errungenen Titel kommt oft schon wegen der Gefahr, bei Aufhebung des Vorbehaltsurteils im Nachverfahren Schadensersatz leisten zu müssen, nicht in Betracht (§§ 600 Abs. 2, 302 Abs. 4 ZPO). Zudem erhöhen sich durch das Nachverfahren die Anwaltskosten (§ 17 Nr. 5 RVG). Unter Umständen bietet eine Urkundenklage deshalb mehr Risiken als Vorteile.

Der Urkundenprozess macht als Alternative zum Arrest Sinn, wenn es auf eine rasche Vollstreckung ankommt, weil der Zugriff anderer Gläubiger bevorsteht (BGH NJW 1994, 3295: eingeleitete Zwangsversteigerung eines Grundstücks) bzw. mit absehbar erfolglosen, aber verfahrensverzögernden Einwendungen des Gegners zu rechnen ist. Beides rechtfertigt einen Arrest nicht. Ist der Arrest möglich, ist er – weil einfacher, billiger und schneller – dem Urkundenprozess vorzuziehen.

2017 ▶ **Praxistipp:**

> Für den Kläger kommt das Urkundenverfahren nur in Betracht, wenn er alle (jedenfalls aber alle streitigen und zumindest eine der) Anspruchsvoraussetzungen durch Urkunden beweisen kann. In diesem Fall bietet das Urkundenverfahren die Möglichkeit einer raschen Vollstreckung und die Möglichkeit, die Verteidigungsmöglichkeiten des Beklagten (zunächst) erheblich zu beschränken.

2018 **Nachteil** des Urkundenverfahrens ist, dass der Titel vielfach unter dem Vorbehalt eines Nachverfahrens steht, das Verfahren bis zum endgültigen Abschluss damit möglicherweise länger dauert, komplizierter und teurer ist, als ein allgemeines Klageverfahren.

I. Besonderheiten

2019 Das Urkundenverfahren bietet dem Gläubiger die Möglichkeit, schnell zu einem vollstreckbaren Titel zu kommen.

2020 Anlass hierzu besteht, weil Gegenstand des Urkundsverfahrens urkundlich beweisbare Ansprüche sind, als Ansprüche, die mit der Vorlegung der Urkunde zunächst als gegeben erscheinen und es deswegen gerechtfertigt erscheinen lassen, sie zu titulieren.

> Das gilt nicht nur für Ansprüche aus Wertpapieren (Wechsel, Scheck), sondern auch für Ansprüche, deren Existenz typischerweise (Darlehen, Bürgschaft, Schuldanerkenntnis) oder auch nur im konkreten Einzelfall (Kaufvertrag, Mietvertrag) schriftlich verkörpert ist.

2021 Erreicht wird die Verfahrensbeschleunigung durch eine **Verkürzung der Rechte** beider Parteien:

2022 (1) Die **Zulässigkeit** des Urkundenprozesses hängt auch im Anwendungsbereich des § 15a EG-ZPO nicht davon ab, dass ein außergerichtliches Schlichtungsverfahren durchgeführt wurde (oben Rdn. 350).

> Wäre ein solches Verfahren erforderlich, soll aber vermieden werden, kann es sich deswegen empfehlen, die Klage im Urkundenprozess zu erheben.

> Auch im Urkundenprozess gilt indes die Verpflichtung des Gerichts, auf eine gütliche Einigung der Parteien hinzuwirken (§ 278 Abs. 1 ZPO) und zu diesem Zweck der streitigen Verhandlung eine Güteverhandlung voranzustellen (§ 278 Abs. 2 ZPO).

2023 (2) Als **Beweismittel** sind – für beide Parteien – nur Urkunden und Parteivernehmungen zugelassen (§§ 592, 602, 605a ZPO).

> Verzögerungen des Verfahrens, die durch Zeugenvernehmungen und Sachverständigengutachten eintreten können, werden so vermieden. Auf die Rechte der Parteien wirkt sich dies aber unterschiedlich aus:

> Der Kläger wird das Urkundenverfahren deswegen nur dort in Gang setzen, wo er die gebotenen Beweismittel hat, sodass sich diese Besonderheit für ihn lediglich als besondere Zulässigkeitsvoraussetzung darstellt.

> Für den Beklagten dagegen bedeutet dies, dass ihm Verteidigungsvorbringen, das er mit den beschränkten Mitteln nicht beweisen kann, abgeschnitten und er ungeachtet materiellrechtlich begründeter Einwendung verurteilt wird. Dies kann bedeuten, dass er bei bestehenden Gegenansprüchen i. S. d. § 320 BGB, z. B. bei einem schriftlichen Kaufvertrag, faktisch – ungesichert – vorleistungspflichtig wird (hierzu kritisch *Greiner* NJW 2000, 1314). Bei späterer Insolvenz des Verkäufers ist das Geld des Käufers dann verloren.

2024 Diese Beschränkung der Beweismittel gilt auch

– für den Beweis der Echtheit der Urkunden durch den beweispflichtigen Kläger, wenn der Beklagte diese bestreitet (§§ 439, 440, 510 ZPO; hierfür noch Antrag auf Parteivernehmung (des Beklagten) zulässig; § 595 Abs. 2 ZPO).

> Hierbei ist eine Schriftvergleichung (§ 441 ZPO) oder ein Sachverständigengutachten nach h. M. ausgeschlossen.

B. Urkundenverfahren (§§ 592 ff. ZPO) 6. Kapitel

– für den Beklagten zum Beweis des Einwandes, eine echte Urkunde sei nachträglich erst abredewidrig (z. B. auch bei Blankounterschriften) ausgefüllt worden (§ 440 Abs. 2 ZPO).

Kann der Kläger die bestrittene Echtheit der Urkunden – wie häufig – nicht beweisen, so wird die Klage lediglich als im Urkundenprozess nicht statthaft abgewiesen (§ 597 Abs. 2 ZPO). Sie kann im ordentlichen Verfahren erneut erhoben werden. 2025

> Demgegenüber erfolgt in diesem Fall im Wechsel- und Scheckprozess eine Klageabweisung als unbegründet mit entsprechender Rechtskraftwirkung, da bei Unechtheit des Wechsels bzw. Schecks der Anspruch selbst hinfällig wird.

▶ Praxistipp: 2026

> Sofern der Kläger den Anspruch bzw. die (bestrittene) Echtheit der Urkunden (doch) nicht mit den Beweismitteln des Urkundenprozesses beweisen kann oder das Gericht diese Verfahrensart für unzulässig hält, ist zur Vermeidung der Klageabweisung (als in der gewählten Prozessart unstatthaft, § 597 Abs. 2 ZPO) vom Urkundenprozess Abstand zu nehmen und in das ordentliche Verfahren überzugehen.

> Dies ist bis zum Schluss der mündlichen Verhandlung und auch im Wechsel- und Scheckprozess möglich, ohne dass es hierzu der Einwilligung des Beklagten oder des Gerichts bedarf (§ 596 ZPO). Hierbei ist zu überlegen, ob es zulässig ist, einen diesbezüglichen Antrag sogleich mit Klageerhebung bedingt zu stellen. Unter Umständen kann nach dem Übergang allerdings ein Schlichtungsverfahren erforderlich und bei dessen Fehlen die Klage (ebenfalls) unzulässig sein (§ 15a EGZPO; oben Rdn. 346). Im Übrigen kann der Beklagte aber auch den Anspruch anerkennen (nachfolgend).

(3) **Widerklagen** sind nicht statthaft (§§ 595, 598 ZPO). 2027

> Auch hierdurch werden mögliche Verfahrensverzögerungen verhindert. Ein bedeutsamer Nachteil für den Beklagten ist damit nicht verbunden, weil es ihm möglich bleibt, Gegenansprüche in Form einer eigenständigen Klage geltend zu machen.

(4) Urteile sind **ohne Sicherheitsleistung** vorläufig vollstreckbar (§ 708 Nr. 4 ZPO, aber § 711 ZPO sowie §§ 600 Abs. 2, 302 Abs. 4 ZPO!). 2028

Kompensiert werden diese Rechtsnachteile der Parteien durch die Vorläufigkeit des Titels und das Erfordernis eines Nachverfahrens, in dem die Berechtigung des geschaffenen Titels unter Zugrundelegung allgemeiner Verfahrensgrundsätze nachgeprüft wird. 2029

> Praktisch kehrt sich damit oft der allgemeine Grundsatz um, nach dem ein Recht erst dann tituliert wird, wenn seine Berechtigung vollständig und zweifelsfrei geklärt wurde. Im Urkundenverfahren ergeht (nach bloß beschränkter Prüfung) erst ein Urteil, danach wird seine Berechtigung geprüft.

II. Voraussetzungen

1. Zulässigkeit

Neben den allgemeinen, für jede Klage erforderlichen Zulässigkeitsvoraussetzungen bedarf die Urkundenklage einiger zusätzlicher, besonderer Zulässigkeitsvoraussetzungen. 2030

(1) Die Klage muss auf die **Zahlung von Geld** gerichtet sein (§ 592 ZPO). 2031

> Nach h. M. können auch rückständige Mietzinsansprüche bei Wohnraummiete im Urkundenprozess – durch Vorlage des Mietvertrages – geltend gemacht werden (BGH NJW 2009, 3099; BGH NJW 2005, 2701; *Börstinghaus* NZM 1998, 101 – *ders.* NZM 1998, 89: Muster einer Mietzinsklage im Urkundsverfahren). Dies war wegen der damit verbundenen Nachteile für den beklagten Mieter unter dem Gesichtspunkt des sozialen Mieterschutzes lange umstritten (a. A. z. B. noch AG Göttingen NZM 2000, 236 – LG Göttingen NZM 2000, 1053; AG Brandenburg NZM 2002, 382; zum Ganzen vermittelnd *Blank* NZM 2000, 1083 m. w. N.). Der Vorteil für den Vermieter besteht darin, dass der Mieter zunächst durch Vorbehaltsurteil zur Zahlung der Miete verurteilt wird und Gegenansprüche, insbesondere Minderung, regelmäßig

445

erst im Nachverfahren geltend machen kann. Der verurteilte Mieter kann jedoch die Zwangsvollstreckung durch Sicherheitsleistung gem. § 711 ZPO einstweilen abwenden.

Möglich ist auch die Durchsetzung noch nicht fälliger Ansprüche im Wege der Klage auf künftige Leistung oder die Durchsetzung von Ansprüchen Zug um Zug gegen Erbringung einer Gegenleistung (Thomas/Putzo/*Reichold* § 592 Rn. 3). Statthaft, praktisch aber selten, sind auch Klagen auf Leistung vertretbarer Sachen und Wertpapiere und aus Grund- bzw. Schiffspfandrechten.

2032 (2) Die Klage muss die **Erklärung** enthalten, dass im Urkundenprozess vorgegangen werden soll (§ 593 Abs. 1 ZPO).

Zu empfehlen ist dabei, die Klage bereits in der Überschrift als solche zu bezeichnen »Klage im Urkundenverfahren«. Möglich ist indes auch die Angabe im Antrag (»den Beklagten im Urkundenverfahren zu verurteilen, ...«) oder an anderer Stelle in der Klageschrift. Wird das Urkundenverfahren nicht mit einer Klageschrift, sondern durch einen *Mahnbescheid* eingeleitet, so ist dieser besonders zu bezeichnen (Urkunden-, Wechsel- oder Scheckmahnbescheid; § 703a ZPO).

Die Erklärung kann später nur noch unter den Voraussetzungen des § 263 ZPO (Klageänderung) nachgeholt werden. Ansonsten wird die Klage im normalen Verfahren weitergeführt und es erfolgt kein Wechsel in den Urkundenprozess (Thomas/Putzo/*Reichold* § 593 Rn. 1; LG Flensburg NJW 2003, 3425: ausnahmsweise sachdienlich in einem frühen Stadium des Prozesses – hier: bei Überleitung ins streitige Verfahren nach Widerspruch im Mahnverfahren).

2033 (3) Die anspruchsbegründenden Tatsachen müssen durch **Urkunden** bewiesen werden.

Entgegen dem Wortlaut des § 592 Satz 1 ZPO sind dabei nicht alle anspruchsbegründenden Tatsachen mittels Urkunden zu beweisen, sondern – dem Wortlaut des § 597 Abs. 2 ZPO folgend – nur die beweisbedürftigen Tatsachen. *Unstreitige Tatsachen* muss der Kläger nicht mit Urkunden belegen (BGH NJW 1974, 1199 m.w.N.; a.A. OLG München MDR 2012, 186). Mindestens eine Urkunde indes muss der Kläger auch bei unstreitigem Sachverhalt vorlegen.

Ist der Beklagte säumig, muss der Kläger alle anspruchsbegründenden Umstände durch Urkunden belegen (§ 597 Abs. 2 ZPO, Zöller/*Greger* § 597 Rn. 9).

2034 (4) Weitere Voraussetzungen und Besonderheiten gelten für die **Sonderformen** des Urkundenverfahrens, den Wechselprozess (§§ 602 ff. ZPO) und den Scheckprozess (§ 605a ZPO).

2035 Streitig ist, ob auch diese besonderen Zulässigkeitsvoraussetzungen der Sachentscheidung vorgehen.

2036 ▶ Beispiel:

Kann der auf Rückzahlung eines Darlehens Klagende die streitige Kündigung des Darlehens nicht mit Urkunden beweisen, ist die Klage unzulässig; lässt der Kläger gleichzeitig die Behauptung des Beklagten, der Darlehensbetrag sei bereits zurückbezahlt, unbestritten, so ist die Klage auch unbegründet.

Die überwiegende Ansicht will hier ausnahmsweise kein Prozessurteil nach § 597 Abs. 2 ZPO, sondern ein Sachurteil nach § 597 Abs. 1 ZPO zulassen, weil schon jetzt die materielle Unbegründetheit der Klage feststeht und kein Grund besteht, das Nachverfahren durchzuführen (BGH LM § 597 ZPO Nr. 3; OLG Jena OLG-NL 1999, 67; Stein/Jonas/Schlosser, § 597 Rn. 9; Thomas/Putzo/Reichold § 597 Rn. 6; a.A. Baumbach/Hartmann § 597 Rn. 4; Rosenberg/Schwab/Gottwald, § 164 III 5c).

2. Urkunden

2037 Für die den Kern des Urkundenverfahrens bildenden Urkunden sind verschiedene Aspekte zu beachten.

2038 (1) Urkunden sind alle verkörperten **Gedankenerklärungen**, die zum Beweis geeignet und bestimmt sind.

Die Urkunde muss nicht selbst Träger des geltend gemachten Rechts sein, den Anspruch verkörpern. Als Urkunden kommen sämtliche Schriftstücke, auch unbeglaubigte Ablichtungen und Telekopien, in Betracht (Zöller/*Greger* §§ 592 Rn. 15, 593 Rn. 7, 597 Rn. 5, 598 Rn. 5; OLG Köln BB 1983, 105; NJW 1992, 1774: Telefax). Danach sind auch Computerausdrucke, wie z. B. von E-Mails, von elektronischen Dateien oder Dokumente aus dem Internet, Urkunden in diesem Sinne.

Im Wechsel- und Scheckprozess (§§ 602 ff. ZPO) als eine Unterart des Urkundenprozesses ist jedoch in jedem Fall erforderlich, dass der Scheck oder Wechsel im Original vorgelegt werden kann bzw. (spätestens im Termin) vorgelegt wird, da zur sachlichen Berechtigung für die Rückgriffsansprüche der Besitz des Wertpapiers gehört (OLG Frankfurt a. M. MDR 1982, 153). Sonst kann folglich bei Säumnis des Beklagten auch kein, die Klage zusprechendes Versäumnisurteil ergehen. Jedoch sollte das Original nicht bei den Akten verbleiben, da dieses für die Zwangsvollstreckung benötigt wird (Thomas/Putzo/*Hüßtege* § 756 Rn. 2).

(2) Für die **Zulässigkeit** des Urkundenverfahrens ist die Beweiskraft der vorgelegten Urkunden ohne Bedeutung. Erforderlich ist lediglich, dass die Urkunden »in einer gewissen Beziehung zum geltend gemachten Anspruch stehen«. Ob diese zum Beweis des Anspruchs ausreichen, wird erst im Rahmen der Begründetheit untersucht. 2039

Nicht erforderlich, aber selbstverständlich ausreichend, sind sog. »Anspruchsurkunden«, bei denen das Recht selbst in der Urkunde verkörpert wird (Vertrag, Schuldanerkenntnis, Wertpapier). Ausreichend sind darüber hinaus sog. »Indizurkunden«, aus denen auf das Bestehen des Anspruchs rückgeschlossen werden kann BGH NJW 1985, 2953: Lieferschein, Rechnung, Mahnung). Nicht ausreichend sind sog. »Ersatzurkunden«, die nur einen grundsätzlich in anderer Form zu erbringenden Beweis ersetzen sollen (BGH NJW 2008, 523; OLG Koblenz MDR 2012, 541: schriftliches Sachverständigengutachten, schriftliche Zeugenaussage).

(3) Abweichend von den Regeln des Urkundsbeweisverfahrens (§§ 420, 595 Abs. 3 ZPO) müssen diese Urkunden für die Zulässigkeit des Urkundenverfahrens nicht im Original vorgelegt werden. Vielmehr reicht es nach § 593 Abs. 2 ZPO aus, dass sie in **Abschrift** (Fotokopie) vorgelegt werden (*Zoller* NJW 1993, 429; ausreichend ist auch ein Telefax: OLG Köln NJW 1992, 1774; a. A. OLG Düsseldorf AnwBl 1988, 411). 2040

Wegen der Gefahr eines Verlusts ist von der Einreichung von Originalurkunden grundsätzlich abzuraten. Geschieht dies dennoch, muss das Gericht auf die besondere Verantwortung für das Original ausdrücklich hingewiesen werden.

Zum Teil wird für die Statthaftigkeit des Urkundenprozesses, abgesehen vom Original, die Vorlage einer beglaubigten Abschrift verlangt (LG Augsburg WuM 1993, 416 (ohne Begründung); OLG Düsseldorf JZ 1988, 572: in Einzelfällen auch unbeglaubigte ausreichend, OLG Frankfurt a. M. WM 1995, 2081, Thomas/Putzo/*Reichold* § 593 Rn. 3). Gegen diese Ansicht spricht, dass die Beglaubigung im Gesetz nicht vorgeschrieben ist und außerdem für eine beglaubigte Abschrift einer Privaturkunde (ebenso wie für eine Fotokopie) nicht – wie für das Original – die Beweisregel des § 416 ZPO gilt, sondern diese (nur) der freien Beweiswürdigung unterliegt (Thomas/Putzo/*Reichold* § 420 Rn. 2, andererseits § 435 Rn. 1; Zöller/*Greger* §§ 593 Rn. 13, 595 Rn. 9, 435 Rn. 1; BGH NJW 1980, 1047; BGH NJW 1992, 829).

Der Urkundenbeweis kann nur durch Vorlage der Urkunde erfolgen, nicht aber durch den Antrag, Akten beizuziehen. Die Partei darf sich jedoch auf Akten des Prozessgerichts in anderer Sache oder auf fremde Akten, die dem Gericht bereits vorliegen, beziehen (Thomas/Putzo/*Reichold* § 595 Rn. 3).

Werden die Urkunden dem Beklagten nicht rechtzeitig vor der mündlichen Verhandlung zugänglich gemacht, kann der Kläger sie in der mündlichen Verhandlung nachreichen (Zöller/*Greger* § 593 Rn. 10; Thomas/Putzo/*Reichold* § 593 Rn. 4). Lässt der Beklagte sich hierauf rügelos ein (§ 295 ZPO), ist die Verspätung folgenlos. Rügt der Beklagte die Verspätung, muss zur Wahrung der Einlassungsfrist (§§ 274 Abs. 3; 593 Abs. 2 ZPO) ein neuer Termin bestimmt werden. Ist der Beklagte säumig, kann der Vortrag des Klägers nicht als wahr unterstellt werden, sondern bedarf des vollen Beweises aller anspruchsbegründenden Tatsachen durch Urkunden (§ 597 Abs. 2 ZPO). Kann der Kläger diesen Beweis nicht führen, ist die Klage mittels unechtem Versäumnisurteil abzuweisen (BGHZ 62, 290), wenn der Kläger nicht vom Urkundenprozess Abstand nimmt und ins ordentliche Klageverfahren übergeht. Genügen die erst in der mündlichen Verhandlung nachgereichten Urkunden, können sie einem Versäumnisurteil nicht zugrunde gelegt werden (§ 335 Nr. 3 ZPO), der Kläger muss dann Vertagung beantragen.

2041 (4) Von der Zulässigkeit des Urkundenverfahrens zu unterscheiden ist die im Rahmen der **Begründetheit** zu prüfende Frage, ob eine streitige Tatsache durch die vorgelegten Urkunden bewiesen ist.

Während es für die Statthaftigkeit der Urkundsklage genügt, dass der Beweis durch Urkunden überhaupt angetreten werden kann (§ 597 Abs. 2 ZPO), ist für die Beweisführung selbst die Vorlage der (Original-) Urkunde erforderlich (§ 595 Abs. 3 ZPO; Zöller/*Greger* § 595 Rn. 10). Auch insoweit genügt der bloße Antrag, fremde Akten beizuziehen, grundsätzlich nicht. In Betracht kommt dies allenfalls für die Bezugnahme auf Akten, die dem Prozessgericht (als eigene oder beigezogene) bereits vorliegen (Thomas/Putzo/*Reichold* § 595 Rn. 3).

Dass der Kläger bei Säumnis des Beklagten alle anspruchsbegründenden Umstände urkundlich belegen muss, wird im Rahmen der Zulässigkeit der Urkundenklage gefordert (§ 597 Abs. 2 ZPO), sodass insoweit die Vorlage bloßer Ablichtungen genügt, Originale nicht erforderlich sind werden (Zöller/*Greger* § 597 Rn. 9, str.).

2042 ▶ Praxistipp:

Bei Klageerhebung genügt es, die erforderlichen Urkunden in Ablichtung vorzulegen. Kommt es im Urkundenverfahren zu einer förmlichen Beweisaufnahme über streitige Tatsachen, bedarf es der Nachreichung der Originalurkunden.

III. Reaktionsmöglichkeiten des Beklagten

2043 Die Möglichkeiten des Beklagten zur Verteidigung sind dem allgemeinen Verfahren gegenüber in rechtlicher und tatsächlicher Hinsicht beschränkt.

2044 (1) Will der Beklagte diese Nachteile nicht ohne Weiteres hinnehmen, kann er das Vorliegen der besonderen Prozessvoraussetzungen für das Urkundenverfahren (§ 592 ZPO) prüfen und deren Fehlen ggf. ausdrücklich **rügen**.

Dazu gehört auch die Prüfung, ob dem Beklagten der Nachweis aller (streitigen) anspruchsbegründenden Voraussetzungen möglich ist.

2045 ▶ Praxistipp:

Für den Beklagten kann es sinnvoll sein, anspruchsbegründende Voraussetzungen zu bestreiten, um dem Kläger die Möglichkeit des Vorgehens im Urkundenprozess zu nehmen, wenn er nicht alle Voraussetzungen urkundlich belegen kann.

Auch im Urkundenverfahren gilt das Wahrheitsgebot (§ 138 Abs. 1 ZPO), sodass ein Bestreiten jedenfalls dann nicht in Betracht kommt, wenn der Beklagte positiv um die Wahrheit der Tatsache weiß.

2046 (2) Ausgeschlossen ist die Geltendmachung einer **Gegenforderung** in Form einer Widerklage (§ 595 Abs. 1 ZPO).

Dies gilt auch dann, wenn die Widerklage ihrerseits als Urkundenprozess geführt werden soll (Thomas/Putzo/*Reichold* § 595 Rn. 1; a. A. Stein/Jonas/*Schlosser* § 595 Rn. 1).

Nicht ausgeschlossen sind die Geltendmachung der Gegenforderung im Wege der Aufrechnung (BGH WM 1981, 386) und Gegenanträge nach §§ 600 Abs. 2, 302 Abs. 4 Satz 4, 717 Abs. 2 ZPO. Wird die Gegenforderung dabei streitig, muss sie mit den im Urkundenprozess zugelassenen Mitteln bewiesen werden. Gelingt dies nicht, bleibt die Gegenforderung im Urkundenverfahren materiell unberücksichtigt und muss im Nachverfahren geprüft werden.

§ 596 Abs. 1 ZPO steht auch anderen Prozessinstituten nicht entgegen, selbst wenn diese zu einer Verfahrensverzögerung führen. So sind Streitverkündung und Nebenintervention möglich.

2047 (3) Der Beklagte kann alle Angriffs- und Verteidigungsmittel geltend machen, die ihm auch im allgemeinen Verfahren zustehen. Werden diese streitig, können sie indes nur mit im Urkundenverfahren zugelassenen **Beweismitteln** bewiesen werden (§ 595 Abs. 2 ZPO). Gelingt dies nicht, bleiben sie im Urkundenverfahren unberücksichtigt (§ 598 ZPO) und können erst im Nachverfahren geltend gemacht werden.

> Dies gilt für materielle Einwendungen und Einreden, Gestaltungsrechte, Gegenbeweisantritte und natürlich für das Bestreiten von Tatsachen.

Probleme entstehen dabei, wenn zwar das **Hilfs-**, nicht aber die **Hauptverteidigung** statthaft bewiesen werden kann. 2048

> Die Staffelung einer Verteidigung in Haupt- und Hilfsverteidigung zwingt das Gericht, die Einwände in dieser Reihenfolge zu prüfen.

▶ Beispiel: 2049

> Beruft sich der Beklagte hauptsächlich auf Erfüllung, die er – nach Bestreiten des Klägers – nur mit einem Zeugen unter Beweis stellen kann, und rechnet er hilfsweise mit einem Gegenanspruch auf, den er mittels einer Urkunde belegen kann, so steht fest, dass die Klage keinen Erfolg haben kann. Ob erfüllt wurde, kann im Urkundenprozess mangels wirksamen Beweisantritts nicht festgestellt werden, auf die Aufrechnung kann die Klage (wegen § 322 Abs. 2 ZPO) erst gestützt werden, wenn feststeht, dass der Erfüllungseinwand erfolglos bleibt.
>
> Überwiegend wird hier vorgeschlagen, die Klage analog § 597 Abs. 1 ZPO »als in der gewählten Prozessart unstatthaft« und damit als unzulässig abzuweisen, sodass es nicht zu einer Verurteilung des Beklagten kommt, ohne dass ein der Rechtskraft fähiger Ausspruch über die Verteidigungseinwände ergeht.

(5) Ist dem Beklagten der Beweis in der erforderlichen Form absehbar nicht möglich, wird seine Verteidigung zwar im Urkundenverfahren erkennbar erfolglos bleiben. Das muss aber nicht auch ein Unterliegen im **Nachverfahren** bedeuten. 2050

> In diesen – praktisch häufigen – Fällen muss der Beklagte seine Rechte für das Nachverfahren wahren. Die Ausführung dieser Rechte im Nachverfahren wird ihm im Urkundenprozess vorbehalten, wenn er dem geltend gemachten Anspruch widerspricht.
>
> Dafür genügt die Erklärung, dem geltend gemachten Anspruch werde widersprochen. Der Beklagte muss den Widerspruch weder begründen, noch den Antrag stellen, »ihm die Ausführungen seiner Rechte im Nachverfahren vorzubehalten«. Auch wenn der Widerspruch (konkludent) in jeder Verteidigung gegen eine unbedingte Verurteilung liegen kann, z. B. auch schon im Klageabweisungsantrag, empfiehlt es sich, diesen ausdrücklich und an hervorgehobener Stelle zu erklären (Baumbach/*Hartmann* § 599 Rn. 4: »Der Widerspruch muss deutlich sein«).

▶ Praxistipp: 2051

> Der nicht näher begründete Widerspruch gegen den erhobenen Anspruch führt zwar zu einem Nachverfahren, kann dort aber dazu führen, dass einige Punkte bereits bindend feststehen und nicht mehr infrage gestellt werden können (unten Rdn. 2061).
>
> Bei vorhandenen Bedenken oder zweifelhafter Rechtslage in Bezug auf die Klageforderung empfiehlt sich daher bereits im Vorverfahren unbedingt eine sachliche Verteidigung, zumal das Gericht geneigt sein könnte, im Vertrauen auf eine vermeintliche Korrekturmöglichkeit im Nachverfahren ein Vorbehaltsurteil ohne nähere Prüfung zu erlassen.

▶ Beispiel: 2052

> Ergibt sich aus dem Vortrag des Klägers, dass die dem Klageanspruch zugrunde liegende Vereinbarung eine Allgemeine Geschäftsbedingung ist, muss der Beklagte schon im Urkundenprozess etwaige Einwendungen aus dem AGB-Gesetz (§§ 305 ff. BGB) vorbringen. Unterlässt er dies, so hat das trotz Unwirksamkeit der Vereinbarung ergangene und nicht angefochtene (fehlerhafte) Vorbehaltsurteil Bindungswirkung. Diese Rechtsfrage hätte bereits im Urkundenprozess (von

Amts wegen) geprüft werden müssen, da bejahendenfalls die Klage dann von vornherein unbegründet bzw. unschlüssig war (BGH MDR 1991, 423).

Dass bei Säumnis des Beklagten sein bisheriger Vortrag für die Entscheidung unberücksichtigt bleibt (§ 331 Abs. 1 ZPO), gilt auch für den Widerspruch, sodass ein Versäumnisurteil gegen den Beklagten stets ohne Vorbehalt ergeht. Legt der Beklagte Einspruch gegen das Versäumnisurteil ein, kann er Beklagte den Widerspruch nachholen und so ein Vorbehaltsurteil bekommen (Thomas/Putzo/*Reichold* § 599 Rn. 2).

2053 Gleichzeitig muss der Beklagte aber auch das Urkundenverfahren möglichst kostengünstig beenden. Dafür bietet sich ein sofortiges Anerkenntnis mit der Möglichkeit einer völligen Kostenfreistellung nach § 93 ZPO an.

Auch wenn es zu der Kostenprivilegierung aus § 93 ZPO nicht kommt (etwa, weil der Beklagte vorprozessual Veranlassung zur Klageerhebung gegeben hat), kann damit zumindest die Durchführung einer unnötigen mündlichen Verhandlung verhindert werden (§§ 128 Abs. 2, 3; 307 Abs. 2 ZPO). Verbreitet wird die Anwendbarkeit des § 93 ZPO verneint, wenn das Anerkenntnis unter Vorbehalt der Rechte im Nachverfahren erfolgt (Zöller/*Greger* § 599 Rn. 9).

Das Anerkenntnis muss der Ausführung der Rechte im Nachverfahren nicht entgegenstehen. Die Praxis bejaht aus Zweckmäßigkeitsgründen ganz überwiegend die Zulässigkeit eines Anerkenntnisvorbehaltsurteils, allerdings ohne Abwendungsbefugnis des Schuldners durch Sicherheitsleistung (§§ 708 Nr. 1, 711 ZPO; aber § 707 ZPO möglich; Thomas/Putzo/*Reichold* §§ 307 Rn. 3, 599 Rn. 5, 708 Rn. 5). Damit § 93 ZPO zur Anwendung kommen kann, muss der Beklagte vorbehaltlos anerkennen und (lediglich) der Kostentragungspflicht widersprechen (Zöller/*Greger* § 599 Rn. 7, 9).

2054 ▶ **Praxistipp:**

Erkennt der Beklagte im Urkundenverfahren an, muss er eindeutig klarstellen, ob er sich seine Rechte für das Nachverfahren vorbehalten will, das es das Anerkenntnis mit und ohne Vorbehalt gibt.

Bei Abgabe eines Anerkenntnisses ist zu bedenken, dass u. U. die Bindungswirkung für den Beklagten nachteilig sein kann (unten Rdn. 2061). Gefährlich sind im Urkundenprozess voreilige Geständnisse sowie das Anerkenntnis der Echtheit von Urkunden, da diese Prozesshandlungen im Nachverfahren wirksam bleiben (Zöller/*Greger* § 600 Rn. 4).

IV. Nachverfahren

2055 Ist im Urkundenverfahren ein Urteil ohne Vorbehalt ergangen, handelt es sich um ein **Endurteil**, gegen das nur noch mit der Berufung vorgegangen werden kann.

Der Vorbehalt muss sich dabei Tenor des Urteils finden. Regelmäßig wird dabei der gesetzliche Wortlaut übernommen und »dem Beklagten die Ausführung seiner Rechte im Nachverfahren vorbehalten«.

Fehlt der Vorbehalt im Urteil, sollte der Beklagte entweder dessen Ergänzung beantragen (§§ 599 Abs. 2, 321 ZPO) oder – vor allem bei Versäumung der Frist des § 321 Abs. 2 ZPO oder wenn der Vorbehalt (fälschlich) bewusst unterblieben ist – Berufung einzulegen. Andernfalls kann das Vorbehaltsurteil im Nachverfahren nicht mehr aufgehoben werden (Zöller/*Greger* § 599 Rn. 13).

2056 Bei einem Vorbehaltsurteil bleibt der Rechtsstreit anhängig und wird im sog. Nachverfahren fortgesetzt (§ 600 ZPO).

Dies gilt auch dann, wenn das Vorbehaltsurteil noch nicht rechtskräftig, sondern mit der Berufung angefochten ist.

2057 Streitig ist und praktisch unterschiedlich behandelt wird die Frage, ob es zum Fortgang des Verfahrens durch Bestimmung eines Termins zur mündlichen Verhandlung von Amts wegen oder nur auf besonderen **Antrag** des Beklagten hin kommt.

Für die Erforderlichkeit eines Antrags Thomas/Putzo/*Reichold* § 600 Rn. 2; für eine Fortsetzung von Amts wegen Zöller/*Greger* § 600 Rn. 8).

B. Urkundenverfahren (§§ 592 ff. ZPO) **6. Kapitel**

▶ **Praxistipp:** 2058

Erfolgt eine Terminsbestimmung nicht unverzüglich nach Zustellung des Vorbehaltsurteils (§ 216 Abs. 2 ZPO), muss der Beklagte diese förmlich beantragen.

Eine Fortsetzung der mündlichen Verhandlung sogleich nach Verkündung des Vorbehaltsurteils im Urkundenprozesstermin ist nicht ausgeschlossen, aber nur mit Einverständnis der Parteien möglich. Hierauf muss sich insbesondere der Kläger nicht einlassen, der in der Regel zu den Einwendungen des Beklagten bislang noch nicht (ausreichend) vorgetragen hat.

Bei dem Nachverfahren handelt es sich um ein **allgemeines Verfahren**, für das nicht die besonderen Vorschriften der §§ 592 ff. ZPO, sondern die allgemeinen Vorschriften der §§ 253 ff. ZPO gelten. 2059

Der Grundsatz, dass es sich bei Vor- und Nachverfahren um ein und **dasselbe Verfahren** handelt, macht klar, 2060
– dass zuständig für das Nachverfahren das Gericht bleibt, das das Vorbehaltsurteil erlassen hat;
– dass Klageänderung und Widerklage im Nachverfahren möglich sind (BGHZ 17, 31);
– dass bindende Prozesslagen fortwirken, ein Geständnis (§ 288 ZPO) also seine Bindungswirkung behält, eine mangels Geltendmachung verlorene Rüge (§ 295 ZPO) nicht neu erhoben werden kann; zweifelhaft ist die Fortwirkung für die Möglichkeit der Zurückweisung verspäteten Vorbringens nach § 296 ZPO.
– dass das Vorbehaltsurteil für das Nachverfahren Bindungswirkungen entfaltet (§ 318 ZPO), soweit es nicht auf den Beschränkungen des Urkundenprozesses beruht. Alles, was im Vorverfahren im vollen Umfang geprüft werden musste, damit das Vorbehaltsurteil ergehen konnte, steht für das Nachverfahren fest (BGH WM 1993, 99, 100; *Bilda* NJW 1983, 142). 2061

Eine Bindungswirkung für das Nachverfahren kommt einem Vorbehaltsurteil (nur) insoweit zu, als es nicht auf den eigentümlichen Beschränkungen der Beweismittel im Urkundenprozess beruht (§ 318 ZPO; z. B. BGH NJW-RR 1992, 183, st. Rspr.; Zöller/*Greger* § 600 Rn. 4, 19, Baumbach/*Hartmann* § 600 Rn. 5; *Bilda* NJW 1983, 142; OLG Brandenburg NJW-RR 2002, 1294: auch bei einem Anerkenntnisvorbehaltsurteil; im Einzelnen str.).

Hieraus folgert der BGH, dass jedenfalls diejenigen Teile des Streitverhältnisses nicht mehr infrage gestellt werden können, die in dem Vorbehaltsurteil, damit es überhaupt erlassen werden konnte (statt die Klage abzuweisen), als Grundvoraussetzungen endgültig beschieden werden mussten (BGH NJW 1960, 576; BGH NJW 1968, 2244; Zöller/*Greger* § 600 Rn. 19). Darüber hinaus bejaht der BGH eine Bindung auch dann, soweit der jeweilige Streitpunkt Gegenstand des Vorverfahrens und deshalb auch dort bereits zu entscheiden war bzw. abschließend beschieden wurde (BGH NJW 1960, 576; BGH NJW 1982, 183 – ausdrücklich offen gelassen hat der BGH die Frage, ob eine Ergänzung des Tatsachenvortrages im Nachverfahren die Bindungswirkung in allen Fällen aufhebt).

▶ **Beispiele:** 2062

Von der Bindungswirkung erfasst wird
– die (bejahte) Zulässigkeit der Klage (Prozessvoraussetzungen),
– die rechtliche Beurteilung der Klage (jedenfalls) in Bezug auf ihre Schlüssigkeit,
– die rechtliche Beurteilung der Begründetheit von Einwendungen,
– die (bejahte) Passivlegitimation des Beklagten,
– ein Geständnis (§ 288 ZPO),
– das Anerkenntnis der Echtheit einer Urkunde.

Hat das Gericht im Vorverfahren insoweit einen Fehler gemacht, so lässt sich die Bindungswirkung des Vorbehaltsurteils nur mittels Rechtsmittel gegen das Vorbehaltsurteil beseitigen (§ 599 Abs. 3 ZPO; zu deren Verhältnis zum Nachverfahren Zöller/*Greger* § 600 Rn. 24).

Keine Bindung besteht an Fragen, die im Vorverfahren wegen der Beschränkung der Beweismittel nicht (umfassend) geprüft werden konnten.

6. Kapitel — Rechtstitulierung in besonderen Verfahren

2063 ▶ **Beispiel:**

Die Parteien können im Nachverfahren die Echtheit der Urkunde (bzw. der Unterschrift) und sonstige Tatsachen, insbesondere im Vorbehaltsurteil bejahte Anspruchsvoraussetzungen (jedenfalls) auch dann noch bestreiten, wenn sich der Beklagte hierzu im Vorverfahren nicht erklärt hat und dies somit vom Gericht noch nicht berücksichtigt werden konnte (BGH NJW 1982, 183; BGH NJW 1988, 1468; BGH NJW 2004, 1159; kritisch Zöller/Greger § 600 Rn. 19, 20),

Die Parteien können auch sonstige neue Tatsachen sowie Angriffs- und Verteidigungsmittel, z. B. Beweismittel anbieten oder auch die Einrede der Verjährung erstmals geltend machen (Thomas/Putzo/Reichold § 600 Rn. 6),

Schließlich können die Parteien als unsubstantiiert zurückgewiesene Einwendungen durch neuen Sachvortrag ergänzen, sofern dies nicht zugleich einen zur Begründung des Klageanspruchs von Amts wegen zu prüfenden Umstand oder rechtlichen Gesichtspunkt betrifft (BGH NJW 1960, 576).

2064 Dabei ist es ohne Bedeutung, dass dies bereits im Urkundenprozess hätte vorgebracht und mit den dort zulässigen Beweismitteln hätte bewiesen werden können (oder auch nicht; BGH NJW-RR 1992, 254: Verjährungseinrede). Eine **Präklusion** von Vortrag findet nicht statt.

Selbst wenn der Beklagte keine statthaften Beweismittel für seine Einwendungen angegeben hat, muss der Kläger bereits im Vorprozess versuchen diese zu entkräften bzw. bestreiten, um durch deren Zurückweisung eine für ihn vorteilhafte Bindungswirkung zu erlangen. Außerdem besteht die Beweisbedürftigkeit erst bei einem streitigen Sachverhalt, wobei unstreitige Einwendungstatsachen zum Nachteil des Klägers – (wohl) mit Bindungswirkung – berücksichtigt werden und damit zur endgültigen Klageabweisung führen.

Kann der Beklagte hingegen die Einwendungen noch nicht fundiert und vollständig vortragen, sollte er diese besser erst im Nachverfahren vorbringen, statt diese im Urkundenprozess mit der Gefahr einer bindenden Zurückweisung nur oberflächlich anzusprechen (BGH WM 1979, 272: Einwand der Sittenwidrigkeit des Wechselbegebungsvertrages).

C. Amtsgerichtliches Verfahren

2065 Der Regelfall des in den §§ 253 ff. ZPO geregelten allgemeinen Klageverfahrens ist das Verfahren vor einer Kammer des Landgerichts. Einige wenige Besonderheiten gelten dann, wenn das Verfahren vor dem Amtsgericht läuft (§§ 495 ff. ZPO).

I. Das amtsgerichtliche Verfahren im Allgemeinen

2066 Wird der Rechtsstreit nicht vor dem Landgericht, sondern vor dem Amtsgericht verhandelt, so ergeben sich dem allgemeinen Verfahren gegenüber Unterschiede. Wegen des geringeren Streitwerts und der Möglichkeit, dass die Entscheidung mit einem Rechtsmittel nicht anfechtbar sein wird, ergeben sich **Erleichterungen** für die Parteien und für den Verfahrensablauf (BGHZ 93, 245):

Die Parteien bedürfen grundsätzlich keines Rechtsanwalts (§ 78 ZPO). Anträge und Erklärungen (einschließlich der Klageerhebung) unterliegen erleichterten Formvorschriften, können auch mündlich zu Protokoll der Geschäftsstelle (§§ 496, 129a ZPO) oder in mündlicher Verhandlung zu Protokoll gegeben werden (§§ 510a, 160 Abs. 4 ZPO). Das Gericht muss die Parteien stärker als sonst auf mögliche Rechtsnachteile hinweisen, so z. B. nach § 504 ZPO auf die zuständigkeitsbegründende Wirkung einer rügelosen Einlassung (§ 39 ZPO), nach § 510 ZPO auf die Anerkenntnisfiktion bei unterlassener Erklärung zur Echtheit einer Urkunde (§ 439 Abs. 3 ZPO) oder nach § 499 ZPO auf die Folge eines Anerkenntnisses (§ 307 ZPO). Gemäß § 510b ZPO können Ansprüche auf Vornahme einer Handlung, Fristsetzung und Zahlung von Schadensersatz in einem Prozess verbunden werden.

II. Das amtsgerichtliche Bagatellverfahren (§ 495a ZPO)

Eine erhebliche Vereinfachung des Verfahrens lässt § 495a ZPO zu: Übersteigt der Streitwert **600 €** nicht (sog. »Bagatellverfahren«), so braucht das Gericht mündliche Verhandlung nur auf Antrag hin zu bestimmen und kann sein Verfahren nach billigem Ermessen bestimmen. 2067

1. Voraussetzungen und Gefahren

Das vereinfachte Verfahren nach § 495a ZPO vor dem Amtsgericht kann – im Gegensatz zum Mahnverfahren und Urkundenprozess – nicht von der Partei gewählt werden. Es liegt im **Ermessen des Gerichts**, ob es »sein Verfahren nach billigem Ermessen« bestimmen will oder nicht. Dieses Verfahren ist grundsätzlich bei Ansprüchen jeder Art möglich. 2068

Voraussetzung ist, dass der (Zuständigkeits-) Streitwert 600 € nicht übersteigt. 2069

> Wegen der Verfahrenskosten stehen regelmäßig insgesamt jedoch mehr als 600 € zur Entscheidung. Dies gilt auch bei Widerklage und Aufrechnung (Zöller/*Herget* § 495a Rn. 4). Beträgt der eigene Wert der Widerklage indes mehr als 600 €, wird § 495a ZPO unanwendbar (§ 5 ZPO; z. B. MüKoZPO/*Deubner* § 495a Rn. 8). Allerdings soll eine trotzdem in diesem Verfahren ergehende Entscheidung wirksam und grundsätzlich unanfechtbar sein (Baumbach/*Hartmann* § 495a Rn. 100).

> Nach h. M. kann die Streitwertfestsetzung nicht separat (mit der – sofortigen – Beschwerde) angefochten werden (§§ 62 GKG, § 32 Abs. 2 Satz 1 RVG; OLG Koblenz NJW-RR 2009, 499; *Stackmann* JuS 2009, 1004). Dies gilt selbst dann, wenn der Streitwerte bewusst zu niedrig angesetzt wurde (Baumbach/*Hartmann* Einf. §§ 3–9 Rn. 10; a. A. LG München I MDR 2001, 713: analog § 567 Abs. 1 ZPO a. F., arg.: bei § 495a ZPO hängt von der Streitwertfestsetzung die Verfahrensordnung ab, und es darf keiner Partei ein gänzlich andersgeartetes Verfahren – hier: »Verfahren zweiter Klasse« – aufgezwungen werden).

Die Urteile in diesem Verfahren sind deshalb auch grundsätzlich unanfechtbar. 2070

> Denn die Berufung ist nur zulässig, wenn der Wert des Beschwerdegegenstandes 600 € übersteigt (§ 511 Abs. 2 Nr. 1 ZPO).

> Allerdings ist das Berufungsgericht bei der Prüfung der Zulässigkeit nicht an die Streitwertfestsetzung durch das erstinstanzliche Gericht gebunden (§ 522 Abs. 1 ZPO; BGH NJW-RR 2005, 219: eigenes freies Ermessen des Berufungsgerichts gem. § 3 ZPO).

> Ausnahmsweise können aber das Abhilfeverfahren (§ 321a ZPO) oder auch die Zulassungsberufung (§ 511 Abs. 2 Nr. 2 ZPO) in Betracht kommen (unten Rdn. 2992, 3026).

Das Verfahren nach § 495a ZPO bietet eine Reihe von **Gefahren** für die Parteien, die in der Praxis gelegentlich unterschätzt werden. 2071

(1) So können erhebliche Abweichungen vom normalen **Ablauf** zum Nachteil der Parteien vorkommen. Mangels einheitlicher Handhabung muss man sich auf die konkrete Gestaltung des Verfahrens durch das jeweilige Gericht im Einzelfall einstellen, wobei nahezu jede gesetzliche oder gewohnheitsrechtliche Regel des Normalprozesses nach § 495a ZPO abgewandelt, aufgeschoben, vorweggenommen oder aufgehoben werden kann (Baumbach/*Hartmann* § 495a Rn. 12). 2072

> Wesentliche Verfahrensgrundsätze müssen allerdings (eigentlich) beachtet werden (Thomas/Putzo/*Reichold* § 495a Rn. 2).

> Zu den wesentlichen Verfahrensgrundsätzen zählt vor allem das Gebot des rechtlichen Gehörs (insbesondere die Hinweispflicht). Daher werden »die Entscheidungen des BVerfG, die sich mit der Auslegung des Art. 103 Abs. 1 GG befassen, im vereinfachten Verfahren zur Prozessordnung« (MüKoZPO/*Deubner* § 495a Rn. 17).

> Dazu gehören daneben das Prinzip der Parteiherrschaft und der Beibringungsgrundsatz. Außerdem haben die Parteien in gleichem Umfang wie im normalen Verfahren einen Anspruch auf erschöpfende Berücksichtigung ihrer Beweisanträge (MüKoZPO/*Deubner* § 495a Rn. 22). Auch § 286 ZPO gilt in vollem Umfang. Selbstverständlich besteht kein Ermessen in der Anwendung des sachlichen Rechts und in der Beurteilung der Beweislast.

Das Verfahren kann also (eigentlich) nicht völlig nach den persönlichen Vorstellungen der Richter gestaltet werden.

Prozess leitende Anordnungen, die im Ermessen des Gerichts stehen und keinen Antrag erfordern, sind grundsätzlich nicht anfechtbar (Zöller/*Greger* § 273 Rn. 5; 567 Rn. 35). Wenn allerdings eine nach § 495a ZPO erlassene verfahrensleitende Anordnung in außergewöhnlich grober Weise Verfahrensgrundrechte der Parteien verletzt, kann dies aber u. U. einen Befangenheitsantrag rechtfertigen (KG MDR 2001, 1435).

2073 (2) Des Weiteren ist dieses Verfahren aufseiten der Gerichte missbrauchsanfällig, nicht zuletzt wegen der grundsätzlichen **Unanfechtbarkeit**.

(Baumbach/*Hartmann* § 495a Rn. 4: zu beobachtende Gefahr des Missbrauchs durch faule Richter; *E. Schneider* Beil. zu ZAP 5/1998 S. 10: »rechtsstaatlicher Horrorkatalog« unter Hinweis auf die Ergebnisse der rechtstatsächlichen Untersuchung von *Rottenleuthner* NJW 1996, 2473).

Wenn das Gericht die Berufung nicht zulässt, braucht das Urteil außerdem keinen Tatbestand zu enthalten, und für die Entscheidungsgründe genügt die Aufnahme ihres wesentlichen Inhalts in das Protokoll (§§ 511 Abs. 2 Nr. 2; 313a Abs. 1 ZPO). Dies kann zu oberflächlichen und unüberlegten »Schnellschüssen« verführen.

2074 (3) Das Verfahren wird in der Regel nur **schriftlich** geführt. Die sich in der mündlichen Verhandlung bietenden Chancen kann man dann nicht wahrnehmen. Es besteht daher in erhöhtem Maße die Gefahr, dass Missverständnisse unerkannt und neue entscheidungserhebliche Umstände verborgen bleiben.

2075 ▶ Praxistipp:

Es kann sich aufgrund der Risiken dieses Verfahrens u. U. empfehlen, einen bisher zurückgehaltenen (geringen) Anspruch mit geltend zu machen, um über die Streitwertgrenze zu gelangen, was auch noch während des Verfahrens durch Klageerweiterung erfolgen kann.

2. Beispiele abweichender Verfahrensgestaltung

2076 Im Folgenden werden einige wichtige Möglichkeiten der gerichtlichen Verfahrensgestaltung aufgezeigt (im Übrigen z. B. die Auflistungen bei Baumbach/*Hartmann* § 495a Rn. 34 ff.; *Fischer* MDR 1994, 980).

2077 Dabei hat das Gericht eine vom Regelverfahren abweichende Verfahrensweise den Parteien unter Wahrung rechtlichen Gehörs bekannt zu geben

(BVerfG NJW-RR 1994, 254; z. B.: die Formblattverfügung des AG Leipzig DRiZ 1996, 193; des AG Leer ZAP-Report: Justizspiegel 2003, 899; die »BaBagVfO« des AG Nordenham DRiZ 1992, 106; zu weiteren eigenen Verfahrensordnungen kritisch *E. Schneider* ZAP 2002, 483; ZAP-Report: Justizspiegel 2003 S. 1237: »derzeitiger Trend mancher Gerichte, sich durch Erfinden einer Privat-ZPO auf Kosten der Parteien oder der Anwälte die Arbeit zu erleichtern«; skeptisch Zöller/*Herget* § 495a Rn. 8).

2078 Solche Hinweise des Gerichts sollten unbedingt beachtet werden. So selbstverständlich dies sein mag, erstaunt es in der Praxis doch immer wieder, dass gerichtliche Hinweise offenbar von manchen Rechtsanwälten überhaupt nicht zur Kenntnis genommen bzw. beachtet werden.

2079 (1) **Anspruchsbegründung:** Wenn der Kläger bei vorausgegangenem Mahnverfahren nach Überleitung ins streitige Verfahren innerhalb der ihm gesetzten Frist zur Begründung des Anspruchs (§§ 697 Abs. 1, 700 Abs. 3 Satz 2 ZPO) eine solche nicht einreicht, kann die Klage durch Endurteil mangels Schlüssigkeit (sowie mangels Terminsnotwendigkeit) als unbegründet abgewiesen werden (Baumbach/*Hartmann* § 495a Rn. 59; a. A. für das Normalverfahren Thomas/Putzo/*Hüßtege* § 697 Rn. 8: Klageabweisung als unzulässig).

2080 (2) **Beweisaufnahme:** In der Regel erfolgen schriftliche Zeugenvernehmungen (§ 377 Abs. 3 ZPO). Hierzu kann das Gericht der beweispflichtigen Partei aufgeben, eine schriftliche Stellungnahme des Zeugen beizubringen (Baumbach/*Hartmann* § 495a Rn. 79).

C. Amtsgerichtliches Verfahren 6. Kapitel

Die Partei kann aber auch selbstständig eine schriftliche Zeugenaussage einreichen. Damit kann man verhindern, dass der Zeuge sonst möglicherweise – aus welchen Gründen auch immer – völlig unbeachtet bleibt. 2081

> Jedoch sind diese Aussagen oft sehr ungenau und oberflächlich, insbesondere wenn die Beweisfrage lediglich mit einem bloßen »ja« oder mit »ist zutreffend« beantwortet wird. In diesem Fall sollte die davon nachteilig betroffene Partei versuchen, eine wiederholte Vernehmung bzw. eine Ladung des Zeugen zu erreichen (§§ 398, 377 Abs. 3 Satz 3 ZPO: Ermessen des Gerichts). Dabei darf das Gericht Beweisergebnisse zum Nachteil einer Partei nicht verwerten, wenn sie ihr nicht vorher mit der Gelegenheit zur Stellungnahme bekannt gegeben worden sind (BayObLG MDR 1981, 409).
>
> So kann der Anwalt insbesondere auf etwaige Unklarheiten oder Widersprüche in der Aussage hinweisen und auf sein grundsätzliches Fragerecht nach § 397 ZPO bestehen (oben Rdn. 1730). Nützlich kann diesbezüglich auch sein, wenn er etwaige vorhandene persönliche Beziehungen des Zeugen zur Gegenpartei oder sonstige relevante Besonderheiten in der Person des Zeugen selbst (z. B. vorbestraft wegen Aussagedelikten) aufzeigt.
>
> Vor allem ein Antrag auf mündliche Verhandlung kann förderlich sein, da der Termin dann sowieso stattfinden muss. Trotzdem ist das Gericht nicht verpflichtet, eine (wiederholte) Beweisaufnahme in einem Termin durchzuführen (Zöller/*Herget* § 495a Rn. 11; MüKoZPO/*Deubner* § 495a Rn. 41; § 397 ZPO); a. A. Baumbach/*Hartmann* § 495a Rn. 102, unklar wegen § 495a Rn. 79). Da auch Art. 103 Abs. 1 GG keinen Anspruch auf eine mündliche Verhandlung gewährt, besteht dementsprechend nicht die Garantie, dass eine Zeugenvernehmung unmittelbar in der mündlichen Verhandlung erfolgt (BVerfG NZV 1993, 185).
>
> So ist zwar grundsätzlich eine telefonische Vernehmung der Zeugen durch den Richter zulässig, jedoch nicht praktikabel (Zöller/*Herget* § 495a Rn. 10: rechtliches Gehör der Parteien; ergänzende Befragung muss erlaubt sein).

§ 495a ZPO deckt nicht die faktische Anordnung der Zeugenstellung durch die Parteien (LG Paderborn MDR 2000, 171, str.). Unzulässig ist z. B. auch folgende Verfügung: »Ist eine Zeugeneinvernahme angeordnet und erscheint ein Zeuge auch im zweiten Beweistermin nicht, gilt der Beweis als nicht einbringbar« (KG MDR 2001, 1435). 2082

(3) Fristen: Da bei Versäumung von Fristen erhebliche Nachteile entstehen können, muss auf deren Einhaltung genau geachtet werden. 2083

> Es muss damit gerechnet werden, dass richterliche Fristen eher streng gehandhabt werden. In der Praxis wird die Gefahr, dass ein Schriftsatz wegen Fristversäumnis nicht mehr beachtet wird, von den Anwälten immer wieder unterschätzt. Da die meist formularmäßigen Hinweise im Bagatellverfahren umfangreich und verwirrend sein können, sollten diese sorgfältig gelesen und vor allem auf gesetzte Fristen überprüft werden.
>
> Kann eine Frist nicht eingehalten werden bzw. erscheint sie von vornherein zu kurz, muss daher unbedingt rechtzeitig und formgerecht Fristverlängerung beantragt werden (§ 224 Abs. 2 ZPO).
>
> Dies ist auch dann erforderlich, wenn eine Klageerwiderung wegen laufender Vergleichsverhandlungen noch zurückgestellt werden soll.
>
> Die Verbescheidung des Gesuchs hat dabei grundsätzlich – soweit zeitlich noch möglich – so rechtzeitig vor Ablauf der Frist zu erfolgen, dass der Antragsteller in der Lage ist, die befristete Prozesshandlung noch in offener Frist vornehmen zu können (Zöller/*Stöber* § 225 Rn. 2).
>
> Sofern man vom Gericht diesbezüglich keine Nachricht erhält, sollte man vor Fristablauf (sicherheitshalber) entweder telefonisch nachfragen oder den Schriftsatz noch rechtzeitig einreichen. Denn sonst besteht die Gefahr, dass zugleich mit dem ergehenden Endurteil der Verlängerungsantrag abgewiesen wird, ohne dass der (verspätete) Schriftsatz noch Berücksichtigung finden kann.
>
> Eine Wiedereinsetzung in eine versäumte Frist ist nicht möglich (unten Rdn. 2835), allenfalls kann das Abhilfeverfahren in Betracht kommen (unten Rdn. 2992).

Das Gericht hat den Ablauf der gesetzten **Äußerungsfrist** abzuwarten. Eine vorher ergehende Entscheidung verstößt gegen den Anspruch auf rechtliches Gehör (Prütting/Gehrlein/*Thole* § 321a Rn. 7; BayObLG MDR 1981, 409). 2084

Da dies nicht gelten soll, wenn aufgrund einer abgegebenen Äußerung nicht mit weiteren Ausführungen zu rechnen ist (Zöller/*Greger* vor § 128 Rn. 6), kann es sich empfehlen, vorsorglich weiteren Sachvortrag anzukündigen. Dabei kann die Ankündigung von weiteren Ausführungen oder die Mitteilung von der Prüfung etwaiger Vergleichsmöglichkeiten den Richter dazu bringen, mit dem Erlass einer Entscheidung noch gewisse Zeit über den Fristablauf hinaus zu warten. Andernfalls muss man mit einer Entscheidung bereits einen Tag nach Fristablauf rechnen (BVerfG NJW 1999, 1176, 1777: kein leichtfertiger Umgang mit dem Anspruch auf rechtliches Gehör – daher Nichtannahme der Verfassungsbeschwerde).

Die Chancen der Bewilligung einer beantragten Fristverlängerung dürften erheblich zu erhöhen sein, indem der Antrag auf mündliche Verhandlung bedingt, unter der Voraussetzung der Ablehnung der Fristverlängerung gestellt wird.

2085 Hat das Gericht hingegen keine Frist für eine etwaige Erwiderung gesetzt, insbesondere nach einem gerichtlichen Hinweis, muss es mit der Entscheidung »angemessene Zeit« warten, in der Regel zwei Wochen (Zöller/*Greger* vor § 128 Rn. 6; BVerfG NJW 1982, 1691).

Sofern der Anwalt noch längere Zeit für die Einreichung einer Erklärung benötigt, sollte er dies dem Gericht unbedingt unter Angabe eines konkreten Zeitraums oder Datums mitteilen. In der Regel dürfte der Richter seine Wiedervorlageverfügung danach richten. Die damit quasi selbst gesetzte Frist sollte der Anwalt dann freilich auch einhalten.

2086 Im Übrigen ist zu prüfen, ob nicht bereits bei der ersten Verfügung im Voraus Erwiderungsfristen für künftige Schriftsätze der Gegenseite gesetzt wurden.

Eine solche Fristsetzung erhöht die Gefahr einer Fristversäumung beträchtlich, da der Anwalt sich die genaue Frist bei Zugang der Frist setzenden Verfügung noch nicht notieren kann. Ob diese Verfahrensweise – im Gegensatz zum normalen Erkenntnisverfahren (Thomas/Putzo/*Reichold* § 276 Rn. 13) – hier überhaupt zulässig ist, erscheint zweifelhaft (die Begründung des BGH NJW 1980, 1176: Frist für die Replik des Klägers gem. § 276 Abs. 3 ZPO).

Insbesondere im weiteren Verlauf des Verfahrens wird in der Praxis häufig für beide Parteien dieselbe (Abschluss-) Frist gesetzt. Geht dann jedoch erst kurz vor ihrem Ablauf ein erheblicher Schriftsatz ein, muss der Gegner Gelegenheit bekommen, hierauf nochmals erwidern zu können (Baumbach/*Hartmann* § 128 Rn. 28; BVerfGE 50, 280, 285).

2087 **(4) Sachvortrag:** Es sollte möglichst frühzeitig alles Entscheidungsrelevante nebst Beweisangeboten vorgetragen werden, da die Partei damit rechnen muss, dass das Gericht aufgrund ihres eventuell einzigen bisherigen Schriftsatzes bereits endgültig und unanfechtbar – ohne »Vorwarnung« – entscheidet. Daher sind an den Sachvortrag eher höhere Anforderungen zu stellen als sonst (Baumbach/*Hartmann* § 495a Rn. 53, 80).

So sind nämlich eine Verkündung und somit auch ein Verkündungstermin nicht erforderlich. Die Entscheidung ist erlassen, wenn diese von der Geschäftsstelle zur Zustellung gegeben ist (Zöller/*Herget* § 495a Rn. 12, LG München I, Urt. vom 17.02.1997, 13 T 2067/97; BGH, Urt. vom 01.04.2004 – IX ZR 117/03), ohne dass den Parteien der Zeitpunkt vorher mitgeteilt werden braucht.

2088 **(5) Säumnis:** Bei Säumnis einer Partei im Termin oder bei Nichteinhaltung einer vom Gericht gesetzten Klageerwiderungsfrist im schriftlichen Verfahren darf anstelle eines (beantragten) Versäumnisurteils ein die Instanz abschließendes Endurteil nach Aktenlage ergehen.

Hierfür ausdrücklich *Städing* NJW 1996, 693; LG München I, Beschl. vom 23.08.2000, 13 T 15020/00: auch wenn durch Niederlegung zugestellt/keine Gehörsverletzung; AG Ahrensburg NJW 1996, 2516; a. A. *Peglau* NJW 1997, 2222, einschränkend *Fischer* MDR 1994, 981 der diesbezüglich zur Vorsicht rät. Nach LG Wiesbaden (MDR 2002, 1212) ist aber bei Einleitung eines schriftlichen Vorverfahrens ein vorheriger Hinweis erforderlich, das beabsichtigt ist, ohne mündliche Verhandlung zu entscheiden (sonst Verstoß gegen Art. 103 Abs. 1 GG).

Im Gegensatz zum Versäumnisurteil ist hiergegen ein Einspruch und deshalb auch eine »Flucht in die Säumnis« nicht möglich. Deshalb sollte sicherheitshalber in jedem Fall selbst bei einer (vermeintlich) unschlüssigen Klage eine Klageerwiderung eingereicht werden.

C. Amtsgerichtliches Verfahren | 6. Kapitel

Sofern dennoch ein Versäumnisurteil ergangen ist, sollte der Einspruch sofort begründet werden, da auch in diesem Fall – im Gegensatz zu § 341a ZPO – ohne mündliche Verhandlung entschieden werden kann.

3. Antrag auf mündliche Verhandlung

Auf Antrag einer Partei muss mündlich verhandelt werden. 2089

Unzulässig ist hierbei folgende Anordnung: »Im Termin werden Schriftsätze und neuer mündlicher Vortrag nicht entgegengenommen« (KG MDR 2001, 1435: Verstoß gegen Art. 103 Abs. 1 GG).

Ein solcher Antrag sollte ausdrücklich unter Hinweis auf § 495a Abs. 1 ZPO gestellt werden, da damit zu rechnen ist, dass die Standardanträge auf Anberaumen eines Termins zur mündlichen Verhandlung keine Berücksichtigung finden (Baumbach/*Hartmann* § 495a Rn. 55: »Im Zweifel liegt kein solcher Antrag vor«; *Städing* NJW 1996, 693: hält offenbar entsprechenden Hinweis seitens des Gerichts für erforderlich). 2090

Es empfiehlt sich, den Antrag optisch deutlich erkennbar und gegebenenfalls wiederholt zu stellen, um dessen Übersehen seitens des Gerichts oder einer Nichtberücksichtigung wegen angeblicher Verspätung (*E. Schneider*, ZAP-Report: Justizspiegel Nr. 1 vom 14.01.1998: Privat-Prozessordnung des AG Bergisch-Gladbach, wonach solche Anträge innerhalb einer bestimmten Frist gestellt werden müssen – m. E. unzulässig!) vorzubeugen.

Die Ansicht des BFH (NJW 2003, 1550; BStBl. 2000 II, 32), wonach ein Beweisantrag auf Zeugenvernehmung oder Augenscheinseinnahme – unabhängig von seiner Erheblichkeit – auch den Antrag auf Durchführung der mündlichen Verhandlung i. S. d. § 94a FGO (welcher dem § 495a ZPO entspricht) enthält, wird – soweit ersichtlich – im Zivilprozess bislang nicht vertreten.

Bei **Übergehen** eines solchen Antrages kann man, 2091
– sofern noch kein Urteil ergangen ist, Beschwerde wegen unterlassener Terminierung einlegen (Zöller/*Stöber* § 216 Rn. 21) und notfalls auch Befangenheitsantrag stellen,
– nach Urteilserlass das Abhilfeverfahren nach § 321a ZPO betreiben oder (stattdessen unter bestimmten Voraussetzungen) Berufung einlegen (unten Rdn. 2992, 3026).

Nach einer Entscheidung des BGH wird nämlich durch die Nichtbeachtung des Terminsantrags der Anspruch der Partei auf Gewährung rechtlichen Gehörs (Art. 103 Abs. 1 GG) verletzt (BGH GRUR 2003, 1067 – zu § 69 Nr. 1 MarkenG; auch BGH NJW 1996, 1496 – zu §§ 90, 121 FGO).

Der **Vorteil** eines solchen Antrags besteht darin, 2092
– dass dies eine sichere Möglichkeit darstellt, der Gefahr einer nachteiligen Fristversäumnis im schriftlichen Verfahren – zunächst – zu entgehen. Im weiteren Verlauf kann der Antrag dann u. U. zurückgenommen werden, was bis zum Termin einseitig möglich ist.
– dass er verhindert, von einem Urteil gleichsam überrascht zu werden (kein Verkündungstermin erforderlich!).
– dass man Gelegenheit erhält, noch vorzutragen (§ 296a ZPO) bzw. auf einen gegnerischen Schriftsatz zu erwidern, der knapp vor Ende einer etwaigen vom Gericht gesetzten Schriftsatzfrist eingegangen ist (ein entsprechend bedingter Antrag dürfte zulässig sein!).
– dass das Gericht dann möglicherweise eher geneigt ist, einem Antrag auf Ladung und mündliche Vernehmung des Zeugen stattzugeben (oben Rdn. 2080).
– dass man eine Zuständigkeitsbegründung gem. § 39 ZPO erreichen (nach Zöller/*Vollkommer* § 39 Rn. 8 ist § 39 ZPO wohl nicht anwendbar, a. A. gut vertretbar) bzw. eine solche verhindern kann (Baumbach/*Hartmann* § 39 Rn. 7: vorbehaltlose schriftliche Einlassung steht der Verhandlung zur Hauptsache gleich, solange nicht ein rechtzeitiger Antrag gem. § 495a Abs. 1 Satz 2 ZPO vorliegt).
– dass man allgemein die sich in einer mündlichen Verhandlung bietenden Chancen wahrnehmen kann (OLG Koblenz NJW 2003, 2100, 2103: »Der Wert der mündlichen Verhandlung ist als sehr hoch anzusetzen«).

2093 Der Antrag auf Durchführung einer mündlichen Verhandlung kann aber auch mit **Nachteilen** verbunden sein.
– Die mündliche Verhandlung kostet Zeit, Geld (Verhandlungsgebühr) und Mühe.
– Stellt der Kläger den Antrag gleich in der Klageschrift, so begibt er sich der Chance, ohne mündliche Verhandlung alsbald ein Urteil zu erlangen, wenn der Beklagte eine gesetzte Klageerwiderungsfrist versäumt hat (oben Rdn. 2088).

D. Musterverfahren

2094 Allgemeine Regeln zur Bewältigung einer Vielzahl rechtlich und tatsächlich weitgehend gleich gelagerter Fälle enthält unsere Rechtsordnung nicht. Erforderlich ist es deswegen grundsätzlich, jedes Verfahren gesondert zu betreiben.

Nur dies entspricht dem individualistisch geprägten deutschen Privat- und Prozessrecht, das eine Rechtskrafterstreckung auf Nichtverfahrensbeteiligte, wie sie die amerikanische »**class action**« oder dien englische »**group litigation**« vorsehen, ausschließt (*Nittel* in Assies/Beule/Heise/Strube S. 1659).

Die einzige von der ZPO insoweit vorgesehene Erleichterung bietet die Streitgenossenschaft (§§ 59, 60 ZPO), die es zulässt, die Klagen mehrerer Kläger oder gegen mehrere Beklagte in einem Verfahren zusammen zu betreiben. In echten Massenverfahren bringt dies keine Erleichterung. Besonders deutlich wurde dies 2001, als mehr als 15 000 Anleger vor dem Landgericht Frankfurt a. M. Klage gegen die Deutsche Telekom AG erhoben auf Schadensersatz aus Prospekthaftung nach §§ 44, 45 BörsenG wegen möglicherweise falschen Angaben von Immobilienwerten bei der Ausgabe neuer Aktien.

2095 Für Schadensersatzansprüche wegen falscher, irreführender oder unterlassener öffentlicher Kapitalmarktinformationen besteht deswegen seit 2005 nach dem KapMuG unter bestimmten Voraussetzungen die Möglichkeit der Führung eines erstinstanzlichen Musterverfahrens vor dem OLG.

Der Gesetzesvorschlag zur einheitlichen Regelung von Verbands-, Sammel- und Musterklagen seitens des Bundesverbraucherschutzministeriums vom 17.01.2005 wurde bis zum Vorliegen hinreichender Erfahrungen nach dem KapMuG zurückgestellt, sollen aber bei Bewährung dieses Gesetzes de lege ferenda als allgemeine Regelung für alle Zivilprozesse in die ZPO übernommen werden (*Zypries* ZRP 2004, 179). Dazu ist es bislang nicht gekommen, weil die Erfahrungen mit dem KapMuG eher enttäuschend waren. So erließ das OLG Frankfurt in den Telekom-Verfahren erst 2012 einen Musterbescheid, der mit der Rechtsbeschwerde zum BGH angegriffen wurde. Der Gesetzgeber hat deswegen das ursprüngliche KapMuG nach Ablauf der Geltungsdauer (31.10.2012) durch ein neues Gesetz (KapMuG 2012) ersetzt und dieses bis zum 31.10.2020 befristet.

I. Kapitalanleger-Musterverfahren (§§ 1 ff. KapMuG)

2096 Das ursprüngliche KapMuG aus dem Jahr 2005 trat - nach einer Verlängerung seiner Geltungsdauer - zum 31.10.2012 außer Kraft und wurde zum 01.11.2012 durch ein neues Gesetz, das KapMuG 2012 im Folgenden: KapMuG), ersetzt (Gesetz zur Reform des Kapitalanleger-Musterverfahrensgesetzes vom 19.10.2012; BGBl. I, 2182).

Das KapMuG 2005 bleibt anwendbar auf Musterverfahren, in denen vor dem 01.11.2012 bereits mündlich verhandelt worden ist (§ 27 KapMuG).

Die Unterschiede zwischen den beiden Fassungen des KapMuG (dazu *Wolf/Lange* NJW 2012, 3751) sind nicht dramatisch. Gleich geblieben sind die Grundstruktur, Gliederung und wesentliche Regelungsinhalte. Der Anwendungsbereich des Musterverfahrens wurde auf Anlagevermittler und -berater erweitert, die Voraussetzungen für die Verfahrenseinleitung wurden erleichtert und der Vergleichsschluss vereinfacht.

2096a Das Musterverfahren beruht auf in mehreren regulären Zivilprozessen geltend gemachten Schadensersatzansprüchen und führt zu einer gemeinsamen Entscheidung über einzelne, allen Verfahren gemeinsamen erheblichen Tatsachen oder Rechtsfragen. Nicht entschieden wird im Musterverfahren also über die Begründetheit der Ausgangsverfahren selbst (§ 2 Abs. 1 S. 1 KapMuG; BGH WM 2008, 1353; *Schwintowski* § 13 Rn. 88). Streng genommen schafft das KapMuG damit eigentlich kein Musterverfahren, sondern ein Gruppenverfahren, bei dem sich die Rechtswirkungen der auf

D. Musterverfahren   6. Kapitel

einige Vorfragen begrenzten Entscheidung auf sämtliche Gruppenmitglieder erstreckt (*Wolf/Lange* NJW 2012, 3751). Sachlich zuständig für die Klärung dieser Vorfragen ist das OLG, dem die entsprechenden Fragen vorzulegen sind.

Eine neue **Klage** kann nicht unmittelbar im Kapitalanleger-Musterverfahren erhoben werden. Erforderlich ist ein Ausgangsverfahren (§ 1 KapMuG), in dem entweder   2097

– ein Schadensersatzanspruch wegen falscher, irreführender oder unterlassener öffentlicher Kapitalmarktinformation (auch solchen des sog. »Grauen Kapitalmarktes«: BGH NZG 2008, 592; *Nittel/Ebermann* in Assies/Beule/Heise/Strube S. 1527) oder

– ein Schadensersatzanspruch wegen Verwendung einer falschen oder irreführenden öffentlichen Kapitalmarktinformation oder wegen Unterlassung der gebotenen Aufklärung darüber, dass eine öffentliche Kapitalmarktinformation falsch oder irreführend ist (Fälle der Anlegervermittlung und Anlegerberatung; anders noch das KapMuG 2005: BGH NJW 2009, 513), oder

– ein Erfüllungsanspruch aus Vertrag, der auf einem Angebot nach dem Wertpapiererwerbs- und Übernahmegesetz beruht,

geltend gemacht wird (§ 1 Abs. 1 KapMuG). Öffentliche Kapitalmarktinformationen können sich in Prospekten, Vermögensanlagen-Informationsblättern, Mitteilungen über Insiderinformationen, Informationen in der Hauptversammlung oder Bilanzen ergeben (§ 1 Abs. 2 KapMuG). Als Grundlagen für Schadensersatzansprüche kommen damit § 44 BörsG, §§ 37b und 37c WpHG, Prospekthaftung im engeren und weiteren Sinn oder auch § 823 Abs. 2 in Verbindung mit § 400 Abs. 1 Nr. 1 AktG und § 826 BGB in Betracht.

Im erstinstanzlichen (BGH ZIP 2008, 526) Ausgangsverfahren kann sowohl vom Kläger als auch vom Beklagten ein »**Musterverfahrensantrag**« gestellt werden (§ 2 KapMuG).   2097a

In diesem müssen die Feststellungsziele und die öffentlichen Kapitalmarktinformationen, die Tatsachen und Beweismittel angegeben und die Bedeutung über den Einzelfall hinaus dargelegt werden. Das Feststellungsziel ist also unter bewusster Abweichung von § 256 Abs. 2 ZPO die abstrakt formulierte Frage der Erfüllung eines Tatbestandsmerkmals bezüglich einer öffentlichen Kapitalmarktinformation.

▶ Beispiele: 2098

Es wird festgestellt, dass sich aus der Klausel ... »Alle etwaigen Schadensersatzansprüche aus der Beteiligung verjähren mit Ablauf von sechs Monaten seit Kenntniserlangung des Anlegers von den unzutreffenden und/oder unvollständigen Angaben, spätestens jedoch drei Jahre nach Beitritt zu der Beteiligungsgesellschaft« in dem am ... über die Beteiligung an der ...-fonds GmbH & Co KG herausgegebenen Prospekt keine Verjährungseinrede und kein Ausschluss des Schadensersatzanspruchs ergibt. (BGH, Beschl. v. 13.12.2011 – II ZB 6/09 –).

Es wird festgestellt, dass die Ad-hoc-Mitteilung vom 22.3.2000 unrichtig war (BGHZ 190, 383).

Es wird festgestellt, dass das vorzeitige Ausscheiden des S. bereits im Mai 2005 feststand und daher als Insidertatsache bereits zu diesem Zeitpunkt zu veröffentlichen gewesen wäre (BGH VersR 2008, 1658).

Das Prozessgericht trifft im Vorfeld der Entscheidung über die Zulässigkeit des Musterverfahrensantrags eine besondere Verantwortung. Zum einen hat es nach § 139 ZPO darauf hinzuwirken, dass mit dem Musterfeststellungsantrag die in Betracht kommenden Fragen ausgeschöpft werden, um eine umfassende Klärung in einem einzigen Musterverfahren zu erreichen und die Nachverfahren zu entlasten. Zum andern hat es gemäß § 139 ZPO konkrete Formulierungshilfen zu geben.

▶ Praxistipp: 2098a

Da das Gericht die übrigen Ausgangsverfahren oft besser kennt als der Antragsteller, sollte § 139 ZPO bewusst genutzt, das Gericht auf seine Verpflichtung zur Mitwirkung an der Formulierung ausdrücklich hingewiesen werden.

6. Kapitel — Rechtstitulierung in besonderen Verfahren

2099   Ein zulässiger Musterverfahrensantrag ist vom Prozessgericht mit unanfechtbarem Beschluss im elektronischen Bundesanzeiger öffentlich bekannt zu machen (§ 3 Abs. 2, § 4 KapMuG). Damit wird das Verfahren unterbrochen (§ 5 KapMuG).

2100   ▶ **Praxistipp:**

> Besteht die Möglichkeit, dass das eigene Mandat Gegenstand eines Musterfahrens ist oder werden kann, sollte Einsicht in den elektronischen Bundesanzeiger (www.ebundesanzeiger.de) genommen werden.

Ein unzulässiger Musterverfahrensantrag wird nach § 3 Abs. 1 KapMuG vom Prozessgericht durch Beschluss verworfen. Hiergegen ist mangels besonderer Regelung im KapMuG die sofortige Beschwerde gemäß § 3 Abs. 1 EGZPO nach den allgemeinen Bestimmungen der §§ 567 ff. ZPO zulässig.

2101   Werden innerhalb von vier Monaten nach Bekanntmachung eines zeitlich ersten Musterverfahrensantrages in neun weiteren Verfahren (ggf. auch vor anderen Gerichten) gleichgerichtete, auf dem gleichen Lebenssachverhalt beruhende Musterverfahrensanträge gestellt, so legt das zuerst befasste Prozessgericht die Sache nach Anhörung des Antragsgegners durch Beschluss seinem im Rechtszug übergeordneten Oberlandesgerichts vor (§ 6 KapMuG; **Vorlagebeschluss** des LG Frankfurt a. M. in den Telekomsachen ZIP 2006, 1730).

Ausreichend ist, dass 10 Streitgenossen aus demselben Verfahren jeweils einen Musterverfahrensantrag stellen (BGH NJW 2008, 2187).

Der Vorlagebeschluss hat nach § 6 Abs. 3 KapMuG das Feststellungsziel und eine knappe Darstellung des den Musterverfahrensanträgen zugrunde liegenden gleichen Lebenssachverhalts zu enthalten. Er wird im Klageregister öffentlich bekannt gemacht. Damit ist die Einleitung eines weiteren Musterverfahrens nach § 7 KapMuG unzulässig.

Der Streitgegenstand des Vorlagebeschlusses (»Feststellungsziel«) und später des Musterverfahrens ist damit ein anderer als der in der ZPO herrschende zweigliedrige Streitgegenstandsbegriff aus Antrag und dazu vorgetragenem Lebenssachverhalt. Vielmehr kommt der Streitgegenstandsbegriff des KapMuG dem Tatbegriff des § 264 StPO nahe. Dies entspricht dem vom Gesetzgeber gewollten »weiten Ansatz«.

Der Vorlagebeschluss ist gemäß § 6 Abs. 1 Satz 2 KapMuG unanfechtbar und für das Oberlandesgericht bindend. Wie weit diese Bindung reicht, ist umstritten. Sie besteht wohl nicht an einen rechtswidrigen Vorlagebeschluss und nicht an in sich unschlüssige Darstellungen des Sach- und Streitstandes.

Kommt es indes nicht zu den zehn Musterverfahrensanträgen, weist das Prozessgericht den Musterverfahrensantrag zurück und setzt das Verfahren fort (§ 6 Abs. 5 KapMuG).

2102   Das eigentliche Musterverfahren vor dem Oberlandesgericht beginnt mit der **Bestimmung der Beteiligten** am Musterverfahren.

Beteiligte des Musterfahrens sind nach § 9 Abs. 1 KapMuG der Musterkläger, der Musterbeklagte und die Beigeladenen. Den Musterkläger bestimmt das Gericht nach billigem Ermessen aus den Klägern bei dem Gericht, bei dem der erste Musterverfahrensantrag gestellt worden ist durch unanfechtbaren Beschluss. Auf Beklagtenseite findet eine solche Auswahl nicht statt, da hier die Zahl der Parteien naturgemäß beschränkt ist; alle Beklagten werden Musterbeklagte (§ 9 Abs. 5 KapMuG). Alle nicht ausgewählten Kläger werden Beigeladene. Es folgt die öffentliche Bekanntmachung des Musterverfahrens im Klageregister (§ 10 Abs. 1 KapMuG) durch das Oberlandesgericht.

Will ein Kapitalanleger seine Ansprüche im Musterverfahren wahren, wegen des hohen Kostenrisikos aber nicht selbst klagen und damit Beteiligter werden, so kann er seinen Anspruch schlicht anmelden (§ 10 Abs. 2 KapMuG). Damit erstrecken sich zwar die Rechtswirkungen eines Musterentscheids nicht auf ihn, wenigstens aber wird die Verjährung seines Anspruchs gehemmt. Diese Möglichkeit besteht nicht für Anleger, die eine eigene Klage bereits erhoben haben, auch nicht nach deren Rücknahme (keine »Flucht in die Anmeldung«, § 10 Abs. 2 S. 2 KapMuG).

Die Statthaftigkeit des Musterverfahrens, d. h. die Frage, ob das erstinstanzliche Gericht einen Vorlagebeschluss erlassen durfte, wird vom OLG nicht geprüft (KG NZG 2009, 677).

D. Musterverfahren   6. Kapitel

Für das Musterverfahren vor dem OLG gelten die §§ 253 ff. ZPO (§ 11 Abs. 1 Satz 1 KapMuG), allerdings mit einigen Besonderheiten. Ein Verzicht ist nicht möglich, der Einzelrichter ist ausgeschlossen. In Rubrum müssen die Beigeladenen nicht aufgeführt werden, an sie kann durch öffentliche Bekanntmachung (Eintragung ins Klageregister) zugestellt werden. Die Rücknahme des Musterverfahrensantrags bleibt folgenlos, die Rücknahme der Klage durch den Musterkläger führt zur Bestimmung eines neuen Musterklägers (§ 13 KapMuG).

Das größte tatsächliche Problem des Musterverfahrens ist die Gewährleistung des rechtlichen Gehörs für alle Verfahrensbeteiligten des Musterverfahrens, insbesondere für die zahlreichen Beigeladenen. § 11 Abs. 2 KapMuG lässt die Zustellung von Terminsladungen an Beigeladene durch Eintragung in das Klageregister zu. Alle Schriftsätze (nach einer Änderung des § 12 Abs. 2 KapMuG nunmehr auch solche der Beigeladenen) werden in einem elektronischen Informationssystem, das nur den Beteiligten zugänglich ist, bekannt gegeben (§ 12 Abs. 2 KapMuG). Problematisch ist auch, wer einer vergleichsweisen Beilegung des Streits zustimmen muss. Während das KapMuG 2005 hier noch eine Zustimmung aller Beteiligten einschließlich der Beigeladenen erforderte, kann das Gericht heute einen zwischen Musterkläger und Musterbeklagten geschlossenen **Vergleich** (§ 17 KapMuG) genehmigen (§ 18 KapMuG). Dieser Vergleich muss das Feststellungsziel des Musterverfahrens und die Ansprüche der Ausgangsverfahren umfassen (§ 17 Abs. 1 S. 1 KapMuG). Mit der Zustellung wird dieser Vergleich auch für die Beigeladenen wirksam, wenn diese nicht innerhalb eines Monats austreten (»opt-out«; § 19 KapMuG). Treten mehr als 30% der Beigeladenen aus, wird der Vergleich insgesamt nicht wirksam (§ 17 Abs. 1 S. 4 KapMuG). Ansonsten beendet der Vergleich das Musterverfahren (§ 23 Abs. 2 KapMuG).

Streitig ist, ob einzelne Tatsachen (mit der Bindungswirkung des § 288 ZPO) zugestanden werden können. Zum KapMuG 2005 wurde dies von der h. M. durch analoge Erweiterung des Anerkenntnisverbots in § 14 Abs. 3 KapMuG 2005 verneint, für den geltenden § 11 Abs. 1 Satz 2 KapMuG wird die Möglichkeit einer Analogie unter Hinweis auf die amtliche Begründung des Gesetzentwurfs, die ein Geständnis für möglich hält, infrage gestellt.

Das Oberlandesgericht beendet das Musterverfahren nach mündlicher Verhandlung (und ggf. erforderlicher Beweisaufnahme) durch Beschluss, den sog. »**Musterentscheid**« (§ 16 Abs. 1 Satz 1 KapMuG). 2103

Dieser wird den Beteiligten (nunmehr auch den Beigeladenen) und den Anmeldern zugestellt. Er bindet die Prozessgerichte in allen Ausgangsverfahren, wirkt für und gegen alle Beteiligte des Musterverfahrens und ist der Rechtskraft fähig (§ 22 KapMuG).

Die Entscheidung über die im Musterverfahren angefallenen Kosten bleibt den Prozessgerichten der ausgesetzten Verfahren vorbehalten (§ 16 Abs. 2 KapMuG).

Die den Musterparteien und den jeweils auf ihrer Seite Beigeladenen im erstinstanzlichen Musterverfahren erwachsenen Kosten gelten anteilig als Kosten des ersten Rechtszugs der jeweiligen Prozessverfahren (§ 24 KapMuG). Die Anteile bestimmen sich nach dem Verhältnis der Höhe des von dem jeweiligen Kläger geltend gemachten Anspruchs, soweit dieser Gegenstand des Musterverfahrens war, zu der Gesamthöhe der von dem Musterkläger und den auf seiner Seite Beigeladenen des Musterverfahrens in den Prozessverfahren geltend gemachten Ansprüche, soweit diese Gegenstand des Musterverfahrens sind (§ 24 Abs. 2 KapMuG). Ein Anspruch ist hierbei nicht zu berücksichtigen, wenn die Klage innerhalb von zwei Wochen ab Zustellung des Aussetzungsbeschlusses nach § 13 KapMuG zurückgenommen worden ist (§ 24 Abs. 4 KapMuG). § 96 ZPO gilt nach § 24 Abs. 5 KapMuG entsprechend. Für die Kosten des Rechtsbeschwerdeverfahrens gilt § 26 KapMuG.

Gegen den Musterentscheid findet nach die **Rechtsbeschwerde** zum BGH statt (§ 20 Abs. 1 Satz 1 KapMuG). 2104

Beschwerdeberechtigt sind alle Beteiligten nach § 9 Abs. 1 KapMuG, also auch die Beigeladenen.

Nach Eintritt der Rechtskraft des Musterbescheids werden die ausgesetzten Ausgangsverfahren wieder aufgenommen (§ 22 Abs. 4 KapMuG). Dies geschieht mittels Einreichung des rechtskräftigen Musterentscheides durch einen Beteiligten (§ 22 Abs. 4 KapMuG). Die Fortsetzung dieser Verfahren folgt den Vorschriften der ZPO, richtet sich also nicht mehr nach dem KapMuG. 2105

Die Prozessgerichte müssen für die nun zu treffenden Entscheidungen über die Schadensersatz- bzw. Erfüllungsansprüche die im Musterbescheid getroffenen Feststellungen zugrunde legen (§ 22 Abs. 1 S. 1 KapMuG). Den Beigeladenen sind Einwendungen gegen die Musterfeststellung nur im Rahmen des § 22 Abs. 3 KapMuG (verspäteter Beitritt, mangelhafte Prozessführung) möglich.

2106 Praktisch sind die KapMuG-Verfahren nicht nur wegen des beschränkten Anwendungsbereichs des Gesetzes seltene Ausnahmen geblieben. Sowohl von anwaltlicher als auch von richterlicher Seite aus wird an den existierenden gesetzlichen Regelungen lautstark Kritik geübt, allgemein wird beklagt, dass das zur Verfügung stehende Instrumentarium eine sachgerechte Lösung von Massenverfahren nicht erlaubt (*Stackmann* NJW 2010, 3185; *Wolf/Lange* NJW 2012, 3751).

II. Sonstige Musterverfahren

2107 Auch außerhalb von Ansprüchen aus Kapitalanlagen kann sich aus Effektivitäts- und Kostengründen das Bedürfnis nach Durchführung nur eines Verfahrens als Modell- oder Musterprozess ergeben, weil eine Vielzahl von Gläubigern mehr oder weniger gleich gelagerte Ansprüche gegen denselben Beklagten hat oder umgekehrt.

> Dies kann z. B. vor allem bei größeren Unglücksereignissen oder einer Reihe von getäuschten Kapitalanlegern oder Gesellschaftern oder bei wettbewerbsrechtlichen Ansprüchen in Betracht kommen.

2108 Manchmal kann bereits die **Teilklage** als Musterprozess genutzt werden, d. h. die auf einen Teil des Streitgegenstands beschränkte Klage.

> Macht der Kläger einen ihm zustehenden Anspruch nur teilweise geltend, erwächst unmittelbar in Rechtskraft nur der eingeklagte und entschiedene Teil des Anspruchs (objektive Grenzen der Rechtskraft, § 325 ZPO).

2109 Mustercharakter kann auch die **Einzelklage** haben, d. h. der nur von einzelnen Gläubigern oder gegen einzelne Schuldner geführte Prozess.

> In diesem Fall erstreckt sich die Rechtskraft nur auf die am Verfahren beteiligten Personen, auf Dritte erstreckt sie sich nicht (subjektive Grenzen der Rechtskraft, § 325 ZPO).

2110 Häufig genügt diese beschränkte Rechtskraft, weil die Beteiligten bereit sind zu akzeptieren, dass andere Verfahren genauso entschieden werden würden und es deswegen nicht auf einen Folgeprozess ankommen zu lassen.

2111 Ist dies nicht der Fall, können die Beteiligten die Erstreckung der Rechtskraft auf die prozessual nicht einbezogenen Streitgegenstandsteile oder Parteien vertraglich vereinbaren (Prütting/Gehrlein/*Völzmann-Stickelbrock* § 325 Rn. 54).

> Die Bindungswirkung kann man auch z. B. auf den Anspruchsgrund beschränken und die Höhe jeweils noch offen lassen, wenn diese bei den einzelnen Gläubigern unterschiedlich oder unklar ist. Sinnvollerweise sollte sie auf die Kostenfrage erstreckt werden. Nur bedingt möglich ist eine solche Vereinbarung durch Allgemeine Geschäftsbedingungen (§ 307 BGB: BGH NJW 1984, 2408). Nicht möglich ist eine Rechtskrafterstreckung auf an der Vereinbarung nicht beteiligte Dritte hingegen (Zöller/*Vollkommer* § 325 Rn. 43a, b).

2112 Gegen ein Urteil in einem Musterprozess kommen als Rechtsmittel die Berufung und Revision in Betracht, sodass damit auch eine höchstrichterliche Klärung erreicht werden kann.

> Denn in solchen Fällen hat die Rechtssache grundsätzliche Bedeutung i. S. v. §§ 511 Abs. 4 Nr. 1; 522 Abs. 2 Nr. 2; 543, 566 Abs. 4 Nr. 1 ZPO (BGH NJW 2003, 65, 68; aber BGH NJW-RR 1998, 1445: Nichtzulassung der Revision in einem Musterprozess ist keine greifbare Gesetzwidrigkeit). Zudem kann dann beim Landgericht die Kammer statt des Einzelrichters funktionell zuständig sein (§§ 348 Abs. 3 Nr. 2; 348a Abs. 1 Nr. 1; 526 Abs. 1 Nr. 3 ZPO).

> Allerdings kann die beklagte Musterprozesspartei eine (streitige) Entscheidung mit Gründen verhindern, indem sie den Anspruch anerkennt. Denn nach § 307 Abs. 2 ZPO ist ein Anerkenntnisurteil, das weder Tatbestand und Entscheidungsgründe enthalten muss, auch ohne Antrag zu erlassen (§ 313b ZPO).

2113 Bezüglich der nicht rechtshängig gemachten Ansprüche ist besonders auf etwaige Ausschluss- und Verjährungsfristen zu achten, zu deren Wahrung bzw. Hemmung der klägerische Rechtsanwalt Vorkehrungen treffen muss (BGH NJW 1993, 1779).

Dies gilt auch bei bereits anhängigen Parallelverfahren, die bei Weiterbetreiben nur eines Musterverfahrens in Stillstand geraten. Das kann geschehen durch Anordnung des Ruhens des Verfahrens auf Antrag beider Parteien (§ 251 ZPO) oder indem es einfach nicht weiterbetrieben wird. 2114

> Dann endet die Hemmungswirkung der Klageerhebung sechs Monate nach der letzten Verfahrenshandlung (§ 204 Abs. 2 BGB). Dies gilt auch dann, wenn die Parteien den Prozess im Hinblick auf den laufenden Musterprozess nicht fördern und das Gericht mit Einverständnis des Klägers von einer Terminierung auf unbestimmte Zeit absieht (BGH NJW 1983, 2496; MDR 2005, 766; Palandt/*Ellenberger* § 204 Rn. 47; a. A. *Brommann* AnwBl. 1985, 5).

> Demgegenüber würde die gehemmte Verjährung bei einer Aussetzung sechs Monate nach dem Wegfall des Aussetzungsgrundes enden, sofern die Parteien das Verfahren nicht weiter betreiben. Es ist jedoch umstritten, ob das Gericht nach § 148 ZPO die Verhandlung bis zur Erledigung der Parallelverfahren aussetzen darf (verneinend BGH NJW 2005, 1947: anders u. U. bei »Massenverfahren« oder bei Zustimmung beider Parteien; Zöller/*Greger* §§ 148 Rn. 5; 249 Rn. 2; a. A. LG Freiburg NJW 2003, 3424: in analoger Anwendung).

Es empfiehlt sich, regelmäßig eine entsprechende Vereinbarung mit dem Gegner zu treffen (Verzicht auf die Verjährungseinrede; Stundungsabrede bzw. Stillhalteabkommen, sog. »pactum de non petendo« gem. § 205 BGB; Palandt/*Ellenberger* §§ 202 Rn. 1, 205 Rn. 2). 2115

E. Adhäsionsverfahren (§§ 403 ff. StPO)

In bestimmten Fällen bietet sich das in den §§ 403 bis 406c StPO unter der Überschrift »Entschädigung des Verletzten« geregelte sog. Adhäsionsverfahren an, um einfach und kostengünstig einen vollstreckbaren Titel zu erlangen. Das Gesetz gibt dem Geschädigten mit diesem Verfahren die Möglichkeit der »privilegierten Durchsetzung« seiner zivilrechtlichen Ansprüche im **Strafprozess** (*Köckerbauer* NStZ 1994, 307). 2116

> Es handelt sich dabei nicht um ein eigenständiges gerichtliches Verfahren, sondern um einen besonderen Teil des Strafverfahrens.

> Mit mehreren Änderungen der StPO hat der Gesetzgeber versucht, die Akzeptanz des Adhäsionsverfahrens zu steigern. Nach wie vor jedoch führt es praktisch ein Schattendasein (zu den Gründen *Haller* NJW 2011, 970).

I. Voraussetzungen

Ein Adhäsions- oder Anhangsverfahren kann nur der durch eine Straftat **Verletzte** im Rahmen eines gegen den Täter laufenden Strafverfahrens herbeiführen (§ 403 StPO). 2117

> Nicht möglich ist dies nach ganz h.M im Strafbefehlsverfahren (*Meyer-Goßner* §§ 404 Rn. 12; 406 Rn. 1); wohl aber dann, wenn es aufgrund des Einspruchs des Angeklagten zu einer Hauptverhandlung kommt. Auch gegen Jugendliche findet das Adhäsionsverfahren nicht statt, wohl aber gegen Heranwachsende und zwar unabhängig davon, ob Jugend- oder Erwachsenenstrafrecht angewendet wird (§§ 109 Abs. 1, 81 JGG).

> Mit Ausnahme der Erben haben andere Rechtsnachfolger (wie z.B. Zessionare oder auch der private Haftpflichtversicherer) kein Antragsrecht. Hierbei ist für die Berechtigung nicht Voraussetzung, dass der Verletzte einen Strafantrag gestellt oder sich als Nebenkläger angeschlossen hat bzw. anschließen könnte (§§ 395 ff. StPO; *Meyer-Goßner* a. a. O. § 403 Rn. 2).

In diesem Verfahren können (nur) vermögensrechtliche Ansprüche gegen den Beschuldigten geltend gemacht werden, die aus der Straftat erwachsen und noch nicht anderweitig gerichtlich geltend gemacht sind. 2118

> Typischerweise sind dies Schadensersatz- und Schmerzensgeldansprüche (insbesondere wegen Sachbeschädigung, Diebstahl, Körperverletzung, Betrug und Untreue; §§ 253, 823 BGB). Ansprüche allein aus dem Gesichtspunkte der Gefährdungshaftung (d. h. ohne Verschulden) können (bei Freispruch!) nicht geltend gemacht werden, da ein Schuldspruch Voraussetzung für eine strafrechtliche Verurteilung ist (Ausnahme: bei einer selbstständigen Anordnung einer Maßregel der Besserung und Sicherung gem. § 71 StGB (§ 406 Abs. 1 Satz 1 StPO).

Da die Ansprüche zur Zuständigkeit der ordentlichen Gerichte gehören müssen, scheiden vermögensrechtliche Ansprüche aus einer Straftat, die im Rahmen eines Arbeitsverhältnisses begangen wurden, hierfür aus (Arbeitsgerichtsbarkeit!).

Unerheblich ist die zivilprozessuale Streitwertgrenze beim Amtsgericht (§ 403 StPO); auch ein Anwaltszwang wie im Zivilprozess (§ 78 ZPO) besteht nicht.

Wer nur zivilrechtlich (mit oder neben dem Angeklagten) haftet, kann nicht in das Adhäsionsverfahren mit einbezogen werden.

Da somit weder der private Haftpflichtversicherer des Verletzten noch des Beschuldigten unmittelbar beteiligt werden können, ist dieses Verfahren insbesondere für Verkehrsdelikte ungeeignet, zumal eine Verurteilung ohne Verschulden allein aus dem Gesichtspunkt der Gefährdungshaftung in der Regel nicht in Betracht kommt. Außerdem würde der Geschädigte damit seinen Direktanspruch nach § 3 PflVersG gegen die Kraftfahrzeughaftpflichtversicherung aufgeben (*Schirmer* DAR 1988, 121: »hierzu kann ihm nicht geraten werden«).

2119 ▶ **Praxistipp:**

Mehrere Beteiligte an der Straftat haften als Gesamtschuldner (§§ 830, 840 BGB). Um später mehrere Vollstreckungsschuldner zu haben, sollte sich der Antrag auch auf alle Beteiligten an der Straftat erstrecken.

2120 Eingeleitet wird das Adhäsionsverfahren durch Stellung eines **Antrages**, mit welchem die Ansprüche geltend zu machen sind.

Dabei ist eine Antragstellung im Ermittlungsverfahren – auch gleichzeitig mit der Strafanzeige – bereits bei der Staatsanwaltschaft oder im Strafverfahren möglich. In der Hauptverhandlung kann der Antrag auch mündlich bis zum Beginn der Schlussvorträge gestellt werden (§ 404 Abs. 1 StPO – sonst schriftlich oder mündlich zur Niederschrift des Urkundsbeamten), wobei sich der Antragsteller von einem Rechtsanwalt oder einem anderen Bevollmächtigten vertreten lassen oder mit anwaltlichem Beistand erscheinen kann (§§ 406 f, g StPO). Meist wird er aber als geladener Zeuge persönlich erscheinen müssen.

Der Antrag hat dieselben Wirkungen wie die Erhebung einer Zivilklage (insbesondere Rechtshängigkeit und Verjährungshemmung), die jedoch bereits mit Eingang des Antrags bei Gericht eintreten und nicht wie im Zivilprozess) erst mit Zustellung der Klage an den Antragsgegner (§ 404 Abs. 2 Satz 2 StPO). Der Antrag kann – ohne Zustimmung des Angeklagten – bis zur Urteilsverkündung zurückgenommen werden (§ 404 Abs. 4 StPO).

2121 ▶ **Praxistipp:**

Es empfiehlt sich, eine Adhäsionsschrift rechtzeitig vor Beginn der Hauptverhandlung einzureichen.

Denn die Neigung, den Antrag abzulehnen, ist größer, wenn das Gericht damit in der Hauptverhandlung überrascht wird und sich darauf nicht hat vorbereiten können. Außerdem droht leicht die Ablehnung wegen Verzögerung, da der Richter für das Adhäsionsverfahren keine zusätzliche Zeit eingeplant hat. Je früher der Antrag gestellt wird, umso schwieriger kann daher eine mögliche wesentliche Verzögerung des Verfahrens angenommen werden (*Löwe/Rosenberg* §§ 404 Rn. 5; 405 Rn. 11).

Außerdem kann das Gericht etwaigen darin angegebenen (weiteren) Beweismitteln dann nicht mehr (vor der Hauptverhandlung) nachgehen (§§ 404 Abs. 1; 244 Abs. 2 StPO). Im Übrigen sichert sich der Antragsteller dadurch die Anfechtungsmöglichkeit (unten Rdn. 2135) sowie sein Benachrichtigungsrecht (unten Rdn. 2124).

2122 Da das Adhäsionsverfahren in das Strafverfahren eingebettet ist, gelten vorrangig auch die strafprozessualen Grundsätze. Von den **zivilprozessualen Verfahrensvorschriften** sind insbesondere anwendbar:
– § 139 ZPO (insbesondere Hinweis auf Schlüssigkeitsmängel, *Meyer-Goßner* § 404 Rn. 3; arg. 103 Abs. 1 GG).
– § 287 ZPO (Schadensschätzung; *Meyer-Goßner* a. a. O. §§ 404 Rn. 11; 244 Rn. 16).

– § 308 Abs. 1 ZPO (Gericht darf dem Antragsteller nichts zusprechen, was er nicht beantragt hat).

Der Antrag muss den »Gegenstand und Grund des Anspruchs bestimmt bezeichnen« (§ 404 Abs. 1 StPO), wobei ein Geldbetrag grundsätzlich zu beziffern ist. Aber auch hier gilt wie im Zivilverfahren, dass bei Schmerzensgeldforderungen ein **unbezifferter Antrag** ausreicht (*Meyer-Goßner* a. a. O. § 404 Rn. 3: entsprechend § 253 Abs. 2 Nr. 2 ZPO; hierzu oben Rdn. 725).

2123

> Hierbei sollten die Zinsen (i. H. v. fünf Prozentpunkten über dem Basiszinssatz) – die ebenfalls nur auf Antrag zugesprochen werden – nicht vergessen werden. Diese stehen dem Antragsteller bei einem unbezifferten Antrag zwar grundsätzlich erst ab Rechtshängigkeit des Adhäsionsantrages (§ 286 Abs. 1 Satz 2 BGB, § 404 Abs. 2 StPO; BGH StraFo 2004, 144; NJW 1995, 733), häufig aber werden im deliktischen Bereich die Voraussetzungen eines Verzugs ohne Mahnung vorliegen (§ 286 Abs. 2 Nr. 4 BGB; Palandt/*Grüneberg* § 286 Rn. 25).

> Unklar ist, ob der Anspruchsgrund ebenso umfassend dargestellt werden muss wie im Zivilprozess, da sich der Sachverhalt ja bereits regelmäßig ohne Weiteres aus der Anklageschrift und den Strafakten ergibt, worauf Bezug genommen werden könnte (aber *Meyer-Goßner* a. a. O. § 404 Rn. 3: Zum Grund des Anspruchs gehören alle Tatsachen, die den Antrag schlüssig machen, andernfalls ist der Antrag unzulässig). Im Zweifel sollte der Anwalt das Gericht um einen Hinweis bitten.

II. Rechte des Antragstellers

Obgleich es in § 404 Abs. 3 Satz 2 StPO nur lapidar heißt »Der Antragsteller, sein gesetzlicher Vertreter und der Ehegatte oder Lebenspartner des Antragsberechtigten können an der Hauptverhandlung teilnehmen« hat der Antragsteller im Adhäsionsverfahren zahlreiche Rechte:

2124

– Recht auf **Einsicht** in die Strafakten durch einen Rechtsanwalt (§ 406e Abs. 1 StPO).
– Recht auf **Benachrichtigung** von Ort und Zeit der Hauptverhandlung (§ 404 Abs. 3 Satz 1 StPO).
– Recht auf **Anwesenheit** und **Anhörung** in der Hauptverhandlung (§ 404 Abs. 3 Satz 2 StPO).

  > Der § 58 Abs. 1 StPO gilt für ihn nicht – d. h. er darf auch als noch nicht vernommener Zeuge während der Vernehmung der anderen Zeugen anwesend sein. Für die Beurteilung der Glaubwürdigkeit seiner Aussage empfiehlt sich für den Antragsteller allerdings, den Sitzungssaal währenddessen freiwillig zu verlassen bzw. unter Hinweis auf sein Fragerecht beim Gericht anzuregen, dass er als erster Zeuge vernommen wird. Sein anwaltlicher Beistand darf und sollte hingegen während der gesamten Hauptverhandlung im Sitzungssaal verbleiben.

  > Im Rahmen des Anhörungsrechts kann und darf er auch zur Frage der strafrechtlichen Beurteilung des Sachverhalts Stellung nehmen.

– Recht auf **Frage- und Beweisantragstellung** in der Hauptverhandlung, soweit seine erhobenen vermögensrechtlichen Ansprüche betroffen sind (BGH NJW 1956, 1767: arg. § 404 Abs. 3 Satz 2 StPO).
– Recht zur **Ablehnung des Richters** wegen Befangenheit (str.).
– Recht zur **Ablehnung eines Sachverständigen** wegen Befangenheit.
– Anspruch auf Gewährung von **Prozesskostenhilfe** (§ 404 Abs. 5 StPO).
– **Beanstandungsrecht** nach § 238 Abs. 2 StPO, womit der Antragsteller auch allgemein auf einen sachgerechten Verfahrensablauf hinwirken kann.

III. Entscheidung des Gerichts

2125 Es kommen folgende Entscheidungsalternativen in Betracht:

1. Absehen von einer Entscheidung

2126 Das Gericht sieht nach § 406 StPO von einer Entscheidung über den Zivilanspruch ab, »wenn der Antrag unzulässig ist oder soweit er unbegründet erscheint« (Satz 3). Im Übrigen kann es von einer Entscheidung nur absehen,

> »wenn sich der Antrag auch unter Berücksichtigung der berechtigten Belange des Antragstellers zur Erledigung im Strafverfahren nicht eignet.
>
> Der Antrag ist insbesondere dann zur Erledigung im Strafverfahren nicht geeignet, wenn seine weitere Prüfung auch soweit eine Entscheidung nur über den Grund oder einen Teil des Anspruchs in Betracht kommt, das Verfahren erheblich verzögern würde. Soweit der Antragsteller den Anspruch auf Zuerkennung eines Schmerzensgeldes (§ 253 Abs. 2 BGB) geltend macht, ist das Absehen von einer Entscheidung nur nach Satz 3 zulässig.«

2127 Dies führt zu einer wesentlichen Einschränkung der gerichtlichen Ablehnungsmöglichkeit. So muss insbesondere eine etwaige Verzögerung »erheblich« sein. Zudem ist ausdrücklich festgelegt, dass bei der Beurteilung der Frage der »mangelnden Eignung« die »berechtigten Belange des Antragstellers« zu berücksichtigen sind.

> Eine mangelnde Eignung kann z. B. gegeben sein, wenn schwierige bürgerlich-rechtliche Rechtsfragen entschieden werden müssen und damit die besondere Sachkunde des Zivilrichters erfordern (BGH StV 2004, 61: ist bei internationalem Privatrecht regelmäßig der Fall) oder wenn ein Schadensersatzanspruch von außergewöhnlicher Höhe geltend gemacht wird (*Löwe/Rosenberg* §§ 403 Rn. 17; 405 Fn. 15; LG Mainz StV 1997, 627).
>
> Im Übrigen hängt die Frage der erheblichen Verzögerung von den Umständen des Einzelfalles ab, wobei diesbezüglich keine klare Linie festzustellen ist (*Wohler* MDR 1990, 763). So kann z. B. bei einer mehrtägigen Verhandlung eine einmalige (kurze) Unterbrechung unwesentlich sein (*Löwe/Rosenberg* § 405 Rn. 11).

2128 ▶ **Praxistipp:**

> Bei Schmerzensgeldforderungen besteht bei einem zulässigen und begründeten Antrag für das Gericht überhaupt kein Ermessensspielraum mehr.

2129 Deshalb dürfte in der Tat in diesen Fällen »für die Gerichte am Erlass jedenfalls eines Grundurteils kein Weg mehr vorbeiführen« (*Ferber* a. a. O. S. 2565; Begr. RegE S. 39).

> Erwägt das Gericht, von einer Entscheidung abzusehen, muss es die Verfahrensbeteiligten so früh wie möglich darauf hinweisen (§ 406 Abs. 5 StPO). Der Anwalt sollte dann deutlich machen, dass die Durchführung des Adhäsionsverfahrens nunmehr der gesetzlich vorgesehene Normalfall ist.

2130 Sofern das Gericht einen zivilrechtlichen Anspruch nicht oder nicht in vollem Umfange für begründet erachtet oder der Angeklagte freigesprochen wird, sieht es lediglich (durch Beschluss oder im Urteil) – ganz oder teilweise – von einer Entscheidung über den Antrag ab (§ 406 Abs. 1 u. 5 StPO; BGH NStZ 2003, 565: dies ist ausdrücklich zu tenorieren).

2131 Eine (rechtskraftfähige) Klageabweisung kommt im Adhäsionsverfahren nicht in Betracht (BGH NStZ 2003, 565). Auch sonst kommt dem Absehen von einer Entscheidung keinerlei Rechtskraftwirkung zu. Die (nicht entschiedenen) Ansprüche des Verletzten können somit noch vor einem anderen Gericht – Zivilgericht oder strafgerichtliche Berufungskammer – geltend gemacht werden (§ 406 Abs. 3 Satz 3 StPO).

2. Stattgabe des Anspruchs

2132 Die Entscheidung im Adhäsionsverfahren erfolgt nach dem Ergebnis der Hauptverhandlung in dem **Strafurteil**. Über den Antrag wird nur entschieden, wenn der Angeklagte gerade auch wegen der

E. Adhäsionsverfahren (§§ 403 ff. StPO)

Straftat, auf welcher sich der geltend gemachte Anspruch gründet, schuldig gesprochen oder gegen ihn eine Maßregel der Besserung und Sicherung angeordnet wird (BGH StV 2004, 62 – Identität!).

Daher kann weder eine Entscheidung bei Einstellung des Verfahrens nach den §§ 153, 153a, 154 StPO ergehen, noch ist ein Versäumnisurteil möglich.

Das Gericht ist dabei an den Antrag gebunden (§ 308 ZPO) und spricht den Anspruch soweit er begründet ist – ganz oder teilweise – zu (§ 406 Abs. 1 StPO). Meistens wird hierbei ein (beziffertes oder unbeziffertes) Leistungsurteil in Betracht kommen; bei künftig zu erwartenden Schäden ausnahmsweise auch ein Feststellungsausspruch.

Der Angeklagte ist vor der Entscheidung anzuhören (BGHSt. 37, 260), erforderlichenfalls muss die Hauptverhandlung gem. § 228 Abs. 1 StPO unterbrochen werden. Vor allem kann er auf eine etwaige Unzulässigkeit oder Unbegründetheit hinweisen bzw. durch entsprechenden Sachvortrag hinwirken, um ein Absehen von einer Entscheidung zu erreichen. Das Gericht muss nämlich den zivilrechtlichen Anspruch nicht endgültig klären. So genügt es für die Unbegründetheit bereits, dass deren Möglichkeit nicht ohne größere Schwierigkeiten auszuschließen ist, somit das Bestehen des geltend gemachten Anspruchs nicht oder jedenfalls nicht mit der erforderlichen Sicherheit festgestellt werden kann (*Meyer-Goßner* a. a. O. § 406 Rn. 12).

Im Übrigen kann er eine zusprechende Entscheidung des Gerichts nur im Strafbefehlsverfahren durch Rücknahme des Einspruchs verhindern, wodurch allerdings der Strafbefehl rechtskräftig wird.

Dem Angeklagten ist es aber auch erlaubt zu schweigen, was nicht zu seinen Lasten verwertet werden darf. Vom Antragsteller vorgetragene Tatsachen können deshalb – im Gegensatz zu § 138 ZPO – nicht unstreitig werden.

In Betracht kommen auch: 2133

– **Grund- und Teilurteil** (§ 406 Abs. 1 Satz 2 StPO).

Der Strafrichter kann sich darauf beschränken, die Ersatzpflicht des Angeklagten nur dem Grunde nach festzustellen. Die Höhe des Anspruchs bleibt dann dem Zivilgericht im Betragsverfahren überlassen (§ 406 Abs. 3 StPO i. V. m. §§ 304 Abs. 2; 318 ZPO). Bei einem unbezifferten Feststellungsantrag, namentlich bei Schmerzensgeldansprüchen muss eine Quotierung unter Berücksichtigung eines etwaigen Mitverschuldens des Verletzten erfolgen (BGH NJW 2002, 3560). Daran dürfte dann auch das Zivilgericht im Betragsverfahren gebunden sein (a. A. *Groß* Anm. zu BGH JR 2003, 258 unter Hinweis darauf, dass der Ausspruch im Adhäsionsverfahren wohl aber präjudiziell wirke).

– **Anerkenntnisurteil** gem. § 307 ZPO (§ 406 Abs. 2 StPO).

Damit ist die frühere Rechtsprechung des BGH überholt, welche im Adhäsionsverfahren ein Anerkenntnisurteil als unzulässig angesehen hatte (BGH NStZ 1991, 198).

Ungeklärt ist, ob das (als Prozesserklärung) grundsätzlich unwiderrufliche Anerkenntnis auch dann Bestand haben und Grundlage für ein Anerkenntnisurteil sein kann, wenn sich im weiteren Verlauf der Verhandlung dessen Unrichtigkeit herausstellt (verneinend *Neuhaus* StV 2004, 626: § 406a Abs. 3 StPO analog; *Meyer-Goßner* § 406 Rn. 4).

Das rechtskräftige Strafurteil, welches dem Antragsteller einen Anspruch zugesprochen hat, stellt   2134
einen **Titel** dar, der nach den allgemeinen Vorschriften der ZPO vollstreckt werden kann (§ 406b StPO). Hierzu ist die Entscheidung vom Gericht auch nach den entsprechenden zivilprozessualen Vorschriften für vorläufig vollstreckbar zu erklären (§ 406 Abs. 3 Satz 2 StPO; früher § 406 Abs. 2 StPO a. F.: kann).

Die im Adhäsionsverfahren auf Antrag des Geschädigten gegen den Schädiger ergehende Entscheidung entfaltet weder Rechtskraft gegenüber dem Haftpflichtversicherer des Schädigers noch bindet sie das in einem Folgeprozess zur Entscheidung berufene Zivilgericht (BGH NJW 2013, 1163).

3. Rechtsmittel

2135 Ein **ablehnender Beschluss** kann vom Antragsteller – mit der sofortigen Beschwerde – angefochten werden, sofern der Antrag bereits vor Beginn der Hauptverhandlung gestellt wurde und noch keine den Rechtszug abschließende Entscheidung ergangen ist (§§ 406 Abs. 5 Satz 2; 406a Abs. 1 StPO).

> Dadurch ist keine Vollzugshemmung und somit auch nicht die Hemmung des zwischenzeitlichen Abschlusses des Strafverfahrens verbunden (§ 307 Abs. 1 StPO). Eine stattgebende Beschwerdeentscheidung würde dann ins Leere gehen, es sei denn, das Gericht stellt die Erledigung des Strafverfahrens bis zu dieser Entscheidung zurück.

> Hierbei ist einerseits »zu befürchten, dass sich die Richter in der Praxis mit der Beschlussentscheidung Zeit lassen werden, um Beschwerdeentscheidungen zu umgehen« (*Meyer-Goßner* a. a. O. §§ 406 Rn. 15; 406a Rn. 4: »Diese Regelung erscheint wenig glücklich«). Andererseits aber wird damit vermieden, dass der Richter vorschnell von der Entscheidung absieht (Begr. RegE. S. 41).

2136 Gegen den **zivilrechtlichen Teil des Urteils** können weder Antragsteller noch Staatsanwaltschaft, Privat- oder Nebenkläger ein Rechtsmittel einlegen (§ 406a Abs. 1 Satz 2 StPO – fehlende Beschwer!; *Meyer-Goßner* a. a. O. § 406a Rn. 4).

2137 Die dem Antrag **stattgebende Entscheidung** kann jedoch der Angeklagte – auch ohne den strafrechtlichen Teil des Urteils – mit den strafprozessualen Rechtsmitteln (Berufung und Revision; auch nur teilweise) anfechten (§ 406a Abs. 2 u. 3 StPO).

> Im Übrigen muss die zivilrechtliche Entscheidung aufgehoben werden, wenn der Angeklagte hinsichtlich der Straftat in der Rechtsmittelinstanz freigesprochen wird (§ 406a Abs. 3 StPO).

IV. Vorteile für den Geschädigten

2138 Das Adhäsionsverfahren, welches dem Geschädigten einen (zusätzlichen) Zivilprozess erspart, bietet für die geschädigte Partei fast nur Vorteile. Nachteilig kann allein eine etwaige Kostenbelastung sein (unten Rdn. 2145).

> So ist weder eine umfassende Klageschrift erforderlich noch sind irgendwelche Kosten- oder Auslagenvorschüsse zu zahlen. In dem unkomplizierten Verfahren (kein Schlichtungsverfahren, keine Güteverhandlung erforderlich, kein aufwendiger Schriftwechsel, i. d. R. nur ein Termin, keine Widerklage möglich) besteht auch keine Präklusionsgefahr (gem. §§ 296, 282 ZPO). Da der Sachverhalt – auch hinsichtlich des Adhäsionsanspruchs – von Amts wegen ermittelt wird (§ 244 Abs. 2 StPO; Amtsaufklärung statt Dispositionsmaxime! – »optimale Tatsachengrundlage« – BGH StV 2004, 60), sind Beweisanträge nicht erforderlich, aber möglich. Des Weiteren ist das Kostenrisiko in Bezug auf die Verfahrenskosten erheblich vermindert.

> Vor allem gibt es weder eine Sachentscheidung zulasten des Antragstellers noch eine negative Rechtskraftwirkung bei einem Absehen von einer Entscheidung (teilweise oder in vollem Umfang; Zivilklage daher noch möglich!; § 406 Abs. 3 Satz 2 StPO).

2139 Hervorgehoben sei die Tatsache, dass dem Geschädigten im Adhäsionsverfahren die Zeugenstellung quasi in eigener Sache zukommt, während er im Zivilprozess lediglich Partei ist.

> Obgleich für die Glaubwürdigkeit einer Aussage nicht allein die formale Stellung des Aussagenden im Prozess maßgebend ist, messen manche Strafrichter den Bekundungen des Anzeigeerstatters und Geschädigten schon im Ansatz ein höheres Gewicht bei als den Angaben des Angeklagten (*Vahle* Kriminalistik 2004, 545; *Geipel* AnwBl. 10/2005: »Die contra legem Beweisregel«; aber BGH NStZ 2004, 635 – unzulässig!). Von Bedeutung kann dies vor allem bei der Beweissituation »Aussage gegen Aussage« sein.

> Im Zivilprozess hingegen kann der Geschädigte allenfalls als Partei vernommen werden und dies auch nur unter sehr engen Voraussetzungen (unten Rdn. 1887, 1889). Hinzu kommt noch, dass sich die – in der Gerichtspraxis als besonders glaubwürdig angesehenen – Polizeibeamten als Zeugen im Zivilverfahren – im Gegensatz zum Strafverfahren – erfahrungsgemäß oft nicht mehr an den Fall erinnern (*Geipel* AnwBl. 10/2005).

2140 Im Übrigen besteht ein allgemeiner Vorteil für den Geschädigten in der Zwangssituation des Angeklagten, der möglicherweise von einer ernsthaften Verteidigung gegen zivilrechtliche Ansprüche absieht, weil er sich zum einen auf das Strafverfahren konzentriert und zum anderen dadurch eine Strafmilderung erhofft (§ 46a StGB).

> Dabei kann dem Geschädigten ein Geständnis unmittelbar zugutekommen, während sonst das in einem Strafverfahren abgegebene Geständnis im Zivilverfahren keine bindende Wirkung entfaltet. So wird nämlich der Tathergang im späteren Zivilprozess vom Beklagten erfahrungsgemäß nicht selten umfassend bestritten oder Notwehr geltend gemacht (OLG Bamberg NJW-RR 2003, 1223: es habe sich nur um einen »Deal« gehandelt, damit er (der Angeklagte) die ausgesprochene Bewährungsstrafe noch erhalten konnte).

> Dies gilt auch bei einer Verurteilung. Die mit dem 1. Justizmodernisierungsgesetz geplante Einführung der Beweiskraft rechtskräftiger Strafurteile im Zivilverfahren (§ 415a ZPO i. d. F. des Entwurfs) wurde nicht Gesetz.

> Zudem sind die Strafverteidiger in der Regel mit der zivilrechtlichen Materie eher weniger vertraut. Wird der Adhäsionsantrag erst in der Hauptverhandlung gestellt, kommt diesem auch ein gewisser Überraschungseffekt zu. Auch wenn dem Angeklagten daraufhin rechtliches Gehör gewährt werden muss, so entspricht dessen Umfang keinesfalls dem im Zivilprozess, bei welchem dem Verhandlungstermin in der Regel ein eingehender Schriftsatzwechsel der Parteien vorausgeht.

> Möglicherweise kann man beim Strafrichter ein tendenziell höheres Schmerzensgeld erlangen. So ist es denkbar, dass diese etwa bei einem mehrfach vorbestraften Angeklagten geneigt sein könnten, die Zuerkennung eines höheren Betrags als eine zusätzlich verdiente Strafe anzusehen. Dabei dürften sich die Strafrichter, welche ebenfalls mit der zivilrechtlichen Materie in der Regel eher weniger vertraut sind, auch häufiger an Schmerzensgeldtabellen orientieren, als Zivilrichter. Erwartet man hingegen insofern »mehr« vom Zivilgericht, kann und sollte man im Adhäsionsverfahren nur den Erlass eines Grundurteils beantragen.

V. Abschluss eines Vergleichs

Durch § 405 Abs. 1 StPO ist klargestellt, dass im Adhäsionsverfahren auch ein zivilrechtlicher Vergleich zu Protokoll des Strafgerichts geschlossen werden kann. Dabei soll das Gericht auf übereinstimmenden Antrag des Verletzten und Angeklagten sogar einen Vergleichsvorschlag unterbreiten. 2141

> Ein solcher Vorschlag kann dann regelmäßig auch keinen Befangenheitsgrund darstellen (*Meyer-Goßner* a. a. O. § 405 Rn. 5; kritisch *Hilger* GA 2004, 485: diese Regelung könnte sich »kontraproduktiv als Einfallstor für Befangenheitsanträge »enttäuschter« Beschuldigter und Verteidiger erweisen«).

Dabei ist der Vergleichsgegenstand nicht auf vermögensrechtliche oder bürgerlich-rechtliche Ansprüche begrenzt und der Vergleichsschluss ist auch unabhängig davon möglich, ob der Angeklagte verurteilt wird oder nicht. Unklar ist, ob diese Regelung auch generell für das Strafverfahren gilt. 2142

Nach überwiegender Ansicht indes ist es allgemein im Strafverfahren möglich, dass ein nicht beteiligter Dritter oder ein Zeuge mit dem Angeklagten einen Vergleich schließt, ohne dass dieser dem Verfahren als Nebenkläger beigetreten ist 2143

> (arg. § 794 Abs. 1 Nr. 1 ZPO: »vor einem deutschen Gericht«; *Pecher* NJW 1981, 2170; *Köckerbauer* a. a. O. S. 308; *Zöller/Stöber* § 794 Rn. 5; *Löwe/Rosenberg* § 404 Rn. 21; *Meyer* JurBüro 1984, 1122: »das Gericht hat keine Handhabe, die förmliche Feststellung eines Vergleichs zu Protokoll zu verweigern«).

> Darüber hinaus besteht noch eine andere Möglichkeit, aufgrund der Zwangssituation des Angeklagten aus der Straftat erwachsene Ansprüche realisieren zu können (*Meyer* a. a. O.). So kommt die Schadenswiedergutmachung als Auflage bei einer Einstellung gem. § 153a StPO oder als Bewährungsauflage (§ 56b StGB) in Betracht, was selbst bei Verjährung des zivilrechtlichen Anspruchs möglich ist. Dabei kann die Auflage auch darin bestehen, dass der Angeklagte dem Geschädigten einen vollstreckbaren Titel in Form eines Vergleichs in die Hand gibt. Der Vorteil besteht darin, dass der Geschädigte daraus selbstständig Befriedigung erlangen kann, unabhängig von den strafprozessualen Vorschriften und Einschränkungen.

> Einen direkten Einfluss auf die Entscheidung des Strafgerichts hat das geschädigte Opfer freilich nicht (*Betmann* Kriminalistik 2004, 573). Es kann gegenüber dem Gericht aber anregen, dass bei der Festsetzung von Auflagen seine Interessen insoweit mit berücksichtigt werden. Hierzu kann es hilfreich sein, die erlittenen Verletzungen anschaulich vorzutragen bzw. vorzuzeigen.

Dabei besteht für den Verletzten ein Anwesenheitsrecht in der Hauptverhandlung nicht nur bei Stellung eines Adhäsionsantrags, sondern auch dann, wenn er nebenklageberechtigt ist (§§ 395, 406g Abs. 1 StPO) oder sich als Nebenkläger – mit weitgehenden Rechten – der öffentlichen Klage angeschlossen hat (§ 397 Abs. 1 StPO).

2144 ▶ **Praxistipp:**

Sofern ein Vergleich für den Verletzten grundsätzlich in Betracht kommt, ist eine Teilnahme an der Hauptverhandlung unbedingt zu empfehlen.

Denn dort schließen die Angeklagten einen (meist unwiderruflichen) Vergleich häufig relativ unkritisch ab, während sich der Verletzte sonst seine Ansprüche erst zeit- und kostenaufwendig in einem Zivilverfahren erstreiten muss.

Dabei ist zu auch daran zu denken, dass ein Vergleich zur Abwendung einer strafrechtlichen Verurteilung durch Verpflichtung zur Rücknahme des Strafantrags (als Prozessvoraussetzung) durchaus zulässig ist (§ 77d StGB; Palandt/*Sprau* § 779 Rn. 8; Thomas/Putzo/*Hüßtege* § 794 Rn. 16). Dies kann für den Angeklagten ein erheblicher Anreiz sein. Hierbei muss der Verletzte aber mit berücksichtigen, dass er dann die Kosten sowie die notwendigen Auslagen des Angeklagten tragen muss (§ 470 Satz 1 StPO). Obgleich diese Kosten auch dem Angeklagten auferlegt werden können, soweit er sich zur Übernahme bereit erklärt (§ 470 Satz 2 StPO), ist es sicherer, im Vergleich auch die Kostenfrage mit zu regeln.

Die Rücknahme einer Strafanzeige hingegen kann eine Bestrafung des Täters bei den sog. Offizialdelikten ebenso wenig verhindern (z. B. §§ 224, 226 StGB), wie die Rücknahme des Strafantrags, wenn die Staatsanwaltschaft zugleich das besondere öffentliche Interesse bejaht hat (z. B. § 230 StGB).

VI. Kosten und Gebühren

2145 Die Kostentragungspflicht regelt § 472a StPO.

2146 Bei uneingeschränkter Stattgabe des Adhäsionsantrages hat die dadurch entstandenen besonderen Kosten und notwendigen Auslagen des Antragstellers der Angeklagte zu tragen (Abs. 1). In den übrigen Fällen entscheidet das Gericht nach pflichtgemäßem Ermessen, wobei die gerichtlichen Auslagen der Staatskasse auferlegt werden können, soweit es unbillig wäre, die Beteiligten damit zu belasten (Abs. 2).

Die allgemeinen Verfahrenskosten indes treffen entweder – bei Verurteilung – den Angeklagten (§ 465 StPO) oder – bei Freispruch – die Staatskasse (§ 467 StPO), in keinem Fall jedoch den Antragsteller.

2147 ▶ **Praxistipp:**

Um eine für den Antragsteller negative Kostenentscheidung zu vermeiden, sollte dessen Anwalt deutlich darauf hinweisen, dass letztlich der Angeklagte das Verfahren veranlasst hat.

Insbesondere wenn das zugesprochene Schmerzensgeld eher gering ist, kann es unbillig sein, wenn sich dieses für den Verletzten dadurch im Ergebnis noch verringert, dass er einen Anteil an den Rechtsanwaltskosten tragen müsste (BGH MDR 1966, 560). Hingegen spricht ein Mitverschulden des Verletzten für eine Kostenteilung.

Da diese Kostenentscheidung (im Urteil oder in einem Beschluss) vom Gericht leicht vergessen werden kann, empfiehlt es sich für den Verletzten, das Gericht hierauf besonders aufmerksam zu machen bzw. einen ausdrücklichen Kostenantrag zu stellen.

Denn beim Fehlen einer ausdrücklichen Kostenentscheidung verbleiben die notwendigen Auslagen dem Antragsteller, der jedoch eine Nachholung des unterbliebenen Ausspruchs gem. § 33a StPO erwirken kann (*Meyer-Goßner* §§ 464 Rn. 12; 472a Rn. 4).

2148 Nach dem Rechtsanwaltsvergütungsgesetz erhält der für den Geschädigten nur im Adhäsionsverfahren tätige Rechtsanwalt zwei Gebühren (Verfahrensgebühr gem. Nr. 4143 VV-RVG; Teil 4 Abschnitt 3 Vorb. 4.3 (2)). Bei Abschluss eines Vergleiches fallen zusätzlich noch 1,5 Gebühren (Einigungsgebühr gem. Nr. 1000 VV-RVG) an.

E. Adhäsionsverfahren (§§ 403 ff. StPO) 6. Kapitel

Sofern der Anwalt auch noch Nebenklägervertreter ist, erhält er zusätzlich die Gebühren für das Strafverfahren (Verfahrens- und Terminsgebühr; Nr. 4106 ff. VV-RVG).

Erhebt der Geschädigte nach Beendigung des Adhäsionsverfahrens noch eine notwendige Zivilklage, wird die Verfahrensgebühr zu einem Drittel auf die in einem nachfolgenden Zivilverfahren wegen desselben Anspruchs entstehende Verfahrensgebühr angerechnet (Nr. 4143 Abs. 3 VV-RVG; Nr. 3100 u. 3200 VV-RVG).

Dem Antragsteller und Angeklagten können auf Antrag auch **Prozesskostenhilfe** nach den Regeln der ZPO – unter Beiordnung seines anwaltlichen Beistands – bewilligt werden (§ 404 Abs. 5 StPO; §§ 114 ff. ZPO). 2149

Ist dem Antragsteller als Nebenkläger gem. § 397a Abs. 1 StPO ein Rechtsanwalt als Beistand bestellt, so erstreckt sich nach der Rechtsprechung des BGH die Beiordnung nicht auf das Adhäsionsverfahren. Der Rechtsanwalt ist nur dann befugt, für den Nebenkläger vermögensrechtliche Ansprüche gegen den Angeklagten im Adhäsionsverfahren einzuklagen und seine diesbezüglichen Gebühren gegen die Staatskasse geltend zu machen, wenn er dem Nebenkläger im Rahmen der Gewährung von Prozesskostenhilfe gem. §§ 404 Abs. 5 Satz 2 StPO, 121 Abs. 2 ZPO gesondert für das Adhäsionsverfahren beigeordnet worden ist (BGH NJW 2001, 2486; *Meyer-Goßner* a. a. O. § 397a Rn. 17).

7. Kapitel: Rechtsdurchsetzung im Zwangsvollstreckungsverfahren

Übersicht

		Rdn.
A.	**Der Antrag auf Einleitung der Zwangsvollstreckung**	2160
I.	Taktische Überlegungen	2162
	1. Ratenzahlungsvereinbarung	2163
	2. Ermittlung der Vollstreckungsmöglichkeiten	2172
	3. Wahl der Vollstreckungsmaßnahme	2177
	4. Vollstreckungshindernisse	2190
II.	Vollstreckungsanträge	2191
	1. Gütliche Erledigung	2191a
	2. Vollstreckungsvoraussetzungen	2192
	a) Vollstreckungsauftrag	2193
	b) Allgemeine Vollstreckungsvoraussetzungen	2201
	c) Besondere Vollstreckungsvoraussetzungen	2209
	3. Vollstreckung von Zahlungstiteln	2211a
	a) Informationsbeschaffung	2211a
	aa) Auskunft des Schuldners	2211a
	bb) Auskünfte Dritter	2211s
	b) Vollstreckung in das bewegliche Vermögen des Schuldners	2211y
	aa) Sachpfändungsantrag (§ 808 ZPO)	2211y
	bb) Weitere Anträge	2216
	c) Vollstreckung in Rechte des Schuldners	2219
	aa) Antrag auf Vorpfändung (§ 845 ZPO)	2219
	bb) Antrag auf Erlass Pfändungs- und Überweisungsbeschluss	2225
	cc) Weitere Anträge	2232
	dd) Drittschuldnererklärung	2239
	d) Vollstreckung in das unbewegliche Vermögen des Schuldners	2247
	aa) Antrag auf Eintragung einer Sicherungshypothek	2249
	bb) Weitere Anträge	2253
	4. Vollstreckung sonstiger Titel	2256
	a) Herausgabe	2256
	b) Vornahme vertretbarer Handlungen	2262
	c) Vornahme unvertretbarer Handlungen	2266
	d) Duldung/Unterlassung Handlungen	2270
	e) Abgabe Willenserklärung	2275
	5. Vollziehung von Arrest und einstweiliger Verfügung	2281
	a) Fristen	2282
	b) Einstweilige Verfügung	2286
	c) Arrest	2291

		Rdn.
B.	**Vollstreckungsschutz**	2312
I.	Wahrung der Schuldnerinteressen	2312
II.	Wahrung der Interessen Dritter	2316
C.	**Rechtsbehelfe**	2320
I.	Klauselverfahren	2321
	1. Rechtsbehelfe des Gläubigers	2322
	a) Sofortige Erinnerung (§ 573 ZPO)	2323
	b) Sofortige Beschwerde (§ 567 ZPO)	2324
	c) Notarbeschwerde (§ 54 BeurkG)	2325
	d) Klauselklage (§ 731 ZPO)	2326
	2. Rechtsbehelfe des Schuldners	2329
	a) Erinnerung (§ 732 ZPO)	2330
	b) Klauselgegenklage (§ 768 ZPO)	2331
II.	Vollstreckungsverfahren	2332
	1. Formelle Mängel	2333
	a) Vollstreckungserinnerung (§ 766 ZPO)	2333
	b) Sofortige Beschwerde (§ 793 ZPO)	2340
	c) Grundbuchbeschwerde (§ 71 GBO)	2341
	d) Rechtspflegererinnerung (§ 11 Abs. 2 ZPO)	2342
	e) Vollstreckungsschutz (§ 765a ZPO)	2343
	2. Materielle Mängel	2348
	a) Vollstreckungsgegenklage (§ 767 ZPO)	2349
	aa) Statthaftigkeit	2351
	bb) Weitere Zulässigkeitsvoraussetzungen	2364
	cc) Begründetheit	2366
	b) Drittwiderspruchsklage (§ 771 ZPO)	2373
	aa) Zulässigkeit	2374
	bb) Begründetheit	2379
	c) Befriedigungsklage (§ 805 ZPO)	2386
	d) Schadensersatz- und Bereicherungsklage (§§ 826, 812 BGB)	2387
III.	Weitere Verfahren	2389
	1. Verteilungsverfahren	2390
	a) Sofortige Beschwerde (§ 793 ZPO)	2391
	b) Widerspruch und Widerspruchsklage gegen Teilungsplan (§§ 876, 878 ZPO)	2392
	2. Eidesstattliche Versicherung und Haft	2395
	3. Arrest und einstweilige Verfügung	2399

Rechtsdurchsetzung im Zwangsvollstreckungsverfahren — 7. Kapitel

Erfüllt der Schuldner auch nach Vorliegen eines Vollstreckungstitels nicht freiwillig, muss das Recht gegen ihn zwangsweise durchgesetzt werden. Das hierzu dienende Zwangsvollstreckungsverfahren erfolgt ausschließlich über staatliche Organe (»Gewaltmonopol«). **2150**

> Im Zentrum steht dabei der Gerichtsvollzieher, dem die Zwangsvollstreckung grundsätzlich zugewiesen ist (§ 753 Abs. 1 ZPO) und der vor allem dort tätig wird, wo gegen den Schuldner unmittelbarer Zwang anzuwenden ist (Abgabe der Vermögensauskunft, Pfändung von Sachen). Die Rechtsstellung des Gerichtsvollziehers ergibt sich im Wesentlichen aus der Gerichtsvollzieherordnung (GVO), seine Tätigkeit aus der Geschäftsanweisung für Gerichtsvollzieher (GVGA); er unterliegt der Dienstaufsicht des Dienstvorgesetzten (Amts- bzw. Landgerichtspräsident) und der Fachaufsicht des Vollstreckungsgerichts.
>
> Vollstreckungsgericht ist ausschließlich (§ 802 ZPO) das Amtsgericht, in dessen Bezirk die Zwangsvollstreckung stattfindet (§ 764 ZPO). Hier wird meist der Rechtspfleger (§§ 3 Nr. 1i, 20 Nr. 15–17 RPflG) anstelle des Richters tätig. Wichtigste Zuständigkeiten sind die Zwangsvollstreckung in Rechte und in das unbewegliche Vermögen, das Verteilungsverfahren und Rechtsbehelfe.
>
> Das Prozessgericht ist (wegen der Sachnähe zum Erkenntnisverfahren vor allem zuständig für die Zwangsvollstreckung zur Erwirkung und Unterlassung von Handlungen (§§ 887 ff. ZPO) sowie für Rechtsbehelfe.

Abzugrenzen ist die Einzelzwangsvollstreckung zum Zwecke der Durchsetzung von Forderungen einzelner Gläubiger von der – hier nicht erörterten – Gesamtvollstreckung, bei der das gesamte Schuldnervermögen liquidiert wird, um alle Gläubiger gleichmäßig (quotal) zu befriedigen, unabhängig davon, ob deren Forderungen bereits tituliert sind oder nicht (»Insolvenzverfahren«). **2151**

Strukturiert sind die Vollstreckungsverfahren im achten Buch der ZPO nach dem Inhalt des Titels, der gerichtet sein kann **2152**
– auf die Zahlung eines Geldbetrags (§§ 803 ff. ZPO);
– auf die Herausgabe von Sachen (§§ 883 ff. ZPO);
– auf die Vornahme von vertretbaren und unvertretbaren Handlungen (§§ 887 ff. ZPO);
– auf die Duldung oder Unterlassung von Handlungen (§§ 890 ZPO);
– auf die Abgabe von Willenserklärungen (§§ 894 ZPO).

Zahlungs- und Herausgabevollstreckungen sind zusätzlich untergliedert nach dem Vollstreckungsobjekt (Mobiliarvollstreckung mit Fahrnis- und Forderungsvollstreckung; Immobiliarvollstreckung). **2153**

2154

Zwangsvollstreckung

Zwangsvollstreckungs-										
-organ	Vollstreckungsgericht			Gerichtsvollzieher			Prozessgericht			
-titel	Zahlung von Geld			Herausgabe von Sachen			Sonstige Handlungen			Abgabe von Willenserklärungen
-objekt	Rechte gg. Dritte	Liegenschaften	Fahrnis	Fahrnis	Liegenschaften		Vertretbare Handlung	Unvertretbare Handlung	Duldung-Unterlassung	
-maßnahmen	Pfändung und Überweisung zur Einziehung oder an Zahlungs Statt zum Nennwert	Eintragung Sicherungshypothek und Zwangsversteigerung bzw. Zwangsverwaltung	Pfändung und öffentliche Versteigerung	Wegnahme der Sache und Übergabe an der Gläubiger	Entsetzung des Schuldners aus dem Besitz und Einweisung des Gläubigers	Beschlagnahme, Verwertung, Auskehr	Ermächtigung des Gläubigers zur Vornahme der Handlung auf Kosten des Schuldners	Gg. Schuldner: Zwangsgeld/-haft Gg. Dritte: Klage auf Schadensersatz	Ordnungsgeld oder Ordnungshaft	Keine Vollstreckung, sondern Fiktion der Abgabe der Willenserklärung
-normen	§§ 829 ff. ZPO	§§ 867, 869 ZPO iVm ZVG	§§ 808 ff. ZPO	§§ 883 f. ZPO	§§ 885 f. ZPO		§§ 887, 891 f. ZPO	§§ 890 ZPO	§§ 890 ZPO	§§ 894 ff. ZPO

2155 **Beteiligte** des Vollstreckungsverfahrens sind regelmäßig der Gläubiger und der Schuldner. Diese müssen weder hinsichtlich ihrer Identität noch hinsichtlich ihrer Parteirolle mit den Beteiligten des Erkenntnisverfahrens identisch sein.

2156 So kann nicht nur der ehemalige Kläger als Gläubiger gegen den ehemaligen Beklagten als Schuldner vollstrecken. Wurde die Klage abgewiesen, so vollstreckt der Beklagte (Gläubiger) seine Kosten gegen den Kläger (Schuldner). Wurde der Titel umgeschrieben (§§ 727 ff. ZPO), sind auf Gläubiger- und/oder Schuldnerseite Personen an der Vollstreckung beteiligt, die nicht am Erkenntnisverfahren teilgenommen haben, die möglicherweise auch aus dem titulierten Anspruch weder berechtigt noch verpflichtet sind (Stein/Jonas/*Münzberg* § 704 Rn. 35). Schließlich können durch die Zwangsvollstreckung auch Dritte betroffen sein, die weder Gläubiger noch Schuldner der zu vollstreckenden Forderung sind.

2157 Die Rechte des **Gläubigers** werden durch die »Dispositionsmaxime« gewahrt. Das Vollstreckungsverfahren beginnt nur auf besonderen Antrag des Vollstreckungsgläubigers (unten Rdn. 2160 ff.). Er bestimmt dabei Vollstreckungsobjekt, d. h. den Teil des Vermögens auf Schuldnerseite, in das vollstreckt werden soll. Der Gläubiger kann die Zwangsvollstreckung auch jederzeit wieder beenden. Handeln Vollstreckungsorgane nicht den Vorstellungen des Gläubigers entsprechend, kann dieser sich dagegen mit Rechtsbehelfen wehren (dazu unten Rdn. 2320 ff.).

2158 Die Rechte des **Schuldners** werden – anders als im Erkenntnisverfahren – nicht immer über den Anspruch auf rechtliches Gehör geschützt. Dieser Grundsatz muss im Zwangsvollstreckungsverfahren in der Regel hinter dem Gesichtspunkt der Effizienz der Vollstreckung zurücktreten. Der Vollstreckungsschuldner ist zur Wahrung seiner Rechte in erster Linie auf besondere Vollstreckungsrechtsbehelfe verwiesen und muss durch deren Einlegung initiativ werden (dazu unten Rdn. 2312 ff., 2320 ff.). Eine Ausnahme gilt für die Entscheidungen des Prozessgerichts in Zwangsvollstreckungsverfahren, wo rechtliches Gehör gewährt wird (§ 891 Satz 2 ZPO) und wo die Schuldnerinteressen in diesem Rahmen geltend gemacht werden können.

2159 Die Rechte **Dritter** können in der Zwangsvollstreckung ebenfalls betroffen werden (§§ 771, 805, 809, 850h; 829 ZPO). Greift der Schuldner auf Vermögenswerte zu, die nicht nur dem Schuldner, sondern (auch) einem Dritten zuzuordnen sind, an denen er (Mit-) Gewahrsam, (Mit-) Eigentum oder sonstige Rechte beansprucht, muss auch den weiteren Ablauf der Vollstreckung durch Rechtsbehelfe korrigieren, da er ansonsten Gefahr läuft, seine Rechte zu verlieren (dazu unten Rdn. 2316, 2320 ff.)

A. Der Antrag auf Einleitung der Zwangsvollstreckung

2160 Eine Durchsetzung des Rechts des Gläubigers erfordert dessen darauf gerichteten Antrag. Mit dem Antrag wird das Zwangsvollstreckungsverfahren nicht nur eingeleitet, sondern auch dessen Inhalt bestimmt. Das Verfahren läuft dann, bis der Gläubiger seinen Antrag zurücknimmt (§ 843 ZPO), oder er befriedigt wird, sei es durch freiwillige Leistung des Schuldners, sei es durch zwangsweise Durchsetzung.

2161 Der Antrag ist an das zuständige Vollstreckungsorgan zu richten und muss die formalen Voraussetzungen der Vollstreckung darlegen.

I. Taktische Überlegungen

2162 Die Wahl der optimalen Vollstreckungsmaßnahme setzt eine Klärung der Vollstreckungsmöglichkeiten bzw. eventueller Vollstreckungshindernisse voraus.

1. Ratenzahlungsvereinbarung

2163 Anlass zu einem Vergleich besteht in der Zwangsvollstreckung für den Gläubiger regelmäßig nicht mehr. Der mit einer Zwangsvollstreckung verbundene Aufwand indes kann vermieden oder zumindest reduziert werden, wenn es gelingt, den Schuldner zur freiwilligen Leistung zu bewegen. Anreiz hierfür kann eine Ratenzahlungsvereinbarung sein. Ggf. kann diese mit einem Teilerlass bei vereinbarungsgemäßer freiwilliger Erfüllung im Übrigen verbunden werden.

Zu beachten sind dabei folgende Punkte: 2164

(1) Der Verzicht des Gläubigers auf **Vollstreckungsmaßnahmen** liegt im Interesse beider Parteien. 2165
Der Gläubiger erspart sich damit weiteren Aufwand, der Schuldner behält seinen wirtschaftlichen Handlungsspielraum.

> Dagegen spricht aus der Sicht des Gläubigers nichts für eine Rücknahme bereits gestellter Vollstreckungsanträge oder gar eine Aufhebung bereits erfolgter Pfändungen. Häufig bedarf es des Drucks der bevorstehenden Vollstreckung, um den Schuldner zum Abschluss der Ratenzahlungsvereinbarung und zur freiwilligen Leistung zu bewegen. Werden Sachen oder Forderungen freigegeben, besteht die Gefahr, dass diese von anderen Gläubigern gepfändet werden und der eigene Rang verloren geht.
>
> Die Zwangsvollstreckung kann ausgesetzt (zum Ruhen gebracht) werden, was zu einem Verwertungsaufschub nach § 813a ZPO führt und den Schuldner vor einem endgültigen Verlust des Pfändungsgegenstands bewahrt.
>
> Anders als früher gilt dies auch für die Pfändung laufender Konten. Die erforderliche Verfügungsgewalt über dort eingehende Beträge erhält der Schuldner durch Umwandlung des Kontos in ein Pfändungsschutzkonto (»P-Konto«) auf eigenen Antrag seiner Bank gegenüber (§ 850k Abs. 7 Satz 2 ZPO); der Mitwirkung des Pfändungsgläubigers bedarf er dazu nicht (*Ahrens* NJW 2010, 2001; *Dörndorfer* JurBüro 2009, 626; *Brögelmann* NJ 2010, 407).

(2) Decken die durch die Pfändungen bereits erlangten **Sicherheiten** das Vollstreckungsrisiko nicht 2166
hinreichend ab, sollte der Gläubiger um die Erlangung weiterer Sicherheiten bemüht sein.

> Der Schuldner kann Forderungen freiwillig abtreten, Sachen zur Sicherheit übereignen.

▶ Praxistipp: 2167

> Sind Vermögenswerte des Schuldners nicht bekannt, kann dieser vor Abschluss der Ratenzahlungsvereinbarung zur Abgabe einer Selbstauskunft über seine Vermögensverhältnisse aufgefordert werden.

> Bietet das Vermögen des Schuldners keine weiteren Sicherheiten, können Dritte als Bürgen herangezogen werden. Dies kommt (trotz der in der Zwangsvollstreckung bereits verschärften Haftung des Geschäftsführers: BGH WM 1994, 1428; BGH NJW 1995, 398) insbesondere bei Titel gegen eine GmbH in Betracht, wo Geschäftsführer oder Gesellschafter ein Interesse an einer Fortsetzung der Gesellschaft haben.

(3) Da bei freiwilliger Zahlung des Schuldners anders als bei Vollstreckungsmaßnahmen des Gläu- 2168
bigers die **Verjährung** (§ 212 Abs. 1 Nr. 2 BGB) nicht neu beginnt, sollte jede Vereinbarung ein Anerkenntnis enthalten, das ebenfalls zu einem Neubeginn der Frist führt (§ 212 Abs. 1 Nr. 1 BGB).

> Zum Anerkenntnis als Instrument des Neubeginns der Verjährung oben Rdn. 321.

(4) **Weitere Inhalte** einer Ratenzahlungsvereinbarung können sein: 2169

– die Feststellung, dass die titulierte Forderung aus einer vorsätzlichen unerlaubten Handlung herrührt;

> Anlass zu einer solchen Feststellung besteht, wenn sie nicht bereits im Urteil selbst getroffen wurde (zur Möglichkeit einer nachträglichen Feststellungsklage BGH NJW 2010, 2210), weil Forderungen aus vorsätzlich unerlaubter Handlung von der Bewilligung einer etwaigen Restschuldbefreiung nicht erfasst werden (§ 302 Nr. 1 InsO) und nach Abschluss des Insolvenzverfahrens für sie das Vollstreckungsprivileg des § 850f Abs. 2 ZPO (Reduzierung des Vollstreckungsschutzes) gilt.

– die Versicherung des Schuldners, zur Leistung der versprochenen Raten wirtschaftlich in der Lage und zur Einleitung eines Insolvenzverfahrens nicht gehalten zu sein.

Damit soll es im Fall eines späteren Insolvenzverfahrens dem Insolvenzverwalter erschwert werden, die bereits geleisteten Zahlungen nach § 130 Abs. 1 Nr. 1 InsO anzufechten. Sichergestellt werden kann dies durch eine Erklärung nicht, wohl aber kann dem Insolvenzverwalter so der ihm obliegende Beweis einer Benachteiligung anderer Gläubiger und der Zahlungsunfähigkeit des Schuldners zum Zeitpunkt der Zahlungen erschwert werden.

2170 (5) Um Streitigkeiten über die **Kosten** der Ratenzahlungsvereinbarung zu vermeiden, sollte in die Vereinbarung eine entsprechende Verpflichtung des Schuldners ausdrücklich übernommen werden.

Ohne ausdrückliche Vereinbarung besteht die Gefahr, dass hier später § 98 Satz 1 ZPO analog herangezogen wird und die Kosten als gegeneinander aufgehoben gelten (BGH NJW-RR 2006, 567).

Für den an der Vereinbarung mitwirkenden Anwalt fällt eine Einigungsgebühr (in Höhe von 1,0: Nr. 1003 VV-RVG) an. Diese gehört zu den notwendigen Kosten der Zwangsvollstreckung (BGH NJW 2006, 1598).

2171 ▶ Praxistipp:

Dem Gerichtsvollzieher sollte der Abschluss einer Ratenzahlungsvereinbarung nicht gestattet werden.

In diesem Fall nämlich kann die Einigungsgebühr nicht geltend gemacht werden (BGH NJW 2006, 3640). Der Gerichtsvollzieher ist weder Vertreter noch Auftragnehmer des Gläubigers, sondern wird hoheitlich tätig.

2. Ermittlung der Vollstreckungsmöglichkeiten

2172 Sinnvoll kann eine Zwangsvollstreckung nur betrieben werden, wenn der Gläubiger weiß, dass und wie er sein Recht verwirklichen kann. Werden Vollstreckungsmaßnahmen ohne Kenntnis um ihre Erfolgsaussicht quasi »ins Blaue hinein« beantragt, bleiben sie nicht nur erfolglos, sondern verursachen zusätzliche Kosten, die – wenn nicht später anderweitig eintreibbar – vom Gläubiger zu tragen sind.

2173 ▶ Praxistipp:

Zwangsvollstreckungsmaßnahmen sollten nur eingeleitet werden, wenn es konkrete Anhaltspunkte dafür gibt, dass diese Erfolg versprechen.

2174 Bei der Vollstreckung von Geldforderungen muss dabei zentrale Frage sein, wo sich im Schuldnervermögen **Zugriffsmöglichkeiten** ergeben. Dazu ist es wichtig, zu klären, wovon der Schuldner lebt. Laufende Einkünfte können sich als Lohn, Rente, Sozialleistungen, Taschengeld darstellen, können aus Kapitalvermögen (Wertpapierdepots), Immobilienbesitz (Miet-, Pachteinnahmen) oder Gesellschaftsbeteiligungen herrühren. Denkbar ist auch die Vollstreckung in einzelne wesentliche Vermögenszuflüsse (Erbschaften, Abfindungen). Vollstreckungsobjekt kann auch Vermögen sein (Wertpapierdepots, Bankkonten, ggf. im Ausland, Bankschließfächer, Grundeigentum, wertvolle Gegenstände).

2175 Häufig werden **Kenntnisse** über die persönlichen und wirtschaftlichen Kenntnisse des Schuldners beim Gläubiger vorhanden sind. Dann bedarf es vor der Einleitung von Vollstreckungsmaßnahmen durch den Anwalt einer weiteren Mandantenbesprechung, bei der diese Punkte konkret zu erfragen sind. Verfügt der Mandant über die erforderlichen Informationen nicht, können diese möglicherweise durch freiwillige Auskünfte bei Personen aus dem Umfeld des Schuldners erlangt werden (Bekannte, Verwandte, geschiedene Ehegatten, Nachbarn, Arbeitgeber oder auch andere Gläubiger). Abhängig von der Höhe der Forderung und vermuteten Vermögenswerten kann es auch lohnen, professionelle Ermittlungen durch eine Detektei anstellen zu lassen.

2176 Letztlich kommt auch der Schuldner selbst als Informationsquelle in Betracht. Hier hat die Reform der Sachaufklärung in der Zwangsvollstreckung (Gesetz vom 29.07.2009, BGBl. I, S. 2258; oben Rdn. 28) die Rechtsstellung des Gläubigers deutlich gestärkt und für ihn eine Reihe von Möglichkeiten geschaffen, sich die für eine erfolgreiche Zwangsvollstreckung erforderlichen Informationen über die Person und das Vermögen des Schuldners von diesem bzw. von Dritten zwangsweise zu verschaffen. Eines vorherigen erfolglosen Vollstreckungsversuchs bedarf es dazu nicht mehr (§§ 802c, 802a, Abs. 2 Nr. 2 ZPO).

3. Wahl der Vollstreckungsmaßnahme

Keine Wahlmöglichkeit hat der Gläubiger, soweit es um den Inhalt seines titulierten Rechts geht; insoweit ist er auf die gesetzlich vorgegebenen Formen der Zwangsvollstreckung beschränkt (oben Rdn. 2152; unten Rdn. 2212, 2256). 2177

> Dies gilt auch für das Objekt einer zu vollstreckenden Herausgabe (§§ 883 f., 885 ZPO), das im Titel bereits festgelegt ist.

Auswählen kann der Gläubiger das Vollstreckungsobjekt, soweit es um die Vollstreckung von **Zahlungstiteln** geht und das Schuldnervermögen entsprechende Alternativen enthält. Gewählt werden kann hier zwischen der Vollstreckung in das unbewegliche Vermögen, in bewegliche Sachen und in Rechte. Für die Wahl des »richtigen« Vollstreckungsobjekts kommt es stets auf die Umstände des konkreten Einzelfalles an. Allgemein lassen sich dabei folgende Grundsätze aufstellen: 2178

(1) Ist Grundvermögen vorhanden, dürfte dies für die Vollstreckung erste Wahl sein. In Betracht kommt hier zunächst eine Wahrung des eigenen Rechts durch Eintragung einer **Sicherungshypothek** (§§ 866 f. ZPO). 2179

> Die Sicherungshypothek verschafft dem Gläubiger nicht unmittelbar das geschuldete Geld, wahrt aber seine Rechte gegenüber dem Schuldner und eventuellen anderen Gläubigern. Erst wenn es später zu einer Verwertung des Grundstücks kommt, erhält der Gläubiger seinem Rang entsprechend einen Anteil am Erlös.

> Die Sicherungshypothek ist verhältnismäßig schnell und preiswert zu erreichen. Sie verschafft dem Gläubiger gegenüber dem Schuldner zumindest ein Druckmittel, das diesen veranlassen kann, freiwillig zu erfüllen. In jedem Fall erhält der Gläubiger die Möglichkeit, (regelmäßig) auch nur vorherige Duldungsklage die Zwangsvollstreckung zu betreiben (§ 867 Abs. 3 ZPO) und erlangt bei einer künftigen Zwangsversteigerung oder -verwaltung eine Vorrangstellung als Realgläubiger (§ 10 Abs. 1 Nr. 4 ZVG).

> Die Zwangsversteigerung des Grundstücks macht nur Sinn, wenn der Gläubiger erwarten darf, dass von dem Erlös nach Befriedigung der vorrangig gesicherten Immobiliargläubiger etwas übrig bleiben wird.

(2) Auch die **Forderungspfändung** ist rasch zu bewerkstelligen, insbesondere dann, wenn ihr eine Vorpfändung (§ 845 ZPO) vorgeschaltet wird. Oft wird der Schuldner bemüht sein, eine Pfändung zu vermeiden, da diese mit über den Verlust des Geldes hinausgehenden Nachteilen verbunden ist. Häufig läuft er nämlich Gefahr, nicht bloß das Ansehen des Drittschuldners zu verlieren, sondern seine Arbeitsstelle, seine Kreditwürdigkeit, sein Bankkonto, seine Geschäftsbeziehung. 2180

▶ Praxistipp: 2181

> Häufig kann die Ankündigung einer Forderungspfändung den Schuldner zu einer freiwilligen Leistung bewegen.

> Eine solche vorherige Ankündigung kommt nicht in Betracht, wenn die Gefahr besteht, dass der Schuldner die Pfändung vereiteln kann.

Ist vorab geklärt worden, dass das Recht werthaltig ist, verspricht die Pfändung regelmäßig auch eine – wenn auch sich über einen Zeitraum hin erstreckende – Befriedigung. Dabei muss sich die Pfändung nicht auf bereits fällige Forderungen beschränken, sondern kann sich auf zukünftige Forderungen erstrecken (was manchmal bereits kraft Gesetzes eintritt: § 833 Abs. 2 ZPO). 2182

Wird dem Schuldner nach erfolgter Pfändung eine Ratenzahlung oder Stundung gewährt, muss die Pfändung nicht zurückgenommen werden. Sie kann mit dem Recht des jederzeitigen Wiederaufrufs zum Ruhen gebracht und bei Bedarf mit der Verwertung fortgesetzt werden. 2183

Gegen eine Forderungspfändung spricht – insbesondere beim Arbeitseinkommen – praktisch häufig der weitreichende Pfändungsschutz (§§ 850 ff. ZPO), der die Zugriffsmöglichkeit des Gläubigers erheblich beschränkt und die Pfändung auch im ungeschützten Bereich kompliziert macht. Leistet der Drittschuldner nicht freiwillig, wird gegen diesen ein weiterer Rechtsstreit erforderlich, der erneut mit Kosten- und Beweisrisiken belastet ist. 2184

2185 (3) Ob eine **Sachpfändung** Aussicht auf Erfolg hat, ist für den Gläubiger häufig nur schwer vorhersehbar.

2186 Werden Wertgegenstände vorgefunden, stellt deren Verwertung rechtlich und tatsächlich häufig kein besonderes Problem dar, insbesondere dann, wenn die Möglichkeiten einer alternativen Form der Verwertung (§ 825 ZPO) genutzt werden. Schon die Pfändung führt zu einem Druck auf den Schuldner, der diesen veranlassen kann, freiwillig zu leisten, ggf. im Rahmen eines Aufschubs der Verwertung, um Ratenzahlungen zu ermöglichen. Auch eine erfolglose Sachpfändung kann durch das Tätigwerden des Gerichtsvollziehers entweder zu Informationen über weitere Vollstreckungsmöglichkeiten (§ 806a ZPO) oder zu einer freiwilligen Ratenzahlungsvereinbarung (§ 806b ZPO) führen.

2187 In Form der Sicherungsvollstreckung (§ 720a ZPO) kann bereits vor rechtskräftigem Abschluss des Verfahrens das Beiseiteschaffen von Vermögenswerten zum Nachteil des Gläubigers vermieden werden.

2188 Gegen eine Sachpfändung kann sprechen, dass größere Geldbeträge sich so nur ausnahmsweise beitreiben lassen. Viele Wertgegenstände des Schuldners unterliegen zudem dem Schuldnerschutz (§ 811 ZPO). In vielen Gerichtsbezirken sind die Gerichtsvollzieher zudem überlastet, sodass es lange dauern kann, bis eine Vollstreckung tatsächlich durchgeführt wird.

2189 (4) Die vorstehend getrennte Darstellung der Vollstreckungsobjekte bedeutet nicht, dass die Vollstreckungsformen sich ausschließen. Sind einzelne Vollstreckungsformen nicht von vornherein erkennbar aussichtslos, können sie zeitlich versetzt nacheinander oder sogar **parallel** zueinander betrieben werden.

> Der Antrag auf Erlass eines Pfändungs- und Überweisungsbeschlusses an das Vollstreckungsgericht kann zeitgleich mit dem Antrag auf Durchführung einer Sachpfändung (ggf. verbunden mit dem Antrag auf Erteilung der Vermögensauskunft, § 802c ZPO; oben Rdn. 2211a) beim Gerichtsvollzieher gestellt werden. Soll hierfür nicht eine weitere Ausfertigung des Titels besorgt werde (§ 733 ZPO), sollte dieser dem Vollstreckungsgericht vorgelegt werden, da es dort erfahrungsgemäß rasch zu einer Entscheidung und einer Rückgabe des Titels kommt; dem Gerichtsvollzieher gegenüber kann die Nachreichung in Aussicht gestellt werden, hierzu besteht Gelegenheit bis zur Pfändung.

4. Vollstreckungshindernisse

2190 Bevor der Gläubiger eine Zwangsvollstreckung in die Wege leitet, sollte geprüft werden, ob Vollstreckungshindernisse vorliegen, die dazu führen würden, dass das Vollstreckungsverfahren durch das Vollstreckungsorgan von Amts wegen einzustellen oder zu beschränken wäre (§§ 775, 776 ZPO). Dies ist der Fall
- wenn der Schuldner eine vollstreckbare Entscheidung vorlegen kann, aus der sich die Unzulässigkeit der Zwangsvollstreckung ergibt (abändernde Berufungs- oder Revisionsentscheidung, Vorabentscheidung des Berufungsgerichts nach § 718 ZPO, erfolgreicher Rechtsbehelf des Schuldners);
- wenn der Schuldner eine gerichtliche Entscheidung über die einstweilige Einstellung der Zwangsvollstreckung vorlegen kann (§§ 771 Abs. 3, 767, 769 ZPO; §§ 732 Abs. 2, 766 Abs. 1 Satz 2 ZPO; § 709 Satz 3, 707 Abs. 1 Satz 1 ZPO;
- wenn der Schuldner eine öffentliche Urkunde (§ 415 ZPO) vorlegen kann, aus der sich ergibt, dass er eine zur Abwendung der Vollstreckung berechtigende erforderliche Sicherheit (§§ 711, 712, 720a Abs. 3 ZPO) erbracht hat (z. B. durch Zustellung einer schriftlichen Bürgschaftsurkunde an den Gläubiger, § 195 ZPO);
- wenn der Schuldner eine öffentliche Urkunde oder eine vom Gläubiger ausgestellte Privaturkunde vorlegen kann, aus der sich eine Befriedigung oder eine Stundung ergibt;
- wenn der Schuldner eine Bank- oder Sparkassenquittung vorlegen kann, aus der sich eine Befriedigung des Gläubigers ergibt.

A. Der Antrag auf Einleitung der Zwangsvollstreckung 7. Kapitel

Darüber hinaus ist die Zwangsvollstreckung ausgeschlossen, wenn das Insolvenzverfahren bereits eröffnet ist (§ 89 InsO).

II. Vollstreckungsanträge

Die kraft Gesetzes oder aufgrund einer Wahl des Gläubigers durchführende Zwangsvollstreckung (oben Rdn. 2177) muss besonders beantragt werden. 2191

1. Gütliche Erledigung

Auch in der Zwangsvollstreckung behält der Gedanke des Vorrangs der konsensualen, nichtstreitigen Erledigung seine Gültigkeit. Nach § 802b Abs. 1 ZPO soll der Gerichtsvollzieher in jeder Lage des Verfahrens auf eine gütliche Erledigung bedacht sein. Dies gilt nicht nur für den Fall, dass er ausdrücklich mit dem Abschluss einer Zahlungsvereinbarung beauftragt ist, sondern bei Erledigung aller ihm nach § 802a Abs. 2 ZPO erteilten Aufträge. 2191a

Die **Form** einer gütlichen Einigung ist im Gesetz nicht abschließend geregelt. Wichtigster Fall ist die Zahlungsvereinbarung nach § 802b ZPO, bei der Gerichtsvollzieher mit dem Schuldner entweder eine Zahlungsfrist vereinbart, innerhalb der der gesamte vollstreckbare Betrag gezahlt werden soll, oder eine Ratenzahlung (im Regelfall binnen 12 Monaten). Die entsprechende Vereinbarung umfasst sinnvollerweise Höhe und Zeitpunkt der Zahlung, Zahlungsweg und ggf. Tatsachen der Glaubhaftmachung. Sie kann mündlich geschlossen werden, ist vom Gerichtsvollzieher aber schriftlich zu fixieren (*Mroß* DGVZ 2002, 181, 182; *ders.* AnwBl 2013, 16). Der Gläubiger kann der Vereinbarung widersprechen, was deren Unwirksamkeit zur Folge hat (§ 802b Abs. 3 S. 2 ZPO). Unwirksam wird die Vereinbarung auch, wenn der Schuldner mit seinen Leistungen länger als zwei Wochen in Rückstand gerät. 2191b

Obwohl es sich bei der gütlichen Einigung lediglich um eine Vollstreckungsvereinbarung handelt, der materielle Wirkungen (insbesondere hinsichtlich der laufenden Zinsen) nicht zukommen, sind auch materiell-rechtliche Regelungen möglich. In Betracht kommen Sicherungsübereignung, Forderungsabtretung, Vergleich oder Verzicht (*Mroß* AnwBl 2013, 16, 17). In diesen Fällen handelt der Gerichtsvollzieher als Vertreter des Gläubigers, der nicht bloß zu widersprechen braucht, sondern ausdrücklich zustimmen muss. 2191c

> Welche Bemühungen der Gerichtsvollzieher zur Erreichung einer gütlichen Einigung unternimmt, liegt allein in seinem Ermessen. Er kann sich dabei auf eine bloße Frage beschränken, konkrete Vorschläge machen oder intensive Überzeugungsversuche unternehmen. Mit der Erinnerung (§ 766 ZPO) angefochten werden kann nur das völlige Unterbleiben jeglicher Einigungsversuche.

▶ **Praxistipp:** 2191d

> Vor der Einwilligung in eine vom Gerichtsvollzieher getroffene Zahlungsvereinbarung ist sorgfältig zu prüfen, ob der Schuldner diese ernsthaft meint oder nur zur Verschleppung des Verfahrens nutzt. Hierfür dient die in der Vereinbarung mögliche Glaubhaftmachung des Schuldners.

Ein ausdrücklicher, isolierter **Auftrag** an den Gerichtsvollzieher zur gütlichen Einigung (§ 802b Abs. 1 ZPO) empfiehlt sich, wenn nach Titelerlass zunächst unklar ist, ob der Schuldner erfüllen will und kann. Hierdurch werden nur geringe Kosten verursacht, eine Verhärtung der Fronten tritt kaum ein. Mit anderen Vollstreckungsaufträgen kann der Antrag auf gütliche Einigung verbunden werden, wenn der Gerichtsvollzieher an diese alternative Möglichkeit einer Erledigung erinnert werden soll. Auch ohne einen solchen Zusatzauftrag besteht die entsprechende Verpflichtung des Gerichtsvollziehers. Will der Gläubiger eine gütliche Einigung nicht, kann er diese von vornherein ausschließen oder für diese inhaltliche Vorgaben (Beträge, Fristen) machen. 2191e

> Auch gegen den Willen des Gläubigers können dem Schuldner Zahlungsfristen oder Ratenzahlungen im Rahmen des Vollstreckungsschutzes nach § 765a ZPO bewilligt werden.

2191f ▶ **Praxistipp:**

Mit dem Einverständnis in eine gütliche Einigung kann der Gläubiger ggf. weitergehende Schutzanordnungen durch das Gericht vermeiden.

2191g Kommt eine gütliche Einigung nicht zustande, steht dem Gläubiger seit der **Reform der Sachaufklärung in der Zwangsvollstreckung** (Gesetz vom 29.07.2009, BGBl. I, S. 2258; oben Rdn. 28) seit dem Jahr 2013 eine Reihe von Möglichkeiten zu, sich die für einen erfolgreiche Zwangsvollstreckung erforderlichen Informationen über die Person und das Vermögen des Schuldners von diesem bzw. von Dritten zu verschaffen. Eines vorherigen erfolglosen Vollstreckungsversuchs bedarf es dazu nicht mehr (§§ 802c, 802a, Abs. 2 Nr. 2 ZPO). Modernisiert und weitgehend auf elektronische Formen umgestellt wurde das Verfahren über die Abgabe der eidesstattlichen Versicherung. Die Vermögensauskunft des Schuldners wird vom Gerichtsvollzieher als elektronisches Dokument aufgenommen und in landesweit vernetzten Datenbanken gespeichert, auf die Gerichtsvollzieher und bestimmte staatliche Stellen drei Jahre lang zugreifen können. Frei öffentlich zugänglich ist das Schuldnerverzeichnis, das als landesweites Internet-Register geführt wird und in das Schuldner eingetragen werden, die ihren vollstreckungsrechtlichen Auskunftspflichten nicht nachkommen oder gegen die die Vollstreckung erfolglos geblieben ist. Die Möglichkeiten des Zugriffs auf das Schuldnervermögen sind weitgehend unverändert geblieben.

2191h Sowohl für die Informationsbeschaffung als auch für den Vermögenszugriff müssen die nachfolgend dargestellten Voraussetzungen vorliegen.

2. Vollstreckungsvoraussetzungen

2192 Aussicht auf Erfolg hat ein Vollstreckungsauftrag nur, wenn die Vollstreckungsvoraussetzungen vorliegen. Keiner besonderen Behandlung bedürfen diese hier, soweit sie mit den Sachentscheidungsvoraussetzungen des Erkenntnisverfahrens übereinstimmen.

Dies gilt insbesondere für deutsche Gerichtsbarkeit (§§ 18 ff. GVG), die Parteifähigkeit (§ 50 ZPO), die Prozessfähigkeit (§§ 50 f. ZPO) und die Postulationsfähigkeit (§§ 78 f. ZPO).

Die Vollstreckungsvoraussetzungen werden vom jeweiligen Vollstreckungsorgan von Amts wegen geprüft. Fehlen sie, wird die beantragte Vollstreckung nicht durchgeführt. Stellt sich das Fehlen von Vollstreckungsvoraussetzungen erst nach der Durchführung von Vollstreckungsmaßnahmen heraus, sind diese fehlerhaft und angreifbar.

a) Vollstreckungsauftrag

2193 Die Zwangsvollstreckung kann nur auf Antrag des Gläubigers erfolgen, eine Vollstreckung von Amts wegen kennt die ZPO nicht.

2194 Der Antrag des Gläubigers auf Einleitung der Zwangsvollstreckung ist eine **Prozesshandlung**.

Er ist deswegen grundsätzlich bedingungsfeindlich, kann ausnahmsweise jedoch von einer innerprozessualen Bedingung abhängig gemacht werden, wenn nicht das Bestehen des Vollstreckungsrechtsverhältnisses insgesamt davon abhängt.

Einer besonderen Form bedarf er nur, soweit diese gesetzlich vorgeschrieben ist. Dies ist für den Antrag beim Gerichtsvollzieher nicht der Fall (§ 754 ZPO, § 4 GVGA), sodass der Antrag dort auch mündlich, telefonisch oder per E-Mail gestellt werden kann (Thomas/Putzo/*Hüßtege* § 753 Rn. 8). Anwaltszwang besteht nicht. Anträge an andere Vollstreckungsorgane müssen grundsätzlich schriftlich oder zu Protokoll der Geschäftsstelle erfolgen.

2195 Mit dem Antrag müssen die Vollstreckungsvoraussetzungen dargelegt werden. Insbesondere muss dem Antrag an den Gerichtsvollzieher eine **vollstreckbare Ausfertigung** des Titels beigefügt werden (§ 754 ZPO).

A. Der Antrag auf Einleitung der Zwangsvollstreckung 7. Kapitel

Der Antrag muss ergeben, wer welche Forderung in welcher Höhe gegen wen vollstrecken will. Fehlt es insoweit an konkreten Angaben, ist im Wege der Auslegung davon auszugehen, dass die Forderung aus dem beigefügten Titel in voller Höhe einschließlich Kosten und Zinsen beigetrieben werden soll.

Antragsberechtigt ist der im Titel oder in der Klausel genannte Gläubiger, der sich im Rahmen des § 81 ZPO vertreten lassen kann. Mehrere Gläubiger müssen den Antrag gemeinsam stellen, wenn sich nicht aus dem Titel ergibt, dass jeder einzelne Gläubiger Leistung verlangen kann. 2196

Der Antrag kann auf die zwangsweise Beitreibung nur eines Teils der titulierten Forderung **beschränkt** werden, soweit hierin nicht eine treuwidrige Schikane des Schuldners liegt. Gegen mehrere Gesamtschuldner ist die Vollstreckung gesondert zu beantragen, auch wenn aus demselben Titel gegen alle vorgegangen wird. 2197

> Werden Vollstreckungsanträge verbunden, können diese dahin beschränkt werden, dass gegen weitere Gesamtschuldner nicht mehr vollstreckt werden soll, wenn die Vollstreckung gegen einen Gesamtschuldner zur Befriedigung geführt hat.

▶ Praxistipp: 2198

> Wird der Vollstreckungsantrag von einem Anwalt gestellt, sollte ihm eine Geldempfangsvollmacht beigefügt werden.
>
> Damit wird dem Schuldner die Möglichkeit genommen, den Mangel der Vollmacht zu rügen (62 Abs. 1 GVGA). Die übliche Prozessvollmacht umfasst die Befugnis zur Empfangnahme nicht (§ 62 Abs. 2 GVGA).

Ist der Antrag mit einer **Vorschusspflicht** verbunden, ist darauf zu achten, dass die Kosten alsbald eingezahlt werden, da eine gerichtliche Entscheidung vorher nicht ergeht (§ 12 Abs. 5 und 6 GKG; Nr. 2110 KV GKG). 2199

Formelle Mängel des Vollstreckungsantrags (§ 753 Abs. 1 ZPO) hindern die Wirksamkeit einer Pfändung nicht. Dies gilt selbst dann, wenn der Antrag völlig wirkungslos war oder gar nicht gestellt wurde. 2200

> Eines Antrags an den Gerichtsvollzieher (*Seip* NJW 1994, 752) bedarf es bei der Vermögensauskunft (§ 802c ZPO), der Sachpfändung (§ 808 ZPO), der Herausgabe (§ 883 ZPO) und der Räumung (§ 885 ZPO).

b) Allgemeine Vollstreckungsvoraussetzungen

Die Zwangsvollstreckung darf nur beginnen, wenn die Personen, für und gegen die sie stattfinden soll, in dem Titel oder der ihm beigefügten Vollstreckungsklausel bezeichnet sind und der Titel bereits zugestellt ist oder gleichzeitig zugestellt wird (§ 750 Abs. 1 ZPO). Zu den allgemeinen, in jedem Fall erforderlichen Vollstreckungsvoraussetzungen gehören damit: 2201

(1) Die **Zuständigkeit** des angerufenen Vollstreckungsorgans. 2202

> Die Zuständigkeiten sind stets ausschließlich, sodass Möglichkeiten der Zuständigkeitsbeeinflussung durch die Parteien nicht bestehen (§ 802 ZPO).
>
> Die funktionelle Zuständigkeit grenzt dabei die Zuständigkeitsbereiche der einzelnen Vollstreckungsorgane gegeneinander ab. Zu prüfen ist, welchem Vollstreckungsorgan die vorzunehmende Vollstreckungshandlung zugewiesen ist. So ist die Zwangsvollstreckung in bewegliche Sachen dem Gerichtsvollzieher zugewiesen, das Vollstreckungsgericht ist zuständig für die Vollstreckung in Immobilien und in Rechte, die Vollstreckung von Handlungen (Vornahme vertretbarer und unvertretbarer, Dulden und Unterlassen) sind dem Prozessgericht zugewiesen. Wird ein funktionell unzuständiges Vollstreckungsorgan tätig, ist die entsprechende Maßnahme grundsätzlich nichtig. Handlungen eines zwar funktionell, nicht aber örtlich zuständigen Vollstreckungsorgans sind dagegen zwar anfechtbar (§ 766 ZPO), nicht aber nichtig.
>
> Die örtliche Zuständigkeit des Vollstreckungsgerichts folgt aus dem allgemeinen Gerichtsstand des Schuldners (§§ 828 Abs. 2, 23 ZPO), die des Gerichtsvollziehers aus § 20 GVO. Häufig sind im Bezirk eines Amtsgerichts mehrere Gerichtsvollzieherbezirke eingerichtet. In diesem Fall genügt die Einreichung des Antrags

bei der Gerichtsvollzieherverteilerstelle des Amtsgerichts, soll die damit verbundene Verzögerung vermieden werden, kann der zuständige Gerichtsvollzieher telefonisch erfragt werden, vielfach ist er auch über den Internetauftritt des Amtsgerichts ermittelbar.

▶ **Praxistipp:**

Bestehen Zweifel daran, welches Gericht zuständig ist, sollte der Vollstreckungsantrag von Anfang an vorsorglich (»hilfsweise«) mit dem Antrag auf Abgabe an das zuständige Gericht verbunden werden.

Ein solcher Antrag ist nach § 828 Abs. 3 Satz 1 ZPO möglich.

2203 (2) Ein **Vollstreckungstitel** ist eine öffentliche Urkunde, in der der zu vollstreckende Anspruch verbrieft ist. Dazu gehören Endurteile (§ 704 ZPO), denen Vorbehaltsurteile gleichgestellt sind (§ 302 ZPO) und sonstige Urkunden i. S. d. § 794 ZPO.

Vollstreckungsfähig ist ein solcher Titel nur, wenn er Parteien und Gegenstand der Vollstreckung eindeutig bestimmt. Dazu müssen Vollstreckungsgläubiger und -schuldner namentlich, der zu vollstreckende Anspruch nach Inhalt und Umfang eindeutig bezeichnet sein.

Probleme bei der Parteibezeichnung ergeben sich im Hinblick auf die materielle Berechtigung an der in Anspruch zu nehmenden Vermögensmasse, insbesondere bei Rechtsgemeinschaften (Gesellschaften) und Parteien kraft Amtes.

2204 ▶ **Beispiel:**

Soll in einen Nachlass vollstreckt werden, ist ein Titel erforderlich
- gegen alle Erben solange eine Auseinandersetzung der Erbengemeinschaft noch nicht erfolgt ist;
- gegen den Testamentsvollstrecker, wenn der Nachlass unter Testamentsvollstreckung steht;
- gegen den Insolvenzverwalter, wenn Nachlassinsolvenz angeordnet ist;
- gegen einen Einzelerben, wenn die Erbengemeinschaft auseinandergesetzt ist.

Probleme bei der Anspruchsbezeichnung kommen vor bei Herausgabeurteilen, die die Sache nicht hinreichend konkretisieren, oder bei der Verurteilung zur Vornahme oder Unterlassung von Handlungen, die nicht eindeutig bestimmbar sind. Feststellungs- und Gestaltungsurteile sind nur hinsichtlich der Kosten vollstreckbar.

Praktisch häufiger als solche inhaltlichen sind formelle Mängel des Titels: sind. Ein Urteil muss wirksam verkündet worden sein (was sich nicht aus dem Verkündungsvermerk auf dem Urteil, sondern aus dem Verkündungsprotokoll ergibt! §§ 310, 311, 317 ZPO), muss einen Rechtskraftvermerk aufweisen (§ 706 ZPO) oder für vorläufig vollstreckbar erklärt sein.

2205 ▶ **Praxistipp:**

Ist das Urteil nur vorläufig vollstreckbar, besteht immer die Gefahr einer abändernden Entscheidung in der Rechtsmittelinstanz, die zu Schadensersatzansprüchen des Schuldners gegen den Gläubiger führt (§ 717 Abs. 2 ZPO). Hierauf muss der Mandant vor Einleitung von Vollstreckungsmaßnahmen hingewiesen werden.

Prozessvergleiche müssen ausweislich des Protokolls »vorgelesen und genehmigt« (§ 162 Abs. 1 ZPO), Anwaltsvergleiche beim Amtsgericht niedergelegt sein (§ 796a ZPO), notarielle Unterwerfungserklärungen müssen die Anforderungen des Beurkundungsgesetzes genügen.

Wird der Auftrag zur Zwangsvollstreckung aus einem Vollstreckungsbescheid elektronisch erteilt, muss der Titel unter den Voraussetzungen des § 829a ZPO nicht vorgelegt werden.

2206 (3) Als **Vollstreckungsklausel** bezeichnet man den beurkundeten Vermerk, der einer Ausfertigung des Titels Vollstreckungsfähigkeit verleiht und sie so von anderen, nicht vollstreckbaren Ausfertigungen unterscheidet (§§ 724 f., 795 ZPO). Sie wird auf Antrag des Gläubigers in einem besonderen, der eigentlichen Zwangsvollstreckung vorgeschalteten Verfahren (»Klauselverfahren«) durch das Prozessgericht oder den Notar erteilt.

Der Antrag bedarf keiner besonderen Form (Formulierungsvorschlag bei *Rothenbacher/Dörndofer* Rn. 23). Ihn bereits als Nebenantrag in die Klageschrift aufzunehmen, ist zwar möglich, aber unsinnig, da er dort regelmäßig übersehen wird und nach Abschluss des Verfahrens wiederholt werden muss. Der Klauselerteilungsantrag kann mit dem Antrag verbunden werden, den Zeitpunkt der Zustellung des Urteils zu bescheinigen.

Besondere Regelungen enthalten die §§ 795a ff. ZPO für die Vollstreckbarerklärung von gerichtlichen Vergleichen, Vollstreckungsbescheiden und Anwaltsvergleichen.

Entbehrlich ist eine Klausel für Vollstreckungsbescheide (§ 796 Abs. 1 ZPO), Arreste, einstweilige Verfügungen (§§ 929 Abs. 1, 936 ZPO) und Kostenfestsetzungsbeschlüsse auf dem Hauptsachetitel, wenn nicht für oder gegen andere als die im Titel bezeichneten Personen vollstreckt werden soll (§§ 795a, 105 ZPO).

Von besonderer Bedeutung ist das Klauselverfahren, wenn der materielle Anspruch oder seine Vollstreckbarkeit bedingt oder befristet tituliert ist (§ 726 ZPO) oder wenn die Zwangsvollstreckung für oder gegen andere als die im Titel bezeichnete Personen stattfinden soll (§ 727 ZPO). Im ersten Fall kann der Titel ergänzt, im zweiten Fall übertragen werden.

Nur ausnahmsweise kann auf Antrag vom Prozessgericht eine weitere vollstreckbare Ausfertigung erteilt werden (§ 733 ZPO). Hierzu muss der Gläubiger einen schutzwürdigen Grund (Verlust der Erstausfertigung, beabsichtigte Doppelvollstreckung) glaubhaft machen (Thomas/Putzo/*Hüßtege* § 733 Rn. 4; Musterantrag bei *Rothenbacher/Dörndorfer* Rn. 22). Für den Antrag erhält der Anwalt eine 0,3-fache Gebühr (Nr. 3309 RVG-VV), Gerichtskosten entstehen in Höhe von 15 € (Nr. 2110 KV-GKG), beide können als Vollstreckungskosten gegen den Schuldner geltend gemacht werden.

(4) Die **Zustellung** des Titels erfolgt bei Urteilen von Amts wegen (§§ 317, 329 ZPO), im Übrigen muss sie vor Beginn der Zwangsvollstreckung vom Gläubiger im Parteibetrieb (§§ 191 ff. ZPO) veranlasst werden. 2207

Nicht zugestellt werden müssen Arreste und einstweilige Verfügungen (§§ 929, 936 ZPO) und die Vorpfändung (§ 845 ZPO). Soweit nicht ausnahmsweise eine Wartefrist zwischen Zustellung und Vollstreckungsbeginn einzuhalten ist §§ 720a, 750 Abs. 3, 798 ZPO: zwei Wochen), kann die Zustellung mit dem Beginn der Vollstreckung zeitlich zusammenfallen. Ist der Titel durch die Klausel ergänzt oder übertragen worden, ist auch diese zuzustellen. Wird die Vermittlung der Zustellung durch den Gerichtsvollzieher beantragt (was sich wegen der damit verbundenen Verfahrensbeschleunigung empfiehlt, müssen die erforderlichen Abschriften (mindestens drei, eine weitere für jeden zusätzlichen Schuldner) beigefügt werden. Dies gilt auch für nachträglich erforderlich werdende Ergänzungen oder Korrekturen des Antrags.

▶ Praxistipp: 2208

Vor Beginn der Zwangsvollstreckung sollte die Wirksamkeit der Zustellung nochmals überprüft werden. Dabei ist zu beachten, dass eventuelle Zustellungsmängel durch tatsächlichen Zugang geheilt worden sein können (§ 189 ZPO).

Solche Zustellungsmängel resultieren häufig aus §§ 176, 178 ZPO. War der Schuldner im Erkenntnisverfahren durch einen Prozessbevollmächtigten vertreten, muss auch die Vollstreckungszustellung grundsätzlich an diesen erfolgen.

c) Besondere Vollstreckungsvoraussetzungen

Besonderer Vollstreckungsvoraussetzungen bedarf es nur, soweit diese sich aus dem Titel selbst ergeben. 2209
– Lautet der Titel auf **zukünftige Leistung**, so darf die Vollstreckung erst nach Eintritt der im Titel genannten Fälligkeit beginnen (§ 751 Abs. 1 ZPO).
– Ist die Vollstreckung von einer **Sicherheitsleistung** des Gläubigers abhängig gemacht, muss dieser ihre Erbringung durch eine öffentliche Urkunde nachweisen (§ 751 Abs. 2 ZPO).

Will der Gläubiger muss die Sicherheit durch Hinterlegung leisten, muss er den Betrag bei der Hinterlegungsstelle des Amtsgerichts einzahlen. Hier erhält er einen Hinterlegungsschein. Praktisch häufiger ist die Stellung der Sicherheit in Form einer Bankbürgschaft (»Avalkredit«). Hierzu stellt die Bank des Gläubigers auf dessen Bitte (und sinnvollerweise Vorlage des Urteils hin) eine Bürgschaftsurkunde aus. Hinterlegungsschein oder Bürgschaftsurkunde müssen dem Schuldner vor Beginn der Zwangsvollstreckung zugestellt werden.

2210 ▶ **Praxistipp:**

Ein nur gegen Sicherheitsleistung vollstreckbarer Titel kann auch ohne Sicherheitsleistung nach § 720a ZPO sicherungsvollstreckt werden.

Sind die allgemeinen Vollstreckungsvoraussetzungen gegeben, kann der Gläubiger aus einem Zahlungstitel nach Ablauf einer Wartefrist von zwei Wochen ab Zustellung des Urteils (§ 750 Abs. 3 ZPO) zwar pfänden, aber nicht verwerten. Die Pfändung kann sich auf bewegliche oder unbewegliche Sachen (Sicherungshypothek) erstrecken.

– Aus einem nur gegen Sicherheitsleistung vorläufig für vollstreckbar erklärten Urteil kann die Vollstreckung als Sicherungsvollstreckung eingeleitet werden (§ 720a ZPO), fortgesetzt werden kann sie indes nur, wenn die Erbringung der Sicherheitsleistung durch öffentliche Urkunde nachgewiesen und dem Schuldner diese Urkunde zugestellt ist (§ 751 Abs. 2 ZPO).

– Hängt die Vollstreckung von einer vom Gläubiger **Zug-um-Zug** zu bewirkenden Leistung ab, so muss er die Erbringung dieser Leistung oder den Annahmeverzug des Schuldners nachweisen (§ 756, 765 ZPO).

Praktisch wird deswegen häufig bereits die Klage auf Leistung aus einem gegenseitigen Vertrag mit der Klage auf Feststellung verbunden, dass der Beklagte sich in Annahmeverzug befindet. Ein solcher Titel genügt den Anforderungen der §§ 756, 765 ZPO.

2211 ▶ **Praxistipp:**

Häufig ist es sinnvoll, den Gerichtsvollzieher ausdrücklich darauf hinzuweisen, dass eine Leistungsablehnung durch den Schuldner zu erwarten ist und deswegen ein mündliches Angebot genügt (§ 756 Abs. 2 ZPO). Damit kann auch der Nachweis des Annahmeverzugs dem Vollstreckungsgericht gegenüber für später vorzunehmende weitere Vollstreckungsmaßnahmen entbehrlich werden (§ 765 Nr. 1 2. HS ZPO).

– Wegen der Vollstreckungshindernisse oben Rdn. 2190.

3. Vollstreckung von Zahlungstiteln

a) Informationsbeschaffung

aa) Auskunft des Schuldners

2211a Von Beginn des Zwangsvollstreckungsverfahrens an ist der Schuldner verpflichtet, dem Gläubiger Auskunft über vollstreckungsrelevante Umstände zu geben, insbesondere sein Vermögen offen zu legen. Für den Gläubiger empfiehlt es sich deswegen grundsätzlich (zu den Ausnahmen unten Rdn. 2211p), die Zwangsvollstreckung wegen Geldforderungen mit einem Antrag auf **Abgabe einer Vermögensauskunft** (§§ 802c ZPO) zu beginnen.

Dem Gläubiger sollte klar sein, dass bereits dieser Antrag dem Schuldner erhebliche Nachteile bringen kann. So führt etwa die Eintragung in das Schuldnerverzeichnis meist zur Kündigung bestehender Bank- oder Kreditkartenverhältnisse, neue Kredite sind so gut wie nicht mehr zu bekommen. Weiß der Schuldner um diese Nachteile, genügt häufig schon die Ankündigung eines Antrags auf Abgabe des Vermögensverzeichnisses, um den Schuldner zur freiwilligen Leistung, etwa in Form einer Ratenzahlungsvereinbarung zu bewegen. Umgekehrt sollte der Gläubiger gut überlegen, ob er den Schuldner durch einen solchen Antrag

A. Der Antrag auf Einleitung der Zwangsvollstreckung 7. Kapitel

wirklich in diese desolate Situation bringen will, weil danach eine wirtschaftliche Erholung und damit eine Tilgung der Forderung in weite Ferne rücken.

Dem nach § 754 ZPO erforderlichen **Antrag** (dazu oben Rdn. 2193) muss die vollstreckbare Ausfertigung des Titels beigefügt werden. Er muss eine Forderungsaufstellung, differenziert nach Hauptforderung, Kosten und Zinsen enthalten. Aufgrund des nunmehr großen Katalogs möglicher Maßnahmen des Gerichtsvollziehers (§ 802a ZPO) muss der Auftrag hinreichend konkretisiert sein, also zweifelsfrei erkennen lassen, dass die Abnahme einer Vermögensauskunft begehrt wird. Sobald der Gesetzgeber von der Möglichkeit zur Einführung eines entsprechenden Antragsformulars Gebrauch gemacht hat (§ 753 Abs. 3 ZPO) - womit alsbald zu rechnen ist -, ist dessen Verwendung zwingend erforderlich. 2211b

Zuständig für die Abnahme der Auskunft ist funktionell der Gerichtsvollzieher, örtlich derjenige Gerichtsvollzieher, in dessen Bezirk der Schuldner im Zeitpunkt des Antrags seinen Wohnsitz, hilfsweise seinen Aufenthaltsort hat (§§ 753 Abs. 2, 802a Abs. 2 Satz 1 Nr. 2 ZPO). Diese Zuständigkeit bleibt auch im Falle eines späteren Wohnsitzwechsels erhalten. Bei juristischen Personen ist auf deren Sitz abzustellen. 2211c

> Während für die Begründung des Wohnsitzes einer natürlichen Person eine gewisse Dauerhaftigkeit erforderlich ist, sodass z. B. die Verbüßung einer kürzeren Freiheitsstrafe den Wohnsitz nicht ändert, genügt für den Aufenthaltsort eine Augenblicksbetrachtung; hier genügt selbst eine kurzfristige Anwesenheit, etwa im Rahmen einer Durchreise (BGH NJW 2008, 3288). Für juristische Personen ist es unerheblich, ob sie an ihrem Geschäftssitz tätig sind und wo das zustellungsrelevante Vertretungsorgan wohnt.

> Ist der Aufenthalt des Schuldners unbekannt, kommt ein **Antrag auf Aufenthaltsermittlung** in (§ 755 ZPO) in Betracht. Dieser kann nur in Verbindung mit einem Vollstreckungsauftrag gestellt werden, auch wenn dieser erkennbar aussichtslos ist. Zuständig ist der Gerichtsvollzieher am letzten bekannten Aufenthaltsort. Dieser stellt Ermittlungen beim Einwohnermeldeamt, ggf. beim Ausländerzentralregister und beim Ausländeramt an. Bleiben diese erfolglos und übersteigt die Vollstreckungsforderung 500,- €, erfolgen zusätzliche Nachfragen bei der Deutschen Rentenversicherung (aktuelle Arbeitgebermeldung) oder beim Kraftfahrt-Bundesamt (Kfz-Zulassung). Ergeben die Ermittlungen einen Wohn- oder Aufenthaltsort, wird der Antrag des Gläubigers auf Vermögensauskunft ohne Weiteres an den zuständigen Gerichtsvollzieher weitergeleitet (§ 802e Abs. 2 ZPO); andere Vollstreckungsaufträge werden nur auf Antrag des Gläubigers weitergeleitet.

> Gerichtet werden sollte der Antrag grundsätzlich an die Gerichtsvollzieherverteilungsstelle: Ein Antrag unmittelbar an den zuständigen Gerichtsvollzieher persönlich empfiehlt sich - nach vorheriger Absprache - nur in besonders eiligen oder sonst besonders gelagerten Fällen.

Mit dem Antrag auf Abnahme der Vermögensauskunft ist das Vorliegen der **Vollstreckungsvoraussetzungen** nachzuweisen (dazu oben Rdn. 2192 ff.). Besonderer Beachtung bedürfen dabei folgende Punkte: 2211d
- Die Vermögensauskunft setzt das Vorliegen eines auf die Zahlung von Geld gerichteten Titels voraus (§ 802c Abs. 1 Satz 1 ZPO).
- Ist der Titel nur gegen Leistung einer Sicherheit vollstreckbar, so bedarf es des Nachweises der Erbringung dieser Sicherheitsleistung (§ 751 Abs. 2 ZPO) nicht, da die Vermögensauskunft auch im Rahmen der Sicherungsvollstreckung nach § 720a ZPO verlangt werden kann (BGH MDR 2007, 486).
- Ist eine Zustellung des Titels bislang noch nicht erfolgt, muss diese Zustellung beantragt werden. Dann sind dem Antrag die zuzustellenden beglaubigten Abschriften beizufügen.
- Ein Rechtsschutzbedürfnis für die Vermögensauskunft hat der Gläubiger, wenn ihm vollstreckungsrelevante Umstände nicht (vollständig) bekannt sind. Dafür dürfte grundsätzlich eine tatsächliche Vermutung sprechen, sodass es des Vortrags von Tatsachen hierzu regelmäßig nicht bedarf. Zu prüfen ist allerdings, ob nicht einer der Fälle vorliegt, in denen die Rechtsprechung das Rechtsschutzbedürfnis verneint.

▶ **Beispiele:**

Verneint wird das Rechtsschutzbedürfnis, wenn der Gläubiger weiß, dass der Schuldner vermögenslos ist (LG Itzehoe Rpfleger 2000, 89), wenn eine gütliche Einigung nach § 802b ZPO zwischen den Parteien zustande gekommen ist. **Nicht verneint** werden kann das Rechtsschutzbedürfnis wegen der (geringen) Höhe der Vollstreckungsforderung, wegen einer vom Schuldner bereits geleisteten Sicherheit oder von ihm angebotener Ratenzahlung (Kindl/Meller-Hannich/Wolf, Das gesamte Recht der Zwangsvollstreckung, § 802c Rn. 11 m. w. N.). Fraglich ist, inwieweit die Kenntnis einzelner vollstreckungsrelevanter Umstände (Bankverbindung, Arbeitgeber) das Rechtsschutzbedürfnis entfallen lässt.

- Ist dem jetzigen Antrag bereits ein früherer vorangegangen, so muss die Wartefrist des § 820d ZPO verstrichen sein.
Wiederholt werden kann der Antrag frühestens nach Ablauf von zwei Jahren, es sei denn, zwischenzeitlich ist eine wesentliche Veränderung der Vermögensverhältnisse eingetreten (späterer Vermögenserwerb, neues Arbeitsverhältnis o. ä.). Ist bei Antragstellung ein noch nicht zwei Jahre altes Vermögensverzeichnis vorhanden, so erhält der Antragsteller einen Ausdruck davon, eine neue Vermögensauskunft wird nicht eingeholt.

- Die Abgabe der Vermögensauskunft scheidet aus, wenn der Schuldner hierzu nicht in der Lage ist. An diese Fallgruppe indes stellt die Rechtsprechung so hohe Anforderungen (*Kindl/Meller-Hannich/Wolf*, Das gesamte Recht der Zwangsvollstreckung, § 802c Rn. 11 m. w. N.), dass sie als Risiko für den Gläubiger praktisch vernachlässigbar ist. Zudem obliegt es dem Schuldner, die entsprechenden Tatsachen vorzutragen.

2211e Der Gerichtsvollzieher setzt dem Schuldner eine Frist von zwei Wochen zur Begleichung der Vollstreckungsforderung und bestimmt zugleich einen Termin zur Abgabe der Auskunft für den Fall der Nichtzahlung (§ 802f ZPO), zu dem er den Schuldner (nicht dessen Prozessbevollmächtigten!) durch Zustellung lädt und von dem er den Gläubiger in Kenntnis setzt.

Dieser Termin findet grundsätzlich im Büro des Gerichtsvollziehers statt (§ 802f Abs. 1 Satz 2 ZPO). Er kann in der Wohnung des Schuldners stattfinden, wenn dieser nicht widerspricht. Zur Möglichkeit der Sofortabnahme der Vermögensauskunft nach erfolglosem Pfändungsversuch wegen Durchsuchungsverweigerung oder Fruchtlosigkeit gemäß § 807 Abs. 1 ZPO unten Rdn. 2214.

An Stelle nicht prozess-(geschäfts-)fähiger Personen treten für die Ladung deren gesetzliche Vertreter (BGH MDR 2007, 543; Eltern für ihre Kinder: § 1629 BGB; Geschäftsführer für GmbH: § 35 GmbHG; Vorstand für AG: § 78 AktG; vertretungsberechtigte Gesellschafter für Personengesellschaft [GbR, OHG, KG]: § 125 HGB). Gewillkürte Vertreter (Prokuristen) genügen nicht. Vertreter geben die Auskunft nicht an ihrem Wohnort, sondern am Sitz der Gesellschaft ab.

Ist der Schuldner der deutschen Sprache nicht mächtig, muss der Gerichtsvollzieher einen Dolmetscher beiziehen (§ 10a GVGA), wird hierfür aber einen Vorschuss des Gläubigers anfordern.

Der Gläubiger kann an diesem Termin teilnehmen. Vorteil ist, dass er dann selbst Fragen stellen (unten Rdn. 2211h) und Vorhaltungen machen kann. Regelmäßig können dabei Umstände zutage gefördert werden, die der Gerichtsvollzieher ohne besonderen Anlass nicht feststellt (Unterhalts- und Taschengeldansprüche, Versicherungsleistungen).

2211f Im Rahmen der Auskunft hat der Schuldner sein gesamtes Vermögen zu offenbaren. Dieses umfasst:
- alle ihm gehörenden Gegenstände, d. h. alle beweglichen und unbeweglichen Sachen, an denen der Schuldner Eigentum, ein Anwartschaftsrecht oder (bei beweglichen Sachen) Besitz hat unter Angabe ihres Orts. Ausgenommen sind lediglich die offensichtlich unpfändbaren Sachen.
- alle ihm zustehenden Forderungen, auch künftige, bedingte, zweifelhafte, uneinbringliche oder unpfändbare unter Angabe aller Umstände, die zur Durchsetzung der Forderung erforderlich sind.
- alle entgeltlichen Veräußerungen an nahestehende Personen aus den letzten zwei Jahren und alle unentgeltlichen Veräußerungen aus den letzten vier Jahren. Diese können ggf. nach §§ 3, 4 AnfG angefochten und so dem Zugriff des Gläubigers zugänglich gemacht werden.

A. Der Antrag auf Einleitung der Zwangsvollstreckung   7. Kapitel

Der Schuldner hat die Richtigkeit und Vollständigkeit seiner Angaben nach bestem Wissen und Gewissen zu Protokoll an Eides statt zu versichern (§ 802c Abs. 3 ZPO). Der Gerichtsvollzieher erstellt aufgrund der Auskunft ein Vermögensverzeichnis als elektronisches Dokument (§ 802f Abs. 5 ZPO; zur praktischen Handhabung durch den Gerichtsvollzieher *Mroß* AnwBl 2013, 16, 19). 2211g

Der Gläubiger kann dem Gerichtsvollzieher über das amtliche Formular des Vermögensverzeichnisses hinaus Fragen vorgeben, die dem Schuldner zu stellen sind. Die Rechtsprechung lässt dies zu, soweit die Fragen auf den konkreten Fall bezogen sind, an der Lebenswirklichkeit des Schuldners nicht vorbeigehen und nicht der Ausforschung der allgemeinen Lebensumstände des Schuldners dienen (LG Koblenz DGVZ 2006, 137). Dies kann hingehen bis zu einem eigenen Fragenformular des Gläubigers. Solche **zusätzliche Fragen** können sich beziehen auf: 2211h

- die Voraussetzungen eines **Scheingeschäfts** oder eines Rück- bzw. Freigaberechts, wenn Forderungen des Schuldners gepfändet oder abgetreten wurden (LG Stade JurBüro 1997, 325).
- die Abwicklung des Zahlungsverkehrs, wenn der Schuldner keine eigene **Bankverbindung** angegeben hat; geklärt werden muss dann, ob dies ggf. über Konten Dritter erfolgt.
  Die neuen Protokollformulare enthalten eine entsprechende Frage bereits. Fraglich ist indes, ob der Schuldner insoweit zur Auskunft verpflichtet ist, als damit in schutzwürdige Rechte des Kontoinhabers eingegriffen wird.
- **Nebenleistungen des Arbeitgebers,** die über das reine Arbeitsentgelt hinaus gewährt werden (Dienstwagen, Dienstwohnung, freie Kost und Logis) und ggf. der Pfändung unterliegen, und zu Trinkgeldern (die stets unbeschränkt pfändbar sind).
- **Gelegenheitsarbeiten,** die der Schuldner neben seiner Arbeitstätigkeit in den zurückliegenden 12 Monaten durchgeführt hat und zu den dafür erhaltenen Vergütungen.
- **Kunden, Umsätze, Rechnungsstellungen und Zahlungen** der letzten 12 Monate, soweit der Schuldner (auch) selbstständig tätig war (LG Aschaffenburg JurBüro 2000, 328).
  Für Freiberufler folgt aus den Abtretungsverboten einzelner Berufsordnungen nicht zugleich eine Unübertragbarkeit der Honorarforderung (BGHZ 141, 173; BGH NJW-RR 2004, 54; BFH NJW 2005, 1308). Zur Erteilung der Auskünfte, die den Gläubiger in die Lage versetzen, in den Anspruch zu vollstrecken, ist er verpflichtet. Dies gilt auch dann, wenn Honoraransprüche über eine Verrechnungsstelle geltend gemacht werden.

▶ Beispiel: 2211i

Ärzte, Steuerberater und Rechtsanwälte müssen die Namen und Anschriften der Patienten/Mandanten sowie die Höhe der gegen diese bestehenden Honorarforderungen offenbaren.

Bei Selbstständigen kommen auch Ansprüche auf Steuererstattung (Umsatzsteuer: BFH NJW 1990, 2645) in Betracht.

- **Tätigkeiten** des Schuldners **für Verwandte,** Lebensgefährten oder Freunde.
  Hier muss er Art und Umfang der geleisteten Dienste dartun, damit geprüft werden kann, ob und inwieweit möglicherweise **verschleiertes Einkommen** vorliegt (§ 850h ZPO; OLG Oldenburg MDR 1995, 344). Sinnvoll sind ergänzende Fragen zu gewährten Unterhalts- oder Sachleistungen und Geschenken oder allgemein dazu wie der Schuldner – insbesondere dann, wenn er kein Einkommen angegeben hat – seinen Lebensunterhalt bestreitet.
  Ob der Schuldner zur Mitteilung des Einkommens seines Ehegatten verpflichtet ist, ist streitig (dafür: OLG München JurBüro 1999, 605; dagegen: LG Stuttgart DGVZ 2003, 58).
- **Schwarzarbeit** des Schuldners.
  Zwar ist der Schuldner schon allgemein zu Angaben von Einkünften aus verpflichtet, bereit ist er hierzu oft nicht. Konkreten Fragen danach sind zumindest bei Berufsgruppen statthaft (OLG Köln Rpfleger 1995, 469), bei denen Schwarzarbeit häufig vorkommt (Handwerker, Automechaniker usw.).
- **Schenkungen** des Schuldners, soweit diese nicht bereits von § 802c Abs. 2 Nr. 2 ZPO erfasst sind.

Diese können unter (wenn auch seltenen) Umständen gepfändet werden. Diese Umstände können erfragt werden.
- **Sozialleistungen** des Schuldners.
Werden solche unter dem Regelsatz bezogen, ist zu vermuten, dass es sich lediglich um ergänzende Leistungen handelt, daneben also weitere Einkünfte vorhanden sein müssen.
- **Versicherungen** des Schuldners.
Diesen gegenüber können Leistungsansprüche des Schuldners bestehen (Krankengeld, Berufsunfähigkeitsrente; LG Koblenz DGVZ 2006, 137), insbesondere Lebensversicherungen enthalten darüber hinaus oft einen angesparten Vermögensanteil und bieten zahlreiche Zugriffsmöglichkeiten für den Gläubiger.
- **Kreditkarten** des Schuldners.
Hieraus können sich eingeräumte und nicht in Anspruch genommene Überziehungskredite, Leasing- oder Mietverträge, auf Wohnverhältnisse und Umstände ergeben, die die Höhe des Anspruchs von Unterhaltsberechtigten betreffen.

2211j Hat der Gerichtsvollzieher eine Zusatzfrage nicht gestellt, ist er zunächst zur **Nachbesserung** anzuhalten (unten Rdn. 2211o). Erst nach Ablehnung steht die Erinnerung (§ 766 ZPO) offen.

2211k Erscheint der Schuldner im Termin nicht oder verweigert er die Abgabe der Vermögensauskunft, ergeht auf Antrag des Gläubigers **Haftbefehl** (§ 802g ZPO).

Von einer Verweigerung ist bereits dann auszugehen, wenn der Schuldner gegen die Verpflichtung zur Abgabe der Vermögensauskunft Erinnerung einlegt. Zu den damit verbundenen Rechtsfolgen kommt es nur dann nicht, wenn gleichzeitig eine Einstellung der Zwangsvollstreckung erfolgt (§§ 766, 732 Abs. 2 ZPO; *Neugebauer* MDR 2012, 1441, 1443).

Der Haftbefehlsantrag kann (bedingt) mit dem Antrag auf Abnahme der Vermögensauskunft verbunden werden. Für ihn besteht kein Anwaltszwang (LG Amberg JurBüro 2006, 101). Dies ist nur dann nicht sinnvoll, wenn der Gläubiger sich noch nicht sicher ist, ob er dem Schuldner die mit der Vermögensauskunft verbundenen Nachteile tatsächlich zumuten will (z. B. weil er eine gütliche Erledigung anstrebt).

Zuständig für den Erlass des Haftbefehls ist der Richter, für dessen Vollzug der Gerichtsvollzieher (§ 802g ZPO). Die Verhaftung ist unzulässig, wenn sie für den Schuldner mit einer nahen und erheblichen Gefahr verbunden ist oder wenn seit Erlass des Haftbefehls bereits mehr als zwei Jahre vergangen sind (§ 802h ZPO). Gibt der Schuldner die Vermögensauskunft nach seiner Verhaftung ab, wird er aus der Haft entlassen (§ 802i ZPO), ansonsten bleibt er bis zu sechs Monaten in Haft (§ 802j ZPO).

2211l Das vom Gerichtsvollzieher als elektronisches Dokument erstellte **Vermögensverzeichnis** wird dem Gläubiger (heute überwiegend noch in Papierform) übermittelt (§ 802f Abs. 5, 6 ZPO). Es bleibt zwei Jahre auf dem Server des Zentralen Vollstreckungsgerichts des zuständigen Bundeslands hinterlegt und wird in einem bundesweiten elektronischen Register verzeichnet (§ 802k Abs. 1 Satz 2 ZPO).

In dieses Verzeichnis können nur Gerichtsvollzieher, Vollstreckungsbehörden, Vollstreckungs-, Insolvenz- und Registergerichte sowie Strafverfolgungsbehörden Einsicht nehmen (§ 802k Abs. 2 ZPO). Will ein Gläubiger wissen, ob es ein noch gültiges Vermögensverzeichnis gibt, muss er einen Antrag auf Abnahme der Vermögensauskunft stellen. Der Gerichtsvollzieher wird dann das Verzeichnis überprüfen und dem Gläubiger eine Abschrift des bereits vorhandenen Verzeichnisses übermitteln (§ 820d Abs. 1 Satz 2 ZPO).

2211m Eine Eintragung des Schuldners in das **Schuldnerverzeichnis** erfolgt auf Anordnung des Gerichtsvollziehers (§ 882c ZPO), wenn der Schuldner seiner Pflicht zur Abgabe des Vermögensverzeichnisses nicht nachkommt, wenn die Zwangsvollstreckung aus dem Inhalt des Vermögensverzeichnisses offensichtlich aussichtslos erscheint oder wenn der Schuldner nicht binnen eines Monats nach Abgabe der Vermögensauskunft die Befriedigung des Gläubigers nachweist.

Das Schuldnerverzeichnis wird beim Zentralen Mahngericht des jeweiligen Bundeslands geführt, kann aber über eine zentrale und länderübergreifende Abfrage im Internet eingesehen werden (§ 882h Abs. 1 ZPO).

A. Der Antrag auf Einleitung der Zwangsvollstreckung 7. Kapitel

Gegen die Eintragungsanordnung kann der Schuldner binnen zwei Wochen Widerspruch beim Vollstreckungsgericht einlegen (§ 882d Abs. 1 ZPO).

Zugänglich ist das Schuldnerverzeichnis jedem, der ein berechtigtes Interesse darlegen kann (§ 882f ZPO). Hierfür genügt die beabsichtigte Überprüfung der Solvenz einer Person oder die beabsichtigte eigene Zwangsvollstreckung.

In dem Schuldnerverzeichnis werden neben der persönlichen Daten des Schuldners das Aktenzeichen des Vollstreckungsverfahrens, der Grund für die Eintragung (Verweigerung der Vermögensauskunft, Nichtbefriedigung des Gläubigers) angegeben (§ 882b Abs. 3 ZPO). Eine Löschung erfolgt nach drei Jahren von Amts wegen, früher auf Antrag des Schuldners, wenn die Forderung erfüllt wurde (§ 882e ZPO).

Eine **wiederholte** Vermögensauskunft kann vor Ablauf von zwei Jahren nur verlangt werden, wenn der Schuldner neues Vermögen erworben hat; dies ist vom Gläubiger glaubhaft zu machen. 2211n

> Dabei sind die von der Praxis gestellten Anforderungen nicht allzu hoch. Genügen können unvorhergesehene Teilleistungen des Schuldners auf die titulierte Forderung (LG Düsseldorf JurBüro 1987, 467), die Auflösung des bisherigen Arbeitsverhältnisses (OLG Frankfurt a. M. Rpfleger 1990, 174) oder Aufgabe des bisherigen selbstständigen Gewerbes (LG Augsburg JurBüro 1998, 325), die Möglichkeit, dass der vorher arbeitslose Schuldner eine Arbeitsstelle gefunden haben kann (OLG Karlsruhe Rpfleger 1992, 208; LG Bremen JurBüro 2002, 210).
>
> Nicht ausreichend ist entgegen der vorher h. M. (AG Hannover DGVZ 2000, 78) aber nicht schon die bloße Auflösung einer bisherigen Bankverbindung (BGH MDR 2007, 1159).

Stellt sich heraus, dass die vom Schuldner abgegebene Vermögensauskunft **falsch** war, kommen ein Nachbesserungsverlangen (*Rothenbacher/Dörndorfer* Rn. 123) oder eine Bestrafung nach § 156 StGB (Freiheitsstrafe bis zu drei Jahren oder Geldstrafe) in Betracht. Druck auf den Schuldner zur Erfüllung der Forderung kann nicht nur von einer Strafanzeige ausgehen, sondern auch von Auflagen des Strafgerichts bei der Verfahrenseinstellung oder Bewährungsaussetzung. 2211o

> Eine Nachbesserung ist in vielen Fällen erforderlich. Die Erfahrung lehrt, dass die in den Formularen vorformulierten Fragen nicht alle Details umfassen und der Gerichtsvollzieher erkennbar werdenden Ansätzen für Vermögenswerte nicht mit der erforderlichen Konsequenz nachgeht. Ein Rechtsschutzbedürfnis für eine Nachbesserung hat der BGH bejaht, wenn eine Pfändung nicht ausgeschlossen ist und das Nachbesserungsverlangen nicht schikanös oder mutwillig ist (BGH WM 2009, 1431; BGH MDR 2004, 1258).
>
> Auf die Frist zur erneuten Beantragung einer Vermögensauskunft (§ 802d ZPO) bleibt eine Nachbesserung der früheren Auskunft ohne Auswirkungen, weil es sich bei der Nachbesserung nicht um eine neue Auskunft handelt, sondern um eine Fortsetzung des noch nicht beendeten ursprünglichen Auskunftsverfahrens (LG Lübeck Rpfleger 1991, 119; Thomas/Putzo/*Reichhold* § 807 Rn. 30).

Die Möglichkeit, über § 802c ff. ZPO bereits zu Beginn der Zwangsvollstreckung schnell zu einer Vermögensauskunft zu kommen, birgt aber auch zwei **Gefahren**, deren sich der Gläubiger bewusst sein muss: 2211p
– Droht eine Insolvenz des Schuldners, stellt jede im Rahmen und aus Anlass der Zwangsvollstreckung erfolgte Vermögensverlagerung, an der der Schuldner mitgewirkt hat, einen Anfechtungsgrund i. S.d § 133 InsO dar (BGH MDR 2010, 522). Die Situation des Schuldners, gegen den eine einzelne Zwangsvollstreckungsmaßnahme erfolglos geblieben und dem deshalb demnächst weitere Vollstreckungsmaßnahmen drohen, unterscheidet sich nicht von der Situation des Schuldners, gegen den der Beginn der Zwangsvollstreckung noch bevorsteht. Zahlt also der Schuldner nach Aufforderung des Gerichtsvollziehers innerhalb der zweiwöchigen Frist um die Abgabe der Vermögensauskunft zu vermeiden, hat er bei der Vermögensverfügung mitgewirkt. Vermieden werden kann eine Insolvenzanfechtung nur, wenn der Gläubiger einseitig und ohne Mitwirkung des Schuldners auf das Vermögen des Schuldners zugreift (BGH MDR 2010, 522; *Neugebauer* MDR 2012, 1441).

2211q	▶ **Praxistipp:**

Droht eine Insolvenz des Schuldners, darf er die Vermögensauskunft nicht isoliert vor Beginn der Zwangsvollstreckung nach § 802c ZPO, sondern muss zusammen mit dem Sachpfändungsantrag beantragt werden (unten Rdn. 2216).

– Beantragt der Gläubiger die Abgabe des Vermögensverzeichnisses isoliert nach § 802c ZPO und stellt ein weiterer Gläubiger den Antrag zusammen mit dem Sachpfändungsantrag, so kann letzterer unmittelbar auf eventuell vorhandene Vermögenswerte zugreifen und kommt so dem Gläubiger zuvor, der erst nach dem eigenen Sachpfändungsantrag zum Zuge kommen kann (*Neugebauer* MDR 2012, 1441, 1443).

2211r ▶ **Praxistipp:**

Ist zu befürchten, dass weitere Gläubiger zeitnah gegen den Schuldner vorgehen, darf die Vermögensauskunft nicht isoliert vor Beginn der Zwangsvollstreckung nach § 802c ZPO beantragt, sondern muss mit dem Sachpfändungsantrag verbunden werden (unten Rdn. 2216).

bb) Auskünfte Dritter

2211s Hat der Schuldner die Vermögensauskunft verweigert oder ist eine Befriedigung des Gläubigers aufgrund der erteilten Auskünfte nicht zu erwarten, kann der Gläubiger den Gerichtsvollzieher beauftragen, vollstreckungsrelevante Auskünfte von Dritten einzuholen (§ 802l ZPO).

2211t Der **Antrag** nach § 802l ZPO kann damit nicht zu Beginn der Zwangsvollstreckung gestellt werden, sondern ist dem Antrag nach § 802c ZPO gegenüber nachrangig und setzt dessen Erfolglosigkeit voraus. Er kann indes als (bedingter) Antrag mit ihm verbunden werden.

Auch genügt es, dass dem Gläubiger auf seinen Antrag hin nur der Abdruck eines früheren Vermögensverzeichnisses zugeleitet wurde (§ 802d Abs. 1 Satz 3 ZPO).

2211u Voraussetzung ist ferner, dass der zu vollstreckende Anspruch mindestens 500,- € beträgt.

Bei Berechnung dieser Wertgrenze sind Kosten und Nebenforderung nicht nur zu berücksichtigen, wenn sie isoliert vollstreckt werden (§ 802l Abs. 1 Satz 2 ZPO), sondern auch, wenn sie betragsmäßig tituliert oder anderweitig im Titel gesondert ausgewiesen sind (Zinsen; BT-Drucks 16/10069 S. 31).

2211v Nach § 802l ZPO kann der Gerichtsvollzieher bei Trägern der gesetzlichen Rentenversicherung Auskünfte über den aktuellen Arbeitgeber, beim Bundeszentralamt für Steuern Auskünfte über laufende Bankverbindungen und beim Kraftfahrbundesamt Auskünfte über gehaltene Kraftfahrzeuge einholen.

Schon diese Auskünfte sind in ihrer Bedeutung beschränkt. So enthält die Auskunft des Bundeszentralamts für Steuern z.B. keine Angaben darüber, ob ein Konto als Pfändungsschutzkonto geführt wird oder nicht. Andere wichtige Vermögenswerte (Grundstücke, Lebensversicherungen) können nach § 802l ZPO überhaupt nicht ermittelt werden.

2211w ▶ **Praxistipp:**

Damit die genannten Behörden die gewünschten Auskünfte erteilen können, ist eine exakte und vollständige Angabe aller Personendaten bereits im Antrag erforderlich, um zeitintensive Nachfragen zu vermeiden.

2211x Die erhobenen Daten dürfen nur für Zwecke der laufenden Vollstreckung verwendet werden. Sie werden weder dauerhaft gespeichert noch anderen Gläubigern zur Verfügung gestellt.

b) Vollstreckung in das bewegliche Vermögen des Schuldners

aa) Sachpfändungsantrag (§ 808 ZPO)

Verfügt der Gläubiger über Kenntnisse von vollstreckungsfähigem Vermögen (unabhängig davon, ob er diese durch eine Vermögensauskunft, Auskünfte Dritter oder in sonstiger Weise erlangt hat), kann er den Gerichtsvollzieher mit der Sachpfändung beauftragen (§§ 802a Abs. 2 Nr. 4, 803 ZPO). 2211y

Dem nach § 754 ZPO erforderlichen **Antrag** (dazu oben Rdn. 2193) muss die vollstreckbare Ausfertigung des Titels beigefügt werden. Er muss eine Forderungsaufstellung, differenziert nach Hauptforderung, Kosten und Zinsen enthalten. Sobald der Gesetzgeber von der Möglichkeit zur Einführung eines Antragsformulars (§ 753 Abs. 3 ZPO) Gebrauch gemacht hat (womit zu rechnen ist), muss dieses zwingend verwendet werden. 2212

> Wegen der Zuständigkeit oben Rdn. 2202. Gerichtet werden sollte der Antrag grundsätzlich an die Gerichtsvollzieherverteilungsstelle: Ein Antrag unmittelbar an den zuständigen Gerichtsvollzieher persönlich empfiehlt sich - nach vorheriger Absprache - nur in besonders eiligen oder sonst besonders gelagerten Fällen.

Ist eine **Zustellung** des Titels bislang noch nicht erfolgt, muss diese Zustellung beantragt werden. Dann sind dem Antrag die zuzustellenden beglaubigten Abschriften beizufügen. 2213

> Wegen eines Musters für einen Sachpfändungs- und Zustellungsantrag siehe *Gottwald* § 754 Rn. 11 Muster 754-1 und § 754 Rn. 12 Muster 754-2; *Rothenbacher/Dörndorfer* Rn. 183. Im Übrigen oben Rdn. 2207.

(entfallen) 2214-2215

bb) Weitere Anträge

Auch nach der Reform der Sachaufklärung in der Zwangsvollstreckung ist ein sog. »Kombi-« oder »Global-Antrag« an den Gerichtsvollzieher möglich, in dem dieser nicht nur mit der Mobiliarvollstreckung beauftragt wird, sondern mit zusätzlichen Maßnahmen i. S. d. § 802a ZPO. In Betracht kommt damit der zusätzliche Auftrag 2216

- zur Einholung einer sofortigen Vermögensauskunft des Schuldners (§ 807 ZPO);
Möglich ist ein solcher Antrag für den Fall, dass der Schuldner die Durchsuchung seiner Wohnung verweigert oder der Pfändungsversuch ergibt, dass die Pfändung voraussichtlich nicht zu einer vollständigen Befriedigung des Gläubigers führen wird.
Anders als nach § 802f ZPO bedarf es hier keiner Fristsetzung, die Vermögensauskunft kann sofort abgenommen werden (§ 807 Abs. 1 ZPO), soweit der Schuldner nicht widerspricht (§ 807 Abs. 2 ZPO).
Mit dieser Form der Vermögensauskunft werden dem Schuldner die Nachteile einer Eintragung ins Schuldnerverzeichnis (oben Rdn. 2211a) nur zugemutet, wenn eine schnelle und einfache Befriedigung aus einer Sachpfändung nicht möglich ist. Droht eine Insolvenz des Schuldners oder die Zwangsvollstreckung durch andere Gläubiger, ist diese Form der Verschaffung einer Vermögensauskunft vorzuziehen (dazu oben Rdn. 2211a).
- zur Einholung von Auskünften Dritter über das Vermögen des Schuldners (§ 802l ZPO; oben Rdn. 2211s),
- zur Durchführung einer Vorpfändung (§ 845 ZPO; unten Rdn. 2219).

Nicht besonders beantragt werden muss (aber kann) auch in diesem Stadium die gütliche Erledigung der Angelegenheit (§ 802b ZPO), die dem Gerichtsvollzieher bereits von Amts wegen obliegt (oben Rdn. 2191a).

Die Anträge können - und müssen vielfach sogar - in eine bestimmte Reihenfolge gebracht und / oder von einer Bedingung abhängig gemacht werden. 2216a

> **Beispiel:**
>
> Für den Fall des Scheiterns einer gütlichen Einigung soll eine Vermögensauskunft abgenommen und - falls diese pfändbare Gegenstände ergibt - eine Sachpfändung oder eine Vorpfändung bekannt gewordener Forderungen erfolgen.

2216b Weitere Anträge, Anregungen oder Hinweise, die mit dem Auftrag zur Sachpfändung verbunden werden können sind:
- Die Ermittlung des Aufenthaltsorts des Schuldners aus öffentlichen Registern (§ 755 ZPO; oben Rdn. 2211c);
- Der Antrag auf Erlass einer richterlichen Durchsuchungsanordnung, ggf. auch auf Durchführung zur Nachtzeit und an Sonn- und Feiertagen (§ 758a ZPO);
- Die Bitte um Mitteilung der Erkenntnisse nach § 806a ZPO;
- Der Hinweis darauf, dass wegen einer Geldforderung aus dem Verkauf einer Sache vollstreckt wird, die unter Eigentumsvorbehalt geliefert wurde und sich noch im Gewahrsam des Schuldners befindet. Diese Sache unterliegt nicht dem Pfändungsschutz des § 811 ZPO (§ 811 Abs. 2 ZPO).
- Die Bereitschaft zur Austauschpfändung nach § 811a ZPO;
- Der Antrag auf Anschlusspfändung im Fall vorrangiger anderweitiger Pfändung (§ 826 ZPO);
- Die Ermächtigung zur Vornahme einer Vorpfändung nach § 845 ZPO, falls eine Geldforderung bekannt wird (dazu unten Rdn. 2219).
- Der Hinweis auf mögliche lohnende Vollstreckungsobjekte, ggf. auf die Möglichkeit einer Taschenpfändung.
- Die Erteilung einer Einzugsermächtigung für die nicht beitreibbaren Vollstreckungskosten. Damit kann zusätzlicher Verwaltungsaufwand vermieden werden, ohne dass damit ein besonderes Risiko verbunden wäre (*Rothenbacher/Dörndorfer* Rn. 30).

2217 Die Erfahrung lehrt, dass Gerichtsvollzieher individuelle Besonderheiten des Antrags oft nicht zur Kenntnis nehmen, Vollstreckungsaufträge pauschal abarbeiten. Es kann sich deswegen empfehlen, solche Besonderheiten formal besonders **hervorzuheben** (roter Randstrich, Farbmarker, gesonderte Anlage zum Formantrag).

2218 (entfallen)

c) Vollstreckung in Rechte des Schuldners

aa) Antrag auf Vorpfändung (§ 845 ZPO)

2219 Bereits unmittelbar nach der Urteilsverkündung und bereits vor Erteilung einer vollstreckbaren Ausfertigung kann der Gläubiger die Vorpfändung eines Rechts des Schuldners beantragen. **Voraussetzung** ist nur die Existenz eines vollstreckbaren Zahlungstitels, dass der Gläubiger ihn bereits in Besitz hat, ist genauso wenig erforderlich wie eine Klausel oder eine Zustellung des Titels an den Schuldner.

> Die Vorpfändung bietet damit die rascheste Sicherung des titulierten Anspruchs, wahrt den Rang in der Zwangsvollstreckung und kompensiert so mögliche Verzögerungen, die im Verfahren nach § 829 ZPO entstehen.
>
> Möglich, meist aber nicht zu empfehlen, ist die Anfertigung der Benachrichtigung mit der Aufforderung durch den Gläubiger selbst. Da der Gerichtsvollzieher für die Zustellung ohnehin eingeschaltet werden muss, liegt es nahe, ihm auch die Anfertigung der Erklärung zu überlassen (§ 845 Abs. 1 Satz 2 ZPO).

2220 > **Praxistipp:**
>
> Zur vollen Ausnutzung des in § 845 ZPO liegenden Beschleunigungspotenzials sollte der Antrag unmittelbar nach Urteilsverkündung per Telefax gestellt werden.

2221 Erforderlich ist ein **Antrag** an den Gerichtsvollzieher, der auch auf die Anfertigung der Erklärung gerichtet ist. Er muss die zu vollstreckende Forderung und den Titel bezeichnen und die zu pfändende Forderung so genau wie möglich beschreiben. Der Gerichtsvollzieher fügt dann die

Benachrichtigung hinzu, dass die Pfändung bevorstehe und fordert den Drittschuldner auf, nicht an den Schuldner zu zahlen, den Schuldner, nicht über die Forderung zu verfügen. Die Erklärung wird dem Schuldner und dem Drittschuldner zugestellt.

> Zur Auskunft dem Gläubiger gegenüber ist der Drittschuldner aufgrund des vorläufigen Zahlungsverbots (noch) nicht verpflichtet, hierzu praktisch häufig aber freiwillig bereit.

Die Vorpfändung **bewirkt** eine auflösend bedingte Arrestpfändung (§ 930 ZPO). Sie verliert diese (und damit jede) Wirkung, wenn nicht innerhalb eines Monats ab Zustellung an den Drittschuldner die Vollpfändung nach § 829 ZPO bewirkt wird. 2222

▶ Praxistipp: 2223

> Zur Wahrung der Rechte aus einer Vorpfändung muss die Vollpfändung binnen eines Monats nachgeholt werden.

Der **Drittschuldner** ist nach der bloßen Vorpfändung zur Abgabe der Drittschuldnererklärung (unten Rdn. 2239) nicht verpflichtet. Dennoch kann es sinnvoll sein, ihn hierzu bereits aufzufordern, da viele Drittschuldner bereits in diesem Stadium zur Auskunftserteilung bereit sind und damit unnötiger Aufwand vermieden werden kann. 2224

bb) Antrag auf Erlass Pfändungs- und Überweisungsbeschluss

Für das Pfändungsgesuch ist zwischenzeitlich ein verbindlicher Vordruck eingeführt (§ 2 VO des BMJ über Formulare für die Zwangsvollstreckung vom 01.09.2012). 2225

> Regelmäßig werden Pfändung und Überweisung der Forderung gleichzeitig beantragt. Geht dies nicht, etwa weil aus einem Arrest vorgegangen wird oder nur eine Sicherungsvollstreckung nach § 720a ZPO erfolgen soll, bedarf es nach der Pfändung eines gesonderten Antrags auf Überweisung der Forderung.

Zu bezeichnen sind die Parteien und die Vollstreckungsforderung, Letztere auch der Höhe nach in Form einer Forderungsaufstellung nach (zu belegenden) Kosten, Zinsen und Hauptsache. Soll nur ein Teil oder der Rest der titulierten Forderung beigetrieben werden, muss dieser eindeutig bezeichnet sein. 2226

Besonderer Sorgfalt bedarf die Angabe der zu pfändenden **Forderung** nach Anspruchsgrund und Drittschuldner so genau, dass sie von allen anderen denkbaren Forderungen abgegrenzt (BGH NJW 1988, 2543) und die Angaben in den Pfändungsbeschluss übernommen werden können. Bei der Pfändung wiederkehrender Leistungen muss angegeben werden, für welchen Zeitraum die Pfändung erfolgen soll. Soweit die Angabe der zu pfändenden Forderung das Vollstreckungsgericht zudem in die Lage versetzen soll, das Bestehen der Forderung zu überprüfen, sind an diese Substantiierung keine allzu hohen Anforderungen zu stellen (*Gottwald* § 829 Rn. 27). Gepfändet werden können auch Forderungen, von denen dem Gläubiger Einzelheiten nicht bekannt sind, möglicherweise sogar Forderungen, deren Bestehen der Gläubiger nicht positiv kennt. Unzulässig ist lediglich die Pfändung bloß »ins Blaue hinein« behaupteter Forderungen ohne jeden konkreten Anhaltspunkt. 2227

> Das Zwangsvollstreckungsrecht erlaubt damit, anders als etwa das Beweisrecht im Erkenntnisverfahren, bewusst auch einen Vortrag auf Verdacht, eine »Ausforschungspfändung«.

Wichtigster Fall der Forderungspfändung ist die Pfändung von **Arbeitseinkommen** nach §§ 850 ff. ZPO. 2228

> Hier muss der Gläubiger die im Einzelfall oft schwierige Berechnung des pfändbaren Teils des Einkommens (§ 850c ZPO) nicht selbst vornehmen. Es genügt, wenn er insoweit pauschal Bezug nimmt auf die Tabelle zu § 850c ZPO. Die Berechnung erfolgt durch das Vollstreckungsgericht oder obliegt vielmehr dem Drittschuldner, der sich dabei auf die Angaben des Schuldners – insbesondere in der Lohnsteuerkarte – verlassen darf. Das Einkommen des Schuldners ist dabei in den absolut unpfändbaren Sockelbetrag (§§ 850d Abs. 1

Satz 2, 850 f Abs. 2 ZPO), den nur für privilegierte Gläubiger pfändbaren Zwischenbetrag (§§ 850d Abs. 1, 850 f ZPO) und den allgemein pfändbaren Betrag zu unterteilen.

Ist das Arbeitseinkommen unverhältnismäßig gering (meist direkt unterhalb der Pfändungsfreigrenze), liegt es nahe zu prüfen, ob es teilweise verschleiert wird (§ 850h ZPO). Gepfändet werden kann dann eine ortsübliche Vergütung. Deren Höhe muss der Gläubiger allerdings im Einziehungsprozess gegen den Drittschuldner darlegen und beweisen.

Mitgepfändet werden sollte stets der Anspruch auf Herausgabe der letzten Lohnabrechnungen nach § 836 Abs. 3 ZPO (BGH MDR 2007, 50; BGH MDR 2007, 607; unten Rdn. 2236). Auch wenn dies zur Feststellung der Höhe des Lohns nicht erforderlich ist, ergeben sich daraus häufig Anhaltspunkte für andere pfändbare Vermögenswerte (vermögenswirksame Leistungen, Sparverträge, Kontoverbindungen).

2229 Gepfändet werden können alle Arten von **Geldforderungen**, auch bedingte, betagte, oder künftige, selbst öffentlich-rechtliche. In Betracht kommen praktisch insbesondere (umfangreiche Literaturnachweise bei *Gottwald* § 829 Rn. 172 ff.) Rechte:

— **Anwartschaftsrechte**, wobei es hier zusätzlich der Pfändung der Sache bedarf, die dann verwertet werden kann.

— Guthaben auf **Bankkonten**; dabei werden automatisch die Auskunfts- und Rechnungslegungsansprüche mit erfasst, sodass die Bank zur Offenlegung der Kotenguthaben verpflichtet ist. Wird ein Girokonto in Form eines Kontokorrents geführt, sind nur die Rechnungsabschlüsse, nicht die Einzelforderungen pfändbar (§ 357 HGB). Ist indes dem Kontoinhaber – wie regelmäßig – das Recht eingeräumt, zwischen den Abschlüssen über ein Guthaben zu verfügen, dann kann dieser Anspruch auf Auszahlung des Guthabens gepfändet werden (BGHZ 84, 371). Gepfändet werden kann auch die noch offene Kreditlinie eines Dispositions- oder Überziehungskredits (BGH NJW 2001, 1937). Ist ein Sparbuch ausgestellt, kann dieses zusätzlich nach § 836 Abs. 3 Satz 2 ZPO gepfändet werden.

Auch wenn das Konto allein auf den Schuldner lautet, kommt es vor, dass über das Konto auch Beträge laufen, die Dritten zustehen. Die entsprechende bloße Behauptung des Schuldners oder des Dritten sollte den Gläubiger zwar nicht zur vorschnellen Freigabe des Geldes, wohl aber zur sorgfältigen Prüfung veranlassen. Kann der Dritte seine Berechtigung im Rahmen einer Klage nach § 771 ZPO beweisen, trifft den Gläubiger die Kostenlast.

Soweit auf dem Konto Sozialleistungen eingehen, sind diese sieben Tage lang unpfändbar. Insoweit bedarf es nicht einmal eines Freigabebeschlusses des Vollstreckungsgerichts, die Bank ist verpflichtet, Verfügungen des Schuldners über das Geld nachzukommen, den Betrag auszubezahlen (§ 55 SGB I). Befindet sich das Geld nach Ablauf der 7-Tages-Frist noch auf dem Konto, unterfällt es der Pfändung und steht dem Gläubiger zu. Umgekehrt erfasst der Pfändungsschutz des Schuldners Sozialleistungen auch dann, wenn diese auf dem Konto eines Dritten eingehen (BGH MDR 2007, 1217).

— Guthaben bei Abrechnungsstellen von **Kreditkartenfirmen**; dies empfiehlt sich, wenn der Schuldner etwa aus dem Betrieb eines Gewerbes Zahlungen von Kunden über Kreditkarten erhält. Zur Auskunft über solche Guthaben ist der Schuldner (nicht der Drittschuldner!) nach § 836 Abs. 3 ZPO verpflichtet.

— **Bausparguthaben** können zwar gepfändet, jedoch erst nach Zuteilung oder Kündigung verwertet werden; weitere Einschränkungen können sich aus der Zweckgebundenheit der Bausparsumme ergeben.

— **Erbausgleichs- oder Erbersatzansprüche** (§§ 1934a, 1934d BGB) sind erst nach ihrer Entstehung pfändbar;

- **Miet- und Pachtforderungen** sind grundsätzlich pfändbar, sollen zukünftige Leistungen erfasst werden, ist dies besonders zu beantragen.

  Auf Antrag des Schuldners sind Unterhaltungs- und notwendige Instandsetzungskosten von der Pfändung auszunehmen. Einen gesetzlich geschützten Mindestbetrag gibt es nicht, auch nicht, wenn der Schuldner aus den Einnahmen seinen Unterhalt bestreitet (BGH NJW 2005, 681).

- **Kautionsrückzahlungsansprüche** des Mieters können gepfändet werden, lassen sich aber erst bei Beendigung des Mietverhältnisses und nur in der nach Abzug der Vermieteransprüche verbleibenden Höhe realisieren.

  Ist ein Kautionssparbuch angelegt, muss der Anspruch auf dessen Herausgabe mitgepfändet werden (§ 836 Abs. 3 ZPO).

- **Zukünftige Renten** (Anwartschaften) sind nach h. M. grundsätzlich pfändbar (BGH NJW 2003, 1457 m. w. N.), unterfallen aber dem Pfändungsschutz aus § 850b ZPO und den pauschalierten Pfändungsfreigrenzen des § 850c ZPO.

- Für die Pfändung von **Sozialleistungen** sind die Sonderregelungen der §§ 54 f. SGB I zu beachten, die einen den §§ 850 ff. ZPO vergleichbaren Pfändungsschutz gewähren.

  Sozialhilfeleistungen sowie Leistungen nach dem Bundeserziehungsgesetz sind unpfändbar (§§ 54 Abs. 1, 4 SGB I i. V. m. § 17 Abs. 1 Satz 2 SGB XII, § 54 Abs. 3 Nr. 1 SGB I). Dies gilt auch, wenn diese zusammen mit anderen Einkünften die Pfändungsfreigrenze übersteigen (BGH NJW-RR 2005, 1010). Zur Pfändbarkeit auf einem Konto siehe oben, zum Vollstreckungsschutz nach § 850k ZPO BGH MDR 2007, 608.

- **Steuerrückerstattungsansprüche** gegen Private (Arbeitgeber) können ohne jede Einschränkung, Ansprüche gegen Finanzbehörden nur im Rahmen des § 46 AO (d. h., wenn sie entstanden sind) gepfändet werden.

  Steuerrückerstattungsansprüche entstehen erst mit Beginn des Folgejahres; zuvor erfolgte Pfändungen (auch Vorpfändungen!) sind wirkungslos. Will der Gläubiger anderen Gläubigern zuvorkommen, kann der Antrag auf Erlass eines Zahlungsverbots noch im alten Jahr gestellt, der Gerichtsvollzieher aber mit einer Zustellung erst im neuen Jahr beauftragt werden.

  Gepfändet werden können Steuerrückerstattungsansprüche auch, wenn der Schuldner zusammen mit seinem Ehegatten veranlagt wird. Das Finanzamt muss dann eine Aufteilung zwischen den Ehegatten vornehmen und den auf den Schuldner entfallenden Teil an den Gläubiger abführen.

- **Versicherungsleistungen** können auch schon dem Eintritt des Versicherungsfalls gepfändet werden, soweit sie nicht bloß auf Befreiung gehen (Rechtsschutz- und Haftpflichtversicherung).

  Lebensversicherungsleistungen auf den Todesfall sind bis zu 3 579 € (»Beerdigungskosten«) unpfändbar (§ 850b Abs. 1 Nr. 4 ZPO). Eine Kapitallebensversicherung ist nicht deswegen unpfändbar, weil der Versicherungsnehmer statt einer Kapitalleistung eine Versorgungsrente wählen kann (BFH RPfl 2007, 672).

  Gepfändete Versicherungen können vom Gläubiger gekündigt werden. Dazu muss er das Bezugsrecht (den Begünstigten) der Versicherung gegenüber ändern (Muster bei *Rothenbacher/Dörndorfer* Rn. 86). Zur Auszahlung benötigt der Gläubiger die Police im Original, die deswegen nach § 836 Abs. 3 ZPO mitgepfändet werden muss. Findet sie sich nicht, wird ein Aufgebotsverfahren erforderlich (§§ 433 ff. FamFG). Der oft geringe Erlös kann es angezeigt erscheinen lassen, die Versicherung durch Leistungen des Schuldners weiter laufen zu lassen. Auch soweit solche Rechte eine zeitnahe Befriedigung nicht erwarten lassen, bewirkt der damit verbundene Druck auf den Schuldner häufig eine Erfüllung.

- Ist der Schuldner an einer **Gesellschaft beteiligt**, kann der daraus erzielte Gewinnanteil gepfändet werden.

  Dies ist regelmäßig unabhängig von der Gesellschaftsform unproblematisch. Ungleich schwieriger ist der Zugriff auf den Gesellschaftsanteil selbst. Dieser erfolgt je nach Gesellschaftsform aus § 857 ZPO (GmbH) oder aus § 859 ZPO (GbR). Hier ergeben sich zahlreiche gesellschaftsrechtliche Besonderheiten, die sich einer Darstellung im Rahmen des vorliegenden Überblicks entziehen.

2230 Gepfändet werden kann auch der **Miteigentumsanteil** des Schuldners an einer Sache (§§ 741 ff., 1008 BGB).

Bei beweglichen Sachen richtet sich die Pfändung nach §§ 829, 857 Abs. 1 ZPO. Mitgepfändet werden die Ansprüche auf Aufhebung der Gemeinschaft (§ 749 Abs. 1 BGB) sowie auf Zustimmung zur Teilung und Auszahlung des Erlöses (§§ 752, 753, 1233 ff. BGB). Die Sache kann dann durch den Gerichtsvollzieher verwertet werden.

Bei unbeweglichen Sachen finden die Regeln der Immobiliarvollstreckung (§§ 864 Abs. 2, 866 ZPO) Anwendung (Zwangssicherungshypothek, Zwangsversteigerung, Zwangsverwaltung). Zusätzlich besteht auch hier die Möglichkeit einer Aufhebung der Gemeinschaft und Teilungsversteigerung (§§ 180 ff. ZVG; BGH MDR 2006, 832).

2231 **Beizufügen** ist dem Pfändungsantrag die vollstreckbare Ausfertigung des Titels, der Zustellungsnachweis, ggf. auch Nachweise zum Vorliegen besonderer Vollstreckungsvoraussetzungen. Wird der Antrag durch einen Vertreter gestellt, muss dieser seine Vertretungsmacht nachweisen, wobei für Rechtsanwälte die Erleichterung des § 88 ZPO gilt (vgl. oben Rdn. 2198).

cc) Weitere Anträge

2232 Der Umfang des Vollstreckungsschutzes für den Schuldner hängt zumindest teilweise auch von Anträgen der Beteiligten ab. In Betracht kommen dabei:

– Der Antrag eines Unterhaltsgläubigers auf eine von der gesetzlichen Regelung **abweichende Festsetzung des Rangverhältnisses** der Unterhaltsberechtigten nach § 850d Abs. 2 lit. a ZPO;

– Der Antrag des Gläubigers auf **Nichtberücksichtigung eines** dem Schuldner gegenüber **Unterhaltsberechtigten** mit eigenem Einkommen nach § 850c Abs. 4 ZPO;

Hierbei ist nicht auf feste Berechnungsgrößen abzustellen, sondern auf alle Umstände des Einzelfalles (BGH NJW-RR 2005, 795), die deswegen zur Begründung des Antrags möglichst umfassend vorzutragen sind. Dementsprechend wirkt eine entsprechende Anordnung des Vollstreckungsgerichts auch nur zugunsten des Antragstellers, nicht auch zugunsten anderer Gläubiger.

Entsprechende Anwendung findet § 850c Abs. 4 ZPO, wenn der Schuldner bestehenden Unterhaltsverpflichtungen nicht in vollem Umfang nachkommt (BGH MDR 2007, 973), nicht jedoch, wenn überhaupt kein Unterhalt bezahlt wird (Zöller/*Stöber* § 850c Rn. 5).

– Der Antrag des Gläubigers auf **Herabsetzung des unpfändbaren Betrags** nach § 850 f Abs. 2, 3 ZPO;

– Der Antrag eines Unterhaltsgläubigers auf Verrechnung der Differenz zwischen dem **notwendigen Unterhalt** und dem allgemeinen Pfändungsfreibetrag nach § 850e Nr. 4 ZPO.

2233 Zu bedenken ist auch, inwieweit eine Pfändung als bevorrechtigter Gläubiger nach § 850d ZPO oder eine Pfändung **verschleierten Arbeitseinkommens** nach § 850h ZPO in Betracht kommt.

2234 Ist die Einziehung der Forderung mit Schwierigkeiten verbunden (z. B., weil sie bedingt, betagt oder von einer Gegenleistung abhängig ist), kann der Gläubiger anstelle der Überweisung eine **andere Form der Verwertung** beantragen (§ 844 Abs. 1 ZPO).

Relevant ist dies bei Forderungen, die nicht auf Geldzahlung gerichtet sind.

2235 ▶ Beispiel:

Ist der Gesellschaftsanteil einer GmbH gepfändet worden, kann dieser durch öffentliche Versteigerung oder freihändigen Verkauf verwertet werden.

2236 Mitgepfändet werden können auch **Nebenrechte und Unterlagen**, die zur Durchsetzung des Rechts erforderlich sind (§ 836 Abs. 3 ZPO). Dies kann bereits im Pfändungs- und Überweisungsbeschluss geschehen (BGH MDR 2007, 50).

Herausverlangt werden können mit dem Pfändungs- und Überweisungsbeschluss nur Urkunden, die den Bestand der Forderung beweisen, nicht auch solche, die die Werthaltigkeit der Forderung beweisen. Erteilt der Schuldner die zur Geltendmachung des Anspruchs erforderlichen Auskünfte nicht, kann der Gläubiger ihn zur Abgabe einer eidesstattlichen Versicherung vor dem Gerichtsvollzieher zwingen (§ 836 Abs. 3 ZPO).

▶ Beispiel: 2237

Bei der Pfändung von Lohn- und Gehaltsansprüchen können die Abrechnungen der letzten drei Monate, der Arbeitsvertrag und vorrangige Pfändungs- und Abtretungsunterlagen herausverlangt werden.

Bei der Pfändung von Transferleistungen kann der Leistungsbescheid herausverlangt werden.

Bei der Pfändung von Mietansprüchen kann der Mietvertrag einschließlich aller Nachträge (Mieterhöhungen) verlangt werden.

Bei der Pfändung von Bankkonten können die Vertragsunterlagen, die Kontoauszüge der letzten zwei Monate verlangt werden.

Regelmäßig wird das Vollstreckungsgericht im Antrag ersucht, den Beschluss zum Zwecke der Zustellung **an den zuständigen Gerichtsvollzieher weiterzuleiten**; dies erspart einen eigenen Antrag des Gläubigers. 2238

dd) Drittschuldnererklärung

Mit der Zustellung des Pfändungs- und Überweisungsbeschlusses an den Drittschuldner (die ebenfalls erforderliche Zustellung an den Schuldner ist hierfür ohne Bedeutung) wird die Pfändung wirksam. Der Gläubiger erwirbt das Recht, die Forderung im eigenen Namen geltend zu machen (§ 804 Abs. 1 ZPO), der Schuldner verliert sein Recht, über den Anspruch zu verfügen (§ 829 Abs. 1 Satz 2 ZPO), dem Drittschuldner wird verboten, an den Schuldner zu zahlen (§ 829 Abs. 1 Satz 1 ZPO). 2239

Der Drittschuldner ist verpflichtet, dem Gläubiger mitzuteilen (»**Drittschuldnererklärung**«), 2240
– ob und inwieweit er die Forderung als begründet anerkenne und zur Zahlung bereit sei,
– ob und welche Ansprüche andere Personen an die Forderung erheben und
– ob und in welcher Höhe die Forderung bereits für andere Gläubiger gepfändet sei.

Die Erklärung kann dem zustellenden Gerichtsvollzieher gegenüber oder in einem separaten Schreiben binnen **zwei Wochen** abgegeben werden. 2241

Erklärt sich der Drittschuldner zur Leistung bereit, liegt hierin **kein Anerkenntnis** i. S. d. § 781 BGB. Es wird kein selbstständiger Rechtsgrund geschaffen, dem Drittschuldner bleiben alle Einwendungen gegen die gepfändete Forderung erhalten. Allerdings kehrt sich insoweit die Beweislast zu seinen Lasten um. Dagegen handelt es sich bei der Drittschuldnererklärung um ein Anerkenntnis i. S. d. § 212 Abs. 1 Nr. 1 BGB, sodass es die Verjährungsfrist neu in Gang setzt. 2242

Ergibt die Auskunft die Abtretung an einen Dritten, sollte diese **kritisch hinterfragt**, insbesondere geprüft werden, ob sie nicht anfechtbar ist (§§ 3 anfG, 138 InsO). 2243

▶ Praxistipp: 2244

Wird die Drittschuldnererklärung nicht abgegeben, kann der Gläubiger den Drittschuldner sofort auf Leistung in Anspruch nehmen. Es bedarf insoweit keiner Mahnung oder sonstigen Aufforderung, erfolgt eine solche dennoch, sind hierdurch veranlasste Kosten nicht erstattungsfähig (BGH NJW-RR 2006, 1566).

Weitergehende Auskunfts- oder Mitwirkungspflichten hat der Drittschuldner nicht. Ansprüche des Gläubigers bestehen insoweit indes gegen den Schuldner. 2245

2246 ▶ **Praxistipp:**

Nicht der Drittschuldner, sondern der Schuldner ist verpflichtet, dem Gläubiger die zur Durchsetzung des gepfändeten Anspruchs erforderlichen Informationen und Unterlagen zu geben (§ 836 Abs. 3 ZPO).

Hierzu ist der Schuldner dem Gläubiger gegenüber verpflichtet, praktisch bedarf es dazu regelmäßig einer besonderen Aufforderung. Kommt er dieser Verpflichtung nicht nach, kann der Gläubiger beantragen, dass der Schuldner die Erklärung zu Protokoll gibt und seine Angaben an Eides statt versichert.

Zu den herauszugebenden Unterlagen gehören z. B. Vertragsurkunden, Schuldscheine, Abtretungserklärungen, Sparbücher, Verdienstabrechnungen, Versicherungspolicen, Kfz-Papiere oder Beweisurkunden. Sie können aufgrund des ursprünglichen Zahlungstitels ohne besondere Herausgabeanordnung vom Gerichtsvollzieher dem Schuldner weggenommen und dem Gläubiger übergeben werden.

Anträge nach § 836 Abs. 3 ZPO können – soweit sie konkretisierbar sind – bereits im Antrag auf Erlass eines Pfändungs- und Überweisungsbeschlusses gestellt werden (BGH JurBüro 2006, 547). Sinnvoll sein kann das Auskunftsverlangen sein in Bezug auf alle Umstände des gepfändeten Anspruchs (Grund, Höhe, Fälligkeit, Leistungsort, Titulierung, Beweismittel, Einwendungen und Einreden), aber auch in Bezug auf sonstige pfändungsrelevante Umstände (Einkünfte unterhaltberechtigter Personen, vorrangige Pfändungen und Abtretungen).

Gibt der Schuldner die verlangte Auskunft nicht freiwillig, kann der Gerichtsvollzieher mit einer Vorladung und der Abnahme der eidesstattlichen Versicherung beauftragt werden (§ 836 Abs. 3 ZPO). Eine Verletzung der Auskunftspflicht macht den Schuldner dem Gläubiger gegenüber schadensersatzpflichtig (§ 840 Abs. 2 Satz 2 ZPO).

d) Vollstreckung in das unbewegliche Vermögen des Schuldners

2247 Gegenstände der **Immobiliarvollstreckung** sind Grundstücke, wobei neben dem Volleigentum auch Miteigentumsanteile (nach § 1008 BGB oder nach dem WEG) und Erbbaurechte hieran relevant sind (§ 864 ZPO).

Ebenfalls darunter fallende Rechte an im Schiffsregister eingetragenen Schiffe und landesrechtliche grundstücksgleiche Rechte nach Art. 69, 196 EGBGB (z. B. Fischereirecht) sind praktisch kaum von Bedeutung.

2248 Die Immobiliarvollstreckung erfolgt durch Eintragung einer **Sicherungshypothek** für die Forderung, durch **Zwangsversteigerung** und durch **Zwangsverwaltung**, die allein oder nebeneinander ausgeführt werden (§ 866 ZPO).

Mit der Hypothek erhält der Gläubiger ein dingliches Sicherungsrecht (§§ 1113, 1184 BGB), kraft dessen er vom Eigentümer Duldung der Zwangsvollstreckung verlangen kann (§ 1147 BGB). Bei einer Verwertung des Grundstücks geht er damit bloß persönlichen Gläubigern vor (§ 10 Abs. 1 Nr. 4, 5 ZVG).

Eine Befriedigung erfolgt erst bei der Verwertung des Grundstücks in Form der Zwangsversteigerung. Bei der Verteilung des Erlöses gehen die Ansprüche besser berechtigter Gläubiger vor, soweit diese nicht nach § 1179a BGB gelöscht wurden. Anstelle der Zwangsversteigerung kann der Gläubiger bei wirtschaftlich genutzten Grundstücken eine Zwangsverwaltung betreiben, die dem Gläubiger Befriedigung aus den Nutzungen bringt und dem Schuldner das Eigentum belässt (§ 155 ZVG).

aa) Antrag auf Eintragung einer Sicherungshypothek

2249 § 867 Abs. 1 Satz 1 ZPO macht die Eintragung einer Sicherungshypothek von einem **Antrag** des Gläubigers abhängig. Das Eintragungsverfahren richtet sich nach der GBO.

Zuständig für die Eintragung ist damit das Grundbuchamt, in dessen Bezirk sich das zu belastende Grundstück befindet (§§ 1, 2 Abs. 1 GBO). Nach § 13 GBO muss der Antrag schriftlich oder zu Protokoll der Geschäftsstelle gestellt werden und das Grundstück, zu dessen Lasten die Eintragung erfolgen soll, grundbuchmäßig (Amtsgericht, Gemarkung, Band, Blatt, lfd. Nummer des Bestandsverzeichnisses) bezeichnen (§ 28 GBO). Außerdem muss der zu vollstreckende Geldbetrag (mindestens 750 €, unten Rdn. 2250) angegeben werden, wobei es einer detaillierten Forderungsaufstellung nicht bedarf. Sollen mehrere Grundstücke belastet werden, muss die Forderung auf diese verteilt werden (§ 867 Abs. 2 ZPO). Zulässig ist die

Belastung mehrerer Grundstücke mit der gleichen (unaufgeteilten) Forderung, wenn sie im Eigentum verschiedener Gesamtschuldner stehen (BayObLG RPfl 1991, 53). Besteht am gleichen Grundstück bereits eine rechtsgeschäftliche Hypothek des Gläubigers, fehlt es am Rechtsschutzbedürfnis für die Eintragung einer zusätzlichen Zwangshypothek.

Wird der Antrag von dem Rechtsanwalt gestellt, genügt – in Abweichung von § 29 GBO – dessen Prozessvollmacht, die bei einer Fortdauer der Vertretung aus dem Erkenntnisverfahren nicht neu nachzuweisen ist (§§ 80, 81 ZPO).

Die nach § 19 GBO erforderliche **Eintragungsbewilligung** des Eigentümers wird durch den Vollstreckungstitel ersetzt. Deswegen ist dem Antrag die vollstreckbare Ausfertigung des Titels beizufügen, wobei der darin bezeichnete Schuldner mit dem Eigentümer der Immobilie identisch sein muss (§ 39 GBO). Nachgewiesen werden muss zudem die Zustellung des Titels sowie – erforderlichenfalls – das Vorliegen besonderer Vollstreckungsvoraussetzungen. 2250

Der Titel muss dabei auf Zahlung eines Geldbetrags von mindestens 750 € lauten, wobei eine Addition mehrerer titulierter Forderungen genügt (§ 866 Abs. 3 ZPO). Ein Duldungstitel reicht nur, wenn er nach dem AnfG erwirkt wurde und der Eintragung der Sicherungshypothek auf einem schuldnerfremden Grundstück dient.

Mit der **Eintragung** an nächstbereiter Stelle entsteht die Zwangshypothek in Form einer Buchhypothek (§§ 867 Abs. 1 Satz 2 ZPO; 1184 Abs. 2 BGB). Sie wird auf dem Vollstreckungstitel vermerkt. 2251

Der Gläubiger hat damit neben seinem obligatorischen Anspruch auch einen dinglichen Anspruch. Aus beiden kann er die Zwangsvollstreckung betreiben, wobei der dingliche Anspruch den besseren Rang sichert (§ 10 Abs. 1 Nr. 4 ZVG). Wird die Zwangsversteigerung aus der Zwangshypothek betrieben, erlischt Letztere mit dem Zuschlag, bei einer Zwangsversteigerung aufgrund der persönlichen Ansprüche bleibt die Zwangshypothek bestehen (§ 52 Abs. 1 ZVG).

Wegen der Besonderheiten der aufgrund eines Arrests einzutragenden Sicherungshypothek (»Arresthypothek«, § 932 ZPO) unten Rdn. 2292. 2252

bb) Weitere Anträge

Will der Gläubiger später eine Befriedigung seiner Forderung, muss er die **Zwangsversteigerung** des Grundstücks nach dem ZVG beantragen. 2253

Die vorangegangene Sicherungshypothek aus § 867 ZPO macht dabei den sonst erforderlichen Duldungstitel entbehrlich. Insoweit genügt die Vorlage des vollstreckbaren Zahlungstitels mit dem Vermerk über die Eintragung der Sicherungshypothek (§ 867 Abs. 23 ZPO). Der Gläubiger erspart damit Zeit und Kosten. 2254

▶ Praxistipp: 2255

Ist mangels Sicherungshypothek zur Zwangsversteigerung ein Duldungstitel erforderlich, sollte der Schuldner vor Klageerhebung zunächst zur Errichtung einer vollstreckbaren Urkunde nach § 794 Abs. 1 Nr. 5 ZPO aufgefordert werden, da andernfalls ein sofortiges Anerkenntnis mit der Kostenfolge des § 93 ZPO droht.

4. Vollstreckung sonstiger Titel

a) Herausgabe

Eine bestimmte bewegliche Sache (§ 883 ZPO) oder eine bestimmte Menge vertretbarer Sachen (§ 884 ZPO) wird dem Schuldner vom Gerichtsvollzieher **weggenommen** und dem Gläubiger übergeben. 2256

Erforderlich ist damit ein **Vollstreckungsauftrag** an den Gerichtsvollzieher: diesbezüglich kann auf die entsprechenden Ausführungen Bezug genommen werden (oben Rdn. 2193; Muster bei *Gottwald* § 883 Rn. 16, 17; § 885 Rn. 28). Die herauszugebende Sache muss bereits im Titel hinreichend individualisiert sein, einer erneuten Konkretisierung im Vollstreckungsauftrag bedarf es deswegen nicht. Weiß der Gläubiger um den Aufbewahrungsort der Sache, kann er den Gerichtsvollzieher hierauf hinweisen. 2257

2258 ▶ **Praxistipp:**

Bestehen trotz der Individualisierung der Sache im Titel Schwierigkeiten, diese zu identifizieren, kann der Gläubiger seine Teilnahme an der Vollstreckung und seine Mithilfe beim Auffinden der Sache anbieten.

Der Titel muss auf eine Herausgabe gerichtet sein, jedoch nicht unbedingt darauf lauten. Ausreichend ist auch eine Verpflichtung zur »Vorlage« einer Urkunde, zumindest entsprechend kann § 883 ZPO auf die Verpflichtung zur »Hinterlegung« einer Sache angewandt werden, weil hier zwar eine Wegnahme beim Schuldner, nicht jedoch eine Übergabe an den Gläubiger erfolgt (MüKoZPO/*Gruber* § 883 Rn. 6). Die Herausgabe eines Kindes erfolgt nicht nach § 883 ZPO, sondern nach § 33 FGG (§§ 88 ff. FamFG).

Wie bei jeder Wegnahme prüft der Gerichtsvollzieher bei der Vollstreckung nur den Gewahrsam des Schuldners, nicht die Eigentumslage. Findet er die Sache nicht vor, ist er zu Nachforschungen über deren Verbleib nicht verpflichtet. Ist die Sache im Gewahrsam eines Dritten, kann dieser sie freiwillig herausgeben, andernfalls muss der Gläubiger den Herausgabeanspruch des Schuldners gegen den Dritten nach § 829 ZPO pfänden (§ 886 ZPO).

2259 Der Gläubiger kann dann eine **Offenbarungsversicherung** nach § 883 Abs. 2 - 4 ZPO verlangen. Hierzu bedarf es eines weiteren Antrags, in dem durch Vorlage des Protokolls über den erfolglosen Vollstreckungsversuch des Gerichtsvollziehers nachzuweisen ist, dass die Sache nicht vorgefunden wurde.

Erforderlich hierbei ist, dass der Herausgabetitel nicht vollstreckt werden kann, weil die Sache vom Gerichtsvollzieher nicht vorgefunden wird. Möglich ist diese Form der eidesstattlichen Versicherung auch, wenn beim Schuldner Urkunden über eine gepfändete Forderung nicht auffindbar sind, zu deren Herausgabe er nach § 836 Abs. 3 ZPO verpflichtet ist (*Rothenbacher/Dörndorfer* Rn. 125).

2260 Praktisch wichtigster Fall der Herausgabevollstreckung ist die Räumung und Herausgabe von **Wohnraum**, die sich nach § 885 ZPO richtet.

Ist dem Schuldner eine Räumungsfrist bewilligt worden (§§ 721, 794a, 765a ZPO), muss diese bei der Vollstreckung (nicht bereits bei Erteilung des Vollstreckungsauftrags) abgelaufen sein. Einer zusätzlichen richterlichen Durchsuchungsanordnung für die Wohnung bedarf es nicht (§ 758a Abs. 2 ZPO), dies gilt nach h. M. auch dann, wenn nicht aus einem Urteil vollstreckt wird.

Praktisch häufigstes Problem ist die Frage, gegen wen die Räumung betrieben werden kann. Grundsätzlich ist dies nur die im Titel namentlich bezeichnete Person.
– Wird die Wohnung von Ehegatten bewohnt, sind sie Mitbesitzer, sodass es eines Titels gegen beide grundsätzlich auch dann bedarf, wenn der Mietvertrag nur von einem Ehegatten abgeschlossen wurde (BGHZ 159, 383). Etwas anderes gilt allenfalls, wenn der nachträgliche Einzug des Ehegatten dem Vermieter nicht mitgeteilt wurde.
– Dass für die nichteheliche Lebensgemeinschaft und andere Formen häuslicher Gemeinschaften (Wohngemeinschaft) nichts anderes gelten kann, wird von der (noch) h. M. zu Unrecht in Abrede gestellt (AG Hildesheim DGVZ 2003, 93; wie hier OLG Köln MDR 1997, 782).
– Minderjährige Kinder haben keinen Mitbesitz an der Wohnung, gegen sie ist deswegen ein Titel nicht erforderlich. Nach OLG Hamburg NJW-RR 1991, 909 soll dies auch für noch in der Wohnung lebende erwachsene Kinder gelten.
– Ob andere, dauerhaft in der Wohnung lebende erwachsene Angehörige des Mieters (Eltern Geschwister) als Mitbesitzer anzusehen sind, gegen die ein eigener Titel erforderlich ist, ist Frage des Einzelfalles. Vorübergehend in der Wohnung anwesende Besucher haben kein eigenes Besitzrecht, sie sind zur Räumung auch ohne eigenen Titel verpflichtet.
– Gegen Untermieter kann aus einem Titel gegen den Hauptmieter die Räumung nicht betrieben werden, es sei denn, der Vermieter kannte die Untervermietung nicht.

Der Gerichtsvollzieher fordert regelmäßig einen erheblichen Kostenvorschuss vom Gläubiger an (Vollstreckungskosten, § 788 ZPO), bestimmt danach einen Räumungstermin, der dem Schuldner wenigstens drei Wochen vorher mitgeteilt werden muss (§ 180 GVGA), und informiert das Wohnungs- und Sozialamt, um diesem die Möglichkeit zu geben, eine Unterbringung des Schuldners zu organisieren. Die Wohnung wird – unter Beteiligung einer Spedition – geräumt, die Einrichtung, soweit sie nicht selbstständig gepfändet ist, dem Schuldner herausgegeben. Ist der Schuldner zur Übernahme der

Sachen nicht bereit oder in der Lage, werden diese eingelagert. Hier kann der Schuldner sie (gegen Bezahlung noch offener Kosten) innerhalb von zwei Monaten abholen. Nach Ablauf der Frist werden wertlose Sachen vernichtet, Wertsachen verkauft. Ein nach Abzug der Räumungskosten verbleibender Überschuss steht dem Schuldner zu.

▶ Praxistipp:

Hat der Gläubiger noch Zahlungsansprüche, kann und muss er den Auszahlungsanspruch des Schuldners pfänden.

Nur ausnahmsweise Sinn für den Gläubiger macht die Räumungsvollstreckung nach dem »**Berliner Modell**«. Dabei beschränkt er seinen Räumungsauftrag auf die Sachen in der Wohnung, die nicht seinem Vermieterpfandrecht unterfallen, erklärt aber gleichzeitig, dass alle vorhandenen Gegenstände vom Vermieterpfandrecht erfasst werden. Der Gerichtsvollzieher hat dies nicht nachzuprüfen, muss praktisch damit nichts mehr aus der Wohnung entfernen und kann sich auf einen Austausch des Türschlosses beschränken. Die Sachen, die tatsächlich nicht dem Vermieterpfandrecht unterfallen (und das ist wegen § 811 Abs. 1 Nr. 1, 2 ZPO meist die gesamte Habe des Schuldners!), muss der Gläubiger dem Schuldner auf Verlangen herausgeben und deswegen im Zweifel für die Dauer der allgemeinen Verjährung aufbewahren. Eine Verwertung ist genauso wenig möglich, wie eine Vernichtung.

b) Vornahme vertretbarer Handlungen

Zur Vollstreckung des Anspruchs auf Vornahme einer Handlung, die auch durch einen Dritten vorgenommen werden kann, muss der Gläubiger sich vom Prozessgericht **ermächtigen** lassen, die Handlung auf Kosten des Schuldners vornehmen zu lassen (§ 887 ZPO).

Probleme wirft dabei schon die Frage auf, was unter vertretbaren Handlungen zu verstehen ist. Klar ist zunächst, dass die vollstreckungsrechtlich besonders geregelten Handlungen (Zahlung von Geld, Herausgabe von Sachen, Abgabe von Willenserklärungen) nicht hierher gehören, insoweit ein Auffangtatbestand für sonstige Handlungen vorliegt.

Vertretbar ist eine Handlung, wenn das Erfüllungsinteresse des Gläubigers durch einen Dritten erfüllt werden kann. Hierunter fallen
– mechanische Dienstleistungen (Erfüllung oder Mangelbeseitigung; *Quadbeck* MDR 2000, 570) aus Dienst- oder Werkverträgen, wenn es nicht ausnahmsweise auf singuläre Fähigkeiten des Schuldners ankommt;
– die Erteilung von Auskünften oder Abrechnungen (Nebenkostenabrechnung im Mietverhältnis, Provisionsabrechnungen), wenn die tatsächlichen Grundlagen für einen Dritten nachvollziehbar sind;
– die Befreiung von einer Verbindlichkeit (*Geißler* JuS 1988, 452);
– die Entfernung eines Haustieres aus der Wohnung, die Beseitigung von Besitzstörungen (Nachbarrecht).

Der **Antrag** des Gläubigers (Muster bei *Gottwald* § 887 Rn. 25) richtet sich an das Prozessgericht erster Instanz und muss darlegen, dass der Schuldner die titulierte Handlung bislang nicht vorgenommen hat und durch welche Maßnahmen der Gläubiger den geschuldeten Erfolg (vollständig oder bezüglich eines konkret zu bestimmenden Teils) herbeiführen will.

Bei Dauer- oder Mehrfachverpflichtungen muss der Antrag erkennen lassen, welche Handlungen vorgenommen wurden und welche nicht. Die beabsichtigte Ersatzvornahme ist so bestimmt zu bezeichnen, dass nachvollzogen werden kann, ob diese zur Verwirklichung des Rechts geeignet ist. Dabei kann der Gläubiger sich auf die in einem Gutachten aufgelisteten Leistungsbeschreibungen beziehen. Die konkret einzuschaltenden Hilfspersonen müssen nicht benannt werden. Zu empfehlen ist indes eine Abgrenzung dahin, ob die Handlung selbst oder durch einen Dritten vorgenommen werden soll.

Verbunden werden kann der Vollstreckungsantrag mit dem Antrag, den Schuldner in die **Vorauszahlung der Kosten** der Ersatzvornahme zu verurteilen (§ 887 Abs. 2 ZPO). Hierzu bedarf es eines bezifferten Antrags des Gläubigers.

Die Möglichkeit für das Gericht, den Betrag zu schätzen (§ 287 ZPO) enthebt den Gläubiger nicht der Notwendigkeit einer Bezifferung. Der geforderte Betrag muss substantiiert dargelegt werden und in seiner

Berechnung nachvollziehbar sein. Häufig wird es dazu der Einholung eines vorbereitenden Kostenvoranschlags oder Privatgutachtens bedürfen (OLG Köln JurBüro 1997, 159: Mindestvoraussetzung).

Der Kostenvorschuss wird als Zahlungstitel vollstreckt. Nach der Ersatzvornahme ist der Gläubiger verpflichtet, dem Schuldner gegenüber abzurechnen und einen nicht verbrauchten Vorschuss zurück zu erstatten. Reichte der Vorschuss nicht aus, steht ihm ein Nachforderungsrecht zu.

2265 Sinnvoll kann es auch sein, den Vollstreckungsantrag nach § 887 ZPO mit **anderen Anträgen** zu verbinden.

Erfordert die Ersatzvornahme das Betreten der Wohnung des Schuldners, kann die Durchsuchungsanordnung mit beantragt werden.

c) Vornahme unvertretbarer Handlungen

2266 Zur Vollstreckung unvertretbarer Handlungen können dem Schuldner **Rechtsnachteile** angedroht und zugefügt werden, um ihn zur Vornahme der Handlung zu veranlassen (§ 888 ZPO).

Unvertretbar ist eine Handlung, wenn es zur Herbeiführung des geschuldeten Erfolgs die persönliche Mitwirkung des Schuldners unverzichtbar ist. Dazu können ausnahmsweise auch Handlungen gehören, die grundsätzlich anderen Vollstreckungsformen unterfallen: Die Herausgabe einer Sache ist unvertretbare Handlung, wenn nur der Schuldner sie auffinden kann. Die Abgabe einer in einem Prozessvergleich zugesagten Willenserklärung kann (mangels Rechtskraftfähigkeit des Vergleichs) nicht nach § 894 ZPO fingiert, sondern allenfalls nach § 888 ZPO erzwungen werden. Im Übrigen ist insbesondere die Abgrenzung zu den vertretbaren Handlungen Frage des Einzelfalles. Auskunfts- und Rechnungslegungsansprüche werden nach § 888 ZPO vollstreckt, wenn persönliches Wissen oder Fähigkeiten des Schuldners genutzt werden müssen. Ausnahmslos § 888 ZPO unterfällt der Widerruf ehrverletzender Behauptungen, weil hier die persönliche Genugtuung des Gläubigers ein persönliches Tätigwerden des Schuldners erfordert.

Nicht nach § 888 ZPO vollstreckt wird nach Abs. 3 die Verpflichtung zur Erbringung von Dienstleistungen. Sind diese nicht vertretbar (dann Vollstreckung aus § 887 ZPO), können sie nicht durchgesetzt werden. Auf andere Vertragstypen des BGB findet diese Vorschrift keine Anwendung.

2267 Der **Antrag** des Gläubigers (Muster bei *Gottwald* § 888 Rn. 36) richtet sich an das Prozessgericht erster Instanz und ist darauf gerichtet, gegen den Schuldner zur Erwirkung der titulierten Handlung ein Zwangsgeld und – für den Fall, dass dieses nicht beigetrieben werden kann – Zwangshaft anzuordnen.

Die vorzunehmende Handlung muss nicht konkretisiert werden, sie ergibt sich aus dem den Antrag in Form einer vollstreckbaren Ausfertigung beizufügenden Titel. Die Höhe des festzusetzenden Zwangsgelds muss der Gläubiger genauso wenig beziffern, wie den Tagessatz für die Ersatzhaft (OLG Köln MDR 1982, 589), da das Gericht hierüber nach freiem Ermessen entscheidet. Gibt der Gläubiger einen Zwangsgeldbetrag an, darf das Gericht darüber nicht hinausgehen.

2268 ▶ **Praxistipp:**

Die Höhe eines Zwangsgelds nach § 888 ZPO sollte nicht angegeben werden, da damit dem Gericht die Möglichkeit genommen wird, darüber hinaus zu gehen, ohne dass damit Vorteile für den Gläubiger verbunden wären. Sinnvoll ist es indes, im eigenen Interesse zu der zu erzwingenden Handlung vorzutragen.

Das Zwangsgeld liegt zwischen 2,50 € und 25 000 €, die Zwangshaft zwischen einem Tag und sechs Monaten (Art. 6 Abs. 1 EGStGB) und kann (ohne Gesamtobergrenze) mehrfach hintereinander festgesetzt werden. Die konkrete Festsetzung orientiert sich häufig an der Streitwertfestsetzung im Hauptsacheverfahren (OLG Karlsruhe MDR 2000, 229), richtet sich aber grundsätzlich zum einen nach dem Interesse des Gläubigers, zum anderen an der Hartnäckigkeit der Verweigerung durch den Schuldner.

Diese Zwangsmittel werden – anders bei § 890 ZPO – nicht vorher angedroht (§ 888 Abs. 2 ZPO). Damit ist es weder erforderlich, dass die möglichen Zwangsmittel bereits im Titel benannt sind, noch dass ein gesonderter Androhungsbeschluss erwirkt wird.

Zur Zwangsvollstreckung des festgesetzten Zwangsmittels bedarf es eines **weiteren Antrags** des Gläubigers.

2269

> Eine Vollstreckung von Amts wegen ist nicht möglich. Zwangsgeld wird dabei als Geldforderung nach §§ 808 ff. ZPO vollstreckt. Hierzu muss der Gläubiger entweder beim Gerichtsvollzieher eine Sachpfändung oder beim Vollstreckungsgericht eine Rechtspfändung in die Wege leiten. Beigetriebenes Geld fließt dabei nicht ihm, sondern der Staatskasse zu. Bleibt die Beitreibung des Zwangsgelds erfolglos, kann der Gläubiger die Vollstreckung der festgesetzten Ersatzhaft beantragen (OLG Düsseldorf JurBüro 1989, 277).

d) Duldung/Unterlassung Handlungen

Ein auf das Dulden oder das Unterlassen einer Handlung durch den Schuldner gerichteter Titel macht Vollsteckungshandlungen des Gläubigers erst erforderlich, wenn der Schuldner seiner Verpflichtung zuwider aktiv handelt. Das Gesetz sieht für diesen Fall Ordnungsmittel (Ordnungsgeld und Ordnungshaft) vor, deren Androhung einen bevorstehenden Verstoß verhindern und deren Verhängung einen begangenen Verstoß ahnden soll (§ 890 ZPO).

2270

> Praktisch wichtige Anwendungsbereiche von Unterlassungsverpflichtungen sind der gewerbliche Rechtsschutz, das Urheberrecht und das Nachbarrecht, Duldungsverpflichtungen finden sich häufig im Nachbar- und im Mietrecht. Zuwiderhandlungen gegen Duldungspflichten bestehen in der Vornahme der zu unterlassenden bzw. in der Verhinderung der zu duldenden Handlung. Die Schwierigkeit, das zu unterlassende bzw. zu duldende Verhalten hinreichend konkret zu umschreiben, versucht die Praxis durch die »Kerntheorie« zu beseitigen. Danach erfasst die Verpflichtung alle Handlungen, die im Kern tituliert sind. Dieser wird durch die Merkmale bestimmt, die der Verletzungshandlung ihr Gepräge geben, die der im Titel konkretisierten Handlung im Kern gleichwertig sind (BGH GRUR 1973, 429).

▶ Beispiel:

2271

> Ist der Kläger verurteilt worden, sein Fahrzeug auf dem Grundstück des Klägers abzustellen, umfasst dies auch die Verpflichtung sein Fahrzeug von diesem Grundstück zu entfernen, wenn es dort von einem anderen abgestellt wurde (OLG Köln InVo 1996, 133).

Der Verhängung von Ordnungsmitteln muss deren **Androhung** vorangehen (§ 890 Abs. 2 ZPO).

2272

> Diese Androhung kann bereits im Unterlassungs- bzw. Duldungsurteil enthalten sein. Voraussetzung ist, dass sie dort ausdrücklich beantragt wurde. Prozessvergleiche können eine Androhung nie enthalten.
>
> Ist eine Androhung noch nicht erfolgt, bedarf es eines gesonderten Androhungsbeschlusses. Dieser ist vom Gläubiger beim Prozessgericht erster Instanz zu beantragen. Er bedarf keiner besonderen Voraussetzungen, insbesondere nicht einer bereits erfolgten und konkret absehbaren Zuwiderhandlung. Für das Rechtsschutzbedürfnis genügen das Vorliegen eines entsprechenden Titels und die (theoretische) Möglichkeit eines Verstoßes (KG NJW-RR 1987, 507). Das anzudrohende Zwangsmittel muss vom Gläubiger nicht benannt oder beziffert werden, seine Festsetzung erfolgt von Amts wegen in aller Regel unter Ausschöpfung des gesetzlichen Rahmens (Ordnungsgeld bis 250 000 €, ersatzweise Haft oder Ordnungshaft bis zu sechs Monaten im Einzelfall und zwei Jahren insgesamt bei mehrfacher Verhängung, Art. 6 EGStGB).

Der an das Prozessgericht erster Instanz zu richtende **Antrag** auf Verhängung von Ordnungsmitteln (Muster *Gottwald* § 890 Rn. 33) muss die Zuwiderhandlung des Schuldners konkret bezeichnen, muss aber das Ordnungsmittel nicht bezeichnen oder beziffern.

2273

> Dem Grundsatz der Verhältnismäßigkeit folgend wird zunächst nur ein Ordnungsgeld in Betracht kommen. Dessen Höhe bestimmt sich ausschließlich danach, welcher Druck auf den Schuldner erforderlich ist, um ihn zur Befolgung des Titels zu veranlassen. Dabei können die Schwere des Verstoßes, die wirtschaftliche Leistungsfähigkeit des Schuldners und mögliche wirtschaftliche Vorteile des Schuldners berücksichtigt werden. Eine Ordnungshaft ist auf die Fälle beschränkt, in denen der Beugezweck anders nicht erreicht werden kann.

Eines weiteren Antrags zur Vollstreckung des festgesetzten Ordnungsmittels bedarf es bei § 890 ZPO nicht, diese Vollstreckung wird durch den Rechtspfleger des Prozessgerichts von Amts wegen betrieben.

2274

e) Abgabe Willenserklärung

2275 Ein Urteil, mit dem der Schuldner zur Abgabe einer Willenserklärung verurteilt worden ist, bedarf der Zwangsvollstreckung nicht. § 894 ZPO enthält vielmehr eine **Fiktion**, nach der die Erklärung als mit der Rechtskraft des Urteils abgegeben gilt.

2276 ▶ Beispiel:

Die gilt etwa
- für die Verurteilung zur Auflassung eines Grundstücks,
- für die Verurteilung zur Zustimmung zu einer Mieterhöhung,
- für die Verurteilung zur Gewährung von Urlaub für einen Arbeitnehmer.

Nicht anwendbar ist § 894 ZPO auf die Verurteilung zur Abgabe tatsächlicher Erklärungen (Erteilung einer Auskunft, Widerruf einer ehrverletzenden Behauptung); hierbei handelt es sich um (nach den §§ 887 f. ZPO zu vollstreckende Handlungen.

2277 Die Fiktion kann nur eintreten, wenn die abzugebende Erklärung inhaltlich klar und eindeutig bezeichnet ist, wobei Tatbestand und Entscheidungsgründe zur Auslegung herangezogen werden können. Voraussetzung ist ferner die (formelle, § 705 ZPO) Rechtskraft der Entscheidung, sodass nicht der Rechtskraft fähige Titel ausscheiden.

Nicht rechtskraftfähig sind insbesondere vollstreckbare Urkunden (§ 794 Abs. 1 Nr. 5 ZPO) und Prozessvergleiche (§ 794 Abs. 1 Nr. 1 ZPO). Darin enthaltene Verpflichtungen zur Abgabe von Willenserklärungen führen nicht zur Fiktion des § 894 ZPO, sondern müssen mit einer nachfolgenden Leistungsklage tituliert werden (BGHZ 98, 127), wenn sie nicht ausnahmsweise nach § 888 ZPO vollstreckt werden können.

2278 ▶ Praxistipp:

In einen Prozessvergleich darf nicht bloß die Verpflichtung einer Partei zur Abgabe einer Willenserklärung aufgenommen werden. Erforderlich ist, dass die Erklärung unmittelbar abgegeben wird.

2279 Der Umfang der Fiktion des § 894 ZPO geht auf eine wirksame Erklärung. Unerheblich ist deswegen eine eventuelle Formbedürftigkeit der Erklärung, die Geschäftsfähigkeit des Erklärenden oder dessen fehlende Verfügungsbefugnis. Nicht ersetzt werden dagegen **Erklärungen des Klägers** oder Dritter.

2280 ▶ Praxistipp:

Nach Eintritt der Fiktion des § 894 ZPO kann es erforderlich sein, eine eigene Willenserklärung abzugeben oder einen Dritten zur Abgabe einer Willenserklärung zu veranlassen, um die beabsichtigte Rechtswirkung herbeizuführen.

Soll aufgrund der Willenserklärung eine Eintragung ins Grundbuch erfolgen, gilt zugleich die Eintragung einer inhaltsgleichen Vormerkung als bewilligt (§ 895 ZPO).

5. Vollziehung von Arrest und einstweiliger Verfügung

2281 Einstweilige Verfügung und Arrest als Vollstreckungstitel ermöglichen eine beschleunigte Vollstreckung, allerdings nur in Form nur einer **Sicherung, keiner Befriedigung** des Gläubigers. Die Vollziehung erfolgt nach den Vorschriften über die Zwangsvollstreckung, jedoch grundsätzlich ohne Sicherheitsleistung und Vollstreckungsklausel (§§ 928, 929 ZPO). Damit der erlangte Titel für den Gläubiger (Antragsteller) nicht wertlos wird, müssen einige Besonderheiten unbedingt beachtet werden. Aufgrund der komplizierten Verknüpfung des Anordnungs- mit dem Vollstreckungsverfahren kann es hier leicht zu Unklarheiten und unheilbaren Versäumnissen kommen.

A. Der Antrag auf Einleitung der Zwangsvollstreckung   7. Kapitel

a) Fristen

Der Eilcharakter von Arrest und einstweiliger Verfügung macht es erforderlich, für die Vollziehung **zwei Fristen** einzuhalten: 2282

– die **Vollziehungsfrist** gem. § 929 Abs. 2 ZPO.

> Der Gläubiger muss binnen eines Monats die Vollziehung der Eilanordnung beantragen. Die Frist beginnt mit der Verkündung der gerichtlichen Entscheidung (auch ohne Kenntnis des Gläubigers) bzw. deren Zustellung oder Aushändigung an den Gläubiger (§ 173 ZPO). Zur Wahrung der Frist ist es nicht erforderlich, dass innerhalb der Frist eine Vollstreckungshandlung vorgenommen wurde, es genügt, dass sie vom Gläubiger beantragt und ohne von ihm zu verantwortende Verzögerung eingeleitet wurde (BGH NJW 1991, 496).

> Der bloße Antrag auf Zustellung der Arrestanordnung an den Schuldner genügt dazu nicht. Bleibt die beantragte Vollstreckungsmaßnahme ohne Erfolg, kann nach Ablauf der Monatsfrist keine weitere Maßnahme beantragt werden.

> Wird die Eilanordnung auf den Widerspruch oder ein Rechtsmittel des Gegners inhaltlich abgeändert, dann muss die Maßnahme erneut vollzogen werden. Dazu beginnt die Vollziehungsfrist neu zu laufen (Prütting/Gehrlein/*Fischer* § 929 Rn. 8).

– die besondere **Zustellungsfrist** gem. § 929 Abs. 3 ZPO.

> Abweichend von den allgemeinen Regeln für die Zwangsvollstreckung (§ 750 Abs. 1 ZPO) kann der Titel bereits vor seiner Zustellung an den Gegner vollzogen werden. In diesem Fall muss die Zustellung jedoch innerhalb einer Woche nach der Vollziehung nachgeholt werden, spätestens innerhalb der Monatsfrist (§ 929 Abs. 3 ZPO).

> Eine solche Vollziehung vor der Zustellung ist praktisch die Regel, um den mit der Eilanordnung verbundenen »Überraschungseffekt« zu nutzen und dem Schuldner keine Möglichkeit zu geben, den Vollstreckungserfolg zu vereiteln.

> Dieser Zusammenhang zwischen der Vollziehung und der nachzuholenden Zustellung wird in der Praxis häufig übersehen (*Siegburg* BauR 1990, 307).

> Bei drohendem Fristablauf sollte gegebenenfalls der Gerichtsvollzieher ersucht werden, nicht durch die Post, sondern persönlich die Zustellung vorzunehmen (OLG Hamm MDR 1998, 503: »Eilt«-Hinweis erforderlich). Wird die Frist versäumt, ist eine bereits durchgeführte Vollstreckungsmaßnahme unwirksam (§ 929 Abs. 3 Satz 2 ZPO).

▶ Praxistipp: 2283

> Bei Versäumung einer dieser Fristen darf die einstweilige Verfügung oder der Arrestbefehl nicht mehr vollzogen werden und etwaige Vollstreckungsmaßnahmen sind wirkungslos.

Sofern die Vollstreckung nicht bereits vorher eingeleitet wurde, dürfen die Vollstreckungsorgane bei Nichteinhaltung der Vollziehungsfrist nicht mehr tätig werden. 2284

Eine **verfristete** Vollstreckungsmaßnahme ist unwirksam und muss auf Erinnerung gem. § 766 ZPO, der Titel auf Widerspruch, im Berufungsverfahren oder gem. § 927 ZPO auf Antrag aufgehoben werden (Prütting/Gehrlein/*Fischer* § 939 Rn. 4, 10). Die gesamten Kosten des Verfahrens hat dann der Antragsteller zu tragen. Ihm bleibt nur die Möglichkeit, den Antrag erneut zu stellen. 2285

> Die Vollziehungsfrist ist wesentliches Merkmal des Eilcharakters des einstweiligen Rechtsschutzes und wirkt als eine immanente zeitliche Begrenzung des gewährten Rechtsschutzes. Es handelt sich dabei um eine gesetzliche Frist, die nicht verlängert werden kann (§ 224 Abs. 2 ZPO). Ebenso wenig ist Wiedereinsetzung in den vorigen Stand möglich (§§ 233, 224 Abs. 1 Satz 2 ZPO). Jedoch kann der Gläubiger nach Ablauf der Frist erneut den Erlass der einstweiligen Verfügung beantragen, sogar im Widerspruchsverfahren (Zöller/*Vollkommer* § 929 Rn. 23).

b) Einstweilige Verfügung

2286 Die Vollziehung muss nach h. M. im Regelfall (bei Anordnung einer Unterlassung, bei Geboten und Verboten) neben etwaigen weiteren Vollstreckungsmaßnahmen durch **Zustellung** der einstweiligen Verfügung **im Parteibetrieb** erfolgen (Zöller/*Vollkommer* § 929 Rn. 12, 18; §§ 191 ff. ZPO).

Dies stellt die geforderte verbindliche Bekundung des Vollziehungswillens gegenüber dem Schuldner dar. Nur in Ausnahmefällen kann eine andere Handlung des Gläubigers ausreichen, worauf sich der Anwalt jedoch nicht verlassen sollte. Bloße (fern-) mündliche Erklärungen bzw. Leistungsaufforderungen unter Bezugnahme auf den Titel genügen jedenfalls nicht (BGH NJW 1993, 1076, 1079).

Bei einer Beschlussverfügung ist die Parteizustellung zudem Wirksamkeitsvoraussetzung (§ 922 Abs. 2 ZPO). Trotz Amtszustellung bei Urteilen ist auch die Urteilsverfügung grundsätzlich durch (zusätzliche) Parteizustellung zu vollziehen, da dieser das »spezifisch vollstreckungsrechtliches Element« fehlt (eingehend BGH NJW 1993, 1076; Zöller/*Vollkommer* § 929 Rn. 18; str. für Unterlassungsverfügung; § 176 ZPO beachten!). Wenn der Beschluss auf die Antragsschrift Bezug nimmt und aus sich heraus nicht verständlich wäre, ist auch diese mit zuzustellen. Ansonsten ist eine Ausfertigung oder eine beglaubigte Abschrift zuzustellen (Zöller/*Vollkommer* § 929 Rn. 13).

Da die Vollziehungsfrist bei einer Entscheidung nach mündlicher Verhandlung bereits mit Verkündung des Befehls läuft (§ 929 Abs. 2 ZPO), muss der Anwalt darauf achten, dass er die Ausfertigung rechtzeitig erhält (u. U. abgekürzte Fassung beantragen, Thomas/Putzo/*Reichold* § 317 Rn. 2). Außerdem muss er besondere Sorgfalt auf die Ermittlung der richtigen Anschrift des Antragsgegners verwenden. Allerdings können Zustellungsmängel nach § 189 ZPO geheilt werden, insbesondere der häufige Verstoß gegen § 172 ZPO (Zöller/*Vollkommer* § 929 Rn. 14).

2287 Welche (weiteren) **Vollstreckungsmaßnahmen** innerhalb der Frist einzuleiten sind, richtet sich nach dem Inhalt der einstweiligen Verfügung.

Bei einer Unterlassungsverfügung z. B. muss zur »Vollziehungszustellung« bereits die Ordnungsmittelandrohung (§ 890 Abs. 2 ZPO) enthalten sein. Sonst bedarf es der Zustellung einer zusätzlichen Ordnungsmittelandrohung (Zöller/*Vollkommer* § 929 Rn. 18, str). Im Übrigen beschränkt sich die Vollziehung bei einer Unterlassungsverfügung auf die Zustellung an den Antragsgegner. Die Zwangsvollstreckung wegen Zuwiderhandlungen gegen ein Gebot oder Verbot ist dann von der Vollziehungsfrist unabhängig, solange die einstweilige Verfügung noch nicht aufgehoben wurde.

Bei einer Gebotsverfügung ist umstritten, ob neben der Parteizustellung noch Vollstreckungsanträge gem. §§ 887, 888 ZPO erforderlich sind (Zöller/*Vollkommer* § 929 Rn. 18; Thomas/Putzo/*Reichold* § 936 Rn. 9).

Bei einer Herausgabeverfügung in Bezug auf Gegenstände, die sich in Räumen des Gegners befinden, ist es sinnvoll, sogleich einen Durchsuchungsbeschluss mit zu beantragen (§ 758a ZPO), wobei u. U. auch die Ausnahmevorschrift des § 758 Abs. 1 Satz 2 ZPO vorliegen kann (Zöller/*Stöber* § 758a Rn. 32).

2288 ▶ **Praxistipp:**

Riskant ist es, die Zustellung im Parteibetrieb zu unterlassen, weil sich der Verfügungsgegner an die einstweilige Verfügung (einstweilen freiwillig) hält.

Denn wenn dies nur zum Schein erfolgt und der Gegner Rechtsmittel einlegt, kann der Titel nach Fristablauf wieder aufgehoben werden (aber Zöller/*Vollkommer* § 929 Rn. 21: bei arglistiger Vereitelung der Einhaltung der Frist ist die Berufung auf den Fristablauf missbräuchlich).

2289 Bei einer **Eintragung ins Grundbuch** ist die Gefahr einer Fristversäumung besonders groß.

Hierbei gilt bereits die Stellung des Eintragungsantrages beim Grundbuchamt als Vollziehung (Zöller/*Vollkommer* § 929 Rn. 17). Sofern der Eintragungsantrag vor der Zustellung erfolgt, muss diese innerhalb einer Woche nach dessen Eingang erfolgen (§§ 929 Abs. 3; 932 Abs. 3 ZPO; Zöller/*Vollkommer* §§ 932 Rn. 9; 941 Rn. 2). Der Antragsteller wird die eingereichte Ausfertigung in der Regel nicht sofort zurückerhalten. Es empfiehlt sich daher, zum Zwecke der Zustellung an den Antragsgegner beim Gericht eine zweite Ausfertigung zu beantragen (§§ 299 Abs. 1, 929 Abs. 1 ZPO).

Insbesondere das **Ersuchen des Gerichts an das Grundbuchamt** die Eintragung vorzunehmen (§ 941 ZPO), kann seine Tücken haben. So darf der Anwalt die Parteizustellung nicht vergessen, da diese durch das Eintragungsersuchen nicht ersetzt wird. Dabei ist für den Fristbeginn nach § 929 Abs. 3 Satz 2 ZPO unerheblich, wann der Antragsteller vom Eingang des Eintragungsersuchens beim Grundbuchamt Kenntnis erlangt hat. Im Übrigen muss das Ersuchen zur Wahrung der Vollziehungsfrist vom Gericht rechtzeitig abgesandt werden (§§ 929 Abs. 2, 932 Abs. 3 ZPO entsprechend).

c) Arrest

Beim Arrest ist für die Vollziehung allgemein erforderlich der **Antrag** des Gläubigers beim zuständigen Vollstreckungsorgan auf Vornahme von Vollstreckungshandlungen (§ 928 ZPO; Zöller/*Vollkommer* § 929 Rn. 10).

> Die Zustellung des Arrestbefehls ist zwar nicht Voraussetzung seiner Vollziehung, sie muss aber innerhalb der Frist des § 929 Abs. 3 Satz 2 ZPO nachgeholt werden. Der Beschlussarrest ist im Wege der Parteizustellung zuzustellen (§ 922 Abs. 2 ZPO). Beim Urteilsarrest genügt die Zustellung von Amts wegen (Thomas/Putzo/*Reichold* § 929 Rn. 7). Da der Anwalt auf die Amtszustellung keinen Einfluss hat, kann es sich zur Fristwahrung empfehlen, auch einen Urteilsarrest im Parteibetrieb zuzustellen.

Es ist zwischen den beiden Arten des Arrests zu unterscheiden:

– **Dingliche Arreste** werden gem. § 930 ZPO vollzogen durch Pfändung bei beweglichem Vermögen (insbesondere bewegliche Sachen und Geldforderungen) und bei Grundstücken durch Eintragung einer Sicherungshypothek (§ 932 ZPO).

> Eine Überweisung der Forderung ist unzulässig, da diese bereits eine Befriedigung wäre. Ein entsprechender Überweisungsbeschluss wäre nichtig (Thomas/Putzo/*Reichold* § 930 Rn. 1). Zur Fristwahrung muss bei einer Pfändung von beweglichen Sachen rechtzeitig der Vollstreckungsantrag beim Gerichtsvollzieher (§§ 930 Abs. 1 Satz 1; 808 ZPO) und bei Eintragung einer Zwangshypothek der Eintragungsantrag beim Grundbuchamt gestellt sein.
>
> Die Pfändung der vermeintlichen Forderung ist vollzogen mit der Zustellung des Pfändungsbeschlusses an den Drittschuldner (§ 829 Abs. 3 ZPO; Zöller/*Vollkommer* §§ 929 Rn. 24, 930 Rn. 3). Dabei kann dieser Beschluss bei entsprechendem Gläubigerantrag mit im Arrestbefehl enthalten sein (§ 930 Abs. 1 Satz 3 ZPO). Ab dieser Zustellung läuft dann die Frist des § 929 Abs. 3 Satz 2 ZPO.
>
> Eine Verwertung ist aufgrund der Eilanordnung nicht möglich.
>
> Hierzu muss der Gläubiger in einem nachfolgenden Hauptsacheverfahren einen zumindest vorläufig vollstreckbaren Titel erwirken.

– **Persönliche Arreste** werden vollzogen durch Haft oder sonstige Beschränkungen der persönlichen Freiheit (§ 933 ZPO; z. B. Meldepflicht, Wegnahme der Ausweispapiere, Hausarrest).

Im Gegensatz zur einstweiligen Verfügung kann die Vollziehung eines Arrests durch den Schuldner mittels **Hinterlegung** eines im Arrestbefehl bestimmten Geldbetrages gehemmt bzw. Vollstreckungsmaßnahmen aufgehoben werden (§§ 923, 939 ZPO; sog. »Lösungssumme«).

(entfallen)

B. Vollstreckungsschutz

I. Wahrung der Schuldnerinteressen

Anders als im Erkenntnisverfahren wird dem Schuldner im Vollstreckungsverfahren nicht vor jeder Vollstreckungsmaßnahme rechtliches Gehör gewährt. Mit dem Vorliegen eines Titels steht seine Verpflichtung zur Leistung bereits fest, das Vollstreckungsverfahren dient der Durchsetzung des Gläubigeranspruchs.

2313 **Vollstreckungsschutz** kann der Schuldner schon im Erkenntnisverfahren erlangen, so etwa durch die Beschränkung der vorläufigen Vollstreckbarkeit eines Urteils nach §§ 708 ff. ZPO (dazu oben Rdn. 786), durch die Einstellung der Zwangsvollstreckung nach §§ 707, 719 ZPO (dazu unten Rdn. 3156 ff.) oder durch vollstreckungsrechtliche Gestaltungsklagen nach §§ 767, 771 ZPO (dazu unten Rdn. 2348 ff.). Im Vollstreckungsverfahren dienen dem Schutz des Schuldners die Vorschriften über Unpfändbarkeit von Sachen (§ 811 ZPO) und Arbeitseinkommen (§§ 850a ff. ZPO), über den Verwertungsaufschub (§ 813a ZPO) und insbesondere die Generalklausel des § 765 a ZPO (dazu unten Rdn. 2343).

2314 Soweit diese Vollstreckungsschutzanordnungen nicht bereits von Amts wegen zu beachten sind, bedürfen sie eines Antrags des Schuldners. Die dabei möglichen Anträge sind im Zusammenhang mit den speziell vollstreckungsrechtlichen (unten Rdn. 2320 ff.) oder den allgemeinen Rechtsbehelfen (unten Rdn. 2789 ff.) dargestellt.

2315 Unabhängig davon, ob der Schuldner sich zu einem Antrag des Gläubigers im Rahmen der Gewährung rechtlichen Gehörs vor der Entscheidung einlässt oder er überlegt, sich gegen eine bereits eingeleitete Vollstreckungsmaßnahme durch einen Rechtsbehelf zu wehren, bedürfen aus anwaltlicher Sicht folgende Punkte der Prüfung. Eine detaillierte Checkliste der für die Interessenwahrung des Schuldners relevanten Fragen bietet *Gottwald* Rn. 74 ff.:

– Stehen **formelle Gründe** der Vollstreckungsmaßnahme entgegen?

Formelle Verstöße gegen das gesetzliche Vollstreckungsverfahren sind regelmäßig mit der Vollstreckungserinnerung anzugreifen und führen zu einer Unzulässigerklärung durch das Vollstreckungsgericht. Formelle Mängel des Vollstreckungstitels können mit der Titelgegenklage analog § 767 ZPO angegriffen werden (BGH NJW 1992, 2160). Ansonsten stehen die Beschwerden aus § 793 ZPO oder § 71 GBO zur Verfügung).

– Stehen **materielle Gründe** der Vollstreckung entgegen?

Auch nach Abschluss des Erkenntnisverfahrens können sich materiellrechtliche Entwicklungen ergeben, die der Leistungspflicht des Schuldners entgegenstehen. Regelmäßig werden diese durch eine Vollstreckungsgegenklage nach § 767 ZPO geltend gemacht.

– Sind die **von Amts wegen** zu beachtenden Vollstreckungsschutzbestimmungen eingehalten?

Ist dies nicht der Fall, sind z. B. unpfändbare Vermögensteile gepfändet worden (§§ 850a ff., 811 ZPO), ist regelmäßig die Art und Weise der Zwangsvollstreckung betroffen, sodass bei beweglichen Sachen die Erinnerung nach § 766 ZPO, bei Forderungen die sofortige Beschwerde nach § 793 ZPO gegeben ist.

– Kann der Vollstreckungsschutz durch **Anträge** erweitert werden (§§ 850c ff. ZPO)?

Im Vordergrund steht hier der allgemeine Vollstreckungsschutzantrag aus § 765a ZPO (unten Rdn. 2343). Denkbar sind aber auch andere Anträge, die sich nicht notwendig gegen den Gläubiger oder an das Gericht richten müssen. So kann auch nach Beginn der Zwangsvollstreckung der Schuldner von seiner Bank die Umwandlung eines Girokontos in ein Pfändungsschutzkonto (»P-Konto«) verlangen (§ 850k Abs. 7 Satz 2 ZPO) und damit zumindest teilweise wieder Verfügungsgewalt über dort eingehende Beträge erhalten (*Ahrens* NJW 2010, 2001; *Dörndorfer* JurBüro 2009, 626).

II. Wahrung der Interessen Dritter

2316 Nicht selten erfolgt der Zugriff des Gläubigers auf Vermögensgegenstände, an dem ein Dritter eigene Rechte reklamiert (*Jäckel* JA 2010, 357).

2317 Praktisch wichtigster Fall der Drittbeteiligung im Vollstreckungsverfahren ist die Pfändung des Gläubigeranspruchs gegen einen Dritten (§ 829 ZPO). Die Beeinträchtigung solcher **Drittschuldner** ist regelmäßig genauso gering, wie die Gefahr eines eigenen Rechtsverlusts.

Dem Dritten wird dann verboten, an den Schuldner zu zahlen, nach Überweisung der Forderung (§ 835 ZPO) kann eine Zahlung mit befreiender Wirkung nur noch an den Gläubiger erfolgen. Beachtet der Drittschuldner dies nicht, läuft er Gefahr mehrfach leisten zu müssen und mit der Bereicherungsklage gegen den

Schuldner auszufallen. Ob der Dritte zur Leistung verpflichtet ist, wird dabei nicht geprüft. Verpflichtet ist der Dritte nur zur Abgabe einer Erklärung hierüber (§ 840 ZPO). Ist der Dritte zur freiwilligen Leistung nicht bereit, muss er nichts weiter unternehmen, kann vielmehr abwarten, bis der Gläubiger ihn auf Leistung verklagt (»Einziehungsklage«). Dort stehen dem Dritten entsprechend §§ 1275, 404 ff. BGB alle Einwendungen gegen den neuen Gläubiger zu, die er auch seinem bisherigen Gläubiger (dem Vollstreckungsschuldner) gegenüber hatte. Nicht möglich indes sind dem Drittschuldner diejenigen Einwendungen, die dem Vollstreckungsschuldner (BGH WM 1968, 947) oder einem »Vierten« zustehen (BGH NJW-RR 2007, 927). Formelle Mängel der Zwangsvollstreckung kann auch der Drittschuldner (nur) über eine Vollstreckungserinnerung nach § 766 ZPO geltend machen (OLG Saarbrücken OLGR 2004, 2004, 488).

Ist die Rechtsposition eines **Dritten in anderer Form** durch eine Vollstreckungsmaßnahme **betroffen**, muss er initiativ werden. Lässt der Dritte die Vollstreckung ungestört weiterlaufen, läuft er Gefahr, sein Recht zu verlieren. Für die Auswahl des richtigen Rechtsbehelfs ist danach zu unterscheiden, ob die Rechtsbeeinträchtigung des Dritten in formellen Mängeln der Zwangsvollstreckung besteht oder ob materielle Rechte am Vollstreckungsgegenstand geltend gemacht werden sollen:

– Hat das staatliche Vollstreckungsorgan zwingende Verfahrensvorschriften der Vollstreckung nicht eingehalten, steht auch dem Dritten die **Vollstreckungserinnerung** nach § 766 ZPO zu (dazu unten Rdn. 2333 ff.).
– Hat der private Gläubiger durch seinen Vollstreckungsantrag auf Vermögenswerte des Dritten zugegriffen, muss dies durch eine Klage im Erkenntnisverfahren zwischen dem Dritten und dem Gläubiger geklärt werden. Hierzu stehen die prozessualen Gestaltungsklagen aus § 771 ZPO (**Drittwiderspruchsklage**; dazu unten Rdn. 2373 ff.) und § 805 ZPO (**Befriedigungsklage**; dazu unten Rdn. 2386 ff.) zur Verfügung. Mit Ersterer kann die Vollstreckung für unzulässig erklärt und das Recht des Dritten gewahrt werden, mit Letzterer wird der Dritte als Entschädigung für einen eingetretenen Rechtsverlust lediglich am Erlös der Verwertung beteiligt.

2318

Ob dem Dritten diese Rechtsbehelfe erst zustehen, wenn die Zwangsvollstreckung bereits durchgeführt wurde (nachträglicher Rechtsschutz) oder schon dann, wenn sie bloß drohen (vorbeugender Rechtsschutz), ist Frage des **Rechtsschutzbedürfnisses** im Einzelfall (*Jäckel* JA 2010, 357, 358). Erfolgt die konkrete Vollstreckungsmaßnahme während des vorläufigen Rechtsschutzes, kann die Klage nach § 264 Nr. 3 ZPO geändert werden (OLG Hamm NJW-RR 2001, 1575).

2319

C. Rechtsbehelfe

Rechtsbehelfe spielen im Vollstreckungsverfahren eine besondere Rolle. Sie haben eine andere **Funktion** als im Erkenntnisverfahren, ihre **Vielzahl** ist nahezu unüberschaubar.

2320

Im Erkenntnisverfahren sind beide Parteien grundsätzlich gleichermaßen schutzbedürftig. Der Gläubiger erhält einen Titel nur, wenn es ihm gelingt, das Gericht vom Vorliegen der anspruchsbegründenden Tatsachen zu überzeugen, die Rechte des Beklagten werden im Wesentlichen durch die Gewährung rechtlichen Gehörs in einer mündlichen Verhandlung gewahrt. Im Zwangsvollstreckungsverfahren geht es nicht mehr um die Frage, ob das Recht des Gläubigers besteht (das steht fest), sondern nur noch um die Frage, wie es durchgesetzt werden kann. Die Interessen des Schuldners treten dabei denen des Gläubigers gegenüber deutlich in den Hintergrund, zusätzlich müssen häufig die Interessen Dritter berücksichtigt werden. Das Zwangsvollstreckungsrecht muss damit dem Gläubiger primär eine praktisch taugliche Möglichkeit zur Realisierung seines Anspruchs zur Verfügung stellen. Soweit gleichzeitig aber auch die trotz der Leistungsverpflichtung bestehenden Interessen des Schuldners geschützt und obendrein sichergestellt werden muss, dass durch die Zwangsvollstreckung nicht in die Rechte Dritter eingegriffen wird, bleibt dies überwiegend Rechtsbehelfen vorbehalten. Vollstreckungsorgane haben grundsätzlich nur die formellen Voraussetzungen der Zwangsvollstreckung zu beachten, doch dürfen materiellrechtliche Fragen auch in diesem Verfahrensstadium nicht völlig ausgeklammert bleiben.

Komplex ist das Rechtsbehelfssystem im Zwangsvollstreckungsrecht, weil zu den Rechtsbehelfen des Gläubigers und des Schuldners solche Dritter kommen, Rechtsbehelfe in unterschiedlichen Verfahrensabschnitten und gegen unterschiedliche Handelnde gegeben sind, sie auf materielle oder formelle Einwendungen gestützt werden können und sich an unterschiedliche Entscheidungsträger richten. Im Zwangsvollstreckungsrecht konkurrieren zudem allgemeine zivilprozessuale Rechtsbehelfe mit besonderen vollstreckungsrechtlichen Rechtsbehelfen und speziellen außerzivilprozessualen Rechtsbehelfen.

Dies macht die Wahl des »richtigen« Rechtsbehelfs zu einem wichtigen Teil anwaltlicher Taktik.

I. Klauselverfahren

2321 Das auf Erteilung einer Vollstreckungsklausel gerichtete Verfahren gehört nach überwiegender Ansicht **noch nicht** zum eigentlichen **Vollstreckungsverfahren** (dieses beginnt erst mit einer gegen den Schuldner gerichteten Handlung; Stein/Jonas/*Münzberg* § 704 Rn. 106), birgt aber für beide Parteien Risiken, die es erforderlich machen, Rechtsbehelfe ins Kalkül zu ziehen.

Gemäß § 724 Abs. 1 ZPO bedarf der Gläubiger für die Zwangsvollstreckung einer mit der Vollstreckungsklausel versehenen Ausfertigung des Titels. Einfache Vollstreckungsklauseln werden vom Urkundsbeamten der Geschäftsstelle erteilt (§ 724 Abs. 2 ZPO), qualifizierte (titelergänzende und -übertragende) Klauseln vom Rechtspfleger (§ 20 Nr. 12 RPflG), Klauseln für vollstreckbare Urkunden vom Notar (§ 797 Abs. 2 ZPO).

1. Rechtsbehelfe des Gläubigers

2322 Der Gläubiger ist im Klauselverfahren beschwert, wenn seinem Antrag auf Erteilung einer vollstreckbaren Ausfertigung die **Klausel nicht oder nicht sowie** beantragt entsprochen wird. Das mögliche Rechtsmittel richtet sich dabei nach dem für die Erteilung zuständigen **Organ**.

a) Sofortige Erinnerung (§ 573 ZPO)

2323 Wurde die Klausel durch den **Urkundsbeamten der Geschäftsstelle** verweigert, kann der Gläubiger hiergegen im Wege der sofortigen Erinnerung nach § 573 ZPO die Entscheidung des Prozessgerichts beantragen.

Für diese Erinnerung gelten weitgehend die Regelungen der sofortigen Beschwerde (§ 573 Abs. 1 Satz 3 ZPO). Sie ist binnen einer Notfrist von zwei Wochen einzulegen, die mit der Zustellung der Entscheidung, ohne Zustellung fünf Monate nach der Verkündung beginnt. Sie muss schriftlich oder zu Protokoll der Geschäftsstelle eingelegt werden, die angefochtene Entscheidung bezeichnen und die Absicht, Erinnerung einzulegen (bzw. eine Entscheidung des Richters zu begehren), erkennen lassen. Zu richten ist sie an den handelnden Urkundsbeamten oder an das Gericht, dem er angehört. Einer Begründung bedarf die Erinnerung nicht.

Der handelnde Urkundsbeamte hat die Möglichkeit, der Erinnerung abzuhelfen. Geschieht dies nicht, entscheidet der Richter. Die aufschiebende Wirkung bzw. die einstweilige Anordnung nach § 570 ZPO spielt im Klauselverfahren keine Rolle. Eine mündliche Verhandlung ist dem Gericht freigestellt (§ 128 Abs. 4 ZPO), die Entscheidung ergeht in Form eines Beschlusses. Eine unzulässige Erinnerung wird verworfen, eine unbegründete zurückgewiesen. Auf die begründete Erinnerung hin wird der Urkundsbeamte zur Erteilung der Klausel angewiesen.

Gegen erstinstanzliche Erinnerungsentscheidungen ist die sofortige Beschwerde gegeben (§ 573 Abs. 2 ZPO).

b) Sofortige Beschwerde (§ 567 ZPO)

Erfolgte die Verweigerung der Klausel durch den **Rechtspfleger**, ist hiergegen die sofortige Beschwerde nach § 567 ZPO einzulegen. 2324

Auch hier hat der Rechtspfleger ein Abhilferecht (§ 572 Abs. 1 ZPO). Im Übrigen kann auf die Darstellung der sofortigen Beschwerde unten Rdn. 3484 Bezug genommen werden.

c) Notarbeschwerde (§ 54 BeurkG)

Eine Beschwerde nach § 54 BeurkG i. V. m. §§ 18 ff. FGG (= §§ 58 ff. FamFG) zum Prozessgericht ist gegeben, wenn die Ablehnung durch einen **Notar** erfolgt ist. 2325

Die Beschwerde nach § 54 BeurkG bedarf der Schriftform, kann aber auch zu Protokoll der Geschäftsstelle erklärt werden (§ 21 FGG). Anwaltszwang besteht nur für die weitere Beschwerde (§ 27 FGG). Das Abhilferecht des Notars ergibt sich aus § 18 FGG. Im Übrigen gelten die Ausführungen zur sofortigen Beschwerde (unten Rdn. 3484).

Nach dem 01.09.2009 setzt die Beschwerde in vermögensrechtlichen Angelegenheiten einen Wert des Beschwerdegegenstands von mindestens 600 € oder eine Zulassung voraus (§ 61 Abs. 1 FamFG), muss binnen einer Frist von einem Monat nach Bekanntgabe der Entscheidung (§ 63 FamFG) schriftlich (§ 64 Abs. 2 FamFG) und (allerdings nicht zwingend: § 65 FamFG) begründet bei dem Notar eingelegt werden (§ 64 FamFG), dem ein Abhilferecht zusteht (§ 68 FamFG).

Der Antrag lautet darauf, »die (zu bezeichnenden ablehnende) Entscheidung des Urkundsbeamten/Rechtspflegers/Notars aufzuheben und diesen anzuweisen, die vom Gläubiger beantragte Klausel zu erteilen«.

d) Klauselklage (§ 731 ZPO)

Benötigt der Gläubiger eine qualifizierte Klausel, kann aber den hierzu erforderlichen **Nachweis von Tatsachen** nicht durch die grundsätzlich erforderlichen öffentlichen Urkunden erbringen, kann er das Vorliegen dieser Tatsachen im Rahmen einer Klage auf Erteilung der Vollstreckungsklausel nach § 731 ZPO durch das Prozessgericht feststellen. 2326

Anders als bei den vorgehend dargestellten Erinnerungen und Beschwerden geht es bei der Klauselerteilungsklage damit nicht um die Behebung von Fehlern von Justizorganen, sondern um eine Erleichterung der Voraussetzungen für die Erteilung einer qualifizierten Klausel. Dennoch wird auch für die Klage nach § 731 ZPO überwiegend verlangt, dass die Erteilung der Klausel vom zuständigen Organ abgelehnt wurde, vereinzelt wird sogar die Einlegung von Rechtsbehelfen dagegen gefordert (Thomas/Putzo/*Hüßtege* § 731 Rn. 4).

Der häufig anzutreffende Antrag, »dem Kläger eine Vollstreckungsklausel zum (genau zu bezeichnenden) Titel zu erteilen« ist ungenau. Richtigerweise handelt es sich um eine Feststellungsklage, bei der das Gericht lediglich die Voraussetzungen des Vorliegens der Klauselerteilung feststellt, die Klausel aber nicht selbst erteilt. Besser lautet der Antrag deswegen dahin, »festzustellen, dass dem Kläger eine Vollstreckungsklausel zum (genau zu bezeichnenden) Titel zu erteilen ist«.

▶ Praxistipp: 2327

Das nach § 256 ZPO erforderliche Rechtsschutzbedürfnis fehlt, wenn öffentliche Urkunden vorhanden sind oder zumindest leicht beschafft werden können. Dies ist praktisch häufig der Fall bei Bestehen eines Rechts auf Erteilung von Abschriften (§§ 792 ZPO, 34 FGG = § 13 Abs. 3 FamFG, 9 Abs. 2 HGB, 12 GBO).

Zulässig ist diese Klage auf Erteilung von Klausel für alle Arten von Titeln (§ 795 ZPO). Sie ist den formellen Anforderungen jeder Klage entsprechend beim Prozessgericht des ersten Rechtszugs einzureichen (§§ 731, 802 ZPO). Klauseln für einen Vollstreckungsbescheid erteilt das Gericht, das für die Entscheidung im Streitverfahren zuständig gewesen wäre, Klauseln für Urkunden mit sofortiger Zwangsvollstreckungsunterwerfung im allgemeinen Gerichtsstand (§ 797 Abs. 3, 5 ZPO).

Den Nachweis des Vorliegens der Klauselvoraussetzungen kann der Gläubiger mit allen prozessual zulässigen Beweisen führen, eine Beschränkung auf öffentliche Urkunden besteht hier nicht.

2328 ▶ **Praxistipp:**

Aus prozessökonomischen Gründen lässt die h. M. auch materiellrechtliche Einwendungen des Schuldners gegen den titulierten Anspruch zu (Thomas/Putzo/*Hüßtege* § 731 Rn. 7). Für eine spätere Vollstreckungsgegenklage sind diese dann präkludiert.

Dabei bedarf es nicht einer Widerklage aus § 767 ZPO, vielmehr sind bereits bloße Einwendungen aus materiellem Recht beachtlich. Alle materiellen Einwände, die der Schuldner bereits im vorangegangenen Klauselerteilungsklageverfahren hätte erheben können, sind für eine eventuell nachfolgende Vollstreckungsgegenklage nach § 767 Abs. 2 ZPO präkludiert (Musielak/*Lackmann* § 731 Rn. 9). Dies ist eine auch von Anwälten häufig übersehene Fallgestaltung.

2. Rechtsbehelfe des Schuldners

2329 Der Schuldner ist im Klauselverfahren beschwert, wenn die **Klausel erteilt** wurde.

a) Erinnerung (§ 732 ZPO)

2330 Im Wege der Erinnerung nach § 732 ZPO kann der Schuldner gegen **formelle Fehler** der Klauselerteilung die Entscheidung des Prozessgerichts beantragen. Dies gilt unabhängig davon, ob der Urkundsbeamte, der Rechtspfleger (§ 11 Abs. 1 RPflG) oder der Notar (§ 797 Abs. 3 ZPO) die Klausel erteilt hat.

§ 732 verdrängt damit als spezieller Rechtsbehelf die sofortige Beschwerde nach § 567 ZPO, die erst gegeben ist, wenn das Gericht die Erinnerung zurückgewiesen hat.

Zuständig ist das Prozessgericht, dem der erlassende Urkundsbeamte oder Rechtspfleger angehört bzw. in dessen Bezirk der Notar seinen Sitz hat. Die Erinnerung ist schriftlich oder zur Niederschrift der Geschäftsstelle zu erheben und ist vom Anwaltszwang nicht umfasst. Sie ist nicht fristgebunden, jedoch fehlt das Rechtsschutzbedürfnis, wenn die Vollstreckung beendet ist. Unzulässig ist die Erinnerung, wenn durch Urteil nach § 731 ZPO rechtskräftig festgestellt ist, dass eine Klausel zu erteilen ist. Der Antrag lautet auf »Unzulässigerklärung der (genau zu bezeichnenden) vollstreckbaren Ausfertigung und der Zwangsvollstreckung aus ihr«.

Begründet ist die Erinnerung, wenn die formellen Voraussetzungen für eine Klauselerteilung nicht vorlagen (Tätigwerden des Urkundsbeamten statt des Rechtspflegers, Titel ohne vollstreckungsfähigen Inhalt, Fehlen von Nachweisurkunden). Materielle Einwendungen gegen den titulierten Anspruch sind hier unbeachtlich (BGH NJW-RR 2006, 567; BGH WM 2005, 997).

b) Klauselgegenklage (§ 768 ZPO)

2331 Stehen **materielle Gründe** der Erteilung der Klausel entgegen, kann der Schuldner Klage gegen die Erteilung der Klausel nach § 768 ZPO bei dem Prozessgericht erheben.

Hält derjenige, gegen den vollstreckt werden soll (im Fall der Titelumschreibung ist dies nicht mehr der Titelschuldner!), die Erteilung einer qualifizierten Klausel für fehlerhaft, weil er den Eintritt der materiellen Voraussetzungen bestreitet, kann er mit der vorliegenden Klage die Erteilung der vollstreckbaren Ausfertigung (nicht den titulierten Anspruch selbst) angreifen.

Zuständig ist ausschließlich (§ 802 ZPO) das Prozessgericht. Eine Klagefrist existiert nicht, jedoch fehlt das Rechtsschutzbedürfnis, solange die Klausel noch nicht erteilt ist oder die Zwangsvollstreckung beendet ist. Unzulässig ist die Klage, wenn durch ein Urteil nach § 731 ZPO rechtskräftig festgestellt ist, dass eine

Klausel zu erteilen ist. Der Antrag lautet (weil hier anders als bei § 731 ZPO nicht bloß eine Feststellungs-, sondern eine Gestaltungsklage vorliegt) auf »Unzulässigerklärung der (genau zu bezeichnenden) vollstreckbaren Ausfertigung und der Zwangsvollstreckung aus ihr«.

Begründet ist die Klage, wenn die materiellen Voraussetzungen für die qualifizierte Klausel fehlen. Für (ausschließlich) formelle Mängel gegen die Klausel ist die Erinnerung der einfachere und billigere Weg (OLG Koblenz NJW 1992, 378). Sehr streitig ist dabei die Frage nach der Beweislast. Die h. M. erlegt diese dem Kläger auf, die Gegenansicht analog zur negativen Feststellungsklage zu Recht dem Beklagten (Baumbach/*Hartmann* § 768 Rn. 4; Thomas/Putzo/*Hüßtege* § 768 Rn. 9; Stein/Jonas/*Münzberg* § 768 Rn. 7; OLG Köln NJW-RR 1994, 893).

II. Vollstreckungsverfahren

Stellt sich eine Maßnahme in einer laufenden Zwangsvollstreckung aus formellen oder aus materiellrechtlichen Gründen als unwirksam dar, kann dies für den Gläubiger, den Schuldner oder einen Dritten Anlass zur Einlegung von Rechtsbehelfen sein. 2332

Die Zwangsvollstreckung beginnt mit der ersten Vollstreckungshandlung, bei Geldforderungen mit der Pfändung (§ 829 ZPO), der Vorpfändung (§ 845 ZPO) oder dem Erlass des Pfändungsbeschlusses (§§ 846 ff. ZPO), bei Herausgabeansprüchen mit der Erteilung des Vollstreckungsauftrags (§ 883 ZPO).

Die Zwangsvollstreckung endet, wenn sie aus dem Titel schlechthin oder hinsichtlich der eingeleiteten konkreten Vollstreckungsmaßnahme beendet ist, d. h. mit der (auch nur teilweisen) Befriedigung des Gläubigers oder mit der Freigabe des Pfandgegenstands durch den Gläubiger.

1. Formelle Mängel

a) Vollstreckungserinnerung (§ 766 ZPO)

Formelle Mängel von **Vollstreckungsmaßnahmen, die nicht auf einer richterlichen Entscheidung beruhen**, sind in erster Linie durch die Vollstreckungserinnerung nach § 766 ZPO zu rügen. 2333

(1) Klassische Probleme der **Zulässigkeit** der Erinnerung betreffen die Statthaftigkeit, die Zuständigkeit, die Erinnerungsbefugnis und das Rechtsschutzbedürfnis (*Becker* JuS 2011, 37). 2334

– **Statthaft** ist die Erinnerung, soweit Verfahrensfehler der Vollstreckung gerügt werden.

Generalklauselartig lässt diese Vorschrift die Überprüfung der Art und Weise der Zwangsvollstreckung, die Vorgehensweise des Gerichtsvollziehers, die Tätigkeitsverweigerung des Gerichtsvollziehers und seines Kostenansatzes zu. Damit ist die Vollstreckungserinnerung statthaft gegen das gesamte vollstreckungsrelevante Verhalten des Vollstreckungsgerichts (egal, ob hier der Rechtspfleger oder der Richter tätig geworden ist) und des Gerichtsvollziehers.

▶ Beispiel: 2335

In Betracht kommen:

Mängel bei den Verfahrensvoraussetzungen der Zwangsvollstreckung (Vollstreckungsauftrag, § 753 ZPO; Zuständigkeit des Vollstreckungsorgans; Prozesshandlungsvoraussetzungen);

Mängel bei den allgemeinen Vollstreckungsvoraussetzungen (Titel, §§ 704, 794 ZPO; Klausel, § 724 f. ZPO; Zustellung, § 750 ZPO);

Mängel bei den besondere Vollstreckungsvoraussetzungen (z. B. §§ 751, 756, 761 ZPO);

die Nichtbeachtung von Vollstreckungshindernissen (z. B. §§ 775 f. ZPO);

Mängel beim Pfändungsvorgang (z. B. §§ 758, 808 ff. ZPO);

Mängel bei der Verwertung (z. B. §§ 814 f.).

Ist das Vollstreckungsgericht tätig geworden, können mit der Erinnerung nur »Maßnahmen« angefochten werden, nicht »Entscheidungen«; gegen Letztere ist die sofortige Beschwerde nach § 793 ZPO gegeben (unten Rdn. 2340). Der Beschluss des Vollstreckungsgerichts ist eine Entscheidung, wenn er tatsächlich nach Anhörung des Gegners erlassen wurde (nicht bloß, wenn die Anhörung erforderlich gewesen wäre) oder wenn er einen Antrag zurückweist (OLG Köln NJW-RR 1992, 894; OLG Koblenz NJW-RR 1986, 679).

2336 ▶ Beispiel:

Erlässt der Rechtspfleger beim Vollstreckungsgericht einen Pfändungs- und Überweisungsbeschluss, so handelt es sich um eine mit der Erinnerung nach § 766 ZPO anzufechtende »Maßnahme«, wenn eine vorherige Anhörung des Schuldners nicht erfolgt ist. Hat der Rechtspfleger zuvor den Schuldner angehört, muss der Beschluss als »Entscheidung« nach § 793 ZPO mit der sofortigen Beschwerde angefochten werden.

Wird dem Antrag des Gläubigers auf Erlass eines Pfändungs- und Überweisungsbeschlusses ohne Anhörung des Schuldners nur zum Teil stattgegeben, er im Übrigen abgelehnt, so steht dem Schuldner die Erinnerung, dem Gläubiger die sofortige Beschwerde zu (Musielak/Lackmann § 766 Rn. 14).

Streitig ist der Charakter einer Durchsuchungserlaubnis. Obwohl diese ohne Anhörung ergeht, nimmt die h. M. dennoch eine mit der Beschwerde anzufechtende Entscheidung an (OLG Saarbrücken Rpfleger 1993, 146).

– **Erinnerungsbefugt** können sowohl der Schuldner oder ein Dritter (§ 766 Abs. 1 ZPO) als auch der Gläubiger sein (§ 766 Abs. 2 ZPO). Voraussetzung ist eine Beeinträchtigung in eigenen Rechten.

Das Verfahren findet ausschließlich zwischen den Beteiligten des Vollstreckungsverfahrens (Gläubiger – Schuldner; ggf. Dritter) statt. Das Vollstreckungsorgan, dessen Maßnahme angegriffen wird, ist nicht Partei. In den Fällen des § 766 Abs. 2 ZPO (»Untätigkeitserinnerung«) ist allein der Gläubiger verfahrensbeteiligt, es handelt sich um ein einseitiges Verfahren ohne Gegner.

2337 ▶ Beispiel:

Der Schuldner kann Erinnerung nicht mit der Begründung einlegen, bei der Pfändung sei der Mitgewahrsam eines Dritten verletzt worden. In diesem Fall ist der Dritte erinnerungsbefugt.

– Ein **Rechtsschutzbedürfnis** besteht, solange die Zwangsvollstreckung schon und noch läuft oder zumindest unmittelbar bevorsteht (BGH BGHR 2005, 676).

Schwere Grundrechtsverstöße (Wohnungsdurchsuchungen) können auch nach Abschluss der Vollstreckung noch gerügt werden. Die Möglichkeit einer Klage nach § 767 ZPO oder § 771 ZPO schließt die Erinnerung nicht aus, da hiermit andere Rechtsschutzziele verfolgt werden.

– Die Erinnerung ist **unbefristet** möglich, muss jedoch in entsprechender Anwendung des § 569 Abs. 2 ZPO **schriftlich** (oder zu Protokoll der Geschäftsstelle) eingelegt werden. **Zuständig** ist ausschließlich der Richter beim Vollstreckungsgericht (§§ 766, 746 Abs. 2 802 ZPO). Der **Antrag** lautet je nach erhobener Rüge bei § 766 Abs. 1 ZPO auf »Unzulässigerklärung« oder »Aufhebung« einzelner (genau zu bezeichnender) Vollstreckungsmaßnahmen, bei § 766 Abs. 2 ZPO auf »Anweisung des Gerichtsvollziehers zur Vornahme« solcher Vollstreckungsmaßnahmen, ggf. auch auf Vornahme der Maßnahme durch das Vollstreckungsgericht unmittelbar.

– Die Erinnerung hat keine aufschiebende Wirkung. Eine **einstweilige Anordnung** ist nach §§ 766 Abs. 1 Satz 2, 732 Abs. 2 ZPO auch ohne Antrag von Amts wegen möglich, dennoch empfiehlt sich ein entsprechender Antrag.

2338 (2) **Begründet** ist die Erinnerung, wenn ein formeller Mangel der Zwangsvollstreckung tatsächlich vorliegt.

Geprüft wird also, »ob« die Vollstreckung durchgeführt werden durfte und »wie« sie durchgeführt wurde (dazu oben Rdn. 2335).

Materiellrechtliche Einwendungen des Erinnerungsführers bleiben unberücksichtigt. Sollen solche neben den formellen Rügen auch erhoben werden, muss zusätzlich ein weiterer, materieller Rechtsbehelf (§ 767 ZPO) eingelegt werden.

▶ **Beispiel:** 2339

Typische Erinnerungsgründe sind das Fehlen, die Unwirksamkeit oder Unbestimmtheit des Titels, Mängel der Vollstreckungsklausel oder der Zustellung, ein Verstoß gegen gesetzliche Schuldnerschutzanordnungen oder die Pfändung einer im Gewahrsam eines Dritten befindlichen Sache ohne dessen Zustimmung.

Eine vollstreckungsbeschränkende Vereinbarung stellt nach überwiegender Ansicht einen im Rahmen des § 767 ZPO beachtlichen materiellen Einwand dar (BGH NJW 1991, 2295).

b) Sofortige Beschwerde (§ 793 ZPO)

Formelle Mängel einer **Vollstreckungsmaßnahme, die auf einer Entscheidung des Gerichts beruhen**, unterliegen nach § 793 ZPO der sofortigen Beschwerde. § 793 ZPO regelt dabei nur die Statthaftigkeit dieses Rechtsmittels, alle anderen Voraussetzungen und das Verfahren richten sich nach §§ 567 ff. ZPO. 2340

Unerheblich ist dabei, ob die Entscheidung konkret vom Richter oder vom Rechtspfleger erlassen wurde (§ 11 Abs. 1 RPflG). Verdrängt wird § 793 ZPO durch § 71 GBO bei Entscheidungen des Grundbuchamts (unten Rdn. 2341), bei der Zwangsversteigerung durch die §§ 95 ff. ZVG.

Nicht immer einfach ist die Abgrenzung zur Vollstreckungserinnerung nach § 766 ZPO. Diese ist gegen »Maßnahmen« des Vollstreckungsgerichts gegeben, die sofortige Beschwerden gegen »Entscheidungen«. Entscheidungen sind Beschlüsse, wenn diese nach einer tatsächlich erfolgten Anhörung des Schuldners ergehen und eine Interessenabwägung zwischen Gläubiger und Schuldner enthalten (Thomas/Putzo/*Hüßtege* § 793 Rn. 3; oben Rdn. 2332).

Wegen der formellen und inhaltlichen Voraussetzungen der sofortigen Beschwerde kann auch die Ausführungen unten Rdn. 3484 verwiesen werden.

c) Grundbuchbeschwerde (§ 71 GBO)

Entscheidungen des Grundbuchamts im Vollstreckungsverfahren können durch die Grundbuchbeschwerde nach § 71 GBO angegriffen werden. 2341

Mit der Grundbuchbeschwerde können Entscheidungen des Grundbuchamts angegriffen werden. Zu diesen gehören Eintragungen ins Grundbuch auch dann, wenn diese vom Grundbuchamt als Zwangsvollstreckungsorgan vorgenommen wird, also bei der Eintragung einer Zwangssicherungs- oder Arresthypothek nach §§ 867, 932 ZPO. Das Grundbuchamt prüft dabei nicht nur die grundbuchrechtlichen Voraussetzungen der Eintragung (§ 39 GBO), sondern auch die vollstreckungsrechtlichen.

Streitig ist, mit welchen Rechtsbehelfen Fehler bei der Eintragung zu rügen sind. Die h. M. geht davon aus, gegeben sei allein die Grundbuchbeschwerde nach § 71 GBO, diese verdränge die zwangsvollstreckungsrechtlichen Rechtsbehelfe, insbesondere §§ 766, 793 ZPO (BayObLG RPfl 1976, 67; OLG Frankfurt a. M. JB 1998, 382; OLG Zweibrücken Rpfleger 2001, 174; Thomas/Putzo/*Hüßtege* § 867 Rn. 19 f.). Die Gegenansicht lässt daneben auch die sofortige Beschwerde nach § 567 ZPO zu (Baumbach/*Hartmann* § 867 Rn. 24).

(Nur) die Beschwerde nach § 71 GBO ist auch dort gegeben, wo die Eintragung auf vollstreckungsrechtlicher Grundlage erfolgt, ohne dass das Grundbuchamt selbst als Vollstreckungsorgan tätig wird, etwa bei der Eintragung einer Vormerkung zur Sicherung des Anspruchs auf Bestellung einer Sicherungshypothek nach § 648 BGB oder der Eintragung einer Vormerkung nach § 895 ZPO (BayObLG NJW-RR 1997, 1445).

Unzulässig ist die Beschwerde gegen Eintragungen, die dem öffentlichen Glauben des Grundbuchs unterfallen (§ 71 Abs. 2 GBO), d. h. die den gutgläubigen Erwerb eines Rechts verhindern können. Ob dies der

Beschwerde gegen die Eintragung einer Zwangssicherungshypothek entgegensteht, ist streitig (bejahend OLG Frankfurt a. M. FGPrax 2003, 197; verneinend OLG Celle Rpfleger 1990, 112).

Zuständig ist das Landgericht, in dessen Bezirk das Grundbuchamt seinen Sitz hat (§ 72 GBO). Die Beschwerde ist schriftlich oder zu Protokoll einzulegen. Für die Beschwerdeberechtigung genügt eine bloß formelle Beschwer nicht, erforderlich und ausreichend ist eine eigene Rechtsbeeinträchtigung (= materielle Beschwer). Eine Begründung ist nicht zwingend, aber zu empfehlen, wobei neue Tatsachen und Beweise unbeschränkt möglich sind (§ 74 ZPO).

d) Rechtspflegererinnerung (§ 11 Abs. 2 ZPO)

2342 Praktisch keine Rolle spielt daneben die sofortige Rechtspflegererinnerung nach § 11 Abs. 2 Satz 1 RPflG, die sich gegen **Maßnahmen des Rechtspflegers** richtet.

Entscheidungen des Rechtspflegers werden grundsätzlich mit den Rechtsbehelfen angegriffen, die gegen eine richterliche Entscheidung gegeben wären (§ 11 Abs. 1 RPflG). Eine Überprüfung durch den Richter desselben Gerichts in derselben Instanz findet nach § 11 Abs. 2 RPflG nur noch statt, wenn die Entscheidung, wäre sie vom Richter getroffen worden, unanfechtbar gewesen wäre.

e) Vollstreckungsschutz (§ 765a ZPO)

2343 Die Möglichkeiten des Gläubigers zur Rechtsdurchsetzung finden ihre Grenzen in den **gesetzlichen Schuldnerschutzanordnungen**.

So verhindern die §§ 811 ff. ZPO die Pfändung von Sachen, die dem Schuldner aus sozialen Gründen verbleiben sollen, die §§ 850 ff. ZPO belassen dem Schuldner das zur Bestreitung des Lebensunterhalts erforderlichen Mindesteinkommen. Bereits gepfändete Sachen werden nach § 813a ZPO nicht verwertet, wenn die Schuld ratenweise beglichen wird. Für die Räumung von Wohnraum kann ein Aufschub gewährt werden (§§ 721, 794a) ZPO.

2344 Diese konkreten Einzelschutzanordnungen werden durch den Antrag auf Vollstreckungsschutz nach § 765a ZPO generalklauselartig erweitert. Damit kann der Schuldner eine **sittenwidrige Härte der Zwangsvollstreckung** abwenden.

Der entsprechende Antrag bedarf einer Form nicht, wird aber sinnvollerweise schriftlich (oder zu Protokoll der Geschäftsstelle) gestellt und begründet. Zuständig ist der Rechtspfleger des Vollstreckungsgerichts. (Nur) in Räumungssachen muss der Antrag grundsätzlich mindestens zwei Wochen vor der Vollstreckung gestellt werden (§ 765a Abs. 3 ZPO). Gerichtet ist der Antrag auf die zeitweise Aufhebung, Untersagung oder Einstellung der Zwangsvollstreckung. Die endgültige Einstellung der Zwangsvollstreckung kommt nur in Extremfällen in Betracht (BVerfG NJW 1979, 2607).

Begründet ist der Antrag beim Vorliegen einer »sittenwidrigen Härte«. Dieser Begriff ist eng auszulegen, setzt jedoch einen moralischen Vorwurf an den Gläubiger nicht voraus und kann sogar dann vorliegen, wenn der Schuldner die ihn treffende Härte allein verschuldet hat. Erforderlich und ausreichend ist, dass sich der Vollzug der Vollstreckungsmaßnahme als so außergewöhnlich hart darstellt, dass er bei voller Würdigung des Schutzbedürfnisses des Gläubigers dem allgemeinen Rechtsgefühl widerspricht und letztlich ganz unträglich erscheint (BVerfGE NJW 1979, 2607; BGH NJW 2004, 3635). Regelmäßig wird eine Abwägung der Interessen beider Parteien unter Berücksichtigung der Wertentscheidungen des GG erforderlich sein (Zöller/*Stöber* § 765a Rn. 4 ff.).

2345 ▶ **Beispiel:**

Ausgeschlossen ist Zwangsvollstreckung nach § 765a ZPO bei erheblicher Gefahr für das Leben und die Gesundheit des Schuldners oder seiner Angehörigen.

Ausgeschlossen ist sie, wenn wegen einer vergleichsweise geringen Forderung die Zwangsvollstreckung in das selbst bewohnte Einfamilienhaus betrieben wird, obwohl auch auf andere Vermögenswerte zugegriffen werden könnte.

Da eine mündliche Verhandlung praktisch unumgänglich ist (Thomas/Putzo/*Hüßtege* § 765a Rn. 14), kann das Gericht in Eilfällen eine **einstweilige Anordnung** erlassen (§ 765a Abs. 1 Satz 2 i. V. m. § 732 Abs. 2 ZPO). 2346

> Zwar ist auch hier eine Anhörung des Gläubigers grundsätzlich geboten, kann aber in Eilfällen auch unterbleiben.

▶ Praxistipp: 2347

> Die Bereitschaft des Gerichts, eine Eilanordnung ohne vorherige Anhörung des Gläubigers zu erlassen, kann gefördert werden, wenn die Einstellung nur befristet beantragt wird.
>
> So BVerfGE 18, 404; OLG Celle MDR 1970, 243; *Schneider* MDR 1973, 356.
>
> Während der Schuldner die Voraussetzungen des § 765a Abs. 1 Satz 1 ZPO beweisen muss, genügt für die einstweilige Einstellung die bloße Glaubhaftmachung.
>
> Der Gerichtsvollzieher kann die Zwangsvollstreckung um bis zu einer Woche aufschieben, um dem Schuldner die Möglichkeit zur Stellung eines Antrags nach § 765a zu geben (§ 765a Abs. 2 ZPO).

2. Materielle Mängel

Im Interesse einer effizienten Durchsetzung des Gläubigerrechts werden materiellrechtliche Voraussetzungen der Zwangsvollstreckung durch die Vollstreckungsorgane bei der Vornahme von Vollstreckungshandlungen regelmäßig **nicht mehr geprüft**. Diese Prüfung beschränkt sich auf einfach feststellbare, äußerliche Merkmale. So wird das Fortbestehen des titulierten Anspruchs genauso vermutet, wie das Eigentum des Schuldners an den in seinem Gewahrsam vorgefundenen Sachen. Erweisen diese Vermutungen als falsch, wird den materiell dadurch Benachteiligten zu gemutet, sich dagegen mit Rechtsbehelfen zu wehren. Da die Klärung materieller Fragen dem Prozessgericht vorbehalten ist, bestehen diese Rechtsbehelfe in Klagen gegen den die Vollstreckung betreibenden Gläubiger. Einwendungen, die der Schuldner gegen den titulierten Anspruch hat, kann er mit der Vollstreckungsgegenklage nach § 767 ZPO geltend machen. Erstreckt sich die Zwangsvollstreckung auf Sachen erstreckt, die zum Vermögen eines Dritten gehören, steht diesem die Drittwiderspruchsklage nach § 771 ZPO zu. 2348

a) Vollstreckungsgegenklage (§ 767 ZPO)

Mit der Vollstreckungsgegenklage nach § 767 ZPO kann der Schuldner der Vollstreckung materiellrechtliche Umstände entgegen halten, die erst **nach Schluss der letzten mündlichen Verhandlung** im Erkenntnisverfahren eingetreten sind (*Leyendecker* JA 2010, 631 und 805). 2349

> Auch insoweit handelt es sich um eine prozessuale Gestaltungsklage, die sich weder gegen einzelne Vollstreckungshandlungen noch gegen den Titel an sich, sondern nur gegen dessen Vollstreckbarkeit richtet. Der Antrag lautet deswegen regelmäßig auf »Unzulässigerklärung der Zwangsvollstreckung«.

Erfolg hat die Klage, wenn sie zulässig und begründet ist. 2350

aa) Statthaftigkeit

Statthaft ist die Vollstreckungsklage, wenn sie sich gegen einen **wirksamen Titel** richtet (BGHZ 22, 54; BGH NJW 1992, 2160). 2351

Die neuere Rechtsprechung lässt eine prozessuale Gestaltungsklage analog § 767 ZPO (auch als sog »**Titelgegenklage**« oder »Vollstreckungsgegenklage sui generis« bezeichnet) darüber hinaus zu, 2352
– wenn der Titel der materiellen Rechtskraft nicht fähig ist, weil nicht erkennbar ist, über welchen Anspruch das Gericht entschieden hat (BGH NJW 1994, 460),
– wenn der Titel aus formalen Gründen unwirksam ist, die aus dem Titel selbst nicht erkennbar sind (BGHZ 124, 164, 170),

- wenn der Titel aus formalen Gründen unwirksam ist, die aus dem Titel selbst erkennbar sind (BGH NJW 2004, 59; *Kittner* JA 2010, 811) und
- wenn der Titel aus materiellen Gründen unwirksam ist (BGH NJW 2004, 844; BGH NJW 2004, 1718).

2353 ▶ **Beispiel:**

Ist der Schuldner bei Abgabe der Unterwerfungserklärung nach § 794 Abs. 1 Nr. 5 ZPO nicht wirksam vertreten worden, besteht zwar der titulierte Anspruch, der Titel selbst aber ist formunwirksam.

2354 Ein taktisches Problem stellt die **Abgrenzung** des Anwendungsbereichs der Vollstreckungsgegenklage von anderen Rechtsbehelfen dar.

2355 (1) Konkurrenzprobleme können sich mit der **Vollstreckungserinnerung (§ 766 ZPO)** ergeben, wenn materielle Rechte im Vollstreckungsverfahren formell nicht ordnungsgemäß berücksichtigt wurden.

Rügt der Schuldner, dass eine unbedingte Vollstreckung aus einem Titel mit Zug-um-Zug-Vorbehalt (§§ 756, 765 ZPO) nicht erfolgen dürfe, weil die dem Gläubiger obliegende Gegenleistung nicht in der gebotenen Form (insbesondere mangelhaft) angeboten worden sei, handelt es sich um einen materiellrechtlichen Einwand, der mit § 767 ZPO zu rügen ist (BGH NJW-RR 2005, 144).

Wird dem Schuldner im Privatinsolvenzverfahren Restschuldbefreiung erteilt (§ 301 InsO), so wandelt sich der titulierte Anspruch des Gläubigers in einen sog. unvollkommenen, er bleibt erfüllbar, ist aber nicht erzwingbar (§ 301 Abs. 3 InsO). Nach h. M. ist dies nicht mit der Vollstreckungserinnerung nach § 766 ZPO, sondern im Rahmen der Vollstreckungsgegenklage nach § 767 ZPO geltend zu machen (BGH NJW 2008, 3640).

Dagegen muss der Schuldner die Nichteinhaltung einer (unstreitigen) individuellen Vollstreckungsvereinbarung zwischen den Parteien mit der Erinnerung rügen (OLG Karlsruhe WuM 1975, 78; Thomas/Putzo/*Hüßtege* §§ 766 Rn. 26; a. A. *Leyendecker* JA 2010, 631, 632).

2356 (2) Die Abgrenzung zur **Klauselgegenklage (§ 768 ZPO)** kann schwierig sein, weil es sich bei dieser wie bei § 767 ZPO um eine prozessuale Gestaltungsklage handelt, mit der materielle Einwendungen geltend gemacht werden.

Über § 767 ZPO werden Einwendungen geltend gemacht, die sich nur gegen die titulierte Forderung richten und nicht (auch) gegen die Erteilung der Klausel.

Hängen Fälligkeit und Erteilung der Klausel von einer materiellen Voraussetzung ab (Fälligkeit Restschuld bei Verzug mit in gerichtlichem Vergleich vereinbarter Rate), wendet sich der Schuldner mit der Behauptung, die Voraussetzung liege nicht vor, sowohl gegen die Fälligkeit des Anspruchs als auch gegen die Erteilung der Klausel. Die h. M. differenziert nach der Art der Klausel: Bei der einfachen Klausel (§ 724 ZPO) muss der Schuldner die Erteilungsvoraussetzungen widerlegen und sich gegen die Erteilung mit der Vollstreckungsgegenklage wehren, bei der qualifizierten Klausel (§ 726 ZPO) muss der Gläubiger die Erteilungsvoraussetzungen beweisen, der Schuldner sich mit der Erinnerung zur Wehr setzen (BGH DNotZ 1965, 544).

2357 (3) Mit der **Abänderungsklage (§ 323 ZPO)** können bei der Verurteilung zu künftig fällig werdenden Leistungen tatsächliche Änderungen der anspruchsbegründenden Umstände geltend gemacht werden. Sie ist zu erheben, wenn durch den Zeitablauf bedingte, (theoretisch) absehbare Änderungen von Anfang an erkennbar variabler Faktoren eintreten (z. B. Bedarf des Unterhaltsberechtigten, Leistungsfähigkeit des Unterhaltsverpflichteten). Die Vollstreckungsgegenklage dagegen erfasst die nachträglich eintretende Undurchsetzbarkeit des Anspruchs aufgrund unvorhersehbarer neuer Umstände (z. B. Erfüllung; BGH NJW 2008, 1446; Thomas/Putzo/*Reichold* § 323 Rn. 1; *Meister* FamRZ 1980, 864).

Es liegt nahe, dass diese Abgrenzung in der Praxis große Schwierigkeiten macht, Überschneidungen im Anwendungsbereich sind denkbar (BGH NJW 1978, 753). Da beide Rechtsbehelfe sich gegenseitig ausschließen, besteht die Gefahr einer Abweisung des eingelegten Rechtsbehelfs als unzulässig.

▶ **Praxistipp:** 2358

Ist eine Abgrenzung zwischen § 767 ZPO und § 323 ZPO nicht eindeutig möglich, kommt auch eine Verbindung als Haupt- und Hilfsantrag in Betracht.

Dies hat die Rechtsprechung ausdrücklich anerkannt (BGH FamRZ 1979, 573).

Die lange Zeit streitige Frage, ob § 323 ZPO entsprechend auf Unterlassungstitel anwendbar ist, hat der BGH inzwischen verneint (BGH NJW 2008, 1446). Ist eine Voraussetzung des Unterlassungsanspruchs nachträglich entfallen, ist dies ausschließlich mit § 767 ZPO geltend zu machen. 2359

(4) Die Titelgegenklage (oben Rdn. 2352) konkurriert mit der **Klauselerinnerung** (§ 732 ZPO), die für Angriffe gegen die Wirksamkeit des Vollstreckungstitels vorgesehen ist. Solange ein unwirksamer Titel den Rechtsschein der Vollstreckungsfähigkeit entfaltet, kann er sowohl über § 767 ZPO analog als auch über § 732 ZPO angefochten werden (BGH NJW-RR 2007, 1724). 2360

(5) Entsteht nach Schluss der mündlichen Verhandlung erster Instanz eine Einwendung i. S. d. § 767 ZPO, steht es dem Schuldner frei, ob er diese mittels **Berufung** (§ 511 ZPO) oder mittels einer Vollstreckungsgegenklage nach § 767 ZPO geltend machen will (OLG Frankfurt a. M. Jur-Büro 1983, 143). 2361

Die Einwendung ist in der Berufungsinstanz zwar neu, über § 531 Abs. 2 Nr. 3 ZPO aber regelmäßig zuzulassen. Ist bereits Berufung eingelegt, fehlt das Rechtsbedürfnis für eine neue Klage aus § 767 ZPO; umgekehrt steht einer erst nach Erhebung der Klage aus § 767 ZPO eingelegten Berufung nichts entgegen (*Geißler* NJW 1985, 1869).

▶ **Praxistipp:** 2362

Hat der Schuldner ein Wahlrecht zwischen Berufung und Vollstreckungsgegenklage, weil eine materielle Einwendung gegen den titulierten Anspruch innerhalb der Berufungsfrist entstanden ist, empfiehlt sich im Zweifel die Berufung.

Grund dafür ist das weiter gehende Rechtsschutzziel der Berufung: Mit dieser kann das Urteil beseitigt werden, mit der Klage aus § 767 ZPO dagegen nur seine Vollstreckbarkeit.

(6) Weitere Abgrenzungsprobleme sind praktisch eher selten: 2363
– Wird aus einem Kostenfestsetzungsbeschluss vollstreckt, kann die Vollstreckungsgegenklage neben die **Beschwerde** (§ 104 Abs. 3 ZPO) treten.
– Die Möglichkeit einer Vollstreckungsgegenklage aus § 767 ZPO schließt eine **Klage auf Herausgabe des Titels** (§ 371 BGB analog) aus (*Wetzel* JuS 1990, 198, 470; zu Ausnahmen *Leyendecker* JA 2010, 631, 637).
– Nach Abweisung einer Vollstreckungsgegenklage wegen Präklusion des Aufrechnungseinwands ist auch eine **Klage auf Feststellung** (§ 256 ZPO), dass die titulierte Forderung durch dieselbe Aufrechnung erloschen sei, unzulässig (BGH NJW 2009, 1671).
– Erfolgt die Vollstreckung aus einem Prozessvergleich, kann der Schuldner dessen Unwirksamkeit nicht mit der Vollstreckungsgegenklage geltend machen, sondern muss das ursprüngliche **Prozessverfahren fortsetzen** (BGH NJW 1999, 2903).

bb) Weitere Zulässigkeitsvoraussetzungen

(1) Ein **Rechtsschutzbedürfnis** für die Klage besteht nicht erst ab dem Beginn der Zwangsvollstreckung, sondern bereits ab dem Vorliegen eines Vollstreckungstitels. Es fehlt, wenn gegen den Titel Berufung eingelegt ist und entfällt mit Aushändigung des Titels an den Schuldner. 2364

Der bloße Verzicht des Gläubigers auf die Vollstreckung lässt das Rechtsschutzbedürfnis nicht entfallen, solange er den Titel in Besitz behält.

2365 (2) Ausschließlich **zuständig** für die Klage ist das Prozessgericht erster Instanz (§§ 767 Abs. 1, 802 ZPO). Dort muss nicht notwendig der gleiche Spruchkörper oder gar die gleiche Gerichtsbesetzung tätig werden.

Für Titel nach § 794 ZPO gilt dies entsprechend, für Vollstreckungsbescheide gilt die Sonderregelung des § 797 Abs. 3 ZPO, für dingliche Unterwerfungserklärungen § 800 Abs. 3 ZPO), für gerichtliche und notarielle Urkunden (bei denen es kein »Prozessgericht« gibt) § 797 ZPO. Auf Prozessvergleiche findet § 797 Abs. 5 ZPO nach überwiegender Ansicht keine Anwendung, weil hier ein Prozessgericht § 767 Abs. 1 ZPO vorhanden ist.

cc) Begründetheit

2366 Kläger kann nur der Vollstreckungsschuldner sein, Beklagter der Gläubiger.

Dies ergibt sich aus einer formellen Betrachtung des Titels oder aus einer Titelumschreibung.

2367 Begründet ist die Klage, wenn dem Schuldner eine **Einwendung** zusteht, »die den durch das Urteil festgestellten Anspruch selbst betrifft«. Dazu gehören alle materiellrechtlichen Einwendungen und Einreden.

2368 ▶ Beispiele:

Rechtshindernde Einwendungen (Anfechtung, Sittenwidrigkeit, Minderjährigkeit).

Rechtsvernichtende Einwendungen (Erfüllung, Aufrechnung, Erlass, Rücktritt).

Rechtshemmende Einwendungen (Zurückbehaltungsrecht, Verjährung, Wegfall der Geschäftsgrundlage).

Mit einem Kostenerstattungsanspruch (auch aus dem titelschaffenden Verfahren) kann aufgerechnet werden, sobald die Kostengrundentscheidung vorliegt und die Höhe des Anspruchs entweder unstreitig oder gerichtlich festgesetzt (§ 103 Abs. 1 ZPO) ist.

Ist der Titel auf wiederkehrende Leistungen gerichtet, kann auch eine Gesetzesänderung eine Einwendung i. S. d. § 767 ZPO darstellen. Zumindest für den Bereich des Wettbewerbsrechts hat der BGH dies sogar für eine Änderung der Rechtsprechung angenommen (BGH NJW 2009, 3303).

2369 **Präkludiert** sind Einwendungen, soweit die Gründe, auf denen sie beruhen, erst nach Schluss der mündlichen Verhandlung entstanden sind (§ 767 Abs. 2 ZPO).

Diese Beschränkung gilt nur für rechtskraftfähige Titel (also nicht für Prozessvergleiche und notarielle Urkunden), gegen die materielle Einwendungen erhoben werden können (also nicht für Kostenfestsetzungsbeschlüsse).

2370 Problematisch ist die Präklusionswirkung bei Einwendungen, die auf mehrstufigen Tatbeständen beruhen. Abzustellen ist dabei auf die objektive Entstehung der Einwendung, nicht auf die Kenntnis des Schuldners (BGHZ 34, 274). Bei der nachträglichen Ausübung von Gestaltungsrechten (Aufrechnung, Anfechtung, Rücktritt, Minderung) kommt es nach der Rechtsprechung (a. A. große Teile der Literatur) auf den Zeitpunkt der Entstehung der Gestaltungslage, nicht auf den der Ausübung des Gestaltungsrechts an (BGH NJW-RR 2006, 229).

2371 ▶ Beispiele:

Erklärt der Schuldner die Aufrechnung mit einer ihm bereits vor Schluss der mündlichen Verhandlung zustehenden Gegenforderung, so tritt die Aufrechnungswirkung zwar rückwirkend ein (§ 389 BGB), die Vollstreckungsgegenklage kann darauf dennoch nicht gestützt werden, weil ansonsten der Eintritt der Rechtskraft ins Belieben des Schuldners gestellt würde (BGHZ 24, 96, 98; BGHZ 34, 274, 279; a. A. Stein/Jonas/Münzberg § 767 Rn. 38 m. w. N.).

Hat der Schuldner von der schon früher erfolgten Abtretung erst nach Schluss der letzten mündlichen Verhandlung erfahren, kann er den Einwand der fehlenden Aktivlegitimation erst ab Kenntniserlangung erheben. Der BGH indes sieht (anders als noch das RG: RGZ 86, 288) in der Kenntnis kein subjektives Tatbestandsmerkmal, sondern stellt allein auf die objektive Lage ab und versagt dem Schuldner die darauf gestützte Vollstreckungsgegenklage (BGH NJW 2001, 231).

> Umstritten ist dies noch für die Ausübung eines Verbraucher schützenden Widerrufsrechts (§ 355 BGB). Wird auch hier ausschließlich auf die Möglichkeit zur Erklärung des Widerrufs abgestellt, verkürzt sich die Widerrufsfrist zulasten des Verbrauchers (zum Meinungsstand *Leyendecker* JA 2010, 803, 810 m.w.N.).

Bei Versäumnisurteilen und Vollstreckungsbescheiden sind zudem alle diejenigen Einwendungen ausgeschlossen, die noch innerhalb der Einspruchsfrist entstanden sind. Auf Titel, die der Rechtskraft nicht fähig sind (z.B. Prozessvergleiche), findet § 767 Abs. 2 ZPO keine Anwendung (BGH NJW 1982, 1047). 2372

b) Drittwiderspruchsklage (§ 771 ZPO)

Die Drittwiderspruchsklage nach § 771 ZPO (auch Interventions- oder Widerspruchsklage genannt) erlaubt es einem Dritten, sich gegen eine sein Vermögen beeinträchtigende Zwangsvollstreckungsmaßnahme zu wehren (*Leyendecker* JA 2010, 725 und 879). 2373

> Auch bei der Drittwiderspruchsklage handelt es sich um eine prozessuale Gestaltungsklage, mit der der Dritte beantragt, »die Zwangsvollstreckung in einen konkreten Gegenstand für unzulässig zu erklären« und zur Begründung vorträgt, dieser Gegenstand stehe ihm zu. Die Klage richtet sich gegen den Gläubiger und ist bei dem Prozessgericht (streitwertabhängig Amts- oder Landgericht) einzureichen, in dessen Bezirk die Zwangsvollstreckung erfolgt ist. Ein Rechtsschutzbedürfnis besteht ab Beginn der Zwangsvollstreckung und solange diese andauert. Ist die Zwangsvollstreckung bereits beendet, kommt nur noch eine Leistungsklage auf Schadensersatz oder Bereicherungsherausgabe (»verlängerte Drittwiderspruchsklage«) in Betracht (unten Rdn. 2387). Eine Umstellung hierauf im laufenden Verfahren ist unter den Voraussetzungen der §§ 263 ff. ZPO statthaft.

aa) Zulässigkeit

Statthaft ist die Drittwiderspruchsklage, wenn ein Dritter geltend macht, durch die Zwangsvollstreckung in eigenen Rechten beeinträchtigt zu werden. 2374

In **Abgrenzung** zu anderen dem Dritten möglichen Rechtsbehelfen gilt: 2375
- Während mit der **Vollstreckungserinnerung** (§ 766 ZPO) formelle Einwendungen gegen die Art und Weise der Zwangsvollstreckung erhoben werden, steht für die Rüge der Verletzung materieller Rechte die Drittwiderspruchsklage zur Verfügung. Beide Rechtsbehelfe schließen sich indes nicht aus und sind praktisch häufig nebeneinander gegeben (BGH WM 2003, 2484).
- Die Klage auf **vorzugsweise Befriedigung** (§ 805 ZPO) verschafft dem Dritten einen Teil des Vollstreckungserlöses, die Drittwiderspruchsklage wahrt das beeinträchtigte Recht.
- Die **Drittwiderspruchsklage** verdrängt im Wege der Spezialität andere materielle Klagen mit dem gleichen Ziel (Herausgabeklage aus § 985 BGB; Unterlassungsklage aus § 1004 BGB; BGH NJW 1989, 2542).

▶ Praxistipp: 2376

> Entsteht dem Dritten durch die Nichtfreigabe ein Schaden (Nutzungsausfall), so kann dieser durch eine Leistungsklage zusammen mit der Drittwiderspruchsklage geltend gemacht werden (BGH NJW 1972, 1048).

Zuständig ist örtlich ausschließlich das Gericht, in dessen Bezirk die Zwangsvollstreckung stattfindet (§§ 771 Abs. 1, 802 ZPO), die sachliche Zuständigkeit richtet sich nach dem Streitwert (§ 6 ZPO). 2377

2378 Das erforderliche **Rechtsschutzbedürfnis** liegt vor, wenn die Zwangsvollstreckung bereits begonnen hat oder unmittelbar bevorsteht und noch nicht abgeschlossen ist (BGH NJW 2004, 1220).

> Die bloße Existenz des Titels genügt nicht. Deswegen kann der Gläubiger das Rechtsschutzbedürfnis durch bloßen Verzicht auf die Vollstreckung oder Freigabe des vom Dritten in Anspruch genommenen Gegenstands beseitigen (BGH NJW 2004, 217).

bb) Begründetheit

2379 Begründet ist die Drittwiderspruchsklage, wenn der Dritte an dem Gegenstand der Zwangsvollstreckung ein »die **Veräußerung hinderndes Recht**« hat. Mit dem missglückten Wortlaut gemeint sind alle Rechte, die den Dritten dem Pfändungsgläubiger gegenüber als besser berechtigt erscheinen lassen.

2380 ▶ Beispiel:

> **Eigentum** des Dritten steht einer Verwertung durch Pfändungsgläubiger auch dann entgegen, wenn sich um Miteigentum, Bruchteilseigentum oder Gesamteigentum handelt (BGHZ 20, 88).
>
> Einer Vollstreckung von Gläubigern des Vorbehaltskäufers kann der Vorbehaltsverkäufer sein **Vorbehaltseigentum** als Interventionsrecht entgegen halten (BGHZ 54, 214). Vollstreckt ein Gläubiger des Vorbehaltsverkäufers, steht dem Vorbehaltskäufer die Drittwiderspruchsklage aus seinem Anwartschaftsrecht zu (BGHZ 55, 20).
>
> Hat der Schuldner einem Gläubiger **Sicherungseigentum** an einer Sache verschafft, kann dieser der Vollstreckung anderer Gläubiger in die Sache die Drittwiderspruchsklage entgegensetzen, solange die zu sichernde Forderung (teilweise) noch besteht (BGHZ 80, 296). Auch dem Sicherungsgeber steht ein Interventionsrecht zu, wenn Gläubiger des Sicherungsnehmers in dessen Sicherungseigentum vollstrecken (BGHZ 72, 141; BGHZ 118, 201).
>
> Erstrecken sich **Grundpfandrechte** (Hypothek, Grundschuld) auf Grundstückszubehör, das entgegen § 865 ZPO im Wege der Mobiliarvollstreckung gepfändet wurde, steht dem Hypothekar die Drittwiderspruchsklage zu.
>
> **Sonstige dingliche Rechte** (Nießbrauch, Dienstbarkeit, Erbbaurecht, Pfandrecht) stellen ein Interventionsrecht dar, soweit sie durch die Vollstreckung beeinträchtigt werden (zu den Besonderheiten insoweit Leyendecker JA 2010, 879).
>
> Streitig ist, ob der bloße **Besitz** an einer gepfändeten Sache die Drittwiderspruchsklage begründet. Die ältere, noch h.M. bejaht dies (BGHZ 2, 164; Baumbach/Hartmann §§ 771 Rn. 15), eine neuere Auffassung verneint es (OLG Rostock NZM 2005, 966; Thomas/Putzo/Hüßtege § 771 Rn. 21).
>
> Die **Inhaberschaft an einer Forderung** kann deren Pfändung gegenüber mit der Drittwiderspruchsklage geltend gemacht werden.
>
> Der Vollstreckung in eine Sache können **schuldrechtliche Ansprüche** als Interventionsrecht entgegengehalten werden, wenn sie auf Herausgabe der Sache gerichtet sind (z. B. aus Miet-, Leih-, Pacht- oder Werkvertrag), nicht indes, wenn es sich um bloße Verschaffungsansprüche handelt (z. B. Ansprüche auf Übereignung oder Rückgewähr) (BGH NJW 1994, 128).
>
> **Anfechtungsrechte** nach dem AnfG und der InsO stellen kein Interventionsrecht dar (BGH NJW 1990, 990).

2381 Das Interventionsrecht des Klägers muss sowohl zum Zeitpunkt der Vollstreckungsmaßnahem als auch zum Zeitpunkt des Schlusses der mündlichen Verhandlung bestehen, darf insbesondere durch **Einwendungen des Beklagten** nicht ausgeschlossen sein (Thomas/Putzo/*Hüßtege* § 771 Rn. 14).

> Einwendungen des Beklagten können sich gegen das Bestehen oder die Durchsetzbarkeit des Interventionsrechts richten, können die Entstehung dieses Rechts hindern, hemmen oder vernichten.

C. Rechtsbehelfe

▶ **Beispiel:** 2382

> Rügt der Beklagte die Sittenwidrigkeit des Übereignungsgeschäfts oder legt dar, dass es sich bei diesem lediglich um ein Scheingeschäft gehandelt hat, ist ein Interventionsrecht des Klägers nicht entstanden, die Drittwiderspruchsklage ist abzuweisen.

Einwendungen des Beklagten können auch darauf gerichtet sein, eine Zwangsvollstreckung zu ermöglichen, obwohl ein Interventionsrecht besteht.

▶ **Beispiel:** 2383

> Steht dem Beklagten ein rangbesseres Pfand- oder Pfändungspfandrecht zu, ist der Kläger zur Duldung der Zwangsvollstreckung trotz seines Interventionsrechts verpflichtet (OLG Hamm BB 1976, 1047).
>
> Hat der Schuldner eine Sache gepfändet, die im Eigentum eines Dritten steht, muss dieser die Zwangsvollstreckung dulden, wenn er materiellrechtlich für die titulierte Forderung des Gläubigers (z. B. als Mitschuldner oder Bürge) mithaftet (BGH NJW 1981, 1835).

Die **Darlegungs- und Beweislast** richtet sich nach den allgemeinen Regeln, d. h. der Dritte muss darlegen und beweisen, dass ihm ein Interventionsrecht zusteht. 2384

▶ **Praxistipp:** 2385

> Streiten die Parteien darum, ob das Eigentum an der gepfändeten Sache dem Schuldner oder dem Dritten zusteht, spielen die Vermutungen aus § 1006 BGB häufig eine zentrale Rolle.

Praktisch häufig wird der beklagte Gläubiger sich gegenüber der Behauptung des klagenden Dritten, er sei Eigentümer, auf die Eigentumsvermutung aus § 1006 Abs. 1 BGB zugunsten des Schuldners berufen können. Zu deren Widerlegung ist der Beweis des Gegenteils erforderlich. Dabei kommt dem Dritten häufig die Vermutung aus § 1006 Abs. 2 BGB zugute, nach der sein Eigentum für die Dauer seines Besitzes vermutet wird. Dann kann es genügen, zu beweisen, dass der Besitzübergang auf den Schuldner nicht mit einem Eigentumsübergang verbunden war.

c) Befriedigungsklage (§ 805 ZPO)

Die Klage auf vorzugsweise Befriedigung nach § 805 ZPO gewährt einem Dritten, der Inhaber eines besitzlosen Pfand- (§§ 559, 704 BGB; 440 HGB) oder Vorzugsrechts (z. B. § 369 HGB) an beweglichen Sachen ist, in der Zwangsvollstreckung wegen Geldforderungen ein **Recht auf abgesonderte Befriedigung** an dem gepfändeten Gegenstand. Diesen gesetzlichen Anwendungsbereich dehnt die Praxis auf vertragliche und gesetzliche Besitzpfandrechte aus, wenn der Pfandgläubiger den Gewahrsam an der Sache verloren hat. 2386

Es handelt sich dabei um eine reguläre Klage, für die die allgemeinen Voraussetzungen gelten. Der Antrag lautet auf »den Kläger aus dem Reinerlös des (genau zu bezeichnenden) gepfändeten Gegenstands bis zum Betrag von (Bezifferung) vor dem Beklagten zu befriedigen ist«. Die Klage ist an das Amts- oder Landgericht zu richten, in dessen Bezirk die Pfändung stattgefunden hat und richtet sich gegen den Gläubiger.

d) Schadensersatz- und Bereicherungsklage (§§ 826, 812 BGB)

Hat der Gläubiger seine Vollstreckungsposition **arglistig** erschlichen oder nutzt er eine berechtigte Vollstreckungsmöglichkeit arglistig aus, so kann ein hierdurch in seinem Vermögen geschädigter Dritter Herausgabe des Titels und Unterlassung der Zwangsvollstreckung verlangen (BGH NJW 1999, 1257; BGH NJW 2005, 2991; Palandt/*Sprau* § 826 Rn. 52 ff.). 2387

Hat der Gläubiger durch die Vollstreckung dem Dritten gegenüber **ohne rechtlichen Grund** eine Vollstreckungsposition oder Vermögenswerte erlangt, kann er diese unter dem Gesichtspunkt der ungerechtfertigten Bereicherung aus § 812 Abs. 1 BGB herausverlangen. 2388

In beiden Fällen handelt es sich um normale Leistungsklagen, für die prozessual keine Besonderheiten gegeben sind.

III. Weitere Verfahren

2389 Spezielle Rechtsbehelfe kommen in besonderen Teilen des Vollstreckungsverfahrens vor. Zu diesen gehören das Verteilungsverfahren sowie die Eilverfahren (Arrest und einstweilige Verfügung).

1. Verteilungsverfahren

2390 Ein Verteilungsverfahren findet statt, wenn **mehrere Gläubiger** aus demselben Vollstreckungserlös befriedigt werden sollen. Dies ist regelmäßig der Fall in der Immobiliarvollstreckung (§§ 105 ff. ZVG), bei der Mobiliarvollstreckung nur auf die Beschwerde eines Gläubigers (§§ 827, 853, 854, 872 ff. ZPO).

Im Verteilungsverfahren fordert der Rechtspfleger die beteiligten Gläubiger zur Einreichung einer Forderungsaufstellung auf, erstellt einen Teilungsplan und bestimmt einen Verteilungstermin. Zu diesem Termin werden die Gläubiger geladen und haben die Möglichkeit, sich über den Teilungsplan zu erklären.

a) Sofortige Beschwerde (§ 793 ZPO)

2391 Verfahrensrechtliche Mängel einer gerichtlichen Entscheidung kann der betroffene Gläubiger mit der sofortigen Beschwerde (§ 793 ZPO; § 11 Abs. 1 RPflG) rügen.

Wegen dieser Beschwerdemöglichkeit kann auf die Ausführungen oben Rdn. 2324 Bezug genommen werden.

b) Widerspruch und Widerspruchsklage gegen Teilungsplan (§§ 876, 878 ZPO)

2392 Ist ein Gläubiger der Auffassung, ihm stehe im Verteilungsverfahren ein besserer Rang zu (BGH NJW 2002, 1579), kann er gegen den Teilungsplan **Widerspruch** erheben (§ 876 ZPO).

Der Widerspruch kann vor oder im Termin erhoben werden. Er ist nicht formbedürftig und kann deswegen vor dem Termin schriftlich, auch per E-Mail oder zu Protokoll der Geschäftsstelle, im Termin mündlich eingelegt werden. Er bedarf keiner Begründung, muss aber erkennen lassen, was begehrt ist, insbesondere also die gewünschte Änderung des Teilungsplans bezeichnen.

Die an dem Widerspruch beteiligten Gläubiger müssen sich hierzu erklären, unterlassen sie dies, wird unwiderleglich vermutet, dass sie mit der durch den Widerspruch erstrebten Änderung einverstanden sind (§ 877 ZPO). Das Gericht prüft nicht die materielle Begründetheit des Widerspruchs, sondern lediglich die formelle Berechtigung des Widerspruchsführers. Bejaht es diese, wird der Teilungsplan – soweit er vom Widerspruch betroffen ist – (zunächst) nicht ausgeführt (»Suspensiveffekt« des Widerspruchs).

2393 Kommt eine Einigung zwischen den Gläubigern über den Widerspruch nicht zustande, muss der widersprechende Gläubiger (ohne weitere Aufforderung durch das Gericht) **Klage** gegen den bzw. die übrigen anderen betroffenen Gläubiger erheben (§ 878 ZPO).

Hierfür steht ihm eine Frist von einem Monat nach dem Verteilungstermin zu. Auch nach Ablauf der Frist kann der widersprechende Gläubiger indes aus § 812 ff. BGB gegen den ihm zu Unrecht vorrangig behandelten Gläubiger im Wege der Klage vorgehen (§ 878 Abs. 2 ZPO).

Bei der Widerspruchsklage handelt es sich um eine prozessuale Gestaltungsklage, für die die allgemeinen Regeln der Klagen gelten. Zu beantragen ist »die Befriedigung des Klägers mit seiner (genau zu bezeichnenden) Forderung vor der (ebenfalls zu bezeichnenden) Forderung des Beklagten«. Klageberechtigt ist der widersprechende Gläubiger, zu richten ist die Klage gegen sämtliche (§§ 59, 60 ZPO) beteiligten anderen Gläubiger.

Begründet ist die Klage, wenn dem Kläger ein besseres Recht an dem hinterlegten Betrag zusteht als dem vor ihm im Teilungsplan berücksichtigten Beklagten. Dies kann sich aus formellen Mängeln des Vollstreckungsakts ergeben oder aus materiellen Einwendungen, wobei der Kläger dem Beklagten aus solchen Einwendungen entgegenhalten kann, die der Schuldner gegen diesen geltend machen könnte (RGZ 121, 352).

Der **Schuldner** und der **Dritte** können dem Teilungsplan nicht widersprechen. Ihnen bleiben nur die allgemeinen Vollstreckungsrechtsbehelfe aus §§ 766, 767, 768, 793 ZPO bzw. aus §§ 771, 805 ZPO. 2394

2. Eidesstattliche Versicherung und Haft

Eidesstattliche Versicherung und Haft sind mit der Reform der Sachaufklärung weggefallen und mit ihnen auch die in den §§ 899 - 915h ZPO a. F. früher geregelten besonderen Rechtsbehelfe. 2395

Gegen die Versagung einer **Anordnung zur Abgabe einer** (erneuten) **Vermögensauskunft** steht dem Schuldner die Erinnerung nach § 766 ZPO zu. Dasselbe gilt für den Schuldner gegen die Anordnung der Abgabe. 2396

Ein **Haftbefehl** kann mit der sofortigen Beschwerde (§ 793 ZPO) angefochten werden, im Beschwerdeverfahren ist die vorläufige Aussetzung der Vollziehung des Haftbefehls nach § 570 Abs. 2 und 3 ZPO möglich (Musielak/*Voit* § 802g Rn. 10). Nach Ablauf der Beschwerdefrist bleibt die Erinnerung (§ 766 ZPO) zulässig. Der Schuldner kann die Aufhebung des Haftbefehls auch ohne Zustimmung des Gläubigers (praktisch häufig mit dem Antrag, »die Zwangsvollstreckung aus dem Haftbefehl für unzulässig zu erklären«) beantragen, wenn die Voraussetzungen für seinen Erlass entfallen sind (z. B. durch Abgabe der Vermögensauskunft in einem anderen Verfahren) oder wenn der Haftbefehl wirkungslos geworden ist (z. B. durch Zeitablauf nach § 802h Abs. 1 ZPO). 2397

Mit der Vollstreckungserinnerung (§ 766 ZPO) sind auch das Vorliegen bzw. Nichtvorliegen der Voraussetzungen für eine Unzulässigkeit der Haftvollstreckung nach § 802h Abs. 2 ZPO (nahe und erhebliche Gefahr für den Schuldner) geltend zu machen. 2398

3. Arrest und einstweilige Verfügung

Die gegen die Eilverfahren Arrest und einstweilige Verfügung gegebenen Rechtsbehelfe werden – trotz ihrer Regelung im achten Buch der ZPO – im Zusammenhang mit den im erstinstanzlichen Verfahren möglichen Rechtsbehelfen dargestellt (unten Rdn. 3016). 2399

8. Kapitel: Nachträgliche Änderungen der ursprünglichen Verfahrenskonzeption

Übersicht

	Rdn.
A. Änderung der Gerichtszuständigkeit	2401
I. Zuständigkeitsfortdauer	2401
II. Verweisung	2403
B. Änderung der Prozessbeteiligten	2415
I. Parteiberichtigung	2417
II. Parteiwechsel	2424
1. Abgrenzungen	2425
2. Voraussetzungen	2434
3. Rechtsfolgen	2440
III. Parteibeitritt	2444
IV. Intervention	2448
1. Nebenintervention	2449
2. Hauptintervention	2457
V. Die Streitverkündung	2460
1. Allgemeines	2461
2. Wirkungen	2464
a) Verjährungshemmung	2465
b) Interventionswirkung	2466
aa) Voraussetzungen	2468
bb) Reichweite	2470
cc) Grenzen	2475
3. Voraussetzungen	2482
a) Anhängiger Rechtsstreit	2483
b) Dritter	2491
c) Streitverkündungsgrund	2500
d) Form	2507
e) Sonderformen	2511
4. Reaktion des Dritten	2512
a) Untätigbleiben oder Ablehnung des Beitritts	2519
b) Beitritt beim Verkünder	2522
c) Beitritt beim Gegner	2525
5. Risiken und Kosten	2528
a) Streitverkünder	2528
b) Streithelfer	2530
c) Kostentragung bei Vergleich	2533
C. Änderung des Streitgegenstands	2536
I. Klageänderung	2537
1. Normalfall	2539
a) Voraussetzungen	2542
b) Folgen	2552
2. Sonderfälle	2559
a) Klageberichtigung	2560
b) Klageerweiterung und Klagebeschränkung	2562
c) Klageanpassung	2566
aa) § 264 Nr. 3 ZPO	2567
bb) §§ 265, 266 ZPO	2569
d) Risiken und Kosten	2576
II. Erledigung der Hauptsache	2583
1. Normalfall: Übereinstimmende vollständige Erledigungserklärung	2584
a) Voraussetzungen	2585
b) Folgen	2589
aa) Wegfall der Rechtshängigkeit	2589
bb) Kosten und Streitwert	2593
c) Risiken und Nachteile	2596
d) Alternativen	2600
2. Ausnahmefälle	2606
a) Einseitige Erledigungserklärung des Klägers	2606
aa) Voraussetzungen	2609
bb) Folgen	2617
b) Teilweise Erledigung	2619
aa) Übereinstimmende teilweise Erledigung	2620
bb) Einseitige teilweise Erledigungserklärung	2625
cc) Antrag »abzüglich am ... gezahlter ...«	2628
c) Erledigung vor Rechtshängigkeit	2634
d) Hilfsanträge und Erledigung	2642
aa) Haupterledigung und Hilfssachantrag	2643
bb) Hauptsachantrag und Hilfserledigung	2645
III. Vergleich	2647
1. Vergleichsstrategie	2649
2. Vergleichsinhalt	2659
a) Präambel	2660
b) Regelungsumfang	2662
c) Leistungspflicht	2673
d) Erlassklausel	2688
e) Kosten	2689
aa) Kostenregelung	2690
bb) Vergleichsgebühren	2700
f) Widerrufsvorbehalt	2707
3. Vergleichsabschluss	2719
a) Protokollvergleich	2719
b) Beschlussvergleich	2722
4. Vergleichswirkungen	2726
a) Der wirksame Vergleich	2727
b) Der unwirksame Vergleich	2731
5. Vor- und Nachteile	2739
a) Vorteile	2740
b) Nachteile und Gefahren	2741
IV. Klagerücknahme und Verzicht	2742
1. Klagerücknahme	2745
2. Verzicht	2750
D. Änderung des Verfahrensablaufs	2756
I. Schriftliches Verfahren (§ 128 ZPO)	2757
II. Säumnisverfahren	2763
1. Versäumnisurteil	2764
2. Sonderformen des Versäumnisurteils	2775
3. Entscheidung nach Lage der Akten	2779
III. Verfahrensanträge	2783
1. Akteneinsicht	2784
2. Weitere Verfahrensanträge	2786

A. Änderung der Gerichtszuständigkeit   **8. Kapitel**

Vor der Klageerhebung musste der Anwalt entscheiden, vor welchem Gericht und zwischen welchen Beteiligten welcher Streitgegenstand in welchem Verfahren anhängig gemacht werden sollte (dazu oben Rdn. 452). Nachträglich kann es erforderlich werden, diese Entscheidungen zu revidieren. 2400

A. Änderung der Gerichtszuständigkeit

I. Zuständigkeitsfortdauer

Die Änderung zuständigkeitsbegründender Umstände nach Eintritt der Rechtshängigkeit berührt die einmal eingetretene örtliche und sachliche Zuständigkeit grundsätzlich nicht § 261 Abs. 3 Nr. 2 ZPO). 2401

> Ändert der im allgemeinen Gerichtsstand in Anspruch genommene Beklagte seinen Wohnort nach Zustellung der Klage, bleibt das ursprüngliche Gericht zuständig. Entsprechendes gilt bei Abschluss einer Zuständigkeitsvereinbarung (BGH NJW 1963, 585).
>
> Sinkt der Streitwert einer vor dem Landgericht erhobenen Klage (z. B. durch eine teilweise Klagerücknahme oder ein Teilurteil) unter 5 000 €, bleibt die sachliche Zuständigkeit des Landgerichts bestehen.

Etwas anderes gilt indes, wenn der sich der Streitwert nachträglich über die **Streitwertgrenze** hinaus erhöht, etwa durch eine Klageerweiterung oder eine (den Wert der Klage übersteigende) Widerklage. Hier kann eine Fortdauer der ursprünglichen amtsgerichtlichen Zuständigkeit nur durch rügelose Einlassung der Parteien eintreten. Rügt eine Partei die Unzuständigkeit, hat eine Verweisung an das Landgericht zu erfolgen (§ 506 ZPO). 2402

II. Verweisung

Stellt sich im Laufe des Prozesses heraus, dass das angerufene Gericht sachlich oder örtlich **unzuständig** ist, kann – um der drohenden Abweisung der Klage als unzulässig zu entgehen – die Verweisung an das zuständige Gericht beantragt werden (§ 281 ZPO). 2403

> Erforderlich kann dies werden, weil der Kläger irrtümlich ein unzuständiges Gericht angerufen hat, weil das Gericht die Auffassung des Klägers über die Zuständigkeit nicht teilt. Nur ganz ausnahmsweise kann das angerufene Gericht nachträglich unzuständig geworden sein. Anders als die übrigen Zulässigkeitsvoraussetzungen, die zum Zeitpunkt der letzten mündlichen Verhandlung vorliegen müssen, reicht es für Zuständigkeiten aus, dass diese irgendwann während des Prozesses einmal vorgelegen haben (BGHZ 44, 46; auch für die internationale Zuständigkeit: BayObLG FamRZ 1993, 1469 und bei ausschließlicher Zuständigkeit: BGH NJW 2001, 433). Dies folgt aus § 261 Abs. 3 Nr. 2 ZPO, der jede nachträgliche Änderung von Umständen, die für die Zuständigkeit von Bedeutung sind, für unbeachtlich erklärt (sog. »perpetuatio fori«). War die Zuständigkeit des Gerichts bei Rechtshängigkeit gegeben oder trat sie irgendwann im Verlauf des Prozesses ein, so dauert sie fort, auch wenn die zuständigkeitsbegründenden Umstände sich ändern und das Gericht im Zeitpunkt der letzten mündlichen Verhandlung eigentlich nicht mehr zuständig wäre.
>
> Sinn dieser Regelung ist es, dem Beklagten die Möglichkeit zu nehmen, durch dauerndes Wechseln des Wohnorts ein Sachurteil zu verhindern. Unbeachtlich sind indes nicht nur Wohnortwechsel des Beklagten, sondern auch Ermäßigungen der Klage nach § 264 ZPO, teilweise Klagerücknahmen nach § 269 ZPO und Änderungen des Gesetzes oder der Rechtsprechung (Baumbach/*Hartmann* § 261 Rn. 28 f.). Nach überwiegender Ansicht kann damit auch eine nach Eintritt der Rechtshängigkeit der Klage wirksam getroffene Zuständigkeitsvereinbarung die einmal begründete Zuständigkeit des Gerichts nicht mehr beseitigen (BGH NJW 1976, 626; BGHZ 44, 46).
>
> Eine Ausnahme vom Grundsatz des § 261 Abs. 3 Nr. 2 ZPO enthält § 506 ZPO: Steigt der Streitwert nachträglich auf über 5 000 €, so wird das Landgericht zuständig.
>
> Nur ausnahmsweise kommt ein Verweisungsantrag auch für den Beklagten in Betracht (etwa für die Widerklage).
>
> Auch wenn die sachliche und örtliche Zuständigkeit als Zulässigkeitsvoraussetzungen von Amts wegen zu prüfen sind, liegt die (objektive) Beweislast grundsätzlich beim Kläger, d. h. er hat das Risiko der Nichterweislichkeit zu tragen (Thomas/Putzo/*Reichold* Vorbem. § 253 Rn. 13).

Lassen sich zuständigkeits- und anspruchsbegründende Tatsachen nicht trennen, ist die Zuständigkeit bereits gegeben, wenn die anspruchsbegründenden Tatsachen schlüssig vorgetragen werden (BAG NJW 1961, 2177; Deutsch MDR 1967, 68; Zöller/*Vollkommer* § 38 Rn. 8; z. B. Gerichtsstandsvereinbarung innerhalb des streitgegenständlichen Vertrages). Fehlt diese Voraussetzung, wird die Klage (lediglich) als unzulässig abgewiesen (Kosten Kläger, § 91 ZPO!).

2404 ▶ **Beispiel:**

Geht der Kläger im Gerichtsstand der unerlaubten Handlung vor und ist streitig, ob es eine solche überhaupt gegeben hat, so wird die Zuständigkeit zunächst unterstellt und eine Beweisaufnahme durchgeführt.

2405 Abzugrenzen ist diese Verweisung von der bloßen **Abgabe** der Sache an ein anderes Gericht. Letztere bedarf weder der Formen des § 281 BGB noch führt es dessen Folgen (Bindungswirkungen) herbei. Eine Abgabe ist möglich vor der Rechtshängigkeit der Sache, d. h. vor der Zustellung der Klage an den Beklagten.

2406 ▶ **Praxistipp:**

Sollen durch die Klage Fristen gewahrt werden, ist sorgfältig zu prüfen, ob dies eine vorherige Abgabe noch erlaubt. Im Zweifel muss darauf bestanden werden, dass das unzuständige Gericht die Klage zunächst zustellt (was für die Fristwahrung genügt) und danach eine förmliche Verweisung erfolgt.

Die Unzuständigkeit des angerufenen Gerichts muss von Anfang bestanden haben, durch nachträgliche Handlungen (etwa eine Gerichtsstandsvereinbarung) kann sie nicht herbeigeführt werden (§ 261 Abs. 3 Nr. 2 ZPO).

Die Verweisung kann auch zusätzliche Kosten auslösen (z. B. Kosten eines zweiten Anwalts des Beklagten, § 281 Abs. 3 ZPO). Diese können vermieden oder zumindest minimiert werden, wenn der Verweisungsantrag möglichst früh gestellt wird.

Der Verweisungsantrag muss das zuständige Gericht nicht benennen. Erforderlich ist aber, dass dem Gericht hinreichend Tatsachen vorgetragen werden, anhand derer es das zuständige Gericht bestimmen kann.

2407 Beim Verweisungsantrag muss der Kläger das **zuständige Gericht** nicht selbst angeben, es sei denn, es kommen mehrere Gerichte in Betracht (§§ 35, 281 Abs. 1 Satz 2 ZPO).

Sind mehrere Personen als Streitgenossen verklagt, die bei verschiedenen Gerichten ihren allgemeinen Gerichtsstand haben und ein gemeinschaftlicher besonderer Gerichtsstand nicht gegeben ist, kommt anstelle der Verweisung eine Zuständigkeitsbestimmung nach § 36 Abs. 1 Nr. 3 ZPO in Betracht. Diese kann auch noch nach Klageerhebung erfolgen (Thomas/Putzo/*Hüßtege* § 36 Rn. 15). Eine Verweisung ist in diesen Fällen nur bei Abtrennung gem. § 145 Abs. 1 ZPO möglich. Bei Gesamtschuldnern ist eine solche zwar zulässig, aber in der Regel untunlich ist (Zöller/*Vollkommer* §§ 62 Rn. 10, 17; 145 Rn. 5; 281 Rn. 8).

Ausnahmsweise kann auch der Beklagte einen Verweisungsantrag stellen (§ 506 ZPO: bei nachträglicher sachlicher Unzuständigkeit des Amtsgerichts). Sonst kann darin eine konkludente Zuständigkeitsrüge gesehen werden.

2408 Der Verweisungsantrag kann auch bedingt (**hilfsweise**) für den Fall gestellt werden, dass das Gericht sich für unzuständig hält.

Dies kommt in Betracht, wenn der Kläger von der Zuständigkeit des angerufenen Gerichts ausgeht und vermeiden will, dass bei anderer rechtlicher Beurteilung die Klage abgewiesen wird. Hat das Gericht bereits einen entsprechenden (vertretbaren und nicht ersichtlich objektiv willkürlichen) Hinweis gegeben, lohnt es sich in der Regel nicht, auf dem eigenen Standpunkt zu beharren. Nicht zuletzt deshalb, weil bis zu einer etwaigen Korrektur eines etwaigen unrichtigen Prozessurteils in der zweiten Instanz viel Zeit vergehen kann und das Kostenrisiko steigt. Demgegenüber sind grundsätzlich auch fehlerhafte Verweisungen bindend (§ 281 Abs. 2 Satz 4 ZPO; Thomas/Putzo/*Reichold* § 281 Rn. 13). Dies schließt es freilich nicht aus, das Gericht auf die Fehlerhaftigkeit seiner Rechtsansicht aufmerksam zu machen, um dadurch in Einzelfällen vielleicht doch eine – an sich ungewollte – Verweisung zu verhindern.

A. Änderung der Gerichtszuständigkeit — 8. Kapitel

▶ **Praxistipp:** 2409

Bei Unklarheiten und Zweifeln hinsichtlich der örtlichen Zuständigkeit sollte zur Vermeidung einer Klageabweisung auf jeden Fall die Verweisung hilfsweise beantragt werden (Thomas/Putzo/*Reichold* § 281 Rn. 7, Prütting/Gehrlein/*Geisler* § 281 Rn. 25).

Der Hilfsverweisungsantrag kann bereits in der Klageschrift gestellt werden. Dadurch kann man sich gegebenenfalls einen (unnötigen) Termin ersparen, da der Verweisungsbeschluss ohne mündliche Verhandlung ergehen darf.

Obgleich keine Voraussetzung, wird in der Praxis häufig gleichzeitig mit dem Verweisungsantrag das Einverständnis mit einer Entscheidung ohne mündliche Verhandlung erklärt. Sinnvoll ist ein ausdrücklicher Antrag auf schriftliche Entscheidung, wenn das Gericht bereits einen Verhandlungstermin bestimmt hat und mit einer rügelosen Einlassung des Beklagten nicht zu rechnen ist (oben Rdn. 485).

Der Verweisungsantrag sollte **nicht vorschnell** gestellt werden. 2410

Ein zu früh gestellter Verweisungsantrag kann dazu führen, dass das Gericht wegen der Bindungswirkung und Unanfechtbarkeit der Verweisung (§ 281 Abs. 2 Satz 3, 5 ZPO) Zweifeln an der Zuständigkeit zu schnell nachgibt, um die Sache einfach zu erledigen (*Fischer* MDR 2000, 684: »Die Phantasie derjenigen, die einen Prozess verweisen wollen, ist offenbar grenzenlos«; *ders.* NJW 1993, 2417: hinter falschen Verweisungsbeschlüssen – die durch einen schnellen Griff zu dem entsprechenden Formular erledigt werden – steht sehr häufig Arbeitsökonomie und nicht etwa ein Versehen oder Rechtsunkenntnis). Es ist dabei auch die Möglichkeit einer zuständigkeitsbegründenden rügelosen Einlassung des Beklagten in Betracht zu ziehen (oben Rdn. 485). Im schriftlichen Vorverfahren dagegen kann ein zu spät gestellter Verweisungsantrag nachteilig sein (oben Rdn. 801).

Der Verweisungsbeschluss ist **nicht anfechtbar** (§ 281 Abs. 2 Satz 2 ZPO). 2411

Bindungswirkung entfaltet der Verweisungsbeschluss dabei nicht für die Parteien, für die er weder noch nach mit der Berufung (§ 513 Abs. 2 ZPO) anfechtbar ist, sondern auch für das Gericht, an das verwiesen worden ist (§ 281 Abs. 2 Satz 4 ZPO) und für das verweisende Gericht (§ 318 ZPO analog, Thomas/Putzo/*Reichold* § 329 Rn. 12; BGH Beschl. v. 14.05.2013 - X ARZ 167/13).

Während die für die Parteien früher zugelassene Ausnahme in Form der Ausnahmebeschwerde nach der Neuregelung des Beschwerderechts durch die ZPO-Reform nicht mehr in Betracht kommt (BGH NJW 2002, 1577; Zöller/*Greger* § 281 Rn. 14), bestehen die Ausnahmen für die Gerichte fort. Das verweisende Gericht kann den Beschluss zumindest unter den Voraussetzungen einer Wiederaufnahme des Verfahrens (§§ 578 ff. ZPO) aufheben. Für das Gericht, an das verwiesen wurde, entfällt die Bindungswirkung bei schwersten Verfahrensfehlern (BGH FamRZ 1993, 50; BGH NJW-RR 1992, 383; *Fischer* NJW 1993, 2417), die nicht bloß zur Rechtswidrigkeit, sondern zur Nichtigkeit des Verweisungsbeschlusses führen. Dies hat die Rechtsprechung z. B. bejaht in den Fällen der Willkür (BVerfGE 22, 254; BGH MDR 2002, 1450; KG NJW 2000, 801; BayObLG NZI 2001, 372; *Fischer* MDR 2002, 1401), des Fehlens einer Rechtsgrundlage (z. B. beim Rückverweisungsbeschluss BGH DtZ 1991, 439; BGH NJW-RR 1990, 505, 708) oder auch bei der Versagung rechtlichen Gehörs (BVerfGE 61, 40; BGH NJW-RR 1992, 258; BGH FamRZ 1990, 1225, 1226), nicht schon beim bloßen Rechtsirrtum. Deswegen ist ein Verweisungsbeschluss nicht schon deshalb willkürlich und ohne Bindungswirkung, weil er von einer »ganz überwiegenden« oder »fast einhelligen« Rechtsprechung abweicht (BGH MDR 2002, 1450). Etwas anderes kann gelten, wenn das Gericht sich in dem Verweisungsbeschluss damit überhaupt nicht auseinandergesetzt hat.

Deshalb kann die von der Verweisung nachteilig betroffene Partei die Zuständigkeit des neuen Gerichts nur mit dem Hinweis auf die fehlende Bindung rügen, damit dieses die Übernahme ablehnt bzw. ein Verfahren nach § 36 Nr. 6 ZPO einleitet.

Der Kläger trägt bei Verweisung – auch wenn er in der Hauptsache obsiegt – die entstandenen **Mehrkosten**, was hauptsächlich bei Anwaltswechsel auf Beklagtenseite relevant ist (§ 281 Abs. 3 Satz 2 ZPO). 2412

Es empfiehlt sich für den in der Hauptsache unterlegenen Beklagten, dies speziell zu beantragen. Denn diese Kostentrennung wird von den Gerichten häufig vergessen und eine insoweit unrichtige Kostenentscheidung im Urteil ist für den Rechtspfleger im Kostenfestsetzungsverfahren bindend (Thomas/Putzo/*Reichold* § 281

Rn. 18). In diesem Fall muss vom Beklagten innerhalb von zwei Wochen die Ergänzung des Urteils gem. § 321 ZPO beantragt werden (Zöller/*Vollkommer* § 321 Rn. 3; nicht § 319 ZPO!).

2413 ▶ Praxistipp:

Das Verfahren wird bei Verweisung vor dem neuen Gericht in der Lage fortgesetzt, in der es sich bei der Verweisung befand (Verfahrenseinheit).

Deshalb wirken auch die bisherigen Prozesshandlungen fort. Vor allem werden die richterlichen Fristsetzungen des Erstgerichts durch die Verweisung nicht wirkungslos (Thomas/Putzo/*Reichold* § 281 Rn. 15; Zöller/*Greger* § 281 Rn. 15a; OLG Frankfurt a. M. NJW-RR 1993, 1084). Man darf daher nicht auf irgendwelche Aufforderungen des neuen Gerichts warten, während etwaige Erklärungsfristen ablaufen. Es empfiehlt sich, Anträge auf Fristverlängerung sogleich beim neuen Gericht einzureichen.

2414 **Nicht möglich** ist eine Verweisung nach § 281 ZPO bei fehlender funktioneller (BGH NJW-RR 2001, 60) oder internationaler Zuständigkeit sowie beim falschen Rechtsweg (dort Verweisung nach § 17a Abs. 2 GVG). Nicht möglich ist eine Verweisung – trotz gestelltem Antrag – auch, wenn der Beklagte bereits angekündigt hat, sich rügelos einlassen zu wollen (§ 39 ZPO; OLG Stuttgart NJW-RR 2010, 792).

B. Änderung der Prozessbeteiligten

2415 Wer Partei des Rechtsstreits geworden ist, richtet sich nach dem »**formellen Parteibegriff**«. Entscheidend ist, wer im Rubrum als Partei bezeichnet und an der Zustellung der Klage beteiligt ist (oben Rdn. 517, 645). Erkennt der Kläger später, dass er hierbei Fehler gemacht hat, so muss er nicht unbedingt die Klage zurücknehmen und eine neue Klage erheben. Aus prozessökonomischen Gründen muss es möglich sein, den »richtigen« Beteiligten in den Prozess einzubeziehen.

2416 Eine Änderung in Bezug auf die bisherigen Prozessbeteiligten kann erforderlich werden, wenn sich herausstellt, dass die Klage zwischen ihnen keinen Erfolg haben wird, weil sie unzulässig oder unbegründet ist oder dass zwischen ihnen eine endgültige Beilegung des Konflikts nicht möglich sein wird und Folgeprozesse mit Dritten zu erwarten sind. In Betracht kommen dabei eine entweder eine Berichtigung der Prozessbeteiligten oder eine Erweiterung des Prozessrechtsverhältnisses auf bislang am Verfahren nicht beteiligte Personen.

I. Parteiberichtigung

2417 Ist die (richtige) Partei lediglich falsch bezeichnet, so kann diese Bezeichnung berichtigt werden.

2418 ▶ Beispiel:

Im Rubrum ist der Name eines Beteiligten falsch geschrieben.

Als Partei ist der »Gemeinschuldner, vertreten durch den Insolvenzverwalter« bezeichnet, nicht (wie rechtlich erforderlich) »Insolvenzverwalter als Partei kraft Amtes«.

Eine Partei hat durch Eheschließung ihren Namen geändert.

Die Gesellschaftsform einer Partei ist falsch angegeben (GmbH statt GbR).

2419 Eine solche Berichtigung ist in der ZPO zwar nicht ausdrücklich vorgesehen, wird übereinstimmend aber aus einer analogen Anwendung der Vorschriften über die Berichtigung formaler Fehler in Protokoll (§ 164 ZPO) und Urteil (§§ 319, 320 ZPO) hergeleitet.

Liegen die Voraussetzungen einer Parteiberichtigung vor, muss das Gericht die neue Bezeichnung der Partei berücksichtigen, ohne dass es hierzu einer förmlichen Entscheidung bedarf. Nur wenn die Berichtigung erst nach Rechtskraft beantragt wird, erfolgt sie in Form eines besonderen Beschlusses (BGH NJW 1981, 1454; Rosenberg/Schwab/*Gottwald*, § 41 III).

Voraussetzung der Parteiberichtigung ist, dass die Identität der Partei von Anfang an feststeht und durch die Berichtigung nicht geändert werden soll (BGH MDR 2013, 420; BGH NJW 2003, 1043; OLG Köln NJW-RR 2003, 431; *Baumgärtel* JurBüro 1973, 169). Mit der bloßen Berichtigung kann ein Wechsel in der Person der Partei nicht erreicht werden.

2420

Das schließt nicht aus, dass die gewählte Bezeichnung und die berichtigte Bezeichnung zwei unterschiedliche Rechtssubjekte bezeichnen. Da auch die formelle Parteibezeichnung auslegungsfähig ist, kann trotz formeller Bezeichnung eines Rechtssubjekts erkennbar ein anderes gemeint sein.

2421

▶ Beispiel:

2422

Richtet sich die Klage formell gegen die »XY-Versicherungs-AG«, die im Konzern indes nur als Holding tätig wird, kann die Auslegung der Klagebegründung ergeben, dass die Klage von Anfang an gegen die Konzerntochter »XY-Haftpflichtversicherungs-AG« gerichtet war. Wird dies im Laufe des Rechtsstreits klargestellt, liegt lediglich eine Parteiberichtigung, kein Parteiwechsel vor (OLG Hamm MDR 1991, 1201; Zöller/Vollkommer vor § 50 Rn. 10).

▶ Praxistipp:

2423

Der Antrag auf »Rubrumsberichtigung« verdeckt häufig eine eigentlich notwendige Parteiänderung.

BGH NJW-RR 2008, 582: »Nach der höchstrichterlichen Rechtsprechung ist eine Parteibezeichnung als Teil einer Prozesshandlung grundsätzlich der Auslegung zugänglich. Dabei ist maßgeblich, wie die Bezeichnung bei objektiver Deutung aus der Sicht der Empfänger (Gericht und Gegenpartei) zu verstehen ist. Es kommt darauf an, welcher Sinn der von der klagenden Partei in der Klageschrift gewählten Bezeichnung bei objektiver Würdigung des Erklärungsinhalts beizulegen ist. Bei objektiv unrichtiger oder auch mehrdeutiger Bezeichnung ist grundsätzlich diejenige Person als Partei anzusprechen, die erkennbar durch die Parteibezeichnung betroffen werden soll. Bei der Auslegung der Parteibezeichnung sind nicht nur die im Rubrum der Klageschrift enthaltenen Angaben, sondern auch der gesamte Inhalt der Klageschrift einschließlich etwaiger beigefügter Anlagen zu berücksichtigen. Dabei gilt der Grundsatz, dass die Klageerhebung gegen die in Wahrheit gemeinte Person nicht an deren fehlerhafter Bezeichnung scheitern darf, wenn diese Mängel in Anbetracht der jeweiligen Umstände letztlich keine vernünftigen Zweifel an dem wirklich Gewollten aufkommen lassen, auch dann, wenn statt der richtigen Bezeichnung irrtümlich die Bezeichnung einer tatsächlich existierenden (juristischen oder natürlichen) Personen gewählt wird, solange nur aus dem Inhalt der Klageschrift und etwaigen Anlagen unzweifelhaft deutlich wird, welche Partei tatsächlich gemeint ist. Von der fehlerhaften Parteibezeichnung zu unterscheiden ist die irrtümliche Benennung der falschen, am materiellen Rechtsverhältnis nicht beteiligten Person als Partei; diese wird Partei, weil es entscheidend auf den Willen des Klägers, so wie er objektiv geäußert ist, ankommt.«

Ist der Kläger im Unklaren darüber, ob eine Parteiberichtigung genügt oder ein Parteiwechsel erforderlich ist, kann er beides miteinander verbinden, d. h. dem Berichtigungsantrag »hilfsweise« einen Parteiwechsel beifügen. In diesem Fall muss sichergestellt sein, dass auch die Voraussetzungen des Wechsels vorliegen (unten Rdn. 2424).

Hat der Gegner einen Berichtigungsantrag gestellt, muss darauf geachtet werden, dass das Gericht (praktisch häufig nur die Geschäftsstelle ohne Beteiligung des Richters) nicht stillschweigend einfach die Parteibezeichnung (auf Aktendeckeln, gerichtlichen Schreiben, Urteilsrubrum etc.) ändert, ohne die Problematik erkannt zu haben. In besonderem Maß gilt dies für die Rubrumsberichtigung bei einem bereits erwirkten Titel, dessen Vollstreckung wegen ungenauer Parteibezeichnung scheitern kann (Thomas/Putzo/*Reichold* § 319 Rn. 3).

II. Parteiwechsel

Klassischer, prozessual aber auch schwierigster Fall der Parteiänderung ist der Parteiwechsel.

2424

8. Kapitel — Nachträgliche Änderungen der ursprünglichen Verfahrenskonzeption

1. Abgrenzungen

2425 Steht fest, dass bei Klageerhebung die »falsche« Partei in den Prozess einbezogen wurde und soll diese nunmehr durch die »richtige« Partei ersetzt werden, ist ein echter Parteiwechsel erforderlich.

> Mit einem solchen Parteiwechsel wird die Abweisung der anhängigen Klage (und die Verpflichtung, die hierdurch entstandenen Kosten zu tragen), vermieden. Zudem bleibt der Aufwand eines neuen Prozesses erspart, was insbesondere dann ins Gewicht fällt, wenn und bisherige Prozessergebnisse (Beweisaufnahmen) auch der neuen Partei gegenüber verwertet werden können. Letztlich bringt der Parteiwechsel damit auch einen erheblichen Zeitgewinn.

2426 Auch der Parteiwechsel führt häufig zu zusätzlichen, regelmäßig vom Kläger zu tragenden Kosten. Um diese zu vermeiden, sollte vorab überdacht werden, ob nicht andere, billigere Alternativen in Betracht kommen. In Betracht kommt dabei
- die bloße **Parteiberichtigung** (oben Rdn. 2417),
- die Vornahme eines **Rechtsgeschäfts**, das materiell die Rechtslage herbeiführt, die der Prozesslage entspricht. Im Vordergrund stehen dabei Verfügungen und Ermächtigungen. Da für die Entscheidung auf den Zeitpunkt des Schlusses der letzten mündlichen Verhandlung abzustellen ist, bleibt es folgenlos, dass die Klage zu einem früheren Zeitpunkt im Prozess keine Aussicht auf Erfolg hatte.

2427 ▶ Beispiel:

> Stellt sich im Laufe des Prozesses heraus, dass die Aktivlegitimation des Klägers fehlt, weil er die Forderung vorprozessual (sicherungshalber) abgetreten hat, kann er die materielle Berechtigung durch Rückabtretung (und sei es auch nur »zum Zwecke des Einzugs«, sog. »Inkassozession«) wiedererlangen. Der Kläger kann sich vom Forderungsinhaber aber zur klageweisen Geltendmachung der Forderung im eigenen Namen ermächtigen lassen (»gewillkürte Prozessstandschaft«).
>
> Je nach Fallgestaltung ist auch »Schadensliquidation im Drittinteresse« oder ein Forderungsrecht des Versprechensempfängers gem. § 335 BGB möglich.
>
> Zu beachten ist immer, ob eine solch materielle Änderung eine Änderung des Sachantrags erforderlich macht, z. B. eine Umstellung des Antrags auf Leistung an den Dritten (OLG Düsseldorf NJW-RR 1988, 636: Reisevertrag; Palandt/*Grüneberg* § 335 Rn. 1; Vorb vor § 249 Rn. 112).

2428 Ein Parteiwechsel kann aufseiten des **Klägers** (*Fischer* JuS 2009, 38) und/oder des **Beklagten** erfolgen, er kann auf einer gesetzlichen Anordnung (»gesetzlicher Parteiwechsel«) oder auf dem bloßen Willen der Beteiligten (»gewillkürter Parteiwechsel«) beruhen (*Gruschewitz* JA 2012, 689).

2429 **Gesetzlich** zwingend angeordnet ist der Parteiwechsel in den Fällen der §§ 239–242 ZPO. Liegen die dort genannten Voraussetzungen vor, so tritt der Parteiwechsel automatisch und unabhängig davon ein, ob die Parteien dies wollen oder nicht.

2430 ▶ Beispiel:

> Stirbt eine Partei nach Eintritt der Rechtshängigkeit, so treten ihre Erben automatisch in den Prozess ein (§ 239 ZPO). Hierzu wird der Prozess zunächst unterbrochen, die Erben haben Gelegenheit, sich zu melden und den Prozess aufzunehmen. Tun sie dies nicht, müssen sie vom Gegner ermittelt und auf seinen Antrag hin durch das Gericht geladen werden. Folgen sie dieser Ladung und erscheinen im Termin, so wird zunächst über die Rechtsnachfolge verhandelt, hierüber ggf. durch Zwischenurteil entschieden, bevor der Rechtsstreit in der Hauptsache fortgesetzt wird. Folgen sie der Ladung nicht, so sind sie säumig: dann wird ihre Rechtsnachfolge fingiert (§ 239 Abs. 4 ZPO), in der Hauptsache kann gegen sie Versäumnisurteil ergehen (§§ 330, 331 ZPO).
>
> Mit Eröffnung des Insolvenzverfahrens verliert der Gemeinschuldner die Prozessführungsbefugnis über den zur Insolvenzmasse gehörenden Anspruch, an seiner Stelle tritt der Insolvenzverwalter in den Prozess ein (§ 240 ZPO). Hier wird das Verfahren in jedem Fall (auch bei anwaltlicher

Vertretung) unterbrochen und muss vom Insolvenzverwalter gemäß §§ 85 f. InsO wieder aufgenommen werden.

▶ **Praxistipp:** 2431

Im Fall des Todes einer Partei tritt eine Unterbrechung des Verfahrens von Amts wegen nicht ein, wenn die Partei anwaltlich vertreten war (§§ 246, 86 ZPO). Zur Klärung der Sach- und Rechtslage wird es hier regelmäßig eines Unterbrechungsantrags durch den Anwalt bedürfen.

In anderen Fällen **erlaubt** das Gesetz den Austausch der Parteien nur, ohne ihn zu erzwingen. Zu einem Wechsel kommt es nur, wenn die Parteien diesen wollen. Beispiele hierfür sind der Prätendentenstreit (§ 75 ZPO), die Urheberbenennung (§§ 76, 77 ZPO) und die Veräußerung der streitbefangenen Sache (§§ 265, 266 ZPO).

Dass in allen Fällen gesetzlichen Parteiwechsels die neue Partei den Rechtsstreit in der Situation übernehmen muss, in der sie ihn vorfindet, sie somit an die geschaffenen Prozesslagen (z. B. Beweisergebnisse, Geständnisse, Anerkenntnisse) gebunden ist, findet seine Rechtfertigung in der zwischen Vorgänger und Nachfolger existierenden Rechtsbeziehung und der insoweit klaren gesetzlichen Anordnung. 2432

Der praktisch wichtigere **gewillkürte Parteiwechsel** ist im Gesetz nicht geregelt. Umstritten ist deswegen, unter welchen Voraussetzungen er zulässig ist und welche Rechtsfolgen er hat. 2433

2. Voraussetzungen

Einigkeit besteht heute, dass der gewillkürte Parteiwechsel aus Gründen der Prozessökonomie praeter legem grundsätzlich zuzulassen ist (*Heinrich*, Der gewillkürte Parteiwechsel, 1990; *Kohler* JuS 1993, 315; *Roth* NJW 1988, 2977; zu den Besonderheiten beim Übergang vom Gesellschafts- zum Gesellschafterprozess BGHZ 62, 131; OLG Frankfurt a. M. NJW 1977, 308). Die Voraussetzungen, unter die er zu stellen ist, hängen wesentlich von der rechtlichen Qualifizierung ab, die immer noch streitig ist. 2434

Nach Auffassung der *Rechtsprechung* (BGH NJW 1962, 347; BGHZ 17, 340, 342; RGZ 157, 369, 377; RGZ 108, 350, 351) sind auf den gewillkürten Parteiwechsel die Vorschriften über die Klageänderung entsprechend anzuwenden: Diese regeln unmittelbar eine Änderung des Prozessobjekts (des Streitgegenstands) und enthalten eine sachgerechte Interessenabwägung auch für den Fall einer Änderung der Prozesssubjekte, eben den Parteiwechsel. 2435

Nach Auffassung der überwiegenden Literatur (*Jauernig*, § 86 II; *Rosenberg/Schwab/Gottwald*, § 42 III 2; *Stein/Jonas/Schumann*, § 264 Rn. 100, alle m. w. N.) ist eine solche Analogie wegen grundsätzlicher Unterschiede beider Institute nicht möglich; der gewillkürte Parteiwechsel muss als prozessuales Institut sui generis betrachtet werden, Voraussetzungen und Rechtsfolgen können nur aus allgemeinen Grundsätzen des Prozessrechts (insbesondere aus §§ 265 Abs. 2 Satz 2, 269 Abs. 1, 263, 91a ZPO) abgeleitet werden.

Dieser Streit wirkt sich auf die für die Wirksamkeit eines gewillkürten Parteiwechsels zu fordernden Voraussetzungen nur teilweise aus. Einigkeit besteht, dass der gewillkürte Parteiwechsel wegen der Dispositionsmaxime von der Zustimmung der Parteien abhängt. 2436
– Ein bisheriger Kläger kann gegen seinen Willen aus dieser Parteistellung nicht verdrängt werden, sodass die Partei, die als Kläger ausscheiden soll, stets zustimmen muss.
– Kläger kann nur werden, wer dies will, gegen seinen Willen wird niemand Kläger; zustimmen muss damit stets auch ein neuer Kläger.
– Ein bisheriger Beklagter muss der Rücknahme einer gegen ihn gerichteten Klage zustimmen, wenn er zur Hauptsache mündlich verhandelt hat (§ 269 ZPO); vor einer solchen Verhandlung ist seine Einwilligung nicht erforderlich (BGH NJW 1981, 989; OLG Hamm NJW-RR 1991, 60; OLG Bremen JurBüro 1984, 622; *Stein/Jonas/Schumann*, § 264 Rn. 109).

Die Einwilligung des Beklagten gilt entsprechend § 267 ZPO als erteilt, wenn er sich ohne Widerspruch auf die abgeänderte Klage eingelassen hat. Hat der Beklagte – ohne vorherige schriftliche Beanstandung – einen

Antrag auf Abweisung der geänderten Klage gestellt, so wird seine Einwilligung unwiderleglich vermutet (BGH NJW-RR 2005, 437).
– Streitig ist damit allein, ob auch ein neuer Beklagter zustimmen muss:
  – Nach Auffassung der Literatur muss er nicht zustimmen, weil er sich gegen eine neu erhobene Klage auch nicht wehren könnte.
  – Nach Auffassung der Rechtsprechung ist seine Zustimmung erforderlich, weil es sich um einen Fall der Klageänderung handelt (§ 263 ZPO); allerdings kann seine Zustimmung durch rügelose Einlassung des Beklagten oder durch Bejahung der Sachdienlichkeit seitens des Gerichts ersetzt werden (§§ 267, 263 ZPO).

2437 Die **Sachdienlichkeit** ist dabei objektiv zu beurteilen: Entscheidend ist die Prozesswirtschaftlichkeit, d. h., die Zulassung ist sachdienlich, wenn hierdurch der mit der Führung eines neuen Prozesses verbundene Aufwand reduziert werden kann, insbesondere weil die im bisherigen Prozess erreichten Prozesslagen fortdauern. Keine Rolle spielen die subjektiven Interessen der Parteien oder die Frage einer möglichen Verzögerung der Erledigung (BGH NJW-RR 1990, 505).

2438 Weitere Zulässigkeitsprobleme können sich aus den allgemeinen Zulässigkeitserfordernissen neu erhobener Klagen ergeben.

So fehlt im neuen Prozessrechtsverhältnis in der Regel ein etwaiges erforderliches Schlichtungsverfahren (oben Rdn. 346–354).

Klar ist, dass dem neuen Beklagten ein der Klageschrift entsprechender Schriftsatz nebst Gewährung der Einlassungsfrist zugestellt werden muss (§ 274 Abs. 3 ZPO; Zöller/*Greger* § 263 Rn. 20). Ein hierfür erforderlicher Kostenvorschuss ist vom Kläger einzuzahlen. Erfolgt die Klageänderung gegenüber dem im Termin anwesenden neuen Beklagten (auch hier Zustellung erforderlich, Zöller/*Greger* § 261 Rn. 6), darf daher kein Versäumnisurteil ergehen (§ 335 Abs. 1 Nr. 3 ZPO), sofern der Beklagte nicht rügelos verhandelt (§ 295 ZPO; Zöller/*Greger* § 274 Rn. 6). Für den neuen Beklagten tritt Rechtshängigkeit erst mit Zustellung des Erweiterungsschriftsatzes ein.

2439 Der Parteiwechsel in **II. Instanz** folgt grundsätzlich den für die I. Instanz aufgestellten Prinzipien (BGH NJW 2003, 2172). Abweichungen ergeben sich insoweit nur für den Wechsel auf Beklagtenseite: Da der neue Beklagte hier bei seinem Eintritt in den Prozess eine Instanz verliert, bedarf es sowohl nach Auffassung der Literatur als auch der der Rechtsprechung (BGH NJW 1998, 1496; BGHZ 91, 132, 134; BGH NJW 1981, 989) seiner ausdrücklichen Zustimmung; diese kann durch rügelose Einlassung oder Bejahung der Sachdienlichkeit nicht ersetzt werden. Der ausdrücklichen Zustimmung des neuen Beklagten bedarf es ausnahmsweise nicht, wenn sich die Verweigerung der Zustimmung als Rechtsmissbrauch darstellen würde (BGH NJW-RR 2008, 176).

3. Rechtsfolgen

2440 Ist der Parteiwechsel wirksam, so sind auch die neuen Parteien an die bereits geschaffenen **Prozesslagen** grundsätzlich gebunden.

Nach der Auffassung der Rechtsprechung von der Fortdauer des ursprünglichen Prozesses ist dies unproblematisch bei einer neuen Partei, die ihrem Eintritt zugestimmt hat. Würde dagegen ein neuer Beklagter auch ohne seine Zustimmung an die bisherige Prozesslage gebunden, wäre es möglich, dass ihm nach einem Anerkenntnis oder Geständnis seines Vorgängers keinerlei Gestaltungsmöglichkeiten mehr bleiben. Die h. M. bezieht deswegen die Frage nach den Prozesslagen, an die die neue Partei gebunden würde, bereits bei der Prüfung der Sachdienlichkeit mit ein, verneint diese, wenn die Bindung unzumutbar weit reichen würde.

2441 Unabhängig von einer Bindung an Prozesslagen ist zu beachten, dass die materiellen und prozessualen **Wirkungen der Klage** erst ab dem Zustandekommen des Prozessrechtsverhältnisses zwischen den neuen Parteien eintreten können.

2442 ▶ Beispiel:

Prozesszinsen schuldet der neue Beklagte erst ab Zustellung des den Parteiwechsel enthaltenden Schriftsatzes an ihn.

Ist der neue Beklagte säumig, ergeht auch dann nur ein erstes Versäumnisurteil, wenn der alte Beklagte zuvor bereits säumig war (OLG Karlsruhe NJW-RR 1993, 383).

Ist der Parteiwechsel unwirksam, ist im Wege der Auslegung zu ermitteln, ob der Prozess infolge Rücknahme der Klage im ursprünglichen Prozessrechtsverhältnis beendet ist oder ob dieses hilfsweise aufrechterhalten werden sollte. 2443

III. Parteibeitritt

Anders als beim Parteiwechsel bleibt die bisherige beim bloßen Parteibeitritt am Rechtsstreit beteiligt, scheidet nicht aus. Identisch zwischen beiden Rechtsinstituten sind dagegen diejenigen Fragen zu beantworten, sie aus dem Eintritt einer neuen Partei resultieren (BGH JR 1973, 18 m.Anm. *Fenge*; BGHZ 40, 189). 2444

▶ Beispiel: 2445

Praktisch kann sich der Wunsch, die Klage auf weitere Personen auszudehnen, beispielsweise ergeben, weil deren Verpflichtung sich im Laufe des bisherigen Verfahrens erst herausgestellt hat oder weil sie als Zeugen ausgeschlossen werden sollen. Auf Klägerseite ist das Hinzutreten weiterer Personen etwa erforderlich, wenn irrtümlich nicht alle materiellrechtlich notwendigen Streitgenossen (z. B. Gesellschafter einer BGB-Gesellschaft) die Klage erhoben haben.

Einen gesetzlichen Parteibeitritt kennt nur § 856 Abs. 2 ZPO. Klagt ein Gläubiger gegen einen Drittschuldner auf Hinterlegung und entschließt sich ein weiterer Gläubiger später, dies auch zu tun, so muss er sich der schon anhängigen Klage anschließen. Eine eigene Klage wäre unzulässig *Stein/Jonas/Münzberg*, § 856 Rn. 3; Thomas/Putzo/*Hüßtege*, § 856 Rn. 2, Baumbach/*Hartmann*, § 856 Rn. 2). In diesem Fall müssen weder der bisherige Kläger noch der Beklagte dem Beitritt zustimmen, die neuen Kläger werden notwendige Streitgenossen und sind gleichermaßen an alle bisherigen Prozesslagen gebunden.

Sieht man mit der Rechtsprechung (BGH NJW 1975, 1228; BGH NJW 1966, 1028; BGHZ 40, 185) in der Parteierweiterung einen Unterfall des Parteiwechsels und behandelt sie ebenfalls analog den Vorschriften über die Klageänderung (§§ 263 ff. ZPO), so gilt für die Zulässigkeit: 2446
– Der Beitritt eines neuen Klägers setzt dessen Zustimmung (Antrag) voraus, weil niemand gegen seinen Willen Kläger wird; außerdem bedarf es der Zustimmung des Beklagten nach § 263 ZPO, wobei diese durch rügelose Einlassung oder Bejahung der Sachdienlichkeit ersetzt werden kann (§§ 263, 267 ZPO); der alte Kläger muss nicht zustimmen, weil sein Prozessrechtsverhältnis unberührt bleibt.
– Auch der Beitritt eines neuen Beklagten erfolgt nur auf Antrag des Klägers und ist von einer Zustimmung des bisherigen Beklagten, dessen Prozessrechtsverhältnis nicht betroffen wird, unabhängig; der neue Beklagte muss zustimmen (§ 263 ZPO), wobei dies ersetzt werden kann (§§ 263, 267 ZPO).

Ob ein Parteibeitritt in **II. Instanz** überhaupt möglich ist, ist streitig; ein Teil der Literatur verneint dies unter Hinweis auf die fehlende funktionelle Zuständigkeit des Berufungsgerichts zur Neubegründung eines Prozessrechtsverhältnisses. Wird die Möglichkeit eines solchen Beitritts bejaht, so ist nach allen Auffassungen beim Klägerbeitritt die (nicht ersetzbare!) Zustimmung des bisherigen Beklagten, beim Beklagtenbeitritt die (nicht ersetzbare!) Zustimmung des neuen Beklagten erforderlich, weil in dem neu begründeten Prozessrechtsverhältnis eine Instanz verloren geht (BGH NJW 1997, 2885; BGH NJW 1989, 3225; BGH NJW-RR 1985, 356). 2447

IV. Intervention

Eine nachträgliche Erweiterung des Kreises der Prozessbeteiligten erfolgt auch in den Fällen der Intervention. 2448

1. Nebenintervention

2449 Bei der Nebenintervention tritt ein Dritter dem Rechtsstreit auf einer Parteiseite bei und versucht, ihr zu helfen, den Rechtsstreit zu gewinnen.

> Da die Initiative hierzu nicht von einem der bisherigen Prozessbeteiligten ausgeht, sondern von einem Dritten, kann die Darstellung dieses Prozessinstituts auf die Frage beschränkt werden, wie auf einen solchen Beitritt zu reagieren ist.

2450 Voraussetzung ist, dass der Dritte ein rechtliches Interesse am Obsiegen der Partei hat. Als Interventionsgrund reichen dabei rein ideale, tatsächliche oder wirtschaftliche Interessen nicht aus. Ein rechtliches Interesse setzt voraus, dass die Entscheidung des vorliegenden Rechtsstreits zumindest mittelbar auch auf die Rechtsposition des Dritten einwirkt.

2451 ▶ **Beispiel:**

> Genügen lassen hat die Rechtsprechung eine etwaige Rechtskrafterstreckung, die Möglichkeit einer Titelumschreibung oder die Vorgreiflichkeit für eigene Rechtsverhältnisse des Dritten, insbesondere bei akzessorischen Schuldverhältnissen (Hauptschuld/Bürgschaft) und bei Regressansprüchen.

2452 Eine Entscheidung des Gerichts über die Zulässigkeit der Nebenintervention ergeht nur auf den »Antrag auf Zurückweisung« der Nebenintervention durch eine Partei (§ 71 Abs. 1 ZPO; BGH NJW-RR 2013, 490). Ohne eine solchen nimmt der Streithelfer ohne Weiteres am Verfahren teil.

2453 ▶ **Praxistipp:**

> Auf die Beitrittserklärung (§ 70 ZPO) hin, müssen beide Parteien prüfen, ob der Beitritt ihren Interessen entspricht und diesem erforderlichenfalls widersprechen.

2454 Der Beitritt eines Dritten **zur eigenen Partei** stellt regelmäßig keinen Nachteil dar. Der Dritte verfolgt das gleiche Prozessziel, sein Hinzutreten kann eigentlich nur förderlich sein, indem er zusätzliche Angriffs- und Verteidigungsmittel (z. B. Beweise) beibringt. Die Gefahr eines Interessenkollision wird durch § 67 ZPO ausgeschlossen: Der Nebenintervenient ist zur Geltendmachung von Angriffs- und Verteidigungsmitteln nur insoweit berechtigt, als er sich damit nicht in Widerspruch zu Handlungen und Erklärungen der Partei setzt. Prozesshandlungen des Nebenintervenienten kann die Partei deswegen jederzeit (auch nachträglich!) widersprechen und sie damit unwirksam machen. Auch die Interventionswirkung (§ 68 ZPO; unten Rdn. 2466) tritt nur zulasten des Nebenintervenienten, nicht zulasten der Hauptpartei ein.

2455 Dagegen bedarf der Beitritt eines Dritten **zum Gegner** sorgfältiger Prüfung. Hierdurch wird dessen Position regelmäßig stärker, häufig sieht man sich regelrecht zwei Gegnern gegenüber. Dies begründet zusätzliche Risiken für den eigenen Prozesserfolg und erhöht den zur eigenen Prozessführung erforderlichen Aufwand.

2456 Mit einem Widerspruch erreicht die Partei, dass der Nebenintervenient sein Interventionsinteresse glaubhaft machen und das Gericht hierüber (regelmäßig durch Zwischenurteil, § 71 Abs. 2 ZPO) entscheiden muss. Bejaht das Gericht die Zulässigkeit der Nebenintervention, kann dem – abgesehen von der Möglichkeit der sofortigen Beschwerde – nichts mehr entgegengesetzt werden.

2. Hauptintervention

2457 Von einer Hauptintervention (§ 64 ZPO) spricht man bei der Klage eines Dritten gegen beide Parteien eines anhängigen Verfahrens mit dem Vortrag, die Sache bzw. das Recht, um das dort gestritten wird, werde für sich selbst in Anspruch genommen (OLG Frankfurt a. M. NJW-RR 1994, 957 mit wichtiger Anmerkung von *Deubner* JuS 1994, 781; *Koussoulis* ZZP 100 (1987), 211; *Pfeiffer* ZZP 111 (1998), 131).

B. Änderung der Prozessbeteiligten

▶ Beispiel: 2458

> Verlangt der Kläger vom Beklagten Herausgabe einer Sache, von der ein Dritter meint, sie gehöre ihm, so kann er im Wege der Hauptintervention gegen beide Parteien vorgehen.

Auch hier werden die bisherigen Prozessparteien ohne eigenes Zutun mit dem Beitritt eines Dritten konfrontiert. Diese Form der Einmischung können sie regelmäßig nicht verhindern. Überlegt werden kann allenfalls, ob es nicht sinnvoll ist, den bisherigen Prozess auszusetzen, bis über den Interventionsprozess entschieden ist. Ein entsprechender Antrag ist nach § 65 ZPO (und damit unabhängig von den Voraussetzungen des § 148 ZPO) beiden Parteien möglich. 2459

V. Die Streitverkündung

Ist aus der Sicht der bisherigen Prozessbeteiligten die Erstreckung des Prozessrechtsverhältnisses auf Dritte erforderlich, kommt eine Streitverkündung in Betracht. 2460

1. Allgemeines

Die Streitverkündung ist die förmliche Benachrichtigung eines Dritten von einem anhängigen Prozess durch eine der Parteien (BGH NJW 1983, 820; *Bischof* MDR 1999, 787; *Eibner*, Möglichkeiten und Grenzen der Streitverkündung, Diss. Erlangen, 1986; *Ghassemi-Tabar/Eckner* MDR 2012, 1136; *Wilke* BauR 1995, 465). 2461

Sinnvoll ist sie insbesondere dort, wo die Partei für einen möglichen späteren Regressprozess die ihr günstige Interventionswirkung herbeiführen will, der Dritte dem Prozess aber zunächst nicht freiwillig als Nebenintervenient beitritt. Mit der Streitverkündung kann die Partei vermeiden, dass sie nach einer Niederlage im ersten Prozess in einem zweiten Rechtsstreit mit einer dem ersten Urteil widersprechenden Begründung erneut unterliegt. Die Streitverkündung bietet eine kostengünstige und risikolose Vorbereitung eines etwaigen erforderlichen zweiten Prozesses gegen einen Dritten. Da durch die Interventionswirkung das spätere Verfahren weitgehend präjudiziert wird, kann ein zweiter Rechtsstreit häufig vermieden werden. 2462

Praktisch wird auf die Streitverkündung häufig wenig Mühe verwendet, weil deren Zulässigkeit erst im Folgeprozess geprüft wird. Dort aber ist es für die Behebung von Fehlern zu spät (*Ghassemi-Tabar/Eckner* MDR 2012, 1136).

▶ Praxistipp: 2463

> Das Unterlassen einer Streitverkündung ist für den Anwalt genauso haftungsträchtig, wie eine unwirksame Streitverkündung.
>
> Klassische Regressfälle sind etwa BGH NJW 2010, 3576; BGH NJW 1983, 820 und OLG Düsseldorf NJW-RR 1993, 1471.
>
> Sind Folgeprozesse zu erwarten, gehört es zum Auftrag des Anwalts zu prüfen, ob Maßnahmen zur Vermeidung dort drohender rechtlicher Nachteile erforderlich sind. Dies gilt auch dann, wenn sich das Mandat auf die Verfolgung des Anspruchs gegen eine bestimmte Partei beschränkt. Im Zivilprozess »bietet sich als naheliegender Weg zur Wahrung der Rechte des Mandanten die Streitverkündung an« (BGH NJW 1993, 2045).
>
> Obwohl die Streitverkündung eins »der wirkungsvollsten prozesstaktischen Mittel der ZPO« (*Werres* NJW 1984, 208) ist, wird von ihr in der Praxis zu selten und längst nicht in allen Fällen, in denen die sinnvoll wäre, Gebrauch gemacht. Als »gefährliche Waffe« in der Hand des Streitverkünders verdient sie auch aufseiten des Verkündungsgegners größte Beachtung (*Michel/von der Seipen*, Schriftsatz S. 196). Damit kann mittels eines einfachen Schriftsatzes ein bislang nicht beteiligter Dritter mit erheblichen rechtlichen Wirkungen in den Prozess mit einbezogen werden.
>
> Einer Streitverkündung bedarf es nicht, wenn der Dritte dem Rechtsstreit bereits als Nebenintervenient beigetreten ist oder er sich vertraglich der Interventionswirkung unterwirft, was indes nur in Ausnahmefällen vorkommen dürfte (Zöller/*Vollkommer* § 68 Rn. 13; OLG Düsseldorf NJW-RR 1993, 1471; *Rinsche*, Prozeßtaktik Rn. 292: vielfach lässt sich die hinter dem Dritten stehende Haftpflichtversicherung darauf ein).

2. Wirkungen

2464 Die Wirkungen der Streitverkündung treten mit deren Wirksamwerden ein, d. h. mit der Zustellung der Streitverkündungsschrift an den Dritten (§ 73 Satz 3 ZPO). Sie sind unabhängig davon, wie der Dritte hierauf reagiert, insbesondere unabhängig davon, ob er dem Rechtsstreit beitritt oder nicht (§ 74 Abs. 2 ZPO; *Werres* NJW 1984, 208).

> Voraussetzung für den Eintritt der Wirkungen ist indes, dass die Streitverkündung formal ordnungsgemäß, entsprechend den Anforderungen der §§ 72, 73 ZPO erfolgt ist (BGH MDR 2000, 1271; Zöller/*Vollkommer* § 74 Rn. 8; Palandt/*Ellenberger* § 209 Rn. 20).

a) Verjährungshemmung

2465 Materielle Wirkung der Streitverkündung ist die Hemmung der Verjährung des Regressanspruchs (§ 204 Abs. 1 Nr. 6 BGB).

> Die Hemmung tritt indes nur ein, wenn die Streitverkündung zulässig ist (insbesondere den Anforderungen der §§ 72, 73 ZPO entspricht) und sie tritt nur insoweit ein, als die Streitverkündungsschrift reicht, erfasst also nur Ansprüche, die von den Angaben in der Streitverkündungsschrift umfasst sind (BGH NJW 2012, 674; BGH MDR 1976, 213).

▶ **Beispiel:**

> Erfolgt die Streitverkündung ausdrücklich nur im Hinblick auf Schadensersatzansprüche aus eigenem Recht, erstreckt sich die Hemmungswirkung nicht auf Ansprüche aus abgetretenem Recht (BGHZ 175, 1).

> Die Hemmung beginnt mit Zustellung der Streitverkündungsschrift (§§ 204 Abs. 1 Nr. 6, 209 BGB), bei einer Zustellung »demnächst« (§ 167 ZPO) bereits mit dem Eingang der Streitverkündungsschrift bei Gericht (BGH MDR 2010, 587). Sie endet 6 Monate nach der rechtskräftigen Entscheidung oder anderweitigen Beendigung des Verfahrens; bis dahin bleibt sie auch dann aufrechterhalten, wenn die Klage zurückgenommen oder als unzulässig abgewiesen wird (§ 204 Abs. 2 BGB; im Gegensatz zu früher entfällt die Wirkung nicht rückwirkend, §§ 215, 212 BGB a. F.).

b) Interventionswirkung

2466 Prozessual löst die Streitverkündung zulasten des Dritten die Interventionswirkung aus (§§ 74 Abs. 3, 68 ZPO).

2467 Damit wird der Dritte in dem gegen ihn von der (unterstützten bzw. streitverkündenden) Hauptpartei geführten Folgeprozess nicht mit der Behauptung gehört, der vorangegangene Prozess sei unrichtig entschieden worden.

> Dies bedeutet, dass das Gericht im Folgeprozess an die, das Urteil im vorangegangenen Rechtsstreit tragenden tatsächlichen und rechtlichen Feststellungen gebunden ist und diese seiner Entscheidung zugrunde legen muss.

> Die Interventionswirkungen sollen nach einer Entscheidung des BGH aber nicht eintreten, wenn für den Folgeprozess ein anderer Rechtsweg gegeben ist (BGH NJW 1993, 2539: Arbeitsgerichtsbarkeit; Zöller/*Vollkommer* § 68 Rn. 10; str., kritisch *Wax* LM § 256 ZPO Nr. 177 Bl. 4 – Urteilsanmerkung).

> Im selbstständigen Beweisverfahren (oben Rdn. 422) umfasst die Bindungswirkung das Beweisergebnis (Thomas/Putzo/*Hüßtege* § 68 Rn. 5). Dadurch können vor allem etwaige Mängel bereits vor Klageerhebung festgestellt, die jeweiligen Verursacher benannt und die daraus resultierenden Verpflichtungen jedes einzelnen Beteiligten beziffert werden (*Graf v. Westphalen* ProzRB 2005, 6 – Urteilsanmerkung: »Diese Chance wird bislang vielfach nicht genutzt«).

aa) Voraussetzungen

Voraussetzungen für die Interventionswirkung sind, dass 2468
- die Feststellungen im neuen Prozess zwischen Streitverkünder oder unterstützter Partei und Drittem streitig sind;
- die vorhergehende (rechtskräftige; Sach-) Entscheidung auf ihnen beruht, d. h., dass es sich um die Entscheidung tragende Feststellungen – und nicht um sog. überschießende Feststellungen (sog. obiter dicta!) – handelt (z. B. BGH MDR 2004, 464). Endet der Vorprozess mit einem Vergleich, tritt – mangels gerichtlicher Entscheidung – keine Interventionswirkung ein (Thomas/Putzo/*Hüßtege* § 68 Rn. 4);
- eine wirksame bzw. zulässige Streitverkündung vorliegt, worüber aber im laufenden Prozess nicht verhandelt und entschieden wird. Bedeutung hat diese Frage nur für einen etwaigen Folgeprozess (Prütting/Gehrlein/*Gehrlein* § 72 Rn. 2).

Liegen diese Voraussetzungen vor, ist die Interventionswirkung nach h. M. **von Amts wegen** zu be- 2469
rücksichtigen, ohne dass sich die unterstützte Partei im Folgeprozess hierauf berufen müsste (Prütting/Gehrlein/*Gehrlein* § 72 Rn. 1; Baumbach/*Hartmann* § 68 Rn. 2; **a. A.** Thomas/Putzo/*Hüßtege* § 68 Rn. 2).

bb) Reichweite

Die Interventionswirkung ist nicht identisch mit der materiellen Rechtskraft. Zwar bewirken beide 2470
Institute eine Bindung von Prozessbeteiligten an das Prozessergebnis, doch geht die Interventionswirkung über die Rechtskraft hinaus. Während die materielle Rechts auf die Entscheidung über den Klageanspruch (d. h. praktisch den Tenor) beschränkt ist (§ 322 ZPO), umfasst die Interventionswirkung neben der tenorierten Rechtsfolge alle entscheidungserheblichen Einzeltatsachen und deren rechtliche Bewertung, soweit die Entscheidung darauf beruht (also auch Tatbestand und Entscheidungsgründe).

> Wegen dieser weitgehenden Bindung erübrigt sich ein Folgeprozess häufig, wenn der Dritte einsieht, dass seine Position dort aussichtslos ist.

Die weitreichende Interventionswirkung hat aber auch ihre Grenzen. So umfasst sie grundsätzlich 2471
nur positive Feststellungen.

▶ Beispiel: 2472

> Von der Interventionswirkung erfasst werden der Geschehensablauf eines Unfalls oder eines Pkw-Verkaufs samt Abgabe und Inhalt arglistiger Täuschungen; die rechtliche Bewertung eines Vertrages als Werkvertrag, wonach sich dann auch die Gewährleistungsrechte richten; die Feststellung, dass der im Vorprozess relevante Werkvertrag gültig ist oder die herausverlangte Sache im Eigentum des Y steht.

Eine »negative Interventionswirkung« gibt es nicht. Verliert die Hauptpartei im Vorprozess wegen 2473
Nichtfeststellbarkeit einer Tatsache (»non liquet«) aus Beweislastgründen, wirkt sich dies gegen den Dritten (nur) dann aus, wenn er im Folgeprozess beweispflichtig ist.

> In diesem Fall ist er von der Beweisführung ausgeschlossen, da er den Beweis schon im Vorprozess als Streithelfer hätte führen können. Wenn die Beweislast hingegen im Folgeprozess die Hauptpartei trifft, muss und kann diese (erneut) Beweis antreten (BGH NJW 1983, 820; Thomas/Putzo/*Hüßtege* § 68 Rn. 6, Zöller/*Vollkommer* § 68 Rn. 10).

Die Interventionswirkung tritt immer zugunsten des Streitverkünders, nie zu dessen Lasten ein. Sie 2474
wirkt damit nur zum Nachteil des Dritten (Thomas/Putzo/*Hüßtege* § 74 Rn. 4).

cc) Grenzen

2475 Die Bindungswirkung tritt nur ein, soweit der Streitverkündete die endgültige Entscheidung (noch) beeinflussen kann. Ist dies nicht der Fall, kann er der Interventionswirkung die **Einrede der mangelhaften Prozessführung** durch den Streitverkünder entgegensetzen (§ 68 ZPO).

2476 Hierzu muss er behaupten und erforderlichenfalls beweisen, dass die Hauptpartei den Rechtsstreit mangelhaft geführt hat und

2477 ▶ Beispiel:

Mangelhaft geführt hat die Hauptpartei den Rechtsstreit insbesondere, wenn sie mögliche Angriffs- und Verteidigungsmittel nicht geltend gemacht, z. B. relevante Tatsachen nicht vorgetragen oder unrichtigen Sachvortrag des Gegners nicht bestritten, Beweismittel nicht benannt hat.

– er entweder durch die Lage des Rechtsstreits oder durch Erklärungen und Handlungen der Hauptpartei gehindert war, Angriffs- und Verteidigungsmittel geltend zu machen,

2478 ▶ Beispiel:

Durch die Prozesslage an der eigenen Geltendmachung der Angriffs- und Verteidigungsmittel wurde der Streitverkündete gehindert, wenn sie ihm zum Zeitpunkt der Zustellung der Streitverkündungsschrift nicht mehr möglich war, z. B. weil die Streitverkündung erst nach Schluss der mündlichen Verhandlung oder in der zweiten Instanz erfolgte oder die Hauptpartei bereits ein Anerkenntnis erklärt hatte.

Durch Erklärungen und Handlungen der Hauptpartei war der Streitverkündete verhindert, wenn er sich mit seinem Angriffs- oder Verteidigungsmittel (hypothetisch) in Widerspruch zur Prozessführung der Hauptpartei gesetzt hätte (§ 67 ZPO), so etwa, wenn die Partei eine Behauptung, die der Dritte hätte bestreiten wollen, zugestanden hat (BGH NJW 1982, 281).

Wegen des unzumutbar erschwerten Rechtsmittels unten Rdn. 2486, 3383.

– oder ihm Angriffs- und Verteidigungsmittel unbekannt waren, die von der Hauptpartei absichtlich oder durch grobes Verschulden nicht geltend gemacht sind.

2479 ▶ Beispiel:

Der Nachweis, dass die Hauptpartei ein Angriffs- und Verteidigungsmittel kannte, das dem Dritten seinerzeit nicht bekannt war, das er nachträglich aber in Erfahrung bringen konnte, dürfte praktisch sehr selten gelingen.

2480 In allen Fällen erforderlich ist, dass der Dritte zusammen mit der Einrede nach § 68 ZPO vorträgt, welches Angriffs- oder Verteidigungsmittel er vorbringen wollte und dass dieses ein ihm günstigeres Ergebnis herbeigeführt hätte (Baumbach/*Hartmann* § 68 Rn. 8).

2481 ▶ Praxistipp:

Liegt das eigentliche Prozessziel der Hauptpartei im Folgeprozess, so kann es sich zum Ausschluss der Einrede der mangelhaften Prozessführung empfehlen, die Streitverkündung möglichst frühzeitig zu erklären und die Prozessführung vollständig dem Streitverkündeten zu überlassen.

3. Voraussetzungen

2482 Die Streitverkündung ist möglich
– in einem anhängigen Rechtsstreit
– einem Dritten gegenüber
– wenn ein Streitverkündungsgrund vorliegt
– mittels einer den formellen Voraussetzungen genügenden Streitverkündungsschrift.

B. Änderung der Prozessbeteiligten   **8. Kapitel**

Diese Voraussetzungen bergen eine Reihe von Zweifelsfragen.

a) Anhängiger Rechtsstreit

Rechtsstreite sind sämtliche Verfahren, in denen die ergehende Entscheidung die Rechtslage des Dritten beeinflussen kann. 2483

> Hierzu gehören unzweifelhaft das Klage- und das Urkundenverfahren sowie die vollstreckungsrechtlichen Gestaltungsklagen (§§ 722, 731, 767 768, 771, 805, 891 ZPO) sowie die Eilverfahren (Arrest und einstweilige Verfügung). Streitig ist die Anwendbarkeit auf das Mahnverfahren (dafür Zöller/*Vollkommer* § 66 Rn. 2a; dagegen Baumbach/*Hartmann* § 66 Rn. 10).
>
> Nach langem Streit dürfte die entsprechende Anwendbarkeit für das selbstständige Beweisverfahren heute feststehen (BGH NJW 1997, 859; *Pauly* MDR 1997, 1090; Thomas/Putzo/*Hüßtege* § 66 Rn. 2).
>
> Nicht möglich ist eine Streitverkündung im Insolvenzverfahren und im schiedsrichterlichen Verfahren (es sei, sie ist vertraglich vorgesehen oder erfolgt einvernehmlich).

Anhängig ist der Rechtsstreit vom Eingang der Klage bei Gericht bis zum Eintritt der Rechtskraft der Entscheidung. 2484

> Rechtshängigkeit (Zustellung der Klage an den Beklagten) ist nicht erforderlich.

Die Streitverkündung ist damit auch noch nach Schluss der mündlichen Verhandlung, ja sogar noch nach Verkündung des Urteils möglich. Selbstverständlich kann auch Berufung eingelegt und der Streit erst im Berufungsverfahren verkündet werden. 2485

▸ Beispiel:

> Stellt sich nach Verkündung des Urteils heraus, dass der Prozess wegen eines Verschuldens des erstinstanzlichen Prozessbevollmächtigten verloren ging, muss zur Schadensminderung Berufung eingelegt und zur Wahrung der Regressansprüche gegen den Anwalt diesem der Streit verkündet werden.

Kann der Streitverkündete wegen des Schlusses der mündlichen Verhandlung auf den Rechtsstreit keinen Einfluss mehr nehmen, bleibt ihm immer noch die Möglichkeit, beizutreten und (für die Hauptpartei) **Berufung** einzulegen (§§ 66 Abs. 2; 70 ZPO). 2486

Ob der Dritte ohne Einlegung der Berufung der Interventionswirkung unterfällt oder dieser die Einrede der mangelhaften Prozessführung (oben Rdn. 2475) entgegensetzen kann, ist Frage des Einzelfalles. 2487

> Kann der Dritte wegen der Beschränkung der Möglichkeit zum Vortrag neuer Angriffs- und Verteidigungsmittel in der Berufungsinstanz (§ 531 Abs. 2 ZPO) auf den Prozessausgang nicht mehr den gewünschten Einfluss nehmen, steht ihm die Einrede zu. Insoweit bedarf es der Einlegung der Berufung erst gar nicht, wenn diese erkennbar erfolglos wäre (BGH NJW 1976, 292, 294). Bei Erhebung der Einrede im Folgeprozess muss der Dritte dann die Erfolglosigkeit der Berufung darlegen und trägt das Risiko, dass das Gericht dieser Auffassung folgt. Drohen aus der Interventionswirkung gravierende Nachteile, dürfte deswegen die Durchführung der zweiten Instanz sicherer sein. Soweit eine Präklusion nicht besteht, zum Beispiel, weil einer der Ausnahmetatbestände des § 531 Abs. 2 Nr. 1 bis 3 ZPO vorliegt oder die Berufung nur auf Rechtsfragen gestützt werden soll, ist die Einrede mangelhafter Prozessführung durch die Hauptpartei ohne Berufungseinlegung nicht möglich.

Für die Durchführung des Berufungsverfahrens ist der Dritte alleine verantwortlich. 2488

▸ Praxistipp: 2489

> Der Dritte muss sich selbst erkundigen (z. B. mittels Rückfrage bei der Hauptpartei/Gericht oder Akteneinsicht gem. § 299 ZPO), wann das vollständige Urteil der Hauptpartei zugestellt wurde.

Denn ab diesem Zeitpunkt laufen die Fristen für die Einlegung und Begründung der Berufung für die Hauptpartei (§§ 517, 520 Abs. 2 ZPO), die auch für den Streitverkündeten maßgeblich sind (Zöller/*Vollkommer* § 67 Rn. 5, 8).

Eine Zustellung des Urteils an den Streitverkündeten ist dabei weder erforderlich (auch nicht bei Beitritt bereits vor der Urteilsverkündung; Thomas/Putzo/*Hüßtege* § 67 Rn. 9; Zöller/*Vollkommer* § 67 Rn. 5: allenfalls formlose Mitteilung; BGH NJW 1990, 190; § 317 Abs. 1 ZPO), noch hat er darauf einen Anspruch (BGH VersR 1994, 1004). Dem Dritten obliegt diesbezüglich daher eine Erkundigungspflicht, deren Verletzung Wiedereinsetzung ausschließt (Zöller/*Vollkommer* § 67 Rn. 5). Deshalb sollte der Dritte bei der Fristberechnung sicherheitshalber bis zur genauen Kenntnis des Zustellungszeitpunktes auf den Zeitpunkt der Verkündung des Urteils abstellen; keinesfalls aber auf den Zeitpunkt einer etwaigen Bekanntgabe des Urteils an ihn. Vorsorglich kann er auch noch Verlängerung der Berufungsbegründungsfrist beantragen (§ 520 Abs. 2 ZPO).

Für die Zulässigkeit einer (Wert) Berufung ist die Höhe der Beschwer der Hauptpartei maßgebend (§ 511 Abs. 2 ZPO; Zöller/*Vollkommer* § 67 Rn. 5).

Dabei liegt im Berufungsschriftsatz des Streitverkündeten – als »typische Streithilfehandlung« für die unterlegene Partei – regelmäßig zugleich die Beitrittserklärung. Jedoch ist eine ausdrückliche Erklärung erforderlich, wenn unsicher ist, auf wessen Seite beigetreten werden soll (z. B. wenn dem Dritten von beiden Prozessparteien der Streit verkündet worden ist und der Klage im Ersturteil nur teilweise stattgegeben und im Übrigen abgewiesen wurde; BGH VersR 1994, 1004).

Im Übrigen gelangt der Streitverkündete auch bei Einlegung der Berufung nicht in eine Parteirolle (BGH VersR 1995, 65).

2490 Denkbar ist auch, dass die Partei zunächst selbst Berufung einlegt und dem Dritten den Streit erst nach Einlegung der Berufung (§ 72 Abs. 1 ZPO) verkündet.

Dabei ist nicht erforderlich, dass die Partei die Berufung weiterführt. Dies kann sie dem Dritten überlassen, welcher insbesondere die Berufungsbegründung innerhalb der für die Partei laufenden Begründungsfrist einreichen muss. Unerheblich ist es, dass die Streitverkündung bereits in erster Instanz möglich gewesen wäre. Jedoch gilt auch hier, dass die Berufung Erfolg versprechend sein muss. Nicht zulässig ist indes die Einlegung einer Anschlussberufung zum Zwecke der Streitverkündung (BGH VersR 1995, 65).

Nimmt jedoch die Partei die Berufung zurück, steht dem Dritten der Einwand mangelhafter Prozessführung wieder zu (Zöller/*Vollkommer* § 68 Rn. 12).

b) Dritter

2491 Der Streit kann nur »Dritten« verkündet werden, d. h. Personen, die nicht Parteien des Rechtsstreits sind. Auch insoweit gilt der **formelle Parteibegriff**.

2492 ▶ Beispiel:

Im Rechtsstreit gegen Gesellschaften (AG, GmbH, OHG, KG, GbR) kann ihren Gesellschaftern der Streit verkündet werden.

2493 Nicht Dritte sind gesetzliche Vertreter.

2494 ▶ Beispiel:

Damit scheidet die Streitverkündung an die Eltern im Prozess gegen deren Kinder genauso aus, wie die Streitverkündung gegenüber Organen (Vorstand, Geschäftsführer) bei juristischen Personen (AG, GmbH).

2495 Fraglich ist, wie die **vertretungsberechtigten Gesellschafter** zu behandeln sind. Diese werden teilweise den Gesellschaftern (Zöller/*Vollkommer* § 20 Rn. 5), teilweise den gesetzlichen Vertretern zugerechnet (Rosenberg/*Schwab*/*Gottwald* § 50 Rn. 12 f.).

2496 Nicht Dritte sind auch gerichtlich bestellte **Sachverständige** und **Richter** (BGH NJW 2006, 3214; § 72 Abs. 2 ZPO).

Damit ist den in den Jahren 2005/2006 kurzfristig zu beobachtenden Versuchen, unliebsame Sachverständige einzuschüchtern mit der durch eine Streitverkündung verstärkten Drohung, sie auf Schadenersatz aus § 839a BGB in Anspruch zu nehmen, der Boden entzogen.

Streitgenossen sind Partei jeweils nur in »ihrem« Prozessrechtsverhältnis, nicht auch in dem der übrigen Streitgenossen, sodass ihnen insoweit der Streit verkündet werden kann und sie zum Beitritt berechtigt sind (BGHZ 65, 85, BGH MDR 2012, 181). 2497

▶ Beispiel: 2498

Ein Kraftfahrzeughaftpflichtversicherer, der zusammen mit seinem Versicherungsnehmer verklagt ist, kann diesem zusätzlich als Streithelfer beitreten, wenn er berechtigten Anlass zu der Vermutung hat, dass der Versicherungsnehmer den Prozess nicht mit der gebotenen Sorgfalt führen wird. Das Rechtsschutzinteresse des Versicherers beschränkt sich dabei nicht auf die Abweisung der gegen sie selbst gerichteten Klage. Er hat darüber hinaus ein rechtliches Interesse i. S. von § 66 ZPO daran, dass die Klage auch gegen den Beklagten zu 1 abgewiesen wird. Dies folgt daraus, dass im Fall einer rechtskräftigen Verurteilung des Beklagten zu 1 mit einer Inanspruchnahme der Beklagten zu 2 in einem etwaigen Deckungsprozess zu rechnen wäre, deren Erfolg mangels Bindungswirkung des Haftpflichtprozesses nicht ausgeschlossen wäre (BGH NJW-RR 2010, 140).

Verkündet werden kann der Streit auch einem **Prozessbevollmächtigten** (d. h. sowohl dem eigenen als auch dem des Gegners). § 72 Abs. 2 ZPO ist insoweit (auch analog) nicht anwendbar, zu einer Interessenkollision zwischen seiner Aufgabe als Parteivertreter und der Wahrung eigener Interessen (§ 43a Abs. 4 BRAO, § 3 Abs. 4 BORA) kommt es nicht durch die Streitverkündung, möglicherweise aber durch das zugrunde liegende materielle Rechtsverhältnis (BGH Urt. v. 08.02.2011 - VI ZB 31/09 m. w. N.). 2498a

Ausgehen kann die Streitverkündung nicht nur von einer Partei, sondern auch von einem Nebenintervenienten oder einem Streitverkündeten, der dem Rechtsstreit nicht beigetreten ist (§ 72 Abs. 2 ZPO). 2499

Eine solche »mehrstufige« Streitverkündung unterliegt den gleichen Regeln wie die Ausgangsstreitverkündung (unten Rdn. 2514; *Regenfus* NZM 2010, 226).

c) Streitverkündungsgrund

Zur Streitverkündung berechtigt ist nur die Partei, die für den Fall des ungünstigen Ausgangs des Rechtsstreits gegen einen Dritten einen Anspruch auf Gewährleistung oder Schadloshaltung erheben kann oder der ein Anspruch des Dritten droht (§ 72 ZPO; OLG Köln NJW-RR 1991, 1535). 2500

Hierzu muss eine Partei Liegen diese Voraussetzungen für beide Parteien eines Rechtsstreits dem gleichen Dritten gegenüber vor, ist auch eine doppelte Streitverkündung möglich (Zöller/*Vollkommer* § 72 Rn. 11). Die Interventionswirkung tritt in diesem Fall nur im Verhältnis zur unterlegenen Partei ein.

Das Vorliegen eines solchen Streitverkündungsgrunds wird von der Rechtsprechung großzügig ausgelegt (Thomas/Putzo/*Hüßtege* § 72 Rn. 6). In Betracht kommen folgende Fallgruppen: 2501

– **Ansprüche auf Gewährleistung**

Denkbar sind hier Ansprüche auf Gewährleistung wegen Sach- und Rechtsmängeln in Betracht (z. B. §§ 434, 435, 437 BGB).

▶ Beispiel: 2502

Wird ein Kaufgegenstand unter gleichen Bedingungen (abgesehen vom Kaufpreis) von A an B und von diesem weiter an C verkauft (Lieferkette!; § 478 BGB) und wendet der auf Zahlung des Kaufpreises verklagte C Gewährleistungsansprüche ein, kann B dem A den Streit verkünden, wenn er im Fall der Klageabweisung seinerseits gegenüber dem A im Folgeprozess diese

Ansprüche geltend machen will. Klagt hingegen zunächst A gegen B, kann B für den Fall seiner Verurteilung zur Abwehr entsprechender Ansprüche des C diesem den Streit verkünden.

– **Regressansprüche**

Hierbei handelt es sich um Ansprüche des Streitverkünders gegen den Verkündeten auf Ersatz des Schadens, den der Prozessverlust für den Verkünder zur Folge hat.

2503 ▶ Beispiel:

Der Käufer klagt gegen den Verkäufer wegen eines angeblich bereits bei Übergabe vorhandenen Mangels des Kaufgegenstandes. Der Verkäufer bestreitet den Mangel und verkündet seinem Lieferanten den Streit. Sollte der Mangel beim Verkauf an den Käufer vorhanden gewesen sein, müsse er auch schon bei Lieferung der Sache vorgelegen haben, sodass ihm seinerseits Schadensersatzansprüche gegen ihn zustünden.

Rückgriffsansprüche des verurteilten Bürgen gegen den Hauptschuldner, des Beauftragten gegen den Auftraggeber, des verklagten Versicherungsnehmers gegen seinen Versicherer; des Geschäftsherrn gegen seinen Erfüllungs- bzw. Verrichtungsgehilfen (§§ 279, 831 BGB).

Werden im Prozess die Haftungsgrundlagen festgestellt, so stehen auch diese im Verhältnis zum Dritten bindend fest.

– **Ansprüche aus alternativer Schuldnerschaft**

Gemeint sind hier Ansprüche des Streitverkünders gegen Dritte, die alternativ (aus dem gleichen oder einem anderen Rechtsgrund) statt des zuerst Verklagten als Schuldner der eingeklagten Leistung oder von Schadensersatz in Betracht kommen (Zöller/*Vollkommer* § 72 Rn. 8). Da vielfach die Frage der Verantwortlichkeit erst im Verlaufe des Prozesses geklärt werden kann, können damit solche Unklarheiten entschärft werden, ohne dass alle möglichen Verantwortlichen (mit entsprechenden Kostennachteilen) verklagt werden müssen, sondern zunächst nur der »Hauptverdächtige«.

2504 ▶ Beispiel:

Es kommen alternativ die Vertragspartnerschaft des Vertretenen (§ 164 Abs. 1 BGB) oder des Vertreters (§§ 164 Abs. 2, 179 BGB) in Betracht (BGH NJW 1982, 281).

In diesem Fall sollte zunächst der beweisbelastete Vertreter verklagt und den in Betracht kommenden Vertragspartnern der Streit verkündet werden. Kann der Vertreter den ihm obliegenden Beweis nicht führen, dann wird er bereits im Vorprozess verurteilt. Im anderen Fall wird zwar die Klage abgewiesen, jedoch muss das Gericht im Folgeprozess gegen den Vertretenen von einer wirksamen Stellvertretung ausgehen. Dieser muss dann auch aufgrund des wahrheitswidrigen Leugnens, der Auftraggeber gewesen zu sein, dem Kläger wegen schuldhafter Verletzung vertraglicher Nebenpflichten die Kosten des erfolglosen Erstprozesses erstatten (BGH MDR 2005, 1394). Bei dieser Vorgehensweise ist dem Gläubiger ein Anspruchsgegner sicher, wobei die Streitverkündung auch während des Prozesses erfolgen und somit auf die Einlassung des Beklagten, nur als Vertreter gehandelt zu haben, noch sachgerecht reagiert werden kann.

Der Bauherr, der oft nicht weiß, ob und welcher Bauhandwerker (Herstellungsfehler), vielleicht auch der Architekt (Planungsfehler/Verletzung der Aufsichtspflicht), der Statiker oder der Bauunternehmer für einen Mangel verantwortlich ist, kann bei einer Klage gegen einen von ihnen durch eine Streitverkündung gegen die denkbaren anderen Schuldner verhindern, dass er letztlich auf dem Mangel sitzen bleibt, weil in späteren Verfahren die Verantwortlichkeit für den Mangel jeweils anders beurteilt wird. Dabei kann z. B. der verklagte Generalunternehmer seinerseits den Subunternehmern den Streit verkünden.

Wird die Klage des Bauherrn gegen den Architekten rechtskräftig mit der Begründung abgewiesen, für den Mangel sei allein (sonst Gesamtschuldner, Palandt/Grüneberg § 421 Rn. 5) der Bauhandwerker X verantwortlich, dann würde die materielle Rechtskraft dieses Urteils für eine nachfolgende Klage gegen den Bauhandwerker X ohne Bedeutung sein (Rechtskraft wirkt nur »inter partes« gem. § 322 ZPO). Hat hin gegen der Bauherr dem Bauhandwerker X den Streit verkündet, so kann dieser nicht mehr einwenden, für den Mangel sei der Architekt verantwortlich.

Ausgeschlossen sind hingegen Fälle kumulativer Haftung, insbesondere bei Gesamtschuldnern. 2505

> Hier kann der Anspruch von vornherein in vollem Umfang sowohl dem Prozessgegner wie auch dem Dritten gegenüber geltend gemacht werden. Dies gilt aber nicht bei einer nur teilweisen kumulativen Haftung. Auch bei selbstschuldnerischer Bürgschaft scheidet eine Streitverkündung des Gläubigers gegenüber dem Bürgen aus (Zöller/*Vollkommer* § 72 Rn. 8).

▶ Praxistipp: 2506

Vor der Streitverkündung ist daher die Art der Schuldnerschaft sorgfältig zu prüfen.

d) Form

Die Streitverkündung erfolgt durch Einreichung eines Schriftsatzes beim Prozessgericht, in welchem der Grund der Streitverkündung und die Lage des Rechtsstreits anzugeben sind (§ 73 ZPO; Beispiele bei *Kittner* JuS 1985, 703, 705; JuS 1986, 624, 625 f.). 2507

▶ Praxistipp: 2508

Es empfiehlt sich, die Streitverkündung zusammen mit dem ersten bestimmenden Schriftsatz, insbesondere mit der Klage oder Klageerwiderung einzureichen, da man sich dann aufgrund einer zulässigen Verbindung in einem Schriftsatz unnötige Schreibarbeit erspart.

> Außerdem ist dann die Gefahr geringer, dass die Streitverkündung unwirksam ist, weil man »die Lage des Rechtsstreits« nicht oder nur unvollständig angegeben hat. Ferner wird dem Streitverkündeten damit die Einrede der mangelhaften Prozessführung weitgehend abgeschnitten.
>
> Die Angabe der Lage des Rechtsstreits erfordert es nicht, den ganzen Akteninhalt wiederzugeben (Zöller/*Vollkommer* § 73 Rn. 1). Auch wenn die Beifügung von Abschriften der Klage und der Schriftsätze sowie sonstiger Unterlagen nicht vorgeschrieben ist (OLG München MDR 1989, 548: Der Verkündungsadressat ist insoweit auf Akteneinsicht angewiesen), so können diese gegebenenfalls fehlende Angaben zum Verfahrensstand ersetzen.
>
> Der Streitverkündungsgrund muss für den Dritten zweifelsfrei erkennbar sein. Insoweit unzureichende Angaben sind eine in der Praxis eine häufige Fehlerquelle (*Wehrberger* AnwBl. 2001, 685). Insoweit ist es nicht ausreichend, wenn lediglich Kopien von Schriftsätzen des Prozesses beigefügt werden und sich daraus nicht eindeutig ergibt, weshalb im Fall des Unterliegens im Rechtsstreit Ansprüche auf Gewährleistung oder Schadloshaltung gegen den Streitverkündeten in Betracht kommen sollen (BGH MDR 2000, 1271). Zudem besteht hierbei die Gefahr, dass der Dritte im Folgeprozess bestreitet, die Anlagen erhalten zu haben. Dann hängt die Wirksamkeit der Streitverkündung davon ab, wie genau die Geschäftsstelle auf der Postzustellungsurkunde die zugestellten Schriftstücke vermerkt hat (erfahrungsgemäß häufig sehr ungenau).
>
> Da Mängel der Streitverkündung im Folgeprozess nicht mehr korrigiert werden können, sollte dieser Schriftsatz sorgfältig erstellt werden.

▶ Praxistipp: 2509

Da die Streitverkündung in der Praxis zuweilen übersehen und der Streitverkündungsschriftsatz nicht an den Dritten zugestellt wird, empfiehlt es sich, die Streitverkündung optisch (am besten auf der ersten Seite und in räumlichen Zusammenhang mit dem eigenen Sachantrag) hervorzuheben und nach einer gewissen Zeit bei Gericht diesbezüglich nachzufragen.

> Insbesondere wenn die Streitverkündung inmitten des Schriftsatzes erfolgt oder die Streitverkündungsschrift bei Anlagen rückseitig fest angeklammert ist, besteht die Gefahr, dass diese übersehen wird und unbeachtet bleibt. Zudem sind die Geschäftsstellen damit nicht immer ganz vertraut und unterlassen zuweilen

eine Zustellung, sofern der Richter diese nicht gesondert verfügt hat. Damit die Zustellung auch möglichst bald erfolgen kann, ist auf die korrekte Bezeichnung des Streitverkündeten samt Anschrift zu achten.

Nicht möglich ist es, dieses Risiko durch eine Zustellung von Anwalt zu Anwalt zu umgehen, da der Schriftsatz gem. § 73 ZPO bei Gericht eingereicht werden muss (Zöller/*Stöber* § 195 Rn. 5).

Ein Gerichtskostenvorschuss ist für die Streitverkündung bzw. deren Zustellung nicht erforderlich (§§ 12, 17 GKG i. V. m. Nr. 9002 KV-GKG).

2510 Wirksam wird die Streitverkündung erst mit der Zustellung an den Dritten (§ 73 Satz 3 ZPO). Diese Zustellung erfolgt von Amts wegen (§ 270 Abs. 1 ZPO).

e) Sonderformen

2511 Nur für den Beklagten existieren zwei Sonderformen der Streitverkündung.
– Ist dem Beklagten klar, dass er zu der Leistung, auf die er in Anspruch genommen ist, erbringen muss, weiß er aber nicht an wen, weil sich ihm gegenüber mehrere Gläubiger der Forderung berühmt haben, so kann der von einem Gläubiger verklagte Schuldner dem anderen potenziellen Gläubiger den Streit verkünden und den Betrag der Forderung zugunsten der **streitenden Gläubiger** unter Verzicht auf das Recht der Rücknahme hinterlegen (§ 75 ZPO).
– Ist der Beklagte als Besitzer einer Sache (d. h. aus § 985 oder § 1007 Abs. 2 BGB) auf Herausgabe verklagt, und leitet er sein Besitzrecht von einem Dritten ab, der seinerseits mittelbarer Besitzer ist (§ 868 BGB), so kann er diesen als **Urheber** seines Besitzrechts **benennen** und ihm den Streit verkünden (§ 77 ZPO).

Beide Institute sind im Rahmen der Möglichkeiten des Beklagten bereits besprochen (unten Rdn. 1188).

4. Reaktion des Dritten

2512 Der Streitverkündungsempfänger hat vielfältige Möglichkeiten, auf eine Streitverkündung zu reagieren. Welche davon er wählt, ist allein ihm überlassen. Insbesondere kann er entscheiden, ob, wann und wem er beitritt (Thomas/Putzo/*Hüßtege* §§ 72 Rn. 5, 74 Rn. 1).

2513 (1) Will er sich nicht sofort entscheiden, so kann er zunächst den Ausgang des Prozesses **abwarten** und erst mit der Einlegung der Berufung beitreten (unten Rdn. 3383).

In diesem Fall wird der Prozess »ohne Rücksicht auf ihn fortgesetzt« (§ 74 Abs. 2 ZPO). Der Streitverkündete hat keinerlei Befugnisse und Funktionen, er bekommt keine Nachricht im Prozess (keine Abschrift von Schriftsätzen oder Entscheidungen, keine Terminsladung, kein rechtliches Gehör) Eingaben bleiben für die Entscheidung unberücksichtigt. Hat er sich von einem Anwalt beraten lassen, erwächst ihm kein Kostenerstattungsanspruch (OLG Köln NJW-RR 2002, 335, 341).

2514 (2) Geht er davon aus, seinerseits Regressansprüche gegen weitere Dritte zu haben, so kann er diesen seinerseits den **Streit verkünden**, auch ohne selbst dem Rechtsstreit beigetreten zu sein (§ 72 Abs. 2 ZPO).

Dies führt im Bauprozess entsprechend den typischen Nachunternehmerketten nicht selten zu regelrechten Streitverkündungsketten (*Otto/Hollands* BauR 2004, 1528: Risiko einer »Kostenlawine«). Eine eigene Streitverkündung kommt z. B. auch in Betracht durch einen Gesamtschuldner gegenüber dem anderen, nicht verklagten, aber mithaftenden Gesamtschuldner (Gesamtschuldnerausgleich gem. § 426 BGB).

2515 (3) In der Regel ist ein **Beitritt** zweckmäßig, da die regressberechtigte Partei den Prozess oft mit wenig Engagement führt, weil sie in jedem Fall ihr Ziel erreicht.

Nur im Fall des Beitritts ist der Dritten am Prozess zu beteiligen, d. h. er wird zu jedem Termin geladen werden und alle Schriftsätze der Gegenseite sind ihm zu übermitteln (Thomas/Putzo/*Hüßtege* § 67 Rn. 1, 8, 9; Zöller/*Vollkommer* § 67 Rn. 5). Nur so besteht für ihn die Möglichkeit, in den Prozess gestaltend mit eingreifen und in seinem Sinne beeinflussen zu können. Keinen Anlass zu einer aktiven Beteiligung wird er indes haben, wenn und solange die Hauptpartei den Prozess sorgfältig führt.

B. Änderung der Prozessbeteiligten   8. Kapitel

Der Beitritt ist hat keinerlei Nachteile, ist aber mit Kostenrisiken verbunden (*Prechtel* ZAP Fach 13 S. 1665).

Die Kosten der Streitverkündung trägt der Streithelfer selbst, wenn und soweit die Partei, der er beitritt, unterliegt (§ 101 ZPO). Deswegen bedarf sorgfältiger Prüfung, welcher Partei beizutreten ist (unten Rdn. 2522, 2525). Im Fall des Obsiegens der beigetretenen Partei trägt der Gegner auch die Kosten der Streithilfe. Zur Kostenvollstreckung bedarf es einer Kostengrundentscheidung nicht nur über die »Kosten des Rechtsstreits«, sondern auch über die »Kosten der Streithilfe«; fehlt diese, muss das Urteil nach § 321 ZPO ergänzt werden. Beenden die Parteien den Rechtsstreit durch Vergleich, können sie auch die Kosten der Streithilfe regeln, andernfalls kann das Gericht darüber durch Beschluss entscheiden. Grundsätzlich gilt die Kostenverteilung der Hauptsache auch für die Kosten der Streithilfe (»Grundsatz der Kostenparallelität«; zur Ausnahme bei der streitgenössischen Nebenintervention BGH NJW-RR 2007, 1577).

Der Grundsatz der Kostenparallelität gilt auch für andere Formen der Verfahrensbeendigung (Klagerücknahme, Erledigung der Hauptsache, Anerkenntnis, Verzicht, Säumnis).

▶ **Praxistipp:**   2516

Ist ein Vergleich zwischen den Parteien absehbar, sollte der Streithelfer seine (Kosten-) Interessen in diesen einbringen.

Der Streitwert der Streitverkündung entspricht nach noch h. M. dem der Hauptsache (BGH NJW 1960, 42; OLG Frankfurt a. M. IBR 2009, 305), nach neuerer Auffassung ist ein Bruchteil (4/5) des Interesses des Streithelfers maßgebend (OLG Schleswig IBR 2009, 122; Zöller/*Herget* § 3 Rn. 16).

▶ **Praxistipp:**   2517

Will der Streithelfer für den Fall des Beitritts sein Kostenrisiko minimieren, kann er versuchen, den Streitwert der Nebenintervention durch einen eigenen, reduzierten Antrag geringer zu halten, als den der Hauptsache.

(*Prechtel* ZAP Fach 13 S. 1665; Thomas/Putzo/*Hüßtege* § 3 Rn. 108).

Beitreten kann der Dritte stets (auch bei einer doppelten Streitverkündung) nur einer Partei. Die einmal getroffene Beitrittsentscheidung ist nicht endgültig, jederzeit möglich ist ein Rücktritt vom Beitritt und ein Wechsel der Partei.

Dabei muss der Beitritt durch Einreichung eines Schriftsatzes mit bestimmtem Inhalt erfolgen (§§ 70, 496 ZPO). Eine bloße Anzeige zu den Akten ist nicht ausreichend (Baumbach/*Hartmann* §§ 70 Rn. 3; 74 Rn. 3). Für die bestimmte Angabe des Interventionsinteresses (§ 70 Abs. 1 Nr. 2 ZPO) genügt die Bezugnahme auf die vorausgegangene Streitverkündung (Zöller/*Vollkommer* § 70 Rn. 2).

(4) Hat der Dritte auf einen bereits fortgeschrittenen Prozess keine sinnvollen Einflussmöglichkeiten mehr, erscheint die Sache für die Partei aussichtslos oder sind vom Prozess unabhängige Verteidigungsmöglichkeiten vorhanden, kann es angesichts des Kostenrisikos ausnahmsweise ratsam sein, nicht beizutreten.   2518

Der Dritte muss sich daher vor einem Beitritt darum kümmern, wie der jeweilige Stand des Verfahrens ist. Ebenso ist zu prüfen, ob die Streitverkündung überhaupt wirksam ist. In der Praxis sind die Streitverkündungen häufig unwirksam, weil die Formalien nicht eingehalten wurden. Auch dann kann es besser sein nicht beizutreten, um im Folgeprozess die Unwirksamkeit noch rügen zu können.

a) Untätigbleiben oder Ablehnung des Beitritts

Die Interventionswirkung trifft ihn – bei Wirksamkeit der Streitverkündung – trotzdem ab dem Zeitpunkt, zu welchem der Beitritt möglich war (§§ 74 Abs. 2 u. 3, 68 ZPO). Für den Vorprozess ist die Streitverkündung in diesem Fall unbeachtlich. Somit kann der Dritte auch seine Kosten (z. B. für anwaltliche Beratung und Akteneinsicht) nicht gerichtlich festsetzen lassen (*Freyberger* ProzRB 2003, 174 – Urteilsanmerkung).   2519

2520 ▶ **Praxistipp:**

> Die Unwirksamkeit der Streitverkündung muss der Dritte im Folgeprozess in der ersten mündlichen Verhandlung rügen.

2521 Da die Wirksamkeit bzw. Zulässigkeit der Streitverkündung bei unterbliebenem Beitritt (erst) im Folgeprozess geprüft wird, tritt sonst nach § 295 ZPO Heilung ein (Thomas/Putzo/*Hüßtege* §§ 73 Rn. 7, 295 Rn. 2; Zöller/*Vollkommer* § 73 Rn. 2).

b) Beitritt beim Verkünder

2522 Dann muss er den Rechtsstreit in der Lage annehmen, in der er sich zur Zeit des Beitritts befindet. Die vorhergehenden Prozessabschnitte, vor allem Beweisaufnahmen müssen nicht wiederholt werden. Insbesondere aber wirkt die zulasten der Partei eingetretene Präklusion auch gegenüber dem Streitverkündeten (Thomas/Putzo/*Hüßtege* § 67 Rn. 12).

> Er kann grundsätzlich alle Prozesshandlungen vornehmen, die die unterstützte Partei selbst vornehmen könnte (§§ 67, 74 Abs. 1 ZPO). Er kann daher z. B. selbstständig Tatsachen behaupten, bestreiten, zugestehen, Beweise antreten, Rechtsmittel einlegen sowie ebenfalls einem Dritten den Streit verkünden.
>
> Allerdings dürfen die Handlungen nicht im Widerspruch zur Hauptpartei stehen (Thomas/Putzo/*Hüßtege* § 67 Rn. 6, 13). So kann er z. B. das, was die Hauptpartei bereits »unstreitig gestellt« hat, nicht mehr bestreiten. Im Übrigen verliert jede Erklärung des Beigetretenen in der mündlichen Verhandlung ihre Wirkung, sobald sie die Hauptpartei sofort widerruft. Dies kann Anlass sein, den Beitritt zu wechseln, und nunmehr den Gegner zu unterstützen.
>
> Im selbstständigen Beweisverfahren ist der Streithelfer berechtigt, eigene Beweisanträge stellen, sofern diese in einem unmittelbaren sachlichen Zusammenhang mit dem Beweisthema des Antragstellers stehen und nicht allein zulasten der unterstützen Partei gehen (OLG Düsseldorf BauR 2004, 1657: auch wenn der Streithelfer primär sich aus der Beantwortung der Beweisfrage eine Entlastung seiner Person im Verhältnis zum Streitverkündenden erhofft; LG Konstanz NJW-RR 2003, 1379: großzügige Betrachtungsweise). Zulässig sind daher vor allem solche Beweisfragen, die eine Ursache der Mängel außerhalb der Verantwortlichkeit der Hauptpartei und des Streithelfers belegen sollen.
>
> Der Beitretende kann jedoch auch rein passiv bleiben; eine Verpflichtung zur Mitwirkung besteht nicht.

2523 Sofern niemand gem. § 71 ZPO beantragt, die Streitverkündung zurückzuweisen, ergeht über ihre Zulässigkeit keine Entscheidung. Dabei hat der Streitverkündete selbst kein Widerspruchsrecht, sondern nur die unterstützte Partei und deren Gegner (*Bischoff* MDR 1999, 787; Thomas/Putzo/*Hüßtege* § 71 Rn. 2).

2524 Im Folgeprozess wird die Zulässigkeit der Streitverkündung vom Gericht jedenfalls nicht mehr geprüft, da diese Frage durch den tatsächlichen Beitritt überholt ist (Thomas/Putzo/*Hüßtege* §§ 68 Rn. 3, 71 Rn. 1; Prütting/Gehrlein/*Gehrlein* § 74 Rn. 5).

c) Beitritt beim Gegner

2525 Der Dritte kann auch aufseiten des Gegners des Verkünders beitreten (§ 66 ZPO).

2526 ▶ **Beispiel:**

> Der Bauherr klagt gegen den Handwerker wegen behaupteter Mängel und verkündet dem Architekten den Streit. Der Dritte tritt dem Handwerker bei, da für ihn auch eine Entscheidung günstig ist, welche das Vorliegen von Mängeln verneint.
>
> Auch Subunternehmer als Streithelfer haben meist ein Interesse daran, sich bei Mängeln des Werkes selbst zu entlasten.

2527 Die Interventionswirkung tritt dann gegenüber dem Streitverkünder in gleicher Weise ein, wie im Fall eines unterlassenen Beitritts und besteht gegenüber beiden Prozessparteien (Thomas/Putzo/*Hüßtege* § 74 Rn. 1).

5. Risiken und Kosten

a) Streitverkünder

Da die Interventionswirkung nie zulasten des Streitverkünders eintritt, trägt er kein direktes prozessuales Risiko. Allerdings wird im Fall eines Beitritts aufseiten der Gegenpartei diese unterstützt und der Streitverkündete sieht sich plötzlich zwei Gegnern ausgesetzt. 2528

> Jedoch steht der (nicht streitgenössische) Streitverkündete auch weiterhin als Zeuge zur Verfügung (Thomas/Putzo/*Hüßtege* § 67 Rn. 5; 69 Rn. 1; z. B. der streitverkündete Vertreter für das Bestehen einer Vollmacht), dessen Glaubwürdigkeit aber möglicherweise aufgrund seiner (nunmehr) offenkundigen Betroffenheit leiden könnte. Auch könnte ein Beitritt auf der Gegenseite einen gewissen – bewussten oder unbewussten – Einfluss auf den Inhalt seiner Aussage zulasten des Streitverkündeten haben.
>
> Um dieses »Manko« zu vermeiden, sollte der Abschluss einer Streitverkündungsvereinbarung mit dem potenziellen Streitverkündeten angestrebt werden. Dies lässt für das Gericht den möglichen Regressanspruch »im Dunkeln« (*Luckey* ProzRB 2004, 252).

Für die Frage der Kostentragung gilt Folgendes: 2529
– Die (geringen) Kosten, die die Streitverkündung als solche verursacht, sind immer (zunächst) vom Streitverkünder zu tragen (Thomas/Putzo/*Hüßtege* § 73 Rn. 8; können u. U. als Nebenforderung im späteren Prozess gegen den Dritten geltend gemacht werden). Eine besondere Anwaltsgebühr entsteht durch die Streitverkündung nicht.
– Die Kosten des Dritten, einschließlich dessen außergerichtliche (Anwalts) Kosten trägt nach § 101 ZPO niemals die unterstützte Partei, sondern
    – der (unterlegene) Gegner oder der Dritte, wenn der Dritte aufseiten des Streitverkünders beigetreten ist;
    – (nur) im Fall seines Unterliegens der Streitverkünder (einziges Kostenrisiko!), sonst der Dritte selbst, wenn der Dritte aufseiten des Gegners beigetreten ist (in der Praxis selten!);

> Der Streitverkünder kann jedoch beantragen, den Beitritt wegen fehlender Voraussetzungen zurückzuweisen (§§ 71, 74 ZPO). Dann muss der Dritte sein rechtliches Interesse am Beitritt auf der Gegenseite dartun. Kann er dies nicht glaubhaft machen, ist der Beitritt unzulässig. Auch etwaige Mängel der Beitrittserklärung (§ 70 ZPO – Form und Inhalt) müssen (vor der nächsten mündlichen Verhandlung) gerügt werden, um eine Heilung gem. § 295 ZPO zu verhindern (OLG Nürnberg MDR 2005, 473; Thomas/Putzo/*Hüßtege* §§ 66 Rn. 11; 70 Rn. 6).

– es entstehen überhaupt keine zusätzlichen Kosten, wenn der Dritte keiner Partei beitritt (wahrscheinlichster Fall).

Für die Parteien ändert sich durch die Streitverkündung der Streitwert nicht (OLG Celle NJW-RR 2011, 1296), der Streitwert für den beigetretenen Streitverkündeten richtet sich nach seinem Interesse (*Schmeel* MDR 2012, 13). 2529a

b) Streithelfer

Ein prozessuales Risiko des Dritten besteht im Fall des Beitritts ebenfalls nicht. Da der Beitretende nicht Partei ist – sondern lediglich Helfer der unterstützten Partei –, kann er auch nicht verurteilt werden (Thomas/Putzo/*Hüßtege* § 67 Rn. 1). 2530

Es besteht lediglich ein überschaubares, relativ geringes Kostenrisiko. So trägt der Beigetretene nur dann die durch den Beitritt verursachten eigenen Kosten, wenn die Hauptpartei unterliegt (§ 101 ZPO), in keinem Fall jedoch die (gesamten) Kosten des Rechtsstreits. 2531

> Über die außergerichtlichen Kosten des Streithelfers muss im Urteil, mit dem die (unterstützte) Hauptpartei obsiegt hat, (ausdrücklich) entschieden werden. Andernfalls bildet das Urteil für den Streithelfer keinen Kostentitel (Zöller/*Herget* § 101 Rn. 5; *Jungemeyer/Teichmann* MDR 2011, 1019).
>
> Etwas anderes mag ausnahmsweise gelten, wenn sich im Wege der Auslegung ermitteln lässt, dass sich der bloße Ausspruch über die »Kosten des Rechtsstreits« gleichwohl auf die Kosten der Nebenintervention

erstrecken sollte (OLG Koblenz MDR 2002, 1338; (Baumbach/*Hartmann* § 101 Rn. 13; u. U. wenn bei der Begründung der Kostenentscheidung § 101 ZPO erwähnt wird).

Sofern der Tenor des Urteils insofern unvollständig ist, etwa weil das Gericht rechtsirrig davon ausgegangen ist, dass hierüber bereits mit der allgemeinen Kostenentscheidung entschieden sei oder daran schlicht nicht gedacht hat (*Freyberger* ProzRB 2005, 116 – Urteilsanmerkung: »gehört zu den häufigsten Fehlern in Urteilen, an denen ein Streithelfer beteiligt ist«), kommt eine Urteilsergänzung gem. § 321 ZPO – und keine Berichtigung gem. § 319 ZPO – in Betracht; ungeachtet dessen Rechtskraft.

Zu achten ist hierbei auf die zweiwöchige Frist des § 321 Abs. 2 ZPO. Solange das Urteil dem Nebenintervenienten aber noch nicht förmlich zugestellt worden ist, hat auch die Frist noch nicht zu laufen begonnen (BGH NJW-RR 2005, 295; i. Ü. str., ob bei Fristversäumnis Wiedereinsetzung analog § 233 ZPO möglich ist, Zöller/*Vollkommer* § 321 Rn. 6).

Im selbstständigen Beweisverfahren kann der Streithelfer des Antraggegners eine gerichtliche Kostenentscheidung mittels eines Antrages auf Klageerhebung durch den Antragsteller unter den Voraussetzungen des § 494a ZPO erhalten, sofern dies nicht im Widerspruch zum Antragsgegner steht (Zöller/*Herget* § 494a Rn. 2). Wenn sich der Antragsgegner zu einem solchen Antrag nicht äußert, liegt kein Widerspruch vor (LG Regensburg NZBau 2004, 392).

2532 Bei einem Wechsel des Dritten von der zunächst unterstützten Partei zur obsiegenden Partei sind die Kosten zu quoteln (Zöller/*Herget* § 101 Rn. 2, str.).

c) Kostentragung bei Vergleich

2533 Bei einem Vergleich ist für den (beigetretenen) Dritten grundsätzlich die zwischen den Parteien des Rechtsstreits getroffene Regelung bzw. die gesetzliche Kostenverteilung gem. § 98 ZPO maßgebend, auch wenn er am Vergleich nicht teilnimmt oder der Kläger daraufhin die Klage zurücknimmt (BGH NJW 2011, 3721; **Grundsatz der Kostenparallelität**).

Dies gilt selbst dann, wenn die Vergleichsregelung nicht dem Verhältnis des Obsiegens und Unterliegens entspricht oder die Parteien damit bewusst die Kostenerstattungsansprüche des Streithelfers ausschließen wollten (BGH NJW-RR 2005, 1159 – ausdrücklich gegen die a. A.: OLG Zweibrücken NJW-RR 2003, 142: Rechtsmissbrauch bei »kollusivem Zusammenwirken« bewusst zulasten des Streithelfers; z. B. auch OLG Bremen 1998, 1310; Zöller/*Herget* § 101 Rn. 12). Allerdings kann sich die unterstützte Partei damit gegenüber dem Streithelfer u. U. (materiellrechtlich) schadensersatzpflichtig machen (z. B. wegen vertragswidrigen Verhaltens oder sittenwidriger Schädigung).

Schweigt der Prozessvergleich über die Kosten des Streithelfers oder sind diese von der vergleichsweisen Regelung (bewusst) ausdrücklich ausgenommen bzw. dahin gehend geregelt worden, dass er seine eigenen außergerichtlichen Kosten selbst tragen soll, so berührt das seinen prozessualen Kostenerstattungsanspruch nicht. Auf seinen Antrag muss dieser vom Gericht durch Beschluss tituliert werden (Thomas/Putzo/*Hüßtege* § 101 Rn. 4; Zöller/*Herget* § 101 Rn. 8, 9, 10).

2534 ▶ **Praxistipp:**

Kostenaufhebung und hälftige Kostenteilung sind streng zu unterscheiden.

Das Fehlen einer Kostenregelung bzw. bei einer vereinbarten Kostenaufhebung hat zur Folge, dass jede Partei ihre eigenen Kosten selbst trägt und daher dem Dritten gegen den Gegner der von ihm unterstützten Hauptpartei ein Anspruch auf Erstattung seiner Kosten nicht zusteht (BGH NJW 2003, 1948 unter Aufgabe seiner früheren Rspr. und entgegen der bisher h. M.; Zöller/*Herget* § 101 Rn. 11; auch § 101 Abs. 1 Hs. 2 ZPO). Dem gegenüber trägt bei hälftiger Kostenteilung die Kosten des Dritten der Gegner der Hauptpartei zu Hälfte und im Übrigen der Dritte selbst.

Wird er am Vergleichsabschluss hingegen selbst beteiligt, so hat er überhaupt keinen Erstattungsanspruch, wenn ein solcher im Vergleich ausgeklammert wurde. Unklar ist die Rechtsfolge, wenn sein Erstattungsanspruch im Vergleich nicht ausdrücklich mit geregelt ist (Zöller/*Herget* § 101 Rn. 7; Thomas/Putzo/*Hüßtege* § 101 Rn. 5: es gilt dann § 98 ZPO). Im Übrigen kann hierbei auch eine – sonst nicht mögliche – Kostenerstattung zwischen dem Streithelfer und der unterstützten Partei vereinbart werden.

C. Änderung des Streitgegenstands

Dem Streithelfer ist daher in jedem Fall zu empfehlen, sich während des Prozesses in die Vergleichsverhandlungen mit einzuschalten, um eine anteilige Kostenerstattung zu erwirken, obgleich er eine bestimmte Regelung nicht erzwingen kann. Dabei ist dessen Einbeziehung in den Vergleich auch für die Parteien – zur Vermeidung eines etwaigen Regressprozesses – von Interesse.

2535

C. Änderung des Streitgegenstands

Eine Änderung der ursprünglichen Verfahrenskonzeption kann auch den mit der Klage geltend gemachten Streitgegenstand betreffen. Das Interesse des Klägers kann sich auf einen anderen Gegenstand oder jedenfalls nicht mehr auf eine streitige Entscheidung über den bisherigen Gegenstand richten, die Parteien können sich einigen, der Kläger kann die Klage schlicht zurücknehmen.

2536

I. Klageänderung

Eine Änderung des Streitgegenstands nach Rechtshängigkeit der Klage stellt eine objektive Klageänderung dar (im Unterschied zur auch als »subjektiven Klageänderung« bezeichneten Parteiänderung).

2537

Geht man mit der herrschenden Auffassung davon aus, dass der Streitgegenstand sowohl durch den Antrag als auch durch den zur Begründung vorgetragenen Lebenssachverhalt bestimmt wird, liegt eine Änderung des Streitgegenstands vor, wenn entweder der Antrag oder der Lebenssachverhalt oder beides geändert wird. Den Voraussetzungen des § 263 ZPO (Einwilligung des Beklagten oder Bejahung der Sachdienlichkeit durch das Gericht) unterstellt das Gesetz aber nur die Änderungen (auch) des Klagegrunds (dazu unten Rdn. 2539). Die Änderung allein des Antrags wird privilegiert, unabhängig von den Voraussetzungen des § 263 ZPO in jedem Fall zugelassen (dazu unten Rdn. 2559). Als Klageänderung im eigentlichen Sinn ist daher nur die Änderung des Klagegrunds anzusehen.

2538

1. Normalfall

Eine Änderung des Klagegrunds kann eintreten:
- in Form eines Klagewechsels, wenn der bisherige Streitgegenstand vollständig gegen einen anderen ausgetauscht wird.

2539

▶ Beispiel:

2540

Der Kläger hat zunächst einen Kaufpreisanspruch geltend gemacht und verlangt nach einer für ihn ungünstig verlaufenen Beweisaufnahme anstelle des Kaufpreises nun Zahlung von Schadensersatz aus einem Verkehrsunfall.

- in Form einer nachträglichen Klagehäufung, wenn der bisherige Streitgegenstand beibehalten und um einen weiteren Streitgegenstand ergänzt wird (BGH NJW-RR 1990, 318; OLG Bamberg NJW-FER 2000, 296).

▶ Beispiel:

2541

Der Kläger hat zunächst nur auf Zahlung ausstehender Wohnraummieten geklagt. Nachdem der Beklagte während des Rechtsstreits ausgezogen ist, erweitert der Kläger die Klage auf Zahlung von Schadensersatz wegen Beschädigung der Mietsache.

In den Fällen der nachträglichen Klaghäufung müssen sowohl die Voraussetzungen einer Klageänderung als auch die einer Klagehäufung (§ 260 ZPO) vorliegen.

a) Voraussetzungen

Möglich ist die Klageänderung bis zum Schluss der letzten mündlichen Verhandlung.

2542

Die Verspätungsvorschrift des § 296 ZPO findet dabei ebenso wenig Anwendung wie § 274 (Einlassungsfrist; Thomas/Putzo/*Reichold* § 263 Rn. 14 a. E.; Zöller/*Greger* § 274 Rn. 4; u. U. Terminsänderung gem. § 227 ZPO oder Schriftsatzfrist gem. § 283 ZPO). Unerheblich ist daher, ob sich der Rechtsstreit durch die Klageänderung verzögert.

2543 Vollzogen wird die Klageänderung nach § 261 Abs. 2 ZPO durch Zustellung eines Schriftsatzes oder durch Verlesung eines zu Protokoll zu reichenden Schriftsatzes, ggf. auch durch Erklärung zu Protokoll (§ 297 Abs. 1 ZPO). In allen Fällen gelten die Voraussetzungen, die auch an eine neue Klageschrift zu stellen sind.

Erforderlichenfalls muss ein neuer Antrag formuliert werden, der neue Anspruch ist nach Gegenstand und Grund zu individualisieren, seine Voraussetzungen sind schlüssig und hinreichend substantiiert darzulegen.

2544 Wirksam ist die Klageänderung nur, wenn entweder der Beklagte einwilligt oder das Gericht die Klageänderung für sachdienlich hält.

Die Klageänderung steht nicht im freien Belieben des Klägers. Dessen Befugnis zur Bestimmung des Streitgegenstands wird mit Begründung des Prozessrechtsverhältnisses beschränkt, weil danach auch der Beklagte ein schützenswertes Recht auf eine Sachentscheidung hat.

Über den geänderten Streitgegenstand darf nur bei Vorliegen dieser Voraussetzungen entschieden werden (BGH LM Nr. 1 zu § 268 ZPO), sodass es sich hier um echte (besondere) Sachentscheidungsvoraussetzungen handelt.

Einer Prüfung dieser Voraussetzungen bedarf es nur, wenn der Beklagte der Klageänderung widerspricht (§ 267 ZPO).

Eine Entscheidung des Gerichts über die Zulässigkeit der Klageänderung kann entweder (praktisch selten) durch Zwischenurteil ergehen (§ 303 ZPO) oder (regelmäßig) zusammen mit der Hauptsache im Endurteil. Eine positive, die Zulässigkeit der Klageänderung bejahende Entscheidung ist auch konkludent möglich.

2545 ▶ **Beispiel:**

Erlässt das Gericht einen Beweisbeschluss über den neuen Tatsachenvortrag, so bringt es damit schlüssig zum Ausdruck, dass es über den neuen Streitgegenstand zu verhandeln und entscheiden gedenkt (Thomas/Putzo/Reichold, § 264 Rn. 16; § 268 Rn. 4).

In jedem Fall ist die Entscheidung für beide Parteien weder isoliert noch im Rahmen eines Rechtsmittels anfechtbar (§ 268 ZPO).

2546 Diese **Einwilligung** muss der Beklagte keineswegs immer ausdrücklich erklären; sie wird vielmehr aufgrund § 267 ZPO unwiderleglich vermutet, wenn der Beklagte sich, ohne der Klageänderung zu widersprechen, in einer mündlichen Verhandlung auf die neue Klage eingelassen, insbesondere deren Abweisung beantragt hat (BGH NJW 1990, 2682). Dies gilt selbst dann, wenn der Beklagte von dieser Wirkung seiner Handlungen gar nichts weiß (BayObLGE 4, 712). Auch außerhalb einer mündlichen Verhandlung ist eine konkludente Zustimmung zur Klageänderung nach § 263 ZPO möglich, so etwa, wenn der Beklagte neuen Tatsachenvortrag bestreitet (Zöller/*Herget* § 333 Rn. 2; BGH NJW 1992, 2236).

2547 ▶ **Praxistipp:**

Will der Beklagte die Annahme einer stillschweigenden Einwilligung in die Klageänderung verhindern, sollte er seinen Widerspruch deutlich zum Ausdruck bringen (BGH NJW 1990, 2682; Prütting/Gehrlein/*Geisler* § 267 Rn. 4).

2548 Um bei fehlender Zustimmung des Beklagten den Kläger nicht zu zwingen, eine neue Klage zu erheben, wird die Klageänderung im Interesse der Prozessökonomie auch dann zugelassen, wenn sie nach Auffassung des Gerichts **sachdienlich** ist.

Die Sachdienlichkeit ist objektiv im Hinblick auf die Prozesswirtschaftlichkeit zu beurteilen (BGH NJW 1985, 1841). Eine Klageänderung ist sachdienlich, wenn ihre Zulassung bei objektiver Beurteilung den sachlichen Streitstoff im Rahmen des anhängigen Rechtsstreits ausräumt und einem weiteren Rechtsstreit vorbeugt. Einerseits reicht es dazu nicht aus, dass aus dem bisherigen Verfahren gewonnene Prozessergebnisse auch für den neuen Streitgegenstand nutzbar gemacht werden können (BGH NJW 2000, 800; BGH NJW-RR 1990, 506). Andererseits fehlt die Sachdienlichkeit nicht schon dann, wenn aufgrund der Zulassung neue Parteierklärungen und Beweiserhebungen nötig werden und dadurch die Erledigung des Rechtsstreits verzögert wird (BGH NJW-RR 1987, 58, st. Rspr.). Die Sachdienlichkeit kann im Allgemeinen nur dann verneint werden, wenn der Kläger einen völlig neuen Prozessstoff vorträgt, der das bisherige Ergebnis der Prozessführung unverwertbar machen würde (Thomas/Putzo/*Reichold* § 263 Rn. 9). Auch wenn zur Zeit der Klageänderung noch kein nennenswerter Streitstoff vorhanden ist, kann diese Voraussetzung nicht angenommen werden (BGH NJW-RR 1987, 58).

Obwohl an sich Einigkeit dahin besteht, dass an die Sachdienlichkeit kein allzu hoher Maßstab angelegt werden darf (Thomas/Putzo/*Reichold* § 263 Rn. 8: ist »nicht kleinlich zu beurteilen«), ist praktisch immer wieder zu beobachten, dass Gericht aus arbeitsökonomischen Gründen eine Klageänderung für unzulässig halten.

Die Voraussetzungen des § 263 ZPO verdrängen die weiterer prozessualer Institute, die mit der Klageänderung konkurrieren können. 2549

▶ **Beispiel:** 2550

  Ein notwendiges, durch Sachdienlichkeit nicht zu ersetzendes Zustimmungserfordernis des Beklagten lässt sich auch dann nicht aus § 269 ZPO herleiten, wenn man den alten Antrag beim Klagewechsel als zurückgenommen ansehen will.

Das grundsätzliche Verbot der Geltendmachung neuer Angriffs- und Verteidigungsmittel in der Berufung beschränkt die Möglichkeit einer Klageänderung erst in **zweiter Instanz** auf seltene Ausnahmefälle (§ 533 ZPO). 2551

b) Folgen

Ist die Klageänderung **zulässig**, so wird – wie vom Kläger gewünscht – über den neuen Streitgegenstand verhandelt und entschieden. 2552

Ist die Klageänderung **unzulässig**, wird die neue Klage durch Prozessurteil als unzulässig abgewiesen. Fraglich ist, was mit dem alten Streitgegenstand geschehen soll. 2553

Über diesen ergeht eine Sachentscheidung, wenn er von der Klageänderung nicht erfasst war, insbesondere in den Fällen der nachträglichen Klagehäufung. 2554

In den Fällen des Klagewechsels dagegen wollte der Kläger eine Entscheidung über den alten Streitgegenstand nicht mehr. Insoweit kann die Klageänderung als Rücknahme, Verzicht oder Erledigungserklärung bezüglich des alten Streitgegenstands verstanden werden. Möglich ist auch, dass der alte Streitgegenstand hilfsweise für den Fall der Erfolglosigkeit der Klageänderung beibehalten werden sollte; dann bedarf der Klärung, ob dieser Hilfsantrag stillschweigend gestellt wurde oder ob der Kläger insoweit mangels Antragstellung säumig ist. 2555

Liegt eine eindeutige Erklärung des Klägers insoweit nicht vor, nimmt die Rechtsprechung hier – im optimalen Fall nach einem Hinweis gem. § 139 ZPO – eine Auslegung anhand der erkennbaren Umstände des Einzelfalles vor und gelangt dabei (auch wegen der einfachen Rechtsfolgen) häufig zu einer Rücknahme des alten Antrags (BGH NJW 1990, 505; *Zeiss*, § 49 III 2; Stein/Jonas/*Leipold*, § 268 Anm. V 2). 2556

  Der Unterschied macht sich regelmäßig bei der Kostenentscheidung bemerkbar. Geht man davon aus, dass bezüglich des alten Streitgegenstand eine Rücknahme, ein Verzicht oder Säumnis vorliegt, hat der Kläger die hierdurch entstandenen Kosten zu tragen (§§ 91, 169, 344 ZPO), nimmt man eine Erledigung oder einen Hilfsantrag an, kommt je nach den Umständen auch eine Kostenlast des Beklagten in Betracht (§§ 91/92, 91a ZPO).

2557 ▶ **Praxistipp:**

Soll eine möglicherweise unerwünschte Behandlung des alten Antrags für den Fall der Erfolglosigkeit der Klageänderung verhindert werden, ist es erforderlich, deren Schicksal zu bestimmen, insbesondere klarzustellen, ob der alte Antrag als Hilfsantrag beibehalten werden soll.

2558 ▶ **Beispiel:**

Erfolgt die Klageänderung, weil die ursprüngliche Klage sich nicht beweisen ließ, liegt eine Rücknahme der alten Klage nahe.

Erfolgt die Änderung, weil der Beklagte die ursprüngliche Forderung nach Rechtshängigkeit erfüllt hat, kommt eine Erledigungserklärung in Betracht.

Ist der alte Antrag nicht aussichtslos, kann er hilfsweise aufrechterhalten werden.

2. Sonderfälle

2559 Nicht alle Fälle der Klageänderung unterfallen den Voraussetzungen des § 263 ZPO. Einige Fälle werden gesetzlich privilegiert, sind unabhängig von der Einwilligung des Beklagten oder der Bejahung der Sachdienlichkeit durch das Gericht stets zulässig.

Dies meint der § 264 ZPO, wenn er anordnet, diese Fälle seien »als eine Änderung der Klage nicht anzusehen«.

a) Klageberichtigung

2560 Keine Klageänderung liegt vor, wenn der Streitgegenstand nicht geändert, sondern lediglich berichtigt oder konkretisiert werden soll. Offensichtliche Bezeichnungsfehler, Unklarheiten oder Darstellungsmängel können (unabhängig von den Voraussetzungen des § 263 ZPO) jederzeit berichtigt werden.

2561 ▶ **Beispiel:**

Hat der Kläger beantragt, den Beklagten zur Zahlung von 16 500 € zu verurteilen, ergibt sich aus der Begründung indes eine Forderung in Höhe von 15 600 €, so stellt die Klarstellung, dass nur der niedrigere Betrag verlangt wird, keine Klageänderung, sondern lediglich die Berichtigung eines offensichtlichen Schreibfehlers (Zahlendreher) dar.

Insoweit entspricht die Klageberichtigung der Protokoll- und Urteilsberichtigung (§§ 164, 319, 320 ZPO) sowie der ebenfalls ohne Weiteres möglichen Parteiberichtigung (oben Rdn. 2417, unten Rdn. 2959).

b) Klageerweiterung und Klagebeschränkung

2562 Der strengen Voraussetzungen der §§ 263 ff. ZPO bedarf es auch dann nicht, wenn die Klageänderung lediglich in einer Erweiterung oder Beschränkung des Antrags besteht, der Klagegrund dabei aber unverändert bleibt.

Hier können die bisherigen Prozessinhalte uneingeschränkt verwertet werden, die Zulassung einer solchen Klageänderung ist dem Beginn eines neuen Prozesses gegenüber damit stets ökonomischer. Das Gesetz trägt dem Rechnung, indem es diese Form der Klageänderung den allgemeinen Voraussetzungen des § 263 ZPO entzieht und sie kraft Gesetzes stets für zulässig erklärt (§ 264 Nr. 2 ZPO).

2563 Beschränkung und Erweiterung des Antrags i. S. d. § 264 Nr. 2 ZPO sind nicht nur **quantitativ**, sondern auch **qualitativ** möglich.

2564 ▶ **Beispiel:**

Um eine Klageerweiterung handelt es sich, wenn der Kläger nach durchgeführter Beweisaufnahme die bisher erhobene Teilklage erweitert und statt 3 000 € jetzt 5 000 € verlangt; das Gleiche gilt, wenn er von der Feststellungs- zur Leistungsklage (BGH NJW 1985, 1784) übergeht oder statt eines Befreiungs- einen Leistungsantrag stellt (BGH NJW 1994, 944).

Keine bloße Klagereduzierung, sondern (nur) eine teilweise Klagerücknahme liegt vor, wenn der Kläger einen von mehreren anfänglich geltend gemachten Streitgegenstand vollständig fallen lässt.

Ob § 264 ZPO die **Klagebeschränkung** nur von den Voraussetzungen des § 263 ZPO freistellt, oder auch von denen des § 269 ZPO, ist streitig. Die h.L. (Thomas/Putzo/*Reichold*, § 264 Rn. 6; Zöller/*Greger* § 264 Rn. 4a) verneint dies und fordert deswegen ein (durch die Sachdienlichkeit nicht ersetzbare) Zustimmung des Beklagten, die allerdings mangels Widerspruch fingiert (§ 269 Abs. 2 Satz 4 ZPO) oder (z. B. durch rügelose Einlassung auf den neuen Antrag) konkludent erklärt werden kann. 2565

c) Klageanpassung

Erforderlich werden kann eine Antragsänderung auch wegen nach Rechtshängigkeit eingetretenen tatsächlichen Veränderungen. Hier beruht die Änderung nicht allein auf dem Willen des Klägers, sondern trägt der mit den tatsächlichen Änderungen verbundenen neuen materiellen Rechtslage Rechnung. Sowohl von den Voraussetzungen als auch von den Rechtsfolgen her sind dabei zwei Fallgruppen zu unterscheiden. 2566

aa) § 264 Nr. 3 ZPO

Der strengen Voraussetzungen der §§ 263 ff. ZPO bedarf es auch dann nicht, wenn der Kläger statt des ursprünglich geforderten Gegenstands wegen einer später eingetretenen Änderung ein anderer Gegenstand oder das Interesse fordert. 2567

Erforderlich ist auch hier, dass der Klagegrund derselbe bleibt. Die Änderung muss nach Eintritt der Rechtshängigkeit eingetreten sein, wobei es genügt, dass sie dem Kläger erst nach Rechtshängigkeit bekannt geworden ist. Auf die Frage, ob er die Änderung vorher hätte kennen können kommt es genauso wenig an, wie auf die Frage, wer die Änderung verursacht oder zu vertreten hat.

▶ Beispiel: 2568

Eine Klageanpassung wird erforderlich, wenn sich während des Verfahrens herausstellt, dass die beantragte Herausgabe einer Sache nicht mehr möglich ist, weil diese untergegangen ist; hier kann der Kläger seinen Antrag von Herausgabe (§ 985 BGB) auf Schadensersatz (z. B. nach §§ 989, 990 BGB) umstellen.

bb) §§ 265, 266 ZPO

Eine Anpassung der bisherigen Klage ist grundsätzlich nicht erforderlich, wenn eine der Parteien während des Rechtsstreits über den Streitgegenstand verfügt. 2569

▶ Beispiel: 2570

Hat der Kläger nach Rechtshängigkeit den streitgegenständlichen Anspruch abgetreten, so wird die ursprüngliche Klage hierdurch (mangels Prozessführungsbefugnis) unzulässig und (mangels Aktivlegitimation) unbegründet.

Hat der auf Herausgabe einer Sache in Anspruch genommene Beklagte diese an einen Dritten übereignet, wird die Klage (mangels Passivlegitimation) unbegründet.

Fand der Rechtsübergang im Rahmen einer **Gesamtrechtsnachfolge** statt, so findet ein gesetzlicher Parteiwechsel statt, der Rechtsnachfolger tritt anstelle der bisherigen Partei in den Prozess ein, so zum *Beispiel* beim Tod einer Partei nach § 239 ZPO. Bei einem Rechtsübergang im Rahmen einer Einzelrechtsnachfolge dagegen kommt es zu einem solchen Parteiwechsel nicht, weil der Beklagte es ansonsten in der Hand hätte, einer Verurteilung zu entgehen und durch ständige Veräußerungen praktisch jede Sachentscheidung verhindern werden könnte (BGHZ 72, 241). Auch ein materiellrechtliches Verfügungsverbot über den Streitgegenstand während der Rechtshängigkeit besteht nicht (§ 265 Abs. 1 ZPO).

Streitbefangen ist eine Sache, wenn im Prozess das Eigentum oder ein dingliches Recht an ihr geltend gemacht wird (BGHZ 18, 223), ein Anspruch ist streitbefangen, wenn es um Leistungsansprüche i. S. d. § 194 BGB geht. Veräußert wird eine Sache durch Übereignung, ein Recht durch Abtretung. Nach Rechtshängigkeit erfolgt die Veräußerung auch dann, wenn einzelne Akte bereits vorher vorgenommen wurden: Stand die Veräußerung unter einer aufschiebenden Bedingung, reicht es aus, dass diese erst während des Prozesses eingetreten ist (BGH NJW 1998, 156).

2571 Die Veräußerung der streitbefangenen Sache hat grundsätzlich keine Auswirkungen auf den laufenden Prozess. Dieser wird unverändert fortgesetzt. Rechtskraft und Vollstreckungsmöglichkeit jedoch, die normalerweise auf die Parteien beschränkt sind (§§ 325 Abs. 1 Satz 1 1. Alt., 725 ZPO), werden auf die Rechtsnachfolger erstreckt (§ 325 Abs. 1 Satz 1 2. Alt., 727 ZPO).

2572 Gegen den Wortlaut des § 265 Abs. 2 Satz 1 ZPO muss der Kläger nach überwiegender Ansicht seinen Klageantrag auf Leistung an den neuen Rechtsinhaber umstellen, wenn er die Sache veräußert hat (OLG Nürnberg NJW-RR 1995, 262; LG Berlin DtZ 1992, 245).

Dass der Kläger trotz der Veräußerung den Prozess im eigenen Namen weiterführen darf, beruht auf der gesetzlichen Prozessstandschaft, die er aus § 265 Abs. 2 Satz 1 ZPO hat. Wie jeder Prozessstandschafter darf der Kläger das ihm fremde Recht zwar prozessual geltend machen, Leistung verlangen kann er aber nur an den materiellen Rechtsinhaber. Die damit erforderliche Antragsänderung stellt eine nach § 264 Nr. 3 ZPO kraft Gesetzes zulässige Klageänderung dar.

2573 Weitere Auswirkungen auf die Anträge der Parteien hat die Veräußerung der streitbefangenen Sache nicht.

Hat der Beklagte veräußert, kann der Kläger nicht etwa eine Verurteilung des Rechtsnachfolgers beantragen, es sei denn, dieser ist nach § 265 Abs. 2 Satz 2 ZPO oder im Wege der Parteiänderung Hauptpartei geworden (RGZ 121, 379; RGZ 60, 247; RGZ 56, 244). Allerdings kann der Kläger nach Eintritt der Rechtskraft seinen Titel auf den Rechtsnachfolger umschreiben lassen (§ 727 ZPO, ggf. durch Klauselerteilungsklage nach § 731 ZPO) und gegen diesen vollstrecken.

Die Bindung des Rechtsnachfolgers an die Rechtskraft des Urteils bewirkt, dass von dem oder gegen den Rechtsnachfolger eine erneute Klage über denselben Streitgegenstand nicht erhoben werden darf; weil dann auch im Verhältnis zum Rechtsnachfolger der Einwand einer bereits existierenden rechtskräftigen Entscheidung (§ 322 Abs. 1 ZPO) begründet ist. Eine Bindung an die Rechtskraft tritt zum Nachteil des Rechtsnachfolgers allerdings dann nicht ein, wenn dieser beim Erwerb bezüglich der Rechtshängigkeit der Sache gutgläubig war (§§ 325 Abs. 2 ZPO i. V. m. §§ 932, 936, 892 BGB). Zugunsten des Rechtsnachfolgers dagegen wirkt die Rechtskraft unabhängig von einer Gut- oder Bösgläubigkeit immer.

2574 § 265 Abs. 2 Satz 1 ZPO verhindert nicht, dass der Rechtsnachfolger sich in den Prozess des Rechtsvorgängers einschaltet.

Für ein Aktivwerden des Rechtsnachfolgers spricht, dass häufig nicht mehr die bisherige Partei, sondern er ein Interesse am Ausgang des Prozesses hat.

Der Rechtsnachfolger kann:
- Nebenintervenient werden (§§ 66 ff. ZPO), trotz Vorliegens der Voraussetzungen des § 69 ZPO allerdings nicht streitgenössischer, sondern nur einfacher Nebenintervenient, sodass er nur eingeschränkte Rechte erlangt (§ 265 Abs. 2 Satz 3 ZPO).
- Hauptintervenient werden (§ 64 ZPO); hierzu bedarf er der Zustimmung des Gegners (§ 265 Abs. 2 Satz 2 ZPO), der sich ohne Weiteres auf eine neue Hauptpartei nicht einlassen muss.
- Hauptpartei werden und den Rechtsstreit anstelle der bisherigen Partei übernehmen (§ 265 Abs. 2 Satz 2 ZPO). Hierbei handelt es sich um den Fall eines gesetzlich zugelassenen Parteiwechsels (BGH NJW 1996, 2799; OLG Celle NJW-RR 1998, 206), der nur mit Zustimmung des Rechtsnachfolgers, des Rechtsvorgängers und des Gegners möglich ist. Folge dieses Parteiwechsels ist, dass der Rechtsvorgänger ohne besondere Entscheidung des Gerichts (auch nicht über die dem Rechtsvorgänger bisher entstandenen Kosten; diese muss er im Zweifel im Wege des materiellrechtlichen Kostenerstattungsanspruchs geltend machen) aus dem Prozess ausscheidet, der Rechtsnachfolger für ihn eintritt und dann an die bisherigen Prozessergebnisse – weil er freiwillig eintrat – voll gebunden ist.

In den Fällen des § 266 ZPO (Veräußerung eines streitbefangenen Grundstücks bzw. Schiffs) ist der Erwerber ohne Zustimmung des Gegners berechtigt, auf dessen Antrag hin sogar verpflichtet, den Rechtsstreit in der Lage, in der er sich gerade befindet, zu übernehmen, weil dem Gegner an der Fortsetzung des Prozesses mit dem Veräußerer nicht mehr gelegen sein kann (Rosenberg/Schwab/ *Gottwald*, § 103 III 2). 2575

> Hat der Kläger die streitbefangene Sache veräußert und ist sein Rechtsnachfolger an die Rechtskraft der im vorliegenden Verfahren ergehenden Entscheidung (z. B. wegen Gutgläubigkeit) nicht gebunden, so muss der Beklagte damit rechnen, vom Rechtsnachfolger erneut in Anspruch genommen zu werden: Der Einwand rechtskräftiger Vorentscheidung greift dann nicht. In diesem Fall lässt sich ein zweiter Prozess durch Fortsetzung des ersten nicht vermeiden, sodass es hier dem Beklagten freisteht, die mangelnde Aktivlegitimation des bisherigen Klägers zu rügen (§ 265 Abs. 3 ZPO); die Klage ist dann als unbegründet abzuweisen (RGZ 49, 366).
>
> Für eine Veräußerung durch den Beklagten gilt dies nicht. Hier kann der Kläger (OLG Brandenburg NJW-RR 1996, 724):
> – die Klage nach § 264 Nr. 3 ZPO dahin ändern, dass er vom bisherigen Beklagten statt der bisherigen Leistung das Surrogat begehrt (§§ 285, 816 BGB).
> – die Klage zurücknehmen und eine neue Klage gegen den Rechtsnachfolger anstrengen.
> – die Hauptsache für erledigt erklären; eine neue Klage gegen den Rechtsnachfolger ist unbeschränkt nur im Fall übereinstimmender Erledigungserklärung möglich, da ansonsten der Rechtsnachfolger sich ggf. auf ein ihm günstiges klageabweisendes Urteil berufen kann.
> – den Prozess unverändert weiter betreiben (§ 265 Abs. 2 Satz 1 ZPO) und später dann gegen den Beklagten oder – falls ein Fall der Rechtskrafterstreckung vorliegt – gegen den Rechtsnachfolger vollstrecken (§§ 727, 731 ZPO).

d) Risiken und Kosten

Streitig ist, ob im Fall einer Klageänderung die Werte von altem und neuem Antrag stets zu addieren sind. Dies wird unter Hinweis auf § 5 ZPO mit der Begründung vertreten, das Nacheinandergeltendmachen verschiedener Ansprüche stehe für den Gebühren- (nicht für den Zuständigkeits-) streitwert der gleichzeitigen Geltendmachung gleich (KG MR 2008, 173; Zöller/*Herget* § 5 Rn. 3). Diese Auffassung verkennt indes, dass auch gebührenrechtlich zu unterschiedlichen Zeitpunkten des Verfahrens unterschiedliche Werte gelten können (so etwa im Fall der teilweisen Klagerücknahme oder übereinstimmenden Erledigungserklärung (OLG Frankfurt, Beschl. vom 04.03.2009 – 3 W 3/09; Prütting/Gehrlein/*Gehle* § 5 Rn. 3). 2576

Erhöht sich durch die Klageänderung der Streitwert, so löst dies eine Kostenvorschusspflicht aus § 12 Abs. 1 Satz 2 GKG) und führt dazu, dass alle Gebühren aus dem erhöhten Streitwert anfallen. Hält das Gericht die Klageänderung für unzulässig und geht von einer hilfsweisen Aufrechterhaltung des alten Streitgegenstands aus, führt dies zu einer Verdoppelung des Streitwerts (§ 45 Abs. 1 Satz 2 GKG). 2577

Soweit der durch die Klageänderung aufgegebene Streitgegenstand besondere Kosten verursacht hat, muss hierüber mit entschieden werden. Dies wird regelmäßig im Rahmen des Instituts möglich sein, nach dem der nicht weiter verfolgte Antrag behandelt wird. Auch kann ein Fall des § 96 ZPO vorliegen, wenn bestimmte Prozesskosten nur in Bezug auf den alten Streitgegenstand entstanden sind; soweit diese ausscheidbar sind, hat sie allein der Kläger zu tragen (BGH NJW-RR 1996, 256; Zu weiteren kosten- und gebührenrechtlichen Fragen *Liebheit* JuS 2001, 687; Zöller/*Stephan*, § 263 Rn. 17 ff.). 2578

▶ Beispiel: 2579

> Hat der Kläger ursprünglich 8 000 € aus Kaufvertrag verlangt, die Klage nach einer für ihn ungünstig verlaufenen Beweisaufnahme auf Zahlung von 8 000 € aus einem Werkvertrag umgestellt und bleibt dieser neue Anspruch tatsächlich unstreitig, so hat der Kläger die Kosten der Beweisaufnahme nach § 96 ZPO auch dann zu tragen, wenn er mit dem neuen Anspruch obsiegt.

> Hat der Kläger die ursprünglich in Höhe von 10 000 € erhobene Klage im Laufe des Rechtsstreits auf 4 000 € reduziert, so hat er die aus dem zurückgenommenen Kosten des Rechtsstreits angefallenen Kosten aus § 269 Abs. 3 ZPO zu tragen.

> Soweit die Streitwerte von altem und neuem Streitgegenstand identisch sind, fallen die Prozesskosten (aus dem einfachen Streitwert) nur einmal an, da es sich nur um einen Rechtszug handelt.

2580 Für den Kläger besteht das Risiko, dass der Beklagte den geänderten Klageanspruch sofort anerkennt oder erfüllt. Dann können ihm unter Umständen die Kosten auferlegt werden (§§ 91a, 93 ZPO).

2581 Eine unzulässige Klageänderung wird mit der Kostenfolge des § 91 ZPO durch Prozessurteil abgewiesen.

2582 Eine Änderung der **sachlichen Zuständigkeit** ist mit der Beschränkung des Streitwerts wegen § 261 Abs. 3 Nr. 2 ZPO auch dann nicht verbunden, wenn hierdurch die Streitwertgrenze unterschritten wird. Wird die Streitwertgrenze dagegen durch den neuen Streitgegenstand überschritten, bleibt die Zuständigkeit des Amtsgerichts nur bei rügeloser Einlassung des Beklagten erhalten; ansonsten muss auf seinen Antrag die Sache an das Landgericht abgegeben werden (§ 506 ZPO).

II. Erledigung der Hauptsache

2583 Erfüllt der Beklagte nach Zustellung der Klage den gegen ihn erhobenen Anspruch, so erlischt dieser. Damit ist die Klage unbegründet und wird abgewiesen. Will der Kläger die damit verbundene Kostenlast abwenden, muss er dem Prozess einen neuen Inhalt geben. Regelmäßig erfolgt dies durch die Erklärung, die Hauptsache habe sich erledigt.

> Diese Interessenlage ist nicht auf die Erfüllung der Klageforderung durch den Beklagten beschränkt, sondern tritt bei allen nachträglich eintretenden Umständen ein, die die (zunächst Erfolg versprechende) Klage unzulässig oder unbegründet machen (unten Rdn. 2613). Sie ist auch nicht auf Klageverfahren beschränkt, sondern kann bereits im Mahnverfahren auftreten (dazu *Wolff* NJW 2003, 553; Zöller/*Vollkommer* §§ 690 Rn. 24, 696 Rn. 2).

> Unter dem Oberbegriff der Erledigung der Hauptsache werden unterschiedliche Prozessinstitute zusammengefasst (Überblick bei *Knöringer* JuS 2010, 569). Regelfall ist die dem Gericht gegenüber von beiden Parteien überstimmend erklärte Erledigung, die aufgrund der Dispositionsmaxime den Prozess insoweit ohne Weiteres beendet (unten Rdn. 2584). Widerspricht der Beklagte der Erledigungserklärung des Klägers, so bleibt diese einseitig, sodass das Gericht über den Streit der Parteien, ob eine Erledigung eingetreten ist, entscheiden muss (unten Rdn. 2606). Erklärt der Beklagte die Klage für erledigt, so kann hierin lediglich entweder eine – nur materiell, nicht prozessual erhebliche – Einwendung oder die vorweggenommene Zustimmung zur Erledigungserklärung des Klägers liegen (Baumbach/*Hartmann*, § 91a Rn. 189 ff.; Bergerfurth NJW 1992, 1655, 1659; Thomas/Putzo/*Hüßtege*, § 91a Rn. 42; Zöller/*Vollkommer*, § 91a Rn. 52). Die Erledigung muss den Streitgegenstand nicht vollständig ausschöpfen, sondern kann auf einen Teil beschränkt sein (unten Rdn. 2619). Tritt das erledigende Ereignis vor Rechtshängigkeit ein, kann es nicht erledigend wirken, da es noch gar keine Hauptsache gibt (unten Rdn. 2634). Ist zweifelhaft, ob ein Ereignis erledigend wirkt oder nicht, kommt eine bedingte (hilfsweise erklärte) Erledigung in Betracht (unten Rdn. 2642).

1. Normalfall: Übereinstimmende vollständige Erledigungserklärung

2584 Die Parteien können durch die übereinstimmende Erklärung, eine Fortsetzung des bisherigen Verfahrens nicht mehr zu wollen, dem Gericht die Sache entziehen; die Rechtshängigkeit endet, eine weitere Sachprüfung findet nicht mehr statt. Streit besteht zwischen den Parteien noch hinsichtlich der bislang angefallenen **Kosten** des Rechtsstreits.

a) Voraussetzungen

2585 Eine wirksame übereinstimmende Erledigungserklärung setzt voraus, dass der Rechtsstreit zum Zeitpunkt der Erledigungserklärungen schon und noch **rechtshängig** war.

C. Änderung des Streitgegenstands   **8. Kapitel**

> Weil die Erledigungserklärungen auf eine Beendigung der Rechtshängigkeit abzielen, gehen sie ins Leere und sind damit unbeachtlich, wenn der Rechtsstreit noch nicht rechtshängig geworden ist oder dessen Rechtshängigkeit bereits anderweitig (z. B. durch Klagerücknahme) beendet wurde. Unerheblich ist eine eventuelle Rechtshängigkeit zum Zeitpunkt des angeblich erledigenden Ereignisses (zur Erledigung vor Eintritt der Rechtshängigkeit unten Rdn. 2634–2641).

Beide Parteien müssen zudem eine wirksame **Erledigungserklärung** abgegeben haben. 2586

> Zu empfehlen ist stets, die gewollte Erledigung der Hauptsache also solche ausdrücklich zu bezeichnen (»wird die Hauptsache für erledigt erklärt«, »schließt sich der Beklagte der Erledigungserklärung des Klägers an«).
>
> Andere Formulierungen bedürfen der Auslegung durch das Gericht (BGH NJW 2007, 1460; BGH NJW-RR 1991, 1211; OLG Köln NJW-RR 1998, 143; *Schröer* JA 1991, 73). Eine Erledigungserklärung des Klägers liegt vor, wenn er erkennbar kein Interesse mehr an einer streitigen Entscheidung des Gerichts in der Hauptsache hat, die Kosten des Rechtsstreits aber nicht übernehmen will. Eine Zustimmung des Beklagten wird fingiert, wenn er der Erledigungserklärung des Klägers nicht innerhalb einer Notfrist von zwei Wochen seit Zustellung des Schriftsatzes widerspricht und er zuvor auf diese Folge hingewiesen worden ist (§ 91a Abs. 1 Satz 2 ZPO). Die Ausgestaltung der Frist als »Notfrist« ermöglicht indes bei schuldloser Fristversäumnis eine Wiedereinsetzung (§§ 233 ff. ZPO).

▶ Praxistipp: 2587

> Die Stellung des Klageabweisungsantrags durch den Beklagten nach einer Erledigungserklärung des Klägers stellt einen Widerspruch dar und verhindert eine übereinstimmende Erledigungserklärung.

> Etwas anderes kann bei der nur teilweisen Erledigungserklärung gelten (unten Rdn. 2619).

> Ein Widerruf der Erledigungserklärung ist für den Kläger nur bis zur Zustimmung des Beklagten, danach und für den Beklagten nur noch unter den Voraussetzungen einer Wiederaufnahme des Verfahrens (§ 580 Nr. 2, 4, 7 ZPO) möglich (BGH NJW 2002, 442; Stein/Jonas/*Leipold*, § 91a Rn. 19; Zöller/*Schneider*, § 91a Rn. 11).

Weiterer Wirksamkeitsvoraussetzungen bedarf die übereinstimmende Erledigungserklärung nicht; 2588
insbesondere spielt es keine Rolle, ob ein erledigendes Ereignis eingetreten ist oder ob die Klage bisher zulässig und begründet war (BGHZ 83, 12, 14; Stein/Jonas/*Leipold*, § 91a Rn. 10; Prütting/Gehrlein/*Hausherr* § 91a Rn. 23; a. A. Baumbach/*Hartmann*, § 91a Rn. 68).

b) Folgen

aa) Wegfall der Rechtshängigkeit

Mit den übereinstimmenden Erledigungserklärungen **endet** die **Rechtshängigkeit** der Hauptsache. 2589

> Diese Wirkung tritt aufgrund der übereinstimmenden Erklärungen der Parteien ein (Dispositionsmaxime), einer Entscheidung des Gerichts bedarf es nicht (BGH NJW 1989, 2886; BGH NJW 1982, 1598).

Mit dem Ende der Rechtshängigkeit entfällt auch die Notwendigkeit einer Fortsetzung des Prozesses über die Hauptsache; insbesondere muss eine bereits angeordnete **Beweisaufnahme** nicht mehr durchgeführt werden. Streitig ist, inwieweit das Gericht sie noch durchführen dürfte (Für unzulässig halten jede weitere Beweisaufnahme Baumbach/*Hartmann*, § 91a Rn. 114 m. w. N.; für zulässig halten sie Stein/Jonas/*Leipold*, § 91a Rn. 27 m. w. N.; differenzierend *Bergerfurth* NJW 1992, 1655, 1657 m. w. N.). 2590

▶ Praxistipp: 2591

> Die Parteien haben keine Möglichkeit, die Durchführung einer Beweisaufnahme durch das Gericht zu verhindern und müssen hierdurch eventuell anfallende Kosten tragen.

2592 Bereits ergangene (vorläufige) **Entscheidungen** in dieser Sache werden analog § 269 Abs. 3 ZPO wirkungslos, dies kann auf Antrag einer der Parteien durch einen (rein deklaratorischen) Beschluss klargestellt werden (KG NJW-RR 1999, 790).

bb) Kosten und Streitwert

2593 Von der Erledigungserklärung nicht betroffen ist die Frage, wer die bislang angefallenen **Kosten** des Rechtsstreits zu tragen hat. Hierüber ergeht stets eine gerichtliche Entscheidung in Form eines Beschlusses (§ 91a ZPO).

> Die Kosten des Rechtsstreits sind unter Berücksichtigung des bisherigen Sach- und Streitstands nach billigem Ermessen zu verteilen. Abzustellen ist darauf, wer ohne die Erledigungserklärungen aller Voraussicht nach die Kosten hätte tragen müssen (*Smid* ZZP 97 (1984), 245; *Bockholt* JA 2006, 136). **Entscheidungsgrundlage** ist dabei der bisherige Stand des Verfahrens einschließlich des gesamten Parteivortrags und eventuell bereits erhobener Beweise. Bislang noch nicht gewährtes rechtliches Gehör für eine Partei ist noch nachzuholen, ansonsten dürfen die Parteien weiteren Sachvortrag nicht bringen (BGH WRP 2010, 891; OLG Hamm WRP 1993, 339; *E. Schneider* MDR 1976, 885).
>
> Nach h. M. darf das Gericht dabei nur tatsächliche, nicht aber rechtliche Fragen dahin stehen lassen und muss – soweit erforderlich – auch schwierigen Rechtsfragen entscheiden (*Schellhammer*, Zivilprozess, Rn. 1463; *Schröer* JA 1991, 73, 74; Zöller/*Schneider*, § 91a Rn. 26a; a.A. Baumbach/*Hartmann*, § 91a Rn. 125 m.w.N.), praktisch indes ist dies selten zu erreichen.
>
> Im Rahmen der Kostenentscheidung muss nicht immer auf das hypothetische Unterliegen einer Partei abgestellt werden, auch Billigkeitserwägungen aus §§ 93 ff. ZPO finden hier Anwendung (LG Lübeck WuM 1993, 552).
>
> Gegen den Kostenbeschluss ist die sofortige Beschwerde statthaft (§ 91a Abs. 2 Satz 1 ZPO). Erforderlich ist indes, dass die Kostenbeschwer 100 € übersteigt (§ 567 Abs. 2 Satz 1 ZPO) und die erledigte Hauptsache über dem Berufungswert (600 €) lag, da Kostenentscheidungen nur dann anfechtbar sind, wenn es auch die Hauptsache gewesen wäre (§ 91a Abs. 2 Satz 2 ZPO).
>
> Hat der Beklagte gegenüber dem Klageanspruch nichts einzuwenden, er seine Zustimmung zur Erledigterklärung mit einem Kostenanerkenntnis verbinden. Dann sind ihm in Anwendung des Gedankens des § 307 ZPO ohne weitere Sachprüfung zwar die Kosten aufzuerlegen (Thomas/Putzo/*Hüßtege* § 91a Rn. 47; LG Hanau NJW-RR 2000, 1233: Anerkenntnis i. S. d. § 307 ZPO), u. U. ermäßigen sich jedoch die Gerichtsgebühren (Nr. 1211 Nr. 2 KV-GKG; arg. auch ein auf die Kosten beschränktes Anerkenntnisurteil ist grundsätzlich möglich, Thomas/Putzo/*Reichold* § 307 Rn. 2). Eine Ermäßigung der Gerichtsgebühren erreicht der Beklagte aber auch dadurch, indem er die Zustimmung verweigert und der Kläger die Klage nach § 269 Abs. 3 Satz 3 ZPO vollständig zurücknimmt.

2594 Besonderer Beachtung bedürfen die verschiedenen **Streitwerte**:
– Der Zuständigkeitsstreitwert ergibt sich immer aus dem Wert der Hauptsache, da nachträgliche Wertänderungen nach § 261 Abs. 3 Nr. 2 ZPO irrelevant sind.
– Der Kostenstreitwert ändert sich durch die Erledigungserklärung, sodass einzelne Gebühren aus unterschiedlichen Werten anfallen können:
  – Bis zum Zeitpunkt der wirksamen übereinstimmenden Erledigungserklärungen streiten die Parteien um die Hauptsache; somit ist auch deren Wert zugrunde zu legen.
  – Ab diesem Zeitpunkt streiten die Parteien nur noch um die bis dahin angefallenen Kosten, sodass auch der Streitwert sich auf diesen Betrag reduziert.
– Der Rechtsmittelstreitwert richtet sich in der Regel nach dem Kostenstreitwert, da die Parteien nach der Erledigung nur noch um diesen beschwert sein können.

2595 Einer **erneuten Klage** über denselben Streitgegenstand steht zwar keine rechtskräftige Entscheidung, in der Regel aber der Einwand treuwidrigen Verhaltens (§ 242 BGB) entgegen, da in der neuerlichen Klage nach vorheriger Erledigungserklärung ein widersprüchliches Verhalten gesehen werden kann; nur wenn nachträglich die neue Klage rechtfertigende Umstände eingetreten sind, wird etwas anderes zu gelten haben (OLG Köln NJW-RR 1994, 917).

c) Risiken und Nachteile

Eine Erledigungserklärung ist für den Kläger nicht ohne Risiko. 2596

Ob die von ihm erstrebte Beendigung des Hauptsachestreits eintritt, hängt nicht von ihm, sondern vom Verhalten des Beklagten ab. 2597

> Zu einer Zustimmung ist der Beklagte nicht verpflichtet, da er sich nicht auf die Inzidentprüfung im Rahmen der nur nach billigem Ermessen zu treffenden Kostenentscheidung verweisen lassen muss (BGH NJW 1979, 1000, 1001).
>
> Widerspricht der Beklagte der Erledigung, wird der Prozess fortgesetzt (dazu unten Rdn. 2606).
>
> Dabei trägt der Kläger das Risiko, die ursprüngliche Zulässigkeit, die ursprüngliche Begründetheit und die nachträgliche Erledigung des Rechtsstreits darlegen und beweisen zu müssen. Gelingt ihm das nicht, fallen die Kosten des Rechtsstreits ihm zur Last.

Auch wenn es zu der beabsichtigten übereinstimmenden Erledigungserklärung kommt, steht nicht fest, ob der Kläger sein Ziel, von den Kosten freigestellt zu werden, erreicht. 2598

> Hierüber entscheidet das Gericht nach freiem Ermessen unter Berücksichtigung des bisherigen Sach- und Streitstands. Weil eine endgültige Sachaufklärung regelmäßig unterbleibt und das Gericht sich (contra legem) nicht eingehend mit den anstehenden Rechtsfragen befasst, besteht die Gefahr, dass das Gericht dabei von einem ungewissen Prozessausgang ausgeht und Kostenteilung oder Kostenaufhebung beschließt. Falls der Kläger (bislang) keinerlei Beweise für die bestrittenen und entscheidungserheblichen Punkte angeboten hat, können die Kosten ihm sogar ganz auferlegt werden. Dies kann auch dann passieren, wenn der Kläger wegen der Erfüllung überhaupt nicht mehr schlüssig vorträgt.

▶ **Praxistipp:** 2599

Nicht selten trifft den Kläger im Rahmen der gerichtlichen Entscheidung nach § 91a ZPO ein Teil der Kosten auch dann, wenn er bei streitiger Entscheidung obsiegt hätte.

> Es kann sich deswegen für den Kläger empfehlen, über Alternativen zur Erledigungserklärung nachzudenken.

d) Alternativen

Muss der Kläger befürchten, bei einer Erledigungserklärung sein Prozessziel (Freistellung von allen Prozesskosten) nicht zu erreichen, kommen Alternativen in Betracht. 2600

(1) Der Kläger kann die Abgabe der **Erledigungserklärung verzögern**. 2601

> Ohne Erledigungserklärung wird der Prozess fortgesetzt. Hierdurch kann der Kläger eine Beweisaufnahme erreichen, in welcher die ursprüngliche Begründetheit seiner Forderung festgestellt wird. Die erforderliche Erledigterklärung kann er nach der Beweisaufnahme noch bis zum Schluss der mündlichen Verhandlung abgeben.
>
> Abgesehen davon, dass sich dadurch die Kosten erhöhen können, muss der Kläger damit rechnen, dass das Gericht die Verzögerung der Erledigungserklärung zum Anlass für eine dem Kläger ungünstige Kostenfolge nimmt (aber Zöller/*Vollkommer* § 91a Rn. 25, 47).

(2) Befürchtet auch der Beklagte, im Rahmen der kursorischen Sachprüfung des Gerichts im Rahmen der Kostenentscheidung nach § 91a ZPO benachteiligt zu werden, können die Parteien (auch noch nach übereinstimmender Erledigungserklärung) einen (gerichtlichen oder außergerichtlichen) **Vergleich nur über die Kosten** schließen (Thomas/Putzo/*Hüßtege* §§ 91a Rn. 20; 794 Rn. 14; BAG NJW 2004, 533: Kostenanerkenntnis). 2602

> Eine Entscheidung nach § 91a ZPO ist dann nicht mehr erforderlich. Allerdings muss diesbezüglich eine Übereinstimmung erzielt werden, zumal die anwaltliche Einigungsgebühr die Kosten erhöht. Deshalb erfolgte dies in der Praxis bislang äußerst selten. Allerdings ermäßigen sich in diesem Fall die Gerichtsgebühren von 3,0 auf 1,0 Gebühren (Nr. 1211 Ziff. 4 KV-GKG). Dieselbe Ermäßigung tritt ein, wenn die

Parteien sich nur über die Hauptsache vergleichen und gegen den Kostenbeschluss auf Rechtsmittel verzichten (Nr. 1211 Ziff. 2 KV-GKG analog; Zöller/*Vollkommer* § 313a Rn. 2).

Als Alternative kann eine einseitige Erledigterklärung des Klägers mit Anerkenntnis des Beklagten in Betracht kommen (Kosten gem. § 91 ZPO: Beklagter; Anerkenntnisurteil aber kostengünstiger als streitiges Endurteil!).

2603 (3) Statt einer Erledigungserklärung kann der Kläger die **Klage ändern** und seinen Antrag auf Ersatz der bis dahin angefallenen Kosten einschließlich der reinen Prozesskosten umzustellen. In Betracht kommt dabei entweder ein bezifferter Leistungsantrag oder der Antrag auf Feststellung der Verpflichtung des Beklagten zu Erstattung aller Kosten, die dem Kläger im bisherigen Verfahren entstanden sind und noch entstehen werden.

Gegen die erste Alternative spricht, dass wegen der Anrechnung der Kosten auf den fortzusetzenden Prozess die Berechnung dieser Kosten nicht einfach ist (*Sannwald* NJW 1985, 898) und dem Kläger noch kein Schaden entstanden ist, solange er seinen Anwalt noch nicht bezahlt hat, er dann nur Freistellung von dessen Gebührenansprüchen verlangen kann. Gegen die zweite Alternative spricht, dass mit der bloßen Feststellung kein Vollstreckungstitel zu erlangen ist, es eines Folgeprozesses bedarf. Problematisch kann in beiden Fällen auch die Zulässigkeit dieser Klageänderung werden. Widerspricht ihr der Beklagte, halten viele Gerichte weder einen Fall von § 264 Nr. 3 ZPO noch die Sachdienlichkeit für gegeben. Die hierzu vorliegende ältere Rechtsprechung (BGH NJW 1957, 303; OLG München NJW 1966, 161; NJW 1976, 973) ist nach der Neuregelung des § 269 Abs. 3 Satz 3 ZPO nicht ohne Weiteres übertragbar.

2604 (4) Riskant sind **Klageverzicht** und **Klagerücknahme**.

Auch wenn diese Erklärung »sofort« erfolgt, dürfte eine Kostenfreistellung des Klägers in entsprechender Anwendung des § 93 ZPO nicht möglich sein (entgegen OLG Frankfurt a. M. OLGZ 81, 100). § 93 ZPO ist eine Ausnahmevorschrift, die der Analogie nicht zugänglich ist.

Zum einen muss deswegen befürchtet werden, dass das Gericht tatsächlich die Kosten dem Kläger auferlegt (§§ 91, 269 Abs. 3, 306 ZPO). Zum anderen ist zu bedenken, dass das aufgrund eines Verzichts (auch ohne Antrag des Beklagten; Thomas/Putzo/*Reichold* § 306 Rn. 3) ergehende klageabweisende Urteil materielle Rechtskraft erlangt.

Bei einer Klagerücknahme trägt die Kosten in jedem Fall der Kläger. Insbesondere können diese dem Beklagten auch nicht bei einem bestehenden materiellrechtlichen Erstattungsanspruchs nach § 269 Abs. 3 Satz 2 2.Alt. ZPO auferlegt werden. Denn ein solcher bleibt bei der Kostenentscheidung nach Klagerücknahme grundsätzlich unberücksichtigt (BGH NJW 2004, 223; a. A. E. *Schneider* JurBüro 2002, 509: nicht ausgeschlossen worden und prozessökonomisch sinnvoll). Zudem scheidet eine analoge Anwendung des § 269 Abs. 3 Satz 3 ZPO bei Erledigung nach Rechtshängigkeit aus (BGH NJW 2004, 223; AG Berlin-Neukölln MDR 2003, 112; a. A. *Bonifacio* MDR 2002, 499).

Allenfalls dann, wenn eine Vollstreckung der Kosten beim Beklagten wenig Erfolg versprechend erscheint, ist eine Klagerücknahme zur Kostenersparnis (zwei Gerichtsgebühren entfallen!) in Erwägung zu ziehen (z. B. bei freiwilliger Räumung nach Erhebung der Räumungsklage wegen Zahlungsverzugs). Sonst aber müsste der Kläger die Kosten in einem neuen Verfahren geltend machen.

2605 (5) Hat der Kläger gegen den Beklagten einen materiellen Kostenerstattungsanspruch, so kann er diesen nach Klagerücknahme im Rahmen eines Folgeprozesses geltend machen.

Wohl h. M., LG Berlin NJW-RR 2004, 647; Zöller/*Greger* § 269 Rn. 18d; ebenso *Bonifacio* MDR 2002, 499; differenzierend *Elzer* NJW 2002, 2006: nur ausnahmsweise, wenn im Einzelfall der Prozessausgang ungewiss ist – im Zweifel sollte das Rechtsschutzbedürfnis bejaht werden; a. A. LG Berlin ProzRB 2004, 236 (LS).

Allerdings kann der Kläger (wohl) nicht verhindern, dass der Beklagte nach Rücknahme der Klage im Vorprozess einen Kostenantrag nach § 269 Abs. 3, 4 ZPO stellt und das Gericht hierüber entscheidet, sodass das Rechtsschutzbedürfnis für den Folgeprozess über die Kosten fehlt.

C. Änderung des Streitgegenstands　　　　　　　　　　　　　　　　　　　**8. Kapitel**

2. Ausnahmefälle

a) Einseitige Erledigungserklärung des Klägers

Ist der Beklagte auf eine Erledigungserklärung des Klägers hin der Auffassung, eine Erledigung sei nicht eingetreten oder die Klage sei schon von Anfang an unzulässig und unbegründet gewesen, so braucht er der Erledigungserklärung nicht zuzustimmen, sondern kann eine Klärung dieser Fragen durch das Gericht herbeiführen lassen. Anders als bei der übereinstimmenden Erledigungserklärung kann und muss das Gericht also eine Entscheidung auch noch in der Hauptsache treffen (*Assmann*, Die einseitige Erledigungserklärung, FS für Schwab, 1990; *Röckle* AnwBl 1993, 317). 2606

▶ Beispiel: 2607

> Der Mieter hat eine Monatsmiete wegen Ausfall der Heizung auf Null gemindert und nicht bezahlt; diese Miete klagt der Vermieter ein. Während des Prozesses bezahlt der Mieter die Miete des Folgemonats ohne Zweckbestimmung. Der Vermieter verrechnet die Zahlung auf die eingeklagte Miete und erklärt danach die Hauptsache für erledigt. Der Beklagte ist der Ansicht, eine Verrechnung sei nicht möglich gewesen, weil die Klageforderung nicht bestand, sodass auch eine Erledigung nicht eingetreten sein kann. Das Gericht muss daher den nach wie vor bestehenden Streit über das Bestehen der Klageforderung entscheiden.

Anders als die übereinstimmende Erledigungserklärung hat die einseitig bleibende Erledigungserklärung des Klägers keine Regelung im Gesetz gefunden. Auch wenn die Notwendigkeit eines entsprechenden Instituts allgemein anerkannt ist, besteht noch immer Streit über die dogmatische Konstruktion. 2608

> Die Literatur geht teilweise noch immer von einem Institut sui generis, einer kostenprivilegierte Klagerücknahme oder einem Verzicht aus, auf den §93 ZPO anzuwenden sei.

> Die herrschende Meinung (*Grunsky*, Grundlagen, §12 III 1; *Nikisch*, S. 260) geht dagegen von einer Klageänderung aus und nimmt an, dass der Kläger nach der Erledigungserklärung jetzt Feststellung begehrt, der ursprüngliche Sachantrag sei zunächst zulässig und begründet gewesen, habe sich aber durch ein nachträgliches Ereignis erledigt, d. h. sei unzulässig oder unbegründet geworden.

aa) Voraussetzungen

Die einseitig bleibende Erledigungserklärung des Klägers hat danach nur dann Erfolg, wenn drei Voraussetzungen vorliegen. 2609

(1) Es muss eine **Erledigungserklärung** des Klägers vorliegen, der der Beklagte nicht zugestimmt hat. 2610

> Die Erklärung ist dem Gericht gegenüber abzugeben (zur Zuständigkeit des Gerichts *Vossler* NJW 2002, 2373).

> Korrekt wäre die Umformulierung des bisherigen Leistungs- in einen echten Feststellungsantrag, d. h., der Kläger müsste jetzt beantragen »festzustellen, dass der Rechtsstreit in der Hauptsache erledigt ist«. Dies ist indes praktisch ungebräuchlich. Da der Kläger häufig eine übereinstimmende Erledigungserklärung anstrebt, wird er die Hauptsache für erledigt erklären oder eine dahin auszulegende entsprechende Erklärung abgeben (oben Rdn. 2586; BGH NJW 2007, 1460; OLG Hamm JurBüro 1996, 85; zu Sonderfällen BGH NJW 1989, 2885). Bleibt diese Erklärung ohne Zustimmung des Beklagten, ist sie als Feststellungsantrag i. S.d herrschenden Meinung auszulegen.

> Der Widerspruch des Beklagten kann ausdrücklich (»wird der Erledigung widersprochen«) oder konkludent erklärt werden (insbesondere durch Stellen des Klageabweisungsantrags oder Bestreiten des vom Kläger behaupteten erledigenden Ereignisses). Ein Widerspruch ist indes nicht nötig. Einseitig bleibt die Erledigungserklärung schon dann, wenn ihr der Beklagte nicht zustimmt und eine solche Zustimmung auch nicht vermutet wird, weil der Beklagte der Erledigungserklärung des Klägers nicht innerhalb einer Notfrist von zwei Wochen seit Zustellung des Schriftsatzes widerspricht und er zuvor auf diese Folge hingewiesen worden ist (§91a Abs. 1 Satz 2 ZPO).

2611 (2) Der jetzt neu gestellte **Feststellungsantrag** muss **zulässig** sein.

Die in der Erledigungserklärung zu sehende Änderung der Klage ist nach h.M. als Reduzierung des ursprünglichen Antrags gemäß § 264 Nr. 2 ZPO ohne Weiteres kraft Gesetzes immer zulässig.

Das für die jetzt vorliegende Feststellungsklage erforderliche Rechtsschutzbedürfnis (§ 256 Abs. 1 ZPO: rechtliches Interesse an alsbaldiger Feststellung) liegt ebenfalls unproblematisch in dem fortbestehenden Streit der Parteien (BGH NJW 1986, 588; BGH MDR 1976, 568).

2612 (3) Der jetzt gestellte **Feststellungsantrag** muss **begründet** sein. Dazu ist erforderlich,

– dass der ursprüngliche Antrag zunächst **zulässig** war.

Hierfür gelten die allgemeinen Vorschriften.

– dass der ursprüngliche Antrag zunächst **begründet** war (BAG NJW 1996, 1980).

Hier ist eine normale Sachprüfung der zunächst erhobenen Leistungsklage durchzuführen. War die Leistungsklage zum Zeitpunkt der Erledigungserklärung noch nicht entscheidungsreif, so muss eine Beweisaufnahme durchgeführt werden. Anders als bei der übereinstimmenden Erledigungserklärung geht hier der Streit der Parteien über die Hauptsache – wenn auch in leicht modifizierter Form – weiter, der Prozess wird also nicht beendet, sondern nach normalen Grundsätzen fortgeführt.

– dass der ursprüngliche Antrag sich **erledigt** hat, d.h., wenn er nach Eintritt der Rechtshängigkeit unzulässig oder unbegründet geworden ist.

Anders als bei der übereinstimmenden Erledigungserklärung muss hier dem Gericht gegenüber nachgewiesen werden, dass das vom Kläger behauptete tatsächliche Ereignis nach Eintritt der Rechtshängigkeit (eingetreten ist und es erledigend gewirkt hat.

Wichtigstes erledigendes Ereignis ist die Erfüllung des Klageanspruchs durch den Beklagten (BGH WRP 2010, 891; OLG Düsseldorf NJW-RR 2001, 432; *Bergerfurth* NJW 1992, 1655; *Heistermann* NJW 2001, 3527). Sorgfältiger Abgrenzung bedarf dabei indes, ob eine Leistung des Beklagten tatsächlich zur Erfüllung erfolgte oder ob hiermit nicht nur eine drohende Vollstreckung abgewendet werden sollte.

2613 ▶ Beispiel:

Zahlt der Beklagte nach Verkündung des erstinstanzlichen Urteils, legt aber gleichzeitig Berufung ein, liegt hierin keine Erfüllung. Eine vom Kläger dennoch abgegebene Erledigungserklärung des Klägers führt zur Klageabweisung (OLG Saarbrücken NJW-RR 1998, 1068 m.Anm. Becker-Eberhard JuS 1998, 884; Rixecker ZZP 96 (1983), 505).

Erledigend können aber auch andere tatsächliche Ereignisse wirken, wenn sie zur Unzulässigkeit oder Unbegründetheit der Klage führen.

2614 ▶ Beispiel:

Die (zum Wegfall der Rechts- und damit der Parteifähigkeit führende) Liquidation einer juristischen Person.

Ein (die Kostenregelung aussparender) Vergleich der Parteien.

Die Erklärung einer Aufrechnung.

Die Erfüllung.

Das erledigende Ereignis muss zeitlich **nach Rechtshängigkeit** der Klage eingetreten sein (zur Erledigung vor Rechtshängigkeit unten Rdn. 2634), wobei es grundsätzlich auf das Ereignis selbst, nicht auf dessen Wirksamwerden ankommt.

2615 ▶ Beispiel:

Ficht der Beklagte den Vertrag, aus dem der klägerische Anspruch herrührt, erst nach Zustellung der Klage an, so wirkt dies erledigend, auch wenn der Vertrag nach § 142 BGB rückwirkend

C. Änderung des Streitgegenstands   8. Kapitel

(und damit zu einem Zeitpunkt vor Rechtshängigkeit) entfällt (zur erledigenden Wirkung der Aufrechnungserklärung BGH NJW 2003, 3134 m.Anm. Löhnig JA 2004, 10; Schneider MDR 2000, 507).

Streitig ist, inwieweit auch die **Verjährung** erledigend wirkt. Die gilt schon für die Frage, ob die Verjährung überhaupt erledigend wirken kann (Die Erledigung bejahen: BGH NJW 2010, 2422; OLG Frankfurt a. M. MDR 1997, 1072; OLG Stuttgart WRP 1996, 799; OLG Koblenz NJW-RR 1996, 1520; OLG München WRP 1987, 268; OLG Karlsruhe WRP 1985, 288; OLG Düsseldorf MDR 1980, 1027; die Erledigung verneinen: OLG Schleswig NJW-RR 1986, 38 (39); OLG Hamburg WRP 1982, 657; OLG Koblenz WRP 1982, 161; differenzierend, *El Gayar* MDR 1998, 698; *Peters* NJW 2001, 2289).

Streitig war auch, ob dabei auf die Erhebung der Verjährungseinrede oder auf den Zeitpunkt der Verjährung abzustellen ist. Wird ein bereits vor Rechtshängigkeit verjährter Anspruch eingeklagt und erhebt der Beklagte erst im Prozess die Verjährungseinrede, so war die Klage wegen der Rückwirkung der Undurchsetzbarkeit des Anspruchs (§ 214 Abs. 1 BGB) bereits von Anfang an unbegründet. Wird eine noch nicht verjährte Forderung eingeklagt und läuft die Frist (z. B. durch Stillstand des Verfahrens, § 204 Abs. 2 BGB) im Prozess ab, so wird der Anspruch erst nach Rechtshängigkeit undurchsetzbar, sodass ein erledigendes Ereignis anzunehmen ist. Der BGH hat nunmehr entschieden, dass die erstmalige Erhebung der Verjährung im Laufe des Rechtsstreits auch dann ein erledigendes Ereignis darstellt, wenn die Verjährung bereits vor Rechtshängigkeit eingetreten war (BGH NJW 2010, 2422). Der BGH hält damit an seinem formalen Erledigungsbegriff fest, den er bereits für die Aufrechnung (Aufrechnungslage vor Eintritt der Rechtshängigkeit, Aufrechnungserklärung erst nach Eintritt der Rechtshängigkeit) zugrunde gelegt hat (BGH NJW 2003, 3234). Die Literatur kritisiert die Negierung der materiellrechtlichen Rückwirkungsfiktion (die ja nicht nur für Aufrechnung und Verjährung gilt, vgl. z. B. § 142 BGB), als »teleologische Entleerung des Erledigungsbegriffs« (*Cziupka* JR 2010, 372).

▶ Praxistipp: 2616

Will der Beklagte nach Erhebung einer Verjährungseinrede oder Erklärung einer Aufrechnung eine Kostenentscheidung zu seinem Nachteil vermeiden, muss er sich der Erledigungserklärung des Klägers anschließen.

Widerspricht der Beklagte der Erledigungserklärung, wird das Gericht die Erledigung feststellen, sodass der Beklagte die Kosten in jedem Fall tragen muss (§ 91 ZPO). Schließt sich der Beklagte der Erledigungserklärung an, kann er im Rahmen der dann anstehenden Billigkeitsentscheidung über die Kosten (§ 91a ZPO) hoffen, dass das Gericht die bereits vor Klageerhebung bestehende Aufrechnungslage bzw. die bereits eingetretene Verjährung ganz oder zumindest teilweise zulasten des Klägers berücksichtigt.

bb) Folgen

Auf die einseitig bleibende Erledigungserklärung des Klägers hin ergeht eine **Sachentscheidung** des Gerichts. 2617

Im Fall der Klagestattgabe stellt das Gericht in der Hauptsacheentscheidung die Erledigung der Hauptsache fest oder weist die Klage ab, die Kostenentscheidung folgt den §§ 91, 92 ZPO (nicht § 91a ZPO, der nur für die übereinstimmende Erledigungserklärung gilt), für vorläufig vollstreckbar kann nur die Kostenentscheidung erklärt werden (§§ 708 ff. ZPO).

Die Bestimmung des **Streitwerts** ist streitig (BGH NZM 1999, 21; OLG München NJW-RR 1996, 956; Prütting/Gehrlein/*Hausherr* § 91a Rn. 37, jeweils m. w. N.): Während es für den Zuständigkeitsstreitwert immer nur auf den Wert der ursprünglichen Leistungsklage ankommen kann (jede nachträgliche Wertänderung ist nach § 261 Abs. 3 Nr. 2 ZPO unbeachtlich), kommen für den Rechtsmittel- und Kostenstreitwert der unveränderte Wert des ursprünglichen Antrags, der normale Wert eines Feststellungsantrags (d. h. etwa 50 % – 80 % des Werts der Hauptsache) oder das Kosteninteresse in Betracht. Nach der ersten Auffassung ändert sich der Streitwert durch die Erledigung nicht, nach den beiden anderen Auffassungen reduziert er sich, sodass dann zwei Streitwerte (vor und nach der Erledigung) vorliegen. 2618

b) Teilweise Erledigung

2619 Wird der Rechtsstreit nicht vollständig, sondern nur teilweise für erledigt erklärt, so ist auch hierbei danach zu differenzieren, ob dies durch die Parteien übereinstimmend oder einseitig durch den Kläger erfolgt.

aa) Übereinstimmende teilweise Erledigung

2620 Erklären die Parteien den Rechtsstreit übereinstimmend teilweise für erledigt, so gelten hierfür die oben gemachten Ausführungen entsprechend.

> Der Kläger muss seinen Sachantrag entsprechend ermäßigen. Dies ist ohne Änderung des Klagegrundes nach § 264 Nr. 2 ZPO grundsätzlich zulässig.

2621 Besonderheiten ergeben sich allein daraus, dass über den noch verbleibenden Teil der Hauptsache eine Sachentscheidung zu fällen ist. Sie ergeht zusammen mit der Kostenentscheidung über den erledigten Teil einheitlich in Form eines Urteils.

2622 ▶ Praxistipp:

Häufig fehlerhaft sind die Nebenentscheidungen eines solchen Urteils.

> Die Kostenentscheidung folgt hier zum Teil aus § 91a ZPO, zum Teil aus §§ 91, 92 ZPO (Kostenmischentscheidung). Wegen des Grundsatzes der einheitlichen Kostenentscheidung muss aus beiden Teilen eine einheitliche Quote berechnet werden, was in der Regel nur durch eine aufwendige kostenbezogene Quotelung geht, wenn die einzelnen Gebühren aus verschiedenen Streitwerten angefallen sind (Baumbach/*Hartmann*, § 91a Rn. 202).

> Um den Gläubiger nicht dadurch schlechter zu stellen, dass über die Kosten des erledigten Teils nicht durch Beschluss nach § 91a ZPO, sondern durch Urteil entschieden wird, muss die Vollstreckung dieser Kosten auch dann ohne Sicherheitsleistung möglich sein, wenn das Urteil im Übrigen nur gegen Sicherheitsleistung für vorläufig vollstreckt wird.

2623 Gegen ein solches Urteil stehen den Parteien verschiedene Rechtsmittel zu: Soll gegen das komplette Urteil (Sach- und Kostenentscheidung) vorgegangen werden, so ist die Berufung statthaft, soll nur die (komplette) Kostenentscheidung angegriffen werden, kann auch sofortige Beschwerde (§ 91a Abs. 2 ZPO) eingelegt werden (BGH NJW 1967, 1131; BGHZ 40, 265; a. A. Thomas/Putzo/*Hüßtege*, § 91a Rn. 54 ff. m. w. N.).

2624 Streitig ist auch hier die Berechnung des Streitwerts: Während eine Auffassung nur noch den Wert der verbleibenden Hauptforderung zugrunde legen will, wollen andere Auffassungen den Wert der auf den erledigten Teil entfallenden Nebenforderungen (Zinsen) und/oder Kosten hinzurechnen (BGH NJW-RR 1995, 1089; OLG Hamm JurBüro 1991, 1122 m. Anm. *Hansens*; Baumbach/*Hartmann*, Anh. § 3 Rn. 45, alle m. w. N.).

bb) Einseitige teilweise Erledigungserklärung

2625 Widerspricht der Beklagte einer Erledigungserklärung des Klägers, bleibt diese also einseitig, so stellt der Kläger nach h. M. jetzt zwei Anträge: Neben dem verbleibenden Restsachantrag begehrt er einen Feststellungsantrag auf teilweise Erledigung. Über die oben dargestellten Grundsätze hinaus ist also zu beachten, dass ein Fall nachträglicher objektiver Klagehäufung vorliegt, an dessen Zulässigkeit wegen der weiten Fassung des § 260 ZPO Bedenken regelmäßig nicht bestehen.

2626 Besonders umstritten ist hier die Streitwertberechnung, wobei von der ausschließlichen Berücksichtigung der restlichen Hauptsache über eine Hinzurechnung des Werts der auf den erledigten Teil entfallenden Zinsen und/oder der Kosten bis hin zum vollen Wert der ursprünglichen Hauptforderung alles vertreten wird (Baumbach/*Hartmann*, Anh. § 3 Rn. 49 m. w. N.).

2627 Die Kostenentscheidung folgt allein aus §§ 91, 92 ZPO; § 91a ZPO ist unanwendbar, sodass eine Kostenmischentscheidung nicht anfällt. Dementsprechend treten auch die oben angesprochenen

C. Änderung des Streitgegenstands

Probleme bei der Entscheidung zur vorläufigen Vollstreckbarkeit nicht auf, diese folgt normalen Grundsätzen.

cc) Antrag »abzüglich am ... gezahlter ...«

Erfüllt der Beklagten den geltend gemachten Anspruch nur teilweise und ohne besondere Tilgungsbestimmung, so ist seine Zahlung nach Maßgabe des § 367 BGB auf Haupt- und Nebenforderungen zu verrechnen.

▶ **Praxistipp:**

Die mit einer Teilleistung möglicherweise verbundenen aufwendigen Berechnungen muss der Kläger nicht anstellen, sondern kann seinen bisherigen, auf volle Leistung gerichteten Sachantrag um den Zusatz »abzüglich am ... gezahlter ...« ergänzen.

Damit erspart der Kläger sich nicht nur die komplizierte Ausrechnung der Restschuld, sondern stellt auch sicher, dass ihm weder Zinsen noch etwas von der Hauptforderung verloren. Ein »verbreiteter Fehler« ist es hingegen, im Prozess geleistete Zahlungen trotzdem von der (verzinslichen) Hauptsumme abzuziehen. Bei entsprechender Streitwertfestsetzung führt dies auch u. U. zur Verkürzung der Gebührenansprüche und in Grenzfällen zum Verlust der Berufungsmöglichkeit (Zöller/*Herget* § 3 Rn. 16 »Teilzahlung«; *E. Schneider* DRiZ 1979, 310: nahezu ausnahmslose fehlerhafte Praxis).

Die Zulässigkeit eines solchen Antrags ist durchweg anerkannt (OLG Koblenz AnwBl 1990, 172; LG Osnabrück MDR 2003, 953; Baumbach/*Hartmann*, § 91a Rn. 201; Zöller/*Greger* § 253 Rn. 16a, § 3 Rn. 16 »Teilzahlung«).

Eine solche Antragsformulierung führt zu einem entsprechend formulierten Leistungstitel. Eine den Anforderungen des § 367 BGB entsprechende Verrechnung ist dann erst im Vollstreckungsverfahren erforderlich.

Prozessual kann der Antrag »abzüglich am ... gezahlter ...« als teilweise übereinstimmende Erledigungserklärung (mit einer Kostenentscheidung § 91a ZPO), teilweise einseitige Erledigterklärung (mit einer Kostenentscheidung § 91 ZPO), teilweise Klagerücknahme (mit einer Kostenentscheidung nach § 269 Abs. 3 ZPO!) oder teilweiser Verzicht (mit einer Kostenentscheidung nach § 91 ZPO) aufgefasst werden.

Dass der Beklagte weiter einen Klageabweisungsantrag stellt, liegt an dem verbleibenden streitigen Hauptsacherest und muss nicht unbedingt auch für den vom Kläger für erledigt erklärten Teil gelten (OLG Koblenz JurBüro 1990, 392). Keine Zustimmung zur Erledigungserklärung liegt vor, wenn der Beklagte weiter ein Interesse an einer streitigen Entscheidung bekundet oder wenn er das erledigende Ereignis bestreitet.

▶ **Praxistipp:**

In den Genuss einer Kostenentscheidung nach § 91a ZPO kommt der Kläger nur, wenn er dem Gericht gegenüber klarstellt, dass die Antragsänderung eine teilweise Erledigungserklärung darstellt.

Da bei fehlender Erklärung des Klägers das Gericht die Klageermäßigung auslegt, und im Zweifel häufig von dem (für das Gericht einfachsten) Fall der teilweisen Klagerücknahme ausgeht (Thomas/Putzo/*Reichold* § 264 Rn. 6; Zöller/*Greger* § 264 Rn. 4a), sollte der Kläger unbedingt klarstellen, dass er dies als Erledigungserklärung verstanden haben will.

Vor allem wenn nach vorausgehendem Mahnbescheid mit der Anspruchsbegründung weniger geltend gemacht wird, erfolgt in der Praxis hierzu relativ selten eine Äußerung seitens der Klagepartei.

Zumindest sollte man eine teilweise Zahlung mitteilen, da dann das Gericht von einer stillschweigenden teilweisen Erledigungserklärung ausgehen muss (Thomas/Putzo/*Hüßtege* §§ 91a Rn. 6, 264 Rn. 6). Denn nur eine solche Auslegung entspricht in der Regel dem vernünftigen Willen und der Interessenlage der – erledigt erklärenden – Partei, was maßgebend ist (a. A. Rücknahme des Streitantrags). Die Kostenentscheidung ergeht dann nach § 91a ZPO.

Sonst kann in der ermäßigten Anspruchsbegründung nämlich auch eine konkludente Teil-Rücknahme des Antrags auf Durchführung des streitigen Verfahrens nach § 696 Abs. 4 ZPO gesehen werden (Thomas/Putzo/*Hüßtege* § 696 Rn. 18: »in der Regel«), bei welcher nach verbreiteter Ansicht die entsprechende Anwendbarkeit von § 269 Abs. 3 ZPO bejaht wird (a. A. Thomas/Putzo/*Hüßtege* § 696 Rn. 19; Zöller/*Vollkommer* §§ 690 Rn. 24; 696 Rn. 2 m. w. N.: weil das Verfahren – im Gegensatz zur Rücknahme des Mahnantrags – anhängig bleibt, wobei über die Kosten nicht entschieden wird und es zu einem Verfahrensstillstand – bis zu einem erneuten Streitantrag – kommt; zu den verschiedenen Möglichkeiten einer Antragsrücknahme im Mahnverfahren *Fischer* MDR 1994, 125). Der Kläger kann dann entweder erst nachträglich seine im Mahnverfahren insoweit angefallenen Kosten in einem neuen Prozess einklagen oder auch sogleich in dem übergeleiteten Streitverfahren über den Restbetrag mit geltend machen (LG München I, Beschluss vom 01.10.2002; 23 T 17280 Rn. 02: Kostenantrag kann dahin gehend aufgefasst werden).

c) Erledigung vor Rechtshängigkeit

2634 Übereinstimmende Erledigungserklärungen der Parteien führen ausnahmslos zu einem Wegfall der Rechtshängigkeit, unabhängig davon, wann das erledigende Ereignis stattgefunden hat. Der Wegfall der Rechtshängigkeit beruht hier nicht auf dem erledigenden Ereignis, sondern auf den übereinstimmenden Erklärungen der Parteien (Dispositionsmaxime).

Ob und gegebenenfalls wann ein erledigendes Ereignis eingetreten ist, spielt keine Rolle. Die Erledigungserklärungen an sich führen auch dann zu einer Beendigung der Rechtshängigkeit, wenn der Anlass hierfür (= das erledigende Ereignis) vor Eintritt der Rechtshängigkeit oder gar vor Anhängigkeit gelegen haben sollte. Sind sich die Parteien über die Erledigung einig und erklären sie diese dem Gericht gegenüber, so erlischt die Rechtshängigkeit oder tritt erst gar nicht ein (OLG Hamm MDR 2001, 470; OLG Köln NJW-RR 2000, 1456; OLG Koblenz NJW-RR 2000, 1092; *Bergerfurth* NJW 1992, 1655, 1657; Thomas/Putzo/*Hüßtege* § 91a Rn. 22; Zöller/*Vollkommer* § 91a Rn. 16; a. A. Baumbach/*Hartmann* § 91a Rn. 68. Werden sogar die Erledigungserklärungen vor Rechtshängigkeit abgegeben werden, tritt die Rechtshängigkeit erst gar nicht ein: OLG Köln NJW-RR 1996, 1023).

Liegt das erledigende Ereignis nach Verkündung des Urteils, aber noch vor Ablauf einer Rechtsmittelfrist (= **zwischen** den **Instanzen**), so können **übereinstimmende** Erledigungserklärungen noch dem Instanz- (nicht dem Rechtsmittel-)gericht gegenüber abgegeben werden. Das Urteil wird dadurch nach § 269 Abs. 3 Satz 1 ZPO analog wirkungslos, es ergeht ein Kostenbeschluss nach § 91a ZPO (OLG Düsseldorf NJW-RR 2001, 1028; MüKoZPO/*Lindacher* § 91a Rn. 39; Zöller/*Vollkommer*, § 91a Rn. 21).

Eine übereinstimmende Erledigung der Hauptsache kann auch in höheren Instanzen (selbst noch in der Revision) erklärt werden und kann sich anstatt auf die Hauptsache auch auf das Rechtsmittel beziehen.

Erst nach rechtskräftigem Abschluss des Verfahrens ist auch eine übereinstimmende Erledigungserklärung nicht mehr möglich.

2635 Problematisch ist wird der Zeitpunkt der Erledigung nur in den Fällen, in denen der Beklagte sich der Erledigung nicht anschließt, die Erklärung des Klägers also einseitig bleibt.

2636 (1) Eine einseitige Erledigungserklärung des Klägers mit der Begründung, die Erledigung sei bereits **vor Rechtshängigkeit** eingetreten, ist dagegen nicht möglich. Vor der Rechtshängigkeit gibt es begrifflich noch gar keine »Hauptsache«, die sich hätte erledigen können, die Klage ist von Anfang an (d. h. vom Zeitpunkt der Rechtshängigkeit an) unzulässig bzw. unbegründet und muss daher abgewiesen werden (ständige Rechtsprechung seit BGHZ 83, 12; BGH NJW 1990, 1905, 1906; BGH NJW-RR 1988, 1151; *Herrlein/Weber* JA 1995, 55; zum Zusammenfallen von Erledigung und Rechtshängigkeit OLG Nürnberg DAR 1995, 330).

Die Kostenfolge ist dabei sehr umstritten (z. B. OLG München NJW 1976, 971: Kosten Kläger gem. § 91 ZPO; a. A. Kosten sind dem Beklagten aufzuerlegen aufgrund reziproker bzw. analoger Anwendung des § 93 ZPO, wenn er zur Klage Anlass gegeben hat – bei sofortiger Erledigterklärung des Klägers, Thomas/Putzo/*Hüßtege* § 91a Rn. 39 oder sofortigem Klageverzicht, Zöller/*Vollkommer* § 91a Rn. 47 a. E.; ablehnend BGH MDR 1994, 717). Überwiegend dürften die Gerichte die Kosten wohl (einfach) dem Kläger nach § 91 ZPO auferlegen.

C. Änderung des Streitgegenstands

Nur wenn der Kläger in schuldloser Unkenntnis der Zahlung (z. B. Gutschrift auf dem Klägerkonto am Tag der Klageeinreichung) die von vornherein unbegründete Klage erhoben hat, steht ihm ein diesbezüglicher materiellrechtlicher Schadensersatzanspruch aus Verzug zu (Palandt/*Grüneberg* § 286 Rn. 7). Dieser wird bei der Kostenentscheidung nach § 91a ZPO zugunsten des Klägers aber nur berücksichtigt, wenn sein Bestehen sich ohne besondere Schwierigkeiten, insbesondere ohne Beweisaufnahme feststellen lässt. Sonst kann der Kläger diesen Anspruch auf Kostenerstattung und Befreiung von den festgesetzten Kosten gegen den Beklagten noch in einem weiteren Prozess durchsetzen (BGH MDR 2002, 473) oder aber die Klage entsprechend ändern (nachfolgend). In Ausnahmefällen kann eine Erfüllungswirkung der Zahlung auch mangels ausreichender Spezifizierung ausgeblieben sein.

▶ **Praxistipp:** 2637

Aufgrund eines vor Rechtshängigkeit eintretenden erledigenden Ereignisses kann die Hauptsache nicht für erledigt erklärt werden. Erforderlich ist hier eine Klagerücknahmeerklärung.

Nimmt der Kläger wegen der Erledigung vor Rechtshändigkeit die Klage zurück, so ergeht die Kostenentscheidung nicht zwingend zu seinen Lasten, sondern – wie im Fall der übereinstimmenden Erledigungserklärung – nach billigem Ermessen unter Berücksichtigung des bisherigen Sach- und Streitstands (§ 269 Abs. 3 Satz 3 ZPO). Hatte der Beklagte Anlass zur Klage gegeben, so treffen ihn die Kosten des Rechtsstreits (*Bonifacio* MDR 2002, 499; *Elzer* NJW 2002, 2006; *Tegeder* NJW 2003, 3327).

▶ **Beispiel:** 2638

Der Beklagte bezahlt eine längst fällige Forderung erst, nachdem bereits Klage eingereicht, aber bevor ihm diese zugestellt ist. Nimmt der Kläger die Klage zurück, hat das Gericht auf Antrag des Klägers dem Beklagten die Kosten aufzuerlegen, ohne dass es zuvor einer Zustellung der Klage an den Beklagten bedarf.

Dringend anzuraten ist dem Kläger hier der substantiierte Vortrag des vorgerichtlichen Geschehensablaufs, um dem Gericht die Voraussetzungen der Kostenentscheidung darzulegen.

▶ **Praxistipp:** 2639

Kennt der Kläger zwar den Zeitpunkt des erledigenden Ereignisses, nicht aber den der Rechtshängigkeit, kann er die Erledigungserklärung unter der (zulässigen innerprozessualen) Bedingung zu erklären, dass die Klage vor Erfüllung der Forderung zugestellt wurde (KG NJW-RR 1998, 1074; OLG Nürnberg DAR 1995, 330).

(2) Liegt das erledigende Ereignis nach Verkündung des Urteils, aber noch vor Ablauf einer Rechtsmittelfrist (= **zwischen** den **Instanzen**), so muss Berufung eingelegt werden, um dem Gericht gegenüber die Erledigung erklären zu können (Prütting/Gehrlein/*Hausherr* § 91a Rn. 65 m. w. N.). 2640

(3) Für die einseitige Erledigung der Hauptsache **in der Berufungsinstanz** gelten die Grundsätze des erstinstanzlichen Verfahrens (§ 525 ZPO). 2641

Fraglich ist, ob daneben auch eine Erledigung des Rechtsmittels möglich ist. Hierfür besteht ein Bedürfnis, wenn der Rechtsmittelführer das vorinstanzliche Urteil aufrechterhalten will, sein Rechtsmittel indes erfolglos geworden ist, ohne dass er die hierdurch entstandenen Kosten durch eine Rechtsmittelrücknahme tragen will (BGH JZ 2001, 464; OLG Frankfurt a. M. NJW-RR 1989, 63; *Bergerfurth* NJW 1992, 1656; *Gaier* JZ 2001, 445; a. A. OLG Karlsruhe FamRZ 1991, 464; Thomas/Putzo/*Hüßtege* § 91a Rn. 8).

d) Hilfsanträge und Erledigung

Steht nicht fest, ob eine Erledigung wirklich eingetreten ist, kann überlegt werden, die Erledigungserklärung bedingt nur für den Fall der tatsächlichen Erledigung zu erklären. 2642

aa) Haupterledigung und Hilfssachantrag

Dass der Kläger, der die Hauptsache für erledigt hält, neben der hauptsächlich erklärten Erledigung seinen ursprünglichen Sachantrag hilfsweise aufrechterhalten kann, ist allgemein anerkannt und 2643 vielfach sogar sachlich geboten (BGHR ZPO § 91a Abs. 1 Satz 1, Erledigung 2; BGH WM 1982, 1260; BVerwGE 73, 312, 314).

2644 ▶ Beispiel:

Der Kläger erklärt die auf Unterlassung wettbewerbswidriger Handlungen gerichtete Klage für erledigt, nachdem der Beklagte sein Gewerbe aufgegeben hat; da er nicht ausschließen kann, dass das Gericht dennoch eine Wiederholungsgefahr bejaht, behält er hilfsweise den ursprünglichen Sachantrag bei und entgeht so der ansonsten drohenden Klageabweisung.

Wie beim Normalfall der eventuellen Klagehäufung steht auch hier der Hilfsantrag unter einer auflösenden Bedingung und wird nur im Fall der Erfolglosigkeit des Hauptantrags beschieden.

bb) Hauptsachantrag und Hilfserledigung

2645 Sehr streitig ist dagegen, ob der Kläger seine Erledigungserklärung und/oder der Beklagte seine Zustimmung hierzu nur hilfsweise abgeben kann, wenn hauptsächlich der bisherige Antrag aufrechterhalten wird.

2646 ▶ Beispiel:

Hält im obigen Beispielsfall der Kläger die Wiederholungsgefahr für nicht beseitigt, muss er konsequenterweise bei seinem Sachantrag bleiben. Da er nicht sicher sein kann, dass das Gericht dem folgt, hat er ein Interesse an einer hilfsweisen Erledigungserklärung, um eine Abweisung seiner Klage zu vermeiden.

Hat der Kläger dagegen für erledigt erklärt, und ist der Beklagte der Ansicht, die Klage sei von Anfang an unbegründet gewesen, so wird er bei seinem Klageabweisungsantrag bleiben; für den Fall, dass das Gericht jedoch Erledigung feststellt, will er sich der Erledigungserklärung anschließen.

– Nach einer Ansicht (BGH NJW-RR 1998, 1540; BGH NJW 1975, 539; KG NJW-RR 1998, 1074; Baumbach/*Hartmann*, § 91a Rn. 76, 176; *Bergerfurth* NJW 1992, 1660; *Piekenbrock*, ZZP 112 (1999), 353; Thomas/Putzo/*Hüßtege*, § 91a Rn. 12; Prütting/Gehrlein/*Hausherr* § 91a Rn. 70 ff.) ist die hilfsweise Erledigungserklärung des Klägers möglich, weil es unzumutbar sei, ihn allein mit dem Risiko des Erledigungseintritts zu belegen; für den Beklagten ergebe sich die gleiche Möglichkeit aus dem Gesichtspunkt prozessualer Waffengleichheit der Parteien.

– Nach der Gegenansicht (BGHZ 106, 359, 368 ff.; OLG Düsseldorf NJW-RR 1992, 384 und MDR 1989, 72; OLG Saarbrücken JurBüro 1985, 1878; Rosenberg/Schwab/*Gottwald*, § 133 III 2; *Teuber/Prange* MDR 1989, 586) ist eine hilfsweise Erledigungserklärung dagegen für beide Parteien nicht möglich, weil die Erledigungserklärung unter der Bedingung stünde, dass das Gericht sie für begründet hält, und eine solche Bedingung stets unmöglich ist.

III. Vergleich

2647 Entgegen seiner großen forensischen Bedeutung war und ist der Prozessvergleich in der ZPO nur lückenhaft geregelt (§ 794 Abs. 1 Nr. 1 ZPO). Während der ursprüngliche Gesetzgeber der ZPO dem Vergleich auch nur eine untergeordnete Stellung im Verhältnis zu einer streitigen gerichtlichen Entscheidung beigelegt hat, hat sich der Blickwinkel inzwischen erheblich verschoben.

So ist es ein erklärtes Ziel der ZPO-Reform 2002, die Vergleichsquoten zu erhöhen (Begr. RegE S. 58: »sind unbefriedigend« – »Unzureichende Streitschlichtungskultur«) nach dem modernen Motto »Schlichten ist besser als richten (S. 60). Dem sollen die, der mündlichen Verhandlung vorgeschaltete, neu eingeführte Güteverhandlung (§§ 278 Abs. 2, 279 ZPO) sowie das Schlichtungsverfahren (§ 15a EGZPO) dienen. Die ebenfalls neu eingeführte Möglichkeit eines schriftlichen gerichtlichen Vergleichs (§ 278 Abs. 6 ZPO) wurde durch das Justizmodernisierungsgesetz noch erweitert (§ 278 Abs. 6 ZPO). Darüber hinaus sind Bestrebungen vorhanden, die sog. Mediation in das gerichtliche Verfahren mit einzubinden (*Nistle* JuS 2010, 685).

C. Änderung des Streitgegenstands

Der Abschluss eines Prozessvergleichs ist allgemein in jeder Verfahrensart und in jedem Verfahrensstadium – ab Anhängigkeit des Verfahrens bis zu dessen rechtskräftiger Beendigung – möglich.

2648

1. Vergleichsstrategie

Eine besonders erfolgreiche Vergleichsstrategie aufzuzeigen ist (jedenfalls für einen Juristen) schwierig (hierzu *Hendel* AnwBl. 1998, 509 m. Anm. *Hauenschild* AnwBl. 1998, 252). Es dürfte viel vom eigenen Verhandlungsgeschick abhängen. Jedenfalls findet in der Regel die vergleichsbereite Partei durch das Gericht Unterstützung, welchem durch einen Vergleich eine unter Umständen langwierige Beweisaufnahme sowie ein (kompliziertes) Urteil erspart bleibt (*Bühren* AnwBl. 2001, 97: »des Richters liebstes Kind«; *Strecker* DRiZ 1983, 97: »Den Richter lockt die Erledigung des Falles, den Anwalt die Vergleichsgebühr«).

2649

> Der Vergleich als besonders rasche Form der Erledigung kommt nicht nur der persönlichen Bequemlichkeit des Richters entgegen, sondern auch den Verhaltenserwartungen der beurteilenden und dienstaufsichtsführenden Justizorgane (zutreffend *Stürner* DRiZ 1976, 205; Baumbach/*Hartmann* § 278 Rn. 7), von welchen eine überdurchschnittlich hohe Vergleichsquote erfahrungsgemäß als besondere Qualifikation angesehen wird. Auch sollen Richter, die besonders viele Vergleiche schließen, unter Kollegen »in einer Mischung aus Bewunderung und Argwohn« als »Vergleichskönige« gelten (*Strecker* DRiZ 1983, 98).
>
> Außerdem ist der Vergleich mittlerweile zu einer Art »Überlebensstrategie« geworden, ohne welchen die Zivilgerichte heute nicht mehr »über die Runden kommen« (*Thalmair* Mitteilungen Münchener Anwaltverein e. V. Heft 8/9 2002 S. 14).
>
> Auch wenn das Gericht nach dem Gesetz »in jeder Lage des Verfahrens auf eine gütliche Beilegung des Rechtsstreits oder einzelner Streitpunkte bedacht sein soll« (§ 278 Abs. 1 ZPO), ist dies allerdings auch weiterhin kein Auftrag zur richterlichen Arbeitserleichterung, sondern zur Befriedung der Parteien (Zöller/*Greger* § 279 Rn. 1).

In der Praxis üben manche **Gerichte** zum Zwecke eines Vergleichsabschlusses mehr oder weniger großen Druck auf die Parteien aus.

2650

> Dieser kann sich aufgrund der »gesetzlichen Schlichtungsermunterung« durch das ZPO-Reformgesetz künftig womöglich noch erhöhen (*Ebel* ZRP 2001, 313: »Dann läge der Richter im Trend«).
>
> Hierbei kann der Appell an die Richter, den »Verlockungen der Erledigungsstatistik ihr Berufsethos« entgegenzustellen, die »Gefahren des Missbrauchs und der Manipulationen«, welche zu einer Beeinträchtigung der Entscheidungsfreiheit der Parteien führen können (*Strecker* DRiZ 1983, 104), wohl kaum (völlig) beseitigen.
>
> Jedenfalls sollte man auf Vergleichsverhandlungen vorbereitet sein und (unabhängig davon, ob er am Termin teilnimmt oder nicht) auch den Mandanten hierauf vorbereiten. Zu einer solchen Vorbereitung gehört, vorab zu klären, welche Punkte in einen Vergleich einbezogen werden können oder müssen und mit dem Mandanten die »Schmerzgrenzen« abzuklären. Dazu gehört aber auch, einen Taschenrechner und eine Gebührentabelle in die Sitzung mitzunehmen, um Gegenvorschläge mit Zinsen und Kosten kapitalisieren zu können.

Falls man einen Vergleichsabschluss als nicht tunlich erachtet, sollte der Anwalt sich davon keinesfalls beeinflussen und auch nicht unter Zeitdruck setzen lassen. Vergleichsbereitschaft ist nicht erzwingbar (Thomas/Putzo/*Reichold* § 279 Rn. 2).

2651

> Das Gericht darf auf den Willen einer Partei insbesondere nicht mit der Äußerung einwirken, ein Urteil bestimmten Inhalts sei bereits beschlossen und werde verkündet, wenn die Partei sich nicht vergleicht (Thomas/Putzo/*Hüßtege* § 794 Rn. 4; kritisch *E. Schneider* NJW 1966, 2399 – Anm. zu BGH).
>
> Hingegen ist es durchaus zulässig, dass das Gericht den Parteien seine nach dem bisherigen Verlauf gewonnene Rechtsansicht darlegt und ihnen die Risiken (Kosten, Dauer, Rechtsmittel) vor Augen führt, die ihnen nach seiner Auffassung bei Fortführung des Rechtsstreits erwachsen (BGH NJW 1966, 2399; Zöller/*Greger* § 278 Rn. 1: legitim, darf aber nicht als Druckmittel eingesetzt werden; auch § 287 Abs. 2 ZPO). So stehen oft auch tatsächlich die weiteren Kosten (insbesondere bei Sachverständigengutachten) zum eingeklagten Betrag außer Verhältnis, sodass sich gerade ein Teilsieg leicht in einen »Pyrrhussieg« verwandeln kann.

Zudem fördern »geschickte Richter die Vergleichsbereitschaft, indem sie insbesondere Geschäftsführern und Freiberuflern unter Hinweis auf deren hohe eigene Kosten (ihrer Anwesenheit bei weiteren Terminen) pro Zeiteinheit schmeicheln« (*Salje* DRiZ 1994, 288).

2652 Wendet das Gericht die »Ermüdungsstrategie« an, kann man sich ohne die Gefahr eines Versäumnisurteils aus dem Sitzungssaal nur entfernen, wenn zuvor schon verhandelt wurde (Zöller/*Herget* § 333 Rn. 1).

Ob sich der gerichtliche Vergleichsvorschlag sich im konkreten Fall an der (vorläufigen) Beurteilung der jeweiligen Sach- und Rechtslage orientiert, lässt sich hier natürlich nicht beurteilen. Wenn das Gericht dies aber getan hat, wird es sich normalerweise nicht weigern, den Vorschlag auf Anfrage des Anwalts auch zu begründen. Hieraus kann dann ersichtlich sein, wie ein etwaiges Urteil lauten wird bzw. ob noch eine Aussicht (z. B. durch die Beweisaufnahme oder weiteren Sachvortrag) auf eine günstigere Entscheidung besteht. So mancher Richter hingegen macht seine Äußerungen mit dem Ziel, die Vergleichsbereitschaft der Parteien zu erhöhen und vermeidet es daher, eine Partei in Sicherheit zu wiegen, sondern führt stattdessen beiden Seiten gerade die Prozessrisiken vor Augen (*Breßler* JuS 2004, 310).

2653 Der **Rechtsanwalt** ist in jedem Fall aus dem Anwaltsvertrag verpflichtet, die Vor- und Nachteile eines Vergleichsabschlusses dem Mandanten darzulegen und ihn vor unüberlegten Erklärungen zu warnen (BGH NJW 2000, 1944; Palandt/*Grüneberg* § 280 Rn. 82; *Edenfeld* MDR 2001, 972). Vor (unwiderruflichem) Abschluss hat der Anwalt sich grundsätzlich der vorherigen Zustimmung des Mandanten zu versichern (BGH NJW 2002, 292).

Der am Vergleichsabschluss beteiligte Anwalt trägt bei der Beratung des Mandanten eine besondere Verantwortung, zumal beim Laien nach der Lebenserfahrung eine Neigung vorhanden ist, im Rechtsstreit entsprechend der Empfehlung des Anwalts zu verfahren (BGH NJW 1966, 2399, 2401). So soll kaum eine Verfahrenssituation für den Anwalt haftungsrechtlich riskanter sein als der Abschluss eines Prozessvergleichs (*E. Schneider* ZAP-Kolumne 2002, 1099). Er kann sich insbesondere nicht darauf verlassen, dass ihn der gerichtliche Vergleichsvorschlag entlastet (hierzu eingehend OLG Frankfurt a. M. NJW 1988, 3269). Ein im Vertrauen auf einen unrichtigen Hinweis des Gerichts abgeschlossener Prozessvergleich ist auch nicht (wegen Wegfalls der Geschäftsgrundlage) unwirksam (OLG Hamm NJW-RR 1997, 1429: alleiniges Risiko der Partei).

Sofern nach der Prozesslage begründete Aussicht besteht, dass im Fall einer Entscheidung ein wesentlich günstigeres Ergebnis zu erzielen ist, hat der Anwalt von einem Vergleich abzuraten (BGH NJW 1993, 1328). Eine Prozessprognose anzustellen ist freilich sehr schwierig und meistens mit vielen Unsicherheitsfaktoren behaftet. Deshalb ist auch ein Vergleich auf hälftiger Basis nicht immer die schlechteste Wahl, wodurch zumindest für beide Parteien das Risiko des völligen Prozessverlusts (»Alles-oder-Nichts-Entscheidung«) vermieden wird.

Die Möglichkeit, einen Vergleich – nach verlorener erster Instanz – noch in der zweiten Instanz abschließen zu können, kann ausgeschlossen sein. Denn nach § 522 Abs. 2 ZPO kann eine aussichtslose Berufung vom Berufungsgericht ohne mündliche Verhandlung durch nicht anfechtbaren Beschluss zurückgewiesen werden.

Diese Aufklärungspflicht des Anwalts besteht selbst dann, wenn er meint, das von ihm ausgehandelte Ergebnis sei schon das Äußerste, was bei der Gegenseite zu erreichen ist (BGH NJW 2002, 292; BGH NJW 1993, 1325).

Hierbei ist immer damit zu rechnen, dass den Mandanten der Vergleichsabschluss im Nachhinein reut und er den nachgegebenen Betrag vom Anwalt ersetzt haben will. Anwaltliche Regressfälle aus (angeblich) unzureichender Vergleichsbelehrung sind praktisch recht häufig. Deswegen sollte der Anwalt dem Mandanten auch im eigenen Interesse klar darlegen, ob er zum Vergleich rät (was von den Erfolgschancen im Prozess abhängt) und zu welchem Inhalt er rät. Insbesondere bei Abfindungsvergleichen muss sicher feststehen, was abgegolten wird.

2654 ▶ Praxistipp:

Daueransprüche (Arbeitseinkommen, Unterhalt, Rentenansprüche) dürfen in einen Vergleich – insbesondere in Form einer Abfindung – nur einbezogen werden, wenn ihr wirtschaftlicher Umfang zweifelsfrei festgestellt wurde.

C. Änderung des Streitgegenstands — 8. Kapitel

Kann der Wert eines solchen Anspruchs (Kapitalisierung, Abzinsung) nicht selbst festgestellt werden, ist es erforderlich, sich sachkundiger Hilfe zu bedienen (unten Rdn. 2669).

Aus richterlicher Erfahrung kann zur Vergleichsstrategie nur angemerkt werden, dass es unter Umständen nützlich sein kann, möglichst viel zu fordern bzw. Gegenforderungen geltend zu machen sowie möglichst viele Beweismittel anzubieten, aber auch Gegner und Gericht durch rechtliche Einwände zu verunsichern. **2655**

> Denn bei ungeklärter Sach- und Rechtslage, vor allem bei zahlreichen Einzelpositionen, wird häufig die Klagesumme geteilt, was der »schwächeren« Partei nützen kann. Zudem ist es leichter, sich herunterhandeln zu lassen, als den Gegner heraufzuhandeln. Auch wenn der Gegner keinerlei Zweifel daran hat, dass er »im Recht ist«, wird er kaum vergleichsbereit sein.
>
> Sind zu dem Termin bereits Zeugen geladen, so ist zu bedenken, dass der Gegner nach einer für ihn günstigen Beweisaufnahme in der Regel nicht mehr vergleichsbereit sein wird bzw. nur noch zu für ihn wesentlich besseren Bedingungen.
>
> Vergleichsfördernd ist gelegentlich auch der Hinweis auf die eigene dürftige finanzielle Situation mit dem Angebot freiwillig zu zahlen, wenn ein Teil der Schuld erlassen wird. Denn für den Gläubiger ist es natürlich von erheblichem Interesse, nicht nur einen vollstreckbaren Titel, sondern auch sein Geld zu bekommen. Dabei ist ein tatsächlich erlangter Teilbetrag wirtschaftlich mehr wert, als eine kosten- und zeitaufwendige Zwangsvollstreckung mit ungewissem Erfolg. Hierbei bieten sich Ratenzahlungsvereinbarungen an, am besten gekoppelt mit Verfall- oder Erlassklauseln, welche für beide Parteien Vorteile bieten (unten).
>
> Sofern dem zivilrechtlichen Anspruch eine Straftat zugrunde liegt, bietet sich für den Gläubiger eine gute Gelegenheit zum Abschluss eines Vergleiches in einem etwaigen Strafverfahren gegen den Täter, insbesondere im Rahmen des Adhäsionsverfahrens (oben Rdn. 2116).

Sofern man bereits von vornherein auf einen Vergleich abzielt, empfiehlt es sich, etwaige (u. U. auch zweifelhafte; Gegen-) Forderungen (mit einer Widerklage) gleich mit in den Prozess als Verhandlungsmasse einzubringen (»Vergrößerung des Kuchens, bevor man ihn teilt!«). **2656**

> Stellt man diese hingegen erst bei den Vergleichsverhandlungen in Aussicht, so ist der (unvorbereitete) Gegner häufig nicht bereit, diese mit zu berücksichtigen. Ferner können durch aufwendiges und gekonntes »Nebelschießen« (*Franzen* NJW 1984, 2262) unter Umständen die Vergleichsbereitschaft der Gegenseite und die Vergleichsbemühungen des Gerichts erhöht werden.
>
> In strafrechtlich relevanten Fällen kann sich ein zuvor gestellter Strafantrag gegen den Gegner als nützliche Verhandlungsmasse erweisen. So ist es nämlich zulässig, dass sich eine Partei verpflichtet, einen Strafantrag (oder eine Strafanzeige) zurückzunehmen.

Wenn der Gegner überhaupt nicht vergleichsbereit erscheint, können eine eingehende Erörterung der Sach- und Rechtslage sowie eine selbstbewusste Darstellung der eigenen Position zuweilen doch noch zu einem Vergleichsabschluss führen. Hierfür ist es hilfreich, bereits vor dem Termin mit dem Mandanten etwaige Spielräume für Zugeständnisse abgeklärt zu haben. **2657**

> Manchmal kann die Bereitschaft des Gegners zum Vergleichsabschluss auch dadurch erhöht werden, dass die Partei im Termin anbietet, den Vergleichsbetrag (ganz oder teilweise) sogleich in bar bzw. per Scheck zu zahlen. Auch die Protokollierung einer Präambel, einer Entschuldigung oder einer Goodwill-Erklärung erleichtert zuweilen den Parteien den Abschluss.
>
> Dabei ist die Erklärung des Gegenanwalts, sein Mandant sei zu weiteren Zugeständnissen keinesfalls bereit, häufig genauso unwahr, wie die Härte und Prozessentschlossenheit nur vorgespiegelt ist.

Zu bedenken ist jedoch, **2658**
– dass protokollierte Vergleichsangebote nach Ablehnung unter Umständen vom Gericht als für die Partei akzeptable Mindestangebote angesehen werden können, an welchen es sich dann auch in seiner Entscheidung orientiert.
– dass ein abgeschlossener Vergleich an sich – unabhängig vom materiellen Inhalt – auch nachteilig sein kann (unten Rdn. 2741).

2. Vergleichsinhalt

2659 Allgemein ist zu empfehlen, den Vergleichstext möglichst selbst zu formulieren.

Denn dann kann man leichter etwaige Lücken bzw. Schwachstellen erkennen. Der Anwalt sollte sich nicht aufgrund etwaigen Drängens seitens des Gerichts oder des Gegners unüberlegt mit einer vorgeschlagenen Formulierung zufriedengeben. Hilfreich ist hierbei sicherlich eine vorherige schriftliche stichpunktartige Fixierung der wesentlichen Punkte. Denn allzu leicht wird bei den oftmals verzwickten und sich über eine gewisse Zeit erstreckenden Vergleichsgesprächen etwas vergessen.

Inhaltliche Mängel des Vergleichs, insbesondere etwaige Rechenfehler können nachträglich nicht gem. §§ 164, 319 ZPO berichtigt werden, sondern nur durch einen nochmaligen Vergleichsabschluss (Thomas/Putzo/*Reichold* § 319 Rn. 1; BayVerfGH NJW 2005, 1347: u. U. aber Anspruch auf Anpassung des Vergleichs oder unwirksam aufgrund eventuellen Dissens).

a) Präambel

2660 Vielen Vergleichen wird eine Präambel vorangestellt. Eine solche kann rein psychologische Gründe haben (die Partei »wahrt ihr Gesicht«) oder die Motive der Parteien für den Vergleichsschluss beschreiben, was von Bedeutung sein kann, wenn dieser von der noch ausstehenden Zustimmung Dritter (z. B. der Rechtsschutzversicherung) abhängt oder wenn es um seine spätere Auslegung bei Unklarheiten geht.

2661 ▶ **Beispiel:**

Ein Vergleich kann geschlossen werden »auf (dringendes) Anraten des Gerichts«, »ohne Anerkennung einer Rechtspflicht« oder »nach eingehender Erörterung der Sach- und Rechtslage«.

Auch die Formulierung »Ohne Anerkennung einer Rechtspflicht« lässt die Wirksamkeit des Vergleichs unberührt. Damit soll lediglich der freiwillige Charakter des Vergleichsabschlusses zum Ausdruck gebracht und verdeutlicht werden, dass sich die Partei nicht auch die vom Gegner vertretene Rechtsansicht zu eigen macht (BAG NJW 2004, 533). Auch wird zum einen damit klargestellt, dass der Vergleich keinerlei Präjudizwirkung für andere Verfahren (zwischen den Parteien, mit der Haftpflichtversicherung oder mit regresspflichtigen Dritten) haben soll und zum anderen wird dadurch verhindert, dass der Vergleichsabschluss möglicherweise als Anerkenntnis (hinsichtlich etwaiger weiterer Ansprüche aus dem Rechtsverhältnis) angesehen wird.

b) Regelungsumfang

2662 Wichtig ist es, den Regelungsumfang des Vergleichs in subjektiver, objektiver und zeitlicher Hinsicht festzuhalten.

2663 Der Prozessvergleich wird zwischen den **Parteien** des Rechtsstreits abgeschlossen.

Es können allerdings auch am Verfahren nicht beteiligte Dritte mit einbezogen werden, was erfahrungsgemäß nicht selten erst eine umfassende Einigung zwischen allen Beteiligten ermöglicht. Materiellrechtlich ist eine solche Einbeziehung problemlos möglich. Eine Vollstreckung durch oder gegen die Dritten ist indes nicht möglich. Dazu ist erforderlich, dass sie dem Verfahren (zumindest »zum Zwecke des Vergleichsabschlusses«) beitreten. Hierzu müssen sie entweder persönlich anwesend oder ordnungsgemäß vertreten sein, wobei im Anwaltsprozess hierfür kein Anwaltszwang besteht (Thomas/Putzo/*Hüßtege* § 794 Rn. 9, 12; BGHZ 86, 160, str.). Dabei beschränkt sich die Mitwirkung des Dritten darauf, dass er seine Verpflichtungserklärung zu Protokoll gibt, wodurch der Gläubiger einen vollstreckbaren Titel erhält (§ 794 Abs. 1 Nr. 1 ZPO).

2664 Der Inhalt muss den **Streitgegenstand** ganz oder teilweise durch gegenseitiges Nachgeben regeln. Insoweit wird der Rechtsstreit dadurch beendet. Auch wenn durch den Vergleich bereits ergangene Titel (z. B. Vollstreckungsbescheid, Versäumnisurteil, Vorbehaltsurteil) ohne Weiteres wirkungslos werden (Thomas/Putzo/*Hüßtege* § 794 Rn. 28), kann es zur Verhinderung einer etwaigen unzulässigen Vollstreckung hilfreich sein, wenn der Kläger auf die Rechte hieraus im Vergleich ausdrücklich verzichtet.

C. Änderung des Streitgegenstands — 8. Kapitel

Es können auch Rechtsverhältnisse mit erfasst werden, die nicht Prozessgegenstand sind. **2665**

> Der Gegenstand des Vergleichs muss lediglich der Verfügung der Parteien unterliegen und darf keinen gesetzwidrigen (§ 134 BGB) oder sittenwidrigen (§ 138 BGB) Inhalt haben.
>
> Im Fall eines Widerrufsvergleichs wird sogar die Verjährung des nicht rechtshängigen Anspruchs gem. § 203 Satz 1 BGB – bis zur Erklärung des Widerrufs – gehemmt (BGH NJW 2005, 2004).

Der Vergleich kann lediglich die Klageforderung, alle in den Prozess eingeführten Ansprüche (also insbesondere auch Hilfs- und Aufrechnungsforderungen) oder alle gegenseitigen Ansprüche der Parteien (und damit sogar die, denen sie sich gegenwärtig gar nicht bewusst sind) erfassen. Alle Lösungen können im Einzelfall sinnvoll sein, was genau gewollt ist, muss klargestellt werden (BGH NJW 1966, 2399). **2666**

Werden von dem (Teil-)Vergleich ausschließlich Punkte erfasst, die nicht Streitgegenstand des Verfahrens waren, liegt die Protokollierung im Ermessen des Gerichts. Besteht ein innerer Zusammenhang mit dem Rechtsstreit, kommt eine Protokollierung im Hinblick auf § 127a BGB in Betracht (BGH Beschl. V. 03.08.2011 - XII ZB 153/10).

Zu empfehlen ist im Normalfall, im Vergleich allenfalls nur eine Abgeltung der streitgegenständlichen Ansprüche zu vereinbaren. **2667**

> Eine umfassende Abgeltung (mit Einmalzahlung; hinsichtlich sämtlicher – bekannter und unbekannter – vorhersehbarer und nicht vorhersehbarer – erwarteter und unerwarteter – Ansprüche aus dem streitgegenständlichen Ereignis – gleich aus welchem Rechtsgrund – für die Vergangenheit und Zukunft) ist riskant, insbesondere wenn mögliche Personen-Spätschäden in Betracht kommen oder es sich bei dem Streitgegenstand nicht um die einzige Rechtsbeziehung zwischen den Parteien handelt.
>
> Werden einige Punkte von der Abgeltung ausgenommen, sollten diese zur Vermeidung von späteren Unklarheiten so genau wie möglich bezeichnet werden. Zu vermeiden sind hierbei allgemeine Formulierungen wie z. B. »erhebliche Verschlechterungen«. Klar wäre hingegen z. B. folgende Formulierung:
>
> »Vorbehalten bleiben Ansprüche auf Verdienstausfall, wenn die Minderung der Erwerbsfähigkeit unfallbedingt dauerhaft 50 % übersteigt ... für den Fall der Amputation des Fußes« (*Heß/Burmann* NJW-Spezial 2004, 207).
>
> Bei der Vergleichsprotokollierung ist unbedingt auf den genauen Wortlaut beim Vorlesen des Vergleichsinhaltes zu achten, um zu verhindern, dass ungewollt eine umfassende Abgeltung protokolliert wird. Dies könnte vor allem dann leicht geschehen, wenn der bei Gericht formularmäßig vorgegebene Vergleichstext die Beschränkung auf die »streitgegenständlichen Ansprüche« nicht enthält. Denn dann ist die Wahrscheinlichkeit groß, dass die umfassende Formulierung unverändert ins Protokoll übernommen wird.

Allerdings kann der Schuldner bei einer nur eingeschränkten Abgeltung nach Abschluss des Vergleichs bereits bestandene Gegenrechte (z. B. Aufrechnung, Zurückbehaltungsrecht) noch ausüben und mit der Vollstreckungsgegenklage geltend machen (§ 767 Abs. 2 ZPO gilt nicht für den Prozessvergleich, Thomas/Putzo/*Hüßtege* § 767 Rn. 25). Es kann sich daher u. U. empfehlen, insoweit Einredefreiheit zu vereinbaren. **2668**

> Stehen dem Verletzten Ansprüche gegen mehrere Schädiger als Gesamtschuldner zu, welche nicht mitverklagt sind, kann er diesen gegenüber seinen restlichen, nicht durch die Vergleichssumme getilgten Schaden noch geltend machen. Für den Beklagten besteht dann die Gefahr der Inanspruchnahme wegen etwaiger Ausgleichsansprüche (§ 426 BGB). Deshalb sollte auch diese Frage im Vergleich möglichst mit geregelt werden (z. B. mittels Verzicht auf Geltendmachung gegenüber solchen dritten Personen oder Freistellungsverpflichtung; OLG Frankfurt a. M. VersR 2003, 204: Vertrag zugunsten Dritter; LG Koblenz VersR 1995, 577: § 423 BGB).

Der Rechtsanwalt darf einen (bindenden) Abfindungsvergleich mit nicht unerheblicher Tragweite regelmäßig nur schließen, wenn der Mandant hierüber belehrt ist und zugestimmt hat (BGH NJW 1994, 2085; oben Rdn. 2654). **2669**

Dabei ist ein Abfindungsvergleich zur Regulierung der Schäden aus einer Körperverletzung regelmäßig von erheblicher Tragweite, sofern es sich nicht um Verletzungen einfacher Art handelt und aller Voraussicht nach mit Spätfolgen nicht gerechnet werden muss. Zu den zustimmungsbedürftigen Verletzungen rechnet der BGH z. B. auch das bei Verkehrsunfällen häufig auftretende und in der Gerichtspraxis nicht immer erst genommene HWS-Schleudertrauma, welches erfahrungsgemäß zu den Unfallverletzungen gehört, die diagnostisch schwer fassbar sind und deren Verlauf schwierig vorherzusagen ist.

Es empfiehlt sich daher, den Mandanten eingehend und nachweisbar über Bedeutung und Risiken zu belehren (insbesondere über das Risiko etwaiger Fehleinschätzungen der künftigen Entwicklung sowie dass für unvorhergesehene Schäden Nachforderungen grundsätzlich ausgeschlossen sind). Dies gilt besonders bei jungen Geschädigten, welche sich von einem – mehr oder weniger hohen – Abfindungsbetrag leicht beeindrucken lassen. Aber auch hier darf der Vorteil eines Abfindungsvergleichs, die schnelle Erlangung eines u. U. nicht unerheblichen Betrages statt eines möglicherweise langjährigen Streits mit ungewissem Ausgang nicht außer Acht gelassen werden. Hierbei entfällt für den Geschädigten auch das, bei einer alternativen Rentenzahlung allgemein bestehende künftige Insolvenzrisiko des Schuldners (§ 843 BGB).

Im Zweifel sollte der Anwalt von einem Abfindungsvergleich eher abraten (*Edenfeld* MDR 2001, 974).

So ist der Vergleich insbesondere bei einem Irrtum über die Zukunftserwartungen grundsätzlich nicht unwirksam. Allenfalls bei einem krassen Missverhältnis zwischen dem Schaden und der Abfindungssumme, wenn ein Zukunftsschaden bei der Festlegung der Abfindungssumme keine oder nur eine untergeordnete Rolle gespielt hat, kann etwas anders gelten (§§ 779 Abs. 1, 242 BGB), nicht ohne Weiteres jedoch bei unvorhergesehenen Spätfolgen (LG Heidelberg VersR 1995, 575: Irrtum über die künftige Abfindungspolitik des Schuldners – Aidsinfizierung; BGH NJW 1991, 1535: kein Missverhältnis bei Abfindungssumme und Schaden von eins zu drei; Palandt/*Grüneberg* §§ 242 Rn. 153; 779 Rn. 12).

Bei Schwerverletzten (insbesondere Gehirnverletzungen) ist darauf zu achten, ob der Geschädigte auch geschäftsfähig ist (im Zweifel Gutachten, Betreuung oder Bestellung eines Pflegers; *Heß/Burmann* NJW-Spezial 2004, 207). Denn sonst wäre der Vergleich nichtig.

2670 Werden (materielle und immaterielle) Zukunftsschäden vorbehalten, muss unbedingt sichergestellt werden, dass diese nicht verjähren (OLG Hamm MDR 1999, 388; Palandt/*Ellenberger* § 199 Rn. 14, 31). Denn weder hat der Vorbehalt allein Einfluss auf die Verjährung, noch enthält dieser einen konkludent erklärten Verzicht auf diese Einrede.

Hierbei beträgt die (regelmäßige) Verjährungsfrist 3 Jahre (§§ 195, 199 Abs. 1 BGB – die missverständliche Formulierung des § 199 Abs. 2 BGB betrifft nur die absolute Verjährungsfrist).

2671 Als Sicherungsmaßnahmen im Hinblick auf die (drohende) Verjährung kommen in Betracht:
– Ausdrücklich erklärter Verzicht auf die Verjährungseinrede (§ 202 BGB)
– Titelersetzendes Anerkenntnis (§ 197 Abs. 1 Nr. 3 BGB – Verjährungsfrist 30 Jahre!)
– Feststellungsklage (oben Rdn. 763)
– Vereinbarung einer längeren Verjährungsfrist (§ 202 Abs. 2 BGB)
– Stundungsabrede bzw. Stillhalteabkommen (sog. pactum de non petendo; § 205 BGB; Palandt/*Ellenberger* § 205 Rn. 2)

Für ein sog. titelersetzendes Anerkenntnis ist Voraussetzung, dass dieses vom Schuldner mit dem Ziel abgegeben wird, den Gläubiger klaglos zu stellen.

Allein das Fehlen eines vereinbarten Verjährungsverzichts für Zukunftsschäden reicht zur Annahme für eine derartige Absicht nicht aus. Anders wäre dies zu beurteilen, wenn der Vergleich eine Äußerung des Beklagten enthalten würde, wonach die Ansprüche des Klägers »dem Grunde und der Höhe nach für Vergangenheit und Zukunft ersetzt werden« oder wenn der Beklagte sonst eine Feststellungsklage des Klägers hinsichtlich des Zukunftsschadens konkret zu erwarten gehabt hätte, von deren Erhebung der Gläubiger durch die Erklärung des Vorbehalts abgehalten wurde (BGH NJW 2002, 1878; 2003, 1524).

Allerdings verbleibt es für künftig fällig werdende regelmäßig wiederkehrende Leistungen bei der regelmäßigen Verjährungsfrist von drei Jahren (§ 197 Abs. 2 BGB; BGH VersR 1985, 62).

Hingegen ist die Frage, ob etwa ein Schuld umschaffendes, vom zugrunde liegenden Haftungsgrund losgelöstes selbstständiges (sog. konstitutives) Anerkenntnis vorliegt (§ 781 BGB), nicht von wesentlicher

C. Änderung des Streitgegenstands   8. Kapitel

Bedeutung. Ein (solches) Anerkenntnis kann allenfalls den Neubeginn der Verjährung bewirken, jedoch nicht mehr die Verjährungsfrist bis auf 30 Jahre verlängern (§§ 195; 212 Abs. 1 Nr. 2 BGB; 195 BGB a. F.; zum alten Recht BGH NJW 1999, 1782; BGH NJW 2002, 1878). Im Übrigen ist die Erklärung des Schuldners, er erkenne die Ansprüche des Geschädigten an, in der Regel nur als Schuld bestätigend (deklaratorisch) anzusehen.

Dabei stehen die in der Praxis beliebten Formulierungen wie »die Zahlung des Abfindungsbetrags bedeutet kein Anerkenntnis der Haftung« (BGH NJW 2002, 1878) oder »ohne Anerkennung einer Rechtspflicht« (Thüringer OLG OLG-NL 2005, 54) der Annahme eines Anerkenntnisses entgegen.

In Verkehrsunfallsachen ist bei Ansprüchen gegenüber der Kfz-Haftpflichtversicherung die Sonderregelung des § 3 Nr. 3 PflVG zu beachten.

Wurde ein **außergerichtlicher Abfindungsvergleich** abgeschlossen (und der vereinbarte Betrag bezahlt), endet damit die Verjährungshemmung für etwaige vorbehaltene Zukunftsschäden. 2672

Die 3-jährige Verjährungsfrist beginnt dann diesbezüglich erneut zu laufen, soweit nicht besondere Umstände ergeben, dass die Parteien insoweit gerade keine abschließende Regulierung des gesamten Schadens – mit Ausnahme des vorbehaltenen Zukunftsschadens – wollten (BGH NJW 2002, 1878; Thüringer OLG OLG-NL 2005, 54; Palandt/*Ellenberger* § 203 Rn. 4; vgl. auch §§ 203, 212 Abs. 1 Nr. 1 BGB; § 15 VVG).

c) Leistungspflicht

Bestimmt werden muss auch die **Leistungspflicht** der Parteien. 2673

Problematisch kann zum Beispiel sein, ob auf den genannten Betrag noch Mehrwertsteuer oder Zinsen zu zahlen sind, wann die Leistung fällig sein soll, ob bereits gezahlte, vollstreckte oder titulierte Teilbeträge angerechnet werden sollen und ob die Leistung von Gegenleistungen abhängen soll.

▶ Praxistipp: 2674

Die Leistungspflichten der Parteien müssen im Vergleich vollstreckungsfähig formuliert werden, dass sie sind. en sind mit vollstreckungsfähigem Wortlaut bzw. Inhalt zu formulieren.

Der Anwalt sollte sich daher vor dem Abschluss Gedanken machen, ob und wie der Vergleich zu vollstrecken ist. Zur Kontrolle kann man sich in die Situation des Vollstreckungsorgans, speziell des Gerichtsvollziehers versetzen, der allein aus dem, für sich heraus verständlichen Vergleichstext erkennen können muss, was er im Einzelnen zu vollstrecken hat (Zöller/*Stöber* § 704 Rn. 4).

▶ Beispiel: 2675

Zu zahlende Beträge sind beziffert anzugeben, herauszugebende Sachen so genau zu bezeichnen, dass sie von allen anderen Gegenständen abgegrenzt werden können.

Zur Konkretisierung können dem Vergleich Anlagen beigefügt werden.

Außerdem sollte die Regelung möglichst klar und eindeutig, im Zweifel eher ausführlicher als zu knapp formuliert werden, um späteren Auslegungsstreitigkeiten über den Umfang des Vergleichs vorzubeugen (BGH NJW 2002, 1048: Pflicht des Anwalts bei Vergleichsabschluss hierfür zu sorgen). Des Weiteren ist einfachen und praktikablen Lösungen der Vorzug zu geben (z. B. keine Bedingungen, Gegenleistungen oder Rückabwicklungen). In jedem Fall ist auf die vollständige und richtige Niederlegung des Willens des Mandanten zu achten.

Im Übrigen sind folgende Punkte besonders zu beachten: 2676

(1) Eine **Leistungsverpflichtung** sollte auch als eine solche unmissverständlich formuliert werden. 2677

So ist z. B. die Formulierung »Der Beklagte schuldet« unklar. Denn dieser Ausdruck enthält nur die Erklärung, dass eine Schuld besteht (BGH DRiZ 1969, 256). Damit ist aber noch nicht ohne Weiteres gesagt, dass der Beklagte das jetzt und gerade aufgrund dieses Vergleichs auch tun soll. Offen bleibt, ob eine bloße (nicht vollstreckbare) Feststellung erfolgt ist oder ein (vollstreckbarer) Leistungstitel geschaffen werden sollte.

2678 (2) Sollen zu den Hauptforderungen **Nebenforderungen** hinzukommen, muss dies ausdrücklich festgelegt werden.

Geschuldet werden nur die im Vergleich selbst geregelten Leistungen. Zinsen, Kosten, Steuer o. Ä. werden, wenn sie im Vergleich nicht erwähnt sind, auch dann nicht geschuldet, wenn sie ursprünglich mit eingeklagt waren.

2679 (3) Bei einer Mehrheit von Gläubigern oder Schuldnern ist anzugeben, wie deren Berechtigung oder Verpflichtung im **Innenverhältnis** ausgestaltet sein soll.

Insbesondere bedarf der Klärung, ob mehrere Schuldner als Teil- oder Gesamtschuldner haften sollen. Bei Gesamtschuldnerschaft besteht der Vorteil für den Gläubiger darin, dass er von jedem der Schuldner den ganzen Betrag verlangen und vollstrecken kann (§ 421 BGB). Sofern bei mehreren Gläubigern auch noch eine etwaige Gesamtgläubigerschaft, im Vergleichstext mit aufgenommen ist, steht dieses Recht jedem einzelnen Gläubiger zu (§ 428 BGB).

2680 (4) Problematisch sind **Anrechnungsklauseln**.

Angerechnet werden können
- bereits gezahlte Beträge
- bereits vollstreckte Beträge
- bereits titulierte Beträge.

Diese müssen exakt bezeichnet und beziffert werden. Die Klausel »Die Parteien sind sich einig, dass vom Antragsgegner geleistete Zahlungen in Anrechnung zu bringen sind« ist wegen inhaltlicher Unbestimmtheit nicht vollstreckungsfähig (OLG Zweibrücken MDR 2002, 541; a. A. OLGReport Zweibrücken 2002, 480). Insbesondere ist es dem Vollstreckungsorgan verwehrt, auf Überweisungsbelege oder gar privatschriftliche Zahlungsaufstellungen zurückzugreifen.

2681 (5) Geht es um die **Abgabe von Willenserklärungen**, so sollten diese zur Vermeidung von Vollstreckungsproblemen (sonst § 888 ZPO) schon im Vergleich selbst mit abgegeben werden (Thomas/Putzo/*Hüßtege* § 894 Rn. 3).

Bei einem Verzicht auf Ansprüche sollte sicherheitshalber die Annahmeklärung des Schuldners ausdrücklich mit aufgenommen werden (§ 397 Abs. 1 BGB: Erlassvertrag!).

2682 (6) Wichtig ist es, den geregelten **Ansprüchen** eine praktisch durchsetzbare Form zu geben.

Bei **Unterlassungs- und Handlungsansprüchen** kann es für eine etwaige Durchsetzung u. U. besser sein, eine Vertragsstrafe im Vergleich und für diese gegebenenfalls zusätzlich eine Sicherheitsleistung mit aufzunehmen.

2683 Bei **Herausgabeansprüchen** sind unklare Sammelbegriffe zu vermeiden.

Denn es kann nicht dem Gerichtsvollzieher überlassen bleiben, aus einer Vielzahl von im Gewahrsam des Schuldners befindlichen Gegenständen diejenigen herauszusuchen, die unter einen im Vergleich verwendeten Sammelbegriff fallen. Vielmehr müssen die betreffenden Gegenstände identifizierbar bezeichnet sein, wozu dem Vergleich auch Aufstellungen beigefügt werden können (unten Rdn. 2720).

Nicht vollstreckungsfähig sind insbesondere die folgenden Formulierungen: Der Schuldner ist verpflichtet, Belege bzw. Urkunden herauszugeben, »soweit vorhanden« oder »aus denen die Richtigkeit des Zahlenmaterials der Rechnungslegung entnommen werden kann« oder »über die Höhe der Einkünfte Belege vorzulegen« (OLG Köln MDR 1993, 83).

Ungenügend für einen Räumungstitel wäre es, wenn es lediglich heißen würde »Die Parteien sind sich einig, dass das Mietverhältnis zum ... endet«. Vielmehr muss die Pflicht zur Besitzaufgabe eindeutig zum Ausdruck kommen (AG Schöneberg NJW-RR 1991, 1488).

Hierbei kann es sich empfehlen, Fristen zu bestimmen und (Schadensersatz-) Regelungen für den Fall der Nichterfüllung zu vereinbaren (*E. Schneider* MDR 1997, 1091 mit dem anschaulichen Beispiel eines missratenen Prozessvergleichs).

C. Änderung des Streitgegenstands 8. Kapitel

(7) Die Vergleichsforderung ist grundsätzlich sofort im gesamten Umfang **fällig** (§ 271 Abs. 1 BGB) und vollstreckbar. 2684

> Da aber »aus den Umständen« etwas anders zu entnehmen sein kann, sollte die Fälligkeit in komplexen Fällen am besten ausdrücklich geregelt werden (z. B. BAG NJW 2005, 171: Fälligkeit einer vereinbarten Abfindung normalerweise erst zum Zeitpunkt der Beendigung des Arbeitsverhältnisses).
>
> Benötigt der Schuldner zur Bewirkung der Leistung gewisse Zeit, sollte dieser darauf hinwirken, dass eine entsprechende Frist im Vergleich ausdrücklich mit aufgenommen wird. In der Regel wird eine gewisse Stundung – mit oder ohne Zinsen – von Klägerseite auch akzeptiert.

Soll die Fälligkeit ganz oder teilweise aufgeschoben werden, ist eine **Zahlungsvereinbarung** erforderlich. Dabei ist neben dem jeweiligen Fälligkeitstermin die genaue Höhe der einzelnen Raten anzugeben. 2685

> Häufig werden hiermit noch besondere Klauseln dergestalt verbunden, dass dem Schuldner bei pünktlicher Zahlung eines bestimmten Teilbetrages der Rest erlassen, bei Nichtzahlung bzw. Säumnis hingegen die (gesamte) Restforderung sofort zur Zahlung fällig wird (sog. Druckvergleich).
>
> Dadurch besteht einerseits ein gewisser Anreiz für den Schuldner, um die Erfüllung der Vergleichsforderung bemüht zu sein und andererseits ist der Gläubiger in jedem Fall durch den vollstreckbaren Vergleich abgesichert.
>
> Zu beachten ist, dass bei den sog. Wiederauflebungs- und Rücktrittsklauseln im Gegensatz zu den Verfalls- und Erlassklauseln der Gläubiger bei Erteilung einer vollstreckbaren Ausfertigung für den Zahlungsrückstand beweispflichtig ist (§ 726 Abs. 1 ZPO!; Thomas/Putzo/*Hüßtege* §§ 724 Rn. 8; 726 Rn. 14; Zöller/*Stöber* § 726 Rn. 14; BGH BNotZ 1965, 544; *Münzberg* RPfleger 1997, 413).
>
> Da man bei Fälligstellung lediglich des Restes damit rechnen muss, dass die Vollstreckungsorgane vom Gläubiger einen Nachweis über die bisherige Abrechnung zur Zahlung verlangen (Thomas/Putzo/*Hüßtege* § Vorbem. § 704 Rn. 16, 20), sollte bei Rückstand die gesamte Forderung ohne Rücksicht auf die Abrechnungslage fällig gestellt werden und nicht nur der jeweilige Kapitalrest.
>
> Bei solchen Klauseln sollte unbedingt die Formulierung »Rückstand« im Sinne unterlassener bzw. nicht pünktlicher Zahlung gewählt werden, da im Gegensatz hierzu »Verzug« ein Verschulden voraussetzt (§ 286 Abs. 4 BGB), worüber Streit entstehen kann.
>
> Schließlich sollte auch an eine Verzinsung gedacht werden, für deren Höhe sich die gesetzliche Regelung anbietet. Zudem ist es zweckmäßig klarzustellen, ob vom Schuldner zu erstattende Kosten in der Ratenzahlungsregelung mit enthalten sein sollen. Sonst wären diese sofort fällig und könnten den Schuldner in unbedachte Zahlungsschwierigkeiten bringen, mit dem Risiko des Eintritts einer Verfallklausel wegen Ratenrückstandes.

(8) Werden gegenseitige Leistungspflichten vereinbart, muss auch die **Gegenleistung** vollstreckbar bezeichnet sein. Zudem müssen Verhältnis von Leistung und Gegenleistung geregelt werden. 2686

> Diese können im Synallagma stehen, sodass jeder Partei die Einrede des nicht erfüllten (Vergleichs-) Vertrages zusteht. Sinnvoller ist es häufig beide Leistungen unabhängig voneinander zu postulieren oder eine Vorleistungspflicht für eine Partei festzuschreiben.

(9) Des Weiteren ist es oftmals ratsam, eine **Beweislastregelung** in den Vergleich aufzunehmen. 2687

> Um späteren Schwierigkeiten (bei der Vollstreckung), insbesondere bei den Zusatzklauseln einer Ratenzahlungsvereinbarung vorzubeugen, kann es sich empfehlen, im Vergleich zu bestimmen, dass der Schuldner für die rechtzeitige Zahlung (bzw. sonstige Leistung) darlegungs- und beweispflichtig ist. Als maßgebender Zeitpunkt für die Erfüllung sollte am besten die Gutschrift des jeweiligen Betrages auf dem Konto (der Partei oder ihres Prozessbevollmächtigten) bestimmt werden (sog. Rechtzeitigkeitsklausel; zur Auslegung bei fehlender diesbezüglicher Vereinbarung OLG Nürnberg JurBüro 1999, 486).

d) Erlassklausel

2688 Enthalten sein kann eine Erlassklausel, wonach bei Zahlung eines bestimmten (Teil-) Betrages bis zu einem festgelegten Zeitpunkt der (grundsätzlich ebenfalls titulierte) Restbetrag der Forderung als erlassen gelten soll (sog. »Las-Vegas-« oder »Monte-Carlo-Vergleich«; *Knütel* MDR 1995, 437).

e) Kosten

2689 Grundsätzlich gehört zu einem Vergleich der Parteien auch eine Einigung über die durch den Rechtsstreit entstandenen Kosten.

> In die Überlegungen zu der Einigung über die Kosten sollte stets auch eine eventuell angefallene vorgerichtliche Geschäftsgebühr einbezogen werden (*Jungbauer* DAR 2008, 745).
>
> Können die Parteien sich über die Kosten nicht einigen, kann der Rechtsstreit nach Abschluss eines (Teil-) Vergleichs nur über die Hauptsache für erledigt erklärt und die Kostenentscheidung dann vom Gericht nach § 91a ZPO getroffen werden. Richtiger, wenn auch bestrittener Ansicht zufolge darf dann nicht auf das Nachgeben im Vergleich abgestellt werden, sondern auf die Erfolgsaussichten der Klage ohne den Vergleich (OLG Stuttgart NJW-RR 1999, 147; OLG Oldenburg NJW-RR 1992, 1466).

aa) Kostenregelung

2690 Das Zustandekommen eines Vergleichs hängt in vielen Fällen (nur noch) von der Verteilung der Kosten ab. Denn diese ist oft maßgebend dafür, ob sich der Vergleich im Ergebnis für eine Partei überhaupt lohnt.

2691 Manchmal ist die (teilweise) Übernahme der Kosten durch den Gegner leichter zu erreichen, wenn der Streitwert möglichst niedrig angesetzt werden kann und somit die von ihm zu tragenden Kosten geringer sind. Dabei können die Gerichts- und außergerichtlichen Kosten unterschiedlich verteilt werden.

2692 Bei der Kostenregelung im Vergleich ist beachten, dass die Vereinbarung im Zweifel nur die notwendigen Kosten i. S. d. § 91 Abs. 1 Satz 1 ZPO erfasst.

> Zur Vermeidung späterer Unklarheiten und Auslegungsschwierigkeiten sollte im Vergleich daher speziell die Kostentragungspflicht bezüglich eines vorangegangenen selbstständigen Beweisverfahrens, einer Streitverkündung, eines Privatgutachtens, einer Säumnis sowie die Kosten einer bereits erfolgten Vollstreckung oder eines bereits rechtskräftig abgeschlossenen Teils des Rechtsstreits stets ausdrücklich mit geregelt werden).
>
> So umfasst insbesondere eine Vereinbarung im Vergleich über die »Kosten des Rechtsstreits« nicht die Kosten einer bereits erfolgten (vorläufigen) Zwangsvollstreckung (Zöller/*Stöber* § 788 Rn. 14). Wird durch den Vergleich ein Vollstreckungsbescheid gegenstandslos, so können nach h. M. die bis dahin entstandenen Kosten nur in der Höhe festgesetzt werden (gem. § 788 Abs. 1 Satz 1, Abs. 2 Satz 1 ZPO), in der sie entstanden wären, wenn der Gläubiger die Vollstreckung von vornherein auf den Vergleichsbetrag beschränkt hätte (BGH MDR 2004, 352; Zöller/*Herget* §§ 104 Rn. 21 – Kosten der Zwangsvollstreckung; 788 Rn. 14, 22; nach a. A. überhaupt keine Erstattungsfähigkeit, sofern diese nicht dem Inhalt des Vergleichs zu entnehmen ist).
>
> Bei einer Streitverkündung muss vor allem der Gegner der unterstützten Partei die außergerichtlichen Kosten des Streithelfers im Auge behalten. Denn ohne eine gesonderte Regelung hat dieser dessen Kosten entsprechend der im Vergleich zwischen den Parteien getroffenen Kostenverteilung zu tragen, wobei der unterstützten Partei diesbezüglich eine Kostentragungspflicht in keinem Fall trifft. Die Kosten der Streitverkündung selbst gehören nicht zu den Kosten des anhängigen Rechtsstreits und treffen daher – ohne abweichende Regelung im Vergleich – den Streitverkünder (als Antragsteller) allein (Thomas/Putzo/*Hüßtege* §§ 73 Rn. 8; 91a Rn. 59).

2693 Als – kostengünstige – Alternativen kommen vor allem in Betracht: Teilklagerücknahme und Anerkenntnis(urteil)/Anerkenntnisurteil mit (protokolliertem) Verzicht des Klägers auf Kostenerstattung/Klagerücknahme und Verzicht des Beklagten auf Kostenerstattung bzw. Kostenantragstellung (§ 269 Abs. 4 ZPO).

C. Änderung des Streitgegenstands

8. Kapitel

Nach 269 Abs. 2 ZPO hat bei einer Klagerücknahme der Kläger die Kosten des Rechtsstreits zu tragen, soweit nicht bereits rechtskräftig über sie erkannt ist oder sie dem Beklagten aus einem anderen Grund aufzuerlegen sind.

Danach können dem Kläger die Kosten nicht auferlegt werden, wenn der Beklagte durch außergerichtlichen Vergleich zur Kostentragung verpflichtet ist oder wenn er zuvor wirksam auf die Kostenerstattung verzichtet hat (Begr. RegE S. 80).

Im Übrigen ermäßigen sich die Kosten bei Beendigung des Verfahrens durch Anerkenntnisurteil oder Klagerücknahme – ebenso wie bei einem Vergleich – um zwei Gerichtsgebühren (Nr. 1211 KV-GKG). Außerdem fällt keine anwaltliche Einigungsgebühr an (Nr. 1000 (1) VV-RVG; OLG Stuttgart NJW 2005, 2161: bei vorheriger Stundungszusage ist auf einen Verzichtsvertrag der Parteien hinsichtlich Erstattung von – eigentlich entstandenen – Vergleichskosten zu schließen).

Folgende Kostenregelungen sind bei einem Prozessvergleich möglich: 2694

(1) Die Parteien können sich über die Kosten **einigen**. 2695

▶ Praxistipp: 2696

Sollen die Kosten von einem Dritten (Rechtsschutzversicherung, Staatskasse) übernommen werden, sind dessen Vorgaben bei der Kostenvereinbarung zu berücksichtigen.

Bei bestehender Rechtsschutzversicherung muss die vereinbarte Kostenquote dem Verhältnis des Obsiegens zum Unterliegen (§ 2 Abs. 3 Nr. a ARB 75) bzw. dem Verhältnis des angestrebten zum erzielten Ergebnis (§ 5 Abs. 3b ARB 94) entsprechen, um volle Kostenerstattung zu erhalten.

Dadurch soll verhindert werden, dass die versicherte Partei – zulasten der Versicherung – Kostenzugeständnisse macht, um ein weiteres Entgegenkommen der anderen Partei in der Hauptsache zu erreichen. Wohl gerade deshalb sind die Versicherer in diesem Punkt erfahrungsgemäß streng (*Chab* AnwBl. 2003, 654).

Dabei dürfen seitens der Rechtsschutzversicherung die Erfolgsaussichten bzw. das Prozessrisiko auch dann nicht berücksichtigt werden, wenn die Kostenregelung auf einem an den Erfolgsaussichten orientierten Vorschlag des Gerichts beruht (entgegen *Seutemann* MDR 1996, 558 reicht hiernach eine kurze Protokollierung der rechtlichen Beurteilung des Gerichts zur Verpflichtung der Rechtsschutzversicherung nicht aus).

Wenn sich das Erfolgsverhältnis nicht (objektiv exakt) bestimmen lässt, müsste der Versicherer eine Kostenaufhebung (eigentlich) akzeptieren. Problematisch könnte es auch sein, wenn die Parteien die Kostenfrage offen lassen, womit Kostenaufhebung nach § 98 ZPO zwangsläufig gilt, dies aber – zulasten der versicherten Partei – nicht dem Verhältnis von Obsiegen und Unterliegen entspricht.

In Zweifelsfällen sollte jedenfalls die Zustimmung der Rechtsschutzversicherung eingeholt werden (widerruflicher Vergleich!), wobei ein günstiger Vergleich im Ergebnis auch dann noch vorteilhaft sein kann, wenn die Partei die Kosten (teilweise) selbst tragen muss.

Nur für Altfälle, die vor dem 01.08.2013 (erstinstanzig oder im Rechtsmittelzug) anhängig geworden sind, ist bei Abschluss eines Vergleichs mit einem prozesskostenhilfeberechtigten Beklagten zu bedenken, dass die kostenrechtliche Privilegierung nach § 31 Abs. 3 Satz 1 GKG a. F. entfällt und beide Parteien damit kostenrechtlich schlechter stehen können, als er im Falle einer inhaltsgleichen Entscheidung durch Urteil stünden. Bei einer Verurteilung haftete der Beklagte für die Gerichtskosten nur im Umfang des im PKH-Beschluss getroffenen Zahlungsbestimmungen (§ 122 Abs. 1 Nr. 1 a) ZPO) und musste dem Kläger Gerichtskosten nicht erstatten, da dieser durch § 31 Abs. 3 Satz 1 GKG von seiner Veranlasserhaftung befreit war. Übernahm der Beklagte die Kosten in einem Vergleich, konnte er vom Kläger, dessen Veranlasserhaftung bestehen blieb, auf Kostenerstattung in Anspruch genommen werden (Zöller/*Philippi* §§ 122 Rn. 23 ff.; 123 Rn. 6 f.; BVerfG NJW 2000, 3271; BGH NJW 2004, 366). Für den Kläger bestand damit die Gefahr, bereits bezahlte Gerichtsgebühren nicht von der Staatskasse, sondern nur vom (mittellosen) Beklagten zurückverlangen zu können. Für den Beklagten bestand die Gefahr, Gerichtskosten tragen zu müssen. Für diese Altfälle besteht nach wie vor die Notwendigkeit, die eigene Partei über diese zusätzichen Kostenrisiken aufzuklären und ggf. von einem Vergleich abzuraten (*Vester* NJW 2002, 3225).

581

8. Kapitel — Nachträgliche Änderungen der ursprünglichen Verfahrenskonzeption

2696a ▶ **Praxistipp:**

Auch in (vor dem 01.08.2013 anhängig gewordenen) Altfällen kann ein Vergleich mit dem prozesskostenhilfeberechtigten Beklagten ohne kostenrechtliche Nachteile geschlossen werden, wenn der Vergleich auf die Hauptsache beschränkt und die Kostenentscheidung dem Gericht überlassen wird.

Denn zum einen gilt hierfür die Ausschlussklausel der ARB (Allgemeine Bedingungen für die Rechtsschutzversicherung) nicht, und zum anderen stellt der Kostenbeschluss eine gerichtliche Entscheidung i. S. d. §§ 29 Nr. 1; 31 Abs. 3 GKG dar. Die Parteien können dem Gericht natürlich einen (übereinstimmenden) Vorschlag über die Kostenquotelung unterbreiten. Dabei dürfte ein (vorheriger oder angekündigter) Verzicht auf Rechtsmittel oder Begründung dem Gericht die gewünschte Entscheidung erleichtern, bei welcher das Gericht – wie oben dargestellt – einen gewissen Spielraum besitzt.

Durch das 2. Kostenrechtsmodernisierungsgesetz wurde § 31 Abs. 4 GKG eingefügt. Danach ist § 31 Abs. 3 GKG entsprechend anzuwenden, wenn der Beklagte sich in einem Vergleich zur Übernahme der Kosten verpflichtet, den das Gericht mit der ausdrücklichen Feststellung vorgeschlagen hat, dass die vorgeschlagene Kostenregelung der sonst zu erwartenden Kostenentscheidung entspricht. Die praktische Handhabung dieser Vorschrift muss erweisen, ob dem Beklagten die Gerichtskostenfreiheit auch dann erhalten bleibt, wenn die Vergleichsinitiative von den Parteien ausgeht und sich das Gericht den Parteivorschlag zu Eigen macht (dafür *Dölling* MDR 2013, 1009).

2696b ▶ **Praxistipp:**

Wollen die Parteien sich in Fällen, in denen dem Beklagten Prozesskostenhilfe gewährt wurde, ohne Kostennachteile vergleichen, müssen beide Prozessbevollmächtigte darauf achten, dass der die Kostenregelung enthaltende Vergleichsvorschlag des Gerichts den Hinweis enthält, dass die Kostenregelung der sonst zu erwartenden Kostenentscheidung entspricht.

Beim Richter kann insoweit ein Problembewusstsein kaum vorausgesetzt werden, da mit Fragen der Kostenerstattung auf Seiten des Gerichts vornehmlich der Kostenbeamte zuständig ist.

2697 (2) Sofern die Parteien nichts anderes vereinbart haben, sind die Kosten des Vergleichs nach **§ 98 ZPO** als **gegeneinander aufgehoben** anzusehen (§ 92 Abs. 1 ZPO).

Häufig wird – insbesondere aus psychologischen Gründen um die Verliererreigenschaft einer Partei nicht so deutlich werden zu lassen – eine hälftige Kostentragung auch dann vereinbart, wenn sich Obsiegen und Unterliegen in der Hauptsache nicht gleichmäßig verteilen (*Otto/Hollands* BauR 2004, 1528).

Dabei ist zu beachten, dass Kostenaufhebung und Kostenteilung nicht dasselbe sind. So ist bei wesentlich höheren außergerichtlichen Kosten einer Partei für diese Kostenteilung günstiger, da dann jede Partei die Hälfte der gesamten Prozesskosten zu tragen hat, während bei Kostenaufhebung jede Partei ihre Kosten selbst trägt (§ 92 Abs. 1 ZPO).

Bei Kostenaufhebung indes entfällt – im Gegensatz zur Kostenteilung – der Kostenanspruch eines etwaigen Streitverkündeten (oben Rdn. 2720).

2698 (3) Die Parteien können jedoch auch die Anwendung des § 98 ZPO ausschließen, indem sie die Kostenregelung **gerichtlicher Entscheidung** unterstellen.

Dogmatisch wird dies erreicht, weil der Vergleich ohne Kosteneinigung lediglich einen Teilvergleich darstellt und die Parteien den Rechtsstreit bezüglich der Hauptsache, über die sich geeinigt haben, übereinstimmend für erledigt erklären. Die Kostenentscheidung des Gerichts ergeht dann gem. § 91a ZPO entsprechend dem mutmaßlichen Ausgang des Rechtsstreits (Thomas/Putzo/*Hüßtege* § 98 Rn. 4). Hierbei kann, muss aber nicht der Vergleichsinhalt berücksichtigt werden (Thomas/Putzo/*Hüßtege* § 91a Rn. 48; a. A. OLG Stuttgart NJW-RR 1999, 147: nur Sach- und Streitstand). Die Entscheidung wird daher häufig auf Kostenaufhebung lauten. Da im Übrigen für die Quotelung der jeweilige Streitwert maßgebend ist, kann es sich in Zweifelsfällen (insbesondere bei mehreren Ansprüchen) zur Vermeidung ungewollter Überraschungen empfehlen, vorher Streitwertfestsetzung zu beantragen.

Allerdings verursacht ein Kostenbeschluss zusätzliche Kosten. So fallen hierbei 3,0 Gerichtsgebühren an, da die Ermäßigungstatbestände Nr. 1211 Ziff. 3 und 4 KV-GKG nicht eingreifen (OLG München MDR

C. Änderung des Streitgegenstands 8. Kapitel

1996, 424; im Gegensatz zum Kostenvergleich nach Hauptsacheerledigung, OLG München MDR 1996, 209).

Haben sich die Parteien außergerichtlich auch hinsichtlich der Kostenverteilung verglichen, so hat das Gericht bei der (zwingend erforderlichen) Kostenentscheidung nach § 91a ZPO dies zugrunde zu legen (OLG Brandenburg NJW-RR 1999, einschränkend Thomas/Putzo/*Hüßtege* § 91a Rn. 48: Kostenregelung kann übernommen werden).

Dabei ermäßigen sich die Gerichtsgebühren um zwei Gebühren sowohl bei einem Rechtsmittelverzicht hinsichtlich des Kostenbeschlusses, als auch wenn die Entscheidung einer zuvor mitgeteilten Einigung der Parteien über die Kostentragung oder der Kostenübernahmeerklärung einer Partei folgt (Nr. 1211 Ziff. 2 KV-GKG analog; Zöller/*Vollkommer* § 313a Rn. 2 bzw. Nr. 1211 Ziff. 4 KV-GKG).

Die gerichtliche Kostenentscheidung ist nach §§ 91a Abs. 2; 99 Abs. 2 (analog), 567 ZPO mit der sofortigen Beschwerde anfechtbar. Zu beachten ist, dass ein Verzicht auf eine Begründung als stillschweigender Rechtsmittelverzicht ausgelegt werden kann (OLG Köln MDR 2002, 109). **2699**

bb) Vergleichsgebühren

Für das gerichtliche Verfahren erhält der Anwalt eine Verfahrensgebühr (Teil 3 Vorbem. 3 (2); Nr. 3100 VV-RVG) und eine Terminsgebühr (Teil 3 Vorbem. 3 (3) Nr. 2; Nr. 3104 VV-RVG). Eine Beweisgebühr gibt es nicht mehr, jedoch kann für besonders umfangreiche eine Beweisaufnahme, die sich über mindestens drei Termine erstreckt, eine Zusatzgebühr anfallen (Nr. 1010 VV-RVG). **2700**

Dabei besteht die Besonderheit der Terminsgebühr darin, dass diese im Fall eines erteilten Prozessauftrages nicht nur für die Vertretung in einem gerichtlichen Termin anfällt, sondern auch für die Mitwirkung an auf die Vermeidung oder Erledigung des Verfahrens gerichteten Besprechungen mit der Gegenseite ohne Beteiligung des Gerichts. Hierfür soll z. B. schon ein kurzes Telefongespräch mit dem Gegner (auch ohne eigenen Wortbeitrag) oder mit dem Sachbearbeiter der (gegnerischen) Versicherung oder ein Zuruf auf dem Gerichtsflur (»Wollen wir uns vergleichen?« – »Vielleicht!«) ausreichen (Bischof JurBüro 2004, 300; *Hansens* JurBüro 2004, 250; OLG Koblenz NJW 2005, 2162: Beweislast für den Inhalt der anwaltlichen Erledigungsbesprechung hat im Kostenfestsetzungsverfahren der Anspruchsteller).

Voraussetzung ist aber, dass ein (unbedingtes) Prozessmandat, also Auftrag zur Klage oder Klageabwehr bzw. Vertretung in einem gerichtlichen Mahnverfahren erteilt ist (*Henke* AnwBl. 2004, 511). Nicht notwendig ist, dass der Streitgegenstand bereits anhängig ist.

Im Übrigen entsteht diese Gebühr in vollem Umfang auch bei Mitwirkung an einem schriftlichen gerichtlichen Vergleich (Nr. 3104 (1) 1 VV-RVG; str., a. A. OLG Nürnberg AnwBl. 2005, 222 mit abl. Anm. *Henke*).

Da für die Terminsgebühr weder eine Antragstellung noch eine Erörterung erforderlich ist, können die Kosten nicht dadurch gesenkt werden, dass sogleich (nach Einführung in den Sach- und Streitstand durch das Gericht) ohne Antragstellung und ohne Erörterung der Vergleich geschlossen wird. So wird diese Gebühr – im Gegensatz zur früheren Erörterungs- bzw. Verhandlungsgebühr – bereits durch das Erscheinen des Anwalts ausgelöst.

Soweit wegen desselben Gegenstandes eine (außergerichtliche) Geschäftsgebühr (Nr. 2400 VV-RVG; Rahmengebühr 0,5 bis 2,5; im Regelfall 1,3 Gebühr) angefallen ist, wird diese zur Hälfte, jedoch höchstens mit einem Gebührensatz von 0,75 auf die Verfahrensgebühr des gerichtlichen Verfahrens angerechnet (Teil 3 Vorbem. 3 (4) VV-RVG; daher jetzt: Verfahrensgebühr 0,65; beachte jedoch § 15a RVG).

Bei Abschluss eines gerichtlichen Vergleichs ermäßigen sich die Gerichtsgebühren von 3,0 Gebühren auf 1,0 Gebühr (Nr. 1211 Nr. 3 KV-GKG), die zusätzliche Anwaltsgebühr beträgt eine 1,0 Gebühr (Einigungsgebühr, Nr. 1003 VV-RVG). Für einen außergerichtlichen Vergleich beträgt die anwaltliche Einigungsgebühr 1,5 Gebühren (Nr. 1000 VV-RVG). **2701**

Aufgrund der Änderung des § 49b Abs. 2 Satz 2 BRAO (Art. 4 Abs. 18 Nr. 1b KostMoG) ist es ausdrücklich zulässig, die Erhöhung von gesetzlichen Gebühren zu vereinbaren (auch wenn dafür in RVG Erfolgskomponenten vorgesehen sind, BR-Dr. 830/03 S. 293). Dies führt im Fall der Einigungsgebühr im Ergebnis zu einem Erfolgshonorar.

583

8. Kapitel Nachträgliche Änderungen der ursprünglichen Verfahrenskonzeption

2702 In Verbindung mit den übrigen Anwaltsgebühren ergeben sich zwischen 2,5 und 4,45 Gebühren.

- Nur außergerichtlicher Vergleich (ohne Prozessauftrag)
  1,3 Geschäftsgebühr (Regelgebühr; Nr. 2400 VV-RVG)
  <u>1,5</u> Einigungsgebühr (Nr. 1000 VV-RVG)
  2,8 Gebühren insgesamt.

- Prozessauftrag ohne Vergleich (Klageerhebung/Gerichtstermin/Beweisaufnahme)
  1,3 Verfahrensgebühr (Nr. 3100 VV-RVG)
  <u>1,2</u> Terminsgebühr (Nr. 3104 VV-RVG)
  2,5 Gebühren insgesamt.

- Prozessauftrag mit – außergerichtlichem – Vergleich (ohne Klageerhebung)
  0,8 Verfahrensgebühr (Nr. 3101 VV-RVG)
  1,2 Terminsgebühr
  <u>1,5</u> Einigungsgebühr
  3,5 Gebühren insgesamt.

- Prozessauftrag mit – gerichtlichem – Vergleich (nach Klageerhebung)
  1,3 Verfahrensgebühr
  1,2 Terminsgebühr
  <u>1,0</u> (Einigungsgebühr; Nr. 1003 VV-RVG)
  3,5 Gebühren insgesamt.

- Außergerichtliche und gerichtliche Tätigkeit ohne Vergleich
  1,30 Geschäftsgebühr
  0,65 Verfahrensgebühr (Teil 3 Vorbem. 3 (4) VV-RVG)
  <u>1,20</u> Terminsgebühr
  3,15 Gebühren insgesamt.

- Außergerichtliche Tätigkeit mit (nachfolgendem) Prozessauftrag und außergerichtlichem Vergleich (mit oder ohne Klageerhebung!)
  1,30 Geschäftsgebühr
  0,15 Verfahrensgebühr (0,8 abzgl. 0,65 Gebühren)
  1,20 Terminsgebühr
  <u>1,50</u> Einigungsgebühr
  4,15 Gebühren insgesamt.

- Außergerichtliche Tätigkeit und gerichtlicher Vergleich
  1,30 Geschäftsgebühr
  0,65 Verfahrensgebühr
  1,20 Terminsgebühr
  <u>1,00</u> Einigungsgebühr
  4,15 Gebühren insgesamt.

- Außergerichtliche Tätigkeit und gerichtlicher Vergleich nach umfangreicher Beweisaufnahme
  1,30 Geschäftsgebühr
  0,65 Verfahrensgebühr
  1,20 Terminsgebühr
  <u>1,00</u> Einigungsgebühr
  0,30 Zusatzgebühr
  4,45 Gebühren insgesamt.

2703 Hieraus ist ersichtlich, dass der Rechtsanwalt, der sich erst vor Gericht oder zumindest erst nach Erhalt des Auftrages zur Klageerhebung vergleicht, wesentlich mehr Gebühren erhält, als bei einer (sofortigen) außergerichtlichen Einigung (*Schader* DRiZ 2004, 154; *Podleck-Trappmann* JurBüro 2004, 351 jeweils mit Beispielsberechnungen – Anreiz, die Gerichte anzurufen!). Am effektivsten für den Anwalt ist hierbei die vorletzte Variante, bei welcher er sich die Mühe der Erstellung einer Klageschrift und die Teilnahme an einem Verhandlungstermin ersparen kann.

War dem streitigen Verfahren noch ein Mahnverfahren vorausgegangen, kann sogar noch eine zweite Terminsgebühr hinzukommen. 2704

> Denn die Terminsgebühr kann auch im Mahnverfahren sowie nochmals im nachfolgenden streitigen Verfahren (also zweimal!) entstehen (Vorbem. 3.3.2 VV-RVG; *Enders* JurBüro 2005, 225). Da im Mahnverfahren keine gerichtlichen Termine stattfinden, verbleibt als Anwendungsbereich die Terminsgebühr für »Besprechungen ohne Beteiligung des Gerichts« zur Vermeidung oder Erledigung des (gerichtlichen Mahn-)Verfahrens (Vorbem. 3 (4) VV-RVG). Voraussetzung hierfür ist, dass der Anwalt zu diesem Zeitpunkt bereits den Auftrag zur Vertretung im gerichtlichen Mahnverfahren hatte.
>
> Hingegen bringt für den Antragsteller ein gerichtliches Mahnverfahren alleine, d. h. ohne außergerichtliche Tätigkeit, ohne Vergleichsgespräche mit dem Gegner und ohne nachfolgendes Streitverfahren insgesamt nur 1,5 Gebühren (1,0 Verfahrensgebühr für Mahnverfahren sowie 0,5 Verfahrensgebühr für Antrag auf Vollstreckungsbescheid; Nr. 3305, 3308 VV-RVG).

Wegen der Geschäftsgebühr lohnt sich eine vorhergehende außergerichtliche Tätigkeit in jedem Fall – auch ohne Vergleichsabschluss. 2705

> Dabei stellt es in der Praxis sicher eine Ausnahme dar, wenn der Klageerhebung nicht zunächst eine außergerichtliche Tätigkeit des Anwalts – mit oder ohne Vergleichsbemühungen – vorangegangen ist, sondern ein Mandant ihn sofort mit einer Klage beauftragt. Abgesehen davon könnte er im Übrigen der Versuchung unterliegen, dem Mandanten wegen der Gebühren zunächst einen bedingten außergerichtlichen Auftrag mit anschließendem Klageauftrag zu empfehlen (*Schrader* DRiZ 2004, 157). Dabei hat der Anwalt freilich immer die ihm gegenüber dem Mandanten obliegende Verpflichtung zu beachten, die Kosten möglichst niedrig zu halten.
>
> Zur Vermeidung von späteren Streitigkeiten und Beweisschwierigkeiten sollte sich der Rechtsanwalt die Annahme des Mandats und dessen genauen Umfang grundsätzlich schriftlich vom Mandanten bestätigen lassen.
>
> Bei der Vertretung der beklagten Partei hingegen beschränkt sich der dem Anwalt erteilte Auftrag in aller Regel von Anfang an auf die gerichtliche Tätigkeit, sodass eine Geschäftsgebühr in diesem Fall nicht entstehen kann.

Dabei wird die außergerichtliche Geschäftsgebühr nach der ganz überwiegenden Meinung nicht von der gerichtlichen Kostenentscheidung umfasst. Soll der Mandant von diesen Kosten befreit werden, muss der Anwalt sie gerichtlich in dem Klageverfahren neben der Hauptsache (bzw. im Wege einer Widerklage) als materiellrechtliche Forderung (Verzug, Vertragsverletzung, Delikt etc.) geltend machen (*Schrader* DRiZ 2004, 156). 2706

f) Widerrufsvorbehalt

Der Vergleich kann widerruflich geschlossen, d. h. unter eine aufschiebende Bedingung gestellt werden (BGH WM 1984, 68; *Lüke* NJW 1994, 233 (234 f.); *Schneider* MDR 1999, 595). 2707

Erforderlich ist dies, wenn der Vergleich der Zustimmung einer nicht anwesenden Person bedarf. 2708

> Dies ist in der Regel erforderlich, wenn die Partei nicht persönlich erschienen ist und der Anwalt nicht vorab ausdrücklich zum Vergleichsschluss ermächtigt wurde (§ 83 ZPO). Erforderlich sein kann auch eine Zustimmung der Rechtsschutzversicherung.

Aber auch bei Anwesenheit aller Beteiligten kann es sinnvoll sein, sich die endgültige Zustimmung zu dem Vergleich vorzubehalten. 2709

> Es besteht immer die Gefahr, in der oftmals zermürbenden Vergleichsverhandlung Fehler bei der Formulierung zu machen. Auch wenn der Anwalt zum Abschluss des Vergleichs bevollmächtigt ist, sollte aus haftungsrechtlichen Gründen erst die Genehmigung des Mandanten eingeholt werden.

Oftmals drängen die Gerichte die persönlich anwesenden Parteien zu einem unwiderruflichen Vergleich (»Hic Rhodus, hic salta«), dürfen weder diese noch die Anwälte sich diesem Druck beugen. Auch die eilig eingeholte telefonische Zustimmung kann sich bei nachträglicher Betrachtung als voreilig erweisen. Jede Partei hat ein Recht darauf, ihre Vergleichsentscheidung in Ruhe und frei von der im Termin nie auszuschließenden äußeren Beeinflussungen zu treffen. Dementsprechend ist das Gericht nach ganz überwiegender Meinung verpflichtet, den Vergleich auf Wunsch der Parteien widerruflich zu protokollieren (§ 160 Abs. 3 Nr. 1 ZPO; a. A. MüKoZPO/*Wolfsteiner* § 794 Rn. 71).

2710 Soll der Vergleich nicht widerrufen werden, kann es sich empfehlen dies rechtzeitig dem Gegner mitzuteilen, um damit vielleicht dessen Widerrufsneigung abzuschwächen.

2711 Entspricht der Vergleich nicht dem Interesse der Partei, so muss er widerrufen werden.

Dabei braucht keine Rücksicht auf die Interessen des Gerichts genommen zu werden. Auch wenn der Richter klar zu erkennen gegeben hat, dass er den Vergleich für sachgerecht hält oder er erkennbar keine Neigung hat, ein aufwendiges Urteil schreiben zu müssen, führt ein Vergleichswiderruf nicht zu prozessualen Nachteilen. Der häufig kolportierte Spruch »Wer widerruft, verliert!« entspricht nicht der forensischen Praxis. Wenn man ganz sicher gehen will, kann man für den Widerruf einen (plausiblen) Grund angeben und nochmals seinen guten Willen bekunden.

2712 Ein Widerruf muss die im Vergleich festgelegten Voraussetzungen erfüllen. Dazu gehören Adressat, Frist und Form des Widerrufs. Auf die Formulierung dieser Punkte ist deswegen besondere Sorgfalt zu verwenden (*Schapernack* MDR 1996, 883).

2713 ▶ Praxistipp:

Bei Nichteinhaltung einer Widerrufsvoraussetzung wird der Vergleich wirksam. Soweit dies vom Anwalt zu vertreten ist, begründet dies Regressansprüche.

2714 Die **Widerrufsfrist** sollte nicht in Form eines Zeitraums (»binnen zwei Wochen«), sondern in Form eines Endzeitpunkts (»bis zum ...«) und vereinbart werden.

Zwar gilt für das Fristende, wenn es (an dem Ort, an der Widerruf zu erklären ist, d. h. am Gerichtsstand, nicht am Ort der Kanzlei: BGH MDR 2012, 301) auf einen Samstag, Sonntag oder Feiertag fällt, grundsätzlich § 193 BGB, mit der Folge, dass der nächste Werktag maßgebend ist (Zöller/*Stöber* § 794 Rn. 10c; Palandt/*Sprau* § 779 Rn. 29: §§ 186 BGB ff.). Etwaige spätere Auslegungszweifel lassen sich von vornherein vermeiden, indem der Anwalt darauf achtet, dass als datierter letzter Tag der Frist ein Werktag vereinbart wird. Bei einer vereinbarten Schriftform ist regelmäßig diejenige des § 126 BGB gemeint (§ 127 BGB; OLG Hamm NJW 1992, 1705; BAG NJW 1989, 3035; Unterschrift!).

Die Frist sollte von Anfang an ausreichend bemessen werden. Notfalls kann bei zu knapper Frist versucht werden, noch vor Fristablauf eine Fristverlängerung mit dem Gegner zu vereinbaren (nach h. M. keine Protokollierung erforderlich, Thomas/Putzo/*Hüßtege* § 224 Rn. 1; Zöller/*Stöber* § 794 Rn. 10c).

Ist die Frist nicht in Form eines Endzeitpunkts (»bis zum ...«), sondern in Form eines Zeitraums (»binnen zwei Wochen«) vereinbart, beginnt sie im Zweifel bereits mit dem Vergleichsabschluss und nicht erst mit Erhalt des Protokolls (Thomas/Putzo/*Hüßtege* § 794 Rn. 20).

Die Frist kann vom Gericht nicht verlängert werden (Thomas/Putzo/*Hüßtege* § 224 Rn. 5).

2715 Bei Versäumung der Widerrufsfrist ist der Vergleich wirksam.

Eine Wiedereinsetzung in den vorigen Stand ist nach h. M. nicht möglich (keine Notfrist!; Thomas/Putzo/ *Hüßtege* § 794 Rn. 23; einschränkend BGH NJW 1974, 106: Wiedereinsetzung möglich, wenn dies »Treu und Glauben« gebietet). In der Praxis zwar selten, aber zulässig ist die Vereinbarung der Anwendung der Wiedereinsetzungsvorschriften (Zöller/*Greger* § 233 Rn. 7).

Bei versäumter Widerrufsfrist kann der Vergleich in seltenen Einzelfällen durch eine Anfechtung gem. §§ 119, 123 BGB beseitigt werden (Thomas/Putzo/*Hüßtege* § 794 Rn. 35; BGH NJW 1966, 2399: Anfechtbarkeit wegen Drohung seitens des Gerichts). Die Unwirksamkeit ist nach h. M. auf Antrag grundsätzlich im alten Rechtsstreit geltend zu machen (Thomas/Putzo/*Hüßtege* § 794 Rn. 36 f.).

2716 Als **Erklärungsempfänger** sollte (ausschließlich) das Prozessgericht zu bestimmt werden.

C. Änderung des Streitgegenstands
8. Kapitel

Dann ist ein Widerruf gegenüber dem gegnerischen Prozessbevollmächtigten im Zweifel (grundsätzlich) unwirksam und Fristablauf erst um 24.00 Uhr des letzten Tages der Widerrufsfrist (OLG München NJW 1992, 3042; Thomas/Putzo/*Hüßtege* § 794 Rn. 21), wobei es auf den Eingang bei Gericht ankommt (BGH NJW-RR 1989, 1214: unerheblich ist das Ende der Dienstzeit oder die fristgerechte Entgegennahme durch die zuständige Geschäftsstelle). Auch ermöglicht dies zur Sicherstellung des Eingangs vor Fristablauf eine einfache und zuverlässige telefonische Nachfrage und im Übrigen eine objektive und einfache Feststellung des – rechtzeitigen – Eingangs durch eine »amtliche« Stelle.

Abzuraten ist hingegen von der Formulierung »durch schriftliche Anzeige zur Gerichtsakte« oder »Einreichung zur Geschäftsstelle«, denn es kann zweifelhaft sein, ob der Eingang im Gerichtsbriefkasten die Widerrufsfrist wahrt (verneinend LG Hagen BRAK-Mitt 2004, 160; a. A. OLG Hamm BRAK-Mitt 2005, 19: ausreichend, dass der Schriftsatz vor Fristablauf in die Verfügungsgewalt des Gerichts gelangt). Im Übrigen ist es hierbei für den Anwalt unberechenbar, wie lange der Schriftsatz benötigt, bis er in die (richtige) Akte gelangt.

Umstritten ist der Adressat, wenn dieser nicht vereinbart ist (Zöller/*Stöber* § 794 Rn. 10a: nur der anderen Prozesspartei und nicht dem Gericht gegenüber; a. A. BGH NJW 2005, 3576; Thomas/Putzo/*Hüßtege* § 794 Rn. 22; Palandt/*Sprau* § 779 Rn. 29; OLG Naumburg BRAK-Mitt. 2005, 20: Widerruf gegenüber beiden möglich; a. A. BVerwG NJW 1993, 2193: nur gegenüber Gericht). Dabei kann eine solche Vereinbarung auch stillschweigend getroffen sein oder sich aus den Umständen ergeben (Zöller/*Stöber* § 794 Rn. 10a; BGH NJW-RR 2005, 1323). Deshalb ist es im Zweifelsfalle der »sicherste Weg«, den Widerruf sowohl der anderen Partei, als auch dem Gericht gegenüber zu erklären.

Zur Beweiserleichterung sollte der Widerruf von der **Schriftform** abhängig gemacht werden. 2717

Auch wenn dies nicht vereinbart wurde, sollte der rechtzeitige und formgerechte Eingang bei Gericht aus haftungsrechtlichen Gründen in beweisbarer Form sichergestellt werden (BGH NJW 1995, 522). Dazu kommen in Betracht Einschreiben (mit Rückschein) und Übermittlung per Boten.

Ein Widerruf ist auch mittels Telefax möglich (Thomas/Putzo/*Hüßtege* § 794 Rn. 21; Palandt/*Ellenberger* § 126 Rn. 11; BVerfG MDR 2000, 836; nunmehr § 127 Abs. 2 BGB). Zur Kontrolle des Eingangs (Ausdruck beim Empfänger) bietet sich hierbei eine telefonische Nachfrage an, sodass sich bei einem Widerruf am letzten Tag der Frist eine Faxübertragung noch während der Bürozeiten des Gerichts empfiehlt (LAG Düsseldorf JurBüro 2004, 388: verspäteter Widerruf – Ursache des fehlenden Ausdrucks – bei rechtzeitiger Absendung – nicht feststellbar; *Chab* BRAK-Mitt. 2004, 160 – Urteilsanmerkung: »Der vorsichtige Anwalt wird wohl so agieren müssen«).

Ist ein Widerruf erfolgt, ist der Vergleich gescheitert. 2718

Eine Rücknahme des (auch nur »vorsorglich« erklärten) Widerrufs ist nicht möglich (Thomas/Putzo/*Hüßtege* § 794 Rn. 22). Gegebenenfalls kann der Vergleich (auch nach § 278 Abs. 6 ZPO) neu abgeschlossen werden. Ebenso ist ein auch nur formlos oder konkludent erklärter (vorzeitiger) Verzicht auf den Widerruf bindend (Thomas/Putzo/*Hüßtege* § 794 Rn. 24).

3. Vergleichsabschluss

a) Protokollvergleich

Der in der mündlichen Verhandlung geschlossene Vergleich ist nur wirksam, wenn er formgerecht protokolliert ist. 2719

Hierzu gehört, dass das Protokoll den Beteiligten vorgelesen und darin vermerkt ist, dass dies geschehen und die Genehmigung erteilt wurde (»vorgelesen und genehmigt«; Zöller/*Stöber* §§ 160 Rn. 5, 162 Rn. 6). Bei einem auf Tonträger aufgenommenen Protokoll muss dieses nochmals vorgespielt werden (§ 162 ZPO).

Hierauf können die Beteiligten nicht verzichten (OLG Zweibrücken Rpfleger 2000, 461). Nicht genügend ist ferner die Feststellung »laut diktiert« (Zöller/*Stöber* § 160 Rn. 5). Unter Umständen kann eine Protokollberichtigung (§ 164 ZPO) helfen, wobei die Beweismöglichkeit, dass die Verlesung oder sonstige Eröffnung erfolgt und die Feststellung genehmigt worden ist, nicht durch § 165 ZPO eingeschränkt ist (Thomas/Putzo/*Reichold* § 165 Rn. 2; BGH VersR 2001, 81: Protokollvermerk für § 127a BGB indes nicht erforderlich). Bei erfolgter Protokollierung gelten die §§ 415, 418 Abs. 1 ZPO.

Bei der Protokollierung sollte man genau zuhören bzw. um eine Wiederholung bitten, da diese vom Gericht häufig schnell durchgeführt wird.

2720 ▶ **Praxistipp:**

Urkunden, durch welche die Verpflichtung konkretisiert wird (z. B. Sachverständigengutachten, Verzeichnisse), müssen dem Protokoll als Anlage beigefügt, verlesen oder zur Durchsicht vorgelegt und genehmigt werden (§§ 160 Abs. 3 Nr. 1, Abs. 5; 162 ZPO).

Eine bloße Bezugnahme hierauf genügt nicht, da sich Umfang und Inhalt des Anspruchs aus dem Prozessvergleich selbst ergeben müssen (Thomas/Putzo/*Hüßtege* § 794 Rn. 11, 14; oben Rdn. 2683; 2145).

2721 Bei Fehlen dieser Anlagen oder eines entsprechenden Protokollvermerks ist der Prozessvergleich unwirksam, (dazu unten Rdn. 2731).

(Zöller/*Stöber* § 160 Rn. 5; *E. Schneider* MDR 1997, 1091; OLG Hamm BauR 2000, 1231: Bauunternehmer hat sich verpflichtet, die in einem Sachverständigengutachten festgestellten Baumängel zu beseitigen). Die dadurch nicht gehinderte Zwangsvollstreckung kann gem. § 707 ZPO auf Antrag einstweilen eingestellt werden (Thomas/Putzo/*Hüßtege* § 794 Rn. 41, str.).

Vor allem das Verlesen der Anlagen dürfte in der Praxis immer wieder vergessen werden. Wenn ein in das Protokoll aufgenommener Vergleich durch ein dem Protokoll als Anlage beigefügtes Schriftstück vervollständigt wird (z. B. Verzeichnis der herauszugebenden Gegenstände) ist also der protokollierte Vergleich vorzuspielen bzw. vorzulesen und die ergänzende Anlage zur Durchsicht vorzulegen oder vorzulesen. Dieser Vorgang sowie die Genehmigung sind sodann im Protokoll zu vermerken.

b) Beschlussvergleich

2722 Nach § 278 Abs. 6 ZPO kann ein gerichtlicher Vergleich auch ohne mündliche Verhandlung geschlossen werden.

Diese Form des Vergleichsschlusses erspart – vor allem auswärtigen – Anwälten den mit der Wahrnehmung eines eigenen Protokollierungstermins verbundenen Zeitaufwand.

Auch gebührenrechtlich ist diese Vergleichsform attraktiv. Der Anwalt erhält neben der Verfahrens- und Einigungsgebühr auch noch die volle Terminsgebühr – somit die gleichen Gebühren wie bei einem Vergleichsabschluss in mündlicher Verhandlung (Nr. 3104 (1) 1 VV-RVG; h. M.; Zöller/*Greger* § 278 Rn. 27; a. A. BGH MDR 2004, 965). Die Terminsgebühr erhält er aber auch (bereits) dann, wenn er zuvor außergerichtlich die Sache zur Erzielung einer gütlichen Einigung mit dem Gegner besprochen hat (oben Rdn. 2702).

2723 Entweder die Parteien nehmen hierzu einen schriftlichen Vergleichsvorschlag des Gerichts durch Schriftsatz gegenüber dem Gericht an oder unterbreiten dem Gericht selbst einen solchen Vorschlag. Geschlossen ist der Vergleich dann, wenn das Gericht das Zustandekommen und den Inhalt durch Beschluss festgestellt hat.

Hierzu kann eine telefonische Vorbereitung und Verständigung zwischen den Prozessbevollmächtigten sinnvoller sein als das Wechseln zahlreicher Schriftsätze.

2724 ▶ **Praxistipp:**

Der Beschluss, mit dem das Zustandekommen des Vergleichs festgestellt wird, ist unanfechtbar.

So kann der Beschluss insbesondere nicht mit sofortiger Beschwerde angefochten, sondern nur bei Unrichtigkeiten entsprechend § 164 ZPO (jederzeit) berichtigt werden (Abs. 6 Satz 3; § 567 Abs. 1 ZPO; *Abramenko* NJW 2003, 1356 – erhebliche Rechtsunsicherheit!). Bei Unwirksamkeit des Vergleichs (z. B. wegen fehlender Einigung oder Anfechtung) ist der (nicht beendete) Rechtsstreit bei entsprechendem Antrag weiterzuführen (Thomas/Putzo/*Reichold* §§ 287 Rn. 18; 794 Rn. 36).

Dem gerichtlichen Vorschlag, der vielleicht nur routinemäßig eine hälftige Teilung der Klageforderung vorsieht, sollte man (daher) keinesfalls (nur wegen Zeitersparnis) vorschnell (ohne Widerrufsvorbehalt) zustimmen, sondern ihn erst sorgfältig dahin gehend prüfen, ob Änderungen angebracht sind, wie z. B. eine andere Quotelung, die Hinzufügung etwaiger Abgeltungsklauseln oder den Vorbehalt bestimmter Ansprüche.

Aber auch der gemeinsame Vorschlag der Parteien ist insbesondere auf seine Bestimmtheit und Vollstreckbarkeit zu prüfen. Denn »die Praxis zeigt, dass die Parteien darauf in der Euphorie der Einigung zu wenig Wert legen und das Gericht angesichts des einvernehmlichen Textes in die Einigung nicht mehr eingreifen, sondern das Verfahren abschließen möchte« (*Goebel* PA 2004, 55).

Nicht in jeder Hinsicht steht indes der durch Beschluss festgestellte Vergleich dem in einer mündlichen Verhandlung protokollierten gleich. Umstritten und von Rechtsprechung und Lehre bislang nur teilweise geklärt ist eine ganze Reihe gesetzlich nicht geregelter Fragen: 2725

— Aus der systematischen Stellung des § 278 Abs. 6 ZPO kann nicht gefolgert werden, dass der Beschlussvergleich nur in einer Güteverhandlung möglich wäre.

(*Schellhammer* MDR 2001, 1082; *Zöller/Greger* § 279 Rn. 24 und *Foerste* NJW 2001, 3105).

— Auf die Zuständigkeit des den Beschluss erlassenden Gerichts kommt es nicht an.

— Abweichend vom Wortlaut des § 278 Abs. 6 ZPO ist ein Vergleich auch dann wirksam zustande gekommen, wenn die Parteien ihren Vorschlag zwar inhaltlich übereinstimmend, aber unabhängig voneinander in getrennten Schriftsätzen und nicht aufeinander bezogen abgeben.

Sog. Kreuzofferte (*Knauer/Wolf* NJW 2004, 2859 Fn. 39).

— Das Gericht kann den Beteiligten zwar eine Frist für die Annahme des Vorschlags setzen, deren Versäumung führt aber zu keinem Rechtsverlust.

(*Foerste* NJW 2001, 3104).

— Der Feststellungsbeschluss stellt einen Vollstreckungstitel dar.

So die h. M., obwohl der Beschluss im unverändert gebliebenen § 794 Abs. 1 Nr. 1 ZPO nicht ausdrücklich erwähnt ist. Der so geschlossene Vergleich ist Vollstreckungstitel »in seiner Verkörperung durch den Beschluss«.

— Offen ist, ob der Richter auch gesetzes- oder sittenwidrige Leistungen im Beschlussvergleich feststellen kann.

Verpflichtet zur Feststellung ist der Richter nicht, wenn er die Gesetzes- oder Sittenwidrigkeit erkennt. Die Weigerung, einen Beschluss nach § 278 Abs. 6 ZPO zu erlassen, ist mit der sofortigen Beschwerde anfechtbar (§ 567 Abs. 1 Nr. 2 ZPO; str.). Fraglich ist, ob der Richter zur Prüfung der vereinbarten Leistungen auch verpflichtet ist. Der Gesetzgeber ist davon ausgegangen, dass dem Richter die Prüfung im gleichen Umfang obliegt, wie bei einem protokollierten Vergleich (BT-Drs. 15/3482 S. 46 – JuMoG).

— Offen ist, welche Folgen ein inhaltlich fehlerhafter Feststellungsbeschluss hat.

So etwa, wenn das Gericht seinen Vergleichsvorschlag beschlussmäßig feststellt und dabei etwaige gewünschte Änderungen der Parteien übersehen oder die Geschäftsstelle den Vergleichsvorschlag den Parteien versehentlich unrichtig mitgeteilt oder eine Partei überhaupt nicht zugestimmt hat? (Begr. RegE. S. 82 verweist auf §§ 123, 134, 154 BGB).

— Anders als ein protokollierter Vergleich ersetzt der Feststellungsbeschluss die notarielle Beurkundung nicht.

§ 127a BGB ist insoweit nicht anwendbar, weil es insoweit an den bei einer mündlichen Verhandlung gewährleisteten Verfahrensgarantien fehlt (*Zöller/Greger* § 279 Rn. 25; *Knauer/Wolf* NJW 2004, 2859).

4. Vergleichswirkungen

Kommt ein Prozessvergleich zustande, so liegt hierin zum einen eine Prozesshandlung, weil die Rechtshängigkeit des Verfahrens beendet und ein Titel geschaffen werden soll, zum anderen muss gleichzeitig auch das materielle Rechtsverhältnis der Parteien umgestaltet werden, damit Nachforderungen ausgeschlossen sind. Wie die Aufrechnung hat der im Prozess abgeschlossene Vergleich damit eine **Doppelnatur** (Ständige Rechtsprechung: BGH NJW 1985, 1962; und h.L.: Baumbach/*Hartmann*, Anh. § 307 Rn. 4 m. w. N.). 2726

8. Kapitel Nachträgliche Änderungen der ursprünglichen Verfahrenskonzeption

a) Der wirksame Vergleich

2727 Inhaltlich ist der Vergleich als Prozesshandlung in der ZPO nicht zusammenhängend geregelt. Wirksamkeitsvoraussetzungen ergeben sich aus § 794 Abs. 1 Nr. 1 ZPO und aus den §§ 160 ff. ZPO. Diese Normen setzen voraus, dass der Vergleich vor einem deutschen Gericht zur Beilegung des Rechtsstreits zwischen den Parteien des Rechtsstreits geschlossen wurde und in einer vollstreckungsfähigen Form zustande gekommen ist.

> Gericht in diesem Sinn ist nicht nur das Prozessgericht, sondern kann auch der beauftragte oder ersuchte Richter sein, das Gericht, vor dem Prozesskostenhilfe beantragt oder ein selbstständiges Beweisverfahren durchgeführt wird, das Vollstreckungs- oder das FamFG-Gericht. Unerheblich ist, ob das Gericht zuständig oder ordnungsgemäß besetzt war.
>
> Die Einbeziehung Dritter in den Prozess ist materiellrechtlich möglich, prozessuale Wirkungen entfaltet sie grundsätzlich nicht. Die Rechtshängigkeit des Verfahrens können nur die Parteien beenden, eine Vollstreckung von und gegen Dritten aus dem Vergleich setzt voraus, dass sie dem Prozess zumindest zum Zwecke des Vergleichsschlusses beigetreten (und damit nicht Dritte geblieben, sondern Partei geworden) sind (BGHZ 86, 160 auch dazu, dass der Dritte nicht anwaltlich vertreten sein muss).
>
> Häufige formelle Mängel des Vergleichs ergeben sich aus der Nichteinhaltung der Protokollierungsvorschriften (§§ 160, 162, 163 ZPO).

2728 Mit Wirksamwerden der Prozesshandlung Vergleich endet die Rechtshängigkeit des Prozesses, allerdings nicht rückwirkend, sondern nur ex nunc (OLG Koblenz MDR 1993, 687); der Vergleich stellt darüber hinaus einen Vollstreckungstitel (§ 794 Abs. 1 Nr. 1 ZPO) dar.

> Sind vor Vergleichsschluss Entscheidungen des Gerichts ergangen, so werden diese analog § 269 Abs. 3 ZPO mit dem Vergleich wirkungslos (OLG Hamm NJW 1988, 1988; *Kniffka* JuS 1990, 969; *Schneider* RPfl 1986, 81).

2729 Als materielles Rechtsgeschäft ist der Vergleich ein Vertrag (§ 779 BGB), bedarf daher zweier sich deckender Willenserklärungen. Inhaltlich muss ein Streit oder eine Ungewissheit über ein Rechtsverhältnis beseitigt werden. Ein Vergleich liegt nur im Fall beiderseitigen Nachgebens vor. Einer besonderen Form bedarf der materiellrechtliche Vergleich grundsätzlich nicht.

> Damit grenzt sich der Vergleich von dem nur einseitigen Nachgeben bei Verzicht oder Anerkenntnis ab; allerdings ist die Rechtsprechung großzügig und lässt schon minimales Nachgeben ausreichen (OLG München MDR 1990, 344).
>
> Ausnahmsweise formbedürftig ist der Vergleich, wenn er ein formbedürftiges Verpflichtungs- oder Verfügungsgeschäft beinhaltet (*Breetzke* NJW 1971, 178), so z. B. Grundstücksgeschäfte (§ 313 BGB) oder solche über das gesamte Vermögen einer Person (§ 311 BGB); in diesen Fällen ersetzt die Einhaltung der prozessualen Form jede materiellrechtliche Form (§ 127a BGB).

2730 Materiellrechtlich bewirkt der wirksame Vergleich, dass das zugrunde liegende Rechtsverhältnis bestehen bleibt, inhaltlich aber dem Vergleich entsprechend umgestaltet wird.

> Für den Kläger entsteht damit kein neuer Anspruch, sondern er behält seinen ursprünglichen Anspruch, dessen Inhalt sich jetzt aus dem Vergleich ergibt.

b) Der unwirksame Vergleich

2731 Der im Prozess geschlossene Vergleich kann entweder in materieller oder in prozessualer Hinsicht unwirksam sein.

2732 ▶ **Beispiel:**

> Prozessual kann ein Vergleich z. B. formnichtig sein, weil der nach § 162 Abs. 1 ZPO erforderliche Vermerk über Vorlesung und Genehmigung fehlt.

Materiellrechtlich kann einer der Beteiligten den Vergleich nach §§ 119 ff. BGB anfechten, hiervon nach §§ 275, 326 BGB zurücktreten oder geltend machen, dass die Voraussetzungen des § 779 BGB nicht vorliegen (OLG Zweibrücken NJW-RR 1998, 1680).

Ob ein solcher Mangel durch Anstrengung eines neuen Prozesses oder durch Fortsetzung des ursprünglichen Prozesses geltend zu machen ist, hängt davon ab, ob die prozessuale Wirkung des Prozessvergleichs, der Wegfall der Rechtshängigkeit, Bestand hat oder nicht. 2733

▶ Praxistipp: 2734

Ein Mangel des Vergleichs ist entweder durch Fortsetzung des alten Verfahrens oder durch Erhebung einer neuen Klage geltend zu machen. Denkbar ist, dass der Vergleich trotz prozessualer Unwirksamkeit materiell wirksam geblieben ist.

Ein prozessualer Mangel verhindert – wenn er nicht bloß unwesentlich ist – den Wegfall der Rechtshängigkeit, sodass der ursprüngliche Prozess fortzusetzen ist (*Pecher* ZZP 97 (1984), 139; Stein/Jonas/*Münzberg*, § 794 Rn. 47). Ob die materiellrechtliche Wirksamkeit des Vergleichs hierdurch berührt wird, ist Frage des Einzelfalles (§ 139 BGB analog). Ist dies nicht der Fall, besteht der Anspruch nur in seiner durch den Vergleich bestimmten Form fort. 2735

> Der Kläger sollte deswegen vorab überlegen, ob er materiell an dem Vergleich festhalten will und insoweit zu den Voraussetzungen des § 19 BGB vortragen. Bleibt der Vergleich materiell wirksam, muss der Kläger bei Fortsetzung des Prozesses seinen ursprünglichen **Antrag** der durch den Vergleich geschaffenen materiellen Rechtslage anpassen und neu formulieren. Als Klageänderung ist nach § 264 Nr. 2, 3 ZPO zulässig.

Differenziert betrachtet werden muss ein materiellrechtlicher Mangel des Vergleichs. Bewirkt der Mangel, dass der Vergleich von Anfang an unwirksam war (ex-tunc-Wirkung), so konnte er weder materielle noch prozessuale (§ 139 BGB analog) Wirkungen entfalten, die Rechtshängigkeit ist nicht entfallen, der ursprüngliche Prozess fortzusetzen. Beseitigt der Mangel den Vergleich nur für die Zukunft (ex-nunc), so war der Vergleich zumindest zeitweise wirksam, hat damit die Rechtshängigkeit beseitigt. Erforderlich ist deswegen ein neuer Prozess, in dem die Unwirksamkeit des Vergleichs geltend gemacht wird (BGH LM Nr. 15 zu § 794 ZPO; BGHZ 41, 311; BayObLG NZM 1999, 861). 2736

▶ Beispiel: 2737

War der materielle Vertrag von Anfang an nichtig oder ist er infolge Anfechtung nach § 142 Abs. 1 BGB als von Anfang an nichtig anzusehen, so konnte er auch prozessual die Rechtshängigkeit nie beenden, diese dauert fort. Auch solche materiellrechtlichen Mängel sind daher durch Fortsetzung des ursprünglichen Prozesses geltend zu machen.

Ist eine der Parteien vom Vergleich zurückgetreten, macht den Wegfall der Geschäftsgrundlage oder eine vertraglich vereinbarte Aufhebungsmöglichkeit geltend, so war der Vergleich zunächst wirksam und entfällt erst ab dem Zeitpunkt der Beseitigungshandlung.

> Die überwiegende Literatur hält die Unterscheidung zwischen den ex-nunc und den ex-tunc wirkenden Mängeln für irrelevant und will auch hier die Unwirksamkeit des Vergleichs durch eine Fortsetzung des ursprünglichen Verfahrens klären (Stein/Jonas/*Münzberg*, § 794 Rn. 60 m. w. N.).

Ist das ursprüngliche Verfahren fortzusetzen, so genügt ein Antrag auf Terminierung an das Prozessgericht. 2738

> Die Partei, die den Vergleich auch materiell für unwirksam hält, bleibt bei ihrem ursprünglichen *Antrag*; die Partei, die ihn für wirksam hält, muss die Feststellung seiner Wirksamkeit beantragen. Stellt sich nach der Verhandlung heraus, dass der Vergleich wirksam ist, ergeht *Urteil* auf Feststellung, dass die Rechtshängigkeit erloschen sei; ist der Vergleich unwirksam, kann dies in einem Zwischenfeststellungsurteil besonders ausgesprochen oder nach Fortsetzung des Verfahrens in der Hauptsache im Endurteil zusammen mit der Sachentscheidung festgestellt werden (BGH NJW 1996, 3345; OLG Köln NJW-RR 1996, 637; Baumbach/*Hartmann*, Anh § 307 Rn. 39 m. w. N.; a. A. z. T. OLG Köln NJW-RR 1996, 122 und 233).

5. Vor- und Nachteile

2739 Als Entscheidungshilfe und Merkposten sind nachfolgend stichwortartig die wesentlichen Vor- und Nachteile sowie die typischen Fehlerquellen eines Vergleichsabschlusses zusammenfassend aufgelistet. Maßgebend ist natürlich auch hier jeweils der konkrete Einzelfall.

a) Vorteile

2740 Für einen Vergleich sprechen:
- Vollstreckbarer Titel (§ 794 Abs. 1 Nr. 1 ZPO): ohne langwierige Beweisaufnahme und Rechtsweg, schnelle Vollstreckung möglich, Minderung der Gefahr der Verschlechterung der Vollstreckungsmöglichkeiten.
- Volles Prozessrisiko eines ungünstigen Ausgangs wird abgefangen (sofortige Beendigung des Prozesses mit überschaubaren Wirkungen).
- Kostenersparnis im frühen Stadium des Prozesses (keine Beweisaufnahme, Vermeidung hoher Sachverständigenkosten, Ermäßigung um zwei Gerichtsgebühren – jedoch anwaltliche Einigungsgebühr!).
- Ersparnis von Zeit, Arbeitsaufwand und Ärger (besonders wenn zu Beginn des Prozesses abgeschlossen, keine Beeinträchtigung des eigenen Unternehmens bei Mitarbeitern als Zeugen).
- Abwendung eines drohenden Ordnungsgeldbeschlusses gem. § 141 ZPO.
- Bei Ratenzahlung mit Verfallklausel u. U. keine unsichere Vollstreckung nötig.
- Flexible und umfassende Regelung (Gesamtbereinigung) der Rechtsbeziehungen der Parteien möglich (z. B. auch für die Zukunft bei Dauerschuldverhältnissen; Miterledigung weiterer anhängiger Verfahren).
- Einbeziehung Dritter möglich (z. B. Regelung des Innenverhältnisses bei Gesamtschuldner, Einbeziehung der Haftpflichtversicherung).
- Versöhnende Funktion, ohne Prestigeverlust (insbesondere bei Dauerschuldverhältnissen).
- Keine nachteilige Präjudizwirkung, aber in Parallelverfahren als Verhandlungsargument (trotzdem) nutzbar.

b) Nachteile und Gefahren

2741 Gegebenenfalls (teilweiser) Verzicht auf eine zustehende Forderung bzw. auf einen günstigeren Ausgang des Rechtsstreits (Haftungsgefahr des Anwalts bei mangelhafter Beratung!).
- Keine Streitverkündungswirkungen (Thomas/Putzo/*Hüßtege* § 68 Rn. 4).

  Ein im Termin persönlich anwesender oder vertretener Streitverkündungsempfänger kann in den Vergleich mit einbezogen werden. Da bei einem Vergleich über die Hauptsache in der Berufungsinstanz ein noch nicht rechtskräftiges erstinstanzliches Urteil wirkungslos wird, soweit es nicht ausdrücklich aufrechterhalten wird (Zöller/*Stöber* § 794 Rn. 13), können die Streitverkündungswirkungen z. B. durch teilweise Klagerücknahme und Berufungsrücknahme in vollem Umfange u. U. noch gerettet werden.

- Nicht vollstreckbar, da Inhalt bzw. Wortlaut zu unbestimmt.
- Versäumung der Widerrufsfrist (keine Wiedereinsetzung möglich, Frist kann nicht vom Gericht verlängert werden).
- Rechtsverlust hinsichtlich etwaiger Zukunftsschäden (Vorbehalt vereinbaren sowie auf Verjährung achten!).
- Fehlerhafte Protokollierung (Vergleich ist unwirksam und Rechtsstreit ist nicht beendet!).
- Trotz Abgeltungsklausel kann der Schuldner später noch Gegenrechte geltend machen (§ 767 ZPO; z. B. Aufrechnung/Zurückbehaltungsrecht; Einredefreiheit vereinbaren).
- Es werden Verzugszinsen und sonstige Nebenkosten sowie eine etwaige Umsatz- bzw. Mehrwertsteuer vergessen bzw. man lässt sich diesbezüglich leicht runterhandeln.

Da aber nicht immer absehbar ist, ob der Schuldner rechtzeitig zahlen wird, sollte zumindest eine Verzinsung der Vergleichssumme ab Fälligkeit vereinbart werden. Handelt es sich bei den bislang aufgelaufenen Zinsen um einen höheren Betrag, kann und sollte der Gläubiger diesen bei den Vergleichsverhandlungen – am besten beziffert – als Verhandlungsmasse mit einbringen.

– Höhere Anwaltskosten (Einigungsgebühr! – jedoch Ermäßigung der Gerichtsgebühren).

– Rechtsschutzversicherung erstattet die Kosten nicht (Vereinbarte Kostenquote muss dem Verhältnis von Obsiegen und Unterliegen entsprechen!).

– Bei einem prozesskostenhilfeberechtigten Beklagten entfällt die kostenrechtliche Privilegierung nach § 31 Abs. 3 GKG (Gefahr der Zweitschuldnerhaftung des Klägers sowie Haftung des Beklagten für vom Kläger verauslagte Gerichtskosten).

Der Beklagte kann seiner Inanspruchnahme nur entgehen, wenn entweder die Gerichtskosten nach dem Vergleich insgesamt der Kläger trägt oder die Entscheidung hierüber dem Gericht überlassen wird.

– Keine Rechtskraft (§ 322 ZPO).

Es sind daher später noch möglich: Anfechtung, Rücktritt oder Berufung auf den Wegfall der Geschäftsgrundlage.

– Keine Haftung des Sachverständigen gem. § 839a BGB, wenn sich die Parteien unter dem Eindruck eines (unerkannt) unrichtigen Gutachtens verglichen haben.

Aber Haftungsgefahr für den Anwalt, wenn er bereits aufgrund einfacher Fahrlässigkeit das (mindestens) grob fahrlässig unrichtig erstattete Gutachten nicht als solches erkennt (*Huber* NJW-Editorial Heft 19/2003). Aufgrund dieser – nicht zu unterschätzenden und in ihrem Umfang neuartigen – »Regressfalle« für den Anwalt wird in der Literatur dringend empfohlen, von einem Vergleich abzuraten, sobald auch nur geringe Bedenken an der Richtigkeit des Gutachtens bestehen (*Brückner/Neumann* MDR 2003, 908; *Huber* a. a. O.: Anwalt muss dessen Überprüfung durch einen Privatgutachter vor Vergleichsabschluss empfehlen).

Zu weitgehend und pauschal erscheint allerdings der Ratschlag von *Jaeger* (ZAP Fach 2, S. 455), dass der Anwalt nicht zu einem Vergleich raten sollte, wenn die Grundlage des Vergleichs auf einem Sachverständigengutachten beruht. Abgesehen davon besteht für die Partei, deren Vorbringen durch ein Gutachten in vollem Umfange bestätigt wurde, in der Regel auch keine Verlassung mehr für einen Vergleichsabschluss.

In jedem Fall aber muss der Anwalt den Mandanten vor Vergleichsabschluss über diese Nebenfolge hinweisen, insbesondere bei Anhaltspunkten für ein unrichtiges Gutachten.

IV. Klagerücknahme und Verzicht

Verschlechtern sich die Erfolgsaussichten der Klage für den Kläger im Laufe des Verfahrens so weit, dass ein Weiterbetreiben des Prozesses unsinnig erscheint und lässt sich auch durch andere Reaktionsmöglichkeiten (oben Rdn. 2400) eine Verbesserung nicht erreichen, bleibt nur noch, das Verfahren rasch, einfach und kostengünstig zu beenden. Hierbei kommt eine Rücknahme der Klage (§ 269 ZPO) oder ein Verzicht (§ 306 ZPO) in Betracht.

2742

▶ Praxistipp:

2743

Der Prozess sollte nicht vorschnell aufgegeben werden. Auch gerichtliche Hinweise auf die angebliche Erfolglosigkeit müssen nicht richtig sein.

In der Praxis drängen die Gerichte manchmal auf eine Klagerücknahme, um die Sache schnell und einfach zu erledigen. Dass der hierzu erteilte gerichtliche Hinweis auf die mangelnde Erfolgsaussicht der Klage immer auf einer eingehenden Prüfung der Sach- und Rechtslage beruht, darf bezweifelt werden. So soll es nicht selten vorkommen, dass ein Gericht den Anwalt zur Klagerücknahme in irriger Rechtsansicht veranlasst (*Bräuer* AnwBl. 1999, 551). Insbesondere Gegenrechte des Beklagten (Einreden, Gestaltungsrechte) veranlassen Gerichte manchmal vorschnell, den Erfolg der Klage infrage zu stellen. Eine Prozessbeendigung kann nur in Betracht kommen, wenn sie aufgrund eigener gründlicher Sachprüfung erforderlich ist (*Bräuer* AnwBl. 2004, 722).

Während der Verzicht in der *Praxis* sehr selten ist (deutlich weniger als 1 % aller Erledigungen), spielt die Klagerücknahme mit rund 15 % aller Erledigungen eine beachtliche Rolle (Statistisches Bundesamt, Rechtspflege-Statistik, Fachserie 10, Reihe 2, Statistiken 2.1, 2.2).

2744 In jedem Fall hat eine vorzeitige Beendigung des Prozesses durch den Kläger für diesen eine Reihe von Nachteilen und Gefahren.

So handelt der Anwalt bei einer Klagerücknahme auf eigenes Risiko, sogar bei entsprechendem (fehlerhaftem) Hinweis des Gerichts, wenn er sich vorher nicht gründlich vergewissert hat (OLG Köln OLG Rspr. 3/1994 S. 7 – zit. *E. Schneider* NJW 1998, 3696; BayObLG NJW-RR 2001, 1654: auch keine Kostenniederschlagung wegen unrichtiger Sachbehandlung; aber auch BGH NJW 1981, 576: kein Verschulden i. S. d. § 233 ZPO; Palandt/*Grüneberg* § 280 Rn. 81 a. E.). Auch ein entsprechender Protokollvermerk (»Gericht regt dringend Klagerücknahme an«) dürfte daher den Anwalt haftungsrechtlich nicht unbedingt freistellen.

Der Kläger muss hierbei vor allem auf die Verjährung achten, sofern der Anspruch u. U. nochmals gerichtlich geltend gemacht werden soll. So endet die durch die Klageerhebung eingetretene Hemmung sechs Monate nach der Klagerücknahme, d. h. danach läuft der noch offene Rest der ursprünglich gehemmten Verjährungsfrist weiter (§§ 204 Abs. 2; 209 BGB). Obgleich man in der Regel für eine neue Klage daher mehr als 6 Monate Zeit hat (also mehr Zeit als nach altem Schuldrecht, § 212 Abs. 2 BGB a. F.), sollte man sich zur Sicherheit trotzdem an der Mindestfrist orientieren.

Nachteilig kann auch sein, dass bei einer Klagerücknahme die Bindungswirkung einer Streitverkündung entfällt.

Schließlich hat der Kläger die Kosten des Rechtsstreits zu tragen (§ 269 Abs. 3 ZPO), welche jedoch ermäßigt sind. In jedem Fall spart er sich gegenüber einer streitigen (Klage abweisenden) Entscheidung zwei Gerichtsgebühren (KV-GKG 1211) und bei Rücknahme vor einer mündlichen Verhandlung und Beweisaufnahme auch Rechtsanwaltsgebühren. Von daher empfiehlt sich eine möglichst frühzeitige Klagerücknahme.

1. Klagerücknahme

2745 Mit der Rücknahme (*Brammsen/Leible* JuS 1997, 54) widerruft der Kläger sein konkretes Rechtsschutzbegehren. Hiervon betroffen wird also nur die anhängige Klage, sowohl der zugrunde liegende materiellrechtliche Anspruch als auch dessen grundsätzliche prozessuale Durchsetzbarkeit bleiben hiervon unberührt, sodass eine neuerliche Klageerhebung jederzeit möglich ist.

Gibt der Kläger außerprozessual (z. B. im Rahmen eines Vergleichs) ein **Klagerücknahmeversprechen** ab, so handelt es sich hierbei um einen Prozessvertrag, der zur Folge hat, dass der weiter verfolgten Klage die Einrede prozessualer Arglist entgegengesetzt werden kann und diese als unzulässig abgewiesen wird (OLG Hamm VersR 1994, 834; MüKoZPO/*Lüke* § 269 Rn. 12 f.).

2746 Die Klagerücknahme ist wirksam, wenn sie schriftsätzlich oder in mündlicher Verhandlung dem Gericht gegenüber erklärt wird (§ 269 Abs. 2 ZPO) und die Prozesshandlungsvoraussetzungen vorliegen (BGH NJW 1996, 885).

Die Rücknahmeerklärung ist bedingungsfeindlich und kann auch nicht von einer innerprozessualen Bedingung abhängig gemacht werden (BGH NJW-RR 1990, 67).

Die Rücknahme kann auch nur einen Teil der Klage betreffen. Erfolgt dies nach mündlicher Verhandlung, so kann eine Zustimmung des Beklagten entbehrlich sein, wenn es sich um einen Fall des § 264 Nr. 2 ZPO handelt und man der Auffassung ist, dass diese Norm die Teilrücknahme abschließend regelt, daneben kein Raum für eine zusätzliche Anwendung des § 269 ZPO ist.

2747 Die Rücknahme bedarf der Zustimmung des Beklagten, wenn die Parteien schon einmal mündlich streitig verhandelt haben (BGH NJW 1998, 3783).

Noch nicht streitig zur Hauptsache verhandelt haben die Parteien nach Rügen zur Zulässigkeit oder nach Erhebung einer Widerklage; erforderlich ist in der Regel die Stellung der Anträge (§ 137 Abs. 1 ZPO).

Ähnlich wie bei der Klageänderung (§ 267 ZPO) wird auch bei der Klagerücknahme die Einwilligung des Beklagten vermutet, wenn er ihr nicht innerhalb von zwei Wochen nach Zustellung der Rücknahmeerklärung widersprochen hat. Voraussetzung ist, dass er auf diese Folge hingewiesen wurde (§ 269 Abs. 2 Satz 3, 4 ZPO).

▶ **Praxistipp:** 2748

Zwar ist für den Beklagten der Verzicht des Klägers vorteilhafter als die bloße Klagerücknahme. Kann er – wie regelmäßig – einen solchen Verzicht nicht erreichen, ist die Klagerücknahme immer noch besser, als die Fortsetzung des Verfahrens.

> Der Beklagte wird bedenken, dass eine Klagerücknahme nicht in Rechtskraft erwächst und somit der Anspruch grundsätzlich nochmals eingeklagt werden kann. Er muss aber auch befürchten, dass jede Prozessfortsetzung mit dem Risiko einer erneuten Änderung der Erfolgsaussichten verbunden und ein Sacherfolg damit zwar wahrscheinlich, nicht immer aber wirklich sicher ist.

Folge der wirksamen Klagerücknahme ist ein Wegfall der Rechtshängigkeit ipso iure, d. h. ohne dass 2749
es einer besonderen Entscheidung des Gerichts hierüber bedarf (§ 269 Abs. 3 ZPO). Auf Antrag des Beklagten werden die Folgen zur Klarstellung in einem (rein deklaratorischen) Beschluss ausgesprochen (§ 269 Abs. 4 ZPO: LG Itzehoe NJW-RR 1994, 1216). Eines solchen Beschlusses bedarf es, bevor die Kosten festgesetzt werden können.

> Soweit während der Rechtshängigkeit (vorläufige, noch nicht rechtskräftige) **Entscheidungen** ergangen sind, werden diese automatisch wirkungslos (§ 269 Abs. 3 Satz 1, 2. HS ZPO). Nimmt der Kläger die Klage erst in der Berufungsinstanz zurück, entfaltet das erstinstanzliche Urteil keine Wirkungen mehr.

> Die bislang entstandenen **Kosten** hat grundsätzlich der Kläger zu tragen, da er das Verfahren veranlasst und eine Sachentscheidung, an die die Kostenlast gebunden werden könnte, verhindert hat (§ 269 Abs. 3 Satz 2 ZPO). Dies gilt nicht für die Kosten, die durch eine vorherige Säumnis des Beklagten entstanden sind, diese hat nach § 344 ZPO die säumige Partei zu tragen (OLG München NJW-RR 1998, 1078; OLG Karlsruhe NJW-RR 1996, 383; OLG Köln VersR 1993, 721 und 722; Baumbach/*Hartmann* § 269 Rn. 34; *Habel* NJW 1997, 2357 m. w. N.; a. A.: OLG Brandenburg NJW-RR 1999, 871; OLG Schleswig NJW-RR 1998, 1151; OLG Rostock NJW-RR 1996, 832; Thomas/Putzo/*Reichold* § 269 Rn. 13). Nicht zu tragen braucht der Kläger auch die Kosten einer Widerklage, die Kosten eigener Streithelfer (§ 101 ZPO). Auf einen neuen Prozess braucht der Beklagte sich erst einzulassen, nachdem ihm die Kosten erstattet worden sind (§ 269 Abs. 6 ZPO).

> Allgemein entfallen rückwirkend alle mit der Rechtshängigkeit verbundenen Folgen, insbesondere die Verjährungshemmung.

2. Verzicht

Der Kläger kann das Verfahren einseitig dadurch beenden, dass er auf den mit der Klage geltend 2750
gemachten Anspruch und damit auf die Möglichkeit einer (nochmaligen) prozessualen Geltendmachung verzichtet (§ 306 ZPO).

> Mit dem Verzicht erklärt der Kläger dem Gericht gegenüber, dass er eine prozessuale Durchsetzung seines Anspruchs (auch in Zukunft) nicht mehr will, er hierauf also **endgültig** verzichtet. Der Verzicht betrifft als Prozesserklärung nur den prozessualen Anspruch (Streitgegenstand), grundsätzlich nicht auch den materiellrechtlichen Anspruch, weil der Kläger Erklärungen hierzu in der Regel nicht abgeben will (so zutreffend die h. M.: BGH Urt. v. 01.06.2011 - I ZR 80/09; Baumbach/*Hartmann* Einf. § 306 Rn. 2; *Jauernig* § 47 VI; Rosenberg/Schwab/*Gottwald*, § 134 V 2e); Stein/Jonas/*Leipold* § 306 Rn. 3; a. A. *Thomas* ZZP 89 (1976), 80; Zöller/*Stephan* § 306 Rn. 2). Nur ausnahmsweise bei Vorliegen besonderer Anhaltspunkte ist eine im Prozess abgegebene Erklärung auch materiellrechtlich als Erlassvertrag nach §§ 397, 875 BGB oder als Verzichtserklärung nach § 242 BGB wirksam (RGZ 165, 85, 87).

Der Verzicht bedarf einer entsprechenden Erklärung des Klägers. 2751

> Diese wird regelmäßig ausdrücklich erforderlich sein. Im Wege der **Auslegung** aus sonstigen Erklärungen oder konkludenten Handlungen kann sie sich nur ergeben, wenn nach außen erkennbare Umstände gegeben sind, aus denen unzweideutig folgt, dass der Kläger den auf die prozessuale Durchsetzungsmöglichkeit endgültig verzichten will (BGH MDR 1981, 399). Sie muss in mündlicher Verhandlung erfolgen, ausreichend ist indes die **Bezugnahme** auf einen schriftsätzlich angekündigten Verzicht, sodass Verzichtserklärungen im

Ergebnis auch im schriftlichen (Vor-) Verfahren möglich sind (OLG Hamm WRP 1992, 252; *Meiske* NJW 1993, 1904). Die nach § 160 Abs. 3 Nr. 1 ZPO erforderliche Protokollierung ist genauso wenig Wirksamkeitsvoraussetzung wie die nach § 162 Abs. 1 ZPO erforderliche Vorlesung und Genehmigung (BGH NJW 1984, 1465; OLG Brandenburg NJW-RR 2000, 741; Stein/Jonas/*Leipold*, § 307 Rn. 19).

Die Verzichtserklärung kann von einer innerprozessualen Bedingung abhängig gemacht werden, solange diese nicht das Bestehen des Prozessrechtsverhältnisses selbst infrage stellt. Nicht möglich ist deswegen der Verzicht für den Fall der Erfolglosigkeit der Klage, um hierdurch z. B. in den Genuss der Kostenermäßigung nach Nr. 1211 KV-GKG zu kommen (BGH NJW 1985, 2713 (2716); OLG Düsseldorf, OLGZ 77, 250; Stein/Jonas/*Leipold*, § 307 Rn. 14 m. w. N.).

Anders als die Klagerücknahme bedarf der Verzicht nicht der Zustimmung des Beklagten, weil dieser einen vollen, seinem Antrag entsprechenden Sacherfolg erringt, nämlich die rechtskraftfähige Klageabweisung.

2752 Da es sich um ein Sachurteil handelt, müssen die Zulässigkeitsvoraussetzungen gegeben sein (Stein/Jonas/*Leipold*, § 306 Rn. 12; Prütting/Gehrlein/*Thole* § 306 Rn. 8). Auf die Schlüssigkeit oder Erheblichkeit des Parteivorbringens kommt es dagegen nicht an.

2753 Zudem kann der Kläger nur auf Ansprüche verzichten, über die er auch **disponieren** darf.

Unwirksam ist danach z. B. der Verzicht auf Unterhalt für die Zukunft (§ 1614 BGB), der Verzicht nur eines von mehreren aus materiellem Recht notwendigen Streitgenossen oder der Verzicht in den Fällen der §§ 617, 640 ZPO.

2754 Folge des Verzichts ist, dass Entscheidungsgrundlage nicht länger der streitige Tatsachenvortrag der Parteien, sondern die Prozesserklärung des Klägers ist, sodass der Rechtsstreit sofort entscheidungsreif wird. Um die Endgültigkeit des Verzichts prozessual beachtlich zu machen, ergeht ein der Rechtskraft fähiges Verzichtsurteil (§ 306 ZPO). Durch diese Endgültigkeit unterscheidet sich der Verzicht von der bloßen **Klagerücknahme**, die einer erneuten Klageerhebung nicht entgegensteht.

2755 ▶ Praxistipp:

Für den Kläger ist der Verzicht der Rücknahme gegenüber nur nachteilig. Praktisch kommt er allenfalls dort in Betracht, wo ein streitiges (begründetes) Urteil vermieden werden soll und der Beklagte einer Rücknahme nicht zustimmt.

Der Verzicht kann also grundsätzlich weder widerrufen noch angefochten, nach § 290 ZPO analog beseitigt oder kondiziert werden. Es behält seine Wirkungen auch dann, wenn der Gegner wegen Säumnis des Beklagten zunächst Versäumnisurteil und erst auf Einspruch des Beklagten hin Anerkenntnisurteil beantragt (BGH NJW 1993, 1717; BGH NJW 1989, 1934; OLG Düsseldorf NJW-RR 1999, 1514; *Zöller*/Vollkommer vor § 306 Rn. 6). Hat der Beklagte nach dem Anerkenntnis erfüllt und erklärt der Kläger daraufhin den Rechtsstreit für erledigt, so kann der Beklagte sich trotz des Anerkenntnisses der Erledigungserklärung noch anschließen (*Elzer/Köblitz* JuS 2006, 319).

Beseitigt werden kann ein Anerkenntnis vor Erlass eines Anerkenntnisurteils mit Zustimmung des Gegners oder einseitig auch noch danach, wenn die Voraussetzungen vorliegen, unter denen ein rechtskräftiges Urteil hätte angegriffen werden können (§§ 580 Nr. 2, 4 und 7; 323 ZPO: KG NJW-RR 1995, 958; OLG Saarbrücken NJW-RR 1997, 252; OLG Bamberg NJW-RR 1993, 1219; OLG Schleswig FamRZ 1993, 577).

Die **Kostenentscheidung** folgt allgemeinen Grundsätzen (§ 91 ZPO), sodass der Kläger als unterliegende Partei die Kosten immer alleine trägt; eine (analoge) Anwendung des § 93 ZPO ist nicht möglich (OLG Koblenz NJW-RR 1986, 1443; OLG Hamm MDR 1982, 676; Thomas/Putzo/*Hüßtege* § 93 Rn. 2, § 306 Rn. 4; Stein/Jonas/*Leipold*, § 306 Rn. 11; a. A. OLG Frankfurt a. M. OLGZ 1993, 480). Die **vorläufige Vollstreckbarkeit** wird mangels Schutzbedürftigkeit des Klägers ohne Sicherheitsleistung angeordnet (§ 708 Nr. 1 ZPO). Die Gerichtsgebühren werden beim Verzicht – wie bei der Rücknahme – um zwei Gebühren ermäßigt.

D. Änderung des Verfahrensablaufs **8. Kapitel**

D. Änderung des Verfahrensablaufs

Eine Änderung des ursprünglich vorgesehenen Verfahrensablaufs kann aus verschiedenen Gründen erforderlich werden. 2756
- Stellt sich heraus, dass das Gericht nicht zuständig ist, kann eine drohende Abweisung als unzulässig durch einen Antrag auf Verweisung an das zuständige Gericht vermieden werden (oben Rdn. 2403).
- Soll eine (weitere) mündliche Verhandlung vermieden werden, kommt ein schriftliches Verfahren in Betracht (unten Rdn. 2653).
- Ist ein streitiges Urteil nicht möglich, weil eine Partei am Verfahren nicht in der gebotenen Form mitwirkt, sie insbesondere in der mündlichen Verhandlung keinen Antrag stellt, so kommt die Beendigung des Verfahrens durch ein Versäumnisurteil in Betracht (unten Rdn. 2662).
- Wird die Position des Klägers durch ein Verhalten des Beklagten oder durch die Rechtseinschätzung des Gerichts aussichtslos, kann er eine drohende Klageabweisung durch Rücknahme oder Verzicht abwenden (oben Rdn. 2637).
- Vielfach können die Parteien auf den Ablauf des Verfahrens durch Anträge oder zumindest Anregungen gestaltend einwirken (unten Rdn. 2682).

I. Schriftliches Verfahren (§ 128 ZPO)

Nur ausnahmsweise kann auf eine **mündliche Verhandlung** verzichtet und eine Entscheidung ausschließlich aufgrund eines schriftlichen Verfahrens getroffen werden. Möglich ist dies wenn – z. B. durch Schlussurteil – nur noch über die Kosten zu entscheiden ist (§ 128 Abs. 3 ZPO) oder die noch ausstehende Entscheidung nicht in Form eines Urteils, sondern als Beschluss oder Verfügung ergeht (§ 128 Abs. 4 ZPO). Außerdem kann eine mündliche Verhandlung im vereinfachten Verfahren vor dem Amtsgericht (§ 495a ZPO) entfallen. Praktisch wichtigster Fall ist das schriftliche Verfahren mit Zustimmung der Parteien (§ 128 Abs. 2 ZPO). 2757

> Sinnvoll kann dies sein, wenn eine weitere mündliche Verhandlung erforderlich wird, etwa, weil beide Parteien Gelegenheit erhalten müssen, zum Vortrag des Gegners vorzutragen oder weil eine Urkunde beigezogen werden soll und zum Gegenstand der mündlichen Verhandlung gemacht werden muss.

Die **Zustimmungserklärung** der Parteien muss in einer vorangegangenen mündlichen Verhandlung oder schriftlich abgegeben werden (BVerwG NJW 1981, 1852), das bloße Schweigen auf eine Anfrage des Gerichts genügt nicht. Sie kann unter eine innerprozessuale Bedingung gestellt werden (z. B. den Fall des Widerrufs eines Vergleichs). 2758

> Die bloß einseitig erklärte Zustimmung kann jederzeit zurückgenommen werden, haben beide Parteien ihre entsprechende Erklärung einmal abgegeben, können diese nur bei wesentlicher Änderung der Prozesslage widerrufen werden.

▶ Praxistipp: 2759

> Wegen seiner Bindungswirkung sollte der Verzicht auf eine mündliche Verhandlung sorgfältig bedacht werden. Die mündliche Verhandlung stellt regelmäßig nicht bloß eine lästige Formalie dar, sondern eröffnet Möglichkeiten der Interessenwahrung, die im schriftlichen Verfahren nicht kompensiert werden.

Die Anordnung des schriftlichen Verfahrens erfolgt durch **Beschluss**. 2760

> In diesem werden ein Zeitpunkt, bis zu dem Schriftsätze eingereicht werden können, sowie ein Verkündungstermin bestimmt.

Bis zu dem bestimmten Zeitpunkt können beide Parteien Schriftsätze einreichen. 2761

> Anders als bei Schriftsatznachlass aus § 283 ZPO ist die Befugnis der Parteien dabei nicht darauf beschränkt, zu bisherigem Vortrag des Gegners Stellung zu nehmen. Vielmehr können unbeschränkt alle Angriffs- und Verteidigungsmittel vorgetragen werden. Ist dieses Vorbringen bezogen auf den Gesamtprozess verspätet, kommt allerdings auch hier eine Zurückweisung nach § 296 ZPO in Betracht. Der Zeitpunkt, bis zu dem

Schriftsätze eingereicht werden können, entspricht dem Schluss der mündlichen Verhandlung. Nach Ablauf der Frist ist Vortrag deswegen nach § 296a ZPO nicht mehr möglich. Erfolgt neuer erheblicher Vortrag einer Partei so spät vor Ablauf der Frist, dass dem Gegner innerhalb Frist eine Stellungnahme nicht mehr möglich ist, kommt (ggf. unter Verlegung des Verkündungstermins) ein Schriftsatznachlass in Betracht (§ 283 ZPO). Verspätete Schriftsätze können zu einem erneuten Eintritt in die mündliche Verhandlung zwingen (§ 156 ZPO).

2762 Mit Verkündung der Entscheidung endet das schriftliche Verfahren.

In dem bestimmten Verkündungstermin ergeht bei Entscheidungsreife des Rechtsstreits ein Urteil, ansonsten eine Verfügung oder ein Beschluss zu. Die Entscheidung kann von dem jeweils mit der Sache befassten Richter getroffen werden, auch wenn dieser an einer vorher möglicherweise durchgeführten Verhandlung nicht teilgenommen hat; der Grundsatz der Unmittelbarkeit aus § 309 ZPO gilt hier also nicht (BGH NJW-RR 1992, 1065).

In jedem Fall endet damit das angeordnete schriftliche Verfahren, sodass – falls das Verfahren weitergeht – entweder Termin zur mündlichen Verhandlung anberaumt oder ein neuerliches schriftliches Verfahren angeordnet werden muss (BGHZ 31, 210, 215). Für Letzteres bedarf es einer neuerlichen Zustimmung der Parteien.

II. Säumnisverfahren

2763 Das allgemeine Verfahren setzt eine Mitwirkung beider Parteien voraus. Mangelt es daran, insbesondere weil eine Partei an der notwendigen mündlichen Verhandlung nicht mitwirkt, bedarf es einer besonderen Regelung des weiteren Verfahrensablaufs und der Entscheidung.

1. Versäumnisurteil

2764 Wirkt eine Partei am Verfahren nicht in der gebotenen Form mit, stellt insbesondere in der mündlichen Verhandlung keinen Antrag, so ist eine reguläre Verfahrensbeendigung durch streitiges Urteil nicht möglich.

2765 Zu einem solchen Versäumnisurteil kann es nicht nur kommen, weil eine Partei einen Termin unbeabsichtigt versäumt, sondern auch, weil sie die Säumnisfolgen bewusst herbeiführen will (»Flucht in die Säumnis«). Letzteres kommt bei aussichtsloser Prozesssituation in Betracht, um entweder eine unkomplizierte und kostengünstige Verfahrensbeendigung zu erreichen, oder um sich die Chance zu erhalten, mit dem Einspruch gegen das Versäumnisurteil weitere Angriffs- und Verteidigungsmittel vorzutragen und so die eigene Prozesssituation zu verbessern.

Eine Kostenprivilegierung ist mit dem Versäumnisurteil auch dann nicht verbunden, wenn das Verfahren hierdurch endet, ein Einspruch nicht eingelegt wird. Dass das Versäumnisurteil in den Privilegierungstatbeständen Nr. 1211 KV-GKG (Reduzierung der gerichtlichen Verfahrensgebühr von 3 auf 1) nicht erwähnt ist, stellt keine durch Analogie zu schließende Regelungslücke dar, sondern beruht auf einer bewussten Entscheidung des Gesetzgebers. Für das echte Versäumnisurteil gegen den Kläger ohne Schlüssigkeitsprüfung indes wird dennoch verbreitet eine Gebührenermäßigung angenommen (Zöller/*Herget* § 330 Rn. 10 m.w.N.). Auch die anwaltliche Terminsgebühr ermäßigt sich (Nr. 3105 VV-RVG).

2766 Voraussetzungen eines Versäumnisurteils sind:

2767 (1) Ein **Antrag** der erschienenen Partei auf Erlass eines Versäumnisurteils (§ 331 Abs. 1 Satz 1 ZPO).

Hierbei handelt es sich um einen Prozessantrag, sodass der Sachantrag grundsätzlich zusätzlich gestellt werden muss (BGH NJW 1969, 1427). Stellt der Kläger nur den Prozessantrag, so kann darin im Wege der Auslegung auch die Stellung des Sachantrags gesehen werden. Entsprechendes gilt, wenn der Kläger in einer mündlichen Verhandlung nur den Sachantrag stellt (BGHZ 37, 79, 83; a. A. RGZ 28, 398); unterbleibt der Prozessantrag dagegen im schriftlichen Vorverfahren, so ist eine Auslegung nicht möglich, hier muss Termin zur mündlichen Verhandlung bestimmt werden.

D. Änderung des Verfahrensablaufs 8. Kapitel

(2) Es muss entweder eine notwendige **mündliche Verhandlung** vor dem Prozessgericht stattfinden (§§ 331 Abs. 1 Satz 1, 332 ZPO) oder das **schriftliche Vorverfahren** angeordnet sein (§§ 331 Abs. 3, 276 ZPO; *Bergerfurth* JZ 1978, 298; *Kramer* NJW 1978, 1411).

2768

> Zu den notwendigen mündlichen **Verhandlungen** gehören der frühe erste Termin, der Haupttermin und jeder Fortsetzungstermin, auch wenn er vor dem Einzelrichter oder in einer besonderen Verfahrensart (z. B. Urkunden- oder Arrestverfahren) stattfindet. Nicht hierzu gehören Verkündungstermine (§§ 283, 310 ZPO), Gütetermine (§ 279 ZPO), reine Beweistermine (nur soweit diese entgegen § 370 Abs. 1 ZPO nicht auch der mündlichen Verhandlung dienen) und Termine vor dem beauftragten oder ersuchten Richter (Baumbach/*Hartmann* Übers. § 330 Rn. 4).

(3) Der Beklagte muss **säumig** sein. Säumig ist, wer im Termin zur mündlichen Verhandlung entweder nicht erscheint (§ 331 ZPO; zu Sonderfällen Zöller/*Stephan* vor § 330 Rn. 4) oder nicht verhandelt (§ 333 ZPO) bzw. im schriftlichen Vorverfahren seine Verteidigungsabsicht nicht innerhalb der zweiwöchigen Notfrist nach Klagezustellung anzeigt (§§ 331 Abs. 3, 276 Abs. 1 Satz 1, Abs. 2 ZPO).

2769

> Verhandeln heißt grundsätzlich Antragstellung (§ 137 Abs. 1 ZPO), umfasst aber jede aktive Beteiligung am Prozess. Säumnis liegt demnach schon dann nicht vor, wenn die Partei Ausführungen zur Zulässigkeit der Klage gemacht oder einen Klageabweisungsantrag gestellt hat. Dagegen kann in dem bloßen Antrag auf Vertagung keine Prozessbeteiligung gesehen werden. Ist verhandelt worden und verlässt die Partei den Termin vorzeitig, so liegt keine Säumnis vor (BGHZ 63, 94 m. Anm. *Bassenge* JR 1975, 200; BGH NJW 1974, 2322).

> Möglich ist ein nur teilweises Verhandeln, z. B. durch Stellung nur eines Teilantrags. Ist hiervon ein selbstständiger Teil des Rechtsstreits betroffen, kann bezüglich des Rests Versäumnisurteil ergehen, ansonsten ist im Wege der Auslegung zu ermitteln, ob insgesamt Säumnis vorliegt oder nicht (vgl. § 334 ZPO; BGH NJW 2002, 145 mit Anm. *Löhning* JA 2002, 95).

(4) Es darf **kein** gesetzliches **Erlasshindernis** nach §§ 337, 335 ZPO bestehen.

2770

> Nach § 337 ZPO darf ein Versäumnisurteil nicht ergehen, wenn die Einlassungs- oder Ladungsfrist zu kurz bemessen oder die Partei ohne ihr Verschulden am Erscheinen verhindert war. Letzteres ist z. B. der Fall, wenn dem Gericht eine Entschuldigung wegen Krankheit bereits vorliegt oder es aufgrund der Witterungsbedingungen (starker Schneefall) hiervon ausgehen kann (BGH NJW 1999, 724).

> Das Standesrecht der Rechtsanwälte stellt nach seiner Neuregelung kein Erlasshindernis mehr dar. Zwar darf der Anwalt nach § 13 BO gegen den anwaltlich vertretenen Gegner ein Versäumnisurteil nur beantragen, wenn er dies angekündigt hat oder wenn es die Interessen seines Mandanten erfordern, doch prüft das Gericht das Vorliegen dieser Voraussetzungen nicht nach (*Diercks/Lemke-Küch*, S. 10 ff.).

> Kein Versäumnisurteil ergeht (zu dem aus § 335 ZPO herleitbaren allgemeinen Gedanken OLG Hamm NJW-RR 1991, 703):
> – Nach § 335 Abs. 1 Nr. 1 ZPO, wenn ein vom Gericht geforderter Nachweis noch nicht erbracht ist, z. B. ein Parteivertreter seine Vollmacht (§§ 88 Abs. 2, 80 Abs. 1 ZPO) noch nicht vorgelegt hat (LG Berlin ZMR 1987, 23).
> – Nach § 335 Abs. 1 Nr. 2 ZPO, wenn die säumige Partei nicht ordnungsgemäß (d. h. nach §§ 214 ff., 191, 166 ff. ZPO) geladen war.
> – Nach § 335 Abs. 1 Nr. 3 ZPO, wenn der säumigen Partei Sachanträge oder Tatsachenvorträge der erschienenen Partei nicht rechtzeitig vor dem Termin mitgeteilt wurden. **Mitgeteilt** werden müssen insbesondere Klageänderungen, Erledigungserklärungen, der Kostenantrag nach Klagerücknahme oder Vollstreckungsschutzanträge nach § 714 ZPO, nicht dagegen der Klageabweisungsantrag oder Beweisanträge. Tatsachenvortrag muss nur mitgeteilt werden, soweit er zur Schlüssigkeit der Klage erforderlich ist (Baumbach/*Hartmann* § 335 Rn. 5). **Rechtzeitig** mitgeteilt ist ein Vortrag in der Klageschrift nur, was die Einlassungsfrist (§ 274 Abs. 3 ZPO: 2 Wochen) wahrt, für Vortrag in anderen Schriftsätzen muss die Frist des § 132 ZPO (1 Woche) eingehalten sein; beide Fristen können nach § 226 ZPO abgekürzt werden.
> – Nach § 335 Abs. 1 Nr. 4 ZPO, wenn im schriftlichen Vorverfahren eine ordentliche Belehrung nach § 276 Abs. 1 Satz 1, Abs. 2 ZPO unterblieben ist.

(5) Ist der Beklagte säumig, kann ein Versäumnisurteil nur ergehen, wenn die Klage zulässig und der Vortrag des Klägers schlüssig ist.

2771

Ist der Zulässigkeitsmangel noch behebbar (z. B., weil ein Formmangel noch geheilt, eine fehlende Vollmacht noch nachgereicht werden kann), so ergeht kein Versäumnisurteil; der Kläger erhält vielmehr durch Anberaumung eines neuen Termins die Chance zur Mangelbehebung. Ist der Mangel endgültig (z. B. bei bereits existierender rechtskräftiger Entscheidung oder Fehlen der deutschen Gerichtsbarkeit), so steht die endgültige Unzulässigkeit der Klage fest. Es ergeht dann kein (klagestattgebendes) Versäumnisurteil, sondern die Klage ist (durch unechtes Versäumnisurteil, unten Rdn. 2775) abzuweisen.

Folge der Säumnis des Beklagten ist, dass der Tatsachenvortrag des Klägers als zugestanden anzusehen ist (§ 331 ZPO). Urteilsgrundlage wird allein das Vorbringen des Klägers (OLG Brandenburg NJW-RR 1995, 1471). Dieses kann eine Verurteilung des Beklagten nur rechtfertigen, wenn es schlüssig ist. Ergebnisse einer bereits durchgeführten Beweisaufnahme bleiben genauso unberücksichtigt wie durch den Beklagten vorgetragene erhebliche Angriffs- und Verteidigungsmittel (*Nierwetberg* ZZP 98 (1985), 442), es sei denn, sie sind – als anspruchsfeindliche Tatsachen – auch vom Kläger vorgetragen.

2772 Das Versäumnisurteil stellt für die obsiegende Partei einen Titel dar, mit dem das Verfahren seinen Abschluss finden kann. Der unterliegenden Partei steht gegen das Versäumnisurteil der Einspruch zu, der – bei wirksamer Einlegung zur Fortsetzung des Verfahrens in erster Instanz führt (§ 342 ZPO; dazu unten).

2773 ▶ **Praxistipp:**

Das Versäumnisurteil kann in Rechtskraft erwachsen. Dies gilt für das klagestattgebende Versäumnisurteil gegen den Beklagten genauso, wie für das klageabweisende Versäumnisurteil gegen den Kläger.

2774 Dies gilt auch, wenn die Klageabweisung lediglich auf einem inzwischen behobenen vorübergehenden Hindernis beruht (BGH NJW 2003, 1044; Zöller/*Vollkommer* vor § 322 Rn. 56; 330 Rn. 9, str.).

Wird demgegenüber die Klage wegen Fehlens eines bestimmten Tatbestandsmerkmals, z. B. mangelnde Fälligkeit des Anspruchs als »zur Zeit unbegründet« durch ein kontradiktorisches Urteil abgewiesen, so kann dieser Anspruch nochmals klageweise geltend gemacht werden, wenn das bisher fehlende Tatbestandsmerkmal nunmehr gegeben ist. Im Gegensatz dazu ist bei einem klageabweisenden Versäumnisurteil, das allein auf der Säumnis des Klägers beruht und keine Begründung zur Sache enthält, der eingeklagte Anspruch endgültig verloren.

Von daher kann es u. U. prozesstaktisch besser sein, entweder die Klage zurückzunehmen oder – sofern dies mangels Einwilligung des Beklagten nicht mehr möglich ist (§ 269 ZPO) – ein (klageabweisendes) streitiges Urteil gegen sich ergehen zu lassen; gegebenenfalls nach Einspruch gegen ein bereits erlassenes Versäumnisurteil. Sofern man dies unterlassen hat, sollte man keinesfalls im zweiten Verfahren auf das Erstverfahren Bezug nehmen in der Hoffnung, dass die Rechtskraftwirkung übersehen wird.

2. Sonderformen des Versäumnisurteils

2775 Ist der Beklagte säumig und beantragt der Kläger gegen ihn den Erlass eines Versäumnisurteils, so kann ein solches nur ergehen, wenn das tatsächliche mündliche Vorbringen des Klägers dieses rechtfertigt (§ 330 ZPO). Ist die Klage unzulässig oder unschlüssig muss sie abgewiesen werden. Dies gilt unabhängig davon, ob der Beklagte säumig ist oder nicht. Auf die unzulässige bzw. unschlüssige Klage hin ergeht damit auch bei Säumnis des Beklagten ein Klage abweisendes Urteil. Dieses Urteil beruht nicht auf der Säumnis des Beklagten, wäre genauso ergangen, wenn der Beklagte nicht säumig gewesen wäre. Dieses Urteil wird als »**unechtes Versäumnisurteil**« bezeichnet.

Terminologisch ist dies eher irreführend. Das unechte Versäumnisurteil ist kein Versäumnisurteil, sondern Endurteil. Es wird nicht als Versäumnisurteil bezeichnet und muss Tatbestand und Entscheidungsgründe aufweisen (§ 313b Abs. 1 ZPO). Es kann nicht nach § 708 Nr. 2 ZPO ohne Sicherheitsleistung für vorläufig vollstreckbar erklärt werden und nicht mit einem Einspruch angefochten werden (§ 338 ZPO).

2776 Ist der Einspruch gegen das Versäumnisurteil unzulässig, wird er verworfen. Diese Entscheidung ergeht – unabhängig davon, ob ihr eine mündliche Verhandlung vorausgeht oder nicht – durch Urteil, § 341 Abs. 2 ZPO (»**Verwerfungsurteil**«).

D. Änderung des Verfahrensablaufs **8. Kapitel**

Hat die säumige Partei zulässig Einspruch eingelegt, ist aber in dem zur Verhandlung über den Einspruch bestimmten Termin erneut säumig, wird der Einspruch durch ein »**zweites Versäumnisurteil**« zurückgewiesen (§ 345 ZPO). 2777

> Nach h. M. geht § 345 ZPO dem § 342 ZPO vor, sodass zweites Versäumnisurteil auch dann ergeht, wenn die Klage bei Erlass des ersten Versäumnisurteils unzulässig oder unschlüssig war (BGH NJW 1999, 2599; BGHZ 97, 344; Baumbach/*Hartmann* § 345 Rn. 3; Rosenberg/Schwab/*Gottwald*, § 108 V 4a.; a. A. BAG NJW 1974, 1103; LAG Frankfurt a. M. NZA 1993, 816; OLG Stuttgart MDR 1976, 51; *Braun* ZZP 93 (1980), 443 (471); *Schneider* MDR 1985, 377; Thomas/Putzo/*Reichold* § 345 Rn. 4; Zöller/*Stephan* § 345 Rn. 4). Etwas anders gilt, wenn der zweiten Säumnis kein erstes Versäumnisurteil, sondern ein Vollstreckungsbescheid vorausgegangen ist; da hier eine richterliche Prüfung noch nicht stattgefunden hat, sind Zulässigkeit und Schlüssigkeit vor Erlass des zweiten Versäumnisurteils zu prüfen (§ 700 Abs. 6 ZPO).
>
> Ist der Einspruch unzulässig, ist er in Form eines »unechten zweiten Versäumnisurteils« zu verwerfen (BGH NJW 1995, 1561; *Hövel* NJW 1997, 2864).

Kein zweites Versäumnisurteil ist das »**wiederholt erste Versäumnisurteil**«, das ergeht, wenn eine säumige Partei im Einspruchstermin zunächst verhandelt hat, bei der Fortsetzung des Verfahrens in einem späteren Termin aber erneut säumig wird. 2778

> Das wiederholt erste Versäumnisurteil ist ein »normales Versäumnisurteil«, dessen einzige Besonderheit in der Tenorierung besteht, die nicht auf Verurteilung oder Klageabweisung lauten kann, sondern auf Aufrechterhaltung oder Abänderung des ersten Versäumnisurteils.

3. Entscheidung nach Lage der Akten

Eine irreguläre Form des allgemeinen Verfahrens stellt die Möglichkeit des Gerichts dar, aufgrund des bisherigen Akteninhalts zu entscheiden. Möglich ist dies bei Säumnis einer Partei auf Antrag der anderen Partei (§ 331a ZPO) oder bei Säumnis beider Parteien von Amts wegen (§ 251a ZPO). 2779

> Ob bei Säumnis beider Parteien alternativ das Ruhen des Verfahrens angeordnet (§§ 251a Abs. 3, 251 ZPO) oder ein neuer Termin zur mündlichen Verhandlung bestimmt wird (§§ 251a Abs. 3, 227 ZPO), steht im freien Ermessen des Gerichts, das dabei aber keine Sanktion verhängt, sondern die Interessen der Prozessbeteiligten abwägen muss (KG FamRZ 1981, 583).
>
> Die Entscheidung nach Lage der Akten ist kein Versäumnis-, sondern ein normales **kontradiktorisches** Urteil, d. h., Urteilsgrundlage ist das beiderseitige streitige Parteivorbringen.

Voraussetzung ist, dass schon einmal streitig, d. h. in Anwesenheit beider Parteien, verhandelt wurde. Das Gericht darf auch nicht sofort entscheiden, sondern muss einen Verkündungstermin bestimmen, damit die Parteien noch Gelegenheit haben, eine erneute streitige Verhandlung zu beantragen (§ 251a Abs. 2 Satz 4 ZPO). 2780

▶ Praxistipp: 2781

> Hat das Gericht Termin zur Verkündung einer Entscheidung nach Lage der Akten bestimmt, kann eine schuldlos säumige Partei das Vorbringen, das ihr in der versäumten mündlichen Verhandlung nicht möglich war, binnen zwei Wochen nachholen (§ 251a Abs. 2 Satz 2 ZPO).

Verwertet werden darf für die Entscheidung grundsätzlich der gesamte Akteninhalt, soweit beiden Parteien hierzu rechtliches Gehör gewährt wurde, d. h., Anträge oder Angriffs- und Verteidigungsmittel, wenn sie dem Gegner mitgeteilt wurden, Beweisergebnisse, wenn beide Parteien hiervon Kenntnis nehmen konnten. 2782

> Die nach Lage der Akten zu verkündende Entscheidung kann neben einem Urteil auch in einem Beschluss, z. B. einem Hinweis-, Auflagen- oder Beweisbeschluss, bestehen; hierauf ist dann § 251a Abs. 2 ZPO nicht anwendbar.

III. Verfahrensanträge

2783 An sich liegt der Ablauf des Verfahrens in den Händen des Gerichts. Dies schließt nicht aus, dass auch eine Steuerung durch Anträge oder Anregungen der Parteien erfolgt.

1. Akteneinsicht

2784 Für den Anwalt kann es in verschiedenen Stadien des Verfahrens sinnvoll oder sogar geboten sein, Einsicht in die Gerichtsakte zu nehmen. Aus dieser ergeben sich häufig Umstände, die den Verfahrensbeteiligten nicht oder nicht so bekannt geworden sind.

> Die Parteien haben (jedenfalls bis zur Rechtskraft des Urteils) ein **Recht auf Einsicht** in die Akten. Wird das Recht von einem Anwalt wahrgenommen, muss dieser seine Bevollmächtigung durch eine schriftliche Vollmacht jedenfalls dann nachweisen, wenn er sich noch nicht als Prozessbevollmächtigter bestellt hat (Zöller/*Greger* § 299, Rn. 2).

2785 Wird die Akteneinsicht für einen – bislang am Prozess nicht beteiligten – Dritten begehrt, muss sich der Antrag an den Vorstand (Präsidenten) des Gerichts richten und zusätzlich das rechtliche Interesse an der Einsichtnahme darlegen (§ 299 Abs. 2 ZPO; OLG Celle MDR 2012, 184; OLG Hamm MDR 2012, 52).

> Die Akteneinsicht erstreckt sich auf die gesamten Akten mit Ausnahme der Entwürfe und Vorarbeiten zu den Entscheidungen (§ 299 Abs. 3 ZPO) und die mit einem Prozesskostenhilfegesuch vorgelegten Angaben und Nachweise zu den Vermögensverhältnissen (BVerfG NJW 1991, 2078; BGH NJW 1984, 740). Die Einsicht in beigezogene Akten anderer Gerichte und Behörden wird nur dann gewährt, wenn dies von der aktenführenden Stelle nicht ausgeschlossen wurde und wenn die Akten sich (schon und noch) bei der Gerichtsakte befinden. Gegebenenfalls muss deswegen die Einsicht in Beiakten gesondert bei der jeweils aktenführenden Behörde beantragt werden.
>
> Das Recht auf Akteneinsicht beinhaltet lediglich die Möglichkeit, auf der Geschäftsstelle des Gerichts in die Akten Einblick zu nehmen (BGH NJW 1961, 559), die Herausgabe der Akten oder deren Versendung ins Büro des Anwalts steht im Ermessen des Prozessgerichts, wobei streitig ist, ob hier der Vorsitzende (BGH MDR 1973, 580) oder das Gericht insgesamt (*E. Schneider* MDR 1984, 108) entscheidet. Dieses Ermessen kann sich – auch durch ständige Übung – auf Null reduzieren und so zu einem Recht auf Aktenübersendung erstarken.
>
> Die Akteneinsicht ist kostenfrei, für die Versendung der Akten fallen nach Nr. 9003 KV-GKG Auslagen in Höhe von 12 € an. Diese Auslagen decken nach h. M. nur die Kosten der Versendung an den Anwalt ab, nicht die Kosten der Rücksendung (Thüringisches OLG JurBüro 2007, 598; OLG Celle AGS 2007, 261; OLG Koblenz NJW 2006, 1072).
>
> Wird die beantragte Akteneinsicht versagt, ist gegen die Entscheidung des Urkundsbeamten der Geschäftsstelle die Erinnerung nach § 573 ZPO, gegen die Entscheidung des Gerichts die sofortige Beschwerde (§ 567 Abs. 1 Nr. 2 ZPO) gegeben.

2. Weitere Verfahrensanträge

2786 Zahlreiche weitere Verfahrensentscheidungen durch das Gericht bedürfen keines besonderen Antrags der Parteien, sind von Amts wegen möglich, können aber von den Parteien zumindest »angeregt« werden. Hierzu gehören
- der Prozesstrennung (§ 145 ZPO),
- der vorläufigen Beschränkung der Verhandlung (§ 146 ZPO), insbesondere
    - auf die Zulässigkeit der Klage (§ 280 Abs. 1 ZPO) oder
    - auf einen Vorabstreit (§ 280 Abs. 1 ZPO),
- der Prozessverbindung (§ 147 ZPO),
- der Prozessaussetzung (§§ 148, 149, 152–154 ZPO),
- der Wiedereröffnung der mündlichen Verhandlung (§ 156 ZPO).

D. Änderung des Verfahrensablaufs 8. Kapitel

In allen Fällen empfiehlt es sich, einen entsprechenden »Antrag« zu begründen, dem Gericht Tatsachen mitzuteilen, anhand derer die Voraussetzungen oder die Sinnhaftigkeit einer entsprechenden Anordnung beurteilt werden kann.

Von Bedeutung vor allem für die Rechtzeitigkeit des Vorbringens sind darüber hinaus, 2787
- der Antrag auf Änderung (Verlegung oder Vertagung) eines Termins (§ 227 ZPO),
- der Antrag auf Änderung (Verkürzung oder Verlängerung) einer Frist (§ 224 ZPO),
- der Antrag auf Anordnung des Ruhens des Verfahrens (251 ZPO).

Hierauf wurde im Rahmen der Möglichkeiten zur Abwendung einer Präklusion eingegangen (oben Rdn. 1246).

9. Kapitel: Rechtsbehelfe

Übersicht	Rdn.
A. **Allgemeines**	2789
I. Rechtsbehelfsbelehrung durch das Gericht	2789b
II. Voraussetzungen	2790
III. Anfechtung falsch bezeichneter Entscheidungen	2792
B. **Rechtsbehelfe im erstinstanzlichen Verfahren**	2799
I. Befangenheitsablehnung Verfahrensbeteiligter	2800
1. Richter (§ 42 ZPO)	2801
a) Taktische Überlegungen, praktische Ratschläge	2802
b) Richtige Antragstellung und Rechtsmittel	2809
c) Praktische Ratschläge	2815
d) Ausgewählte Befangenheitsgründe	2817
2. Sonstige Verfahrensbeteiligte (§§ 49, 406, 1036 ZPO, 191 GVG)	2826
II. Dienstaufsichtsbeschwerde	2828
1. Allgemeine Dienstaufsichtsbeschwerde	2828
2. Untätigkeitsbeschwerde	2832
III. Wiedereinsetzung in den vorigen Stand (§ 233 ZPO)	2835
1. Voraussetzungen	2842
a) Fristversäumung	2842
b) Zulässigkeit	2853
c) Begründetheit	2861
d) Glaubhaftmachung	2876
2. Typische Wiedereinsetzungsfälle	2883
a) Bürofehler	2883
aa) Personal	2887
bb) Büroorganisation	2890
cc) Fristenmanagement	2895
dd) Erkrankung	2898
b) Briefbeförderung	2902
c) Telefax	2905
aa) Richtige Telefaxnummer	2908
bb) Übermittlungsstörungen	2912
cc) Bedeutung des Sendeberichts	2916
d) Zustellung	2918
aa) Unkenntnis der Zustellung	2920
bb) Wirksame Zustellung	2922
e) Prozesskostenhilfeantrag	2932
IV. Einspruch gegen Versäumnisurteil und Vollstreckungsbescheid (§§ 340, 700 ZPO)	2936
1. Zulässigkeit des Einspruchs	2941
2. Verfahrensfortsetzung nach Einspruch	2950
3. Säumnis im Einspruchstermin	2955
V. Berichtigungen und Ergänzungen	2959

	Rdn.
1. Protokollberichtigung	2963
2. Urteilsberichtigung	2966
3. Tatbestandsberichtigung	2974
4. Urteilsergänzung	2986
VI. Rüge der Verletzung rechtlichen Gehörs (§ 321a ZPO)	2992
1. Voraussetzungen	2993
2. Rügeschrift	3006
3. Entscheidung des Gerichts	3013
VII. Rechtsbehelfe im Eilverfahren	3016
1. Übersicht	3017
2. Besondere Rechtsbehelfe	3020
a) Widerspruch (§ 924 ZPO)	3020
b) Antrag auf Anordnung der Klageerhebung (§ 926 ZPO)	3022
c) Antrag auf Aufhebung wegen veränderter Umstände (§ 927 ZPO)	3025
C. **Berufung**	3026
I. Die Anfechtungsentscheidung	3027
1. Zulässigkeit der Berufung	3028
a) Endurteil	3029
b) Wert- und Zulassungsberufung	3038
aa) Beschwer	3038
bb) Kostenbeschwer	3045
cc) Wert des Beschwerdegegenstands	3047
dd) Berufungszulassung	3056
2. Fehlerkontrolle	3059
3. Abwägung der Berufungseinlegung	3063
4. Umfang der Anfechtung	3068
a) Parteien	3069
b) Streitgegenstand	3078
II. Einlegung der Berufung	3082
1. Frist	3083
2. Form	3091
a) Notwendiger Inhalt	3092
b) Schriftform	3106
3. Zuständigkeit Gericht	3107
a) Sachliche Zuständigkeit	3108
b) Örtliche Zuständigkeit	3113
c) Zuständigkeit der Kammer für Handelssachen	3115
d) Zuständigkeit des Einzelrichters	3117
4. Erklärungen und Nebenanträge	3123
a) Berufung zur Fristwahrung	3124
b) Prozesskostenhilfe für die Berufungsinstanz	3130
aa) Berufung unabhängig von der Gewährung von Prozesskostenhilfe	3132
bb) Berufung nur bei Gewährung von Prozesskostenhilfe	3138
c) Anträge zur vorläufigen Vollstreckbarkeit	3143

	aa) Ergänzung...............	3146
	bb) Vorabentscheidung........	3151
	cc) Einstweilige Einstellung.....	3156
	dd) Unbedingterklärung.......	3162
III.	Begründung der Berufung...........	3167
	1. Frist........................	3169
	2. Form.......................	3176
	a) Berufungsantrag.............	3184
	aa) Grundsätze.............	3185
	bb) Formulierung in Sonderfällen	3196
	cc) Beseitigung der Beschwer...	3201
	dd) Unklare, fehlende, unzulässige Anträge...............	3213
	ee) Änderung der Anträge......	3218
	ff) Prozessanträge............	3223
	b) Berufungsgrund.............	3231
	aa) Grundsätze.............	3237
	bb) Rechtsverletzung...........	3251
	cc) Erneute Tatsachenfeststellung	3260
	dd) Neue Angriffs- und Verteidigungsmittel...............	3277
	ee) Abgrenzung der Berufungsgründe.................	3293
	ff) Zuständigkeitsrüge........	3294
	gg) Änderung von Berufungsgründen.................	3297
	c) Beschränkung des Streitstoffs und Präklusion von Vorbringen......	3300
	aa) Zurückweisung verspäteten Vorbringens: §§ 530, 296 Abs. 1 ZPO.............	3302
	bb) Erstinstanzlich zurückgewiesene Tatsachen: § 531 Abs. 1 ZPO...................	3307
	cc) Neue Angriffs- und Verteidigungsmittel: § 531 Abs. 2 ZPO...................	3308
	dd) Verzichtbare Zulässigkeitsrügen: § 532 ZPO...........	3310
	ee) Erweiterung des Streitstoffs: § 533 ZPO.............	3311
	ff) Verlust des Rügerechts: § 534 ZPO...................	3327
	gg) Gerichtliches Geständnis: § 535 ZPO................	3328
	hh) Parteivernehmung: § 536 ZPO...................	3329
IV.	Die Tätigkeit des Anwalts für den Berufungsbeklagten und andere Verfahrensbeteiligte.....................	3330
	1. Taktische Überlegungen........	3331
	a) Vorläufige Vollstreckung........	3332
	b) Reaktion auf Berufung zur Fristwahrung.................	3334
	2. Erwiderung auf die Berufung......	3336
	a) Erwiderungsschrift...........	3337
	b) Verteidigung	3343

	c) Gegenangriff (Eigene Berufung, Anschlussberufung)...........	3353
	aa) Selbstständige Berufung....	3360
	bb) Anschlussberufung........	3363
	3. Die Tätigkeit des Anwalts für sonstige Beteiligte des Berufungsverfahrens...........................	3374
	a) Streitgenossen.............	3374
	b) Streithelfer...............	3383
	aa) Beitritt in der Berufungsinstanz..................	3384
	bb) Beitritt in erster Instanz.....	3394
	c) Streitverkündungsempfänger....	3400
	d) Weitere Verfahrensbeteiligte.....	3406
V.	Verfahren der Berufung	3410
	1. Ablauf.......................	3411
	2. Beschlussentscheidungen Gericht ...	3413
	a) Verwerfung unzulässiger Berufung....................	3414
	b) Zurückweisung substanzloser Berufung....................	3426
	3. Mündliche Verhandlung..........	3433
	4. Beweisaufnahme	3442
	5. Säumnisverfahren	3452
VI.	Beendigung der Berufung............	3454
	1. Rücknahme...................	3456
	2. Verzicht......................	3461
	3. Übereinstimmende Erledigungserklärung......................	3467
	a) Erledigung der Hauptsache.....	3469
	b) Erledigung der Berufung.......	3473
	4. Einseitige Erledigungserklärung.....	3476
	5. Vergleich.....................	3480
D.	**Beschwerde**	3483
I.	Sofortige Beschwerde	3484
	1. Einlegung und Begründung der Beschwerde......................	3485
	a) Statthaftigkeit	3486
	b) Zuständigkeit..............	3489
	c) Frist.....................	3492
	d) Form.....................	3497
	e) Beschwer..................	3504
	f) Begründung................	3507
	2. Verfahren	3512
	a) Rechtliches Gehör...........	3512
	b) Abhilfeverfahren	3514
	c) Beschwerdeverfahren.........	3517
	3. Aufschiebende Wirkung	3520
II.	Andere Beschwerden...............	3524
E.	**Rechtsbeschwerde und Revision**	3529
F.	**Rechtsbehelfe im Vollstreckungsverfahren**	3533
G.	**Weitere Rechtsbehelfe**	3535
I.	Außerordentliche Rechtsmittel	3536
II.	Gegenvorstellung	3538
III.	Verfassungsbeschwerde	3539
IV.	Verzögerungsrüge und Entschädigungsklage...........................	3542

9. Kapitel Rechtsbehelfe

2788 Ist zum Nachteil der Partei ein Rechtszustand eingetreten oder eine Entscheidung ergangen, so hat sie regelmäßig die Möglichkeit, die Aufhebung oder Abänderung zu erreichen, indem sie einen Rechtsbehelf einlegt.

Nur mit den echten Rechtsmitteln kann damit der Eintritt der Rechtskraft der angefochtenen Entscheidung verhindert/Suspensiveffekt) und die Sache in die nächsthöhere Instanz gebracht werden (Devolutiveffekt). Den anderen Rechtsbehelfen fehlt zumindest eine dieser beiden Wirkungen.

A. Allgemeines

2789 Die Anfechtungsmöglichkeiten im Zivilprozess sind breit gestreut (*Pils*, JA 2011, 451). Einen Überblick gibt das nachstehende Schema:

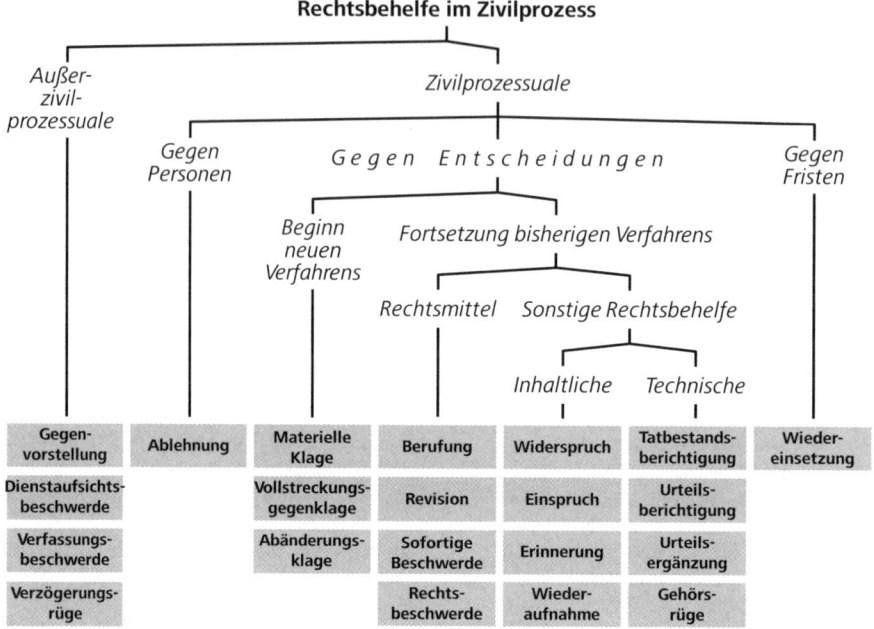

2789a Aufgabe der Partei ist es, den statthaften bzw. gewünschten Rechtsbehelf auszuwählen und exakt zu bezeichnen. Das schließt es nicht aus, dass ein falsch bezeichneter oder unzulässiger Rechtsbehelf durch das Gericht ausgelegt und als statthafter, zulässiger Rechtsbehelf behandelt wird.

So kann ein Prozesskostenhilfeantrag als Berufungseinlegung, eine bedingte Rechtsmitteleinlegung als unbedingte (BGH MDR 2012, 731; BGH NJW-RR 2012, 755; BGH NJW-RR 2011, 491), ein unzulässiges Rechtsmittel als Anschlussrechtsmittel (BGH NJW 2013, 875; BGH NJW 2011, 1455), eine Beschwerde als Rechtspflegererinnerung (BGH NJW-RR 2012, 753) behandelt werden. Dennoch sollte der Anwalt es nicht darauf ankommen lassen und den richtigen Rechtsbehelf eigenverantwortlich bestimmen.

Möglich, wenn auch nur im Ausnahmefall zu empfehlen ist deswegen auch die Einlegung des »statthaften Rechtsbehelfs«.

Die nachfolgende Darstellung soll mit den innerhalb des erstinstanzlichen Verfahrens praktisch relevanten Rechtsbehelfen (Befangenheitsablehnung, Dienstaufsichtsbeschwerde, Wiedereinsetzung in den vorigen Stand, Einspruch gegen Vollstreckungsbescheid und Versäumnisurteil, Berichtigung bzw. Ergänzung von Protokoll, Urteil und Tatbestand, Gehörsrüge, Rechtsbehelfe im Eilverfahren) beginnen, danach die Rechtsmittel (Berufung, Beschwerde, Revision und Rechtsbeschwerde) darstellen und mit den Rechtsbehelfen in der Zwangsvollstreckung und den außerordentlichen Rechtsbehelfen enden.

A. Allgemeines

I. Rechtsbehelfsbelehrung durch das Gericht

Seit dem 1.1.2014 hat **jede anfechtbare gerichtliche Entscheidung** auch im Zivilprozess eine Rechtsbehelfsbelehrung zu enthalten (§ 232 Satz 1 ZPO), unabhängig davon, in welcher Verfahrensart (Erkenntnisverfahren, Eilverfahren, Zwangsvollstreckungsverfahren) und in welcher Form sie ergeht (Urteil, Beschluss, Verfügung) und von wem sie aufseiten des Gerichts erlassen wird (Richter, Rechtspfleger, Urkundsbeamter).

> Zum einen hat der Gesetzgeber damit der Auffassung Rechnung getragen, dass sich eine Pflicht zur Rechtsbehelfsbelehrung zumindest für Teile des Zivilprozesses unmittelbar aus der Verfassung ergebe (BGH Urt. v. 26.03.2009 - V ZB 174/08), zum anderen wurden damit bereits vorhandene Belehrungspflichten im Zivilprozess (z. B. § 338 Satz 2 ZPO) verallgemeinert und die Zivilprozessordnung insgesamt anderen Verfahrensordnungen angepasst, die eine entsprechende Belehrungspflicht seit Langem kennen.

Ausgenommen sind grundsätzlich Verfahren, in denen sich die Parteien durch einen Rechtsanwalt vertreten lassen müssen, grundsätzlich also Verfahren vor den Landgerichten, Oberlandesgerichten oder dem Bundesgerichtshof (§ 78 Abs. 1 ZPO, nicht in den Ausnahmefällen § 78 Abs. 2, 3 ZPO). Auch hier muss indes belehrt werden über die Möglichkeiten eines Einspruchs, Widerspruchs oder eines Rechtsbehelfs für Zeugen oder Sachverständigen. Unerheblich ist, ob die Partei tatsächlich anwaltlich vertreten war.

Belehrt werden muss über das mögliche **Rechtsmittel** (Berufung, Revision, sofortige Beschwerde, Rechtsbeschwerde) bzw. den möglichen Einspruch, Widerspruch oder die Erinnerung. Nicht belehrt werden muss über die Möglichkeit der Sprungrevision und sonstiger Rechtsbehelfe (Ablehnung, Wiedereinsetzung, Gegenvorstellung, Dienstaufsichtsbeschwerde, Verfassungsbeschwerde), die Möglichkeit der Beseitigung von Entscheidungen in einem neuen Verfahren (Abänderungsklage, Vollstreckungsgegenklage) und die Möglichkeiten zur Beseitigung formeller Entscheidungsfehler (Berichtigung, Ergänzung).

▶ Praxistipp:

> Aus dem Fehlen einer Rechtsbehelfsbelehrung kann nicht geschlossen werden, dass die Entscheidung unanfechtbar ist. Das Fehlen kann (neben einem Fehler des Gerichts) auf einer - praktisch nicht seltenen - Ausnahme von der Belehrungspflicht beruhen.

Formal muss die Belehrung Teil der Entscheidung und von der Unterschrift gedeckt sein, räumlich also vor dieser stehen (BGH NJW 1992, 829; BGHZ 113, 48).

Inhaltlich belehrt werden muss über den statthaften Rechtsbehelf, das Gericht, bei dem er einzulegen ist einschließlich der vollständigen Anschrift, sowie über die einzuhaltende Form und Frist. Hinzu kommen muss erforderlichenfalls der Hinweis auf einen Anwaltszwang für das Rechtsmittel (BGH NJW 2011, 2887; BGH NJW-RR 2010, 1297), nicht indes auf die Erfordernisse einer Begründung (BAG ZIP 2003, 1850; deutlich zu weit gehend *Fölsch* NJW 2013, 970). Die Rechtsbehelfsbelehrung muss aus sich heraus verständlich sein und eine nicht anwaltlich vertretene Partei in die Lage versetzen, ohne Mandatierung eines Rechtsanwalts einen Rechtsbehelf wirksam einzulegen.

▶ Beispiel:

> Die Belehrung gegen ein Urteil des Amtsgerichts könnte lauten: »Gegen dieses Urteil ist das Rechtsmittel der Berufung statthaft. Diese muss durch eine Rechtsanwältin oder einen Rechtsanwalt binnen eines Monats nach Zustellung des Urteils schriftlich beim Landgericht (... Ort und Anschrift) eingelegt werden. Die Berufungsschrift muss das Urteil bezeichnen, gegen das die Berufung sich richtet, und die Erklärung enthalten, dass dagegen Berufung eingelegt werde.«

Für den im Zivilprozess tätigen **Anwalt** hat sich damit nicht allzu viel geändert. Erwarten darf er erstinstanzlich eine Belehrung über alle Entscheidungen des Amtsgerichts, über Entscheidungen des Landgerichts nur, soweit diese mit dem Widerspruch oder Einspruch anfechtbar sind.

2789i ▶ Beispiele:

Arrest- oder einstweilige Verfügungsbeschlüsse, gegen die der Widerspruch gegeben ist; Versäumnisurteile, die mit dem Einspruch anfechtbar sind.

2789j Dem Anwalt nimmt die Pflicht des Gerichts zur Belehrung seine **Verantwortung** nicht ab: Eine fehlende oder fehlerhafte Rechtsbehelfsbelehrung hindert weder das In-Gang-Setzen einer Rechtsbehelfsfrist noch den Eintritt der Rechtskraft, ja sie schafft grundsätzlich nicht einmal die Möglichkeit einer Wiedereinsetzung in den vorigen Stand (dazu unten Rdn. 2874; BGH FamRZ 2012, 1287; FamRZ 2012, 367; BGH VersR 1996, 1522, 1523; BGH NJW 1992, 1700; BGH VersR 1985, 1183, 1184; *Vorwerk* FamFR 2010, 355). Unterbleibt die Einlegung eines Rechtsbehelfs, weil der Beteiligte mangels ordnungsgemäßer Belehrung (dazu unten Rdn. 2874) keine Kenntnis von der Möglichkeit oder den Erfordernissen der Einlegung hatte, kann er Wiedereinsetzung in den vorigen Stand gegen die Versäumung der Rechtsbehelfsfrist verlangen (§ 233). Dass ihn in diesem Fall an der Versäumung der Frist kein Verschulden trifft, wird nach § 233 Satz 2 ZPO vermutet (dazu unten Rdn. 2874). Diese gesetzliche Vermutung ersetzt jedoch lediglich das Erfordernis des fehlenden Verschuldens des Antragstellers. Der erforderlich ursächliche Zusammenhang zwischen Belehrungsmangel und Fristversäumung muss auch in diesen Fällen vom Antragsteller vorgetragen und vom Gericht positiv festgestellt werden. Ausgeschlossen ist eine Wiedereinsetzung deswegen, wenn der Beteiligte wegen vorhandener Kenntnis über seine Rechtsmittel keiner Unterstützung durch eine Rechtsmittelbelehrung bedarf. Dies ist regelmäßig der Fall bei anwaltlich vertretenen Beteiligten (BGH FamRZ 2012, 1287; FamRZ 2012, 367). Dies führt praktisch dazu, dass das Fehlen einer Rechtsmittelbelehrung folgenlos bleibt, wenn die Partei anwaltlich vertreten ist. Auf diese Weise wird zwar der erhöhten Schutzbedürftigkeit nicht anwaltlich vertretener Beteiligter Rechnung getragen, praktisch aber führt dies dazu, dass allein dem Anwalt die Verantwortung für die Überprüfung gerichtlicher Rechtsbehelfsbelehrungen auf ihre inhaltliche Richtigkeit oder auf deren Fehlen zugewiesen wird.

2789k ▶ Praxistipp:

Im Rahmen der Kanzleiorganisation muss sichergestellt sein, dass sich weder das Folgepersonal noch der Anwalt selbst auf den Inhalt einer gerichtlichen Rechtsbehelfsbelehrung verlassen, sondern dass die Voraussetzungen der Anfechtbarkeit in jedem Fall autonom und eigenverantwortlich geprüft werden.

2789l Auch von der Rechtsprechung wird diese Risikoverlagerung offensichtlich als unbefriedigend empfunden. Nur so lässt sich erklären, dass die neuere Rechtsprechung der Obergerichte die Ausnahme von der Kausalitätsvermutung restriktiv handhabt. Anders als bei der fehlenden oder unvollständigen Rechtsbehelfsbelehrung darf der Anwalt danach auf die Richtigkeit einer vorhandenen Belehrung vertrauen, sodass es hier an der Ursächlichkeit zwischen Belehrungsmangel und Fristversäumung nur fehlt, wenn die erteilte Rechtsbehelfsbelehrung offenkundig falsch war und beim Anwalt nicht einmal den Anschein der Richtigkeit zu erwecken vermochte (BGH FamRZ 2012, 1287). Unterlag der Anwalt einem nachvollziehbaren oder unvermeidbaren Rechtsirrtum, bleibt die Wiedereinsetzung möglich (OLG Brandenburg FamRZ 2012, 1829).

II. Voraussetzungen

2790 Allen Rechtsbehelfen gemeinsam ist ein allgemeines Prüfungsschema, nach dem die Zulässigkeit des jeweiligen Rechtsbehelfs und dessen materielle Begründetheit zu untersuchen sind (Baumbach/*Hartmann* Grundz. § 511 Rn. 5).

I. Zulässigkeit des Rechtsbehelfs

1. Statthaftigkeit

Statthaft ist ein Rechtsbehelf, wenn er gegen die angegriffene Maßnahme seiner Art nach grundsätzlich vorgesehen ist (= stattfinden soll).

A. Allgemeines

2. Form

In der Regel sind Rechtsbehelfe schriftlich einzulegen (Zu den Anforderungen an eine Unterschrift BGH NJW-RR 1991, 511; so z. B. die Berufung, § 519 ZPO, oder der Einspruch, § 340 ZPO), manchmal auch zu Protokoll der Geschäftsstelle (so die sofortige Beschwerde, § 569 Abs. 3 ZPO oder der Widerspruch im Arrestverfahren, § 924 Abs. 2 Satz 3 ZPO).

Ausnahmsweise kommen daneben die mündliche Einlegung (z. B. die Richterablehnung, § 44 Abs. 1 ZPO), die Anlehnung an andere Formvorschriften (z. B. bei der Wiedereinsetzung in den vorigen Stand, § 236 ZPO) oder die völlige Formfreiheit in Betracht (z. B. für Dienstaufsichtsbeschwerde oder Gegenvorstellung).

3. Frist

Insbesondere bei Entscheidungen, die praktisch umgesetzt werden sollen, besteht ein Interesse an alsbaldiger Klarheit darüber, ob sie bestandskräftig sind oder noch abgeändert werden können. Diese Klarheit wird durch Bestimmung einer Frist für den Rechtsbehelf geschaffen.

Solche Fristen laufen in der Regel für Einlegung und Begründung zusammen (so z. B. bei sofortiger Beschwerde, § 569 ZPO, und Einspruch, § 339 ZPO); manchmal gibt es getrennte Fristen für die Einlegung des Rechtsbehelfs einerseits und dessen Begründung andererseits (so z. B. bei der Berufung, §§ 517, 520 Abs. 2 ZPO).

Die Einlegungsfristen sind häufig Notfristen, d. h., sie können nicht verlängert oder abgekürzt werden und lassen bei Versäumung eine Wiedereinsetzung zu (vgl. für den Einspruch § 339 ZPO, für die befristete Erinnerung §§ 11, 21 RPflG).

Fristbeginn ist grundsätzlich die Kenntnis des Anfechtungsberechtigten vom Anfechtungsgrund, bei Entscheidungen damit deren Zustellung (§§ 517, 586 Abs. 1 ZPO).

4. Beschwer

Die Durchführung eines Rechtsbehelfsverfahrens setzt – obwohl im Gesetz nicht ausdrücklich geregelt – ein Rechtsschutzbedürfnis voraus. Hiervon ist immer dann auszugehen, wenn der Antragsteller nachteilig betroffen und in irgendeiner Form belastet, d. h. beschwert ist (BGH NJW-RR 1996, 765 und 891; *Kahlke* ZZP 94 (1981), 423).

Das Vorliegen einer solchen Beschwer wird manchmal vom Gesetz unterstellt (so in den Fällen der Richterablehnung oder der Wiedereinsetzung), in anderen Fällen ist es im Einzelfall zu prüfen und häufig von einem bestimmten vermögensrechtlichen Wert abhängig gemacht (so insbesondere bei den Rechtsmitteln, §§ 511 Abs. 2 Satz 1, 567 Abs. 2 ZPO).

Mit dem Rechtsmittel muss zumindest auch die Beseitigung dieser Beschwer erstrebt werden. Die Einlegung eines Rechtsmittels unter ausschließlicher Verfolgung eines anderen Rechtsschutzziels ist unzulässig.

5. Zuständigkeit

Zuständig für die Entscheidung über einen Rechtsbehelf ist manchmal das Organ, das die angefochtene Entscheidung getroffen hat, wobei diesem entweder eine abschließende eigene Entscheidung zusteht (so z. B. bei der Wiedereinsetzung, § 237 ZPO, oder dem Einspruch, § 342 ZPO) oder es nur die Möglichkeit hat, die eigene Entscheidung abzuändern und dem Rechtsbehelf dadurch abzuhelfen, andernfalls die Entscheidungsbefugnis auf ein anderes Organ übergeht (so z. B. bei der Beschwerde, § 572 ZPO, und der Erinnerung, §§ 11 Abs. 2 RPflG). Manchmal ist zur Entscheidung auch sofort ein übergeordnetes Organ berufen (= sog. »Devolutiveffekt«, insbesondere bei den Rechtsmitteln).

6. Allgemeine Prozesshandlungsvoraussetzungen

Soweit die Einlegung des Rechtsbehelfs eine Prozesshandlung darstellt, bedarf sie des Vorliegens der für alle Prozesshandlungen erforderlichen Sachentscheidungsvoraussetzungen (so alle prozessualen Rechtsbehelfe; Zu Sonderfällen BGH NJW 1993, 2943 und *Hager* ZZP 97 (1984), 174).

Ist der Rechtsbehelf unzulässig wird er entsprechend der gesetzlichen Terminologie (vgl. z. B. §§ 552 Abs. 1 Satz 2, 522 Abs. 1 Satz 2, 572 Abs. 2 Satz 2 ZPO) verworfen. Ist er dagegen zulässig, so wird die Prüfung fortgesetzt mit:

2791

II. Begründetheit des Rechtsbehelfs

Der Rechtsbehelf ist begründet, wenn die angefochtene Maßnahme unrichtig ist; dazu ist diese auf ihre Zulässigkeit und Begründetheit hin zu untersuchen und das dabei gefundene Ergebnis mit der angefochtenen Entscheidung zu vergleichen. Die Begründetheit des Rechtsbehelfs setzt sich damit zusammen aus:

1. Zulässigkeit der angefochtenen Maßnahme
2. Begründetheit der angefochtenen Maßnahme

In der Begründetheit des Rechtsbehelfs wird damit die gleiche Prüfung vorgenommen, wie vor Erlass der angefochtenen Entscheidung. Bei manchen Rechtsbehelfen ist dabei allerdings der Prüfungsumfang beschränkt, so z. B. bei der Revision, wo nur noch eine Rechtsprüfung stattfindet, in tatsächlicher Hinsicht aber eine Bindung an das Berufungsurteil besteht.

III. Anfechtung falsch bezeichneter Entscheidungen

2792 Ist eine Entscheidung nicht in der prozessual vorgeschriebenen, sondern in einer falschen Form ergangen, so ist fraglich, ob die Parteien hiergegen den der tatsächlich gewählten oder der theoretisch richtigen Form nach statthaften Rechtsbehelf einlegen müssen.

2793 ▶ Beispiel:

Entscheidet das Gericht irrtümlich durch Urteil statt durch Beschluss, so könnte hiergegen entweder die Berufung oder die Beschwerde statthaft sein. Während die sog. subjektive (formelle) Theorie den der äußeren Form der anzugreifenden Entscheidung entsprechenden Rechtsbehelf (hier: Berufung) vorsah, stellte die objektive (materielle) Theorie auf den gegen die richtigerweise ergehende Entscheidung statthaften Rechtsbehelf ab (hier: Beschwerde; BGH NJW 1994, 2098).

2794 Die heute ganz überwiegende Meinung lässt dem Betroffenen ein Wahlrecht, weil er aus dem Fehler des Gerichts keine Nachteile erleiden darf und hält beide Rechtsbehelfe für statthaft (»Grundsatz der Meistbegünstigung«; BGH NJW 1999, 291 und 583; *Schenkel* MDR 2003, 136; Zöller/*Schneider* vor § 511 Rn. 29).

2795 Der Grundsatz der Meistbegünstigung gilt nicht:

– Wenn gegen die inhaltlich richtige Entscheidung kein Rechtsbehelf gegeben wäre.

2796 ▶ Beispiel:

Hat das Gericht nach einseitiger Erledigungserklärung fälschlich durch Beschluss statt durch Urteil entschieden und reicht die Beschwer zwar für die Beschwerde (§ 567 Abs. 2 ZPO), nicht aber für eine Berufung (§ 511 Abs. 2 Satz 1 ZPO) aus, so ist kein Rechtsmittel statthaft, weil der Fehler des Gerichts nicht zu einer im Gesetz nicht vorgesehenen Anfechtbarkeit der Entscheidung führen kann (BGH NJW 1997, 1448).

– Wenn die anzufechtende Entscheidung inhaltlich falsch ist, d. h. das Gericht die Voraussetzungen der Entscheidungsform geprüft, aber unzutreffend beurteilt hat.

2797 ▶ Beispiel:

Entfernt sich im landgerichtlichen Verfahren der Rechtsanwalt nach Antragstellung, aber noch vor Ende der Verhandlung, so tritt eine Säumnis nicht ein; geht das Gericht dennoch von einer Säumnis aus und erlässt auf Antrag des Gegners ein Versäumnisurteil (statt richtigerweise eines kontradiktorischen Endurteils), so kann hiergegen nur Einspruch eingelegt werden, da die Berufung gegen ein Versäumnisurteil mit der Begründung, ein Fall der Säumnis habe nicht vorgelegen, ausgeschlossen ist (§ 514 ZPO; BGH NJW 1994, 666 m. w. N.).

B. Rechtsbehelfe im erstinstanzlichen Verfahren

▶ **Praxistipp:**

Mit der Wahl des Rechtsbehelfs wählt der Rechtsmittelführer auch die Wahl der Verfahrensart.

2798

B. Rechtsbehelfe im erstinstanzlichen Verfahren

Rechtsbehelfe sind nicht auf die den höheren Instanzen vorbehaltenen Rechtsmittel beschränkt, sondern können im erstinstanzlichen Verfahren integriert ablaufen.

2799

I. Befangenheitsablehnung Verfahrensbeteiligter

Ein Nachteil für die Partei kann darin liegen, dass am Verfahren aufseiten des Gerichts Personen teilnehmen, bei denen die Gewähr eines neutralen, zu beiden Parteien die gleiche Distanz wahrenden unparteiischen Dritten nicht gegeben ist. Hiergegen kann die Partei sich durch die Ablehnung dieser Personen wehren. Abgelehnt werden können dabei nicht nur Richter (unten Rdn. 2801), sondern auch andere auf gerichtliche Verfahrensbeteiligte (unten Rdn. 2826).

2800

1. Richter (§ 42 ZPO)

Das Gesetz listet in § 41 ZPO einige Sachverhalte auf, in denen der Richter bereits kraft Gesetzes ausgeschlossen ist und in denen er auch ohne Antrag durch eine Partei am Verfahren nicht teilnehmen darf. Darüber hinaus ist eine Ablehnung wegen Besorgnis der Befangenheit möglich, wenn ein Grund vorliegt, der geeignet ist, Misstrauen gegen die Unparteilichkeit eines Richters zu rechtfertigen.

2801

Ablehnungsfälle haben in den letzten Jahren erkennbar zugenommen. War 1953 nur eine Entscheidung hierzu veröffentlicht, waren es 2003 schon 20 (*Schneider* MDR 2005, 671).

a) Taktische Überlegungen, praktische Ratschläge

Die Stellung eines Befangenheitsantrages sollte nicht leichtfertig oder aus einer momentanen Verärgerung heraus erfolgen. Bei der Frage, ob dies taktisch zweckmäßig ist, ist eine Reihe von Gesichtspunkten zu berücksichtigen.

2802

> Dem zuweilen in der Literatur zu findenden Ratschlag, auf unangemessenes Verhalten des Richters öfters auf der Stelle mit einem Ablehnungsgesuch zu reagieren (z.B. *E. Schneider* MDR 1991, 299), ist mit Vorsicht zu begegnen.

So kann die Ablehnung eine Chance bedeuten, wenn zu erkennen ist, dass der jetzige Richter die Rechts- und Sachlage für die eigene Partei eher ungünstig beurteilt. Sofern die Ablehnung begründet ist, wird nämlich ein anderer Richter mit der Sache befasst.

2803

> Jedoch wurde ein Befangenheitsantrag, der dazu dienen soll, Richter, die eine dem Gesuchssteller missliebige Rechtsauffassung vertreten, aus dem Verfahren zu drängen, als rechtsmissbräuchlich und daher unbeachtlich angesehen (Hessisches LSG MDR 1986, 436).

Andererseits ist zu bedenken, dass nach einem (unbegründeten) Befangenheitsantrag der Richter spätestens jetzt auch tatsächlich befangen sein könnte bzw. das Urteil, sofern es zum Nachteil des Antragstellers ausfällt, möglicherweise besonders sorgfältig und unangreifbar zu begründen sucht (Reaktion auf das Ablehnungsgesuch). Jedenfalls besteht die Gefahr, dass sich ein solcher Antrag eher ungünstig auf die Verhandlungsatmosphäre des weiter gehenden Prozesses auswirkt.

2804

> So besteht eine »unverkennbare Tendenz, Ablehnungsgesuche als Missachtung des Gerichts« bzw. als »persönlichen Affront« anzusehen (*E. Schneider* MDR 1999, 58; *ders.*, AnwBl. 2003, 548; *Sommer* ZAP 1994 Fach 22, S. 106: »Richter empfinden den Antrag häufig als persönlichen Angriff auf ihre Integrität. Vermittelnden Gesprächen ist der Richter nach einem solchen Antrag zumeist nicht mehr zugänglich«).

Diese Gefahren bestehen nicht nur in dem Verfahren, in dem das Ablehnungsgesuch gestellt wird, sondern können sich grundsätzlich auf das Verhältnis des antragstellenden Rechtsanwalts zum betroffenen Richter auswirken. Vor allem bei kleineren Gerichten, bei denen der Anwalt häufig mit demselben Richter zu tun hat, besteht so die Gefahr der Entwicklung eines dauerhaften gespannten Verhältnisses. Letztlich hängt dies von der Persönlichkeit des einzelnen Richters ab, die für den Anwalt nur schwer einzuschätzen ist.

Übertrieben erscheint es aber, wenn *Rinsche* (Prozesstaktik, Rn. 352) meint, dass der abgelehnte Richter ohne ein klärendes persönliches Gespräch – mit einem gewissen zeitlichen Abstand – auf lange Zeit ein »gestörtes Verhältnis« zum Anwalt haben wird und allenfalls in eisig-höflicher Weise mit ihm die späteren Verhandlungen führen werde.

Diesem Risiko kann man u. U. dadurch vorbeugen, wenn der Anwalt zugleich mit dem Ablehnungsgesuch deutlich macht, dass damit keinesfalls eine Persönlichkeitsverletzung bezweckt ist, sondern es sich um einen normalen, gesetzlich vorgesehenen Prozessantrag handelt. Es kann hierbei auch darauf hingewiesen werden, dass mit dem Antrag nicht die Befangenheit des Richters behauptet wird, sondern dass beim Ablehnenden der Eindruck erweckt wurde, der Richter sei möglicherweise nicht unvoreingenommen (Zöller/*Vollkommer* § 42 Rn. 9). Der Befangenheitsantrag sollte daher auch nicht reines Mittel zum Zweck sein oder gar nur der Selbstdarstellung dienen und sich eines möglichst sachlichen Stils bedienen, ohne unnötig polemisch oder gar beleidigend zu werden.

2805 Dabei ist die Ablehnung eines Befangenheitsgesuches in der Praxis der Regelfall. Nur ein ganz geringer Bruchteil hat Erfolg.

Die Gründe für die mangelnde Erfolgsaussicht sind sicher vielfältig (Thomas/Putzo/*Hüßtege* § 42 Rn. 9: »missverstandene Kollegialität« – »im Zweifel sollte einem Ablehnungsgesuch stattgegeben werden« – ebenso Zöller/*Vollkommer* § 42 Rn. 10; LG München I NJW-RR 2002, 861; *E. Schneider* MDR 2005, 671: »überlastungsbedingte Verschlechterung der Rechtsprechung«, »Abwehrmechanismen der Gerichte«; *ders.* in ZAP-Kolumne 2002, 665: »Erfolgsquote der Ablehnungen steigt«).

Ein nicht zu unterschätzender Grund liegt sicher auch in der Zuständigkeit für die Ablehnungsentscheidung. Gegen die Ablehnung eines Amtsrichters hat ein anderer Richter des Amtsgerichts zu entscheiden, über die Ablehnung eines Richters am Landgericht (unabhängig davon, ob er als Spruchkörpermitglied oder als Einzelrichter tätig geworden ist: BGH NJW 2006, 2492; a. A. *Vossler* MDR 2006, 304) die Kammer, der er angehört. Fast immer kennen diese Richter sich persönlich (*E. Schneider* MDR 2001, 1400: »derjenige Richter muss entscheiden, der mit seinem Kollegen in der Gerichtskantine Kaffee zu trinken pflegt«) und sind deswegen wenig »gegen« den Kollegen zu entscheiden. Dies insbesondere dann, wenn mangels anderweitiger Regelung im Geschäftsverteilungsplan der Vertreter des abgelehnten Richters entscheidet, welcher bei Stattgabe des Gesuchs das Verfahren dann auch zu bearbeiten hat. Hinzu kommt die fehlende Beschwerdezuständigkeit der Oberlandesgerichte, welche früher eine gewisse Einheitlichkeit des Ablehnungsrechts gewährleistet hatten. So endet der Instanzenzug bei einer Ablehnung eines Amtsrichter beim Landgericht und gegen zurückweisende Beschlüsse des Landgerichts im zweiten Rechtszug ist nur noch – sofern vom LG ausdrücklich zugelassen – die Rechtsbeschwerde zum BGH eröffnet (§§ 45, 46 Abs. 2; 567 Abs. 1; 574 Abs. 1 ZPO, 72 GVG; *E. Schneider* ZAP Fach 13, S. 1181: erfahrungsgemäß wird das Ablehnungsrecht, wenn überhaupt, im Wesentlichen nur von den Oberlandesgerichten gesetzmäßig angewandt).

Die Neuregelung des § 47 Abs. 2 ZPO, wonach Teile der bisherigen, nach dem Ablehnungsgesuch fortgesetzten Verhandlung (insbesondere Beweisaufnahmen) bei einer für begründet erklärten Ablehnung wiederholt werden müssen hat – aus psychologischen Gründen – die »schon nach altem Recht bestehende geringe Neigung, Ablehnungsgesuchen stattzugeben« verstärkt und die Erfolgsaussichten weiter »gegen Null tendieren« lassen (*E. Schneider* ZAP-Aktuell 2004, 282 – »Der Verfall des Ablehnungsrechts«; AnwBl. 2003, 548; ZAP Fach 13, S. 1257).

Bei einer etwaigen wiederholten Vernehmung ist zu bedenken, dass die Zeugen durch die – möglicherweise durch die Befangenheit des bisherigen Richters geprägte – frühere Vernehmung in gewisser Weise in ihrer Aussage bereits festgelegt sein könnten.

2806 Sinnvoll und zu empfehlen ist ein Befangenheitsantrag daher allenfalls in Ausnahmefällen, wenn das Gericht tatsächlich befangen zu sein bzw. sich offensichtlich bereits in seiner Entscheidungsbildung nachteilig für die eigene Partei festgelegt zu haben scheint.

Jedenfalls erreicht dadurch »der kühle Rechner« (*Gloede* NJW 1972, 2068) in der Regel eine Verzögerung des Verfahrens und gewinnt damit (trotz der Möglichkeit der Verfahrensfortsetzung) Zeit für ergänzenden Sachvortrag und unter Umständen noch erforderliche Recherchen. Denn eine Entscheidung über das Ablehnungsgesuch benötigt erfahrungsgemäß eine gewisse Zeit. Durch Einlegung der sofortigen Beschwerde gegen eine ablehnende Entscheidung kann dann noch eine weitere Verzögerung herbeigeführt werden. Ein Befangenheitsantrag kann daher auch der Vermeidung der Präklusion dienen (oben Rdn. 1299).

Auch nach der Neufassung des § 47 Abs. 2 ZPO besteht nach h. M. eine Wartepflicht jedenfalls noch außerhalb der mündlichen Verhandlung und kann dort zu einer Verlegung des anberaumten Termins führen. Damit lässt sich eine (abgelehnte) Terminsverlegung rein faktisch erzwingen, insbesondere wenn der Befangenheitsantrag so knapp vor dem Termin gestellt wurde, dass eine rechtzeitige Entscheidung darüber nicht mehr möglich ist (OLG Köln OLGReport 2003, 107; OLG Köln OLGReport 2004, 404: wegen Rechtsmissbrauch unzulässig. Abzuwarten ist grundsätzlich bis zur rechtskräftigen Erledigung des Ablehnungsgesuchs (Zöller/ *Vollkommer* § 47 Rn. 1; Thomas/Putzo/ *Hüßtege* § 47 Rn. 1), sodass der Ablauf der Frist für die sofortige Beschwerde nach § 46 Abs. 2 ZPO bzw. die Entscheidung des Beschwerdegerichts abzuwarten ist.

Die meisten Ablehnungsgründe kommen jedoch während der Verhandlung vor bzw. werden dort erst erkannt und gerügt. In diesem Fall kann (Ermessen des abgelehnten Richters!) der Termin zur Vermeidung einer Vertagung fortgesetzt werden (§ 47 Abs. 2 ZPO). Damit wird nicht nur missbräuchlichen Ablehnungsgesuchen begegnet, eine solche Vorgehensweise ist vielmehr die Regel, da die meisten Richter sich »nicht befangen fühlen« (so die entsprechenden dienstlichen Äußerungen).

Schwierig ist oft die Abgrenzung, welche Entscheidungen durch den abgelehnten Richter noch getroffen werden dürfen (*Hirtz* AnwBl. 2004, 503: »nicht zu Entscheidungen ermächtigt ist«; a. A. *Fölsch* MDR 2004, 1032: »Entscheidungen des erfolgreich abgelehnten Richters, die er nach Anbringung des Ablehnungsgesuchs getroffen hat, entfalten keine Bindungswirkung i. S. d. § 318 ZPO). Richtigerweise ist dem Richter außerhalb der mündlichen Verhandlung eine nicht unaufschiebbare Entscheidung untersagt, in der mündlichen Verhandlung eine endgültige, nicht durch Wiederholung i. S. d. § 47 Abs. 2 Satz 2 ZPO zu beseitigende Entscheidung, sodass prozessleitende Entscheidungen (insbesondere Beweisentscheidungen) meist zulässig, Sachentscheidungen meist unzulässig sind. Für die Partei kann dies aber regelmäßig dahinstehen. Gegen Entscheidungen des erfolglos abgelehnten Richters sind allein die regulären Rechtsbehelfe gegeben, bei erfolgreichem Ablehnungsgesuch wird die Beseitigung der Entscheidung mithilfe des neuen Richters zu erreichen sein. In diesem Fall ist die Entscheidung indes nicht ipso iure unwirksam, sondern muss förmlich beseitigt werden, sei es durch Rechtsbehelfe der Parteien, sei es durch Abänderung seitens des Gerichts (ggf. mangels Bindungswirkung aus § 318 ZPO).

Auch bei groben und eindeutigen Verfahrensfehlern oder bei einem ungehörigen Ton kann ein Befangenheitsantrag bzw. dessen in Aussicht stellen als (letzte) Abwehrreaktion in Betracht kommen. 2807

Dies kann dem Richter die Fehlerhaftigkeit seines Verhaltens bewusst machen und gegebenenfalls »zu einem weniger emotionalen Verhandlungsklima« führen (*Rinsche* Prozesstaktik Rn. 352). Vor allem wegen des mit einem solchen Gesuch verbundenen zusätzlichen Arbeitsaufwands für den Richter (Abgabe einer dienstlichen Stellungnahme, u. U. neuer Termin mit erneuter Vorbereitung etc.), besteht bei einer bloßen »Androhung« durchaus eine gewisse Aussicht auf Erfolg.

Dabei dürfte es zulässig sein, den Befangenheitsantrag unter der (innerprozessualen) Bedingung zu stellen, dass der Richter ein bestimmtes prozessordnungswidriges Verhalten nicht aufgibt. Sonst ist es dem Richter verwehrt, vor Erledigung des Ablehnungsgesuchs weiter zu verhandeln (§ 47 ZPO; *E. Schneider* ZAP-Kolumne 2002, 665; Fach 13, S. 750, der davon abrät, das Ablehnungsgesuch zurückzunehmen, wenn der Richter trotz Ablehnung unter Änderung seiner bisherigen Haltung weiter verhandelt).

Hierbei ist zu insbesondere bedenken, dass der Richter im weiteren Verlauf des Rechtsstreits vermutlich (auch) mit seinen Äußerungen vorsichtiger sein wird. Dies nimmt dem Anwalt die Möglichkeit, die (wirkliche) Ansicht des Richters erkennen und darauf inhaltlich reagieren zu können. 2808

»Der Anwalt und seine Partei sollten es schätzen, wenn der Richter während der Erörterung der Sach- und Streitstands seine Auffassungen deutlich zum Ausdruck bringt. Auch wenn der Richter dabei an die Grenzen der vorweggenommenen Beweiswürdigung stößt, sollte dies nicht als Ablehnungsgrund genutzt werden. Dies sollte vielmehr willkommener Anlass sein, den eigenen Vortrag auf die vom Richter aufgezeigten vermeintlichen Schwachstellen erneut zu fokussieren, ergänzend vorzutragen und die eigene Position stützende Rechtsprechung aufzuarbeiten. Die Offenheit des Richters kann so zur Optimierung des eigenen Prozessverhaltens und damit auch des Prozesserfolgs genutzt werden« (*Goebel* PA 2004, 92).

9. Kapitel

b) Richtige Antragstellung und Rechtsmittel

2809 Das Gesuch kann sogleich in der Verhandlung schriftlich oder mündlich vorgebracht werden.

Um etwaige Auseinandersetzungen über die richtige Form aus dem Wege zu gehen, sollte das Ablehnungsgesuch – u. U. nach einer kurzen Unterbrechung der Verhandlung – am besten schriftlich vorgelegt werden (*E. Schneider* MDR 2005, 671: die Formfreiheit ist nicht allen Richtern bekannt). Es ist aber trotzdem verfahrenswidrig, wenn der Richter sich weigert, ein mündliches Gesuch entgegenzunehmen (u. U. ein neuer Ablehnungsgrund). Es sollte dessen Aufnahme (samt Begründung) ins Protokoll beantragt werden (§ 160 Abs. 4 Satz 1 ZPO; Thomas/Putzo/*Hüßtege* § 44 Rn. 1). Kaum eine praktische Bedeutung kommt hingegen der Möglichkeit zu, das Gesuch (auch) vor der Geschäftsstelle zu Protokoll zu erklären (§ 44 Abs. 1 ZPO).

Das Ablehnungsrecht steht nur den Parteien, nicht dem Prozessbevollmächtigten selbst zu (§ 42 Abs. 3 ZPO). Selbst wenn der Anwalt freilich regelmäßig für die von ihm vertretene Partei handelt, sollte er das Gesuch sicherheitshalber ausdrücklich namens der Partei einreichen.

2810 ▶ **Praxistipp:**

Eine Ablehnung ist nicht mehr möglich, wenn die Partei sich ohne Geltendmachung des ihr bekannten Ablehnungsgrundes in eine Verhandlung eingelassen oder Anträge gestellt hat (§§ 43, 44 Abs. 4 ZPO).

Entsteht der Ablehnungsgrund in der mündlichen Verhandlung, muss sofort reagiert werden. Am sichersten ist es, das Gesuch sogleich zu erklären sowie Antragstellung und weitere Verhandlung zu verweigern (Zöller/*Vollkommer* § 43 Rn. 6; unklar Thomas/Putzo/*Hüßtege* § 44 Rn. 4). Als Verhandeln kann dabei jede Äußerung angesehen werden, die nicht allein das Ablehnungsverfahren betrifft.

Der Anwalt sollte sich daher auch nicht in eine Erörterung von Verfahrensfragen verwickeln lassen, wobei grundsätzlich auch Prozessanträge schädlich sind. Die Gefahr des Verlusts des Ablehnungsrechts kann auch bei bloßen Vertagungsanträgen bestehen (str., Zöller/*Vollkommer* § 43 Rn. 5); im Gegensatz zu Anträgen auf Unterbrechung der Sitzung zwecks Beratung mit der Partei oder auf Erteilung von Protokollabschriften (BVerwG NJW 1964, 1870; Günther NJW 1986, 281 Fn. 80). Insbesondere wenn die Partei Fragen des Richters zum Sachverhalt beantwortet, verliert sie ihr Ablehnungsrecht (OVG Bremen NJW 1985, 823).

Verhandelt der Richter jedoch entgegen § 47 ZPO weiter, verliert die Partei durch Verhandlung und Antragstellung zur Abwendung eines Versäumnisurteils das Ablehnungsrecht nicht (Zöller/*Vollkommer* § 43 Rn. 8).

Ausnahmsweise kann aber auch noch auf an sich verwirkte Ablehnungsgründe zurückgegriffen werden, wenn das Ablehnungsgesuch auf einen »Gesamttatbestand« des Verhaltens des Richters in dem laufenden Verfahren gestützt wird, sofern der letzte »Teilakt« in zulässiger Weise vorgebracht werden kann (OLG Schleswig ProzRB 2005, 145; Zöller/*Vollkommer* § 43 Rn. 8). Damit kann sich die Partei auch gegen »subtile Formen von Benachteiligungstendenzen« wehren (*Alpes* ProzRB 2005, 145 – Urteilsanmerkung).

2811 Die Ablehnung muss sich auf einen einzigen oder mehrere einzelne Richter beziehen.

Unzulässig ist grundsätzlich, das Gericht oder einen ganzen Spruchkörper als solches abzulehnen (Thomas/Putzo/*Hüßtege* §§ 42 Rn. 1, 44 Rn. 2; Zöller/*Vollkommer* §§ 42 Rn. 3, 6 a. E., 44 Rn. 2; hierzu Günther NJW 1986, 281). Der jeweilige Richter muss in der Regel eindeutig individualisierbar und die Begründung spezifisch personenbezogen sein. Handelt es sich um einen Einzelrichter oder den Vorsitzenden, ist dies unproblematisch. Da etwaige Auslegungszweifel zulasten des Ablehnenden gehen, sollte der Richter aber trotzdem am besten namentlich bezeichnet werden, insbesondere wenn nur ein Richter des Kollegiums abgelehnt wird.

Dabei hat jede ablehnungsberechtigte Partei das Recht auf Bekanntgabe der Namen der am Verfahren mitwirkenden Richter (Zöller/*Vollkommer* § 43 Rn. 3). Es können allerdings durchaus sämtliche Richter eines Spruchkörpers abgelehnt werden, wenn diese an den im Rechtsstreit erheblichen Vorgängen persönlich beteiligt waren, z. B. an einer Beschlussfassung durch Mitunterzeichnung (OLG Köln MDR 1979, 1027: die Kammer hat den Beklagten durch Beschluss auf den übersehenen Ablauf der Verjährung hingewiesen; BVerwG MDR 1976, 783; BGH NJW 1974, 55).

B. Rechtsbehelfe im erstinstanzlichen Verfahren 9. Kapitel

Nach einer Ansicht stellt eine Erklärung, wonach der Richter wegen Befangenheit abgelehnt und eine Begründung hierzu nachgereicht werde, überhaupt kein Ablehnungsgesuch dar (OLG Köln MDR 1964, 423; NJW-RR 1996, 1339; Zöller/*Vollkommer* § 44 Rn. 2; a. A. Thomas/Putzo/*Hüßtege* § 44 Rn. 2: kann nachgebracht werden). 2812

> Nach OLG Köln ist das Gericht zudem nicht verpflichtet, eine anwaltlich vertretene Partei auf die Notwendigkeit sofortiger Begründung hinzuweisen. Es bedarf dann überhaupt keiner Entscheidung über das »unechte« Gesuch und folglich auch keiner Vorlage an das übergeordnete Gericht.
>
> Es ist daher eine Begründung jedenfalls in ihrem wesentlichen Kern mit dem Gesuch einzureichen oder zu Protokoll zu erklären. Auch wenn die ablehnende Partei hierfür grundsätzlich keinen Anspruch auf Schriftsatzfrist hat, ist es natürlich nicht ausgeschlossen, dass das Gericht ihr auf entsprechenden Antrag trotzdem eine solche gewährt. Vor allem, wenn der Partei in der mündlichen Verhandlung keine Gelegenheit gegeben wird, den Ablehnungsgrund zu Protokoll zu geben, muss das Gericht gewisse Zeit abwarten (OLG Schleswig, OLG Report Schleswig 2002, 307: die übliche Frist von 14 Tagen).

Das Ablehnungsgesuch ist gem. § 44 Abs. 2 ZPO glaubhaft zu machen. 2813

> Hierzu kann eine eidesstattliche Versicherung des Prozessbevollmächtigten (nicht der Partei!) eingereicht werden (§§ 44 Abs. 2 u. 3 ZPO). Dies ist regelmäßig unproblematisch.
>
> Zur Glaubhaftmachung kann auch auf das Zeugnis des abgelehnten Richters Bezug genommen werden. Dies sollte sicherheitshalber ausdrücklich geschehen, da die Annahme einer stillschweigenden Bezugnahme umstritten ist (verneinend Baumbach/*Hartmann* § 44 Rn. 5; bejahend Zöller/*Vollkommer* § 44 Rn. 3).
>
> Eine Bezugnahme sollte freilich nur dann erfolgen, wenn die Stellungnahme des Richters bereits bekannt ist. Denn viele Richter sind bestrebt, in ihren dienstlichen Äußerungen den objektiven Ablehnungstatbestand zu verwässern, etwa durch eine lückenhafte oder abgeschwächte Darstellung oder Bewertung des Sachverhalts (*E. Schneider* ZAP-Kolumne 2002, 665). Vor allem wird so gut wie kein Richter eine etwaige Befangenheit eingestehen. Denn Richter empfinden offensichtlich die Tatsache, befangen zu sein, als Makel (*Lamprecht* DRiZ 1988, 163).
>
> Ist die dienstliche Äußerung des Richters inhaltlich untauglich oder fehlt diese überhaupt, so kann dies dahin ausgelegt werden, dass er der Begründung des Ablehnungsgesuchs nichts entgegenzusetzen hat (*E. Schneider* ZAP Fach 13, S. 1274). Im Übrigen nehmen Kontroll- und Beschwerdegerichte in aller Regel jede noch so untaugliche dienstliche Äußerung hin, ohne deren Nachbesserung zu verlangen (*E. Schneider* ProzRB 2004, 148 – Anm. zu LG München II ProzRB 2004, 148 – Befangenheitsgrund hinsichtlich des Kontrollrichters!; Stein/Jonas § 44 Rn. 2: kann den Schluss auf die Befangenheit nahe legen).
>
> Während die früher h. M. (dazu *E. Schneider* MDR 2000, 1305) davon ausging, dass verbleibende Zweifel, etwa weil die dienstliche Stellungnahme von der Darstellung der Partei abwich, nicht zulasten der ablehnenden Partei gingen, im Zweifel also von der Darstellung der Partei auszugehen war, hat der BGH dies ausdrücklich aufgegeben und wendet heute auch insoweit die allgemeinen Beweislastregeln an. »Sieht sich das Beschwerdegericht bei der Frage, ob die tatsächlichen Grundlagen eines Ablehnungsgesuchs glaubhaft gemacht sind (§ 44 Abs. 2 ZPO), weder zur Bejahung noch zur Verneinung einer überwiegenden Wahrscheinlichkeit in der Lage (non liquet), führt dies nicht dazu, dass von der die Besorgnis der Befangenheit begründenden Behauptung des Ablehnenden auszugehen ist.« (BGH NJW-RR 2011, 136).
>
> Die Mittel zur Glaubhaftmachung können bis zur Entscheidung über das Ablehnungsgesuch nachgebracht werden (Thomas/Putzo/*Hüßtege* § 44 Rn. 2; i. Ü. oben Rdn. 1556).

Gegen den Beschluss, durch den das Gesuch für unbegründet erklärt wird, kann sofortige Beschwerde eingelegt werden (§ 46 Abs. 2 ZPO). 2814

> Diese ist binnen einer Notfrist (Wiedereinsetzung möglich!) von zwei Wochen einzulegen (§ 569 Abs. 1 ZPO). Nach § 571 Abs. 2 ZPO kann der Partei eine Frist für die Begründung gesetzt und verspätetes Vorbringen präkludiert werden. Dem kann der Beschwerdeführer zuvorkommen, indem er eine Begründung innerhalb einer selbst bestimmten Frist ankündigt.

c) Praktische Ratschläge

2815 Häufig ist die Ablehnung in der mündlichen Verhandlung Folge einer spontan eingetretenen Situation, die auch den Anwalt emotional nicht unberührt gelassen hat. Der Anwalt ist dann gezwungen, den Ablehnungsantrag spontan und unvorbereitet zu stellen. Dies macht das Ablehnungsverfahren besonders fehleranfällig.

E. Schneider (ZAP 1996 Fach 13, S. 460) weist zu Recht darauf hin, dass auch abgelehnte Richter sich manchmal mit dem Ablehnungsverfahren nicht genügend auskennen und entweder selbst falsch handeln oder dem Anwalt falsche Hinweise zur weiteren Vorgehensweise erteilen.

Insbesondere die in den dienstlichen Stellungnahmen immer wieder anzutreffende überflüssige Floskel »Ich fühle mich nicht befangen« lässt erkennen, dass der abgelehnte Richter das Ablehnungsrecht verkennt. So ist dort nämlich nichts belangloser als dessen Gefühlslage; vielmehr geht es ausschließlich um die Besorgnis des Ablehnenden, also um dessen Gefühlslage (*E. Schneider* MDR 2005, 672; ZAP-Report: Justizspiegel 2004, S. 1332; Thomas/Putzo/*Hüßtege* § 44 Rn. 3: »diese Feststellung ist unangebracht«; *Alpes* ProzRB 2004, 91: »offenbar nicht auszurottende Formulierung, die schlicht Nonsens ist«).

2816 Der Anwalt sollte deswegen bei einem Ablehnungsgesuch in der mündlichen Verhandlung die folgenden allgemeinen Verhaltensregeln beachten (*E. Schneider* ZAP 1996 Fach 13, S. 460).

– Sich nicht von eigenen Emotionen zu vorschnellen Reaktionen verleiten lassen, sondern – ggf. nach einer kurzen Unterbrechung des Verfahrens – kühl und sachlich entscheiden, ob eine Ablehnung erfolgen soll.

– Sich nie vom Gericht verunsichern oder gar in die Irre führen lassen.

– Dem Widerstand des Gerichts gegen die Form der Befangenheitsablehnung nicht nachgeben.

– Grundsätzlich nur einen einzigen, möglichst namentlich bezeichneten Richter ablehnen.

– Bei einem in der Verhandlung entstandenen Befangenheitsgrund sofort das Ablehnungsgesuch mit kurzer Begründung vorbringen und weder weiter verhandeln noch Anträge stellen.

Allerdings muss weiterverhandelt werden, wenn das Gericht nach § 47 Abs. 2 Satz 1 ZPO vorgeht: Danach kann das Gericht, wenn die Ablehnung in einem Termin zur mündlichen Verhandlung erfolgt, diese Verhandlung unter Mitwirkung des abgelehnten Richters fortsetzen. Über die Ablehnung wird dann nach Schluss der mündlichen Verhandlung entschieden. Wird der Ablehnungsantrag zurückgewiesen, kann die Entscheidung verkündet werden, wird die Ablehnung für begründet erklärt, muss der nach der Ablehnung liegende Teil der mündlichen Verhandlung wiederholt werden.

Weigert sich die Partei, an der Fortsetzung der mündlichen Verhandlung teilzunehmen, läuft sie Gefahr, als säumig behandelt zu werden.

– Die Aufnahme des Gesuchs und der Gründe – zumindest in ihrem Kern – ins Protokoll beantragen. Bei Weigerung des Gerichts die Ablehnung auch hierauf stützen und eine Unterbrechung zur schriftlichen Niederlegung des Antrags beantragen.

– Das Gesuch möglichst sachlich begründen, um dessen Zurückweisung als rechtsmissbräuchlich zu vermeiden.

– Bei unsachlichen Äußerungen des Richters als Reaktion auf das Gesuch, dieses sogleich auch damit begründen.

– Bei Zurückweisung gleich noch im Termin sofortige Beschwerde einlegen (mündlich zu Protokoll oder schriftlich).

– Sofort glaubhaft machen durch Bezugnahme auf die dienstliche Äußerung des Richters, durch Benennung des Protokollführers und anderer anwesender Personen einschließlich des Gegenanwalts als Zeugen.

d) Ausgewählte Befangenheitsgründe

Besorgnis der Befangenheit ist anzunehmen, wenn »Umstände vorliegen, die berechtigte Zweifel an seiner Unparteilichkeit oder Unabhängigkeit aufkommen lassen« (Prütting/Gehrlein/*Mannebeck* § 42 Rn. 5). 2817

> Nicht erforderlich ist hiernach, dass der Richter auch tatsächlich befangen ist oder sich für befangen hält. Entscheidend ist allein, »ob aus der Sicht des Ablehnenden genügend objektive Gründe vorliegen, die nach der Meinung einer ruhig und vernünftig denkenden Partei Anlass geben, and er Unvoreingenommenheit des Richters zu zweifeln« (Zöller/*Vollkommer* § 42 Rn. 9). Rein subjektive, unvernünftige Vorstellungen des Ablehnenden scheiden aus.

Hinsichtlich der umfangreichen Kasuistik sei zunächst auf die einschlägigen Kommentierungen verwiesen (z. B. Thomas/Putzo/*Hüßtege* § 42 Rn. 12; Prütting/Gehrlein/*Mannebeck* § 42 Rn. 7 ff.). 2818

> Hier sollen nur einige besonders praxisrelevante Gründe angesprochen werden, wobei zu beachten ist, dass eine Systematisierung nicht möglich ist, es stets nur um Einzelfälle geht, die individuell zu betrachten und zu entscheiden sind.

(1) Gründe, der Unparteilichkeit des Richters zu misstrauen, können in dessen persönlichen oder sachlichen **Beziehungen** liegen, soweit diese nicht schon von den Ausschlussgründen des § 41 ZPO erfasst sind. 2819

(a) **Persönliche Beziehungen** knüpfen an die Ausschlussgründe des § 41 Nr. 2, 2a, 3 ZPO an. 2820

> Freundschaft, Feindschaft, Nachbarschaft oder Bekanntschaft des Richters zu einer Partei schließen ihn nicht kraft Gesetzes aus, können aber je nach ihrem Grad Bedenken an seiner Unvoreingenommenheit begründen. Auch müssen nicht der Richter und die Partei selbst betroffen sein, nahestehende Personen können bereits ausreichen.

▶ Beispiel:

> Die Ehefrau des Klägers ist die beste Freundin der Lebensgefährtin des Klägers.

> Entfernte oder lose persönliche Beziehungen genügen dabei regelmäßig nicht

▶ Beispiel:

> Geschlecht, Religion, Alter, Mitgliedschaft in einer politischen Partei oder im ADAC.

> Wo die Kollegialität zu anderen Richtern einzuordnen ist, ist Frage des Einzelfalles (Größe des Gerichts; BGH NJW 1957, 1400; BVerfG NJW 2004, 3550).

(b) **Sachliche Beziehungen** erweitern die Ausschlussgründe des § 41 Nr. 1, 4, 5, 6 ZPO. 2821

> Erhebliche eigene wirtschaftliche Interessen des Richters am Ausgang des Rechtsstreits.

▶ Beispiel:

> Als Kleinaktionär einer Groß-AG ist der Richter in deren Prozess nicht befangen, als Großaktionär einer Klein-AG dagegen schon (Prütting/Gehrlein/Mannebeck § 42 Rn. 18).

> Dass der Richter mit der Sache bereits früher befasst war, ist grundsätzlich in § 41 Nr. 4-6 ZPO abschließend geregelt. Ist der Richter in einem dort nicht genannten Fall wiederholt zuständig, begründet dies eine Befangenheit nicht (MüKoZPO/*Gehrlein* § 42 Rn. 15). Streitig ist, ob dies auch gilt, wenn die Vorbefassung in einer anderen Funktion erfolgte (frühere Tätigkeit als Rechtsanwalt oder Angestellter der Partei; für eine Befangenheit MüKoZPO/*Gehrlein* § 42 Rn. 17, dagegen Prütting/Gehrlein/*Mannebeck* § 42 Rn. 23).

> Auch genügt es, dass nicht der Richter und die Partei selbst betroffen sind, nahestehende Personen können bereits ausreichen (oben Rdn. 2819).

(2) Gründe, der Unparteilichkeit des Richters zu misstrauen, können auch in dessen **Verhalten** begründet sein. 2822

2823 (a) Dabei können sich Bedenken aus Verhaltensweisen **außerhalb des konkreten Verfahrens** ergeben.

Dabei steht das außerdienstliche Verhalten des Richters grundsätzlich nicht zu Überprüfung.

Nicht begründet werden kann die Befangenheit eines Richters auch mit früheren wissenschaftlichen Äußerungen, selbst wenn diese entgeltlich oder in einem interessegebunden Rahmen erfolgten.

2824 (b) Die mit Abstand größte Fallgruppe möglicher Befangenheitsgründe ergibt sich aus Verhalten des Richters **im konkreten Verfahren** knüpfen an die Ausschlussgründe des § 41 Nr. 2, 2a, 3 ZPO an. In Anbetracht der Vielzahl von Verfahrensgestaltungen lassen sich hier nur exemplarische Aussagen treffen.

– Dem Richter obliegt in jeder Situation ein **angemessenes Verhalten** im Umgang mit den Prozessbeteiligten. Dies gilt für Gestik und Mimik genauso, wie für schriftliche und mündliche Äußerungen.

Unangemessen ist der Umgang mit schriftlichen Äußerungen der Parteien, wenn diese mit abqualifizierenden Anmerkungen in der Akte versehen oder in gerichtlichen Zwischenentscheidungen herabgewürdigt werden (»abwegig«).

In der mündlichen Verhandlung können feste Regeln nicht aufgestellt werden. Einerseits kann herablassende Mimik die Befangenheit bereits begründen, andererseits muss das Anbrüllen eines Beteiligten noch kein Befangenheitsgrund sein; entscheidend ist stets die Gesamtsituation mit all ihren Einzelumständen und ihrer Vorgeschichte (Prütting/Gehrlein/*Mannebeck* § 42 Rn. 31).

Nicht hinnehmbar ist sind Äußerungen oder Gesten, mit denen die Würde eines Prozessbeteiligten erkennbar herabgesetzt wird.

▶ **Beispiel:**

Schroffer und ungehöriger Ton im Schriftverkehr (Eingabe gehöre in den »Papier-Abfalleimer«),

Bezeichnung der Verhandlungsführung des Anwalts als »Kinkerlitzchen«;

Abfällige, höhnische, kränkende, beleidigende Wortwahl;

Unangebracht bissige Ironie, Bezeichnung der Höhe der Klageforderung als »utopisch«;

Unangemessene Mimik und Gestik während des Parteivortrags;

Abwertende Kritik gegenüber der Prozessführung des Anwalts;

Äußerung des Richters, dass er sich schon vor dem Termin gedacht habe, dass die Rechtsanwältin in eine »Präklusionsfalle« tappen könne (LG München I NJW-RR 2002, 861);

Bezeichnung des Sachvortrags einer Partei als (versuchten) Prozessbetrug (OLG Frankfurt a. M. NJW-RR 1997, 1084 – anders, wenn bereits eine feste, unverrückbare Erkenntnisgrundlage gegeben ist).

– Entscheidungen über den **formellen Verfahrensablauf** muss der Richter treffen, sie begründen deswegen eine Befangenheit auch dann nicht, wenn sie prozessual falsch sind oder zum Nachteil einer Partei ergehen. Etwas anderes kann gelten, wenn sich eine Entscheidung als willkürlich darstellt, weil sie ohne gesetzliche Grundlage ergeht oder offensichtlich unhaltbar ist.

Parteibenachteiligende und damit befangenheitsrelevante Fehler des Gerichts kommen vor bei der Terminsbestimmung und -verlegung, bei der Gestaltung der mündlichen Verhandlung oder der Beweisaufnahme, der Auswahl des Sachverständigen etc. (OLG Karlsruhe MDR 1991, 1195: Häufung prozessualer Fehler; Ablehnung eines berechtigten Antrages auf Terminsverlegung – Zöller/*Vollkommer* § 42 Rn. 23 – insbesondere wenn einem Antrag der Gegenpartei zuvor stattgegeben wurde (OLG Köln MDR 2003, 170 »auffällige Ungleichbehandlung«; OLG Zweibrücken MDR 1999, 113: Ablehnung mit formelhafter Begründung unter Hinweis auf die (geringe) Bedeutung der Sache, die »vom Tisch soll«); LG Mönchengladbach NJW-RR 2004, 1003: Verletzung essenzieller Verfahrens-Grundrechte).

B. Rechtsbehelfe im erstinstanzlichen Verfahren

Auch die Verletzung der Wartepflicht nach § 47 Abs. 1 ZPO kann einen Ablehnungsgrund darstellen (OLG Köln NJW-RR 2000, 591). Ein Verstoß gegen die Wartepflicht bei später als unbegründet zurückgewiesener Beschwerde gilt indes nachträglich als geheilt (Zöller/*Vollkommer* § 47 Rn. 5).

Die Entscheidung über das Abbrechen der Verhandlung bei einer Ablehnung während der Verhandlung liegt dabei generell im (gebundenen) Ermessen des Richters (§ 47 Abs. 2 ZPO).

Offenkundig rechtsmissbräuchliche Ablehnungsgesuche lösen die Wartepflicht nicht aus (LG Frankfurt/M. NJW-RR 2000, 1088; OLG Köln NJW-RR 2000, 591 m.w.N.; Zöller/*Vollkommer* § 47 Rn. 3; OLG Frankfurt MDR 1992, 409).

Entscheidet der abgelehnte Richter dann selbst über ein solches Gesuch (str., so Zöller/*Vollkommer* § 42 Rn. 6, Thomas/Putzo/*Hüßtege* §§ 42 Rn. 5; 45 Rn. 4; a. A. LG Frankfurt/M. NJW-RR 2000, 1088; auch OLG Braunschweig MDR 2000, 846 m.w.N.) ist hierbei jedenfalls eine Begründung erforderlich, durch die nachvollziehbar wird, dass der abgelehnte Richter sich der an die Selbstentscheidung verfassungsrechtlich zu stellenden Anforderungen bewusst war (SächsVerfGH NJW-RR 1999, 287).

Einzelne, für sich genommene unbeachtliche Verfahrensfehler können in ihrer Häufung die Voreingenommenheit belegen(Prütting/Gehrlein/*Mannebeck* § 42 Rn. 32, 42).

– Entsprechendes gilt für die **materielle Prozessleitung** des Richters.

Hierher gehören alle Verletzungen des Anspruchs auf rechtliches Gehör. Kommt der Richter seiner Pflicht nicht nach, die Parteien vom Prozessstoff zu informieren (Zustellung gegnerischer Schriftsätze), ausreichend Gelegenheit zur Äußerung hierzu zu geben (Fristsetzung) oder von der Partei vorgetragene Tatsachen bei der Entscheidung zu berücksichtigen, kann dies Zweifel an seiner Unparteilichkeit begründen. (KG MDR 2001, 1435: Weigerung im Termin Schriftsätze und neuen mündlichen Vortrag entgegenzunehmen; BayObLG NJW-RR 2001, 642: grundlose Verweigerung von Akteneinsicht und ein Verstoß gegen das rechtliche Gehör durch eine übereilte Entscheidung – einen Tag nach Fristablauf – aber BVerfG NJW 1999, 1176: kein leichtfertiger Umgang mit dem Anspruch auf rechtliches Gehör).

Praktisch wichtige Fallgruppe ist die Erteilung verbotener (ausnahmsweise auch Nichterteilung gebotener) Hinweise nach § 139 ZPO. Im Rahmen der richterlichen Aufklärungspflicht gegebene Hinweise sowie die Entschließungsfreiheit nicht beeinträchtigende Anregungen, Belehrungen, Ratschläge und Empfehlungen sowie die Äußerung von Rechtsansichten rechtfertigen in der Regel keine Ablehnung, selbst wenn dadurch die Prozesschancen einer Partei verringert werden (Zöller/*Vollkommer* § 42 Rn. 26, 28). Sehr umstritten ist aber, ob ein erteilter Hinweis auf Einreden und Gegenrechte, z. B. Verjährung, Aufrechnung oder Zurückbehaltungsrecht einen Befangenheitsgrund darstellt, wenn eine Partei diese Verteidigungsmittel nicht von sich aus in den Prozess eingeführt hat (bejahend die überwiegende Meinung sowie BGH NJW 2004, 164 hins. Verjährung; a. A. z. B. Zöller/*Vollkommer* §§ 139 Rn. 11; 42 Rn. 27; KG NJW 2002, 1732; auch oben Rdn. 1413). Freilich nützt eine begründete Ablehnung des Richters der Partei letztlich nichts mehr, da sich die Gegenpartei etwa von der Erhebung der Verjährungseinrede mit Sicherheit nicht abhalten lässt und diese dadurch auch nicht ihre Wirkung verliert.

Rechtsansichten des Richters lass eine Befangenheit nur dann befürchten, wenn sie zum einen nicht bloß unzutreffend, sondern so grob fehlerhaft sind, dass sie sich als willkürlich darstellen, und zum anderen Anhaltspunkte dafür bestehen, dass der Richter nicht mehr bereit ist, sie infrage zu stellen, sondern an ihnen festhalten will.

(3) Unabhängig von diesen Fallgruppen gibt es zahlreiche **weitere Probleme** bei der Befangenheit. 2825

– So ist streitig, ob die erfolgreiche Ablehnung des Richters durch einen Streitgenossen, ihn auch aus den Verfahren der übrigen **Streitgenossen** ausschließt (so Zöller/*Vollkommer* § 42 Rn. 19) oder dann nicht die Verfahren zu trennen sind, um den übrigen Streitgenossen den gesetzlichen Richter zu erhalten (so Prütting/Gehrlein/*Mannebeck* § 42 Rn. 27).

– Eine Befangenheit des Richters kann von der Partei nicht **provoziert** werden.

▶ **Beispiel:**

Beleidigt die Partei den Richter schwer (OLG Koblenz OLGReport 2003, 21: Vorwurf der Rechtsbeugung), kann sie diesen nicht im Anschluss daran mit der Begründung ablehnen, der Richter könne ihr aufgrund dieser Beleidigung nicht mehr unvoreingenommen gegenüberstehen.

Entsprechendes gilt für vorangegangene Beschimpfungen, Dienstaufsichtsbeschwerden etc. (Prütting/Gehrlein/*Mannebeck* § 42 Rn. 8; *Knoche* MDR 2000, 371).

Weil aber gerade unsachliche Angriffe (trotzdem) die Unparteilichkeit des Richters beeinträchtigen können, sollten diese besser unterbleiben. Zumindest bringen sie meist keinen Nutzen für die vertretene Partei, sondern können allenfalls dem anwaltlichen Ruf schaden. Nur in Einzelfällen werden diese Angriffe zu unsachlichen Reaktionen eines verärgerten Richters führen, welche dann ihrerseits einen Ablehnungsgrund bilden können.

Ausnahmsweise kann ein Befangenheitsgrund dann bestehen, wenn der Richter sich in eine Situation hat drängen lassen, in der er in der Sache selbst nicht mehr zu einer unbefangenen Entscheidung in der Lage ist (z.B. OLG Zweibrücken MDR 1994, 832): Befangenheitsgrund bei verunglimpfender Kritik, die das Maß dessen übersteigt, was ein Richter bei der Ausübung seines Amtes ohne Beeinträchtigung mit Gelassenheit ertragen und als unerheblich und unwesentlich beiseitelassen muss und kann (Prozesspartei trägt vor, dass ihr gesagt wurde, »dass sowohl die fachliche als auch die menschliche Qualifikation von Richter W. nicht unbestritten und dass gravierende Fehlurteile bei ihm keine Seltenheit seien«; BayObLG MDR 1990, 343: kein Befangenheitsgrund, wenn der Richter ein Telefongespräch, in dem eine Partei zum wiederholten Male das Ersuchen um Terminsverlegung vorbringt, schließlich dadurch beendet, dass er den Telefonhörer auflegt).

– Ein (weiterer) Befangenheitsgrund kann auch in der **Reaktion auf** das erste **Ablehnungsgesuch** liegen.

Dies ist anzunehmen, wenn das Gericht der Partei keine Möglichkeit gibt, ein Ablehnungsgesuch überhaupt anzubringen bzw. dessen Protokollierung verweigert, sondern die Verhandlung einfach weiterführt, kann dies einen Befangenheitsgrund darstellen (OLG Köln NJW-RR 1998, 857). Das Gleiche gilt im Fall einer aufbrausenden und übertriebenen Reaktion auf das Ablehnungsgesuch in der mündlichen Verhandlung oder einer unangemessenen oder unsachlichen Stellungnahme des Richters in der dienstlichen Äußerung (Prütting/Gehrlein/*Mannebeck* § 42 Rn. 41). Insbesondere ist eine Befangenheit anzunehmen, wenn aus der Stellungnahme zum Ablehnungsgesuch ersichtlich ist, dass der Richter im aktuellen Verfahren nicht mehr bereit ist, seine eigene (rechtlich nicht vertretbare) Rechtsauffassung kritisch zu überprüfen und ggf. abzuändern.

(LAG Sachsen MDR 2001, 516: »Ich werde das weitere Prozessvorbringen des Beklagtenvertreters kritisch prüfen« – Anm. E. *Schneider* MDR 2001, 517: »Freudsche Fehlleistung«; LG Berlin NJW-RR 1997, 315: Richterin hat sehr verärgert reagiert und erklärt: »Doch, das nehme ich persönlich« und »Das werde ich mir merken«; KG MDR 2001, 1435: der Richter hat unter Hinweis darauf, dass »das hier verwendete Formular bereits mehrfach und ohne Erfolg Gegenstand von Ablehnungsgesuchen gegen mich und andere Kollegen gewesen« sei, die Rücknahme des Gesuchs nahe legt. Der Inhalt der dienstlichen Äußerung lautete: »Ich bin nicht befangen«; OLG Saarbrücken MDR 2005, 473: Richter hat infrage gestellt, ob die Partei bzw. ihr Prozessbevollmächtigter ihm juristisch oder intellektuell zu folgen in der Lage gewesen waren).

Zwar kann eine unsachliche Stellungnahme durch eine ebenso unsachliche und den Richter persönlich angreifende Begründung des Ablehnungsgesuchs herausgefordert werden. Jedoch besteht hierbei die Gefahr, dass das Kontrollgericht dann (aus richterlicher Solidarität) von vornherein zur Zurückweisung des Gesuchs neigt.

2. Sonstige Verfahrensbeteiligte (§§ 49, 406, 1036 ZPO, 191 GVG)

2826 Praktisch nur eine geringe Rolle spielt die Möglichkeit der Ablehnung auch anderer aufseiten des Gerichts am Verfahren beteiligter Personen. In Betracht kommen dabei

B. Rechtsbehelfe im erstinstanzlichen Verfahren   9. Kapitel

- Der Urkundsbeamte der Geschäftsstelle (§ 49 ZPO i. V. m. §§ 41 ff. ZPO).

  In Betracht kommt ein Verstoß gegen die Neutralitätspflicht insbesondere bei der Aufnahme von Protokollen (§§ 159 ff. ZPO) und der Erteilung vollstreckbarer Ausfertigungen (§ 724 ZPO). Wichtiger als die Befangenheitsgründe sind dabei die Ausschlussgründe (§ 41 ZPO).

- der Rechtspfleger (§ 10 RPflG i. V. m. §§ 41 ff. ZPO).

  Auch insoweit sind Befangenheitsgründe – anders als die Ausschlussgründe – praktisch nur schwer vorstellbar.

- der Sachverständige (§ 406 ZPO).

  Die Gründe i. S. d. § 41 ZPO führen beim Sachverständigen nicht kraft Gesetzes zum Verfahrensausschluss, sondern müssen durch ein Ablehnungsgesuch durch die Parteien geltend gemacht werden.

  Sachverständige werden fast so häufig abgelehnt wie Richter. Häufig soll damit ein nachteiliges Gutachten wirkungslos gemacht und eine Neubegutachtung erreicht werden.

  Das Ablehnungsgesuch muss gemäß § 406 Abs. 2 Satz 1 ZPO vor seiner Vernehmung gestellt werden, spätestens jedoch binnen zwei Wochen nach Verkündung oder Zustellung des Beschlusses über die Ernennung. Diese gesetzlich vorgesehene Ablehnung des Sachverständigen vor Erstattung eines Gutachtens verkennt, dass praktisch die meisten Ablehnungsgründe erst aus dem Inhalt des schriftlichen Sachverständigengutachtens ersichtlich werden (*E. Schneider* MDR 1975, 353). In diesen Fällen lässt § 406 Abs. 2 Satz 2 ZPO die Ablehnung nur dann noch zu, wenn der Antragsteller glaubhaft macht, dass er ohne sein Verschulden verhindert war, die Ablehnungsgründe früher geltend zu machen. Der BGH (NJW 2005, 1869) geht davon aus, dass in einem einfach gelagerten Fall bereits wenige Tage ausreichend sein können, um die das Ablehnungsgesuch stützenden Tatsachen zu erkennen und vorzutragen. Nur wenn der Ablehnungsgrund erst nach sorgfältiger Prüfung des Gutachtens zu erkennen sei, könne sich diese Frist je nach Sachlage verlängern. Ein Ausschöpfen der zur Stellungnahme auf das schriftliche Gutachten vom Gericht gesetzten Frist (§ 411 Abs. 4 Satz 2 ZPO) ist nur dann möglich, wenn sich die Partei zur Begründung des Befangenheitsantrags mit dem Inhalt des Gutachtens auseinandersetzen muss. (*Christopoulos/Weinmann* MDR 2005, 1201).

  Allein mit dem Ergebnis des Gutachtens kann die Befangenheit nicht begründet werden. Erforderlich sind Umstände, die berechtigte Zweifel an seiner Unparteilichkeit oder Unabhängigkeit begründen. Diesbezüglich kann auf die zur Richterbefangenheit gemachten Ausführungen Bezug genommen werden.

▶ Praxistipp: 2827

Ein schriftliches Sachverständigengutachten muss sofort nach Erhalt einer Prüfung unterzogen und der Partei mit der Bitte um Prüfung auf etwaige Befangenheitsgründe zugeleitet werden
  - der Schiedsrichter (§ 1036 ZPO).
  - der Dolmetscher (§ 191 GVG i. V. m. §§ 41 ff. ZPO).
  - der Gerichtsvollzieher (§ 155 GVG).

Insoweit gibt es nur (im Vergleich zu § 41 ZPO enger gefasste) gesetzlich normierte Ausschließungsgründe, eine Ablehnung wegen Besorgnis der Befangenheit ist ausgeschlossen.

II. Dienstaufsichtsbeschwerde

1. Allgemeine Dienstaufsichtsbeschwerde

Verletzt ein Richter ihm obliegende Dienstpflichten, kann dagegen im Wege der Dienstaufsicht vorgegangen werden.   2828

  Zu beachten ist dabei, dass durch die (Justiz-) Verwaltung kein Einfluss auf eine gerichtliche Entscheidung oder das dieses vorangehende Verfahren genommen werden kann. Der Grundsatz der richterlichen Unabhängigkeit ist insoweit kein Standesprivileg, sondern notwendiger Ausfluss des Gewaltenteilungsprinzips.

  Damit ist indes nicht die gesamte richterliche Tätigkeit der Dienstaufsicht entzogen. Insbesondere erlaubt auch die richterliche Unabhängigkeit keine Rechtsverletzungen. So ist der Dienstaufsicht allein die eigentliche Rechtsfindung entzogen. Dabei sind alle ihr auch nur mittelbar dienenden – sie vorbereitenden und ihr nachfolgenden – Sach- und Verfahrensentscheidungen in den Schutzbereich der richterlichen Unabhängigkeit einbezogen.

Nach der ständigen Rechtsprechung des Dienstgerichts des Bundes unterliegt die richterliche Amtsführung insoweit der Dienstaufsicht, als es um die Sicherung eines ordnungsgemäßen Geschäftsablaufs und die äußere Form der Erledigung der Amtsgeschäfte oder um solche Fragen geht, die dem Kernbereich der eigentlichen Rechtsprechung so weit entrückt sind, dass sie nur noch als zur äußeren Ordnung gehörig anzusehen sind (BGH NJW 1985, 1471 – allgemein erheblich verzögerte Terminierung; § 26 DRiG).

Die Dienstaufsicht kann ausnahmsweise auch eingreifen, wenn ersichtlich keinerlei sachliche Erwägungen mehr für die Entscheidung bzw. Verfügung maßgeblich waren bzw. erkennbar sind, nicht aber schon dann, wenn die Entscheidung irgendwie fehlerhaft sein könnte (Baumbach/*Hartmann* §§ 225 Rn. 8; 227 Rn. 59). Dies gilt insbesondere bei Ermessensvorschriften (z. B. § 227 ZPO – Terminsänderung; 225 ZPO – Friständerung). Der Richter kann auch dann der Dienstaufsicht unterliegen, wenn er sich »eindeutig erheblich vorwerfbar im Ausdruck oder in der sonstigen Verhaltensweise vergreift« (Baumbach/*Hartmann* § 136 Rn. 41).

Keinesfalls ermöglicht eine Dienstaufsichtsbeschwerde keinesfalls die Änderung einer rechtskräftigen Entscheidung und ist deshalb auch keine Subsidiaritätsvoraussetzung für eine Verfassungsbeschwerde (BVerfG NJW 2004, 2891).

2829 Auch außerhalb des unzweifelhaft von der Dienstaufsicht umfassten Bereichs kann eine Beschwerde sinnvoll sein.

Ist die Dienstaufsichtsbeschwerde nicht erkennbar querulatorisch oder zweifelsfrei auf den Kernbereich richterlicher Tätigkeit bezogen, wird der Dienstvorgesetzte intern regelmäßig eine Stellungnahme des betroffenen Richters und die Vorlage der Akte fordern. Kaum einem Richter dürfte dies angenehm sein. Insbesondere dann, wenn die Vorgehensweise (auch im richterlichen Kernbereich) zweifelhaft war, liegt in deren Aufdeckung und Bekanntwerden eine Form der Sanktionierung (*E. Schneider* ZAP-Buch-Report, Beilage zu ZAP 19/2000, S. 14; ZAP Fach 13, S. 279; ZAP-Report: Justizspiegel 2003, S. 501; *Braunschneider* ProzRB 2003, 49), die auch ohne Beanstandung durch den Dienstvorgesetzten zumindest für die Zukunft zu einer Verhaltensänderung führen kann. So haben z. B. drei Kammern des LG München I eine rechtlich zweifelhafte Fristverlängerungspraxis nach Intervention der Präsidentin des Landgerichts auf Initiative einiger Anwälte aufgegeben (*Reinelt* ZAP-Sonderheft, S. 68; *E. Schneider* ZAP-Justizspiegel 2001, S. 582). Die Wirkung der Dienstaufsichtsbeschwerde auf den Richter darf deswegen nicht unbedingt und in allen Fällen mit der dem Beschwerdeführer regelmäßig mitgeteilten Zurückweisung seiner Beschwerde gleichgesetzt werden.

2830 Die Dienstaufsichtsbeschwerde ist form- und fristfrei möglich.

Einzulegen ist sie beim Dienstvorgesetzten des Richters (in der Regel dem Präsidenten des Gerichts, dem der Richter angehört, bei Direktorialamtsgerichten dem Präsidenten des übergeordneten Landgerichts). Gegen dessen Bescheid dürften weitere Dienstaufsichtsbeschwerden beim Präsidenten des Oberlandesgerichts und – letztlich – dem Justizminister möglich sein.

2831 Vorsicht ist bei der Begründung der Dienstaufsichtsbeschwerde geboten. Werden die Grenzen der sachlichen Kritik überschritten, kommen standesrechtliche oder gar strafrechtliche Konsequenzen in Betracht (Baumbach/*Hartmann* § 136 Rn. 43).

Die Androhung einer Dienstaufsichtsbeschwerde oder einer Presseveröffentlichung wird jedenfalls (bislang) nur dann als rechtswidrige (versuchte) strafbare Nötigung von Amtsträgern angesehen, wenn eine entstellte Darstellung angedroht wird (Tröndle/*Fischer* § 240 Rn. 52). Eine unberechtigte Dienstaufsichtsbeschwerde kann sich als falsche Anschuldigung (§ 164 StGB) oder als Beleidigung (§§ 185 ff. StGB) darstellen. Im Übrigen ist eine Beschwerde über Fehler der Prozessführung des Richters sowie die Ausübung von Kritik »das Recht, ja die Aufgabe des Rechtsanwalts« (BVerfG NJW 1989, 3148: in satirischer Form zulässig).

2. Untätigkeitsbeschwerde

2832 Umstritten ist, in welcher Form gegen ein Untätigbleiben des Richters angegriffen werden kann.

Dieses Problem resultiert daraus, dass Rechtsbehelfe der ZPO grundsätzlich eine Entscheidung voraussetzen, die von der beschwerten Partei angegriffen werden kann. Einen auf die Herbeiführung einer Entscheidung gerichteten Rechtsbehelf kennt die ZPO nicht.

B. Rechtsbehelfe im erstinstanzlichen Verfahren

Die nach wie vor h. M. sieht im Untätigbleiben eine im Wege der Dienstaufsicht überprüfbare Verletzung allgemeiner Dienstpflichten. Danach stellt die Untätigkeitsbeschwerde einen besonderen Unterfall der Dienstaufsichtsbeschwerde dar. 2833

> Andere – vor allem auf die neuere Rechtsprechung des Bundesverfassungsgerichts gestützte – Auffassungen wollen gegen die Untätigkeit eine Befangenheitsablehnung (Thomas/Putzo/*Hüßtege* § 42 Rn. 12) oder echte Beschwerde nach § 567 ZPO (OLG Düsseldorf NJW 2009, 2388; Zöller/*Gummer* § 567 Rn. 21 m. w. N.) zulassen.
>
> Das »Gesetz über die Rechtsbehelfe bei Verletzung des Rechts auf ein zügiges gerichtliches Verfahren«, mit dem eine besondere Beschwerdemöglichkeit in § 198 GVG eingeführt werden soll, ist bislang über einen Entwurf nicht hinausgekommen (dazu oben Rdn. 29) und hat wegen des umständlichen und ineffektiven Verfahrens wohl auch wenig Realisierungschancen.

Der Unterschied ist relevant für die Form und die Frist, innerhalb der ein entsprechender Rechtsbehelf eingelegt werden muss. 2834

> Derzeit dürfte die Beschwerde nach § 567 ZPO mangels Akzeptanz in der Praxis und auch mangels Einflussmöglichkeiten des Beschwerdegerichts auf die Verfahrensbetreibung durch die Vorinstanz den geringsten Erfolg versprechen. Befangenheitsantrag und Dienstaufsichtsbeschwerde schließen sich nicht gegenseitig aus, können also wahlweise sogar kumulativ erhoben werden.

III. Wiedereinsetzung in den vorigen Stand (§ 233 ZPO)

Mit der Wiedereinsetzung in den vorigen Stand können die Rechtsfolgen der Versäumung einiger besonders wichtiger prozessualen Fristen beseitigt werden. Dies gilt selbst dann, wenn durch die Versäumung einer Rechtsmittelfrist zwischenzeitlich bereits formelle Rechtskraft der gerichtlichen Entscheidung eingetreten ist. Wird Wiedereinsetzung gewährt, so führt dies zu einer Wiedereinsetzung der Partei in die Rechtsposition, die sie vor der Versäumung der Frist innehatte. Praktisch besteht damit für die Partei die Chance, die versäumte Prozesshandlung noch vorzunehmen. 2835

Fristen spielen in der anwaltlichen Tätigkeit eine zentrale Rolle. Wird eine prozessuale Frist versäumt, so ist die Partei mit der Prozesshandlung ausgeschlossen (§ 230 ZPO), eine Nachholung ist dann grundsätzlich nicht mehr möglich. Damit sind regelmäßig gravierende Rechtsnachteile bis hin zum endgültigen Unterliegen im Rechtsstreit verbunden. Ist die Fristversäumung vom Anwalt zu vertreten, begründet dies Regressansprüche des Mandanten gegen ihn. 2836

> Fehler im Zusammenhang mit der Wahrung von Fristen sind bei Anwälten die mit Abstand häufigste Fehlerquelle überhaupt. So betreffen z. B. mehr als 40 % aller der Allianz Versicherungs-AG gemeldeten Anwaltsfehler Fristversäumnisse (*Borgmann* BRAK-Mitt. 1998, 16).
>
> Anwaltliche Fristversäumungen können darauf beruhen,
> – dass der Lauf einer Frist nicht bemerkt wird;
> – dass die Frist falsch berechnet wird, sei es, dass von einem falschen Fristbeginn, einer falschen Fristdauer oder einem falschen Fristende ausgegangen wird;
> – dass die erforderliche Prozesshandlung nicht vor Ablauf der Frist vorgenommen wird;
> – dass die vorgenommene Prozesshandlung fehlerhaft war und deswegen nicht Frist wahrend wirkt.
> Wegen der zur Vermeidung solcher Fehler im Einzelnen zu beachtenden Punkte oben Rdn. 160 ff. und 290 ff.

Ziel anwaltlicher Tätigkeit muss stets sein, Fristversäumungen zu vermeiden. Dazu genügt es nicht, die Fristvorschriften selbst zu kennen. Erforderlich ist entsprechend ausgebildetes, ständig angeleitetes und überwachtes Personal, sowie eine auf die Wahrung von Fristen eingerichtete Büroorganisation. 2837

> Zu den Grundanforderungen an jede Anwaltskanzlei gehört es, laufende Fristen zu erkennen, sie zutreffend zu berechnen und zuverlässig zu wahren. Dabei darf der Anwalt sich für einfache Aufgaben (»die weder besondere Geistesarbeit noch juristische Schulung verlangen«, Zöller/*Greger* § 233 Rn. 23) hinreichend ausgebildeter, erfahrener und überwachter Mitarbeiter bedienen, muss aber über allgemeine Arbeitsanweisungen

eine Organisationsstruktur vorhalten, die die Erfüllung dieser Anforderungen auch in Problemfällen gewährleistet (BGH NJW 2002, 3782; *Borgmann* BRAK-Mitteilungen 1998, 16).

Sichergestellt sein muss, dass der Ausgangspunkt für die Fristberechnung (Urteilszustellung) eindeutig geklärt und aktenmäßig festgehalten wird (BGH MDR 1988, 213). Gleichzeitig oder zumindest alsbald muss die Frist berechnet und ihr Ende in den Fristenkalender eingetragen werden. In diesem müssen Not-, Rechtsmittel- und Rechtsmittelbegründungsfristen besonders gekennzeichnet (BGH NJW 1989, 2393) und mit Vorfristen abgesichert sein (BGH NJW 2000, 365). Die Verwendung loser Zettel reicht nie aus, computergestützte Fristenüberwachungssysteme müssen Vorkehrungen gegen Fehleingaben enthalten und über einen Servicevertrag gegen Störungen gesichert sein. Auch nach rechtzeitiger Vorlage an den Anwalt muss die tatsächliche Wahrung der Frist durch eine Ausgangskontrolle sichergestellt sein (BGH VersR 1999, 1303), erst dann darf eine Frist gelöscht werden (*Chab* BRAK-Mitteilungen 2002, 25).

Als Verschulden des Rechtsanwalts behandelt die Rechtsprechung nicht nur mangelnde Sorgfalt bei der Auswahl, Belehrung und Überwachung des Personals (BGH VersR 1972, 557), sondern zum Beispiel auch eine Arbeitsüberlastung des Personals (OLG Koblenz OLGR 1997, 300) oder eine unklare Kompetenzzuweisung (BGH VersR 1993, 206), wobei die Beweislast für das Fehlen eigenen Verschuldens bei ihm liegt (BGH VersR 1983, 401).

2838 Auf die Mithilfe des Gerichts kann bei der Fristwahrung nur bedingt vertraut werden.

Eine Hinweispflicht entsprechend § 139 ZPO gibt es insoweit nicht. Nur unter besonderen Umständen ist das Gericht gehalten, einer drohenden Fristversäumnis seitens der Partei entgegenzuwirken. So darf es nicht »sehenden Auges« zuwarten, bis die Partei Rechtsnachteile erleidet (BGH NJW-RR 2004, 1364: es ist nicht zu beanstanden, wenn das Gericht erst bei der Bearbeitung des Falles und damit erst nach Ablauf der Fristen die Einhaltung der Form überprüft). Obwohl an sich problemlos möglich, ist das Gericht damit nicht gehalten, die Formwirksamkeit einer Rechtsmitteleinlegung sofort zu prüfen und ggf. noch innerhalb der laufenden Frist auf den Mangel hinzuweisen (a. A. Eichele/Hirtz/*Oberheim* II Rn. 35 ff.).

2839 Die Möglichkeit einer Wiedereinsetzung in den vorigen Stand kann für den Anwalt nicht Mittel der Wahl sein, sondern dient allenfalls als »Rettungsmaßnahme« zur Vermeidung schlimmerer Folgen eines begangenen Fehlers.

Die Wiedereinsetzung macht zusätzliche Arbeit und ist in ihrer Erfolgsaussicht schwer abschätzbar. Obgleich nach ständiger Rechtsprechung des BVerfG (z. B. NJW-RR 2002, 1004; NJW 2004, 2583) die Anforderungen hierbei nicht überspannt werden dürfen, sind insbesondere die erstinstanzlichen Gerichte bei einem Wiedereinsetzungsantrag im Allgemeinen sehr kritisch und stellen hohe Sorgfaltsanforderungen an Parteien und Prozessbevollmächtigten (auch Zöller/*Greger* § 233 Rn. 12: standesbedingt strenge Sorgfalt; *Kohlhaas* NJW 28/2005, S. XXVI: »nicht selten überzogen harte Maßstäbe«). Hierfür ist es bezeichnend, dass der BGH in Beschwerdeentscheidungen immer wieder darauf hinweisen muss, dass die gerichtliche Ablehnung der begehrten Wiedereinsetzung durch die Instanzgerichte gegen seine ständige Rechtsprechung verstößt.

In jedem Fall müssen zur Begründung des Wiedereinsetzungsantrags Interna der anwaltlichen Büroorganisation in einem Ausmaß offen gelegt werden, das dem Mandanten, dem Gericht oder dem Gegner (und seinem Anwalt) gegenüber zumeist als peinlich empfunden werden muss.

Häufig wird dem Mandanten die Fristversäumnis nicht verborgen bleiben. Selbst wenn es gelingt, einen endgültigen Rechtsverlust durch Wiedereinsetzung oder einen etwaigen Schaden durch Einschaltung der Haftpflichtversicherung abzuwenden, ist das Vertrauen des Mandanten in die Zuverlässigkeit seines Anwalts erschüttert (*Müller* NJW 1993, 682).

2840 ▶ **Praxistipp:**

Ergeben sich Anhaltspunkte dafür, dass eine Frist versäumt sein könnte, sollte unverzüglich (spätestens innerhalb einer Woche) die anwaltliche Berufshaftpflichtversicherung informiert werden.

Die Notwendigkeit einer entsprechenden Anzeige ergibt sich aus § 30 VVG, § 5 AVB-A. Sie erfolgt am besten telefonisch oder per Telefax direkt an die Schadenabteilung in der Zentrale, nicht an einen Makler, eine Agentur oder eine Außenstelle. Zum einen wird nur so eine spätere Leistungsverweigerung durch den Versicherer wegen Obliegenheitsverletzung verhindert, zum anderen leisten manche Versicherer Hilfestellungen bei der Formulierung des Wiedereinsetzungsantrags (*Grams* MDR 2002, 1179). Deswegen sollte die

B. Rechtsbehelfe im erstinstanzlichen Verfahren   **9. Kapitel**

Anzeige auch dann erfolgen, wenn der Anwalt davon überzeugt ist, dass die Fristversäumung unverschuldet war und eine Wiedereinsetzung erfolgen wird.

▶ **Praxistipp:**   2841

Hat die Fristversäumung zur Schaffung eines (vorläufig vollstreckbaren) Titels geführt, muss geprüft werden, ob parallel zum Antrag auf Wiedereinsetzung die einstweilige Einstellung der Zwangsvollstreckung gem. § 707 ZPO beantragt werden muss.

Da im Normalfall aber nur eine Einstellung gegen Sicherheitsleistung in Betracht kommt, sollte der Antrag auch (zumindest im Hilfsantrag) entsprechend lauten. Obgleich das Gericht bei einem Antrag auf Einstellung ohne Sicherheitsleistung diesem mit Sicherheitsleistung stattgeben muss, weisen manche Richter einen solchen Antrag (teilweise wegen fehlerhafter Formblätter!) trotzdem ab (Thomas/Putzo/*Hüßtege* § 707 Rn. 10). Der Beschluss ist dann grundsätzlich zwar nicht anfechtbar (§ 707 Abs. 1 ZPO), jedoch kann ihn das Gericht bis zur Endentscheidung jederzeit aufheben oder abändern. Eine Beschwerde ist daher auch immer als Änderungsantrag zu deuten (Zöller/*Stöber* § 707 Rn. 22).

1. Voraussetzungen

a) Fristversäumung

Voraussetzung für einen Wiedereinsetzungsantrag ist zunächst, dass eine in § 233 ZPO genannte   2842
Frist auch tatsächlich versäumt wurde.

▶ **Praxistipp:**   2843

Auf keinen Fall sollte der Hinweis des Gerichts eine Frist sei versäumt worden, unkritisch hingenommen und vorschnell Wiedereinsetzung beantragt werden. Zur Überprüfung kann es sich empfehlen, Einsicht in die Gerichtsakte zu nehmen.

Auch Richter machen Fehler. Typische Fehlerquelle aufseiten des Gerichts ist, dass nicht hinreichend   2844
gründlich geprüft wurde, ob und wann die Frist begonnen hat. Insbesondere gerichtlich veranlasste
Zustellungsfehler, die eine wirksame Zustellung und damit ein Ingangsetzen der Frist verhindern,
werden regelmäßig übersehen. Daneben kommen Fehler bei der Berechnung der Frist, bei Bestimmung von Fristbeginn, Fristdauer oder Fristende durch den Richter genauso häufig vor, wie entsprechende Fehler durch den Anwalt. Auch können organisatorische Mängel beim Gericht verhindert haben, dass eine Frist wahrend eingegangene Prozesshandlung rechtzeitig zur Akte gelangt ist.

Nicht selten zu beobachten ist auch, dass bei (rechtzeitiger) Übermittlung des Schriftsatzes per   2845
Telefax und (verspäteter) Nachsendung des Originals versehentlich oder fälschlicherweise nur das
Datum des Originaleingangs beachtet wird.

Zur Beantwortung der Frage, ob eine Frist versäumt wurde, die das Stellen eines Wiedereinsetzungs-   2846
antrags rechtfertigt, bieten sich folgende **Prüfungsschritte** an:

(1) Lief überhaupt eine der in § 233 ZPO genannten **Fristen**?   2847

Zu den Fristen, gegen deren Versäumung eine Wiedereinsetzung möglich ist, unten Rdn. 2853.

Bei den in § 233 ZPO genannten Fristen handelt es sich ausschließlich um prozessuale Fristen, die kraft Gesetzes laufen. Zweifel daran, ob die Voraussetzungen für die entsprechende Frist vorliegen, dürften kaum auftauchen.

(2) Wann hat diese Frist zu laufen **begonnen**?   2848

Zum Fristbeginn im Allgemeinen oben Rdn. 197.

Die Fristen des § 233 ZPO beginnen grundsätzlich mit der Zustellung einer gerichtlichen Entscheidung. Dabei setzt nur eine wirksame Zustellung die Frist in Gang. Erfolgt die Zustellung an die Parteien zu unterschiedlichen Zeitpunkten, läuft für jede Partei die Frist gesondert an.

625

Bei der Zustellung gegen Empfangsbekenntnis (§ 174 ZPO) ist das Schriftstück an dem Tag zugestellt, an welchen der Empfänger, insbesondere der Anwalt, vom Zugang Kenntnis erlangt und es empfangsbereit entgegengenommen hat (BGH RuS 2003, 43; BGH JurBüro 2007, 504). Daher erfolgt der Zugang nicht bereits schon mit Eingang in der Kanzlei. Die notwendige Empfangsbereitschaft fehlt, wenn der Anwalt die Unterschrift verweigert oder er äußert, er betrachte die Zustellung als unwirksam und weise das Schriftstück deshalb zurück (Zöller/*Stöber* § 174 Rn. 6). Der Mangel des Empfangswillens des Rechtsanwalts kann dabei nicht nach § 189 ZPO geheilt werden (Zöller/*Stöber* §§ 174 Rn. 6 a. E.; 189 Rn. 10). Zu den Gefahren, die damit verbunden sind, dass die Zustellungsurkunde gar nicht, verzögert oder falsch ausgefüllt zurückgeschickt wird, oben Rdn. 2011.

2849 (3) **Wie lange** dauerte die Frist?

Zur Fristdauer im Allgemeinen oben Rdn. 203.

Die Dauer der Fristen des § 233 ZPO folgt ausnahmslos aus dem Gesetz. Auch insoweit sollte es deswegen keine Schwierigkeiten mit der Feststellung geben.

2850 (4) Wurde die Frist **unterbrochen, ausgesetzt oder verlängert**?

Zum Antrag auf Fristverlängerung oben Rdn. 1247.

Verlängerbar sind gesetzliche Fristen nur in den besonders bestimmten Fällen. Dies trifft auf die Rechtsmittelbegründungsfristen zu, nicht aber auf die übrigen Notfristen.

Werden solche Fristen bis zu einem bestimmten Endtermin (»bis zum 20.6.«) gesetzt, erübrigt sich eine Berechnung. Wird die Frist um einen bestimmten Zeitraum verlängert (»um zwei Wochen«) obliegt die Berechnung dem Anwalt. Dabei wird die neue Frist nach § 224 Abs. 3 ZPO von dem Ablauf der vorigen Frist an berechnet, sofern nicht das Gericht im einzelnen Fall etwas anderes bestimmt hat. Fällt der letzte Tag der ursprünglichen Frist auf einen Sonntag, einen allgemeinen Feiertag (an dem Ort, an der Widerruf zu erklären ist, d. h. am Gerichtsstand, nicht am Ort der Kanzlei: BGH MDR 2012, 301) oder einen Sonnabend, so beginnt der verlängerte Teil der Frist erst mit dem Ablauf des nächstfolgenden Werktages (§ 222 Abs. 2, 224 Abs. 3 ZPO; BGHZ 21, 43, 44; BGH NJW 2006, 700).

▶ **Beispiel:**

Bei Zustellung des Urteils am 25.10. läuft die zweimonatige Bekanntmachungsfrist (§ 520 Abs. 2 ZPO) am 27.12. ab (§§ 222 Abs. 1 u. 2 ZPO; 187 Abs. 1; 188 Abs. 2 BGB). Die Verlängerungsfrist von einem Monat beginnt dann am 28.12. (§ 224 Abs. 3 ZPO) und endet am 27.01. (§§ 187 Abs. 2, 188 Abs. 2 BGB).

Ist das Verfahren unterbrochen (§§ 239 ff. ZPO) oder ausgesetzt (§§ 246 ff. ZPO), so beginnt eine Frist nicht, eine bereits in Gang gesetzte Frist hört auf zu laufen. Nach Beendigung der Unterbrechung oder Aussetzung beginnt die Frist in voller Länge neu zu laufen (§ 249 Abs. 1 ZPO).

2851 (5) Wann **lief** die Frist **ab**?

Zum Fristablauf im Allgemeinen oben Rdn. 210.

2852 (6) Wodurch wurde die Frist **gewahrt**?

Zur Fristwahrung im Allgemeinen oben Rdn. 321.

Eine Frist ist gewahrt, wenn das Schriftstück vor Fristablauf in die Verfügungsgewalt des zuständigen Gerichts kommt und eine alsbaldige Kenntnisnahme durch das Gericht möglich und wahrscheinlich ist (Zöller/*Greger* § 270 Rn. 6, 6a). Weitere Voraussetzungen aufseiten des Gerichts, etwa eine besondere Entgegennahme oder Quittierung, sind nicht erforderlich.

Unter dem Einfluss des BVerfG hat sich die Rechtsprechung hierzu in den letzten Jahren deutlich geändert. Heute gilt der Grundsatz, dass die Frist bis zur Grenze ausgenutzt werden und darauf vertraut werden kann, dass alle Behörden die organisatorischen Vorkehrungen zur Annahme von Erklärungen auch außerhalb der regulären Dienststunden treffen (Nachtbriefkasten, funktionierendes Faxgerät) und selbst fehlerhafte adressierte Erklärungen sachgerecht weiterleiten.

Unproblematisch ist die Fristwahrung bei rechtzeitiger Abgabe auf der Geschäftsstelle oder bei einer hierfür eingerichteten Einlaufstelle bzw. dem Eingang dort bei postalischem Versand. Der rechtzeitige Einwurf in den Gerichtsbriefkasten wahrt die Frist auch dann, wenn er außerhalb der üblichen Dienstzeiten (z. B. um 23 Uhr 59) erfolgt und erst nach Fristablauf geleert wird. Auch eine Übermittlung per Telefax oder E-Mail ist möglich. Nach h. M. steht es dem Zugang nicht entgegen, dass eine nicht für Fristsachen eingerichteten Zugangsmöglichkeit beim Gericht genutzt wird (normaler Briefkasten, Faxanschluss Nebenstelle).

Erfolgt die Einlegung der Berufung per Telefax, muss die Versendung an einen Gerichtsanschluss erfolgen und vor Ablauf der Frist abgeschlossen, das heißt als Signal beim Empfangsgerät vollständig eingegangen, allerdings nicht auch schon ausgedruckt sein (BGH NJW 2006, 2263). Hat die Übertragung zu einem Zeitpunkt begonnen, zu dem noch mit einem Abschluss der Übermittlung vor Ablauf der Frist gerechnet werden kann (wobei wegen der möglichen Belegung des Gerichtsanschlusses eine Zeitreserve von nur wenigen Minuten regelmäßig nicht ausreicht: BVerfG NJW 2000, 574) kommt eine Wiedereinsetzung in Betracht. Dies gilt auch, wenn die Übertragung wegen eines Defekts des Empfangsgeräts scheitert.

Besteht eine gemeinsame Briefeingangsstelle für mehrere Gerichte, genügt der Eingang dort, wenn er an das richtige Gericht adressiert war (BGH NJW-RR 2005, 75: Berufungsbegründungsschrift in Sammelumschlag in Nachtbriefkasten von AG und LG). Geht der Schriftsatz wegen unrichtiger Adressierung von dort zunächst an ein unzuständiges Gericht und muss an das zuständige Gericht weitergeleitet werden, wo er erst nach Ablauf der Frist eingeht, ist die Frist nicht gewahrt (BGH NJW 1990, 990; BGH NJW-RR 2001, 1730). Frist wahrend wirkt die Einreichung bei einem unzuständigen auswärtigen Spruchkörper des Gerichts (BGH NJW 1967, 107). Kein Eingang bei Gericht liegt vor, wenn ein (versehentlich) an eine Anwaltskanzlei adressiertes Kuvert zwar bei der Posteingangsstelle eingeworfen, vom Gericht aber an die Anwaltskanzlei weitergeleitet wird (BGH NJW 1990, 2822).

Regelmäßig nicht ausreichend ist das bloße Einbringen des Schriftsatzes in die Räumlichkeiten des Gerichts (Zurücklassen im Gebäude, Übergabe an Hausmeister).

Erforderlich ist, dass der eingereichte Schriftsatz dem richtigen Verfahren zweifelsfrei zugeordnet werden kann. Feste Formvorschriften gibt es dabei nicht. Insbesondere ist es nicht zwingend erforderlich, dass Rubrum und Aktenzeichen (richtig) angegeben werden. Fehlende oder irrtümlich falsche Angaben müssen durch Auslegung ggf. auch des Schriftsatzinhalts durch das Gericht ausgelegt werden (BGH NJW 2003, 3418). Selbstverständlich sollte der Anwalt sich hierauf nicht verlassen, sondern die erforderlichen individualisierenden Angaben fehlerfrei machen.

b) Zulässigkeit

Statthaft ist der Wiedereinsetzungsantrag gegen die Versäumung einer der in § 233 ZPO besonders genannten absoluten Fristen. Dazu gehören die Notfristen und Rechtsmittelbegründungsfristen. Da es sich bei der Wiedereinsetzung um ein Ausnahmeinstitut handelt, ist die gesetzliche Aufzählung der Fristen nach h. M. abschließend und einer Analogie nicht zugänglich. 2853

Keine Wiedereinsetzung ist deswegen möglich gegen die Versäumung der Fristen zur Tatbestandsberichtigung, Urteilsergänzung, Einlegung der Anschlussberufung oder Widerrufs eines Prozessvergleichs. Nicht möglich ist eine Wiedereinsetzung auch bei materiellrechtlichen (Verjährung) oder richterlichen Fristen.

Ausgeschlossen ist eine Wiedereinsetzung auch bei Versäumung der Wiedereinsetzungsfrist (a. A. noch 3. Aufl.). Denkbar ist jedoch, dass die Partei sich rechtlich relevant über den Beginn oder die Dauer der Wiedereinsetzungsfrist irrt oder ihr wegen des Gebots eines fairen Verfahrens Fehler des Gerichts nicht zum Nachteil gereichen dürfen (OLG Frankfurt a. M. OLGReport Frankfurt a. M. 2002, 202; Zöller/*Greger* § 233 Rn. 23 »Rechtsirrtum«; BGH NJW 1999, 3051; BVerfG NJW 2004, 2887).

Notfristen sind nur diejenigen Fristen, die im Gesetz als solche bezeichnet werden (§ 224 Abs. 1 Satz 2 ZPO), insbesondere die Frist zum Widerspruch des Beklagten bei Klagerücknahme (§ 269 Abs. 2 Satz 4 ZPO), die Frist zur Anzeige der Verteidigungsbereitschaft im schriftlichen Vorverfahren (§ 276 Abs. 1 Satz 1 ZPO) und die Fristen zur Einlegung von Rechtsmitteln und Rechtsbehelfen (§§ 321a Abs. 2 Satz 1, 339 Abs. 1 Satz 2, 517, 548, 569 Abs. 1 Satz 1 575 Abs. 1 Satz 1, 586 Abs. 1 ZPO).

Die Wiedereinsetzung in den vorigen Stand kann nur innerhalb einer besonderen **Wiedereinsetzungsfrist** beantragt werden. Diese beträgt im Regelfall zwei Wochen ab Beseitigung des Hindernisses, bei der Versäumung von Rechtsmittelbegründungsfristen einen Monat. 2854

Behoben ist das Hindernis, wenn unabhängig von der Kenntnis endet die Frist spätestens ein Jahr nach Ablauf der versäumten Frist (§ 234 Abs. 3 ZPO).

Dabei ist dieses nicht erst dann behoben, wenn die bisherige Ursache der Verhinderung beseitigt ist, sondern schon dann, wenn das Fortbestehen des Hindernisses nicht mehr als unverschuldet angesehen werden kann. Die Frist des § 234 Abs. 1 ZPO beginnt somit zu laufen, sobald die Partei oder ihr Prozessbevollmächtigter die Fristversäumung erkennt – sei es durch eigene Wahrnehmung, sei es durch richterlichen Hinweis – oder bei Anwendung der gebotenen Sorgfalt die Versäumung hätte erkennen können (BGH NJW-RR 2005, 76: sobald Anlass bestand zu prüfen, ob das Fristende richtig festgehalten war).

Mit der Verlängerung der Frist für einen Antrag auf Wiedereinsetzung nach Versäumung einer Rechtsmittelbegründungsfrist auf einen Monat wollte der Gesetzgeber der vermögenslosen Partei nach Gewährung von Prozesskostenhilfe ausreichend Zeit zur Begründung des Rechtsmittels einzuräumen. Auf diese Fälle aber ist der Wortlaut des Wortlaut § 234 Abs. 1 Satz 2 ZPO nicht beschränkt, sodass die Monatsfrist auf alle Fälle einer Versäumung der Frist zur Begründung eines Rechtsmittels anzuwenden ist (BGH NJW 2008, 1184).

2855 ▶ **Praxistipp:**

Die Antragsfrist beginnt nicht erst mit dem Hinweis des Gerichts auf die Fristversäumnis. Erforderlich ist, dass auch andere Hinweise auf eine möglicherweise versäumte Frist beachtet werden.

Die verlängerte Frist § 236 Abs. 2 Satz 2 ZPO gilt nur für die Versäumung von Rechtsmittelbegründungsfristen, nicht für die Fristen zur Einlegung der Rechtsmittel. Sie soll sicherstellen, dass dem bedürftigen Rechtsmittelführer, der Rechtsmittel erst nach der Bewilligung von Prozesskostenhilfe (und damit häufig zu einem Zeitpunkt, zu dem auch die Begründungsfrist bereits abgelaufen ist) einlegen will und kann, ein Monat Zeit für die (mit dem Wiedereinsetzungsantrag zu verbindende, § 236 Abs. 2 ZPO) Rechtsmittelbegründung verbleibt, sodass er nicht schlechtergestellt wird, als die vermögende Partei. Dabei ist der Gesetzgeber über die erforderliche Erweiterung hinausgegangen und hat die Wiedereinsetzungsfrist auch für die nicht auf einer Bedürftigkeit beruhenden Fristversäumungen verlängert.

Die Wiedereinsetzungsfrist kann nicht verlängert werden (§ 224 Abs. 2 ZPO).

2856 Der **Antrag** auf Wiedereinsetzung muss gem. § 236 Abs. 2 ZPO die die Wiedereinsetzung begründenden Tatsachen enthalten, insbesondere

– die Tatsachen, aus denen sich ergibt, dass die Fristversäumung unverschuldet war, sowie

Dabei ist konkret, substantiiert und nachvollziehbar darzulegen, wie es zu der Fristversäumung kam. Erforderlich ist nicht bloß die Schilderung des Geschehensablaufs im Einzelfall, sondern auch eine Darlegung der Kanzleiorganisation, insbesondere des Fristenmanagements im Allgemeinen. Dazu gehört die Arbeitsverteilung zwischen Anwalt und Personal genauso, wie die Maßnahmen zur Auswahl, Ausbildung und Überwachung des Personals. Die von der Rechtsprechung hier aufgestellten hohen Anforderungen an die Darlegung werden vonseiten der Rechtsanwälte häufig als entwürdigend angesehen.

Zu einzelnen Wiedereinsetzungsgründen unten Rdn. 2883.

– die Tatsachen, aus denen sich ergibt, dass der Wiedereinsetzungsantrag rechtzeitig gestellt wurde (Thomas/Putzo/*Hüßtege* § 236 Rn. 5; BGH NJW 1998, 2678; BGH NJW 2000, 592).

Hinsichtlich der Rechtzeitigkeit muss der Zeitpunkt ersichtlich sein, an dem das Hindernis behoben war, durch das die Partei ohne ihr Verschulden von der Einhaltung der Frist abgehalten worden ist.

Damit kann bei unverschuldeter Versäumung der ursprünglichen Frist der Wiedereinsetzungsantrag wegen verschuldeter Versäumung der Frist zur Wiedereinsetzung dann doch noch scheitern (LG München I, Beschl. vom 20.06.2003, 31 S 1228/03: im Legen der Berufungsbegründung auf den Schreibtisch der verantwortlichen Kanzleiangestellten am Vorabend des Fristablaufs lag zwar kein Verschulden an der Versäumung der Begründungsfrist, jedoch hätte dem Anwalt, als er dann wieder in der Kanzlei war, eine Nachfrage nach der Erledigung der Arbeit oblegen).

Deshalb sollte entsprechender Vortrag sorgfältig erfolgen und im Zweifel – sei es auch nur hilfsweise – vorsorglich ein Wiedereinsetzungsantrag gestellt werden.

B. Rechtsbehelfe im erstinstanzlichen Verfahren   9. Kapitel

Liegt die Ursache für die Fristversäumnis in einem fehlerhaft datieren Empfangsbekenntnis, müssen zur Beurteilung der Rechtzeitigkeit auch Ausführungen dazu gemacht werden, wann die Zustellung des gerichtlichen Schriftstücks tatsächlich erfolgt ist (BGH NJW-RR 2005, 76).

Diese Umstände müssen somit innerhalb der Antragsfrist vollständig vorgetragen sein. Gerade dieses Erfordernis – vor allem in Bezug auf die Tatsachen, welche die Einhaltung der Frist des § 234 Abs. 1 ZPO ergeben – wird in der Praxis nicht selten übersehen.   2857

> Diese Frist darf nicht mit der Regelung des § 236 Abs. 2 Satz 1 HS. 2 ZPO (»bei der Antragstellung oder im Verfahren über den Antrag«) verwechselt werden, welche nur für die Glaubhaftmachung gilt.
>
> Liegt der Wiedereinsetzungsgrund in einem Fehler des Gerichts, so beginnt die Wiedereinsetzungsfrist erst mit der Erteilung einer ausdrücklichen Belehrung des Betroffenen über die Möglichkeit der Wiedereinsetzung zu laufen (BVerfG, Beschl. vom 27.09.2005, Az: 2 BvR 172/04; NStZ 2005, 238).

Nach Ablauf dieser Frist nachgeschobene Tatsachen bleiben unberücksichtigt (Ausschlussfrist).   2858

> Allerdings gilt dies nach Ansicht des BGH nicht für die Erläuterung unklarer oder Ergänzung unvollständiger Tatsachen (Thomas/Putzo/*Hüßtege* § 236 Rn. 6), worauf man sich erforderlichenfalls zwar berufen kann, aber nicht verlassen sollte. Die Abgrenzung ist in vielen Fällen nicht eindeutig zu treffen.
>
> Es empfiehlt sich daher, den Antrag nicht erst – wie in der Praxis üblich – am letzten Tag der Frist zu stellen, damit man fehlende oder unvollständige Angaben – u. U. nach einem Hinweis des Gerichts – noch rechtzeitig nachtragen kann.

Schließlich muss innerhalb der Antragsfrist die versäumte Prozesshandlung nachgeholt werden, die zweckmäßigerweise mit dem Wiedereinsetzungsantrag verbunden werden kann.   2859

> Ist die Nachholung (fristgerecht) erfolgt, kann auch Wiedereinsetzung von Amts wegen gewährt werden, soweit die Gründe für die unverschuldete Fristversäumung akten- oder offenkundig sind (§ 236 Abs. 2 Satz 2 ZPO; BGH Beschl. vom 08.12.2010 – Az. XII ZB 334/10; Thomas/Putzo/*Hüßtege* § 236 Rn. 9; insbesondere Beim Prozesskostenhilfeantrag, unten Rdn. 3130).
>
> Bei der Berufung ist zu beachten, dass bei einem Antrag auf Wiedereinsetzung in die versäumte Berufungseinlegungsfrist die Begründungsfrist unabhängig davon weiter läuft. Bei Versäumung dieser Frist muss ebenfalls Wiedereinsetzung beantragt werden. Dabei beginnt die Begründungsfrist aufgrund der ZPO-Reform gem. § 520 Abs. 2 ZPO zeitgleich mit der Einlegungsfrist, somit ab Zustellung des erstinstanzlichen Urteils (§ 517 ZPO). Zugleich wurde diese jedoch auf zwei Monate verlängert (§ 519 Abs. 2 ZPO a. F.: einen Monat – ab Einlegung der Berufung).
>
> Hierbei ersetzt ein Antrag auf Verlängerung dieser Frist die nachzuholende Prozesshandlung, also die Rechtsmittelbegründung nicht (Thomas/Putzo/*Hüßtege* § 236 Rn. 8). Der Anwalt muss daher die Berufung für eine Wiedereinsetzung innerhalb der Antragsfrist (§ 236 Abs. 2 ZPO) begründen und nicht innerhalb der beantragten (längeren) Verlängerungsfrist.

Auch ohne Antrag kommt ausnahmsweise eine Wiedereinsetzung von Amts wegen in Betracht (§ 236 Abs. 2 Satz 2).   2860

> Hierauf sollte der Anwalt es nicht ankommen lassen.

c) Begründetheit

Begründet ist der Antrag auf Wiedereinsetzung, wenn die Partei ohne ihr Verschulden an der Einhaltung der Frist verhindert war (§ 233 ZPO). Dabei steht der Wiedereinsetzung nicht nur ein Verschulden (§ 276 BGB) der Partei selbst entgegen, sondern auch ein solches ihres gesetzlichen Vertreters und ihres Bevollmächtigten (§ 85 Abs. 2 ZPO; Thomas/Putzo/*Hüßtege* § 233 Rn. 12, 85 Rn. 12). Nicht einstehen muss die Partei dagegen für das Verschulden des Gerichts oder eines Dritten. Zu Letzteren gehören auch die Hilfspersonen, deren sich der Anwalt bedient, insbesondere sein Kanzleipersonal, aber auch Privatgutachter oder Detekteien.   2861

2862 ▶ **Praxistipp:**

Der Anwalt ist nicht für alle Fehler verantwortlich, die im Prozess auftreten. Weder haftet er für andere Personen, noch trifft ihn eine Gefährdungshaftung.

Ob ein Anwaltsverschulden vorliegt, ist deswegen im Einzelfall sorgfältig zu prüfen.

2863 Schuldhaft handeln die Partei und die Personen, für die sie einzustehen hat, bereits bei leichtester Fahrlässigkeit. Sie müssen die »erforderliche Sorgfalt« wahren, wobei zu deren Bemessung objektiv auf die »Sorgfalt einer ordentlichen Prozesspartei« abgestellt wird. Individuelle Besonderheiten bleiben nach h. M. unberücksichtigt (Prütting/Gehrlein/*Milger* § 233 Rn. 18). Ein bloßes Mitverschulden schließt die Wiedereinsetzung bereits aus.

2864 Das Verschulden kann der Partei selbst oder ihrem gesetzlichen Vertreter anzulasten sein.

2865 ▶ **Beispiele:**

Aufseiten der Partei selbst hat die Rechtsprechung ein Verschulden angenommen bei der Nichtzahlung eines angeforderten Kostenvorschusses, der unterlassenen oder verspäteten Information des eigenen Anwalts, dem Verlorengehen des zugestellten Schriftstücks im eigenen Verantwortungsbereich, dem Vergessen erforderlicher rechtswahrender Handlungen oder Bedienungsfehlern an eigenen technischen Geräten (Fax, Computer).

Eine schuldlose Fristversäumung angenommen wurde dagegen bei (insbesondere unvorhergesehen erforderlich werdender) Abwesenheit von Hause, wenn mit einer Frist auslösenden Zustellung nicht rechnen musste (BGH NJW-RR 2002, 137) oder bei schwerwiegender Erkrankung (insbesondere dem Eintritt der Geschäftsunfähigkeit), die eine sachgerechte Interessenwahrnehmung (etwa durch Beauftragung eines Rechtsanwalts) unmöglich macht (BGH JurBüro 2007, 615). Dazu können auch die mit dem Tod oder der schweren Erkrankung naher Angehöriger verbundenen psychischen Belastungen gehören.

2866 Anzulasten sein kann das Verschulden auch dem Anwalt. Für ihn ist eine Fristversäumung nur dann unverschuldet, wenn er sie bei Anwendung der Sorgfalt, die unter Berücksichtigung der konkreten Sachlage, die im Verkehr erforderlich war und ihm als Rechtsanwalt vernünftigerweise zugemutet werden konnte, nicht vermeiden konnte (BGH NJW 2007, 2186, 2187).

2867 ▶ **Beispiele:**

Schuldhaft handelt der Anwalt bei der Bearbeitung des Mandats durch Unkenntnis einschlägiger Rechtsnormen (BGH NJW 2011, 386) bzw. Rechtsprechung, Nichtbeschreiten des sichersten Wegs oder Delegation von Aufgaben, die nicht delegierbar sind (Bestimmung von Fristen, Fertigung von Schriftsätzen).

Schuldhaft kann der Anwalt auch bei der Organisation seines Büros handeln, so etwa bei der unsorgfältigen Auswahl, Ausbildung bzw. Überwachung für die Mandatsbearbeitung eingesetzten Personals oder unzureichenden (generellen oder einzelfallbezogenen) Arbeitsanweisungen.

2868 Zu praktisch wichtigen Wiedereinsetzungsfällen näher unten Rdn. 2895 ff.

2869 Eine Wiedereinsetzung kommt nur in Betracht, wenn feststeht, dass die Fristversäumung schuldlos erfolgte. Bleibt offen, ob ein Verschulden vorliegt oder nicht, ist die Wiedereinsetzung ausgeschlossen. Damit ist der Anwalt für die negative Tatsache seines Nichtverschuldens darlegungs- und beweispflichtig (BGH NJW 2006, 1520 f.).

Schon die hypothetische Möglichkeit eines Verschuldens kann der Wiedereinsetzung entgegen stehen (BGH NJW 1997, 327; BGH NJW 2005, 2086: unbemerkt gebliebener Bedienungsfehler am Computer durch Anwalt als mögliche Ursache).

B. Rechtsbehelfe im erstinstanzlichen Verfahren 9. Kapitel

▶ **Praxistipp:** 2870

Auf die Darlegung fehlenden Verschuldens muss im Wiedereinsetzungsantrag höchste Sorgfalt gelegt werden.

Es genügt nicht, zu behaupten, die Fristversäumung sei »unverschuldet« oder »unvermeidbar« gewesen, es seien »alle erforderlichen Vorkehrungen zur Fristwahrung« getroffen worden oder die Ursache der Versäumung sei »unaufklärbar«.

Sofern nicht alles im Sinne der Rechtsprechung Erforderliche dargelegt wird, ist der Wiedereinsetzungsantrag bereits von vornherein unbegründet, da dann »nicht auszuschließen ist, dass der Prozessbevollmächtigte schuldhaft eine der Partei zurechenbare Ursache für die Verspätung« gesetzt hat (BGH NJW 2000, 82; BGH NJW 2002, 2180: »Alles das lässt die Antragsschrift im Dunkeln«, statt zur Büroorganisation »einen geschlossenen Sachverhalt vorzutragen«).

Erforderlich ist substantiierter Vortrag zur allgemeinen Organisation Frist wahrender Vorgänge im Büro, der es dem Gericht erlaubt, nachzuvollziehen, ob bei Auswahl, Ausbildung und Überwachung des eingesetzten Personals und Strukturierung der Arbeitsabläufe die Einhaltung von Fristen grundsätzlich gewährleistet ist. Dargetan muss ferner, welche Abweichung vom vorgegebenen Geschehensablauf eingetreten ist und warum es dazu kam. 2871

Die Partei hat durch eine aus sich heraus verständliche, geschlossene Schilderung der tatsächlichen Abläufe anzugeben, auf welchen konkreten Umständen die Fristversäumung beruht. Keinesfalls darf der Sachvortrag bereits in sich widersprüchlich sein (BGH NJW-RR 2005, 793). Da oft nur Nuancen ausschlaggebend sind, sollten die Einzelheiten möglichst genau vorgetragen werden.

Gerichte stellen an die Darlegung dieser Geschehensabläufe überaus hohe Anforderungen. Diese gilt es zu erfüllen, auch wenn sie immer wieder kritisiert und als überspannt bezeichnet werden, manchmal sogar zu Peinlichkeiten Kollegen, dem Gericht oder dem Mandanten gegenüber führen (oben Rdn. 2949). Hinzu kommt, dass die Gerichte einem Wiedereinsetzungsgesuch gegenüber von Natur aus misstrauisch sind und es akribisch durchleuchten (*Borgmann* BRAK-Mitt. 1999, 171).

▶ **Praxistipp:** 2872

Bei jedem Wiedereinsetzungsantrag sollte die neueste Rechtsprechung hierzu berücksichtigt werden.

Die Anforderungen der Rechtsprechung an die einzelnen Pflichten des Anwalts unterliegen ständigen Änderungen. Insbesondere im Bereich moderner Bürotechnik (Computer, Internet, Fax, E-Mail) genügt es deswegen häufig nicht, auf den eigenen Erfahrungsschatz zurückzugreifen oder ältere Kommentarliteratur heranzuziehen.

So etwa hat der BGH jüngst die Anforderungen an die Ausgangskontrolle versandter Faxe deutlich erhöht, dabei aber – ausnahmsweise – eine »Übergangsregelung angeordnet: »Wird diese Kontrolle versäumt, ist in Altfällen gleichwohl Wiedereinsetzung in den vorigen Stand zu gewähren, weil in der Rechtsprechung des BGH eine Prüfung, ob die der Akte entnommene Nummer aus einem Empfängerschreiben stammt, teils für entbehrlich erachtet wird.« (BGH NJW 2011, 312.

Zur »Rechtsprechung des BGH zur Wiedereinsetzung in den vorigen Stand« die regelmäßigen Beiträge in der NJW – zuletzt *Born* NJW 2009, 2179; aktuelle Rspr. hierzu insbesondere in den BRAK-Mitteilungen; i. Ü. z. B. die umfangreichen alphabetischen Zusammenstellungen bei Zöller/*Greger* § 233 Rn. 23 und Baumbach/*Hartmann* § 233 Rn. 18 ff.).

Ein Verschulden des Anwalts kann fehlen, wenn die Fristversäumung auf einem **Fehler des Gerichts** beruht. 2873

Ob man hier von dem Grundsatz ausgeht, dass der Partei Nachteile aus einem Fehler des Gericht nicht erwachsen dürfen oder annimmt, insoweit fehle die Kausalität eines nachfolgenden Partei- oder Anwaltsfehlers (Prütting/Gehrlein/*Milger* § 233 Rn. 22), dürfte regelmäßig dahinstehen.

2874 Ein Fehler des Gerichts kommt in Betracht,

- wenn es dem Gericht möglich gewesen wäre, die Fristversäumnis zu vermeiden (Zöller/*Greger* § 233 Rn. 22a, 22b);

  Wichtigster Fall hierbei ist die Nichtweiterleitung fehladressierter Schriftsätze an den erkennbar richtigen Adressaten (BVerfG NJW 2002, 3692). Zu einer solchen Weiterleitung ist das Gericht grundsätzlich verpflichtet. Eine Fristversäumung kann dadurch aber nur vermieden werden, wenn der Schriftsatz so rechtzeitig beim falschen Gericht eingeht, dass bei ordnungsgemäßer Sachbearbeitung und Weiterleitung ein Eingang beim richtigen Gericht noch innerhalb der Frist erwartet werden kann. Eilmaßnahmen muss das Gericht nicht veranlassen (BGH NJW-RR 2005, 1373; irrtümlich an Vorinstanz übermittelte Berufungsbegründung).

  Streitig ist, inwieweit das Gericht verpflichtet ist, auch auf die Behebung sonstiger erkennbarer Mängel hinzuweisen. Nur eine Mindermeinung geht davon aus, dass z. B. formelle Mängel eines Schriftsatzes (fehlende Unterschrift) sofort gerügt und damit der Partei die Möglichkeit der Behebung noch vor Fristablauf zu geben (vgl. Eichele/Hirtz/*Oberheim* II Rn. 36 f.). Der Gesichtspunkt der Fürsorgepflicht des Gerichts kann auch in anderen Fällen dazu führen, dass der Partei die Fristversäumnis im Ergebnis nicht angelastet werden kann (BGH VersR 1998, 1437: dem Parteivertreter war offensichtlich ein Versehen bei der Angabe der zu verlängernden Frist unterlaufen – das Gericht hätte Rückfrage nehmen müssen und durfte nicht den Ablauf abwarten und »sehenden Auges« zulassen, dass die Partei Rechtsnachteile erleidet).

- wenn das Gericht falsche Auskünfte über für die Fristwahrung relevante Umstände gibt;

  Dazu gehören Auskünfte über den Zeitpunkt von Zustellungen oder den Eingang von Schriftsätzen, über die Erforderlichkeit der Beifügung von Unterlagen (BGH NJW-RR 1997, 1020) oder über die Gewährung von Fristverlängerungen (BGH NJW 1996, 1682).

- wenn das Gericht eine die Frist in Gang setzende Zustellung mit dem (unzutreffenden) Hinweis auf die Unwirksamkeit der ersten Zustellung wiederholt;

  Der Anwalt muss wissen, dass die erste (wirksame) Zustellung die Frist in Gang setzt, auch wenn weitere Zustellungen folgen (BGH NJW-RR 2006, 563).

  Sonstige falsche Auskünfte oder Erklärungen des Gerichts begründen in der Regel keine Wiedereinsetzung, da der Anwalt deren Fehlerhaftigkeit selbst erkennen muss.

- wenn durch jahrelange vorherige Übung geschaffene Vertrauenstatbestände (Akzeptieren einer bestimmten Anwaltsunterschrift, standardmäßige Gewährung beantragter Fristverlängerungen) ohne Vorankündigung infrage gestellt werden;

  Wichtigster Fall ist hier die jahrelange unbeanstandete Hinnahme einer Unterschrift (BVerfG NJW 1988, 2787) oder die Entgegennahme von Erklärungen der Partei (Fristverlängerungsanträge, Rücknahme eigener Anträge) im Anwaltsprozess.

- wenn eine Entscheidung mit einer falschen Rechtsmittelbelehrung versehen wird.

Unterbleibt die Einlegung eines Rechtsbehelfs, weil der Beteiligte mangels ordnungsgemäßer Belehrung (dazu oben Rdn. 2789) keine Kenntnis von der Möglichkeit oder den Erfordernissen der Einlegung hatte, kann er Wiedereinsetzung in den vorigen Stand gegen die Versäumung der Rechtsbehelfsfrist verlangen (§ 233 ZPO). Dass ihn in diesem Fall an der Versäumung der Frist kein Verschulden trifft, wird nach § 233 Satz 2 ZPO vermutet. Diese gesetzliche Vermutung ersetzt jedoch lediglich das Erfordernis des fehlenden Verschuldens des Antragstellers. Der erforderlich ursächliche Zusammenhang zwischen Belehrungsmangel und Fristversäumung muss auch in diesen Fällen vom Antragsteller vorgetragen und vom Gericht positiv festgestellt werden. Ausgeschlossen ist eine Wiedereinsetzung deswegen, wenn der Beteiligte wegen vorhandener Kenntnis über seine Rechtsmittel keiner Unterstützung durch eine Rechtsmittelbelehrung bedarf. Dies ist regelmäßig der Fall bei anwaltlich vertretenen Beteiligten (BGH FamRZ 2012, 1287; BGH FamRZ 2012, 367). Dies führt praktisch dazu, dass das Fehlen einer Rechtsmittelbelehrung allein dem Anwalt zugewiesen wird (dazu oben Rdn. 2789b ff.). Auf eine vorhandene Belehrung darf der Anwalt aber grundsätzlich vertrauen, sodass es hier an der Ursächlichkeit zwischen Belehrungsmangel und Fristversäumung nur fehlt, wenn die erteilte Rechtsbehelfsbelehrung offenkundig falsch war und beim Anwalt nicht einmal den Anschein der Richtigkeit zu erwecken vermochte (BGH FamRZ 2012, 1287).

▶ **Praxistipp:** 2874a

Soll die Wiedereinsetzung gegen die Versäumung einer Rechtsbehelfsfrist auf eine unrichtige gerichtliche Rechtsbehelfsbelehrung gestützt werden, ist es erforderlich, vorzutragen, warum auch ein Anwalt auf die Richtigkeit der Belehrung vertrauen durfte, z. B. weil die Belehrung nicht offenkundig falsch war, sie den Anschein der Richtigkeit zu erwecken vermochte (BGH FamRZ 2012, 1287), es nachvollziehbar ist, dass sie für richtig gehalten wurde oder der dadurch ausgelöste Rechtsirrtum unvermeidlich war (OLG Brandenburg FamRZ 2012, 1829).

▶ **Beispiel:**

Besteht in Rechtsprechung und/oder Lehre Streit über die Art des einzulegenden Rechtsbehelfs, darf ein Anwalt darauf vertrauen, dass der ihm mitgeteilte Rechtsbehelf als zulässig angesehen werden wird.

Zu den gerichtlichen Fehlern, die nicht zum Nachteil der Partei wirken dürfen, kann auch die verfahrensfehlerhafte Verlängerung einer Frist gehören. Allerdings ist dabei auf das Gewicht des Fehlers abzustellen. 2875

Hat ein unzuständiger Richter gehandelt oder lagen gesetzliche Voraussetzungen der Verlängerung (etwa die Zustimmung des Gegners) nicht vor, ist die Fristverlängerung wirksam, einer Wiedereinsetzung bedarf es nicht (BGH NJW 2004, 1460, 1461; BGHZ 37, 125). Lag der Fristverlängerung dagegen ein erst nach Ablauf der ursprünglichen Frist bei Gericht eingegangener Verlängerungsantrag zugrunde, so ist die gewährte Fristverlängerung unwirksam, wenn durch den Fristablauf bereits Rechtskraft eingetreten ist; durch bloße Fristverlängerung kann die Rechtskraft nicht mehr beseitigt werden (BGHZ 116, 377).

d) Glaubhaftmachung

Die zur Begründung der Wiedereinsetzung vorgetragenen Tatsachen müssen gem. § 236 Abs. 2 ZPO glaubhaft gemacht werden. 2876

Dieses Erfordernis der Glaubhaftmachung erfasst nicht nur die zur unverschuldeten Fristversäumnis führenden Tatsachen, sondern auch diejenigen, aus denen sich die Rechtzeitigkeit des Wiedereinsetzungsantrages ergibt. 2877

Für die Glaubhaftmachung als besondere Form der Beweisführung genügt – im Gegensatz zur vollen Beweisführung – der Nachweis einer überwiegenden Wahrscheinlichkeit für die Richtigkeit des Vorbringens (Zöller/*Greger* § 294 Rn. 1, 6). Die Beweiserhebung ist hierbei nicht an die Formen der ZPO gebunden, muss aber sofort, d. h. im Zeitpunkt der Entscheidung des Gerichts möglich sein (§ 294 Abs. 2 ZPO).

Hilfreich ist hierbei die Ansicht des BGH, wonach es zur Glaubhaftmachung eines Versehens nicht der Darlegung von Gründen bedarf, die das Versehen erklären könnten (BGH MDR 2005, 469). In der Praxis dürfte einer Fristversäumnis auch häufig ein Versehen zugrunde liegen, dessen Gründe meist nicht (mehr) feststellbar sind.

Die Glaubhaftmachung ist nicht an die Ausschlussfrist des § 234 ZPO gebunden und kann nachgeholt werden. 2878

Die für eine Wiedereinsetzung mit dem Antrag vorzubringenden Tatsachen (nicht deren rechtliche Beurteilung!) müssen spätestens bis zum Schluss der mündlichen Verhandlung bzw. bis zur Entscheidung über den Antrag glaubhaft gemacht werden. Da eine mündliche Verhandlung über den Antrag nur selten stattfindet (§ 341 ZPO: Verwerfung des Einspruchs) ist es zweckmäßig und risikoloser, die Glaubhaftmachung bereits in dem Wiedereinsetzungsantrag vorzunehmen, verbunden mit der Nachholung der versäumten Prozesshandlung (innerhalb der Antragsfrist; § 236 Abs. 2 ZPO; Thomas/Putzo/*Hüßtege* § 236 Rn. 7). Selbst wenn man bis zu einer entsprechenden Aufforderung seitens des Gerichts soll warten können (Zöller/*Greger* § 236 Rn. 7), ist es ratsam, die Glaubhaftmachung zumindest anzukündigen.

Bei gerichts- bzw. aktenkundigen Tatsachen ist eine Glaubhaftmachung natürlich nicht notwendig. Es schadet jedoch nicht, wenn der Rechtsanwalt schriftsätzlich darauf hinweist.

2879 Zur Glaubhaftmachung ist dabei nicht die Herbeiführung einer vollen Überzeugung des Gerichts erforderlich, es genügt ein deutlich geringerer Grad von Wahrscheinlichkeit. Deswegen kann sich der Antragsteller nicht nur aller Beweismittel, sondern auch einer Versicherung an Eides statt bedienen (§ 294 ZPO). Als geeignete Mittel der Glaubhaftmachung kommen in Betracht:

– **Eidesstattliche Versicherung der Partei** selbst oder Dritter, insbesondere der Kanzleiangestellten.

Obgleich nach der ständigen Rechtsprechung des BGH im Regelfall eine eigene Sachdarstellung der Auskunftsperson erforderlich ist, findet sich in der Praxis häufig nur eine pauschale Bezugnahme auf den anwaltlichen Schriftsatz (BGH VersR 1988, 860: »weit verbreitete Unsitte«; BGH JurBüro 2004, 457; Thomas/Putzo/*Reichold* § 294 Rn. 2; Zöller/*Greger* § 294 Rn. 4). Auch wenn dies manchen Gerichten genügt, sollte vom Anwalt auch hier der »sicherste Weg« gewählt werden. Es ist daher eher angebracht, eine detaillierte eidesstattliche Versicherung vorzulegen und im Schriftsatz hinsichtlich der Einzelheiten hierauf zu verweisen.

Auf keinen Fall sollte der Anwalt hierbei das Personal zu einer falschen Aussage veranlassen. Abgesehen von der Strafbarkeit, macht er sich dadurch nur erpressbar und riskiert zudem die Anwaltszulassung.

– **Anwaltliche** – eidesstattliche – **Versicherung**.

Neben der eidesstattlichen Versicherung des Anwalts (BGH NJW 1999, 3051) ist auch die anwaltliche Versicherung über Vorgänge, die der Rechtsanwalt in seiner Berufstätigkeit wahrgenommen hat, ein geeignetes Mittel zur Glaubhaftmachung (Zöller/*Greger* § 294 Rn. 5; Thomas/Putzo/*Reichold* § 294 Rn. 2; § 104 Abs. 2 ZPO).

Dabei muss das Gericht eine anwaltliche Versicherung nicht ungeprüft hinnehmen, sondern hat sie daraufhin zu prüfen und zu würdigen, ob ihr Inhalt in Anbetracht der sonstigen Umstände des Einzelfalles überwiegend wahrscheinlich ist (BGH NJW-RR 2004, 1500).

Deshalb muss insbesondere darauf geachtet werden, dass die Versicherung mit der Darstellung im Wiedereinsetzungsgesuch übereinstimmt. Sonst kann die Glaubhaftmachung scheitern, wenn dort (zunächst) ein anderer, die Wiedereinsetzung nicht rechtfertigender Sachverhalt vorgetragen wird (BGH NJW 2002, 1429).

– **Vorlage von Schriftstücken**

Zu denken ist dabei an einen Einlieferungsschein bei der Post, Kopien des Postausgangsbuches der Kanzlei sowie des Fristen- oder Wiedervorlagekalenders oder auch nichteidesstattliche (aber unterschriebene) Erklärungen von Dritten, § 416 ZPO. Die Vorlage von Originalen oder beglaubigten Abschriften ist sinnvoll, aber nicht erforderlich, auch unbeglaubigte Kopien können zur Glaubhaftmachung genügen (Thomas/Putzo/*Reichold* § 294 Rn. 29)

– Alle echten **Beweismittel** i. S. d. ZPO, also Zeugen, Parteivernehmung, Sachverständige, Augenschein und Urkunden.

Erforderlich ist dabei jedoch, dass diese Beweise sofort erhoben werden können (§ 294 Abs. 2 ZPO). Praktische Bedeutung hat diese Form der Glaubhaftmachung deswegen nur, wenn über den Wiedereinsetzungsantrag mündlich verhandelt wird. Dann müssen die Beweismittel präsent sein, vom Antragsteller also mitgebracht werden. Eine Ladung von Zeugen findet in der Regel nicht statt (allenfalls gem. § 273 ZPO, sofern dies ohne Verfahrensverzögerung möglich ist, Zöller/*Greger* § 294 Rn. 3; str.). Ungenügend ist daher lediglich ein Beweisantrag durch Benennung der Zeugen. Daher sollte der Anwalt, der die Wiedereinsetzungsgründe glaubhaft machen kann, den Termin selbst wahrnehmen.

Dem Antrag beigefügte schriftliche Zeugen- oder Parteiaussagen, Gutachten, Lichtbilder oder Urkunden können ihre Glaubhaftmachungsfunktion lediglich als Schriftstücke (wie vorstehend) erfüllen.

2880 Wenn sich der Anwalt allein auf die Rechtzeitigkeit eines eingegangenen Antrags – entgegen dem gerichtlichen Eingangsstempel beruft – genügt Glaubhaftmachung nicht, sondern es ist voller Gegenbeweis nötig (§§ 418 Abs. 2, 445 Abs. 2 ZPO; BGH VersR 1991, 896; BGH VersR 1998, 1439).

Hierbei dürfen wegen der Beweisnot der betroffenen Partei die Anforderungen nicht überspannt werden. Jedoch reicht insbesondere die bloße, in aller Regel nicht völlig auszuschließende Möglichkeit, dass ein Nachtbriefkasten aus technischen Gründen nicht richtig funktioniert oder bei der Abstempelung Fehler unterlaufen, zur Führung des Gegenbeweises nicht aus Da der Außenstehende in der Regel keinen Einblick in die Funktionsweise des gerichtlichen Nachtbriefkastens sowie das Verfahren bei dessen Leerung und damit keinen Anhaltspunkt für etwaige Fehlerquellen hat, ist es jedoch zunächst Sache des Gerichts, die insoweit zur Aufklärung nötigen Maßnahmen zu ergreifen (BGH NJW 2000, 1872; NJW-RR 2005, 75).

▶ Praxistipp: 2881

Wird die Richtigkeit eines gerichtlichen Eingangsstempels infrage gestellt, sollte zumindest hilfsweise Wiedereinsetzung beantragt werden (BGH NJW 2000, 2280).

Denn hierfür reicht die Glaubhaftmachung des rechtzeitigen Einwurfs in den Gerichtsbriefkasten aus (BGH VersR 1983, 491). 2882

Der Einwurf sollte daher vom Anwalt mit Datum und Uhrzeit stets sorgfältig in der Handakte – am besten auf der Abschrift des Schriftsatzes – vermerkt werden, vor allem bei Einwurf in den offensichtlich besonders fehleranfälligen Nachtbriefkasten. Im Übrigen ist es erforderlich, dass ein Bote über die jeweiligen Standorte der Nachtbriefkästen der örtlichen Gerichte genau aufgeklärt wird (BGH BRAK-Mitt. 2005, 21 Anm. Jungk: »Manchmal gibt es gemeinsame Nachtbriefkästen mehrerer Gerichte, manchmal befindet sich der Nachtbriefkasten – wie hier beim OLG Karlsruhe, Außensenate Freiburg – an versteckter Stelle«).

Am sichersten ist es, sich bei der persönlichen Einreichung eines bestimmenden Schriftsatzes eine Abschrift von der Einlaufstelle des Gerichts mit Datum gegenzeichnen zu lassen (Thomas/Putzo/*Reichold* § 129 Rn. 9). Dann ersetzt der Beglaubigungsvermerk auf der Abschrift sogar die eingereichte Urschrift, falls diese versehentlich nicht unterschrieben oder an den Rechtsanwalt wieder zurückgegeben wurde.

2. Typische Wiedereinsetzungsfälle

a) Bürofehler

Die häufigsten Fehler bei der Fristversäumung sind Ausführungsfehler des Büropersonals der Anwaltskanzlei (Baumbach/*Hartmann* § 233 Rn. 146). Solche Fehler rechtfertigen grundsätzlich die Wiedereinsetzung in den vorigen Stand, weil ein Verschulden von Anwaltsmitarbeitern dem Mandanten nicht zugerechnet wird. Zugerechnet wird dem Mandanten jedoch jedes Verschulden des Anwalts selbst (§ 85 Abs. 2 ZPO). 2883

▶ Praxistipp: 2884

Wird die Wiedereinsetzung auf ein Büroversehen gestützt, muss detailliert klargestellt werden, dass ein Verschulden nur Mitarbeitern, nicht aber dem Anwalts selbst anzulasten ist.

Ein Verschulden des Anwalts kann sich ergeben 2885

– aus der unsorgfältigen Auswahl, Ausbildung, Anweisung oder Überwachung des Personals;

  Dazu unten Rdn. 2887 ff.

– aus einer unzureichenden allgemeinen Büroorganisation.

  Dazu unten Rdn. 2890 ff.

– aus einem ungeeigneten Fristenmanagement;

  Dazu unten Rdn. 2895 ff.

In all diesen Bereichen kommt eine Wiedereinsetzung nur in Betracht, wenn ausgeschlossen werden kann, dass der Rechtsanwalt die Fristversäumung durch ein eigenes vorwerfbares Fehlverhalten 2886 verursacht hat (BGH NJW 1999, 429). Verbleibende Zweifel schließen eine Wiedereinsetzung bereits aus.

Eine Fristversäumung wegen Arbeitsüberlastung ist ebenso wenig unverschuldet (BGH Beschl. v. 08.05.2013 - XII ZB 396/12) wie bei (zu) geringem Personalbestand (BGH NJW 1999, 3783; BGH NJW 2000, 1664: dann erhöht sich die eigene Sorgfalt des Anwalts). Etwas anders gilt aber dann, wenn der Anwalt darauf vertraut hat, dass seinem Antrag auf Fristverlängerung wegen vorgebrachter Arbeitsüberlastung bzw. besonders starker Arbeitsbelastung entsprochen wird (BAG NJW 2005, 173; oben Rdn. 1247; unten Rdn. 3172).

aa) Personal

2887 Dass Mitarbeiter einmal Fehler machen, ist nie auszuschließen. Führt ein solcher Fehler zu einer Fristversäumung, erfolgt regelmäßig eine Wiedereinsetzung in den vorigen Stand, da das Verschulden von Büromitarbeitern dem Mandanten nicht zugerechnet wird. Etwas anderes indes gilt, wenn dem Anwalt ein Personalverschulden vorzuwerfen ist. Der Anwalt verletzt eigene Pflichten,

– wenn er Tätigkeiten für den Mandanten Mitarbeitern überlässt, die er nur selbst hätte erledigen dürfen.

Zu den Grenzen der Delegation oben Rdn. 295.

– wenn er Tätigkeiten für den Mandanten Mitarbeitern überlässt, die er nicht mit der erforderlichen Sorgfalt ausgewählt, ausgebildet, angewiesen oder überwacht hat. Ein solches Personalverschulden des Anwalts wird dem Mandanten zugerechnet (§ 85 Abs. 2 ZPO), sodass eine Wiedereinsetzung nicht in Betracht kommt.

2888 ▶ **Beispiel:**

Wer Mitarbeiter anstellt, die sich bereits mehrfach als unzuverlässig erwiesen haben, handelt fahrlässig, wenn er darauf vertraut, dass diese nunmehr zuverlässig Fristenangelegenheiten bearbeiten. Fahrlässig handelt auch der Anwalt, der ungelernte Kräfte einsetzt, diese selbst nicht einarbeitet, sie mit der Bedeutung von Fristen und den zu ihrer Überwachung und Wahrung erforderlichen Arbeiten nicht vertraut macht und sie nicht konkret zu den gebotenen Tätigkeiten anweist. Auch bislang zuverlässiges Personal muss in regelmäßigen Abständen nachgeschult und kontrolliert werden.

2889 Im Wiedereinsetzungsfall muss der Anwalt **konkret dartun**, was er zur Auswahl, Ausbildung, Anweisung und Überwachung des Personals unternommen hat.

Nicht ausreichend ist allein der Vortrag, es handle sich um eine zuverlässige Bürokraft (BGH NJW 1999, 2120). Auch der allgemeine Hinweis auf sorgfältige Auswahl und Überwachung genügt nicht. Erforderlich ist substantiierter Vortrag zu den konkreten Handlungen des Anwalts. Dies gilt insbesondere für die regelmäßige Überwachung. Deren Umfang hängt von der bisherigen Zuverlässigkeit des jeweiligen Mitarbeiters ab und kann mit zunehmender Beschäftigungsdauer geringer werden (BGH NJW 1972, 2269: zwei monatliche Stichproben erforderlich) und eingehend allgemein belehren.

bb) Büroorganisation

2890 Zu den Pflichten des Anwalts gehört es auch, sein Büro so zu organisieren, dass alle anfallenden Arbeiten fehlerfrei erledigt werden können. Erforderlich ist eine einwandfreie Büroorganisation, um vermeidbare Ursachen für die Versäumung von Fristen in größtmöglichen Umfang ausschließen (z. B. BGH NJW 1999, 429; BAG NJW 2001, 1595; Baumbach/*Hartmann* § 233 Rn. 144).

Dazu gehört in der Regel ein **Organisationsplan**, der Zuständigkeiten (einschließlich Vertretungsregelungen) und Arbeitsabläufe detailliert regelt.

Ein solcher Organisationsplan muss auf die konkrete Anwaltspraxis zugeschnitten sein, das vorhandene Personal (einschließlich des Anwalts selbst) und alle Aufgaben umfassen, Veränderungen laufend angepasst und aktualisiert werden. Er muss gewährleisten, dass bei normalem Lauf der Dinge alle Aufgaben fehlerfrei erledigt werden (BVerfG NJW 2004, 2583) Er darf nicht bloß auf dem Papier stehen, sondern muss

Ein allgemeiner Organisationsplan schließt **Einzelanweisungen** nicht aus. Dabei muss für den Angewiesenen aber deutlich werden, dass und inwieweit er von den allgemeinen Weisungen abweichen soll. Die Einzelweisung muss klar, verständlich und objektiv geeignet sein, den bezweckten Erfolg herbeizuführen (Thomas/Putzo/*Hüßtege* § 233 Rn. 15 Rn. 43; BGH NJW 2000, 2823). 2891

> Einzelweisungen des Anwalts sind nicht nur möglich, sondern sogar geboten, wenn die allgemeinen Anweisungen in besonderen Situationen erkennbar nicht zum Erfolg führen können (BGH NJW 2007, 2186, 2187). Der Anwalt darf dann grundsätzlich darauf vertrauen, dass Büroangestellte, die sich bisher als zuverlässig erwiesen haben, solche Anweisungen auch befolgen, ohne dass er die Befolgung im Einzelfall kontrollieren muss (BGH NJW 2010, 2286 und 2287; BGH NJW 2008, 526, 527 und 2589, 2590; Thomas/Putzo/*Hüßtege* § 233 Rn. 43;). Sichergestellt sein muss, dass die Anweisung in nicht in Vergessenheit gerät und hinreichend Gelegenheit zur Erledigung besteht (BGH NJW-RR 2004, 1361).

Organisationsplan oder Einzelweisung müssen dem Umstand Rechnung tragen, dass nicht alle Aufgaben auf das Folgepersonal **delegiert** werden darf, grundlegende Tätigkeiten allein dem Anwalt vorbehalten sind und von ihm persönlich erledigt werden müssen. 2892

> Dabei dürfen dem Büropersonal nach gefestigter höchstrichterlicher Rechtsprechung einfache Verrichtungen, vor allem rein büromäßige Aufgaben, die keine juristische Schulung verlangen, zur selbstständigen Erledigung überlassen werden (z. B. Adressierung, Frankierung, Überprüfung bestimmender Schriftsätze auf die erforderliche Unterschrift, Absenden eines Telefax; BVerfG NJW 2004, 2583). Der Anwalt kann auf eine fehlerfreie Erledigung dieser Aufgaben vertrauen und braucht das Ergebnis nicht regelmäßig zu überprüfen (BGH NJW-RR 1990, 1149; BVerfG NJW-RR 2002, 1004).
>
> Dem Anwalt vorbehalten sind die Fertigung sachlicher Schriftsätze und die Berechnung von Fristen (oben Rdn. 295).

Zur Büroorganisation gehört eine hinreichende **Ausstattung** in sachlicher und personeller Hinsicht. Je nach Art und Umfang der bearbeiteten Mandate müssen Mitarbeiter in ausreichender Zahl und ausreichender Qualifikation erforderlich sein. Diesen müssen die erforderlichen Geräte (Computer, Faxgerät) und Materialien (Papier) zur Verfügung stehen. In beiden Bereichen muss mit Reserven für einen unvorgesehenen Ausfall vorgebeugt werden. 2893

▶ Beispiele: 2894

> Kann ein Schriftsatz nicht rechtzeitig gefertigt werden, weil die vorhandenen Schreibkräfte überlastet sind, liegt ein die Wiedereinsetzung ausschließender Organisationsfehler des Anwalts vor.
>
> Ein »plötzliches Abstürzen der Computeranlage« ist nicht per se entschuldigend. Ein Organisationsverschulden ist nur dann ausgeschlossen, wenn dargelegt werden kann, dass für einen solchen (bei technischen Geräten immer einzuplanenden) Ausfall hinreichend Vorsorge getroffen war, etwa ein Ersatzgerät zur Verfügung stand, unvorhergesehen aber nicht genutzt werden konnte, oder die sofort in Auftrag gegebene vor-Ort-Reparatur keinen Erfolg hatte.
>
> Beruht der Geräteausfall auf einer Fehlbedienung (ggf. sogar durch den Anwalt selbst) ist darzulegen, ob der Bediener hinreichend geschult und eingeübt war, sodass er es sicher bedienen konnte (BGH NJW 2004, 2525: wegen Computerdefekt erst ein verspäteter Ausdruck und Faxübertragung möglich).

cc) Fristenmanagement

Typische Ursache für die Versäumung von Fristen ist eine mangelnde Fristenorganisation. Die zentrale Bedeutung materieller und prozessualer Fristen für die Rechtswahrung macht es unumgänglich, dass die Organisation des Anwaltsbüros hierauf in besonderem Maße eingerichtet und damit sichergestellt ist, dass alle relevanten Fristen zutreffend erkannt, berechnet, überwacht und gewahrt werden. Ein zuverlässig funktionierendes Fristenmanagement ist unverzichtbar! 2895

2896 Ein ordentliches Fristenmanagement beginnt bereits mit der Dokumentation des Frist auslösenden Ereignisses, d.h. regelmäßig der Zustellung. Erfolgt diese – wie im Regelfall – durch **Empfangsbekenntnis** (§ 174 ZPO), muss sichergestellt sein, dass der Empfang nicht bereits mit dem Eingang im Büro, sondern erst mit der Kenntnisnahme durch den Anwalt festgestellt wird (*Borgmann* BRAK-Mitt. 1998, 270).

> Dies kann z.B. passieren, wenn der Eingangsstempel der Kanzlei auf dem gerichtlichen Schriftstück (versehentlich) als Fristbeginn betrachtet wird, da dieser mit dem Zustellungszeitpunkt nicht immer übereinstimmt. Riskant ist es auch, den Empfang eines Urteils ohne vorgelegte Handakte zu bescheinigen. Daher sollten Urteile und Empfangsbekenntnisse sicherheitshalber überhaupt nicht gestempelt werden (OLG Düsseldorf BRAK-Mitt. 1998, 269: Wuppertaler Zustellungsverfahren: Gericht übersendet Urteilsausfertigung nach der Zustellung nochmals formlos; BGH NJW 2001, 1579: entscheidend für die Fristberechnung ist nur das Datum des Empfangsbekenntnisses und nicht des Eingangsstempels auf einer Urteilsausfertigung; auch BGH NJW 1999, 2120: Rechtsanwalt darf Empfangsbekenntnis über eine Zustellung erst unterzeichnen und zurückgeben, wenn Ablauf der Frist in Handakte und Fristenkalender notiert ist; BSG NJW 2001, 1597: erforderlich ist es auch, den Zustellungszeitpunkt zu notieren). Fehleranfällig ist es ebenfalls, wenn der Anwalt ein ihm zugesandtes zweites Empfangsbekenntnis unterzeichnet und an das Gericht zurücksendet, anstatt mitzuteilen, dass er den Empfang des Schriftstücks bereits auf einem ersten Empfangsbekenntnis bestätigt hat (BGH BRAK-Mitt. 2004, 161).

> An den Beweis der Unrichtigkeit der im Empfangsbekenntnis enthaltenen Angaben (z.B. versehentlich falsch eingestellter Datums-Eingangsstempel) werden nach der Rechtsprechung strenge Anforderungen gestellt.

> Bloße Zweifel genügen hierzu nicht, es ist vielmehr der volle Beweis des Gegenteils zu führen Er verlangt, dass die Beweiswirkung des Empfangsbekenntnisses vollständig entkräftet und jede Möglichkeit ausgeschlossen ist, dass die dortigen Angaben richtig sein können; hingegen ist der Beweis des Gegenteils nicht schon dann geführt, wenn lediglich die Möglichkeit der Unrichtigkeit besteht, die Richtigkeit der Angaben also nur erschüttert ist (BGH MDR 2002, 1332: sofern es hierbei um die Zulässigkeitsvoraussetzungen eines Rechtsmittels geht, können im Freibeweis auch eidesstattliche Versicherungen berücksichtigt werden, deren Beweiswert aber nach BGH NJW 2003, 2460 zum Nachweis der Fristwahrung regelmäßig nicht ausreichen soll).

2897 Ein ordentliches Fristenmanagement erfordert darüber hinaus einen zuverlässigen **Fristenkalender**.

> Dieser kann in Papierform oder elektronisch geführt werden. In beiden Fällen muss er sicherstellen, dass das drohende Fristende rechtzeitig erkannt wird. Wegen der dabei zu beachtenden Anforderungen oben Rdn. 291 ff.

dd) Erkrankung

2898 Eine Erkrankung entlastet den Anwalt nicht ohne Weiteres. Jedoch vor allem eine plötzlich auftretende Erkrankung, für die der Anwalt keine Vorsorge treffen konnte, kann eine Wiedereinsetzung rechtfertigen (BGH MDR 1996, 640; zu dieser Fallgruppe Baumbach/*Hartmann* § 233 Rn. 131). Je unvorhersehbarer und kurzfristiger die Verhinderung eintritt, umso eher kann er entschuldigt sein.

> Im Wiedereinsetzungsantrag muss insbesondere dargelegt werden, dass er aufgrund Erkrankung nicht in der Lage gewesen war, den Schriftsatz fristgerecht zu erstellen. Hierzu gehören Angaben über Art und Ausmaß der Erkrankung sowie dazu, wieso es ihm nicht möglich gewesen war, rechtzeitig für einen Vertreter zu sorgen (BGH BGHReport 2004, 1381: Augenerkrankung). Die bloße Vorlage eines ärztlichen Attests, in welchem »Arbeitsunfähigkeit« bescheinigt wird, reicht sicherlich nicht aus.

2899 Allerdings muss in diesem Fall auch ein Organisationsverschulden ausgeschlossen sein. So muss der Anwalt nämlich für den Fall einer Verhinderung von ihm selbst sowie des Büropersonals grundsätzlich eine Vertretungsregelung aufgestellt haben bzw. durch geeignete Anweisungen für die Erledigung der Fristsachen Sorge tragen.

> Sämtliche organisatorischen Maßnahmen müssen so beschaffen sein, dass auch bei unerwarteten Störungen des Geschäftsablaufs, etwa durch Überlastung oder Erkrankung der zuständigen Angestellten, Verzögerungen der anwaltlichen Bearbeitung oder ähnliche Umstände, bei Anlegung eines äußersten

Sorgfaltsmaßstabes die Einhaltung der anstehenden Frist – zumindest durch ein rechtzeitiges Fristverlängerungsgesuch – gewährleistet ist (BGH MDR 2003, 710).

Die an geeignetes Büropersonal delegierte Fristenkontrolle muss auch dann noch zuverlässig vorgenommen werden können, wenn das Personal durch Krankheit und Urlaub reduziert wird. Wiedereinsetzung in den vorigen Stand kann nicht gewährt werden, wenn der Anwalt dieser Organisationspflicht nicht nachgekommen ist und die Fristversäumung auf Überlastung des Personals beruhen kann (BGH MDR 1999, 1411).

Kein Organisationsverschulden des Rechtsanwalts stellt es hingegen dar, wenn er für den Fall einer plötzlichen, nicht vorhersehbaren Erkrankung einer allein im Büro verbleibenden Mitarbeiterin am späten Nachmittag des letzten Tages einer zu wahrenden Frist keine besondere Vertretungsregelung aufgestellt hat (BGH MDR 2004, 1028: Kreislaufkollaps).

Erforderlichenfalls muss der Anwalt bei Erkrankung des Büropersonals (vor allen sonstigen Aufgaben!) selbst die Fristen überwachende Tätigkeit übernehmen. 2900

Die bloße Übermüdung stellt keinen Wiedereinsetzungsgrund dar. 2901

»Ein Anwalt, der beim Durchlesen und Korrigieren einer Berufungsbegründung kurz vor Ablauf der Begründungsfrist in seinem Büro am Schreibtisch einschläft und erst nach Fristablauf wieder erwacht, kann sich nicht auf einen unabwendbaren Zufall berufen.« (BGH VersR 1970, 441).

b) Briefbeförderung

Beim Postversand muss durch organisatorische Maßnahmen gewährleistet sein, dass die hierfür vorgesehenen Schriftstücke ordnungsgemäß und rechtzeitig auf den Postweg gebracht werden. 2902

Der BGH sieht in diesem Zusammenhang die allgemeine Anweisung, die in einem Postausgangsfach liegende Post von Mitarbeitern zweimal täglich frankieren und (ohne weiteren Zwischenschritt) zum Briefkasten bringen zu lassen, als ausreichend an (BGH NJW-RR 2003, 862 – nicht erforderlich, konkret darzulegen, wer den Brief zur Post gebracht hat).

Selbstverständlich ist die richtige Adressierung und ausreichende Frankierung entscheidend für eine ordnungsgemäße Beförderung.

Hierzu muss eine Anweisung vorhanden sein, bei deren Einhaltung unabhängig vom Verschulden des Anwalts bei der Unterzeichnung eines falsch adressierten Schriftsatzes etwaige Fristen mit Sicherheit gewahrt werden (BGH NJW 2000, 2511; auch BGH NJW 2000, 82: wegen fehlender Postleitzahl verzögerte Briefzustellung; BGH NJW 1990, 2822: fehlerhaft an die gegnerische Anwaltskanzlei adressiert; BGH NJW 2002, 2180: unzureichende Frankierung, wobei dem Anwalt eine erhebliche Gewichtsüberschreitung auffallen und er das Porto prüfen muss, sofern er den Brief persönlich in den Händen gehalten hat). Nicht ausreichend ist allein die Anweisung an die Kanzleimitarbeiter, bei Gericht telefonisch nachzufragen und sich z. B. die Fristverlängerung bestätigen zu lassen. Denn hierbei besteht die Gefahr, dass sich die Angestellten – wegen der falschen Adressierung – an das falsche Gericht wenden und daher eine unrichtige Antwort erhalten.

Eine Verzögerung durch die Post ist dann unverschuldet, insbesondere bei einer ungewöhnlich langen Beförderungsdauer (Thomas/Putzo/*Hüßtege* § 233 Rn. 28). 2903

Maßgebend ist hierbei die normale Postlaufzeit, wobei sich der Absender auf amtliche Laufzeitangaben verlassen darf (Zöller/*Greger* § 233 Rn. 23: Postverkehr; Baumbach/*Hartmann* § 233 Rn. 154; z. B. BVerfG NJW 2000, 2657; BVerfG NJW-RR 2008, 930: Privater Kurierdienst; BGH NJW 2009, 2379; BGH NJW 2008, 587: st. Rspr. des BVerfG, des BGH und der anderen obersten Gerichtshöfe des Bundes) wie auf Leerungszeiten, die an einem Briefkasten angeschlagen sind (BGH NJW 2009, 2379).

So erreicht eine Briefsendung, die an einem Werktag vor 18.30 Uhr in den Briefkasten geworfen wird, nach Angaben der Deutschen Post AG mit einer Wahrscheinlichkeit von 93 % den Empfänger am nächsten Werktag (BGH NJW 1999, 2118; NJW-RR 2004, 1217).

(BVerfG NJW 2001, 744: ein am Freitag vor der letzten Leerung eingeworfener Brief erreicht nach Auskunft der Deutschen Post AG vom 12.04.2000 den Empfänger bei normalem Postlauf spätestens am folgenden Montag; BVerfG NJW 2001, 1566: Regellaufzeit von einem Tag innerorts (1998) auch bei unvollständiger Adressierung – hier: fehlende Hausnummer und Postleitzahl des OLG Düsseldorf; aber auch

BAG NJW 2000, 1669: Postlaufzeiten im normalen Briefverkehr von fünf, sechs oder mehr Tagen sind heute keine Seltenheit mehr unter Hinweis auf Baumbach/*Hartmann* § 233 Rn. 39: »seit der Privatisierung der Post ... sind möglicherweise keine wirkliche Seltenheit mehr«).

Differenzierungen danach, ob die Verzögerung auf einer zeitweise besonders starken Beanspruchung der Leistungsfähigkeit bzw. verminderten Dienstleistung der Post beruht bzw. allgemein mit erhöhtem Postaufkommen zu rechnen ist, etwa vor Feiertagen oder an Wochenenden, sind unzulässig (BVerfG NJW-RR 2000, 726; NJW 2001, 1566; BGH NJW-RR 2004, 1217).

2904 Die Frist darf zwar bis zum letzten Tag ausgeschöpft werden. Dadurch wird jedoch die Sorgfaltspflicht erhöht (Thomas/Putzo/*Hüßtege* § 233 Rn. 13, Späth NJW 2000, 1621).

Ein Eilbrief am letzten Tag der Frist genügt z. B. den Sorgfaltsanforderungen nicht (Thomas/Putzo/*Hüßtege* § 233 Rn. 29; LSG Rheinland-Pfalz NJW-RR 1993, 1216; VGH Kassel NJW 1993, 750: Telefax verwenden!). Auch scheidet eine Wiedereinsetzung bei einer Adressierung an ein unzuständiges Gericht aus, wenn der fristgebundene Schriftsatz nicht so rechtzeitig eingereicht wird, dass er bei Weiterleitung im »ordentlichen Geschäftsgang« noch fristgerecht beim zuständigen Gericht eingegangen wäre (BGH NJW 2000, 2511: Eingang am Nachmittag (14.18 Uhr) am Tag des Fristablaufs; NJW 2004, 516: nach 16.00 Uhr; NJW-RR 2005, 923: nach Dienstschluss – jeweils zu spät; BVerfG NJW 1995, 3173; NJW 2005, 2137: 9 Tage Zeitspanne zwischen Eingang und Fristablauf ist ausreichend, nicht jedoch 5 Tage; auch Zöller/*Greger* § 233 Rn. 2b).

Die verbreitete Praxis, die Fristen stets bis zu ihrem Ende auszunutzen, ist daher nicht ohne Risiko (*Laumen* ProzRB 2004, 178: »fatale Neigung der meisten Anwälte«). Der Anwalt kann dann nur hoffen, dass er sogleich vom Gericht über die falsche Adressierung oder über etwaige Unvollständigkeiten telefonisch oder per Fax in Kenntnis gesetzt wird. Eine Verpflichtung hierzu besteht jedoch nicht (BVerfG NJW 2001, 1343; BGH NJW-RR 2005, 865, 1373), zumal es höchst unwahrscheinlich ist, dass der Schriftsatz dem Richter noch innerhalb der Frist vorgelegt wird.

c) Telefax

2905 Da offensichtlich immer noch einige Gerichte Schriftsätze per Fax nicht akzeptieren, sei zunächst klargestellt: »Die Übermittlung fristwahrender Schriftsätze per Telefax ist in allen Gerichtszweigen uneingeschränkt zulässig« (BGH MDR 2003, 766; oben Rdn. 991, 1941). Dies ergibt sich mittelbar auch aus § 130 Nr. 6 ZPO.

2906 Im Übrigen aber stellt die Übersendung per Telefax einen »schier unerschöpflichen Quell von Fehlermöglichkeiten und damit verbundenen Wiedereinsetzungsentscheidungen« dar (*Chab* BRAK-Mitt. 2004, 221; Baumbach/*Hartmann* § 233 Rn. 164).

2907 Dabei birgt der Vorteil dieser Übermittlungsart, nämlich die Möglichkeit, erst knapp vor Fristablauf und auch außerhalb der Bürozeiten des Gerichts einen Schriftsatz zu übersenden, zugleich ein nicht unerhebliches Risiko in sich. Denn etwaige später erkannte Mängel oder Fehler können in der Regel dann nicht mehr rechtzeitig behoben werden.

aa) Richtige Telefaxnummer

2908 Entscheidend für den Zugang ist vor allem die richtige Telefaxnummer.

Bei irrtümlichem Übersenden eines Telefax an eine falsche Telefaxnummer kommt eine Wiedereinsetzung daher grundsätzlich nicht in Betracht (§ 233 ZPO; Thomas/Putzo/*Hüßtege* § 233 Rn. 53). Dies ist zwar anders, wenn der Anwalt das Telefax an eine ihm vom Gericht mitgeteilte falsche Nummer sendet (BGH NJW 1989, 589). Wenn es trotz zahlreicher Versuche jedoch nicht gelingt, eine Telefaxverbindung unter dieser Nummer herzustellen, muss der Anwalt diese auf ihre Richtigkeit überprüfen (BGH NJW 1999, 383).

2909 Der anwaltlichen Sorgfaltspflicht bei der Ermittlung der richtigen Telefaxnummer ist mit einer bloßen Auskunft bei der Telekom nicht Genüge getan (BGH NJW 1994, 2300; a. A. BAG NJW 2001, 1594).

Sofern es sich um ein Gericht handelt, bei dem der Rechtsanwalt zugelassen ist, muss die richtige Telefaxnummer zuverlässig bekannt sein (BGH NJW 1994, 2300). Amtliche Bekanntmachungen der Gerichte sind stets im Hinblick auf eine Änderung der Telefaxnummer zu beachten (BGH NJW 1994, 1661). Unverschuldet ist es hingegen, wenn der Rechtsanwalt bzw. sein Personal auf die Richtigkeit der Fax-Nummer in einem privaten Verzeichnis (hier: des Deutschen Anwaltsverlags) vertraut hat (BGH VersR 1997, 853; NJW 2004, 2830: Rechtsanwalt darf sich auf ein seit Jahren bewährtes EDV-Programm in der jeweils neuesten Fassung in der Regel verlassen; LAG Hamburg BRAK-Mitt. 2004, 161: es ist sicherzustellen, dass diese Software das neueste Update enthält).

Der Rechtsanwalt kann zur Ermittlung der richtigen Telefaxnummer und zum Absenden eines Telefax zuverlässiges Personal beauftragen (BGH NJW 1995, 668, 2106; BGH NJW 2000, 1043; BVerfG NJW 2004, 2583). **2910**

Er muss hierbei die möglichen und zumutbaren organisatorischen Maßnahmen treffen, um eine Übermittlung an eine falsche Telefaxnummer auszuschließen (BGH NJW 1995, 668; BGH NJW 2000, 1043).

Sofern er die ständige Überprüfung der Richtigkeit der Nummern angeordnet hat, ist es unverschuldet, wenn die in seiner Kanzlei verwendeten Faxnummern nicht stets dem neuesten Stand entsprechen (BGH CR 1994, 531). Hingegen ist allein die Anweisung, »auf die richtige Empfängernummer zu achten« nicht ausreichend (BGH NJW-RR 2005, 862). Vielmehr muss nach Anweisung des Prozessbevollmächtigten die Richtigkeit der Empfängernummer anhand eines Verzeichnisses abschließend und selbstständig und nicht nur mit der in dem selbst gefertigten Schriftsatz angegebenen Empfängernummer verglichen worden sein (Ausgangskontrolle).

Vor allem wenn der Anwalt einen fristgebundenen Schriftsatz – wir in der Praxis üblich – am letzten Tag der Frist per Fax einreichen will, muss sichergestellt sein, dass auf die Faxnummer des Empfängers ohne Schwierigkeiten zugegriffen werden kann (BGH NJW 2004, 516: Kanzleimitarbeiterin kannte Fax-Nr. des hiesigen OLG nicht).

Auch ein versehentliches Verwählen bei der Wahl der sonst richtigen Telefaxnummer durch Büroangestellte kann unverschuldet sein, wobei allerdings die erforderliche Ausgangskontrolle durchgeführt worden sein muss (oben Rdn. 2837; unten Rdn. 2917). Dabei soll eine hohe Verwechslungsgefahr bestehen, wenn die Nummer aus einer neben dem Telefaxgerät befindlichen Liste abgelesen wird (BGH NJW 2001, 1071). Dieser muss durch geeignete Kontrollen vorgebeugt werden, z. B. durch die Anweisung, die Nummer aus der Liste mit dem Sendeprotokoll zu vergleichen.

Tippfehler stellen vor allem bei E-Mails in der Praxis den häufigsten Grund dafür dar, dass eine E-Mail den Empfänger nicht erreicht. Unabdingbar ist deswegen eine Ausgangskontrolle, bei der das Sendeprotokoll ausgedruckt und auf Vollständigkeit und Fehlerfreiheit der Übertragung sowie die zutreffenden Empfängerdaten überprüft wird. **2911**

»Überträgt eine Kanzleiangestellte die anzuwählende Telefaxnummer des Gerichts aus einem in der Akte befindlichen Schreiben des Gerichts in einen fristgebundenen Schriftsatz, erfordert die Ausgangskontrolle, die Richtigkeit der gewählten Nummer auch darauf zu kontrollieren, ob sie tatsächlich einem Schreiben des Empfangsgerichts entnommen wurde.« (BGH NJW 2011, 312).

Deshalb ist die Glaubhaftmachung einer korrekten Adressierung bei Versand einer E-Mail besonders sorgfältig zu prüfen, was regelmäßig durch Vorlage des Sendeprotokolls, das die Adresseneingabe enthält, geschehen kann. Darüber hinaus muss der Anwalt auch bei einer korrekten Adressierung noch eine gewisse Kontrolle durchführen, z. B. von der Funktion einer automatischen Rückmeldung Gebrauch machen oder die E-Mail Eingänge eine kurze Zeit, längstens einen Tag nach Absendung beobachten, ob eine Zurücksendung wegen etwaiger Fehler erfolgt ist. Wegen der Absendung der E-Mail allein darf der Anwalt nicht auf deren ordnungsgemäßen Zugang beim Adressaten vertrauen (OLG Düsseldorf NJW 2003, 833).

bb) Übermittlungsstörungen

In der Regel trägt der Faxempfänger das Risiko des Eingangs bzw. Ausdrucks der Fernkopie, während der Faxabsender die Verantwortung dafür trägt, dass der zu übermittelnde Schriftsatz vom Sendegerät fehlerfrei eingelesen und gesendet wird. **2912**

Im Normalfall ist ein Telefax bei Gericht erst eingegangen, wenn es auf der gerichtseigenen Empfangsanlage vollständig ausgedruckt ist, auch wenn dies nach Dienstschluss erfolgt (Zöller/*Greger* § 270 Rn. 6d). Wenn aber der Schriftsatz dort infolge technischer Störungen (z. B. Papier-/Datenstau) nicht vollständig und fehlerfrei ausgedruckt wird und sich der Gesamtinhalt des Schriftsatzes auf andere Weise einwandfrei ermitteln lässt, z. B. mittels nachgesandten Original (BVerfG NJW 1996, 2857; BGH NJW 1995, 665; BGH NJW 2001, 1581: Empfangsprotokoll des Gerichts weist mehr Seiten aus, als ausgedruckt wurden), ist bereits dann von einem Zugang auszugehen, wenn der Inhalt vollständig durch elektrische Signale vom Sendegerät des Absenders zum Empfangsgerät des Gerichts übermittelt wurde.

Für elektronische Dokumente ist in § 130a Abs. 3 ZPO nunmehr geregelt, dass ein solches eingereicht ist, sobald die für den Empfang bestimmte Einrichtung des Gerichts es aufgezeichnet hat (also auch Signalzugang; *Bacher* MDR 2002, 669).

2913 Ist dem Rechtsanwalt das Scheitern der Übermittlung per Fax zu einem Zeitpunkt bekannt, in dem noch eine anderweitige Übermittlung in Betracht kommt, so muss nach einer Ansicht im Wiedereinsetzungsverfahren das Fehlen oder die Unmöglichkeit anderer Übermittlungsmöglichkeiten (z. B. per Telefaxgerät eines Kollegen, einer sonstigen Stelle oder per Telefon als Telegramm) dargelegt und glaubhaft gemacht werden (BGH NJW-RR 1996, 1275; BayObLG NJW-RR 1998, 418; OVG Hamburg NJW 2000, 1667; *Roth* NJW 2008, 785).

Aber auch BVerfG NJW 1996, 2857; BGH NJW 2000, 1636: »Von einem Rechtsanwalt, der sich und seine organisatorischen Vorkehrungen darauf eingerichtet hat, einen Schriftsatz weder selbst noch durch Boten oder per Post, sondern durch Fax zu übermitteln, kann daher beim Scheitern der gewählten Übermittlung infolge eines Defekts des Empfangsgeräts oder wegen Leitungsstörungen nicht verlangt werden, dass er unter Aufbietung aller nur denkbaren Anstrengungen innerhalb kürzester Zeit eine andere als die gewählte Zugangsart sicherstellt«; sowie

BGH NJW-RR 2003, 861, wonach es bei in der Sphäre des Gerichts liegenden Empfangsstörungen (hier: kein Ausdruck wegen fehlendem Papier) einer Wiedereinsetzung grundsätzlich nicht entgegen steht, dass der Schriftsatz noch in anderer Weise (etwa durch Aufgabe eines Blitztelegramms, Beauftragung eines Kurierdienstes mit 24-Stunden-Service oder die Übersendung des Telefax an ein anderes vor Ort residierendes Rechtsanwaltsbüro mit der Bitte um Einwurf in den Nachtbriefkasten des Gerichts) hätte rechtzeitig übermittelt werden können.

2914 ▶ Praxistipp:

Bei fristgebundenen Prozesshandlungen ist mit der Übermittlung durch Telefax so rechtzeitig zu beginnen, dass bei normalem Verlauf der Übertragung mit einem vollständigen Ausdruck des Schriftstücks, insbesondere der (letzten) Seite mit der Unterschrift, vom Empfangsgerät bis zum Ablauf der Frist um 24.00 Uhr zu rechnen ist.

Angesichts der zahlreichen Entscheidungen hierzu scheint in der Praxis die Absendung in »letzter Minute« kein Ausnahmefall zu sein

(BVerfG NJW 1996, 2857; BGH NJW-RR 2000, 1591: Unterschrift der Berufungsbegründung auf der letzten Seite; BFH NJW 2001, 991: Eingang um 0 Uhr zu spät; BGH NJW 1994, 2098: 2 Minuten vor Fristablauf ist fahrlässig zu spät; BGH NJW-RR 2001, 1072: zweite Seite mit Unterschrift fehlt; BGH NJW 2004, 2525: Empfang der letzten, u. a. die Unterschrift enthaltenen Seite um 0.01 Uhr; NJW 2005, 678: bei Eingang um 0.00 Uhr Frist bereits abgelaufen).

Bei der Beurteilung des Verschuldens darf nicht unberücksichtigt bleiben, dass der Anwalt aufgrund einer zuvor abgesandten Telekopie mit einer kürzeren als der durchschnittlichen Übertragungszeit rechnen durfte (BGH NJW-RR 2001, 916: Absendung von elf Fax-Seiten um 23.57 Uhr, wobei dieselbe Anzahl zuvor in 2 Minuten und 34 Sekunden übermittelt wurden; NJW 2005, 678: Verspätung unverschuldet bei 50 Sekunden pro Seite statt wie sonst 30 Sekunden oder teilweise auch nur 14–15 Sekunden).

Dies schließt allerdings nicht aus, dass eine gewisse Zeitreserve einzukalkulieren ist (BGH NJW 2004, 2525; BVerfG NJW 2000, 574: Zeitreserve von 2 Minuten bei einem 11-seitigen Schriftsatz (jedenfalls) zu wenig und daher Fristversäumnis verschuldet).

2915 Dabei kann zum Beweis der Rechtzeitigkeit auf die Zeitangabe der Telekom in ihrer Kundenabrechnung zurückgegriffen werden (BGH NJW 2003, 3487).

cc) Bedeutung des Sendeberichts

Durch die Vorlage des Sendeberichts über die ordnungsgemäße Übertragung kann eine rechtzeitige und an die richtige Empfängernummer gerichtete Absendung eines Telefax glaubhaft gemacht werden. 2916

> (OLG Karlsruhe NStZ 1994, 201; OLG Köln NJW 1995, 1228: zusammen mit einer eidesstattlichen Versicherung; LG Hamburg NJW-RR 1994, 1486: Vermutung der Richtigkeit)

Nach BGH MDR 1993, 387 genügt eine eidesstattliche Versicherung der mit der Übermittlung betrauten Bürokraft, dass sie sich anhand des Sendeprotokolls von der ordnungsgemäßen Funktion und dem richtigen Empfänger überzeugt hat, ohne dass dieses vorgelegt werden muss.

Diese Entscheidung ist vor allem dann relevant, wenn der Sendebericht nicht mehr auffindbar ist. Dabei stellt der BGH ausdrücklich fest, dass eine rechtliche Notwendigkeit, den Ausdruck aufzubewahren nicht besteht.

Mit der Vorlage früherer Sendeberichte kann aber eine nicht vorhersehbare, außergewöhnlich lange Übertragungsdauer eines verspäteten Fax glaubhaft gemacht werden (BGH NJW-RR 2001, 916; NJW 2004, 2525; NJW 2005, 678).

Davon zu unterscheiden ist der Beweis des Zugangs von abgesandten Telekopien, wofür der Sendebericht nach h. M. nicht ausreicht (unten Rdn. 2917).

Der Anwalt hat zum Zwecke der Endkontrolle den Sendebericht eines Telefax auf Ordnungsgemäßheit der Absendung und etwaige Übermittlungsfehler zu überprüfen (BGH NJW 1994, 1879). 2917

Insbesondere muss dieser daraufhin kontrolliert werden, dass die richtige Empfängernummer gewählt wurde (BayObLG NJW 1995, 668; BGH NJW 2001, 1071) und dass alle zu sendenden Seiten ausweislich des Sendeprotokolls gesendet wurden (Fehler insbesondere bei der Stapelzuführung, BGH NJW-RR 2001, 1072; OLG Karlsruhe JurBüro 1998, 313; OLG Brandenburg NJW-RR 2000, 1447). Sind Angestellte damit befasst, muss eine entsprechende Weisung erteilt worden sein.

Jedenfalls, wenn der Sendebericht die ordnungsgemäße Übermittlung bestätigt, kann der Rechtsanwalt von einer telefonischen Nachfrage zwecks Überprüfung des rechtzeitigen Eingangs absehen, auch wenn der letzte Tag der Frist erreicht ist (LG Hamburg NJW-RR 1994, 1486, auch BGH NJW-RR 1992, 1021). Erst dann dürfen Fristen im Fristenkalender gelöscht werden (BGH NJW 1998, 907; OLG Nürnberg MDR 1993, 386).

Stattdessen kann die Überprüfung des Sendeberichts durch einen Kontrollanruf beim Empfänger ersetzt werden, wobei die allgemeine Anweisung genügt, die Frist erst danach zu streichen (BGH NJW-RR 2002, 60).

d) Zustellung

Ein Grund für die Wiedereinsetzung kann auch darin liegen, dass die Partei (bzw. der Anwalt) den schon den Beginn der Frist schuldlos nicht erfährt. Dies kann darin begründet liegen, dass der Empfänger von der Zustellung nichts erfährt, damit nicht weiß, dass eine Frist läuft und diese deswegen nicht wahren kann. 2918

Eine Wiedereinsetzung kommt dabei nur in Betracht, wenn die Unkenntnis von der Zustellung unverschuldet eintrat. Dafür ist zu unterscheiden, ob die Zustellung fehlerfrei (unten Rdn. 2920) oder fehlerhaft erfolgte (unten Rdn. 2922). 2919

aa) Unkenntnis der Zustellung

Fehlende Kenntnis von der Zustellung einer gerichtlichen Entscheidung begründet die Wiedereinsetzung, wenn sie unverschuldet ist. Häufigen Anlass zur Wiedereinsetzung gab früher die Ersatzzustellung durch Niederlegung (§§ 181, 182 ZPO), die jedoch heute ob der Möglichkeit der Zustellung durch Einlegen in den Briefkasten erheblich an Bedeutung verloren hat (§ 180 ZPO). 2920

2921 ▶ Beispiele:

Vorenthalten der Sendung von Angehörigen, welche diese in Empfang genommen haben und wenn die Partei nicht damit rechnen musste (BGH LM § 233 Nr. 73; unverschuldet).

Nichtabholen der niedergelegten Sendung trotz Mitteilung aufgrund Versäumnis (Thomas/Putzo/Hüßtege § 233 Rn. 34): Grundsätzlich verschuldet, jedoch unverschuldet bei vorübergehender Abwesenheit von der Wohnung (BGH JZ 1977, 762), ohne dass der Empfänger besondere Vorkehrungen für den Empfang treffen muss (BVerfG NJW 1976, 1537: höchstens 6 Wochen Urlaubsabwesenheit), es sei denn, er musste mit einer Zustellung rechnen (insbesondere anhängiger Prozess; BGH NJW 1986, 2958; VersR 1979, 644: Auszug aus der ehelichen Wohnung; OLG Köln VersR 1993, 1127: bei Umzug ins Ausland mit unbekanntem Aufenthalt verschuldet).

Benachrichtigungszettel vermutlich versehentlich mit Werbesendungen weggeworfen, insbesondere weil in eine Werbesendung hineingerutscht:

Verschuldet: OLG München NJW-RR 1994, 702, auch wenn sich einige Postsendungen angehäuft haben sollten, LG München I, Beschl. vom 08.01.1998, 13 T 23820/97, LAG Köln MDR 1994, 1245: bei generellem Wegwerfen der Werbesendungen ohne jegliche Durchsicht, ähnlich FG Köln NJW-RR 1994, 703: verschuldet bei Fehlen jeglicher Durchsicht der Post, im Übrigen (bei Entgegennahme und Durchsicht).

Unverschuldet, da ein Durchblättern Seite für Seite der Werbesendung daraufhin, ob nicht zufällig ein anderes Schriftstück dort hineingerutscht ist, die Anforderungen an die Sorgfaltspflicht überspannt, so auch BGH NJW 1994, 2898: 2001, 571: auch bei völlig einwandfreier Empfangsorganisation gelegentlich unvermeidbar, dass ein Benachrichtigungszettel verloren geht, z. B. weil er zwischen Werbematerial gerät.

Keinen Benachrichtigungszettel erhalten, weil abhandengekommen:

Unverschuldet (LG München I, Beschl. vom 08.01.1998, 13 T 23820/97: (zur Glaubhaftmachung) nicht ausreichend die allgemeine Behauptung, Postsendungen seien schon öfters abhandengekommen), BGH NJW 1994, 2898: Unkenntnis des Empfängers trotz Einwurf des Benachrichtigungszettels sowie die Unaufklärbarkeit des Abhandenkommens indiziere allein noch nicht dessen mangelnde Sorgfalt bei der Postannahme, ausreichend sei eine regelmäßige Kontrolle des Briefeingangs und bislang eingeworfene Post noch nie verloren gegangen (auch BGH NJW-RR 1999, 428: es kann nicht verlangt werden, dass etwas vorgetragen wird, was nicht aufklärbar ist).

Verschuldet: bei mangelhafter Briefkastenanlage, es sei denn, die Partei hat als Mieter darauf keinen Einfluss (LAG Köln MDR 1994, 1245; strenger LG Köln MDR 1994, 1245: bei mangelhaftem Briefkasten verschuldet, wenn nicht zumindest der Mieter seinen Vermieter um Abhilfe gebeten hat; hins. Gemeinschaftsbriefkasten LG Neuruppin NJW 1997, 232, Eyinck NJW 1998, 206; Westphal NJW 1998, 2413; BGH NJW 2001, 832).

Ersatzzustellung nicht nachvollziehbar: Zum Nachweis der Wirksamkeit einer Ersatzzustellung nach § 180 ZPO ist es nicht erforderlich, dass der Zusteller in der Urkunde angibt, in welche Empfangseinrichtung – Briefkasten oder ähnliche Vorrichtung – er das Schriftstück eingelegt hat, und im Fall einer ähnlichen Einrichtung diese näher zu bezeichnen (BGH MDR 2006, 589).

bb) Wirksame Zustellung

2922 In der Praxis wird oft vorschnell die Frage der Wiedereinsetzung geprüft und hierbei übersehen, dass die Notfrist noch gar nicht zu laufen begonnen hat. Hierfür ist Voraussetzung, dass die Zustellung wirksam vorgenommen wurde. Die Wirksamkeit einer Zustellung ist nicht immer einfach zu beurteilen, häufig von schwer aufklärbaren tatsächlichen Umständen abhängig. Zudem ist vieles streitig. Der Anwalt sollte die Wirksamkeit deswegen sicherheitshalber selbst prüfen und sich nicht (allein) auf das Gericht verlassen.

> Dabei ist zu beachten, dass Zustellungsmängel auch bei Notfristen gem. § 189 ZPO geheilt sind, wenn der Adressat das Schriftstück tatsächlich erhalten hat. Zu diesem Zeitpunkt gilt das Schriftstück als zugestellt, unabhängig von der inhaltlichen Kenntnisnahme. Nicht ausreichend ist indes eine bloße Unterrichtung über den Inhalt (Zöller/*Stöber* § 189 Rn. 3). Sofern ein tatsächlicher Zugang aus den Äußerungen der Partei in nachfolgenden Schriftsätzen ersichtlich ist, kann sie sich daher nicht mehr auf eine fehlende bzw. unwirksame Zustellung berufen.
>
> Bei einem Versäumnisurteil läuft die Frist auch dann ab wirksamer Zustellung, wenn das Urteil wegen fehlerhafter Ladung zum Termin nicht hätte erlassen werden dürfen (§ 335 Abs. 1 Nr. 2 ZPO; Zöller/*Herget* §§ 338 Rn. 1; 339 Rn. 1). In diesem Fall können der säumigen Partei nicht die abtrennbaren Kosten der Säumnis nach § 344 ZPO auferlegt werden.

▶ **Praxistipp:** 2923

> Bei einer Zustellung gegen Empfangsbekenntnis kann sich eine Unwirksamkeit u. U. aus der fehlenden Unterschrift des Anwalts ergeben, weil dieses, was in der Praxis oft der Fall ist, nur mit einer bloßen sog. Paraphe oder einem Faksimile-Stempel unterzeichnet ist (aber Zöller/*Stöber* §§ 198 Rn. 13, 187 Rn. 11: Rechtsanwalt kann sich darauf nicht berufen, Rechtsmissbrauch!).
>
> Wird entgegen § 172 ZPO an die Partei selbst und nicht an den Prozessbevollmächtigten zugestellt, ist die Zustellung und damit auch die Fristsetzung unwirksam (Thomas/Putzo/*Hüßtege* § 176 Rn. 6).
>
> Nach § 174 ZPO können Schriftstücke auch durch Telekopie und in elektronischer Form zugestellt werden. Das Empfangsbekenntnis kann dann auf demselben Weg zurück übermittelt werden.

Die Zustellungsurkunde bzw. die Beurkundung ist entgegen früherem Recht kein notwendiger Bestandteil und Wirksamkeitserfordernis der Zustellung mehr, sondern dient nur ihrem Nachweis. Jedoch kann deren Beweiskraft als öffentliche Urkunde nach § 418 Abs. 1 ZPO gemindert oder aufgehoben sein, wenn die in § 182 Abs. 2 ZPO aufgezählten Angaben fehlen (z. B. Name, Vorname und Unterschrift des Zustellers, Ort und Datum der Zustellung; Akteneinsicht!; Prütting/Gehrlein/*Kessen* § 182 Rn. 1). 2924

> Bei der – besonders praxisrelevanten und fehleranfälligen – Ersatzzustellung wird insbesondere beurkundet, dass zu einem bestimmten Zeitpunkt das Schriftstück bzw. die schriftliche Mitteilung über die Niederlegung in den gemäß der Zustelladresse richtigen Briefkasten des Adressaten geworfen wurde (§§ 180, 181, 182 ZPO).
>
> Dabei muss sich aus der Zustellungsurkunde auch ergeben, dass die Zustellung an den Adressaten selbst versucht wurde und warum diese nicht ausführbar war. Erfolgt diese durch Niederlegung, muss nach § 181 ZPO angegeben sein, auf welche Weise die erforderliche (insoweit konstitutive) schriftliche Mitteilung hierüber abgegeben wurde (AG Neuruppin NJW 2003, 2249: nicht ausreichend allein die Angabe, die Mitteilung sei in der bei gewöhnlichen Briefen üblichen Weise erfolgt; BGH NJW 1990, 176: der entsprechende vorgedruckte Text war durchgestrichen; Zöller/*Stöber* § 182 Rn. 8; unerheblich bei Ersatzzustellung nach § 180 ZPO, OLG Köln NJW 2005, 2026). Im aktuellen amtlichen Zustellungsvordruck ist nunmehr hierfür auch ein gesondertes Feld zum Ausfüllen vorgesehen (§ 190 ZPO; BGBl. 2004 I, S. 619, 621).
>
> Die Beweiskraft kann gem. § 418 Abs. 2 ZPO (§ 182 Abs. 1 Satz 2 ZPO) durch den Beweis des Gegenteils widerlegt werden, wofür Glaubhaftmachung bei § 236 Abs. 2 ZPO genügen soll (Zöller/*Geimer* § 418 Rn. 4). Es müssten dann wohl auch die übrigen Voraussetzungen für eine Wiedereinsetzung vorliegen.

Für den Gegenbeweis muss nach dem Vorbringen der Partei eine gewisse Wahrscheinlichkeit für die Unrichtigkeit der bezeugten Tatsachen dargelegt werden. Es müssen konkrete Umstände dargelegt werden, die ein Fehlverhalten des Postzustellers bei der Zustellung und damit eine Falschbeurkundung in der Postzustellungsurkunde zu belegen geeignet sind (BVerwG NJW 1986, 2127, BFH NJW 1997, 3264; OLG Düsseldorf NJW 2000, 2831 mit Einzelheiten für erforderlichen Sachvortrag; BVerfG NJW-RR 2002, 1008: nur eine pauschale Behauptung reicht nicht). 2925

Dies ist praktisch kaum möglich. Insbesondere genügen bloße Zweifel an der Richtigkeit der urkundlichen Feststellung nicht.

Nicht ausreichend ist allein die eidesstattliche Versicherung dahin gehend, den Benachrichtigungszettel des Postzustellers nicht erhalten zu haben und dass der Briefkasten täglich kontrolliert wird (BVerwG NJW 1986, 2128; OLG Düsseldorf NJW 2000, 2831). Denn nach der allgemeinen Lebenserfahrung kann ein darin liegender Zettel vor der Durchsicht der eingegangenen Sendungen in Verlust geraten oder bei der Durchsicht der Aufmerksamkeit entgangen sein.

2926 ▶ Praxistipp:

Unwirksam ist die Ersatzzustellung jedoch, wenn die Partei am Zustellungsort nicht mehr gewohnt hat bzw. dann ist erst recht glaubhaft, dass sie kein Schriftstück bzw. keinen Benachrichtigungszettel erhalten hat.

2927 Dabei gilt die Beweiskraft der Zustellungsurkunde gem. 418 ZPO nicht dafür, dass der Zustellungsadressat unter der Zustellungsanschrift auch wohnt (Thomas/Putzo/*Hüßtege* § 181 Rn. 13). Der Postzustellungsurkunde kommt hierfür lediglich ein (beweiskräftiger) Indizwert zu (OLG Karlsruhe NJW 1997, 3183, BVerfG NJW-RR 1992, 1084, BGH NJW 1992, 1963).

Da das Gericht (deshalb) bei vorhandener Postzustellungsurkunde (zunächst) von einer wirksamen Zustellung ausgeht, sollte der Anwalt bei Wohnungswechsel seines Mandanten den dokumentierten Zustellungszeitpunkt mit dessen damaligem Wohnsitz vergleichen.

Eine Wohnung in diesem Sinne befindet sich dort, wo die Person ihren räumlichen Lebensmittelpunkt hat, insbesondere wenn sie dort übernachtet, unabhängig von der (fehlenden) behördlichen Anmeldung.

Unerheblich ist eine vorübergehende Abwesenheit (z. B. Urlaub, Krankenhausaufenthalt, kürzere Geschäftsreise), ohne dass sich während der Abwesenheit des Zustellungsempfängers auch der räumliche Mittelpunkt seines Lebens an den neuen Aufenthaltsort verlagert. Letztlich kommt es hierbei auf die Umstände des jeweiligen Einzelfalls an (Thomas/Putzo/*Hüßtege* § 181 Rn. 2 f.; Zöller/*Stöber* § 178 Rn. 4 ff.; *Meyer-Goßner* § 37 Rn. 9). Gesichtspunkte hierfür sind die Dauer der Abwesenheit, der Kontakt zu den in der Wohnung Verbliebenen sowie die Absicht und die Möglichkeit der Rückkehr (BGH NJW 1978, 1858).

Als nicht mehr vorübergehend wurde z. B. angesehen ein mehrmonatiger ununterbrochener Aufenthalt in einer Therapieeinrichtung (OLG Hamm NStZ 1982, 521; OLG Frankfurt a. M. NStZ-RR 2003, 174: 4 Monate) oder im Ausland wegen Berufstätigkeit. Insbesondere ist die Zuweisung eines Zwangsaufenthalts ein Indiz dagegen, dass die bisherige Wohnung eines Inhaftierten während dieser Zeit der räumliche Mittelpunkt seines Lebens bleibt (BGH NJW 1951, 931; BGH NJW 1978, 1858: Strafhaft von 1 bis 2 Monaten – im Gegensatz zu einem freiwilligen Klinikaufenthalt, BGH NJW 1985, 2197; OLG Hamm NStZ-RR 2003, 189: Untersuchungshaft – bei nur 17 Tagen jedoch keine Aufgabe des bisherigen Lebensmittelpunktes).

2928 Jedoch reicht zur Entkräftung der Indizwirkung der Postzustellungsurkunde ein bloßes Bestreiten nicht aus.

Vielmehr müssen in diesem Fall mittels einer plausiblen und schlüssigen Darstellung klare und vollständige Angaben über die tatsächlichen Wohnverhältnisse gemacht werden (BGH FamRZ 1990, 143; BGH NJW 1992, 1963, OLG München FamRZ 1990, 1439, auch OLG Karlsruhe NJW-RR 1992, 700, OLG Düsseldorf FamRZ 1990, 75, OLG Köln RPfleger 1975, 260).

Es ist näher darzulegen, seit wann die Partei nach Aufgabe der ursprünglichen Wohnung am neuen Aufenthaltsort wohnhaft sein will und vor allem, ob sie schon zum Zeitpunkt der Zustellung dort ihren regelmäßigen Lebensmittelpunkt hatte. Hierfür besonders geeignet ist die Vorlage von Mietverträgen oder Meldebescheinigungen (OLG Frankfurt a. M. NJW-RR 1997, 957; BGH NJW 1992, 1963: Meldebescheinigung und eidesstattliche Versicherung; BGH NJW-RR 1990, 506: Polizeiliche Meldung als Beweisanzeichen).

2929 Unwirksam ist eine Ersatzzustellung durch Niederlegung auch dann, wenn die Mitteilung über die Niederlegung lediglich durch den Briefschlitz der Haustüre ohne Auffangeinrichtung in das Innere eines Mehrparteienhauses geworfen wird (OLG Köln JurBüro 1979, 607; ebenso wenig ist Ersatzzustellung bei Schließfachanlagen möglich; BGH NJW 2001, 832: wirksam bei Einwurf in

B. Rechtsbehelfe im erstinstanzlichen Verfahren

Gemeinschaftsbriefkasten). Diese Vorgaben dürften auch bei der Ersatzzustellung durch Einlegen in den Briefkasten gelten (§ 180 ZPO).

Eine Ersatzzustellung durch Niederlegung (und durch Einlegen in den Briefkasten) ist auch bei juristischen Personen bzw. bei Gewerbetreibenden, die ihre Geschäfte über besondere Geschäftslokale abwickeln, generell möglich (§§ 180, 181 ZPO). 2930

Diese sind zustellungsrechtlich natürlichen Personen gleichgestellt. Damit sind die erheblichen Schwierigkeiten bei der Zustellung insbesondere bei geschlossenen Geschäftslokalen bzw. außerhalb der Öffnungs- und Bürozeiten beseitigt. 2931

e) Prozesskostenhilfeantrag

Häufig kommt es vor, dass eine Partei eine Frist nicht wahren kann, weil sie aufgrund ihrer persönlichen und wirtschaftlichen Verhältnisse nicht in der Lage ist, einen Rechtsanwalt mit der Vornahme der erforderlichen Prozesshandlung zu beauftragen. Die Partei kann dann Gewährung von Prozesskostenhilfe beantragen. Dieser Antrag alleine wahrt die Frist nicht. Wird Prozesskostenhilfe erst gewährt, nachdem die Frist abgelaufen ist, kommt eine Wiedereinsetzung in den vorigen Stand in Betracht. 2932

> Hierzu bedarf es häufig keines besonderen Antrags. Sind die Gründe für die unverschuldete Fristversäumung aktenkundig, kann Wiedereinsetzung auch von Amts wegen gewährt werden kann (BGH NJW-RR 2000, 1590; BGH NJW-RR 2001, 570; BGH NJW 2002, 2180).
>
> Praktisch wichtigster Anwendungsfall hierfür ist die bedürftige Partei, die Rechtsmittel nur für den Fall einer Gewährung von Prozesskostenhilfe einlegen will.

Unverschuldet ist die Fristversäumung hierbei, wenn die Partei innerhalb der Frist einen ordnungsgemäßen Prozesskostenhilfeantrag gestellt hat und Prozesskostenhilfe gewährt wird oder wenn und solange die Partei vernünftigerweise nicht mit einer Ablehnung zu rechnen brauchte (Zöller/*Greger* § 233 Rn. 23 – Prozesskostenhilfe; st. Rspr. BGH, z. B. BGH NJW-RR 2004, 1218; Unvermögen, einen Rechtsanwalt mit der notwendigen Vertretung zu beauftragen; oben Rdn. 2932). 2933

> Dabei ist zu beachten, dass hierfür die Erklärung über ihre persönlichen und wirtschaftlichen Verhältnisse nach dem amtlichen Vordruck vollständig ausgefüllt, nebst dazugehörigen Belegen beim zuständigen Gericht eingereicht werden muss (§ 117 Abs. 3, 4 ZPO; BGH MDR 2001, 1312; OLG Hamm MDR 2000, 1094). Gerade an der Vollständigkeit mangelt es in der Praxis häufig, was zum Verlust des Rechtsmittels führen kann.

Die **Frist** für das Wiedereinsetzungsgesuch beginnt bei Bewilligung mit der Mitteilung des Prozesskostenhilfe-Beschlusses, bei Ablehnung zuzüglich einer Überlegungsfrist von 3–4 Tagen (BGH NJW 2009, 3038; BGH NJW-RR 2009, 789; Prütting/Gehrlein/*Milger* § 234 Rn. 6 f.). Innerhalb dieser Frist ist auch die versäumte Prozesshandlung nachzuholen (§ 236 Abs. 2 Satz 2 ZPO). 2934

> Vor Entscheidung über das Prozesskostenhilfegesuch muss die relevante Prozesshandlung selbst noch nicht vorgenommen werden, insbesondere braucht ein etwaiges Rechtsmittel weder eingelegt noch begründet zu werden.

Dadurch, dass die Frist zur Beantragung der Wiedereinsetzung gegen eine versäumte Rechtsmittelbegründungsfrist nunmehr einen Monat beträgt (§ 234 Abs. 1 Satz 2 ZPO), ist sichergestellt, dass auch der bedürftigen Partei mindestens ein Monat zur Begründung bleibt. 2935

IV. Einspruch gegen Versäumnisurteil und Vollstreckungsbescheid (§§ 340, 700 ZPO)

Gegen ein Versäumnisurteil ist kein echtes Rechtsmittel, sondern lediglich der Rechtsbehelf des Einspruchs nach § 338 ZPO statthaft. Dies gilt auch für den Vollstreckungsbescheid (§ 700 ZPO). 2936

Dem Einspruch kommt kein Devolutiveffekt zu, d. h., der Rechtsstreit bleibt in der gleichen Instanz anhängig und wird lediglich in die Lage vor der Säumnis zurückversetzt (§ 342 ZPO). Wie ein echtes 2937

Rechtsmittel hat auch der Einspruch dagegen einen Suspensiveffekt, der Eintritt der Rechtskraft des Versäumnisurteils wird gehemmt (§ 705 Satz 2 ZPO).

2938 Durch den Einspruch wird das Versäumnisurteil nicht beseitigt; es muss in der auf den Einspruch hin ergehenden Entscheidung aufgehoben oder bestätigt werden (§ 343 ZPO).

2939 Bis dahin ist es vorläufig vollstreckbar (§ 708 Nr. 2 ZPO), jedoch ist eine einstweilige Einstellung der Zwangsvollstreckung möglich (§§ 707, 719 ZPO).

2940 Anders als bei anderen Rechtsbehelfen ist beim Einspruch nur dessen Zulässigkeit zu prüfen, nicht dessen Begründetheit. Ist der Einspruch zulässig, wird der Prozess in die Lage zurückversetzt, in der er sich vor Eintritt der Säumnis befand; dort erfolgt dann die Prüfung von Zulässigkeit und Begründetheit der Klage.

1. Zulässigkeit des Einspruchs

2941 **(1) Statthaft** ist der Einspruch gemäß §§ 338, 345 ZPO gegen ein erstes, echtes Versäumnisurteil, gemäß § 700 Abs. 1 i. V. m. § 338 ZPO gegen einen Vollstreckungsbescheid.

Gegen ein zweites Versäumnisurteil ist nur die eingeschränkte Berufung/Revision nach §§ 514 Abs. 2, 565 ZPO statthaft. Gegen ein unechtes Versäumnisurteil sind Berufung und Revision in ihrer normalen Form gegeben (§§ 511, 542 ZPO). Gegen einen Mahnbescheid ist Widerspruch einzulegen.

2942 **(2)** Der Einspruch muss nach § 340 Abs. 1 ZPO **schriftlich** eingelegt werden.

Da es sich hierbei dann um einen bestimmenden Schriftsatz handelt, muss er nach §§ 129, 130 Nr. 6 ZPO unterschrieben sein. Er muss das Urteil bezeichnen und die Erklärung enthalten, dass Einspruch eingelegt werde (§ 340 Abs. 2 ZPO). 340 Abs. 3 ZPO enthält dagegen keine Zulässigkeitsvoraussetzungen des Einspruchs, sondern regelt lediglich die Folgen verspäteten Vorbringens (Dazu unten Rdn. 2944, 2948, 2955; BGH NJW 1979, 1988; OLG Nürnberg NJW 1978, 2250; OLG München NJW 1977, 1972).

2943 ▶ Praxistipp:

Der Einspruch kann begründet werden, muss es aber nicht.

Reicht die gesetzliche Zwei-Wochen-Frist für die beabsichtigte Begründung nicht aus, muss rechtzeitig Fristverlängerung beantragt werden (§ 340 Abs. 3 Satz 2 ZPO).

War die Klage bereits vor Eintritt der Säumnis hinreichend begründet und ist weiterer Vortrag weder erforderlich noch beabsichtigt, genügt die bloße Erklärung des Einspruchs. Soll dagegen ergänzend vorgetragen werden, muss dies in der Einspruchsschrift geschehen, nachträgliches Vorbringen ist regelmäßig nach § 296 ZPO präkludiert. Ein Verschulden an der Verspätung wird grundsätzlich vermutet, kann aber durch Vortrag ausreichender Entschuldigungsgründe widerlegt werden. Eine Verzögerung liegt vor, wenn der nachträgliche Vortrag streitig wird und er eine Beweisaufnahme erforderlich macht, die im Einspruchstermin nicht mehr durchgeführt werden kann (BGHZ 76, 173).

Anders als bei der Berufungsbegründungsfrist besteht ein schutzwürdiges Vertrauen in die Gewährung der beantragten Fristverlängerung nicht. Die Fristverlängerung muss deswegen so rechtzeitig beantragt werden, dass im Fall ihrer Ablehnung noch eine Frist wahrende Begründung erfolgen kann (OLG Schleswig, SchlHA 1982, 73; *Hartmann* NJW 1988, 2660).

2944 **(3)** Nach § 339 Abs. 1 ZPO muss der Einspruch binnen **zwei Wochen** ab Zustellung des Versäumnisurteils eingelegt werden.

Da es sich hierbei um eine Notfrist handelt, ist eine Verlängerung bzw. Abkürzung dieser Frist nicht möglich, bei Versäumung kann eine Wiedereinsetzung gewährt werden.

2945 **(4) Beschwert** durch das Versäumnisurteil ist die Partei, gegen die es ergangen ist, nur dieser steht der Einspruch zu (§ 338 ZPO).

Allerdings muss mit dem Einspruch nicht konkret diese Beschwer angegriffen werden (OLG Köln NJW-RR 1993, 1408).

B. Rechtsbehelfe im erstinstanzlichen Verfahren 9. Kapitel

(5) Verhandelt wird der Einspruch vor dem Gericht, das das Versäumnisurteil erlassen hat (§ 340 Abs. 1 ZPO), eine Überwälzung in die nächsthöhere Instanz findet nicht statt. 2946

(6) Wirksam ist der Einspruch nur bei Vorliegen der allgemeinen Prozesshandlungsvoraussetzungen. 2947

Wie bei allen Prozesshandlungen müssen auch bei Einlegung eines Einspruchs die allgemeinen Prozesshandlungsvoraussetzungen (Parteifähigkeit, Prozessfähigkeit, Postulationsfähigkeit, ordnungsgemäße Vertretung) vorliegen.

Ist der Einspruch unzulässig, wird er verworfen. 2948

Diese Entscheidung ergeht – unabhängig davon, ob mündlich verhandelt wurde oder nicht – stets durch Urteil (§ 341 Abs. 2 ZPO). Da mit dem Versäumnisurteil auch dessen Kostenentscheidung fortbesteht, ist nur noch über die »weiteren Kosten«, d. h. über diejenigen zu entscheiden, die nach dem Versäumnisurteil angefallen sind; diese treffen den Einspruchsführer, wobei nur für die Begründung, nicht für das Ergebnis streitig ist, ob dies aus § 91 ZPO oder aus § 97 Abs. 1 ZPO analog folgt. Vorläufig vollstreckbar ist das Urteil ohne Sicherheitsleistung (§ 708 Nr. 3 ZPO).

Auf den zulässigen Einspruch hin wird das Verfahren mit einer Prüfung der Hauptsache fortgesetzt. 2949

2. Verfahrensfortsetzung nach Einspruch

Die Zulässigkeit des Einspruchs ist Prozessfortsetzungsvoraussetzung, d. h., ist der Einspruch zulässig, so wird der Prozess in die Lage vor der Säumnis zurückversetzt und normal fortgeführt (§ 342 ZPO). Zu prüfen sind dann also Zulässigkeit und Begründetheit der Klage. Besonderheiten ergeben sich dabei nicht für das Verfahren, wohl aber für die an dessen Ende stehende Entscheidung und für die darauf gerichteten Anträge der Parteien. 2950

Die Hauptsacheentscheidung muss der Tatsache Rechnung tragen, dass es bereits einen (vorläufigen) Titel gibt, über dessen Fortbestand entschieden werden muss (§ 343 ZPO; BAG NJW 1971, 957; OLG Köln NJW 1976, 113). Der Einspruchsführer muss deswegen Aufhebung des (zu bezeichnenden) Versäumnisurteils beantragen und seinen ursprünglichen Antrag wiederholen. 2951

▶ **Beispiel:** 2952

Der Beklagte hat zu beantragen,

das Versäumnisurteil aufzuheben und die Klage abzuweisen.

Der Kläger hat zu beantragen,

das Versäumnisurteil aufzuheben und den Beklagten zu verurteilen, ...

Für den Gegner genügt in allen Fällen (egal ob es sich um den Kläger oder um den Beklagten handelt) der Antrag, das Versäumnisurteil aufrechtzuerhalten. 2953

Eines Antrags zu den (weiteren) Kosten bedarf es genauso wenig, wie eines Antrags zur vorläufigen Vollstreckbarkeit. Über beides ist von Amts wegen zu entscheiden. 2954

Wird das Versäumnisurteil aufrechterhalten, bleibt auch dessen Kostenentscheidung bestehen, wird nur noch über die »weiteren«, d. h. nach Erlass des Versäumnisurteils angefallenen Kosten entschieden (§§ 91, 92 ZPO). Wird das Versäumnisurteil aufgehoben, fällt dessen Kostenentscheidung weg, dann muss über alle Kosten des Rechtsstreits entschieden werden (§§ 91, 92 ZPO), wobei die säumige Partei die durch die Säumnis verursachten Kosten unabhängig vom Ausgang der Hauptsache stets selbst zu tragen hat (§ 344 ZPO). Unterliegt die säumige Partei in der Hauptsache, trägt sie nach § 91 ZPO ohnehin alle Kosten des Rechtsstreits; eines Ausspruchs nach § 344 ZPO bedarf es dann nicht. Obsiegt die säumige Partei, so ist im Wege einer Ausnahme vom Grundsatz der einheitlichen Kostenentscheidung über die Kosten der Säumnis gesondert zu entscheiden. Kommt es auf den Kostenstreitwert an, so ist zu beachten, dass sich die Terminsgebühr des Rechtsanwalts gemäß Nr. 3105 VV auf 0,5 ermäßigt. War vorher schon streitig verhandelt worden oder wird danach (über den Einspruch) streitig verhandelt, wird diese ermäßigte Gebühr mit der normalen 1,2-fachen Terminsgebühr verrechnet, d. h., der Anwalt bekommt für den Säumnistermin nichts extra.

Da die Entscheidung nach dem Einspruch in Form eines kontradiktorischen Urteils ergeht, gelten für die Entscheidung zur vorläufigen Vollstreckbarkeit die normalen Grundsätze aus §§ 708, 709 ZPO. Erfolgt die Entscheidung zur vorläufigen Vollstreckbarkeit aus § 709 ZPO (= gegen Sicherheitsleistung), so muss klargestellt werden, dass die grundsätzlich aufrechterhaltene Vollstreckbarkeitsentscheidung des Versäumnisurteils (= ohne Sicherheitsleistung) insoweit modifiziert wird, d. h. dass auch daraus nur gegen Sicherheitsleistung vollstreckt werden darf (§ 709 Satz 3 ZPO; Baumbach/*Hartmann* § 343 Rn. 4; *Mertins* DRiZ 1983, 228 m. w. N.).

3. Säumnis im Einspruchstermin

2955   Deutlich größere Nachteile drohen einer Partei, wenn sie auch im Einspruchstermin säumig ist.

Die Folgen einer verspäteten Einspruchsbegründung regelt § 340 Abs. 3 Satz 3 ZPO: Sie wird als verspätet vorgebrachtes Angriffs- bzw. Verteidigungsmittel nach § 296 Abs. 1, 3 ZPO behandelt (oben Rdn. 2942).

2956   Das Nichterscheinen im Einspruchstermin begründet eine erneute, zweite Säumnis und führt nach § 345 ZPO zu einer besonderen Form des Versäumnisurteils, dem sog. **zweites Versäumnisurteil** (BGH GRUR-RR 2001, 48; BGH NJW 1998, 3125; *Boemke* ZZP 106 (1993), 371; *Stadler/Jarsumbek* JuS 2006, 34, 134).

2957   **Voraussetzungen** eines zweiten Versäumnisurteils sind:

– Ein entsprechender Antrag der erschienen Partei.

– Die Zulässigkeit des Einspruchs.

Ist der Einspruch schon unzulässig, ist er (in Form eines »unechten zweiten Versäumnisurteils«; oben Rdn. 2673) zu verwerfen (BGH NJW 1995, 1561; *Hövel* NJW 1997, 2864).

– Eine Säumnis des Einspruchsführers.

Ist der Gegner des Einspruchsführers säumig, so ergeht gegen diesen erstes Versäumnisurteil.

– Eine Säumnis im Einspruchstermin.

Liegt Säumnis in einem späteren Termin vor, so ergeht **erneutes erstes Versäumnisurteil** gegen die säumige Partei, mit der das erste Versäumnisurteil aufrechterhalten wird. Abzugrenzen ist das technisch zweite Versäumnisurteil, d. h. das auf die Säumnis des Einspruchsführers im Einspruchstermin (= zweite Säumnis infolge) ergehende Versäumnisurteil, damit von einem bloß weiteren Versäumnisurteil, das gegen eine Partei ergeht, gegen die zwar früher schon einmal (oder mehrmals) ein erstes Versäumnisurteil ergangen ist, die aber in dem darauf folgenden Einspruchstermin nicht säumig war. In einem Prozess können gegen jede Partei beliebig viele erste Versäumnisurteile ergehen (OLG Schleswig SchlHA 1987, 172; BGH VersR 1984, 288).

– Nicht zu prüfen ist dagegen die **Gesetzmäßigkeit des ersten Versäumnisurteils**.

Nach h. M. geht § 345 ZPO dem § 342 ZPO vor, sodass zweites Versäumnisurteil auch dann ergeht, wenn die Klage bei Erlass des ersten Versäumnisurteils unzulässig oder unschlüssig war.

(BGH NJW 1999, 2599; BGHZ 97, 344; Baumbach/*Hartmann* § 345 Rn. 3; Rosenberg/Schwab/*Gottwald*, § 108 V 4 a.; a. A. BAG NJW 1974, 1103; LAG Frankfurt a. M. NZA 1993, 816; OLG Stuttgart MDR 1976, 51; *Braun* ZZP 93 (1980), 443 (471); *E. Schneider* MDR 1985, 377; Thomas/Putzo/*Reichold* § 345 Rn. 4; Zöller/*Stephan* § 345 Rn. 4).

Etwas anders gilt, wenn der zweiten Säumnis kein erstes Versäumnisurteil, sondern ein Vollstreckungsbescheid vorausgegangen ist; da hier eine richterliche Prüfung noch nicht stattgefunden hat, sind Zulässigkeit und Schlüssigkeit vor Erlass des zweiten Versäumnisurteils zu prüfen (§ 700 Abs. 6 ZPO).

2958   Das zweite Versäumnisurteil wird als solches bezeichnet (§ 313b Abs. 1 Satz 2 ZPO) und lautet auf Verwerfung des Einspruchs (§ 345 ZPO). Die weiteren Kosten des Rechtsstreits hat der Einspruchsführer zu tragen (§ 97 Abs. 1 ZPO analog), für die vorläufige Vollstreckbarkeit gilt erneut § 708 Nr. 2 ZPO. Rechtsbehelf gegen das zweite Versäumnisurteil ist nicht der Einspruch, sondern die (nach Maßgabe des § 514 Abs. 2 ZPO beschränkte) Berufung.

B. Rechtsbehelfe im erstinstanzlichen Verfahren   9. Kapitel

(BGH NJW 1999, 2599 und 2120; *Braun* JZ 1999, 1157; OLG Brandenburg NJW-RR 1998, 1678; *Elser* JuS 1994, 965; *Orlich* NJW 1980, 1782; *Timme/Hülk* JABl. 2000, 788).

V. Berichtigungen und Ergänzungen

▶ Praxistipp: 2959

> Weist die erstinstanzliche Entscheidung formale Mängel auf, so müssen diese unabhängig von der inhaltlichen Anfechtung durch eigenständige Rechtsbehelfe beseitigt werden.

In Betracht kommt dabei   2960
- eine **Berichtigung des Protokolls**, mit der eine falsche oder unvollständige Protokollierung einer mündlichen Verhandlung erster Instanz korrigiert werden kann (§ 164 ZPO, unten Rdn. 2963),
- eine **Berichtigung des Urteils**, mit der versehentliche Abweichungen des aus dem Urteil ersichtlichen von dem tatsächlichen Willen des Gerichts beseitigt werden können (§ 319 ZPO, unten Rdn. 2966),
- eine **Berichtigung des Tatbestands**, die der Beseitigung von Fehlern der Tatsachenfeststellung durch das Gericht dient, die nicht auf einem Fehler in der Darstellung, sondern auf einem Fehler in der Willensbildung beruhen (§ 320 ZPO, unten Rdn. 2974) oder
- eine **Ergänzung des Urteils**, mit der fehlende Entscheidungen nachgeholt werden (§ 321, unten Rdn. 2986).

Diese Rechtsbehelfe dienen der Vorbereitung der Berufung, weil sie der anzufechtenden Entscheidung erst die Form geben, die in zweiter Instanz überprüft werden soll (*Bräuer* AnwBl 2011, 141). Es handelt sich um Möglichkeiten der instanzinternen Selbstkontrolle (BVerfG NJW-RR 2000, 1664), indem sie sich grundsätzlich ohne Devolutiveffekt an das Gericht richten, von dem die Entscheidung stammt. Es handelt sich damit um die Rechtsbehelfe, die kumulativ zur Berufung möglich sind.   2961

Wegen der kurzen Fristen der §§ 320, 321 ZPO ist auch zu überlegen, ob es eines entsprechenden Antrags selbst dann bedarf, wenn eine eigene Berufung nicht beabsichtigt ist. Der eigenen Partei nachteilige formelle Mängel der Entscheidung können nur hingenommen werden, wenn sicher ist, dass ein Rechtsmittelverfahren auch auf Antrag des Gegners nicht stattfindet. Ist ein solches möglich, sollten Tatbestandsberichtigung und Urteilsergänzung in jedem Fall rechtzeitig beantragt werden. Nur so kann vermieden werden, dass in zweiter Instanz zum eigenen Nachteil von einem unrichtigen Sachverhalt ausgegangen wird und deswegen nicht nur die eigene Rechtsverteidigung, sondern auch ein eventueller Gegenangriff (Anschlussberufung) beschränkt ist.   2962

> Auch für die erstinstanzlich obsiegende Partei kann sich deswegen die Notwendigkeit ergeben, das Urteil sofort zu prüfen und gegebenenfalls innerhalb von zwei Wochen nach Zustellung und damit vor Einlegung der Berufung durch den Gegner Tatbestandsberichtigung und Urteilsergänzung zu beantragen (dazu unten Rdn. 3025).

1. Protokollberichtigung

Über jede mündliche Verhandlung und Beweisaufnahme ist ein **Protokoll** aufzunehmen (§ 159 ZPO). Es enthält zwingend einige Förmlichkeiten der Verhandlung (§ 160 Abs. 1 ZPO) und essentielle Prozesshandlungen (Anträge, Anerkenntnis, Vergleich, Beweisergebnis, Verkündung und gegebenenfalls Inhalt von Entscheidungen; § 160 Abs. 3 ZPO). Im Übrigen entscheidet der Vorsitzende, was er als wesentlichen Vorgang der Verhandlung aufnehmen will (§ 160 Abs. 2 ZPO). Ist das Protokoll unrichtig, kann es berichtigt werden (§ 164 ZPO). Ein Antrag auf Berichtigung eines solchen Protokolls ist nur selten erforderlich. Dennoch sollte er regelmäßig überdacht und erforderlichenfalls auch gestellt werden, weil dem Protokoll auch in der Berufung besondere Bedeutung zukommen kann.   2963

> Eine solche besondere Bedeutung erlangt das Protokoll erster Instanz in der Berufung durch die §§ 529 Abs. 1, 531 Abs. 2 ZPO, die die Möglichkeit neuen Vorbringens beschränken und gegebenenfalls von

Verfahrensfehlern abhängig machen. Ob Vorbringen neu ist, richtet sich in erster Linie nach dem Tatbestand des angefochtenen Urteils (§ 314 ZPO), der nur durch das Protokoll widerlegt werden kann. Die Beachtung der für die Verhandlung vorgeschriebenen Förmlichkeiten kann nur durch das Protokoll bewiesen werden (§ 165 ZPO). Bei einem Widerspruch zwischen Urteil und Protokoll geht Letzteres vor (Zöller/*Stöber* § 164 Rn. 9).

Hat eine Partei in der mündlichen Verhandlung Angriffs- und Verteidigungsmittel vorgetragen, die nicht im Tatbestand des Urteils auftauchen, müssen diese zumindest im Protokoll vermerkt sein. Ist eine wesentliche Förmlichkeit des Verfahrens nicht beachtet worden, muss sich dies aus dem Protokoll ergeben.

2964 Mit der Protokollberichtigung (§ 164 ZPO) können **Unrichtigkeiten** des Protokolls beseitigt werden.

Unrichtig kann das Protokoll sein, weil wesentliche Förmlichkeiten fehlen oder falsch wiedergegeben sind.

Das Fehlen von Förmlichkeiten kann mit Erfolg nur bezüglich des gesetzlich zwingenden Protokollinhalts (§ 160 Abs. 1, Abs. 3 ZPO) geltend gemacht werden. Im Übrigen entscheidet der Vorsitzende nach freiem Ermessen, was er als wesentlichen Vorgang (des Hergangs, nicht des Inhalts) der Verhandlung aufnehmen will (§ 160 Abs. 2 ZPO). Der den Parteien mögliche Antrag auf Aufnahme bestimmter Vorgänge oder Äußerungen ins Protokoll (§ 160 Abs. 4 ZPO) ist nur bis zum Schluss der jeweiligen mündlichen Verhandlung möglich (OLG Frankfurt a. M. MDR 1989, 550), kann also nach Abschluss des Verfahrens nicht mehr gestellt werden. Mit dem Antrag auf Protokollberichtigung kann auch die Ablehnung eines rechtzeitig gestellten Antrags nach § 160 Abs. 4 ZPO nicht gerügt werden (§ 160 Abs. 4 Satz 3 ZPO).

Unrichtigkeiten des Protokolls können inhaltlicher oder förmlicher Art sein. Sie müssen weder »offenbar« noch entscheidungserheblich (OLG München OLGZ 80, 465) sein, im Zweifel aber vom Antragsteller bewiesen werden (BGH NJW 1985, 1782).

2965 Der **Antrag** auf Protokollberichtigung kann jederzeit gestellt werden. Er ist nicht fristgebunden und auch nach Beendigung der Instanz noch möglich, also auch vorbereitend zur Berufung oder nach deren Einlegung.

Der Antrag richtet sich an das erstinstanzliche Gericht. Die Berichtigung erfolgt nach Anhörung des Gegners, gegebenenfalls auch weiterer Beteiligter durch den protokollführenden Richter (Vorsitzenden) und den Urkundsbeamten der Geschäftsstelle gemeinsam. Sind diese sich nicht einig, unterbleibt die Berichtigung.

Da die Erinnerung des Richters und mit ihr die Wahrscheinlichkeit einer Berichtigung mit dem Zeitablauf immer geringer wird, empfiehlt es sich, bereits unverzüglich nach Erhalt des Protokolls eine notwendige Berichtigung bzw. Ergänzung desselben zu beantragen. In der Regel erhalten die Parteien das geschriebene Protokoll nämlich wesentlich früher als das vollständige Urteil.

Die Entscheidung über den Berichtigungsantrag erfolgt in Form eines Berichtigungsvermerks, der mit dem Protokoll verbunden wird. Rechtsmittel gegen die Berichtigung sind grundsätzlich nicht möglich, da das Rechtsmittelgericht nicht wissen kann, ob das Protokoll falsch ist oder nicht (OLG Hamm NJW 1989, 593); etwas anderes gilt, wenn nicht die Richtigkeit des Protokolls, sondern eine Rechtsfrage überprüft werden soll (Thomas/Putzo/*Reichold* § 165 Rn. 5).

2. Urteilsberichtigung

2966 Weist das Urteil eine offenbare Unrichtigkeit auf, so kann diese nach § 319 ZPO jederzeit und auch ohne Antrag berichtigt werden.

2967 Die Urteilsberichtigung erstreckt sich auf alle **Urteilsbestandteile**, auf den Urteilseingang also genauso wie auf den Tenor, den Tatbestand, die Entscheidungsgründe oder die Unterschrift.

Fehler nach § 319 ZPO können damit in der falschen Bezeichnung der Parteien, des Gerichts oder beteiligter Richter liegen, in einer unrichtigen Fassung des Tenors zur Hauptsache und Nebenentscheidungen (Kosten, vorläufige Vollstreckbarkeit, Rechtsmittelzulassung) oder darin, dass eine Einzelrichterentscheidung versehentlich von den übrigen Kammermitgliedern ebenfalls unterschrieben wurde (BGHZ 18, 350). Liegt der Fehler im Tatbestand, ist eine Abgrenzung zu § 320 ZPO erforderlich (dazu unten Rdn. 2981).

B. Rechtsbehelfe im erstinstanzlichen Verfahren 9. Kapitel

Unrichtig ist ein Urteil, wenn es versehentlich den tatsächlichen Willen des Gerichts nicht zutreffend wiedergibt. 2968

> Schon im Gesetz genannte Beispiele hierfür sind Schreib- und Rechenfehler. Ist im tenorierten Zahlungsbetrag ein Zahlendreher (3 250 € statt 3 520 €), kann er genauso problemlos berichtigt werden, wie ein Additionsfehler bei mehreren Einzelpositionen oder ein Eingabefehler bei der Verwendung eines Computerprogramms. Ähnliche Unrichtigkeiten sind die falsche Bezeichnung des Klagegegenstands oder der Parteien, doch kommt eine Berichtigung insoweit nur in Betracht, wenn damit keine Auswechslung erfolgt, weil ansonsten ein Klage- bzw. Parteiwechsel nach den §§ 263 ff. ZPO vorliegt. Unrichtig ist das Urteil auch, wenn es unauflösliche Widersprüche enthält (Klagestattgabe im Tenor, Klageabweisung in den Entscheidungsgründen, BGHZ 20, 188, 192; BGH NJW-RR 2001, 61).
>
> Die Unrichtigkeit kann auch in Auslassungen oder Unvollständigkeiten bestehen. Ist über einen Anspruch nur im Tenor oder nur in den Gründen befunden, ist der Anspruch nicht übergangen (§ 321 ZPO).
>
> Unerheblich ist, wer die Unrichtigkeit verursacht hat, sodass eine Urteilsberichtigung auch dann möglich ist, wenn das Gericht einen Rechenfehler oder eine sonstige falsche Angabe der Parteien übernimmt (LG Bonn JurBüro 1991, 125).

Nicht unrichtig ist das Urteil, wenn das Gericht eine **inhaltlich falsche** Entscheidung getroffen hat. Selbst wenn dem Gericht dieser Fehler klar wird, kann es seine Entscheidung dann nachträglich nicht mehr ändern (§ 318 ZPO). 2969

> Hat das Gericht einen zurückgenommenen Anspruch bei der Kostenentscheidung übersehen, kann es diese nicht nachträglich berichtigen (OLG Köln MDR 1980, 761).

Offenbar ist die Unrichtigkeit, wenn sich der Fehler auch für einen Dritten ohne Weiteres ergibt. 2970

> Dies ist der Fall, wenn der Fehler aus der Entscheidung selbst erkennbar wird, so etwa bei den oben dargelegten Widersprüchlichkeiten des Urteils oder wenn die in den Entscheidungsgründen dargelegte Berechnung nicht den im Tenor genannten Betrag ergibt. Offenbar ist der Fehler auch, wenn er sich aus Vorgängen bei Erlass und Verkündung des Urteils (BGH NJW 1994, 2834), aus mitverkündeten Parallelentscheidungen (BGHZ 78, 23), aus allgemein anerkannten Tabellen (OLG Düsseldorf FamRZ 1997, 1408), aus öffentlichen Registern (LG Stuttgart RPfl 1996, 166) oder aus sonst allgemein zugänglichen Informationsquellen (OLG Bamberg FamRZ 1998, 764) ergibt.
>
> Nicht ausreichend ist, dass der Fehler für rechtskundige oder mit dem Einzelfall vertraute Personen erkennbar ist. Deswegen kann auch ein nur gerichtsintern gebliebenes Versehen nicht offenbar sein (BGH NJW 1985, 742).
>
> Nicht erforderlich ist, dass der Fehler sofort oder auf den ersten Blick erkennbar ist. Vielmehr genügt es, wenn er erst nach aufwendigen Kontrollen auffällt (BGHZ 127, 81).

Zur Berichtigung bedarf es eines **Antrags** nicht, sie kann auch von Amts wegen erfolgen. Erkennt das Gericht den Fehler nicht von alleine, kann es formlos darauf hingewiesen werden. Ein solcher Hinweis ist jederzeit möglich, hierfür laufen weder Fristen, noch sind sonstige Zulässigkeitsvoraussetzungen zu beachten. Der Antrag muss sich grundsätzlich an das erstinstanzliche Gericht richten; ist das Berufungsverfahren bereits anhängig, kann auch das Berufungsgericht selbst den Fehler berichtigen. 2971

> Fällt der Fehler erst in der Berufungsinstanz auf, ist es deswegen weder erforderlich, einen separaten Antrag an das erstinstanzliche Gericht zu richten, noch, das Berufungsverfahren zum Zwecke der Berichtigung auszusetzen. Der Berichtigungsantrag kann in einem Schriftsatz an das Berufungsgericht gestellt werden. Dieses ist befugt (nicht verpflichtet), die Berichtigung vorzunehmen.

Im Rahmen des **Berichtigungsverfahrens** ist den Parteien rechtliches Gehör zu gewähren, eine mündliche Verhandlung ist dem Gericht freigestellt, findet diese vor dem Land- oder Oberlandesgericht statt, besteht Anwaltszwang. Die Entscheidung ergeht durch Beschluss, der mit der sofortigen Beschwerde nur dann anfechtbar ist, wenn das erstinstanzliche Gericht eine Berichtigung vorgenommen hat (§§ 319 Abs. 3, 567 Abs. 1 ZPO). 2972

Das Verschlechterungsverbot gilt nicht, sodass eine Berichtigung auch zum Nachteil der anregenden Partei möglich ist.

2973 Erfolgt eine Berichtigung, so **wirkt** sie auf den Zeitpunkt der Verkündung zurück, das Urteil existiert nur in der berichtigten Fassung. Ein (vorher oder nachher eingelegtes) Rechtsmittel richtet sich nur gegen das Urteil in seiner berichtigten Form. Berichtigungsverfahren oder Berichtigungsbeschluss haben auf den Lauf der Berufungsfristen grundsätzlich keinen Einfluss; eine Ausnahme muss gelten, wenn die Anfechtungsmöglichkeit erst durch die Berichtigung geschaffen wird.

Wird durch die Berichtigung klargestellt, dass der Wert der Beschwer für den Berufungskläger weniger als 600 € beträgt (und ist eine Berufung nicht zugelassen), so wird eine bereits eingelegte Berufung nachträglich unzulässig (BGH NJW 1994, 2832).

Ergibt sich nur durch die Berichtigung, welche Partei beschwert ist, gegen welche Partei eine Berufung zu richten wäre, dass eine Partei mit mehr als 600 € beschwert ist oder dass die Berufung wertunabhängig zugelassen wird, so beginnt die Berufungsfrist erst mit Zustellung des Berichtigungsbeschlusses zu laufen (BGH NJW 2001, 211).

3. Tatbestandsberichtigung

2974 Der Urteilstatbestand erbringt **Beweis** für das mündliche Vorbringen der Parteien (§ 314 ZPO).

2975 Noch immer nicht unbestritten ist die Frage, welche Bedeutung dem Tatbestand des erstinstanzlichen Urteils für die Berufungsinstanz zukommt.

Nach einer Ansicht soll Prozessstoff nur noch der im Tatbestand des erstinstanzlichen Urteils beurkundete Sachverhalt sein (*Schellhammer* MDR 2001, 1145; *Hinz* WuM 2002, 352, 355; *Grunsky* NJW 2002, 800: § 559 Abs. 1 ZPO analog), weil nach § 529 Abs. 1 Nr. 1 ZPO das Berufungsgericht seiner Verhandlung und Entscheidung grundsätzlich die erstinstanzlich festgestellten (und vorgetragenen) Tatsachen zugrunde zu legen hat und diese durch den Tatbestand bewiesen sind (*Ball* NZM 2002, 411: »neue zentrale Bedeutung des Tatbestands«).

Nach anderer Ansicht sind sämtliche in erster Instanz vorgetragenen und in den Schriftsätzen dokumentierte Tatsachen zu berücksichtigen, auch wenn sie nicht im Tatbestand aufgenommen wurden (*Barth* NJW 2002, 1702; *Greger* NJW 2002, 3051; AG Frankfurt a. M. NJW 2002, 2328: arg. § 531 Abs. 2 Nr. 1 ZPO – erst recht – daher Zurückweisung eines Antrags gem. § 320 ZPO; *Stackmann* NJW 2003 Fn. 19: die Bindung spielt keine Rolle, wenn Gegenstand der Rüge das Übergehen des entsprechenden Vortrags ist; ders. NJW 2004, 1839: das schriftsätzlich Vorgetragene ist durch (protokollierte) Antragstellung in Bezug genommen). Die im Tatbestand ausdrücklich (gegebenenfalls auch nur im Wege der Bezugnahme, § 313 Abs. 2 Satz 2 ZPO) wiedergegebenen Umstände beweisen positiv, dass sie vorgetragen wurden, der Platz bzw. die Form ihrer Darstellung, ob sie streitig oder unstreitig gewesen sind. Eine negative Beweiskraft, derzufolge das Schweigen des Tatbestands beweist, dass Vorbringen nicht erfolgt ist, wird von der h. M. nur eingeschränkt bejaht. Nach BGH NJW 2004, 1876 und 2152 beweist die Nichtaufnahme von Angriffs- und Verteidigungsmitteln in den Tatbestand nur, dass diese nicht ohne vorherige Ankündigung in einem vorbereitenden Schriftsatz in der mündlichen Verhandlung vorgebracht wurden. Sind Angriffs- und Verteidigungsmittel in einem vorbereitenden Schriftsatz enthalten, folgt aus ihrer Nichterwähnung im Tatbestand nicht, dass sie nicht vorgebracht wurden. Praktisch kann damit die negative Beweiskraft des Tatbestands durch in der Akte befindliche Schriftsätze widerlegt werden (Prütting/Gehrlein/*Oberheim* § 529 Rn. 6).

Damit gelangt nach h. M. mit einem zulässigen Rechtsmittel ohne Weiteres grundsätzlich der gesamte aus den Akten ersichtliche Prozessstoff der ersten Instanz in die Berufungsinstanz. Das Berufungsgericht ist an der Berücksichtigung des übergangenen Vorbringens nicht deshalb gehindert, weil dieser Vortrag weder durch eine Darstellung im Tatbestand noch durch eine § 313 Abs. 2 Satz 2 ZPO genügende Bezugnahme in dem erstinstanzlichen Urteil Erwähnung gefunden hat (arg. Berufungsverfahren dient nicht nur der Rechtsfehlerkontrolle sondern auch der Kontrolle und Korrektur fehlerhafter Tatsachenfeststellungen).

Auch kommt es hiernach nicht mehr auf die Frage an, ob unter Umständen die allgemeine und in Urteilen weithin übliche, den Tatbestand abschließende Formulierung – »Im Übrigen wird Bezug genommen auf die gewechselten Schriftsätze nebst Anlagen (gar nur: auf die Akte)« – zur Berücksichtigung des gesamten Akteninhalts führen kann (§ 313 Abs. 2 Satz 2 ZPO; *Balzer* NJW 1995, 2452: Pauschalverweisung; *Schumann* NJW 1993, 2787: »immer mehr um sich greifende Unart«, BGH NJW 2004, 3777: Urteilstatbestand

B. Rechtsbehelfe im erstinstanzlichen Verfahren 9. Kapitel

beweist, dass der gesamte Inhalt der im Tatbestand Bezug genommenen »sämtlichen gewechselten Schriftsätze« vorgetragen worden ist; a. A. Thomas/Putzo/*Reichold* § 313 Rn. 25; OLG Hamburg MDR 1988, 974: Pauschalverweisung nicht zulässig, was allgemeine Auffassung sei; auch OLG Oldenburg MDR 1989, 551: sinnentleertes Ritual rein fiktionalen Charakters mit pseudojuristischer Färbung; nach BGH NJW 1996, 3343 betrifft die Bezugnahme »wegen der weiteren Einzelheiten« nur den nicht ausdrücklich festgestellten Sachverhalt).

Folgt man der h. M., bedarf es einer Tatbestandsberichtigung damit nur zur Widerlegung der »positiven Beweiskraft« (*Einsiedler* MDR 2011, 1454; *Gaier* NJW 2004, 2044), also 2976
— wenn eine im Tatbestand wiedergegebene Tatsache nicht vorgetragen worden ist,
— wenn eine vorgetragene Tatsache fälschlich als streitig oder unstreitig dargestellt ist oder
— wenn eine nur in der mündlichen Verhandlung, nicht jedoch in einem Schriftsatz vorgetragene Tatsache sich weder im Tatbestand noch im Protokoll wieder findet.

Deutlich wird hier, wie wichtig es ist, in der mündlichen Verhandlung darauf zu achten, dass solches Vorbringen in das Sitzungsprotokoll aufgenommen wird. Dies gilt besonders für Verfahrensrügen (§ 295 ZPO), Zustimmungserklärungen (z. B. zur Widerklagerücknahme), Beweisanträge, eine Abänderung des schriftsätzlich Vorgetragenen oder das Bestreiten neuen Vorbringens des Gegners. Sind Erklärungen des Gegners für die eigene Position vorteilhaft, müssen auch sie protokolliert werden, so etwa leichtfertig oder konkludent abgegebene Geständnisse des Gegners.

Nicht erforderlich ist dagegen eine Berichtigung, 2977
— wenn eine schriftsätzlich vorgetragene Tatsache im Tatbestand nicht erwähnt ist.

Dass diese erstinstanzlich dennoch vorgetragen war, kann im Berufungsverfahren unter Hinweis auf die entsprechenden erstinstanzlichen Schriftsätze dargetan werden.

▶ Praxistipp: 2978

Solange in der Praxis noch die Auffassung von der negativen Beweiskraft vertreten wird, ist es für einen Rechtsanwalt dem Gebot des sichersten Weges folgend erforderlich, in jedem Fall unrichtiger oder unvollständiger Sachverhaltsdarstellung eine Tatbestandsberichtigung zu veranlassen (*Bausch* AnwBl 2012, 126; *Müller/Heydn* NJW 2005, 1750).

Dies gilt insbesondere, weil in der Revision nur das aus dem Tatbestand oder dem Sitzungsprotokoll ersichtliche Parteivorbringen zu berücksichtigen ist (§ 561 Abs. 1 ZPO; aber auch BGH NJW 1993, 2530; § 559 ZPO) und der Tatbestand des Berufungsurteils regelmäßig auf den des erstinstanzlichen Urteils Bezug nimmt (§ 540 ZPO).

Die Anwälte **beider Parteien** müssen jetzt den Tatbestand auf dessen Vollständigkeit und Richtigkeit – zumindest hinsichtlich des in der Verhandlung mündlich Vorgetragenem – genauer als bisher untersuchen (*Ball* ZGS 2002, 150: zur Vermeidung von Haftungsrisiken), wobei zu beachten ist, dass tatbestandliche Feststellungen auch in den Entscheidungsgründen enthalten sein können (Prütting/Gehrlein/ *Thole* § 320 Rn. 2). 2979

Während dabei die obsiegende Partei vor allem prüfen muss, ob der Tatbestand die Entscheidung trägt und keine zu ihren Lasten fehlerhaften Feststellungen enthält, sollte die unterlegene Partei darauf achten, ob nicht das Gericht ein entscheidungserhebliches Bestreiten oder einen Beweisantrag unbeachtet gelassen hat.

Die Überprüfung und Berichtigung des Tatbestands gehört zu Pflichten des erstinstanzlichen Prozessbevollmächtigten, eine Verletzung dieser Pflicht kann Schadensersatzansprüche auslösen (*Doukoff* Rn. 32) und zwar unabhängig davon, ob die eigene Partei beabsichtigt, Berufung einzulegen oder nicht. Da Nachteile aus einem falschen Tatbestand auch die obsiegende Partei treffen können, wenn der Gegner Berufung einlegt, muss ein Berichtigungsantrag auch von der obsiegenden Partei verlangt werden.

Tatbestand i. S. d. § 320 ZPO ist dabei nicht nur der so überschriebene (§§ 313 Abs. 1 Nr. 5, Abs. 2, 314 ZPO), sondern jeder Teil des Urteils, in dem Ansprüche der Parteien und die dazu vorgebrachten Angriffs- und Verteidigungsmittel mit Beweiskraft festgestellt werden, kann sich also auch in den Entscheidungsgründen finden (BGH NJW 1997, 1931). 2980

Wiedergegebenes Prozessgeschehen (egal wo es dargestellt ist) gehört genauso wenig zum Tatbestand i. S. d. § 320 ZPO, wie Urteilseingang und Urteilsformel. Nicht nach § 320 berichtigt werden können auch frühere Tatbestandsberichtigungsbeschlüsse (BGH NJW-RR 1988, 408).

2981 Berichtigt werden können **Unrichtigkeiten**, die nicht unter § 319 ZPO fallen, Auslassungen, Dunkelheiten und Widersprüche.

Unter § 319 ZPO – und nicht unter § 320 ZPO – fallen alle versehentlichen Abweichungen des aus dem Urteil ersichtlichen von dem tatsächlichen Willen des Gerichts. Für § 320 ZPO bleiben damit nur diejenigen Unrichtigkeiten übrig, die nicht auf einem Fehler in der Darstellung, sondern auf einem Fehler in der Willensbildung beruhen. Anders als bei § 319 ZPO müssen sie nicht »offenbar« sein.

Eine Auslassung liegt vor, wenn entscheidungserhebliches Vorbringen der Parteien nicht berücksichtigt wurde. Die Entscheidungserheblichkeit ist dabei aus der Sicht des erstinstanzlichen Gerichts zu beurteilen. Hat das Gericht Vortrag der Parteien, auf den es für seine Lösung nicht ankam, unberücksichtigt gelassen, so ist er, wenn die Partei sich hierauf in zweiter Instanz stützen will, dort zwar »neu« (weil im Tatbestand nicht erwähnt), über § 531 Abs. 2 Nr. 1 ZPO aber zu berücksichtigen; einer vorherigen Tatbestandsberichtigung bedarf es deswegen nicht. Ist ein selbständiges Verteidigungsmittel sowohl im Tatbestand als auch in den Entscheidungsgründen ausgelassen, so kann über § 320 ZPO nur eine Vervollständigung des Tatbestands erreicht werden, die materielle Berücksichtigung (Änderung der Entscheidungsgründe) ist nur mit der Berufung zu erreichen. Keine Auslassung liegt vor, wenn der Sachverhalt im Wege wirksamer Verweisung auf den Akteninhalt (§ 313 Abs. 2 Satz 2 ZPO) einbezogen wurde (OLG Oldenburg MDR 1989, 551).

Widersprüche können über § 320 ZPO nur beseitigt werden, wenn sie innerhalb der Tatbestandsfeststellung auftreten. Widersprüche zwischen dem Tatbestand und den Entscheidungsgründen können nur mit der Berufung angefochten werden (RGZ 80, 174).

Nicht möglich ist es, im Wege der Tatbestandsberichtigung Sachvortrag zu etablieren, der erstinstanzlich »vergessen« wurde, auch wenn dies immer wieder versucht wird (*Müller/Heydn* NJW 2005, 1753).

2982 Die Tatbestandsberichtigung erfolgt nicht von Amts wegen, erforderlich ist stets ein **Antrag**.

Dieser muss beim erstinstanzlichen Gericht gestellt werden. Beim Landgericht ist er schriftlich durch einen zugelassenen Rechtsanwalt einzureichen, beim Amtsgericht reicht die Erklärung zu Protokoll der Geschäftsstelle (§ 496 ZPO).

Von besonderer Bedeutung ist die Einhaltung der gesetzlichen Frist. Diese beträgt zwei Wochen und beginnt mit der wirksamen Zustellung des vollständigen Urteils. Die Frist kann vom Gericht nicht verlängert werden (§ 224 Abs. 2 ZPO), ist sie versäumt, kommt eine Wiedereinsetzung nicht in Betracht (BGHZ 32, 27). Die gegenteilige Auffassung, die eine analoge Anwendung des § 233 ZPO befürwortet (Zöller/*Vollkommer* § 320 Rn. 7; § 321 Rn. 6), verkennt, dass die Aufzählung der Fristen in § 233 ZPO abschließend und als Ausnahmevorschrift einer analogen Ausdehnung nicht zugänglich ist.

Eines besonderen Rechtsschutzbedürfnisses bedarf der Antrag nicht. Insbesondere muss nicht dargelegt werden, inwieweit die beantragte Berichtigung entscheidungserheblich oder für die weitere Rechtsverfolgung von Bedeutung ist. Dies gilt selbst bei Entscheidungen, gegen die kein Rechtsmittel gegeben ist, weil zumindest die Verfassungsbeschwerde stets möglich ist.

Zu bedenken ist, dass man mit einem (abgelehnten) Berichtigungsantrag seinem Gegner möglicherweise einen Hinweis auf die Angreifbarkeit des Urteils gibt.

2983 Eine **mündliche Verhandlung** findet nur auf besonderen Antrag einer Partei statt.

Ein solcher Antrag macht praktisch meist wenig Sinn. Verhandelt wird nur über die Berichtigung, nicht über die Hauptsache selbst. Möglichkeiten, die über die des schriftsätzlichen Vortrags hinausgehen, sind in der Verhandlung nicht gegeben. Allerdings kann die Gegenpartei versuchen, durch einen entsprechenden Antrag das Verfahren zu verzögern und darauf zu hoffen, dass mit der Zeit auch die Erinnerung des Gerichts vergeht.

Sachlich entschieden wird allein auf der Grundlage der persönlichen Erinnerung des Gerichts, eine Beweisaufnahme ist ausgeschlossen (RGZ 149, 312), ebenso ein Anerkenntnis. Auch ein Versäumnisverfahren findet nicht statt, erscheint eine Partei nicht, ergeht eine Entscheidung nach Lage der Akten.

Die Entscheidung ergeht durch die an der ursprünglichen Entscheidung beteiligten Richter. Bei Verhinderung einzelner Richter werden diese nicht vertreten, sind alle Richter verhindert, scheidet eine Berichtigung aus.

Besondere Kosten entstehen durch das Berichtigungsverfahren nicht. Es gehört gebührenrechtlich zur Instanz, ist also durch die gerichtliche Verfahrens- und die anwaltliche Prozessgebühr abgegolten. Eine Kostenentscheidung ergeht daher nicht.

Die Entscheidung des Gerichts über den Berichtigungsantrag bedarf keiner Begründung, weil sie – egal ob ihm stattgegeben wird oder nicht – grundsätzlich nicht anfechtbar ist (§ 320 Abs. 4 Satz 4 ZPO). Nach Einlegung einer Berufung ist auch das Berufungsgericht an die Berichtigungsentscheidung gebunden, darf die Entscheidung nach § 320 ZPO nicht über § 512 ZPO prüfen oder abändern. Ausnahmsweise anfechtbar (und deswegen auch zu begründen) ist eine Entscheidung, wenn sie sich nicht sachlich mit dem Berichtigungsantrag auseinandersetzt, sondern diesen als unzulässig verwirft.

Erfolgt eine Berichtigung, ist Grundlage des Berufungsverfahrens der berichtigte Tatbestand. Aber auch die Ablehnung eines Berichtigungsantrags kann für die Berufungsinstanz von Vorteil sein und einen Berufungsgrund ausfüllen: Mit einem unberechtigten Zurückweisungsbeschluss können Zweifel begründet werden, die nach § 529 Abs. 1 Nr. 1 ZPO für eine erneute Tatsachenfeststellung durch das Berufungsgericht erforderlich sind (*Doms* NJW 2002, 777, 779). Wird die Berichtigung des Tatbestands mit der Begründung abgelehnt, die Tatsachen seien unerheblich, ist damit die Voraussetzung für deren erneuten Vortrag in zweiter Instanz nach § 531 Abs. 2 Nr. 1 ZPO erfüllt. Dagegen kann die zu Unrecht erfolgte Ablehnung nicht als Verfahrensfehler i. S. d. § 531 Abs. 2 Nr. 2 ZPO angesehen werden, weil damit die gesetzlich angeordnete Unanfechtbarkeit der Ablehnung umgangen würde.

Berichtigungsverfahren oder Berichtigungsbeschluss haben auf den Lauf der **Berufungsfristen** keinen Einfluss. 2984

Auch wenn die Berufung auf erst durch die Berichtigung in den Tatbestand gekommene Umstände gestützt werden soll, ist für den Beginn der Berufungsfrist auf die Zustellung des (nicht berichtigten) Urteils abzustellen. Ist vor Ablauf der Berufungsfrist über einen Antrag auf Tatbestandsberichtigung noch nicht entschieden, muss Frist wahrend Berufung eingelegt und diese – wenn die Berichtigungsentscheidung ihr den Boden entzieht – zurückgenommen oder für erledigt erklärt werden.

▶ Praxistipp: 2985

Weder hemmt ein Berichtigungsantrag nach §§ 319, 320 ZPO die Berufungsfristen noch hat der entsprechende Berichtigungsbeschluss einen Einfluss auf deren Beginn und Lauf (Baumbach/*Hartmann* § 517 Rn. 2).

Etwas anders gilt ausnahmsweise nur dann, wenn erst die Berichtigung eine Beschwer schafft oder klar erkennen lässt oder ein Ergänzungsurteil nach § 321 ZPO ergangen ist (§ 518 ZPO).

Der Anwalt hat sich daher bei der Berechnung der Fristen sicherheitshalber immer an der ersten Zustellung des vollständig abgefassten erstinstanzlichen Urteils zu orientieren (*Kieserling* ProzRB 2003, 358 – Urt. Anm.: »Bei der Berechnung der Berufungsfrist darf es keine Kompromisse geben«). Denn mit diesem Zeitpunkt beginnen sowohl die Berufungsfristen als auch die Frist für den Antrag auf Tatbestandsberichtigung zu laufen.

4. Urteilsergänzung

Hat das Gericht einen geltend gemachten Anspruch übergangen, kommt eine Urteilsergänzung in Betracht (§ 321 ZPO). 2986

Mit dem unvollständigen Urteil endet die Rechtshängigkeit des übergangenen Anspruchs (BGH NJW 1991, 1684). Er kann deswegen in der Berufungsinstanz nur wie ein neuer Anspruch geltend gemacht werden, das heißt unter den Voraussetzungen einer Klageänderung (oben Rdn. 2424), was nur ausnahmsweise möglich ist. Da keine der Rechtskraft fähige Entscheidung vorliegt, kann der übergangene Anspruch aber auch mit einer neuen Klage geltend gemacht werden (KG RPfl 1980, 158), was indes mit zusätzlichen Kosten verbunden ist. Die beste Lösung ist es deswegen, das erstinstanzliche Gericht über § 321 ZPO zu veranlassen, die übergangene Entscheidung nachzuholen.

Etwas anderes gilt für das Fehlen einer Nebenentscheidung. Über die Kosten des Rechtsstreits und über die vorläufige Vollstreckbarkeit des Urteils ist von Amts wegen zu entscheiden. Unterbleibt dies, muss die Entscheidung von Amts wegen im Berufungsurteil nachgeholt werden. Wird Berufung eingelegt, ist eine vorherige Urteilsergänzung damit nicht zwingend erforderlich, wohl aber möglich.

2987 Voraussetzung für eine Urteilsergänzung ist eine **Entscheidungslücke**. Eine solche liegt vor, wenn das erstinstanzliche Gericht versehentlich einen im (gegebenenfalls auch gemäß § 320 ZPO nachträglich berichtigten) Tatbestand enthaltenen Anspruch oder einen (von Amts wegen zu berücksichtigenden, § 308 Abs. 2 ZPO) Nebenpunkt weder im Tenor noch in den Entscheidungsgründen beschieden hat.

In Betracht kommen dabei Hauptansprüche (Punktesache, Hilfsantrag) oder Nebenansprüche (Zinsen, vorgerichtliche Kosten). Auf übergangene, im Tenor zu berücksichtigende Angriffs- und Verteidigungsmittel kann § 321 ZPO entsprechende Anwendung finden, so zum Beispiel, wenn die Verurteilung ohne einen erforderlichen Vorbehalt nach §§ 302, 599 ZPO oder ohne die Zug-um-Zug-Beschränkung nach Geltendmachung eines Zurückbehaltungsrechts ergeht (Thomas/Putzo/*Reichold* § 321 Rn. 7; zum Teil a. A. BGH NJW 2003, 1463).

Lücken in der Kostenentscheidung bestehen häufig im Übersehen einer Ausnahme vom Grundsatz der Kosteneinheit, sodass abgesonderte Teile der Kosten des Rechtsstreits unabhängig vom Unterliegen zu verteilen sind. Dies ist zum Beispiel erforderlich für die Kosten der Anrufung eines unzuständigen Gerichts (§ 281 Abs. 3 Satz 2 ZPO), die Kosten der Säumnis (§ 344 ZPO) oder die Kosten der Streithilfe (§ 101 ZPO).

Auch das Übergehen oder die Unvollständigkeit der Entscheidung zur vorläufigen Vollstreckbarkeit kann eine Ergänzung rechtfertigen (§ 716, 721 Abs. 1 Satz 3 ZPO), so zum Beispiel, wenn ein Vollstreckungsschutzantrag (§§ 711, 712, 721 ZPO) nicht beschieden wurde.

Sehr streitig ist, ob auch das Übergehen einer Entscheidung über die Zulassung eines Rechtsmittels (§§ 511 Abs. 4, 543 Abs. 2, 574 Abs. 3 ZPO) im Wege der Ergänzung nachgeholt werden kann. Die noch immer h. M. (BGH NJW 1981, 2755; BGH MDR 1985, 43; *Greger* NJW 2002, 3049; Thomas/Putzo/*Reichold* § 321 Rn. 8 m. w. N.) lehnt dies ab, weil das Schweigen zur Zulassung nicht als Übergehen der Entscheidung, sondern als Nichtzulassung zu werten ist. Eine neuere, nach der ZPO-Reform im Vordringen befindliche Auffassung lässt die Ergänzung eines Urteils um die Entscheidung über die Zulassung eines Rechtsmittels entsprechend § 321 zu (Zöller/*Vollkommer* § 321 Rn. 5).

2988 Sorgfältiger Prüfung bedarf die **Abgrenzung** des § 321 ZPO von den §§ 319, 320 ZPO einerseits und der Berufung andererseits.

Sollte der Anspruch von der Partei ausweislich eines vorbereitenden Schriftsatzes zwar erhoben werden, ist er im Tatbestand aber nicht dokumentiert, so ist er nicht geltend gemacht (§§ 297, 314 ZPO). Hier bedarf es zunächst einer Tatbestandsberichtigung nach § 320 ZPO, erst dann kommt die Urteilsergänzung in Betracht.

Ist der Anspruch nur im Tenor oder nur in den Entscheidungsgründen, nicht jedoch an beiden Stellen des Urteils behandelt, so liegt keine Lücke vor, sondern lediglich eine offenbare Unrichtigkeit des Urteils, die nach § 319 ZPO zu berichtigen ist (BGH VersR 1982, 70).

Hat das Gericht über den Anspruch bewusst nicht entschieden, kommt eine Ergänzung nicht in Betracht. Hiervon ist auszugehen, wenn das Gericht ein Teilurteil (§ 310 ZPO) erlassen wollte oder es rechtsirrig davon ausgegangen ist, der Antrag bedürfe keiner Entscheidung, weil er nicht rechtshängig geworden oder bereits wieder zurückgenommen sei. Hier liegt – unter Zugrundelegung der Rechtsauffassung des Erstgerichts – keine lückenhafte Entscheidung vor, sondern eine fehlerhafte Entscheidung, die nur mit der Berufung angefochten werden kann.

Eine nur mit der Berufung anfechtbare inhaltlich fehlerhafte Entscheidung und keine Entscheidungslücke liegt auch dann vor, wenn das Gericht einen geltend gemachten Anspruch zwar beschieden, ihn aber nicht unter allen in Betracht kommenden rechtlichen Gesichtspunkten geprüft hat, oder wenn ein bloßes Angriffs- oder Verteidigungsmittel übergangen wurde (BGH NJW-RR 1996, 379); eine Ausnahme gilt für die im Tenor zu berücksichtigenden Angriffs- und Verteidigungsmittel (Vorbehalt Nachverfahren, Zurückbehaltungsrecht).

B. Rechtsbehelfe im erstinstanzlichen Verfahren

Liegt eine versehentliche Lücke vor, kann darauf die Berufung nicht gestützt werden, da eine Beschwer nur in der getroffenen, nicht in der unterlassenen Entscheidung des Gerichts bestehen kann (BAG NJW 1994, 1429).

Sowohl die Urteilsergänzung als auch die Berufung ist möglich, wenn das Urteil durch den übergangenen Anspruch inhaltlich unrichtig geworden ist (BGH NJW-RR 1996, 1238).

▶ **Beispiel:** 2989

Das Gericht hat einen vom Beklagten zur Aufrechnung gestellten Gegenanspruch übergangen und ihn vorbehaltlos verurteilt. Im Wege der Ergänzung nach § 302 Abs. 2 ZPO kann der Beklagte einen Vorbehalt erreichen (und damit eine Fortsetzung des erstinstanzlichen Verfahrens), gegen seine (vorbehaltlose) Verurteilung kann er Berufung einlegen (und damit den gesamten Rechtsstreit einschließlich der Aufrechnungsforderung in die Berufungsinstanz tragen). Entsprechendes gilt beim Fehlen eines Vorbehalts nach §§ 506, 599 ZPO.

Die Berufung tritt auch dann als Alternative neben die Urteilsergänzung, wenn die Entscheidung über die Kosten oder die vorläufige Vollstreckbarkeit völlig fehlt. Praktische Bedeutung erlangt dieses Wahlrecht, wenn die Ergänzungsfrist bereits abgelaufen ist, die Berufungsfrist aber noch läuft (Zöller/*Vollkommer* § 321 Rn. 2).

Der Antrag ist binnen einer **Frist** von zwei Wochen nach Zustellung des Urteils schriftlich beim erstinstanzlichen Gericht zu stellen. 2990

Beim Landgericht ist er schriftlich durch einen zugelassenen Rechtsanwalt einzureichen, beim Amtsgericht reicht die Erklärung zu Protokoll der Geschäftsstelle (§ 496 ZPO).

Die Zwei-Wochen-Frist ist eine gesetzliche Frist und kann deswegen vom Gericht nicht verlängert werden (§ 224 Abs. 2 ZPO). Sie beginnt mit der wirksamen Zustellung des vollständigen Urteils, gegebenenfalls mit der Zustellung des Berichtigungsbeschlusses nach § 320 ZPO (BGH NJW 1982, 1821). Ist die Frist versäumt, kommt wie bei der Tatbestandsberichtigung (oben Rn. 2401) eine Wiedereinsetzung nicht in Betracht (oben Rdn. 2835).

Die **Entscheidung** über die Urteilsergänzung ergeht nach mündlicher Verhandlung durch Ergänzungsurteil. Dieses ist selbstständig mit der Berufung anfechtbar (BGH WM 1982, 491). Die Berufungsfrist für das zuerst ergangene, unvollständige Urteil setzt das Ergänzungsurteil nur dann neu in Gang, wenn es innerhalb der Berufungsfrist ergeht (§ 518 ZPO). 2991

Da mit der Urteilsergänzung anders als mit der Tatbestandsberichtigung nicht bloß formelle Mängel einer bereits getroffenen Entscheidung beseitigt, sondern eine Entscheidung neu getroffen wird, können an der Entscheidung auch Richter mitwirken, die am ursprünglichen Verfahren nicht beteiligt waren. Erfordert die Ergänzungsentscheidung eine Beweisaufnahme, so wird sie durchgeführt. Ist eine Partei säumig, ergeht die Entscheidung als Versäumnisurteil, auch ein Anerkenntnis ist möglich.

Das Ergänzungsurteil muss eine eigene Kostenentscheidung enthalten, für die Gerichtsgebühren gelten Urteil und Ergänzungsurteil als Teilurteile (§ 36 GKG), besondere Gebühren für den Anwalt entstehen nicht (Zöller/*Vollkommer* § 321 Rn. 12).

Ist die Berufungsfrist für das zuerst ergangene Urteil bei Verkündung des Ergänzungsurteils bereits abgelaufen, so bleibt dieses auf die ursprüngliche Berufungs- und Berufungsbegründungsfrist ohne Wirkung (BGH NJW 2009, 442).

VI. Rüge der Verletzung rechtlichen Gehörs (§ 321a ZPO)

Hat das erstinstanzliche Gericht eine Entscheidung unter Verletzung des rechtlichen Gehörs getroffen, die anderweitig nicht anfechtbar ist, so kann die betroffene Partei dies rügen und Nachholung des rechtlichen Gehörs und Erlass einer neuen Entscheidung verlangen (sog. Gehörs- oder Anhörungsrüge, § 321a ZPO). 2992

Um in den praktisch nicht so seltenen Fällen einer Verletzung rechtlichen Gehörs nicht sofort die Verfassungsbeschwerde zu eröffnen, hat der Gesetzgeber 2002 die Möglichkeit einer fachgerichtlichen Abhilfe geschaffen und deren Anwendungsbereich nach Vorgaben des BVerfG (NJW 2003, 1924) im Jahr 2005 in allen Verfahrensordnungen noch einmal deutlich erweitert. Dennoch ist die Kritik an diesem Institut bis heute nicht verstummt (*E. Schneider* ZAP-Kolumne 2002, 1385; Fach 13, S. 1152: »gesetzgeberische Missgeburt«; ZAP Fach 13, S. 420; »Psychologisch gesehen ein Schildbürgerstreich«; ZAP-Report: Justizspiegel ZAP 2004, S. 1329: »verdient nach bisheriger forensischer Erfahrung nur die Bewertung als Augenwischerei, als prozessuales Placebo«; *Nassall* ZRP 2004, 167: die Ausweitung des § 321a ZPO durch das Anhörungsrügengesetz wird zu einer Schwächung des Grundrechts auf Gewährung rechtlichen Gehörs führen).

1. Voraussetzungen

2993 § 321a ZPO ermöglicht dem erstinstanzlichen Gericht die Selbstkorrektur

2994 (1) einer eigenen **Entscheidung,**

Hierunter fallen alle instanzbeendenden Entscheidungen, unabhängig davon, in welcher Verfahrensart (Klageverfahren, Prozesskostenhilfeverfahren, Eilverfahren) und welcher Form (Urteils oder Beschluss) ergangen sind. Ausgeschlossen ist die Anfechtung von Zwischenentscheidungen, denen eine Endentscheidung folgt (Verweisungsbeschlüsse, Beweisbeschlüsse; vgl. §§ 312 Abs. 1 Satz 2, 512 ZPO).

2995 (2) gegen die weder ein Rechtsmittel noch ein anderer **Rechtsbehelf** gegeben ist,

Die Gehörsrüge ist damit anderen Rechtsbehelfen gegenüber subsidiär. Sie tritt insbesondere zurück hinter den echten Rechtsmitteln (Berufung, sofortige Beschwerde), aber auch hinter anderen Rechtsbehelfen, wenn mit diesen die Gehörsverletzung behoben werden kann (Berichtigungen und Ergänzungen des Urteils nach §§ 319 ff. ZPO; Baumbach/*Hartmann* § 321a Rn. 5).

Unanfechtbar sein kann eine Entscheidung, weil das Gesetz keine Anfechtung vorsieht oder weil die gesetzlichen Voraussetzungen der Anfechtung nicht (mehr) vorliegen, sodass auch anfechtbare Entscheidungen nach Ablauf der Rechtsmittelfrist unanfechtbar werden (Zöller/*Vollkommer* § 321a Rn. 5).

Bestehen Zweifel, ob der Wert des Beschwerdegegenstandes 600 € übersteigt und ist damit zweifelhaft, ob ein Urteil mit der Berufung (§ 511 ZPO) oder der Anhörungsrüge (§ 321a ZPO) anzufechten ist, hat der Rechtsanwalt den für seinen Mandanten sichersten Weg zu beschreiben, selbst wenn dies zu der Notwendigkeit führt, zwei Rechtsbehelfe (hier: Berufung und Anhörungsrüge) parallel anhängig zu machen (BGH MDR 2012, 1116).

2996 (3) wenn es dabei der Anspruch auf **rechtliches Gehör** in entscheidungserheblicher Weise **verletzt** hat.

Entscheidungserheblichkeit liegt vor, wenn nicht ausgeschlossen werden kann, dass das Gericht ohne die Verletzung des Anspruchs auf rechtliches Gehör zu einer anderen Entscheidung gekommen wäre (Begr. RegE, S. 85 zu Nr. 49). Dies gilt auch dann, wenn die Gehörsverletzung nur einen Teil der Ansprüche, einen Nebenanspruch oder den Kostenausspruch berührt. Ferner kann das Abhilfeverfahren auf die Nichtzulassung der Berufung gestützt werden. Nicht erforderlich ist daher, dass die Entscheidung für den Rügeführer tatsächlich günstiger ausgefallen wäre (Zöller/*Vollkommer* § 321a Rn. 10).

Hingegen ist die Gehörsrüge grundsätzlich nicht geeignet, eine – vermeintlich – fehlerhafte rechtliche Würdigung zu beanstanden.

2997 Der Anspruch auf rechtliches Gehör umfasst

– das Recht, sich über den Verfahrensstoff zu **informieren.**

Im Zivilprozess gehört hierzu die Verpflichtung des Gerichts, jede Partei von den Angriffs- und Verteidigungsmitteln der Gegenseite in Kenntnis zu setzen.

– das Recht, sich im Verfahren vor dem Erlass einer Entscheidung in rechtlicher und tatsächlicher Hinsicht hinreichend **äußern** zu können.

Verletzt ist dieser Aspekt des rechtlichen Gehörs bei der Nichtgewährung von Schriftsatzfristen, zu kurzen Fristen, der Nichterteilung des Worts in der mündlichen Verhandlung oder auch der Nichtladung eines Sachverständigen zur Erläuterung seines schriftlichen Gutachtens (BGH NJW-RR 2009, 1361). Im amtsgerichtlichen Bagatellverfahren (§ 495a ZPO) ist das Gericht verpflichtet, die Parteien vor Erlass eines Urteils über eine beabsichtigte Entscheidung zu informieren und den Zeitpunkt mitzuteilen, bis zu

B. Rechtsbehelfe im erstinstanzlichen Verfahren — 9. Kapitel

dem die Parteien ihr Vorbringen in den Prozess einführen können, um ihnen die Möglichkeit zu belassen, einen Antrag auf mündliche Verhandlung gem. § 495a S. 2 ZPO zu stellen (BVerfG NJW-RR 2009, 562).

Keine Verletzung rechtlichen Gehörs liegt vor, wenn die Partei die Möglichkeit zur Äußerung hatte, hiervon aber keinen Gebrauch gemacht hat

– das Recht, mit seinem Vorbringen bei der Entscheidungsfindung **berücksichtigt** zu werden.

»Der Anspruch auf rechtliches Gehör verpflichtet das Gericht, die Ausführungen der Beteiligten zur Kenntnis zu nehmen und in Erwägung zu ziehen. Art. 103 Abs. 1 GG ist allerdings nur dann verletzt, wenn sich im Einzelfall klar ergibt, dass das Gericht dieser Pflicht nicht nachgekommen ist. Denn grundsätzlich geht das Bundesverfassungsgericht davon aus, dass die Gerichte das von ihnen entgegengenommene Vorbringen auch zur Kenntnis genommen und in Erwägung gezogen haben. Die Gerichte sind dabei nicht verpflichtet, sich mit jedem Vorbringen in den Entscheidungsgründen ausdrücklich zu befassen. Deshalb müssen, wenn das Bundesverfassungsgericht einen Verstoß gegen Art. 103 Abs. 1 GG feststellen soll, im Einzelfall besondere Umstände deutlich ergeben, dass tatsächliches Vorbringen eines Beteiligten entweder überhaupt nicht zur Kenntnis genommen oder doch bei der Entscheidung nicht erwogen worden ist. Dergleichen Umstände können insbesondere dann vorliegen, wenn das Gericht wesentliche, das Kernvorbringen eines Beteiligten darstellende Tatsachen unberücksichtigt lässt. Geht das Gericht auf den wesentlichen Kern des Tatsachenvortrags zu einer Frage, die für das Verfahren von zentraler Bedeutung ist, in den Entscheidungsgründen nicht ein, so lässt dies auf die Nichtberücksichtigung des Vortrags schließen, sofern er nicht nach dem Rechtsstandpunkt des Gerichts unerheblich oder offensichtlich unsubstantiiert ist. Daraus ergibt sich eine Pflicht der Gerichte, die wesentlichen, der Rechtsverfolgung und -verteidigung dienenden Tatsachenbehauptungen in den Entscheidungsgründen zu verarbeiten.« (BVerfGE in ständiger Rechtsprechung, hier: Beschl. vom 16.09.2010 – Az. 2 BvR 2394/08; entsprechend BGH NJW 2009, 2139).

In der Gerichtspraxis kommen Verletzungen des rechtlichen Gehörs – zumeist unabsichtlich – immer wieder vor, wie z. B. in den folgenden Fällen (Prütting/Gehrlein/*Thole* § 321a Rn. 6 ff.): 2998

▶ **Beispiele:** 2999

Nichtberücksichtigung eines rechtzeitig eingegangenen Schriftsatzes, weil er dem Richter von der Geschäftsstelle versehentlich nicht bzw. erst nach Erlass des Urteils vorgelegt wird, in eine falsche Akte oder in das Beiheft »Ausgehobene Aktenstücke« geraten oder sonst verloren gegangen ist (sog. Pannenfälle).

Nichtberücksichtigung des Sachvortrages der Parteien, insbesondere erheblicher Beweisanträge (BVerfG MDR 2012, 599; BVerfG NJW-RR 2001, 1006) oder deren Rechtsausführungen (BVerfG NJW 1983, 383; NJW-RR 1993, 383; WuM 1999, 383).

Das Gericht muss die Ausführungen der Parteien zumindest zur Kenntnis genommen haben und in Erwägung ziehen. Dabei sind Schriftsätze, die vor Hinausgabe einer Entscheidung an die Beteiligten eingehen, unabhängig davon zu berücksichtigen, ob die Entscheidung von den Richtern bereits unterschrieben ist (BayObLG NJW-RR 1999, 1685; OLG Zweibrücken OLGReport Zweibrücken 2002, 344: bei Zweifeln hins. der Kenntnisnahme ist von einem rechtzeitigen Eingang auszugehen; NJW-RR 1987, 576: eine schriftliche Entscheidung ist erst erlassen, wenn sie (von der Geschäftsstelle) zur Zustellung zur Post gegeben wird; § 331 Abs. 3 Satz 1 a. E.; Zöller/Vollkommer § 309 Rn. 3; 310 Rn. 1).

Das Gebot auf rechtliches Gehör ist erst dann verletzt, wenn sich im Einzelfall klar ergibt, dass das Gericht dieser Verpflichtung nicht nachgekommen ist (BVerfG NJW-RR 2002, 68, 70).

Dies kann z. B. der Fall sein, wenn das Gericht darauf im Urteil überhaupt nicht eingeht, obgleich das Gericht nicht verpflichtet ist, sich mit jedem Vorbringen in den Entscheidungsgründen ausdrücklich zu befassen, namentlich nicht bei letztinstanzlichen, mit ordentlichen Rechtsmitteln nicht mehr angreifbaren Entscheidungen (BVerfG WuM 2002, 140). Dies soll auch gelten, wenn das Gericht den Kern des Vorbringens der Parteien überhaupt nicht erfasst oder grob missverstanden hat (z. B. Bezeichnung von Unstreitigem als streitig und umgekehrt; Zöller/Vollkommer § 321a Rn. 9).

Selbst wenn sich das Gericht nicht ausreichend Zeit genommen hat, um die rechtzeitig eingegangenen Schriftsätze nach Ablauf der von ihm gesetzten Frist zu prüfen, kann der Anspruch auf rechtliches Gehör verletzt sein (BVerfG NJW 1995, 2095: Zugang der Entscheidung an den Betroffenen gegen 8.45 Uhr, wobei am Abend des Vortrages fristgerecht noch Schriftsätze eingereicht wurden, bei einem aus drei Mitgliedern bestehenden Senat).

Die Entscheidung ist vor Ablauf der gesetzten Äußerungsfrist ergangen (Zöller/Greger Vor § 128 Rn. 6; BVerfGE 49, 215; BVerfGE 61, 41; BayObLG MDR 1981, 409) oder das Gericht hat neues Vorbringen in einem nicht nachgelassenen Schriftsatz zulasten des Gegners berücksichtigt (BVerfGE 55, 99).

Eine zu kurze Frist verletzt ebenfalls den Anspruch auf rechtliches Gehör (Zöller/Herget § 495a Rn. 9). Bei Fehlen einer ausdrücklichen Befristung muss dass Gericht vor der Entscheidung einen angemessenen Zeitraum für eine etwaige veranlasste bzw. verfügte Stellungnahme warten.

Übergehen eines Antrags auf mündliche Verhandlung im § 495a – Verfahren (oben Rdn. 2067).

Fehlerhafte Anwendung von Form- und Fristvorschriften, insbesondere Präklusionsvorschriften (Zöller/Vollkommer § 321a Rn. 7; OLG Koblenz MDR 2002, 415; BVerfGE 69, 145; BVerfG NJW 1987, 2733; BVerfG NJW 2004, 3551: jedenfalls bei offenkundig unrichtiger Rechtsanwendung).

Nur unvollständige Mitteilung der zu den Akten gereichten gegnerischen Schriftsätze.

Dieser Gehörsverstoß kann nicht dadurch kompensiert werden, dass dem Prozessvertreter die Akteneinsicht gestattet wird. Auch ein Geheimhaltungsinteresse des Gegners rechtfertigt den Eingriff in die prozessualen Rechte der Partei nicht (§ 270 ZPO; OLG München NJW 2005, 1130).

Unterlassen von notwendigen Hinweisen (oben Rdn. 1406) oder der Schlusserörterung (§ 279 Abs. 3 ZPO).

Wenig praxisrelevant erscheint die Streitfrage, ob der Gehörsbegriff der ZPO weiter ist als der verfassungsrechtliche gem. Art. 103 Abs. 2 GG (Zöller/Vollkommer § 321a Rn. 5, 6; a.A. Rensen AnwBl. 2002, 639: nur Kernbereich der Hinweispflicht – m. E. arg. § 156 Abs. 2 Nr. 1 ZPO sowie Begr. RegE. S. 85 erwähnt ausdrücklich Art. 103 Abs. 1 GG). Denn in den meisten Fällen wird die Verletzung der richterlichen Hinweispflicht zugleich eine Verletzung des Anspruchs auf rechtliches Gehör im verfassungsrechtlichen Sinne darstellen.

3000 Eine (analoge) Anwendung des § 321a ZPO auf andere entscheidungserhebliche Verfahrens-Grundrechtsverletzungen (z. B. Gebot des gesetzlichen Richter, Recht auf ein faires Verfahren, Willkürverbot) wird heute überwiegend abgelehnt (BGH NJW-RR 2009, 144).

Gegen die Annahme einer sog. planwidrigen Lücke als Voraussetzung für eine Analogie spricht die vom Gesetzgeber sowohl im ZPO-Reformgesetz als auch im Anhörungsrügengesetz bewusst getroffene Beschränkung auf Gehörsverletzungen (Begr. RegE. AnhörungsrügenG, S. 36; Zöller/*Gummer* § 567 Rn. 25 – obgleich die analoge Anwendung »verlockend« sei; auch BGH NJW 2004, 1577: »der Gesetzgeber des ZPO-Reformgesetzes hat die Problematik der Verletzung von Verfahrensgrundrechten gesehen«). Womöglich ist es aber nur eine Frage der Zeit, bis das BVerfG auch hier das Fehlen klarer Rechtsmittelregeln beanstanden wird (*Nassall* ZRP 2004, 168; BRAK – Stellungnahme vom 18.05.2004: Gesetz bleibt »zumindest rechtspolitisch auf halbem Wege stehen«).

(aA. noch *Lipp* NJW 2002, 1702; *Müller* NJW 2002, 2743; *E. Schneider* AnwBl. 2002, 623; ders. ZAP Fach 13, S. 646; BFH NJW 2005, 526: § 321a ZPO enthält einen allgemeinen Rechtsgrundsatz in Bezug auf die Beseitigung schweren Verfahrensunrechts). Hierfür spricht zwar, dass mit der Einführung dieser Vorschrift gerade das BVerfG von einer Korrektur objektiver Verfahrensfehler entlastet werden sollte, die instanzintern einfacher und ökonomischer behoben werden können: der Verfassungsverstoß ist auf Gegenvorstellung hin durch das Ausgangsgericht zu korrigieren).

▶ **Praxistipp:** 3001

Soll über die Verletzung rechtlichen Gehörs hinaus die Verletzung weiterer Verfassungsrechte gerügt werden, empfiehlt es sich, dies durch eine parallel zur Gehörsrüge erhobene Gegenvorstellung zu tun.

> Diese Vorgehensweise war schon vor der Einführung des § 321a ZPO anerkannt (Begr. RegE, S. 85; BGH NJW 2002, 1577). Im Zweifel bleibt stets die Möglichkeit einer Verfassungsbeschwerde.

Das Abhilfeverfahren erfolgt nicht von Amts wegen, sondern ausschließlich auf Rüge der durch das Urteil beschwerten Partei. Dabei ist eine form- und fristgerechte Rüge Zulässigkeitsvoraussetzung (§ 321a Abs. 4 ZPO). 3002

> Einen besonderen zusätzlichen Kostenvorschuss erfordert das Abhilfeverfahren nicht.

Sofern das Gericht seine Entscheidung von sich aus korrigieren möchte, kann es eine Antragstellung lediglich anregen. Eine direkte Empfehlung kann aber unter Umständen zur Ablehnbarkeit führen (*Hartmann* NJW 2001, 2587). Im Übrigen besteht wohl keine Belehrungspflicht (Baumbach/*Hartmann* § 139 Rn. 57, 79). 3003

Durch die rechtzeitige Einlegung der Rüge wird die Rechtskraft nicht gehemmt (§ 705 Satz 2 ZPO verweist – anders als früher – nicht mehr auf § 321a!). 3004

> Auf Antrag der unterlegenen Partei kann die Zwangsvollstreckung (in der Regel gegen Sicherheitsleistung) einstweilen eingestellt werden (§ 707 Abs. 1 Satz 1 ZPO). Es kann sich empfehlen, den Antrag gleich in der Rügeschrift zu stellen.

Dem Gegner ist nach Abs. 3 – soweit erforderlich – Gelegenheit zur Stellungnahme zu geben, natürlich unter Übersendung der Rügeschrift. 3005

> Die Anhörung darf allenfalls unterbleiben, soweit das Gericht die Rüge von vornherein als unzulässig oder unbegründet erachtet. Sonst ist ihm eine ausreichende Frist zu geben (Baumbach/*Hartmann* § 321a Rn. 41: in einem nicht zu komplizierten Fall mögen 2–3 Wochen genügen – keine überfallartigen Schnellfristen!).

> Es sollte dann prüfen, ob u. U. eine Berichtigung des Tatbestands, der Entscheidungsgründe oder des Sitzungsprotokolls in Betracht kommt (§§ 164, 319, 320 ZPO), wenn das Gericht das rechtliche Gehör zwar gewährt, aber vergessen hat, dies zu dokumentieren. Damit könnte die Rüge hinfällig werden.

2. Rügeschrift

Die Rüge ist durch Einreichung eines Schriftsatzes zu erheben, der enthalten muss: 3006
- die Bezeichnung des Prozesses, dessen Fortführung begehrt wird
- die Darlegung der Verletzung des Anspruchs auf rechtliches Gehör und der Entscheidungserheblichkeit der Verletzung.

▶ **Praxistipp:** 3007

Die Rügeschrift ist innerhalb einer Notfrist von zwei Wochen bei dem Gericht einzureichen, dessen Entscheidung angegriffen wird (nicht beim Rechtsmittelgericht!).

Die Frist beginnt nicht mit der Zustellung des vollständigen Urteils, sondern ab »Kenntnis von der Verletzung des rechtlichen Gehörs (§ 321a Abs. 2 Satz 1 ZPO). Dieser Zeitpunkt ist glaubhaft zu machen. Die Rüge kann höchstens innerhalb eines Jahres seit Bekanntgabe der angegriffenen Entscheidung erhoben werden (Abs. 2 Satz 2; Ausschlussfrist!). 3008

> Hieraus ergibt sich (eindeutiger Wortlaut!), dass für den Fristbeginn Kennenmüssen bzw. fahrlässige Unkenntnis ebenso wenig maßgeblich ist (a. A. *Treber* NJW 2005, 99) wie die bloße Zustellung (insbesondere durch Niederlegung!).

Sie kann nicht verlängert werden (§ 224 Abs. 2 ZPO). Allerdings kommt bei schuldloser Fristversäumnis Wiedereinsetzung in Betracht (§ 233 ZPO).

3009 Ein Nachschieben von Gründen ist nicht möglich, wobei auch nicht (wie bei der Berufung) unterschieden wird zwischen einer Einlegungs- und einer Begründungsfrist.

Die erforderlichen Darlegungen sollten daher zwar einerseits möglichst umfassend erfolgen, andererseits kann die Überzeugungskraft der Ausführungen darunter leiden, wenn sich die rügende Partei im Unerheblichen verliert.

3010 In jedem Fall aber muss genau angegeben werden, was bei Gewährung des rechtlichen Gehörs vorgetragen worden wäre.

Thomas/Putzo/*Reichold* § 321a Rn. 5: am sichersten wie eine Berufungsschrift formulieren; Zöller/*Vollkommer* § 321a Rn. 13: auf die Grundsätze der revisionsrechtlichen Verfahrensrüge kann zurückgegriffen werden – BGH NJW-RR 2003, 1003 (Revisionszulassung bei Gehörsverletzung). Eine Glaubhaftmachung des hypothetischen Vorbringens im Ausgangsverfahren ist im Gesetz nicht vorgesehen.

3011 Des Weiteren ist darzulegen, dass und inwieweit dieses Unterlassen der Partei gegenüber nachteilig entscheidungserheblich war. Unzureichend ist es, nur lapidar zu behaupten, das rechtliche Gehör sei verletzt oder das Urteil sei unrichtig.

Bei einem übergangenen Beweisantrag sollte ausgeführt werden, dass und inwieweit die unterbliebene Beweisanordnung zu einem anderen Prozessergebnis hätte führen können (BGH NJW 1986, 2371 bzgl. Revision), insbesondere was z. B. der Zeuge voraussichtlich ausgesagt hätte.

Bei Unterlassen eines notwendigen Hinweises ist gegebenenfalls vorzutragen, dass und welche (weiteren; entscheidungserheblichen) Beweise der Antragsteller bei Erteilung des Hinweises angetreten hätte (Zöller/*Vollkommer* § 321a Rn. 10 a. E.). Bei einer wegen fehlender Schlüssigkeit abgewiesenen Klage muss der zunächst unterbliebene Sachvortrag so vollständig nachgeholt werden, dass er nunmehr schlüssig ist (BGH NJW-RR 2003, 1003).

Hat das Gericht sein Urteil auf Beweismittel gestützt, die der Partei nicht zur Kenntnis gegeben wurden, muss dem sogleich eine eigene Beweiswürdigung entgegen gestellt werden, welche die Möglichkeit einer anderen Entscheidung aufzeigt.

3012 Bei alledem muss der Richter dazu gebracht werden, die Entscheidungserheblichkeit zu erkennen, seinen eigenen Fehler einzugestehen und diesen auch beseitigen zu wollen sowie weitere Arbeit in diesen für ihn bereits abgeschlossenen Rechtsstreit zu investieren. Dies stellt erhebliche Anforderungen an den Vortrag des Antragstellers (*Zuck* MDR 2011, 399, 401).

Aus der Rügeschrift sollte daher für den Richter erkennbar sein, dass gerade der konkrete Fall nicht zu den sicherlich anzutreffenden querulatorischen und in der Mehrzahl wohl unbegründeten Rügen gehört.

Psychologisch eher ungeschickt dürfte es hierbei sein, die Gehörsverletzungen gleichsam als persönliches Versagen des Richters darzustellen (*E. Schneider* AnwBl. 2002, 621: z. B. der unterschwellige Vorwurf, der Richter habe die Akten nicht sorgfältig gelesen, was eine Abwehrhaltung bei diesem Richter – den Abwehrmechanismus der Verleugnung – auslösen kann).

Deshalb wird vermutlich in der Praxis ein strenger Maßstab angelegt und Abhilfeentscheidungen dürften eher die Ausnahme bilden (auch hins. zweitem Halbsatz Begr. RegE, S. 63). Die »klugen Gerichte, die in Bereitschaft zur Selbstkritik ruhig abwägen« (Baumbach/*Hartmann* § 321a Rn. 26) dürften in der Minderheit sein.

Dabei kann es sicherlich eine Rolle spielen, dass die ablehnenden Entscheidungen nicht anfechtbar sind und der Richter diese auch nur kurz begründen soll (Abs. 4 Satz 5; gebundenes Ermessen).

Die Bereitschaft zur Abänderung des Urteils wird am ehesten bei versehentlichen »Pannen« vorhanden sein (hierzu Zöller/*Vollkommer* § 321a Rn. 6; *Treber* NJW 2005, 99: der Rechtsbehelf gelangt in sog. Willkürfällen an seine »strukturellen Grenzen«). Sonst aber sollen die Gerichte »aller Erfahrung nach« nicht bereit sein, sich selbst zu korrigieren und damit ihre Fehlerhaftigkeit einzuräumen (*Nassall* ZRP 2004, 167: Gehörsrügen werden deshalb »auch in Zukunft weitgehend wirkungslos sein«; *E. Schneider* AnwBl. 2003, 549; ZAP Fach 13, S. 1277: »Erfolgsaussichten tendieren gegen Null«; ZAP-Kolumne ZAP 2004, S. 641: »Der § 321a ZPO ist ein Flop« – jeweils unter Bezugnahme auf das Ergebnis der Aktenauswertung von *Vollkommer*, FS Musielak, 2003, S. 619 ff.; ZAP-Buch-Report, Beilage 1 zu ZAP 6/05, S. 17: »Es geht um den Gesichtsverlust«; *Bloching/Kettinger* NJW 2005, 863: Effektiver Rechtsschutz nur durch einen »absolut unvoreingenommenen Richter denkbar«).

Abgesehen davon ist bislang die Anzahl der Gehörsrügen nach den ersten Erfahrungen »extrem gering« (*Huber*, Beilage zu NJW 27/2004, ders. Reform der ZPO, S. A 20; *König* DRiZ 2003, 345: nach 1 $1/2$ Jahren erst ein Antrag nach § 321a ZPO). Auch die sog. Pannenfälle sollen in der Praxis so gut wie keine Rolle spielen (*E. Schneider* ZAP-Buch-Report, Beilage 2 zu ZAP 12/04, S. 15).

An der Effektivität des Abhilfeverfahrens kann man daher auch nach dessen Erweiterung durch das Anhörungsrügengesetz durchaus zweifeln. Eine Kontrolle durch die höhere Instanz wäre sicherlich wirkungsvoller.

3. Entscheidung des Gerichts

Bei zulässiger und begründeter Rüge wird der Prozess in der Lage fortgeführt, in der er sich vor dem Schluss der mündlichen Verhandlung befand und soweit dies aufgrund der Rüge geboten ist (§ 321a Abs. 5 ZPO). Im Übrigen ist entsprechend § 343 ZPO (Einspruch gegen Versäumnisurteil) zu verfahren. 3013

Mit der Ergänzung des § 321a ZPO durch den Passus »soweit dies aufgrund der Rüge geboten ist« soll es nur noch um den Streitgegenstand gehen, der von der Verletzung des Anspruchs auf rechtliches Gehör betroffen ist. Dagegen soll dem Gegner der Rügepartei nicht noch einmal Gelegenheit gegeben werden, sein erstinstanzliches Vorbringen zu Streitpunkten, mit denen er unterlegen ist, zu ergänzen (Begr. RegE., S. 19).

Dies bedeutet letztlich im Ergebnis – bei Teilbarkeit des von der Rüge betroffenen Streitgegenstandes – ein Verschlechterungsverbot (sog. Verbot der reformatio in peius). Denn mit der Rüge angegriffen wird in der Regel natürlich nur derjenige Teil, mit welchem die Partei unterlegen war. Der Rest wird rechtskräftig. Allerdings kann die rügende Partei Vorbringen zu einem solchen Gegenstand, bei dem sie zwar unterlegen war, welcher aber nicht von der Rüge betroffen ist, nicht mehr ergänzen. Auch soweit der nicht angegriffene Teil nicht in Rechtskraft erwächst, ist eine Abänderung zulasten der rügenden Partei möglich (BGH MDR 2012, 988).

Bisher hingegen konnte das Abhilfeverfahren in Einzelfällen bei gemischter Ausgangsentscheidung auch immer zu einem für die rügende Partei ungünstigeren Ergebnis führen, wobei sie aber auch Gelegenheit hatte, ihr Vorbringen unbeschränkt zu ergänzen. Dies dürfte jetzt allenfalls nur noch dann möglich sein, wenn der von der Rüge betroffene Streitgegenstand nicht teilbar ist (*Fölsch* MDR 2004, 1031).

Allerdings sollen bei Fortführung des Prozesses auch mittelbare Folgen der Gehörsverletzung korrigiert werden können. Wird beispielsweise hierbei ein übergangener Beweisantrag ausgeführt und gibt das Ergebnis dieser (neuen) Beweisaufnahme Anlass für einen weiteren, bisher nicht gestellten Beweisantrag der einen oder der anderen Partei, ist damit an sich die Reichweite der erfolgreichen Rüge überschritten. Dennoch ist es nicht fraglich, dass das Gericht auch dem neuen Antrag – seine Erheblichkeit und sonstigen Voraussetzungen unterstellt – nachzugehen hat. Dies kann dann auch für sonstige Angriffs- und Verteidigungsmittel gelten. Insoweit kann die Neuregelung nicht zu einer Reduzierung des Prozessstoffs des fortgesetzten Verfahrens führen (*Hirtz* AnwBl. 2004, 505).

Durch das Anhörungsrügeverfahren wird die durch das Hauptverfahren eingetretene Hemmung der Verjährung nicht verlängert (BGH MDR 2012, 1184).

Letztlich aber sind die Auswirkungen im Detail nach wie vor unklar (kritisch Dt. Anwaltverein Stellungnahme Nr. 35/2003, S. 19: wird zu »unfruchtbarem Streit« führen; *E. Schneider* AnwBl. 2003, 549: Verstoß gegen Art. 103 Abs. 1 GG).

Im Übrigen ist – zumindest bei beabsichtigter Stattgabe der Rüge – zuvor dem Gegner Gelegenheit zur Stellungnahme zu gewähren (Abs. 3). Er hat dadurch die Möglichkeit, das Gericht noch zu seinen Gunsten umzustimmen.

Gegenüber der daraufhin ergehenden Entscheidung kann das Abhilfeverfahren wiederholt, und u. U. dann für den unterlegenen Gegner, in Betracht kommen. Zur Vermeidung neuer Gehörsverletzungen kann es sich für die betroffene Partei empfehlen, zusammen mit der Gehörsrüge einen Antrag auf mündliche Verhandlung gem. § 495a Satz 2 ZPO zu stellen (oben Rdn. 2067).

Es ist nicht ausgeschlossen, dass bei teilweisem Obsiegen und teilweisen Unterliegen eine Partei die Gehörsrüge erhebt, während die andere Berufung einlegt. Das Berufungsverfahren muss dann wohl bis zum endgültigen Abschluss der ersten Instanz ausgesetzt werden (*Greger* NJW 2002, 3051). Dieses Problem hat weder das 1. Justizmodernisierungsgesetz noch das Anhörungsrügengesetz gelöst.

3014 Eine unzulässige oder unbegründete Rüge wird durch Beschluss verworfen bzw. zurückgewiesen (Abs. 4), d. h. mit freigestellter mündlicher Verhandlung (§ 128 Abs. 4 ZPO).

Bei insgesamt erfolgloser Rüge entsteht eine Gerichtsgebühr i. H. v. 50 € (Nr. 1700 KV-GKG).

Obgleich das Abhilfeverfahren für den Instanzanwalt einen zusätzlichen Aufwand erfordert, bekommt er keine gesonderte Gebühr. Die Fortsetzung des Verfahrens stellt keine neue gebührenrechtliche Angelegenheit dar (§§ 15 Abs. 2; 19 Abs. 1 Nr. 5 RVG). Nur wenn sich seine Tätigkeit auf die Gehörsrüge (und wohl auch auf dessen Abwehr) beschränkt, erhält er eine Verfahrensgebühr von 0,5 Gebühren (Nr. 3330 VV-RVG). Im Regelfall dürfte auch nur diese eine Gebühr – und keine Terminsgebühr – entstehen, da die Gerichte vermutlich weit überwiegend ohne (erneute) mündliche Verhandlung entscheiden.

3015 Diese Beschluss-Entscheidungen sind in § 321a Abs. 4 ZPO ausdrücklich für nicht anfechtbar erklärt, wobei die jetzt grundsätzlich wiederum mögliche Gehörsrüge wohl kaum Aussicht auf Erfolg hat (a. A. Baumbach/*Hartmann* § 321a Rn. 60: nur die Verfassungsbeschwerde denkbar – würde sonst womöglich zu ewigen Wiederholungen des Abhilfeverfahrens führen).

VII. Rechtsbehelfe im Eilverfahren

3016 Besondere Verfahren kennen regelmäßig auch besondere Rechtsbehelfe. Dies gilt insbesondere in den Eilverfahren Arrest und einstweilige Verfügung.

1. Übersicht

3017 Nur auf den ersten Blick unübersichtlich ist das System der Rechtsbehelfe im Eilverfahren. Erforderlich ist dabei eine Differenzierung nach der Form der Entscheidung (dazu oben Rdn. 358):
– Wurde der Antrag auf Erlass eines Arrests mit Beschluss zurückgewiesen, so steht dem Gläubiger hiergegen die sofortige **Beschwerde** (§ 567 Abs. 1 Nr. 2 ZPO; unten Rdn. 3484) zu.
– Jedes aufgrund mündlicher Verhandlung ergangene streitige Urteil kann – unabhängig davon, ob es den Antrag zurückweist, den Arrest anordnet, bestätigt, abändert oder aufhebt – als normales Endurteil mit der **Berufung** angegriffen werden (§ 511 ZPO; *Dötsch* MDR 2010, 1429; unten Rdn. 3027); gegen die Berufungsentscheidungen des Landgerichts und des Oberlandesgerichts findet ein Rechtsmittel nicht mehr statt (§ 542 Abs. 2 ZPO).
– Erging aufgrund mündlicher Verhandlung ein Versäumnisurteil, so steht der hierdurch beschwerten Partei der **Einspruch** zu (§ 338 ZPO; oben Rdn. 2936).
– Die Anordnung des Arrests durch Beschluss kann nur durch **Widerspruch** angegriffen werden (§ 924 ZPO), Rechtsmittel sind nur gegen die aufgrund der (dann zwingend stattfindenden) mündlichen Verhandlung ergehenden Entscheidungen möglich.
– Gegen alle den Arrest (teilweise) anordnenden oder bestätigenden Urteile sind für den Schuldner zwei besondere Rechtsbehelfe möglich (dazu oben Rdn. 1257):
– Gemäß § 926 ZPO hat das Arrestgericht dem Gläubiger aufzugeben, binnen bestimmter Frist die **Hauptsacheklage** zu erheben. Kommt der Gläubiger dem nicht nach, kann der Arrest durch Endurteil aufgehoben werden (unten Rdn. 3022).
– Gemäß § 927 ZPO kann der Schuldner die **Aufhebung** des Arrests beantragen, wenn sich die bei Erlass maßgeblichen tatsächlichen **Umstände geändert** haben (unten Rdn. 3022).

3018 Keine Rechtsbehelfe sind:
– Die »**Schutzschrift**«, die der Schuldner prophylaktisch bereits vor dem Antrag des Gläubigers bei Gericht einreicht und in der er den Sachverhalt aus seiner Sicht darlegt; er will damit verhindern, dass das Gericht den Arrest ohne mündliche Verhandlung erlässt (oben Rdn. 401).

B. Rechtsbehelfe im erstinstanzlichen Verfahren

– Die »**Abschlusserklärung**«, mit der der Schuldner – meist auf Aufforderung des Gläubigers – erklärt, dass er die einstweilige Verfügung (nur selten auch den Arrest) als endgültig anerkenne und auf Rechtsbehelfe dagegen verzichte (oben Rdn. 402).

> Der Umfang des Schuldnerverzichts auf Rechtsbehelfe ist durch Auslegung zu bestimmen. Regelmäßig umfasst er einen Verzicht auf die Erhebung eines Widerspruchs und auf das Recht aus § 926 Abs. 1 ZPO, nach einer Urteilsentscheidung des erstinstanzlichen Gerichts liegt es nahe, auch einen Verzicht auf die Berufung anzunehmen. Der Verzicht ist im Wege der Einrede einem dennoch eingelegten Rechtsmittel entgegenzusetzen, steht aber einem Anschlussrechtsmittel nicht entgegen (§ 524 Abs. 2 ZPO). Er kann durch Parteivereinbarung beseitigt werden, ausnahmsweise auch bei Arglist oder Vorliegen eines Restitutionsgrunds (Zöller/*Hessler* § 515 Rn. 15). Ein wirksamer Verzicht macht einen dennoch eingelegten Rechtsbehelf jedenfalls ab dem Zeitpunkt, zu dem der Gegner sich darauf beruft, unzulässig (BGHZ 27, 60).

Erweist sich die Anordnung des Arrests nachträglich als ungerechtfertigt, steht dem Schuldner ein Schadensersatzanspruch zu (§ 945 ZPO). Dieser muss im Wege einer Leistungsklage im allgemeinen Verfahren geltend gemacht werden. **3019**

> Dass die Eilanordnung (un-)gerechtfertigt war, kann für den Schadensersatzprozess **rechtskräftig** aufgrund der Entscheidung über einen Rechtsbehelf oder über die Hauptsache bereits feststehen (BGH NJW 1993, 2685; *Teplitzky* NJW 1984, 850).

2. Besondere Rechtsbehelfe

a) Widerspruch (§ 924 ZPO)

Eine Frist zur Einlegung des Widerspruchs gibt es nicht. Er kann daher auch nach einer Rücknahme jederzeit wieder eingelegt werden. In Ausnahmefällen ist Verwirkung möglich, wenn der Gläubiger sich auf das Ausbleiben des Widerspruchs wegen sehr langen Zuwartens einstellen durfte und sein Vertrauen schutzwürdig ist (Prütting/Gehrlein/*Fischer* § 924 Rn. 4). Durch die Widerspruchseinlegung wird zwar die Vollziehung nicht gehemmt, das Gericht kann aber die Zwangsvollstreckung auf Antrag einstweilen einstellen (§§ 924 Abs. 3, 707 ZPO). **3020**

In der mündlichen Verhandlung wird dann über die Rechtmäßigkeit der einstweiligen Verfügung nach derzeitiger Rechts- und Sachlage entschieden (§ 925 Abs. 1 ZPO). **3021**

> Zur Vermeidung der Kostentragungspflicht muss daher der Gläubiger die Hauptsache für erledigt erklären, wenn die Voraussetzungen nachträglich weggefallen sind (Zöller/*Vollkommer* §§ 924 Rn. 11, 922 Rn. 4). Hierzu können beide Parteien auch neue Tatsachen vortragen. Liegt kein Fall der Erledigung vor, kann der Verfügungsgläubiger bei offensichtlicher Begründetheit des Widerspruchs sich durch die Rücknahme des Antrages Gerichtskosten sparen.

b) Antrag auf Anordnung der Klageerhebung (§ 926 ZPO)

Auf Antrag des Schuldners hat das Arrestgericht dem Gläubiger eine **Frist** zu bestimmen, binnen der er Klage zu erheben hat (§ 926 ZPO; BGH NJW 1974, 503; BGH NJW 1973, 1329; OLG Frankfurt a. M. NJW 1972, 1330). **3022**

> Der Antrag ist möglich, sobald und solange der Arrestbefehl bzw. die einstweilige Verfügung besteht und die Hauptsacheklage noch nicht anhängig ist. Er ist an das Arrestgericht zu richten, hier ist der Rechtspfleger zuständig (§ 20 Nr. 14 RPflG). Eine besondere Begründung ist nicht erforderlich.
>
> Eine Ablehnung kommt nur bei Unzulässigkeit des Antrags in Betracht, sei es wegen Fehlens der allgemeinen Zulässigkeitsvoraussetzungen, sei es wegen Fehlens des Rechtsschutzbedürfnisses. Letzteres kommt in Betracht, wenn der Antragsteller durch die Eilanordnung nicht mehr beschwert ist, z. B. weil ein zeitliche Befristung abgelaufen ist, weil der Anspruch erfüllt wurde, die Wiederholungsgefahr weggefallen ist oder auf den Antrag verzichtet wurde (vor allem durch eine Abschlusserklärung, oben Rdn. 402).
>
> Die Entscheidung ergeht ohne mündliche Verhandlung (nach h. M. regelmäßig auch ohne Anhörung des Gegners) durch Beschluss. Dem Gläubiger steht gegen die Anordnung die Rechtspflegererinnerung nach

§ 11 Abs. 2 Satz 1 RPflG zu, dem Schuldner gegen die Ablehnung die sofortige Beschwerde nach §§ 11 Abs. 1 RPflG, 567 Abs. 1 Satz 2 ZPO.

3023 Wird die Klage nicht innerhalb der vom Gericht gesetzten Frist erhoben, ist die Eilanordnung auf einen weiteren Antrag des Schuldners hin **aufzuheben**.

Auch dieser Antrag ist an das Arrestgericht zu richten und bedarf der Schriftform. Er ist zulässig, wenn die Eilanordnung noch besteht und den Antragsteller beschwert (wie vorstehend).

Begründet ist er, wenn die Frist verstrichen ist, ohne dass die Hauptsacheklage erhoben wurde. Dass dies geschehen ist, muss der Gläubiger dartun (sekundäre Darlegungslast). »Nicht erhoben« ist die Klage auch, wenn sie den falschen Streitgegenstand verfolgt, (ohne Zustimmung des Schuldners) bereits wieder zurückgenommen oder als unzulässig abgewiesen wurde.

Die Entscheidung ergeht nach obligatorischer mündlicher Verhandlung durch Urteil.

3024 Alternativ zum Antrag auf Fristsetzung nach § 926 Abs. 1 ZPO kann der Schuldner auch seinerseits eine **negative Feststellungsklage** (Nichtbestehen des mit dem Eilantrag geltend gemachten Anspruchs) erheben und im Fall des Obsiegens Aufhebung der Eilanordnung nach § 926 Abs. 2 ZPO verlangen (BGH NJW 1978, 2157; Thomas/Putzo/*Reichold* § 926 Rn. 20).

c) Antrag auf Aufhebung wegen veränderter Umstände (§ 927 ZPO)

3025 Haben sich nach Erlass einer Eilanordnung die Umstände, die zu ihrem Erlass geführt haben, geändert, kann der Schuldner deren Aufhebung beantragen (§ 927 ZPO).

Im Rahmen des Aufhebungsverfahrens geht es nicht um die Rechtmäßigkeit der Anordnung des Arrests, sondern um nach dem Erlass eingetretene Änderungen z. B. der Arrestanspruch durch Erfüllung erloschen ist oder der Arrestgrund weggefallen ist, weil der Gläubiger inzwischen ein obsiegendes Urteil in der Hauptsache erwirkt hat und somit anderweitig gesichert ist (BGH WM 1976, 134; KG WRP 1990, 330; zum Verhältnis zu anderen Rechtsbehelfen *Teplitzky* DRiZ 1982, 41, 45).

C. Berufung

3026 Die Neuregelung des anwaltlichen Zulassungsrechts macht es anders als früher nicht mehr zwingend erforderlich, dass zwischen erster und zweiter Instanz ein Anwaltswechsel stattfindet. Zum Regelfall ist es deswegen geworden, dass der erstinstanzliche Prozessbevollmächtigte auch die zweite Instanz bestreitet.

Dies ist sachlich nicht ohne Risiko. Dabei nämlich besteht die Gefahr, auf den vorgegebenen Gleisen zu verbleiben, die Chance, den Sachverhalt rechtlich unbefangen neu zu beurteilen ist vertan. In diesem Fall gerät der Anwalt leicht in Nachteil gegenüber dem Gericht, auf dessen Seite stets ein neuer Richter tätig wird (§ 41 Nr. 6 ZPO). Demgegenüber treten die Vorteile (Wegfall der Notwendigkeit einer neuen Einarbeitung, vertiefte Kenntnisse aus dem Sachverhalt oder dem Verfahrensablauf, die in der Gerichts- oder Handakte nicht dokumentiert sind) deutlich in den Hintergrund (*Vorwerk/Teubel* Kap. 65 Rn. 5). Nach Möglichkeit sollte deswegen zumindest versucht werden, den Fall mit einem unbefangenen Kollegen zu besprechen.

I. Die Anfechtungsentscheidung

3027 In der Regel ist der Anwalt bereits in die Entscheidung eingebunden, ob ein Urteil mit der Berufung angefochten werden soll.

1. Zulässigkeit der Berufung

3028 Prozessual Voraussetzung für eine erfolgreiche Berufung ist,
– dass sie sich gegen ein im ersten Rechtszug erlassenes Endurteil richtet (§ 511 Abs. 1 ZPO; unten Rdn. 3029),
– dass der Wert des Beschwerdegegenstandes 600 € übersteigt oder das Gericht des ersten Rechtszuges die Berufung im Urteil zugelassen hat (§ 511 Abs. 2 ZPO; unten Rdn. 3038),

C. Berufung 9. Kapitel

– dass sie form- und fristgerecht beim zuständigen Gericht eingelegt wird (§§ 517, 519 ZPO; unten Rdn. 3082) und
– dass sie form- und fristgerecht begründet wird (§ 520 ZPO; unten Rdn. 3169).

a) Endurteil

Mit der Berufung angegriffen werden können **Endurteile** (§ 511 Abs. 1 ZPO). 3029

> Ihnen gleichgestellt sind Vorbehaltsurteile (§§ 302 Abs. 3, 599 Abs. 3 ZPO) und Zwischenurteile über den Grund des geltend gemachten Anspruchs (§ 304 Abs. 2 ZPO). Nicht mit der Berufung anfechtbar sind damit lediglich die Zwischenurteile über prozessuale Zwischenfragen (zum Beispiel nach § 71 Abs. 2, 135 Abs. 3 oder 387 Abs. 3 ZPO) und (erste) Versäumnisurteile (§§ 330, 331 ZPO).

Bei Anfechtung eines solchen Urteils unterliegen der Nachprüfung durch das Berufungsgericht auch die **Zwischen- und Vorentscheidungen** der ersten Instanz (§ 512 ZPO), soweit diese nicht selbstständig der sofortigen Beschwerde unterliegen. 3030

▶ Beispiel: 3031

> Dazu gehören der Beweisbeschluss (§ 358 ZPO), der Verweisungsbeschluss (§ 281 ZPO) oder die Vorlage und Übernahmebeschlüsse zwischen Kammer und Einzelrichter (§§ 348, 348a ZPO).

Entscheidungen, die verschiedene Entscheidungsformen in sich vereinen (»**Mischentscheidungen**«), werden grundsätzlich der jeweiligen Form entsprechend getrennt angefochten. 3032

▶ Beispiel: 3033

> Ist die Klage gegen einen (einfachen) Streitgenossen wegen Säumnis, die gegen den anderen, erschienenen Streitgenossen aufgrund einer Sachentscheidung abgewiesen worden, so liegt teilweise ein Versäumnisurteil, teilweise ein Endurteil vor. Gegen das Versäumnisurteil ist dann der Einspruch gegeben, gegen das Endurteil die Berufung. Daran ändert sich nichts dadurch, dass beide Entscheidungen in derselben Urteilsurkunde verbunden sind.
>
> Lassen sich die Entscheidungsteile nicht trennen, sind beide Rechtsbehelfe nebeneinander statthaft und lassen eine Überprüfung der Gesamtentscheidung zu. Wichtigster Fall dabei sind die Kostenmischentscheidungen.

▶ Beispiel: 3034

> Ist die Klage vom Kläger zurückgenommen oder von beiden Parteien übereinstimmend für erledigt erklärt worden, so ergeht hierüber eine Kostenentscheidung durch Beschluss, der mit der sofortigen Beschwerde anfechtbar ist (§§ 269, 91a ZPO). Betrifft die Erledigung oder Rücknahme nur einen Teil des Streitgegenstands, so muss über den verbleibenden Teil der Hauptsache eine streitige Entscheidung ergehen. Wegen des Grundsatzes der Einheit der Kosten des Rechtsstreits können die auf den erledigten oder zurückgenommenen Teil entfallen Kosten nicht isoliert tenoriert werden, sondern fließen in die nach §§ 91, 92 ZPO ergehende Kostenentscheidung des Urteils ein.
>
> Diese Kostenmischentscheidung kann zusammen mit der Hauptsacheentscheidung durch die Berufung angegriffen oder isoliert durch die sofortige Beschwerde angegriffen werden (OLG Köln NJW-RR 94, 767; Bergerfurth NJW 92, 1655, 1660 f.).

Falsch bezeichnete Urteile können sowohl mit dem gegen die Entscheidungsform als auch mit dem gegen den Entscheidungsinhalt gegebenen Rechtsbehelf angefochten werden (sog. »**Grundsatz der Meistbegünstigung**«). 3035

▶ Beispiel: 3036

> Hat das Gericht den unzulässigen Einspruch gegen ein Versäumnisurteil ohne mündliche Verhandlung (wie bis zur ZPO-Reform geboten) fälschlich durch Beschluss statt durch Urteil (§ 341

669

Abs. 2 ZPO) verworfen, so kann die hiervon betroffene Partei sowohl sofortige Beschwerde als auch Berufung einlegen.

Der Grundsatz der Meistbegünstigung eröffnet jedoch keine Anfechtungsmöglichkeit, die ohne den Fehler des Gerichts nicht gegeben wäre. Wenn gegen die inhaltlich richtige Entscheidung kein Rechtsbehelf möglich gewesen wäre, ist auch der gegen die Form statthafte Rechtsbehelf nicht möglich.

3037 **Nichtige Urteile** und **Scheinurteile** entfalten keine Rechtwirkungen, müssen deswegen nicht mit der Berufung angefochten werden. Zur Beseitigung des von ihnen ausgehenden Rechtsscheins ist die Berufung jedoch möglich.

Dies gilt nicht für »Noch-nicht-Urteile«, d. h. Urteile, die bereits vor ihrer Verkündung angegriffen werden sollen. Eine solche Berufung ist unzulässig.

b) Wert- und Zulassungsberufung

aa) Beschwer

3038 Durch die Entscheidung beschwert ist, wer von ihr nachteilig betroffen ist.

Voraussetzung ist daher zunächst, dass über eine Frage zum Nachteil einer Partei entschieden wurde. Keine Beschwer liegt vor, wenn eine beantragte Entscheidung unterblieben ist. Deswegen kann mit der Berufung nicht gerügt werden, eine erforderliche Entscheidung sei nicht ergangen.

3039 Eine solche Beschwer lässt sich unterschiedlich bestimmen. **Formell** beschwert ist eine Partei, wenn sich der Tenor des Urteils nicht mit dem von ihr gestellten Antrag deckt. **Materiell** beschwert ist eine Partei, wenn sich aus dem Tenor für sie inhaltliche Rechtsnachteile ergeben. Beide Auffassungen führen meist zum gleichen Ergebnis.

Die formelle Beschwer liegt in dem Nichterreichen des eigenen Prozessziels. Dies ist nicht nur dann der Fall, wenn die Klage entgegen dem Sachantrag des Klägers abgewiesen oder ihr entgegen dem Abweisungsantrag des Beklagten stattgegeben wird, sondern auch, wenn auf einen Antrag auf unbedingte Zahlung hin nur eine Zug-um-Zug-Verurteilung erfolgt (BGH NJW 1982, 1048) oder wenn eine Verurteilung nicht aus dem Haupt-, sondern aus dem Hilfsantrag erfolgt (BGHZ 26, 296). Wird die Klage als noch nicht fällig und außerdem verjährt abgewiesen, so liegt eine doppelte Beschwer vor (BGH NJW 2000, 591). Zur Feststellung der Abweichung des Tenors vom Antrag kann es erforderlich sein, ergänzend die Klagebegründung und/oder die Entscheidungsgründe heranzuziehen. Hat der Kläger einen unbezifferten Klageantrag gestellt, ist er formell beschwert, wenn der zugesprochene Betrag hinter der von ihm angegebenen Betragsvorstellung zurückbleibt.

Die materielle Beschwer des Beklagten liegt in seiner Verurteilung, die des Klägers in der Abweisung seiner Klage.

Unterschiede der beiden Arten der Beschwer ergeben sich zum Beispiel bei Abweisung einer Klage als unzulässig, mit der der Beklagte zwar nicht formell (Tenor = Antrag), wohl aber materiell beschwert ist (mindere Rechtskraft des Prozessurteils) oder bei einem Anerkenntnisurteil, wo ebenfalls keine formelle, jedoch eine materielle Beschwer des Beklagten vorliegt.

3040 Einigkeit besteht darüber, dass der **Kläger** zur Einlegung eines Rechtsmittels formell beschwert sein muss (BGH NJW 1991, 703): Er stellt einen Sachantrag, nur eine Abweichung hiervon begründet für ihn eine Beschwer.

3041 ▶ Beispiel:

Hat der Kläger seinen Anspruch auf Rückzahlung eines Darlehens mit 10 000 € beziffert und insoweit obsiegt, ist er formell nicht beschwert. Stellt er nachträglich fest, dass er irrtümlich eine Tilgungsrate in Höhe von 1 000 € zu viel in Abzug gebracht hat, ist er materiell beschwert, weil er diesen Betrag mit der Rechtskraft des Urteils verliert; für eine Berufung reicht diese bloß materielle Beschwer nicht aus (BGH NJW 1955, 545).

Nicht immer ergibt sich die formelle Beschwer aus dem Vergleich von Antrag und Tenor. In den Fällen des »verdeckten Hilfsantrags« stellt der Kläger nur einen Leistungsantrag, stützt diesen hauptsächlich auf einen Streitgegenstand, hilfsweise auf einen anderen. Wird der Klage hier aus dem Hilfsanspruch stattgegeben, ist der Kläger – was sich richtigerweise aus der im Tenor erforderlichen Abweisung der Klage im Übrigen, jedenfalls aber aus einer Heranziehung der Gründe von Klage und Urteil ergibt – bezüglich des Hauptantrags formell unterlegen und kann Berufung einlegen.

Streitig ist dagegen, ob hiervon auch für den **Beklagten** auszugehen ist. Während ein Teil der Literatur dies bejaht, lässt die herrschende Meinung für den Beklagten eine bloß materielle Beschwer ausreichen, da der Beklagte nur einen Prozessantrag stellt und hierdurch sein Prozessziel nicht immer detailliert beschrieben werden kann. Für den Beklagten ist deswegen auch eine materielle Beschwer ausreichend (BGH NJW 1955, 545). 3042

Der Beklagte ist damit auch im Fall einer Verurteilung durch Anerkenntnisurteil hinreichend beschwert (BGH FamRZ 2003, 1922). Ebenso, wenn die Klage wegen Bejahung einer Hilfsaufrechnung abgewiesen wird statt wegen Verneinung der Klageforderung (BGHZ 26, 297).

Streitgenossen müssen jeweils eine eigene Beschwer aufweisen, **Streithelfer** sind nicht selbst beschwert, abzustellen ist bei ihnen auf die Beschwer der durch sie unterstützten Partei (BGH NJW 1975, 2108). 3043

Für die Beurteilung der Beschwer ist auf den **Zeitpunkt** der Berufungseinlegung abzustellen. 3044

Streitig ist, ob hiervon eine Ausnahme zu machen ist, wenn eine Beschwer zum Zeitpunkt der Urteilsverkündung vorlag, vor der Berufungseinlegung (»zwischen den Instanzen«) aber weggefallen ist. Insbesondere von der neueren Rechtsprechung wird dies zugelassen (BGH NJW 1992, 1032; OLG Schleswig MDR 1997, 1159; Prütting/Gehrlein/*Lemke* § 511 Rn. 35), die Gegenansicht lehnt dies ab (Baumbach/*Hartmann* § 91a Rn. 101 f. m. w. N.). Praktisch relevant ist dies vor allem für die Frage nach der Zulässigkeit einer Erledigungserklärung (*Hauserr* MDR 2010, 973). Im Unterschied dazu kann der Wert des Beschwerdegegenstands erst mit der Antragstellung im Termin zur mündlichen Verhandlung bestimmt werden (BGH MDR 2005, 796).

bb) Kostenbeschwer

Die Beschwer des Berufungsführers muss in der Hauptsache liegen, die in der Verpflichtung, die Kosten des Rechtsstreits zu tragen, liegende Beschwer reicht nicht aus. Grundsätzlich unzulässig ist deswegen die Anfechtung eines Urteils allein mit dem Ziel der Abänderung der Kostenentscheidung (§ 99 Abs. 1 ZPO), jedoch kann bei einer Anfechtung der Hauptsacheentscheidung auch die Kostenentscheidung mit angefochten werden. 3045

Die Kostenentscheidung hängt regelmäßig von der Hauptsacheentscheidung ab, die Kosten trägt, wer in der Hauptsache unterliegt (§§ 91 Abs. 1 Satz 1, 92 Abs. 1 ZPO). Bleibt die Hauptsacheentscheidung unverändert, kann deswegen auch die Kostenentscheidung regelmäßig nicht abgeändert werden.

Ausnahmsweise isoliert kann die Kostenentscheidung in den gesetzlich zugelassenen Fällen mit der sofortigen Beschwerde angefochten werden.

§ 99 Abs. 2 ZPO lässt die Anfechtung einer Kostenentscheidung zu, die aufgrund eines Anerkenntnisses ergangen ist. Hier hängen Kosten- und Hauptsacheentscheidung nicht zwingend zusammen (§ 93 ZPO), sodass eine isolierte Abänderung der Kostenentscheidung in Betracht kommt. Ein Anerkenntnisurteil i. S. d. § 99 Abs. 2 ZPO liegt vor, wenn die Entscheidung inhaltlich auf einem Anerkenntnis beruht, selbst wenn das Urteil nicht als Anerkenntnisurteil bezeichnet oder sogar in Form eines streitigen Urteils erlassen wird (MüKoZPO/*Giebel* § 99 Rn. 17). Es muss eine Kostenentscheidung enthalten, was insbesondere bei Teilanerkenntnisurteilen regelmäßig nicht der Fall ist. Ist teilweise durch Anerkenntnis-, teilweise durch streitiges Urteil entschieden worden, so liegt eine untrennbare Kostenmischentscheidung vor, die mit der sofortigen Beschwerde hinsichtlich des auf das Anerkenntnis entfallenden Teils, mit der Berufung gegen die Hauptsache in vollem Umfang angefochten werden kann.

Die auf die Kosten beschränkte sofortige Beschwerde ist auch gegen die Kostenentscheidung nach übereinstimmender Erledigungserklärung (§ 91a Abs. 2 ZPO) und nach Klagerücknahme (§ 269 Abs. 5 ZPO) möglich.

3046 Die Berufung gegen die Beschwer aus der Hauptsache führt stets zu einer Überprüfung der Kostenentscheidung des angefochtenen Urteils von Amts wegen (§ 308 Abs. 2 ZPO). Soll eine Abänderung der Kostenentscheidung erreicht werden, ist es erforderlich und ausreichend, Berufung gegen die Hauptsacheentscheidung einzulegen.

Unschädlich ist es dabei, wenn der Berufungsführer zu erkennen gibt, dass es ihm auch auf die Abänderung der Kostenentscheidung ankommt. Unzulässig wird die Berufung nur, wenn die Anfechtung der Hauptsache eindeutig der Umgehung des § 99 Abs. 2 ZPO dient. Dies nimmt die Rechtsprechung an, wenn erklärter Zweck der Berufung nur die Anfechtung der Kostenentscheidung ist (OLG Düsseldorf FamRZ 1991, 350) oder wenn es ausgeschlossen scheint, dass der Berufungsführer an den zur Hauptsache gestellten Anträgen ein schutzwürdiges Interesse hat (BGH NJW 1976, 1267).

cc) Wert des Beschwerdegegenstands

3047 Für die Berufung nach § 511 Abs. 2 Nr. 1 ZPO ist nicht nur das Vorliegen einer Beschwer erforderlich, diese muss zudem 600 € übersteigen. Dieser (auch Rechtsmittelstreitwert genannte) Wert ist nicht immer identisch mit dem in der Praxis häufig als »**Streitwert**« verallgemeinerten Gebührenstreitwert.

Unter dem Oberbegriff »Streitwert« werden die Werte für die Abgrenzung der sachlichen Zuständigkeit (§ 1 ZPO i. V. m. § 23 GVG), der für die Zulässigkeit eines Rechtsmittels erforderliche Wert der Beschwer bzw. des Beschwerdegegenstands (§§ 511 Abs. 1 Nr. 1, 567 Abs. 2 ZPO; § 26 Nr. 8 EGZPO) und der für die Berechnung der Höhe einzelner Gebühren zugrunde zu legende Wert nach § 3 Abs. GKG, 8 2 Abs. 1 RVG) zusammengefasst. Hinzu kann der für die streitwertbezogene Berechnung einer Kostenquote erforderliche Wert nach § 92 Abs. 1 ZPO kommen. Während der Gebührenstreitwert sich nach den §§ 34 ff. GKG bestimmt, richten sich die anderen Werte nach §§ 2 ff. ZPO. Für einzelne Fragen verweist das GKG auf die §§ 2 ff. ZPO (so zum Beispiel für die Klagehäufung, § 48 Abs. 1 Satz 1 GKG i. V. m. § 5 Satz 1 ZPO), für andere Fragen enthalten GKG und ZPO identische Regelungen (so zum Beispiel für die Berücksichtigung von Nebenforderungen; § 4 Abs. 1 Satz 2, § 43 GKG). Einige Fragen aber sind abweichend geregelt; so werden die Werte der einzelnen Anträge bei der Stufenklage nach § 44 GKG addiert, während nach § 5 Satz 1 ZPO nur der höchste Einzelwert zugrunde zu legen ist.

3048 Wert der Beschwer und Wert des Beschwerdegegenstands werden grundsätzlich nach den §§ 2 ff. ZPO berechnet. Auf einzelne Berechnungsprobleme findet § 45 GKG entsprechende Anwendung.

3049 ▶ **Beispiel:**

Der Wert richtet sich bei Prozessurteilen nach dem Wert der Hauptsache, bei einem Teilurteil nach dem Wert des entschiedenen Teils (BGH NJW 1998, 686); werden mehrere Teilurteile gleichzeitig angefochten, muss der Rechtsmittelwert für jedes einzelne Teilurteil erreicht sein. Ist der Klage aus einem Hilfsantrag stattgegeben, bestimmt sich der Wert der Beschwer für den Kläger aus dem Haupt-, für den Beklagten aus dem Hilfsantrag; sind Haupt- und Hilfsantrag abgewiesen, ist der Kläger um die Summe beider Ansprüche beschwert. Das Gleiche gilt für Klage und Widerklage: Unterliegt eine Partei in beiden Prozessrechtsverhältnissen, bemisst sich ihre Beschwer (entgegen § 5 Satz 2 ZPO; analog § 45 Abs. 1 GKG) aus einer Addition beider Werte (BGH NJW 1994, 3292; Oehlers NJW 1992, 1667). Wird die Klage wegen einer Hilfsaufrechnung des Beklagten abgewiesen, bemisst sich die Beschwer des Klägers allein aus dem Wert der abgewiesenen Klageforderung, die des Beklagten aus der Summe von Klage- und (der Höhe nach durch die Klageforderung begrenzten) Aufrechnungsforderung (analog § 19 Abs. 3 GKG). Bei Streitgenossen sind die Werte der einzelnen Ansprüche zusammenzurechnen (BGH NJW 1965, 761; Meyke § 3 Rn. 12).

Der Wert der Berufungsinstanz muss dabei nicht identisch mit dem der ersten Instanz sein. Verfolgt der Kläger nach einem Teilobsiegen in Höhe von 2 000 € den erstinstanzlichen Antrag in Höhe von 8 000 € in der Berufung weiter, bemisst sich der Wert hier nur aus der Differenz (6 000 €). Auch für die Parteien kann der Wert unterschiedlich sein. Ist die Klage auf Auskunftserteilung abgewiesen worden, richtet sich die Beschwer des Klägers nach dem Interesse, das er an der Auskunft haben kann (der Höhe des daraus abzuleitenden Leistungsanspruchs, BGH NJW 1997, 1016), das des Beklagten an dem Aufwand, der mit der Auskunftserteilung verbunden ist (BGH JZ 1995, 681).

Für die Zulässigkeit der Berufung ist nicht auf den Wert der Beschwer, sondern auf den Wert des Beschwerdegegenstands abzustellen. Die **Beschwer** ist der Nachteil, der der Partei aus dem Urteil erwächst, der **Beschwerdegegenstand** ist der Teil der Beschwer, den die Partei mit dem Rechtsmittel angreift. 3050

▶ Beispiel: 3051

Das Landgericht hat der auf Zahlung von 4 000 € gerichteten Klage in Höhe von 1 500 €, der auf Zahlung von 2 500 € gerichteten Widerklage in Höhe von 500 € stattgegeben und Klage und Widerklage im Übrigen abgewiesen. Hiergegen richtet sich die Berufung des Klägers, mit der er seinen Klageantrag in Höhe weiterer 1 500 €, die Abweisung der Widerklage in Höhe weiterer 1 500 € und einen neuen Anspruch in Höhe von 1 000 € verfolgt. Hier ergeben sich folgende Werte:
– Der Kostenstreitwert 1. Instanz ergibt sich aus einer Addition von Klage und Widerklage, beläuft sich also auf 6 500 € (§ 19 Abs. 1 GKG).
– Der Zuständigkeitsstreitwert 1. Instanz richtet sich nach dem höchsten Einzelwert von Klage bzw. Widerklage und beträgt hier 4 000 € (§ 5 Satz 2).
– Der Beklagte ist aus dem Urteil mit der Verurteilung aus der Klage (1 500 €) und der Abweisung der Widerklage (500 €), insgesamt also mit 2 000 € beschwert.
– Der Kläger ist mit der Abweisung der Klage (2 500 €) und der Stattgabe der Widerklage (2 000 €), insgesamt also 4 500 € beschwert.
– Der Wert des Beschwerdegegenstands des Klägers beläuft sich auf 3 000 € (Anfechtung der Entscheidung über die Klage und die Widerklage in Höhe von jeweils 1 500 €).
– Für den Kostenstreitwert 2. Instanz ist zu dem Wert des Beschwerdegegenstands der Wert des neu erhobenen Anspruchs (1 000 €) zu addieren, er beläuft sich damit auf 4 000 € (§ 19 Abs. 1 GKG).

Festgesetzt wird der Wert des Beschwerdegegenstands durch das Berufungsgericht. Dieses ist dabei weder an eine Wertfestsetzung durch das erstinstanzliche Gericht noch auf die Angabe des Werts durch die Parteien gebunden (BGH NJW-RR 2004, 1643). Ist der Wert nach freiem Ermessen zu bestimmen (§ 3 ZPO), gibt es insbesondere aufseiten des Beklagten zahlreiche Zweifelsfragen und damit verbundene Unsicherheiten bei der Abschätzung der Erfolgsaussichten des Rechtsmittels. 3052

▶ Beispiel: 3053

Die Beschwer eines zur Auskunftserteilung verurteilten Beklagten richtet sich nach seinem Interesse, die Auskunft nicht erteilen zu müssen. Dafür ist in der Regel der Aufwand an Zeit und Kosten maßgebend, den die Auskunftserteilung verursacht (BGH FamRZ 2003, 1922; FamRZ 2005, 1064). In den Fällen, in denen der Beklagte gegen eine unbestrittene Gegenforderung aufrechnet, ist er nur in Höhe des Betrages beschwert, zu dessen Zahlung er verurteilt worden ist (BGH FamRZ 2004, 1714). Der Wert des Beschwerdegegenstands erhöht sich nicht über den Betrag der Verurteilung hinaus, wenn der Beklagte, der mit dem Rechtsmittel seinen Antrag auf Klagabweisung weiterverfolgen will, neben anderen Einwendungen auch mit einem hilfsweise geltend gemachten Zurückbehaltungsrecht ohne Erfolg geblieben war (BGH MDR 2005, 345). Bei einem Streit über die Unwirksamkeit eines Vergleichs bemisst sich die Beschwer des Berufungsklägers nach seinem Interesse an der Unwirksamkeit des Vergleichs (BGH FamRZ 2007, 630).

Soweit die Zulässigkeit der Berufung vom Wert des Beschwerdegegenstandes abhängt (§ 511 Abs. 2 Nr. 1 ZPO) und das Berufungsgericht diesen zulässigerweise nach freiem Ermessen (§ 3 ZPO) festgesetzt hat, beschränkt sich die Prüfungskompetenz des Revisionsgerichts darauf, ob das Berufungsgericht von seinem Ermessen einen ungesetzlichen Gebrauch gemacht hat, etwa indem es maßgebliche Tatsachen nicht berücksichtigt oder unter Verstoß gegen die Fragepflicht des § 139 ZPO nicht festgestellt hat (BGH GRUR 1999, 1132; BGH VersR 2007, 707).

3054 Der Wert des Beschwerdegegenstands muss im **Zeitpunkt der Berufungseinlegung** erreicht sein.

Allerdings lässt er sich zu diesem Zeitpunkt noch nicht sicher absehen. In welchem Umfang der Berufungskläger das Urteil anficht, ergibt sich erst aus dem Berufungsantrag, der Teil der Berufungsbegründung ist. Unzulässig ist die Einlegung der Berufung wegen Nichterreichens der Berufungssumme deswegen nur, wenn schon der Wert der Beschwer unter 600 € liegt oder sich aus der Einlegung ergibt, dass der Umfang der Anfechtung diesen Betrag nicht übersteigen soll. Fehlt ein Anhaltspunkt für den Umfang der Anfechtung, ist von einer unbeschränkten Anfechtung des Urteils auszugehen, sodass der Wert des Beschwerdegegenstands zunächst mit dem des Werts der Beschwer gleichgestellt wird. Beschränkt der Berufungskläger (durch einen zu geringen Antrag oder eine teilweise Berufungsrücknahme) sein Begehr willkürlich auf einen Teil unterhalb der Berufungssumme, wird die Berufung unzulässig.

Das Abstellen des Berufungswerts auf den Zeitpunkt der Berufungseinlegung bedeutet nach § 4 ZPO auch, dass nachträgliche Änderungen unbeachtlich bleiben. Das gilt für schwankende Werte (Kursschwankungen von Wertpapieren oder Edelmetallen) genauso wie für nachträgliche Teilerledigungen (teilweise freiwillige Erfüllung durch den Gegner, Teilvergleich).

3055 Der Wert des Beschwerdegegenstands ist vom Berufungskläger **glaubhaft zu machen** (§ 511 Abs. 3 ZPO). Er wird durch das Berufungsgericht bei Bedarf autonom festgesetzt.

Beim bezifferten Klageantrag ist eine Glaubhaftmachung nicht erforderlich. In allen anderen Fällen reicht eine Bezugnahme auf die erstinstanzliche Wertfestsetzung regelmäßig aus. Vortrag und Glaubhaftmachung erfolgen im Rahmen der Berufungsbegründung (§ 520 Abs. 4 Nr. 2 ZPO). Unterbleibt die Glaubhaftmachung, muss das Gericht den Wert nach freiem Ermessen schätzen (§ 3 ZPO), zur weiteren Aufklärung des Werts ist das Gericht nicht verpflichtet (BGH NJW-RR 1999, 573).

Bei der Wertfestsetzung ist das Berufungsgericht an eine Wertfestsetzung des erstinstanzlichen Gerichts nicht gebunden (BGH NJW-RR 1988, 837). Die Festsetzung kann zu Beginn der Berufungsinstanz oder an deren Ende erfolgen, sei es in Form eines separaten Beschlusses, sei es in der Entscheidung über die Berufung (Beschluss nach § 522 ZPO, Urteil nach §§ 538 Abs. 1, 540 ZPO). Sie ist isoliert nicht anfechtbar und kann auch mit der Revision nur eingeschränkt gerügt werden (BGH NJW 1992, 2020).

dd) Berufungszulassung

3056 Zulässig ist die Berufung nicht nur, wenn der Wert des Beschwerdegegenstands 600 € übersteigt, sondern auch, wenn das erstinstanzliche Gericht die Berufung zugelassen hat (§ 511 Abs. 2 Nr. 2 ZPO).

3057 Kann oder soll ein Urteil nur im Wertbereich unterhalb von 600 € angefochten werden, ist es deshalb erforderlich, eine **Zulassung der Berufung** durch das erstinstanzliche Gericht zu erreichen. Die Entscheidung hierüber ergeht von Amts wegen, erfordert also keinen Antrag. Dennoch kann es sinnvoll sein, die Zulassung ausdrücklich anzuregen und zu den Zulassungsvoraussetzungen (§ 511 Abs. 4 ZPO) vorzutragen.

Zuzulassen ist die Berufung nach § 511 Abs. 4 ZPO, wenn die Sache grundsätzliche Bedeutung hat oder die Fortbildung des Rechts oder die Sicherung einer einheitlichen Rechtsprechung eine Entscheidung des Berufungsgerichts erfordern. Diese Voraussetzungen entsprechen denen der Revisionszulassung nach § 543 Abs. 2 ZPO, sodass die Rechtsprechung dazu (BGH NJW 2002, 3029; BGH NJW 2003, 65) entsprechend anwendbar ist.

Grundsätzliche Bedeutung hat eine Sache, wenn sie eine entscheidungserhebliche, klärungsbedürftige und klärungsfähige Rechtsfrage aufwirft, die sich in einer unbestimmten Vielzahl von Fällen stellen kann oder wenn andere Auswirkungen des Rechtsstreits auf die Allgemeinheit deren Interessen berühren.

Die Fortbildung des Rechts erfordert eine Entscheidung des Berufungsgerichts, wenn der Einzelfall Veranlassung gibt, Leitsätze für die Auslegung von Gesetzesbestimmungen des materiellen oder formellen Rechts aufzustellen oder Gesetzeslücken auszufüllen. Hierzu besteht nur Anlass, wenn es für die rechtliche

Beurteilung typischer oder verallgemeinerungsfähiger Lebenssachverhalte an einer richtungsweisenden Orientierungshilfe ganz oder teilweise fehlt.

Die Sicherung einer einheitlichen Rechtsprechung erfordert eine Entscheidung des Berufungsgerichts, wenn bei der Auslegung oder Anwendung revisiblen Rechts Fehler über die Einzelfallentscheidung hinaus die Interessen der Allgemeinheit nachhaltig berühren. Dies ist in Fällen der Divergenz (Abweichung von der Entscheidung eines höheren oder gleichrangigen Gerichts) sowie der Wiederholungs- und Nachahmungsgefahr gegeben.

Die Berufung muss im erstinstanzlichen Urteil zugelassen sein. 3058

Sie findet sich sinnvollerweise im Tenor, kann aber auch ausschließlich in den Entscheidungsgründen enthalten sein.

Eine separate Beschlussentscheidung ist nicht möglich.

Eine Zulassung der Berufung bindet das Berufungsgericht (§ 511 Abs. 4 Satz 2 ZPO). Dies gilt auch dann, wenn sie auf einem Irrtum beruht, unzutreffend oder mangelhaft begründet ist (BGH MDR 1958, 225; BGH NJW 1959, 2262). Eine Nichtzulassung bindet die Parteien, kann von ihnen nicht angefochten werden; insbesondere ist eine Nichtzulassungsbeschwerde (wie von § 544 ZPO für die Revision vorgesehen) nicht möglich (*Greger* NJW 2002, 3051).

Ist die Berufung nicht ausdrücklich zugelassen, so ist sie nicht zugelassen. Das Unterbleiben einer Zulassungsentscheidung steht dem Ausspruch einer Nichtzulassung gleich (BGH NJW 1980, 344).

Allerdings muss die Zulassung nicht ausdrücklich erfolgt sein, möglich ist auch eine bloß konkludente Zulassung. Eine solche hat der BGH angenommen, wenn sich aus den Umständen des erstinstanzlichen Urteils ergab, dass das Gericht von einer Anfechtbarkeit des Urteils ausgegangen ist (BGH NJW 2011, 926; BGH Urt. v. 15.06.2011 - II ZB 20/10).

Die auf die Nachholung einer übergangenen Zulassungsentscheidung gerichtete Urteilsergänzung wird von einem Teil der Literatur zumindest in entsprechender Anwendung des § 321 ZPO befürwortet (Baumbach/*Albers* § 511 Rn. 25, § 543 Rn. 15 m.w. N.), von der h. M. indes abgelehnt (BGH NJW 1983, 929; BGH NJW 2004, 779; anders für den Fall des auch für Dritte deutlich und ohne Weiteres nach außen erkennbaren nur versehentlichen Unterlassen der Zulassung: BGH MDR 2004, 2389).

Das Berufungsgericht ist zur Nachholung einer unterbliebenen Entscheidung über die Zulassung der Berufung nur befugt, wenn das erstinstanzliche Gericht für eine Zulassungsentscheidung keine Veranlassung gesehen hat, weil es wegen eines auf mehr als 600,- € festgesetzten Streitwerts von einer entsprechenden Beschwer der unterlegenen Partei ausgegangen ist, während das Berufungsgericht diesen Wert für nicht erreicht hält (BGH MDR 2012, 602). Allein aus dem Ausspruch über die vorläufige Vollstreckbarkeit (kein Unterbleiben der Abwendungsbefugnis nach §§ 713, 711 ZPO wegen unzweifelhaftem Fehlen der Rechtsmittelvoraussetzungen) ergeben sich jedoch keine hinreichenden Anhaltspunkte dafür, dass das erstinstanzliche Gericht von einer Rechtsmittelfähigkeit seiner Entscheidung ausgegangen ist (BGH MDR 2012, 602).

2. Fehlerkontrolle

Sachlich Erfolg kann die Berufung nur haben, wenn das erstinstanzliche Urteil fehlerhaft ist, weil es auf einer Rechtsverletzung beruht oder zweitinstanzlich zu berücksichtigende Tatsachen eine andere Entscheidung rechtfertigen (§ 513 ZPO). Ein solcher Fehler kann im Verfahren oder in der Entscheidung liegen. 3059

Die Berufung ist damit anders als bis zur ZPO-Reform keine »zweite Chance« zur Rechtsverwirklichung mehr, bei der das erstinstanzliche Verfahren einschränkungslos wiederholt wird. Vielmehr handelt es sich um ein Rechtsmittel, mit dem erstinstanzliche Fehler bei der Tatsachenfeststellung oder der Rechtsanwendung korrigiert werden können (BGH NJW 2003, 1271).

Verfahrensfehler lassen sich sicher nur anhand der Gerichtsakte feststellen. Unabdingbar ist es deswegen, vor der Berufungseinlegung Einsicht in die Gerichtsakte zu nehmen. 3060

Fehler im Ablauf des erstinstanzlichen Verfahrens liegen vor, wenn zwingende gesetzliche Bestimmungen der Verfahrensordnung nicht eingehalten wurden.

Verfahrensfehler können mit einem Rechtsmittel nur gerügt werden, wenn sie nicht bereits in erster Instanz geheilt wurden. Zustellungsfehler werden durch den tatsächlichen Zugang des Schriftstücks geheilt (§ 189 ZPO), verzichtbare Verfahrensrügen durch die rügelose Einlassung (§ 295 ZPO). Eine Heilung ist auch durch Nachholung zunächst nicht erfüllter Prozessvoraussetzungen möglich.

Gestützt werden kann die Berufung auf einen Verfahrensverstoß nur, wenn die Entscheidung darauf beruht, die Rechtsverletzung muss für die Fehlerhaftigkeit des Urteils ursächlich geworden sein. Erforderlich ist deswegen die Feststellung im Einzelfall, dass bei richtiger Rechtsanwendung eine inhaltlich abweichende Entscheidung ergangen wäre (BGH NJW 1990, 122). Allerdings können Zweifel dabei nicht zulasten des Berufungsführers gehen, sodass es ausreicht, wenn ein anderes Ergebnis nicht ausgeschlossen werden kann (Thomas/Putzo/*Reichold* § 545 Rn. 12).

3061 **Entscheidungsfehler** finden sich in allen Teilen des Urteils.

Formelle Fehler rechtfertigen dabei eine Abänderung in der Berufung grundsätzlich nicht (Zu einzelnen Fehlern bei Zustellungsvermerk, Urteilseingang, Unterschriften und Tenor *Oberheim*, Berufungsverfahren, Rn. 42 ff.).

Für die Berufung relevante Fehler finden sich grundsätzlich im Tatbestand oder in den Entscheidungsgründen. Zu ihrer Feststellung bedarf es einer inhaltlichen Auseinandersetzung mit der anzufechtenden Entscheidung.

3062 ▶ **Praxistipp:**

Eine Berufung kann auch wegen der Unrichtigkeit von Nebenentscheidungen geboten sein.

Fehler in den Nebenentscheidungen rechtfertigen die Berufung regelmäßig nicht aus sich heraus. Die isolierte Anfechtung der Kostenentscheidung ist unzulässig (§ 99 Abs. 1 ZPO), die Nichtzulassung der Berufung ist überhaupt nicht anfechtbar, einzig auf die Abänderung des Ausspruchs über die vorläufige Vollstreckbarkeit kann die Berufung beschränkt werden (OLG Nürnberg MDR 89, 363; Thomas/Putzo/*Hüßtege* vor § 708 Rn. 16). Dennoch können wirtschaftliche oder rechtliche Nachteile für die Partei aus diesen Nebenentscheidungen ausschlaggebende Bedeutung für die Frage haben, ob die Hauptsacheentscheidung angegriffen und im Rahmen dieser Berufung versucht werden soll, auch eine Abänderung der Nebenentscheidungen zu erreichen (*Oberheim*, Berufungsverfahren, Rn. 72 ff.).

3. Abwägung der Berufungseinlegung

3063 Wesentlich für die Frage, ob eine Anfechtung des Urteils erfolgen soll, sind für den Mandanten regelmäßig eine Abwägung der damit verbundenen Vor- und Nachteile und eine Abschätzung der Erfolgsaussichten.

3064 Für eine Berufungseinlegung kann sprechen:
– dass damit eine inhaltliche Abänderung des erstinstanzlichen Urteils erreicht werden kann;

Der Berufungskläger kann damit den erstinstanzlich nicht erreichten Sacherfolg weiter anstreben.

– dass damit eine andere Begründung der Entscheidung erreicht werden kann;

Berühren Feststellungen des Erstgerichts zu Schuldformen, Mitverschuldensquoten oder angewandte Rechtsnormen andere Rechtsverhältnisse (Regressprozesse, Rechtsschutzversicherung), kann bei unverändert bleibendem Ergebnis bereits eine andere Begründung dem Interesse des Mandanten entsprechen. Dies gilt auch, wenn sich der Mandant durch Formulierungen in seiner beruflichen oder privaten Ehre getroffen fühlt. Dies reicht zwar regelmäßig nicht als Berufungsgrund, kann aber als apokryphes Anfechtungsmotiv von Bedeutung sein.

– Manchmal ist es erforderlich, die Rechtshängigkeit der Sache fortzusetzen, weil in erster Instanz nicht alle erforderlichen Prozesshandlungen vorgenommen wurden.

Dies gilt, wenn die Hauptsache sich nach Schluss der mündlichen Verhandlung erster Instanz erledigt hat oder wenn einem Dritten noch der Streit verkündet werden soll, sodass dieser an das Ergebnis des Rechtsstreits gebunden wird (*Grunsky*, Der Anwalt in Berufungssachen, S. 4).

– Obwohl die Partei von der Richtigkeit des erstinstanzlichen Urteils überzeugt ist, muss sie es anfechten, wenn für ihr eigentliches Ziel eine Erschöpfung des Rechtswegs erforderlich ist.

C. Berufung

Wichtigster Fall dabei ist die Verfassungsbeschwerde, die erst erhoben werden kann, wenn alle Instanzen des gegebenen Rechtswegs erfolglos durchlaufen wurden (§ 90 Abs. 2 Satz 1 BVerfGG). Für eine Amtshaftungsklage ist im Fall fahrlässiger Amtspflichtverletzung Voraussetzung, dass keine anderweitige Ersatzmöglichkeit besteht (§ 839 Abs. 1 Satz 2 BGB), was praktisch häufig ebenfalls durch Erschöpfung des Rechtswegs nachgewiesen sein muss.
– Letztlich kommt eine Anfechtung allein mit dem Ziel in Betracht, Zeit vor Eintritt der Rechtskraft zu gewinnen.

Muss eine vorläufige Vollstreckung nicht befürchtet werden, erscheint eine solche Verzögerung vielen Parteien reizvoll. Zum einen aber entstehen damit weitere ersatzpflichtige Verzugsschäden, zum anderen ist die erreichbare Verzögerung durch die Möglichkeit der Beschlussentscheidung über substanzlose Rechtsmittel (§ 522 ZPO) recht gering geworden.

Mit der Anfechtung sind für den Mandanten aber auch **Nachteile und Risiken** verbunden. 3065
– So entstehen durch die Fortsetzung des Verfahrens weitere Kosten, die die Kosten erster Instanz regelmäßig übersteigen. Insbesondere im unteren Streitwertbereich können damit die Kosten des Rechtsstreits höher werden als der Wert der Hauptsache.
– Durch die Berufung wird der Abschluss des Verfahrens erheblich verzögert.

Amtliche Verfahrensstatistiken weisen (noch für das alte Recht) die durchschnittliche Bearbeitungsdauer der Berufungsverfahren bei den Landgerichten mit rund sechs Monaten, bei den Oberlandesgerichten mit rund neun Monaten aus. Zwischen einzelnen Gerichten und Spruchkörpern gibt es dabei erhebliche Unterschiede, sodass ein Berufungsverfahren im Einzelfall (insbesondere bei einer Beweisaufnahme) auch deutlich länger dauern kann.

– Nicht immer kann eine Verschlechterung der angefochtenen Entscheidung verhindert werden.

Wie das Gericht erster Instanz (§ 308 Abs. 1 ZPO) ist auch das Berufungsgericht als Folge der Parteiherrschaft an die Anträge der Parteien gebunden, darf nicht über diese hinausgehen (§ 528 Abs. 1 Satz 2 ZPO). Damit ist die Entscheidungsbefugnis des Gerichts in zweifacher Hinsicht beschränkt:
– Das Berufungsgericht darf das angefochtene Urteil nicht über die vom Berufungskläger gestellten Anträge hinaus abändern, dem Berufungskläger kann nicht mehr zugesprochen werden, als er beantragt hat (Verbesserungsverbot, **Verbot der reformatio in melius**).
– Das Berufungsgericht darf das angefochtene Urteil nicht zum Nachteil des Berufungsklägers abändern, dem Berufungskläger kann nicht weniger zugesprochen werden, als ihm in erster Instanz bereits zugesprochen wurde (Verschlechterungsverbot, **Verbot der reformatio in peius**).

Was mit den Berufungsanträgen nicht angegriffen ist, kann auch dann nicht abgeändert werden, wenn es offensichtlich falsch ist. Werden mehrere Ansprüche geltend gemacht, gilt das Abänderungsverbot für jeden einzelnen Anspruch, selbst dann, wenn sie auf einem einheitlichen Klagegrund beruhen. Eine unzulässige Abänderung liegt nicht nur in quantitativen, sondern auch in qualitativen Abweichungen vom Antrag. Beide Verbote beziehen sich allein auf die tenorierte Rechtsfolge zur Hauptsache, nicht auf deren Begründung, sodass eine andere Begründung für das unverändert bleibende Ergebnis möglich ist. Die Abgrenzung, zwischen der unzulässigen inhaltlichen Änderung und der zulässigen Änderung der Begründung ist nicht immer einfach.

▶ Beispiel: 3066

Ist in erster Instanz die Klage wegen begründeter Hilfsaufrechnung des Beklagten abgewiesen worden, kann auf die Berufung des Klägers nur das Bestehen der Aufrechnungsforderung, auf die Berufung des Beklagten nur das Bestehen der Klageforderung überprüft werden (BGH NJW-RR 1995, 241).

Nicht möglich ist bei einer Zug-um-Zug-Verurteilung der Wegfall des Vorbehalts zum Nachteil des Beklagten oder die völlige Klageabweisung zum Nachteil des Klägers. Hat das Landgericht auf Naturalrestitution erkannt, kann das Berufungsgericht ohne Antrag nicht auf Wertersatz umstellen.

Als bloße Änderung der Begründung möglich ist der Austausch von (Anspruchs- oder Gegenrechts-) Normen, eine Änderung der zugrunde gelegten Schuldform (Vorsatz statt Fahrlässigkeit), die Neueinbeziehung, Weglassung oder Umgewichtung von Bemessungsfaktoren für Schmerzensgeld oder Mitverschulden. Auch die Abänderung einzelner Rechnungsposten in einer einheitlichen Abrechnung kann erfolgen, wenn der Gesamtbetrag nicht unzulässig verändert wird. Die Nebenentscheidungen (Kosten, vorläufige Vollstreckbarkeit) können inhaltlich auch zulasten des Berufungsführers neu getroffen werden, weil sie unabhängig von den gestellten Anträgen von Amts wegen erfolgen. Nur eine andere Begründung soll nach herrschender Meinung auch dann vorliegen, wenn die erstinstanzlich als unzulässig abgewiesene Klage vom Berufungsgericht als unbegründet abgewiesen wird (BGH NJW 1988, 1983). Das Gleiche soll gelten, wenn die Klage mangels Fälligkeit der Klageforderung abgewiesen wurde und die endgültige Klageabweisung auf das Nichtbestehen des Anspruchs dem Grunde nach gestützt wird.

Sehr streitig ist, ob eine Abweisung der Klage als unzulässig möglich ist, wenn der Kläger eine teilweise Klageabweisung mit der Berufung angreift. Die herrschende Meinung lässt eine Abänderung zu, wenn zwingende, von Amts wegen zu beachtende Prozessvoraussetzungen fehlen und eine Heilung ausgeschlossen ist (BGH NJW 1986, 1494).

Das Abänderungsverbot gilt nicht in den Fällen notwendiger Streitgenossenschaft (§ 62 ZPO). Da hier aus materiellen oder aus prozessualen Gründen eine einheitliche Sachentscheidung geboten ist, muss das Urteil gegebenenfalls auch über die gestellten Anträge hinaus abgeändert werden (OLG Köln VersR 1974, 64).

Eine Verschlechterung zum Nachteil des Berufungsführers ist möglich, wenn der **Gegner** seinerseits **Anträge** stellt, die einen Entscheidungsspielraum des Berufungsgerichts eröffnen. Dies ist möglich, indem der Berufungsbeklagte ebenfalls Berufung einlegt oder sich der Berufung des Gegners zumindest anschließt (§ 524 ZPO).

3067 ▶ Beispiel:

Verfolgt zum Beispiel der Kläger mit der Berufung gegen ein der Klage teilweise stattgebendes Urteil seinen erstinstanzlichen Antrag in vollem Umfang weiter, so kann das Berufungsgericht nur prüfen, ob der Verurteilungsbetrag angehoben werden kann. Schließt sich der Beklagte der Berufung des Klägers an und beantragt Klageabweisung, so erstreckt sich die Prüfungskompetenz des Berufungsgerichts auf den gesamten Streitgegenstand erster Instanz, sodass auch eine Reduzierung des zugesprochenen Betrags in Betracht kommt.

Mit der eigenen Berufung wird dem Gegner damit im Einzelfall die Möglichkeit einer Anfechtung des Urteils eröffnet, die ohne die eigene Berufung nicht bestünde. Dies kann ein Argument gegen das eigene Rechtsmittel sein.

4. Umfang der Anfechtung

3068 Das Berufungsverfahren entspricht grundsätzlich nicht nur subjektiv, sondern auch objektiv dem Verfahren erster Instanz, findet also nicht nur zwischen den gleichen Parteien, sondern auch über denselben Streitgegenstand statt (*Oberheim* JA 2002, 497). Die Möglichkeiten, Beteiligte und Streitgegenstand des Berufungsverfahrens zu ändern, sind der ersten Instanz gegenüber deutlich beschränkt.

a) Parteien

3069 Berufungskläger kann werden, wer erstinstanzlich Kläger oder Beklagter war, richten kann sich die Berufung gegen den erstinstanzlichen Gegner. Auch insoweit gilt der »formelle Parteibegriff« (BGH NJW-RR 2005, 118).

3070 Waren erstinstanzlich **Streitgenossen** beteiligt, so kann und muss jeder von ihnen für sich Berufung einlegen bzw. gegen jeden von ihnen Berufung eingelegt werden. Für jeden Streitgenossen läuft eine eigene Berufungsfrist, für jeden ist die Zulässigkeit seines Rechtsmittels (Beschwer) gesondert zu prüfen. Besonderheiten gelten für (praktisch seltene) notwendige Streitgenossen (§ 62 ZPO).

Haben in der Vorinstanz mehrere Streitgenossen obsiegt, richtet sich das hiergegen eingelegte Rechtsmittel im Zweifel gegen die gesamte angefochtene Entscheidung, d. h. gegen alle gegnerischen Streitgenossen. Etwas anderes gilt, wenn die Rechtsmittelschrift eine Beschränkung der Anfechtung erkennen lässt (BGH NJW-RR 2009, 208). Kann die Sachentscheidung allen Streitgenossen gegenüber nur einheitlich ergehen (»notwendige Streitgenossen«), hat bereits die Einlegung einer Berufung von einem oder gegen einen Streitgenossen zur Folge, dass alle Streitgenossen am Berufungsverfahren beteiligt sind.

Streithelfer (Nebenintervenienten) erster Instanz können für die Partei Berufung einlegen (§ 67 ZPO). Für deren Zulässigkeit ist auf die Fristen und die Beschwer der Partei abzustellen (BGH NJW-RR 1997, 919). Gegen einen Streithelfer kann Berufung nicht eingelegt werden. 3071

Partei des Berufungsverfahrens ist dann die erstinstanzliche Partei, nicht etwa der Nebenintervenient. Dieser bleibt nur Helfer der Partei und in seinen Befugnissen nach § 67 ZPO beschränkt. Haben Partei und Streithelfer Berufung eingelegt, so liegt nur ein einheitliches Rechtsmittel vor. Nimmt die Partei ihre Berufung zurück, bedarf es der Auslegung, ob damit auch der Fortführung des Berufungsverfahrens durch den Streithelfer widersprochen werden soll (BGH NJW 1993, 2944).

Das **Ausscheiden** erstinstanzlich am Verfahren beteiligter Streitgenossen ist grundsätzlich unproblematisch möglich. Legen einzelne Streitgenossen keine Berufung ein oder richtet sich die Berufung des Gegners nicht gegen alle Streitgenossen, so nehmen diese am Berufungsverfahren nicht teil. Ihnen gegenüber wird das Urteil rechtskräftig. 3072

Die Frage, ob auf der eigenen oder der gegnerischen Seite alle Streitgenossen erster Instanz beteiligt werden sollen, ist im Einzelfall unter den Gesichtspunkten der Praktikabilität (Erfolgsaussichten der Vollstreckung gegen einen Streitgenossen) und der Prozesstaktik (Ausschluss als Zeugen) zu entscheiden (*Müther* MDR 1998, 1335).

Etwas anderes gilt nur in den (praktisch seltenen) Fällen der notwendigen Streitgenossenschaft (§ 62 ZPO). Hier nehmen alle Streitgenossen am Berufungsverfahren bereits dann teil, wenn nur von einem oder gegen einen von ihnen Berufung eingelegt wurde, das Ausscheiden Einzelner ist nicht möglich.

▶ Praxistipp: 3073

Da ein Parteiwechsel nach h. M. als Klageänderung zu behandeln ist, sind ihm in zweiter Instanz durch § 533 ZPO enge Grenzen gezogen.

Das **Hinzutreten** eines neuen Streitgenossen erst in der Berufungsinstanz ist grundsätzlich weder aufseiten des Berufungsklägers noch aufseiten des Berufungsbeklagten möglich. 3074

Die h. M. behandelt den Parteibeitritt als Klageänderung. Diese ist in zweiter Instanz nur möglich, wenn sie auf Tatsachen gestützt wird, die berücksichtigt werden können und der Gegner einwilligt oder das Gericht sie für sachdienlich hält (§§ 263, 533 ZPO). An die Sachdienlichkeit werden dabei schon beim Beitritt auf Klägerseite besondere Anforderungen gestellt (BGH NJW 1989, 3225), beim Beitritt auf Beklagtenseite kann auf die Einwilligung des neuen Streitgenossen nur verzichtet werden, wenn sich deren Verweigerung als rechtsmissbräuchlich darstellt (BGH NJW 1998, 1497).

Eine Ausnahme gilt für den Beitritt eines weiteren Pfändungsgläubigers zur Drittschuldnerklage nach § 856 ZPO. Diese ist (zur Vermeidung weiterer Klagen) in jeder Lage des Verfahrens und damit auch in der zweiten Instanz zulässig.

Der **Wechsel** einer Partei stellt sich als das Ausscheiden der bisherigen und der Eintritt einer neuen Partei dar und folgt deswegen den bereits dargestellten Grundsätzen. 3075

Beruht ein solcher Parteiwechsel auf dem Willen der Parteien (gewillkürter Parteiwechsel), so ist er nur mit Zustimmung aller Beteiligten zulässig. Mit der Berufung ist ein solcher Parteiwechsel kaum erreichbar, weil deren Zulässigkeit die Beseitigung der Beschwer und damit die Beibehaltung der bisherigen Prozesssubjekte voraussetzt.

Die Berufung ist nur zulässig, wenn mit ihr zumindest auch die Beseitigung der in der erstinstanzlichen Entscheidung liegenden Beschwer begehrt wird. Dies setzt grundsätzlich voraus, dass die beschwerte Partei gegen den ursprünglichen Gegner vorgeht, sodass ein Parteiwechsel mit der Berufungsinstanz in der Regel ausscheidet, weil nur im Verhältnis zu ihm die Beschwer besteht (BGH NJW 1994, 3358; OLG Frankfurt a. M. OLGR 01, 138).

Auch in der Berufungsinstanz zulässig ist dagegen der gesetzliche Parteiwechsel. Verstirbt eine Partei, so tritt (nach einer zunächst eintretenden Unterbrechung des Verfahrens) der Rechtsnachfolger an ihrer Stelle in den Prozess ein (§ 239 ZPO). Wird über das Vermögen einer Partei das Insolvenzverfahren eröffnet, wird der Prozess mit dem Insolvenzverwalter fortgesetzt (§ 240 ZPO). Ist die Erbfolge bzw. Insolvenzeröffnung erst nach Schluss der mündlichen Verhandlung erster Instanz, aber vor Einlegung der Berufung eingetreten, so kann der Erbe bzw. Insolvenzverwalter die Aufnahme des Rechtsstreits mit der Berufung verbinden (BGH NJW 1962, 589).

3076 Berufung kann auch von einem **neuen Streithelfer** eingelegt werden. Hierzu kann er seine Beitrittserklärung mit der Berufung verbinden (OLG Hamm NJW-RR 1994, 1277).

Möglich ist dies insbesondere infolge einer Streitverkündung durch die erstinstanzlich unterlegene Partei (§ 74 Abs. 1 ZPO), die auch nach Verkündung des Urteils bis zum Eintritt der Rechtskraft möglich ist (BGH NJW 1984, 353).

3077 Unbeteiligte **Dritte** können gegen das Urteil grundsätzlich auch dann keine Berufung einlegen, wenn das erstinstanzliche Urteil ihre Interessen verletzt. Etwas anderes gilt nur, wenn mit dem Urteil der Anschein eines gegen den Dritten vollstreckbaren Titels geschaffen wird.

Wird ein Zeuge im erstinstanzlichen Urteil als Lügner qualifiziert, kann er das Urteil genauso wenig anfechten wie der verfahrensunbeteiligte Dritte, der aufgrund des unstreitigen Parteivortrags aber wahrheitswidrig als »vorbestrafter Betrüger« bezeichnet wird. Ist der Beklagte »als Gesamtschuldner neben dem A« verurteilt worden, kann A, wenn er am Verfahren erster Instanz nicht beteiligt war, auch dann hiergegen keine Berufung einlegen, wenn er nicht Gesamtschuldner ist (weitere Beispiele bei *Schack* NJW 1988, 865). In all diesen Fällen entfaltet das Urteil dem Dritten gegenüber weder materielle Rechtskraft, noch stellt es für oder gegen ihn einen Vollstreckungstitel dar. Zur regelmäßigen Erfolglosigkeit von Feststellungs-, Widerrufs- oder Amtshaftungsklagen in diesen Fällen *Hager* NJW 1989, 885.

Ist in erster Instanz infolge einer Namensverwechslung ein Dritter als Beklagter bezeichnet und verurteilt worden, muss er sich nicht auf vollstreckungsrechtliche Rechtsbehelfe beschränken, sondern kann nach den Grundsätzen über die Anfechtung von Scheinurteilen auch Berufung einlegen (BGH MDR 1978, 307).

b) Streitgegenstand

3078 Taktisch kann es erwünscht sein, den Streitgegenstand für die Berufungsinstanz zu ändern.

Findet sich der Kläger mit einem Teil der Klageabweisung, der Beklagte mit einem Teil seiner Verurteilung ab, so kann der Streitgegenstand auf den noch streitigen Teil beschränkt werden. Will der Kläger anstelle des oder neben dem bislang verfolgten einen anderen Anspruch geltend machen, so muss er seine Klage mit der Berufung ändern. Neue Ansprüche in zweiter Instanz sind auch zu prüfen, wenn der Beklagte über die bisherige Verteidigung hinaus einen Anspruch zur Aufrechnung stellen oder zum Gegenstand einer Widerklage machen will.

3079 Die **Beschränkung** des Streitgegenstands zweiter Instanz auf einen Teil des erstinstanzlichen Streitgegenstands ist weitgehend unproblematisch möglich. Die mit der Berufung nicht verfolgten Punkte werden rechtskräftig. In einer solchen Beschränkung liegt weder eine teilweise Klagerücknahme (§ 269 ZPO) noch ein teilweiser Rechtsmittelverzicht (§ 515 ZPO).

Unerheblich ist dabei, ob (bei objektiver Klagehäufung) ein eigenständiger Streitgegenstand wegfällt oder nur ein quantitativ abgrenzbarer Teil eines ansonsten weiterverfolgten Streitgegenstands. Nicht möglich ist eine Beschränkung auf einzelne Urteilselemente, etwa die Herleitung des Anspruchs aus einer bestimmten Anspruchsgrundlage.

Besonderer Beachtung bedarf, dass der verbleibende Streitgegenstand eine hinreichende Beseitigung der erstinstanzlichen Beschwer ermöglicht, insbesondere der erforderliche Wert des Beschwerdegegenstands (600 €) nicht unterschritten wird.

3080 Nur ausnahmsweise möglich ist dagegen eine **Erweiterung** um neue Streitgegenstände.

Ihrer Funktion als Instrument der Fehlerkontrolle und Fehlerbeseitigung kann die Berufungsinstanz nur dann genügen, wenn der hier zu beurteilende Sachverhalt dem der ersten Instanz entspricht. Grundsätzlich muss deswegen die Befugnis der Parteien, einen anderen Anspruch geltend zu machen, genauso beschränkt sein, wie die Befugnis, den bisherigen Anspruch mit neuen Angriffs- und Verteidigungsmitteln zu begründen.

Die Geltendmachung eines neuen Anspruchs im Wege der Klageänderung, Aufrechnung oder Widerklage ist nur unter den engen Voraussetzungen des § 533 ZPO möglich. Erforderlich ist nicht bloß, dass der Gegner zustimmt (wobei eine fehlende Zustimmung durch Bejahung der Sachdienlichkeit seitens des Gerichts ersetzbar ist), sondern auch, dass diese sich ausschließlich auf Tatsachen stützen, die in zweiter Instanz berücksichtigt werden können. 3081

> Nach § 529 ZPO hat das Berufungsgericht seiner Verhandlung und Entscheidung grundsätzlich nur die erstinstanzlich festgestellten Tatsachen zugrunde zu legen. Liegen konkrete Anhaltspunkte für einen Tatsachenfeststellungsfehler des Erstgerichts vor, kommt eine erneute Feststellung durch das Berufungsgericht in Betracht. Von den Parteien neu vorgetragen werden dürfen Tatsachen nur, wenn der Vortrag in erster Instanz infolge eines Fehlers des Gerichts ist (§ 531 Abs. 2 Nr. 1, 2 ZPO) oder unverschuldet (§ 531 Abs. 2 Nr. 3 ZPO) unterblieben ist.
>
> Da Streitgegenstandsänderungen regelmäßig neuer Tatsachen zur Begründung bedürfen, sind sie nur noch ausnahmsweise statthaft.
>
> Häufig scheitert die Änderung des Streitgegenstands auch daran, dass damit das Ziel einer Beseitigung der erstinstanzlichen Beschwer wegfällt. Ein Rechtsmittel ist unzulässig, wenn es den in der Vorinstanz erhobenen Klageanspruch nicht wenigstens teilweise weiter verfolgt und damit die Richtigkeit des angefochtenen Urteils infrage stellt, sondern lediglich im Wege der Klageänderung einen neuen, bisher nicht geltend gemachten Anspruch zur Entscheidung stellt. Eine bloß Erweiterung oder Änderung der Klage kann nicht das alleinige Ziel des Rechtsmittels sein (BGH MDR 2012, 603).

II. Einlegung der Berufung

An die Einlegung der Berufung stellt das Gesetz keine besonders hohen Anforderungen. Dennoch kommt es diesbezüglich immer wieder zu Fehlern, die die Berufung unzulässig machen (*E. Schneider* MDR 1979, 1). Erforderlich für eine zulässige Berufungseinlegung ist die Wahrung der hierfür laufenden Frist und die Einhaltung einer Reihe von Förmlichkeiten. 3082

1. Frist

Die Berufung muss fristgerecht eingelegt werden (§ 517 ZPO). Die Frist **beginnt** mit der wirksamen Zustellung des Urteils. Dazu ist erforderlich, dass das Urteil wirksam zustande gekommen, d. h. verkündet worden ist (§§ 310 ff. ZPO), dass hiervon eine wirksame Ausfertigung bzw. beglaubigte Abschrift erstellt (§ 317 ZPO) und diese den Parteien wirksam zugestellt wurde (§§ 166 ff. ZPO; BGH NJW 2010, 2519). 3083

> Die ordnungsgemäße **Verkündung** wird nicht durch den Verkündungsvermerk nach § 315 Abs. 3, sondern (im Fall der Verkündung nach § 311) allein durch das Sitzungsprotokoll oder (im Fall der Verkündung durch Zustellung, § 310 Abs. 3) durch den Zustellungsnachweis bewiesen (BGHZ 8, 303). Vor der Verkündung liegt kein Urteil, sondern lediglich ein Urteilsentwurf vor, der nach den Grundsätzen des Scheinurteils angefochten werden kann, wenn der Rechtsschein eines wirksamen Urteils erzeugt wurde. Dabei bedarf es der Einhaltung einer Berufungsfrist nicht. Fehlt ein solcher Rechtsschein, kann das Urteil als »Noch-nicht-Urteil« nicht angefochten werden (oben Rdn. 3037).
>
> Zugestellt wird nicht das Originalurteil, sondern eine Ausfertigung bzw. beglaubigte Abschrift (§ 317 ZPO; oben Rdn. 1230, 1244). Diese muss die Partei in die Lage versetzen, auf vollständiger und gesicherter Grundlage zu beurteilen, ob sie das Urteil anfechten will oder nicht. Ist dies aufgrund eines Mangels des zugestellten Exemplars nicht möglich, kann die Berufungsfrist nicht zu laufen beginnen. Dies ist der Fall, wenn die zugestellte Ausfertigung überhaupt keine Gründe enthält oder ganze Seiten fehlen oder unleserlich sind (BGH NJW 1998, 1959). Einzelne unleserliche Worte dagegen machen das Urteil nicht unvollständig (BGH VersR 1980, 771). Enthält das Urteil eine Bezugnahme auf andere Entscheidungen (Parallelurteil, Prozesskostenhilfebeschluss), so ist es nur dann vollständig zugestellt, wenn auch diese anderen

Entscheidungen den Parteien zugegangen sind. Aus der Ausfertigung bzw. der beglaubigten Abschrift muss ersichtlich sein, dass das Urteil von den mitwirkenden Richtern unterschrieben wurde. Die maschinenschriftliche Wiedergabe des Namens genügt dabei grundsätzlich (BGH VersR 1981, 576), ausnahmsweise jedoch nicht, wenn sie ohne weiteren Hinweis auf das Vorhandensein einer Unterschrift nur in Klammern gesetzt ist (BGH NJW-RR 1987, 377).

Die Zustellung der Ausfertigung ist fehlerhaft, wenn zwingende Formvorschriften der §§ 166 ff. ZPO nicht eingehalten sind (zum Beispiel Zustellung an die Partei statt an den Prozessbevollmächtigten; Fehlen einer Unterschrift auf der Zustellungsurkunde) und eine Heilung nach § 189 ZPO nicht eingetreten ist. Eine (wirksame) Parteizustellung kann eine (unwirksame) Amtszustellung nicht ersetzen. Sind mehrere Zustellungen erfolgt (zum Beispiel an mehrere Prozessbevollmächtigte einer Partei), so wird die Berufungsfrist durch die erste wirksame Zustellung in Gang gesetzt (BVerwG NJW 1980, 2269).

Die Parteien können durch übereinstimmenden Antrag an das Gericht erreichen, dass die Zustellung bis zum Ablauf von fünf Monaten nach der Verkündung hinausgeschoben wird (§ 317 Abs. 1 Satz 3 ZPO), sodass sich die Berufungsfrist entsprechend verlängert.

Mangels wirksamer Zustellung beginnt die Frist erst fünf Monate nach der Verkündung des Urteils (§ 511 letzter HS ZPO; dazu unten Rdn. 3086).

3084 ▶ **Praxistipp:**

Eine Tatbestandsberichtigung (§ 320 ZPO) ändert an dem Fristbeginn bereits durch Zustellung des ursprünglichen Urteils nichts.

3085 Besonderheiten für den Fristbeginn gelten bei der Urteilsergänzung und bei der Mehrheit von Prozessbeteiligten.

Eine Urteilsberichtigung (§ 319 ZPO) führt zu einem Neubeginn der Frist nur dann, wenn die Anfechtbarkeit sich erst aus der Berichtigung ergibt (dann Neubeginn der Berufungsfrist mit Zustellung des Berichtigungsbeschlusses). Die Zustellung eines Ergänzungsurteils (§ 321 ZPO) setzt nicht nur die Frist für die Anfechtung dieses Ergänzungsurteils in Gang, sondern lässt auch die Berufungsfrist für das vorangegangene unvollständige Urteil neu beginnen (§ 518 ZPO).

Für Streithelfer und Partei läuft nur eine einheitliche Frist, die mit der Zustellung des Urteils an die Partei begonnen hat. Für Streitgenossen laufen dagegen jeweils eigene Fristen. Für (auch notwendige) Streitgenossen beginnt die Berufungsfrist mit der Zustellung an jeden Einzelnen selbstständig (BGH VersR 1980, 928), für Nebenintervenienten (Streithelfer) läuft nur die Frist der Hauptpartei (BGH WM 1989, 1588). Streitgenössische Nebenintervenienten gelten als Streitgenossen (§ 69 ZPO).

3086 Die Berufungsfrist **dauert** einen Monat.

Dies gilt auch, wenn das Urteil nicht oder nicht wirksam zugestellt wurde. Dann beginnt die Frist allerdings erst fünf Monate nach der Verkündung des Urteils und beträgt damit von der Verkündung an gerechnet sechs Monate. Mängel der Verkündung stehen dem Beginn dieser Frist nur entgegen, wenn sie es ausschließen, dass die Partei das Urteil zur Kenntnis nehmen kann (BGH NJW-RR 1994, 127); in diesem Fall läuft überhaupt keine Frist für die Berufungseinlegung. Die Fünfmonatsfrist läuft auch bei Unterbrechung oder Aussetzung des Verfahrens, eine Verlängerung der Frist ist nicht möglich.

3087 **Berechnet** wird die Frist nach § 222 ZPO i. V. m. §§ 187 ff. BGB. Die Berufungsfrist ist eine Notfrist und kann nicht verlängert werden.

Insoweit kann auf die allgemeinen Ausführungen zur Fristberechnung verwiesen werden.

3088 **Gewahrt** wird die Frist durch den rechtzeitigen Eingang der Berufungsschrift bei dem zuständigen Berufungsgericht.

Unter dem Einfluss des BVerfG hat sich die Rechtsprechung hierzu in den letzten Jahren deutlich geändert. Heute gilt der Grundsatz, dass die Frist bis zur Grenze ausgenutzt werden und darauf vertraut werden kann, dass alle Behörden die organisatorischen Vorkehrungen zur Annahme von Erklärungen auch außerhalb der regulären Dienststunden treffen und selbst fehlerhafte adressierte Erklärungen sachgerecht weiterleiten.

Frist wahrend wirkt die Einreichung bei einem unzuständigen auswärtigen Spruchkörper des Gerichts (BGH NJW 1967, 107) oder die Nutzung einer nicht für Fristsachen eingerichteten Zugangsmöglichkeit (normaler Briefkasten, Faxanschluss Nebenstelle), nicht aber das bloße Einbringen in die Räumlichkeiten (Zurücklassen im Gebäude, Übergabe an Hausmeister). Besteht eine gemeinsame Brieingangsstelle für mehrere Gerichte, genügt der Eingang dort, wenn er an das richtige Gericht adressiert war. Geht der Schriftsatz wegen unrichtiger Adressierung von dort zunächst an ein unzuständiges Gericht und muss an das zuständige Gericht weitergeleitet werden, wo er erst nach Ablauf der Frist eingeht, ist die Frist nicht gewahrt (BGH NJW 1990, 990; BGH NJW-RR 2001, 1730).

Die Frist darf voll ausgeschöpft werden (BVerfG NJW 1980, 580), sodass eine Einreichung in den letzten Minuten des letzten Tages ausreicht. Das Gericht muss die hierzu erforderlichen organisatorischen Vorkehrungen (Faxanschluss, Fristbriefkasten) schaffen. Erfolgt die Einlegung der Berufung per Telefax (dazu oben Rdn. 991; unten Rdn. 3106), muss die Versendung an den richtigen Gerichtsanschluss erfolgen und vor Ablauf der Frist abgeschlossen, das heißt beim Empfänger ausgedruckt sein (BGH NJW 2006, 2263; BGH NJW 2007, 2045). Hat die Übertragung zu einem Zeitpunkt begonnen, zu dem noch mit einem Abschluss der Übermittlung vor Ablauf der Frist gerechnet werden kann (wobei wegen der möglichen Belegung des Gerichtsanschlusses eine Zeitreserve von nur wenigen Minuten regelmäßig nicht ausreicht: BVerfG NJW 2000, 574) kommt eine Wiedereinsetzung in Betracht (oben Rdn. 2835). Dies gilt auch, wenn die Übertragung wegen eines Defekts des Empfangsgeräts scheitert.

▶ **Praxistipp:** 3089

Für die verbreitete Praxis, die Berufungsfrist bis zum letzten Moment auszunutzen, gibt es praktisch kaum noch einen Grund. Anzuraten ist deswegen, die Berufung unmittelbar nach der Entscheidung über die Anfechtung einzulegen.

Eine volle Ausschöpfung der Frist ist allenfalls dort sinnvoll, wo der Gegner über die Anfechtung möglichst lange im Unklaren gelassen werden soll. Ansonsten ist die volle Frist weder für die Vorbereitung der Einlegung erforderlich noch für die Dauer der Begründungsfrist von Bedeutung. Demgegenüber besteht bei einer Fristausschöpfung stets die Gefahr einer Fristversäumung durch unvorhergesehene Umstände, die infolge einer restriktiven Handhabung der Wiedereinsetzung durch die Rechtsprechung nur bedingt kompensiert wird. Zudem verliert der Berufungsführer die Möglichkeit, Mängel der Berufungsschrift nach einem Hinweis des Gerichts noch zu heilen, weil dies nur vor Ablauf der Frist möglich ist.

Der **Nachweis** über Beginn oder Wahrung der Berufungsfrist erfolgt regelmäßig durch die Gerichtsakte. Behauptet der Berufungsführer einen anderen Zeitpunkt, so hat er diesen nachzuweisen. 3090

Der Fristbeginn folgt aus dem Zustellungsnachweis (Zustellungsurkunde, Empfangsbekenntnis), die Fristwahrung aus dem Eingangsstempel der Berufungsschrift.

Dabei handelt es sich um öffentliche Urkunden, deren Beweiskraft nur nach § 418 Abs. 2 ZPO widerlegt werden kann. Dies gilt auch für das Empfangsbekenntnis, obwohl dieses von einer Privatperson, nicht von einer Behörde ausgestellt wird (BGH NJW 2009, 855). Bloßes Bestreiten der beurkundeten Tatsachen unter Benennung der Urkundsperson als Zeugen reicht nicht aus, genauso wenig die Darlegung der bloßen Möglichkeit eines anderen Geschehensablaufs. Vielmehr muss voll bewiesen werden, dass die Erklärung unrichtig ist (BGHZ 16, 227). Für den Gegenbeweis gelten die Regeln des Freibeweises, eine Bindung an Beweismittel und Beweisvorschriften der §§ 355 ff. ZPO besteht nicht (BGH MDR 1988, 136).

Bei Versendung durch Fax kann der Zugang nicht durch das Sendeprotokoll bewiesen werden, hierdurch wird nicht einmal ein Anschein begründet (BGH NJW 1995, 665).

Die Beweislast für von den urkundlich belegten abweichenden Daten trägt die Partei, die sich darauf beruft. So muss der Berufungsführer die Rechtzeitigkeit der Berufung beweisen, der Berufungsgegner gegebenenfalls deren Verfristung (BGH NJW 1981, 1789). Für Umstände, die ausschließlich im Verantwortungs- und Herrschaftsbereich des Gerichts liegen, kann dem Berufungsführer die Beweislast nicht aufgebürdet werden (BVerfG NJW 1991, 2076). Geht der Zustellungsnachweis hier verloren, muss von einer Fristwahrung ausgegangen werden (BGH NJW 1981, 1673). Stets muss das Gericht alle verfügbaren Indizien auswerten und zumutbare Aufklärungsmaßnahmen ergreifen (zum Beispiel durch Einholung dienstlicher Erklärungen von Bediensteten über die Verwendung des Eingangsstempels oder das Funktionieren des Fristenbriefkastens; BGH MDR 2001, 828).

2. Form

3091 In größerem Umfang als bei anderen Prozesshandlungen kommt es bei der Berufungseinlegung auf die Wahrung der gesetzlich vorgeschriebenen Form an. Diese folgt im Wesentlichen aus §§ 519, 130 ZPO und wird von der Rechtsprechung streng geprüft.

Die besondere Bedeutung der Form bei der Berufungseinlegung gegenüber anderen bestimmenden Schriftsätzen folgt aus ihrer Wirkung für die Rechtskraft (Zöller/*Gummer* § 519 Rn. 21). Nur im Fall einer wirksamen Berufungseinlegung wird der Eintritt der Rechtskraft gehemmt (Suspensiveffekt, § 705 Satz 2 ZPO), andernfalls tritt mit dem Ablauf der Rechtsmittelfrist Rechtskraft des Urteils ein (§ 705 Satz 1 ZPO).

Hinzu kommt, dass dem Berufungsgericht zunächst nicht die Verfahrensakte, sondern nur der Berufungsschriftsatz vorliegt und es allein anhand dessen die erforderlichen Vorprüfungen anzustellen hat. Die Berufungsschrift muss einen geregelten und zügigen Ablauf des Berufungsverfahrens ermöglichen und Klarheit bei Berufungsgericht und Berufungsgegner über die Fortsetzung des Verfahrens oder den Eintritt der Rechtskraft schaffen (BGH NJW 1994, 1879).

a) Notwendiger Inhalt

3092 Funktion der Berufungsschrift ist es, zweifelsfrei klarzustellen, dass es ein Berufungsverfahren geben soll. Dabei ist die Einhaltung der gesetzlichen Mindestanforderungen bezüglich Form und Inhalt der Berufungsschrift weitgehend unverzichtbar.

Mängel in der Berufungsschrift sind heilbar, fehlende Bestandteile können nachgeholt, Unklarheiten im Wege der Auslegung berichtigt werden. Als Auslegungsmittel kommen dabei Anlagen zur Berufungsschrift, weitere Schriftsätzen, die Verfahrensakte, gegebenenfalls sogar schriftliche Erklärungen des Gegners in Betracht, nicht jedoch mündliche (telefonische) Erklärungen (BGH NJW 1985, 2650). Möglich ist eine solche Auslegung aber nur, wenn diese Quellen innerhalb der Berufungsfrist vorliegen (BGH VersR 1986, 471; BGH NJW 1993, 2943). Auch dies spricht dafür, die Berufung möglichst früh einzulegen, weil nur dann noch die Chance besteht, nach einem Hinweis des Gerichts (der nach § 139 ZPO geboten ist) Formfehler zu heilen.

Mit der Wiedereinsetzung können Formmängel nicht beseitigt werden (BGH NJW 1997, 1309).

3093 Erforderlich ist eine Berufungsschrift.

Wegen des damit verbundenen Schriftformerfordernisses siehe oben Rdn. 984.

3094 Die Berufungsschrift muss bei dem Berufungsgericht eingereicht werden.

Erfolgt die Einreichung per Post, reicht es aus, dass das Gericht im Anschriftenfeld bezeichnet ist. Erforderlich ist aber, dass das »richtige« Gericht angegeben ist. Dies gilt insbesondere dann, wenn mehrere Gerichte (Land- und Oberlandesgericht) eine gemeinsame Briefeingangsstelle haben. Die Angabe eines falschen Gerichts führt (wenn nicht ausnahmsweise noch innerhalb der Berufungsfrist eine Weiterleitung an das richtige Gericht möglich ist) zur Verwerfung der Berufung (BGH NJW 1990, 990; BGH NJW 1989, 2369).

Anzugeben ist das »Gericht im organisatorischen Sinn«, also die Behörde. Dazu ist es erforderlich, zu klären, ob die Berufung sachlich beim Landgericht oder beim Oberlandesgericht einzulegen ist und welches Land- bzw. Oberlandesgericht örtlich zuständig ist. Hierzu oben Rdn. 453; unten Rdn. 3107.

Nicht erforderlich ist die Angabe des innerhalb des Gerichts zuständigen Spruchkörpers. Etwas anderes gilt, wenn die Berufung beim Landgericht eingelegt und dort vor einer Kammer für Handelssachen verhandelt werden soll. In diesem Fall bedarf es eines Antrags, der auch durch Adressierung der Berufung an eine entsprechende Kammer gestellt werden kann (dazu oben Rdn. 511).

3095 Anzugeben sind auch die Parteien des Berufungsverfahrens, insbesondere die Parteistellung in zweiter Instanz, das heißt, wer Berufungskläger und wer Berufungsbeklagter werden soll.

Dies ist in § 519 ZPO nicht ausdrücklich erwähnt, ergibt sich aber aus der Verweisung des § 519 Abs. 4 ZPO auf § 130 Nr. 1 ZPO.

Zu empfehlen ist die Angabe eines vollen Rubrums unter Beifügung der Parteistellung im Berufungsverfahren (»Berufungskläger«, »Berufungsbeklagter«). Ob dabei die Reihenfolge erster Instanz beibehalten

C. Berufung   9. Kapitel

oder mit dem Berufungskläger begonnen wird, ist örtlich unterschiedlich und prozessual unerheblich. Ausreichend ist auch die Angabe, Berufung werde »für den« Kläger oder Beklagten eingelegt (*Schneider* MDR 1979, 01).

Anders als in erster Instanz müssen die Parteien nicht zwingend mit ihren vollständigen ladungsfähigen Anschriften angegeben werden (BGH NJW 1987, 1356; BGHZ 102, 332). Erforderlich ist aber, dass die Beteiligten eindeutig individualisiert, zumindest bestimmbar bezeichnet sind. Zur Vermeidung von Auslegungszweifeln sollte es deswegen anwaltlicher Sorgfalt entsprechen, die vollständige ladungsfähige Anschrift anzugeben.

Gesteigerte Anforderung an die Parteibezeichnung (insbesondere die des Rechtsmittelgegners: BGH MDR 2011, 181) sind zu stellen, wenn erstinstanzlich eine Mehrheit von Verfahrensbeteiligten gegeben war (BGH NJW 2009, 208; BGH NJW 1961, 2347; unten Rdn. 3374). Im Fall notwendiger Streitgenossenschaft wird vermutet, dass auf Kläger- wie auf Beklagtenseite zweitinstanzlich alle Streitgenossen beteiligt sein sollen. Bei der einfachen Streitgenossenschaft muss jeder Streitgenosse Berufung einlegen, werden sie von einem gemeinsamen Prozessbevollmächtigten vertreten, muss klargestellt werden, für wen die Berufungseinlegung erfolgt. Richtet sich die Berufung gegen Streitgenossen, muss eindeutig erkennbar sein, wer Berufungsbeklagter werden soll (zu möglichen Auslegungskriterien beim Fehlen eindeutiger Angaben BGH MDR 2000, 539). Streithelfer sollen, müssen aber nicht angegeben werden, Streitverkündete, die erstinstanzlich nicht beigetreten sind, gehören nicht in die Berufungsschrift (§ 74 Abs. 2 ZPO).

Die Prozessbevollmächtigten erster Instanz (wegen der Zustellung nach § 172 Abs. 1 Satz 1 ZPO insbesondere aufseiten des Berufungsbeklagten) sollten angegeben werden, fehlen sie, wird die Berufung deswegen nicht unzulässig (BAG NJW 1978, 2120).

▶ **Praxistipp:**   3096

Die Berufungsschrift muss neben den in § 511 Abs. 2 ZPO genannten Inhalten (Bezeichnung des Urteils und Erklärung der Berufungseinlegung) insbesondere eindeutig erkennen lassen, welche Partei das Rechtsmittel einlegt.

Das Erfordernis, anzugeben, für und gegen wen Berufung eingelegt wird, bleibt erstaunlich häufig unerfüllt. Der Anwalt, der den Rechtsstreit, die Parteien und die Entscheidung kennt, hat hier keinerlei Zweifel, weil es vielleicht auch nur eine denkbare Anfechtungsmöglichkeit gibt. Das Berufungsgericht, dem zunächst nur die Berufungsschrift vorliegt, muss aber allein aus dieser die Parteistellung erkennen können. Ist dies nicht möglich, hängt die Zulässigkeit der Berufung allein von der Zufälligkeit ab, ob die vom erstinstanzlichen Gericht angeforderte Akte noch vor Ablauf der Berufungsfrist beim Berufungsgericht eingeht oder nicht und ob sich aus ihr im Wege der Auslegung zweifelsfrei ergibt, welche Parteistellung die Beteiligten haben sollen. Erfolgt eine Verwerfung der Berufung mangels hinreichender Parteibezeichnung, treffen die Kosten des Rechtsmittels den Anwalt persönlich, da er (mangels Bestimmbarkeit der von ihm vertretenen Partei) wie ein vollmachtloser Vertreter behandelt wird (BGH NJW 1988, 50).

Bezeichnet werden muss das Urteil, gegen das die Berufung gerichtet wird (§ 519 Abs. 2 Nr. 1 ZPO).   3097

Die Bezeichnung des Urteils erfolgt regelmäßig durch Angabe des Gerichts, des Aktenzeichens und des Verkündungsdatums. Sinnvoll sein kann darüber hinaus die Angabe des Zustellungsdatums oder der Urteilsbezeichnung (Teilurteil, Schlussurteil), jedenfalls dann, wenn im erstinstanzlichen Verfahren mehrere Urteile ergangen sind.

Das Fehlen oder die falsche Bezeichnung einer dieser Angaben schadet nicht, wenn das Urteil dennoch zweifelsfrei identifiziert werden kann (BGH NJW 2003, 1950). Ist dies nicht der Fall, kommt eine Berichtigung nach Ablauf der Berufungsfrist nicht in Betracht, weil damit nur Erklärungsfehler, nicht aber Willensfehler korrigiert werden können (BGH MDR 1978, 308; oben Rdn. 2835).

Die meisten formellen Fehler lassen sich vermeiden, wenn die Sollvorschrift des § 519 Abs. 3 ZPO   3098
befolgt und eine beglaubigte Abschrift des angefochtenen Urteils beigefügt wird.

Aus einer solchen Abschrift ergeben sich nicht nur die erforderlichen Angaben zum Urteil selbst, sondern regelmäßig auch die Parteien des Rechtsstreits in der prozessual gebotenen Bezeichnung. Nicht aus dem Urteil ersichtlich ist jedoch, für welche Partei das Urteil angefochten werden soll.

Erforderlich ist die Erklärung, dass Berufung eingelegt wird (§ 519 Abs. 2 Nr. 2 ZPO).   3099

685

Dabei ist die Verwendung des Worts »Berufung« nicht zwingend erforderlich, weil jede Handlung, die die Absicht erkennen lässt, ein Urteil durch die übergeordnete Instanz überprüfen zu lassen, als Berufung auszulegen ist (BGH NJW 1987, 1204; BGH NJW-RR 1998, 507). Zur Vermeidung von Auslegungszweifeln ist die Bezeichnung als Berufung zumindest aber anzuraten.

3100 Die Einlegung muss stets unbedingt erfolgen.

Während von dem allgemeinen Grundsatz, dass Prozesshandlungen bedingungsfeindlich sind, wichtige Ausnahmen für solche Bedingungen gemacht werden, die im weiteren Verlauf des Prozesses selbst bestehen (Rechts- oder Prozessbedingungen), sodass Anträge oder Aufrechnungserklärungen unter die Bedingung der Erfolglosigkeit vorrangiger Anträge oder Verteidigungsmittel gestellt werden können (Hilfsanträge, Hilfsaufrechnung), greift für die Berufungseinlegung die Rückausnahme, nach der auch solche Bedingungen nicht möglich sind, wenn das (Fort-) Bestehen des Prozessrechtsverhältnisses von ihnen abhängt. Die Frage, ob, zwischen wem und worüber der Prozess in zweiter Instanz fortgesetzt werden soll, muss stets unbedingt feststehen, dann sind auch in zweiter Instanz Hilfsanträge oder Hilfsaufrechnungen möglich. Deswegen kann zwar nicht die Berufung, wohl aber die Anschlussberufung mit einer Prozessbedingung verknüpft werden (unten Rdn. 3363).

Soll die Berufung nur für den Fall der Gewährung von Prozesskostenhilfe eingelegt werden, ist eine entsprechende Bedingung nicht möglich. Berufung kann dann erst nach der Entscheidung über den Prozesskostenhilfeantrag eingelegt werden, ist bis dahin die Berufungsfrist verstrichen, erfolgt eine Wiedereinsetzung in den vorigen Stand (dazu unten Rdn. 3130).

Die »nur zur Fristwahrung« eingelegte Berufung steht nicht unter einer Bedingung, sondern ist unbedingt eingelegt und soll nur den Gegner veranlassen, sich zur Vermeidung unnötiger Kosten für den Fall vorbehaltener Berufungsrücknahme zunächst nicht am Verfahren zu beteiligen (dazu unten Rdn. 3124).

Auch wenn die Rechtsprechung die Anträge in der Regel relativ großzügig als eine unbedingte Einlegung auslegt (*Braunschneider* ProzRB 2003, 368; BGH, Beschl. vom 22.06.05; XII ZB 34 Rn. 04: wirksam, wenn die Berufung »zunächst nur zur Fristwahrung« eingelegt und die spätere Durchführung von der Bewilligung von Prozesskostenhilfe abhängig gemacht wird), sollte der Rechtsmittelführer alles vermeiden, was den Eindruck erweckt, er wolle eine (künftige) Prozesshandlung nur ankündigen und sie von der Gewährung der Prozesskostenhilfe abhängig machen. Deshalb erscheint eine eindeutige Formulierung ratsam (z. B. die Bezeichnung als »Entwurf« bei vorbehaltener Einlegung) bzw. es sollte die Beifügung eines missverständlichen Zusatzes (bei unbedingter Einlegung) unterlassen werden.

3101 Werden mehrere Anfechtungserklärungen von derselben Partei abgegeben, so handelt es sich um die bloß wiederholte Einreichung desselben Rechtsmittels. Es liegt dann nur eine Berufung vor, über die nur eine Entscheidung ergeht.

Nur von einer einzigen Berufung ist auszugehen, wenn der zunächst per Fax eingereichten Erklärung das Original nachgereicht wird (anders aber noch BGH NJW 1993, 3141) oder wenn einer zunächst eingelegten Berufung einzelne Zulässigkeitserfordernisse fehlten und diese erst durch die nachgereichte Erklärung erfüllt werden (*Pantle* NJW 1988, 2773 m. w. N.).

Nur eine Berufung liegt auch dann vor, wenn sowohl die Partei als auch ihr Streithelfer das Urteil anfechten.

Bedeutung erlangen solche weiteren Einlegungserklärungen einer einheitlichen Berufung, wenn vorangegangene sich als unwirksam erweisen (BGH NJW 1996, 2659).

3102 Zu den sich aus der Schriftform ergebenden Anforderungen gehört, dass die Berufungsschrift die Unterschrift eines beim Berufungsgericht postulationsfähigen Rechtsanwalts trägt.

Wegen der Anforderungen an die Unterschrift oben Rdn. 984.

Die Prüfung der eigenen Postulationsfähigkeit gehört zu den wesentlichen Aufgaben eines Rechtsanwalts, ein Irrtum über die eigene Zulassung oder Vertreterbestellung rechtfertigt keine Wiedereinsetzung (BGH MDR 2003, 480).

Durch die Partei selbst kann eine Berufung nicht wirksam eingelegt werden, da vor den Berufungsgerichten Anwaltszwang herrscht (§ 78 ZPO). Geschieht dies dennoch – sei es ausdrücklich, sei es durch eine Eingabe, die den Willen zur Anfechtung der Entscheidung erkennen lässt und die deswegen als Berufung auszulegen ist –, muss die Berufung grundsätzlich als unzulässig verworfen werden (BGH NJW 1997, 1989).

Verbreitet wird der Berufungskläger vom Gericht auf die Unzulässigkeit hingewiesen und ihm vor Zustellung an den Gegner Gelegenheit zur Rücknahme des Rechtsmittels gegeben (zu Musterformulierungen und ergänzenden Hinweisen *Schumann/Kramer* Rn. 43; Tempel/*Theimer*, Muster 179). Trotz dogmatischer Bedenken (auch für die Rücknahmeerklärung besteht grundsätzlich Anwaltszwang) lässt die h. M. dabei die Rücknahme der Berufung durch die Partei selbst zu (BGH NJW-RR 1994, 759). Von der Erhebung der Gerichtskosten kann dann nach § 21 Abs. 1 Satz 3 GKG abgesehen werden.

Nicht erforderlich ist, dass die Berufungseinlegung Grund und Umfang der Anfechtung benennt. 3103

Beides bleibt regelmäßig der Berufungsbegründung vorbehalten (unten Rdn. 3167). Das schließt es nicht aus, die gesamte Berufungsbegründung schon mit der Einlegung zu verbinden. Erforderlich sein kann eine Begründung schon mit der Einlegung, wenn gleichzeitig Nebenanträgen zur vorläufigen Vollstreckbarkeit gestellt werden (dazu unten Rdn. 3143).

Etwas anderes kann sich ergeben, wenn noch nicht feststeht, ob die Berufung durchgeführt und für den Fall einer Rücknahme die Kosten gering gehalten werden sollen (dazu unten Rdn. 3124).

▶ Praxistipp: 3104

Steht noch nicht fest, ob die Berufung durchgeführt werden soll und sollen die Kosten für den Fall einer Rücknahme vor der Begründung gering gehalten werden, empfiehlt es sich, bereits mit der Einlegung einen (beschränkten) Antrag zu stellen.

Entbehrlich ist auch die Angabe, wann das Urteil zugestellt wurde. 3105

In der Praxis beibehalten wurde diese Übung aus Zeiten, in denen die Zustellung des Urteils im Parteibetrieb erfolgte und das Gericht den Zustellungszeitpunkt deswegen nicht kannte. Da der Zustellungsnachweis heute zur Gerichtsakte gelangt, kontrolliert das Gericht die Rechtzeitigkeit der Einlegung anhand dieser Urkunde, nicht anhand der Angabe in der Berufungsschrift. Eine Angabe kann aber der anwaltlichen Selbstkontrolle dienen, um hierbei nochmals die eigene Fristberechnung zu kontrollieren. Sie kann auch sinnvoll sein, um dem Gericht darzulegen, von welchem Zustellungszeitpunkt die Partei ausgeht und es so zu einem Hinweis veranlassen, wenn sich aus der Gerichtsakte ein anderer Zustellungszeitpunkt ergibt.

b) Schriftform

Die Berufung muss schriftlich eingelegt werden. Insoweit kann auf die zum Schriftformerfordernis 3106
der Klage gemachten Ausführungen (oben Rdn. 984) verwiesen werden.

3. Zuständigkeit Gericht

Die Berufung ist beim Berufungsgericht einzulegen (§ 519 Abs. 1 ZPO). Primär wird dabei die sach- 3107
liche und örtliche Zuständigkeit zu klären sein, im Fall der Zuständigkeit eines Landgerichts auch die Frage, ob der Antrag auf Verhandlung vor einer Kammer für Handelssachen möglich und sinnvoll ist. Mitbehandelt werden soll die Frage, in welchen Fällen das Berufungsgericht in der Spruchkörperbesetzung bzw. durch den Einzelrichter entscheidet.

a) Sachliche Zuständigkeit

Die sachliche Zuständigkeit der Gerichte in Zivilsachen bestimmt sich nach dem Gerichtsverfas- 3108
sungsgesetz (§ 1 ZPO). Als Berufungsgericht kommt dabei das Land- oder das Oberlandesgericht in Betracht. Für Berufungen gegen erstinstanzliche Urteile der Landgerichte sind die Oberlandesgerichte zuständig (§ 119 Abs. 1 Nr. 2 GVG), für Berufungen gegen Urteile in den von den Amtsgerichten verhandelten bürgerlichen Rechtsstreitigkeiten nach § 72 GVG die Landgerichte.

Die mit der ZPO-Reform 2002 eingeführte Regelung, nach der die Oberlandesgerichte zuständig für die Berufungen gegen die Entscheidungen der Amtsgerichte in Sachen mit formaler Auslandsberührung waren (§ 119 Abs. 1 Nr. 1 GVG a. F.), sind mit dem Inkrafttreten des FamFG (dazu oben Rdn. 29) zum 01.09.2009 wegfallen. Die aus dieser Ausnahmeregelung resultierenden zahlreichen praktischen Probleme haben sich damit erledigt.

3109 Einer Abgrenzung zwischen Zivil- und Familiensachen bedarf es nach dem Inkrafttreten des FamFG nicht mehr.

> Über Familiensachen wird nur noch durch Beschluss entschieden, sodass eine Berufung nicht mehr in Betracht kommt (zur Zuständigkeit bei inkorrekter Unterscheidung zwischen »C-« und »WEG-Sachen« in der Übergangszeit OLG Hamm NJW 2010, 879).

3110 Sind in einem Bundesland mehrere Oberlandesgerichte eingerichtet, kann für bestimmte Sachen die Sonderzuständigkeit eines Oberlandesgerichts auch für die übrigen Gerichtsbezirke begründet sein (§ 25 Abs. 2 EGGVG).

> Diese Vorschriften haben generell nur geringe Bedeutung. Erwähnt seien die Zuständigkeiten für die Anerkennung von Schiedssprüchen (§ 1062 Abs. 5 ZPO) und in Wettbewerbssachen (§§ 92, 93, 116 Abs. 4 GWB). Inwieweit eine entsprechende Zuständigkeitsregelung getroffen wurde, bedarf der Klärung im jeweiligen Landesrecht.

3111 In diesen Fällen ist die Einlegung bei dem Gericht der Sonderzuständigkeit nur erforderlich, wenn die Voraussetzungen der Sonderzuständigkeit aus den Gründen des anzufechtenden Urteils zweifelsfrei ersichtlich sind. Eine bei dem allgemein zuständigen Gericht eingelegte Berufung ist nur unzulässig, wenn die Sonderzuständigkeit zumindest grob fahrlässig übersehen wurde (OLG München MDR 1982, 62; OLG Köln NJW-RR 1997, 1351; BGH NJW 2000, 1574).

3112 Ist gegen ein amtsgerichtliches Urteil Berufung zum Landgericht eingelegt worden und erfolgt in zweiter Instanz eine Erhöhung des Streitwerts der Klage über die Streitwertgrenze des § 23 Nr. 1 GVG hinaus, so bleibt das Landgericht als Berufungsinstanz zuständig. § 506 ZPO findet hier – trotz zahlreicher abweichender landgerichtlicher Urteile – keine Anwendung (*Schneider* MDR 1997, 221; Prütting/Gehrlein/*Schelp* § 506 Rn. 9, beide m. w. N.).

b) Örtliche Zuständigkeit

3113 Bei welchem Land- oder Oberlandesgericht die Berufung eingelegt werden muss, ist eine Frage der örtlichen Zuständigkeit, die sich aus den Gerichtsorganisationsgesetzen der einzelnen Länder beantwortet.

> Mit diesen Gerichtsorganisationsgesetzen wird das Gebiet jeder politischen Gemeinde zunächst dem Zuständigkeitsbereich eines Amtsgerichts zugeordnet. Verschiedene Amtsgerichtsbezirke bilden dann einen Landgerichtsbezirk, Landgerichtsbezirke den Oberlandesgerichtsbezirk. Die zweitinstanzliche Zuständigkeit richtet sich allein nach diesem durch die Gerichtsorganisation vorgegebenen Instanzenzug. Zuständiges Berufungsgericht kann nur das im Gerichtsorganisationsgesetz bestimmte übergeordnete Gericht sein.
>
> Anders als in erster Instanz gibt es hier weder ein Wahlrecht des Klägers unter mehreren zuständigen Gerichten (§ 35 ZPO) noch die Möglichkeit einer Zuständigkeitsbeeinflussung durch Vereinbarung oder rügelose Einlassung (§§ 38 ff. ZPO).

3114 Nach dem Gerichtsorganisationsgesetz bzw. den in Ausführung hierzu erlassenen Rechtsverordnungen richtet sich auch die Zuständigkeit eventuell eingerichteter auswärtiger Senate des Oberlandesgerichts (§ 116 Abs. 2 GVG). Hierauf muss bei Einlegung der Berufung aber keine Rücksicht genommen werden, die Einlegung ist wirksam in jedem Fall sowohl beim Stammsitz als auch bei einem auswärtigen Senat möglich.

> Ist ein Senat am Stammsitz zuständig, reicht die Einlegung beim auswärtigen Senat, ist ein auswärtiger Senat zuständig, reicht die Einlegung beim Stammsitz oder bei einem anderen auswärtigen Senat (BGH VersR 1978, 562; OLG Karlsruhe OLGZ 84, 223).
>
> Eingerichtet sind solche auswärtigen Senate bei den Oberlandesgerichten Frankfurt am Main [Zivilsenate und Senate für Familiensachen in Darmstadt und in Kassel], Karlsruhe [Freiburg] und München [Augsburg].

c) Zuständigkeit der Kammer für Handelssachen

Die beim Landgericht eingerichteten Kammern für Handelssachen können auch für die Berufung zuständig sein (§ 100 GVG; dazu allgemein oben Rdn. 511). 3115

> Bei den Oberlandesgerichten gibt es einen den Kammern für Handelssachen vergleichbaren Spruchkörper nicht. Soweit hier nach der Geschäftsverteilung besondere Senate für Berufungen gegen Urteile erstinstanzlicher Kammern für Handelssachen zuständig sind, sind diese Senate wie die übrigen Zivilsenate auch mit drei Berufsrichtern besetzt.

Streitig ist die Zuständigkeit für ein Berufungsverfahren, wenn gegen das gleiche Urteil Berufung von beiden Parteien eingelegt wird und die eine Berufung an die Zivilkammer, die andere Berufung dagegen an die Kammer für Handelssachen gerichtet ist. Nach h. M. richtet sich die Zuständigkeit für das gesamte Berufungsverfahren dann nach dem (ersten) Verweisungsbeschluss, ohne einen solchen nach der zuerst eingelegten Berufung (Schumann/*Kramer* Rn. 9 ff.; Baumbach/*Hartmann* § 100 GVG Rn. 2). 3116

> Die Gegenauffassung nimmt generell die Zuständigkeit der Kammer für Handelssachen an, weil der Rechtsgedanke der §§ 96 ff. GVG klar mache, dass der Antrag nur einer Partei ausreiche, um den Rechtsstreit vor die Kammer für Handelssachen zu bringen (Zöller/*Gummer* § 100 Rn. 3).

d) Zuständigkeit des Einzelrichters

Anders als in erster Instanz (§§ 348 f. ZPO) und bei der sofortigen Beschwerde (§ 568 ZPO) ist für die Berufung grundsätzlich nicht der Einzelrichter, sondern der Spruchkörper zuständig. Das Gericht kann die Sache indes nach freiem Ermessen dem Einzelrichter zur Entscheidung übertragen (§ 526 ZPO) oder zur Vorbereitung der Entscheidung des Spruchkörpers zuweisen (§ 527 ZPO). 3117

> Damit stellt der Gesetzgeber den Gedanken der effektiven Nutzung der Personalressourcen über den der höheren materiellen Richtigkeitsgewähr (»Sechs Augen sehen mehr als zwei«).

Die Übertragung erfolgt durch Beschluss des Spruchkörpers (nicht allein des Vorsitzenden), der ohne mündliche Verhandlung ergehen kann (§ 128 Abs. 4 ZPO). Sie steht allein im Ermessen des Gerichts und ist von den Parteien nicht entscheidend zu beeinflussen. Ein Antrag auf Übertragung an den Einzelrichter ist weder erforderlich noch möglich, die erfolgte Übertragungsentscheidung kann nicht angefochten und auch mit der Revision nicht gerügt werden (§ 526 Abs. 3 ZPO). 3118

> Rechtliches Gehör erhalten die Parteien vor einer Übertragung nach § 526 ZPO dadurch, dass der Berufungskläger in der Berufungsbegründung und der Berufungsbeklagte in der Berufungserwiderung eine Äußerung dazu abgeben sollen, ob einer Entscheidung der Sache durch den Einzelrichter Gründe entgegenstehen (§§ 520 Abs. 4 Nr. 2, 521 Abs. 2 Satz 2, 277 Abs. 1 Satz 2 ZPO).
>
> Die nach altem Recht von der Rechtsprechung zugelassene Ausnahme der Unanfechtbarkeit im Fall willkürlicher Übertragung besteht nach neuem Recht nicht mehr, nachdem die Rechtsprechung für eine außerordentliche Beschwerde keinen Raum mehr sieht (BVerfG NJW 2003, 1924; BGH NJW 2002, 1577; *Lipp* NJW 2002, 1700).

Durch die Übertragung nach § 526 ZPO wird der Einzelrichter in allen Belangen zum Prozessgericht, er ist dann für alle Maßnahmen und Entscheidungen unter Einschluss der Endentscheidung allein zuständig (BGH Urt. v. 04.04.2012 - III ZR 75/11). Nur ein von beiden Parteien übereinstimmend gestellter Antrag auf Entscheidung durch den Spruchkörper bewirkt, dass der Einzelrichter die Sache dem Spruchkörper vorlegen muss, der dann über eine Rücknahme entscheidet (§ 526 Abs. 2 Nr. 2 ZPO). 3119

Deutlich weiter gehende Möglichkeiten bleiben den Parteien bei einer Zuweisung des Rechtsstreits an den Einzelrichter nach § 527 ZPO. Hier kann das Fehlen der Zuweisungsvoraussetzungen gerügt oder eine Entscheidungskompetenz begründet werden. 3120

> Eine Zuweisung nach § 527 ZPO erfolgt nur zur Vorbereitung der Entscheidung. Der Einzelrichter hat die Sache bis zur Entscheidungsreife zu fördern, insbesondere durch Erörterung und Beweiserhebung. Hält

der Einzelrichter die Sache für entscheidungsreif, so gibt er sie an den Spruchkörper zurück, der die Endentscheidung trifft (*Schneider* MDR 2003, 374).

Eine Zuweisung an den Einzelrichter zur Durchführung einer Beweisaufnahme ist nur dann statthaft, wenn anzunehmen ist, dass das Berufungsgericht das Beweisergebnis auch ohne unmittelbaren Eindruck vom Verlauf der Beweisaufnahme sachgemäß zu würdigen vermag. Damit wird dem Grundsatz der Unmittelbarkeit der Beweisaufnahme (§ 355 ZPO) Rechnung getragen. Auf den persönlichen Eindruck aller Richter kann es wegen des Prozessgegenstands (typischerweise bei Arzthaftungssachen, BGH NJW 1994, 802) oder wegen Besonderheiten des konkreten Beweismittels (zum Beispiel bei sich widersprechenden Zeugenaussagen, nicht aber bei nur schriftlichem Gutachten eines Sachverständigen) ankommen. Die Zuweisung an den Einzelrichter zur Beweisaufnahme kann gerügt werden, wenn von Anfang an klar ist, dass die Beweiswürdigung einen persönlichen Eindruck aller zur Entscheidung berufenen Richter erfordern wird. Stellt sich die Erforderlichkeit eines unmittelbaren Eindrucks erst nach der Beweisaufnahme heraus, erfolgt die Rüge in Form eines Antrags auf erneute Vernehmung vor dem Gesamtspruchkörper (§ 398 Abs. 1 ZPO). Bleibt die Rüge erfolglos, kann dies mit der Revision angegriffen werden, unterbleibt die Rüge, ist der Verstoß nach § 295 ZPO geheilt (BGH NJW 1994, 802).

Ausnahmsweise trifft der Einzelrichter auch Entscheidungen. Geboten ist dies in den in § 527 Abs. 3 ZPO genannten Fällen (Versäumnis-, Verzichts- oder Anerkenntnisurteil und Nebenentscheidungen), in denen eine Sachprüfung nicht erfolgt. Weitere prozessfördernde Entscheidungen sind ihm aufgrund des Sachzusammenhangs erlaubt (§§ 145, 147, 251 Satz 1 1.Alt. ZPO). Eine streitige Hauptsacheentscheidung ist ihm nur im Einverständnis der Parteien möglich (§ 527 Abs. 4 ZPO), auch bei übereinstimmenden Einverständnissen »kann« der Einzelrichter entscheiden, er »muss« es nicht (BGH NJW 1989, 229). Die Entscheidung durch den Einzelrichter muss für die Partei kein Nachteil sein. Sie ist regelmäßig schneller zu erreichen als eine Spruchkörperentscheidung, schlechter muss sie nicht sein.

3121 ▶ **Praxistipp:**

Soll der Einzelrichterentscheidung nicht zugestimmt werden, muss dies ausdrücklich erklärt werden, da bereits eine rügelose Verhandlung als Einwilligung ausgelegt wird (BGH, Urt. vom 19.04.2005 – XI ZR 218/04).

3122 Die Person des Einzelrichters wird durch die spruchkörperinterne Geschäftsverteilung (§ 21g Abs. 2, Abs. 3 GVG) bestimmt und ist in der Regel identisch mit dem Berichterstatter. In der Kammer für Handelssachen kann Einzelrichter nur der Vorsitzende sein (§§ 526 Abs. 4, 527 Abs. 1 Satz 2 ZPO).

4. Erklärungen und Nebenanträge

3123 Bei Einlegung der Berufung muss weder ein Antrag gestellt noch eine Begründung geliefert werden. Es kann aber sinnvoll oder erforderlich sein, schon hier einzelne Erklärungen zur eigenen Berufung abzugeben oder Nebenanträge zu stellen.

a) Berufung zur Fristwahrung

3124 Ließ sich innerhalb der Berufungsfrist eine abschließende Entscheidung darüber, ob die Berufung durchgeführt werden soll, nicht herbeiführen, kann es erforderlich sein, vor Ablauf der Berufungsfrist vorsorglich Berufung einzulegen.

Vorteil einer solchen Vorgehensweise ist, dass die Frist sicher gewahrt werden kann und es – selbst wenn eine Versäumung der Frist sich später als schuldlos herausstellen sollte – nicht erforderlich ist, auf eine (im Ergebnis ungewisse) Wiedereinsetzung in den vorigen Stand zu vertrauen.

3125 Nachteil der Berufung zur Fristwahrung ist, dass damit in jedem Fall Kosten anfallen.

Aufseiten des Gerichts entsteht eine 1,5-fache Verfahrensgebühr, aufseiten des Berufungsführers eine 1,3-fache Prozessgebühr. Bei diesen Kosten bleibt es auch dann, wenn die Berufung vor der Begründung zurückgenommen wird.

Versucht werden kann, die anfallenden Kosten zu minimieren. Dazu kann entweder der Streitwert zweiter Instanz niedrig gehalten oder der Gegner veranlasst werden, zusätzliche außergerichtliche Kosten zu vermeiden. 3126

▶ Praxistipp: 3127

Soll die Berufung zunächst nur zur Fristwahrung eingelegt werden, empfiehlt es sich, bereits bei Einlegung einen reduzierten Antrag zu stellen.

Gerichts- und Anwaltskosten können dadurch verringert werden, dass die Berufung auf einen Teil der Beschwer beschränkt und damit der Streitwert zweiter Instanz reduziert wird. Möglich ist dies, indem mit der Berufungseinlegung bereits angegeben wird, die Anfechtung erfolge nur bezüglich eines (konkret zu bezeichnenden) Teils. 3128

Unabhängig davon, ob diese Teilanfechtung unter dem Vorbehalt einer eventuellen spätere Antragserweiterung steht oder nicht, wird zunächst der Eintritt der Rechtskraft des angefochtenen Urteils in vollem Umfang gehemmt (BGHZ 7, 143; BGH NJW 1965, 2055). Innerhalb der Beschwer kann die Anfechtung bis zum Ablauf der Begründungsfrist ohne weiteres, bis zum Schluss der mündlichen Verhandlung zweiter Instanz jedenfalls in den Grenzen der in der Begründung angegebenen Berufungsgründe erweitert werden (BGHZ 88, 360). Voraussetzung ist jedoch, dass die Beschränkung auf einen abtrennbaren Teil erfolgt und sich nicht als Verzicht auf die Berufung bezüglich der anderen Teile darstellt (BGH NJW 1989, 170).

Wird die Berufung zurückgenommen, bevor Anträge gestellt wurden, ist für die Wertberechnung auf die Beschwer abzustellen, sind Anträge gestellt, richtet sich der Wert nach ihnen (§ 47 Abs. 1 GKG). Die durch die Anträge vorgenommene Beschränkung kann nachträglich wieder rückgängig gemacht, die Berufung bis zur vollen Beschwer erweitert werden. Allerdings steigt damit dann auch der Streitwert wieder.

Nicht in allen Fällen lässt die Rechtsprechung eine solche Vorgehensweise zu. Als rechtsmissbräuchlich und damit als unwirksam wird eine Berufungsbeschränkung angesehen, die offensichtlich nur zum Zwecke der Kostenersparnis erfolgt. Hiervon ist der BGH zum Beispiel ausgegangen, als die Berufung gegen die Abweisung einer erstinstanzlichen Klage in Höhe von 20 Mio. DM auf den Mindestwert der Beschwer begrenzt wurde (BGHZ 70, 365). Die Instanzgerichte sehen die Grenze des Rechtsmissbrauchs zum Teil deutlich früher erreicht (die Nachweise bei MüKoZPO/*Rimmelspacher* § 519 Rn. 49). Der gleichzeitig mit der Beschränkung gemachte Vorbehalt späterer Antragserweiterung begründet die Rechtsmissbräuchlichkeit alleine noch nicht (BGH NJW 1965, 2055).

Viel zu verlieren hat der Berufungskläger bei dem Versuch, den Streitwert zunächst gering zu halten, aber nicht: Gelingt dies nicht, wird – wie ohne Beschränkung auch – der volle Wert der Beschwer zugrunde gelegt.

Außergerichtliche Kosten des Gegners entstehen nicht, wenn dieser auf die Beauftragung eines Rechtsanwalts für die zweite Instanz verzichtet. Erreicht werden kann dies durch Vereinbarung mit dem Gegner, eingeschränkt auch durch die Erklärung, die eigene Berufung werde nur »zur Fristwahrung« eingelegt (oben Rdn. 3124). 3129

Haben die Parteien ein besonderes Stillhalteabkommen getroffen, so sind die Kosten eines gleichwohl unmittelbar nach Berufungseinlegung für den Berufungsbeklagten tätig werdenden Rechtsanwalts nicht notwendig und werden nicht erstattet, wenn die Berufung später zurückgenommen wird (§§ 516 Abs. 3, 91 Abs. 1 ZPO; OLG Frankfurt a. M. NJW-RR 1986, 1320). Nicht mehr an das Stillhalteabkommen gebunden ist der Gegner, wenn die zunächst nur Frist wahrend eingelegte Berufung begründet wird, nach verbreiteter Rechtsprechung sogar schon dann, wenn sich der Berufungsführer die Frist zur Begründung verlängern lässt (OLG Köln FamRZ 1998, 841).

Auch ohne besonderes Stillhalteabkommen reduziert sich der Kostenerstattungsanspruch des Gegners, der Zurückweisung der ausdrücklich nur zur Fristwahrung eingelegten Berufung, wenn diese vor der Begründung zurückgenommen wird (BGH MDR 2003, 1140).

b) Prozesskostenhilfe für die Berufungsinstanz

Ähnlich wie auch in erster Instanz (oben Rdn. 109) sind beim Antrag auf Gewährung von Prozesskostenhilfe (§ 114 Abs. 1 ZPO) für die Berufung zwei **Alternativen** möglich. Die Berufung kann 3130

- selbstständig neben der Prozesskostenhilfe eingelegt werden, oder
- nur für den Fall der Gewährung von Prozesskostenhilfe eingelegt werden.

3131 Welche der beiden Alternativen die Partei will, muss sich aus dem Schriftsatz **klar und eindeutig** ergeben.

Wird Berufung unabhängig von der Prozesskostenhilfe eingelegt, muss die unbedingte Erklärung, Berufung einlegen zu wollen, sprachlich unmissverständlich zum Ausdruck kommen, der Schriftsatz muss unterschrieben und darf nicht bloß als »Entwurf« bezeichnet sein.

Soll die Berufungseinlegung dagegen erst nach der Gewährung von Prozesskostenhilfe eingelegt werden, kann zur Darlegung der Erfolgsaussichten des beabsichtigten Rechtsmittels zwar ein Entwurf von Berufungsschrift und/oder Begründung beigefügt werden. Dieser muss dann aber ausdrücklich als »Entwurf« bzw. »beabsichtigte Berufung« bezeichnet sein und darf – soweit er in Form eines eigenständigen Schriftsatzes vorgelegt wird – keinesfalls unterschrieben sein. Es empfiehlt sich zudem, die »Bedingung« ausdrücklich zu formulieren und optisch hervorzuheben (BVerfG NJW 2010, 2567; BGH NJW 2002, 1352; BGH NJW-RR 2000, 879; Prütting/Gehrlein/*Lemke* § 517 Rn. 17 f.).

Zwar ist das Gericht im Zweifel verpflichtet, nachzufragen, die der Partei drohenden Nachteile im Fall eines Fehlers sind aber so gravierend, dass hier äußerste Sorgfalt geboten ist.

aa) Berufung unabhängig von der Gewährung von Prozesskostenhilfe

3132 Will der Berufungskläger Berufung in jedem Fall, unabhängig davon, ob ihm Prozesskostenhilfe gewährt wird oder nicht, so muss er alle Formalia der **Berufung** wahren. Für die Prozesskostenhilfe ergeben sich keine Besonderheiten.

Die Berufung muss innerhalb der Frist des § 517 ZPO und in der Form des § 519 ZPO eingelegt sowie innerhalb der Frist des § 520 Abs. 2 Satz 1 ZPO und in der Form des § 520 Abs. 3 ZPO begründet werden.

Für den Prozesskostenhilfeantrag laufen keine Fristen, er kann vor, mit oder nach der Berufungseinlegung oder Berufungsbegründung gestellt werden, mit dieser verbunden werden oder in einem separaten Schriftsatz enthalten sein. Seine formellen Anforderungen ergeben sich aus § 117 ZPO.

3133 Wie bei Prozesskostenhilfeantrag erster Instanz auch ist das Gericht grundsätzlich verpflichtet, über den Prozesskostenhilfeantrag **vorab zu entscheiden**, die Entscheidung hierüber also nicht bis zur Entscheidung über die Hauptsache aufzuschieben. Ähnlich wie erstinstanzliche Gerichte kommen aber auch Berufungsgerichte dieser Verpflichtung häufig nicht ohne Weiteres nach. Will man dies nicht hinnehmen, bedarf es meist eines besonderen Einwirkens auf das Gericht.

Zu den dafür zur Verfügung stehenden Alternativen oben Rdn. 128.

3134 Wird die Prozesskostenhilfe versagt, so sind auch bei sofortiger Rücknahme **Kosten** bereits entstanden, die der Berufungskläger dann selbst zu tragen hat (§ 516 Abs. 3 Satz 1 ZPO).

Versucht werden kann, den Gegner zu veranlassen, sich bis zur Entscheidung über den Prozesskostenhilfeantrag nicht zu bestellen, indem von Anfang an in Aussicht gestellt wird, das Rechtsmittel bei Nichtgewährung zurückzunehmen. Gelingt dies, können so zumindest die Anwaltsgebühren des Gegners erspart werden. Einen Anspruch darauf, dass der Gegner (bzw. dessen Prozessbevollmächtigter) sich darauf einlässt, besteht indes nicht. Praktisch ist ein entsprechender Versuch auch nur selten erfolgreich.

3135 Gründe, die **für** eine unbedingte Berufung neben dem Prozesskostenhilfeantrag sprechen, sind grundsätzlich nicht gegeben.

3136 Zudem ist eine solche Vorgehensweise mit der **Gefahr** verbunden, dass der Prozesskostenhilfeantrag trotz Erfolgsaussicht und Bedürftigkeit abgewiesen wird.

Wird die Berufung unbedingt eingelegt und noch während der laufenden Berufungsbegründungsfrist zur Begründung der Erfolgsaussicht der Prozesskostenhilfe ein »Entwurf« der Berufungsbegründung eingereicht, so kommt eine Wiedereinsetzung gegen die Versäumung der Berufungsbegründungsfrist nicht in Betracht, weil die Kostenarmut der Partei nicht ursächlich für die Versäumung der Frist war. Nach Auffassung des BGH (MDR 2008, 994) habe der Anwalt durch den Entwurf der Begründungsschrift gezeigt, dass er bereit gewesen sei, die erforderlichen Tätigkeiten auch ohne Gewährung von Prozesskostenhilfe zu erbringen.

Die Praxis hat dieses Urteil sehr zurückhaltend aufgenommen, zumal ihm nicht eindeutig zu entnehmen war, ob es nur für die Fälle der unbedingten Berufungseinlegung oder möglicherweise auch für die Fälle bedingter Berufungseinlegung (unten Rdn. 3138) gelten sollte.

Das BVerfG hat zwischenzeitlich zwar bestätigt, dass ein auf die Mittellosigkeit gestützter Wiedereinsetzungsantrag Erfolg nur haben können, wenn die Fristversäumung auf der Mittellosigkeit auch beruhe (NJW 2010, 2567). Darüber hinaus aber hat es aus dem Grundrecht auf effektiven Rechtsschutz (Art. 2 Abs. 1 GG i. V. m. dem Rechtsstaatsprinzip) eine Ausnahme für den Fall gemacht, dass der Anwalt zu erkennen gebe, dass er zu einem weiteren Tätigwerden in der Berufungsinstanz nur dann bereit sei, wenn Prozesskostenhilfe auch gewährt werde. Im Fall des BVerfG hatte der Anwalt ausdrücklich angegeben »Die Vertretung erfolgt unter dem Vorbehalt der Gewährung einer Prozesskostenhilfe«.

Ob mit einem solchen Vorbehalt möglicherweise schon die Berufungseinlegung unter dem Vorbehalt der Prozesskostenhilfegewährung steht, ist Frage der Auslegung im Einzelfall. Zumindest aber darf das Gericht dann nicht davon ausgehe, dass die Mittellosigkeit der Partei nicht ursächlich für die Nichtvornahme einer Prozesshandlungen war.

▶ **Praxistipp:** 3137

Auf die Mittellosigkeit der Partei kann ein Wiedereinsetzungsantrag nur gestützt werden, wenn dem Gericht gegenüber klargestellt wird, dass ohne die Gewährung von Prozesskostenhilfe eine Erbringung aller erforderlichen anwaltlichen Leistungen nicht sichergestellt ist.

bb) Berufung nur bei Gewährung von Prozesskostenhilfe

Besteht die Möglichkeit, dass der Berufungsführer die wirtschaftlichen Voraussetzungen der Gewährung von Prozesskostenhilfe erfüllt, spricht im Regelfall alles für eine Verknüpfung beider Anträge in der Form, dass das Berufungsverfahren nur durchgeführt werden soll, wenn dafür Prozesskostenhilfe gewährt wird. 3138

Die Vorteile eines solchen Vorgehens entsprechen denen des erstinstanzlichen Prozesskostenhilfeantrags: Weitgehende (wenn auch nicht völlige) Vermeidung des Kostenrisikos, Vorprüfung der Erfolgsaussichten durch das Gericht (dazu näher oben Rdn. 112).

Besondere Nachteile dagegen sind mit dieser Vorgehensweise nicht verbunden.

Allerdings ist die **praktische Vorgehensweise** schwierig. Die Einlegung der Berufung kann von der Gewährung der gleichzeitig beantragten Prozesskostenhilfe nicht abhängig gemacht werden. 3139

Prozesshandlungen sind grundsätzlich bedingungsfeindlich. Auch sog »innerprozessuale Bedingungen« sind nicht möglich, wenn von ihnen das Bestehen eines Prozessrechtsverhältnisses abhängt. Sowohl die Erhebung der Klage als auch die Einlegung eines Rechtsmittels sind damit nur unbedingt möglich. Für die Klage ist dies regelmäßig kein Problem, weil eine für den Fall der Prozesskostenhilfegewährung »bedingte Klageerhebung« ausgelegt werden kann als bloßer Prozesskostenhilfeantrag, dem die Klageerhebung erst nach Gewährung folgt. Für Rechtsmittel scheitert eine solche Handhabung regelmäßig an der bei Gewährung der Prozesskostenhilfe bereits abgelaufenen Einlegungsfrist BGH MDR 2006, 43; Prütting/Gehrlein/*Lemke* § 519 Rn. 26).

In dieser Unsicherheit über die Bewilligung der Prozesskostenhilfe sieht die Rechtsprechung einen Grund, der die Partei ohne ihr Verschulden an der rechtzeitigen Einlegung der Berufung hindert, sodass gegen die deswegen eingetretene Versäumung der Berufungsfrist Wiedereinsetzung in den vorigen Stand gewährt werden kann (§ 233 ZPO).

Will die Partei die Durchführung der Berufung von der Gewährung von Prozesskostenhilfe abhängig machen, muss sie zunächst nur den **Prozesskostenhilfeantrag** stellen. 3140

Der Antrag hat den Voraussetzungen des § 117 ZPO zu entsprechen, insbesondere alle notwendigen Angaben und Anlagen zu enthalten (BGH NJW 2001, 2721). Er muss beim Berufungsgericht eingereicht werden, unterliegt aber nicht dem Anwaltszwang (§§ 117 Abs. 3, 78 Abs. 3 ZPO). Ob eine Begründung schon im Antrag erforderlich ist oder innerhalb der Begründungsfrist nachgereicht werden kann, ist streitig.

Wird der Prozesskostenhilfeantrag nicht begründet, verlässt die Partei sich auf die nach § 529 Abs. 2 ZPO gebotene Prüfung des erstinstanzlichen Urteils von Amts wegen. In jedem Fall besser dürfte es sein, einen konkret erkannten Berufungsgrund zu benennen, um nicht Gefahr zu laufen, dass das Berufungsgericht diesen übersieht und die Erfolgsaussichten des Rechtsmittels deswegen verneint.

Wird zur Begründung des Prozesskostenhilfeantrags die beabsichtigte Berufungsbegründung vorgelegt, muss unmissverständlich deutlich gemacht werden, dass damit nicht bereits Berufung eingelegt werden soll. Erforderlich ist es deswegen, die Berufungsbegründung ausdrücklich als »Entwurf« bzw. »beabsichtigte Berufung« zu bezeichnen und sie – soweit sie bereits in Form eines eigenständigen Schriftsatzes vorgelegt wird – nicht separat zu unterschreiben (BVerfG NJW 2010, 2567; BGH NJW 2002, 1352; BGH NJW-RR 2000, 879).

3141 ▶ **Praxistipp:**

Soll die Einlegung der Berufung von der Gewährung von Prozesskostenhilfe abhängig gemacht werden, müssen sowohl die Berufungs- als auch die Wiedereinsetzungsfrist beachtet werden.

3142 Für diese **Fristen** gilt:

– Der Antrag auf Gewährung von Prozesskostenhilfe muss innerhalb der **Berufungsfrist** gestellt werden (§ 517 ZPO: ein Monat ab Zustellung des anzufechtenden Urteils) gestellt wurde BGH NJW 1998, 1230; BGH NJW 2001, 2720).

– Ergeht die Entscheidung über den Prozesskostenhilfeantrag noch innerhalb der laufenden Berufungsfrist, so kann und muss die Berufung innerhalb dieser Frist eingelegt und innerhalb der **Begründungsfrist** des § 520 Abs. 2 Satz 1 ZPO begründet werden. Dem Berufungsführer verbleibt für die Begründung des Rechtsmittels mindestens ein Monat, einer Wiedereinsetzung in den vorigen Stand bedarf es dabei nicht.

– Reicht die nach Ergehen der Entscheidung verbleibende Frist zur Einlegung der Berufung nicht aus – dies nimmt die Rechtsprechung an, wenn weniger als drei Werktage verbleiben – oder ist sie bei der Entscheidung bereits abgelaufen, so muss **Wiedereinsetzung** in den vorigen Stand gegen die Versäumung der **Einlegungsfrist** beantragt werden. Die **Frist** hierfür beträgt zwei Wochen (§ 234 Abs. 1 Satz 1 ZPO) und beginnt bei der Bewilligung von Prozesskostenhilfe mit Bekanntgabe des entsprechenden Beschlusses, bei Versagung der Prozesskostenhilfe erst nach Ablauf einer kurzen Überlegungsfrist nach der Bekanntgabe.

Während bei Bewilligung der Prozesskostenhilfe das der Einlegung entgegenstehende Hindernis (Bedürftigkeit) sofort entfällt, muss die Partei bei Versagung der Prozesskostenhilfe zunächst klären können, ob die zur Durchführung des Berufungsverfahrens erforderlichen finanziellen Mittel anderweitig aufgebracht werden können. Dies bedarf einer zusätzlichen Überlegungsfrist, die die Rechtsprechung mit rund drei Tagen bemisst (BGH MDR 2008, 99), erst danach ist das Hindernis für die Einlegung entfallen, sodass die Wiedereinsetzungsfrist beginnen kann.

Problematisch ist die Berechnung der Begründungsfrist, wenn diese zum Zeitpunkt der Bekanntgabe der Prozesskostenhilfe noch nicht abgelaufen war. Eine Wiedereinsetzung kommt hier nach dem Gesetzeswortlaut nicht in Betracht, was dazu führen kann, dass nach der Bewilligung keine Begründungsfrist mehr verbleibt, der Rechtsmittelkläger sich diese vielmehr nur verlängern lassen kann. An der Neufassung des § 234 Abs. 1 Satz 2 ZPO sind deswegen sofort erhebliche verfassungsrechtliche Bedenken geltend gemacht worden (Zöller/*Greger* § 234 Rn. 7a; Musielak/*Grandel* § 236 Rn. 6; *Born* NJW 2005, 2042, 2044; *Greger* NJW-Sonderheft BayObLG 2005, 36, 38; *Knauer/Wolf* NJW 2004, 2857, 2863; a. A. *Bischoff* FamRB 2005, 47, 48; Baumbach/*Hartmann* § 236 Rn. 14; OLG Stuttgart OLGR 2006, 677; OLG Frankfurt a. M. OLGR 2008, 531).

Nach überwiegender Auffassung ist § 234 Abs. 1 Satz 2 ZPO dahin auszulegen, dass bei versäumter Berufungsfrist die Begründungsfrist erst ab Mitteilung der Entscheidung über den Antrag auf Wiedereinsetzung gegen die Versäumung der Berufungsfrist läuft (Prütting/Gehrlein/*Lemke* § 520 Rn. 5; *Fölsch* MDR 2004,

1029, 1032; *Löhnig* FamRZ 2005, 578, 579; *Lange* DB 2004, 2125, 2128 zum gleichlautenden § 56 Abs. 2 Satz 1 FGO). Dieser Auffassung hat sich der BGH ausdrücklich angeschlossen (BGH NJW 2007, 3354).

Damit dürfte die Auffassung überholt sein, nach der ab Mitteilung des Beschlusses über die Bewilligung der Prozesskostenhilfe eine zweite, gleichlange Begründungsfrist, mithin im Fall der Berufung die zweimonatige Frist des § 520 Abs. 2 Satz 1 Hs. 1 ZPO, laufen soll (Stein/Jonas/*Roth* § 234 Rn. 13; HK-ZPO/*Saenger* § 234 Rn. 7; *Schultz* NJW 2004, 2329, 2334).

– Ergeht die Entscheidung über den Prozesskostenhilfeantrag erst nach Ablauf der Begründungsfrist, muss **Wiedereinsetzung** in den vorigen Stand gegen die Versäumung der **Einlegungs- und Begründungsfrist** beantragt werden. Hierbei reicht ein einheitlicher Antrag, bei dem die versäumten Frist(en) nicht ausdrücklich bezeichnet werden müssen. Die Frist für den Antrag beträgt einen Monat ab Bekanntgabe der Prozesskostenhilfeentscheidung, innerhalb dieser Frist müssen Einlegung und Begründung nachgeholt werden (§ 236 Abs. 2 ZPO). Die Frist hierfür beträgt zwei Wochen (§ 234 Abs. 1 Satz 1 ZPO) und beginnt bei der Bewilligung von Prozesskostenhilfe mit Bekanntgabe des entsprechenden Beschlusses, bei Versagung der Prozesskostenhilfe erst nach Ablauf einer kurzen Überlegungsfrist nach der Bekanntgabe (BGH NJW 2009, 3038; BGH NJW-RR 2009, 789: 3 - 4 Tage).

c) Anträge zur vorläufigen Vollstreckbarkeit

Die Zwangsvollstreckung aus einem Urteil findet statt, wenn dieses rechtskräftig geworden ist und damit unabänderlich feststeht, dass die tenorierte Rechtsfolge eintreten muss. Da mit der Einlegung der Berufung der Eintritt der Rechtskraft gehemmt wird (Suspensiveffekt, § 705 Satz 2 ZPO), kann es recht lange dauern, bis der Gläubiger seinen Anspruch durchsetzen kann. 3143

Darin kann für den Gläubiger ein Risiko liegen, wenn der Schuldner nach Abschluss der ersten Instanz noch solvent ist, er im Lauf des Rechtsmittelverfahrens aber insolvent wird. Die ZPO trägt dem Rechnung, indem dem Gläubiger eine »vorläufige Vollstreckung«, das heißt eine Vollstreckung vor Eintritt der Rechtskraft ermöglicht wird. Hierdurch aber kann ein vergleichbares Insolvenzrisiko aufseiten des Schuldners entstehen: Er trägt das Risiko, dass sich sein Anspruch auf Rückgewähr vorläufig vollstreckter Beträge nach einer Abänderung des Urteils in der Rechtsmittelinstanz (§ 717 ZPO) wegen Zahlungsunfähigkeit des Gläubigers nicht durchsetzen lässt. Eine interessengerechte Risikoverteilung wird durch die Sicherheitsleistung erreicht. Der bei der vorläufigen Vollstreckung hinterlegte Betrag steht nach Eintritt der Rechtskraft des Urteils zur Abdeckung des Anspruchs für den Gläubiger oder für den Schuldner zur Verfügung.

Während der Berufungsinstanz ist eine Vollstreckung aus dem angefochtenen Urteil nur als vorläufige möglich. Möglichkeiten und Beschränkungen dieser vorläufigen Vollstreckbarkeit richten sich nach dem erstinstanzlichen Urteil. Zur vorläufigen Vollstreckbarkeit sind in der Berufung verschiedene **Anträge** möglich: 3144

– Fehlt eine Entscheidung des erstinstanzlichen Gerichts über die vorläufige Vollstreckbarkeit ganz oder teilweise, so muss diese im Wege der Urteilsergänzung nachgeholt werden (§ 716 ZPO; dazu unten Rdn. 3146).
– Ist die Entscheidung des erstinstanzlichen Gerichts über die vorläufige Vollstreckbarkeit des Urteils falsch, so kann – damit schon während der Berufungsinstanz richtig daraus vollstreckt werden kann – eine Vorabentscheidung des Berufungsgerichts über den Ausspruch zur vorläufigen Vollstreckbarkeit beantragt werden (§ 718 ZPO; dazu unten Rdn. 3151).
– Ist zu erwarten, dass das angefochtene Urteil abgeändert werden wird und damit eine vorläufige Zwangsvollstreckung rückgängig gemacht werden müsste, kann die vorläufige Vollstreckung verhindert, die Zwangsvollstreckung bis zum Abschluss des Berufungsverfahrens einstweilen eingestellt werden (§§ 719, 707 ZPO; dazu unten Rdn. 3156).
– Ist die Berufung auf einen Teil des erstinstanzlichen Streitgegenstands beschränkt, so wird zwar das gesamte angefochtene Urteil zunächst nicht rechtskräftig, der nicht angefochtene Teil kann aber mangels Anfechtung nicht abgeändert werden, sodass die Zwangsvollstreckung insoweit nicht von einer vorherigen Sicherheitsleistung abhängig gemacht werden muss, auf Antrag also für unbedingt erklärt werden kann (§ 537 ZPO; dazu unten Rdn. 3162).

3145 Soweit zur Begründung solcher Anträge die Erfolgsaussicht der Berufung darzulegen ist, empfiehlt es sich, sie erst zusammen mit den Sachanträgen und der Berufungsbegründung zu stellen (bzw. die Berufungsbegründung schon mit den Anträgen vorzulegen). In eiligen Fällen und soweit eine Darlegung der Erfolgsaussichten nicht erforderlich ist, kommt eine Stellung schon zusammen mit der Einlegung der Berufung in Betracht.

> Verhindert werden muss, dass der Antrag vom Gericht übersehen wird. Dazu kann er entweder in einem gesonderten Schriftsatz gestellt (*Doukoff* Rn. 83) oder optisch besonders hervorgehoben werden (Einrücken, Fettdruck, farbliche Markierung).

aa) Ergänzung

3146 Ist über die vorläufige Vollstreckbarkeit im erstinstanzlichen Urteil nicht entschieden, so kann das Urteil gemäß § 716 ZPO um die Entscheidung zur vorläufigen Vollstreckbarkeit ergänzt werden.

> Zwingend erforderlich ist ein solcher Antrag nicht. Da über die vorläufige Vollstreckbarkeit von Amts wegen zu entscheiden ist, stellt das Fehlen einer entsprechenden Entscheidung einen Fehler dar, der im Berufungsurteil (ebenfalls von Amts wegen) überprüft und berichtigt wird. Diese Korrektur erfolgt aber regelmäßig erst am Ende der Berufungsinstanz, bis dahin dauern die aus der Unvollständigkeit folgenden Nachteile fort. Vermieden werden können diese durch den rechtzeitigen Antrag aus § 716 ZPO.

3147 Auf die Ergänzung der Entscheidung über die vorläufige Vollstreckbarkeit finden die Vorschriften über die Urteilsergänzung (§ 321 ZPO) Anwendung (dazu oben Rdn. 2986).

3148 Voraussetzung ist, dass über die vorläufige Vollstreckbarkeit entweder ganz oder zumindest in einem relevanten Teil nicht entschieden wurde.

> Dies ist der Fall, wenn das Urteil überhaupt nicht (weder gegen noch ohne Sicherheitsleistung, §§ 708, 709 ZPO) für vorläufig vollstreckbar erklärt wurde, oder wenn eine erforderliche Schutzanordnung fehlt. Dazu gehören die von Amts wegen anzuordnende Abwendungsbefugnis nach § 711 ZPO genauso wie die Vollstreckungsschutzanträge nach §§ 714, 710, 712 Abs. 1 ZPO. Fehlt die Anordnung der vorläufigen Vollstreckbarkeit völlig, so kann im Ergänzungsverfahren auch ein bislang noch nicht gestellter Schutzantrag nachgeholt werden (§ 714 ZPO).

> Nicht mit der Ergänzung beseitigt werden können Entscheidungen zur vorläufigen Vollstreckbarkeit, die zwar getroffen wurden, inhaltlich aber fehlerhaft sind.

3149 Erforderlich für die Ergänzung ist ein Antrag, der binnen einer Frist von zwei Wochen nach Zustellung des Urteils schriftlich beim erstinstanzlichen Gericht gestellt werden muss.

> Beim Landgericht ist der Antrag schriftlich durch einen zugelassenen Rechtsanwalt einzureichen, beim Amtsgericht reicht die Erklärung der Partei zu Protokoll der Geschäftsstelle (§ 496 ZPO). Er ist wegen der Zwei-Wochen-Frist häufig vor Einlegung der Berufung erforderlich, ob später Berufung eingelegt wird oder nicht ist genauso unerheblich wie die Frage, ob der Antragsteller dort Berufungskläger oder Berufungsbeklagten wird. Die Frist beginnt mit der wirksamen Zustellung des vollständigen Urteils, gegebenenfalls mit der Zustellung des Berichtigungsbeschlusses nach § 320 ZPO (BGH NJW 1982, 1821). Sie kann weder verlängert (§ 224 Abs. 2 ZPO), noch kann gegen ihre Versäumung Wiedereinsetzung in den vorigen Stand gewährt werden (§ 233 ZPO).

3150 Über den Antrag wird nach mündlicher Verhandlung durch Ergänzungsurteil entschieden.

> Das Ergänzungsurteil kann – da es sich um ein Endurteil handelt – selbstständig mit der Berufung angefochten werden. Zudem wird durch seine Zustellung die Berufungsfrist für das vorangegangene unvollständige Urteil neu in Gang gesetzt (§ 518 ZPO). Durch das Ergänzungsurteil entstehen keine besonderen Kosten. Die Tätigkeiten von Gericht und Anwalt gehören noch zur Instanz (§ 36 GKG, § 19 Nr. 6 RVG), werden also nicht besonders honoriert, Urteilsgebühren fallen nicht an.

bb) Vorabentscheidung

3151 In der Berufung wird von Amts wegen auch die erstinstanzliche Entscheidung über die vorläufige Vollstreckbarkeit des angefochtenen Urteils überprüft und bei Bedarf berichtigt. Die Entscheidung über die vorläufige Vollstreckbarkeit erfolgt regelmäßig zusammen mit der Entscheidung über die Hauptsache in einem Urteil am Ende der Berufungsinstanz.

Die Zwangsvollstreckung aus dem erstinstanzlichen Urteil findet häufig alsbald nach der Verkündung und damit – weil sie auch durch die Einlegung der Berufung nicht verhindert wird – zu Beginn der Berufungsinstanz statt. Sollen die aus der Fehlerhaftigkeit der Vollstreckungsentscheidung resultierenden Nachteile verhindert werden, muss diese möglichst rasch, jedenfalls vor dem die Berufungsinstanz abschließenden Urteil korrigiert werden.

Auf Antrag ist über die vorläufige Vollstreckbarkeit des angefochtenen Urteils vorab zu verhandeln und zu entscheiden (§ 718 ZPO). 3152

Der Antrag ist erst nach Einlegung der Berufung möglich und setzt voraus, dass diese sich nicht bloß isoliert gegen die vorläufige Vollstreckbarkeit, sondern zumindest auch gegen die Hauptsache richtet, weil nur dann »vorab« entschieden wird. Der Antrag kann sowohl vom Berufungskläger als auch vom Berufungsbeklagten gestellt werden (OLG Hamburg MDR 1970, 244). Eine Frist muss dabei nicht eingehalten werden. Auch ein besonderes Rechtsschutzbedürfnis ist nicht erforderlich, insbesondere muss weder eine Beschwer vorliegen noch die Zwangsvollstreckung schon begonnen haben. Allerdings ist der Antrag unzulässig, wenn die Zwangsvollstreckung bereits beendet ist (OLG München OLGR 95, 71).

Der Antrag muss die begehrte Änderung der Vollstreckungsentscheidung bezeichnen. Der Vollstreckungsschuldner kann zum Beispiel beantragen, ihm eine Abwendungsbefugnis einzuräumen, eine hierfür verlangte Sicherheitsleistung wegfallen zu lassen, die Vollstreckung des Gläubigers nur gegen Sicherheitsleistung zuzulassen oder die Zwangsvollstreckung nach Maßgabe des § 720a ZPO zu beschränken. Der Vollstreckungsgläubiger kann beantragen, ihm die Vollstreckung ohne Sicherheitsleistung zu gestatten oder die Abwendungsbefugnis des Schuldners aufzuheben bzw. von einer Sicherheitsleistung abhängig zu machen. Das Übergehen eines Antrags nach § 108 (andere Art der Sicherheitsleistung) kann von beiden Parteien gerügt werden. Allerdings darf mit der Vorabentscheidung nicht nur die Art der Sicherheitsleistung gerügt und abgeändert werden, weil hierüber ausschließlich die erste Instanz zu befinden hat; möglich ist eine Abänderung der Art der Sicherheitsleistung jedoch neben anderen Abänderungen (OLG Köln MDR 1997, 392). Nachdem die Höhe der Sicherheitsleistung regelmäßig nicht mehr im Rahmen der Vollstreckbarkeitsentscheidung festgesetzt wird (§§ 709 Satz 2, 711 Satz 2 ZPO), kommt auch eine Abänderung im Rahmen des § 718 ZPO nur noch ausnahmsweise in Betracht.

Zuständig ist das Berufungsgericht, nicht der vorbereitende Einzelrichter nach § 527 Abs. 3 ZPO (OLG Frankfurt a. M. MDR 1990, 931; a. A. Zöller/*Herget* § 717 Rn. 3). 3153

Erforderlich ist, dass die Berufung zulässig ist. Nur dann kann das erstinstanzliche Urteil überprüft und abgeändert werden. Auf die Erfolgsaussichten der Berufung über die Hauptsache indes kommt es nicht an. Für die Überprüfung der Vollstreckbarkeitsentscheidung ist von der Sachentscheidung des Erstgerichts auszugehen, deren Richtigkeit wird zunächst nicht infrage gestellt.

Der Antrag ist begründet, wenn sich die Entscheidung zur vorläufigen Vollstreckbarkeit auf der Grundlage der erstinstanzlichen Entscheidung als falsch darstellt. Dabei findet eine Prüfung der Hauptsache nicht statt; vielmehr ist die Vollstreckbarkeitserklärung selbst lediglich auf ihre Richtigkeit nach §§ 708 ff. ZPO zu überprüfen. Grundlage für die Beurteilung ist dabei die Sachentscheidung des erstinstanzlichen Urteils (KG NJW-RR 2009, 648). 3154

Falsch ist die Vollstreckbarkeitsentscheidung danach, wenn sie nicht zur Sachentscheidung des Erstgerichts passt. Dies ist der Fall, wenn erstinstanzlich entweder gar nicht oder unzutreffend über die vorläufige Vollstreckbarkeit entschieden wurde. Dabei reicht die Nichtbeachtung von Amts wegen zu beachtender Vorschriften (§§ 708, 709, 711) genauso aus, wie die Nichtbeachtung eines Vollstreckungsschutzantrags (§§ 714, 710, 712 Satz 1), soweit dieser erstinstanzlich bereits gestellt war; ein erstinstanzlich versäumter Vollstreckungsschutzantrag kann mit dem Antrag nach § 718 nicht nachgeholt werden.

Falsch ist die erstinstanzliche Entscheidung über die vorläufige Vollstreckbarkeit auch, wenn sie bei Verkündung des erstinstanzlichen Urteils noch richtig war und erst später aufgrund nachträglich geänderter Umstände fehlerhaft geworden ist. Dies ist zum Beispiel der Fall, wenn die Voraussetzungen eines Vollstreckungsschutzantrags erst nachträglich eingetreten sind.

Der Antrag lautet auf Abänderung und Neuformulierung der angefochtenen Entscheidung über die vorläufige Vollstreckbarkeit, für den Gegner auf Zurückweisung der Berufung, soweit sie die vorläufige Vollstreckbarkeit betrifft.

3155 Die Entscheidung des Berufungsgerichts erfolgt aufgrund einer mündlichen Verhandlung durch Teilurteil, gegen das ein Rechtsmittel nicht gegeben ist (§ 718 Abs. 2 ZPO).

Das Teilurteil über die vorläufige Vollstreckbarkeit ist durch das Schlussurteil über die Hauptsache auflösend bedingt. Wird durch die spätere Sachentscheidung der Vorabentscheidung der Boden entzogen, so wird diese entweder förmlich aufgehoben oder schlicht wirkungslos. Hat der Beklagte gegen seine ohne Sicherheitsleistung für vorläufig vollstreckbar erklärte Verurteilung zur Zahlung von 10 000 € Berufung eingelegt, wird auf seinen Antrag nach § 718 ZPO hin die Zwangsvollstreckung wegen Verletzung des § 709 ZPO von einer Sicherheitsleistung abhängig gemacht. Wird letztlich die Klage im Berufungsurteil abgewiesen, entfällt die Möglichkeit des Klägers zur Zwangsvollstreckung vollständig.

Durch den Antrag und die Entscheidung nach § 718 ZPO entstehen besondere Kosten nicht; für den Anwalt gehört das Verfahren zur Instanz: § 19 Abs. 1 Satz 2 Nr. 11 RVG; nicht RVG-VV Nr. 3328; Zöller/*Herget* § 718 Rn. 4).

cc) Einstweilige Einstellung

3156 Ist Berufung eingelegt und steht bei Abschätzung der Erfolgsaussichten des Rechtsmittels mit einer gewissen Wahrscheinlichkeit zu erwarten, dass das angefochtene Urteil auf das Rechtsmittel hin abgeändert werden wird, so müsste eine aus dem erstinstanzlichen Urteil durchgeführte vorläufige Vollstreckung später rückgängig gemacht werden (§ 717 ZPO). Ist die Vollstreckung noch nicht erfolgt, kann sie verhindert werden. Solange die Abänderung des angefochtenen Urteils aber noch nicht sicher ist, kann die Zwangsvollstreckung nur »einstweilen«, das heißt bis zum Abschluss des Berufungsverfahrens eingestellt werden (§§ 719, 707 ZPO).

§ 719 ZPO verweist für diese Einstellungsmöglichkeit nach Einlegung der Berufung auf die allgemeine Einstellung der Zwangsvollstreckung infolge einer Anfechtung der Hauptsacheentscheidung (§ 707 ZPO). Der Vollstreckungsschuldner kann hier seine Interessen an einem Unterbleiben der Zwangsvollstreckung deutlich leichter geltend machen, als über die allgemeine Schutzanordnung aus § 765a ZPO (die neben §§ 719, 707 ZPO aber anwendbar bleibt, *Schuschke/Walker*, Vollstreckung und vorläufiger Rechtsschutz, Bd. I, § 707 Rn. 4). Der Erlass einer einstweiligen Verfügung gegen die Vollstreckung kommt nur in Betracht, wenn eine Einstellung nach § 707 ausgeschlossen ist oder abgelehnt wurde (BGH LM § 719 Nr. 14). Ausgeschlossen ist eine Einstellung nach §§ 719, 707 ZPO auch, wenn erstinstanzlich ein Vollstreckungsschutzantrag nach §§ 710, 712, 714 Abs. 1 ZPO möglich gewesen wäre, aber nicht gestellt wurde (KG MDR 2000, 478; OLG Koblenz FamRZ 2000, 1165; a. A. KG MDR 2000, 1455).

3157 Voraussetzung einer einstweiligen Einstellung der Zwangsvollstreckung ist in jedem Fall ein Antrag.

Antragsberechtigt ist der Vollstreckungsschuldner. Dies kann auch der Berufungsbeklagte sein, wegen der Notwendigkeit einer mit der Berufung erreichbaren Abänderung der Hauptsacheentscheidung aber nur, wenn er eine eigene Berufung eingelegt oder sich der Berufung des Gegners angeschlossen hat.

Der Antrag muss schriftlich oder in mündlicher Verhandlung gestellt werden und unterliegt dem Anwaltszwang. Er muss erkennen lassen, welche Abänderung der Entscheidung zur vorläufigen Vollstreckbarkeit begehrt wird. Nicht näher spezifizierte Anträge zur Vollstreckbarkeit (»Vollstreckungsschutz zu gewähren«) werden in der Praxis regelmäßig kommentarlos übergangen (*Anders/Gehle/Baader* Teil C Rn. 85; oben Rdn. 786). Gerichtet werden kann der Antrag auf einstweilige Einstellung der bevorstehenden Zwangsvollstreckung mit oder ohne Sicherheitsleistung, auf Abhängigmachung der bevorstehenden Zwangsvollstreckung von einer Sicherheitsleistung oder auf Aufhebung bereits durchgeführter Vollstreckungsmaßnahmen.

Vor Einlegung der Berufung ist der Antrag nach §§ 719, 707 nicht möglich, auch die bloße Beantragung von Prozesskostenhilfe für ein beabsichtigtes Berufungsverfahren reicht nicht aus. Im Berufungsverfahren ist der Antrag bis zur Urteilsverkündung möglich.

Zuständig für die Entscheidung ist das Prozessgericht, nach Einlegung der Berufung das Berufungsgericht.

Alle Anordnungen sind grundsätzlich nur gegen Sicherheitsleistung möglich. Soll die Zwangsvollstreckung ausnahmsweise ohne Sicherheitsleistung eingestellt werden, muss der Schuldner zusätzlich glaubhaft machen, dass er zur Leistung einer solchen Sicherheit nicht in der Lage ist und die Vollstreckung einen nicht zu ersetzenden Nachteil bringen würde. 3158

> An beide Voraussetzungen stellt die Rechtsprechung sehr strenge Voraussetzungen. So kann der Schuldner den Nachweis mangelnder Leistungsfähigkeit nicht bereits durch die Weigerung seiner Bank nachweisen, eine Bürgschaft zu stellen (OLG Hamm OLGR 1995, 167). Unersetzbar ist ein Nachteil nicht schon bei finanziellen Nachteilen, erforderlich ist eine durch die Zwangsvollstreckung drohende Existenzgefährdung.
>
> Zur Einstellung der Zwangsvollstreckung ohne Sicherheitsleistung aus einem (zweiten, § 514 Abs. 2 ZPO) Versäumnisurteil, das in gesetzlicher Weise ergangen ist, muss glaubhaft gemacht werden, dass die Säumnis unverschuldet war (§ 719 Abs. 1 Satz 2 ZPO).
>
> Glaubhaft gemacht werden müssen diese Voraussetzungen nach § 294 ZPO.

Der Antrag bedarf auch der Begründung. Da eine Einstellung der Zwangsvollstreckung nur in Betracht kommt, wenn die Berufung Aussicht auf Erfolg hat, muss die Begründung sich auf das Rechtsmittel selbst beziehen. Regelmäßig ist es deswegen erforderlich, mit dem Antrag auch bereits die Berufungsbegründung einzureichen. 3159

Erfolg hat ein Antrag, wenn die vorläufige Vollstreckung (schon und noch) möglich ist und die Interessen des Vollstreckungsschuldners an einer Einstellung der Zwangsvollstreckung die Interessen des Gläubigers an einer Durchführung bzw. Fortsetzung der Zwangsvollstreckung überwiegen. 3160

> Für das Rechtsschutzbedürfnis an einer Einstellung der Zwangsvollstreckung ist erforderlich und ausreichend, dass die Vollstreckungsklausel erteilt wurde und die Vollstreckung nicht bereits beendet ist.
>
> Bei der vorzunehmenden Interessenabwägung kommt den Interessen des Gläubigers kraft der gesetzlichen Wertung Vorrang zu (OLG Düsseldorf NJW-RR 1987, 702). Er hat in der Vorinstanz obsiegt, die Grundmodelle der vorläufigen Vollstreckbarkeit aus §§ 708, 709 ZPO machen deutlich, dass er vollstrecken darf und der Schuldner die daraus möglichen Risiken zu tragen hat. Eine Abänderung dieser Risikoverteilung kommt nur in Betracht, wenn eine überwiegende Wahrscheinlichkeit dafür besteht, dass die Hauptsacheentscheidung zugunsten des Vollstreckungsschuldners abgeändert werden und damit auch die vom Erstgericht zugelassene Vollstreckung ihre Grundlage verlieren wird.
>
> Aussicht auf Erfolg hat die Berufung nur, wenn sie – zum Zeitpunkt der Entscheidung über den Einstellungsantrag – zulässig ist und eine hinreichende Wahrscheinlichkeit dafür spricht, dass die angefochtene Entscheidung abgeändert werden wird. Soweit in der Berufungsinstanz erkennbar eine Beweisaufnahme erforderlich wird, ist zur Beurteilung der Erfolgsaussicht deren Ergebnis zu prognostizieren (Beweisantizipation).

Das Verfahren steht weitgehend im Ermessen des Gerichts, die Entscheidung ergeht in Form eines unanfechtbaren Beschlusses. 3161

> Da die Entscheidung durch Beschluss ergeht, ist eine mündliche Verhandlung freigestellt (§§ 707 Abs. 2 Satz 1, 128 Abs. 4 ZPO). In jedem Fall muss dem Gegner rechtliches Gehör gewährt werden.
>
> Möglich ist eine Entscheidung erst, nachdem das Gericht die Zulässigkeit der Berufung geprüft (§ 522 Abs. 1 ZPO) und eine Zurückweisung wegen evidenter Erfolglosigkeit verneint hat (§ 522 Abs. 2 ZPO).
>
> Ob die Zwangsvollstreckung ganz oder teilweise eingestellt wird, steht im Ermessen des Gerichts (»kann«). Die Praxis einzelner Spruchkörper ist hier sehr unterschiedlich. Während manche Gerichte bei hinreichender Erfolgsaussicht der Berufung regelmäßig eine Einstellung anordnen, stellen andere Gerichte die Gläubigerinteressen auch in diesen Fällen in den Vordergrund und versagen eine Einstellung. Erforderlich ist, dass das Gericht sein Ermessen ausübt, formularmäßige Entscheidungen ohne Sachprüfung sind gesetzeswidrig.
>
> Die Entscheidung lautet auf einstweilige Einstellung der bevorstehenden Zwangsvollstreckung mit oder ohne Sicherheitsleistung, auf Abhängigmachung der bevorstehenden Zwangsvollstreckung von einer Sicherheitsleistung oder auf Aufhebung bereits durchgeführter Vollstreckungsmaßregeln. Regelmäßig erfolgt die Einstellung nur gegen Sicherheitsleistung.

In diesem Fall erfolgt eine Begründung durch das Gericht nicht (Thomas/Putzo/*Hüßtege* § 707 Rn. 10), wird die Einstellung dagegen ohne Sicherheitsleistung eingestellt oder der Antrag zurückgewiesen, muss dies begründet werden. Ist bereits das erstinstanzliche Urteil nur gegen Sicherheitsleistung für vorläufig vollstreckbar erklärt, so bedarf besonderer Darlegungen, warum eine Einstellung der Vollstreckung erforderlich ist.

Eine Entscheidung über die Kosten des Antrags nach §§ 719, 707 ZPO ist regelmäßig nicht erforderlich. Gerichtsgebühren entstehen hierdurch nicht, für den Rechtsanwalt gehört das Verfahren zum Rechtszug (§ 19 Abs. 1 Satz 2 Nr. 11 RVG).

Der Beschluss ist nicht mit der sofortigen Beschwerde anfechtbar (§ 707 Abs. 2 Satz 2 ZPO). Möglich ist aber die jederzeitige Abänderung der Entscheidung im Rahmen einer erneuten Entscheidung nach §§ 719, 707 ZPO, soweit diese beantragt wird. Jeder gegen den Beschluss nach §§ 719, 707 ZPO gerichtete »Rechtsbehelf« ist als solch neuer Antrag auszulegen (BGH FamRZ 1989, 849; OLG Celle MDR 1986, 63), hat Aussicht auf Erfolg aber regelmäßig nur nach einer Änderung der Sachlage.

Die einstweilige Einstellung wird mit Verkündung des Berufungsurteils wirkungslos, ohne dass es einer förmlichen Aufhebung bedarf.

dd) Unbedingterklärung

3162 Durch Einlegung der Berufung gegen ein Urteil wird verhindert, dass dieses rechtskräftig wird (§ 705 Satz 2 ZPO). Wird die Anfechtung auf einen Teil des Urteils beschränkt, kann Rechtskraft auch nicht teilweise eintreten, weil sich durch nachträgliche Erweiterung der Berufung oder Anschlussberufung der Umfang der Anfechtung ändern kann. Der nicht angegriffene Teil des Urteils kann deswegen zwar nicht endgültig vollstreckbar sein, er kann aber zunächst auch nicht abgeändert werden, sodass zumindest kein Anlass besteht, die vorläufige Vollstreckung noch von Bedingungen abhängig zu machen.

3163 Auf Antrag kann deswegen der mit der Berufung nicht angefochtene Teil des erstinstanzlichen Urteils für unbedingt vorläufig vollstreckbar erklärt werden (§ 537 ZPO).

Streitig ist, ob § 537 ZPO entsprechende Anwendung auf die Kostenentscheidung findet, bei Teilanfechtung des Urteils der nicht angefochtene Teil der Kostenentscheidung unbedingt vollstreckt werden kann. Vereinzelt wird dies bejaht (Zöller/*Gummer* § 537 Rn. 6), überwiegend jedoch verneint (Prütting/Gehrlein/*Oberheim* § 537 Rn. 5). In Betracht kommt eine Vorabentscheidung allenfalls über die Kostenteile, die bei der infolge der Teilanfechtung vorzunehmenden Überprüfung der Gesamtkostenentscheidung nicht berichtigt werden können, was nur in seltenen Ausnahmefällen der Fall ist.

3164 Voraussetzung der Unbedingterklärung ist der Antrag auf Unbedingterklärung eines nur teilweise angefochtenen Urteils, das nicht oder nur bedingt für vorläufig vollstreckbar erklärt ist.

Der Antrag kann vom Vollstreckungsgläubiger gestellt werden, unabhängig davon, ob dieser Kläger oder Beklagter war bzw. Berufungskläger oder Berufungsbeklagter ist (OLG Hamm NJW-RR 1990, 1470). Er unterliegt dem Anwaltszwang, kann aber, wenn sich für die Berufungsinstanz noch kein anderer Rechtsanwalt gemeldet hat, auch vom erstinstanzlich Bevollmächtigten gestellt werden (OLG Frankfurt a. M. FamRZ 1979, 538).

Das angefochtene Urteil darf nicht oder nur bedingt für vorläufig vollstreckbar erklärt sein. Bedingt vollstreckbar ist es, wenn die Vollstreckung von einer Sicherheitsleistung abhängig gemacht (§ 709) oder dem Schuldner eine Abwendungsbefugnis eingeräumt worden ist (§ 711 ZPO). Auch Feststellungsurteile und Klage abweisende Leistungsurteile können – zumindest im Kostenpunkt – vorläufig vollstreckbar sein.

Die Berufung darf sich nur gegen einen abtrennbaren Teil des erstinstanzlichen Urteils richten. Ist bezüglich dieses Teils wirksam auf die Berufung bzw. Anschlussberufung verzichtet worden, so kann teilweise Rechtskraft eingetreten sein; dann ist die Vollstreckung daraus bereits endgültig möglich, eine Unbedingterklärung kommt nicht mehr in Betracht. Dies gilt auch, wenn der nicht angegriffene Teil unstreitig schon erfüllt wurde; die bloß einseitige, streitig bleibende Erfüllungsbehauptung reicht dazu indes nicht aus (OLG Schleswig SchlHA 1987, 172).

Damit klar ist, dass die Anfechtung des Urteils nur in beschränktem Umfang erfolgt, kann der Antrag erst nach Ablauf der Berufungsbegründungsfrist gestellt werden (§ 537 Abs. 1 Satz 2 ZPO). 3165

Liegen die genannten Voraussetzungen vor, ist eine weitere Begründung des Antrags nicht erforderlich. Insbesondere bedarf es nicht der Prüfung von Zulässigkeit oder Erfolgsaussichten der Berufung.

Das Verfahren steht weitgehend im Ermessen des Gerichts, die Entscheidung ergeht durch Beschluss, der nicht anfechtbar ist. 3166

Freigestellt ist dem Gericht, ob es eine mündliche Verhandlung durchführt oder nicht (§ 128 Abs. 4), unterbleibt diese, muss rechtliches Gehör durch schriftliche Anhörung gewährt werden.

Mit dem Beschluss wird das angefochtene Urteil im Umfang der Nichtanfechtung für unbedingt, das heißt ohne Sicherheitsleistung des Gläubigers und ohne Abwendungsbefugnis des Schuldners, vorläufig vollstreckbar erklärt.

Der Beschluss ist – unabhängig davon, ob er dem Antrag stattgibt oder ihn zurückweist – unanfechtbar (§ 537 Abs. 2 ZPO). Dies gilt selbst dann, wenn der für unbedingt erklärte Teil des Anspruchs später doch noch durch Erweiterung der Berufung oder Anschlussberufung angegriffen wird. Auch über einen nachträglich vom Gegner nach § 537 gestellten Antrag kann eine Abänderung nicht erfolgen.

Gerichtliche Gebühren fallen durch das Verfahren nicht an. Nur soweit es sich auf einen vom Berufungsverfahren erstreckten Teil bezieht, gehört es zur Berufungsinstanz und löst besondere Gebühren nicht aus (§ 19 Abs. 1 Satz 2 Nr. 9 RVG). In allen anderen Fällen fällt eine Gebühr nach RVG-VV Nr. 3329 an.

III. Begründung der Berufung

Anders als andere Rechtsbehelfe, bei denen die bloße Einlegung bereits zu einer Überprüfung der angefochtenen Maßnahme von Amts wegen führt (so zum Beispiel die sofortige Beschwerde), ist die Berufung nur zulässig, wenn sie ordnungsgemäß begründet wird (§ 520 Abs. 1 ZPO). 3167

Dies gilt selbst dann, wenn der Inhalt des Berufungsverfahrens nur eine einfache rechtliche oder tatsächliche Frage ist, zu der bereits in erster Instanz umfassend vorgetragen wurde. Die von der Partei eingelegte Berufung kann auch vom Streithelfer begründet werden, die Berufung des Streithelfers auch von der Partei; in beiden Fällen handelt es sich um das gleiche Rechtsmittel (BGH NJW 1985, 2480). Dagegen muss jeder Streitgenosse seine Berufung gesondert begründen, möglich ist aber auch eine gemeinsame Begründung (unten Rdn. 3374). Die Berufung kann bereits mit ihrer Einlegung begründet werden, praktisch ist dies jedoch seltene Ausnahme.

Die Berufungsbegründung kann auch dadurch erfolgen, dass auf andere Schriftsätze, z. B. solche im Prozesskostenhilfeverfahren, Bezug genommen wird, wenn diese von einem bei dem Berufungsgericht zugelassenen Rechtsanwalt unterzeichnet sind und inhaltlich den Anforderungen der Berufungsbegründung gerecht werden. Dafür ist nicht erforderlich, dass innerhalb der Begründungsfrist ausdrücklich auf solche Schriftsätze verwiesen wird, wenn sich eine entsprechende Bezugnahme aus den Begleitumständen und aus dem Zusammenhang ergibt.

Erfolgt die Begründung in einem gesonderten Schriftsatz, dann ist die Einhaltung einer Frist (§ 520 Abs. 2 ZPO) und bestimmter formeller Anforderungen (§§ 520 Abs. 3–5 ZPO) erforderlich. 3168

1. Frist

Der Berufungsführer muss die Berufung fristgerecht begründen (§ 520 Abs. 2 ZPO). 3169

Die Frist soll sicherstellen, dass zu Beginn des Berufungsverfahrens klar ist, inwieweit das erstinstanzliche Urteil angefochten wird. Gegner und Gericht sollen sich darauf einstellen können, was Prozessstoff für die zweite Instanz sein wird.

Wegen der Anforderungen an die Fristwahrung im Allgemeinen oben Rdn. 285.

Die Frist beginnt mit der Zustellung des Urteils und dauert zwei Monate. 3170

Ist eine wirksame Zustellung nicht erfolgt, beginnt die Begründungsfrist spätestens fünf Monate nach der Verkündung zusammen mit der Einlegungsfrist, endet also sieben Monate nach der Verkündung.

Wegen der Fristberechnung kann auf die zur Berufungseinlegung gemachten Ausführungen (oben Rdn. 3083) verwiesen werden. Die Berufungsbegründungsfrist endet nach § 188 Abs. 2 BGB mit dem Ablauf (24.00 Uhr) des Tages des übernächsten auf die Zustellung folgenden Monats, welcher durch seine Zahl dem Tag entspricht, an dem die Zustellung erfolgt ist. Ist die Zustellung am 6.3. erfolgt, endet die Zweimonatsfrist damit am 6.5., bei einer Zustellung am 28.2. am 28.4. Fällt der letzte Tag der Frist auf einen Samstag, Sonntag oder Feiertag (an dem Ort, an der Widerruf zu erklären ist, d. h. am Gerichtsstand, nicht am Ort der Kanzlei: BGH MDR 2012, 301), so endet die Frist erst mit Ablauf des darauf folgenden Werktags (§ 193 BGB). Zu weiteren Fragen der Fristberechnung oben Rdn. 136.

Für Streithelfer und Partei läuft nur eine einheitliche Frist, die mit der Zustellung des Urteils an die Partei begonnen hat. Für Streitgenossen laufen dagegen jeweils eigene Fristen.

3171 Berufungs- und Berufungsbegründungsfrist sind voneinander unabhängig, sodass die Begründungsfrist ablaufen kann, bevor die Einhaltung der Einlegungsfrist geklärt ist (BGH MDR 2001, 1072).

Wird gegen die Versäumung der Einlegungsfrist Wiedereinsetzung in den vorigen Stand beantragt, so läuft die Begründungsfrist weiter und kann verstreichen, bevor über die Wiedereinsetzung entschieden ist (BGH NJW 1998, 1155). Wird die Berufung vor Einreichung der Begründung durch Beschluss nach § 522 Abs. 1 ZPO als unzulässig verworfen und dagegen Rechtsbeschwerde eingelegt, läuft die Begründungsfrist dennoch regulär weiter (BGH VersR 1977, 573).

3172 Die Frist zur Begründung der Berufung ist verlängerbar. Erforderlich ist der schriftliche Antrag auf Fristverlängerung eines beim Berufungsgericht zugelassenen Rechtsanwalts, aus dem sich ergeben muss, welche Frist aus welchem Grund verlängert werden soll (BGH BRAK-Mitt 2005, 21). Der Verlängerungsantrag muss vor Ablauf der Frist beim Gericht eingehen und kann auch nach deren Ablauf noch beschieden werden.

Zur Fristverlängerung im Allgemeinen oben Rdn. 1247.

Die Angabe des gewünschten Verlängerungszeitraums ist nicht zwingend, aber sinnvoll. Dabei sollte der gesetzlich mögliche Rahmen der Verlängerung (ein Monat, siehe unten) grundsätzlich ausgeschöpft werden, weil weitere Verlängerungen auch dann nur ausnahmsweise möglich sind, wenn sie insgesamt einen Monat nicht übersteigen. Ist die Zustimmung des Gegners erforderlich, ist es sinnvoll, diese vorab einzuholen und dem Antrag beizufügen. Der Verlängerungsgrund ist anzugeben, eine Glaubhaftmachung (§§ 224 Abs. 2, 294 Abs. 1 ZPO) wird von der Rechtsprechung nur auf Anforderung erwartet (OLG Karlsruhe AnwBl 1998, 109), die Kommentarliteratur dagegen hält sie teilweise für sofort erforderlich (MüKoZPO/*Rimmelspacher* § 519 Rn. 14), sodass ihre Beifügung als Beschreitung des sichersten Weges zu empfehlen ist.

3173 Die **erste Verlängerung** um bis zu einem Monat kann durch den Vorsitzenden erfolgen, wenn dadurch eine Verzögerung nicht eintritt oder erhebliche Gründe dargetan werden (§ 520 Abs. 2 Satz 1 ZPO).

Dagegen darf der Rechtsanwalt grundsätzlich darauf vertrauen, dass einem (wirksamen) ersten Antrag auf Fristverlängerung stattgegeben wird (BVerfG 2001, 1076; BGH NJW 2010, 1610; BGH NJW 2002, 246; zum Vertrauen auch in eine zweite Verlängerung BGH NJW 2009, 3100). Erfolgt dies nicht, kann darauf ein Wiedereinsetzungsantrag gegen die dann versäumte Begründungsfrist gestützt werden (BGH NJW 1999, 430).

3174 Jede **weitere Verlängerung** ist nur mit Zustimmung des Gegners möglich (§ 520 Abs. 2 Satz 2 ZPO).

Zugestimmt werden muss explizit, das bloße Führen von Vergleichsverhandlungen genügt nicht (BGH NJW-RR 2012, 1462). Eine Zustimmung kommt in Betracht, wenn zwischen den Parteien Vergleichsverhandlungen laufen oder Einigkeit darüber besteht, dass eine sachgerechte Vorbereitung der Berufung einen größeren Zeitrahmen erfordert. In allen anderen Fällen wird die Zustimmung durch den Gegner häufig versagt. Ob die Zustimmung zu einem Fristverlängerungsantrag des Gegners indes eine Verletzung der Interessen der eigenen Partei darstellt, oder ob sie nicht sinnvollerweise erklärt wird, sollte nicht pauschal, sondern im Einzelfall entschieden werden. Hat der Berufungskläger die Zustimmung des Gegners telefonisch eingeholt, genügt es, wenn dies dem Gericht gegenüber anwaltlich versichert wird (BGH NJW 2005, 408).

Auf diese zweite Verlängerung kann und darf der Anwalt jedenfalls solange nicht vertrauen, wie die Einwilligung des Gegners noch fehlt (BGH NW 2004, 1742). Nicht unbedenklich erscheint die Auffassung des BGH, ein Vertrauen sei stets (ohne weitere Voraussetzungen) bereits dann gerechtfertigt, wenn die Einwilligung des Gegners vorliegt (BGH NJW 2009, 3100). Der Anwalt muss damit rechnen, dass der Antrag zurückgewiesen wird. Wird ein Verlängerungsantrag abgelehnt, ist das Gericht nicht verpflichtet, die Partei hiervon vor Fristablauf in Kenntnis zu setzen (BGH AnwBl 2007, 795). Es ist Aufgabe des Anwalts, sich nach der Entscheidung zu erkundigen. Deswegen muss der Antrag so rechtzeitig gestellt werden, dass bei seiner Ablehnung noch Zeit genug bleibt, die Begründung innerhalb der nicht verlängerten Frist einzureichen. Das enttäuschte ungerechtfertigte Vertrauen in die Verlängerung rechtfertigt eine Wiedereinsetzung nicht.

▶ **Praxistipp:** 3175

Vor dem zweiten Antrag auf Verlängerung der Begründungsfrist sollte der Anwalt die Zustimmung des Gegners einholen und ggf. mit dem Vorsitzenden klären, ob eine Verlängerung erfolgt. In jedem Fall muss er vor Ablauf der Frist nachfragen, ob eine Verlängerung erfolgt ist.

Eine vom Gericht gewährte Verlängerung der Frist ist auch dann wirksam, wenn sie unter Verletzung der gesetzlichen Voraussetzungen erfolgt (BGH NJW 2004, 1480).

2. Form

Besondere Anforderungen an Form und Inhalt der Berufungsbegründung enthält § 520 Abs. 3–5 ZPO. 3176

Auch die Berufungsbegründung bedarf danach der Schriftform. Auf die insoweit zur Klage und zur Berufungseinlegung gemachten Ausführungen (oben Rdn. 984, 3106) kann dabei verwiesen werden. 3177

Mit der Unterschrift unter die Berufungsbegründung macht der Rechtsanwalt deutlich, dass er den Prozessstoff selbst durchgearbeitet hat, das Ergebnis seiner Arbeit in dem Schriftsatz niedergelegt hat und bereit ist, hierfür die Verantwortung zu übernehmen (BGH NJW 1989, 394). Von wem die Begründung tatsächlich gefertigt wurde, spielt dann keine Rolle mehr, sodass der Prozessbevollmächtigte durch Unterzeichnung einen von der Partei, dem erstinstanzlich Bevollmächtigten oder einem Dritten (Referendar, juristischem Mitarbeiter) gefertigten Entwurf billigen und zur wirksamen Begründung auch dann machen kann, wenn er ihn nur flüchtig gelesen hat (BGH NJW 1989, 3022; BGH NJW-RR 1998, 574). Soweit sich die Tätigkeit des Berufungsanwalts insoweit auf die Hinzufügung der eigenen Kanzleibezeichnung und Unterschrift besteht, bezeichnet man sie auch als »Stempelmandat«. Mit der Neuregelung der Anwaltszulassung sind diese Fälle selten geworden.

Die Begründungsschrift ist bei dem Berufungsgericht einzureichen. 3178

Auch hierzu kann auf die zur Berufungseinlegung gemachten Ausführungen (oben Rdn. 3107) verwiesen werden. Wird die Begründung falsch adressiert, ist die Frist nur gewahrt, wenn die Begründung noch innerhalb der Frist beim richtigen Gericht eingeht.

Erforderlich ist zudem die Angabe, zu welchem Verfahren die Begründung gehören soll (OLG Karlsruhe VersR 1993, 1170). Dies geschieht gemäß §§ 520 Abs. 5, 130 Nr. 1 ZPO regelmäßig durch die Bezeichnung der Parteien. 3179

Dabei ist ein volles Rubrum prozessual nicht zwingend, zur Vermeidung von Missverständnissen und Verwechslungen aber sinnvoll. Das Gleiche gilt für die Angabe des bereits bekannten Aktenzeichens des Berufungsgerichts.

Erkennbar sollte sein, dass der Schriftsatz als Berufungsbegründung dienen soll. 3180

Probleme können insoweit auftreten, wenn die Begründung zunächst für einen anderen Antrag (zum Beispiel auf Gewährung von Prozesskostenhilfe oder auf Einstellung der Zwangsvollstreckung) dienen soll. Die ältere Rechtsprechung hat verlangt, dass der Schriftsatz erkennbar zur Begründung der Berufung bestimmt ist und einen als »Prozesskostenhilfegesuch und Berufungsbegründungsentwurf« bezeichneten Schriftsatz – obwohl er allen Erfordernissen des § 520 Abs. 3 ZPO entsprach – nicht als Berufungsbegründung ausreichen lassen (BGH VersR 1991, 936). Hieraus resultiert die in der Literatur verbreitete Empfehlung, die Berufungsbegründung eindeutig als solche zu bezeichnen (Schumann/*Kramer* Rn. 203).

Die neuere Rechtsprechung ist insoweit großzügiger. Geht innerhalb der Frist keine gesonderte Berufungsbegründung ein, wurde aber vorher ein begründeter Antrag (zum Beispiel auf Gewährung von Prozesskostenhilfe oder auf Einstellung der Zwangsvollstreckung) gestellt, so kann die dazu vorgetragene Begründung im Wege der Auslegung auch als Berufungsbegründung herangezogen werden (BGH NJW-RR 2001, 789). Ist der andere Schriftsatz ausdrücklich nur als »Begründungsentwurf« bezeichnet oder nicht unterschrieben, so bedarf es weiterer Umstände, aus denen auf die Bezugnahme geschlossen werden kann (BGH NJW 2008, 1740).

3181 Eine Angabe des Werts des Beschwerdegegenstands soll die Berufungsbegründung enthalten, wenn dieser nicht in einer bestimmten Geldsumme besteht und wenn von ihm die Zulässigkeit der Berufung abhängt (§ 520 Abs. 4 Nr. 1 ZPO).

Ist die Berufung vom erstinstanzlichen Gericht zugelassen, bedarf es der Angabe des Werts in keinem Fall. Das Gleiche gilt bei einer bezifferten Zahlungsklage, bei der der Wert sich eindeutig aus dem Antrag ergibt. In allen anderen Fällen hat das Berufungsgericht den Wert autonom festzusetzen (dazu oben Rdn. 3047). Es geht dabei von den Angaben des Berufungsklägers aus, die dieser zudem glaubhaft zu machen hat (§ 511 Abs. 3 ZPO). Fehlen solche Angaben, macht dies allein die Berufung nicht unzulässig, sondern führt lediglich zu einer freien Schätzung des Werts durch das Berufungsgericht (§ 3 ZPO), die bei Unterschreiten des Berufungswerts zur Unzulässigkeit des Rechtsmittels führen kann. In seinem eigenen Interesse ist deswegen dem Berufungskläger zu raten, von der Möglichkeit eines Vortrags zum Erreichen der Berufungssumme zumindest in Zweifelsfällen stets Gebrauch zu machen.

3182 Enthalten soll die Berufungsbegründung auch eine Äußerung dazu, ob einer Entscheidung durch den Einzelrichter Gründe entgegenstehen.

Damit wird dem Berufungskläger rechtliches Gehör vor der Entscheidung über eine Befassung des Einzelrichters nach §§ 526, 527 ZPO gewährt. Gestaltungsmöglichkeiten haben die Parteien insoweit indes nicht. Weder die Übertragung zur Entscheidung nach § 526 ZPO noch die Zuweisung zur Vorbereitung nach § 527 ZPO erfordert einen Antrag der Parteien, ist von ihrem Einverständnis abhängig oder kann durch einen ausdrücklichen Widerspruch verhindert werden.

Ob eine Übertragung auf den Einzelrichter aus der Sicht der Partei Sinn macht, ist Frage des Einzelfalles. Grundsätzlich ist sicher die Kollegialentscheidung aufgrund ihrer höheren Richtigkeitsgewähr vorzuziehen (*Schneider* MDR 2003, 374), was nicht bedeutet, dass jede Einzelrichterentscheidung falsch sein muss. Häufig ist eine Entscheidung durch Einzelrichter schneller zu erreichen, als eine solche des Spruchkörpers.

3183 Wesentlich für die Berufungsbegründung sind nach § 520 Abs. 3 Satz 2 ZPO ein bestimmter Antrag (unten Rdn. 3184) und die Bezeichnung der Umstände, aus denen sich der Grund der Anfechtung ergibt (unten Rdn. 3231).

a) Berufungsantrag

3184 Mit den Berufungsanträgen hat der Berufungskläger klarzustellen, in welchem Umfang er das Urteil anficht und welche Abänderung er begehrt (§ 520 Abs. 3 Satz 2 Nr. 1 ZPO).

Bei den Anträgen handelt es sich um die »Sachbitte« der Partei an das Gericht. Inhalt der Anträge ist das Prozessziel der Partei, die von ihr begehrte Tenorierung des Urteils.

aa) Grundsätze

3185 Die gestellten Anträge binden das Berufungsgericht, eine Entscheidungsbefugnis besteht nur innerhalb der von den Anträgen gezogenen Grenzen (§ 528 ZPO). Das Berufungsgericht darf dem Berufungsführer weder mehr zusprechen, als er beantragt hat (Verbesserungsverbot, Verbot der **reformatio in melius**), noch weniger, als ihm in der Vorinstanz bereits zugesprochen wurde (Verschlechterungsverbot, Verbot der **reformatio in peius**).

Dies dient beiden Parteien. Der Berufungskläger ist davor geschützt, dass das Ergebnis des Rechtsstreits auf seine Berufung hin für ihn ungünstiger wird, er riskiert allein die Zurückweisung seiner Berufung. Der Berufungsbeklagte kann das Risiko des Berufungsverfahrens abschätzen und überlegen, ob und mit welchem Aufwand er sich gegen das Rechtsmittel verteidigen will.

Was mit den Berufungsanträgen nicht angegriffen ist, kann auch dann nicht abgeändert werden, wenn es offensichtlich falsch ist. Werden mehrere Ansprüche geltend gemacht, gilt das Abänderungsverbot für jeden einzelnen Anspruch, selbst dann, wenn sie auf einem einheitlichen Klagegrund beruhen. Eine unzulässige Abänderung liegt nicht nur in quantitativen, sondern auch in qualitativen Abweichungen vom Antrag. Beide Verbote beziehen sich allein auf die tenorierte Rechtsfolge zur Hauptsache, nicht auf deren Begründung, sodass eine andere Begründung für das unverändert bleibende Ergebnis möglich ist. Die Abgrenzung, zwischen der unzulässigen inhaltlichen Änderung und der zulässigen Änderung der Begründung ist nicht immer einfach.

▶ Beispiele: 3186

Ist in erster Instanz die Klage wegen begründeter Hilfsaufrechnung des Beklagten abgewiesen worden, kann auf die Berufung des Klägers nur das Bestehen der Aufrechnungsforderung, auf die Berufung des Beklagten nur das Bestehen der Klageforderung überprüft werden (BGH NJW-RR 95, 241).

Nicht möglich ist bei einer Zug-um-Zug-Verurteilung der Wegfall des Vorbehalts zum Nachteil des Beklagten oder die völlige Klageabweisung zum Nachteil des Klägers. Hat das Landgericht auf Naturalrestitution erkannt, kann das Berufungsgericht ohne Antrag nicht auf Wertersatz umstellen.

Als bloße Änderung der Begründung möglich ist der Austausch von (Anspruchs- oder Gegenrechts-) Normen, eine Änderung der zugrunde gelegten Schuldform (Vorsatz statt Fahrlässigkeit), die Neueinbeziehung, Weglassung oder Umgewichtung von Bemessungsfaktoren für Schmerzensgeld oder Mitverschulden. Auch die Abänderung einzelner Rechnungsposten in einer einheitlichen Abrechnung kann erfolgen, wenn der Gesamtbetrag nicht unzulässig verändert wird. Die Nebenentscheidungen (Kosten, vorläufige Vollstreckbarkeit) können inhaltlich auch zulasten des Berufungsführers neu getroffen werden, weil sie unabhängig von den gestellten Anträgen von Amts wegen erfolgen. Nur eine andere Begründung soll nach herrschender Meinung auch dann vorliegen, wenn die erstinstanzlich als unzulässig abgewiesene Klage vom Berufungsgericht als unbegründet abgewiesen wird (BGH NJW 88, 1983). Das Gleiche soll gelten, wenn die Klage mangels Fälligkeit der Klageforderung abgewiesen wurde und die endgültige Klageabweisung auf das Nichtbestehen des Anspruchs dem Grunde nach gestützt wird.

Sehr streitig ist, ob eine Abweisung der Klage als unzulässig möglich ist, wenn der Kläger eine teilweise Klageabweisung mit der Berufung angreift. Die herrschende Meinung lässt eine Abänderung zu, wenn zwingende, von Amts wegen zu beachtende Prozessvoraussetzungen fehlen und eine Heilung ausgeschlossen ist (BGH NJW 86, 1494).

Das Abänderungsverbot gilt nicht in den Fällen notwendiger Streitgenossenschaft (§ 62 ZPO). Da hier aus materiellen oder aus prozessualen Gründen eine einheitliche Sachentscheidung geboten ist, muss das Urteil gegebenenfalls auch über die gestellten Anträge hinaus abgeändert werden (OLG Köln VersR 74, 64).

Nicht von § 528 ausgeschlossen ist die Möglichkeit, weniger zuzusprechen als beantragt, wenn das Rechtsmittel im Übrigen zurückgewiesen wird.

▶ Beispiel: 3187

Hat der Kläger in erster Instanz Zahlung von 10 000 € beantragt und gegen die vollständige Klageabweisung Berufung eingelegt, mit der er an seinem Antrag festhält, kann das Berufungsgericht der Klage in Höhe von 5 000 € stattgegeben, wenn es die Berufung im Übrigen zurückweist.

Eine Verschlechterung zum Nachteil des Berufungsführers ist möglich, wenn der Gegner seinerseits Anträge stellt, die einen Entscheidungsspielraum des Berufungsgerichts eröffnen. Dies ist möglich, indem der Berufungsbeklagte ebenfalls Berufung einlegt oder sich der Berufung des Gegners zumindest anschließt (§ 524 ZPO; unten Rdn. 3353).

3188 ▶ Beispiel:

> Verfolgt zum Beispiel der Kläger mit der Berufung gegen ein der Klage teilweise stattgebendes Urteil seinen erstinstanzlichen Antrag in vollem Umfang weiter, so kann das Berufungsgericht nur prüfen, ob der Verurteilungsbetrag angehoben werden kann. Schließt sich der Beklagte der Berufung des Klägers an und beantragt Klageabweisung, so erstreckt sich die Prüfungskompetenz des Berufungsgerichts auf den gesamten Streitgegenstand erster Instanz, sodass auch eine Reduzierung des zugesprochenen Betrags in Betracht kommt.

3189 Der Antrag sollte grundsätzlich konkret formuliert und seiner Bedeutung entsprechend optisch hervorgehoben werden (BGH NJW 1966, 933).

3190 Der Sachantrag der Berufung geht grundsätzlich auf »Abänderung« des angefochtenen Urteils.

> Dafür spricht der Gesetzeswortlaut (§§ 520 Abs. 3 Satz 2 Nr. 1, 528 Satz 2, 717 Abs. 2 ZPO), dem Rechtsprechung und Lehre überwiegend folgen. Verbreitet wird aber auch vertreten, zu beantragen sei eine »Aufhebung« des Urteils (Nachweise zu beiden Auffassungen bei *Doukoff* Rn. 136a). Zutreffend ist dies nur bei einer Zurückverweisung an das erstinstanzliche Gericht (§ 538 Abs. 2 Satz 1 ZPO), prozessuale Nachteile erwachsen aus der Verwendung dieser Formulierung aber in keinem Fall.
>
> Das angefochtene Urteil sollte zur Vermeidung von Unklarheiten im Antrag nochmals konkretisiert werden »das Urteil des Landgerichts ... vom ..., Az. ..., abzuändern«. Zwingend erforderlich ist dies nicht, sodass jedenfalls dann, wenn Zweifel an der Identität des Urteils nicht bestehen, auch der Antrag »das angefochtene Urteil abzuändern« ausreichen kann.

3191 Anzugeben ist zusätzlich, welches Ziel mit der begehrten Abänderung erreicht werden soll.

> Richtet sich die Berufung des Beklagten gegen ein stattgebendes Urteil, ist zu beantragen, »das angefochtene Urteil abzuändern und die Klage abzuweisen«. Legt der Kläger Berufung gegen ein Klage abweisendes Urteil ein, so muss er beantragen, »das angefochtene Urteil abzuändern und den Beklagten zu verurteilen, an den Kläger ... zu zahlen«.
>
> Möglich, wegen der damit verbundenen Unklarheiten und der fehlenden Selbstkontrolle des Berufungsklägers aber nicht zu empfehlen ist der Antrag, »unter Abänderung des angefochtenen Urteils nach den erstinstanzlich gestellten Anträgen zu entscheiden«.

3192 Für die Formulierung des Ziels gelten weitgehend die Grundsätze der Antragsformulierung in erster Instanz. Der Antrag muss hinreichend bestimmt, bei Zahlungsklagen grundsätzlich beziffert sein.

> Leistungsanträge müssen einerseits Ausfluss des geltend gemachten materiellrechtlichen Anspruchs sein, andererseits eine geeignete Grundlage für die Zwangsvollstreckung abgeben. Bestehen Bedenken in die eine oder andere Richtung, so ist ein Hinweis nach § 139 ZPO erforderlich (BGH NJW 1999, 954). Feststellungsanträge müssen das festzustellende Rechtsverhältnis zweifelsfrei bezeichnen (BGH VersR 1982, 68). Wegen der Antragsformulierung im Einzelnen *Anders/Gehle/Baader*, Handbuch für den Zivilprozess, Teil A.

3193 Die Berufung kann auch auf selbstständige Teile beschränkt werden. Eine solche Beschränkung muss regelmäßig zweifelsfrei aus dem Antrag hervorgehen.

> Selbstständig in diesem Sinne sind alle Teile des Streitstoffs, über die eine isolierte Entscheidung in Form eines Teilurteils hätte ergehen können. Beispiele sind die Beschränkung der Berufung auf einzelne (einfache) Streitgenossen sowohl aufseiten des Berufungsklägers als auch aufseiten des Berufungsbeklagten (BGH LM § 543 Nr. 9), auf einzelne Streitgegenstände oder abtrennbare Teile des Streitgegenstands (BGH NJW 1979, 767; BGH NJW 1999, 2116).
>
> Häufig erfolgt die Beschränkung bereits mit der Einlegung der Berufung. Sinn macht dies, wenn noch nicht klar ist, ob die Berufung durchgeführt und die Kosten für den Fall späterer Rücknahme gering gehalten werden sollen (dazu oben Rdn. 3124).
>
> Bei der Berufungsbeschränkung ist es regelmäßig geboten, eine bloß »teilweise Abänderung« des erstinstanzlichen Urteils zu beantragen.

3194 Missverständnisse resultieren häufig aus der Frage, ob das formulierte Ziel zusätzlich neben die fortdauernde Entscheidung des erstinstanzlichen Gerichts treten soll oder diese mit umfasst.

C. Berufung

▶ **Beispiel:** 3195

Der Kläger hat erstinstanzlich Zahlung von 100 000 € begehrt, jedoch nur 20 000 € zugesprochen erhalten. Beantragt er hier, »den Beklagten unter teilweiser Abänderung des angefochtenen Urteils zur Zahlung von 40 000 € an den Kläger zu verurteilen«, wird nicht eindeutig klar, ob er insgesamt nur 40 000 € begehrt, sodass über die bereits zugesprochenen 20 000 € weitere 20 000 € zuzusprechen sind, oder ob er die 40 000 € zusätzlich zu den bereits zugesprochenen 20 000 € verlangt, sodass ihm letztlich 60 000 € zufließen.

Solche Missverständnisse können vermieden werden, wenn man den erstrebten Prozesserfolg als Neufassung des Urteils formuliert und beantragt, »das angefochtene Urteils teilweise abzuändern und dahin neu zu fassen, dass der Beklagten zur Zahlung von 40 000 € an den Kläger verurteilt wird«. Möglich sind auch andere erläuternde Zusätze wie »den Beklagten unter Abänderung des angefochtenen Urteils zu verurteilen, über die bereits zugesprochenen 20 000 € hinaus weitere 20 000 € an den Kläger zu zahlen« oder »den Beklagten unter Abänderung des angefochtenen Urteils zu verurteilen, nicht bloß 20 000 €, sondern insgesamt 40 000 € an den Kläger zu zahlen«.

bb) Formulierung in Sonderfällen

Besondere Probleme bringt erfahrungsgemäß die Formulierung des Antrags bei Anfechtung eines Urteils, das auf Haupt- und Hilfsanträge hin ergangen ist. 3196

Der Kläger kann gegen die Stattgabe seines Hauptantrags Berufung nicht einlegen, weil er hierdurch nicht beschwert ist. Sind Haupt- und Hilfsantrag abgewiesen worden, kann er mit der Berufung beide Anträge im gleichen Verhältnis weiter verfolgen. Problematisch ist die Berufung des Klägers gegen die Stattgabe des Hilfsantrags. Eine ausreichende formelle Beschwer (dazu oben Rdn. 3038) liegt hier in der Abweisung des Hauptantrags, sodass der Antrag darauf lauten muss, »den Beklagten unter Abänderung des angefochtenen Urteils nach dem Hauptantrag zu verurteilen«. Der Hilfsantrag wird dann nicht mehr gestellt. Er ist bereits zugesprochen und kann nach dem Grundsatz des Verbots der reformatio in peius nicht mehr abgesprochen werden. Hat die Berufung allerdings Erfolg, so muss die Verurteilung aus dem Hilfsantrag entfallen, weil dem Kläger nicht beide Anträge kumulativ nebeneinander zugesprochen werden können. Zur Klarstellung kann deswegen beantragt werden, »den Beklagten in Abänderung des angefochtenen Urteils nicht aus dem Hilfs-, sondern aus dem Hauptantrag zu verurteilen«.

Der Beklagte kann gegen die Abweisung von Haupt- und Hilfsantrag mangels Beschwer keine Berufung einlegen. Wendet er sich mit der Berufung gegen seine Verurteilung aus dem Haupt- oder aus dem Hilfsantrag, so hat das Berufungsgericht nach h. M. nur über das Bestehen des jeweils zugesprochenen Antrags zu entscheiden. Dabei reicht der normale Antrag aus, »die Klage unter Abänderung des angefochtenen Urteils abzuweisen«. Der wegen Zuerkennung des Hauptantrags nicht beschiedene Hilfsantrag des Klägers wird allein durch die Rechtsmitteleinlegung des Beklagten Gegenstand des Berufungsverfahrens (BGH NJW-RR 2005, 220).

Einer besonderen Formulierung bedürfen die Berufungsanträge auch, wenn erstinstanzlich ein erstes Versäumnisurteil ergangen ist. Hier musste schon erstinstanzlich Abänderung des Versäumnisurteils oder Zurückweisung des Einspruchs beantragt werden; dies setzt sich in zweiter Instanz fort. 3197

Ist gegen den Kläger erstinstanzlich ein (Klage abweisendes) Versäumnisurteil ergangen, das er mit dem Einspruch erfolgreich angefochten hat, so lautet der Tenor erster Instanz bei erfolgreicher weiterer Prozessführung des Klägers auf Aufhebung des Versäumnisurteils und Verurteilung des Beklagten, ansonsten auf Aufrechterhaltung des Versäumnisurteils. Legt in der ersten Alternative der Beklagte Berufung ein, so muss er beantragen, »unter Abänderung des angefochtenen Urteils das Versäumnisurteil des ... vom ..., Az. ..., aufrechtzuerhalten«. Legt in der zweiten Alternative der Kläger Berufung ein, hat sein Antrag zu lauten »in Abänderung des angefochtenen Urteils das Versäumnisurteil des ... vom ..., Az. ..., aufzuheben und den Beklagten zu verurteilen, an ihn ... zu zahlen«.

Ist erstinstanzlich gegen den Beklagten ein (Klage stattgebendes) Versäumnisurteil ergangen, das er mit dem Einspruch erfolgreich angefochten hat, so lautet der Tenor erster Instanz bei erfolgreicher weiterer Prozessführung des Beklagten auf Aufhebung des Versäumnisurteils und Abweisung der Klage, ansonsten auf Aufrechterhaltung des Versäumnisurteils. Legt in der ersten Alternative der Kläger Berufung ein, so muss er beantragen, »unter Abänderung des angefochtenen Urteils das Versäumnisurteil des ... vom ...,

Az. ..., aufrechtzuerhalten«. Legt in der zweiten Alternative der Beklagte Berufung ein, hat sein Antrag zu lauten »in Abänderung des angefochtenen Urteils das Versäumnisurteil des ... vom ..., Az. ..., aufzuheben und die Klage abzuweisen«.

3198 Auch mit der Berufung gegen ein zweites Versäumnisurteil (§§ 514 Abs. 2, 345 ZPO; oben Rdn. 3029) muss beantragt werden, »unter Abänderung des angefochtenen Urteils das Versäumnisurteil des ... vom ..., Az. ..., aufzuheben«, zusätzlich ist das eigene Rechtsschutzziel (Sachantrag, Klageabweisungsantrag) hinzuzufügen.

3199 Eine entsprechende Fassung der Anträge ist erforderlich, wenn erstinstanzlich durch Urteil eine zuvor im Beschlussweg erlassene Eilanordnung (Arrest, einstweilige Verfügung) bestätigt wurde (§§ 925 Abs. 2, 936 ZPO).

3200 Hat der Berufungsbeklagte seinerseits Berufung oder Anschlussberufung eingelegt, so bedarf es aufseiten des Berufungsklägers zusätzlich zum eigenen Sachantrag eines auf deren Zurückweisung gerichteten Antrags (dazu unten Rdn. 3353). Fraglich ist, ob es darüber hinaus eines Antrags auf Klageabweisung bedarf, wenn im Rahmen der Anschlussberufung die Klage erweitert wird.

Dagegen spricht, dass schon mit der Zurückweisung der Anschlussberufung die Klageerweiterung abgewiesen ist. Dafür können dennoch Gründe der Klarheit und das Gebot der Befolgung des sichersten Wegs sprechen, weil manche Berufungsgerichte zusätzlich zur Zurückweisung der Anschlussberufung auf Abweisung der Klage tenorieren und deswegen auch einen entsprechenden Antrag erwarten.

cc) Beseitigung der Beschwer

3201 ▶ **Praxistipp:**

Erforderlich ist, dass mit der Berufung (zumindest auch) die Beseitigung der Beschwer aus dem erstinstanzlichen Urteil wenigstens im Umfang des erforderlichen Werts des Beschwerdegegenstands begehrt wird (BGH MDR 2012, 3081).

3202 Nur dann hat der Berufungsführer ein für die Durchführung des Rechtsmittelverfahrens ausreichendes Rechtsschutzbedürfnis.

Die Rechtsmittelinstanz dient nicht der willkürlichen Fortsetzung des Verfahrens oder der Geltendmachung neuer Rechtsschutzziele, sondern ist nur möglich, wenn es dem Rechtsmittelkläger darum geht, die ihm aus der vorliegenden Entscheidung erwachsenen Nachteile zu beseitigen (MüKoZPO/*Rimmelspacher* vor § 511 Rn. 59).

3203 Da die grundsätzlich erforderliche formelle Beschwer der Partei in der Nichterreichung des ursprünglichen Antrags, in dem hiervon abweichenden Urteilstenor liegt, erfordert eine Beseitigung der Beschwer regelmäßig einen Angriff auf den Urteilstenor durch die Beibehaltung des erstinstanzlichen Antrags in der Berufungsinstanz. Unzulässig ist sowohl die Berufung, mit der ausschließlich ein neuer Antrag verfolgt wird, als auch die Berufung, mit der die zu beseitigende Beschwer erst geschaffen wird.

Erfüllt ist dieses Erfordernis einer Beseitigung der Beschwer, wenn der mit seiner Klage abgewiesene Kläger in der Berufung seinen erstinstanzlichen Sachantrag weiter verfolgt, der erstinstanzlich verurteilte Beklagte weiterhin Abweisung der Klage begehrt. Eine Beseitigung der Beschwer wird auch erstrebt, wenn der unterlegene Kläger statt der Feststellung mit der Berufung Leistung, statt des ursprünglich geforderten Gegenstands das Interesse (§ 264 Nr. 3 ZPO) begehrt, er vom Befreiungs- auf den Zahlungsanspruch übergeht oder Schadensersatz statt Erfüllung verlangt (BGH NJW 1992, 566; BGH NJW-RR 1996, 891).

Hat der Kläger dagegen erstinstanzlich einen Streitgegenstand geltend gemacht und geht nach Klageabweisung mit der Berufung im Wege der Klageänderung ausschließlich aus einem anderen Streitgegenstand vor, fehlt es an der für die Berufung erforderlichen Beseitigung der Beschwer (BGH NJW 2011, 3653 m. Anm. *Schmidt* JuS 2012, 653; BGH NJW-RR 2002, 520).

Für den erstinstanzlich verurteilten Beklagten fehlt die erforderliche Beseitigung der Beschwer beim Berufungsantrag auf Abweisung der Klage, wenn er vor Einlegung der Berufung vorbehaltlos erfüllt hat (OLG Schleswig FamRZ 1984, 174).

Dies hat erhebliche Konsequenzen für eine in der zweiten Instanz beabsichtigte Klageänderung. 3204

▶ **Praxistipp:** 3205

Ist ein Klagewechsel beabsichtigt (Geltendmachung eines neuen anstelle des bisherigen Streitgegenstands, der nicht weiter verfolgt wird), muss zunächst Berufung mit dem alten Antrag eingelegt werden. Die Änderung der Klage ist – unter den Voraussetzungen des § 533 ZPO – erst im danach im laufenden Berufungsverfahren möglich.

Auch dabei indes muss die Beschwer aus dem erstinstanzlichen Urteil bis zum Schluss der mündlichen Verhandlung fortbestehen (BGH NJW-RR 2004, 1365; BGH MDR 2002, 1085).

Mit der Berufungsbegründung möglich bleibt die Klageänderung in Form der Klageerweiterung und der nachträglichen Klagehäufung (Geltendmachung eines neuen neben dem bisherigen Streitgegenstand, der – gegebenenfalls nur hilfsweise – beibehalten wird). 3206

▶ **Beispiel:** 3207

Ist der Kläger erstinstanzlich mit einem Feststellungsantrag abgewiesen worden, kann er Berufung mit dem Antrag, den Beklagten zur Leistung aus dem Rechtsverhältnis zu verurteilen, nicht einlegen, weil in der Leistungsklage ein neuer Streitgegenstand liegt (BGH NJW 1988, 827). Ein Übergang zur Leistungsklage in zweiter Instanz ist dennoch auf zweierlei Weise möglich: Zum einen kann die Berufung zunächst nur mit dem alten Antrag eingelegt und dieser später im laufenden Berufungsverfahren in den neuen Antrag geändert werden; die Zulässigkeit einer solchen Klageänderung in zweiter Instanz muss sich allerdings an § 533 ZPO messen lassen, was zwar im Beispielsfall, aber nicht in allen Fällen gelingen wird. Zum anderen kann die Berufung von Anfang an sowohl auf den alten Feststellungs- als auch auf den neuen Leistungsantrag gestützt werden; da beide Anträge nicht kumulativ verlangt werden, müssen sie zueinander in ein Eventualverhältnis (Haupt- und Hilfsantrag) gesetzt werden, wobei je nach Einzelfall sowohl der alte als auch der neue Antrag als Hilfsantrag gestellt werden kann (BGH NJW 2001, 226; Gaier NJW 2001, 3289).

Keine Änderung der Klage – und damit mit dem Berufungsantrag unproblematisch realisierbar – ist der Austausch einzelner Berechnungspositionen bei einem einheitlichen Sachschaden (BGH NJW-RR 1991, 1279) oder der Übergang von der Auskunfts- zur Zahlungsklage (BGH NJW 1969, 1486).

Da auch die gewillkürte Parteiänderung von der Rechtsprechung als Klageänderung angesehen wird, fehlt es an der erstrebten Beseitigung der Beschwer auch dann, wenn mit der Berufung die Gegenpartei ausgewechselt wird. 3208

Unzulässig ist deswegen eine Berufung, die sich nicht mehr gegen den erstinstanzlichen Gegner, sondern ausschließlich gegen einen bislang nicht verfahrensbeteiligten Dritten richten soll (oben Rdn. 1194).

Nicht erforderlich ist die Beseitigung der Beschwer durch die Berufung, wenn aufgrund einer Änderung der tatsächlichen Umstände zwischen dem Schluss der mündlichen Verhandlung erster Instanz und der Einlegung der Berufung aus dem unverändert bleibenden Lebenssachverhalt ein anderer Gegenstand oder das Interesse gefordert wird (§§ 264 Nr. 3, 265 f. ZPO). 3209

Ist die Klage auf Herausgabe einer Sache in erster Instanz abgewiesen worden, so kann der Kläger Berufung mit dem Antrag auf Zahlung von Schadensersatz verlangen, wenn die Sache zwischen den Instanzen untergegangen und dem Beklagten die Herausgabe damit unmöglich geworden ist (§§ 275, 280 BGB).

Keine Änderung der Klage liegt vor, wenn der Antrag lediglich klargestellt oder neu gefasst, in der Sache aber nicht abgeändert wird. 3210

Denkbar ist dies vor allem bei den wegen ihrer Bestimmtheit schwierig zu formulierenden Unterlassungs- und Widerrufsanträgen (BGH WRP 1989, 478).

3211 Nicht immer ergibt sich die erstrebte Beseitigung der Beschwer allein aus dem Antrag. Ausnahmsweise zulässig kann auch eine Berufung sein, mit der nicht eine Abänderung des Tenors des angefochtenen Urteils begehrt wird, sondern allein eine Änderung der Entscheidungsgründe. Dies gilt insbesondere für die Fälle des verdeckten Hilfsantrags und der Hilfsaufrechnung.

Beim sog. »verdeckten Hilfsantrags« (zum normalen Hilfsantrag oben Rdn. 616) wird ein Antrag für den Fall, dass der zur Begründung vorgetragene Lebenssachverhalt zur Verurteilung nicht ausreicht, hilfsweise mit einem davon unabhängigen weiteren Lebenssachverhalt begründet. Zumindest nach der Auffassung vom zweigliedrigen Streitgegenstandsbegriff liegen dabei zwei Streitgegenstände vor, die zueinander im Verhältnis der Eventualhäufung stehen, sodass ein Hilfsantrag gegeben ist, der aber (weil inhaltlich mit dem Hauptantrag identisch) nicht ausdrücklich formuliert wird. Ist der Beklagte nur aus dem Hilfsantrag verurteilt worden und will der Kläger mit der Berufung Verurteilung aus dem Hauptantrag erreichen, so schlägt sich das nicht im Tenor, sondern allein in der Begründung nieder. Mit der Berufung kann der Kläger erstreben, die Begründung der Klage auf den Hauptantrag umzustellen. Der Antrag müsste formal auf Abänderung des angefochtenen Urteils unter Beibehaltung des Sachziels (Verurteilung zur Zahlung des identischen Betrages) lauten. Wenn der Antrag in einem solchen Fall zur Vermeidung von Unklarheiten entgegen den allgemeinen Grundsätzen um Begründungselemente erweitert wird, stößt das auf keine Bedenken. Zur Klarstellung kann der Antrag deswegen auch lauten, »den Beklagten in Abänderung des angefochtenen Urteils nicht aus dem Hilfs- sondern aus dem Hauptantrag (Hauptsachverhalt) zu verurteilen« oder »das angefochtene Urteil dahin abzuändern, dass die Verurteilung des Beklagten zur Zahlung von 10 000 € auf den erstinstanzlichen Hauptantrag gestützt wird«.

3212 ▶ Beispiel:

Hat der Kläger erstinstanzlich sowohl mit dem Haupt- als auch mit dem Hilfsantrag 10 000 € begehrt und hat das Gericht der Klage unter Abweisung der Klage im Übrigen (= Hauptantrag) aus dem Hilfsantrag stattgegeben, so kann der Berufungsantrag dahin formuliert werde, das (auf Zahlung von 10 000 € lautende) angefochtene Urteil abzuändern und den Beklagten zur Zahlung von 10 000 € zu verurteilen. Bei entsprechender Abänderung des Urteils wird die Verurteilung auf den Hauptantrag gestützt, die Abweisung der Klage im Übrigen fällt weg.

Ist die Klage aufgrund einer **Hilfsaufrechnung** des Beklagten abgewiesen worden, hat er materiell seinen Gegenanspruch verloren, was beim Erfolg der Primärverteidigung nicht erforderlich gewesen wäre. Der Antrag könnte dann lauten »die Klage unter Abänderung des angefochtenen Urteils ohne Berücksichtigung der Hilfsaufrechnung abzuweisen«.

dd) Unklare, fehlende, unzulässige Anträge

3213 Fehlt es an einem konkret und eindeutig formulierten Antrag, muss die Berufung deswegen nicht sogleich unzulässig sein. Dem allgemeinen Grundsatz folgend, dass Prozesshandlungen dem wohlverstandenen Prozessziel der Partei entsprechend vernünftig auszulegen sind, können unklare, unvollständige oder sogar fehlende Anträge berichtigt und ergänzt werden.

3214 Grundlage der Auslegung sind dabei neben den gestellten Anträgen selbst die innerhalb der Berufungsfrist eingegangenen oder zulässig in Bezug genommenen Erklärungen, die ein Begehren hinreichend klar erkennen lassen (BGH NJW-RR 1999, 211; BGH NJW 1987, 3265).

Dies wird in erster Linie die Berufungsbegründung selbst sein. Möglich sind aber auch weitere, gesonderte Schriftsätze in der Berufungsinstanz und insbesondere das erstinstanzliche Vorbringen der Partei.

3215 ▶ Beispiel:

Hat der Berufungskläger allein den Antrag auf Zurückverweisung an die erste Instanz gestellt, und ergibt die Begründung, dass er das angefochtene Urteil für sachlich falsch hält, so kann im Wege der Auslegung davon ausgegangen werden, dass er auch seinen Sachantrag erster Instanz stellt (BGH NJW-RR 1995, 1154). Etwas anderes muss aber gelten, wenn der Berufungskläger das angefochtene Urteil für sachlich richtig hält und die Zurückverweisung nur um ihrer selbst Willen begehrt; dann fehlt es an der erstrebten Beseitigung der Beschwer, die Berufung ist mangels hinreichenden Antrags unzulässig (BGH NJW 1994, 2835).

Die Erklärung, das Urteil werde »voll angefochten«, lässt regelmäßig die Aufrechterhaltung des erstinstanzlichen Sachantrags erkennen (BGH NJW 1992, 698). Die gilt selbst dann, wenn es an der ausdrücklichen Erklärung fehlt und die volle Anfechtung sich allein aus den Gründen ergibt.

Ihre Grenzen findet die Auslegung dort, wo Erklärungen Dritter oder nicht zu den Akten gelangte Erklärungen herangezogen werden müssten.

§ 520 Abs. 3 Nr. 1 setzt einen Antrag voraus, nicht jedoch, dass dieser Antrag prozessual zulässig ist. Inhaltliche Mängel des Antrags schaffen zunächst eine wirksame Grundlage für die Fortsetzung des Verfahrens in zweiter Instanz und führen zur Zulässigkeit des Rechtsmittels, auch wenn sie die begehrte Abänderung des angefochtenen Urteils nicht bewirken können, sodass die Berufung eventuell unbegründet ist. 3216

▶ Beispiel: 3217

Hat der Kläger erstinstanzlich Zahlung aus zwei Streitgegenständen begehrt und verfolgt mit der Berufung gegen die vollständige Klageabweisung nur einen Teilbetrag weiter, ohne klarzustellen, aus welchem Streitgegenstand welcher Teilbetrag verlangt wird (»unabgegrenzte Teilberufung«), ist die Berufung zulässig. Erfolgt auf einen Hinweis gemäß § 139 keine Klarstellung und lässt sich die Abgrenzung (ausnahmsweise) auch nicht im Wege der Auslegung vornehmen, ist die Berufung unbegründet (BGHZ 20, 19; BGH NJW 2000, 3718).

ee) Änderung der Anträge

Bis zum Ablauf der Begründungsfrist kann der Berufungskläger frei entscheiden, in welchem Umfang und mit welcher Begründung er das Urteil anfechten will. Ein zunächst (egal ob in der Berufungsschrift oder in der Berufungsbegründung) gestellter Antrag ist deswegen nicht endgültig, sondern kann innerhalb der laufenden Begründungsfrist beliebig geändert werden. Dies gilt für eine Beschränkung der ursprünglichen Anfechtung genauso, wie für deren Erweiterung. 3218

Ausgeschlossen ist eine Erweiterung der Berufung, wenn sich aus der beschränkten Einlegung ergibt, dass bezüglich des Rests auf eine Anfechtung verzichtet wird (unten Rdn. 3461). Dies wird indes nur ausnahmsweise bei eindeutigen Anhaltspunkten angenommen werden können. Dies gilt auch für eine nachträgliche Beschränkung.

Selbst **nach Ablauf der Begründungsfrist** kann der Berufungskläger seine Anträge noch ändern. 3219

Dem steht nicht die Rechtskraft des Urteils entgegen. Der Eintritt dieser Rechtskraft wird auch bezüglich des (zunächst) nicht angefochtenen Teils des Urteils durch die Einlegung der Berufung nach § 705 Satz 1 ZPO gehemmt (BGH NJW 1996, 2896). Eine Teilrechtskraft kann nur bezüglich solcher abtrennbarer Teile eintreten, die weder durch Berufungserweiterung noch durch Anschlussberufung in das Rechtsmittel einbezogen werden können, insbesondere, weil insoweit ein wirksamer Rechtsmittelverzicht (§ 515 ZPO) vorliegt.

Zulässig ist die Berufung indes nur im Rahmen der innerhalb der Berufungsfrist vorgetragenen Berufungsgründe. Diese können nach Ablauf der Begründungsfrist nicht mehr geändert werden (BGH NJW 1978, 1263; unten Rdn. 3297).

▶ Beispiel: 3220

Außerhalb der ursprünglichen Berufungsgründe liegt eine Berufungserweiterung, wenn mit ihr ein zunächst nicht mit der Berufung angegriffener Streitgegenstand geltend gemacht wird. Hat der Kläger, der erstinstanzlich mit verschiedenen Ansprüchen unterlegen ist, Berufung zunächst nur gegen die Abweisung eines Anspruchs eingelegt, so kann er diese nach Ablauf der Berufungsbegründung nicht mehr auf andere Ansprüche erweitern.

3221 Möglich ist eine Änderung der Berufungsanträge bis zum Schluss der letzten mündlichen Verhandlung vor dem Berufungsgericht. Dabei muss er sich dann aber innerhalb der ursprünglichen Berufungsgründe halten, eine Änderung oder Erweiterung dieser Gründe ist nach Ablauf der Frist nicht mehr möglich.

> Streitig ist, ob mit einer solchen Erweiterung die Zulässigkeit der Berufung herbeigeführt werden kann. Ist der Berufungskläger mit mehr als 600 € beschwert, hat seine Berufung aber zunächst auf einen Teil unterhalb dieses Betrags beschränkt, so ist die Berufung unzulässig. Mit dem Argument, die Zulässigkeitsvoraussetzungen der Berufung müssten innerhalb der Begründungsfrist vorliegen, hält eine Auffassung die nachträgliche Erweiterung der Berufung auf einen Betrag über 600 € für unbeachtlich (Baumbach/*Hartmann* § 520 Rn. 19; Schumann/*Kramer* § 11 Rn. 208). Zutreffend lässt es die Gegenansicht ausreichen, dass die Zulässigkeit vor Eintritt der Entscheidungsreife herbeigeführt wird (BGHZ 12, 67; BGH NJW 1993, 269; Prütting/Gehrlein/*Lemke* § 520 Rn. 28). Auch diese Auffassung lässt es jedoch zu, dass die zunächst unzulässige Berufung ohne mündliche Verhandlung verworfen wird (§ 522 Abs. 1 ZPO). Die Chance zur Erweiterung ist besteht dann nur im Rahmen der vorherigen Gewährung rechtlichen Gehörs.

3222 Für den Berufungskläger bietet die Möglichkeit der nachträglichen Antragserweiterung damit eine Möglichkeit zur Reduzierung des Kostenrisikos (oben Rdn. 3124).

> Denkbar ist, Berufung zunächst nur mit einem beschränkten Antrag einzulegen, um damit die in zweiter Instanz entstehenden Kosten gering zu halten. Lassen sich die Erfolgsaussichten des Rechtsmittels absehen, kann dann der Antrag auf den gesamten Streitgegenstand erweitert werden.
>
> Unstatthaft ist dies nach der Rechtsprechung, wenn die Beschränkung »offensichtlich« nur zur Minimierung des Kostenrisikos erfolgt; in diesem Fall wird als Kostenstreitwert der gesamte Wert der Beschwer zugrunde gelegt.

ff) Prozessanträge

3223 Neben den Sachanträgen kann es im Einzelfall sinnvoll sein, auch Prozessanträge zu stellen.

3224 Anträge, dem Gegner die Kosten aufzuerlegen oder das Urteil für vorläufig vollstreckbar zu erklären sind überflüssig. Verfahrensanträge sollten nur gestellt werden, wenn die entsprechenden Voraussetzungen vorliegen.

> Insoweit kann auf die zur Klage gemachten Ausführungen Bezug genommen werden (oben Rdn. 782).

3225 Soll eine Zurückverweisung an das erstinstanzliche Gericht zur erneuten Verhandlung und Entscheidung erfolgen, so muss diese grundsätzlich besonders beantragt werden (§ 538 Abs. 2 ZPO). Der Antrag kann auch hilfsweise für den Fall gestellt werden, dass das Berufungsgericht einen Fall des § 538 Abs. 2 ZPO für gegeben hält und von einer eigenen Sachentscheidung absehen will.

> Grundsätzlich hat das Berufungsgericht die notwendigen Beweise zu erheben und in der Sache selbst zu entscheiden (§ 538 Abs. 1 ZPO). Eine Aufhebung und Zurückverweisung kommt nur in Betracht, wenn einer der Fälle des § 538 Abs. 2 ZPO vorliegt. Dies ist der Fall, wenn das angefochtene Urteil nur auf Zulässigkeitsvoraussetzungen (Ziff. 2, 3) oder auf sonstige prozessuale Punkte (Versäumnisurteil, Ziff. 6) gestützt ist oder materielle Fragen bewusst offengeblieben sind (Grundurteil, Ziff. 4; Vorbehaltsurteil, Ziff. 5; unzulässiges Teilurteil, Ziff. 7). Die Generalklausel der Ziff. 1 (wesentlicher Verfahrensmangel und Erforderlichkeit aufwendiger Beweisaufnahme) erfasst alle prozessualen Mängel, die so schwerwiegend sind, dass das erstinstanzliche Verfahren keine ordnungsgemäße Grundlage für die Entscheidung abgibt. Allein in den Fällen der Ziff. 7 bedarf es eines Antrags nicht (§ 538 Abs. 2 Satz 3 ZPO).

3226 ▶ **Praxistipp:**

> Trotz der mit einer Aufhebung und Zurückverweisung verbundenen Nachteile (längere Verfahrensdauer, höhere Verfahrenskosten) kann der darauf gerichtete Antrag sinnvoll sein, weil mit der Fortsetzung der ersten Instanz auch die Befugnis der Partei zum Vortrag neuer Angriffs- und Verteidigungsmittel wiederauflebt, diese also unabhängig von den Beschränkungen der §§ 529, 531 Abs. 2 ZPO nachgeschoben werden können.

Auch bei Vorliegen der Voraussetzungen des § 538 Abs. 2 ZPO und dem Antrag einer Partei steht die Zurückverweisung im Ermessen des Gerichts, und soll nur ausnahmsweise erfolgen (BGH NJW-RR 2011, 1365), wird aber überwiegend praktiziert. Eine Verpflichtung des Gerichts zur Zurückverweisung wird man nur im Fall eines von beiden Parteien übereinstimmend gestellten entsprechenden Antrags annehmen können.

Für die Gerichtskosten wird das erstinstanzliche Verfahren vor und nach der Zurückverweisung kostenrechtlich als eine Instanz behandelt, sodass alle Gebühren nur einmal anfallen (§§ 35, 37 GKG). Für die Anwaltskosten allerdings entstehen die Gebühren nach der Zurückverweisung (gegebenenfalls ohne die Prozessgebühr) erneut (§ 21 RVG; Anrechnungsvorschrift in Teil 3, Vorbemerkung Abs. 6 RVG-VV).

Nach der Zurückverweisung wird das frühere Verfahren in erster Instanz fortgesetzt. Bisherige Prozessergebnisse (Angriffs- und Verteidigungsmittel der Parteien, Beweisergebnisse) dauern genauso fort, wie bindende Prozesslagen, die bereits vorher eingetreten sind (Rügeverlust nach § 295 ZPO, Geständniswirkungen nach § 290 ZPO). Die Gefahr der Zurückweisung von Vorbringen wegen Verspätung (§ 296 ZPO) besteht nur, soweit im neuen Verfahren erster Instanz dadurch eine Verzögerung eintritt. Das erstinstanzliche Gericht hat von Amts wegen Termin zu bestimmen, ist für das weitere Verfahren und die erneute Entscheidung aber entsprechend § 563 Abs. 2 ZPO an das zurückverweisende Urteil gebunden, selbst wenn dieses rechtsfehlerhaft war. Bei seiner Entscheidung ist das Erstgericht grundsätzlich frei, das Verschlechterungsverbot zugunsten des Berufungsklägers (Verbot der reformatio in peius) gilt nicht. Allerdings kann das erstinstanzliche Gericht nach § 318 ZPO an seine ursprüngliche eigene Entscheidung gebunden sein, soweit diese in der Berufung nicht abgeändert wurde.

Die Entscheidung über die Zulassung der Revision ergeht von Amts wegen (§ 543 Abs. 2 ZPO). Ein Antrag der Parteien ist deswegen weder erforderlich noch möglich. 3227

▶ **Praxistipp:** 3228

Hält eine Partei es für möglich, im Berufungsverfahren zu unterliegen und ist eine Revision nicht aussichtslos, sollte das Berufungsgericht um Zulassung der Revision gebeten werden.

Zulässig ist die Revision nur, wenn sie entweder vom Berufungsgericht oder – auf Nichtzulassungsbeschwerde (§ 544 ZPO) hin – vom BGH zugelassen wurde. Statistisch ist die Zulassung der Revision sehr selten. Grund hierfür kann die nur kursorische Prüfung der Zulassungsvoraussetzungen sein oder auch mangelnde Kenntnis der diese Voraussetzungen ausfüllenden Tatsachen. Ob einer Rechtssache grundsätzliche Bedeutung zukommt oder ob die beabsichtigte Entscheidung (insbesondere einer Berufungskammer) möglicherweise von der gleichrangiger Gerichte abweicht, kann von den Parteien manchmal besser beurteilt werden, als vom Gericht. In diesen Fällen empfiehlt es sich, hierzu vorzutragen.

Der Versuch, eine Zulassung der Revision bereits beim Berufungsgericht zu erreichen, hat der Nichtzulassungsbeschwerde gegenüber zahlreiche Vorteile und verdoppelt zumindest die Chance auf eine Zulassung. 3229

Die Zulassung durch das Berufungsgericht bindet den BGH, auch wenn er die Voraussetzungen nicht für gegeben hält (§ 543 Abs. 2 Satz 2 ZPO). Rein tatsächlich ist eine Zulassung durch das Berufungsgericht einfacher zu erlangen als durch den BGH. Eine Zulassung durch das Berufungsgericht ist in allen Fällen möglich, eine Nichtzulassungsbeschwerde kommt (zunächst befristet bis zum 31.12.2011) nur in Betracht, wenn der Wert des Beschwerdegegenstands 20 000 € übersteigt.

Erfahrungsgemäß führt die bloße Anregung der Revisionszulassung alleine nicht zu besonderen Prüfungen des Berufungsgerichts. Deutlich besser sind die Chancen, wenn in tatsächlicher Hinsicht zu den Zulassungsvoraussetzungen vorgetragen wird. 3230

Liegen die Voraussetzungen für eine Revisionszulassung vor, so muss das Berufungsgericht sie aussprechen, ein Ermessen hat es diesbezüglich nicht. Fehlt ein Ausspruch zur Zulassung, so gilt die Revision als nicht zugelassen, eine Nachholung der Entscheidung im Wege der Urteilsergänzung (§ 321 ZPO) ist nach h. M. nicht möglich (BGH NJW 1983, 929).

b) Berufungsgrund

3231 Über den Antrag hinaus ist die hinreichende Darlegung mindestens eines **Berufungsgrunds** erforderlich.

Die Berufung dient der Kontrolle des angefochtenen Urteils und der Behebung dabei festgestellter Fehler. Berufung kann eine Partei nur einlegen, wenn sie der Auffassung ist, dass das angefochtene Urteil falsch ist und der Abänderung bedarf. Diese Behauptung muss mit der Berufungsbegründung konkretisiert werden. Erforderlich ist deswegen die Angabe der Gründe, aus denen der Berufungskläger das Urteil für falsch hält.

Falsch kann das Urteil entweder sein, weil das erstinstanzliche Gericht Rechtsnormen falsch angewandt hat, oder weil es von einem falschen Sachverhalt ausgegangen ist. Der Sachverhalt kann falsch sein, weil das Gericht die streitigen Tatsachen falsch festgestellt, das heißt einen Fehler bei der Beweisaufnahme begangen hat, oder weil die Parteien den Sachverhalt falsch oder unvollständig vorgetragen haben.

3232 Dementsprechend legt § 513 Abs. 1 ZPO die möglichen Berufungsgründe fest. Danach kann die Berufung nur darauf gestützt werden, dass die Entscheidung auf einer Rechtsverletzung beruht oder zu berücksichtigende Tatsachen eine andere Entscheidung rechtfertigen.

Die mit der Berufung vorzutragenden Gründe für eine Abänderung sind dabei kein Selbstzweck. Dass das erstinstanzliche Urteil fehlerhaft ist, reicht alleine zur Abänderung nicht aus. Erforderlich ist, dass die Fehlerhaftigkeit sich auch auf das Ergebnis ausgewirkt hat, das Urteil ohne den Fehler deswegen für den Berufungsführer günstiger ausgefallen wäre. Dieser allgemeine Grundgedanke aller Rechtsmittel ist für die Revision in § 561 ZPO normiert, für die Berufung ergibt er sich aus § 513 ZPO, nach dem die Entscheidung »auf der Rechtsverletzung beruhen« bzw. die neue Tatsachengrundlage »eine andere Entscheidung rechtfertigen« muss.

§ 513 Abs. 1 ZPO bestimmt insoweit den möglichen Prüfungsumfang des Berufungsgerichts, normiert die Funktion der Berufung als Instrument der Fehlerkontrolle und Fehlerbeseitigung und die Abkehr des Reformgesetzgebers von dem bis dahin geltenden Grundsatz einer vollständigen Neuverhandlung des Rechtsstreits in zweiter Instanz (§ 525 ZPO a. F.). Eine weiter gehende praktische Bedeutung kommt dieser Vorschrift nicht zu.

3233 Ihre konkrete Ausprägung finden die Berufungsgründe in den §§ 546, 529, 531 Abs. 2 ZPO. Hier ist geregelt, unter welchen Voraussetzungen die Fehlerhaftigkeit des Urteils tatsächlich zu einer Abänderung des Urteils führt. Aus diesen Normen beurteilt sich die **Begründetheit der Berufung**.

Nach § 546 ZPO liegt eine Rechtsverletzung vor, wenn eine Rechtsnorm nicht oder nicht richtig angewandt wurde. Eine erneute Tatsachenfeststellung durch das Berufungsgericht ist nach § 529 Abs. 1 Nr. 1 ZPO geboten, wenn konkrete Anhaltspunkte Zweifel an der Richtigkeit oder Vollständigkeit der entscheidungserheblichen Feststellungen erster Instanz begründen. Neue Angriffs- und Verteidigungsmittel dürfen die Parteien vortragen, wenn ihr Vortrag in erster Instanz wegen eines Fehlers des erstinstanzlichen Gerichts oder ohne eigenes Verschulden unterblieben ist (§§ 529 Abs. 1 Nr. 2, 531 Abs. 2 ZPO).

3234 Vorher aber ist im Rahmen der **Zulässigkeit der Berufung** zu prüfen, ob die Darlegungen des Berufungsklägers überhaupt hinreichende Veranlassung zu einer Prüfung dieser Normen bieten. Dies ist der Fall, wenn zur Begründung der Berufung Umstände vorgetragen werden, die das Vorliegen eines Berufungsgrunds als möglich erscheinen lassen.

Mit den Berufungsgründen soll der Berufungskläger angeben, worin nach seiner Auffassung die Fehlerhaftigkeit begründet liegt. Er darf sich dabei nicht bloß mit formelhaften Wendungen begnügen, sondern muss auf den Einzelfall bezogen konkret dartun, wie er den Fall beurteilt haben will. Nur so kann verhindert werden, dass der Rechtsstreit in vollem Umfang neu verhandelt werden muss. Die Berufungsgründe ermöglichen damit eine Zusammenfassung und Beschränkung des Prozessstoffs zweiter Instanz (BGH NJW 1999, 3126; BGH NJW 1999, 3269).

3235 § 520 Abs. 3 Nr. 2 bis 4 ZPO konkretisiert die zur Ausfüllung der möglichen Berufungsgründe erforderlichen Darlegungen.
– Wird die Berufung auf eine Rechtsverletzung gestützt, so sind die Umstände zu bezeichnen, aus denen sich die Rechtsverletzung und deren Erheblichkeit für die angefochtene Entscheidung ergeben.

- Soll eine Wiederholung der Beweisaufnahme erreicht werden, sind die Anhaltspunkte zu bezeichnen, die Zweifel an der Richtigkeit oder Vollständigkeit der Tatsachenfeststellungen im angefochtenen Urteil begründen und deshalb eine erneute Feststellung gebieten.
- Will der Berufungskläger neue Angriffs- oder Verteidigungsmittel vortragen, so hat er diese zu bezeichnen und gleichzeitig die Tatsachen anzugeben, aufgrund derer diese (ausnahmsweise) zuzulassen sind.

Nicht eindeutig gesetzlich geregelt ist die **Abgrenzung** zwischen den einzelnen Berufungsgründen. Dabei handelt es sich um ein dogmatisches Problem, dem kaum praktische Bedeutung zukommt. 3236

> Die beiden in § 513 ZPO bzw. in § 520 Abs. 3 Nr. 2 und Nr. 3 ZPO genannten Berufungsgründe erfassen teilweise denselben Sachverhalt. Liegt ein Fehler in der Tatsachenfeststellung des Gerichts vor, beruht dieser häufig auf einer Verletzung von Verfahrensrecht, umgekehrt rechtfertigen Rechtsfehler i. S. d. § 513 1. Alt. ZPO regelmäßig auch eine andere Entscheidung i. S. d. § 513 2. Alt. ZPO.
>
> Zur Abgrenzung der Rechtsverletzung von der fehlerhaften Tatsachenfeststellung bieten sich verschiedene Ansätze an. So ist denkbar, die fehlerhafte Tatsachenfeststellung (§ 513 2. Alt. ZPO) auf die Fälle zu beschränken, in denen aufgrund zulässiger neuer Angriffs- und Verteidigungsmittel eine geänderte tatsächliche Entscheidungsgrundlage geschaffen wird, die eine abweichende Sachentscheidung rechtfertigt. Zu Recht wird dieser Auffassung entgegengehalten, sie berücksichtige die in § 513 2. Alt ZPO auch in Bezug genommenen Fälle des § 529 Abs. 1 Nr. 1 ZPO nicht. Besser scheint deswegen der Vorschlag, von § 513 1. Alt., § 520 Abs. 3 Nr. 2 ZPO auszugehen, wenn die rechtliche Wertung des vom Erstgericht festgestellten Sachverhalts gerügt werden soll, während §§ 513 2. Alt, 520 Abs. 3 Nr. 3 ZPO die Fälle erfassen, in denen die Feststellung des Sachverhalts gerügt und eine neue Tatsachenfeststellung durch das Berufungsgericht begehrt wird (*Rimmelspacher* NJW 2002, 1897).
>
> Praktisch kann diese Abgrenzung regelmäßig dahin stehen. Der Erfolg der Berufung hängt nicht davon ab, dass der Berufungsgrund korrekt bezeichnet wird, es reicht aus, dass ein Berufungsgrund den Anforderungen des § 520 Abs. 3 ZPO entsprechend dargetan ist und im Ergebnis vorliegt. Auf welche der Alternativen er dabei formal gestützt wird, kann dahin stehen. In Zweifelsfällen kann eine Rüge alternativ auf beide Berufungsgründe gestützt werden, wird sie nur auf einen bezeichneten Grund gestützt, kann das Berufungsgericht sie unter den anderen Berufungsgrund subsumieren, ohne dass die Berufung hierdurch unzulässig oder unbegründet wird.

aa) Grundsätze

Die Berufungsbegründung soll für Gericht und Gegner klarmachen, warum der Berufungskläger die angefochtene Entscheidung für falsch hält, auf welche Fehler hin das angefochtene Urteil überprüft werden soll. Dem Berufungskläger gibt die Berufungsbegründung Anlass, sein Vorbringen erster Instanz zusammenzufassen und vor dem Hintergrund der negativen Entscheidung des erstinstanzlichen Gerichts zu prüfen, inwieweit es geändert, ergänzt oder fallen gelassen werden soll. Damit wird der **Prozessstoff** beschränkt und eine konzentrierte und beschleunigte Verhandlung ermöglicht. Dies gilt in tatsächlicher wie in rechtlicher Hinsicht. 3237

> Die nach dem alten Berufungsrecht verbreitete Übung, die Berufungsbegründung mit einer Zusammenfassung des eigenen **Sachvortrags** zu beginnen, ist nicht mehr zu empfehlen. Das Berufungsgericht hat seiner Entscheidung die erstinstanzlichen (im Tatbestand) festgestellten Tatsachen zugrunde zu legen (§ 529 Abs. 1 Nr. 1 ZPO). Damit bedarf es einer Wiederholung der im Tatbestand enthaltenen Tatsachen nicht. Wird der Sachverhalt selbstständig zusammengefasst, besteht die Gefahr, Unterschiede zwischen der eigenen Darstellung und dem Tatbestand zu übersehen. Besser ist es deswegen, in tatsächlicher Hinsicht ausschließlich vom (gegebenenfalls berichtigten) Tatbestand auszugehen – der als bekannt vorausgesetzt werden darf und deswegen der Wiederholung nicht bedarf – und hieraus abzuleiten, inwieweit eine erneute Feststellung von Tatsachen geboten ist bzw. welche neuen Tatsachen zusätzlich zu berücksichtigen sind.
>
> Auch in rechtlicher Hinsicht muss die Berufungsbegründung erkennen lassen, bezüglich welcher Punkte **und** warum die Beurteilung des Erstgerichts für falsch gehalten wird. Auch hier ist es deswegen sinnvoll, an die Gründe der Entscheidung anzuknüpfen und ausgehend von diesen die eigene rechtliche Bewertung zu entwickeln. Entbehrlich ist dies nur, wenn sich die Berufung ausschließlich auf neue Angriffs- und Verteidigungsmittel stützt (BGH MDR 1999, 1521).

3238 Das Erfordernis der Berufungsbegründung ist **rein formaler Natur**. Erforderlich ist die Darlegung eines Berufungsgrunds in der Form des § 520 Abs. 3 Nr. 2- 4 ZPO, nicht erforderlich ist, dass dieser Berufungsgrund schlüssig (das heißt, seine Wahrheit unterstellt, geeignet ist, eine Abänderung des angefochtenen Urteils zu rechtfertigen) oder auch nur rechtlich vertretbar ist (BGH NJW 1999, 3126; BGH NJW 1999, 3784).

3239 Die Berufungsbegründung sollte klar und eindeutig angeben, auf welchen Berufungsgrund der Berufungskläger sich stützt und die dafür nach § 520 Abs. 3 Nr. 2–4 ZPO erforderlichen Angaben – auch aufbaumäßig – erkennbar werden lassen. Werden mehrere Berufungsgründe vorgetragen, empfiehlt sich eine für den Leser nachvollziehbare **Gliederung**.

> Zwingende Voraussetzung für den Erfolg der Berufung ist dies nicht. Praktisch zu empfehlen ist es dennoch, weil damit nicht bloß das Berufungsverfahren klar strukturiert und eine Vorgabe für die Berufungserwiderung und die Sachbearbeitung des Gerichts gemacht wird, sondern weil damit auch die eigene Arbeit systematisiert und transparent gemacht werden kann, was der Selbstkontrolle dient.

3240 Ein **einziger** wirksamer **Berufungsangriff** reicht aus. Trägt der Berufungskläger einen gegen den gesamten Streitgegenstand gerichteten Berufungsgrund vor, so ist die Berufung insgesamt zulässig. Das Berufungsgericht kann dann eine uneingeschränkte sachliche und rechtliche Prüfung vornehmen, ist auf den vorgetragenen Berufungsgrund nicht beschränkt (§ 529 Abs. 2 Satz 2 ZPO; BGH NJW 1994, 1656).

> Insoweit ist der systematische Aufbau von § 520 Abs. 3 ZPO misslungen. Die Zulässigkeit der Berufung erfordert den Berufungsantrag und einen Berufungsgrund, vorliegen muss also § 520 ZPO Nr. 1 ZPO und entweder § 520 Abs. 3 Nr. 2, 3 oder 4 ZPO.

> Die wirksame Geltendmachung mindestens eines Berufungsgrunds ist Voraussetzung für die Zulässigkeit der Berufung und damit für die Fortsetzung des Verfahrens in zweiter Instanz. Ist diese zweite Instanz erst einmal wirksam eröffnet, erfolgt die Prüfung der Richtigkeit der angefochtenen Entscheidung weitgehend von Amts wegen. Im Rahmen der gestellten Anträge und unter Zugrundelegung des zweitinstanzlich zu berücksichtigenden Streitstoffs werden Zulässigkeit und Begründetheit der Klage auch unter rechtlichen Gesichtspunkten geprüft, die der Berufungskläger nicht ausdrücklich geltend gemacht hat.

> Stützt der Kläger seine Berufung auf eine Rechtsverletzung und hält an der bereits erstinstanzlich verfolgten Anspruchsgrundlage fest, muss das Berufungsgericht prüfen, ob nicht eine andere Anspruchsgrundlage gegeben ist. Eine nur auf neue Angriffsmittel gestützte Berufung hindert das Berufungsgericht nicht, das angefochtene Urteil auch auf eine Rechtsverletzung hin zu überprüfen (Schumann/*Kramer* Rn. 218).

> Nicht ohne Rüge von Amts wegen geprüft werden können verzichtbare Zulässigkeitsrügen (§ 529 Abs. 2 Satz 1 ZPO; unten Rdn. 3310).

3241 Dies darf den Berufungskläger aber nicht dazu veranlassen, seine Berufungsbegründung willkürlich auf einen einzigen Berufungsgrund zu beschränken. Dagegen spricht zum einen die Gefahr, dass das Gericht einen dem Berufungskläger günstigen Aspekt übersieht, zum anderen die Funktion der Berufungsbegründung, den Prozessstoff zweiter Instanz zu konkretisieren und zu konzentrieren.

> Hält das Berufungsgericht den einen vorgetragenen Berufungsgrund für unzulässig oder unbegründet, besteht die Gefahr einer Entscheidung im Beschlussweg, sodass keine oder nur eine stark eingeschränkte Möglichkeit besteht, das Gericht noch auf übersehene Gesichtspunkte hinzuweisen. Nach Ablauf der Begründungsfrist können weitere Berufungsgründe nicht nachgeschoben, die Anträge nur im Rahmen der bereits vorgetragenen Gründe erweitert werden. Rechtlich wie tatsächlich ist es daher geboten, alle erkannten und gewollten Berufungsgründe in der Berufungsbegründung darzulegen.

3242 Der Berufungsgrund muss auf den Einzelfall bezogen **konkret** dargetan werden. Pauschale Floskeln oder Formelangriffe reichen nicht aus.

C. Berufung

▶ **Beispiel:** 3243

Formulierungen wie »Die Entscheidung ist in rechtlicher und tatsächlicher Hinsicht unzutreffend«, »Gerügt wird eine Rechtsverletzung«, »Die Beweiswürdigung ist unzureichend« stellen in keinem Fall eine ausreichende Berufungsbegründung dar.

Unzureichend ist es auch, wenn die tatsächliche oder rechtliche Würdigung durch den Erstrichter mit formelhaften Wendungen gerügt oder auf das Vorbringen erster Instanz verwiesen wird. Hat das Landgericht die Werklohnklage wegen Unschlüssigkeit abgewiesen und im Einzelnen begründet, warum die vom Kläger vorgelegte Abrechnung den Vergütungsanspruch nicht rechtfertigt, genügt die Berufungsbegründung nicht den Anforderungen des § 520 Abs. 3 Nr. 2 ZPO, wenn der Kläger lediglich einwendet, dass die Forderung umfassend prüfbar sei und alle erbrachten und nicht erbrachten Leistungen enthalte (BGH BauR 2002, 1434).

Einen unzureichende Pauschalangriff – und zudem einen der Berufungsinstanz unangemessenen Stil – stellen auch persönliche Angriffe auf den Gegner, seinen Prozessbevollmächtigten oder das erstinstanzliche Gericht dar. Eine Verfahrens- oder Urteilsschelte ist weder erforderlich noch ausreichend. Wird eine Rechtsverletzung gerügt, muss die angefochtene Entscheidung nicht als »rechtsirrig«, »abwegig« oder »unvertretbar« abgekanzelt werden, unzutreffender Vortrag der Gegenpartei ist zu bestreiten, der Vorwurf des »versuchten Prozessbetrugs« bringt verfahrensrechtlich nicht weiter. Starke Worte können schwache Argumente nicht ausgleichen. Auch der bloße Umfang der Berufungsbegründung ist kein Wert an sich, wortreiche, aber substanzarme Begründungen sind ungenügend (OLG Karlsruhe AnwBl 1992, 88).

Der Berufungskläger hat diejenigen Punkte rechtlicher Art darzulegen, die er als unzutreffend ansieht, und dazu die Gründe anzugeben, aus denen er die Fehlerhaftigkeit jener Punkte und deren Erheblichkeit für die angefochtene Entscheidung herleitet. Zur Darlegung der Fehlerhaftigkeit ist somit lediglich die Mitteilung der Umstände erforderlich, die das Urteil aus der Sicht des Berufungsklägers infrage stellen. Das Maß der erforderlichen Konkretisierung, Substantiierung und des Umfangs der Begründung hängen vom Einzelfall ab. Besondere formale Anforderungen werden nicht gestellt; für die Zulässigkeit der Berufung ist insbesondere ohne Bedeutung, ob die Ausführungen in sich schlüssig oder rechtlich haltbar sind (BGH MDR 2003, 1130).

Der Berufungsgrund muss in der Berufungsschrift enthalten sein. **Bezugnahmen** auf andere Unterlagen sind nur ausnahmsweise möglich. Insoweit kann auf die entsprechenden Ausführungen zur Klageschrift Bezug genommen werden (oben Rdn. 827). 3244

Mit der Berufungsbegründung muss der Berufungskläger sich gegen die in der angefochtenen Entscheidung liegende **Beschwer** wenden. 3245

Dabei reicht es nicht immer aus, dass der Berufungsantrag auf die Abänderung des Urteilstenors gerichtet ist (dazu oben Rdn. 3201). Erforderlich ist auch, dass die Begründung der Berufung sich gegen die Begründung der Beschwer richtet. Dies setzt der alleinigen Geltendmachung neuer Angriffe oder Verteidigungen in der Berufung Grenzen.

▶ **Beispiel:** 3246

Verteidigt sich der Beklagte mit seiner Berufung gegen ein Klage stattgebendes Urteil mit einer in erster Instanz nicht geltend gemachten Aufrechnung, ist die Berufung unzulässig, weil die Berufungsgründe nicht den Grund seiner Verurteilung angreifen (OLG Brandenburg OLGR 2001, 299).

Hat das Erstgericht seine Entscheidung auch auf eine **Hilfs- oder Alternativbegründung** gestützt, so müssen mit der Berufung Gründe gegen alle im angefochtenen Urteil vorhandenen Begründungen vorgetragen werden, die die Entscheidung selbstständig zu tragen vermögen. 3247

▶ **Beispiel:** 3248

Wendet sich der Beklagte mit seiner Berufung nur gegen eine von zwei im Urteil genannte Anspruchsgrundlagen, so ist die Berufung unzulässig, weil die Alternativbegründung aus der zweiten Anspruchsgrundlage unangefochten bleibt. Ist die Klage sowohl wegen fehlender

> Anspruchsvoraussetzungen als auch wegen Verjährung abgewiesen worden, so muss der Kläger beide Begründungen mit der Berufung angreifen (BGH NJW-RR 2000, 685; BGH NJW 2000, 947; BGH NJW 2004, 641).
>
> Eine Ausnahme gilt, wenn Haupt- und Hilfsbegründung unterschiedliche Ergebnisse tragen. Hat das erstinstanzliche Gericht die Klage mangels Anspruchsgrund und mangels Fälligkeit abgewiesen, so ist die Berufung, mit der allein der Anspruchsgrund dargetan wird, nicht unzulässig, da dann die Abweisung der Klage nicht vollständig, sondern nur als »zur Zeit unbegründet« erfolgt BGH NJW 2000, 590).

3249 Wird mit der Berufung die Entscheidung über **mehrere Streitgegenstände** oder über einen teilbaren Streitgegenstand angegriffen, so müssen die Berufungsgründe erkennen lassen, bezüglich welcher Streitgegenstände bzw. Streitgegenstandsteile welcher Berufungsgrund geltend gemacht wird (BGH WM 1997, 2353; BGH NJW-RR 2006, 1044).

> Praktische Bedeutung erlangt dies häufig für Neben- und Hilfsansprüche (BGHZ 22, 278; *Müller-Rabe* NJW 1990, 831). So fehlen bei einer Verurteilung zur Zahlung von Haupt- und Zinsforderung in der Berufungsbegründung häufig Ausführungen zur Zinsforderung. Entbehrlich sind diese, wenn die Hauptforderung dem Grunde nach angegriffen wird, da dann auch die akzessorische Zinsforderung entfällt, nicht entbehrlich sind Ausführungen, wenn die Hauptforderung nur der Höhe nach angegriffen wird (BGH FamRZ 1995, 1138; BGH NJW 1994, 1657). Nicht selbstständig angegriffen werden müssen dagegen die Nebenentscheidungen zu Kosten und vorläufiger Vollstreckbarkeit, weil hierüber auch in zweiter Instanz von Amts wegen zu entscheiden ist (§§ 308 Abs. 2, 708 f. ZPO).
>
> Vereinfacht werden kann die Begründung, wenn ein gemeinsamer tatsächlicher oder rechtlicher Grund vorliegt, wie dies zum Beispiel bei der Stufenklage der Fall ist (BGH NJW-RR 2001, 789; BGH NJW 2001, 2464, 2466).
>
> Streitig ist, welche Rechtsfolgen es hat, wenn sich für einzelne Streitgegenstandsteile eine Begründung nicht erkennen lässt. Während eine ältere Auffassung davon ausgeht, die Berufung sei dann insoweit unzulässig (BGH NJW 1990, 1184; BGH NJW-RR 2000, 1015), nimmt eine neuere Auffassung bei einem zulässigen Teilangriff die Zulässigkeit des ganzen Rechtsmittels an und weist die Berufung wegen der nicht wirksam angegriffenen Teile als unbegründet zurück (BGH NJW 2001, 288; Zöller/*Gummer* § 520 Rn. 37, 38).

3250 Die Berufung kann auch auf rechtlich oder tatsächlich selbstständige Teile **beschränkt** werden. Soweit diese Beschränkung nicht bereits im Antrag ihren Niederschlag gefunden hat (dazu oben Rdn. 3184), ist sie in der Begründung deutlich zu machen.

> Selbstständig in diesem Sinne sind alle Teile des Streitstoffs, über die eine isolierte Entscheidung durch Grund-, Teil- oder anfechtbares Zwischenurteil hätte ergehen können. Dazu gehört die Zulässigkeit der Klage (BGH MDR 1990, 670), eine einzelne Prozessvoraussetzung (BGH WM 1995, 2046) oder der Grund (BGH NJW 1982, 2380) bzw. die Höhe des Anspruchs (BGH NJW 1979, 551). Möglich ist auch eine Beschränkung auf einzelne selbstständige Verteidigungsmittel, zum Beispiel die Verneinung der Aufrechnungsforderung (BGH NJW 1996, 527; BGH NJW-RR 2001, 1572).
>
> Unzulässig ist eine Beschränkung auf eine von mehreren konkurrierenden Anspruchsgrundlagen (BGH VersR 95, 334) oder auf ein einzelnes Begründungselement (Verschuldensform), weil die Rechtsanwendung nicht zur Disposition der Parteien steht (Prütting/Gehrlein/*Lemke* § 520 Rn. 24).

bb) Rechtsverletzung

3251 Grund für die Fehlerhaftigkeit des angefochtenen Urteils und damit dessen Abänderung in der Berufung kann sein, dass die erstinstanzliche Entscheidung auf einer Rechtsverletzung beruht (§ 513 Abs. 1 1. Alt. ZPO). Das Recht ist verletzt, wenn eine Rechtsnorm nicht oder nicht richtig angewendet worden ist (§ 546 ZPO). Zur Zulässigkeit der Berufung ist es in diesem Fall erforderlich, dass die Umstände bezeichnet werden, aus denen sich die Rechtsverletzung und deren Erheblichkeit für die angefochtene Entscheidung ergibt (§ 520 Abs. 3 Nr. 2 ZPO).

> Mit der Verweisung auf § 546 wird deutlich, dass die Rechtskontrolle des erstinstanzlichen Urteils nicht erst in der Revisionsinstanz, sondern auch schon in der Berufungsinstanz erfolgt. Für die Revision grenzt § 546 ZPO die dort der Nachprüfung zugänglichen **Rechtsfragen** von den einer Nachprüfung entzogenen

Tatfragen ab. Eine überzeugende, allgemeingültige Abgrenzungsformel existiert bislang nicht, ersetzt wird sie durch eine umfangreiche, nur bedingt in Fallgruppen fassbare Kasuistik.

Für die Anwendung des § 546 ZPO auf das Berufungsverfahren ist diese Rechtsprechung des BGH nur bedingt von Bedeutung. Anders als in der Revision ist die Prüfungskompetenz in der Berufung nicht auf den vorinstanzlich festgestellten Sachverhalt beschränkt. Zumindest in den Grenzen der §§ 529 Abs. 1, 531 Abs. 2 ZPO können die Parteien neue Tatsachen vortragen, kann das Berufungsgericht neue Tatsachen feststellen. Auch eine strenge Bindung an die in der Vorinstanz im Rahmen eines eingeräumten Beurteilungsspielraums getroffenen Wertungsentscheidungen (Ermessen, Schätzung) besteht nicht. Stellt sich deswegen ein vom Berufungsführer gerügter Umstand nicht als Rechtsverletzung, sondern als Verletzung einer Tatfrage dar, kann dies im Rahmen der Berufungsgründe aus § 529 Abs. 1 Nr. 1, 2, § 531 Abs. 2 ZPO geprüft werden.

Der Begriff des **Rechts** i. S. d. § 546 ZPO wird dabei sehr weit verstanden. Er umfasst alle Gesetze im materiellen Sinne, unabhängig davon, ob sie von einem Bundesland, dem Bund, der EU oder einem ausländischen Staat erlassen wurden. Zu den materiellen Gesetzen gehören neben den Gesetzen im formellen Sinne damit auch Verordnungen, EU-Richtlinien, völkerrechtliche Verträge, ausländisches Recht und ungeschriebenes Gewohnheitsrecht. 3252

Keine Rolle spielt, ob es sich bei der verletzten Norm um eine solche des materiellen oder des Verfahrensrechts handelt. Ein Unterschied besteht insoweit nur hinsichtlich der erforderlichen Konkretisierung der Rüge. 3253

Verstößt das angefochtene Urteil gegen **materielles Recht**, so genügt die pauschale Rüge der »Verletzung materiellen Rechts«. Das Berufungsgericht prüft – beim Vorliegen einer aufgrund eines wirksamen Berufungsangriffs zulässigen Berufung – von Amts wegen alle in Betracht kommenden materiellen Normen auch dann, wenn ihre Verletzung nicht gerügt ist.

Verfahrensfragen werden dagegen nur ausnahmsweise von Amts wegen geprüft. So kann das Fehlen der **Zulässigkeitsvoraussetzungen** einer Klage (§ 56 Abs. 1 ZPO) zwar gerügt werden, auch ohne eine solche Rüge aber unterliegen sie der gerichtlichen Kontrolle. Soll die Berufung hierauf gestützt werden, reicht demgemäß die nicht näher konkretisierte »Rüge der Unzulässigkeit der Klage«. Ausgeschlossen ist die Rüge, das erstinstanzliche Gericht habe seine Zuständigkeit zu Unrecht angenommen (§ 513 Abs. 2 ZPO, unten Rdn. 3294).

Unabdingbar ist eine konkrete Rüge im Fall der Verletzung von verzichtbaren **Verfahrensvorschriften** (§ 529 Abs. 2 Satz 1 ZPO). Diese werden ohne Rüge nicht geprüft. Hierunter fallen zum Beispiel die Ladungs- und Einlassungsfristen und die Beweisvorschriften. Beachtlich ist eine solche Rüge nur, wenn sie nicht bereits erstinstanzlich infolge rügeloser Einlassung verloren wurde (§ 295 ZPO). Unterbleibt eine mögliche Rüge, wird der Berufungsführer so behandelt, als hätte er sich rügelos eingelassen, ein möglicher Verfahrensverstoß bleibt dann, auch wenn er dem Gericht auffällt, folgenlos. Bezieht sich die Verfahrensrüge auf die Tatsachenfeststellung des Erstgerichts, konkurriert der Berufungsgrund der Rechtsverletzung mit dem der Erforderlichkeit neuer Tatsachenfeststellung (dazu unten Rdn. 3293).

Recht i. S. d. § 546 ZPO muss nicht notwendig förmlich von einem Träger öffentlicher Gewalt gesetzt sein. Als Rechts- und nicht als Tatfrage hat die Revisionsrechtsprechung auch die Auslegung von Satzungen privater juristischer Personen, von branchenüblichen Allgemeinen Geschäftsbedingungen (§§ 1, 8, 9 UKlaG), von Prozesshandlungen oder Behördenentscheidungen (Verwaltungsakte, Urteile) angesehen. 3254

Tatfrage und damit der Prüfung über die Rechtsverletzungsrüge nur beschränkt zugänglich sind dagegen die Auslegung von Willenserklärungen und die Ausübung von Ermessen oder Schätzung. Diese sind für das Rechtsmittelgericht bindend, wenn sie rechtsfehlerfrei und mit vertretbarem Ergebnis vorgenommen wurden und nicht gegen Erfahrungssätze oder Denkgesetze verstoßen.

Soweit der BGH im Rahmen der Revision auch die Beweiswürdigung zumindest darauf prüft, ob das Tatgericht den dabei vorgegeben rechtlichen Rahmen eingehalten hat (zum Beispiel gesetzliche Beweisregeln missachtet, eine kritische Auseinandersetzung mit einzelnen Beweisergebnissen unterlassen, Denkgesetze oder Erfahrungssätze falsch zugrunde gelegt, die Beweislast verkannt oder gebotene Beweiserleichterungen unerörtert gelassen hat) gehören solche Rechtsverletzungen nach der hier vertretenen Abgrenzung in den Rahmen der § 529 Abs. 1 Nr. 1 ZPO (unten Rdn. 3293).

Nicht sicher abgrenzbar ist, inwieweit diesbezüglich bereits auf eine bloß pauschale Rüge der Rechtsverletzung hin eine Prüfung von Amts wegen erfolgt.

3255 **Verletzt** ist eine solche Norm, wenn sie falsch angewendet, falsch interpretiert oder falsch subsumiert wurde. Dies ist auf der Grundlage des in der ersten Instanz festgestellten Sachverhalts zu beurteilen.

Anwendungsfehler des Gerichts können darin bestehen, dass eine anzuwendende Norm nicht angewandt wurde (zum Beispiel, indem eine einschlägige Norm übersehen bzw. zu Unrecht für unanwendbar gehalten wurde) oder eine unanwendbare Norm nicht angewandt wurde (zum Beispiel, weil eine der Entscheidung zugrunde gelegte Norm bereits außer Kraft gesetzt oder aufgrund von Übergangsvorschriften für den zu entscheidenden Sachverhalt nicht galt).

Interpretationsfehler liegen vor, wenn das Gericht Inhalt und Grenzen der Norm verkannt oder unbestimmte Rechtsbegriffe missverstanden hat, zum Beispiel der Voraussetzung einer Norm einen falschen Inhalt beigemessen hat.

Subsumtionsfehler stellen die häufigste Form von Rechtsverletzungen dar. Sie liegen in der Anwendung der Rechtsnorm auf den konkreten Sachverhalt, also bei der Prüfung der Frage, ob die Voraussetzungen der angewendeten Norm im zu beurteilenden Sachverhalt gegeben sind oder nicht. Sie können bei der Auslegung von Willenserklärungen oder Prozesshandlungen auftreten oder in der unterlassenen bzw. fehlerhaften Ausübung eines Ermessens oder einer Schätzung (§ 287 ZPO) bestehen.

Räumt eine Norm dem Gericht ein Ermessen ein, so ist die Norm nicht bereits deswegen verletzt, weil das Ermessen vertretbar auch anders hätte ausgeübt werden können. Eine Rechtsverletzung liegt hier nur dann vor, wenn das Gericht die Voraussetzungen, Kriterien und Grenzen des Ermessens verkannt oder sich nicht danach gerichtet hat.

3256 Auf dieser Verletzung **beruht** das Urteil, wenn ohne die Rechtsverletzung eine andere Entscheidung ergangen wäre, wenn die Rechtsverletzung für die angefochtene Entscheidung **erheblich** war.

§ 561 ZPO macht deutlich, dass die bloße Rechtsverletzung allein noch kein Grund für die Urteilsänderung ist. Hinzukommen muss, dass das Urteil ohne den Rechtsfehler für den Berufungskläger günstiger ausgefallen wäre, ihn nicht oder zumindest in geringerem Umfang beschwert hätte.

3257 Bezüglich der Ursächlichkeit gibt es zwischen der Verletzung von materiellen Normen und Verfahrensnormen Unterschiede zu beachten.

– Bei der Verletzung materieller Normen bedarf die Kausalität der Prüfung im Einzelfall. Nur wenn das günstigere Ergebnis positiv festgestellt werden kann, ist die hierauf gestützte Berufung begründet. Allerdings liegt dieses günstigere Ergebnis häufig auf der Hand, sodass es seitens des Berufungsführers insoweit oft nur knapper Ausführungen bedarf.

Rügt der Beklagte das erstinstanzlich angenommene Zustandekommen eines Vertrages und legt dar, dass dieser den Anspruch nicht stützen kann, so muss er zusätzlich dartun, dass dann auch andere naheliegende Ansprüche (zum Beispiel aus Bereicherung) nicht in Betracht kommen. Die Anforderungen an das Nichtvorliegen solcher Alternativbegründungen sind aber denkbar gering und führen insbesondere nicht zu einer Umkehr der prozessualen Darlegungslast. Grundsätzlich reicht hier die Unterbreitung einer entsprechenden Rechtsansicht aus, vielfach wird diese sich schon aus dem Schweigen des Berufungsklägers herleiten lassen. Erwähnt der Beklagte im Eingangsbeispiel andere Anspruchsgrundlagen nicht, wird davon auszugehen sein, dass er der Auffassung ist, solche alternativen Anspruchsgrundlagen seien nicht erfüllt.

– Bei der Verletzung von Verfahrensvorschriften greift regelmäßig eine Vermutung, sodass es für die Begründetheit der Berufung ausreicht, wenn das Gericht ohne den Fehler »möglicherweise« zu einem anderen Ergebnis gelangt wäre (BGH NJW 1995, 1841). Im Rahmen der Zulässigkeit jedoch ist die Erheblichkeit der Verletzung von Verfahrensnormen meist aufwendiger zu begründen, weil hier der hypothetische Geschehensablauf, insbesondere das eigene Prozessverhalten im Fall fehlerfreier Verfahrensgestaltung durch das erstinstanzliche Gericht darzutun ist.

Rügt der Berufungskläger die Verletzung der materiellen Prozessleitung (§ 139 ZPO), muss er grundsätzlich dartun, welcher Vortrag auf einen Hinweis des Gerichts erster Instanz hin erfolgt wäre und inwieweit darauf hin eine andere Entscheidung ergangen wäre (BGH NJW-RR 1988, 477).

Keiner besonderen Darlegung der Ursächlichkeit der Rechtsverletzung bedarf die Rüge eines Verfahrensfehlers, der einen absoluten Revisionsgrund darstellt (§ 547 ZPO); hier wird die Ursächlichkeit auch schon für die Berufung unwiderleglich vermutet.

Zur **Bezeichnung** der Umstände, aus denen sich Rechtsverletzung und Erheblichkeit ergeben, ist es erforderlich, dass der Berufungskläger den Punkt seines Angriffs genau bezeichnet, er erkennen lässt, welche konkrete rechtliche Wertung des erstinstanzlichen Gerichts er für falsch und welche hiervon abweichende rechtliche Bewertung er für richtig hält. Zu empfehlen ist dabei die Zitierung der Norm (»§ 812 Abs. 1 Satz 1 BGB«), jedenfalls aber eine möglichst konkrete Beschreibung der beanstandeten Rechtsfrage (»bereicherungsrechtliche Gesichtspunkte«).

▶ Praxistipp: 3258

Wird die Berufung auf eine Rechtsverletzung gestützt, sollte die verletzte Norm in jedem Fall, d. h. unabhängig davon, ob es sich um eine von Amts wegen zu berücksichtigende oder eine verzichtbare Norm handelt, aus anwaltlicher Sorgfalt so konkret wie möglich bezeichnet werden.

Bei der Rüge einer verzichtbaren Verfahrensnorm ist dies bereits Voraussetzung für die Zulässigkeit der Berufung. Wird ein Verfahrensverstoß geltend gemacht, muss dieser aus der Rüge nachvollziehbar sein. Die bloße Bezeichnung der angeblich verletzten Norm (»irrige Anwendung des §...«) oder deren wörtliche Wiedergabe stellt hier keine hinreichende Berufungsbegründung dar (BGH NJW 1995, 1559). Besteht der gerügte Verfahrensfehler zum Beispiel im Übergehen von Sachvortrag oder Beweisantritten, müssen diese unter Angabe der Fundstelle in der Akte (Schriftsatzdatum, Blatt- oder Seitenzahl) benannt werden, wegen anderer Verfahrensverstöße ist auf das entsprechende Protokoll bzw. das Urteil zu verweisen (Musielak/*Ball* § 520 Rn. 3).

Bei der Rüge der Verletzung materiellen Rechts ist die konkrete Benennung der Rechtsnorm oder der Verletzungsform zwar nicht zwingend erforderlich, im Zweifel aber dringend anzuraten. Dies dient zum einen der anwaltlichen Selbstkontrolle der Erfolgsaussichten der Berufung, zum anderen wird nur so sichergestellt, dass das Berufungsgericht nicht unkritische den erstinstanzlichen Fehler wiederholt und sich mit der gerügten Frage auseinandersetzt. Auf Floskeln (»Gerügt wird die Verletzung materiellen Rechts«) sollte sich der Berufungskläger deswegen ebenso wenig beschränken, wie auf die bloße Wiederholung des erstinstanzlichen Standpunkts, unabhängig davon, ob auf diesen nur Bezug genommen oder ob er inhaltlich wiederholt wird (BGH FamRZ 2000, 813).

Die auf § 520 Abs. 3 Nr. 2 ZPO abstellende Berufungsbegründung sollte nach Möglichkeit also enthalten: 3259
– die Zitierung der Norm, an der der Berufungsgrund festgemacht wird,
– die Beschreibung der vom Erstgericht begangenen Rechtsverletzung,
– die nach Auffassung des Berufungsklägers zutreffende Rechtsanwendung,
– die Darlegung, inwieweit diese zutreffende Rechtsanwendung ein für den Berufungskläger günstigeres Ergebnis des Rechtsstreits zur Folge gehabt hätte.

Diese Punkte sollten in der Begründung deutlich erkennbar und so konkret wie möglich auf den Einzelfall bezogen sein.

cc) Erneute Tatsachenfeststellung

Grund für die Fehlerhaftigkeit des Urteils und damit dessen Abänderung in der Berufung kann sein, dass das erstinstanzliche Gericht von einem falschen Sachverhalt ausgegangen ist, dass der richtige Sachverhalt eine andere Entscheidung rechtfertigt (§ 513 Abs. 1 2. Alt. ZPO). Falsch kann der Sachverhalt sein, weil das Gericht die Tatsachen falsch festgestellt hat (§ 529 Abs. 1 Nr. 1 ZPO). Zur Zulässigkeit der Berufung ist es in diesem Fall erforderlich, dass konkrete Anhaltspunkte bezeichnet werden, die Zweifel an der Richtigkeit oder Vollständigkeit der Tatsachenfeststellungen 3260 im angefochtenen Urteil begründen und deshalb eine erneute Feststellung gebieten (§ 520 Abs. 3 Nr. 3 ZPO).

3261 Problematisch ist dabei schon der Begriff der **Tatsachenfeststellung** (dazu Prütting/Gehrlein/*Oberheim* § 529 Rn. 5 ff.).

Obwohl im Zivilprozess Dispositions- und Beibringungsmaxime gelten und deswegen – anders als zum Beispiel in dem vom Offizial- und Inquisitionsmaxime beherrschten Strafprozess (§ 267 StPO) – die der Entscheidung zugrunde gelegten Tatsachen im Urteil nicht »festgestellt«, sondern lediglich »dargestellt« werden (§ 313 Abs. 2 ZPO), ist die Auswahl der für das Urteil heranzuziehenden Tatsachen natürlich auch hier Teil der Entscheidung, sodass insoweit auch im Zivilprozess eine Tatsachenfeststellung erfolgt. Diese Feststellung ist dann Beurteilungsgrundlage für die Folgeinstanz (§§ 529, 551 ZPO).

Zweifelhaft ist, ob es zwischen den festgestellten Tatsachen i. S. d. § 529 ZPO (Bindung des Berufungsgerichts an die Tatsachenfeststellungen erster Instanz) und denen des § 551 ZPO (Bindung des Revisionsgerichts an die Tatsachenfeststellungen zweiter Instanz) einen Unterschied gibt. § 551 ZPO stellt das »Parteivorbringen« ausdrücklich neben die »als wahr oder unwahr festgestellten Behauptungen«, § 529 ZPO beschränkt sich auf die »festgestellten Tatsachen«. Hieraus kann aber nicht geschlossen werden, dass § 529 ZPO nur die durch eine Beweisaufnahme festgestellten, nicht aber die von den Parteien vorgetragenen, ohne Beweisaufnahme der Entscheidung zugrunde gelegten Tatsachen erfasst. § 529 ZPO will sicherstellen, dass die tatsächliche Beurteilungsgrundlage des Berufungsgerichts grundsätzlich identisch mit der der erstinstanzlichen Gerichts ist; nur ein Teil der Entscheidungsgrundlage aber beruht auf einer Beweisaufnahme, ohne Einbeziehung des Sach- und Streitstands im Übrigen wäre die tatsächliche Basis des Berufungsgerichts unvollständig.

Streitig ist auch, ob und inwieweit eine Bindung an erstinstanzliche tatsächliche Feststellungen bei der Berufung gegen Arrest und einstweiliger Verfügung besteht. Dagegen spricht die eingeschränkte Rechtskraft dieser Entscheidungen. Dazu *Dötsch* MDR 2010, 1429.

3262 Festgestellt sind damit alle Tatsachen, die das erstinstanzliche Gericht seiner Entscheidung zugrunde gelegt hat. Dazu gehören zunächst die Tatsachen, deren Vorliegen das Gericht als Ergebnis einer eigenen Beweiswürdigung festgestellt hat. Weiter gehören dazu alle Tatsachen, die das Gericht als von den Parteien vorgetragen, streitig oder unstreitig und für die Entscheidung erheblich festgestellt und verwendet hat.

Der Berufungsgrund aus §§ 513 Abs. 1 2. Alt, 529 Abs. 1 Nr. 1 ZPO dient damit primär dem Angriff gegen ein ungünstiges Beweisergebnis, ist darauf aber nicht beschränkt, sondern kann auch darauf gerichtet sein, dass das Gericht den von den Parteien vorgetragenen Streitstoff falsch oder nicht in vollem Umfang zugrunde gelegt hat.

3263 Welche Tatsachen das erstinstanzliche Gericht festgestellt (seiner Entscheidung zugrunde gelegt) hat, ergibt sich aus dem Urteil, insbesondere aus dessen Tatbestand, aber auch aus den Entscheidungsgründen.

3264 **Unrichtig** ist die Feststellung,
– wenn zugrunde gelegte Tatsachen nicht von den Parteien vorgetragen waren,
– wenn unstreitige Tatsachen als streitig oder streitige Tatsachen als unstreitig behandelt,
– wenn Tatsachen unter Verstoß gegen Beweiswürdigungsgrundsätze als bewiesen angesehen (§ 286 ZPO) wurden.

3265 **Unvollständig** ist die Feststellung,
– wenn Vorbringen der Partei übergangen wird,
– wenn offenkundige Tatsachen nicht berücksichtigt,
– wenn vorgetragene Tatsachen zu Unrecht als verspätet zurückgewiesen werden,
– wenn angebotene Beweise nicht erhoben wurden,
– wenn gebotene Schätzungen (§ 287 ZPO) nicht durchgeführt wurden.

Die Unrichtigkeit oder Unvollständigkeit der Tatsachenfeststellung beruht damit regelmäßig auf einem Verfahrensverstoß, sodass auch der Berufungsgrund der Rechtsverletzung in Betracht kommt. Unproblematisch ist die Abgrenzung, soweit der Verfahrensverstoß keine Rechts- sondern eine Tatfrage betrifft,

C. Berufung 9. Kapitel

insbesondere also im Rahmen von Beweiswürdigung oder Schätzung liegt, im Übrigen kann zur Abgrenzung auf die dazu oben gemachten Ausführungen (oben Rdn. 1629) verwiesen werden.

Nicht erforderlich ist die definitive Unrichtigkeit oder Unvollständigkeit der festgestellten Tatsachen. Ausreichend für die Notwendigkeit einer erneuten Feststellung durch das Berufungsgericht sind bereits **konkrete Anhaltspunkte** für Zweifel an der Richtigkeit oder Vollständigkeit. 3266

Diese sind gegeben, wenn auf den Einzelfall bezogene, nicht ohne weiteres von der Hand zu weisende äußere Umstände vorliegen, die bei objektiver Bewertung geeignet sind, die Richtigkeit oder Vollständigkeit der erstinstanzlichen Tatsachengrundlage infrage zu stellen. Nicht ausreichend sind abstrakte, theoretische oder pauschale Ausführungen, bloß subjektive Zweifel, Vermutungen oder Unterstellungen. 3267

> Unzureichend ist damit die früher häufig anzutreffende pauschale Behauptung, die erstinstanzlichen Tatsachenfeststellungen seien unzutreffend (*Stackmann* NJW 2002, 781). Erforderlich ist die Anknüpfung dieser Rüge an konkrete, zu bezeichnende Einzelumstände.

Konkrete Anhaltspunkte können sich aus dem erstinstanzlichen **Verfahrensablauf** ergeben. 3268

> Verfahrensfehler können auch den Berufungsgrund des § 513 Abs. 1 1. Alt. ZPO ausfüllen. Nach der hier vertretenen Abgrenzung sind darunter Rechtsfehler zu subsumieren, die in einer fehlerhaften Anwendung der festgestellten Tatsachen liegen, während für §§ 513 Abs. 1 2. Alt., 529 Abs. 1 Nr. 1 ZPO die Rechtsfehler verbleiben, die zu einer fehlerhaften Feststellung der Tatsachen geführt haben. Solche Verfahrensfehler liegen vor, wenn das Gericht nicht, nicht vollständig oder nicht richtig Vortrag der Partei zur Kenntnis genommen (§§ 128, 139, 273, 296 ZPO) bzw. Beweise erhoben und gewürdigt hat (§§ 355 ff. ZPO).

Solche Anhaltspunkte können nicht darin bestehen, dass die festgestellten Tatsachen vom Inhalt der erstinstanzlichen Schriftsätze abweichen. Welche Tatsachen erstinstanzlich vorgetragen wurden, ergibt sich aus dem Tatbestand, dem insoweit Beweiskraft zukommt, die nur durch das Sitzungsprotokoll widerlegt werden kann (§ 314 ZPO). Gibt der Tatbestand das Vorbringen der Parteien falsch oder unvollständig wider, muss er nach § 320 ZPO berichtigt werden, ansonsten gilt der Inhalt des Tatbestands als vorgetragen, auch dann, wenn er materiell falsch ist. Hat das Gericht die Tatsachen des Tatbestands zugrunde gelegt, sind die Feststellungen nicht unrichtig (*Crückeberg* MDR 2003, 199; Musielak/*Ball* § 529 Rn. 6). 3269

> Streitig ist, ob dies auch für Tatsachen gilt, die in erstinstanzlichen Schriftsätzen enthalten sind, ohne Eingang in den Tatbestand gefunden zu haben. Dies wird verbreitet mit der Behauptung bestritten, dem Tatbestand komme wegen § 313 Abs. 2 ZPO keine negative Beweiskraft zu (*Crückeberg* MDR 2003, 199 m. w. N.; dazu oben Rdn. 2975), verkennt aber, dass schriftsätzlicher Vortrag nur angekündigt ist und zum Parteivortrag erst mit dem (gegebenenfalls in Form einer [stillschweigenden] Bezugnahme erfolgenden, § 137 Abs. 3 ZPO) Vortrag in der mündlichen Verhandlung wird, wobei die Frage, ob ein solcher Vortrag erfolgt ist, sich aus dem Tatbestand oder dem Protokoll beantwortet. Die h. M. misst deswegen dem Tatbestand auch negative Beweiskraft zu (BGH VersR 1990, 974), sodass die Unvollständigkeit des Tatbestands nicht mit dem Inhalt von Schriftsätzen belegt werden kann.

Konkrete Anhaltspunkte können sich aus dem angefochtenen **Urteil** ergeben. Ist tatbestandlich festgestelltes Vorbringen in den Gründen übergangen, beruht das Urteil auf einem unvollständigen Sachverhalt. Dies gilt auch für widersprüchliche Feststellungen im angefochtenen Urteil. 3270

▶ Beispiel: 3271

> Wird im Tatbestand einerseits das Zustandekommen eines Vertrages zwischen den Parteien festgestellt, andererseits, dass sich das entsprechende Vertragsangebot an einen Dritten richtete, entfaltet der Tatbestand keine Beweiskraft, eine unrichtige Feststellung liegt auf der Hand (BGH NJW 2000, 3133). Ist Vortrag der Parteien im Tatbestand als streitig dargestellt, wird in den Entscheidungsgründen aber als unstreitig behandelt (BGH NJW 1996, 2306), ist eine erneute, klarstellende Feststellung in zweiter Instanz geboten.

3272 Konkrete Anhaltspunkte für ein unrichtiges Beweisergebnis können nicht allein darin begründet sein, dass dem Berufungskläger das Beweisergebnis nicht zusagt, er seine (vertretbare) Beweiswürdigung an die Stelle der (ebenfalls vertretbaren) Beweiswürdigung des erstinstanzlichen Gerichts setzt.

> Überall dort, wo dem Gericht ein Ermessen eingeräumt ist, liegt es auf der Hand, dass im Rahmen dieses Ermessens auch eine andere Entscheidung möglich gewesen wäre. Dies alleine begründet keine Fehlerhaftigkeit des Urteils, die eine Abänderung in der Berufungsinstanz rechtfertigt. Erforderlich dazu ist vielmehr, dass das Gericht den Rahmen des ihm eingeräumten Ermessens überschritten hat, zum Beispiel, weil die Beweiswürdigung den gesetzlich gebotenen Rahmen verletzt, gesetzliche Beweisregeln unbeachtet bleiben, eine kritische Auseinandersetzung mit einzelnen Beweisergebnissen fehlt, Denkgesetze oder Erfahrungssätze falsch zugrunde gelegt werden, die Beweislast verkannt wird oder gebotene Beweiserleichterungen unerörtert bleiben (vgl. oben Rdn. 1546).

3273 **Zweifel** an der Richtigkeit oder Vollständigkeit der Tatsachenfeststellung begründen diese Anhaltspunkte, wenn sich aus ihnen die Fehlerhaftigkeit des angefochtenen Urteils ergeben kann. Dabei reicht es aus, dass die Unrichtigkeit der Tatsachenfeststellung aufgrund des Fehlers nicht auszuschließen ist.

> Das Maß dieser Zweifel ist im Gesetz nicht weiter bestimmt. Einerseits dürfen daran keine unzumutbaren Anforderungen gestellt werden. Der Gesetzgeber hat die zunächst beabsichtigte Qualifikation »erheblicher« Zweifel bewusst fallen gelassen, sodass auch andere Einschränkungen (»vernünftige« oder »gewisse« Zweifel) keine Rechtfertigung haben. Andererseits kann die stets bestehende bloß theoretische Möglichkeit einer falschen Tatsachengrundlage die erneute Feststellung nicht begründen. Eine hinreichende Konkretisierung dieses Berufungsgrunds wird aber schon über die Anforderungen an die konkreten Anhaltspunkte einerseits und die Notwendigkeit einer neuen Feststellung andererseits erreicht, sodass es einer zusätzlichen Einschränkung des Begriffs »Zweifel« nicht bedarf.

3274 **Geboten** ist die erneute Tatsachenfeststellung, wenn die naheliegende und nicht bloß theoretische Möglichkeit besteht, dass durch sie der entscheidungserhebliche Sachverhalt vollständiger oder richtiger ermittelt werden kann.

> Auch bei dem Berufungsgrund aus § 520 Abs. 3 Nr. 3 ZPO ist erforderlich, dass ohne den Fehler ein den Berufungskläger nicht oder geringer beschwerendes Urteil ergangen wäre. Wie überall, wo es auf die Kausalität von Verfahrensfehlern ankommt, reicht auch hier die bloße Möglichkeit einer anderen Entscheidung aus. Die Anforderungen an entsprechenden Vortrag sind denkbar gering, weil grundsätzlich jede Änderung entscheidungserheblicher Tatsachen eine abweichende Entscheidung zur Folge hat.

3275 Die erneute Tatsachenfeststellung ist der praktisch wohl am häufigsten vorkommende Berufungsgrund. Er ist für den Anwalt aber auch der am schwersten zu kalkulierende. Die Kumulation schwammiger Rechtsbegriffe (»Konkrete Anhaltspunkte«, »Zweifel«, »geboten«), das damit dem Gericht in weitem Umfang eingeräumte Beurteilungsermessen und die immer wieder zu beobachtende Abneigung der Berufungsgerichte gegen Beweisaufnahmen eröffnen hier einen regelrechten »Kampf um die zweite Tatsacheninstanz« (*Schellhammer* MDR 2002, 1144). Für den Anwalt muss dies zu einer sorgfältigen und im Zweifel eher aufwendigen Darlegung dieses Grunds führen.

3276 ▶ **Praxistipp:**

> Eine auf § 520 Abs. 3 Nr. 3 ZPO abstellende Berufungsbegründung muss den Vortrag konkreter, objektiver Anhaltspunkte im Verfahrensablauf oder im Urteil enthalten, die Zweifel an der Vollständigkeit oder Richtigkeit der Tatsachenfeststellung, insbesondere dem Beweisergebnis, begründen.
>
> Enthalten muss sie ferner die Darlegung, dass diese Anhaltspunkte eine erneute Feststellung gebieten, weil bei Neufeststellung der Tatsache auch eine andere Entscheidung möglich ist.

dd) Neue Angriffs- und Verteidigungsmittel

3277 Der zur Fehlerhaftigkeit des angefochtenen Urteils führende falsche Sachverhalt kann auch auf einem unrichtigen oder unvollständigen Vortrag der Partei beruhen. Mit der Berufung muss dann

C. Berufung   9. Kapitel

der Vortrag soweit ergänzt werden, dass er eine Abänderung rechtfertigt (§§ 513 Abs. 1 2. Alt, 529 Abs. 1 Nr. 2, 531 Abs. 2 ZPO).

> Ein solcher Vortrag neuer Tatsachen ist in der Berufungsinstanz anders als in der Revisionsinstanz nicht vollständig (§ 559 ZPO), wohl aber grundsätzlich ausgeschlossen (§ 529 Abs. 1 Nr. 2 ZPO). Die Parteien sind gehalten, den Prozessstoff in erster Instanz vollständig und richtig vorzutragen. Neuer Vortrag ist nur ausnahmsweise möglich. Insbesondere nicht statthaft ist es, Tatsachenvortrag oder Beweisantritte bewusst zurückzuhalten, um abzuwarten, zu welchem Ergebnis der bisherige Prozessvortrag führt (BGH VersR 2007, 373). Zulässig allerdings ist es, ein zusätzliches Beweismittel deswegen nicht mehr zu benennen, weil nach dem bisherigen Beweisergebnis davon ausgegangen werden durfte, der Beweis sei bereits erbracht (BGH NJW-RR 2007, 774).

Zulässig ist die auf diesen Grund gestützte Berufung deswegen nur, wenn zum einen die neuen Angriffs- und Verteidigungsmittel, zum anderen aber auch die Gründe vorgetragen werden, aufgrund derer diese nach § 531 Abs. 2 ZPO zuzulassen sind (§ 520 Abs. 3 Nr. 4 ZPO).   3278

> Da dem Berufungsgericht mit den neuen Tatsachen eine Entscheidungsgrundlage unterbreitet wird, die dem erstinstanzlichen Gericht nicht vorlag, bedarf es einer Auseinandersetzung mit dem Inhalt des erstinstanzlichen Urteils auch nur insoweit, als sich daraus die Gründe für die Zulassung des neuen Vorbringens (§ 531 Abs. 2 ZPO) ergeben (BGH NJW-RR 2007, 934).
>
> Ob einer der Fallgruppen des § 513 Abs. 2 ZPO tatsächlich vorliegt oder auch nur schlüssig oder substantiiert vorgetragen wird, ist erst im Rahmen der Begründetheit zu prüfen. Dies gilt auch für die nach § 531 Abs. 2 Satz 2 ZPO erforderliche Glaubhaftmachung. Für die Zulässigkeit der Berufung reicht die Darlegung von (irgendwelchen) Umständen, mit denen der Berufungsführer ihre Zulassung erreichen will.

▶ **Praxistipp:**   3279

> Soll die Berufung auf neue Tatsachen gestützt werden, muss besonders darauf geachtet werden, dass die im Urteil liegende Beschwer angegriffen wird. Regelmäßig ist dies bei bloßen Angriffs- und Verteidigungsmitteln der Fall, problematisch werden kann es bei eigenständigen Angriffen oder Verteidigungen.

Dazu grundsätzlich oben Rdn. 3038.

Angriffs- und Verteidigungsmittel sind alle zur Begründung eines Antrags oder zur Verteidigung dagegen vorgebrachten Umstände, insbesondere Tatsachenbehauptungen, Beweisantritte und Bestreiten.   3280

> Keine Angriffs- und Verteidigungsmittel sind die eigentlichen Angriffe (Sachanträge aus Klage oder Widerklage und deren Änderung) und Verteidigungen (Anträge auf Abweisung der Klage oder Zurückweisung des Rechtsmittels). Die Aufrechnung im Prozess ist die Behauptung, materiell sei ein entsprechendes Gestaltungsrecht wirksam geltend gemacht worden (oben Rdn. 1157), ist also bloßes Verteidigungsmittel (BGH NJW 1984, 1964; zur Gleichbehandlung mit den Verteidigungen unten Rdn. 3311).
>
> Ob auch die Erhebung einer Einrede (insbesondere der Verjährungseinrede) unter § 531 Abs. 2 ZPO fällt, ist streitig. Der V. und X. Zivilsenat des BGH haben dies bejaht (BGH NJW-RR 2006, 1292 und MDR 2006, 766), der XI. Zivilsenat will dies zumindest teilweise verneinen (BGH WuM 2007, 545) und hat die Sache dem Großen Senat vorgelegt (BGH BauR 2008, 666); dessen Entscheidung steht noch aus.

Neu sind Angriffs- und Verteidigungsmittel, wenn sie in erster Instanz nicht vorgetragen wurden. Ob dies der Fall war oder nicht, ergibt sich aus dem Urteilstatbestand (§ 314 ZPO), hilfsweise aus dem Protokoll erster Instanz.   3281

> Dazu gehört auch Vorbringen, das in erster Instanz nicht wirksam vorgebracht (zum Beispiel unzulässiges Bestreiten mit Nichtwissen, § 138 Abs. 4 ZPO) oder vor Schluss der ersten Instanz wieder fallen gelassen wurde. Neu sind auch die in Ergänzung oder Substantiierung erstinstanzlichen Vorbringens nachgeschobenen Tatsachen oder Beweisantritte, die zwar schon gebracht waren, jetzt aber auf eine andere Behauptung bezogen werden.
>
> Nicht neu ist Vortrag, der sich aus dem erstinstanzlichen Vortrag ergibt, auch dann, wenn er in den Tatbestand des angefochtenen Urteils keinen Eingang gefunden hat. Auch die bloße Konkretisierung,

Verdeutlichung oder Erläuterung erstinstanzlichen Vorbringens ist nicht neu (BGH MDR 2007, 670; BGH NJW-RR 2007, 1170).

3282 Diese neuen Angriffs- und Verteidigungsmittel müssen **bezeichnet** werden. Dazu reicht es nicht, sie anzudeuten oder anzukündigen, erforderlich ist ein konkreter Vortrag.

3283 **Zuzulassen** sind solche neuen Angriffs- und Verteidigungsmittel nur in den Fällen des § 531 Abs. 2 ZPO, d. h.

3284 (1) wenn sie einen Gesichtspunkt betreffen, der vom Gericht des ersten Rechtszugs erkennbar **übersehen** oder **für unerheblich gehalten** wurden (§ 531 Abs. 2 Nr. 1 ZPO).

Dass diese Angriffs- und Verteidigungsmittel erstinstanzlich nicht vorgetragen wurden, beruht auf einem materiellrechtlichen Fehler des Gerichts. Eine zusätzlich mögliche Nachlässigkeit der Partei ist dabei unerheblich.

Übersehen ist ein Gesichtspunkt, wenn er vom erstinstanzlichen Gericht weder ausdrücklich noch der Sache nach in die Überlegungen zum Verfahren oder zur Entscheidung einbezogen wurde (BGH MDR 2004, 1077; BGH MDR 2005, 206).

Für unerheblich gehalten hat das erstinstanzliche Gericht einen Gesichtspunkt, den es zwar erwogen, aber zu keinem Zeitpunkt als erheblich angesehen hat.

Zweitinstanzlich vorgetragen werden können damit Tatsachen, die erstinstanzlich von der Partei nicht vorgetragen wurden, weil es auf sie nach Auffassung des Gerichts nicht ankam. Hier dürfte es sich empfehlen, mit der Berufungsbegründung nicht nur die Rechtsansicht des Gerichts darzulegen (insbesondere dann, wenn diese keinen Niederschlag in der angefochtenen Entscheidung gefunden hat, etwa, weil das Gericht sie geändert hat) sondern auch, inwieweit dies der Partei vermittelt wurde (etwa durch einen Hinweis oder die Erörterung in der mündlichen Verhandlung).

3285 (2) wenn sie infolge eines **Verfahrensmangels**, insbesondere einer Verletzung der Hinweispflicht aus § 139 ZPO, nicht geltend gemacht wurden, oder

Dass diese Angriffs- und Verteidigungsmittel erstinstanzlich nicht vorgetragen wurden, beruht ebenfalls auf einem Fehler des Gerichts. Ob die Partei die Tatsachen dennoch hätte vortragen können, ist dabei unerheblich.

Häufigster Verfahrensmangel ist hier die Verletzung der materiellen Prozessleitungspflicht des Gerichts aus § 139 ZPO (BGHR 2004, 333). Danach ist das Gericht verpflichtet, darauf hinzuwirken, dass die Parteien sich rechtzeitig und vollständig über alle erheblichen Tatsachen erklären. Unterbleibt Vortrag der Parteien, weil sie auf dessen Erforderlichkeit nicht hingewiesen wurde, muss die Möglichkeit bestehen, diesen Vortrag zur Beseitigung des Verfahrensfehlers in zweiter Instanz nachzuholen.

Andere Verfahrensfehler des Gerichts, die dazu geführt haben, dass Vortrag der Parteien in erster Instanz unterblieben ist, können darin bestehen, dass die Sache entgegen § 136 Abs. 3 ZPO in der mündlichen Verhandlung nicht hinreichend erörtert wurde, sachaufklärende Maßnahmen des Gerichts zur Vorbereitung des Termins nach § 273 Abs. 2 Nr. 1 ZPO unterblieben sind oder der Partei eine Schriftsatzfrist zum Nachbringen von Vortrag nicht eingeräumt wurde (§§ 139 Abs. 5, 283 ZPO).

3286 (3) wenn sie im ersten Rechtszug nicht geltend gemacht worden sind, **ohne** dass dies auf einer **Nachlässigkeit der Partei** beruht (§ 531 Abs. 2 Nr. 3 ZPO). Dies ist der Fall, wenn die Tatsachen erst nach Schluss der ersten Instanz entstanden oder der Partei bekannt geworden sind oder sie den Vortrag bereits bekannter Tatsachen für nicht erforderlich halten durfte.

Dass diese Angriffs- und Verteidigungsmittel erstinstanzlich nicht vorgetragen wurden, beruht weder auf einem vorwerfbaren Fehler des Gerichts noch auf einem solchen der Partei.

Nicht möglich war der Vortrag einer Tatsache, wenn sie erstinstanzlich noch gar nicht vorlag, sondern erst nach Schluss der ersten Instanz entstanden ist (sog. »nova producta«). Hier hat die Partei die Wahl, ob sie die neue Tatsache mit der Berufung oder mit der Vollstreckungsgegenklage (§ 767 ZPO) bzw. einer neuen Klage geltend machen will.

Die Rechtsprechung fasst den Begriff der neuen Tatsache sehr weit und lässt insbesondere auch solche Tatsachen darunter fallen, die von der Partei selbst erst nach Abschluss der ersten Instanz geschaffen werden (BGH NJW-RR 2010, 1478; BGH NJW-RR 2005, 1687).

▶ **Beispiel:** 3287

Wird die Honorarklage eines Architekten abgewiesen, weil die von ihm erstellte Schlussabrechnung nicht den Anforderungen der HOAI entsprach, so kann er nach dem erstinstanzlichen Urteil eine neue Abrechnung erstellen und seine Forderung in der Berufung hierauf stützen (BGH NJW-RR 2004, 526; BGH NJW-RR 2005, 1687).

Dies gilt allerdings nur für solche neu geschaffenen Tatsachen, deren Präklusion lediglich zur Unbegründetheit des anhängigen Rechtsstreits führen würde und deren Geltendmachung in einem Folgeprozess nicht zu vermeiden wäre (BGH NJW-RR 2005, 1687; BGH NJW-RR 2004, 526; aA *Schenkel* MDR 2004, 790). Kann dagegen die neue Tatsache in einem Folgeprozess nicht mehr geltend gemacht werden, ist ihre Berücksichtigung auch als neue Tatsache im Berufungsverfahren nicht möglich. Wichtigster Anwendungsfall dafür ist die erst nach Schluss des erstinstanzlichen Verfahrens erklärte Anfechtung oder Abtretung.

▶ **Beispiel:** 3288

Hat der Beklagte eine Aufrechnungs- oder Anfechtungserklärung, die ihm bereits vor Schluss der mündlichen Verhandlung in erster Instanz möglich gewesen wäre, erst in der Berufung abgegeben, so bleibt diese, wenn nicht die Voraussetzungen der § 531 Abs. 2 ZPO vorliegen, als neuer Vortrag unberücksichtigt.

Hier führt die Präklusion zu einer endgültigen Abweisung der Klage, kann anders als bei der bloß zur Herbeiführung der Fälligkeit führenden neuen Schlussrechnung ihr Ziel erreichen, eine abschließende Klärung des zwischen den Parteien bestehenden Streits in angemessener Zeit zu fördern (BGH NJW-RR 2005, 1687; OLG Düsseldorf, Urt. vom 15.04.2010 – 2 U 15/09; OLG Düsseldorf GRUR-RR 05, 281; Prütting/Gehrlein/*Oberheim*, § 531 Rn. 12).

Nicht möglich war der Vortrag einer Tatsache auch dann, wenn sie vor Schluss der mündlichen Verhandlung zwar objektiv vorlag, der Partei aber weder positiv bekannt war noch ihr hätte bekannt sein müssen (sog. »nova reperta«). Meldet sich auf das wegen Beweisfälligkeit hin ergangene klageabweisende Urteil hin beim Kläger ein Zeuge, von dessen Existenz er vorher nichts wusste, so kann er diesen mit der Berufung neu benennen.

Nicht erforderlich war der Vortrag einer Tatsache, die der Partei vor Schluss der mündlichen Verhandlung bekannt war, wenn sie auch unter Beachtung der ihr obliegenden Prozessförderungspflicht (§ 282 ZPO) davon ausgehen durfte, der Vortrag sei nicht erforderlich. Häufig geht diese Fallgruppe aber bereits in § 531 Abs. 2 Nr. 1 ZPO (wenn auch das Gericht die Notwendigkeit des Vortrags nicht erkannte) oder § 531 Abs. 2 Nr. 2 ZPO (wenn das Gericht die Erheblichkeit der Tatsache erkannte, die Partei hierauf aber nicht hinwies) auf. Für § 531 Abs. 2 Nr. 3 ZPO bleiben nur die Fälle, in denen das Gericht keinen Anlass hat, das Vorliegen der Tatsache zu vermuten, sie im übrigen Vortrag der Partei nicht einmal ansatzweise erkennbar war.

Der Verschuldensmaßstab entspricht dem des § 295 Abs. 1 ZPO, ist also objektiv-abstrakt danach zu beurteilen, inwieweit ein typischer Prozessbeteiligter in dieser Funktion (das heißt als Partei, als Rechtsanwalt) die Tatsachen bereits erstinstanzlich vorgetragen hätte.

Zuzulassen sind neue Angriffs- und Verteidigungsmittel unabhängig von den Voraussetzungen des 3289 § 531 Abs. 2 ZPO auch dann, wenn sie **unstreitig** bleiben (BGH NJW 2005, 291; BGH FamRZ 2005, 1555) oder wenn sie als Reaktion auf einen Hinweis des Berufungsgerichts erfolgen (BGH MDR 2007, 1612).

In der Literatur vertreten wird darüber hinaus, dass neuer Tatsachenvortrag bei der Berufung gegen Arrest und einstweilige Verfügung wegen der Besonderheiten des einstweiligen Rechtsschutzes unbeschränkt zuzulassen ist (*Dötsch* MDR 2011, 1429).

9. Kapitel — Rechtsbehelfe

3290 ▶ **Praxistipp:**

Soll neuer Tatsachenvortrag des Gegners nicht unbesehen für die zweite Instanz berücksichtigt werden können, muss er bestritten werden.

Ob das Berufungsgericht bei der Zulassung neuen Tatsachenvortrags die Voraussetzungen des § 531 Abs. 2 ZPO beachtet hat, ist in der Revision nicht nachprüfbar (BGH MDR 2004, 700; BGH MDR 2007, 850), sehr wohl überprüfbar ist aber, ob eine Nichtberücksichtigung zu Recht erfolgte. Berufungsgerichte tendieren deswegen im Zweifel eher zu einer Zulassung neuen Vorbringens.

3291 Auch wenn man unstreitige neue Angriffs- und Verteidigungsmittel über die Fallgruppen des § 531 Abs. 2 ZPO hinaus zulässt, kann darauf alleine die Zulässigkeit einer Berufung nicht gestützt werden. Die mit der Berufungsbegründung vorgetragenen neuen Tatsachen sind zum Zeitpunkt der Einlegung der Berufung noch nicht unstreitig und werden es auch bis zur nach § 522 Abs. 1 ZPO erforderlichen Prüfung des Gerichts nicht, sodass die Berufung durch Beschluss verworfen wird.

Dabei kann dahin stehen, ob man das Gericht für verpflichtet hält, vor einer Entscheidung im Beschlussweg (§ 522 Abs. 1, 2 ZPO) eine Stellungnahme des Berufungsbeklagten einzuholen. Auch wenn man man – entgegen dem Wortlaut des § 522 Abs. 2 Satz 2 ZPO – davon ausgehen wollte, braucht der Berufungsbeklagte zum Vorbringen des Berufungsklägers nicht Stellung zu nehmen, sodass einem Nichtbestreiten nicht die Wirkungen des § 138 Abs. 3 ZPO zukommen können. Selbst ein schriftsätzliches Einräumen von Behauptungen des Berufungsklägers durch den Berufungsbeklagten kann nicht zu dessen Unstreitigwerden führen. Nach dem Mündlichkeitsgrundsatz im Zivilprozess handelt es sich insoweit nur um die Ankündigung von Vorbringen, das erst durch seine Wiederholung in der mündlichen Verhandlung zum Geständnis wird (MüKoZPO/*Rimmelspacher* § 531 Rn. 14).

3292 ▶ **Praxistipp:**

Soll eine Berufung nach § 520 Abs. 3 Nr. 4 ZPO begründet werden, ist es geboten die neuen Angriffs- und Verteidigungsmittel zu bezeichnen; erforderlich ist es, diese substantiiert und konkret vorzutragen, empfehlenswert ist es, zusätzlich darzulegen, weshalb das Urteil bei Berücksichtigung dieser neuen Tatsachen anders ausfallen muss; und

Zudem geboten ist es, die Tatsachen darzulegen, aufgrund derer das neue Vorbringen ausnahmsweise zuzulassen ist; auch hier ist es ratsam, die einschlägige Alternative des § 531 Abs. 2 ZPO zu benennen und die zu ihrer Ausfüllung erforderlichen Voraussetzungen im Einzelnen auszuführen.

ee) Abgrenzung der Berufungsgründe

3293 Nicht immer lassen sich die einzelnen Berufungsgründe sauber voneinander abgrenzen:
- Überwiegend werden **Fehler bei der Sachverhaltsfeststellung** (z. B. fehlerhafte Beweisaufnahme) als Tatsachenfehler, **Fehler aufgrund der Sachverhaltsfeststellung** als Rechtsfehler angesehen. Erstere führen nur unter den Voraussetzungen des § 529 Abs. 1 Nr. 1 ZPO zu einer erneuten Tatsachenfeststellung, Letztere werden ohne Weiteres durch richtige Rechtsanwendung korrigiert.
- Angriffe gegen die **Beweiswürdigung** können auch unter Hinweis auf § 286 ZPO nicht als Rechtsfehler gerügt werden. Die h. M. nimmt, weil die Feststellung, nicht die Verwertung von Tatsachen betroffen ist, einen Fall des § 529 Abs. 1 Nr. 1 ZPO an. Erforderlich ist deswegen, dass das Gericht aufgrund der Fehlerhaftigkeit der Beweiswürdigung Zweifel an der Richtigkeit der festgestellten Tatsachen hat. Dies ist nicht schon deswegen der Fall, weil die Beweise auch anders hätten gewürdigt werden können (BVerfG NJW 2003, 2424; BGH MDR 2005, 945).
- Die unzutreffende **Auslegung von Willenserklärungen** stellt zwar eine Verletzung des § 133 BGB dar, ist aber nach inzwischen h. M. kein Rechtsfehler, ist vom Berufungsgericht bei nur Vorliegen der Voraussetzungen des § 529 Abs. 2 Nr. 1 ZPO in vollem Umfang nachprüfbar (BGH NJW 2004, 2751).
- Entsprechendes gilt für die Ausübung eines **Beurteilungsermessens** oder die Vornahme einer Schätzung durch das erstinstanzliche Gericht: Ermessens- oder Schätzungsfehler stellen einen

ff) Zuständigkeitsrüge

Kein statthafter Berufungsgrund ist die Rüge, das erstinstanzliche Gericht habe seine **Zuständigkeit** zu Unrecht **bejaht** (§ 513 Abs. 2 ZPO).

3294

> Diese Regelung dient der Entlastung der Rechtsmittelgerichte und der Verfahrensbeschleunigung. Verhindert werden soll, dass die vom Erstgericht geleistete Sacharbeit allein wegen Zuständigkeitsfragen hinfällig wird. Abgeändert werden muss die Entscheidung, wenn sie im Ergebnis falsch ist, nicht schon, wenn sie zwar vom falschen Gericht, im Ergebnis aber zutreffend ergangen ist.
>
> Das Verbot einer Zuständigkeitsrüge gilt nicht nur für den Berufungskläger, sondern auch für den Berufungsbeklagten und selbst in den Fällen, in denen über die Zuständigkeit gesondert verhandelt und (durch grundsätzlich berufungsfähiges Zwischenurteil nach § 280 ZPO) entschieden wurde. Auch das Übersehen einer ausschließlichen Zuständigkeit begründet die Berufung nicht.

§ 513 Abs. 2 ZPO findet Anwendung auf die sachliche und örtliche Zuständigkeit, auf die fälschliche Annahme, es liege eine Familiensache vor, sowie auf die Abgrenzung der Zuständigkeit zwischen Kammer für Handelssachen und Zivilkammer oder zwischen Prozessgericht und Gericht der freiwilligen Gerichtsbarkeit. Der Nachprüfung durch das Berufungsgericht nicht entzogen sind die Prüfung der Zulässigkeit des Rechtswegs, die wegen ihrer verfassungsrechtlichen Implikationen nur im Rahmen des § 17a Abs. 5 GVG überprüft werden kann (*Boin* NJW 1998, 3747), und der internationalen Zuständigkeit, weil § 513 Abs. 2 ZPO nur die Zuständigkeitsverteilung unter den deutschen Gerichten erfasse und nicht diejenige zwischen deutschen und ausländischen Gerichten, der wegen der Abgrenzung der Souveränitätsrechte anderer Staaten und der Bedeutung dieser Frage auch für das anzuwendende Rechts ungleich größere Bedeutung zukomme (BGH MDR 2003, 348).

3295

Nicht ausgeschlossen ist von § 513 Abs. 2 ZPO die Rüge, das erstinstanzliche Gericht habe seine **Zuständigkeit** zu Unrecht **verneint**.

3296

> Ist die Klage mit der Begründung als unzulässig abgewiesen worden, das angerufene erstinstanzliche Gericht sei nicht zuständig, kann der Kläger dies mit der Berufung angreifen und die Zuständigkeit des Erstgerichts dartun. Hier ist in erster Instanz eine Sachentscheidung zu Unrecht unterblieben, die Zuständigkeitsrüge führt dazu, dass diese nachgeholt werden kann. In der Revisionsinstanz ist dann auch diese Rüge ausgeschlossen (§ 545 Abs. 2 ZPO).

gg) Änderung von Berufungsgründen

Vor Ablauf der Begründungsfrist ist eine Änderung von Berufungsgründen ohne Weiteres möglich. Die in der Berufungsbegründung enthaltenen Anträge und Berufungsgründe können beliebig geändert, ergänzt, erweitert oder beschränkt werden.

3297

> Die Berufungsbegründung muss innerhalb der Begründungsfrist erfolgen, dass sie in einem einzigen Schriftsatz zu erfolgen hat, verlangt die ZPO nicht. Mit Einreichung einer Berufungsbegründung ist die Befugnis des Berufungsklägers, die Berufung zu begründen und dabei Inhalt und Umfang des Berufungsverfahrens zu bestimmen, nicht erschöpft.
>
> Der Zulässigkeit einer in mehrere Schriftsätze aufgeteilten Berufungsbegründung steht § 530, 296 Abs. 1 ZPO nicht entgegen, solange alle Schriftsätze innerhalb der Frist eingehen. Auch eine Verletzung der allgemeinen Prozessförderungspflicht aus §§ 525, 296 Abs. 2, 282 Abs. 2 ZPO kommt regelmäßig nicht in Betracht.

Nach Ablauf der Begründungsfrist geht dies nicht mehr.

3298

> Die Berufungsfrist dient dazu, zu Beginn des Berufungsverfahrens Klarheit darüber herbeizuführen, in inwieweit das erstinstanzliche Urteil angefochten wird. Gegner und Gericht sollen sich darauf einstellen können, was Prozessstoff für die zweite Instanz sein wird. Mit dem Verstreichen der Begründungsfrist endet die Dispositionsmöglichkeit des Berufungsklägers.

3299 Möglich bleiben die Ergänzung fristgerecht vorgetragener Berufungsgründe und die Änderung der Berufungsanträge innerhalb solchermaßen fristgerecht vorgetragener Gründe.

Eine bloße Ergänzung von Berufungsgründen nimmt die Rechtsprechung zum Beispiel an, wenn ein Berufungsgrund zu einem einheitlichen, aus mehreren Berechnungspositionen bestehenden Streitgegenstand fristgerecht nur zu einzelnen Positionen substantiiert ist und nach Ablauf der Frist ergänzende Ausführungen bezüglich weiterer Einzelpositionen gemacht werden (BGH NJW 1984, 178).

Wegen der Möglichkeit einer Erweiterung von Berufungsanträgen nach Ablauf der Begründungsfrist oben Rdn. 3124.

c) Beschränkung des Streitstoffs und Präklusion von Vorbringen

3300 Damit die Berufung ihre Funktion als Instrument der Fehlerkontrolle und Fehlerberichtigung erfüllen kann, muss grundsätzlich verhindert werden, dass in zweiter Instanz eine abweichende Entscheidungsgrundlage entsteht. Dazu wird die Befugnis der Parteien, über den Streitgegenstand zu disponieren genauso beschränkt, wie die Möglichkeit, Angriffs- und Verteidigungsmittel vorzubringen (»**Novenrecht**«). Zudem behalten erstinstanzlich eingetretene Prozesslagen ihre Bindungswirkung auch in zweiter Instanz. Schließlich muss der gesamte Vortrag der Parteien in zweiter Instanz frühzeitig und konzentriert erfolgen.

3301 Der Streitstoff in zweiter Instanz unterliegt deswegen einer Vielzahl von Beschränkungen (Prütting/Gehrlein/*Oberheim* § 530 Rn. 2; *Schneider* NJW 2003, 1434):
– Grundsätzlich hat der Berufungskläger seine Angriffs- und Verteidigungsmittel innerhalb der Berufungsbegründungsfrist (§ 520 ZPO), der Berufungsbeklagte innerhalb der Berufungserwiderungsfrist (§ 521 Abs. 2 ZPO) vorzubringen. Nach Ablauf dieser Fristen erfolgender Vortrag unterfällt der Präklusionsmöglichkeit der §§ **530, 296 Abs. 1 ZPO**; dazu unten Rdn. 3302.
– Vortrag, der in erster Instanz als verspätet zurückgewiesen worden ist, bleibt in zweiter Instanz ausgeschlossen (§ **531 Abs. 1 ZPO**); dazu unten Rdn. 3307.
– Neuer Vortrag, der in erster Instanz nicht gebracht wurde, ist – unabhängig davon, ob er hätte gebracht werden können oder nicht – nur unter den Voraussetzungen des § **531 Abs. 2 ZPO** möglich; dazu unten Rdn. 3308.
– Zulässigkeitsrügen, die nach Ablauf der Fristen aus §§ 520, 521 ZPO vorgebracht werden, sind nur bei genügender Entschuldigung zu berücksichtigen (§ **532 ZPO**); dazu unten Rdn. 3310.
– Klageänderung, Aufrechnungserklärung und Widerklage dürfen, auch wenn der Gegner einwilligt oder das Gericht sie für sachdienlich hält, nur auf Tatsachen gestützt werden, die ohnehin berücksichtigt werden, neuer Vortrag zur Begründung ist ausgeschlossen (§ **533 ZPO**); dazu unten Rdn. 3311.
– Verfahrensrügen, die die Partei bereits in erster Instanz verloren hat (§ 295 ZPO), können auch in zweiter Instanz nicht erhoben werden (§ **534 ZPO**); dazu unten Rdn. 3327.
– Tatsachen, die eine Partei erstinstanzlich zugestanden hat (§ 288 ZPO), können auch in der Berufung nur beschränkt widerrufen werden (§§ **535, 290 ZPO**); dazu unten Rdn. 3328.
– Hat eine Partei erstinstanzlich ihre Vernehmung verweigert, so kann dies auch einer Vernehmung in zweiter Instanz entgegenstehen (§ **536 ZPO**); dazu unten Rdn. 3329.

aa) Zurückweisung verspäteten Vorbringens: §§ 530, 296 Abs. 1 ZPO

3302 Die Zurückweisung verspäteten Vorbringens dient der Prozessbeschleunigung. Die Parteien sollen angehalten werden, ihr Vorbringen frühzeitig und konzentriert vorzubringen, sodass der Rechtsstreit sachgerecht betrieben und alsbald entschieden werden kann. Diese ratio ist nicht berufungsspezifisch, sondern entspricht der in erster Instanz. Deswegen sind auch die Regelungen über die Zurückweisung weitgehend identisch. § 530 verweist dazu auf § 296 Abs. 1 ZPO. Daneben besteht die Möglichkeit einer Zurückweisung auch über die allgemeine Verweisungsnorm § 525 ZPO aus § 296 Abs. 1 und 2 ZPO.

Aus der Verweisung des § 530 ZPO wird deutlich, dass beide Parteien ihre Angriffs- und Verteidigungsmittel in der ihnen hierfür gesetzten Frist vorzubringen haben, der Berufungskläger in der Berufungsbegründungsfrist (§ 520 ZPO), der Berufungsbeklagte in der Berufungserwiderungsfrist (§ 521 Abs. 2 ZPO). 3303

Dieser besonderen Verweisung (neben der allgemeinen aus § 525 ZPO) bedarf es, weil damit der Katalog der Fristen in § 296 ZPO, deren Versäumung zu einer Zurückweisung führt, erweitert wird. § 530 ZPO stellt für die **Verspätung** allein auf die Versäumung der Berufungsbegründung- und Berufungserwiderungsfrist ab. Die Begründungsfrist läuft kraft Gesetzes immer, die Erwiderungsfrist nur, wenn sie vom Gericht gesetzt ist. Nicht erfasst wird die Versäumung sonstiger Fristen im Berufungsverfahren, insbesondere der Frist zur Begründung einer Anschlussberufung (§ 524 Abs. 3 ZPO; BGH NJW 2009, 515); auf diese kommt indes § 296 Abs. 1 ZPO über die allgemeine Verweisung des § 525 ZPO unmittelbar zur Anwendung, sodass die nachfolgenden Ausführungen auch dafür gelten.

Die Zurückweisungsmöglichkeit erstreckt sich auf die Mittel des Angriffs und der Verteidigung (insbesondere also Tatsachenbehauptungen, Bestreiten von Tatsachen, Beweismittel und Beweiseinreden), nicht indes auf die Angriffe und Verteidigungen selbst (Klage[änderung], Widerklage). Die Aufrechnung ist grundsätzlich keine selbstständige Verteidigung, sondern nur Verteidigungsmittel; sie unterfällt damit sowohl § 530 ZPO als auch § 533 ZPO (unten Rdn. 3311).

Die Notwendigkeit, Angriffs- und Verteidigungsmittel innerhalb der genannten Fristen vorzutragen, erstreckt sich gleichermaßen auf neues wie auf altes Vorbringen. Will eine Partei ihren Vortrag erster Instanz auch in der Berufungsinstanz einbringen, so muss sie diesen erneut vortragen. Die Anforderungen hieran sind nicht besonders hoch, eine sogar nur konkludente Bezugnahme wird regelmäßig ausreichen, muss aber innerhalb der von § 530 ZPO gezogenen zeitlichen Grenzen erfolgen.

Vortrag nach Ablauf dieser Fristen ist grundsätzlich verspätet und nur zuzulassen, wenn hierdurch die Erledigung des Rechtsstreits nicht verzögert wird und die Partei die Verspätung genügend entschuldigt (§§ 530, 296 Abs. 1 ZPO). 3304

Für die Frage der Verzögerung ist nach h. M. nicht vom relativen (hypothetischen) Verzögerungsbegriff auszugehen, der die Prozessdauer bei rechtzeitigem Vorbringen mit der bei verspätetem Vorbringen vergleicht, sondern grundsätzlich vom **absoluten Verzögerungsbegriff**, der darauf abstellt, ob der Rechtsstreit bei Zulassung des verspäteten Vorbringens länger dauern würde als bei dessen Zurückweisung.

Zur **Vermeidung** einer verfassungsrechtlich wegen Verletzung des Grundsatzes rechtlichen Gehörs problematischen **Überbeschleunigung** ist dieser absolute Verzögerungsbegriff in einigen Fällen durch eine relative Betrachtungsweise einzuschränken. Keine Verzögerung liegt vor, wenn die Fristversäumung für die Verzögerung nicht kausal wird, zu Beispiel weil auch bei fristgerechtem Vortrag ein Beweisbeschluss erforderlich geworden wäre, der eine sofortige Entscheidung des Rechtsstreits verhindert hätte oder weil das Vorbringen von einem Streitgenossen rechtzeitig vorgebracht wurde und deswegen ohnehin zu berücksichtigen ist (OLG Brandenburg NJW 1998, 498). Hierzu gehören auch Fälle, in denen die Fristversäumung der Partei nicht zurechenbar ist, weil etwa ein verspätet benannter, aber noch wirksam zum Termin geladener Zeuge nicht erschienen ist (BGH NJW 1989, 719). Keine Verzögerung liegt auch vor, wenn aufgrund des verspäteten Vorbringens die mündliche Verhandlung länger dauert (etwa, weil Zeugen beigeladen und vernommen werden müssen) oder eine Schriftsatznachlassfrist für den Gegner (§ 283 ZPO) erforderlich wird. Schließlich gehören Fälle hierher, in denen das Gericht zumutbare vorbereitende Maßnahmen unterlassen hat, mit denen die Verzögerung hätte abgewendet werden können; dafür muss schon bei der Terminsbestimmung Vorsorge getroffen werden (kein »Durchlauftermin«).

Das **Verschulden** der Partei wird im Rahmen des § 296 Abs. 1 ZPO widerleglich vermutet. Die Anforderungen an die Entschuldigung entsprechen denen an die Wiedereinsetzung in den vorigen Stand (§ 233 ZPO). Erforderlich ist deswegen die Darlegung, dass die Partei (und ihr Prozessbevollmächtigter, § 85 Abs. 2 ZPO) ohne Verschulden an der Einhaltung der Frist verhindert waren. Selbst einfache Fahrlässigkeit muss dabei ausgeschlossen sein, Prozessverschleppungsabsicht ist nicht erforderlich. Ein Entschuldigungsgrund ist gegeben, wenn der Partei das Angriffs- und Verteidigungsmittel vor Ablauf der Frist nicht bekannt war und sie es auch nicht hätte ermitteln können (BGH NJW 1988, 60) oder wenn die vom Gericht bestimmte Frist in Anbetracht des Prozessstoffs unangemessen kurz war (OLG Dresden NJW-RR 1999, 214).

Nur auf Verlangen des Gerichts ist der Entschuldigungsgrund glaubhaft zu machen (§ 296 Abs. 4 ZPO).

Die Zurückweisung nach § 296 Abs. 1 ZPO steht nicht im Ermessen des Gerichts, sondern ist zwingend.

Die Zurückweisung ist im Berufungsurteil zu begründen und kann mit der Revision überprüft werden. Die Berücksichtigung verspäteten Vorbringens dagegen bedarf keiner Begründung und ist nicht anfechtbar.

3305 Wird in zweiter Instanz nicht die Frist zur Berufungsbegründung oder -erwiderung verletzt, sondern eine **sonstige**, vom Gericht gesetzte **Frist**, so finden darauf **§§ 525, 296 Abs. 1 ZPO** Anwendung, sodass die vorstehenden Ausführungen ebenfalls gelten.

3306 Kaum praktische Relevanz kommt daneben der Möglichkeit zu, Angriffs- und Verteidigungsmittel, die unter Verletzung der allgemeinen Prozessförderungspflicht in zweiter Instanz verspätet vorgetragen wurden, nach §§ 525, 296 Abs. 2 ZPO zurückzuweisen, wenn ihre Zulassung nach der freien Überzeugung des Gerichts die Erledigung des Rechtsstreits verzögern würde und die Verspätung auf grober Nachlässigkeit beruht.

Die allgemeine Prozessförderungspflicht ist in § 282 ZPO geregelt. § 282 Abs. 1 ZPO betrifft nur die mündliche Verhandlung und hat deswegen für die Präklusion kaum praktische Relevanz. Nach § 282 Abs. 2 ZPO kann die allgemeine Prozessförderungspflicht verletzt sein, wenn Schriftsätze nicht rechtzeitig vor dem Termin eingereicht wurden. Der Verzögerungsbegriff entspricht dem des § 296 Abs. 1 ZPO, sodass auf die oben gemachten Ausführungen verwiesen werden kann. Anders als bei § 296 Abs. 1 ZPO wird das Verschulden nicht vermutet, sondern muss positiv festgestellt werden. Erforderlich ist dabei grobe Nachlässigkeit, die anzunehmen ist, wenn die Partei ihre Prozessförderungspflicht in besonders hohem Maß verletzt, sich ausnehmend sorglos verhalten und dasjenige unterlassen hat, was jeder anderen Partei in der konkreten Verfahrenslage als notwendig eingeleuchtet hätte (BGH NJW 1997, 2244; Musielak/*Huber* § 296 Rn. 31). Im Unterschied zu § 296 Abs. 1 ZPO steht die Zurückweisung hier im Ermessen des Gerichts (BGH NJW 1981, 1218).

bb) Erstinstanzlich zurückgewiesene Tatsachen: § 531 Abs. 1 ZPO

3307 Die Präklusionsvorschriften erster Instanz machen nur Sinn, wenn die Zurückweisung verspäteten Vorbringens nicht nur auf die Instanz beschränkt bleibt, sondern für den gesamten Rechtsstreit gilt. Die Präklusionswirkung muss deswegen für die Berufungsinstanz perpetuiert werden (Prütting/Gehrlein/*Oberheim* § 531 Rn. 1; Angriffs- und Verteidigungsmittel, die in erster Instanz zu Recht zurückgewiesen worden sind, bleiben ausgeschlossen (§ 531 Abs. 1 ZPO).

Der Anwendungsbereich des § 531 Abs. 1 ZPO ist damit deutlich beschränkt. Ihm unterfallen nur Angriffs- und Verteidigungsmittel, nicht eigenständige Angriffe und Verteidigungen selbst. Für Vorbringen, das in erster Instanz zu Unrecht zurückgewiesen wurde, gilt § 531 Abs. 1 ZPO genauso wenig, wie für Vorbringen, das aus anderen Gründen unberücksichtigt geblieben ist.

Hat die Partei Tatsachen in erster Instanz trotz einer ihr gesetzten Frist nicht oder erst nach Schluss der mündlichen Verhandlung (§ 296a ZPO) vorgetragen, beurteilt sich die Zulässigkeit des Vortrags in zweiter Instanz allein nach § 531 Abs. 2 ZPO, nicht nach § 531 Abs. 1 ZPO. Dass damit die verspätet vortragende Partei schlechter steht, als die nicht vortragende Partei, ist wenig einleuchtend, aber nicht verfassungswidrig (Musielak/*Ball* § 531 Rn. 5).

Bei Beurteilung der Frage, ob die Zurückweisung erstinstanzlich zu Recht erfolgte, ist das Berufungsgericht nicht an die Einschätzung des Erstgerichts gebunden, sondern hat frei zu entscheiden, ob nach seiner Auffassung die Zurückweisungsvoraussetzungen vorlagen. Allerdings darf das Berufungsgericht die Zurückweisung nicht auf eine andere als die von der Vorinstanz angewendete Vorschrift stützen und eine fehlerhafte Begründung nicht durch eine andere ersetzen (BGH NJW 1990, 304).

Das zur Recht zurückgewiesene Vorbringen bleibt zwingend ausgeschlossen. Das Berufungsgericht hat insoweit weder ein Ermessen noch eine Möglichkeit, das Vorbringen zuzulassen. Eine Ausnahme gilt indes für die Tatsachen, die in zweiter Instanz unstreitig geworden sind (BGH NJW 1980, 945; unten Rdn. 3289). Führt die Berufung zu einer Zurückverweisung in die erste Instanz, so ist das Vorbringen dort zu berücksichtigen, da insoweit eine Verzögerung nicht mehr eintreten kann (Musielak/*Ball* § 531 Rn. 12).

Vortrag der in erster Instanz hätte zurückgewiesen werden können, aber nicht zurückgewiesen wurde, wird uneingeschränkt berücksichtigt, da nunmehr eine Verzögerung nicht mehr droht.

cc) Neue Angriffs- und Verteidigungsmittel: § 531 Abs. 2 ZPO

Gegenstand des Berufungsverfahrens sind die vom erstinstanzlichen Gericht festgestellten (das heißt die von ihm der Entscheidung zugrunde gelegten) Tatsachen (§ 529 ZPO). Die Parteien hatten in erster Instanz die prinzipiell unbeschränkte Möglichkeit, Tatsachen vorzutragen, hieran sind sie für den weiteren Prozessverlauf gebunden. Sie können in zweiter Instanz nicht Tatsachen behaupten, bestreiten oder unter Beweis stellen, soweit sie dies nicht in erster Instanz schon getan haben. Sie dürfen grundsätzlich weder etwas Anderes vortragen, als in erster Instanz, noch etwas Neues. 3308

Die Möglichkeiten neuen Vortrags sind auf die Fälle des § 531 Abs. 2 ZPO beschränkt. 3309

> Zuzulassen sind neue Tatsachen nur, wenn sie einen Gesichtspunkt betreffen, der vom Gericht des ersten Rechtszugs erkennbar übersehen oder für unerheblich gehalten worden ist, wenn sie infolge eines Verfahrensmangels nicht geltend gemacht wurden oder wenn ihre Nichtgeltendmachung in erster Instanz nicht auf einer Nachlässigkeit der Partei beruht. Zur Ausfüllung dieser Voraussetzungen oben Rdn. 3286.

dd) Verzichtbare Zulässigkeitsrügen: § 532 ZPO

Zu dem Vorbringen, das nach §§ 530, 296 ZPO zurückgewiesen werden kann, wenn es nicht innerhalb der Berufungsbegründungs- bzw. -erwiderungsfrist vorgebracht wird, gehören auch verzichtbare Rügen, die die Zulässigkeit der Klage betreffen. Während nach diesen Vorschriften eine Zurückweisung aber nur bei Verzögerung des Verfahrens in Betracht kommt, lässt § 532 ZPO eine Zurückweisung unabhängig von dieser Voraussetzung, das heißt auch dann zu, wenn sie nicht zu einer Verzögerung des Rechtsstreits führt. 3310

> § 532 erreicht damit eine frühzeitige und endgültige Klärung bestimmter Zulässigkeitsfragen.
>
> Aufgrund des engen Anwendungsbereichs ist die praktische Bedeutung dieser Vorschrift gering. Verzichtbare Zulässigkeitsrügen sind die Einrede der mangelnden Prozesskostensicherheit eines ausländischen Klägers (§§ 113, 110 ff. ZPO), der mangelnden Prozesskostenerstattung nach Klagerücknahme (§ 269 Abs. 6 ZPO) und der Schiedsvereinbarung (§ 1032 ZPO). Auf die übrigen Zulässigkeitsvoraussetzungen findet § 532 ZPO keine Anwendung (Prütting/Gehrlein/*Oberheim* § 532 Rn. 5).
>
> Hätte die verzichtbare Zulässigkeitsrüge bereits in erster Instanz erhoben werden können, muss genügend entschuldigt werden, warum dies nicht geschehen ist (§ 532 Satz 2 ZPO).

ee) Erweiterung des Streitstoffs: § 533 ZPO

§ 533 ZPO erstreckt die Beschränkungen der Parteien von den bloßen Angriffs- und Verteidigungsmitteln auf die echten Angriffe. 3311

> Die Aufrechnung ist an sich zwar Verteidigungs- (oder, wenn vom Kläger bei der negativen Feststellungs- oder der Vollstreckungsabwehrklage vorgebracht, Angriffs-)mittel, den selbstständigen Angriffen bzw. Verteidigungen aber gleichgestellt, weil sie wie diese zu einer Erweiterung des Streitstoffs führt und alle zweitinstanzlichen Ausweitungen des Streitstoffs im Interesse der Waffengleichheit der Parteien gleichbehandelt werden müssen (BGH NJW 2000, 145).

Klageänderung, Aufrechnung und Widerklage sind nur möglich, wenn der Gegner einwilligt oder das Gericht sie für sachdienlich hält und dazu keine, der Berufung nicht ohnehin zugrunde zu legende Tatsachen erforderlich sind (§ 533 ZPO). 3312

Die bei **Sachdienlichkeit** entbehrliche **Einwilligung** entspricht der Voraussetzung für eine Klageänderung in erster Instanz (§ 263 ZPO, oben Rdn. 2437). 3313

> Eine Einwilligung kann ausdrücklich oder konkludent erklärt werden, die rügelose Einlassung auf den neuen Streitstoff kann dazu ausreichen (§ 267). Die Einwilligung ist bedingungsfeindlich und unwiderruflich.
>
> Sachdienlich ist eine Änderung des Streitstoffs, wenn durch die Zulassung ein neues Verfahren vermieden werden kann und der prozessuale Aufwand bei Einbeziehung in das laufende Verfahren geringer ist, als bei Beginn eines neuen Verfahrens (BGH NJW 1985, 1842). Die Sachdienlichkeit fehlt, wenn der spruchreife

Prozess durch die nicht spruchreife Erweiterung verzögert würde (BGH WM 1976, 1278) oder wenn der neue Streitgegenstand bereits in einem anderen Verfahren rechtshängig ist (BGH FamRZ 1990, 975). Dass durch die Zulassung eine Instanz verloren geht, ist bei Beurteilung der Sachdienlichkeit einzubeziehen, steht dieser aber nicht grundsätzlich entgegen, weil das Gesetz dies mit der Möglichkeit der Zulassung erkennbar in Kauf nimmt (BGH NJW 1992, 2296). Auch der Umstand, dass der neue Streitstoff bereits erstinstanzlich hätte eingeführt werden können, hindert die Sachdienlichkeit nicht.

3314 Klageänderung, Aufrechnung und Widerklage können nur auf solche **Tatsachen** gestützt werden, die das Berufungsgericht seiner Verhandlung und Entscheidung über die Berufung nach § 529 ZPO ohnehin zugrunde zu legen hat.

Nach § 529 besteht für die Berufungsinstanz grundsätzlich eine Bindung an den erstinstanzlich festgestellten Sachverhalt. Der Vortrag neuer Tatsachen ist nur unter engen Voraussetzungen möglich (§§ 529 Nr. 2, 531 Abs. 2 ZPO). Über Klageänderung, Aufrechnung und Widerklage kann dieses grundsätzliche Verbot des Vortrags neuer Angriffs- und Verteidigungsmittel nicht umgangen werden (keine »Flucht in die Änderung des Streitgegenstands«).

Vorliegen können die Voraussetzungen des § 531 Abs. 2 Nr. 1 ZPO, wenn die der Erweiterung des Streitstoffs zugrunde zu legenden neuen Tatsachen aufgrund der vom erstinstanzlichen Gericht vertretenen Rechtsansicht unerheblich waren (BGH NJW-RR 2010, 1508).

Verhindert werden soll damit auch, dass ein neuer Streitgegenstand zwar wirksam in den Prozess eingeführt wird, er aber rechtskraftfähig (§ 322 Abs. 1, 2 ZPO) abgewiesen werden muss, weil Tatsachen, die zu seiner Substantiierung erforderlich sind, nicht berücksichtigt werden dürfen. Insoweit dient die zweite Voraussetzung des § 533 ZPO auch dem Schutz der Partei vor einem endgültigen Verlust ihrer Forderung.

Die Beschränkung auf ohnehin zu berücksichtigende Tatsachen schränkt die Möglichkeiten der Erweiterung des Streitstoffs praktisch erheblich ein. Statthaft sind diese nur, wenn sie ihren Grund im bisherigen Prozessstoff haben. Im Wesentlichen sind dies Klageerweiterungen.

3315 Liegen diese Voraussetzungen vor, lässt das Berufungsgericht die Klageänderung, Aufrechnung oder Widerklage zu.

Die Zulassung erfolgt inzident im Endurteil über die Berufung, ist für die Revisionsinstanz bindend (BGH NJW 2000, 3273) und bedarf deswegen keiner Begründung.

Die Nichtzulassung erfolgt durch Prozessurteil, das keine materielle Rechtskraft entfaltet und deswegen der isolierten Geltendmachung der Forderung in einem nachfolgenden Prozess nicht entgegen steht (BGHZ 33, 401). Sie führt nur zur Unzulässigkeit von Klageänderung, Widerklage oder Aufrechnung, die zugrunde liegende (Anschluss-) Berufung ist – wenn keine anderen Gründe greifen – unbegründet. Die Nichtzulassung kann mit der Revision gerügt werden und muss deswegen auch im Berufungsurteil begründet werden (BGH NJW 1977, 49).

3316 Neuerdings streitig geworden ist die Frage, wie solche Streitgegenstandsänderungen im Fall einer Entscheidung des Gerichts über die Berufung nach § 522 Abs. 2 ZPO zu behandeln sind.

Dass eine vom erstinstanzlich unterlegenen Kläger in zweiter Instanz vorgenommene Klageerweiterung oder eine vom unterlegenen Beklagten neu erhobene Widerklage bei Zurückweisung der Berufung nach § 522 Abs. 2 ZPO entsprechend § 524 Abs. 4 ZPO ihre Wirkung verliert (so die h. M.: KG NJW 2006, 3505; Prütting/Gehrlein/*Oberheim* § 533 Rn. 14 m. w. N.), wird in der neueren Literatur mit beachtlichen Gründen bestritten (a. A. *Bub* MDR 2011, 84).

3317 (1) **Klageänderung.** Eine Klageänderung setzt voraus, dass der Streitgegenstand in zweiter Instanz von der ersten Instanz abweicht.

Nach dem eingliedrigen **Streitgegenstandsbegriff** ist dazu eine Änderung des Antrags erforderlich, nach dem zweigliedrigen Streitgegenstandsbegriff reicht auch die Änderung des zur Begründung vorgetragenen Lebenssachverhalts aus.

Die Klageänderung ist in verschiedenen **Arten** denkbar (Prütting/Gehrlein/*Oberheim* § 533 Rn. 4). Sie kann allgemein im Austausch des bisherigen Streitgegenstands gegen einen neuen (Klagewechsel) oder im Hinzutreten eines weiteren Streitgegenstands neben den verbleibenden (nachträgliche Klagehäufung) liegen; erstinstanzlich richtet sich die Zulässigkeit dann nach §§ 263, 267 ZPO, bedarf also der Zustimmung des

Gegners oder der Sachdienlichkeit. Privilegiert, das heißt nach §§ 264–266 ZPO kraft Gesetzes ohne Zustimmung und Sachdienlichkeit zulässig sind nachträgliche Änderungen des Umfangs der Klage (Klagebeschränkung, Klageerweiterung, § 264 Nr. 2 ZPO) oder Anpassungen der Klage an nachträglich veränderte Umstände (§§ 264 Nr. 3, 265 f. ZPO).

Die Klageänderung bedarf nach § 533 ZPO grundsätzlich der Einwilligung des Gegners oder der Sachdienlichkeit und darf nur auf ohnehin zu berücksichtigende Tatsachen gestützt werden (oben Rdn. 3300, 3301). 3318

Ist die Klageänderung in erster Instanz **ohne Einwilligung** des Gegners und **ohne Sachdienlichkeit** zulässig (§§ 264–266 ZPO), so bedarf sie dieser Voraussetzungen auch in zweiter Instanz nicht. Klageerweiterung, Klagebeschränkung und Klageanpassung sind deswegen allein an § 533 Nr. 2 ZPO zu messen. 3319

Nach den Regeln der Klageänderung wird von der h. M. auch eine Reihe anderer Fallkonstellationen behandelt. 3320

> Der **gewillkürte Parteiwechsel** ist im Gesetz nicht geregelt. Während die Literatur in ihm ein Institut sui generis sieht, wendet die Rechtsprechung auf ihn die §§ 263 ff. ZPO entsprechend an. Er ist mit der Berufung regelmäßig nicht möglich, weil die für die Zulässigkeit der Berufung erforderliche Beseitigung der Beschwer nur zwischen den ursprünglichen Parteien begehrt werden kann. Wegen der möglichen Parteierweiterung oben Rdn. 1187.
>
> Die **Abstandsnahme vom Urkundenprozess** ist in § 595 ZPO nur für die erste Instanz geregelt. Eine entsprechende Erklärung in der Berufung wird von der h. M. als Klageänderung behandelt und damit von einer Einwilligung oder Sachdienlichkeit abhängig gemacht (BGHZ 29, 337; OLG Frankfurt a. M. MDR 1988, 326). Der Ausschluss der Möglichkeit neuen Vortrags zur geänderten Klage macht einen solchen Wechsel nach neuem Recht nahezu unmöglich (Prütting/Gehrlein/*Oberheim* § 533 Rn. 6). Vertreten wird deswegen auch eine Zurückverweisung an die erste Instanz analog § 538 Abs. 2 Nr. 5 ZPO (Musielak/*Ball* § 596 Rn. 7).
>
> Durch Erweiterung des Klageantrags kann der Kläger im Wege der **Zwischenfeststellungsklage** beantragen, dass ein im Laufe des Prozesses streitig gewordenes Rechtsverhältnis, von dessen Bestehen oder Nichtbestehen die Entscheidung des Rechtsstreits ganz oder zum Teil abhängt, festgestellt wird (§ 256 Abs. 2 ZPO). Ihre Zulässigkeit richtet sich allein nach §§ 525, 256 Abs. 2 ZPO, die als speziellere Regelung den § 533 ZPO verdrängen (BGHZ 53, 92).

(2) **Widerklage.** Eine Widerklage bedarf nach § 533 ZPO der Einwilligung des Gegners oder der Sachdienlichkeit und darf nur auf ohnehin zu berücksichtigende Tatsachen gestützt werden. 3321

Unter § 533 ZPO fallen grundsätzlich alle **Arten** von neuen Widerklagen, das heißt neben der unbedingten Widerklage des Beklagten auch die Hilfswiderklage, die Wider-Widerklage des Klägers und die Drittwiderklagen, unabhängig davon, ob sie von einem oder gegen einen Dritten erhoben werden. Nicht von § 533 ZPO erfasst wird allein die Zwischenfeststellungswiderklage (BGH MDR 2008, 158; Prütting/Gehrlein/*Oberheim* § 533 Rn. 26). 3322

> **Neu** ist eine Widerklage, wenn sie in erster Instanz noch nicht rechtshängig war.
>
> Die **Hilfswiderklage** steht unter einer (zulässigen) innerprozessualen Bedingung (zum Beispiel Stattgabe oder Abweisung der Klage, BGH NJW 1996, 2166; oben Rdn. 1168).
>
> Von einer **Wider-Widerklage** geht die Rechtsprechung aus, wenn der Kläger als Reaktion auf die Erhebung einer Widerklage durch den Beklagten seinerseits die Klage erweitert. In erster Instanz kann hiermit eine Privilegierung erreicht werden, weil die Wider-Widerklage – anders als die Klageänderung – nicht von den Voraussetzungen des § 263 ZPO abhängt. In der Berufungsinstanz ist dieser Unterschied wegen der Gleichbehandlung von Klageänderung und Widerklage in § 533 ZPO unbeachtlich.
>
> Eine **Drittwiderklage** liegt vor, wenn mit ihr eine Erweiterung des Prozessrechtsverhältnisses auf bislang nicht verfahrensbeteiligte Personen verbunden ist. Der Dritte kann dabei als Widerbeklagter (allein oder gemeinsam mit dem bisherigen Kläger) oder als Widerkläger (allein oder gemeinsam mit dem bisherigen Beklagten) auftreten. Die h. M. lässt eine solche parteierweiternde Widerklage regelmäßig nur zu, wenn der

Dritte zusammen mit der bisherigen Partei auftritt und – weil ein nach §§ 263 ff. ZPO analog zu behandelnder Fall des Parteibeitritts vorliegt – er zustimmt oder die Erweiterung sachdienlich ist (oben Rdn. 1194, auch zur Ausnahme).

Die Feststellung vorgreiflicher Rechtsverhältnisse im laufenden Verfahren kann im Rahmen der **Zwischenfeststellungswiderklage** auch vom Beklagten beantragt werden (§ 256 Abs. 2 ZPO; oben Rdn. 773). Ihre Zulässigkeit richtet sich allein nach §§ 525, 256 Abs. 2 ZPO, die als speziellere Regelung den § 533 ZPO verdrängen (BGHZ 53, 92).

3323 (3) **Aufrechnung.** Die Aufrechnung ist ein **Doppeltatbestand.** Sie stellt sowohl ein materiellrechtliches Gestaltungsrecht als auch eine Prozesshandlung dar. § 533 ZPO regelt insoweit nur die prozessuale Geltendmachung durch den Beklagten (BGH NJW 1992, 2575), macht diese von der Einwilligung des Gegners oder der Sachdienlichkeit abhängig und beschränkt sie auf ohnehin zu berücksichtigende Tatsachen.

§ 533 ZPO erfasst deswegen die Aufrechnung des Beklagten, auch die des Widerbeklagten (BGH FamRZ 1990, 975), nicht aber die des Klägers, die im Wege der Replik gegen eine Gegenforderung des Beklagten (BGH NJW-RR 1990, 1470) oder zur Begründung einer negativen Feststellungsklage oder Vollstreckungsgegenklage erklärt wird.

3324 **Neu** ist die Aufrechnung, wenn sie mit einer Forderung erfolgt, die in erster Instanz nicht zur Aufrechnung stand.

3325 ▶ Beispiel:

Hat der Beklagte erstinstanzlich mit einer Forderung aufgerechnet und tauscht er diese in der Berufung gegen eine andere Forderung aus, unterfällt dies § 533 ZPO. Werden mehrere Forderungen hintereinander zur Aufrechnung gestellt, so müssen die Voraussetzungen des § 533 ZPO für alle Aufrechnungsforderungen vorliegen (BGH NJW 2000, 143).

Nicht neu ist eine erstinstanzlich hilfsweise erklärte Aufrechnung, über die nicht entschieden wurde (BGH NJW 1983, 931). Neu dagegen ist die Aufrechnung, die erstinstanzlich zunächst bereits geltend gemacht war, vor der Entscheidung aber fallen gelassen wurde (BGH MDR 1975, 1008).

Die Geltendmachung eines Zurückbehaltungsrechts steht einer Aufrechnung grundsätzlich nicht gleich, es ist allein nach § 531 ZPO zu beurteilen. Allerdings ist die »Zurückbehaltung« bei zwei gegenseitigen Geldforderungen unabhängig von ihrer Bezeichnung regelmäßig eine Aufrechnung (OLG Celle OLGZ 1972, 477).

Unabhängig von der Bezeichnung der Parteien stellt es keine Aufrechnung dar, wenn der Beklagte das Fehlen von Gegenpositionen in einer Abrechnung rügt oder Gewährleistungsansprüche geltend macht (BGH NJW 1978, 814).

3326 Wird die Aufrechnung als unzulässig zurückgewiesen, so erfolgt keine der **Rechtskraft** fähige Entscheidung über sie (§ 322 Abs. 2 ZPO), sie kann zum Gegenstand eines nachfolgenden Verfahrens gemacht werden.

ff) Verlust des Rügerechts: § 534 ZPO

3327 Nach § 295 Abs. 1 ZPO verliert die Partei das Recht, die Verletzung einer verzichtbaren Verfahrensnorm zu rügen, wenn sie sich in der nächsten mündlichen Verhandlung rügelos eingelassen hat. Verfahrensrügen, die die Partei so bereits erstinstanzlich verloren hat, kann sie auch in zweiter Instanz nicht mehr erheben (§ 534 ZPO).

§ 534 ZPO erfasst alle rügepflichtigen Verfahrensverstöße, die vor Schluss der mündlichen Verhandlung erster Instanz entstanden sind (Prütting/Gehrlein/*Oberheim* § 534 Rn. 3). Erhebt die Partei eine entsprechende Rüge, wird sie damit im Berufungsverfahren nicht gehört. Nicht von § 534 ZPO erfasst werden Verfahrensverstöße, die im Erlass des Urteils liegen, nach dessen Verkündung zwischen den Instanzen oder erst im Berufungsverfahren selbst entstanden sind. Diese können im Berufungsverfahren grundsätzlich gerügt werden, allerdings nur bis zur nächsten mündlichen Verhandlung, eine rügelose Einlassung führt dann auch hier zum Rügeverlust (§§ 525, 295 ZPO).

gg) Gerichtliches Geständnis: § 535 ZPO

Hat eine Partei eine Behauptung des Gegners zugestanden, so gilt die Tatsache als wahr (§ 288 Abs. 1 ZPO). Sie kann im weiteren Prozessverlauf nicht mehr einfach bestritten werden, nur unter engen Voraussetzungen ist der Widerruf eines solchen Geständnisses noch möglich (§ 290 ZPO). Diese Beschränkung dauert in zweiter Instanz fort (§ 535 ZPO).

3328

> Voraussetzung dafür ist ein in erster Instanz wirksam erklärtes Geständnis. Klassischerweise treten hier Abgrenzungsprobleme zum bloßen Nichtbestreiten nach § 138 Abs. 3 ZPO auf, das Bindungswirkungen nicht – auch nicht in zweiter Instanz – entfaltet (BGH NJW 1995, 1432; OLG Köln NJW 1997, 213). Entscheidend ist nicht die Beurteilung des Erstgerichts, sondern die des Berufungsgerichts, sodass eine Bindungswirkung auch dann eintreten kann, wenn eine erstinstanzliche Erklärung der Partei in erster Instanz nicht, wohl aber in zweiter Instanz als Geständnis gewertet wird Prütting/Gehrlein/*Oberheim* § 535 Rn. 3 f.). Zulässig ist damit auch die mit der Berufung erhobene Rüge, die Annahme eines Geständnisses durch die erste Instanz sei fehlerhaft.

> Die Fortdauer der Bindungswirkung des Geständnisses für die Berufungsinstanz kann nicht dadurch ausgeschlossen werden, dass das Geständnis erstinstanzlich ausdrücklich »nur für diese Instanz« erklärt wurde, da eine entsprechende Einschränkung prozessual unbeachtlich ist (*E. Schneider* MDR 1991, 298).

hh) Parteivernehmung: § 536 ZPO

Nur bedingte Fortdauer in zweiter Instanz hat die erstinstanzlich erklärte Verweigerung einer Parteivernehmung (§ 536 ZPO).

3329

> Der Antrag auf Parteivernehmung führt grundsätzlich zur Vernehmung des Gegners. Dieser kann seine Vernehmung und/oder seine Beeidigung verweigern (§§ 446, 453 Abs. 2 ZPO). Eine solche Weigerung entfaltet Bindungswirkung für die zweite Instanz nur, wenn die Gründe dafür fortdauern oder unvernünftig waren (Prütting/Gehrlein/*Oberheim* § 536 Rn. 4 f.).

IV. Die Tätigkeit des Anwalts für den Berufungsbeklagten und andere Verfahrensbeteiligte

Am Berufungsverfahren nimmt neben den Berufungskläger der Berufungsbeklagte und ggf. weitere Beteiligte teil. Deren Vertretung wirft eigenständige Fragen auf.

3330

1. Taktische Überlegungen

Taktisch stellen sich für den Prozessbevollmächtigten des Berufungsbeklagten drei Fragen:

3331

– Empfiehlt es sich, aus dem erstinstanzlichen Urteil trotz der Einlegung der Berufung durch den Gegner vorläufig zu vollstrecken?

> Dies wird grundsätzlich zu bejahen sein, bedarf jedoch im Hinblick auf die beim Erfolg der Berufung möglichen Schadensersatzansprüche einer Prüfung im Einzelfall (unten Rdn. 3333).

– Empfiehlt es sich, schon auf die Berufungseinlegung zu reagieren, also bereits vor Einreichung der Berufungsbegründung einen eigenen Antrag zu stellen?

> Relevant ist diese Frage insbesondere gebührenrechtlich, wenn nicht sicher ist, ob der Berufungskläger das Rechtsmittel weiter verfolgt und so die Gefahr besteht, dass das zweitinstanzliche Verfahren endet, bevor der Berufungsbeklagte sich daran beteiligt hat. Dazu unten Rdn. 3334.

– Wie soll der Berufung inhaltlich entgegen getreten werden?

> Bei offensichtlich begründeter Berufung kann zumindest versucht werden, die Kosten zu minimieren. Im Übrigen kann sich neben der bloßen Verteidigung des angefochtenen Urteils dessen eigene Anfechtung anbieten (unten Rdn. 3336).

a) Vorläufige Vollstreckung

3332 ▶ **Praxistipp:**

Vor Einleitung von Vollstreckungsmaßnahmen aus dem erstinstanzlichen Urteil sollten daraus mögliche Schadensersatzansprüche des Schuldners bedacht werden.

3333 Macht der Berufungsbeklagte, der erstinstanzlich gewonnen hat, von der ihm eingeräumten Befugnis zur vorläufigen Vollstreckung aus dem Urteil Gebrauch macht, kann dies bei einer nachfolgenden Abänderung des Urteils in der Berufung eine Schadensersatzpflicht begründen (§ 717 Abs. 2 ZPO). Im Einzelfall kann es deswegen angezeigt sein, vor Abschluss des Berufungsverfahrens auf eine Vollstreckung aus dem Urteil zu verzichten.

> Wird das Urteil erster Instanz, auf das die Vollstreckung gestützt wurde, in der Berufung aufgehoben oder abgeändert, so ist der Vollstreckungsgläubiger zum Ersatz des Schadens verpflichtet, der dem Vollstreckungsschuldner durch die Vollstreckung aus dem Urteil oder durch eine zur Abwendung der Vollstreckung gemachte Leistung entstanden ist (§ 717 Abs. 2 ZPO). Der Gläubiger haftet dabei verschuldensunabhängig und ohne Rücksicht darauf, ob das abändernde Urteil richtig ist oder nicht (BGH MDR 1983, 221). Auch eine Beschränkung auf die selbst erlangten Beträge oder eine Berufung auf die Entreicherungseinrede ist nicht möglich. Der Gläubiger muss deswegen unter Wiederherstellung des vor der Vollstreckung bestehenden Zustands nicht nur das herausgeben, was er durch die Vollstreckung erlangt hat, sondern den vollen dem Schuldner entstandenen Schaden ersetzen. Dieser Schaden umfasst alle kausal durch die Vollstreckung eingetretenen Vermögensnachteile des Schuldners und kann den Betrag einer Sicherheitsleistung übersteigen. Kaum im Voraus zu kalkulierende Schäden des Vollstreckungsschuldners können in außergewöhnlichen Aufwendungen zur Beschaffung einer Sicherheit, entgangenem Gewinn oder einem Zinsverlust bestehen (OLG Hamburg MDR 1999, 188).
>
> Hat der Beklagte gegen seine erstinstanzliche Verurteilung zur Erteilung einer Auskunft Berufung eingelegt, kann der Kläger nach § 888 ZPO vorläufig vollstrecken. Ein dabei festgesetztes Zwangsgeld wird auf Antrag des Klägers zugunsten der Staatskasse beigetrieben und kann nach Abänderung des Urteils und Aufhebung des darauf beruhenden Zwangsgeldbeschlusses zurückgezahlt werden (§§ 775, 776 ZPO; BAG NJW 1990, 2579). Die Vollstreckung von Zwangshaft stellt allein keinen ersatzfähigen Vermögensschaden dar, kann aber einen solchen mittelbar (zum Beispiel über entgangene Einkünfte) auslösen.
>
> Der Schuldner (entgegen dem Wortlaut des § 717 Abs. 2 Satz 2 ZPO nicht nur der Beklagte) kann seinen Schadensersatzanspruch in einem gesonderten Prozess oder im noch anhängigen Berufungsverfahren geltend machen. Letzteres geschieht durch einen Zwischenantrag oder (durch den Beklagten) einredeweise im Wege der Aufrechnung gegen den Klageanspruch.

b) Reaktion auf Berufung zur Fristwahrung

3334 ▶ **Praxistipp:**

Der Vertreter des Berufungsbeklagten sollte sich bereits auf die Zustellung der Berufungsschrift hin mit dem Antrag auf Zurückweisung der Berufung zu den Akten melden und hiermit nicht bis zur Zustellung der Berufungsbegründung zuwarten. Dies gilt grundsätzlich auch im Fall der bloß »fristwahrend« eingelegten Berufung, wenn keine andere Vereinbarung mit dem Gegner getroffen wurde.

> Nimmt der Berufungskläger die Berufung zurück, bevor der Prozessbevollmächtigte des Berufungsbeklagten einen Schriftsatz mit Sachantrag eingereicht hat, reduziert sich dessen Verfahrensgebühr von 1,6 auf 1,1 (RVG-VV Nr. 3200, 3201). Dieser Gefahr gilt es, durch möglichst frühzeitige Antragstellung zu begegnen.
>
> Die Gefahr einer solchen Berufungsrücknahme besteht insbesondere, wenn vor Ablauf der Berufungsfrist eine abschließende Entscheidung über die Durchführung des Berufungsverfahrens nicht getroffen werden konnte. Der Berufungskläger hat dann ein Interesse daran, die durch die Berufungseinlegung entstehenden Kosten möglichst niedrig zu halten. Mit der Bezeichnung seiner Berufung als bloß »fristwahrend« will er den Gegner veranlassen, sich zunächst nicht zur Akte zu melden und so für den Fall späterer Rücknahme Kosten sparen. Einen Anspruch auf eine solche Verhaltensweise des Berufungsbeklagten hat der

Berufungskläger nicht. Ob der Berufungsbeklagte (im Ergebnis wohl eher dessen Prozessbevollmächtigter) sich hierauf einlässt, ist allein seine Sache.

Etwas anderes kann gelten, wenn die Parteien – etwa, weil Vergleichsverhandlungen vor Ablauf der Berufungsfrist nicht abgeschlossen werden können – die Nichtbeteiligung des Beklagten vereinbart haben.

Manche Berufungsgerichte gehen von einer Gebührenreduzierung nach RVG-VV Nr. 3201 auch dann aus, wenn vor der Rücknahme ein Antrag auf Berufungszurückweisung gestellt wurde. 3335

Für den Bevollmächtigten des Berufungsbeklagten ist das Risiko aber gering. Der Aufwand für einen die Vertretung des Beklagten anzeigenden und einen Antrag auf Zurückweisung der Berufung ankündigenden Schriftsatz ist nur gering, eine Begründung ist hier noch nicht erforderlich. Wenn ein solcher Schriftsatz bei dem einzelnen Berufungsgericht keine oder keine volle Prozessgebühr auslöst, ist nicht viel verloren. Unterbleibt ein solcher Schriftsatz, besteht ein Anspruch aber in keinem Fall.

2. Erwiderung auf die Berufung

Nachdem dem Berufungsbeklagten die Berufungsschrift und die Berufungsbegründung zugestellt wurden (§ 521 Abs. 1 ZPO), ist es an ihm, auf die Berufung zu erwidern (§ 521 Abs. 2 ZPO). 3336

a) Erwiderungsschrift

Eine Erwiderung auf die Berufung durch den Berufungsbeklagten ist prozessual **nicht zwingend**, aber sachlich grundsätzlich geboten. 3337

Auch ohne Berufungserwiderung kann das Gericht über die Fehlerhaftigkeit des angefochtenen Urteils entscheiden. Ist die Berufung unzulässig oder schon aufgrund der Berufungsbegründung erkennbar aussichtslos, kommt eine Beschlussentscheidung vor Einreichung der Berufungserwiderung in Betracht.

Mit der Berufungserwiderung macht der Berufungsbeklagte von seinem Anspruch auf rechtliches Gehör Gebrauch, kann seine Rechtsansichten vortragen, bringt seine Angriffs- und Verteidigungsmittel vor und hat die Möglichkeit, den Umfang des Berufungsverfahrens durch eigene Anträge zu gestalten (BGH NJW 1981, 1378). Wie die Klageerwiderung ist auch die Berufungserwiderung konkrete Ausprägung der Prozessförderungspflicht, dient der Straffung des Prozesses und soll die Entscheidung in einem Haupttermin ermöglichen (§§ 525 Satz 1, 272 Abs. 1, 273 ZPO).

Eine **Frist** zur Berufungserwiderung ist nicht gesetzlich vorgeschrieben. § 521 Abs. 2 Satz 1 ZPO erlaubt es dem Gericht, eine Frist zu setzen, was regelmäßig geschieht. 3338

Für die Fristsetzung ist – anders als für die Setzung der Frist zur Klageerwiderung – nur der Vorsitzende oder der komplette Spruchkörper zuständig, nicht der Berichterstatter. Eine ordnungsgemäße Fristsetzung muss unterschrieben sein, eine bloße Paraphe des Richters genügt nicht (BGH VersR 1983, 33) und ist zuzustellen (§ 329 Abs. 2 Satz 2 ZPO). Praktisch erfolgt dies zusammen mit der Zustellung der Berufungsbegründung (§ 521 Abs. 1 ZPO).

Die Dauer der Frist beträgt mindestens zwei Wochen (§ 277 Abs. 3 ZPO), wird aber insbesondere vor dem Oberlandesgericht und in nicht erkennbar unkomplizierten Fällen zur Wahrung der Waffengleichheit regelmäßig einen Monat betragen.

Für die Frist gelten die §§ 221 ff. ZPO. Die Frist beginnt mit Zustellung der Fristsetzung und wird nach §§ 187 ff. BGB berechnet (oben Rdn. 160). Eine – auch wiederholte – Verlängerung ist möglich und erfasst auch die Frist zur Einlegung einer Anschlussberufung (§ 524 Abs. 2 Satz 2 ZPO).

Ist die Frist versäumt, können Angriffs- und Verteidigungsmittel des Berufungsbeklagten nur zugelassen werden, wenn er die Verspätung genügend entschuldigt hat oder wenn deren Zulassung die Erledigung des Rechtsstreits nicht verzögern würde (§§ 530, 296 Abs. 1 ZPO; unten Rdn. 3302). Eine Wiedereinsetzung in den vorigen Stand ist nicht möglich.

Wird eine Frist ausnahmsweise nicht gesetzt, muss die Erwiderung so zeitig vor der mündlichen Verhandlung eingereicht werden, dass der Gegner die erforderlichen Erkundigungen noch einziehen kann (§ 282 Abs. 2 ZPO). Eine verspätete Berufungserwiderung unterfällt dann §§ 525, 296 Abs. 2 ZPO.

3339 Genügt dem Berufungsbeklagten die ihm gesetzte Frist zur schriftlichen Berufungserwiderung nicht, so kann er einen Antrag auf Verlängerung der Berufungserwiderungsfrist stellen. Da es sich – anders als bei der Berufungsbegründungsfrist – nicht um eine gesetzliche Frist handelt, ist eine Verlängerung auch ohne besondere Regelung im Berufungsrecht allein aufgrund der allgemeinen Vorschrift § 224 Abs. 2 ZPO möglich.

Erforderlich ist ein vor Fristablauf eingehender schriftlicher Antrag, aus dem sich ergeben muss, welche Frist aus welchem Grund verlängert werden soll. An den »erheblichen Grund« können keine höheren Anforderungen gestellt werden als bei der Verlängerung für den Berufungskläger, sodass auch hier Arbeitsüberlastung, Urlaub, besondere tatsächliche oder rechtliche Schwierigkeiten der Sache oder die Notwendigkeit weiterer Sachaufklärung durch Rücksprache mit dem Mandanten ausreichen. Hält das Gericht eine Glaubhaftmachung ausnahmsweise für erforderlich, muss es sie vom Anwalt verlangen.

Einem nach Fristablauf eingehenden Antrag kann nicht mehr entsprochen werden, weil mit der Frist zur Berufungserwiderung die Frist zur Einlegung einer Anschlussberufung verbunden ist (§ 524 Abs. 2 Satz 2 ZPO).

Im Unterschied zur Begründungsfrist bedarf auch eine wiederholte Verlängerung nicht der Zustimmung des Gegners, sondern kann vom Gericht nach freiem Ermessen gewährt werden. Bei Ausübung dieses Ermessens sind aber sowohl die Interessen des Gegners als auch der Grundsatz der Waffengleichheit zu beachten.

3340 Auch für die Form der Berufungserwiderung existieren zwingende gesetzliche Vorgaben nicht. Insoweit enthält § 521 Abs. 2 Satz 2 ZPO eine Verweisung auf § 277 ZPO, im Übrigen gelten die Regeln für Schriftsätze im Allgemeinen (§ 130 ZPO). Die Erwiderungsschrift muss damit insbesondere die Parteien bezeichnen, einen Antrag und eine Begründung enthalten und von einem zugelassenen Rechtsanwalt unterschrieben sein.

Die nach § 130 Nr. 1 erforderliche Bezeichnung von Parteien und Gericht kann in abgekürzter Form erfolgen. Es reicht aus, dass der Schriftsatz dem richtigen Verfahren zugeordnet werden kann, wofür regelmäßig ein Kurzrubrum, die Angabe des Gerichts und das Aktenzeichen genügen. Wegen der Anforderungen an die Schriftform kann auf die Ausführungen zur Berufung verwiesen werden (oben Rdn. 3106).

Eine Äußerung dazu, ob einer Entscheidung der Sache durch den Einzelrichter Gründe entgegenstehen (§ 277 Abs. 1 Satz 2 ZPO) ist möglich, aber nicht erforderlich (oben Rdn. 1008g).

3341 Der Antrag des Berufungsbeklagten lautet regelmäßig auf »Zurückweisung der Berufung«.

Hält der Berufungsbeklagte die Berufung für unzulässig, hat er »Verwerfung« der Berufung zu beantragen. Liegen die Voraussetzungen des § 538 Abs. 2 ZPO vor und will der Berufungsbeklagte eine Zurückverweisung in die erste Instanz, lautet der Antrag auf »Aufhebung und Zurückverweisung«. Hinzukommen können – wie beim Berufungskläger auch – Anträge zur Prozesskostenhilfe, Zwangsvollstreckung oder (hilfsweisen) Zulassung der Revision (oben Rdn. 3223).

Hat der Berufungskläger mit der Berufung durch Klageerweiterung oder Widerklage einen neuen Streitgegenstand eingeführt, so reicht auch insoweit der Antrag, die Berufung zurückzuweisen. Ein zusätzlicher Antrag auf »Klageabweisung« insoweit schadet nicht.

3342 Inhaltlich hat der Berufungsbeklagte in der Berufungserwiderung seine Verteidigungsmittel vorzubringen, soweit es nach der Prozesslage einer sorgfältigen und auf Förderung des Verfahrens bedachten Prozessführung entspricht. Dabei gilt § 520 Abs. 3 ZPO nicht, der Berufungsbeklagte ist auf die dort genannten Berufungsgründe nicht beschränkt, er kann zu dem Vorbringen des Berufungsklägers in der Berufungsbegründung Stellung nehmen oder unabhängig davon neues Vorbringen in den Rechtsstreit einführen (BGH NJW 1981, 1378).

Die Prozesslage zu Beginn der zweiten Instanz erlaubt und gebietet es regelmäßig, die gesamte Verteidigung in der Berufungserwiderung vorzubringen. Weitere Schriftsätze, wie sie in erster Instanz regelmäßig folgen, sind hier eher die Ausnahme und müssen sich an §§ 530, 296 Abs. 1 ZPO messen lassen.

Formal ist es empfehlenswert, sich an die Berufungsbegründung anzulehnen. Mit dieser wird der Gegenstand zweiter Instanz bezeichnet und zusammengefasst. Die Berufungserwiderung muss sich deswegen weder mit dem gesamten erstinstanzlichen Prozessstoff noch mit dem gesamten angefochtenen Urteil auseinandersetzen, sondern kann sich grundsätzlich auf eine Auseinandersetzung mit den vom Gegner geltend gemachten Berufungsgründen beschränken. Sind diese in der Berufungsbegründung in irgendeiner Form gegliedert, empfiehlt es sich, diese Gliederung im Interesse einer einheitlichen Strukturierung des Berufungsstoffs zu übernehmen. Dies dient auch der Selbstkontrolle und der Vollständigkeit der Erwiderung.

b) Verteidigung

Vorrangig ist das Ziel des Berufungsbeklagten zu bestimmen. 3343
- Bei aussichtsloser Prozesssituation, d.h. bei evident begründeter Berufung, kann der Beklagte durch Säumnis, Klagerücknahme, Anerkenntnis/Verzicht, Vergleich oder Erledigung versuchen, zumindest Kosten zu ersparen.
- Ist auch der Berufungsbeklagte durch das Urteil beschwert, kann versucht werden, eine Abänderung zu seinen Gunsten zu erreichen (unten Rdn. 3353).
- Im Regelfall wird es genügen, eine Abänderung des erstinstanzlichen Urteils zu verhindern, hierzu muss dieses verteidigt werden.

Für eine solche Verteidigung des Urteils stehen die erstinstanzlichen Möglichkeiten zur Verfügung. 3344
Zweitinstanzlich stellt sich die Frage, ob der erstinstanzliche Vortrag wiederholt (und ggf. vertieft) oder durch neues Vorbringen ersetzt wird.

▶ Praxistipp: 3345

Die bloße Wiederholung des erstinstanzlichen Vortrags oder der Argumente des erstinstanzlichen Gerichts ist nicht erforderlich und nicht ohne Risiko.

Dennoch stellt sie die praktisch häufigste Prozesstaktik des Berufungsbeklagten dar. Sie verlangt 3346
keine aufwendigen eigenen Überlegungen, ist regelmäßig nicht abwegig, weil sie bereits von einem Gericht geteilt wurde und bringt im Fall materieller Richtigkeit des angefochtenen Urteils auch in der Berufung Erfolg.

Erforderlich ist eine solche Wiederholung indes nicht. Gegenstand des Berufungsverfahrens ist das 3347
erstinstanzliche Parteivorbringen genauso wie das angefochtene Urteil. Das Berufungsgericht hat sich damit auch dann auseinanderzusetzen, wenn eine »Verteidigung« in Form einer Wiederholung durch den Berufungsbeklagten nicht erfolgt. Mit der Wiederholung des Antrags aus erster Instanz wird konkludent auch das Vorbringen erster Instanz wiederholt (BVerfG NJW 2000, 131), unabhängig davon, ob dieses erstinstanzlich erheblich war oder nicht (KG NJW 1990, 844).

Dies macht auch die floskelhafte Bezugnahme auf den eigenen Vortrag erster Instanz entbehrlich.

Die Gefahr einer solchen Wiederholung liegt darin, dass relevante Argumente des Gegners in der 3348
Berufungsbegründung übergangen, Entwicklungen des Rechtsstreits über den erstinstanzlichen Ansatz hinaus übersehen werden. Wird die Verteidigung auf eine Wiederholung beschränkt, bedarf sorgfältiger Prüfung, ob damit das Vorbringen des Berufungsklägers in vollem Umfang abgedeckt ist. Dies ist regelmäßig dann nicht der Fall, wenn dieser seine Berufung auf neue Angriffs- und Verteidigungsmittel gestützt hat (§ 529 Abs. 1 Nr. 1 ZPO). Vorzuziehen ist deswegen eine eigenständige argumentative Auseinandersetzung mit der Berufungsbegründung.

Ob und inwieweit diese auf neue Angriffs- und Verteidigungsmittel gestützt werden kann, ist Frage 3349
des Einzelfalles und der juristischen Fantasie.

Gerade hier macht es sich häufig nachteilig bemerkbar, wenn mit dem Instanzenwechsel kein Anwaltswechsel einhergeht, der erstinstanzliche Prozessbevollmächtigte auch in der Berufung auftritt.

▶ Praxistipp: 3350

Wo möglich, sollte die Verteidigung des angefochtenen Urteils (auch) auf neue Angriffs- und Verteidigungsmittel gestützt werden. Zumindest muss (unwahrer) neuer Vortrag des Berufungsklägers bestritten werden.

3351 Deren Zulässigkeit ist zwar – wie das neue Vorbringen des Berufungsklägers auch – grundsätzlich an § 531 Abs. 2 ZPO zu messen, doch stellt diese Vorschrift für den Berufungsbeklagten meist keine ernsthafte Hürde dar.

> Nach § 531 Abs. 2 Nr. 1 ZPO sind neue Verteidigungsmittel zuzulassen, wenn sie einen Gesichtspunkt betreffen, der vom Gericht des ersten Rechtszugs für unerheblich gehalten wurde. Da das erstinstanzliche Vorbringen des Berufungsbeklagten bereits für seinen Prozesserfolg ausgereicht hat, war jedes weitere Vorbringen aus der Sicht des erstinstanzlichen Gerichts unerheblich. Wird es in der Berufung jetzt neu vorgetragen und ist es aus der Sicht des Berufungsgerichts erheblich, so muss es zugelassen werden.

3352 Zu dem erforderlichen neuen Vortrag des Berufungsbeklagten gehört auch die nach § 137 Abs. 2 ZPO erforderliche Erklärung zu den neuen Angriffs- und Verteidigungsmitteln des Berufungsklägers. Sind die vom Gegner behaupteten Tatsachen unwahr, müssen sie bestritten werden, soll nicht die Geständnisfiktion des § 138 Abs. 3 ZPO greifen.

> Besondere Bedeutung kommt diesem Bestreiten zu, weil neue Tatsachen, bezüglich derer die Voraussetzungen des § 531 Abs. 2 ZPO nicht vorliegen, in zweiter Instanz jedenfalls dann zu berücksichtigen sind, wenn sie unstreitig bleiben (oben Rdn. 3289).

c) Gegenangriff (Eigene Berufung, Anschlussberufung)

3353 Das Berufungsgericht ist bei seiner Prüfung und Entscheidung an die Berufungsanträge gebunden, darf eine Abänderung also nur insoweit vornehmen, als diese beantragt ist (§ 528 ZPO). Hat allein der Berufungskläger einen Sachantrag gestellt, so kommt eine Abänderung nur zu seinen Gunsten, nicht auch zu seinen Ungunsten in Betracht (Verbot der reformatio in peius). Für den Berufungsbeklagten kann die zweite Instanz deswegen zunächst nur Verschlechterungen seiner Rechtsposition bringen. Will er eine Abänderung auch zu seinen Gunsten ermöglichen, so muss er einen eigenen Antrag auf Abänderung des Urteils stellen. Dies kann er entweder im Rahmen einer eigenen Berufung oder im Rahmen der vom Gegner bereits eingelegten Berufung tun, indem er sich dieser anschließt.

3354 ▶ **Praxistipp:**

> Für einen Gegenangriff des Berufungsbeklagten spricht nicht nur die Möglichkeit, damit eine Abänderung zu eigenen Gunsten zu erreichen. Mit dem Gegenangriff wird das Rechtsmittel für den Berufungskläger zu einem Risiko, das ihn möglicherweise zu einer Rücknahme veranlasst. Zumindest aber wird die Position des Berufungsbeklagten für eventuelle Vergleichsverhandlungen besser, weil er eine eigene Dispositionsmasse erhält.
>
> Dagegen spricht das damit verbundene zusätzliche Kostenrisiko.

> Durch den Gegenangriff erhöht sich der Kostenstreitwert zweiter Instanz, bleibt er erfolglos, entfällt auf den Berufungsbeklagten hieraus eine Kostenquote (§§ 97, 92 ZPO).

3355 Eines Gegenangriffs durch eigene Berufung oder Anschlussberufung bedarf es grundsätzlich, wenn die Abänderung des angefochtenen Urteils über die vom Berufungskläger gestellten Anträge hinaus erfolgen soll, wenn der Streitgegenstand zweiter Instanz über den vom Berufungskläger bestimmten Umfang hinaus erweitert werden soll. Eine solche Erweiterung kann im Rahmen von Klage oder Widerklage erfolgen, sie kann sich auf Punkte erstrecken, die bereits erstinstanzlich Verfahrensgegenstand waren oder die neu ins Verfahren eingeführt werden.

3356 ▶ **Beispiele:**

> Ist der Kläger, der erstinstanzlich im Rahmen objektiver Klagehäufung (§ 260 ZPO) mehrere Anträge nebeneinander verfolgte, mit einem Antrag unterlegen und hat zunächst nur der Beklagte Berufung gegen den Stattgabe der übrigen Anträge eingelegt, so kann der Kläger im Wege des Gegenangriffs seinen erstinstanzlich abgewiesenen Antrag in der Berufung weiter verfolgen.

C. Berufung

Der Kläger kann auf die Berufung des Beklagten hin seine Klage erweitern und einen Streitgegenstand neu geltend machen, der bisher nicht eingeklagt war. Dies gilt in erster Linie für die Fälle des § 264 ZPO, die das Gesetz nicht den allgemeinen Regeln über die Klageänderung unterstellt und die deswegen auch ohne Zustimmung des Gegners bzw. Bejahung der Sachdienlichkeit durch das Gericht (§§ 263, 533 Nr. 1 ZPO) zulässig sind (in zweiter Instanz aber der Einschränkung des § 533 Nr. 2, oben Rdn. 3311) unterliegen. Denkbar ist aber auch eine nicht der Privilegierung des § 264 ZPO unterfallende Erweiterung des Klagegrunds.

Der Beklagte und Berufungsbeklagte kann in zweiter Instanz eine erstinstanzlich erhobene Widerklage erweitern oder eine bislang nicht realisierte Widerklage neu erheben.

Nicht erforderlich (aber zulässig) ist ein Gegenangriff, wenn der erstinstanzliche Antrag lediglich berichtigt wird (dies hat der BGH auch angenommen bei Umstellung des Klageantrags auf Leistung an einen Zessionar, BGH MDR 1978, 398) oder wenn die Kostenentscheidung geändert werden soll. Nicht erforderlich ist ein Gegenangriff auch, wenn der Beklagte in zweiter Instanz einen neuen Aufrechnungsanspruch einführen will, da das damit verbundene Prozessziel (Klageabweisung) nicht über die bereits gestellten Anträge hinausgeht (zu den Erfordernissen aus § 533 ZPO oben Rdn. 3311).

Nicht möglich ist grundsätzlich die Parteierweiterung (oben Rdn. 3069); dies gilt auch für die Anschlussberufung (BGH NJW 1989, 441; Baumbach/Hartmann § 524 Rn. 9). Nicht mit einem Gegenangriff verfolgt werden können auch Ansprüche, die noch unentschieden in erster Instanz anhängig sind.

Auch im Rahmen einer selbstständigen Berufung oder Anschlussberufung des Berufungsbeklagten können Klageänderung, Aufrechnung und Widerklage nur unter den Voraussetzungen des § 533 ZPO geltend gemacht werden, sind also nur möglich, wenn der Gegner einwilligt oder das Gericht sie für sachdienlich hält und dazu keine, der Berufung nicht ohnehin zugrunde zu legende Tatsachen erforderlich sind (oben Rdn. 3277, 3311). 3357

Zwischen eigenständiger Berufung und Anschlussberufung gibt es eine Reihe von Unterschieden. Als Alternative zu beiden kommt manchmal auch eine neue Klage in Betracht. 3358

> Anders als die Berufung kann die Anschließung auch schon erfolgen, wenn der Wert des Beschwerdegegenstands 600 € nicht erreicht. Mit der Anschließung muss auch nicht zwingend die Beseitigung der erstinstanzlichen Beschwer erstrebt werden, die Beschränkung auf den neuen Anspruch ist ausreichend (dazu oben Rdn. 3201).
>
> Berufung kann innerhalb eines Monats nach Zustellung des Urteils eingelegt werden, die Anschlussberufung dagegen bis zum Ablauf der vom Gericht gesetzten und ggf. auch verlängerten Frist zur Berufungserwiderung (§ 524 Abs. 2 Satz 2). Hat der Berufungsbeklagte auf die Einlegung eines eigenen Rechtsmittels verzichtet, steht dies zwar einer Berufung, nicht aber einer Anschlussberufung entgegen (§ 524 Abs. 2 Satz 1 ZPO).
>
> Während die Berufung immer selbstständig ist, eine Entscheidung über sie unabhängig vom Schicksal des gegnerischen Rechtsmittels ergeht, ist die Anschließung nur unselbstständig. Wird die Berufung vom Gegner zurückgenommen (§ 516 ZPO) oder vom Gericht verworfen (§ 522 Abs. 1 ZPO) bzw. durch Beschluss zurückgewiesen (§ 522 Abs. 2 ZPO), so verliert auch die Anschließung ihre Wirkung (§ 524 Abs. 4 ZPO).
>
> Erfolgt die Erweiterung des Streitstoffs ausdrücklich im Rahmen einer selbstständigen Berufung, die sich als unzulässig erweist, ist diese in eine Anschlussberufung umzudeuten, wenn deren Voraussetzungen vorliegen.

▶ **Praxistipp:** 3359

> Wegen des mit der Anschlussberufung verbundenen Risikos (Akzessorietät und Kostenlast bei Beschlusszurückweisung), ist für den Berufungsbeklagten stets zu überlegen, ob eine Gegenforderung nicht besser in einem eigenständigen Prozess geltend gemacht wird. Stets erforderlich ist eine solch neue Klage, wenn die Erweiterung des Streitgegenstands erst nach Ablauf der Anschlussfrist geltend gemacht werden soll.

Ob eine vom erstinstanzlich unterlegenen Kläger in zweiter Instanz vorgenommene Klageerweiterung oder eine vom unterlegenen Beklagten neu erhobene Widerklage bei Zurückweisung der Berufung nach § 522 Abs. 2 ZPO ihre Wirkung verliert (so die h. M.: KG NJW 2006, 3505; Prütting/Gehrlein/*Oberheim* § 533 Rn. 14 m. w. N.), ist keineswegs unbestritten (a. A. *Bub* MDR 2011, 84).

aa) Selbstständige Berufung

3360 Ist auch der Berufungsbeklagte aus dem erstinstanzlichen Urteil beschwert, so kann er – unabhängig von der Berufung des Gegners – seinerseits eine eigene Berufung einlegen.

Wie alle Prozesshandlungen ist auch die selbstständige Berufung nicht von der korrekten Bezeichnung abhängig. Stellt der Berufungsbeklagte vor Ablauf der eigenen Berufungsfrist einen eigenen Sachantrag, bezüglich dessen auch die übrigen Zulässigkeitsvoraussetzungen einer Berufung erfüllt sind, handelt es sich auch dann um eine selbstständige Berufung, wenn die Erklärung lediglich als »Anschlussberufung« bezeichnet ist (*Heiderhoff* NJW 2002, 1402).

3361 In diesem Fall wird der Berufungsbeklagte seinerseits zum Berufungskläger. Insoweit gelten deswegen die hierzu gemachten Ausführungen in vollem Umfang.

Die Berufung muss zulässig sein. Insbesondere muss der Berufungsbeklagte hinreichend beschwert oder die Berufung für ihn zugelassen sein, Einlegung und Begründung müssen form- und fristgerecht erfolgen und einen Berufungsgrund ausfüllen.

3362 Beide Rechtsmittel werden im selben Verfahren, inhaltlich aber unabhängig voneinander selbstständig auf ihre Zulässigkeit und Begründetheit geprüft.

Es entstehen – ähnlich wie bei Klage und Widerklage – zwei Prozessrechtsverhältnisse. Erweist sich eine Berufung als (un-)zulässig oder (un-)begründet, kommt dem für die andere Berufung grundsätzlich keine Bedeutung zu. Ohne dass ein besonderer Verbindungsbeschluss (§ 147 ZPO) erforderlich ist, werden beide Berufungen in einem Verfahren verhandelt, entschieden wird über sie (wenn keine Teilurteile ergehen) in einem Urteil.

bb) Anschlussberufung

3363 Konnte oder wollte der Berufungsbeklagte die für ihn im erstinstanzlichen Urteil enthaltene Beschwer zunächst nicht durch ein eigenes Rechtsmittel beseitigen, so kann er eine Abänderung des auf die Berufung des Gegners ohnehin zu überprüfenden Urteils erreichen, indem er sich der Berufung des Gegners anschließt und im Rahmen dieses gegnerischen Rechtsmittels einen eigenen Sachantrag stellt (§ 524 ZPO).

Bei der Anschließung handelt es sich nicht um ein Rechtsmittel, sondern um einen angriffsweise wirkenden Antrag innerhalb der fremden Berufung (Baumbach/*Hartmann* § 524 Rn. 2). Die Möglichkeit der Anschließung, die es auch bei den anderen Rechtsmitteln gibt (§§ 554, 567 Abs. 3, 574 Abs. 4 ZPO), dient der Herstellung der Chancengleichheit der Parteien im Prozess.

3364 Da es sich bei der Anschließung damit **nicht** um ein eigenes **Rechtsmittel** handelt, bedarf es der Zulässigkeitsvoraussetzungen einer Berufung nicht. Erforderlich ist allerdings das Vorliegen einer wirksamen Berufung, weil nur daran ein wirksamer Anschluss möglich ist. Das Risiko einer wirksamen Berufung trägt insoweit der Berufungsbeklagte.

Die Anschlussberufung setzt keine Beschwer und damit erst recht keinen besonderen Beschwerdegegenstandswert und keine Zulassung durch das Erstgericht voraus, wohl aber ein eigenständiges Ziel. Dieses kann nicht bloß in der Zurückweisung der Berufung oder in der Wiederholung eines (zum Beispiel von einem Streitgenossen) schon gestellten Antrags liegen, erforderlich ist die Verfolgung eines neuen Prozessziels. Im Gegensatz zur Berufung reicht es aus, dass nur dieses neue Ziel (zum Beispiel allein die Klageerweiterung) verfolgt wird und nicht auch eine Beseitigung der erstinstanzlichen Beschwer (oben Rdn. 3201) erstrebt wird (*Piekenbrock* MDR 2002, 676).

Die Anschlussberufung ist auch nach Ablauf der Berufungsfrist und sogar dann noch möglich, wenn auf ein eigenes Rechtsmittel verzichtet oder eine eigene Berufung bereits zurückgenommen wurde. Sehr streitig ist, ob ein Verzicht auch auf die Anschließung möglich ist (dafür Baumbach/*Hartmann* § 524, Rn. 10,

C. Berufung

dagegen Zöller/*Gummer* § 524 Rn. 19, beide m. w. N.). Verzicht oder Anerkenntnis nach §§ 306, 307 ZPO machen die Anschließung nicht unzulässig, wegen der darin liegenden materiellen Verfügung über den Anspruch aber unbegründet.

Erweist sich die Berufung nachträglich als unzulässig oder aussichtslos und ergeht deswegen eine Beschlussentscheidung des Gerichts (§ 522 Abs. 1, Abs. 2 ZPO), verliert die Anschließung nicht nur ihre Wirkung (§ 524 Abs. 4 ZPO), die hierdurch entstandenen Kosten sind auch vom Anschließenden zu tragen. Dies begründet ein erhebliches (Kosten-) Risiko für den Berufungsbeklagten, der eigenverantwortlich prüfen muss, ob die eingelegte Berufung zulässig ist und Aussicht auf Erfolg hat. Ist schon ein Hinweis nach § 522 Abs. 2 ZPO erteilt, sollte eine Anschließung in keinem Fall mehr erfolgen (unten Rdn. 3373), steht eine solche Entscheidung noch aus, kommt zumindest eine nur hilfsweise für den Fall, dass nicht nach § 522 Abs. 1, Abs. 2 ZPO entschieden wird, erhobene Anschlussberufung in Betracht (unten Rdn. 3370).

Die Anschlussberufung hat eigene **Zulässigkeitsvoraussetzungen**. Sie muss sich zunächst auf eine wirksame Berufung beziehen, sich in deren sachlichen und persönlichen Rahmen halten. 3365

Nur wenn zum Zeitpunkt der Anschließung eine wirksame Berufung vorliegt, kann der Anschluss wirksam werden. Erforderlich ist deswegen, dass die Berufung bereits eingelegt wurde, sie zulässig ist und sie nicht bereits zurückgenommen oder über sie entschieden wurde (BGHZ 17, 399).

Die Anschließung darf sich nicht gegen ein mit der Berufung nicht angefochtenes (Teil-) Urteil und nicht gegen Personen richten, die bislang nicht am Berufungsverfahren beteiligt sind (BGH NJW 1983, 1318; BGH NJW 1995, 198). Im Fall einfacher Streitgenossenschaft können sich nur die Streitgenossen anschließen, gegen die die Berufung des Gegners eingelegt ist. Hat ein Streitgenosse Berufung eingelegt, kann sich die Anschließung des Gegners nur gegen diesen, nicht gegen die übrigen Streitgenossen richten (BGH NJW 1991, 2569).

Besondere Voraussetzungen enthält § 524 ZPO darüber hinaus für die Frist und die Form der Anschließung. 3366

Die Anschließung kann nur innerhalb der für die Berufungserwiderung laufenden Frist erklärt und begründet werden (§ 524 Abs. 2 Satz 2 ZPO). Wird eine solche Frist nicht oder nicht wirksam gesetzt, kann die Anschlussberufung bis zum Schluss der mündlichen Verhandlung eingelegt werden (BGH NJW 2009, 515). Eine Verlängerung der Berufungserwiderungsfrist verlängert auch die Anschlussberufungsfrist, wird sie versäumt, ist eine Wiedereinsetzung in den vorigen Stand nicht möglich. 3367

Die Möglichkeit der Anschließung auch noch nach Ablauf der Berufungsfrist macht die vorsorgliche Berufungseinlegung in vielen Fällen überflüssig. Die Abschaffung der »selbstständigen Anschlussberufung« durch die ZPO-Reform hindert die Einlegung der Anschlussberufung vor Ablauf der eigenen Berufungsfrist nicht (*v. Olshausen* NJW 2002, 802).

Ausnahmsweise kann eine Anschlussberufung auch nach Ablauf der Monatsfrist noch eingelegt werden. 3368

Vertreten wird dies für die Fälle, in denen die Klage aus einem Grund geändert werden soll, der erst nach Fristablauf eingetreten ist. Will der Kläger beispielsweise die Klage um zusätzliche, erst nachträglich entstandene Schadensersatzpositionen erweitern, kann er dies als Berufungskläger nach §§ 265, 533 Nr. 2, 529 Abs. 1 Nr. 2, 531 Abs. 2 Nr. 3 ZPO bis zum Schluss der mündlichen Verhandlung vor dem Berufungsgericht; als Berufungsbeklagter setzt ihm die Anschlussfrist eine zeitliche Grenze. Diese Benachteiligung allein aufgrund der Parteistellung verletzt den verfassungsrechtlich gewährleisteten Grundsatz der Waffengleichheit (*Piekenbrock* MDR 2002, 676; a. A. *Gerken* NJW 2002, 1095). Teilweise wird dem Kläger eine solche Antragsänderung auch ohne eigenen Angriff gestattet, besser erscheint es, eine teleologische Reduktion des § 524 Abs. 2 Satz 2 ZPO vorzunehmen und die Einlegung der Anschlussberufung auch nach Ablauf der Frist noch zu ermöglichen.

Die Form der Anschlussschrift entspricht der von Berufungsschrift bzw. Berufungsbegründung (§§ 519 Abs. 2, Abs. 3, 520 Abs. 3 ZPO). Die Anschließung erfolgt durch Einreichung eines Schriftsatzes beim Berufungsgericht und ist auch bloß hilfsweise möglich. 3369

Enthalten muss die Anschlussschrift neben der Bezeichnung des Urteils, dessen Abänderung beantragt wird, die Erklärung, dass eine Anschließung an die Berufung des Gegners erfolgen soll. Allerdings ist die Verwendung des Begriffs Anschließung nicht erforderlich, es genügt jede Erklärung, die ihrem Sinn nach eine dem Erklärenden vorteilhafte, über die bloße Abwehr der Berufung hinausgehende Entscheidung erstrebt. Ist eine selbstständige Berufung eingelegt, wäre diese aber unzulässig, so kommt eine Umdeutung in eine Anschließung in Betracht (BGH NJW 2011, 1455).

3370 Die Anschließung kann auch nur hilfsweise erfolgen, sofern es sich bei der Bedingung, von der sie abhängig gemacht werden soll, um eine innerprozessuale Bedingung handelt.

Bedenken, durch den späten Eintritt der Bedingung könne die Einlegungsfrist verletzt sein (*Pape* NJW 2003, 1150) verkennen, dass es sich um eine auflösende, nicht um aufschiebende Bedingung handelt.

Häufigster Fall einer zulässigen Bedingung ist der Erfolg der Berufung des Gegners (BGH NJW-RR 1991, 510; *Grunsky*, Taktik im Zivilprozess, Rn. 209); ist die Berufung unzulässig oder unbegründet, fällt die Anschlussberufung weg, ohne besondere Kosten zu verursachen (§ 45 Abs. 1 Satz 2 GKG). Denkbar sind aber auch andere innerprozessuale Bedingungen, zum Beispiel die bestimmte Beurteilung einer entscheidungserheblichen Rechtsfrage durch das Gericht (BGH NJW 1984, 1240) oder das Unterbleiben einer Beschlussentscheidung des Gerichts nach § 522 Abs. 1, Abs. 2 ZPO.

3371 Die Anschließung muss zusammen mit der Einlegung begründet werden.

Die Begründung in einem separaten Schriftsatz ist dann ausreichend, wenn dieser noch innerhalb der Anschlussfrist eingeht. Nach Ablauf der Anschlussfrist ist eine Änderung nur noch im Rahmen der rechtzeitig vorgebrachten Anschließungsgründe möglich.

Auch für die Begründung gelten die Berufungsvorschriften (§ 520 Abs. 3 ZPO) entsprechend. Erforderlich ist neben einem Antrag die Angabe zumindest eines Grunds, auf den das Abänderungsbegehren gestützt wird. Wie die Berufung kann auch die Anschließung nur darauf gestützt werden, dass die Entscheidung auf einer Rechtsverletzung beruht oder nach § 529 ZPO zugrunde zu legende Tatsachen eine andere Entscheidung rechtfertigen (§ 513 Abs. 1 ZPO). Wegen der Darlegung eines solchen Grunds kann auf die zur Berufung gemachten Ausführungen verwiesen werden (oben Rdn. 3231).

3372 Da die Anschließung kein eigenes Rechtsmittel darstellt, ist ihr Schicksal von dem des Hauptrechtsmittels **abhängig**. Wird die Berufung vom Gegner zurückgenommen (§ 516 ZPO) oder vom Gericht verworfen (§ 522 Abs. 1 ZPO) bzw. durch Beschluss zurückgewiesen (§ 522 Abs. 2 ZPO), so verliert auch die Anschließung ihre Wirkung (§ 524 Abs. 4 ZPO).

Das gilt auch für den Verzicht auf das Rechtsmittel durch den Berufungskläger, für die übereinstimmende Erklärung der Erledigung des Rechtsmittels oder den Vergleich über den Streitgegenstand der Berufung. Unberührt bleibt die Anschließung durch ein (Teil- oder Versäumnis-) Urteil, mit dem die Berufung zurückgewiesen oder das angefochtene Urteil abgeändert wird.

Eine Entscheidung über die Anschließung kann wegen der Abhängigkeit von der Berufung erst ergehen, wenn das Schicksal der Berufung klar ist, ein Teilurteil nur über die Anschließung ist nicht möglich (BGH NJW 1994, 2236), wohl aber ein Teilurteil, mit dem sowohl über einen Teil der Berufung als auch über die Anschließung entschieden wird.

Die Wirkungslosigkeit der Anschlussberufung tritt ipso iure ein, bedarf also keiner gerichtlichen Entscheidung, doch wird sie regelmäßig in dem die Berufung erledigenden Beschluss oder Urteil deklaratorisch ausgesprochen.

3373 Die **Kosten** der Anschließung richten sich nach ihrem Erfolg.

Durch Berufung und Anschließung entsteht die allgemeine Verfahrensgebühr des Gerichts (Nr. 1220 KV-GKG) nur einmal, allerdings aus dem kumulierten Wert beider Anträge, wenn diese verschieden sind (§ 45 Abs. 1, Abs. 2 GKG). Auch für die Rechtsanwälte liegt nur eine Gebühreninstanz vor, sodass durch die Anschließung kein besonderer Gebührentatbestand verwirklicht wird, beide Anträge aber bei der Wertberechnung Berücksichtigung finden.

Ergeht eine Sachentscheidung über Berufung und Anschließung, so folgt die Kostenentscheidung den allgemeinen Vorschriften (§§ 91 ff. ZPO), in der Regel erfolgt eine Quotelung nach § 92 ZPO (*Finger* MDR 1986, 881). Ergeht eine Sachentscheidung über die Anschließung nicht, so ist für den auf die Anschließung entfallenden Teil der Kosten des Rechtsstreits darauf abzustellen, wer die Nichtentscheidung veranlasst hat. Dies ist der Berufungskläger, wenn er die Berufung einseitig zurückgenommen (OLG Oldenburg NJW 2002, 3555; OLG Köln NJW 2003, 1879) hat oder diese nach der Anschließung unzulässig wird. Hat der Anschließende sich einer unzulässigen Berufung angeschlossen, oder war die Anschließung selbst unzulässig, so hat er die hierdurch entstandenen Kosten zu tragen (*Maurer* NJW 1991, 72).

Problematisch ist die Frage, wer die Kosten einer Anschlussberufung zu tragen hat, wenn die Berufung nach § 522 Abs. 2 ZPO mangels Erfolgsaussicht durch Beschluss zurückgewiesen wird. Auch in diesem Fall kommt es nicht zu einer Sachentscheidung über die Anschlussberufung (Prütting/Gehrlein/*Lemke* § 524 Rn. 32), anders als bei der Berufungsrücknahme beruht dies jedoch nicht auf einer willentlichen Beendigung der Berufungsinstanz durch den Berufungskläger. Wie im Fall der Nichtannahme einer Revision, der sich der Revisionsbeklagte bereits angeschlossen hat (BGH NJW 1981, 1790), fallen hier die Kosten der Anschließung dem Anschließenden zur Last, weil er grundsätzlich das Risiko trägt, dass es nicht zur Verhandlung und Entscheidung über seinen Antrag kommt (*Pape* NJW 2003, 1150; a. A. *Ludwig* MDR 2003, 670).

3. Die Tätigkeit des Anwalts für sonstige Beteiligte des Berufungsverfahrens

a) Streitgenossen

Streitgenossen sind Personen, die gemeinsam eine Parteirolle (Kläger oder Beklagter) ausfüllen (§§ 59 ff. ZPO). Ihre Rechte und Pflichten sind also die der Parteien, besonderer Regelung bedarf insoweit nur, unter welchen Voraussetzungen eine solche Parteimehrheit zulässig ist und welche Folgen sie im Berufungsverfahren hat. 3374

An die Zulässigkeit der Streitgenossenschaft stellen die §§ 59, 60 ZPO im Interesse der Prozessökonomie keine besonders hohen Anforderungen. Streitgenossen können sich im Prozess durch einen gemeinsamen Bevollmächtigten vertreten lassen (dann liegen gebührenrechtlich mehrere Auftraggeber i. S. d. § 7 RVG, Nr. 1008 RVG-VV vor) oder eigene Bevollmächtigte haben. Für die prozessualen Folgen differenzieren die §§ 61, 62 ZPO zwischen der einfachen und der notwendigen Streitgenossenschaft.

Die einfache Streitgenossenschaft ist die bloß organisatorische Verbindung mehrerer Klagen (Prozessrechtsverhältnisse) zu einem einheitlichen Verfahren zwecks gemeinsamer Verhandlung, Beweisaufnahme und eventuell (aber nicht zwingend inhaltsgleicher) Entscheidung. Sie dient damit ausschließlich der Verfahrensökonomie und soll die mehrfache Vornahme identischer Prozesshandlungen in verschiedenen Verfahren vermeiden; die Verbindung der Klagen ist damit nur zufällig, lose und jederzeit wieder aufhebbar. 3375

Jeder Streitgenossen handelt dabei nur in seinem eigenen Prozessrechtsverhältnis, dieses ist in seinem Bestand und seinem Inhalt von dem Prozessrechtsverhältnis der übrigen Streitgenossen unabhängig. Handlungen eines Streitgenossen gereichen den anderen weder zum Vorteil noch zum Nachteil (§ 61 ZPO). 3376

Bei der praktisch seltenen notwendigen Streitgenossenschaft muss die Sachentscheidung in allen Klagen notwendig einheitlich sein, weil hier aufgrund gesetzlicher Bestimmungen ein enger Sachzusammenhang vorliegt. 3377

Ein solcher enger Sachzusammenhang besteht gemäß § 62 Abs. 1 1.Alt. ZPO, wenn das »Rechtsverhältnis nur einheitlich festgestellt werden kann«, das heißt, wenn die Streitgenossen, für den Fall, dass sie gemeinsam klagen, solidarisch verbunden sind, ihnen gegenüber nicht unterschiedliche Sachentscheidungen ergehen können; ob die Streitgenossen gemeinsam oder alleine klagen, ist ihnen überlassen, sie müssen nicht gemeinsam vorgehen, sie können es bloß. Die Notwendigkeit einheitlicher Sachentscheidung folgt dann stets aus dem Prozessrecht, regelmäßig aus einer Rechtskrafterstreckung.

Der für die notwendige Streitgenossenschaft erforderliche enge Sachzusammenhang kann gemäß § 62 Abs. 1 2.Alt. ZPO auch vorliegen, wenn die »Streitgenossenschaft aus sonstigem Grund notwendig« ist, das heißt, wenn das materielle Recht die Streitgenossen dazu zwingt, gemeinsam zu klagen bzw. verklagt zu werden. Hier müssen die Streitgenossen immer zusammen auftreten, Einzelklagen von oder gegen einzelne Streitgenossen sind stets unzulässig. Hier spricht man von einer notwendigen Streitgenossenschaft aus materiellem Recht. Gegeben ist diese zum Beispiel bei der Klage gegen die Mitglieder einer Erbengemeinschaft.

Einfache und notwendige Streitgenossenschaften unterscheiden sich also dadurch, dass bei Ersterer die Sachentscheidung unabhängig voneinander, bei Letzterer zwingend einheitlich ergeht. Innerhalb der notwendigen Streitgenossenschaft wird weiter danach differenziert, ob die Streitgenossen nur zusammen oder auch alleine prozessieren können.

3378 Notwendige Streitgenossen sind notwendig in beiden Instanzen gleichermaßen beteiligt (oben Rdn. 3069), einfache Streitgenossen können entweder bereits erstinstanzlich am Verfahren beteiligt gewesen sein oder dem Verfahren erst in der zweiten Instanz beitreten.

3379 Ein Beitritt erst in zweiter Instanz ist grundsätzlich nur dort möglich, wo ihn das Gesetz ausdrücklich zulässt.

Dies ist zum Beispiel der Fall beim Beitritt eines weiteren Pfändungsgläubigers zur Drittschuldnerklage nach § 856 ZPO.

3380 Der gewillkürte Beitritt eines weiteren Streitgenossen scheitert dagegen regelmäßig an §§ 533, 263 ZPO.

Die h. M. behandelt den Parteibeitritt als Klageänderung. Diese ist in zweiter Instanz nur möglich, wenn sie auf Tatsachen gestützt wird, die berücksichtigt werden können und der Gegner einwilligt oder das Gericht sie für sachdienlich hält (§§ 263, 533 ZPO). An die Sachdienlichkeit (oben Rdn. 3313) werden dabei schon beim Beitritt auf Klägerseite besondere Anforderungen gestellt (BGH NJW 1989, 3225), beim Beitritt auf Beklagtenseite kann auf die Einwilligung des neuen Streitgenossen nur verzichtet werden, wenn sich deren Verweigerung als rechtsmissbräuchlich darstellt (BGH NJW 1998, 1497).

3381 Einfache Streitgenossen, die schon in 1. Instanz beteiligt waren, nehmen am Berufungsverfahren nur teil, wenn sie selbst Berufung eingelegt haben oder sich die Berufung des Gegners gegen sie richtet. Zulässigkeit und Begründetheit der Berufung müssen dabei für jeden Streitgenossen gesondert geprüft werden und können unabhängig voneinander Erfolg haben.

Da einfache Streitgenossen kein gemeinsames Prozessrechtsverhältnis haben, erfolgt eine Fortsetzung des Prozesses nur in den Verhältnissen, die in die Berufung getragen werden. Ist die Klage gegen zwei Beklagte abgewiesen worden, steht es dem Kläger frei, Berufung nur gegen einen Streitgenossen einzulegen, die Abweisung der Klage gegen den anderen wird dann rechtskräftig. Umgekehrt kann bei Verurteilung beider Beklagter auch nur einer von ihnen Berufung einlegen, der andere sich rechtskräftig mit seiner Verurteilung abfinden. Es bedarf deswegen bei der Berufungseinlegung einer eindeutigen Bezeichnung der Streitgenossen, die am Berufungsverfahren teilnehmen sollen (oben Rdn. 3092). Eine nicht auf einzelne Streitgenossen beschränkte Berufung erfasst im Zweifel alle Streitgenossen, jedenfalls dann, wenn diese im Rubrum bezeichnet sind (BGH NJW 2009, 208; BGH NJW 1994, 514).

Die Berufung muss für jeden einzelnen Streitgenossen zulässig sein. Die Berufungsfristen laufen für jeden Streitgenossen mit Zustellung des Urteils an ihn, können also unterschiedlich sein (BGH VersR 1980, 928). Jeder Streitgenosse muss beschwert sein (OLG Köln VersR 1973, 641; BGH MDR 1991, 427), für die Berechnung des Werts können jedoch die einzelnen Werte der Beschwer addiert werden, sodass es ausreicht, wenn nur der Gesamtbetrag die Berufungssumme übersteigt.

Für die Sachentscheidung wird nur das berücksichtigt, was jeder Streitgenosse in seinem Prozessrechtsverhältnis vorgebracht hat. Allerdings ist eine Bezugnahme auf das Vorbringen anderer Streitgenossen auch konkludent möglich, zu vermuten ist eine solche Bezugnahme regelmäßig, wenn die Prozessführung anderen Streitgenossen überlassen wird und eigener Vortrag nicht erfolgt.

Dispositionsakte (Rücknahme, Verzicht, Vergleich, Erledigung) betreffen nur das Prozessrechtsverhältnis des jeweiligen Streitgenossen.

Gemeinsam ist für alle Streitgenossen die Prozessführung (§ 63 ZPO). Ladungen ergehen stets an alle Streitgenossen, jeder erhält rechtliches Gehör zum Vorbringen aller übrigen Beteiligten, Entscheidungen werden allen zugestellt. Diese Prozessbeteiligung endet, sobald ein Streitgenosse wirksam aus dem Prozess ausgeschieden ist, insbesondere also, wenn er am Berufungsverfahren nicht teilnimmt.

3382 Die Folgen notwendiger Streitgenossenschaft sind im Gesetz nur lückenhaft geregelt. Die Berufungseinlegung von oder gegen einen notwendigen Streitgenossen führt zur Beteiligung auch der übrigen Streitgenossen am Berufungsverfahren. Zur Kostentragung verpflichtet sind aber nur die Streitgenossen, die sich am Berufungsverfahren auch aktiv beteiligt haben (Zöller/*Herget* § 87 Rn. 4).

> Nach § 62 wird ein säumiger Streitgenosse als von einem erschienenen vertreten angesehen. Vermieden wird dadurch, dass es zu inhaltlich divergierenden Entscheidungen dadurch kommt, dass ein Streitgenosse wegen seiner Säumnis unterliegt, während andere Streitgenossen sachlich obsiegen. § 62 kann nicht verallgemeinernd entnommen werden, dass stets eine übereinstimmende Beurteilung aller Prozesshandlungen der Streitgenossen oder den Streitgenossen gegenüber vorzunehmen ist. Eine »einheitliche Streitpartei« gibt es nicht. Vielmehr bleiben die Streitgenossen auch hier selbstständige Streitparteien in jeweils besonderen Prozessrechtsverhältnissen zum gemeinsamen Gegner. Ob die Prozesshandlung eines Streitgenossen oder gegenüber einem Streitgenossen Wirkung auch im Verhältnis zu den anderen Streitgenossen entfaltet, ist daher eine Frage des einzelnen Regelungsproblems, die differenzierend unter Berücksichtigung des Zwecks der notwendigen Streitgenossenschaft und des Grundsatzes der Selbstständigkeit der Streitgenossen zu beurteilen ist. Die Vielzahl dabei auftretender, zum Teil ungelöster Streitfragen kann hier – auch in Anbetracht der Seltenheit notwendiger Streitgenossenschaft in der Praxis – nicht dargestellt werden (dazu *Oberheim*, Zivilprozessrecht, § 16 Rn. 32 ff.).

b) Streithelfer

Die Nebenintervention ist der Beitritt eines Dritten zur Unterstützung einer Partei in einem bereits anhängigen Prozess; sie wird auch als »Streithilfe« bezeichnet. Der Streithelfer ist nicht Partei und nicht Vertreter der Partei, sondern Dritter, der am Prozess zur Unterstützung der Partei teilnimmt und im eigenen Namen und kraft eigenen Rechts handelt (§§ 66 ff. ZPO). 3383

Im Berufungsverfahren kann ein Streithelfer beteiligt sein, der erst hier beitritt oder der bereits in erster Instanz beigetreten war.

> Für die Vertretung eines Streithelfers entstehen aufseiten des Rechtsanwalts die gleichen Gebühren wie für die Vertretung einer Partei. Mehrere Streithelfer sind mehrere Auftraggeber i.S.d. § 7 RVG, Nr. 1008 RVG-VV, dies gilt auch für Streithelfer und Partei, es sei denn, beide sind personenidentisch.

aa) Beitritt in der Berufungsinstanz

War der Streithelfer erstinstanzlich am Verfahren noch nicht beteiligt, so kann er diesem auch in der Berufungsinstanz noch beitreten. Der Beitritt kann auch in Verbindung mit der Berufungseinlegung erfolgen (§ 66 Abs. 2 ZPO). 3384

> Ein solcher zweitinstanzlicher Beitritt kann erforderlich werden, wenn der Streithelfer erst durch den Ausgang der ersten Instanz erkannt hat, dass das Unterliegen der Hauptpartei rechtliche oder tatsächliche Nachteile auch für ihn zur Folge haben kann, weil er dadurch eigenen Regressforderungen ausgesetzt ist oder ihm solche abgeschnitten werden.

Bezüglich der **Voraussetzungen** eines solchen Beitritts bestehen grundsätzliche Unterschiede zur ersten Instanz nicht. 3385

> Der Streithelfer muss die Prozesshandlungsvoraussetzungen erfüllen, vor dem Berufungsgericht also auch anwaltlich vertreten sein. Der Beitritt erfolgt mittels eines Schriftsatzes, der den Anforderungen des § 70 Abs. 1 ZPO entspricht, insbesondere also die Parteien des Rechtsstreits bezeichnet, die Erklärung enthält, dass und auf welcher Parteiseite dem Rechtsstreit beigetreten werden soll und das Interventionsinteresse darlegt. Letzteres besteht, wenn der Streithelfer ein rechtliches Interesse am Obsiegen der Hauptpartei hat. Ein solches ist gegeben, wenn im Fall des Unterliegens der Hauptpartei für den Beitretenden rechtliche oder tatsächliche Nachteile zu erwarten sind, sei es, dass er dann eigenen Regressforderungen ausgesetzt ist bzw. ihm solche abgeschnitten würden oder sei es, dass die Rechtskraft des Urteils auf ihn erstreckt wird. Von Amts wegen geprüft wird nur das Vorliegen der Prozesshandlungsvoraussetzungen des Beitretenden, alle übrigen Voraussetzungen nur auf »Antrag«, das heißt auf ausdrücklichen Widerspruch einer Partei gegen den Beitritt (§ 71 ZPO). Ein solcher Widerspruch führt zu einem Zwischenstreit über die Zulässigkeit der Nebenintervention und endet entweder mit einem Zwischenurteil oder wird im Endurteil mitentschieden; in beiden Fällen kann die Entscheidung über die Nebenintervention nur mit der sofortigen Beschwerde angegriffen werden.

749

3386 Auch die **Rechtsstellung** des Streithelfers im Berufungsverfahren entspricht der in erster Instanz.

> Der (einfache) Streithelfer ist weder Partei noch Parteivertreter ist, sondern bloß deren Gehilfe, er handelt aber im eigenen Namen und kraft eigenen Rechts. Der Nebenintervenient kann alle Prozesshandlungen selbst im gleichen Umfang wirksam vornehmen, wie die Partei dies auch könnte; beschränkt sind seine Befugnisse nur durch die vorrangigen Kompetenzen der Hauptpartei: Besteht ein Widerspruch zwischen Prozesshandlungen des Nebenintervenienten und der Partei, so gehen die der Partei immer vor (§ 67 Satz 2 ZPO). Soweit die Partei Prozesshandlungen nicht vornehmen kann, kann dies auch der Streithelfer nicht.
>
> Angriffs- und Verteidigungsmittel (das heißt insbesondere Tatsachen behaupten, bestreiten oder beweisen) kann der Nebenintervenient geltend machen, soweit nicht die Hauptpartei ausdrücklich ein anderes vorgetragen hat oder die Partei (und damit auch der Streithelfer) durch die §§ 529 ff. ZPO hieran gehindert ist. In diesen Grenzen kann der Nebenintervenient auch selbstständig Anträge stellen, dabei aber nicht über den Streitgegenstand disponieren. Unzulässig sind daher Klagerücknahme, Klageänderung, Verzicht, Erledigungserklärung, Anerkenntnis oder Vergleich. Auch materiellrechtliche Erklärungen (zum Beispiel Gestaltungsrechte oder Einreden) kann nur die Partei als Rechtsinhaber, nicht der Nebenintervenient abgeben. Die Wiederholung von Prozesshandlungen (zum Beispiel einer bereits durchgeführten Beweisaufnahme) kann der Streithelfer nur verlangen, wenn dies auch die Partei verlangen könnte (etwa nach § 398 ZPO).
>
> Der Nebenintervenient kann auch prozessuale Lasten für die Partei erfüllen. Ist er, nicht aber die Partei anwesend, kann kein Versäumnisurteil ergehen. Hat er, nicht aber die Partei eine Frist eingehalten, so liegt keine Versäumung vor.

3387 Weil die Handlungen des Nebenintervenienten damit im Prozessrechtsverhältnis der Hauptpartei wirken, während die eines Streitgenossen nur dessen eigenes Prozessrechtsverhältnis betreffen, kann es im Einzelfall auch für eine Partei sinnvoll sein, einem Streitgenossen zusätzlich als Streithelfer beizutreten. Die Möglichkeit hierzu besteht (BGHZ 68, 85).

3388 ▶ **Praxistipp:**

> Besteht die Befürchtung, dass ein Streitgenosse den Prozess unsorgfältig führt und ihn deswegen zu verlieren droht, kann der andere Streitgenosse ihm zusätzlich als Streithelfer beitreten.
>
> Auch die Notwendigkeit dieses »zusätzlichen« Beitritts eines Streitgenossen ergibt sich häufig erst in zweiter Instanz, wenn der andere Streitgenosse erstinstanzlich relevante Prozesshandlungen nicht oder nicht hinreichend vorgenommen hat, sein Unterliegen aber verhindert werden soll.

3389 ▶ **Beispiel:**

> Ist eine Partei säumig, kann ein Versäumnisurteil gegen sie auch bei Erscheinen eines (einfachen) Streitgenossen nicht abgewendet werden (§ 61 ZPO). Ist der Streitgenosse dagegen zugleich Streithelfer, wirkt dessen Erscheinen zugunsten der säumigen Partei (§ 67 2.HS ZPO), sodass ein Versäumnisurteil nicht ergeht.
>
> Streitig ist, ob der Rechtsanwalt hier »mehrere Auftraggeber« i. S. d. § 7 RVG, Nr. 1008 RVG-VV hat. Die h. M. lehnt dies zu Recht ab (OLG München MDR 1994, 735).

3390 Für **Antrag** und Entscheidung ist zu beachten, dass nur der Kläger Leistung verlangen, nur der Beklagte verurteilt werden kann.

> Der Streithelfer taucht deswegen weder im Antrag noch im Tenor zur Hauptsache auf. Im Rubrum wird der Nebenintervenient nach der Partei aufgeführt, der er beigetreten ist und besonders bezeichnet.

3391 ▶ **Beispiel:**

> »Klage des ... (Klägers)
>
> und des ...
>
> gegen den ... (Beklagten)«.

Für die Kostenentscheidung enthält § 101 ZPO eine Ausnahme vom Grundsatz der einheitlichen Kostenentscheidung: Die Kosten der Nebenintervention sind von den Kosten des Rechtsstreits zu trennen und gesondert zu verquoteln, wobei erstere zwischen dem Streithelfer und dem Gegner, Letztere zwischen den Parteien zu verteilen sind.

Besonderheiten für den Streithelfer gelten – wie in erster Instanz auch – wenn es sich um eine sog. **streitgenössische Nebenintervention** i. S. d. § 69 ZPO handelt   3392

Der Streithelfer hat dann mehr eigene Befugnisse, ist weniger durch Handlungen der Partei beschränkt und steht damit im Prinzip einem Streitgenossen gleich. Insbesondere kann der streitgenössische Nebenintervenient Prozesshandlungen auch dann wirksam vornehmen, wenn sie im Widerspruch zu solchen der unterstützten Partei stehen. Er kann nur als Partei, nicht als Zeuge vernommen werden und Prozesshandlungen in für ihn eigenständig laufenden Fristen vornehmen. In Teile der Prozesskosten kann er verurteilt werden, da für die hier zu treffende Kostenentscheidung nicht § 101 Abs. 1 ZPO, sondern – wie für den Streitgenossen – § 100 ZPO gilt (§ 101 Abs. 2 ZPO).

Eine streitgenössische und nicht bloß eine einfache Nebenintervention liegt immer dann vor, wenn die Rechtskraft der Entscheidung zwischen den Parteien sich auch auf den Nebenintervenienten erstreckt (§ 69 ZPO). Diesbezüglich kann auf die zur notwendigen Streitgenossenschaft aus Prozessrecht gemachten Ausführungen verwiesen werden.

Unabhängig von der Art der Nebenintervention tritt als Folge des Beitritts regelmäßig die »**Interventionswirkung**« (§ 68 ZPO) ein, mit der der Nebenintervenient an die Ergebnisse des Prozesses gebunden wird und mit der erreicht werden soll, dass in einem möglicherweise folgenden Regressprozess zwischen dem Streithelfer und der Partei nicht dieselben Fragen nochmals geklärt werden müssen.   3393

§ 68 ZPO bestimmt hierzu, dass der Nebenintervenient im Verhältnis zur Hauptpartei mit der Behauptung, der Vorprozess sei falsch entschieden, nicht gehört wird. Bindungswirkung besteht damit zunächst einmal nur zwischen dem Streithelfer und »seiner« Partei, nicht etwa zugunsten oder zulasten des Gegners. Streitig ist, ob Bindungswirkung nur zugunsten der Hauptpartei eintritt oder auch zu deren Lasten; die Rechtsprechung lässt die Interventionswirkung nur für die Partei wirken, weil der Nebenintervenient, wenn er eine für ihn günstige Bindungswirkung erreichen will, ja Partei werden könnte.

Die Interventionswirkung geht im Ergebnis weiter als die Rechtskraft. Sie erfasst neben der tenorierten Rechtsfolge alle entscheidungserheblichen Einzeltatsachen und deren rechtliche Bewertung, soweit die Entscheidung darauf beruht. Damit können bindend für den Folgeprozess feststehen der Ablauf von Vertragsverhandlungen, der Hergang eines Unfalls, die Gültigkeit eines Vertrages oder das Eigentum an einer Sache. Wurde nur ein Teil der Forderung anhängig gemacht, erfasst die Interventionswirkung die gesamte Forderung. Nicht unter die Interventionswirkung fallen sog. »obiter dicta«, Ausführungen des Gerichts, die zur Entscheidung des konkreten Falles nicht erforderlich gewesen wären. Nicht von der Interventionswirkung erfasst wird auch das Gegenteil der festgestellten Tatsachen: Muss die im Vorprozess unterlegene Partei im Folgeprozess das Gegenteil der ursprünglichen Tatsache beweisen und gelingt ihr das nicht, so unterliegt sie erneut; die Interventionswirkung ändert die Beweislastverteilung nicht. Eine Bindungswirkung für den Folgeprozess tritt auch dann nicht ein, wenn dieser in einem anderen Gerichtsbarkeitszweig stattfindet.

Die Interventionswirkung ist von Amts wegen zu beachten. Dabei wird die Wirksamkeit bzw. Zulässigkeit des Beitritts nicht mehr geprüft, dies erfolgte ja bereits im Vorprozess. Gegen die Interventionswirkung ist lediglich die Einrede der mangelhaften Prozessführung (§ 68 Satz 2 ZPO) möglich: Vermag der frühere Nebenintervenient darzulegen und zu beweisen, dass er im Vorprozess Angriffs- und Verteidigungsmittel nicht geltend machen konnte (zum Beispiel, weil die Partei dem ausdrücklich widersprochen hat), oder dass die Partei selbst dort absichtlich oder grob schuldhaft Angriffs- und Verteidigungsmittel nicht geltend machte, die ihm – dem Nebenintervenienten – damals nicht bekannt waren, so sind diese im Folgeprozess nicht ausgeschlossen. Diese Einrede hat besondere Bedeutung, wenn der Beitritt erst in zweiter Instanz erfolgte und hier die Möglichkeiten des Streithelfers wegen des Novenrechts beschränkt sind.

bb) Beitritt in erster Instanz

War der Streithelfer bereits in erster Instanz am Verfahren beteiligt, so ist er auch am Berufungsverfahren beteiligt, wenn die Partei selbst Berufung einlegt.   3394

Unabhängig davon, ob der Streithelfer aufseiten des Berufungsklägers oder des Berufungsbeklagten beteiligt ist, werden ihm Berufungsschrift und Berufungsbegründung, Berufungserwiderung und weitere Schriftsätze im Berufungsverfahren sowie Ladungen zu Terminen und Entscheidungen des Gerichts im Rahmen seines Anspruchs auf rechtliches Gehör zugestellt (OLG Oldenburg NJW-RR 1996, 829).

Der Streithelfer kann dann entscheiden, ob er sich aktiv am Berufungsverfahren beteiligen will, indem er einen Anwalt bestellt, Schriftsätze einreicht oder an der mündlichen Verhandlung teilnimmt. Tut er dies, entstehen Kosten der Streithilfe, über die im Berufungsurteil nach §§ 97, 101 ZPO zu entscheiden ist. Beteiligt sich der Streithelfer nicht, werden die Kosten des Berufungsverfahrens nur zwischen den Parteien verteilt.

3395 Der Streithelfer kann auch selbst Berufung einlegen. Erforderlich ist, dass er sich dabei im Rahmen seiner Befugnisse hält. Wirksam ist die Einlegung der Berufung durch den Streithelfer nur, wenn sie nicht mit Erklärungen der Partei im Widerspruch steht (§ 67 2.HS ZPO).

Ein solcher Widerspruch besteht, wenn die Partei eindeutig (ausdrücklich oder konkludent) erklärt hat, sie wolle das Urteil rechtskräftig werden lassen. Sorgfältiger Abgrenzung bedarf der Widerspruch jedoch vom bloßen Untätigbleiben der Partei. Deren Erklärungen können nämlich auch dahin verstanden werden, sie selbst wolle zwar kein Rechtsmittel einlegen, stelle sich einem Rechtsmittel des Streithelfers aber nicht entgegen.

Als Widerspruch reicht es nicht aus, dass die Partei auf eine eigene Berufung verzichtet (OLG Hamburg NJW 1989, 1362), eine von ihr eingelegte Berufung nicht weiter betreibt (BGH NJW 1985, 2480) oder diese zurücknimmt (BGH NJW 1980, 1693). Als eindeutig gegen die Durchführung eines Berufungsverfahrens durch den Streithelfer gerichtete Erklärung hat die Rechtsprechung einen Vergleich der Hauptpartei mit dem Gegner angesehen (BGH NJW 1988, 712).

Hat die Partei bereits eindeutig widersprochen, so ist die dennoch eingelegte Berufung des Streithelfers unzulässig und nach § 522 Abs. 1 zu verwerfen. Widerspricht die Partei erst nach Einlegung der Berufung, so ist streitig, ob sie – anstelle der stets möglichen Verwerfung – die Berufung zurücknehmen kann (dafür Zöller/*Gummer*, vor § 511 Rn. 24, dagegen OLG Hamm FamRZ 1984, 810; Prütting/Gehrlein/*Lemke* § 511 Rn. 50); in jedem Fall treffen die Kosten der Berufung den Streithelfer.

3396 Die vom Streithelfer eingelegte Berufung ist das Rechtsmittel der Partei. Zulässig ist sie nur, wenn auch die Berufung der Partei zulässig wäre.

Deutlich wird dies, wenn Partei und Streithelfer gleichermaßen Berufung einlegen. Dann handelt es sich nur um ein Rechtsmittel, über das nur eine Entscheidung ergeht (BGH NJW 1993, 2944). Gesondert ist das Rechtsmittel des Streithelfers dann zu behandeln, wenn sein Antrag – zulässigerweise – weiter geht, als der der Partei (OLG Hamm NJW-RR 1997, 1156). Nimmt die Partei die von ihr eingelegte Berufung zurück, ist das Berufungsverfahren auch für den Streithelfer beendet (BGH NJW 1988, 712). Im Rubrum eines Urteils erscheint die Partei, auch wenn sie sich am Berufungsverfahren nicht aktiv beteiligt hat.

Auch wenn die Berufungseinlegung durch den Streithelfer im eigenen Namen erfolgt, handelt er für die Partei (BGH NJW 1990, 190, BGH NJW 1997, 2386).

Die Fristen zur Einlegung und Begründung der Berufung (ebenso, wie die für die vorbereitende Tatbestandsberichtigung, BGH NJW 1963, 1251) beginnen mit der Zustellung des Urteils an die Partei, ob und wann eine Zustellung an den Streithelfer erfolgt ist, interessiert nicht (BGH NJW 2001, 1355). Der Streithelfer muss sich nach dem Zeitpunkt des Fristbeginns erkundigen; erfährt er diesen unverschuldet nicht oder falsch, so kommt eine auf sein mangelndes Verschulden abstellende Wiedereinsetzung in den vorigen Stand in Betracht (Zöller/*Vollkommer* § 67 Rn. 5; streitig). Geht innerhalb dieser Fristen eine hinreichende Erklärung entweder der Partei oder des Streithelfers ein, wirkt diese Frist wahrend, Einlegung und Begründung müssen nicht vom selben Beteiligten stammen (BGH MDR 1985, 751). Fristverlängerungen, die einem gewährt werden, wirken zugunsten beider (BGH NJW 1982, 2069).

Abzustellen ist auf die Beschwer der Partei. Auf eine Beschwer des Streithelfers kommt es nicht an, sie ist weder erforderlich noch ausreichend (BGH NJW 1997, 2386; OLG Köln NJW 1975, 2108).

Die Prozesshandlungsvoraussetzungen, insbesondere also die Vertretung durch einen beim Berufungsgericht postulationsfähigen Rechtsanwalt, müssen vom jeweils handelnden Beteiligten erfüllt werden.

Hat nur der Streithelfer Berufung eingelegt und ist die Partei untätig geblieben, so kann der Streithelfer die Berufung ohne Zustimmung der Hauptpartei zurücknehmen oder beschränken (BGH NJW-RR 1999, 285).

Die Kosten eines erfolglosen Rechtsmittels treffen nur den Streithelfer, wenn die Partei sich am Berufungsverfahren nicht beteiligt hat, ansonsten gelten die §§ 97, 101 ZPO.

Die Grundsätze für die Einlegung der Berufung durch den Streithelfer gelten auch für die Einlegung der Anschlussberufung (RGZ 68, 14). 3397

Besonderheiten gelten auch hier für den streitgenössischen Nebenintervenienten (§ 69 ZPO). 3398

Da der streitgenössische Nebenintervenient prozessual wie ein Streitgenosse behandelt wird, ist seine Berufung auch gegen den Widerspruch der Partei möglich und stellt ein eigenständiges Rechtsmittel dar, über das eine gesonderte Entscheidung ergeht und für dessen Zulässigkeit auf den streitgenössischen Nebenintervenienten abzustellen ist. Für ihn beginnen eigene Berufungsfristen mit Zustellung des erstinstanzlichen Urteils an ihn (RGZ 108, 132).

Gegen einen erstinstanzlichen Streithelfer kann Berufung nicht eingelegt werden. 3399

Die Berufung muss sich gegen die Partei richten, der Streithelfer kann aufseiten des Berufungsbeklagten am Berufungsverfahren teilnehmen.

c) Streitverkündungsempfänger

Die Streitverkündung ist die förmliche Benachrichtigung eines Dritten von einem anhängigen Prozess durch eine der Parteien. Sinnvoll ist sie insbesondere dort, wo die Partei für einen möglichen späteren Regressprozess die ihr günstige Interventionswirkung herbeiführen will, der Dritte dem Prozess aber zunächst nicht freiwillig beitritt. 3400

Die Streitverkündung erfolgt gemäß § 73 ZPO durch Einreichung eines Schriftsatzes, der den Rechtsstreit und seine derzeitige Lage bezeichnet und in dem der Streitverkündungsgrund angegeben wird, bei Gericht; von dort wird er dem Gegner und dem Streitverkündeten zugestellt. Als Streitverkündungsgrund verlangt § 72 ZPO für den Fall des Unterliegens der Partei das Bestehen eines Anspruchs zwischen ihr und dem Dritten.

Eine Streitverkündung kann sowohl in erster Instanz als auch in zweiter Instanz erfolgen. In beiden Fällen stellt sich für den Dritten die Frage nach einem Beitritt zu dem Berufungsverfahren (§ 74 Abs. 1 ZPO). 3401

Tritt der Dritte der streitverkündenden Partei oder deren Gegner bei, so wird er deren Streithelfer. Für einen solchen Beitritt bedarf es der Voraussetzungen des § 66 Abs. 1 ZPO nicht, anstelle dessen müssen die (weitgehend identischen) Voraussetzungen der Streitverkündung vorliegen. Die Rechtsstellung des Streithelfers richtet sich nach § 67 ZPO, Folge des Beitritts ist der Eintritt der Interventionswirkung zulasten des Beitretenden, § 68 ZPO. Zu beiden Punkten kann auf die entsprechenden Ausführungen zur Streithilfe verwiesen werden.

Lehnt der Dritte den Beitritt ab oder erklärt er sich hierzu nicht (wie in der Praxis meist), so wird der Rechtsstreit ohne ihn fortgesetzt. Der Dritte wird dann über den weiteren Prozessverlauf nicht informiert, er erhält weder die Schriftsätze der Parteien noch Ladungen zu den Terminen oder die Entscheidungen des Gerichts. Will der Streitverkündungsempfänger sich über den weiteren Verlauf des Verfahrens auf dem Laufenden halten, so trifft ihn eine Erkundigungspflicht. Ein Recht auf Akteneinsicht steht ihm nur nach § 299 Abs. 2 ZPO (nicht nach § 299 Abs. 1 ZPO) zu, ein materieller Auskunftsanspruch gegen den Streitverkünder ergibt sich häufig aus dem Streitverkündungsgrund. Auch im Fall eines Nichtbeitritts wird der Dritte über die Interventionswirkung an die Prozessergebnisse gebunden (§ 74 Abs. 2, Abs. 3 ZPO), wenn die Streitverkündung wirksam erfolgt ist (§§ 72, 73 ZPO), was dann im Folgeprozess zwischen Partei und Drittem geprüft wird.

Gegen die in allen Fällen eintretende Interventionswirkung ist – wie bei der Nebenintervention auch – nur die Einrede der mangelhaften Prozessführung durch die Partei möglich (§ 68 ZPO), die bei einem Beitritt erst in der Berufungsinstanz auch darauf gestützt werden kann, dass dort präkludiertes Vorbringen nicht schon in erster Instanz vorgetragen war.

3402 Ein Beitritt ist für den Dritten immer dann zu empfehlen, wenn zum einen zu befürchten ist, dass er in einem Folgeprozess von der Partei in Anspruch genommen wird und zum anderen die Chance besteht, durch Teilnahme am laufenden Verfahren dessen Ergebnis zum eigenen Vorteil zu beeinflussen.

> Kann der Dritte aufgrund eigener Rechtsprüfung davon ausgehen, dass ein Regressanspruch gegen ihn nicht besteht, bedarf es eines Beitritts nicht. Entsprechendes gilt, wenn es im Prozess nur um Fragen geht, die im Verhältnis zu ihm unstreitig oder unerheblich sind oder wenn der Dritte zu diesen Fragen selbst weder rechtlich noch tatsächlich Entscheidendes beizutragen hat und er davon ausgehen darf, die Partei werde sich bezüglich dieser Fragen hinreichend verteidigen.

3403 ▶ **Praxistipp:**

> Das Erfordernis eines Beitritts ergibt sich für den Streitverkündungsempfänger häufig erst in zweiter Instanz oder lässt sich hier jedenfalls besser erkennen als in erster Instanz.

3404 Ein Beitritt ist in der Berufungsinstanz möglich, unabhängig davon, ob die Streitverkündung erst hier oder bereits in erster Instanz erfolgt ist (§ 66 ZPO).

> Ob ein Regressanspruch von Dritten oder gegen Dritte besteht, lässt sich manchmal erst dem Berufungsurteil oder Einlassung der Parteien im Berufungsverfahren entnehmen. Manchmal führt auch erst die kritische Auseinandersetzung mit dem eigenen erstinstanzlichen Rechtsstandpunkt zu einer entsprechenden Erkenntnis. Vielfach wird deswegen für den Rechtsanwalt, der einen Streitverkündungsempfänger bereits erstinstanzlich beraten, von einem Beitritt aber abgesehen hat, die Notwendigkeit bestehen, nach dem Urteil erster Instanz die Frage des Beitritts erneut zu prüfen.

> Allerdings werden weder das erstinstanzliche Urteil noch Berufungsschriftsätze dem Streitverkündungsempfänger von Amts wegen zugestellt, wenn er dem Rechtsstreit nicht beigetreten ist (§§ 74 Abs. 2 ZPO). Daran ändert auch der »Antrag« an das Gericht nichts, vom weiteren Prozessverlauf informiert zu werden. Erforderlich ist, dass der Dritte sich nach dem Verfahrensstand und dem Inhalt etwaiger Entscheidungen erkundigt, sei es durch Akteneinsichtsanträge nach § 299 Abs. 2 ZPO, sei es durch Auskunftsverlangen der Partei gegenüber.

3405 Zu prüfen ist auch die Frage, ob eine weitere Streitverkündung an Personen erforderlich ist, die bislang nicht prozessbeteiligt sind. Hierzu ist der Streitverkündete nach § 72 Abs. 2 ZPO unabhängig davon berechtigt, ob er dem Rechtsstreit selbst beitritt oder nicht (BGH WM 1997, 1757).

> Praktische Bedeutung hat dies in den Fällen des Kettenregresses, etwa beim Unternehmerrückgriff im Verbrauchsgüterkauf nach § 478 BGB.

d) Weitere Verfahrensbeteiligte

3406 Ausnahmsweise können auch andere Prozessbeteiligte anwaltlicher Vertretung bedürfen.

3407 Dies gilt insbesondere für **Zeugen**. Diese haben – auch in nichtöffentlicher Sitzung – ein verfassungsrechtlich abgesichertes Recht darauf, ihre Aussage von der Anwesenheit eines eigenen Rechtsbeistands abhängig zu machen (BVerfG NJW 1975, 103). Die Tätigkeit des Anwalts bei der Vertretung eines Zeugen unterscheidet sich in der Berufungsinstanz nicht von einer Vertretung in erster Instanz.

> Die Befugnisse des Rechtsbeistands sind auf die Beratung des eigenen Mandanten beschränkt, dem Gericht oder den übrigen Verfahrensbeteiligten gegenüber bestehen Befugnisse nicht. So hat der Rechtsbeistand keinen Anspruch auf Teilnahme an anderen nichtöffentlichen Teilen der Verhandlung, hat kein eigenes Fragerecht bei der Vernehmung seines Mandanten, kann keine Beweisanträge stellen und kann Akteneinsicht nicht über § 299 Abs. 1, sondern nur über § 299 Abs. 2 verlangen.

> Ein Gebührenanspruch steht dem Anwalt nur gegen seinen Mandanten zu, gegenüber dem Gericht oder einer der Parteien besteht weder ein prozessualer noch ein materiellrechtlicher Kostenerstattungsanspruch.

3408 Wegen ihrer praktischen Seltenheit insbesondere im Berufungsverfahren keiner besonderen Darstellung bedürfen die in besonderer Form am Verfahren beteiligten **Drittbeteiligten**

C. Berufung   9. Kapitel

(Hauptintervenienten, §§ 64 f. ZPO, Prätendenten, § 75 ZPO, Urheber, §§ 76 f. ZPO; *Oberheim*, Zivilprozessrecht, § 16 Rn. 59 ff.)

Ein aus dem Verfahren resultierendes Interesse an rechtlicher Beratung können auch dritte Personen haben, die in keiner Form am Verfahren beteiligt sind. Solchen **Nichtbeteiligten** stehen prozessuale Befugnisse außerhalb der §§ 64 ff. ZPO grundsätzlich nicht zu. 3409

> Enthält das Urteil aufgrund von Vortrag der Parteien tatsächliche Feststellungen auch in Bezug auf einen Dritten, so kann dieser ein Interesse an einer Richtigstellung haben. Da solche Feststellungen dem Dritten gegenüber grundsätzlich weder in materieller Rechtskraft erwachsen noch Vollstreckungswirkung entfalten, gewährt ihm die Zivilprozessordnung über die bloße Akteneinsicht (§ 299 Abs. 2 ZPO) und gegebenenfalls die Möglichkeit eines Beitritts (§§ 64 ff.) hinaus praktisch keine Rechte. Er ist auf die eigenständige Durchsetzung seiner Rechte in einem eigenen Verfahren angewiesen (*Hager* NJW 1989, 885).

V. Verfahren der Berufung

Obwohl der Schwerpunkt der anwaltlichen Tätigkeit im Berufungsverfahren eindeutig bei Berufungsbegründung und -erwiderung liegt, können auch im weiteren Verlauf des Berufungsverfahrens taktische Entscheidungen anfallen. 3410

1. Ablauf

Taktische Fragen stellen sich dem Anwalt auch während des Berufungsverfahrens. Dessen Ablauf ergibt sich aus §§ 519 ff. ZPO. 3411

Verfahrensablauf und Entscheidungen im Berufungsverfahren

Verfahrensablauf und Entscheidungen im Berufungsverfahren

Berufungsgericht

Berufungskläger → Einlegung → § 519
Begründung → § 520
§ 521 Zustellung, Fristsetzung → Berufungsbeklagter
← Erwiderung
§ 522 Abs. 1
Prüfung Zulässigkeit
§ 522 Abs. 2
Prüfung Begründetheit
§ 523
Übertragung Einzelrichter
§ 523
Mündliche Verhandlung
§ 538
Entscheidung Hauptsache

Abänderung | Zurückverweisung | | Verwerfung | Zurückweisung
Erfolgreiche Berufung | | | Erfolglose Berufung

Das Berufungsverfahren beginnt mit der Einlegung der Berufung (§ 519 ZPO; oben Rdn. 3082) und setzt sich – gegebenenfalls nach Verlängerung der Begründungsfrist durch das Gericht – mit deren Begründung (§ 520 ZPO; oben Rdn. 3167) durch den Berufungskläger fort. Einlegungs- und Begründungsschrift werden dem Berufungsbeklagten zugestellt, regelmäßig wird ihm eine Frist zur Berufungserwiderung gesetzt (§ 521 ZPO; oben Rdn. 3336).

3412 Liegt die Erwiderung vor, prüft das Gericht Zulässigkeit und Begründetheit der Berufung; eine unzulässige Berufung kann durch Beschluss verworfen, eine unbegründete Berufung durch Beschluss zurückgewiesen werden (§ 522 ZPO; unten Rdn. 3413). Erfolgt eine solche Beschlussentscheidung nicht, entscheidet das Gericht über einen Einsatz des Einzelrichters und bestimmt Termin zur mündlichen Verhandlung (§ 523 ZPO; unten Rdn. 3433), an dessen Ende die Entscheidung über die Hauptsache durch Urteil ergeht (§ 538 ZPO; unten Rdn. 3454).

2. Beschlussentscheidungen Gericht

3413 Nach Eingang von Berufungsbegründung und -erwiderung hat das Gericht in voller Besetzung zu prüfen, ob die Berufung zulässig ist und Aussicht auf Erfolg hat. Ist dies nicht der Fall, ergeht eine Entscheidung im Beschlussweg.

a) Verwerfung unzulässiger Berufung

3414 Die besonderen Zulässigkeitsvoraussetzungen der Berufung sind Voraussetzungen für die Fortsetzung des Verfahrens in der zweiten Instanz. Nur wenn diese vorliegen, kann eine Sachprüfung des angefochtenen Urteils erfolgen, die ihrerseits die Zulässigkeit und Begründetheit der Klage umfasst. Die Zulässigkeit der Berufung umfasst:
– die Statthaftigkeit (§§ 511, 514 ZPO);
– die form- und fristgerechte Einlegung (§§ 517–519 ZPO);
– die form- und fristgerechte Begründung (§ 520 ZPO);
– das Vorliegen deiner hinreichenden Beschwer (§§ 511 Abs. 1 Nr. 1, 513 ZPO);
– die Zuständigkeit des angerufenen Berufungsgerichts (§§ 72, 119 GVG).

Gesetzlich hervorgehoben sind die Statthaftigkeit sowie die Form und Frist von Einlegung und Begründung (§ 522 Abs. 1 Satz 1 ZPO), die Prüfung hat sich aber auch auf die Beschwer, die Zuständigkeit des Berufungsgerichts und die allgemeinen Prozesshandlungsvoraussetzungen zu erstrecken.

Sind die zur Ausfüllung der Zulässigkeitsvoraussetzungen erforderlichen Tatsachen streitig, so muss hierüber Beweis erhoben werden. Beweismittel und Beweisverfahren sind dabei nicht an die von den §§ 355 ff. ZPO gezogenen Grenzen gebunden, sondern können frei bestimmt werden (sog. »Freibeweis«; BGH NJW 2000, 814; BGH NJW 1997, 3319), bewiesen ist eine Tatsache aber wie im Strengbeweisverfahren auch erst bei vollständiger Überzeugung des Gerichts (»Vollbeweis«).

3415 Ergibt die Prüfung die Zulässigkeit der Berufung, so kann diese isoliert in Form eines Beschlusses (§ 522 Abs. 1 Satz 3 ZPO) oder – nach vorheriger mündlicher Verhandlung – eines Zwischenurteils (§ 303 ZPO) ausgesprochen werden. Eines Antrags seitens einer Partei bedarf eine solche Entscheidung nicht, möglich ist er selbstverständlich.

3416 ▶ Praxistipp:

Besteht Streit über die Zulässigkeit der Berufung, kann hierüber eine Vorabentscheidung des Gerichts beantragt werden.

Isolierte Entscheidungen können über die Zulässigkeit insgesamt (»Die Berufung ist zulässig«) ergehen oder über einzelne Zulässigkeitsvoraussetzungen (»Die Berufung ist rechtzeitig begründet worden«). Eine solche Entscheidung bindet das Berufungsgericht für das weitere Verfahren (§ 318 ZPO), soweit nicht nachträglich entstandene neue Tatsachen eine andere Entscheidung erfordern (h. M., BGH LM § 238 Nr. 2; a. A. Baumbach/*Hartmann* § 522 Rn. 8). Sowohl Zwischenurteil als auch Beschluss können nicht isoliert, sondern nur im Rahmen der Revision gegen das in der Sache ergehende Endurteil angefochten werden (§ 557 Abs. 2 ZPO).

3417 Regelmäßig wird die Zulässigkeit der Berufung erst in den Entscheidungsgründen des Endurteils festgestellt.

Dabei gilt, wie in erster Instanz auch, dass Erwähnung in den schriftlichen Entscheidungsgründen nur diejenigen Zulässigkeitsfragen finden, bezüglich derer nach Auffassung des Gerichts Zweifel bestehen konnten. Nicht erörterte Zulässigkeitsvoraussetzungen machen keinen Ergänzungsurteil erforderlich, sie wurden stillschweigend bejaht. Verbreitet wird aus § 522 Abs. 1 Satz 1 ZPO gefolgert, dass Ausführungen zu den dort genannten Zulässigkeitsvoraussetzungen in jedem Fall erforderlich sind, doch erschöpfen diese sich regelmäßig in einer bloßen Floskel (»Die Berufung ist zulässig, insbesondere an sich statthaft sowie form- und fristgerecht eingelegt und begründet worden«).

Auch in diesem Fall kann die Zulässigkeitsentscheidung nur zusammen mit der Hauptsache im Rahmen der Revision angefochten werden.

Ergibt die Prüfung die Unzulässigkeit der Berufung, so kann hierüber – nach vorheriger mündlicher Verhandlung – durch Endurteil oder – ohne vorherige mündliche Verhandlung – durch Beschluss entschieden werden (§ 522 Abs. 1 Satz 2 ZPO). In jedem Fall muss zuvor ein Hinweis nach § 139 ZPO erteilt und rechtliches Gehör gewährt werden (BGH NJW 1994, 392). 3418

Die Frage, ob mündlich verhandelt wird und damit auch, in welcher Form die Entscheidung ergeht, steht im freien Ermessen des Gerichts. Einfluss hierauf haben die Parteien nicht, sodass weder ein Verzicht auf die mündliche Verhandlung erklärt zu werden braucht, noch ein Antrag auf Durchführung der mündlichen Verhandlung möglich ist.

Sehr sorgfältig sollte indes die inhaltliche **Reaktion** auf die angekündigte Verwerfung der Berufung überdacht werden. 3419

(1) Ist die zur Unzulässigkeit der Berufung führende Rechtsauffassung des Gerichts unzutreffend, so kann (und muss) hiergegen ausführlich argumentiert werden. 3420

Solchen Rechtsausführungen stehen weder das berufungsrechtliche Novenrecht noch irgendwelche Fristen entgegen.

(2) Das Gleiche gilt, wenn das Gericht seiner Entscheidung einen falschen oder unzutreffenden Sachverhalt zugrunde gelegt hat. 3421

Hier sind die richtigen Tatsachen vorzutragen und ggf. unter Beweis zu stellen. Dabei gilt regelmäßig das Freibeweisverfahren (oben Rdn. 1547).

▶ Beispiel: 3422

Geht das Berufungsgericht aufgrund des Eingangsstempels vom verspäteten Eingang eines Schriftsatzes aus, wurde dieser aber rechtzeitig eingereicht, so ist dies kein Wiedereinsetzungsfall. Vielmehr müssen Zeitpunkt und Umstände der Einreichung (»Einwurf in den Gerichtsbriefkasten am Vorabend durch die Kanzleiangestellte X«) vorgetragen und unter Beweis gestellt werden (»anliegende eidesstattliche Versicherung der Angestellten«, »Einholung einer dienstlichen Erklärung des für den Fristenbriefkasten zuständigen Gerichtsmitarbeiters«).

(3) Ergibt der Hinweis einen Fehler bei Einlegung oder Begründung der Berufung, kann versucht werden, diesen zu heilen. 3423

Läuft die Frist zur Einlegung oder Begründung noch, können Mängel durch Nachholung der unwirksamen Prozesshandlung geheilt werden; dies dürfte nur ausnahmsweise in Betracht kommen.

Wegen der Fristabhängigkeit von Einlegung und Begründung ist der Spielraum für den Vortrag neuer Tatsachen nur gering, was nicht bedeutet, dass es nicht eines Versuchs wert wäre. Bleiben die neuen Tatsachen unstreitig, müssen sie berücksichtigt werden.

Ist eine Frist versäumt worden, besteht vielfach noch die Möglichkeit der Wiedereinsetzung in den vorigen Stand (§§ 233 ff. ZPO, oben Rdn. 2835), wenn die Fristversäumung schuldlos erfolgte. Hierfür stehen bei Versäumung der Einlegungsfrist zwei Wochen, bei Versäumung der Begründungsfrist ein Monat zur Verfügung. Ist die vom Gericht gesetzte Frist zur Stellungnahme auf den Hinweis kürzer, sollte hierauf besonders hingewiesen und ggf. eine Fristverlängerung beantragt werden (BGH VersR 2001, 730). Wird die Wiedereinsetzung versagt, ist hiergegen eine weitere Rechtsbeschwerde einzulegen (§ 238 Abs. 2 Satz 1 ZPO), wird Wiedereinsetzung gewährt, fällt die Verwerfungsentscheidung ohne Weiteres weg.

3424 (4) Ist der Versuch, die Verwerfung abzuwenden, erkennbar ohne Aussicht auf Erfolg, bleibt der Versuch einer Kostenminimierung und – soweit ein Anwaltsfehler vorliegt – die Information der eigenen Rechtsschutzversicherung.

> Wird die Berufung zurückgenommen, können zumindest zwei Gerichtsgebühren (GKG-KV Nr. 1222), ggf. auch die anwaltlichen Terminsgebühren erspart werden.

3425 Der Verwerfungsbeschluss unterliegt der Rechtsbeschwerde kraft Gesetzes, das heißt ohne Zulassung (§§ 522 Abs. 1 Satz 4, 574 Abs. 1 Nr. 1 ZPO). Das Verwerfungsurteil kann mit der Revision oder der Nichtzulassungsbeschwerde angefochten werden, wobei Letztere wertunabhängig möglich ist (§§ 543 Abs. 1 ZPO, 26 Nr. 8 EGZPO).

b) Zurückweisung substanzloser Berufung

3426 Nicht immer muss auf eine zulässige Berufung hin ein aufwendiges Berufungsverfahren mit mündlicher Verhandlung stattfinden. Erkennbar erfolglose Berufungen werden durch Beschluss zurückgewiesen. Hierzu hat das Berufungsgericht in voller Besetzung vor Bestimmung eines Termins und vor Übertragung an den Einzelrichter eine Prüfung der Begründetheit der Berufung durchzuführen.

> Die ursprüngliche Regelung stieß wegen der in der Praxis sehr unterschiedlichen Nutzung dieser Möglichkeit und der Unanfechtbarkeit dieser Entscheidung insbesondere in Anwaltskreisen auf große Kritik. Mit Gesetz vom 27.10.2011 (BGBl. I, 2082) hat der Gesetzgeber deswegen das Verfahren reformiert (*Baumert* MDR 2013, 7; *Stackmann* JuS 201, 1087).

3427 Auch wenn das Gericht von der Erfolglosigkeit des Rechtsmittels ausgeht, muss es dieses nicht durch Beschluss zurückweisen, sondern »soll« dies tun. Im Rahmen des gebundenen Ermessens, das dem Gericht eingeräumt ist, ist die Zurückweisung durch Beschluss damit zwar die Regel, kann in Ausnahmefällen aber auch unterbleiben. Damit besteht für den Anwalt eine Möglichkeit der Einflussnahme auf die Entscheidung, indem er Umstände vorträgt, die im Rahmen der Ermessensausübung und der Sachprüfung der Voraussetzungen für das Gericht relevant werden können. Ob das Beschlussverfahren nach § 522 Abs. 2 ZPO für den Anwalt sinnvoll ist oder nicht, kann nur im Einzelfall beantwortet werden.
- Dafür spricht, dass das Verfahren beschleunigt und ohne unnötigen Aufwand an Zeit, Mühe und Kosten durchgeführt werden kann, was vielfach auch im Interesse von Partei und Anwalt liegen wird.
- Dagegen spricht, dass die in einer mündlichen Verhandlung liegenden Chancen nicht genutzt werden können. Unklarheiten und Missverständnisse bleiben unerörtert, ein Rechtsgespräch mit dem Austausch von Argumenten unterbleibt. Für den Mandanten entsteht leicht der Eindruck, vom Gericht nicht ernst genommen worden zu sein, keine Chance gehabt zu haben, seinen Standpunkt vorzutragen.

3428 Voraussetzung der Beschlusszurückweisung ist in materieller Hinsicht, dass die Berufung offensichtlich keine Aussicht auf Erfolg hat, in prozessualer Hinsicht, dass eine mündliche Verhandlung nicht geboten ist und keine der Fallgestaltungen vorliegt, unter denen ein Rechtsmittel zuzulassen wäre. Alle Voraussetzungen müssen vom Spruchkörper einstimmig bejaht werden.

> Keine Aussicht auf Erfolg hat die Berufung, wenn das Vorbringen des Berufungsklägers einen Berufungsgrund nach § 513 Abs. 1 ZPO nicht ausfüllt, das angefochtene Urteil weder auf einer Rechtsverletzung beruht noch neue Tatsachen eine andere Entscheidung rechtfertigen. Bei Beurteilung der »Erfolgsaussicht« handelt es sich nicht um eine summarische Prognose-, sondern um eine volle Sachprüfung. Die Angriffs- und Verteidigungsmittel des Berufungsklägers liegen bereits vor, nachträglicher Vortrag ist grundsätzlich verspätet (§ 530 ZPO). Ergibt sich die Erforderlichkeit einer Beweisaufnahme, so wird diese nicht antizipiert, sondern durchgeführt, die Berufung hat dann Aussicht auf Erfolg. Soweit es für die Beurteilung der Erfolgsaussicht auf Vorbringen des Beklagten ankommt, ist dieses in die Prüfung einzubeziehen. Ist dem Berufungskläger bereits Prozesskostenhilfe gewährt (und damit die Erfolgsaussicht bejaht) worden, scheidet eine Beschlusszurückweisung regelmäßig aus (*Hirtz* MDR 2002, 1265).

Offensichtlich ist die Erfolglosigkeit nicht erst dann, wenn sie auf der Hand liegt, schon bei kursorischer Prüfung offen zutage tritt, ihr quasi »auf die Stirn geschrieben« ist Vielmehr reicht es, dass sie sich erst als Ergebnis einer gründlichen Prüfung ergibt (BT-Drucks. 17/6406 S. 9; OLG Stuttgart, Urt. v. 05.03.2012 – 13 U 24/12; OLG München Urt. v. 05.01.2012 – 1 U 4433/11). Insbesondere ist mit dem neuen Merkmal keine Aussage über die inhaltliche Qualität der Berufung (und damit über die anwaltliche Tätigkeit) verbunden. Weitgehend Einigkeit (a. A. soweit erkennbar nur einige Stimmen aus der Anwaltschaft: Baumert MDR 2013, 7; Lindner AnwBl. 2011, 943) besteht heute deswegen in der Literatur dahin, dass die Aufnahme der Offensichtlichkeit in § 522 Abs. 2 ZPO lediglich deklaratorischen Charakter hat, die Bedeutung der einstimmigen Verneinung der Erfolglosigkeit nach gründlicher Prüfung des berücksichtigungsfähigen Prozessstoffs in Form eines gesetzgeberischen Appells besonders hervorheben will (Eichele/Hirtz/Oberheim XIV Rn. 12b; Meller-Hannich NJW 2011, 3393, 3394). Auch erste obergerichtliche Entscheidungen deuten eher auf eine der bisherigen Praxis gegenüber unveränderte Vorgehensweise hin (Baumert MDR 2013, 7, 10, 11 f. unter Hinweis auf OLG München Beschl v. 16.02.2012 – 1 U 4433/11 und OLG Stuttgart Beschl. v. 16.01.2012 – 5 U 126/11). Ausgeschlossen ist eine Beschlussentscheidung über die Berufung nach § 522 Abs. 2 Nr. 4 ZPO, wenn eine mündliche Verhandlung geboten ist. Liegen die Voraussetzungen der Nr. 1 bis 3 vor, ist damit ein Absehen von der mündlichen Verhandlung grundsätzlich gerechtfertigt, besondere Umstände sind erforderlich, um diesen Regelfall auszuschließen. Geboten sein kann die mündliche Verhandlung über die Berufung aus verfassungsrechtlichen Gründen, wenn schon in erster Instanz nicht mündlich über den in zweiter Instanz wesentlichen Prozessstoff verhandelt wurde (Art. 6 EMRK; B/L/A/H § 522 Rn. 17; BVerwG NVwZ 2002, 994 zu § 130a VwGO; OLG Braunschweig ZIP 2003, 1154). Im Übrigen handelt es sich bei dem Gebotensein um einen unbestimmten Rechtsbegriff, der der Ausfüllung bedarf und zu dem anwaltlicher Vortrag erforderlich ist. Gründe für die mündliche Verhandlung können in der Schwere der betroffenen Rechtsgüter, der wirtschaftlichen oder sonstigen Bedeutung der Sache für die Parteien, der prozessualen Fairness, ggf. auch die Möglichkeit einer gütlichen Einigung (BT-Drucks. 17/6406, S. 9; BT-Drucks. 17/5334, S. 7; OLG München Urt. v. 16.02.2012 – 1 U 4433/11; OLG Hamm Schaden-Praxis 2012, 378; OLG Oldenburg Urt. v. 29.11.2011 – 5 U 80/11; (Eichele/Hirtz/Oberheim XIV Rn. 26a ff.; Meller-Hannich NJW 2011, 3393, 3395).

Die Rechtssache darf keine grundsätzliche Bedeutung haben, die Fortbildung des Rechts oder die Sicherung einer einheitlichen Rechtsprechung dürfen eine Entscheidung des Berufungsgerichts nicht erfordern. Das Berufungsgericht ist dabei an eine Beurteilung des erstinstanzlichen Gerichts nicht gebunden, sodass die Zulassung der Berufung durch das erstinstanzliche Gericht eine Beschlussentscheidung des Berufungsgerichts nicht ausschließt, wenn das Berufungsgericht die Voraussetzungen des § 511 Abs. 4 ZPO verneint. Hat das Berufungsgericht mit einer Entscheidung nach § 522 ZPO das Fehlen der Voraussetzungen für die Zulassung eines Rechtsmittels festgestellt, kommt die Zulassung einer Revision nicht in Betracht und ist konsequenterweise ausgeschlossen (§ 522 Abs. 3 ZPO).

Die Notwendigkeit einer Einstimmigkeit beschränkt den Anwendungsbereich der Beschlusszurückweisung auf eindeutige Fälle. Allerdings ist nicht erforderlich, dass die Erfolglosigkeit evident ist, gleichsam »ins Auge springt«. Es reicht aus, wenn diese sich erst nach gründlicher Sachprüfung ergibt und sie aufwendiger Begründung bedarf (BVerfG NJW 2003, 281; OLG Rostock NJW 2003, 1676).

Vor der Zurückweisung der Berufung durch Beschluss sind die Parteien hierauf unter Darlegung der Gründe hierfür hinzuweisen. Dem Berufungskläger muss eine Frist zur Stellungnahme eingeräumt werden (§ 522 Abs. 2 Satz 2 ZPO). 3429

Sind mehrere Streitgegenstände mit der Berufung angefochten, kommt eine Beschlusszurückweisung für einzelne Teile in Betracht. Wird der Streitgegenstand in der Berufungsinstanz erweitert (Anschlussberufung, Klageänderung, Aufrechnung, Widerklage), wird hierüber im Fall der Beschlusszurückweisung nicht entschieden (§ 524 Abs. 4 ZPO, der auf die übrigen genannten Fälle analog angewandt wird: Eichele/Hirtz/ Oberheim XIV Rn. 76a ff. m. w. N.; a. A. Bub MDR 2011, 84).

Die Frist zur Stellungnahme ist gesetzlich nicht vorgegeben, sie steht im freien Ermessen des Gerichts, wird aber in entsprechender Anwendung des § 277 Abs. 3 wenigstens zwei Wochen betragen müssen. Nimmt der Berufungskläger zu dem Hinweis Stellung, so muss dem Berufungsbeklagten hierzu rechtliches Gehör nur dann gewährt werden, wenn die Zurückweisungsentscheidung nicht oder nicht wie angekündigt erfolgen soll.

3430 ▶ **Praxistipp:**

Der Hinweis darf regelmäßig nicht reaktionslos hingenommen werden. Ein Absehen des Gerichts von der angekündigten Entscheidung ist aber nur schwer erreichbar.

Die reaktionslose Hinnahme eines solchen Hinweisbeschlusses durch den Prozessbevollmächtigten des Berufungsklägers dürfte regelmäßig eine Pflichtverletzung darstellen. Aus dem Hinweis folgt, dass das Rechtsmittel keinerlei Erfolgsaussichten hat. Möglich ist zum einen eine qualifizierte Stellungnahme zu dem Hinweisbeschluss, um doch noch eine mündliche Verhandlung zu erreichen. Dies setzt voraus, dass das Gericht von der Unrichtigkeit der bisherigen Rechtsauffassung überzeugt werden kann, ein in Anbetracht der einstimmig erfolgten Entscheidung nur selten erreichbares Ziel. Zum anderen kommt eine Rücknahme des Rechtsmittels in Betracht. Hierdurch ermäßigt sich die Verfahrensgebühr von 4 auf 2 Gebühren (Nr. 1222 KV-GKG).

3431 Besonderer Überlegungen bedarf der Hinweisbeschluss nach § 522 Abs. 2 ZPO bei beiden Parteien im Fall der Anschlussberufung.

Diese verliert ihre Wirkung, wenn die Berufung wegfällt, sei es durch Rücknahme oder durch Beschlusszurückweisung (§ 524 Abs. 4 ZPO). Ein Unterschied besteht indes hinsichtlich der Kosten: Diese fallen dem Berufungskläger zur Last, wenn er die Berufung zurücknimmt, dem Anschlussberufungskläger, wenn eine Entscheidung nach § 522 Abs. 2 ZPO ergeht. Der Berufungskläger muss deswegen im Einzelfall abwägen, ob er sein Rechtsmittel zurücknimmt und dann die nach Nr. 1222 KV-GKG reduzierten Gesamtkosten von Berufung und Anschlussberufung trägt oder ob er eine Entscheidung nach § 522 Abs. 2 ZPO ergehen lässt und dann nur die (nicht reduzierten) auf die Berufung entfallenden Kosten trägt.

Auch der Berufungsbeklagte muss das eigene Prozessverhalten nach Zugang des Hinweisbeschlusses überdenken. Ist er durch die erstinstanzliche Entscheidung ebenfalls beschwert und läuft ausnahmsweise die eigene Berufungsfrist noch, kommt die Einlegung einer eigenen selbstständigen Berufung in Betracht, wenn deren Erfolg aus dem Hinweisbeschluss erkennbar ist. Die Einlegung einer Anschlussberufung muss unterbleiben oder hilfsweise auf den Fall der Nichtentscheidung nach § 522 ZPO bedingt werden.

3432 Erschüttert eine eventuelle Stellungnahme des Berufungsklägers die Überzeugung des Gerichts von den Voraussetzungen des § 522 Abs. 2 Satz 1 ZPO nicht, so wird die Berufung durch Beschluss endgültig zurückgewiesen.

Der Zurückweisungsbeschluss bedarf der Begründung (§ 522 Abs. 2 Satz 3 ZPO), doch kann hierbei Bezug genommen werden auf die Gründe des Hinweisbeschlusses. Ist das angefochtene Urteil fehlerfrei, kann für den Hinweis und die Zurückweisung auch allein auf dessen Entscheidungsgründe Bezug genommen werden. Hat der Berufungskläger zu dem Hinweisbeschluss Stellung genommen, muss die Begründung sich damit auseinandersetzen.

Gegen den Beschluss ist das Rechtsmittel gegeben, das bei einer Entscheidung durch Urteil zulässig wäre (§ 522 Abs. 3 ZPO). Statthaft ist damit die Nichtzulassungsbeschwerde, soweit der Wert des Beschwerdegegenstands 20.000 € übersteigt (§ 544 ZPO i. V. m. § 26 Nr. 8 EGZPO; *unten* Rdn. 3530).

3. Mündliche Verhandlung

3433 Die mündliche Verhandlung vor dem Berufungsgericht entspricht der vor dem erstinstanzlichen Gericht (§ 525 Abs. 1 ZPO). Entgegen der daraus abgeleiteten Erwartung unerfahrener Anwälte bedeutet dies aber nicht, dass auch die Anforderungen an die anwaltliche Tätigkeit die gleichen sind (zu den Unterschieden *Eichele/Hirtz/Oberheim* XVI/155 ff., 193 ff.).

Unterschiede resultieren aus dem Zeitpunkt der Verhandlung und der Funktion der Berufungsinstanz. Während es erstinstanzlich vornehmlich um eine vollständige Sachaufklärung und eine umfassende Sach- und Rechtsprüfung geht, steht der Prozessstoff in der Berufungsinstanz bereits weitgehend fest.

Dies gilt schon für die Vorbereitung des Termins, die dem Berufungsgericht im gleichen Umfang obliegt und für die ihm die gleichen Instrumente zur Verfügung stehen. Seltener als in erster Instanz wird das Gericht in der Berufung die Parteien zu weiteren Stellungnahmen auffordern, ihnen (oder Dritten) die Vorlage von Unterlagen aufgeben oder eine Beweisaufnahme vorbereiten (§§ 142 ff., 273 Abs. 2, 358a ZPO).

C. Berufung   9. Kapitel

Häufiger als in erster Instanz wird dagegen das persönliche Erscheinen der Parteien angeordnet (§ 141 ZPO) oder terminsvorbereitend ein Hinweis auf die Erfolgsaussichten gegeben.

Besonderheiten im Ablauf des Termins zur mündlichen Verhandlung ergeben sich der ersten Instanz gegenüber zum einen aus dem Gesetz (§§ 522 Abs. 1 Satz 1, 525 Satz 2 ZPO), zum anderen aus dem Wesen der Berufungsinstanz. **3434**

Der Termin zur mündlichen Verhandlung wird regelmäßig mit der Prüfung einiger Formalia eröffnet. Zu diesen gehört in der Berufungsinstanz auch die Zulässigkeit des Rechtsmittels. **3435**

> Nach dem Aufruf der Sache (§ 220 Abs. 1 ZPO) und der formalen Eröffnung der Verhandlung durch den Vorsitzenden (§ 136) ist die Präsenz der Beteiligten (Parteien, Prozessbevollmächtigte, Zeugen, Sachverständige) festzustellen und ins Protokoll aufzunehmen (§ 160 Abs. 1 Nr. 4 ZPO); gegebenenfalls ist zu klären, inwieweit die Verhandlung öffentlich (§§ 169 ff. GVG) und ob dem entsprochen ist. Vielfach wird das Vorliegen der Zulässigkeitsvoraussetzungen, insbesondere die Zeitpunkte von Urteilszustellung und Eingang von Berufung und Berufungserwiderung, ausdrücklich festgestellt (§ 522 Abs. 1 Satz 1 ZPO); zwingend erforderlich ist dies nicht.

Die in erster Instanz gebotene Güteverhandlung ist nicht erforderlich (§ 525 Satz 2 ZPO), auch hier soll das Gericht aber in jeder Lage des Verfahrens auf eine gütliche Beilegung des Rechtsstreits bedacht sein (§ 278 Abs. 1 ZPO). Die Chancen auf Abschluss eines Vergleichs sind dabei deutlich höher als in erster Instanz. **3436**

> § 278 Abs. 1, 6 ZPO finden auch in der Berufungsinstanz Anwendung. § 525 Satz 2 ZPO schließt nur die Güteverhandlung nach § 278 Abs. 2–5 ZPO aus, nicht die Vergleichsmöglichkeiten aus Abs. 1, 6.

> Häufiger als in erster Instanz ergehen schon terminsvorbereitend schriftliche Vergleichsvorschläge, die ohne mündliche Verhandlung angenommen werden können (§ 278 Abs. 6 ZPO). Erbringt die nach § 522 ZPO gebotene Prüfung der Sach- und Rechtslage kein eindeutiges, eine sofortige Beschlussentscheidung rechtfertigendes Ergebnis, kann sie doch geeignete Grundlage für einen sachlich fundierten Vergleichsvorschlag sein. Auch wenn der Vergleichsvorschlag erst im Termin zur mündlichen Verhandlung gemacht wird, sind die Parteien häufig gut beraten und auch geneigt, diesen anzunehmen. Sie kennen das Prozessrisiko besser als in erster Instanz, weitere Instanzen stehen nur noch beschränkt zur Verfügung. Die Erfolgsaussichten lassen sich den Rechtsausführungen des Gerichts schon deutlich entnehmen, ein Vergleichsvorschlag des Gerichts liegt meist nahe bei der zu erwartenden Entscheidung. Entscheidende Änderungen durch weitere Angriffs- und Verteidigungsmittel sind regelmäßig nicht mehr möglich (§ 530 ZPO). Auch wenn durch die Annahme des Vergleichsvorschlages kein oder nur ein geringer Sachvorteil erlangt werden kann, spricht dafür, dass das Verfahren abgekürzt, Kosten und die Notwendigkeit einer Zwangsvollstreckung vermieden oder weiterer Streit verhindert werden kann (*Hendel* AnwBl 1997, 509). Diese Gründe können auch dafür sprechen, einem Vorschlag auf Berufungsrücknahme oder Anerkenntnis zu folgen.

Das Gericht soll im offenen Gespräch mit den Parteien die entscheidungserheblichen rechtlichen oder tatsächlichen Gesichtspunkte erörtern und auf eine allseits sachdienliche Verfahrensführung hinwirken (materielle Prozessleitung, § 139 ZPO). Dazu hat das Gericht das Streitverhältnis mit den Parteien zu erörtern, Fragen zu stellen, die Ergänzung tatsächlichen Vorbringens und die Beibringung von Beweismitteln anzuregen und auf rechtliche Gesichtspunkte hinzuweisen, die die Parteien erkennbar übersehen oder anders beurteilt haben. **3437**

> Die materielle Prozessleitungspflicht obliegt dem Berufungsgericht im Rahmen seiner Verhandlung und Entscheidung genauso, wie dem erstinstanzlichen Gericht (oben Rdn. 1406). Fehler hierbei können die Revision begründen. Die Einführung in den Sach- und Streitstand durch das Gericht, die im früheren Recht ausdrücklich normiert war (§ 278 Abs. 1 ZPO a. F.), findet als »Erörterung« aufgrund der §§ 136 Abs. 3, 139 ZPO nach wie vor statt, verlangt aber – anders als in anderen Verfahrensordnungen (§§ 324 Abs. 1 StPO, 103 Abs. 2 VwGO) – keine vollständige Darstellung des bisherigen Prozessstoffs, sondern kann und soll sich auf die wesentlichen Fragen des Berufungsverfahrens beschränken. Im Unterschied zur ersten Instanz wird hier bereits meist deutlich werden, wie das Gericht zu entscheiden beabsichtigt.

Die eigentliche Verhandlung der Parteien besteht im Stellen der Anträge (§§ 137 Abs. 1, 297 ZPO). Danach begründen die Parteien (regelmäßig durch ihre Prozessbevollmächtigten, gegebenenfalls auch persönlich, § 137 Abs. 4 ZPO) ihre Anträge, indem sie die tatsächlichen und rechtlichen **3438**

Aspekte des Streitverhältnisses aus ihrer Sicht mündlich vortragen (§ 137 Abs. 2 ZPO). Während sich dies in erster Instanz häufig in einer Bezugnahme auf die bisher gewechselten Schriftsätze erschöpft (§ 137 Abs. 3 ZPO), erwarten Berufungsgerichte, insbesondere Oberlandesgerichte, regelmäßig einen substantiierten Vortrag und eine inhaltliche Auseinandersetzung mit den Darlegungen des Gerichts und des Gegners (»Plädoyer im Zivilprozess«).

Ein solches Plädoyer bedarf neben allgemeinen Kenntnissen über Inhalt, Aufbau und Darstellungsform eines solchen Vortrags im Allgemeinen auch besonderer Vorbereitung im Einzelfall, wobei auf unvorhergesehene Entwicklungen flexibel und angemessen zu reagieren einen versierten Berufungsanwalt auszeichnet. Mangelnde Erfahrung in zivilrechtlichen Berufungssachen tritt hier häufig auffallend deutlich zutage.

Aus Erörterung und Vortrag der Parteien entwickelt sich regelmäßig ein offenes Rechtsgespräch, dessen Bedeutung auch für den Ausgang des Rechtsstreits nicht unterschätzt werden sollte. Trotz Vorbereitung des Termins ist es grundsätzlich immer möglich, das Gericht noch von der eigenen Ansicht zu überzeugen. Viele Spruchkörper beraten terminsvorbereitend nur sehr oberflächlich und gehen zumindest für schwierige Rechtsfragen »offen« in den Termin. Dieser sollte deswegen nicht als bloße Förmelei, sondern als echte Chance zur Durchsetzung der eigenen Position gesehen und entsprechend genutzt werden.

3439 Ist eine Beweisaufnahme erforderlich, so erfolgt diese als Teil der mündlichen Verhandlung (§ 355 ff. ZPO). Im Anschluss an die Beweisaufnahme ist der Sach- und Streitstand erneut mit den Parteien zu erörtern (§ 279 Abs. 2 ZPO), die Parteien haben nochmals streitig zu verhandeln (§ 285 Abs. 1 ZPO). Hierbei müssen die Anträge nicht erneut gestellt werden, es reicht aus, wenn im Rahmen der Gewährung rechtlichen Gehörs Gelegenheit hierzu besteht.

Wegen der Besonderheiten einer Beweisaufnahme in der Berufungsinstanz unten Rdn. 3442.

3440 Die mündliche Verhandlung wird – wenn nicht eine weitere mündliche Verhandlung erforderlich ist – vom Vorsitzenden geschlossen (§ 136 Abs. 4 ZPO). Es folgt nur noch die Verkündung der Entscheidung des Gerichts, sei es im Verhandlungstermin bzw. an dessen Ende, sei es in einem besonders hierzu anberaumten Verkündungstermin (§ 310 Abs. 1 Satz 1 ZPO).

3441 ▶ Praxistipp:

Nur in seltenen Ausnahmefällen ist es sinnvoll, nach Schluss der mündlichen Verhandlung noch einen Schriftsatz einzureichen.

Mit dem Schluss der mündlichen Verhandlung haben die Parteien das Recht zum Vortrag von Angriffs- und Verteidigungsmitteln verloren (§ 296a ZPO), soweit es ihnen nicht ausdrücklich nachgelassen wurde (§ 283 ZPO). Allein Rechtsansichten kann das Gericht noch berücksichtigen, für relevanten Sachvortrag müsste die mündliche Verhandlung wiedereröffnet werden (§ 156 ZPO). Hierzu ist das Gericht nur verpflichtet, wenn sich nachträglich herausstellt, dass es einen Verfahrensfehler begangen, insbesondere einen Hinweis nach § 139 ZPO oder die Gewährung rechtlichen Gehörs unterlassen hat. Die bloße Geltendmachung neuer Angriffs- und Verteidigungsmittel durch eine Partei rechtfertigt die Wiedereröffnung regelmäßig nicht (vgl. §§ 283, 296a ZPO), es sei denn, hieraus ergibt sich ein Grund zur Wiederaufnahme des Verfahrens (§§ 579, 580 ZPO).

4. Beweisaufnahme

3442 Ihrer Funktion als Instrument der Fehlerkontrolle und -beseitigung entsprechend erfolgt in der Berufungsinstanz grundsätzlich eine Nachprüfung der erstinstanzlich durchgeführten Beweisaufnahme. Hat das Erstgericht alle erforderlichen Beweise erhoben und verfahrensrechtlich einwandfrei gewürdigt, wird die Beweisaufnahme nicht wiederholt.

Zur Frage, wann in der Berufungsinstanz eine Beweisaufnahme erfolgt, sind Rechtsprechung und Literatur zum alten Recht kaum mehr heranziehbar. § 525 ZPO a. F. sah eine vollständige Wiederholung des Rechtsstreits vor dem Berufungsgericht vor, ob dieses eine bereits durchgeführte Beweisaufnahme wiederholen wollte, stand in seinem freien Ermessen (§ 398 ZPO), unbeschränkt mögliche neue Angriffs- und Verteidigungsmittel führten zu einer neuen Beweisaufnahme. Als Problem diskutiert wurde allein die Frage, wann sich das Ermessen des Gerichts auf Null reduzierte, wann also eine Beweisaufnahme notwendig zu wiederholen war. Zur Gewährleistung der Unmittelbarkeit der Beweisaufnahme (§ 355 ZPO) und weil die protokollierte Aussage regelmäßig nur einen Teil der dem Erstgericht zur Beweiswürdigung zur Verfügung stehenden Grundlage wiedergibt, wurde dies in immer mehr Fallgruppen angenommen. Auf die erneute Erhebung eines Beweises konnte nur verzichtet werden, wenn das Berufungsgericht allein aufgrund des in der Akte schriftlich fixierten Beweisergebnisses (protokollierte Aussage, schriftliches Gutachten) zum gleichen Ergebnis gelangte wie das Erstgericht. Dies galt insbesondere für die Zeugenvernehmung (BGH NJW 1997, 466; BGH NJW 1999, 2972), aber auch für Sachverständigengutachten (BGH NJW 1996, 1597; BGH NJW 1994, 803) und alle anderen Beweismittel.

Nach der ZPO-Reform ist das Berufungsgericht nach § 529 Abs. 1 Nr. 1 ZPO an die Tatsachenfeststellungen des erstinstanzlichen Gerichts grundsätzlich gebunden. Diese Bindung kann nicht schon durch den bloßen Wunsch beseitigt werden, eine Beweisaufnahme zu wiederholen, unabhängig davon, ob dieser von den Parteien oder vom Gericht herrührt.

Eine Beweisaufnahme in zweiter Instanz ist einerseits nur erforderlich, andererseits nur gestattet, wenn sich die Tatsachenfeststellung des erstinstanzlichen Gerichts als fehlerhaft erweist (wiederholte oder ergänzende Beweisaufnahme) oder zulässig neu vorgebrachte, erhebliche Angriffs- und Verteidigungsmittel streitig werden (neue Beweisaufnahme). 3443

Voraussetzung für eine wiederholte oder ergänzende Beweisaufnahme ist, dass konkrete Anhaltspunkte Zweifel an der Richtigkeit oder Vollständigkeit der erstinstanzlich durchgeführten Beweisaufnahme begründen und deshalb eine erneute Tatsachenfeststellung gebieten (§§ 513 Abs. 1 Satz 2. Alt, 529 Abs. 1 Nr. 1 ZPO). 3444

Zu den Voraussetzungen der §§ 513 Abs. 1 2.Alt, 529 Abs. 1 Nr. 1 ZPO oben Rdn. 3260.

Liegt der Fehler der Tatsachenfeststellung erster Instanz darin, dass eine aufgrund des dortigen Sach- und Streitstands erforderliche Beweisaufnahme nicht durchgeführt wurde, ist diese Beweisaufnahme in zweiter Instanz ergänzend durchzuführen. Liegt der Fehler der Tatsachenfeststellung in der Würdigung erhobener Beweise, so wird die Beweisaufnahme wiederholt.

Für die Frage, ob die Zweifel an der erstinstanzlichen Feststellung eine solche Wiederholung »gebieten«, kann die zum alten Recht ergangene Rechtsprechung über die Notwendigkeit einer Wiederholung der Beweisaufnahme Bedeutung behalten. Trotz der Zweifel an der Richtigkeit oder Vollständigkeit der erstinstanzlichen Beweiswürdigung bedarf es einer Wiederholung nicht, wenn das Berufungsgericht allein aufgrund des in der Akte schriftlich fixierten Beweisergebnisses zum gleichen Ergebnis gelangt wie das Erstgericht. Erforderlich ist eine bestimmte, nicht notwendig überwiegende Wahrscheinlichkeit dafür, dass die Wiederholung der Beweisaufnahme zu einem anderen Ergebnis führen wird.

Wiederholt werden muss eine Beweisaufnahme, wenn das Berufungsgericht deren Ergebnis anders würdigen will als die Vorinstanz (BGH MDR 2012, 601).

Voraussetzung für eine neue Beweisaufnahme in zweiter Instanz ist, dass eine Partei aufgrund einer der gesetzlichen Ausnahmefälle zulässig neue Angriffs- und Verteidigungsmittel vorgebracht hat, die vom Gegner bestritten werden und auf die es für Entscheidung ankommt (§§ 513 Abs. 1 2.Alt., 529 Abs. 1 Nr. 2, 531 Abs. 2 ZPO). 3445

Zu den Voraussetzungen, unter denen neue Angriffs- und Verteidigungsmittel zuzulassen sind, oben Rdn. 3277.

Eine Beweisaufnahme in der Berufungsinstanz findet damit heute deutlich seltener statt, als nach altem Recht. Ergibt sich die Erforderlichkeit einer Beweisaufnahme erst in zweiter Instanz, so wird diese auch vom Berufungsgericht selbst durchgeführt, eine Aufhebung und Zurückverweisung in die erste Instanz kommt grundsätzlich nicht in Betracht. 3446

Die bloße Notwendigkeit einer Beweisaufnahme ist nie ein Grund für die Zurückverweisung. Erforderlich ist vielmehr das Vorliegen eines der Ausnahmetatbestände des § 538 Abs. 2 ZPO. Ein solcher kann in einem erheblichen Mangel des erstinstanzlichen Verfahrens bestehen, insbesondere auch in einer unzureichenden Sachaufklärung, zum Beispiel einer fehlerhaften Nichterhebung von Beweisen (OLG FamRZ 1999, 453) oder einer mangelhaften Beweiswürdigung (OLG Köln NJW 1997, 712). Hinzukommen muss – neben dem Antrag einer Partei auf Zurückverweisung – stets, dass die durch den Verfahrensmangel erforderlich werdende Beweisaufnahme »umfangreich oder aufwändig« ist. Umfangreich ist die Beweisaufnahme, wenn zahlreiche Zeugen oder mehrere Sachverständige zu hören sind, aufwendig ist sie, wenn sie an einem weit entfernten Ort, etwa im Ausland, vorzunehmen ist (Prütting/Gehrlein/*Oberheim* § 538 Rn. 12, 16).

3447 Die Beweisaufnahme durch das Berufungsgericht erfolgt regelmäßig vor dem kompletten Spruchkörper, ist der Rechtsstreit nach § 526 ZPO dem Einzelrichter zur Entscheidung übertragen, vor diesem. Nur in beschränktem Rahmen möglich ist die Durchführung der Beweisaufnahme vor dem Einzelrichter, wenn die Entscheidung später vom Spruchkörper getroffen werden soll.

Nach § 527 ZPO kann der Rechtsstreit zur Vorbereitung der Entscheidung dem Einzelrichter zugewiesen werden. Die vorbereitende Durchführung einer Beweisaufnahme, ist wegen des Gebots der Unmittelbarkeit (§§ 309, 355 ZPO) nur möglich, wenn anzunehmen ist, dass der Spruchkörper, an den die Sache später zur Entscheidung zurückgegeben wird, das Beweisergebnis auch ohne unmittelbaren Eindruck vom Verlauf der Beweisaufnahme sachgemäß zu würdigen vermag. Die Rechtsprechung verneint dies bei einigen typischerweise problematischen Verfahrensgegenständen (zum Beispiel Arzthaftungssachen, BGH NJW 1994, 802) genauso, wie bei einigen typischerweise problematischen Beweismitteln (zum Beispiel sich widersprechenden Zeugenaussagen). Wegen der Möglichkeiten, die Übertragung der Beweisaufnahme auf den Einzelrichter anzufechten.

Unter den Voraussetzungen der §§ 372 Abs. 2 (Augenscheinseinnahme), 375 (Zeugenvernehmung), 402 (Sachverständige), 434 (Urkunden) oder 451 ZPO (Parteivernehmung) ist auch die Übertragung der Beweisaufnahme auf ein Mitglied des Prozessgerichts als beauftragter Richter möglich; fehlt es an diesen Voraussetzungen, ist die Übertragung gesetzwidrig, ihr Ergebnis unverwertbar (BGH NJW 2000, 2024).

3448 Voraussetzungen, Ablauf und Folgen einer Beweisaufnahme entsprechen in vollem Umfang denen erster Instanz (§ 525 Satz 1 ZPO).

Entsprechend anwendbar sind die Vorschriften über das Beweisverfahren und die Beweiswürdigung (§§ 284 ff. ZPO), die allgemeinen Vorschriften über die Beweisaufnahme (§§ 355 ff. ZPO), über die einzelnen Beweismittel (§§ 371 ff., 373 ff., 402 ff., 415 ff., 445 ff. ZPO) und über die Beeidigung (§§ 478 ff. ZPO).

3449 Besonderheiten gelten für die Parteivernehmung.

Der Antrag auf Parteivernehmung führt grundsätzlich zur Vernehmung des Gegners. Dieser kann seine Vernehmung und/oder seine Beeidigung verweigern (§§ 446, 453 Abs. 2 ZPO). Diese Weigerung muss in zweiter Instanz nicht unbedingt fortgelten.

3450 Das Berufungsgericht kann eine in erster Instanz ganz oder teilweise verweigerte Parteivernehmung anordnen, wenn die Verweigerung auf vernünftigen Gründen beruhte, die zwischenzeitlich weggefallen sind (§ 536 Abs. 1 ZPO).

An ihre erstinstanzliche Weigerung ist die Partei damit gebunden, wenn sie willkürlich erfolgte oder wenn die Gründe dafür nach wie vor bestehen.

3451 Ist in erster Instanz eine Partei eidlich vernommen worden, kann die Gegenpartei in zweiter Instanz grundsätzlich nicht ebenfalls eidlich vernommen werden (§ 536 Abs. 2 ZPO).

Verhindert werden soll damit, dass sich zwei widersprechende eidliche Aussagen gegenüberstehen. Zum einen wird so der besondere Beweiswert beeideter Aussagen (BayVerfGH NJW-RR 2009, 1433) geschützt, zum anderen soll das Gericht nicht bei der Leistung eines Meineids mitwirken, auch wenn nicht geklärt werden kann, welche der beiden Aussagen falsch ist.

Eine eidliche Vernehmung auch der zweiten Partei ist dann statthaft, wenn die Vernehmung oder Beeidigung in erster Instanz unzulässig war, da dieser Aussage dann keine Beweiskraft zukommt und der erstinstanzliche Fehler zweitinstanzlich korrigiert werden muss.

5. Säumnisverfahren

3452 Erscheint der Berufungskläger im Termin zur mündlichen Verhandlung nicht, so ist seine Berufung auf Antrag des Gegners durch Versäumnisurteil zurückzuweisen (§ 539 Abs. 1 ZPO). Erscheint der Berufungsbeklagte nicht und beantragt der Berufungskläger den Erlass eines Versäumnisurteils, so ist das zulässige tatsächliche Vorbringen des Berufungsklägers als zugestanden anzunehmen (§ 539

Abs. 2 ZPO). Die Bestimmungen entsprechen den Regelungen der Säumnis im erstinstanzlichen Verfahren (§§ 330 ff. ZPO), auf die wegen der Einzelheiten Bezug genommen wird (§ 539 Abs. 3 ZPO).

> Das Versäumnisverfahren, das in erster Instanz rein statistisch eine erhebliche Rolle spielt, kommt in zweiter Instanz nur sehr selten vor. Der Berufungskläger will eine Abänderung des ihn beschwerenden Urteils erreichen, der Berufungsbeklagte will den erstinstanzlichen Erfolg nicht aufs Spiel setzen. Beide Parteien sind deswegen an einer aktiven Beteiligung am Verfahren interessiert.

Für den Anwalt kann das Versäumnisurteil auch in zweiter Instanz das Mittel der Wahl zur Kostenminimierung bei aussichtsloser Prozesssituation (zur Kostenreduzierung oben Rdn. 3124) oder zur Vermeidung einer ansonsten drohenden Präklusion (oben Rdn. 1262) sein. Beides dürfte hier aber deutlich seltener vorkommen. 3453

VI. Beendigung der Berufung

Die Beteiligten müssen es nicht zu einer streitigen Entscheidung über die Berufung durch das Gericht in Form eines Urteils kommen lassen. Bis zum Schluss der mündlichen Verhandlung, teilweise (unten) sogar bis zum Beginn der Urteilsverkündung können sie das Verfahren beenden. In Betracht kommen hierfür Dispositionsakte (Rücknahme, Verzicht, Erledigungserklärung, Vergleich), die sich auf das Rechtsmittel oder auf die Klage beziehen können. 3454

▶ **Praxistipp:** 3455

Dispositionsakte (Rücknahme, Verzicht, Erledigungserklärung) in zweiter Instanz können sich auf die Klage oder das Rechtsmittel beziehen. Wegen der höchst unterschiedlichen Rechtsfolgen sind eine klare Unterscheidung und eine eindeutige Bezeichnung erforderlich.

1. Rücknahme

Häufigste Form alternativer Beendigung des Berufungsverfahrens ist die Rücknahme der Berufung (§ 516 ZPO). 3456

Eine Rücknahme ist häufig mit **Kostenvorteilen** verbunden. 3457

> Erfolgt die Rücknahme vor Erlass eines Beweisbeschlusses oder Bestimmung eines Termins, ermäßigt sich die gerichtliche Verfahrensgebühr von 4 auf 1 (Nr. 1221 KV-GKG), aufseiten der Rechtsanwälte kann die Terminsgebühr entfallen. Bei Rücknahme der Berufung nach Bestimmung eines Termins reduziert sich die gerichtliche Verfahrensgebühr auf 2.

Die Zurücknahme der Berufung ist nach § 516 ZPO zwischen der Einlegung der Berufung und der Verkündung des Berufungsurteils (auch noch nach Schluss der mündlichen Verhandlung; BGH MDR 2011, 1001) **möglich**. Sie ist von dem Prozessbevollmächtigten dem Gericht gegenüber schriftlich oder in mündlicher Verhandlung zu erklären. Der Zustimmung des Beklagten bedarf es in keinem Fall. 3458

> Die Rücknahmeerklärung muss klar und eindeutig sein, ihr muss der unzweideutige Wille der Partei entnommen werden können, das Verfahren nicht mehr fortzusetzen und ohne Entscheidung des Rechtsmittelgerichts zu beenden (BGH MDR 2006, 1126).

> Eine bereits vor Einlegung der Berufung erfolgte »Rücknahmeerklärung« ist als Verzicht zu behandeln (dazu unten Rdn. 3461). Besonderer Form bedarf die Rücknahme nicht, sie ist damit auch konkludent möglich. Voraussetzung ist der eindeutig erkennbare Wille des Berufungsklägers, die Berufung nicht weiter zu verfolgen. Dies kann auch dann der Fall sein, wenn die Erklärung als »Erledigung« bezeichnet ist.

> Sind mehrere Berufungen von derselben Partei eingelegt, so ist im Wege der Auslegung zu klären, ob sich die Rücknahmeerklärung nur auf einzelne Einlegungsakte oder auf das gesamte Rechtsmittel erstreckt. Ohne einschränkenden Zusatz der Rücknahmeerklärung verliert die Partei das Rechtsmittel insgesamt (BGH NJW 2007, 3640).

Zurückgenommen werden kann auch eine unzulässige Berufung. Trotz des grundsätzlichen Anwaltszwangs lässt die h. M. die wirksame Rücknahme einer Berufung durch die Partei selbst zu, wenn diese auch die Berufung ohne Anwaltsbeteiligung eingelegt hat, um ihr die durch die Beauftragung eines Anwalts allein zum Zwecke der Rechtsmittelrücknahme entstehenden Kosten zu ersparen.

Hält der Berufungskläger eine außergerichtliche Vereinbarung über die Berufungsrücknahme nicht ein, so steht dem Berufungsbeklagten eine Einrede zu, auf deren Geltendmachung hin die Berufung als unzulässig verworfen wird (BGH NJW 1984, 805).

Die Rücknahmeerklärung ist bedingungsfeindlich und kann (auch mit Zustimmung des Gegners) nicht angefochten oder zurückgenommen werden. Eine Ausnahme gilt nur beim Vorliegen eines Restitutionsgrunds (BGHZ 12, 294; BGHZ 33, 73). Auch die durch einen Irrtum veranlasste Rücknahmeerklärung beendet deswegen die Berufung endgültig.

Die durch die ZPO-Reform über den Schluss der mündlichen Verhandlung vor dem Berufungsgericht hinaus bis zur Verkündung des Urteils verlängerte Möglichkeit einer Rücknahme hat die Befürchtung auftauchen lassen, die zu unterliegen drohende Partei könne noch »in die Verkündung hinein« die Rücknahme erklären, um einen Teil der Kosten zu ersparen (*Hartmann* NJW 2001, 2577, 2591). Dies hat sich praktisch jedoch als irrelevant erwiesen (*von Cube* NJW 2002, 40).

3459 **Folge** der Rücknahme ist der kostenpflichtige Verlust des Rechtsmittels, der – auch ohne Antrag – durch Beschluss festgestellt wird, einer neuen Berufung (soweit eine solche fristgerecht noch möglich ist) aber nicht entgegensteht. Das angefochtene Urteil wird dann unverändert rechtskräftig (BGH NJW 2008, 373). Mit der Rücknahme verliert auch eine Anschlussberufung des Gegners ihre Wirkung (§ 524 Abs. 4 ZPO), eine eigenständige Berufung des Gegners indes bleibt wirksam.

Keine Kostenentscheidung durch Beschluss kann (wegen des Grundsatzes der Einheit der Kosten des Rechtsstreits) ergehen, wenn beide Parteien Berufung eingelegt haben, die Rücknahme aber nur durch eine Partei erfolgt ist; dann ergeht eine, die Kostenlast der zurücknehmenden Partei berücksichtigende einheitliche Kostenentscheidung im Endurteil über die verbleibende Berufung des Gegners. Werden beide Berufungen zurückgenommen, sind die Kosten im Beschluss nach § 516 Abs. 3 ZPO gemäß § 92 ZPO zu quoteln. Erfolgt die Klagerücknahme als Folge einer außergerichtlichen vergleichsweisen Einigung der Parteien, so kann an die Stelle der zwingenden Kostenlast des Berufungsklägers eine Kostenvereinbarung der Parteien treten (BGH NJW 1989, 39).

Wird eine zunächst nur zur Fristwahrung eingelegte Berufung zurückgenommen, so trifft die Kostenlast zwar dem Grunde nach allein den Kläger, im Rahmen der Kostenfestsetzung können aber die dem Beklagten zu erstattenden Kosten herabgesetzt werden (BGH MDR 2003, 1140).

3460 Im Unterschied dazu verliert das angefochtene Urteil seine Wirkung, wenn in der Berufungsinstanz der Kläger (unabhängig davon, ob er Berufungskläger oder Berufungsbeklagter ist) die Klage zurücknimmt (§ 269 Abs. 3 Satz 1 ZPO), was stets die Zustimmung des Beklagten voraussetzt. In diesem Fall bedarf es der zusätzlichen Rücknahme der Berufung nicht, da mit der Klagerücknahme die Rechtshängigkeit der Streitsache insgesamt und damit auch ihr Anfall in zweiter Instanz entfällt.

2. Verzicht

3461 Der Berufungskläger kann auf sein Rechtsmittel auch verzichten (§ 515 ZPO). Dies kann durch einseitige Erklärung oder durch Vereinbarung mit dem Gegner geschehen.

Einseitig kann der Verzicht dem Gegner oder dem Gericht gegenüber erklärt werden und ist erst nach Verkündung des anzufechtenden Urteils möglich. Nur wenn er dem Gericht gegenüber erklärt wird, unterliegt er dem Anwaltszwang (BGH NJW-RR 1994, 386), bedarf einer ordnungsgemäßen Protokollierung aber nicht (BGH NJW-RR 2007, 1451). Die Erklärung dem Gegner gegenüber ist formfrei möglich. Der einseitige Verzicht muss vom Gegner nicht angenommen werden.

Als Vereinbarung zwischen den Parteien ist ein Verzicht auch bereits vor Erlass des Urteils wirksam. Hier ist eine Annahmeerklärung des Gegners erforderlich.

Möglich bleibt der Verzicht bis zum Abschluss des Rechtsmittelverfahrens, das heißt bis zur Verkündung des Berufungsurteils und kann deswegen auch im laufenden Berufungsverfahren noch erklärt werden. Eine Zustimmung des Gegners ist in keinem Fall erforderlich.   3462

Der Verzicht bedarf keiner besonderen Form und muss, auch wenn er dem Gericht gegenüber erklärt wird, nicht unbedingt wirksam protokolliert sein (BGH FamRZ 1984, 372; BGH FamRZ 1986, 1089, 1090). Er ist damit konkludent möglich, entscheidend ist der erkennbar gewordene Wille der Partei, es bei dem erstinstanzlichen Urteil zu belassen, dieses einer Überprüfung durch die Berufung nicht zuführen zu wollen.   3463

> Die Erklärung, »man werde keine Berufung einlegen« reicht als Verzicht regelmäßig genauso aus, wie die Erklärung »man akzeptiere die Entscheidung«, während die Erklärung, eine Rechtsmitteleinlegung sei »nicht beabsichtigt«, im Allgemeinen keinen Verzicht darstellt. Der bloße Verzicht auf die Begründung des Urteils (§ 313a Abs. 1 und 2 ZPO) kann sich im Einzelfall als Berufungsverzicht darstellen (OLG Braunschweig MDR 2001, 1009 m.Anm. *Schneider*). Dies gilt auch für den Antrag auf Erteilung des Rechtskraftzeugnisses, nicht aber für die bloße Beschränkung der Berufung auf einen Teil der Beschwer oder den Kostenfestsetzungsantrag. Zahlt der Beklagte nach dem erstinstanzlichen Urteil, so liegt darin ein Verzicht auf die Berufung, wenn die Zahlung als vorbehaltlose Erfüllung erfolgt, nicht dagegen, wenn sie lediglich die Zwangsvollstreckung abwenden soll (BGH NJW 1981, 1729). Auch ein nach Erlass des erstinstanzlichen Urteils geschlossener Vergleich kann sich im Wege der Auslegung als Verzicht darstellen (BGH MDR 1969, 477). Die Vereinbarung der Parteien über die Einlegung der Sprungrevision gilt kraft Gesetzes als Verzicht auf die Berufung (§ 566 Abs. 1 Satz 2 ZPO).

Folge eines wirksamen Rechtsmittelverzichts ist, dass das Urteil rechtskräftig wird, eine dennoch eingelegte Berufung unzulässig ist und verworfen wird. Trotz des Verzichts auf eine Berufung möglich bleibt eine Anschlussberufung.   3464

> Dies gilt auch bei einem nur teilweisen Verzicht. Beschränkt der Berufungskläger sein Rechtsmittel auf einen Teil seiner Beschwer und erklärt im Übrigen einen Verzicht auf die Anfechtung, so wird das Urteil hinsichtlich des nicht angefochtenen Teils rechtskräftig. Die bloße Nichtanfechtung eines Teils des erstinstanzlichen Urteils hat diese Wirkung nicht (§ 705 Satz 2 ZPO), da auch dieser Teil später noch über eine Erweiterung des Berufungsantrags in die Anfechtung einbezogen werden kann. Soweit der Teil, auf den der Rechtsmittelverzicht sich erstreckt, mit der Anschlussberufung angefochten werden kann, tritt Rechtskraft erst mit Ablauf der Anschlussberufungsfrist ein.

> Einer Anschließung an die Berufung des Gegners steht der Verzicht auf ein eigenes Rechtsmittel nicht entgegen (§ 524 Abs. 2 Satz 1 ZPO), weil diese Anschließung eben kein solches eigenes Rechtsmittel darstellt. Möglich ist allerdings auch ein Verzicht auch auf die Anschließung. Ob eine solche in der Verzichtserklärung zu sehen ist, bedarf der Auslegung im Einzelfall, wird aber nur ganz ausnahmsweise zu bejahen sein (OLG Hamm FamRZ 1979, 944).

> Eine trotz wirksamen Verzichts eingelegte Berufung ist unzulässig. Von Amts wegen berücksichtigt werden kann der Verzicht nur, wenn er dem Gericht gegenüber erklärt wurde. Erfolgte der Verzicht nur dem Gegner gegenüber, kann er nur auf dessen Einrede hin berücksichtigt werden. Ist die bereits eingelegte Berufung wegen eines Verzichts unzulässig, so wird sie verworfen (§ 522 Abs. 1 ZPO). Das angefochtene Urteil wird dann unverändert rechtskräftig.

Der einmal wirksam erklärte oder vereinbarte Verzicht kann nachträglich beseitigt werden. Dies ist indes – unabhängig davon, wie er zustande gekommen ist – stets nur mit Zustimmung des Gegners möglich (BGH MDR 1985, 830); eine Ausnahme gilt bei Vorliegen eines Restitutionsgrunds (BGH NJW-RR 1994, 386).   3465

Verzichtet der Kläger (unabhängig davon, ob er Berufungskläger oder Berufungsbeklagter ist) in der Berufungsinstanz auf den geltend gemachten (prozessualen) Anspruch, so ergeht ein das angefochtene Urteil abänderndes, klageabweisendes Verzichtsurteil nach § 306, dessen Rechtskraft einer erneuten Geltendmachung des Anspruchs entgegensteht.   3466

3. Übereinstimmende Erledigungserklärung

3467 Die übereinstimmende Erledigungserklärung ist im Gesetz nur unvollständig (nämlich hinsichtlich ihrer Kostenfolge, § 91a ZPO) geregelt. Sie ist Ausfluss der Dispositionsmaxime, nach der eine streitige Entscheidung über die Hauptsache nicht ergeht, wenn die Parteien eine solche nicht mehr wünschen. Die übereinstimmende Erledigungserklärung der Parteien ist in allen Verfahrensstadien möglich, auch in der Berufungsinstanz (BGH NJW 1986, 852). Hier ist eine Unterscheidung danach erforderlich, was sich erledigt hat. Dies kann die Hauptsache selbst oder bloß das eingelegte Rechtsmittel sein.

3468 Voraussetzung ist in beiden Fällen eine Erklärung beider Parteien, dass eine streitige Entscheidung nicht mehr angestrebt wird.

> Diese Erklärungen können, müssen aber nicht ausdrücklich auf »Erledigung« lauten. Erforderlich und ausreichend ist eine Erklärung, aus der deutlich wird, dass der bisherige, auf Erlass einer streitigen Entscheidung gerichtete Antrag nicht weiter verfolgt wird, andererseits aber auch keine Bereitschaft besteht, die Kosten des Rechtsstreits zu tragen, weil nur so eine Abgrenzung von der Klagerücknahme möglich ist. Aufseiten des Beklagten reicht eine Zustimmung. Keine solche liegt vor, wenn der bisherige Antrag auf Abweisung der Klage bzw. Zurückweisung der Berufung aufrechterhalten wird. Die Erledigungserklärungen unterliegen nicht dem Anwaltszwang (§§ 91a Abs. 1 Satz 1, 78 Abs. 3 ZPO). Sie können auch unter eine prozessuale Bedingung gestellt, also zum Beispiel hilfsweise für den Fall einer zulässigen Berufung abgegeben werden (OLG Düsseldorf NJW-RR 1998, 776).
>
> In der Berufungsinstanz können Erledigungserklärungen nur abgegeben werden, wenn die Berufung wirksam ist (BGHZ 50, 197). Fehlt es daran, wird die Berufung trotz der Erledigungserklärungen verworfen.

a) Erledigung der Hauptsache

3469 Die Erklärung der Erledigung wird sich regelmäßig auf die Hauptsache selbst beziehen. Dies kommt in Betracht, wenn ein Interesse an der Aufrechterhaltung des erstinstanzlichen Urteils nicht mehr besteht.

> Insoweit erledigend wirken können die Erfüllung durch den Beklagten oder einen Dritten, der Wegfall der Rechts- und damit der Parteifähigkeit einer juristischen Person oder ein die Kosten aussparender Vergleich der Parteien. Wird ein klageabweisendes Urteil in der Berufungsinstanz (zum Beispiel durch zulässiges, erhebliches neues Verteidigungsvorbringen des Beklagten) richtig, kann die zwingende Kostenfolge der Klage- oder Rechtsmittelrücknahme durch eine Erledigungserklärung vermieden werden.

3470 Folge einer solchen Erklärung ist, dass die bislang ergangenen Entscheidungen (analog § 269 Abs. 3 Satz 1 ZPO) wirkungslos werden, das Rechtsmittelverfahren endet und eine Entscheidung des Gerichts nur noch über die Kosten zu erfolgen hat (§ 91a ZPO).

> Nicht geprüft wird, ob das behauptete erledigende Ereignis vorliegt, ob es erledigend wirkt oder wann es eingetreten ist. Entscheidend ist allein die Erklärung der Erledigung, nicht deren Eintritt.

3471 Deswegen kann eine übereinstimmende Erledigungserklärung unzweifelhaft auf Umstände gestützt werden, die noch vor Einlegung der Berufung (»zwischen den Instanzen«) eingetreten sind (*Hausherr* MDR 2010, 973). Ist bereits Berufung eingelegt, sind die Erklärungen dem Berufungsgericht gegenüber abzugeben. Nach h. M. (BGH NJW 1995, 1096; *Bergerfurth* NJW 1992, 1655) ist die Einlegung einer Berufung nur zum Zwecke der Erledigungserklärung aber nicht zwingend, vielmehr können die Erklärungen ohne Rechtsmittel auch dem erstinstanzlichen Gericht gegenüber abgegeben werden.

> Unerheblich ist dabei, wann das erledigende Ereignis eingetreten ist. Ereignisse nach Verkündung des Urteils stehen denen zwischen Verkündung und Schluss der mündlichen Verhandlung gleich (§ 296a ZPO). Aber auch Umstände, die schon vor Schluss der erstinstanzlichen mündlichen Verhandlung entstanden sind und in erster Instanz noch hätten geltend gemacht werden können, stehen einer Erklärung der Erledigung erst nach Abschluss der Instanz nicht entgegen (OLG Nürnberg FamRZ 2000, 1025).

Die Erklärung dem erstinstanzlichen Gericht gegenüber ist schriftlich möglich, das Gericht kann (analog §§ 159, 321 ZPO) auf Antrag der Parteien aber auch einen Termin zur mündlichen Verhandlung bestimmen. Das erstinstanzliche Gericht erlässt dann einen Kostenbeschluss nach § 91a ZPO, der einen Verstoß gegen § 318 nicht darstellt, weil eine Bindung an das vorher erlassene Urteil wegen § 269 Abs. 3 Satz 1 ZPO und der eingetretenen Änderung der Umstände nicht mehr besteht.

Nur dem Berufungsgericht gegenüber abgegeben werden können die Erklärungen beider Parteien, wenn das erledigende Ereignis nach Einlegung der Berufung eingetreten ist. 3472

Problematisch ist hierbei, ob nach der Erledigung der Hauptsache überhaupt noch eine Beschwer vorliegt, die Berufung also noch zulässig ist. Grundsätzlich wird dies bejaht (BGH NJW 1967, 564), ausnahmsweise aber zumindest für den Fall der vorbehaltlosen Erfüllung durch den Beklagten verneint, weil der Beklagte nicht einerseits erfüllen und andererseits Berufung einlegen kann (BGH NJW 2000, 1120); die Berufung ist danach zu verwerfen, die Erledigungserklärung geht ins Leere. Nach a. A. (Zöller/*Vollkommer* § 91a Rn. 20) ist der Eintritt des erledigenden Ereignisses für die Rechtsmittelbeschwer ohne Bedeutung, die Erledigungserklärung damit uneingeschränkt möglich.

Streitig ist, ob die Kostenentscheidung des Berufungsgerichts nach § 91a nur die Kosten des Berufungsverfahrens (KG MDR 1986, 592) oder die Kosten des gesamten Rechtsstreits in beiden Instanzen umfasst (MüKoZPO/*Lindacher* § 91a Rn. 129). Zumindest, wenn die Hauptsache selbst für erledigt erklärt wird, muss das Berufungsgericht befugt sein, über alle Kosten neu zu entscheiden.

b) Erledigung der Berufung

Ein praktisches Bedürfnis für eine Erledigung nur des Rechtsmittels besteht nur ganz ausnahmsweise. Allein der Umstand, dass das Rechtsmittel durch eine nach Einlegung eingetretene Veränderung unzulässig oder unbegründet geworden ist, reicht dazu grundsätzlich nicht aus. Hinzukommen müssen ein Interesse am Fortbestand des erstinstanzlichen Urteils und der Ausschluss eines sofortigen Anerkenntnisses durch den Beklagten. 3473

Ist der Kläger Berufungskläger, kann er auf Umstände hin, die sein Rechtsmittel unzulässig oder unbegründet machen, problemlos die Hauptsache für erledigt erklären, ein Bedürfnis an der Aufrechterhaltung des (klageabweisenden) Urteils erster Instanz besteht für ihn nicht. Ist der Beklagte Berufungskläger, kann er auf eine in der Berufungsinstanz eintretende Zulässigkeit oder Begründetheit der Klage (und die damit einhergehende Unbegründetheit seiner Berufung) mit einem Anerkenntnis reagieren, wobei seinem Kosteninteresse über § 93 ZPO Rechnung getragen wird.

Eine Erledigung des Rechtsmittels kommt somit nur in seltenen Ausnahmefällen in Betracht. Für den Beklagten kann sie erforderlich sein, wenn ein von ihm eingelegtes Rechtsmittel nachträglich unzulässig oder unbegründet wird und ein sofortiges Anerkenntnis ausgeschlossen ist (nicht bloß, dass das Anerkenntnis nicht »sofort« erfolgte), für beide Parteien, wenn das Rechtsmittel durch eine nachträgliche Fortentwicklung des Prozesses überflüssig wird. Denkbar ist der Wegfall der Beschwer des Beklagten infolge einer Urteilsberichtigung nach § 319 ZPO (OLG Bamberg RPfl 1995, 289) oder der Wegfall eines Verfahrensmangels, auf den die Berufung zunächst gestützt war (OLG Frankfurt a. M. NJW-RR 1989, 63; zu weiteren Beispielsfällen MüKoZPO/*Lindacher* § 91a Rn. 126).

Folge einer Erledigung der Berufung ist die Beendigung des Rechtsmittelverfahrens, erforderlich ist lediglich noch eine Entscheidung über die Kosten (§ 91a ZPO). 3474

Auch wenn nur das Rechtsmittel für erledigt erklärt wird, muss das Berufungsgericht im Interesse der Sachgerechtigkeit befugt sein, über alle Kosten des Rechtsstreits (und nicht bloß über die des Rechtsmittels) neu zu entscheiden (MüKoZPO/*Lindacher* § 91a Rn. 129).

Die erstinstanzliche Entscheidung bleibt in diesem Fall bestehen und wird rechtskräftig. 3475

4. Einseitige Erledigungserklärung

Geht der Kläger davon aus, die Hauptsache habe sich durch ein nachträgliches Ereignis erledigt, während der Beklagte der Auffassung ist, die Klage sei von Anfang an unzulässig oder unbegründet gewesen, so widerspricht der Beklagte der Erledigungserklärung des Klägers und beantragt weiterhin 3476

Abweisung der Klage. Die h. M. sieht in einer solchen einseitigen Erledigungserklärung des Klägers einen Übergang zum Antrag auf Feststellung der nachträglichen Erledigung des ursprünglich zulässigen und begründeten Hauptantrags, sodass nach wie vor eine streitige Entscheidung über die Hauptsache erforderlich ist.

3477 Auch die einseitige Erledigungserklärung in zweiter Instanz bezieht sich regelmäßig auf die Hauptsache selbst, nur ganz ausnahmsweise kann sie sich auf die Berufung beziehen.

> Zumindest in den oben (oben Rdn. 3473) dargestellten seltenen Ausnahmefällen kann ein Interesse auch an einer einseitigen Erledigungserklärung des Rechtsmittels bestehen, wenn der Gegner einer Erledigungserklärung widersprochen hat.

3478 Die für die übereinstimmende Erledigungserklärung anerkannte Möglichkeit einer Abgabe der Erklärungen vor Einlegung der Berufung noch gegenüber dem erstinstanzlichen Gericht besteht bei der einseitigen Erledigungserklärung unzweifelhaft nicht. Tritt die Erledigung nach Schluss der mündlichen Verhandlung in erster Instanz (»zwischen den Instanzen«) ein, muss das Verfahren zuerst durch Berufungseinlegung fortgesetzt werden, bevor die Erklärung dem Berufungsgericht gegenüber abgegeben werden kann (BGH NJW-RR 1992, 1032).

> Sieht man in der einseitigen Erledigungserklärung eine Klageänderung, muss sie auf die Zeiträume beschränkt werden, in denen Sachanträge gestellt werden können. Zwischen den Instanzen fehlt eine Hauptsache, die sich erledigen und ein Sachantrag, der geändert werden könnte (BGH NJW 1992, 1032).

3479 Auf die einseitige Erledigungserklärung hin hat das Gericht zu prüfen, ob die Klage zulässig und begründet war und sich durch ein nachträglich eingetretenes Ereignis erledigt hat, das heißt unzulässig oder unbegründet geworden ist.

> Streitig ist, ob im Fall der Erledigung des Rechtsmittels zusätzlich erforderlich ist, dass das Rechtsmittel ursprünglich zulässig und begründet war (AK/*Röhl* § 91a Rn. 51). Dies hängt von der zur Rechtsnatur der einseitigen Erledigung vertretenen Ansicht ab und wird von der h. M. verneint.
>
> Hat der Kläger mit seinem einseitig erklärten Erledigungsantrag Erfolg, wird die Erledigung unter Abänderung des erstinstanzlichen Urteils festgestellt. Ist eine Erledigung nicht eingetreten, wird – je nach Inhalt der angefochtenen Entscheidung – die Berufung zurückgewiesen oder die Klage in Abänderung des Urteils abgewiesen (*Pape/Notthoff* JuS 1996, 344).

5. Vergleich

3480 Einen Vergleich können die Parteien jederzeit (§ 278 Abs. 1 ZPO) und damit auch noch in der Berufungsinstanz schließen. Für den Anwalt bleibt der Vergleich auch in zweiter Instanz wichtiges, häufig sogar vorrangiges Prozessziel (*Hendel* AnwBl 1997, 509).

> Vergleiche sind in der Berufung häufiger als in erster Instanz. In der Regel ist zumindest dem Berufungskläger, häufig auch dem Berufungsbeklagten das Prozessrisiko durch den Abschluss der ersten Instanz deutlich geworden, weitere Instanzen stehen gar nicht oder nur mit sehr beschränktem Prüfungsumfang zur Verfügung. Die Erfolgsaussichten lassen sich den Rechtsausführungen des Gerichts schon deutlich entnehmen, ein Vergleichsvorschlag des Gerichts liegt regelmäßig nahe bei der zu erwartenden Entscheidung. Entscheidende Änderungen durch weitere Angriffs- und Verteidigungsmittel sind oft nicht mehr möglich (§ 530 ZPO). Auch wenn durch die Annahme des Vergleichsvorschlages kein oder nur ein geringer Sachvorteil erlangt werden kann, spricht dafür, dass das Verfahren abgekürzt, weitere Kosten und Notwendigkeit einer Zwangsvollstreckung vermieden oder weiterer Streit verhindert werden kann.

3481 Solange das Urteil noch nicht rechtskräftig ist, verliert es durch den Vergleich seine Wirkung und wird durch diesen als Vollstreckungstitel (§ 794 Abs. 1 Nr. 1 ZPO) ersetzt, es sei denn, die Parteien halten das Urteil durch entsprechende Vergleichsformulierung ausdrücklich aufrecht.

> Bei Formulierung des Vergleichs bedarf es der Aufhebung oder Abänderung des angefochtenen Urteils grundsätzlich nicht. Dieses ist durch die Einlegung der Berufung nicht rechtskräftig geworden und wird es auch nicht, da der Rechtsstreit mit Wirksamwerden des Vergleichs endet. Besteht ein Bedürfnis der

Parteien, die Wirkungen des angefochtenen Urteils aufrechtzuerhalten, können sie dies im Vergleich wirksam vereinbaren.

Die Leistungspflicht der Parteien sollte autonom und ohne Bezugnahme auf das erstinstanzliche **Urteil** bestimmt werden. Weil das Urteil mangels Rechtskraft keinerlei Wirkungen entfaltet, kann es auch bei Bestimmung der zu erbringenden Leistung grundsätzlich nicht herangezogen werden. Unterbleiben sollten deswegen Formulierungen wie »über den bereits tenorierten Betrag hinaus weitere ... zu zahlen«.

Im Übrigen kann auf die zum erstinstanzlichen Vergleich gemachten Ausführungen Bezug genommen werden. 3482

D. Beschwerde

Die Beschwerde ist das der Berufung gegenüber vereinfachte Rechtsmittelverfahren zur Überprüfung wesentlicher Nebenentscheidungen im Zivilprozess. 3483

I. Sofortige Beschwerde

Seit der ZPO-Reform sind die zivilprozessualen Beschwerden grundsätzlich als sofortige Beschwerden ausgestaltet. Für diese gelten allgemein die §§ 567 ff. ZPO, besondere Voraussetzungen ergeben sich aus der Regelung besonderer Beschwerden (§§ 91a Abs. 2, 99 Abs. 2; 127 Abs. 2, 3 ZPO). 3484

Die früher auch in der ZPO vorzufindende einfache Beschwerde existiert nur noch außerhalb der ZPO (dazu unten Rdn. 3525).

1. Einlegung und Begründung der Beschwerde

Die Beschwerde ist weniger stark formalisiert als die Berufung. 3485

Die Beschwerde muss nicht begründet werden. Deswegen gibt es – anders als bei der Berufung – keine eigenen Form- und Fristanforderungen für die Begründung. Will der Beschwerdeführer sein Rechtsmittel begründen, muss er dies in der für die Einlegung geltenden Form und der Frist tun.

a) Statthaftigkeit

Gegeben ist die Beschwerde grundsätzlich nur gegen Beschlüsse. 3486

Die ebenfalls mit der Beschwerde (und nicht mit der Berufung!) anfechtbaren Zwischenurteile (§§ 71 Abs. 2, 135 Abs. 3, 387 Abs. 3 ZPO) kommen praktisch kaum vor.

Ein erstinstanzlicher Beschluss kann nach § 567 Abs. 1 ZPO mit der Beschwerde angefochten werden, 3487

– wenn dies im Gesetz ausdrücklich bestimmt ist;

Diese Anfechtungsmöglichkeit ist in einer Vielzahl von Normen angeordnet (z. B. in den §§ 46 Abs. 2, 91a Abs. 2, 104 Abs. 3, 127 Abs. 2, 252, 336, 793 ZPO).

– wenn er ohne mündliche Verhandlung ergehen kann und ein das Verfahren betreffendes Gesuch zurückweist.

Angenommen werden kann dies bei Ablehnung einer (öffentlichen) Zustellung von Klage oder Streitverkündung, einer Terminsbestimmung bzw. -verlegung oder einer Fristabkürzung (OLG Schleswig SchlHA 1984, 56; OLG Celle BauR 2006, 722; Zöller/*Gummer* § 567 Rn. 34 m.w.N.).

Wurde einem Verfahrensantrag stattgegeben, so liegt auch für den widersprechenden Gegner keine »Ablehnung« vor (OLG Karlsruhe MDR 1983, 943). Nicht unter § 567 Abs. 1 Nr. ZPO fallen auch die Ablehnung eines Protokollierungsbegehrens in der mündlichen Verhandlung, der Erlass oder Nichterlass eines Beweisbeschlusses bzw. seiner Änderung oder die Auswahl des Sachverständigen (OLG Hamm AnwBl 1989, 347; KG KGR 2005, 557). Soweit solche Entscheidungen nicht ausdrücklich unanfechtbar sind, unterliegen sie der Nachprüfung im Berufungsverfahren (§ 512 ZPO).

Nicht der Beschwerde, sondern allenfalls der Rechtsbeschwerde unterliegen die Beschlüsse des Berufungs- oder Beschwerdegerichts (*Gehrlein* MDR 2003, 547, 551).

3488 ▶ **Praxistipp:**

Soll der Beschluss eines Rechtsmittelsgerichts angefochten werden, kann beim Gericht die Zulassung der Rechtsbeschwerde angeregt werden.

Außerhalb des § 567 ZPO besteht Streit über die Statthaftigkeit von Sonderformen der Beschwerde. Wegen der Untätigkeitsbeschwerde oben Rdn. 2832 wegen der außerordentlichen Beschwerde unten Rdn. 3536.

b) Zuständigkeit

3489 Als echtes Rechtsmittel gilt für die Beschwerde der Devolutiveffekt. Zur Entscheidung über die Beschwerde ist damit grundsätzlich die **nächsthöhere Instanz** zuständig (§§ 72, 119 Abs. 1 Nr. 2 GVG).

Analog zur Berufung besteht die Sprungzuständigkeit des Oberlandesgerichts für Beschwerden gegen Urteil der Amtsgerichte in Auslandssachen. Dazu oben Rdn. 3108.

3490 Beim Beschwerdegericht entscheidet der **Einzelrichter**, wenn erstinstanzlich ebenfalls ein Einzelrichter oder ein Rechtspfleger entschieden hat (§ 568 ZPO).

Entscheidet erstinstanzlich der Vorsitzende der Kammer für Handelssachen, so handelt er Stelle der Kammer, ist somit kein »Einzelrichter« (BGH NJW 2004, 856).

Wie im Zivilprozess generell sind die Möglichkeiten der Parteien zur Beeinflussung der Einzelrichterbefassung überaus gering. Da die besonderen Schwierigkeiten der Sache sowohl für die Zuständigkeitsfortdauer des Einzelrichters als auch für die Zulassung der Rechtsbeschwerde von Bedeutung sind, kann der Einzelrichter die Rechtsbeschwerde nicht zulassen (BGH NJW 2003, 1254; BGH NJW 2003, 3712).

3491 ▶ **Praxistipp:**

Soll die Option der Rechtsbeschwerde gewahrt werden, sollte bereits zu Beginn des Beschwerdeverfahrens die Übertragung der Sache auf den Spruchkörper angeregt werden.

c) Frist

3492 Die sofortige Beschwerde ist grundsätzlich innerhalb von zwei Wochen ab Zustellung der anzufechtenden Entscheidung einzulegen (§ 569 Abs. 1 Satz 2 ZPO).

Ohne Zustellung beginnt die Frist fünf Monate nach der Verkündung, ohne Zustellung nach h. M. fünf Monate nach der sonstigen Bekanntmachung (OLG Koblenz NJW-RR 2003, 1079), nach a. A. überhaupt nicht, die Beschwerde ist dann unbefristet (OLG Brandenburg RPfl 2004, 53). Da die formlose Übersendung sich später möglicherweise als Heilung einer unwirksamen Zustellung darstellen kann (§ 189 ZPO), muss damit gerechnet werden, dass jede Form der Bekanntmachung bereits die Zwei-Wochen-Frist in Gang setzt.

3493 ▶ **Praxistipp:**

Anwaltlicher Sorgfaltspflicht entspricht es, bei jeder Form der Kenntniserlangung einer beschwerdefähigen Entscheidung vom Beginn der regulären Beschwerdefrist auszugehen.

3494 Besondere Fristen gelten für die Beschwerde im Prozesskostenhilfeverfahren und für die Wiederaufnahmebeschwerde.

Um die arme Partei nicht schlechter zu behandeln als die vermögende, ist die Prozesskostenhilfebeschwerde der Berufung angeglichen. Die Frist zur Einlegung dieser Beschwerde beträgt deswegen einen Monat (§ 127 Abs. 2 und 3 ZPO).

Auch nach Ablauf der allgemeinen Beschwerdefrist kann die Beschwerde gemäß § 569 Abs. 1 Satz 3 ZPO noch eingelegt werden, wenn ein Grund vorliegt, der gegen ein Urteil die Wiederaufnahme rechtfertigen würde (§§ 579, 580 ZPO). In diesem Fall beträgt die Frist einen Monat ab Kenntnis von dem Wiederaufnahmegrund, höchstens aber fünf Jahre nach Eintritt der formellen Rechtskraft.

Als Notfrist kann die Beschwerdefrist weder verlängert noch abgekürzt werden.

Gewahrt wird die Frist durch Einlegung der Beschwerde entweder bei Ausgangs- oder beim Beschwerdegericht (§ 569 Abs. 1 Satz 1 ZPO). 3495

Dieses Wahlrecht kann zur Steuerung der Verfahrensdauer genutzt werden. Wird die Beschwerde beim Beschwerdegericht eingelegt, muss dieses die Sache zur Abhilfeentscheidung zunächst an das erstinstanzliche Gericht zurückgeben. Das Verfahren dauert damit länger, als wenn die Beschwerde beim Erstgericht eingelegt wird, das sofort über die Abhilfe entscheidet und die Sache dann vorlegt.

▶ Praxistipp: 3496

Die Beschwerde ist beim Erstgericht einzulegen, wenn das Beschwerdeverfahren beschleunigt werden soll; sie ist beim Beschwerdegericht einzulegen, wenn das Verfahren durch die Beschwerde verzögert werden soll.

d) Form

Die formellen Anforderungen an die Beschwerde entsprechen weitgehend denen der Berufungseinlegung. Gemäß § 569 Abs. 2, 3 ZPO muss die Beschwerde: 3497

(1) **schriftlich** eingelegt werden; 3498

Wegen des Schriftformerfordernisses im Allgemeinen kann auf oben Rdn. 984 verwiesen werden.

§ 569 Abs. 3 ZPO lässt die Erhebung der Beschwerde in Ausnahmefällen zu Protokoll der Geschäftsstelle zu, dies dürfte für den Anwalt nicht in Betracht kommen, doch kann er zu einem Hinweis hierauf im Rahmen einer bloßen Beratung verpflichtet sein (*Goebel* Rn. 110).

Die Möglichkeit der Erklärung der Beschwerde zu Protokoll der Geschäftsstelle führt aber nach § 78 Abs. 5 ZPO dazu, dass in diesen Fällen eine Vertretung durch Anwälte nicht geboten ist. Auch in Beschwerdeverfahren vor dem Land- und Oberlandesgericht besteht Anwaltszwang damit nicht,
 – wenn der Rechtsstreit in erster Instanz nicht als Anwaltsprozess zu führen war, d. h. wenn sich die Beschwerde gegen die Entscheidung eines Amtsrichters in Zivilsachen oder eines Rechtspflegers richtet,
 – wenn eine Prozesskostenhilfeentscheidung angefochten wird und
 – wenn die Beschwerde von einem Zeugen, Sachverständigen oder Dritten erhoben wird.

Die Privilegierung des § 571 Abs. 4 ZPO hat nach der Neuregelung des anwaltlichen Zulassungsrechts seine Bedeutung verloren.

Nicht gesetzlich geregelt ist die Frage, ob eine Beschwerde in der mündlichen Verhandlung erhoben und dann ins Protokoll der mündlichen Verhandlung aufgenommen werden kann. Dies wird von der Lehre bejaht (*E. Schneider* JurBüro 1974, 705; *Stein/Jonas/Grunsky* § 69 Rn. 9), von der Rechtsprechung jedoch verbreitet abgelehnt (OLG Hamm OLGZ 1966, 433; LG Berlin RPfl 1974, 407). Nimmt der Richter eine entsprechende Erklärung ins Protokoll auf, so dürfte diese den Formanforderungen des § 569 Abs. 2 ZPO genügen, weigert er sich indes, so kann die Partei eine Protokollierung nicht erzwingen (so auch *Goebel* Rn. 116).

▶ Praxistipp: 3499

Die in der mündlichen Verhandlung zu Protokoll erklärte sofortige Beschwerde kann zwar Zeit und Arbeit sparen, birgt mangels ausreichender Prüfung der Erfolgsaussichten aber auch ein Kostenrisiko.

(2) die Bezeichnung des **Beschwerdeführers** enthalten; 3500

Hierzu ist regelmäßig ein den Anforderungen der §§ 253 Abs. 2, 130 ZPO genügendes »volles Rubrum« erforderlich, das eindeutig erkennen lässt, wer Beschwerdeführer und wer Beschwerdegegner sein soll.

(3) die Bezeichnung der angefochtenen **Entscheidung** enthalten; 3501

9. Kapitel — Rechtsbehelfe

Praktisch üblich und geboten ist die Angabe von Gericht, Datum und Aktenzeichen. Die Angabe des Zustellungsdatums ist entbehrlich, schadet aber auch nicht. Die Beifügung einer Ablichtung der Entscheidung ist nicht vorgeschrieben, kann aber die Angaben zu der Entscheidung entbehrlich machen und lässt in Zweifelsfällen eine eindeutige Zuordnung des Rechtsmittels zu.

3502 ▶ **Praxistipp:**

Die Beifügung einer (auch unbeglaubigten) Ablichtung der angefochtenen Entscheidung ist zu empfehlen.

3503 (4) die unbedingte Erklärung enthalten, **dass Beschwerde eingelegt** wird.

Auch wenn die Rechtsprechung hier großzügig ist und die Verwendung des Wortes »Beschwerde« nicht zwingend verlangt, es vielmehr ausreichen lässt, dass der Anfechtungs- bzw. Abänderungswille erkennbar wird, sollte das Rechtsmittel insoweit eindeutig bezeichnet sein.

e) Beschwer

3504 Wie alle Rechtsmittel setzt auch die Beschwerde voraus, dass der Beschwerdeführer von der angefochtenen Entscheidung nachteilig betroffen ist und eine Beseitigung dieser Beschwer erstrebt.

Unzulässig ist deswegen eine Beschwerde, mit der allein die Begründung, nicht aber das Ergebnis einer erstinstanzlichen Entscheidung angegriffen wird (OLG Köln RPfl. 1986, 184). Entfällt die Beschwer im Laufe des Rechtsmittelverfahrens (»prozessuale Überholung«), hat sich die Beschwerde erledigt.

3505 Für einige Beschwerden stellt das Gesetz Mindestanforderungen an den Wert des Beschwerdegegenstands.

§ 567 Abs. 2 ZPO bestimmt, dass eine Beschwerde gegen Entscheidungen über Kosten nur zulässig ist, wenn der Wert des Beschwerdegegenstands 200 € übersteigt. Hierunter fallen Kostenentscheidungen nach §§ 104, 107 Abs. 3, 788 ZPO, nicht aber Prozesskostenhilfesachen (Zöller/*Gummer* § 567 Rn. 49). Den gleichen Wert setzen die besonderen Kosten- und Streitwertbeschwerden aus §§ 66, 68 GKG, 4 JVEG und 33 RVG voraus (dazu unten Rdn. 3525).

Der Wert berechnet sich aus der Differenz zwischen den Kosten, die die Partei nach der angefochtenen Entscheidung zu tragen und den Kosten, die sie nach der von ihr für zutreffend gehaltenen Entscheidung zu tragen hätte. Hierzu ist eine Vergleichsrechnung anzustellen. Deren Offenlegung in der Beschwerdeschrift ist nicht zwingend, kann sich aber – jedenfalls in Zweifelsfällen – zur Darlegung der Zulässigkeit des Rechtsmittels empfehlen.

Hilft das erstinstanzliche Gericht der Beschwerde teilweise ab und übersteigt der verbleibende Wert die 200 €-Grenze nicht, ist die Beschwerde unzulässig (BayObLG OLGZ 1994, 374).

3506 Da mit der Beschwerde für Nebenentscheidungen kein weiter gehender Rechtsschutz erreicht werden kann, als mit der Berufung gegen die Hauptentscheidung, muss bei einigen Beschwerden der Berufungswert (§ 511 ZPO: 600 €) überschritten werden.

Dies gilt für Beschwerden gegen Kostengrundentscheidungen aus §§ 91a, 99 Abs. 2, 269 Abs. 3 ZPO und bei Entscheidungen, mit denen die Prozesskostenhilfe versagt wird.

f) Begründung

3507 Anders als alle anderen Rechtsmittel muss die Beschwerde nicht begründet werden. § 571 Abs. 1 ZPO sieht lediglich vor, dass eine Begründung erfolgen »soll«.

Eine Beschwerde ist deswegen auch dann zulässig, wenn sie weder erkennen lässt, inwieweit die angefochtene Entscheidung für fehlerhaft gehalten wird, noch einen konkreten Antrag enthält.

Dies sollte indes nicht darüber hinwegtäuschen, dass eine nicht begründete Beschwerde praktisch kaum Erfolgsaussichten hat. Zwar wird das Beschwerdegericht die angefochtene Entscheidung von Amts wegen prüfen, dass dabei aber diejenigen Mängel erkannt werden, die Anlass für die Anfechtung waren, ist allenfalls in evidenten Fällen zu erwarten. Hat das Gericht den Eindruck, dass der Beschwerdeführer selbst keinen konkreten Fehler erkannt hat, sondern lediglich eine Neubescheidung wünscht, wird sich der Umfang der Amtsprüfung in Grenzen halten.

▶ **Praxistipp:** 3508

Auch bei der Beschwerde gebietet es die anwaltliche Sorgfalt, Grund und Umfang der Anfechtung konkret zu benennen, einen Antrag zu stellen, der den Umfang der Anfechtung und die erstrebte Abänderung umschreibt, und diesen zu begründen, darzulegen, warum und inwieweit die angefochtene Entscheidung für fehlerhaft gehalten wird.

Kann die Begründung nicht sofort im Beschwerdeschriftsatz erfolgen, kann hierzu eine Frist gesetzt werden. 3509

Für die Partei genügt es, in der Beschwerdeschrift darauf hinzuweisen, dass eine Begründung noch beabsichtigt ist. Das Gericht muss dann entweder eine Frist setzen oder eine angemessene Frist zuwarten (OLG Naumburg OLGR 2006, 327). Um Zweifel über die Angemessenheit zu vermeiden, empfiehlt es sich, in der Beschwerdeschrift ein konkretes Datum zu benennen, bis zu dem die Begründung erfolgen wird. Das Gericht muss dann entweder diese Frist abwarten oder selbst eine kürzere Frist setzen (*Goebel* Rn. 163 f.).

Mit der Beschwerde kann die Zulässigkeit der angefochtenen Entscheidung genauso angegriffen werden, wie deren Begründetheit. 3510

Im Rahmen der Zulässigkeit ausgeschlossen ist die Rüge, das erstinstanzliche Gericht habe seine Zuständigkeit zu Unrecht angenommen. Dies betrifft die sachliche, örtliche und funktionelle Zuständigkeit, nicht jedoch die internationale. Möglich bleibt auch die Rüge, das Gericht habe seine Zuständigkeit zu Unrecht verneint.

Anders als bei der Berufung ist die Möglichkeit zum Vortrag neuer Angriffs- und Verteidigungsmittel nicht ipso iure beschränkt, die Beschwerde kann damit auch auf neue Tatsachen gestützt werden (§ 571 Abs. 2 Satz 1 ZPO). 3511

Verbreitet leitet die Rechtsprechung das Verbot der Berücksichtigung neuer Tatsachen aus anderen Überlegungen her. Zutreffend geschieht dies, wo für die Geltendmachung bestimmter Umstände Fristen gelten, etwa bei der Geltendmachung von Ablehnungs- (§ 43 ZPO) oder Wiedereinsetzungsgründen (§§ 234, 236 Abs. 2 ZPO) oder im Prozesskostenhilfeverfahren (§ 118 Abs. 2 Satz 4 ZPO). Bedenklich erscheint eine Beschränkung dagegen für die Anfechtung der Kostenentscheidung nach § 91a ZPO (so aber OLG Düsseldorf JR 1995, 205).

Nur für den Fall, dass das Gericht für deren Vortrag eine Frist setzt, und diese unentschuldigt nicht eingehalten wird, besteht die Möglichkeit einer Zurückweisung bei einer Verzögerung des Verfahrens. Diese Präklusionsmöglichkeit entspricht der des § 296 Abs. 1 ZPO für die erste Instanz (dazu oben Rdn. 1219).

2. Verfahren

a) Rechtliches Gehör

Im Beschwerdeverfahren ist dem Gegner **rechtliches Gehör** zu gewähren. 3512

Wegen der Befassung sowohl des Erst- als auch des Beschwerdegerichts mit dem Beschwerdeverfahren und der Möglichkeit, die Beschwerde bei beiden Gerichten einzulegen, gibt es hierfür verschiedene Möglichkeiten, aber auch ebenso viele Fehlermöglichkeiten.

Ist die Beschwerde beim Beschwerdegericht eingelegt worden, kann diese sie dem Gegner mitteilen, bevor das Erstgericht zur Abhilfeprüfung aufgefordert wird. Erfolgt eine solche Mitteilung nicht oder wird die Beschwerde beim Erstgericht eingelegt, so muss dieses rechtliches Gehör gewähren, jedenfalls dann, wenn eine Abänderung beabsichtigt ist. Erneutes rechtliches Gehör zu der Abhilfentscheidung ist nur erforderlich, wenn diese eine über die der angefochtenen Entscheidung hinausgehende Begründung enthält oder die Entscheidung abändert. Ist rechtliches Gehör in ausreichendem Maß vom Erstgericht gewährt worden, bedarf es dessen Wiederholung durch das Beschwerdegericht nicht, andernfalls muss das rechtliche Gehör nachgeholt werden.

3513 Im Rahmen dieses rechtlichen Gehörs haben beide Parteien die Möglichkeit, ihren Standpunkt in rechtlicher und tatsächlicher Hinsicht schriftsätzlich vorzutragen.

An sich muss das Gericht auch dem Beschwerdegegner nach Mitteilung der Beschwerdebegründung hinreichend Gelegenheit zur Stellungnahme geben. Eine Fristsetzung hierzu erfolgt indes nur ausnahmsweise. Will der Gegner Stellung nehmen, sollte er dies – um eine vorherige Entscheidung des Gerichts zu vermeiden – möglichst sofort tun oder eine Stellungnahme (unter Ankündigung einer Frist) zumindest ankündigen.

b) Abhilfeverfahren

3514 Nach § 572 Abs. 1 ZPO hat das Gericht, dessen Entscheidung angefochten wird, zu prüfen, ob der Beschwerde abgeholfen wird.

Ausgeschlossen ist eine solches Abhilfeverfahren bei der Beschwerde gegen Zwischenurteile (§§ 572 Abs. 1, 318 ZPO), entbehrlich, wenn das Beschwerdegericht die Sache für eilbedürftig hält (*Gehrlein* MDR 2003, 552; a. A. *Schneider* MDR 2003, 253).

Technisch einfach ist das Abhilfeverfahren bei Einlegung der Beschwerde beim Erstgericht, andernfalls muss das Beschwerdegericht die Beschwerde an das Erstgericht weitergeben. Zuständig ist grundsätzlich das Organ, das die angefochtene Entscheidung erlassen hat, d. h. der Rechtspfleger, der Einzelrichter oder das Kollegium. Dieses prüft, ob die angefochtene Entscheidung unter Berücksichtigung des Beschwerdevorbringens (auch der darin ggf. enthaltenen neuen Tatsachen) zu Recht ergangen ist.

Ist dies nicht der Fall, ist die angefochtene Entscheidung abzuändern. Damit ist das Beschwerdeverfahren beendet, wenn nicht der Gegner gegen die nunmehr vorliegende neue Entscheidung seinerseits Beschwerde einlegt.

Bleibt das Erstgericht auch unter Berücksichtigung des Beschwerdevorbringens bei seiner Auffassung, so hilft es der Beschwerde nicht ab und legt die Sache dem Beschwerdegericht vor. Dieser Beschluss bedarf der Begründung (manchmal wird hier erst die im angefochtenen Beschluss fehlende Begründung nachgeholt). Verzichtbar ist die Begründung nur, wenn mit der Beschwerde keine neuen Gesichtspunkte vorgetragen wurden und das Gericht an seiner im angefochtenen Beschluss mitgeteilten Begründung festhält.

Gegen dieses Begründungserfordernis wird praktisch häufig verstoßen, ohne dass das Beschwerdegericht dies – wozu es verpflichtet wäre (Zöller/*Gummer* § 572 Rn. 11) – rügt. Wird die Nichtabhilfe begründet, sollte der Beschwerdeführer sich hiermit auseinandersetzen und seine Auffassung hierzu dem Beschwerdegericht darlegen. Nur so kann der Vorteil des Abhilfeverfahrens genutzt werden.

3515 ▶ Praxistipp:

Eine begründete Nichtabhilfe sollte für den Anwalt stets Veranlassung sein, sich mit den mitgeteilten Argumenten auseinanderzusetzen und dem Beschwerdegericht die abweichende eigene Auffassung darzulegen.

3516 Im Fall der Nichtabhilfe wird die Sache an das Beschwerdegericht abgegeben.

c) Beschwerdeverfahren

3517 Das Berufungsgericht prüft zunächst die Zulässigkeit der eingelegten Beschwerde (§ 572 Abs. 2 ZPO).

Fehlt diese, wird die Beschwerde als unzulässig verworfen. Ohne gleichzeitige Zulassung der Rechtsbeschwerde ist diese Entscheidung unanfechtbar.

3518 Ist die Beschwerde zulässig, hat das Beschwerdegericht die Sach- und Rechtslage eigenständig zu beurteilen.

Dabei ist das Gericht an die vom Beschwerdeführer vorgebrachten Gründe nicht gebunden. Praktisch aber erfolgt eine Überprüfung der angefochtenen Entscheidung nur anhand dieser Punkte und auf evidente Fehler. Für den Anwalt ist es deswegen nicht zu empfehlen, auf die Amtsprüfung durch das Beschwerdegericht alleine zu vertrauen, vielmehr sollte er die beanstandeten Punkte klar bezeichnen.

Die unbegründete Beschwerde wird zurückgewiesen, auf die begründete Beschwerde hin entscheidet das Beschwerdegericht in der Sache, indem es entweder die angefochtene Entscheidung abändert oder sich auf die Aufhebung der angefochtenen Entscheidung beschränkt und die Sachentscheidung dem Erstgericht überlässt. Im letzteren Fall ist das Erstgericht an die Rechtsauffassung des Beschwerdegerichts gebunden (analog § 563 Abs. 2 ZPO).

Für die Sachentscheidung des Beschwerdegerichts gilt grundsätzlich das Verschlechterungsverbot (Verbot der »reformatio in peius«, § 528 Satz 2 ZPO analog). Es gilt jedoch schon für das Beschwerdegericht nicht im Bereich von Ermessensentscheidungen oder bei prozessualer Überholung und es gilt überhaupt nicht für die Sachentscheidung des Erstgerichts nach einer Zurückverweisung (KG NJW 1982, 2326).

▶ **Praxistipp:** 3519

Das Beschwerdeverfahren kann damit in der Sache auch zu einer Verschlechterung der Rechtsposition des Beschwerdeführers führen.

3. Aufschiebende Wirkung

Die Beschwerde hat grundsätzlich keine aufschiebende Wirkung (§ 570 Abs. 1 ZPO). Die angefochtene Entscheidung wird deswegen trotz der eingelegten Beschwerde vollzogen. 3520

Etwas anderes gilt nur für die Beschwerde gegen die Festsetzung von Ordnungs- oder Zwangsmitteln (§§ 141, 273 Abs. 4, 380, 290, 409, 411 Abs. 2, 613, 640 ZPO) und die damit im Zusammenhang stehenden Kostenbeschlüsse (§§ 180 Abs. 1 Satz 1, 390 Abs. 1 Satz 1, 409 Abs. 1 Satz 1 ZPO). Hier beginnt die aufschiebende Wirkung mit der Einlegung der Beschwerde und endet mit der Bekanntgabe der Beschwerdeentscheidung.

Dem Erstgericht steht es nach § 570 Abs. 2 ZPO frei, die Vollziehung seiner Entscheidung **auszusetzen**. 3521

Diese Entscheidung ergeht von Amts wegen, bedarf keines besonderen Antrags, eine Anregung ist dennoch sinnvoll um das Gericht zu veranlassen, über diese Möglichkeit überhaupt nachzudenken. Dies gilt jedenfalls dann, wenn eine Vollziehung zu erwarten ist und mit Nachteilen für die Partei verbunden wäre. Letztere sind dem Gericht sinnvollerweise darzulegen.

Erfolgt eine Aussetzung durch das Erstgericht nicht, kann das Beschwerdegericht eine **einstweilige Anordnung** erlassen, mit dem die Vollziehung der angefochtenen Entscheidung ausgesetzt wird. 3522

Auch diese Entscheidung ergeht ohne Antrag und setzt besondere Darlegungen oder Glaubhaftmachungen nicht voraus. Entsprechendes Vorbringen erhöht die Wahrscheinlichkeit einer entsprechenden Anordnung indes deutlich.

▶ **Praxistipp:** 3523

Mit der Beschwerdeeinlegung sollte eine Aussetzung der Vollziehung der angefochtenen Maßnahme angeregt und durch Darlegung der drohenden Nachteile substantiiert werden.

II. Andere Beschwerden

Während die ZPO heute nur noch die (oben Rdn. 3484 dargestellte) sofortige Beschwerde kennt, existieren Sonderformen der Beschwerde in Nebengesetzen. 3524

Mit der einfachen Beschwerde kann insbesondere im **Kostenrecht** angefochten werden: 3525
– die Entscheidung über die Erinnerung gegen den Kostenansatz (§ 66 Abs. 2 GKG);
– die Anordnung einer Vorschusszahlung (§ 67 GKG);
– die Festsetzung des Kostenstreitwerts für die Gerichtsgebühren (§ 68 GKG);
– die Wertfestsetzung für die Rechtsanwaltsgebühren (§ 33 RVG);
– die Auferlegung einer Verzögerungsgebühr (§ 69 ZPO);
– die Festsetzung der Vergütung, der Entschädigung oder des Vorschusses für Sachverständige, Dolmetscher, ehrenamtliche Richter und Zeugen (§ 4 Abs. 3 JVEG);

- der Kostenansatz, die Anordnung einer Vorauszahlung oder die Festsetzung des Geschäftswerts in den gerichtlichen Verfahren der freiwilligen Gerichtsbarkeit (§§ 81 ff. GNotKG);
- die gerichtlichen Entscheidungen in Notarkostensachen (§ 129 Abs. 1 GNotKG);
- die Festsetzung des Gegenstandswerts für die Anwaltsgebühren (§ 33 RVG).

3526 Mit der einfachen Beschwerde können außerhalb des Kostenrechts **daneben** z. B. angefochten werden:
- die Entscheidungen des Rechtspflegers (§ 11 RPflG);
- Entscheidungen in Verfahren in Familiensachen und in den Angelegenheiten der freiwilligen Gerichtsbarkeit (§§ 58 ff. FamFG);
- das Schweigegebot nach Ausschluss der Öffentlichkeit in der mündlichen Verhandlung (§ 174 Abs. 3 GVG);
- die Verhängung von Ordnungsmitteln (§ 181 GVG);
- die Versagung der Rechtshilfe (§ 159 GVG).

3527 Diese und weitere Sonderformen der Beschwerde – z. B. in der freiwilligen Gerichtsbarkeit und im Insolvenzrecht – können vorliegend nicht dargestellt werden. Insoweit sei auf die einschlägige Spezialliteratur (*Goebel*, Das Beschwerderecht im Zivilprozess, Bonn 2007 m. w. N.).

3528 Will der Beschwerdegegner eine Abänderung der angefochtenen Entscheidung zu seinen Gunsten erreichen, so kann er sich – neben der ihm unter den allgemeinen Voraussetzungen zustehenden Möglichkeit einer eigenen, selbstständigen Beschwerde – der Beschwerde des Beschwerdeführers **anschließen** (§ 567 Abs. 3 ZPO).

> Dies ist insbesondere auch möglich, wenn auf die Beschwerde bereits verzichtet wurde, der Wert des Beschwerdegegenstands nicht erreicht wird oder die Beschwerdefrist bereits abgelaufen ist und kann deswegen taktisch zur Verbesserung der eigenen Position im Beschwerdeverfahren auch dann genutzt werden, wenn eine eigene Beschwerde nicht beabsichtigt oder möglich war.
>
> Erfolgt die Anschließung in einer Situation, in der auch die selbstständige Beschwerde des Gegners möglich wäre, muss klargestellt werden, ob eine Anschließung oder eine Beschwerde gewollt ist.
>
> Nachteil der eigenen Beschwerde gegenüber ist die Akzessorietät der Anschließung. Diese verliert – ohne dass der Anschließende dies verhindern kann – ihre Wirkung, wenn die Beschwerde zurückgenommen oder als unzulässig verworfen wird (§ 567 Abs. 3 Satz 2 ZPO).

E. Rechtsbeschwerde und Revision

3529 Rechtsbeschwerde und Revision sind nicht Gegenstand der vorliegenden Darstellung. Beide Verfahrensarten sind den beim BGH zugelassenen Rechtsanwälten vorbehalten (§§ 78 Abs. 1 Satz 4 ZPO, 133 GVG), kommen für Anwälte der ersten und zweiten Instanz damit nicht in Betracht. Soll die dritte Instanz durchlaufen werden, ist in jedem Fall die Abgabe an einen anderen Rechtsanwalt erforderlich. Ist dies bereits während der Vorinstanzen absehbar, können hier jedoch sinnvolle Vorarbeiten geleistet werden (*Siegmann* AnwBl 2009, 249).

3530 Bereits im Berufungsverfahren sollte die mögliche spätere Anfechtung des Berufungsurteils mit der Revision bedacht werden, sei es, dass diese für die eigene Partei ermöglicht, sei es, dass sie für gegnerische Partei ausgeschlossen werden soll.

> In erster Linie dient dazu der Vortrag von Tatsachen zu den Voraussetzungen einer Revisionszulassung (§ 543 Abs. 2; *Vorwerk* WuM 2011, 455). Häufig können die Parteien zum Beispiel die grundsätzliche Bedeutung einer Rechtsfrage besser beurteilen, als das Gericht. Lässt das Berufungsgericht eine Revision zu, ist das Revisionsgericht daran gebunden, die Revision in jedem Fall zulässig; ob sie durchgeführt wird, bleibt der Entscheidung der Parteien vorbehalten. Ist die Revision nicht zugelassen, bleibt nur die Möglichkeit einer Beschwerde (»Nichtzulassungsbeschwerde«, § 544).
>
> Da die Nichtzulassungsbeschwerde in der (seit 2001 ständig verlängerten) Übergangszeit erst ab einer Beschwer von mehr als 20 000 € statthaft ist (§ 26 Nr. 8 EGZPO), kann es zudem erforderlich sein, den Streitwert des erstinstanzlichen oder des Berufungsverfahrens im Hinblick darauf zu gestalten. Liegt die Beschwer

im Grenzbereich, kann sie durch Beschränkung des Werts des Beschwerdegegenstands bei Einlegung der Berufung reduziert oder durch Erweiterung um weitere Ansprüche erhöht werden.

Statistisch ist die Einlegung einer Revision oder die Erhebung der Nichtzulassungsbeschwerde nur wenig Erfolg versprechend. 3531

Weniger als 10 % aller Nichtzulassungsbeschwerden haben beim BGH Erfolg.

Kommt es zu einem Verfahren vor dem BGH, können den Berufungsbevollmächtigten Aufgaben der Revisionsinstanz auch dann treffen, wenn er beim BGH nicht zugelassen ist. 3532

Ohne besonderen Gebührenanspruch gehören zur zweitinstanzlichen Tätigkeit (§ 19 RVG) insbesondere die Erörterung von Anfechtungsmöglichkeiten mit dem Mandanten, die Berichtigung oder Ergänzung des Berufungsurteils (§§ 319 ff. ZPO) und die Entgegennahme und Weiterleitung von Zustellungen der Revisionsschrift bzw. -begründung.

An Bedeutung verloren hat die nach altem Recht noch wichtige Tatbestandsberichtigung (§ 320 ZPO). Zwar ist tatsächliche Grundlage des Revisionsverfahrens nach wie vor dasjenige Vorbringen, das aus dem Berufungsurteil ersichtlich ist. Nach § 540 Abs. 1 Nr. 1 ZPO enthält das Berufungsurteil aber keinen eigenständigen Tatbestand mehr, sondern anstelle dessen eine Bezugnahme auf die tatsächlichen Feststellungen im angefochtenen Urteil. Nur soweit das Berufungsgericht darüber hinaus eigene Änderungen oder Ergänzungen wiedergegeben hat, liegt beurkundetes Parteivorbringen vor, das nach § 320 ZPO abgeändert werden kann (Zöller/*Vollkommer* § 320 Rn. 5). Ansonsten wird auch für die Revision das im Tatbestand des erstinstanzlichen Urteils festgehaltene Vorbringen zugrunde gelegt.

F. Rechtsbehelfe im Vollstreckungsverfahren

Im Vollstreckungsverfahren sind Funktion und Bedeutung der Rechtsbehelfe andere als im Erkenntnisverfahren. Während Rechtsbehelfe im Erkenntnisverfahren durchweg der Fehlerkontrolle und Fehlerbehebung dienen, sind sie Vollstreckungsverfahren erforderlich, um die Rechte des Schuldners oder Dritter zu wahren. Sie sind deswegen im Zusammenhang mit dem Vollstreckungsverfahren abschließend im 7. Kapitel dargestellt (oben Rdn. 2320). 3533

Etwas anderes gilt für die Rechtsbehelfe im Eilverfahren (Arrest, einstweilige Verfügung), die im achten Buch der ZPO geregelt sind. Diese wurden im Zusammenhang mit den Rechtsbehelfen im erstinstanzlichen Verfahren dargestellt (oben Rdn. 3016). 3534

G. Weitere Rechtsbehelfe

Nur selten relevant werden weitere, nicht in der ZPO geregelte Rechtsbehelfe. 3535

I. Außerordentliche Rechtsmittel

Bis zur ZPO-Reform 2002 war in Rechtsprechung und Lehre die Möglichkeit der Einlegung einer Beschwerde, ggf. sogar einer Berufung auch außerhalb der gesetzlich vorgegebenen Zulässigkeitsvoraussetzungen zumindest dann anerkannt, wenn die Entscheidung unter Verletzung verfassungsrechtlich zwingender Grundsätze, insbesondere unter Verstoß gegen die Notwendigkeit der Gewährung rechtlichen Gehörs ergangen oder »greifbar gesetzeswidrig« und anderweitig nicht anfechtbar war (sog. »außerordentliche Beschwerde«; BVerfG NJW 1999, 1176; *E. Schneider* MDR 2001, 845. 3536

Angesichts der nunmehr bestehenden Möglichkeit des Abhilfeverfahrens nach § 321a ZPO kann die bisherige Rechtsprechung in Bezug auf die Ausnahmeberufung als »obsolet« betrachtet werden (Prütting/Gehrlein/*Thole* § 321a Rn. 18; *Müller* NJW 2002, 2746). 3537

So wird in der Begründung zum Regierungsentwurf (S. 63, 85, 94) davon ausgegangen, dass in solchen Fällen nur noch die Verfassungsbeschwerde eingelegt werden kann und die vorgesehene Abhilfemöglichkeit eine ausdehnende Auslegung des bisherigen § 513 Abs. 2 ZPO insoweit entbehrlich macht. Dabei fordert Art. 19 Abs. 4 GG bzw. das Rechtsstaatsprinzip des Grundgesetzes nach herrschender Ansicht zwar einen wirkungsvollen Rechtsschutz, aber keinen Instanzenzug (Zöller/*Vollkommer* Einl. Rn. 47; BVerfG NJW 2003, 281; BVerfG NJW 2005, 1768: liegt in der Gestaltungsfreiheit des Gesetzgebers). Bei sonstigen

Grundrechtsverstößen hängt m. E. die Statthaftigkeit eines Ausnahmerechtsmittels von der Frage der analogen Anwendung des § 321a ZPO ab (oben Rdn. 2993). Im Übrigen kann – bei berufungsfähigen Urteilen – die Berufung ohne Weiteres auf eine Rechtsverletzung gestützt werden (§ 513 ZPO).

Dies gilt in gleicher Weise für die außerordentliche Beschwerde (BGH NJW 2002, 1577). So kommt bei Gehörsverletzungen das Abhilfeverfahren in Betracht; auch bei denjenigen Beschlüssen, mit welchen eine unzulässige oder unbegründete Gehörsrüge verworfen bzw. zurückgewiesen wird (§ 321a Abs. 5 ZPO). Bei Verstößen gegen andere Verfahrensgrundrechte kommt nur noch eine Korrektur durch das erlassende Gericht selbst in Betracht (sog. judex a quo), und zwar auf eine Gegenvorstellung hin.

Der Ansicht des BGH haben sich der BFH (BFH NJW 2003, 919; BFH NJW 2004, 2853), das BVerwG (NJW 2002, 2657) sowie eine Reihe von Oberlandesgerichten (Zöller/*Gummer* Vor § 567 Rn. 7; OLG Schleswig MDR 2002, 1392: Gegenvorstellung bei Verfassungsverstößen, greifbarer Gesetzwidrigkeit oder groben prozessualen Fehlern) angeschlossen.

Danach dürfte der Ausschluss der außerordentlichen Beschwerde auch dann anzunehmen sein, wenn das Gericht im Abhilfeverfahren eine Verletzung des rechtlichen Gehörs offensichtlich zu Unrecht verneint hat (so auch sogar bei schwersten Fehlern des Gerichts Baumbach/*Hartmann* §§ 321a Rn. 61; 511 Rn. 21 m. w. N., § 128a Rn. 11: allenfalls im Einzelfall unter ganz besonderen Umständen). Denn eine solche kommt allenfalls in »Ausnahmefällen krassen Unrechts« in Betracht, wenn die Entscheidung »jeder gesetzlichen Grundlage entbehrt und inhaltlich dem Gesetz fremd ist« (Thomas/Putzo/*Reichold* § 567 Rn. 7a, b). Diese könnte daher lediglich bei völligem Ignorieren der Gehörsrüge in Betracht kommen, was jedoch wiederum einen eigenständigen Gehörsverstoß enthält, welcher zur Anwendbarkeit des § 321a ZPO führt.

Schließlich sei noch angemerkt, dass diesbezüglich absolut untauglich die Dienstaufsichtsbeschwerde ist. Diese erstreckt sich gem. § 26 DRiG allein auf die äußere Wahrnehmung der dienstlichen Aufgaben und nicht auf die Ausübung der den Richtern in voller Unabhängigkeit anvertrauten rechtsprechenden Gewalt. Sie ermöglicht daher keinesfalls die Beseitigung einer (rechtskräftigen) richterlichen Entscheidung (BVerfG NJW 2004, 2891).

II. Gegenvorstellung

3538 Die Gegenvorstellung (Remonstration) ist ein allgemeiner, gesetzlich nicht geregelter Rechtsbehelf, mit dem der Urheber einer Entscheidung oder Maßnahme veranlasst werden soll, sein eigenes Tun oder Unterlassen nochmals auf seine Rechtmäßigkeit und Zweckmäßigkeit hin zu überprüfen. Sie bedarf keiner besonderen Zulässigkeitsvoraussetzungen, kann ohne Vorliegens einer eigenen Beschwer (das heißt von jedermann) und ohne Einhaltung von Formen oder Fristen eingelegt werden, hat allerdings auch keine verbindlichen Wirkungen, führt also nicht zu einer Überwälzung in die nächsthöhere Instanz (Devolutiveffekt) und hat keine aufschiebende Wirkung (Suspensiveffekt). Auch besteht weder ein Rechtsanspruch auf Überprüfung der Handlung noch auf Erlass eines Bescheids.

Trotz Fehlens jeder gesetzlichen Regelung wird vertreten, dass auch bei der Gegenvorstellung eine Zwei-Wochen-Frist entsprechend § 321a Abs. 2 ZPO zu wahren sei (BGH NJW 2002, 1577: sei zu erwägen; NJW 2004, 2529: § 321a ZPO analog; BGHReport 2005, 129: zwei Wochen entsprechend der Wiedereinsetzungsfrist; BVerfG NJW 2003, 1924, 3687: binnen 14 Tagen). Im Übrigen sollte der Anwalt die Formalien des § 321a ZPO schon deshalb sicherheitshalber immer beachten, da bei einer (möglicherweise auch noch vorliegenden) Gehörsverletzung § 321a ZPO direkt anwendbar ist. Für den Fall, dass das Gericht einen Verfassungsverstoß nicht ausräumt, kommt allein die Anrufung des BVerfG in Betracht.

Gegen die Entscheidung über eine Gegenvorstellung ist ein Rechtsmittel nicht eröffnet (OLG Rostock NJW-RR 2010, 215).

III. Verfassungsbeschwerde

3539 Die theoretisch mögliche (subsidiäre) Verfassungsbeschwerde bietet grundsätzlich wenig Aussicht auf Erfolg.

So bewegt sich die Anzahl der erfolgreichen Verfassungsbeschwerden im Promillebereich (kritisch *Lamprecht* NJW 2000, 3543: »Karlsruher Lotterie«).

G. Weitere Rechtsbehelfe   9. Kapitel

Zudem droht die Missbrauchsgebühr bis zu 2 600 € (§ 34 Abs. 2 BVerfGG; zu den Voraussetzungen BVerfG NJW 2004, 2959).

Der aus § 90 Abs. 2 Satz 1 BVerfGG folgende Subsidiaritätsgrundsatz (Erschöpfung des Rechtsweges vor Erhebung der Verfassungsbeschwerde) erfordert bei Verletzung des rechtlichen Gehörs durch ein Amtsgericht im Verfahren nach § 495a ZPO vor Anrufung des BVerfG zunächst die Einholung einer Entscheidung des Zivilgerichts im Abhilfeverfahren (BVerfG NJW 2002, 3388; bislang war Berufung notwendig, BVerfG NJW 1997, 1301).

Im Übrigen verlangt dieser Grundsatz, bei einer unanfechtbaren Entscheidung zunächst Gegenvorstellung zu erheben, sofern mit ihr die Verletzung von Prozessgrundrechten gerügt wird (BVerfG NJW 2003, 575: bei Verletzung des rechtlichen Gehörs oder des Anspruchs auf den gesetzlichen Richter). Sonst aber gehört dieser formlose Rechtsbehelf grundsätzlich nicht zum Rechtsweg gem. § 90 BVerfG und ist daher für die Verfassungsbeschwerde ebenso wenig Frist wahrend wie auch eine Dienstaufsichtsbeschwerde (BVerfG NJW 2004, 2891).

In Zweifelsfällen sollte zur Fristwahrung unmittelbar nach Zugang der Entscheidung des letzterkennenden Gerichts vorsorglich Verfassungsbeschwerde erhoben werden (BVerfG NJW 2003, 575: keine Wiedereinsetzung, da Fristversäumnis nicht unverschuldet; aber auch BVerfG NJW 2005, 3059; BVerfG NJW 2002, 3387: keine Kostenerstattung bei Erledigung der unzulässigen Verfassungsbeschwerde wegen sachlicher Bescheidung der zugleich erhobenen Gegenvorstellung mit dem Hinweis, dass von einem Rechtsbehelf grundsätzlich selbst dann Gebrauch zu machen ist, wenn dessen Statthaftigkeit zweifelhaft ist).

So reicht z. B. ein nur »einfaches Versehen«, des Richters bei der Bearbeitung des Gerichtsverfahrens nicht aus (BVerfG NJW-RR 1999, 137: Entscheidung des AG vor Ablauf der gesetzten Klageerwiderungsfrist).

Voraussetzung für ihre Annahme ist vielmehr, dass die geltend gemachte Rechtsverletzung besonderes Gewicht hat oder die Partei in existenzieller Weise betrifft (BVerfG NJW 1999, 1176).

In Betracht kommen kann die Verfassungsbeschwerde, wenn nicht der Anspruch auf rechtliches   3540
Gehör verletzt wurde, sondern andere Verfassungsrechte, etwa der Anspruch auf den gesetzlichen Richter, der Anspruch auf ein faires Verfahren oder der allgemeinen Gleichbehandlungsgrundsatz.

Das Recht der Parteien auf den **gesetzlichen**, d. h. den im Vorhinein nach abstrakten Kriterien bestimmten **Richter** (Art. 101 Abs. 1 Satz 2 GG) ist verletzt bei jedem Verstoß gegen Zuständigkeitsvorschriften oder Regelungen der Geschäftsverteilung (BGH NJW 1994, 1735; *Roth* NJW 2000, 3692).

Der Anspruch der Parteien auf ein **faires Verfahren** wird aus dem Rechtsstaatsprinzip abgeleitet und dient als Auffangtatbestand für alle nicht speziell geregelten verfassungsrechtlichen Gewährleistungen (insbesondere das Willkürverbot und den Verhältnismäßigkeitsgrundsatz) dient (BVerfGE 75, 183 (190 f.); BVerfGE 69, 126 (139 f.); BGH NJW 1999, 290; OLG Saarbrücken NJW-RR 1998, 1609).

Unzulässig ist danach vor allem widersprüchliches Verhalten des Gerichts, die Ableitung von Nach-   3541
teilen für die Parteien aus einem Fehler des Gerichts oder die Verletzung von Schutz- und Fürsorgepflichten durch das Gericht (BVerfG NJW 2001, 1343; BVerfG NJW 1988, 2787; BGH NJW 1999, 290; KG NJW 2001, 1296). Vorbringen der Parteien kann nicht als verspätet zurückgewiesen werden, wenn das Gericht den Termin unzureichend vorbereitet hat. Auch Zeugen haben ein Recht darauf, im Prozess mit einem eigenen Rechtsanwalt aufzutreten.

IV. Verzögerungsrüge und Entschädigungsklage

Keinen Rechtsbehelf, sondern lediglich eine Möglichkeit zur Durchsetzung des Anspruchs auf   3542
Rechtsgewährung in angemessener Zeit aus Art. 19 Abs. 4, 20 Abs. 3 GG; 13 EMRK bieten die §§ 198 ff. GVG (*Althammer/Schäuble* NJW 2012, 1; *Heine* MDR 2012, 327; HessStGH NJW-RR 2011, 1559). Besteht Anlass zu der Besorgnis, dass das Verfahren nicht in angemessener Zeit abgeschlossen wird, kann jede Partei bei dem Prozessgericht eine Verzögerungsrüge erheben. Hierüber ergeht keine gerichtliche Entscheidung. Hilft das Gericht der Rüge nicht durch eine Verfahrensbeschleunigung ab, kann frühestens nach 6 Monaten eine Entschädigungsklage bei dem OLG erhoben werden, in dessen Bezirk das streitgegenständliche Verfahren geführt wurde. Auf diese Klage

hin kann durch Urteil festgestellt werden, dass die Verfahrensdauer unangemessen war, ggf. eine Entschädigung in Höhe von regelmäßig 1.200,- € pro Jahr Verzögerungsdauer festgesetzt werden.

Der EGMR hat – unter ausdrücklicher Aufgabe seiner früheren Rechtsprechung – erstmals mit Urteil vom 26.10.2000 (Nr. 30210/96) und seither in ständiger Rechtsprechung entschieden, dass bei überlanger Dauer gerichtlicher Verfahren neben dem in Art. 6 Abs. 1 EMRK garantierten Recht auf ein faires und zügiges Verfahren auch das in Art. 13 EMRK verbürgte Recht auf wirksame Beschwerde verletzt sein kann. Art. 13 EMRK garantiert danach einen Rechtsbehelf bei einer innerstaatlichen Instanz, mit dem ein Betroffener sich gegen Gefährdungen und Verletzungen seines Rechts auf angemessene Verfahrensdauer wehren kann.

Die vorliegende Lösung stößt überwiegend auf Kritik:
- Das Gericht ist nicht zu einer förmlichen Bescheidung der Verzögerungsrüge verpflichtet, für die Verfahrensbeteiligten besteht keine Beschwerdemöglichkeit. Geschieht nichts, können die Verfahrensbeteiligten einen Fortgang des Verfahrens nicht erzwingen, sondern lediglich eine Entschädigung verlangen. Das ist unbefriedigend und läuft im Ergebnis auf ein »dulde und liquidiere« hinaus.
- Der Regelsatz der Entschädigung bietet für den Staat keinen Anreiz, die Justiz personell und organisatorisch so auszustatten, dass mit einer angemessenen Erledigungsdauer gerechnet werden kann.
- Regressmöglichkeiten des Staats bei grober Fahrlässigkeit bestehen gegen nichtrichterliche Bedienstete, nicht aber gegen Richter. Diese können mit dem vorliegenden Institut deswegen kaum zu zügigerer Arbeit angehalten werden.
- Ist das Verfahren 6 Monate nach Erhebung der Verzögerungsrüge noch nicht entschieden und wird Entschädigungsklage erhoben, führt die Konkurrenz beider Verfahren (z. B. durch die Aktenanforderung) trotz der Aussetzungsmöglichkeit nach § 201 Abs. 3 Satz 1 GVG zu weiteren Verzögerungen.

3543 Eine **Verzögerungsrüge** (§ 198 Abs. 3 GVG) kann erhoben werden, wenn Anlass zu der Besorgnis besteht, dass das Verfahren nicht in angemessener Zeit abgeschlossen wird. Erforderlich hierfür sind konkrete Anhaltspunkte aus dem bisherigen Prozessverlauf und der absehbaren zukünftigen Prozessförderung durch das Gericht. Eine zu früh erhobene Rüge kann eine Entschädigung nicht auslösen (sondern allenfalls eine Feststellung nach Abs. 3 S. 3), zu spät erhoben werden kann die Rüge indes nicht, weil Geduld eines Verfahrensbeteiligten nicht »bestraft« werden soll. Vor Ablauf von sechs Monaten kann sie nur wiederholt werden, wenn besondere Umstände dies rechtfertigen (z. B. nach einem Richterwechsel).

3544 ▶ Praxistipp:

Wer zu früh rügt, gefährdet seinen späteren Entschädigungsanspruch. Deswegen darf eine Rüge erst erfolgen, wenn Zweifel an der Verzögerung nicht mehr bestehen.

3545 Die Rüge muss bei dem Verfahrensgericht eingelegt werden, um dem bearbeitenden Richter – soweit möglich und erforderlich – die Möglichkeit einer beschleunigten Verfahrensförderung zu geben. Im Anwaltsprozess unterliegt sie dem Anwaltszwang. Sie muss erkennen lassen, dass die Partei die Verfahrensdauer für unangemessen hält und eine Beschleunigung wünscht. Eine besondere Begründung ist nicht erforderlich. Insbesondere müssen weder der bisherige objektive Ablauf des Verfahrens dargelegt noch Alternativen für eine beschleunigtere Vefahrensgestaltung dargelegt werden. Soweit indes Umstände vorliegen, die für das Maß der gebotenen Zügigkeit wichtig, bislang aber noch nicht in das Verfahren eingeführt sind, müssen diese offen gelegt, aber weder bewiesen noch glaubhaft gemacht werden.

▶ Beispiele:

Droht dem Gläubiger bei unangemessener Verfahrensdauer der Verlust seiner Wohnung, die Kündigung laufender Darlehen oder die Insolvenz, muss das Gericht dies wissen, um die besondere Beschleunigungsbedürftigkeit des Verfahrens nachvollziehen zu können.

G. Weitere Rechtsbehelfe   9. Kapitel

▶ Praxistipp: 3546

Eine Begründung der Verzögerungsrüge empfiehlt sich in den Fällen, in denen die Verzögerung auf Umstände gestützt wird, die sich nicht ohne Weiteres aus der gerichtlichen Verfahrensakte ergeben.

Die **Entschädigungsklage** ist bei dem OLG, in dessen Bezirk das verzögerte Verfahren stattgefunden hat, gegen das Land (§ 200 GVG) zu erheben (§ 201 Abs. 1 ZPO). Dabei gelten die allgemeinen Vorschriften der ZPO über Verfahren im ersten Rechtszug, insbesondere der Anwaltszwang und die allgemeinen Zulässigkeitsvoraussetzungen jeder Klage. Da es sich um eine Leistungsklage handelt, bedarf es eines bezifferten Zahlungsantrags (zur Höhe unten Rdn. 3549); eines zusätzlichen (hilfsweisen) Anspruchs auf Feststellung der Unangemessenheit der Verfahrensdauer bedarf es nicht. Besondere Zulässigkeitsvoraussetzungen gelten für den Zeitpunkt der Klageerhebung: Dieser muss mindestens 6 Monate nach Erhebung der Verzögerungsrüge (Wartefrist, § 198 Abs. 5 Satz 1 GVG) und höchstens 6 Monate nach Rechtskraft der verfahrensbeendenden Entscheidung (Klagefrist, § 198 Abs. 5 Satz 2 GVG) liegen. Begründet ist die Entschädigungsklage nach § 198 Abs. 1 Satz 1 GVG, wenn der Kläger infolge unangemessener Dauer eines Gerichtsverfahrens als Verfahrensbeteiligter einen Nachteil erlitten hat.   3547

Die Unangemessenheit der Verfahrensdauer richtet sich nach den Umständen des Einzelfalles, insbesondere nach der Schwierigkeit und Bedeutung des Verfahrens und nach dem Verhalten der Verfahrensbeteiligten und Dritter, ist aber objektiv zu beurteilen und verschuldensunabhängig. Erforderlich ist eine Gesamtbetrachtung, sodass die Verzögerung einzelner Verfahrensabschnitte in anderen Abschnitten kompensiert werden kann. Nachteile können materieller oder immaterieller Natur (Rufschädigung) sein. Für alle diese Voraussetzungen ist der Kläger darlegungs- und ggf. beweispflichtig, allein die Kausalität wird (widerleglich) vermutet (§ 198 Abs. 2 Satz 1 GVG).   3548

Rechtsfolge einer unangemessenen Verfahrensverzögerung ist im Regelfall die Geldentschädigung. Da es sich dabei nicht um Schadensersatz handelt, gelten die Grundsätze der Naturalrestitution, Kompensation und Totalreparation nicht. Die Entschädigung ist unabhängig vom Umfang des tatsächlich eingetretenen Nachteils pauschaliert und beträgt 1.200,- € für jedes Jahr der Verzögerung (§ 198 Abs. 2 S. 3 GVG). Neben oder anstelle der Entschädigung kann auch die Feststellung der Unangemessenheit der Verfahrensdauer treten (§ 198 Abs. 4 GVG); diese ist von einem Antrag des Klägers unabhängig.   3549

Das Verfahren der Entschädigungsklage regelt § 201 GVG. Von Bedeutung ist dort Abs. 4, nach dem das Gericht über die Kosten des Verfahrens nach billigem Ermessen entscheidet, wenn allein die Feststellung der unangemessenen Dauer erfolgt und die Entschädigungsklage im Übrigen abgewiesen wird.

Stichwortverzeichnis

Die Ziffern verweisen auf die entsprechenden Randnummern.

Abänderungsklage 497
Abfindung 2654, 2669
Abgabe 1887
– Eidesstattliche Versicherung 1821
– Willenserklärung 1804
Abhilfe sofortige Beschwerde 2912
Ablauf Zivilprozess 10
Ablehnung
– wegen Befangenheit siehe Befangenheit
– von Beweisanträgen 1147
Abnahmeprotokoll 1439
Abschlusserklärung 187
Abschrift 143, 694, 1423
Abtretung 326, 378
Abwehrmaßnahme 340, 374
Abzinsung 2654
Abzüglich am ... gezahlter ... 486, 2079
Adhäsionsverfahren 145, 1661
Akteneinsicht 2228
Aktenkundigkeit 1071, 1193
Aktivlegitimation 798
Aktualität 223
Akzessorietät Anschlussberufung 2774
Allgemeine Geschäftsbedingung 256
Allgemeinkundigkeit 1192
Amtsgerichtliches Verfahren 1613
Anamnese 73
Änderung
– Berufungsantrag 2625
– Berufungsgrund 2702
– Gerichtszuständigkeit 1884
– Klage 2003
– Partei 1898, 1903, 1920
– Prozessbeteiligte 1896
– Streitgegenstand 2002
– Verfahrensablauf 2200
– Verfahrenskonzeption 1883
Androhung 443, 1802
Anerkenntnis 134, 719, 721, 769
– Drittschuldnererklärung 2242
– Frist 136
– Nebenintervention 2788
Anfangsbeweis 1458
Anfechtung 186, 2380, 2792
Angriff, Flucht in 956
Angriffs- und Verteidigungsmittel 2683, 2788
– neue 2680, 2713
Anhängigkeit 1954
Anhörung Partei 993
Anhörungsrüge 2418
Anknüpfungstatsache 1374
Anlage 552, 701

Annahme 82
Annahmeverweigerung 1499
Anordnung
– einstweilige siehe einstweilige Anordnung
Anordnung Klageerhebung 2448
Anrechnung 2125
Anschein 947, 1607
Anscheinsbeweis 1214
Anschlussberufung 2765
Anspruch
– Individualisierung im Klageverfahren 585
– Individualisierung im Mahnverfahren 1563
Anspruchsberechtigung 324
Anspruchskonkurrenz 284
Antrag 426
– Abänderung 497
– Abgabe Willenserklärung 1804
– abzüglich am ... gezahlter ... 486, 2079
– Änderung 2625
– Anordnung der Klageerhebung 2449
– Aufhebung Arrest/einstweilige Verfügung 2452
– Auslegung 2622
– Beklagter 737
– Berufung 2599
– bestimmter 434
– Beweis 1145
– Duldung 1801
– fehlender 2622
– Feststellung 498
– Fristsetzung 453
– Gestaltung 494
– Herausgabe 1787
– Hilfsantrag 430, 631, 1890
– Kammerzuständigkeit 530
– Klageabweisung 737
– Kosten, prozessuale 520
– Kosten, vorgerichtliche 491
– künftige Leistung 450
– Leistung 434, 444
– Nebenintervention 2788
– Pfändungs- und Überweisungsbeschluss 1749
– Protokollberichtigung 2392
– Prozess- 428
– Prozessantrag 520, 2629
– Sachantrag 427, 433, 1045
– sachgerechter 1060
– Sachpfändung 1737
– Schadensersatz 453
– schlüssiges Verhalten 2837
– Sicherungshypothek 1780
– Stellung 1046
– Stufenklage 458

785

Stichwortverzeichnis

- Teilantrag 487
- unbezifferter 438, 469
- unklarer 2622
- Unterlassung 440, 1801
- unvollständiger 431
- unzulässiger 2622
- Urteilsberichtigung 2398
- Verfahren 537, 739
- Versäumnisurteil 2211
- Verweisung 1890
- Vollstreckung siehe Vollstreckungsauftrag 1700, 1722
- vorläufige Vollstreckbarkeit 524, 2558
- Vornahme Handlung 1797
- Vorpfändung 1744
- Zahlung 436
- Zinsen 491
- Zug-um-Zug 483

Anwalt
- Taktik 31
- Tätigkeit 30
- im Zivilprozess 30

Anwaltliche Versicherung 2879
Anwaltsgebühr 1047
Anwaltspflicht 89
Anwaltsvertrag 49
Anwartschaftsrecht 1753
ARB 132
Arbeitseinkommen 1752
- verschleiertes 2233, 2301

Arbeitsgerichtsgesetz 103
Arbeitsüberlastung 307
Arrest 168
- Anordnung 183
- Anspruch 175
- Aufhebung 2452
- dinglicher 382
- Gesuch 174
- Grund 176
- persönlicher 388
- Vollstreckung 1819
- Vollziehung 1818

Arresthypothek 1783
Arzthaftung 1268
Attest, ärztliches 1414
Aufhebung Arrest/einstweilige Verfügung 2452
Aufklärungspflicht 1275
Aufrechnung 139, 830
- Abgrenzung Widerklage 843
- Berufung 2727
- Erledigung 2615
- Hilfsaufrechnung 838

Aufruf 1018, 2833
Augenschein 1466
Ausfertigung
- vollstreckbare 1726

Ausforschung 1325
Ausforschungsbeweis 646

Auskunft 462, 467, 1822
Auskunftspflicht 1776
Auslagenvorschuss 898
Auslandssache 2526
Auslandszeuge 1348
Ausschaltung von Zeugen 347
Ausschlussfrist 83
Ausschöpfen 47, 318
Außergerichtliche Maßnahme 114
Außergerichtliches Güteverfahren 148
Außerordentlicher Rechtsbehelf 2933
Aussichtslosigkeit 254, 1020
Auswechseln Organ 337

Bagatellverfahren 1615
- europäisches 1546

Bankkonto 1753
Bankverbindung 2300
Bausparguthaben 1753
Bedingung 270
- Berufung 2550

Befangenheit 969, 2241, 2258
- Sachverständiger 1376

Befriedigungsklage 1870
Beglaubigung 694
Begründetheit
- Rechtsbehelf 2234

Begründung
- Berufung 2582
- Beschwerde 2883
- Klage 541
- sofortige Beschwerde 2905

Behandlungsfehler 1269
Behauptung ins Blaue 646
Beibringung 567
Beibringungsgrundsatz 1194
Beibringungsmaxime 20
Beiordnung 118
Beitritt 1924, 1978, 1985
Beitritt Streithelfer 1988, 1991, 2781, 2786
Beklagter
- Verteidigung 705

Beratung 189, 246, 268, 1695
- Taktik 37

Berechnung 621
Bereicherung 597
Berichtigung
- Klage 2022
- Parteibezeichnung 1898
- Protokoll 2390
- Tatbestand 2401
- Urteil 2393

Berliner Modell 1792
Berufspflicht 92, 1694
Berufsrecht 27
Berufung 2452
- Anschluss 2765
- Beendigung 2854

Stichwortverzeichnis

- Beschlussentscheidung 2814
- Beschränkung Streitstoff 2705
- Beteiligte 2487, 2776
- Beweisaufnahme 2840
- Flucht in 940
- Fristwahrung 2543, 2737
- Gegenberufung 2762
- Prozesskostenhilfe 2549
- Säumnisverfahren 2850
- Streitgegenstand 2469
- substanzlose 2825
- Zulässigkeit 2455

Berufungsantrag 2599, 2599
Berufungsbegründung 2582
Berufungsbegründungsfrist 2584
- Verlängerung 2588

Berufungsbeklagter 2733
Berufungseinlegung 2500
Berufungserwiderung 2740
Berufungsfrist 2501
- Tatbestandsberichtigung 2411

Berufungsgrund 2636
- Abgrenzung 2694
- Änderung 2702
- Angriffs- und Verteidigungsmittel, neue 2680, 2713
- Rechtsverletzung 2653
- Tatsachenfeststellung, erneute 2664
- Zuständigkeitsrüge 2699

Berufungsschrift 2511
Berufungsverfahren 2811
Berufungswert 2461
Berufungszulassung 2475
Beschlussvergleich 2169
Beschwer 2461, 2469
- Beseitigung 2612
- materielle 2462
- Rechtsbehelf 2234
- sofortige Beschwerde 2902

Beschwerde 2881
- Begründung 2883
- Dienstaufsichts- 2268
- Einlegung 2883
- sofortige 2882
- sonstige 2922
- Untätigkeits- 2272

Beschwerdegegenstand 2469
Besitz 2380
Besonderes Verfahren 1542
- Beweisaufnahme 1481

Bestimmung Zuständigkeit 274
Bestreiten 748
- Substantiierung 773

Betragsvorstellung 473
Beweis 1135
- Anfangs- 1458
- Anscheins- 1214
- Ausforschung 646

- Bagatellverfahren 1628
- Beibringung 634
- Beschränkung 1578
- Besonderes Verfahren 1481
- Bezeichnung 1063
- ins Blaue hinein 646
- Einrede 1280
- Erhebungsverbot 1150, 1163
- Erledigung 2047
- Form 1172
- formloser 1571
- Freibeweis 1172, 1174
- Gegenbeweis 643, 803, 1188, 1251
- Gegenteil 806, 1252
- des Gegenteils 806, 1251
- Grundsatz 1136
- Hilfsantrag 663
- Hinweis 1063
- Indizien 1202
- mittelbarer 1206
- Möglichkeit 242
- Streng- 1172
- Ungeeignetheit 1151
- unmittelbarer 1206
- Urkundenverfahren 1578, 1600
- Verbesserung 130, 320
- Verfahrensfehler 1531
- Vermutung 1198, 1251
- Voraussetzungen 1511

Beweisantrag 1145, 1145
- Ablehnung 1147
- Augenschein 1466
- Parteivernehmung 1453
- Sachverständiger 1364
- Urkunde 1399
- Zeuge 1290

Beweisantritt siehe Beweisantrag 634
Beweisaufnahme 1135
- Berufung 2840
- isolierte 202, 224
- vorweggenommene 202, 226

Beweisbedürftigkeit 1138
Beweisergiebigkeit 660
Beweiserhebung 1282
Beweiserhebungsverbot 1150, 1163
Beweiserhebungsverbote 1163
Beweiserleichterung 649, 1171
Beweisermittlung 646
Beweisfälligkeit 642
Beweisführungslast 641, 645
Beweisgrundsatz 1136
Beweiskraft
- Tatbestand 2401

Beweiskraft Urkunde 1412
Beweislast 578, 1254, 1259
- negative Feststellung 506
- Umkehr 654, 783, 1259

Beweismaß 1187

Stichwortverzeichnis

Beweismittel 1282
Beweissicherung 201
- Verjährung 220
Beweissicherungsgutachten 1387
Beweissicherungsverfahren 201
Beweisthema 1482
Beweisverbot 1162, 1340, 1476
Beweisvereitelung 653, 1241
Beweisverfahren
- selbstständiges 201
Beweisverhandlung 1278, 1328
Beweisverlagerung 651
Beweisverwertungsverbot 1167, 1340, 1476
Bezugnahme 552
Bindung
- Nebenintervention 2793
- Parteiwechsel 1917
- Streitverkündung 2801
- Teilklage 368
- Vorbehaltsurteil 1610
Ins Blaue hinein 646, 761
Brief 343, 2902
- Einschreiben 1493
- Postversand 1488
Bundesrechtsanwaltsordnung 103
Bürge 488
Büro
- Fehler 2309
- Organisation 291, 297, 315, 2890, 2897
Büroausstattung 2314
Bürofehler 2883
Büroorganisation 2321, 2890
Büropersonal 2318

Circabetrag 474
Class action 1641
Computerfax 686

Da mihi facta 666
Darlegungslast 569, 575
- negative Feststellung 505
- sekundäre 623, 778
Daueranspruch 2654
Delegation 2313
Demnächst 1557
Dienstaufsichtsbeschwerde 2268
Dispositionsmaxime 19
Dokument, elektronisches 1450
Dolmetscher 2266
Doppelaufrechnung 835
Doppelnatur 693
Dritter 709
- Berufung 2495, 2808
- Erkenntnisverfahren 853
- Richter 1964
- Sachverständiger 1964
- Vollstreckung 2159, 2224, 2316
Drittschuldner 2224

Drittschuldnererklärung 1772
Drittwiderklage 858
- isolierte 344
- negative Zwischenfeststellung 343
Drittwiderspruchsklage 1866
Duldung 448, 1801
Durchsuchung 1743

Echtheit Urkunde 797, 1422
Eidesstattliche Versicherung 719, 1558, 1719, 2879
- Glaubhaftmachung 180
- Vollstreckung 1821, 1879
Eigenmacht 197
Eigentum 876, 2229, 2380
Eilverfahren 160
Einbeziehung Dritter 853
Einigungsgebühr 117
Einlassungspflicht 996
Einlegung
- Berufung 2500
- Beschwerde 2883
Einrede 1181, 2368
- mangelhafte Prozessführung 1947
Einschreiben 1493
Einspruch
- Säumnis im Einspruchstermin 2381
- Verfahrensfortsetzung nach Einspruch 2378
- Versäumnisurteil 2364
- Vollstreckungsbescheid 2364
- Zulässigkeit 2369
Einstellung Vollstreckung 2571
Einstweilige Anordnung 2337, 2346
Einstweilige Verfügung 189
- Aufhebung 2452
- Vollziehung 1814
Eintragung Grundbuch 1782, 1817
Eintragungsbewilligung 1781
Einvernehmen 1365
Einwendung 1181, 2368
Einzelanweisung 2312
Einzelklage 1654
Einzelrechtsnachfolge 2028
Einzelrichter 531
- Berufung 2536
- Klageschrift 703
Elektronische Form 691
Elektronisches Dokument 1450
E-Mail 344, 999, 1944
Empfangsbekenntnis 2316
Endurteil 2456
Entscheidung nach Lage der Akten 2223
Entschuldigung Verspätung 923
Erbrechtlicher Anspruch 1753
Erfolgsaussicht 57
Erfolgshonorar 70
Erfolgsprognose 99, 102, 109
Erfüllung 1025, 2614

Ergänzung
– Entscheidung vorläufige Vollstreckbarkeit 2561
– Tatsachenvortrag 1061
Erinnerung 794, 1849, 1852
Erkenntnisverfahren 313
Erklärung mit Nichtwissen 785
Erkrankung 2330
Erlangung von Zeugen 326
Erlassfalle 801
Erlassklausel Vergleich 2133
Erledigung der Berufung 2871
Erledigung der Hauptsache 2040
– einseitige 2062
– hilfsweise 2091
– in der Berufung 2865, 2874
– Nebenintervention 2788
– teilweise 2071
– übereinstimmende 2041
– vor Rechtshängigkeit 2084
Erleichterung Beweis 1171
Erlöschenseinwand 800
Ermächtigung 1793
Erneute Tatsachenfeststellung 2664
Erschütterung 1616
Ersuchen siehe auch Rechtshilfe
– Grundbuchamt 2290
Erweiterung Streitstoff 2716
Erwiderung Berufung 2740
Erwirkungshandlung 429
Ethik 40
Europäisches Bagatellverfahren 1546
Europäisches Mahnverfahren 1546

Fahrlässigkeit 1224, 1250
Fairness 22, 34, 2937
Fälligkeit 728, 802, 2129
Falsch bezeichnete Entscheidung 2236
Familiensache 2528
Fehler
– Entscheidung 2480
– Gericht 967
– Verfahren 2479
Fehlerkontrolle 2478
Fehlervermeidung 33
Feiertag 214
Fernschreiben 344
Feststellungsklage 498
– negative 506, 2451
Fiktion 1804
Finanzierung Mandat 50
Firma 418
Flucht 928
– in Angriff 956
– in Berufung 940
– in Klageänderung 958
– in Säumnis 929
– in Widerklage 959
Forderungsabtretung 326

Forderungsgeltendmachung 115
Forderungspfändung 1711
Forderungsrecht 2380
Forderungssicherung 28
Form
– Berufungsbegründung 2591
– Berufungseinlegung 2509
– sofortige Beschwerde 2895
Formloser Beweis 1571
Formular
– Prozesskostenhilfe 64
Foul, taktisches 34
Frage, unzulässige 1322
Fragerecht Zeugenvernehmung 1307
Freibeweis 949, 1547, 1549, 1779
Frist
– Abkürzung 88
– Arten 167
– Ausschlussfrist 83
– Ausschöpfen 133
– Bagatellverfahren 1631
– Begriff 165
– Berufung 2411
– Berufungsbegründung 2584
– Berufungseinlegung 2501
– eigentliche 190
– gerichtliche 177
– gesetzliche 178
– Konkurrenz 208
– Länge 203
– Management 2315
– materielle 180
– Materielle 322
– Nebenintervention 2792
– Notfrist 86
– Prozesskostenhilfe 61
– prozessuale 186, 343
– Prüfungskatalog 76
– Rechtsbehelf 2234
– sofortige Beschwerde 2890
– Störung 206
– Überwachung 291
– Verjährung 74
– Versäumung 1813
– vertragliche 170
– Vollziehung Arrest/einstweilige Verfügung 1810
– Wahrung 134
Fristbeginn 197
Fristberechnung 2305
Fristenbriefkasten 343
Fristende 210
Fristenkalender 291, 315, 2897
Fristenmanagement 2315
Fristkontrolle 71, 2325
Fristsetzung 453, 886, 886
Fristverlängerung 194, 207, 299, 1247
Fristwahrung 89, 285
– Berufung 2543, 2737

Stichwortverzeichnis

früher erster Termin 895

Gebühr 117
– Anwalt 1047
Gegenbeweis 643, 661, 803, 1188, 1197, 1213, 1251
– Beweissicherung 213
Gegenforderung 808
Gegenleistung 484, 2131
Gegenrecht 847
Gegenvorstellung 2935
Gehör, rechtliches 22
Gehörsrüge 1098, 2418
Geldforderung 1753
Genehmigung 82
Generalklausel 675
Gericht 230
– Bezeichnung in Klage 402
– Fehler 967, 2873
Gerichtsbarkeit, deutsche 233
Gerichtskundigkeit 1568
Gerichtsorganisation 2533
Gerichtsstand Siehe auch Zuständigkeit 241
– Auswahl 275
– fliegender 280
– günstiger 279
– sachliche 281
– Wahl 275
Gerichtsstandsvereinbarung 247, 247
Gerichtsvollzieher 1771
– Ablehnung 2266
Gesamtgläubiger 305
Gesamtrechtsnachfolge 2570
Gesamtschuldner 305
Geschäftsbesorgung 49
Geschäftsgebühr 117
Geschäftsverteilung 239
Gesellschaft 544, 565, 657, 2615
Gesellschafter 317, 1753, 1963
Gesellschaftsbeteiligung 1753
Gesetzliche Vermutung 1198
Gestaltung Sachverhalt 127
Gestaltungsklage 494
Geständnis 1425
– Berufung 2731
– Vermeidung 765
Gewährleistung 1969
Gewillkürte Prozessstandschaft 330
Glaubhaftigkeit 1313
Glaubhaftmachung 1182
– Ablehnung 2254
– Arrest 179
– Eilverfahren 180
– Fristverlängerung 308
– Wert 2474
– Wiedereinsetzung 2294
Gläubiger 1698
Gläubigerstreit 1977

Glaubwürdigkeit 1313, 1357
Group litigation 1641
Grundbuchamt 1854
Grundbuchbeschwerde 1854
Grundbucheintragung 1817
Grundentscheidung gerichtlichen Vorgehens 229
Grundpfandrecht 2380
Günstigkeitsprinzip 1255
Gutachten 1364
– Privatgutachten 330
– verfahrensfremdes 1391
Gütetermin 1028
Güteverfahren 125, 139, 148
Güteverhandlung 1020, 1025

Haft 1879
Haftbefehl 1832
Haftpflichtprozess 513
Haftpflichtversicherung 728
Handelsregister 422
Handelssache 291, 740
Handelssachen, Kammer für 289, 536
– Berufung 2534
Handlung
– unvertretbare 447
– vertretbare 446
Hartz IV 27
Hauptintervention 300, 1931
Haupttatsache 1207, 1221
Herausgabe 445, 1787, 2128
Herrschende Meinung 673
Hilfsantrag siehe Antrag
Hilfsaufrechnung 838
Hilfsbeweisantrag 663
Hilfstatsache 1207
Hilfsvorbringen 630
Hilfswiderklage 838
Hinterlegung 1820
Hinweis 1336, 1426
– Wiederholung 1068
Hinweispflicht, richterliche 1048
Hörensagen 1205
Hypothek 1779, 1783, 1785

Immobiliarvollstreckung 1778
Individualisierung 182
Individualisierung Anspruch
– Klageverfahren 585
– Mahnverfahren 1563
Indiz 946, 1593, 1605, 1861
Indizienbeweis 1202
Informationspflicht 791
Insolvenzverwalter 425
Intervention 1923
Interventionsinteresse 2787
Interventionswirkung 1939, 2793, 2801
Irrtumsanfechtung 598
Iura novit curia 664

Stichwortverzeichnis

Justizreform, große 28

Kammer für Handelssachen 289, 536, 740
– Berufung 2534
Kammerzuständigkeit beim Landgericht 530, 861
Kapitalanleger-Musterverfahren 1643
Kapitalisierung 2654
Kausalität 1224, 1228
Kautelarjuristik 47
Kautionsrückzahlung 1753
Klage
– Befriedigungs- 1870
– Drittwiderspruchs- 1866
– Erweiterung 377
– künftige Leistung 450
– offene 383
– Schadensersatz- und Bereicherungs- 1871
– Teilklage
–, 359
– verdeckte 376, 383
– Verzicht 2195
– Vollstreckungsgegenklage 1860
– Widerspruchsklage 1876
– Wirkung 1918
– Zwischenfeststellung 505
Klageabweisungsantrag 737
Klageänderung 2003
– Berufung 2612, 2721
– Nebenintervention 2788
– Widerklage 827
Klageanpassung 2026
Klagebegründung 541, 541
Klageberichtigung 2022
Klagebeschränkung 2023
Klageerhebung, Anordnung 2448
Klageerweiterung 2023
– Teilklage 371
Klageerwiderung 731
Klagehäufung 2006
– alternative 394
– eventuelle 388
– kumulative 387
– objektive 384
– subjektive 303
Klagerücknahme 972, 2190
– Nebenintervention 2788
Klageschrift 401
Klageverfahren
– allgemeines 228, 401
– besondere 1542
Klagewechsel 2005
Klaglosstellung 715
Klauselklage 1845
Klauselverfahren 1840
Konfliktbereinigung 115
Konfrontation 68
Konsensuale Streitbeilegung 94, 115, 118
Kontopfändung 27, 28

Kosten
– Antrag 520
– Anwalt 602
– Belehrung 103
– Beschwerde 2923
– Beweissicherung 218
– Erledigung 2050
– Kredit 603
– Nebenintervention 2791
– Ratenzahlungsvereinbarung 2170
– Risiko 50
– Vergleich 2135
– Verweisung 1894
– vorgerichtliche 491, 493, 601
– Vorschuss 143
Kostenantrag 520
Kostenbeschwerde 2467
Kostenersparnis 357
Kostenrisiko
– Mahnverfahren 1571
– Teilklage 361
Kostenvorschuss 700
Kreditkarte 2229, 2301
Kündigung 82
Künftige Leistung 450

Ladung Zeuge 1353
Last, prozessuale 2788
Las-Vegas-Vergleich 2133
Lauschzeuge 1340
Lebenserfahrung 1215
Leistung
– zukünftige 1735
Leistungsantrag 434
Leistungsaufforderung 96
Leistungsverfügung 198
Lichtbild 1471
Liquidation 2615
Logik 1210

Mahnverfahren 154, 1547
– europäisches 1546
Mandantenberatung 84
Mandat 49
– Finanzierung 50
– Übernahme 49
– Umfang 89, 95
Mängelanzeige im Reiserecht 1528
Mängelprotokoll 1439
Materielle Frist 77
Materielle Prozessleitungspflicht Gericht 1048
Mediation 123
Meistbegünstigung 2234, 2459
Mietforderung 1753
Mindestbetrag 474
Mischentscheidung 2458
Miteigentum 1753
Mithörzeuge 1340

Stichwortverzeichnis

Mitverklagen Zeuge 347
Mitwirkungspflicht 1776
Modalität 613
Modernisierung 27
Monte-Carlo-Vergleich 2133
Mündliche Verhandlung siehe Verhandlung
Musterentscheid 1648
Musterfeststellungsantrag 1645
Musterverfahren 1641
– Kapitalanleger 1643
– Sonstige 1652

N.N. 1290, 1291
Nachforderung 380
Nachfragepflicht 142
Nachfristsetzung 174
Nachlass Schriftsatz 1119
Nachlässigkeit 881
Nachlassverwalter 425
Nachverfahren 1605
Nebenanspruch 491
Nebenintervention 297, 1924, 1978, 2785
– Berufung 2489
– Beweissicherung 214
– Bindung 2793
– Interventionsinteresse 2787
– Interventionswirkung 2793
– streitgenössische 2792
Nebenleistung 2300
Nebenrecht 1770
Nebenziel 54
Negativbehauptung 756
Negativfiktion 1143
Neubeginn 136
neue Angriffs- und Verteidigungsmittel 2680, 2713
Nichtbestreiten 770
Nichtwissen, Erklärung mit 754, 785
Notar 1844
Notarbeschwerde 1844
Novenrecht 2705

Objektive Klagehäufung 384
Offenkundige Tatsache 1191
Obergutachten 1379
Obiter dictum 2793
Offenbarkeit 2397
Offenbarungsversicherung 1790
Offenkundigkeit 650
Öffentlichkeit 1017, 1141
Opfer 1338
Ordnungsgeld 990
Ordnungsmittel
– Androhung 443
Organ der Rechtspflege 40
Organisation 297, 2890
Original
– Nachreichung 688

Örtliche Zuständigkeit 241
– Berufung 2532

Pachtforderung 1753
Pactum de non petendo 138
Partei 293, 294
– kraft Amtes 425
– Auslegung 413
– Begriff, formeller 323
– Berufungsverfahren 2487
– Bezeichnung in Klage 407
– falsche 416
– Mehrheit 305, 1923, 1933
– unbekannte 411
– Vollstreckungsverfahren 2155
Parteiänderung 1896
– Berufung 2618
Parteianhörung 993, 1454
Parteibegriff 1961
– formeller 295, 1896
Parteibeitritt 1920
– Widerklage 827
Parteiberichtigung 412, 1898
Parteibetrieb 1814
Parteifähigkeit 310
Parteiherrschaft 18
Parteivernehmung 994, 1453
– von Amts wegen 1457
– auf Antrag 1455
– Berufung 2732, 2847
– Nebenintervention 2792
Parteiwechsel 1903
Perpetuatio fori 1884
Personal 2883
– Delegation 295
– Wiedereinsetzung 2321
Pfändungs- und Überweisungsbeschluss 1749
Pfändungsschutz 1767
Pflichtverletzung 101
Positivfiktion 1261
Post 1488, 2333
Postulationsfähigkeit 312
Präambel Vergleich 2107
Präklusion 2369
– Teilklage 365
Präklusion verspäteten Vorbringens 867, 2705
– Vermeidung 903, 927
Präsenz 1019
Prätendentenstreit 301, 856, 1977
Privatgutachten 330, 1815
Privatkundigkeit 1571
Privaturkunde 797, 1412
Produkthaftung 1266
Prorogation Gerichtsstandsvereinbarung
Protokoll 1132, 2833
– privates 1439
– Übergabeprotokoll 1439, 1445
– Zeugenaussage 1336

Protokollberichtigung 2388, 2390
Protokollvergleich 2166
Provokation 2263
Prozessantrag siehe Antrag
Prozessaufrechnung siehe Aufrechnung
Prozessfähigkeit 311
Prozessfinanzierung 50
– gewerbliche 69
Prozessförderungspflicht 865
Prozessführung
– mangelhafte 1947
Prozessführungsbefugnis 307
Prozesshandlung 147
Prozesskostenhilfe 53
– Adhäsionsverfahren 1693
– Antrag 2360
– Berufung 2549
– Entscheidung 65
– Fristwahrung 61
– Wiedereinsetzung 2360
Prozessleitung 1022
Prozessleitungspflicht, materielle 1048
Prozessmaxime 17
Prozessphase 7
Prozessstandschaft, gewillkürte 330
Prozesstrennung 2230
Prozessuale Frist 82
Prozessverbindung 2230
Prozessvollmacht
– Widerklage 816
Prozessvorbereitende Maßnahmen 47
Prozessziel 35, 708
Punktesache 614

Quittung 1414

Rangverhältnis 1767
Ratenzahlungsvereinbarung 2163
Räumung 728
Rechnung 728, 802
Rechnungslegung 462
Recht
– dingliches 2380
– obligatorisches 2380
– Veräußerung hindernd 1869
Rechtliches Gehör 22, 1179, 1195
– Beweissicherung 222
– Rüge 2418
– Umfang 2420
Rechtliches Gehör Beschwerdeverfahren 2910
Rechtsausführung 664, 667, 858, 876
Rechtsbegriff 625
– unbestimmter 686
Rechtsbehelf 2232
– Eilverfahren 2435
– Vollstreckung 1838, 2930
– weiterer 2932
Rechtsbelehrung 99

Rechtsberatung 27
Rechtsbeschwerde 2926
Rechtsdurchsetzung 109
Rechtsfähigkeit 310
Rechtsgestaltung 109, 118
Rechtshängigkeit 2042, 2046, 2084, 2175
Rechtshilfeersuchen 1355
Rechtsinhaber 332
Rechtsklärung 48
Rechtskraft
– Haftpflichtprozess 519
– negative Feststellung 511
– Teilklage 366
Rechtskrafterstreckung 2792
Rechtsmittel, außerordentliche 2933
Rechtsnachfolge 2028
Rechtspfändung 1744
Rechtspfleger 1843, 1855
– Ablehnung 2266
Rechtspflegererinnerung 1855
Rechtsprechung 221, 980
Rechtsprüfung 91
Rechtsschutzbedürfnis 501, 506
Rechtsschutzversicherung 68
Rechtssicherung 157
Rechtsstreit 1953
Rechtstatsache 625, 626
Rechtstitulierung
– Allgemeines Verfahrens 228
– Besonderes Verfahren 1542
Rechtsverhältnis
– Sicherung 195
Rechtswahrung 109
Rechtsweg 235
Reform 23, 24, 27, 28
Reformatio
– in melius 2485, 2600
– in peius 2485, 2600
Regelungsverfügung 195
Regress 1970, 2793
Regressprävention 266
Reisemängelprotokoll 1439
Rente 1753
Revision 2926
Richter
– Ablehnung Befangenheit 2242
– gesetzlicher 22, 2421
– Taktik 42
Rubrum
– Berichtigung 1902
– Nebenintervention 2791
Rücknahme
– Berufung 2854
– Klage 2190
Rüge 733, 743, 1330
– Urkundenverfahren 1598
– Verfahren 743
– Verletzung rechtlichen Gehörs 2418

Stichwortverzeichnis

– Verlust 2727, 2730
– verzichtbare 2715
– Zulässigkeit 973
– Zuständigkeit 2699
Rügelose Einlassung 263
Ruhen des Verfahrens 2231
Ruhen Verfahrens 971

Sachantrag siehe Antrag
Sachaufklärung 28, 307
Sachdienlichkeit 1914, 2011, 2718
Sachkunde 1153
Sachlegitimation 304
Sachliche Zuständigkeit 241
– Berufung 2526
Sachpfändung 1716, 1737
Sachverhalt
– Feststellung 71
– Gestaltung 118, 127
Sachverständiger 1364
– Ablehnung 2266
– Auswahl 1366
– Befangenheit 1376
– Gutachten 1371, 1391
– Haftung 1370
– Zeuge 1386
Satzbaulehre 1256
Säumnis 2213
– Bagatellverfahren 1636
– Berufung 2850
– Flucht in 929
– Güteverhandlung 1035
– Nebenintervention 2788
– Verfahren 2207
Schaden 1228
Schadensersatz 453
Schadensersatz- und Bereicherungsklage 1871
Schätzung 950, 1629
Scheckfalle 801
Scheingeschäft 2300
Scheinurteil 2460
Schenkung 1958, 2301
Schiedsgericht 126
Schiedsrichter 2266
Schiedsrichterliches Verfahren 138
Schlichtungs- und Gütestelle 124
Schluss der mündlichen Verhandlung 1024, 1860, 2838
– Schriftsatznachlass 1119
– Vorbringen nach 873
– Wiedereröffnung 2839
Schlussfolgerung 153, 1584, 1594
Schlussfolgerungen 1808
Schlüssigkeit 569, 588
Schmerzensgeldanspruch 379
Schreiben mit einfacher Post 1488
Schriftform 676
– Berufung 2524, 2591

– Vergleichswiderruf 2164
Schriftliche Zeugenaussage 1296
Schriftliches Verfahren 974, 2201
Schriftsatz 864
– Klageerwiderung siehe dort
– Klageschrift siehe dort
Schriftsatznachlass 1119
Schuldanerkenntnis 1448
Schuldbekenntnis 1443
Schuldner 1698, 1971
Schuldnerverzeichnis 1833
Schuldschein 1414
Schulung 47
Schutzschrift 186
Schwarzarbeit 2301
Sekundäre Darlegungslast 778
Selbstkorrektur 2419
Selbstständiges Beweisverfahren 201
Selbstwiderlegung 378, 398
Sendebericht 2347
Sicherheitsleistung 791, 2028, 2166, 2209
Sicherster Weg 38
Sicherung 159, 166
Sicherungseigentum 2380
Sicherungshypothek 1710, 1779, 1780
Sicherungsverfügung 194
Sittenwidrigkeit 1856
Sofort 726, 1186
Sofortige Beschwerde 1843, 1853, 1875, 1880, 2882
Sofortige Erinnerung 1842
Sonntag 214
Sozialhilferecht 27
Sozialleistung 2229, 2301
Sportunfall 1276
Statthaftigkeit 2234
– Berufung 2455
– Beschwerde 2884
Stellvertretung 1517
Steuerrückerstattung 1753
Strafurteil 1408
Streitgegenstand 358, 2721
– Angabe in Klageschrift 704
– Berufung 2496
– Beschränkung 2497
– Eilverfahren 164
– Erweiterung 2498
Streitgenossenschaft 296
– Berufung 2488, 2776, 2785
– einfache 2777
– notwendige 2779
– Widerklage 827
Streithilfe siehe Nebenintervention
Streitige Verhandlung 1043
Streitverkündung 298, 854, 855, 975, 1933, 1978, 2800, 1188
– Beweissicherung 214
– Interventionswirkung 2801

Streitwert 2469
- Angabe in Klageschrift 702
- Erhöhung 2531
- Erledigung 2051, 2070, 2075

Streitwertgrenze 1885
Strengbeweis 1141, 1172, 1182
Stufenklage 146, 458
Stundenlohnzettel 1434
Substantiierung 569, 773
- Bestreiten 773
- Klagevortrag 605
- Substanzloses Vorbringen 1114

Suggestivfrage 1326
Summarisches Verfahren 160, 1543

Taktik
- Begriff 31
- Gericht 42
- Grenzen 43

Tatbestand 2407
- Beweiskraft 2401
- Unrichtigkeit 2408

Tatbestandsberichtigung 2388, 2401
Tatsache
- Anknüpfungs- 1374
- anspruchsfeindliche 591
- äußere 1204
- Beibringung 567
- Beweis siehe dort
- Darlegung 575
- Ergänzung 1061
- Feststellung, erneute 2664
- Geständnis 1314
- Haupttatsache 1207
- Hilfstatsache 1207
- Hilfsvorbringen 630
- Hinweis 1061
- Individualisierung 585
- innere 1203
- negative 756, 782
- offenkundige 650, 1191
- Rechtstatsache 625
- Schlüssigkeit 588
- Substantiierung 605

Tatsachenbeschaffung 151
Tauglichkeit von Zeugen 1285
Teilklage 359, 1653
Teilurteil 345, 355
Telefax 344, 991, 1941, 2905
Telefon 690
Telegramm 344, 997
Tenor
- Nebenintervention 2791

Termin 163
- eidesstattliche Versicherung 1827
- früher erster 895
- Güteverhandlung 1025, 1029

- Mündliche Verhandlung siehe auch Verhandlung 976
- Verlegungsantrag 917

Terminsgebühr 117
Terminsverlegung 917, 1003
Testamentsvollstrecker 425
Titel 1709, 1732
Titelgegenklage 2352
Trennung Prozess 2230
Treu und Glauben 1244
Typizität 1214

Übergabeprotokoll 1439, 1445
Überraschung 48, 369, 1422
Ultimoverjährung 202
Umkehr Beweislast 654, 1259
Umwelthaftung 1267
Unbedingterklärung vorläufige Vollstreckbarkeit 2577
Unbezifferter Antrag 469
Unmittelbarkeit 1141
Unparteilichkeit 1056
Unrichtigkeit 2395, 2408
- Protokoll 2391
- Urteil 2395

Unsachlichkeit 2261
Unstreitig 759
Untätigkeitsbeschwerde 2272
Unterhaltsberechtigter 1767
Unterlassung 448
- Antrag 440
- Vollstreckung 1801

Unterschrift 985, 1119
Unwiderlegliche Vermutung 1251
Urheberbenennung 302, 857, 1977
Urkunde 1395, 1591
- Beweisantritt 1399
- Beweiskraft 1412

Urkundenverfahren 1572
Urkundsbeamter 1842
- Ablehnung 2266

Urteil
- nach Lage der Akten 2223
- nichtiges 2460
- Schein- 2460
- Unrichtigkeit 2395
- Wirkung 2793, 2801

Urteilsberichtigung 2388, 2393
Urteilsergänzung 2388, 2413

Veranlassung 727
Veräußerung 1869
Veräußerung der streitbefangenen Sache 2026
Verbesserung der Beweissituation 320
Verbindung Prozess 2230
Vereitelung Beweis 1241
Verfahren
- Berufung 2810

795

Stichwortverzeichnis

- erstinstanzliches 859, 976
- faires 2421
- Säumnis 2207
- schriftliches 974, 2201
- sofortige Beschwerde 2910
- summarisches 160, 1543
- Vorverfahren 859

Verfahrensantrag 739, 2227
Verfahrensart 396
Verfahrensbeteiligte 293
- Auswahl 303
- Berufung 2733

Verfahrenseinleitung 401
- Fristwahrung 139

Verfahrensfehler 2479, 2653, 2680
- Ablehnungsgrund 2260
- beweisrechtlicher 1531

Verfahrensrügen 743
Verfassungsbeschwerde 1098, 2936
Vergleich 119, 970, 2096
- Adhäsionsverfahren 1685
- Berufung 2878
- Beschluss 2169
- Druck 1332
- Gebühren 2147
- Inhalt 2106
- Nebenintervention 2788
- Protokoll 2166
- Strategie 2098
- Unwirksamkeit 2178
- Verhandlung 307
- Widerruf 2154

Vergleichsfalle 801
Verhandeln 489, 1316, 1402
Verhandlung
- Bagatellverfahren 1637
- Berufung 2831
- Fortsetzung 2257
- Güte- 1020
- mündliche 2201
- Schluss 1024, 1860
- streitige 1021
- Tatbestandsberichtigung 2410
- Verlegung 2231
- Wiedereröffnung 2230

Verhandlung, mündliche 976
- Ablauf 1015
- Anhörung Partei 993
- Anordnung persönlichen Erscheinens 989
- Bagatellverfahren 1637
- Beweis 1278, 1328
- Güteverhandlung 1025
- mündliche 976
- Schluss 2838
- streitige 1043
- Teilnahme des Mandanten 982
- Verlegung 1003
- Vorbereitung 981

- Vorbringen nach Schluss 873
- Wiedereröffnung 2839

Verhandlung, vorgerichtliche 131
Verhinderung 307
Verjährung 74
- Beweissicherung 205, 220
- Eilverfahren 170
- Erledigung 2616
- Mahnverfahren 1555
- Neubeginn 136
- Ratenzahlungsvereinbarung 2168
- Streitverkündung 1938
- Teilklage 369
- Ultimo 202

Verkürzung Rechte 1576
Verlängerung 88
- Frist 207, 299

Verlängerung Frist 132
Verlegung Termin 1003, 2231
Verlust Rügerecht 2730
Vermögensverzeichnis 1822, 1828
Vermutung
- gesetzliche 945, 1579
- unwiderlegliche 1251
- widerlegliche 1251

Versäumnisurteil 714, 2208
- Antrag 539
- Berufung 2608, 2850
- echtes 2208
- erstes 2385
- unechtes 2219
- Vermeidung 1004
- wiederholtes 2222
- zweites 2221, 2382

Versäumung 90
Versicherung
- anwaltliche 2879
- eidesstattliche 719, 1558, 1719, 2259

Versicherungsleistung 2229, 2301
Verspätetes Vorbringen
- Entschuldigung 923
- Zurückweisung 2707, 2712

Vertagung 2231
Verteidigung des Beklagten 705
- aussichtslose 710
- aussichtsreiche 731

Verteilungsverfahren 1874
Vertrag, gegenseitiger 484
Vertragsstrafe 2127
Vertragsurkunde 1414
Vertreter 599, 799
- Unterschrift 682

Verwalter 425
Verweisung 1886
Verwerfung
- Berufung 2814
- Einspruch 2220

Verwirkung 187

Stichwortverzeichnis

Verzicht 1316, 2750
– Berufung 2859
– Klage 2195
– Nebenintervention 2788
– Zulässigkeitsrügen 2715
Verzögerung 1008
Verzögerung des Rechtsstreits 893
Verzögerungsrüge 28
Verzug 175, 1124
Verzugsschaden 600
Videokonferenz 1780
Video-Vernehmung Zeuge 1303
Vier-Augen-Gespräch 1462, 1462
Vollmacht 84, 86, 1007
Vollstreckung 1694
– Erfolgsaussicht 98
– sonstiger Titel 1787
– Zahlungstitel 1737
Vollstreckungsauftrag 1724, 1788, 1794, 1798, 1800, 1803, 1818
– Abgabe Willenserklärung 1804
– Duldung 1801
– Herausgabe 1787
– Pfändungs- und Überweisungsbeschluss 1749
– Sachpfändung 1737
– Sicherungshypothek 1780
– Unterlassung 1801
– Vornahme Handlung 1797
– Vorpfändung 1744
– weiterer 1767, 1784
Vollstreckungserinnerung 1849, 1852
Vollstreckungsgegenklage 1860
Vollstreckungshindernisse 1721
Vollstreckungsmaßnahme 1708
Vollstreckungsmöglichkeit 1702
Vollstreckungsschutz 1836, 1856
– Antrag 525
Vollstreckungsverfahren 316
Vollstreckungsvoraussetzungen 1723
Vollziehung Arrest/einstweiliger Verfügung 1809
Vollziehungsfrist 1810
Vorabentscheidung vorläufige Vollstreckbarkeit 2566
Vorbehaltseigentum 2380
Vorbehaltsurteil 1606
Vorbereitende Maßnahme 919
Vorbringen
– verspätetes 867, 2707, 2712
– Zurückweisung 877
Vorentscheidung 2457
Vorkaufsrecht 82
Vorläufige Vollstreckbarkeit
– Antrag 524
– Berufung 2558, 2735
– einstweilige Einstellung 2571
– Ergänzung Entscheidung 2561
– Unbedingterklärung 2577
– Vorabentscheidung Berufung 2566

Vornahme Handlung
– unvertretbarer 1797
– vertretbarer 1793
Vorpfändung 1744
Vorprozessualer Schriftwechsel 1425
Vorsatz 1249
Vorschuss 334, 2199
Vorsitzender 2833
Vorverfahren 538, 859
– Kammerbefassung 861

Wahrheitspflicht 564
Wahrscheinlichkeit 1237
Wahrung Frist 127
Wahrunterstellung 1152
Wartepflicht 2262
Weg, sicherster 38
Werklohn 596
Werkvertrag 1524
Wert des Beschwerdegegenstands 2469
Wertberufung 2461
Wettbewerbsrecht 728
Widerklage 809
– Abgrenzung Aufrechnung 843
– Berufung 821, 2725
– Drittwiderklage 825, 858
– Feststellung 820
– hilfsweise 1146
– Hilfswiderklage 838
– negative Zwischenfeststellung 343
– petitorische 823
– Urkundenverfahren 1582, 1599
– Widerwiderklage 824
– Zwischenfeststellung 820
Widerlegung 1201, 1222, 1253
– Vermutung 1251
Widerruf 82
Widerrufsvorbehalt 2154
Widerspruch
– Arrest, einstweilige Verfügung 2448
– eidesstattliche Versicherung 1830
– Teilungsplan 1876
Widerspruchsklage 1876
Wiedereinsetzung
– Berufung 2553
Wiedereinsetzung in den vorigen Stand 2274
Wiedereröffnung 1096, 2230
Wiedereröffnung Verhandlung 874, 2839
Willenserklärung 449, 2126
Wohnraum 1790

Zahlungsantrag 436
Zeiterfassungsbogen 1437
Zeuge 1283
– Ausland 1348
– Ausschalten 347
– Ausschaltung 568, 1195
– Benennung 1290

Stichwortverzeichnis

- Berufung 2807
- Eignung 1285
- Erlangen 326
- Glaubwürdigkeit 1357
- vom Hörensagen 1205
- Mithören 1340
- Mitverklagen 347
- N.N. 1290, 1291
- Nebenintervention 2792
- Sachverständiger 1386
- Stellen 924
- Tauglichkeit 1285
- Unerreichbarkeit 1350
- Vernehmung 1302
- Verzicht 1295

Zinsen 491, 492
Zivilkomputation 202
Zivilprozess 2
- Aufgabe und Funktion 2
- Prozessmaxime 17
- Prozessphase 7
- Reform 23

Zu Eigen machen 632
Zugang 796, 1483
Zug-um-Zug 483, 1735
Zulässigkeit
- Anschlussberufung 2767
- Beschränkung Verhandlung 2230
- Einspruch 2369
- Hinweis 1065, 1066
- Rechtsbehelf 2234
- Vorabstreit 2230
- Widerklage 811
- Wiedereinsetzungsantrag 2280

Zulässigkeitsrüge 733, 973, 2715
Zulassungsberufung 2475
Zurückbehaltungsrecht 483, 848
Zurückhaltung Vortrag 734
Zurückweisung 2744
Zurückweisung substanzloser Berufung 2825
Zurückweisung verspäteten Vorbringens 867, 2707, 2712

Zuständigkeit 231
- allgemeine 245
- Änderung 2039
- ausschließliche 242
- Berufungsgericht 2525
- besondere 243
- Fortdauer 1884
- funktionelle 238
- Gerichtliche Bestimmung 274
- gesetzliche 241
- internationale 234
- Kammer für Handelssachen 289
- örtliche 237, 2532
- parteibegründete 246
- Rechtsbehelf 2234
- Rüge 2699
- sachliche 236, 2526
- Vereinbarung 147
- Verweisung 1889
- Wahlrecht Kläger 275

Zustellung 1513
- Fehler 2918
- Frist 1810
- Fristbeginn 199
- öffentliche 143
- Parteibetrieb 1814
- Titel 1734, 1738

Zustellungsfrist 1810
Zustellungsurkunde 2352
Zustimmung
- Klageänderung 2009
- schriftliches Verfahren 2202

Zwangsversteigerung 1779, 1784
Zwangsverwaltung 1779
Zwangsvollstreckung siehe Vollstreckung
Zweckmäßigkeit 263
Zwischenentscheidung 2456
Zwischenfeststellungsklage
- Drittwiderklage 343
- negative 343, 374